로동신문 기사목록 1
1945~1950

북한대학원대학교 북한디지털자료센터 편

도서출판 선인

▌로동신문 기사목록 목차 ▌

▌일러두기

1. 고유명사 표기와 띄어쓰기, 두음법칙 등은 발표 당시의 북한식 표기를 그대로 두었다. 명백한 오탈자의 경우 수정하였다.

2. 『로동신문』은 조선로동당 '당보'(黨報)로서 현재 로동신문사에서 대형판 6면 일간으로 발행하고 있다. 1945년 11월 1일에 『정로』(正路)란 이름으로 처음 창간하였다. 당시 당보를 편집 발간할만한 역량이 부족하였다. 때문에 조선로동당 북부조선분국 선전부가 책임지고 10여 명의 기자, 편집원들이 A4크기의 2면 주간으로 1,000부 정도를 발간하였다. 1946년 12월 26일부터 5일간과 격일간을 거쳐 1946년 1월 23일부터 일간으로 자리 잡았다. 지면도 1946년 2월 10일부터 소형 4면을 섞어냈다. 1946년 5월 28일에 북조선공산당 중앙위원회 기관지로 발행하며 대형 2면으로 키웠고, 1946년 11월 5일부터 대형 4면으로 늘였다. 1946년 9월 1일에 북조선공산당과 조선신민당이 합당하여 북조선로동당으로 신 발족하면서 북조선로동당 중앙위원회·평남도당위원회·평양시당위원회 기관지로 『로동신문』 창간호를 발간하였다. 당시 로동신문사 부서는 편집부와 당생활부, 산업운수부, 농촌경리부, 사회생활부, 국외통신부, 지방통신부, 교정부, 서한부, 사진동판부, 업무부 등이었다. 1948년 4월에 사회생활부를 없애고 군사부와 예술부로 보충하였다. 『로동신문』은 당보로서 당건설과 당생활을 기본으로 하면서 국내외 정치시사문제들과 공업, 농업, 문화, 군사, 국제생활 등을 폭넓게 게재하였다. 발행부수도 계속 늘려 전쟁 직전 18만부를 냈다.

3. 이 책에는 『정로』 1945년 11월 1일 창간호부터 1946년 8월 31일 제171호까지와 『로동신문』 1946년 9월 1일 창간호부터 1950년 6월 24일 제175호(누계1,208호)까지 게재 기사의 제목, 부제목, 면수, 필자와 출처를 구분하여 수록하였다.

1945년

創刊號 第一號　　　正　路　　　西曆紀元一九四五年十一月一日 （一）

發行　朝鮮共産黨　北部朝鮮分局

正　路

萬國의 勞働者는 團結하라！

버릴것은 鐵鎖요 어들것은 全世界다！

創刊辭

朝鮮共産黨 北部朝鮮分局設置

劃期！五道黨熱誠者大會

政治路線確立 組織擴大强化

黨의進路明示

（大會決定書）

■ 조선공산당 북부조선분국에서 기관지 『정로』를 창간하였다.

창간사

독일 파시즘의 붕괴, 일본 국가 급 군대 대표의 무조건 항복으로 전 세계는 "평화를 위한 필요한 조건은 전취되었다고 볼 수 있다." 위대한 붉은군대 그의 동맹자인 련합군의 힘으로 조선은 호전국가 일본침략자로부터 해방되었다.

조선의 해방은 자체의 힘으로 된 것이 아니라 외국의 힘으로 되었다. 외국의 힘도 '한' 힘이 아니고 '두' 힘 즉 사회주의국가인 쏘베트동맹의 힘과 자본민주국가인 영 미의 힘으로 되었다는데 특수성과 복잡성이 있다. 이 특수성과 복잡성에서 해방된 지 벌써 3개월이 된 금일까지 조선인민의 자주적인 전국적 통일정권이 수립되지 못하였다.

일제제국주의 통치 하의 조선은 경제기구에 있어서 봉건적 관계가 지배적이었다. 토지는 봉건적 소유관계이며 전반적으로 봉건적 유물이 우세이다. 그런고로 조선은 자본민주주의계급인 것이다.

조선공산당의 당면의 기본과업은 자주적인 통일적인 전국적 인민주권을 수립하는 것과 토지문제 - 농민문제를 해결하는데 있다. 과거 이십여 년간 조선 공산주의자들은 강도 일본제국주의와 그 동맹자를 타도하기 위하여 일체 기회주의와 타협주의의 분파와의 투쟁 속에서 금일의 조선공산당을 건설하게 된 것이다.

그러나 당은 아직 어리고 약하다. 대중적 볼세비키적 당이 없이는 로동계급의 궁극적 해방을 성공할수 없을 뿐만 아니라 현 계단에 있어서 전 조선 인민의 리익을 대표한 통일된 자주적인 인민공화국을 수립할수 없는 것이며 토지문제를 해결할수 없는 것이다.

당 북부조선당부는 당의 대중적 볼세세비키화 운동에 조선의 특수성과 복잡성을 보아 북부의 당활동의 민활과 사업의 확대 강화를 위하여 북부조선분국을 설치하게 되었다.

조선공산당 중앙위원회는 분국의 설치를 정당하다고 승인하였다.

조선 프로레타리아의 전위당은 당 내 군중은 물론 당 외 로동자 농민 급 일반인민을 교양하며 훈련하며 조직하지 않아서는 안 된다. 당 기관지는 군중의 조직자이며 선전자이다.

북부조선분국은 이 사명을 다하기 위하여 기관지 「정로正路」를 발간한다.

기관지 「정로」는 그 사명을 다할 것이다.　정로 1945. 11. 1.

김광운, 2018, 『북조선실록』 제1권, 코리아데이터프로젝트, 198쪽.

>>> 1945년

기사번호	제목(title)	부제목(stitle)	면수	필자, 출처
1945-11-01-001	창간사		1	
1945-11-01-002	조선공산당 북부조선분국 설치	획기! 5도당책임자열성자대회	1	
1945-11-01-003	정치로선 확립 조직 확대 강화 당의 진로 명시	-(대회결정서)-	1	
1945-11-01-004	좌경적 경향과 그 분파행동에 대한 비판	북조선공산당 창립대회에서	2	
1945-11-01-005	토지문제 결정서 반동지주의 토지 몰수 원칙으로 빈농에게 분배	북조선공산당 창립대회에서	2	
1945-11-01-006	봉건적 형태유지 농민을 기만착취	반동적평남도위 소작세칙	2	
1945-11-01-007	조선공산당 만세!	당의 '볼쉐위크'화를 위하여 전 당원은 대중속에 퍼지라!	2	편집국
1945-11-01-008	통고전재		2	
1945-11-01-009	제102호		2	
1945-11-01-010	만국 로동계급해방의 력사적 첫 페이지 창조!	기념하라 이날 11월 7일!	3	
1945-11-01-011	10월혁명 표어		4	
1945-11-01-012	살리라 11.3운동 청년학도는 궐기	새 임무를 수행하자	4	
1945-11-01-013	표어		4	
1945-11-01-014	만년필폭탄사건 사동에서 십여 명 희생	주구배 준동. 즉결하라 일본인 문제	4	
1945-11-07-001	평남도위 식량관리령과 도시민의 식량 문제	구체적대책이 긴요	1	
1945-11-07-002	10월혁명기념식 성대 해방의 정열에 불 붙는 10여 만 대중	의의깊은 이날을 축복	1	
1945-11-07-003	민족적 통일전선과 그 정치사상의 동향		1	
1945-11-07-004	중앙의 지시를 위한 투쟁		2	조선공산당 북부조선분국 비서 O,k,S
1945-11-07-005	조선공산당 중앙위원회 지시		2	
1945-11-14-001	조선민족통일전선 결성에 대한 조선공 산당의 주장		1	북조선공산당 중앙위원회 대표 박헌영
1945-11-14-002	당원자격, 입당수속 당원규률, 세포(1)		1	
1945-11-14-003	10월혁명기념 투쟁 총결산보고	평양시당원회의에서	2	
1945-11-14-004	레닌의 공산당 조직원리 개요		2	조선공산당 북부조선분국 비서 O.K.S
1945-11-14-005	각계소식 일속		2	

기사번호	제목(title)	부제목(stitle)	면수	필자, 출처
1945-11-14-006	혁명자후원회		2	
1945-11-14-007	투고환영		2	정로사 백
1945-11-21-001	선전선동에 대한 당원의 활동방침		1	
1945-11-21-002	사설. 로동자 농민 근로대중에게 격함		1	
1945-11-21-003	10월혁명기념 투쟁 총결산보고	평양시당원회의에서	2	
1945-11-21-004	당원자격, 입당수속 당원규률, 세포(2)		2	
1945-11-21-005	투고환영		2	정로사 백
1945-11-25-001	전 세계 주목의 초점 몰로또브동지의 국 제정세보고	1945년 11월 6일 모스크와시쏘 베트 10월혁명 제28주년 기념 축하회의에서	1, 2	
1945-11-25-002	북조선 제 행정국의 조직		2	
1945-11-25-003	투고환영		2	정로사 백
1945-11-28-001	전 세계 주목의 초점 모로또브동지의 국 제정세보고	1945년 11월 6일 모스크와시소 베트 10월혁명 제28주년 기념 축하회의에서	1, 2	
1945-11-28-002	국제소식 일속		2	
1945-12-05-001	조선로조전평 북부조선총국결성대회 성대	우리 로동운동사상에 획시기적 성과를 수득	1	
1945-12-05-002	선언	조선로조전평 북부조선총국결성 대회	1	
1945-12-05-003	사설. 인민의 권리를 존중하라		1	
1945-12-05-004	로조전평 북부총국대회 결정서		2	
1945-12-05-005	4대 결의		2	
1945-12-05-006	기업은 등록제로	평남군경무사령부 명령	2	
1945-12-05-007	당원자격. 입당수속 당원규률. 세포(3)		2	조선공산당 북부조선분국 비서 O.K,S
1945-12-05-008	북조선행정국의 직무와 사업		2	
1945-12-05-009	데빈 외상 사직을 영국공산당 요구		2	
1945-12-14-001	참된 자유를 인식하고 국민적 의무를 다 하자		1	
1945-12-14-002	조선의용군 맹활동!	압록강 연변에서 일패잔병을 격쇄	1	
1945-12-14-003	사설. 무엇으로부터 시작할가?		1	
1945-12-14-004	기관지 통신망 조직에 관하여		1	
1945-12-14-005	평양소식		1	
1945-12-14-006	평남탄광로동자의 용자 만난을 배제 결속	생산정량을 돌파	2	
1945-12-14-007	쏘련군의 음악선물		2	
1945-12-14-008	국제소식일속		2	
1945-12-14-009	제 기업소 개업운전에 총력을 집중협력 하라	북조선주둔 쏘련군사령부 포고	2	

기사번호	제목(title)	부제목(stitle)	면수	필자, 출처
1945-12-14-010	김일성장군에게 보내는 메쎄지	전국청년단체총동맹 서울시련맹으로부터	2	
1945-12-14-011	박천에 정치학교 개설		2	
1945-12-14-012	10월혁명기념 투쟁총결산보고 평양시당원회의에서(3)	조선공산당 북부조선분국 비서 O.K.S	2	
1945-12-14-013	투고환영		2	정로사 백
1945-12-21-001	조공북부 조선분국확대집행위원회(제3차) 당사업에 신기축을 작성!		1	
1945-12-21-002	당내 불순분자를 숙청 중앙집권제 확립 각 대표 토론 심각 열렬	제1일	1	
1945-12-21-003	김일성 사진		1	
1945-12-21-004	김일성동지의 빛나는 투쟁사		1	
1945-12-21-005	사설. 이색분자를 숙청하여 당대오를 공고히 하자		1	
1945-12-21-006	분국책임비서에 김일성동지 취임	제2일	1	
1945-12-21-007	3국외무대신회의 모스크와에서 개최		1	
1945-12-21-008	쓰딸린동지 막사과에 귀환		1	
1945-12-21-009	일본군포로 사역		1	
1945-12-21-010	재만동포 안주문제 해결	조선의용군과 조선독립동맹 보호지도하 완전한 자치권 획득	2	
1945-12-21-011	매상책임량을 다하면 곡물자유판매를 허용	북조선쏘련군사령부 명령포고	2	
1945-12-21-012	3.7제를 거부하는 욕심많은 지주	-소작인대회소집 성토계획-	2	
1945-12-21-013	중국 동북지방으로부터 량곡을 구입	쏘군사령부 자금 융통	2	
1945-12-21-014	생활필수품을 농촌에 선물	평남도인민위원회에서	2	
1945-12-21-015	항공사업에 신생면	조선항공협회 탄생	2	
1945-12-21-016	일본 국내 정정 진보적 법안 거부 전쟁범죄자문제로 격동	국회반동무능을 폭로	2	따쓰통신
1945-12-21-017	조은평양지점 지도하 재정질서를 수립	소련군사령부 명령	2	
1945-12-21-018	근위 자살		2	따쓰통신
1945-12-21-019	일본인의 모략 폭로		2	
1945-12-26-001	과오를 청산, 대오를 정비 정로로 일의 결속 매진!	평양시당대표대회 토론 준렬	1	
1945-12-26-002	민주국가건설의 모든 조건을 요청	희랍 3국외상에게 메쎄지	1	
1945-12-26-003	미국무장관 등 모스크와 방문		1	
1945-12-26-004	미국동맹 파업	각 산업을 위협	1	
1945-12-26-005	중국으로부터 미군 철퇴 주장	젤라쎄이씨 연설	1	
1945-12-26-006	낙위인민생활 쏘군 적극 방조		1	
1945-12-26-007	목호 체포압송		1	따쓰통신
1945-12-26-008	사설. 근로정신의 혁명		1	
1945-12-26-009	조선청년총동맹결성대회 성대 전국 각지에서 600여 대표 참집	청년의 의기를 고양	2	

기사번호	제목(title)	부제목(stitle)	면수	필자, 출처
1945-12-26-010	김일성동지에게 보내는 메쎄지	조선청년총동맹결성대회	2	
1945-12-26-011	선전표어		2	
1945-12-26-012	조선문학동맹 결성		2	
1945-12-26-013	민청시국강좌		2	
1945-12-26-014	쏘베트국회		2	법학박사 이.료원

1946년

1946년 1월 1일 『정로』

■ 조선공산당 북부조선분국 김일성 책임비서가 신년사를 발표하였다.

신년을 맞이하면서 우리 인민에게 드림, 김일성

1945년은 세계력사상에서 영원히 기념할 위대한 1년이다. 세계적 범위로 볼 때 평화와 자유를 애호하는 인민의 불구대천의 원쑤인 독일파시스트와 일본파시스트는 최후로 격파를 당하여 제2차 세계대전은 쏘·미·중·영을 선두로 한 민주국가의 위대한 승리로 결말을 지었다.

우리 조선 자체에 국한하여 보더라도 조선민족은 일본제국주의 36년간 노예의 쇠사슬을 벗어나서 자유해방의 새 살림을 시작하였으며 민주의 인민정치를 수립하기 시작하였다. 그럼으로 1945년은 조선력사상에서도 영원히 기념할 위대한 1년이다.

그러나 1945년을 보내면서 8·15 이후 근 5개월간을 다시 회고하여 보면 우리는 1945년의 력사적 임무를 완성치 못하였다고 말하지 않을수 없다. 다시 말하면 우리에게는 아직도 많은 문제가 해결되지 못한 채로 존재해있다.

례를 들면 우리는 아직도 민족통일전선을 완전히 결성하지 못하였고 민의를 대표하는 완전한 정부를 건립하지 못하였고 인민 생활을 개선하지 못하였으며 산업 부흥을 힘있게 진행시키지 못하였다. 그리고 또 38도 계선문제도 아직 해결되지 못하고 있다. 북부조선지방의 인민은 붉은군대의 협조하에 진정한 자유를 획득하여, 일체 정권이 인민의 손에 관리되고 있지만은 기타 지방에 있어서는 정권을 아직도 조선 인민에게 넘겨주지 않고 심지어 민족반역분자 일본제국주의의 잔재세력이 횡행하며 파시스트의 활동이 대두하여 민족통일전선이 유효하게 결성되지 못하는 것은 매우 유감스러운 일이다.

그러면 1946년을 맞으며 우리는 어떻게 로력해 할 것인가? 우리는 조선의 진정한 독립을 위하여 근 5개월간의 경험과 교훈을 심각히 인식하고 민족통일전선을 밑으로부터 위로 공고히 결성하며 민주주의적 림시정권을 속히 건설하여 국제적으로 민주주의국가의 일환이 되어, 세계반팟쇼반침략운동에 일 역할을 다하도록 로력하며 진정으로 인민의 생활을 개선하고 일제의 잔재요소를 철저히 숙청하며 민주주권정치를 완전히 실행하여 조선 인민으로 하여금 진정한 자유를 얻도록, 로력해야 한다. 물론 이밖에도 여러가지 임무가 많을 줄 안다. 그러나 현 계단의 조선민족은 이 임무를 완성함으로서만 기타의 문제를 원만히 해결할수 있다. 그럼으로 조선민족은 이 신성한 임무를 완성하기 위하여 모두 동원되어야 할 것이다. 더욱 조선의 공산주의자는 이 사업을 완성하는데 특별히 선봉적 역할을 해야 할 것이다.

끝으로 최근 모스크바에서 열린 3국 외무대신 회의는 조선문제에 관하여 중요한 결정을 지었다 한다. 이 결정에 의하면 38도 경계선을 철폐하고 조선의 민주정부를 수립시키기 위하여 쏘·미·중·영 4대 국가가 조선에 대하여 5개년 간 관제를 실시한다는 것이다. 이와 같은 결정은 우리의 주관 욕망과 다소 배치되는 점도 없지 않을 것이다. 그러나 이 문제도 우리가 민족통일전선을 공고히 결성하며 일제의 잔재를 철저히 숙청하고 진정한 민주주의국가를 건설하여 세계 민주주의국가의 일원이 됨으로서 능히 해결할수 있다. 그럼으로 모든 문제는 궁극에 있어 우리 조선민족 자체의 힘으로서 결정된다. 고로 우리는 결코 락망할 것이 아니다. 전 인민은 더 굳은 결심으로 철저히 민주주의정강을 실시하는 공산당 주위에 단결할 것이며 공산당은 민주주의 정당과 통일전선을 공고히 결성하여 조선의 완전한 독립과 해방을 위하여 분투할 것이다. 정로 1946. 1. 1.

김광운, 2018, 『북조선실록』 제2권, 코리아데이터프로젝트, 6~7쪽.

1946년 5월 28일부터 북조선공산당 중앙위원회 기관지로 발행처 변경

■ 북조선문화예술총동맹 위원장 한설야가 김일성의 "혁명가적 전통" 가계家系를 소개하는 논설을 발표하였다.

김일성장군의 가계 그 혁명가적 전통

조선민족의 영웅 김일성장군은 1912년 고도 평양에서 약 20리 떨어진 만경대에서 출생하였다.

이곳은 대동강 하류인 최승지로 평양의 경승 모란봉을 릉가하는 기승의 지다. 기복하는 부드러운 곡선으로 된 잔잔하고 아름다운 구릉의 포치가 한개의 절묘한 파노라마를 이룬 가운데 장군이 출생한 조그만 마을이 있다. 이 마을 앞 만경대에 올라보면 이 일대의 높고 낮은 구릉을 싸고도는 아득히 넓은 대동강에는 두로 문발, 두단, 추자, 장광, 원암의 제도가 수놓은 비단발처럼 펼쳐져있고 유유한 강수는 갈리고 또 모이면서 서해로 흘러간다.

그러나 이곳은 결코 중국 전설에 나오는 무릉도원과 같이 인간사회와 동떨어진 별지는 아니다. 차라리 한번 이곳에 이르면 누구나 인간과 자연의 뉴대를 생각하게 되고 자연이 반드시 위대한 예술가나 걸출한 인물을 낳으리라는 것을 상상케 한다. 그리고 장군이 여기서 난 것을 생각하는 때 우리는 '인걸은 지령'이라는 옛말을 련상하게 된다.

더우기 김장군의 아버지를 비롯하여 그 숙부와 한 아우가 모두 민족해방전선에 목숨을 바친 것이며 또는 그 조부, 조모가 왜관의 갖은 박해에도 뜻을 굽히지 않는 그 강강한 성품이며 그 종질이 8·15해방 조금 전에 비밀조직 '조국해방단'에 가입 활동한 것을 생각할 때 장군은 결코 평지돌출이 아니요, 개천에서 난 룡마가 아니라 실로 남다른 혁명가적 전통 속에 생을 받은 것을 추상하기 어렵지 않다.

장군의 아버지 김형직선생은 일찍 평양 숭실중학을 나온 뒤 약 4년간 향리와 강동사립학교에서 교편을 잡았다. 그 당시 수학하던 문인들은 오늘까지 여출일구로 "김선생 말씀에 울지 않은 사람이 있나요. 마디마디가 조선독립에 관한 말낱이었지요. 그의 강연을 들으면 누구나 피가 뛰었지요" 한다.

사실 영웅의 아버지는 일본제국주의의 야만적 학정 아래에 신음하는 조선민족에게 한낱 문자를 주는 것만으로 만족하지 못하였으니, 그러므로 항상 민족정신에 튼튼한 연장을 주기에 절대한 로력을 아끼지 않았던 것이다. 선생이 얼마나 민족의 경애를 받았던가는 약관을 갓 지난 그로서 재직 4년 미만에 주민의 립비 송덕을 받은 사실을 듦으로써 족히 미루어 알수 있는 것이다.

열혈의인이요, 실행의인인 선생은 재직중 '3·1'운동에 참가하여 '령어의 인'이 되었는데 재감 중 생각하는 바가 있어 의학을 독학하였고 출옥 정양의 그 동안에도 사학을 전공하여가지고 국경 중강진으로 솔가 이주하였으니, 선생이 의학을 공부한 것이나 새 주거를 국경에 택한 것은 좀 더 강력히 독립운동에 헌신하기 위하여서였다. 선생은 표면으로는 병원을 내여 은밀히 자금을 만들고, 리면으로는 당시 국경을 넘나들던 씩씩한 독립군들과 련락해가지고 그 운동의 추진과 확대에 심혈을 기울였다.

한설야는 1946년 5월 1일부터 『정로』에 4회에 걸쳐 김일성 찬양기사를 연재한 바 있다. 이어진 이 글은 김일성 가계를 찬양한 북조선 최초의 '혁명전통 교양기사'이다.

김광운, 2018, 『북조선실록』 제3권, 코리아데이터프로젝트, 319~324쪽.

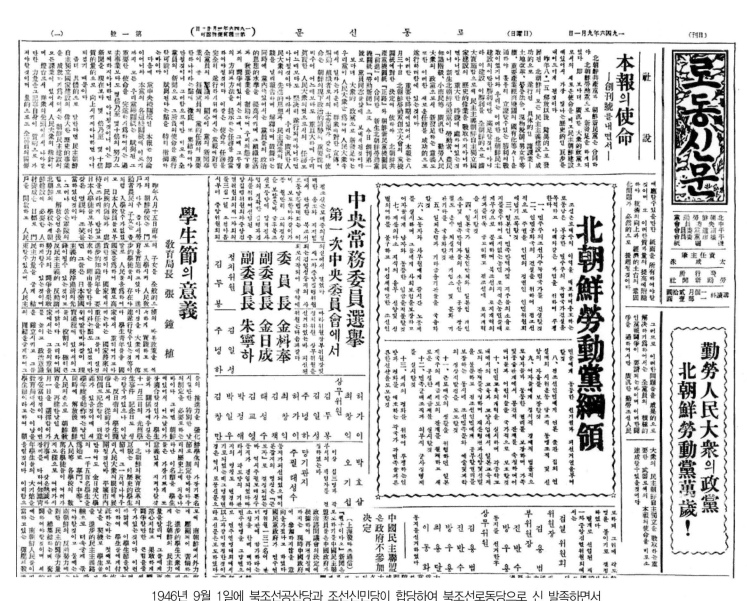

1946년 9월 1일에 북조선공산당과 조선신민당이 합당하여 북조선로동당으로 신 발족하면서
북조선로동당 중앙위원회·평남도당위원회·평양시당위원회 기관지 『로동신문』 창간호 발간

■ 북조선공산당 기관지 『정로』와 조선신민당 기관지 『전진』이 합동하여 북조선로동당 기관지 『로동신문』으로 신발족하고 창간호를 발행하였다.

사설 본보의 사명 - 창간호를 내면서 -

조선공산당과 조선신민당은 합동하여 북조선로동당으로 신 발족을 하게 되었다. 즉 보다 더 광범한 대중적 정당으로서의 새로운 사명을 띠고 민주조선 건설에 있어서 가장 빛나는 력사적인 거보를 내어디디게 된 것이다. 작년 8·15해방 이후 경이적으로 발전된 북조선의 모든 민주주의 건설은 성공적으로 수행된 구체적인 제 과업 - 토지개혁, 로동법령, 현물세제, 남녀평등권, 중요산업경제기관의 국유화 등등 - 을 통하여 훌륭히 립증할수 있는 승리의 전취이었거니와 우리는 이러한 북조선 민주건설의 이만한 승리에만 만족할 것이 아니라, 이 건설 이 승리를 전 조선적으로 확대 실시함으로써 민주주의조선 자주독립국가건설의 력사적 위업을 전취하지 아니하면 아니 될 중대한 시기에 처하여 있는 것이니 신생 북조선로동당이 로동자, 농민, 지식계급, 소시민 등 광범한 근로인민대중의 정당으로서 신 발족하는 의의도 또한 이러한 새로운 임무를 성공적으로 수행하려 함에 있는 것이다.

이러한 중요한 시기에 있어서 본보는 8월 30일 북조선로동당 창립대회의 당 기관지에 대한 결정에 의하여 북조선공산당 기관지 『정로』와 조선신민당 기관지 『전진』이 합동한 신생 북조선로동당 기관지 『로동신문』으로 금일 창간 제1호로 당원동지들 앞에 보내게 된 것이다.

보다 더 대중적 정당으로 신 발족하는 우리 당이 인민대중을 위하여 인민대중 속에서 일하는 가운데 군중에 대한 선전, 선동, 조직자로서의 본 당보가 갖는 바 사명은 조선의 현하 정치적 정세의 중요성에 비추어 어느 때보다도 중차대하며 우리 진실한 인민대중의 벗으로서의 임무도 어느 때보다도 견결히 수행되지 아니하면 아니 될 것이다. 따라서 우리는 광범한 인민대중의 선진적 사상과 민주과업의 실천을 널리 보고하며 해석하며 고무하는 동시에 당내에 있어서는 당원들의 정치적 사상적 수준을 제고시키며 그 조직생활과 교양사업을 방조하며 우리의 원쑤들과의 투쟁에 있어서는 그때, 그때 그 투쟁의 방향과 방법을 제시하는 임무를 감당하여야 될 것이다.

이 같은 사명과 임무를 완전히 수행하기 위하여서는 당보에 대한 전 당원의 인식과 관심이 당의 신문 사업이 곧 매개 당원의 당적 임무의 중요한 하나이라는 점에 철저 또 집결하여야만 될 것이니 그러함으로써만 비로소 전 당원의 신문으로 그 소부의 사명을 수행할 가능이 부여된다는 점을 특히 지적하는 바이다.

다음에 당중앙기관지인 본보는 물론이거니와 본 당의 각 도 기관지에 이르기까지 모든 우리 당 기관지는 부여된 그 중요한 사명을 완수하기 위하여서는 과거 사업보다도 몇 배 내지 몇 십배의 로력으로써 하지 아니하면 아니 될 것이니 이는 즉 신문을 현재보다 몇 배 내지 몇 십배 질적 량적으로 향상시키지 아니하면 아니 되겠기 때문이다. 좀 더 구체적으로 말한다면 민주조선자주독립국가건설의 위대한 력사적 사업을 성취하기 위하여서는 조선 민주건설의 모든 과업에 있어서 인민대중의 지침이며 등대로서 군중의 선두에 서서 나아갈만한 력량을 그 기사 자신이 질적으로 가져야 할 것이며 량적으로도 전 당원의 수요에 응할수 있을만한 지면을 소유하여야 할 것이며 또 이러한 질과 량의 제고에 부수하여 기술의 향상과 경제적 토대의 공고화 문제가 필연적으로 제기될 것이다. 그러므로 이러한 문제들을 성과적으로 해결하기 위하여서는 전 당원의 적극적인 당보투쟁이 요청되는 바이며 이러한 투쟁을 통하여서만 광범한 근로조선 인민대중의 민주조선자주독립을 전취하는 중요한 무기로써의 본보의 사명을 비로소 달성할수 있을 것이다. 로동신문 1946. 9. 1.

김광운, 2018, 『북조선실록』 제5권, 코리아데이터프로젝트, 94~95쪽.

1946년 11월 5일부터 대형 4면으로 발간

1946년

기사번호	제목(title)	부제목(stitle)	면수	필자, 출처
1946-01-01-001	건국의 정로		1	
1946-01-01-002	신년을 맞이하면서 우리 인민에게 드림	김일성	1	
1946-01-01-003	김일성 사진		1	
1946-01-01-004	해방조선의 첫 신년		1	?
1946-01-01-005	1945년의 회고 1946년의 전망	해방은 전취되었다 건설에 총궐기하자	1	오기섭
1946-01-01-006	일본파시스트의 장단에 춤추는 민족반역자		1	
1946-01-01-007	숙청은 누가 하느냐?	(당원심사위원을 파견하면서)	1	
1946-01-01-008	새해 우리의 새 과업	장시우	2	
1946-01-01-009	농민운동의 방향	리순근	2	
1946-01-01-010	인민정치위원회의 정치적성격	리주연	2	
1946-01-01-011	조선경제의 건설을 위하여	김광진	2	
1946-01-01-012	쏘베트국가와 녀성	각 방면에 동등권형유 국정에 착착 진출	2	
1946-01-01-013	진보적 민주주의문화를 건설하기 위하여 싸우자		2	김창만
1946-01-03-001	쏘, 미, 영 3국 외상모스크바회의의 결과 발표		1, 2	
1946-01-03-002	조선공산당 북부조선분국, 조선로동조합 전국평의회 북조선총국, 평남농민위원회, 민주청년동맹, 녀성총동맹, 조선독립동맹 대표들의 공동성명서	조선에 관한 쏘미영 3국외상 모스크바회의의 결정에 대하여	2	
1946-01-03-003	조선에 관한 쏘미영 3국외상 모스크바회의의 결정에 대한 북조선행정국 국장회의에서 발표한 성명서		2	
1946-01-08-001	평남도당 제1차대표대회	탄생이래 4개월간의 업적과 과오를 총결산	1	
1946-01-08-002	쓰딸린동지에게 보내는 메쎄지	조선공산당 평안남도당 제1차대표대회	1	
1946-01-08-003	사설. 당의 견해와 주장		1	
1946-01-08-004	박헌영동지에게 보내는 메쎄지	조선공산당 평안남도당 제1차대표대회	1	
1946-01-08-005	세계로동조합련맹 희, 일에 조사단 파견		1	따쓰통신
1946-01-08-006	모스크바회의 결정 지지 10여만 대중 가두시위	평양	2	
1946-01-08-007	독일주요생산지에 조사시찰단을 파견		2	따쓰통신
1946-01-08-008	모쓰크바회의의 결정에 대하여 전 조선 인민들의 지지 요망	평남인민정치위원회의 성명서	2	
1946-01-08-009	비법률가협회 일황재판 요구		2	따쓰통신
1946-01-08-010	미국동맹파업중대화		2	따쓰통신
1946-01-08-011	평남도당 제1차대표대회 결정서		2	
1946-01-09-001	모스크바3 국외상회담 결의에 대한 조선공산당의 태도	조선공산당 중앙위원회	1	
1946-01-09-002	3국외상회의 조선문제 결정과 조선공산당의 태도	오기섭동지 강연(1)	1	
1946-01-09-003	사설. 기독교에 대한 일 제언		2	
1946-01-09-004	무조건정전문제	국민당측의 역제안에 대하여 중공측 정식으로 회답	2	
1946-01-09-005	극동위원회의 쏘련대표 결정		2	따쓰통신
1946-01-09-006	외몽고독립을 중국정부 승인		2	
1946-01-09-007	국민당측의 역제안내용		2	
1946-01-09-008	국공협의 위해 쌍방대표 결정		2	
1946-01-09-009	중공의 정전제의 미국 각 신문 찬양		2	연안신회사
1946-01-09-010	흥남지구 인민공장 랑보2제 장하다! 전두환동무	전기보이라 연구, 석탄을 절약	2	
1946-01-09-011	알바니아정부 뿔가리아가 승인		2	따쓰통신
1946-01-09-012	미국 내상 익께쓰씨 하와이 자치주 제창		2	
1946-01-09-013	기계는 돌아간다 생산도 엄청나게 증가	모두가 일하는 동무들의 힘	2	
1946-01-09-014	히틀러의 시체 발견		2	
1946-01-09-015	민족통일전선에 있어서 당원의 모범적 작용		2	림춘추
1946-01-10-001	친일분자를 숙청하자		1	최용건
1946-01-10-002	3국외상회의 조선문제결정과 조선공산당의 태도	오기섭동지 강연(2)	1	
1946-01-10-003	뿔가리아선거에 조국전선이 승리(1)		1	박영빈
1946-01-10-004	전진도 씨슬새업는 조선의용군 조국을 위해 만주광야에서 분투	식량과 비료 알선 조국동포에게 분배	2	
1946-01-10-005	물자교류 착착 수입중		2	
1946-01-10-006	조중량민족 융화	안동의 동포 안주	2	
1946-01-10-007	안동, 신의주서 극공연 대환영		2	
1946-01-10-008	군정간부학교		2	
1946-01-10-009	후원회조직 로고를 위안		2	
1946-01-10-010	3.7제를 거부 사욕 채우는 지주들	소작인궐기 비행폭로	2	
1946-01-10-011	무정동지와 독립동맹동지에게	조선청년총동맹 결성대회의 서장	2	
1946-01-11-001	1946년을 맞으며		1	현칠종
1946-01-11-002	만화는 3국 외상회담의 결의를 반대책동하는자		1	

기사번호	제목(title)	부제목(stitle)	면수	필자, 출처
1946-01-11-003	3국외상회의 조선문제결정과 조선공산당의 태도	오기섭동지 강연(3)	1	
1946-01-11-004	빨가리아선거에 조국전선이 승리(2)		1	박영빈
1946-01-11-005	유태인이주문제		1	
1946-01-11-006	반동분자에 대철추 인민총의의 정부가 기소미 간의 의견대립은 무소	3국외상회의 결과 미국평론가 론평	2	
1946-01-11-007	국제련합회 1회총회 론돈에서 개최		2	
1946-01-11-008	각당 각파를 망라	중국정치회의 개최	2	
1946-01-11-009	쏘토 충돌설을 따스통신 반박		2	
1946-01-11-010	통상회의 미국 소집계획		2	
1946-01-11-011	허리띠를 조리고 건국생산에 전력	사동탄광 동무들의 돌격운동	2	일기자
1946-01-12-001	국공타협 성립 정전을 정식 명령	중국화평재건에 광명	1	
1946-01-12-002	국부의 미기자입국 금지	미국신문이 준렬히 론박	1	연안신화사
1946-01-12-003	오태리정부를 쏘미영불 승인		1	
1946-01-12-004	불복종운동 제창	인도 깐듸옹 연설	1	
1946-01-12-005	라국내각 개조 미영 불원 승인		1	
1946-01-12-006	원자력의 비밀 미국보지 주장		1	
1946-01-12-007	3국외상회의 조선문제결정과 조선공산당의 태도	오기섭동지 강연(4)	1	
1946-01-12-008	레닌-쓰딸린당의 조직상원칙(1)		1	ㅈ.ㅅ.ㅎ
1946-01-12-009	모스크바회의 결정 지지 반동분자 배격 결의	민청평남도대표대회	2	
1946-01-12-010	평남도정위원 일부 개선	조만식씨 위원장 사임	2	
1946-01-12-011	바치자 건국헌금 평양시당에서 솔선	동무들의 협력 요망	2	
1946-01-12-012	군색한 살림에서 지성의 건국헌금	동화편직공장 동무들	2	
1946-01-12-013	이 지주를 보라!	토지를 작인에게 분배한 리창 진씨에게 찬양 자자	2	
1946-01-12-014	조선공산당 북조선분국동무들에게	함남 홍원동무에게서	2	
1946-01-12-015	군수공장을 민수로 전환		2	
1946-01-12-016	쏘련에 있어서의 공유재산과 사유재산		2	야.브란도브
1946-01-13-001	각 정당 평등화와 민주정부수립 제창	중국정치회의 개막(제1일)	1	
1946-01-13-002	정전명령내용	중국정치회의에서	1	
1946-01-13-003	7천만 인도네시야신정부 절대지지 독립을 완강히 요구		1	
1946-01-13-004	인도네시야 영군에 저항		1	
1946-01-13-005	사유자본주의의 발전에 관하여	연안해방일보 사설(1)	1	
1946-01-13-006	사설. 조선민주당의 강령과 실천		1	
1946-01-13-007	각계대표 3만여 참집 3국외상회의 결정 지지 대시위	진남포 유사이래의 성사	2	
1946-01-13-008	북부조선인민교원직업동맹결성 준비	래월 상순경 대회소집 예정	2	
1946-01-13-009	금월말까지에 량곡매상을 완료	로조원 출동로력 보조	2	

기사번호	제목(title)	부제목(stitle)	면수	필자, 출처
1946-01-13-010	이태리공산당 폭발범인 체포		2	
1946-01-13-011	레닌-쓰딸린당의 조직상 원칙(2)		2	ㅈ.ㅅ.ㅎ
1946-01-15-001	조선동포에게 고함	조선독립동맹귀국 제1성	1	
1946-01-15-002	사유자본주의의 발전에 관하여	연안해방일보 사설(2)	1	
1946-01-15-003	뽐베이구역 로동자 파업		1	
1946-01-15-004	레닌-쓰딸린당의 조직상 원칙(3)		1	ㅈ.ㅅ.ㅎ
1946-01-15-005	천황제의 페지 인민전선 확대 주장	일본인민해방련맹 야판철동지 귀국담	2	
1946-01-15-006	쓰딸린동지를 제1후보로 추천	쏘련최고쏘베트 선거	2	신화사
1946-01-15-007	국제련합총회 론돈에서 개막		2	
1946-01-15-008	극동위원회 위원장 착임		2	
1946-01-15-009	위군해산 촉진 일본군무장 해제	중공 주은래동지 요구	2	
1946-01-15-010	고립주의 거부 국제합작 제창	미국상무부장 강연	2	신화사
1946-01-15-011	5백만 군인 귀환	미국경제에 중압	2	
1946-01-15-012	일본 전범재판 영국대표 임명		2	
1946-01-15-013	미충승전 손해 발표		2	
1946-01-15-014	평양학원 탄생	건국간부 양성	2	
1946-01-15-015	해방경축 빙상대회 대동강상에 전개		2	
1946-01-15-016	리승만에 대한 성명서	조공평남도 제1차대표대회	2	
1946-01-15-017	독일검사위원회 영점령구 독일무장 해제	전범자징벌법률을 제정	2	
1946-01-15-018	고창, 도변 사형 선고		2	
1946-01-16-001	쏘련의 승리적건설	전국에 팽연히 진행	1	쏘련정보부 특고
1946-01-16-002	3국외상회의 조선문제결정과 조선공산당의 태도	오기섭동지 강연(5)	1	
1946-01-16-003	쏘련의 직업동맹		1	ㄹ.ㅂ.ㄱ
1946-01-16-004	(민족반역자의 숙청이 림정건립의 첫 걸음)		1	
1946-01-16-005	쏘미량군사령부 대표 경성서 회의 개최	쏘련측 대표일행 착경	2	
1946-01-16-006	서조선석탄관리국회의		2	
1946-01-16-007	민주주의적기초우에 강력한 집권제 실시	평남인민정치위원회의(19회)	2	
1946-01-16-008	3국외상회의결정 해설 지방선전대 파견	조공평남도당에서	2	
1946-01-16-009	국제련합총회는 정치문제 불취급?		2	
1946-01-16-010	3국외상회의 결정 지지	남곤면민 시위	2	
1946-01-16-011	전국군대에 대하여 군사행동정지를 명령	중국 륙군총사령부에서	2	
1946-01-16-012	미국 금년예산 작년의 반액?		2	
1946-01-16-013	미단 1국방성 설치준비 착수		2	
1946-01-16-014	분란 전범자심판을 개시		2	
1946-01-16-015	건국헌금루계 186, 591원		2	
1946-01-16-016	오태리공화국 대통령선거		2	
1946-01-16-017	사유자본주의의 발전에 관하여	연안 해방일보 사설(3)	2	

기사번호	제목(title)	부제목(stitle)	면수	필자, 출처
1946-01-17-001	조선문제에 대한 결정서는 우리에게 무엇을 가르치나(1)	-민족적재비판과 악질선전의 분쇄를 위하여-	1	최용달
1946-01-17-002	3국외상회의 조선문제결정과 조선공산당의 태도	오기섭동지 강연(6)	1	
1946-01-17-003	로씨야 1905년 부르죠아민주주의혁명에 있어서의 2개 전술상 로선		1	ㅈ.ㄷ.ㅎ
1946-01-17-004	남북조선의 통일과 긴급한 제문제를 해결	쏘미량군대표 공동회담 진행	2	
1946-01-17-005	군대재편문제로 국공간 토의 격렬	중국정치회의 본회의	2	
1946-01-17-006	미군점령기간 최소한 2개년		2	
1946-01-17-007	불법점령한 알메니야 쏘련에 반환주장		2	
1946-01-17-008	3국외상회의 조선문제 결정 해석공작보고 격식	평남도당 선전부 참고의견(상)	2	
1946-01-17-009	붉은 군대의 력사적사명	일본침략주의기반에서 조선민중을 해방하였다(1)	2	박영빈
1946-01-17-010	산하봉문상소 미지 반대 표명		2	
1946-01-18-001	조선문제에 대한 결정서는 우리에게 무엇을 가르치나(2)	-민족적재비판과 악질선전의 분쇄를 위하여-	1	최용달
1946-01-18-002	3국외상회의 조선문제결정과 조선공산당의 태도	오기섭동지 강연(7)	1	
1946-01-18-003	사설. 민주주의		1	
1946-01-18-004	일본 전정당의 민주주의화 요망	맥아더사령부 정치불간섭 천명	2	
1946-01-18-005	조공 룡강군위 년초공작 강화		2	
1946-01-18-006	평양학원 학생모집 정원초과		2	
1946-01-18-007	쏘미공동회담 량군대표 인사		2	
1946-01-18-008	미국군측대표 하지중장 인사		2	
1946-01-18-009	쏘련군측의 대표 스띠꼽대장 인사		2	
1946-01-18-010	반동적 교육자가 통일전을 파괴		2	
1946-01-18-011	독일감독위원회 독일전범자 징벌	쏘련평론가 대호평	2	신화사
1946-01-18-012	붉은 군대의 력사적 사명	일본침략주의기반에서 조선민중을 해방하였다(2)	2	박영빈
1946-01-18-013	3국외상회의 조선문제 결정 해석공작보고 격식	평남도당선전부 참고의견(하)	2	
1946-01-21-001	레닌서세 22주년 기념		1	
1946-01-21-002	레닌동지의 추억		1	
1946-01-21-003	레닌동지의 유지를 계승. 승리적 완수를 맹세	1924년 1월 26일 제2차 전쏘련 쏘베트대표대회에서 한 쓰딸린동지의 연설	1, 4	
1946-01-21-004	레닌동지서거 22주년 기념일을 당하여		2	오기섭
1946-01-21-005	레닌유적 참관기		2	O.K.S
1946-01-21-006	쏘베트국가 인민의 성묘	바르쓰끼박사	2	바르쓰끼박사, 박태섭 역
1946-01-21-007	로씨야공산당의 조직자로서의 레닌	쓰딸린	3	

기사번호	제목(title)	부제목(stitle)	면수	필자, 출처
1946-01-21-008	쏘베트국가 건설자 레닌		3	박영빈 역
1946-01-21-009	레닌주의의 력사적근거(1)		4	
1946-01-23-001	로씨야공산당의 령수로서의 레닌	쓰딸린	1	
1946-01-23-002	3국외상회의 조선문제결정과 조선공산당의 태도	오기섭동지 강연(8)	1	
1946-01-23-003	조선문제에 대한 결정서는 우리에게 무엇을 가르치나(3)	-민족적재비판과 악질선전의 분쇄를 위하여-	1	최용달
1946-01-23-004	군벌정치가 추방 민주정치로 전환	일본정계의 동향주목	2	
1946-01-23-005	국가재건안 중공대표 제의	정치회의	2	
1946-01-23-006	독일의 전 점령군 10년 내 철퇴 주장		2	
1946-01-23-007	모스크바회의결정 지지	4정당 성명 발표	2	
1946-01-23-008	프랑코서반아와 불의회 단교 가결		2	
1946-01-23-009	북조선중앙은행 설치 산업운수의 발전 촉진	북조선주둔 쏘련군사령부 명령	2	
1946-01-23-010	나치지도자 극형을 요구		2	
1946-01-23-011	소유지전부를 건국사업에 제공	정관선씨의 미거	2	
1946-01-23-012	붉은군대의 력사적사명	일본침략주의기반에서 조선민중을 해방하였다(3)	2	박영빈
1946-01-24-001	민주독립국가건설에 청년의 총력집중	조선민주청년동맹 북조선위원회 결성	1	
1946-01-24-002	레닌주의의 력사적근거(2)		1	ㅈ.ㅅ.ㅎ 역
1946-01-24-003	조선문제에 대한 결정서는 우리에게 무엇을 가르치나(4)	-민족적재비판과 악질선전의 분쇄를 위하여-	1	최용달
1946-01-24-004	시군당간부훈련	평남도당에서 학습회	1	
1946-01-24-005	영국위통문제	베빈외상 연설	1	
1946-01-24-006	특고		1	조선독립동맹
1946-01-24-007	란인실정을 보고		1	
1946-01-24-008	모스크바회담 결정 지지시위의 의의와 교훈	오기섭동지 보고연설	2	
1946-01-24-009	농림수산업의 증산대책을 토의	북조선농림부장회의	2	
1946-01-24-010	일본인을 감시	장기점령 주장	2	
1946-01-24-011	「반공은 멸망이다」		2	
1946-01-25-001	1당전제를 배제 민주적정부 수립	중공정치회의에 제안	1	
1946-01-25-002	정치회의 연기		1	
1946-01-25-003	국제련합회 경제회 개최		1	
1946-01-25-004	국련안전보장리사회도 개최		1	
1946-01-25-005	불공산사회 량당 정부조직에 착수		1	
1946-01-25-006	불 드골주석 사표를 제출		1	
1946-01-25-007	모스크바회의결정 반대운동은 조선을 위해 불리 건국에 매진함이 간요	하지중장 성명	1	
1946-01-25-008	'비상정치예비회' 탈퇴 좌익과 협조 주장	김원봉씨 등 성명 발표	1	

기사번호	제목(title)	부제목(stitle)	면수	필자, 출처
1946-01-25-009	이란수상 사직		1	
1946-01-25-010	미제강로조 대파업	참가인원은 75만	1	
1946-01-25-011	파업로동자 2백여만에 증가		1	
1946-01-25-012	소유지전부를 빈농에 제공	김봉관 라승기씨 미거	1	
1946-01-25-013	진남포로동조합 건국헌금에 수범	당면제문제를 토의	1	
1946-01-25-014	조선문제에 대한 결정서는 우리에게 무엇을 가르치나(5)	-민족적재비판과 악질선전의 분쇄를 위하여-	1	최용달
1946-01-25-015	청년운동의 당면과업		2	양영순
1946-01-25-016	북부조선민주주의청년단체대표자회의 결정서		2	
1946-01-26-001	각층각계를 망라 인민주권을 구현	획기!평남도정 확대위원회	1	
1946-01-26-002	인민의 요구를 실행하는 정치위원회가 되라	김일성동지 축사요지	1	
1946-01-26-003	인민위원회의 나갈 길	오기섭동지 축사요지	1, 2	
1946-01-26-004	정부개조문제가 정치회의의 난관	국공의석문제로 대립	2	UP
1946-01-26-005	중국과 태국간 우호조약 체결		2	
1946-01-26-006	요승지동지 석방		2	
1946-01-26-007	각 지서 60여명 소집 선전간부를 훈련	조공 북조선분국에서	2	
1946-01-26-008	쏘련의 총인구 1억 9천여만		2	
1946-01-26-009	희랍과 쟈바에 대한 영의주군은 내정간섭	쏘련이 국련에 행동정지 요구	2	
1946-01-26-010	일본의 배상능력 예상이상으로 풍족	미배상부위원장 언명	2	
1946-01-26-011	미국육류포장로조 파업		2	
1946-01-26-012	쏘베트녀성과 쏘련최고쏘베트 선거		2	
1946-01-27-001	쏘미 량국 제안의 차이점	조선문제결정에 관한 따쓰통신의 해명	1	
1946-01-27-002	각처에 있는 공산당원들과 민주당원들도 조선에 대한 모스크바회의결정 지지		1	
1946-01-27-003	민주주의적대중은 조만식파의 반동적태도를 치욕으로 락인한다		1	
1946-01-27-004	안주군 민주당책임자 성명		1	
1946-01-27-005	후견제 5년연장안은 휴지로 돌아갔다		1	
1946-01-27-006	종시 열성적으로 행정사업을 토의	평남도정 확대위원회 폐막	2	
1946-01-27-007	검사제 실시	행정사업을 감찰	2	
1946-01-27-008	평남 각 탄광에서 생산정량을 돌파	주목! 생산돌파운동	2	
1946-01-27-009	신임위원		2	
1946-01-27-010	침재로서 모은 돈을 학교기금으로	조녀사의 건국미담	2	
1946-01-27-011	건국대학기성회 기금모집에 활동		2	
1946-01-27-012	레닌동지의 풍모	1924년 1월 28일 크레무린궁 사관학교야회에서 한 쓰딸린동지 연설(1)	2	
1946-01-27-013	월세계와 련락	미륙군 실험 발표	2	

기사번호	제목(title)	부제목(stitle)	면수	필자, 출처
1946-01-29-001	한국민주당 등의 반동적정체 폭로	각방으로 악선전 류포	1	
1946-01-29-002	국련의 제문제 평화적으로 해결	각국 대표 락관적태도	1	
1946-01-29-003	불국 3당련립내각 성립	공산당 7명, 사회당 9명, 공화당 7명, 무소속 1명	1	
1946-01-29-004	독일해군함정 쏘미영에 분배		1	
1946-01-29-005	희랍취급문제 영당국 협의중		1	
1946-01-29-006	정부조직문제로 중정치회의 연기		1	
1946-01-29-007	억류당하였던 면전 수상 석방		1	루뗄통신
1946-01-29-008	일본군부 전쟁중 25억원 강탈		1	
1946-01-29-009	북조선농위회련맹결성대회 평양에서 금월말 개최		1	
1946-01-29-010	아름다운 지주표창식	평원군농위 거행	1	
1946-01-29-011	평양시위에서 헌금지부 설치		1	
1946-01-29-012	'반탁'운동의 리면		1	
1946-01-29-013	인테리에 대한 제안		2	오기섭
1946-01-29-014	반동분자를 배제 당의 혁신강화 도모	조선민주당 부당수 최용건씨 성명 발표	2	
1946-01-30-001	3.1운동기념투쟁의 준비공작을 전개하자		1	오기섭
1946-01-30-002	3.1운동기념준비위원회 조직을 제의		1	조선공산당 중앙위원회
1946-01-30-003	'인민자유'4개조 즉속실시를 요구	중국민주동맹 대표 항의(중국정치회의)	1	중앙사
1946-01-30-004	당원증 주는자와 받는자에 대하여		1	oks
1946-01-30-005	일본전범재판에 9개국 전부 참가	3월초순에 개정예정	1	
1946-01-30-006	전쟁범죄자 기회든지심문		1	
1946-01-30-007	성층비행기록	폭격기 B29 작성	1	SF통신사
1946-01-30-008	전 면전수상 자수의 경로		1	공동통신
1946-01-30-009	재판관 임명		1	공동통신
1946-01-30-010	고 김창화 리용연동지를 추억 험산준령 태행산에 조국 위해 분투산화	만당숙연! 장중히 추도식 거행	2	
1946-01-30-011	월세계려행 불원간 실현?		2	
1946-01-30-012	세계각국의 보유선박량	미해군위원회 발표	2	SF사
1946-01-30-013	미국군도 남조선서군표 사용		2	
1946-01-30-014	건국헌금강조주간		2	
1946-01-30-015	레닌동지의 풍모	1924년 1월 28일 크레무린궁사관학교 야회에서 한 쓰딸린동지 연설(2)	2	
1946-01-31-001	'반탁운동'의 매국적본질		1	오기섭
1946-01-31-002	파시스트 리승만, 김구는 '반탁'의 간판 뒤에서 조선인민을 속인다		1	
1946-01-31-003	전조선동포들에게 격함!	조선공산당 북부조선분국	1	

기사번호	제목(title)	부제목(stitle)	면수	필자, 출처
1946-01-31-004	미제강파업 자동차공장 타격		1	루뗄
1946-01-31-005	군사, 헌법, 시정 강령의 3대문제타협 성립 정부조직국민대회 량안의견 불일치	중국정치회의	2	AP통신
1946-01-31-006	일본총선거 3월말에 실시		2	공동통신
1946-01-31-007	천도제도의 귀소는 야르타협정의 규정	-따쓰사 성명 발표-	2	루뗄
1946-01-31-008	백국왕복귀를 민주정당 반대		2	
1946-01-31-009	국제통화회의 3월 8일에 개최결정	미 42개국을 초청	2	
1946-01-31-010	몰다브스크의 수도재건착수		2	
1946-01-31-011	대일배상위원회 설치	4월초 활동개시 예정	2	
1946-01-31-012	도정보고토의	평남도위원회 개최	2	
1946-01-31-013	레닌동지의 풍모	1924년 1월 28일 크레무린궁 사관학교 야회에서 한 쓰딸린동지 연설(3)	2	
1946-01-31-014	3백만원 목표	보건부헌금렴출	2	
1946-02-01-001	로동자와의 굳센 동맹으로 완전한 민족해방을 기약 근로정신을 고양 조국건설에 전력	전국농조총련 북조선련맹결성대회	1	
1946-02-01-002	선언	전국농총 북조선련맹결성대회	1	
1946-02-01-003	전국농조총련맹 북조선련맹 강령		1	
1946-02-01-004	각 지방제안의 토의결정사항	전국농조련맹 북조선련맹결성대회	1, 2	
1946-02-01-005	'후견제'에 대한 인식과 경각		2	조선독립동맹 주석 김두봉
1946-02-01-006	김두봉선생의 빛나는 투쟁사		2	
1946-02-01-007	사고		2	
1946-02-05-001	행정위원 배정이 토의의 중심문제	중국정치회의 또 연기	1	UP
1946-02-05-002	안전보장위원회 사무총장에 리여씨		1	AP
1946-02-05-003	국련소재지는 미국으로 결정		1	루뗄
1946-02-05-004	은행 전기 등 국유화 주장	-불광주석 연설-	1	루뗄
1946-02-05-005	분과위원회 조직 8차회의를 진행	쏘미회의 공동성명 발표	1	
1946-02-05-006	우랄자동차공장 대확충		1	
1946-02-05-007	'아제베잔'문제는 이란과 쏘련 직접 교섭	안전보장위원회는 심의 중지	1	루뗄통신
1946-02-05-008	영군 일본주둔을 미군사령부 환영		1	
1946-02-05-009	극동위원회 성명서 발표		1	공동통신
1946-02-05-010	국가와 법률	스틸링박사 강술	1	
1946-02-05-011	소위 '반탁운동자'의 정체		2	오기섭
1946-02-05-012	전국농조련 북조선련맹결성대회 토의결정사항		2	
1946-02-05-013	평양시림시위원회의 개최		2	
1946-02-05-014	교과서 륙속 탈고 불원 각 교에 배부	북조선교육국에서	2	
1946-02-05-015	평양헌금후원회 확대위원회 개최		2	

기사번호	제목(title)	부제목(stitle)	면수	필자, 출처
1946-02-05-016	평남도위 건국헌금 주간업적		2	
1946-02-05-017	북조선교육국 문맹퇴치계획		2	
1946-02-06-001	'3.1'기념에 관한 지시	조선공산당 북조선분국	1	
1946-02-06-002	전농북조선련맹결성대회 종합보고	리순근씨 보고	1	
1946-02-06-003	사고		1	정로사
1946-02-06-004	영주쏘대사 신임		1	루뗄
1946-02-06-005	제안건토의 결정 정부개조 신속 실시	중국정치회의 페막	2	AP
1946-02-06-006	일본전범피의자 1천 3백명 호주군당국에서 구금		2	론돈방송국
1946-02-06-007	일본전범자재판 야마모도 처결후 결정		2	UP
1946-02-06-008	군사재판소 방비를 강화		2	AP
1946-02-06-009	홍비국대통령 절탄칠디씨 피선		2	
1946-02-06-010	란인련합군사령관 전임		2	AP
1946-02-06-011	희랍. 인도네시아문제 국련의 당면 관심사	안전보장위원회 계속 검토	2	
1946-02-06-012	애국에 불타는 지주 토지를 빈농에 무상분배	평원군농위 성대히 표창식 거행	2	
1946-02-06-013	치안임무 수행중 일본군경에 희생	고 조석문사회장 성대	2	
1946-02-06-014	건국헌금부부대 진출	토건로조의 신안	2	
1946-02-06-015	레닌동지의 풍모	1924년 1월 28일 크레무린궁 사관학교야회에서 한 쓰딸린동지 연설	2	
1946-02-07-001	공동위원회 조직 1개월내로 사업 착수	쏘미대표회의 공동발표	1	
1946-02-07-002	대독 배상협의 진보		1	
1946-02-07-003	미국군정청 근근 연안경비대 배치		1	공동통신
1946-02-07-004	백로빨찌산대 50만 적 섬멸		1	
1946-02-07-005	파쑈관료를 숙청 진보적신인 충용	민주일본재건공작 진보	1	공동통신
1946-02-07-006	독일의 잔악 폭로 련합국군포로 19만명 학살	조서 군사법정에 회부	1	AP
1946-02-07-007	국제련합회 군사참모위원회 개최		1	UP
1946-02-07-008	미제강로조 파업 각 산업에 대타격	강철수출계획도 정지	1	루뗄
1946-02-07-009	미 신문인 극동 시찰		1	AP
1946-02-07-010	태평양작전기지 미단독관리 주장	기지요새화 개시?	1	UP
1946-02-07-011	전후 국방군 미륙군 계획		1	AP
1946-02-07-012	조선민주당의 혁신에 대하여		1	김주현
1946-02-07-013	유명무실의 당을 개혁 청신 재출발	조선민주당대표열성자대회	2	
1946-02-07-014	지주 자소작농 등록제 실시	가축도 신고가 필요	2	
1946-02-07-015	전 일본인관공리가 정치범의 태반 점령	인민재판으로 처단	2	
1946-02-07-016	평원군민중대회 민족반역자 규탄		2	
1946-02-07-017	북조선고사 래 4월 개교		2	
1946-02-07-018	전농북조선련맹결성대회 종합보고	리순근씨 보고(속)	2	
1946-02-07-019	부흥의 도정에 선 조선(1)		2	브.쓰몰렌스끼

기사번호	제목(title)	부제목(stitle)	면수	필자, 출처
1946-02-08-001	반탁운동자의 소위 '적화음모'		1	
1946-02-08-002	남북통행의 건 등 제 문제토의 결정 쏘미대표회의 공보	조선주둔 쏘미군 군사령부대표회의에 대한 공보	1	
1946-02-08-003	각 탄광 현황보고 채탄계획을 수립	서조선석탄관리국회의	1	
1946-02-08-004	일본원양어업활동정보 요구		1	공동통신
1946-02-08-005	우리의 령도작풍은 어떻게 건립해야 할가		1	윤공흠
1946-02-08-006	사고		1	정로사
1946-02-08-007	국가재건에 착수 전국민주화 촉진 연안서 정치회의 성공 경축대회	주덕 제8로군 총사령 연설	2	신화사
1946-02-08-008	현 정부를 신속히 련립정부로 개조	장개석씨 기자회견담	2	UP
1946-02-08-009	이란사절단 쏘련측 동의		2	유.피
1946-02-08-010	아제베장문제 직접 교섭	쏘련에서 언명	2	AP
1946-02-08-011	팽호도접수 완료		2	중앙사
1946-02-08-012	국제련합회에 군사경찰력 부여	세계평화보장을 도모	2	루뗄통신
1946-02-08-013	남치를문제 이각서 수교		2	
1946-02-08-014	'프랑코정권'에 직접행동도 불사	공화국정부 수상 언명	2	UP
1946-02-08-015	국제단신		2	AP, RR, 공동통신
1946-02-08-016	야마모또대장의 판결	근일중 결정 언명	2	
1946-02-08-017	하촌일 전 륙상 전범자로 체포		2	공동통신
1946-02-08-018	루마니아정부 미국에서 승인		2	유.뻬
1946-02-08-019	조선생사생산 전전상태 도달		2	
1946-02-08-020	토건로조에서 용달업 개시		2	
1946-02-08-021	과거를 회개	토지를 헌납	2	
1946-02-08-022	부흥의 도정에 선 조선(2)		2	브.쓰몰렌스끼, 박영빈 역
1946-02-10-001	김일성 사진		1	
1946-02-10-002	당면한 제문제를 해결 장건될 림시정부 촉성	각 정당, 사회단체, 행정국, 인민위원회 대표확대협의회에서 결정	1	
1946-02-10-003	(북조선인민위원회는 우리의 정권이다!)		1	
1946-02-10-004	북조선림시인민위원회의 탄생		1	
1946-02-10-005	목전 조선정치형세와 북조선인민위원회의 조직문제에 관한 보고	김일성	2, 4	
1946-02-10-006	표어		2	
1946-02-10-007	결정서 제1		2	
1946-02-10-008	결정서 제2		2	
1946-02-10-009	청소년학도들아! 무비판한 행동을 삼가라 그릇된 선입관을 버리고 대국적정황을 살피라	북조선교육국장 장종식씨와 일문일답	3	
1946-02-10-010	로동자의 생산관리가 생산위기돌파책	일본공산당 덕전서기장 강조	3	공동통신
1946-02-10-011	산하형집행일 근일중에 발표		3	

기사번호	제목(title)	부제목(stitle)	면수	필자, 출처
1946-02-10-012	시리아 및 레바논 영불군철퇴 요구	4국간에 직접교섭?	3	루뗄
1946-02-10-013	미 여잉함정 중국에 이양	빈슨법안 가결	3	
1946-02-10-014	원자탄실험에 독군함을 제공		3	AP
1946-02-10-015	국련파나마대표단 프랑코정권 규탄		3	RP
1946-02-10-016	피침략극동제국에 일본중공업시설 이주	대일배상사절단 언명	3	에이피
1946-02-10-017	국제단신		3	AP
1946-02-10-018	사고		3	
1946-02-10-019	북조선인민위원회 수립의 필요성에 관하여		3	량태원
1946-02-10-020	마치소리도 우렁차게 모두 한데 뭉치여 채탄	일하며 배우고 배우며 일하는 사리원탄광의 리용자	4	
1946-02-10-021	소작료잠정규정	평남인민위원회 발표	4	
1946-02-12-001	북조선림시인민위원회수립경축대시위 청사에 길이 빛날 기념의 날 십만대중이 운집의기도 충천	인민총의의 정권 만세!	1	
1946-02-12-002	북조선인민위원회는 우리의 정권이다!		1	
1946-02-12-003	건국헌금		1	
1946-02-12-004	연연 십리에 달한 대시위행렬		1	
1946-02-12-005	평양시청 발코니에 늘어선 북조선림시인민위원회 각위원		1	
1946-02-12-006	평양시청발코니에서 10만대중에게 웨치는 김일성동지		1	
1946-02-12-007	김두봉선생		1	
1946-02-12-008	평양시청앞에 운집한 인민대중		1	
1946-02-12-009	'듬벅이'에서 성냥원료 추출	장전수산과의 연구	1	
1946-02-12-010	사고		1	정로사
1946-02-12-011	3.1운동기념 준비 북조선 각 정당 사회단체 대표 참집	공동위원회 조직	2	
1946-02-12-012	3.1독립운동 27주년 기념에 대한 공동선언		2	
1946-02-12-013	3.1운동의 의의와 교훈		2, 4	ㅇ.ㄱ.ㅅ
1946-02-12-014	중공측의 3거두 정부개조에 참가?	각 당파대표 근일 결정	3	AP
1946-02-12-015	서남태평양 호주정책	호외상이 성명	3	AP
1946-02-12-016	이란사절단 모스크바 방문		3	
1946-02-12-017	토이기족 독립을 선언 신강성반란	국민정부군과 교전중	3	에이P
1946-02-12-018	나치스지도자 헤스재판 개시		3	
1946-02-12-019	쏘련최고쏘베트총선거 10일 실시		3	
1946-02-12-020	평양 주둔 쏘군도 일제히 투표 시행		3	
1946-02-12-021	크렌스톤씨 세계국가 주장		3	에이피
1946-02-12-022	공동투쟁문제 일본농조 발언		3	공동통신
1946-02-12-023	미해군력 군함 천백여척	해군장관 발표	3	SP
1946-02-12-024	국제단신		3	RP, AP

기사번호	제목(title)	부제목(stitle)	면수	필자, 출처
1946-02-12-025	따쓰통신을 접하고 소위 반탁운동을 구명	평양시당원열성자회의에서 오기섭동지 보고	3, 4	
1946-02-12-026	대동세무서 세무관계회의		4	
1946-02-13-001	조국건설에 련결 '3.1운동'을 기념 철도로조 평양분회종업원대회 결의	생산돌격대운동을 전개	1	
1946-02-13-002	정부 및 정당에 보내는 편지	철도로동조합 평양공장분회종업원대회에서	1	
1946-02-13-003	격문	조선철도로동조합 평양공장분회 종업원대회에서	1	
1946-02-13-004	일본점령은 장기	미크루가대장 담	1	
1946-02-13-005	란인문제 회의 개시		1	AP, 불란서
1946-02-13-006	본간 사형 구형		1	에이피
1946-02-13-007	조선독립동맹의 회고와 전망(1)		1	김두봉
1946-02-13-008	파괴된 공장 재건 자진 로동시간을 연장	생산돌격대운동 각지에 팽연	2	
1946-02-13-009	수림도 푸르게 산용을 개장	평남도의 조림계획	2	
1946-02-13-010	삼림보호규칙		2	
1946-02-13-011	림업관계로조 결성		2	
1946-02-13-012	외몽과 중국간에 외교관계를 설정		2	
1946-02-13-013	간고한 가운데도 나라를 위해 헌금	서조선 석탄관리국관하에 있는 각 광산 종업원	2	
1946-02-13-014	국제단신		2	에이비, UP공동
1946-02-13-015	조선민주당 열성자협의회 결정서	조선민주당 림시중앙위원회	2	
1946-02-13-016	선언문	조선민주당 림시중앙위원회	2	
1946-02-14-001	북조선림시인민위원회 위원장 김일성동지		1	
1946-02-14-002	북조선림시인민위원회는 인민총의의 정권!	북조선림시인민위원회 위원장 김일성동지 담화	1	
1946-02-14-003	김일성동지 략력		1	
1946-02-14-004	민주주의의 기초를 수립	실천수행에 진발 북조선림시인민위원회 부위원장 김두봉선생 담화	1	
1946-02-14-005	김두봉동지 략력		1	
1946-02-14-006	공산당과 협조	인민의 리익을 옹호 북조선림시인민위원회 서기장 강량욱선생 담	1, 2	
1946-02-14-007	강량욱동지 략력		1, 2	
1946-02-14-008	파시즘의 최후진지 서반아 숙청	영미불 3국의 회담에 쏘련참가가 절대 필요	2	연안 신화사
1946-02-14-009	조선문제에 관한 하지중장의 성명		2	에이피
1946-02-14-010	불서단교안을 환영	-영외상 언명-	2	
1946-02-14-011	장개석 도읍 장차 봉화로		2	에이피
1946-02-14-012	미국 천여 저술업자 '세계정부화' 요청		2	에이피
1946-02-14-013	얄타협정은 군사적비밀보지를 변호	-미국 번즈장관 언명-	2	중경

기사번호	제목(title)	부제목(stitle)	면수	필자, 출처
1946-02-14-014	국제단신		2	에이피, 공동통신
1946-02-14-015	막부회의의 결정을 리해	숨겼던 총을 헌납 사동인민학원 생도의 해설결실	2	
1946-02-14-016	조선독립동맹의 회고와 전망(2)		2	김두봉
1946-02-15-001	림시정부의 건립을 촉성 남북분렬은 기우	북조선림시인민위원회 위원 홍기주 씨담	1	
1946-02-15-002	홍기주동지 략력		1	
1946-02-15-003	30만 조직 로동자 우리 정권 절대 지지 산업 부흥에 돌진 각오	북조선림시인민위원회 위원 현창형동지 담	1	
1946-02-15-004	현창형동지 략력		1	
1946-02-15-005	국련소재지를 뉴욕으로 결정		1	AP
1946-02-15-006	북조선림시인민위원회 수립의 필요성	각 정당 사회단체 행정국 인민위원회대표확대협의회에서 오기섭동지의 토론연설	1, 2	
1946-02-15-007	3.1기념 준비사업 각 정당 사회단체 대표 참집	준비위원회의에서 토의결정	2	
1946-02-15-008	식량위기해결에 책임정부가 필요	인도 깐디옹이 주장	2	AP
1946-02-15-009	치안확보문제 인화간 직접 교섭	인도네시아문제 주목	2	
1946-02-15-010	주일외교관 귀환		2	
1946-02-15-011	프랑코정권 영타도 승인		2	알피통신
1946-02-15-012	일전범자 심판할 각국 판검사 착일		2	
1946-02-15-013	극동위원일행 호노루루 도착		2	RP
1946-02-15-014	일본 악성인플레	국민경제에 영향 우려	2	공동통신
1946-02-15-015	중국 동북지방 산업시설 처분	미국무장관 견해	2	UP
1946-02-15-016	모스크바 점차 온난화	쏘련기상대 관측	2	유피
1946-02-15-017	강철가격 규정	미파업완화책	2	루뗄
1946-02-15-018	3.1운동략사(1)		2	
1946-02-16-001	야루타회담내용	쏘미영 3국 공동발표	1	
1946-02-16-002	일본점령 참가 영 호 군의 동향		1	AP
1946-02-16-003	일본 총선거에 공산당 적극 활동	야판동지 전후건설에 주력	1	에이피
1946-02-16-004	인도네시아문제 조사단파견안 부결	국련 토의 중지 종결	1	에이피
1946-02-16-005	극동위원일행 위싱톤에 도착		1	SF
1946-02-16-006	미 내무장관 사표를 제출		1	
1946-02-16-007	세계 식량대책안	영국대표 국련에 제출	1	루뗄
1946-02-16-008	국부군사위원회의		1	UP
1946-02-16-009	아이연정의 파쑈정책	미국이 비난	1	
1946-02-16-010	국제단신		1	AP, RP
1946-02-16-011	로동자와 농민이 협력 민주주의를 관철 분신쇄골 국가를 건립	북조선림시인민위원회 위원 강진건씨 담	1	
1946-02-16-012	강진건동지 략력		1	

기사번호	제목(title)	부제목(stitle)	면수	필자, 출처
1946-02-16-013	청년들도 적극 참가하여 우리의 정권을 지지옹호	북조선림시인민위원회 위원 방수영씨 담	1	
1946-02-16-014	방수영동지 략력		1	
1946-02-16-015	민족부흥의 령도자로 실천적 모범이 되라 평남도당에서 보내는 회장 철도로조 동무들!	조선공산당 평안남도위원회	2	
1946-02-16-016	3.1운동기념 제 사업을 계획	반일투사후원회 활동	2	
1946-02-16-017	맹비 전액 건국헌금	평양인민교원직업동맹에서	2	
1946-02-16-018	제2기 간부훈련 평남도당에서 준비		2	
1946-02-16-019	북조선체신국 의료기관 설치		2	
1946-02-16-020	3.1운동략사(2)		2	
1946-02-17-001	5개국공동제출 식량대책안 채택	국제련합총회 폐막	1	AP
1946-02-17-002	인도식량구제안	국제식량통제국 채택	1	AP
1946-02-17-003	전 세계 식량기근 부족 미곡 2백만톤 소맥 5백만톤	국련총회에서 영국대표 보고	1	루뗄
1946-02-17-004	군관구구분안	중군위회에 제출	1	중앙사
1946-02-17-005	미주 쏘대사 임명		1	AP
1946-02-17-006	독일제강생산책 4개국의견 일치	미점령지구 관리상황	1	SF
1946-02-17-007	헌법심의위원회 제1차회의 개최		1	루뗄
1946-02-17-008	일본의 전범인재판준비를 진행	동경에서 개정 예정	1	공동통신
1946-02-17-009	쏘 구롬미코씨 극동위원회 출석		1	
1946-02-17-010	몽고와 중국간 우호조약 성립		1	AF
1946-02-17-011	미국서 대만에 령사관을 설치		1	에이피
1946-02-17-012	장씨 기자회견담		1	AR
1946-02-17-013	국제단신		1	루뗄, AP
1946-02-17-014	북조선림시인민위원회 위원 략력(순부동)	방우용, 최용달, 리순근, 장종식, 한동찬, 김덕영, 강영근	1	
1946-02-17-015	건설적결의 찬양 로농의 동맹을 맹세	전국농조 북조선련맹의 회장	2	
1946-02-17-016	철도공장 로동자 일로 생산에 돌진	조공 평남도당 파견원의 보고	2	
1946-02-17-017	시민의 총의로 진남포시인민위원 개선	각계 참집확대회의	2	
1946-02-17-018	토지문제 해결 위해 토지관계를 조사	농위 평남련맹 출동	2	
1946-02-17-019	돈있는 사람은 돈을 내자! 독지의 부호 족출	평양시, 평원군 한천면, 강서군 증산면에서	2	
1946-02-17-020	올림픽대회	기일초청국 미정	2	AP
1946-02-17-021	상해시장의 물가 격등 위채는 폭락		2	
1946-02-17-022	로임인상법 미상원 가결		2	AP
1946-02-17-023	3.1운동략사(3)		2	
1946-02-19-001	3.1기념에 대한 결정서	조선공산당 북부조선분국 제4차 집행위원회	1	
1946-02-19-002	3.1기념표어 '3.1'을 기념하면서	'3.1'기념준비공동위원회에서	1	
1946-02-19-003	쏘련, 이란간의 공동보조를 기대	이란사절단 쏘련 방문	1	루뗄

기사번호	제목(title)	부제목(stitle)	면수	필자, 출처
1946-02-19-004	파쑈의 음모	프랑코정부 옹호	1	AP
1946-02-19-005	국제단신		1	RP, 루뗄
1946-02-19-006	북조선림시인민위원회 위원 략력(순불동)	리기영, 홍기황, 리문환.한희진, 윤기녕, 리봉수	1	
1946-02-19-007	생산애국에 불타는 돌격운동의 성과 현저	강동군 삼등면 덕산탄광의 소식	2	
1946-02-19-008	량곡매상 완수돌격대 조직 성적불량을 만회	대동군농위확위회에서	2	
1946-02-19-009	생산으로 건국 헌금으로 건국 로동자동무의 애국열	강동탄광 고비리 광산로동조합 동무들, 룡강 귀성염전로동조합 동무들	2	
1946-02-19-010	토지 헌납 장녀사미거	평양시대찰러 112에 거주하는 장칠성녀사	2	
1946-02-19-011	건재관리국 창설	평남인민위원회에서	2	
1946-02-19-012	황하 범람 피해 심대		2	루뗄
1946-02-19-013	농업기술원 양성	평남인민위원회서 개소	2	
1946-02-19-014	가공할 우역 창궐 일반의 주의 환기	농림국에서 대책 발표	2	
1946-02-19-015	3.1운동략사(4)		2	
1946-02-20-001	민주주의를 실시 북조선인민의 생활 적극 향상	북조선림시인민위원회 위원 무정동지 담	1	
1946-02-20-002	(북조선림시인민위원회 위원 무정동지의 략력)		1	
1946-02-20-003	녀성의 향상을 위한 정책실시에 분투	북조선림시인민위원회 위원 박정애동지 담	1	
1946-02-20-004	(박정애동지의 략력)		1	
1946-02-20-005	국제단신		1	RP, UP
1946-02-20-006	붉은군대에서 국문신문 발간		1	
1946-02-20-007	쓰딸린동지에게 보내는 편지	북조선림시인민위원회 결성대회 주석단에서	1	
1946-02-20-008	철도로조 평양공장 동무들에 호소 생산경쟁에 총궐기 광산로조 정백공장대회 결의	3.1운동기념돌격운동 전개	2	
1946-02-20-009	광산로동자 동무들에게 보내는 편지	조선광산로동조합 평양지부 정백공장 분회대회	2	
1946-02-20-010	철도로조 평양공장 분회대회의 격문에 대한 답신	조선광산로조 평양지부 정백공장 분회대회	2	
1946-02-20-011	중공업조합 림총		2	
1946-02-20-012	독일중앙정부 반대안 철회 요구	미국이 불국에	2	
1946-02-20-013	국민당의 군대 또 만주를 진공		2	A피
1946-02-20-014	미제강로동자 일부 직장 복귀		2	UP
1946-02-20-015	인도식량위기 타개방책	깐디옹 언명	2	AP
1946-02-20-016	일본총선거립후보자	16일현재	2	

기사번호	제목(title)	부제목(stitle)	면수	필자, 출처
1946-02-20-017	3.1운동략사(5)		2	
1946-02-21-001	동지 이.브.쓰딸린대원수의 선거연설	1946년 2월 9일 모스크바시 쓰딸린선거구 선거인의 선거준비대회에서	1, 2	
1946-02-21-002	국제단신		2	AP, RP, 에스에프
1946-02-21-003	보라 이 장관! 부상에도 불굴돌진 생산능률 일익격증	철도로조 평양공장의 생산돌격대운동	3	
1946-02-21-004	전인민총의의 통일적정권 촉성	북조선림시인민위원회 위원 최용건씨 담	3	
1946-02-21-005	북조선림시인민위원회 위원 최용건동지의 략력		4	
1946-02-21-006	20만필 헌포운동 평남방방곡곡에 전개	녀성동맹에서 대대적으로 진출	4	
1946-02-21-007	모스크바회의 결정 지지선언	북조선천도교청우당	4	
1946-02-21-008	인민생활안정의 구체적방책 제시	일본공산당 정부의 인플레대책공격	4	공동통신
1946-02-21-009	아제베쟌정부 군대 소집 정계에 충동		4	불란서통신
1946-02-21-010	김의사의 미거	안주군 신안주면 김태인	4	
1946-02-21-011	모스크바회의 결정의 따스통신 해석공작 보고	평남도당 선전부	4	정치문화선전과
1946-02-21-012	붉은군대 28주년 기념사업 성대히 거행	각 정당 사회단체대표준비회의	4	
1946-02-21-013	원자폭탄문제	미평론가 론평	4	RP
1946-02-21-014	철도로조 평양공장 동무들의 활동 산소용접기 개량제작 생산애로타개에 공헌	철공직장 강철반 왕윤국동무	4	
1946-02-21-015	위대한 녀성 생산증강에 돌진 리보숙, 김덕선 두동무	평양철도공장 목공직장 대차함료유조에서 일하는 동무들	4	
1946-02-23-001	경축	위대한 승리자 붉은군대탄생 28주년	1	
1946-02-23-002	최대최선의 경의와 감사를 붉은군대에 드리자	김일성	2	
1946-02-23-003	모스크바붉은광장에서 관병식에 참렬한 붉은군대		2	
1946-02-23-004	청사에 영수할 붉은군대의 위훈		2	김두봉
1946-02-23-005	경축 쏘련홍군 탄생 28주년기념	무정	2	
1946-02-23-006	붉은군대에게 드리는 감사장 조선공산당 북부조선분국의 편지	쓰딸린대원수와 붉은군대에게 들이는 멧세-지	2	
1946-02-23-007	평남도당의 편지	쏘련붉은군대 탄생 28주년을 맞으며 북부조선주둔군 붉은군대 제25군단장 치스챠코브대장 밋 전체전사에게 드리는 편지	2	
1946-02-23-008	레닌-쓰딸린은 붉은군대의 조직자		3	
1946-02-23-009	다단한 전투의 길 세계무적의 철군	28주년을 맞이한 붉은군대	3	

기사번호	제목(title)	부제목(stitle)	면수	필자, 출처
1946-02-23-010	조선독립동맹을 개칭 조선신민당으로 발족	조선신민당선언	4	
1946-02-23-011	붉은군대는 세계에서 가장 선진한 군대		4	
1946-02-23-012	조선신민당 중앙집행위원		4	
1946-02-23-013	벨기야(백이의)정부 총사직		4	따쓰통신
1946-02-25-001	토지는 농민에게! 농민대중 대시위	강동군	1	
1946-02-25-002	강동군 농민의 토지요구 결의문	강동군농민대회	1	
1946-02-25-003	농민해방을 호소	김일성동지에게 서장	1	
1946-02-25-004	국제단신		1	RP, AP
1946-02-25-005	3.1운동략사(6)		2	
1946-02-25-006	재정 산업교육 등의 당면 제 과업 토의	-평양시확대인민위원회-	2	
1946-02-25-007	석탄관리국 이전		2	
1946-02-27-001	북조선농민대표회합 토지문제를 토의	전국농조 북조선련맹대표자대회 개최	1	
1946-02-27-002	피압박국민의 재판을 재심사	재일련합군사령부 지령	1	련합군사령부
1946-02-27-003	일본공산당 현세	제5회대회에서 보고	1	공동통신
1946-02-27-004	천도 및 남화태 쏘련령에 편입 제 시설을 국유화	쏘련방최고회의 포고	1	
1946-02-27-005	민주주의원칙의 불란서헌법 채택		1	
1946-02-27-006	영국대표 파견	인도헌법 협의	1	루뗄
1946-02-27-007	장경국씨 방쏘		1	유피
1946-02-27-008	산하 사형 집행		1	UP
1946-02-27-009	청년의 열혈을 기울여 민주주의국가건설 맹세 김일성동지에게 보내는 편지 김일성장군에게 보내는 메쎄지	조선민주청년동맹 금천군위원회 대표, 황주군위원회 군총결성대회	1	
1946-02-27-010	제 시정방책 결정 평양시확대인민위원회 폐막	제2일	2	
1946-02-27-011	생활불안을 일축 돌격운동에 감격 평양시확위의 회장	평양시확대인민위원회에서	2	
1946-02-27-012	최저생활보장 요구 물자애호, 주택배당 합리화 주장 철도로조 평양지부 평양시위회에 건의	건의문	2	
1946-02-27-013	3.1기념선전제강	평남3.1기념준비위원회	2	
1946-02-27-014	평양시확대인민위원회 결정서		2	
1946-03-01-001	3.1의 교훈을 본받아 건국사업에 매진하자!	김일성	1, 3	
1946-03-01-002	김일성 사진		1	
1946-03-01-003	모든것은 건국을 위하여!		1	
1946-03-01-004	3.1을 기념하면서 로동자 농민에게		2	무정
1946-03-01-005	전민족대동단결의 3.1의 교훈을 실천하자		2, 3	최용건
1946-03-01-006	3.1을 기념하는 의의		3	오기섭

기사번호	제목(title)	부제목(stitle)	면수	필자, 출처
1946-03-01-007	3.1에 흘린 선렬의 피를 건국에 살리자!	본사주최 3.1기념좌담회	4	
1946-03-04-001	평남 27주년 3.1기념대회	구호와 만세 산하를 진동 30만 민중 력사적대시위 새조선 건설에 맥진을 굳게 맹세	1	
1946-03-04-002	평남 3.1운동기념대회의 민중결의문		1	
1946-03-04-003	3.1운동의 정신 계승 민주주의국가를 건설	평남 3.1운동기념대회에서 김일성동지 연설	2	
1946-03-04-004	평남 3.1운동기념대회에서 연설하는 김일성		2	
1946-03-04-005	쓰딸린대원수에게 편지	3.1독립운동 27주년기념을 맞으며 쏘련 쓰딸린대원수에게 보내는 메쎄지	2	
1946-03-04-006	3.1에 순국한 선렬추도회	반일투사후원회 거행	2	
1946-03-04-007	3.1기념기부	(강서읍내 고필표)	2	
1946-03-04-008	평양학원에 기부금 속지		2	
1946-03-04-009	각 분과회의 종료 토지문제가결	전국농조북조선련맹 대표대회 진행	3	
1946-03-04-010	북조선림시인민위원회에 보내는 메쎄지	(전국농조북조선련맹대표대회)	3	
1946-03-04-011	만난을 배제코 비료를 생산	흥남비료공장 동무들	3	
1946-03-04-012	식량대책결정	북조선림시인민위원회	3	
1946-03-04-013	적군 기념식 진남포서 거행		3	
1946-03-04-014	흥아리전범공판		3	
1946-03-04-015	이락크에 신정부가 성립		3	
1946-03-04-016	상해파업 확대		3	
1946-03-04-017	사회과학연구량단체 통합		3	
1946-03-04-018	진남포협동조합창립대회		3	
1946-03-04-019	평남경제대책협의회		3	
1946-03-04-020	최근 '천황'의 행동은	전제적정치선동 일본공산당 반대결의	4	공동통신
1946-03-04-021	일본전범인 각국 재판 진행		4	RP
1946-03-04-022	일본공산당 기구 부서 결정	서기장 에도꾸다동지	4	공동통신
1946-03-04-023	쏘련과 이란회담을 개시		4	RP
1946-03-04-024	쏘련과 외몽간 우호조약 체결		4	
1946-03-04-025	국제단신		4	AP, RP, 유피
1946-03-04-026	3.1투쟁의 교훈을 민주과업실천에 살리자		4	리순근
1946-03-06-001	토지문제의 건의안 북조선림시인민위원회에 제출키로 가결 전국농조북조선련맹대표대회 승리적성과	제3일	1	
1946-03-06-002	전조선인민에게 격문	북조선농민련맹대표대회	1	
1946-03-06-003	평양시내 각 중등학교 사업개선에 관한 건	평남인민위원회 결정서	1	
1946-03-06-004	극동위원회 개최		1	따쓰통신
1946-03-06-005	이란 주둔 쏘련군 일부 철퇴를 개시		1	따쓰통신

기사번호	제목(title)	부제목(stitle)	면수	필자, 출처
1946-03-06-006	체호슬로바끼아의 자주권을 침해	미군장교의 행동	1	따쓰통신
1946-03-06-007	수천척지하에 빛나는 로동정신	사동탄광 로동자동무들 생산경쟁에 분연 궐기!	2	
1946-03-06-008	광산로동자에 격문	조선광산로동조합 사동위원회	2	
1946-03-06-009	철도로조에 편지	사동탄광 종업원대회	2	
1946-03-06-010	농민위원회에 격문	조선광산로동조합 평양지부 사동위원회	2	
1946-03-06-011	정부 정당에 편지	조선광산로동조합 사동탄광 종업원대회	2	
1946-03-06-012	북조선토지문제에 대한 법령		2	
1946-03-06-013	토지개혁법령에 대한 세칙 북조선림시인민위원회 위원장 김일성 비준 1946년 3월 8일	1946년 3월 5일에 북조선림시인민위원회에서 결정된 북조선토지개혁법령의 실시 장정	2	
1946-03-06-014	부속물매각을 처단	토지개혁에 대한 림시조치법 제정	2	
1946-03-06-015	북조선림시인민위원회의 '북조선토지개혁에 대한 법령'에 관한 결정		2	
1946-03-06-016	토지개혁은 완전해방의 전제다	공동성명서	2	
1946-03-07-001	국가산업의 대동맥 철도를 시급히 보장하자	평양철도동무들의 이 기상	1	
1946-03-07-002	생산돌격운동에 대하여		1	
1946-03-07-003	토지는 농민에게! 봉건적토지관계철폐 농업의 자유발전이 긴요	전국농조북조선련맹대표대회의 종합보고	2	
1946-03-07-004	북조선농민련맹대표대회 결정서		2	
1946-03-07-005	쓰딸린대원수에게 편지	전농북조선련맹대표대회에서	2	
1946-03-07-006	선혈로 그린 국기	3.1의 감격을 표시	2	
1946-03-08-001	봉건적토지관계 양기 농민에게 토지를 분여!	북조선림시인민위원회 력사적일대과업 수행	1	
1946-03-08-002	북조선토지개혁에 대한 법령		1	
1946-03-08-003	3.8절과 녀성운동		1	
1946-03-08-004	프란코 서반아파시즘발원지		1	따쓰통신
1946-03-08-005	북조선림시인민위원회의 북조선토지개혁에 대한 법령에 관한 결정		2	
1946-03-08-006	북조선토지개혁법령에 대한 공동성명서		2	
1946-03-08-007	3.8을 기념하면서 조선녀성에게 고함	조선공산당 북부조선분국	2, 4	
1946-03-08-008	8.15해방이후 첫 3.8부녀절을 맞으며		3, 4	박정애
1946-03-08-009	녀성운동의 발전		4	최재련
1946-03-08-010	3.8부녀대 구호		4	
1946-03-08-011	분란대통령 만넬게임 사직		4	따쓰통신
1946-03-08-012	일본전범자 사형선고		4	따쓰통신
1946-03-08-013	이.유경계문제조사단 파견	부외상회의 콤뮤니케	4	따쓰통신
1946-03-08-014	태평양제도에 미해군근거지		4	따쓰통신

기사번호	제목(title)	부제목(stitle)	면수	필자, 출처
1946-03-09-001	토지개혁법령발포는 민족적 복리에서 출발	북조선림시인민위원회 위원장 김일성동지 담	1	
1946-03-09-002	북조선림시인민위원회 위원장 김일성동지		1	
1946-03-09-003	지주여! 영예로운 건국에 용왕 매진하라 농림국장 리순근씨 담	정명원	1	
1946-03-09-004	조만식에 대한 비판(상)		1	
1946-03-09-005	인화교섭문제		1	AP
1946-03-09-006	국민당의 군대 만주로 또 진공		1	신화사
1946-03-09-007	황폐한 공장재건전로에 입화작업	순천화학공장 동무들의 열의	2	
1946-03-09-008	산업전사의 산발전차를 보장하자	전차과 동무들의 웨침	2	
1946-03-09-009	백여명 로동영웅 회집	생산돌격운동좌담회	2	동우
1946-03-09-010	평남협동조합련맹결성대회		2	
1946-03-09-011	광산로동자의 노래		2	
1946-03-09-012	인민행진곡		2	일 로동자
1946-03-09-013	생산돌격건국운동을 조직적으로 령도하자		2	
1946-03-09-014	천도어장시설대 확충	쏘련어부종업중	2	따쓰
1946-03-09-015	건축동맹창총		2	
1946-03-12-001	토지개혁법령에 대한 세칙	북조선림시인민위원회 공포	1, 2	
1946-03-12-002	토지개혁을 철저히 하자		1	
1946-03-12-003	북조선토지개혁법령에 대한 조선신민당의 결정서		2	
1946-03-12-004	토지개혁의 의의와 사명		2	김주현
1946-03-12-005	토지개혁실시에 대한 림시조치법		2	
1946-03-12-006	레오노브씨 레닌훈장 수상		2	
1946-03-12-007	쏘초자공장 복구		2	
1946-03-12-008	35주년 국제부녀절기념식 조선녀성의 해방을 축복 민족영웅, 로동영웅 표창	2천여 녀성회집, 기염도 만장	3	
1946-03-12-009	3.8선언	평남도녀성동맹, 평양시녀성동맹	3	
1946-03-12-010	쏘련녀성동무들에게 국제녀성기념대회에서 편지 쏘련녀성동무들에게 보내는 멧세이지	평남도녀성동맹, 평양시녀성동맹	3	
1946-03-12-011	녀성해방에 관하여		3	김두봉
1946-03-12-012	송탄유에서 휘발유 제조	평남화학관리국에서	3	
1946-03-12-013	남조선의 정계는 반동세력이 준동	미국 중요출판물 론평	4	따쓰통신
1946-03-12-014	이란국 수상 모스크바 도착	량국공동성명 발표	4	
1946-03-12-015	분란대통령 선거		4	따쓰통신
1946-03-12-016	국내 히틀러파 숙청	오태리 각 출판물의 론의	4	따쓰통신
1946-03-12-017	국제단신		4	따쓰통신
1946-03-12-018	애국열에 끓는 조선고무공장 동무들에게	평양시녀성동맹에서	4	
1946-03-12-019	조만식에 대한 비판(하)		4	
1946-03-13-001	토지개혁실시방법	-평안남도인민위원회 발표-	1	

기사번호	제목(title)	부제목(stitle)	면수	필자, 출처
1946-03-13-002	다니전일본외상 체포		1	따쓰통신
1946-03-13-003	미국무부장관 힐드링씨 임명		1	따쓰통신
1946-03-13-004	토지몰수에 대한 질문과 해답		2	
1946-03-13-005	토지를 분배하는데 대한 질문과 해답		2	
1946-03-13-006	북조선토지개혁에 대한 법령을 실시하기 위한 평남도화대위원회의 결정서		2	
1946-03-13-007	파쑈프랑코에 반대시위 치렬		2	따쓰통신
1946-03-13-008	북조선림시인민위원회의 토지개혁법령에 대하여		3, 4	오기섭
1946-03-13-009	민주주의화에 대하여		3	전성화
1946-03-13-010	천5백도의 고열을 안고 강철가티단결용광로 조작	동양제련소 동무들의 돌격운동	4	동우
1946-03-13-011	고장 즉속 수리 증산에 분기	조선전국의 동무들	4	
1946-03-13-012	통신시설의 리용상 주의	평양우편국에서	4	
1946-03-13-013	프랑크 서반아와 친선협조는 불능	영, 미, 불 3국 공동성명 발표	4	따쓰통신
1946-03-13-014	파쑈추축국간의 침략음모를 폭로	미국무성 제 문서를 공개	4	따쓰통신
1946-03-13-015	영불 재정협약 영측 회복 거절		4	따쓰통신
1946-03-13-016	쏘련석유생산 미증유의 약진		4	
1946-03-13-017	독전범자재판 속행		4	
1946-03-13-018	파란과 체호슬로바키야간의 교섭		4	따쓰통신
1946-03-13-019	그리고리노와크의 세계적신기록		4	
1946-03-14-001	조선공산당 북조선분국 책임비서 김일성 비준 각 도선전부장 앞 지령	「토지개혁법령」의 구체적실시정형에 대한 통신조직에 관한 건	1	
1946-03-14-002	식량대책위원회 설치 량곡수매수송에 돌격	북조선림시인민위원회 지시	1	
1946-03-14-003	보안국 각 부의 간략한 사업경과		1	
1946-03-14-004	민권을 수호하는 보안이 되라		1, 4	
1946-03-14-005	절대지지! 적극 참가! 토지개혁의 실시는 민족문화의 대로를 개척	북조선예술가회집 좌담회	2	
1946-03-14-006	토지개혁에 순응 신생활을 개척!	리용삼씨 현금도 헌납	2	
1946-03-14-007	쏘련인민들의 문화향상과 발전		3	쓰.까프따노브 술-김동철
1946-03-14-008	영국철병문제 애급수상 성명		3	따쓰통신
1946-03-14-009	폐허된 시설을 재건 생산능력을 완전 발휘	조선곡산 동무들의 돌격장관	4	
1946-03-14-010	국제단신		4	
1946-03-14-011	쏘, 낙위빙상경기에 쏘련의 선수 우승		4	
1946-03-14-012	모스크바-레닌그라드 대항 수영경기		4	
1946-03-15-001	사동탄광영선세포의 생활 활발	당에 대해 충성을 다하며 민중새에 모범적역할	1	
1946-03-15-002	시간 연장·책임제 실시	조선제분·동면섬유의 동무들 생산돌격운동 팽연!	1	

기사번호	제목(title)	부제목(stitle)	면수	필자, 출처
1946-03-15-003	교육활동의 당면과업		1	
1946-03-15-004	쏘련과 이란 량국친선 확신	이란수상 성명	1	
1946-03-15-005	소부르죠아사회주의와 프로레타리아사회주의	1905년 11월 레닌론술(1)	2	
1946-03-15-006	세계위인전기(1)	레닌의 소사	3	
1946-03-15-007	레닌과 쓰딸린	공산당의 조직자이며 수령 피압박민족과 로동계급의 지도자	3	
1946-03-15-008	토지개혁실시에 적극적으로 협력	조선민청 평남도위 확대위원회 결의	4	
1946-03-15-009	토지개혁에 흔연히 협력 박찬도씨 솔선 헌토	개천군 독산면 수모리의 지주	4	
1946-03-15-010	농촌위원회 조직 토지개혁에 감사	남곳면 농민의 이 감격	4	
1946-03-15-011	과료액 개정	북조선림시인민위원회 사법국에서	4	
1946-03-15-012	남북조선우편 복구		4	
1946-03-15-013	영제국주의를 고취한 처칠의 연설에 반응		4	따쓰통신
1946-03-15-014	지방단신 로조원을 동원	토지개혁 협력	4	
1946-03-15-015	지방단신	평남토지개혁실시협의회의	4	
1946-03-15-016	지방단신	평남납세주간	4	
1946-03-15-017	지방단신 석탄수요신청	서조선석탄관리국에서	4	
1946-03-15-018	지방단신	금천군 각 기관 메쎄지 발송	4	
1946-03-15-019	지방단신	서흥민청 결성	4	
1946-03-15-020	지방단신	중화합동로조 헌금돌격운동	4	
1946-03-16-001	부두세포의 조직생활 빈약! 당에 대한 인식이 박약	불순분자를 축출정비	1	유문화
1946-03-16-002	영국파쑈활동반대운동 전개		1	따쓰통신
1946-03-16-003	진정한 애국자는 누구인가		1	
1946-03-16-004	미국대쏘태도는 량국의 우호 방해	쓰전주쏘 미대사 성명	1	따쓰통신
1946-03-16-005	분란정부 사직		1	따쓰통신
1946-03-16-006	분란대통령에 빠아씨키위씨		1	따쓰통신
1946-03-16-007	소부르죠아사회주의와 프로레타리아사회주의	1905년 11월 레닌론술(2)	2	
1946-03-16-008	위대한 현 정세에 직면 당면의 제 문제를 토의	조선신민당 평양시본부대회	2	
1946-03-16-009	민주인민련맹은 대동단결의 초보		2	
1946-03-16-010	세계위인전기(2) 레닌의 소사	계속	3	
1946-03-16-011	군비확대에 반대 평화기구를 주장	영중의원에서 실리아꾸쓰 연설	3	따쓰통신
1946-03-16-012	모스크바3상회의와 볼가리야문제	미국각서에 대한 쏘련정부의 성명	4	
1946-03-16-013	조선건축문화수립에 분투	북조선건축동맹대회	4	
1946-03-16-014	우리 인민의 진정한 벗인 조선공산당에 보내는 메쎄지	북조선건축동맹 제1차대회	4	
1946-03-16-015	옥수수 50여차 총동원자수운반	조선곡산의 돌격정신	4	

기사번호	제목(title)	부제목(stitle)	면수	필자, 출처
1946-03-16-016	세계라지오의 효시 50주년을 기념		4	
1946-03-16-017	중국 기사 살해 심사결과 발표		4	따쓰통신
1946-03-16-018	지방단신	함남체육회 결성	4	
1946-03-16-019	지방단신	함남교원직업동맹 결성	4	
1946-03-16-020	지방단신	조선민주당 함남지부 결성	4	
1946-03-16-021	지방단신	평양학원에 기부금	4	
1946-03-16-022	북조선토지개혁에 대한 해석		부록 1, 2	허정숙
1946-03-17-001	'테로'강도단의 두목 김구 리승만을 타도하자(1)		1	
1946-03-17-002	사고		1	
1946-03-17-003	파쑈적정체를 폭로한 처칠의 연설 동맹국간의 분쟁을 도발 전쟁방화자의 립장에 립각	쓰딸린과 쁘라우다기자 문답	2	
1946-03-17-004	처칠은 무기로 위협한다	3월 11일 『쁘라우다』 사설	3	
1946-03-17-005	처칠의 연설에 트르맨 불관태도		3	따쓰통신
1946-03-17-006	처칠의 연설실현은 대쏘선전을 의미	버너드쇼우 쁘리쓰틀리 량씨의 론평	4	
1946-03-17-007	쏘련최고쏘베트 제1차대의원회의 개최		4	
1946-03-17-008	일본공산당 제5차대회		4	따쓰통신
1946-03-17-009	과학 및 발명계에 대한 쓰딸린상위원회 개최		4	
1946-03-17-010	예술 및 문학에 관한 쓰딸린상위원회 개최		4	
1946-03-17-011	함북 공장 광산 작업성과 현저		4	
1946-03-17-012	북조선연극콩클대회		4	
1946-03-17-013	교육사업을 추진 조선문화를 부흥	북조선인민교육문화후원회	4	
1946-03-18-001	파리콤문 75주년기념 프로레타리아트독재의 첫 정권	로동운동사상에 길이 찬연	1	
1946-03-18-002	반동분자의 방화로 회신한 철도공장재건에 돌진	철도로조 평양분회 동무들 대회소집 결의	1	
1946-03-18-003	격문	조선철도로동조합 평양공장분회	1	
1946-03-18-004	소부르죠아사회주의와 프로레타리아사회주의	1905년 11월 레닌론술(3)	2	
1946-03-18-005	세계위인전기	레닌의 소사(계속)	2	
1946-03-18-006	사동인민학원 학원모집		2	
1946-03-18-007	살인강도단의 두목 김구, 리승만을 타도하자(2)		3	
1946-03-18-008	처칠의 호전적 연설에 반대 파문 쏘련은 세계평화 애호국 처칠의 주장은 모략선전	재미슬라브인협회장의 연설	3	따쓰통신
1946-03-18-009	'미영동맹'반대 국제련합을 주장	루스벨트부인 연설	3	따쓰통신
1946-03-18-010	처칠환영회에 미국무장관 불참		3	
1946-03-18-011	이란내 쏘련군 서부이동 부인		3	

기사번호	제목(title)	부제목(stitle)	면수	필자, 출처
1946-03-18-012	반동분자와 투쟁 농촌위원회 조직	사동인민학원 활동	4	허갑
1946-03-18-013	토지개혁실시 각지 정황보고		4	
1946-03-18-014	동양최대의 전기보이라 완성 석탄과 인원을 대절약 산업건설의 난관 돌파!	흥남인민공장 동무들의 장거	4	
1946-03-18-015	공시		4	
1946-03-21-001	토지개혁법령실시에 있어서 보안정책에 대한 명령		1	
1946-03-21-002	처칠의 제안은 전쟁을 유발	주덕동지담	1	
1946-03-21-003	이란내 쏘련군 서방이동 의문		1	
1946-03-21-004	지주 친일파들의 대표자 김구, 리승만을 매장하자!	조선은 어데로 가나?(1)	2	무정
1946-03-21-005	봉건인습퇴치에 관하여		3	최창익
1946-03-21-006	토지개혁과 예술가의 임무(상)		3	리기영
1946-03-21-007	세계위인전기 4	레닌의 소사(계속)	3	
1946-03-21-008	토지개혁법령의 실시운영에 전력	평남산업경제협의회 결의	4	
1946-03-21-009	평양시내의 토지분배 순조로 진행	시청에서 출동 협력	4	영태
1946-03-21-010	민주주의를 확립 반동세력을 억압	일본민주인민련맹 성명	4	공동통신
1946-03-21-011	자칭건국공로자 악덕지주 출현!	아직도 반반소작 주장	4	영태
1946-03-21-012	과거를 청산 신생활 개척	성천군의 3지주	4	일권
1946-03-21-013	안악군 토지개혁실시위원회 개최	농민시위운동을 거행	4	
1946-03-21-014	수리조합리용 당분종전대로		4	
1946-03-21-015	제약허가규정 보건국서 포고		4	
1946-03-21-016	공시		4	
1946-03-22-001	김구, 리승만도당의 살인, 방화의 죄악행위! 북조선의 민주건설은 날로 공고 인민은 격노 총궐기!	민족반역자 분쇄절규	1	최기성
1946-03-22-002	반동적학생을 숙청 교육계 철저개혁 요망	진보적학생선구대 조직!	1	영태
1946-03-22-003	격	학생선구대	1	
1946-03-22-004	세계위인전기(5) 쓰딸린은 레닌의 계승자 세계피압박민족의 해방자!	쓰딸린의 소사	2	
1946-03-22-005	쳐칠 연설 론의	미대통령부인	2	AP
1946-03-22-006	전동맹공산당(볼세비크) 력사	간명한 교정	3	
1946-03-22-007	조선은 어데로 가나?(2)		3	무정
1946-03-22-008	토지개혁과 예술가의 임무(중)		3	리기영
1946-03-22-009	토지개혁을 절대지지 적극적방조 결의	평북 각 정당 단체회의	4	
1946-03-22-010	토지개혁에 가담	신의주 수만학도 궐기	4	
1946-03-22-011	토지개혁 편신	향락적부호의 과수원을 몰수	4	
1946-03-22-012	지방단신	함남 3.1기념동원공전 기록	4	
1946-03-22-013	지방단신	평남경제대책협의회	4	
1946-03-22-014	지방단신	함북 전재자구제금 모집	4	
1946-03-22-015	헌신적 노력으로 건국사업에 진출	동평양녀성동맹의 활동	4	진백옥
1946-03-22-016	희랍 정정에 대한 영국 정계의 관측		4	
1946-03-22-017	쏘련 각 공장생산열 고조		4	따쓰통신
1946-03-22-018	멸란에서 파시스트도당을 체포		4	따쓰통신
1946-03-22-019	싸라스와 그 공모자들을 사형		4	따쓰통신
1946-03-22-020	쏘련 꾸르쓰크시해방 3주년 기념		4	
1946-03-22-021	사동인민학원 학원 모집		4	사동인민학원교장 서휘
1946-03-22-022	리승만 김구의 이 매국적행위를 보라! 경제적리권을 저당 9개조밀약을 체결	이것이 반역자들의 본색이다	부록 1	
1946-03-23-001	조선공산당 북부조선분국 비준 통신망 조직에 관하여 각 도, 시, 군 책임비서와 선전부장에게 보내는 편지	각 도, 시, 군책임비서 및 선전부장 앞	1	
1946-03-23-002	정로통신망 조직대강		1	
1946-03-23-003	처칠의 연설을 영하원서 토의		1	따쓰통신
1946-03-23-004	각국 출판물의 반향	처칠의 연설에 관한 쓰딸린과 쁘라우다기자의 문답에 대해	1	
1946-03-23-005	사고		1	
1946-03-23-006	조선은 어데로 가나?(3)		2	무정
1946-03-23-007	전동맹공산당(볼쉐비크) 력사(2)		2	
1946-03-23-008	춘기파종준비에 대한 결정서		3	
1946-03-23-009	평안북도 농민의 토지요구열 치렬		3	
1946-03-23-010	토지개혁과 예술가의 임무(하)		3	리기영
1946-03-23-011	전련맹볼쉐위크공산당 중앙위원회 성원 결정		4	
1946-03-23-012	국공군충돌은 중앙정부의 책임	-진방헌동지 담-	4	
1946-03-23-013	화평통일정책을 국민당 배신훼방 정치회의의 결의실행을 주장	주은래동지 담	4	
1946-03-23-014	파란유고간에 우호조약 체결		4	RP
1946-03-23-015	토지무상분여에 개량증산을 서약 성대 면농촌위원회	평남 강서군	4	
1946-03-23-016	일본의 제 귀물을 미국으로 수송		4	
1946-03-23-017	북조선민청확대위원회		4	
1946-03-23-018	북조선기술자련맹대회 개최		4	
1946-03-23-019	지방단신	원산시에서, 토건로동조합 남구분회, 평남 평원군 한천면 지주 조동룡	4	
1946-03-24-001	통신망조직에 관하여 -각 도 군당에 보내는 지시- 조공북조선분국책임비서 김일성 비준 지령 제9호	각도군당책임비서선전부장앞	1	
1946-03-24-002	트르맨씨 외교는 국제헌장에 배치	미국변호사협회 성명	1	AP
1946-03-24-003	일당독재	중공측 반대	1	중앙사

기사번호	제목(title)	부제목(stitle)	면수	필자, 출처
1946-03-24-004	남조선 '민주의원'의 반동성에 대하여		2	조선신민당 부주석 최창익
1946-03-24-005	전동맹공산당(볼쉐비크) 력사(3)		2	
1946-03-24-006	조선은 어데로 가나?(4)		3	무정
1946-03-24-007	봉건제도를 철폐하자!	토지는 농민에게!	3	
1946-03-24-008	교육국 지령 제30호 북조선림시인민위원회 교육국장	도인민위원회 위원장 귀하	3	
1946-03-24-009	교육국지령 제31호	북조선림시인민위원회 교육국 도인민위원장 교육부장 귀하	3	
1946-03-24-010	쏘미공동위원회 개막 량국공동콤뮤니케 발표	공동콤뮤니케 제1호	4	
1946-03-24-011	쏘련최고쏘베트 상무위원회 선거에 대한 쏘련최고쏘베트회의 결정		4	
1946-03-24-012	쏘련 내각 조직에 대한 최고쏘베트회의의 결정		4	
1946-03-24-013	쏘련내각의 각 부서 임명		4	
1946-03-24-014	쏘련과 서서 간에 외교관계를 회복		4	따쓰통신
1946-03-26-001	조선림시정부수립 앞두고 20개조의 정강 천명!	북조선림시인민위원회 김일성위원장 발표	1	
1946-03-26-002	쏘련측 수석대표의 연설 쏘미공동위원회 개회식에서	쏘련대표 쓰띄꼬브대장	1	
1946-03-26-003	철판은 미국 로스안젤스시에서 조선동포들의 손으로 발행하는 『조선독립신문』에 게재된 리승만 김구가 해외에 있을때 조선의 외교권과 광산권을 팔아먹었다는 론문원문		2	
1946-03-26-004	민족반역자들의 테로행동을 분쇄하자(1)		2	조선민주당수 최용건
1946-03-26-005	재미『조선독립신문』소재 김구, 리승만의 밀약	경제적리권을 저당 9개조 밀약을 체결	2	
1946-03-26-006	쏘련최고쏘베트회의 제1회대의원회 소집 쏘련인민위 쏘베트의 조직	인민경제 5개년계획 등 결정	3, 4	
1946-03-26-007	북조선림시인민위원회수립 축하 김일성장군에게 감사편지 북조선인민위원회 위원장 김일성장군에게 보내는 감사문	강원도인민위원회	4	
1946-03-26-008	토지개혁감사전 김일성장군에게 속지	각지에서	4	
1946-03-26-009	토지개혁편신 지주의 감격	원산 박명조지주	4	
1946-03-26-010	토지개혁편신 농민의 감격	평남 평원군 동송면 월봉리 한 농민	4	
1946-03-26-011	토지개혁 편신	농촌위원회 결성	4	
1946-03-26-012	사고		4	

기사번호	제목(title)	부제목(stitle)	면수	필자, 출처
1946-03-27-001	제2차 쏘미공동위원회 공동콤뮤니케 제2호 발표		1	
1946-03-27-002	하지중장 연설	쏘미공동위원회 개회식에서	1	
1946-03-27-003	'5인분을 4인이' 생산을 최고도로!	사동탄광 동무들 돌격	1	허갑
1946-03-27-004	학교사업 개선책	북조선림시인민위원회 결정서	1	
1946-03-27-005	사동탄광동무들의 작업하는 광경		1	
1946-03-27-006	북조선림시인민위원회수립 경축 토지개혁에 감사	김장군에게 편지답지	1	
1946-03-27-007	사고		1	
1946-03-27-008	쏘베트헌법과 쏘베트청년들(1)		2	김철우
1946-03-27-009	전동맹공산당(볼세비크) 력사(4)		2	
1946-03-27-010	쏘련최고쏘베트 제1회 대의원회의 1946-1950년기간 쏘련인민경제회복과 발전의 5개년계획	쏘련국가계획위원회 회장 느.아. 워즈녜쎈쓰끼의 보고	3	
1946-03-27-011	새조선건설에 일대 광명! 선봉학도 3백여명 일당에 모여 토론 백열!	평양학생대회 열광리 진행	4	영태
1946-03-27-012	북조선학생들에게 보내는 평양시학생대표자대회의 선언		4	
1946-03-27-013	북조선림시인민위원회와 그 위원장 김일성장군에게 제1차 평양시내 중등전문학생대표자대회가 보내는 메쎄지		4	
1946-03-27-014	토지개혁 일선투사를 격려 평양기구세포의 편지	토지개혁 제일선에서 분투하시는 동무들에게	4	
1946-03-27-015	극악지주 부자를 숙청	룡연면에서	4	
1946-03-27-016	정치회의 결정실행을 강조	중국민주동맹측 언명	4	
1946-03-27-017	쏘련군부대 모도서 철병		4	따쓰통신
1946-03-28-001	북조선예술가 단결 인민대중의 문화수립	북조선예술총련맹결성대회	1	
1946-03-28-002	예술가대회		1	일권
1946-03-28-003	선언	북조선예술총련맹결성대회	1	
1946-03-28-004	강령	북조선예술총련맹결성대회	1	
1946-03-28-005	북조선예술총련맹에서 개진한 보고자의 보고에 관한 결정서		2	
1946-03-28-006	토지개혁편신	평북 룡천군 부라면, 강서군 쌍룡면 다족리, 진남포해산리일대에서	2	
1946-03-28-007	북사포고 제14호	조선호적 급기류 수수료 규칙 개정에 관한 건	2	
1946-03-28-008	조선민주주의림시정부수립에 대하여		3	북조선림시인민위원회 부위원장 김두봉
1946-03-28-009	전동맹공산당(볼세비크) 력사(5)		3	

기사번호	제목(title)	부제목(stitle)	면수	필자, 출처
1946-03-28-010	쏘련국가계획위원회 회장 느.아.워즈네쎈쓰끼의 보고	전호에서 계속	4	
1946-03-29-001	보건사업의 당면과업		1	
1946-03-29-002	의사진용 병원시설에 대한 구체적방책 의료시설을 확충강화 민중의 무루리용을 도모	북조선림시인민위원회 보건국장 윤기녕씨 담	1	
1946-03-29-003	보건국의 사업경과		1, 4	
1946-03-29-004	김구는 중국에서 무엇을 하였든가?	조선에서는 무엇을 하려고 하는가?	2	
1946-03-29-005	쏘베트헌법과 쏘베트청년들(2)		2	김철우
1946-03-29-006	전동맹공산당(볼세비크) 력사(6)		2	
1946-03-29-007	토지는 농민에게! 전원에 생기는 더 한층 충만 농민의 걸음걸이도 씩씩!	조선공산당 북부조선분국 선전부 영화촬영반편신 정준책 씀(상)	3	
1946-03-29-008	쏘련국가계획위원회 회장 느.아.워즈네쎈쓰끼의 보고	전호에서 계속	3	
1946-03-29-009	지방단신	평양시당주최 선전사업회의, 평남반일투사후원회 결성	3	
1946-03-29-010	리승만과 김구를 조선림시정부에서 배제 요구	재미동포 제 단체 미대통령에게 서신	4	따쓰통신
1946-03-29-011	국제정세에 대한 쓰딸린과 신문기자 문답		4	
1946-03-29-012	쓰따하노브운동 쏘련각지에 팽연		4	따쓰통신
1946-03-29-013	토지개혁편신 함종면당국자 반동행위 규탄	강서군에서	4	성택
1946-03-29-014	토지개혁편신 악덕지주군의 죄상 속속 폭로	대동군내 농촌위원회들에서	4	성택
1946-03-30-001	가애국자 민족반역자 조만식의 정체를 보라!	조선민주당 당수 최용건	1, 2	
1946-03-30-002	전동맹공산당(볼세비크) 력사(7)		2	
1946-03-30-003	토지개혁선전 사업경과보고	평남도당 정치문화과	2	
1946-03-30-004	쏘련각지에 생산열 팽연		2	따쓰통신
1946-03-30-005	함흥예술련맹		2	
1946-03-30-006	쏘베트헌법과 쏘베트청년들(3)		3	김철우
1946-03-30-007	토지는 농민에게! 반동지주 최후발악을 분쇄 토지개혁의 농군은 행진!	조선공산당 북부조선분국 선전부 영화촬영반편신 정준책 씀(중)	3	
1946-03-30-008	위대한 지도자 김일성장군 만세 북조선 예술총련맹의 감사장	김일성장군에게 보내는 메쎄지	4	
1946-03-30-009	북조선예술총련맹의 써클조직테제		4	
1946-03-30-010	쏘미공동위원회에 편지	북조선예술총련맹결성대회서 쏘미공동위원회에 보내는 메쎄지	4	
1946-03-30-011	사고		4	
1946-03-30-012	쏘련최고쏘베트 제1회대의원회의 1946-1950년기간 쏘련인민경제회복과 발전의 5개년계획	쏘련국가계획위원회 회장 느.아.워즈네쎈쓰끼의 보고	5, 6	

기사번호	제목(title)	부제목(stitle)	면수	필자, 출처
1946-03-31-001	왜놈들의 앞잡이 '목사'의 정체를 보라!		1, 3	『매일신보』
1946-03-31-002	조선림시정부수립을 앞두고	쏘미공동위원회에 기대함	1	
1946-03-31-003	전동맹공산당(볼세비크) 력사(8)		2	
1946-03-31-004	쏘베트헌법과 쏘베트청년들(4)		2	김철우
1946-03-31-005	김구는 중국에서 무엇을 하였든가?	조선에서는 무엇을 하려고 하는가?	3	
1946-03-31-006	토지는 농민에게! 김일성장군 농촌정황 시찰 우리의 지도자 환영 만세!	조선공산당 북부조선분국 선전부 영화촬영반편신 정준책 씀(하)	3	
1946-03-31-007	김일성장군 만세! 장군의 지도밑에 정로 돌진 맹세	로조전평 안주련락위원회 대의원총회에서 김일성장군에게 보내는 메쎄지	4	
1946-03-31-008	리승만의 추행 백일하에 폭로 면포사기 매매사건 탄로 최근 법정에 출두 심문중	'민주의원'장 사임 두문불출	4	
1946-03-31-009	토지개혁법령의 산림에 관한 결정	북조선림시인민위원회 위원장 김일성비준	4	
1946-03-31-010	춘경기 앞두고 농우의 도난 빈발	축우절도처죄규정 공포	4	
1946-03-31-011	조선어문연구회 결성준비 진행중		4	
1946-03-31-012	일본헌법제안 등 극동위원회에서 토의		4	
1946-03-31-013	베빈의 대외정책	레이보르당원 비판태도	4	
1946-03-31-014	조선제강로조분회동무 헌금		4	
1946-03-31-015	신문배달원 모집		4	
1946-04-04-001	북조선림시인민위원회 위원장 김일성장군 발표 20개조 정강은 참민주주의의 정강이다 김구 리승만의 가민주 '정책대강'의 본질을 폭로하자	조선공산당 북조선분국 발표	1, 4	
1946-04-04-002	북조선의 예술운동에 대하여		1	
1946-04-04-003	김일성위원장 발표의 조선림시정부에 대한 20개조정강을 지지하자	-조선민주당 발표-	2	
1946-04-04-004	북조선림시인민위원회의 20개조정강을 적극 지지하자	조선신민당 비서처 발표	2	
1946-04-04-005	쏘미공동위원회 발표	공동콤뮤니케 제3호	2	
1946-04-04-006	학교기념식수	각도 학교들에서	2	
1946-04-04-007	『보안』발간	북조선인민보안국에서	2	성택
1946-04-04-008	조선림시정부수립에 대한 젊은이들의 주장	북조선민주청년동맹 발표	3	
1946-04-04-009	전동맹공산당(볼세위크)력사(9)		3	
1946-04-04-010	쉴수 없는 증산운동 제2차 돌격운동 전개	광산로조 정백공장 동무들!	4	
1946-04-04-011	각 산업별 로동자동무들에게!	정백중앙공장분회에서	4	
1946-04-04-012	북조선 각 도시 촌락 청소미화 및 전염병예방에 관한 북조선림시인민위원회 결의문		4	
1946-04-04-013	토지개혁경축 대시위운동 전개	농민들의 감격 고조!	4	

기사번호	제목(title)	부제목(stitle)	면수	필자, 출처
1946-04-04-014	안변토지개혁 지시대회 성황		4	
1946-04-07-001	학습열이 왕성하고 당에 대한 인식 확고	조선련탄과 서전세포의 생활	1	
1946-04-07-002	민족반역매국노 분쇄 민주국가건설에 주력 구성군토지개혁경축인민대회 김일성장군에게 감사장	김일성장군에게 보내는 메쩨지	1	
1946-04-07-003	오태리 3정당 파쑈숙청 협의		1	따쓰통신
1946-04-07-004	체호공산당 제8차대회		1	따쓰통신
1946-04-07-005	사법행정의 당면과업		1	
1946-04-07-006	20개조정강 절대지지	-전농북조선련맹 발표-	2	
1946-04-07-007	녀성동맹에서 정강지지를 발표		2	
1946-04-07-008	쏘베트헌법과 쏘베트청년들(5)		2	김철우
1946-04-07-009	전동맹공산당(볼세비크)력사(10)		2	
1946-04-07-010	쏘련에서는 각자에게 교육에 대한 권리가 있다		2	
1946-04-07-011	로동자 농민이 단결 토지개혁사업 진행 전농조북조선련맹 황주군선전사업대 보고	해괴무쌍한 일부 지도자	3	강한모
1946-04-07-012	토지개혁 일단락 금후 조치를 지시	토지개혁사무소에서	3	
1946-04-07-013	산문시	어제와 오늘	3	김동철
1946-04-07-014	북조선림시인민위원회 확대위원회 개최	토지개혁사업 등 토의	3	
1946-04-07-015	안주읍민들 곡물매수 협력		3	
1946-04-07-016	안악농민이 식량선물	비료를 만드는 함남동무에게	3	
1946-04-07-017	회신한 공장복구 생산돌격을 재개! 철도로조 평양공장분회 동무의 용자	메이데이기념 각지에 비격!	4	영태
1946-04-07-018	서장의 요직을 악용 인민의 보안을 모독! 전 대동서장 죄상탄로 심리중		4	현석
1946-04-07-019	평양민청주최 학생웅변대회		4	
1946-04-07-020	희랍의 선거	우익제정파 실패	4	따쓰통신
1946-04-07-021	안전보장리사회 이란문제로 분규		4	따쓰통신
1946-04-07-022	신문배달원모집		4	정로사
1946-04-10-001	조만식은 전쟁범죄자 인민재판을 받음이 당연	백일하에 폭로된 이 사실을 보라	1	『매일신보』
1946-04-10-002	'학도지원병'모집당시 조만식의 반역적격려문	1943년 11월 16일 『매일신보』소재 「학도에게 고한다」	1	조만식
1946-04-10-003	희랍의 총선거 반대자가 50%		1	따쓰통신
1946-04-10-004	쏘련의 가족제도에 대하여(1)		2	쏘련법학사 김택영
1946-04-10-005	쏘베트헌법과 쏘베트청년들(6)		2	김철우
1946-04-10-006	전동맹공산당(볼세위크)력사(11) 레닌의 '경제주의'와의 투쟁	레닌의 『이스크라』신문의 출현	2	
1946-04-10-007	조선민주당 제2차 중앙위원회 결정서		3	
1946-04-10-008	쏘미공동위원회에 조선민주당에서 서장		3	
1946-04-10-009	산문시	동무에게	3	김동철

기사번호	제목(title)	부제목(stitle)	면수	필자, 출처
1946-04-10-010	사동인민학원 제1회 졸업식		3	
1946-04-10-011	건국헌금일속	평양시 미림리 농민들, 평남광산로동동맹 신창탄광분회에서	3	
1946-04-10-012	식민지적교육을 청산 인민의 교육으로 새 출발	북조선인민교원직업동맹 결성대회	4	영태
1946-04-10-013	결정서	북조선인민교육직업동맹에서	4	
1946-04-10-014	김일성장군의 축사	북조선인민교육직업동맹결성을 축하하여	4	
1946-04-10-015	반일투사후원회 북조선위원회 결성	각 도 대표대회 소집 결의	4	성택
1946-04-10-016	독일공산당대회		4	따쓰통신
1946-04-10-017	발아리문제를 쏘련대사 성명		4	따쓰통신
1946-04-13-001	조선인민의 지배권을 강요하는자	쁘라우다지 게재-브.쓰몰렌쓰끼	1	
1946-04-13-002	김일성위원장 20개조정강지지(1)	북조선예술총련맹 발표	2	
1946-04-13-003	쏘련의 가족제도에 대하여(2)		2	쏘련법학사 김택영
1946-04-13-004	쏘베트헌법과 쏘베트청년들(7)		2	김철우
1946-04-13-005	독자적연구와 분발로 건설생산작업에 맹돌진 조선화학공장 동무들의 장관	드높은 애국열 생산률 격증!	3	일권
1946-04-13-006	교양과 실천을 요망	북조선민청확대위원회	3	
1946-04-13-007	사고		3	정로사
1946-04-13-008	희랍의 선거는 인민자유에 배반	공산당비서 기자단과 회견담	4	따쓰통신
1946-04-13-009	라마니아국 푸랑꼬 정부와 국교 단절		4	따쓰통신
1946-04-13-010	체호국 내무성 파쑈음모 폭로		4	따쓰통신
1946-04-13-011	서부이태리 로동자들 투쟁계속		4	따쓰통신
1946-04-13-012	일본총선거의 미지보도	미곡으로 투표권 매수	4	따쓰통신
1946-04-13-013	일본선거의 미지보도	해괴전범자가 선거 참가	4	따쓰통신
1946-04-13-014	국련최후회의		4	루뗄
1946-04-13-015	알젠진나 대통령 신임		4	따쓰통신
1946-04-13-016	가증! 남조선의 테로	민전간부를 무기로 습격	4	합동통신
1946-04-14-001	당생활의 일모 자기비판이 극긴요 향상과 사업에 매진하라	동, 서, 중구세포생활의 비판	1	성택
1946-04-14-002	5.1절의 유래와 의의(1)		1	
1946-04-14-003	공업기술자 등용		1	
1946-04-14-004	쏘련의 가족제도에 대하여(3)		2	쏘련법학사 김택영
1946-04-14-005	쏘베트헌법과 쏘베트청년들(8)		2	김철우
1946-04-14-006	전동맹공산당(볼세위크)력사(12)		2	
1946-04-14-007	평남 토지개혁사업 완료 농민은 증산에 주력!	공로자와 반역자도 결정	3	영태
1946-04-14-008	토지개혁협력대 조직	함북인민교원 활약	3	
1946-04-14-009	토지개혁 경축	각 지서 전보 답지	3	

기사번호	제목(title)	부제목(stitle)	면수	필자, 출처
1946-04-14-010	평남도인민확대위원회		3	일권
1946-04-14-011	20개정강 해설	철원군당 선전부 보고	3	철원군당부 선전부
1946-04-14-012	김일성위원장의 20개조정강 지지(2)	북조선예술총련맹 발표	3	
1946-04-14-013	쏘련의 부녀자 무차별살륙	히틀러의 폭상 판명	4	USIS
1946-04-14-014	인도네씨아폭격		4	따쓰통신
1946-04-14-015	중국국민정부 남경으로 환도		4	따쓰통신
1946-04-14-016	희랍협잡선거	민주주의정당 선언	4	따쓰통신
1946-04-14-017	북조선림시인민위원회 1946년도 예산성립	인민의 적극 협력 요망	4	
1946-04-14-018	희랍선거에서 허위명부 작성		4	따쓰통신
1946-04-14-019	히틀러의 행위와 김구 리승만의 행위		4	
1946-04-14-020	세금징수에 관한 건	북조선림시인민위원회 결정서	4	
1946-04-17-001	리승만의 정체	김영활번역	1	
1946-04-17-002	조선림시정부에서 김구, 리승만을 제외하라	진남포 각 정당에서 결의!	1	
1946-04-17-003	5.1절의 유래와 의의(2)		2	
1946-04-17-004	20개조정강 지지	평양시녀성동맹대회 선언 발표	2	
1946-04-17-005	김일성 위원장의 20개조정강 지지(3)	북조선예술총련맹 발표	2	
1946-04-17-006	생산없이 건국이 있을수 없다	빛나는 생산돌격운동의 성과	3	
1946-04-17-007	북조선농민은행 설립의 의의 심대	재정국장 담	3	
1946-04-17-008	북조선농민은행설립에 관한 법령	북조선림시인민위원회포고 제3호	3	
1946-04-17-009	김일성장군에게 토지개혁감사문 산적		3	
1946-04-17-010	녀성교육지도원양성소 제2회 졸업식 거행		3	성택
1946-04-17-011	평남농위대표대회 개최		3	명원
1946-04-17-012	학생강연회 성황		3	평아
1946-04-17-013	지방단신	정평, 원산, 롱천에서	3	
1946-04-17-014	히데하라내각 사직요구	일본, 도꾜군중대회에서	4	따쓰통신
1946-04-17-015	이란문제는 토의 불필요		4	따쓰통신
1946-04-17-016	쏘련, 이란간에 원유협의회사 설립		4	따쓰통신
1946-04-17-017	쏘련 이란친선은 세계평화에 기여		4	따쓰통신
1946-04-17-018	흉아리수상 모스크바도착		4	
1946-04-17-019	태평양에 지진	'하와이'만 10만호 도괴	4	따쓰통신
1946-04-17-020	일본선거에 반동분자 단불용허		4	따쓰통신
1946-04-17-021	국제사정	미국의 원자폭탄론쟁	4	
1946-04-17-022	국제사정	인도네시아의 형편	4	
1946-04-17-023	낙위해역에 영소해정 도착		4	따쓰통신
1946-04-19-001	쏘, 미공동위원회의 공동콤뮤니케 제5호		1	
1946-04-19-002	5.1절의 유래와 의의(3)		1	
1946-04-19-003	'5.1'로동절기념표어		1	
1946-04-19-004	토지개혁승리리 완성 파종 등 목전과업 토의	북조선림시인민위원회 제1회 확대위원회	2	

기사번호	제목(title)	부제목(stitle)	면수	필자, 출처
1946-04-19-005	북조선림시인민위원회 제1회 확대위원회 회의		2	
1946-04-19-006	토지개혁법령실시결산에 대한 결정서	북조선림시인민위원회 제1회 확대위원회	2	
1946-04-19-007	지방단신	장연군, 문천군, 영흥군, 해주군에서	2	
1946-04-19-008	청년웅변대회	평안남도민주청년동맹에서	2	
1946-04-19-009	토지개혁법령실시 결산	북조선림시인민위원회 제1회 확대위원회서 김일성위원장의 발언요지	3	
1946-04-19-010	건국복권 발행	평남도에서	3	
1946-04-19-011	사꾸라지마화산 폭발		3	따쓰통신
1946-04-19-012	사고		3	정로사
1946-04-19-013	령치금품처분에 관한 건		3	진남포 인민교화소장
1946-04-19-014	독일토지개혁 완료	2, 254, 436헥타르 분배	4	따쓰통신
1946-04-19-015	붉은군대송별회 만주각처에서 성대 거행		4	따쓰통신
1946-04-19-016	국제사정	영국의 신식민지	4	
1946-04-19-017	일본공산당대표 반동대의사 축출 언명		4	따쓰통신
1946-04-19-018	바른흘도에서 쏘련군 철퇴		4	따쓰통신
1946-04-19-019	쏘련, 흉아리 량외상회의		4	따쓰통신
1946-04-19-020	반동분자 발호	일본선거를 외지평	4	따쓰통신
1946-04-19-021	희선거반대자		4	따쓰통신
1946-04-19-022	오정치대표 방쏘		4	따쓰통신
1946-04-20-001	조선공산당 북조선분국 제6차 확대집행위원회	조공북조선분국 책임비서 김일성	1, 2, 3	
1946-04-20-002	인민강좌	평양사회과학연구소에서	3	
1946-04-20-003	사고		3	정로사
1946-04-20-004	미국 대의사 뻬벨 영 미 제국주의 음모 통격		4	따쓰통신
1946-04-20-005	안전보장회의 계속		4	따쓰통신
1946-04-20-006	뉴욕의 군중대회 푸랑꼬정책 반대		4	따쓰통신
1946-04-20-007	파리외상회의		4	따쓰통신
1946-04-20-008	쏘련과 파란 통상조약 체결		4	따쓰통신
1946-04-20-009	국제사정	폭로된 비밀	4	
1946-04-20-010	영지보도 「일본전범자후대」		4	따쓰통신
1946-04-20-011	쏘체호간에 통상조약		4	따쓰통신
1946-04-20-012	미군 '위기'이후도 빙도주둔 불가해		4	따쓰통신
1946-04-20-013	툴멘 기자단 회견		4	따쓰통신
1946-04-20-014	인도네시아전투 계속		4	따쓰통신
1946-04-20-015	진공박 사형		4	따쓰통신

기사번호	제목(title)	부제목(stitle)	면수	필자, 출처
1946-04-20-016	협동조합'마크'현상모집		4	평안남도협동조합련맹 집행위원장 류의창
1946-04-22-001	쏘미공동위원회 제5호 콤뮤니케에 대한 성명서	북조선림시인민위원회 선전부 발표	1	
1946-04-22-002	북조선토지개혁총결산	북조선림시인민위원회 농림국장 발표	1	
1946-04-22-003	레닌탄생 제76주년 기념		1	
1946-04-22-004	5.1절을 기념하는 의의	북조선림시인민위원회 선전부	2	
1946-04-22-005	5.1절의 유래와 의의(4)		2	
1946-04-22-006	5.1절의 노래		2	박팔양 작사, 김동진 작곡
1946-04-22-007	'서전'동무들의 영웅적로동생산돌격전 성과다대	5.1절 앞두고 재돌격 전개	3	영태
1946-04-22-008	춘경과 파종에 부지런히 일하자	농촌으로 보내는 편지	3	
1946-04-22-009	토지분배에 오직 감격! 김일성장군께 감사문	평남 중화군 간동면농민대회	3	
1946-04-22-010	평양철도재판소 개소식		3	
1946-04-22-011	재선거를 요구	일본공산당에서 성명	4	따쓰통신
1946-04-22-012	조화 순천공장돌격대 호적		4	
1946-04-22-013	일본선거유권자 백만명이 미투표		4	따쓰통신
1946-04-22-014	조국		4	안막
1946-04-22-015	일본의 정당 364 란립		4	따쓰통신
1946-04-22-016	국제사정	막겐지끼은 어떤 인물인가?	4	
1946-04-26-001	북조선공산당 중앙의 청원서		1	
1946-04-26-002	조선신민당의 성명서		1	
1946-04-26-003	평양시위원회의 성명서		1	
1946-04-26-004	조선민주당의 결정서		1	
1946-04-26-005	북조선로동동맹의 성명서		2	
1946-04-26-006	쏘미공동위원회의 공동콤뮤니케 제6호		2	
1946-04-26-007	사고		2	정로사
1946-04-26-008	광고		2	
1946-04-26-009	천도교청우당의 성명서		2	
1946-04-26-010	전농북조선련맹의 성명서		3	
1946-04-26-011	녀성동맹의 성명서		3	
1946-04-26-012	로동자의 명절 5.1절을 뜻깊게 맞자	다채로운 제기념행사 준비	3	일권
1946-04-26-013	어린이날 행진곡		3	고의순 작사, 김원균 작곡
1946-04-26-014	평양시협동조합의 성명서		3	
1946-04-26-015	알리는 말씀		3	정로사 편집부

기사번호	제목(title)	부제목(stitle)	면수	필자, 출처
1946-04-26-016	불선거운동회의에서 공산당의 총로선을 연설		4	따쓰통신
1946-04-26-017	서반아문제를 분란대의사 질문		4	따쓰통신
1946-04-26-018	예루살렘에서 동맹파업 계속		4	따쓰통신
1946-04-26-019	분란수상일행 모쓰크바 도착		4	따쓰통신
1946-04-26-020	희랍량대신 사직		4	따쓰통신
1946-04-26-021	영국수상 신징병계획 발표		4	따쓰통신
1946-04-26-022	발 전수상 검속		4	따쓰통신
1946-04-26-023	륜돈식료창고 로동자들 파업		4	따쓰통신
1946-04-26-024	정말 수부에서 반파쑈시위		4	따쓰통신
1946-04-26-025	유고슬라비야의 민주주의적발전(1)		4	아.뽀메란쩨브
1946-04-26-026	협동조합 '마크'현상모집		4	
1946-04-26-027	사고		4	정로사
1946-04-27-001	토지개혁후 춘경보장에 관한 명령 북조선림시인민위원회 위원장 김일성	보안국장 최용건	1	
1946-04-27-002	춘기파종을 성과있게 하자		1	
1946-04-27-003	북조선예술총련맹과 조쏘문화협회 성명서		2	
1946-04-27-004	북조선교원직업동맹 성명서		2	
1946-04-27-005	민청북조선위원회 청원서		2	
1946-04-27-006	반일투사후원회 북조선위원회 성명서		2	
1946-04-27-007	계획적인 조직령도사업의 엄격한 검사 필요 평양시당 제2차 확대위원회 첫 검사공작총결보고	당사업을 준렬히 비판	3	주현
1946-04-27-008	녀성동맹확대회 김일성장군께 서장	해방녀성의 당면과업 토의	3	진순, 은길
1946-04-27-009	산업선상의 로동자에게 5.1절생산에 관한 정치적창발력향상과 당적지도		3	북조선분국 로동부장 허가이
1946-04-27-010	리완의 로동자들 5월 1일 총파업		4	따쓰통신
1946-04-27-011	동경만 해저에 귀금속괴발견		4	따쓰통신
1946-04-27-012	국제재판소 개청식		4	따쓰통신
1946-04-27-013	히틀러스파이단 중국에서 체포		4	따쓰통신
1946-04-27-014	독일군사서류 발견		4	따쓰통신
1946-04-27-015	국제련맹 해산		4	루뗄
1946-04-27-016	프랑꼬정권 타도	파란대표 '안보'에 요구	4	AP통신
1946-04-27-017	장춘시 완전점령	중공군, 인민정부 수립	4	신화사통신
1946-04-27-018	미, 유고국 승인		4	U.P통신
1946-04-27-019	희랍직업회 지도자 검속 반대		4	따쓰통신
1946-04-27-020	유고슬라비야의 민주주의적 발전(2)		4	아.뽀메란쩨브
1946-04-27-021	전동맹공산당(볼세위크)력사(13)		5	
1946-04-27-022	과학 심장이식수술	고리끼의과대학 교수 시니쩐박사 실험 성공	5	

기사번호	제목(title)	부제목(stitle)	면수	필자, 출처
1946-04-27-023	쏘베트헌법과 쏘베트청년들(9)		5	김철우
1946-04-27-024	사고		5	정로사
1946-04-27-025	알리는 말씀		5	정로사편집부
1946-04-27-026	북조선농위련맹 확대위원회 개최		6	영태
1946-04-27-027	증산에 매진하자 춘기파종지도대 조직	평남 2시 14군 농민 총궐기	6	영태
1946-04-27-028	해방후 처음 맞는 '어린이 날'행사		6	
1946-04-27-029	농위결정서	전농북조선직맹 제1차확대집행위원회	6	
1946-05-01-001	5.1절을 기념하면서 동포에게 고함	-북조선림시인민위원회 위원장 김일성-	1, 2, 3	
1946-05-01-002	김일성 위원장		1	
1946-05-01-003	김일성장군인상기(1)		3	한설야
1946-05-01-004	직장현지보고 로동자의 명절은 왔다! 5.1절기념생산에 총돌격하자 조선고무공장 동무들의 감투보	의식적분투로 생산을 격증!	4	영태
1946-05-01-005	인도네씨야 무력간섭배격을 영, 화공산당선언		4	따쓰통신
1946-05-01-006	오공산당제13차대회	13만당원의 단결 공고	4	따쓰통신
1946-05-01-007	'마래'주권은 영국으로	영지에 발표된 책임자의 편지	4	따쓰통신
1946-05-01-008	북전총국의 기념증산	각 공장 우수제품 족출	4	영태
1946-05-02-001	단결의 힘을 세계에 선양	의기는 충천, 보무도 당당 20만 근로대중대시위! 해방후 5.1절 기념대회 평양	1	일권
1946-05-02-002	12만인민 참가	함흥의 5.1기념 성대	1	
1946-05-02-003	알리는 말씀		1	정로사편집부
1946-05-02-004	5.1절을 맞이하여 연설하시는 김일성동지		2	
1946-05-02-005	5.1절을 맞이하며 조선동포에게 고함	김일성	2	
1946-05-02-006	로동자대표 축사	황세권 (5.1절을 맞이하며)	3	
1946-05-02-007	농민대표 축사	박종문 (5.1절을 맞이하며)	3	
1946-05-02-008	붉은군대사령부대표 축사	풀쏘브소장 (5.1절을 맞이하며)	3	
1946-05-02-009	독일공산당대회	사회주의유일당 결성	4	따쓰통신
1946-05-02-010	파란 인민투표 6월 1일 시행	법령초안작성위원회 개최	4	따쓰통신
1946-05-02-011	국제정세		4	쁘.르싸꼽
1946-05-05-001	과학적공산주의의 천재적시조	칼.맑스탄생 128주년 기념	1	
1946-05-05-002	사고		1	정로사
1946-05-05-003	어린이날을 기념하면서 사랑하는 전조선 어린이에게	조선공산당 북조선중앙책임비서 김일성	2	
1946-05-05-004	어린이날 구호		2	
1946-05-05-005	쏘련출판기념일 5월 5일		2	
1946-05-05-006	어린이날은 어떤 날인가?		2	

기사번호	제목(title)	부제목(stitle)	면수	필자, 출처
1946-05-05-007	어린이체육대회	3만의 어린이가 모여 마음껏 즐겁게 뛰놀다	2	일권
1946-05-05-008	쏘미공동위원회의 공동콤뮤니케 제7호		2	
1946-05-05-009	제 중요법령 결정	북조선사법국회의에서	3	길환
1946-05-05-010	북조선 6도 통신부장회의		3	
1946-05-05-011	녀성동맹 순회강연	평양시 녀성동맹 중구위원회에서	3	진순
1946-05-05-012	토지개혁을 하면서 우리 농민은 무엇을 깨달았는가		3	강환모
1946-05-05-013	가 토지개혁법령 일본공산당에서 배격		4	따쓰통신
1946-05-05-014	쓰딸린대원수 분란대표회담		4	
1946-05-05-015	일본인장교들의 단체활동을 미지보도		4	따쓰통신
1946-05-05-016	금융자본지지자 '히데하라'을 일지 론평		4	따쓰통신
1946-05-05-017	진보자당수 히데하라 결정		4	따쓰통신
1946-05-05-018	지방단신		4	
1946-05-05-019	유고슬라비야의 민주주의적발전(3)		4	아.뽀메란쩨브
1946-05-07-001	쏘련무력상의 명령서(제7호)		1	
1946-05-07-002	김일성 위원장의 20개정강 지지 반동파 절대 타도를 결의	함흥시 민중대회에서	1	
1946-05-07-003	민청기관지 청년신문 발간	북조선민주청년동맹에서	1	
1946-05-07-004	쏘미공동위원회 성명서 제7호에 대한 북조선림시인민위원회 선전부 성명		1	
1946-05-07-005	조선민주당 평남위원회 결성		1	삼문
1946-05-07-006	사고		1	정로사
1946-05-07-007	20개조정강 절대지지	천도교청우당 성명 발표	2	
1946-05-07-008	20개정강 지지성명	평양사회과학연구소	2	
1946-05-07-009	김일성장군 인상기(2)		2	한설야
1946-05-07-010	불철주야 피나는 전투로 철도공장 수복구	화재부흥로동자 표창식 거행	3	병주
1946-05-07-011	'평양중앙방송국' 승격		3	
1946-05-07-012	일제마수에 파괴된 공도 청진 부흥도 불원		3	종권
1946-05-07-013	김일성장군에게 서상 북조선로총 평남련맹	북조선로동총동맹 평안남도련맹 결성대회	3	
1946-05-07-014	인민보안국 조직기구 개혁		3	
1946-05-07-015	건국복권추첨	평남도인민위원회에서	3	병주
1946-05-07-016	지방단신	영변과 해주에서	3	
1946-05-07-017	6도 보건부장회의	인민의 보건을 담당하라	4	현석
1946-05-07-018	통신망 강화코저 본사통신원 강의 실시		4	
1946-05-07-019	통신기술에 개가	무건전지발전기 완성	4	현석
1946-05-07-020	국제사정	죄와 벌	4	
1946-05-07-021	반역자가 꾸민 '가검사'도당 검속		4	
1946-05-07-022	증산보		4	
1946-05-07-023	유우등록		4	

기사번호	제목(title)	부제목(stitle)	면수	필자, 출처
1946-05-09-001	독일파쑈 멸망.붉은군대승리의 날! 5월 9일		1	
1946-05-09-002	독일파시스트를 소멸한 5월 9일을 맞이하면서		1, 2	허정숙
1946-05-09-003	제2차 세계전쟁의 발생과 성질(1)		2	레온찌예브, 김철우 역
1946-05-09-004	쏘독전쟁에서 전몰한 영용한 붉은 군인들에게 쓰딸린대원수로부터 조위의 화환을 보내였다.		2	
1946-05-09-005	생산의욕에 불타는 로동영웅들 모범로동자, 단체 표창식	입상은 개인 313명과 9단체	3	병주
1946-05-09-006	특등 모범로동자들의 략력		3	
1946-05-09-007	북조선녀성동맹대표대회		3	림
1946-05-09-008	쓰딸린원수를 경축한 쏘련 5.1절 성대		4	
1946-05-09-009	세계각국의 5.1절기념행사		4	따쓰통신
1946-05-09-010	불, 대의 사벨그라드 도착		4	따쓰통신
1946-05-11-001	제2차 세계전쟁의 발생과 그 성질(2)		1	레온찌예브, 김철우 역
1946-05-11-002	민주주의림시정부 수립에서 반동배들을 배제하자		1, 2	강철
1946-05-11-003	쏘베트헌법과 쏘베트청년들(10)		2	김철우
1946-05-11-004	신문의 군중성(1)		2	최형
1946-05-11-005	김일성장군 인상기(3)		2	한설야
1946-05-11-006	로동자 농민의 만세성 북조선천지에 진동	5.1절 각지 행사 성대	3	
1946-05-11-007	붉은군대 위령탑	원산서 제막식 성대 거행	3	박근
1946-05-11-008	건국헌금	조선공산당 대동군당에서	3	
1946-05-11-009	국제사정	세계여론	4	
1946-05-11-010	유성방송 개시		4	
1946-05-11-011	과학	지구와 태양	4	
1946-05-17-001	서울에서 진행된 쏘.미공동위원회사업경위	이즈베쓰찌야지에서 전재	1, 2	
1946-05-17-002	김일성장군 인상기(4)		2	한설야
1946-05-17-003	신문의 군중성(2)		2	최형
1946-05-17-004	구호		2	
1946-05-17-005	인민의 총의로 된 평양시인민위원회 업적	반동분자 축출코 과업 착착 진보	3	영태
1946-05-17-006	해방후 어린이날 다채로운 제 행사 거행		3	삼문
1946-05-17-007	신 세제 결정에 대하여 평남 재정부장 담화 발표		3	
1946-05-17-008	북조선로총위원장에 최경덕동지 피임		3	현주
1946-05-17-009	최근의 희랍정세	파쑈적경향을 영지 론평	4	따스통신
1946-05-17-010	불헌법제정회의 6월 2일 재선거		4	따쓰통신
1946-05-17-011	미대사관에서 영접회 개최		4	

기사번호	제목(title)	부제목(stitle)	면수	필자, 출처
1946-05-17-012	외상협의회		4	따쓰통신
1946-05-17-013	불, 국민투표결과		4	따쓰통신
1946-05-17-014	인민학교교원 재교육		4	현석
1946-05-17-015	평남모범로동자표창식		4	현주
1946-05-17-016	민청공동노력반 감자증산에 감투	원산	4	
1946-05-17-017	함남농촌현지보고	원산지방 각 농촌 춘경파종시 비에 돌진	4	박근
1946-05-17-018	일본의 5.1기념	동경만 50만명 시위	4	따쓰통신
1946-05-17-019	지방단신		4	
1946-05-17-020	협동조합에서 '표식'심사		4	현석
1946-05-19-001	건국의무로동에 관한 지령	조선공산당 북조선분국선전부장	1	
1946-05-19-002	쏘련무력상의 명령서(제11호)		1	
1946-05-19-003	제2차 세계전쟁의 발생과 그 성질(3)		1, 2	레은찌예브, 김철우 역
1946-05-19-004	신문의 군중성(3)		2	최형
1946-05-19-005	쏘베트헌법과 쏘베트청년들(2)		2	김철우
1946-05-19-006	건국의무로동의 표어		2	
1946-05-19-007	사고		2	정로사
1946-05-19-008	김장군께 선물	함남녀맹에서	2	
1946-05-19-009	녀성해방의 기치 확립 북조선녀성동맹대회	60만맹원 건국사업에 궐기	3	은길
1946-05-19-010	김일성장군에게	각지 5.1절서장 산적	3	
1946-05-19-011	전인도의 철도로동자 백만명 파업 경고		4	따쓰통신
1946-05-19-012	불내각회의		4	따쓰통신
1946-05-19-013	안또네스크일파 사형 론고		4	따쓰통신
1946-05-19-014	무쏠리니시체 절취범인 검속		4	따쓰통신
1946-05-19-015	일본공산당 성명		4	따쓰통신
1946-05-19-016	미국광산부들 동맹파업 계속		4	따쓰통신
1946-05-19-017	영국 화란의 무력에 반항	인도네시아전인민 궐기	4	따쓰통신
1946-05-19-018	영병 절대철병 애급에서 요구		4	따쓰통신
1946-05-19-019	지방단신		4	
1946-05-19-020	제악조건을 극복하고 생산돌격에 맹진	진남포화학공장의 열전보	4	
1946-05-19-021	미국륙전대 남만홀로도에 상륙		4	따쓰통신
1946-05-19-022	은행설립광고요항		4	
1946-05-20-001	민주조선의 대중적력량을 선양	변상적제국주의의 재침략에서 민주조선의 방위를 절규	1	
1946-05-20-002	북조선전체인민 총궐기! 민주건국의 고합 충천	평양시에서만 50만대중의 시위대회와 행렬	1	
1946-05-20-003	매국적 김구, 리승만 등 반역자배를 타도하자!	각계 대표의 연설에 군중 열렬히 환호	1	성택
1946-05-20-004	김일성동지의 보고연설(전문)		1, 3	

기사번호	제목(title)	부제목(stitle)	면수	필자, 출처
1946-05-20-005	보고연설하는 김일성동지		1	
1946-05-20-006	5월 19일에 해주민중대회		1	
1946-05-20-007	각계대표의축사 민주주의 5.19민중시위대회에서	북조선공산당 중앙위원회 대표 김용범	2	
1946-05-20-008	각계대표의축사 민주주의 5.19민중시위대회에서	조선신민당 대표 최창익	2	
1946-05-20-009	각계대표의축사 민주주의 5.19민중시위대회에서	조선민주당 대표 최용건	2	
1946-05-20-010	각계대표의축사 민주주의 5.19민중시위대회에서	로동자 대표 강영태	2	
1946-05-20-011	각계대표의축사 민주주의 5.19민중시위대회에서	천도교청우당 대표 김달현	2	
1946-05-20-012	북조선공산당 중앙위원회 성명서	쏘미공동위원회 휴회에 대한 각계의 성명	3	
1946-05-20-013	북조선농민련맹	쏘미공동위원회 휴회에 대한 각계의 성명	3	
1946-05-20-014	녀성동맹성명서	쏘미공동위원회 휴회에 대한 각계의 성명	3	
1946-05-20-015	공산당기관지 해방일보 페쇄		3	합동통신
1946-05-20-016	조선신민당	쏘미공동위원회 휴회에 대한 각계의 성명	3	
1946-05-20-017	강원도에서도 10만대중의 시위	철원, 금화, 평강, 이천, 영평, 화천, 련천, 양양 등 각지에서	3	
1946-05-20-018	조선민주당 성명서	쏘베트기관지 『이즈베쓰찌야』에 발표된 쏘미공동위원회 사업경위를 보고	4	
1946-05-20-019	사진은 거 5월 19일의 시위행렬		4	
1946-05-20-020	'민청'북조선위원회 성명서		4	
1946-05-20-021	신의주시위행렬	8만 동원 민주력량 발휘	4	
1946-05-20-022	각계대표의축사 평양시 5.19시위대회에서	민청북조선위원회 대표 김욱진	4	
1946-05-20-023	각계대표의축사 평양시 5.19시위대회에서	농민대표 강진건	4	
1946-05-20-024	각계대표의축사 평양시 5.19시위대회에서	조선민주녀성총동맹 대표 최수하	4	
1946-05-22-001	당선전선동사업에 관한 지시 -조선공산당 북조선분국선전부장-	조공북조선분국 책임비서 김일성 비준지령 제13호	1	
1946-05-22-002	24만 민중회집 반역자타도를 절규	함흥에서도 19일에 시위대회	1	
1946-05-22-003	룡암포에서도 5만군중의 시위	민중대회 끝난 다음 장사의 행진	1	
1946-05-22-004	모쓰크바결정대로 정부수립을 요망	각지방에서 전보환지	1	
1946-05-22-005	천도교청우당	쏘미공동위원회 휴회에 대한 각계의 성명서	2	
1946-05-22-006	북조선예술련맹	쏘미공동위원회 휴회에 대한 각계의 성명서	2	

기사번호	제목(title)	부제목(stitle)	면수	필자, 출처
1946-05-22-007	조쏘문화협회	쏘미공동위원회 휴회에 대한 각계의 성명서	2, 3	
1946-05-22-008	평남협동조합련맹	쏘미공동위원회 휴회에 대한 각계의 성명서	3	
1946-05-22-009	북조선인민교원직업동맹	쏘미공동위원회 휴회에 대한 각계의 성명서	3	
1946-05-22-010	김일성위원장의 20개정강을 지지	조쏘문화협회의 성명(1)	4	
1946-05-22-011	불을 토하는 사자후에 만당청중은 열광	북조선학생웅변대회 성황	4	
1946-05-22-012	평양학원졸업식	제1회 5백명투사 배출	4	
1946-05-22-013	북조선건축동맹결성대회 거행		4	
1946-05-23-001	보통강개수공사 첫날의 작업광경		1	
1946-05-23-002	민주력량을 실천에 보통강개수공사 착공 북조선수도건설에 맥진!	백만시민 동원	1	삼문
1946-05-23-003	김일성장군 격려사 요지	보통강개수공사 착공식에서	1	
1946-05-23-004	제방구축에 총진군	우리의 지도자 김장군도 이날 토역으로 몸소 수범	1	성택
1946-05-23-005	제2차 세계전쟁의 발생과 그 성질(4)		2	레은찌예브, 김철우 역
1946-05-23-006	김일성위원장의 20개 정강을 지지	조쏘문화협회의 성명(2)	2	
1946-05-23-007	당화대강화에 주력	'조련'선교세포의 사업	3	주현
1946-05-23-008	철주형'보습' 대량생산	모범로동자 김주한동무 연구 달성	3	현주
1946-05-23-009	북조선소비조합 결성		3	현주
1946-05-23-010	사고		3	정로사
1946-05-23-011	군국주의요시다내각을 일본공산당 언명		4	따쓰통신
1946-05-23-012	공산당대의사 일본황제 면회 요구		4	따쓰통신
1946-05-23-013	최근의 중국정세	북중은 위기의 절정	4	따쓰통신
1946-05-23-014	일본의회		4	따쓰통신
1946-05-23-015	화란의 선거결과		4	따쓰통신
1946-05-23-016	지방단신		4	
1946-05-23-017	김일성장군께 서장	평양학원일동	4	
1946-05-23-018	일본 신 내각 조직		4	따쓰통신
1946-05-24-001	쏘미공동위원회 휴회에 대한 북조선로동총동맹 성명서		1	
1946-05-24-002	민주주의림시정부수립을 방해하는 민족반역자 박멸	함흥시군중대회 공동성명	1	
1946-05-24-003	김일성장군에게 서장	함흥시군중대회에서	1	
1946-05-24-004	북조선교육과장회의	민주주의교육확립을 검토	1	현석
1946-05-24-005	북조선예맹 파쑈타도의 격		1	
1946-05-24-006	금은동의 보고 성흥광산 설비를 보장증산에 돌진! 의식적지도를 철저히 하라	건국에 헌신한 2천의 동무들	2	영태
1946-05-24-007	각지의 민중대회 김장군께 서장 김구, 리승만 등 타도의 열의 표명	반민주적반동분자타도 황주군민중대회	2	

기사번호	제목(title)	부제목(stitle)	면수	필자, 출처
1946-05-24-008	사고		2	정로사
1946-05-24-009	사고		2	정로사
1946-05-24-010	농민들의 분투로 북조선파종 98% 완료		3	일권
1946-05-24-011	이앙도 박두	록비를 채취하자	3	일권
1946-05-24-012	파종완수에 노력	평양시농확대회	3	현석
1946-05-24-013	김일성장군의 본당함남 확대위원회 강연요지(1)		3	
1946-05-24-014	증산보		3	
1946-05-24-015	지방단신	철원	3	
1946-05-24-016	쏘련수상 쓰딸린 미대통령과 사서 교환		4	따쓰
1946-05-24-017	영국의 식민지정책 애급지가 론평		4	따쓰통신
1946-05-24-018	4국외상회의에서 평화대회소집 토의		4	따쓰통신
1946-05-24-019	평남사법부 천 2백건을 처리		4	
1946-05-24-020	보안국원 순직	악독한 반동분자의 칼에	4	성택
1946-05-24-021	김장군께 서장 북조선녀성대회	북조선민주녀성총동맹대표대회	4	
1946-05-24-022	쏘련군 만주철병 완료		4	따쓰통신
1946-05-24-023	동경에서 25만 시위	식량해결을 절규	4	따쓰통신
1946-05-28-001	민주력량을 집결하여 반동파 분쇄.민주건국 선전사업의 당면 제 과업 선전책임자와 문화인회의		1	삼문
1946-05-28-002	인민보건에 만전책	88군에 보건소 설치	1	현석
1946-05-28-003	수화재를 방지하자 우리의 일을 우리의 힘으로	보안국에서 각 도에 지시	1	
1946-05-28-004	예술투쟁목표로 예술공작단 결성		1	삼문
1946-05-28-005	침략자 '요시다'내각 상해에서 방송으로 반박		1	따쓰통신
1946-05-28-006	진남포민중 8만시위	민주국가건설을 절규	1	전몽수
1946-05-28-007	김일성장군의 가계	그 혁명가적 전통(1)	1	한설야
1946-05-28-008	김일성 사진		1	
1946-05-28-009	사고		1	정로사
1946-05-28-010	쏘련국가를 어떻게 지도하는가(1)		1	김철우
1946-05-28-011	성천군농촌현지보고 토지개혁을 승리적으로 완수 한고랑의 밭도 묵이지 않는다	농민들 계획적 조직적으로 춘경 파종에 분투	2	영태
1946-05-28-012	피나는 투쟁을 전개	생산량 242%증 우수공장의 생산돌격통계	2	현주
1946-05-28-013	평남 우수공장 생산성적표	1946년 5월 1일현재(1)	2	
1946-05-28-014	산업별생산성적표	1946년 5월 1일현재(1)	2	
1946-05-28-015	김일성장군의 본당 함남확대위원회 강연요지(2)		2	
1946-05-28-016	5월 19일 시위대회에 평농학생주장 발표		2	
1946-05-28-017	율리이쓰까야 끄라이나 유고국에서 반환 요구		2	따쓰통신
1946-05-28-018	평남모범로동자 표창전달식		2	현주
1946-05-28-019	쏘련군대 이란에서 철병 완료		2	따쓰통신
1946-05-28-020	성흥광산돌격대 결사적맹투 전개	생산능률이 축일 증가	2	
1946-05-28-021	일본반동 신내각을 국내 각 신문들이 비평		2	따쓰통신
1946-05-28-022	영국에서 석탄산업국유화		2	따쓰통신
1946-05-29-001	학도들의 애국지성을 근로건국에 집결 발휘	보통강개수에 우리의 건아 분투	1	황성택특파원
1946-05-29-002	건국은 우리의 힘으로 파괴행위를 삼가자	평양시민의 재고할점 몇가지	1	현석
1946-05-29-003	림종시까지도 당사업에 열성 모범당원 박동무!	흥남인민공장 용성세포 박병선동무	1	주현
1946-05-29-004	통신망강화에 대하여 각 도 시 군 책임비서, 선전부장 앞	정로사편집부	1	
1946-05-29-005	김일성장군의 가계	-그 혁명가적전통-(2)	1	한설야
1946-05-29-006	사고		1	정로사
1946-05-29-007	북조선로총을 북조선직업총맹으로 명칭 변경하고 부서 개편		2	현주
1946-05-29-008	녀맹의무로동단조직 농촌으로 총진군		2	
1946-05-29-009	예술위원회 결성	북조선인민위원회 교육국에서	2	삼문
1946-05-29-010	자라나는 모판의 피를 뽑는다.		2	
1946-05-29-011	춘계후의 농촌정형 비료결핍을 극복하며 분투	평양시 미림1리 농민위원회, 미림2리 농민위원회에서	2	영태
1946-05-29-012	농위 일석이조안 청소로 비료 공급		2	현석
1946-05-29-013	김일성장군의 본당 함남확대위원회 강연요지(2)		2	
1946-05-29-014	지방단신		2	
1946-05-29-015	쏘련국가를 어떻게 지도하는가(2)		2	김철우
1946-05-29-016	민주정부수립 위하여 투쟁할것을 성명	일본공산당에서	2	따쓰통신
1946-05-30-001	김일성장군의 지시	북조선선전책임자.문화인회의에서	1	
1946-05-30-002	선전의 대중성을 고조 당면한 제반문제 토의결정	북조선선전책임자 문화예술인회의 종막	1	삼문
1946-05-30-003	북조선선전책임자 문화인회의 결정서		1	
1946-05-30-004	사고		1	정로사
1946-05-30-005	도안	마크모집	1	
1946-05-30-006	광고		1	
1946-05-30-007	북조선종합대학 창립준비위원회 조직		2	성택
1946-05-30-008	수소연료를 신청안	흥남공장의 연구 성공	2	
1946-05-30-009	모범보안서원 표창	원산시에서	2	
1946-05-30-010	쏘련연극인들의 조쏘친선교환연극		2	

기사번호	제목(title)	부제목(stitle)	면수	필자, 출처
1946-05-30-011	북조선 각지 농촌에 생산반과 돌격대 조직	반원 120만, 대원 48만이 증산투쟁중	2	
1946-05-30-012	함남의 조기이앙	돌격대원들이 총동원하여 24일부터 진군 개시	2	
1946-05-30-013	로동자동무들 협력으로 황답을 미답으로 만든 강계군하 로농동맹 미담		2	
1946-05-30-014	토지개혁이후에 6만여평을 개간	강계 룡림면 농민들의 투쟁	2	
1946-05-30-015	북조선직업총동맹 제2차 확대집행위원회 결정서		2	
1946-05-30-016	타도매국 적	각지 민중의 열렬한 구호	2	
1946-05-30-017	일본국내의 민주주의통일전선		2	따쓰통신
1946-05-30-018	미국 철도공 파업		2	따쓰통신
1946-05-31-001	공사의 중요성 인식 작업능률이 날로 향상	보통강개수공사에 열의	1	황성택특파원
1946-05-31-002	선전에 만전	현장속보 발행 확성기도 장치	1	황성택특파원
1946-05-31-003	평양녀성동맹 각 리맹원 동원	제방구축에 자진참가	1	은길
1946-05-31-004	생산시설은 인민의 것 공장설비를 보위하자	본받을만한 조선곡산공장	1	현석
1946-05-31-005	공산당원의 임무(1) (당은 당원에게 무엇을 요구하는가?)	엠.야로스랍쓰끼 저술	1	
1946-05-31-006	북조선 민주주의발전과 각 정당 사회단체 선전원 문화예술인의 당면과업(1)	선전책임자 회의에서 오기섭씨 보고요지	1	
1946-05-31-007	9천여명로동자 결속 비료생산에 주야 감투	흥남비료공장 동무들의 생산돌격전	2	
1946-05-31-008	북조선농총에서 이앙지도부 설치	각 군, 면, 리에다 둔다	2	병준
1946-05-31-009	민족반역자 성토 진남포시 로맹주최로	진남포로동자련합대회	2	
1946-05-31-010	국어맞춤법 검열제 실시	전문가의 검열을 요한다	2	
1946-05-31-011	민주청년동맹 단기정치강습		2	은길
1946-05-31-012	토지소유권의 증명서 교부규칙		2	
1946-05-31-013	원산의 민주시위	김구, 리승만 타도를 절규	2	
1946-05-31-014	인민보건 위하여 각 전염병예방약의 생산을 제고	방역연구소에 개가	2	삼문
1946-05-31-015	루마니아 서공화국 승인		2	따쓰통신
1946-05-31-016	서공산당대회		2	
1946-05-31-017	쏘련국가를 어떻게 지도하는가(3)		2	김철우
1946-05-31-018	영구축함 2척 희해군에 양여		2	따쓰통신
1946-06-01-001	인민의 리익을 위해 분투하라 건국의욕은 강렬하나 보안원의 교양이 부족	평양시내 보안서 사찰보고	1	현석
1946-06-01-002	방역시책에 만전	위생검사원 규칙 인민소독소직제 공포	1	
1946-06-01-003	보통강개수공사 완수 공장책임생산량 달성	조선고무공장 종업원대회 결의	1	현주
1946-06-01-004	공산당원의 임무(2) (당은 당원에게 무엇을 요구하는가?)	엠.야로스랍쓰끼 저술	1	

기사번호	제목(title)	부제목(stitle)	면수	필자, 출처
1946-06-01-005	북조선민주주의발전과 각 정당 사회단체 선전원 문화예술인의 당면과업(2)	선전책임자회의에서 오기섭씨 보고요지	1	
1946-06-01-006	유아건강심사대회 개최에 관한 건		1	
1946-06-01-007	모든 곤난을 극복하며 증산에 돌진하는 함남농민	현지를 답사한 황본사특파원수기	2	
1946-06-01-008	생산투쟁중의 농민들을 위안	평남농민위원회에서	2	병주
1946-06-01-009	북조선직업총동맹 규약전문		2	
1946-06-01-010	일제독소제거코저 교원심사를 철저실행	원산정당단체 대표들이 실시	2	김홍범
1946-06-01-011	아인슈타인 미국정책 비난		2	
1946-06-01-012	식부차수선에도 돌격전		2	현주
1946-06-01-013	빈농을 위하여 린근에서 협력파종	농민간의 미담3편	2	
1946-06-01-014	북조선예술가들 련락회의를 개최		2	삼문
1946-06-02-001	4국외상 파리회의에 관한 몰로또브 쏘련 외상의 성명	쏘련출판물대표자들에게 향하여	1, 2	
1946-06-02-002	붉은군대 기술진도 원조 조직적으로 공사 진행	보통강개수공사 완성 기필	3	
1946-06-02-003	돌격대 결성하고 김장군에게 서장으로 맹세	조선석탄관리국 돌격대결성대회에서	3	은길
1946-06-02-004	중공군 안산 점령		3	합동
1946-06-02-005	륜리3리 리민들이 열성있게 모범적으로	보통강개수공사에서 대활동	3	탁영준
1946-06-02-006	사진동맹대회		3	삼문
1946-06-02-007	미정부 위기설 트대통령 변명		3	합동통신
1946-06-02-008	허가없이 거주하며 가옥파괴의 악행	반건국악질분자 숙청방침	4	현석
1946-06-02-009	김위원장의 20개정강 해설	녀성동맹원 활약	4	은길
1946-06-02-010	소도시용전화의 공전식을 창안	원산체신 공무과 동무들	4	김홍범
1946-06-02-011	원산농위 지부책임회의		4	김홍범
1946-06-02-012	각지 녀성동맹에서 헌포운동을 전개	식량과의 교환용으로 오만필 초과	4	
1946-06-02-013	화재를 미연에 방지하는 대책	평남보안부에서 발포	4	길환
1946-06-02-014	중앙교향악단 결성준비위원회를 조직		4	병주
1946-06-02-015	지방단신		4	
1946-06-02-016	국제련합회기구의 소수국지배는 부당	쏘대표 크로미크씨의 언명	4	UP
1946-06-03-001	작업계획을 확립하여 중점적으로 공사를 진행	40만시민 보통강개수공사에 돌진!	1	특파원 김현석
1946-06-03-002	채토운반책임수량일인당 5립방메터	보통강개수 신작업계획내용	1	영태
1946-06-03-003	출동시간을 엄수 조직적으로 작업	기림제2리회건설대	1	특파원 황성택
1946-06-03-004	연예대 파견	평양예맹에서	1	삼문
1946-06-03-005	인간 김일성장군(1)		2	한설야
1946-06-03-006	공산당원의 임무(3) (당은 당원에게 무엇을 요구하는가?)	엠.야로스랍쓰끼 저술	2	
1946-06-03-007	사고		2	정로사
1946-06-03-008	사고		2	정로사

기사번호	제목(title)	부제목(stitle)	면수	필자, 출처
1946-06-03-009	김일성장군께 서장	평양학원 제2회 민청원대회서	3	
1946-06-03-010	재화동포에 대한 살인상습의 김구일파 귀국전 중국에서의 죄상에 대하여(1)	박호남 수기	3	
1946-06-03-011	당기금거출에 로동하여 임금 헌납	평양시당세포 동무들의 활약	3	김병기
1946-06-03-012	경지면적의 확장과 식량증산 위하여 개간농민에게 리익주는 법령	북조선의 토지개간법령 발포	4	
1946-06-03-013	북조선 각 지방간에 물자반출입은 자유	증명제도를 완전철폐	4	
1946-06-03-014	홍수에 시달린 사람들 지난날의 참상을 회상코 보통강개수공사에 헌신		4	특파원 김현주
1946-06-03-015	국문으로 쓰고 쉬운 말로 쓰자	함북신문기자대회 결의	4	
1946-06-03-016	량곡성출량과 성출종결시기 변경		4	현석
1946-06-03-017	지방단신	원산	4	홍범
1946-06-04-001	미하일.이와노위츠.깔리닌 서거	전련맹공산당(볼쉐비크) 중앙위원회, 쏘련내각, 쏘련최고쏘베트 상무위원회의 부고	1	
1946-06-04-002	북조선공산당 중앙위원회의 부고		1	
1946-06-04-003	북조선림시인민위원회의 부고		1	
1946-06-04-004	쏘련국가를 어떻게 지도하는가(4)		1	김철우
1946-06-04-005	조직.규률도 정연하게 작업은 점차로 백열화!	보통강개수공사 급속진척	2	특파원 황성택
1946-06-04-006	이들을 보라!	'한되겟'을 박차고 돌진하는 모범대원	2	특파원 황성택
1946-06-04-007	금일의 작업을 비판 명일의 대책을 토구	열성! 지도본부 작업후회의	2	특파원 김현석
1946-06-04-008	맹인의 이지성!	보통강개수에 헌금	2	현주
1946-06-04-009	려객에 친절과 렬차청소운동		2	현석
1946-06-04-010	조쏘문화협회 특설도서관 개관		2	
1946-06-04-011	조선고전예술의 최고봉		2	
1946-06-04-012	도안	마크모집	2	
1946-06-04-013	재화동포에 대한 살인상습의 김구일파 귀국전 중국에서의 죄상에 대하여(2)	박호남수기	3	
1946-06-04-014	조쏘예술교환	향토극 「봉산탈춤」을 상연	3	
1946-06-04-015	정주녀성동맹대표대회 개최		3	
1946-06-04-016	북조선인민에 대한 교육과 문화사업	20개정강에 의하여 계획 실시	4	
1946-06-04-017	교통국사업의 감찰원을 파견		4	현석
1946-06-04-018	유쾌한 동원	보통강개수공사를 노래함	4	민병균
1946-06-04-019	단오절이라도 여상히 일하자		4	
1946-06-04-020	원산통신원들의 활약		4	
1946-06-04-021	평남의 춘기파종 성공적으로 진행	5월말에 이미 93.7%를 돌파	4	영태
1946-06-04-022	이앙지도대가 도, 시, 군, 읍, 리에서 활동		4	
1946-06-04-023	지방단신	명천	4	

기사번호	제목(title)	부제목(stitle)	면수	필자, 출처
1946-06-05-001	깔리닌동지 추도회	북조선공산당 평양시열성자 5백여명이 회집 엄숙히 거행	1	길환
1946-06-05-002	전련맹공산당(볼세비크) 중앙위원회 전	깔리닌의 서거에 제하여	1	
1946-06-05-003	깔리닌동지 략전	레닌과 쓰딸린의 전우	1, 2	
1946-06-05-004	북조선인민위원회에서 깔리닌선생 추도식 거행		1	
1946-06-05-005	미하일 이와노위츠 깔리닌		1	
1946-06-05-006	인간 김일성장군(2)		2	한설야
1946-06-05-007	일본민주전선결성을 정당과 사회단체 토의		2	따쓰통신
1946-06-05-008	공사완수의 의욕 강렬 작업능률이 일익증진	민주력량 보통강개수에 집결	3	특파원 황성택
1946-06-05-009	폭약을 사용	공사를 촉진	3	특파원 황성택
1946-06-05-010	모범할 건설대 평남도위직원대	동평양칠불리대	3	특파원 황성택
1946-06-05-011	"기차를 정각에 운전해주시요"		3	특파원 황성택
1946-06-05-012	김일성장군을 맞아 감격과 기쁨이 넘치다	공사장을 순회대원을 위로!!	3	특파원 김현석
1946-06-05-013	조쏘문화협회 특설도서관 개관		3	
1946-06-05-014	조선고전예술의 최고봉	대가무가면극 봉산탈춤 공연	3	
1946-06-05-015	도안	마크 모집	3	
1946-06-05-016	인민대중의 보호와 민주국가 보위를 목표로 하고 강력적으로 사업하자	평남도의 검사회의	4	현석
1946-06-05-017	평남소비조합결성식을 거행		4	현주
1946-06-05-018	강연대 활약	함북도당 선전부에서	4	김종권
1946-06-05-019	함남 안변평야 파종성적 량호	조기이앙도 완료 비료만이 문제	4	특파원 최형
1946-06-05-020	빈궁한 한소년과 붉은군대 사령관의 애정		4	은길
1946-06-05-021	생산돌격투쟁하는 함북의 3대 공장	모든 곤난 극복하면서 건국에 공헌	4	
1946-06-05-022	쏘미친선연설대회		4	따쓰통신
1946-06-06-001	시민의 열성 날로 고조 배수로는 급속도로 전개	보통강개수공사의 성적 괄목	1	특파원 황성택
1946-06-06-002	특출한 당상 2리대!	숭인중학.서문녀중도 우수	1	특파원 황성택
1946-06-06-003	자식의 주검도 모르고 개수공사에 출동	평양시 룡라리의 김원모	1	성태
1946-06-06-004	보통강개수공사장에 참가하고	유쾌한 작업	1	평농제3학년 정희문
1946-06-06-005	보통강개수공사장에 참가하고	건국대출동 감상	1	서광중학 제3학년 김창천
1946-06-06-006	인간 김일성장군(3)		2	한설야
1946-06-06-007	당원증을 존중히 하자	당원증에 대하여 1945년 12월 7일 적성신문소재	2	
1946-06-06-008	쏘련국가를 어떻게 지도하는가(5)		2	김우철
1946-06-06-009	평남의 춘기파종 대체로 성적 우수	1시 4군은 100%이상의 성과	3	일권
1946-06-06-010	청진 당과 인민위원회의 열성자대회 개최	건국의무로동의 중요성을 지적	3	

기사번호	제목(title)	부제목(stitle)	면수	필자, 출처
1946-06-06-011	김구일파는 중국에서 무엇을 하였든가?(1) (폭로된 소위 '광복군'의 정체)	귀환난민 박춘일 기	3	
1946-06-06-012	민청직속극단 '혁신'창립 공연		3	
1946-06-06-013	군중서점 지분점 모집		3	
1946-06-06-014	함북 종성시도 반동분자 성토		4	
1946-06-06-015	보통강개수공사에 참가하고	높아가는 동뚝	4	평농제2학년 박성학
1946-06-06-016	외국통신	파업자병역 징모안 미상원에서 거부	4	따쓰통신
1946-06-06-017	김장군께 서장	벽동민주소년단에서	4	
1946-06-06-018	영, 치안유지에 일본군을 사역		4	UP
1946-06-06-019	체크선거결과 영국신문 진술		4	따쓰통신
1946-06-06-020	보통강개수공사의 노래		4	심삼문
1946-06-06-021	지방단신		4	
1946-06-06-022	광고		4	
1946-06-07-001	경쟁적채토도 좋으나 구축작업을 망각 말라	보통강개수공사 완성의 령역으로 돌진	1	특파원 김현석
1946-06-07-002	민청대의 작업 맹렬	청년의 의기를 것에 담뿍 싣고 돌아갈것도 잊고 열중	1	특파원 김현석
1946-06-07-003	구호반활동 활발 음료수의 대책이 필요	보통강개수공사장에서	1	특파원 김현석
1946-06-07-004	사고		1	정로사
1946-06-07-005	사고		1	정로사
1946-06-08-001	깔리닌동지의 장례식 전쏘련인민들의 비애리에 모쓰크바에서 엄숙히 거행		1	
1946-06-08-002	깔리닌동지서거를 애조		1	
1946-06-08-003	경쟁적채토도 좋으나 구축작업을 망각 말라	보통강개수공사완성의 령역으로 돌진	1	특파원 김현석
1946-06-08-004	민청대의 작업맹렬	청년의 의기를 것에 담뿍 싣고 돌아갈것도 잊고 열중	1	특파원 김현석
1946-06-08-005	구호반활동 활발	음료수의 대책이 필요	1	특파원 김현석
1946-06-08-006	흑인민족회의에서 련합국단체에 보내는 격		1	따쓰통신
1946-06-08-007	김구일파는 중국에서 무엇을 하였든가?(2) (폭로된 소위 '광복군'의 정체)	귀환난민 박춘일 기	2	
1946-06-08-008	평남소비조합사업을 보고		2	
1946-06-08-009	농민들의 열성으로 이앙 순조 진척	가족도 총 동원, 증산에 감투	2	특파원 최영태
1946-06-08-010	물자반출입 자유와 일반의 류의사항		2	
1946-06-08-011	외국통신 불란서국회선거	149명의 공산당원 당선	2	따쓰통신
1946-06-10-001	'6.10만세' 20주년을 기념함		1	김창만
1946-06-10-002	조선림시인민정부의 창설에 대한 문제에 관하여		1, 2	브.쓰몰랜쓰끼
1946-06-10-003	6.10만세의 교훈과 금일의 과업		1	

기사번호	제목(title)	부제목(stitle)	면수	필자, 출처
1946-06-10-004	인간 김일성장군(4)		2	한설야
1946-06-10-005	통수도 불원에 실현!	각리에서는 일층 분발하여 동원에 량과 질을 확보하라	2	특파원 황성택
1946-06-10-006	률리2리 로력대 계획적으로 작업		2	특파원 김현석
1946-06-10-007	강동건국의무로력대 보통강개수공사에 치참	성과도 다대.평양시민 감격!	2	특파원 황성택
1946-06-10-008	위문대를 맞아 한때를 즐긴다		2	특파원 김현석
1946-06-10-009	북조선통신사업 긴급대책 수립	조직의 민주화, 무능, 태공자 숙청 등등	2	기준
1946-06-10-010	반동배들이 날조한 소위 '공산당 지폐위조사건'	사실 무근한 계획적음모	2	
1946-06-10-011	국제정세에 대한 영신문 론조		2	따쓰통신
1946-06-10-012	사고		2	정로사
1946-06-12-001	열두자루의 일 보다도 공사완수를 목표하자	보통강개수에 로동자 농민 열성!	1	특파원 김현석
1946-06-12-002	농민의 열성보	농번기의 틈을 타서 우차와 지게까지 동원	1	특파원 황성택
1946-06-12-003	폭우를 무릅 쓰고 작업을 진행	민주건설의 의기 시현	1	특파원 황성택
1946-06-12-004	사람을 사서 공사장에 보내는 자	근로기피자는 반성하라	1	특파원 김현석
1946-06-12-005	쏘련국가를 어떻게 지도하는가(6)		1	김철우
1946-06-12-006	인간 김일성장군(5)		1	한설야
1946-06-12-007	조선인민은 오직 감격할뿐!	쏘련에서 식량 대량 반입	2	일권
1946-06-12-008	평양 원산전화 직통	7월초에 공사 완성	2	
1946-06-12-009	종합대학조직안 준비위원회에서 원안 토의		2	일권
1946-06-12-010	가로를 청소하자		2	현석
1946-06-12-011	6.10만세기념식 평양시에서 성대 거행		2	영태
1946-06-12-012	농민들이 바치는 선물 김일성장군께 은수저	강계농민일동	2	영태
1946-06-12-013	중등교원양성 사범전문도 설치		2	
1946-06-12-014	'직맹'평남확대회	해방기념생산에 돌격	2	자언
1946-06-12-015	평남소비조합사업을 보고(2)		2	
1946-06-12-016	교육부, 과장회의	제인민교육방침 결정	2	일권
1946-06-12-017	국제정세	아.사찔롭	2	
1946-06-12-018	지방단신		2	철유
1946-06-12-019	개공이래 20일 경과 약 15만명 동원 열성적이고 모범적인 작업으로 진행	보통강개수공사장에서	호외	특파원 황성택
1946-06-12-020	현장지도원의 합숙용침구를 녀성동맹원들이 제작	보통강개수공사장에서	호외	특파원 김현석
1946-06-12-021	하루하루 높아지는 신구축제방의 상모 현저하게 눈에 띄이는 공사진척상	보통강개수공사장에서	호외	특파원 김현석
1946-06-12-022	작업능률 높은 선교4리 대원	보통강개수공사장에서	호외	특파원 김현석

기사번호	제목(title)	부제목(stitle)	면수	필자, 출처
1946-06-12-023	학도대들의 열성 규률적으로 작업하는 동서중학	보통강개수공사장에서	호외	특파원 김현석
1946-06-12-024	열성자련석회의	각 단체의 충분한 집행 요망	호외	성택
1946-06-14-001	개공이래 20일 경과 약 15만명 동원	열성적이고 모범적인 작업으로 진행	1	특파원 황성택
1946-06-14-002	하루하루 높아지는 신구축제방의 상모	현저하게 눈에 띄이는 공사진 척상	1	특파원 김현석
1946-06-14-003	현장지도원의 합숙용침구를 녀성동맹원들이 제작		1	특파원 김현석
1946-06-14-004	학도대들의 열성	규률적으로 작업하는 동서중학	1	특파원 김현석
1946-06-14-005	작업능률 높은 선교4리 대원		1	특파원 김현석
1946-06-14-006	열성자련석회의	각 단체의 충분한 집행 요망	1	성택
1946-06-14-007	쏘련국가를 어떻게 지도하는가(7)		1	김철우
1946-06-14-008	인간 김일성장군(6)		1	한설야
1946-06-14-009	해방기념증산돌격운동	6월 10일부터 8월 15일까지 각 직장에서 강력전개	2	현주
1946-06-14-010	잠견공판과 가격도 결정 발표		2	
1946-06-14-011	해방기념 종합전람회		2	일권
1946-06-14-012	무엇으로 갚으랴? 이 은혜 쏘련서 물자 재반입	석유, 기계유, 벼, 잠종 등 도착	2	일권
1946-06-14-013	발수!	대동강변 보리밭에서	2	
1946-06-14-014	'녀맹'보통강개수후방선전대 활약		2	은길
1946-06-14-015	돌격하는 산소공장	용기는 빨리 돌려보내라	2	현주
1946-06-14-016	예술공작단 순회공연		2	
1946-06-14-017	쏘련, 유고 량국의 회담	군사 경제 등 협조결정	2	
1946-06-14-018	쏘련청년대표 라마 도착		2	따쓰통신
1946-06-14-019	'일공'손상하려는 암살기도 실패		2	따쓰통신
1946-06-14-020	미국흑인들 차별철페 요구		2	따쓰통신
1946-06-14-021	'토개'기념탑		2	
1946-06-14-022	김구일파는 중국에서 무엇을 하였든가?(3) (폭로된 소위 '광복군'의 정체)	귀환난민 박춘일 기	2	
1946-06-15-001	15일에는 신축배수구 개통!	쾌속도로 진전하는 개수공사	1	평남사진동맹 림경로
1946-06-15-002	사진동맹원도 현장에서 대활동		1	
1946-06-15-003	12일 공사엔 중성리대 모범		1	
1946-06-15-004	보통강개수공사에 출동하고	북조선인민의 조직된 위력	1	서광중 3학년 리만순
1946-06-15-005	지도원들이 본 작업장의 군상		1	
1946-06-15-006	쏘련국가를 어떻게 지도하는가(8)		1	김철우
1946-06-15-007	김장군조모님의 진갑연		1	민촌생
1946-06-15-008	평남의 파종성적	1위 평양시 2위 룡강	2	

기사번호	제목(title)	부제목(stitle)	면수	필자, 출처
1946-06-15-009	김장군께 서상	'녀맹'함북대회에서	2	
1946-06-15-010	알자, 배우자 문맹을 없애자	8천 성인학교에 40만 입학	2	
1946-06-15-011	공장에서 옥동자	조선화학평양공장의 김옥녀동무	2	성택
1946-06-15-012	성인교육에 흑판보 설치 리용		2	
1946-06-15-013	제초	대동군 남형제산면 하당리에서	2	
1946-06-15-014	국제사정	체코국선거결과 공산당이 제1위	2	
1946-06-15-015	세계직업동맹 총 련맹 모쓰크바에서 회의 개최		2	
1946-06-15-016	레닌그라드 륜돈간 직통려객운수		2	따쓰통신
1946-06-15-017	인도네씨아 '국방위원회'조직		2	따쓰통신
1946-06-15-018	미국군사성의 발표		2	따쓰통신
1946-06-15-019	영국전쟁 희생자 발표		2	따쓰통신
1946-06-15-020	영군 쟈바도 바시 포위		2	따쓰통신
1946-06-15-021	인도네씨아 재식민지 기도		2	따쓰통신
1946-06-15-022	독일분할안을 영미량국이 협의	『뉴욕타임스』의 독일자치공화국 분할초안에 대하여	2	따쓰통신
1946-06-15-023	불란서헌법제정위원회 개막		2	따쓰통신
1946-06-15-024	지방단신		2	
1946-06-15-025	김구일파는 중국에서 무엇을 하였든가?(4) (폭로된 소위 '광복군'의 정체)	귀환난민 박춘일 기	2	
1946-06-16-001	신 배수구통수 앞두고 백열.돌격적작업!	공사장 전대원들의 의기 헌앙	1	
1946-06-16-002	보통강개수공사에 출동하고	애국제방 쌓기	1	북조선법률학원 김윤모
1946-06-16-003	쏘련국가를 어떻게 지도하는가(9)		1	김철우
1946-06-16-004	인간 김일성장군(7)		1	한설야
1946-06-16-005	녀성동맹 함북대회	과업 및 장점결점 토의	2	
1946-06-16-006	중앙정치간부학교 설치		2	
1946-06-16-007	박토개척하는 사동녀성동맹		2	
1946-06-16-008	호렬자 예방주사 꼭 맞으라		2	
1946-06-16-009	인도의 독립과 영국의 정책		2	
1946-06-16-010	공산당 등 제 단체가 일본민주전선 조직 결의		2	따쓰통신
1946-06-16-011	희랍의 법령은 국민전쟁을 야기		2	따쓰통신
1946-06-16-012	흉아리대표 미국행		2	따쓰통신
1946-06-16-013	이태리왕 망명		2	AP
1946-06-16-014	불사조와 같이		2	길창순
1946-06-16-015	정부수립문제로 재일동포대회		2	합동
1946-06-16-016	지방단신		2	
1946-06-16-017	북조선의 정세		2	베.스모렌스끼
1946-06-18-001	토지개혁사업과 당조직의 확대강화		1	북조선공산당 조직부장 리동화

기사번호	제목(title)	부제목(stitle)	면수	필자, 출처
1946-06-18-002	대동군에선 자진하여 매일 천구백명씩 출역	13일엔 녀자들도 지원하여 출동, 로역	1	성택
1946-06-18-003	하루 두자루 일하는 중성리 돌격대원들	특별돌격대는 '세 자루'까지 감투	1	현석
1946-06-18-004	녀성은 적극 원조하자	평양시'녀맹'총회에서 결정	1	은길
1946-06-18-005	영예의 리회 기다리는 김장군상과 우승기	상금은 어느 리회로?	1	
1946-06-18-006	돌격주간에 특별히 시상		1	성택
1946-06-18-007	인간 김일성장군(8)		1	한설야
1946-06-18-008	평양가정부녀대회	행정협력과 루습타파를 강조	2	은길
1946-06-18-009	평양소비조합대회	위원선거와 결정서 발표	2	자언
1946-06-18-010	녕원'녀맹' 활동		2	
1946-06-18-011	유아건강 심사대회		2	은길
1946-06-18-012	일요일마다 시가 청소일		2	현석
1946-06-18-013	직업동맹 평양확대회	생산돌격토의 열렬	2	자번
1946-06-18-014	지방단신		2	본사기자
1946-06-18-015	김구일파는 중국에서 무엇을 하였든가?(5) (폭로된 소위 '광복군'의 정체)	귀환난민 박춘일 기	2	
1946-06-18-016	파리외상회의에 몰로또브 쏘외상 도착		2	
1946-06-18-017	미국 뻰즈 도착		2	
1946-06-18-018	영외상도 도착		2	
1946-06-18-019	인도민족의회는 영국의안에 항의		2	따쓰통신
1946-06-18-020	이태리공화국실현에 라마에서 대시위		2	따쓰통신
1946-06-18-021	공산당원의 임무(4)	볼쉐위크당의 기초	2	
1946-06-20-001	민주주의조선 건설에 있어서 청년들의 임무	북조선공산당 각 도 시 군 청년부장과 민주청년동맹위원장회의 석상에서 김일성장군 연설	1	
1946-06-20-002	김일성장군이 5월 30일에 하신 연설 연구에 관하여		1	
1946-06-20-003	공사완수로 향하여 의기충천, 돌격 개시!	보통강애국제방은 뻗어나간다	1	현석
1946-06-20-004	당세포의 공개회의와 비공개회의에 대하여		1	북조선공산당 조직부장 리동화
1946-06-20-005	통쾌! 통수 만세!	공사의 한 고비로 돌파	1	성택
1946-06-20-006	대동군응원대 야간작업 감행		1	현석
1946-06-20-007	사고		1	
1946-06-20-008	악원대 모집		1	
1946-06-20-009	8.15조선해방 1주년기념준비	북조선공동준비위원회 성립	2	문화
1946-06-20-010	평양 함북의 세포활동	당기금 거출에 열렬	2	
1946-06-20-011	이앙돌격전 전개	평남도내 이앙 착착 진보	2	영태
1946-06-20-012	평양민청 사회과학강좌		2	
1946-06-20-013	김일성장군께 서상	평양부녀대회	2	
1946-06-20-014	룡강 순천이앙에 학생녀맹원 출동		2	

기사번호	제목(title)	부제목(stitle)	면수	필자, 출처
1946-06-20-015	북조선소비조합 3도 물자 교역		2	영태
1946-06-20-016	지방단신		2	박인호, 조동순, 태화
1946-06-20-017	인도네씨아군 화란군을 격퇴		2	따쓰통신
1946-06-20-018	파, 장관의 군인 영국에 도착		2	따쓰통신
1946-06-20-019	일본 주요전범자 군사재판을 개시		2	따쓰통신
1946-06-20-020	일본의 실업자만 7백만여명		2	따쓰통신
1946-06-20-021	김구일파는 중국에서 무엇을 하였든가?(6) (폭로된 소위 '광복군'의 정체)	귀환난민 박춘일 기	2	
1946-06-21-001	북조선로동자와 사무원에 대한 력사적인 로동법령 초안 토의 식민지적 착취관계로부터 해방시키고저 인민위원, 각 정당, 사회단체대표련석회의를 개최	보라! 북조선의 이 위대한 민주적발전을!	1	
1946-06-21-002	북조선림시인민위원회 각 민주주의 정당 및 사회단체대표자련석회의 「북조선로동자 및 사무원에 대한 로동법령초안」에 대한 결정서		1	
1946-06-21-003	쏘련국가를 어떻게 지도하는가(10)		1	김철우
1946-06-21-004	북조선의 로력해방과 로동자, 사무원의 로동법령을 위하여		1	북조선공산당 중앙위원회 로동부장 허가이
1946-06-21-005	북조선인민위원회의 로동법령초안을 절대지지	북조선공산당 중앙위원회의 성명	1	
1946-06-21-006	직장현지보고 모든 악조건 무릅쓰고 기관차를 신조	원산차량공장 동무들의 활동	2	특파원 최희진
1946-06-21-007	해방기념전람회 개최내용 목차 발표		2	
1946-06-21-008	지방단신		2	김태호
1946-06-21-009	막씸꼬리끼 서거 10주년		2	현석
1946-06-21-010	미국의 대외정책 위요	각 정객들의 의견 불합	2	따쓰통신
1946-06-21-011	김구일파는 중국에서 무엇을 하였든가?(7) (폭로된 소위 '광복군'의 정체)	귀환난민 박춘일 기	2	
1946-06-21-012	이태리군주파들 음모와 소요 격화		2	따쓰통신
1946-06-22-001	김일성장군		1	
1946-06-22-002	로동법령초안을 발표하면서	북조선림시인민위원회 확대위원회석상에서 위원장 김일성장군의 연설	1	
1946-06-22-003	로동법령초안에 대한 의의		1	
1946-06-22-004	해방기념생산돌격 지하수천척의 채탄작업책임량의 2배증산에 돌진	사동탄광편	2	현주
1946-06-22-005	농민은행의 업적	영농자금 1억 5천만원 대부	2	현석
1946-06-22-006	경리학교 개교		2	현주

기사번호	제목(title)	부제목(stitle)	면수	필자, 출처
1946-06-22-007	원산지방의 이앙	도시로동자 사무원도 협력	2	홍범
1946-06-22-008	건국헌금에 돌격대 조직	강동군 사동탄광 대성항의 318명의 동무들	2	현주
1946-06-22-009	간상배 방지코저 소비조합의 개점	평양시소비조합에서	2	현석
1946-06-22-010	일본의회개원식 공산당의원 결석		2	공동
1946-06-22-011	일본공산당에서 의회에 대한 립장 언명		2	공동
1946-06-22-012	중국인군대를 미국측이 교련		2	따쓰통신
1946-06-22-013	이태리헌법회의 개최		2	AP
1946-06-22-014	가짜애국자, 친일주구 조만식의 정체(상)		2	김용범
1946-06-24-001	민주조선건설상의 위업 로동법령발포	전문 26조, 24일부터 실시	1	
1946-06-24-002	로동법령에 대한 표어		1	
1946-06-24-003	각 정당 및 사회단체 전폭적으로 동의!	대표들 련명으로 성명서 발표	1	
1946-06-24-004	직업총동맹 성명서 북조선림시인민위원회에서 발표한 「북조선 로동자 및 사무원에 대한 로동법령초안」에 대한 북조선직업총동맹	상무위원 및 각산별직업동맹책임자련석회의 결정서	1	
1946-06-24-005	가짜 '애국자' 친일주구 조만식의 정체(하)		2	김용범
1946-06-24-006	길주의 이앙돌격		2	박태화
1946-06-24-007	지방통신		2	
1946-06-24-008	평남민청에서 제2회 강습회 개최		2	성택
1946-06-24-009	해방기념 생산돌격 생산능률이 높아가면 직공의 수입도 따라서 올라간다 직장현지보고	국영동양제사편	2	현주
1946-06-24-010	우리 모범로동자는 이렇게 싸우고있다	한수돌동무의 분투미담	2	현주
1946-06-24-011	평북의 곡창	룡천군 이앙 완료	2	
1946-06-24-012	4국외상회의 재개	파리에서 15일부터	2	따쓰통신
1946-06-24-013	이, 투표결과 공화국 정식승인		2	AP
1946-06-26-001	로동법령을 쌍수를 들어 환영	김일성장군께 무한히 감사!	1	
1946-06-26-002	어린 자식까지 로역생활은 비참하였다	북조선전기총국 전기수리공장 전영찬동무 담	1	일권
1946-06-26-003	부상해도 출근해야 일급을 받을수 있었다	조선고무공장 김익선동무 담	1	현석
1946-06-26-004	돈벌이와 호사는 꿈 견딜수 없었던 견습공의 박해	동양제사공장 오영주동무 담	1	현주
1946-06-26-005	절치!부녀.소년 공학사 헌병.군인이 혹독히 감시했다	사동탄광 리봉근동무 담	1	동국
1946-06-26-006	공부할 시간 얻어 기쁘다	석탄관리국 선교공장 리봉학소년공 담	1	성택
1946-06-26-007	적어야 12시간 로동하였다	조선메리야스공장 홍한영동무 담	1	현석
1946-06-26-008	동맹파업으로 임금인상 요구	평원고무공장 안옥례동무 담	1	성택
1946-06-26-009	규률을 지키여 성심로력 결심	석탄관리국 선교공장 최창순동무 담	1	성택
1946-06-26-010	쉴새없이 일하였으나 남은것은 굶주림뿐	전매국 김확실동무 담	1	은길

기사번호	제목(title)	부제목(stitle)	면수	필자, 출처
1946-06-26-011	쏘련국가를 어떻게 지도하는가(11)		1	김철우
1946-06-26-012	악원대 모집		1	
1946-06-26-013	해방기념 생산돌격 로동법령의 감격으로 오직 증산을 향하여 매진 직장현지보고	조선곡산편	2	
1946-06-26-014	평남민주건설전람회 8월 5일부터 20일간 개최		2	
1946-06-26-015	지방단신		2	두찬, 홍범
1946-06-26-016	보통강 개수 수상자 4천9백		2	일권
1946-06-26-017	불란서정부의 위기		2	따쓰통신
1946-06-26-018	독일문제해결책을 따쓰통신에서 지적		2	따쓰통신
1946-06-26-019	불란서공산당의 정부에 참가조건		2	따쓰통신
1946-06-26-020	이태리헌법회의 총선거결과		2	따쓰통신
1946-06-26-021	원자력회의		2	따쓰통신
1946-06-26-022	김구일파는 중국에서 무엇을 하였든가?(8) (폭로된 소위 '광복군'의 정체)	귀환난민 박춘일 기	2	
1946-06-27-001	로동법령실시와 당단체의 과업에 대한 보고	북조선공산당 중앙위원회 제7차 확대집행위원회에서 허가이동지 보고	1	
1946-06-27-002	인간 김일성장군(9)		1	한설야
1946-06-27-003	북조선이앙성적 우량	21현재 63.7% 진보	2	
1946-06-27-004	'조선제철'의 생산돌격	매일 평균 3톤반의 주물 생산	2	삼문
1946-06-27-005	사법국, 보안국련석회의 분공합작을 열렬 토의		2	현석
1946-06-27-006	정어리 회래 어구부족이 유감		2	형
1946-06-27-007	4상회의의 세계론	락관 비관의 량론	2	따쓰통신
1946-06-27-008	민주주의에 대하여		2	
1946-06-27-009	독일문제		2	따쓰통신
1946-06-28-001	북조선림시인민위원회 로동법령에 대한 선전대강	북조선공산당 중앙위원회 선전부	1	
1946-06-28-002	복당청원심사결정		1	
1946-06-28-003	남조선반동분자들의 책동을 분쇄하자		1	김창만
1946-06-28-004	인간 김일성장군(10)		1	한설야
1946-06-28-005	광고		1	
1946-06-28-006	악원대 모집		1	
1946-06-28-007	직장현지보고 해방기념 생산돌격 일순도 기계옆을 떠날수 없는 24시간의 련속로동	조선산소편	2	자언
1946-06-28-008	로동법령과 예맹의 경축행사		2	
1946-06-28-009	쏘베트련방전람회 조쏘문화협회에서 개최		2	성택
1946-06-28-010	약군 청진에 회래	대량어획을 준비중	2	종권
1946-06-28-011	공산당원의 임무(5)		2	
1946-06-28-012	수산원산의 개가	고등어 련일 풍획	2	홍범

기사번호	제목(title)	부제목(stitle)	면수	필자, 출처
1946-06-28-013	미국의 군사원조 비난	모중국공산당수 담	2	
1946-06-28-014	신민당대표대회 개최		2	성택
1946-06-28-015	미국제대로병대회		2	따쓰통신
1946-06-28-016	로동자대표단의 항의		2	따쓰통신
1946-06-28-017	미병철퇴요구로 상해 중국인 시위		2	따쓰통신
1946-06-28-018	호적에서 일본잔재 일소		2	현주
1946-06-28-019	반대전운동자 원조 중지 요망		2	합동
1946-06-28-020	화평사절단 남경 도착		2	중앙사
1946-06-28-021	파리공장주들 시위로동자 해고		2	따쓰통신
1946-06-28-022	폭로된 독일의 비밀테로단		2	따쓰통신
1946-06-28-023	정전의 난관은 국공군 재편성		2	합동
1946-06-28-024	일본륙해군 장관을 등록		2	따쓰통신
1946-06-28-025	쏘련점령지대의 독일자치선거		2	따쓰통신
1946-06-29-001	1절의 공출을 페지 현물세로 수확고의 25%를 납부	농업현물세제 제정 발포	1	
1946-06-29-002	북조선림시인민위원회 결정서 제28호	농업현물세에 관한 결정서	1	
1946-06-29-003	북조선로동법령에 대한 해석(1)		1	김창만
1946-06-29-004	사회교육의 의의(상)		1	김호
1946-06-29-005	인간 김일성장군(11)		1	한설야
1946-06-29-006	도안	마크모집	1	
1946-06-29-007	악원대 모집		1	
1946-06-29-008	평남 각 공장의 운영과 동태 필수품과 농구생산 활발	신설공장설계도 착착 진행중	2	영태
1946-06-29-009	공업조합령 발포	6월 20일부터 실시	2	
1946-06-29-010	녀맹에서 파견	로동법령해설대	2	은길
1946-06-29-011	중앙기상대 일기예보도 실행		2	일권
1946-06-29-012	로동법령경축으로 국기를 계양		2	성택
1946-06-29-013	모리간상배 엄벌 방침		2	길환
1946-06-29-014	4상회의 중대론제인	이평화조약 문제	2	따쓰통신
1946-06-29-015	공산당원의 임무(6)		2	
1946-06-29-016	신민당중앙대회 규약, 강령 등 토의		2	성택
1946-06-29-017	상해의 시위운동 미병철퇴를 절규		2	합동
1946-06-29-018	CC단원의 군공판 개시		2	따쓰통신
1946-07-01-001	북조선로동법령에 대한 해석(2)		1	김창만
1946-07-01-002	사회교육의 의의(하)		1	김호
1946-07-01-003	남조선위조지페는 누가 하였는가		1	
1946-07-01-004	쏘련국가를 어떻게 지도하는가(12)		1	김철우
1946-07-01-005	인간 김일성장군(12)		1	한설야
1946-07-01-006	해방기념생산돌격 일요전페 12시간작업으로 건국생산에 전환 운전 직장현지보고	특수화학편	2	현주
1946-07-01-007	경성식량난 우심		2	

기사번호	제목(title)	부제목(stitle)	면수	필자, 출처
1946-07-01-008	소채공급 일원화		2	성택
1946-07-01-009	경성지방에 대수해	사망 125명, 침수가옥 8천호	2	
1946-07-01-010	독도에도 침수		2	
1946-07-01-011	이헌법회		2	따쓰통신
1946-07-01-012	류언에 속지 말라	보통강개수는 계속	2	성택
1946-07-01-013	4상회의 속개	대이강화조약 등 심의	2	
1946-07-01-014	재정협조조약 영파간에 체결		2	따쓰통신
1946-07-01-015	공산당원의 임무(7)		2	
1946-07-01-016	일본공산당 대표 신헌법개정보류 요구		2	따쓰통신
1946-07-01-017	쏘병 7만명의 학살시 발굴		2	따쓰통신
1946-07-01-018	외몽 '국련'가입 정식으로 요청		2	
1946-07-01-019	불신내각 수상 비도가 피선	불란서창립대회	2	따쓰통신
1946-07-01-020	체호대통령 베네스박사 피선		2	따쓰통신
1946-07-02-001	로동법령실시경축대회	로동자와 사무원의 민주주의해방 만세!	1	
1946-07-02-002	로동법령 절대지지	김일성장군에게 감사! 감격! 10만대중의 환호 폭발	1	일권
1946-07-02-003	로동자와 사무원의 생활안정을 보장	북조선림시인민위원회 부위원장 김두봉선생 보고	1	
1946-07-02-004	반동파들의 음모책동을 봉쇄	민주단결력량을 시위로 선양	1	현주
1946-07-02-005	김일성위원장에게 올리는 메쩨지	평양시로동법령발표경축대회	1	
1946-07-02-006	쓰딸린대원수에게 올리는 메쩨지	평양시로동법령발표경축대회	1	
1946-07-02-007	북조선로동법령에 대한 해석(3)		1	김창만
1946-07-02-008	세기적숙망 달성 북조선공산당 대표 김용범동무	로동법령실시경축대회에서	2	
1946-07-02-009	민주조선건설 위한 혈한의 투쟁을 맹약 로동자대표 박선종동무	로동법령실시경축대회에서	2	
1946-07-02-010	근로녀성보호하는 로동법령을 지지한다 녀자로동자 대표 황춘화동무	로동법령실시경축대회에서	2	
1946-07-02-011	가장 민주주의적이며 현실조선에 부합 조선민주당 대표 이정우씨	로동법령실시경축대회에서	2	
1946-07-02-012	각지 경축대회 성대		2	
1946-07-02-013	구호		2	
1946-07-02-014	조선이 부강화할 전제조건을 조성 신민당대표 최창익씨	로동법령실시경축대회에서	2	
1946-07-02-015	민주조선의 위대한 헌장 청우당대표 김정주씨	로동법령실시경축대회에서	2	
1946-07-02-016	반동배를 타도하고 위대한 승리를 확보하자 민청대표 김욱진씨	로동법령실시경축대회에서	2	
1946-07-02-017	8만명 동원	신의주민중시위	2	
1946-07-02-018	룡천군민대회	붉은군대에 감사전	2	
1946-07-02-019	오탄리민대회		2	

기사번호	제목(title)	부제목(stitle)	면수	필자, 출처
1946-07-03-001	당면 제 과업 토의결정	전농북조선동맹 상위회(제6차)	1	영태
1946-07-03-002	농업현물세결정 발표에 대한 성명서	-전농북조선동맹-	1	
1946-07-03-003	소년단세칙	민청위원회 발표	1	
1946-07-03-004	당기금거출에 열성	평남도 각 군 당부 목표액 돌파	1	
1946-07-03-005	쏘련국가를 어떻게 지도하는가(13)		1	김철우
1946-07-03-006	조선사회발전과 로동법령의 의의(상)		1	양영순
1946-07-03-007	현장현지보고 해방기념생산돌격 전직공이 일체가 되어서 한길 자동차생산을 목표로	평양자동차공장편	2	현석
1946-07-03-008	김장군께 감사문	평양시 각 리인민위원장 일동	2	
1946-07-03-009	중등이상의 학교 해방후에 2배증		2	
1946-07-03-010	공산당원의 임무(8)		2	
1946-07-03-011	중국인민 제 단체 미대통령에게 서한		2	
1946-07-03-012	허랄리의 성명		2	따쓰통신
1946-07-03-013	지방단신		2	태호, 명철, 대동군당선전부장 김우섭
1946-07-04-001	북조선농민련맹 사업종합보고	결성이후 5월말까지 총결산	1	
1946-07-04-002	북조선로동법령에 대한 해석(4)		1	김창만
1946-07-04-003	출판물배가생산에 감투 계획적 경쟁적으로 돌격	평양출판직업동맹의 기념운동 치렬	2	성택
1946-07-04-004	보통강개수 제2차 돌격주간		2	자언
1946-07-04-005	김장군께 감사문	조선신민당 제1차 북조선대표대회	2	
1946-07-04-006	농림부, 과장회의 퇴비장려 등 협의		2	일권
1946-07-04-007	중등학교 교원 양성		2	일권
1946-07-04-008	혁명투사 팔아먹은 간첩 윤죽산 사형		2	정원
1946-07-04-009	로동법령경축	철원 3만명 시위	2	
1946-07-04-010	최근의 국제정세		2	
1946-07-04-011	공산당원의 임무(9)		2	
1946-07-04-012	중국공산당 모택동동지 미국에 항의 제출		2	따쓰통신
1946-07-04-013	마쯔오까우 사망		2	따쓰통신
1946-07-04-014	쏘련과 아르겐찌나		2	
1946-07-04-015	지방단신		2	명철, 홍원
1946-07-05-001	농업현물세실시에 대하여		1	북조선공산당 중앙위원회 농민부장 박창식
1946-07-05-002	농업현물세표어	북조선림시인민위원회 발표	1	
1946-07-05-003	평안남도전역에 제1기 방역령 발령		1	
1946-07-05-004	코레라류행 상황		1	

기사번호	제목(title)	부제목(stitle)	면수	필자, 출처
1946-07-05-005	북조선로동법령에 대한 해석(5)		1	김창만
1946-07-05-006	조선사회발전과 로동법령의 의의(하)		1	양영순
1946-07-05-007	쏘련의 로동계급(1)		1	
1946-07-05-008	금년은 풍년 념려없다 현물세에 농민 환희 분투	북조선 이앙 90% 6월 30일현재 진보	2	
1946-07-05-009	농업현물세결정에 평남도민의 협력 요망		2	현석
1946-07-05-010	로동법령실시 민청열성자대회		2	심
1946-07-05-011	평양의전민청 결성		2	삼문
1946-07-05-012	당원과 민청원 활약	천수답의 이앙도 완료	2	정일
1946-07-05-013	현상음악회		2	
1946-07-05-014	서광중학 졸업식		2	
1946-07-05-015	무력간섭을 반대	중국신문 미정책 론평	2	따쓰통신
1946-07-05-016	일본실업자 5백만 돌파		2	
1946-07-05-017	공산당원의 임무(10)		2	
1946-07-05-018	국내전쟁중지 상해군중대회		2	따쓰통신
1946-07-05-019	일본산업직업동맹 준비회의		2	따쓰통신
1946-07-05-020	파란의 투표전야		2	따쓰통신
1946-07-05-021	지방단신		2	용빈, 태하, 홍원, 명철, 승걸
1946-07-06-001	철도사업의 발전		1	
1946-07-06-002	북조선림시인민위원회의 농업현물세제에 대한 선전대강	북조선공산당 중앙위원회 선전부	1	
1946-07-06-003	당기금헌납운동 열성적으로 진행되어 평남에서만 2백40만원 돌파		1	전몽수
1946-07-06-004	북조선로동법령에 대한 해석(6)		1	김창만
1946-07-06-005	쏘련의 로동계급(2)		1	
1946-07-06-006	우리 녀성들 국제무대우에 국제민주녀성맹가입 신청	쏘베트녀성반파시스트위원회 부위원장 뽀뽀와	2	진순
1946-07-06-007	서광중학 민청결성		2	삼문
1946-07-06-008	철도운수에 만전	교통국 감찰대를 파견	2	
1946-07-06-009	평남 3차확대회 제반사업보고와 토론		2	길환
1946-07-06-010	철원농민의 증산열	수로 개수코 조기이앙	2	
1946-07-06-011	태양	-로동법령이 발표되는 날-	2	백인준
1946-07-06-012	호렬자 예방하자	북조선보건국에서 비격	2	
1946-07-06-013	4상회의를 위요한 제 국제사정개관		2	
1946-07-06-014	지방단신		2	오원섭, 원근
1946-07-06-015	공산당원의 임무(11)		2	
1946-07-07-001	돌격운동에 대하여		1	
1946-07-07-002	세포회의의 진행방식	북조선공산당 중앙위원회 조직부장 리동화 비준	1	

기사번호	제목(title)	부제목(stitle)	면수	필자, 출처
1946-07-07-003	쏘련의 로동계급(3)		1	
1946-07-07-004	북조선로동법령에 대한 해석(7)		1	김창만
1946-07-07-005	철도종업일군에게 보내는 공개서신		2	
1946-07-07-006	채차운전이 긴급문제 평양.함흥간의 대책수립명령	교통국장과의 일문일답기	2	
1946-07-07-007	렬차통과의 난점지적	쏘련부대장 교통국장 명령	2	
1946-07-07-008	철도운영에 대한 향상방책실시명령	북조선교통국장 지령	2	
1946-07-07-009	코레라방역에 철벽진	평안남도 코레라방역비상위원회 제1차위원회 결정서	2	
1946-07-07-010	직장현지보고 8.15해방기념 생산돌격보 용선로의 고열과 싸우며 농구생산에 전력경주	공화농구공장편	3	현석
1946-07-07-011	로동법령경축 학생열성자대회		3	
1946-07-07-012	제2차 돌격개시를 승리로서 완결하자	보통강개수현장본부의 격!	3	자언
1946-07-07-013	불면불휴로 감투하여 6권 영화를 완성	당중앙영화반 동무들의 돌격전	3	김환
1946-07-07-014	모란봉에 해방탑 건립		3	
1946-07-07-015	공산당원의 임무(12)		3	
1946-07-07-016	북조선예맹해설대		3	삼문
1946-07-07-017	8.15기념 예술총돌격		3	
1946-07-07-018	쏘련소개강좌		3	
1946-07-07-019	로동법령지지 종로리민대회		3	
1946-07-07-020	평양공전민청결성		3	삼문
1946-07-07-021	일본의 신헌법초안	이.뻬뜨로브	4	
1946-07-07-022	농민의 경제적기초가 될 농업현물세에 열광	현물세해설과 토지증명서교부식 성대 거행	4	특파원 최영태
1946-07-07-023	'현물세'에 감읍	토지개혁의 진의 리해	4	특파원 최영태
1946-07-07-024	필사적수리공사	황전을 미답으로 개량	4	종만
1946-07-07-025	원산 호렬자 만연		4	홍범
1946-07-07-026	8.15해방 앞두고	온성주탄광의 돌격	4	용준
1946-07-07-027	희랍의 위기 절박	국내전쟁이 매우 우려	4	따쓰통신
1946-07-07-028	산호도에서 실험한 원자폭발력 미약		4	따쓰통신
1946-07-07-029	지방단신		4	철우, 종만, 정린, 명하, 원근, 중석
1946-07-07-030	학생모집광고		4	
1946-07-09-001	농업현물세 결정과 농민		1	
1946-07-09-002	춘기파종을 마치고 제초와 추수 준비에 대하여		1	북조선공산당 중앙위원회 농민부장 박창식
1946-07-09-003	쏘련의 로동계급(4)		1	

기사번호	제목(title)	부제목(stitle)	면수	필자, 출처
1946-07-09-004	북조선로동법령에 대한 해석(8)		1	김창만
1946-07-09-005	직장현지보고 8.15해방기념 생산돌격보 래일 10대보다 오늘 1대 공작기계생산에 돌격 또 돌격	평양기구제작공장편	2	형석
1946-07-09-006	로동법령발포와 직업녀성의 결의		2	
1946-07-09-007	대동강목류실 각방으로 수색중		2	현주
1946-07-09-008	공산당원의 임무(13)		2	
1946-07-09-009	불, 헌법위원회		2	따쓰통신
1946-07-09-010	이란상공상 피검		2	따쓰통신
1946-07-09-011	독일대비행장 운수용에 전환		2	따쓰통신
1946-07-09-012	지방단신		2	근화, 봉내
1946-07-10-001	신문의 새로운 사명		1	
1946-07-10-002	민주건설을 튼튼히 하기 위하여 교통국 사업을 강화하자		1	북조선공산당 중앙위원회 제2비서 김용범
1946-07-10-003	북조선로동법령에 대한 해석(9)		1	김창만
1946-07-10-004	평양시 사무원직업동맹 결성		1	현석
1946-07-10-005	50호가 20만평 관리	정평리공동농장 농업현물세로 감격의 선풍	2	현석
1946-07-10-006	로동법령발포 보고 김장군께 감사문	평양신양인민학교와 메리야스공장 일동	2	
1946-07-10-007	당원들 솔선 수범	보통강개수야간작업	2	성택
1946-07-10-008	공산당원의 임무(14)		2	
1946-07-10-009	드리에스트문제의 진상(상)		2	
1946-07-10-010	지방단신		2	유동길, 시영
1946-07-10-011	호역예방에 적극 힘쓰자		2	길환
1946-07-11-001	새 노래를 부르자		1	
1946-07-11-002	북조선 로동자 사무원에 대한 로동법령 해설	북조선직업총동맹 로력임금부 발표	1	북조선직업총동맹 로력임금부
1946-07-11-003	보통강개수공사에 2천여 당원 돌격	결승적투쟁에 승리를 보장	1	허갑
1946-07-11-004	체신관계 공유 및 일본인소유 재산 북조선체신국에서 관리		1	
1946-07-11-005	북조선로동법령에 대한 해석(10)		1	김창만
1946-07-11-006	직업동맹 제3차확대회 중요 당면문제 등 토의결정		2	현주
1946-07-11-007	로동법령실시 및 과업에 대한 결정서		2	
1946-07-11-008	4상회의에 제출	불정부 각서	2	따쓰통신
1946-07-11-009	지방단신		2	창섭, 연하, 택용, 김승결
1946-07-11-010	쏘베트련방소개전람회의 장관	조쏘문화협회 주최	2	성택
1946-07-12-001	생산돌격은 어떻게 할것인가?		1	

기사번호	제목(title)	부제목(stitle)	면수	필자, 출처
1946-07-12-002	농업현물세제에 대한 의의와 농민의 과업		1	북조선공산당 중앙위원회 제2비서 김용범
1946-07-12-003	쏘련의 로동계급(5)		1	
1946-07-12-004	북조선로동법령에 대한 해석(11)		1	김창만
1946-07-12-005	각 도 대표 2백5명 참집	북조선농민대표대회 토지개혁의 총화와 당면과업 토의결정	2	영태
1946-07-12-006	보통강개수공사 7월 15일 완성	15일 단축은 민주력량의 시현	2	자언
1946-07-12-007	처음 수확물을 김일성장군에게 한 농민의 순정		2	유기찬
1946-07-12-008	로동법령해설	교구리인민회	2	현석
1946-07-12-009	드리에스트문제의 진상(하)		2	
1946-07-12-010	공산당원의 임무(15)		2	
1946-07-12-011	지방단신		2	철우
1946-07-13-001	북조선농민대표대회에서 농업현물세결정에 관한 보고	리순근	1	
1946-07-13-002	8.15해방기념 제반준비를 진행	북조선림시인민위원회의 계획	1	
1946-07-13-003	쏘련의 로동계급(6)		1	
1946-07-13-004	당원들에게 주는 당적위임에 대하여		1	
1946-07-13-005	직업동맹확대위원회에서 철도문제를 토의 결정	김장군의 공개서신 적극 지지	2	현주
1946-07-13-006	동양제사 문화구락부		2	
1946-07-13-007	강서군 동진면에서 로동법령경축대회		2	영태
1946-07-13-008	평양시민청 7월의 사업		2	
1946-07-13-009	'서문' '정의' 민청 결성		2	
1946-07-13-010	파란과 중국의 정세		2	
1946-07-13-011	인도네시아 전쟁		2	따쓰통신
1946-07-13-012	공산당원의 임무(16)		2	
1946-07-13-013	지방단신		2	두영
1946-07-14-001	해방 1주년을 맞이하는 조선(상)		1	북조선공산당 중앙위원회 청년부장 김영태
1946-07-14-002	보통강개수공사완수 경축표어		1	
1946-07-14-003	보통강개수공사완수 경축사업 준비	각계대표자회의에서 토의	1	현석
1946-07-14-004	보통강개수공사의 교훈		1	편집국
1946-07-14-005	우리 세포는 이렇게 싸웠다	보통강개수공사 돌격대원 분전기	1	북조선법률학원 박정흡
1946-07-14-006	독일문제에 대한 몰로토브의 성명서	미국이 제출한 조약초안 비판	2	
1946-07-14-007	현물세는 농민의 숙망	북조선농민대회 제2일 보고와 결정서 등 발표	2	길환
1946-07-14-008	농업현물세에 대한 결정서	제3차 북조선농민대표대회	2	

기사번호	제목(title)	부제목(stitle)	면수	필자, 출처
1946-07-14-009	보리타작(토성리소견)		2	
1946-07-14-010	가극 춘향전 상연	당중앙선전부 후원으로 공개	2	삼문
1946-07-14-011	일본서 군사형법재 계속		2	따쓰통신
1946-07-14-012	지방단신		2	태화, 흥원, 흥진
1946-07-16-001	밀, 보리, 감자의 현물세납입을 열성적으로 하자		1	
1946-07-16-002	평양시민의 민주력량의 승리 보통강개수 경축대회	다채로운 기념식 등 준비 진행중	1	일권
1946-07-16-003	당학교야유회 보고, 연예 등 성황		1	
1946-07-16-004	평남도의 당의 확대강화		1	김재욱
1946-07-16-005	코레라방역에 관한 결정	북조선림시인민위원회에서 공포	1	
1946-07-16-006	극동위원회 그후의 동향		1	따쓰통신
1946-07-16-007	홍파시스트단체 해산		1	따쓰통신
1946-07-16-008	해방 1주년을 맞이하는 조선(하)		1	북조선공산당 중앙위원회 청년부장 김영태
1946-07-16-009	로동법령실시에 호응	흥남공장 생산돌격에 분투	2	
1946-07-16-010	오물청소규칙		2	
1946-07-16-011	휘발유매매 단속	보안국결정사항 발표	2	
1946-07-16-012	량곡필수품 교역	평남소비조합에서	2	은길
1946-07-16-013	4국외상회의 평화대회문제를 심의		2	따쓰통신
1946-07-16-014	이태리근로자들 생활개선을 강요		2	따쓰통신
1946-07-16-015	공산당원의 임무(17)		2	
1946-07-16-016	20개정강에 기한 재판 인민의 리익 대표	평양인민재판 방청기	2	현석
1946-07-16-017	평양시주변의 교통을 차단	시민의 주의를 환기	2	
1946-07-16-018	가나타로동자 동맹파업 증가		2	따쓰통신
1946-07-16-019	지방단신		2	
1946-07-16-020	광고		2	
1946-07-17-001	농업현물세에 관한 세칙 발표		1	
1946-07-17-002	북조선림시인민위원회 위원장 김일성 비준 1946년 7월 5일	곡물보관에 대한 세칙	1	
1946-07-17-003	로동법령과 녀성		1	북조선공산당 중앙위원회 부녀부장 박정애
1946-07-17-004	공산당원의 임무(18)		1	
1946-07-17-005	보통강개수 승리적 완수에 당원돌격대 영웅적투쟁	헌신적으로 주야없이 활약한 인민의 전위대	1	현석
1946-07-17-006	주이쏘련대사 쏘청년단 접견		1	따쓰통신

기사번호	제목(title)	부제목(stitle)	면수	필자, 출처
1946-07-17-007	북조선 김일성대학(종합대학) 오는 9월 1일에 개시계획 준비		2	
1946-07-17-008	중등기술전문학교 설립	민주건설의 기술요원 양성	2	
1946-07-17-009	김일성장군 만세!		2	황룡
1946-07-17-010	모범적 로동으로 당기금 확립에 활동	송림시당부 동무들의 의기	2	
1946-07-17-011	직업동맹평남도련맹 확대(제2차)위원회	로동법령실시 등 제 문제 토의	2	자언
1946-07-17-012	흥남본궁공장 세포 활동 치렬		2	조이렬
1946-07-17-013	무산 심산의 돌격진	힘껏 일하고 나서 힘껏 배운다	2	용승
1946-07-17-014	몰로토브외상 모쓰크바 도착		2	
1946-07-17-015	빨레스치나유태인 대검거	영미 량국 의견대립	2	따쓰통신
1946-07-17-016	지방단신		2	이원, 문성, 명철
1946-07-21-001	농업현물세징수세칙 시행에 관하여		1	
1946-07-21-002	농업현물세 실시에 감격 환희	동평양농민열성자대회 개최	1	
1946-07-21-003	농업현물세 발표에 대한 성명서		1	
1946-07-21-004	농업현물세 절대지지 김일성장군에게 감사장	동평양농민열성자대회	1	
1946-07-21-005	민주력량을 총동원 호렬자방역에 궐기	각 정당, 사회단체 련석회의	1	현석
1946-07-21-006	호렬자의 방역에 인민의 자각요망		1	
1946-07-21-007	공산당원의 임무(19)		1	
1946-07-21-008	분실당증 무효에 관하여		1	
1946-07-21-009	로동법령이 발포된 이후 김장군께 감사 서장 산적	보라! 광범한 인민층의 절대지지를!	2	
1946-07-21-010	농업현물세를 환영하는 미림농민	김장군과 공산당에 감사 표시	2	
1946-07-21-011	우리 로동자도 사람답게 살게 되었다	로동법령과 일공인 담	2	후진
1946-07-21-012	대동군 량씨 미거		2	권구
1946-07-21-013	로동법령실시경축대회 개최	대동군 룡연면에서	2	태섭
1946-07-21-014	사동인민학원 학도건투 계속		2	성택
1946-07-21-015	평양농업학교 민청결성대회		2	삼문
1946-07-21-016	녀성동맹 맹활동! 6월중에 만9천 신회원 획득	부녀교양사업도 전개	2	은길
1946-07-21-017	북조선농민은행 농자금대부실시		2	삼문
1946-07-21-018	11만명중에 문맹자가 약 반수	녕변 성인계몽운동	2	복화
1946-07-21-019	식량과 자재난 극복코 신석탄층발견에 노력	길주탄광 동무들의 악전고투	2	태화
1946-07-21-020	영미국원유회사공장 총동맹파업		2	따쓰통신
1946-07-21-021	보통강공사완수 시민위안연예	21일 각 극장에서 개최	2	성택
1946-07-21-022	지방단신		2	창신, 복화
1946-07-21-023	인도우편사무원들 파업		2	따쓰통신
1946-07-21-024	CC대 재판		2	따쓰통신
1946-07-21-025	인도네씨아의 전쟁		2	따쓰통신
1946-07-21-026	근고		2	정로사
1946-07-21-027	공사완수경축사진전람회	21일부터	2	성택
1946-07-21-028	보통강개수공사에 전투자이며 승리의 보장자인 평양시 공산당원동무들에게	북조선공산당 중앙위원회	특보1	
1946-07-21-029	마지막 한덩어리흙은 이렇게 쌓았다	보통강개수공사 당원들 분투 완결	특보1	칠봉
1946-07-21-030	보통강개수공사 완수경축대회 개최	21일 시위원회광장에서	특보2	성택
1946-07-21-031	인민의 선두에 서서 7천 당원 분투!	보통강개수공사 공작결산	특보2	성택
1946-07-21-032	수재구제사업결정서	북조선림시인민위원회 발표	특보2	
1946-07-21-033	북조선수재구제대책위원회 조직		특보2	
1946-07-21-034	평양시민에게 보내는 편지	북조선공산당 중앙위원회	특보2	
1946-07-22-001	보통강개수공사에 전투자이며 승리의 보장자인 평양시 공산당원동무들에게	북조선공산당 중앙위원회	1	
1946-07-22-002	수재구제사업결정서	북조선림시인민위원회 발표	1	
1946-07-22-003	북조선수재구제대책위원회 조직		1	
1946-07-22-004	평양시민에게 보내는 편지	북조선공산당 중앙위원회	1	
1946-07-22-005	공산당원의 임무(20)		1	
1946-07-22-006	마지막 한덩어리흙은 이렇게 쌓았다	보통강개수공사 당원들 분투 완결	1	칠봉
1946-07-22-007	로동법령을 지지	김장군께 감사문 답지	2	
1946-07-22-008	시련의 수재 극복 개가드높은 대평양 민주력량	공산당원, 보안원, 경비대원 등 결사활동	2	현석
1946-07-22-009	7천여명 구출 시공산당원들의 활약	폭우중에 백열적 맹활동을 전개	2	성태
1946-07-22-010	평남방수대책위원회의 활동	식량운반, 재민구제 등 맹활약	2	영태
1946-07-22-011	루마니야의 선거준비운동		2	따쓰통신
1946-07-22-012	지방단신		2	보길, 일선, 복화, 태화
1946-07-22-013	성인학교의 노래	현상모집광고	2	북조선교육국
1946-07-22-014	드리에스트의 항의총파업의 종결		2	따쓰통신
1946-07-22-015	영화군대가 빠지방 공습		2	따쓰통신
1946-07-22-016	쓰똑홀무에 미함대 도착		2	따쓰통신
1946-07-23-001	북조선민주주의민족통일전선위원회 결성에 대한 보고	김일성	1	
1946-07-23-002	김일성 위원장		1	
1946-07-23-003	북조선민주주의민족통일전선위원회 결성	완전독립 위해 강력한 투쟁 전개	1	성택
1946-07-23-004	북조선민주주의민족통일전선위원회 결성에 관한 결정서		1	
1946-07-23-005	북조선민주주의민족통일전선에 대한 규정		1	
1946-07-23-006	북조선민주주의민족통일전선 위원(17명),		1	
1946-07-23-007	남녀평등권에 대한 력사적 법령초안 발표 북조선인민위원회 제10차 위원회에서	봉건적 모욕착취에서 해방 녀성에게 평등권 부여	2	
1946-07-23-008	북조선림시인민위원회 결정서 제47호	북조선의 남녀평등권에 대한 법령초안에 대한 결정서	2	

기사번호	제목(title)	부제목(stitle)	면수	필자, 출처
1946-07-23-009	로동법령으로 잘살게 되었다 우리들은 절대지지	흥남공장 리동무 담	2	병식
1946-07-23-010	인민의 선두에 서서 7천당원 분투!	보통강개수공사 공작결산	2	성택
1946-07-23-011	남녀평등권에 대한 법령초안에 관한 보고 북조선림시인민위원회 제10차위원회에서	박정애	2	
1946-07-23-012	예술총련맹 조직개편 진영보강		2	삼문
1946-07-23-013	사무원직업동맹 평양시위원회결성		2	자언
1946-07-23-014	원고모집광고		2	북조선공업기술 총련맹
1946-07-24-001	해방 1주년을 맞으면서 조선인민이 쓰딸 린대원수에게 드리는 편지		1	
1946-07-24-002	8.15해방 1주년기념일을 당하여 동포에 게 보내는 선언서		1	
1946-07-24-003	8.15기념표어		1	
1946-07-24-004	8.15기념준비사항	각 도 기념준비위원회에 지시	1	
1946-07-24-005	8.15해방을 감사	쓰딸린대원수에게 서장진정 제의	1	길환
1946-07-24-006	김일성위원장의 연설	보통강개수공사완수 경축대회 에서	2	
1946-07-24-007	보통강개수공사완수 경축대회 민주력량의 승리를 과시	력사적 대공사 완수 만세	2	성택
1946-07-24-008	보통강개수공사 완수를 경축하면서 전 평양시민앞에 드리는 편지	평양시인민위원회 위원장 한면수 씨 부위원장 정맹진씨	2	
1946-07-24-009	보통강개수공사완수 경축대회를 개최하면 서 경애하는 지방인민에게 드리는 편지	평양시인민위원회 위원장 한병수, 부위원장 정맹진	2	
1946-07-24-010	수해당한 4도에 위문금과 위문사		2	
1946-07-24-011	이태리정부의 신대신 친임식		2	따쓰통신
1946-07-25-001	남녀평등권에 대한 법령초안을 절대지지	녀맹각급 책임자회의 결정	1	은길
1946-07-25-002	공산당원의 임무(3)		1	
1946-07-25-003	남녀평등권법령에 관한 표어		1	
1946-07-25-004	오호 임정빈동지 평양시민장 공동준비		1	현석
1946-07-25-005	농업현물세와 공산당원의 임무(상)		1	북조선공산당 중앙위원회 조직부장 리동화
1946-07-25-006	청진조선공장 공인동무 분투		1	문성
1946-07-25-007	사법책임자회의를 연기		1	
1946-07-25-008	붉은 군대에게 드리는 감사문	보통강개수공사완수 경축대회 에서	2	
1946-07-25-009	보통강개수공사완수 총결보고(1)	윤공흠	2	
1946-07-25-010	만여명 로동자 국회앞에서 시위운동		2	따쓰통신
1946-07-25-011	독일전범자 거소를 결정		2	따쓰통신
1946-07-25-012	벨그라드에서 전범자들 사형		2	따쓰통신

기사번호	제목(title)	부제목(stitle)	면수	필자, 출처
1946-07-25-013	독인과 계약한 공업가들 재판		2	따쓰통신
1946-07-25-014	련합국회의에서 미대표 반쏘언론		2	따쓰통신
1946-07-25-015	보통강개수공사를 완수한 평양시민들에 게 드리는 서장	함경북도인민위원회에서	2	
1946-07-25-016	흘러라 보통강 새 력사의 한복판을!		2	리찬
1946-07-26-001	농업현물세와 공산당원의 임무(하)		1	북조선공산당 중앙위원회 조직부장 리동화
1946-07-26-002	로동법령과 예술가의 임무(1)		1	안함광
1946-07-26-003	공산당원의 임무(22)		1	
1946-07-26-004	공업기술의 종합육성발전책 필요	련락기관을 설치 공개하라	1	일권
1946-07-26-005	감사와 맹세로 김장군께 서장	평양시확대농민대표자대회	1	
1946-07-26-006	김일성대학과 고등사범학생 모집요항		2	
1946-07-26-007	보통강개수공사완수 총결보고서(2)	윤공흠	2	
1946-07-26-008	북조선농민동맹 시대표자대회에서 농업 현물세제 지지를 결정		2	영태
1946-07-26-009	대동소비조합 확대위원회의		2	
1946-07-26-010	청중, 신기를 절찬	막부국립대극장의 예술가들 래 양음악연주회	2	현석
1946-07-26-011	농업현물세를 쌍수로 환영하며 이제 죽 어도 한이 없다는 농민들		2	영태
1946-07-26-012	실업자대시위	실업자대책을 세우라고	2	따쓰통신
1946-07-27-001	민주건국의 견실한 보장	민주통일전선위원회의 결성을 보고	1	
1946-07-27-002	농업현물세에 대한 위반자처벌규칙 공포		1	
1946-07-27-003	과실현물세 징수세칙 공포		1	
1946-07-27-004	로동법령과 예술가의 임무(2)		1	안함광
1946-07-27-005	8.15에 관한 군중선전대강(1)	8.15해방 제1주년기념 중앙준비 위원회	1	
1946-07-27-006	조선민족이라면 누구나 환영지지	평양조일전기회사 리옥환씨 담	2	현석
1946-07-27-007	통일전선을 축하하며 민주건국에 일로 매진	평양철도국 기관구 로동자 강 병태동무 담	2	
1946-07-27-008	민주주의조선정부수립에도 큰 역할	녀성동맹 고백선녀사 담	2	
1946-07-27-009	해방기념시사업으로 정로녀중학교 신설	전평양인민야유회도 개최	2	일권
1946-07-27-010	조쏘문화협회 제1회 중앙대회		2	삼문
1946-07-27-011	남녀평권법령을 각 방면 녀성 환영	그들의 기탄없는 의견 타진	2	
1946-07-27-012	새로운 자각 밑에 선진적 녀성 양성하겠다	정의녀중 녀교원 변명주씨 담	2	
1946-07-27-013	천대를 안받아 일하기도 신이 난다	정창고무공장 직공 오국화씨 담	2	
1946-07-27-014	우리자손들은 행복스럽다	67세인 리봉주녀사 담	2	
1946-07-27-015	평양시박물관을 중앙박물관으로 승격하 고 확충강화한다		2	

기사번호	제목(title)	부제목(stitle)	면수	필자, 출처
1946-07-27-016	중국내전을 반대	룡장군부대 탈영	2	따쓰통신
1946-07-27-017	일본로동법령에 쏘련소개안 제출		2	따쓰통신
1946-07-27-018	영순양함 2척 이란해역에 접근		2	따쓰통신
1946-07-27-019	보통강개수공사완수 총결보고서(3)	윤공흠	2	
1946-07-27-020	완전청소로서 호역박멸하자		2	현석
1946-07-27-021	문화전선창간호(250페지 35원)출래	북조선예술총련맹기관지	2	
1946-07-28-001	북조선남녀평등권에 대한 법령선전대강	북조선공산당 중앙위원회 선전부	1	
1946-07-28-002	남조선의 반동적 폭정에 항의	북조선민주주의민족통일전선위원회	1	
1946-07-28-003	8.15에 관한 군중선전대강(2)	8.15해방 제1주년기념 중앙준비위원회	1	
1946-07-28-004	민주주의민족통일전선위원회결성의 의의와 우리 인민의 임무(1)		1	허정숙
1946-07-28-005	남녀평등권법령초안 녀성총동맹에서도 지지	열성자대회에서 전폭적 지지 결정	2	은길
1946-07-28-006	평양시당의 통신원강습회		2	희진
1946-07-28-007	직업총동맹의 로동법령해설 정정	야간작업 7시간을 8시간으로	2	현주
1946-07-28-008	임정지 시민장	28일 시위원회 앞광장에서	2	자언
1946-07-28-009	수재를 당한 동포를 구제하자	각 방면 대표자 구제대책 협의	2	현석
1946-07-28-010	평양시의 구제위원의 요망		2	
1946-07-28-011	쏘련 쓰딸린수상 국제련합회 서기장 접견		2	
1946-07-28-012	서기장 일행과 조찬회 개최		2	
1946-07-28-013	쏘련외상과 체호슬로바끼아 수상 회견		2	
1946-07-28-014	개점인사		2	
1946-07-28-015	북조선곡물검사규칙 발포	북조선림시인민위원회 포고령 제12호	2	
1946-07-30-001	북조선남녀평등권에 대한 법령초안 해설	북조선민주녀성총동맹 중앙위원회	1	
1946-07-30-002	민주주의민족통일전선위원회 결성과 우리 인민의 임무(2)		1	허정숙
1946-07-30-003	로동법령과 예술가의 임무(3)		1	안함광
1946-07-30-004	남조선미군정의 반동성과 민족파쑈배도량에 관한 제 자료(1)		1	
1946-07-30-005	고 임정빈동무의 령전에 바치는 조문	북조선공산당 중앙위원회	2	
1946-07-30-006	동지와 시민 애도리에 임정지 고별식 거행	28일의 시민장 엄숙 성대	2	성택
1946-07-30-007	로동법령발포이후 각 공장의 실시상황	8시간로동과 임산부 보호, 공인교양 실시하며 탁아소, 수유소도 설비중	2	자언, 현주
1946-07-30-008	경제교란자는 민주건설의 파괴자	정치범과 동일하게 엄벌 방침	2	길환
1946-07-30-009	이날을 누가 가져왔던가!	로동법령의 발령을 보고	2	박석정
1946-07-30-010	로동자와 기업가를 동시에 보호하는 법령	로동법령과 기업가의 견해	2	
1946-07-30-011	볼리비야 소란 대통령을 살해	림시로 대리가 집무	2	따쓰통신
1946-07-30-012	라바울의 일본비밀창고 발견		2	따쓰통신

기사번호	제목(title)	부제목(stitle)	면수	필자, 출처
1946-07-30-013	곤명 중쏘문화협회를 폐쇄		2	따쓰통신
1946-07-31-001	북조선공산당과 조선신민당 합동 북조선로동당으로 발전	량당 련석중앙확대위원회 회의에서 결정	1	
1946-07-31-002	북조선공산당 중앙위원회와 조선신민당 중앙위원회의 련석회의에서의 「김일성동지와 김두봉동지의 북조선공산당과 조선신민당과의 합동에 대한 보고에 관한 결정서」		1, 2	
1946-07-31-003	목전정치형세와 우리들의 새로운 임무 북조선공산당 및 조선신민당 련석중앙확대위원회에서의 보고	북조선공산당 중앙위원회 책임비서 김일성	1	
1946-07-31-004	북조선공산당 및 조선신민당 련석중앙확대위원회에 있어서의 보고	조선신민당 김두봉	1	
1946-07-31-005	조선신민당과 북조선공산당이 북조선로동당으로 합동함에 대한 선언서		2	
1946-07-31-006	북조선로동당의 강령초안		2	
1946-07-31-007	신민당에서 공산당에 보낸 서장	량당합동문제를 건의한 내용	2	
1946-07-31-008	공산당에서 신민당에 보낸 답장	량당합동을 찬성한 서신내용	2	
1946-07-31-009	인도의 동맹파업		2	따쓰통신
1946-07-31-010	남조선미군정의 반동성과 민족파쑈배도량에 관한 제 자료(2)		2	
1946-08-01-001	량당합동의 의의와 발생할수 있는 몇가지 문제의 고찰		1	
1946-08-01-002	국제반전일을 맞이하며		1	
1946-08-01-003	승리의 조직자들에게	우리 당은 보통강개수공사를 어떻게 령도하였으며 그 승리를 보장했는가(2)	1	평양시당책임비서 서휘
1946-08-01-004	공산당원의 임무(23)	8, 당이 기회주의를 반대하는 두 전선에서의 투쟁에 있어서(2)	1	
1946-08-01-005	남조선미군정의 반동성과 민족파쑈배도량에 관한 제 자료(3)		2	
1946-08-01-006	북조선수산조합 총련맹을 결성	민주 부강 조선의 물질적 기초를 닦는 추진체로서의 사명을 띠고	2	혁석
1946-08-01-007	선전원 세포간부 제4차강습회	박천군 량가면당부에서	2	성준
1946-08-01-008	우리는 이렇게 싸웠다(1)	북조선공산당 중앙선전부 영화반	2	
1946-08-01-009	공업허가령 발표	북조선림시인민위원회 결정 제52호	2	
1946-08-01-010	당원과 민청원 중심의 룡연제방복구공사		2	태길
1946-08-01-011	8.15해방기념 예술문화대강연		2	삼문
1946-08-01-012	지방단신		2	원근, 수영
1946-08-01-013	문화전선 창간호(250페지 35원) 출래	북조선예술총련맹기관지	2	
1946-08-02-001	녀성해방과 금후노력의 방향		1	

기사번호	제목(title)	부제목(stitle)	면수	필자, 출처
1946-08-02-002	농업현물세제 실시에 보안공작원의 임무		1	보안국장 최용건
1946-08-02-003	승리의 조직자들에게	우리 당은 보통강개수공사를 어떻게 령도하였으며 그 승리를 보장했는가(3)	1	평양시당책임비서 서휘
1946-08-02-004	공산당원의 임무(24)	8, 당이 기회주의를 반대하는 두 전선에서의 투쟁에 있어서(4)	1	
1946-08-02-005	북조선의 남녀평등권법령에 지지성명서 발표	북조선민주녀성총동맹에서	2	
1946-08-02-006	우리는 이렇게 싸웠다(2)	북조선공산당 중앙선전부 영화반	2	
1946-08-02-007	황해도내 3시에 중등기술전문학교 농업, 공업, 토목 3교를 신설		2	은길
1946-08-02-008	김일성장군에게 감사서신을 헌정	북조선민주녀성총동맹	2	
1946-08-02-009	8.15해방의 감격을 표현한 미술품장식 중앙박물관에 영원히 보존		2	현석
1946-08-02-010	대망의 만국평화대회	7월 29일 21개국가 참가밑에 파리 룩셈부르그궁전에서 수개막	2	따쓰특파원통신
1946-08-02-011	부외상회의 개최	파리에서	2	따쓰통신
1946-08-02-012	일인재산리용심사회를 해소		2	현석
1946-08-02-013	원자핵의 힘	아.이.부롯쓰끼	2	
1946-08-03-001	농업현물세제의 평남도 진행상황보고(1)	북조선공산당 평안남도위원회 농민부장 임충석	1	
1946-08-03-002	승리의 조직자들에게	우리 당은 보통강개수공사를 어떻게 령도하였으며 그 승리를 보장했는가(4)	1	평양시당책임비서 서휘
1946-08-03-003	공산당원의 임무(25)	8, 당이 기회주의를 반대하는 두 전선에서의 투쟁에 있어서(5)	1	
1946-08-03-004	철도사업검사를 마치고 종래의 결점과 금후의 과업에 대하여(1)		1	김재욱
1946-08-03-005	각 도.시.군 선전부장 전체 통신원 앞		1	정로사편집부
1946-08-03-006	하기농작현물세에 제1착완납의 개가!	평남 룡강군이 책임량이상을 납입	2	영태
1946-08-03-007	민주조선의 서울인 평양시에 음악학교 창설	인민의 음악예술인을 양성	2	현석
1946-08-03-008	지옥문을 깨뜨린 날	-력사적로동법령은 발포되었다-	2	박세영
1946-08-03-009	각 직장 문화써클 지도	평양시내 문화예술인들	2	삼문
1946-08-03-010	해방 1주년 맞고저 시내청소운동	경축준비위원회에서	2	
1946-08-03-011	코레라방역에 관한 결정서		2	
1946-08-03-012	북조선의 남녀평등권법령과 녀자동무들의 의견 김일성장군께 진심으로 감사	조선고무공장 김옥순동무 담	2	현주
1946-08-03-013	북조선의 남녀평등권법령과 녀자동무들의 의견 해방의 기쁨으로 건국에 적극 투쟁	동양제사 제1공장 황화춘동무 담	2	자언
1946-08-03-014	방역 위하여 대중집회 금지	8, 15는 개별로 기념	2	
1946-08-03-015	파란수상 론설요지(1)		2	따쓰통신
1946-08-03-016	원자핵의 힘(2)	아.이.부롯쓰끼	2	
1946-08-04-001	북조선남녀평등권법령에 대한 공동성명서	북조선민주주의민족통일전선위원회에서 발표	1	
1946-08-04-002	북조선림시인민위원회 결정서 제55호	제6차 국부장회의의 8.15해방기념행사에 관한 결정서	1	
1946-08-04-003	승리의 조직자들에게	우리 당은 보통강개수공사를 어떻게 령도하였으며 그 승리를 보장했는가(5)	1	평양시당책임비서 서휘
1946-08-04-004	무고한 피검자 석방요구	경성서 2천여민중 시위	1	따쓰통신
1946-08-04-005	흘린 피의 책임은 누가 져야 할것인가?	미반동파의 언어도단의 행위	1	
1946-08-04-006	농업현물세제의 평남도 진행상황보고(2)	북조선공산당 평안남도위원회 농민부장 임충석	1	
1946-08-04-007	도료와 아연화 생산 화학공업에 개가! 북조선산업부흥의 견실한 행진보	동흥특수공업소에서 기계시운전	2	현석
1946-08-04-008	중앙박물관에 보존할 력사적 진렬품 모집		2	
1946-08-04-009	방역위원회에서 사업의 강화를 결정		2	
1946-08-04-010	평양시민청 조직한 상황		2	삼문
1946-08-04-011	로동자동무들의 로동법령에 대한 감격	김장군에 대한 감사서신 답지	2	
1946-08-04-012	해방된 유럽바나라들에서의 민주주의적 개혁들(1)		2	박태섭 역
1946-08-04-013	벼농사 도작에 세계적 선수	김만삼로인이야기(1)	2	
1946-08-04-014	지방단신		2	성준
1946-08-04-015	파란수상 연설요지(2)		2	따쓰통신
1946-08-04-016	원고모집광고		2	북조선공업총기술련맹
1946-08-06-001	체육의 의의와 민중화		1	
1946-08-06-002	농업현물세제의 평남도 진행상황보고(3)	북조선공산당 평안남도위원회 농민부장 임충석	1	
1946-08-06-003	공산당원의 임무(26)	9, 당은 공산당원에게로부터와 자기 개인생활에서와 사회적 공작에 있어서 무엇을 요구하는가(1)	1	
1946-08-06-004	철도사업검사를 마치고 종래의 결점과 금후의 과업에 대하여(2)		1	김재욱
1946-08-06-005	승리의 조직자들에게	우리 당은 보통강개수공사를 어떻게 령도하였으며 그 승리를 보장했는가(6)	1	평양시당책임비서 서휘
1946-08-06-006	각 도.시.군 선전부장 전체 통신원 앞		1	정로사편집부
1946-08-06-007	보라 남조선의 반동배들의 만행 50여명 무장경관 입정리에 소위 '공판'	모략적으로 날조한 '지폐위조사건 변호인. 재판의 모독에 항의	2	
1946-08-06-008	미군정산하에 위집한 반동배 타도	민주녀성총동맹에서 운동 전개	2	은길

기사번호	제목(title)	부제목(stitle)	면수	필자, 출처
1946-08-06-009	당기금으로서 4만여원 헌납	흥남비료공장 동무들의 열성	2	
1946-08-06-010	조선민주당 시당부 결성		2	삼문
1946-08-06-011	시내 중등학교 입학지원수	정원의 2배 강수 응모	2	현석
1946-08-06-012	약학전문학교 학생모집요항		2	현석
1946-08-06-013	오후 10시 이후에는 자동차 통행금지	5일부터 8월말까지	2	혁석
1946-08-06-014	해방기념사업비 헌금요항 발표	민중의 자발적 의사로 1구 5원	2	현석
1946-08-06-015	수재동정모금 민청학생 활동		2	현석
1946-08-06-016	녀성동맹의 맹가를 제정		2	은길
1946-08-06-017	녀성동맹가		2	백인준 작사, 평양음악동맹 작곡
1946-08-06-018	원자핵의 힘(3)	아.이.부롯쓰끼	2	
1946-08-06-019	벼농사 도작에 세계적 선수 김만삼 로인 이야기(2)		2	
1946-08-06-020	일본전범자 공판	대중폭상을 미증인 진술	2	따쓰통신
1946-08-06-021	희 인민투표령 모순성을 지적		2	따쓰통신
1946-08-06-022	외국체육대표단 쏘련체육을 찬가		2	
1946-08-06-023	지방단신		2	문성
1946-08-07-001	중앙당학교 제1회 졸업생동무들에게	김일성	1	
1946-08-07-002	김일성동지의 교훈을 준수실천하기를 맹세	중앙당학교 제1회 졸업식 거행	1	
1946-08-07-003	진일보한 사상적 발전을 위하여		1	윤공흠
1946-08-07-004	영예의 쓰딸린상을 받은 김만삼로인과 그의 꼴호즈		1	전동혁
1946-08-07-005	바흐렌군도에서 영방어진지 건설		1	따쓰통신
1946-08-07-006	헌법초안 재심문제에 일본공산당 반론		1	따쓰통신
1946-08-07-007	해방조선의 감격이 반영된 쓰딸린대원수께 드리는 서상	경쟁적 서명, 서명자 30만명 돌파	2	
1946-08-07-008	남녀평등권법령발포와 녀성계제씨의 감사.감격		2	
1946-08-07-009	현물세의 완납으로 농민의 승리를 확보하자	북조선농민동맹도 확대위원회의 협의	2	영태
1946-08-07-010	교육은 의무보편화 저명한 학사 박사도 배출	쏘련조선청년의 교육로정	2	김원봉
1946-08-07-011	재독일통제의회 제35차회의		2	따쓰통신
1946-08-07-012	김일성장군께 서상	제3차 북조선농민동맹 평안남도 확대위원회	2	
1946-08-07-013	쌀따네정부 위원 총사직		2	따쓰통신
1946-08-07-014	체호슬로바끼아의 섭정반역자들 공판		2	따쓰통신
1946-08-07-015	꾼마다라스에서 유태인학살자 공판		2	따쓰통신
1946-08-07-016	원고모집광고		2	북조선공업총기술련맹

기사번호	제목(title)	부제목(stitle)	면수	필자, 출처
1946-08-07-017	민주주의건설의 북조선을 찾아서	세계적 무용가 최녀사 래양	2	
1946-08-08-001	북조선공산당과 조선신민당 합동대회준비위원회 조직에 관한 결정서		1	
1946-08-08-002	공산, 신민 량당합동의 중앙의 결정을 접수 집행	평남도당 제7차 확대위원회	1	
1946-08-08-003	북조선공산당 평남도당 제7차 확대집행위원회의 북조선공산당과 조선신민당과의 합동에 대한 결정서		1	
1946-08-08-004	조선공산당 중앙당학교 제1회 졸업에 대하여		1	전성화
1946-08-08-005	공산, 신민 량당에 인민당에서 합동제의		1	
1946-08-08-006	공산당찬동회답	신민당도 회의 개최	1	
1946-08-08-007	농업현물세제의 평남도 진행상황보고(4)	북조선공산당 평안남도위원회 농민부장 임충석	1	
1946-08-08-008	체육인의 나아갈 길(1)		1	북조선체육동맹 위원장 림춘추
1946-08-08-009	쓰딸린대원수께 감사문	4백여만명 서명 완료	2	
1946-08-08-010	쓰딸린대원수께 수놓은 편지 완성		2	현석
1946-08-08-011	해방기념헌금 시내서만 12만원		2	현석
1946-08-08-012	일본색불식의 민청청소공작		2	
1946-08-08-013	동북연변의 민주건설 위대한 조중인민대중의 력량	토지는 농민들에게 분여!	2	특파기자 서병주
1946-08-08-014	파시즘의 독시에 쓰러진 김군의 사회단체장		2	
1946-08-08-015	대홍평화조약심의와 파란대표가입문제 토의	파리만국평화대회	2	따쓰특파원통신
1946-08-08-016	조국을 위하여		2	김귀련
1946-08-09-001	남녀평등권법령에 대하여 북조선민주녀성동맹 선언		1	
1946-08-09-002	3당합동제안에 대한 공산당의 수락회답문		1	
1946-08-09-003	체육인의 나아갈 길(2)		1	북조선체육동맹 위원장 림춘추
1946-08-09-004	공산당원의 임무(27)	9, 당은 공산당원에게로부터 자기 개인생활에서와 사회적 공작에 있어서 무엇을 요구하는가(2)	1	
1946-08-09-005	농업현물세제의 평남도 진행상황보고(5)	북조선공산당 평안남도위원회 농민부장 임충석	1	
1946-08-09-006	빠떼르쏜의 성명	희랍과 빨칸은 전세계 평화의 관건	1	따쓰통신
1946-08-09-007	민주주의민족통일전선 평양시위원회 결성		2	
1946-08-09-008	민주주의민족통일전선 평양시위원회의 결정서		2	

기사번호	제목(title)	부제목(stitle)	면수	필자, 출처
1946-08-09-009	북조선사무원들의 직업동맹중앙위원회 결성		2	현석
1946-08-09-010	약품, 약품영업 취체규칙 발포		2	현석
1946-08-09-011	북조선소비조합 사업과 조직의 강화를 결정		2	은길
1946-08-09-012	평남산조련맹 결성		2	현석
1946-08-09-013	민청학생의 특별교양강좌	민청 평양시위원회에서	2	삼문
1946-08-09-014	인민교원 검정시험		2	현석
1946-08-09-015	보건인과 일반종업원 직맹중앙위원회도 결성	17종별 직맹결성 완료	2	현수
1946-08-09-016	해방된 유롭바나라들에서의 민주주의적 개혁들(2)		2	박태섭 역
1946-08-09-017	미국 국회의원 뻬뻬르의 연설		2	따쓰통신
1946-08-09-018	독일포로병 처치에 대한 미클레이중장의 지령서		2	따쓰통신
1946-08-09-019	영점독일에서 귀물고를 발견		2	따쓰통신
1946-08-09-020	볼가리야의 암살단 폭로		2	따쓰통신
1946-08-09-021	미국에서 은부족난		2	따쓰통신
1946-08-09-022	지방단신		2	천롱, 원근, 태화
1946-08-09-023	영미측에 제공된 이태리배상금액 124억 8천만불		2	따쓰통신
1946-08-09-024	볼가리야섭정들 인민투표를 승인		2	따쓰통신
1946-08-09-025	화란의 군인이 자국정책 배격		2	따쓰통신
1946-08-09-026	만국평화대회 경과(2)		2	
1946-08-10-001	8.15해방과 로동계급(1)	북조선직업총동맹 위원장 최경덕	1	
1946-08-10-002	공산당원의 임무(28)	9, 당은 공산당원에게로부터 자기 개인생활에서와 사회적 공작에 있어서 무엇을 요구하는가(3)	1	
1946-08-10-003	독서실, 구락부, 흑판보를 어떻게 리용할가?(1)		1	김호
1946-08-10-004	해방의 진의를 인민대중에게 선전	평양시준비위원회에서	1	성택
1946-08-10-005	해방기념 우표발매		1	삼문
1946-08-10-006	영웅 김일성장군(1)		1	한설야
1946-08-10-007	중앙교향악단의 처녀연주회 대성과	각 방면 인사들의 절찬을 받았다	2	홍택
1946-08-10-008	흥남 서호산업 15만원 헌납		2	현석
1946-08-10-009	예술문화의 발달은 민족발전의 척도	김일성장군 격려사	2	
1946-08-10-010	각급 검찰소와 재판소의 이전		2	
1946-08-10-011	생산장의 전사 두 동무의 순직	흥남공장 석회질소계 김희경, 변전계장 박동무	2	석기
1946-08-10-012	체신국 평북통신부 1일부터 통신국으로		2	일권

기사번호	제목(title)	부제목(stitle)	면수	필자, 출처
1946-08-10-013	김일성대학 지원자에 제종 편의를 도모한다		2	길환
1946-08-10-014	평남 예맹조직 상황		2	삼문
1946-08-10-015	수해구제금으로 만6천여원 모집	민청학생 대원들의 활약	2	현석
1946-08-10-016	천여 민청맹원 파괴제방복구	안주군에서	2	
1946-08-10-017	당기금 위해 로동하여 9천여원 거출	통신국 동무들의 열성	2	기준
1946-08-10-018	평남도의 현물세 수납상황 량호	대맥 78%, 소맥 86%	2	
1946-08-10-019	민주대평양을 깨끗이 하자!	시인민위원회 청소운동	2	
1946-08-10-020	흥남동무들의 당기금공작		2	홍택
1946-08-10-021	평양시 사회과에 수해구제금 답지		2	
1946-08-10-022	볼가리야파쑈장교 245명 제명처분		2	따쓰통신
1946-08-10-023	지방단신		2	상호, 병기.종권
1946-08-10-024	해방된 유롭바나라들에서의 민주주의적 개혁들(3)		2	박태섭 역
1946-08-11-001	보고연설하시는 김일성위원장		1	
1946-08-11-002	북조선림시인민위원회의 산업 철도 운수 체신 은행 등의 국유화에 관한 법령발포에 제하여 조선인민에게 고함	김일성	1	
1946-08-11-003	일본인 및 민족반역자소유의 산업 경제 등 국유화법령 발포	북조선림시인민위원회(12차위원회)에서 통과	1	
1946-08-11-004	북조선림시인민위원회의 산업 철도 운수 체신 은행 등의 국유화에 관한 법령		1	
1946-08-11-005	8.15해방과 로동계급(2)	북조선직업총동맹 위원장 최경덕	1	
1946-08-11-006	붉은 군대에 대한 위문금품이 계속 답지	해방에 대한 조선인민의 감사	2	일권
1946-08-11-007	해방축하 점포장식	8.15기념 평양시준비위원회에서	2	일권
1946-08-11-008	8.15해방가 연습회를 개최	평양시음악동맹에서	2	일권
1946-08-11-009	애국 량 청년 만원식 기부	중앙제화공장 김운영, 정남익	2	성택
1946-08-11-010	북조선예총조직상황	맹원 8천여	2	삼문
1946-08-11-011	25% 초과납부시 초과분은 추수기에 공제 농업현물세 납입에 대한 특전	평남도내에서	2	병주
1946-08-11-012	해방된 유롭바나라들에서의 민주주의적 개혁들(4)		2	박태섭 역
1946-08-11-013	조선적 정서의 근대음악화	포부 말하는 김동진씨 담	2	현석
1946-08-11-014	안전보장리사회에 몽고인민공화국 가입문제심의	성원취급위원회의에서	2	따쓰통신
1946-08-11-015	수리원모집		2	북조선 김일성대학 경리부
1946-08-11-016	공산당원의 임무(29)	9, 당은 공산당원에게로부터 자기 개인생활에서와 사회적 공작에 있어서 무엇을 요구하는가(4)	2	

기사번호	제목(title)	부제목(stitle)	면수	필자, 출처
1946-08-12-001	중요산업경제기관의 국유화를 확보하자		1	
1946-08-12-002	8.15해방과 로동계급(3)	북조선직업총동맹 위원장 최경덕	1	
1946-08-12-003	농업현물세제의 평안도 진행상황보고(6)	북조선공산당 평안남도위원회 농민부장 임충석	1	
1946-08-12-004	독서실, 구락부, 흑판보를 어떻게 리용할가?(2)		1	김호
1946-08-12-005	공산당원의 임무(30)	9, 당은 공산당원에게로부터 자기 개인생활에서와 사회적 공작에 있어서 무엇을 요구하는가(6)	1	
1946-08-12-006	북조선거주인민의 평등과 자유보장하는 증서	공민증과 보안국장 담	2	
1946-08-12-007	공민증	질의응답	2	
1946-08-12-008	해방 1주년기념 민주대전람회 개막	3회장, 59실의 위관	2	성택
1946-08-12-009	원산서도 민주주의민족통일전선 결성		2	김홍범
1946-08-12-010	로동법령발포후 탁아소를 신설	흥남본궁공장에서	2	광수
1946-08-12-011	로동당을 확대강화 미군정 절대 반대	원산량당합동위원회의 결정	2	통신원 김홍범
1946-08-12-012	수재민에게 필수품 배급	평남도인민위원회에서	2	현석
1946-08-12-013	흥남비료공장 동무들의 돌격		2	희근
1946-08-12-014	지방단신		2	면당, 광석, 기정
1946-08-12-015	해방된 유롭바나라들에서의 민주주의적 개혁들(5)		2	박태섭 역
1946-08-13-001	중요산업경제 국유화의 력사적 법령을 열렬히 지지	북조선민주주의민족통일전선위원회 개최	1	일권
1946-08-13-002	북조선림시인민위원회의 산업 교통 운수 체신 은행 등의 국유화에 관한 법령에 대한 성명서		1	
1946-08-13-003	제3회 북조선민주주의민족통일전선위원회 회의장		1	
1946-08-13-004	제3회 북조선민주주의민족통일전선위원회 결정서		1	
1946-08-13-005	영웅 김일성장군(2)		1	한설야
1946-08-13-006	8.15해방 1주년 기념시위 행진	래 15일에 평양시에서 거행	1	현석
1946-08-13-007	외상회의 결정에 기초 제반문제해결을 강조	파리만국평화대회	1	따쓰통신
1946-08-13-008	영명하신 김장군의 지도에 깊은 감사 체신사업국유화에 대하여 체신국근무 유원길동무 담	중요산업경제기관의 국유화법령에 대한 반향	2	현석
1946-08-13-009	북조선의 위대한 민주발전의 기초 확고 평안남도산업경제협의회 정순정씨 담	중요산업경제기관의 국유화법령에 대한 반향	2	
1946-08-13-010	조선독립의 경제기초 공고화 중앙은행 김부총재 담	중요산업경제기관의 국유화법령에 대한 반향	2	성택

기사번호	제목(title)	부제목(stitle)	면수	필자, 출처
1946-08-13-011	건설보		2	최희진
1946-08-13-012	숙망의 달성 선교련와공장 로동자 전두현동무 담	중요산업경제기관의 국유화법령에 대한 반향	2	삼문
1946-08-13-013	모든 공장들이 인민의것이다 조선곡산 정영수동무 담	중요산업경제기관의 국유화법령에 대한 반향	2	현주
1946-08-13-014	김장군 친서에 감격한 2천철도종업원들 철도건설투쟁의 5개조를 맹세		2	문성
1946-08-13-015	교원검정시험 교원강습 중지		2	현석
1946-08-13-016	지방단신		2	창진, 태화, 석화, 종하
1946-08-13-017	공민증 교부	질의응답(2)	2	
1946-08-13-018	공민증교부에 관한 결정서	북조선림시인민위원회 결정서 제57호	2	
1946-08-13-019	해방된 유롭바나라들에서의 민주주의적 개혁들(6)		2	박태섭 역
1946-08-14-001	산업국유화 법령발표에 대하여(1)		1	북조선공산당 중앙위원회 제2비서 김용범
1946-08-14-002	농업현물세제의 평남도 진행상황보고(7)	북조선공산당 평안남도위원회 농민부장 임충석	1	
1946-08-14-003	독서실, 구락부, 흑판보를 어떻게 리용할가?(3)		1	김호
1946-08-14-004	영웅 김일성장군(3)		1	한설야
1946-08-14-005	표어		1	
1946-08-14-006	공산당원의 임무(31)	10, 공산당원들의 국제주의적 교양(1)	2	
1946-08-14-007	시, 군 인민위원회 농산관계자회의	농업현물세문제 기타 토의	2	영태
1946-08-14-008	선천에서도 민주주의민족통일전선위원회 반동분자와의 투쟁을 결정		2	
1946-08-14-009	시내 25개 인민교명 개칭		2	일권
1946-08-14-010	전인민을 위하여 조림, 채벌, 제탄 등등 사업	평남산림서의 금년도계획	2	현석
1946-08-14-011	파리만국평화대회 3일은 대표총회의 트리예쓰트항 국제화를 건의	우크라이나대표 열변	2	따쓰특파원통신
1946-08-14-012	지방단신		2	연순, 태극
1946-08-14-013	해방된 유롭바나라들에서의 민주주의적 개혁들(7)		2	박태섭 역
1946-08-15-001	8.15해방 1주년기념일을 맞이하여		1	
1946-08-15-002	해방 1주년 8.15를 맞이하는 우리 민족의 과업(1)		1	김용범
1946-08-15-003	해방조선의 남북대조(1)		1	일파

기사번호	제목(title)	부제목(stitle)	면수	필자, 출처
1946-08-15-004	북조선민주주의민족통일전선 결성의 의의와 당원의 임무(1)		1	북조선공산당 중앙위원회 조직부장 리동화
1946-08-15-005	금일! 감격의 8.15	민족해방의 력사의 날 1주년 경축시위대회 개최	2	성택
1946-08-15-006	량국기에 대한 상식	태극기와 쏘련기는 이렇게 그린것이 정당	2	
1946-08-15-007	해방의 날		2	박세영
1946-08-15-008	평남예맹의 8월중 사업		2	삼문
1946-08-15-009	해방후 1년간의 민주건국의 자최	중요일지초	2	
1946-08-15-010	8.15해방후 1년 북조선농민생활의 변혁		2	리순근
1946-08-15-011	정로 마크도안	당선작 심사결정 발표	2	
1946-08-16-001	김일성동지		1	
1946-08-16-002	8, 15 1주년을 기념하면서 조선동포에게 고함	김일성	1, 2, 3, 4	
1946-08-16-003	전조선인민들에게 열렬한 축하를 드린다 치스차꼽대장의 축사	8.15해방 1주년기념 경축대회에서	1	
1946-08-16-004	붉은군대의 륙해군 병장 조장과 장교 대장들에게 보낸 축하서신	8.15해방 1주년에 즈음하여	2	
1946-08-16-005	시내 3대광장에 집합하여 30만 시민 대행진	민주조선건설의 애국열정을 현양	2	일권
1946-08-16-006	김일성장군의 연설에 대중의 환호.박수성 부절	군중의 민주조선독립쟁취의 의기충천	2	일권
1946-08-16-007	쏘베트연해주군대의 원수, 대장, 소장께 기념경축대회에서 보내는 서상	8.15해방 1주년에 즈음하여	3	
1946-08-16-008	조쏘량국 수천인사 회집 해방기념 경축의 밤 성대	14일야 붉은군대회관에서	3	성택
1946-08-16-009	해방 1주년 8.15를 맞이하는 우리 민족의 과업(2)		4	김용범
1946-08-16-010	해방조선의 남북대조(2)		4	일파
1946-08-16-011	지방단신		4	홍률, 원서, 근수
1946-08-20-001	해방 1주년 8.15를 맞이하는 우리 민족의 과업(3)		1	김용범
1946-08-20-002	해방조선의 남북대조(3)		1	일파
1946-08-20-003	북조선민주주의민족통일전선 결성의 의의와 당원의 임무(2)		1	북조선공산당 중앙위원회 조직부장 리동화
1946-08-20-004	북조선과 쏘련방간 림시체신협약 성립	량 대표 간에 력사적 조인	2	
1946-08-20-005	조쏘체신당국의 림시협약으로 체결	조체신국장 담	2	
1946-08-20-006	북조선 4도에서만 백 80여만명 동원	민주력량을 현시한 8.15기념 시위대회	2	
1946-08-20-007	해방된 유롭바나라들에서의 민주주의적 개혁들(8)		2	박태섭 역
1946-08-20-008	북조선의 민주발전을 전세계에 소개코저 쏘련방 영화촬영인 등 래조 활약		2	성택
1946-08-20-009	김일성대학에 2만원을 기부	최창생상업교장 특지	2	삼문
1946-08-20-010	최승희녀사의 무용연구소 개설	널리 연구생 모집하여 지도	2	
1946-08-20-011	최승희무용연구소 연구생모집요강		2	
1946-08-20-012	복당원서 일부 심사결과	복당자결정씨명을 발표	2	
1946-08-20-013	평양야간공업전문학교 설립 취지		2	
1946-08-20-014	평양야간공업전문학교 학생모집 요항		2	
1946-08-21-001	조선경제의 나아갈 길		1	
1946-08-21-002	산업국유화법령 발표에 대하여(2)		1	북조선공산당 중앙위원회 제2비서 김용범
1946-08-21-003	해방조선의 남북대조(4)		1	일파
1946-08-21-004	북조선민주주의민족통일전선 결성의 의의와 당원의 임무(3)		1	북조선공산당 중앙위원회 조직부장 리동화
1946-08-21-005	로동자 만여명 동경에서 시위		1	따쓰통신
1946-08-21-006	불요불굴의 투쟁으로 일관 생산돌격의 승리적 결과	통계에 나타난 해방기념의 각 공장 생산량	2	현주
1946-08-21-007	기술자확보결정서	북조선림시인민위원회 발표	2	일권
1946-08-21-008	북조선로동당 평양시당결성대회		2	
1946-08-21-009	세포조직도 완료 합당대회를 개최	청진의 공산 신민 량당합동 진척	2	
1946-08-21-010	평화조약에 대한 루마니야성명을 토의	만국파리평화대회 속보	2	
1946-08-21-011	지방단신		2	명원, 창석, 도함
1946-08-21-012	해방된 유롭바나라들에서의 민주주의적 개혁들(9)		2	박태섭 역
1946-08-22-001	산업국유화법령발표에 대하여(3)		1	북조선공산당 중앙위원회 제2비서 김용범
1946-08-22-002	국제청년일의 유래와 의의 북조선공산당 중앙위원회 선전부	9월1일국제청년일	1	
1946-08-22-003	김장군께 서상 해방기념경축대회에서	평남인민보안부 보안대	1	
1946-08-22-004	김장군의 서신에 회령철도원 궐기		1	용성
1946-08-22-005	중요산업경제기관의 국유화에 관한 법령과 우리의 임무(상)		1	양영순

기사번호	제목(title)	부제목(stitle)	면수	필자, 출처
1946-08-22-006	산업경제국유화법령 절대지지를 결정 성명	민주주의민족통일전선 평남위원회에서	2	
1946-08-22-007	불원공개될 제2회 영화작품 「8.15」 등 제작	당선전부에서 촬영중	2	성택
1946-08-22-008	해방된 유럽바나라들에서의 민주주의적 개혁들(10)		2	박태섭 역
1946-08-22-009	파리평화대회에서 발아리문제 토구		2	
1946-08-22-010	지방단신		2	용성, 태화
1946-08-22-011	시내 각 극장의 영화연극프로		2	
1946-08-23-001	국가경제에 기술을 보장하자		1	
1946-08-23-002	로동자 및 사무원의 기관별봉급을 제정	북조선림시인민위원회에서	1	현주
1946-08-23-003	북조선림시인민위원회 결정 제66호	북조선로동자 및 사무원봉급에 관한 결정서	1	
1946-08-23-004	중요산업경제기관의 국유화에 관한 법령과 우리의 임무(중)		1	양영순
1946-08-23-005	공산당원의 임무(32)	10, 공산당원들의 국제주의적 교양(2)	1	
1946-08-23-006	영웅 김일성장군(4)		1	한설야
1946-08-23-007	토이기국회 일부 의원 퇴직		1	따쓰통신
1946-08-23-008	북조선로동당 평남도당결성대회	치렬한 토론후에 만장일치로 결정서 통과	2	
1946-08-23-009	통신기술자양성소 설치	평안남도통신국에서	2	성택
1946-08-23-010	민청원들 청소에 활동	평양시민청초급단체 경상리위원회에서	2	삼문
1946-08-23-011	평남인위에서 건축허가를 결정		2	
1946-08-23-012	농민들의 열성을 반영 농업현물세 호적	평남 각 시 군 소대맥의 수납량 통계	2	현석
1946-08-23-013	해방된 유럽바나라들에서의 민주주의적 개혁들(11)		2	박태섭 역
1946-08-23-014	민주주의민족통일전선 청진시위원회 결성		2	
1946-08-23-015	해방녀성좌담회	법령해석과 생활방침 토론	2	은길
1946-08-23-016	8.15경축대회 각지에서 성대 거행		2	원길, 익성
1946-08-23-017	붉은군대에 선물	서문녀중 민청에서	2	삼문
1946-08-23-018	진남포시 '남포'로 개칭		2	현석
1946-08-23-019	백이의에 신정부 조직		2	따쓰통신
1946-08-23-020	일본토지개혁강령 공산당 준렬비판		2	따쓰통신
1946-08-23-021	중국내전을 미국이 응원		2	따쓰통신
1946-08-23-022	시내 각 극장 영화연극프로		2	
1946-08-23-023	지방단신		2	주서, 원근
1946-08-24-001	농업현물세 경리사무요강에 관한 결정서 발표 북조선림시인민위원회결정 제61호	농업현물세 경리사무요강에 관한 결정서	1	
1946-08-24-002	북조선회계규정 북조선림시인민위원회 발표	북조선림시인민위원회결정 제60호	1	

기사번호	제목(title)	부제목(stitle)	면수	필자, 출처
1946-08-24-003	민족해방을 경축하는 인민 백수십명을 살상 보라! 언어도단의 미군정의 이 만행을	잔인무도한 미군정하 군경의 소위 비행기와 전차 동원, 무고인민 살상	1	
1946-08-24-004	영웅 김일성장군(5)		1	한설야
1946-08-24-005	중요산업경제기관의 국유화에 관한 법령과 우리의 임무(하)		1	양영순
1946-08-24-006	공산당원의 임무(33)	10, 공산당원들의 국제주의적 교양(3)	1	
1946-08-24-007	희랍 파쑈테로 미국군중 항의		1	따쓰통신
1946-08-24-008	산업경제국유화법령 전폭적으로 찬동지지	북조선민주주의민족통일전선 평양시위원회에서 결정서 발표	2	
1946-08-24-009	북조선로동당 각지 군 읍 당결성 진보		2	원근, 태화
1946-08-24-010	북조선로동당 함북도당 결성		2	
1946-08-24-011	서해안 수상경비중 보안대원 순직!	조난 21렬사추도회 거행	2	
1946-08-24-012	근로자 위한 야간중학 설립		2	현석
1946-08-24-013	북조선소비조합에서 밀보리와 비료 교역		2	은길
1946-08-24-014	조창호동지 순직	평양통신공무국 안주주재기원	2	기준
1946-08-24-015	건국복권협의회 개최		2	현석
1946-08-24-016	8.15기념예술부문 시상		2	삼문
1946-08-24-017	쏘련외무성 토이기에 흑해협문제 각서 송달		2	
1946-08-24-018	신임금제실시와 단체계약체결에 대하여	직총위원장 최경덕 담	2	
1946-08-24-019	희랍의 군사재판		2	따쓰통신
1946-08-24-020	시내 각 극장 영화연극프로		2	
1946-08-25-001	'민주주의'탈을 쓴 미군정의 잔인을 보라		1	
1946-08-25-002	전조선 3천만동포에게 격함 광주 8.15참안에 대하여	북조선민주주의민족통일전선위원회	1	
1946-08-25-003	광주참안에 대한 선전요강	북조선공산당 중앙위원회 선전부	1	
1946-08-25-004	하의도학살사건 진상	민전조사부서 발표	1, 2	
1946-08-25-005	로동법령실시지도와 단체계약체결 및 사업검열	직업총동맹에서 각지에 특파원 파견	2	현주
1946-08-25-006	촬영대회 개최	사진동맹에서	2	현석
1946-08-25-007	붉은군대 위안의 밤 '민청'북조선위원회에서 개최		2	삼문
1946-08-25-008	쏘련소개 강좌 28일부터 계속		2	성택
1946-08-25-009	김일성장군 강동에서 농민을 격려		2	
1946-08-25-010	9월 1일을 '학생절'로 제정		2	일권
1946-08-25-011	학생절제정에 관한 건		2	
1946-08-25-012	도로건설명령서 평양시인위에서 발표		2	일권
1946-08-25-013	민주건설전람회	도내 인민관람요령 발표	2	현석
1946-08-25-014	『공업기술』 발간		2	일권

기사번호	제목(title)	부제목(stitle)	면수	필자, 출처
1946-08-25-015	흑인살해에 관해 미국내에서 항의		2	따쓰통신
1946-08-25-016	장개석군 근무의 미군장교를 모집		2	따쓰통신
1946-08-25-017	산업국유화법령에 대한 직업동맹의 결정서		2	
1946-08-25-018	지방단신		2	영순
1946-08-25-019	시내 각 극장 영화연극프로		2	
1946-08-27-001	금반의 광주참안은 미군정 식민지정책 표현	북조선직맹회의 개최 규탄	1	현주
1946-08-27-002	미군정의 정체를 작품으로써 폭로하자	북조선예술총련맹의 성명	1	
1946-08-27-003	량곡수매에 관하여 북조선인위 결정서 발표		1	
1946-08-27-004	광주 8.15기념시위를 피로써 탄압한 미군정의 총독정치를 반대하자!		1	강호화
1946-08-27-005	조선공업기술의 발전향상에 대한 제언(1)		1	북조선공업기술 총련맹 김대희
1946-08-27-006	공산당원의 임무(34)	10, 공산당원들의 국제주의적 교양(3)	1	
1946-08-27-007	잔학무도한 미군정 절대반대!	광주참안에 북조선인민 총궐기	2	현주
1946-08-27-008	단말마적 폭학을 민주단결로써 분쇄하자	조선신민당 중앙본부 선전부장 윤세평	2	
1946-08-27-009	미학살정책을 인민은 격퇴할뿐	북조선농맹 부위원장 현칠종씨 담	2	
1946-08-27-010	민주개혁을 남조선에 확대하자	북조선민청 위원장 김욱진씨 담	2	
1946-08-27-011	신성한 희생을 완전독립으로 보답	평남도녀맹 선전부장 백경제씨 담	2	
1946-08-27-012	치떨리는 사건진상에 정무원일동 울분 폭발	평남도위 광주참안보고회	2	현석
1946-08-27-013	교통사업결정서	북조선인위에서 교통국원의 무계획, 무성의, 무규률, 태업을 지적 발표	2	
1946-08-27-014	김일성대학에 기부금 답지		2	길환
1946-08-27-015	민주건국의 초석이 된 20렬사추도회		2	현주
1946-08-27-016	리철중동지 략력		2	
1946-08-27-017	까판다리쓰가 성명한 희랍의 투표		2	따쓰통신
1946-08-27-018	대중미국정책을 영국신문 론난		2	따쓰통신
1946-08-27-019	중앙예술공작단 극「뢰성」 호평		2	삼문
1946-08-27-020	지방단신		2	원근, 종권, 영순, 인성
1946-08-27-021	시내 각 극장 영화연극프로		2	
1946-08-28-001	북조선공산당 중앙위원회 책임비서 김일성 비준 북조공선지시 제39호 1946년 8월 20일 북조선공산당 중앙위원회 선전부장 김창만 각 도당부 책임비서 선전부장 동지앞	'8.29'국치일에 관하여	1	

기사번호	제목(title)	부제목(stitle)	면수	필자, 출처
1946-08-28-002	미군정의 고문으로 날조 소위 '위페'의 진상폭로	과감한 '법정'투쟁의 전말	1	
1946-08-28-003	상식적으로도 있을수 없는 일		1	조통
1946-08-28-004	방청 갔다가 검거된 50명을 중형 판결		1	조통
1946-08-28-005	고문날조이매 재심사를 요구	'개정'벽두 '피고'회의	1	조통
1946-08-28-006	'피고인'의 재심사요구성명서	조선공산당 중구정판사지부 공판투쟁단	1	
1946-08-28-007	코로 물 먹이고 비행기식고문		1	조통
1946-08-28-008	조선공업기술의 발전향상에 대한 제언(2)		1	북조선공업기술 총련맹 김대희
1946-08-28-009	농업현물세실시에 참고가 될 점 몇가지(1)		1	최영태
1946-08-28-010	일본제국주의는 어떻게 조선을 침략하였던가?(1)	-8.29국치일을 맞이하면서-	1	유문화
1946-08-28-011	김장군께 서상답지 8.15 1주년 맞이하면서	각지에서	2	
1946-08-28-012	김일성장군께 보내는 감사문	함경남도 농민자위대 간부훈련생	2	
1946-08-28-013	쓰딸린대원수에게 보내는 감사문	북조선농민동맹 함주군위원회 제2차농민대회	2	
1946-08-28-014	광주참안 가두해설연설대	평양출판 로직맹 동무들 활동	2	현석
1946-08-28-015	중성리민들의 광주참안보고회		2	삼문
1946-08-28-016	김일성대학 예비과 설치	혁명가와 근로층의 자제로서 민주건국에 유위한 청년선발	2	성택
1946-08-28-017	곡식익는 가을		2	
1946-08-28-018	가정부인야학	평남도녀맹에서 개최	2	은길
1946-08-28-019	평남방역 책임자회의 개최		2	현석
1946-08-28-020	제2기 방역령 해제		2	현석
1946-08-28-021	국유화법령지지	원산시당열성자대회에서	2	홍범
1946-08-28-022	토이기에서의 선거에 대하여(상)		2	이.뻬뜨로브
1946-08-28-023	알바니야대표단 파리대회로 급행		2	따쓰통신
1946-08-28-024	볼가리야체육단장의 귀환성명 요지		2	따쓰통신
1946-08-28-025	지방단신		2	종권
1946-08-28-026	평양경제전문학교 편입생도 모집		2	
1946-08-28-027	시내 각 극장 영화연극프로		2	
1946-08-29-001	건국사상의 력사적 회합 북조선로동당 창립대회	6도 대표 참집리, 장엄히 개막	1	주현
1946-08-29-002	동석공판을 요구하여 개별적 일체 심리에 불응	'위페'사건 법정투쟁 계속 전개	1	조통
1946-08-29-003	일본제국주의는 어떻게 조선을 침략하였던가?(2)	-8.29국치일을 맞이하면서-	1	유문화
1946-08-29-004	쓰딸린대원수에게 드리는 편지	북조선로동당창립대회	1	
1946-08-29-005	북조선로동당창립대회에 제하여		1	
1946-08-29-006	농업현물세실시에 참고가 될 점 몇가지(2)		1	최영태

기사번호	제목(title)	부제목(stitle)	면수	필자, 출처
1946-08-29-007	광주참안의 진상을 듣고 절치! 인민의 분노 폭발	거리에서 집회장에서 미군정의 음모분쇄를 절규, 위문금, 서신쇄도	2	성택
1946-08-29-008	광주의 참안을 듣고	청우당 김달현씨 담	2	
1946-08-29-009	9월 1일부터 공민증교부	기류호적을 정비하라	2	현석
1946-08-29-010	평남녀동맹에서 각 공장에 선전대		2	은길
1946-08-29-011	평남인민위원회 창립 1주년 기념대회	보고와 공로위원 표창으로 성황	2	현석
1946-08-29-012	산업국유화법령에 대하여 북조선공업기술총련맹 성명서 발표		2	일권
1946-08-29-013	김일성장군께 서상	함흥일본인위원회에서	2	
1946-08-29-014	중앙방송경음악단 각 직장 위문공연		2	현석
1946-08-29-015	조선녀성 발간		2	은길
1946-08-29-016	해방음악회	평안남도인민위원회 문화과에서	2	현석
1946-08-29-017	미국의 일본통제를 상해 대만인 규탄		2	따쓰통신
1946-08-29-018	인도네시야로 화군무기수송 강화		2	따쓰통신
1946-08-29-019	일본비밀단체 남미에서 발로		2	따쓰통신
1946-08-29-020	민조, 정로기자단 축구전		2	현석
1946-08-29-021	지방통신		2	창섭, 병기
1946-08-29-022	시내 각 극장의 영화연극프로		2	
1946-08-29-023	우리의 영화	「인민의 벗」	2	
1946-08-30-001	김일성.김두봉 량동지의 보고를 전 대표 열정적으로 찬동 지지!	북조선로동당창립대회 제2일	1	주현
1946-08-30-002	모든것은 민주력량준비를 위하여	북조선공산당 책임비서 김일성	1, 2	
1946-08-30-003	북조선로동당 창립대회에 있어서의 보고	조선신민당 중앙위원장 김두봉	1, 3	
1946-08-30-004	북조선공산당과 조선신민당이 합동하여 북조선로동당을 창립함에 대한 결정서		2	
1946-08-30-005	북조선로동당 강령에 대한 결정서		2	
1946-08-30-006	단상의 주석단과 회장에 가득찬 각도 대표		2	
1946-08-30-007	북조선토지개혁에서 본 남조선미군정의 반동정책(1)		2	철우
1946-08-30-008	영웅 김일성장군(6)		3	한설야
1946-08-30-009	로동당결성대회 인상기	제1일 소견	3	송영
1946-08-30-010	평남예맹 각본 모집		3	
1946-08-30-011	8.29국치일에 반동분자 숙청을 맹세	평양시민대회 성황	4	삼문
1946-08-30-012	마령서 등 현물검사시행 요강	평남인위에서 발표	4	현석
1946-08-30-013	평양학생 총궐기	광주참안보고회 열고	4	삼문
1946-08-30-014	광주참안에 대한 사동탄광보고회		4	
1946-08-30-015	'민청'중평양구대회	시대의원선거와 과업 토론	4	삼문
1946-08-30-016	법률학원 제1기생 수료		4	현석
1946-08-30-017	지상의 태양	로동당창립을 축함	4	박세영
1946-08-30-018	토이기에서의 선거에 대하여(하)		4	이.뻬뜨로브

기사번호	제목(title)	부제목(stitle)	면수	필자, 출처
1946-08-30-019	인도네시야 정황		4	따쓰통신
1946-08-30-020	외국정세	현대의 이란(상)	4	뻬드로브 작, 김철우 역
1946-08-30-021	유태인학살배 홍아리서 판결		4	따쓰통신
1946-08-30-022	지방통신		4	원길, 태섭, 문식, 문성
1946-08-30-023	시내 각 극장의 영화연극프로		4	
1946-08-31-001	민주적으로 중앙위원도 선거 북조선로동당 탄생 력사적 창립대회 승리리 페막	민주완전독립 위하여 매진 투쟁 할것을 맹서	1	
1946-08-31-002	남조선민주주의 3정당합동에 관한 보고	최창익	1	
1946-08-31-003	남조선에서 3당의 통일당으로 합동하는 사업진행에 대한 북조선로동당창립대회의 결정서		1	
1946-08-31-004	북조선로동당 규약에 대한 결정서		1	
1946-08-31-005	북조선로동당 기관지에 대한 결정서		1	
1946-08-31-006	조선동포들에게 고함	북조선로동당창립대회 대표일동	1	
1946-08-31-007	북조선로동당 규약에 대한 보고	김용범	1, 2	
1946-08-31-008	북조선쏘련간 림시체신협약에 의한 우편물 및 전보취급방법	북조선체신국에서 발표	2	길환
1946-08-31-009	북조선로동당 평양학원위원회 결성		2	삼문
1946-08-31-010	초중등학교 교과서 배부		2	
1946-08-31-011	단천인민들 궐기	축항완수에 매진	2	
1946-08-31-012	1년간의 교육사업 비판	평남중등전문원대회	2	일권
1946-08-31-013	국제개관		2	브.리싸꼽
1946-08-31-014	북조선로동당 강령에 대한 보고	최창익	2	
1946-08-31-015	지방통신		2	성록
1946-08-31-016	동맹가사 및 동맹기 도안현상모집		2	
1946-08-31-017	전구제작기술자모집		2	
1946-08-31-018	시내 각 극장의 영화연극프로		2	
1946-09-01-001	본보의 사명	-창간호를 내면서-	1	
1946-09-01-002	북조선로동당 강령		1	
1946-09-01-003	중앙상무위원 선거	제1차 중앙위원회에서	1	
1946-09-01-004	중국민주련맹은 정부불참가 결정		1	따쓰통신
1946-09-01-005	민족적 당면과업의 일익을 용감히 담당하라		1	조선민주당 중앙본부 선전부장 조은상
1946-09-01-006	민주주의조선건설에 그 사명은 중차대하다		1	청우당 선전국 박윤길
1946-09-01-007	농민대중의 참다운 벗이 되라		1	북조선농맹위원장 강진건
1946-09-01-008	인민을 위하여 부단한 분투간망	북조선직업총동맹	1	

기사번호	제목(title)	부제목(stitle)	면수	필자, 출처
1946-09-01-009	근로대중의 언론을 대표할것을 확신	북조선녀성총동맹	1	
1946-09-01-010	청년운동에 대하여 광범한 지도 요망	민청북조선위원회	1	
1946-09-01-011	근로인민의 길라장이가 되라		1	북조선예맹위원장 한설야
1946-09-01-012	선전조직자로서의 중임 완수를 확신	민주조선사	1	
1946-09-01-013	전범자의 기업소 인민기관에 이첩		1	따쓰통신
1946-09-01-014	학생절의 의의		1	교육국장 장종식
1946-09-01-015	민주건국사업에 민청의 활동 맹렬	중평양민청의 결산보고	2	삼문
1946-09-01-016	9월 1일 학생절에 극장에서 위안회		2	삼문
1946-09-01-017	8.15에 승호양로원의 미담		2	현석
1946-09-01-018	제2차 원산시민청대회		2	
1946-09-01-019	공업허가신청 신속제출 요망		2	현석
1946-09-01-020	평남 각 시 군 공상과장회의 개최		2	현석
1946-09-01-021	광주참안에 성명서	반일투사후원회 발표	2	
1946-09-01-022	광주참안에 대한 소년연설대 활약		2	현주
1946-09-01-023	모범상점 설치	북조선소비조합에서	2	은길
1946-09-01-024	우크라이나공화국 외상 '빨깐'문제로 성명 발표	파리기자단 회의석상에서	2	따쓰특파원통신
1946-09-01-025	우크라이나 외상 성명서 내용		2	따쓰통신
1946-09-01-026	최근중국정세		2	따쓰통신
1946-09-01-027	로동당결성대회 인상기	제2일 소견	2	안함광
1946-09-01-028	시내 각 극장의 영화연극프로		2	
1946-09-03-001	국제청년일을 맞으며 조선청년들에게 고함	북조선로동당 중앙위원회	1	
1946-09-03-002	북조선토지개혁에서 본 남조선미군정의 반동정책(2)		1	철우
1946-09-03-003	국가재산을 보호하라	고쳐야 할 가지가지의 파괴행위(1)	1	김일권
1946-09-03-004	일본제국주의는 어떻게 조선을 침략하였던가?	-8.29국치일을 맞이하면서(3)-	1	류문화
1946-09-03-005	근고		1	로동신문사 편집부
1946-09-03-006	민주건국에 분골쇄신을 맹서 청년학생의 의기 충천	국제청년일 학생절 평양시경축대회 성황	2	삼문
1946-09-03-007	선언문	북조선국제청년절기념 청년대회	2	
1946-09-03-008	인권옹호에 노력	사법책임자회의 개최	2	현석
1946-09-03-009	8, 29국치일에 평양시민대회 결의문 발표		2	
1946-09-03-010	외국정세	현대의 이란(2)	2	뻬드로브 작, 김철우 역
1946-09-03-011	지방통신		2	창보, 태섭
1946-09-03-012	시내 각 극장의 영화연극프로		2	

기사번호	제목(title)	부제목(stitle)	면수	필자, 출처
1946-09-05-001	악질분자의 암약 배제 남조선 3당합동 기대	북조선로동당 창립대회에서 김일성동지 발언	1	
1946-09-05-002	단체계약 례규	북조선인민위원회에서 발표	1	현주
1946-09-05-003	북조선림시인민위원회 지시 제156호	단체계약 례규	1, 2	
1946-09-05-004	일제패망의 날 9월 3일에 대하여		1	
1946-09-05-005	일본제국주의는 어떻게 조선을 침략하였던가?	-8.29국치일을 맞이하면서(4)-	1	류문화
1946-09-05-006	손해배상문제에 관련	루, 발 홍 분 경제위원회에서 몰로또브외상의 연설	2	
1946-09-05-007	납세를 속히 하라	평양시위의 결정서	2	
1946-09-05-008	쏘련과 우편물리용에 대하여	체신국 업무부장 한창언씨 담	2	
1946-09-05-009	평양미술동맹연구소 설치		2	삼문
1946-09-05-010	시내 각 극장의 영화연극프로		2	
1946-09-06-001	민주선거제실시 인민정권기구 확립	북조선인민위원회 제2차확대위원회서 결정	1	일권
1946-09-06-002	면, 군, 시, 도 인민위원 선거에 대한 북조선림시인민위원회 제2차확대위원회의 결정서		1	
1946-09-06-003	북조선 도, 시, 군, 면, 리 인민위원회에 관한 규정에 대한 결정서		1	
1946-09-06-004	평양시 특별시정에 관한 결정서		1	
1946-09-06-005	원산시, 안변군, 문천군을 강원도로 편입하는 결정서		1	
1946-09-06-006	북조선 도 시 군 면 인민위원회 위원의 선거에 관한 보고	북조선림시인민위원회 간부부장 김승원	1	
1946-09-06-007	북조선 도, 시, 군, 면, 리인민위원회에 관한 규정에 대한 보고	북조선림시인민위원회 기획부장 정진태	1, 2	
1946-09-06-008	북조선인민위원회 발표의 봉급에 대한 결정서 접수	북조선직업총동맹 상무위원회에서	2	현주
1946-09-06-009	'민청' 평양시대회	대의원심사와 위원선거	2	삼문
1946-09-06-010	평남도녀맹 선전사업에 주력		2	은길
1946-09-06-011	붉은군대 상륙기념식		2	홍범
1946-09-06-012	폭악한 광주참안 듣고 애국인민들 분기	남조선동포에게 보내는 위문금과 서신 등이 답지	2	진봉수
1946-09-06-013	평남의 도서출판 이미 백만권을 돌파		2	
1946-09-06-014	평양시세조사		2	일권
1946-09-06-015	미기불법월경과 찌도원수와의 문답		2	따쓰통신
1946-09-06-016	구태가 의연한 착취제 반대	조선에 대한 미인의 담화	2	따쓰통신
1946-09-06-017	북조선로동당창립대회 인상기	불사조	2	한효
1946-09-06-018	지방통신		2	민장, 봉철
1946-09-06-019	전기공업기술학교 개교		2	
1946-09-06-020	시내 각 극장의 영화연극프로		2	

기사번호	제목(title)	부제목(stitle)	면수	필자, 출처
1946-09-07-001	선거권을 충실히 행사하여 민주발전을 보장하자		1	
1946-09-07-002	밀, 보리, 감자 등 조기수확물에 관한 현물세징수상황보고 북조선림시인민위원회 제2차확대위원회에서		1	리순근
1946-09-07-003	국가재산을 보호하라	고쳐야 할 가지가지의 파괴행위(2)	1	김일권
1946-09-07-004	팔레스티나 영.유인 충돌		1	따쓰통신
1946-09-07-005	영웅 김일성장군(7)		1	한설야
1946-09-07-006	인민생활의 리익을 옹호 평남인위 제반과업을 실천	정례위원회 열고 중요결정사항 발표	2	현석
1946-09-07-007	동심에 불타는 광주참안의 분노		2	현석
1946-09-07-008	외국정세	현대의 이란(3)	2	뻬드로브 작, 김철우 역
1946-09-07-009	절수하자!	평양시에서 제2수원지 개수중	2	일권
1946-09-07-010	쓰딸린수상 가르지씨를 접대		2	따쓰통신
1946-09-07-011	몰로또브 쏘외상 모쓰크바로 귀환		2	따쓰통신
1946-09-07-012	평양학원의 국제청년일 학생절 기념대회		2	성택
1946-09-07-013	평남통제물자 분배요강 발표		2	현석
1946-09-07-014	추잠공판기준 결정		2	현석
1946-09-07-015	지방통신		2	홍범, 응현, 몽수
1946-09-07-016	시내 각 극장의 영화연극프로		2	
1946-09-08-001	질문과 토론에 대한 김일성동지의 결론	북조선로동당 창립대회에서	1	
1946-09-08-002	북조선 면, 군, 시 및 도인민위원회 위원의 선거에 관한 규정		1	
1946-09-08-003	로동당중앙위원회 위원장 김두봉동지의 투쟁사		2	성택
1946-09-08-004	민주조선건설상 급무는 공업기술자 양성	공업기술전문학교신설에 대한 리산업국장의 담화	2	
1946-09-08-005	만국파리평화대회 희랍제의를 비판 호주수정안 부결	따쓰통신이 본 평화대회 개관	2	
1946-09-08-006	시내 각 극장의 영화연극프로		2	
1946-09-08-007	텔리만암살자 드디여 체포		2	따쓰통신
1946-09-08-008	지방통신		2	열일
1946-09-08-009	북조선림시인민위원회 공표		2	
1946-09-08-010	외국정세	현대의 이란(4)	2	뻬드로브 작, 김철우 역
1946-09-10-001	단체계약체결에 대하여		1	
1946-09-10-002	북조선 도, 시, 군, 면 리 인민위원회에 관한 규정		1	

기사번호	제목(title)	부제목(stitle)	면수	필자, 출처
1946-09-10-003	남조선에서도 3당 합동 남조선로동당으로 출현	3당합동준비위원회에서 결정	1	
1946-09-10-004	북조선림시인민위원회 결정 제74호	리인민위원회 구성 및 면, 리 인민위원회 선거에 대한 북조선림시인민위원회의 결정서	1	
1946-09-10-005	선거에 편의 도모키를 각 기관 책임자에 지시		1	
1946-09-10-006	밀, 보리, 감자 등 조기수확물에 관한 현물세징수상황보고(2) 북조선림시인민위원회 제2차확대위원회에서		1	리순근
1946-09-10-007	국가재산을 보호하라	고쳐야 할 가지가지의 파괴행위(3)	1	김일권
1946-09-10-008	미군정반대의 함성 각처에서 폭발!	광주참안 및 하의도사건과 그 반향	2	성택
1946-09-10-009	쏘련최고쏘베트 상무위원회에서		2	
1946-09-10-010	몰로또브외상 다시 파리 도착		2	
1946-09-10-011	광주참안의 위문문 쇄도		2	삼문
1946-09-10-012	평양 각 인위청사 이전		2	일권
1946-09-10-013	평남소비조합확대위원회 개최		2	은길
1946-09-10-014	만국파리평화대회 이 유고 국경문제에 이 침략적 견해 진술	이 불문제는 신속히 진행	2	따쓰특파원통신
1946-09-10-015	만국파리평화대회	평화연단에 선 이침략주의변호인	2	따쓰특파원통신
1946-09-10-016	독일전범자공판판결서 작성중		2	
1946-09-10-017	중국민주동맹대표 국내전과 미정책 성명		2	따쓰통신
1946-09-10-018	외국정세	현대의 이란(5)	2	뻬드로브 작, 김철우 역
1946-09-10-019	쏘련-낙위간에 신국경 설정		2	
1946-09-10-020	지방통신		2	원근
1946-09-10-021	시내 각 극장의 영화연극프로		2	
1946-09-12-001	선거운동에 대한 해석선전대강	북조선로동당 중앙선전부	1	
1946-09-12-002	조직적 성과를 총결 쟁취한 승리 공고화 맹서	북조선로동당 평남당체열성자대회	1	
1946-09-12-003	조선인민이 경애하는 영웅 북조선림시인민위원회 위원장 김일성장군에게 보내는 편지	북조선로동당 평남당체열성자회의	1	
1946-09-12-004	북조선로동당 중앙위원회 김두봉위원장에게 보내는 편지	북조선로동당 평남당체열성자회의	1	
1946-09-12-005	일본제국주의는 어떻게 조선을 침략하였던가?(5)		1	류문화
1946-09-12-006	사고		1	로동신문사

기사번호	제목(title)	부제목(stitle)	면수	필자, 출처
1946-09-12-007	밀, 보리, 감자 등 조기수확물에 관한 현물세징수상황보고(3) 북조선림시인민위원회 제2차확대위원회에서	리순근	2	
1946-09-12-008	민주건국에 활약하는 지도자들에게 체포령	남조선의 반동적 미국군정의 소위	2	
1946-09-12-009	목재기업소 설치		2	일권
1946-09-12-010	가축시장 신설		2	일권
1946-09-12-011	주요기관의 청사를 이전		2	일권
1946-09-12-012	민청 청소작업		2	삼문
1946-09-12-013	율리쓰지대에서 파쑈무고		2	따쓰통신
1946-09-12-014	직업총동맹의 제25차 중앙상무위원회에서 선거규정에 대한 지지를 결정		2	현주
1946-09-12-015	광주참안에 예맹 위문금		2	삼문
1946-09-12-016	문화인련석회의	당문화인부주최로 개최	2	삼문
1946-09-12-017	김일성대학에 기부금이 답지		2	성택
1946-09-12-018	본보구독료선금제 실시		2	로동신문사
1946-09-12-019	불 이 지대문제와 호주대표의 실패		2	
1946-09-12-020	미기월경사건에 대한 유고슬라비야의 성명		2	따쓰통신
1946-09-12-021	따쓰의 반박		2	
1946-09-12-022	지방단신		2	문성
1946-09-12-023	쏘련화물자동차운송 개시		2	
1946-09-13-001	북조선림시인민위원회의 선거규정에 대한 선전대강	-북조선림시인민위원회 선전부-	1	
1946-09-13-002	북조선의 토지개혁과 남조선토지정책의 반동성(3)		1	철우
1946-09-13-003	근고		1	
1946-09-13-004	사고		1	로동신문사
1946-09-13-005	영웅 김일성장군(8)		1	한설야
1946-09-13-006	남조선반동파들의 가소할 허구보도	'학생사상 2천여명'운운의 날조 '학생사건'비렬 또 한심한 미군정의 언론정책	2	
1946-09-13-007	따쓰통신원문		2	따쓰통신
1946-09-13-008	허위날조 '학생사건'	가소할 '2천명피살'운운의 허보에 민주청년동맹에서 통렬한 반박문	2	
1946-09-13-009	폐물중유기관차로 전기기관차 고안	승호리세멘트공장 박동무의 공적	2	현주
1946-09-13-010	조선대표단일행 모쓰크바 각 기관 방문		2	
1946-09-13-011	선거준비공작	평양특별시세 조사	2	현석
1946-09-13-012	최승희무용연구생 입소식		2	삼문
1946-09-13-013	교원진영 강화	인민교원대회 성과	2	일권
1946-09-13-014	외국정세	현대의 이란(6)	2	뻬드로브 작, 김철우 역

기사번호	제목(title)	부제목(stitle)	면수	필자, 출처
1946-09-13-015	본보구독료선금제 실시		2	로동신문사
1946-09-13-016	독일정탐배들 상해에서 공판		2	따쓰통신
1946-09-13-017	시내 각 극장의 영화연극프로		2	
1946-09-14-001	북조선림시인민위원회 결정서 제73호	밀, 보리, 감자 등 조기수확물현물세 징수에 관한 북조선림시인민위원회 제2차확대위원회의 결정서	1	
1946-09-14-002	소위 '위폐사건'으로 하지중장에게 항의서한	조선공산당 중앙위원회에서	1	
1946-09-14-003	선거선전실 설치 인민의 질의에 해답	북조선인위회 선전부 지시	1	계흥
1946-09-14-004	조선중요산업의 현상과 그 국유화의 의의(1)		1	리청원
1946-09-14-005	일본제국주의는 어떻게 조선을 침략하였던가?(6)		1	류문화
1946-09-14-006	평남시장규칙 공포		2	
1946-09-14-007	공민증수속은 9월말일까지 이런 방법으로 하라	인민들의 수지사항	2	길환
1946-09-14-008	교부사무소를 5개소에 설치	구역분담과 집무일 결정	2	
1946-09-14-009	민청평남도 제1차대표대회		2	승현
1946-09-14-010	평남산업경제협의회의 총회		2	은길
1946-09-14-011	선거에 관한 선전문화인회의		2	계흥
1946-09-14-012	랑록시 또다시 피를 흘려야 하는가	광주참안비보를 듣고	2	박석정
1946-09-14-013	평고사입학식을 10월 1일로 연기		2	승현
1946-09-14-014	민주주의유고슬라비야의 녀성		2	드.보차로브
1946-09-14-015	평양음악학교 9일에 개교식을 거행		2	현석
1946-09-14-016	고아들에게 중추절선물		2	성택
1946-09-14-017	지방단신		2	창섭
1946-09-14-018	사고		2	로동신문사
1946-09-14-019	본보구독료선금제 실시		2	로동신문사
1946-09-14-020	시내 각 극장의 영화연극프로		2	
1946-09-15-001	북조선로동당창립대회총결에 관한 보고 평남당단체열성자회의에서	김일성	1	
1946-09-15-002	민족통일전선을 강화 민주선거의 승리를 보장	북조선민주주의민족통일전선 제5회위원회회의	1	계흥
1946-09-15-003	당면한 인민위원회 위원선거와 북조선민주주의민족통일전선위원회의 과업에 대한 제5회 북조선민주주의민족통일전선위원회 결정서		1	
1946-09-15-004	사고		1	로동신문사
1946-09-15-005	인민위원회 위원선거와 당단체의 과업에 대한 주녕하동지의 보고		2	
1946-09-15-006	수해동포구제의 의연금 73만원	피해 12군에 분배를 완료	2	언철

기사번호	제목(title)	부제목(stitle)	면수	필자, 출처
1946-09-15-007	김일성대학 15일에 개교식		2	
1946-09-15-008	평양제4녀중 15일 락성식		2	
1946-09-15-009	평양5녀중 개교식 거행		2	
1946-09-15-010	시녀성동맹원의 해석, 선전사업	7.8 량월에 맹렬히 전개	2	은길
1946-09-15-011	호역침략으로 자유로이 려행		2	언철
1946-09-15-012	민청북조선대표대회	9월 28, 9량일간 개최	2	승현
1946-09-15-013	새빨간 거짓말보도에 교원문화인직업동맹 성명서 발표		2	
1946-09-15-014	국유로 되는 걱 산업기관접수	10월 5일까지 완료 예정	2	언철
1946-09-15-015	본보구독료선금제 실시		2	로동신문사
1946-09-17-001	북조선림시인민위원회 결정서 제78호	북조선의 남녀평등권에 대한 법령시행세칙	1	
1946-09-17-002	북조선림시인민위원회 결정 제77호	「북조선 면, 군, 시 및 도인민위원회의 위원선거에 관한 규정개정에 관한 결정서」	1	
1946-09-17-003	군정이 장악한 정권을 인민에게 넘겨달라	박헌영선생 하지중장에게 서한	1	
1946-09-17-004	언론의 자유는 어데로 정당한 신문 모두 폐쇄	미군정의 암흑정책 로골화	1	
1946-09-17-005	조선중요산업의 현상과 그 국유화의 의의(2)		1	리청원
1946-09-17-006	본보구독료선금제 실시		1	로동신문사
1946-09-17-007	당면한 인민위원선거와 북조선민주주의민족통일전선위원회의 당면과업에 대한 보고	주녕하	2	
1946-09-17-008	남조선반동파들의 허위보도에 분격	전평양학생대회 선언 발표	2	승현
1946-09-17-009	함남도당부 열성자대회		2	
1946-09-17-010	선거에 대비코저 평남지도위원회 결성		2	언철
1946-09-17-011	선거준비로 인구표 작성		2	언철
1946-09-17-012	북조선식료로동직업동맹을 결성		2	현주
1946-09-17-013	지방통신		2	권조, 인길
1946-09-17-014	시내 각 극장의 영화연극프로		2	
1946-09-18-001	농업현물세완납과 선거운동전개 결의	북조선농맹확회위에서	1	
1946-09-18-002	인민위원회 선거에 관한 결정서	북조선농민동맹 제2차중앙확대집행위원회	1	
1946-09-18-003	농업현물세납부 상황과 추기파종 및 추경에 관한 결정서	북조선농민동맹 제2차중앙확대집행위원회	1	
1946-09-18-004	조선중요산업의 현상과 그 국유화의 의의(3)		1	리청원
1946-09-18-005	애국자에 체포령 학원의 자유를 박탈	미군정 반동정책 첩출	1	
1946-09-18-006	언어도단의 반동적 남조선경찰의 광태		1	조통전
1946-09-18-007	학원을 유린하는 교육정책의 추태		1	합동전, 조통전
1946-09-18-008	사고	각 도, 시, 군, 면 선전부장 각 통신원 선전원 앞	1	로동신문사
1946-09-18-009	인민위원회 규정과 선거규정 적극 실천	평양시 제3차확대위원회의 결정	2	
1946-09-18-010	선거를 앞두고 시녀성동맹 활약	녀성 한사람도 선거권을 포기말자	2	은길
1946-09-18-011	선거 위하야 선전문화인대회	27, 8일에 개최	2	
1946-09-18-012	미술연구소 입소식 거행		2	삼문
1946-09-18-013	애도시 바다우의 애국가	서해안 수상보안대 20렬사 추도	2	백인준
1946-09-18-014	당창립총결보고와 선거투쟁에 관한 결정	함북도당 열성자대회에서	2	함북지사특전
1946-09-18-015	문화인초대	철도좌담회	2	현주
1946-09-18-016	공민증발급은 금월말일까지	하루바삐 수속을 하라	2	
1946-09-18-017	본보 '선거질의란'설치		2	로동신문사
1946-09-18-018	국제정세보고	조쏘문화협회 주최로 19일 대중극장에서	2	
1946-09-18-019	시녀성동맹 열성자대회	선거문제 열렬히 토론	2	은길
1946-09-18-020	원산	원산통신공무국공사 완결	2	홍범
1946-09-18-021	쏘련에 거주하는 조선동포의 생활	쏘련의 조선극장	2	림하
1946-09-18-022	시내 각 극장의 영화연극프로		2	
1946-09-19-001	남조선에서의 합당공작방해는 반동이다(1)		1	
1946-09-19-002	남조선반동배의 만행으로 다수한 인민이 중경상	군정하에 버려진 소사의 참안	1	조선인민보기자 송영복
1946-09-19-003	조선의 해방과 인민위원회의 결성(1)		1	최용달
1946-09-19-004	영웅 김일성장군(9)		1	한설야
1946-09-19-005	사고	각 도, 시, 군, 면 선전부장 각 통신원 선전원 앞	1	로동신문사
1946-09-19-006	사고		1	로동신문사
1946-09-19-007	민주주의적 국가건설에 헌신할 인재가 되라	개교식석상 김장군 훈시	2	
1946-09-19-008	북조선의 자랑인 김일성대학 개교식 김장군 림석밑에 성대히 거행		2	성택
1946-09-19-009	민주건설사진입선자 발표		2	현석
1946-09-19-010	근로자를 위하여 선과제를 설치	평양음악학교의 방침	2	현석
1946-09-19-011	평남학생 일반수영수구대회		2	성택
1946-09-19-012	평양특별시의 구제도실시에 관한 규정 공포		2	
1946-09-19-013	지방단신		2	철우, 영동, 윤길, 인벽
1946-09-19-014	본보구독료선금제 실시		2	로동신문사
1946-09-19-015	북조선인민위원회에 로동부를 신설	광범한 로동행정에 만전	2	
1946-09-19-016	조선중요산업의 현상과 그 국유화의 의의(4)		2	리청원
1946-09-19-017	선거질의란		2	

기사번호	제목(title)	부제목(stitle)	면수	필자, 출처
1946-09-19-018	시내 각 극장의 영화연극프로		2	
1946-09-20-001	미군정의 반동정책 규탄 민주독립의 민족적 결의를 선포	북조선민주주의민족통일전선위원회 제6차회의	1	재홍
1946-09-20-002	남조선 미군정의 반동정책에 대한 항의문 북조선민주주의민족통일전선위원회	북민전성명 제6호	1	
1946-09-20-003	미군정의 반동정책 반대투쟁에 대한 표어		1	
1946-09-20-004	북민전결정 제4호	남조선미군정의 반동정책에 대한 제6차 북조선민주주의민족통일전선위원회의 결정서	1	
1946-09-20-005	철도국 동무들 석탄수송투쟁		1	언철
1946-09-20-006	미군정의 반동정책에 관한 보고	남조선민주주의민족전선위원회 사무국장 리강국	2	
1946-09-21-001	북민전성명 제5호	북조선민주주의민족통일전선의 선거에 대한 행동강령	1	
1946-09-21-002	북민전결정 제3호	북조선선거에 관한 선전사업에 대한 제6차 북조선민주주의민족통일전선위원회 결정서	1	
1946-09-21-003	영웅 김일성장군(10)		1	한설야
1946-09-21-004	조선의 해방과 인민위원회의 결성(2)		1	최용달
1946-09-21-005	평양시선거의 지도위원회를 설치		1	정택
1946-09-21-006	사고		1	로동신문사
1946-09-21-007	선거에 대한 강령표어		2	
1946-09-21-008	기술자동무들의 화학공업건설투쟁	신의주무수주정공장에 개가	2	현주
1946-09-21-009	농업현물세 납부 100%의 성과	강원도 원산시 관내에서	2	홍범
1946-09-21-010	사리사복 채운 상업국장 파면	인민위원 위신 손상한 자	2	
1946-09-21-011	만국파리평화대회		2	따쓰특파원통신
1946-09-21-012	선거질의란		2	
1946-09-21-013	지방단신		2	경환
1946-09-21-014	시내 각 극장의 영화연극프로		2	
1946-09-22-001	선거에 관한 제 문제(3)		1	최용달, 김택영
1946-09-22-002	무역위원회 설치	대외무역의 통일 강화	1	일권
1946-09-22-003	국영정미소와 창고운영방침 결정		1	일권
1946-09-22-004	영웅 김일성장군(11)		1	한설야
1946-09-22-005	근고		1	
1946-09-22-006	사고		1	로동신문사
1946-09-22-007	인민의 정권, 북조선인민위원회의 업적 해방 후에 수행된 농림부문의 제 과업	토지개혁, 농민은행창설, 현물세제 비료대책, 잠업축산진흥, 관개조림	2	일권
1946-09-22-008	가두통행인의 약 반수가 '불지'	금반선거에 대한 인식상황 조사	2	계홍
1946-09-22-009	7만명이 동원 수리조합공사	정평군의 민주건설사업	2	연모
1946-09-22-010	아동예술단을 평양중앙방송국이 조직		2	현석

기사번호	제목(title)	부제목(stitle)	면수	필자, 출처
1946-09-22-011	선거선전 위한 문화의 밤 개최		2	현석
1946-09-22-012	선천군민의 건국의 열성	우차 56대에 정속 540납 신고 장사진으로 현물세납입 제1착	2	영태
1946-09-22-013	조직을 확대 강화 자주적 재정을 확립	북조선소비조합위원회의 결정	2	은길
1946-09-22-014	광주참안 듣고 농민들도 격분		2	
1946-09-22-015	광주참안에 의연금 답지		2	당부
1946-09-22-016	로동당주위에 튼튼히 뭉치여 인민의 원쑤를 타도하자	경원군에서	2	진홍
1946-09-22-017	선거에 대한 선전강습회		2	승현
1946-09-22-018	지방단신		2	원길, 원근, 홍범
1946-09-22-019	선거질의란	중앙선거위원회	2	
1946-09-22-020	본보구독료선금제 실시		2	로동신문사
1946-09-22-021	(시내 각 극장의 영화연극프로)		2	
1946-09-24-001	남조선주둔 미군정반동정책에 관한 보고 미군정반동정책반대 평양시민중대회에서	리강국	1	
1946-09-24-002	조국의 영광을 찾기 위하여 전동포는 총궐기하라!	북조선로동당 부위원장 주녕하	1	
1946-09-24-003	선거에 관한 제 문제(4)		1	최용달, 김택영
1946-09-24-004	남조선미국군정의 폭압정책 절대반대	남조선의 반민주주의적 억압에 항의하는 25만시민의 민중대회	2	성택
1946-09-24-005	조선인민 억압하는 미군정의 야만정책	격분된 역전 5만군중의 반대대회	2	
1946-09-24-006	동평양광장에 선 4만군중이 노호		2	현석
1946-09-24-007	서평양에서도 군중함성 충천		2	계홍
1946-09-24-008	미군정의 식민지정책을 절대반대	사동탄광 특별구의 3만로동자도 절규	2	길환
1946-09-24-009	선거선전실의 신설치를 결정		2	
1946-09-24-010	북조선산업경제협의회결성대회		2	
1946-09-24-011	군중대회에서 「남조선에 보내는 노래」를 랑독		2	작 및 랑독 한재덕
1946-09-24-012	지방단신		2	종권
1946-09-24-013	시내 각 극장의 영화연극프로		2	
1946-09-25-001	남조선미군정의 반동정책에 대한 항의문	9월 22일 평양시민중대회에서	1	
1946-09-25-002	선거에 관한 제 문제(5)		1	최용달, 김택영
1946-09-25-003	영웅 김일성장군(12)		1	한설야
1946-09-25-004	북조선소비조합의 현상과 장래의 전망(1)		1	장시우
1946-09-25-005	토지 분여받고 또 풍년! 격양가 부르는 농민들	황해도농촌방문기(1)	2	특파원 최영태
1946-09-25-006	남조선미군정에 대한 10만군중의 항의	신의주시민대회의 경과	2	
1946-09-25-007	신의주문화인 총궐기하여 투쟁	미군정의 폭압에 항하여	2	당부
1946-09-25-008	남조선정권을 인민에게 넘기라	봉산군의 민중대회	2	선경

기사번호	제목(title)	부제목(stitle)	면수	필자, 출처
1946-09-25-009	남조선미군정반동폭정 보고	길주군중 분노 폭발	2	태화
1946-09-25-010	길주련탄공장 시운전 1주년		2	태화
1946-09-25-011	연기되었던 해방경축종합체육대회 10월 4일부터 1주일간 개최		2	
1946-09-25-012	최승희녀사 해방후 첫 공연	10월초중순의 11일간	2	선부
1946-09-25-013	평양특별시제 기구 및 인사 발표		2	승현
1946-09-25-014	초등중등교 일증월가 성인학교도 8천여교 해방이후에 급속히 발전되는 민주교육	인민의 정권-북조선인민위원회의 업적(2)	2	
1946-09-25-015	지방단신		2	당부
1946-09-25-016	선거질의란		2	
1946-09-25-017	(극장안내)		2	
1946-09-26-001	미국정책의 개변을 요구함	인민의 항의를 보내며	1	
1946-09-26-002	로동당의 창립과 당면한 제 과업에 대하여(1)		1	영환
1946-09-26-003	북조선로동당 제2차 중앙검열위원회 상무위원회 결정서		1	
1946-09-26-004	사고		1	로동신문사
1946-09-26-005	남조선철도종업원 4만여명 총파업 단행 일급제반대와 식량확보를 요구하고	조선철도사상 공전의 사실	2	
1946-09-26-006	경성시내서만 24건의 파업		2	조통
1946-09-26-007	북조선과 같은 로동법령 실시하라	남조선로동조합평의회의 요구	2	조통
1946-09-26-008	5개 요구조건을 관철할 때까지 투쟁	남조선철도로동자들	2	현석
1946-09-26-009	강원도각지에서도 40여만 인민의 항의	남조선미군정의 압정에 대하여 방방곡곡에서 반대대회를 개최	2	
1946-09-26-010	격분한 7만여군중 항의문을 남조선미군정에게	원산시의 폭정반대민중대회	2	
1946-09-26-011	철도공무원 돌격격려대로 예맹에서 4명을 파견		2	은길
1946-09-26-012	평남민주전람 약 14만명관람의 성과		2	인표
1946-09-26-013	강원인위 이전		2	홍범
1946-09-26-014	쏘련영화소개 「두 전사」		2	현석
1946-09-26-015	혁명자후원의 사업을 적극 전개		2	은길
1946-09-26-016	중등학교 통학생의 8할이 농민의 자제	황해도농촌방문기(2)	2	특파원 최영태
1946-09-26-017	선거질의란		2	
1946-09-26-018	지방단신		2	인길, 원길
1946-09-26-019	(극장안내)		2	
1946-09-26-020	사고	각 도, 시, 군, 면 선전부장 각 통신원 선전원동무 앞	2	로동신문사
1946-09-27-001	인민위원회 위원선거실시에 대하여 로동당 제2차 중앙확대위원회에서 보고	김일성	1	
1946-09-27-002	로동당 유일당증수여에 대하여 북조선로동당 제2차 중앙확대위원회에서의 보고(1)	허가이	1	

기사번호	제목(title)	부제목(stitle)	면수	필자, 출처
1946-09-27-003	로동당 제2차 중앙확대위원회에 있어서 김일성동지의 「인민위원회 위원선거실시에 대한 보고」에 대한 결정서		1	
1946-09-27-004	로동당의 창립과 당면한 제 과업에 대하여(2)		2	영환
1946-09-27-005	선거실시에 대한 당원의 임무를 지시	북조선로동당 제2차 중앙확대 집행위원회	2	
1946-09-27-006	선거에 관한 제 문제(6)		2	최용달, 김택영
1946-09-28-001	로동당 유일당증수여에 대하여 북조선로동당 제2차 중앙확대위원회에서의 보고(2)	허가이	1	
1946-09-28-002	남조선 철도종업원 동맹파업 거익 확대	각종 산업공장에서도 동정파업	1	조통
1946-09-28-003	새 전쟁의 실제적 위험성은 믿지 않는다	쓰딸린대원수와 썬데이타임쓰 기자의 일문일답기	1	
1946-09-28-004	전농파업 지지		1	조통
1946-09-28-005	철도종업원의 요구는 근로인민전체의 요구	남조선민전선전부 담화 발표	1	조통
1946-09-28-006	선거에 관한 제 문제(7)		2	최용달, 김택영
1946-09-28-007	재령평야에 오곡 풍양 안거락업하는 근로농민	황해도농촌방문기(3)	2	특파원 최영태
1946-09-28-008	평남예술련맹 제1차대표자대회		2	삼문
1946-09-28-009	반일투사후원회창립 1주년 기념식 성대		2	윤모
1946-09-28-010	북조선인민위원회의 업적(3) 일군이 파괴한 철도를 불철주야로 복구운영 놀랄만치 급속한 교통의 건설	붉은군대와 당원들 협력 절대	2	일권
1946-09-28-011	지방단신		2	원길, 태화
1946-09-29-001	현물세로 징수한 곡물의 불하배급가격 결정	최종배급시 백미대두 1두 75원	1	일권
1946-09-29-002	단체쟁의권 전평에 일임 요구관철시까지 투쟁 계속	남조선철도총파업투쟁위원회 표명	1	조선통신
1946-09-29-003	쓰딸린대원수와 썬데이타임쓰 기자 문답에 대한 국제적 반향		1	따쓰통신
1946-09-29-004	파업단측의 요구는 정당	미군정의 반성을 요구	1	조통
1946-09-29-005	대구우편국 파업		1	조통
1946-09-29-006	선거사업과 인민의 의무(1)		1	북조선직업총동맹 문화부장 최호민
1946-09-29-007	영웅 김일성장군(13)		1	한설야
1946-09-29-008	사고		1	로동신문사
1946-09-29-009	선거에 관한 제 문제(8)		2	최용달, 김택영
1946-09-29-010	송림시당부 확대위원회		2	당부
1946-09-29-011	당면 긴급한 채탄문제로 각 탄광장, 공장장의 회의	련 2일의 토론에서 얻은 성과 다대	2	인표

기사번호	제목(title)	부제목(stitle)	면수	필자, 출처
1946-09-29-012	쏘련과의 첫번 우편물 교환	24일 평양국에 도착	2	은길
1946-09-29-013	선거를 승리로 완수코저	선전원, 문화인대회(제1일)	2	
1946-09-29-014	북직총에서 선거강화 결의		2	은길
1946-09-29-015	선거사업에 열성을 다하자	녀맹확대위원회 토론	2	은길
1946-09-29-016	남조선미군정의 폭압정치를 규탄	길주학도 보고대회	2	태화
1946-09-29-017	정주		2	태선
1946-09-29-018	평남당원동무들 20만원의 의연금 제공	남조선 광주 하의도참해동포에게	2	선부
1946-09-29-019	북조선미술전람회 개최	북예맹주최로 11월 15일부터	2	동주
1946-09-29-020	선거질의란		2	
1946-09-29-021	(극장안내)		2	
1946-10-01-001	미군정의 반동정책반대	북조선인민궐기 하지중장에 항의	1	
1946-10-01-002	하지중장에게 보내는 북조선민주주의민족통일전선위원회의 항의문	남조선주둔미군사령관 하·지중장각하	1	
1946-10-01-003	민주주의기수로서 돌진할것을 맹세	북조선선전원문화인대회 폐막	1	은길
1946-10-01-004	민주건설의 현계단과 문화인의 임무	김일성	1, 2	
1946-10-01-005	사고		1	로동신문사
1946-10-01-006	선거에 관한 제 문제(9)		2	최용달, 김택영
1946-10-01-007	반동미군정 절대반대 파쏘박멸투쟁을 서약	북조선민청 제1차대표대회	2	
1946-10-01-008	반동파 정체를 로현 파업단에 강압적 태도	검사국태도, 경찰서태도, 한민당태도	2	합동, 조통
1946-10-01-009	문호꼴끼전람회 조쏘문협서 개최		2	인표
1946-10-01-010	미군정반대 60만 군중 동원	평남도 각지 민중대회	2	인표
1946-10-01-011	길주민중대회		2	태화
1946-10-01-012	탄광지구생산 격려		2	선부
1946-10-01-013	선거질의란		2	
1946-10-01-014	량곡배급절차를 제정	식량확보책 지시	2	능도
1946-10-01-015	시내 각 극장의 영화연극프로		2	
1946-10-02-001	선거규정은 어떻게 친일분자를 규정하는가(1)		1	사법국장 최용달
1946-10-02-002	북조선소비조합의 현상과 장래의 전망(2)		1	장시우
1946-10-02-003	북조위지 제160호 1946년 9월 23일 북조선림시인민위원회 서기장 강량욱 중앙선거지도위원회 위원장 각도 인민위원회 위원장 앞	도, 시, 군 인민위원선거에 관한 우편, 전신, 전화, 우선취급의 건	1	
1946-10-02-004	철도전선 복구		1	동주
1946-10-02-005	사고		1	로동신문사
1946-10-02-006	김일성위원장의 문화인임무에 관한 보고에 대한 결정서	제2차 북조선 각도 인민위원회 정당, 사회단체 선전문화인련석회의	1	
1946-10-02-007	미군정반동정책에 대한 항의문	제2차 북조선 각도 인민위원회 정당, 사회단체 선전문화인련석회의	1	

기사번호	제목(title)	부제목(stitle)	면수	필자, 출처
1946-10-02-008	남조선철도종업원의 파업지지 결의문	제2차 북조선 각도 인민위원회 정당, 사회단체 선전문화인련석회의	1	
1946-10-02-009	선거에 관한 제 문제(10)		2	최용달, 김택영
1946-10-02-010	사회보험료납부절차에 관한 규정	28일 북조선인민위원회에서 발표	2	
1946-10-02-011	서해안 어로일부분 해금		2	동주
1946-10-02-012	선거준비 착착 진행 선거구편성사업 완료	평북의 선거위원회 불면불휴의 활동	2	
1946-10-02-013	원산철도로동자들 작업 연장.연금 송부	남조선의 파업투쟁을 성원	2	홍범
1946-10-02-014	본사종업원들 작업연장으로 투쟁	남조선동무들의 파업기금으로 헌납	2	
1946-10-02-015	학생웅변대회	14교 출장으로 성황	2	은길
1946-10-02-016	지방단신		2	진흥, 원근
1946-10-02-017	영화와 연극		2	
1946-10-03-001	북조선로동당 중앙본부 부위원장 주녕하 비준 북조로선지시 제4호 1946년 10월 1일 북조선로동당 중앙본부 선전선동부장 김창만 각도 당부 위원장 선전선동부장동지 앞	「로동당의 창립과 당면한 제과업에 대하여」의 연구토론에 관한 지시	1	
1946-10-03-002	선거규정은 어떻게 친일분자를 규정하는가(2)		1	사법국장 최용달
1946-10-03-003	쓰딸린대원수와 썬데이타임스기자 문답에 대한 국제적 반향		1	따쓰통신
1946-10-03-004	남조선의 파업행정부문에 파급	경전도 수 파업에 돌입	1	
1946-10-03-005	8.15해방탑의 건설 착착 진척		1	선부
1946-10-03-006	사고		1	로동신문사
1946-10-03-007	북조선인민위원회의 업적(4) 인민대표가 참심하는 민주사법기구를 확립	일제 침략적 인권유린제 철폐, 민권을 보장하는 사법권 수립	2	
1946-10-03-008	북조선문화운동의 강유력한 추진조직	북조선문화단체협의회 구성코저 북조선문화인 전체대회 개최	2	선부
1946-10-03-009	선거 앞두고	강원도민전화대위원회	2	홍범
1946-10-03-010	기술전문교 개교식		2	선부
1946-10-03-011	공민증교부호조로 진척중	평북 신의주시의 상황	2	
1946-10-03-012	사회보험료의 납부비률을 제정		2	
1946-10-03-013	장유공장종업원 남조선철도파업 성원		2	
1946-10-03-014	령토군사경제 등에 관한 개별적 각 위원회회의 계속	만국파리평화대회	2	
1946-10-03-015	광고		2	리축수
1946-10-03-016	지방단신		2	원근
1946-10-03-017	영화와 연극		2	
1946-10-04-001	선거를 앞두고		1	
1946-10-04-002	하지중장의 성명을 평함		1	야뢰

기사번호	제목(title)	부제목(stitle)	면수	필자, 출처
1946-10-04-003	일본서 신문파업		1	공동
1946-10-04-004	선거사업과 인민의 의무(2)		1	북조선직업총동맹 문화부장 최호민
1946-10-04-005	쓰딸린대원수와 썬데이타임스기자 문답에 대한 국제적반향		1	따쓰통신
1946-10-04-006	미군정의 폭압정치 반대 총파업을 적극 지원!	평양 각 직장 로동자 총궐기	2	승현
1946-10-04-007	요구관철할 때까지 작업 연장, 원금 송부	종업원대회에서 결정한 내용	2	
1946-10-04-008	동평양 각 직장 종업원대회 경과		2	인표
1946-10-04-009	평양연초공장 종업원 천 2백명의 대회	남조선총파업 성원결의	2	윤모
1946-10-04-010	북조선문화사절단 쏘련 각 방면을 참관	요인들과 친선회담	2	쏘련정보국
1946-10-04-011	선언	남조선에 보내는 편지	2	리원우
1946-10-04-012	무용가 최녀사 해방이후의 초공연	각방면 기대중에 5일 개막	2	선부
1946-10-04-013	북조선민주거하는 이때 남조선인민 폭압 절대 반대	평양철도 종업원의 항의	2	동주
1946-10-04-014	선거사업에 전력	동구당위원회 활약	2	인표
1946-10-04-015	지방단신		2	당부, 권형
1946-10-04-016	선거질의란		2	
1946-10-04-017	영화와 연극		2	
1946-10-05-001	새 전쟁의 실제적 위험성을 믿지 않는다		1	
1946-10-05-002	학생과 로동자의 시위를 미군경 류혈로 또 탄압 날이 갈수록 우심한 군정의 추악상	대구전지역에 계엄령 발포	1	
1946-10-05-003	로동공세를 전개	일본의 동맹파업 확대	1	공동
1946-10-05-004	쏘련의 일본인송환계획		1	
1946-10-05-005	쏘련에서는 총선거를 어떻게 하는가?		1	엠.즈보로-부시끼
1946-10-05-006	정치기구의 개혁 없이는 포츠담선언 실천불가능	일본에서의 미군정의 반동성	1	
1946-10-05-007	사고		1	로동신문사
1946-10-05-008	모든 악조건을 극복 철도건설사업에 감투	북조선철도 공무현장방문기(1)	2	
1946-10-05-009	해방 1주년 경축의 종합체육대회 개막	북조선 6도 대표 1,500선수 참집리에 각 종목경기의 쟁패전 전개	2	
1946-10-05-010	기자동맹결성대회 래 11일에 개최하기로 결정되여 준비위원회 제반 준비중		2	
1946-10-05-011	민주문화를 위한 평양시지식인대회	교육국주최로 개최 제 문제 토론	2	은길
1946-10-05-012	선거해설대	평양 각 극장에서 활약	2	인표
1946-10-05-013	선거질의란		2	
1946-10-05-014	직총중앙위원회 남조선파업성원 결정서	북조선직업총동맹 제4차중앙집행위원회	2	
1946-10-05-015	남조선총파업에 직총성명서 발표	북조선직업총동맹 중앙위원회	2	
1946-10-06-001	개인재산을 보호하여 산업.상업의 발전을 도모	북조선인민위원회 결정 발표	1	
1946-10-06-002	북조선림시인민위원회 결정 제91호	개인소유권을 보호하여 산업 및 상업 활동에 있어서의 개인의 창발성을 발휘시키기 위한 대책에 관한 결정서	1	
1946-10-06-003	간상모리배를 배격 곡물시장의 교란방지	곡물자유매매에 관한 결정 발포	1	
1946-10-06-004	평남도정례위원회 개최		1	동주
1946-10-06-005	요시다내각 타도목표 전산업파업 결정	일본산별회의 확위회에서	1	공동
1946-10-06-006	쏘련의 사회보험(1)		1	아.끌부노브
1946-10-06-007	완미한 민주정치(1)		1	정설송
1946-10-06-008	민주선거후보를 광범한 민중속에서 선발	남천민전화대회의 결정	2	만규
1946-10-06-009	선거위원을 선거	회령군인민위원회에서	2	원근
1946-10-06-010	선거사업완수가 당면한 중대임무	의주군인민위원장 담	2	
1946-10-06-011	민주선거 해설	황해민전공작대 맹활동	2	달주
1946-10-06-012	미군정의 반동정책폭로보고대회	의주인민 분노의 고함성	2	특파원 김현석
1946-10-06-013	선거규정에 대한 선전대원강습		2	은길
1946-10-06-014	평남예공단 3일 결성식		2	삼문
1946-10-06-015	조국을 떠나면서 류학생들의 감개	존경하는 김장군께 서상을 봉정	2	
1946-10-06-016	어린이신문 발간		2	
1946-10-06-017	남포시당부 열성자대회		2	경일
1946-10-06-018	철도 및 탄광 현지시찰기행(2)		2	본사기자 김승현
1946-10-06-019	선거질의란		2	
1946-10-06-020	광고		2	
1946-10-06-021	본보구독료 선금제실시		2	로동신문사
1946-10-06-022	(극장안내)		2	
1946-10-08-001	물품세를 국세로 변경	세률을 통일, 물가조정에 이바지	1	
1946-10-08-002	트리예쓰트, 희발국경 희재정통제 기타 토의 트리예쓰트문제를 위요 좌우량론으로 투쟁	만국파리평화대회	1	따쓰통신
1946-10-08-003	볼가리야지역에 대한 희랍의 요구 파탄		1	따쓰특파기자
1946-10-08-004	희랍재정에 대한 외국통제		1	따쓰특파기자
1946-10-08-005	평화대회위원회의		1	따쓰특파기자
1946-10-08-006	미국정부의 대외적 반민주정책중지 요구	미공산당위원장 표씨 성명	1	따쓰통신
1946-10-08-007	완미한 민주정치(2)		1	정설송
1946-10-08-008	쏘련의 사회보험(2)		1	아.끌부노브
1946-10-08-009	사고		1	로동신문사
1946-10-08-010	체육자대회에서 김일성장군 훈시		2	

기사번호	제목(title)	부제목(stitle)	면수	필자, 출처
1946-10-08-011	우리 태양 김장군 림석으로 철혈선수 1천 5백명의 감격환호성 폭발	김장군환영체육자대회	2	인표
1946-10-08-012	교원진영을 강화 민주교육에 주력	각도급 평양시 교육부장회의	2	
1946-10-08-013	부흥조선의 조선사업 확장	조선소책임자회의 결정	2	
1946-10-08-014	미군정의 총독정치폭로보고대회	절치, 송림시민들의 분노	2	수류리세포 통신원
1946-10-08-015	예총재조직준비로 북조선예술가대회	13, 14량일간 평양에서 개최하고 당면한 조직문제와 선거문제 등을 토의	2	
1946-10-08-016	야만적 미군정의 폭압정치를 규탄	회령시민중대회의 경과	2	용기
1946-10-08-017	선거질의란		2	
1946-10-08-018	현물세 선납 영예상 수여	초산군에서	2	지국
1946-10-08-019	곡창, 남천평야를 방위하는 대 제방	농민혈한으로 완수 불원	2	
1946-10-08-020	철도 및 탄광 현지시찰기행(3)		2	본사기자 김승현
1946-10-08-021	북조선림시인민위원회 결정 제95호	농업현물세로 징수할 소채류에 대한 불하가격 및 배급가격에 관한 결정서	2	
1946-10-08-022	수류리세포 열성적 활동		2	
1946-10-09-001	평양특별시 선거구 41개구로 분할	립후보자도 량 3일 결정	1	
1946-10-09-002	민주선거 제 실시에 대하여	청년동무들에게 격함(1)	1	평양시민청 리구창
1946-10-09-003	쏘련의 사회보험(3)		1	아.끌부노브
1946-10-09-004	영웅 김일성장군(14)		1	한설야
1946-10-09-005	사고 각 도, 시, 군, 면 선전부장	각 통신원 선전원 동무 앞	1	로동신문사
1946-10-09-006	사고		1	로동신문사
1946-10-09-007	강원 민전해설대	농민과 추수하며 선전	2	기호
1946-10-09-008	원산철도의 선거해설대		2	강원
1946-10-09-009	"인민의 관심 나날이 제고"	모선거위원의 감상담	2	
1946-10-09-010	고급간부학교 김장군림석	졸업식을 성대히 거행	2	인표
1946-10-09-011	북조선민청맹 민주선거에 관한 결정서		2	승현
1946-10-09-012	선거사업에 관한 민청과업의 구체적 실현에 대한 결정서	북조선민청맹	2	
1946-10-09-013	인민선거를 앞두고 평양서구당 맹활동	소년해설대도 조직하여 진출	2	동주
1946-10-09-014	북조선인민위원회의 업적(5) 관료주의를 완전 소탕 보안진영의 민주적 확립 사리사욕분자는 철저히 숙청	보안교양사업에 적극 분투중	2	
1946-10-09-015	국문창제 5백주년 각종 기념행사를 거행	10월 9일 '한글날'	2	중선
1946-10-09-016	백연선생 기념축사		2	
1946-10-09-017	반동적 모략의 분쇄와 선거의 승리 완수 결의	평남도 보안서장회의에서	2	승현
1946-10-09-018	통신경기대회	평양철도국에서	2	

기사번호	제목(title)	부제목(stitle)	면수	필자, 출처
1946-10-09-019	의주농교생 민주선거에 감사	쏘군에 농산물을 선물	2	
1946-10-09-020	선천중학생궐기대회 미군정을 성토	의연금모집에 대활동	2	
1946-10-09-021	직장대회를 열고 미군정반대 절규	황해제철종업원의 항의	2	
1946-10-09-022	철도 및 탄광 현지시찰기행(4)		2	본사기자 김승현
1946-10-09-023	영화와 연극		2	
1946-10-10-001	자본가의 적극적 기업진출을 기대		1	
1946-10-10-002	시선거사업을 재검토 준렬한 자기비판 전개	평양시당 선거관계간부련석회의	1	주현
1946-10-10-003	민주선거 제 실시에 대하여	청년동무들에게 격함(2)	1	평양시민청 리구창
1946-10-10-004	쏘련의 사회보험(4)		1	아.끌부노브
1946-10-10-005	영웅 김일성장군(15)		1	한설야
1946-10-10-006	사고		1	로동신문사
1946-10-10-007	민주선거해설에 청년의 전력량 경주	삭주	2	특파원 김현석
1946-10-10-008	선거에 대한 각계 녀성들의 감상담		2	
1946-10-10-009	산업부흥의 주동력인 공업기술자검정규정	북조선인민위원회에서 결정 발표	2	
1946-10-10-010	북조선인민위원회의 업적(6) 인민의 신경으로 활약할 민주체신기구 확립	전신, 전화 등 보수확장 분투중	2	
1946-10-10-011	야수적 미반동정치 성토, 민중대회	단천군민 격분, 의연금 송부	2	
1946-10-10-012	보안서원은 농민의 벗이 되라	각도 보안부장에게 지시	2	동주
1946-10-10-013	모범투표장소	일반의 관람을 희망	2	인표
1946-10-10-014	군수공장을 평화산업으로 조선화학기술진에 개가	기양화학	2	능도
1946-10-10-015	전신전화 등의 료금인상 실시	10월 1일부터	2	동주
1946-10-10-016	문맹퇴치를 위한 각도 성인교책임자회의		2	
1946-10-10-017	덕천-장산리간 철도개통		2	동주
1946-10-10-018	북조선교육동맹은 결성준비로 위원회 개최		2	
1946-10-10-019	시내 각 극장의 영화연극프로		2	
1946-10-10-020	사고		2	로동신문사
1946-10-11-001	북조선에 있어서의 제 민주개혁은 조선민주주의자주독립국가건설의 토대이다		1	
1946-10-11-002	선거준비의 결점을 지적	공작방법의 개선을 지시	1	인표
1946-10-11-003	북조위지 제193호 1946년 10월 10일 북조선림시인민위원회 각도 인민위원장 평양시인민위원장 귀하	선거준비사업에 관한 긴급지시의 건	1	
1946-10-11-004	쏘련의 사회보험(5)		1	아.끌부노브
1946-10-11-005	평남직총 북조선민청 선거해설에 대활약		2	승현
1946-10-11-006	평양중구민청 선전악대, 가두 출동		2	용성
1946-10-11-007	각 리녀맹 맹활동		2	은길
1946-10-11-008	박두한 선거일로 각 리위원장회의		2	인표

기사번호	제목(title)	부제목(stitle)	면수	필자, 출처
1946-10-11-009	준비완료된 해주시민주선거경축대회	7만 군중의 대환호성 폭발!	2	본사특파원 김현주
1946-10-11-010	녀성해방의 진가 민주선거로 발휘	서흥군당부에서	2	당부
1946-10-11-011	호장한 체육의 제전 북조선종합경기대회 종막	영예의 우승은 평남	2	
1946-10-11-012	흥아리배상액에 대한 미국교정안마 각 로정	만국파리평화대회	2	
1946-10-11-013	로동당원이 선두 수송돌격에 쇄신	무연탄 수송	2	원조
1946-10-11-014	반동적 미군정의 죄악상을 성토	수안민중대회의 경과	2	당부
1946-10-11-015	동한기의 주택난대책	일본인주택 재조사 1동 2호거주제도 실시	2	인표
1946-10-11-016	북조선과학기술총련맹 조직	10월 17, 8일 량일에 결성대회	2	
1946-10-11-017	쏘련문화계소식		2	부, 모로죠부
1946-10-11-018	철도 및 탄광 현지시찰기행(5)		2	본사기자 김승현
1946-10-11-019	영화와 연극		2	
1946-10-12-001	감격의 평남 제57선거구! 김일성장군을 립후보자로 추천	삼등면민중대회 열성적으로 지지	1	
1946-10-12-002	김일성 사진		1	
1946-10-12-003	평남 제57선거구의 립후보자로 추천된 김일성장군 략사		1	
1946-10-12-004	평안남도 인민위원회 제57구 후보자추천 민중대회 결정서		1	
1946-10-12-005	민주주의민족통일전선에서 추천한 립후보자를 민중은 지지	선거사업 각지에서 활발히 전개	1	
1946-10-12-006	력사적 민주선거일 박도 로동당원은 일층 분투	각지 민주선거 일색으로 돌진	2	
1946-10-12-007	통신망을 일층 강화하여 선거승리를 전취하라	각도 통신국장에게 지시	2	동주
1946-10-12-008	선거민중대회	1만 5천군중의 환호성	2	
1946-10-12-009	봉산직업동맹 민주선거 토의		2	
1946-10-12-010	평양시 선거운동 완승 목표코 돌진		2	
1946-10-12-011	박도한 선거 앞두고 길주녀맹웅변대회		2	
1946-10-12-012	혜산민주선거운동 날로 치렬		2	
1946-10-12-013	식량증산을 위한 경지개간규정 북조인위 결정 발표	북조선림시인민위원회결정 제88호	2	
1946-10-12-014	빈농은 토지분여로 완전갱생 안변평야 5곡 풍양	별농도태가 풍작의 주인	2	특파원 최희진
1946-10-12-015	북조선인민위원회의 업적(7) 경제적 위기를 극복하고 민주재정기구 확립 일제 착취적, 40종 세제 철폐	단일루진세로 인민복리 획책	2	

기사번호	제목(title)	부제목(stitle)	면수	필자, 출처
1946-10-12-016	근로농민들은 현물세완납에 공동작업반 조직	정주군 대전면에서	2	만구
1946-10-12-017	한동기운탄에 민청 열성동원		2	승현
1946-10-12-018	반동미군정 반대를 5만군중이 절규	청진시민중대회 경과	2	
1946-10-12-019	철도 및 탄광 현지시찰기행(6)		2	본사기자 김승현
1946-10-12-020	의주에서도 선거에 맹활동		2	대용
1946-10-12-021	삼천리악극단 혁신공연		2	문화극장
1946-10-13-001	민주주의민족통일전선위원회에서 추천한 후보자에게 투표하자		1	
1946-10-13-002	현하중국의 정치정세		1	
1946-10-13-003	미정부의 현반동정책에 미국내의 불평 격증	제 직업동맹 월레쓰씨를 지지	1	
1946-10-13-004	볼가리야공화국은 이렇게 수립되었다(1)		1	박태섭
1946-10-13-005	11월 3일선거일을 목첩에 두고 각층 인민의 열의 고조	선거에 대한 평양시 각 방면의 반향 비등	2	
1946-10-13-006	선거선전사업에 김일성대학생들 활동		2	강동칠
1946-10-13-007	원산예맹선전악대		2	기호
1946-10-13-008	선거승리를 위한 강원녀맹열성자회의		2	기호
1946-10-13-009	선거선전기업자대회		2	은길
1946-10-13-010	농맹중앙에서 선거해설에 출동		2	승현
1946-10-13-011	선거준비에 바쁜 평양의 가두풍경		2	승현
1946-10-13-012	파리평화대회 종결시간을 결정		2	따쓰통신
1946-10-13-013	암쓰테르담의 시위운동 치렬		2	따쓰통신
1946-10-13-014	뉴른베르그문 사하르 재검속		2	
1946-10-13-015	영화와 연극		2	
1946-10-13-016	선전선동은 민주건설의 추진력 북조선 기자동맹 결성	신문, 잡지 및 방송국 기자를 총 망라, 보고와 토론 열렬	2	
1946-10-13-017	북조선기자동맹결성에 대한 보고		2	태성수
1946-10-13-018	결정서	북조선기자동맹결성대회	2	
1946-10-15-001	평양특별시 제18구에서 김두봉동지를 립후보자로	구내전민중대회의 결정으로 추천	1	
1946-10-15-002	평양특별시 제18구 립후보로 추천된 김두봉동지 략사		1	
1946-10-15-003	평양시인민위원회 제18구 후보자추천민중대회 결정서		1	
1946-10-15-004	볼가리야공화국은 이렇게 수립되었다(2)		1	박태섭
1946-10-15-005	북조선선로동당 중앙위원회 기관잡지『근로자』창간호	근일 발행	1	
1946-10-15-006	감격을 불금하여 김장군과 회견한 평남 제57선거구 대표		2	일권

기사번호	제목(title)	부제목(stitle)	면수	필자, 출처
1946-10-15-007	전녀성은 참가하라 「한사람도 빠지지 말자」고 선거에 대한 녀직공의 결의	선거를 승리적으로 완수하자	2	서
1946-10-15-008	인민학교 아동들 선거선전에 활동	제9인민학교에서	2	서
1946-10-15-009	녀직공들의 선거해설에 가두군중은 환호		2	
1946-10-15-010	선거기념스땀프		2	
1946-10-15-011	로동영웅들의 분투로 순천화학공장 생산량 점고 전직공 선거선전사업에도 활약	작업시간 연장 남조선파업 응원	2	본사특파원 황성택
1946-10-15-012	조쏘문화협회전체대회 개최		2	은길
1946-10-15-013	결정서	제1차 조쏘문화협회전체대회	2	
1946-10-15-014	북조선예총대회 개편재조직 결정		2	삼문
1946-10-15-015	결정서	제2차 북조선예술총련맹전체대회	2	
1946-10-15-016	선거선전탐방기(1) 상품에도 선거표어	국영백화점에서	2	승현
1946-10-15-017	각지에서 남조선파업성원대회		2	특소
1946-10-15-018	영화와 연극		2	
1946-10-15-019	삼천리악극단 혁신공연		2	
1946-10-16-001	추수와 농민의 임무		1	
1946-10-16-002	남조선에 있어서의 미국의 경제정책		1	뿌.스모렌스끼
1946-10-16-003	평양특별시의 임무 중대 위원은 일층 분발이 필요 평양특별시위원 립후보를 승낙	김두봉선생 담	1	
1946-10-16-004	김장군께 감사미 헌납 추기현물세 솔선납부	평양시 3백여농민의 기장관	1	영태
1946-10-16-005	로동당창립축문 각지서 쇄도		1	삼문
1946-10-16-006	평양특별시립후보중 로동당원동지 10명		1	중선
1946-10-16-007	평양특별시립후보자 일람표		1	
1946-10-16-008	10월 9일 파리평화대회 몰로또브의 연설	각국 대표단 환영	2	따쓰특파원통신
1946-10-16-009	민주주의적 평화를 위한 투쟁	1946년 10월 9일 파리평화대회에서 진술한 브.므.몰로또브의 연설	2	
1946-10-16-010	선거선전탐방기(2)	진렬장의 모형	2	승현
1946-10-16-011	'조기완납'호적	강원도의 농업현물세	2	기효
1946-10-16-012	영화와 연극		2	
1946-10-17-001	사회보험은 로동자 사무원에게 물질적 보장을 준다		1	
1946-10-17-002	김일성 사진		1	
1946-10-17-003	김일성장군을 회견! 삼등면민 대표 감격도 더 한층	김장군을 포위 정다운 담화 계속	1	일권
1946-10-17-004	선전조직을 총동원하였으나 아직도 약한점이 불소	평양시 서구당선거선전 정황	1	시선
1946-10-17-005	영웅 김일성장군(16)		1	한설야
1946-10-17-006	조수같은 군중의 환호리에 선거준비 착착 진보	평양시내 각 학원은 선거전람회 연예변론운동회 등으로 선전에 주력	2	승현

기사번호	제목(title)	부제목(stitle)	면수	필자, 출처
1946-10-17-007	선거에 대한 인식	아동들도 철저	2	시선
1946-10-17-008	선거변론대회	제3녀중에서 개최	2	달주
1946-10-17-009	선거기념운동회		2	중선
1946-10-17-010	평사에서 '선거전람회'		2	시선
1946-10-17-011	황주의 선거선전	문전에 선거자성명	2	달주
1946-10-17-012	영흥, 회령 등 각지에서 선거선전선동 활발		2	일선
1946-10-17-013	현정세에 대처하여 과감한 투쟁을 전개	북조선예총전체대회 제2일의 토론	2	삼문
1946-10-17-014	김일성대학 학생회 결성		2	선부
1946-10-17-015	방송국장련석회의		2	달주
1946-10-17-016	전범자 처단을 절규	독일의 시위운동	2	따쓰통신
1946-10-17-017	몰로또브외상 히랄리와 회담		2	따쓰통신
1946-10-17-018	북조선문화인전체대회	10월 15, 6 량일간 개최	2	은길
1946-10-17-019	선거선전탐방기(3)	부족한 손을 나누어쓰자!	2	승현
1946-10-17-020	친일분자라도 공민증을 교부		2	일권
1946-10-17-021	지방단신		2	윤필, 지사
1946-10-17-022	벽동군 농업현물세완납과 선거선전에 열중		2	특파원 김현석
1946-10-17-023	영화와 연극		2	
1946-10-18-001	김일성장군을 맞아 강동일대 환희로 비등 4천여 삼등면민 환영민중대회	국기.표어.제등으로 만장식 연도와 방방곡곡이 경축일색	1	
1946-10-18-002	남조선비상사태에 대한 초미적 해결책 제시	인민, 신민, 공산 3당 성명 발표	1	합동
1946-10-18-003	농업현물세납입을 속히 완수하자!		1	
1946-10-18-004	쏘련에 있어서 근로청소년에 대한 보건시책		1	에.엠.발크반
1946-10-18-005	사절단 귀국	대환영회 개최	1	충선
1946-10-18-006	김장군 립후보의 영예 현물세완납으로 보답	57선거구 삼등면 방문기	2	본사특파원 황성택
1946-10-18-007	자성군 현물세성적 우수	선거선전도 치렬	2	특파원 김현석
1946-10-18-008	문화인대회 제2일 치렬한 토론으로 종막		2	은길
1946-10-18-009	로동당원의 추동으로 단천축항준 완성		2	홍범
1946-10-18-010	안주의 선거선전 민청원이 맹활동		2	
1946-10-18-011	북조선예맹대회 결정서		2	
1946-10-18-012	「주중국 미국무력에 대하여」		2	아.꼬부로브
1946-10-18-013	선거선전탐방기(4) 학생들의 선전대	평양역앞에서	2	승현
1946-10-18-014	순천의 농업현물세 납부성적 우량		2	달룡
1946-10-18-015	시내 각 극장의 영화연극프로		2	
1946-10-18-016	미군점령지대내 홍아리 재산반환 요구		2	따쓰통신
1946-10-18-017	지방단신		2	기호
1946-10-19-001	쏘련은 참다운 인민의 나라 모든 제도는 인민을 위한것 대대한 수확 거두고 방쏘 사절단 귀국	각 기관 시찰 무려 백여회	1	

기사번호	제목(title)	부제목(stitle)	면수	필자, 출처
1946-10-19-002	사절단 맞아 귀국환영대회		1	
1946-10-19-003	인민들간의 평화를 위하여 투쟁하고있는 쏘베트동맹		1	리종률 역
1946-10-19-004	양각도의 선거해설		1	태석
1946-10-19-005	쓰딸린대원수에게 드리는 편지	쏘련방문사절단환영대회	1	
1946-10-19-006	선거구 및 분구위원의 임무	평안남도 선거위원회	2	
1946-10-19-007	선거선전 탐방기(5)	맥진하는 차중의 감격	2	동주
1946-10-19-008	선거조직은 완료 앞으로 적극 추진이 필요	주녕하중앙선거위원장 담화 발표	2	일권
1946-10-19-009	평양특별시 립후보 로동당동지의 략사		2	
1946-10-19-010	검열위원을 각도에 파견	중앙선거지도위원회에서	2	
1946-10-19-011	녀맹의 선거선전		2	은길
1946-10-19-012	평남도인민위원 립후보자 일람표		2	평남도선거위원회 김석인
1946-10-19-013	선거질의란		2	
1946-10-19-014	예술문화인들의 남조선 성원의금	2회에 9천여원을 본사로	2	은길
1946-10-19-015	평산군 선거구 발표		2	당부
1946-10-19-016	선거모형함 설치	각지에서	2	달주
1946-10-19-017	선거경축운동회	성진시에서	2	응겸
1946-10-19-018	영화와 연극		2	
1946-10-20-001	문화운동의 방향 제시	북조선문화인대회의 성과에 대하여	1	
1946-10-20-002	남조선 미군정의 반인민적 정책의 표현		1	오기섭
1946-10-20-003	몰로토브쏘련외상 파리에서 뉴욕 향발		1	따쓰통신
1946-10-20-004	김두봉선생을 받들어 감격에 넘치는 평양 제18선거구	구민대표선생을 방문환담	1	학균
1946-10-20-005	련합국기구총회 쏘련대표단 결정		1	
1946-10-20-006	우크라이나대표단 결정		1	
1946-10-20-007	복당원결정	북조선로동당 중앙검열위원회	1	
1946-10-20-008	김장군훈시요지		2	
1946-10-20-009	「기술이 모든것을 해결한다」	북조선과학기술인대회 김일성장군의 훈시에 만당 감격	2	현주
1946-10-20-010	선거선전에 학생작품 산적		2	치렴
1946-10-20-011	립후보자는 인민의 앞에 자기포부의 피로가 필요	중앙선거지도위원회 주녕하위원장 담	2	
1946-10-20-012	가자 선거장으로	-농촌 젊은 동무들에게-	2	백인준
1946-10-20-013	선거선전차 각 지방 순회		2	인표
1946-10-20-014	황해도립후보결정		2	응군
1946-10-20-015	제4녀중 선거웅변대회		2	
1946-10-20-016	황해도의 선거구 85구로 결정		2	
1946-10-20-017	평남도선거구 발표		2	
1946-10-20-018	최승희무용 3일간 연기		2	

기사번호	제목(title)	부제목(stitle)	면수	필자, 출처
1946-10-20-019	선거질의란		2	
1946-10-20-020	영화와 연극		2	
1946-10-20-021	지방단신		2	경환
1946-10-22-001	민주선거의 승리는 제 민주건설을 일층 공고히 한다		1	
1946-10-22-002	남조선대파업과 인민의 미군정반항투쟁		1	야뢰
1946-10-22-003	남조선립법기관의 정체		1	
1946-10-22-004	각도 인민위원립후보자의 편모 오로지 인민을 위해 투쟁	김용범동지의 빛나는 략사	1	
1946-10-22-005	국제문제에 관한 쏘련의 여론	사신	1	쏘련정보국
1946-10-22-006	덕천민청활동		1	
1946-10-22-007	선거사업의 승리를 기하여 당원의 전력량을 집결	평양시당열성자대회 열고 선거선전을 검토비판	2	
1946-10-22-008	김장군립후보에 감격	57구 '덕산탄광' 생산돌격	2	
1946-10-22-009	강계군 농촌현지보고	민주조선에 난 기쁨 말하는 농민	2	특파원 김현석
1946-10-22-010	남포현물세 상황		2	영태
1946-10-22-011	각도 로동부장회의	진지한 보고 토론으로 일관	2	인표
1946-10-22-012	강계의 동정금		2	
1946-10-22-013	평남도인민위원립후보자 일람표	평남도선거위원회 발표	2	
1946-10-22-014	강원도립후보 결정		2	
1946-10-22-015	함남선거선전		2	
1946-10-22-016	인도에 동란 발생	지주 대 소작인간에	2	따쓰통신
1946-10-22-017	라, 농민시위	토지증 받고	2	따쓰통신
1946-10-22-018	지방단신		2	지사
1946-10-22-019	대이태리평화조약안 드디여 심의 완료(1)	만국파리평화대회	2	
1946-10-22-020	영화와 연극		2	
1946-10-23-001	당내 선거선전원동무들에게	북조선로동당 중앙선전선동부 선동과(1)	1	
1946-10-23-002	각도인민위원립후보자의 편모	장시우동지	1	
1946-10-23-003	각도인민위원립후보자의 편모	리주연동지	1	
1946-10-23-004	경기, 강원 량도에도 파급 남조선전면에 대동란	미군정과 항쟁하는 인민의 봉기	1	
1946-10-23-005	북조선 80만녀성 국제민주녀성련맹 가입	허정숙대표 회의에 참가	1	은길
1946-10-23-006	'새 전쟁'의 풍설에 대한 쓰딸린의 성명과 세계여론		1, 2	므.말리닌 저, 리종률 역
1946-10-23-007	27년의 로동체험으로 로동자들 위해 싸우겠다	평양 제6구 박기문립후보환영대회	2	능도
1946-10-23-008	한면수립후보환영대회 성황		2	현주
1946-10-23-009	제19구 최승희립후보환영회 성대		2	선부
1946-10-23-010	정맹진립후보 정견피력에 만장 환호		2	달주

기사번호	제목(title)	부제목(stitle)	면수	필자, 출처
1946-10-23-011	쏘련소개	방쏘사절단보고회 북조선 각지에 개최	2	인표
1946-10-23-012	로동자 사무원에게 래월 1일부터 식량 배급	북인위 량정부에서 발표	2	
1946-10-23-013	과학기술인대회 결정서	제1차 북조선과학기술인전체대회	2	
1946-10-23-014	세계의 주목을 끌던 평화대회 드디어 종막	10월 15일 결말회의	2	따쓰특파원통신
1946-10-23-015	유고슬라비야대표 결말회의 참석 거부		2	
1946-10-23-016	몰로또브의 연설	평화대회	2	
1946-10-24-001	당원들의 사상적 정치적 수준을 제고하기 위하여		1	
1946-10-24-002	당내 선거선전원동무들에게	북조선로동당 중앙선전선동부 선동과(2)	1	
1946-10-24-003	미군 중국철퇴 강조연설		1	AP
1946-10-24-004	경성도 드디어 동란 청년남녀학생 시위행진	미국기동부대 무장경관대 출동 류혈참극	1	조통
1946-10-24-005	각도인민위원립후보의 편모	김재욱동지, 손창렴동지, 허의순동지	1	
1946-10-24-006	"진정한 완전독립을 위하여 내피의 최후 한방울까지"	서휘동지 맹세에 1만군중은 감격	2	현주
1946-10-24-007	박근모동지 환영대회		2	능도
1946-10-24-008	김구서립후보의 포부	민주독립국가 건설대로 매진	2	윤모
1946-10-24-009	방쏘 시찰단보고대회 성황 쏘련방은 인민의 나라 제반시설의 규모조직이 웅대	쓰딸린대원수 주위에 전인민이 집결	2	일권
1946-10-24-010	선거절차	똑똑히 알자	2	
1946-10-24-011	산업부흥의 힘찬 봉화 평남 '년말생산돌격'	10월 25일부터 12월 25일까지 각 공장에서 전개	2	현주
1946-10-24-012	평양시립후보 략력		2	
1946-10-24-013	민주진영을 탄압	미군정하 서울전시상태	2	따쓰통신
1946-10-24-014	독일주요전범자 사형집행을 완료		2	따쓰통신
1946-10-24-015	독일주요전범 사형집행후문		2	따쓰통신
1946-10-24-016	독일전범인 사흐트 체포		2	따쓰통신
1946-10-24-017	저불령에서의 인민투표결과		2	따쓰통신
1946-10-24-018	영화와 연극		2	
1946-10-25-001	해방된 북조선녀성들의 활약	국제반파시즘투쟁에도 참가활동	1	
1946-10-25-002	중앙선거지도위원회 공보 선거규정을 엄수	선거사업 원만히 진행	1	
1946-10-25-003	당내 선거선전원동무들에게	북조선로동당 중앙선전선동부 선동과(3)	1	
1946-10-25-004	각도인민위원립후보자의 편모	황해도 제8구립후보자 박훈일동지, 황해도 제70구립후보자 리춘암동지	1	

기사번호	제목(title)	부제목(stitle)	면수	필자, 출처
1946-10-25-005	로동법령에 규정된 평균임금계산방법	북조선림시인민위원회에서 규정 발표	1	
1946-10-25-006	국회선거를 앞둔 불 각 정당의 동향		1	따쓰통신
1946-10-25-007	남조선민주운동에 대한 미군정 립법기관의 정체		1	
1946-10-25-008	"조선건국의 열쇠는 우리 인민의 손에 있다" 김두봉동지립후보환영대회 성대	대중극장에서 거행	2	재화
1946-10-25-009	로동자향상 위해 투쟁	녀직공 김려숙후보의 결심	2	은길
1946-10-25-010	평양시 제3구 윤길복후보 절대지지		2	윤모
1946-10-25-011	우리 로동투사 박관민동무를 환영		2	달주
1946-10-25-012	구제품(의복신발) 도착	만국구제회에 감사	2	
1946-10-25-013	강계군 선거선전 일색	의연금 모는 소녀의 정열	2	김현석
1946-10-25-014	남포의 모범선거실 풍경		2	영태
1946-10-25-015	간상배에게 속지 말라	'곡물매매'에 대한 량정부장과의 문답기	2	
1946-10-25-016	선거 앞둔 평양 명랑히 하자!		2	
1946-10-25-017	미국에 도착한 몰로또브씨 성명		2	따쓰통신
1946-10-25-018	쏘최고상무위원회 고령보병제대결정		2	
1946-10-25-019	체호국에서 붉은군대 추도		2	따쓰통신
1946-10-25-020	영화와 연극		2	
1946-10-25-021	문화인의 당면임무를 규정한 문화인대회 결정서		2	
1946-10-26-001	선거의 승리적 완수를 위하여 만단준비의 분담결정	평양특별시 중구선거위원대회에서	1	
1946-10-26-002	평양시농민동맹의 선거에 대한 선전사업	10월 18일현재	1	평양시농민동맹 김태석
1946-10-26-003	각도 인민위원립후보자의 편모		1	
1946-10-26-004	제2차세계대전과 전쟁투기업자	페, 쉬킨스	1	쏘련정보국
1946-10-26-005	월레스씨 성명		1	따쓰
1946-10-26-006	년말생산돌격운동 전개 '북조선직총'각도 련맹에 지시	선거의 기쁨으로	2	현주
1946-10-26-007	철도로동자 년말돌격운동전개	평양지구	2	광운
1946-10-26-008	아동예술단의 선거선전 활약		2	달주
1946-10-26-009	로동자립후보의 감격 생산돌격에 살리자!	조선곡산 지하수송공사 착수	2	현주
1946-10-26-010	송림시의 선거선전		2	계문
1946-10-26-011	인민의 벗	보안원들 동원 농가추수를 방조	2	일권
1946-10-26-012	북조선적십자사 조직의 결정서		2	
1946-10-26-013	강원도현물세 선거일까지 완납		2	기호
1946-10-26-014	선거의 완수를 기한 평양모범적선거장	제26구 227분구의 활동	2	
1946-10-26-015	남조선의 정세를 미신문기자 보도		2	따쓰통신
1946-10-26-016	반파쑈출판자 서반아서 검속		2	따쓰통신

기사번호	제목(title)	부제목(stitle)	면수	필자, 출처
1946-10-26-017	영국 일본병 계속 사용		2	따쓰통신
1946-10-26-018	인도네시야의 화란군강화		2	따쓰통신
1946-10-26-019	지방단신		2	기형, 지사, 당부
1946-10-26-020	사고		2	
1946-10-26-021	영화와 연극		2	
1946-10-27-001	추경운동을 전개하자		1	
1946-10-27-002	레닌-쓰딸린은 로씨야의 위대한 사회주의적 10월혁명의 수령이며 조직자이다(1)		1	김철우
1946-10-27-003	기아의 참경에 빠진 중국국민당관하의 지역		1	뻬얀꼬브 저, 리종률 역
1946-10-27-004	각도 인민위원립후보자의 편모		1	
1946-10-27-005	국제무대우에 오른 조선녀성 80만녀성 궐기 선거에 전력 북조선녀맹 제2차확대회 국제민주련맹가입에 대한 결정서 발표	각도 대표 참집 거행	2	
1946-10-27-006	선희의 기쁨	딸의 한표	2	허갑
1946-10-27-007	홍기황후보환영대회 "생명바쳐 투쟁하겠다"	만당의 유권자들은 환호	2	현석
1946-10-27-008	11월 2일 반휴	선거완수 위하여	2	
1946-10-27-009	룡강진지학교 선거해설대 활약		2	영태
1946-10-27-010	송림시 현물세적 우량		2	
1946-10-27-011	선거일 앞두고 70로구 "가갸거겨" 피로 맹세한 현물세 완납	맹산농촌에서	2	본사특파원 황성택
1946-10-27-012	평안북도 립후보일람	평북선거위원회에서 발표	2	
1946-10-27-013	지방단신		2	경환, 지사
1946-10-27-014	영화와 연극		2	
1946-10-29-001	모든 힘을 선거에 집중하자!		1	
1946-10-29-002	레닌-쓰딸린은 로씨야의 위대한 사회주의적 10월혁명의 수령이며 조직자이다(2)		1	김철우
1946-10-29-003	'위페'사건날조 번호인 론난	관계피고의 무죄 주장	1	조통
1946-10-29-004	각도 인민위원립후보자의 편모		1	
1946-10-29-005	파나마정부 미국에 통첩		1	따쓰
1946-10-29-006	선거를 승리적으로 완수하자 선거선전의 최후돌격 만단준비 유루 없는가?	평양시선거위원회에서 선거돌격주간 결정하고 지시	2	인표
1946-10-29-007	'11월 3일'은 세포활동검열일		2	예림
1946-10-29-008	'직맹'선거선전 최후돌격활동		2	성택
1946-10-29-009	리종선씨의 선거활동 미담		2	성택
1946-10-29-010	너 미군정이여		2	박석정
1946-10-29-011	김재욱동지환영회	지축 울리는 로동자들의 환성	2	현석
1946-10-29-012	쏘련시초 모쓰크바도 중편(1)	극동정경	2	리찬
1946-10-29-013	선거지장 없도록 통신에 만전		2	능도

기사번호	제목(title)	부제목(stitle)	면수	필자, 출처
1946-10-29-014	근동아세아지방의 반동적 영군 및 기지(상)		2	브.루치끼
1946-10-29-015	김일성대학 '민청' 결성		2	달주
1946-10-29-016	평양시당 각 학교 세포회의	서휘동지 민주선거사업의 중대성을 지적 보고	2	원식
1946-10-29-017	함북립후보선거위원회 발표		2	
1946-10-29-018	일본전범자 공판		2	따쓰통신
1946-10-29-019	파란로동당 40만		2	따쓰통신
1946-10-29-020	'윤라'불량품 유고에 공급		2	따쓰통신
1946-10-29-021	남조선좌익령수 2명 또다시 피검		2	따쓰통신
1946-10-29-022	전시근거지 환부하라	빠나마정부 각서 제출	2	따쓰통신
1946-10-29-023	이태리실업자 2백 50만		2	따쓰통신
1946-10-29-024	화란갱부 파업		2	따쓰통신
1946-10-29-025	인도에 동란		2	따쓰통신
1946-10-29-026	영화와 연극		2	
1946-10-30-001	신문발행에 대한 제 문제		1	
1946-10-30-002	선거의 승리를 목표코 평양시 전당원총돌격	당단체열성자회의에서 결의	1	주현
1946-10-30-003	김일성위원장 중요방송	-11월 1일 오후 7시에-	1	
1946-10-30-004	각도 신문평(1)	먼저 각 신문의 일반적 결점에 대하여	1	최형
1946-10-30-005	라쏘친선의 날	전루마니야가 경축	1	따쓰
1946-10-30-006	각도 인민위원립후보자의 편모		1	
1946-10-30-007	미국 11월 선거에 공산당립후보시인		1	따쓰통신
1946-10-30-008	선거경축 평양시민중대회	11월 1.2 량일간 시내 4개소에서 거행	2	일권
1946-10-30-009	선거 앞두고 민주건설에 적극 협력 북조선기독교도 궐기	북조선기독교련맹결성준비위원회 개최	2	현주
1946-10-30-010	북조선기독교신도형제자매에 대한 성명서		2	
1946-10-30-011	이동함배치	병중유권자 위해	2	인표
1946-10-30-012	당원들 선거선전에 최후돌격	평양시 26거구 전체 로동당원 선거공작세목의 계획적 실천을 검토	2	현석
1946-10-30-013	쏘련시초 모쓰크바 도중편(2)	극동정경	2	리찬
1946-10-30-014	11월 3일 만대에 전하리라 이날의 이야기를!		2	민병균
1946-10-30-015	인민위원회 규정	북조선인위서 발표	2	
1946-10-30-016	쏘련적십자위생대 북조선으로 출발		2	따쓰
1946-10-30-017	불란서에서 발로	비합법적 파쑈단체	2	따쓰통신
1946-10-30-018	밀라노시 공산당의 건물 폭파		2	따쓰통신
1946-10-30-019	미국비행사 동맹파업		2	따쓰통신
1946-10-30-020	영화와 연극		2	

기사번호	제목(title)	부제목(stitle)	면수	필자, 출처
1946-10-31-001	종교인들이여 민주건설을 위하여 선거에다 참가하자		1	
1946-10-31-002	선거일전후에 분구선거위원 구선거위원 도시군선거위원들의 실행사항	-중앙선거지도위원회 지시-	1	
1946-10-31-003	인도련맹에서 영군철거 요구		1	따쓰통신
1946-10-31-004	각도 인민위원립후보자의 편모		1	
1946-10-31-005	본보구독하실 개인이나 단체들은 소관 우편국에 선금을 납입하십시오	-그러면 우편국에서 신속적확하게 신문을 송달합니다-	1	로동신문사
1946-10-31-006	김두봉동지환영대회	평양특별시 제18구 4천구민들의 열렬한 환호리에 진행	2	달수
1946-10-31-007	선거선전의 돌격 경축회 등을 조직	로동당 평남도당에서 지시	2	원석
1946-10-31-008	쏘련시초 모쓰크바도중편(3)	바이칼호	2	리찬
1946-10-31-009	당원특별부담금 책임액생선 납입	열성적인 중앙우편국세포	2	기준
1946-10-31-010	선거의 승리적완수 기하고 맹렬한 생산투쟁	정주 대전면민들의 애국열성	2	당부
1946-10-31-011	력사적 선거의 경축준비 완료		2	당부
1946-10-31-012	선거의 승리 위한 녀맹원들의 포부		2	
1946-10-31-013	절대승리 기대	평남도녀맹 선전부장 백경제씨 담	2	
1946-10-31-014	우리 책임중대	평양시녀맹 부위원장 오현숙씨 담	2	
1946-10-31-015	녀성 한사람도 기권하지 말자	평양시녀맹동구 김형숙씨 담	2	
1946-10-31-016	애국가모집		2	
1946-10-31-017	「선거의 노래」 드높은 강동농촌세포원생활		2	문식
1946-10-31-018	각도 신문평 먼저 각 신문의 일반적 결점에 대하여	비판력이 약하다	2	최형
1946-10-31-019	평양만포간 '모자렬차'		2	능도
1946-10-31-020	불란서에서의 선거준비 상황		2	따쓰통신
1946-10-31-021	볼가리야인민대회에서의 선거		2	따쓰
1946-10-31-022	영정부대외정책	영국로동당 의원들 불만	2	따쓰
1946-10-31-023	이란정부내각 사직		2	따쓰통신
1946-10-31-024	영화와 연극		2	
1946-11-01-001	당보발간 1주년을 맞이하여		1	
1946-11-01-002	영광스러운 한표!	모든 선거자들이여! 선거장으로	1	김창만
1946-11-01-003	각도인민위원립후보자의 편모		1	
1946-11-01-004	각도 신문평(3)	먼저 각 신문의 일반적 결점에 대하여	1	최형
1946-11-01-005	근동아세아지방의 반동적 영군 및 기지(중)		1	브.루치끼
1946-11-01-006	승리의 민주선거는 명후일 금일 평양선거축대회	김일성장군의 방송 오후 7시	2	성택
1946-11-01-007	민주선거사업의 정확한 집행 요망	평양시선거위원련석회의	2	인표
1946-11-01-008	선거해설공연	무산군연극동맹에서	2	용승
1946-11-01-009	인민학교에서 부형 선거 계몽	원산시내에서	2	최욱

기사번호	제목(title)	부제목(stitle)	면수	필자, 출처
1946-11-01-010	평남립후보 추천 남포민중대회 성황		2	
1946-11-01-011	민주선거해설 농촌순회공연	평산군 문수인민학교에서	2	만규
1946-11-01-012	철원 조씨특지	철원면 대요리 조창성	2	중근
1946-11-01-013	기다려지는 그날		2	박세영
1946-11-01-014	북조선의 각 은행 통합 중앙은행을 창설	금융경제의 정상적 발전도모	2	
1946-11-01-015	유고슬라비야선거운동 전개		2	따쓰통신
1946-11-01-016	선거 앞둔 불란서공산당 정치국의 결정		2	따쓰통신
1946-11-01-017	볼가리야국회선거 질서정연 적극 참가		2	따쓰통신
1946-11-01-018	체호국 쏘련과 주민교환 협약		2	따쓰통신
1946-11-01-019	련합국기구총회 뉴욕에서 성대 개막		2	따쓰통신
1946-11-01-020	영화와 연극		2	
1946-11-02-001	김일성 위원장		1	
1946-11-02-002	력사적인 민주선거일 앞두고 조선인민에게 고함	북조선림시인민위원회 위원장 김일성	1	
1946-11-02-003	력사적 민주선거 경축 군중대회 개최	2일 평양시내 3개처에서	1	성택
1946-11-02-004	남조선파업성원금 2만여원	연사면에서	1	
1946-11-02-005	인민대표에게 투표하자		2	리정구
1946-11-02-006	모선투표로써 투표방법 지도	은률군민전선전대에서	2	지사
1946-11-02-007	"쏘미간의 긴장 강화된다는" 의견에 나는 동의하지 않는다	미통신사장 질문에 쓰딸린대원수 대답	2	
1946-11-02-008	선거에 승리하함이 반파쑈투쟁의 첫 과업	평양시녀맹의 국제민주련맹가입 경축대회 성황	2	은길
1946-11-02-009	민주선거연극 공장 농촌 순회	마그네성진공장 예술동맹에서	2	응겸
1946-11-02-010	남조선동포의 투쟁성원금으로 길주동포들 6만원 모집		2	지사
1946-11-02-011	각도인민위원립후보자의 편모		2	
1946-11-02-012	각도 신문평 선거선전부족과 오자 많음이 큰흠	자유황해편	2	최형
1946-11-03-001	위대한 선거의 날을 맞이하여		1	
1946-11-03-002	민주선거에 제하여 전인민에게 호소함	민주주의민족통일전선 중앙위원회	1	
1946-11-03-003	오늘의 영예로운 선거를 승리적으로 완수하자! 우리의 한표한표는 민주완전독립의 기초	중앙선거지도위원회 위원장 주녕하씨 담화 발표	1	
1946-11-03-004	평양시민주선거경축대회 열렬한 김일성장군의 보고연설	만당청중의 박수성 부절!!	1	성택
1946-11-03-005	광주학생운동 17주년 기념일을 맞아 청년학생동무들에게 격함	북조선민주청년동맹 중앙위원회	1	
1946-11-03-006	11월 3일 민주선거의 날 다같이 선거장으로!	선거의 승리는 곧 민주건설의 토대	2	현석
1946-11-03-007	광영의 선거일 맞고자 당원들 침식 잊고 활동	전체 당원들	2	현석

기사번호	제목(title)	부제목(stitle)	면수	필자, 출처
1946-11-03-008	민주선거의 기쁨속에 생산증가에 적극 매진	'동양제사' 생산고수일 제고	2	현주
1946-11-03-009	나는 투표한다		2	전동혁
1946-11-03-010	우리의 민주선거의 승리는 조선의 민주 자주완전독립의 초석이다.		2	
1946-11-03-011	년말수송에 전력	교통국 각 대표자회의 열고 치렬한 토론을 전개 대책강구	2	달수
1946-11-03-012	련합국기구회의	10월 28일의 전원회의에서 체호, 중국, 신서란, 애급대표 토론	2	따쓰특파원통신
1946-11-03-013	인민의 나라를 세우자		2	남궁만
1946-11-05-001	도시군인민위원회 위원선거에 관한 북 조선중앙선거지도위원회 통보		1	
1946-11-05-002	김두봉선생 만세! 만세!!	우리의 진실한 지도자 받들어 제18선거구 환희도 더한층	1	현석
1946-11-05-003	로동자도, 농민도, 사무원도 김일성장군도 한표!!	기쁨이 가득찬 제52분구	1	현주
1946-11-05-004	민중의 환호속에 김두봉선생 투표		1	계흥
1946-11-05-005	영예의 제일투표 70로인이 개시	139분구의 일착 경쟁	1	영태
1946-11-05-006	우리 힘으로 민주건국 근로인민의 의기 충천	감격에 넘치는 제10구	1	희진
1946-11-05-007	우리 힘으로 민주건국 근로인민의 의기 충천 투표 신속 진행	제111분구	1	학균
1946-11-05-008	김일성장군을 받들어 삼등에 인민의 명절 손에손에 공민증 우리 지도자 만세!	평남도 제57구 방문기	1	한재덕
1946-11-05-009	승리적 민주선거를 맞이하는 경축일색의 평양특별시	21만군중의 경축대회 성대히 거행	2	성택
1946-11-05-010	6만군중 참집리에 서평양경축대회 성황		2	은길
1946-11-05-011	동평양경축대회	사동탄광 운동장에서 3만여집합 성대 거행	2	현주
1946-11-05-012	평양특별시경축대회에서의 연설	로동당대표 최창익	2	
1946-11-05-013	던지는 한표한표는 내 나라 이룩할 결의의 결정	감격도 새로운 11월 3일! 평양시민 새벽부터 투표장으로!	2	문성
1946-11-05-014	지오르산소다제조에 성공	청진방직공장 리상준동무	2	문성
1946-11-05-015	북조선중앙은행규정(1)		2	
1946-11-05-016	국제시평	선거전야의 불란서정세	2	
1946-11-05-017	반동미군정하의 남조선인민봉기사건 더욱 확대 목포, 담양, 라주 각 경찰서 습격	전라남도 각지에 련속적 폭발	2	합동
1946-11-05-018	독일주둔 영군 472명 탈주		2	따쓰통신
1946-11-05-019	광주학생사건 제17주년기념대회		2	은길
1946-11-05-020	공화당정책 반대	엘루스벨트 성명	2	따쓰통신
1946-11-05-021	독일기술자 나불에 도착		2	따쓰통신
1946-11-05-022	의주선거선전	로동당의주군당부에서	2	세항

기사번호	제목(title)	부제목(stitle)	면수	필자, 출처
1946-11-05-023	(극장안내)		2	
1946-11-05-024	위대한 사회주의적 10월혁명 29주년을 맞이하면서		3, 4	조쏘문화협회
1946-11-05-025	위대한 10월혁명과 쏘베트의 로동립법		3	쏘련사법대신대리 아.루비체부
1946-11-05-026	이태리의 실업공황		3	
1946-11-05-027	각도신문평 체재는 손색없으나 기사의 내용이 조잡	평북로동신문편	4	최형
1946-11-05-028	일치보조의 원칙에 주목을 두고 토의	련합국기구 26일 전원회의	4	따쓰특파원통신
1946-11-05-029	미국범죄인 6백만명		4	따쓰통신
1946-11-05-030	쏘련방대의원일행 쁘라가에 도착		4	따쓰통신
1946-11-05-031	평양합창단 직장 위문행각		4	현석
1946-11-06-001	북조선민주선거의 위대한 승리		1	
1946-11-06-002	비적국 령토내의 외국군대 주둔에 대하여		1	야.빅또로프, 김상오 역
1946-11-06-003	로동법제정에 있어서 미트루맨의 반동정책		1	브.부론쓰끼
1946-11-06-004	근동아세아지방의 반동적 영군 및 기지(하)		1	브.루치끼, 홍인표 역
1946-11-06-005	근고		1	로동신문사
1946-11-06-006	철도관계자회의에서 김장군 지시연설	모든 악조건을 극복하고 철도 수송능력 강화하라	2	
1946-11-06-007	평화와 자주를 확보하자		2	조린
1946-11-06-008	장고봉 및 노몽한 침략전쟁에 있어서의 일본의 동향과 그 결과(상)		2	꼬왈렙쓰끼
1946-11-06-009	몰로토브군축제안에 반동세력은 당황		2	따쓰특파원
1946-11-06-010	각도신문평 당성을 나타내고 외보를 게재하라	함남로동신문편	2	최형
1946-11-06-011	각도신문평 기사의 정확신속과 지면의 쇄신이 긴요	함남민보편	2	최형
1946-11-06-012	위대한 10월혁명일 맞이하여 기념축하대회 성대 거행	평양특별시와 각 단체에서 다채로운 제 행사	3	성택
1946-11-06-013	평양시녀성동맹에서 10월혁명축하회		3	
1946-11-06-014	쏘련시초	유다자치공화국	3	오.비르비로산, 리찬
1946-11-06-015	쏘련시초	대지의 락조	3	오.와랄, 리찬
1946-11-06-016	40만시민의 연료	연료상조합에서 배급	3	
1946-11-06-017	유.피사장 질문에 대한 쓰딸린 대답과 그 반향		3	따쓰통신
1946-11-06-018	북조선중앙은행규정(2)		3	
1946-11-06-019	지방단신		3	용기
1946-11-06-020	쏘련의 국제협력 브.므.몰로토브의 연설	련합국기구 29일 총회석상	3, 4	

기사번호	제목(title)	부제목(stitle)	면수	필자, 출처
1946-11-06-021	함북농업현물세완납요		4	
1946-11-06-022	영화와 연극		4	
1946-11-07-001	(위대한 10월혁명 29주년기념 만세!)		1	
1946-11-07-002	위대한 사회주의10월혁명의 성과		1	
1946-11-07-003	위대한 사회주의적 10월혁명 29주년		1	
1946-11-07-004	위대한 사회주의10월혁명기념표어	조쏘문화협회	2	
1946-11-07-005	10월혁명은 쏘련 동방인민들에게 무엇을 기여하였나	쏘련정보국	2	꾸미노브
1946-11-07-006	10월혁명은 쏘련어린이에게 무엇을 주었는가	쏘련정보국	2	꾸바에포박사
1946-11-07-007	쏘련은 약소민족의 영원한 옹호자이다	쏘련정보국	2	브.바기렘
1946-11-07-008	10월혁명과 녀성해방		2	므.예레메예와
1946-11-07-009	10월혁명기념계기로 년말생산돌격 경쟁	북조선직총맹에서 강력히 전개	3	성택
1946-11-07-010	발명위원회지부 설치		3	원길
1946-11-07-011	회령철도 동무들이 년말운수돌격 전개		3	용기
1946-11-07-012	평원군 통덕 현물세 완납		3	원길
1946-11-07-013	민주녀맹가입 원산경축대회		3	기호
1946-11-07-014	조쏘문화협회주최	10월혁명기념전람회를 개최	3	성택
1946-11-07-015	김장꺼리 배급	평양특별량정부에서	3	성택
1946-11-07-016	위대한 10월		3	허춘
1946-11-07-017	10월혁명기념강연회	조쏘문협주최로 성황	3	
1946-11-07-018	국제녀맹가맹 길주경축대회		3	태화
1946-11-07-019	봉화시위행렬	10월혁명기념으로 민청에서 개최	3	달주
1946-11-07-020	남조선동포에게 의연금을 보내자!	성중면 당원들의 미거	3	응겸
1946-11-07-021	민주국가건설에 매진	회령지식인대회	3	용기
1946-11-07-022	개천군 현물세 10월말에 완납		3	원식
1946-11-07-023	붉은군대에 감사 농민들은 감자를 헌납	무산군에서	3	용승
1946-11-07-024	차영식보안원 순직	평양인민보안서에서	3	달주
1946-11-07-025	미사회단체대표회의 극동문제를 심의	"재조선미군정은 전형적 파쑈단체"라고 지적	3	따스
1946-11-07-026	로동당원과 전군민의 혈투로 단천축항 공사 완성 재이 완성되면 북조선산업발전에 기여가 다대	이미 흥남인민공장에 류화철광 운반 개시	3	
1946-11-07-027	장고봉 및 노몬한 침략전쟁에 있어서의 일본의 동향과 그 결과(하)		3	꼬왈렙쓰끼
1946-11-07-028	근고		3	로동신문사
1946-11-07-029	체르사원박사 발아리한림학사로 피선		3	
1946-11-07-030	조선주둔 쏘미량군 사령관간에 서한 교환	쏘미공동위원회 재개문제로	4	
1946-11-07-031	쏘련견학보고	쏘련의 인민교육(1)	4	허민
1946-11-07-032	엘리오트 루즈벨트는 3대강국의 통일을 절규		4	

기사번호	제목(title)	부제목(stitle)	면수	필자, 출처
1946-11-07-033	쏘련소식		4	쓰딸리노.리가, 끼시녀브통신
1946-11-07-034	영화와 연극		4	
1946-11-09-001	인민위원들의 헌신적 사업을 기대한다		1	
1946-11-09-002	력사적 선거결과 발표 당면의 제 문제를 토의결정	북조선인민위원회 제19차위원회 개최	1	성택
1946-11-09-003	도시군인민위원회 위원선거총결에 관한 북조선중앙선거지도위원회의 보고	주녕하	1	
1946-11-09-004	선거총결에 대한 결정서		1	
1946-11-09-005	10월혁명 29주년을 맞이하여 쓰딸린대원수에게 드리는 메쎄지		1	
1946-11-09-006	11월 3일을 민족의 명절로 규정하는 결정서		1	
1946-11-09-007	선거선전실을 민주선전실로 존속시킴에 관한 결정서		1	
1946-11-09-008	북조선인위선거승리련석회		1	언철
1946-11-09-009	북조선에 있어서의 민주주의민족통일전선의 찬란한 승리		2	
1946-11-09-010	영예의 당선 각도인민위원		2	
1946-11-09-011	영예의 당선 평양특별시인민위원		2	
1946-11-09-012	식량단속포고	식량확보에 만전책	2	
1946-11-09-013	광주학생운동기념 시위행진 류혈로 탄압	라주와 목포서도 살상의 참극	2	조통, 합동
1946-11-09-014	현물세징수열성운동에 대한 결정서		2	서기자 강량욱
1946-11-09-015	스타하노브운동에 기여		2	따쓰
1946-11-09-016	근고		2	로동신문사
1946-11-09-017	쓰딸린대원수께 드리는 메쎄지	조쏘문화협회주최 평양시민 10월혁명기념대회	3	
1946-11-09-018	10월혁명기념축하대회 조쏘문화협회 성대 거행	쓰딸린대원수에게 서장	3	은길
1946-11-09-019	평남도인민위원회 10월혁명 29주년보고회		3	언철
1946-11-09-020	김장군께 '들쭉'을 한 로동자의 정성	무산군 들쭉공장 정오동무	3	용승
1946-11-09-021	민주력량을 전세계에 선양	민주선거승리경축대회 11월 9일에 평양시 3처에서 성대 거행	3	현석
1946-11-09-022	조쏘친선축복의 민청봉화행렬 성대		3	달주
1946-11-09-023	국제개관	백림선거후 정세	3	
1946-11-09-024	평양시민청에서 혁명기념축하회		3	달주
1946-11-09-025	민주녀맹가입 해주경축대회		3	응균
1946-11-09-026	쏘련사정보고회 사리원서 대성황		3	성섭
1946-11-09-027	초산구룡세포원현물세 완납 수범		3	세영
1946-11-09-028	영화 「혁명자」감상회 성황		3	달주
1946-11-09-029	남포-평양간 역전경주대회		3	

기사번호	제목(title)	부제목(stitle)	면수	필자, 출처
1946-11-09-030	광주학생사건 길주기념식		3	태화
1946-11-09-031	불면불휴의 감투로써 선거통신의 승리 확보	평양우편국 로동당원의 통신돌격	4	
1946-11-09-032	생산증강을 서약 붉은군대에 감격	평양시내 각 직장의 10월혁명 축하대회	4	명덕
1946-11-09-033	쏘련견학보고	쏘련인민교육(2)	4	허민
1946-11-09-034	평양시 로동당원들의 당강령규약연구 활발		4	현석
1946-11-09-035	각도신문평 문예작품전무와 기사의 빈곤이 약점	강원로동신문편	4	최형
1946-11-09-036	각도신문평 한글정확이 장점 무의미한 광고 금물	강원인민보편	4	최형
1946-11-10-001	민주선거의 대승리를 경축하는 평양시민대회 시내 3개소에서 성대히 거행		1	현석
1946-11-10-002	선거후 제1회 각급인민위원회를 소집	김일성위원장의 지시로	1	
1946-11-10-003	쓰딸린대원수에게 드리는 메쎄지	북조선림시인민위원회	1	
1946-11-10-004	좌우합작 7원칙의 반동성		1, 4	리성용
1946-11-10-005	(온천하가 민주선거의 승리를 경축하는 소리에 시대에 락후한 몇인간들의 미몽도 깨였을것이다.)		1	
1946-11-10-006	근고		1	로동신문사
1946-11-10-007	만난을 배제하고 임무완성에 돌진	평양시 동구당원들 농촌에 협력	2	계홍
1946-11-10-008	평양우편세포의 당강령규약연구반		2	한순
1946-11-10-009	쏘련견학보고	쏘련인민교육(3)	2	허민
1946-11-10-010	영웅 김일성장군(완)		2	한설야
1946-11-10-011	민주선거 완수 경축대회표어	민전평양시위원회	3	
1946-11-10-012	농업현물세완납투쟁 각지에서 열렬히 전개 평북 룡천군 부라면 100% 완납	보라! 농민들의 이 성의	3	
1946-11-10-013	단천대축항공사	로동당원 주도역할로 전공정의 74% 진척	3	
1946-11-10-014	남조선동포에게		3	김동철
1946-11-10-015	현물세완납한 농민들 춤추며 시위행진		3	
1946-11-10-016	민주선거승리기념사업으로 삼신 룡흥 운탄선부설공사 연료난 해결코자 평양시민 3일간씩 동원	12일부터 착공 12월 15일까지 완성	3	성택
1946-11-10-017	룡천군 부라면 농민현물세완납 경축대회		3	
1946-11-10-018	「중국의 인민전쟁은 날로 강화되고있다」 상해기자회의 석상 중공 주은래씨의 연설	『쁘라우다』지에서	4	
1946-11-10-019	쏘련소식		4	
1946-11-10-020	쏘련과 중국		4	
1946-11-10-021	영화와 연극		4	
1946-11-12-001	당세포생활을 강화하자		1	

기사번호	제목(title)	부제목(stitle)	면수	필자, 출처
1946-11-12-002	위대한 사회주의적 10월혁명 29주년에 제하여	1946년 11월 6일 모쓰크바시쏘베트기념식에서 진술한 아.아.스다노브의 연설	1, 4	
1946-11-12-003	쏘련무력상 명령서 제55호	1946년 11월 7일 모쓰크바시	1	
1946-11-12-004	쏘련견학보고	쏘련인민교육(4)	2	허민
1946-11-12-005	각도신문평 난해문구 버리고 외보를 게재하라	함북로동신문편	2	최형
1946-11-12-006	각도신문평 사설내용의 충실과 한글정확을 기하라	새길신문(함북)편	2	최형
1946-11-12-007	민주선거승리 서평양대회 경축연설	주녕하	3	
1946-11-12-008	북조선민청 130만맹원 세계청년련맹가입 청원		3	달주
1946-11-12-009	강원도 납세 저조	체납 일소운동을 전개	3	주영
1946-11-12-010	선거장에서 파업동정 거금		3	언철
1946-11-12-011	대동군 룡연면 야간중학 설립		3	동주
1946-11-12-012	고우를 조함	영흥농민반일폭동을 회상함	3	김복락
1946-11-12-013	쏘베트꼴호즈의 수확고는 풍부		3	
1946-11-12-014	신조뜨락토르 꾸바니전원서 실험		3	
1946-11-12-015	회령의 쏘련실정보고대회 성황		3	
1946-11-12-016	평양인민학교 국어연구대회		3	언철
1946-11-12-017	원산농업현물세 모범부락을 표창		3	시당부
1946-11-12-018	평남민청 각 시 군 부장련석회의		3	달주
1946-11-12-019	공업기술총련맹 제7차 집행위원회		3	인표
1946-11-12-020	사회보험료 곧 납부하라		3	북조선림시인민위원회 로동부장
1946-11-12-021	강계농맹주최로 농산물전람회		3	
1946-11-12-022	무산목재수송 철도공사 진행		3	
1946-11-12-023	평양연초공장 김동지 순직		3	
1946-11-12-024	근고		3	로동신문사
1946-11-12-025	시내 각 극장의 영화연극프로		3	
1946-11-12-026	루즈벨트분묘에 화관 봉헌식 거행	련합국기구총회대표단에서	4	따쓰통신
1946-11-12-027	외상리사회에 보낸 불가리야정부의 각서		4	따쓰통신
1946-11-12-028	이테란의 농민 탄압		4	따쓰통신
1946-11-12-029	인도네시아정세		4	따쓰통신
1946-11-12-030	서반아에 반동테로		4	따쓰통신
1946-11-13-001	농한기를 리용하여 농촌에서 문맹 퇴치하자		1	
1946-11-13-002	선거와 농업현물세의 사업을 열렬히 보고토론	북조선농민동맹 제6차 집행위원회	1	영태
1946-11-13-003	인민위원선거사업총결에 관한 결정서		1	

기사번호	제목(title)	부제목(stitle)	면수	필자, 출처
1946-11-13-004	농업현물세납부상황 중간보고에 관한 결정서		1	
1946-11-13-005	남조선민주운동의 지도자 박헌영선생		1, 2	김용범
1946-11-13-006	당원의 자아반성과 호상비판은 당의 생명	평양시 동구구역당 전기총국세포 생활	2	계홍
1946-11-13-007	쏘련견학보고	쏘련인민교육(5)	2	허민
1946-11-13-008	단천축항의 전모	조선의 산업경제발흥과 단천축항의 중대성	3	단천축항촉성위원회 심철
1946-11-13-009	로동당원 핵심적 역할	축항공사에 분투	3	
1946-11-13-010	민청맹원 공사에 전력 중앙확대회에서 격려사 청년은 민주건설의 충실한 역군!	민청중앙위원회 제3차확대상무위원회	3	
1946-11-13-011	돌격대의 열투보	민청농민자위대에서	3	심철
1946-11-13-012	제1회 평양특별시인민위원회 소집		3	인표
1946-11-13-013	정평의 혁명기념축하회		3	
1946-11-13-014	선거승리의 각지 경축회		3	창진, 한도함, 박태화
1946-11-13-015	삼신운탄선공사 민청원 동원활동		3	달수
1946-11-13-016	'조쏘문협' 쏘련전람회 소개 「쓰딸린신5개년계획」	쏘련방의 방대한 건설	3	현주
1946-11-13-017	영화와 연극		3	
1946-11-13-018	위대한 사회주의10월혁명 29주년기념례식 거행	-11월 6일 모쓰크바 쏘련대극장에서-	4	
1946-11-13-019	로력자의 시위운동과 군사관병식 성대히 거행	-모쓰크바 붉은광장에서-	4	
1946-11-13-020	각국의 10월혁명기념		4	
1946-11-13-021	스다노브연설에 대한 반향	여러 나라들에서	4	따쓰통신
1946-11-13-022	미국의 국회선거		4	쁘.시스낀, 리종률 역
1946-11-14-001	국내정치경제생활과 출판물의 역할		1	
1946-11-14-002	평양시민에게 부과된 새 민주과업! 삼신운탄선부설공사 발휘하자 40만의 민주력량	평양민전 인위련석회의 결의	1	인표
1946-11-14-003	삼신운탄선부설공사에 대한 표어	평양특별시인민위원회 민주주의민족통일전선 평양시위원회	1	
1946-11-14-004	삼신운탄시설공사에 대한 결정서		1	
1946-11-14-005	민주선거승리의 의기로 삼신운탄선 착공	김두봉선생 선두에 수범작업	1	성택
1946-11-14-006	사회로동당의 정체(1)		1, 4	리성용
1946-11-14-007	당강령규약의 연구는 전당원의 초보임무		2	북조선로동당 평남도당 선전선동부장 김응한
1946-11-14-008	평양시 동구당 강령규약 연구		2	득준
1946-11-14-009	쏘련견학보고	쏘련인민교육(완)	2	허민
1946-11-14-010	볼가리야국민의회 개최		2	따쓰통신
1946-11-14-011	북조선로동당 중앙위원회 기관잡지 『근로자』 창간호 발매중		2	
1946-11-14-012	농민들의 열성을 시현	평남현물세 67.7% 맹산, 개천, 남포 100% 돌파	3	영태
1946-11-14-013	평남 맥류추기파종 완료		3	
1946-11-14-014	평양시선위 해산		3	인표
1946-11-14-015	직총제5차중앙확대회		3	성택
1946-11-14-016	건국사업에 기금	청진시선거14구 용향2동 강순익 동무	3	
1946-11-14-017	흥남류안공장 증산으로 민주선거에 보답		3	택경
1946-11-14-018	학생사업관계자련석회의를 개최	평양시민청에서	3	
1946-11-14-019	사례금을 '민전'에 기탁		3	재령지사
1946-11-14-020	자성군 화전민들 민주건설에 열성	중강면 오수덕 현지보고	3	현석
1946-11-14-021	량곡 20만톤 적극 매수 각 도소비조합련석회의 개최	수매실정보고와 결정서 발표	3	은길
1946-11-14-022	강원도각지에서 선거승리 경축회		3	기호
1946-11-14-023	복구전진하는 쏘련 서부지역		3	
1946-11-14-024	당원강습회 개최 당원의 정치의식 제고	길주군당에서	3	태화
1946-11-14-025	평원 현물세성적		3	
1946-11-14-026	현물세위문「예공」 순회	평남예술공작단 연극대	3	
1946-11-14-027	극장안내		3	
1946-11-14-028	파시즘의 근본숙청은 전자유애호인민의 과업	빤첸꼬	4	
1946-11-14-029	인도네시야정세		4	따쓰통신
1946-11-14-030	민주주의력량의 새 승리	볼가리야국회선거 총화	4	
1946-11-14-031	학생들을 위한 강좌		4	
1946-11-14-032	트루맨대통령 브.브.몰로또브를 응접		4	따쓰통신
1946-11-14-033	희랍정부를 재조직		4	따쓰통신
1946-11-14-034	미국에서의 선거결과		4	따쓰통신
1946-11-14-035	(미국정부가 중국내전의 무기물자를 대여한 총액이 40억딸라…)		4	
1946-11-14-036	쏘련소식	파란에서 활약하던 쏘련적십자대 귀환	4	
1946-11-14-037	쏘련소식	전련맹공산당위원회내 사회과학한림원과 고급당학교 창설	4	
1946-11-14-038	쏘련소식	가스분수정	4	쓰딸린그라드통신
1946-11-14-039	쏘련소식	새 라지오연구소	4	꼬쓰트로마통신
1946-11-14-040	쏘련소식	공장내의 과학기술단	4	드네쁘로드세르신쓰크통신

기사번호	제목(title)	부제목(stitle)	면수	필자, 출처
1946-11-14-041	쏘련소식	알마리크의 건축공사	4	따스낀트통신
1946-11-14-042	쏘련소식	새 5개년계획예술전람회	4	
1946-11-14-043	위대한 로씨야작가 프.므.도쓰또예브쓰끼	그의 탄생 125주년에 제하여	4	게르츠베르그
1946-11-14-044	체호에 대한 차관 미국무성이 반대		4	따쓰통신
1946-11-14-045	근고		4	로동신문사
1946-11-15-001	년말생산돌격운동을 계획적으로 광범히 전개하자		1	
1946-11-15-002	당면 제 과업 토의결정 김일성장군 위시 신위원회 집	선거후 첫 평남인민위원회의	1	언철
1946-11-15-003	평안남도인민위원회 당면과업에 관한 결정서		1	
1946-11-15-004	평남도상무위원회 위원		1	
1946-11-15-005	위원장이하 각 부서 결정		1	
1946-11-15-006	북조선림시인민위원회 위원장 김일성장 군에게 드리는 메쎄지	평안남도인민위원회 제30차 정례 위원회	1	
1946-11-15-007	사회로동당의 정체(2)		1	리성용
1946-11-15-008	장진강발전부 당원들의 분투(1)		2	공성회
1946-11-15-009	삼신운탄선공사의 로력동원에 대하여 40 만시민에게 격함	평양특별시인민위원회 위원장 한면수	2	
1946-11-15-010	민주 첫 선거승리 기념	삼신운탄선부설공사에 대한 선전 제강	2	북조선민주주의 민족통일전선 평양시위원회
1946-11-15-011	삼신운탄선부설공사 로력동원계획 지시	평양특별시인민위원회	2	
1946-11-15-012	김두봉동지 삼신탄광 및 공사시찰	현장로동자들을 격려	3	성택
1946-11-15-013	현물세완납열성대 조직	평남 각 지방에 파견	3	길환
1946-11-15-014	제1기분 납부 완료	함흥 현물세 호적	3	지사
1946-11-15-015	현물세완납에 부인들 열성	봉산군 기천면 묵천상리 리은 전녀성	3	리성섭
1946-11-15-016	해주기관구동무들 분투 기관차 2대를 수완성	달리는 건국호	3	박응균
1946-11-15-017	인민의 화원		3	최민
1946-11-15-018	평남현물세 호조	룡강, 강서, 평원, 안주 등 불량	3	길환
1946-11-15-019	삼신운탄선공사에 건국좌출동 위안		3	인표
1946-11-15-020	토이기식의 '민주정치'란 이런것이다	쏘련정보국	3	아.미하이로브
1946-11-15-021	성인학교 좌담회 열고 계몽운동강화 토의	각지에서	3	은길
1946-11-15-022	보안원선서식과 종합체육회 성황		3	은길
1946-11-15-023	남포'민청'에서 가마니 회수동원		3	명석
1946-11-15-024	회령 덕흥리 현물세 완납		3	용기
1946-11-15-025	위대한 쓰딸린의 지도하에서 쏘련인민은 자신있게 공산주의의 완전한 승리에로 나아간다		4	
1946-11-15-026	외상리사회회의 재개		4	

기사번호	제목(title)	부제목(stitle)	면수	필자, 출처
1946-11-15-027	모쓰크바시쏘베트기념식상 진술한 스다노브 연설과 제 외국의 반향		4	따쓰통신
1946-11-15-028	쏘련소식	경제건설성과	4	딸린통신, 따쓰껜트통신
1946-11-15-029	영화와 연극		4	
1946-11-16-001	사업의 비판과 자기비판		1	
1946-11-16-002	민주선거를 총결보고 그 승리성과 공고확대	북조선민전 제6차위원회의	1	성택
1946-11-16-003	제6차 북조선민주주의민족통일전선 중앙 위원회의 북조선 도 시 군인민위원회 위원선거 총결보고에 대한 결정서		1	
1946-11-16-004	북조선 도 시 군인민위원회 위원선거총 결에 대한 보고	제6차 북조선민주주의민족통일 전선위원회 의장 김두봉	1, 2	
1946-11-16-005	쏘련견학기	쏘련의 문화예술	2	리찬
1946-11-16-006	장진강발전부 당원들의 분투(2)		2	공성회
1946-11-16-007	전군민의 열화같은 분투로 단천축항공사 계속 진보		3	
1946-11-16-008	삼신공사동원 등 학생 제 문제 토의	제2차 중등전문학교장회의	3	인표
1946-11-16-009	혁명기념축하회	회령, 송림에서 거행	3	재준, 용기
1946-11-16-010	룡강군 양화리 현물세에 열성		3	원식
1946-11-16-011	청진소비조합 활발	10월중 신가입 2천 9백명	3	문성
1946-11-16-012	흥남공장의 불타는 생산의욕	비료증산에 돌격	3	재덕
1946-11-16-013	흥남공장에서 류안생산 신기록		3	용섭
1946-11-16-014	녀성의 우수한 조직을 발휘	평남녀맹의 선거선전	3	은길
1946-11-16-015	조국인민의 승리	-민주선거를 끝내고-	3	박팔양
1946-11-16-016	북소량곡수매계획지지성명서	북조선농민동맹 중앙위원회	3	
1946-11-16-017	북조선확대인민위원회 26일에 평양에서 소집		3	
1946-11-16-018	쏘련의 아동교육		3	
1946-11-16-019	길주조쏘교환예술의 밤 개최		3	태화
1946-11-16-020	북조선농민동맹 량곡수매결정서		3	
1946-11-16-021	붉은군대에 길주학생 선물		3	태화
1946-11-16-022	쏘련한림학사 부르뎬꼬 서거 쏘련내각과 전련맹 볼세비크공산당 중앙위원회에서	부르뎬꼬서거와 쏘련내각의 결정	4	
1946-11-16-023	불란서국회선거 전국을 통하여 수 완료		4	따쓰통신
1946-11-16-024	불국선거통계 공산당이 수위		4	따쓰통신
1946-11-16-025	볼가리야에서 은사령 발포		4	따쓰통신
1946-11-16-026	까렐리의 신철산지		4	뼤뜨로자보드쓰크통신
1946-11-16-027	'독립'비률빈의 진상		4	오.자브즈라예브, 리종률 역

기사번호	제목(title)	부제목(stitle)	면수	필자, 출처
1946-11-16-028	영애'동맹'조약배면에는 무엇이 은페되여 있는가?		4	안드레이 바스끼로브
1946-11-16-029	련합국기구총회 제 위원회의 회의		4	따쓰특파원
1946-11-16-030	크루쁘부자의 공판문제		4	따쓰통신
1946-11-16-031	쏘련소식	경제건설성과	4	끼예브통신, 나리얀-마르 통신
1946-11-16-032	극장안내		4	
1946-11-17-001	우리의 민주력량을 또한번 선시하자!	삼신운탄선부설에 제하여	1	
1946-11-17-002	남조선 '사회로동당'에 관한 결정서	북조선로동당 중앙위원회	1	
1946-11-17-003	40만시민의 기대에 부합 민주제과업완수 맹서	-평양특별시 선거후 첫 위원회의-	1	언철
1946-11-17-004	평양특별시 제3회위원회의 결정서		1	
1946-11-17-005	민주선거승리의 의의와 인민위원들의 과업	김두봉	1, 2	
1946-11-17-006	인도신정부수립에 대하여	아.볼사고부	2	
1946-11-17-007	쏘련견학기	쏘련의 문화예술(2)	2	리찬
1946-11-17-008	동양제사세포 생활 년말생산돌격에 212%를 돌파 교양은 세포간부터 시작	당원의 계획적 교양이 필요	2	현석
1946-11-17-009	당특별부담금 평남도당 완납		2	원식
1946-11-17-010	직장의 년말생산경쟁운동 섬유공장의 생산돌격 동양제사와 동양방직은 치렬히 전개	'삼흥직물', '조선메리야쓰'는 저조	3	성택
1946-11-17-011	주을현물세 호적		3	규남
1946-11-17-012	희천 종관동 현물세에 열성		3	참규
1946-11-17-013	6도 현물세납부점고	대체로 우량하나 함북, 황해도는 불량	3	길환
1946-11-17-014	삼신공사 착착 진보	선교2리, 릉라, 사창리 벌써 책임량을 완료	3	인표
1946-11-17-015	재령군의 현물세	곡산리 마산동이 우량	3	
1946-11-17-016	송전선가설에 흥남공장 분투		3	시당부
1946-11-17-017	일하며 배우며 민주건설 참가 해방된 부랑아와 고아 근로인으로 양성	평양신생원의 사업	3	현주
1946-11-17-018	미국의 대일정책		3	므.말르고브
1946-11-17-019	'문예총맹'확대회의	직장 농촌으로 문학예술인 심입	3	현주
1946-11-17-020	청극연구회의 공연을 보고		3	현석
1946-11-17-021	4국외상리사회의 대이태리 및 루마니야 평화조약안을 토의		4	따쓰특파원통신
1946-11-17-022	련합국기구위원회 소재지문제 등 토의		4	

기사번호	제목(title)	부제목(stitle)	면수	필자, 출처
1946-11-17-023	쏘련소식	경제건설성과	4	바꾸통신, 끼예브통신, 노보르씨쓰크통신, 리가통신
1946-11-17-024	서반아에 새 테로선풍		4	따쓰통신
1946-11-17-025	사회보험실시에 따르는 보험료납부에 대하여		4	북조선림시인민위원회 로동부
1946-11-17-026	영애'동맹'조약배면에는 무엇이 은페되여 있는가?		4	안드레이 바스끼로브
1946-11-17-027	이란에 대한 영국의 침략행동(상)		4	바스끼로브
1946-11-17-028	영화와 연극		4	
1946-11-19-001	선전관계자련석회의	치렬한 보고와 토론으로 기본적선전사업계획 수립	1	언철
1946-11-19-002	결정서	북조선선전관계자련석회의	1	
1946-11-19-003	민주선거의 승리를 확보하자 -(북조선선전관계자회의에서)-	김창만	1	
1946-11-19-004	북조선의 민주주의선거(1)		1	주녕하
1946-11-19-005	쏘련견학기	쏘련의 문화예술(3)	2	리찬
1946-11-19-006	자기 임무를 자각 생산건설에 헌신 발전 수리공사와 보이라제작에 돌격대 조직코 승리적으로 완성	장진강발전당부 공작세포 생활	2	계홍
1946-11-19-007	려객에 성실복무 차내선전을 실시 형식적학습제도를 버리고 교양의 창의성을 발휘하라	평양렬차구세포	2	현석
1946-11-19-008	김장군의 격려에 감격 '삼신공사'예의 진보 16일현재 4만 4백명 동원	로반공사 이미 70%를 완성	3	성택
1946-11-19-009	삼신공사완수 위해 당원들 선두에서 분투		3	현석
1946-11-19-010	선거후 처음으로 강원인위회 개최		3	기호
1946-11-19-011	녀맹1주년기념대회 개최		3	은길
1946-11-19-012	함북건명태제조생산량 결정		3	
1946-11-19-013	고공품가격 '북조위' 발포		3	
1946-11-19-014	함주 하기천인민교 신축		3	
1946-11-19-015	운탄로선	삼신운탄선공사에 바치다	3	리정구
1946-11-19-016	원산철도공장의 생산능률 170% 제고		3	본사특파원 김기호
1946-11-19-017	민주주의적알바니야인민해방군		3	요.알렉싼드로브
1946-11-19-018	송림시선거승리경축회		3	재문
1946-11-19-019	단천축항에 군민들 열성		3	
1946-11-19-020	곡산교육대회		3	군지사
1946-11-19-021	4국외상리사회의	루발분제국과의 평화조약안을 토의	4	따쓰특파원통신

기사번호	제목(title)	부제목(stitle)	면수	필자, 출처
1946-11-19-022	구일본위임통치령	제 군도신탁관리에 대한 미국 협약안 발표	4	따쓰통신
1946-11-19-023	중국의 내전	쏘련정보국	4	브그리고리예부
1946-11-19-024	따쓰의 반박		4	
1946-11-19-025	제2차 세계전쟁에서의 이태리의 참전과 그 역할		4	오기찬
1946-11-19-026	영화와 연극		4	
1946-11-20-001	청년의 교양과 민청사업의 강화		1	
1946-11-20-002	중국국민당의 반동적행위(1)		1	김대봉
1946-11-20-003	농업현물세징수대책 완납하기전에는 방매를 금지	미납곡물에 체납배상을 징수	1	일권
1946-11-20-004	북조선의 민주주의선거(2)		1	주녕하
1946-11-20-005	미국의 독점자본과 그 외교정책(1) (까.베리까노프 술	리득화 역)	2	
1946-11-20-006	쏘련견학기	쏘련의 문화예술(4)	2	리찬
1946-11-20-007	국제민주녀맹에서 북조선녀맹에 축하문		3	
1946-11-20-008	평안남도농업현물세 9개 시 군은 이미 완납		3	원식
1946-11-20-009	봉산현물세 호조	15일현재 70% 초과	3	최영태특파원
1946-11-20-010	25일부터 6일간 미신타파주간	북조선교육국에서	3	일권
1946-11-20-011	철원군의 현물세 당원들의 열성으로 3일간에 80% 돌파		3	특파원 김기호
1946-11-20-012	평남 보안서장 교화소장회의		3	인표
1946-11-20-013	함경북도 당원들 문맹퇴치에 전력		3	문성
1946-11-20-014	인민리익을 대변	박일우 보안국장 신임담	3	
1946-11-20-015	쏘베트농촌의 지식계급		3	아.쩨멘추크
1946-11-20-016	근고		4	로동신문사
1946-11-20-017	쏘련소식	경제건설성과	4	끼로브통신, 꾸이비세브통신
1946-11-20-018	파란정부로부터 미국에 각서 송부		4	따쓰통신
1946-11-20-019	이란헌병 폭거	농민 란타 구금	4	따쓰통신
1946-11-20-020	련합국환영회서 몰로또브의 연설		4	
1946-11-20-021	중국에서의 민주주의와 반동세력	그리고리예브교수	4	
1946-11-20-022	이란에 대한 영국의 침략행동(하)		4	바스끼로브
1946-11-20-023	쓰딸린적5개년계획 선진로력자들 속출		4	
1946-11-20-024	뉴욕의 초연	련합군에 경의	4	따쓰통신
1946-11-21-001	신입당원의 교양은 당단체의 근본적 과업이다		1	
1946-11-21-002	중국 국민당의 반동적행위(2)		1	김대봉
1946-11-21-003	북조선의 민주주의선거(3)		1	주녕하
1946-11-21-004	중미통상조약에 관한 중국 제 출판물 론평		1	따쓰통신

기사번호	제목(title)	부제목(stitle)	면수	필자, 출처
1946-11-21-005	쏘련은 민주정치를 위하여 싸우고있다	쏘련정보국	1	브.뻬야고부
1946-11-21-006	'미국불' 비옥한 토지를 경작함	중국에서 실시되는 미국침입계획에 대하여	2	브.브론쓰키, 리종률 역
1946-11-21-007	미국의 독점자본과 그 외교정책(2)	까.베리까노프	2	
1946-11-21-008	쏘련견학기	쏘련의 문화예술(5)	2	리찬
1946-11-21-009	현물세 기일내에 완납하라! 현물세완납에 적극 투쟁	평양시와 평남북 우량 강원도는 저조, 함남북 황해도 불량	3	일권
1946-11-21-010	평남인위상무위원회 현물세문제 토의		3	달주
1946-11-21-011	평북의 추경운동	추경실시는 9% 불과	3	
1946-11-21-012	평강군 현물세		3	홍범
1946-11-21-013	의주량곡수매대회의		3	세항
1946-11-21-014	금천현물세 완납	군당부 교양사업 전개	3	운성
1946-11-21-015	석탄을 증산	로동자응원 파견	3	문성
1946-11-21-016	평남의 문맹퇴계획 성인학교 3천 설립	명년 3월까지 12만을 교육	3	달수
1946-11-21-017	소액지폐 활용하자		3	성택
1946-11-21-018	'전염병' 결정서	북조선인위에서 발표	3	
1946-11-21-019	로동자, 사무원 체력검사	평남	3	현주
1946-11-21-020	선거후 첫 회녕인민위원회		3	용기
1946-11-21-021	명태어획 재조직	농림국 림시방침 실시	3	일권
1946-11-21-022	궁심탄광 동무들의 성의		3	용기
1946-11-21-023	고아구제표 발매 일반의 협력 요망		3	일권
1946-11-21-024	북조선연극동맹 상무위원회		3	현주
1946-11-21-025	황해도인위 각 부서 결정		3	응균
1946-11-21-026	어업로동자직맹 수산련맹간 계약		3	
1946-11-21-027	평남예술공작단 황해도 순회		3	섬택
1946-11-21-028	문경옥피아노독주회		3	현석
1946-11-21-029	누구가 전쟁에서 리득을 얻었는가	모쓰크바국립대학, 외국무역전련방 한림원 교수 브.모티레브	4	
1946-11-21-030	쏘련소식	쏘련최고쏘베트대의원대표단이 체호슬로바끼야로부터 귀환	4	
1946-11-21-031	쏘서금융통상조약 서전국회에서 채택		4	따쓰통신
1946-11-21-032	백만키로를 비행한 비행사	쏘련	4	
1946-11-21-033	대량의 종축우마를 꼴호즈목축장으로	쏘련	4	아르한겔쓰크 통신
1946-11-21-034	쏠따발라모방사공장	쏘련	4	쏠따발 라까델핀쓰크 쏘베트사회주의 공화국통신
1946-11-21-035	트리예스트에서의 미군인들의 란폭성		4	따쓰통신
1946-11-21-036	미국자본의 일본경제지배 (데.이바노브 술	리종률 역)	4	

기사번호	제목(title)	부제목(stitle)	면수	필자, 출처
1946-11-21-037	민주주의알바니야		4	쩨르게이 이와노브
1946-11-22-001	산업경제부문에 있어 당원의 선진적역 할을 강화하자		1	
1946-11-22-002	선거사업총결보고 생산증강에 돌진 결의	북조선직업총동맹 제5차확대위 원회	1	성택
1946-11-22-003	직업동맹의 북조선 도 시 군 인민위원선 거선전사업참가 총결보고에 대한 결정서		1	
1946-11-22-004	불란서민주의력량의 승리		1	야.비크토로흐, 홍인표 역
1946-11-22-005	로동자를 위한 쏘련정부의 고려		1	느.뻬디흐, 송
1946-11-22-006	쏘련인의 제일맹서는 나라에 대한 충직성		1	아.유흐늡쓰끼
1946-11-22-007	근고		1	로동자신문사백
1946-11-22-008	로동자 농민의 동맹에 관하여	분.갈빈스기	2	
1946-11-22-009	남화태의 금일		2	이.마.린
1946-11-22-010	의주군 당에서 당원교양강습회		2	
1946-11-22-011	강원도 당학교 제2기개학식		2	기호
1946-11-22-012	원산녀맹조직강화 운동전개		2	기호
1946-11-22-013	북조선로동당 중앙위원회 기관잡지 근 로자 창간호발매중		2	
1946-11-22-014	맑스-레닌의 학설은 선견의 과학적기초 다 (모.레으노부 술	김철우 역)	2	
1946-11-22-015	홍원민청에서 기금조성활약		2	홍원지사
1946-11-22-016	강령규약연구에 대한 강서군당의 실시 정형	강서군당 정치교양사업 특히 당 강령 규약 연구 사업정형 검열	3	현석
1946-11-22-017	농민들의 열성을 현현 평남현물세완수	18일현재 104%달성	3	
1946-11-22-018	길주봉암동 현물세열성		3	태화
1946-11-22-019	회령유정촌 현물세완납		3	용기
1946-11-22-020	현물세완납경축영화 순회	평남도위원회 교육부문화과에서	3	달수
1946-11-22-021	황해도 현물세출고 21일현재 77%달성	은률, 송림, 금천 100%	3	최영봉특전
1946-11-22-022	평양특별시 상무위원회 개최		3	석근
1946-11-22-023	재령농업현물세 43%의 부진성적		3	최영봉특전
1946-11-22-024	로동자의 분투	성북동기 석탄산 10월중 3만 5 천톤 돌파	3	
1946-11-22-025	3신공사축일진보 33리 책임량 완수	로반공사 90%진행	3	인표
1946-11-22-026	납세완수운동 전개	정당사회단체 련석회의에서	3	
1946-11-22-027	납세표어		3	
1946-11-22-028	빛나는 건설		3	로동당 평양시당부 문화인부 김상신노래곡

기사번호	제목(title)	부제목(stitle)	면수	필자, 출처
1946-11-22-029	련합국기구총회	전반적군비축소에 대한 쏘련의 안토의	4	따쓰특파원통신
1946-11-22-030	련합국기구총회	남아프리까련방대표 총회결의를 거절	4	
1946-11-22-031	련합국기구총회	세계식량사정대책문제	4	
1946-11-22-032	미국의 동맹파업 그대로 확대계속		4	따쓰통신
1946-11-22-033	레닌.쓰딸린은 10월혁명의 령도자이며 조직자이다		4	엔.구르디코바
1946-11-22-034	윅또르주교해방에 대한 감사기도회 상 해에서 성대		4	따쓰통신
1946-11-22-035	쏘련소식		4	쓰따브로뽈리, 꾸이비세브, 리가, 알마-이따통신
1946-11-23-001	철도운수사업에 총력을 집결하자		1	
1946-11-23-002	단체계약 로동규률 등 제반 목전과업을 토의	북조선직업총동맹 제5차 확위회 속회	1	성택
1946-11-23-003	단체계약체결 및 사업검열총결과 동맹 의 목전과업에 대한 결정서	북조선직업총동맹 제5차 확대집 행위원회	1	
1946-11-23-004	어휘왕국 라트비야		1	
1946-11-23-005	남조선 미군정반동정책에 대한 항의문	북조선직업총동맹 제5차 확대집 행위원회	1	
1946-11-23-006	미군정반동정책을 반대하기 위하여 혈 투를 계속하고있는 남조선형제들에게 보내는 편지	북조선직업총동맹 제5차확대집 행위원회	1	
1946-11-23-007	근고		1	로동신문사
1946-11-23-008	선전교양자료 사회주의쏘베트공화국은 세계에서 가장 위대한 국가이다(1) (느. 느.미하일놉 술	허빈역)	2	
1946-11-23-009	현물세완납열성운동에 대한 선전요강	북조선림시인민위원회 선전부	2	
1946-11-23-010	표어		2	북조선림시인민 위원회 선전부
1946-11-23-011	영화와 연극		2	
1946-11-23-012	배우며 일하고있는 로동녀성들의 분투	평양연초공장과 선만고무 녀공 의 피나는 활동	3	은길
1946-11-23-013	봉산군인위회		3	철우
1946-11-23-014	평남도당 당단체열성자대회		3	원식
1946-11-23-015	선거후 첫번 송림인위회		3	송림지사
1946-11-23-016	보안간부위안의 밤 개최		3	은길
1946-11-23-017	쏘련아동교양 사진전람회		3	은길
1946-11-23-018	야간의학강습회 개최	평남도인민위원회 보건부에서	3	달주
1946-11-23-019	주을 농업현물세완납식 성대		3	주을지사

기사번호	제목(title)	부제목(stitle)	면수	필자, 출처
1946-11-23-020	보안대원사례금 모집		3	안악지사
1946-11-23-021	자본주의국가의 실업		3	홍인표역
1946-11-23-022	중국에 있어서의 미국독점자본의 경제적 정치적 동향	아.크오간	3	
1946-11-23-023	일본에 관한 동맹리사회의 국회원숙청문제 심의	데레비얀꼬 쏘련대표 성명	4	따쓰통신
1946-11-23-024	새 5개년계획에 의한 또 한개의 공장건축		4	스베르들롭쓰크통신
1946-11-23-025	영귀족원에서 대미관계 토론		4	따쓰통신
1946-11-23-026	쓰똑크호림에 비밀폭발사건		4	따쓰통신
1946-11-23-027	쏘련소식		4	꿀쓰크, 레닌그라드, 쁘로쓰꾸로브, 쓰따브로뾜리, 민쓰크, 스베르들롭쓰크통신
1946-11-23-028	단신		4	
1946-11-23-029	영국정부 대외정책에 대한 레이보르당 의원들의 비판		4	따쓰통신
1946-11-23-030	쏘련은 인민경제의 복구에 일로 매진		4	
1946-11-24-001	우리 당의 고상한 규률을 위하여		1	
1946-11-24-002	검찰기관과 보안기관 일군들에게 고하는 말 도시검찰소장 보안서장련석회의 석상에서	김일성	1	
1946-11-24-003	북만주동포들에게서 김장군께 서상		1	
1946-11-24-004	현물세납부투쟁 치렬 황해도 조정량에 육박		1	해주지사특전
1946-11-24-005	요식량배급대상 조사 량곡의 적정배급 도모		1	석근
1946-11-24-006	레닌그라드 모쓰크바간 철도복선 회복		1	레닌그라드통신
1946-11-24-007	일본독점재벌에 대한 미국군정의 타협 정책		2	김대봉
1946-11-24-008	체호슬로바끼야의 신민주주의발전(1)		2	오기찬 역
1946-11-24-009	과거의 우수세포 현재활동은 락후 사적, 형식적인 비판은 불가 엄격한 당적규률을 수립하라	조선연탄세포	2	계룡
1946-11-24-010	당원의 열성으로 농업현물세 완납	도내성적 평양 제1위	2	길환
1946-11-24-011	선전교양자료	사회주의쏘베트공화국은 세계에서 가장 위대한 국가이다(2)	2	시항원
1946-11-24-012	근로작업으로 당부담금 완납	흥남 용성공장내 로동당원들	2	영일
1946-11-24-013	위대한 쏘련에 감격 김일성장군께 서신	쏘련파견 똠쓰크류학생일동	3	

기사번호	제목(title)	부제목(stitle)	면수	필자, 출처
1946-11-24-014	쏘련에 간 조선류학생소식	각지 대학에 입학공부중 말꼬브소좌귀환보고회 개최	3	현석
1946-11-24-015	쏘련사정	쏘련농촌의 문화생활	3	이.쓰메랴노브
1946-11-24-016	각도 농업현물세납부률 수일 증가		3	언철
1946-11-24-017	송용걸씨의 열성으로 송촌 현물세 완납	평양특별시 임흥리 송촌에 사는 송용걸씨	3	은길
1946-11-24-018	함남예술인대회		3	함흥지사
1946-11-24-019	원산시의 성인교육		3	원산지사
1946-11-24-020	위대한 렬강의 통일은 제 인민의 평화와 안전의 기초	11월 15일 련합국기구총회 제1위원회 회의에서 진술한 아.야.위신쓰끼의 연설	4	
1946-11-24-021	주해		4	
1946-11-24-022	쏘련소식		4	민쓰크, 쓰베르들롭쓰크, 일꾸트쓰크통신
1946-11-24-023	영화와 연극		4	
1946-11-26-001	남조선로동당의 탄생을 경축함		1	
1946-11-26-002	남조선로동당 탄생	480명대표회 집결 당대회	1	
1946-11-26-003	남조선로동당에 보내는 북조선로동당의 축하문		1	
1946-11-26-004	녀맹사업 공고확대와 반파쑈운동전개 결의	북조선민주녀맹 제3차확대위원회	1	은길
1946-11-26-005	조선녀성의 국제민주녀성련맹가입에 관하여	허정숙	1, 2	
1946-11-26-006	평남 대동군당의 사업검열을 끝내고		2	북조선로동당 평남도당부 부위원장 림춘추
1946-11-26-007	솔선 조직적활동으로 량곡수매사업을 촉진	민청중앙상무위원회 결의	2	성택
1946-11-26-008	량곡수매사업에 있어 민청활동방침에 대한 결정서	민청중앙상무위원회	2	
1946-11-26-009	김두봉선생께 편지	이루꾸쯔크재정경제대학 조선류학생일동	3	
1946-11-26-010	납부성적 불량원인은 계획과 조직의 부족	황해도편	3	최영태특파원
1946-11-26-011	봉산군의 현물세납부률 99%의 호적		3	
1946-11-26-012	고원군 현물세완납에 가편		3	고원지사
1946-11-26-013	선거승리에 숨은 인민들의 열성	안주군의 선거미담	3	현석
1946-11-26-014	북조선사진위원회 탄생		3	현석
1946-11-26-015	선거후 첫 평원군인위회		3	원길
1946-11-26-016	서호진에 명태풍획		3	서호진지사
1946-11-26-017	함남녀맹간부교양강습회		3	함흥지사

기사번호	제목(title)	부제목(stitle)	면수	필자, 출처
1946-11-26-018	함경북도농업현물세 126% 달성(22일현재)		3	청진지사
1946-11-26-019	로점행상 일소 공설시장 설치	평양특별시에서	3	현석
1946-11-26-020	평북의 현물세납부 우량하나 보관시설 완비가 급무	문량정부장 담	3	
1946-11-26-021	'삼신공사'예의 진행 궤도부설에 이미 착공	공사완성을 위한 인민의 열의 고조	3	인표
1946-11-26-022	김장군의 포상금전달식 봉산탈춤보존회 결성	봉산 토성벌 농민들	3	성섭
1946-11-26-023	위대한 렬강의 통일은 제 인민의 평화와 안전의 기초	11월 15일 련합국기구총회 제1위원회회의에서 진술한 아.야.위신쓰끼의 연설(2)	4	
1946-11-26-024	쏘련소식		4	레닌그라드, 끼시뇨브, 울라지워쓰또크, 그로즈니통신
1946-11-26-025	쏘련포병일 11월 24일을 기념하여 이날의 영예는 길이 빛나리라!	포병대는 전쟁의 신이다	4	이.쓰딸린
1946-11-26-026	루마니야국회선거의 총결		4	따쓰통신
1946-11-26-027	케니스베르그에서		4	우 아르쏠라노쁘
1946-11-26-028	련합국기구총회 참가중인 우크라이나대표암살 시도		4	따쓰특파원통신
1946-11-26-029	영화와 연극		4	
1946-11-27-001	북조선민주선거의 총결과 인민위원회의 당면과업	북조선림시인민위원회 제3차 확대위원회에서 김일성위원장 보고	1, 2	
1946-11-27-002	김일성 위원장		1	
1946-11-27-003	보안, 검찰사업을 제고하자		1	
1946-11-27-004	민주선거의 승리를 공고 당면의 구체과업을 결정	선거후 최초의 북조선인위확대회의	2	언철
1946-11-27-005	북조선림시인민위원회 제3차 확대위원회의 김일성위원장의 「북조선민주선거의 총결과 인민위원회의 당면과업」에 대한 결정서	1946년 11월 25일 평양	2	
1946-11-27-006	남조선로동당결성대회 보고 강령 규약 등 통과와 중앙위원선거를 가결 원만히 폐회	제2일	3	
1946-11-27-007	김일성장군 만세	각지에서 서장이 살도	3	현석
1946-11-27-008	평원현물세 완납		3	원길
1946-11-27-009	정주군 관주면 현물세 우량		3	세권
1946-11-27-010	길주인민위원회		3	태화
1946-11-27-011	금천현물세 완납		3	운성
1946-11-27-012	다투어 바치련다 두섬반 현물세		3	최민
1946-11-27-013	12월 15일까지 연기 공업기술자등록	북조선공업기술총련맹에서	3	인표
1946-11-27-014	국영공장 책임자련석회의	북조선림시인민위원회에서	3	언철

기사번호	제목(title)	부제목(stitle)	면수	필자, 출처
1946-11-27-015	해주세멘트공장 입화식 성대 거행		3	응균
1946-11-27-016	'중앙예공' 제2차 공연 준비	극단 중앙예술공작단	3	현주
1946-11-27-017	차중에서 거금 리춘학의 미행 몸은 비록 불구나 애국심은 한가지	함경북도 무산군 연사면 사지동에 사는 리춘학	3	성택
1946-11-27-018	평북농림수산기술련맹 결성		3	평북지사
1946-11-27-019	원산인민학교 생도의 거금열		3	
1946-11-27-020	선천맹인기술련맹 조직		3	
1946-11-27-021	철도수송은 왜 원활치 못한가? 철도애로와 그 타개책	철도국 허철 부국장 담	3	
1946-11-27-022	철도석탄을 확보	북조인위결정서 발표	3	
1946-11-27-023	미산리 '농민위안의 밤'		3	명덕
1946-11-27-024	쏘련무력상 명령 제60호 1946년 1월 24일	모쓰크바시	4	
1946-11-27-025	국회개회석상 장개석의 연설		4	따쓰통신
1946-11-27-026	중의원에서 에틀리 연설		4	따쓰통신
1946-11-27-027	루마니아선거에 대한 외국기사들의 론평		4	따쓰통신
1946-11-27-028	새 전쟁방화자들을 폭로억제하자	느.쎄디흐	4	
1946-11-27-029	미국로동자의 파업운동		4	홍인표 역
1946-11-27-030	쏘련소식		4	따쓰, 사뽀로시예, 이세브쓰크, 레닌그라드주뽀드르시예, 따쓰낀트통신
1946-11-27-031	영화와 연극		4	
1946-11-28-001	남녀평등권법령발포이후의 북조선녀성의 진출		1	
1946-11-28-002	농업현물세징수사업의 장점과 단점을 지적토의	북조선인민위원회 제3차확대위원회 속회	1	언철
1946-11-28-003	북조선림시인민위원회 결정 제113호	동기농촌문맹퇴치운동에 관한 결정서	1	
1946-11-28-004	북조선림시인민위원회 결정 제115호	물품거래 및 현금절용에 관한 결정서	1	
1946-11-28-005	추기수확물징수에 관한 북조선림시인민위원회 제3차확대위원회 결정서		1	
1946-11-28-006	북조선림시인민위원회 결정 제114호	1946년도 세금징수대책에 대한 건	1	
1946-11-28-007	추기수확물에 관한 농업현물세징수상황 보고		2	농림국장 리순근
1946-11-28-008	공장의 년말 생산투쟁	평양연초 대 동양제사 생산경쟁 치렬히 전개	3	현주
1946-11-28-009	서북제지공장 제지기증설증산에 매진		3	태흥
1946-11-28-010	함남예술인간담회		3	함남지사
1946-11-28-011	강원도현물세 벼 85% 잡곡 34%	22일현재	3	기호

기사번호	제목(title)	부제목(stitle)	면수	필자, 출처
1946-11-28-012	문천 풍상면 당원들의 열성		3	태흥
1946-11-28-013	강원도당 이동영화 지방순회		3	기호
1946-11-28-014	압록강제3제방 준공		3	평북지사
1946-11-28-015	북조선녀맹확대회 제3일	보고 토론 결정서 등 통과와 국제민주녀성련맹에 서장	3	은길
1946-11-28-016	국제민주녀맹에 서장 국제민주녀성련맹 위원장 꼿돈녀사 앞	북조선민주녀성동맹열성자대회	3	
1946-11-28-017	평남애국헌금 천 4백여만원		3	달수
1946-11-28-018	량곡수매질의		3	
1946-11-28-019	쏘련은 로동자와 농민의 국가이다		3	브.벤첸꼬대위
1946-11-28-020	련맹과 기타 국제녀단체들과의 관계에 대한 국제민주녀성련맹 결정서		4	
1946-11-28-021	반파쑈운동진행에 대한 국제민주녀성련맹의 결정서		4	
1946-11-28-022	쏘련소식		4	레닌그라드, 따쓰, 끼예브, 오레호보-수에 보통신
1946-11-28-023	안전보장리사회 고정위원회의 개최	강국간의 일치보조규약 토론	4	따쓰특파원통신
1946-11-28-024	영국 중의원에서의 외교정책결정에 대한 각 신문들의 론평		4	따쓰통신
1946-11-28-025	유고슬라비야대표단의 성명		4	따쓰통신
1946-11-28-026	체호슬로바끼야의 신민주주의발전(2)		4	오기찬 역
1946-11-28-027	령해침입에 대하여 알바니야정부 항의		4	따쓰통신
1946-11-28-028	구암주민에 대한 미해군의 가혹한 착취		4	따쓰통신
1946-11-28-029	영화와 연극		4	
1946-11-29-001	쏘련은 세계평화의 옹호자이다		1	
1946-11-29-002	북조선림시인민위원회 결정 제112호	북조선산업 및 상업발전에 관한 법령	1	
1946-11-29-003	세곡검수보관을 일층 철저히 하라	북조선인민위원회 각도에 지시	1	
1946-11-29-004	미국과 근동제국		1, 2	
1946-11-29-005	남조선립법기관의 정체와 그 선거(1)		2	신고송
1946-11-29-006	당의 공고화를 위하여 정치적교양에 총궐기	평양시 중구당열성자대회 소집	2	현석
1946-11-29-007	어찌하여 쏘련에서는 경제공황과 실업이 없으며 또 있을수 없는가		2	통신부
1946-11-29-008	래일의 쏘련농업		2	
1946-11-29-009	북조선소비조합 량곡수매선전요강		3	
1946-11-29-010	각 공장의 년말생산경쟁 사동연탄 대 평양철도 '평철'의 능률 150% 제고	브리가다운동 전개	3	성택
1946-11-29-011	사회주의적제도는 쏘베트위력의 기초	쁘.유진	3	
1946-11-29-012	농민들의 열성을 시현 북조선현물세 95%	26일현재 함북, 평양시, 평남은 완수 평북 96% 황해 93% 함남, 강원 87% 달성	3	
1946-11-29-013	청진시의 현물세 100% 완납의 개가		3	성문
1946-11-29-014	봉산현물세미담		3	철우
1946-11-29-015	극지도자련석회의	평남도위원회 문화과에서	3	달수
1946-11-29-016	강원도의 맥류파종		3	기호
1946-11-29-017	길주현물세		3	태화
1946-11-29-018	만포세포강습		3	
1946-11-29-019	북률농업학교 인가		3	
1946-11-29-020	재벌은 침략주의일본의 동력		4	므.마르꼬브
1946-11-29-021	로씨야쏘베트련방사회주의공화국 최고쏘베트선거진행에 대한 로씨야쏘베트련방사회주의공화국 최고쏘베트 상무위원회의 령		4	
1946-11-29-022	남아프리카의 흑인차별대우	민족콩크레쓰위원장 성명	4	따쓰통신
1946-11-29-023	우스고로드-리보브간 전신		4	
1946-11-29-024	파란의 국회선거일을 명년 1월 19일로 결정		4	와르사와통신
1946-11-29-025	울리야놉쓰크에 자동차공장 건축		4	울리야놉쓰크통신
1946-11-29-026	괴철생산복구		4	쓰딸리노통신
1946-11-29-027	쓰딸린적포병절		4	
1946-11-29-028	불선거총화		4	파리통신
1946-11-29-029	느.예.수꿉쓰끼탄생 100주년기념계획		4	
1946-11-29-030	모쓰크바견학보고(1)		4	홍기주
1946-11-29-031	볼가리야정부		4	따쓰통신
1946-11-29-032	새 상표시계 '승리' 제조		4	
1946-11-29-033	오리올시를 재건키 위한 각 재료공장 작업을 개시		4	오리올시통신
1946-11-29-034	쏘련고급학교 학생수 전후 급격히 증가		4	
1946-11-29-035	아체쏜의 성명		4	따쓰통신
1946-11-29-036	영화와 연극		4	
1946-11-30-001	북조선민주선거의 총결과 로동당의 당면과업	북조선로동당 중앙위원회 김두봉위원장 보고	1, 2, 3	
1946-11-30-002	선거승리의 경험과 교훈을 살리여 산업부흥과 당내 교양을 가강하자	북조선로동당 제3차중앙확대위원회의	1	계흠
1946-11-30-003	농업현물세 완납계획을 완수하자	이것이 바로 가장 중대한 임무이다	1	
1946-11-30-004	증거도 없는 '유죄' '무기' 전대미문의 야만적판결	반동모략의 소위 '위페'사건 '언도'	3	조통
1946-11-30-005	「정권이 인민에게로 돌아오는 날에 시정」	변호사단에서 성명서 발표	3	조통

기사번호	제목(title)	부제목(stitle)	면수	필자, 출처
1946-11-30-006	관계'피고' 판결에 불복		3	조통
1946-11-30-007	함남보안전람회		3	
1946-11-30-008	각 공장의 년말생산돌격 평양전차수리공장과 평양기구제작소 경쟁	브리가드운동전개	3	인표
1946-11-30-009	22일 련합국기구총회 제1위원회석상에서 진술한 쏘외상 몰로또브의 연설	외국에 주둔한 련합국군대문제에 관하여	4	
1946-12-01-001	각 단위에서 당세포의 핵심적역할을 발휘하자		1	
1946-12-01-002	상업국 사업의 결함 비판 상업의 정상적 발전 도모	각 도 상업기관책임자회의	1	은길
1946-12-01-003	세금징수대책 저축 장려 토의	평남 재정부에서 회의	1	
1946-12-01-004	성인학교사업계획 수립 문맹퇴치를 촉진	평양시 정당 사회단체 련석회의	1	석근
1946-12-01-005	로동행정의 당면한 제 문제를 토의결정	제2차 각 도 로동부 과장회의	1	일권
1946-12-01-006	평남도 각 시 군의 선전문화인회의		1	달수
1946-12-01-007	초기의 호적에 비하여 점차 생산량 저하	평남 년말 생산경쟁운동 중간보고	1	인표
1946-12-01-008	남조선립법기관의 정체와 그 선거(2)		2	신고송
1946-12-01-009	당원의 모범작용 당의 위신을 제고 교양은 초보부터 시작하며 당적규률을 일층 강화하라	성흥광산 당부	2	현석
1946-12-01-010	영국 전후군비계획 평론		2	
1946-12-01-011	미군의 중국체재		2	오기찬 역
1946-12-01-012	북조선녀맹확대회 결정서	북조선민주녀성총동맹 중앙확대위원회	3	
1946-12-01-013	'북조선발명회' 발족후 우수발명품 속출		3	혜승
1946-12-01-014	평남화전민 8백호 평지대로 이주		3	달수
1946-12-01-015	함흥인쇄동무들의 생산경쟁		3	
1946-12-01-016	평남보안원열성자대회		3	달수
1946-12-01-017	함흥제사생산돌격	전직공 증산에 총궐기	3	함흥지사
1946-12-01-018	강계군인민위원회의		3	
1946-12-01-019	북조선항공건설 평남위원회 결성		3	현주
1946-12-01-020	각 도 보건부장회의		3	인철
1946-12-01-021	함남의 각 직장에서 생산경쟁에 박차		3	
1946-12-01-022	쏘련제철공업의 신단계		3	
1946-12-01-023	함경북도 모범로동자 표창		3	석규
1946-12-01-024	(극장안내)		3	
1946-12-01-025	새 쓰딸린적 5개년계획 제1년계획은 성과있게 실현된다		4	
1946-12-01-026	외국기자들과의 회담에서 그.므.디미뜨로브 성명		4	
1946-12-01-027	동기초장에 수도 부설	쏘련	4	
1946-12-01-028	쏘서 량국 대차협의조약 비준		4	
1946-12-01-029	40만 미국광부동맹 파업을 개시		4	따쓰통신
1946-12-01-030	푸랑꼬의 군사대책		4	따쓰통신
1946-12-01-031	영국회의원 쁘리트씨 영잡지사에 서한 송달		4	따쓰통신
1946-12-01-032	미국내교원들 일대파업단행		4	따쓰통신
1946-12-01-033	옴쓰크에서 산출된 새 석탄채굴꼼바인		4	옴쓰크통신
1946-12-01-034	쏘련소식		4	따쓰통신
1946-12-01-035	쓰딸린적헌법절을 앞두고		4	
1946-12-01-036	엘리오트 루즈벨트 레닌그라드에 도착		4	따쓰통신
1946-12-01-037	두 녀자사무원이 로력장에서 시범	쏘련	4	
1946-12-01-038	불란서공화원 선거진행상황		4	따쓰통신
1946-12-01-039	은닉한 보석을 일본에서 발견		4	따쓰통신
1946-12-03-001	국영상업의 발전 도모 개인상업의 창발성 발휘	-각 도 상업기관책임자회의 속화-	1	은길
1946-12-03-002	국영 제 기업장의 운영관리를 통일		1	
1946-12-03-003	북조선림시인민위원회 결정 제124호	국영기업장 관리령	1	
1946-12-03-004	상업국 사업보고	상업국장 장시우	1, 2	
1946-12-03-005	선거선전사업의 당검열공작중에서 얻은 몇가지 경험		2	박무
1946-12-03-006	파란의 인민경제복구		2	
1946-12-03-007	관료주의와 형식주의 사업방식 청산하고 불필요한 인원을 급속 정리	평양특별시 인민위원회의 결정서	3	
1946-12-03-008	각성한 애국자교도로 기독교련맹 결성 북조선민주건설에 적극 참가를 결정	북조선기독교도련맹 제1회 중앙총회에서	3	
1946-12-03-009	중앙은행의 지배인회의		3	현주
1946-12-03-010	경원면 분운동 현물세 미담		3	
1946-12-03-011	량고무공장과 생산경쟁운동	조선고무공장과 제일고무공장에서	3	은길
1946-12-03-012	생산기업장의 지배인강습소 설치	북조선림시인민위원회 결정으로	3	
1946-12-03-013	신불출씨 래양 제1성		3	
1946-12-03-014	로동법령 실시에 관한 질의문답(1)	북조선림시인민위원회 로동부	3	
1946-12-03-015	몽고인민공화국의 정당한 요구		3	통신부
1946-12-03-016	미국인의 손에서 받은 독립은 비률빈에게 무엇을 가져왔는가		4	정보국
1946-12-03-017	일본정부내의 악질분자 숙청		4	따쓰통신
1946-12-03-018	쏘련소식		4	보로실로브그라드, 따스껜트, 야로슬라블리, 끼로브, 크리스노다르, 하바롭쓰크통신

기사번호	제목(title)	부제목(stitle)	면수	필자, 출처
1946-12-03-019	련합국기구 인도대표 빤지트녀사 방송연설		4	따쓰통신
1946-12-03-020	련합국기구란 무엇인가		4	
1946-12-03-021	쏘련견학기(2)		4	홍기주
1946-12-03-022	미인종차별 여시 도미니깐공화국		4	따쓰통신
1946-12-03-023	영화와 연극		4	
1946-12-04-001	산업발전문제에 대하여		1	
1946-12-04-002	전시민의 열성으로 완수불원한 삼신공사	당원들의 추동력지대	1	성택
1946-12-04-003	감북운탄선과 삼신운탄선을 련결	서평양역까지 운탄용역	1	성택
1946-12-04-004	민청에서 맹원교양과 문맹퇴치운동 전개		1	은길
1946-12-04-005	각 도 사회보험료 징수상황은 지지	수위는 평양시, 차위는 평북도	1	일권
1946-12-04-006	토지개간법령 오기 정정		1	
1946-12-04-007	년말생산경쟁운동 중간보고대회 결정서	평안남도 년말생산경쟁운동 중간보고대회	1	
1946-12-04-008	당정치교양문제에 대하여		2	김민산
1946-12-04-009	세포의 핵심작용 교양건설을 추진	성진고주파 당부	2	계홍
1946-12-04-010	평양시당학교 근일 개교		2	현석
1946-12-04-011	일본국가기관의 숙청에 관하여		2	통신부
1946-12-04-012	현물세 부진 엄중비판	강원도상무위원회	2	홍범
1946-12-04-013	소비조합세포 당원학습 실시	평남도소비조합에서	2	관식
1946-12-04-014	선전원회의에서 준렬한 자기비판을 전개	북조선로동당 강원도당 선전선동부에서	2	홍범
1946-12-04-015	당원교양사업에 회녕군당 강력히 전개		2	용기
1946-12-04-016	토지개혁의 승리를 빛내는 주을농민들	농업현물세완납까지 대활동	3	경성지사
1946-12-04-017	농업기술자강습회 실시	북조선농림국에서	3	
1946-12-04-018	경성군 추경 호조로 진행		3	인길
1946-12-04-019	남조선아		3	리기영
1946-12-04-020	우차 20여대에 만재한 현물세 가장과 농악으로 경축하며 진행	주을군 주북면 부하 2구촌에서	3	인길
1946-12-04-021	현물세완납 경축대회	금천군내에서	3	운성
1946-12-04-022	농민들 남조선에 의연금 송부	안변군에서	3	윤필
1946-12-04-023	김명권렬사의 기념비제막식		3	
1946-12-04-024	평양특별시 우마차운영회	조직강화인가제 실시	3	
1946-12-04-025	로동법령실시에 관한 질의 문답(2)	북조선림시인민위원회 로동부	3	
1946-12-04-026	평강고지료양소에 대하여		3	평강고지료양소장 리경찬
1946-12-04-027	련합국기구총회	국제직업동맹 련합총회사업에 참가를 토의	4	
1946-12-04-028	영국군함 3척 이란해협에 정박		4	따쓰통신
1946-12-04-029	국제법률가대회	파쑈배 공판결의	4	따쓰통신

기사번호	제목(title)	부제목(stitle)	면수	필자, 출처
1946-12-04-030	쏘련소식		4	사뽀로시에서 통신
1946-12-04-031	국민당은 만주에서의 휴전협약을 위반하고있다		4	김원봉 역
1946-12-04-032	미국장교 또다시 중국인민을 모멸		4	따쓰통신
1946-12-04-033	리트바공화국 최고쏘베트 선거		4	따쓰통신
1946-12-04-034	우즈베끼쓰딴 통졸임공업		4	
1946-12-04-035	1년계획 기한전 실행		4	
1946-12-04-036	580따르 추경 완료		4	끼예브통신
1946-12-04-037	쏘련영화소개	영화 코첼트	4	
1946-12-04-038	(극장안내)		4	
1946-12-05-001	쏘련의 헌법은 세계에서 가장 민주주의적인 헌법	-12월 5일.쓰딸린적헌법절에 제하여-	1	통신부
1946-12-05-002	량곡수매사업 검사공작에 대한 인민위원회 각 정당 사회단체 대표자 각 도 소비조합 검사위원장 련석회의 결정서		1	
1946-12-05-003	3신운탄선 연장공사	북조선민주주의민족통일전선 평양시위원회 제11차위원회의 결정서 제1	1	
1946-12-05-004	산업경제부흥발전상 당면긴급 제 문제 토의	각 도산업부장 및 국영기업장 책임자회의	1	
1946-12-05-005	국영목장 확충 축산부흥을 도모	북조선림시인위농림국에서	1	
1946-12-05-006	건국사상을 고도로 발양하여 경제건설의 난관을 극복하라	각 도 산업부장 및 국영기업장 책임자회의서 김일성위원장의 훈시	1	
1946-12-05-007	꼴호즈제도의 무진장한 력량		2	통신부
1946-12-05-008	독일에 대한 영미국의 전후 정책		2	통신부
1946-12-05-009	량곡수매사업의 적극활동을 전개	평남도당 제10차상위회 결정	2	계홍
1946-12-05-010	당문건정리우수 학습연구에 열성 당적비판과 자아비판이 전무규약의 연구를 일층 강화하라	평양 제4녀중 세포	2	현석
1946-12-05-011	당원의 정치교양 점차로 성과 현저	평양시 동구역당의 교양사업	2	계홍
1946-12-05-012	쏘베트사회주의공화국 최고쏘베트선거일 결정		2	
1946-12-05-013	녜크라쏘브출생 125주년 기념		2	
1946-12-05-014	평원고무공장의 생산돌격운동 저조	녀공성인학교에는 적극 참가	3	인표
1946-12-05-015	고아수용소 적심원 탄생		3	석근
1946-12-05-016	현물세조기 완납코 추경과 문맹퇴치에 돌진	황해도 금천군에서	3	운성
1946-12-05-017	평남 가마니생산 5백만매를 계획		3	달수
1946-12-05-018	평남 문맹퇴치위원회를 결성		3	달수
1946-12-05-019	개가		3	박석정

기사번호	제목(title)	부제목(stitle)	면수	필자, 출처
1946-12-05-020	량곡수매 추경운동 전개 활발	강계군에서	3	응록
1946-12-05-021	남조선에서 투쟁하는 동포들에게 의연금 송부	운산군에서만 13만여원	3	
1946-12-05-022	로동법령실시에 관한 질의문답(3)	북조선림시인민위원회 로동부	3	
1946-12-05-023	농한기에 농민의 할 일(1)		3	최영태
1946-12-05-024	련합국기구총회	무력정보제출에 관한 쏘련대표 의안 심의 완료	4	
1946-12-05-025	석탄채굴과 말레반녀사		4	
1946-12-05-026	안보고정위원회의	강국과 강국간의 일치협동문제 토의	4	따쓰특파기자 통신
1946-12-05-027	쏘련소식		4	크라쓰노다르쓰크통신, 무로므통신
1946-12-05-028	쏘련견학기(완)		4	홍기주
1946-12-05-029	영화와 연극		4	
1946-12-06-001	건국사상동원에 제하여		1	
1946-12-06-002	북조선로동당 제14차 중앙상무위원회 결정 사상의식개혁을 위한 투쟁전개에 대하여	-(건국사상동원운동)-	1	
1946-12-06-003	건국사상동원과 자주독립의 쟁취		1	최창익
1946-12-06-004	먼저 사상개변으로부터		1, 2	김창만
1946-12-06-005	건국사상동원운동 제요	김일성위원장의 보고연설에서 발취(1)	2	
1946-12-06-006	혁명리론이 없이는 실천이 있을수 없다 세포생활은 당의 제1임무 다른 공작으로 등한시는 불가	평양시 동구당 조선제철 세포	2	계홍
1946-12-06-007	삼신운탄선공사에서 '최우량'획득에 추동 세포생활의 계획적지도와 강령규약연구의 강화가 필요	평양시 중구역당 련화리 가두 세포	2	현석
1946-12-06-008	쏘련경제건설의 기본계획		2	통신부
1946-12-06-009	건국사상을 고도로 선양 각 부문에서 불순분자를 숙청	각 도 산업부장 국영기업소 책임자대회 종막	3	
1946-12-06-010	제3차 각 도 산업부장 및 국영기업장 책임자회의 결정서	각 도 산업부장 및 국영기업장 책임자회의	3	
1946-12-06-011	평양시 문맹퇴치에 추진	성인학교사업촉진련석회의	3	
1946-12-06-012	문맹퇴치운동에 대한 선전대강	평양시인민위회 선전과	3	
1946-12-06-013	문화	문학예술운동의 질적제고를 위하여(상)	3	리찬
1946-12-06-014	평북납세부진		3	평북지사
1946-12-06-015	성인학교사업촉진 계획서	성인학교사업촉진련석회의	3	
1946-12-06-016	쏘베트민주주의의 위대한 명절 쓰딸린적 헌법절에 대하여		4	조선신문선재

기사번호	제목(title)	부제목(stitle)	면수	필자, 출처
1946-12-06-017	투루맨의 후견안을 미국 출판물은 비판		4	따쓰통신
1946-12-06-018	불란서신정부 사업강령 강구		4	따쓰통신
1946-12-06-019	유고슬라비야공화국일 기념		4	따쓰통신
1946-12-06-020	쓰찌보레크씨 살해범인 공판		4	따쓰통신
1946-12-06-021	쏘련 선거준비		4	따쓰통신
1946-12-06-022	쏘련은 철두철미 파시스트박멸의 원동력이다		4	통신부
1946-12-06-023	평양극장안내		4	
1946-12-06-024	국민당정부에 영국군함 대여		4	따쓰통신
1946-12-07-001	우리 당의 고상한 도덕을 위하여		1	
1946-12-07-002	불필요한 인원을 정리 경비절약을 철저히 시행	재정국에서 각 기관 소요인원 등록세칙 발포	1	언철
1946-12-07-003	북조선통신사 설치		1	언철
1946-12-07-004	북조선통신사조직에 관한 결정서		1	
1946-12-07-005	북조선통신사에 관한 규정		1	
1946-12-07-006	행정기관 국영기업소 및 공리단체 소요인원 정수등록에 관한 세칙		1	
1946-12-07-007	과거의 과오를 총청산 새 건국사상을 진기하자(1)		1	김환
1946-12-07-008	건국사상동원운동 제요	김일성위원장의 보고연설에서 발취(2)	2	
1946-12-07-009	맑스-레닌주의를 학습하는 자에 대한 참고 레닌의 저작『자본주의의 최고계단으로서의 제국주의』30주년에 대하여(1) 아.레온찌예후서 1946년 10월 28일 및 30일부『쁘라우다』게제	당교육망용참고자료	2	북조선로동당 중앙본부 선동선전부
1946-12-07-010	만화	남조선미군정의 기근대책	2	
1946-12-07-011	평양시당 야간당학교 개교식		2	현석
1946-12-07-012	문화	문학예술운동의 질적제고를 위하여(하)	2	리찬
1946-12-07-013	원산철도공장 동무들 10월 책임량 백% 이상 돌파	년말생산돌격에 총진군	3	
1946-12-07-014	상금을 당기금으로 모범로동자 세동무	인민본궁공장 자위대 권근수, 양봉상, 김상겸 동무들	3	문치수
1946-12-07-015	창발성을 발휘하여 철도재건에 만진	평철관하 각 공장종사원대회	3	현석
1946-12-07-016	국제무대에 등장할 조선녀성대표대의원 결정		3	은길
1946-12-07-017	생산경기로동자웅변대회를 개최	북조선공업기술련맹 주최	3	
1946-12-07-018	강원도 문맹퇴치준비 완료		3	기호
1946-12-07-019	인민의 열의로 성인교사 신축	금천군 함란면에서	3	운성
1946-12-07-020	전기총국 와사공장 년말생산경기에 돌격	공입출근률 100%	3	인표
1946-12-07-021	당원교양문제를 결의	로동당 영변군 용등탄광위원회에서	3	

기사번호	제목(title)	부제목(stitle)	면수	필자, 출처
1946-12-07-022	성진마그네샤 길주공장 입화식		3	태화
1946-12-07-023	평원군 량곡수매련석회의에서 결의		3	원길
1946-12-07-024	비상용량곡공급을 결의	영변군에서	3	인득
1946-12-07-025	함북 현물세 완납	농민의 열성 표시	3	성북지사
1946-12-07-026	문맹퇴치와 량곡수매사업 회녕서 활발히 전개		3	용기
1946-12-07-027	회의를 잠휴하고 비상미적재 협력	만포민청의 열성	3	응록
1946-12-07-028	질적향상을 위한 선전관계자회의	문학예술총동맹 봉산군위원회에서	3	성섭
1946-12-07-029	인민보안총서 평양특별시에 신설		3	달수
1946-12-07-030	로동법령실시에 관한 질의문답(4)	북조선림시인민위원회 로동부	3	
1946-12-07-031	평양철도우편 종사원들 표창		3	인표
1946-12-07-032	미군정의 반동정책과 조선인민의 영웅적투쟁(상)		4	윤세평
1946-12-07-033	평양극장안내		4	
1946-12-07-034	승리적사회주의국가의 헌법	쏘련	4	브.빤첸꼬대위
1946-12-08-001	일본제국주의 잔재와 봉건유습을 숙청하자		1	
1946-12-08-002	선전원에게 주는 자료	량곡수매사업에 대하여	1	북조선로동당 중앙본부 선전선동부
1946-12-08-003	과거의 과오를 총청산 새 건국사상을 진기하자(2)		1	김환
1946-12-08-004	건국사상동원운동 제요	김일성위원장의 보고연설에서 발취(3)	2	
1946-12-08-005	맑스-레닌주의를 학습하는자에 대한 참고 레닌의 저작 『자본주의의 최고계단으로서의 제국주의』 30주년에 대하여(2) 아. 레온찌예후서 1946년 10월 28일 및 30일부 『쁘라우다』 게재	당교육망용참고자료	2	북조선로동당 중앙본부 선전선동부
1946-12-08-006	생산부흥과 람비절약 건국사상운동을 전개	북조선로동당 평안남도당부 제2차 확대위원회	2	
1946-12-08-007	검사독촉비판은 질적발전의 무기 당내의 불순분자를 퇴치하며 당적규률을 엄격히 준수하자	평양시 서구당	2	계홍
1946-12-08-008	일본에서의 첫 위민주주의헌법		2	통신부
1946-12-08-009	민주선거사업의 총결과 당면과업인 교양문제를 토의	북조선민주청년동맹 제2차확대위원회	3	명덕
1946-12-08-010	북조선민주청년동맹 제2차중앙확대위원회 결정서 제1호	북조선민주선거운동에 있어서 민청참가 총결보고에 대한 결정서	3	
1946-12-08-011	황해철도보선구동무들 황해선 염탄역구내의 제방공사 승리적완수		3	응균

기사번호	제목(title)	부제목(stitle)	면수	필자, 출처
1946-12-08-012	로동자체력 향상	로동자신체검사 실시	3	달수
1946-12-08-013	쏘련전람회 성황	조쏘문화함흥지부 주최	3	경석
1946-12-08-014	농한기에 농민의 할 일(2)		3	최영태
1946-12-08-015	북조선림시인민위원회 결정 129호	로어강습소설치에 관한 건	3	
1946-12-08-016	평양시기구 개편		3	석근
1946-12-08-017	애급주둔 영국군인들 복무연장명령으로 소요		3	따쓰통신
1946-12-08-018	국제개관		4	
1946-12-08-019	모쓰크바부근에서의 붉은군대의 력사적승리	모쓰크바부근에서 독군격멸 5주년에 제하여	4	브.빤첸꼬
1946-12-08-020	미군정의 반동정책과 조선인민의 영웅적투쟁(하)		4	윤세평
1946-12-08-021	미국 억류선박 체호에 반환		4	따쓰통신
1946-12-08-022	외국생활단편		4	따쓰통신
1946-12-08-023	평양극장안내		4	
1946-12-10-001	량곡수매사업을 승리적으로 완수하자	특히 농민에게 호소함	1	
1946-12-10-002	건국사상동원 결의	문학예맹 평남도위원회 각 시군대표자대회에서	1	달수
1946-12-10-003	결정서	문학예맹 평남도위원회 각 시군대표자대회	1	
1946-12-10-004	산업국사업보고(1) 제3차 각 도 산업부장및 국영기업장 책임자회의에서	산업국장 리문환	1, 2	
1946-12-10-005	관료주의란 어떤것인가?		1	김창만
1946-12-10-006	맑스-레닌주의를 학습하는자에 대한 참고 레닌의 저작 『자본주의의 최고계단으로서의 제국주의』 30주년에 대하여(3) 아. 레온찌예후서 1946년 10월 28일 및 30일부 『쁘라우다』 게재	당교육망용참고자료	2	북조선로동당 중앙본부 선전선동부
1946-12-10-007	원산시당부 열성자대회		2	김홍범
1946-12-10-008	동기 방학기를 리용하여 학생소년들의 조직생활과 건국사상교양사업을 강화	북조선민주청년동맹에서	3	명덕
1946-12-10-009	예총 함주군위원회 결성		3	
1946-12-10-010	평남에 방역진 철옹성	평남도방역위원회 창립대회	3	달수
1946-12-10-011	문학예술총동맹 건국사상동원운동에 각 부문마다 총궐기		3	인표
1946-12-10-012	평양특별시 보건소 신설		3	석근
1946-12-10-013	농한기에 농민의 할 일(3)		3	최영태
1946-12-10-014	정치교양사업을 활발하게 전개중	평양 동구구역 당세포들	3	양조실
1946-12-10-015	태만불순분자 2백여명 숙청	평양특별시위서 단행	3	석근
1946-12-10-016	년말생산에 돌격	룡문탄광 1주에 백20%	3	김인묵
1946-12-10-017	로어강습회에 60로옹 참가		3	박경식

기사번호	제목(title)	부제목(stitle)	면수	필자, 출처
1946-12-10-018	봉산군에 납세완납운동 활발		3	리성경
1946-12-10-019	50세할머니도 가갸거겨		3	인득
1946-12-10-020	루마니야선거 총결		4	통신부
1946-12-10-021	쏘련영웅 처녀빨찌산.소야		4	
1946-12-10-022	뺀실바니야에서 우올레쓰 사자후 미반동 출판물과 라지오를 통박		4	따쓰통신
1946-12-10-023	모쓰크바교외에서 독일인을 쫓아보낸지 5년이 지났다		4	가린, 통신부
1946-12-10-024	영대외정책을 실리아꾸쓰 론평		4	따쓰통신
1946-12-10-025	불신정부조직에 관련	쥬글로씨 서한 송부	4	
1946-12-10-026	중국반역자에게 사형선고		4	따쓰통신
1946-12-10-027	평양극장안내		4	
1946-12-11-001	사상의식개혁을 위한 투쟁과 당세포의 임무		1	
1946-12-11-002	배급을 적정히 실시 식량정책을 옳바로 집행	-위반자처벌규정 발표-	1	언철
1946-12-11-003	북조선림시인민위원회 결정 제132호	식량배급대상인구의 허위보고와 2중수배자에 관한 건	1	
1946-12-11-004	산업국사업보고(2) 제3차 각 도 산업부장 및 국영기업장 책임자회의에서	산업국장 리문환	1	
1946-12-11-005	소위 '정판사위폐'사건의 판결을 보고		1	량의원
1946-12-11-006	북조선민주건설에 있어 간부들의 역할과 당면과업(1)		2	북조선로동당 중앙위원회 간부부장 허정숙
1946-12-11-007	간난신고를 극복 건국사상을 제고	북조선로동당 평양시당부 제4차위원회	2	현석
1946-12-11-008	선전원들에게 주는 참고자료 선동과 선전의 몇가지 문제에 관하여(1)	-엠.이.깔리닌 술-	2	북조선로동당 중앙본부 선전선동부
1946-12-11-009	강계군 현물세운반보관에 로동당원들의 모범적활동		3	차응록
1946-12-11-010	철원방송국 개국		3	
1946-12-11-011	농민은 량곡수매사업에 열성적으로 적극 협력하자		3	은길
1946-12-11-012	평양시 반입량곡운반에 관한 련석회의		3	
1946-12-11-013	인제는 인민의 힘을 알겠느냐	-민주선거승리를 노래함-	3	박세영
1946-12-11-014	농업현물세의 노래		3	김재변 작사 작곡
1946-12-11-015	자진해 9개소의 성인학교 개설	봉산군 농민들의 향학열	3	리성섭
1946-12-11-016	남조선동무들께 의연금	길주지구 철도로동자직업동맹에서	3	박태화
1946-12-11-017	중앙교향악단창립공연		3	현석

기사번호	제목(title)	부제목(stitle)	면수	필자, 출처
1946-12-11-018	교양과 양곡수매사업 협력을 결의	녕변군 녀성동맹에서	3	김인득
1946-12-11-019	평양특별시 동기방역에 만전책		3	인표
1946-12-11-020	량곡수매사업완수 결의	본군 락성동 농민들	3	인득
1946-12-11-021	볼가리아에서 영국기자 연설		3	따쓰통신
1946-12-11-022	변전소 연소를 미연에 방지한 창도광산 전공동무		3	
1946-12-11-023	량곡수매 80%	의주군 비현면 농민	3	김세항
1946-12-11-024	북조선사진위원회 사진전람회		3	현석
1946-12-11-025	상업국보고 수정		3	
1946-12-11-026	민청돌격대원 순직	양덕에서 도로수리중에	3	명덕
1946-12-11-027	함남도당학교 제11회 개학식		3	함남지사
1946-12-11-028	안전보장리사회내 일치동작원칙을 반대하는 반동의 배면에는 무엇이 은페되여 있는가		4	느.써디흐
1946-12-11-029	루마니야국회 개회식	미하이 1세 칙어 랑독	4	따쓰통신
1946-12-11-030	루마니야선거결과를 영중의원에서 론의		4	따쓰통신
1946-12-11-031	쩨쎄쩨르의 농업과학 발달		4	통신부
1946-12-11-032	뉴른베르그에서 국제공판 재개막		4	따쓰통신
1946-12-11-033	불란서국회 의장 웬쏜 오리올리씨 추거		4	따쓰통신
1946-12-11-034	사회주의경제체계는 자본주의경제체계보다 우월하다		4	김상오 역
1946-12-11-035	평양극장안내		4	
1946-12-12-001	보건사업에 대하여		1	
1946-12-12-002	'민주주의'의 탈을 쓴 가짜단체를 숙청하자		1	김창만
1946-12-12-003	산업국사업보고(3) 제3차 각 도 산업부장 및 국영기업장 책임자회의에서	산업국장 리문환	1	
1946-12-12-004	북조선민주건설에 있어 간부들의 역할과 당면과업(2)		2	북조선로동당 중앙위원회 간부부장 허정숙
1946-12-12-005	건국사상동원에 솔선분투를 서약	평양시당 중구역당 제2차위원회	2	현석
1946-12-12-006	평남도당의 학습연구 맹렬		2	원식
1946-12-12-007	선전원들에게 주는 참고자료 선동과 선전의 몇가지 문제에 관하여(2)	-엠.이.깔리닌 술-	2	북조선로동당 중앙본부 선전선동부
1946-12-12-008	근로인민에게 격	제3차 각 도 산업부장 및 국영기업소 책임자회의 호소문	3	
1946-12-12-009	량곡수매사업 선전요강		3	북조선농민동맹 중앙위원회 선전부
1946-12-12-010	피로 기록한 항일사 호가장전투(1) 조선의용군은 이렇게 싸웠다-	그 싸움의 생존자	3	

기사번호	제목(title)	부제목(stitle)	면수	필자, 출처
1946-12-12-011	건국사상동원 엄중한 자기비판과 개인주의적경향 청산	북조선문학예총의 결정	3	
1946-12-12-012	15키로방송 불원 개시 이를 앞두고 지방방송국장회의	체신국에서	3	성택
1946-12-12-013	희랍파쑈배들의 폭거	희쏘협회 회관을 습격	3	따쓰통신
1946-12-12-014	북조선항공건설 중앙위원회 결성식		3	석근
1946-12-12-015	쏘베트사회제도(상)		4	
1946-12-12-016	미국의 대중정책		4	
1946-12-12-017	가나다 제 신문 국민당군 론평		4	따쓰통신
1946-12-12-018	쏘련군대표 체호에 도착		4	따쓰통신
1946-12-12-019	평양극장안내		4	
1946-12-13-001	부지런히 글배우며 부지런히 일하자		1	
1946-12-13-002	조선의 정세에 대하여	쁘라우다지에서	1	브.쓰모렌쓰끼, 리종률 역
1946-12-13-003	산업국사업보고(4) 제3차 각 도 산업부장 및 국영기업장 책임자회의에서	산업국장 리문환	1	
1946-12-13-004	건국사상동원	평남인위회직원 결의	1	달주
1946-12-13-005	북조선민주건설에 있어 간부들의 역할과 당면과업(3)		2	북조선로동당 중앙위원회 간부부장 허정숙
1946-12-13-006	건국사상동원에 필묵공작을 전개	평양시내 각 기관 선전관계 당책임자 련석회의서 결의	2	현석
1946-12-13-007	선거사업에 있어서 농민들은 이렇게 싸웠다(1)		2	북조선농민동맹 중앙위원회 위원장 강진건
1946-12-13-008	선전원들에게 주는 참고자료 선동과 선전의 몇가지 문제에 관하여(3)	-엠.이.깔리닌 술-	2	북조선로동당 중앙본부 선전선동부
1946-12-13-009	자연의 맹위를 극복하고 단천항 수 완성	열식적으로 발휘한 단천인민의 민주력량	3	
1946-12-13-010	년말생산경기로 도전	각 직장과 농촌에 대하여	3	인표
1946-12-13-011	피로 기록한 항일사 호가장전투(2) -조선의용군은 이렇게 싸웠다-	그 싸움의 생존자	3	
1946-12-13-012	제한내의 자유반출을 금지하지 말라	북조선인위 량정부장 담	3	언철
1946-12-13-013	새 조선을 세움		3	박팔양
1946-12-13-014	평북량곡수매사업 활발하게 진전중	룡천군 양서면 양광면 내중면 백%이상 완료	3	은길
1946-12-13-015	량곡수매에 전력	함남도련석회의 결정	3	경석
1946-12-13-016	량곡수매사업과 문맹퇴치에 길주 교원 학생 당원 활약		3	타화
1946-12-13-017	량곡수매에 적극 협력을 결정	회령군위원회에서	3	홍원

기사번호	제목(title)	부제목(stitle)	면수	필자, 출처
1946-12-13-018	현물세징수의 공로자를 표창		3	
1946-12-13-019	평양시내에 국영백화점 2개소 증설		3	석근
1946-12-13-020	대파된 기관차를 단시일에 수리 시운전	신의주기관구 동무들	3	응오
1946-12-13-021	조선교역사 조선제약사 10만원 헌금		3	원식
1946-12-13-022	사회주의쏘베트련맹공화국은 세계에서 가장 위대한 국가다(1)		4	보도부
1946-12-13-023	골호즈촌의 소생		4	통신부
1946-12-13-024	쏘베트사회제도(하)		4	김단력
1946-12-13-025	방송순서		4	
1946-12-13-026	평양극장안내		4	
1946-12-14-001	단체계약체결의 완수를 위하여		1	
1946-12-14-002	북조선로동당 중앙위원회 결정서	당선전사업의 개선과 당원들의 사상적 리론적 교양강화의 대책에 관하여	1	
1946-12-14-003	북조선민주사업에 있어서의 당선전공작의 총결과 금후 과업	각 도 시 군 당선전부장회의에서 북조선로동당 중앙본부 선전선동부장 김창만동지 보고	1, 2	
1946-12-14-004	북조선로동당 평남도당의 민주선거사업 총결과 우리 당의 당면 제 과업		2	북조선로동당 평안남도당부 위원장 김재욱
1946-12-14-005	간부학습반조직 정치교양에 경주	평양시당의 간부훈련	2	
1946-12-14-006	평양시당의 학습일정지시		2	현석
1946-12-14-007	송평농촌 당원의 현물세완납 투쟁		2	박문성
1946-12-14-008	건국사상을 동원하여 산업을 부흥시키자 각 공장의 결점을 지적	평남 시 군 로동과장회의	3	
1946-12-14-009	조국창건의 돌기둥	건국사상동원예총 제공	3	김조규
1946-12-14-010	피로 기록한 항일사 호가장전투(3) -조선의용군은 이렇게 싸웠다	그 싸움의 생존자	3	
1946-12-14-011	현물세징수사업과 맹원조직확대를 결부	의주군 민청맹원들	3	김세항
1946-12-14-012	단체계약을 계기로 건국사상동원운동 결의	교맹 평남도 2차확대회에서	3	명덕
1946-12-14-013	농한기 리용하여 농민지도자 양성	북조선농민동맹 중앙위원회에서	3	
1946-12-14-014	교육문화후원회 촉진	교육문화후원회 평양시위원회에서	3	석근
1946-12-14-015	현물세 솔선 납입 저축금을 헌금	강원도 회양군 안풍면 성동리 전재술농민	3	인표
1946-12-14-016	인간성의 개조(상) 건국사상동원운동에 관련하여	건국사상동원예총 제공	3	한설야
1946-12-14-017	련합국기구총회	전반적군비축소에 대한 쏘련의 안 토의에 착수	4	따쓰특파원통신
1946-12-14-018	세계패권을 위한 미국의 투쟁		4	
1946-12-14-019	향항과 구룡을 중국에 반환하는 문제(상)		4	
1946-12-14-020	동북민주련군		4	박무
1946-12-14-021	독일로케트탄기사 9명 룬돈에 도착		4	따쓰통신

기사번호	제목(title)	부제목(stitle)	면수	필자, 출처
1946-12-14-022	방송순서		4	
1946-12-14-023	평양극장안내		4	
1946-12-14-024	중앙교향악단 첫 연주회		4	
1946-12-15-001	애국미헌납운동을 전개하자		1	
1946-12-15-002	김일성	김제원선생과 아울러 재령농민 여러분께	1	
1946-12-15-003	황해도 재령군농민대회의 애국미 및 량곡수매사업운동을 위한 호소에 대하여	북조선로동당 중앙상무위원회 결정서	1	
1946-12-15-004	맹원 김제원애국미운동에 대한 결정서	북조선농민동맹 중앙상무위원회	1	
1946-12-15-005	김제원농민의 애국지성 본받아 애국미헌납운동 전개를 결의!	재령군 농민현물세완납경축대회에서	1	
1946-12-15-006	북조선 전농민에게 호소함	재령군 농업현물세완납경축대회	1	
1946-12-15-007	모든것을 국가에 바치는 참다운 농민의 지도자!	김제원동지 방문기	1, 2	
1946-12-15-008	북조선로동당 평남도당의 민주선거사업 총결과 우리 당의 당면 제 과업(2)		2	북조선로동당 평안남도당부 위원장 김재욱
1946-12-15-009	산업국사업보고(5) 제3차 각 도 산업부장 및 국영기업장 책임자회의에서	산업국장 리문환	2	
1946-12-15-010	강령규약에 대한 인식이 상당 제고 분담공작으로 실천교양하며 관료적사업방식을 청산하라	평양철도 재판소 검찰소 세포생활	2	현석
1946-12-15-011	평양시 동구당의 학습훈련반 열렬	생산률의 저하를 방지하며 각 세포의 학습을 강화하라	2	라득준
1946-12-15-012	선거사업에 있어서 농민들은 이렇게 싸웠다(2)		2	북조선농민동맹 중앙위원회 위원장 강진건
1946-12-15-013	조직관리운영을 강화	흥남인민공장 대개신	3	명덕
1946-12-15-014	북조선직업총동맹 중앙상임위원회 결정서		3	
1946-12-15-015	건국사상동원 로동규률 엄수 생산증강운동에 총돌격 결의	평양시내 각 직장 열성자대회	3	명덕
1946-12-15-016	사회보험과 쏘련의 직업동맹		3	통신부
1946-12-15-017	피로 기록한 항일사 호가장전투(4) -조선의용군은 이렇게 싸웠다-	그 싸움의 생존자	3	
1946-12-15-018	인간성의 개조(하) 건국사상동원운동에 관련하여	건국사상운동예총 제공	3	한설야
1946-12-15-019	안전보장리사회내 강국들의 일치동작원칙에 대하여		4	
1946-12-15-020	사회주의쏘베트련맹공화국은 세계에서 가장 위대한 국가다(2)		4	허빈 역
1946-12-15-021	신5개년계획과 쏘련경제처리의 사회주의적방법		4	

기사번호	제목(title)	부제목(stitle)	면수	필자, 출처
1946-12-15-022	외상리사회의 평화조약안보고		4	따쓰특파기자 통신
1946-12-15-023	향항과 구룡을 중국에 반환하는 문제(하)		4	홍인표
1946-12-15-024	방송순서		4	
1946-12-15-025	평양극장안내		4	
1946-12-17-001	국가재정의 절약에 관한 제언		1	
1946-12-17-002	우리의 영명한 지도자 김일성장군 앞	재령군 농업현물세완납경축대회	1	
1946-12-17-003	간고한 가운데서도 나라를 위하는 기쁨	김제원동지의 살림살이	1	
1946-12-17-004	재령군 북률면 애국미헌납자		1	
1946-12-17-005	김일성장군의 감사장에 재령농민의 건국열 일층 고조! 광영의 김장군 서신전달식	앞을 다투어 또 애국미 3백 6십가마니 헌납	1	
1946-12-17-006	당선전사업과 당원들의 사상리론적교양의 제 과업		2	북조선로동당 중앙본부 선전선동부 부부장 박창옥
1946-12-17-007	당의 확대와 정치교양은 당의 일상적임무 상급의 지시와 결정은 의무적 당원의 선진적모범을 보이라	강원도 평강군당	2	김기호
1946-12-17-008	교양과 문맹퇴치 생산책임을 완수	길주탄광 당부	2	박태화
1946-12-17-009	중앙당학교 직원세포생활		2	김종윤
1946-12-17-010	적성농장세포 성인교사 신축		2	치목
1946-12-17-011	생산돌격으로 농민에게 감사		2	박문성
1946-12-17-012	원산시당 제4차확대위원회		2	김홍범
1946-12-17-013	중국국민당의 위기(상)		2	왕읍, 박무 역
1946-12-17-014	교육개혁의 실천과 시설내용의 충실을 기약	북조선 각 도 시 군 교육부장 과장 련석회의	3	
1946-12-17-015	파괴된 공장을 복구하여 백여대의 기관차 수리	청진철도공장세포 동무들 감투	3	문성
1946-12-17-016	열성적인 소년단 가마니를 헌납	시내 14인민학교 4백명의 소년단원	3	명덕
1946-12-17-017	3군련합회 민청정치강습		3	달수
1946-12-17-018	비료공장탁아소 개소	흥남에서	3	리용순
1946-12-17-019	애국미헌납		3	최민
1946-12-17-020	희생적정신을 발휘하여 국가보안사업에 헌신	평남도 보안원열성자대회	3	언철
1946-12-17-021	문맹퇴치에 동원	김일성대학생 2천명	3	달수
1946-12-17-022	남조선동정금		3	문순
1946-12-17-023	녕변 량곡매수		3	인득
1946-12-17-024	증산에 돌진하는 동무들에게 '위안의 밤'	삼신탄광에서	3	명덕
1946-12-17-025	반죽동변전소증설공사 준공		3	문성

기사번호	제목(title)	부제목(stitle)	면수	필자, 출처
1946-12-17-026	민족음악을 부흥건설하자		3	박중선
1946-12-17-027	피로 기록한 항일사 호가장전투(5) 조선의용군은 이렇게 싸웠다	그 싸움의 생존자	3	
1946-12-17-028	남아프리카에서의 인도인 차별박해책 련합국기구에서 비난		4	따쓰통신
1946-12-17-029	민주주의에 대한 기이한 개념		4	쏘련붉은함대신문
1946-12-17-030	다단넬해협문제를 영국회서 발표		4	따쓰통신
1946-12-17-031	꼬벤하겐에서 쏘련영화 상영		4	따쓰통신
1946-12-17-032	쓰딸린그라드 복구사용목재		4	뻬뜨로사보드쓰크통신
1946-12-17-033	불란서의 선거총화		4	따쓰통신
1946-12-17-034	비률빈의 소위 '독립'(상)		4	
1946-12-17-035	국제개관		4	김상오 역
1946-12-17-036	방송순서		4	
1946-12-17-037	평양극장안내		4	
1946-12-18-001	건국사상동원운동과 애국미헌납운동		1	
1946-12-18-002	쏘미회담의 속개를 요구함	미국정책의 개변을 요망하면서	1	
1946-12-18-003	건국사상동원운동에 관한 북조선직업총동맹 제37차 중앙상무위원회 결정서		1	
1946-12-18-004	건국사상동원운동에 관한 북조선농민총동맹 제14차 중앙상무위원회 결정서		1	
1946-12-18-005	건국사상동원운동 제요	김두봉동지의 보고연설에서 발취(1)	2	
1946-12-18-006	건국사상운동과 보안원들의 각오(1)		2	북조선림시인민위원회 보안국장 박일우
1946-12-18-007	중국국민당의 위기(하)		2	왕읍, 박무 역
1946-12-18-008	평양시당의 주간당학교 개교		2	현석
1946-12-18-009	건국사상작품을 수립 량곡수매사업을 완수	북조선소비조합 상무위원회 결의	3	성택
1946-12-18-010	교육의 질적향상과 학생자치회 지도강화	평남전문중등인민교장련석회의	3	석근
1946-12-18-011	현물세 체납한 악질농민에 체형	인민재판소에서 판결	3	성택
1946-12-18-012	건국사상동원에 호응 우리는 충성을 다하자	조선고무공장 직장대회	3	원식
1946-12-18-013	극장은 인민의 교실로 영화촬영소창설 결정	북조선극장영화관계대표자대회	3	달수
1946-12-18-014	가일층 분투를 맹세	통운국과 교운직맹단체 계약	3	명덕
1946-12-18-015	명태어 대풍	원산에서	3	김기호
1946-12-18-016	인민소유재산을 보장	북조선인위 서기장 담화 발표	3	
1946-12-18-017	쏘련적십자병원 함흥에 개원		3	박경석
1946-12-18-018	년말생산경기	로동자웅변대회 성황	3	인표

기사번호	제목(title)	부제목(stitle)	면수	필자, 출처
1946-12-18-019	피로 기록한 항일사 호가장전투(6) -조선의용군은 이렇게 싸웠다-	그 싸움의 생존자	3	
1946-12-18-020	북조선로동당 중앙위원회기관잡지『근로자』제2호 근일 발매		3	
1946-12-18-021	평양극장안내		3	
1946-12-18-022	외상리사회회의	다음번 정기외상회의를 3월 10일 막부에서 개최	4	따쓰통신
1946-12-18-023	위대한 쓰딸린에게 드린 인민들의 다채한 선물		4	
1946-12-18-024	까라깔빠크자치공화국 면화납부계획 완전실행		4	누꾸통신
1946-12-18-025	비률빈의 소위 '독립'(하)		4	김동한 역
1946-12-18-026	뻬루에 지진	사상자 다수	4	따쓰통신
1946-12-18-027	자갑까즈제철공장 건축		4	트빌리씨통신
1946-12-18-028	련합국기구총회	서반아문제를 토론	4	
1946-12-18-029	일본주요전범자 공판		4	
1946-12-18-030	이란 아제르바이드산총독에게 까와므에 쓰쌀따네 전문 송달		4	따쓰통신
1946-12-18-031	방송순서		4	
1946-12-19-001	상업의 민주주의적개혁과 모리간상배 퇴치		1	
1946-12-19-002	쏘미공동위원회의 시급속개를 요구 궐기	북조선 각계대표 담화 발표	1	
1946-12-19-003	유일당증의 수여사업 개시	12일부터 강원도당에서	1	기호
1946-12-19-004	원산시당야간당학교 개교		1	김기호
1946-12-19-005	건국사상운동과 보안원들의 각오(2)		1	북조선림시인민위원회 보안국장 박일우
1946-12-19-006	건국사상동원운동 제요	김두봉동지의 보고연설에서 발취(2)	2	
1946-12-19-007	평양시당의 선거	선전총결에 관하여(1)	2	평양시당 선전선동부장 허갑
1946-12-19-008	회의절차의 무질서와 교양사업이 미약	련천인민보안서 세포	2	김기호
1946-12-19-009	중국항전 8년래의 문예공작의 성과와 그 경향(1)		2	모순, 박무 역
1946-12-19-010	로동규률을 지키지 않는 건달군들을 숙청하자	평양시 각 공장 년말생산경쟁 저조	3	명덕
1946-12-19-011	건국사상동원운동에 예맹작가강연대 출발	북조선 각지 공장으로 농어촌으로	3	명덕
1946-12-19-012	당기금조달 위하여 신목 채취	회령군 팔을면 로동당면당부에서	3	홍원
1946-12-19-013	평남도인민교생 도현상음악대회		3	동수
1946-12-19-014	기어이 배우려는 뜻은		3	허춘

기사번호	제목(title)	부제목(stitle)	면수	필자, 출처
1946-12-19-015	정치로선의 교양공작 민주사법발전을 기약	제2차 평남도사법책임자대회	3	달수
1946-12-19-016	창발로써 제정기를 제작	청진시 수행동 리정남	3	지사
1946-12-19-017	건국사상동원 관료주의를 배격	평양특별시사업검토대회	3	석근
1946-12-19-018	현물세곡물과 연료운반에 만전	평북 의주군에서	3	김세항
1946-12-19-019	잠업강습회 개최	평남도인민위원회에서	3	성택
1946-12-19-020	평남도중등교원검정시험 연기		3	성택
1946-12-19-021	생산증산으로 건국	많은 로동영웅을 낳은 국영함흥제사공장 방문기	3	박경석
1946-12-19-022	분탄운반정체로 련탄생산률이 저하	선교련탄의 년말생산경기 애로	3	명덕
1946-12-19-023	수송생산에 총돌진	청진철도관내 각 부문	3	
1946-12-19-024	문맹퇴치사업 활발 전개	성진시에서	3	
1946-12-19-025	문맹퇴치전사 수강	민청학원에서	3	박태화
1946-12-19-026	련합국기구총회	렬강의 일치동작원칙문제 토의	4	따쓰통신
1946-12-19-027	대프랑코문제 련기위원회토의		4	따쓰통신
1946-12-19-028	영정부의 대외정책	레이보르당내에서 불만 점차로 장성	4	따쓰통신
1946-12-19-029	최고쏘베트선거 앞두고 가맹공화국들에 선거구 조직		4	
1946-12-19-030	우즈베크 철공들의 빛나는 제철성과		4	따스겐트통신
1946-12-19-031	쏘-체호조약체결 1주년 기념회 성대		4	따쓰통신
1946-12-19-032	쏘베트국민은 인민경제향상을 위한 신방법을 탐구한다		4	
1946-12-19-033	쏘베트영화예술은 인민에게 봉사한다		4	
1946-12-19-034	사무실로부터 기대로	쏘련	4	츠깔로브통신
1946-12-19-035	쏘-낙간 무역협약 설정		4	
1946-12-19-036	방송순서		4	
1946-12-19-037	평양극장안내		4	
1946-12-20-001	증산경쟁운동의 추진력		1	
1946-12-20-002	북조선로동당에 보내는 메쎄지	남조선로동당창립대회	1	
1946-12-20-003	학교교육체계 개편	인민교육개혁법령 준비	1	언철
1946-12-20-004	북조선림시인민위원회 결정 제133호	북조선 학교교육체계에 관한 규정 및 그 실시에 관한 조치에 대한 결정서	1	
1946-12-20-005	시내 각 직장의 건국사상동원		1	현석
1946-12-20-006	건국사상동원운동 제요	김두봉동지의 보고연설에서 발취(3)	2	
1946-12-20-007	평양시당의 선거	선전총결에 관하여(2)	2, 3	평양시당 선전선동부장 허갑
1946-12-20-008	김제원애국미운동을 받드는 북조선농민들		3	
1946-12-20-009	나라를 위하여 바쳐야 하지요	농민 박형식씨 담	3	

기사번호	제목(title)	부제목(stitle)	면수	필자, 출처
1946-12-20-010	절미운동과 애국미운동을	농민 조영환씨 담	3	
1946-12-20-011	또다시 평양시민의 승리	삼신운탄선 개통식	3	인표
1946-12-20-012	우수한 건전지를 제작생산에 성공	청철전기구 리문복씨	3	박문성
1946-12-20-013	건국은 조그만 일로부터	평양시 동대원리 26반 반장 오명섭	3	정옥홍
1946-12-20-014	년말생산경쟁 활발	함흥시내 각 공장 목표량 돌파	3	
1946-12-20-015	평남문맹퇴치지도위원회		3	
1946-12-20-016	13개면이 완료	평북도량곡수매사업	3	
1946-12-20-017	창발성을 발휘하여 생산증강돌격에 매진	공락요업공장 11월 111% 돌파	3	명덕
1946-12-20-018	건국사상동원 문맹퇴치사업에 평양법경전문학교생 맹세		3	명덕
1946-12-20-019	평양시 수도시설 확장 착착 진행		3	석근
1946-12-20-020	중앙교향악단 창립공연에 대하여		3	현석
1946-12-20-021	쏘베트다민족국가의 위대한 력량(상)		4	
1946-12-20-022	방송순서		4	
1946-12-20-023	평양극장안내		4	
1946-12-21-001	건국사상동원과 국가규률의 준수		1	
1946-12-21-002	쏘미공동위원회 속개요망 각계대표 담화 발표		1	
1946-12-21-003	로동자 사무원의 건강 보장 건국사업에 적극 진력 도모	북조선림시인민위원회 의료상 방조 결정	1	명덕
1946-12-21-004	북조선림시인민위원회 결정 제134호	로동자 사무원 및 그 부양가족에 대한 의료상 방조실시와 산업의료시설개편에 관한 결정서	1	
1946-12-21-005	평양특별시 대격리병실 증설		1	석근
1946-12-21-006	최근의 남조선	미군정의 반동정책	2	신고송
1946-12-21-007	건국사상동원으로 애국미헌납을 추진	북조선로동당 평남도당부 제12차 상무위원회	2	
1946-12-21-008	사리원군당열성자대회		2	리성섭
1946-12-21-009	애국미헌납운동 생산증강을 추진	평양시당 제21차 상무위원회	2	
1946-12-21-010	'핏치' '콕쓰'난을 해결하는 '아탄'을 박령균씨가 발명	평양시 신양리 65여 주소를 두고 현재 인민교화소에 근무	3	성택
1946-12-21-011	면화현물세 국세 도세 완납	황해도에서	3	지사
1946-12-21-012	9천 5백 성인교	황해도 문맹퇴치지도 활발	3	박응균
1946-12-21-013	절미운동	눈에 띠우는 가지가지	3	중선
1946-12-21-014	량곡수매의 중대성 고조 농민의 정치의식 향상	황해도인위 제6차 확대위원회	3	박응균
1946-12-21-015	인위에 두 대표를 보낸 청진성냥공장		3	
1946-12-21-016	중국항전 8년래의 문예공작의 성과와 그 경향(2)		3	모순, 박무 역
1946-12-21-017	기관차가 뛰는것이 아니라 기관사가 뛰는것이다! 모범기관사 김교흡동무 표창	평양기관구 기관사	3	달수

기사번호	제목(title)	부제목(stitle)	면수	필자, 출처
1946-12-21-018	국가재산으로 사복을 채우는자는 인민의 원쑤다!		3	
1946-12-21-019	정치교양을 제고 민주교육에 노력	평양시교육자대회	3	석근
1946-12-21-020	북조선로동당 중앙위원회 기관잡지 『근로자』 제2호 근일 발매		3	
1946-12-21-021	분서장회의에서 서원들의 자기비판	철원군내 각 분서장회의에서	3	김홍범
1946-12-21-022	국가를 좀먹는 불순분자 취조중		3	박문성
1946-12-21-023	함북예총이 학교공장에 써클 조직	북조선문학예술총동맹 함북도위원회에서	3	
1946-12-21-024	현물세 불성적을 량곡수매로 회복코저 노력	강원도인민위원회에서	3	김홍범
1946-12-21-025	련합국 기구총회	대프랑꼬 서반아문제 열의 토의 후 수결의	4	따쓰통신
1946-12-21-026	쓸라비야 콩크레쓰에서 쓰딸린에게 드린 축하문		4	따쓰통신
1946-12-21-027	이란의 정세		4	
1946-12-21-028	쏘베트 다민족국가의 위대한 력량(하)		4	
1946-12-21-029	방송순서		4	
1946-12-22-001	세계피압박민족의 해방자 쓰딸린대원수	그의 탄생일(12월 21일)에 제하여	1	
1946-12-22-002	쏘미공동위원회 속개를 요구하는 민중시위를 무참히 도살	-전주에서 또다시 참안 발생-	1	
1946-12-22-003	사회보험실시에 대하여		1, 2	북조선림시인민위원회 로동부장 오기섭
1946-12-22-004	농촌에 있어서의 래년봄농사의 모든 준비에 대하여		1	
1946-12-22-005	진정한 민주독립조선건설에 있어서의 북조선인민의 선봉적역할		2	리성용
1946-12-22-006	량곡수매사업과 애국미헌납에 대하여 동맹원에 격함		3	북조선중앙민청 선전부
1946-12-22-007	승리의 기록	항일영웅(1)	3	김학철
1946-12-22-008	탄소쇄자를 연구제조 서북제지의 애로타개 모범당원 김승봉동무의 노력결과	서북제지공장에서	3	갑흥
1946-12-22-009	쏘련공산당사 연구	조쏘문화협회에서	3	
1946-12-22-010	인민의 보안서원 인민의 거리 청소 보안서원과 인민친화풍경	평양인민보안서에서	3	석근
1946-12-22-011	동기휴가를 리용하여 학생조직생활을 강화	평양특별시 교육부에서	3	
1946-12-22-012	황해도 량곡수매사업완수 목표로 맹활동		3	장용익
1946-12-22-013	28명 빤필롭쯔의 영웅행적을 전시		3	아따통신
1946-12-22-014	중공업에 필요한 내화련와를 증산	대협동요업공장에서	3	명덕
1946-12-22-015	경각성 제고하여 불순분자를 숙청	직총 평북도 남시일반초급단체에서	3	명덕
1946-12-22-016	외상리사회회의		4	따쓰통신
1946-12-22-017	불란서민족국회 총결에 관하여		4	
1946-12-22-018	라트비야공화국		4	
1946-12-22-019	인도는 무슨 까닭에 기아에 빠지였는가?		4	
1946-12-22-020	전자유애호인민과 전쓸라비야민족에게 쓸라비얀콩크레쓰에서 메쎄지		4	따쓰통신
1946-12-22-021	고리끼의 '아동서적주간'		4	
1946-12-22-022	도서관을 전면 확충		4	레닌그라드통신
1946-12-22-023	쏘련과학인 파리 향발		4	
1946-12-22-024	쏘련헌법 출판 4천 7백만부		4	
1946-12-22-025	방송순서		4	
1946-12-22-026	북조선로동당 중앙위원회 기관잡지 『근로자』 제2호 근일발매		4	
1946-12-24-001	쏘미공동위원회에 있어서의 미군정의 반동정책		1	
1946-12-24-002	쏘미공동위원회 속개요망 각계 대표 담화 발표		1	
1946-12-24-003	'남조선립법의원'은 미군정의 강화 및 연장	-전재-	1, 2	이정
1946-12-24-004	건국사상동원운동제요	김두봉동지의 보고연설에서 발취(4)	2	
1946-12-24-005	국가재산을 좀먹는 정백공장 지배인 전흥준의 죄상		3	현석
1946-12-24-006	시집 『응향』의 반동성을 지적	북조선예총 상위에서	3	성택
1946-12-24-007	시집 『응향』에 관한 북조선문학예술총동맹 중앙상임위원회의 결정서		3	
1946-12-24-008	조직진영을 강화 건국사상동원 전개	북조선보건련맹대회	3	명덕
1946-12-24-009	봉산민청원 년말생산돌격후원 활약		3	리성섭
1946-12-24-010	고공품제조와 량곡수매완수 결의	영변군인민위원회에서	3	김인득
1946-12-24-011	광장신설에 당원동무들 모범작업	황해도 신막에서	3	김인득
1946-12-24-012	승리의 기록	항일영웅(2)	3	김학철
1946-12-24-013	반일투사후원회 자아비판	애국투사후원회로 신발족	3	인표
1946-12-24-014	소비조합직원 작업하여 구원금을 남조선에	북조선소비조합에서	3	은길
1946-12-24-015	각 도 문학예총에 호소문과 지시문		3	성택
1946-12-24-016	북조선문학예맹위원장 각 도 위원장 앞 출판물원고제출 실시제의건	북조선문학예술총동맹	3	
1946-12-24-017	각 도위원장 앞 시집 『응향』을 중심으로 한 원산문학동맹의 반동적준동에 대하여	북조선문학예술총동맹	3	
1946-12-24-018	주영인도네샤 마래협회서 그로미꼬에게 감사문 송부		3	따쓰통신
1946-12-24-019	쏘미공동위원회 사업재개에 관한 문제		4	따쓰통신

기사번호	제목(title)	부제목(stitle)	면수	필자, 출처
1946-12-24-020	중국로동동맹 위원장 성명 발표		4	따쓰통신
1946-12-24-021	선거에 당면하여 이란의 반동강화		4	따쓰통신
1946-12-24-022	카이로대학생들 반영애조약 소요		4	따쓰통신
1946-12-24-023	거대한 갈탄광 새로 발견	쏘련	4	스베르들롭쓰크통신
1946-12-24-024	영공습방비대 새로 사업착수		4	따쓰통신
1946-12-24-025	동경에서 로동녀자대회 개최		4	따쓰통신
1946-12-24-026	아제르바이드쟌력사에 대한 저서		4	바꾸통신
1946-12-24-027	꼐쎌리링그 로마로 이송		4	따쓰통신
1946-12-24-028	바꾸극장의 최근소식		4	바꾸통신
1946-12-24-029	태평양도서 『보호』에 관한 미국계획의 내막		4	통신부
1946-12-24-030	쓸라비얀콩크레쓰 폐막	찌또원수 친목회 개최	4	따쓰통신
1946-12-24-031	조국으로 귀환	쏘련	4	
1946-12-24-032	쏘련대외정책문헌선집 출판		4	
1946-12-24-033	낙위에서 민병대조직		4	따쓰통신
1946-12-24-034	희랍참모부장 론돈으로 출발		4	따쓰통신
1946-12-24-035	쏘련의 문화교양사업의 고상한 사상적 토대와 광범성		4	
1946-12-24-036	방송순서		4	
1946-12-24-037	평양극장안내		4	
1946-12-25-001	련합국기구총회와 세계민주주의력량		1	
1946-12-25-002	쏘미공동위원회 속개요망 각계 대표 담화 발표		1	
1946-12-25-003	김제원애국미헌납운동 전개	남포, 룡강, 평원에서 애국미헌납군중대회	1	원식
1946-12-25-004	김상득동무 쌀 열가마니 헌납	평원군 양화면당위원장	1	황영식
1946-12-25-005	시위는 인민의 자유 전주사건에 대항투쟁	남조선로동당 위원장 허헌씨 담화 발표	1	
1946-12-25-006	당장성과 당조직 및 당정치사업에 대한 제과업 북조선로동당 제3차 중앙위원회에서 보고(축소개정한 보고)	허가이	1, 2	
1946-12-25-007	문학예술은 인민에게 복무하여야 할것이다	원산문학동맹 편집시집 『응향』을 평함	2, 3	백인준
1946-12-25-008	국가기관의 교제비 전폐 결산 및 재산현존량 조사	북조선림시인민위원회 결정서 발표	3	
1946-12-25-009	현물세납입과도 량곡수매에도 일착	녕변 백령면 화전민 열성	3	김인득
1946-12-25-010	중국의 국민대회 소집		3	
1946-12-25-011	황해도민청열성자대회		3	리성섭
1946-12-25-012	구제실시 앞두고 리인위장 강습회	평양특별시 총무부에서	3	석근
1946-12-25-013	정치경제진로에 발맞추어 문화적으로 개척 노력	북조선군중문화관계자회의	3	달수

기사번호	제목(title)	부제목(stitle)	면수	필자, 출처
1946-12-25-014	현물세보관상황 검열	강원도 량정부에서	3	김기호
1946-12-25-015	승리의 기록	항일영웅(3)	3	김학철
1946-12-25-016	군비조절과 축소안 만장일치로 가결	련합국기구 14일회의	4	따쓰통신
1946-12-25-017	제90회 일본의회		4	통신부
1946-12-25-018	아직 지구상에는 이런 방문기도 있다		4	
1946-12-25-019	체호슬로바끼야의 경제부흥발전 2개년계획		4	홍인표 역
1946-12-25-020	철도복선 복구작업		4	하리꼬브통신
1946-12-25-021	국제직련집행위원회의		4	따쓰통신
1946-12-25-022	방송순서		4	
1946-12-25-023	평양극장안내		4	
1946-12-26-001	학습에 있어 형식주의 경향을 극복하자!		1	
1946-12-26-002	쏘미공동위원회 속개요망 각계대표 담화 발표		1	
1946-12-26-003	한국민주당의 생성과 그 분렬	-전재-	1, 2	
1946-12-26-004	건국사상동원운동 제요	김두봉동지의 보고연설에서 발취(5)	2	
1946-12-26-005	해독분자를 숙청 당의 대오를 정비	평남도당 제13차 상무위원회	2	
1946-12-26-006	농민의 애국열에 농구증산으로 보답 근 농사세포	평양시당 중구망에서	2	현석
1946-12-26-007	각 정당 사회단체 량곡수매에 궐기		2	지사
1946-12-26-008	김일성장군께 감사문	평강 해방부락 량곡수매완수 맹세	3	김기호
1946-12-26-009	조국은 농민에게 간절히 요구한다		3	평론가 한효
1946-12-26-010	가정부인은 절미운동으로서		3	오탄리 가정부인 오헌숙, 은길
1946-12-26-011	강냉이는 갈아 먹고 콩으로는 떡을		3	평양시연료상업조합 김재원, 언철
1946-12-26-012	김선생을 본받아 민주학도가 될터		3	평양제3녀자중학교 학생 최남희, 지사
1946-12-26-013	동기방학의 당면과제	민주건설을 추진하는 평사전 학생들	3	라득준
1946-12-26-014	평북의 량곡수매 활발히 전개된다	그중에도 강계 벽동 우수	3	
1946-12-26-015	녀성자위대 량곡경비에 활약중	영변군 독산면일대에서	3	김인득
1946-12-26-016	흥남 각 인민공장 년말증산 활발		3	김경일
1946-12-26-017	무성의, 무책임한 각 극장관리 현상		3	황성택
1946-12-26-018	승리의 기록	항일영웅(4)	3	김학철
1946-12-26-019	안전보장리사회 희랍문제를 토의		4	따쓰통신
1946-12-26-020	군비조절과 군비축소에 관한 문제		4	
1946-12-26-021	미국함대의 재편성		4	따쓰통신
1946-12-26-022	프랑꼬 서반아에 관한 문제		4	

기사번호	제목(title)	부제목(stitle)	면수	필자, 출처
1946-12-26-023	파나마운하서 미국기동연습		4	따쓰통신
1946-12-26-024	꼴호즈에 기와공장건축		4	마하츠-깔라통신
1946-12-26-025	국제정세에 관한 쏘베트출판물		4	통신부
1946-12-26-026	아르메니야 국립도서관		4	에레완통신
1946-12-26-027	와치칸 '로마법왕청'의 정책과 전후의 평화		4	통신부
1946-12-26-028	불란서정부 국회에서 선언		4	따쓰통신
1946-12-26-029	마드리드에서 이대사를 소환		4	따쓰통신
1946-12-26-030	평양방송순서		4	
1946-12-26-031	평양극장안내		4	
1946-12-27-001	정치적 사업과 경제적 사업의 련결에 대하여		1	
1946-12-27-002	3상회의결정 1주년을 기념 공동위원회 속개 요구	북조선민주주의민족통일전선 중앙위원회에서 결의	1	
1946-12-27-003	조선에 관한 모쓰크바3상회의 결정 1주년기념표어	북조선민주주의민족통일전선 중앙위원회	1	
1946-12-27-004	북조선민주주의민족통일전선 제8차 중앙위원회 결정서		1	
1946-12-27-005	민청원들 애국미헌납에 호응	평원군 순안에서	1	명덕
1946-12-27-006	누가 진정으로 조선의 완전독립을 위하여 싸우고있는가?		1	김창만
1946-12-27-007	문학과 예술의 고상한 사상을 위하여		2	박창옥
1946-12-27-008	유일당증수여의 원산시당 실시정형		2	김기호
1946-12-27-009	각 시 군에 지도원을 파견 대중적 사상투쟁을 전개	북조선로동당 강원도당부에서	2	기호
1946-12-27-010	중앙당학교에서 쓰딸린탄생 기념		2	김종윤
1946-12-27-011	평남도당학교 학생들 남조선에 위연금 거출		2	원식
1946-12-27-012	발란회부상에 까메노브 피선		2	따쓰통신
1946-12-27-013	선거자들 위한 강의 개시	쏘련	2	보로실로브스통신
1946-12-27-014	투루맨성명과 중국의 반향		2	따쓰통신
1946-12-27-015	김제원선생뒤를 따라 년말생산경쟁에 총궐기	평양시내 각 공장 로동자 사무원들	3	현석
1946-12-27-016	철저한 자아비판이 있어야 하겠다		3	시인 리찬
1946-12-27-017	일제잔재를 숙청 김장군호소 보답		3	평양교원대학 학생 김용직
1946-12-27-018	로동규률을 엄수 사상적으로 무장		3	조선제정공장 윤화주
1946-12-27-019	김정성씨 벼 20가마니 선풍같이 일어나는 애국미헌납운동	대동군 용산면 유리농민	3	중선
1946-12-27-020	할아버지 16두 과부어머니 2두	평남도 대동군 미산리 전재우선생, 한상순녀사	3	현석

기사번호	제목(title)	부제목(stitle)	면수	필자, 출처
1946-12-27-021	애국미헌납으로 건국!!	대동군 남관면 건국사상동원농민대회	3	중선
1946-12-27-022	혁명가의 어머니 헌납에 나도나도	개천군 애국미운동	3	원식
1946-12-27-023	승리의 기록	항일영웅(5)	3	김학철
1946-12-27-024	달구지로 지게로 실고 모여드는 애국미산적	대동군 고평면 건국사상동원농민대회	3	중선
1946-12-27-025	한컬레의 고무신이라도 더 보내자		3	선만고무공장 김려숙
1946-12-27-026	쏘련점령 독일동부지역내의 민주개혁		4	통신부
1946-12-27-027	홍아리대공장 국가에 이관		4	따쓰통신
1946-12-27-028	인도네시야전투 계속		4	따쓰통신
1946-12-27-029	홍아리 기선 일부 귀속		4	따쓰통신
1946-12-27-030	미국군함 청도에 정박		4	따쓰통신
1946-12-27-031	동경대진재를 릉가 관서지구에 대지진!	통신두절로 피해는 미상	4	따쓰통신
1946-12-27-032	미국과 아라비야반도제국		4	허빈 역
1946-12-27-033	중남미제국로력자대회		4	따쓰통신
1946-12-27-034	파란의 경제발달 도정		4	통신부
1946-12-27-035	평양방송순서		4	
1946-12-27-036	평양극장안내		4	
1946-12-28-001	당면중요과업 제시 강력한 실천을 호소	북조선민주주의민족통일전선 제8차 중앙위원회서 김일성	1	
1946-12-28-002	모쓰크바3상회의의 조선문제에 관한 결정 1주년을 맞이하면서		1	
1946-12-28-003	자본주의세계에 경제공황의 박두		2	에.발가 술, 리득화 역
1946-12-28-004	태공의 불명예를 총돌격으로 만회	평양제침공장 세포	2	현석
1946-12-28-005	애국미헌납의 선전해석공작	평양시 동구구역 당부	2	현석
1946-12-28-006	해저침몰된 벼 7백가마니 혹한 무릅쓰고 건져 낸 당원 최근환동무와 농민들	남포시에서	2	원식
1946-12-28-007	애국자 즉시 석방 요구 '립법의원' 절대 반대!	부산시내에서 민중시위행진	2	
1946-12-28-008	김제원농민을 본받아 애국미헌납운동을 전개하자		2	북조선농맹위원장 강진건
1946-12-28-009	북조선림시인민위원회 결정 제143호	북조선의 뢰물 및 기타 직무태만처벌에 관한 법령	3	
1946-12-28-010	북조선림시인민위원회 결정 제142호	북조선의 국가사회단체소비조합재산보호에 관한 법령	3	
1946-12-28-011	량곡수매사업에 있어서 명령주의 관료주의 청산	북조선림시인민위원회에서 결정	3	
1946-12-28-012	식량배급에 관한 결정서	국가식량을 준비하기 위하여	3	
1946-12-28-013	년말생산증강에 돌격하며 김제원동지께 고무신 선물	선만고무공업사 종업원대회에서	3	현석

기사번호	제목(title)	부제목(stitle)	면수	필자, 출처
1946-12-28-014	전인민의 정신을 고아들 머리에		3	대동군 림원면 로성리 개나리꽃집고아원 주태익, 능도
1946-12-28-015	뉴욕에서 련합국기구회의 총화에 대한 영외상 베빈의 연설요지		4	따쓰통신
1946-12-28-016	아제르바이쟌 발전소 건설		4	
1946-12-28-017	동경경찰대와 조선인간 충돌		4	따쓰통신
1946-12-28-018	영제국주의에 예속된 애급의 경제리권		4	통신부
1946-12-28-019	국제개관		4	통신부
1946-12-28-020	홍아리국회에서 토지개혁 총결산		4	따쓰통신
1946-12-28-021	미국국회선거의 의의와 그 분석		4	리종률 역
1946-12-28-022	평양극장안내		4	
1946-12-29-001	건국사상운동과 법적 제재의 발동		1	
1946-12-29-002	쏘미공동위원회 속개요망 각계대표 담화 발표		1	
1946-12-29-003	서울대학 문리과 법과 휴교 전학생을 정학처분	미군정 또 학원의 자유 유린	1	
1946-12-29-004	성진시당 제2야간당학교 개강		1	김영복
1946-12-29-005	애국미헌납에 감격 재래보습 백개 헌납	선만주철 최홍진씨	1	석근
1946-12-29-006	청진시당야간학교 개강		1	백문성
1946-12-29-007	사회보험법실시 강습회	평양특별시 로동부와 시직업동맹에서	1	석근
1946-12-29-008	독립을 얻기 위한 면전인민의 투쟁		1	통신부 역
1946-12-29-009	선전원들에게 주는 참고자료	당군중사업의 몇가지 문제	2, 3	므.이.깔리닌 술, 북조선로동당 중앙본부 선전선동부
1946-12-29-010	승리는 평양연초에	동양제사와의 년말생산경쟁결산	3	명덕
1946-12-29-011	생산경쟁총결 서전전차수리 110%	평양기구제작 55.8%	3	명덕
1946-12-29-012	김제원선생에게 라지오와 김장군의 사진	북조선문학예술동맹에서	3	성택
1946-12-29-013	김제원선생에게 신불출씨 돈 만원과 편지		3	인표
1946-12-29-014	녀성동맹에서는 유기일식을 선물	김제원농민에게	3	명덕
1946-12-29-015	량곡수매사업에 대하여 철저한 선전해설을 하라	평남도 시 군 면 인민위원장 소비조합위원장 련석회의	3	
1946-12-29-016	중앙아세아에 새 공장 건축		3	따스켄트통신
1946-12-29-017	정로철공소		3	
1946-12-29-018	승리의 기록	항일영웅(6)	3	김학철, 장진광 화
1946-12-29-019	비예트남국회	동아세아에서 첫 민주헌법을 채택	4	따쓰통신
1946-12-29-020	비예트남에서 대무력충돌사건	형세 각각으로 험악화	4	따쓰통신

기사번호	제목(title)	부제목(stitle)	면수	필자, 출처
1946-12-29-021	파란선거위원장 지정		4	따쓰통신
1946-12-29-022	미국인민대중의 반파쑈연설대회	프랑꼬정체를 타도하자 절규	4	따쓰통신
1946-12-29-023	꼰도뽀가제지공장 복구	쏘련	4	꼰도뽀가통신
1946-12-29-024	발소협회련맹 1차콩크레쓰 개최		4	따쓰통신
1946-12-29-025	새 5개년계획의 건설보 이모저모	쏘련	4	
1946-12-29-026	분노한 인도(상)		4	
1946-12-29-027	평양방송순서		4	
1946-12-29-028	평양극장안내		4	

1947년

1947년 1월 1일 『로동신문』

■ 북조선 '민주 과업'을 토대로 민주 부강한 신 조선 건립을 다짐하는 신년 사설을 발표하였다.

사설: 건설과 투쟁의 신 1년 1947년을 맞이하면서

조선 력사에 있어서 과거의 어느 1년보다도 가장 값있는 1년이었고 가장 다사한 1년이었고 또 가장 다망한 1년이었던 1946년은 북조선 인민들의 련속적인 승리의 개가 속에 흘러가고 이제 또다시 새로운 용기와 새로운 정열로서 새로이 투쟁할 1947년을 맞이하게 되었다.

지나간 1년을 돌아보건대 우리 북조선에 있어서는 많은 민주개혁을 성공적으로 수행하였다. 이 해 2월 8일에 북조선 인민의 정권으로서 실로 조선 력사상 초유의 인민정권으로서 북조선림시인민위원회가 우리 민족의 영명한 지도자로 1세의 경앙을 받고 있는 김일성장군을 위원장으로 하여 탄생된 후 이 참된 인민정권은 3월 5일의 력사적인 토지개혁을 비롯하여 뒤이어 전체 인민들의 리익을 위하여 계속적으로 로동법령, 산업경제기관 국유화법령, 농업현물세제, 남녀평등권법령 등을 발포 실시하였으며, 민주선거 규정까지 발포한 후 그에 의하여 명실상부한 력사적 위업인 민주선거를 시행한 결과 총 유권자 4,516,120 가운데의 99.6%가 되는 4,501,813명이라는 거의 전부에 가까운 유권자 인민이 참가하여 민주주의민족통일전선 위원회에서 추천한 인민위원의 공동후보자들을 찬성하여 투표하였던 것이다.

이러한 모든 민주력량의 승리는 어디로부터 온 것인가? 말할 것도 없이 북조선의 모든 민주력량을 총집결한 제 정당 사회단체들의 철석같은 단결로서 이루어진 민주주의민족통일전선 결성의 결과요 그 위대한 역할에서 오는바 성과인 것이다. 이 민주주의민족통일전선이 결성되지 못하였던들 이러한 민주력량의 승리를 확보하지 못하였을 것이다. 이 모든 민주개혁이 이 1년 동안에 활발히 수행되었을 뿐만 아니라 수행된 개혁의 승리들을 공고히 하는데 있어서도 단결된 민주력량인 민주주의민족통일전선의 공로가 또한 컸던 것이다.

북조선의 모든 민주개혁을 성공적으로 완수할수 있었던 또 한 가지 원인은 인민대중의 정치적 자각이 높아졌음에 기인한 것인 동시에 세계피압박약소민족의 해방자인 쓰딸린 대원수가 령도하는 붉은군대의 원조와 김일성 위원장의 영명하신 지도가 또한 이러한 승리를 확보하게 된 원인이라는 것을 우리가 잊어서는 아니 될 것이다.

이제 우리가 눈을 돌이켜 한번 남조선의 지나간 1년간의 일을 돌아본다면 반동적인 미군정하에서 발생된 수다한 반민주적 반민족적 사건들의 층생첩출을 볼 수 있으니 변상적 제국주의가 조선을 식민지화하려는 반동정책 밑에서 그 주구로 등장한 리승만 김구 등 민족반역자 친일파 및 기타 일체 반동배들의 단말마적 발악으로서 조선의 민주독립을 보장하는 신성한 국제협정을 반대도 하여보고 인민위원회와 진정한 민주주의단체들을 감히 탄압도 하며, 모든 인민이 경모하는 참된 애국자들에 대하여는 수색 검거 투옥 극형으로써 박해하며, 해방된 민족으로서 당연한 권리인 민주주의 건국을 위한 극히 초보적 정치적 자유인 언론 · 집회 · 결사 · 파업의 자유까지도 유린하던 끝에 대량적인 인민 학살까지 감행한 결과 이에 격분한 전체 인민들의 궐기로써 미군정의 반동적 폭압정치와 친일파 민족반역자들을 반대하는 투쟁이 광범히 전개되었고 또 지금도 전개되고 있는 바이다. ……

김광운, 2018, 『북조선실록』 제8권, 코리아데이터프로젝트, 12~14쪽.

>> 1947년

기사번호	제목(title)	부제목(stitle)	면수	필자, 출처
1947-01-01-001	민주건설의 새해 1947년!		1	
1947-01-01-002	건설과 투쟁의 신 1년	1947년을 맞이하면서	1	
1947-01-01-003	신년을 맞이하여 전국인민에게 고함	북조선림시인민위원회 위원장 김일성	1	
1947-01-01-004	새해를 맞이하여 당원동무들에게	북조선로동당 중앙위원회 위원장 김두봉	1, 2	
1947-01-01-005	북조선림시인민위원회 김일성위원장 량곡수매사업에 대한 중요담화 발표		2	성택
1947-01-01-006	부정확한 수매를 중지하라	김일성위원장 담	2	
1947-01-01-007	로동규률의 준수와 로동의 창발성 발휘	북조선직업총동맹 중앙위원회 위원장 최경덕씨 담	2	
1947-01-01-008	새로운 건국도덕과 민주사상으로 무장	북조선 민주청년동맹 중앙위원회 위원장 김욱진씨 담	2	
1947-01-01-009	로동자와의 동맹 완전독립에 매진	북조선농민동맹 중앙위원회 위원장 강진건씨 담	2	
1947-01-01-010	독립채산제를 채용 산업의 계획적 관리	북조선림시인민위원회 산업국장 리문환씨 담	2	
1947-01-01-011	사상개변투쟁의 중요성을 재확인	북조선문학예술총동맹 리찬씨 담	2	
1947-01-01-012	농업계획의 확립 량곡증산에 주력	북조선림시인민위원회 농림국장 리순근씨 담	2	
1947-01-01-013	1946년의 자치	지난 1년간의 중요일지초	2	
1947-01-01-014	쏘미공위회 재개요구 신년생산증강을 맹세	직총 평양시련맹 3상회의 기념대회	3	명덕
1947-01-01-015	완전독립은 증산으로 생산경쟁 1월말로 연장	조선련탄공장 종업원대회의 결의	3	성택
1947-01-01-016	로빈농의 두말시초가 애국미 200가마니로	대동군 남형제산면 농민대회에서	3	증선
1947-01-01-017	모쓰크바 3상회의결정은 조선자주독립을 약속	평양시 주최 3상회의 기념보고대회	3	인표
1947-01-01-018	생산경쟁의 도전	평양제침공장에서 대양기계에	3	
1947-01-01-019	현물세표창식에서 너도나도 애국미 헌납	평남 대동군 룡산면 조촌에서	3	
1947-01-01-020	빈농가 솔선하여 애국미 두가마니 헌납		3	원식
1947-01-01-021	량곡수매 애국미헌납운동	평남농민동맹의 신춘당면과업	3	증선
1947-01-01-022	애국미헌납 호응, 공장주산품 헌납		3	석근
1947-01-01-023	열성적 민청원들 9가마니를 헌납		3	히성
1947-01-01-024	녕변량곡수매 활발하게 전개	5면은 완수 전군 60%	3	김인옥
1947-01-01-025	승리의 기록	항일영웅(7)	3	김학철, 장전광
1947-01-01-026	일본의 제민주단체들은 길전내각의 총사직과 국회해산을 요구한다		4	
1947-01-01-027	파란카토릭교활동가들 대통령 베루트와 완전협작		4	따쓰통신
1947-01-01-028	홍아리에 있어서 농민투쟁의 신계단		4	
1947-01-01-029	독일서부지방의 청년단체들에 대하여		4	따쓰통신
1947-01-01-030	안트웨르뻰의 운수로동자 파업		4	따쓰통신
1947-01-01-031	길전내각 전복운동		4	따쓰통신
1947-01-01-032	알랴쓰가에서 미군 기동연습		4	따쓰통신
1947-01-01-033	최신 우수한 다빙륜		4	따쓰통신
1947-01-01-034	조국방어자를 국가에서 구휼		4	
1947-01-01-035	화태도에서 개최된 년말시장 활황 예상		4	따쓰통신
1947-01-01-036	서반아주재 영국대사 소환		4	따쓰통신
1947-01-01-037	불란서공화원 상무위원선거에 대하여		4	따쓰통신
1947-01-01-038	모쓰크바근로대중 1년간의 대 성과		4	
1947-01-01-039	제대군인을 뜨겁게 영접		4	모쓰크바통신
1947-01-01-040	신년특매시장 개시준비		4	따쓰통신
1947-01-01-041	불란서의 정세		4	
1947-01-01-042	평양방송순서		4	
1947-01-01-043	평양극장안내		4	
1947-01-03-001	량곡수매사업에 대하여	농민의 애국심에 호소함	1	
1947-01-03-002	김장군의 지시에 감격, 수매사업에 협력 맹세 안주군 안주면 농민 변우해씨 담	김일성위원장의 량곡수매사업방식 시정의 지시에 대한 반향	1	
1947-01-03-003	량곡수매사업방식 시정에 대하여	김일성위원장의 량곡수매사업방식 시정의 지시에 대한 반향	1	북조선소비조합 위원장 류의창
1947-01-03-004	자유수매원칙에 립각 수매사업을 전개		1	북조선농민동맹 부위원장 현칠종
1947-01-03-005	민전을 일층 강화하여 통일정부수립을 촉성하자	천도교청우당수 김달현씨	1	
1947-01-03-006	국제공약 준수 공위 재개 요구	조쏘문화협회 서기장 한효씨	1	
1947-01-03-007	북조선림시인민위원회 결정 제144호	북조선각급 인민위원회 위원 우대와 책임에 관한 규정의 건	1	
1947-01-03-008	단일세제의 확립과 재정기초의 공고화	북조선림시인민위원회 재정국장 리봉수씨 담	2	
1947-01-03-009	인민에 복무하는 진실한 벗이 되자	북조선림시인민위원회 보안국장 박일우씨 담	2	
1947-01-03-010	인민교육개혁의 과거와 장래설계	북조선림시인민위원회 교육국장 장종식씨 담	2	
1947-01-03-011	량곡의 랑비방지와 책임적 보관 요망	북조선림시인민위원회 량정부장 문회표씨 담	2	

기사번호	제목(title)	부제목(stitle)	면수	필자, 출처
1947-01-03-012	유일당증 수여사업 등 긴급 제 문제를 토의	북조선로동당 평안남도당부 제14차 상무위원회	2	원식
1947-01-03-013	휴일에 근로작업 의연금으로 거출	보안국세포동지들의 열성	2	
1947-01-03-014	조직기구의 혁신 운수사명을 완수	북조선림시인민위원회 교통국 부국장 박의완씨 담	2	
1947-01-03-015	로동법규의 준수 생산능률을 제고	북조선림시인민위원회 로동부장 오기섭씨 담	2	
1947-01-03-016	영리화를 청산코 본래사명에 매진	북조선애국투사후원회 조직선전 부장 지홍섭씨 담	2	
1947-01-03-017	당원의 핵심적 역할로 변전소단기 완성	흥남지구인민용성공장에서	2	리영일
1947-01-03-018	일본지진속보		2	따쓰통신
1947-01-03-019	약동하는 젊은 의기로 쏘미공위회 재개 절규	북조선민청 3상회의 기념보고 대회	3	명덕
1947-01-03-020	지난해의 경험을 살리여 새해의 새 정신으로 증산	평양시내 각 공장 년말생산경쟁 총결	3	명덕
1947-01-03-021	신년송	헌신으로 살자 이 한해를!	3	리정구
1947-01-03-022	평남년말생산경쟁 우수한 공장과 로동자 표창		3	명덕
1947-01-03-023	승리의 기록	항일영웅(8)	3	김학철, 장진광
1947-01-03-024	산업부흥의 대동맥인 철도에 온 정혼을 넣자	평북도관내 철도책임자 련석회의	3	평북지사
1947-01-03-025	애국미 또 55가마니	대동군 재경리 농민대회	3	중선
1947-01-03-026	병중의 당원 가래 100개 헌납	평양시 농공사 지봉선동무의 열성	3	현석
1947-01-03-027	애국미 백여가마니 헌납	평북 선천군 수청면 농민들	3	
1947-01-03-028	건국사상동원운동 추진 량곡수매는 자원적으로	평남인위 31회정례위원회	3	달수
1947-01-03-029	인도네시아야정세		4	따쓰통신
1947-01-03-030	레닌그라드시의 영웅적 로력성과		4	레닌그라드통신
1947-01-03-031	모쓰크바 새 건축재료공업 1개년정량을 넘쳐 실행		4	
1947-01-03-032	이란 아제르바이드지안에서 민주주의자들을 총살		4	따쓰통신
1947-01-03-033	몬트고메리원수 불원 모쓰크바 방문		4	
1947-01-03-034	체호슬로바끼야 신헌법제정준비		4	따쓰통신
1947-01-03-035	리보브공장들의 1개년성과 찬연		4	리보브시통신
1947-01-03-036	끼예브에도 로력개가		4	끼예브통신
1947-01-03-037	두번째해의 정량실행에 착수		4	마리우뽈리통신
1947-01-03-038	일본에서의 지하군국주의		4	
1947-01-03-039	분노한 인도(중)		4	
1947-01-03-040	평양방송순서		4	
1947-01-03-041	평양극장안내		4	

기사번호	제목(title)	부제목(stitle)	면수	필자, 출처
1947-01-04-001	국가재산의 보호와 사업방식의 개혁을 위한 량법령의 발포에 대하여		1	
1947-01-04-002	국가관념과 책임감 부족 법적 제재는 정당 김일성대학 법학부장 김광진씨 담	국가재산보호와 직무태만처벌법령 발포에 대하여	1	
1947-01-04-003	산업경제의 부흥에 추진적 역할을 할것이다 산업국 총무부장 최장섭씨 담	국가재산보호와 직무태만처벌법령 발포에 대하여	1	
1947-01-04-004	국가재산파괴자를 폭로처벌하자 북조선중앙은행 김룡일씨 담	국가재산보호와 직무태만처벌법령 발포에 대하여	1	
1947-01-04-005	일제악습청산에 법적 제재는 큰힘 정창고무공장 최래봉씨 담	국가재산보호와 직무태만처벌법령 발포에 대하여	1	
1947-01-04-006	법령을 준수하는 새 일군 됨을 맹세 평양철도우편국 최정선씨 담	국가재산보호와 직무태만처벌법령 발포에 대하여	1	
1947-01-04-007	맡은바 직무를 충실히 리행할뿐 대동군인위회 녀사무원 기순덕씨 담	국가재산보호와 직무태만처벌법령 발포에 대하여	1	
1947-01-04-008	국가재산감시의 숨은 노력을 맹세 상업국총무부 녀사무원 홍영자씨 담	국가재산보호와 직무태만처벌법령 발포에 대하여	1	
1947-01-04-009	일본중의원국회에서 김전내각의 불신 지적	공산당대표 야판씨 소신토로	1	따쓰통신
1947-01-04-010	영정부의 각서에 파란정부의 각서		1	따쓰통신
1947-01-04-011	유고군대 제대발표		1	따쓰통신
1947-01-04-012	미병 중국인 살해		1	북조선통신
1947-01-04-013	조선문화인의 고상한 사상적 무장을 위하여		2	안막
1947-01-04-014	'립법의원'의 괴뢰극		2	한효
1947-01-04-015	출근률 100% 풍설중에서 감투	함흥 동북배전부 동무들의 투쟁	3	경석
1947-01-04-016	김상득동무의 10가마니에 뒤이어 백여가마니를 헌납	평원군 량화면 열성농민들의 적성	3	리원길
1947-01-04-017	민주련맹 정부개조에 불참가		3	북조선통신
1947-01-04-018	왕복 30리를 하루같이 출근	모범공장 로동자 표창	3	경석
1947-01-04-019	찬 애국자 김제원		3	백인준
1947-01-04-020	김일성위원장 호소에 호응 보안원사상투쟁 전개	건국사상동원 악질분자 숙청	3	
1947-01-04-021	대초원의 주인		3	브. 안토노브
1947-01-04-022	애국미 76두 가마니 127매	관주면 민청원들 헌납	3	김세권
1947-01-04-023	허헌씨 남조선식량부족설 반박		3	북조선통신
1947-01-04-024	애국농민 6씨를 평북도에서 표창		3	지사
1947-01-04-025	일요일 특근료를 남조선투사에게		3	달수
1947-01-04-026	교원단기양성소 2월 1일에 개소	평남도 교육부에서	3	달수
1947-01-04-027	인민반회의로서 시민생활 개변	평양특별시에 실시	3	석근
1947-01-04-028	년말생산경쟁 147% 돌파한 흥남인민비료공장		3	이용수
1947-01-04-029	전지부족극복 공전식을 완성	원산전신공무원 동무들	3	

기사번호	제목(title)	부제목(stitle)	면수	필자, 출처
1947-01-04-030	고산전선 가설		3	크라쓰노야르쓰크통신
1947-01-04-031	중공군 진격		3	북조선통신
1947-01-04-032	공화국기치밑에 유고스라비야련방인민공화국은 창립 1주년을 맞이하였다		4	김상오
1947-01-04-033	쏘베트국가는 새 형태의 국가이다(상)		4	쎄.쎄.쎄.르과학한림원통신위원 철학박사 교수 쓰딸린상계관인 이 유딘
1947-01-04-034	쓰딸린적 헌법은 압박과 파시즘을 반대하는 투쟁의 기치		4	
1947-01-04-035	평양방송순서		4	
1947-01-04-036	평양극장안내		4	
1947-01-05-001	각 기관의 사무원들은 인민의 복무자이다		1	
1947-01-05-002	대망하던 법령이다 평양철도국 기관구검차계 리창오씨 담	국가재산보호와 직무태만처벌법령 발포에 대하여	1	
1947-01-05-003	태만분자에 철추 조선상사주식회사 총무부장 허영준씨 담	국가재산보호와 직무태만처벌법령 발포에 대하여	1	
1947-01-05-004	국가재산의 애호에 전력하겠다 국영백화점 지배인 최봉순씨 담	국가재산보호와 직무태만처벌법령 발포에 대하여	1	
1947-01-05-005	량곡가격 락하 생활곤난은 완화 평양시내 상인 홍순표씨 담	김일성위원장의 량곡수매사업방식 시정의 지시에 대한 반향	1	
1947-01-05-006	량곡수매사업과 사무원의 임무 북조선림시인민위원회 산업국 김선수씨 담	김일성위원장의 량곡수매사업방식 시정의 지시에 대한 반향	1	
1947-01-05-007	국가재산보호와 직무태만에 관한 법령의 실시에 제하여		1, 2	사법국장 최용달
1947-01-05-008	1947년도 쏘베트과학의 신개화	쏘련과학연구원장 아까제미크 와빌로브 담	2	통신사 리문일
1947-01-05-009	쏘베트국가는 새 형태의 국가이다(하)		2	쎄.쎄.쎄.르과학한림원 통신위원 철학박사 교수 쓰딸린상계관인 이.유딘
1947-01-05-010	주은래장군과 일문일답		2	북조선통신
1947-01-05-011	월남측에서 불월정전제안		2	북조선통신
1947-01-05-012	쏘련견학기	쏘련의 연극을 보고	2	리석진
1947-01-05-013	명령주의예매권 페지 근로대중의 조합으로	북조선소비조합 제5차확대위원회 결정	3	은길
1947-01-05-014	귀환동포환영준비 만전		3	경일
1947-01-05-015	환지하는 애국미	부산 청룡 룡연면에서	3	중선
1947-01-05-016	로동영웅 표창식	서전전차수리공장 동무 83명	3	명덕
1947-01-05-017	량곡수매사업방식 시정	평양시 민청동맹수매사업 비판	3	명덕
1947-01-05-018	남조선동포들께 의연금 백50만원		3	지사
1947-01-05-019	돈탄전에 지하전선 가설		3	쓰딸리노시통신
1947-01-05-020	국가재산보호와 직무태만처벌법령 실시에 대하여	사법국장 최용달씨 담화 발표	3	
1947-01-05-021	절미운동에 대하여	북조선인위 량정부장과의 일문일답	3	
1947-01-05-022	사회보험료를 납부하라		3	일권
1947-01-05-023	즉석에서 5백가마니 헌납	나무리벌이 있으면 토성벌이 있다	3	리성섭
1947-01-05-024	전재우로인 또 백미 4가마니		3	중선
1947-01-05-025	미, 조선조합 파업		3	
1947-01-05-026	리승만을 미국에 파송	남조선반동분자들 음모간책을 진행중	4	따쓰통신
1947-01-05-027	쏘 신외상대리 그로미꼬씨 군축안촉진 연설		4	북조선통신
1947-01-05-028	일본지진의 사상자수		4	북조선통신
1947-01-05-029	미의 대중원조 20억초과		4	북조선통신
1947-01-05-030	정말인의 영국병 희랍기타로 파송		4	따쓰통신
1947-01-05-031	파란 국내에서 영병비법 폭행		4	따쓰통신
1947-01-05-032	불인의 전황		4	북조선통신
1947-01-05-033	인도과도정부는 와해키 쉽다	사회당 나라일씨 담	4	북조선통신
1947-01-05-034	쏘베트인민과 예술		4	쓰딸린상 2회수상계관인 쎄.쎄.쎄.르국민예술가 아.계라시모브
1947-01-05-035	금년은 신 중국건설의 해	-중공지『해방일보』의 신년사-	4	
1947-01-05-036	평양방송순서		4	
1947-01-05-037	평양극장안내		4	
1947-01-07-001	경제절약에 관한 문제에 대하여		1	
1947-01-07-002	금속부문공장 궐기 신년생산경쟁에 참가	평양시 금속부문 열성로동자대회	1	명덕
1947-01-07-003	민주교육의 반성과 과업		1, 2	교육국장 장종식
1947-01-07-004	당정치교양사업을 어떻게 진행할가?	북조선로동당 중앙본부 선전선동부 당교육과	2	
1947-01-07-005	사상의식의 개변과 애국미헌납운동 등 함남도당부의 건국사상운동		2	계흥
1947-01-07-006	일본에 있어서의 반파쏘사상투쟁		2	야. 뺌즈넬
1947-01-07-007	영국 탄광 체신사업 국영		2	북조선통신

기사번호	제목(title)	부제목(stitle)	면수	필자, 출처
1947-01-07-008	건국사상운동을 실천 보안원의 의식향상 토의	평남도 각 군서장 문화공작원 련석회의	3	은길
1947-01-07-009	목축업을 장려 절미운동 전개	회령군 제2차확대회	3	박용기
1947-01-07-010	애국미헌납과 량곡수매에 호응	순천군 은산면 농민대회	3	
1947-01-07-011	선천군 대산면 259가마니와 남면 384가마니를 각각 헌납		3	지사
1947-01-07-012	애국미 62섬중 과부도 백미 한섬		3	정홍필
1947-01-07-013	애국미 53석을	봉산 서종면 사상동원대회에서	3	지사
1947-01-07-014	량곡수매 완수코 또 애국미를 헌납	운산군 위연면 농민들	3	
1947-01-07-015	태만이색분자를 숙청 사무간 소화능률 향상	북조선인위 교통국장 허남히씨 담	3	
1947-01-07-016	고공품수급조정관리령 발포		3	일권
1947-01-07-017	북조선림시인민위원회 결정 제145호	고공품수급조정관리령에 관한 건	3	
1947-01-07-018	고공품수급조정관리령		3	
1947-01-07-019	고공품가격 발표		3	
1947-01-07-020	13도시에 우편위체사무 개시		3	인표
1947-01-07-021	각 농촌의 성인학교 모든 난관 극복코 열성으로 학습		3	중선
1947-01-07-022	알바니야인민의 영웅 엔베르 호드자의 영예		3	따쓰통신
1947-01-07-023	배우고야 말겠다는 로동자의 결의	영원중석광산 동무들	3	원식
1947-01-07-024	남조선민전주최 3상결정 1주년기념 성대한 대회의 경과		3	북조선통신
1947-01-07-025	평화에 대한 희망은 확고하여졌다	련합국기구총회 비서 트르그메리씨의 신년사	4	북조선통신
1947-01-07-026	원자력관리안은 유엔결의에 배치된다	-쏘련대표의 발언-	4	북조선통신
1947-01-07-027	길전내각 위기에 직면		4	북조선통신
1947-01-07-028	주은래씨 미대중정책 비난		4	북조선통신
1947-01-07-029	쏘아통상조약 조인		4	북조선통신
1947-01-07-030	중공군장군의 신년전국관측		4	북조선통신
1947-01-07-031	미군철퇴를 요구하여 북평학생 3만명 시위		4	북조선통신
1947-01-07-032	쏘련정말간 통상항해조약에 대한 비준서 교환		4	북조선통신
1947-01-07-033	'상당한' 경찰관		4	
1947-01-07-034	미군폭행에 격분한 남경학생 대시위행진		4	북조선통신
1947-01-07-035	국민당의 내전책동에 관하여		4	
1947-01-07-036	중국정세에 대하여	아.뻬레웨르따일로 『이스웨쓰찌야』지	4	
1947-01-07-037	쏘련을 방문하고 체호대표단 귀국		4	따쓰통신
1947-01-07-038	발반동대의원을 반대하는 항쟁		4	따쓰통신
1947-01-07-039	시위행렬한 조선사람에게 5년징역 언도		4	북조선통신

기사번호	제목(title)	부제목(stitle)	면수	필자, 출처
1947-01-07-040	미대통령 재선방지법안 신의회통과 예상		4	북조선통신
1947-01-07-041	평양방송순서		4	
1947-01-07-042	평양극장안내		4	
1947-01-08-001	부녀사업의 발전문제에 대하여		1	
1947-01-08-002	민주건설투쟁의 로선을 명시하는 법령 평양중앙전화국 기술인 림창원씨 담	국가재산보호와 직무태만처벌법령 발포에 대하여	1	
1947-01-08-003	새로운 복무정신으로 새 일군이 되자 교통국 철도부 보선구 문경종씨 담	국가재산보호와 직무태만처벌법령 발포에 대하여	1	
1947-01-08-004	국가의 재산은 곧 인민의 재산 평양중앙전화국 서무과장 임주순씨 담	국가재산보호와 직무태만처벌법령 발포에 대하여	1	
1947-01-08-005	1946년도의 북조선농민동맹사업 총결		1, 3	북조선농민동맹 중앙위원회 위원장 강진건
1947-01-08-006	운수대렬내의 태만분자를 청산하자	평양시내 자동차종업원 리수만씨 담	1	명덕
1947-01-08-007	북조선로동당의 입당조건과 절차		2	
1947-01-08-008	쏘련녀성의 활동		2	복순
1947-01-08-009	홍아리에서 「서약」상영 호평		2	따쓰통신
1947-01-08-010	쁘라가에서도 「서약」 대호평		2	쁘라가시통신
1947-01-08-011	김장군담화에 감격 애국미 61가마니 헌납	황해도 송림시 량진리 농민들	3	은길
1947-01-08-012	잠업을 적극 장려 섬유원료를 확보	북조선인위 농림국 계획 수립	3	
1947-01-08-013	기술전습제 실시	산업부흥에 매진	3	일권
1947-01-08-014	북조선 제320호	북조선림시인민위원회 산업국장 각 국영기업장 현장기술전습제 실시에 관한 지시	3	
1947-01-08-015	무명의 발명가 증류기를 개조	홍남공장 리재옥동무	3	김경일
1947-01-08-016	평남 제3회 인민교원 검정시험		3	달수
1947-01-08-017	선전을 조직강화	평남 각 시군 문화선전계장회의	3	달수
1947-01-08-018	직장미담 애국철도용사 '이정화'	산업의 동맥은 이렇게 발전한다	3	김인숙
1947-01-08-019	신입탄부에게 따뜻한 동포애	함북석탄관리국에서	3	일권
1947-01-08-020	국제개관	종막한 련합국기구총회	4	
1947-01-08-021	국제개관	불란서신정부와 국회	4	
1947-01-08-022	프랑꼬를 반대	이국회원 격문	4	따쓰통신
1947-01-08-023	인도지나사변 발생		4	따쓰통신
1947-01-08-024	루마니야국회 은행국유화 채택		4	따쓰통신
1947-01-08-025	국왕 소환후의 희랍		4	신문부
1947-01-08-026	불란서-비예트남협약에 관하여		4	
1947-01-08-027	인도네시야전투 그대로 계속중		4	따쓰통신
1947-01-08-028	평양방송순서		4	
1947-01-08-029	평양극장안내		4	
1947-01-09-001	면 리(동)인민위원선거에 제하여		1	

기사번호	제목(title)	부제목(stitle)	면수	필자, 출처
1947-01-09-002	북조선 각 면, 리(동)의 인민위원선거 실시 리는 2월 24, 25 량일에, 면은 3월 5일에 시행	북조선림시인민위원회의 결정	1	언철
1947-01-09-003	면 및 리(동)인민위원회 위원선거에 관한 결정서		1	
1947-01-09-004	북조선 면 및 리(동) 인민위원회 위원선거에 관한 규정		1, 2	
1947-01-09-005	북조선 면 및 리 인민위원회 위원선거에 관한 규정초안에 대한 보고	사법국장 최용달	1, 2	
1947-01-09-006	'수면기배수변'과 '송풍관변'을 발명	평양철도기관구 김덕삼동무	2	명덕
1947-01-09-007	불순분자의 침입을 방지 화전민 생활향상에 노력	혜산군당	2	계홍
1947-01-09-008	인민병원의 현상		2	황성택
1947-01-09-009	사회보험법(1)	북조선림시인민위원회 결정 제135호	3	
1947-01-09-010	김제원동지 회견한 북조선농맹 위원장 강진건씨 담		3	중선
1947-01-09-011	사회사업단체를 일원화하여 확충	사회사업 책임자회의	3	인표
1947-01-09-012	독신농민 6가마니 헌납		3	홍필
1947-01-09-013	이.브.쓰딸린을 립후보 만장일치로 추대	전기공장, 쩨르바꼬브종합공장, 레닌훈장발동기공장, 기구공장의 로동자, 사무원들의 선거전 정월 2일회의에서	4	
1947-01-09-014	월남민주공화국이란 어떤 나라인가?	그 력사적 유래와 자연부원	4	
1947-01-09-015	투루맨의 성명에 대한 뉴쓰크로니클지의 론평		4	따쓰통신
1947-01-09-016	전쟁기종료에 대한 투루맨대통령의 선언		4	따쓰통신
1947-01-09-017	경제기관 국유화 유고국회서 채택		4	따쓰통신
1947-01-09-018	새 로씨야의 새 농민		4	
1947-01-09-019	유고슬라비야 경제문화건설		4	따쓰통신
1947-01-09-020	평양방송순서		4	
1947-01-09-021	평양극장안내		4	
1947-01-10-001	행정기관의 기구조직 강화문제에 대하여		1	
1947-01-10-002	또다시 민주력량을 발휘 면리선거를 완수하자!	중앙선거위원회 위원장 주녕하씨 담화 발표	1	
1947-01-10-003	우리 기술자들은 선거에도 투사가 되자 북조선공업기술총련맹 상무위원장 박승옥씨 담	면리인민위원선거에 대한 반향	1	
1947-01-10-004	지방인민들이 고대하던 선거 기독교인 문석윤씨 담	면리인민위원선거에 대한 반향	1	
1947-01-10-005	상업국활동을 가강하여 모리간상배를 봉쇄하자	상업국장 장시우씨 담화 발표	1, 2	
1947-01-10-006	북조선림시인민위원회 결정 제136호	북조선림시인민위원회 기획국설치에 관한 건	1	
1947-01-10-007	사회보험법(2)		2	
1947-01-10-008	동맹조직 확대공고 건국사상운동전개	평남도녀성동맹상무위원회에서	3	은길
1947-01-10-009	시민편의를 도모	평양전차수리 1월계획	3	명덕
1947-01-10-010	문맹퇴치를 열렬히 전개	안악군에서	3	지사
1947-01-10-011	로동규률 준수 생산돌격에 매진	흥남인민 두공장 로동자동무들	3	
1947-01-10-012	면리인민위원선거!!		3	최희진
1947-01-10-013	건국사상동원속에서 드러나는 로동영웅들		3	계홍
1947-01-10-014	고공생산공로자에게 2만원상금	평남 각 농산과 장회에서	3	달수
1947-01-10-015	선거사업촉진을 위하여 각 면 통신망 확충 신설	체신국장 조영렬씨 담	3	
1947-01-10-016	쓸로바끼야인민범죄자 공판		3	따쓰통신
1947-01-10-017	유일당증수여 등 준렬한 자기비판	평양시당 제23차 상무위원회	3	현석
1947-01-10-018	함흥시당 학습정형		3	계홍
1947-01-10-019	평남도당 야간당학교 개교		3	계홍
1947-01-10-020	원자력통제위원회의 안보에 제출보고안 토의	회의석상 쏘련대표그로미꼬 연설	4	따쓰통신
1947-01-10-021	국제평론		4	통신부
1947-01-10-022	중국에서의 미정책	트루맨성명서 발표	4	따쓰통신
1947-01-10-023	3개년정량을 1년내로 실행	쏘련	4	
1947-01-10-024	모로또브씨아프가니쓰딴공 사무함메드노루자하나씨를 접대		4	북조선통신
1947-01-10-025	모택동씨의 신년사		4	북조선통신
1947-01-10-026	중공군의 승리	반동파 45개 려단 소멸	4	북조선통신
1947-01-10-027	일본관리리사회 쏘련대표 지방기관 숙청지연리유 질문		4	북조선통신
1947-01-10-028	류백승장군부대 산동 5개 현성 회복		4	북조선통신
1947-01-10-029	파란 대독강화조약 왈소에서 체결 요구		4	북조선통신
1947-01-10-030	체호와 쏘련상호친선 일층 공고		4	따쓰통신
1947-01-10-031	이란서 영인이 '민주당' 지도		4	따쓰통신
1947-01-10-032	위로실로브원수에게 홍아리고급훈장 수여		4	
1947-01-10-033	평양방송순서		4	
1947-01-10-034	평양시내 극장안내		4	
1947-01-11-001	행정기관에 복무하는 당원들의 임무		1	
1947-01-11-002	량곡수매사업을 정지	예매권에 대한 물자환상에 주력	1	언철
1947-01-11-003	량곡수매사업을 정지함에 대하여	북조선소비조합 위원장 류의창 담화 발표	1	
1947-01-11-004	모쓰크바 3상회의 1주년에 제하여		1	쓰몰렌쓰끼
1947-01-11-005	재미조선인단체들의 조선에 관하여 트루맨대통령에게 보내는 공개장		1, 2	

기사번호	제목(title)	부제목(stitle)	면수	필자, 출처
1947-01-11-006	일본에 있어서의 점령정책의 몇문제	블.피얀코브	2	통신부
1947-01-11-007	12월중 평양시당의 독보학습회 정형		2	현석
1947-01-11-008	평양시당의 선전해석공작		2	현석
1947-01-11-009	산업경제건설의 제 당면과업 토의	평양시 각 구역당 로동부장 및 시직맹산업별책임자 련석회의	2	현석
1947-01-11-010	사회보험법(2)		2	
1947-01-11-011	쏘련반파쑈녀성들 북조선녀성에 축사	신년사업의 성과를 축복	2	
1947-01-11-012	김제원동지께 드리는 감격의 선물 가지 가지	평양시내 각 공장직장대회에서	3	현석
1947-01-11-013	화재를 철저히 방지해 인민재산을 보호 하자		3	
1947-01-11-014	진정한 애국자를 대표로 선출하자 북조 선소비조합 위원장 류의창씨 담	면리인민위원선거에 대한 반향	3	
1947-01-11-015	민주사상 고취 선거를 완수하자 기독교 련맹위원장 박상순씨 담	면리인민위원선거에 대한 반향	3	
1947-01-11-016	녀성은 자진 참가 승리를 쟁취하자 북조 선녀맹 부위원장 한명심씨 담	면리인민위원선거에 대한 반향	3	
1947-01-11-017	선거승리를 확신 조선애국투사후원회 조직선전부장 지홍석씨 담	면리인민위원선거에 대한 반향	3	
1947-01-11-018	면양보호증식코자 북인위에서 매상접수		3	
1947-01-11-019	가축사료관리 법령으로 발표		3	
1947-01-11-020	북조선림시인민위원회 결정 제150호	북조선사료관리림시조치령에 관한 결정서	3	
1947-01-11-021	중국 광동성의 농민무장봉기		3	따쓰통신
1947-01-11-022	쏘베트문학의 세계적 의의	쓰딸린상계관인 쏘련작가 아레 그세이.숙코브	3	통신부
1947-01-11-023	『해방일보』 리유한씨 장위헌을 통렬히 비판		4	북조선통신
1947-01-11-024	홍아리반역음모 일망체포를 공보		4	따쓰통신
1947-01-11-025	월남에서의 군사동작		4	따쓰통신
1947-01-11-026	백로씨야수도의 쓰딸린구역에서		4	따쓰통신
1947-01-11-027	이태리항공로 개통준비		4	따쓰통신
1947-01-11-028	아르젠친에 의무병역제 실시		4	따쓰통신
1947-01-11-029	쏘피야농촌에서		4	따쓰통신
1947-01-11-030	미국의 군국주의성장(상)		4	륙군소장 므.가라크치온 노흐
1947-01-11-031	평양극장안내		4	
1947-01-12-001	면리선거운동에 있어서의 선전선동사업에 대하여		1	
1947-01-12-002	민전을 일층강화하여 면리선거를 옳바로 수행	민주주의민족통일전선 제9차위 원회의	1	일권

기사번호	제목(title)	부제목(stitle)	면수	필자, 출처
1947-01-12-003	선거규정 추가 및 삭제 북조선림시인민 위원회 결정 제155호	북조선 면 및 리(동)인민위원선 거규정 및 인민위원회 규정의 추가 및 삭제에 관한 결정서	1	
1947-01-12-004	로동자 사무원들은 선거에도 선진자가 되자 북조선직업총동맹 위원장 최경덕 씨 담	면리인민위원회선거에 대한 반향	1	
1947-01-12-005	빛나는 성과를 얻기 위하여 노력하자! 중앙은행조사역 최재방씨 담	면리인민위원회선거에 대한 반향	1	
1947-01-12-006	무역위원회 페지 국가무역 일원화	북조선인위에서 결정	1	
1947-01-12-007	북민전성명 제7호	면 리 인민위원회 위원선거에 관한 북조선민주주의민족통일전 선 중앙위원회 선언서	1	
1947-01-12-008	북조선 면 리(동)인민위원 선거와 북조선 민주주의민족통일전선의 당면과업에 대한 보고	중앙선거위원회 위원장 주녕하	2	
1947-01-12-009	조선문제에 관한 모쓰크바 3상회의의 결 정과 미군정립법기관정책의 실패(상)		2	리성용
1947-01-12-010	국립예술단체와 국립극장을 결정	북조선림시인민위원회에서	3	성택
1947-01-12-011	건국사상동원 추진 문맹퇴치사업에 주력	북조선녀성동맹 중앙상위회 결정	3	은길
1947-01-12-012	평양교원문화초급단체 위원장회의		3	명덕
1947-01-12-013	선거위원회 및 선거위원에 우선편의 공 여를 호소	각 교통 체신 출판 기타 기관에 대하여	3	북조선림시인민 위원회 서기장 강량욱
1947-01-12-014	사회보험료 직맹비 횡령한 악덕기업주	대동휘장공장 차병덕의 죄상	3	현석
1947-01-12-015	쏘련청년반파쑈위원회에서 온 축전과 그 회전	북조선민주청년동맹 중앙위원회	3	
1947-01-12-016	눈물겨운 천원돈 남조선동포에게	동양제사 식모 김병식씨	3	현석
1947-01-12-017	직장미담 모범제사녀공 '리춘실'동무	동양제사공장 녀성들의 애국열 은 고조되었다	3	김영선
1947-01-12-018	김제원선생 본받는 조선애국농촌녀성	세과부 벼 25가마니 백미 11가 마니 헌납	3	
1947-01-12-019	평양방송순서		3	
1947-01-12-020	독일에서의 미영량국정책에 대하여		4	신문부
1947-01-12-021	미국의 군국주의성장(하)		4	륙군소장 므.가라크치온 노흐, 홍인표
1947-01-12-022	알바니야 신민주주의국가		4	신문부
1947-01-14-001	사업향상의 무기인 비판과 자기 비판		1	
1947-01-14-002	북조선 면 및 리(동)인민위원회 위원선 거는 어떻게 진행될것인가		1, 2, 3	박철, 김택영
1947-01-14-003	김일성장군에게 보내는 편지	김제원애국미운동에 참가한 열 성자대회 대표일동	3	

기사번호	제목(title)	부제목(stitle)	면수	필자, 출처
1947-01-14-004	농업증산으로 건국결의 애국농민들 33명 표창	김제원애국미헌납에 참가한 열성자대회	3	
1947-01-14-005	김제원선생의 금년도 증산계획내용		3	
1947-01-14-006	북조선농민에게 보내는 호소문	김제원애국미운동에 참가한 열성자대회에서	3	
1947-01-14-007	북조선의 로동자와 사무원에게 호소함	김제원애국미운동에 참가한 열성자대회에서	3	
1947-01-14-008	레이보리쓰트 대학생련맹대회에서 질리아꾸쓰 연설		4	따쓰통신
1947-01-14-009	파란선거에 관한 가르지아의 평론		4	따쓰통신
1947-01-14-010	희랍군주파쑈들 야수적 학살 감행		4	따쓰통신
1947-01-14-011	벨그라드에서 두나브강 철교 락성		4	따쓰통신
1947-01-14-012	인도네샤전투 점차로 첨예화		4	따쓰통신
1947-01-14-013	쏘베트재판소와 쏘베트민주주의(상)		4	
1947-01-14-014	조선문제에 관한 모쓰크바 3상회의의 결정과 미군정립법기관정책의 실패(하)		4	리성용
1947-01-14-015	평양방송순서		4	
1947-01-14-016	평양극장안내		4	
1947-01-15-001	선거선전사업을 선거자의 거소에 집중하자		1	
1947-01-15-002	각급 인민위원회를 가일층 공고확대하자 북조선민주청년동맹 중앙위원장 김욱진씨 담	면리인민위원선거에 대한 반향	1	
1947-01-15-003	보다 더 큰 성과를 획득할것을 기대 국영백화점 지배인 최봉순씨 담	면리인민위원선거에 대한 반향	1	
1947-01-15-004	전번선거와 같이 적극 협력하겠소 제3중학교 2년생 리달수군 담	면리인민위원선거에 대한 반향	1	
1947-01-15-005	이번 선거에도 녀성은 활약하자 상업국총무부 녀사무원 오동복씨 담	면리인민위원선거에 대한 반향	1	
1947-01-15-006	인민의 권리를 또다시 행사한다 북전전차과 전차승무원 련광렬씨 담	면리인민위원선거에 대한 반향	1	
1947-01-15-007	제1차 5개년계획에 대한 이.브.쓰딸린의 력사적 보고		1	
1947-01-15-008	쏘베트민주주의와 서구민주주의의 실천	영국과 쏘련에서 인민의 최급무를 어떻게 실현하고있는가	2	쓰.예고-로푸
1947-01-15-009	구라파 각국에서의 민주주의력량 발전		2	『신시대』, 홍인표
1947-01-15-010	희랍파쑈도당 농민에게 폭행		2	북조선통신
1947-01-15-011	평양시민청의 학생정치강좌		2	명덕
1947-01-15-012	평양시인위 로동부 이전		2	
1947-01-15-013	의식수준향상과 학습진행이 열성	학습회를 계획적으로 조직하며 학습과 회의를 명확히 구분하라	2	계홍

기사번호	제목(title)	부제목(stitle)	면수	필자, 출처
1947-01-15-014	자기 사업의 결점을 비판 당의 핵심적 역할을 강조	평남도당 제16차 상무위원회	2	계홍
1947-01-15-015	사상통일의 결여 엄격히 자기 비판	제3차 원산시당열성자대회	2	김홍범
1947-01-15-016	면리인민위원선거사업에 있어서의 각급 민청단체들의 과업에 관한 긴급지시문	북조선민청 각급 간부와 전체 맹원동무들에게!	3	
1947-01-15-017	량곡예매권에 대한 교역물자가격 결정	북조선인위 상업국장 장시우씨 담	3	
1947-01-15-018	장풍군북면 성인교 건축		3	정운성
1947-01-15-019	무허가건물철거 등 결정	평양시 제6차 상무위원회에서	3	
1947-01-15-020	사법기관의 사명은 인민적 성격이어야	북조선 각 도 사법부장회의	3	달수
1947-01-15-021	찬란한 조선민족문화예술을 보존	평남도에 보존회 결성	3	달수
1947-01-15-022	감옥투쟁기	정치범 919(1)	3	김학철
1947-01-15-023	애국미 천여가마니 헌납	평원군열성적 농민들의 애국열	3	
1947-01-15-024	로동자 농민들이 민주건국을 토론	황해 로동자 농민 교환	3	
1947-01-15-025	우수한 공장과 로동자를 표창	직맹 희령군련맹에서	3	
1947-01-15-026	불순분자를 숙청 운송돌격을 전개	평양시교통운수직맹	3	명덕
1947-01-15-027	중공군의 산동대승		4	북조선통신
1947-01-15-028	미국무장관 갱질 신임에 마샬대장		4	따쓰통신
1947-01-15-029	콩크레스에 보낸 미대통령의 사서		4	따쓰통신
1947-01-15-030	월남사변에 처하여 호수상 인민에게 격	"죽음으로 노예를 대신하라"고	4	따쓰통신
1947-01-15-031	불군사령부 콤뮤니케 발표		4	따쓰통신
1947-01-15-032	월남전역 파업 단행		4	따쓰통신
1947-01-15-033	영국녀교원들은 남자와의 동등한 로력보수를 요구		4	
1947-01-15-034	쏘련영화소개	또냐의 모험	4	
1947-01-15-035	파란테로단 공판		4	
1947-01-15-036	쏘련방의 북극생활		4	통신부
1947-01-15-037	쏘베트재판소와 쏘베트민주주의(하)		4	통신부
1947-01-15-038	평양방송순서		4	
1947-01-16-001	검열과 독촉문제에 대하여		1	
1947-01-16-002	국가량곡의 수송 보장	수송도중의 사고책임을 확정	1	언철
1947-01-16-003	북조선립시인민위원회 결정 제153호	국가량곡수송 절차및 수송사고 책임부담한계에 대한 결정서	1	
1947-01-16-004	형식적 선전방식 시정 실정에 적합한 선전 전개	각 정당 사회단체 선전관계자 련석회의	1	은길
1947-01-16-005	북조선 면 리(동)인민위원회 위원선거에 관한 표어	북조선민주주의민족통일전선 중앙위원회	1	
1947-01-16-006	북조선립시인민위원회 결정 제156호	흥남지구 인민공장에 지령한 생산계획 완수를 위한 결정서	1	
1947-01-16-007	북조선로동당 당원의 의무와 권리		2	
1947-01-16-008	미국식민주주의는 우리에게 무엇을 주었나?		2	이노미

기사번호	제목(title)	부제목(stitle)	면수	필자, 출처
1947-01-16-009	남아불리가의 소위 '민주정체'(상)		2	
1947-01-16-010	감옥투쟁기	정치범 919(2)	3	김학철
1947-01-16-011	석탄생산 100% 돌파	함경전선 운전 보장	3	언철
1947-01-16-012	평남중등교원 동기강습회 개강		3	
1947-01-16-013	강력한 선전사업 전개 선거의 승리적 완수 결의	평남도상무위원 각 정당 사회단체련석회의에서	3	명덕
1947-01-16-014	어선운반선 3백척 수리 창의성으로 난관 극복	국영서호조선공장 방문기	3	경석
1947-01-16-015	평남중등교원 검정시험 실시		3	
1947-01-16-016	장백기행문		3	한계홍
1947-01-16-017	장백산		3	
1947-01-16-018	불란서공화원 수석 선거		4	따쓰통신
1947-01-16-019	재불란서 월남인 시위운동 단행		4	따쓰통신
1947-01-16-020	청년작가회의 개최		4	
1947-01-16-021	많은 작품이 까사흐어로		4	알마아따통신
1947-01-16-022	전련맹서적고 복구건축		4	
1947-01-16-023	안전보장리사회에서		4	따쓰통신
1947-01-16-024	중국 남경정부 국가예산에서 반부를 군비로		4	따쓰통신
1947-01-16-025	주이 파란군사절단 수석 씨도르대좌의 성명요지		4	따쓰통신
1947-01-16-026	화란군과 인도네시아군 메다나부근 각지에서 교전		4	
1947-01-16-027	영정부 무장비를 정말정부에 강요		4	따쓰통신
1947-01-16-028	녀교원으로서의 쏘련최고쏘베트대의원		4	통신부
1947-01-16-029	광고		4	
1947-01-16-030	평양방송순서		4	
1947-01-16-031	평양극장안내		4	
1947-01-16-032	부라이톤에서의 영직업동맹대회	엔 발리이스키 술	4	김호운역
1947-01-17-001	면 리(동)선거와 사회단체의 과업		1	
1947-01-17-002	북조선면리인민위원회 위원선거에 관한 선전대강	민주주의민족통일전선 중앙선거선전위원회	1, 2	
1947-01-17-003	생산직장당단체는 생산임무를 완수하자		2	황재신
1947-01-17-004	토론중심이 없고 자기 비판이 부족	원산인민보안서세포	2	김홍범
1947-01-17-005	회령군 야간당학교 개교		2	박룡기
1947-01-17-006	남아불리가의 소위 '민주정체'(하)		2	
1947-01-17-007	정로철공소		2	
1947-01-17-008	량곡수매사업을 정지함에 대하여 농민들에게 호소	북조선소비조합	3	
1947-01-17-009	사법기구의 인민적 기초 인민의 의사로 판사 선거	북조선림시인민위원회 결정	3	

기사번호	제목(title)	부제목(stitle)	면수	필자, 출처
1947-01-17-010	첫 선거의 승리 계승 민청조직 강화 결의	민청 각 도 시 군 조직부장회의	3	명덕
1947-01-17-011	산림을 애호하자	산림 각 지서에 주의환기	3	
1947-01-17-012	문맹퇴치와 건국사상동원공작	김일성대학 문맹퇴치대원	3	명덕
1947-01-17-013	사회보험실시에 대한 일문일답	북조선인위 로동부	3	
1947-01-17-014	고아들에게 정서교육		3	
1947-01-17-015	감옥투쟁기	정치범 919(3)	3	김학철, 창파
1947-01-17-016	안전보장리사회회의에서 군축의 실제방침을 토구		4	따쓰통신
1947-01-17-017	해협문제에 관하여		4	통신부
1947-01-17-018	제동맹군주둔지 독직업동맹대회		4	따쓰통신
1947-01-17-019	예산안문제에 관한 투루맨의 서간내용		4	따쓰통신
1947-01-17-020	중국인민대회에서		4	따쓰통신
1947-01-17-021	1947년도 전련맹예술전람회를 앞두고		4	
1947-01-17-022	빨찌산소녀 리자, 차이키나전사 5년기를 맞이하며		4	통신부
1947-01-17-023	평양방송순서		4	
1947-01-17-024	평양극장안내		4	
1947-01-18-001	당생활을 강화하자		1	
1947-01-18-002	북조선직업총동맹의 1년간 사업보고	북조선직업총동맹 중앙위원회 위원장 최경덕	1	
1947-01-18-003	민주주의자들에 대한 희랍주권의 검거선풍		1	따쓰통신
1947-01-18-004	선거의 승리를 쟁취코저 일층 분투하자	극단 '건국좌'배우 리영씨 담	1	
1947-01-18-005	불순분자의 잠입을 방지하자	대동군 고평면 농민 김진우씨 담	1	
1947-01-18-006	예리한 사상검토와 사업비판을 가지라	평양 중구당 제18차 상무위원회	2	현석
1947-01-18-007	쏘베트민주주의는 레닌사상의 실화다		2	
1947-01-18-008	미군국주의외교의 로골화		2, 4	홍인균
1947-01-18-009	평남 양덕군당 부녀사업에 대하여		2	북조선로동당 평안남도당 부녀사업부장 조영
1947-01-18-010	농업증산 농사기술지도선거의 선전해설에 주력	북조선농민동맹 제3차 중앙확대회	3	중선
1947-01-18-011	반동분자들의 가면 적발 녀성선전원을 교양조직	각 도 선전문화과장 기관지주필 련석회의	3	언철
1947-01-18-012	관료형식주의를 배격 금번선거에 적극 선전	평양 특별시 제5차위원회 결의	3	
1947-01-18-013	남조선인민항쟁동포에게 중구 각 세포에서 의연금		3	현석
1947-01-18-014	사회보험실시에 대한 일문일답	북조선인위 로동부	3	
1947-01-18-015	당원증		3	김상오
1947-01-18-016	감옥투쟁기	정치범 919(4)	3	김학철, 창파

기사번호	제목(title)	부제목(stitle)	면수	필자, 출처
1947-01-18-017	안전보장리사회서 트리예쓰트문제 토의		4	따쓰통신
1947-01-18-018	신재정대책 수립	루마니야국회에서	4	따쓰통신
1947-01-18-019	영군주둔 독일지대의 현정세		4	따쓰통신
1947-01-18-020	문맹퇴치사업의 현지상황		4	김승화
1947-01-18-021	쏘련과 체호스로바끼야인민		4	김상오
1947-01-18-022	전련맹적 성사	극본심사위원회	4	따쓰통신
1947-01-18-023	쏘련영화소개	침입자	4	인표
1947-01-18-024	평양방송순서		4	
1947-01-18-025	평양극장안내		4	
1947-01-19-001	민주주의청년동맹창립 1주년기념에 제하여		1	
1947-01-19-002	북조선 면 리(동) 인민위원회 위원선거에 대하여		1	북조선로동당 평남도당부 위원장 김재욱
1947-01-19-003	선거선전에 만전	평양시에서 각 리 각 기관에 지시	1	
1947-01-19-004	수행도상에 있는 쏘련 5개년계획	코카사스의 신공업	2	통신부
1947-01-19-005	쏘련의 합의대통령		2	법학사 스.오세로브
1947-01-19-006	금일의 우크라이나		2	통신부
1947-01-19-007	애국미 40두를 헌납한 권정희동무에게 감사장	애국미헌납감사 라남민중대회	2	현준극
1947-01-19-008	회장가두의 미화 정돈공작을 전개	평양시당관하 각 당부에 지시	2	현석
1947-01-19-009	북조선직업총동맹 강원도련맹의 조직사업강화에 대한 결정서		2	
1947-01-19-010	직업동맹초급단체 책임자와 직장의 책임자 및 지배인 고용주의 할일		3	북조선림시인민위원회 로동부
1947-01-19-011	130만 민주청년동맹원 조선청년의 의기를 과시	북조선민청창립 1주년기념대회	3	명덕
1947-01-19-012	교내의 일제잔재를 숙청 교원의 정치적 수준 향상	평양시 인민중등전문교 교원대회	3	명덕
1947-01-19-013	민전을 토대로 하여 총력량을 선거에 집중	민전 평남도 제7차 위원회의	3	일권
1947-01-19-014	면목 일신한 애국투사후원회		3	인표
1947-01-19-015	평안남도, 평양특별시 예술공작단 창립		3	일권
1947-01-19-016	평원군 당원 돈으로 헌납		3	이원길
1947-01-19-017	영국에 의사실직자 수다		3	따쓰통신
1947-01-19-018	감옥투쟁기	정치범 919(5)	3	김학철, 창파
1947-01-19-019	불란서 민주전선에 개가	사회당 오리올씨 신대통령에 피선	4	따쓰통신
1947-01-19-020	선거일전으로 새 주택 건축		4	따쓰통신
1947-01-19-021	남조선로동당 창립 축하대회	-초만원의 대성황-	4	북조선통신
1947-01-19-022	영국 각 도시에 로동자의 파업선풍		4	북조선통신
1947-01-19-023	국민회의 대표자 선거결과		4	북조선통신

기사번호	제목(title)	부제목(stitle)	면수	필자, 출처
1947-01-19-024	월남군 '후에'요새 포위	불중원부대 상륙북상	4	북조선통신
1947-01-19-025	쏘군점령 독일지대 쭈린기정부정강		4	따쓰통신
1947-01-19-026	중공주은래씨 마샬 리중성명 반박		4	북조선통신
1947-01-19-027	라상업대표단 모쓰크바 도착		4	따쓰통신
1947-01-19-028	쏘련을 순력한 미의학자 언명		4	따쓰통신
1947-01-19-029	전형적 파업 개시한 영국조선소 로동자		4	북조선통신
1947-01-19-030	동경전범공판 웨키도포로 학대증인심문		4	북조선통신
1947-01-19-031	영국철도운전 축소		4	런던통신
1947-01-19-032	선거전의 파란	이.고왈스키이	4	전휘세
1947-01-19-033	독전범자 파펜을 재판		4	북조선통신
1947-01-19-034	평양방송순서		4	
1947-01-19-035	평양극장안내		4	
1947-01-19-036	정로철공소		4	
1947-01-21-001	(레닌서세 23주년기념)		1	
1947-01-21-002	레닌서거 제 23주년 기념일에 제하여		1	
1947-01-21-003	레닌과 인민		1	
1947-01-21-004	레닌선생의 위업	서거 23주년을 맞이하여	1, 2	조쏘문화협회 위원장 리기영
1947-01-21-005	북조선민주청년동맹창립 1주년대회보고 (요지)	북조선민청 위원장 김욱진	2	
1947-01-21-006	사회보험실시에 대한 일문일답	북조선인위 로동부	2	
1947-01-21-007	조선어로 번역출판된 레닌과 쓰딸린의 저서		3	
1947-01-21-008	산업부흥의 원동력 석탄생산에 총진군	북조선 각 탄광 생산돌격 현황	3	명덕
1947-01-21-009	애국미운동에 감격 30만원을 헌납	함북 온성면 김현수씨	3	현준극
1947-01-21-010	의주녀성동맹 건국사상운동 전개		3	김세황
1947-01-21-011	무허가 전열기사용으로 귀중한 변압기 고장 빈번	평양시에서	3	현석
1947-01-21-012	면 및 리(동)선거실시에 대한 질의문답	중앙선거위원회	3	
1947-01-21-013	감옥투쟁기	정치범 919(6)	3	김학철, 창파
1947-01-21-014	빛나는 파란민주과업의 진행	베루트대통령 기자단에게 설명	4	북조선통신
1947-01-21-015	15일의 안보리사회	원자관리안과 군축안토의순서 론의	4	북조선통신
1947-01-21-016	쏘련영웅기념비		4	니꼴라예브시통신
1947-01-21-017	조선정세에 대한 솔직한 질문과 진실한 대답	드.사쓸랍쓰끼	4	
1947-01-21-018	영화에 나타나는 위대한 레닌의 형상		4	
1947-01-21-019	공정한 전쟁과 불공정한 전쟁에 대한 레닌의 학설에 대하여		4	게라씨모브
1947-01-21-020	5만키로와트 새 다빙 건조		4	하리꼬브통신

기사번호	제목(title)	부제목(stitle)	면수	필자, 출처
1947-01-21-021	평양방송순서		4	
1947-01-21-022	평양극장안내		4	
1947-01-22-001	철도종업원 김회일운동을 광범히 전개하자		1	
1947-01-22-002	김회일동지와 아울러 정주철도종업원동지들에게	축하문	1	
1947-01-22-003	건국사상동원운동을 그대로 몸소 실천한 김회일동지의 장거!	창발력 발휘,난관극복 철도운수에 거대한 공헌	1	
1947-01-22-004	일제시대의 불용품인 안주유연탄에 착안	분말 만들어 기관차에 시용주효	1	본사특파원
1947-01-22-005	김회일동지를 비롯한 정주철도 종업원들의 호소에 대한 결정서	북조선로동당 중앙본부상무위원회	1	
1947-01-22-006	김회일채탄돌격대 전인민에게 채탄돌격운동을 호소	정주지구 철도종업원대회에서	2	
1947-01-22-007	결정서	정주지구 철도종업원대회에서	2	
1947-01-22-008	호소문	정주지구 철도종업원대회에서	2	
1947-01-22-009	김회일운동을 중심 각 기관 련석좌담회		2	문책 황성택
1947-01-22-010	기관구생활 20년 분투로 일관한 김동지략력		2	
1947-01-22-011	김회일동무의 지도아래 분투하는 기관구동무들		2	
1947-01-22-012	정주철도기관구와 김회일동무의 편모		2	
1947-01-22-013	광고	중앙선거위원회	2	
1947-01-22-014	화력 5천카로리의 석탄은 애로의 타개와 채굴을 대망		3	
1947-01-22-015	제2회 중앙농촌지도자양성 폐강식		3	중선
1947-01-22-016	철도부흥애국용사를 위안과 표창으로 감사	김회일운동과 정주기관구 표창식	3	백문간
1947-01-22-017	직장 미담	공장의 꽃 '심정희'	3	김명덕
1947-01-22-018	원산로동자들의 반일투쟁봉기일	1월 14일! 18주년 기념대회	3	김기호
1947-01-22-019	모범직장, 로동자 표창	강원도직맹 제3차 도대회	3	김기호
1947-01-22-020	량개기선공장 작업에 착수		3	오데싸통신
1947-01-22-021	화란주권당국은 전차와 대포를 인도네시야로 운송		3	따쓰통신
1947-01-22-022	레닌 령전에 드리는 노래	서거 23주기일에	3	문병균
1947-01-22-023	감옥투쟁기	정치범 919(7)	3	김학철, 창파
1947-01-22-024	레닌서거 23주년을 맞으면서		4	장주익
1947-01-22-025	중국문제 해결은 반동을 조종하는 외국세력배제에 있다		4	북조선통신
1947-01-22-026	쏘.영.미.불 4국 부외상회의 개최		4	따쓰통신
1947-01-22-027	최고조에 달한 중국내 반미감정	『워.드, 리피.트』지의 론설	4	북조선통신
1947-01-22-028	레닌은 위대한 인도주의자이며 민주주의자이다	력사학 학사 느.루빈슈테이나	4	통신부
1947-01-22-029	미국대표 바루흐 사임		4	따쓰통신

기사번호	제목(title)	부제목(stitle)	면수	필자, 출처
1947-01-22-030	파란정부 미국통첩 반박		4	북조선통신
1947-01-22-031	불룸내각 사직		4	따쓰통신
1947-01-22-032	마샬씨 와싱톤 향발		4	북조선통신
1947-01-22-033	평양방송순서		4	
1947-01-22-034	평양극장안내		4	
1947-01-23-001	농촌교육문화사업에 있어서의 몇가지 문제		1	
1947-01-23-002	김회일동무와 기관구동무들에게 감사의 물품 진정 조선애국투사후원회에서	철도종업원 김회일운동의 반향	1	인표
1947-01-23-003	김회일동지에게 드림	조선애국투사후원회 중앙위원회에서	1	
1947-01-23-004	김회일운동따라 우리도 돌격결심 평양특별시 시설부 수도과 공무계장 변정보씨 담	철도종업원 김회일운동의 반향	1	
1947-01-23-005	석탄도 해결되었으니 철도사업에 매진할뿐 평양철도기관구 지도기관사 원용봉씨 담	철도종업원 김회일운동의 반향	1	
1947-01-23-006	애국적 녀성이 많이 나옴을 기대 평남도 녀성동맹 김병혜씨 담	철도종업원 김회일운동의 반향	1	
1947-01-23-007	김회일동무를 본받아 전력경주 희천기관구 기관조수 최광원씨 담	철도종업원 김회일운동의 반향	1	
1947-01-23-008	김회일동지와 정주철도종업원들은 어떻게 싸우고있는가		1, 2	특파원 신고송
1947-01-23-009	공장, 농촌 세포학습자료 (제1) 북조선로동당 중앙본부 선전선동부 당교육과	일본제국주의로부터 조선의 해방과 조선발전에 있어서 새계단의 시초	2	
1947-01-23-010	당열성자의 사상리론적 수준 향상		2	김일
1947-01-23-011	세계피압박민족, 계급해방자 레닌추도의 밤	조쏘문화협회 주최로 개최	3	성택
1947-01-23-012	레닌추모기념회 문학예술총련맹 주최로 성황		3	은길
1947-01-23-013	김제원선생따라 생산증강을 결의	평북도 로동자동무들	3	명덕
1947-01-23-014	감옥투쟁기	정치범 919(8)	3	김학철, 창파
1947-01-23-015	건국사상운동과 신년생산의 제고	평양제침 공화농구 평양연초 등	3	명덕
1947-01-23-016	추모시 승리의 맹세로써	-레닌 23주기일 추모-	3	백인준
1947-01-23-017	농촌리에 법적 주권 형성 선거의 성과적 완수에 전력	평양특별시 각계 대표련석회의	3	언철
1947-01-23-018	사회보험실시에 대하여	직총중앙위원장 최경덕씨 담	3	
1947-01-23-019	사회보험실시에 대한 일문일답	북조선인위 로동부 실업보조금에 대하여	3	
1947-01-23-020	선거선전원 각 지방에 파견		3	
1947-01-23-021	"장개석에게 속아 내전에 참가했소"	포로된 장군단장 담	4	북조선통신

기사번호	제목(title)	부제목(stitle)	면수	필자, 출처
1947-01-23-022	소쁘츠베르겐군도문제로 쏘낙량국간에 교섭진행중		4	북조선통신
1947-01-23-023	중국각해방구 '쌍옹월'을 제정	군애민 민옹군운동 전개	4	북조선통신
1947-01-23-024	상해파산 상사 공장 점차 증가		4	북조선통신
1947-01-23-025	장의악정 반대	중국각지의 파업 발발	4	북조선통신
1947-01-23-026	전일본체신로동자 일제 파업		4	북조선통신
1947-01-23-027	부원을 증가 징병 1,800명	-북평미국정전진행본부-	4	북조선통신
1947-01-23-028	파란외상 몰로또브외상 방문		4	북조선통신
1947-01-23-029	미 가련합 북극군비시험		4	따쓰통신
1947-01-23-030	포학한 황제와 간악한 까뽄승 로동자들 도살한 날	1905년 1월 22일	4	
1947-01-23-031	인도네시야정세		4	김단역
1947-01-23-032	제2차세계대전최초의 강화조약정문 발표		4	북조선통신
1947-01-23-033	미국무성명령		4	북조선통신
1947-01-23-034	감보쟈의 독립을 유엔에 통고		4	북조선통신
1947-01-23-035	월남독립의 투지 호지명 언명		4	북조선통신
1947-01-23-036	일본재무로총 전국업무관리 실시		4	북조선통신
1947-01-23-037	홍아리에서 반국가음모 발로		4	따쓰통신
1947-01-23-038	부외상회의 석상에서 진술한 베빈의 연설		4	따쓰통신
1947-01-23-039	문화회관의 즐거운 야회		4	
1947-01-23-040	평양방송순서		4	
1947-01-23-041	평양극장안내		4	
1947-01-24-001	선거자명부의 작성에 대하여		1	
1947-01-24-002	철도종업원 김회일운동을 전북조선에 전개 결의	북조선직맹 제44차 상무위원회에서	1	명덕
1947-01-24-003	김회일운동에 관한 북조선직업총동맹 제44차 중앙상무위원회 결정서		1	
1947-01-24-004	손수 만든 선물 싣고 김제원선생을 방문	북조선 각 도 직장 로동자대표들	1	명덕
1947-01-24-005	면 리 위원선거를 앞두고 각 도 선거위원회 조직	강원도, 함남도, 룡강군에서	1	김기호, 박경석, 백룡
1947-01-24-006	선거의 승리적 완수에 매진 식량.문맹퇴치문제 등 토의	제7차 황해도인민위원회에서	1	지사
1947-01-24-007	공장 농촌 세포학습자료 제2, 북조선로동당 중앙본부 선전선동부 당교육과	북조선림시인민위원회가 발표한 법령들과 그 의의	2	
1947-01-24-008	로동규률 엄수하고 국가물자 애호하자	흥남비료공장 공개세포회의 결의	2	김경일
1947-01-24-009	녕원군당교육정형	구체적인 교육사업계획과 준비 있는 교재로 강의하라	2	계흥
1947-01-24-010	면 리 선거선전사업과 출판물들의 과업		2	현정민
1947-01-24-011	정로철공소		2	
1947-01-24-012	모쓰크바(맑스 엥겔쓰) 레닌대학 총장과의 일문일답		3	

기사번호	제목(title)	부제목(stitle)	면수	필자, 출처
1947-01-24-013	두 모범로동자 생산돌격을 추진	본사기자 사동탄광방문기	3	명덕
1947-01-24-014	대학생들의 레닌추도회	김일성대학에서	3	명덕
1947-01-24-015	일제적 여습을 청산코 수산부흥에 매진이 필요	북조선수산조합총련맹 림시대회 재발족키로 결의	3	중선
1947-01-24-016	김회일동무에게		3	현석
1947-01-24-017	조직 확대하고 건국사상운동	회령녀맹 1주년기념	3	박용기
1947-01-24-018	돌격대표 창금을 당기금으로		3	원상락
1947-01-24-019	선거선전에 만전	함남선거선전위원회 결성	3	박경석
1947-01-24-020	사회보험실시에 대한 일문일답	북조선인위 로동부	3	
1947-01-24-021	파나마군사기지 미국탈취기도설		3	북조선통신
1947-01-24-022	파레스타인문제에 관한 회의 21일 론돈에서 재개		4	북조선통신
1947-01-24-023	쏘련의 롱아		4	통신부
1947-01-24-024	이외상 녜닌씨 사직		4	북조선통신
1947-01-24-025	파란국의 선거 진행상황		4	북조선통신
1947-01-24-026	혁혁한 전과 거두며 전전중	태행 태악구 민병	4	북조선통신, 고종
1947-01-24-027	중앙예술공작단 국립직속 기념공연 심청전 4막6장	1월31일부터 3 1극장	4	
1947-01-24-028	오강화조약기본을 결정	4외상대리회의에서	4	북조선통신
1947-01-24-029	영령마래의 정세는 분규화하고있다	력사학사 브.와시리에브	4	통신부
1947-01-24-030	미군 1명도 중국에 있을수 없다	상해진단 대학생 담	4	북조선통신
1947-01-24-031	쏘련영화소개	명견 쥴발스	4	
1947-01-24-032	평양방송순서		4	
1947-01-24-033	평양극장안내		4	
1947-01-25-001	판사선거를 승리적 으로 완수하자		1	
1947-01-25-002	강원도당단체 및 원산시당단체 련석열성자대회에서의 김일성동지의 보고와 결론 요지		1	김기호
1947-01-25-003	김일성위원장 강원도지방 검열		1	홍범
1947-01-25-004	강원도당단체 원산시당단체 련석열성자대회 개최	당내사상통일과 당조직강화 결정	1	김기호
1947-01-25-005	창발력 발휘한 김동무를 모범하자 북조선공업기술총련맹 연구부장 김보형씨 담	철도종업원 김회일운동의 반향	1	
1947-01-25-006	건국사상동원의 구체적인 실천! 조선직업총동맹 중앙위원장 최경덕씨 담	철도종업원 김회일운동의 반향	1	
1947-01-25-007	당의 확대강화를 위하여 유일당증수여사업을 철저히 수행하자		2	북조선로동당 중앙검열위원회 위원장 김용범
1947-01-25-008	공장 농촌 세포학습자료 제3, 북조선로동당 중앙본부 선전선동부 당교육과	북조선림시인민위원회가 발표한 법령들과 그 법령의 의의	2	

기사번호	제목(title)	부제목(stitle)	면수	필자, 출처
1947-01-25-009	선거승리 목표로 애국미 23두를 헌납한 함남 함주의 당원동무들		3	경석
1947-01-25-010	경성군내 각 탄광 생산돌격에 매진		3	조인길
1947-01-25-011	평안남도의 잠업진흥대책		3	
1947-01-25-012	대동군의 선거준비 선거위원회와 선전위원회를 조직	인민학교 성인학교도 선전에 동원	3	
1947-01-25-013	동원대대부		3	김귀련
1947-01-25-014	3소녀공의 정열	남조선동포에게	3	은길
1947-01-25-015	생산기관에서는 선봉 금번선거에 전력 집중	황해도 민청 1주년기념대회	3	지사
1947-01-25-016	남조선문화단체 총련맹에서 치스짜꼬프 대장 서한을 지지		3	북조선통신
1947-01-25-017	민주건설기념 사진촬영대회	북조선예총.사맹 주최	3	명덕
1947-01-25-018	사회보험실시에 대한 일문일답 북조선 인위 로동부	양로년금에 대하여	3	
1947-01-25-019	직장미담 모범녀공 '리묵석'동무	-로동녀성들의 선진대렬은 장성한다-	3	김영선
1947-01-25-020	이란에서는 어떤 사변이 발생하고있는가?		4	
1947-01-25-021	차관에 대한 불의회 주석연설	독일영미점령구	4	북조선통신
1947-01-25-022	장개석의 개인야욕 국내전쟁을 선동	장군려장 사몽권씨 담	4	북조선통신
1947-01-25-023	전일본로조 총파업	-2월1일을 기하여-	4	북조선통신
1947-01-25-024	빠라그아이의 반동적 탄압		4	따쓰통신
1947-01-25-025	불 신대통령 라마디에씨에 조각 위임		4	북조선통신
1947-01-25-026	의학계의 혁신자들		4	
1947-01-25-027	니꼴라예브시에 건립될 브.이.레닌의 청동조상		4	레닌그라드통신
1947-01-25-028	불란서의 신정부 편성		4	김상오
1947-01-25-029	평양방송순서		4	
1947-01-25-030	평양극장안내		4	
1947-01-26-001	직업동맹의 사업을 강화하자		1	
1947-01-26-002	북조선림시인민위원회 결정 제164호	생명건강자유명예보호에 관한 법령	1	
1947-01-26-003	각 정당 사회단체 망라 선거선전에로 총진군	강원도 선거선전위원회에서 회의를 거듭	1	홍범
1947-01-26-004	면리위원선거승리와 민전강화문제를 토의	강원도 민전 제1차확대위원회	1	김기호
1947-01-26-005	북조선림시인민위원회 결정 제163호	북조선의 봉건유습잔재를 퇴치하는 법령	1	
1947-01-26-006	북조선림시인민위원회 결정 제165호	개인재산보호에 관한 법령	1	
1947-01-26-007	북조선림시인민위원회 결정 제162호	북조선의 인민보건을 침해하는 죄에 관한 법령	1	
1947-01-26-008	레닌-쓰딸린의 위대한 기치는 우리를 령도고취	1947년 정월 21일 레닌서거 23주년기념 추모회의서 진술한 그.프.알렉싼드로브의 보고(상)	2	

기사번호	제목(title)	부제목(stitle)	면수	필자, 출처
1947-01-26-009	북조선영화「민주선거」완성		2	명덕
1947-01-26-010	북조선림시인민위원회기구 확충	북조선림시인민위원회 제23차 위원회에서	3	
1947-01-26-011	북조선림시인민위원회 결정 제161호	북조선림시인민위원회 로동국 설치에 관한 결정서	3	
1947-01-26-012	북조선림시인민위원회 결정 제160호	북조선검찰소를 북조선림시인민위원회에 직속시킴에 관한 결정서	3	
1947-01-26-013	통신망정비동원 또 선거를 승리에로	강원통신국 선거촉진통신부 조직	3	김기호
1947-01-26-014	함주선거위원회 선전위원회 조직		3	박경석
1947-01-26-015	인형극에 대하여		3	박중선
1947-01-26-016	평남도영으로 된 37남녀중학		3	
1947-01-26-017	사회보험병원 기타 의료수가 규정에 대하여	북조선인위 보건국장 윤기녕씨 담	3	
1947-01-26-018	모든 청년들은 김회일동무 본받자!	북조선민주청년동맹 중앙부위원장 로민씨 담	3	
1947-01-26-019	우리도 김동무를 배워 전차운수에 만전	평양전차부 수리공장 조립공 리형식씨 담	3	
1947-01-26-020	사회보험실시에 대한 일문일답 북조선 인위 로동부	폐질년흉금에 대하여	3	
1947-01-26-021	레닌서거 기념식 중앙당학교서 거행		3	김종윤
1947-01-26-022	안전보장리사회 군비축소를 토의		4	따쓰통신
1947-01-26-023	눈강, 흑룡강 량성의 토지개혁	-민생나날이 향상-	4	북조선통신
1947-01-26-024	몰다비야에 2,879학교		4	끼시뇨브통신
1947-01-26-025	새 전쟁의 위험은 실재하지 않는다	쓰딸린대원수가 에리오트.루스벨트에 준말	4	북조선통신
1947-01-26-026	북평 각 신문 기자대표 장미당국에 항의		4	북조선통신
1947-01-26-027	'스모르노이'의 레닌	아.코론타이의 회상기	4	통신부
1947-01-26-028	백파탐정배 교살형 언도		4	
1947-01-26-029	야판부인 귀국		4	북조선통신
1947-01-26-030	평양방송순서		4	
1947-01-26-031	평양극장안내		4	
1947-01-26-032	북트란실반이야에서		4	베, 휘레온찌엠전휘세 역
1947-01-28-001	유축농업에 대하여		1	
1947-01-28-002	건국사상운동을 추진 금년도 생산계획 완수	산업국에서 각 국영기업장에 비격	1	일권
1947-01-28-003	조직을 일층 강화하여 선거를 완수할것을 결의	평남민청 제2차확대위원회	1	명덕
1947-01-28-004	평양시의 과거 1년간 제 사업의 우점과 결점		1, 2	김환

기사번호	제목(title)	부제목(stitle)	면수	필자, 출처
1947-01-28-005	남조선로동법의 반동성		2	오기찬
1947-01-28-006	레닌-쓰딸린의 위대한 기치는 우리를 령도 고취	1947년 정월 21일 레닌서거 23주년 기념추모회의서 진술한 그.프.알렉싼드로브의 보고(하)	2	
1947-01-28-007	공장 농촌 세포학습자료 제4, 북조선로동당 중앙본부 선전선동부 당교육과	북조선림시인민위원회가 발표한 법령들과 그 법령의 의의	2	
1947-01-28-008	건국사상동원운동	원산민청돌격 전개	3	김기호
1947-01-28-009	압제의 긴긴날 물리치고서 분연히 일어난 민청의 날	강원 원산 민청창립 기념대회	3	김기호
1947-01-28-010	선거선전임무 중대	함남 각 단체 선전원강습회 개최	3	박경석
1947-01-28-011	시선거위원회와 민전선거선전대 함흥시에서 조직		3	박경석
1947-01-28-012	함남선거, 선전위원 부서결정사업 개시		3	박경석
1947-01-28-013	레닌추모기념보고대회	함흥조쏘문화 주최로	3	박경석
1947-01-28-014	막심 꼴키기념 사진전람회 개최		3	박경석
1947-01-28-015	봉산군 선거선전위원회 조직활동		3	성섭
1947-01-28-016	농민과 로동자에 호응	기업주 농기구를 헌납	3	
1947-01-28-017	황해도에서도 선전원강습회		3	지사
1947-01-28-018	로동자들속에 들어가 건국의 호흡을 작품화	송영씨를 맞이한 함남작가들	3	박경석
1947-01-28-019	사회보험실시에 대한 일문일답 북조선인위 로동부	페질년휼금에 대하여	3	
1947-01-28-020	25개 도서관에 서적 기증을 요망		3	
1947-01-28-021	누가 건설에 지장을 주느냐	네가 아니냐?(1)	3	김학철, 창파
1947-01-28-022	스삐쯔베르겐문제에 관한 낙위외무성의 성명요지		4	
1947-01-28-023	『루크』잡지 발표	쓰딸린대원수와 엘리요트.루스벨트와의 인터뷰	4	따쓰통신
1947-01-28-024	자칭 조선대통령 리승만의 본영		4	
1947-01-28-025	장군의 공세 좌절 혼란 백출	-중공군측 주간전황-	4	북조선통신
1947-01-28-026	로령『뉴욕 타임스』발로된 위계		4	
1947-01-28-027	박싼쓰크협곡에서		4	
1947-01-28-028	'몰로또브'자동차공장		4	
1947-01-28-029	라지오와 선거선전		4	보르네스통신
1947-01-28-030	평양방송순서		4	
1947-01-28-031	평양극장안내		4	
1947-01-29-001	김회일동지의 애국적 거동에 대하여		1	
1947-01-29-002	선거의 완수를 위하여 제반 문제를 토의	평남선거위원회 선거위원장 인민위원장 련석회의	1	달수
1947-01-29-003	이번 면리선거사업에 녀성도 적극 참가하자	녀성총동맹에서 선전원 파견	1	은길
1947-01-29-004	선거선전에 있어서의 몇가지 문제에 대하여		1	한최욱

기사번호	제목(title)	부제목(stitle)	면수	필자, 출처
1947-01-29-005	선거의 무관심을 극복 완전승리를 기대	평양시당단체 열성자대회	2	명덕
1947-01-29-006	평남 평원군당의 정치교양사업정형	정기교양시간을 엄수하며 상급당의 결정을 집행하라	2	계흥
1947-01-29-007	쏘베트민주주의		2	쓰.찌따렌꼬 술, 허빈
1947-01-29-008	공장 농촌 세포학습자료 제5, 북조선로동당 중앙본부 선전선동부 당교육과	북조선림시인민위원회가 발표한 법령들과 그 법령의 의의	2	
1947-01-29-009	남조선민청 일정부에 항의		2	북조선통신
1947-01-29-010	근로인의 보건보장 사회보험병원 개원	중앙철도, 서선석탄병원 방문기	3	명덕
1947-01-29-011	토지개혁의 감사	애국미헌납으로	3	
1947-01-29-012	북조선림시인민위원회 결정 제166호	과실현물세 체납 및 탈세자 벌칙에 관한 결정서	3	
1947-01-29-013	문맹자 18.5%로 격감	평북문맹퇴치사업에 수범	3	일권
1947-01-29-014	조선중국인민친선련환대회	평양시 대중극장에서	3	현석
1947-01-29-015	식량검열위원회 조직 식량의 적정배급에 주력	평남도인위상무위원회 결정	3	
1947-01-29-016	길주군 선거선전위원회 조직		3	박태화
1947-01-29-017	류백승장군 관성회복		3	북조선통신
1947-01-29-018	개인향락주의가 공금횡령에까지 썩어가는 이 경로(2)		3	김학철, 창파
1947-01-29-019	쏘련은 평화를 사랑한다	쓰딸린수상은 왜 쏘, 영, 장교교환을 거절하였나	4	북조선통신
1947-01-29-020	민주정당련합 대승리	파란국선거결과	4	따쓰통신
1947-01-29-021	파란에서의 립법원선거		4	따쓰통신
1947-01-29-022	장군 2만 섬멸	화동인민해방구에서	4	북조선통신
1947-01-29-023	침점기도의 장군 팔로군에게 패멸	상건하지구	4	북조선통신
1947-01-29-024	신식채탄 꼼바인		4	몰로또브시통신
1947-01-29-025	주불해사형 확정	최고법원상고각하	4	북조선통신
1947-01-29-026	빛나는 공로	중공군 포수 조룡성	4	북조선통신
1947-01-29-027	오태리에서 파쑈테로 체포		4	따쓰통신
1947-01-29-028	복잡한 통행		4	레닌그라드통신
1947-01-29-029	청년들을 위한 토요강의		4	크라쓰노다르통신
1947-01-29-030	주영쏘대사 신임장 제출		4	북조선통신
1947-01-29-031	안보회의 20일로 연기		4	따쓰통신
1947-01-29-032	복구된 용광로		4	꼴삐노시통신
1947-01-29-033	다채로운 선거행사		4	레닌그라드통신
1947-01-29-034	발전되는 대바꾸시		4	
1947-01-29-035	'쓰꼬로호드'제화공장에서		4	레닌그라드통신
1947-01-29-036	파란선거에 대한 외국기자보도		4	북조선통신
1947-01-29-037	마샬의 모쓰크바회의 출석 발표		4	북조선통신

기사번호	제목(title)	부제목(stitle)	면수	필자, 출처
1947-01-29-038	야판부인 언명		4	북조선통신
1947-01-29-039	평양방송순서		4	
1947-01-29-040	평양극장안내		4	
1947-01-29-041	호주에 있어서의 동맹파업		4	신문부
1947-01-30-001	민주주의 제신법령의 발포에 제하여		1	
1947-01-30-002	선거완수문제 위시 당면 제 과업 토의	평남도인위 제32차위원회	1	
1947-01-30-003	철도사업부흥을 위한 교통국장의 돌격 명령 명령 제18호	교통국장 각 부장 각 공장장 각 철도부장 귀하 명령서	1	
1947-01-30-004	평남도재판소 판사선거		1	달수
1947-01-30-005	중선위 제34호	중앙선거 위원장 각 도 선거위 원장 귀하	1	
1947-01-30-006	문화예술면에 있어 선거선전공작을 전개	평북문화인 선거선전공작 련석 회의	1	
1947-01-30-007	강원도의 각 군 면 선거위원장회의		1	홍범
1947-01-30-008	선거의 완수 위해 선거위원장회의	평북선거위원회에서	1	지사
1947-01-30-009	쏘베트선거제도의 민주주의		2	크.골셰닌 술, 홍인작
1947-01-30-010	제3기를 맞이하는 중앙당학교의 상황		2	중앙당학교 교장 김승화
1947-01-30-011	당의 핵심작용으로 생산과 교양에 열성	운산군 풍상세포	2	계홍
1947-01-30-012	중앙민청학원 개원		2	명덕
1947-01-30-013	안악군당 제5차 확대위원회		2	지사
1947-01-30-014	로력후비원 양성에 국가의 관심은 크다		2	
1947-01-30-015	새 전화전신선		2	드네쁘르뻬뜨롭 쓰크통신
1947-01-30-016	민주건국을 위한 로력과 투쟁을 고무하자	북조선문학예총 상임위원회 결정	3	
1947-01-30-017	선거선전계획을 수립	황해도 선거선전위원회에서	3	지사
1947-01-30-018	선거선전문건 각 도에 륙속발송	중앙선거선전위원회서	3	인표
1947-01-30-019	학생선거선전원 각 도에 파견배치	중앙선거선전위원회서	3	인표
1947-01-30-020	인구조사를 실시 선거에 만전대책	회령 각급인민위원회	3	지사
1947-01-30-021	평남문맹퇴치사업 저조 기간내 완수에 매진하라	각 시 군 문맹퇴치지도위원장 회의	3	달수
1947-01-30-022	김일성대학생 문맹퇴치운동대	평원중대의 활약상	3	평원중대 서기복통신
1947-01-30-023	남아있는 요이주자 급속히 이주시키라	평남도 정례상위회의 결정	3	달수
1947-01-30-024	사회보험실시에 대한 일문일답	북조선인위 로동국	3	
1947-01-30-025	농사단기 강습회	재녕농민동맹에서	3	정흥필
1947-01-30-026	대동소조원 특근료를 애국헌금		3	인표
1947-01-30-027	반동호전세력보다 민주세력이 강대	쏘련선전국장 연설	4	북조선통신
1947-01-30-028	독립을 요구	면전로동자 총파업태세	4	북조선통신
1947-01-30-029	영쏘조약에 대하여		4	북조선통신

기사번호	제목(title)	부제목(stitle)	면수	필자, 출처
1947-01-30-030	희랍정부의 신각원		4	따쓰통신
1947-01-30-031	장군사장 인민해방군에게 피로		4	북조선통신
1947-01-30-032	토이기와의 친선조약 영사측에 의한것	-씨리야출판계의 통격-	4	따쓰통신
1947-01-30-033	중공군의 전과 장군단장 등 다수 포로	평한선방면	4	북조선통신
1947-01-30-034	형조당씨 민주건국군 부총사령관 취임		4	북조선통신
1947-01-30-035	미국함대연습 2월말에 거행		4	따쓰통신
1947-01-30-036	깔리닌공장의 1개년간 총화		4	드네쁘르뻬뜨롭 쓰크통신
1947-01-30-037	평양방송순서		4	
1947-01-30-038	평양극장안내		4	
1947-01-30-039	쏘련에 있어서의 사회주의적 경쟁		4	아.그리고리 에브
1947-01-31-001	선거사업에 총력량을 집중하자		1	
1947-01-31-002	열성자 천여명 참집 선거에 총력집결 토의	신의주시 민청열성자대회	1	지사
1947-01-31-003	조직적으로 선거선전 전개	길주민청확위회의	1	박자화
1947-01-31-004	선거사업에 대동군인민위 지도적 역할		1	용봉
1947-01-31-005	선거선전지도원 각지에 파견 활약	평북선거선전위원회서	1	지사
1947-01-31-006	국제문제에 관한 쏘베트의 여론	사신	1	통신부
1947-01-31-007	유엔조사단 희랍측 방해		1	북조선통신
1947-01-31-008	민주주의인민국가들		1	
1947-01-31-009	일본제국주의에 관한 레닌의 론술		2	쿠들야브체브
1947-01-31-010	토지개혁후 1년을 경과하여	벨르린으로부터의 서신	2	이.피메노브
1947-01-31-011	쏘련농촌경리기계건조계의 새소식	전동맹농촌경리기계건조대학 총장 공학사 뻬뜨르민닌과의 담화	2	
1947-01-31-012	일본반동의 일책동 실패		2	쿠들야브체브
1947-01-31-013	변압기제작 등 생산돌격을 전개	북조선 전총전기제작소에서	3	명덕
1947-01-31-014	산소생산에 돌격	조선산소평양공장	3	명덕
1947-01-31-015	평남보안부원 일요작업금을 남조선동포 에게		3	달수
1947-01-31-016	사회보험실시에 대한 일문일답	북조선인위 로동국	3	
1947-01-31-017	서흥중학생들이 문맹퇴치맹활동		3	진사
1947-01-31-018	농한기를 리용해 석탄생산에 참가하고 송미	안주탄광 동무들에게 백미 41두	3	명덕
1947-01-31-019	안보에 대한 애급수상 보고		3	북조선통신
1947-01-31-020	뽈리시공장 설비품 비법적으로 수송반출	유고슬라비아신문의 론평	3	따쓰통신
1947-01-31-021	뜨락또르지정소의 성과		3	끼예브통신
1947-01-31-022	녀자기술학교를 평남녀맹에서 설치		3	은길
1947-01-31-023	현지 동원작가 보고 고주파에서	어성진고주파공장에서	3	최명익
1947-01-31-024	영대표를 연안에 파견하라	-영상원의원 제의-	4	북조선통신
1947-01-31-025	인민해방군 재점령	역현성	4	북조선통신

기사번호	제목(title)	부제목(stitle)	면수	필자, 출처
1947-01-31-026	장정부에 대한 민중의 원성충천	황하제방 파괴	4	북조선통신
1947-01-31-027	중국공인령수 주보정씨 서거		4	북조선통신
1947-01-31-028	주보정씨 략력		4	북조선통신
1947-01-31-029	장정부의 가혹한 착취		4	북조선통신
1947-01-31-030	쓰딸린선거구에서		4	바꾸시통신
1947-01-31-031	모주석에 년하장	신년을 맞는 해방된 농민들	4	
1947-01-31-032	일본농민소동의 원인		4	
1947-01-31-033	인민적 신민주주의국가들은 평화와 안전을 위한 투쟁의 강대한 동력으로 된다		4	
1947-01-31-034	이유 량국 호상관계 설정		4	따쓰통신
1947-01-31-035	불란서에 희랍인민후원회		4	따쓰통신
1947-01-31-036	거대한 수정산지		4	
1947-01-31-037	평양방송순서		4	
1947-01-31-038	평양극장안내		4	
1947-02-01-001	김제원애국미운동을 농업증산운동으로 전환하자		1	
1947-02-01-002	면리선거위원 실천요강	평남선거위원회에서 발표	1	
1947-02-01-003	평남도녀맹에서 선거선전원을 파견	관하 각군에 나가 면리선전지도	1	은길
1947-02-01-004	시민청도 적극 활동	가두, 농촌해설에 출동준비	1	명덕
1947-02-01-005	공업기술총련맹 각도련맹에 선거협력활동 지시		1	
1947-02-01-006	봉산선거공작		1	이성섭
1947-02-01-007	선거의 승리를 기하며 증산운동전개 결정	직총중앙 상무위원회서	1	
1947-02-01-008	당면과업을 선거사업과 결부	강원인위 결정	1	홍범
1947-02-01-009	상품가격을 표시 무질서한 가격폭등 방지 북조선림시인민위원회 위원장 김일성 비준	상업국포고 제4호	1	
1947-02-01-010	가격표시의 위반자는 처벌	상업국장 장시우씨 담	1	
1947-02-01-011	농촌과 가두로 해설대 출동	직총의 선거선전방침	1	
1947-02-01-012	선거의 락관 극복 조직적 투쟁 전개	평남도당 제20차상무위원회	2	계홍
1947-02-01-013	'쓰딸린그라드'의 위대한 승리전의 회고		2	홍인표
1947-02-01-014	평화와 민주발전의 새길을 걷는 신흥아리		2	
1947-02-01-015	알바리크제동종합공장		2	따쓰껜트통신
1947-02-01-016	미대통령 점령군비 추가 요청		2	북조선통신
1947-02-01-017	공장농촌세포학습자료 제6 북조선로동당 중앙본부 선전선동부 당교육과 북조선림시인민위원회가 발표한 법령들과 그 법령의 의의	산업철도운수체신 은행 등의 국유화에 관한 법령	2	
1947-02-01-018	정로철공소 평양특별시 원천리	북조선림시인민위원회 앞	2	
1947-02-01-019	선거의 재승리와 농업증산을 토의	각 면리에 농민대회 개최	3	중선
1947-02-01-020	태공한 안변선거위원회		3	

기사번호	제목(title)	부제목(stitle)	면수	필자, 출처
1947-02-01-021	생산목표량 돌파 물자애호에 수범	평양견직공장 동무들	3	명덕
1947-02-01-022	근로인학생 위해 급행전차 운전	2월 1일부터 실시	3	명덕
1947-02-01-023	사회보험실시에 대한 일문일답	북조선인위 로동국	3	
1947-02-01-024	제1신	모스크바의 연극계	3	통신부
1947-02-01-025	외국반향	쓰딸린과 베빈의 각서교환에 대하여	4	따쓰
1947-02-01-026	장군 련전련패		4	북조선통신
1947-02-01-027	장군 전부 섬멸	통화지구전쟁	4	북조선통신
1947-02-01-028	장군별동대 격멸		4	북조선통신
1947-02-01-029	평한전선에서도 장군을 격멸		4	북조선통신
1947-02-01-030	고 루즈벨트대통령 부인 인권보장위원회 위원장에 피선		4	북조선통신
1947-02-01-031	영면회담 26일 페막		4	북조선통신
1947-02-01-032	농촌의 새 영화극장		4	북조선통신
1947-02-01-033	장래기술향상은 쏘련전후 5개년계획의 기본과업들중 하나다		4	
1947-02-01-034	인민해방군 각지에서 중앙군 격멸		4	북조선통신
1947-02-01-035	민병무장대 조직	국민당계 해적과 투쟁	4	북조선통신
1947-02-01-036	빨찌산애국처녀 끼셀레와의 행로		4	북조선통신
1947-02-01-037	희랍국경조사위원 쏘베트대표단 아테네 도착		4	북조선통신
1947-02-01-038	돈탄전의 공업중심지		4	북조선통신
1947-02-01-039	희랍공산당 신문사건 판결		4	북조선통신
1947-02-01-040	6개소의 직조공장 신축		4	북조선통신
1947-02-01-041	평양방송순서		4	
1947-02-01-042	평양극장안내		4	
1947-02-02-001	사회보험법 실시에 대하여		1	
1947-02-02-002	선거사업에 결부하여 증산운동전개를 지시	북조선직업총동맹 평남도련맹에서	1	명덕
1947-02-02-003	선거승리 위해 선전사업을 강화	순천군맹에서 결의	1	명덕
1947-02-02-004	각 지방에 검열원 파견 선거사업을 검토 추진	-평안남도인민위원회에서 결정-	1	
1947-02-02-005	함남은 선거일색	선전사업과 장식에 분망	1	박경석
1947-02-02-006	선거에 학원 활용 학교사업의 향상책 토의	평남도 각 시군 시학련석회의	1	달수
1947-02-02-007	아미리가에서의 경제공황의 위혁		2	브론스끼 술, 오기찬 역
1947-02-02-008	쎄.쎄.쎄.르의 로동소득		2	법학사 아.파셀스트니크
1947-02-02-009	평양성인학교 교장회의		2	중선
1947-02-02-010	공장농촌세포학습자료 제7 북조선로동당 중앙본부 선전선동부 당교육과	북조선의 도, 시, 군 인민위원 선거	2	
1947-02-02-011	표창받은 연공계 항구적 생산돌격	흥남비료공장 연공계 결의 실천	3	경일

기사번호	제목(title)	부제목(stitle)	면수	필자, 출처
1947-02-02-012	문맹퇴치를 강력히 추진 성인학교를 통하여 선거선전	평남 각 정당사회단체 선전문화책임자 련석회의	3	달수
1947-02-02-013	선거선전소책자 50만부를 돌파		3	인표
1947-02-02-014	선전공작 검열지도 각 도에 간부급 파견	북조선농민동맹에서	3	중선
1947-02-02-015	흥남시의 선거선전위원회 결성		3	김경일
1947-02-02-016	다시 꽃다발을 조국에	면리인민위원선거를 위하여	3	강승한
1947-02-02-017	농업증산은 농기구개량으로	평남도 농기구생산책임자회의	3	달수
1947-02-02-018	군면선거위원장 선거규정을 토론	함남도선거위원회에서	3	박경석
1947-02-02-019	불순분자 숙청코 증산으로 새 출발	정백공장 종업원대회	3	계흥
1947-02-02-020	애국소년 리규태 문맹퇴치에 열심		3	정운성
1947-02-02-021	평남도 년말생산경쟁운동의 총결		3	명덕
1947-02-02-022	평북의 이동선거선전돌격 조직		3	지사
1947-02-02-023	렬강의 일치행동은 련합국기구 승리의 기본		4	
1947-02-02-024	-일본전범재판-	드러난 침략음모	4	북조선통신
1947-02-02-025	영쏘친선협회 론돈지부회의에서의 절규	전세계평화를 위하여 쏘련과 협조하라	4	따쓰통신
1947-02-02-026	장개석의 무법행사 불허	중공당 선전부장 륙정일씨 담	4	북조선통신
1947-02-02-027	희랍의헌 안보 알바니아대표 입국거절		4	조선중앙통신
1947-02-02-028	부랴트몽고의 새 직조공장		4	을란우데통신
1947-02-02-029	전기기관차발동기 생산		4	리가시통신
1947-02-02-030	비루마직업동맹 9천로동자 파업		4	북조선통신
1947-02-02-031	련합군외교부장 애치슨대좌 미국향발		4	북조선통신
1947-02-02-032	쏘련 추바시자치공화국내에서 금은광 등의 대광맥 발견		4	북조선통신
1947-02-02-033	일본 2.1총파업에 청년단체 호응		4	북조선통신
1947-02-02-034	흥아리반공화음모사건	심문종결	4	북조선통신
1947-02-02-035	일본공산당 2월 1일 총파업에 참가		4	북조선통신
1947-02-02-036	인도지방행정기관 공산당원을 압박		4	북조선통신
1947-02-02-037	유엔에 제소한 애급성명 스단 제방면 환영		4	북조선통신
1947-02-02-038	레닌그라드의 경축대회		4	북조선통신
1947-02-02-039	인도 봄베이지방 교원 총파업태세		4	북조선통신
1947-02-02-040	직맹파공위원회에 일본공산당도 참가		4	따쓰통신
1947-02-02-041	장개석군 위험에 빠지다	주간전황	4	북조선통신
1947-02-02-042	평양방송순서		4	
1947-02-02-043	평양극장안내		4	
1947-02-04-001	농민동맹의 사업을 더욱 강력히 전개하자		1	
1947-02-04-002	락관경향을 극복하고 선거사업 적극 전개 긴요	북조선로동당 제4차 확대중앙위원회 김일성동지로부터 당단체의 실천과업 제시	1	계흥

기사번호	제목(title)	부제목(stitle)	면수	필자, 출처
1947-02-04-003	박정애, 리안라 량씨 국제민주녀성련맹에 참석차 등정		1	은길
1947-02-04-004	검열원 파견 선전공작을 검열	중앙선거선전위원회서	1	인표
1947-02-04-005	선거위원회 조직 완료 일층 조직적 선전이 필요	평양시 13농촌리 선거사업	1	언철
1947-02-04-006	북조선문학예술총동맹 선거선전사업에 총동원		1	은길
1947-02-04-007	북조선로동당은 어떻게 구성되었는가?		2	김기철
1947-02-04-008	'백색아미리가인의 우월성'에 대하여		2	통신부
1947-02-04-009	로씨야의 위대한 학자 로마노소브기념 강의		2	통신부
1947-02-04-010	위기에 당면한 미국경제	구주경제전문가들의 관측	2	북조선통신
1947-02-04-011	1절곡물 3분도 정하여 절미운동을 철저히 하라	북조선림시인위 량정부의 단속 포고	3	
1947-02-04-012	공업기술적정배치와 양성문제를 토의	북조선공업기술련맹 좌담회	3	인표
1947-02-04-013	야학		3	마우룡
1947-02-04-014	선거실시의 감격을 식량증산으로 보답	김기진농민의 술회	3	언철
1947-02-04-015	강동군의 선거사업 진행상황		3	
1947-02-04-016	평양시선거선전위원회 활동 전개		3	인표
1947-02-04-017	선전원강습을 필하고 각지에 파견 활동	함북선거선전위원회	3	준극
1947-02-04-018	인민의 주권 수립에 조중인민 협력투쟁	남포시조중친선대회 성황	3	리명석
1947-02-04-019	심청전공연을 보고		3	현석
1947-02-04-020	시과세대장에서 왜명은 일소하자	평양시위 재정부 요망	3	언철
1947-02-04-021	사회보험실시에 대한 일문일답	북조선인위로동국	3	
1947-02-04-022	1946년도 인민경제복구발전의 계획실행 총화에 관한 쏘련국가계획위원회 통신		4	
1947-02-04-023	미국직업동맹 반로동법령에 항의투쟁		4	따쓰통신
1947-02-04-024	인도경찰이 의회사회당 습격		4	북조선통신
1947-02-04-025	유엔리사회에서 토의	영아충돌문제	4	북조선통신
1947-02-04-026	2.1총파업익 확대	신문 단일조합 참가	4	북조선통신
1947-02-04-027	이와의 강화조약 정식 조인	2월 10일 파리에서	4	북조선통신
1947-02-04-028	경찰대의 횡폭으로 뽈라시민들 대격분		4	따쓰통신
1947-02-04-029	태평양제도의 미군통일계획		4	북조선통신
1947-02-04-030	발아리조국전선의 신정부		4	
1947-02-04-031	평양방송순서		4	
1947-02-04-032	평양극장안내		4	
1947-02-05-001	면리인민위원선거사업과 청년들		1	
1947-02-05-002	중앙선거선전지도원 850명을 파견	각지에서 열성적으로 공작	1	계흥
1947-02-05-003	평남도선거위원회도 선전지도원을 파견	관하 140면에 1인씩 파견	1	달수
1947-02-05-004	시내 32개소에 선거선전실 설치		1	성택

기사번호	제목(title)	부제목(stitle)	면수	필자, 출처
1947-02-05-005	량곡배급위반자 단속에 관한 법령	북조선림시인민위원회 결정 제168호	1	
1947-02-05-006	학생민청원, 소년단원 선거선전사업에 동원	민청 평안남도위원회에서	1	
1947-02-05-007	강원도선거선전 공작	각방으로 활발히 전개	1	홍범
1947-02-05-008	조선어문연구에 관한 결정서	북조선림시인민위원회 결정 제175호	1	
1947-02-05-009	건국사상을 실천하여 가두로 직장으로 돌격	구호받는 피난민들의 조직활동	1	명덕
1947-02-05-010	쏘베트동맹은 확고한 평화의 간성		2	르.미하일로프술, 전휘세 역
1947-02-05-011	레닌과 동양인민의 민족해방운동		2	
1947-02-05-012	쏘련의 젊은 학자들		2	아.울라디미로브
1947-02-05-013	기술향상 정치교양 등 당적임무를 완수	함흥공무국세포	2	
1947-02-05-014	농촌세포원들의 불타는 애국열	강동군 비석동세포	2	박문식
1947-02-05-015	폴랜드 국회소집 2월 4일로 지정		2	북조선통신
1947-02-05-016	안보 유고대표를 입국시키라	유엔 부서기장이 희국에 요구	2	북조선통신
1947-02-05-017	「북조선사법기관의 형사재판에 관한 규정」중 추가개정에 관한 결정서	북조선림시인민위원회 결정 제173호	3	
1947-02-05-018	씨족정실관계를 떠나 진실한 농민의 대표를	평원군 양화면 농민 김광순씨 담	3	명덕
1947-02-05-019	개학 첫 교재는 선거 자라는 민주생도	평양 제2인민학교	3	명덕
1947-02-05-020	통신확보로써 선거에 이바지	평양중앙전화국에서	3	중선
1947-02-05-021	각계를 망라하여 선거선전에 매진	함북선거선전위원회 결정	3	준극
1947-02-05-022	이동영화반 평남 각 군 면을 순회		3	달수
1947-02-05-023	중앙선거선전위원회에서 화극을 각 도에 배부		3	인표
1947-02-05-024	사회보험실시에 대한 일문일답	북조선인위 로동국	3	
1947-02-05-025	각 도 문맹퇴치상황 대체로 열의가 부족	강원도, 황해도, 함남도에서	3	일권
1947-02-05-026	시드기, 베빈의 공모에 반대하는 애급인민		4	통신부
1947-02-05-027	국제평론		4	통신부
1947-02-05-028	쏘련축구계의 지도자들 하기운동계절의 총결		4	통신부
1947-02-05-029	제2신	모쓰크바의 연극계	4	통신부
1947-02-05-030	팔로군 련전련승	평한선전투	4	북조선통신
1947-02-05-031	주이 유령사 피살사건에 대한 각서 수교		4	북조선통신
1947-02-05-032	영애조약 불필요를 에집트수상 성명		4	북조선통신
1947-02-05-033	독전범공판	간쓰.프리체에 대한 판결	4	북조선통신
1947-02-05-034	평양방송순서		4	
1947-02-05-035	평양극장안내		4	
1947-02-06-001	군중교양사업과 당원들의 임무		1	

기사번호	제목(title)	부제목(stitle)	면수	필자, 출처
1947-02-06-002	북조선림시인민위원회결정 제174호	국가량곡보관단속에 관한 결정서	1	
1947-02-06-003	각 부락에 경로회를 개최	로인의 열의를 선거에 집결	1	중선
1947-02-06-004	경성군의 선거사업 진행상황		1	준극
1947-02-06-005	농업증산으로써 민주선거에 보답	평남농맹위원장과 농민의 담화교환	1	중선
1947-02-06-006	북조선림시인민위원회 위원장 김일성 비준 상업국포고 제6호 재정국포고 제28호	인민시장 규정실시에 관한 포고	1	
1947-02-06-007	농촌의 민주주의적 발전과 면, 리 인민위원회 위원 선거		2	최창익
1947-02-06-008	북조선의 제 형사처벌법령과 그 발포의 의의		2	최용달
1947-02-06-009	영군철거 요구		2	북조선통신
1947-02-06-010	강괴가열에 무연탄 리용 중공업에 획기적전환	강선공장 설비 반이상 완료	3	일권
1947-02-06-011	수산물증산대책 농림국에서 추진		3	중선
1947-02-06-012	흑연도가니와 전기애자 제작	전기총처 조창석씨	3	옥홍
1947-02-06-013	건국사상을 산업에 결부 계획량 초과생산을 결의	조선전극남포공장 종업원대회	3	명덕
1947-02-06-014	선거완수에 만전	평양 리선거위원장 강습	3	성택
1947-02-06-015	선거선전벽화전람회 개최	북조미술동맹 주최	3	성택
1947-02-06-016	납세성적 제고로 재정 확립하자	평남도 징수책임자회의	3	달수
1947-02-06-017	근로녀성 위해 탁아소를 설치	녀맹에서 준비중	3	은길
1947-02-06-018	북조선중앙고급지도간부학교 졸업식		3	계홍
1947-02-06-019	북조선림시인민위원회 위원장 김일성 비준 상업국포고 제5호 재정국포고 제27호	상점허가제 실시에 관한 포고	3	
1947-02-06-020	사회보험실시에 대한 일문일답	북조선인위 로동국	3	
1947-02-06-021	장개석은 '화담'파괴의 책임자 중공선전부장 륙정일씨 성명	인민의 요구 불응이면 최후까지 결전	4	
1947-02-06-022	요시다반동내각 타도 절규	동경 등지의 대시위운동	4	북조선통신
1947-02-06-023	쓰딸린그라드전에서의 쏘련군의 대승리	독군격파 4주년을 맞으면서	4	
1947-02-06-024	드네쁘르수력발전소건설공사		4	사쁘로시예통신
1947-02-06-025	뚜야무윤쓰크운하공사 진척		4	따스겐트통신
1947-02-06-026	평양방송순서		4	
1947-02-06-027	평양극장안내		4	
1947-02-07-001	선거장은 선거선전사업의 중심이다		1	
1947-02-07-002	방심태만경향을 시급청산하라	대동, 중화, 강서군 등의 선거사업지도자들의 각성 긴요	1	달수
1947-02-07-003	선전사업 락후된 대동군에 극단 파견	평남인민위원회에서	1	달수
1947-02-07-004	선거선전사업에 교원을 동원	평남위원교육부에서	1	달수
1947-02-07-005	38개 동의 선거장 설치 완료	신의주시 농촌지역에	1	지사
1947-02-07-006	13개리 선거장 지정 각종 장식을 지도검열	평양특별시 선거위원회 활동	1	은길

기사번호	제목(title)	부제목(stitle)	면수	필자, 출처
1947-02-07-007	각 시 군 면에 선전원파견활동	함남선거선전위원회	1	경석
1947-02-07-008	함흥, 흥남의 선전공작 미약 농민동맹의 활동 부족	함남민전위원회의에서 지적	1	박경석
1947-02-07-009	평양서구민청의 려관해설대 활동		1	명덕
1947-02-07-010	사회보험료의 체납과 부정산출을 일소하자	위반자는 엄벌로 단호히 처단	1	달수
1947-02-07-011	아라브동맹 개최 예정		1	북조선통신
1947-02-07-012	미국내의 레닌추도대회 거행		1	북조선통신
1947-02-07-013	인민반을 조직선전교양에 주력	평양시 농촌리의 선전사업 활발	1	은길
1947-02-07-014	사회보험적보장에 대한 권리	쏘련	2	통신부
1947-02-07-015	공동소유는 쏘련의 부강과 능력의 기초다		2	
1947-02-07-016	쏘련등산가들의 장거		2	통신부
1947-02-07-017	위대한 조국전쟁영화 「쓰딸린그라드의 전투」		2	통신부
1947-02-07-018	유일당증수여사업 총결	평양 중구당열성자대회	2	계흥
1947-02-07-019	함북 각 시군당선전부장회의		2	준극
1947-02-07-020	라남시당열성자대회		2	준극
1947-02-07-021	식량증산에 호응 농기구생산에 돌진	평양공화농구, 권농 량공장	3	명덕
1947-02-07-022	면리인민위원선거에 대한 반향 동리일을 제일같이 볼 농민대표를 뽑자	남관면 석사리 농민 김두성씨 담	3	중선
1947-02-07-023	조림사업을 강력히 진행	농림국의 금년도 계획	3	일권
1947-02-07-024	반민주와의 투쟁 녀권을 확보하자	서만고무공장 로동자 리최실씨 담	3	명덕
1947-02-07-025	교원은 열성참가 더한층 큰 승리를	평양제19인민학교 교원 박경선씨 담	3	명덕
1947-02-07-026	장편서사시	백두산(1)	3	조기천
1947-02-07-027	직무를 완수 선거에 이바지	북조선중앙의원 내과간호부 박성숙씨 담	3	은길
1947-02-07-028	학생은 열성으로 선전에 힘쓰자	평양 제3녀중 3년생 정성옥양 담	3	달수
1947-02-07-029	이번 선거로서 정치훈련을 받자	공업기술자 김병기씨 담	3	인표
1947-02-07-030	종교인은 솔선 선거에 참가하자	북조선기독교련맹 위원장 박상순씨 담	3	달수
1947-02-07-031	사회보험카드 시급제출을 직총평양시맹에서 요망		3	명덕
1947-02-07-032	평양학원학생 선거선전에 동원		3	지사
1947-02-07-033	북조선인위회수립 1주년기념 및 선거경축빙상대회		3	명덕
1947-02-07-034	야간공업기술원양성소 개교		3	은길
1947-02-07-035	북조선적십자 흥남지부결성		3	경석
1947-02-07-036	사회보험실시에 대한 일문일답	북조선인위 로동국	3	
1947-02-07-037	신춘방송문예작품 당선발표		3	인표

기사번호	제목(title)	부제목(stitle)	면수	필자, 출처
1947-02-07-038	미국의 대중정책변화 딴 형식으로의 내정간섭 기도	『이스베스챠』지 사설	4	북조선통신
1947-02-07-039	극동민주정책투쟁위원회 마샬에게 서한		4	북조선통신
1947-02-07-040	쏘련학자들 인도 방문		4	북조선통신
1947-02-07-041	북흡정부주석 신료북건설의 결심 피력		4	북조선통신
1947-02-07-042	오도강화조약의 원칙은 독일의 경제적 통일에 있다	모스크바방송 영미안을 비판	4	북조선통신
1947-02-07-043	막부 4상회의 미대표수 쏘련정부에 정식 통달		4	북조선통신
1947-02-07-044	모쓰크바시에 있는 쓰딸린선거구소식		4	
1947-02-07-045	쏘련기업소내에서의 고상한 로동규률은 작업성과의 담보다		4	
1947-02-07-046	인민에게 봉사하는 쏘베트문학의 전통성		4	
1947-02-07-047	평양방송순서		4	
1947-02-07-048	평양극장안내		4	
1947-02-07-049	요구관철의 투쟁을 계속하라	일본 관공로조선언 발표	4	북조선통신
1947-02-08-001	진정한 인민의 정권 북조선림시인민위원회 창건 제1주년 기념 만세!		1	
1947-02-08-002	북조선림시인민위원회의 의의깊은 1주년 기념		1	
1947-02-08-003	북조선인민위원회의 거대한 1년간의 업적		1	
1947-02-08-004	민주력량의 승리를 유감없이 세계에 과시	민주선거	2	
1947-02-08-005	인민생활과 민주건설의 경제적토대는 쟁취되었다	산업국유화법령	2	
1947-02-08-006	농촌경제를 급속히 향상	농업현물세	2	
1947-02-08-007	일제적착취잔재일소 로동자 사무원의 물질적생활 향상	로동법령	2	
1947-02-08-008	북조선녀성의 해방	남녀평등권법령	2	
1947-02-08-009	봉건적관계를 철폐 토지를 농민에게 분여	토지개혁법령	2	
1947-02-08-010	북조선림시인민위원회의 민주건설의 가지가지 공적		2	
1947-02-08-011	정로철공소 평양특별시 원천리	북조선림시인민위원회 앞	2	
1947-02-08-012	인민적기초를 확립하여 진정한 행복을 찾자	북조선연극동맹 강호씨 담	3	성택
1947-02-08-013	녀성 적극 진출로 선거승리를 확보	북조선법률학원 학생 유순자씨 담	3	달수
1947-02-08-014	봉건폐풍 일소 선거에 적극 참가	북조선불교련합총무원 리승현씨 담	3	능도
1947-02-08-015	우리 로동자는 증산으로 이바지	평양권농사 기계공 박일근씨 담	3	명덕
1947-02-08-016	농촌과 도시녀성 힘을 모아 선거에	중성리 21 가정부인 리희자씨 담	3	은길
1947-02-08-017	승리의 기치 높이	면, 리인민위원선거를 앞두고	3	김귀련
1947-02-08-018	선거승리로써 녀성의 지위 공고	가정부인 리정숙씨 담	3	옥홍

기사번호	제목(title)	부제목(stitle)	면수	필자, 출처
1947-02-08-019	평양시내 선거선전실에서는 이렇게 장식하고 이런것을 합니다		3	명덕
1947-02-08-020	민청선거선전원 평남각지에 파견		3	명덕
1947-02-08-021	평양-함흥간 2월 5일 전화 개통		3	언철
1947-02-08-022	전기공사에 돌격 개가 올린 11명	신의주에서 표창식	3	옥흥
1947-02-08-023	평남 각 공장에 기술자 기능자 양성소를 설치		3	달수
1947-02-08-024	영국 펜마크의 어선대 축소를 요구		3	북조선통신
1947-02-08-025	과거 1년간에 결실된 찬란한 민족문화 총결	교육문화	3	
1947-02-08-026	인민의 의사로 재판과 형사처벌	제 형사법령	3	
1947-02-08-027	자라나는 구라파의 민주주의인민국가들		4	
1947-02-08-028	팔로군 대승	기동지구전투	4	북조선통신
1947-02-08-029	경제위기에 직면한 미산업계		4	북조선통신
1947-02-08-030	포랜드의회원 선거총결		4	북조선통신
1947-02-08-031	4국외상대리회의	대독배상요구문제 토의	4	북조선통신
1947-02-08-032	흑인가왕 루씨 종족차별반대운동에 활약		4	북조선통신
1947-02-08-033	빛나는 1년간의 과학문화의 성과	쏘련과학한림원 년례회의	4	북조선통신
1947-02-08-034	요구조건제출코 투쟁 개시	일본탄광로조	4	북조선통신
1947-02-08-035	맥아더원수 2, 1총파업금지령은 반동 요시다내각 옹호	미공산당기관지 사설	4	북조선통신
1947-02-08-036	파란의 간첩사건에 관계된 영대사 전임		4	북조선통신
1947-02-08-037	이신내각조각 완료		4	북조선통신
1947-02-08-038	파란의 립법의원 위원 선거에 관한 전권위원의 성명		4	북조선통신
1947-02-08-039	염군 5백여명 포로	팔로군의 전과	4	북조선통신
1947-02-08-040	평양방송순서		4	
1947-02-08-041	평양극장안내		4	
1947-02-08-042	쏘베트각지에 높이 오르는 새 건설들		4	
1947-02-09-001	우리의 정권-북조선림시인민위원회 만세!		1	
1947-02-09-002	조선정치형세에 대한 보고 북조선림시인민위원회성립 제1주년기념대회에서	북조선림시인민위원회 위원장 김일성	1, 2, 3	
1947-02-09-003	북조선림시인민위원회성립 제1주년 기념대회 각 정당 사회단체대표자 참석하 성대거행		1	
1947-02-09-004	인민위원회는 진정한 인민의 정권		2	북조선로동당 중앙위원회 위원장 김두봉
1947-02-09-005	제2차 각도 및 평양특별시 량정부장회의	농업현물세 징수사업총결과 량정부의 당면임무에 대한 결정서	3	
1947-02-09-006	장편서사시	백두산(2)	3	조기천
1947-02-09-007	선전대 파견	평남인위 문화과에서	3	달수

기사번호	제목(title)	부제목(stitle)	면수	필자, 출처
1947-02-09-008	파란립법원 초회의 2월 19일에 소집		3	따쓰통신
1947-02-09-009	금년도 농작조성은 자위전승리의 원동력	중공『해방일보』사설	4	
1947-02-09-010	한가정에서 64명 선거자		4	
1947-02-09-011	중국문제에 대한 중공중앙위원회 성명		4	북조선통신
1947-02-09-012	쏘미는 전쟁을 원치 않는다	주미 쏘대사의 연설	4	북조선통신
1947-02-09-013	국제정세개관		4	북조선통신
1947-02-09-014	전범자탈주방조로 유정부 봐지간법왕국에 항의		4	북조선통신
1947-02-09-015	그룬치나씨 살인사건		4	북조선통신
1947-02-09-016	미국은 3조위원회 및 북평행정참모부와의 련락을 중지		4	따쓰통신
1947-02-09-017	반혁명적반동분자를 엄벌	사민당 35차대회	4	북조선통신
1947-02-09-018	민주의 전초에 선 홍아리인민		4	
1947-02-09-019	평양방송순서		4	
1947-02-09-020	평양극장안내		4	
1947-02-11-001	북조선림시인민위원회의 11조 과업과 그 실천		1	
1947-02-11-002	전번 선거승리에 도취 지도층의 태만경향 농후	중앙선거위원회 지도검열원의 보고	1	
1947-02-11-003	선전사업을 강화 군중적으로 전개 결의	평양시인민위원회 제6차회의	1	언철
1947-02-11-004	북조선림시인민위원회결정 제180호	사회단체 및 공리단체(조합련맹) 등 기타 일체 단체의 등록에 관한 결정서	1	
1947-02-11-005	제6차 평양특별시인민위원회 결정서 제3호	농촌리인민위원회 선거에 관한 건	1	
1947-02-11-006	북조선림시인민위원회 1년간의 업적 북조선림시인민위원회는 로동조건을 근본적으로 개선하였다	북조선림시인민위원회 로동국	2	북조선림시인민위원회 로동국
1947-02-11-007	공장농촌세포학습자료 제8 북조선로동당 중앙본부 선전선동부 당교육과	남조선에서의 반동파에 대한 민주투쟁과 북조선에서의 민주승리(1)	2	
1947-02-11-008	사회보험실시에 대한 일문일답	북조선인위 로동국	2	
1947-02-11-009	정로철공소		2	
1947-02-11-010	우리 당원 철도부흥에 일요돌격작업으로 이바지		3	명덕
1947-02-11-011	이동강연으로 사상의식개변운동을 강화		3	준극
1947-02-11-012	선전원과 함께 로동당원 활동	길주군선거선전위원회	3	태화
1947-02-11-013	형식을 버리고 실천으로 선거사업 추진시키자	제15차 민전평양시위원 회의	3	인표
1947-02-11-014	북조선림시인민위원회성립 제1주년기념대회에 참가	감격과 결의를 농민들은 말한다	3	중선
1947-02-11-015	평양시 미림1리 선거일색의 장식 완료	승리의 날을 기다린다	3	성택
1947-02-11-016	해설대조직 선거선전에 활동	평양시 동구민청에서	3	기관

기사번호	제목(title)	부제목(stitle)	면수	필자, 출처
1947-02-11-017	수매량곡의 청산 신속 공평히 하라	북조선농림국 지시	3	중선
1947-02-11-018	식량의 계획증산 기도 경지실태조사 실시	북조선림시인민위원회 지령	3	
1947-02-11-019	선거웅변대회	평원민청 개최	3	리원길
1947-02-11-020	장편서사시	백두산(3)	3	조기천
1947-02-11-021	파란민주진영의 승리 확고	베루트씨 대통령 피선	4	북조선통신
1947-02-11-022	이든의 부라질 방문은 영제국주의의 리익과 관련	-부라질인민론단보 평-	4	북조선통신
1947-02-11-023	영국 석탄부족으로 수십개 공장 휴업		4	북조선통신
1947-02-11-024	파란부총리대신 사직		4	북조선통신
1947-02-11-025	미국학자련맹에서 군무성에 항의 제출		4	북조선통신
1947-02-11-026	황금방출로 법폐 폭락		4	북조선통신
1947-02-11-027	쏘련에서의 춘기파종준비사업		4	북조선통신
1947-02-11-028	3월 10일 외상회의에 대한 론평	-부라브다지 론문-	4	북조선통신
1947-02-11-029	제크판네르씨의 방쏘후감		4	따쓰통신
1947-02-11-030	태평양상의 미군사기지		4	따쓰통신
1947-02-11-031	선거를 계기로 한 쁘로닌의 생산적선물		4	
1947-02-11-032	중미신법령은 령사재판권 부활		4	북조선통신
1947-02-11-033	극동지방에서 건축공사 활발		4	
1947-02-11-034	로동자의 새집들		4	
1947-02-11-035	국제단신		4	북조선통신
1947-02-11-036	뉴른베르크에서 폭탄 폭발		4	북조선통신
1947-02-11-037	로씨야문학의 대가	뿌스낀서거 110주년에 제하여	4	뿌스낀 은아
1947-02-11-038	평양방송순서		4	
1947-02-11-039	평양극장안내		4	
1947-02-12-001	매개 당원에 대한 개별적공작		1	
1947-02-12-002	지방선거사업 일군들의 선거에 대한 재인식 필요	평남도선거선전위원회 각 시군면 선전중간보고	1	
1947-02-12-003	지도원들의 락관으로 선거선전사업 대체 저조	평남도인위의 지도검열원 보고	1	
1947-02-12-004	북조선림시인민위원회 결정 제179호	변호사에 관한 규정	1	
1947-02-12-005	북조선림시인민위원회 1년간의 업적 사법국 1년간 사업의 총결	북조선림시인민위원회 사법국	2	
1947-02-12-006	북조선림시인민위원회 결정 제181호	북조선중앙연구소 설치에 관한 결정서	2	
1947-02-12-007	면리 위원선거의 승리를 보장 유일당증 수여사업 총결	북조선로동당 평안남도당 제3차위원회	2	현석
1947-02-12-008	면리 선거의 승리 확보 인민위원회를 강화	함남도당 제4차확대위원회	2	박경석
1947-02-12-009	평양시당학교 학생의 선거선전활동		2	리석채
1947-02-12-010	평남도민청맹원 가일층 분발하라	선거선전사업 추진 위하여	3	명덕
1947-02-12-011	선거의 승리로써 3.8절 맞이하자	녀맹제반준비를 지시	3	은길
1947-02-12-012	친절한 해설로 완고로파 설복	녀맹원 정란춘	3	정원암

기사번호	제목(title)	부제목(stitle)	면수	필자, 출처
1947-02-12-013	애국투사후원회 선거선전지도원 각 도 파견		3	인표
1947-02-12-014	동리의 봄		3	김람인
1947-02-12-015	18만톤 생산목표로 함북 아오지탄광 총궐기	길응철동무 270% 생산 돌파	3	윤모
1947-02-12-016	장편서사시	백두산(4)	3	조기천
1947-02-12-017	북조선림시인민위원회 결정 제182호	조선력사편찬회에 관한 결정서	3	
1947-02-12-018	판사선거 앞두고 검열지도원 파견	평남도에서 각 시 군에	3	
1947-02-12-019	평양특별시 판사선거		3	언철
1947-02-12-020	북조선소비조합간부학교 개교		3	은길
1947-02-12-021	로동녀성 위한 탁아소 설치		3	박경석
1947-02-12-022	쏘련과 원조조약체결 예정	루마니아외상 언명	3	북조선통신
1947-02-12-023	고공품생산에 일층 분발이 필요	평북은 우량 황해가 불량	3	중선
1947-02-12-024	돌격주간을 설치 청소사업을 강화	11일부터 평양시에서	3	언철
1947-02-12-025	선거직전의 쎄.쎄.쎄.르의 원동		4	통신부
1947-02-12-026	선거를 기하여 증산에 돌진		4	
1947-02-12-027	장위헌법은 모든 자유를 탈박	『천진대공보』 사설	4	북조선통신
1947-02-12-028	폰파피엔 체포 감금		4	북조선통신
1947-02-12-029	포로수용소원에 사형 판결		4	북조선통신
1947-02-12-030	쏘베트해원들은 정말선 승조원을 구원		4	따쓰통신
1947-02-12-031	국제개관		4	신문부
1947-02-12-032	자본주의제국출판물은 누구에게 봉사하는가?		4	
1947-02-12-033	황하제방 파괴	장군특무의 악질계획	4	북조선통신
1947-02-12-034	남경학살사건 책임자 재판		4	북조선통신
1947-02-12-035	평양방송순서		4	
1947-02-12-036	평양극장안내		4	
1947-02-12-037	정로철공소		4	
1947-02-13-001	사회적공공사업을 위하여		1	
1947-02-13-002	북조선 각 도시군인민위원회대회 소집		1	
1947-02-13-003	북조선민주주의민족통일전선 제10차중앙위원회 결정서		1	
1947-02-13-004	북조선 3.1운동 중앙기념준비위원회 조직		1	정숙
1947-02-13-005	북조선림시인민위원회 결정 제176호	북조선 도, 시, 군 인민위원회 대회 소집에 관한 결정서	1	
1947-02-13-006	북조선림시인민위원회 결정 제177호	북조선 도, 시, 군 인민위원회 대회대표선거에 대한 규정	1	
1947-02-13-007	면리선거사업 결점 지적 당면 실천과업을 지시	중앙선거위원회 결정서	1, 2	
1947-02-13-008	북조선림시인민위원회 1년간의 업적 농림국 1년간사업 총결	북조선림시인민위원회 농림국	2	

기사번호	제목(title)	부제목(stitle)	면수	필자, 출처
1947-02-13-009	조선정치형세에 대한 김일성위원장 보고의 군중화공작 전개	평남도당 제21차 상무위원회	2	원식
1947-02-13-010	공장농촌세포학습자료 제9 북조선로동당 중앙본부 선전선동부 당교육과	남조선에서의 반동파에 대한 민주투쟁과 북조선에서의 민주승리(2)	2	
1947-02-13-011	어랑면당의 제2회 단기강습회 수료		2	저남
1947-02-13-012	이번 선거선전사업에도 평양시녀맹은 분기하라		3	은길
1947-02-13-013	토지개혁으로 해방농업현물세로 소생 지금은 선거와 증산에	농민 박응룡씨의 행복된 생활	3	중선
1947-02-13-014	조선화학기양공장 중공업발전에 분투		3	명덕
1947-02-13-015	선거통신 일체준비 완료	평남체신부	3	능도
1947-02-13-016	선거선전에 인형극		3	박경석
1947-02-13-017	선거선전에 평남예술공작단 음악대 파견		3	달수
1947-02-13-018	영화동맹 선거선전 위해 각 극장을 쇄신		3	은길
1947-02-13-019	평남량곡 현재고검열조사에 동원		3	달수
1947-02-13-020	장편서사시	백두산(5)	3	조기천
1947-02-13-021	쏘련군대창설 제29주년기념 조쏘문협 제반행사 준비		3	정숙
1947-02-13-022	건국을 위하는 농민의 성심	로동당원 서응규동무의 미거	3	원식
1947-02-13-023	로련공화국 최고쏘베트대의원선거 2월 9일에 시행		4	북조선통신
1947-02-13-024	진, 송, 장, 공 4대가의 롱단		4	북조선통신
1947-02-13-025	장군의 만행을 보라	138명을 생장	4	북조선통신
1947-02-13-026	장정부의 지물수입제한령을 각 언론기관에서 반대		4	북조선통신
1947-02-13-027	투항한 장사장 등 신년연에 회고담		4	북조선통신
1947-02-13-028	폭로된 침략전쟁을 위한 동경재판 전반 종료		4	북조선통신
1947-02-13-029	우즈베끼쓰딴 제 인민어로 된 레닌저서		4	따쓰통신
1947-02-13-030	영국과의 협상분쇄 진정한 독립을 쟁취	'방영중의 비르마대표단 선언'	4	북조선통신
1947-02-13-031	쏘련농업경제부 신설		4	북조선통신
1947-02-13-032	쏘련인민의 위대한 승리		4	조선신문
1947-02-13-033	쏘련과학자를 미천문학회 명예회원으로 추천		4	북조선통신
1947-02-13-034	원이해군사령관 대리 일본원조죄로 종신형		4	북조선통신
1947-02-13-035	『호랑이』 제2호를 평함		4	김태양
1947-02-13-036	팔로군을 따르는 중국인민의 삽화		4	북조선통신
1947-02-13-037	평양방송순서		4	
1947-02-13-038	평양극장안내		4	
1947-02-14-001	쏘련군대창립 29주년 기념보고제강	북조선로동당 중앙본부 선전선동부 제공	1	

기사번호	제목(title)	부제목(stitle)	면수	필자, 출처
1947-02-14-002	영군사절단 싸우돕쓰까야 아라비야로 출발		1	따쓰통신
1947-02-14-003	원치 않는 심판자들		1	
1947-02-14-004	생산기관내 당위원회의 사업에 대하여		2	박응익
1947-02-14-005	평양시당사업의 당면 제 과업 토의	평양시당 제27차 상무위원회	2	현석
1947-02-14-006	선거사업의 결점을 시정	강원도당 제3차위원회	2	홍범
1947-02-14-007	독일 및 오태리 학자 미국 파송		2	따쓰통신
1947-02-14-008	쏘베트사회제도의 위대 무진장한 생활력		2	
1947-02-14-009	태만한 일군들을 일소 선거사업을 맹렬히 추진	제33차 평남인위회의 결의	3	달수
1947-02-14-010	결정서	제33차 평남인민회의에서	3	
1947-02-14-011	선거선전 위하여 학생들이 맹활동	강계, 평양	3	봉성, 명덕
1947-02-14-012	락후되었던 면이 점점 활발히 진행	평남 대동군 룡산면 선거사업	3	용봉
1947-02-14-013	문학예총에서 선전전람관 평양시에 설치		3	정숙
1947-02-14-014	안변보안서원들의 미거		3	홍범
1947-02-14-015	기독교도 미신행위	병든 로파를 교살하다	3	원석
1947-02-14-016	녀성대회 열고 선거인식 고취	평양시녀맹	3	은길
1947-02-14-017	노는 날 리용하여 직장용품을 제작		3	박경석
1947-02-14-018	생도모집광고		3	
1947-02-14-019	장편서사시	백두산(6)	3	조기천
1947-02-14-020	모쓰크바 쓰딸린선거구 환호와 감격리에 진행		4	
1947-02-14-021	레닌그라드방어기념박물관에서		4	따쓰통신
1947-02-14-022	쏘,영관계에 대해 실리아구쓰 연설		4	따쓰통신
1947-02-14-023	희랍반동정부정책을 반대	각국 청년단체 총궐기	4	북조선통신
1947-02-14-024	미국기자 라우텔바흐의 쏘련에 대한 저서		4	따쓰통신
1947-02-14-025	새 화란부대 인도네샤 향발		4	따쓰통신
1947-02-14-026	끼르기지야서 계획외 목화 3만 8백첸 납부		4	따쓰통신
1947-02-14-027	각 정당과 협의후 파란신정부 성립		4	따쓰통신
1947-02-14-028	압쓰뜨리야와의 평화조약안문제		4	따쓰통신
1947-02-14-029	백로씨야 자전차대생산출 불원		4	민쓰크통신
1947-02-14-030	쎄와쓰또볼리서 복구사업		4	
1947-02-14-031	북조선인민교육의 발전에 대하여		4	통신부
1947-02-14-032	신년도에 있어서 쏘련의 자동차공업		4	통신부
1947-02-14-033	라지오		4	
1947-02-14-034	극장		4	
1947-02-15-001	선거사업에 있어서의 열성자들		1	
1947-02-15-002	3.1운동기념 준비공작분담과 책임자 결정	북조선 3.1운동 중앙기념준비위원회에서	1	언철
1947-02-15-003	대동군 대보면 선거선전사업 전반적으로 부진상태		1	최용봉

기사번호	제목(title)	부제목(stitle)	면수	필자, 출처
1947-02-15-004	사회보험실시 만전과 선거사업완수를 기필	직총 6차중앙확대위원회에서	1	명덕
1947-02-15-005	대이조약에 관하여 유고대표 성명발표		1	따쓰통신
1947-02-15-006	이라홍발분과의 평화조약 조인		1	따쓰통신
1947-02-15-007	신5개년계획에서의 물질적 문화적 인민의 생활수준 향상(1)		2	그.꼬샤첸코 술
1947-02-15-008	북조선림시인민위원회 1년간의 업적 북조선보건사업의 1년간	북조선림시인민위원회 보건국	2	
1947-02-15-009	길림지구전투에서 민주련군 쾌승		2	북조선통신
1947-02-15-010	지부시정부 농민에게 5백만원 대부		2	북조선통신
1947-02-15-011	뚜르끄메니야공화국의 곡물파종		2	북조선통신
1947-02-15-012	유고 파시스트음모단원의 판결		2	북조선통신
1947-02-15-013	평양야간공업전문학교 생도모집 요람		2	
1947-02-15-014	건국사상동원운동 실천 각 공장의 자기비판 검토(1) 우점은 살리고 결점은 고치자	평양기구편	3	명덕
1947-02-15-015	농민들은 분발하여 저축목표 달성하자	당장에 쓰지 않을 돈은 은행에 예금	3	중선
1947-02-15-016	조쏘문협지부에 선거선전을 지시		3	정숙
1947-02-15-017	선거선전에 60로인 활동		3	종원
1947-02-15-018	소인극으로 선거선전		3	원길
1947-02-15-019	쏘련군의 방조로 우역방지에 개가	각 도 축산과장회의 보고	3	하일
1947-02-15-020	우리 고전의 계승발전	심청전공연을 마치고 제2차로는 춘향전을	3	현석
1947-02-15-021	우리의 도시는 우리들의 힘으로 깨끗이 청소	평양민청학생 궐기	3	명덕
1947-02-15-022	북조선적십자 평양지부 조직		3	인표
1947-02-15-023	각 도에 비료수송	'가마니'준비하자	3	하일
1947-02-15-024	농민의 애국미헌납 사무원은 저축으로		3	은길
1947-02-15-025	장편서사시	백두산(7)	3	조기천
1947-02-15-026	석탄부족으로 일익	심각화하는 영국의 위기	4	북조선통신
1947-02-15-027	영국 석탄위기	런던시민 소동	4	북조선통신
1947-02-15-028	독산업계 거두 전범법정에		4	북조선통신
1947-02-15-029	오태리와의 조약설	영국정계측에서 반박	4	따쓰통신
1947-02-15-030	재미알바니야 주민들 자국방조운동을 호소		4	따쓰통신
1947-02-15-031	로씨야련방 최고쏘베트선거에 관한 중앙선거위원회의 보도	1947년 2월 9일 로씨야련방 최고쏘베트선거총화	4	
1947-02-15-032	스웨르니크선거구에서		4	따쓰통신
1947-02-15-033	백로씨야 수도에서		4	따쓰통신
1947-02-15-034	민주주의를 가장하는 토이기반동의 새진공		4	

기사번호	제목(title)	부제목(stitle)	면수	필자, 출처
1947-02-15-035	로씨야의 저명한 작가 아.쓰.그리보예도브	그의 서거 118주년에 제하여	4	
1947-02-15-036	일본 지진피해 상황		4	북조선통신
1947-02-15-037	비밀경찰 수령	정묵초에 사형	4	북조선통신
1947-02-15-038	라지오		4	
1947-02-15-039	극장		4	
1947-02-15-040	정로철공소		4	
1947-02-16-001	간상배들의 파괴행위를 분쇄하고 쌀값의 안정을 위하여 싸우자		1	
1947-02-16-002	로동행정의 장점과 단점 로동행정일군들의 사상의식개변과 법령지시의 일층 엄격한 준수가 긴요	각 도 로동부 과장회의서 지적	1	달수
1947-02-16-003	장벽식채탄으로 3배의 석탄 증산	함북석탄광의 약진	1	명덕
1947-02-16-004	북조선림시인민위원회의 1년간 업적 재정국의 1년간 사업	북조선림시인민위원회 재정국	2	
1947-02-16-005	신5개년계획에서의 물질적 문화적 인민의 생활수준 향상(2)		2	그.꼬샤첸코 술, 홍인표 역
1947-02-16-006	공장농촌세포학습자료 제10 북조선로동당 중앙본부 선전선동부 당교육과	북조선인민의 물질문화생활을 향상시킴에 대한 북조선인민위원회의 시책	2	
1947-02-16-007	이 공산당원 움베르뜨씨 립법의원 의장에 당선		2	북조선통신
1947-02-16-008	정로철공소		2	
1947-02-16-009	건국사상동원운동 실천 각 공장의 자기비판 검토 관료주의를 버리고 실천으로 사업하자	평양고무편	3	명덕
1947-02-16-010	늙은이나 젊은이나 다같이 나라 위해 선거사업을 승리로 완수		3	은길
1947-02-16-011	특별연예대 평남 각국 순회		3	달수
1947-02-16-012	국가물자를 아껴쓰자	흥남공장 동무들 폐품회수에 진력	3	박경석
1947-02-16-013	인형극으로 학생들이 선전		3	달수
1947-02-16-014	쏘군창건 29주년기념 경축대회	각 사회단체 개최준비	3	정숙
1947-02-16-015	새로이 자라는 무용예술 민족무용극의 창건 군중적예술로 발전	최승희녀사 활동계획	3	은길
1947-02-16-016	로동법령-사회보험법 발효 로동자 사무원 및 그들의 부양가족은 이 혜택을 입어 안심하고 일할수 있다	피사회보험자 벌써 1만명이 혜택	3	명덕
1947-02-16-017	화전민 이주	평남도인위에서 추진	3	달수
1947-02-16-018	장편서사시	백두산(8)	3	조기천
1947-02-16-019	인민해방군 장군 56개 려 섬멸 연안총사령부 발표	작년 7월부터 금년 1월까지	4	북조선통신
1947-02-16-020	빛나는 중공군의 승리 장군을 도처에 섬멸	주간전황	4	북조선통신

기사번호	제목(title)	부제목(stitle)	면수	필자, 출처
1947-02-16-021	팔로군 장부대를 복멸		4	북조선통신
1947-02-16-022	파란국회에서 수상시정방침 천명		4	북조선통신
1947-02-16-023	이쓰빠니야공화국 새 망명정부를 조직		4	북조선통신
1947-02-16-024	일본제국주의 무력진멸과 쏘베트군대의 결정적역할		4	
1947-02-16-025	범죄자들은 '후회'한다		4	
1947-02-16-026	파리에서 시위운동		4	따쓰통신
1947-02-16-027	라지오		4	
1947-02-16-028	생도모집광고		4	
1947-02-16-029	극장		4	
1947-02-18-001	김일성 사진		1	
1947-02-18-002	력사적북조선 도시군인민위원회대회를 맞으며		1	
1947-02-18-003	북조선 전체 인민들의 열렬한 환호와 기대속에서 력사적인 북조선 도시군인민위원회대회 드디어 개막		1	
1947-02-18-004	개회사	북조선 도시군인민위원회대회	2	
1947-02-18-005	통일적민주주의림시정부수립 실현에 총력량 집중	북조선로동당 중앙위원회 위원장 김두봉 (북조선 도시군인민위원회대회)	2	
1947-02-18-006	민족통일전선 공고화로 독립국가의 건설을 촉성	조선민주당 부당수 리동영 (북조선 도시군인민위원회대회)	2	
1947-02-18-007	반만년민족사상에 초유한 경사를 축복	천도교청우당위원장 김달현 (북조선 도시군인민위원회대회)	2	
1947-02-18-008	인민위원 여러분에게 최대의 경의와 감사	북조선직총위원장 최경덕 (북조선 도시군인민위원회대회)	2	
1947-02-18-009	황초평도에 관한 허위선전에 대한 북조선쏘군사령부 보도		2	
1947-02-18-010	정로철공소		2	
1947-02-18-011	진정한 인민의 정권 인민위원회를 지지	북조선농맹위원장 강진건 (북조선 도시군인민위원회대회)	3	
1947-02-18-012	북조선 도, 시, 군 인민위원회 대회장		3	
1947-02-18-013	대회의 의의는 심대	민주건국의 성과 확신 북조선민주녀맹 대표 김은주 (북조선 도시군인민위원회대회)	3	
1947-02-18-014	김장군주위에 뭉쳐 조국 위한 투쟁을 맹세	북조선문학예총위원장 리기영 (북조선 도시군인민위원회대회)	3	
1947-02-18-015	조국건설 방해하는 반동배와 견결히 투쟁	북조선민청위원장 김욱진 (북조선 도시군인민위원회대회)	3	
1947-02-18-016	3천만의 환희 용약 김일성장군 만세!	박천군 남하동 경로회일동	3	
1947-02-18-017	우리들이 당면한 과업의 결정을 확신	평남 순천군 선소면민일동	3	
1947-02-18-018	김장군을 방문코 친히 면담한 감격	78세 로위원 백종걸씨 담	4	성택

기사번호	제목(title)	부제목(stitle)	면수	필자, 출처
1947-02-18-019	미국상원에서 공화당외정을 비난	민주당원 페페르 연설	4	따쓰통신
1947-02-18-020	미정부는 루즈벨트가 창조한 사상정치 적자본을 랑비하고있다		4	
1947-02-18-021	라지오		4	
1947-02-18-022	극장		4	
1947-02-19-001	북조선 도 시 군인민위원회대회와 그의 구성		1	
1947-02-19-002	대표들을 심사보고 제 법령을 보고토론 남조선민전의 메쎄지에 만장감분	북조선 도 시 군인민위원회 대회(제2일)	1	
1947-02-19-003	본대회의 비준을 요하는 북조선림시인민위원회의 각 법령에 관한 보고	강량욱	1, 2	
1947-02-19-004	북조선 도 시 군인민위원회대회에 보내는 축하문	북조선주둔 쏘련사령관으로부터	1	
1947-02-19-005	북조선 도 시 군인민위원회대회에서 선거한 대표심사위원회 보고	김용범	2	
1947-02-19-006	북조선 도 시 군인민위원회대회의 대표 심사보고에 대한 결정서		2	
1947-02-19-007	북조선 도 시 군인민위원회대회에 드리는 글	민주주의민족전선(남조선)에서	2	
1947-02-19-008	남조선동무들도 우리 같이 행복스럽게 하여주십시요	소년단대표 박춘미	2	
1947-02-19-009	우리 민족의 령도자 김일성장군(1)		3	최창익
1947-02-19-010	북조선 도시군인민위원회대회 인상기		3	안함광
1947-02-19-011	새로이 자라는 이 땅의 젊은 힘을	우리의 인민위원대표들이 기쁨과 감격으로 맞이하다	3	현석
1947-02-19-012	행복을 가져온 민주개혁 산미증산으로 보답	김제원로인의 토론	3	
1947-02-19-013	완전독립의 기간인 민주법령을 절대지지	박상순목사의 토론요지	3	
1947-02-19-014	쏘련외무성에서 미정부에 각서	아체쏜의 독설을 경고	3	
1947-02-19-015	희랍무임대신 뽈리쩌쓰 사직		3	따쓰통신
1947-02-19-016	건국사상동원운동 실천 각 공장의 자기비판 검토 일층 경각성을 높이고 국가재산을 애호하자	평양려객자동차편	4	명덕
1947-02-19-017	선거와 산업건설 감투하는 로동자	운포광업소, 신북청기관구, 라흥인민제철공장에서	4	경석
1947-02-19-018	립후보자추천에 농민은 열성 참가	연백군 화성 산양 우면	4	특파원 박중선
1947-02-19-019	각지 선거선전	평철, 평양, 함흥에서	4	달수, 정숙, 경석
1947-02-19-020	창발성 발휘하여 증산에 퇴비 활용	농림국 농산부장 담	4	하일
1947-02-19-021	과실현물세 완납하자	평북도는 100% 황해도가 불량	4	하일
1947-02-19-022	장편서사시	백두산(9)	4	조기천
1947-02-19-023	라지오		4	

기사번호	제목(title)	부제목(stitle)	면수	필자, 출처
1947-02-20-001	1947년도 북조선인민경제발전에 관한 보고	김일성	1, 2, 3	
1947-02-20-002	김일성위원장 보고의 경제발전계획 지지 접수 열광적환호리 인민회의 창립 북조선 도시군인민위원회대회	-(제3일)-	1	
1947-02-20-003	1947년도 북조선인민경제 부흥과 발전에 대한 예정수자에 관한 도시군인민위원회의 결정서		3	
1947-02-20-004	인민위원회를 절대지지 면리선거의 완수를 맹세	양덕군 온천면 거차리 제12선거구 선거자총회의 감사문	3	
1947-02-20-005	북조선산업조합련맹과 도산업조합련맹 해산에 관한 명령		3	
1947-02-20-006	북조선인민회의창립에 관한 보고	최용건	4	
1947-02-20-007	인민의 개가-일당에 모인 인민의 대표 민주건국을 토의		4	
1947-02-20-008	북조선인민회의창립에 대한 북조선인민위원회대회의 결정서		4	
1947-02-20-009	조국산업부흥을 맹세 력사적대회의 성공 축원	사동련탄공장 초급단체위원회의 축문	4	
1947-02-20-010	북조선 도시군인민위원회대회 인상기	인민의 개가	4	안막
1947-02-20-011	력사적기록영화 인민위원회대회	국립촬영소 제작중	4	
1947-02-20-012	조선신문창간기념일에 대하여		4	
1947-02-20-013	감격의 날을 맞아 통덕리 농민들이 김일성위원장께 감사의 편지와 쌀을		4	달수
1947-02-20-014	우리 민족의 령도자 김일성장군(2)		5	최창익
1947-02-20-015	쏘베트군대창립 29주년 전후	쏘베트국가의 위대한 군대	5, 6	쏘련원수 아.와씰렙쓰끼
1947-02-20-016	3.1운동기념표어		6	
1947-02-20-017	평북선거사업 진행상황 초기의 결점을 시정	지금은 본궤도우에	6	한계흥
1947-02-20-018	승리를 기하여 열성으로 분투		6	한계흥
1947-02-20-019	선전의 대상을 정확히 파악하라	선천군 일층 분발이 필요	6	한계흥
1947-02-20-020	장편서사시	백두산(10)	6	조기천
1947-02-20-021	북조선림시인민위원회의 1년간 업적 체신국의 1년간사업	북조선림시인민위원회 체신국	7	
1947-02-20-022	향향로조임금인상 요구		7	북조선통신
1947-02-20-023	쏘베트헌법의 발생과 발전(상)		7	아.사자노흐
1947-02-20-024	독일과 평화조약체결에 관한 우크라이나정부의 성명서	부외상 리사회에서 발표	8	따쓰통신
1947-02-20-025	국대안 반대하여 남조선학생 봉기		8	북조선통신
1947-02-20-026	국민당정부의 단독외교에 관하여	중공중앙위원회 성명서	8	따쓰통신
1947-02-20-027	파란부수상 사직		8	따쓰통신

기사번호	제목(title)	부제목(stitle)	면수	필자, 출처
1947-02-20-028	빙도비행장 미회사에 양도		8	따쓰통신
1947-02-20-029	애급로동자와 영국병사 충돌		8	따쓰통신
1947-02-20-030	재분 독화폐자산 리용	쏘분 량국간 조인	8	
1947-02-20-031	인민군에 의하여 해방된 중국지구		8	야.빠려이 술, 김승형 역
1947-02-20-032	라지오		8	
1947-02-20-033	극장		8	
1947-02-21-001	북조선 최고정권기관인 인민회의를 절대지지하자!		1	
1947-02-21-002	쓰딸린대원수에게 보내는 감사문	북조선 도시군인민위원회대회에서	1	
1947-02-21-003	북조선 도시군인민위원회대회와 인민경제계획		1	
1947-02-21-004	최고인민정권기관인 인민회의 대의원선거 북조선 도시군인민위원회대회	-제4일-	1	
1947-02-21-005	당선대의원 사회성분 및 성별		1	
1947-02-21-006	북조선 도시군인민위원회대회를 결속하면서	김일성	2	
1947-02-21-007	대회결속을 보고하는 김일성 위원장		2	
1947-02-21-008	북조선인민회의에 관한 규정		2	
1947-02-21-009	북조선인민회의 대의원선거 절차에 관한 규정		2	
1947-02-21-010	북조선 도 시 군인민위원회대회에서 쏘련정부와 미국정부에 보내는 요청서		2	
1947-02-21-011	북조선인민회의 대의원선거 투표장면		3	
1947-02-21-012	북조선 도 시 군인민위원회대회 인상기 (제3일)		3	박세영
1947-02-21-013	선거시	구렁우물있는 내 고향	3	리원우
1947-02-21-014	우리 민족의 령도자 김일성장군(3)		3	최창익
1947-02-21-015	북조선인민회의 대의원피자자 일람표(1)		4	
1947-02-21-016	불가리야정부를 영국이 승인		4	
1947-02-21-017	영국주권의 전횡	쏘베트공민들의 조국귀환을 방해	4	따쓰통신
1947-02-21-018	분란대통령 동맹통제위원회 위원장을 환영		4	따쓰통신
1947-02-21-019	함남 판사 선거		4	경석
1947-02-21-020	북조선인민회의 대의원피자자 일람표(2)		5	
1947-02-21-021	영국제국주의 리익의 전초에 선 로동당		5	
1947-02-21-022	당면한 제 문제에 관하여	파란대통령 베루트씨 담	5	북조선통신
1947-02-21-023	베빈의 연설요지	론돈 레이보르당대표회의에서	5	따쓰통신
1947-02-21-024	평양야간공업전문학교 생도모집요람		5	
1947-02-21-025	세계는 쏘베트군대의 정의를 확인한다		6	통신부

기사번호	제목(title)	부제목(stitle)	면수	필자, 출처
1947-02-21-026	레닌그라드의 예술가들 대회대표들에게 음악의 선물		6	현석
1947-02-21-027	쏘련군대와 인민		6	통신부
1947-02-21-028	장편서사시	백두산(11)	6	조기천
1947-02-21-029	3.1운동기념 평남준비위원회 결성		6	달수
1947-02-21-030	건국사상동원운동 실천 각 공장의 자기 비판 검토 태만성을 일소하고 계획적으로 일하자	평양철도공장편	7	명덕
1947-02-21-031	건국사상동원을 실천	일요작업으로 우리 당원 수범	7	명덕
1947-02-21-032	일생을 일제의 주구로 애국투사를 살해 민족의 원쑤 고피득	인민의 이름으로 사형언도	7	언철
1947-02-21-033	직장 미담 책임완수한 두 승무원	-앞으로는 더욱 직무에 충실-	7	달수
1947-02-21-034	해빙기를 당하여 흑림천추도 준설		7	박경석
1947-02-21-035	모범농촌 기회리 방문기 민주사상으로 단결	봉건유습 미신 타파	7	경석
1947-02-21-036	태만을 일소하고 관개사업을 강화	관개관리지소장 회의	7	하일
1947-02-21-037	로련통계국보도에 의한 1946년도 로련인 민경제 회복과 발전에 대한 국가계획안 실행총화		8	
1947-02-21-038	원자탄관리에 대한 미국정책을 공격	월레쓰 론문 발표	8	따쓰통신
1947-02-21-039	미영점령당국 독일경제를 파괴	쏘련경제학자 엠마리꼬씨 론평	8	따쓰통신
1947-02-21-040	로씨야오페라창조자 미하일 글린까	그의 서거 90주년에 제하여	8	
1947-02-21-041	민주주의루마니야는 경제토대를 공고히 한다	곤쓰단찌노흐쓰끼-술	8	전휘세 역
1947-02-21-042	녀학생도 맹휴		8	북조선통신
1947-02-21-043	라지오		8	
1947-02-21-044	가까운 장래에 조선인민은 민주주의조선 림시정부를 수립할것을 확언! 북조선 도 시군인민위원회 대회에 브.몰로또브 쏘 련 외상으로부터 축전	북조선 평양시 북조선인민위원 회 대회 주석단 귀중	호외	
1947-02-22-001	우리의 최고정권기관 북조선인민회의 만세!		1	
1947-02-22-002	력사적 북조선 도 시 군인민위원회에 브.몰로또브 쏘련외상으로부터 축전		1	
1947-02-22-003	개회사		1	
1947-02-22-004	김일성장군을 위원장으로 추대	북조선인민위원회 조직을 위임	1	
1947-02-22-005	북조선림시인민위원회 사업에 관한 총 결보고	김일성위원장	2	
1947-02-22-006	보고하는 김일성 위원장		2	
1947-02-22-007	북조선림시인민위원회의 사업결산보고 에 대한 북조선인민회의의 결정		2	
1947-02-22-008	북조선의 재판소 및 검찰소에 관한 규정		2	

기사번호	제목(title)	부제목(stitle)	면수	필자, 출처
1947-02-22-009	북조선인민위원회에 관한 규정		2	
1947-02-22-010	정로철공소		2	
1947-02-22-011	김일성장군을 북조선인민위원회 위원장 으로 추대하며 북조선인민위원회 조직의 책임을 위임함에 관한 제의	민전의장단을 대표하여 최용건 씨 발언	3	
1947-02-22-012	인민회의를 절대지지 조국건설에 일로 매진	각 직장 각 학교 경축대회대표 축사	3	
1947-02-22-013	우리 민족의 령도자 김일성장군(4)		3	최창익
1947-02-22-014	북조선산업조합련맹과 도산업조합련맹 해산에 관한 명령		3	
1947-02-22-015	미주방위리사회 실제적활동 개시		3	따쓰통신
1947-02-22-016	조선민족의 위대한 3.1운동에 관한 보고 요강	북조선 3.1운동중앙기념준비 위원회 제공	4	
1947-02-23-001	쏘련군대의 해방적사명	-쏘련군대 탄생 29주년-	1	
1947-02-23-002	북조선인민회의에서 쏘베트군대 전사들 에게 보내는 축하문		1	
1947-02-23-003	쏘베트군대 제29주년기념일을 축하		1, 3	
1947-02-23-004	북조선인민위원회 조직 각 부서와 위원 씨명 발표	인민회의 김일성위원장의 보고 승인	2	
1947-02-23-005	북조선 검찰소장과 북조선 최고재판소 선거		2	
1947-02-23-006	북조선인민회의의 선언서		2	
1947-02-23-007	북조선 도 시 군 인민위원회대회에서 쏘 련정부와 미국정부에 보내는 요청서 전달		2	
1947-02-23-008	북조선인민위원회 조직에 관한 보고 승인	력사적인 인민회의(제2일) 경과	2	
1947-02-23-009	북조선인민회의창립 경축대회	평양시 각처에서 성대히 개최	3	은길, 성택, 창숙
1947-02-23-010	음악과 무용으로 대의원 격려	우정을 싣고 멀리서 찾아온 쏘 련해군음악대	3	
1947-02-23-011	리선거위원들에게		3	
1947-02-23-012	정로철공소		3	
1947-02-23-013	북조선산업조합련맹과 도산업조합련맹해 산에 관한 명령		3	
1947-02-23-014	생도모집광고		3	
1947-02-23-015	선천군 심천면 당원들 선거선전공작에 활약		4	
1947-02-23-016	선거련락망 정비 승리획득에 매진	창발성 발휘 일층강화가 필요	4	계홍
1947-02-23-017	황해도 각급 선거위원회 조직		4	박중선
1947-02-23-018	각지 선거선전	청진, 평양, 길주, 흥남, 초산에서	4	준극, 은길, 태화, 경일, 선우수
1947-02-23-019	3.1기념 선거경축음악회	관북교향악단	4	박경석

기사번호	제목(title)	부제목(stitle)	면수	필자, 출처
1947-02-23-020	국제민주청년동맹 대표들 델리에 래도		4	따쓰통신
1947-02-23-021	부정행위를 일소 로동규률 준수하자	평양연초편	4	명덕
1947-02-23-022	방쏘 체호슬로바끼야인민대회대표단의 보고		4	북조선통신
1947-02-23-023	독일점령지의 영미정책에 관하여		4	
1947-02-23-024	희랍잡지의 허위보도를 불가리야통신 반박		4	북조선통신
1947-02-23-025	지기근으로 중국신문 정간		4	북조선통신
1947-02-23-026	라지오		4	
1947-02-23-027	아이젠하워 출마?		4	북조선통신
1947-02-23-028	극장		4	
1947-02-25-001	면리인민위원선거에 제하여	완미한 인민정권체계를 확립하자	1	
1947-02-25-002	력사적인민회의 성립후 첫 북조선인민위원회의	김일성위원장 금후방침 명시	1, 2	
1947-02-25-003	김일성위원장		2	
1947-02-25-004	중화군 각 리 선거사업을 김일성위원장 시찰지도	농민들과 친히 담화를 교환	2	언철
1947-02-25-005	작 24일 일제히 유권자총회를 개최	금 25일에 투표 실시	2	
1947-02-25-006	평양화학공장 로동자동무들 건국사상운동에 증산과 문맹퇴치		2	기관
1947-02-25-007	중앙당학교	쏘련군대창립 제29주년 기념식	2	김종윤
1947-02-25-008	민주정부수립 원조	열성적언명에 감격 조선민주당 선전부장 조은상씨 담화	2	
1947-02-25-009	농민은 증산으로써 쏘련의 원조에 보답	북조선농민맹위원장 강진건씨 담화	2	
1947-02-25-010	통일민주정부의 수립에 원조를 언명	우리 민족은 누구나 감격할 일 민주녀녀총맹 선전부장 허금순씨 담화	2	
1947-02-25-011	감격할 이 원조	문학예총 선전부장 남궁만씨 담화	2	
1947-02-25-012	무량한 후의에 감사	만난을 돌파코 매진 조쏘문화협회 서기장 리찬씨 담화	2	
1947-02-25-013	춘기파종 승리로 완수	주식곡물을 증산하자 -파종을 앞둔 농민에게 농림국 요망	3	하일
1947-02-25-014	농작물증산 위하여 병충해예방에 힘쓰자	김일성대학 농학부 현옥원교수 담화	3	
1947-02-25-015	평남춘기파종을 앞두고 제반준비를 착착 진행중	평남농산부장과의 일문일답	3	
1947-02-25-016	춘경비료 보내니 '가마니' 많이 짜자	황해각지에 비료 배급	3	특파원 박중선
1947-02-25-017	문맹-무식-파멸	불타는 향학열로 전리민 성인교에 평남 성천군 유동리민의 열성	3	원식
1947-02-25-018	쏘련군대창건 29주년 기념	사동련탄공장 경축보고대회	3	명덕
1947-02-25-019	북조선농민동맹 기념경축대회		3	하일
1947-02-25-020	각 극장에서 기념경축대회		3	홍범
1947-02-25-021	인민극장에서 기념경축대회		3	준극
1947-02-25-022	3.1절을 앞두고 기념행사를 준비	민전 함북도위원회의	3	준극
1947-02-25-023	3.1운동기념준비위원회 결성	강원도에서	3	홍범
1947-02-25-024	길주	3.1절을 앞두고	3	태화
1947-02-25-025	조기파종 실시 경지면적 확장	각 도 농정농산과장회의	3	하일
1947-02-25-026	무식은 파멸이다	눈먼 장님도 문맹퇴치와 선거선전에 참가	3	현준극
1947-02-25-027	수매량곡대 비료로 청산	(평양특별시에서)	3	은길
1947-02-25-028	이태리, 루마니야, 볼가리야, 분란과의 평화조약 조인에 관하여		4	
1947-02-25-029	국대안 반대 맹휴	남조선각지 파급	4	북조선통신
1947-02-25-030	영 석탄부족으로 공장 50% 운전정지	실업자수 6백만	4	북조선통신
1947-02-25-031	인도제헌회의 난관 봉착	웨벨총독 소환	4	북조선통신
1947-02-25-032	파시스트독일과 쏘련은 어떻게 싸웠나?		4	이.꼬로르, 코.후
1947-02-25-033	인도에서의 사건에 대하여(상)		4	아.지야꼬흐
1947-02-25-034	일중원 부의장 정상씨 피임		4	북조선통신
1947-02-25-035	라지오		4	
1947-02-25-036	극장		4	
1947-02-26-001	쏘련외상 몰로또브씨의 축전에 대하여		1	
1947-02-26-002	민주건설의 감격과 기쁨이 오늘의 한표 한표에 폭발!	2월 25일! 리인민위원선거의 날	1	
1947-02-26-003	조쏘문화협회 쏘군창건기념		1	정숙
1947-02-26-004	북조선인민회의 상임의원		1	
1947-02-26-005	쏘련의 우호원조 신뢰 완전독립쟁취에 매진	북조선로동당 중앙위원회 부위원장 주녕하동지 담	2	
1947-02-26-006	인민경제계획을 완수 쏘련의 방조를 살리자	북조선직업총동맹 중앙위원장 최경덕씨 담	2	명덕
1947-02-26-007	쏘련의 후의에 독립쟁취로 감사	평양철도공장 로동자 강병태씨 담	2	성택
1947-02-26-008	우리의 벗으로 쏘련을 일층 신임	대동군 남관면 남정리 농민 한창랭씨 담	2	학균
1947-02-26-009	가까운 장래에 림시정부수립 확신	북조선기독교련맹 중앙위원회 위원장 박상순씨 담	2	능도
1947-02-26-010	정로철공소		2	
1947-02-26-011	북조선인민위원회대회와 몰로또브 쏘련외상의 축전		2	윤세평
1947-02-26-012	우리 민족의 령도자 김일성장군(5)		3	최창익
1947-02-26-013	쏘련군대창건 29주년 기념	북조선민청 경축보고대회	3	명덕
1947-02-26-014	3.1운동기념 제반행사를 준비	함남기념준비위원회 결성	3	경석

기사번호	제목(title)	부제목(stitle)	면수	필자, 출처
1947-02-26-015	3.1운동기념 사진전람회 개최		3	경석
1947-02-26-016	로동자 사무원 3.1극장에서		3	명덕
1947-02-26-017	쏘베트헌법의 발생과 발전(하)		3	아.사자노흐
1947-02-26-018	불란서 인도간외교사절 교환		3	북조선통신
1947-02-26-019	라지오		3	
1947-02-26-020	극장		3	
1947-02-26-021	선혈로 물들인 반일제투쟁 3.1운동의 의의와 그 교훈(상)	제28주년 기념에 제하여	4	
1947-02-26-022	인도총독에 마운트 밧테 임명		4	북조선통신
1947-02-26-023	불파문화협정 19일에 조인		4	북조선통신
1947-02-26-024	불화경제협정 일부 개정		4	북조선통신
1947-02-26-025	빨찌산반대 희정부 적극 준비		4	따쓰통신
1947-02-26-026	예약모집	장편서사시 백두산	4	
1947-02-26-027	북조선산업조합련맹과 도산업조합련맹 해산에 관한 명령		4	
1947-02-27-001	진정한 인민의 최고정권기관 북조선인민회의		1	
1947-02-27-002	몰로또브씨에게 타전한 답전전문		1	
1947-02-27-003	전북조선 리인민위원 선거투표 총선거 자수의 99.7% 참가	또다시 승리한 북조선인민의 개가	1	
1947-02-27-004	성심있는 원조에 진심으로 감사한다	평양연초공장 녀공 최확실씨 담	1	은길
1947-02-27-005	조국의 방조자 쏘련방에 만강의 감사	김일성대학 경제과 학생 최재선군 담	1	명덕
1947-02-27-006	해방의 기쁨	연초공장 압입공 리봉녀양 담	1	
1947-02-27-007	우리의 용기 백배	문학평론가 안함광씨 담	1	정숙
1947-02-27-008	3.1운동기념 대회준비를 진행중	1일에 군중대회 개최	1	은길
1947-02-27-009	우리 민족의 령도자 김일성장군(6)		2	최창익
1947-02-27-010	쏘련은 진정한 우방 민주자주독립을 보장	북조선민주청년동맹 중앙위원장 김욱진씨 담	2	명덕
1947-02-27-011	증산돌격으로 보은	사동탄광 채탄부 김고망씨 담	2	명덕
1947-02-27-012	쏘외상 축전은 나에게 큰 힘!	신라상인 최도삼씨 담	2	인표
1947-02-27-013	무한히 감격 직장을 사수하겠다	체신국 서무과 강수자양 담	2	방숙
1947-02-27-014	북조선인민위원회대회 개최를 따쓰통신 보도		2	북조선통신
1947-02-27-015	열세명 로동당원 고공품생산돌격		2	은길
1947-02-27-016	제1차 북조선인민회의 참관기		2	현석
1947-02-27-017	찬! 쏘베트군대창립 29주년기념	제 외국에서의 양상	2	따쓰통신
1947-02-27-018	2월25일 리위원 선거투표 진정한 자기의 대표를 뽑는 농민들 환희와 감격을 안고서 선거장으로	평양시 농촌리	3	달수
1947-02-27-019	선거경축 시위행진	평양시내 학생 동원	3	달수

기사번호	제목(title)	부제목(stitle)	면수	필자, 출처
1947-02-27-020	승리를 목표로 선거투표 진행		3	홍범
1947-02-27-021	평남교육부서 인민교원 증원 단기양성 실시		3	달수
1947-02-27-022	저마다 무보수로 철야작업을 계속	룡성공장 로동자동무들	3	김경일
1947-02-27-023	열성과 노력으로 문맹퇴치에 헌신	민주 새 조선의 우리 녀성은 이렇게 일한다	3	경일
1947-02-27-024	3.1선거기념공연으로 「봉화」 상연	중앙예술공작단 3.1공장에서	3	성택
1947-02-27-025	탄광광산 로동자들에게 량곡을 증배한다	2월 15일부터 실시	3	성택
1947-02-27-026	세밀한 관찰과 연구로 구취기를 창안	함흥철도구 신북청기관구 공작조역 허남동무	3	박경석
1947-02-27-027	건국의 봄 맞이하여 식량증산에 이바지	금년도인민경제부흥과 발전예정수자결정에 대한 농민의 결의는 이렇다	3	하일
1947-02-27-028	춘기파종을 준비하자		3	장하일
1947-02-27-029	신재탄기 연구	성진기관구 신송군동무	3	김응겸
1947-02-27-030	농민들의 저축열 더한층 높이여라	평남이 수위 강원이 불량	3	하일
1947-02-27-031	정로철공소		3	
1947-02-27-032	선혈로 물들인 반일제투쟁 3.1운동의 의의와 그 교훈(중)	제28주년 기념에 제하여	4	
1947-02-27-033	쏘련민족쏘베트회의 개최		4	북조선통신
1947-02-27-034	민족쏘베트 제3차회의 개최		4	북조선통신
1947-02-27-035	동맹쏘베트 민족쏘베트 공동회의		4	북조선통신
1947-02-27-036	라지오		4	
1947-02-27-037	극장		4	
1947-02-28-001	북조선인민위원회를 옹호지지하자		1	
1947-02-28-002	축전내용이 전파되자 강원도는 환희로 비등	북조선 도 시 군인민위원회대회에 보낸 쏘련외상 몰로또브의 축전에 대한 반향	1	홍범
1947-02-28-003	조선완전독립을 원조할것을 확신	순천군 농민 박원경씨 담	1	성택
1947-02-28-004	3상회의결정의 실천을 맹세	체신전문학교 교원 조은왕씨 담	1	원식
1947-02-28-005	북조선인민회의 상임의원회 결정서 제4호	북조선인민회의 상임의원회 제28주년 3.1기념에 관한 결정서	1	
1947-02-28-006	우리의 해방자 쏘련은 우리 나라의 영원한 벗	합성기계제작소 로동자 최병국씨 담	1	기관
1947-02-28-007	통일정부수립 약속 오직 감격을 불금	전차지부 로동자 계백중씨 담	1	원식
1947-02-28-008	마음 든든하다	조선곡산공장 제조과 제분공 리승용씨 담	1	
1947-02-28-009	3월 1일-3월말일 전북조선적으로 전개	직총중앙상무위원회 결정	1	명덕
1947-02-28-010	북조선직업총동맹 중앙 제48차상무위원회 결정서 제2		1, 2	
1947-02-28-011	몰로또브외상의 축전에 대한 반향		1	박창옥

기사번호	제목(title)	부제목(stitle)	면수	필자, 출처
1947-02-28-012	선혈로 물들인 반일제투쟁 3.1운동의 의의와 그 교훈(하)	제28주년기념에 제하여	2	
1947-02-28-013	북조선산업조합련맹과 도산업조합련맹 해산에 관한 명령		2	
1947-02-28-014	초과생산돌격운동으로 총진군 인민경제 확립하여 조국을 건설	사동갱.사동련탄 로동자 총궐기	3	명덕
1947-02-28-015	인민경제계획완수를 기한	사동연탄공장과 사동항 로동자 동무들의 호소문	3	
1947-02-28-016	1년간 사업을 총결 생산돌격 강력히 추진	평남직맹 확대집행위원회의	3	명덕
1947-02-28-017	깨끗이 단장하고 3.1절을 맞이하자		3	달수
1947-02-28-018	1947년도 인민경제계획을 완수할것을 맹세하면서 김일성장군에게 드리는 메쎄지		3	
1947-02-28-019	책임수량완수를 맹세 각 공장 경쟁으로 돌격	평양 각 공장 열성자대회 결의	3	명덕
1947-02-28-020	경지조사에 대한 사업규정을 발표	평남도위원회에서	3	달수
1947-02-28-021	3.1절기념 평양시 각 극장 무료공개		3	성택
1947-02-28-022	불파문화협정 체결		3	북조선통신
1947-02-28-023	3.8절과 조선녀성	북조선로동당 중앙본부 선전선동부 제공	4	
1947-02-28-024	정로철공소		4	
1947-02-28-025	라지오		4	
1947-02-28-026	극장		4	
1947-03-01-001	3.1운동 제28주년 기념일을 맞으며		1	
1947-03-01-002	3.1기념축하보고 28일밤에 성대히 거행		1	
1947-03-01-003	북조선인민회의 제1회 상임의원회		1	북조선통신
1947-03-01-004	제26차 북조선인민위원회 개최		1	은길
1947-03-01-005	시녀성동맹의 3.1보고대회		1	은길
1947-03-01-006	3.1운동투사 추도식을 거행		1	달주
1947-03-01-007	평양화학공장 3.1기념보고		1	능도
1947-03-01-008	북조선도시군인민위원회 대회와 쏘련외상 몰로또브씨의 축전		2	리강국
1947-03-01-009	1947년도 북조선종합예산에 관한 결정서	북조선인민위원회 법령 제1호	2	
1947-03-01-010	파망메파시스트수괴에 월급지불을 금하라	영하원에서 론의	2	북조선통신
1947-03-01-011	산업부흥을 위하여 김복수동무 만난을 극복하며 위험작업 감행		3	언철
1947-03-01-012	3.1운동참가자 평양에서 좌담회		3	성택
1947-03-01-013	3.1기념시	삼봉이네도 부른 독립만세	3	리원우
1947-03-01-014	건국사상의 적극 실천경의와 표창으로 보답	산업국장 리문환씨 담	3	언철
1947-03-01-015	급행전차정류소 변경 및 개칭	(전기총처전차지부에서)	3	명덕
1947-03-01-016	3.8절을 앞두고 기념행사를 준비	녀성총동맹에서	3	은길

기사번호	제목(title)	부제목(stitle)	면수	필자, 출처
1947-03-01-017	맥류파종의 새 방식 증산 위해 시작하자	쏘련에서는 이렇게 한다 농림국 리농산부장 담	3	하일
1947-03-01-018	건국의 요소식량증산을 위해 비료수송에 총돌격하자	황해도 성적부진 가일층 더 분기가 필요	3	하일
1947-03-01-019	인민경제부흥에 우리 당원들 열성	(함남 함주군 농촌로동당원들)	3	경석
1947-03-01-020	사회보험 병원사업 적극 추진	만난배제코 중책완수 제1차 사회보험병원장 회의	3	명덕
1947-03-01-021	원자력통제위원회의 사업보고를 토의	안전보장리사회에서	4	따쓰통신
1947-03-01-022	길전불신임정책견지를 일본공산당에서 재성명		4	북조선통신
1947-03-01-023	나치독일장관에 벨그라드재판소 판결		4	북조선통신
1947-03-01-024	국대안반대 광주학생 맹휴		4	북조선통신
1947-03-01-025	애치슨 대 쏘독설 마샬변호		4	북조선통신
1947-03-01-026	태평양제도정책을 비난		4	북조선통신
1947-03-01-027	쏘련영화소개	(맹세 1명 서약)	4	현석
1947-03-01-028	해삼위로부터 동경까지(려행기)		4	『적성』지, 전희세 역
1947-03-01-029	인도에서의 사건에 대하여(하)		4	아.지야꼬흐 술
1947-03-03-001	쓰딸린대원수께 드리는 감사문	북조선중앙, 평남도 평양시인민위원회, 각 정당, 사회단체련합 제28주년 3.1운동기념대회	1	
1947-03-03-002	3.1운동 제28주년기념에 제하여 전국동포에게 고함	북조선 민주주의민족통일전선 중앙위원회	1	
1947-03-03-003	위대한 북조선민주개혁의 승리를 경축 1947년도 인민경제계획의 완수를 맹세 35만 민중 3.1을 기념시위	3.1운동 제28주년기념 평양시군 중대회	1	일권
1947-03-03-004	개회사	3.1운동 제28주년기념 평양시군 중대회	1	
1947-03-03-005	3.1운동 제28주년 기념보고	북조선인민위원회 부위원장 김책	2	
1947-03-03-006	민족해방위해 투쟁한 혁명렬사에게 깊이 감사	33인중 1인 림례환로인 축사	2	
1947-03-03-007	『근로자』 제3, 4합호 근일발매		2	
1947-03-03-008	북조선인민회의의 창립을 경축 인민경제계획완수로 3.1기념	북조선중앙, 평남도, 평양특별시인민위원회, 각 정당, 사회단체, 련합 제28주년 3.1운동기념대회	3	성택
1947-03-03-009	3.1투쟁정신을 계승발양 전민족적숙망을 달성하자	북조선로동당 중앙위원회 위원장 김두봉	3	
1947-03-03-010	인민경제계획 완수로 이날을 기념하자	조선민주당 당수 최용건	3	
1947-03-03-011	3월 1일 이 민족적명절을 기념하는 민중의 이모저모	집합소에서 대회장까지	3	중선, 명덕, 은길, 계홍
1947-03-03-012	3.1기념보고대회 각 공장에서		3	원식
1947-03-03-013	반민주세력 분쇄하고 통일정부 수립하자	천도교청우당 부위원장 박윤길	3	

기사번호	제목(title)	부제목(stitle)	면수	필자, 출처
1947-03-03-014	희랍주권당국의 폭행	무고한 인민을 총살	4	따쓰통신
1947-03-03-015	희랍정부의 반박		4	따쓰통신
1947-03-03-016	동경에 로농도서관 설치		4	북조선통신
1947-03-03-017	세계륙상경기대회	쏘련선수들 우세	4	따쓰통신
1947-03-03-018	일해로 운수성 로동협약 조인		4	북조선통신
1947-03-03-019	월남군항복설은 무근		4	북조선통신
1947-03-03-020	미, 중간의 불평등조약	『쁘라우다』지 김승형 역	4	
1947-03-03-021	쏘련점령지대 독일에서의 토지개혁(상)		4	오기찬 역
1947-03-03-022	라지오		4	
1947-03-03-023	극장		4	
1947-03-05-001	토지개혁 1주년을 맞이하여		1	
1947-03-05-002	북조선 전체 농민들에게 토지개혁법령 실시 1주년을 맞이하여	북조선인민위원회 위원장 김일성	1	
1947-03-05-003	북조선 전체 농민에게 드리는 축하문		1	
1947-03-05-004	춘기파종의 완수와 예정수자의 초과달성 토지개혁 1주년과 농민들의 당면임무	북조선로동당 중앙본부 농림부 부부장 임해동지 담	1	
1947-03-05-005	토지개혁 제 1주년 기념일을 맞이하여 북조선 전체 농민여러분에게	북조선인민회의 상임의원회 의장 김두봉	1	
1947-03-05-006	농민들이여! 토지를 받은 기쁨으로 식량증산을 위하여 춘기파종에 전력을 다하자!		1	
1947-03-05-007	북조선 리(동)인민위원회 위원선거총화에 관한 중앙선거위원회의 총결보도		2	
1947-03-05-008	토지개혁법령 발포 1주년기념을 맞이하면서		2	
1947-03-05-009	3,8절 구호		2	
1947-03-05-010	북조선림시인민위원회 수립 1주년을 경축하여 동북연변지구민중대회	북조선인민위원회에 통전문	2	
1947-03-05-011	통전문	북조선림시인민위원회 수립 1주년을 경축하여 동북연변지구민중대회	2	
1947-03-05-012	일본에서 전국농민대회		2	북조선통신
1947-03-05-013	농민의 사명을 다하여 적극 나라일을 돕겠다 신천군 온천면 농민 강종한씨 담	중선	3	
1947-03-05-014	젊은이의 감격을 증산에 살리겠다 대동군 부산면 농민 김인모씨 담	명덕	3	
1947-03-05-015	생산계획완수로 농민들에게 보답 공화농구 로동자 전성준씨 담	명덕	3	
1947-03-05-016	농민들의 성과적사업 완수를 축복 평양 상수리 리숙현씨 담	은길	3	
1947-03-05-017	토지개혁의 실시로 행복을 찾은 농민들		3	중선
1947-03-05-018	우리의 행복 보장할 후보자들 찬성투표	농민들의 숨김 없는 진정의 말	3	특파원 박중선

기사번호	제목(title)	부제목(stitle)	면수	필자, 출처
1947-03-05-019	북조선농민동맹의 토지개혁 기념행사		3	중선
1947-03-05-020	경지실태조사의 의의와 중대성		3	장하일
1947-03-05-021	재령강반에서	토지개혁 1주년을 맞이하며	3	민병균
1947-03-05-022	인쇄기계용 제조판매		3	
1947-03-05-023	토지개혁 1주년을 맞이하면서		4	농림국장 리순근
1947-03-05-024	영불동맹조약 4일에 정식 조인		4	북조선통신
1947-03-05-025	쏘련점령지대 독일에서의 토지개혁(하)		4	오기찬 역
1947-03-06-001	파종준비에 만전을 다하자		1	
1947-03-06-002	강원도 문천 정균정 박병천 나완철 나연민	감사문	1	
1947-03-06-003	동심에 불타는 건국의욕 기특한 학생 벽지서 선거선전	김장군께 건국의 '용돈'헌정	1	계홍
1947-03-06-004	미군련락장교에게 요청서 전문수교	미국정부에 전달할것을 확약	1	
1947-03-06-005	거리거리는 환희로 불등 얼굴얼굴에는 기쁨으로 빛난다	강동군 강동면 제4선거구	1	김전
1947-03-06-006	낮 11시에 벌써 투표를 완료	대동군 대보면 제2구	1	중선
1947-03-06-007	앞을 다투어 선거에 참가	대동군 부산면 제4구	1	명덕
1947-03-06-008	김일성장군 앞	강원도 문천군 문천중학교 학생들	1	
1947-03-06-009	우리의 김일성장군님께	강원도 문천군 북성면 옥성리 소년단일동	1	
1947-03-06-010	빙도련합에 관한 법안 대통령에 정식 제출		1	따쓰통신
1947-03-06-011	공장, 농촌세포학습자료 제11 북조선로동당 중앙본부 선전선동부당 교육과 북조선 도 시 군 인민위원회	북조선 도, 시, 군 인민위원회대회와 그의 력사적의의	2	
1947-03-06-012	인민위원회가 아니면 토지개혁을 할수 없다	토지개혁 1주년을 맞이하면서	2	북조선농민동맹 위원장 강진건
1947-03-06-013	농민의 숙망 달성한 승리를 증산으로 확보하자		2	장하일
1947-03-06-014	생산책임량 백% 완수 함북 함남 철도용석탄을 확보	함북석탄관리국 산하의 전탄광	2	언철
1947-03-06-015	인쇄기계용 제조-판매		2	
1947-03-06-016	식량증산은 춘기파종준비에서부터 태만을 일소하고 열심히 준비하자	광탄리 농민분기가 필요	3	하일
1947-03-06-017	문맹퇴치사업추진에 지도층은 열성을 내라	평남도가 비교적 성적 우수	3	달수
1947-03-06-018	국제부녀절 기념보고대회 등 다채한 행사	북조선녀맹중심으로 개최	3	은길
1947-03-06-019	산림의 애호증식으로 농업발전을 적극 추진	농림국 리농산부장 담	3	하일
1947-03-06-020	미국대통령 전권기한에 대한 법령		3	따쓰통신
1947-03-06-021	지정도시 중등교생 량곡배급	북조선인민위원회 량정부에서	3	은길

기사번호	제목(title)	부제목(stitle)	면수	필자, 출처
1947-03-06-022	군중속에 위신을 제고 열성적인 당생활 당장성은 당원의 일상적임무 강철같은 당규률을 준수하자	신의주 청송동세포	3	
1947-03-06-023	유일당증 수여 총결	평양시당 제5차위원회	3	현석
1947-03-06-024	방화대책 등 토의	평양시 서구당 제30차상위회	3	현석
1947-03-06-025	미꼴라이치크정책에 파란국내에 불평 점차 장성		4	따쓰통신
1947-03-06-026	미원자탄완성에 독일학자를 사용	가나다농업상의 론평	4	따쓰통신
1947-03-06-027	서전방 쏘기자단 귀환보고담 발표		4	따쓰통신
1947-03-06-028	쏘련영화 「유고스라비아의 산에서」(일명 투사)		4	홍인표 역
1947-03-06-029	몰로또브외상축전에 남로당 감사 표시		4	북조선통신
1947-03-06-030	등교 거부	국대안 철페까지	4	북조선통신
1947-03-06-031	부녀해방투쟁주간 남조선민주녀성동맹		4	북조선통신
1947-03-06-032	최신간 쏘련지 『신시대』에서		4	통신부
1947-03-06-033	북조선 면리(동)인민위원선거에 관하여	스몰렌쓰끼-술	4	통신부
1947-03-06-034	북부중국에서의 미군철거 중지설		4	따쓰통신
1947-03-06-035	백이의 대외정책에 관해 씨몬대좌 언명		4	따쓰통신
1947-03-06-036	라지오		4	
1947-03-06-037	극장		4	
1947-03-07-001	1947년도 인민경제발전계획 완수는 우리의 력사적중대사명		1	
1947-03-07-002	금년도 인민경제발전의 예정수자 초과완수 위하여 각 도 재정책임자련석회의 개최		1	달수
1947-03-07-003	국제부녀절 3월 8일(1)		1	
1947-03-07-004	남조선의 반동 '경찰' 3.1시위군중을 살상	각지에서 38명 사상	1	북조선통신
1947-03-07-005	민전측 평화군중에게 반동배등이 무단 폭행		1	북조선통신
1947-03-07-006	경성류혈 3.1의 책임자는 엄항섭		1	북조선통신
1947-03-07-007	인민회의 창립과 녀성		2	
1947-03-07-008	조선녀성의 지위		2	
1947-03-07-009	수확고를 높일수 있는 맥류파종의 개선 사항	농림국 농산부에서 지시	2	
1947-03-07-010	인쇄기계용 제조판매		2	
1947-03-07-011	인민위원회가 아니면 토지개혁을 할수 없다(하)	토지개혁 1주년을 맞이하면서	2	북조선농민동맹 위원장 강진건
1947-03-07-012	책임량 완수초과를 맹세 기양공장 종업원 총궐기	김복수동무 표창식장에서	3	언철
1947-03-07-013	로동행정을 강력 추진 인민경제계획을	평남각 시군로동행정책임자회의	3	달수
1947-03-07-014	토지개혁과 3.8절기념 사진전람회 쏘련 의 농업과 부녀생활을 전시	조쏘문화협회의 주최로 개최중	3	정숙

기사번호	제목(title)	부제목(stitle)	면수	필자, 출처
1947-03-07-015	북조선인민위원회 위원장 김일성 비준 상업국명령 제1호	북조선인민위원회 상업국 상업 검사규정 실시에 관한 공포	3	
1947-03-07-016	김일성위원장에게 보내는 1947년도 생산 책임량완수 선서문		3	
1947-03-07-017	강력한 실천을 통하여 인민경제발전을 추진	북조선 도시군인민위원회 대회 총결에 관한 강원군중보고대회	3	홍범
1947-03-07-018	연극을 통하여 예술인과 로동자 굳은 악수	평남도 평양시예술공작단 연극 대에서	3	달수
1947-03-07-019	예술전문학교 평양에 설립준비		3	성택
1947-03-07-020	결정서(요지)		3	
1947-03-07-021	1.4반기 생산계획을 초과완수하자	평남도영 공장지배인회의	3	달수
1947-03-07-022	인민회의 선거승리경축 연예대회 개최		3	성택
1947-03-07-023	토, 출판물의 반동을 씨리야제신문 론박		4	따쓰통신
1947-03-07-024	록도련합에 정말국민 대 분개		4	따쓰통신
1947-03-07-025	미남부덴네씨주에서 흑백인 대시위		4	
1947-03-07-026	국제개관		4	통신부
1947-03-07-027	일본 나고야에서 조선동포와 일경 충돌	사망 1명 부상 수명	4	북조선통신
1947-03-07-028	마샬국무경 모쓰크바로 향발		4	북조선통신
1947-03-07-029	「청년근위대」 영화화 착수		4	
1947-03-07-030	루마니야제민주당 련합집행위원회 선거		4	따쓰통신
1947-03-07-031	꼬와츠벨라 피체		4	따쓰통신
1947-03-07-032	영군점령지 독일의 나치즘숙청의 태만		4	통신부
1947-03-07-033	파나마운하의 미국기지에 대하여	파나마 한정객의 론지	4	따쓰통신
1947-03-07-034	쏘련영화소개	「발칙크대의원」	4	성택
1947-03-07-035	라지오		4	
1947-03-07-036	극장		4	
1947-03-08-001	조선녀성은 민주건설의 위대한 력량이다		1	
1947-03-08-002	3.1을 기념하는 조선인민은 피를 흘려야 되느냐?		1	김창만
1947-03-08-003	3.8절기념보고대회	평양시녀맹에서 각급 직장녀맹에 개최	1	
1947-03-08-004	인민경제계획에 의한 금년도 책임량을 완수	평양견직공장	1	정숙
1947-03-08-005	자유의 행복을 통감 증산으로 이날을 기념	보안국 피복공장과 로동신문사 에서	1	은길, 창숙
1947-03-08-006	남조선녀성해방에 힘껏 투쟁하다	신생피복공장 녀직공 신진숙씨 담	1	
1947-03-08-007	쏘련에서의 모성과 유아보호(1)		2	오기찬 역
1947-03-08-008	홍, 반공화국 소요사건 관련배에 구형 론고		2	따쓰통신
1947-03-08-009	공장 농촌 세포학습자료 제12, 북조선로 동당 중앙본부 선전선동부 당교육과	북조선 도, 시, 군인민위원회 대회	2	

기사번호	제목(title)	부제목(stitle)	면수	필자, 출처
1947-03-08-010	인민경제계획 완수초과하여 부강한 민주주의조국을 건설	증산경쟁에 각 공장 궐기	3	명덕
1947-03-08-011	중화군 강동면 제4선거구의 투표행렬		3	
1947-03-08-012	로동규률의 준수 생산책임을 확보	조선제정세포	3	현석
1947-03-08-013	토지개혁 1주년을 맞아 증산으로 경축기념하자	북조선농민동맹 중앙보고대회	3	중선
1947-03-08-014	선거투표를 시작하여 4시간 40분에 100%	대동군 금제면 가정리	3	용봉
1947-03-08-015	오후 3시까지에 전선거구가 완료	대동군 대보면	3	용봉
1947-03-08-016	국제부녀절 3월 8일(2)		3	
1947-03-08-017	북조선인민위원회 법령 제2호	북조선세금제도개혁에 관한 결정서	4	
1947-03-08-018	국제정세에 관하여		4	통신부
1947-03-08-019	극장		4	
1947-03-09-001	인민의 민주주의 새 승리	면리인민위원 선거를 보고	1	
1947-03-09-002	3월5일에 시행된 북조선 면인민위원회 위원선거에 관한 중앙선거위원회의 총결보도		1	
1947-03-09-003	전조선동포에게 격함	금년 3.1절에 남조선반동파가 일으킨 인민학살에 항의한다	1	
1947-03-09-004	녀성의 명절 3.8절 자유와 평등의 기쁨속에 조선녀성의 력량을 시위	평양시 9개소에서 기념보고대회 개최	1	은길
1947-03-09-005	북조선녀성해방과 임무	'3.8'부녀절을 맞이하면서	2	북조선인민위원회 선전부장 허정숙
1947-03-09-006	쏘련에서의 모성과 유아보호(2)		2	오기찬 역
1947-03-09-007	영식민지 당결성강화를 천명	영공산당회의	2	북조선통신
1947-03-09-008	공장농촌세포학습자료 제13 북조선 도, 시, 군인민위원회 대회는 어떤 중요한 문제를 해결하였는가	3. 1947년도 인민경제발전을 위한 계획의 수립	2	
1947-03-09-009	토지개혁 1주년 맞은 기쁨, 감격, 감사	북조선인민위원회를 찾아 평북 선천농민이 입양	3	중선
1947-03-09-010	불원한 해토기를 당해 량곡보관을 조심하라	북조선 량정부장 송봉욱씨 담	3	
1947-03-09-011	9개 도시에 로동소개소를 설치		3	언철
1947-03-09-012	약소한 돈이나마 애국투사 유가족에게	길주팔프공장 경비계세포 김흥선외 18명 당원동무들	3	태화
1947-03-09-013	토지얻은 기쁨과 애국의 지성	'가마니' 백매를 헌납한 농민	3	중선
1947-03-09-014	평양시당학교 제1기생 졸업식 엄숙 성대히 거행	3월 5일 동교강당에서	3	현석
1947-03-09-015	쏘련군대 사진이동전람회	3월 10일~3월 23일	3	달수
1947-03-09-016	직장소식 석화혼수주관기 김유관동무 연구	순천화학공장	3	명덕
1947-03-09-017	계획수량을 돌파하고 파사를 리용 물자절약	남포동면공장 로동자동무들	3	명덕

기사번호	제목(title)	부제목(stitle)	면수	필자, 출처
1947-03-09-018	계획량돌파에 문천제련 궐기		3	준호
1947-03-09-019	세금징수사업이 점차 활발히 전개	평북이 수위, 평양시 저조	3	언철
1947-03-09-020	3.8절을 맞아 박명룡씨 특지		3	창숙
1947-03-09-021	야적하여둔 세곡입고보관을 지시	북조선인위회 각 도에	3	언철
1947-03-09-022	3월 21일부터 지압조사를 개시	평남 경지조사위원회의	3	중선
1947-03-09-023	문맹을 면하는 수료시험 실시	북조선인민위원회 교육국에서	3	달수
1947-03-09-024	이동사진 전개최	평남도 문화과	3	달수
1947-03-09-025	춘기파종의 준비(1)	종곡검사와 염수선	3	중선
1947-03-09-026	쏘련무력상에 느.아.불가닌 임명	쏘련최고쏘베트 상임위원회에서	4	
1947-03-09-027	불가닌무력상에 내각부수상에 임명		4	
1947-03-09-028	와씰렙쓰끼원수를 쏘련무력 제1부상 임명		4	
1947-03-09-029	파란정부사절단 막부도착에 관한 쏘파 량국콤뮤니케		4	
1947-03-09-030	영외상 백림경유 모쓰크바로		4	북조선통신
1947-03-09-031	마샬 파리 경유		4	북조선통신
1947-03-09-032	남조선 로총간부를 경찰에서 검거		4	따쓰통신
1947-03-09-033	희랍당국 폭행 점차 확대		4	따쓰통신
1947-03-09-034	주권당국을 반대	대만에서 대폭동	4	따쓰통신
1947-03-09-035	대만폭동 확대		4	북조선통신
1947-03-09-036	히틀러지하단체 존재		4	따쓰통신
1947-03-09-037	동경의 영자신문 부당한 론평 보도	천도렬도에 관하여	4	
1947-03-09-038	홍아리공화국 전복음모		4	통신부
1947-03-09-039	인도정부 모쓰크바에 경제사절 파견		4	북조선통신
1947-03-09-040	영국과 전후 일본	이즈베스찌야지에서	4	김상도 역
1947-03-09-041	라지오		4	
1947-03-09-042	극장		4	
1947-03-11-001	춘계파종과 당단체의 당면과업		1	
1947-03-11-002	3.8국제부녀절기념 조쏘중부녀친선대회	민주녀성의 단결을 자랑	1	은길
1947-03-11-003	중국녀성의 현재 정설송씨의 보고	3.8국제부녀절기념 조쏘중부녀친선대회	1	
1947-03-11-004	쏘련녀성의 활약 치쓰챠꼬브 예레나씨의 보고	3.8국제부녀절기념 조쏘중부녀친선대회	1	
1947-03-11-005	조선녀성의 과거와 현재 최복순씨의 보고	3.8국제부녀절기념 조쏘중부녀친선대회	1	
1947-03-11-006	북조선녀성해방과 임무	'3.8'부녀절을 맞이하면서	2	북조선인민위원회 선전부장 허정숙
1947-03-11-007	공장농촌세포학습자료 제14 북조선로동당 중앙본부 선전선동부 교육과 북조선 도시군 인민위원회 대회는 어떠한 중요한 문제를 해결하였는가	2. 산업의 부흥과 발전을 위한 1947년도의 과업	2	

기사번호	제목(title)	부제목(stitle)	면수	필자, 출처
1947-03-11-008	생산에 있어서의 로동에 대한 새로운 관계(1)		2	리경민
1947-03-11-009	정로철공소		2	
1947-03-11-010	토지개혁 1주년을 맞은 감격 북조선인위회를 방문한 농민	김일성위원장 격려	3	중선
1947-03-11-011	녀성의 명절 3.8절 기념보고대회 개최	각 도에서	3	홍범, 창숙, 명덕, 정숙
1947-03-11-012	3.8절기념일에 모범맹원을 표창	북조선민주녀성총동맹	3	은길
1947-03-11-013	토지개혁 1주년기념 농민대회		3	경석
1947-03-11-014	면인민위원선거 투표상황을 시찰 북조선인민위원회 김, 홍 량부위원장	평남 대동.평원 량군	3	달수
1947-03-11-015	식량을 절약하여 애국미를 헌납	경성군 어랑면 용강촌에서	3	공린
1947-03-11-016	춘기파종의 준비(2)	종자소독	3	하일
1947-03-11-017	서사시「백두산」을 읽고		3	김학철
1947-03-11-018	선전원들에게 주는 참고자료(1)	1871년 파리꼼무나 76주년 기념일에 제하여	4	북조선로동당 중앙선전선동부
1947-03-11-019	라지오		4	
1947-03-11-020	극장		4	
1947-03-12-001	생산증강을 위하여 적극 투쟁하자		1	
1947-03-12-002	북조선 도시군인민위원회 대회총결에 대하여		1	
1947-03-12-003	일제봉건의 암흑생활을 벗어나 민주정치 행복된 생활	평남화전민 제1차 이주 완료	1	달수
1947-03-12-004	선전사업에 신문을 어떻게 리용할가?		2	박창옥
1947-03-12-005	농산물증산을 위해서 춘경준비에 적극 노력	평남 농산과장회의 실천을 요망	2	중선
1947-03-12-006	산업기술인재양성에 대한 충분한 배려의 필요		2	한득
1947-03-12-007	생산에 있어서의 로동에 대한 새로운 관계(2)		2	리경민
1947-03-12-008	반일투사후원회 사업의 과오를 청산 금후의 사업 활발히 전개	애국투사후원회 중앙위원회	3	성택
1947-03-12-009	칼 맑스 서거 64주년 추모의 밤	3월 14일 조쏘문협 개최	3	정숙
1947-03-12-010	'팔프' '알콜'생산에 길주팔프 총돌격		3	태화
1947-03-12-011	농민과 로동자 굳게 뭉쳐 조국건설에 돌진을 맹세	선천군 농민 공장로동자 련석좌담회	3	중선
1947-03-12-012	모범로동자 표창	평남도영 동우고무공장	3	달수
1947-03-12-013	직장소식 창의성발휘로 로력경감코 생산률 제고	평양제침 임선범동무	3	원식
1947-03-12-014	남조선 3.1기념 학살사건항의대회	3월 12일 평양 조극에서	3	성택
1947-03-12-015	대동군 녀성위원 녀맹원 련석간담회		3	창숙
1947-03-12-016	인민병원설립은 우리들의 힘으로	개천군 군중대회 결의	3	

기사번호	제목(title)	부제목(stitle)	면수	필자, 출처
1947-03-12-017	동양제1의국립촬영소	건설공사 착수, 4월말에 준공	3	정숙
1947-03-12-018	사회보험법 악용하는 악질분자는 엄벌	북조선 로동국 주의를 환기	3	명덕
1947-03-12-019	춘기파종의 준비(3)	조기파종	3	하일
1947-03-12-020	정로철공소		3	
1947-03-12-021	대독강화조약에 있어 백로씨야공화국의 요구		4	
1947-03-12-022	도나하문제(상)		4	
1947-03-12-023	강철근위군 단원 검속		4	따쓰통신
1947-03-12-024	영국과 비르마간의 교섭		4	신문부
1947-03-12-025	비도불외상 모쓰크바 도착		4	
1947-03-12-026	방소 파사절 귀국		4	북조선통신
1947-03-12-027	라지오		4	
1947-03-12-028	극장		4	
1947-03-13-001	경작면적확장을 위하여 적극 투쟁하자		1	
1947-03-13-002	각 군 순농민렬성자대표대회 소집 농업 생산 예정수자 완수기필	비료춘경 파종 등 제반농사 토의	1	현석
1947-03-13-003	제28차 북조선인민위원회 북조선인민위원회의 기구정원	국영기업제품 가격 등 토의결정	1	미정
1947-03-13-004	북조선인민위원회 결정 제2호	북조선인민위원회 각국 부기구정원 및 사무분담에 관한 결정서	1	
1947-03-13-005	인민경제계획완수기해 3월중 생산목표량 결정	평남도영 공장 생산책임자회의	1	달수
1947-03-13-006	모쓰크바 외상리사회의 개막		1	
1947-03-13-007	황제제도의 전복 30주년		2	
1947-03-13-008	원자무기금지에 관한 문제에 대하여		2	전휘세 역
1947-03-13-009	증산돌격에 총궐기한 흥남공장 2만 로동자 철도종업원과 농민에게 호소		3	명덕
1947-03-13-010	철도로동자들에게 보내는 호소문	흥남지구 인민공장증산돌격 전 종업원대회	3	
1947-03-13-011	농민들에게 보내는 호소문	흥남지구 인민공장증산돌격 전 종업원대회	3	
1947-03-13-012	철로직맹 고원 신성천 분부 체류화차를 일소 비료수송에 공헌막대		3	현석
1947-03-13-013	국립극장	인원배치를 완료	3	정숙
1947-03-13-014	직장소식 자기 도구를 제공생산증강에 매진	남포 동양제련 동무들	3	명덕
1947-03-13-015	춘기파종에 대한 표어		3	
1947-03-13-016	생산배가 문맹퇴치에 당원이 솔선 수범	혜산아마공장세포	3	리봉재
1947-03-13-017	2월분 공작 검토	평양시 동구당세포위원장회의	3	계흥
1947-03-13-018	춘기파종의 준비(4)	생산목표 수립	3	중선
1947-03-13-019	애국투사전기편찬	유가족학교도 설치	3	성택

기사번호	제목(title)	부제목(stitle)	면수	필자, 출처
1947-03-13-020	북조위상 제1380호 북조선인민위원회 상업국장	상업국 공지사항	3	
1947-03-13-021	함북 길주탄광 책임량 돌파		3	태화
1947-03-13-022	춘기파종과 이앙에 학생을 동원실습	평남도 교육부에서 지시	3	
1947-03-13-023	선전원들에게 주는 참고자료(2)	1871년 파리꼼무나 76주년 기념일에 제하여	4	북조선로동당 중앙선전선동부
1947-03-13-024	파리에서의 3.8절 기념		4	따쓰통신
1947-03-13-025	미국의 학자들을 군사목적에 리용		4	따쓰통신
1947-03-13-026	파란의 자주독립을 원조	쏘련파란간 협약 성립	4	북조선통신
1947-03-13-027	쓰딸린대원수에 감사	방쏘 파란수상 성명 발표	4	북조선통신
1947-03-13-028	일본 전로련 결성		4	북조선통신
1947-03-13-029	체호쓸로바끼야대표단 와르샤와에 도착		4	북조선통신
1947-03-13-030	쏘련영화 체호에서 절찬		4	따쓰통신
1947-03-13-031	대만인민봉기		4	북조선통신
1947-03-13-032	라지오		4	
1947-03-13-033	극장		4	
1947-03-14-001	1947년도 북조선종합예산의 사명의 중대성		1	
1947-03-14-002	남조선 3.1류혈사건에 청년들의 분노 폭발!	평양시민청 항의대회 개최	1	성택
1947-03-14-003	3.1절에 남조선반동파가 일으킨 인민학살에 항의하여 전조선청년에게 격함	북조선민주청년동맹 평양시 조선3.1운동기념일 학살사건항의대회	1	
1947-03-14-004	조선인민의 해방자인 쏘베트병사들이여! 평안히 귀국하소서	평양역전에서 제대귀국병사 송별의 성회	1	현석
1947-03-14-005	쏘군귀국병사에 드리는 인사	평양특별시인민위원회 위원장 한면수	1	
1947-03-14-006	철의 친위대 독일에서 체포		1	북조선통신
1947-03-14-007	인도대사 중국 도착		1	북조선통신
1947-03-14-008	당정치교양사업 등을 검토 식수조림계획을 수립	평양시당 제29차 상무위원회	2	현석
1947-03-14-009	쏘련예산에 대하여	-쩨.쩨.쩨.르 최고쏘베트회의에서-	2	통신부
1947-03-14-010	유고슬라비아녀성의 투쟁과 로동		2	통신부
1947-03-14-011	탁아소설치준비에 희사	평양시 대찰리 김필응씨	2	은길
1947-03-14-012	공장, 농촌 세포학습자료 제14, 북조선로동당 중앙본부 선전선동부 당교육과	북조선 도, 시, 군 인민위원회 대회는 어떠한 중요한 문제를 결정하였는가	2	
1947-03-14-013	일체랑비를 미연방지 인민경제 완수에 매진	평남 도영공장 경리자재책임자 련석회의에서 결의	3	달수
1947-03-14-014	직장소식 특별돌격대 조직 274%를 돌파	평양전차지부 수리공장	3	명덕
1947-03-14-015	춘기파종준비로 축력농구확보에	평북 룡천군에서	3	육홍
1947-03-14-016	책임량 결정한후 물자수송에 돌진	함북철도기관구	3	윤모
1947-03-14-017	인민경제계획의 완수를 군게 서약	제1차 철도부장회의	3	달수

기사번호	제목(title)	부제목(stitle)	면수	필자, 출처
1947-03-14-018	학생의 실력 보충 화재방지를 강화	평남 중등전문 교장 및 기성회장 련석회의	3	달수
1947-03-14-019	북조선인민위원회 결정 제5호	북조선수산기업소 규정	3	
1947-03-14-020	북조선인민위원회 결정 제7호	식수주간에 관한 결정서	3	
1947-03-14-021	북조선인민위원회 결정 제6호	농업간부양성소 창설에 관한 결정서	3	
1947-03-14-022	서사시를 많이 쓰자	조기천씨의 「백두산」을 읽고…	3	최형
1947-03-14-023	춘기파종의 준비(5)	집합공동묘판	3	중선
1947-03-14-024	다례스의 정례강연에 대하여		4	통신부
1947-03-14-025	쏘련『신시대』지의 론평		4	
1947-03-14-026	도나하문제(하)		4	『신시대』지, 김승형 역
1947-03-14-027	현정부로는 희랍문제해결은 불가능	희랍을 시찰한 영국회원의 론평	4	북조선통신
1947-03-14-028	총독갱질과 자치를 요구	대만인민항쟁대표 성명	4	북조선통신
1947-03-14-029	자본주의국가의 근로자들의 상태		4	홍인표 역
1947-03-14-030	미파량국의 협력은 미국측 태도에 있다		4	북조선통신
1947-03-15-001	선거선전의 경험을 살려 군중선전사업을 강화하자		1	
1947-03-15-002	2백80여명 농민대표참집 금년도 농산계획완수를 맹세	북조선농민열성자대회 대성황	1	성택
1947-03-15-003	북조선농민들에게 보내는 선언서	북조선농민열성자대회	1	
1947-03-15-004	일본공산당의 통일투쟁제의를 사회당이 거부		1	북조선통신
1947-03-15-005	1947년농산계획실행에 관한 보고	농림국장리순근	2, 3	
1947-03-15-006	인민경제계획의 완수초과 위해 작년보다 4할 더 농작물 증산	평북 의주군 최영근농민의 금년도 증산계획은 이렇다	3	창숙
1947-03-15-007	영농계획목표	의주군 의주면 흥북동 202번지 최영근	3	
1947-03-15-008	비료수송에 전원 돌격 불면불휴로 시간단축	평양역원들의 열성적노력	3	하일
1947-03-15-009	비료증산에 돌격 나날이 생산 제고	흥남지구 비료공장	3	경석
1947-03-15-010	직장소식 로동자와 사무원 합력하여 증산에	평남성흥광산	3	명덕
1947-03-15-011	애국미헌납으로 건국사상 실천	신흥군 신흥면 농촌당원들	3	경석
1947-03-15-012	북조선인민위원회 제4호	상업조합령취소에 관한 결정서	3	
1947-03-15-013	로동검사원에 관한 규칙 발표		3	김전
1947-03-15-014	3.8절기념보고대회		3	경석
1947-03-15-015	선거총결보고	함남 민전위회	3	경석
1947-03-15-016	인민경제발전과 결부강습회 개최		3	달수
1947-03-15-017	채탄에 전원 돌진	석탄산을 이루다	3	최서훈
1947-03-15-018	춘기파종의 준비(6)	묘판관리	3	중선

기사번호	제목(title)	부제목(stitle)	면수	필자, 출처
1947-03-15-019	모쓰크바 4상회의의 경과	4외상대리회의의 사업보고 등을 청취	4	북조선통신
1947-03-15-020	인도정부에서 쏘련에 감사문		4	북조선통신
1947-03-15-021	독일군국주의 박멸에 관한 4개조항제안	외상 몰로또브씨로부터	4	북조선통신
1947-03-15-022	『신시대』지의 최근간에서		4	통신부
1947-03-15-023	중국문제의 토의는 현정세로 보아 적절	『이즈베스챠』지 론평	4	북조선통신
1947-03-15-024	독일무장해제에 대한 쏘, 영, 불 외상의 언명		4	북조선통신
1947-03-15-025	불영 동맹조약내용		4	따쓰통신
1947-03-15-026	국제관		4	통신부
1947-03-15-027	지방자치권만이 대만정세를 조정한다		4	북조선통신
1947-03-15-028	일본 면직물을 영국에서 구입		4	북조선통신
1947-03-15-029	국제직업동맹 사절단 일본방문을 미정부 금지		4	북조선통신
1947-03-15-030	극장		4	
1947-03-16-001	증산운동에서의 당원들의 역할		1	
1947-03-16-002	과거의 업적을 검토 당면 제 과업을 결정	북조선로동당 제6차 중앙확대위원회	1	
1947-03-16-003	쏘미 량국대표의 의견 접근	쏘미공위 재개에 관한 량국대표의 서한내용	1	
1947-03-16-004	동맹조직을 개편 농산계획초과달성 결의	북조선농맹 제4차 중앙확대위원회	1	성택
1947-03-16-005	춘경파종과 농맹의 당면과업에 대한 결정서	북조선농맹 제4차 중앙확위회	1, 2	
1947-03-16-006	식민지해방운동과 쏘련		2	백렴 역
1947-03-16-007	조직개편에 대한 결정서		2	
1947-03-16-008	『봉화』상연을 본 인상		2	현석
1947-03-16-009	각 도 농민대표좌담회	1947년도의 농업증산계획 초과완수의 결의를 피력	3	
1947-03-16-010	교환음악회를 개최 3월 16일 평양인민극장에서	레닌그라드음악인들과 조선음악인들	3	
1947-03-16-011	칼.맑스 서거 64주년 추모의 밤 성회		3	현석
1947-03-16-012	잡지평(1)	어떤 잡지를 만들것인가?	3	최형
1947-03-16-013	인쇄기계용 제조판매		3	
1947-03-16-014	남조선 3.1기념 학살사건에 대한 일반여론	정숙, 은길, 명덕, 중선	3	
1947-03-16-015	춘기파종의 준비(7)	퇴비	3	중선
1947-03-16-016	흥아리정치사변에 대한 쏘미량국대표의 서한		4	
1947-03-16-017	우익테로단과 빨찌산부대 투쟁	안보파견단 희랍시찰 상황	4	따쓰통신
1947-03-16-018	파시즘타도에 있어서의 쏘련인민의 결정적역할		4	통신부
1947-03-16-019	14회 올림픽대회 7월 론던에서 개최		4	북조선통신
1947-03-16-020	발칸제국 련합문제		4	따쓰통신
1947-03-16-021	파레스치나문제 토의 위원 임명		4	북조선통신
1947-03-16-022	미군표와 일본지페 환산률 50대 1		4	북조선통신
1947-03-16-023	영애 조약 파기요청		4	북조선통신
1947-03-16-024	세계 수백만인이 레닌을 연구한다		4	통신부
1947-03-16-025	라지오		4	
1947-03-16-026	극장		4	
1947-03-18-001	각급 인민위원회 사업의 강화에 대하여		1	
1947-03-18-002	인민경제계획완수를 전당적으로 보장 맹세	북조선로동당 제6차 중앙위원회 제2일	1	
1947-03-18-003	1947년도 북조선인민경제 부흥발전에 대한 예정수자실행에 있어서 로동당 각급 당단체의 실지적협조방침에 관한 결정		1	
1947-03-18-004	13일 4상회의	나치즘숙청에 대한 몰로또브씨 제의	1	북조선통신
1947-03-18-005	1871년의 파리꼼무나		2	
1947-03-18-006	파쑈에 대한 승리의 강화	잡지 『신시대』 최근간에서	2	통신부
1947-03-18-007	공장, 농촌 세포학습자료 제14, 북조선로동당 중앙본부 선전선동부 당교육과	북조선 도시군 인민위원회대회는 어떠한 중요한 문제를 해결하였는가	2	
1947-03-18-008	정로철공소		2	
1947-03-18-009	각 공장기업소 총궐기	승리목표로 일로분진	3	현석
1947-03-18-010	계획초과생산에 매진	자신만만한 사동탄갱	3	명덕
1947-03-18-011	시간연장코 감투	조선메리야스공장	3	정숙
1947-03-18-012	만난극복코 돌격	선교리련탄공장	3	인표
1947-03-18-013	황해도 궐기하여 건설하며 전진		3	윤모
1947-03-18-014	생산량을 2배로	평양기구 동무들	3	은길
1947-03-18-015	정각운행에 개가	원산철도의 감투	3	김홍범
1947-03-18-016	함북 각 공장탄광 증산경쟁에 호응		3	윤모
1947-03-18-017	난관을 극복하고 농업증산을 추진	평남도 농동맹 5차위회	3	동천
1947-03-18-018	계획적경리로 국가재정 절약	평남 시 군 감리 계장 회의	3	달수
1947-03-18-019	인민경제완수 위한 산 작품을	문학동맹 작가련석회의	3	정숙
1947-03-18-020	민전중앙위회 사무소 이전		3	언철
1947-03-18-021	춘기파종준비검토와 선거사업에 대한 총결	평남도당 제23차 상무위원회	3	하일
1947-03-18-022	제2차 화전민이주계획을 실시	평남도 3월 20일부터	3	달수
1947-03-18-023	악질불경지주를 처단 산업확충과 조림 강화	평양시 제7차 정례위원회의	3	김전
1947-03-18-024	춘기파종의 준비(8)	축력	3	중선
1947-03-18-025	부외상회의에서 독일문제에 관한 평화조약준비 절차 토의	4국외상리사회	4	『조선신문』 제63호에서 전재

기사번호	제목(title)	부제목(stitle)	면수	필자, 출처
1947-03-18-026	오지리군사문제 등을 외상대리회의서 토의		4	북조선통신
1947-03-18-027	오지리와의 강화조약의 경제문제토의위원회 회의		4	
1947-03-18-028	쏘련영화소개		4	현석
1947-03-18-029	민주분자를 학살	희랍군사재판의 만행	4	따쓰통신
1947-03-18-030	일본총선거 립후보자수	14일 오전현재까지	4	북조선통신
1947-03-18-031	학생 교수를 사형	대만주민 항전중	4	북조선통신
1947-03-18-032	중국국민대회의 총결(상) 소위 '선거받은 의원'참가	국민당의 저렬한 반동정책	4	신문부
1947-03-18-033	라지오		4	
1947-03-18-034	극장		4	
1947-03-19-001	금년도 농산계획완수에 농민의 애국적 열성을 기대		1	
1947-03-19-002	독일파시즘 잔재숙청과 기타 제반문제를 토의 쏘련외상 브.므.몰로또브씨 성명	외상리사회13일회의	1, 2	
1947-03-19-003	김일성위원장께 올린 서신	똠쓰크 류학생일동으로부터	1	
1947-03-19-004	남조선국립대학안의 반동성과 그에 대한 투쟁(상)		2	리성용
1947-03-19-005	로동규률의 엄수 책임생산량 확보 일상적으로 당장성에 류의 문건정리를 등한 하지 말라	평양제사세포	2	계홍
1947-03-19-006	토지개혁 1주년 맞아 김일성위원장께 감사	황해도 재령군 농민일동	3	언철
1947-03-19-007	김일성위원장에게 드리는 글	황해도 재령군 농민일동	3	
1947-03-19-008	춘경비료 빨리 보내자 수송에 흥남인민 궐기	흥남공장 가일층 증산에 분투	3	경석
1947-03-19-009	김일성위원장께서 고 최문흡동무를 표창	-자기 사명을 완수한 우리 당원-	3	언철
1947-03-19-010	함남 각 시 군의 고공품 생산과 수매 극히 저조	불명예 일소에 단연 분기하라	3	경석
1947-03-19-011	직장소식 전기로의 '카본'파손방지기 고안	함남 룡성공장 안용민동무	3	경일
1947-03-19-012	수송 백% 완수에 함흥철도 총진군		3	경석
1947-03-19-013	중국국민당 3중 전회 개최		3	북조선통신
1947-03-19-014	파리콤뮨혈전사	자유사격대(1)	3	김학철, 창파
1947-03-19-015	춘기파종의 준비(9)	시비	3	중선
1947-03-19-016	영외상에.베빈의 연설	13일 외상리사회에서	4	
1947-03-19-017	14일 4상회의	나치해체문제 토의	4	북조선통신
1947-03-19-018	따쓰의 반박		4	
1947-03-19-019	라정부신임안 불국회에서 통과		4	따쓰통신
1947-03-19-020	미국의 희랍조국 국제위협을 조장	전 상무장관 윌씨 성명	4	북조선통신
1947-03-19-021	독일 미군정점령지대의 반나치화시책에 관하여		4	통신부
1947-03-19-022	중국국민대회의 총결(하) 대통령에게 독재권 부여	민주를 가장한 반동헌법	4	신문부

기사번호	제목(title)	부제목(stitle)	면수	필자, 출처
1947-03-19-023	라지오		4	
1947-03-19-024	극장		4	
1947-03-20-001	금년도 인민경제부흥발전에 대한 예정수자 실행을 위한 당단체들의 과업에 대하여		1	
1947-03-20-002	금년도 인민경제계획 초과실행방책을 토의	제4차 각 도 산업부장급 국영기업소 지배인회의	1	언철
1947-03-20-003	건국기술진에 오른 개가 철도용 '석면'등 제작	애국철도일군 리의영동무의 창발력	1	명덕
1947-03-20-004	남조선국립대학안의 반동성과 그에 대한 투쟁(하)		2	리성용
1947-03-20-005	잡지평(2)		2	최형
1947-03-20-006	생산률 148% 기술향상에 열성 학습회의 준비연구가 부족	평양세창고무세포	2	원식
1947-03-20-007	면리선거사업의 총결 당면과업을 토의 결정	평양시당 제30차 상무위원회	2	계홍
1947-03-20-008	풍산인민병원세포 진료와 선거선전		2	창숙
1947-03-20-009	중요공장 세포사업 검열지도	평양시 동구역당에서	2	원식
1947-03-20-010	채탄량251%돌파! 앞으로의목표3백%	평남개천탄광의김성룡, 홍순구	3	창순
1947-03-20-011	만난을 돌파하고 전진 또 전진	조국은 이렇게 건설되고 있다	3	현석, 은길, 정숙
1947-03-20-012	칼 맑스 서거 64주년 보고대회		3	태화
1947-03-20-013	종업원이 총궐기 곤경돌파코 채탄	평남 덕산탄광의 감투	3	달수
1947-03-20-014	기술과 내용 강화 방송사업을 추진	제2차 방송국장회의	3	김전
1947-03-20-015	인민경제발전에 신문계를 총동원	각 도 신문주필 회의	3	현석
1947-03-20-016	우리 농촌 당원동무들 비료수송에 출동 원조	젊은이와 같이 70로인도 참가	3	경석
1947-03-20-017	직장소식 '레-싱구창안과' 증산에 배수 리용	흥남비료의 두 동무	3	경석
1947-03-20-018	유휴자재를 리용하여 꼬마건전지 제작	동양제련 김병순동무	3	명덕
1947-03-20-019	우리 당원동무들 연도소제에 감투	-흥남제련공장-	3	경석
1947-03-20-020	춘기파종의 준비(10)	종자개량	3	중선
1947-03-20-021	15일 외상리사회 쏘불량국 대표 연설	독일비나치스화 문제에 관하여	4	
1947-03-20-022	각국에 소속된 독일포로병수		4	따쓰
1947-03-20-023	영월남 교섭에 관하여 월남대표측의 성명		4	따쓰통신
1947-03-20-024	16일 외상리사회의	독일령토 개편문제 토의	4	북조선통신
1947-03-20-025	새 미군부대 청도에 상륙		4	따쓰통신
1947-03-20-026	중국반동파의 반쏘운동을 자신의 경제위기와 관련		4	북조선통신
1947-03-20-027	인도배상사절 일본파견 수청		4	북조선통신
1947-03-20-028	변태영국외교가 발리푸르의 정체		4	따쓰통신
1947-03-20-029	조쏘음악예술가 교환음악회 성황		4	현석

기사번호	제목(title)	부제목(stitle)	면수	필자, 출처
1947-03-20-030	상해시내에 자살자 속출	원인은 생활난	4	북조선통신
1947-03-20-031	쏘련사진전람회	4월 10일부터 이동개전	4	정숙
1947-03-20-032	대희랍원조에 관해 트루맨대통령 연설	상하원 공동회의 석상에서	4	따쓰통신
1947-03-20-033	라지오		4	
1947-03-21-001	인민의 재산을 절약하자		1	
1947-03-21-002	금년도 농산계획완수 위해 농촌융자에 적극 노력	북조선농민은행에 구체안	1	성택
1947-03-21-003	농업증산으로 조국건설에 매진	평남도내 각 군 농민대회 소집	1	동천
1947-03-21-004	생산돌격에 개가올린 모범공장 로동자 표창	함흥직맹산하 공장과 로동자	1	경식
1947-03-21-005	세계주목의 초점 4국외상리사회		1	
1947-03-21-006	외상리사회 독문제예비회담		1	북조선통신
1947-03-21-007	체코수상 대외대책 언명		1	북조선통신
1947-03-21-008	성인.직장학교의 조직체계를 정비	교육국에서 계획 수립	1	언철
1947-03-21-009	인도네샤정세		1	따쓰통신
1947-03-21-010	주희토대사 소환		1	북조선통신
1947-03-21-011	영국폭풍 홍수		1	북조선통신
1947-03-21-012	자본주의세계의 인종적차별대우		2	신문부 김승형
1947-03-21-013	북조선에 있어서의 민주주의청년동맹		2	미하일.가이달, 통신부
1947-03-21-014	잡지평(3)		2	최형
1947-03-21-015	전시와 평화시의 나의 동무들		2	따찌아니.쓰모 로꼬바야, 통신부
1947-03-21-016	백로씨야정부에 인도인민들 감사		2	따쓰통신
1947-03-21-017	과거사업방침 일소 본래사명 완수 노력	애국투사후원회 평남도확위회	3	정숙
1947-03-21-018	공장의 녀성문맹퇴치에 전력경주	한정숙, 리연옥 동무	3	경석
1947-03-21-019	생산성적 올린 5개조표		3	경석
1947-03-21-020	감격의 감사문을	맹산군 이주화전민	3	달수
1947-03-21-021	함흥기관구 빛나는 성적		3	경석
1947-03-21-022	작가파견	인민경제계획완수를 위하여 감투하고있는 각 직장의 씩씩한 모습을 작품화	3	정숙
1947-03-21-023	단결로써 곤난을 극복하자는 기능자좌담회	흥남인민공장 로동자들	3	경석
1947-03-21-024	로동자동무들 애국금을 헌납	흥남인민공장 로동자들	3	경석
1947-03-21-025	춘기파종의 준비(11)	농기구수리	3	중선
1947-03-21-026	록화운동을 전개하여 우리 국토 건설하자		3	김일성대학 농학부장 리수일
1947-03-21-027	파리콤뮨혈전사	자유사격대(2)	3	김학철, 창파

기사번호	제목(title)	부제목(stitle)	면수	필자, 출처
1947-03-21-028	푸르시야국가철페결정구지역은 자치제로 개편	주독통제리사회에서	4	따쓰통신
1947-03-21-029	방영 쏘련대표단 13일 론돈 도착		4	따쓰통신
1947-03-21-030	쏘련대표단을 영국서 대환영		4	따쓰통신
1947-03-21-031	월남사건에 관하여	월남측 평화교섭을 요망 불식민 지정책을 반복?	4	통신부
1947-03-21-032	쓰딸린대원수와 불외상 비도 회견		4	북조선통신
1947-03-21-033	미의 대중정책은 내전을 장기화	4상회의에 채장군 성명	4	북조선통신
1947-03-21-034	미대통령의 대희원조계획을 비난	희랍 이.에이.엠단에서	4	북조선통신
1947-03-21-035	미영화계의 사건	쏘로렐씨 봉변	4	따쓰통신
1947-03-21-036	인도네시샤의 독립투쟁과 화란제국주의자의 책동(상)		4	
1947-03-21-037	쏘련영화소개		4	현석
1947-03-21-038	라지오		4	
1947-03-21-039	극장		4	
1947-03-22-001	북조선에 있어서 보건사업의 약진적발전		1	
1947-03-22-002	남조선전역에 총파업 테로와 폭압을 반대 생활확보를 요구	철도, 전기, 공장 로동자, 학생 총궐기	1	북조선통신
1947-03-22-003	생산조직합리화 인민경제계획 완수	북조선직맹확위회 결의	1	경석
1947-03-22-004	쏘베트문화의 사회주의적내용과 민족적 형식에 대하여		2	김승현 역
1947-03-22-005	전후 인도에서의 동맹파업 운동		2	통신부
1947-03-22-006	공장농촌세포학습자료 제16 북조선로동당 중앙본부 선전선동부 당교육과	북조선도시군인민위원회대회는 어떤 중요한 문제를 해결하였는가	2	
1947-03-22-007	인쇄기용 제조판매		2	
1947-03-22-008	날로 성장하는 조국의 새 모습	교육문화예술인들은 싸운다	3	현석, 은길, 인표, 명덕, 정숙
1947-03-22-009	'인민반회'	똑똑히 인식하여 옳지 못한 태도를 시정하라	3	현석
1947-03-22-010	돌격주간 설정코 락후생 극복하자	함남문맹퇴치검열보고	3	경석
1947-03-22-011	직장소식 가까운 장래에 간장 대량 생산	평양국량장유공장	3	현석
1947-03-22-012	춘기파종을 준비(12)	생산반조직 강화	3	중선
1947-03-22-013	대외정치로선에 관한 미대통령연설의 반향	미국, 영국언론계	4	따쓰통신
1947-03-22-014	불인정책문제로 불내각 위기 직면		4	북조선통신
1947-03-22-015	오태리에 있어서의 와치간의 반동정책		4	통신부
1947-03-22-016	대희토원조법안 19일부터 심의 개시		4	북조선통신
1947-03-22-017	최후의 원내 투쟁 전개	일본사회당의 결의	4	북조선통신
1947-03-22-018	리주하씨 보석		4	북조선통신
1947-03-22-019	감옥에서 3.1절 기념	남조선인민항전 관계자	4	북조선통신

기사번호	제목(title)	부제목(stitle)	면수	필자, 출처
1947-03-22-020	독일파쑈배의 소요	영미점령지역에서	4	따쓰통신
1947-03-22-021	각국외상 초대	몰로또브외상 만찬회 개최	4	
1947-03-22-022	국제직업동맹 대표 일로조 간부와 회견		4	북조선통신
1947-03-22-023	인도네샤의 독립투쟁과 화란제국주의자의 책동(하)		4	전희세 역
1947-03-22-024	라지오		4	
1947-03-22-025	극장		4	
1947-03-23-001	김일성위원장의 20개정강 발표 1주년에 제하여		1	
1947-03-23-002	평안북도 벽동군 학회면 학하동 공정손씨외 농악대일동 앞		1	
1947-03-23-003	김일성위원장께 뜨거운 감사 건국의욕에 불타는 농악대 감격의 헌금	평북 벽동군 학회면 학하동의 농민악대에서	1	현석
1947-03-23-004	조선민족의 지도자이신 김일성장군에게 올림	평안북도 벽동군 학회면 학하동 농악대 대장 공정손외 37명	1	
1947-03-23-005	주간남조선정세개관		1	
1947-03-23-006	건국사상의식을 제고 물자절약출고률 보장	평양시 서구역당 전차당부	1	창숙
1947-03-23-007	독일에서 영미국은 어떤 배상을 받고있는가		1, 2	전휘세 역
1947-03-23-008	우당과 결합 공고 계획완수를 보장	평남도당 제4차위원회 제2일	2	하일
1947-03-23-009	정치교양의 태만을 준렬히 비판 시정	서구구역당에서	2	창숙
1947-03-23-010	평양시당학교 제2기생 개강		2	계흥
1947-03-23-011	농민들은 감사미 로동자는 애국금	평북 룡천군 외하면	2	운모
1947-03-23-012	중앙문학예술 간부양성소를 개설-예총		2	정숙
1947-03-23-013	'고-배루'보전장치의 연구제작에 개가 올린 평남 순천화학 오윤석동무		2	명덕
1947-03-23-014	독일지역 재편성에 관한 문제토의		2	
1947-03-23-015	부라질은행 영화수매 중지		2	따쓰통신
1947-03-23-016	극장		2	
1947-03-23-017	정로철공소		2	
1947-03-23-018	공장 농촌 세포학습자료 제17, 북조선로동당 중앙본부 선전선동부 당교육과	북조선 도시군인민위원회 대회는 어떤 중요한 문제를 해결하였는가	2	
1947-03-23-019	얼음을 타고 바다 건너 빛나는 선거승리 보장	우리 당원 김락삼, 김조남 동무	3	창숙
1947-03-23-020	농민들 스스로가 증산을 계획결정	함남 북청군 신북청면 동상리의 농민들	3	경석
1947-03-23-021	생산돌격대에 저마다 솔선 참가	황해 중석광산 동무들	3	당부
1947-03-23-022	소정이외의 잡세 절대부과치 말라		3	달수
1947-03-23-023	건국 위하는 애국지성으로 '가마니' 헌납	'가마니' 아저씨로 이름난 정성용동무	3	창숙

기사번호	제목(title)	부제목(stitle)	면수	필자, 출처
1947-03-23-024	과오를 청산하고 조직과 사업 강화	평양시소비조합	3	은길
1947-03-23-025	번역연구위회를 확충강화	조쏘문화협회에서	3	인표
1947-03-23-026	함북력예단 직장위안공연		3	현석
1947-03-23-027	상호원조에 대한 파체량국 의견일치		3	따쓰통신
1947-03-23-028	파리콤뮨혈전사 자유사격대(3)		3	김학철, 창파
1947-03-23-029	춘기파종의 준비(13)	경지정리	3	동천
1947-03-23-030	중국의 정치형세(상)		4	신문부
1947-03-23-031	쏘련영화 「석화」를 보고		4	현석
1947-03-23-032	영국항공대예산안 2억 1천4백만방		4	따쓰통신
1947-03-23-033	태평양에 있어서의 호주와 영미국간의 관계		4	전희세 역
1947-03-25-001	1947년도 철도운수계획의 완수를 보장하자		1	
1947-03-25-002	인민위원회의 선거총결과 금후의 중심임무	제30차 북조선인민위원회에서 김일성	1, 2	
1947-03-25-003	인민경제계획완수와 인민위원회 강화방침 등 결정	제30차 북조선인민위원회	1	언철
1947-03-25-004	남조선의 파업 확대		2	북조선통신
1947-03-25-005	인민경제계획완수에 녀맹의 적극진출을 지시	북조선녀맹 제6차 상무위원회	2	은길
1947-03-25-006	공장 농촌 세포학습자료 제18, 북조선로동당 중앙본부 선전선동부 당교육과	북조선 도시군인민위원회 대회는 어떤 중요한 문제를 해결하였는가	2	
1947-03-25-007	인민보건의 향상으로써 건강하고 씩씩한 나라로		3	현석, 정숙, 인표, 명덕
1947-03-25-008	청년의 애국적충성을 인민경제완수에 경주	민청 제3차 중앙위원회	3	은길
1947-03-25-009	휴일을 리용하여 출근	철도운수에 적극 협력	3	현석
1947-03-25-010	증산의욕에 타는 농촌청년의 열의	청진 농촌청년당원회의	3	농도
1947-03-25-011	인민경제완수에 전도민을 총동원	평남도인위정례회의	3	위원장 리주연, 부위원장 홍면우, 동천
1947-03-25-012	춘기파종의 준비(14)	이앙	3	중선
1947-03-25-013	4국외상리사회 귀국인문제를 토의		4	
1947-03-25-014	국제개관	모쓰크바회담 사업개시에 대하여	4	신문부
1947-03-25-015	국제개관	희랍에 있어서 영미계획	4	신문부
1947-03-25-016	귀국인에 대한 위신쓰끼의 성명		4	
1947-03-25-017	라지오		4	
1947-03-25-018	극장		4	
1947-03-25-019	중국의 정치형세(하)		4	신문부
1947-03-26-001	산림의 부흥을 위하여 식수운동을 전개하자		1	
1947-03-26-002	각급 인민위원회 선거총결과 민전의 금후과업을 토의	제12차 민주주의민족통일전선 중앙위원회	1	언철

기사번호	제목(title)	부제목(stitle)	면수	필자, 출처
1947-03-26-003	결정서	제12차 민주주의민족통일전선 중앙위원회	1	
1947-03-26-004	북조선로동당 제6차 중앙위원회의 1947 년도 북조선인민경제부흥과 발전에 대한 예정수자실행에 있어서 로동당 각급 당단체의 실지적협조방침에 관한 보고 (축소개조한 보고)	허가이	1, 2, 3	
1947-03-26-005	남조선전역총파업의 보를 듣고 북조선 의 근로대중 결연 궐기	인민경제초과완수에 분진	3	현석
1947-03-26-006	작업시간을 연장하고 수송량 초과로써 성원	평철기관구	3	명덕
1947-03-26-007	쏘련기업소들에서의 가장 효과적인 신 로력방법		3	아.유흐놉쓰끼
1947-03-26-008	부과된 생산계획량을 돌파할것을 굳게 맹세	평양전차수리공장	3	인표
1947-03-26-009	생산능률 높이는것이 우리의 나아갈 길 이다	평양제사	3	정숙
1947-03-26-010	인민경제계획달성에 우리의 있는 힘을 다하자	출판로동자	3	은길
1947-03-26-011	인민의 단결된 힘으로 반동배의 불의를 타도	시민학생	3	은길
1947-03-26-012	조림사업에 일치합력 국가부원을보호육성	농림국에서 식수운동을 전개	3	성택
1947-03-26-013	『근로자』 제3, 4 합호 근일발매		3	
1947-03-26-014	전화가설 '광고'		3	
1947-03-26-015	춘기파종의 준비(15)	증산계획의 소개	3	
1947-03-26-016	독일에 관한 평화조약 준비절차 수속토 의 완료		4	따쓰
1947-03-26-017	군사적잠세력문제		4	통신부
1947-03-26-018	21일 외상회의 독중앙정부문제 토의	베빈외상 영국안 제출	4	북조선통신
1947-03-26-019	국제문제에 관한 쏘련여론		4	통신부
1947-03-26-020	4상회의참가 오국통첩접수		4	북조선통신
1947-03-26-021	대만폭동 계속 전개		4	북조선통신
1947-03-26-022	동경전범재판 속행		4	북조선통신
1947-03-26-023	수출제한권연기 미대통령 요청		4	북조선통신
1947-03-26-024	불월간 정전협정 성립?		4	북조선통신
1947-03-26-025	체리본협정조인여부를 인도네시아각의에 서 심의		4	북조선통신
1947-03-26-026	립체영화극장 쏘련영화의 승리		4	
1947-03-26-027	일비무역협정		4	북조선통신
1947-03-26-028	라틴남아메리카와 중국에 있는 미국인		4	통신부
1947-03-26-029	전 불식민상 10년금고 언도		4	북조선통신
1947-03-26-030	불중항로 개시		4	북조선통신

기사번호	제목(title)	부제목(stitle)	면수	필자, 출처
1947-03-26-031	미비군사협정 조인		4	북조선통신
1947-03-26-032	운라차기대회 서서에서 개최		4	북조선통신
1947-03-26-033	극장		4	
1947-03-27-001	당원 및 군중의 정치문화수준 향상과 인 민경제계획		1	
1947-03-27-002	북조선인민회의 상임의원회의 고시		1	
1947-03-27-003	춘천 각 공장, 로조의 2천여명 로동자파업		1	북조선통신
1947-03-27-004	국립대학안 반대 경성 각 대학생대회 개최	반동경찰이 탄압, 다수 학생 검거	1	북조선통신
1947-03-27-005	남조선문화단체 총파업 지지성명		1	북조선통신
1947-03-27-006	미대통령의 대희토 원조에 미국내에 반 대여론 비등		1	북조선통신
1947-03-27-007	독일석탄문제로 4상회의에서 영불대립		1	북조선통신
1947-03-27-008	특별극동경제위원회 위원 10개국을 결정		1	북조선통신
1947-03-27-009	동경군사재판경과		1	북조선통신
1947-03-27-010	씨리야영화사사업에 대한 론평		1	따쓰통신
1947-03-27-011	쏘련의 사회구성	사회주의는 쏘련사회구성의 근 본이다	2	신문부
1947-03-27-012	쓰딸린그라드전의 위대한 승리		2	통신부
1947-03-27-013	히틀러적도 매국노들이 오지리를 통치 하고있다	시네르니꼬브씨 론평	2	북조선통신
1947-03-27-014	경성반동청년단체원	민주정당 사회단체 회관점거의 폭거	2	북조선통신
1947-03-27-015	국대반대한 학생에 체형		2	북조선통신
1947-03-27-016	수송에 감투하는 철도일군에게 농민들이 선물로써 더 한층 격려	농민과 로동자사이에 맺어진 군은 결의	3	특파원 박중선
1947-03-27-017	기자강습회 개최		3	현석
1947-03-27-018	새 조선 민족문화의 꽃 우리의 힘으로 피우자	문예총성립 1주년기념대회	3	현석
1947-03-27-019	춘경의 지도 위해 파종보고망 조직활동	농림국 각 도 인위를 통하여	3	중선
1947-03-27-020	룡문탄광 3월 15일현재로 3월 목표량의 120% 돌파		3	한 기
1947-03-27-021	순이에게서 온 남조선편지		3	리원우
1947-03-27-022	녀맹원들이 장갑과 격려문을 순천화학 로동자들에게 보내다	순천군 사인면 녀성동맹에서	3	명덕
1947-03-27-023	수송량 돌파하기 위해 돌격운동전개를 결의	북조선철도직맹 중앙위원회	3	명덕
1947-03-27-024	로동자들의 작품을 모집	중앙방송국	3	인표
1947-03-27-025	량정사업의 강화 체계확립 등 토의	각 도 량정부장회의	3	언철
1947-03-27-026	휴일작업임금	남조선동포에게	3	현석
1947-03-27-027	정로철공소		3	
1947-03-27-028	강계방송국 20일 개국		3	리봉성
1947-03-27-029	가마니 또 헌납	안악군내 애국농민들	3	옥흥

기사번호	제목(title)	부제목(stitle)	면수	필자, 출처
1947-03-27-030	직장소식 우리들의 직장은 우리가 깨끗이 한다	-동양제사공장 동무들-	3	현석
1947-03-27-031	창안자와 기술자 기능자 상호의 기술전습 실시	북조선철도관하 기술전습회	3	명덕
1947-03-27-032	평양음악교 춘기음악회 성황리 폐막		3	
1947-03-27-033	20일 외상리사회 각국 대표의 연설		4	
1947-03-27-034	일본패잔병 괌도에서 발악		4	북조선통신
1947-03-27-035	파란체호쓸로바끼야 호상 친선원조조약 성립		4	
1947-03-27-036	공산당을 반대	미로동상 성명	4	따쓰통신
1947-03-27-037	일본 진보당 신당조직 공작		4	북조선통신
1947-03-27-038	상해류혈사건과 중국의 여론		4	따쓰통신
1947-03-27-039	미국정책에 대하여 『데일리 워커』지 론평		4	북조선통신
1947-03-27-040	쏘베트문학의 거편	솔로호브 작 『고요한 '돈』』	4	
1947-03-27-041	일본방적업 4백만추 확대		4	북조선통신
1947-03-27-042	흑해해협에 관하여		4	홍인표 역
1947-03-27-043	극장		4	
1947-03-28-001	북조선상업의 민주주의적발전		1	
1947-03-28-002	남조선전농총련대회에서 북조선로동당으로 보내온 메쎄지		1	
1947-03-28-003	외상리사회 21일 회의	대오조약안 준비에 대한 부외상사업보고를 토의, 독립시정부 조직에 관한 베빈영외상 연설, 마샬 미대표 성명	1	
1947-03-28-004	남조선민주녀맹대회서 북조선민주녀맹에 서신	북조선민주녀성동맹에 드리는 서신	1	
1947-03-28-005	근고		1	로동신문사
1947-03-28-006	북조선인민회의의 제1차소집과 그의 력사적결정(1)		2	최용달
1947-03-28-007	공장농촌세포학습자료 제19 북조선로동당 중앙본부 선전선동부 당교육과	북조선인민회의는 인민정권의 최고기관이다	2	
1947-03-28-008	전후 인도농민운동		2	
1947-03-28-009	돌격작업으로 체차를 일소하고 고원-양덕간 급구배에 초기록	우리 당원들이 솔선하여 실천 궁행	3	달수
1947-03-28-010	실천으로 지도할 농맹위원을 선출	강원도 농민동맹에서	3	홍범
1947-03-28-011	인민교 어린이들로 조직된 연예단 각 직장을 순회 위안	민청 원산시위원회에서	3	홍범
1947-03-28-012	원산철도검차구 114%를 돌파		3	홍범
1947-03-28-013	직장소식 농구를 많이 만들어 춘경을 완수케 하자	길주농민철공장 감투	3	태화
1947-03-28-014	교육사업을 강화 학생의 실력 향상	평남 각 시군 교육과장 및 시학련석회의 결의	3	달수

기사번호	제목(title)	부제목(stitle)	면수	필자, 출처
1947-03-28-015	애국적 창발력과 연구노력으로 반송전화를 수리복구하여 개가	평양함흥 량역 전기부 동무들의 감투로	3	달수
1947-03-28-016	각종 농작물의 파종적기일	농림국에서 일람표를 발표	3	
1947-03-28-017	인민경제계획의 완수를 보장하자	북조선사법책임자회의	3	달수
1947-03-28-018	보건국 약품위생연구소 드디여 개소		3	달수
1947-03-28-019	자유롭고 행복스러운 평양제사녀직공생활	직장방문기	3	계홍
1947-03-28-020	함남도내 수개군 금년에 완두 시작		3	경석
1947-03-28-021	이 돈을 애국투사유가족 후원사업에 써 주십시요		3	인표
1947-03-28-022	쓰딸린대원수에게 루마니야정부 감사		4	따쓰통신
1947-03-28-023	4상회의에 중국을 초청할 때는 공산당도 참가시키라	중국공산당 주은래씨 성명	4	북조선통신
1947-03-28-024	4국외상리사회 협정위원회 회의		4	따쓰통신
1947-03-28-025	독일의 반군국주의화	『쁘라브다』지 론평	4	통신부
1947-03-28-026	범아세아회의 개막	네루 인도부주석 연설	4	북조선통신
1947-03-28-027	대오조약문제 토의	24일 부외상회의	4	따쓰통신
1947-03-28-028	정세소란한중에 마신인도 총독 착임		4	북조선통신
1947-03-28-029	범아세아회의 쏘련대표 도착		4	북조선통신
1947-03-28-030	대만봉기사건 후문		4	북조선통신
1947-03-28-031	총선거직전의 일본		4	통신부
1947-03-28-032	리해못할 영국군사투자액		4	따쓰통신
1947-03-28-033	레닌그라드 각 공장 생산열의 고양		4	레닌그라드통신
1947-03-28-034	이유국교 개시 량국공동성명		4	북조선통신
1947-03-28-035	라지오		4	
1947-03-28-036	극장		4	
1947-03-30-001	북조선체신사업의 건실한 발전		1	
1947-03-30-002	광주에서 각 공장을 위시	관공서도 일제이 총파업	1	북조선통신
1947-03-30-003	남조선전역에 긍하여 반동경찰의 검거 계속		1	북조선통신
1947-03-30-004	테로단이 우복신문사를 습격	부산	1	북조선통신
1947-03-30-005	삼척철도화학공장과 기타 공장도 파업 단행		1	북조선통신
1947-03-30-006	주간 남조선정세개관		1	북조선통신
1947-03-30-007	남조선 전농총대회에서 북조선농민동맹에 서신	북조선농민동맹에 드리는 서신	1	
1947-03-30-008	로동운동의 통일과 분렬	구라파	2	오기찬 역
1947-03-30-009	북조선인민회의의 제1차소집과 그의 력사적결정(2)		2	최용달
1947-03-30-010	내 지방에 맞는 영농으로 금년농산계획 완수하자	평남 강동군 농민들은 이렇게 하고 있다	3	태석

기사번호	제목(title)	부제목(stitle)	면수	필자, 출처
1947-03-30-011	강동군농민들의 금년도 증산계획		3	태석
1947-03-30-012	애국적인 농민 김률찬씨 미행		3	한기
1947-03-30-013	최룡삼농민의 감저증수방법		3	동천
1947-03-30-014	금년도 증산을 위한 춘경준비에 분망한 우리 농촌의 씩씩한 모습	평북 정주군 농민들은 이렇게 준비한다	3	
1947-03-30-015	창의력 발휘하여 감투 철도선로를 극력 보호	평양철도보선구의 일군들	3	명덕
1947-03-30-016	백40%돌파의 결의로 1.4반기계획을 초과	평양견직공장 동무들 정진	3	명덕
1947-03-30-017	보통강애국제방으로 마음놓고 파종 준비	평남 대동군 남형제산면 농민	3	인표
1947-03-30-018	춘기파종에 쓸 퇴비 330% 완수한 농민	평남 성천군 성천면 정원준로인	3	동천
1947-03-30-019	춘기파종종자의 염수선용 소금배급		3	중선
1947-03-30-020	민청원 짚신과 비를 만들어서 공장과 학교에		3	태화
1947-03-30-021	의사 및 치과의사시험을 실시		3	현석
1947-03-30-022	농업기술자강습회 개최		3	태화
1947-03-30-023	막심 꼬리끼 탄생의 밤	3월 28일 조쏘문협에서	3	현석
1947-03-30-024	건국에 바치는 애국심으로 황해도농민들 '가마니'헌납		3	중선
1947-03-30-025	25일 일본전범재판경과		4	북조선통신
1947-03-30-026	동경전범자공판에서 일본파시스트들의 범죄회피 간책		4	통신부
1947-03-30-027	협정위원회 후보합의 불합의 조항 토의		4	북조선통신
1947-03-30-028	중국은 미의 식민지화	범아회의에서 인도대표 갈파	4	북조선통신
1947-03-30-029	화인량방체리본협정조인 결정		4	북조선통신
1947-03-30-030	전 불정부서기장 사형		4	북조선통신
1947-03-30-031	독일공업주들의 암책		4	따쓰통신
1947-03-30-032	끼간드농장관리자에 로동영웅칭호 부여		4	북조선통신
1947-03-30-033	일본중의원 의원 2, 963명 립후보		4	북조선통신
1947-03-30-034	미국은 발칸석유향기에 희토를 원조		4	북조선통신
1947-03-30-035	영국점령 독일지역내 독일인편성에 관하여		4	통신부
1947-03-30-036	라지오		4	
1947-03-30-037	극장		4	
1947-04-01-001	북조선교육사업의 민주주의발전		1	
1947-04-01-002	평화회의 소집안 토의	26일 외상리사회	1	북조선통신
1947-04-01-003	몰로또브외상 오외상 회견		1	북조선통신
1947-04-01-004	4상회의서 진정으로 중국문제 조정을 환영	곽말약씨 등 선언 발표	1	북조선통신
1947-04-01-005	금년도 상업계획의 완수목표 분투를 결의	각 도 시 군 상업부장 국영백화점 지배인회의	1	김전
1947-04-01-006	무연탄을 리용하여 주철과 포금 용해에 성공	원산철도공장 주물부 추만수동무	1	홍범

기사번호	제목(title)	부제목(stitle)	면수	필자, 출처
1947-04-01-007	목포 제주간 항로 두절		1	북조선통신
1947-04-01-008	남조선전농대회에서 북조선농민에게 서신		1	북조선통신
1947-04-01-009	북조선인민회의의 제1차 소집과 그의 력사적결정(3)		2	최용달
1947-04-01-010	공장 농촌 세포학습자료 제20, 북조선로동당 중앙본부 선전선동부 당교육과	북조선인민회의는 인민정권의 최고기관이다	2	
1947-04-01-011	세계로련대표 일본 로련대표와 회견		2	북조선통신
1947-04-01-012	인민의 생활확보를 위하여 상품교류계획을 완수하자		3	
1947-04-01-013	상업망을 조직확장하여 물자를 광범히 교류융통 북조선인민위원회 상업국장 장시우씨 담	상업국	3	
1947-04-01-014	인민생활에 직접 필요한 필수품 전문부 확장 신설	국영백화점	3	
1947-04-01-015	제2차 평남화전민이주 인민들의 협조밑에 완료	4월중에 3차이주계획 실시	3	달수
1947-04-01-016	평남 경지조사부 4월 1일부터 실측 조사 실시		3	중선
1947-04-01-017	생산책임량을 180% 돌파	평남 성천광산 김홍철동무	3	능도
1947-04-01-018	쏘련류학의학생단일행 중임수행코 30일 귀국	전정력을 인민보건에 경주할것을 의학생단일행 군게 맹세	3	현석
1947-04-01-019	철도에 애로를 타개한 창안발명가들을 표창	3월 28일교통국에서	3	
1947-04-01-020	녀성의 총력발휘 인민경제 완수하자	평남도 녀맹집행위원회	3	은길
1947-04-01-021	1, 4반기계획량을 벌써 125% 돌파	국영평양제사공장에서	3	
1947-04-01-022	문학예술간부강습회개최		3	현석
1947-04-01-023	4상회의에 중국문제에 관한 몰로또브외상의 제의에 대하여		4	통신부
1947-04-01-024	위조허구를 일삼는 남조선반동배의 약상		4	조선신문
1947-04-01-025	말하기 좋아하는 하지장군의 거짓 선전		4	조선신문
1947-04-01-026	무관심리에 시행된 이란국회의 선거		4	북조선통신
1947-04-01-027	일본력사의 해부	18천황은 위조	4	북조선통신
1947-04-01-028	중국에 있어서의 영국정책에 대하여		4	통신부
1947-04-01-029	라지오		4	
1947-04-01-030	극장		4	
1947-04-01-031	광고		4	북조선인민위원회 보건국장
1947-04-02-001	민주주의민족통일전선을 더욱 강화하자		1	
1947-04-02-002	트루맨의 대희원조정책에 미국내의 치렬한 반대운동		1	북조선통신
1947-04-02-003	쏘련과의 친선과 국내민주화 절규	미국미치간주민주당대회에서	1	북조선통신
1947-04-02-004	남조선각지에서 검거와 테로 횡행		1	북조선통신

기사번호	제목(title)	부제목(stitle)	면수	필자, 출처
1947-04-02-005	평택인민항쟁관련자에 구형		1	김해철
1947-04-02-006	파라과이반동정부 로동운동지도자를 고문치사		1	북조선통신
1947-04-02-007	범아세아회의 각국 대표 연설		1	북조선통신
1947-04-02-008	책임수량돌파에 일로돌진을 계속	원산유지화학공장로동자들	1	홍범
1947-04-02-009	독일반군국화문제	-모쓰크바4상회의-	1	
1947-04-02-010	춘계파종과 농촌세포들		2	하일
1947-04-02-011	세포원들의 뜰앞에는 비료떼미가 산을 이룬다	평양 평천리세포	2	계홍
1947-04-02-012	수전확장황무지 개간 당원교양도 적극 실시	평양 룡리세포	2	원식
1947-04-02-013	북조선로동당 중앙검열위원회 제9차 상무위원회 결정서		2	
1947-04-02-014	종자축우 등 호상협조 농산의 만반준비 완료	황해 송림 천남리세포	2	김재규
1947-04-02-015	책임수송을 맹세	함흥철도 당부결성식	2	경석
1947-04-02-016	쏘련 극본과 영화 외국서 절찬		2	
1947-04-02-017	공장 농촌 세포학습자료 제21, 북조선로동당 중앙본부 선전선동부 당교육과	북조선림시인민위원회와 그의 사업	2	
1947-04-02-018	관개사업강화로 몽리면적을 확장	함북도의 금년도계획	3	준극
1947-04-02-019	수확고를 높이는 지목변환을 실시	평남관개관리소에서	3	중선
1947-04-02-020	공업기술자의 검정시험 실시		3	인표
1947-04-02-021	증산을 위해 농민들은 퇴비준비에 열성 적극노력	평양시 주변농촌리 농민 송영준씨와 최근봉씨	3	인표
1947-04-02-022	춘경용비료수송계획량 돌파완수		3	북조선통신
1947-04-02-023	3배의 수확을 올린 우수한 농민을 표창	평남 룡강군 확대대회	3	원식
1947-04-02-024	우리들의 힘으로 인민경제계획 완수	각 직장의 본받을만한 우점들	3	명덕
1947-04-02-025	건국사상운동의 생활화로 인민경제계획을 완수하자(상)		3	김환
1947-04-02-026	산화를 방지하고 조림에 힘쓰자	함남산림서 사업전개	3	경석
1947-04-02-027	춘기파종의 완수 농맹의 조직 강화	함북 길주군농맹 확대대회	3	박태화
1947-04-02-028	녀맹원들이 공장에 선물	로동자들은 증산을 맹세	3	인길
1947-04-02-029	함남도내의 식수 4월 5일부터 실시		3	경석
1947-04-02-030	무보수작업으로 증산을 위해 돌격	흥남공장 연공계 동무	3	경일
1947-04-02-031	화물수송에 193%	청진철도부의 감투	3	준극
1947-04-02-032	직장소식 '격벽판'을 고안 전차운행에 공헌	평양전차부 김학인동무	3	욱홍
1947-04-02-033	직장소식 철야작업으로 벽돌공사 400%	-흥남공장 리병렵동무-	3	경석
1947-04-02-034	평남 평원군농맹 확대대회		3	원길
1947-04-02-035	평양특별시 보도망 조직		3	김전
1947-04-02-036	동남구라파 제 민주국가 인민들의 우의적단결		4	

기사번호	제목(title)	부제목(stitle)	면수	필자, 출처
1947-04-02-037	이태리에 신파시스트 드잔니니 출현		4	
1947-04-02-038	국제개관	4상회의에서 심의되는 독일림시정부 조직문제	4	북조선통신
1947-04-02-039	국제개관 대희원조를 위요	미국내의 여론 격려	4	브.그리쏘닌
1947-04-02-040	파시쯔트청년단체 트리에쓰트가두를 시위	경찰은 이를 방관	4	북조선통신
1947-04-02-041	선거법개정에 일본정당 대립		4	북조선통신
1947-04-02-042	쏘련지역에서 일본인귀송문제		4	따쓰통신
1947-04-02-043	제주도파업사건		4	북조선통신
1947-04-02-044	우월레쓰씨 구주방문 예정		4	북조선통신
1947-04-02-045	작가 우오루드씨 반쏘신문을 통격	쏘미친선대회에서	4	따쓰통신
1947-04-02-046	희랍군주파의 테로행위 계속		4	북조선통신
1947-04-02-047	양봉가들의 새로운 방식		4	
1947-04-02-048	호수부두의 건설초안		4	
1947-04-02-049	동부씨베리의 지질탐구사업		4	
1947-04-02-050	중국국민당 3중전회 폐막		4	
1947-04-02-051	희랍주재 안보리사회 직속위원회의 사업		4	
1947-04-02-052	라지오		4	
1947-04-02-053	극장		4	
1947-04-03-001	인민경제발전계획의 실행과 간부양성		1	
1947-04-03-002	남조선파업완료에 불구	검거와 테로는 점차 확대	1	북조선통신
1947-04-03-003	부산에 또 테로단 언론기관을 습격		1	북조선통신
1947-04-03-004	경남일대에 검거		1	북조선통신
1947-04-03-005	광주중학 돌연 폐교		1	북조선통신
1947-04-03-006	검거탄압은 부당	남조선민전의장단에서 언명	1	북조선통신
1947-04-03-007	학생폭압에 단연 투쟁	국대안반대 학생공투회 선언	1	북조선통신
1947-04-03-008	경성시내 비상경계		1	북조선통신
1947-04-03-009	파업의 자유 보장과 희생자 즉시 석방 요구	남조선반일구원회 담화 발표	1	북조선통신
1947-04-03-010	독일의 배상 문제와 정치기구문제 토의	모쓰크바외상회의 협정위원회 (3월 28일)	1	북조선통신
1947-04-03-011	국제직업련맹대표단 환영리 평양에 첫 시찰		1	현석
1947-04-03-012	사회주의국가의 경제적위력		2	신문부 김승형 역
1947-04-03-013	중국에 있어서의 미국자본의 팽창		2	신문부
1947-04-03-014	토이기로동당 지도자 체포		2	북조선통신
1947-04-03-015	한 이랑 땅도 묵임없이 밭마다 거름이 펴진다	상흥2리세포	2	창수
1947-04-03-016	좋은 종자를 서로 대여 세포원들의 솔선수범	황해도 문헌리세포	2	김재규
1947-04-03-017	인민경제계획완수에 당력량을 총경주	평안북도당 제4차위원회	2	한기

기사번호	제목(title)	부제목(stitle)	면수	필자, 출처
1947-04-03-018	3인 1조로 250% 돌파! 나날이 높아가는 채탄성적	책임량초과에 돌진하는 흑령탄광	3	김전
1947-04-03-019	강동면농민 경지조사에 적극 협력		3	동천
1947-04-03-020	평남도내 전역에 4일부터 식수 실시		3	달수
1947-04-03-021	춘기파종을 앞둔 농촌의 준비(1)	이러한 준비로 파종을 기다린다	3	동천
1947-04-03-022	인민경제계획의 완수를 위하여	작가와 화가들 공장 광산 농장에 파견	3	정숙
1947-04-03-023	평양특별시 공업자대회		3	김전
1947-04-03-024	인민경제계획 완수를 청년들 결의		3	인표
1947-04-03-025	우리들의 힘으로 인민경제계획 완수	각 직장의 본받을만한 우점들	3	명덕
1947-04-03-026	전번 선거사업에 우점들을 발휘한 평남 각급 녀맹의 활동		3	은길
1947-04-03-027	건국사상운동의 생활화로 인민경제계획을 완수하자(하)		3	김환
1947-04-03-028	성천농업학생들 증산에 협력한다		3	동천
1947-04-03-029	정로철공소		3	
1947-04-03-030	모쓰크바외상회의 협정위원회 3월 26일	귀국인에 대한 문제와 전범자잔존에 대해 토의	4	
1947-04-03-031	장정부 봉기를 류혈로 진압 피살인민 1만명에 도달	대만봉기에 대한 타임쓰지 보도	4	북조선통신
1947-04-03-032	무질서와 기아정책이 대만봉기의 원인이다	재북평 대만인 담	4	북조선통신
1947-04-03-033	현계단에 있어서 맥아더 점령정책		4	통신부
1947-04-03-034	안보 희국경조사위원회 사업 완료		4	북조선통신
1947-04-03-035	국군과 인민무장대 남경근교에서 격전		4	북조선통신
1947-04-03-036	장정부 대만에 공포정치 시행		4	북조선통신
1947-04-03-037	미국자본의 고인 역할을 비난	영국회의원 류이쓰 연설	4	따쓰통신
1947-04-03-038	로련 자치공화국 예비학교 설치		4	북조선통신
1947-04-03-039	영국에서 히틀러배단체 폭로		4	북조선통신
1947-04-03-040	구주 북양에서 미해군 연습 예정		4	따쓰통신
1947-04-03-041	4국외상 관극		4	북조선통신
1947-04-04-001	북조선민주주의문화의 발전		1	
1947-04-04-002	민중의 열광적환호속에 국제직련대표단을 전송	평양역전광장에서 환송대회	1	현석
1947-04-04-003	국제직업련맹에 드리는 서원서	북조선직업총동맹 위원장 최경덕	1	
1947-04-04-004	북조선여러분! 앞으로 나갑시다	환송대회에서 국제직련대표 루이싸이얀씨의 답사요지	1	
1947-04-04-005	북조선로동운동은 발전한다 남조선로동운동은 자유가 없다	국제직련대표단을 대표 월씨 담화 발표	1	북조선통신
1947-04-04-006	김일성위원장 방문 환담	-국제직련대표단 평양시찰 제2일-	2	인표
1947-04-04-007	인민경제부흥발전과 당세포의 실지적협조		2	하일
1947-04-04-008	물자애호생산률 제고 제8세포의 모범작용	연초공장세포	2	창숙
1947-04-04-009	물자절약정각운행에 철도종업원들의 수범	단천역세포	2	경석
1947-04-04-010	공장복구와 계획 돌파 학습 문맹퇴치에 노력	평양견직세포	2	계홍
1947-04-04-011	국제직업련맹대표단 영송사	북조선직맹위원장 최경덕	2	
1947-04-04-012	국제직업련맹대표단을 환영한다	로동자대표 김상철	2	
1947-04-04-013	조선에 대하여 표시한 여러가지 호의에 감격	사무원대표 최창석	2	
1947-04-04-014	높은 수확을 위한 경쟁		2	따쓰통신
1947-04-04-015	동경군사재판 7일간 휴정		2	북조선통신
1947-04-04-016	영흥군민 총동원하여 토지개량공사를 계속	6월까지에는 70% 완수	2	경석
1947-04-04-017	근로하는 인민대중의 료양소와 휴양소 개설		2	북조선통신
1947-04-04-018	예정한 수량을 19% 돌파	평양연초공장 분투	2	북조선통신
1947-04-04-019	중앙방역위회 사업강화 위해 제반계획 실시		2	은길
1947-04-04-020	춘기파종을 앞둔 농촌의 준비	마령서증산은 이렇게	2	북농기선
1947-04-04-021	시가청소작업에 보안원들이 수범		3	리성섭
1947-04-04-022	농업간부양성소 4월 1일에 개소		3	동천
1947-04-04-023	6만석 백미가 증산될 광야개답의 수리공사	함북 경성군내 17개리에	3	현춘극
1947-04-04-024	내용을 쇄신강화한 평양시립도서관		3	김전
1947-04-04-025	1947년도 인민경제발전계획에 관한 표어		3	
1947-04-04-026	페품을 재생활용	평양제침	3	명덕
1947-04-04-027	개인의 최고기록 254%를 돌파	동면섬유공장	3	명덕
1947-04-04-028	미국 콩크레쓰에서의 투루맨대통령의 연설	『이즈베쓰찌야』지 론평	4	
1947-04-04-029	영국군대 개혁 요구	레이버당 대의원들	4	북조선통신
1947-04-04-030	희랍우익테로들 공민을 계속 살상	오베르시쓰 뉴쓰기자 보도	4	북조선통신
1947-04-04-031	재오독일인의 재산문제 계속 토의	28일 4상회의에서	4	북조선통신
1947-04-04-032	빨라그와이 테로정책		4	따쓰통신
1947-04-04-033	과학적독서 리용 미크로필림 제작		4	
1947-04-04-034	이파쑈계 요인 부라질에 도피		4	북조선통신
1947-04-04-035	북구해역에서 미해군기동연습 예정		4	북조선통신
1947-04-04-036	서반아국내정세 긴장		4	북조선통신
1947-04-04-037	미국실업자 2백50만		4	북조선통신
1947-04-04-038	영미재벌과 독일재벌의 관계		4	통신부
1947-04-04-039	라지오		4	
1947-04-04-040	극장		4	
1947-04-05-001	국제직업련맹대표단을 환송하면서		1	
1947-04-05-002	평안북도 박천군 양가면 농민열성자대회 앞	감사문	1	

기사번호	제목(title)	부제목(stitle)	면수	필자, 출처
1947-04-05-003	1947년도 농산계획완수 결의 김일성위원장께 맹세문	평북 박천군 량가면 농민열성자대회에서	1	언철
1947-04-05-004	김일성장군에게 드리는 맹세문	박천군 량가면 농민열성자대회	1	
1947-04-05-005	화란조약파기를 획책	공화국측 화란의 배약을 항의	1	따쓰통신
1947-04-05-006	재오독일인의 귀화문제 등 토의	4국부외상회의에서	1	북조선통신
1947-04-05-007	희정부 백서의 허위내용이 폭로	쏘피야안보위원회	1	북조선통신
1947-04-05-008	희랍테로단 공산당인쇄소 습격		1	따쓰통신
1947-04-05-009	미국의 대희토원조 정체 폭로	중동석유에 대하여 촉수	1	북조선통신
1947-04-05-010	희랍왕위를 바벨이 계승		1	북조선통신
1947-04-05-011	'프랑코의 신기동'		1	따쓰통신
1947-04-05-012	"허위철퇴를 타도하라"	애급시민 가장영군 이동에 시위	1	
1947-04-05-013	대중적으로 환영할 자유가 없었음은 유감	국제직련대표단 경성시찰에 대해 남조선민전의 담화	1	북조선통신
1947-04-05-014	1.4반기 초과완수로 빛나는 기록 작성	개가 올린 신의주의 각 공장들	1	본사특파원 김윤모
1947-04-05-015	공장 전체 종업원들은 넘쳐 실행할 자신만만	평양제침세포	2	창숙
1947-04-05-016	농구개량생산초과로 농업증산에 박차	공화농구세포	2	계흥
1947-04-05-017	인민경제부흥발전에 실지적협조방침 수립	함경북도 당제7차위원회	2	현준극
1947-04-05-018	전후 중국에서의 미국경제의 신장		2	통신부
1947-04-05-019	체호 민족반역자수괴에 극형 언도		2	따쓰통신
1947-04-05-020	전농간부상고		2	북조선통신
1947-04-05-021	전후의 인도농민운동		2	통신부
1947-04-05-022	각급 농민동맹 위원 선거 북조선각지 농촌에서 진행		3	중선
1947-04-05-023	춘기파종을 앞둔 농촌의 준비	감저증수의 준비로 건묘 육성 이렇게 하자	3	
1947-04-05-024	2백녀맹원이 비료수송 협력		3	경석
1947-04-05-025	순천잠업강습소 학교로 개편		3	달수
1947-04-05-026	사회보험의 혜택 받은자 3월말까지에 4만여명		3	능도
1947-04-05-027	우리들의 힘으로 인민경제계획완수 각 직장의 본받을만한 우점들 기계부속품 등을 수리제작하며 증산	평양산소공장	3	달수
1947-04-05-028	보안원은 실천으로 수범하자		3	김전
1947-04-05-029	광고		3	서조선석탄관리국
1947-04-05-030	건전지 만든 리영록동무 이러한 연구로 노력을 하였다		3	정숙
1947-04-05-031	솔선 모범작용하는 남포제련 김송록동무		3	계흥
1947-04-05-032	1920년 4월 4-5일 쏘베트극동 연해주에서 일본군대의 야수적학살		4	

기사번호	제목(title)	부제목(stitle)	면수	필자, 출처
1947-04-05-033	애급에서의 영군철병에 관하여	애급 각 신문의 론평	4	따쓰통신
1947-04-05-034	희랍왕 돌연 서세		4	따쓰통신
1947-04-05-035	따쓰의 반박	대련지구 접수에 대하여	4	북조선통신
1947-04-05-036	토이기반동의 신공세		4	통신부
1947-04-05-037	미국인은 이란에 와서 무엇을 하려는가?	트리분지 론평	4	따쓰통신
1947-04-05-038	일식관측 앞두고 쏘베트천문학탐구단 브라질리야로 출발		4	
1947-04-05-039	홍국공산당원 65만 돌파		4	북조선통신
1947-04-05-040	빠라그와의 정세		4	따쓰통신
1947-04-05-041	독인과학자 고용에 대한 『썬데엑스프레스』지 보도		4	북조선통신
1947-04-05-042	중국에 있어서 반동의 발악		4	정보국
1947-04-05-043	라지오		4	
1947-04-05-044	극장		4	
1947-04-06-001	금년도의 증산과 춘기파종		1	
1947-04-06-002	1947년 답지확장계획면적의 200% 초과 달성을 목표	농림국 관개관리부에서 준비 진행	1	중선
1947-04-06-003	국가산업발전의 원천 산림을 보호육성하자	농림국 산림부장 담	1	중선
1947-04-06-004	평양시의 식수 6일부터 실시		1	김전
1947-04-06-005	영국내에서 파시쓰트 활동		1	따쓰통신
1947-04-06-006	주간 남조선정세 개관		1	북조선통신
1947-04-06-007	조선을 어떻게 보았나	국제직련대표들의 조선소감	1	북조선통신
1947-04-06-008	북조선로동자는 자유가 있다	루이싸이얀씨 담	1	
1947-04-06-009	남북로동자들은 힘을 합하라	미하일.따라쏘부씨 담	1	
1947-04-06-010	여러분은 전세계 로동자의 한 사람	에룬스트.베울씨 담	1	
1947-04-06-011	조선직업동맹 문제해결에 노력	베트리크.월드 벨그씨 담	1	
1947-04-06-012	국제직업련맹대표단의 조선래방에 대한 보고요강	북조선직업총동맹 중앙위원회	2	
1947-04-06-013	국제직업련맹 사업에 관하여		2	국제직업련맹 서기장 루이싸이얀
1947-04-06-014	미주둔 독일서 파쑈배 행동		2	따쓰통신
1947-04-06-015	국제직련대표단 외부와 접촉 금지	경성	2	북조선통신
1947-04-06-016	정로철공소		2	
1947-04-06-017	국영자동차종합공장 계획량 2%를 초과	조선산자동차제조에 매진	3	북조선통신
1947-04-06-018	기관차소제에 녀맹원이 봉사		3	한도
1947-04-06-019	식수운동에 녀맹원 협력		3	은길
1947-04-06-020	계획량 110% 돌파 창발력 발휘로 동선자급	대명전구초자공장	3	은길
1947-04-06-021	우리의 마음은 그대들을 향하여 열리어 있다	-남조선파업의 소식을 듣고-	3	김상모

기사번호	제목(title)	부제목(stitle)	면수	필자, 출처
1947-04-06-022	평남도내 중등전문학교 현상음악대회		3	달수
1947-04-06-023	1/4반기 고무화생산계획량 16% 초과		3	북조선통신
1947-04-06-024	'구라치와이야씨부' 만든 흥남기관구 김정제동무		3	정숙
1947-04-06-025	인민보건 위해 열성으로 복무하고있는 두 간호원		3	명덕
1947-04-06-026	우리들의 힘으로 인민경제계획 완수 각 직장의 본받을만한 우점들	평양제1고무공장, 평양전차수리공장	3	명덕
1947-04-06-027	인민의 나라 쏘련 사진전람회	평양시립도서관에서 6일-25일	3	달수
1947-04-06-028	애국농민 엄원길씨의 '가마니'헌납이 빚어놓은 두가지 미담		3	동천, 홍범
1947-04-06-029	춘기파종을 앞둔 농촌의 준비 수도륙묘판	금년 첫 시험으로 강원도 실시	3	홍범
1947-04-06-030	모쓰크바외상회의에 관하여		4	통신부
1947-04-06-031	청도 비밀해군기지화	'의심스러운 사람'은 사살	4	북조선통신
1947-04-06-032	영점령독지대서 기근반대소동		4	따쓰통신
1947-04-06-033	쏘련내연기관차 앞으로 다량생산		4	하리꼬브통신
1947-04-06-034	쏘련직업동맹대표단 체코국에서 대환영		4	북조선통신
1947-04-06-035	쏘련신아동영화 전투함「와랴그」		4	
1947-04-06-036	쏘련직맹대표 쁘라가 향발		4	
1947-04-06-037	쏘련 꼴박사 국제보건조직위원회에 참석		4	북조선통신
1947-04-06-038	미국파시즘 소식		4	통신부
1947-04-06-039	라지오		4	
1947-04-06-040	극장		4	
1947-04-06-041	광고		4	북조선인민위원회 보건국장
1947-04-08-001	생산원가의 저하를 위하여		1	
1947-04-08-002	전세계민주력량을 신뢰 조국건설에 분진코 맹세	국제직련대표단 조선래방에 대한 중요직장보고대회	1	현석
1947-04-08-003	조선완전독립을 위하여 끝까지 투쟁	사동탄광	1	은길
1947-04-08-004	대표단의 격려를 힘삼아 민주의 학원기풍을 배양	김일성대학	1	달수
1947-04-08-005	모든 결정을 실천에 옮기자	조선곡산	1	옥홍
1947-04-08-006	생산증강운동에 일로매진하자	연초공장	1	명덕
1947-04-08-007	이 감격을 인민경제계획 완수에	평양철도공장	1	능도
1947-04-08-008	이 땅에 나무를 심자 록화운동에 거보	평양시 식수기념식 거행	1	현석
1947-04-08-009	푸르러라 문수산	김일성장군의 식수	1	치수
1947-04-08-010	전종업원을 교양조직 생산계획완수를 보장	신의주방직세포	2	윤모
1947-04-08-011	계획완수를 확신맹세	남포시당 제9차위원회	2	리영석
1947-04-08-012	농산책임완수를 목표	대동군내 열성자회의	2	동천
1947-04-08-013	만난 배제코 계획 완수	신의주시당 제3차위원회	2	한기
1947-04-08-014	농사방법도 지도	녀당원 김태화	2	경석
1947-04-08-015	일본의 반군국화는 어떻게 실현되고있는가		2	통신부
1947-04-08-016	희랍정부의 박해를 폭로		2	따쓰통신
1947-04-08-017	범아회의 페막		2	북조선통신
1947-04-08-018	공장, 농촌 세포학습자료 제22, 북조선로동당 중앙본부 선전선동부 당교육과	북조선인민위원회의 조직	2	
1947-04-08-019	위원선거를 필한후에 증산계획완수를 결의	평남 대동군 남형제산면	3	중선
1947-04-08-020	순농민이며 열성자를 선거하고 증산을 강조	황해 황주군 흑교리	3	특파원 김동천
1947-04-08-021	우수한 청년을 기술부분에		3	인표
1947-04-08-022	공민증에는 꼭 사진을 붙이자		3	김전
1947-04-08-023	농민의 열성적분투로 평남 가마니준비 완료	지금 흥남비료공장에 수송중	3	현석
1947-04-08-024	'구재' 모아서 도작에 사용		3	정희도
1947-04-08-025	로력능률 148%로 제고시킨 황학군동무		3	김연모
1947-04-08-026	혁명투사유가족위안의 밤 성회		3	현석
1947-04-08-027	전부락민 상부상조로 춘기파종에 만단준비	평북 선천군 남면 거포동 농민	3	김윤모
1947-04-08-028	춘기파종을 앞둔 농촌의 준비	조의 파종은 이렇게 하는것이 좋다	3	북농기.선
1947-04-08-029	춘기파종을 앞두고서 농민들은 이렇게 준비	황해 김성삼로인, 함남 주만술농민, 평북 최영근농민	3	최정히, 정도욱, 윤모
1947-04-08-030	우리들의 힘으로 인민경제계획 완수 각 직장의 본받을만한 우점들	양덕역	3	달수
1947-04-08-031	듣고싶어하는 음악을 들려줍니다 신춘 근로인민희망음악회	4월 19일-22일	3	현석
1947-04-08-032	지압조사시 경계표찰의 표시가 필요		3	김전
1947-04-08-033	평남도내 매개 리에 게시판		3	달수
1947-04-08-034	독일림시정부조직에 관한 문제심의	4월 3일 외상회의 협정위원회	4	
1947-04-08-035	대독관리위원회 보고 토의	3일 4상회의 경과	4	북조선통신
1947-04-08-036	4일 외상회의 협정위원회 경과		4	북조선통신
1947-04-08-037	재독일고문서 조항 심의	3일 외상대리회의	4	북조선통신
1947-04-08-038	괌도를 미국령토로 병합하는 문제에 관해		4	
1947-04-08-039	연료위기에 대한 시책	영수상 성명	4	북조선통신
1947-04-08-040	1주간파업 선언	미국갱부직업동맹 위원장	4	북조선통신
1947-04-08-041	의무와 책임		4	통신부
1947-04-08-042	라지오		4	
1947-04-08-043	극장		4	
1947-04-08-044	광고		4	
1947-04-09-001	당의 결정과 위임의 실행에 대하여		1	

기사번호	제목(title)	부제목(stitle)	면수	필자, 출처
1947-04-09-002	5.1절기념에 관한 제반준비사업을 결정	제13차 민전중앙위원회에서	1	김전
1947-04-09-003	5.1절준비에 관한 결정서	제13차 민전중앙위원회에서	1	
1947-04-09-004	미의 대독행정기구안 군국주의자에 기회 준다	쏘련외상 몰로또브씨와 미국기자 죤스틸씨와의 일문일답	1	북조선통신
1947-04-09-005	모범농민의 상조 미담 감자종자를 무상 분배	해주 선산동 모덕홍씨의 장거	1	중선
1947-04-09-006	황해도 해주시 선산동 모덕홍선생의 애국적열성에 대한 결정서	1947년 4월 6일 북조선농민동맹 제20차 중앙상무위원회	1	
1947-04-09-007	수송계획 완수코저 주요역구장회의		1	달수
1947-04-09-008	성과 높이 오른 강원도 비료수송	원산철도관내 종업원들	1	김홍범
1947-04-09-009	폭압과 테로를 중지하라	남조선반동파에 대하여 재동만 백만동포가 항의	1	
1947-04-09-010	'히틀러고용군대'의 편성은 해산함이 당연		2	통신부
1947-04-09-011	영국의 대중정책		2	
1947-04-09-012	로련의 농촌복구 광범하게 진행중		2	리종률 역
1947-04-09-013	화.불.록 3국간 관세련합 비준		2	북조선통신
1947-04-09-014	공장, 농촌 세포학습자료 제23, 북조선로동당 중앙본부 선전선동부 당교육과	북조선 재판소 및 검찰소에 관한 규정	2	
1947-04-09-015	농업증산계획 초과달성 위해 증산경쟁운동의 전개를 결의	황해 재령군농민열성자대회	3	중선
1947-04-09-016	증산을 위한 파종준비에 우리 당원들 모범적역할	4월말까지 묘판파종과 답조기춘경을 완료하려는 평남도 중화군	3	본사특파원 김동천
1947-04-09-017	근로인민들속에서 신진문학인 나온다		3	정숙
1947-04-09-018	평남 성흥광산 계획량 돌파		3	은길
1947-04-09-019	춘기파종을 앞둔 농촌의 준비	신의주시 수문동부락 농민들의 증산계획	3	
1947-04-09-020	애국투사후원회 기본조직을 강화		3	현석
1947-04-09-021	녀성과 민청원 증산에 협력	개천탄광 탄전항에서	3	은길
1947-04-09-022	만난 극복코 돌진 인민경제발전을 보장	봉산군당 7차위원회	3	리성석
1947-04-09-023	책임량이상의 가마니를 생산하여 헌납	황해도 신천군 산천면 한양리 홍학순동무	3	동천
1947-04-09-024	애로 극복하고 116% 돌파	금강고무공장	3	언철
1947-04-09-025	문맹퇴치와 절미에 녀맹들 활약	안변군 안변면에서	3	김홍범
1947-04-09-026	쏘련인민은 자기의 힘과 장래에 자신을 가지고있다	방쏘 레바논대표단일행 귀환담	4	북조선통신
1947-04-09-027	파란국방성 부상 스웨르체브쓰끼 피살		4	따쓰통신
1947-04-09-028	세계는 미국의 전차를 원치 않는다	월레스씨 민중대회에서 연설	4	북조선통신
1947-04-09-029	가주대공장 외국자본에 의존		4	북조선통신
1947-04-09-030	일본전범자재판은 어떻게 진행되고 있는가?		4	통신부
1947-04-09-031	미의 대희원조언명은 반동정부의 잔인성을 고무	『뉴욕헤랄드』지 론평	4	북조선통신
1947-04-09-032	스대장장례식 엄숙비애 거행		4	따쓰통신
1947-04-09-033	쏘련주재 이란대사 성명 발표		4	따쓰
1947-04-09-034	미의 대토원조는 근동평화를 위협	재미아르메니아인대회	4	북조선통신
1947-04-09-035	쏘련의 춘기파종		4	통신부
1947-04-09-036	출판면에 나타난 미국의 파시즘		4	북조선통신
1947-04-09-037	불남부에서 군주단체 폭로		4	따쓰통신
1947-04-09-038	일본로동전선 통일을 맹세		4	북조선통신
1947-04-09-039	미국파시스트소식(2)	백림지령에 대한 암약	4	통신부
1947-04-09-040	라지오		4	
1947-04-09-041	극장		4	
1947-04-10-001	석탄산업을 향상하자		1	
1947-04-10-002	몰로또브외상 대독토지개혁의 실질적시행을 강조	3월외상리사회의 상보	1	
1947-04-10-003	5.1절기념 건국증산경쟁을 호소 10만키로 무사고정시주파를 맹세	평양철도기관구 직장대회에서	1	
1947-04-10-004	모쓰크바는 쏘련방의 심장	-기원 800년-	2	신문부
1947-04-10-005	쏘, 루 량국간 통상협정 체결		2	북조선통신
1947-04-10-006	체코파쑈청년단 두목 라인네르 체포		2	북조선통신
1947-04-10-007	인민경제발전을 위한 당원들의 선봉적역할		2	하일
1947-04-10-008	발명과 창안으로 경제발전에 공헌 임선범동무	평양제침공장	2	창숙
1947-04-10-009	누구보다도 부지런히 퇴비준비와 농사개량 김백관동무	강원도 전체 농민들	2	김홍범
1947-04-10-010	고공품 4배반 초과생산 헌납 김대천동무	양양군 현북면 중광리세포 위원장 김대천동무	2	김홍범
1947-04-10-011	금년도 농산계획 기필코 완수하자	성천군 성천면 상부리농맹총회	3	태석
1947-04-10-012	농산계획완수 위한 정기찬로인의 분투	평남 성천군에서	3	태석
1947-04-10-013	문학예술간부강습개강식 성대	북조선문학예술총동맹에서	3	현석
1947-04-10-014	평균생산량 96.4% 1/4반기 총결	평남직맹 제6차 확대위원회	3	은길
1947-04-10-015	본받자 감자재배법	안변군 배화면 문봉리 김백관동무	3	옥홍
1947-04-10-016	함북도 열성농민들 조기파종에 감투		3	준극
1947-04-10-017	140% 돌파를 목표로 개천탄광 증산에 매진	모범로동자 3명은 300% 돌파	3	윤창순
1947-04-10-018	신다이야 창안	신의주 백희선동무	3	본사특파원 김윤모
1947-04-10-019	내로리세포원들 농업증산에 분투		3	특파원 김동천
1947-04-10-020	신성천기관구동무 계획량 돌파에 분투		3	영호
1947-04-10-021	애국투사후원회사업 날로 활발화		3	인표
1947-04-10-022	'직장체육단' 조직		3	북조선통신

기사번호	제목(title)	부제목(stitle)	면수	필자, 출처
1947-04-10-023	북성정녀맹 탄광녀성에게 의료품을 선물	문천탄광 녀성동무들	3	김춘
1947-04-10-024	직장에 문화써클		3	북조선통신
1947-04-10-025	성과 거두고있는 인민구호사업		3	은길
1947-04-10-026	조국건설에 감투하는 모범일군들 이렇게 일한다 아연제련작업에 새 창의 발휘한 심두섭동무	남포제련소 아연제련과	3	명덕
1947-04-10-027	조국건설에 감투하는 모범일군들 이렇게 일한다	하루에 30톤 채탄기록 올린 민청맹원 박광주동무	3	현석
1947-04-10-028	일본에 있어서 민주주의의 투쟁		4	신문부
1947-04-10-029	쏘련의 대독배상정책 독, 평화산업발전을 촉진	멜리꼬브씨 론평	4	북조선통신
1947-04-10-030	대전후의 샴		4	홍인표 역
1947-04-10-031	독일림시정부 지방정권간 권한배정에 관한 문제 토의	7일 4상회의 동격위원회	4	북조선통신
1947-04-10-032	화란군의 행동은 화인협정의 위반	암스테르담군중대회 선언	4	북조선통신
1947-04-10-033	자유선거에 의한 의회와 진정한 인민대표를 요구		4	북조선통신
1947-04-10-034	극장		4	
1947-04-11-001	창발적노력을 받들어주자		1	
1947-04-11-002	모쓰크바 4국외상리사회 4월 5일	독립정급지방행정기관 권한배정 문제 등을 토의	1	
1947-04-11-003	재오독일인귀화 금지와 련합군철퇴 구절 등 심사	8일외상대리대회	1	북조선통신
1947-04-11-004	대만인민봉기의 진상		1	북조선통신
1947-04-11-005	10만키로무사고정시주행 돌파등정	평양기관구 일군들의 열성	1	중선
1947-04-11-006	공장기숙사의 시찰도 불가능	국제직련 남조선시찰 상보	1	북조선통신
1947-04-11-007	남조선최근정세(1)	반동'반탁'파의 몰락과 민주주의 세력의 성장	2	묵광
1947-04-11-008	이태리에 있어서 련합국 점령정책		2	통신부
1947-04-11-009	홍아리에 있어서의 직업동맹운동의 발전		2	통신부
1947-04-11-010	유고스라비아로동법안		2	통신부
1947-04-11-011	『근로자』 제3, 4합호 근일 발매		2	
1947-04-11-012	조국건설에 감투하는 모범일군들 이렇게 일한다	235% 초과주파한 열성적운전수 지봉현동무	3	은길
1947-04-11-013	간편한 제지기 제작에 개가 올린 윤치복동무		3	은길
1947-04-11-014	춘기파종기경식으로 예정수자 완수 첫 출발	평북룡천군 부라면 삼룡동에서	3	김윤모
1947-04-11-015	성실한 일군을 선출	룡천군 룡운동 농맹위원 선거	3	김윤모
1947-04-11-016	흥남공장 비료포장 운반 응원		3	김경일
1947-04-11-017	비료실은 체류화차 일소	신성천기관구 동무들의 감투	3	영호
1947-04-11-018	가마니생산량 완수하고 절미	황해도 안악군 용순면 장산리 농민들	3	동천

기사번호	제목(title)	부제목(stitle)	면수	필자, 출처
1947-04-11-019	질소비료 절약하는 김제원로인 영농법		3	동천
1947-04-11-020	직장소식 과거 조면능률의 3배로 일한다	평양조면공장	3	인표
1947-04-11-021	직장소식 건설합시다 인사로 출근률 99%	영제요업공장	3	인표
1947-04-11-022	모범징수원 예선규동무	평양특별시 동구사무소 징수계 동대원리주재원	3	성빈
1947-04-11-023	1947년도 로련인민경제계획		3	통신부
1947-04-11-024	투루맨의 대희토원조책은 영의 애급지 배간책과 같다	애급잡지기재의 론문내용	3	북조선통신
1947-04-11-025	춘기파종을 앞둔 농촌의 준비	대맥파종은 이렇게	3	중선
1947-04-11-026	외국에 있는 독일자산은 어떻게 처리되고있는가	독일 『베르리나 차이퉁』지 론평	4	북조선통신
1947-04-11-027	북조선민주과업 찬양 국제직련 대표 리경담	남조선과 같이 로동운동의 자유가 없는 나라는 오직 희랍이 있을뿐이다	4	북조선통신
1947-04-11-028	국제직련대표 환영	일본 중요로동단체에서	4	북조선통신
1947-04-11-029	인도인은 자유를 갈망	방인 세계청맹 대표 담	4	북조선통신
1947-04-11-030	일본공직자 추방	석정석교대신등 해당	4	북조선통신
1947-04-11-031	루르지역에서의 동맹파업거익 확대		4	따쓰통신
1947-04-11-032	희랍광산 미국에 조차		4	북조선통신
1947-04-11-033	미의 대희원조와 관련	미상원 의원 페펠 데일노르 량씨 공동결의문을 발표	4	따쓰통신
1947-04-11-034	독일서방점령지역 반나찌화시책균렬의 새로운 론증		4	통신부
1947-04-11-035	인민유고스라비야청소년들의 근로사업		4	통신부
1947-04-11-036	극장		4	
1947-04-12-001	인민경제발전계획완수를 위하여 륙해운사업을 보장하자		1	
1947-04-12-002	북조선인민회의 대의원 권리임무규정결정 발포	북조선인민회의 대의원의 권리와 임무에 대한 규정	1	
1947-04-12-003	미의 중국내정간섭 쏘련은 중대시	몰로토브외상의 서한	1	북조선통신
1947-04-12-004	미의 대희토원조는 내란격화를 유치 쏘련대표의 연설	안보리사회	1	북조선통신
1947-04-12-005	대독평화조약의 결론순차를 토의	9일의 외상대리회의	1	북조선통신
1947-04-12-006	4상회의의 각종위원회 9일 아침부터 개최		1	북조선통신
1947-04-12-007	철도기관구궐기에 제침공장 호응	5.1기념 증산경쟁	1	은길
1947-04-12-008	호응문	평양제침공장 로동자 사무원 기술자대회	1	
1947-04-12-009	세계평화 위하여 투쟁결의를 피력	미저명인사들 영국에 서한	1	북조선통신
1947-04-12-010	드골대통령취임을 반대		1	북조선통신
1947-04-12-011	남조선 최근정세(2)	반동'반탁'파의 몰락과 민주주의 세력의 성장	2	묵광
1947-04-12-012	민주조국건설을 위한 당원의 정치교양사업		2	하일

기사번호	제목(title)	부제목(stitle)	면수	필자, 출처
1947-04-12-013	적절한 학습반 조직	조곡제1공장 세포	2	라득준
1947-04-12-014	일하면서 배우고 배우면서 일한다	-평양화학공장 유산공장세포-	2	계홍
1947-04-12-015	학습상의 제 결점	청진시당의 교양사업	2	현준극
1947-04-12-016	서부독일점령역의 비나치스화에 대하여(1)		2	
1947-04-12-017	농민들은 다 같은 열성으로 농맹위원선거에 참가했다	평남 강동 성천군 농맹위원선거 진행정형	3	태석
1947-04-12-018	토지개간코 농가를 이주	평북 혜산군에서	3	정봉재
1947-04-12-019	조기기경 적극 실시로 다같이 증산에 돌진	평남 평원군농맹대표대회	3	중선
1947-04-12-020	조쏘문화협회조직 확대 강화		3	현석
1947-04-12-021	적지적작을 실행하여 반당 수확고를 높이자	평남 대동군농맹대표대회	3	동천
1947-04-12-022	대동, 중화, 평원군 행정구역을 변경		3	언철
1947-04-12-023	농맹 면 리 위원선거에 핀 미담 가지가지		3	중선
1947-04-12-024	민족문화의 꽃 피울 국립극장 부서 결정		3	현석
1947-04-12-025	푸르러라 금수강산 식수하는 손끝에 환희	평양시민 7만여 식수에 출동	3	현석
1947-04-12-026	철로보선사업 토의	철도부 공무계통과 구장회의	3	은길
1947-04-12-027	일곱가마니의 벼 종자로 써주시오		3	현석
1947-04-12-028	명기하라 공민증에 관한 다음 주의사항		3	현석
1947-04-12-029	바른 로력배치와 경쟁조직	1/4분기 예정량 초과완수	3	명덕
1947-04-12-030	객화차수리에 돌격	성진검차구 동무들	3	현준극
1947-04-12-031	평양기구공장 직장체육단		3	명덕
1947-04-12-032	춘기파종을 앞둔 농촌의 준비	아마파종에 대하여	3	중선
1947-04-12-033	고문위원회에 대한 『쁘라브다』지 론평		4	북조선통신
1947-04-12-034	현 영국외교정책은 보수당로선을 답습	영전관 공종업원련맹 결의	4	북조선통신
1947-04-12-035	모쓰크바개간학회 최종년간사업 개시		4	북조선통신
1947-04-12-036	미국파시즘 소식(3)	미국파시스트 지하에서 히틀러를 원조	4	통신부
1947-04-12-037	영서위체협정은 프랑코정부강화에 일조		4	북조선통신
1947-04-12-038	미전화종업원 32만명 파업		4	북조선통신
1947-04-12-039	쏘련방교육책임자회의		4	북조선통신
1947-04-12-040	오태리의 간한		4	통신부
1947-04-12-041	반공화주의자의 음모가 폭로된 이후의 홍아리		4	신문부
1947-04-12-042	라지오		4	
1947-04-12-043	극장		4	
1947-04-13-001	선진적인 애국농민들의 증산투쟁을 적극 방조하자		1	
1947-04-13-002	독일민주화문제 검토	10일 외상회의 특별위원회	1	북조선통신
1947-04-13-003	대독림정조직방식 토의	8일 외상회의 동격위원회 경과	1	북조선통신
1947-04-13-004	외상회의 항구적위원회 구성문제 토의	-10일 외상대리회의-	1	북조선통신

기사번호	제목(title)	부제목(stitle)	면수	필자, 출처
1947-04-13-005	서부독일에서 토지개혁문제		1	따쓰통신
1947-04-13-006	독국경문제 토의	-10일 외상회의 경과-	1	북조선통신
1947-04-13-007	쏘련녀성대표 이수상과 교환		1	북조선통신
1947-04-13-008	평양철도기관구에 호응	각 공장 광산이 쟁선궐기	1	
1947-04-13-009	과학적생산조직으로 증산경쟁에 일로돌진 평양제사	평양견직	1	명덕
1947-04-13-010	1/4분기 경험을 거울삼아 초과생산에 자신만만	평양연초공장	1	명덕
1947-04-13-011	철도와 산업기관의 생명 연료보장을 결의 총진군	사동탄광	1	은길
1947-04-13-012	독일의 직업동맹운동		2	『신시대』 제7호에서 김일수 역
1947-04-13-013	시간전작업준비 완료 당원의 출근률 근 100%	사동채광 제3세포	2	계홍
1947-04-13-014	화학비료운반에 평남도당서 동원		2	하일
1947-04-13-015	1/4분기계획을 완수 당원들의 학습열 왕성	순천화학 당부	2	하일
1947-04-13-016	불가능을 가능에 2키로용수로공사에 개가	사리원기관구세포	2	리성섭
1947-04-13-017	서부독일점령지역의 비나치스화에 대하여(2)		2	신문부
1947-04-13-018	슬로바끼야반파시스트 유죄 판결		2	북조선통신
1947-04-13-019	흥남공장동무들의 열성		2	경석
1947-04-13-020	김일성대학 학생연극반		2	대식
1947-04-13-021	승리의 개가는 누구에게?	생산책임량의 124%를 목표로 평북 홍남홍북 량동 증산대항경쟁	3	
1947-04-13-022	증산위한 영농자금융통 활발	농민은행	3	동천
1947-04-13-023	농업증산경쟁에 관한 선언서		3	
1947-04-13-024	모범일군 제몸같이 기계를 사랑하며	창의 발휘하는 리춘배동무	3	김준호
1947-04-13-025	애로를 극복하고 증산에 수리복구와 파종에 분망	빛나는 우리 당원의 모범적역할	3	특파원 김동천
1947-04-13-026	대동군 민청열성자대회		3	현석
1947-04-13-027	한고랑이라도 묵이지 말고 갈자!		3	
1947-04-13-028	쏘련연구의 이동강좌	조쏘문협연구위원회에서	3	인표
1947-04-13-029	124%의 어획고를 올린 성남어항 천어어부		3	정히
1947-04-13-030	능률적로력조직으로 계획의 139% 완수	-평북 신의주방직공장-	3	안태호
1947-04-13-031	춘기파종을 앞둔 농촌의 준비 강치수영농법 평북 의주군 의주면 홍남동 답작 150% 전작 140%	-1947-	3	중선
1947-04-13-032	사상의식개변에 관한 작품모집	평남 교육부	3	김전
1947-04-13-033	경성에 문화구락부 설치		3	김귀남
1947-04-13-034	빛나는 증산기록	강원도 로동자들의 투쟁	3	북조선통신

기사번호	제목(title)	부제목(stitle)	면수	필자, 출처
1947-04-13-035	이 직장의 이 우점 계획량 초과생산 위해 경쟁적으로 감투했다	평남 개천탄광 로동자 사무원 민청원 녀맹원들 총동원하여	3	명덕
1947-04-13-036	토이기정부의 비법선거에 민주당측 참가거부 결정		4	북조선통신
1947-04-13-037	민주진영을 압박하는 오지리점령당국에 항의	슬라비아해방전선 카린디아위원회	4	북조선통신
1947-04-13-038	루마니아 일급반역자 코바누 심문		4	북조선통신
1947-04-13-039	모쓰크바종합대학		4	
1947-04-13-040	미상원희토원조안타의 개시		4	북조선통신
1947-04-13-041	레스링경기에 쏘련선수 참가		4	북조선통신
1947-04-13-042	쓸라브인민의 친선		4	홍인표 역
1947-04-13-043	서구평화진영과 뉴대 강화를 언명	월레스씨 방구전담화 발표	4	북조선통신
1947-04-13-044	1억족신발		4	
1947-04-13-045	월레쓰씨의 성명		4	따쓰통신
1947-04-13-046	중국에 있어서 미국조정에 관하여		4	통신부
1947-04-13-047	쏘련철광상 조사사업 진행		4	북조선통신
1947-04-13-048	범아회쏘련대표단 인도각지를 려행		4	북조선통신
1947-04-13-049	독일전범심리광경 촬영	쏘련영화 「인민법정」 호평	4	북조선통신
1947-04-13-050	극장		4	
1947-04-15-001	민주력량의 장성과 국제직업련맹		1	
1947-04-15-002	5.1절기념 보고자들에게 주는 보고강북조선민주주의민족통일전선 5.1절기념 공동준비위원회	5.1절은 전세계 로력대중의 전투적력량을 검열하는 날이다	1, 2, 3	
1947-04-15-003	북조선문단의 새로운 수확(상)	조기천작 장편서사시 「백두산」을 평함	2	김창만
1947-04-15-004	휴일리용하여 대학생들 철도기관구에 출동협력	250여명 교원대학생들의 열성	3	은길
1947-04-15-005	황무지개답에 당원들이 열성	강원도 장전면 주렴리 농민들	3	최치묵
1947-04-15-006	이러한 계획으로 증산에 매진한다	함남 함주군 주난운농민	3	정히
1947-04-15-007	농맹길주군대표자대회	함북 길주군농민동맹 군위원회에서	3	박태공
1947-04-15-008	자기 돼지 분여 유축농을 장려	함북 주을온면 오상동 애국농민 박영옥동무	3	김귀남
1947-04-15-009	'박킹'을 만들고 정각운전 실시	사리원 황해기관구 기공장 박득신동무	3	리성섭
1947-04-15-010	파종보		3	
1947-04-15-011	춘기파종을 앞둔 농촌의 준비	옥수수파종	3	중선
1947-04-15-012	자진 시간 연장코 계획수량을 돌파	함북 길주팔프공장 전체 종업원들	3	박태화
1947-04-15-013	우수한 로를 창안 생산비 4할 절약	-천내리세멘트공장-	3	김준호
1947-04-15-014	북조선사진동맹 중위회		3	현석
1947-04-15-015	혁명투사유가족 위안의 밤		3	최병흡
1947-04-15-016	쏘련류학 의학생단 맞이하여 좌담회	조쏘문화협회 주최	3	인표
1947-04-15-017	모범일군	페품을 회수활용하여 귀중한 물자 절약하는 조선제강강선공장 김변수동무	3	명덕
1947-04-15-018	모범일군 무연탄 사용하는 반사로 설치 성공	청진철도공장 김준해동무	3	정히
1947-04-15-019	중국문제협정실천에 관한 쏘련정부의 제안을 승인 4국 대사에 호소문 수교	북경민주주의단체에서	4	북조선통신
1947-04-15-020	미국정부의 대중원조문제		4	
1947-04-15-021	희랍반동정부의 로동운동탄압 우심		4	북조선통신
1947-04-15-022	국제정세개관	독일국가구성에 관한 제 문제	4	
1947-04-15-023	국제정세개관	독일전역에 걸친 토지개혁실시 문제	4	
1947-04-15-024	쏘련최고쏘베트단 영국방문 인상담		4	따쓰통신
1947-04-15-025	드골의 연설 불각계에서 반박		4	북조선통신
1947-04-15-026	영정부 토이기에 전투기 다량수송		4	북조선통신
1947-04-15-027	클 대학시찰		4	북조선통신
1947-04-15-028	주간남조선정세 개관		4	북조선통신
1947-04-15-029	금일의 파란부흥 4개년계획		4	모쓰크바 신문
1947-04-15-030	각급 인민위원회 간부 단기강습을 실시		4	언철
1947-04-15-031	라지오		4	
1947-04-15-032	극장		4	
1947-04-16-001	증산의 속도를 가강하자		1	
1947-04-16-002	경성방적공장사건에 대하여 국제직련대표단 요구서 제출	남조선 미군사령장관 및 미군정장관에게 제출한 국제직업련맹대표단의 경방사건에 대한 요구서	1	
1947-04-16-003	프랑코의 야만적테로행동을 규탄		1	북조선통신
1947-04-16-004	영국외교정책 비판	관공리국민동맹대표회의	1	북조선통신
1947-04-16-005	투루맨의 각서와 미국의 사회여론		1	따쓰통신
1947-04-16-006	미독점트러스트의 세계지배의 기도 반대	미주청년단체총련맹의 제강	1	북조선통신
1947-04-16-007	볼가리아 전체 인민 2개년인민경제계획 완수에 궐기		1	북조선통신
1947-04-16-008	싸우디아라비아에 미국송유관 부설		1	북조선통신
1947-04-16-009	쏘련과학한림원조사단 활약		1	북조선통신
1947-04-16-010	북조선문단의 새로운 수확(하)	조기천작 장편서사시 「백두산」을 평함	2	김창만
1947-04-16-011	자본주의 제 국가의 근로청년들의 상태		2	신문부
1947-04-16-012	로련방농촌건축 로동자회의 개최		2	북조선통신
1947-04-16-013	2만 9천석을 증수할 안주수리공사에 착수	6월 15일내로 완료할 예정	3	김전
1947-04-16-014	북조선 각 도 밭갈이와 춘기파종 활발히 진행	농림국발표 4월 10일현재	3	동선

기사번호	제목(title)	부제목(stitle)	면수	필자, 출처
1947-04-16-015	맹원들의 열성적참가로 농맹 리 동 위원 선거 총결	찬성투표자수는 96.2%	3	중선
1947-04-16-016	공업기술련맹 대중과학 발간	북조선공업기술총련맹에서	3	인표
1947-04-16-017	인민학교생 공장을 위문	함북 성진 연호인민학교 학생들	3	현준극
1947-04-16-018	춘기파종을 앞둔 농촌의 준비	해충구제에 대하여	3	중선
1947-04-16-019	교량시설에 모범적공작	희천군 관개동 김태정동무	3	중선
1947-04-16-020	평남의 대맥파종 활발 남포시는 벌써 40%	-4월 10일현재-	3	김전
1947-04-16-021	파종보	평남 강서군 동진면에서	3	
1947-04-16-022	열성적인 소비조합일군	강원도 인제군 소비조합 위원장 최승우동무	3	정히
1947-04-16-023	1.4분기 수송실적 검토	교통운수부문에서	3	언철
1947-04-16-024	민주의 서울 우리 평양을 깨끗하고 아름답게 하자	오물은 반드시 지정장소에	3	인표
1947-04-16-025	구제평양의전 마지막 졸업식		3	현석
1947-04-16-026	평북 만포면 민청원강습		3	김기형
1947-04-16-027	모범일군 연관소제기와 자동유액프레스를 고심창안	함북 오로기관구 주정임동무	3	정숙
1947-04-16-028	모범일군 때를 놓치지 말고 적기춘기파종을 완수하자	평남도 농맹대표대회에서	3	중선
1947-04-16-029	이 직장의 이 우점 일하면서 배우며 경쟁적으로 증산	-신의주작잠사공장-	3	안태호
1947-04-16-030	이 직장의 이 우점 무연탄 사용로로 전극부족을 극복 생산능률 130%	강원도 문천기계제작소 480명 로동자동무들	3	김준호
1947-04-16-031	정치사회경제 각 부문에서 녀성의 권리를 위하여 투쟁	국제녀맹부위원장 뽀뽀바녀사 담	4	북조선통신
1947-04-16-032	독일고문위원회 구성문제를 심의	11일 외상회의 동격위원회	4	북조선통신
1947-04-16-033	트란스요르다니아헌법의 야만성을 호소	민주당지도자 가나임박사 서한	4	북조선통신
1947-04-16-034	불가리아인민경제계획에 5백50억레바 지출		4	북조선통신
1947-04-16-035	국제정세개관		4	북조선통신
1947-04-16-036	모쓰크바주간		4	통신부
1947-04-16-037	반동적국민당 출판물의 새 독설		4	통신부
1947-04-16-038	일본잔치산업 미국최종안 극동위에 제출		4	북조선통신
1947-04-16-039	월레스씨 영국 도착		4	북조선통신
1947-04-16-040	유고슬라비야련방인민공화국의 통일성과 단결성		4	신문부
1947-04-16-041	라지오		4	
1947-04-16-042	극장		4	
1947-04-17-001	춘기파종의 성과는 인민경제발전의 근본		1	
1947-04-17-002	독일문제를 계속 토의	11일 4국 외상리사회	1	
1947-04-17-003	분란정부 총 사직	농련당 각료사직이 원인	1	북조선통신
1947-04-17-004	몰로또브씨가 유고외상 초대		1	북조선통신
1947-04-17-005	인도네시야의 전투 계속중		1	따쓰통신
1947-04-17-006	쏘최고쏘베트대표단 귀환		1	북조선통신
1947-04-17-007	5.1절표어		1	
1947-04-17-008	조선민주당에서 제2차 전당대회		1	현석
1947-04-17-009	1일 책임량 3톤반을 10톤으로 초과생산!	우리 당원 김고망동무의 채탄기록	1	계홍
1947-04-17-010	독일의 비군국주의화		2	신문부
1947-04-17-011	사회여론을 위조하는 기업		2	
1947-04-17-012	인민경제부흥발전과 당단체들의 인재양성		2	하일
1947-04-17-013	민주국가건설의 무기 정치의식은 일익 제고	중앙당학교	2	하일
1947-04-17-014	왕성한 학습 열로 선진리론을 획득	평양시당학교	2	계홍
1947-04-17-015	학습한 리론을 세포서 재강의	평양시 동구야간당학교	2	계홍
1947-04-17-016	성진철도당부열성자대회		2	현준극
1947-04-17-017	길주군녀당원열성자대회		2	박태화
1947-04-17-018	평양특별시 주변농촌리 대맥파종 벌써 100% 완수	평양시농산부 발표 4월 15일현재	3	
1947-04-17-019	1만 1천석 증수목표로 강동 마탄수리공 기공	4월 15일 착공-6월말에 준공	3	동천
1947-04-17-020	농민들의 열성참가로 룡강군 개답사업 진행	-6월중순에는 완료 예정-	3	김렬목
1947-04-17-021	증산에 개가 올린 네동무	함북 주을온 관내 여러 탄광 로동자들	3	조인길
1947-04-17-022	북조선의학회 준비위원 활동	북조선보건련맹에서	3	현석
1947-04-17-023	유축농업을 진흥하여 농촌경리발전을 추진	평남 축산기술자들 결의	3	김전
1947-04-17-024	춘기파종을 앞둔 농촌의 준비	륙도파종	3	북농기제공중
1947-04-17-025	건설보		3	
1947-04-17-026	로어번역술어 통일사업 전개		3	인표
1947-04-17-027	특산기업소 각 도에 설치		3	중선
1947-04-17-028	제1.4분기 초과완수에 큰 성과 올린 공장과 탄광	강원도의 각 생산기관을 심사	3	김홍범
1947-04-17-029	희망과 기쁨으로 건설하며 자라는 민청원들	평양제1인민병원의 민청생활	3	인표
1947-04-17-030	녀맹원 조력하여 운재성적을 제고	평북 후창군 후창목재기업소 로동자들	3	리기성
1947-04-17-031	근로녀성좌담회	평양시녀맹서	3	은길
1947-04-17-032	모범일군 안피지를 고심연구한 리주천, 주정조 두 동무 수천만원의 국가적리익을 초래	평양민주조선사 공무부	3	명덕
1947-04-17-033	모범일군 새로운 용접방법으로 폐기계를 재생 활용	흥남용성공장 최인용동무	3	김경일

기사번호	제목(title)	부제목(stitle)	면수	필자, 출처
1947-04-17-034	미국파시즘소식(4)	히틀러독일과의 즉시 화평의 발악	4	통신부
1947-04-17-035	일본공업분배에 관한 미국독재행동을 비난	호주 제 신문의 론평	4	따쓰통신
1947-04-17-036	까린찌야에 생긴 영군사재판 괴태		4	따쓰통신
1947-04-17-037	쏘련의 자동차공업		4	
1947-04-17-038	중국에서의 미국인 폭행		4	따쓰통신
1947-04-17-039	독일학자 리용	푸레쓰지 론평	4	따쓰통신
1947-04-17-040	모쓰크바의 부활제 성황		4	북조선통신
1947-04-17-041	월레쓰씨 영국에 도착		4	따쓰통신
1947-04-17-042	쏘베트출판물과 사회주의경쟁		4	
1947-04-17-043	쏘련소식	어업꼴호즈에서 증산을 계획 약속	4	
1947-04-17-044	꼴호즈를 위한 농구 판매		4	하바롭쓰크통신
1947-04-17-045	북깝까즈의 영화촬영소		4	드사우드시까우통신
1947-04-17-046	청어잡이 시작		4	깜차트까 뻬드로빠블롭쓰크시통신
1947-04-17-047	라지오		4	
1947-04-17-048	극장		4	
1947-04-18-001	철도기관구종업원들의 애국적궐기에 대하여		1	
1947-04-18-002	인민경제계획완수에 평북의 량 기관구 경쟁		1	북조선통신
1947-04-18-003	파라과이내란에 미군사사절 간섭		1	북조선통신
1947-04-18-004	희랍신문의 위조기사	쏘련외무성 희정부에 책임 추궁	1	
1947-04-18-005	쏘녀맹대표단 로마시서 환영		1	북조선통신
1947-04-18-006	4국 외상회의에 대한 세계출판물들의 론평		1	
1947-04-18-007	이락반동내각타도의 민주동맹의 요구 실현		1	북조선통신
1947-04-18-008	희랍토이기원조안은 타국내정에 한몫 끼는것	트루맨대통령안에 미여론 분분	1	북조선통신
1947-04-18-009	독일비군국화조약초안 토의	15일 4국 외상회의	1	북조선통신
1947-04-18-010	검찰기구의 개혁과 북조선검찰원의 각오		2	박경은
1947-04-18-011	반동에 항하여 민주주의적평화를 위한 국제민주청년들의 투쟁		2	신문부
1947-04-18-012	인도네샤에서 화란측 군사행동 개시		2	북조선통신
1947-04-18-013	안델쓰지하단 폭로		2	따쓰통신
1947-04-18-014	수확올리자는 우렁찬 전진	각도 농민들의 춘경 감투보	3	중선
1947-04-18-015	수도개량농법으로 식량증산에 일로돌진	함남	3	경석
1947-04-18-016	함남평야에 수리공사 7만 6천여석을 증수		3	경석

기사번호	제목(title)	부제목(stitle)	면수	필자, 출처
1947-04-18-017	휴한지개간에 당원들 총 동원	함북	3	정히
1947-04-18-018	농촌의 아들딸 증산에 돌진		3	중선
1947-04-18-019	공한지를 개간한 2명의 모범농민	함북 회령군 팔을면 산성리 최방득농민	3	정옥
1947-04-18-020	단천군에 벌어진 증산동태 세가지		3	중선
1947-04-18-021	증산계획달성을 위해 매진하는 최재린농민	평북	3	중선
1947-04-18-022	학생들도 증산에 힘을 도웁고있다	영변농업학교에서	3	리동무
1947-04-18-023	농민들의 열의로써 토지개간사업 진척	강원	3	정히
1947-04-18-024	평남 춘파 활발히 진행 남포시는 대맥 90% 평남도 농림부 발표(4월 15일 현재)	평남	3	김전
1947-04-18-025	허농민의 열성으로 적기파종을 실시	평남 강동군 강동면 지리에서	3	동천
1947-04-18-026	경지면적을 확장하여 4만여석의 식량증산	황해	3	중선
1947-04-18-027	춘경비료운반에 박재호농민 수범	황해도 봉산군 토성면 비정리에서	3	리성섭
1947-04-18-028	춘경보	황해 신천군 온천면에서	3	현
1947-04-18-029	춘기파종을 앞둔 농촌의 준비	가축의 질병	3	중선
1947-04-18-030	목제의 전화수화기 만들어낸 김세훈동무	함남 함흥전기수선장 기공수장으로 있는 김세훈동무	3	정숙
1947-04-18-031	꼴호즈를 위한 소비조합망		3	끼예브통신
1947-04-18-032	남포시에서 심청전 공연		3	현석
1947-04-18-033	중앙민청의 체육관 개관		3	명덕
1947-04-18-034	인민교생도 문맹퇴치에 동원협력		3	김옥진
1947-04-18-035	주을온탄광 계획량 돌파		3	조인길
1947-04-18-036	파종면적증가 집단농장발전 달성코저 쓰딸린수상에게 서약 서신	농촌경제향상에 궐기한 농장들	4	북조선통신
1947-04-18-037	직업동맹을 탄압	미국전신원 파업	4	따쓰통신
1947-04-18-038	희랍국가 기관 등 2일간 파업 선언		4	북조선통신
1947-04-18-039	비국인민군 계속 항쟁		4	북조선통신
1947-04-18-040	빙도주둔 미군 철거		4	따쓰통신
1947-04-18-041	쏘련군사학의 선구대 모쓰크바전차병대학		4	
1947-04-18-042	빨찌산부대를 희랍정부군 공격		4	북조선통신
1947-04-18-043	미전화종업원 파업을 계속		4	북조선통신
1947-04-18-044	쏘련대백과사전 특별기념판 발행		4	북조선통신
1947-04-18-045	쏘련과 인도간 외교관계 설정		4	따쓰통신
1947-04-18-046	제대군인을 위하여		4	흑룡강 꼼쏘몰쓰크
1947-04-18-047	해삼위의 함대극장		4	을라지워쓰또크통신
1947-04-18-048	희랍에서는 무엇이 진행되고있는가		4	신문부
1947-04-18-049	라지오		4	

기사번호	제목(title)	부제목(stitle)	면수	필자, 출처
1947-04-18-050	극장		4	
1947-04-19-001	춘계인민보건을 위하여		1	
1947-04-19-002	금년도 운수예정수자 기필 초과달성을 결의 북조선교통운수 종업원대회	김일성위원장께 맹세문을 전달	1	명덕
1947-04-19-003	농민동맹 면 시 군 도위원회 위원선거의 총결 발표	북조선농민동맹 중앙위원회에서	1	
1947-04-19-004	근로대중의 명절 5.1절을 위한 준비		1	
1947-04-19-005	5.1절기념 건국증산경쟁에 빛나는 기록	10만키로무사고 정시주행돌파에 평양철도기관구의 투쟁 괄목!	1	계홍
1947-04-19-006	현 서부독파국경은 평화와 안전의 보장선	파란 '서부지방주간'운동	1	북조선통신
1947-04-19-007	쏘련과학자 분란 방문		1	북조선통신
1947-04-19-008	쏘베트문학은 세계에서 가장 민주주의적인 문학		2	신문부
1947-04-19-009	당원과 로동자로서의 임무를 무언실행	성진철도당부 정금석동무	2	현준극
1947-04-19-010	열성과 창발력으로 통골임공장을 복구	장전공장세포 김세우동무	2	최치수
1947-04-19-011	불타는 생산의욕 상처무릅쓰고 일터로	연초공장세포 량숙자동무	2	하일
1947-04-19-012	인민의 아들	쏘련	2	통신부
1947-04-19-013	5.1절기념 증산운동에 호응	각 공장 생산경쟁에 분연 궐기	3	은길
1947-04-19-014	증산보	조선메리야스공장에서	3	
1947-04-19-015	식수하였으니 앞으론 보호육성에 힘을 쓰자	평양특별시농산부 차장 담	3	
1947-04-19-016	함남도 1.4반기 121% 완수		3	정옥
1947-04-19-017	화차의 체류시간을 단축	교통국 운수과장회의에서 결의	3	정옥
1947-04-19-018	우리 힘으로 성인학교를	함남 함주군 상조양면 신한리에서	3	경석
1947-04-19-019	춘기파종을 앞둔 농촌의 준비	과수원의 4, 5월 행사	3	농림국 농업연구과 제공
1947-04-19-020	수산물증산에의 자금융통이 활발		3	동천
1947-04-19-021	농민과 학생의 미담 2편 표창을 받고 탄상금을 나라에 바친 신원섭씨	평남 평원군 숙천면 통덕리에서	3	중선
1947-04-19-022	농민과 학생의 미담 2편 탄광을 찾아 로동자들을 위문하고 조력한 학생들	강원도 통천읍 통천중학교에서	3	우준식
1947-04-19-023	근로인민들의 희망을 담은 희망음악회	평양3.1극장 4월 19일-22일	3	정숙
1947-04-19-024	민주세제의 인식을 삼투	평양특별시 제10차상무위원회에서	3	김전
1947-04-19-025	평양시녀맹 각 공장 순회		3	은길
1947-04-19-026	평남도 각 생산기업장의 제1.4반기의 실적		3	김명덕
1947-04-19-027	쏘련 유고 량국 우호조약체결 2주년을 맞이하여 쓰딸린대원수 찌또원수간 친선 메쎄지 교환		4	북조선통신
1947-04-19-028	일본 전 대의사 추방 해당 51명		4	북조선통신

기사번호	제목(title)	부제목(stitle)	면수	필자, 출처
1947-04-19-029	신도군사칙어 전폐 일본교육개혁 요구	극동위원회 발표	4	북조선통신
1947-04-19-030	윈나해방 2주년기념행사 성황		4	북조선통신
1947-04-19-031	미국전화파업 의연 계속	트루맨의 직접해결 요망	4	북조선통신
1947-04-19-032	'자유'를 가장하는 반동파의 흑심을 폭로	월레스씨 만체스터에서 연설	4	북조선통신
1947-04-19-033	근동제국에 미세력 침투	사우스랏시아사지 론평	4	북조선통신
1947-04-19-034	주인대사를 비난	인도모스렘동맹기관지	4	북조선통신
1947-04-19-035	프라그에서 미술작품전		4	북조선통신
1947-04-19-036	일본국내정치정세		4	『쁘라우다』지
1947-04-19-037	쏘련소식	레닌그라드극장 소식	4	레닌그라드통신
1947-04-19-038	쏘련소식	리해에서 항행 개시	4	아쓰트라한통신
1947-04-19-039	라지오		4	
1947-04-19-040	극장		4	
1947-04-20-001	당원들의 리론적수준의 향상에 대하여		1	
1947-04-20-002	철도일군들의 열투로 춘기비료수송에 개가	4월 15일에 각도 수송 완료	1	동천
1947-04-20-003	농업증산계획완수에 농민들은 싸우고있다		1	희진
1947-04-20-004	기술향상에 제반시설 증산경쟁운동을 전개	평남도영공장회의에서 결의	1	김전
1947-04-20-005	5.1절의 의의를 널리 인민에게 침투	북인위 선전부에서 운동 전개	1	북조선통신
1947-04-20-006	일본지방선거에 있어 공산 사회 량당 통일력량 발휘		1	북조선통신
1947-04-20-007	선거방해자로 요시다 등을 고발		1	북조선통신
1947-04-20-008	반동인물 회장임명에 백림로동자 파업		1	북조선통신
1947-04-20-009	쏘련직업동맹 대표일행 독일직업동맹대회 참가		1	북조선통신
1947-04-20-010	테헤란군정장관 이란직위장 구인		1	북조선통신
1947-04-20-011	독사민당 우파 백림시장을 무례론격		1	북조선통신
1947-04-20-012	제30회 대일리사회 개회		1	북조선통신
1947-04-20-013	영국과 불란서(상)		2	
1947-04-20-014	구주레스링선수권 쏘련 3선수 획득		2	북조선통신
1947-04-20-015	복구신설하는 자동차로		2	
1947-04-20-016	쏘베트문학은 세계에서 가장 민주주의적인 문학(하)		2	
1947-04-20-017	증산보	평양조선고무공장에서	3	현
1947-04-20-018	5.1절을 증산으로 기념하자 평남 개천군 각 광산 공장 궐기	계획량의 48% 초과목표로 돌진	3	북조선통신
1947-04-20-019	수송계획량 달성에로 돌진하는 철도일군들	초기의 부진 극복코 초과완수	3	
1947-04-20-020	함남 각 공장 광산 1.4분기 초과완수		3	경석
1947-04-20-021	비료운반 300% 완수한 신순덕동무		3	경석
1947-04-20-022	신의주 건일사 208% 돌파		3	최영환

기사번호	제목(title)	부제목(stitle)	면수	필자, 출처
1947-04-20-023	4월 15일 황해도 사리원에 북조선중앙농사시험장	기설농사시험장은 지소로 개편	3	중선
1947-04-20-024	1.4반기에 성과를 올린 모범일군들 표창	직총 강원도련맹에서	3	홍범
1947-04-20-025	영농융자를 확보하는 저축에 농민들 대열성	평남 대동군 문현리의 저축열	3	동천
1947-04-20-026	일제가 만들어 놓은 문맹 속히 없이하자 어린애 안은 부인도 성인학교에	평양시 신리 3리 성인학교	3	인표
1947-04-20-027	인민경제계획 완수 적극 추진	문예총조직과 사업을 일층 쇄소 강화코 정진	3	정숙
1947-04-20-028	책임량 돌파한 공장의 세동무	함북 주을온요업공장에서	3	김운길
1947-04-20-029	승리의 5월		3	박세용 작사, 리면상 작곡
1947-04-20-030	씩씩하게 자라는 어린이의 명절 어린이날 행사준비	민청중앙위원회	3	
1947-04-20-031	모범일군 철도사업에 가지가지로 업적을 남긴 리문복동무	함북 청진철도부	3	현석
1947-04-20-032	모범일군 계속 '자동표자절기'를 만들어 놓은 임선범동무	평양제침공장의 청년일군	3	기초
1947-04-20-033	국제정세개관		4	북조선통신
1947-04-20-034	화란군 인도네시아에서 의연히 배신적 군사행동		4	북조선통신
1947-04-20-035	미국남극탐험단 귀환		4	북조선통신
1947-04-20-036	스라반가린지야에는 무엇이 야기되고있는가		4	통신부
1947-04-20-037	일본천황궁성 일부 국유화		4	북조선통신
1947-04-20-038	인도네샤부외상 사림박사 언명		4	북조선통신
1947-04-20-039	극장		4	
1947-04-20-040	오태리에 있는 독일재산		4	신시대
1947-04-20-041	라지오		4	
1947-04-20-042	광고		4	
1947-04-22-001	1947년도 춘기파종의 제 과업		1	
1947-04-22-002	김일성위원장께서 몸소 공장방문 증산 투사 격려		1	현석
1947-04-22-003	철도운수계획 초과달성을 김일성위원장께 맹세	-북조선철도운수종업원대회에서-	1	
1947-04-22-004	인민경제발전계획 완수목표 석탄증산전 점차 고조	제1.4분기 석탄생산실적	1	북조선인민위원회 산업국 광업처 연료부
1947-04-22-005	휴일 리용 평양시민들 마탄수리공사에 응원		1	명덕
1947-04-22-006	대오문제토의 외상대리회의 종료		1	북조선통신
1947-04-22-007	가장 위대한 과학자 레닌	-레닌 탄생 제77주년-	2	
1947-04-22-008	민중대회 금지한 영점령당국 론박	카린치아 해방전선에서	2	북조선통신
1947-04-22-009	우크라이나아까데미 성과리에 폐회		2	북조선통신
1947-04-22-010	3만 5천키로와 대증기타빈을 복구		2	
1947-04-22-011	염류 속속 복구		2	따쓰통신
1947-04-22-012	영국과 불란서(하)		2	
1947-04-22-013	5.1절을 앞두고 증산에 돌격	승호리세멘트공장 로동자들	3	북조선통신
1947-04-22-014	새로운 연구노력으로 증산에 전력하며 정진	함남 함주군 신중리 농민들	3	경석
1947-04-22-015	레닌선생 탄생 기념의 밤	4월 22일 조쏘문협	3	현석
1947-04-22-016	「승리의 5월」을 각 직장의 근로인민들 다같이 우렁차게 합창		3	현석
1947-04-22-017	신의주'성냥공장 책임량초과에 돌진		3	영환
1947-04-22-018	춘기파종을 앞둔 농촌의 준비	상전설치와 비배관리	3	농림국 균사과 제공.중
1947-04-22-019	녀맹원들이 비료운반 조력	함북 부령군 청암면 서수라리 어촌녀맹초급단체에서	3	현준극
1947-04-22-020	「5.1절의 노래」		3	작사 박팔양, 작곡 김동진
1947-04-22-021	4월 28일을 기하여 일대 청소사업을 전개	북조선인민위원회 내무국에서	3	언철
1947-04-22-022	청년들 솔선하여 자기 부락을 갱신	황해 금천군 안신동	3	정운성
1947-04-22-023	전동민들의 열성으로 통수로개수공사 완수	60정보 개답 백미 백석 증수	3	현준극
1947-04-22-024	5월 1일부터 식량배급량 변경	미곡 6할 잡곡 4할	3	언철
1947-04-22-025	국립교향악단 제2회정기공연	4월 26일-29일.평양3.1극장	3	현석
1947-04-22-026	로동간부양성소 설치	북조선인민위원회 로동국에서	3	현석
1947-04-22-027	공업기술련맹 1주년 기념	북조선공업기술련맹에서	3	인표
1947-04-22-028	인민경제계획완수초과를 위하여 감투하는 철도일군 부단의 노력으로 매진	함흥-홍원간의 기관차 시승	3	경석
1947-04-22-029	미담	이주민에게 종곡 대여한 강경조씨	3	동천
1947-04-22-030	모범일군 소개	3교류전차를 발명한 함흥니켈광산 김경화동무	3	경석
1947-04-22-031	모범일군 소개	주철에 전기로사용을 발견한 성진제강 윤희정동무	3	현준극
1947-04-22-032	유고대표 의견 진술 대오조약안 계속 토의	17일 4국외상회의	4	북조선통신
1947-04-22-033	미전화종업원 파업최후까지 계속할것을 언명		4	북조선통신
1947-04-22-034	로마실업자 시위운동		4	북조선통신
1947-04-22-035	모직물 증산		4	따쓰통신
1947-04-22-036	레닌기념화첩발행 준비		4	
1947-04-22-037	레닌의 4월론강 발표	30주년기념전람회	4	따쓰통신
1947-04-22-038	아르가진쓰크수원지		4	따쓰통신

기사번호	제목(title)	부제목(stitle)	면수	필자, 출처
1947-04-22-039	배상금지불 실패원인		4	통신부
1947-04-22-040	쏘련영화소개	꼬뜜쓰끼	4	현석
1947-04-22-041	미국과 중국내전		4	통신부
1947-04-22-042	라지오		4	
1947-04-22-043	극장		4	
1947-04-22-044	광고		4	
1947-04-23-001	인민회의는 진정한 인민의 정권이다		1	
1947-04-23-002	5.1절증산경쟁운동에 각 공장 광산 기업소 궐기		1	명덕
1947-04-23-003	평양시내의 참가 제 공장		1	북조선통신
1947-04-23-004	엄격한 책임제로 증산경쟁에 돌진	순천화학공장 일군들	1	명덕
1947-04-23-005	1/4반기책임량 초과생산한 탄광		1	북조선통신
1947-04-23-006	아는것이 힘! 무식은 파멸이다. 문맹퇴치에 빛나는 성과	4개월간에 50만 퇴치	1	언철
1947-04-23-007	5.1절증산경쟁의 구체적실천방책 결정	직업동맹 평북도련맹에서	1	최영환
1947-04-23-008	국제직련집위와 총회에 남조선전평을 정식 초청	국제직련서기장 루이싸이얀	1	북조선통신
1947-04-23-009	국제직련총회 초청에 남조선전평 참가 회전	전평위원장 리인동	1	북조선통신
1947-04-23-010	남조선전평서 5.1기념준비		1	북조선통신
1947-04-23-011	범아회의 쏘련대표를 봄베이쏘련협회 환영		1	북조선통신
1947-04-23-012	주쏘 정말공사 사거에 위신스끼부외상 조위		1	북조선통신
1947-04-23-013	'불국민통일'이란 파시스트독재내포	드골의 연설에 대한 반향	1	북조선통신
1947-04-23-014	춘기파종상황	농림국발표 4월 20일현재 파종상황	1	
1947-04-23-015	소위 '정판사위페사건'의 진상을 천하에 폭로함(1)	-『조선주보』 4월 11일호에서 전재-	2	
1947-04-23-016	모두가 환자를 위하여 정성과 친절을 다한다	중앙병원세포	2	하일
1947-04-23-017	심야도 불구 야간 왕진 인민보건에 헌신복무	제1인민병원	2	계홍
1947-04-23-018	함북도당에서 이동강의 조직		2	태화
1947-04-23-019	평북 룡문 룡등 두 탄광 로동자 5.1절증산경쟁운동을 전개		3	한기
1947-04-23-020	5.1절증산운동에 개천 흑연 로동자 궐기		3	윤창순
1947-04-23-021	탄광로동자들 3월중 표준량을 초과생산		3	북조선통신
1947-04-23-022	라남 조기작물 100% 파종		3	정희
1947-04-23-023	평북도내 모범농민 표창		3	정희
1947-04-23-024	토지받은 기쁨 증산에 선봉	강원도 안변군 신모면 이원리 전규전	3	홍범

기사번호	제목(title)	부제목(stitle)	면수	필자, 출처
1947-04-23-025	3천여명의 체육데모	-5.1절시위운동에-	3	인표
1947-04-23-026	식수를 추진하고 산림을 보호	북조선 전체 인민들	3	동천
1947-04-23-027	1.4분기 230% 돌파한 흑연탄광의 로동자들		3	북조선통신
1947-04-23-028	증산보	평남 사동탄광에서	3	희
1947-04-23-029	수로복구에 민청원 궐기	평북 송장면민청에서	3	한규
1947-04-23-030	흉작을 구축하는 관개공사에 착수	당원들은 돌격작업	3	김기형
1947-04-23-031	증산위한 비료수송에 열렬히 싸우는 일군들		3	동천
1947-04-23-032	모범일군들	철도수송에 감투하는 기관구의 민청맹원들	3	정옥
1947-04-23-033	5.1절경축 체육제전	교육국에서	3	북조선통신
1947-04-23-034	추비준비에 김달영씨 열성		3	신관
1947-04-23-035	국제정세개관 반나치의 형식적선언 영미의 통일정부 반대	독일문제	4	신문부
1947-04-23-036	국제정세개관 히틀러이후의 평화위혁 미국의 령토팽창정책	미국의 대희문제	4	신문부
1947-04-23-037	국제정세개관 미국무기로 재편성 간악한 민주세력 절멸책	중국문제	4	신문부
1947-04-23-038	월레스씨 영회의원간에 팔문제 의견 교환		4	북조선통신
1947-04-23-039	전 슬로바키아수상 사형선고		4	북조선통신
1947-04-23-040	파시쓰트독일과의 전쟁은 쏘련농업에 얼마나한 물질적손해를 주었는가?		4	통신부
1947-04-23-041	발아리의 직업동맹	-소피아소식-	4	신시대 11호
1947-04-23-042	라지오		4	
1947-04-23-043	극장		4	
1947-04-24-001	브.므.몰로또브와 드.마샬간에 조선문제에 관한 서한 교환		1	
1947-04-24-002	세계평화와 안전의 보루 조성이 유일목적 몰로또브 쏘련외상 발언	4국 외상회의	1	북조선통신
1947-04-24-003	19일 외상회의	대오조약안을 계속 토의	1	북조선통신
1947-04-24-004	교통운수부문에서 1.4분기예정수자 초과달성	그러나 아직도 부족점이 불소	1	김전
1947-04-24-005	소위 '정판사 위페사건'의 진상을 천하에 폭로함(2)	-『조선주보』 4월 11호에서 전재-	2	
1947-04-24-006	대백과사전 『쏘련』을 발간		2	
1947-04-24-007	북조선로동당 중앙위원회기관잡지 『근로자』 제5호 근일발매		2	
1947-04-24-008	토지개간에 호응 대양수기를 제작	평양기구제작소	2	창숙
1947-04-24-009	축력조직종자를 확보 식수조림을 완료	함남 인흥리농촌세포	2	경석
1947-04-24-010	농촌과 산간벽지 순회	강원도선전대 이동극단	2	홍범
1947-04-24-011	1.4분기 경험 살려 조국건설에	-평양사동탄갱-	3	언철
1947-04-24-012	김일성장군 림석하에 '특별체육의 밤' 성회		3	명덕

기사번호	제목(title)	부제목(stitle)	면수	필자, 출처
1947-04-24-013	애로극복코 5.1절증산	과감돌진하는 성천광산 당원들은 선봉에서 수범	3	능도
1947-04-24-014	자진하여 시간연장코 드디어 계획량을 돌파	성진인민제강조재공장	3	현준극
1947-04-24-015	5.1절의 준비에 평양시민청 활동		3	인표
1947-04-24-016	레닌선생 탄생기념의 밤	조쏘문협강당에서 성회	3	언철
1947-04-24-017	증산보	평양역에서	3	문
1947-04-24-018	우리 민족의 해방을 영원히 기념할 중앙해방탑 5.1절에 제막식		3	인표
1947-04-24-019	길주군민 총 궐기하여 춘파 급속완료에 돌진	4월 18일현재로 대맥 84%	3	김모
1947-04-24-020	5.1절증산을 계기로 장갑을 만들어 로동자들에게	녀성총동맹에서	3	은길
1947-04-24-021	비료를 농촌에	도시녀맹의 미거	3	정옥
1947-04-24-022	5할증산목표로 자급비료를 퇴적	강원 평강군 김만동농민	3	최한
1947-04-24-023	제2회 학도활공훈련반 시업식		3	현석
1947-04-24-024	순천군 목탄생산일군 5.1절증산에 총 궐기		3	명덕
1947-04-24-025	평남도녀맹웅변대회 개최		3	달수
1947-04-24-026	면민들의 열의로 병원진료소 설치	평남도내 농촌 8개 면에	3	달수
1947-04-24-027	축력확보 위하여 가축병원은 방역과 치료에 이렇게 노력		3	김건
1947-04-24-028	쏘영조약개정교섭에 관한 임의의 억측과 사색을 반박	『쁘라우다』지 론평-	4	
1947-04-24-029	'중립법령'변경에 대한 미대통령의 서한 내용		4	따쓰통신
1947-04-24-030	뻬씨 상원토의에서 대희토원조안 반대		4	따쓰통신
1947-04-24-031	련기총회 특별소집		4	따쓰통신
1947-04-24-032	월레쓰씨 성명		4	따쓰통신
1947-04-24-033	주이 미군대 아직도 불철퇴		4	북조선통신
1947-04-24-034	이란련맹위원장구인에 항의메쩨지 살도		4	북조선통신
1947-04-24-035	미국하원에서 반로동법안 통과		4	북조선통신
1947-04-24-036	미국농맹대표 월레스를 지지		4	따쓰통신
1947-04-24-037	중국으로 폭발물 운송		4	따쓰통신
1947-04-24-038	독일 비무장화 비군국화에 관한 조약초안에 대하여	흐브스또브 론평	4	북조선통신
1947-04-24-039	라지오		4	
1947-04-24-040	극장		4	
1947-04-24-041	근일판매!		4	
1947-04-25-001	인민경제발전과 당단체들의 선전선동사업		1	
1947-04-25-002	북조선 쏘련군사령부의 성명		1	
1947-04-25-003	로동자의 증산의욕 치렬하나 정치경제 등 각 방면에 일층 노력 필요	강원도를 시찰한 최창익인민검열국장 담	1	

기사번호	제목(title)	부제목(stitle)	면수	필자, 출처
1947-04-25-004	인민경제발전 위한 당면과업을 토의결정	북조선농맹 제8차중앙위원회	1	공천
1947-04-25-005	국제민주녀맹대의원대회로부터 승리의 군은 신념 가지고 박정애대표 환영리 귀국		1	은길
1947-04-25-006	대오강화조약 기초의 수개조항 심의를 완료	21일의 4국외상대리회의	1	북조선통신
1947-04-25-007	희랍북부 국경사태조사위원회 개최		1	북조선통신
1947-04-25-008	소위 '정판사위페사건'의 진상을 천하에 폭로함(3)	『조선주보』 4월 11일호에서 전재-	2	
1947-04-25-009	인민경제부흥발전과 당원들의 실지적협조 부단한 연구노력결과 전동기창안개조	검덕광산세포 윤룡묵동무	2	경석
1947-04-25-010	물자절약 정신이 철저 철도건설에 일익 부담	평양역세포 명창숙동무	2	하일
1947-04-25-011	상품교류에 헌신 강력한 당원의 책임감	린제소조세포 최승우동무	2	김홍범
1947-04-25-012	150%목표로 매진	-평양곡산공장-	3	
1947-04-25-013	매일 1.5%증산목표로 5.1절증산에 총 궐기	-평남 성흥광산-	3	성히
1947-04-25-014	춘기파종을 앞둔 농촌의 준비	면파종	3	북농기성
1947-04-25-015	삭주농민 파종에 열중		3	영환
1947-04-25-016	4월 20일현재 평남춘기파종 상황	-평남도농림부 발표-	3	
1947-04-25-017	조기작물파종을 완료	-증산에 정진하는 김석진농민-	3	김모
1947-04-25-018	평북 문규복씨 농민에게 퇴비 무상으로 분배		3	정진
1947-04-25-019	흥남역 철도일군 비료수송에 열투		3	경석
1947-04-25-020	애국열과 창발력으로 '워다구렌'수리에 개가	당원 박성종동무의 노력	3	영호
1947-04-25-021	인민정권의 보호밑에 갱생하는 거리의 소년	행복한 생활속에서 일하며 배우며 씩씩하게 자라나는 평양시로 농원 원아들	3	인표
1947-04-25-022	목재생산을 꼭 완수하자	목재관계자회의	3	동천
1947-04-25-023	철로연변에 피마주를 파종	-평양철도부에서-	3	달수
1947-04-25-024	모범일군 책임량을 초과한 빛나는 로동소녀	신의주방직공장의 리화자 조옥녀동무	3	영환
1947-04-25-025	쓰딸린대원수 찌파란수상 친선메쩨지 교환		4	북조선통신
1947-04-25-026	전쏘베트련맹 직맹중앙위원회 제16차확대위원회		4	북조선통신
1947-04-25-027	트리에스트재정조사위원회 보고를 심의	21일 4국외상회의	4	북조선통신
1947-04-25-028	중국정세에 대하여		4	
1947-04-25-029	영애급문제를 유엔에 제소?		4	북조선통신
1947-04-25-030	고 루대통령 기념시민대회		4	북조선통신
1947-04-25-031	중남미주에서 내정간섭 반대		4	따쓰통신
1947-04-25-032	서반아의 파쑈테로		4	따쓰통신
1947-04-25-033	싸흐트 재공판 중범자로 언명		4	따쓰통신

기사번호	제목(title)	부제목(stitle)	면수	필자, 출처
1947-04-25-034	분란신정부 난산		4	따쓰통신
1947-04-25-035	미 중군사 협력		4	따쓰통신
1947-04-25-036	스칸지나비아제국에서 쏘련음악단 공연		4	북조선통신
1947-04-25-037	미국파시즘소식(5)	전후 미국파시즘의 격화	4	통신부
1947-04-25-038	라지오		4	
1947-04-25-039	극장		4	
1947-04-26-001	인민경제계획을 넘쳐 실행하기 위한 증산경쟁운동에 대하여		1	
1947-04-26-002	모쓰크바 3상결정을 집행하려는 노력에 감사	북조선로동당 부위원장 주녕하 동지 담	1	
1947-04-26-003	3상결정을 반대하는 정당사회단체를 협의대상에서 제외하라	북조선민전 서기장 김민산씨 담	1	
1947-04-26-004	민주발전을 보장하는 림시정부를 수립하라	북조선농민동맹 위원장 강진건씨 담	1	
1947-04-26-005	민주제정당 사회단체를 협의대상에 참가시키라	북조선민주당 선전부장 조은상씨 담	1	
1947-04-26-006	진정한 민주정부를 3천만 민족은 바란다	천도교청우당 부위원장 박윤길씨 담	1	
1947-04-26-007	공위사업의 협의에 직맹단체를 참가시키라	북조선직맹위원장 최경덕씨 담	1	
1947-04-26-008	항복이후 일본로동운동의 발전		2	박석정
1947-04-26-009	선거를 앞둔 일본반동의 음모		2	신문부
1947-04-26-010	북조선로동당 중앙위원회기관잡지『근로자』제5호 근일발매		2	
1947-04-26-011	철도수송에 경이적기록! 고원기관구 리춘근 리중근 두 동무	-213호기관차는 흰연기 내뿜으며 힘차게 달린다-	3	현석
1947-04-26-012	신의주팔프와 제지공장 증산경쟁운동을 전개		3	영환
1947-04-26-013	각도 관개공사 활발	농민들의 자발적노력으로	3	동천
1947-04-26-014	5.1절기념 쏘련전람회 평양조쏘문협상설 도서관에서	4월 25일-5월 15일	3	인표
1947-04-26-015	평양시에 국영식료품전문점		3	김전
1947-04-26-016	평남도량정책임자회의		3	달수
1947-04-26-017	춘기파종을 앞둔 농촌의 준비	건묘육성에 대하여(상)	3	희진
1947-04-26-018	황무지개간에 총 궐기 김일성대학생들 감투	학습외의 시간을 리용하여	3	언철
1947-04-26-019	깨끗이 하고 5.1절 맞자	평양시 중구관내에서	3	김전
1947-04-26-020	활발히 진행되는 평남의 방역사업	솔선 예방주사를 맞자	3	
1947-04-26-021	애국투사후원회 직원들의 열성		3	북조선통신
1947-04-26-022	증산으로 5.1절	개천직맹확대위회	3	윤창순
1947-04-26-023	남포시에 국영백화점		3	달수
1947-04-26-024	평양시 남녀중등교 대항 구기대회		3	인표

기사번호	제목(title)	부제목(stitle)	면수	필자, 출처
1947-04-26-025	우수품 200% 생산하자	-평양공화농구제작소-	3	명덕
1947-04-26-026	모범일군들	농촌과 공장에 핀 세 처녀의 모범담	3	정옥
1947-04-26-027	모범일군들	전기용접기 만든 김두벽 고창재 두 동무	3	현준극
1947-04-26-028	오태리복구조약안 심의	4월 20일 부외상회의	4	따쓰
1947-04-26-029	괴뢰 동인도네시아국회	쎄레베스주민 반대성명	4	북조선통신
1947-04-26-030	미국진보적정객 영국에 서한 송부		4	따쓰통신
1947-04-26-031	이.유 량국간 경제협약 조인		4	따쓰통신
1947-04-26-032	트대통령의 희랍원조안 미인민 대다수 절대반대		4	북조선통신
1947-04-26-033	라틴아메리카내정에 미국의 간섭정책 반대		4	북조선통신
1947-04-26-034	영국전투기 수백대 토이기정부 공수	데일리 그레피크지에서	4	따쓰통신
1947-04-26-035	모쓰크바항공구락부 개관		4	북조선통신
1947-04-26-036	이란직총 위원장 루스타씨구인사건 론평		4	북조선통신
1947-04-26-037	련기서기국 성명		4	따쓰통신
1947-04-26-038	미군해공무력을 희랍에서 대시위		4	따쓰통신
1947-04-26-039	대일배상에 대한 자국안 급속 제출	극동위원회에서 가결	4	북조선통신
1947-04-26-040	중국민주련맹위원 감석방교섭 실패		4	북조선통신
1947-04-26-041	팔레쓰치나정세		4	
1947-04-26-042	라지오		4	
1947-04-26-043	극장		4	
1947-04-26-044	정로철공소		4	
1947-04-27-001	농산물의 파종은 과학적립장에서		1	
1947-04-27-002	민주청년단체를 모두 공위협의에 참가시키라	북조선민청위원회 김욱진씨 담	1	
1947-04-27-003	민주개혁을 실시할 림시정부를 수립하라	북조선녀맹 위원장 박정애씨 담	1	
1947-04-27-004	조선인민들의 의사를 정당하게 반영시키라	북조선문예총 부위원장 안막씨 담	1	
1947-04-27-005	민주사회를 이룰 정부수립을 원망	평양기구 로동자 우상준씨 담	1	
1947-04-27-006	농민을 해방할 정부를 세우라	강서군 쌍룡면 다족리 농민 리문식씨 담	1	
1947-04-27-007	민전로선의 정당성을 인민은 더욱 확인	남조선민전 부의장 홍남표씨 담	1	
1947-04-27-008	민주정당단체를 광범히 포섭하라	남로당 중앙위원회 성명	1	
1947-04-27-009	3상결정을 전복하려던 반동의 야망 분쇄	전평문화부장 조맹규씨 담	1	
1947-04-27-010	충심으로 축하	전농 성명	1	
1947-04-27-011	프랑코 서반아 백색테로 부절		1	북조선통신
1947-04-27-012	10만키로무사고주행돌파에 로동당원들의 선봉적역할	평양철도기관구	2	리창협
1947-04-27-013	공장 농촌 세포학습자료 제25, 북조선로동당 중앙본부선전선동부 당교양과	로동당의 규약과 강령	2	

기사번호	제목(title)	부제목(stitle)	면수	필자, 출처
1947-04-27-014	축력과 로력을 총 동원	길주 춘계파종을 완료	2	박태화
1947-04-27-015	평남도당 제27차상무위원회		2	하일
1947-04-27-016	민주주의월남공화국 헌법		2	통신부
1947-04-27-017	경지면적의 개량확장	각도에서 활발히 진행	3	성택, 달수, 김전, 동천, 영환, 경석, 정희, 김준호
1947-04-27-018	수송량돌파에 원산철도 궐기		3	홍범
1947-04-27-019	납세성적 평남이 수위		3	달수
1947-04-27-020	가마니헌납의 봉화 올린 엄농민 표창	북조선인위 농림국	3	동천
1947-04-27-021	5.1절 앞두고 증산에	데모도 준비하는 평양기구	3	인표
1947-04-27-022	5.1경축 평양시남녀학생구기대회 개막		3	인표
1947-04-27-023	5.1절기념의 밤	5월 1일 평양3.1극장	3	
1947-04-27-024	황해 금천군 5.1절 준비		3	긴모
1947-04-27-025	5.1절을 증산으로 기념하자	흥남공장과 광산.철도 3각 경쟁	3	정희
1947-04-27-026	춘기파종을 앞둔 농촌의 준비	건묘육성에 대하여(중)	3	희진
1947-04-27-027	대오강화조약을 토의 4국위원회설치에 합의	24일 외상회의 경과	4	북조선통신
1947-04-27-028	대오강화조약초안 토의	24일 부외상회의	4	북조선통신
1947-04-27-029	대독강화조약에 관한 부외상 보고를 토의	23일 4국외상회의	4	북조선통신
1947-04-27-030	서전공사 신임장 몰로또브씨 접수		4	북조선통신
1947-04-27-031	희랍전투상황		4	따쓰통신
1947-04-27-032	트리에스트군정당국 반파쑈단체 건물 접수		4	북조선통신
1947-04-27-033	미국반로동법령을 반대	2개 로동단체 합류 농후	4	북조선통신
1947-04-27-034	유고슬라비아 5개년계획 채택		4	따쓰통신
1947-04-27-035	독립을 파는 차관은 불응 인민경제부흥은 자력해결	불가리아인민회의 의장 연설	4	북조선통신
1947-04-27-036	4상회의에 메쎄지 발송	쁘리에몰리에군중대회	4	북조선통신
1947-04-27-037	독일자문위원회는 당연히 대표적기관이 되어야 한다		4	통신부
1947-04-27-038	일본내각대신 추방자 속출		4	북조선통신
1947-04-27-039	미국파시스트 소식(6)	미국파쑈단들은 미국재벌의 지원을 받고있다	4	통신부
1947-04-27-040	동인도네시아 '국회'소집		4	따쓰통신
1947-04-27-041	독 석탄 수출 영미불 협약		4	따쓰통신
1947-04-27-042	중국기자 당호항 방문	미주둔 해군측 거부	4	북조선통신
1947-04-27-043	미하원 외부위원회 수석 이똔씨 성명		4	따쓰통신
1947-04-27-044	쏘련점령 독일나치숙청 진보		4	북조선통신
1947-04-27-045	극장		4	
1947-04-27-046	라지오		4	
1947-04-27-047	근일판매!		4	

기사번호	제목(title)	부제목(stitle)	면수	필자, 출처
1947-04-27-048	동경민주부인협회 결성대회		4	북조선통신
1947-04-29-001	몰로또브와 마샬간의 조선문제에 관한 서한교환에 대하여		1	
1947-04-29-002	참다운 민주조선을 이루어줄것을 믿는다	천도교북조선 종무원장 리근섭씨 담	1	
1947-04-29-003	3상회의결정에 의한 정부 수립을 확신	문화인 안함광씨 담	1	
1947-04-29-004	로동녀성 해방할 정부수립을 기대	평양고무공장 녀직공 박선박씨 담	1	
1947-04-29-005	민주주의정부를 우리는 요망한다	평양특별시도서관장 김윤섭씨 담	1	
1947-04-29-006	민주교육 실시할 정부 수립을 요망	김일성대학 학생 차일평군 담	1	
1947-04-29-007	민주주의문화건설에 매진하자	일본민주주의문화련맹에서 북조선문학예총에 메쎄지	1	북조선통신
1947-04-29-008	만포기관구 체화를 일소		1	박철
1947-04-29-009	일본신헌법에 대하여		1	
1947-04-29-010	인민경제부흥발전과 당원들의 실지적 협조	10만키로무사고주행에 평양기관구 모범당원들	2	하일
1947-04-29-011	맛있고 값싼 간장 제조 량곡절약에 공헌	평양장유공장 김익찬동무	2	명덕
1947-04-29-012	버림받은 합판호 재생	중암목재공장 세 동무	2	박철
1947-04-29-013	1/4반기 채탄책임량 160%를 완수	김원철동무	2	김준호
1947-04-29-014	시간외 특별작업	본궁공장 조의면동무	2	함남
1947-04-29-015	종자량곡을 솔선 헌출 조기작물파종을 완료	단천군 리중면 신덕리 당원들	2	함남
1947-04-29-016	녕변 외성동 적기파종 완료		2	리
1947-04-29-017	북조선로동당 중앙위원회기관잡지『근로자』제5호 근일발매		2	
1947-04-29-018	공장, 농촌 세포학습자료 제26, 북조선로동당 중앙본부 선전선동부 당교양과	로동당의 규약과 강령	2	
1947-04-29-019	전종업원의 애국적열투로 무사고정시운전 101%	양덕철도기관구 일군들	3	특파원 김명덕
1947-04-29-020	매월 상승하는 수리성적	회령철도기관구 일군들 감투	3	심철
1947-04-29-021	증산보	평양역두에서	3	희
1947-04-29-022	파종하는 농민…	강원도 양양	3	
1947-04-29-023	5.1절 앞두고 대맥파종 120%이상 초과완수	-평남 룡강군 해운면 현지보고-	3	
1947-04-29-024	리종학농민 종곡을 분여	황해도 벽성군 고산면 원평리에서	3	박천우
1947-04-29-025	불조심	평남도인민위원회 회의실에서	3	정숙
1947-04-29-026	조기작물파종 95%	강원 양양군내 농민들	3	김홍범
1947-04-29-027	벼파종의 제반 준비 완료	평양시 문수리농민들	3	동천
1947-04-29-028	춘기파종을 앞둔 농촌의 준비	건묘육성에 대하여(하)	3	희진
1947-04-29-029	대오불일치조항 토의	24일 부외상회의	4	북조선통신
1947-04-29-030	영군주둔지대에서 신파쑈단체 활약		4	따쓰통신

기사번호	제목(title)	부제목(stitle)	면수	필자, 출처
1947-04-29-031	인도네시아전투상황		4	따쓰통신
1947-04-29-032	쏘련지극탐험대 신어족 발견		4	북조선통신
1947-04-29-033	일본참의원선거 투표자는 절반		4	북조선통신
1947-04-29-034	트루맨의 국회교서와 조선		4	통신부
1947-04-29-035	슬로웨니야까린찌야주민	유고국에 련합운동 치렬	4	따쓰통신
1947-04-29-036	미군점령 독일정세	『쁘므』지 론평	4	따쓰통신
1947-04-29-037	일본 제1차배상 군함 6척 지정		4	북조선통신
1947-04-29-038	파독국경설정에 관한 포츠담결정 재검토안에 반대함		4	통신부
1947-04-29-039	이라크의 정책을 알리와딴지 론평		4	따쓰통신
1947-04-29-040	유고슬라비야정부 5개년계획법안 채택		4	북조선통신
1947-04-29-041	브라질에서 공산당탄압		4	따쓰통신
1947-04-29-042	이유간 상업 및 경제협약 조인		4	북조선통신
1947-04-29-043	라지오		4	
1947-04-29-044	근일판매!		4	
1947-04-30-001	상임의원회결정서 제12호 북조선인민회의 제4차 상임의원회 결정	북조선인민회의 상임의원회 표창장 제정에 관하여	1	
1947-04-30-002	국제직련 대표 선정코저 전평전형위원 5씨 선출		1	북조선통신
1947-04-30-003	국제직업련맹에서 5.1절호소문 발표		1	북조선통신
1947-04-30-004	5.1절표어(추가)	북조선 및 평양특별시 5.1절기념공동준비위원회	1	
1947-04-30-005	북조선에서와 같은 민주정권 수립을 기대	북조선기독교련맹 위원장 박상순씨 담	1	
1947-04-30-006	예술을 무기로 조국건설에 공헌	국립극장 교양부장 서만일씨 담	1	
1947-04-30-007	3상결정의 구체화를 확신	북조선로동당 중앙당학교 학생 박병균동무 담	1	
1947-04-30-008	민주조선실현에 공위의 진력 요망	상업가 리성룡씨 담	1	
1947-04-30-009	근로인민의 행복 도모할 정부 수립을 요망	공업련맹 시험공 박기복씨 담	1	
1947-04-30-010	쏘련정부의 원조에 깊이 감사	북조선중앙병원 의사 홍병두씨 담	1	
1947-04-30-011	모쓰크바외상회의 폐막	차기 회의는 11월 런던에서	1	북조선통신
1947-04-30-012	외상회의 합의사항은 4개국 일치보조에 기여	몰로또브 쏘련외상 언명	1	북조선통신
1947-04-30-013	당성을 강화함으로써 당사업을 보장하자		1	
1947-04-30-014	가마니짜는 기계	최부헌씨 창안	1	경석
1947-04-30-015	주이련합국 로마시위운동을 위구		1	북조선통신
1947-04-30-016	자재부족의 구실 일소 1.4반기 126% 돌파	원산철도검차구 세포	2	김홍범
1947-04-30-017	방대한 전기기구 생산 찬란한 공장의 건국실	전기처 제작소세포	2	창숙
1947-04-30-018	기계를 제몸같이 애호 '36생산협의회' 조직	조선산소세포	2	라득준
1947-04-30-019	종전의 불명예를 만회 생산성적은 일익 향상	사리원방직세포	2	계홍
1947-04-30-020	태농일소에 선두 수범 조기작물파종을 완료	나남 수부리 농촌세포	2	현준극
1947-04-30-021	세포회의는 이렇게 하자	명천 하월동세포의 모범	2	하일
1947-04-30-022	민주주의인민의 명절		2	통신부
1947-04-30-023	5.1절기념 정시주행에 신의주기관구 계획량돌파에 매진		3	영환
1947-04-30-024	토지개간수리공사에 열성내는 중화군농민		3	태석
1947-04-30-025	증산의욕이 날로 제고	5.1절 앞둔 사리원방적로동자들	3	성섭
1947-04-30-026	조쏘문협의 5.1절맞이		3	정숙
1947-04-30-027	축수금인출기를 만든 정택빈동무		3	달수
1947-04-30-028	평남도 춘기파종상황(평남도농림부발표)		3	달수
1947-04-30-029	춘기파종을 앞둔 농촌의 준비	함남도에서 실시중인 수도온상재배법	3	함남도농산부
1947-04-30-030	변압기수선에 개가 올린 청진수성변전소 일군들		3	현준극
1947-04-30-031	5.1절증산 130%	-농업간부양성소생들의 분투-	3	중선
1947-04-30-032	5.1절경축 축구륙상경기		3	인표
1947-04-30-033	잡곡류파종 시작 채소는 거의 완료	평양시 주변농민들	3	김전
1947-04-30-034	5.1절기념 무료공연	5월 1일 평양시내 각 극장에서	3	정숙
1947-04-30-035	농민들 자력으로 황무지를 개답	황해도 벽성군 장곡면 회산리에서	3	정희
1947-04-30-036	녀맹원들이 파종에 협력	황해도 송화군 풍천녀성동맹에서	3	재규
1947-04-30-037	시정강화에 리 구 반장들 책임완수 맹세	평양특별시인민위원회	3	김전
1947-04-30-038	운탄에 자진참가	녀맹원들이 분투	3	은길
1947-04-30-039	5.1증산	평양곡산공장에서	3	희진
1947-04-30-040	5.1절을 앞둔 남포시		3	중선
1947-04-30-041	국립촬영소의 5.1절맞이		3	정숙
1947-04-30-042	모범일군들 '카바이트'안전등 만든 궁심탄광 세 동무	함북 회령군 화풍면 궁심탄광 항내 채탄로동자들	3	심철
1947-04-30-043	모범일군들 창의로 원료 해결	회령제지 윤재현동무	3	
1947-04-30-044	정로철공소		3	
1947-04-30-045	민주세력결집 주장	넨니씨 로마에서 연설	4	북조선통신
1947-04-30-046	라마에서 영군 비법행동		4	따쓰통신
1947-04-30-047	영국철퇴 등 요구	트란스욜다니아 자유청년동맹 전국대회	4	북조선통신
1947-04-30-048	나치의 독아에 희생	전 독일공산당 당수 테르만 피살경위 판명	4	북조선통신
1947-04-30-049	윈나경찰은 나치스의 방파제	윈나부시장 도피리면 폭로	4	북조선통신
1947-04-30-050	파레스치나문제에 대하여 씨리야.레바농량국탄원	유엔서기국 발표	4	북조선통신
1947-04-30-051	경제위기책임은 누구	애틀리 처칠 회피상쟁	4	북조선통신

기사번호	제목(title)	부제목(stitle)	면수	필자, 출처
1947-04-30-052	비밀무기고 분란에서 발견		4	따쓰통신
1947-04-30-053	발깐조사단 서류 분실		4	북조선통신
1947-04-30-054	쏘련아까데미탐사위원회 개최		4	북조선통신
1947-04-30-055	미공화당 대통령 후보대회지 결정		4	북조선통신
1947-04-30-056	대만에 총독제 폐지		4	북조선통신
1947-04-30-057	독일의 분렬은 누구에게 유리한가		4	신문부
1947-04-30-058	라지오		4	
1947-04-30-059	극장		4	
1947-04-30-060	북조선로동당 중앙위원회기관잡지『근로자』제5호 근일발매	중요내용-(반가35원)	4	
1947-04-30-061	광고		4	
1947-04-30-062	모쓰크바산업기관 1, 4반기계획 완수		4	따쓰통신
1947-05-01-001	5.1절을 맞이하여		1	
1947-05-01-002	5.1절기념보고대회	북조선 및 평양시 5.1절기념공동준비위원회에서 개최	1	언철
1947-05-01-003	평양특별시 5.1절기념 보고대회에서의 북조선주둔 쏘련군사령부 대표 레베제브소장의 축사		1	
1947-05-01-004	(생산증산으로써 5.1절을 맞이하자)		1	
1947-05-01-005	5.1절기념보고 주녕하	5.1절기념보고대회에서	2	
1947-05-01-006	5.1절기념 직장보고대회	평양철도기관구, 평양사동탄광, 평양곡산공장, 평양연초공장, 김일성대학에서	3	회진, 문진, 현석, 정숙, 언철
1947-05-01-007	전세계 근로인민의 명절	마음껏 기념하자 오늘 5월 1일!	3	현석
1947-05-01-008	5.1절기념 돌격의 목표를 향하여 기관차는 달린다	평남 양덕철도기관구에서	3	
1947-05-01-009	파종 마친 농민 수리공사 착수	함북 회령면 료동리에서	3	심철
1947-05-01-010	평양시의 농민들 휴한황무지 개간	예정의 55% 수행	3	동천
1947-05-01-011	진보적민주주의의 국제명절		3	통신부
1947-05-01-012	외상리사회 최종회의 미결안 4국 특별위원회에 일임	쏘련의 후대에 각 대표 감사 표시	4	북조선통신
1947-05-01-013	독영미점령지 운영조정에 베빈 출마?	뉴-스 크로니클지기자 론평	4	북조선통신
1947-05-01-014	알바니아민주건설 진전	스탠쿠토프공사 귀환 담	4	북조선통신
1947-05-01-015	반로동법령 반대		4	따쓰통신
1947-05-01-016	월레스씨 불국에서 연설		4	따쓰통신
1947-05-01-017	카린치아의 정당한 요구를 위해 투쟁	첼로바크녀성반파쑈전선에서 유-고부수상에게 결의 전달	4	북조선통신
1947-05-01-018	홍아리수도 해방기념비		4	따쓰통신
1947-05-01-019	쏘중친선을 방해하는자		4	
1947-05-01-020	쏘련 미국간 정기항로 개시		4	북조선통신
1947-05-01-021	쏘련영화소개 련대의 아들	경개	4	현석

기사번호	제목(title)	부제목(stitle)	면수	필자, 출처
1947-05-01-022	쏘련예술작품 유고에서 호평		4	북조선통신
1947-05-01-023	일본은 반동파의 락원	맥아더정책을 비난	4	북조선통신
1947-05-01-024	드골의 야망을 월레스씨 공격		4	북조선통신
1947-05-01-025	북조선로동당 중앙위원회 기관잡지『근로자』제5호 근일발매		4	
1947-05-01-026	광고	상업물자관리소	4	
1947-05-04-001	평양특별시 5.1절기념 군중대회에서 쓰딸린대원수에게 드리는 메쩨지		1	
1947-05-04-002	북조선인민회의와 북조선인민위원회에 보내는 메쩨지	평양특별시 5.1절경축대회	1	
1947-05-04-003	5.1절기념 군중대회에서 북조선주둔 쏘련군사령관 꼬로뜨꼬브중장의 축사		1	
1947-05-04-004	5월의 창공하 천지를 진감하는 30만 대중의 환호!	평양특별시 5.1절기념 군중대회의 장관	1	현석
1947-05-04-005	개회사 최경덕	평양특별시 5.1절경축대회에서	1	
1947-05-04-006	축사 북조선민전대표 최용건	평양특별시 5.1절경축대회에서	1	
1947-05-04-007	평양시 5.1기념군중대회 주석단		2	
1947-05-04-008	동대회에 참가한 30만대군중의 일부		2	
1947-05-04-009	축사 북조선인민위원회 부위원장 김책	평양특별시 5.1절경축대회에서	2	
1947-05-04-010	축사 직총위원장 최경덕	평양특별시 5.1절경축대회에서	2	
1947-05-04-011	국제생활에서	만체스터-까드인지의 선견지명	2	
1947-05-04-012	드골의 사절 워싱톤방문설		2	북조선통신
1947-05-04-013	몰로또브외상 각국 외상 회견		2	북조선통신
1947-05-04-014	공장, 농촌세포 학습자료 제27, 북조선로동당 중앙본부 선전선동부 당교양과	로동당의 규약과 강령	2	
1947-05-04-015	해방탑, 제막사를 랑독하는 김두봉선생, 시위행렬대의 선두와 시위군중		3	
1947-05-04-016	30만의 5.1시위행렬	오늘 해방탑제막식도 함께	3	일권
1947-05-04-017	각지의 5.1절행사	개천, 풍천, 신안주에서	3	재규도, 중선
1947-05-04-018	이동예술대 평남각지 순회		3	달수
1947-05-04-019	흥남인민공장		3	
1947-05-04-020	해방탑제막사 김두봉	해방탑제막식에서	3	
1947-05-04-021	북조선주둔 쏘련군 대표의 답사	해방탑제막식에서	3	
1947-05-04-022	예정보다 10일 앞서 비료출하를 완료	흥남공장의 애국돌격운동	3	북조선통신
1947-05-04-023	제2.4분기 맹진격 계속		3	북조선통신
1947-05-04-024	우리 공원을 애호합시다	-위안의 휴계소인 공원을-	3	
1947-05-04-025	증산에 힘쓰는 림죽송동무	신의주방직공장 정방지도원	3	영환
1947-05-04-026	5개년계획의 중요성을 강조	인민회의에서 치또원수 연설	4	북조선통신
1947-05-04-027	베르트파란대통령 경제부흥을 지적	-기자단회견석상에서-	4	북조선통신
1947-05-04-028	지주 부농의 부정판매로 독영점령지대 식량위기		4	북조선통신

기사번호	제목(title)	부제목(stitle)	면수	필자, 출처
1947-05-04-029	쏘분과학연구회 쏘련의학자 초청		4	북조선통신
1947-05-04-030	일본공산당 야판 덕전량씨 당선		4	북조선통신
1947-05-04-031	홍아리외교관 반정부음모로 시민권 박탈		4	북조선통신
1947-05-04-032	쏘련의 각 공장 생산돌격으로 5.1절을 기념		4	북조선통신
1947-05-04-033	장래독일은 당연히 어떤 국가래야 될것인가		4	통신부
1947-05-04-034	애치슨씨 사임설		4	북조선통신
1947-05-04-035	희빨찌산부대 헌병중대 격파		4	북조선통신
1947-05-04-036	라지오		4	
1947-05-04-037	극장		4	
1947-05-04-038	광고	상업물자관리소	4	
1947-05-05-001	예술가, 모범로동자, 농민에게 북조선인민회의 상임의원회 표창장 증여		1	
1947-05-05-002	조국건설에 빛나는 역군 영예의 표창식		1	김전
1947-05-05-003	어린이 날에 제하여		1	
1947-05-05-004	평남도와 평양시 공동표창식	모범로동자 23명 모범직장 6개소 표창	1	달수
1947-05-05-005	1등상 획득한 성천 성흥광산		1	달수
1947-05-05-006	특등상에 빛나는 당원 심두섭동무	남포제련소의 열성일군	1	달수
1947-05-05-007	휴한지개간으로 증산에 감투하는 황해 봉산 문구리 농민		1	승관
1947-05-05-008	칼.맑스탄생 129주년		2	
1947-05-05-009	쏘련의 출판기념일		2	
1947-05-05-010	인민경제발전계획과 북조선호안원의 임무		2	내무국 채정보
1947-05-05-011	신5개년계획의 제2년		2	신문부
1947-05-05-012	나무같이 건강하고 수풀같이 무성하게 씩씩하게 자라라 우리 어린이들		3	은길
1947-05-05-013	어린이 날 기념보고대회	평양제14인민학교	3	인표
1947-05-05-014	체차일소 수송책임량 돌파코 무사고정시주행에로 총진군	수송경쟁으로 고원철도일군 감투	3	김명덕특파원
1947-05-05-015	5.1절 맞아 근로인민에게 극장을 제공		3	중선
1947-05-05-016	문천탄광의 모범로동자 한승조동무		3	준호
1947-05-05-017	김일성장군에게 감사의 선물을	-어린이 날을 기해 소년단에서-	3	김경환
1947-05-05-018	휴일을 리용하여 로동자들이 공사	직업동맹 신의주시련맹산하 26개 공장 로동자 500명	3	영환
1947-05-05-019	수송경쟁에 응전	함흥철도 총궐기	3	경석
1947-05-05-020	승리의 기폭	송, 5.1절	3	리정구
1947-05-05-021	1.4분기 140%로 표창받은 강원 창도 중정석광산 150%를 목표로		3	김홍범
1947-05-05-022	황해도 각 생산기업장 5.1기념증산에 돌격		3	본사특파원 한계홍

기사번호	제목(title)	부제목(stitle)	면수	필자, 출처
1947-05-05-023	함흥 중요광산 1.4반기 초과		3	정희
1947-05-05-024	장전면민들 개간사업에		3	최치목
1947-05-05-025	4월 30일현재 평남도 춘기파종 상황	평남도농림부 발표	3	달수
1947-05-05-026	5.1기념 야간돌격으로 평남수리공사 크게 진척		3	중선
1947-05-05-027	수확고 높일 관개공사 나날이 활발하게 전개		3	성택
1947-05-05-028	벼파종 완료	평양시 미림리 농민	3	동천
1947-05-05-029	문맹퇴치에 애국투사 활약	함북 학성군 학성면 송죽리 송평촌 김현묵선생	3	동천
1947-05-05-030	비도의 '동격개정'안은 미식민정책의 립법화		4	
1947-05-05-031	서부독일점령 당국의 무역정책		4	신시대
1947-05-05-032	독일국가건설문제		4	
1947-05-05-033	국제생활에서	영국 미국 정책의 '신방향'	4	
1947-05-05-034	라지오		4	
1947-05-05-035	극장		4	
1947-05-06-001	우리 인민은 민주주의자주독립국가를 요망한다		1	
1947-05-06-002	붉은 광장의 대시위 행진	모쓰크바의 5.1절	1	북조선통신
1947-05-06-003	희랍직맹 5.1절 기회로 24시간로동 페지 요구		1	
1947-05-06-004	영국외교정책 변경결의문 제출	갱부국민동맹 지부장이	1	북조선통신
1947-05-06-005	평등임금지불 영녀직맹 결의		1	북조선통신
1947-05-06-006	남조선민주청년동맹 국제민주청년련맹 가맹	남조선민청위원장 담화 발표	1	북조선통신
1947-05-06-007	반로동법률제정 항의	미국에서 대시위운동	1	북조선통신
1947-05-06-008	트루맨법안 승인	미국하원 외무위원회	1	북조선통신
1947-05-06-009	삼보광산에서 증산에 돌진		1	정운성
1947-05-06-010	부존느이원수 열병하에 모쓰크바수위군 관병식		1	북조선통신
1947-05-06-011	5.1절 관병식에서 부존느이원수 연설		1	북조선통신
1947-05-06-012	민주건설에 있어서 북조선직업동맹의 역할과 과업		2	김일
1947-05-06-013	안주수리공사의 협조방침을 결정	평남도당 제28차상무위원회	2	하일
1947-05-06-014	자재난극복 공장복구	청진방적 정통하동무	2	현준극
1947-05-06-015	공장, 농촌세포 학습자료 제28, 북조선로동당 중앙본부 선전선동부 당교양과	로동당의 규약과 강령	2	
1947-05-06-016	페품회수와 물자애호	록주석채취량 237%	2	허용기
1947-05-06-017	5.1절기념사진전	함흥시에서 5월 10일까지	2	경석
1947-05-06-018	5.1증산보	평양자동차공장에서	3	현
1947-05-06-019	황해도 모범로동자 표창	중앙표창 6명.도표창 36명	3	정희

기사번호	제목(title)	부제목(stitle)	면수	필자, 출처
1947-05-06-020	비료농기구 걱정 해소 83% 이미 배포 완료	평남의 비료수송농구제작 활발	3	동천
1947-05-06-021	표창에 빛나는 모범일군들 북조선인민회의 상임의원회상 수상자 박원술동무	평남 신창탄광 채탄부	3	달수
1947-05-06-022	문천탄광의 종업원들이 폐광을 복구		3	김준호
1947-05-06-023	희천기관구 동무들 분투		3	한기
1947-05-06-024	당원 손익도동무	-모범농민으로-	3	박
1947-05-06-025	생산률 최고 280%	개천류화철광의 네 모범일군	3	윤창순
1947-05-06-026	수마를 물리쳐 증산에 이바지할 흥남 룡령천개수공사 기공식 거행		3	경석
1947-05-06-027	노는 날을 리용 남의 소를 빌려 경작을 완료	황해도 송림시 오류리에 거주하는 김형국	3	시당박
1947-05-06-028	어린이 날 경축연예대회 성황	-평양시녀맹 주최로-	3	은길
1947-05-06-029	공장의 복구를 위하여 목공일군들 적극 협력	삼성목공소 종업원들	3	현준극
1947-05-06-030	성진내화물공장 4월계획량 돌파		3	김응겸
1947-05-06-031	1만여민중 증산을 맹세	5.1절기념 고원군민중대회	3	본사특파원 김명덕
1947-05-06-032	증산위해 노력 경주하는 농사시험장의 감투보		3	동천
1947-05-06-033	근로인민의 국제적명절 세계각국에서 성대히 기념		4	따쓰통신
1947-05-06-034	배상 지불치 않는 한 계속 독일점령 강조	-국가주년기념일에 불부수상 연설-	4	북조선통신
1947-05-06-035	트리에스트 영군당국 유고에 전범자를 인도		4	북조선통신
1947-05-06-036	모쓰크바시창건 8백년 기념행사 프라-그에서 거행		4	북조선통신
1947-05-06-037	일본중의원 선거결과		4	북조선통신
1947-05-06-038	중국민주동맹 장정부를 통난		4	북조선통신
1947-05-06-039	채탄기술자들과 젊은 광부들의 대면	쏘련	4	따쓰통신
1947-05-06-040	상해에 범죄자 격증	원인은 생활난	4	북조선통신
1947-05-06-041	흑해연안의 어획 풍부		4	크라쓰노다르통신
1947-05-06-042	영애상의조정에 미국이 적극 출마		4	북조선통신
1947-05-06-043	국제생활에서	중국딸라의 액화	4	
1947-05-06-044	모쓰크바 4국외상리사회 페막		4	통신부
1947-05-06-045	마샬씨 워신톤 도착		4	북조선통신
1947-05-06-046	중학교에서 론리심리교수		4	따쓰통신
1947-05-06-047	광고	상업물자관리소	4	
1947-05-06-048	라지오		4	
1947-05-06-049	극장		4	
1947-05-07-001	쏘미공위재개 앞두고 북조선인민회의 개최		1	

기사번호	제목(title)	부제목(stitle)	면수	필자, 출처
1947-05-07-002	상임위원회 결정서 제19호 북조선인민회의 제6차상임위원회 결정	북조선인민회의 소집에 관하여	1	
1947-05-07-003	북조선인민회의 소집에 대한 고시		1	
1947-05-07-004	민주주의민족통일전선을 가일층 강화하자		1	
1947-05-07-005	새 조선의 훌륭한 사람이 되여라	해방후 두번째 맞이한 어린이날 김일성위원장 어린이들을 격려	1	현석
1947-05-07-006	어린이날을 맞으며 김일성장군에게 드리는 말씀	어린이대표 평양제4인민학교 6학년생	1	
1947-05-07-007	모쓰크바결정에 립각하라 신의주시 마전동 농민 류인수씨 담	브.므.몰로토브와 드.마샬간의 조선문제에 관한 서한 교환의 반향	1	최영환
1947-05-07-008	량국대표의 적극 협조를 기대 신의주 평북중공업사 로동자 김내수씨 담	브.므.몰로토브와 드.마샬간의 조선문제에 관한 서한 교환의 반향	1	
1947-05-07-009	반동파에 대한 경각심을 높이자 평북문예총 위원장 장기제씨 담	브.므.몰로토브와 드.마샬간의 조선문제에 관한 서한 교환의 반향	1	
1947-05-07-010	5.1절 기념 증산돌격과 우리 당원들의 모범 작용		2	하일
1947-05-07-011	5.1절기념 돌격으로 원산 철도 135% 돌파		2	김흥범
1947-05-07-012	고도의 창발성을 발휘	평양시 전교통의 원활 보장	2	창숙
1947-05-07-013	5.1절기념 증산경쟁	길주팔프공장 청방에 도전	2	이효순
1947-05-07-014	강철같은 규률밑에서	해주제련 증산왕좌 획득	2	계홍
1947-05-07-015	곤난애로 타개에 솔선	신의주 철도보선에 정신	2	영환
1947-05-07-016	길주역구내 대합실 수리		2	박태화
1947-05-07-017	녀학생들의 따뜻한 선물	안주녀자중학교에서	2	달수
1947-05-07-018	브.므.몰로토브와 드.마샬간의 조선문제에 관한 서한 교환의 반향		2	리창욱
1947-05-07-019	중앙당학교 제3회졸업식 거행		2	김종윤
1947-05-07-020	김일성위원장께 올리는 편지	평양곡산공장 종업원일동	3	
1947-05-07-021	평북 모범 로동자 농민 표창	직장 3.로동자 22명.농민 9명	3	최영환
1947-05-07-022	모범일군 좌담회	표창에 빛나는 오늘의 감사를 인민경제완수에로 더한층 전진	3	언철
1947-05-07-023	각지 5.1절경축대회	신의주, 해주, 송림에서	3	최영환, 정희, 박
1947-05-07-024	고원기관구 5.1절 경쟁	당원들이 모범적으로 분투	3	김명덕 본사특파원
1947-05-07-025	5.1절 증산경쟁에 돌진하는 고원기관구 일군들		3	
1947-05-07-026	과학	쏘련의 라지오기념일	3	신문부
1947-05-07-027	근로인민의 국제적명절 세계각국에서 성대히 기념		4	따쓰통신

기사번호	제목(title)	부제목(stitle)	면수	필자, 출처
1947-05-07-028	루마니야의 토지개혁의 결과		4	따쓰통신
1947-05-07-029	프랑코제도와 미영반동정계		4	따쓰통신
1947-05-07-030	로동자학살에 항의	이태리로총 총파업	4	북조선통신
1947-05-07-031	오태리에서의 미국계획		4	따쓰통신
1947-05-07-032	국제생활에서	파레스틴문제	4	
1947-05-07-033	체코슬로바키아 인민경제부흥발전에 관한 2개년계획		4	신시대 14호
1947-05-07-034	인도에 요란 발생		4	따쓰통신
1947-05-07-035	쏘련전쟁포로 참살한 독일비밀경찰대원 심문		4	따쓰통신
1947-05-07-036	라지오		4	
1947-05-07-037	극장		4	
1947-05-08-001	제 민주개혁의 성과를 공고히 함으로써 인민의 복리를 보장하자		1	
1947-05-08-002	북조선민주청년동맹 국제민청련맹 가입 결정	국제청년제에 참가를 정식 초청	1	
1947-05-08-003	세계민주청년들의 동등한 일원으로 투쟁	북조선민청 위원장 김욱진씨 담	1	
1947-05-08-004	쁘라그국제청년 제 위원회에서 북조선민청에 온 초청장		1	
1947-05-08-005	남조선민청에서 민청제전에 참가		1	북조선통신
1947-05-08-006	3상결정실현을 량국정부에 요망 강원도민전 서기장 권무룡씨 담	브.므.몰로또브와 드.마샬간의 조선문제에 관한 서한 교환의 반향	1	
1947-05-08-007	민주력량집결 민주정부수립에 매진 황해도 농맹 조직부장 오회근씨 담	브.므.몰로또브와 드.마샬간의 조선문제에 관한 서한 교환의 반향	1	
1947-05-08-008	민주주의형태의 정부 수립을 요망 청진기관구 수차수 채용갑씨 담	브.므.몰로또브와 드.마샬간의 조선문제에 관한 서한 교환의 반향	1	
1947-05-08-009	제 민주단체를 정부수립에 참가시키라 해주시 녀맹 유병온씨 담	브.므.몰로또브와 드.마샬간의 조선문제에 관한 서한 교환의 반향	1	
1947-05-08-010	민주건국은 3상결정 실천에 있다 원산기업주 조고형씨 담	브.므.몰로또브와 드.마샬간의 조선문제에 관한 서한 교환의 반향	1	
1947-05-08-011	파시쓰트독일에 대한 쏘련의 위대한 승리	계속	2	신문부
1947-05-08-012	미국에 있어서의 직업동맹 자유 침공		2	신문부
1947-05-08-013	공장, 농촌세포 학습자료 제29, 북조선로동당 중앙본부 선전선동부 당교양과	로동당의 규약과 강령	2	
1947-05-08-014	5.1절 기념 군중 2백 80여만명 동원	전북조선적으로 인민경제계획 완수를 맹세	3	북조선통신

기사번호	제목(title)	부제목(stitle)	면수	필자, 출처
1947-05-08-015	각 지방 5.1절 기념 성대		3	경석, 박태화, 현준극, 김영복, 김기형
1947-05-08-016	국립교향악단 14일부터 4일간 공연		3	정숙
1947-05-08-017	북조선 고등잠사기술원양성소 황해도 재령군에 신설		3	성택
1947-05-08-018	북조선인민위원회 위원장상 수상자	남포견직공장 직포지도원 심정희동무	3	달수
1947-05-08-019	북조선인민위원회 위원장상 수상자	평양철도전기구 기술자 백근찬동무	3	달수
1947-05-08-020	카바이트원료로 주정제조에 성공!	본궁공장 오기사에게 개가	3	언철
1947-05-08-021	강력한 소화약을 발명	원산기업의 김희태씨	3	북조선통신
1947-05-08-022	어린이날 기념 경축체육대회		3	인표
1947-05-08-023	교통도덕준수운동	전차지부에서	3	정숙
1947-05-08-024	3천여 어린이 종합연예대회		3	은길
1947-05-08-025	당원의 모범적역할로 파종을 완료	함남 북청면 당포리 농민들	3	함남도당 농민부
1947-05-08-026	조국건설에 몸을 바칠 기술자 921명 합격	북조선인민위원회 기술자사정위원회에서	3	현석
1947-05-08-027	문학예총에서 제2차로 지방에 작가 파견		3	정숙
1947-05-08-028	우리네 동리에서 문맹을 일소하자	평양 선교1리성인교	3	기관
1947-05-08-029	일기예보	5월 8일	3	중앙기상대
1947-05-08-030	진정한 민주주의는 파시즘과의 투쟁에서만 있을수 있다	『쁘라우다』지 5.1절 론설	4	
1947-05-08-031	세계각지의 5.1절 기념행사 각국 공산당 대표 참가 고트왈드수상 연설	프라그	4	북조선통신
1947-05-08-032	조국전선기발에 20만인민 동원		4	북조선통신
1947-05-08-033	서반아민주공화국수립 격려	스톡크홀름	4	북조선통신
1947-05-08-034	반파쑈조난자동맹대회		4	북조선통신
1947-05-08-035	소위 '남경정부의 개조'는 국민당독재가장에 불과		4	북조선통신
1947-05-08-036	독일국가기구에 관하여		4	신문부
1947-05-08-037	라지오		4	
1947-05-08-038	극장		4	
1947-05-08-039	씨나리오 모집		4	
1947-05-08-040	영화연구생 모집		4	
1947-05-08-041	북조선로동당 중앙위원회 기관잡지 『근로자』 제5호 발매근일		4	
1947-05-09-001	(5월 9일! 위대한 쏘련의 전승기념일!)		1	
1947-05-09-002	대파쑈독일전승기념일에 제하여		1	

기사번호	제목(title)	부제목(stitle)	면수	필자, 출처
1947-05-09-003	민주개혁실시할수 있는 진정한 인민정부를 대망 북조선로동당 강원도당위원장 한일무동지 담	브.므.몰로또브와 드.마샬간의 조선문제에 관한 서한 교환의 반향	1	
1947-05-09-004	모쓰크바결정의 정확한 실천을 기대한다 강원도직맹 리명수씨 담	브.므.몰로또브와 드.마샬간의 조선문제에 관한 서한 교환의 반향	1	
1947-05-09-005	민주정부수립협의에 녀성들 참가를 요망 강원도녀맹 김복희씨 담	브.므.몰로또브와 드.마샬간의 조선문제에 관한 서한 교환의 반향	1	
1947-05-09-006	쏘련측의 주장대로 협의에 농맹 참가 기대 강원도농맹 임대준씨 담	브.므.몰로또브와 드.마샬간의 조선문제에 관한 서한 교환의 반향	1	
1947-05-09-007	반민주적인 반동파는 제외하라 강원도기독교련맹 조희염씨 담	브.므.몰로또브와 드.마샬간의 조선문제에 관한 서한 교환의 반향	1	
1947-05-09-008	량서한에 대한 송림민전회의	브.므.몰로또브와 드.마샬간의 조선문제에 관한 서한 교환의 반향	1	박
1947-05-09-009	길주지방 각계	브.므.몰로또브와 드.마샬간의 조선문제에 관한 서한 교환의 반향	1	박태화
1947-05-09-010	히틀러독일파시즘과 일본제국주의의 타도		2	통신부
1947-05-09-011	파쑈독일에 대한 쏘련의 위대한 승리(하)		2	신문부
1947-05-09-012	공장, 농촌세포 학습자료 제30, 북조선로동당 중앙본부 선전선동부 당교양과	로동당의 규약과 강령	2	
1947-05-09-013	손일선과 중국		2, 3	통신부
1947-05-09-014	사회보험혜택 입은자 4만명을 초과	금년초 약 1개월간 통계	3	언철
1947-05-09-015	농민들의 호상협조로 라남 춘기파종을 완료		3	최서훈
1947-05-09-016	농민들의 관개공사에 사무원들이 출동 협력	북조선농민은행원들	3	동전
1947-05-09-017	관개공사에 농민들 열성	문천군 명구면내 11개부락 농민들	3	준호
1947-05-09-018	도 시 군 인민위원회 부위원장의 강습회		3	현석
1947-05-09-019	원산검차구의 돌격	132% 실천으로 5.1 기념	3	김명덕 본사특파원
1947-05-09-020	함흥에서도 모범로동자 표창		3	경석
1947-05-09-021	책임량 2배 실행	성냥제갑 녀공 최동무	3	현준극
1947-05-09-022	박물관을 확장	김장군실과 쏘련실 신설	3	
1947-05-09-023	로동자와 농민의 굳은 동맹적미담	로동자들이 영농자금 위한 저축	3	성택
1947-05-09-024	농민의 협조로 도로 수선	평남 신안주면 도로수선공사장에서	3	중

기사번호	제목(title)	부제목(stitle)	면수	필자, 출처
1947-05-09-025	인민회의 상임위원회 포창에 빛나는 애국선진농민	김제원동지 분투의 반생	3	성택
1947-05-09-026	인민위원회 수상자 김고망동무는 평양 사동탄갱 채탄부		3	달수
1947-05-09-027	청진 5.1절에 모범로동자 표창		3	준극
1947-05-09-028	평남 각 시 군의 로동과장회의		3	달수
1947-05-09-029	평양화학류산공장 파괴된 분쇄기 복구	로동자동무들의 열성으로	3	성빈
1947-05-09-030	미착이던 황해도도 도착 총계 3백 20여만명	전북조선 5.1시위 동원 통계	3	언철
1947-05-09-031	일기예보		3	중앙기상대
1947-05-09-032	춘파보고사업의 일층 강화가 필요	황해춘기파종 상황	3	본사특파원 한계홍
1947-05-09-033	쏘련인민의 목적은 세계평화	이즈베스치아지 5.1절 사설	4	
1947-05-09-034	미하원 메로우씨의 제국주의적군소리		4	통신부
1947-05-09-035	4상회의 대오조약 의견불일치에 관한 『크라스나야 스베즈다』지 론평		4	
1947-05-09-036	성장하는 라트비아 과학진		4	북조선통신
1947-05-09-037	백림점령 2주년기념 쏘백친선협회 창립		4	북조선통신
1947-05-09-038	독일경제통일문제(상)	아.레온체프	4	
1947-05-09-039	라지오		4	
1947-05-09-040	극장		4	
1947-05-09-041	북조선로동당 중앙위원회 기관잡지 『근로자』 제5호 근일발매		4	
1947-05-10-001	평양철도기관구의 10만키로메터 무사고 정시주행 돌파운동에 대하여		1	
1947-05-10-002	김일성위원장에게 서신	목단강지구 조선동포들에게서	1	
1947-05-10-003	북조선전역에 걸치여 관개공사 승리적으로 진행	농민들 농산계획초과수행에 돌진	1	현석
1947-05-10-004	10만키로메터 무사고정시주행 108%로 초과완수의 개가	평양기관구 종업원들의 5.1기념 돌격 업적	1	언철
1947-05-10-005	철도화물수송계획을 140%로 초과 실행	교통국에서	1	달수
1947-05-10-006	일본 요시다내각 총사직 결정		1	북조선통신
1947-05-10-007	불전토에 로동공세		1	북조선통신
1947-05-10-008	2.4반기 증산돌격과 당원들의 선봉적투쟁		2	하일
1947-05-10-009	부단한 연구와 기술전습	평양전차지부 변제현동무	2	창숙
1947-05-10-010	우수한 기계 창의제작	원산검차구 리의영동무	2	명덕
1947-05-10-011	전동기개조수선에 개가	장전 김세우, 주도현 두 동무	2	최치목
1947-05-10-012	체인부로크제작 공헌	복계기관구 김수복 전용석 두 동무	2	김홍범
1947-05-10-013	페물을 살려서 역 건설	강계철도부 장룡손동무	2	정용찬
1947-05-10-014	축력과 비료문제 해결	함북 장현리 농촌세포 동무들	2	현준극
1947-05-10-015	비료농구와 가축 분여	함북 회향리 김용만동무	2	현준극

기사번호	제목(title)	부제목(stitle)	면수	필자, 출처
1947-05-10-016	공장, 농촌세포 학습자료 제31, 북조선로동당 중앙본부 선전선동부 당교양과	로동당의 규약과 강령	2	
1947-05-10-017	영운수기관 국유화법안 하원 통과		2	북조선통신
1947-05-10-018	북조선로동당 중앙위원회 기관잡지 『근로자』 제5호 근일발매		2	
1947-05-10-019	애국정열을 발휘 창의로 애로를 극복	원산기관구 무사고주행 호적	3	김명덕 본사특파원
1947-05-10-020	중등정도이상 학생미술전람		3	김전
1947-05-10-021	목축부문에서도 부흥발전을 위한 투쟁		3	성택
1947-05-10-022	새 종마목장을 3개소에 설치	북조선인민위원회에서	3	현식
1947-05-10-023	열성적으로 사업하는 전화국 녀맹초급단체	조직생활로 교양, 유쾌히 작업	3	은길
1947-05-10-024	평남 3개 공장 책임량 초실행		3	달수
1947-05-10-025	모범농민 뽑아 휴양소에 보낸다	농맹에서 계획준비중	3	동천
1947-05-10-026	식수운동의 수위	황해도 138%	3	성택
1947-05-10-027	평양특별시주최의 성인교육 성과 량호	남녀 1만2천여명이 취학	3	김전
1947-05-10-028	관개수리공사를 5월내로 완수하자		3	김동천
1947-05-10-029	각지 5.1기념		3	시당, 정모
1947-05-10-030	일기예보		3	중앙기상대
1947-05-10-031	오백림시장 사직을 검토	꼬뜨꼬브 쏘경비사령관 제의	4	북조선통신
1947-05-10-032	아바단류혈사건 뜨루드신문 론평		4	북조선통신
1947-05-10-033	국민당 중앙집행위원회 제3차확대위원회의	중국반동파들의 발악	4	통신부
1947-05-10-034	독일경제통일문제(하)	아.레온체프	4	
1947-05-10-035	황하류역 사막화	장정부의 무책을 폭로	4	북조선통신
1947-05-10-036	상승하는 쏘련항공사업	하기 쏘베트정기항로 개시	4	북조선통신
1947-05-10-037	쏘련과학아까데미 생물학회 결핵성뇌막염치료법을 발표		4	북조선통신
1947-05-10-038	미국석유전문가 토이기유전 탐사		4	북조선통신
1947-05-10-039	중국문예기념제		4	북조선통신
1947-05-10-040	약진하는 쏘련경공업	4월계획 초과생산	4	북조선통신
1947-05-10-041	영화연구생 모집		4	
1947-05-10-042	씨나리오 모집		4	북조선영화동맹 련락사무소
1947-05-10-043	라지오		4	
1947-05-10-044	극장		4	
1947-05-11-001	인민경제완수에 있어서의 당원들의 역할		1	
1947-05-11-002	객차정비에 돌격	5월 10일부터 6월 10일간에 36대의 객차를 새로 단장	1	
1947-05-11-003	춘기파종진행상황		1	현석
1947-05-11-004	중국의 미곡폭동 확대	기아군중이 미곡창고를 파괴	1	북조선통신
1947-05-11-005	중국정부개조를 지탄	중국민주동맹위원 등초민씨	1	북조선통신

기사번호	제목(title)	부제목(stitle)	면수	필자, 출처
1947-05-11-006	락후한 지도자 불신임	백림사민당 제4차총회	1	북조선통신
1947-05-11-007	화란 인도네시아 량국 신교섭 개시		1	북조선통신
1947-05-11-008	히틀러침략에 피해 당한 인민원조를 경시치 말라	구라파경제위원회 각 대표 발언	1	북조선통신
1947-05-11-009	독재자폭행아래 있는 희랍 마케도니아 주민		1	북조선통신
1947-05-11-010	푸랑코 타도	파업 각지에 확대	1	북조선통신
1947-05-11-011	화란 경제고갈로 미국에 차관 교섭	민주단체들은 반대 표명	1	북조선통신
1947-05-11-012	쏘련에서의 사회주의소유의 두 형태		2	
1947-05-11-013	볼가리공화국 헌법 심의		2	북조선통신
1947-05-11-014	국제생활에서	파.체조약	2	
1947-05-11-015	북조선인민회의 포창장에 빛나는 작곡가 김원균동무		2	하일
1947-05-11-016	청천강중의 1소도에 개간사업을 승리로 완수	안주군하 농민들의 열성	3	달수
1947-05-11-017	현지보고	고원군의 춘기파종 수전에는 100% 실시	3	
1947-05-11-018	함남의 파종성적	북청과 함흥이 우수	3	박경석
1947-05-11-019	증산을 위한 영농자금 농은에서 활발히 조달	평남에만 8천 8백여만원	3	동천
1947-05-11-020	산림의 람벌을 절대로 금하자		3	달수
1947-05-11-021	안주수리공사의 양수기 제작 돌격		3	달수
1947-05-11-022	평양 주변농촌의 농작물파종 상황		3	김전
1947-05-11-023	우량종자로 채종답 파종		3	김전
1947-05-11-024	면양증식계획을 달성키 위한 수매사업 개시		3	성택
1947-05-11-025	서평양에 인민극장 준공		3	현석
1947-05-11-026	평남도 방화검열위원회 새로히 조직		3	현석
1947-05-11-027	제방구축공사에 녀성들도 활약		3	이원길
1947-05-11-028	평양특별시의 하계위생대책		3	김전
1947-05-11-029	동암면농민들 밭을 수전으로		3	박
1947-05-11-030	각지 5.1기념		3	시당
1947-05-11-031	조쏘문협 월요강좌		3	정숙
1947-05-11-032	일기예보		3	중앙기상대
1947-05-11-033	방송망무전사업 전전수준을 돌파	쏘련무전기념일.세 체신상 론설	4	북조선통신
1947-05-11-034	상해학생시민 시위	국민당과 관료자본 반대	4	북조선통신
1947-05-11-035	소위 '가장련좌제' 채용	북평당국 특별조치법	4	북조선통신
1947-05-11-036	이내각 중요각의		4	북조선통신
1947-05-11-037	대만인민 호구등록 거부		4	북조선통신
1947-05-11-038	대일배상금문제에 관한 미국의 단독적 행위		4	통신부

기사번호	제목(title)	부제목(stitle)	면수	필자, 출처
1947-05-11-039	독일이 분렬될 위험성의 기원		4	통신부
1947-05-11-040	민주동맹원 체포는 인신보호령에 위반	-중국 주보의 론평-	4	북조선통신
1947-05-11-041	미정부예산 하원에서 삭감		4	북조선통신
1947-05-11-042	집단농장에 배치될 농업전문 졸업부대		4	북조선통신
1947-05-11-043	슬로베니아인민해방전선 오지리당국에서 탄압		4	북조선통신
1947-05-11-044	인도제헌회의		4	북조선통신
1947-05-11-045	정전화평 찬동	불. 월남성명	4	북조선통신
1947-05-11-046	라디오		4	
1947-05-11-047	제조-판매		4	
1947-05-11-048	북조선로동당 중앙위원회기관잡지『근로자』제5호 근일 발매		4	
1947-05-13-001	브.므.몰로토브씨와 드.마샬씨 조선에 관하여 다시 서한 교환		1	
1947-05-13-002	김일성위원장에게 드리는 메쩨지	평양철도기관구 5.1절기념 10만키로무사고정시주행돌파완수 총결직장대회	1	
1947-05-13-003	평양철도기관구 10만키로메터무사고정시주행돌파총결대회		1	
1947-05-13-004	10만키로메터무사고정시주행 돌파에 높이 오른 승리의 기폭!	평양철도기관구 총결보고대회 새로운 굳은 신념으로써 인민경제계획완수 맹세	1	현석
1947-05-13-005	축하의 말씀	평양철도기관구 5.1절 기념 10만키로무사고정시주행돌파완수 총결 직장대회에서 북조선전매국 영양연초공장 종업원일동 대표 최수산라	1	
1947-05-13-006	북조선의 조림식수 계획본수의 100% 실행	면적에 있어는 90%	1	김전
1947-05-13-007	4월 9일에 진행한 쏘련수상 쓰딸린대원수와 미공화당원 히를드 쓰타센씨간의 회담		2	
1947-05-13-008	북조선녀성동맹의 제5차중앙위원회		2	은길
1947-05-13-009	평양철도기관구 10만키로메터무사고정시주행돌파완수 직장총결보고대회에서 답사	평양기관구 대표 리동식	3	
1947-05-13-010	10만키로메터무사고정시주행 돌파완수에 대한 보고 보고자 강병태	평양철도기관구 5.1절 기념 10만키로무사고정시주행돌파완수 총결직장대회에서	3	
1947-05-13-011	종곡 분여한 미담 두 토막	강원도 이천군 응탄면내에서	3	명덕
1947-05-13-012	7불리 관개공사에 로동자 사무원도 출동	휴일 리용.농업증산응원공작	3	김전
1947-05-13-013	함북 무산에서도 개답공사를 응원	휴일에 로동자 사무원들 동원	3	정희
1947-05-13-014	원산 철원녀맹 농번기 농촌의 부녀응원공작		3	은길

기사번호	제목(title)	부제목(stitle)	면수	필자, 출처
1947-05-13-015	신의주시의 춘경파종 호적		3	최영환
1947-05-13-016	미상공업계 현상 자본가의 수입은 최고액 실업자수는 나날이 증가	로이터기자 보도	4	따쓰통신
1947-05-13-017	끼셀리린그에 총살형 선고		4	따쓰통신
1947-05-13-018	미국의 물가 폭등		4	따쓰통신
1947-05-13-019	중국의 미국부채		4	북조선통신
1947-05-13-020	미국상품 급격 류입	부라질공업 공황 초래	4	
1947-05-13-021	일본지방행정기관 선거결과에 대하여		4	통신부
1947-05-13-022	국제생활에서	예기치 못한 제안	4	
1947-05-13-023	전쟁방화의 배후에는 독점자본가가 있다		4	
1947-05-13-024	영공청동맹 비서장 겸속		4	따쓰통신
1947-05-13-025	기관차 등 월산계획 돌파		4	북조선통신
1947-05-13-026	라지오		4	
1947-05-13-027	극장		4	
1947-05-13-028	북조선로동당 중앙위원회 기관잡지『근로자』제5호 근일발매		4	
1947-05-13-029	영화연구생 모집		4	
1947-05-13-030	씨나리오 모집		4	
1947-05-14-001	수확고를 높임으로써 인민의 식량을 확보하자		1	
1947-05-14-002	북조선인민회의 상임의원회 고시		1	
1947-05-14-003	농민들의 열과 힘으로 풍정관개시설 전력화	지난 5월 4일 드디어 준공식	1	본사특파원 박중선
1947-05-14-004	강동 마탄관개공사에 로동자 사무원 응원	일요일 리용 평양에서 근 2천명	1	윤모
1947-05-14-005	녀맹원들이 증산에 협력		1	김운길
1947-05-14-006	5.1기념 증산경쟁운동 북조선 각 도 거대한 성과		1	북조선통신
1947-05-14-007	련합국 기구총회 전원회의에 유태인대표의 발언 주장	파란대표의 제의에 쏘대표 찬성	1	북조선통신
1947-05-14-008	볼가리에서 인재를 양성		1	북조선통신
1947-05-14-009	중미곡폭동 확대의 형세		1	북조선통신
1947-05-14-010	쏘련직업동맹 중앙위원 선거		1	북조선통신
1947-05-14-011	자주독립은 경제부흥에서 당단체들의 증산운동 맹렬		2	하일
1947-05-14-012	조직강화와 기술자양성 책임수송에 드높은 개가	고원기관세포	2	명덕
1947-05-14-013	규률강화와 물자절약 날로 향상하는 생산률	원산 천광고무공장 세포	2	김홍범
1947-05-14-014	화기만만한 가운데서 조기작물의 파종 완료	배화면당부	2	김홍범
1947-05-14-015	습지개량과 토지개간 힘든 일에는 솔선수범	함북 신북청 동상리세포	2	준기

기사번호	제목(title)	부제목(stitle)	면수	필자, 출처
1947-05-14-016	책임량 148%	은곡광산 세포	2	허용기
1947-05-14-017	죽산리 세포원 종곡을 분여	강원도 문천군 명구면 죽산리에서	2	김준호
1947-05-14-018	공장, 농촌세포 학습자료 제32, 북조선로동당 중앙본부 선전선동부 당교양과	로동당의 규약과 강령	2	
1947-05-14-019	어획고 오르는 락산어장		2	정희
1947-05-14-020	삭주 신연광산 5.1 기념 감투		2	최영환
1947-05-14-021	룡암리농민들의 힘으로 제방공사 드디여 완료	여기서 증수될 벼 8천가마니	3	
1947-05-14-022	녕변군 관개사업 활발	녀맹원 민청원들이 적극 협력	3	최영환
1947-05-14-023	녀맹원들이 파종에 협력	함북 회령군 및 회령면 녀성동맹에서	3	심철
1947-05-14-024	중화군 최근호농민은 춘경파종에 수범		3	동천
1947-05-14-025	산간지대에 있는 농민 영농가능한곳에 이주	함남도의 개간사업 활발히 진행	3	경석
1947-05-14-026	경호철도원 파업 단행		3	북조선통신
1947-05-14-027	황해 봉산 파종 진행		3	북조선통신
1947-05-14-028	빛나는 성과를 거두고 전진하는 복계기관구		3	정훈
1947-05-14-029	문성은씨가 자기 소 대여		3	리창건
1947-05-14-030	평양특별시 5월 10일현재 파종상황	-시농산부 발표-	3	김전
1947-05-14-031	발전의 일로로 매진하는 평남 체신일군들의 분투		3	김전
1947-05-14-032	농촌탁아소 설치 인민교가 중심이 되여 농번기에	평북 초산군 송면에서	3	선우수
1947-05-14-033	남녀학생들이 수리공사에 열성	안주녀자중학교에서	3	달수
1947-05-14-034	청진성냥공장의 녀자동무들 감투		3	정희
1947-05-14-035	체육대회에서 교원대학생과 민청원들 활약		3	인표
1947-05-14-036	원산철도차량공장 4월에 120%		3	홍범
1947-05-14-037	인수로공사에 개가	평북 학성면 전체 농민들	3	김영수
1947-05-14-038	일기예보		3	중앙기상대
1947-05-14-039	쏘련전승기념일 축하	각지에서 성대히 거행	4	북조선통신
1947-05-14-040	희랍군법회의 애국녀성을 사형		4	북조선통신
1947-05-14-041	불가리야, 루마니야의 전승절 기념		4	따쓰통신
1947-05-14-042	다량 영비행기 토이기에 제공		4	따쓰통신
1947-05-14-043	알바니야 토지개혁		4	
1947-05-14-044	방이 쏘련녀성대표 연설		4	북조선통신
1947-05-14-045	아르멘 실지회복 요구	련기 총서기장에 제출	4	따쓰통신
1947-05-14-046	트리예쓰트주재 영군정 6명의 유고전범자 양도		4	따쓰통신
1947-05-14-047	주희 미대사의 최근 동정		4	따쓰통신

기사번호	제목(title)	부제목(stitle)	면수	필자, 출처
1947-05-14-048	마드리드군재 서반아청년 사형		4	북조선통신
1947-05-14-049	미국 민주당과 공화당		4	
1947-05-14-050	상해경제 악화	아사자가 속출	4	북조선통신
1947-05-14-051	라지오		4	
1947-05-14-052	극장		4	
1947-05-14-053	북조선로동당 중앙위원회 기관잡지 『근로자』 제5호 근일 발매		4	
1947-05-15-001	국제민주녀성련맹대회에 대하여		1	
1947-05-15-002	영예의 민주건국역군	북조선인민회의 상임위원회 표창장 증여식	1	현석
1947-05-15-003	승리의 213호기관차	리중근 리춘근 동무의 4월중 분투기록	1	김명덕 본사특파원
1947-05-15-004	화란국국주의자 괴뢰정권수립 음모	두바르하이드 신문 론평	1	북조선통신
1947-05-15-005	평남수리공사완수에 우리 당원들 야간 돌격		1	본사특파원 김동천
1947-05-15-006	국제민주녀성련맹 리사회경과와 북조선민주녀성동맹의 당면과업(상)	북조선민주녀성총동맹 중앙위원회 위원장 박정애	2	
1947-05-15-007	당면제문제 토의 결정	평남도당 제29차 상무위원회	2	김전
1947-05-15-008	공장, 농촌세포 학습자료 제33, 북조선로동당 중앙본부 선전선동부 당교양과	로동당의 규약과 강령	2	
1947-05-15-009	학교건설에 녀맹원들이 노력을 제공		2	문리석
1947-05-15-010	농업 토지개간과 토지개량	평안북도에서	3	최영환
1947-05-15-011	농업 제방공사와 휴한지개간	평안북도에서	3	최영환
1947-05-15-012	농업	운중농민 감투 춘경파종 98%	3	동천
1947-05-15-013	농업 축우를 제공	룡천군내 중면 박곡동 농민 장찬두	3	최영환
1947-05-15-014	교육	직장기술자는 증가 문맹자는 일익감퇴	3	최영환
1947-05-15-015	교육	승호중학 녀중 량교선생과 학생 농촌으로 다니면서 조력	3	달수
1947-05-15-016	영흥인민병원 도립으로 승격		3	경환
1947-05-15-017	철도 경쟁으로 계획 돌파	신의주 정주 기관구 실적	3	김상걸
1947-05-15-018	산업 상승하는 생산률	평안북도에서	3	최영환
1947-05-15-019	산업	애로 타개하며 매진하는 신의주제지와 팔프공장	3	최영환
1947-05-15-020	송림시에 야간중학		3	박
1947-05-15-021	북조선인민회의 상임위원회 표창	고원기관구 기관사 리중근동무	3	김전
1947-05-15-022	북조선인민위원회 위원장상 수상자	흥남인민공장 질소제조공 조의면동무	3	김전
1947-05-15-023	북조선인민위원회 위원장상 수상자	전기처 회천강발전소 전력공 태길석동무	3	김전
1947-05-15-024	북조선인민위원회 위원장상 수상자	주을탄광 채탄부 유영록동무	3	달수

기사번호	제목(title)	부제목(stitle)	면수	필자, 출처
1947-05-15-025	북조선인민위원회 위원장상 수상자	아오지탄광 5봉분갱 채탄부 김용손동무	3	김전
1947-05-15-026	일기예보		3	중앙기상대
1947-05-15-027	국방비 2천 5백만파운드 미국정부 애급에 제공		4	북조선통신
1947-05-15-028	뉴욕실업자 3월이래 25% 증가		4	북조선통신
1947-05-15-029	오스메니아대통령 말자 종신형 언도		4	북조선통신
1947-05-15-030	영중항공협정체결교섭 결렬		4	북조선통신
1947-05-15-031	쏘련문학은 전투적무기		4	
1947-05-15-032	쓰딸린그라드의 재건상		4	북조선통신
1947-05-15-033	반유대인적 편견 반대결의안 채택		4	북조선통신
1947-05-15-034	영이 미국과 동등한 대일배상 요구		4	북조선통신
1947-05-15-035	대이루볼흥국강화조약 가결	미상원 외교위원회에서	4	북조선통신
1947-05-15-036	영버뮤대도 미국에 양도		4	북조선통신
1947-05-15-037	일본련립내각 수립공작 개시		4	북조선통신
1947-05-15-038	민주주의적 파란서부령토		4	신문부
1947-05-15-039	국제정세개관	모쓰크바 4상회의 페회와 그 성과	4	
1947-05-15-040	라지오		4	
1947-05-15-041	극장		4	
1947-05-16-001	북조선인민회의 제2차회의 개회 농업현물세법령 개정을 승인	2백 25명 대의원의 전원 찬동으로	1	북조선통신
1947-05-16-002	북조선인민회의 제2차회의 회순		1	
1947-05-16-003	개회사 북조선인민회의 상임의원회 의장 김두봉	북조선인민회의 제2차회의에서	1	
1947-05-16-004	북조선인민위원회 법령 제24호	농업현물세개정에 관한 결정서	1	
1947-05-16-005	결정서	북조선인민회의 제2차회의에서	1	
1947-05-16-006	농업현물세개정에 관한 보고 북조선인민위원회 농림국장 리순근	북조선인민회의 제2차회의에서	1, 3	
1947-05-16-007	국제민주녀성련맹 리사회경과와 북조선민주녀성동맹의 당면과업(중)	북조선민주녀성총동맹 중앙위원회 위원장 박정애	2	
1947-05-16-008	조국건설의 기초 공고 당세포의 실지적 협조	남포견직공장	2	리창협
1947-05-16-009	5.1절 증산운동을 기하여 상승의 일로를 내닫고있는 비료공장	흥남비료공장에서	3	박경석
1947-05-16-010	원료를 공급하는 광산.탄광		3	경석
1947-05-16-011	제품의 질적 량적 향상을 위해 경쟁돌격하는 본궁공장		3	경석
1947-05-16-012	시간외의 돌격작업으로 농축가마완성에 개가 올린 룡성공장		3	경석
1947-05-16-013	삼자전 전개한 평남 순천세공장 일군들의 감투보		3	기관
1947-05-16-014	철도와 탄광에 녀맹들이 협조		3	명덕

기사번호	제목(title)	부제목(stitle)	면수	필자, 출처
1947-05-16-015	녀맹원과 학생 탄광을 위문		3	당부
1947-05-16-016	화란군 계속침공을 비난	인도네시아공화국 수상 사리르 수상 성명	4	따쓰통신
1947-05-16-017	희랍빨찌산부대 각처에서 공세		4	따쓰통신
1947-05-16-018	브라질 최고법원결정에 영국공산당 항의 제출		4	따쓰통신
1947-05-16-019	메-데기념 휴업로동자 처벌에 관해 루이 싸이안 성명		4	북조선통신
1947-05-16-020	홍아리 반공화국음모 제2그루빠 6명 공판		4	따쓰통신
1947-05-16-021	일본은행권 증발		4	북조선통신
1947-05-16-022	미정부 중국에 5억딸라을 대부?		4	따쓰통신
1947-05-16-023	조선에 관한 모쓰크바협정은 어째서 리행되지 않는가		4	통신부
1947-05-16-024	인도네시아공화국내 화란군대 증가를 분개		4	북조선통신
1947-05-16-025	희랍의 왕당파 발에 도전행동		4	북조선통신
1947-05-16-026	팔레스티나조사를 표결		4	북조선통신
1947-05-16-027	미국은 일본반군국화결정을 리행치 않고있다		4	통신부
1947-05-16-028	평화와 안전을 위한 투쟁과 쓸라뱐인민의 통일		4	
1947-05-17-001	북조선인민회의 제2차회의 페회 1947년도 북조선종합예산 등 승인 쏘미공위재개에 관하여 량국 정부에 축전	제2일	1	북조선통신
1947-05-17-002	김두봉의장		1	
1947-05-17-003	북조선인민회의 제2차회의에서 쏘미 량국정부에 보내는 축전		1	
1947-05-17-004	결정서	북조선인민회의 제2차회의에서	1	
1947-05-17-005	결정서	북조선인민회의 제2차회의에서	1	
1947-05-17-006	북조선인민회의 제2차회의 결정		1	
1947-05-17-007	북조선인민회의에 드리는 편지	함남 고원지구 철도로동자들로부터	1	
1947-05-17-008	추가선거된 북조선최고재판소 재판원		1	
1947-05-17-009	북조선인민회의 제2차회의에 관하여		1	
1947-05-17-010	주석단과 대의원들		1	
1947-05-17-011	북조선인민위원회 법령 제1호 1947년도 북조선종합예산에 관한 결정서	북조선인민회의 제2차회의에서	2	
1947-05-17-012	북조선인민위원회 법령 제20호 대동 중화 및 평원군 행정구역변경에 관한 결정서	북조선인민회의 제2차회의에서	2	
1947-05-17-013	북조선인민위원회 법령 제23호 북조선인민위원회 법령 제20호 결정서 일부 개정에 관한 결정서	북조선인민회의 제2차회의에서	2	

기사번호	제목(title)	부제목(stitle)	면수	필자, 출처
1947-05-17-014	1947년도 종합예산에 관한 보고	북조선인민위원회 재정국장 리봉수	2	
1947-05-17-015	국제민주녀성련맹 리사회경과와 북조선민주녀성동맹의 당면과업(하)	북조선민주녀성동맹 중앙위원회 위원장 박정애	2	
1947-05-17-016	미투자요망하는 화란반동파를 통격		2	북조선통신
1947-05-17-017	새 가스 산지	쏘련	2	따쓰통신
1947-05-17-018	많은 일용품을 꼴호즈에 공급		2	따쓰통신
1947-05-17-019	날로 성장하는 모쓰크바 탄전		2	
1947-05-17-020	5.1절 증산에 127%	사동갱의 빛나는 감투기록	3	명덕
1947-05-17-021	정주기관구에서 감투하는 일군들		3	최영환
1947-05-17-022	전신수신용 국문타이프 명윤상동무 제조에 성공		3	언철
1947-05-17-023	모범일군 소개 농촌에서 솔선 증산에 힘쓰는 우리 당원	평양특별시의 상흥리 김용국동무, 미림2리 로택선동무, 칠불리 홍봉수동무	3	동천
1947-05-17-024	함흥철도기관구 일군 주행돌파계획에 개가	전우현구장외 475명의 로동자들	3	경석
1947-05-17-025	모판파종 114%	평양특별시 주변농민들	3	
1947-05-17-026	배우며 실천하며 자라는 평양농업전문학교의 학생들		3	동천
1947-05-17-027	기관차동승기 조국건설위해 기관사는 감투한다	고원기관구 리중근기관사	3	명덕
1947-05-17-028	나날이 성장하는 평남의 교육사업		3	달수
1947-05-17-029	공휴일 리용 자재회수	수성변전 김홍섭동무	3	현준극
1947-05-17-030	평양시립도서관에 아동열람실 설치		3	인표
1947-05-17-031	미대외대차정책을 호소	클리블레드에서 하치쏜부장관 연설	4	따쓰통신
1947-05-17-032	대외대차를 비난	미국출판물의 보도	4	따쓰통신
1947-05-17-033	말니쓰시에 만도안 만연		4	북조선통신
1947-05-17-034	인도네시아대통령 화란의 음모를 지탄		4	북조선통신
1947-05-17-035	화란의 무성의로 인도네시야 화란간 교섭 지연		4	북조선통신
1947-05-17-036	마다가스까르 동란사건 불란서국회에서 토의		4	따쓰통신
1947-05-17-037	흥아리인민경제계획 지지	전국적대중운동을 전개	4	북조선통신
1947-05-17-038	중공군 태원총공격 개시		4	북조선통신
1947-05-17-039	쏘련롱구단 우승	구라파롱구선수권대회	4	북조선통신
1947-05-17-040	영정부대외정책을 비난	인민협동조합년회에서 번스씨 언명	4	북조선통신
1947-05-17-041	오페라극「청년근위대」		4	따쓰통신
1947-05-17-042	이데.가스페리내각 총사직		4	북조선통신
1947-05-17-043	탐험자행로 설정		4	따쓰통신

기사번호	제목(title)	부제목(stitle)	면수	필자, 출처
1947-05-17-044	일본에서 무엇이 실업군을 발생케 하는가		4	
1947-05-17-045	라지오		4	
1947-05-17-046	극장		4	
1947-05-18-001	북조선인민정권과 로동당원의 임무		1	
1947-05-18-002	북조선같이 민주개혁을 실시할 정부수립을 요망 재령군 재령면 신정리 농민 오남진씨 담	몰로또브씨와 마샬씨간의 조선문제에 관한 재차 서한교환에 대한 반향	1	동천
1947-05-18-003	량국정부에 감사 민주건설에 매진 중앙은행 녀사무원 김성순양 담	몰로또브씨와 마샬씨간의 조선문제에 관한 재차 서한교환에 대한 반향	1	
1947-05-18-004	로동자를 보호하는 정부를 세워야 하겠다 정로철공소 마감공 김영호씨 담	몰로또브씨와 마·샬씨간의 조선문제에 관한 재차 서한교환에 대한 반향	1	성택
1947-05-18-005	민주독립을 갈망 가정부인 차량규씨 담	몰로또브씨와 마샬씨간의 조선문제에 관한 재차 서한교환에 대한 반향	1	명덕
1947-05-18-006	민주교육을 실시할 정부의 수립을 믿는다 제3녀중 교장 박영화씨 담	몰로또브씨와 마샬씨간의 조선문제에 관한 재차 서한교환에 대한 반향	1	인표
1947-05-18-007	3상회의 결정의 정확한 실천 요망 공장주 정교선씨 담	몰로또브씨와 마샬씨간의 조선문제에 관한 재차 서한교환에 대한 반향	1	달수
1947-05-18-008	문천강수를 인수하는 상산면관개공사 진척	파종을 끝마친 농민들 총동원	1	김명덕 본사특파원
1947-05-18-009	국제녀맹의 결정 접수 당면과업을 토의 결정	북조선녀맹 중앙위원회에서	1	북조선통신
1947-05-18-010	희랍인민유격대 각 지서 전투 계속		1	북조선통신
1947-05-18-011	반동파지지 지적	미국 라지오평론가 궐기	1	북조선통신
1947-05-18-012	쏘미문화친선	주쏘 미대사 강조	1	북조선통신
1947-05-18-013	자주독립의 기초 구축	로동당원의 증산투쟁	2	하일
1947-05-18-014	1.4반기의 불진 만회 전원 일체로 책임량 확보	남포제련 당부	2	리창협
1947-05-18-015	신의주기관구 당원들의 불타는 애국심과 증산욕		2	최영환
1947-05-18-016	철도수송 위해 분투한 모범로동자 직장 표창	5월 15일 평양철도부에서	2	언철
1947-05-18-017	미독점자본가와 대독배상		2	통신부
1947-05-18-018	쏘베트국채		2	통신부
1947-05-18-019	공장 농촌 세포학습자료 제34, 북조선로동당 중앙본부 선전선동부 당교양과	로동당의 규약과 강령	2	
1947-05-18-020	우리들의 열성적노력으로 살기 좋은 농촌을 건설하자	황무지개간에 감투하는 농민들	3	심철

기사번호	제목(title)	부제목(stitle)	면수	필자, 출처
1947-05-18-021	우리 부락은 우리 힘으로 토지개간과 증산에 열투	모범부락으로 표창받은 부흥리	3	본사특파원 김동천
1947-05-18-022	함남도 모범농민 30명이 휴양소에		3	경석
1947-05-18-023	잠종개량에 힘쓰는 북조선잠업시험장	앞으로서 조선잠업에 크게 기여할 야잠 연구	3	박중선특파원
1947-05-18-024	장명식동무 곤난을 타개	평북 국영청수공장에서	3	최영환
1947-05-18-025	김일성대학생과 평철기관구 일군 굳은 악수로 불붙는 건설의욕 앙양		3	달수
1947-05-18-026	증산보	함남 고원 상산면에서	3	
1947-05-18-027	조선농업발전 위하여 분투하는 중앙농사시험장		3	리성섭
1947-05-18-028	'레-루수정기'를 창안	-흥남본궁공장 강금손동무-	3	경석
1947-05-18-029	생산률을 2배로 제고	평북 신의주팔프공장에서	3	최영환
1947-05-18-030	학교교육 경쟁	평양 제1 제11 량 인민교	3	언철
1947-05-18-031	5월말 완료의 관개공사 90%를 완료	평남 순천면 사인농민	3	기관
1947-05-18-032	250% 돌파로 라기옥동무 우승	신의주방직공장 직포실 제37반 라기옥동무	3	최영환
1947-05-18-033	공장일군 위해 로동회관 건설	흥남 본궁공장	3	경석
1947-05-18-034	수도온상법에 개가	함남 함주군 주서면 신중리 농민들	3	
1947-05-18-035	청진철도기관구 정시운전에 감투		3	준극
1947-05-18-036	일기예보		3	중앙기상대
1947-05-18-037	국제정세개관	대희토원조문제	4	북조선통신
1947-05-18-038	대불이원조정책		4	따쓰
1947-05-18-039	전 독일경제상 샤흐트 처형		4	북조선통신
1947-05-18-040	미국차관정책의 배후에는 무엇이 있는가	이라그 쌀탈라다비지 론평	4	조선통신
1947-05-18-041	외국차관과 오태리독립		4	통신부
1947-05-18-042	기록영화 「북조선」 쏘련에서 대호평		4	조선중앙통신
1947-05-18-043	매월 2천5백만딸라 증가	중국 장정부의 예산	4	북조선통신
1947-05-18-044	히틀러의 주구 소송수속을 개시		4	북조선통신
1947-05-18-045	모쓰크바 4상회의에 관하여		4	통신부
1947-05-18-046	주희영군축소 영사절단 언명		4	북조선통신
1947-05-18-047	라지오		4	
1947-05-20-001	쏘미공동위원회 재개에 대하여		1	
1947-05-20-002	모쓰크바 3상결정의 정확한 실천 기대 행정원 조송근씨 담	몰로또브씨와 마샬씨간의 조선문제에 관한 재차 서한교환에 대한 반향	1	명덕
1947-05-20-003	조선민주자주독립을 국제공약의 실행에서 기독교인 박건수씨 담	몰로또브씨와 마샬씨간의 조선문제에 관한 재차 서한교환에 대한 반향	1	달수
1947-05-20-004	민주상도를 세워 조국독립에 기여 수옥리상인 원명제씨 담	몰로또브씨와 마샬씨간의 조선문제에 관한 재차 서한교환에 대한 반향	1	농도
1947-05-20-005	진심으로 성원 평양시 국영제1백화점 사무원 전광광씨 담	몰로또브씨와 마샬씨간의 조선문제에 관한 재차 서한교환에 대한 반향	1	동천
1947-05-20-006	진정한 언론출판 보장하는 민주림시정부수립을 대망 조쏘문화협회 조기필씨 담	몰로또브씨와 마샬씨간의 조선문제에 관한 재차 서한교환에 대한 반향	1	동천
1947-05-20-007	민주림시정부수립에 농민들의 참가를 기대 중화군 상원면농민 양용렬씨 담	몰로또브씨와 마샬씨간의 조선문제에 관한 재차 서한교환에 대한 반향	1	
1947-05-20-008	남조선농민형제들도 해방시켜줄것을 믿는다 평양특별시 정평리농민 권영일씨 담	몰로또브씨와 마샬씨간의 조선문제에 관한 재차 서한교환에 대한 반향	1	동천
1947-05-20-009	녀성을 보호하는 정부수립을 요망 녀성로동자 김태숙씨 담	몰로또브씨와 마샬씨간의 조선문제에 관한 재차 서한교환에 대한 반향	1	
1947-05-20-010	진정한 민주정권수립을 기대한다 평원 고무공장주 최명섭씨 담	몰로또브씨와 마샬씨간의 조선문제에 관한 재차 서한교환에 대한 반향	1	중선
1947-05-20-011	증산위한 관개공사에 부락남녀로소 총동원	5월말내로 완수하려는 의기로	1	김명덕 본사특파원
1947-05-20-012	통일경제관리회건설 토의	독일련합국관리위원회 동격위원회의	1	북조선통신
1947-05-20-013	화군철퇴 요구	바다비야군중대회	1	북조선통신
1947-05-20-014	영파재정협약		1	북조선통신
1947-05-20-015	조선인련맹의 활동과 재일본 60만동포의 현상(상)		2	박석정
1947-05-20-016	공장, 농촌세포 학습자료 제35, 북조선로동당 중앙본부 선전선동부 당교양과	로동당의 규약과 강령	2	
1947-05-20-017	유-고신민주국가와 로동자들의 상태		2	통신부
1947-05-20-018	'아루미나세멘트'를 리용하여 기관차용의 련탄제조에 성공	시험결과 탄질의 우수성을 보증	3	언철
1947-05-20-019	시간외 무보수작업 15일간의 성과	황해도 사리원방직공장 직포과 임동순외 17명의 로동자들	3	리성섭
1947-05-20-020	모이앙 빨리 마친 조농민	벼모온상배법을 실시하여	3	동천
1947-05-20-021	농민들의 애국열성으로 3천석 증수의 관개공사	평남 순천군 북창면에서	3	달수
1947-05-20-022	200% 달성 목표 제염로동자들 총돌격	평북 룡천군의 학무염전 일군	3	최영환
1947-05-20-023	선진교육문화체득코 쏘련파견교원단 귀국		3	은길
1947-05-20-024	책임량 돌파한 탄광일군 -이들을 도와 녀맹원들도 분투-	함북 아오지탄광 오봉분광에서	3	창옥
1947-05-20-025	알콜과 건국지 초과생산	함북 길주군 팔프공장과 길주탄광에서	3	박태화

기사번호	제목(title)	부제목(stitle)	면수	필자, 출처
1947-05-20-026	평남도 파종상황	15일현재 농산부 발표	3	
1947-05-20-027	관개공사와 파종에도 협력하는 보안일군들	평남도 내무부에서	3	달수
1947-05-20-028	방송사업추진에 경쟁운동을 전개	중앙방송국 직장대회	3	
1947-05-20-029	인민보건보장에 북조선전염병연구소 분투		3	은길
1947-05-20-030	가축을 증식하자	정주종축장에서는 이렇게 감투	3	성택
1947-05-20-031	장성월동무 200%	흥남 본궁공장 카바이트 하조계 장성월동무	3	경석
1947-05-20-032	이번에는 김석철동무가 벨트렛싱구를 만들었다	신의주 평북중공업사 제1분공장 마감부에서	3	영환
1947-05-20-033	손형춘씨의 미거	황해도 금천군 웅덕면 고롱리 손형춘	3	정운성
1947-05-20-034	해운사업을 추진	각 도 통운과장회의	3	언철
1947-05-20-035	약진하는 흥남공장의 빛나는 문화교육사업		3	박경석
1947-05-20-036	고아들은 갱생한다	평양국립보육원에서	3	기관
1947-05-20-037	어린이들을 위하여 아동극장 6월 1일부터 남포에		3	달수
1947-05-20-038	일기예보		3	중앙기상대
1947-05-20-039	국제반동세력의 마수 불국 이태리에도 침투	『쁘라우다』지 론평	4	
1947-05-20-040	트루맨대통령의 정책은 미국민에게 고통의 동기	미국공산당 위원장 려행보고 연설	4	북조선통신
1947-05-20-041	쏘련정치 및 과학지식보급회 조직		4	북조선통신
1947-05-20-042	쏘련과학한림원 모쓰크바회의 개최		4	북조선통신
1947-05-20-043	누가 분쟁을 조종하는가 '불촉천민'의 생활상태 범아회의 쏘련대표단의 인상기	인도의 비극	4	북조선통신
1947-05-20-044	군인만재한 화란선 인도네시아로 향항		4	북조선통신
1947-05-20-045	서반아 파업 단행		4	북조선통신
1947-05-20-046	국민당파면장관 중국정부를 론난		4	북조선통신
1947-05-20-047	대희토원조안 백악관에 송부		4	북조선통신
1947-05-20-048	백이의령콩고흑인 저임으로 기아상태		4	북조선통신
1947-05-20-049	희랍문제토의 요청	5월 12일 안보리사회의에서 아.아.그로미꼬의 연설	4	
1947-05-20-050	체코직맹대표 쏘련각지 시찰		4	북조선통신
1947-05-20-051	인도네시아에 계속 군대 증원		4	북조선통신
1947-05-21-001	재개된 쏘미공동위원회와 민주주의진영의 단결		1	
1947-05-21-002	쏘미공동위원회재개의 장도에 쏘련대표단 일행 등정 평양역구내에서 환송의 성회	북조선인민들의 뜨거운 감사속에	1	
1947-05-21-003	쓰띠꼬브대장의 답사	쏘미공동위원회재개를 환영하는 환송대회에서	1	

기사번호	제목(title)	부제목(stitle)	면수	필자, 출처
1947-05-21-004	쓰띠꼬브대장 공로 경성 향발		1	명덕
1947-05-21-005	환송사	쏘미공동위원회재개를 환영하는 환송대회에서 북조선민주주의민족통일전선위원회 의장 김달현	1	
1947-05-21-006	쏘미공위재개에 대한 남조선의 반향	남로당 담화 발표	1	북조선통신
1947-05-21-007	쏘미공위재개에 대한 남조선의 반향	남조선민전 성명	1	북조선통신
1947-05-21-008	쏘미공동위원회 앞두고 남조선민청에 해산명령	남조선반동경찰의 폭거	1	북조선통신
1947-05-21-009	경제발전과 민주건설에 황해도 당단체들의 협조		2	하일
1947-05-21-010	황해철도당부의 협조	책임수송과 체화일소	2	계홍
1947-05-21-011	금천군 동화면 당원들 관개공사에 협력		2	정운성
1947-05-21-012	공장복구와 동력 확보	송림제련 금속 제3세포	2	계홍
1947-05-21-013	증산과 건설에 분투하는 황해 봉산군 례로리세포		2	계홍
1947-05-21-014	송화군당에서 간부단기강습		2	윤채룡
1947-05-21-015	인도네시아에서의 화란제국주의자의 책동		2	통신부
1947-05-21-016	조선인련맹의 활동과 재일본 60만동포의 현상(하)		2	박석정
1947-05-21-017	광고		2	
1947-05-21-018	신간안내		2	
1947-05-21-019	쏘련대표단에게 드리는 감사문	쏘미공동위원회 쏘련대표에 대한 전인민의 기대와 희망을 표시하여 북조선민주청년동맹 중앙위원회	3	
1947-05-21-020	쓰띠꼬브대장에게 드리는 편지	쏘미공동위원회 쏘련대표에 대한 전인민의 기대와 희망을 표시하여 평양철도기관구 로동자 기술자 사무원대회	3	
1947-05-21-021	쏘련대표단에게 드리는 메쎄지	쏘미공동위원회 쏘련대표에 대한 전인민의 기대와 희망을 표시하여 북조선녀성동맹 평남 강동군 삼등면 맹원들로부터	3	
1947-05-21-022	경축문	쏘미공동위원회 쏘련대표에 대한 전인민의 기대와 희망을 표시하여 남포시 국영경금속공장 종업원들로부터	3	
1947-05-21-023	감투하는 룡암포제련	증산과 물자절약에 매진	3	최영환
1947-05-21-024	쓰띠꼬브대장에게 드리는 메쎄지	쏘미공동위원회 쏘련대표에 대한 전인민의 기대와 희망을 표시하여 북조선농민동맹 룡강군 맹원들로부터	3	

기사번호	제목(title)	부제목(stitle)	면수	필자, 출처
1947-05-21-025	한달예정의 공사 18일간에 완성	강원도 연천군 연천면 왕산리 제방수해지복구공사	3	김흥범
1947-05-21-026	모범로동자 환영하는 회	북조선직업련맹 경성군위원회에서	3	김귀남
1947-05-21-027	용접봉 재생하여 사용	수풍발전부의 김형채동무	3	최영환
1947-05-21-028	진익성농민 종곡을 보조	강원도 안변군 안도면 명곡리에 사는 농민	3	김만선
1947-05-21-029	34명의 아스피란트 최고과학을 연마	김일성대학 연구원에서	3	북조선통신
1947-05-21-030	함남 모범직장과 모범로동자 표창		3	박경석
1947-05-21-031	페물 리용하여 원료난을 타개	신의주건일사 리학준동무	3	재우
1947-05-21-032	새로운 극단 평양에 또하나		3	성택
1947-05-21-033	이 상금을 남조선에	함북 경성군 주을요업공장에서	3	김귀남
1947-05-21-034	근로인민의 건강위해 사회보험병원은 복무		3	정숙
1947-05-21-035	5월 20일부터 공민증 검사한다		3	언철
1947-05-21-036	녀맹원들이 세멘트지대제조에 협력	황해도 마동세멘트공장에서	3	성섭
1947-05-21-037	파종 끝내고 밭갈이에 힘쓰는 길주군 농민들		3	박태화
1947-05-21-038	개간사업에 녀맹원 협력	고성군 장전면 주험리에서	3	최치목
1947-05-21-039	일기예보		3	중앙기상대
1947-05-21-040	세계재건 10개년계획 제창	월레스씨 시카고군중대회에서	4	북조선통신
1947-05-21-041	오지리인민당의 폭거	카린치야군중을 강제로 소집	4	북조선통신
1947-05-21-042	유고스라비야의 문맹퇴치사업		4	통신부
1947-05-21-043	미의 중국간섭은 재난을 초래	영하원위원 담	4	북조선통신
1947-05-21-044	브라질공산당 해체에 대한 반대운동 미 각 처에 전개		4	북조선통신
1947-05-21-045	10월혁명의 위대한 시인 마야꼽쓰끼기념관 건립		4	북조선통신
1947-05-21-046	영군의 인종적차별	로동당원 하원에서 질문	4	북조선통신
1947-05-21-047	장정부관내 물가폭등으로 중국 각 대학 교직원 파업		4	북조선통신
1947-05-21-048	루마니아 산업관리소 설치		4	북조선통신
1947-05-21-049	동북중공군 하기공세 개시		4	북조선통신
1947-05-21-050	이태리정부 위기에 직면		4	따쓰통신
1947-05-21-051	윌헬름함멘씨 무죄석방		4	북조선통신
1947-05-21-052	동경전범재판		4	북조선통신
1947-05-21-053	모쓰크바4상회의 총화		4	
1947-05-21-054	내몽고자치정부 정식으로 성립		4	북조선통신
1947-05-21-055	레닌그라드항 하기항해계절		4	북조선통신
1947-05-21-056	극장		4	
1947-05-22-001	쏘미공위재개에 민전선언서 발표	제14차 북조선민전중앙위원회	1	달수

기사번호	제목(title)	부제목(stitle)	면수	필자, 출처
1947-05-22-002	쏘미공동위원회 재개와 관련하여 전인민들에게 보내는 북조선민주주의민족통일전선 중앙위원회의 선언서		1	
1947-05-22-003	녀성의 권리 존중하는 민주정부수립을 대망 제1녀중 녀교원 림정옥씨 담	쏘미공동위원회재개에 대한 반향	1	은길
1947-05-22-004	전조선민족이 갈망하던 쏘미공동위원회 수개막	21일 경성 덕수궁에서	1	북조선통신
1947-05-22-005	농촌문화사업에 대하여		1	
1947-05-22-006	쏘련의 성의가 실현되고있다 흥남인민공장 로동자 신복손씨 담	쏘미공동위원회재개에 대한 반향	1	경석
1947-05-22-007	학원의 자유 보장하는 정부수립을 갈망 함흥의대학생 오용식씨 담	쏘미공동위원회재개에 대한 반향	1	경석
1947-05-22-008	민주독립 위하여 분투노력을 맹세 사리원 구경리 농민 황상조씨 담	쏘미공동위원회재개에 대한 반향	1	
1947-05-22-009	남조선민전에서 공위재개축하대회 준비		1	북조선통신
1947-05-22-010	남조선 각 형무소 초만원	수감자 대부분은 정치범	1	북조선통신
1947-05-22-011	자주독립의 토대 구축	로동당원의 경제건설	2	하일
1947-05-22-012	녀자는 광차와 기계운전 남자들은 채탄에 총돌격	지하 천여척 명천 고참탄광 세포	2	현준극
1947-05-22-013	정치의식과 기술을 전습	평철 수차수 김두흥동무	2	달수
1947-05-22-014	"당원은 선두에 서서 모범이 되여야 한다"	평철 수차수 박갑선동무	2	달수
1947-05-22-015	김봉록동무를 본받아 통신을 보내라!		2	하일
1947-05-22-016	축마기를 만들어 공헌	만포철도 검차구 정원신동무	2	김기형
1947-05-22-017	전신수리공사를 신기록으로 완성	함남 풍산우편국 능귀우편국 파발우편국	2	리창건
1947-05-22-018	쏘미공동위원회 재개와 남조선반동파		2	북조선통신
1947-05-22-019	광고		2	
1947-05-22-020	신간안내		2	
1947-05-22-021	농업 농민들의 열성으로 활발한 토지개량사업	약진하는 함경북도	3	준극
1947-05-22-022	농업 10만석의 쌀을 증수할 토지개량공사를 시작	약진하는 함경북도	3	정희
1947-05-22-023	농업 순조로 진행되는 각종 작물의 파종	약진하는 함경북도	3	준극
1947-05-22-024	전도민의 열성으로 식수는 106% 완수 -앞으로는 보호와 육성-	약진하는 함경북도	3	정희
1947-05-22-025	산업 100% 돌파하여 생산량은 높아간다	약진하는 함경북도	3	준극
1947-05-22-026	산업 공장을 복구하고 생산량을 높이는	-성진제강 합금철공소-	3	준극
1947-05-22-027	철도 모든 힘과 열을 바쳐 15만키로 무사고주행을 목표로 돌진	약진하는 함경북도	3	준극
1947-05-22-028	철도 이것으로 철도보수품을 저마다 솔선하여 놋그릇들을 헌납	청진철도관내 당원로동자들	3	준극
1947-05-22-029	수산 4월의 수산물 115% 증산	약진하는 함경북도	3	준극

기사번호	제목(title)	부제목(stitle)	면수	필자, 출처
1947-05-22-030	산업 예정보다도 빨리 방사기를 시운전	국영청진방직공장에서	3	준극
1947-05-22-031	철도 계획량 훨씬 넘친 빛나는 수송실적	청진철도관내에서	3	준극
1947-05-22-032	교육 성인학교 늘었고 문맹자는 줄어간다	약진하는 함경북도	3	준극
1947-05-22-033	사회보험의 혜택 입은자 이미 57만명을 돌파	3월말현재 북조선인민위원회 로동국 발표	3	언철
1947-05-22-034	학교선생들 표창	원산시교육자대회에서	3	김홍범
1947-05-22-035	남조선민청에 대하여 해산명령은 왜 하느냐?!	-평양시 민청에서 항의대회-	3	인표
1947-05-22-036	녀맹원들이 공장동무들을 격려위안	함북 온성탄광에서	3	현준극
1947-05-22-037	황해도의 각 시 군 밭곡식파종 완료		3	북조선통신
1947-05-22-038	녀학생들도 공장 농촌을 순회위문	순천녀자중학 홍종신선생과 학생들	3	달수
1947-05-22-039	맹렬한 불길도 곧 끌수 있는 소화약	원산기업사 기술자 김희태씨	3	김전
1947-05-22-040	국제무대에 나가 젊은 힘을 자랑할 우리 청년들		3	은길
1947-05-22-041	흙물속에서 굴진작업을	함북 상룡전탄광	3	준극
1947-05-22-042	일기예보		3	중앙기상대
1947-05-22-043	빨레스찌나문제를 토의	국제련합기구총회 특별회의	4	따쓰통신
1947-05-22-044	자블리무장경관 발포에 격분한 지방인민 총파업		4	북조선통신
1947-05-22-045	미국의 불란서'원조'	리베라씨온지 론평	4	북조선통신
1947-05-22-046	대희토원조안 미국상원 시인		4	북조선통신
1947-05-22-047	10월혁명 30주년을 앞두고 아제르바이잔 공화국 농민들 쓰딸린대원수에게 메쎄지		4	북조선통신
1947-05-22-048	서구경제위원회회의		4	북조선통신
1947-05-22-049	"민주는 어데 있는가"	중국 54운동기념 각 대학 련합 벽보 고조	4	북조선통신
1947-05-22-050	영국의 경제정세	이.바르가	4	
1947-05-22-051	라지오		4	
1947-05-22-052	극장		4	
1947-05-23-001	쏘미공동위원회에 대한 인민의 진정한 요망			
1947-05-23-002	쏘미공동위원회사업 전개	쓰띠꼬브쏘련대표단 주석 조선인민에게 우의적축하	1	북조선통신
1947-05-23-003	쏘련측 성의보아 민주정부수립은 확실 영화배우 강홍식씨 담	쏘미공동위원회 재개에 대한 반향	1	성택
1947-05-23-004	3상회의 결의 충실한 실천 요망 사리원 지성당약방주인 허웅범씨 담	쏘미공동위원회 재개에 대한 반향	1	성섭
1947-05-23-005	3상결정에 의한 민주정부수립을 확신 함흥시 주물기업주 고정록씨 담	쏘미공동위원회 재개에 대한 반향	1	경석
1947-05-23-006	인민의 자제들이 자유취학 할수 있는 그러한 정부가 수립되기 기대 평남 순천등용인민학교 교원 백운해씨 담	쏘미공동위원회 재개에 대한 반향	1	성섭

기사번호	제목(title)	부제목(stitle)	면수	필자, 출처
1947-05-23-007	고대한 오늘 사리원제분공장 지헌용씨 담	쏘미공동위원회 재개에 대한 반향	1	성섭
1947-05-23-008	반동파 물리치고 진정한 민주실현 갈 중앙예공작단 배우 배용씨 담	쏘미공동위원회 재개에 대한 반향	1	성택
1947-05-23-009	쏘미공위의 성과를 크게 기대 함남출판공조 사무원 주정종씨 담	쏘미공동위원회 재개에 대한 반향	1	
1947-05-23-010	진정한 인민정부수립을 학수고대 가정부인 백영실씨 담	쏘미공동위원회 재개에 대한 반향	1	은길
1947-05-23-011	녀맹에 단결되여 민주건국에 매진 함남 함흥시 녀성 오수남씨 담	쏘미공동위원회 재개에 대한 반향	1	
1947-05-23-012	기쁨과 감사! 원산차량 로동자 리임식씨 담	쏘미공동위원회 재개에 대한 반향	1	김홍범
1947-05-23-013	애국가 부른다고 고랑 채우고 징벌	남조선형리들의 광태	1	북조선통신
1947-05-23-014	김일성대학 신입생 2320명을 모집		1	
1947-05-23-015	민주독립을 확신하면서 반동파타도를 맹세한다	재개된 쏘미공동위원회를 축하하여 철도 평양기관구 로동자 기술자 사무원대회에서	2	
1947-05-23-016	대중의 단결된 힘으로 성원하며 성공을 바란다	재개된 쏘미공동위원회를 축하하여 룡강군중대회에서	2	
1947-05-23-017	모쓰크바결정 반대하는 반동분자들을 제외하라	재개된 쏘미공동위원회를 축하하여 수상보안서 직장대회에서	2	
1947-05-23-018	모쓰크바 3상결정이 실행될것을 확신한다	재개된 쏘미공동위원회를 축하하여 북조선로동당 평남 강동군 원탄면당부위원회에서	2	
1947-05-23-019	우리는 북조선과 같은 통일정부수립을 바란다	재개된 쏘미공동위원회를 축하하여 북조선로동당 평남 룡강군 당부 대표 김봉창	2	
1947-05-23-020	림시정부수립협의에 농민동맹을 참가시키라	재개된 쏘미공동위원회를 축하하여 북조선농민동맹 룡강군 맹원들로부터	2	
1947-05-23-021	쏘련정부의 성의있는 노력에 감사를 드린다	재개된 쏘미공동위원회를 축하하여 북조선민주당 강동군 삼등면당부에서	2	
1947-05-23-022	북조선민주개혁토대로 조선통일정부 수립하라	재개된 쏘미공동위원회를 축하하여 평안도 남포전극공장 종업원들로부터	2	
1947-05-23-023	몰로또브씨가 제의한 3대원칙을 지지한다	재개된 쏘미공동위원회를 축하하여 천도교청우당 삼등면당부 위원장 백락침	2	
1947-05-23-024	근로인 근로인민의 리익을 보장할 림시정부를 세워주기를 바란다	재개된 쏘미공동위원회를 축하하여	3	
1947-05-23-025	녀성 우리 녀성을 반드시 림시정부수립협의에 참가시켜야 된다	재개된 쏘미공동위원회를 축하하여 북조선민주녀성총동맹 평남 강동군 고선면지부에서	3	

기사번호	제목(title)	부제목(stitle)	면수	필자, 출처
1947-05-23-026	청년 우리 청년들을 참가시키고 인민의 자유와 리익 보장을 요구	재개된 쏘미공동위원회를 축하하여 북조선민주청년동맹 평남 강동군 삼등면위원회에서	3	
1947-05-23-027	학생 북조선에서 실시한 민주개혁을 토대로 한 림시정부를 요구	재개된 쏘미공동위원회를 축하하여	3	
1947-05-23-028	불란서내각의 인위적위기 미독점자본가 일군의 내정간섭	라마디에내각개조에 대한 『쁘라우다』지 론평	4	북조선통신
1947-05-23-029	불가리아공화국의 신헌법초안을 성안		4	북조선통신
1947-05-23-030	보수당의 대미합작을 비난	영 다비주지방 로동당회의에서	4	북조선통신
1947-05-23-031	장춘시 포성 은은		4	북조선통신
1947-05-23-032	구라파경제위원회 제1회회의 종결		4	북조선통신
1947-05-23-033	비률빈의 전철을 우려 제국주의자의 새로운 무기책략 회담 타협 공약	인도의 비극	4	북조선통신
1947-05-23-034	독일특허권을 영미에서 점유		4	북조선통신
1947-05-23-035	'로동운동방해'를 반대	미국로동련맹대표단 성명	4	북조선통신
1947-05-23-036	분란정계 소식		4	북조선통신
1947-05-23-037	일련립내각수반 사회당 편산 유력		4	북조선통신
1947-05-23-038	아르메니아국수당원 이주위원회를 습격		4	북조선통신
1947-05-23-039	우라늄대광맥 미국에서 발견		4	북조선통신
1947-05-23-040	루루문제에 관하여		4	『신시대』지 제16호
1947-05-23-041	쏘련의 휴료양소 전전수용력 회복		4	북조선통신
1947-05-23-042	쏘미음악협회 연주회 대환영		4	북조선통신
1947-05-23-043	라지오		4	
1947-05-23-044	극장		4	
1947-05-24-001	로동자 사무원의 사회보험료 휴양소사업에 대하여		1	
1947-05-24-002	북조선직업총동맹 국제직련에 정식 가맹		1	인표
1947-05-24-003	가맹을 승인하는 국제직련의 전문	북조선직총 중앙위원회 비서국 발표	1	
1947-05-24-004	농업현물세개정에 농민을 대표하여 감사	북조선농맹 위원장 담화 발표	1	북조선통신
1947-05-24-005	희랍의 민주건설 요망 새로운 재난을 세계에 호소	희랍민주녀성동맹의 서한	1	북조선통신
1947-05-24-006	해산과 탈취와 검거	발악하는 남조선반동경찰	1	북조선통신
1947-05-24-007	자치위원회의 해산 반대 춘천사범생 맹휴에 돌입		1	북조선통신
1947-05-24-008	5.1절 참가 학생 부당처치문제로 학생공동투쟁위원회 성명		1	북조선통신
1947-05-24-009	인민의 산업경제를 부흥시킬수가 있는 그러한 통일정부수립 기대 공업기술총련맹위원장 리병제씨 담	쏘미공동위원회 재개에 대한 반향	1	동천
1947-05-24-010	민주독립 방해하는 반동배를 물리치자 천도교 북조선종무 원장 송근섭씨 담	쏘미공동위원회 재개에 대한 반향	1	김전
1947-05-24-011	녀자에게도 권리주는 진정한 민주정권 기대 강원도 안변군 석왕사면 오산리 녀맹 박경은씨 담	쏘미공동위원회 재개에 대한 반향	1	조훈
1947-05-24-012	반동의 책동 배격 국영평양제사 녀성로동자 김순실씨 담	쏘미공동위원회 재개에 대한 반향	1	명덕
1947-05-24-013	반인민적인 분자들과 투쟁 함남 원산시 두남리인민위원회 사무원 최시경씨 담	쏘미공동위원회 재개에 대한 반향	1	김홍범
1947-05-24-014	유일한 기획밑에서 인민경제계획을 실행	제1차 각 도 기획부장회의	1	달수
1947-05-24-015	민주조선건설에서 인테리겐챠의 역할		2	신문부
1947-05-24-016	모스크바주간		2	통신부
1947-05-24-017	현대루마니아(상)		2	
1947-05-24-018	어렵고 힘든것을 가리지 않고 밤낮을 다투어 증산에 힘쓴다	-남포시의 중요생산공장 로동자들-	3	윤모
1947-05-24-019	5.1기념 제2차생산돌격으로 계획량보다 훨씬 많이 생산	황해제철소에서	3	당부
1947-05-24-020	배우며 일하는 행복된 생활속에서 증산경쟁	북조선의 로동자들의 생활은 문화적으로도 향상되고 있다	3	명덕
1947-05-24-021	우리 당원 리철우동무가 힘 덜들이고 효과 많이 내는 농구를 만들었다	함북도 성진시에 사는 농민	3	동천
1947-05-24-022	못쓰게 된 차체로 토락타를 제작한 운전수 주재한씨	영흥군 행붕리에 거주하는 자동차운전수	3	김경환
1947-05-24-023	쏘미공동위원회 재개와 관련하여 전인민에게 보낸 민전선언서에 대한 평양시 각 직장 보고대회		3	중성
1947-05-24-024	용등, 용문 두 탄광 경쟁적으로 증산		3	김인득
1947-05-24-025	6월 중순에 마칠 예정인 관개공사를 5월 보름에 벌써 50%를 벌해놓았다	평남 룡강군 룡강면 오작리에서	3	달수
1947-05-24-026	사무 끝나면 수리공사장으로 간다	평남 안주군내 각 직장 사무원들	3	달수
1947-05-24-027	1만 8천석을 증수할 관개공사-농민들의 행복한 생활을 약속한다	황해도 금천군에서	3	정운성
1947-05-24-028	살기좋고 깨끗한 도시로 아름답게 꾸며지는 평양	평양특별시 도시미화사업 시작	3	김전
1947-05-24-029	문평제련소 115%		3	김준호
1947-05-24-030	근로인을 위해 일하는 국영상점과 인민시장		3	김전, 동천
1947-05-24-031	일기예보		3	중앙기상대
1947-05-24-032	화란에 무기 대여	주화 영국군사사절장 담	4	북조선통신
1947-05-24-033	다슈나크당의 폭행에 아르메니아민주전선 항의		4	북조선통신
1947-05-24-034	쏘련의 동력산업 혁명전에 비해 24배		4	북조선통신

기사번호	제목(title)	부제목(stitle)	면수	필자, 출처
1947-05-24-035	서독지대 정치적요위를 반민주분자들이 점위		4	북조선통신
1947-05-24-036	미국의 대일정책에 대한 중국신문의 론평		4	통신부
1947-05-24-037	"조선에 관한 모쓰크바3상회의 강령실현에 필요한것"		4	통신부
1947-05-24-038	알바니아 대쏘문화친선대표단 쏘련 시찰		4	북조선통신
1947-05-24-039	독일학자들 미국군사 종사		4	북조선통신
1947-05-24-040	중국대학생들 내전 반대 시위		4	북조선통신
1947-05-24-041	유고슬라비아 춘기파종 완료		4	북조선통신
1947-05-24-042	중공군 장춘비행장 점령	장춘 심양간 철도 절단	4	북조선통신
1947-05-24-043	중국대학생 맹휴 2만 5천명 참가		4	북조선통신
1947-05-24-044	민주주의나라 유-고공화국을 찬양	슬라브계 미대표 시찰	4	북조선통신
1947-05-24-045	피로써 쟁취한 권리		4	
1947-05-24-046	라지오		4	
1947-05-24-047	극장		4	
1947-05-25-001	경제절약을 위하여		1	
1947-05-25-002	남조선민청에 대한 해산명령을 철회하라 반동파타도의 의기도 장하게	평양시민청열성자대회	1	인표
1947-05-25-003	북조선의 민주개혁을 우리는 절대옹호 고수 평철보선구 선로수 한경선씨 담	쏘미공동위원회 재개에 대한 반향	1	중선
1947-05-25-004	정당한 상업으로 인민의 복리 도모 삼광전기공업사 주인 리영순씨 담	쏘미공동위원회 재개에 대한 반향	1	기관
1947-05-25-005	학원의 자유를 보장하기 요망 원산시 학생 권상호군 담	쏘미공동위원회 재개에 대한 반향	1	홍범
1947-05-25-006	토지개혁의 혜택으로 우리 농민의 생활은 행복 원산시농민 김중흥씨 담	쏘미공동위원회 재개에 대한 반향	1	김홍범
1947-05-25-007	인민보건사업발전도 민주국가건설에 달렸다 원산시인민병원 의사 김룡국씨 담	쏘미공동위원회 재개에 대한 반향	1	김홍범
1947-05-25-008	청년의 자유를 보장할 정부 요망 원산시내 청년 김영호씨 담	쏘미공동위원회 재개에 대한 반향	1	홍범
1947-05-25-009	희랍군 총공격도 수포	핀더스지구 게릴라부대 대승	1	북조선통신
1947-05-25-010	대오조약위원회 20일 정기회의		1	북조선통신
1947-05-25-011	희랍공산당의 싼트스씨 서거		1	북조선통신
1947-05-25-012	'반탁진영의 준동은 림정수립에 영향 없다	남조선민전부의장 기자단과 문답	1	북조선통신
1947-05-25-013	쏘미공위 속개 축하대회 남조선민전서 준비 진행		1	북조선통신
1947-05-25-014	북조선로동당 강령에 대하여	북조선로동당 중앙본부 선전선동부 당교양과	2	
1947-05-25-015	현대 루마니야(하)		2	선전원수첩
1947-05-25-016	레닌그라드 교육기관 전전지위를 다시 획득		2	북조선통신
1947-05-25-017	광고		2	
1947-05-25-018	신간안내		2	
1947-05-25-019	품질 낮은 포도탕으로 주사약 만드는데 성공	평남제약공장 한형모 김정규 김훈식 세분의 열달동안의 꾸준한 노력으로	3	달수
1947-05-25-020	농민들의 애국열성으로 백정보의 땅을 논으로 만든다	온성군 남유면 풍서동에서	3	박
1947-05-25-021	4백여메터의 다리공사 시작	황해도 국도한표교 가설공사장에서	3	정운성
1947-05-25-022	5월 10일현재 벼모파종 102% 마령서도 20일현재 100% 돌파	함북도내 각 시 군의 파종 상황	3	현석
1947-05-25-023	농촌구락부를 설치한다	농민문화향상위해 농맹에서	3	북조선통신
1947-05-25-024	선진쏘련을 방문하고 온 교육사절단의 환영좌담회		3	동천
1947-05-25-025	논두렁 개량공사에 열올리는 농민들	평북도 정주군 남서면 화산동 남양동에서	3	정원
1947-05-25-026	기쁨의 풍년을 맞기 위해 평양시 율리 농민들은 노력한다		3	동천
1947-05-25-027	잡지『농민』을 발간	북조선농민동맹에서	3	북조선통신
1947-05-25-028	황해도 5.1절기념증산 제2차돌격운동의 성과		3	북조선통신
1947-05-25-029	예정을 돌파 주행코 감투하는 길주철도		3	태화
1947-05-25-030	260만 농맹원에게 맹증을 수여		3	북조선통신
1947-05-25-031	발전하는 조쏘문화협회의 사업		3	성택
1947-05-25-032	양잠에 노력	황해도 금천군인민위원회에서	3	정운성
1947-05-25-033	일요일 리용 광석을 운반	함남 룡원면에서	3	김상근
1947-05-25-034	녀맹원들이 집집에 다니며 해설사업	평양시녀성동맹에서	3	은길
1947-05-25-035	련합국기구 재조직하려는 소위 뉴욕위원회	『쁘라우다』지 론평	4	
1947-05-25-036	분란복수주의자의 전쟁획책음모 폭로	헬싱키재판 진행경과	4	북조선통신
1947-05-25-037	불란서각주에서 맹렬한 반정부시위	까스전기종업원 임금인상 요구로	4	북조선통신
1947-05-25-038	화란 병사와 장교를 인도네시아에 파견		4	북조선통신
1947-05-25-039	인도네시아로동운동중앙기구위원회의		4	북조선통신
1947-05-25-040	물가폭등 파업 속출	중국 장정부 관내의 혼란	4	북조선통신
1947-05-25-041	인도네시아 팔려는 화내각 재조직계획		4	북조선통신
1947-05-25-042	이태리내각 조각공작 암초		4	북조선통신
1947-05-25-043	희랍애국자의 서신		4	신시대 14호
1947-05-25-044	라지오		4	
1947-05-25-045	극장		4	
1947-05-27-001	상품교류확장에 있어서 북조선소비조합의 과업		1	
1947-05-27-002	농업현물세법령개정에 농민들은 감사를 드린다!		1	성택

기사번호	제목(title)	부제목(stitle)	면수	필자, 출처
1947-05-27-003	반동파의 용취 여지없이 현물세부담 조정 평양특별시 선교 3리 소채농민 박문표씨 담	농업현물세법령개정과 관련하여	1	동천
1947-05-27-004	북조선인민위원회는 참말로 인민정권 대동군 금제면 이인리농민 한내길씨 담	농업현물세법령개정과 관련하여	1	성택
1947-05-27-005	농업현물세개정은 농민의 실정을 파악한것 중화군 양정면 농민 박주진씨 담	농업현물세법령개정과 관련하여	1	중선
1947-05-27-006	현물세개정은 인민의사와 합치 대동군 금제면 이인리 이위원 송호준씨 담	농업현물세법령개정과 관련하여	1	성택
1947-05-27-007	북조선정치에 농민은 감사불이 대동군 남형제산면 와우리 농민 오충언씨 담	농업현물세법령개정과 관련하여	1	동천
1947-05-27-008	독일 영미점령지대의 민주주의화 주장	독일민주화투쟁위원회 성명	1	북조선통신
1947-05-27-009	폭로된 ‘비밀협정’	리승만의 반동적음모를 미국무성에서 반박성명	1	북조선통신
1947-05-27-010	인민진료소와 병원 나날이 늘어간다	평남에 새로 15개소	1	달수
1947-05-27-011	국제청년제에 청년대표를 파견	축구 롱구 무용 합창 등	1	북조선통신
1947-05-27-012	미해군 애급해접근 반대	애급대학생대회서 결의	1	북조선통신
1947-05-27-013	관개.개간.토지개량에 로동당단체의 적극 방조		2	하일
1947-05-27-014	관개공사와 농촌전기화	평북 강계군 별오동세포	2	
1947-05-27-015	사무원 학생의 응원 얻어 성천 상리개간 공사 진행		2	리옥희
1947-05-27-016	배수공사로 수해를 방지	강원도 양양 상운리세포	2	정충근
1947-05-27-017	황무지를 옥토로 개간	함북 길주 용원리세포	2	박태화
1947-05-27-018	남녀당원들을 선두로 라남 수북리 봉암리 개답공사 완성		2	최세훈
1947-05-27-019	당정치교양사업에 대하여		2	북조선로동당 선전선동부 당교양과장 고혁
1947-05-27-020	학동리세포의 배수구공사와 공동욕탕시설		2	김영복
1947-05-27-021	삼중중학교생 황무지를 개간		2	리근배
1947-05-27-022	평양 칠불리관개공사에 제2세포 야간돌격		2	동천
1947-05-27-023	쏘련예술연구소에 신입생 1만 2천명 입소		2	북조선통신
1947-05-27-024	민전 민주주의조선림시정부의 수립을 위하여 성의껏 힘써주시는 노력에 감사	재개된 쏘미공동위원회를 환영하여 북조선민주주의민족통일전선 남포시위원회에서	3	
1947-05-27-025	녀성 우리 녀성을 참가시키기를 바라며 믿습니다	재개된 쏘미공동위원회를 환영하여 북조선민주녀성동맹 남포시녀맹 일동으로부터	3	
1947-05-27-026	철도 모쓰크바3상결정이 실행되여 림시정부 빨리 되기바란다	재개된 쏘미공동위원회를 환영하여 철도평양공장 로동자 기술자 사무원대회에서	3	
1947-05-27-027	탄광 우리 로동자의 단체를 협의에 참가시켜 주시요	재개된 쏘미공동위원회를 환영하여 북조선 평남 강동군 원탄면 고비리탄광종업원대회에서	3	
1947-05-27-028	사무원 북조선에서 실시한 민주개혁을 토대로 한 림시정부를	재개된 쏘미공동위원회를 환영하여 남포시소비조합 사무원들로부터	3	
1947-05-27-029	공장 근로인민을 위하는 정권을 세워주시요	재개된 쏘미공동위원회를 환영하여 평양곡산공장 종업원대회에서	3	
1947-05-27-030	전화국 우리 나라의 발전과 우리 민족의 복리를 위하여 힘써주심에 경의를 표한다	재개된 쏘미공동위원회를 환영하여 평양중앙전화국 자동기계과 종업원들로부터	3	
1947-05-27-031	동북인민자위전쟁 전면적반공계단으로		4	북조선통신
1947-05-27-032	동북민주련군 장춘 일각에 돌입		4	북조선통신
1947-05-27-033	팔레스티나문제 쏘련태도는 유태인의 희망과 일치	쏘련 그로므꼬씨 연설의 반향	4	북조선통신
1947-05-27-034	영토약량국에 대량 무기 수출		4	북조선통신
1947-05-27-035	근동에서 영미석유전	에.바르가의 론문에서	4	북조선통신
1947-05-27-036	희.토 량국원조에 관해 마샬국무장관 성명		4	따쓰통신
1947-05-27-037	미 이란국내에 비행장 설치?		4	북조선통신
1947-05-27-038	국제정세개관		4	따쓰
1947-05-27-039	미국의 대일차관설		4	따쓰통신
1947-05-27-040	오지리 불란서점령당국 쏘련시민의 귀국을 방해		4	북조선통신
1947-05-27-041	중국민정위원들 평화교섭을 주장		4	따쓰통신
1947-05-27-042	일본중의원 의장에 마쯔오까 고마기찌씨 피선		4	북조선통신
1947-05-27-043	동경전범재판	장고봉사건 증인 신문	4	북조선통신
1947-05-27-044	트리에스트감옥 수용자 단식 결행		4	따쓰통신
1947-05-27-045	대이강화비준후에 트리에스트 총독 선임		4	북조선통신
1947-05-27-046	발전하는 쏘련사진기공업		4	북조선통신
1947-05-27-047	아동관광전람회 모쓰크바에서 개최		4	북조선통신
1947-05-27-048	라지오		4	
1947-05-27-049	극장		4	
1947-05-28-001	생산경쟁운동의 전개로써 인민경제계획을 완수하자		1	
1947-05-28-002	조선에 관한 쏘미공동위원회 공동성명 제1호	1947년 5월 24일	1	
1947-05-28-003	남조선반동배들의 야만적폭행을 목격했다	국제직련 쏘련대표 따라쏘브씨 귀국 담	1	북조선통신
1947-05-28-004	쏘미공위축하 림시정부촉진 시민대회 금지	남조선반동경찰 발악	1	북조선통신

기사번호	제목(title)	부제목(stitle)	면수	필자, 출처
1947-05-28-005	3상결정의 실천 위하여 투쟁하다 검거된 수만애국자를 석방하라	반일운동자후원회 성명	1	북조선통신
1947-05-28-006	보도와 출판자유 문제	련합국 기구분과위원회회의	1	북조선통신
1947-05-28-007	하기휴가를 리용하여 학생들도 휴양시킨다	북조선인민위원회 교육국의 계획	1	달수
1947-05-28-008	일본수상에 편산씨 피선		1	북조선통신
1947-05-28-009	모쓰크바파견 교원단의 총괄보고	북조선교원단 대표 김강송	2	
1947-05-28-010	남조선민청의 투쟁		2	
1947-05-28-011	북조선민주건설을 공고 통일적독립 획득에 매진	북조선로동당 평안남도당 당단체열성자대회	2	칭숙
1947-05-28-012	반동분자의 요언을 분쇄 민족통일전선 밑에 투쟁	24일 평양시당열성자대회	2	정
1947-05-28-013	대일미차관 1억여딸라?		2	북조선통신
1947-05-28-014	중국해방구내의 공산당농업정책		2	통신부
1947-05-28-015	복구하고 건설하며 증산에 돌진하는 청진시의 세 공장	청진제강공장, 청진조선공장, 청진방적공장에서	3	김현석특파원
1947-05-28-016	평양에서 청진까지 정비된 급행렬차	-김현석특파원 동승기-	3	김현석특파원
1947-05-28-017	1년동안에 만들 수량 넉달에 벌써 120%	평남제약공장에서	3	달수
1947-05-28-018	모판이 100%	강원도 통천군의 파종상황	3	전세영
1947-05-28-019	수리공사를 완수하여 6천석의 쌀을 증수	평남 대동군 금제면 양무대에서	3	성택
1947-05-28-020	길주의 만기파종 5월 16일현재로 96%		3	정희
1947-05-28-021	평양시에 아동극장		3	김전
1947-05-28-022	관개공사에 농민들 열성	송림시 석탄리관개공사장에서	3	당부
1947-05-28-023	종자확보에 동민들 열성	안변군 배화면 수항리농민동맹에서	3	김만선
1947-05-28-024	로동자 사무원들 수리공사에 응원출동	평양시 7불리, 평남 금제면에서	3	성택, 김전
1947-05-28-025	일기예보		3	중앙기상대
1947-05-28-026	"우리의 열망을 충분히 반영"	그로미꼬씨 연설에 유태인의 환희 폭발	4	북조선통신
1947-05-28-027	자유애호인민들과의 동지애의 우정을 보았다	체코련맹 중앙서기장 방쏘인상	4	북조선통신
1947-05-28-028	미국의 무장화	미국무장관과 륙해군상 공동제의	4	북조선통신
1947-05-28-029	중국정부의 '개조'에 대하여		4	신문부
1947-05-28-030	인도네시아주민들 공화국에 충성 표시		4	북조선통신
1947-05-28-031	장춘시 고립화	중공군 장춘비행장 공격	4	북조선통신
1947-05-28-032	북이태리에 실업자 격증		4	북조선통신
1947-05-28-033	중공군 북평서방 문두구를 점령		4	북조선통신
1947-05-28-034	일본하합후상 추방령으로 사직		4	북조선통신
1947-05-28-035	이태리이주민 수용소의 영관헌횡폭 행위		4	북조선통신
1947-05-28-036	상해에 미곡난		4	북조선통신
1947-05-28-037	화란군파송을 화란인민 반대		4	북조선통신

기사번호	제목(title)	부제목(stitle)	면수	필자, 출처
1947-05-28-038	발칸의 평화를 위협하는자는 누구냐		4	신문부
1947-05-28-039	내전과 기아를 반대하는 중국학생맹휴 전국에 파급		4	북조선통신
1947-05-28-040	상해학생맹휴 중학교에 파급		4	북조선통신
1947-05-28-041	라지오		4	
1947-05-29-001	적기이앙으로 민주건국을 촉성하자		1	
1947-05-29-002	정부수립협의대상에 농민대표 참가는 당연 칠불리농민 렴익준씨 담	쏘미공동위원회 재개에 대한 반향	1	김전
1947-05-29-003	우리 북조선과 같은 진정한 인민정권을 흥남비료공장 최종환씨 담	쏘미공동위원회 재개에 대한 반향	1	
1947-05-29-004	단결로써 방조 신의주시인민병원 부원장 김의식씨 담	쏘미공동위원회 재개에 대한 반향	1	영환
1947-05-29-005	녀성들의 자유와 권리를 보장하는 진정한 민주정부 수립 요망 원산시내 천광고무공장 세포 김신자씨 담	쏘미공동위원회 재개에 대한 반향	1	홍범
1947-05-29-006	민족문화를 창건할 민주교육을 실시할 정부 요망 김일성대학 교수 박종식씨 담	쏘미공동위원회 재개에 대한 반향	1	동천
1947-05-29-007	조선인민의 소원에 의하여 신의주시 선진구 토성동농민 김자명씨 담	쏘미공동위원회 재개에 대한 반향	1	영환
1947-05-29-008	반동파책동을 여지없이 분쇄 함흥백화점 사무원 김현술씨 담	쏘미공동위원회 재개에 대한 반향	1	경석
1947-05-29-009	농민들의 권리를 보장하는 정부를 원산시 성라리농민 최태진씨 담	쏘미공동위원회 재개에 대한 반향	1	홍범
1947-05-29-010	과학을 인민화 할수 있는 림시정부의 수립을 요구 북조선 전염병연구소 일반세균부 리수억씨 담	쏘미공동위원회 재개에 대한 반향	1	
1947-05-29-011	남조선민전산하 정당단체 쏘미 량대표에 환영사 전달		1	북조선통신
1947-05-29-012	공산주의자의 빛나는 장래	불국공산당 총비서 또레즈씨 연설	1	따쓰통신
1947-05-29-013	국민참정회의 의원들이 국내전쟁참화 지적 론난		1	북조선통신
1947-05-29-014	로동당간부의 사상적 리론적 교양에 관하여		2	박창옥
1947-05-29-015	인민경제계획완수를 위한 평양곡산제1분공장 당단체의 실지적협조		2	라득준
1947-05-29-016	모쓰크바파견 교원단의 총괄보고(2)	북조선교원단 대표 김강송	2	
1947-05-29-017	대희 토 원조안에 트루맨 서명		2	북조선통신
1947-05-29-018	우리 건국일군들을 맞이하는 사회보험 '주을'휴양소	로동법령의 혜택을 입어 자유롭고 행복된 생활을 하는 북조선인민들	3	김현석특파원
1947-05-29-019	농민들의 형편을 잘 보살펴 이렇게 해주니 감사하다 평양특별시 칠불리농민 박태영씨의 말	농업현물세법령개정과 관련하여	3	동천

기사번호	제목(title)	부제목(stitle)	면수	필자, 출처
1947-05-29-020	이번에 개정한것은 가장 지당한 조치다 평북 정주 마산면 동창동농민 리준학씨의 말	농업현물세법령개정과 관련하여	3	성택
1947-05-29-021	농민의 살림은 더한층 향상될것이다 평남 대동군 남형제산면 농민 리몽태씨의 말	농업현물세법령개정과 관련하여	3	중선
1947-05-29-022	함주군의 개간사업		3	윤회
1947-05-29-023	흥남 본궁공장 오동욱외 세 동무가 우량한 알콜제조에 성공		3	박경석
1947-05-29-024	순회영화로 농민을 위안	평양시농민동맹영화반에서	3	동천
1947-05-29-025	농민과 시민 위해 두곳에 농민시장	평양특별시인민위원회에서	3	언철
1947-05-29-026	평북화물자동차 돌격운동을 전개	평북화물자동차사업소에서	3	영환
1947-05-29-027	인민경제계획 완수를 위하여 협력하는 민주녀성들	성천, 길주, 단천, 원산, 구성에서	3	리옥희, 박태화, 엄학유, 홍범, 허순오
1947-05-29-028	찬연히 빛나는 김일성대학		3	북조선통신
1947-05-29-029	로동자 사무원을 위한 국영식당 분점 모란봉공원에		3	김전
1947-05-29-030	일기예보		3	중앙기상대
1947-05-29-031	비참한 로동자의 생활조건 안전장치전무는 일본산업의 특징	국제직련위원 따라쏘브씨 일본로동조합 현상시찰담	4	북조선통신
1947-05-29-032	이태리녀성들은 민주정치를 열망하고있다	쏘베트녀성대표 이태리시찰담	4	북조선통신
1947-05-29-033	인도네시아에서의 군사행동과 화인회담		4	통신부
1947-05-29-034	누욕세례교인 쏘련 리해 요망		4	북조선통신
1947-05-29-035	유고인민정부의 전후고아 후생사업 전모		4	북조선통신
1947-05-29-036	파란 유고 량국경제협조약		4	북조선통신
1947-05-29-037	일본제국정부를 일본정부로		4	북조선통신
1947-05-29-038	쏘련무전경쟁		4	북조선통신
1947-05-29-039	쏘내분비학자과학회의 개최		4	북조선통신
1947-05-29-040	쏘련우랄지방 철, 금속 유망		4	북조선통신
1947-05-29-041	우즈베크공화국 국가 창정		4	북조선통신
1947-05-29-042	모쓰크바고등학교 입학졸업 시험 개시		4	북조선통신
1947-05-29-043	사실과 부합치 않는 보고 영하원에서 베빈씨의 4상회의에 관한 연설	쏘련『이스베스챠』지 론평	4	
1947-05-29-044	라지오		4	
1947-05-30-001	모든 산업기업소의 사업을 선진적기업소의 수준으로 끌어올리자		1	
1947-05-30-002	남조선민청 해산령을 북조선민청에서 취소 요구	27일 엄중한 항의문 발표	1	
1947-05-30-003	조국의 예술문화를 창건할수 있는 정부를 음악가 김원균씨 담	쏘미공동위원회에 대한 반향	1	명덕
1947-05-30-004	반동배들의 잔명도 멀지 않다 강원도 안변군 석왕사면 상탑리농민 김기호씨 담	쏘미공동위원회에 대한 반향	1	조훈

기사번호	제목(title)	부제목(stitle)	면수	필자, 출처
1947-05-30-005	학원의 자유보장을 요망하여 마지 않는다 평양법경전문학교 학생 로금석군 담	쏘미공동위원회에 대한 반향	1	
1947-05-30-006	진정한 인민정부를 신의주팔프공장 로동자 허창수씨 담	쏘미공동위원회에 대한 반향	1	영환
1947-05-30-007	쏘련대표단의 성의에 감격! 평양견직 녀공 김중녀씨 담	쏘미공동위원회에 대한 반향	1	명덕
1947-05-30-008	모쓰크바 파견 교원단의 총괄보고(3)	북조선교원단 대표 김강송	2	
1947-05-30-009	과학	생물계와 무생물계(1)	2	생물학박사 대학교수 아.쓰뚜짐쓰끼, 해연 역
1947-05-30-010	기계수리에 당원들 분투	함흥고무공장에서	2	경석
1947-05-30-011	그 이름도 빛나는 김일성장군의 영예의 표창을 받은 김일성대학		3	동천
1947-05-30-012	민주 새 조선 건설 위하여 건국의 새 정기를 기르자	사회보험 '삭주'휴양소도 개소	3	신언철특파원
1947-05-30-013	민주주의림시정부수립 촉진 위해 투쟁	북조선로동당 강원도당열성자대회	3	홍범
1947-05-30-014	좌담회 새로운 감격과 결의를 말하는 휴양자	사회보험삭주휴양소	3	신언철특파원
1947-05-30-015	채탄 640%! 당원 김직현동무의 투쟁기록	함북 아오지탄광 제5항에서 일하는 로동당원	3	
1947-05-30-016	전조선농민의 행복 위해 더한층 힘있게 싸울 결심 평북 신의주 동상동농민 김치범씨의 말	농업현물세법령개정에 대한 농민들의 반향	3	영환
1947-05-30-017	쏘미공동위원회 재개 경축군중대회	함흥, 흥남에서	3	박경석
1947-05-30-018	가장 공평한 조치다 평북 신의주 토성동농민 리병규씨의 말	농업현물세법령개정에 대한 농민들의 반향	3	영환
1947-05-30-019	오직 증산으로 보답 평북 신의주 선산동농민 황창실씨의 말	농업현물세법령개정에 대한 농민들의 반향	3	영환
1947-05-30-020	함남도에서 감자제초		3	북조선통신
1947-05-30-021	인민보건체조를	평남 평원군민들이	3	리원길
1947-05-30-022	가마니와 새끼를 더 많이 생산하자	열성을 내는 함북농민	3	준극
1947-05-30-023	남포시로동소개소 사업 활발		3	달수
1947-05-30-024	일기예보		3	북조선 중앙기상대
1947-05-30-025	27년 이래의 최고기록 미국의 물가폭등	미신문들 '생활협위'를 경고	4	북조선통신
1947-05-30-026	불란서 최근정세	민주대 반동 투쟁에 신국면	4	북조선통신
1947-05-30-027	그들은 자기 조국으로 돌아가지 않으면 안된다	쏘련공민귀국문제에 관한 『쁘라우다』지의 론평	4	북조선통신
1947-05-30-028	알바니아령토에 희공군 불법월경	유엔기구에 항의서 제출	4	북조선통신
1947-05-30-029	인민군의 온정 투항병에게 귀향		4	북조선통신

기사번호	제목(title)	부제목(stitle)	면수	필자, 출처
1947-05-30-030	동북민주련군 장춘포위전과		4	북조선통신
1947-05-30-031	모쓰크바대학의 거대한 탐사사업		4	북조선통신
1947-05-30-032	중국대학생맹휴 확대	영사대학 교수도 참가	4	북조선통신
1947-05-30-033	내전정지를 갈망 평화제안의 용의	국민참정회하 단체 선명	4	북조선통신
1947-05-30-034	사실과 부합하지 않는 보고(하) 영하원에서 베빈씨의 4상회의에 관한 연설	쏘련『이스베스챠』지 론평	4	
1947-05-30-035	쏘련농경지 1만여헥탈 증가		4	북조선통신
1947-05-30-036	라지오		4	
1947-05-31-001	과학기술을 발전향상시키여 인민경제발전을 보장하자!		1	
1947-05-31-002	남조선학생검거폭행에 항하여 검거반대 학생동맹에서 시민과 학부형에게 호소		1	
1947-05-31-003	사형페지에 대한 쏘련최고쏘베트 상임의원의 령		1	
1947-05-31-004	토지개혁을 발전시켜 농민의 행복보장을 요망 안변군 배화면 문봉리 농민 김백관씨 담	쏘미공동위원회에 대한 반향	1	김만선
1947-05-31-005	북조선녀성들은 사람답게 삽니다 원산 석유공장 녀자로동자 리복선씨 담	쏘미공동위원회에 대한 반향	1	홍범
1947-05-31-006	북조선과 같이 민주개혁을 남조선에도 원산시 기독교인 리룡운씨 담	쏘미공동위원회에 대한 반향	1	김홍범
1947-05-31-007	산업발전에 열투 안변군 안변면 학성리 기업가 김세진씨 담	쏘미공동위원회에 대한 반향	1	김만선
1947-05-31-008	학원의 민주화를 보장하는 정부를 평양 3녀중학생 정병봉양 담	쏘미공동위원회에 대한 반향	1	명덕
1947-05-31-009	민주건국 위하여 분투할것을 맹세 안변 녀성 임옥자씨 담	쏘미공동위원회에 대한 반향	1	김만선
1947-05-31-010	조철로조 부산지부에서 총파업 요구조건 재제출		1	북조선통신
1947-05-31-011	쏘.영.독의 장래를 쏘영친선협회 토의		1	북조선통신
1947-05-31-012	남조선의 반민주주의적선거법에 대하여		2	신문부
1947-05-31-013	력사적문건「사형페지령」발표에 제하여	5월 27일『쁘라우다』사설	2	
1947-05-31-014	과학	생물계와 무생물계(2)	2	생물학박사 대학교수 아.쓰뚜짐쓰게 해연 역
1947-05-31-015	학생미술전람회 우수작품을 시상		2	김전
1947-05-31-016	광고		2	
1947-05-31-017	신간안내		2	
1947-05-31-018	평양시내의 각 생산기업장	134%의 빛나는 기록으로 5.1증산돌격운동 총결	3	신기관
1947-05-31-019	활발히 진행되는 양양군의 파종		3	충근

기사번호	제목(title)	부제목(stitle)	면수	필자, 출처
1947-05-31-020	예정계획을 넘쳐 실행하고 힘차게 싸우는 신의주기관구		3	신언철특파원
1947-05-31-021	쇠락되였던 양덕의 양잠업 다시 소생되여 자란다		3	김현석특파원
1947-05-31-022	농민들은 이앙전에 이러한 준비하자		3	동천
1947-05-31-023	날로 줄어가는 라남의 문맹자		3	최서훈
1947-05-31-024	6월 25일까지에 설치될 9천여개소 농촌구락부		3	중선
1947-05-31-025	의료기제작에 전력을 기울이고있는 평남의료기제작소		3	달수
1947-05-31-026	모범일군들 농사 잘하여 민주건설에 이바지하자는 열성농민	평남도 개천군의 중남면 인곡리 양병제농민, 서면 운룡리 리만진농민, 북면 룡연리 박찬보농민	3	동철
1947-05-31-027	명승 모란봉공원 근로인민의 위안처로	-매 일요일마다 야외연예대회-	3	기관
1947-05-31-028	조쏘문협 이동영화대 순회		3	성택
1947-05-31-029	양덕에 인민교 교원양성소		3	현석
1947-05-31-030	평양-강서간 왕복역 전경기		3	인표
1947-05-31-031	『투사신문』	6월 1일부터	3	북조선통신
1947-05-31-032	휴양자들을 맞아들일 준비에 바쁜 양덕휴양소		3	김현석특파원
1947-05-31-033	일기예보		3	중앙기상대
1947-05-31-034	미, 이란 무기판매협정	이란 국내에 불만 격심	4	북조선통신
1947-05-31-035	희북국경사태 조사사업	22일 안보리사회에서 토의	4	북조선통신
1947-05-31-036	해방조선을 축하	남화태의 동포들	4	북조선통신
1947-05-31-037	독일경제통일분렬의 책임은 누가 질것인가		4	통신부
1947-05-31-038	모쓰크바에 마천루 8개 건축 계획		4	북조선통신
1947-05-31-039	에쓰또니아의 철교가설사업		4	북조선통신
1947-05-31-040	일본공산당 중앙위원회 총화를 이등씨 성명		4	북조선통신
1947-05-31-041	베이텐조르그사변	인도네시야인민을 살해	4	북조선통신
1947-05-31-042	미국차관정책 아라비아에 신장		4	북조선통신
1947-05-31-043	쟈마이카 파업		4	북조선통신
1947-05-31-044	국제정세개관		4	통신부
1947-05-31-045	오지리 미점령지 반동적신문 횡행		4	북조선통신
1947-05-31-046	유엔극동경제위원회의	6월 16일 상해에서 개최	4	북조선통신
1947-05-31-047	라지오		4	
1947-06-01-001	금년학년도를 성과있게 마치자		1	
1947-06-01-002	적기에 이앙함은 미곡증산의 비결	농림국에서 이앙필수사항 발표	1	
1947-06-01-003	동구라파제국 인민들의 조선에 대한 관심은 크다		1	북조선통신

기사번호	제목(title)	부제목(stitle)	면수	필자, 출처
1947-06-01-004	토지개혁으로 농민생활은 행복	함주군 주서면 신정리농민 김창식씨 담	1	경석
1947-06-01-005	민주보건필요	함흥시 순천진료소장 최정형씨 담	1	박경석
1947-06-01-006	민전산하에 뭉치여 민주독립 위하여 분투	기양보선구 선로수장 리현옥씨 담	1	윤모
1947-06-01-007	경제계획완수는 민주독립을 촉성	북청군 신북청면 중평리 농민 리시관씨 담	1	동천
1947-06-01-008	조선의 자주적산업발전 필요	함흥동북기업사장 박하균씨 담	1	경석
1947-06-01-009	모든 민주개혁을 남조선에도	흥남지구 인민공장 유지과 녀성로동자 김진례씨 담	1	경석
1947-06-01-010	민주건국 위하여 반동파분쇄 결의	평양시 설수리 민청원 조석무씨 담	1	동천
1947-06-01-011	남조선전평대표 쁘라그로 수일내 출발		1	북조선통신
1947-06-01-012	남조선민전각계의 담화		1	북조선통신
1947-06-01-013	범슬라브위원회 사업		1	북조선통신
1947-06-01-014	보안원은 인민을 어떻게 보호하여야 하는가		2	평남인민위원회 내무부 김호
1947-06-01-015	유고슬라비야인민정권의 국가경제부흥사업의 성과		2	신문부
1947-06-01-016	자주독립은 자주경제에서 당단체의 인민경제건설		2	하일
1947-06-01-017	대변전소건설에 착수	함흥 동북배전부세포	2	박경식
1947-06-01-018	통신기술향상에 전력	원산철도 통신세포	2	김홍범
1947-06-01-019	경제절약과 규률 엄수	평북도 북중공장세포	2	최영환
1947-06-01-020	풍년의 전주곡을 우렁차게 울리며 민주를 구가하는 자산벌농민들	희망과 행복 속에서 건설하며 자란다	3	김현석특파원
1947-06-01-021	배우며 건설하며 자라는 김일성대학의 승리의 기록	5.1절 기념돌격운동 총괄보고대회	3	동천
1947-06-01-022	양수기제작에 성공	평양기구제작소의 노력으로	3	기관
1947-06-01-023	나날이 높아가는 생산구라후	국영 평양자동차 선교리분공장에서	3	기관
1947-06-01-024	신의주시에 아동공원		3	영환
1947-06-01-025	원목생산에 개가 올린 양덕	목탄생산도 훨씬 초과	3	김현석특파원
1947-06-01-026	황무지를 개간하여 파종도 끝낸 5수대	함북도 라남시에서	3	현준극
1947-06-01-027	이 여름에 전염병환자 한사람도 내지 말자	평양시의 전염병 미연방지책	3	김전
1947-06-01-028	북조선 각 도 첫 모내기	첫 봉화 올린 강원 함남 농민	3	북조선통신
1947-06-01-029	철도통신보장을 위하여 신성전전기구 돌격공사	6월 1일부터 25일동안	3	영호
1947-06-01-030	승리의 5월을 증산으로 보내자	회령기관구 150% 목표로	3	심철
1947-06-01-031	직장에 핀 꽃 김금섬양	함남 만덕광산에서	3	정희
1947-06-01-032	일기예보		3	
1947-06-01-033	남조선정세개관		4	북조선통신

기사번호	제목(title)	부제목(stitle)	면수	필자, 출처
1947-06-01-034	전쟁종료후도 의연 존재하는 련합국 령토내에 있는 미군사기지	그들의 철퇴는 언제	4	북조선통신
1947-06-01-035	수태고지사원 복구사업 진행		4	북조선통신
1947-06-01-036	서전공산당창립 30주년 기념식		4	북조선통신
1947-06-01-037	심화하는 기근과 맹휴	내란과 량곡징발의 참화	4	북조선통신
1947-06-01-038	미국무장관대리 로바-트 에이씨를 임명		4	북조선통신
1947-06-01-039	미국에서 흑인박해		4	북조선통신
1947-06-01-040	볼가리의 급속한 경제부흥	공업생산은 전전 수준 초과	4	북조선통신
1947-06-01-041	일본련립내각 난산		4	북조선통신
1947-06-01-042	독사회주의유일당중앙위원 확대위원회 개최		4	북조선통신
1947-06-01-043	영로동당의 부당한 결정을 쏘영친선협회에서 반박		4	북조선통신
1947-06-01-044	사의 작업장관리인 사형		4	북조선통신
1947-06-01-045	납세삭감안 미하원에서 가결		4	북조선통신
1947-06-01-046	국회선거후의 파란		4	통신부
1947-06-01-047	"도망은 귀국의 유일의 길"	독일서부지대 수용소로부터 귀국한 유고슬라비아인의 담	4	북조선통신
1947-06-03-001	인민정권의 규률을 준수하자		1	
1947-06-03-002	조선에 관한 쏘미공동위원회의 공동성명서 제10호		1	
1947-06-03-003	분여받은 토지를 영원한 우리것으로	강원도 원산시 성라리 농민 최길풍씨 담	1	김홍범
1947-06-03-004	민주보건을 실시할 정부를	아세아병원 량진흥씨 담	1	현준극
1947-06-03-005	민주정부수립 위하여 분투노력하겠다	청진성냥공장 제약공 김삼준씨 담	1	현준극
1947-06-03-006	전조선을 통하여 토지개혁을 실시할것	함남 흥원군 흥원면 협성리 농민 청차협씨 담	1	동천
1947-06-03-007	남조선농민의 생활	그들은 왜 북조선과 같은 민주개혁을 요구하는가	1	북조선통신
1947-06-03-008	국제직업운동의 성과	국제직업련맹사업에 관하여	2	신문부
1947-06-03-009	향인, 화군대송별열병식		2	
1947-06-03-010	국제생활에서	지진	2	
1947-06-03-011	민주건설에 불면불휴	평남 중화군 간동면 중리세포	2	하일
1947-06-03-012	교문을 나서는 졸업생들에게 선진적과학으로 무장하여 민주건설에 이바지하자	평양사범전문학교 교장 함병엽씨	3	기관
1947-06-03-013	건국에 필요한 공업기술자 앞으로 많이 나오기 바란다	평양제1중 교장 김익호씨	3	김전
1947-06-03-014	우리 강서 정진중학교는 자유롭고 씩씩하게 전진한다		3	달수
1947-06-03-015	나는 인민을 위하여 싸울 정의의 군인이 되겠다	평양제3중 제4학년 김길신군	3	달수

기사번호	제목(title)	부제목(stitle)	면수	필자, 출처
1947-06-03-016	훌륭한 의사가 되렵니다	평양제2인민학교 제6학년 김진형군	3	달수
1947-06-03-017	이 공학전공을 위하여 쏘련류학을 하겠다	평양제3녀자중학 정형재양	3	은길
1947-06-03-018	나의 취미는 문학	평양경제전문학교 제4학년 천응관군	3	기관
1947-06-03-019	민족문화건설을 위하여 모든 힘을 죄다 바치겠다	평양제1녀중 제4학년 리영자양	3	언철
1947-06-03-020	평남 대동군의 첫 모내기		3	동천
1947-06-03-021	6월 1일부터 신막-신의주급행려객렬차		3	현석
1947-06-03-022	일기예보		3	
1947-06-03-023	미대사의 이란 원조성명을 이란 각 신문 맹렬히 비판		4	북조선통신
1947-06-03-024	월레스씨 영향력 미우익신문 시인		4	북조선통신
1947-06-03-025	파란, 유고 경제적협력을	-보르바신문 론평-	4	북조선통신
1947-06-03-026	쏘영친선협회 활동		4	북조선통신
1947-06-03-027	볼가리아공화국 신헌법초안 토의		4	북조선통신
1947-06-03-028	상해맹휴운동 확대 대학생과 교수 대량 검거	학생측 맹휴 계속 시위단행을 결의	4	북조선통신
1947-06-03-029	서부자바도 혼란	화(화란)군 정차장 점령	4	북조선통신
1947-06-03-030	일본의 경제적 군사적 무장해제에 관하여		4	통신부
1947-06-03-031	재독영통제유위원회 간부 폭리행위로 군사법정에		4	북조선통신
1947-06-03-032	아메리카석유회사 이란석유리권 획득공작 진보		4	북조선통신
1947-06-03-033	나치전범자 48명 사형	란스베르그감옥에서	4	북조선통신
1947-06-03-034	일본 '암취인'위반	회사 3만 2천 재판 회부	4	북조선통신
1947-06-03-035	인도네시야정세	영미인의 내정간섭 우심	4	북조선통신
1947-06-03-036	인도네시야정세	화인대립 첨예화 각처에서 충돌	4	북조선통신
1947-06-03-037	평양교원대학 학생모집		4	
1947-06-03-038	국제정세개관		4	
1947-06-04-001	도급제를 널리 실시하여 금년도경제계획의 초과달성을 보장하자		1	
1947-06-04-002	하기방역사업강화와 산업경제부흥책 토의	제38차 북조선인민위원회	1	
1947-06-04-003	북조선인민위원회결정 제38호	하기방역사업강화를 위한 결정서	1	
1947-06-04-004	친일파민족반역자집단 한민당 한독당을 제외하라	남조선로동당의 주장	1	북조선통신
1947-06-04-005	반일운동자구원회 성명 친일파집단 한민당 등을 공위대상에서 제외하라	대중신보 1947년 5월 28일호 소재	1	
1947-06-04-006	대오조약위원회 정기회의		1	북조선통신
1947-06-04-007	인민위원회의 정권형태 주장	남조선문학가동맹	1	북조선통신
1947-06-04-008	관개수리공사에 총돌격	로동당원의 모범적역할	2	하일
1947-06-04-009	17개소의 관개공사 몽리면적 6백여정보	평남 중화군	2	하일

기사번호	제목(title)	부제목(stitle)	면수	필자, 출처
1947-06-04-010	압록강물을 펑펑 끌어 벼 3천 4백석을 증산	평북 고산	2	박철
1947-06-04-011	북계강의 강변을 따라 140정보를 수전화	강원 위라리	2	양수형
1947-06-04-012	남조선녀맹대표들이 군정장관 고문을 방문		2	북조선통신
1947-06-04-013	남조선녀맹대표 쏘미대표에게 화환 증정		2	북조선통신
1947-06-04-014	감사결의문	쏘미공위에 답지	2	북조선통신
1947-06-04-015	민청은 항상 인민과 함께 있다	남조선민청 해산에 대한 광범한 인민들의 투쟁	2	북조선통신
1947-06-04-016	조선민족혁명당을 조선인민공화당으로		2	북조선통신
1947-06-04-017	퇴학생 복교 요구	배화고녀생 단식롱성	2	북조선통신
1947-06-04-018	5.1절에 관련된 교장실언에 분개	경성시청 기자단 공개장 발표 결의	2	북조선통신
1947-06-04-019	자르문제에 관한 미영불 비밀교섭		2	북조선통신
1947-06-04-020	미하일 이와노위츠 깔리닌 서거 1주년		2	조선신문
1947-06-04-021	아름다운 협조로서 표창을 받은 강원도의 모범농민들		3	동천
1947-06-04-022	쏘미공동위원회재개 체육회로 경축		3	기관사
1947-06-04-023	남포시에서 해사기술원 양성강습회		3	언철
1947-06-04-024	자동차운전수에게 훈련		3	언철
1947-06-04-025	5월 25일 현재로 평남 룡강군의 파종 100%이상으로 초과		3	달수
1947-06-04-026	김일성위원장의 옳바른 령도에 감격 평북 영변면동 외성동 농민 차일용씨의 말	농업현물세법령개정과 관하여	3	
1947-06-04-027	또다시 우리들을 위하여 베풀어주는 혜택에 감사 함남도 함주군 천서면 운동리 농민 리장보씨의 말	농업현물세법령개정과 관하여	3	
1947-06-04-028	14만여평에 피마자심근 철도일군들의 애국열	여기서 천여석의 기름이 나온다	3	언철
1947-06-04-029	북조선 각 공장 광산에서 기계애호물자절약운동		3	북조선통신
1947-06-04-030	송림시의 농민들 25만평을 개답		3	박
1947-06-04-031	전부락민이 열성내여 증산에 선봉이 되고 있다	원산시 배화면 치경리 농민들	3	김홍범
1947-06-04-032	전공장원의 출근률 100%	국영 평양대동양조공장에서	3	기관
1947-06-04-033	졸업을 앞두고 요망과 포부는? 씩씩하게 자라는 우리 학생들에 대한 기대가 크다	평양 제2인민학교 부교장 조봉길씨	3	달수
1947-06-04-034	졸업을 앞두고 요망과 포부는? 과학자가 되겠다	평양제1중 제4학년 최문협군	3	김전
1947-06-04-035	로동법령의 혜택을 입어 우리 소년공들은 이렇게 지식과 기술을 배우며 건설하며 자란다	평양정백중앙공장에서	3	명덕

기사번호	제목(title)	부제목(stitle)	면수	필자, 출처
1947-06-04-036	쏘미공동위원회 쏘련대표단에게 충심으로 올리는 뜨거운 감사문 우리들이 바라는 민주주의림시정부를 세워주시오	평양제3중학교 교직원 학생 일동	3	
1947-06-04-037	쏘미공동위원회 쏘련대표단에게 충심으로 올리는 뜨거운 감사문 쏘련의 성의있는 노력에 많은 기대를 가지고있다	평남 룡강군 성암면 민1동 대표 성암면인민위원회 위원장 김인복	3	
1947-06-04-038	데카스페리음모반동정부를 이태리로동자 규탄결의	정부측경찰대를 동원	4	북조선통신
1947-06-04-039	희랍빨찌산부대 프로리나시수비대 공격		4	북조선통신
1947-06-04-040	경제안정 해결책 미하원의원 제안		4	북조선통신
1947-06-04-041	희랍왕당파군 알바니아국경 침해		4	북조선통신
1947-06-04-042	구금당한 이란 직맹서기장 루스타씨 절식 선언		4	북조선통신
1947-06-04-043	미군사절단 이스탄불로 출발		4	북조선통신
1947-06-04-044	화태에서 신유전 발견		4	북조선통신
1947-06-04-045	영정부의 대서원조	부두로동자 항의	4	북조선통신
1947-06-04-046	인도네시아공화국에 화란총독 각서 수교		4	북조선통신
1947-06-04-047	미국대희원조무기 영국에서 구입교섭		4	북조선통신
1947-06-04-048	홍아리 중요은행 국가관리		4	북조선통신
1947-06-04-049	국제생활에서	볼가리인민경제 2개년계획	4	
1947-06-04-050	신민주주의의 승리		4	볼.레온체프
1947-06-04-051	생동하는 연극	인민예술극장 「갱도」를 보고	4	김일로
1947-06-04-052	라지오		4	
1947-06-04-053	극장		4	
1947-06-05-001	일반군중에 대한 사회교육에 관하여		1	
1947-06-05-002	조선에 관한 쏘미공동위원회 공보 제1호		1	
1947-06-05-003	로동법령발포 1주년을 맞으며 증산경쟁운동전개 호소	남포제련 2천5백종업원대회	1	하일
1947-06-05-004	한민당 등 친일파집단을 공위협의에서 제외하라	남조선문련에서 성명	1	북조선통신
1947-06-05-005	로동법령발포 1주년을 맞이하면서 북조선 로동자 사무원들의 증산경쟁운동 전개에 대한 남포제련소종업원대회 호소문		1	
1947-06-05-006	홍아리 반공화국음모자 공판		1	북조선통신
1947-06-05-007	정권형태는 인민위원회로 남조선인민들은 이렇게 절규한다		2	북조선통신
1947-06-05-008	남조선에 있어서의 반민주주의적선거법		2	통신부
1947-06-05-009	재북조선화교군중대회의 통전		2	북조선통신
1947-06-05-010	4만재북조선화교 각지서 군중대회 개최	중국내전과 미국의 간섭을 반대 민주련합정부의 수립을 요구	2	북조선통신
1947-06-05-011	전염병만연을 지적	련합국 대일리사회에서 일본의 보건문제를 토의	2	북조선통신

기사번호	제목(title)	부제목(stitle)	면수	필자, 출처
1947-06-05-012	복단대학 교수들 불법수사에 항의		2	북조선통신
1947-06-05-013	본사출판물 광고		2	로동신문사
1947-06-05-014	김일성장군 자당의 령골 고향의 흙에 고요히 안장	뜻깊은 이장식 엄숙히 집행	3	현석
1947-06-05-015	남조선농민들 위하여 더욱 노력할 결심이다 함남 함주군 상지천면 신경리 농민 리여종씨의 말	농업현물세법령개정에 관하여	3	박경석
1947-06-05-016	함북 각 철도기관구의 기관차 객화차의 점검경기대회		3	현준극
1947-06-05-017	각지의 모내기		3	김만선, 송춘관, 리동무, 상근, 동천
1947-06-05-018	쏘미공동위원회 쏘련대표단에게 충심으로 올리는 뜨거운 감사문 조선의 민주화를 위한 성의있는 노력에 감사	북조선농림수산기술총련맹	3	
1947-06-05-019	쏘미공동위원회 쏘련대표단에게 충심으로 올리는 뜨거운 감사문 북조선과 같이 민주개혁 실시할 정권 세워주시오	북조선국립극장 직원일동	3	
1947-06-05-020	쏘미공동위원회 쏘련대표단에게 충심으로 올리는 뜨거운 감사문 모쓰크바 3상회의 결정을 성실히 실행할것을 확신한다	북조선기독교도련맹	3	
1947-06-05-021	남조선농민들도 이렇게 되길 원한다 평북 영변 봉산면 구산동 농민 김희준씨의 말	농업현물세법령개정에 관하여	3	
1947-06-05-022	이 기쁨을 증산으로 평북 강계군 만포화전민 홍희도씨의 말	농업현물세법령개정에 관하여	3	기형
1947-06-05-023	철도합숙소의 침구를 녀맹원들이 자진 세탁	청진시 녀성동맹원들	3	언철
1947-06-05-024	녀성들의 문화교양 향상 위하여 문학음악써클을 조직	평양시 녀성동맹에서 준비	3	은길
1947-06-05-025	날로 높아가는 저축열	영농자금 5억원이상을 대부한 북조선농민은행의 빛나는 업적	3	동천
1947-06-05-026	제2차 휴양소입소자 평양시에 89명		3	기관
1947-06-05-027	문예총에서 강연회		3	은길
1947-06-05-028	종곡 분여한 리복재농민	강원도 안변군 석왕사면 상탑리에서	3	조훈
1947-06-05-029	일기예보		3	
1947-06-05-030	유엔 제2분과위원회	미국계획안을 토의	4	북조선통신
1947-06-05-031	히틀러의 독아에 희생된 1천 6백명 쏘련공민 크림에서 기념비제막식		4	북조선통신
1947-06-05-032	이락 토이기 조약 영의 동부쁠럭 계획	바그닷드출판물 론평	4	북조선통신
1947-06-05-033	미서간에 사적차관		4	북조선통신
1947-06-05-034	토이기참정원 선거		4	북조선통신

기사번호	제목(title)	부제목(stitle)	면수	필자, 출처
1947-06-05-035	로동자의 리권박탈하면 선박작업을 중지	미가주부두 로동조합장 언명	4	북조선통신
1947-06-05-036	배반자-영국로동당	영국로동당 회의에 대한 론평	4	북조선통신
1947-06-05-037	이태리의 검은 그림자	『쁘라우다』지 외국평론가 평	4	북조선통신
1947-06-05-038	파란국회 개최	중요법안을 토의	4	북조선통신
1947-06-05-039	쏘베트공민 귀국협정에 대한 불란서당국의 위반		4	북조선통신
1947-06-05-040	대오태리조약에 관한 위원회 정기회의		4	북조선통신
1947-06-05-041	질서 유지하기 위하여 이 경관, 군대 배치		4	북조선통신
1947-06-05-042	화란의 배신행위	인도네시야출판물 비난	4	북조선통신
1947-06-05-043	분란과의 친선을 표시	쏘베트대표단 귀국 담	4	북조선통신
1947-06-05-044	영국부채문제	이락전공급대신 론평	4	북조선통신
1947-06-05-045	일본신내각 수상에 편산철		4	북조선통신
1947-06-05-046	극장		4	
1947-06-06-001	세포를 강화하자		1	
1947-06-06-002	로동능률제고 위하여 도급, 특배, 상금제 실시	국영기업소에 광범히 실시	1	현석
1947-06-06-003	농업현물세 개정에 의한 적정한 조기작물 징수 토의	북조선 각 도 특별시 량정부장 회의	1	현석
1947-06-06-004	쁘라그대회에 참가도상 전평대표 래양 담화 발표		1	언철
1947-06-06-005	남조선과도정부 출현	군정법령 141호로	1	북조선통신
1947-06-06-006	일제침략전쟁 공로자들의 집단 한민당 등을 제외하라	-남조선녀맹에서 주장-	1	북조선통신
1947-06-06-007	남조선민전의장단 대표 미군정장관대리와 회담		1	북조선통신
1947-06-06-008	미토상의		1	북조선통신
1947-06-06-009	남조선민청 해산명령을 세계민주청년련맹에 보고	세계민청에서는 다시 래전	1	북조선통신
1947-06-06-010	성흥광산에 녀맹돌격대		1	명덕
1947-06-06-011	바바리아이주민구조협회 민주단체참가를 거부		1	북조선통신
1947-06-06-012	경성시민의 진정서를 쏘미공위에 전달	남조선민전에 매일같이 쇄도	1	북조선통신
1947-06-06-013	동남구라파 및 동구라파 제국가의 경제적개혁		2	신문부
1947-06-06-014	제20호 『신시대』지 론설	'국제협조전망'에 관하여	2	
1947-06-06-015	심장이식실험		2	북조선통신
1947-06-06-016	조선어학회 「한글맞춤법통일안」중에서 개정할 몇가지		2	김수경
1947-06-06-017	본사출판물 광고		2	로동신문사
1947-06-06-018	나날이 높아가는 생산률	4월, 5월 두달동안에 쌓아올린 평안남도영 각 공장의 생산실적	3	달수
1947-06-06-019	여름철의 전염병 발생 철저히 방지하자	북조선중앙방역위원회 방역에 돌진	3	기관
1947-06-06-020	품질좋은 연필알 조경환씨가 제조	평북 목재기업소 목공기술자	3	은길
1947-06-06-021	5활증산목표로 김백관농민은 이렇게 일한다	안변군 배화면 문봉리 모범농민	3	김만선
1947-06-06-022	사회보험료를 체납하면 과태금을 물어야 한다	악질인 경우에는 처벌도 받는다	3	
1947-06-06-023	민주건설 위하여 학생들은 싸운다	녕변농업, 삼흥중학 삼흥성인중학	3	동무, 달수
1947-06-06-024	쏘미공동위원회 쏘련대표단에게 충심으로 올리는 뜨거운 감사문 쏘련의 성의있는 원조로 우리 민주력량은 자란다	북조선로동당 맹산군당부 위원장 유원도	3	
1947-06-06-025	평양시녀맹 단기강습회		3	은길
1947-06-06-026	쏘미공동위원회 쏘련대표단에게 충심으로 올리는 뜨거운 감사문 3상회의 결정의 정확한 실시 요망	고천면 소비조합원일동	3	
1947-06-06-027	계획량의 120%	경성군 줄온면 줄온탄광 로동자들	3	상순
1947-06-06-028	농민들과 함께 일하는 우리 인민보안일군들	평남도 내무부에서	3	달수
1947-06-06-029	계획의 2배 목표로 돌진하는 성진제강		3	응겸
1947-06-06-030	회령만기파종 돌격으로 진행		3	심철
1947-06-06-031	인민경제발전 위하여 열성적으로 일을 하는 청수화학공장 직맹초급단체		3	정
1947-06-06-032	대동교의 전차궤도를 개수공사중에는 제차통행 제한		3	기관
1947-06-06-033	미하일.깔리닌의 서거 1주년을 전쏘련 기념	그의 저명한 생애와 활동을 찬양	4	북조선통신
1947-06-06-034	중공군 산서성 북부에서 신공세		4	북조선통신
1947-06-06-035	홍아리내각 위기	나지 페렌츠수상 사직	4	북조선통신
1947-06-06-036	쏘련, 오지리포로를 속속 본국으로 송환		4	북조선통신
1947-06-06-037	홍아리정치정세	부수상 케코시씨 연설	4	북조선통신
1947-06-06-038	경제파국을 초래하려는 피.에스.엘당을 공격		4	북조선통신
1947-06-06-039	국제민주청년련맹 차기회장은 모쓰크바		4	북조선통신
1947-06-06-040	동경국제군사재판	일본주요전범자 공판	4	따쓰통신
1947-06-06-041	전독일회의에 대한 쏘련점령독일지방주석 서한		4	북조선통신
1947-06-06-042	쏘 오 조약협정 진행중		4	북조선통신
1947-06-06-043	이란령 아제르바이잔에서 민주주의자를 처벌		4	북조선통신
1947-06-06-044	힌두모스렘파 영제안 수락		4	북조선통신

기사번호	제목(title)	부제목(stitle)	면수	필자, 출처
1947-06-06-045	파리방직공 파업 선언		4	북조선통신
1947-06-06-046	학생탄압 비난	호적씨 담	4	북조선통신
1947-06-06-047	미국 불란서에 5천만딸라 차관		4	북조선통신
1947-06-06-048	극장		4	
1947-06-07-001	로동력을 합리적으로 리용함으로써 인민경제발전에 이바지하자		1	
1947-06-07-002	하기전염병에 대처 철통같은 방역포진	보건당국자련석회의의 경과	1	달수
1947-06-07-003	북조선인민들의 구매력 급속 향상	소비조합과 백화점 판매고	1	북조선통신
1947-06-07-004	파멸되여가는 남조선경제 산업은 전면적으로 쇠퇴	무역업과 토목업만 흥성	1	북조선통신
1947-06-07-005	로동법령의 실시로 행복된 생활을 하고있다	평양제침공장 로동자 장익찬씨 담	1	동천
1947-06-07-006	민주정부수립을 확신	고성군 장전면 행정원 최한용씨 담	1	최치목
1947-06-07-007	민주건국 위하여 자녀교양에 전력	청진시민 가정부인 허순명씨 담	1	현준극
1947-06-07-008	민주건설에 협력	함흥시 기독교인 김형숙씨 담	1	경석
1947-06-07-009	남조선민청해산 묵과 못할 일	북조선재판소 민청원 김영룡군 담	1	달수
1947-06-07-010	6.10만세 21주년 기념일에 제하여	북조선로동당 중앙본부 선전선동부 강연과	2	
1947-06-07-011	6.10만세의 교훈		2	
1947-06-07-012	농촌지도자 제4기 양성		2	중선
1947-06-07-013	로동소개소는 누구나 다 이것을 리용할수 있다		2	
1947-06-07-014	조선어학회 「한글맞춤법통일안」 중에서 개정할 몇가지		2	김수경
1947-06-07-015	본사신간소개		2	로동신문사
1947-06-07-016	쏘미공동위원회 량국 대표단에게 보내는 북조선인민의 편지	각 정당 사회단체들에서	3	
1947-06-07-017	구라파경제위원회 제1회회의의 총화	『뜨루드』지 론평	4	북조선통신
1947-06-07-018	연구론문 발표	쏘련소아과의학자회의	4	북조선통신
1947-06-07-019	이락 토이기 협정은 이락의 리익에 배치	바그닷드 각 신문의 론평	4	북조선통신
1947-06-07-020	약진 쏘련고등교육	65만학생이 수학	4	북조선통신
1947-06-07-021	쏘련남극탐험대 성과리에 귀도중		4	북조선통신
1947-06-07-022	쏘련은 오태리에 있는 어떠한 독일자본에 대하여 요구하고있는가		4	통신부
1947-06-07-023	남조선의 민주주의 제 단체에 대한 탄압		4	통신부
1947-06-07-024	현 수상 타도 절규	이태리 5만군중시위	4	북조선통신
1947-06-07-025	영국무력 축소와 제대병 취업 요구		4	북조선통신
1947-06-07-026	불.애관계 긴장		4	북조선통신
1947-06-07-027	북극의 실상	쏘련북극학회의 발표	4	북조선통신
1947-06-07-028	민주재건을 강조	홍신수상 딘예스씨 연설	4	북조선통신

기사번호	제목(title)	부제목(stitle)	면수	필자, 출처
1947-06-07-029	브라질과학 한림원 관측대를 환영		4	북조선통신
1947-06-07-030	전미국무장관 번즈 영화계에 진출		4	북조선통신
1947-06-07-031	영국, 낙위에 무기매도		4	북조선통신
1947-06-07-032	토이기정부 민주당을 탄압		4	북조선통신
1947-06-07-033	이녀맹대표 쏘련방문 예정		4	북조선통신
1947-06-07-034	오.미국에 차관 요청?		4	북조선통신
1947-06-07-035	라지오		4	
1947-06-07-036	극장		4	
1947-06-08-001	북조선의 제반 민주주의개혁의 성과는 조선자주독립국가건설의 기반이 된다		1	
1947-06-08-002	국제직련 중앙집행위원회 참가차 북조선직맹 대표 등정		1	언철
1947-06-08-003	민주 위한 투쟁결의를 전세계에 표명하겠다	북조선직맹 대표 최경덕씨 담	1	
1947-06-08-004	남조선민주애국청년동맹 결성		1	북조선통신
1947-06-08-005	공원과 방공호가 려행자의 숙박처	38월경자의 목격담	1	북조선통신
1947-06-08-006	학생의 결사적투쟁으로 배화녀중사건 해결기운		1	북조선통신
1947-06-08-007	빈번한 경관의 구타고문폭행		1	북조선통신
1947-06-08-008	고관들의 수회	독직사건 속출	1	북조선통신
1947-06-08-009	학원에 또 경찰 간섭		1	북조선통신
1947-06-08-010	일제경찰관 5천이 남조선에 남아있다		1	북조선통신
1947-06-08-011	영미로동계급의 상태		2	
1947-06-08-012	조선어학회 「한글맞춤법통일안」 중에서 개정할 몇가지		2	김수경
1947-06-08-013	모쓰크바주간		2	통신부
1947-06-08-014	운라구제품을 중국민당정부가 내전에 사용		2	북조선통신
1947-06-08-015	본사신간소개		2	로동신문사
1947-06-08-016	북조선로동당 중앙위원회 기관잡지 『근로자』 제5호 발매		2	
1947-06-08-017	로동법령실시 제1주년기념 증산경쟁운동		3	
1947-06-08-018	자신만만한 기세로 전원 증산을 맹세	-평양사동탄항-	3	은길
1947-06-08-019	호응문	평양사동항 종업원일동	3	
1947-06-08-020	품질좋은 농구를 많이 만들자고 결의	-평양공화농구공장-	3	기관
1947-06-08-021	2.4반기를 승리로 맺자	순천화학공장 열성일군들 돌격	3	현석
1947-06-08-022	남조선로동자 위해 가일층의 분투 서약	평양곡산공장	3	언철
1947-06-08-023	락랑고분 발굴	김일성대학 사학과와 평양박물관 학술부	3	중선
1947-06-08-024	조국해방에 일생을 바쳐 싸운 애국혁명투사의 자녀 위하여	혁명자유가족학원 9월 1일 개교	3	현석
1947-06-08-025	휴양에서 얻은 새힘으로 민주건설에 전력	제1회 휴양자 귀환좌담회	3	

기사번호	제목(title)	부제목(stitle)	면수	필자, 출처
1947-06-08-026	농민들의 분투 관개용수 확보	신의주시 광성구에서	3	영환
1947-06-08-027	문맹퇴치에 녀맹원 열성	강원도 안변군 석왕사면 근외리에서	3	조훈
1947-06-08-028	노력으로 협조하는 민청원들	황해도 연백군 적암면 갈산리에서	3	기운
1947-06-08-029	안보리사회 분과위원회	국경충돌조사에 관한 희랍대표의 서한을 계속 심의	4	북조선통신
1947-06-08-030	국제직련집행국 규약초안을 토의		4	북조선통신
1947-06-08-031	미국석유전문가 토이기를 방문		4	북조선통신
1947-06-08-032	국제정세개관		4	
1947-06-08-033	데일리 메열 기자의 질문에 대한 발수상 디미뜨로브의 대답		4	따쓰통신
1947-06-08-034	장정부의 검거선풍	학생교수언론인 검거	4	북조선통신
1947-06-08-035	화란의 최후통첩에 인도네시아측 항의		4	북조선통신
1947-06-08-036	미국과 근.중동아세아		4	통신부
1947-06-08-037	라지오		4	
1947-06-08-038	극장		4	
1947-06-10-001	6.10만세 21주년기념일에 제하여		1	
1947-06-10-002	모내기하시는 김일성 위원장		1	
1947-06-10-003	김일성위원장 몸소 이앙	평양농사시험장 시앙식	1	김전
1947-06-10-004	쏘미공동위원회 공동공보 제2호		1	
1947-06-10-005	쏘미공동위원회 공동공보 제3호		1	
1947-06-10-006	북조위량 제2411호 북조선인민위원회 량정부장 송봉욱	각 도 평양특별시 량정부장귀하	1	
1947-06-10-007	북조선물가 저락현저		1	북조선통신
1947-06-10-008	해산령철회요구	남조선민청 동맹중앙위원회 서러취장관에게 진정서를 제출	1	북조선통신
1947-06-10-009	전라남북도테로조사단 남조선민전서 파견		1	북조선통신
1947-06-10-010	미군사의무교육제 국회 제출		1	북조선통신
1947-06-10-011	인민경제계획완수를 강력한 당성으로 보장	남포제련 당원들의 애국열성	2	하일
1947-06-10-012	조선어학회 「한글맞춤법통일안」중에서 개정할 몇가지		2	김수경
1947-06-10-013	남조선정형일속	25세대 선천에 이주	2	북조선통신
1947-06-10-014	남조선정형일속	20여세대 정주에 이주	2	북조선통신
1947-06-10-015	경관의 부패에 분개 탈출월경	-남조선경찰서원 고영찬 담-	2	북조선통신
1947-06-10-016	38선에서 본 남조선농민	"제땅을 지어 살고싶다"	2	북조선통신
1947-06-10-017	로동법령실시 제1주년기념 증산경쟁운동 남포제련에 호응하여 각 직장 궐기	평양연초공장, 평양철도부에서	3	언철, 운모
1947-06-10-018	불멸의 력사	6.10만세기념일을 맞으며	3	침삼문
1947-06-10-019	남포제련에 호응궐기한 평양철도의 호소문		3	

기사번호	제목(title)	부제목(stitle)	면수	필자, 출처
1947-06-10-020	혁명자유가족련석회를 개최		3	기관
1947-06-10-021	이앙가도 높은 안변벌	지금 한창 모내기에 바쁜 농민들	3	홍범
1947-06-10-022	정주철도기관구 6월계획 달성에 경쟁으로 총궐기		3	능도
1947-06-10-023	발전하는 농촌경리로 농민의 생활 향상된다	함남 원산시 배화면 지경리	3	홍범
1947-06-10-024	평남지부결성 조쏘문화협회		3	은길
1947-06-10-025	평북의 이앙 날로 활발	6월 15일안으로 끝마칠 예정	3	영환
1947-06-10-026	남조선민청 해산명령에 북조선민주청년들 항의	장연, 강계 고산면 민청에서	3	본사특파원 김동천, 김기형
1947-06-10-027	청진철도일군 유한자재 회수		3	언철
1947-06-10-028	파란직업동맹 중앙위원회 정기회의 직맹의 국제적단결을 제창	피압박국가의 로동운동을 원조	4	북조선통신
1947-06-10-029	동북민주련군 안동관전 등 회복	6일 장개석군 전부 철퇴	4	북조선통신
1947-06-10-030	일본농민동맹 평야농상을 반대		4	북조선통신
1947-06-10-031	트루맨대통령 아르젠틴대사와 회견		4	따쓰통신
1947-06-10-032	민주주의언론인 옹호	국제신문기자회의에서 희대표 성명	4	북조선통신
1947-06-10-033	트루맨교의는 히틀러리론의 미국적형태		4	북조선통신
1947-06-10-034	인도의 새로운 비운 영국정부의 인도분할안	-인도신문들 불만을 론의-	4	북조선통신
1947-06-10-035	정말사회민주당원들 세계청년제전참가를 방해		4	북조선통신
1947-06-10-036	오, 이점령지의 쏘련공민 타국로동에 징모		4	북조선통신
1947-06-10-037	영점령 독일지대 독일학자의 비경		4	북조선통신
1947-06-10-038	루스타씨 단식투쟁 계속		4	북조선통신
1947-06-10-039	흥아리정부를 미국서 승인		4	북조선통신
1947-06-10-040	화란수상 보엘일행 인도네시아방문 예정		4	북조선통신
1947-06-10-041	흐랑코의 최근의 책동(상)	『신시대』지에서	4	
1947-06-10-042	라지오		4	
1947-06-10-043	극장		4	
1947-06-11-001	금년도 학년시험을 성과있게 시행함으로써 민주교육의 발전을 보장하자		1	
1947-06-11-002	조기작물 현물세징수사업방침을 시달		1	달수
1947-06-11-003	공위협의대상문제합의에 도달 정당단체와의 협의일자까지 결정	미국측 대표 부라운소장 기자단회견담	1	북조선통신
1947-06-11-004	미군의 주둔은 주권을 침해한다	카나다하원의원 론난	1	북조선통신
1947-06-11-005	"미국의 공식적대리인"	동경 각 신문들 지적	1	북조선통신
1947-06-11-006	이태리주둔 미군 비상사태 대처 병참지 축조		1	북조선통신
1947-06-11-007	미군사사절단 대일강화 체결시까지 주중		1	북조선통신
1947-06-11-008	루마니아대표 유-고 볼가리 시찰 예정		1	북조선통신

기사번호	제목(title)	부제목(stitle)	면수	필자, 출처
1947-06-11-009	발정부 전복음모	반동 뻬드꼬브의 죄상	1	북조선통신
1947-06-11-010	무한대학생을 참살	교수진 항의성명	1	북조선통신
1947-06-11-011	임금인상 거부를 론던건축로동자 항의		1	북조선통신
1947-06-11-012	안동주민들이 민주련군 환영		1	북조선통신
1947-06-11-013	통일림시정부 수립을 파괴하는 친일주구 김성수 안재홍의 매국죄상	그들은 조선학도들에게 무엇을 강요하였나?	2	
1947-06-11-014	전북전남일대에 반동테로 속출	파괴, 방화, 강탈, 참살로 아비규환의 지옥상 현출	2	북조선통신
1947-06-11-015	돈있는 집 자식들만 공부	남조선귀래학생 좌담회	2	북조선통신
1947-06-11-016	담양의 반동테로	면민의 사상 30명	2	
1947-06-11-017	진보적로동법령의 실시를 강력히 요구	남조선 전평서 6일 담화 발표	2	북조선통신
1947-06-11-018	남조선민청의 해산령을 취소하라	북조선청년 각지에서 항의대회	2	북조선통신
1947-06-11-019	민주애국청년동맹		2	북조선통신
1947-06-11-020	(현재 재개중에 있는 쏘미공동위원회에 편지전보 및 축문 등을 보내고싶은 사람들에게)		2	
1947-06-11-021	본사신간소개		2	로동신문사
1947-06-11-022	북조선로동당 중앙위원회 기관잡지『근로자』제5호 발매		2	
1947-06-11-023	우리 북조선인민정권에 오직 감사할뿐 리성인씨	농업현물세개정에 대한 38경계선 북조선농민들의 감사와 결의	3	김홍범
1947-06-11-024	더한층 증산에 오세철씨	농업현물세개정에 대한 38경계선 북조선농민들의 감사와 결의	3	김홍범
1947-06-11-025	남조선농민들도 이와 같이 되기를 강경 화씨	농업현물세개정에 대한 38경계선 북조선농민들의 감사와 결의	3	
1947-06-11-026	농민을 억압하는 반동파 물리치자 김세렬씨	농업현물세개정에 대한 38경계선 북조선농민들의 감사와 결의	3	김홍범
1947-06-11-027	매국노의 두목 김구와 손을 잡고 우리 민주건설의 파괴를 꾀하던 반역도당의 인민재판	-6월 11일 북조선최고재판정에서-	3	언철
1947-06-11-028	바다의 자원을 민주건설에	수산에 개가를 올린 서호	3	정희
1947-06-11-029	이앙에 바쁜 황해농민		3	본사특파원 김동천
1947-06-11-030	북조선과 같이 잘살수 있게 어부 리동암씨		3	
1947-06-11-031	인민의 리익 반대하는 반동파 제외하라 농민 김중흥씨		3	김홍범
1947-06-11-032	녀성들의 권리를 보장하는 정권을 녀맹원 리청자씨		3	
1947-06-11-033	반동파가 없는 인민의 나라를 보안원 최호섭씨		3	
1947-06-11-034	우리들의 자유를 보장해주는 정부 민청원 최용지군		3	
1947-06-11-035	우리들이 공부 잘하게 해주십시요 소년단원 박선자양		3	
1947-06-11-036	길주의 이앙 나날이 활발	함북 길주군에서	3	태화
1947-06-11-037	민주건설에 헌신할 기술자의 검정 실시	제1차에 합격된자 92명	3	현석

기사번호	제목(title)	부제목(stitle)	면수	필자, 출처
1947-06-11-038	평남도농맹의 맹증수여사업 활발히 진행		3	중선
1947-06-11-039	독일민주주의정당의 활동자유는 독일비군국주의화 성공을 보장한다		4	통신부
1947-06-11-040	배상금문제와 쏘련의 립장		4	통신부
1947-06-11-041	세계 제1위를 점하는 쏘련광물자원		4	북조선통신
1947-06-11-042	10월혁명기념 앞둔 레닌그라드로동자들의 증산운동		4	북조선통신
1947-06-11-043	비행기로 황충 퇴치	쏘련 다뉴브강연안에서	4	북조선통신
1947-06-11-044	흐랑코의 최근의 책동(하)	『신시대』지에서	4	
1947-06-11-045	라지오		4	
1947-06-11-046	극장		4	
1947-06-12-001	쏘미공동위원회(조선경성) 공동성명서 제11호		1	
1947-06-12-002	쏘미공동위원회 결의 제5호		1	
1947-06-12-003	미쏘공동위원회 공동결의 제6호		1	
1947-06-12-004	쏘미공동위원회(조선경성) 공동공보 제4호		1	
1947-06-12-005	남북조선 제 민주정당 및 사회단체와의 협의에 관한 규정		1	
1947-06-12-006	보라! 민족을 배반한 이 매국노의 소행	침략전에 청년을 희생한 일제충복 장덕수의 죄상	2	
1947-06-12-007	'반탁'진영의 동요와 발악	김구, 리승만, 김규식, 안재홍 등 민족반역자들의 가증할 행동	2	
1947-06-12-008	본사신간소개		2	로동신문사
1947-06-12-009	북조선로동당 중앙위원회 기관잡지『근로자』제5호 발매		2	
1947-06-12-010	김일성동지 참석리에 성대히 기념식을 거행	북조선로동당 중앙당학교창립 1주년을 기념하여	3	
1947-06-12-011	북조선로동당 중앙당학교창립 1주년기념일을 맞으며		3	김승화
1947-06-12-012	답사	북조선로동당중앙당학교창립 1주년을 기념하여	3	
1947-06-12-013	김일성장군에게 드리는 메쎄지	북조선로동당 중앙당학교 학생 일동	3	
1947-06-12-014	북조선 김일성대학 학생 모집		3	
1947-06-12-015	민주건설의 열성적참가자 북조선민주청년동맹		4	신문부
1947-06-12-016	방역과 내무원		4	박일우
1947-06-12-017	로동위원을 해고	이란공장주들의 폭거	4	북조선통신
1947-06-12-018	쏘미공동위원회와 쏘련대표단에 대한 북조선인민의 열의 산적하는 편지와 축전		5	현석
1947-06-12-019	인민의 심판대에 오른 국적 김구의 주구 조동안 김병룡 변성호	백일하에 폭로되는 가지가지의 음모	5	언철

기사번호	제목(title)	부제목(stitle)	면수	필자, 출처
1947-06-12-020	물질적으로 문화적으로 날로 향상되는 농민생활	늘어가는 신축가옥과 문화설비	5	현석
1947-06-12-021	반동파의 폭압과 싸우는 남조선민청을 성원요망	세계민주청년련맹에 북조선민청에서 호소	5	인표
1947-06-12-022	세계민주청년련맹에 우리는 호소합니다	북조선민주청년동맹 중앙위원회	5	
1947-06-12-023	소중학교 학생들의 국가시험준비 분망		5	달수
1947-06-12-024	남조선민청 해산명령 취소하라!	함북 길주민청에서 항의	5	태화
1947-06-12-025	철원군 이앙돌격		5	현공봉
1947-06-12-026	회령군의 조기이앙		5	현준극
1947-06-12-027	근로녀성들이 농민들을 협조	평양특별시 동구 정오리 녀성동맹원들	5	성택
1947-06-12-028	회령군내 각 광산 증산에 맹렬돌진		5	심철
1947-06-12-029	평양시 농산부 소채현물세의 징수사업 준비		5	김전
1947-06-12-030	황해도의 2/4반기 경제계획 초과실행		5	북조선통신
1947-06-12-031	일기예보		5	북조선 중앙기상대
1947-06-12-032	30만의 피난민 영국으로 이송	저렴한 로동에 종사	6	북조선통신
1947-06-12-033	홍아리에 대한 관심	트루맨 미대통령 성명	6	북조선통신
1947-06-12-034	희랍왕당파들이 반공의용대 조직		6	북조선통신
1947-06-12-035	미군사사절단 바다비아 도착		6	북조선통신
1947-06-12-036	파란국회예산위원회 재정예산초안 승인		6	북조선통신
1947-06-12-037	쓰딸린상 받은 쏘련문화인들		6	북조선통신
1947-06-12-038	화란 인도네샤협정		6	신시대
1947-06-12-039	쏘련과 유고간의 친선관계를 강화		6	이즈베쓰챠지
1947-06-12-040	독일의 민주화와 안전보장을 위하여		6	통신부
1947-06-12-041	쏘련-루마니아대학 개교식		6	북조선통신
1947-06-12-042	홍아리소농당 총비서로 임쁠롬폐레츠 결정		6	북조선통신
1947-06-12-043	쏘련초자공업전전상태 복구		6	북조선통신
1947-06-12-044	남조선소식	6.10만세기념일에 제하여 남조선민전 기타단체 담화 발표	6	북조선통신
1947-06-12-045	하지중장에게 토지개혁을 요구	충남 42부락농민 건의	6	북조선통신
1947-06-12-046	한민한독당제외 국제안철회 요구	경성학생계 공위에 메쎄지	6	북조선통신
1947-06-12-047	12만명이 공위에 진정		6	북조선통신
1947-06-12-048	북조선의 단결된 민주력량을 또다시 자랑할 안주수리공사 15일에 통수식!		7	김명덕특파원
1947-06-12-049	창발성 발휘하여 막대한 국가재산을 절약	당원 김창순동무의 열성	7	언철
1947-06-12-050	증산에 돌격하는 운포광산의 열성일군들		7	손태용
1947-06-12-051	철도의 사령전화를 개조	강계역 함운태 하성주 두 동무	7	박천
1947-06-12-052	쏘련인민교육사진전람회	조쏘문협도서관에서 10일부터	7	인표
1947-06-12-053	5월의 철도수송 103%로 초과		7	현석
1947-06-12-054	남조선에서 시달리다 북조선으로 온 이들		7	
1947-06-12-055	북조선보안원구락부 탄생		7	기관
1947-06-12-056	있는 힘과 열성을 다하여 건설하며 싸우는 민청원	줄온 직동리민청, 청진	7	현준극
1947-06-12-057	조기이앙에 당원들 선봉		7	현준극, 리상준
1947-06-12-058	평양시농민들 모내기에 돌격		7	성택
1947-06-12-059	이앙 협조하는 평양시녀맹원		7	은길
1947-06-12-060	국제정세개관	평화보장에 대한 미국의 '리상'	8	
1947-06-12-061	프랑꼬서반아에 주는 경제원조		8	
1947-06-12-062	홍아리민주정체 정리		8	
1947-06-12-063	인민해방군 5월하순 종합전과		8	북조선통신
1947-06-12-064	침략적인 외국차관 반대	유엔 경제및 로동위원회에서 쏘련대표 모로즈브씨 주장	8	북조선통신
1947-06-12-065	보고초안통과	정보 및 출판자유에 관한 유엔 분과위원회 총회	8	북조선통신
1947-06-12-066	언론출판인대회 희의회 해산 요구		8	북조선통신
1947-06-12-067	쏘련신공항 건설계획 진행		8	북조선통신
1947-06-12-068	신홍아리국가건설 찬양	홍아리각지 군중대회	8	북조선통신
1947-06-12-069	영군주둔비를 나위대표 거절		8	북조선통신
1947-06-12-070	누가 새로운 군비경쟁을 시작하였는가 엠.가라치노프소장	『신시대』지에서	8	『신시대』지
1947-06-12-071	라지오		8	
1947-06-12-072	극장		8	
1947-06-13-001	축산업에 대하여		1	
1947-06-13-002	민주개혁의 혜택 입은 북조선교원학생의 생활	식량 기타 각종 물자 배급 충분	1	북조선통신
1947-06-13-003	각지의 이앙상황	강원도	1	김홍범
1947-06-13-004	각지의 이앙상황	평북도	1	북조선통신
1947-06-13-005	각지의 이앙상황	이천	1	송춘관
1947-06-13-006	각지의 이앙상황	봉산	1	북조선통신
1947-06-13-007	각지의 이앙상황	구성	1	기운
1947-06-13-008	연천지구 5월중 월경자 북조선이주 천59명		1	북조선통신
1947-06-13-009	소년을 전기고문	일제경관 그대로 있는 충남경찰	1	북조선통신
1947-06-13-010	38선에 반씩 걸친 집 헐어 이북에 귀속		1	북조선통신
1947-06-13-011	민전테로조사단 전남군산서 봉변		1	북조선통신
1947-06-13-012	6.10만세기념식	남조선 민전산하 각 정당 사회단체	1	북조선통신
1947-06-13-013	독일지방주석 뮨헨회의		1	북조선통신
1947-06-13-014	국제직련 중앙집행위원회 쁘라-그에서 개막		1	북조선통신

기사번호	제목(title)	부제목(stitle)	면수	필자, 출처
1947-06-13-015	진보적신민주주의 제국가의 직업동맹운동		2	신문부
1947-06-13-016	『신시대』지 21호에서		2	통신부
1947-06-13-017	전후 영미국경제		2	
1947-06-13-018	친일파 안재홍의 반역죄악(속보) 일제 위하여 죽으라고 선동	만대에 용서 못할 민족의 원쑤	3	
1947-06-13-019	객차정비운동에 또다시 높이 올린 승리의 개가	평양 청진 원산의 세 철도공장	3	언철
1947-06-13-020	4백명 기독교신자들이 "타도! 리승만 김구"	농촌연예대에 호응하는 인민의 소리	3	달수
1947-06-13-021	함남 산간지대의 개간사업이 활발		3	박경석
1947-06-13-022	살인강도단 두목의 죄악을 보라 테로파괴의 음모 탄로된 김구의 도당 조동안 등을 단죄	북조선최고재판소에서 최고 15년의 징역 판결	3	현석
1947-06-13-023	제1차 각 도 및 특별시 서기장회의		3	현석
1947-06-13-024	쏘련국가의 발전성을 시사	쓰딸린상에 대한 각 신문 론평	4	북조선통신
1947-06-13-025	미청년군사훈련은 '트루맨주의의 희생'	월레스씨 몬트고 메리시에서 연설	4	북조선통신
1947-06-13-026	영로동당정부는 미국의 '어린동생'이다	쏘련주보『신시대』지 론평	4	북조선통신
1947-06-13-027	월레스씨 지지서한	일리노이대학 교수들이	4	북조선통신
1947-06-13-028	볼가리아농민당 령수 반정부행위로 감금처분		4	북조선통신
1947-06-13-029	루정부대표단 유고에 도착		4	북조선통신
1947-06-13-030	불가리아농민동맹 조국전선의 대내외정책 승인		4	북조선통신
1947-06-13-031	중국 장개석정부 예비장교 3백만 목표	학생에 군사훈련실시계획	4	북조선통신
1947-06-13-032	까나다공업에 독일학생들		4	북조선통신
1947-06-13-033	쏘련한림원 중로사전 출판		4	북조선통신
1947-06-13-034	미국의 대희토 '원조'법안의 첫 결과		4	통신부
1947-06-13-035	희랍신문의 허위보도		4	북조선통신
1947-06-13-036	이란로조위원장 구금을 국제직련, 이란정부에 항의		4	북조선통신
1947-06-13-037	라지오		4	
1947-06-14-001	쏘미공동위원회 사업의 진전에 대하여		1	
1947-06-14-002	개천군 개천면 중남면 수리공사 준공 김일성위원장의 격려에 분기	개천군민들 일체가 되어 감투	1	정용찬
1947-06-14-003	경남도농민 백80만 쏘미 량대표에게 선물	공위속개 환영, 그 성공을 념원	1	북조선통신
1947-06-14-004	테로를 반대	남조선민전항의	1	북조선통신
1947-06-14-005	전라 경상도에 테로 발호	영농이 불능상태	1	북조선통신
1947-06-14-006	경성농업학교에 돌연히 휴교 처분		1	북조선통신
1947-06-14-007	국제직련 집행위원회 루이싸이얀씨의 보고를 토론		1	북조선통신
1947-06-14-008	기자회에서 테로조사단		1	북조선통신

기사번호	제목(title)	부제목(stitle)	면수	필자, 출처
1947-06-14-009	불철도 파업 확대		1	북조선통신
1947-06-14-010	정의를 위한 투쟁에 진정한 지지와 동정을 중국전문대학생 각계에 호소		1	북조선통신
1947-06-14-011	쳐칠도 반대하지 않은 인도분할안		1	북조선통신
1947-06-14-012	소피아법정 반역자 판결		1	북조선통신
1947-06-14-013	북조선로동법령 실시 1주년기념 증산돌격에 당단체의 열성적투쟁		2	하일
1947-06-14-014	당원들 선두로 증산에	평양사동탄광 사동갱	2	명덕
1947-06-14-015	배전원활에 헌신노력	회령전기처세포 협조	2	심철
1947-06-14-016	제품향상과 페물 리용	'함남농공'당원의 수범	2	박경석
1947-06-14-017	'다빙뽐프'수리에 공헌	신의주제지의 모범작풍	2	정
1947-06-14-018	공판정에 나타난 테로괴수 김구의 앞잡이		2	신엽
1947-06-14-019	원산철도공장 당부에서 모범과 협조로 증산돌격		2	김홍범
1947-06-14-020	파손된 내화련와 재생	마동세멘트세포의 협조	2	리성섭
1947-06-14-021	본사신간소개		2	로동신문사
1947-06-14-022	1천 5백정보의 천수답을 옥답 만드는 안주수리공사는 이렇게 진행되고있다		3	
1947-06-14-023	이미 전공정의 90% 진척 15일 통수식을 기다릴뿐	안주수리공사장에서	3	명덕
1947-06-14-024	거체의 양수기 설치	안주수리공사장에서	3	
1947-06-14-025	우리 당원 모범작용	안주수리공사장에서	3	
1947-06-14-026	젊은 민청원들은 이렇게 싸운다	안주수리공사장에서	3	
1947-06-14-027	최고도로 앙양된 근로인민들의 정치적 열성	황해도에 갔다 돌아온 인민회의 상임위원 김창만씨 담	3	
1947-06-14-028	녀성동맹원 출동	안주수리공사장에서	3	
1947-06-14-029	학생들의 위안대	안주수리공사장에서	3	
1947-06-14-030	평원군으로부터 응원온 건국대	안주수리공사장에서	3	
1947-06-14-031	건국대는 싸운다	안주벌에서	3	
1947-06-14-032	우마차 등도 응원	평양특별시에서	3	
1947-06-14-033	사진은 안주수리공사장에 출동분투하는 민중		3	
1947-06-14-034	독일중앙행정기구 수립 요망	쏘련점령지대 각 수상 성명	4	
1947-06-14-035	세계자원 리용문제 토의	국제련합기구 경제위원회	4	북조선통신
1947-06-14-036	민주 인도위해 투쟁	키산싸바당 10차회의	4	북조선통신
1947-06-14-037	벨그라드 군사법정 희랍간첩 심리 종료		4	북조선통신
1947-06-14-038	애급정부 각서를 6월 안보에 송달		4	북조선통신
1947-06-14-039	남미지배를 위한 미국의 공갈	마르차주보 론문	4	북조선통신
1947-06-14-040	중공군 무순 포위 개평등지도 점령		4	북조선통신
1947-06-14-041	대만인협회서 장정부에 항의		4	북조선통신
1947-06-14-042	일본의 신내각 조직을 싸고도는 반동파의 책동		4	통신부

기사번호	제목(title)	부제목(stitle)	면수	필자, 출처
1947-06-14-043	프랑코를 무장시키는 영국과 미국	-『쁘라우다』지 론평-	4	북조선통신
1947-06-14-044	체코군사사절 유고 방문		4	북조선통신
1947-06-14-045	이스탐불항 현대화는 미국원조에 관련		4	북조선통신
1947-06-14-046	유고 애급간 통상협정 성립		4	북조선통신
1947-06-14-047	라지오		4	
1947-06-14-048	극장		4	
1947-06-15-001	김일성위원장		1	
1947-06-15-002	민주주의조선림시정부수립에 관하여 각 정당들과 사회단체들은 무엇을 요구할 것인가	-김일성위원장 보고-	1, 2	
1947-06-15-003	민주주의림시정부 수립에 관한 인민의 요구 천명	북조선민전산하 각 정당사회단체열성자대회	1	
1947-06-15-004	북조선의 상업과 식량배급에 대하여 북조선인민위원회 상업국장 장시우	북조선인민위원회 량정부장 송봉욱 량씨 담	2	
1947-06-15-005	길주탄광의 증산투쟁		2	박태화
1947-06-15-006	로동법령실시 제1주년기념 증산경쟁운동	남포제련소에 호응하여 평북 강원 각 직장 궐기	3	
1947-06-15-007	순안주관공장도 경쟁에 호응궐기	호응문	3	
1947-06-15-008	어민들이 자진 양화어항 축항	함남 양화어항에서	3	북청
1947-06-15-009	직장연예대회 개최	평양특별시 각공장에서	3	기관
1947-06-15-010	누진도급제 실시	증산하는 통천탄광	3	홍범
1947-06-15-011	경지실태를 정확히 조사	제1회 각 도 조사과장회의	3	중선
1947-06-15-012	초과달성의 기록	청진철도 각 직장의 5월실적	3	준극
1947-06-15-013	일기예보		3	북조선 중앙기상대
1947-06-15-014	5월분 생산계획 초과달성에 이렇게 국영기업소는 싸웠다	북조선인민위원회 산업국 발표	3	
1947-06-15-015	함남도 '고등어' 대풍획	2일간에 금년도 목표량의 58%	3	북조선통신
1947-06-15-016	농업현물세개정의 성과 승리로 맺기에 힘을 쓰자		3	중선
1947-06-15-017	미국군대 주둔은 카나다독립을 침해	카나다 각 신문 론평	4	북조선통신
1947-06-15-018	사교들은 북조선에서 자유 향유	아이디이통신의 허위보도 반박	4	북조선통신
1947-06-15-019	베.엘.엔지하테로단 검거 미화 5만 5천달라 발각	파란인민보안성 성명	4	북조선통신
1947-06-15-020	영국미국차관에서 벌써 2억달라 사용		4	북조선통신
1947-06-15-021	이태리출판물 반쏘악 선동		4	북조선통신
1947-06-15-022	파죽지세의 중공군 련강선 개원 점령		4	북조선통신
1947-06-15-023	불란서의 근황		4	
1947-06-15-024	희랍의 탁월한 지도자 코스타스 아리다스에 사형	왕당파경찰 검거 계속	4	북조선통신
1947-06-15-025	부리두대장 병원에서 도주		4	북조선통신
1947-06-15-026	쏘련서반아통상 허위보도이다	『이즈베스챠』지 론박	4	북조선통신
1947-06-15-027	공위사업에 일심 협조 정부수립을 분투 맹세	남조선민전 11호성명 의의 강조	4	북조선통신
1947-06-15-028	광주인민항쟁사건 공판 리원갑씨에 사형 구형 극형에 처함은 민족적유감	리극로씨 특별변호	4	북조선통신
1947-06-15-029	박헌영씨의 자유행동요청성명	남로당중앙위원회에서	4	북조선통신
1947-06-15-030	농촌을 습격하는 테로단을 엄벌하라	남로당 항의성명서 발표	4	북조선통신
1947-06-15-031	건국의 좀테로를 박멸하라	반일후원 재일련맹 등 담화 발표	4	북조선통신
1947-06-15-032	박헌영씨 체포령취소를 요망	전농에서 담화 발표	4	북조선통신
1947-06-15-033	론산에 테로사건	녀맹 등 문책 성명 발표	4	북조선통신
1947-06-15-034	남조선민전테로조사 재차 조사원 파견		4	북조선통신
1947-06-15-035	공위사업의 비약적진전	민주애국청년동맹담	4	북조선통신
1947-06-17-001	조선림시정부수립에 대한 북조선로동당의 요구 천명	북조선로동당 제7차 중앙위원회	1	
1947-06-17-002	조선림시정부수립을 위한 쏘미공동위원회와의 협의에 참가함에 관하여	-북조선로동당 중앙위원회 부위원장 주녕하동지 보고-	1	
1947-06-17-003	김일성위원장의 보고를 각계 대표 열렬히 지지찬동	북조선민전산하 각 정당사회단체열성자대회의 토론	2	
1947-06-17-004	새로 수립되는 민주주의조선림시정부는 어떠한 원칙에 립각하여야 하겠는가	북조선로동당 대표 주녕하동지	2	
1947-06-17-005	북조선민주주의민족통일전선산하 각 정당사회단체열성자대회의 결정서		2	
1947-06-17-006	김일성장군 지도밑에 민주인민공화국을 건립하자	북조선민주당 대표 홍기주씨	2	
1947-06-17-007	조선민주주의림시정부는 북조선의 민주개혁을 기초로 하라	천도교청우당 대표 김정주씨	2	
1947-06-17-008	쏘미공동위원회 공동성명서 제11호에 대한 반향		3	
1947-06-17-009	로동자 로동법령 실시할 림시정부를	평양철도기관구 리창오씨	3	은길
1947-06-17-010	문화인 민족문화발전 보장하는 북조선과 같은 정권 열망	북조선음악동맹 김원균씨	3	달수
1947-06-17-011	농민 토지개혁 실시할 인민정권을 요망	평남 순천군농맹 최원상씨	3	인표
1947-06-17-012	녀성 녀성의 권리를 옹호하는 정부를	평양시녀맹 조영씨	3	은길
1947-06-17-013	기업가 북조선인민위원회와 같은 인민정권을 요망	반도직조공장주 리태봉씨	3	김전
1947-06-17-014	교원 군계 뭉친 민주력량의 승리다	평양제3녀중 리호겸씨	3	달수
1947-06-17-015	죄없는 인민을 함부로 학살하며 체포투옥한다 김일성대학 예비과 제1학년 2반 리성옥양	남조선에서 시달리다 북조선으로 온 이들	3	기관
1947-06-17-016	착취와 폭행으로 근로인민을 억압 평양기구제작소 사무원 김룡운씨	남조선에서 시달리다 북조선으로 온 이들	3	기관
1947-06-17-017	학원의 자유를 유린 김일성대학 도서관 근무 리영길양	남조선에서 시달리다 북조선으로 온 이들	3	달수

기사번호	제목(title)	부제목(stitle)	면수	필자, 출처
1947-06-17-018	일기예보		3	북조선 중앙기상대
1947-06-17-019	국제직업련맹 총평의회 쏘.중.인 각 대표 연설		4	따쓰통신
1947-06-17-020	미해원로조 회합 개최		4	북조선통신
1947-06-17-021	화란인도네시아인민의 평화를 위하여	화란공산당 성명 발표	4	북조선통신
1947-06-17-022	신통화수입은 자르지구를 분할	베를리너차이퉁지 론평	4	북조선통신
1947-06-17-023	록도와 빙도문제 미국화의 실제적조치	『이즈베스챠』지 론평	4	북조선통신
1947-06-17-024	흥아리 제 시책 준비		4	북조선통신
1947-06-17-025	몽고신강 국경사건	중국 허위성명에 대한 따쓰통신 반박	4	북조선통신
1947-06-17-026	희랍군용기 알바니아 침범		4	북조선통신
1947-06-17-027	대장원조 미의회에 무인기	하원의원 벤더씨 담	4	북조선통신
1947-06-17-028	흥아리에 테로단 '십자형제' 피검		4	북조선통신
1947-06-17-029	인도국회파 국내통일 주장		4	북조선통신
1947-06-17-030	미국과 근동아세아		4	통신부
1947-06-17-031	라지오		4	
1947-06-17-032	극장		4	
1947-06-17-033	부고		4	
1947-06-17-034	각 시 군 판매점 책임자 앞		4	
1947-06-18-001	장차 수립될 조선림시정부의 정강과 헌장은 김일성장군의 20개 정강과 북조선인민위원회의 제 규정정책을 기초로 하여야 한다		1	
1947-06-18-002	북조선인민위원회 위원장 김일성 비준 농림국 규칙 제8호	농업현물세 개정에 관한 결정서에 대한 세칙	1	
1947-06-18-003	친일파 민족반역자 안재홍 김성수 등을 제외할것 평양랭동공장 사무원 오제헌씨 담	쏘미공동위원회 공동성명서 제11호에 대한 반향	1	언철
1947-06-18-004	녀성의 로동보호와 남녀평등권을 실시할 정부를 평양연초공장 로동자 김보순씨 담	쏘미공동위원회 공동성명서 제11호에 대한 반향	1	언철
1947-06-18-005	북조선농민들의 행복한 생활을 남조선농민에게도 평양 대타령농민 리정운씨 담	쏘미공동위원회 공동성명서 제11호에 대한 반향	1	김전
1947-06-18-006	민족분렬을 획책하는 파괴분자들과 투쟁 평양공화농구공장 로동자 로중근씨 담	쏘미공동위원회 공동성명서 제11호에 대한 반향	1	기관
1947-06-18-007	민족문화를 향상시킬 인민공화국을 수립할것 북조선미술동맹 화가 최연해씨 담	쏘미공동위원회 공동성명서 제11호에 대한 반향	1	
1947-06-18-008	북조선민전산하 각 정당사회단체열성자대회 주석단		2	
1947-06-18-009	열성자		2	

기사번호	제목(title)	부제목(stitle)	면수	필자, 출처
1947-06-18-010	50만조직 로동자를 대표하여 김일성위원장의 보고를 절대지지한다! 북조선 17개 산업별 로동자직업동맹 대표 김혁봉씨	북조선민전산하 각 정당사회단체열성자대회에서	2	
1947-06-18-011	인구의 반수를 차지한 녀성 김일성장군의 제시한 길로 일로매진 북조선민주녀성동맹 대표 박정애씨	북조선민전산하 각 정당사회단체열성자대회에서	2	
1947-06-18-012	북조선농민의 행복된 생활을 전조선에 실현할 통일정부를 세우자 북조선농민동맹 대표 현칠종씨	북조선민전산하 각 정당사회단체열성자대회에서	2	
1947-06-18-013	씩씩한 투쟁의 실천부대가 될것을 맹세(요지) 북조선민주청년동맹 대표 김욱진씨	북조선민전산하 각 정당사회단체열성자대회에서	2	
1947-06-18-014	남조선에도 민주문화를 개화시키자!(요지) 북조선문학예술총동맹대표 안함광씨	북조선민전산하 각 정당사회단체열성자대회에서	2	
1947-06-18-015	김일성장군은 조선민주력사의 창조자(요지) 북조선기독교련맹 대표 박건수씨	북조선민전산하 각 정당사회단체열성자대회에서	2	
1947-06-18-016	안주평야에 뭉쳐진 민주력량으로 드디여 15일 안주수리공사 완수	준공경축대회	3	통신원 박중선
1947-06-18-017	김일성위원장께 올리는 편지	평남수리양수공사 준공경축대회	3	
1947-06-18-018	남조선에서 시달리다 북조선으로 온 이들	남조선은 이렇다	3	
1947-06-18-019	인민을 함부로 학살하는 반동테로가 대낮에 횡행	선천군 선천면 대의동 118 박덕홍씨	3	
1947-06-18-020	남조선동포들은 북조선이 그리워	선천군 남면 산봉동 285 박지영군	3	
1947-06-18-021	정세 모르는 암흑의 세계	선천군 선천면 로정린장로	3	
1947-06-18-022	평남 안주에 국영백화점		3	달수
1947-06-18-023	일기예보		3	북조선 중앙기상대
1947-06-18-024	흥아리정세에 관하여 쏘련비난은 영국의 야망	쏘련외무성 정보국 성명서 발표	4	북조선통신
1947-06-18-025	항가리는 질서정연하다	항가리시찰한 영국로동당 의원담	4	북조선통신
1947-06-18-026	항가리인민회의 특별회의 소집	신수상 티네스씨 연설	4	북조선통신
1947-06-18-027	국제직련 각국 대표 환영	쁘라그 근로인민들의 성대한 시위	4	북조선통신
1947-06-18-028	불가리아대인민회의에서 대의회 23명 사직 승인		4	북조선통신
1947-06-18-029	인도네시아정세 급박	영미외교가 동정주목	4	북조선통신
1947-06-18-030	장개석의 지도밑에 중국침략전범자 강촌서주서 활약		4	북조선통신
1947-06-18-031	토이기정부의 횡포를 민주당 케프룰라 교수 통격		4	북조선통신
1947-06-18-032	희랍왕당파경관의 폭행	시장면회 요구한 군중에 발포	4	북조선통신
1947-06-18-033	지리에 파업 발발		4	북조선통신
1947-06-18-034	전 외상 이덴과 영국 란까시르		4	

기사번호	제목(title)	부제목(stitle)	면수	필자, 출처
1947-06-18-035	중국의 민주로동운동 전폭적지지안을 채택	국제직련중앙집행위원회	4	북조선통신
1947-06-18-036	군비축소에 대한 예비토의	안보리사회에서	4	북조선통신
1947-06-18-037	패전후 일본의 로동쟁의 상황		4	북조선통신
1947-06-18-038	중공군 사평가비행장 맹격중		4	북조선통신
1947-06-18-039	일본황족의 재산세 33억 3800만원		4	북조선통신
1947-06-18-040	분란에 도착한 쏘베트직맹대표단 환영		4	북조선통신
1947-06-18-041	인도네시아에서 부상당한 화란병 귀환		4	북조선통신
1947-06-18-042	항가리인민경제계획 승인		4	북조선통신
1947-06-18-043	반프랑코결의 채택	국제직련총회 가결	4	북조선통신
1947-06-18-044	라지오		4	
1947-06-18-045	극장		4	
1947-06-19-001	민주주의조선림시정부는 민권을 보장하여야 할것이다		1	
1947-06-19-002	조선림시정부수립을 위한 쏘미공동위원회와의 협의에 참가함에 관하여 북조선 각 정당 사회단체들 중앙위원회 소집	북조선민주당, 천도교청우당, 직맹 농맹을 위시한 35개 사회단체	1	현석
1947-06-19-003	테로진상을 조사할터 남조선민전조사단 담화	군산	1	북조선통신
1947-06-19-004	민전의 조사단이 강원도일대 력방		1	북조선통신
1947-06-19-005	테로문제로 러취장관 방문		1	북조선통신
1947-06-19-006	민청해산명령 취소진정서 2만 4천통 답지		1	북조선통신
1947-06-19-007	진정서 2만통 하지중장 전달		1	북조선통신
1947-06-19-008	공위대표에 꽃방석 증정		1	북조선통신
1947-06-19-009	전라남도 농맹대표 공위대표에게 선물		1	북조선통신
1947-06-19-010	민전산하단체 공위대책 협의		1	북조선통신
1947-06-19-011	천진에 검거선풍		1	북조선통신
1947-06-19-012	일본과 조선에 대하여	국제직업련맹위원회 위원 쏘련 직맹중앙위원회 비서장 따라쏘브씨 담화	2	
1947-06-19-013	쏘련의 로동계급		2	
1947-06-19-014	세포학습상의 결점을 어떻게 퇴치하였는가	전기처 와사제조소 세포학습회 경험	2	김병기
1947-06-19-015	토지개혁과 농업현물세는 농민의 생활을 향상시켰다	선천군에서	3	황성택 본사특파원발
1947-06-19-016	남조선민주청년동맹 해산명령 취소하라!	북조선각지에서 항의문 산적	3	
1947-06-19-017	우리 당원들 이앙에 수범	평북 희천군 희천면 가라지동 김창원, 김창농	3	최병흡
1947-06-19-018	일기예보		3	북조선 중앙기상대
1947-06-19-019	남조선에서 시달리다 북조선으로 온 이들	남조선은 이렇다	3	
1947-06-19-020	마음대로 말도 못하게 하는 반동파들의 횡포	정주군 곽산면 조산리 532 전춘갑씨	3	

기사번호	제목(title)	부제목(stitle)	면수	필자, 출처
1947-06-19-021	가고싶은 북조선 려비없어 못간다	정주군 정주면 조양동 리명호씨	3	
1947-06-19-022	각지의 이앙소식		3	북조선통신, 경석, 김전, 홍범, 조후
1947-06-19-023	아프리카대륙의 고역자를 위해 통일적 로동운동원조 등 결의	국제직련 중앙집행위원회 폐회	4	북조선통신
1947-06-19-024	인도네시아 각 정당 사회단체 통일전선 결성	공화국 최후각서 지지	4	북조선통신
1947-06-19-025	지도작성공중촬영준비	인도네시아사태에 대한 미국의 새로운 간섭	4	북조선통신
1947-06-19-026	4만의 주민을 사살	남부쎄레베스도에서	4	북조선통신
1947-06-19-027	희랍비행기 불법월경 유엔기구에 통고	유고정부에서	4	북조선통신
1947-06-19-028	전 수상의 허위보도를 홍대통령 반박성명		4	북조선통신
1947-06-19-029	영국의 토지안은 독일민주화를 방해	노이스도이출란드지 론평	4	북조선통신
1947-06-19-030	루마니아국유화산업 2회사로 통합		4	북조선통신
1947-06-19-031	브라질정부 공산당원 박해		4	북조선통신
1947-06-19-032	북평보루건축 60억원 할당		4	북조선통신
1947-06-19-033	동북민주련군 료동반도를 억제		4	북조선통신
1947-06-19-034	맥아더사령부의 불성의 비난	일본직업동맹에서	4	북조선통신
1947-06-19-035	장개석국민당 실업자를 병정으로 징발		4	북조선통신
1947-06-19-036	희랍정부 위기 계속		4	북조선통신
1947-06-19-037	독일 영점령지대 중요산업사회화 요구	독일로조련맹성명	4	북조선통신
1947-06-19-038	전스라부위원회 제2차총회 개최		4	북조선통신
1947-06-19-039	라지오		4	
1947-06-19-040	극장		4	
1947-06-19-041	각 시 군 판매점 책임자 앞		4	
1947-06-20-001	장차 수립될 조선림시정부는 사법기관들을 민주화하여야 한다		1	
1947-06-20-002	쏘미공동위원회 공동공보 제5호	조선경성	1	
1947-06-20-003	쏘미공위협의참가에 관한 각 정당 사회단체 청원서 선언문 수교	18일 쏘미공동위원회 평양련락처에서	1	북조선통신
1947-06-20-004	상반된 남북조선 로동자의 생활	국제직련 중앙집행위원회 남북조선 대표의 보고 연설	1	북조선통신
1947-06-20-005	농민들에게 토지를 영원히 분여하는 정부를 평남 순천군 사인면 농민 김복덕씨 담	쏘미공동위원회 성명서 제11호에 대한 반향	1	기관
1947-06-20-006	남녀평등권법령을 전조선적으로 실시할 것 평양 강변리 가정부인 김형숙씨 담	쏘미공동위원회 성명서 제11호에 대한 반향	1	은길
1947-06-20-007	요망은 단 하나 인민을 위한 정부 평양 중앙전화국 사무원 김순오씨 담	쏘미공동위원회 성명서 제11호에 대한 반향	1	이표
1947-06-20-008	중국이 미국에 신용대부 요청		1	북조선통신
1947-06-20-009	정부수립의 기반은 인민경제발전에서	남녀당원들의 헌신적투쟁	2	
1947-06-20-010	5월중 생산량 150%	양양속초 조선세포 동무들	2	김흥범

기사번호	제목(title)	부제목(stitle)	면수	필자, 출처
1947-06-20-011	학습과 작업에 대열성	천광고무세포 박춘옥동무	2	김흥범
1947-06-20-012	수관을 산소로 용접한 평철용접공 강준학동무		2	달수
1947-06-20-013	철도부흥발전에 시범	평철기관구 황인진동무	2	달수
1947-06-20-014	새끼 꼬아 영농자금에	안변군 광자리 녀당원 원숙동무	2	김만선
1947-06-20-015	경제부흥에 선두수범	정평면녀맹 오경근동무	2	박용관
1947-06-20-016	로동계급의 생명적권리와 직업동맹자유에 대한 미국반동세력의 공격		2	신문부
1947-06-20-017	민주의 혜택으로 향상된 북조선농민들의 행복한 생활		3	
1947-06-20-018	두돐을 맞이하는 8 15를 기념 호화다채한 성전	북조선문학예총의 예술제	3	은길
1947-06-20-019	기와집과 문화시설 나날이 늘어간다	황해도 봉산군내 농촌	3	달수
1947-06-20-020	쏘미공위재개 축하경연대회	영흥면 민청에서	3	김경한
1947-06-20-021	살림은 늘어가며 문맹은 줄어간다	강원도 안변군내 농촌	3	김만선
1947-06-20-022	세계민주청년축전에 참가할 음악무용예술인들		3	현석
1947-06-20-023	의료기술자 양성	북조선적십자사 중위회	3	기관
1947-06-20-024	남조선에서 시달리다 북조선으로 온 이들 모리배와 결탁코 사복을 채우는 반동파두목	정주군 대전면 운전동 승정선씨	3	성택
1947-06-20-025	38선 현지보고 남하자의 대다수는 상인군	'이주증'에 의하여 증가되는 허구의 수자	3	
1947-06-20-026	녀맹원들의 협력으로 적기이앙 실시	강원도 양양군 월리에서	3	흥범
1947-06-20-027	신경지를 개척한 고전극 「노비의 동란」 근일 공연	태장춘 김일룡 량씨의 쾌심의 작품	3	중선
1947-06-20-028	일기예보		3	북조선 중앙기상대
1947-06-20-029	증산에 열성을 내는 김성호녀사	강계군 입관면 유문동	3	영환
1947-06-20-030	몽고신강국경사건 중국군 불법월경경위 국제관례를 무시한 만행	몽고인민공화국 외무성 항의성명	4	북조선통신
1947-06-20-031	카나다 징병제 반대 트루맨대통령 래방은 불쾌	『데일리 트리뷴』지 보도	4	북조선통신
1947-06-20-032	흥아리내정간섭을 론의하는 영국정부	『쁘라우다』지 론평	4	북조선통신
1947-06-20-033	무기공급이란 허구	몽고인민공화국 외무성 발표	4	북조선통신
1947-06-20-034	영로동당의 외교정책을 반대하는 영국로동계급		4	『신시대』지
1947-06-20-035	인도에 폭동 재발		4	북조선통신
1947-06-20-036	국제민청대표 모쓰크바 도착		4	북조선통신
1947-06-20-037	국제민청련맹 제4차 집행위원회 6월 16일 모쓰크바에서 개막		4	북조선통신
1947-06-20-038	국제민청 제4차위원회는 식민지청년문제 토의	위원장 기.드.브아손씨 담화	4	북조선통신
1947-06-20-039	마샬연설은 트루맨정책을 반복	『쁘라우다』지 국제평론	4	북조선통신
1947-06-20-040	루마니아무역상일행 모쓰크바 도착		4	북조선통신
1947-06-20-041	문교당국자의 책임을 추궁	국대안반대투쟁위원회 러-취장관에게 항의	4	
1947-06-20-042	남조선은 일대 형무소화	1년간 검거송국 12만건	4	북조선통신
1947-06-20-043	장덕수의 처 박은혜교장 교원 부당파면으로 물의		4	북조선통신
1947-06-20-044	정치범석방 요구 적산불하를 반대	남로당기자단 회견담	4	북조선통신
1947-06-20-045	라지오		4	
1947-06-20-046	극장		4	
1947-06-21-001	민주주의조선림시정부는 공민의 권리와 의무를 정당히 선포할것이다		1	
1947-06-21-002	학교교양사업강화와 간부대책을 토의결정	북조선 각 도 교육부장회의	1	현석
1947-06-21-003	민주주의조선림시정부수립에관한김일성위원장의보고를절대지지! 외국의 간섭을 받지 않는 이것이 곧 자주독립의 길	해주세멘트직장 보고대회	1	본사특파원 김동천
1947-06-21-004	민주주의조선림시정부수립에관한김일성위원장의보고를절대지지! 감격에 넘친 천여 청중 즉석에서 감사문 작성	함흥시보고대회에서	1	경석
1947-06-21-005	민주주의조선림시정부수립에관한김일성위원장의보고를절대지지! 장군주위에 단결하여 승리의 길로 나아가자	안악 서산리 시민 김항수씨 담	1	
1947-06-21-006	칠리대통령 비상사태 언명		1	북조선통신
1947-06-21-007	카린치아인민들 대오평화조약위원회에 서한 송달		1	북조선통신
1947-06-21-008	련합기구 원자력관리위원회의 진행	쏘련대표요청로	1	북조선통신
1947-06-21-009	남조선서 오는 이주민대책 북조선인민위원회에서 지시		1	북조선통신
1947-06-21-010	이란정부에 대하여 루스타씨석방재 요청		1	북조선통신
1947-06-21-011	민주적화란대중 인도네시아공화국과의 협의 요구		1	북조선통신
1947-06-21-012	발반조국전선음모자 베테르꼬에프 유죄		1	북조선통신
1947-06-21-013	쏘련 어린이의 유람철도 건설		1	북조선통신
1947-06-21-014	오는 6월 23일을 휴식일로 결정		1	현석
1947-06-21-015	북조선토지개혁의 위대한 성과 토지 얻은 농민의 증산의욕 치렬	인민의 선두에 서서 감투하는 로동당원	2	하일
1947-06-21-016	대지와 싸우는 농민들 이앙돌격전 백열화!	회령농촌당원의선봉적역할	2	심철
1947-06-21-017	황무지를 수전화하여 식량증산에 공헌지대	평양칠볼리세포의 핵심작용	2	김삼갑
1947-06-21-018	제2차 세계대전에서의 쏘련군대의 해방적역할	쏘련에 대한 히틀러군대의 배신적침공 제6주년	2	통신부

기사번호	제목(title)	부제목(stitle)	면수	필자, 출처
1947-06-21-019	체코산업 2개년계획 완료		2	북조선통신
1947-06-21-020	트루맨대통령 강화조약비준법령에 서명		2	북조선통신
1947-06-21-021	저마다 열성내여 증산에 돌격하는 평양연초공장		3	언철
1947-06-21-022	민주선전실을 강화하여 림시정부수립을 촉진	북조선인민위원회 선전부에서	3	현석
1947-06-21-023	채탄량 325%	개천탄광 유락도동무	3	창수
1947-06-21-024	평남 대동군 금제면 수리공사	거18일에 통수식!	3	언철
1947-06-21-025	피스톤 만드는데 성공	평양자동차공장 김만선 김달원양씨	3	북조선통신
1947-06-21-026	평북 황해 공장 광산 5월생산계획을 완수		3	북조선통신
1947-06-21-027	휴한기개간으로 증산	안변 곽하리녀맹 당원동무들	3	김만선
1947-06-21-028	남양역세포의 방조로 체류화물 일소에 분투		3	라성광
1947-06-21-029	내전반대 화교대회		3	북조선통신
1947-06-21-030	폐품을 살리여 자재난을 타개	수풍발전부 로동자들	3	영환
1947-06-21-031	교통표식에 주의	평양특별시 내무부에서	3	김전
1947-06-21-032	평양시관개공사 6월 7일에 전부 완성		3	김전
1947-06-21-033	이태리 데 가스페리내각 총선거연기로 연명책 기도	로마 각 신문 비난론평	4	북조선통신
1947-06-21-034	분란에서 은닉무기 발각		4	북조선통신
1947-06-21-035	인도정세		4	따쓰통신
1947-06-21-036	문호 막심 고리끼 서거 11주년기념 성대		4	북조선통신
1947-06-21-037	트루맨주의의 약점		4	『신시대』지
1947-06-21-038	희랍비행기 2대 유고령토에 침입 사격		4	북조선통신
1947-06-21-039	홍국공산사민 량당대표 3개년계획 토의		4	북조선통신
1947-06-21-040	시사평론	누구나 속지않는 새 간판에 대하여	4	
1947-06-21-041	발 디미뜨로브수상 65세탄생 기념		4	북조선통신
1947-06-21-042	쏘련로동자들 반개년생산계획 완수		4	북조선통신
1947-06-21-043	경찰국가로 변하고있는 미국 콜럼비아지구	-폰지 와싱톤 특파원보도-	4	북조선통신
1947-06-21-044	이란당국의 차별처사 비난		4	북조선통신
1947-06-21-045	항가리소농당 전 총비서 도주계획 실패		4	북조선통신
1947-06-21-046	평양교원대학 학생 모집		4	
1947-06-21-047	극장		4	
1947-06-21-048	국어발성판 「북조선」 대망의 거편	세기적영화대회 공개! 21일부터 평양 각 극장 일제 상영	4	인표
1947-06-22-001	조선림시정부는 민주주의교육문화의 발전을 보장하여야 할것이다		1	언철
1947-06-22-002	1947년도인민경제계획예정수자에 대한 5월분 각 부문별 생산실적 발표	북조선인민위원회 기획국	1	

기사번호	제목(title)	부제목(stitle)	면수	필자, 출처
1947-06-22-003	민주주의조선림시정부수립에 관한 김일성위원장의 보고를 절대지지! 완전독립을 확신하고 인민경제부흥발전에 일로매진할터	황해도 안악 김영곤씨 담	1	동천
1947-06-22-004	민주주의조선림시정부수립에 관한 김일성위원장의 보고를 절대지지! 방송을 듣고 용기백배 로동능률은 날로 향상	해주세멘트공장 로동자 김춘길씨 담	1	동천
1947-06-22-005	민주주의조선림시정부수립에 관한 김일성위원장의 보고를 절대지지! 적은 힘이나마 끝까지 싸우겠다	태극극단 연극인 송영각씨 담	1	동천
1947-06-22-006	민주주의조선림시정부수립에 관한 김일성위원장의 보고를 절대지지! 우리모두가 잘살수 있는 인민공화국이 되여야 한다	안악 자동차운전수 황광형씨 담	1	동천
1947-06-22-007	국호는 조선민주주의인민공화국 의회는 '인민회의'로	남조선민전에서 정부형태에 대한 주장 천명	1	북조선통신
1947-06-22-008	공위에 참가할 남조선전평산하 21개 각 산업별 로조 대표 결정	전평대표는 허성택씨	1	북조선통신
1947-06-22-009	쏘미공위협의 대표로 박헌영씨 추천	남로당 중앙확대위원회에서	1	북조선통신
1947-06-22-010	남조선로동당기관지 『로력인민』 발간		1	북조선통신
1947-06-22-011	중국정부 륙군지원병부대 편성		1	북조선통신
1947-06-22-012	레바논출판물 의회 뽀이코트		1	북조선통신
1947-06-22-013	김일성동지의 지도밑에 전국적승리로 일로매진	북조선로동당 평남도 및 평양시 당단체열성자대회	2	창숙
1947-06-22-014	김일성동지보고 지지	함북도당 및 청진시당 열성자대회	2	현준극
1947-06-22-015	독일 '전격전'의 파국	배신적대쏘침공 제6주년	2	
1947-06-22-016	북조선교육사업에 대하여	북조선인민위원회 교육국장 한설야씨 담	2	
1947-06-22-017	독일 강도적군국사상의 말로		2	통신부
1947-06-22-018	국제민청집행위원회 청년제프로그람 승인		2	북조선통신
1947-06-22-019	농산품가격을 저락시키는 미국경제활동		2	북조선통신
1947-06-22-020	6천척 증수의 관개공사	평남 강동군내 신규 7개소 준공	3	
1947-06-22-021	우리의 제2세교육을 위하여 배우고 또 배우며 실력을 배양	평양사범전문학교	3	신기관
1947-06-22-022	각계각층 인민의 자제들 일치단결 씩씩하게 장성	평북 신의주상업학교	3	영환
1947-06-22-023	녀맹원들이 보안원에 선물	박천군녀맹에서	3	제택
1947-06-22-024	세계민주청년축구 대표선수 환송체육대회	23일 평양시경기장	3	인표
1947-06-22-025	로동법령발포 1주년기념 사진전람회 개최	평양시 도서관서 6월 22일부터	3	언철
1947-06-22-026	평양역광장에 려객 위한 공원		3	영호
1947-06-22-027	일기예보		3	북조선중앙기상대

기사번호	제목(title)	부제목(stitle)	면수	필자, 출처
1947-06-22-028	학원과 가정의 긴밀한 련락 맺는 자모회 결성	평양제3중학교	3	달수
1947-06-22-029	마음대로 자라는 명랑한 어린이들	신의주 밝은인민학교	3	영환
1947-06-22-030	극동아세아 제국에 대한 원조건의안작성이 필요	유엔 극동경제침원회에서 쏘련대표 쓰떼젠꼬씨 연설	4	북조선통신
1947-06-22-031	쏘련의 대학 소개		4	통신부
1947-06-22-032	살인, 고문장으로 화한 희랍 녀자.유아에까지도 피의 폭행	왕당파의 잔악에 고민하는 인민	4	북조선통신
1947-06-22-033	강화되는 미군주둔	카나다인민 분격	4	북조선통신
1947-06-22-034	국민당내의 반동배들은 중국을 어데로 이끌고있는가		4	신문부
1947-06-22-035	운라선박을 폭격	운라대표 중국에 항의	4	북조선통신
1947-06-22-036	미군정과 샤하트간 협의를 웨체지 비판		4	북조선통신
1947-06-22-037	트란스요르다니아 국경 험악	씨리아도 군대를 집결중	4	북조선통신
1947-06-22-038	국어발성판 「북조선」 대망의 거편	세기적영화 대공개! 21일부터 평양 각 극장 일제 상영	4	
1947-06-22-039	라지오		4	
1947-06-22-040	극장		4	
1947-06-23-001	북조선로동당 중앙본부 정치위원회에서		1	
1947-06-23-002	민주주의조선림시정부수립과 북조선로동당의 주장	북조선로동당 중앙본부 부위원장 주녕하	1, 2	
1947-06-23-003	로동법령실시 1주년을 맞이하여	조선림시정부는 선진적로동법령을 실시하여야 할것이다	1	
1947-06-23-004	조선은 민주주의인민공화국으로 선포되여야 한다	북조선로동당 중앙본부 선전선동부장 김창만	2	
1947-06-23-005	북조선인민위원회결정 제45호	전문학교 대학생 장학금수여에 관한 결정서	2	
1947-06-23-006	북조선인민위원회 위원장 김일성 비준 로동국규칙 제6호	해로운 조건을 가진 생산부문과 지하로동 및 보충적휴가를 주어야 할 직업종목에 관한 규정	2	
1947-06-23-007	조국창건의 위대한 등명 민주력량은 가일층 제고	북조선로동당 평남도당 부위원장 최광렬동지 담	2	하일
1947-06-23-008	김장군이 제시한 그 길로 우리 재녕농민도 총궐기	재녕 삼강면 상해리 농민 김린봉씨 담	2	동천
1947-06-23-009	로동법령실시이후의 향상된 나의 작업능률	평양국영제침공장 녀공 박확실씨	3	은길
1947-06-23-010	생활형편이 날로 향상	평양공화농구공장 로중근씨	3	기관
1947-06-23-011	도급제실시로 수입 증가	평양기구제작소 한기현씨	3	기관
1947-06-23-012	나의 생활은 이렇게 향상	조선제정공장 김봉문씨	3	인표
1947-06-23-013	후생시설이 확충	평양제사공장 한영화씨	3	기관
1947-06-23-014	마음껏 기술을 배우고 휴양까지 하게 되었다	조선산소공장 허옥씨	3	은길

기사번호	제목(title)	부제목(stitle)	면수	필자, 출처
1947-06-23-015	로동법령실시 제1주년기념 증산운동	남포제련에 호응궐기한 평양 각 공장의 중간실적	3	언철
1947-06-23-016	상승일로 내닫는 평남도영공장의 생산실적		3	달수
1947-06-23-017	실업, 강도, 매음 속출	장정부관내 각 도시의 암흑상	4	북조선통신
1947-06-23-018	영미불간 석탄조약은 포츠담협정에 위반	쏘련경제학자 슈삐꼬브씨 평	4	북조선통신
1947-06-23-019	애국자총살을 명령 프랑코악정 일익격심		4	북조선통신
1947-06-23-020	영외상 베빈의 방불은 소위 '마샬계획'의 시연		4	북조선통신
1947-06-23-021	중공군 하기공세의 전과		4	북조선통신
1947-06-23-022	마.쏘련문화협회 스코클리에서 개최		4	북조선통신
1947-06-23-023	유고슬라비아의 련방공화국 헌법		4	
1947-06-23-024	일본에서의 미국점령정책		4	느.쎄디흐
1947-06-23-025	영불동맹체결을 불내각 승인		4	북조선통신
1947-06-23-026	애급정부각서 안보에 전달		4	북조선통신
1947-06-23-027	영펙크서기관 모쓰크바로 전임?		4	북조선통신
1947-06-23-028	쏘련직맹대표 귀환		4	북조선통신
1947-06-23-029	극장		4	
1947-06-25-001	민주주의림시정부수립을 앞두고 조선청년에게 고함	김일성	1, 2	
1947-06-25-002	민주주의조국건설에 불타는 청년의 의기 름름한 체구, 강인한 투지!	장관! 민청대표환송체육대회	1	
1947-06-25-003	김일성 위원장에게 올리는 평양시 청년들의 맹세문		1	
1947-06-25-004	인민에게 정치적자유와 민권을 보장하여야 한다	북조선로동당 중앙본부 정치위원회 위원 최창익	2	
1947-06-25-005	남조선반동파의 신전술		2	북조선통신
1947-06-25-006	김일성위원장께 드리는 감사문	북조선 및 평양특별시보고대회	3	
1947-06-25-007	로동법령실시 1주년기념 북조선 및 평양특별시보고대회	김일성위원장 주위에 굳게 뭉쳐 민주건국에 일로매진할것을 강조	3	현석
1947-06-25-008	물자절약코 생산제고	평양제사공장의 생산실적	3	김전
1947-06-25-009	황해 나무리벌농민들 17일에 이앙을 완료		3	
1947-06-25-010	책임량을 초과	함북 경성군 주을요업공장에서	3	조인길
1947-06-25-011	통천녀맹원 모내기 원조		3	세영
1947-06-25-012	일기예보		3	북조선중앙기상대
1947-06-25-013	존경하는 주필 앞	허가이로부터	3	
1947-06-25-014	민주개혁을 구가하는 즐거운 하루	로동법령발포 1주년기념일을 맞이하여	3	김전, 달수, 은길, 기관
1947-06-25-015	제1차 로씨아련방최고쏘베트회의 진행	의장에 미하일.따라쏘브씨 피선	4	북조선통신
1947-06-25-016	국제법위반을 지적	유고 희랍공사에 항의	4	북조선통신
1947-06-25-017	중공군 사평가돌입	각지에서 중앙군을 포위	4	북조선통신

기사번호	제목(title)	부제목(stitle)	면수	필자, 출처
1947-06-25-018	쏘련한림원회의	-8월에 소집-	4	북조선통신
1947-06-25-019	반파시쓰트련맹 부라질에서 결성		4	북조선통신
1947-06-25-020	국부당국 상해남경학련에 해산 명령		4	북조선통신
1947-06-25-021	『신시대』지 19호에서		4	
1947-06-25-022	만주중공군문제에 대한 미국과 중국의 허위보도	따쓰통신 반박	4	북조선통신
1947-06-25-023	희랍내각 바티칸과의 외교관계 수립		4	북조선통신
1947-06-25-024	영해외무역상 모쓰크바 도착		4	북조선통신
1947-06-25-025	쏘련동부지방 지하수송 개조		4	북조선통신
1947-06-25-026	토이기독립과 미국차관		4	통신부
1947-06-25-027	영화 북조선		4	백인준
1947-06-25-028	국제민청총회 쁘라그에서 개최 결정	8월 19일부터 8월 31일까지	4	북조선통신
1947-06-25-029	쏘련 금년도 고교입학생		4	북조선통신
1947-06-26-001	민주주의조선림시정부는 일본통치의 악독한 결과를 숙청하여야 할것이다		1	
1947-06-26-002	쏘미공동위원회 공동공보 제6호		1	
1947-06-26-003	북조선인민위원회결정 제44호	기술교육 진흥에 관한 결정서	1	
1947-06-26-004	김일성동지보고 절대로 지지하자	평양시 중구구역당 열성자대회	1	명덕
1947-06-26-005	정치교원양성소 개설		1	북조선통신
1947-06-26-006	증산경쟁과 타도반동의 맹세도 굳센 군중의 의기	청진역두에 벌어진 시민대회	1	
1947-06-26-007	학원의 자유가 보장된 북조선과 같은 교육을	청진사전 2년 박봉훈군 담	1	현준극
1947-06-26-008	김일성장군께 감격의 메쎄지	길주군 민중대회에서	1	태화
1947-06-26-009	장기에 긍한 일본통치의 악결과를 숙청하여야 한다	북조선로동당 중앙본부 검열위원회 위원장 김용범	2	
1947-06-26-010	화란시민 시위		2	북조선통신
1947-06-26-011	미국공군 인도네시아촬영 준비		2	북조선통신
1947-06-26-012	국제평화를 위한 투쟁에서의 쏘련의 선봉적역할		2	신문부
1947-06-26-013	김책부위원장 평양곡산공장 시찰	전체 종업원을 격려	3	언철
1947-06-26-014	계속 증산돌격	황해도 봉산군 사리원방직공장에서	3	리성섭
1947-06-26-015	로동법령실시 1주년기념 증산운동의 총결	조선산소공장, 평양연초공장, 공화농구공장에서	3	언철
1947-06-26-016	우리들의 생활은 이렇게 향상 로동법령실시 1주년기념좌담회	평양제사공장	3	기관
1947-06-26-017	로동법령실시 1주년기념보고대회	국영기업장 지배인강습소	3	인표
1947-06-26-018	각지의 이앙소식	함북	3	준극
1947-06-26-019	각지의 이앙소식	영무	3	용원
1947-06-26-020	각지의 이앙소식	영변	3	김인득
1947-06-26-021	각지의 이앙소식	정주	3	정원

기사번호	제목(title)	부제목(stitle)	면수	필자, 출처
1947-06-26-022	각지의 이앙소식	자성	3	영락
1947-06-26-023	각지의 이앙소식	만포	3	김기형
1947-06-26-024	각지의 이앙소식	금화	3	안창렬
1947-06-26-025	각지의 이앙소식	안변	3	김만선
1947-06-26-026	각지의 이앙소식	화천	3	유한식
1947-06-26-027	민주개혁을 구가하는 즐거운 하루	신의주	3	영환
1947-06-26-028	민주개혁을 구가하는 즐거운 하루	남신의주	3	영환
1947-06-26-029	일기예보		3	북조선 중앙기상대
1947-06-26-030	몰로또브외상을 방문	영불 량대사 각서 수교	4	
1947-06-26-031	영불제의를 접수	쏘련정부의 각서	4	북조선통신
1947-06-26-032	독일의 배신적침공 제6주년기념일에 쏘련 각 신문 론문 감상문 게재		4	북조선통신
1947-06-26-033	대오강화조약위원회 회의	석유문제에 대한 토의 개시	4	북조선통신
1947-06-26-034	항가리정부 지지	불란서외무성 대변인 언명	4	북조선통신
1947-06-26-035	거대한 수자를 올리는 모쓰크바외국문 출판		4	북조선통신
1947-06-26-036	화란군의 살륙적죄상	화란 모장교의 서신내용	4	북조선통신
1947-06-26-037	포르토리코도 주민들 미해군기지설치 반대		4	북조선통신
1947-06-26-038	발국대인민회의 헌법초안을 승인		4	북조선통신
1947-06-26-039	식민지청년문제 보고 청취	국제민청련맹 집행위원회	4	북조선통신
1947-06-26-040	케른독일인로동자 파업		4	북조선통신
1947-06-26-041	화남일대에 홍수피해액 막대		4	북조선통신
1947-06-26-042	반트르맨운동	미국 진보적시민	4	북조선통신
1947-06-26-043	화란군대 인도네시아해안 포격		4	북조선통신
1947-06-26-044	체코 헌법 초안 작성		4	북조선통신
1947-06-26-045	고리키 력작『적』론돈에서 대인기		4	북조선통신
1947-06-26-046	제국주의자들의 인도네시아침공	『쁘라우다』지 론평	4	북조선통신
1947-06-26-047	쏘련, 서반아간 통상조약은 허보		4	북조선통신
1947-06-26-048	쏘련직맹대표 유고 시찰		4	북조선통신
1947-06-26-049	라지오		4	
1947-06-26-050	극장		4	
1947-06-27-001	농업현물세제 실시 1주년을 맞이하여 조선림시정부는 토지개혁을 실시하여야 한다		1	
1947-06-27-002	38이남 만여정보 수리확보코저 김장군이 지시한 구암지보수공사 진보 준공 앞두고 남조선농민들 감격	연백	1	
1947-06-27-003	로동법령실시기념 김일성위원장께 선물	단성들여 만든 로동자의 작품	1	경석
1947-06-27-004	북조선인민위원회 결정 제40호로 과학적인 도량형제 실시	'메트르' '그람'으로 통일	1	북조선통신

기사번호	제목(title)	부제목(stitle)	면수	필자, 출처
1947-06-27-005	북조선 각 정당 사회단체 청원서 경성공위본부에 도착	비단에 수놓고 정성들인 제작품 공위대표들 감탄	1	북조선통신
1947-06-27-006	학생 74%가 진학 못하는 심각한 남조선의 교육상태		1	북조선통신
1947-06-27-007	쏘련외상 호주전권공사의 신임장 수리		1	북조선통신
1947-06-27-008	토, 희, 미국간 군사동맹 예측		1	북조선통신
1947-06-27-009	친일반동파를 제외한 림시정부수립을 요망 문평제련소 로동자 리동환씨 담	민주주의조선림시정부수립에 관한 김일성위원장의 보고를 지지하여	1	상옥
1947-06-27-010	김일성장군령도밑에 인민공화국수립 요망 회령군 회령면 농민 박봉철씨 담	민주주의조선림시정부수립에 관한 김일성위원장의 보고를 지지하여	1	현준극
1947-06-27-011	민주교육 실시할 림시정부수립을 길주농림기술학교 제2학년 심수송군 담	민주주의조선림시정부수립에 관한 김일성위원장의 보고를 지지하여	1	태화
1947-06-27-012	조선인민을 유해케 하던 친일파, 민족반역자를 숙청하여야 한다	북조선로동당 중앙본부 간부부장 리상조	2	
1947-06-27-013	국제직련집행위원회에서 북조선직총대표 최경덕씨 보고		2	
1947-06-27-014	농업현물세제 실시후 일년	북조선농민들은 이렇게 행복된 살림을 하고있다!	3	중선
1947-06-27-015	유족하여진 살림살이 정치문화생활을 향상	북조선의 곡창 나무리벌 농민	3	동천
1947-06-27-016	신축가옥은 늘어가고 문화시설은 향상된다	각지 농촌마을들에서	3	중선
1947-06-27-017	훌륭한 문화주택 짓고 일가 단락 풍부한 생활	평남도 강서군 초리면 송호리 김영률농민의 새 살림	3	중선
1947-06-27-018	생활향상의 감격을 민주건설에 표현	황해도 장연군 후남면 농민 최규명씨일가	3	동천
1947-06-27-019	강원도 안변군 안도면 입석리		3	중선
1947-06-27-020	일기예보		3	북조선 중앙기상대
1947-06-27-021	구라파제국 경제원조에 관한 쏘, 영, 불 3국외상회의	6월 27일 파리에서 개최	4	북조선통신
1947-06-27-022	3국외상회의에 관한 쏘련제의를 불국 전폭으로 수락		4	북조선통신
1947-06-27-023	독일영점령지대의 외곡된 토지개혁안 트리뷴주보 론평		4	북조선통신
1947-06-27-024	항가리대통령 사임설을 부정		4	북조선통신
1947-06-27-025	민주주의자란 리유로 희랍변호사를 류형		4	북조선통신
1947-06-27-026	서.희 파쑈정책을 규탄	국제민청집행위원회 종결회의	4	북조선통신
1947-06-27-027	국제민청제전	다채로운 계획 발표	4	북조선통신

기사번호	제목(title)	부제목(stitle)	면수	필자, 출처
1947-06-27-028	이태리 폴라시에서 류혈사건 발생		4	북조선통신
1947-06-27-029	장정부 만원권 지폐 인쇄		4	북조선통신
1947-06-27-030	국제민청대표 환영	모쓰크바 국립음악학교 강당에서	4	북조선통신
1947-06-27-031	인테리겐챠 반파시쓰트련맹 결성		4	북조선통신
1947-06-27-032	남조선반동파의 신전술		4	북조선통신
1947-06-27-033	라지오		4	
1947-06-27-034	극장		4	
1947-06-28-001	산업운수부문에서 로동능률의 제고는 가장 중요한 과업이다		1	
1947-06-28-002	평양시민의 열광적환영리에 쓰띠꼬브대장일행 귀양	북조선 각 정당 사회단체와의 공동회의 준비로	1	
1947-06-28-003	환영사		1	
1947-06-28-004	쓰띠꼬브대장의 답사		1	
1947-06-28-005	쏘미공위 남조선 정당단체와 합동회의		1	북조선통신
1947-06-28-006	장차 수립될 조선림시정부는 북조선에서 실시한것과 같이 중요산업기관을 반드시 국유화하여야 할것이다	북조선로동당 중앙본부 로동부장 한국모	2	
1947-06-28-007	쏘련인민경제부흥 및 발전에 관한 쓰딸린적5개년계획은 착착 실행되고있다		2	신문부
1947-06-28-008	쏘련적십자원 북조선서 활약		2	북조선통신
1947-06-28-009	로동신문합본판매광고		2	로동신문사
1947-06-28-010	평화는 인민정권에서	북조선인민위원회 외무국장 리강국	3	
1947-06-28-011	우리 당원들 솔선하여 생산증강에 일로 분진	성진제강소에서	3	현준극
1947-06-28-012	북조선에서 실시한 사회보험의 성과 1월부터 5월까지 연인원 140만	북조선인민위원회 로동국 발표	3	현석
1947-06-28-013	물자를 절약하여 134%로 초과	-평양곡산공장-	3	기관
1947-06-28-014	사동연탄공장은 생산신기록 수립		3	언철
1947-06-28-015	우적령을 공포	북조선인민위원회 농림국	3	현석
1947-06-28-016	영농법개량하여 이앙을 빨리 완료		3	영락
1947-06-28-017	평양시 모내기 완료		3	김전
1947-06-28-018	함남도 이앙 84% 진척	20일현재	3	
1947-06-28-019	과거 지옥과 같던 부락 오늘에는 무릉도원	평북 신의주시 토성동	3	영화
1947-06-28-020	나날이 늘어가는 농민의 살림살이		3	달수
1947-06-28-021	다리공사에 주민들이 열성동원	평남 평원군 조운면 조운교에서	3	언철
1947-06-28-022	민청맹원들 퇴비증산에	평북 자성군 자하면 송암동에서	3	영락
1947-06-28-023	모내기돌격	강원도 문천면 보목정리에서	3	상순
1947-06-28-024	일기예보		3	
1947-06-28-025	미.희 원조협정원문 발표	독립을 침범하는 협정이라고 희랍 각 신문 론난	4	북조선통신

기사번호	제목(title)	부제목(stitle)	면수	필자, 출처
1947-06-28-026	3상회의장소 불외무성으로		4	북조선통신
1947-06-28-027	통일된 독일을 희망	공공기업소, 행정기관 종업원로조 제1차 전독일회의	4	북조선통신
1947-06-28-028	중국인민해방군 6월상순의 전과		4	북조선통신
1947-06-28-029	회색지대		4	통신부
1947-06-28-030	화란의 제안 토의코저 인도네시아상임위원회 개최예정		4	북조선통신
1947-06-28-031	미 핏쓰버그탄광지구 18만 탄광부 파업		4	북조선통신
1947-06-28-032	희랍의 신도전행동	알바니아에 불법월경	4	북조선통신
1947-06-28-033	우루과이 5차 슬라브대회	파시즘타도시위를 결의	4	북조선통신
1947-06-28-034	중국 성도에 미곡폭동		4	북조선통신
1947-06-28-035	미국의 독일공업 동결화기도	베르리너차이퉁지 론평	4	북조선통신
1947-06-28-036	홍아리부수상 체코대통령과 회견		4	북조선통신
1947-06-28-037	인민해방투쟁에 헌신	전국군준비대총사령 리혁기씨 출옥담	4	
1947-06-28-038	국립중앙기상대 대원 총파업		4	북조선통신
1947-06-28-039	각지방측후소도 동정파업?		4	북조선통신
1947-06-28-040	체코스로바키아 공장위원회		4	통신부
1947-06-28-041	라지오		4	
1947-06-28-042	극장		4	
1947-06-29-001	철도수송사업에서 얻은 성과를 확고히 하자		1	
1947-06-29-002	로동법령실시기념 사동갱의 증산운동 당원선두로 채탄신기록		1	언철
1947-06-29-003	북조선 각 정당 사회단체들 림정수립에 대한 회답문 토의		1	북조선통신
1947-06-29-004	산별직맹중앙의 림정수립회답안	각 도 열성자대회서 지지	1	북조선통신
1947-06-29-005	문예총산하 각 동맹에서 공위해답안 토의		1	북조선통신
1947-06-29-006	쏘미공동위원회 경축 평양시민대회 개최	6월 30일 민전주최	1	현석
1947-06-29-007	남조선 경기도에서만도 1개월 소작쟁의 3천건		1	북조선통신
1947-06-29-008	림시정부 수립되면 '테로'는 박멸	남조선민전에서 성명	1	북조선통신, 후락
1947-06-29-009	장차 수립될 림시정부는 김일성장군을 수반으로 길주민청원 최극천씨 담	민주주의조선림시정부수립에 관한 김일성위원장의 보고를 지지하여	1	태화
1947-06-29-010	조국건설 위해 일층 분투할터 대타령시민 박시혁씨 담	민주주의조선림시정부수립에 관한 김일성위원장의 보고를 지지하여	1	윤모
1947-06-29-011	감격에 넘친 민중들 김장군께 감사문작성 홍원군 룡원면 열성자대회	민주주의조선림시정부수립에 관한 김일성위원장의 보고를 지지하여	1	상근

기사번호	제목(title)	부제목(stitle)	면수	필자, 출처
1947-06-29-012	김장군이 제시한 인민위원회 형태로 함북길주문화인 권학산씨담	민주주의조선림시정부수립에 관한 김일성위원장의 보고를 지지하여	1	태화
1947-06-29-013	민주주의조선림시정부수립과 북조선로동당의 주장 사법기관들을 민주화하여야 한다		2	최용달
1947-06-29-014	평남(안주)수리공사의 총결		2	북조선로동당 안주군당부 위원장 김섭
1947-06-29-015	볼가리야의 인민경제 부흥		2	신문부
1947-06-29-016	정권형태는 인민위원회로 국가형태는 조선민주주의인민공화국으로	북조선인민위원회 사무장 한병옥	3	
1947-06-29-017	북조선농민의 행복된 생활과 남조선농민의 참담한 생활 38경계선 현지보고	황해도 벽성군에서	3	성백
1947-06-29-018	애국가		3	박세영 작사, 김원균 작곡
1947-06-29-019	새 애국가 제정발표		3	현석
1947-06-29-020	교통도덕을 준수하라		3	인표
1947-06-29-021	락랑고분에서 칠기를 발굴		3	달수
1947-06-29-022	재일조선인대회	쏘미공동위원회의 성공희원 쓰딸린대원수에 감사문결의	4	북조선통신
1947-06-29-023	불가리아정부에서 희랍의 불법을 항의		4	북조선통신
1947-06-29-024	몰로또브외상 26일 파리착		4	북조선통신
1947-06-29-025	유고정부 미국에 배상을 요구		4	북조선통신
1947-06-29-026	평화조약비준 투루맨서명		4	북조선통신
1947-06-29-027	불 철도파업 원만히 해결		4	북조선통신
1947-06-29-028	일본신문관계인 숙청계획		4	북조선통신
1947-06-29-029	화란해군 전투개시	다수인도네시아인 사상	4	북조선통신
1947-06-29-030	쏘련직맹대표 헬씬끼에 도착		4	따쓰통신
1947-06-29-031	'미국의 49번째주'-일본		4	『신시대』지
1947-06-29-032	기록영화 「북조선」을 보고		4	현석
1947-06-29-033	영화 「북조선」을 보고 이 영화를 통하여 지의 장례에 참가	평양시민청 위원장 리계갑 담	4	인표
1947-06-29-034	영화 「북조선」을 보고 북조선녀성의 자유를 자랑한다	가정부인 리종원씨 담	4	임성
1947-06-29-035	일본전범자 공판(상)		4	
1947-06-29-036	라지오		4	
1947-06-29-037	방수작업을 한 용감한 농민들		4	리상순
1947-07-01-001	조선민주주의인민공화국창건에 거보 김일성장군 위시 각 정당 사회단체 대표 참석	쏘미공위 력사적회견회의 개막	1	북조선통신
1947-07-01-002	쏘미공위 미국대표 평양 도착		1	북조선통신

기사번호	제목(title)	부제목(stitle)	면수	필자, 출처
1947-07-01-003	꼬로뜨꼬브중장의 연설	쏘미공위 력사적회견의에서	1	
1947-07-01-004	부라운소장의 인사	쏘미공위 력사적회견의에서	1	
1947-07-01-005	쓰띠꼬브대장의 축사	쏘미공위 력사적회견의에서	1	
1947-07-01-006	유고루마니아문화협정 조인		1	북조선통신
1947-07-01-007	쏘미공위의 력사적 평양 첫 회의를 축하	북조선민주 제 정당 및 사회단체의 주장은 인민의 의사를 대표한다	1	
1947-07-01-008	조선민주주의인민공화국 수립 요망	30여만 민중 쏘미공위경축 대시위	2, 3	현석, 성택
1947-07-01-009	개회사	북조선민주당 당수 최용건	2	
1947-07-01-010	북조선과 같은 민주개혁을 전조선에 실시할것을 요망한다	천도교청우당 대표 김달현	2	
1947-07-01-011	조선은 민주주의인민공화국으로 선포되여야 한다	북조선로동당 대표 주녕하	2	
1947-07-01-012	쏘미공동위원회에 간절한 요망	재령군농민대회 5명의 대표자 파견	2	정
1947-07-01-013	쏘미공동위원회 경축 평양시민대회 성명서		2	
1947-07-01-014	림시정부는 북조선과 같은 로동법령을 전조선에 실시하여야 한다 로동자 사무원 대표 사동탄갱 로동자 리찬호	쏘미공동위원회 경축 평양시민대회에서	3	
1947-07-01-015	북조선과 같은 토지개혁을 전조선에 실시할수 있는 정부를 세우자! 북조선농민 대표 박창립	쏘미공동위원회 경축 평양시민대회에서	3	
1947-07-01-016	북조선과 같은 남녀평등권법령을 보장할수 있는 정부를 강력히 주장한다 북조선민주녀성동맹 중앙위원회 대표 박정애	쏘미공동위원회 경축 평양시민대회에서	3	
1947-07-01-017	조선림시정부수립 앞두고 경제건설에 매진	황해도 당단체의 투쟁	3	동천
1947-07-01-018	조선청년의 원쑤들을 철저히 숙청할수 있는 정부를 세우자 북조선민주청년동맹 대표 김욱진	쏘미공동위원회 경축 평양시민대회에서	3	
1947-07-01-019	5천명 로동자 사무원의 호소를 전달코저 쏘미공동위원회에 대표 파견	황해제철소 직장대표자회의	3	정
1947-07-01-020	파리3외상회의 앞두고 미불관변측의 예측		4	북조선통신
1947-07-01-021	로씨아련방 최고쏘베트회의 폐막		4	북조선통신
1947-07-01-022	방영 쏘련금속로동자 대표 동정		4	북조선통신
1947-07-01-023	체코립법인민회의 임금소득세 감하안 통과		4	북조선통신
1947-07-01-024	영화 「북조선」 대호평	27일현재 입장자 3만명 돌파	4	임성
1947-07-01-025	영화 「북조선」을 보고 우리 학원을 보여주고싶었다	김일성대학 정인식 담	4	

기사번호	제목(title)	부제목(stitle)	면수	필자, 출처
1947-07-01-026	오직 감격할뿐 사법국 윤재국씨 담	영화 「북조선」에 대한 반향	4	
1947-07-01-027	결의를 군게 했다 평양자동차공장 로동자 옥찬수씨 담	영화 「북조선」에 대한 반향	4	
1947-07-01-028	지난날을 생각 눈물을 흘리다 북조선전매국 연초공장 로동자 허화석씨 담	영화 「북조선」에 대한 반향	4	
1947-07-01-029	자주권을 상실한 희랍	-『이즈베스챠』지 론평-	4	북조선통신
1947-07-01-030	미씨.아이.오 조선로조 10개 조선소에 파업지령		4	북조선통신
1947-07-01-031	미국 부라질에 무기 매도		4	북조선통신
1947-07-01-032	희토군사협정문제 토의		4	북조선통신
1947-07-01-033	볼가리아 신도시 디미뜨로브기아드 건설		4	북조선통신
1947-07-01-034	국제민청대표 모쓰크바 출발		4	북조선통신
1947-07-01-035	국제사건에 관한 쏘베트신문 론평		4	
1947-07-01-036	극장		4	
1947-07-01-037	정로철공소		4	
1947-07-01-038	평양철도기술간부학교 학생모집		4	평양철도기술간부학교
1947-07-01-039	『로동신문』합본판매광고		4	로동신문사
1947-07-02-001	제정당 사회단체 대표들		1	
1947-07-02-002	쏘미공동위원회 공개회의 조선민주주의림시정부의 수립을 확약!	각 정당 사회단체 대표와 력사적악수 교환	1	북조선통신
1947-07-02-003	슈띠꼬브대장의 식사		1	
1947-07-02-004	황해도의 이앙전 6월 28일현재 성적 70%		1	북조선통신
1947-07-02-005	국제적협조와 반동세력분쇄를 결의	북구민주주의작가대회 결정서 채택	1	북조선통신
1947-07-02-006	파시쓰트선동에 항거하여 10만동원의 밀라노시군중대회		1	북조선통신
1947-07-02-007	모택동씨에 체포령		1	북조선통신
1947-07-02-008	지방정권은 인민위원회로 하여야 할것이다	북조선로동당 중앙본부 검열위원회 위원장 김용범	2	
1947-07-02-009	가두세포	평양시 기림1리세포의 사업정황	2	명덕
1947-07-02-010	동부구라파 제 국가 농민들의 새 역할 (상)		2	신문부
1947-07-02-011	쏘미공위회 대표단에게 각지 농민들 감사의 선물		3	중선
1947-07-02-012	김일성위원장께 감사의 선물	로동법령실시 1주년을 맞이하여 로동자와 사무원들이	3	언철
1947-07-02-013	당원들의 열성적분투로 부흥발전하는 황해제철소		3	동천
1947-07-02-014	반동배의 박해와 싸우며 38선 넘어 이북에 통학	황해천결인민학교 어린이들	3	본사특파원 황성택
1947-07-02-015	평북도의 보건위생사업 날로 약진발전		3	영환

기사번호	제목(title)	부제목(stitle)	면수	필자, 출처
1947-07-02-016	2중면권동선제조기를 창안 김승규 고남수 두 동무	국영성진제강소에서	3	현준극
1947-07-02-017	당비납부열의	구성리세포	3	동천
1947-07-02-018	일기예보		3	
1947-07-02-019	미국의 진의는 어데 있는가	파리3상회의에 관한 따쓰통신원의 보도	4	북조선통신
1947-07-02-020	마샬제안은 숙고 필요	파리회의에 대한 쏘영위원회 공보 론평	4	북조선통신
1947-07-02-021	구라파를 분렬시킨다면 마샬계획을 반대	체코슬로바키아외상 연설	4	북조선통신
1947-07-02-022	『이즈베스챠』 국제평론	발간반도와 다뉴-브 제 국가의 경제적재건	4	북조선통신
1947-07-02-023	미국 '희랍민주화위원회' 이.에이.엠의 각서 발표		4	북조선통신
1947-07-02-024	항가리인민회의 평화조약안 심의		4	북조선통신
1947-07-02-025	영농보호를 건의	27일 남조선 전농에서	4	북조선통신
1947-07-02-026	발아리인민경제2개년계획		4	이즈베스쟈지
1947-07-02-027	체코 파란간 경제문제 협의		4	북조선통신
1947-07-02-028	유고정부 이전쟁포로병 송환 완료		4	북조선통신
1947-07-02-029	항가리인민회의 전의장 공민권 박탈		4	북조선통신
1947-07-02-030	이태리대통령 사표 제출		4	북조선통신
1947-07-02-031	유고 알바니아간 통상조약 성립		4	북조선통신
1947-07-02-032	사평가 총공격	동북민주련군의 전과	4	북조선통신
1947-07-02-033	라지오		4	
1947-07-02-034	극장		4	
1947-07-03-001	제철업발전에 대하여		1	
1947-07-03-002	림시정부수립 자문에 대한 북조선로동당의 회답	제8차 중앙위원회에서 통과	1	
1947-07-03-003	장도에 오르는 국제청년축전 참가대표 김일성위원장을 방문코 출발인사		1	북조선통신
1947-07-03-004	김일성위원장에게 전보	방쏘중의 남북조선직맹대표	1	북조선통신
1947-07-03-005	쏘미공위에 보낸 감사문 3만 1천 6백 93통	북조선인민의 애국정성을 표현	1	북조선통신
1947-07-03-006	풍수해방지대책위원회 각급 인민위원회 내에 설치		1	현석
1947-07-03-007	쁘라그시의 일부 쓰딸린거리로 명명		1	북조선통신
1947-07-03-008	인도네시아수상 사직		1	북조선통신
1947-07-03-009	김장군이 주신 민주혜택을 나는 실생활로 체험하였다	평북 운산광산 로동자 김성모씨 담	1	김원일
1947-07-03-010	교육자로서의 행복과 건국의 환희를 불금!	반석인민교 교원 황득렬씨 담	1	윤모
1947-07-03-011	녀성해방 없이는 민주독립도 없다	시녀맹열성자대회	1	최서후
1947-07-03-012	상인으로서 절대지지!	상인 허강수씨 담	1	태화
1947-07-03-013	북조선에서 실시한것과 같은 남녀평등권 법령을 반드시 전조선에 실시하여야 한다	박정애	2	

기사번호	제목(title)	부제목(stitle)	면수	필자, 출처
1947-07-03-014	조국부흥의 대동맥인 철도운수 비약적 발전	원산철도당원들의 협조 위대	2	김흥범
1947-07-03-015	『신시대』지 23호에서	영국과 쏘련	2	
1947-07-03-016	미국팽창의 과거와 현재		2	통신부
1947-07-03-017	이태리정부 반대파를 탄압		2	북조선통신
1947-07-03-018	사회보험의 혜택입어 휴양한자 2천 3백여명	휴양소 증설 각종 설비도 충실	3	현석
1947-07-03-019	로동자 사무원의 정기적휴가와 보충적 휴가에 대하여	로동국장 오기섭씨 담	3	
1947-07-03-020	북인위선전부에 강연과 설치		3	현석
1947-07-03-021	도급제의 실시로 채탄성적이 향상	사리원탄광	3	동천
1947-07-03-022	가축없는 농가에 나누어주시오	평북의 애국농민들	3	영환
1947-07-03-023	창발성 발휘하여 곤난과 지장 극복	-곡산중석광산-	3	동천
1947-07-03-024	해주철도 각 구가 협력 운수사업의 원활 보장	우리 당원 선두에 서서 지도	3	동천
1947-07-03-025	로동법령실시기념 증산운동기간중에 로동자들 창발성 고도로 발양	평양시내 37개 공장의 업적 량호	3	기관
1947-07-03-026	학생들을 기다리는 산과 바다의 휴양소	평남도에서는 7월 25일부터	3	달수
1947-07-03-027	조운교량공사 진척	각 정당 사회단체 자원적으로 참가	3	현석
1947-07-03-028	우리 글 우리 말로 처음 치르는 국가시험	북조선어린이들은 이렇게 자라난다	3	임성
1947-07-03-029	평남도 조기작물 징세서 발부 완료		3	달수
1947-07-03-030	회령 이앙 완료	로동자들도 응원 출동	3	심철
1947-07-03-031	거리의 류랑자들에게 베풀어진 안주의 락원	봉래도에 훌륭한 수용소 설치	3	김전
1947-07-03-032	일기예보		3	
1947-07-03-033	파리3상회의에 구라파 제 국가 참가와 경제위원회 설치가 필요	따쓰통신원의 보도	4	북조선통신
1947-07-03-034	불란서파업 전국에 확대	제 신문은 정부개조를 강조	4	북조선통신
1947-07-03-035	체코 신헌법 예의 토의중		4	북조선통신
1947-07-03-036	농구대신에 무기	쥬르나르.드.데바지 지적	4	북조선통신
1947-07-03-037	소비물자생산 증가	쏘련 각 공장 산업기관 제1반기 성적 보고	4	북조선통신
1947-07-03-038	밀라노군중대회	파시쓰트선동에 항거	4	북조선통신
1947-07-03-039	중국학생을 지지	미국대학생협회 언명	4	북조선통신
1947-07-03-040	야꾸-쯔크공화국창건 25주년 기념		4	북조선통신
1947-07-03-041	일본전범자공판(하)		4	신지대지
1947-07-03-042	자기 권리를 획득하기 위하여 미국청년들은 투쟁한다	민청미국대표 담	4	북조선통신
1947-07-03-043	체코인민시인 네이만씨 서거		4	북조선통신
1947-07-03-044	평양철도기술간부학교 학생모집		4	평양철도간부학교

기사번호	제목(title)	부제목(stitle)	면수	필자, 출처
1947-07-03-045	『로동신문』합본판매광고		4	로동신문사
1947-07-04-001	세계민주청년축전에 민청대표를 보냄에 제하여		1	
1947-07-04-002	영화 「북조선」의 제작자 녜빌리츠키씨이하 16명에 영예의 표창	북조선인민회의 제8차 상임위원회	1	
1947-07-04-003	상임위원회 결정서 제20호 북조선인민회의 제8차 상임위원회 결정	기록영화 「북조선」의 제작자들에게 북조선인민회의 상임위원회 표창장을 증여함에 관하여	1	
1947-07-04-004	조국의 영예 지고 세계민청축전에 참가하는 북조선민청대표 출발!	3일 평양역을 떠나 일로 쁘라그에	1	
1947-07-04-005	답사	세계민청축전에 참가하는 북조선민청대표 환송식에서	1	
1947-07-04-006	환송사	세계민청축전에 참가하는 북조선민청대표 환송식에서	1	
1947-07-04-007	평안북도 방방곡곡에서 개간관개공사에 개가	로동당원들의 모범작용 주효	2	하일
1947-07-04-008	기우를 일삼던 농민들 전력관개로 이앙 완필	강계	2	전봉강
1947-07-04-009	50년묵은 건답과 산전까지도 수답화	선천	2	최형렬
1947-07-04-010	'황초평'소도에 이주 로전을 갈아서 옥토화	룡천	2	영환
1947-07-04-011	하천부지를 개답 첫 이앙의 환호성	정주	2	정원
1947-07-04-012	김제원선생의 훌륭한 벼농사		2	동천
1947-07-04-013	동부구라파 제 국가 농민들의 새 역할(하)		2	신문부
1947-07-04-014	민주교육의 개화	교원과 학생이 한데 뭉쳐 해운인민교는 약진한다	3	동천
1947-07-04-015	황해도관개공사 대체로 전부 완료	식량증산에 공헌 막대	3	동천
1947-07-04-016	모내기도 일찍 끝마치고 첫벌 논김에 한창 바쁘다	풍작 틀림없는 강원곡창 안변벌	3	
1947-07-04-017	이들의 노력으로 물은 대여진다! 증산에 싸우는 애국자	평북 강계군 만포면 삼강동	3	김기형
1947-07-04-018	약진하는 함남산업(1)		3	정
1947-07-04-019	우리 당원들이 솔선 수범 가지가지의 창발적노력	해주세멘트, 해주기계제작소에서	3	동천
1947-07-04-020	로동법령실시 기념전람회 성황	평남련맹 남포서 개최	3	김전
1947-07-04-021	다달이 높아가는 평양시 각 공장의 생산실적		3	김전
1947-07-04-022	조기작물현물세 징세준비사업 진행		3	정충군
1947-07-04-023	배전평양지부서 전기공사에 돌격		3	기관
1947-07-04-024	북조선항공구락부 명칭 변경		3	김전
1947-07-04-025	일기예보		3	
1947-07-04-026	공민권부여에 감사	재백이의 전 로씨아국민들	4	북조선통신
1947-07-04-027	하와이도 미주 편입	미하원에서 가결	4	북조선통신
1947-07-04-028	분과위원회 설치를 제의	몰로또브외상 3외상회의에서	4	북조선통신
1947-07-04-029	구주부흥계획작성을 제의	영외상 쏘불외상에 전달	4	북조선통신
1947-07-04-030	모쓰크바 주간		4	
1947-07-04-031	운라사업 개관 발표	구라파에 대한 사명종료에 제하여	4	북조선통신
1947-07-04-032	파리3상회담에서 불국 새 제안 제출		4	북조선통신
1947-07-04-033	민족차별 비난	흑인협회 성명	4	북조선통신
1947-07-04-034	령락하는 미출판물	북구민주작가대회 지적	4	북조선통신
1947-07-04-035	카나다군사전문가 미전문가와 밀접히 협력		4	북조선통신
1947-07-04-036	성도에 재차 미곡폭동		4	북조선통신
1947-07-04-037	불 국내 우익독재음모 발각		4	북조선통신
1947-07-04-038	청도 미해군 중국인에 발포		4	북조선통신
1947-07-04-039	쏘련인민경제의 신성과		4	통신부
1947-07-04-040	이란로동운동과 반동진영의 발악		4	북조선통신
1947-07-04-041	『로동신문』합본판매광고		4	로동신문사
1947-07-04-042	각 시 군판매점책임자 앞		4	로동당출판사
1947-07-05-001	경공업발전을 위하여		1	
1947-07-05-002	국가시험 치르는 아동들 찾아 김일성장군 평양제2인민학교 시찰	어린이들 노래 들으시고 친절격려	1	은길
1947-07-05-003	김장군을 환호하는 제2인민학교 아동들		1	
1947-07-05-004	김장군은 우리를 어루만져 주셨습니다	평양제2인민학교 5년 유병실군	1	엄성
1947-07-05-005	림정수립의 자문회답문 북조선 3정당 정식 결정	김일성위원장의 보고에 기초	1	북조선통신
1947-07-05-006	각 사회단체에서도 자문의 회답문 결정	각 단체들 토의채택	1	북조선통신
1947-07-05-007	미대표 부라운소장일행 3일 리양		1	현석
1947-07-05-008	동북민주련군에 위문금 송달	평양시 화교들	1	북조선통신
1947-07-05-009	전 로씨아국민 귀환 허락	7천명 감격	1	북조선통신
1947-07-05-010	북조선학교 교육체계 일부 개정		1	현석
1947-07-05-011	남조선공위참가중에서	유령반동단체 제거하라 경성시민전담	1	북조선통신
1947-07-05-012	남조선경찰은 테로단을 조종		1	북조선통신
1947-07-05-013	경찰방관으로 '테로'만행 우심	남조선기자단 봉변	1	북조선통신
1947-07-05-014	북조선과 같은 토지개혁을 실시하여야 된다	임해	2	
1947-07-05-015	운포광산의 발전 거대	2.4반기생산 초과완수 로동당원들의 애국열 최고조 함남	2	백경석
1947-07-05-016	남조선'립법의원'의 조성과 '사업'(1)	김규식 등의 간악한 사기술	2	
1947-07-05-017	열성과 창의를 기울인 작업은 오늘의 성과를 가져왔다		3	특파원 김전
1947-07-05-018	덕천 로천탄갱에서 민청맹원들 분투		3	인표

기사번호	제목(title)	부제목(stitle)	면수	필자, 출처
1947-07-05-019	고등어풍획 원산수산에 개가		3	김홍범
1947-07-05-020	함남산지 개간사업	혜산농사시험장의 분투	3	북조선통신
1947-07-05-021	근로자의 락원	양덕휴양소 개소	3	특파원 김전
1947-07-05-022	순천군 11개 수리공사 준공		3	중선
1947-07-05-023	신축가옥 만여호	민주개혁의 혜택받은 평남농민의 향상된 생활	3	성택
1947-07-05-024	약진하는 함남산업(2)	'식량이 풍부한 함남으로' 2만 9천정보의 수리개관공사 토지받은 농민들의 열성적작업	3	
1947-07-05-025	약진하는 함남산업(2)	농사개량에 분투하는 함흥농사시험장	3	정
1947-07-05-026	우리의 옷감은 우리 손으로	사리원방직공장의 분투모습	3	
1947-07-05-027	수, 축, 잠업에서 본 황해도의 약진상		3	동천
1947-07-05-028	이앙을 조력	금천민주소년단원의 미행	3	운성
1947-07-05-029	중앙매점 개설	소비조합직속	3	기관
1947-07-05-030	외상회의에 관한 미국출판물들의 주해		4	따쓰통신
1947-07-05-031	파리『몬드』지의 쏘련따쓰통신을 비방		4	따쓰통신
1947-07-05-032	체코-파란간 통상협정 성립		4	북조선통신
1947-07-05-033	파란정부대표단 쁘라그에 도착		4	북조선통신
1947-07-05-034	우크라이나에서 운라사업 완료		4	북조선통신
1947-07-05-035	우크라이나공화국 수상 운라리사장에게 감사의 서한		4	북조선통신
1947-07-05-036	민족독립전선 활동재개를 항가리공산당이 제의		4	북조선통신
1947-07-05-037	로씨아기술서적출판 3백주년 기념		4	북조선통신
1947-07-05-038	국부군 만주로부터의 퇴각은 시간문제		4	북조선통신
1947-07-05-039	희랍민주군 수령인 마르코스장군 살해에 현상		4	북조선통신
1947-07-05-040	칠레에 있어서의 미국세력의 팽창		4	통신부
1947-07-05-041	영정부 씨리아의 항구개방 요구		4	북조선통신
1947-07-05-042	유고-정말통상협정성립		4	북조선통신
1947-07-05-043	유고 라국간 공수협정		4	북조선통신
1947-07-05-044	라지오		4	
1947-07-05-045	극장		4	
1947-07-05-046	각 시 군 판매점책임자 앞		4	로동당출판사
1947-07-06-001	체육사업의 발전을 위하여		1	
1947-07-06-002	김일성위원장으로부터 녜빌리츠키씨외 2인에게 선물 증여	영화 「북조선」으로 맺어진 조쏘인민친선	1	현석
1947-07-06-003	공위 파괴의 테로음모 탄로 리승만, 김구의 최후발악	미사령관 하지중장의 경고서한	1	북조선통신
1947-07-06-004	쏘미공위대표단 환영하는 호화로운 예술공연회	북조선인민예술의 승리!	1	혁석

기사번호	제목(title)	부제목(stitle)	면수	필자, 출처
1947-07-06-005	북조선화교들 '77항전 기념		1	북조선통신
1947-07-06-006	로동자 농민 대표 인민회의원 참관		1	북조선통신
1947-07-06-007	이태리경찰들 정부반대자 구금		1	북조선통신
1947-07-06-008	담양군 테로사건의 진상		1	북조선통신
1947-07-06-009	중요산업의 국유화법령 조선에 실시할 정부를 황해제철소 로동자 김승현씨 담	민주주의조선림시정부 수립에 관한 김일성장군의 보고를 지지하여	1	동천
1947-07-06-010	북조선과 같은 민주선거 요망 평양 경제리 리발사 안경실씨 담	민주주의조선림시정부 수립에 관한 김일성장군의 보고를 지지하여	1	창숙
1947-07-06-011	김장군 말씀대로 토지는 농민에게 왕신리 농민 김명형씨 담	민주주의조선림시정부 수립에 관한 김일성장군의 보고를 지지하여	1	리성섭
1947-07-06-012	우리 뜻을 그대로 표현해주셨다 중화 상원면 농민 양용렬씨 담	민주주의조선림시정부 수립에 관한 김일성장군의 보고를 지지하여	1	정
1947-07-06-013	로동법령발포 1주년기념에 궐기한 남포제련 증산경쟁의 승리적총결을 보고	북조선로동당 남포시당부 위원장 김한중	2	
1947-07-06-014	남조선 '립법의원'의 조성과 '사업'(2)	김규식 등의 간악한 사기술	2	
1947-07-06-015	국제무대에서의 민주대 반동의 투쟁(상)		2	신문사
1947-07-06-016	김일성장군 시찰에 감격	평양 제2인민학교의 감사대회	3	임성
1947-07-06-017	2.4반기계획을 초과완수	평양연초공장에 개가	3	언철
1947-07-06-018	시간외에 제초작업	사리원보구선 동무들	3	성섭
1947-07-06-019	북조선민전 평남도위원회 사무소 이전		3	현석
1947-07-06-020	북조선에 구급소 설치	7월 10일이내로 개설 완료	3	현석
1947-07-06-021	보안대에 선물	시내 각 직장 로동자들	3	명덕
1947-07-06-022	그 이름도 명랑한 양덕휴양소	자연은 근로인들을 부른다	3	특파원 김전
1947-07-06-023	약진하는 함남산업(3) 상승하는 류안생산량 애국로동자들의 헌신적열투	흥남인공장의 약진상	3	정
1947-07-06-024	평남 이앙상황	순천군은 104% 완수	3	김전
1947-07-06-025	연관절단기 창안	희천기관구 장계화씨	3	영환
1947-07-06-026	창의성 발휘로 로력과 물자 절약	평남 양덕기관구의 세 동무	3	김전
1947-07-06-027	해방된 도서관 6월 열람자 5천 8백명	그중에는 로동자 농민도 많다	3	
1947-07-06-028	북조선가극단 첫 공연		3	인표
1947-07-06-029	길주이앙 순조로 완료		3	태화
1947-07-06-030	일기예보		3	
1947-07-06-031	파란민주진영은 대중의 신망을 획득하였다	파란사회당 중앙위원회 회의석상에서 찌란께비츠수상 연설	4	북조선통신
1947-07-06-032	1947년도의 예산안 국회 통과	파란	4	북조선통신
1947-07-06-033	사회민주당과 통일전선 분란인민민주련맹 제의		4	북조선통신
1947-07-06-034	까자흐공화국 발하스시창건 10주년 기념		4	북조선통신

기사번호	제목(title)	부제목(stitle)	면수	필자, 출처
1947-07-06-035	3일 쏘련외상 모쓰크바 귀환		4	북조선통신
1947-07-06-036	불공산당 제11차대회 폐막	총비서에는 모리스.도레스	4	북조선통신
1947-07-06-037	전시조치 재실시	목표는 중공에 대한 무력투쟁	4	북조선통신
1947-07-06-038	모쓰크바주간		4	통신부
1947-07-06-039	왕당파, 반동정당의 블럭으로 형성된 이 정부	『이스베스치아』론설	4	
1947-07-06-040	7월 1일 중공창건 26주년	해방구인민 1억 4천만	4	북조선통신
1947-07-06-041	쏘.영.불 외상회의		4	브.그리샤린
1947-07-06-042	발국인민경제 순조로히 진전		4	북조선통신
1947-07-06-043	빨블로브학회 회의 종결		4	북조선통신
1947-07-06-044	정말의 석유회사 미국이 매수		4	북조선통신
1947-07-06-045	토항공사절단 베이루트 도착		4	북조선통신
1947-07-06-046	선거운동간섭 항의 학생시위	씨리아수도에서	4	북조선통신
1947-07-06-047	라지오		4	
1947-07-06-048	극장		4	
1947-07-08-001	수확고제고에 있어서의 농민들의 당면 과업		1	
1947-07-08-002	제2.4분기총결에 빛나는 평남도영공장 증산실적	애국열에 불타는 신진기술진의 장성과 제품의 질적향상이 특색	1	달수
1947-07-08-003	평양특별시영 각 공장의 제2.4분기실적 총결	비약상승하는 생산곡선	1	김전
1947-07-08-004	인민경제계획완수로 북조선물가 점차 저락		1	북조선통신
1947-07-08-005	북조선정당단체 답신서 제출 완료		1	북조선통신
1947-07-08-006	남조선정당단체들중에 8할이상은 유령단 체 보라! 반동파들의 공위파괴음모	정체모를 구락부와 집단에 참가	1	북조선통신
1947-07-08-007	쏘미공위에 보내는 해외동포의 열성	목단강지구 민중대회 개최	1	북조선통신
1947-07-08-008	북조선화교대회 "타도 장개석!"	7.7항전 10주년 기념	1	북조선통신
1947-07-08-009	로동자의 대량 해고를 일본타임스지 정 부에 권고		1	북조선통신
1947-07-08-010	불란서공산당에서 반마-샬시민대회		1	북조선통신
1947-07-08-011	화란의 해공군 쟈바해안 포격		1	북조선통신
1947-07-08-012	고문을 페지하라	춘천형무소 재감자 단식투쟁을 단행	1	북조선통신
1947-07-08-013	북조선과 같은 교육문화정책을 실시하 여야 한다	안막	2	
1947-07-08-014	국제무대에서의 민주대 반동의 투쟁(중)		2	신문부
1947-07-08-015	남조선'립법의원'의 조성과 '사업'(3)	김규식 등의 간악한 사기술	2	
1947-07-08-016	7월에 졸업할 학생	전문대학생 5천여명 중학생 1 만 4천여명	3	북조선통신
1947-07-08-017	로동법령기념 증산운동	평북 각 공장의 승리적성과	3	북조선통신
1947-07-08-018	6월분 생산 초과달성한 남포제련소에 감 사문		3	

기사번호	제목(title)	부제목(stitle)	면수	필자, 출처
1947-07-08-019	야간종합진료소 개설		3	현석
1947-07-08-020	평북 춘견 풍작	각지에서 공판 개시	3	북조선통신
1947-07-08-021	4만키로무사고주파	백암철도기구에 개가	3	현준극
1947-07-08-022	모범교환수 김정인을 표창	양덕우편국 전화교환수	3	김전
1947-07-08-023	겨울석탄확보	시상업부의 시책	3	김전
1947-07-08-024	7월중에 실행할 농민들의 중요과업		3	동천
1947-07-08-025	조선음악연구소 개소		3	임성
1947-07-08-026	약진하는 함남산업(4)		3	정
1947-07-08-027	황해도 이앙상황	6월 28일현재 70%	3	재규
1947-07-08-028	2일에 내린 자우로 6일까지 완료 예상	평북	3	북조선통신
1947-07-08-029	강원도 이앙상황	6월 25일현재 94%	3	홍범
1947-07-08-030	녀맹원의 협조	문천군 이앙 순조로 진행	3	주상옥
1947-07-08-031	사회보험휴양소 물자공급소 설치	북조선인민위원회 로동국에서	3	현석
1947-07-08-032	시간외 임금을 한글학교에 제공	평북 강계군 강계면 인풍동에서	3	봉강
1947-07-08-033	황해도 금천군에 풍수해대책위원회		3	정운성
1947-07-08-034	파란-체코 친선강화	동맹조약비준문서 교환	4	북조선통신
1947-07-08-035	홍아리 공산 사민 량당 선거련합에 의견 일치		4	북조선통신
1947-07-08-036	항가리에 신정당 출현	전 소농당총비서 발록 조직	4	북조선통신
1947-07-08-037	파리주재 홍아리공사 임명		4	북조선통신
1947-07-08-038	아랍정부 미국에 차관 요청		4	북조선통신
1947-07-08-039	미토무역결재할 외국무역은행 설립		4	북조선통신
1947-07-08-040	내란조장하는 차관 반대 미국정부에 항의	중국의 민주정당과 사회단체	4	북조선통신
1947-07-08-041	쏘련소식 일부		4	북조선통신
1947-07-08-042	미국광부파업 중지	탄광주와의 협정 성립	4	북조선통신
1947-07-08-043	성도의 미곡폭동 정치운동으로 발전		4	북조선통신
1947-07-08-044	쏘련영화 「인민법정」 미국에서 대호평		4	북조선통신
1947-07-08-045	항가리내각 은행국유화안		4	북조선통신
1947-07-08-046	쏘베트작가동맹총회 폐막	서기장 알렉싼드르 파제예브 피선	4	북조선통신
1947-07-08-047	미국차관의 대부분으로 토이기 전쟁물 자를 구입		4	북조선통신
1947-07-08-048	프랑코와 그의 정권(상)		4	
1947-07-08-049	라지오		4	
1947-07-08-050	극장		4	
1947-07-09-001	농촌문화사업에 대한 농촌당세포의 역할		1	
1947-07-09-002	우리는 이렇게 요구하였다	쏘미공위대표와 회견한 로동자 농민대표들의 감상	1	북조선통신
1947-07-09-003	국제직련중앙집행위원회에 참가한 남북 조선대표일행 귀양	세계로동계급과의 단결에 거대 한 수확	1	
1947-07-09-004	북조선직업총동맹 대표 최경덕씨 귀임담		1	
1947-07-09-005	남조선전평 대표 리인동씨 귀환담		1	

기사번호	제목(title)	부제목(stitle)	면수	필자, 출처
1947-07-09-006	쏘련대표단일행 7일발 경성으로		1	북조선통신
1947-07-09-007	북조선과 같은 로동법령을 반드시 실시하여야 한다	한국모	2	
1947-07-09-008	국제무대에서의 민주대 반동의 투쟁(하)		2	신문부
1947-07-09-009	이라크민주주의지도자에 박해	레바논민간 격분 항의	2	북조선통신
1947-07-09-010	평양시당열성자 야간당학교 1기총결		2	명덕
1947-07-09-011	함남 룡흥강개수공사 진척현황 총연장 5천 6백 9메터 방축 21만 5천립방메터	함남민주역군의 총돌격 작업	3	경석
1947-07-09-012	쏘미량국대표에 감사문	38접경현지파견위문대의 귀환 원산시민대회	3	현석
1947-07-09-013	쏘미공동위원회 량국대표에게 드리는 감사문	38접경현지파견위문대 귀환 원산시민보고대회	3	
1947-07-09-014	모란봉공원 13일 개원식		3	김전
1947-07-09-015	모범철도보안대원을 표창		3	북조선통신
1947-07-09-016	농민들에 희소식	'류안' 7만 1천톤 입하	3	기관
1947-07-09-017	명실공히 인민의 병원 '병막'이란 옛날의 이름	인민전염병병원에서	3	성택
1947-07-09-018	평양시방수대책위원회 결성		3	김전
1947-07-09-019	서반아의 소위 '국민투표' -신임을 강요하는 교형리 프랑코-	쏘련붉은함대지의 론평	4	북조선통신
1947-07-09-020	영국 애급간에 재정가협정 성립		4	북조선통신
1947-07-09-021	영국의 인도분할안은 인도인민의 진보를 방해	『이스베스치아』지 론평	4	북조선통신
1947-07-09-022	인도네시아에 신정부 수립	군중환영시위	4	북조선통신
1947-07-09-023	외국의 원조 애소하는 손과 성명을 반박	리제심장군 성명 발표	4	북조선통신
1947-07-09-024	토쌈순항은 군사기지화	미해대장 헤르만 성명	4	북조선통신
1947-07-09-025	일본 남극포경 호주에서 반대		4	북조선통신
1947-07-09-026	가다야마내각의 경제정책 비난	일본공산당 총비서 도구다씨 성명	4	북조선통신
1947-07-09-027	트리에스트의 자유독립을 요구	이스트리아지방 반파쑈동맹들 성명	4	북조선통신
1947-07-09-028	칼캇타시를 '자유시'	모스렘동맹에서 주장	4	북조선통신
1947-07-09-029	국제민청축전대표를 애급정치경찰이 검거		4	북조선통신
1947-07-09-030	항가리반공화음모배 피난		4	북조선통신
1947-07-09-031	청도 석탄부족으로 암흑화		4	북조선통신
1947-07-09-032	희신문 압박에 항의		4	북조선통신
1947-07-09-033	화동방면의 중공군 전과		4	북조선통신
1947-07-09-034	비도 불외상 론돈방문 예정		4	북조선통신
1947-07-09-035	중국의 학생과 교수 검거를 중지하라	미국교수 등 련명 요구	4	북조선통신
1947-07-09-036	프랑코와 그의 정권(하)		4	『신시대』지
1947-07-09-037	라지오		4	
1947-07-09-038	극장		4	
1947-07-10-001	유일관리제를 실시함으로써 생산지도를 강화하자		1	

기사번호	제목(title)	부제목(stitle)	면수	필자, 출처
1947-07-10-002	조기작물현물세 완납운동 료원지세로 안악일대에 전개	유설리 농민의 첫 봉화에 애국농민 쟁선치참	1	본사특파원 박중선
1947-07-10-003	남포제련의 호소에 호응한 증산경쟁승리로 완수	-평양철도부관하의 총결-	1	언철
1947-07-10-004	구라파제국의 상호협력 방해하는 영불의 경제원조안 반대	파리외상회의에서 쏘련 몰로토브외상 연설	1	
1947-07-10-005	파리외상회의에서의 불경제원조기구제안	불란서 비도외상 제안내용	1	
1947-07-10-006	공위협의대상에서 제외해야 할 단체 한민당 한독당을 지적	남조선기자회 여론조사 발표	1	북조선통신
1947-07-10-007	한민 한독당 등의 제외를 주장	남조선민전 성명 발표	1	북조선통신
1947-07-10-008	국부산업기관 일본인 사용		1	북조선통신
1947-07-10-009	애국적생산에 불타는 녀성로동자들의 감투 로동당원들의 솔선 수범	평양타올공장	2	창숙
1947-07-10-010	115%의 승리를 확보코 여세몰아 3,4분기에 돌입 함흥기관구 당원동무들 대분투	철도	2	경석
1947-07-10-011	능률제고로 공위 경축 우기앞두고 만반준비	문천보선구 당원들의 불휴열성	2	주상옥
1947-07-10-012	생산량 150%	락연광산 세포	2	동천
1947-07-10-013	이앙을 완료코 제초에 총돌격	안도면 창리리세포	2	김만선
1947-07-10-014	남당원은 고철 정리 녀맹원은 석탄 양륙	송림시 당원들의 모범작업	2	박
1947-07-10-015	부라질공산당의 의석박탈을 반대	법률의회의장이 성명	2	북조선통신
1947-07-10-016	희랍의 왕당파군 알바니야령토를 침범		2	북조선통신
1947-07-10-017	운라사절단 쏘련을 출발		2	북조선통신
1947-07-10-018	정말석탄회사 미국수중으로		2	북조선통신
1947-07-10-019	인종적억압과 인간증오의 어떤 철학에 대하여	『쁘라우다』 5월 16일호에서	2	
1947-07-10-020	2차돌격작업을 전개 112.7% 돌파	로동규률을 자발적으로 엄수	3	신기관
1947-07-10-021	곡창 황해 대풍작 전작은 3년이래의 대풍	농민들은 풍년을 노래한다	3	성섭
1947-07-10-022	곡산산촌에도 문화는 들어온다 자취감추는 '오막살이'	리민의 향학열은 높아간다	3	특파원 김달수
1947-07-10-023	함남의 아마생산	15만메터 직물생산목표	3	북조선통신
1947-07-10-024	성진제강소의 호소를 북조선공업기술총련맹에서 절대지지		3	기관
1947-07-10-025	녀성의 력사적기념일	남녀평등권법령발포 1주년 다채로운 기념행사 준비	3	은길
1947-07-10-026	농림통계관계자강습회 개최		3	현석
1947-07-10-027	강계 만포목재기업소의 업적		3	
1947-07-10-028	가까와오는 방학 가지가지의 행사		3	은길
1947-07-10-029	보건국 의사시험합격자 발표		3	현석
1947-07-10-030	대동강에 하수욕장		3	북조선통신
1947-07-10-031	평남교육부서 하기교원강습		3	달수
1947-07-10-032	김일성장군의 노래가 그립다 남조선에서 온 소학생의 편지	전북 원주군 참례면 구범동 소화영	3	

기사번호	제목(title)	부제목(stitle)	면수	필자, 출처
1947-07-10-033	공위평양회의에 대한 남조선신문들의 보도		3	북조선통신
1947-07-10-034	모순된 남조선 하곡수집	사정모호와 부당성을 전농에서 지적	3	북조선통신
1947-07-10-035	파리회담종료 싸고도는 세계 각국의 여론 마살계획 토의하지 않은 영 불 량국의 진의	『쁘라우다』지 론평	4	북조선통신
1947-07-10-036	독립팔아 원조살수 없다	노루웨이 제 신문 쏘련외상 지지	4	북조선통신
1947-07-10-037	영불측의 사회여론		4	따쓰통신
1947-07-10-038	쏘파우호관계의 강화		4	『쁘라우다』
1947-07-10-039	불국안은 처칠의 내정간섭안의 대변	체코제신문들의 론평	4	북조선통신
1947-07-10-040	내정간섭목적 한미원조반대	쏘피아신문론평	4	북조선통신
1947-07-10-041	쏘련의 곡물공급에 감사	루마니아내각 콤뮤니케 발표	4	북조선통신
1947-07-10-042	쏘련의 곡물공급에 감사	분란민간 감격	4	북조선통신
1947-07-10-043	화군 인도네샤 공격준비 진행		4	북조선통신
1947-07-10-044	미동해안의 8만 선박로동자 파업		4	북조선통신
1947-07-10-045	발아리 2개년계획 진보		4	북조선통신
1947-07-10-046	파시스트 피난지 부라질	전 항가리독재자 호르티 부라질에	4	북조선통신
1947-07-10-047	범아세아회의 총결	이스베스치야지에서	4	
1947-07-10-048	라지오		4	
1947-07-10-049	극장		4	
1947-07-11-001	생활필수품생산을 증강하여 인민생활의 향상을 보장하자		1	
1947-07-11-002	북조선민전산하 각 정당 사회단체의 조선림시정부구성 및 원칙에 대한 해답요강		1	북조선통신
1947-07-11-003	조선림시정부 및 지방정치기구의 구성 및 원칙(림시헌장)에 관한 해답서 요강		1	
1947-07-11-004	김일성위원장께서 강원도지방을 시찰		1	홍범
1947-07-11-005	함북도 라남에서 쏘미공위에 축하		1	북조선통신
1947-07-11-006	경성시 전차운행대수 3개월간에 5할감소		1	북조선통신
1947-07-11-007	라·진대좌의 서간에 대한 쓰딸린대원수의 회답	『볼세비크』 1947년 제3호에서	2	
1947-07-11-008	북조선 최고지도간부들도 학도기풍 세워 학습에 열중	북조선중앙고급지도간부학교 림시세포 학풍진작에 수범	2	창족
1947-07-11-009	남조선반동파의 답신 내막 '총선거'기치 들고 공위 파괴	한민당.립법의원의 신흥계	2	
1947-07-11-010	파리회의참가를 각국 거부		2	북조선통신
1947-07-11-011	미국 각계인사 군사훈련 반대		2	북조선통신
1947-07-11-012	상해학생시위 동정대학교수 80명 피면		2	북조선통신
1947-07-11-013	감옥아닌 감옥	이것이 오늘의 남조선이다	3	임석
1947-07-11-014	8.15해방 2주년기념 학생올림픽대회	8월 14-18일에	3	현석

기사번호	제목(title)	부제목(stitle)	면수	필자, 출처
1947-07-11-015	평양국립애육원		3	성택
1947-07-11-016	애국미 3가마니 헌납	황해도 재령군 민신호씨의 미거	3	
1947-07-11-017	15만키로무사고 주행	청진기관구 승리적 완수	3	북조선통신
1947-07-11-018	교통규률 지키자	내무국서 준수사항 발표	3	현석
1947-07-11-019	쏘련 전후 5개년계획의 금년도 제2.4분기 성과	쏘련중앙통계국에서 발표	4	북조선통신
1947-07-11-020	2.4분기의 성과는 인민의 용기를 환기	쏘련 각 신문의 론평	4	북조선통신
1947-07-11-021	모쓰크바주간		4	
1947-07-11-022	최근의 서반아정세		4	
1947-07-11-023	독일련합지대에 경제위원회 구성 반대	공산사회통일당 공동성명	4	북조선통신
1947-07-11-024	미국 '딸라정책' 남미제국을 협위	의회에서 포마트씨 강조	4	북조선통신
1947-07-11-025	분란에서 쏘련직맹대표 귀국		4	북조선통신
1947-07-11-026	누구와 싸우려는 폭격기 백대?	부라질 미국으로부터 구입	4	북조선통신
1947-07-11-027	라지오		4	
1947-07-11-028	극장		4	
1947-07-12-001	도시미화에 대하여		1	
1947-07-12-002	8.15해방 2주년기념 증산돌격운동의 봉화	흥남비료공장 종업원대회	1	경석
1947-07-12-003	흥남지구 인민공장 비료공장 종업원대회 결의문		1	
1947-07-12-004	김일성장군에게 드리는 편지	흥남지구 인민공장 비료공장 종업원대회	1	
1947-07-12-005	8.15해방 2주년을 맞이하면서 북조선 로동자 사무원들의 증산경쟁운동 전개에 대한 흥남비료공장 종업원대회 호소문		1	
1947-07-12-006	쏘미공동위원회 평양회의에 관한 보도		1	북조선통신
1947-07-12-007	평화적수단은 좋으나 공동집권설정은 반대	인도네시아 신수상 연설	1	북조선통신
1947-07-12-008	독일 영점령당국에서 독점재벌수뇌부 석방		1	북조선통신
1947-07-12-009	함흥화교들도 7.7기념대회		1	북조선통신
1947-07-12-010	찬연! 북조선의 최고학부 조국부흥의 중책 자각코 진리탐구에 맹렬히 분투	김일성대학 당부 방조 적극	2	명덕
1947-07-12-011	남조선반동파의 답신내막(2) 어부의 리를 노리는 '중간파'	량도전법으로 공위파괴책동	2	
1947-07-12-012	인민을 기만하는 날조보도	김구, 리승만의 새로운 협잡	2	북조선통신
1947-07-12-013	농민들의 증산의욕 치렬 전장천 축제공사의 승리	로동당원들의 선봉적역할	2	김구섭
1947-07-12-014	당생활단신	문학동맹 순회위안극 광산 공장 농촌을 방문	2	세영
1947-07-12-015	당생활단신	산재한 모를 주어다가 산협천 연답까지 이앙	2	정충근
1947-07-12-016	당생활단신 녀성사업과 증산노력	녀당원 고은매동무	2	
1947-07-12-017	유순, 락암, 북삼 3개 리농민들 조기작물 현물세 완납	전북조선농민들에게 호소!	3	본사특파원 박중선

기사번호	제목(title)	부제목(stitle)	면수	필자, 출처
1947-07-12-018	빛나는 그 이름 김일성장군!		3	리원우
1947-07-12-019	민주주의림시정부 수립에 대한 김일성장군의 보고 지지	함남에서 6백여통의 감사문	3	현석
1947-07-12-020	김일성장군에게 드리는 편지	김일성장군 보고 접수 지지 북조선민주청년동맹 홍원면청년열성자대회	3	
1947-07-12-021	안악군 용순면 유순리 안곡면 낙암리 북삼리 조기현물세완납열성자대회에서 북조선농민에게 보내는 호소문		3	
1947-07-12-022	후기작물파종 개시	현물세 완납한 농민들	3	중선
1947-07-12-023	제1착으로 완납한 안악군 룡순면 류설리 송제준씨의 편모		3	중선
1947-07-12-024	시소비조합 이동판매대	평양특별시소비조합에서	3	기관
1947-07-12-025	흥남인민공장 호위하는 룡령천 대개수공사 완성		3	북조선통신
1947-07-12-026	자작비료증산에 시범	엄삼영동무	3	세영
1947-07-12-027	소년단사업 강화	민청 1차소년부장회의	3	은길
1947-07-12-028	조기작물현물세	원산시 중국인도 솔선 납부	3	홍범
1947-07-12-029	모쓰크바 8백주년기념 전람회 개최		3	인성
1947-07-12-030	일기예보		3	
1947-07-12-031	파리회담에 참가하라는 영불정부 초청에 동구제국 불응		4	북조선통신
1947-07-12-032	7월 12일 파리3상회의에 대한 영불의 의도를 폭로		4	북조선통신
1947-07-12-033	방쏘 발아리부수상 귀국		4	북조선통신
1947-07-12-034	쏘, 발국에도 곡물원조	발아리 관변측 허위소문을 반박	4	북조선통신
1947-07-12-035	체코-항가리간 물품교환협정		4	북조선통신
1947-07-12-036	일기 순조로 곡물성숙량		4	북조선통신
1947-07-12-037	희랍에 검거선풍	미사절단 방희를 앞두고 희랍왕당파정부의 발악	4	북조선통신
1947-07-12-038	금년의 쏘련항공축전일		4	북조선통신
1947-07-12-039	동구라파제국의 경제는 발전되고있다	-풀로스기자가 보도-	4	북조선통신
1947-07-12-040	이란 계엄령 포고		4	북조선통신
1947-07-12-041	프랑코의 국민투표를 반대	영국각지에서 항의시위운동 전개	4	북조선통신
1947-07-12-042	전후 쏘련 5개년계획 제2년도의 하루		4	통신부
1947-07-12-043	쏘련인민체육경기회		4	북조선통신
1947-07-12-044	주중미공사 소환		4	북조선통신
1947-07-12-045	전시조치를 복구	국부출판물 검열	4	북조선통신
1947-07-12-046	쏘련점령 독일지대신문기자회의 개최		4	북조선통신
1947-07-12-047	국부신규징병 백만		4	북조선통신
1947-07-12-048	인도네시아인을 화란군이 학살		4	북조선통신

기사번호	제목(title)	부제목(stitle)	면수	필자, 출처
1947-07-12-049	레닌그라드 고전박물관 복구		4	북조선통신
1947-07-12-050	극장		4	
1947-07-12-051	전기고등기술원양성소 학생모집		4	
1947-07-13-001	조기작물현물세를 기한전에 완납하자		1	
1947-07-13-002	북조선민전산하 각 정당 사회단체의 조선민주주의림시정부 정책에 대한 해답요강		1, 2	
1947-07-13-003	평양시당부열성자야간당학교 제1기 사업을 끝마치고		2	북조선로동당 평양시당부 선전선동부장 허갑
1947-07-13-004	중국로동자대표로부터 조선로동자들에게 서신	국제직련회의를 통하여	2	
1947-07-13-005	남조선반동파의 답신내막(3) 친일파의 리익옹호에 광분	반동적 토지정책과 산업안	2	북조선통신
1947-07-13-006	승리의 민주헌법		2	통신부
1947-07-13-007	김장군 래방에 감격한 송도원휴양자들		3	홍범
1947-07-13-008	더욱 분투를 맹세 출판로동자 김삼히 담	김일성장군 래방에 감격하여	3	
1947-07-13-009	처음 당하는 영광입니다. 백화점 녀사무원 리순히 담	김일성장군 래방에 감격하여	3	
1947-07-13-010	반가운 날이였다 고무공장 녀직공 리금전 담	김일성장군 래방에 감격하여	3	
1947-07-13-011	흥남비료공장의 호소에 호응 평양곡산공장 총궐기	인민경제계획을 10월말까지 완수 맹세	3	
1947-07-13-012	흥남비료공장의 호소에 호응	서평양철도공장 호응참가	3	언철
1947-07-13-013	안악군 은홍면 12일에 현물세 완납		3	본사특파원 박중선
1947-07-13-014	오천리 이목구 현물세 완납		3	박전우
1947-07-13-015	쏘미 량국대표에게 요청서 감사문 답지		3	명덕
1947-07-13-016	인민병원의 혜택받는 환자 1개월 평균 3만 2천여명	-평양시 보건사업의 현황-	3	김전
1947-07-13-017	일기예보		3	
1947-07-13-018	국제정세개관	파리회담 폐회	4	
1947-07-13-019	국제정세개관	독재자 프랑꼬	4	
1947-07-13-020	인도네시아직맹대회	『신시대』지에서	4	
1947-07-13-021	쓰딸린수상 체코수상과 회견		4	북조선통신
1947-07-13-022	12일의 파리3상회담에 파란 불참가 통고		4	북조선통신
1947-07-13-023	희랍 검거선풍 계속	-민주활동가 2천 5백 피검-	4	북조선통신
1947-07-13-024	수자와 사실	쏘련생활에서	4	통신부
1947-07-13-025	쏘재봉직맹대표 영국 방문		4	북조선통신
1947-07-13-026	애급팔레스티나국경 철도매수를 영국과 교섭		4	북조선통신
1947-07-13-027	불란서사회당의 라마디에정부신임 결의	반공산당태도와 우익전향 강조	4	북조선통신

기사번호	제목(title)	부제목(stitle)	면수	필자, 출처
1947-07-13-028	화란군의 쎄레베스도 살륙사건으로 화란제 신문 론난		4	북조선통신
1947-07-13-029	캐나다령토에서 미군사훈련 반대	캐나다의 여론 비등	4	북조선통신
1947-07-13-030	포도아의 정권 전복계획이 실패	쌀라자르정권에 인민 불만	4	북조선통신
1947-07-13-031	미상무장관 해리만 이태리 방문		4	북조선통신
1947-07-13-032	국민정부의 총동원령 전투조직의 소모를 의미	외국무관측의 관측	4	북조선통신
1947-07-13-033	남미인민의 과업은 외국세력구축에 있다	국제직련부위원장 언명	4	북조선통신
1947-07-13-034	주바타비아 미총령사 갱질		4	북조선통신
1947-07-13-035	라지오		4	
1947-07-13-036	전기고등기술원양성소 학생모집		4	
1947-07-15-001	북조선최고재판소의 참심원결정	북조선인민회의 상임의원회에서	1	
1947-07-15-002	당원들의 개별적정치교양사업에 관하여		1	
1947-07-15-003	제2인민학교 학부형학생대표들에게 김일성위원장 간곡한 담화	민족의 자존심양성과 체육향상에 노력하라고	1	현석
1947-07-15-004	중국 재주의 동포들도 타도 리승만 김구 맹세		1	북조선통신
1947-07-15-005	교사 교실난에 학동수용 불능	경성시 초등교	1	북조선통신
1947-07-15-006	동민들 위협해서 반탁날인을 강요	반동배 공위파괴음모	1	북조선통신
1947-07-15-007	친일파 민족반역자 등의 조사자료	반일운동자구원회에서 제출	1	북조선통신
1947-07-15-008	남조선에서도 쏘미공위축하대회 개최		1	북조선통신
1947-07-15-009	1947년 7월 11일 중앙상무위원회 결정서	흥남비료공장과 수안광산 로동자 기술자급 사무원들의 해방 2주년기념 증산돌격운동 전개에 대한 호소에 관하여	1	
1947-07-15-010	승리의 2.4반기를 결속 앞으로의 협조대책 수립	평양시당 49차 상무위원회	2	명덕
1947-07-15-011	도시 농촌의 교량은 견고 물가저락을 초치코저 간상모리와 적극 투쟁	평양특별시 소비조합세포의 사업보장 강력	2	명덕
1947-07-15-012	흥성하는 우리들의 점포 시민들의 필수품 원활 공급 인민에 복무하는 상도 수립	평양국영백화점 세포의 방조 활발	2	창숙
1947-07-15-013	녀세포위원장 지도밑에 장갑 만들어 공장에	금천면 월암리 신대동세포에서	2	정운성
1947-07-15-014	민족문학예술의 발전을 위하여(상)		2	
1947-07-15-015	8.15기념 증산돌격운동에 각 공장 속속 궐기!		3	
1947-07-15-016	신창탄광 호응! 1개월 목표량 2만 9천톤	천 5백명 종업원 열광적지지	3	본사특파원 신기관
1947-07-15-017	호응문	신창탄광 로동자 사무원 기술자대회	3	
1947-07-15-018	13대 기관차수리	서평양철도공장의 돌격목표	3	기관
1947-07-15-019	헌시	김일성장군	3	민병균

기사번호	제목(title)	부제목(stitle)	면수	필자, 출처
1947-07-15-020	호응문	서평양철도공장 종업원대회	3	
1947-07-15-021	평양철도부위원회관내 1만여명 종업원도 호응		3	언철
1947-07-15-022	사동탄갱 참가	고방 삼신탄갱에 호소	3	언철
1947-07-15-023	평양제사공장	8.15기념 증산돌격운동에 궐기	3	김전
1947-07-15-024	평양편직본공장	8.15기념 증산돌격운동에 궐기	3	김전
1947-07-15-025	평양기구제작소	8.15기념 증산돌격운동에 궐기	3	김전
1947-07-15-026	평양산소공장	8.15기념 증산돌격운동에 궐기	3	김전
1947-07-15-027	평양고무공장	8.15기념 증산돌격운동에 궐기	3	김전
1947-07-15-028	학생위생선전대 각지에 파견		3	현석
1947-07-15-029	평남전문중등학교 교장회의		3	달수
1947-07-15-030	실패를 약속한 7월 12일 파리회담	-막후에 모략.위협.공갈-	4	북조선통신
1947-07-15-031	7월 12일 파리회담은 독립권침범을 목표	루마니아정부 거부답서에 지적	4	북조선통신
1947-07-15-032	12일 파리회담에 항가리불참가 결정		4	북조선통신
1947-07-15-033	알바니아정부도 불참가를 통고		4	북조선통신
1947-07-15-034	평상군비위원회의 사업계획을 안보 승인	-쏘련과 파란 량국은 반대-	4	북조선통신
1947-07-15-035	국제민청파견단이 본 인도의 현상		4	통신부
1947-07-15-036	몽고인민공화국창건 26주년 기념		4	북조선통신
1947-07-15-037	유고-알바니아간 문화협력조약		4	북조선통신
1947-07-15-038	미차기선거 준비동향	월레스씨활동과 제3당 출현 주목	4	북조선통신
1947-07-15-039	희랍 새 검거선풍의 의도	각계의 관측	4	북조선통신
1947-07-15-040	쏘련교원휴양비 2천 4백만루블 지출		4	북조선통신
1947-07-15-041	베를린사회민주당 지도자의 배신행위		4	북조선통신
1947-07-15-042	영군철퇴 요구	안보에 애급대표 제출	4	북조선통신
1947-07-15-043	극장		4	
1947-07-16-001	인민재판과 인민참심제에 대하여		1	
1947-07-16-002	쏘련대표단 주석 슈띄꼬브대장의 경성 각 신문기자들의 질문에 대한 대답		1	
1947-07-16-003	북조선인민위원회 결정 제53호	흥남비료공장 및 수안광산 로동자 기술자 및 사무원들의 해방 2주년기념 증산돌격운동전개 호소에 대한 결정서	1	
1947-07-16-004	조기작물현물세 제일 먼저 완납하고 김장군을 방문한 황해도 농민대표 격려의 말씀 듣고 희망에 넘치는 농민들의 기쁨	황해도 안악군 은홍면에서	1	달수
1947-07-16-005	감사문	황해도 안악군 은홍면 원봉리 농민일동	1	
1947-07-16-006	현물세 완납하고 애국미도 헌납	안악군 은홍면 농민들	1	성택
1947-07-16-007	인민항쟁 했다고 13년 중형 언도		1	북조선통신
1947-07-16-008	신문허가취소에 항의		1	북조선통신
1947-07-16-009	미국인이 본 남조선정세		1	북조선통신

기사번호	제목(title)	부제목(stitle)	면수	필자, 출처
1947-07-16-010	주녕하동지 참석하에 당단체사업 검열 총결	강원도당부 제6차위원회	2	김홍범
1947-07-16-011	북조선녀성들의 위대한 발전 국제녀맹의 성원으로 민주건국에 분투 노력	중앙녀맹세포원들 솔선 수범	2	창숙
1947-07-16-012	백사기의 등장도 불원 난관을 뚫고 일심돌진	삼공도자기당원들 분투	2	세영
1947-07-16-013	제초전이 맹렬 규현동무 수범	안변군 안도면 장현리세포에서	2	박병주
1947-07-16-014	수리된 페물기관차 생산전에 신등정	성진기관구 동무들 선물	2	김응겸
1947-07-16-015	개천탄광 150%생산	녀당원들도 운탄에 동원	2	윤창수
1947-07-16-016	당생활단신 교양사업치중 7월과업 진척	봉산군당부	2	성섭
1947-07-16-017	당생활단신 호상협조미풍 하와리세포원	안변군 안도면	2	박병주
1947-07-16-018	당생활단신 미간지개간과 퇴비증산전력	흡곡서역세포	2	세영
1947-07-16-019	당생활단신 야간당학교를 설치코 교양	금천군당부에서	2	정운성
1947-07-16-020	민족문학예술의 발전을 위하여(하)		2	
1947-07-16-021	평화를 위해 세계민주세력과 공동투쟁할 사명을 받았다	국제직련회의 조선대표 환영간담회	3	언철
1947-07-16-022	로동법령기념 증산운동	북조선 각 도의 빛나는 성과	3	북조선통신
1947-07-16-023	김일성대학 구제공전 졸업		3	기관
1947-07-16-024	해방 2주년기념 증산돌격운동	본궁공장과 함철 궐기	3	북조선통신
1947-07-16-025	4대인민공장 호응		3	북조선통신
1947-07-16-026	강원도 이천 평안천수리공사 일부 완성		3	손춘관
1947-07-16-027	38연선 이북농민이 이남농민에 량곡 구조		3	북조선통신
1947-07-16-028	쏘련연극단 「태평양함대」 국립극장에서 공연		3	엄성
1947-07-16-029	일기예보		3	
1947-07-16-030	따뜻한 사랑의 손길속에서 유유여생을 보내는 로인들		3	성택
1947-07-16-031	김두용씨 등 재일동포 귀국	-흥남에서 귀국 제1성-	4	북조선통신
1947-07-16-032	파리회담에 대비하는 영불량국 조직자의 암약		4	북조선통신
1947-07-16-033	차기 미대통령후보 월레스씨 고 루대통령 령식 등 지지활동		4	북조선통신
1947-07-16-034	체코공장대표 파란 방문		4	북조선통신
1947-07-16-035	알바니아-유고간에 화폐교환 동률 결정		4	북조선통신
1947-07-16-036	공석많은 파리회담	-12일 개최전의 동향-	4	북조선통신
1947-07-16-037	마-샬계획의 중요포인트		4	북조선통신
1947-07-16-038	쏘련-체코 량국간 경제협조에 의견일치	공동콤뮤니케 발표	4	북조선통신
1947-07-16-039	려순과 대련에 대한 중국정부의 허위성명	따쓰통신 반박	4	북조선통신
1947-07-16-040	방쏘 체코수상 환송리 출발		4	북조선통신
1947-07-16-041	3군 항구적통합법안 미국상원통과		4	북조선통신
1947-07-16-042	극장		4	
1947-07-16-043	북조선의 유일한 만문만화잡지	로동신문사 발행 4색 호화판 『호랑이』 제3호 발매	4	
1947-07-16-044	8.15해방 기념경축용 아담한 조쏘량국기가 나온다		4	로동신문사
1947-07-17-001	8.15해방 2주년기념 증산돌격운동에 열성적으로 참가하자		1	
1947-07-17-002	북조선민전중앙위원회 개최 해방 2주년 기념사업을 토의	중앙과 지방에 공동준비위원회 조직	1	현석
1947-07-17-003	농민들에게서 받은 감사미 김일성위원장 철도일군에게 격려로	전달대회 열고 감사문 결의한 평양기관구	1	성택
1947-07-17-004	김일성장군에게 드리는 감사문	평양기관구 서평양기관구 련합 종업원대회	1	
1947-07-17-005	북조선 각 도 로동부장회의		1	현석
1947-07-17-006	인민경제계획 제2.4반기 각 부문 6월 실적	북조선인민위원회 기획국 발표	1	
1947-07-17-007	전북조선농민들에게 보내는 편지	서평양기관구 련합종업원대회	1	
1947-07-17-008	동북재주동포들도 김장군 보고를 지지		1	북조선통신
1947-07-17-009	리승만 김구 도당들이 친일파 민족반역자 처단안 삭제 요구		1	북조선통신
1947-07-17-010	녀성들의 선물	재령군 녀성동맹원들	1	성택
1947-07-17-011	남조선공위축하회 연기		1	북조선통신
1947-07-17-012	루마니아 제 단체에서 프랑코타도주간 결정		1	북조선통신
1947-07-17-013	5대공장의 수만 종업원들 영웅적생산투쟁의 성과!		2	북조선통신
1947-07-17-014	파종에서 이앙까지 상하리세포는 어떻게 협조하였는가?	길주	2	
1947-07-17-015	몰려드는 동해의 어군 어획고 올려 증산건국	통천 어로세포원들 감투	2	세영
1947-07-17-016	수로 개수한 보수금으로 돼지 사서 무축농가에	배화면 천양세포의 모범역할	2	김만선
1947-07-17-017	제초를 조력	함북 라남시 라흥리에서	2	최서훈
1947-07-17-018	북조선의 산업발전		2	
1947-07-17-019	좋은 곡식으로 골라서 현물세를 남보다 먼저	평북 용천군 농민들의 이 열성	3	영환
1947-07-17-020	해방 2주년을 기념하는 북조선문학예술축전	북조선인민위원회 선전부의 후원으로	3	임성
1947-07-17-021	현물세완납의 봉화 들고 일어난 각지 농민열성자대회		3	성택
1947-07-17-022	540% 완수!	순천전기분구 돌격대원들의 기록	3	언철
1947-07-17-023	남조선반동파의 발악 룡산민청위원장을 학살	보라! 경찰테로의 야수적만행	3	정
1947-07-17-024	다리공사에 녀맹원 열성	함남도 리원군에서	3	유지월

기사번호	제목(title)	부제목(stitle)	면수	필자, 출처
1947-07-17-025	현물세미담	대동군위원회에서	3	달수
1947-07-17-026	함북의 각 생산기관 2.4반기계획 달성		3	
1947-07-17-027	입원환자들에게 량곡을 배급한다	보건국에서	3	현석
1947-07-17-028	황해의 각 기업소도 2.4반기계획 달성		3	성섭
1947-07-17-029	청년학도들이 제방파괴 방지		3	박건희
1947-07-17-030	청년구락부 13일 개관식 거행		3	은길
1947-07-17-031	헌시	김일성장군께 올리는 시	3	윤시철
1947-07-17-032	지방단신		3	고명철.김영복, 기형, 태길, 박
1947-07-17-033	일기예보		3	
1947-07-17-034	파리회담의 동향		4	북조선통신
1947-07-17-035	파리회담은 독일에 대한 4개국 결정에 배반된다	불공산당수 트레스씨 언명	4	북조선통신
1947-07-17-036	루르탄광 5개년간의 공동신탁제를 미국제의	영국정부에게 동의	4	북조선통신
1947-07-17-037	따쓰의 반박		4	북조선통신
1947-07-17-038	레바논로동자 파업 단행		4	북조선통신
1947-07-17-039	희랍정세험악	검거상금 계속	4	북조선통신
1947-07-17-040	좌익탄압 우심		4	북조선통신
1947-07-17-041	애국투사학살 반대	민주희랍련맹 미위시위	4	북조선통신
1947-07-17-042	독일청년통일의 길로		4	꼼쏘몰쓰까야 『쁘라우다』지
1947-07-17-043	대희 미국물자수송 개시		4	북조선통신
1947-07-17-044	라지오		4	
1947-07-17-045	극장		4	
1947-07-17-046	북조선로동당 중앙위원회 기관잡지 『근로자』	46배판 136페지 제6호 근일 발매	4	
1947-07-18-001	쏘미공동위원회 사업에 대하여		1	
1947-07-18-002	해방 2주년기념 맞으며 현물세 기한전 완납운동과 직장증산경쟁을 적극 방조	평남도당 상무위원회 결정	1	창숙
1947-07-18-003	평남 중화군 당정면 농민대회 7월 25일 내로 현물세완납을 굳게 맹세	김장군께 감사하며 전도농민에게 호소	1	창숙
1947-07-18-004	김일성장군에게 드리는 감사편지	평남도 중화군 당정면 농민대회	1	
1947-07-18-005	7월 14일부터 드디어 청진방적공장 조업 개시 일제 파괴하고간 전동양적으로 방대한 시설을 우리들 손으로 복구	9월부터는 월산 12만필분의 인견사생산 확실	1	현석
1947-07-18-006	평남도 농민들에게 보내는 호소문	평남도 중화군 당정면 농민대회	1	
1947-07-18-007	현물세완납단신	각지에서	1	박중선, 영환, 박전우
1947-07-18-008	김두봉동지 참석하에 당단체들의 사업검열을 총결코 진일보 건국에 헌신할것을 맹세	평양시당 제7차위원회	2	명덕

기사번호	제목(title)	부제목(stitle)	면수	필자, 출처
1947-07-18-009	북조선민전과 그의 사업개관결성 1주년 기념을 맞이하면서		2	김민산
1947-07-18-010	북조선로동당 중앙위원회 기관잡지 『근로자』	46배판 136페지 제6호 근일 발매	2	
1947-07-18-011	토지개혁의 성과	암흑생활에서 문화생활로 평북 농민들의 향상된 생활면	3	성택
1947-07-18-012	초가터전에 기와집 묵였던 논밭도 개간	황해도농촌의 약진	3	동천
1947-07-18-013	급격히 상승하는 함남농촌의 발전상		3	경석
1947-07-18-014	문화혜택 받는 강원 안변군 농민		3	만선
1947-07-18-015	약진하는 북조선수산업 2.4반기 어획고 797.38톤	함북 219%가 수위	3	김전
1947-07-18-016	이남반동경찰 월경 발악 이북에서 작업하는 무고한 어민을 사격 동족도 인도도 없는 야만적행위	양양	3	정충근
1947-07-18-017	발전하는 농촌구락부 농민들의 열성으로 발전된다	함북 학성군 학동면에서	3	동철
1947-07-18-018	교원대학 제1회 졸업식		3	은길
1947-07-18-019	19 20일에 권투대회		3	기관
1947-07-18-020	해방 2주년기념 애국투사후원회의 행사		3	기관
1947-07-18-021	도량형문제토의	48차 평남도 상무위원회의	3	달수
1947-07-18-022	농림수산기술자 자격심사		3	
1947-07-18-023	전기고등기술자양성소 설치		3	현석
1947-07-18-024	지방단신	황해 금천군 농민의 현물세 납부상황	3	정운성
1947-07-18-025	태천군 잠종제조사업		3	박건회
1947-07-18-026	실업자가 없다		3	리성섭
1947-07-18-027	잠견수매사업 활발	함경남도에서	3	
1947-07-18-028	의주군농촌구락부 사업		3	동천
1947-07-18-029	북조선의 유일한 만문만화비판잡지	로동신문사발행 4색호화판 『호랑이』 제3호 발매	3	
1947-07-18-030	알바니아의 외교정책 천명 영미의 내정간섭 반박	국회에서 수상 엔베르.호쟈 연설	4	북조선통신
1947-07-18-031	알바니아수상 모쓰크바 도착		4	북조선통신
1947-07-18-032	인도 량지역 총독 결정	파키스탄에 힌두총독 리용	4	북조선통신
1947-07-18-033	인도에 신혁명당 찬드라.보스 선언		4	북조선통신
1947-07-18-034	남조선소식 일속		4	
1947-07-18-035	일본석탄산업통제안을 신문 『아까하다』 론평		4	북조선통신
1947-07-18-036	자유독일로조 강령초안 결정		4	북조선통신
1947-07-18-037	분.발 통상조약		4	북조선통신
1947-07-18-038	한구출판물 발금처분		4	북조선통신
1947-07-18-039	루정부대표단 불가리아 방문		4	북조선통신

기사번호	제목(title)	부제목(stitle)	면수	필자, 출처
1947-07-18-040	미국무기구입협의차 애급수상 미국 방문		4	북조선통신
1947-07-18-041	성도 미곡폭동		4	북조선통신
1947-07-18-042	극장		4	
1947-07-18-043	미국의 대외정책과 로동운동(상)		4	『세계경제와 세계정치』 3월호
1947-07-19-001	수산업을 발전시키자		1	
1947-07-19-002	북조선학교교육체계 일부 변경 각종 교육부문 대규모로 확충	각급 정규교 성인교 기타 합 2백 50여만명을 수용	1	현석
1947-07-19-003	재일 60만동포의 념원은 김일성장군의 지도밑에 조국의 민주독립의 쟁취	북조선인민에게 온 재일조선인련맹의 편지	1	
1947-07-19-004	슈띠꼬브대장의 발언을 남조선각계서 적극 지지		1	북조선통신
1947-07-19-005	남조선반동신문의 허위보도에 대한 북조선통신 반박		1	북조선통신
1947-07-19-006	한민당의 음모	3상결정 모독	1	북조선통신
1947-07-19-007	현물세완납단신	각지에서	1	정충근, 병흡, 북조선통신
1947-07-19-008	평남도 제1착(7월 1일)으로 조기작물현물세를 완납	강동군 풍동면 리희찬동무	2	명덕
1947-07-19-009	속출하는 창안제작품 건국에 분투하는 용자	회령기관구 방학묵동무	2	심철
1947-07-19-010	비배관리에 대열성 증산에로 일로 돌진	안변 서곡면 오기범동무	2	김만석
1947-07-19-011	불가능을 가능케 운반선수리 완성	어대진조선세포 감투	2	현공린
1947-07-19-012	10년 묵은 폐답을 전재민 위해 개답	쌍성세포원들이 추동	2	영환
1947-07-19-013	동기렬차운전준비로 창고 지어 석탄저장에 만전	신막기관구세포의 주도한 역할	2	성섭
1947-07-19-014	당생활단신 인민교생들도 이앙에 동원	강원도 통천군 협곡면 인민학교에서	2	강안철
1947-07-19-015	당생활단신 학습경쟁을 도전 인민교세포 이에 응전	김화군내무서에서	2	강안철
1947-07-19-016	당생활단신 가마니 짜서 현물세완납 공헌	황해도 금천군 합탄면 수합리 범수동세포에서	2	정운성
1947-07-19-017	당생활단신 이앙성적 1위 제초전에 돌입	경성군 어랑면 이암리에서	2	현공리
1947-07-19-018	당생활단신	금천군당부 상무위원회	2	운성
1947-07-19-019	통일정부수립 방해하는 반탁음모 유령 적충돌사건의 진상	-남조선반동신문들의 새빨간 거짓말에 대하여-	2	
1947-07-19-020	8.15기념 증산돌격에 평남도 평양시만도 86개소 신궐기		3	기관
1947-07-19-021	8.15증산운동에 대한 직총상무위원회 결정		3	북조선통신
1947-07-19-022	능령천개수공사 완료	7월 7일 성대한 준공식 거행	3	박경석
1947-07-19-023	송도원휴양소를 찾아서 백사청송의 대자연도 오늘은 근로인의 위안처	그들은 즐거운 10일을 보냈다	3	김홍범
1947-07-19-024	인민경제계획 완수에 농민을 강력히 지도	강서군 동진면 학송리농민동맹의 투쟁	3	동천
1947-07-19-025	기념증산운동에 운포 고원 광산도 호응		3	북조선통신
1947-07-19-026	애국미헌납 신석희동무	황해도 금천군 고동면 구혈리에서	3	정운성
1947-07-19-027	어린이들의 웅변대회	평북 자성군 민청에서	3	영락
1947-07-19-028	평양시내 졸업학생환영대회		3	기관
1947-07-19-029	일기예보		3	
1947-07-19-030	「부운물전승기」	-김일성장군 투쟁사의 일삽화-	3	원진관
1947-07-19-031	소위 파리회담 개막	회담참가자의 기분 저조	4	북조선통신
1947-07-19-032	개막된 파리회담 초회의 곤난에 봉착		4	북조선통신
1947-07-19-033	루마니아정부 내정간섭을 반박		4	따쓰통신
1947-07-19-034	쏘련-체코 경제협정은 구라파경제부흥에 기여	『쁘라우다』지의 론평-	4	
1947-07-19-035	체코 2개년계획 진척		4	북조선통신
1947-07-19-036	쓰딸린수상 알바니아수상과 회견		4	북조선통신
1947-07-19-037	쏘련 스포츠계 전망		4	북조선통신
1947-07-19-038	희랍빨찌산부대 남부에 공격작전		4	북조선통신
1947-07-19-039	아테네근교서 3천명 검거		4	북조선통신
1947-07-19-040	신간평	『민족과 문학』을 읽고	4	한효
1947-07-19-041	영미와의 친선관계는 내정간섭 없어야 가능	영국기자 질문에 디미뜨로브 대답	4	
1947-07-19-042	일본에 대홍수	사국에서는 철도 운휴	4	북조선통신
1947-07-19-043	대우개선문제로 불국관공리 파업		4	북조선통신
1947-07-19-044	미해군장교단 알야쓰크 방문		4	따쓰통신
1947-07-19-045	유고-발아리 청년근로 교환		4	북조선통신
1947-07-19-046	라지오		4	
1947-07-19-047	극장		4	
1947-07-20-001	지난 학년도의 성과와 새 학년도의 준비사업		1	
1947-07-20-002	건설중의 본사종합공장 김일성위원장 시찰 격려		1	성택
1947-07-20-003	북조선 조기작물현물세 납부 황해도 안악군이 제1착 완납	18일에 완납하고 19일에 경축대회	1	동천
1947-07-20-004	현물세완납단신	각지에서	1	김홍범
1947-07-20-005	재일조선인련맹 공위지지의 서한	하지중장에게	1	북조선통신
1947-07-20-006	거액의 기부 강요	입학하고 우는 경성학생	1	북조선통신
1947-07-20-007	『경성신문』기자들에게 준 스띄꼬브대장의 대답에 대한 인민들의 반향		1	

기사번호	제목(title)	부제목(stitle)	면수	필자, 출처
1947-07-20-008	백만 로동자 사무원들의 절실한 요망에 일치한다	직총중앙위원장 최경덕씨 담	1	언철
1947-07-20-009	반동배들에게는 철추 민주인들에게 광명	농맹중앙위원장 강진건씨 담	1	성택
1947-07-20-010	공위사업성공에 대한 청년의 신심을 고무!	민청중앙부위원장 로민씨 담	1	인표
1947-07-20-011	미정부 성격 변경시킬 '국방법안' 반대	뉴욕 포스트지 킹드씨 론평	1	북조선통신
1947-07-20-012	파리회담의 난관	부다페스트신문 보도	1	북조선통신
1947-07-20-013	단천농민봉기 17주년기념에 제하여		2	
1947-07-20-014	학생은 나라의 보배 하휴생활 적극 방조를 결정 -사회보험제 원만활용과 기타 문제도 결정-	평양시당 제50차 상무위원회	2	명덕
1947-07-20-015	모발도 철도운수에 유효 차축유절약창안에 개가	원산철도기관구 리종원동무	2	홍범
1947-07-20-016	『신시대』지 24호에서		2	통신부
1947-07-20-017	하수구공사개수 초조와 불안 일소 로동당원들 수범	황해도 서흥군 신막면에서	2	손경철
1947-07-20-018	3회제초도 끝마치고 퇴비증산돌격에 매진	김화군 서면 청량리 장림동세포에서	2	창렬
1947-07-20-019	당생활단신 세포원이 주동 제초전 맹렬	양구군 남면 야촌리에서	2	손경호
1947-07-20-020	당생활단신 나라에 몸바친 동무가정 원조	강원도 통천군 송전면 구읍세포에서.	2	
1947-07-20-021	당생활단신 록비증산 열성	명월리 세포원	2	유한식
1947-07-20-022	련기서기국 성명 발표		2	북조선통신
1947-07-20-023	루마니아인민회의 속개		2	북조선통신
1947-07-20-024	생산양식의 현대화	함북탄광의 문화적시설	3	북조선통신
1947-07-20-025	2.4반기에 최고생산능률을 올린 신의주방적공장의 모범녀직공들		3	영환
1947-07-20-026	보수공사를 완성하고 무수주정공장 작업 개시		3	영환
1947-07-20-027	영흥수리공사 확장공사도 진척		3	경환
1947-07-20-028	증산돌격운동에 호응 주관공장 자성광산 궐기	7월 16일부터 돌격작업 전개	3	명덕
1947-07-20-029	신의주 각 공장 증산운동에 돌입		3	영환
1947-07-20-030	모쓰크바 8백년 사진전람회		3	임성
1947-07-20-031	하기방역에 대처	중앙방역위원회의 사업	3	기관
1947-07-20-032	휴양소입소자 평양특별시만 502명		3	기관
1947-07-20-033	하기휴가시의 다채로운 프로	평양시 교육부의 계획	3	김전
1947-07-20-034	로동극장 22일 개관		3	언철
1947-07-20-035	강원수산실적 355% 생산		3	홍범
1947-07-20-036	원산철도 2.4반기 총결	129% 돌파	3	홍범
1947-07-20-037	북조선로동당 중앙위원회 기관잡지 『근로자』	46배판 136페지 제6호 근일 발매	3	
1947-07-20-038	8.15해방 기념경축용 아담한 조쏘량국기가 나온다		3	로동신문사

기사번호	제목(title)	부제목(stitle)	면수	필자, 출처
1947-07-20-039	파리회담 진행 내막		4	북조선통신
1947-07-20-040	국부의 '총동원'령은 인민에 대한 선전포고	향항민주동맹지부 성명	4	북조선통신
1947-07-20-041	쏘련농업과학자에 레닌훈장을 수여		4	북조선통신
1947-07-20-042	인도네시아문제에 대하여 화란, 미국의 반동세력 리용	쏘련『붉은함대』지 론평	4	북조선통신
1947-07-20-043	국민정부 당황	진성 심양 급파	4	북조선통신
1947-07-20-044	광서성 대홍수	가옥류실자 150만	4	북조선통신
1947-07-20-045	미하원의원 대독정책 비난		4	북조선통신
1947-07-20-046	체코의 무연탄 갈탄 생산		4	북조선통신
1947-07-20-047	쏘련태평양함대연극단의 공연을 보고		4	김일로
1947-07-20-048	항가리신선거법 정당간 교섭 완료	-9월중순 시행 예정-	4	북조선통신
1947-07-20-049	토이기석유 미국 획득 기도		4	북조선통신
1947-07-20-050	미국의 대외정책과 로동운동		4	
1947-07-22-001	북조선민주주의민족통일전선결성 1주년에 제하여		1	
1947-07-22-002	1947년 7월 21일 기자단회의에서의 쏘련측 대표단 주석 스띄꼬브대장의 성명		1	
1947-07-22-003	인민의 리익을 위한 단체는 우리 농사군도 잘 알고있다 평북 정주군 마산면 농민 리준확씨 담	『경성신문』기자들에게 준 스띄꼬브대장의 대답에 대한 반향	1	성택
1947-07-22-004	인민을 기만하는 반동출판물들을 금지하라 평양시 남문리 문화인 박옥걸씨 담	『경성신문』기자들에게 준 스띄꼬브대장의 대답에 대한 반향	1	임성
1947-07-22-005	허위보도는 공위파괴음모 김일성대학 학생 김태원군 담	『경성신문』기자들에게 준 스띄꼬브대장의 대답에 대한 반향	1	임성
1947-07-22-006	북조선민전결성 1주년기념대회 21일 시내 국립극장에서 거행		2	현석
1947-07-22-007	려운형선생 조난을 항의하여 전조선인민에게 격함	북조선민주주의민족통일전선 중앙위원회	2	
1947-07-22-008	북조선민전결성 1주년기념에 제하여 민전중앙서기장 담화 발표		2	북조선통신
1947-07-22-009	영미차관협정은 영대외무역구속	영국 제 신문 강조	2	북조선통신
1947-07-22-010	려운형씨 피살 19일 하오 혜화동에서 테로에게 피습	남조선반동파의 최후발악	2	
1947-07-22-011	려운형씨 략력		2	
1947-07-22-012	추도문	려운형씨 피살과 관련하여	2	
1947-07-22-013	반동도당들을 협의에서 제외 진정한 민주정부수립 확신	인민은 스띄꼬브대장의 담화를 절대지지	2	
1947-07-22-014	3만군중 승리를 구가	안악군 현물세완납경축 농민대회	3	
1947-07-22-015	결의문	안악군 농민일동	3	
1947-07-22-016	돌격작업으로 파선 수리 '동북호' 동해에 진수	신포어업로동자들의 감투	3	동천

기사번호	제목(title)	부제목(stitle)	면수	필자, 출처
1947-07-22-017	평남 각 공장 광산의 제2.4반기 실적		3	기관
1947-07-22-018	새로운 인민의 락원	모란봉유원지 개원식 성대	3	김전
1947-07-22-019	김일성위원장에게 드리는 메쩨지 요지	모란봉유원지 개원식장에서 평양특별시민일동	3	
1947-07-22-020	참다운 위안처 문화시설의 전모	모란봉유원지	3	김전
1947-07-22-021	평북도내 각 공장 제2.4반기 실적		3	영환
1947-07-22-022	체육자회의	평남도 교육부에서	3	달수
1947-07-22-023	장흥천인수리공사 완성		3	경환
1947-07-22-024	희랍인민에 협력의 손을! 세계민주주의 여론에 호소	감옥에 있는 희랍항쟁협회 비장한 성명	4	북조선통신
1947-07-22-025	자유독일로동조합련맹회의		4	북조선통신
1947-07-22-026	외국에 의존하는 불란서경제위기	아젠스퀴.티디안지 비난	4	북조선통신
1947-07-22-027	볼가리아조국전선결성 제5주년을 기념		4	북조선통신
1947-07-22-028	쏘련체육일에 영불선수 초대		4	북조선통신
1947-07-22-029	방쏘 알바니아수상 레닌릉 방문		4	북조선통신
1947-07-22-030	유엔아세아 및 극동경위차기회장은 비국		4	북조선통신
1947-07-22-031	중국 안휘성에서 군중이 은행 습격		4	북조선통신
1947-07-22-032	인도네시아군대 전투력은 20만		4	북조선통신
1947-07-22-033	국부해외중국인 언론 억압		4	북조선통신
1947-07-22-034	반공화국음모단 차라니스트당원 피검		4	북조선통신
1947-07-22-035	몽고청년대표		4	북조선통신
1947-07-22-036	미국의 대외정책과 로동운동(하)		4	
1947-07-22-037	극장		4	
1947-07-23-001	쓰딸린대원수에게 드리는 메쩨지	북조선민전결성 1주년 기념대회	1	
1947-07-23-002	남조선민전에 보내는 메쩨지	북조선민전결성 1주년 기념대회	1	
1947-07-23-003	북조선민주주의민족통일전선결성 1주년 기념보고	북조선민주주의민족통일전선결성 1주년 기념대회에서	1, 2	
1947-07-23-004	림시정부수립을 앞두고 획기적인 조직강화로 투쟁 맹세	사업검열 총결-평남도당 제6차위원회	2	명덕
1947-07-23-005	현물세 완납	개천군 북면이 평남도내 일착	2	명덕
1947-07-23-006	과학 지구의 식민(1)	생물의 발생	2	쏘련학자 아.오빠린
1947-07-23-007	한민계 공위파괴음모 172단체가 거의 반탁급조 유령	공위에서 제외를 남조선인민들 절규	2	북조선통신
1947-07-23-008	김일성위원장께서 황해제철소를 시찰		3	본사특파원 신언철
1947-07-23-009	금강산휴양소에서 돌아온 평남농민들의 좌담회		3	성택
1947-07-23-010	고조되는 현물세 완납운동	황해 안악군 농민의 호소에 평남각지 농민들 속속 궐기	3	성택
1947-07-23-011	개천군 북면 농민 19일에 현물세 완납		3	

기사번호	제목(title)	부제목(stitle)	면수	필자, 출처
1947-07-23-012	'박연폭포'도 학동의 휴양소로		3	운성
1947-07-23-013	남녀평등권법령실시 1주년 기념보고대회	20일 평양시 서구녀맹에서	3	은길
1947-07-23-014	8.15해방기념 증산애로 타개	북조선공업기술총련맹 련합확대회의	3	기관
1947-07-23-015	조쏘인민의 항구적친선과 량국문화교류공헌 막대	조쏘문협세포원들의 선봉적역할	3	명덕
1947-07-23-016	수입탄 못지 않게 분탄 리용 근대식어류절단기도 창안	마양도수산공장 손길모동무	3	동천
1947-07-23-017	현물세 18일에 완납 당원들의 모범적역할	황해도 금천군에서	3	정운성
1947-07-23-018	해방의 기쁨을 로력으로 보답	최옥녀외 11녀성	3	영락
1947-07-23-019	북조선로동당 중앙위원회 기관잡지 『근로자』	46배판 136페지 제6호 근일 발매	3	
1947-07-23-020	'구라파각국회의'라 칭할수 없는 파리회의	『이스베스치아』지 외교론평가 론평	4	북조선통신
1947-07-23-021	파리회담은 아무러한 구체적성과가 없었다	파리회담에 대한 이태리신문 론평	4	북조선통신
1947-07-23-022	슬라브인민은 자유와 진정한 민주 위하여 전진	전 슬라브위원회 위원장 강조	4	북조선통신
1947-07-23-023	분란.항가리 통상협정 성립		4	북조선통신
1947-07-23-024	방희 미국사절단 경제원조가 목적		4	북조선통신
1947-07-23-025	쏘영 '젊은 음악가'에 대하여		4	리영준
1947-07-23-026	장군 장병의 투항으로 중공군 미제무기 로획		4	북조선통신
1947-07-23-027	인도네시아정세		4	이즈베스치아
1947-07-23-028	미의 화란위협을 화국회원 론난		4	북조선통신
1947-07-23-029	쏘련대학 입학원서접수 개시		4	북조선통신
1947-07-23-030	라지오		4	
1947-07-23-031	극장		4	
1947-07-24-001	김일성 사진		1	
1947-07-24-002	북조선 각급 학교 졸업생에게 고함	김일성	1, 2	
1947-07-24-003	김일성장군의 축하아래 학창을 나온 새 민주역군을 환영	북조선인민위원회 교육국 북조선민주청년동맹 중위의 졸업생 환영대회	1	은길
1947-07-24-004	독립채산제를 실시함으로써 각 공장 기업소의 경제적토대를 공고히 하자		1	
1947-07-24-005	공위추진을 위하여 '시국선언'을 발표	남조선민전산하 각 대표 련석확대회의	2	북조선통신
1947-07-24-006	려운형씨 서거에 대하여		2	북조선통신
1947-07-24-007	스띠꼬브대장 조사	려운형씨 서거에 대하여	2	
1947-07-24-008	27일 남조선전역에서 공위경축 림정촉진 인민대회 개최	남조선민주주의민족전선 주최	2	북조선통신
1947-07-24-009	한민 한독 독촉을 제외한 남조선 전민주진영 집결		2	북조선통신

기사번호	제목(title)	부제목(stitle)	면수	필자, 출처
1947-07-24-010	일제잔재를 숙청하고 민권보장을 위하여 적극 투쟁	평양특별시 인민재판소 세포원들의 모범작용	2	창숙
1947-07-24-011	강철같은 당대렬로 인민경제계획완수에 총돌격	황해도당 제8차위원회	2	
1947-07-24-012	김일성위원장에게 감사문 퇴비증산경쟁운동을 결의	개천군 북면 현물세완납경축대회	3	명
1947-07-24-013	남녀평등권법령실시 1주년을 증산운동으로 기념	고건원탄광 녀맹원열성자대회	3	북조선통신
1947-07-24-014	남녀평등권법령실시 1주년 평양시녀맹의 기념행사		3	은길
1947-07-24-015	북조선발명학회 7월 19일 신발족		3	기관
1947-07-24-016	선철생산에 서광 해탄로에서 코크스는 나온다	황해제철소 종업원의 감투 주효	3	신언철
1947-07-24-017	평남도 각 시 군 보건과장 인민병원장 련석회의		3	달수
1947-07-24-018	일기예보		3	
1947-07-24-019	평양시농민들의 현물세완납상황		3	김전
1947-07-24-020	남녀평등권법령실시로 향상된 녀성들의 지위		3	은길
1947-07-24-021	제초는 다섯벌	김제원씨 실시	3	성택
1947-07-24-022	북조선소비조합의 사업		3	동천
1947-07-24-023	의주 전군 완납 불원		3	최원규
1947-07-24-024	세계의 관심을 끄는 쏘련의 집단농장제도	각국에서 우호적통신을 요구	4	북조선통신
1947-07-24-025	국제민청축전 7월 20일 개막		4	북조선통신
1947-07-24-026	"허언에 대한 답변"	쏘련작가의 반박	4	북조선통신
1947-07-24-027	희랍빨찌산에 외국인은 없었다		4	북조선통신
1947-07-24-028	우랄지방의 신도시건설		4	북조선통신
1947-07-24-029	루르문제 복잡화	미, 영 량국간 위기 조성	4	북조선통신
1947-07-24-030	직맹쁘라그회의 대성과	따라쏘브씨 담화 발표	4	북조선통신
1947-07-24-031	미의 대희'원조'와 희랍반동분자의 책동	『이스베스치아』지	4	
1947-07-24-032	화란로조지도자 화인전쟁중지 요구		4	북조선통신
1947-07-24-033	석유자원에 주력	방토 미사절 동향	4	북조선통신
1947-07-24-034	쏘련출판물의 국제정세개관		4	통신부
1947-07-24-035	에스토니아공화국창건 제7주년 기념		4	북조선통신
1947-07-24-036	각국 청년대표 모쓰크바로		4	북조선통신
1947-07-24-037	이태리산업가 저택에 투척		4	북조선통신
1947-07-24-038	곤궁한 이태리초등교육상태	쏘련 조리나녀사 보고	4	북조선통신
1947-07-24-039	라지오		4	
1947-07-24-040	극장		4	
1947-07-25-001	조선인민의 굳게 단결된 힘으로써 민주주의림시정부 수립을 촉진시키자		1	

기사번호	제목(title)	부제목(stitle)	면수	필자, 출처
1947-07-25-002	인민경제상반년분 실적총화에 대한 김일성위원장의 결론	제43차 북조선인민위원회	1	현석
1947-07-25-003	쏘미공동위원회 쏘련대표단 주석 스띄꼬브대장의 성명에 대한 반향		1	성택
1947-07-25-004	남조선민전산하 각 정당 사회단체 하지중장과 공위미대표에게 중대서한 전달		2	북조선통신
1947-07-25-005	고 려운형씨 살해범 즉시 체포 처단 요구	구국대책위원회 인민장의위원회에서 항의	2	북조선통신
1947-07-25-006	려운형씨 인민장 15일장으로 결정	장일은 8월 3일	2	북조선통신
1947-07-25-007	광범한 구국운동을 전개하자	남로당 담화 발표	2	북조선통신
1947-07-25-008	파괴된 공장을 복구수리 인민경제부흥에 총진군	천내리세멘트공장 당부의 핵심적역할	2	김준호
1947-07-25-009	과학 지구의 식민(2)	동물과 식물의 발전	2	
1947-07-25-010	빛나는 토지개혁의 성과 향상되는 농민생활	강원도농민들의 향상된 생활면	3	성택
1947-07-25-011	한설야 김창만 주병록 3씨 쏘련류학생 학업상황 시찰		3	현석
1947-07-25-012	각지 현물세완납단신		3	박경석, 정운성, 영환, 홍범, 박훈일, 리성섭, 동천
1947-07-25-013	북조선의 자랑 녀성일군들	남녀평등권법령실시로 향상된 녀성들의 지위	3	임성
1947-07-25-014	일기예보	북조선중앙기상대 발표	3	
1947-07-25-015	작부면적 1만 8천여정보 근 30만석을 증수 예상		3	북조선통신
1947-07-25-016	애국열정을 기울여 싸우는 착암공 승기홍동무	국영 문례광산에서	3	정원
1947-07-25-017	남녀평등권법령실시 1주년기념 친절주간 설정	-평양중앙전화국 교환과-	3	임성
1947-07-25-018	북조선로동당 중앙위원회 기관잡지 『근로자』	46배판 136페지 제6호 근일 발매	3	
1947-07-25-019	민주녀성운동 방해하는 영 미의 무성의 지적	국제녀맹 대독관리리사회에 보고	4	북조선통신
1947-07-25-020	웨드마이어장군 왜 중국을 방문?		4	북조선통신
1947-07-25-021	미국기업가들 검사면직 요구		4	북조선통신
1947-07-25-022	쏘련의 집단농장원 생산분배 수급		4	북조선통신
1947-07-25-023	비루마수상 옹산씨이하 각원 6명 피살		4	북조선통신
1947-07-25-024	이태리현법상 파쑈분자 옹호	전 법상 팟스트글로씨 론박	4	북조선통신
1947-07-25-025	모쓰크바주간		4	통신부
1947-07-25-026	쏘련영화소개	「영광의 길」	4	
1947-07-25-027	국제정세개관		4	통신부

기사번호	제목(title)	부제목(stitle)	면수	필자, 출처
1947-07-25-028	유고, 항가리포로병 석방		4	북조선통신
1947-07-25-029	라지오		4	
1947-07-25-030	평양법경전문학교(야간) 학생모집		4	평양법경전문학교
1947-07-26-001	당사업검열총결보고 인민경제계획협조 등 토의	북조선로동당 제9차중앙위원회	1	
1947-07-26-002	북조선로동당 제9차중앙위원회에서 1947년도 인민경제부흥과 발전에 대한 예정 수자에서 상반년의 총결에 대한 북조선 인민위원회 결정(제43차 1947.7.23)실행에 있어서 당단체의 협조에 관한 보고 요지	북조선로동당 중앙위원회 조직 부장 허가이	1	
1947-07-26-003	브라질의 미국지배화	리오데자네이로민주신문 론난	1	북조선통신
1947-07-26-004	북조선로동당 제9차중앙위원회에서 평남 강원 황해도 당단체들의 당사업검열총 결보고요지	북조선로동당 중앙위원회 부위 원장 주녕하	2	
1947-07-26-005	반탁배들의 공위참가모략은 쏘미협정과 인민의 의사위반 북조선로동당 부위원 장 주녕하동지 담	스띄꼬브대장의 성명에 대한 반향	2	정
1947-07-26-006	반탁집단과 유령단체 등 제외를 전당은 강력히 주장 북조선민주당 당수 최용건 씨 담	스띄꼬브대장의 성명에 대한 반향	2	기관
1947-07-26-007	쏘련측의 정당한 제의는 우리 인민의 주 장과 일치 민청중앙부위원장 오운식씨 담	스띄꼬브대장의 성명에 대한 반향	2	은길
1947-07-26-008	남조선역도들의 책동을 구체적으로 폭로 하였다 조선애국투사 후원회위원장 김일 호씨 담	스띄꼬브대장의 성명에 대한 반향	2	기관
1947-07-26-009	과학	지구의 식민(3)	2	
1947-07-26-010	북조선의 자랑 녀성일군들 남녀평등권 법령 실시로 녀성의 지위 이렇게 향상	교육문화	3	은길
1947-07-26-011	증산운동 방조	황해도 마동세멘트공장에서	3	리성섭
1947-07-26-012	학생올림픽 평양시 예선		3	김전
1947-07-26-013	남녀평등권법령실시 1주년기념일 앞두고	녀성좌담회	3	임성
1947-07-26-014	8.15해방 2주년기념 증산돌격운동	북조선 방방곡곡에 전개	3	성섭, 한, 리, 기관, 홍범, 기운
1947-07-26-015	만난을 극복하고 1년간 쌓아올린 철도부 문의 빛나는 승리의 금자탑		3	달수
1947-07-26-016	재건 제3주년을 맞는 근로인민의 나라 파란	제 신문 민주주의적발전을 경축	4	북조선통신
1947-07-26-017	파란의 민주발전을 찬양 파란의 명절은 우리의 명절	쁘라그의 제 신문들 론평	4	북조선통신
1947-07-26-018	근로인민의 요구를 고려치 않는 현 불내각	붉은함대지 론평	4	북조선통신

기사번호	제목(title)	부제목(stitle)	면수	필자, 출처
1947-07-26-019	방쏘 알바니아정부대표 동정		4	북조선통신
1947-07-26-020	화란 선전포고 없이 인도네시아공격 개시		4	북조선통신
1947-07-26-021	스카르노씨 미 인 등 방문		4	북조선통신
1947-07-26-022	인도네시아에 대한 화란의 간섭	화란민주진영 항의	4	북조선통신
1947-07-26-023	화란정부 영미량국에 통첩		4	북조선통신
1947-07-26-024	유고국 무역상 모쓰크바 도착		4	북조선통신
1947-07-26-025	히틀러전범자 형무소에 수용		4	북조선통신
1947-07-26-026	웨드마이어 중국방문 위해 장정부준비에 긴장		4	북조선통신
1947-07-26-027	22일 남경에 도착		4	북조선통신
1947-07-26-028	장개석의 환영 받은 장군		4	북조선통신
1947-07-26-029	파 와 쏘점독일지대 통상협정		4	북조선통신
1947-07-26-030	이란실업 심각		4	북조선통신
1947-07-26-031	금일의 체코슬로바키아		4	이즈베스치아지
1947-07-26-032	라지오		4	
1947-07-26-033	극장		4	
1947-07-27-001	공장 기업소 당단체의 역할		1	
1947-07-27-002	김일성위원장께 맹세문	평양철도기관구 보고대회에서	1	
1947-07-27-003	북조선인민위원회 결정 제55호	민영기업소 로동자 및 사무원 에 대한 량곡배급가격에 관한 결정서	1	
1947-07-27-004	조선인민의 요망에 부합 남로당 담화	스띄꼬브대장의 성명에 대한 반향	1	
1947-07-27-005	공위촉성인민대회	남산공원서	1	북조선통신
1947-07-27-006	의의깊게 맞이할 8.15해방 기념계획	북조선인민위원회에서	1	
1947-07-27-007	'반탁'배의 파렴치한 흉책은 언어도단! 직총위원장 최경덕씨 담	스띄꼬브대장의 성명에 대한 반향	1	홍지훈
1947-07-27-008	공위재개 반대한 '반탁'배 공위협의에서 제외하라 .북조선공업기술총련맹 김병기 씨 담	스띄꼬브대장의 성명에 대한 반향	1	기관
1947-07-27-009	진정한 민주단체만이 참가하기를 사동탄 광 채탄부 김고망씨 담	스띄꼬브대장의 성명에 대한 반향	1	명덕
1947-07-27-010	남녀평등권법령 실시와 녀성생활의 향상		2	북조선민주녀성 총동맹 위원장 박정애
1947-07-27-011	쏘련해군기념일을 맞이하여		2	
1947-07-27-012	단편 고미동의 복수전(1)	-김일성장군 전투사의 한토막-	2	윤세중, 장진광
1947-07-27-013	북조선의 자랑 녀성일군들 남녀평등권 법령 실시로 진출하는 녀성일군들	녀맹사업	3	은길
1947-07-27-014	도급제의 실시로 생산능률 로동임금 급 속히 제고	각 공장들에서	3	북조선통신
1947-07-27-015	현물세완납단신	각지에서	3	홍범, 동천, 경석, 김재규

기사번호	제목(title)	부제목(stitle)	면수	필자, 출처
1947-07-27-016	평양청소직맹 청소돌격운동		3	기관
1947-07-27-017	평양시녀맹 공장을 위문		3	은길
1947-07-27-018	교육간부 하기휴양강습	북조선교육국	3	은길
1947-07-27-019	8 15해방 2주년기념 증산돌격운동	북조선 방방곡곡에 전개	3	기운, 언철, 기관, 북조선통신
1947-07-27-020	각 지방의 새 소식		3	본사기자
1947-07-27-021	국제정세개관		4	북조선통신
1947-07-27-022	인도네시아에 격전 전개		4	북조선통신
1947-07-27-023	화란의 인도네시아공격을 미국 각 신문 론난		4	북조선통신
1947-07-27-024	카나다무기 토희량국에		4	북조선통신
1947-07-27-025	항가리인민회의 신선거법 토의		4	북조선통신
1947-07-27-026	프랑코의 붕괴 림박	불국에서 서반아민주주의자대회	4	북조선통신
1947-07-27-027	이국녀맹대표 모쓰크바에		4	북조선통신
1947-07-27-028	10월혁명 제30주년을 맞는 쏘련의 교수와 학생		4	통신부
1947-07-27-029	'반탁'테로분자 구축을 요망 려선생 살해는 인민에 대한 테로 공위량대표에 서한을 전달	구국대책위원회	4	북조선통신
1947-07-27-030	리승만과 김구를 국외로 추방하라!	전평과 일반봉급자조합 성명	4	북조선통신
1947-07-27-031	쏘련과 흥하리간 통상교섭 진행중		4	북조선통신
1947-07-27-032	국립예술극단 상연 「노비의 동란」에 대하여		4	현석
1947-07-27-033	부라질의회 파란을 경축		4	북조선통신
1947-07-27-034	라지오		4	
1947-07-27-035	극장		4	
1947-07-29-001	산업기술의 향상과 인재양성		1	
1947-07-29-002	북조선통신의 반박	조선문제에 관한 후-버씨의 증언에 대하여	1	북조선통신
1947-07-29-003	반탁투쟁위원회는 과연 그 활동을 중지하였는가?		1	북조선통신
1947-07-29-004	조선민족에 대한 최대의 모욕!	남조선민전 담화	1	북조선통신
1947-07-29-005	강원도민들도 반탁유령단체 제외 주장	스띠꼬브대장의 성명 지지	1	북조선통신
1947-07-29-006	'과거죄악' 청산한다고 성명 독촉독청원 대거 탈퇴	회개하는 남조선우익청년들	1	북조선통신
1947-07-29-007	스띠꼬브대장 성명 따쓰통신에서 보도		1	북조선통신
1947-07-29-008	배후조종자를 엄벌에 처하라	려씨 조난과 기자단 요청	1	북조선통신
1947-07-29-009	3상결정의 기본정신	전농등 지지담화 발표	1	북조선통신
1947-07-29-010	항가리독립민주당 견해 표명		1	북조선통신
1947-07-29-011	4정당련합을 강조	소농당위원장 언명	1	북조선통신
1947-07-29-012	테로단에게 랍치되었던 농민 담화	38선부근 소식	1	북조선통신

기사번호	제목(title)	부제목(stitle)	면수	필자, 출처
1947-07-29-013	착취에 신음하여온 농촌이 공회당 건축 등 비약적발전	정평군 귀림면 하향 2구세포 약진	2	한상두
1947-07-29-014	조기현물세완납방조와 기타 중요안건 토의결정	강원도당 상무위원회	2	김흥범
1947-07-29-015	8.15해방 2주년 기념으로 각 역구 미화 돌격운동 전개	평철건축구세포원들 첫 봉화	2	명덕
1947-07-29-016	루마니아는 인민간평화와 친선정책을 실시하고있다		2	신문부
1947-07-29-017	과학 지구의 식민(4)	인류의 발생(2)	2	아메리까학자 브.프란클닌
1947-07-29-018	단편 고미동의 복수전(2)	-김일성장군 전투사의 한토막-	2	윤세중, 장진광
1947-07-29-019	민주주의조선림시정부 수립 위해 성의 표명한 스띠꼬브대장의 성명 절대지지	-평양시 각처에서 로동자들 보고대회-	3	엄성, 기관, 은길
1947-07-29-020	결정서	스띠꼬브대장의 성명에 관한 사동탄광보고대회	3	
1947-07-29-021	철도수송계획의 초과달성을 기약	제2차 철도책임자회의	3	언철
1947-07-29-022	8월 16일 휴식일로		3	
1947-07-29-023	북조선의 자랑 녀성일군들 남녀평등권 법령실시로 농촌녀성들 이렇게 향상	농촌부문	3	
1947-07-29-024	서정서사시 네거리에서(1)	-남조선민청원의 수기-	3	조기천
1947-07-29-025	김형일씨 현물세를 완납	황해도 신천군 온천면 진우리에서	3	동천
1947-07-29-026	일기예보		3	
1947-07-29-027	대일평화조약준비문제	미국측 서한에 대한 쏘련정부 답신내용	4	
1947-07-29-028	인도네시아공격의 책임은 화란측에 있다	각국의 여론 비등	4	북조선통신
1947-07-29-029	인도로동쟁의 증가		4	북조선통신
1947-07-29-030	화군에 대항하라!	스카르노 단호한 결의 표명	4	북조선통신
1947-07-29-031	웨드마이어 도착에 대한 국부요인들의 동향		4	북조선통신
1947-07-29-032	국제민청축전소식	-조선대표도 도착-	4	북조선통신
1947-07-29-033	리디스촌 방문		4	북조선통신
1947-07-29-034	희랍유격대공세		4	북조선통신
1947-07-29-035	프랑코타도운동	-멕시코에 대두-	4	북조선통신
1947-07-29-036	체코, 유고 량국 문화협정비준서 교환		4	북조선통신
1947-07-29-037	동남구라파의 경제부흥		4	『이스베스치야』지
1947-07-29-038	내전은 국민당의 붕괴	레오니도브대좌의 군사론문	4	북조선통신
1947-07-29-039	부라질에서 정치데모 금지		4	북조선통신
1947-07-29-040	라디오		4	
1947-07-29-041	극장		4	
1947-07-29-042	신간안내		4	로동당출판사

기사번호	제목(title)	부제목(stitle)	면수	필자, 출처
1947-07-30-001	자유로운 북조선녀성은 민주국가의 열성적건설자		1	
1947-07-30-002	민전산하 각 정당 사회단체의 인민경제계획 협조토의	북조선민전 제18차중앙위원회	1	현석
1947-07-30-003	폭우하 50만 군중의 민주의 기세 천지를 진감	서울공위경축 림정촉진인민대회	1	북조선통신
1947-07-30-004	스띄꼬브대장 축사	서울공위경축 림정촉진인민대회에서	1	
1947-07-30-005	쁘라운소장 축사	서울공위경축 림정촉진인민대회에서	1	
1947-07-30-006	평남 개천군의 조기작물현물세완납 경축대회	천여명농민의 환호성 충천	1	본사특파원 황성택
1947-07-30-007	경축대회 결의문	평남 개천군의 조기작물 현물세완납 경축대회	1	
1947-07-30-008	신선거에 관하여 홍아리내상 성명		1	북조선통신
1947-07-30-009	희랍 검거 계속		1	북조선통신
1947-07-30-010	남녀평등권법령발표 1주년 기념일을 맞이하며 조선녀성의 과업	-북조선민주녀성총동맹 중앙위원회-	2	
1947-07-30-011	남녀평등권법령 기념구호		2	
1947-07-30-012	희망에 불타며 일하는 녀맹원 전선화동지	덕연면 령암부락에서	2	김전
1947-07-30-013	남녀평등권법령 실시로 1년동안에 북조선녀성들의 생활 이렇게 향상		3	
1947-07-30-014	배움의 자유 찾은 녀학생들의 생활	평양제1녀중에서	3	임성
1947-07-30-015	자유로운 환경에서 문화건설에 매진	강원도문학동맹 임순득	3	중
1947-07-30-016	송시	남녀평등권법령실시 1주년기념	3	김성화
1947-07-30-017	의주	남녀평등권법령실시 1주년기념	3	최원규
1947-07-30-018	경제적으로 향상된 젊은 로동녀성생활	국영평양고무공장 녀직공 로금덕동무	3	은길
1947-07-30-019	농촌부인의 가정		3	
1947-07-30-020	북조선중앙병원에서 연구하고있는 녀성들		3	
1947-07-30-021	봉건유습 벗어버린 농촌녀성들의 생활	용천군 양시군 녀성들	3	중
1947-07-30-022	늙은 가정부인도 국가사업에 참가	평양시 기림리 한기석녀성	3	중
1947-07-30-023	현물세 완납한 농민들이 흥남비료공장 동무들에게 감사문		3	중
1947-07-30-024	감사문(요지)	남포시 고정다곡리 조기현물세완납경축 농민대회	3	
1947-07-30-025	3착으로 완납	황해도에서	3	정운성
1947-07-30-026	일기예보		3	
1947-07-30-027	구국대책위원회에 해산명령	남조선반동경찰의 배족행위	4	북조선통신
1947-07-30-028	구국대책위원회의 성격에 대한 성명 발표		4	북조선통신
1947-07-30-029	기자를 불법구인	기자단 항의문 제시	4	북조선통신

기사번호	제목(title)	부제목(stitle)	면수	필자, 출처
1947-07-30-030	각국 여론 화란을 비난 제국주의자의 위만성 폭로	『이스베스챠』 론평	4	북조선통신
1947-07-30-031	화.인 량국 격전	-화란군 일본인 사용-	4	북조선통신
1947-07-30-032	인도네시아군 반공	초토전술로 화란군 격퇴	4	북조선통신
1947-07-30-033	화란군 작전 좌절		4	북조선통신
1947-07-30-034	무력행동부당 캐나다사민당		4	북조선통신
1947-07-30-035	화란각지에 군중대회 계속		4	북조선통신
1947-07-30-036	실질적인 화란원조를 반대	미국의 인도네시아독립위원회 항의	4	북조선통신
1947-07-30-037	트리에스트에 신정당 출현		4	북조선통신
1947-07-30-038	미, 희공식회담 개시	미국측 대규모공사권 전부 요구	4	북조선통신
1947-07-30-039	희랍대장 파면		4	북조선통신
1947-07-30-040	미국사절단장 정부에 자유당원 입각 제안		4	북조선통신
1947-07-30-041	희랍의 제도를 중국에	-웨드마이어의 계획추측-	4	북조선통신
1947-07-30-042	항가리에서 식량 증배		4	북조선통신
1947-07-30-043	장개석정부 일본전범자 자호		4	북조선통신
1947-07-30-044	안보신가맹국 심사 개시	쏘련대표 알바니아가맹 주장	4	북조선통신
1947-07-30-045	웨드마이어에 국부자료 제공		4	북조선통신
1947-07-30-046	큐바로동자 파업		4	북조선통신
1947-07-30-047	금일의 이란 아제르바이잔		4	『붉은 병사』지
1947-07-30-048	국제민청축전소식	쏘련대표 전부 도착	4	북조선통신
1947-07-30-049	라지오		4	
1947-07-30-050	극장		4	
1947-07-31-001	스띄꼬브대장의 성명을 조선인민은 절대 지지	고방, 삼신 탄광 로동자대회에서 북조선로동당 부위원장 주녕하동지 연설	1, 2	
1947-07-31-002	북조선인민경제계획 제2.4분기 승리적총화	제43차 북조선인민위원회 결정	1	
1947-07-31-003	남조선의 공위경축 림정수립촉진인민대회	각지에서 경찰 발표, 인민 사상	1	북조선통신
1947-07-31-004	8.15해방 2주년을 맞으며	북조선인민위원회 산업국의 사업성과	2	산업국 부국장 리병제
1947-07-31-005	당면과업을 토의결정	평양시당 51차상무위원회	2	명덕
1947-07-31-006	철도일군들의 건국의욕 치렬	강계, 희천 철도원들	2	전봉강
1947-07-31-007	남녀평등권법령실시 1주년 기념보고대회	모범녀성로동자 48명을 표창	3	임성
1947-07-31-008	소년단대표일행 금강산으로 출발		3	기관
1947-07-31-009	하반기과업을 결정	북조선농민동맹 7차확대집행위원회	3	동천
1947-07-31-010	8.15기념증산운동 일층 강력히 추진	직총중앙확대집행위원회 결의	3	언철
1947-07-31-011	해방의 8.15를 맞아 성대히 벌어질 예술축전		3	현석
1947-07-31-012	현물세완납단신	각지에서	3	김전, 홍범

기사번호	제목(title)	부제목(stitle)	면수	필자, 출처
1947-07-31-013	서정서사시 네거리에서(2)	-남조선민청원의 수기-	3	조기천
1947-07-31-014	승호녀맹도 선물을 제작		3	명덕
1947-07-31-015	일기예보		3	
1947-07-31-016	남조선소식 모략적으로 범인을 날조하지 말라!	헬믹대장에 근민당에서 항의문	4	북조선통신
1947-07-31-017	재일 60만동포 고 려선생 추도회 거행		4	북조선통신
1947-07-31-018	쏘련해군절 성대히 기념	-해안선연장 4만 7천키로메터-	4	북조선통신
1947-07-31-019	영국로동당의 정치적위기 발전		4	북조선통신
1947-07-31-020	불가리아대표 레닌그라드 시찰		4	북조선통신
1947-07-31-021	쏘련의 분란곡물공급 규정보다 4만톤 증가		4	북조선통신
1947-07-31-022	미국에서 희랍외상 원조획득운동		4	북조선통신
1947-07-31-023	백이의 안트워-프항 로동자들 파업 단행		4	북조선통신
1947-07-31-024	대일무역 반대	중국제조가협회에서	4	북조선통신
1947-07-31-025	화란은 히틀러독일의 추종자가 되였다	화란출판물들 정부를 통난	4	북조선통신
1947-07-31-026	영미의 대독정책		4	통신부
1947-07-31-027	중재불성립이면 경제제재하라	호주여론 화란 비난	4	북조선통신
1947-07-31-028	화란군의 애급통과금지 요구		4	북조선통신
1947-07-31-029	단편 고미동의 복수전(3)	-김일성장군 전투사의 한토막-	4	윤세중, 장진광
1947-08-01-001	제2, 4반기 인민경제계획실행의 승리적 완수		1	
1947-08-01-002	쓰딸린대원수께 드리는 감사문	남녀평등권법령실시 1주년기념 보고대회	1	
1947-08-01-003	김일성장군께 드리는 메쎄지	남녀평등권법령실시 1주년기념 보고대회	1	
1947-08-01-004	김일성장군께 감사의 선물	남녀평등권 구가하는 해방된 녀성들	1	은길
1947-08-01-005	우리의 최고인민정권인 북조선인민회의에 선물		1	엄성
1947-08-01-006	반동파를 분쇄하여야 인민정부를 세울수 있다 평양시 사동1리 농민 리정수씨 담	쏘미공동위원회 쏘련주석단 대표 스띄꼬브대장의 성명에 대한 반향	1	동천
1947-08-01-007	'반탁'정당단체 제외는 3상결정의 당연한 귀결 청우당 부위원장 박윤길씨 담	쏘미공동위원회 쏘련주석단 대표 스띄꼬브대장의 성명에 대한 반향	1	
1947-08-01-008	노예화교육잔재를 숙청	민주주의교육체계 확립	2	교육국장 한설야
1947-08-01-009	인민경제부흥발전에 과거경험 살려 적극 방조	평남도당 제7차위원회	2	명덕
1947-08-01-010	과학 지구의 식민(5)	지구에서의 승리자	2	
1947-08-01-011	상반년 업적을 총결하고 하반년 계획수행에 매진	평남도 37차확대인민위원회	3	달수
1947-08-01-012	8.15기념 북조선인민체육축전	8월 24일 시경기장에서 개막	3	현석

기사번호	제목(title)	부제목(stitle)	면수	필자, 출처
1947-08-01-013	인민의 리익을 위하여 싸우는 모범내무서 보안원을 표창		3	언철
1947-08-01-014	교향악 「김일성장군」 (김일성장군께 드림)	해방기념일에 공개	3	현석
1947-08-01-015	8월중에 할 농민의 과업	건초예취와 퇴비증산운동을 적극 전개하자	3	동천
1947-08-01-016	북조선민주건설의 빛나는 성과는 북조선 인민들의 열성과 힘의 결정 해방이후 오늘날까지 쌓아올린 교육부문의 빛나는 승리의 기록	김일성대학, 평양 제4인민학교, 평양 제3녀중에서	3	달수, 김전
1947-08-01-017	일기예보		3	북조선 중앙기상대
1947-08-01-018	서울인민대회에서 한 스띄꼬브대장 축사를 지지	남조선전평에서 담화 발표	4	북조선통신
1947-08-01-019	마산상공회의소 공위답신 취소		4	북조선통신
1947-08-01-020	전주공위축하 인민대회중지		4	북조선통신
1947-08-01-021	남조선전농위원장 백용희씨 피검		4	북조선통신
1947-08-01-022	유고국경을 침범하는 희정부를 안보조위원회 옹호	유고련방공화국 외상 안보에 항의	4	북조선통신
1947-08-01-023	국제민청대전소식	희랍민청대표 왕당파의 폭압을 호소	4	북조선통신
1947-08-01-024	자연부원이 풍부한 변강	-아브하지야로부터의 서신-	4	신문부
1947-08-01-025	비루마정부요인 피살사건의 진상		4	북조선통신
1947-08-01-026	월레스를 민주당 당수로 임명 권고	씨.아이.오산하 단체	4	북조선통신
1947-08-01-027	화란기통과반대	인도 네루씨 언명	4	북조선통신
1947-08-01-028	화란각지에 벌어지는 정부의 군사행동 항의운동		4	북조선통신
1947-08-01-029	류린겐지방의회서 민주옹호법		4	북조선통신
1947-08-01-030	쏘련영화 소개	당증을 보고	4	리영준
1947-08-01-031	분란직맹대표 쏘련시찰		4	북조선통신
1947-08-01-032	극장		4	
1947-08-01-033	학생모집	남포고등기술원양성소	4	
1947-08-02-001	해방 2주년을 영광스럽게 맞이하자		1	
1947-08-02-002	김일성위원장 훈시 받들어 하반년계획 초과달성 맹세	제6차 각 도 산업부장 및 국영기업소 지배인회의	1	김전
1947-08-02-003	쏘련군대에 대한 북조선인민의 감사 고조		1	북조선통신
1947-08-02-004	민주개혁 실시할 림정수립을 확신 녀맹 평남도위원장 최윤실씨	쏘미공동위원회 쏘련대표단 주석 스띄꼬브대장의 성명에 대한 반향	1	엄성
1947-08-02-005	인민의 정부 수립 위하여 공위사업에 성의껏 협력 평양금강고무공장 사무원 배정순씨	쏘미공동위원회 쏘련대표단 주석 스띄꼬브대장의 성명에 대한 반향	1	언철

기사번호	제목(title)	부제목(stitle)	면수	필자, 출처
1947-08-02-006	북조선직총이 국제직련에 민주발전과 반파쑈투쟁을 맹세한 서신을		1	북조선통신
1947-08-02-007	량국 대표의 성의로 림정은 꼭 수립된다 평남 개천군 북면 농민 최일석씨	쏘미공동위원회 쏘련대표단 주석 스띄꼬브대장의 성명에 대한 반향	1	중
1947-08-02-008	악랄한 반동도배들의 최후발악도 쓸데없다 평양선만고무공장 로동자 김도원씨	쏘미공동위원회 쏘련대표단 주석 스띄꼬브대장의 성명에 대한 반향	1	청숙
1947-08-02-009	북조선직업총동맹의 성과		2	북조선직업총동맹 위원장 최경덕
1947-08-02-010	파괴되었던 공장을 복구코 생산계획초과에 자신만만	승호리세멘트공장 당부 방조 지대	2	명덕
1947-08-02-011	당생활단신	황무지를 개간 농작물을 증산	2	리운일
1947-08-02-012	파괴된 운반로 수리 휴일 리용하여 작업	봉천탄 분경 당원이 핵심	2	명덕
1947-08-02-013	시사선전과 문건정리 토의	강동군 승호면 당위원회	2	명덕
1947-08-02-014	전체 인민의 애국적참가로 교량하천공사 진척	청천대교는 11월에 준공 예정	3	언철
1947-08-02-015	매일 130% 생산	신창탄광의 돌격작업	3	명덕
1947-08-02-016	줄어가는 문맹자	8월 1일에 2기생 입학	3	현석
1947-08-02-017	농촌파견 학생방역대 사명다하고 귀환	평안남도 야간의학강습소 학생 및 김일성대학 위생전문학교 학생들	3	김전
1947-08-02-018	고급지도간부학교 개교 1주년기념식		3	북조선통신
1947-08-02-019	사회교육편 문맹퇴치의 빛나는 업적	2년간에 82만명을 교육	3	김전
1947-08-02-020	현물세완납단신	황해도 각 군 70% 완납	3	리중
1947-08-02-021	현물세완납단신	평남 중화 당정면 평원 봉덕면 농민	3	명덕
1947-08-02-022	현물세완납단신	원산시 3개리 28일에 완납	3	홍범
1947-08-02-023	현물세완납단신	영흥군하 각지의 상황	3	경환
1947-08-02-024	각 지방의 새 소식		3	김만선, 홍범, 태길, 정원
1947-08-02-025	남조선소식		4	북조선통신
1947-08-02-026	쏘미공위의 성공을 기대하는 남조선출판물	-따쓰통신의 보도-	4	북조선통신
1947-08-02-027	4국외상대리회의에 쏘련참가, 정식 수락		4	북조선통신
1947-08-02-028	금반 방쏘로량국 친선 강화	알바니아수상 강조	4	북조선통신
1947-08-02-029	유태인교수형 집행으로 예르살렘사태 험악		4	북조선통신
1947-08-02-030	유태인피난민 띠복상륙 거절		4	북조선통신
1947-08-02-031	희랍정부 민주진영탄압책 토의		4	북조선통신
1947-08-02-032	대'인'전투 반대	화란로동자 취업 거절	4	북조선통신

기사번호	제목(title)	부제목(stitle)	면수	필자, 출처
1947-08-02-033	화란정부의 군사행동 미, 영 사전 승인?		4	북조선통신
1947-08-02-034	쏘련의 구락부 작년에 백만명 리용		4	북조선통신
1947-08-02-035	독일점령 미군훈련개시		4	북조선통신
1947-08-02-036	파란 피.에스.엘당 자발적으로 해산		4	북조선통신
1947-08-02-037	최근의 중국정세(상)	『신시대』지에서	4	
1947-08-02-038	레바논령토 촬영 허락 요구		4	북조선통신
1947-08-02-039	극장		4	
1947-08-02-040	개점안내	로동당출판사 직영	4	
1947-08-02-041	광고		4	
1947-08-03-001	매개 당원들의 학습은 그의 당적의무이다		1	
1947-08-03-002	김일성장군의 훈시 받들고 선진과학리론으로 무장한 민주건설의 선봉역군 졸업	8월 1일 중앙당학교 졸업식 거행	1	창숙
1947-08-03-003	인민대회 참가원 파면에 항의	경성방적종업원 롱성투쟁	1	북조선통신
1947-08-03-004	김일성장군에게 드리는 메쩨지	북조선로동당 중앙당학교 제3기 졸업생들	1	
1947-08-03-005	림시정부의 수립 실현될것을 확신 조선산소 로동자 허옥씨 담	쏘미공동위원회 쏘련대표단 주석 스띄꼬브대장의 성명에 대한 반향	1	달수
1947-08-03-006	농민이 잘살수 있는 림정의 수립을 확신 강원 통천군 농민 서병모씨 담	쏘미공동위원회 쏘련대표단 주석 스띄꼬브대장의 성명에 대한 반향	1	홍범
1947-08-03-007	쏘련대표단의 노력에 감사한다 가정부인 하연악씨 담	쏘미공동위원회 쏘련대표단 주석 스띄꼬브대장의 성명에 대한 반향	1	임성
1947-08-03-008	림정수립 꼭 된다는 량국 대표에게 감사 기신사 사장 신선익씨 담	쏘미공동위원회 쏘련대표단 주석 스띄꼬브대장의 성명에 대한 반향	1	중선
1947-08-03-009	8.15해방 2주년을 맞으며	로동국사업의 1년간 총결	2	로동국장 오기섭
1947-08-03-010	질과 량.량방면으로 하반년기 증산추진을 결정	평양시당 제9차위원회	2	명덕
1947-08-03-011	복구와 건설의 2년기간 산업의 회복은 현저	자랑할 우리 당원들의 열성적 분투	3	달수
1947-08-03-012	당원들의 창의성발휘로 생산품은 질적으로도 향상	평양곡산공장의 증산돌격전	3	명덕
1947-08-03-013	'농촌순회진료반' 태운 대형자동차는 달린다		3	현석
1947-08-03-014	북조선 탐광진에 개가 류화석광맥을 발견	응덕광산 임관모 박형석 분투 주효	3	창숙
1947-08-03-015	생산증강협조대 평양제사공장에 파견	평양시녀맹에서	3	은길
1947-08-03-016	야간통행시간 11시까지로		3	언철
1947-08-03-017	해방 2주년을 맞이하는 북조선농민동맹 사업 개관		3	북조선농민동맹 위원장 강진건

기사번호	제목(title)	부제목(stitle)	면수	필자, 출처
1947-08-03-018	독일 쏘련점령지대의 외국무역 정상적 발전		4	북조선통신
1947-08-03-019	따쓰의 반박		4	북조선통신
1947-08-03-020	민주건설사업에 투쟁하는 자유독일청년동맹		4	북조선통신
1947-08-03-021	항가리독립당결성 승인 완료		4	북조선통신
1947-08-03-022	독일 량 점령지대의 청년의 생활실정		4	북조선통신
1947-08-03-023	이태리녀맹원 50만	방쏘 이태리녀성대표 담	4	북조선통신
1947-08-03-024	미국의 물가등귀 경제위기를 시사		4	북조선통신
1947-08-03-025	최근의 중국정세(하)	『신시대』지에서	4	
1947-08-03-026	트리에스트에 파시스트분자		4	북조선통신
1947-08-03-027	쏘련, 호주 량국 화인문제안보에 제의		4	북조선통신
1947-08-03-028	수영경기에 신기록 속출		4	북조선통신
1947-08-03-029	항가리인민회의 선거 현재 9개 정당 참가 표명		4	북조선통신
1947-08-03-030	비밀단체 심리 종료	쏘피아에서	4	북조선통신
1947-08-03-031	극장		4	
1947-08-03-032	평양법경전문학교(야간)학생모집		4	
1947-08-05-001	1947년 8월 2일 기자단회의에서의 쏘련대표단 주석 스띠꼬브대장의 성명		1	
1947-08-05-002	쏘련대표단 주석 스띠꼬브대장과 조미기자대표와의 회의에 대한 총화		1	
1947-08-05-003	1947년 7월 31일 미국대표단 주석 부라운소장의 성명		1	
1947-08-05-004	조기현물세 성적 황해 평양시 우량		1	김전
1947-08-05-005	문교정책을 반대	국대안반대 공투성명 발표	1	북조선통신
1947-08-05-006	기술학습에 노력하는 업억광산 안승화동무		1	김영복
1947-08-05-007	8.15해방 2주년을 맞으며	농림국의 사업 개관	2	농림국장 리순근
1947-08-05-008	11월까지 계획량완수와 동기대책준비 만전을 맹세	평양철도당부 제2차위원회	2	명덕
1947-08-05-009	인민경제계획 협조와 8.15 준비토의 결정	강원도당 제7차위원회	2	김홍범
1947-08-05-010	쓰딸린적 항공대		2	
1947-08-05-011	모란봉일대를 전기장식 조쏘친선야유회도 개최	평양시 8.15기념행사	3	김전
1947-08-05-012	돌격운동전개 10일간 강원도 로동자들의 승리적기록		3	김홍범
1947-08-05-013	생산실적을 검토	서평양철도공장 중간보고대회	3	기관
1947-08-05-014	북조선소비조합 상반기업적을 총화		3	기관
1947-08-05-015	평북 삭주군민 도로공사에 궐기		3	영환
1947-08-05-016	증산예정량 달성	남양염전로동자	3	리원길

기사번호	제목(title)	부제목(stitle)	면수	필자, 출처
1947-08-05-017	평양시 영각공장 7월분 초과완수		3	김전
1947-08-05-018	민청원의 미거	황해도 서종면 추진리 민청원들	3	성섭
1947-08-05-019	황해도 사회교육연구회 개최		3	성섭
1947-08-05-020	조선서 제일가는 양어장 개설	평남 강동군에 건설되는 국영양어장에서	3	달수
1947-08-05-021	일기예보		3	
1947-08-05-022	황해도 단신		3	한준석, 운성, 리성섭
1947-08-05-023	개점안내	로동당출판사 직영	3	
1947-08-05-024	(서적광고)		3	로동당출판사
1947-08-05-025	8.15해방기념 경축용 아담한 조쏘 량국기가 나온다		3	로동신문사
1947-08-05-026	민청탄생후 1년반의 회상과 앞으로의 전망		3	북조선민주청년동맹 부위원장 로민
1947-08-05-027	서울시내의 물가고 대중생활을 위협		4	북조선통신
1947-08-05-028	남조선경찰이 어부의 금품 략탈		4	북조선통신
1947-08-05-029	민족짜라니쓰트당의 해산을 루내각 일치 결정		4	북조선통신
1947-08-05-030	볼가리아-유고 량국 상호 제 휴협의 의견 일치		4	북조선통신
1947-08-05-031	화란에 파업 확대	대인도네시아전쟁 반대	4	북조선통신
1947-08-05-032	화란군의 잔인한 행동		4	북조선통신
1947-08-05-033	이태리 아르젠틴간 통상조약		4	북조선통신
1947-08-05-034	'화' '인' 량국 격전 인도네시아인민궐기	화란군 무력을 폭로	4	북조선통신
1947-08-05-035	화란군 련락차단	인도네시아 반공 처럴	4	북조선통신
1947-08-05-036	화란군 사상자 9천명		4	북조선통신
1947-08-05-037	국제직련대표단 화란의 전쟁행위 중지 요구	루이.싸이앙씨 화란에서 언명	4	북조선통신
1947-08-05-038	최근의 비루마정세		4	『로동』지
1947-08-05-039	국제민청축전소식	토론회 천막전람회 등	4	북조선통신
1947-08-05-040	전인수상 스하리에 담		4	북조선통신
1947-08-05-041	화란군 카나다 무기 사용		4	북조선통신
1947-08-05-042	미국작가 모쓰크바 도착		4	북조선통신
1947-08-05-043	극장		4	
1947-08-05-044	북조선로동당 중앙위원회 기관잡지 『근로자』 46배판 백36페지 제6호 근일발매	주요내용(반가삼십5원)	4	
1947-08-06-001	아동들의 민주교육을 보장하기 위하여 새 학년도 준비를 완전히 하자		1	
1947-08-06-002	8월 3일 북조선 제1착으로 황해 전도 맥류현물세 완납		1	
1947-08-06-003	민주조국의 간부 양성코저 선진국 쏘련에 류학생 파견	대학과 연구부에 120명 엄선	1	현석

기사번호	제목(title)	부제목(stitle)	면수	필자, 출처
1947-08-06-004	8월 2일 조미기자단회의에서의 스띄꼬브 대장의 성명에 대한 반향	평양연초공장 최수산씨, 전기처 서북배기전부 김도삼씨, 평양 평천리 농민 전영일씨, 평양시 김히일씨	1	기관, 중선, 한생, 은길, 북조선통신
1947-08-06-005	쏘련과학인들 세계의 인민저술중		1	
1947-08-06-006	함흥철도부에서 도급제 실시		1	
1947-08-06-007	분란-독일 쏘련점령지대 통상협정 성립		1	북조선통신
1947-08-06-008	귀축같은 독촉의 잔인 기자를 랍치코 화침과 사형	『우리신문』편집국장을 체포	1	북조선통신
1947-08-06-009	브라질에서 미재무상 미국자본수락을 선전		1	북조선통신
1947-08-06-010	알바니아인민회의 근년도 경제계획 승인		1	북조선통신
1947-08-06-011	국제학생동맹 집행위원회		1	북조선통신
1947-08-06-012	8.15해방 2주년을 맞으며	민주주의원칙우에 발전된 인민 자신의 사법을 건설	2	사법국장 최용달
1947-08-06-013	활발히 진전되는 교양사업 도간부급 도 산촌에 편력 지도	함남도당 선전선동부의 창안 주효	2	석과
1947-08-06-014	(서적광고)		2	로동당출판사
1947-08-06-015	김일성위원장의 따뜻한 격려 선렬의 유지를 계승	개교 앞둔 혁명자유가족학원	3	
1947-08-06-016	감격 감사를 말하는 행복한 오늘의 생활		3	
1947-08-06-017	민청탄생후 1년반의 회상과 앞으로의 전망(하)		3	북조선민주청년 동맹 부위원장 로민
1947-08-06-018	각 지방의 새소식	금천민청원 제초와 퇴비증산	3	정운성
1947-08-06-019	각 지방의 새 소식	초구리농민들 록비증산운동	3	성섭
1947-08-06-020	련기안보리사회에 인도네시아문제조정 요청	호주수상 성명을 발표	4	따쓰통신
1947-08-06-021	인도정부도 요청		4	따쓰통신
1947-08-06-022	화란침략반대 결의	유엔에 세계민청서기국 전문 발송	4	북조선통신
1947-08-06-023	인도에 반화란 시위		4	북조선통신
1947-08-06-024	화군의 범죄사실	『파를』지 특파원 보도 발표	4	북조선통신
1947-08-06-025	상해의 헌병경관을 총살		4	따쓰통신
1947-08-06-026	항가리 제 정당 선거련합에 최후적결정		4	북조선통신
1947-08-06-027	이란당국 석간지에 정간		4	북조선통신
1947-08-06-028	루마니아농업기계화	-계획수립 완료-	4	북조선통신
1947-08-06-029	항가리경제계획	8월 1일 전국적경축으로 개시	4	북조선통신
1947-08-06-030	미국여론은 투루맨의 정책을 비난하고 있다		4	통신부
1947-08-06-031	해방 2주년을 맞는 인도네시아인민의 투쟁	『뚜루드』지에 엘빈씨 론평	4	북조선통신
1947-08-06-032	쏘철도수송력 4백만명 증가		4	북조선통신
1947-08-06-033	국제민청축전소식	참가국 57개국 인원수 7천명, 음악경연회 성황	4	북조선통신

기사번호	제목(title)	부제목(stitle)	면수	필자, 출처
1947-08-06-034	극장		4	
1947-08-06-035	북조선의 유일한 만문만화비판잡지	로동신문사발행4색호화판 『호랑이』 제3호발매	4	
1947-08-06-036	북조선로동당 중앙위원회 기관잡지 『근로자』 46배판 백36페지 제6호발매중	주요내용(반가35원)	4	
1947-08-07-001	생산기관의 문화사업을 강화하자		1	
1947-08-07-002	사회보험 혜택입은 실인원 5개월간 31만 9천여명	북조선인민위원회 로동국 발표	1	현석
1947-08-07-003	'반탁투위'탈퇴성명 안하는 반역집단들 단연 제외할것 직총중앙위원회 최경덕씨	조미기자단회의에서의 스띄꼬브 대장의 성명에 대한 반향	1	언철
1947-08-07-004	쏘련측 성의에 감격하면서 민전산하의 민주력량 발양 농맹중앙위원장 강진건씨	조미기자단회의에서의 스띄꼬브 대장의 성명에 대한 반향	1	중선
1947-08-07-005	벌써 수립되었을 림시정부 아직 지연됨은 반동파의 죄 녀맹중앙 부위원장 김은주씨	조미기자단회의에서의 스띄꼬 브대장의 성명에 대한 반향	1	
1947-08-07-006	박탈되는 인민의 권리	해방기념 축하행사도 금지	1	북조선통신
1947-08-07-007	반탁투위가입단체 공위협의대상 제외는 당연	부라운소장 담화에 대한 남로당 담화	1	북조선통신
1947-08-07-008	기술연구에 경쟁	성진제강소의 성과	1	북조선통신
1947-08-07-009	상업국의 사업 개관		2	상업국장 장시우
1947-08-07-010	철원.금화 평야의 증산전 36만평 제초에 개가	감격할 로동당원들의 모범작용	2	홍범
1947-08-07-011	상반년기계획 생산총화와 8.15준비문제 등을 토의	함북도당 제10차위원회	2	리재순
1947-08-07-012	사동운수세포원들 상호협조로 수범		2	명덕
1947-08-07-013	당원 정영해동무의 지성	금천군 의류면 석두리세포에서	2	운성
1947-08-07-014	자라나는 북조선기술진	발명, 창안품이 무려 수백여종	3	달수
1947-08-07-015	8.15 2주년 기념전람회	8월 11일~26일에 개최	3	명덕
1947-08-07-016	현물세 완납단신	평북, 함남, 성북, 강원	3	명덕, 영환, 경석, 김상근, 리제곤, 홍범
1947-08-07-017	도급제와 상금실시에 의한 국영 산소공장의 성과		3	북조선통신
1947-08-07-018	탄광 공장에도 동원	함북녀맹의 증산운동의 성과	3	리제곤
1947-08-07-019	시내 남녀중등학교 입학시험 6일부터 개시		3	김전
1947-08-07-020	일기예보		3	
1947-08-07-021	북조선문학예총사업의 회고와 전망(1)		3	북조선문학예술 총동맹 서기장 안함광
1947-08-07-022	안보신가맹국 심사	쏘련 몽고인민공화국 가맹 주장	4	따스통신
1947-08-07-023	불가리아수상 유고방문은 발칸평화에 기여 다대		4	북조선통신

기사번호	제목(title)	부제목(stitle)	면수	필자, 출처
1947-08-07-024	안전보장리사회에서 화인 량국에 정전명령		4	북조선통신
1947-08-07-025	신강국경사건과 국민당		4	통신부
1947-08-07-026	미국의 자동차로조 전국적파업 결정		4	북조선통신
1947-08-07-027	서전전범자 분란에 수교		4	북조선통신
1947-08-07-028	불가리아정부대표단 귀국		4	북조선통신
1947-08-07-029	체육발달에 대한 쏘베트국가의 배려		4	통신부
1947-08-07-030	독일의 통일재건을 위하여 동부 각 주 수상 공동성명		4	북조선통신
1947-08-07-031	쏘련 사회주의적생산경쟁 활발		4	북조선통신
1947-08-07-032	인도신국기 제정		4	따쓰통신
1947-08-07-033	분란에서 쏘련전람회		4	북조선통신
1947-08-07-034	토이기 국제은행에 차관 요구		4	북조선통신
1947-08-07-035	극장		4	
1947-08-08-001	독보사업을 열성있게 하자		1	
1947-08-08-002	8.15해방 2주년기념보고요강	8.15해방 2주년기념 공동준비위원회	1, 2	
1947-08-08-003	금일 8월 8일은 쏘련의 대일선전일		1	
1947-08-08-004	창의발휘한 박지근동무 복구대선봉 권수만동무	청진철도공장 모범당원	2	리제곤
1947-08-08-005	고철회수 시범 김히석동무		2	영복
1947-08-08-006	련속적으로 폭발된 상반년기 건국증산경쟁의 진원지,평남도 로동당단체들의 협조상황 1947년도 인민경제 부흥과 발전에 대한 예정수자에서 상반년의 총결에 대한 북조선인민위원회 결정실행에 있어서 각급 당단체의 협조 및 평남도 당단체의 과업에 대한 보고(요지)	북조선로동당 평안남도당위원장 김재욱	3, 4	
1947-08-08-007	체신국의 사업개관		4	체신국장 주황섭
1947-08-08-008	김일성장군에게 바치는 송가		4	안룡만
1947-08-08-009	북조선문학예총사업의 회고와 전망(2)		5	북조선문학예술총동맹 서기장 안함광
1947-08-08-010	근로인의 즐거운 위안처	문화시설의 보급 구락부도서실은 날로 확장	5	김전
1947-08-08-011	해방기념 북조선예술축전	8월 5일부터 개막	5	현석
1947-08-08-012	팔동교공사 진척	금년 11월에 준공예정	5	언철
1947-08-08-013	8.15기념을 세금완납으로	40만 평양시민 총궐기	5	김전
1947-08-08-014	운반선 '조경호' 진수	평북조선소에서	5	북조선통신
1947-08-08-015	온상리용으로 감자를 다수확		5	원태정
1947-08-08-016	증산운동 15간의 평남 및 평양시 중간실적		5	기관

기사번호	제목(title)	부제목(stitle)	면수	필자, 출처
1947-08-08-017	8, 15기념해설대 각 공장에 파견	-중앙녀맹에서-	5	은길
1947-08-08-018	자성군에도 전등은 켜진다		5	영락
1947-08-08-019	모란봉야외극장 일반에게 공개		5	은길
1947-08-08-020	해방기념 축하행사 금지령은 천만부당	남조선민전 담화 발표	6	북조선통신
1947-08-08-021	당원 16명으로 된 '단족통일당'		6	정
1947-08-08-022	상대.국대안 반대성명 발표		6	북조선중앙통신
1947-08-08-023	따쓰, 스띄꼬브대장 성명 보도		6	북조선중앙통신
1947-08-08-024	경관 농민을 검거		6	북조선통신
1947-08-08-025	미국에 추종하는 국민정부	대일강화 예비회의 참가 결정	6	북조선통신
1947-08-08-026	쏘, 파 물자교환협정 성립		6	북조선통신
1947-08-08-027	전후 5개년계획 제2년도의 성과		6	북조선통신
1947-08-08-028	항가리기획국		6	북조선통신
1947-08-08-029	국제민청축전소식	애급정부의 비민주행동 비난	6	북조선통신
1947-08-08-030	애급서 쏘련미술전람회		6	북조선통신
1947-08-08-031	쏘베트사회의 계급구성(상)		6	신문부
1947-08-08-032	평양야간공업전문학교 학생모집 요항		6	
1947-08-08-033	라지오		6	
1947-08-08-034	극장		6	
1947-08-09-001	자기 임무의 완수는 진정한 애국자의 신성한 의무다		1	
1947-08-09-002	제44차 북조선인민위원회 기구개편 등을 토의결정	각 도 산업부 상업부를 공상부로	1	현석
1947-08-09-003	북조선수산업 상반년분 총화		1	북조선통신
1947-08-09-004	혁명자유가족학교 제2차로 생도모집	개학 앞두고 해당자 루락없도록 만전	1	현석
1947-08-09-005	함남철도부 수송계획 9월까지 달성을 맹세		1	북조선통신
1947-08-09-006	새 지배인들 국영직장에 배치		1	북조선통신
1947-08-09-007	해방기념 38연선 순진		1	북조선통신
1947-08-09-008	증산돌격운동의 추진과 체육문화의 군중화 토의	평양시당 제52차 상무위원회	1	명덕
1947-08-09-009	'반탁'파를 제외하고 공위성공을 위해 싸우자	북조선로동당 부위원장 주녕하동지 담	1	
1947-08-09-010	반동파와 끝까지 투쟁	북조선민주당 부당수 리연우씨 담	1	
1947-08-09-011	'반탁'배 참가는 모순	천도교청우당 중앙선전국장 전찬배씨 담	1	중선
1947-08-09-012	선천 학생 농민들의 분투		1	전만
1947-08-09-013	8.15해방 2주년을 맞으며	일제의 잔재요소를 숙청.의료기관의 민주화 실현	2	보건국 부국장 리동화
1947-08-09-014	하반년기 증산협조방향과 당면 중요문제를 토의결정	평북도당위원회의 성과	2	영환

기사번호	제목(title)	부제목(stitle)	면수	필자, 출처
1947-08-09-015	상급당 결정을 받들어 당면 중요문제 토의결정	평양시 중구구역당 제9차위원회	2	명덕
1947-08-09-016	간편히 자동차내피를 수선하는 기계를 창안	로동당원 류경수동무	2	기형
1947-08-09-017	반탁투위의 가입단체를 협의에 참가시키는것은 몰로또브, 마샬협정의 위반이다		2	북조선통신
1947-08-09-018	상반년의 업적을 총결	평양특별시 제13차확대위원회	3	김전
1947-08-09-019	전장천축제공사에 철산군민들 총궐기		3	영환
1947-08-09-020	화천철공장 계획량 완수		3	유한식
1947-08-09-021	8.15해방가		3	윤시철, 리면상
1947-08-09-022	각지의 8.15기념 준비행사		3	홍범, 박, 정운성, 황진홍, 경석
1947-08-09-023	모범공작원을 표창	8.15기념일을 앞두고 평양특별시 내무부에서	3	김전
1947-08-09-024	쏘련적십자병원 많은 환자를 치료		3	영환
1947-08-09-025	북조선민주녀성총동맹의 사업총결과 앞으로의 전망(상)		3	북조선민주녀성총동맹 중앙위원회 위원장 박정애
1947-08-09-026	휴양받는 소년단원	평북 후창군 남녀학생소년들	3	기운
1947-08-09-027	학생캄푸대 묘향산에서 활약		3	김인득
1947-08-09-028	이천고아원의 자라나는 모습		3	로일송
1947-08-09-029	고 려운형씨 인민장 3일 엄숙히 거행		4	북조선통신
1947-08-09-030	민전간부 석방 요구	민전이하 각 단체 담화	4	북조선통신
1947-08-09-031	인도네시아문제에 관하여	안전보장리사회 석상에서 그로미꼬 쏘련대표 연설	4	따쓰통신
1947-08-09-032	화란측 정전협정 위반	인도네시아수상 언명	4	북조선통신
1947-08-09-033	레닌그라드 각 공장 전람회		4	북조선통신
1947-08-09-034	국민당 제2선류군부대 조직		4	북조선통신
1947-08-09-035	비루마내각 개편		4	북조선통신
1947-08-09-036	라지오		4	
1947-08-09-037	쏘베트사회의 계급구성(하)		4	신문부
1947-08-10-001	중요산업국유화법령발포 1주년기념일을 맞으며		1	
1947-08-10-002	쏘미공동위원회에서		1, 2	
1947-08-10-003	중요산업국유화실시 1주년에 제하여		2	
1947-08-10-004	조기현물세 완납운동에 표현된 농민들의 애국열	중화군 당정면 로동당원 핵심작용	2	명덕, 유한식, 준호
1947-08-10-005	당생활단신		2	
1947-08-10-006	민주건설의 토대구축	생산을 비약적으로 발전	3	은길
1947-08-10-007	경이적으로 부흥발전 기술자의 공헌도 심대	철도	3	언철

기사번호	제목(title)	부제목(stitle)	면수	필자, 출처
1947-08-10-008	불면불휴의 작업으로 공장을 복구 생산 제고	평양제사공장	3	기관
1947-08-10-009	산업국유화법령실시 1주년기념일에 제하여 산업국 부국장 담화 발표		3	
1947-08-10-010	리희찬동무를 본받아 강동군현물세 완납		3	명덕
1947-08-10-011	흥남녀녀맹의 다채로운 행사		3	한
1947-08-10-012	8.15기념의 자유 요구	행정명령 5호에 대한 여론 비등	4	북조선통신
1947-08-10-013	공위대표에 진정서	경북 군위 농민들	4	북조선통신
1947-08-10-014	정보 및 출판 자유문제에 관하여 련기내 사회, 경제 리사회에서의 쏘련대표 모로조브의 연설내용		4	따쓰통신
1947-08-10-015	유고슬라비아, 볼가리아 량국 협조조약 성립		4	북조선통신
1947-08-10-016	미국군사고문단 중국군사령부에 전속		4	북조선통신
1947-08-10-017	쏘련은 위대한 철도국가다		4	신문부
1947-08-10-018	볼가리아반정부음모파 공판		4	북조선통신
1947-08-10-019	미국서 훈련된 중국장교 귀국		4	북조선통신
1947-08-10-020	극장		4	
1947-08-12-001	민주문화발전의 새로운 방향으로 투쟁하자		1	
1947-08-12-002	반일투쟁에서 잃은 옛 동지의 유아들과도 대면 김일성위원장의 간곡한 격려	감격한 혁명자유가족학원생들	1	성택
1947-08-12-003	8.15해방 2주년 기념표어	북조선인민위원회 결정	1	
1947-08-12-004	촌토의 공지없이 작부 근래에 드문 대풍작!	홍기주부위원장 농형시찰 담	1	현석
1947-08-12-005	황해도농민의 열성		1	북조선통신
1947-08-12-006	로동자에게 선물	황해도 농민들	1	북조선통신
1947-08-12-007	대중미정책 반대	전국학생련맹 선언	1	북조선통신
1947-08-12-008	전종업원의 애국적열성으로 완전히 복구된 철도사업		2	교통국 부국장 김황일
1947-08-12-009	귀성염전 창고세포원들 염수송 192%로 추동		2	명덕
1947-08-12-010	새로운 고안으로 도람관제작에 창의 발휘	원산석유공장 이대연 소대수 두동무	2	김홍범
1947-08-12-011	당생활단신	어대진 토건세포의 모범	2	리상순
1947-08-12-012	당생활단신 수차 리용 발전 정석준동무	방산면 장평리 세포원	2	손경호
1947-08-12-013	쏘베트군대는 신형의 군대		2	신염
1947-08-12-014	기술과 창의성 발휘하여 국가통신망 확충에 진력	체신	3	한샘
1947-08-12-015	영농자금의 원만한 융통 농산물증산에 기여 다대	농민은행	3	임성
1947-08-12-016	평남예술축전 10일부터 개막		3	달수
1947-08-12-017	평양시 민청원 독보경쟁운동		3	은길

기사번호	제목(title)	부제목(stitle)	면수	필자, 출처
1947-08-12-018	평남려객자동차의 돌격	김자룡씨의 모범적작업	3	한
1947-08-12-019	강원제재공장의 돌격작업		3	기형
1947-08-12-020	북조선민주녀성총동맹의 사업총결과 앞으로의 전망(하)		3	북조선민주녀성총동맹 중앙위원회 위원장 박정애
1947-08-12-021	어머니품 같은 나의 직장 남조선정세에 주먹을 불끈	실내단장에 바쁜 국립예술극단 배우 김복선양	3	현석
1947-08-12-022	대동군현물세완납 경축대회		3	중선
1947-08-12-023	루마니아에 나치분자 처단령		4	
1947-08-12-024	국제정세개관		4	북조선통신
1947-08-12-025	대일평화조약 준비문제		4	통신부
1947-08-12-026	트리에스트에서 영미산업시설 반출	유고정부 엄중항의	4	북조선통신
1947-08-12-027	중국의 미곡폭동 확대	-38도시에서 17만명 참가-	4	북조선통신
1947-08-12-028	불가리아정부 유엔참가 요청		4	북조선통신
1947-08-12-029	화란의 민주주의대중 군사전범자 처단 요구		4	북조선통신
1947-08-12-030	야구 구경하는 '천황'		4	북조선통신
1947-08-12-031	지중해에서 미해군 책동		4	북조선통신
1947-08-12-032	미대통령 부라질행?		4	북조선통신
1947-08-12-033	흑인차별대우		4	북조선통신
1947-08-12-034	국제민청축전소식 인도의 비참정세 보고	참가자들 영제주의 비난	4	북조선통신
1947-08-12-035	쏘련무용단 모쓰크바 출발		4	북조선통신
1947-08-12-036	음악경연회 성적		4	북조선통신
1947-08-12-037	트루맨특사 애치슨 낙위에		4	북조선통신
1947-08-12-038	극장		4	
1947-08-13-001	생산경쟁운동의 성과를 확보하자		1	
1947-08-13-002	1947년 8월 9일 하오 2시 기자단회의에서의 쏘련대표단 주석 스띄꼬브대장의 성명		1	
1947-08-13-003	전북조선에 8.15기념 증산경쟁을 호소한 흥남비료공장 수안광산의 치렬한 돌격보		1	동천, 경식, 정순
1947-08-13-004	"김일성위원장은 영명한 지도자다"	미국문사 루이스 스트롱녀사 담	1	
1947-08-13-005	북조선인민은 위대한 정치적자유를 전취하였다		2	
1947-08-13-006	쏘련은 전세계 평화의 성벽이다		2	북조선통신
1947-08-13-007	당생활단신	안변군당, 사리원방적공장 당부 조직	2	김만선, 성섭
1947-08-13-008	증산의 선두를 달리는 용사 책임량완수는 최대의 기쁨	모범로동자	3	달수
1947-08-13-009	해방기념 증산운동목표량 신창탄광 완수		3	기관
1947-08-13-010	두번째의 8.15를 맞으며 우리 직장의 자랑	전기제작소, 북조선전염병연구소, 평양중앙도서관	3	중선, 언철
1947-08-13-011	증산으로 행복에 보답	결의를 말하는 김창균동무	3	달수
1947-08-13-012	강괴증산을 보장 숙사도 대대적으로 증축	황해제철소	3	성섭
1947-08-13-013	생산은 일로발전	신의주방적	3	영환
1947-08-13-014	주도한 운영으로 증산을 확보	사리원방적	3	성석
1947-08-13-015	상반기사업총화와 하반기과업을 토의	북조선 각 도 농림부장회의	3	성택
1947-08-13-016	민청원들 가두 청소		3	기관
1947-08-13-017	북조선예술축전 심사위원		3	임성
1947-08-13-018	희랍문제에 관하여 안보리사회의 석상	쏘련대표 그로미꼬 연설	4	따쓰통신
1947-08-13-019	화란의 침략행동은 세계민청에 대한 도전	국제민청련맹에서 선언서	4	북조선통신
1947-08-13-020	파시스트잔재 숙청하자!	국제전정치범련맹 호소	4	북조선통신
1947-08-13-021	국제민청축전소식	쏘련대표음악회	4	북조선통신
1947-08-13-022	일본의 식량상태		4	통신부
1947-08-13-023	운동시합 전개		4	북조선통신
1947-08-13-024	독일동부의 식량사정		4	통신부
1947-08-13-025	북조선예술축전 음악공연 대성황	재령 원산 음악단 호평	4	현석
1947-08-14-001	민주건설의 환희속에서 해방 2주년을 맞이하자		1	
1947-08-14-002	민주건설의 모범일군을 북조선인민회의서 포창		1	현석
1947-08-14-003	북조선인민회의 제13차 상임의원회 결정	산업 농촌경리 과학 문학 예술 등 부문의 일군들에게 북조선인민회의의 상임의원회 포창장을 증여함에 관하여	1	
1947-08-14-004	우리 민족의 해방기념일!	8.15 2주년 경축대회에 모두 참가하자	1	정
1947-08-14-005	부당한 하곡수집 거부한 농민을 경찰이 발포학살 즉사자 7명 부상 수십명	경남 창원에 참변	1	북조선통신
1947-08-14-006	조국의 완전독립! 일념에 불타는 우리 로동당단체들의 선봉적투쟁		2	
1947-08-14-007	해방의 환희를 상징하는 림립한 연통에서 내뿜는 연기 확장과 증산에 힘찬 기계소음	평양곡산공장 당부의 방조 위대	2	명덕
1947-08-14-008	제과공장을 신설하고 일산 500관을 생산	평곡제일분공장 당원이 핵심	2	
1947-08-14-009	민족간부로써 신출발	평양시당학교 2기졸업식	2	명덕
1947-08-14-010	인민보위의 중책을 담당코 친절과 시범으로 치안에 헌신	본평양내무서세포 교양에 주력	2	창숙
1947-08-14-011	해방 2주년 기념탑으로 사송강제방 구축에 개가	정주 곽산면 남단동 농민들의 노력 결정	2	정원
1947-08-14-012	8 15증산경쟁 치렬 당원의 선봉역할 주효	길주철도기관구 동무 감투	2	태화
1947-08-14-013	당생활단신	봉산군당부 학습지도자 강습	2	
1947-08-14-014	반일투쟁의 축도 김일성장군의 투쟁사를 현시	북조선박물관 현대사실 개관식	3	김전

기사번호	제목(title)	부제목(stitle)	면수	필자, 출처
1947-08-14-015	민주개혁의 성과를 찬양 새로운 결의로 건설에 매진 8.15 2주년기념 직장보고대회	평양철도공장, 전기제작소, 선교 련탄공장	3	은길, 언철, 기관
1947-08-14-016	그리는 평화의 도시 모쓰크바 기쁨은 누구보다 더 큽니다	쏘련류학을 앞둔 서만일동무	3	현석
1947-08-14-017	오늘의 행복도 해방의 덕 농산물증산은 나의 사명	행복을 말하는 벽성군 읍청동 이태영농민	3	달수
1947-08-14-018	두번째의 8.15를 맞으며 우리 직장의 자랑	각지에서	3	기관, 은길, 중선
1947-08-14-019	온상육묘에 성공 3할증수를 예기	함남 함주군 심중리 농민들	3	성택
1947-08-14-020	청진 각 공장의 증산돌격성과		3	준국
1947-08-14-021	일기예보		3	북조선기상대
1947-08-14-022	쏘베트군대는 해방군이다		4	
1947-08-14-023	해방 2년간에 쌓아올린 북조선건설상		4	달수
1947-08-14-024	해방후 2년간에 발전향상된 흥남지구 인민공장의 문화후생시설과 증산에 불타는 작업능률		4	경석
1947-08-14-025	쏘일개전으로부터 일본 무조건 항복까지(상)		4	
1947-08-15-001	해방 2주년 기념 만세!		1	
1947-08-15-002	북조선의 민주주의적발전의 2년간	해방 2주년을 맞이하면서	1	
1947-08-15-003	쓰딸린대원수에게 드리는 메쩨지	북조선 8.15해방 2주년기념대회	1	
1947-08-15-004	조선해방 2주년에 제하여 쏘련외상 몰로또브의 축전		1	
1947-08-15-005	8.15해방 2주년기념보고 1947년 8월 14일 오후7시 평양모란봉극장에서 거행된 북조선인민회의, 북조선인민위원회, 북조선 각정당 사회단체, 평안남도 및 평양특별시인민위원회 련합 8.15해방 2주년기념대회에서	김일성	1, 2, 3	
1947-08-15-006	스띄꼬브대장으로부터 김일성위원장에게 축전	북조선 8.15해방 2주년기념대회	3	
1947-08-15-007	북조선주둔 쏘련군 장병에게 보내는 메쎄지	북조선 8.15해방 2주년기념대회	3	
1947-08-15-008	민주조국건설의 모범일군에게 영예의 포창장 증여	북조선인민회의원에서 엄숙히 거행	4	현석
1947-08-15-009	건설북조선을 구가 2년간의 민주건설을 전시	8.15 2주년 기념전람회 개막	4	임성
1947-08-15-010	조국창건의 결의도 군은 8.15 2주년 기념보고대회	쏘련외상의 축전에 만장은 감격	4	
1947-08-15-011	환희의 8.15!	경축소리 드높은 대평양	4	현석
1947-08-15-012	해방후 2년간에 쌓아올린 북조선건설상		4	
1947-08-15-013	평양시 주변농촌에 8.15 경축영화 출동		4	언철

기사번호	제목(title)	부제목(stitle)	면수	필자, 출처
1947-08-17-001	김일성위원장의 이름은 인민들의 투쟁의 기치이다		1	
1947-08-17-002	민주건설을 구가하는 30여만 군중의 환호 충천	8.15해방 2주년기념 평양특별시민 경축대회	1	현석
1947-08-17-003	축사 꼬로뜨꼬브	8.15해방 2주년기념 평양특별시 경축대회에서	1	
1947-08-17-004	승리의 인민대렬	시위로 의기선양	1	한샘
1947-08-17-005	8.15해방 2주년을 맞으면서 김책	8.15해방 2주년기념 평양특별시 경축대회에서	2	
1947-08-17-006	쏘련군 전몰용사에 드리는 북조선인민의 감사	해방탑에서 화환헌정식 엄숙히 거행	2	한샘
1947-08-17-007	헌사		2	
1947-08-17-008	답사	자베레브소장	2	
1947-08-17-009	8.15해방 2주년기념대회에서	북조선주둔 쏘련군 대표 로마넨꼬소장 축사	2	
1947-08-17-010	북조선로동당 중앙위원회 기관잡지 『근로자』	제7호 근일 발매	2	
1947-08-17-011	쏘미공동위원회 쏘련대표단 주석 스띄꼬브대장의 성명	1947년 8월 14일	3	
1947-08-17-012	사진은 8.15해방 2주년기념 평양특별시민 경축대회 광경		2, 3	
1947-08-17-013	북조선인민위원회 결정 제61호	모범일군 포상에 관한 결정서	3	
1947-08-17-014	대일전에피소드 3편	해군장병의 공훈, 용감한 땅크병들, 만주의 상공에서	4	신문부
1947-08-17-015	행정령 5호 철회를 민전산하 정당단체서 요구		4	북조선통신
1947-08-17-016	남로당 중앙위원회 부라운소장에게 서한		4	북조선통신
1947-08-17-017	해방기념의 자유를 다고		4	북조선통신
1947-08-17-018	민주단체 간부 검거		4	북조선통신
1947-08-17-019	쏘일개전으로부터 일본 무조건 항복까지(하)		4	
1947-08-17-020	두번째 맞는 명절의 기쁨	8.15해방 2주년기념 함흥시군중대회	4	
1947-08-17-021	극장		4	
1947-08-19-001	세포위원회 사업을 강화하자		1	
1947-08-19-002	조국해방 2주년기념에 3백 68만여명 동원	북조선전역에서 민주독립 절규	1	북조선통신
1947-08-19-003	조쏘인민의 친선 조국창건을 선양 화교 5천명도 참가	신의주시 10만여 동원	1	영환
1947-08-19-004	류학생 시찰간 한설야씨로부터 김일성위원장에게 래전		1	
1947-08-19-005	인민경제계획 완수와 반동파 타도 고창	청진시 6만여 동원	1	현준극
1947-08-19-006	공중과 해상에서 호응한 일대 장관	원산시 8만 동원	1	홍범

기사번호	제목(title)	부제목(stitle)	면수	필자, 출처
1947-08-19-007	"북조선인민은 자유와 행복을 향수하고 있다"	미국 문사 루이스 스트롱녀사 담	1	
1947-08-19-008	남조선단독정부수립음모 반동파의 괴수들 등장 획책	따쓰통신	1	북조선통신
1947-08-19-009	외국독점자본가의 주구 타도하자	평양화교 8.15기념대회	1	북조선통신
1947-08-19-010	남조선에 검거선풍	민주요인 약 천명 피검	1	북조선통신
1947-08-19-011	포악한 무장경관		1	북조선통신
1947-08-19-012	쏘련류학생의 해방경축 전보		1	북조선통신
1947-08-19-013	8.15기념으로 록비증산 무축농가 일소에도 성공	극성동 봉화반 당원모범	2	최병흡
1947-08-19-014	가열로 성능을 제고 창안자 김승현동무	황해제철 62세포원 분투	2	성섭
1947-08-19-015	현물세납부에 수범	김궤업 김문섭 동무	2	명덕
1947-08-19-016	전기로를 개조	문천기계 손홍렬동무	2	홍범
1947-08-19-017	전기보이라를 창안 자체교양에 대열성	길주팔프 김영욱동무	2	태화
1947-08-19-018	제초의 틈을 타 독보회 조직	자산리세포 대열성	2	리창순
1947-08-19-019	파손된 '보이라'수리	원산피혁공장 세포	2	홍범
1947-08-19-020	단기강습의 성과 막대	영흥군당부 교양사업	2	태길
1947-08-19-021	토지개량 제초에 전력	정룡준동무의 수범	2	김명복
1947-08-19-022	고도의 창의성을 발휘 경비절약생산 제고	국영정백공장의 증산보	2	언철
1947-08-19-023	채탄량 2배 제고	삼신탄광의 돌격작업	2	기관
1947-08-19-024	농구수리장을 설치 전등 켜고 라지오 청취	동흥리 제1세포 추동	2	김명복
1947-08-19-025	국제직업총련맹 가맹과 북조선직업총동맹의 과업(1)		2	북조선직업총동맹 위원장 최경덕
1947-08-19-026	북조선인민위원회의 포상에 빛나는 모범일군		3	
1947-08-19-027	해방후 2년간에 쌓아올린 북조선건설상		3	
1947-08-19-028	남조선서 이주해온 농민들의 좌담회		3	
1947-08-19-029	약초탐사대 출발	김일성대학 의학부에서	3	김전
1947-08-19-030	시내 남녀초급중학교에 지원자의 93%가 입학		3	
1947-08-19-031	송신리 김두황 8.15기념으로 천원을 헌금		3	의철
1947-08-19-032	동남구라파제국 경제계획의 발전	멕씨코작가 요세 만씨시도르씨 담	4	북조선통신
1947-08-19-033	복구되는 하리꼬브	-8월 23일은 해방 4주년-	4	북조선통신
1947-08-19-034	쏘중우호 및 동맹조약	-그의 체결 2주년에 제하여-	4	통신부
1947-08-19-035	중요산업의 사회관리	일본공산당 대표 성명	4	북조선통신
1947-08-19-036	국제민청축전소식	쏘베트음악회	4	북조선통신
1947-08-19-037	파란반동단체 숙청에 각 정당이 공고히 단결		4	북조선통신
1947-08-19-038	쏘미공동위원회와 '의사표시자유'의 원칙		4	북조선통신

기사번호	제목(title)	부제목(stitle)	면수	필자, 출처
1947-08-19-039	희랍자유당 당수 전언 취소의 추태	우익파의 압박으로	4	북조선통신
1947-08-19-040	인도사회공화당 탄생	통일공화국 건설 주장	4	북조선통신
1947-08-19-041	항가리의 선거	사회민주당 당수 연설	4	북조선통신
1947-08-19-042	토이기로 가는 미국의 군수품	2천 3백만 파운드의 내용	4	북조선통신
1947-08-19-043	유고슬라비아 방문한 외국인기자들		4	북조선통신
1947-08-19-044	극장		4	
1947-08-19-045	조선청년의 기개를 전세계에 자랑	국제청년축전에서	호외	
1947-08-20-001	빛나는 모범일군들의 표창에 대하여		1	
1947-08-20-002	동인.보르네오국민투표 요구		1	북조선통신
1947-08-20-003	조선청년의 기개를 전세계에 자랑!	국제청년축전에서	1	
1947-08-20-004	조선청년축구대표 국제무대에서 우승	김일성위원장께 환희의 전보문	1	
1947-08-20-005	조선민족무용도 국제청년축전에서 1등	북조선민청대표단 대표	1	
1947-08-20-006	국제무용경연 1등은 최승희무용연구소생		1	
1947-08-20-007	민족무용의 우수성과 창조력을 세계에 과시	문예총위원장 리기영씨 담	1	
1947-08-20-008	북조선청년의 향상된 체육문화수준을 실증	민청중앙 부위원장 로민씨 담	1	
1947-08-20-009	북조선의 행복된 조건에서 얻은 영예	최승희녀사 담	1	
1947-08-20-010	수풍발전소 삭주청수공장의 분투상		1	영환
1947-08-20-011	반탁대회로 일변	경성의 해방기념	1	
1947-08-20-012	인도림시정부 수상 에네루씨		1	북조선통신
1947-08-20-013	오지리에서 비밀무기 발각		1	북조선통신
1947-08-20-014	이에 대두하는 유태인 배척		1	북조선통신
1947-08-20-015	국제직업총련맹 가맹과 북조선직업총동맹의 과업(2)		2	북조선직업총동맹위원장 최경덕
1947-08-20-016	해방 2주년을 맞이한 북조선인민의 영광	따쓰통신의 보도	2	북조선통신
1947-08-20-017	당원이 선두로 둘레반조직 제초와 중경을 손쉽게 완수	사계리동촌세포 창의 주효	2	태화
1947-08-20-018	어떻게 쏘베트인민은 쏘련에 사회주의를 건설하였느냐(1)		2	홍인표 역
1947-08-20-019	승리적으로 달성	흥남인민공장의 성과	3	경석
1947-08-20-020	서평양철공장 142% 달성	평남도내 각 공장의 성과	3	명덕
1947-08-20-021	수안광산 112%	함남 7대 광산 초과 달성	3	북조선통신
1947-08-20-022	각지 8.15 2주년기념 군중대회		3	성섭
1947-08-20-023	8.15해방 2주년 기념전람회	화학실	3	임성
1947-08-20-024	8.15 2주년 기념경축	평양시인민체육축전 개막	3	기관
1947-08-20-025	전신전화시설을 지키라	북조선인위에서 주의 환기	3	현석
1947-08-20-026	해방후 2년간 향상된 농민들의 생활	평원군농민들과 칠불리농민들	3	성택, 의철
1947-08-20-027	새 학기부터 사용할 신교과서 8백여만부		3	현석
1947-08-20-028	휴양소에서 돌아온 금천학생들의 분투		3	운성

기사번호	제목(title)	부제목(stitle)	면수	필자, 출처
1947-08-20-029	쌍룡광산'의 20일간 성과		3	영복
1947-08-20-030	730방적생산 돌격		3	김기형
1947-08-20-031	국제정세개관	영국차관을 랑비	4	북조선통신
1947-08-20-032	국제정세개관	희랍과 외국간섭	4	브.그리사닌
1947-08-20-033	정전명령은 어데로? 화'인'간의 전투는 격화	화란예술가들 결속반대성명	4	북조선통신
1947-08-20-034	국제민청축전에 중국학생들 호소		4	북조선통신
1947-08-20-035	미의 내정간섭은 중국내란의 화근	쏘련기자 빠브로브 지적	4	북조선통신
1947-08-20-036	화란인민의 수치라고 전투계속에 여론 비등		4	북조선통신
1947-08-20-037	'반탁투쟁위원회'는 조선반동의 무기이다		4	통신부
1947-08-20-038	전 미부대통령 월레스씨 서반구의 군벌화를 반대		4	북조선통신
1947-08-20-039	토이기의 중요산업 미국인들 수중으로		4	북조선통신
1947-08-20-040	신인도는 쏘련과 친선강화를 희망	주쏘인도대사 성명 발표	4	북조선통신
1947-08-20-041	독일 불란서점령지대의 선거법	사민 공산 량당 거부 예정	4	북조선통신
1947-08-20-042	흥의 신선거에 외국기자 참석		4	북조선통신
1947-08-20-043	라지오		4	
1947-08-20-044	강선고등기술원양성소 생도 모집		4	
1947-08-21-001	열성자들은 당단체의 기초다		1	
1947-08-21-002	로동자 농민의 굳은 동맹 애국미헌납운동에 보답하는 로동자들의 증산투쟁과 선물	단천	1	김종근
1947-08-21-003	로동자 농민의 굳은 동맹 농민들의 선물 받은 로동자들 직장대회 열고 20% 증산을 추가	만포	1	김기형
1947-08-21-004	지하자원조사대 산업국에서 파견		1	북조선통신
1947-08-21-005	해방된 「봉산탈춤」 절찬		1	북조선통신
1947-08-21-006	민주주의교육의 중요과업을 토의	북조선교육관계자대회	1	언철
1947-08-21-007	반탁투위 목적은 단정수립에 있다	남조선전평 담화	1	
1947-08-21-008	파시즘잔재를 반대하여 투쟁	세계민련맹의 서한	1	북조선통신
1947-08-21-009	몰로토브 쏘련외상의 조선해방 2주년에 제한 축전과 쓰띄꼬브대장 8월 14일의 성명에 대한 반향	평양사범전문학교 교장 함병업, 평양특별시 남문리 시민 박은영, 김일성대학 학생 김히일	1	기관, 김전, 임성
1947-08-21-010	제지발전에 획기적연구 프랑케트제작에 개가	사리원방직기술부문 당원들의 노력	2	성섭
1947-08-21-011	8.15해방 2주년 맞고 모범당원 75명 표창	강원도당부의 행사	2	
1947-08-21-012	전등 켜고 라지오를 청취	몽상도 못해본 농민 환희	2	김영
1947-08-21-013	어떻게 쏘베트인민은 쏘련에 사회주의를 건설하였나(2)		2	홍인표 역
1947-08-21-014	반탁'분자들의 서한	의사표시자유의 원칙에 관련하여	2	한효

기사번호	제목(title)	부제목(stitle)	면수	필자, 출처
1947-08-21-015	지난 6월 22일 세계민주청년축전 참가대표 환송 체육대회에서 김일성위원장의 열렬한 호소를 듣는 선수들		3	
1947-08-21-016	영예의 1등을 차지한 이 감격! 이 기쁨!		3	현석
1947-08-21-017	해방과 자유를 베풀어 준 북조선민주개혁의 덕택	국영도량형기수리소 제2공장 로동자 김형전씨 담	3	달수
1947-08-21-018	환희 용솟음치는 평양거리	호외앞에 둘러선 인민들!	3	현석
1947-08-21-019	조국의 영광 더욱 빛낸 조선의 젊은 민주청년 우리는 이렇게 환송하였다	이들을 찬양과 감사로 맞자	3	달수
1947-08-21-020	이것도 쏘련군대의 원조와 김일성장군의 령도의 덕분	동대원 456번지 로인 김성억씨 담	3	달수
1947-08-21-021	새로 자라난 조선의 힘이 용솟음침을 크게 느낀다	교원대학생 오동수군 담	3	달수
1947-08-21-022	반파쑈쏘련전람회	조쏘문협 상설전람회관에서	3	기관
1947-08-21-023	공동로력 임금 구락부에 제공		3	대길
1947-08-21-024	현물세완납단신	평남, 함남, 강원	3	달수
1947-08-21-025	8.15예술축전	음악.연극 경연	3	
1947-08-21-026	각지의 8.15해방 2주년기념 군중대회	흥남, 단천, 석왕사, 연백	3	경석, 종근, 조후, 이대
1947-08-21-027	애급에서 영군철퇴문제	안보리사회의에서 론의	4	북조선통신
1947-08-21-028	미국의 대중정책 화북학생련합회 반대성명		4	북조선통신
1947-08-21-029	범미외상회의에 대하여 라틴아메리카 제국가의 동향	『쁘라우다』지에 유리 쥬꼬브씨 론평	4	북조선통신
1947-08-21-030	화란군 작전 계속	사상자 날로 격증	4	북조선통신
1947-08-21-031	쏘련 동기농작물 파종 개시		4	북조선통신
1947-08-21-032	미국의 물가등귀 극심		4	북조선통신
1947-08-21-033	쏘베트.이란석유협회조직 초안.이정부 수리		4	북조선통신
1947-08-21-034	대만에 미군사기지 축조	일본인의 이주도 장려	4	북조선통신
1947-08-21-035	미영 아랍반도에서 리권획득에 급급		4	북조선통신
1947-08-21-036	미류군기술자 희랍에 도착		4	북조선통신
1947-08-21-037	해방 2주년을 맞이하는 조선의 현상 -판이한 남북정세-	『이스베스치아』지에 가이다르씨 론평	4	
1947-08-21-038	북조선예술축전 무용공연 대성황	최승희무용연구소	4	현석
1947-08-22-001	인민경제계획 상반년의 성과와 하반년 과업에 대하여		1	
1947-08-22-002	조국애에 불타는 단결의 힘은 여하한 난관도 능히 돌파!	8.15증산 흥남비료공장 총결보고대회	1	박경석
1947-08-22-003	김일성위원장에게 드리는 메쎄지	8.15해방 2주년기념 증산경쟁총결 흥남비료공장 종업원대회	1	
1947-08-22-004	무법천지화한 남조선 민주애국자 대량검거	반동경찰과 테로단들 총 출동	1	북조선통신

기사번호	제목(title)	부제목(stitle)	면수	필자, 출처
1947-08-22-005	북조선로동자 사무원 농민 및 녀성들에게 보내는 메쎄지	8.15 증산경쟁총결 흥남비료공장 종업원대회	1	
1947-08-22-006	모범농민 휴양		1	의철
1947-08-22-007	신문사 포위탄압	남조선경찰 폭행	1	북조선통신
1947-08-22-008	남조선 총 검거의 진상		1	북조선통신
1947-08-22-009	제2차 세계대전후의 사회주의공업(상) 『볼쉐위크』 제8호에서	이.쿨스끼	2	
1947-08-22-010	당생활단신	목재류실 방지 가두세포 수범	2	최병흡
1947-08-22-011	당생활단신 소작과 징용에서 해방 농작물증산으로 매진	송정리 현명석동무	2	송춘관
1947-08-22-012	어떻게 쏘베트인민은 쏘련에 사회주의를 건설하였나(3)		2	홍인표 역
1947-08-22-013	김일성장군의 평소의 격려	오늘의 빛나는 이 승리!	3	달수
1947-08-22-014	안주현씨의 창안	의료기를 제작	3	달수
1947-08-22-015	북조선국립영화촬영소 첫 작품 「인민위원회」 완성	록음기창안제조에 개가	3	기관
1947-08-22-016	축구단 우승의 쾌보를 듣고	2중의 기쁨에 찬 전기제작 종업원	3	김전
1947-08-22-017	민청 오빠 언니를 따라 공부하겠소	제4인민교 5년 윤영양	3	김전
1947-08-22-018	민주성과를 공고 완전독립에 매진	해주시 약 6만 동원	3	
1947-08-22-019	1883명의 신학생 김일성대학에 입학		3	
1947-08-22-020	8.15해방 2주년 기념전람회	경공업실	3	임성
1947-08-22-021	8.15기념 돌격운동의 성과 124.9% 돌파	평양시내 각 공장의 총결	3	기관
1947-08-22-022	일하며 배우고 배우며 일하자 방방곡곡에서 들리는 글소리	기양 삼리성인학교	3	동천
1947-08-22-023	일기예보		3	북조선 중앙기상대
1947-08-22-024	녕변군 오리면 봉무동 한글강습회		3	이동무
1947-08-22-025	영흥 부인강습회	함남 영흥군녀성동맹에서	3	경환
1947-08-22-026	국제정세개관		4	끄.고프만
1947-08-22-027	루마니아의 화페개혁 진행		4	북조선통신
1947-08-22-028	국제민청 참가단체들 막부착		4	북조선통신
1947-08-22-029	유고 화란간 통상연기 확인		4	북조선통신
1947-08-22-030	국부군에 징병면제를 요구		4	북조선통신
1947-08-22-031	인도네시아인민들 독립선언일을 기념		4	북조선통신
1947-08-22-032	알바니야인민공화국헌법		4	신문부
1947-08-22-033	라지오		4	
1947-08-22-034	강선고등기술원양성소 생도 모집		4	
1947-08-22-035	순천화학고등기술원양성소 모집요강		4	
1947-08-22-036	로동신문서점 개설안내		4	
1947-08-23-001	남조선반동파들의 음모와 책동을 철저히 분쇄하자		1	

기사번호	제목(title)	부제목(stitle)	면수	필자, 출처
1947-08-23-002	쏘미공동위원회 쏘련대표단 주석 스띄꼬브대장의 성명		1	
1947-08-23-003	반동악당들에 대한 북조선인민의 분노		1	
1947-08-23-004	벽보앞에 모여선 군중들의 절규!		1	기관
1947-08-23-005	농민들이 모여 증산투쟁 고창	평양시 문수2리 농민들	1	의철
1947-08-23-006	사람의 가죽만 썼지 사람일수 없습니다		1	달수
1947-08-23-007	단독정부 세우려는 단말마적발광추태		1	김전
1947-08-23-008	대량 검거한 흉계를 조선인민은 다 안다		1	김전
1947-08-23-009	북조선의 수도 민주발전의 핵심 거족적 당장성으로 확고히 보장 평양시당부 본신사업 활발히 전개	평양	2	김명덕
1947-08-23-010	당의 발전은 인재양성에서 유일제강학습의 성과 막대	동구당부 당원교양에 주력	2	김명덕
1947-08-23-011	돌격!	사동탄광 갱내에서	2	
1947-08-23-012	계몽, 청소, 린목에 모범 녀성당원이 70%를 점령	선교4리 가두세포 이채	2	
1947-08-23-013	창고보위와 물자애호 철저 로력재편성으로 능률 제고	평양연초공장 제8세포	2	
1947-08-23-014	해방전 소위 태만분자가 금일엔 철저한 애국투사	전차지부 오래식동무	2	
1947-08-23-015	'공장의 아버지' 칭호받는 평양제사 박석균동무		2	
1947-08-23-016	제2차 쏘련파견 류학생 김일성위원장 방문인사		3	
1947-08-23-017	물밀듯이 밀려드는 관객 이곳저곳에 감탄의 소리	8.15해방 2주년 기념전람회장의 이모저모	3	은길
1947-08-23-018	신의주방적공장에서 벌써 금년 생산계획 달성	1천 2백여명 로동자들 맹돌진 계속	3	영환
1947-08-23-019	남조선의 민주진영탄압에 분노의 불길 내뿜는 시민들		3	
1947-08-23-020	함흥 한글학교		3	경석
1947-08-23-021	민주정신으로 단련된 40일간의 합숙생활	청년축구대표들의 승리는 약속되었다	3	현석
1947-08-23-022	남조선의 검거선풍은 로골적단정수립음모		3	북조선통신
1947-08-23-023	승리의 뒤에는 이들의 공로 크다	감독 강기순 주장 장병오	3	현석
1947-08-23-024	일기예보		3	
1947-08-23-025	독일분할 선동하는 사회민주당의 획책	레온찌에브씨 『쁘라우다』지에 론평	4	북조선통신
1947-08-23-026	강제이주민중에서 미군이 의용병 모집		4	북조선통신
1947-08-23-027	항가리선거대회 민주발전을 고조		4	북조선통신
1947-08-23-028	전세계민청련맹 집행위원회는 막부에서 무엇을 결정하였는가	안토느브	4	

기사번호	제목(title)	부제목(stitle)	면수	필자, 출처
1947-08-23-029	중국 광동 광서 등지에 미국기업 자본 투자		4	북조선통신
1947-08-23-030	영국각지에서 반유태인운동		4	북조선통신
1947-08-23-031	영국의 딸라소모와 이태리정부의 위기		4	
1947-08-23-032	제2차 세계대전후의 사회주의공업(중) 『볼쉐위크』지 제8호에서	아.쿨스끼	4	
1947-08-23-033	극장		4	
1947-08-24-001	계획과 통계사업 강화로 증산운동을 보장하자		1	
1947-08-24-002	우심해가는 남조선 불법검거	전북에서만 146명 피검	1	북조선통신
1947-08-24-003	대만에 신군대		1	북조선통신
1947-08-24-004	북조선의 전력산업	10만키로와트 변압기도 수리개조	1	북조선통신
1947-08-24-005	남조선의 폭압과 쏘미공위사업 진행에 대하여	북조선 3정당 선전부장 견해	1	북조선통신
1947-08-24-006	전체 인민의 정의의 투쟁은 반드시 승리하고야 만다!	북조선로동당 선전선동부 부부장 박창옥동지 담	1	
1947-08-24-007	불가해의 미대표 태도 공위사업을 유린!	북조선민주당 선전부장 조은상씨 담	1	
1947-08-24-008	치리대통령이 반대정당원의 지위박탈 언명		1	
1947-08-24-009	미대표의 공위사업추진 의사 유무를 나는 의심한다	천도교청우당 선전국장 전찬배씨 담	1	
1947-08-24-010	교대기숙사에서 학생들은 분기!		1	달수
1947-08-24-011	공위에 참가해야 할 애국자검거에 분노한 농민의 결의		1	의철
1947-08-24-012	격분한 로동자들의 반동파에 치는 망치		1	기관
1947-08-24-013	누가 살 남조선인가?	친가 걱정하는 녀성	1	엄성
1947-08-24-014	민주건설속에 자란 향기높은 민족무용	부단의 노력으로 오늘의 영예	2	임성
1947-08-24-015	반동파들 타도하자!	거리마다 터지는 인민의 분노	2	
1947-08-24-016	경이와 감탄소리	인기를 총 집중한 전람회	2	은길
1947-08-24-017	녕변섬유공장		2	김인득
1947-08-24-018	8.15기념.세금완납	돌격에 핀 미담 몇가지	2	김전
1947-08-24-019	교사를 긴급히 수리하자	북조선인민위원회에서	2	
1947-08-24-020	면목 일신한 3.1극장	25일부터 개관	2	
1947-08-24-021	경이할 북조선의 민주업적 미국문사 루이스 스트롱녀사 서신	김일성위원장에게	2	
1947-08-24-022	인민의 리익을 위한 투쟁속에 당세는 비약적으로 발전강화 강원도당부 사업 군중속에 침투	강원	3	김홍범
1947-08-24-023	인민경제발전의 대동맥 애국의 심혈을 경주확보	원산철도당부 핵심작용 주효	3	
1947-08-24-024	현물세선납의 기쁨! 일로 향토건설에 매진	안변군 배화면당부 지도 적절	3	
1947-08-24-025	현물세 1착!	지경리세포위원장 유용준동무	3	
1947-08-24-026	운탄공작확보한 문천탄광 당공작세포		3	
1947-08-24-027	고독 빈궁 착취의 고난 돌파 풍부한 체험으로 당에 봉사	도당 로동부장 김원상동지	3	
1947-08-24-028	천시와 학대를 받던 고용농 농민의 신임 일신에 결집	도농민동맹 부위원장 윤창제동지	3	
1947-08-24-029	20년을 철로공부로 사역 굳은 의지로 로동행정담당	도인민위원회 로동부장 김득수동지	3	
1947-08-24-030	무기형에 신음턴 반일투사 인민보안행정에 민완 발휘	도내무부 간부과장 고태봉동지	3	
1947-08-24-031	보이라개조로 석탄절약	원산석유공장 강선전동무	3	
1947-08-24-032	누구가 원자무기의 금지를 반대하느냐	『신시대』지 론평	4	
1947-08-24-033	71개국 대표청년들 영구적인 세계평화 희구	국제민청축전 쏘련대표 인솔자 담화	4	북조선통신
1947-08-24-034	인도의 분쟁 재발	판잡주희생 막대	4	북조선통신
1947-08-24-035	파리회의이후		4	통신부
1947-08-24-036	일본의 대중국무역은 식민지경제침략을 재현		4	북조선통신
1947-08-24-037	미제안의 군사동맹계획	범미회의 각국 대표 반대	4	북조선통신
1947-08-24-038	제2차세계대전후의 사회주의공업(하) 『볼쉐위크』지 제8호에서	이.클스끼	4	
1947-08-24-039	극장		4	
1947-08-26-001	증산경쟁운동의 강화를 위하여		1	
1947-08-26-002	8.15기념 증산돌격운동	각도중요공장 광산의 성과	1	북조선통신
1947-08-26-003	정시운행, 사고방지 강화 2개월간 특별경쟁 결정	철도련맹 제7차 중앙위원회에서	1	북조선통신
1947-08-26-004	남조선농민들 이북으로 이주		1	북조선통신
1947-08-26-005	남조선로인들 월경참가한 련천군 경축대회		1	북조선통신
1947-08-26-006	전흥민족위원회 선거대책을 토의		1	북조선통신
1947-08-26-007	중국의 출판물정간폐업 속출		1	북조선통신
1947-08-26-008	장개석정부군 황하제방 파괴		1	북조선통신
1947-08-26-009	민족적분노와 더불어 직맹의 이름으로 항의	직총위원장 최경덕씨 담	1	언철
1947-08-26-010	애국자를 즉시 석방하고 반민주적만행 중지하라	농맹위원장 강진건씨 담	1	
1947-08-26-011	인민의 원쑤인 반동파에게 용서없는 타격을 가하자!	민청부위원장 로민씨 담	1	기관
1947-08-26-012	강력한 조직 고도의 당성을 발휘 국가창건에 희생적투쟁을 전개 함남도당부의 추진력있는 사업작품	함남	2	박경석

기사번호	제목(title)	부제목(stitle)	면수	필자, 출처
1947-08-26-013	인민의 보고 식량증산의 원천 흥남비료 위대한 실적을 과시	당원들의 창의와 시범의 성과 혁혁	2	
1947-08-26-014	조선철도사상의 획기적발전 민주건설의 수혈로 완전 보장	고원지구 철도당원 희생적노력 심대	2	
1947-08-26-015	산간벽지 방방곡곡을 편력 구습녀성의 벗이 되어 계몽	갑산군당부 부녀부장 김황자동무	2	
1947-08-26-016	영농의 신방식을 강구 농촌경리향상에 열성	함흥시 풍호리 한효혁동무	2	
1947-08-26-017	15년간 경험을 살려 비료증산에 공헌 막대	흥남비료공장 제2류안세포 리호구동무	2	
1947-08-26-018	로동자와의 단결은 공고 경이적발전 본 문화생활	함주군 주서면세포원 농민의 선두에서 건설	2	
1947-08-26-019	현물세완납	함남도민들	2	
1947-08-26-020	모범일군 표창식		2	
1947-08-26-021	조국건설의 결의도 굳게 류학생단 장도에 오르다	제2차 쏘련류학생단 환송대회	3	현석
1947-08-26-022	류학생들의 이 결의 이 포부	연구생 허동춘, 영화과 김승호, 예술과 리경린, 철도공학부 김기룡, 문학부 강옥순, 흑색금속과 계사집	3	
1947-08-26-023	일기예보		3	
1947-08-26-024	113%로 돌파	신창탄광의 돌격성과	3	기관
1947-08-26-025	환송사 교육국 부국장 남일	제2차 쏘련류학을 가는것과 관련하여	3	
1947-08-26-026	답사	제2차 쏘련류학을 떠나면서	3	
1947-08-26-027	국부통할구내 물가폭등	신조례 발포로 천정부지	4	북조선통신
1947-08-26-028	미일본독점기도 영대표 불만 사직		4	북조선통신
1947-08-26-029	미.일공동으로 국민당군대 훈련		4	북조선통신
1947-08-26-030	희랍의 민주군대 적군대대를 격파		4	북조선통신
1947-08-26-031	세계민주청년련맹 제2차리사회 개막	8월 20일 쁘라그에서	4	북조선통신
1947-08-26-032	안보에서 론의되는 희랍문제	레온찌예브씨 『쁘라우다』지에 론평	4	북조선통신
1947-08-26-033	화란 영미무기로 대인신작전 획책		4	북조선통신
1947-08-26-034	대인전쟁 정지하라	화란민주진영 요구	4	북조선통신
1947-08-26-035	미국함대가 페루샤만 방문		4	북조선통신
1947-08-26-036	프랑코 옹호하는 미국반동파의 활동		4	북조선통신
1947-08-26-037	독일분렬에의 새로운 1보	유 올긴	4	
1947-08-26-038	구라파경제협조안 난산		4	북조선통신
1947-08-26-039	신간평 '시인과 진실성'	시집 『해방도』를 읽고	4	박세영
1947-08-27-001	소년단사업을 강화하자		1	
1947-08-27-002	공위사업에 관한 몰로또브 마샬 서한		1	
1947-08-27-003	몰로또브씨 회한		1	

기사번호	제목(title)	부제목(stitle)	면수	필자, 출처
1947-08-27-004	북조선로동자들의 비약적인 생산량		1	북조선통신
1947-08-27-005	남조선은 반동적집단 개인경찰테로의 천지	남조선에서 온 녀맹원의 탈출담	1	북조선통신
1947-08-27-006	서북청년회의 만행	극도에 달한 인민들의 원한	1	북조선통신
1947-08-27-007	검거로 생지옥화	리추수씨 목격담	1	북조선통신
1947-08-27-008	언론계의 안전보장 건의	신문기자회에서 하지중장에게	1	북조선통신
1947-08-27-009	민주진영검거수 약 2천명이라고 발표		1	북조선통신
1947-08-27-010	진공관 없이 통화	신의주 최덕순씨가 성공	1	북조선통신
1947-08-27-011	인재양성과 군중계몽 진전 당세는 반석 상에 확충 공고 평북도 당부사업 대중과 밀접 련결	평북	2	최영환
1947-08-27-012	10월까지 계획량달성 맹세 애국일념에 전정력을 경주	신의주방적공장 당부의 주도한 협조 주효	2	
1947-08-27-013	강력한 조직과 엄격한 규률 당원의 모범 작용 널리 침윤	룡천군당부 옳은 궤도우에서 추진	2	
1947-08-27-014	농촌을 전기화하여 관개 자급비료증산 으로 돌진	의주 홍북동세포의 핵심적역할	2	
1947-08-27-015	우리의 보물! 수풍발전부	무진장의 동력을 생산에 공급	2	
1947-08-27-016	모범받을 로동당원들의 면모편		2	
1947-08-27-017	지옥화한 남조선(1)		3	김달수
1947-08-27-018	처참한 '반공호부락'	기아선상에 헤매는 대중	3	
1947-08-27-019	산업도시의 면모를 발현 기술진도 해방 전을 룽가	문천군당단체들의 방조 지극	3	
1947-08-27-020	북조선인민체육축전		3	기관
1947-08-27-021	북조선교육관계자대회 폐막		3	언철
1947-08-27-022	북조선애국농민들 퇴비증산에 총 궐기	평원군, 봉산군, 안변 김식관동 무, 만포 별오동 리경태동무, 의주군 옥강동, 태천군 풍림동	3	영환
1947-08-27-023	증산운동성과	황해도 10대 국영기업소, 개천 탄광에서	3	성택, 창순
1947-08-27-024	영화축전 24일부터 개막		3	
1947-08-27-025	로동신문 서점개설안내		3	
1947-08-27-026	영미관계 위기의 방향으로	영국경제상태 위기에 관하여 쁠라꼬브씨 『신시대』지에 론평	4	
1947-08-27-027	미자동차공업계 대공황	대공장의 휴업 페업 속출	4	북조선통신
1947-08-27-028	반동의 전쟁도화선 근절하자!!	국제민주녀맹 대표 예비회의 결정.	4	북조선통신
1947-08-27-029	봉기하는 애급의 인민	"타도 나일강계곡"절규	4	북조선통신
1947-08-27-030	미군은 철퇴하라	애급인민들 요구	4	북조선통신
1947-08-27-031	첨예화하는 치리정치정세		4	북조선통신
1947-08-27-032	약소국가독립권의 침범		4	통신부
1947-08-27-033	악순환	『신시대』지에서	4	
1947-08-27-034	토군대 불.희국경으로 이동		4	북조선통신

기사번호	제목(title)	부제목(stitle)	면수	필자, 출처
1947-08-27-035	희랍군 불가리아령토 포격	련합국관리위원회 항의서 수리	4	북조선통신
1947-08-27-036	쏘련의 작곡가들 쏘베트정권 30주년기념 작품을 완성		4	북조선통신
1947-08-27-037	재독영군의 비행	런던데일메일지 보도	4	북조선통신
1947-08-27-038	총 퇴각전야의 희내각	-3대신 사의 표명-	4	북조선통신
1947-08-27-039	극장		4	
1947-08-28-001	김일성 사진		1	
1947-08-28-002	창립 1주년을 맞이하는 북조선로동당	김일성	1, 2	
1947-08-28-003	북조선로동당창립 1주년에 제하여		1, 2	김두봉
1947-08-28-004	초인적건설로 민주철벽을 완성 불발의 실천력 조국부흥을 보장 평남도당부 조직적사업안 수립코 방조	평남	3	김명덕
1947-08-28-005	중공업의 중추는 견고 당세포 활기있게 동작 인민경제계획달성 자신을 시범	남포제련	3	
1947-08-28-006	량반문벌이 호령하던 농촌 명랑한 건설 밑에 일로 매진	안주군 대니면 리서세포 교양에 전력	3	
1947-08-28-007	억압에 신음튼 채탄부 두번째 포상에 빛나다	신창탄광 박원술동무	3	
1947-08-28-008	이 땅에서 15대를 농노생활 민주 위하여 분골 쇄신도 불사	안주 송학리 세포위원장 리선봉동무	3	
1947-08-28-009	녀성과 사무원도 갱내로 돌격 당원을 필두로 증산의욕 치렬	성흥광산 상반기 130% 생산	3	
1947-08-28-010	미국의 중국문제간섭 즉시 중지할것을 호소	세계민청련맹에서 중국대표	4	북조선통신
1947-08-28-011	독일점령 미군정 출판의 자유 제한		4	북조선통신
1947-08-28-012	유고슬라비아 상반기 경제계획 완수		4	북조선통신
1947-08-28-013	간부불법감금에 이란로동자 항의		4	북조선통신
1947-08-28-014	국부군수비병 학교 침입 만행		4	북조선통신
1947-08-28-015	민주와 반동의 두 세계	『신시대』지 제31호 개요-	4	
1947-08-28-016	춘향전공연	국립예술극단에서	4	
1947-08-28-017	지옥화한 남조선(2) 연기나지 않는 공장	증축되는 류치장	4	
1947-08-28-018	라지오		4	
1947-08-28-019	일기예보		4	
1947-08-28-020	극장		4	
1947-08-29-001	쏘미공동위원회 쏘련대표단 주석 스띄꼬브대장의 성명		1	
1947-08-29-002	북조선로동당창립 1주년과 조선의 민주화를 위한 투쟁에서 그의 역할	1947년 8월 28일 평남도 및 평양시 당열성자대회에서 주녕하동지 보고	1, 2	
1947-08-29-003	비약발전의 1년 민주건설에 위적	북조선로동당창립 1주년기념 평남도 및 평양시 당열성자대회	3	
1947-08-29-004	북조선로동당창립 1주년을 맞으면서 남조선로동당에 보내는 메쩨지		3	

기사번호	제목(title)	부제목(stitle)	면수	필자, 출처
1947-08-29-005	당창립 1주년과 당장성		3	북조선로동당 중앙본부 조직부 부부장 한효삼
1947-08-29-006	37회 국치일에 제하여	북조선인민회의 상임의원회 부의장 최용건씨 담	3	
1947-08-29-007	로쇠한 기계를 복구 수리 생산률제고에 공헌 막대	성흥광산 강덕준동무	3	명덕
1947-08-29-008	라지오		3	
1947-08-29-009	만난을 극복코 획득한 이 승리 강인성있는 투지로 일로 전진 함북도당부 정확한 로선우에서 추동	함북	4	현준극
1947-08-29-010	천정없이 오르는 생산실적 강력한 당성으로 적극 보장	청진철도공장 당부 당원교양에 주력	4	
1947-08-29-011	지주에 억눌려 위축되던 빈촌 개간과 방축으로 부유향건설	명천군 동면세포원 선두에서 노력	4	
1947-08-29-012	지하에서 감투하는 애국열 애로 뚫고 희망봉 향해 돌진	아오지탄광 당부 핵심작용 발휘	4	
1947-08-29-013	자식을 공부시키고 전등 켜고 문화생활	룡향리농촌	4	
1947-08-29-014	640%의 생산기록 작성 휴양소에 누어서 유유자적	아오지탄광 김진현동무	4	
1947-08-29-015	농민들의 공복이 되여 활약 증산과 문화향상에 대분투	회령 요동리 차인식동무	4	
1947-08-30-001	증산운동과 직업동맹의 역할		1	
1947-08-30-002	김일성위원장의 지시 받들어 찬란한 민주학원의 전당 신축	천추에 길이 빛날 애국농민들의 보람	1	의철
1947-08-30-003	총살 강탈 릉욕의 암흑천지	인민의 원한 극도에 달한 남조선	1	북조선통신
1947-08-30-004	학생절을 맞이하는 북조선학생들의 기쁨	민주학원에서 다채한 행사준비	1	
1947-08-30-005	국제민청축전의 우승에 감격!	증산에 용약하는 민청원들	1	주상옥
1947-08-30-006	화란의 반전운동		1	북조선통신
1947-08-30-007	하세가와 전 대만총독이 군사기지건설 감독에		1	북조선통신
1947-08-30-008	영국내각 개조설	차기의회 법안작성후?	1	북조선통신
1947-08-30-009	상이한 남북의 정형 보고	세계민청련맹 리사회의 북조선대표 발언	1	북조선통신
1947-08-30-010	상해의 신병징모 당국 공갈적태도		1	북조선통신
1947-08-30-011	미차관 일부 취소	영사절단장 성명	1	북조선통신
1947-08-30-012	당선전선동사업의 1년		2	북조선로동당 중앙본부 선전선동부 부부장 박창옥
1947-08-30-013	당생활단신		2	김영복, 홍범

기사번호	제목(title)	부제목(stitle)	면수	필자, 출처
1947-08-30-014	국제학생련맹의 사업	11월 17일 국제학생절	2	북조선통신
1947-08-30-015	민족간부양성에 대한 우리 당의 정책과 그 업적		2	북조선로동당 중앙본부 간부부장 리상조
1947-08-30-016	미와 이접근 통상, 항해, 군사	『크라스나야 스베즈다』지 론평-	2	북조선통신
1947-08-30-017	미국 의존하려는 불란서경제정책		2	북조선통신
1947-08-30-018	일기예보		2	
1947-08-30-019	팽배히 결집된 민주력량 발휘 여세 몰아 이남농민들을 구원 황해도당부 38선 전위의 핵심	황해	3	리성섭
1947-08-30-020	제철공업의 명실 획득코저 애로를 극복하고 일로 매진	황해제철당부 핵심작용 주효	3	
1947-08-30-021	앞길이 암담하던 농노굴 일약 문화향촌으로 발전	재령나무리벌 당원들 분투	3	
1947-08-30-022	애국의 상징 식량증산 망각치 않는 교양사업	평산군 세곡면 운봉리세포 추동	3	
1947-08-30-023	당원들의 총 력량을 집결 증산돌격에 공훈탑건설	해주기계제작소 공장당부 지도 적절	3	
1947-08-30-024	강력한 당성 불굴의 투지 외유내강의 작풍을 발현	황해도당부 유일당증과장 리염동무	3	
1947-08-30-025	농민생활향상의 일념뿐 온갖 헌책으로 분투 노력	봉산군당부 농민부장 김완수동무	3	
1947-08-30-026	현물세완납의 첫 봉화 군센 실천력으로 헌신	안악면당부 위원장 김재윤동무	3	
1947-08-30-027	모범일군으로 포창받은 빛나는 우리 당원		4	현석
1947-08-30-028	파란에서 발견된 천연깨스 신자원		4	북조선통신
1947-08-30-029	영지원병 모집성과 대단 불량		4	북조선통신
1947-08-30-030	젊은 힘을 자랑한 8.15기념 체육축전 폐막		4	기관
1947-08-30-031	범미회의 진행경과	미군사협정 국한에 노력	4	북조선통신
1947-08-30-032	미제안 대일강화조약 중국의 리익을 배반	『천진대공보』 론평	4	북조선통신
1947-08-30-033	미국의 단독적인 대일정책에 항의	-영국주간 트르쓰지-	4	북조선통신
1947-08-30-034	파시즘 옹호하는 미국의 반동파들		4	북조선통신
1947-08-30-035	인민주택현상모집	북조선건축위원회	4	
1947-08-31-001	본보창간 1주년기념일을 맞으며		1	
1947-08-31-002	만기작물현물세는 내가 먼저 납부 포장용새끼가마니준비에 분망한 농민들 퇴비용초채취에도 가일층 박차	평강, 정주	1	정원
1947-08-31-003	철통의 방역진으로 인민보건에 완벽	북조선보건관계자회의	1	김전
1947-08-31-004	공위 지지한다고 구타 폭행 반동구호 강요하는 발악상	남조선인천에서 김근화씨 목격	1	성집
1947-08-31-005	구라파 최대의 '담'		1	북조선통신

기사번호	제목(title)	부제목(stitle)	면수	필자, 출처
1947-08-31-006	쏘련 정말간 무역조약 성립		1	북조선통신
1947-08-31-007	파란토지개혁 3주년기념		1	북조선통신
1947-08-31-008	오스트리아에서 미주둔군이 만행		1	북조선통신
1947-08-31-009	북조선로동당창립 1주년과 평남도 당단체의 민주건설을 위한 투쟁에 있어서의 역할		1	평남도당위원장 김재욱
1947-08-31-010	농촌경리발전을 위한 투쟁에서 우리 당의 역할		2	북조선로동당 중앙본부 농민부 부부장 임해
1947-08-31-011	당세포사업에 대한 몇가지 경험	북조선로동당 중앙본부 조직부 통신과 제공(상)	2	
1947-08-31-012	3기 평양시당학교 개교		2	
1947-08-31-013	제2기 야간당학교도 개강		2	명덕
1947-08-31-014	8.15 생산돌격사업 총결	성천군당 66차 상무위원회	2	리옥희
1947-08-31-015	호상협조정신 발휘	루히영동무와 김리상동무	2	최병흡
1947-08-31-016	희랍파시스트들 알바니아에 도전행위	불법월경과 포격 빈발	2	북조선통신
1947-08-31-017	분란자동차운수직맹 임금등급개정안 채택		2	북조선통신
1947-08-31-018	조쏘문화교류에 큰 공헌	조쏘림시체신협약체결 1주년	3	현석
1947-08-31-019	희망의 새 학기를 맞으며	북조선 김일성대학, 평양특별시 제4중학교, 평양사범전문학교	3	기관, 은길
1947-08-31-020	8.15해방 2주년 기념전람회를 보고	로동자 박찬근, 농민 박경채, 김일성대학 학생 장금식, 사무원 김대일, 가정부인 박씨	3	
1947-08-31-021	정결한 교실은 어린이를 기다린다	평양특별시 제2인민학교	3	
1947-08-31-022	8.15 증산돌격의 성과 평남도 각 공장의 총결	문화후생시설도 확충	3	기관
1947-08-31-023	지옥화한 남조선(3) 피의 행렬 8.15 기념행사	영화관입장료 감방에로 증축비 배분	3	
1947-08-31-024	제3차 중등교원검정시험		3	현
1947-08-31-025	평원군농민들의 생산의욕 조기현물세납부에 나타난 농민들의 애국열	제초채취 만기현물세납부에 총궐기	3	태석
1947-08-31-026	완비된 리상적시설	평양연초공장 탁아소 완성	3	언철
1947-08-31-027	희랍정부의 위기 미국의 곤난 증가	민주군방송국 론평	4	북조선통신
1947-08-31-028	식민지청년문제 토의	-세계민청련맹 리사회-	4	북조선통신
1947-08-31-029	신희랍내각 난산		4	북조선통신
1947-08-31-030	토이기시장에 미국상품 범람		4	북조선통신
1947-08-31-031	쏘련은 전전보다 부강	멕시코작 죠스·만시시도씨 담	4	북조선통신
1947-08-31-032	쏘련의 소식	수확고 제고되는 많은 집단농장들	4	북조선통신
1947-08-31-033	쏘련의 소식	확장되는 소매상	4	북조선통신
1947-08-31-034	쏘련의 소식	예술한림원 창설	4	북조선통신

기사번호	제목(title)	부제목(stitle)	면수	필자, 출처
1947-08-31-035	쏘련의 소식	증가되는 학교수	4	북조선통신
1947-08-31-036	쏘련의 소식	레닌그라드경공업공장 전전능력을 초과	4	북조선통신
1947-08-31-037	쏘련의 소식	풍부한 전기공급	4	북조선통신
1947-08-31-038	쏘련의 소식	사막의 개발사업	4	북조선통신
1947-08-31-039	트루맨대외정책 실패	벤더씨가 통렬히 공박	4	북조선통신
1947-08-31-040	미차관 부여조건으로 부라질의 예속화 요구		4	북조선통신
1947-08-31-041	부당리득에 대한 반대투쟁을 전개	이태리로동총련맹에서 호소	4	북조선통신
1947-08-31-042	일본의 대중무역 반대	-천진공업협회 리사장 언명-	4	북조선통신, 준
1947-08-31-043	화란선에 하역 거절	-애급 사우발움마지 강조-	4	북조선통신
1947-08-31-044	인도네시아로조의 호소문 모쓰크바에 도착		4	북조선통신
1947-08-31-045	동구라파의 제국 반동파들과 투쟁	『신시대』지 론평	4	
1947-08-31-046	라지오		4	
1947-09-02-001	인민교육의 지난 학년도의 성과와 새 년도의 과업		1	
1947-09-02-002	만기작물현물세 선납에 궐기 평강군농민의 호소에 쾌응한 안악군 농민들 대회 소집	9월 6일까지 속현물세 완납 결정	1	중선
1947-09-02-003	조국전쟁에 있어서의 쏘베트전사들의 영웅정신(상)		1	
1947-09-02-004	공주형무소에서 2백여명 탈옥	충북도내 계엄상태	1	북조선통신
1947-09-02-005	민주정부수립 촉진 위한 림시인민회의 조직 찬성 들에서 풀베는 농민들…	쓰띠꼬브대장의 성명을 지지하여	1	의철
1947-09-02-006	'객'의 내정간섭이 아니라 인민의 요구인 정당한 주장 중앙병원실에서…	쓰띠꼬브대장의 성명을 지지하여	1	임성
1947-09-02-007	공위지연을 타개하는 가장 적절한 제의이다 영화관휴계실에서 시민들…	쓰띠꼬브대장의 성명을 지지하여	1	은길
1947-09-02-008	일본과의 평화조약에 대하여		2	신문부
1947-09-02-009	독일미점령구에서 나치스분자들 활동		2	북조선통신
1947-09-02-010	영령 말타도주민 30만이 비참한 생활		2	북조선통신
1947-09-02-011	당세포사업에 대한 몇가지 경험	북조선로동당 중앙본부 조직부 통신과 제공(하)	2	
1947-09-02-012	북조선로동당창립 1주년 각 도당열성자대회 성황		2	김홍범, 경석, 영환
1947-09-02-013	최근의 남조선정세		3	김전
1947-09-02-014	년간계획수송량잔여 9월말까지 완수를 맹서	평양철도부산하 직맹원들	3	김전
1947-09-02-015	북조선산업의학연구소 신설		3	현석
1947-09-02-016	우편국 위체사무취급 개시		3	현석
1947-09-02-017	제2차 기술자사정		3	
1947-09-02-018	충실한 민주역군 보안원들의 투쟁		3	언철
1947-09-02-019	병충해 방지와 제패를 반드시 실시하자		3	의철
1947-09-02-020	총천연색 쏘련영화「우리 나라의 청춘」에 대하여		3	리영준
1947-09-02-021	일기예보		3	북조선 중앙기상대
1947-09-02-022	1착으로 세금을 완납한 박천군인위에 영예의 표창		3	한현복
1947-09-02-023	각지 혁명자유가족 위안의 밤		3	최병흡, 태화, 최치목
1947-09-02-024	로동신문서점 개설안내		3	로동신문사 업무부 백
1947-09-02-025	쏘미공동위원회와 환경		4	
1947-09-02-026	국제정세개관	세계지배 꿈꾸는 미국자본가들	4	북조선통신
1947-09-02-027	국제정세개관	항가리의 선거준비 진행	4	북조선통신
1947-09-02-028	국제정세개관	루마니아국회 강화조약 비준	4	북조선통신
1947-09-02-029	건축가동맹 파업결의		4	북조선통신
1947-09-02-030	유고슬라비아에 대한 국제반동파의 도전행위	찌또원수 소신 표명	4	북조선통신
1947-09-02-031	전쟁책임 '천황'에	극동재판정에서 도죠 증언	4	북조선통신
1947-09-02-032	불가리아의 반조국전선음모자를 처단	각 직맹 찬성-영미는 반대 간섭 기도	4	북조선통신
1947-09-02-033	미군의 주둔은 중국내정간섭		4	북조선통신
1947-09-02-034	국립예술극단의「춘향전」공연을 보고		4	현석
1947-09-02-035	국부군 장충해방군에 귀순		4	북조선통신
1947-09-02-036	극장		4	
1947-09-03-001	김두봉의장과 김일성위원장 쏘련군장병에게 치하	승리절에 제하여	1	
1947-09-03-002	쓰딸린대원수		1	
1947-09-03-003	9월 3일은 강도 일본제국주의를 타승한 쏘련인민의 전승기념일	-북조선인민은 환희로써 맞이한다-	1	정
1947-09-03-004	쓰딸린대원수와 쏘련군에게 심사	평양제사공장 녀직공 최영애양	1	기관
1947-09-03-005	패잔병 몰아주던 그때 광경을 회상	장천리농민 최덕선씨	1	의철
1947-09-03-006	일본침략배격멸 2주년을 맞으며		1	
1947-09-03-007	제국주의 일본에 대한 위대한 승리	일본제국주의분쇄 2주년을 기념하면서	2	통신부
1947-09-03-008	일본제국주의자의 타도는 중국인민을 적의 장기적인 위협에서 구원하였다		2	통신부
1947-09-03-009	조국전쟁에 있어서의 쏘베트전사들의 영웅정신(하)		2	신문부
1947-09-03-010	평남도당학교 제3기졸업식		2	명덕

기사번호	제목(title)	부제목(stitle)	면수	필자, 출처
1947-09-03-011	암야폭우중 비상신호로 렬차추락전복 미연방지	위기일발 김봉오 정영삼 두 동무의 림기응변	2	성섭
1947-09-03-012	인민의 피를 강요하는자	전쟁방화자 리승만의 메쎄지	2	북조선통신
1947-09-03-013	항가리경제계획에 제고되는 로동생산력		2	북조선통신
1947-09-03-014	반동파의 광란장 남조선	검거 고문 학살장화 우심해가는 애국자검거	3	김전
1947-09-03-015	총부리는 농민에게도		3	달수
1947-09-03-016	생활난을 말했다고 가옥을 파괴코 추방	옹진군 봉구면 죽교리 농민 윤석구씨 담	3	달수
1947-09-03-017	과중한 공출 못내면 투옥	옹진군 부민면 강영리 농민 박우성씨 담	3	달수
1947-09-03-018	자유와 행복을 구가 자라나는 학생의 의기를 과시	학생절 축하 야외야회 성황	3	
1947-09-03-019	혁명자유가족학원 입학식		3	김전
1947-09-03-020	확대되는 도서관 박물관 사업도 활발		3	김전
1947-09-03-021	신의주건일산업공장 금년도 계획량을 완수		3	영환
1947-09-03-022	안악군 서하면 속현물세 완납		3	
1947-09-03-023	평양시 815기념 저축목표량 초과달성		3	김전
1947-09-03-024	사범전문학교 입학식 거행		3	
1947-09-03-025	강원도 수산진 증산에 궐기		3	홍범
1947-09-03-026	루마니아의 농산물 풍작		3	북조선통신
1947-09-03-027	경제위기대책으로 영국식량배급 감소		3	북조선통신
1947-09-03-028	영군철퇴설을 영외무성 부정		3	북조선통신
1947-09-03-029	북조선로동당 중앙위원회 기관잡지『근로자』	제7호 발매중	3	
1947-09-03-030	북조선로동당 중앙본부 선전선동부편 중학생시집	꽃피는 조국(특가 40원)	3	
1947-09-03-031	항가리선거운동 순조로이 진행		4	북조선통신
1947-09-03-032	항가리에 대한 허위선전 부정	미국 콜럼비어방송국 구라파부장 시찰연설	4	북조선통신
1947-09-03-033	중국파업기세		4	북조선통신
1947-09-03-034	가다야마정책에 대해 일본사회당 불만		4	북조선통신
1947-09-03-035	희랍민주군 진격 계속		4	북조선통신
1947-09-03-036	총살 계속		4	북조선통신
1947-09-03-037	미국공산당원 박해		4	북조선통신
1947-09-03-038	불란서정부 수입축소 결정		4	북조선통신
1947-09-03-039	아라스카의 미군기지 강화		4	북조선통신
1947-09-03-040	유엔참석할 파란대표단		4	북조선통신
1947-09-03-041	희랍신정부 진용		4	따쓰통신
1947-09-03-042	북부희랍에서 민주신문 탄압		4	북조선통신
1947-09-03-043	엑크와도르에서 만체노국주 자칭		4	북조선통신

기사번호	제목(title)	부제목(stitle)	면수	필자, 출처
1947-09-03-044	애급문제에 대한 쏘련의 태도 정당	씨라야민간사회 평가	4	북조선통신
1947-09-03-045	모쓰크바를 중심으로 발전되는 교통망		4	북조선통신
1947-09-03-046	미국증원부대 이태리에 도착		4	북조선통신
1947-09-03-047	파란경제의 당면문제		4	『신시대』지
1947-09-03-048	극장		4	
1947-09-03-049	라지오		4	
1947-09-04-001	경제절약을 실행함으로써 인민경제발전을 보장하자		1	
1947-09-04-002	중앙과 지방 각 도 시에 도시경영부, 과를 신설	제46차 북조선인민위원회 결정	1	
1947-09-04-003	교통단속, 임금규정 등 일부 폐지에 관한 결정		1	
1947-09-04-004	가축병원확충사업 북조선 각 도에서 량호		1	북조선통신
1947-09-04-005	기관차 객화차 보수작업	교통국산하 각 기관구의 성과	1	북조선통신
1947-09-04-006	폭압에 굴하지 않고	남조선민전회관 집무개시	1	북조선통신
1947-09-04-007	유고 대자동차도로 완성		1	북조선통신
1947-09-04-008	남조선반동파의 최후적발악상 총검거 다음엔 무엇? 단정수립의 날인 강제임부로 유 란타 사상 70여명 가옥파괴 132호	강원도로부터 4백여명 월래	1	북조선통신
1947-09-04-009	강간 략탈 백주에 감행 불응하면 학살, 불법 랍치	보라! 서북청년회의 이 만행	1	특파원 김달수
1947-09-04-010	리승만 김구 등은 천추만대의 원쑤	화양면 서덕리 서영구 골몰농민 리은유씨 담	1	
1947-09-04-011	놈들만 없었으면 정부는 이미 수립	화양면 신왕리 청곡구 부인 최진영씨 담	1	
1947-09-04-012	북조선인민경제계획을 실행한 선진자들		2	
1947-09-04-013	모범적인 농촌세포의 활동정형 몇가지 소개		2	당통신원, 박경석
1947-09-04-014	당생활단신		2	조훈, 유한식, 송준관
1947-09-04-015	반동파의 광란장 남조선	경찰테로와 싸우는 농민	3	임한조, 리홍수
1947-09-04-016	북조선애육원사업의 발전		3	현석
1947-09-04-017	시내 학생들은 즐겁게 새 학년을 맞이하였다		3	김전
1947-09-04-018	만기현물세 조기납부에 총궐기하자		3	리철
1947-09-04-019	생전 처음인 휴양 탁구는 참 재미있었소	석왕사휴양소에서 돌아온 농민 박찬보씨 담	3	중선
1947-09-04-020	지방단신		3	성섭, 정운성, 정원, 영환
1947-09-04-021	북조선각급 학교 일제 개교	신입생은 39만여명	3	북조선통신
1947-09-04-022	축산 북조선의 자랑	란곡종마장	3	성택
1947-09-04-023	부과된 책임을 완수 김일성대학 신축에 대하여	동교부총장 박일씨 담	3	현석

기사번호	제목(title)	부제목(stitle)	면수	필자, 출처
1947-09-04-024	조현물세선납운동 쾌속조	안악, 신천, 재령 농민들	3	
1947-09-04-025	교량가설공사 활발 벌써 15개소 준공		3	언철
1947-09-04-026	쏘미공동위원회에서의 쏘련대표단의 새로운 제의	『쁘라우다』지 론평	4	
1947-09-04-027	항가리총선거 종료	출판물은 공산당의 승리보도	4	북조선통신
1947-09-04-028	쏘련과 강화조약비준은 항가리선거승리를 보장	항가리외상대리 정부선언을 발표	4	북조선통신
1947-09-04-029	세계민주청년련맹 리사회 폐막		4	북조선통신
1947-09-04-030	반공화국음모자에게 판결		4	북조선통신
1947-09-04-031	쏘련수도로서의 모쓰크바의 역할		4	북조선통신
1947-09-04-032	청년의 립장 조사 위하여 중국에 대표단 파견	세계민청련맹 리사회 결정	4	북조선통신
1947-09-04-033	인민은 원자무기금지를 요구한다		4	통신부
1947-09-04-034	민주파란의 3년		4	『신시대』지
1947-09-04-035	극장		4	
1947-09-05-001	농촌문화사업을 강화하자		1	
1947-09-05-002	민주발전의 행복을 보장해준 김일성위원장께 뜨거운 감사	4만 5천명 화교단 성의선물	1	
1947-09-05-003	감사문	북조선전체 화교 근정	1	
1947-09-05-004	김일성위원장의 답례 요지		1	
1947-09-05-005	예정수자 완수하고 다시 50% 추가증산을 김일성위원장에게 맹서	국영건일산업공장 종업원들	1	북조선통신
1947-09-05-006	로동자에게 배급	함남도소비조합에서	1	북조선통신
1947-09-05-007	평양특별시관내 민영기업의 발전		1	북조선통신
1947-09-05-008	만기작물속현물세완납에 안악군이 또 1착		1	중선
1947-09-05-009	쏘베트농민들 대풍작을 구가		1	북조선통신
1947-09-05-010	선거 승리했으나 수상지위는 양보	항가리공산당 태도	1	북조선통신
1947-09-05-011	소작인들이 무슨 죄? 지주와 결탁한 반동파들이 폭행 검거	이야기만 해도 구타, 개한마리 세금 30원	1	북조선통신
1947-09-05-012	제11회 국제박람회 쁠로브디브에서 개막		1	북조선통신
1947-09-05-013	출생률저하에 나타난 남조선인민의 생활고		1	북조선통신
1947-09-05-014	조선인민에게 '황민'화를 강요 일제침략전쟁의 선동자 김성수, 장덕수 등의 죄악	-한민한독당 등 반동도배들의 본질에 대하여-	2	
1947-09-05-015	일시동인-불 죽창-원자탄 리승만의 공식에서 나온 일보 '개명'한 직수입품	회유와 공갈의 미제흉기	2	
1947-09-05-016	당생활단신		2	홍범, 송춘관, 최병흡
1947-09-05-017	쏘련에 있어서의 인민교육(상)		2	
1947-09-05-018	고 현준혁씨의 업적을 찬양	9월 3일 기념비제막식 거행	3	
1947-09-05-019	사회보험의 혜택 받은자 7월말까지 2백30만명		3	

기사번호	제목(title)	부제목(stitle)	면수	필자, 출처
1947-09-05-020	체중증가에서 본 사회보험의 혜택		3	
1947-09-05-021	북조선과학전당의 위용 김일성대학 교사를 신축	오는 9월 7일에 기공식	3	김진
1947-09-05-022	세포사업을 활발히 전개 민주학원 완벽 향해 돌진	사리원 상교세포의 모범작용	3	
1947-09-05-023	감자를 남보다 10배나 증산	함남 함주군 주서면 풍서리에 사는 한효혁농민	3	성택
1947-09-05-024	파철 수급에 대한 북조선인위의 지시		3	
1947-09-05-025	평양시 소비조합 리용시설을 확충		3	기관
1947-09-05-026	즐거운 그날그날	혁명자유가족학원 학생들의 하루 생활기	3	김전
1947-09-05-027	평남도 보건부에서 무의촌을 순회		3	달수
1947-09-05-028	자익로외 두 동무를 도당서 표창장 수여	8.15기념행사로	3	박태화
1947-09-05-029	개천민청구락부 준공		3	기운
1947-09-05-030	강원전기업소 증산에 총궐기		3	홍범
1947-09-05-031	남보다 먼저 만기현물세	평북 자성군 삼풍면 인풍동 유우식동무	3	영락
1947-09-05-032	동평양극장 9월 8일 개관		3	임성
1947-09-05-033	신천군학생들 즐겁게 휴양		3	종헌
1947-09-05-034	퇴비증산에 분투하는 북조선농민들		3	중선
1947-09-05-035	루수상 체코방문 예정		3	북조선통신
1947-09-05-036	대일강화조약준비문제	-쏘련 미국에 각서 전달-	4	북조선통신
1947-09-05-037	16개국회의 집행위원 미국요구에 굴복		4	북조선통신
1947-09-05-038	항가리의회 선거총화 압도적으로 승리한 공산당	-련립정당 60.2% 획득-	4	북조선통신
1947-09-05-039	볼가강에서 백20키로메터 원영대회		4	북조선통신
1947-09-05-040	뭇쏠리니의 주구 특사로 사형 면제	전이태리인민 분기	4	북조선통신
1947-09-05-041	로동자.농민의 단결로 제3당을 조직	웰레스씨 표명	4	북조선통신
1947-09-05-042	파란수도의 복구사업 진척		4	북조선통신
1947-09-05-043	물가등귀 반대	나포리에 데모	4	북조선통신
1947-09-05-044	쁘라그에서 개최되었던 국제기자대회 총화(상)		4	『쁘라우다』지
1947-09-05-045	미국은 일본을 무엇으로 만들려는가?		4	통신부
1947-09-05-046	라지오		4	
1947-09-06-001	생산능률의 제고는 인민경제계획완수의 열쇠이다		1	
1947-09-06-002	굳어지는 로동자 농민의 단결! 안악군농민들의 선물에 보답 금년도 비료책임량 11월내로 완수 맹서	흥남비료공장 종업원대회	1	의철
1947-09-06-003	당신들의 따뜻한 선물로 증산욕은 높아졌습니다 -안악군 농민들에게 보낸 메쎄지-	흥남비료공장 종업원대회에서	1	

기사번호	제목(title)	부제목(stitle)	면수	필자, 출처
1947-09-06-004	김일성대학 신축방조와 기타 중요안건 토의결정	평양시당 제59차상위회	1	명덕
1947-09-06-005	1천 5백만원예산으로 근로인민의 휴양소 설치	-평북도에서 10월에 착공-	1	조선통신
1947-09-06-006	괄목할 신포항의 약진	민주어촌의 물질문화 향상	1	북조선통신
1947-09-06-007	춘견공판은 작년의 3배	품종개량연구도 기대된다	1	북조선통신
1947-09-06-008	아오지탄광 오봉갱에서도 년도책임량 돌파		1	북조선통신
1947-09-06-009	속출하는 남조선부정사건		1	북조선통신
1947-09-06-010	충북진천군내에 인민항쟁 발발	-경찰기동부대 출동-	1	북조선통신
1947-09-06-011	청총원의 이 횡폭!	사형장?으로 끌고가 란타고문	1	북조선통신
1947-09-06-012	빵배급감소 반대	불란서각지에 파업	1	북조선통신
1947-09-06-013	제주도의 교통난	당국은 탁상공론	1	북조선통신
1947-09-06-014	가축방역 활발	발생률 급저하	1	북조선통신
1947-09-06-015	일본국가를 곤궁에 빠치는 가다야마 사회당 각료를 비판	공산, 자유, 농민, 독립당 공동성명	1	북조선통신
1947-09-06-016	안동해방군구 최근 전황		1	북조선통신
1947-09-06-017	누구가 조선자주독립을 위하여 투쟁하는가?	-쏘미공동위원회 사업에 대하여-	2	하일
1947-09-06-018	보라 반동파들의 이 잔학과 이 포악!		2	
1947-09-06-019	계속되는 관개공사열 전기화로 몽리 7만평	-남양리 세포핵심으로 착공-	2	박태화
1947-09-06-020	창의성발휘와 기술전습 중대발전공장 당부핵심	통천군 중대발전소에서	2	통신원
1947-09-06-021	일본상품 중국밀항에 일반위구 거대		2	북조선통신
1947-09-06-022	쏘련에 있어서의 인민교육(하)		2	신문부
1947-09-06-023	조선민족의 해방자 쏘련군대에게 감사	평양시 대일전승 기념보고대회	3	김전
1947-09-06-024	증산돌격운동 우승직장표창	평양시 직맹산하 53개의 중요직장에서	3	기관
1947-09-06-025	인공발파에 성공	룡양광산 채광진에 개가	3	
1947-09-06-026	평양시내 병원명칭을 개칭		3	기관
1947-09-06-027	혁명자유가족생산공장 애투에서 설치		3	기관
1947-09-06-028	장연군농민들 도로를 복구		3	오원근
1947-09-06-029	김일성대학 신축에 대한 관계책임자들의 결의		3	김전
1947-09-06-030	농민들의 애국열정에 보답	교육국 부국장 남일씨담	3	김전
1947-09-06-031	시민들의 적극 응원을 요망	평양시 경영부장 김대희씨담	3	김전
1947-09-06-032	건초 청초 채취에 농민들은 총돌진하자		3	의철
1947-09-06-033	강원도 체육문화사업의 향상		3	김홍범
1947-09-06-034	함흥제사공장 계획량 돌파		3	경석
1947-09-06-035	사동에 야간중학교 신설		3	
1947-09-06-036	공동리용림리용세칙 발표		3	달수
1947-09-06-037	길주군 전화가설 상황		3	박태화

기사번호	제목(title)	부제목(stitle)	면수	필자, 출처
1947-09-06-038	쏘련에서 예술가 양성		3	북조선통신
1947-09-06-039	조쏘문화협회 로어강습생 모집		3	임성
1947-09-06-040	북조선로동당 중앙위원회 기관잡지 『근로자』 제7호 발매중		3	
1947-09-06-041	갱생하는 맹아들 인민정권의 따뜻한 손길에 글도 읽고 유희도 잘한다	졸업하면 모두 훌륭한 일군	3	김전
1947-09-06-042	쏘베트군대의 해방적역할 -대일승리 2주년을 기념하여-	『쁘라우다』지 론평	4	
1947-09-06-043	현정부정책에 불만	불란서근로인민 파업으로 항의	4	북조선통신
1947-09-06-044	쁘라그에서 개최되었던 국제기자대회 총화(하)		4	『쁘라우다』지
1947-09-06-045	8백주년을 축하할 모쓰크바예술가들		4	북조선통신
1947-09-06-046	예술축전 폐막	로동자 농민 부대 성황	4	현석
1947-09-06-047	중국의 국내전쟁(상)		4	『크라스나야 스베즈다』지
1947-09-06-048	순천화학고등기술원양성소 학생모집		4	
1947-09-07-001	정치, 과학 지식을 보편화하자		1	
1947-09-07-002	햇벼로 햇쌀 만들어 김일성장군께 증정	토지분여에 감사하는 농민의 정성	1	현석
1947-09-07-003	벼현물세납부에 봉화 애국미헌납도 남먼저	봉산군 변덕환씨의 애국열정	1	의철
1947-09-07-004	남조선에서 온 농민들 행복한 환경에서 새 생활	화천군에 도착한 4백여명의 소식	1	북조선통신
1947-09-07-005	던넬식가마창안으로 요업계에 놀라운 성과	-함북 주을요업공장 실시-	1	북조선통신
1947-09-07-006	만기현물세완납사업 진척	영흥군당 상무위원회에서	1	태길
1947-09-07-007	평양철도부의 원료수송경쟁		1	북조선통신
1947-09-07-008	신의주팔프공장 계획 달성		1	북조선통신
1947-09-07-009	남조선괴뢰정부 조직음모 웨드마이어 3일 공로로 귀국	신화사의 보도	1	북조선통신
1947-09-07-010	국부의 군사계획	기지설치와 학생훈련	1	북조선통신
1947-09-07-011	모쓰크바에 력사박물관		1	북조선통신
1947-09-07-012	모쓰크바 8백주년을 맞으며		2	
1947-09-07-013	'남조선단독정부'수립의 음모를 철저히 분쇄하자!		2	리현우
1947-09-07-014	'국부'와 '국모'의 해괴한 문답		2	
1947-09-07-015	함흥 덕본철공세포공장과 농촌의 기구 제작	고도의 창의성발휘 생산 제고	2	박경석
1947-09-07-016	진리는 어데 있는가 파괴와 테로의 남조선	북조선에 온 리국희	3	
1947-09-07-017	학생절을 기념	함흥시학생대회	3	경석
1947-09-07-018	지성의 신축기금	작년도 애국미헌납자 무려 1만 6천 7백여명	3	명덕
1947-09-07-019	증산으로 보답	전규형동무	3	리

기사번호	제목(title)	부제목(stitle)	면수	필자, 출처
1947-09-07-020	평남도농맹 단기강습회		3	중선
1947-09-07-021	녀맹은 이렇게 분투한다 증산계몽사업에 열성 발휘	강서 홍범리 녀맹의 모범적투쟁	3	동천
1947-09-07-022	증산기록	각지에서	3	달수, 홍범
1947-09-07-023	퇴비증산에 총궐기 가마니, 새끼도 준비	철산군 참면 신곡농민들	3	영환
1947-09-07-024	신천군 문무면 3일에 완납		3	
1947-09-07-025	봉산군 광생리 해당리 완납		3	성섭
1947-09-07-026	추잠견수매에 적극 참가하자		3	의철
1947-09-07-027	맹원수 320%로 비약장성한 북조선농민동맹	민주발전에 거대한 업적	3	중선
1947-09-07-028	파손도로를 단시일에 복구		3	최병협
1947-09-07-029	평양전기제작소 계획량을 돌파		3	북조선통신
1947-09-07-030	상승일로	조일전기회사	3	
1947-09-07-031	국제정세개관		4	브.그리샤닌
1947-09-07-032	레닌그라드의 씩씩한 건설	이태리로총대표단 시찰담	4	북조선통신
1947-09-07-033	'친절한 봉사'의 진의		4	통신부
1947-09-07-034	진정한 중국인민의 요구를 들어라 대일강화조약준비문제에 대하여	신화사 론평	4	북조선통신
1947-09-07-035	영착취자 후원하는 미국의 대애정책	알.댜마히프지 론평	4	북조선통신
1947-09-07-036	모쓰크바 산업조합생산계획 완수		4	북조선통신
1947-09-07-037	중국의 국내전쟁(하)		4	
1947-09-07-038	극장		4	
1947-09-09-001	부고	북조선로동당 중앙검열위원장 김용범동지	1	
1947-09-09-002	북조선인민회의 상임의원회 고시		1	
1947-09-09-003	북조선민주주의민족통일전선 중앙위원회 의장단 결정서		1	
1947-09-09-004	추도문	북조선로동당 중앙검열위원장 김용범동지	1	
1947-09-09-005	우리 당 검열위원장 김용범동지 중환으로 서거	그의 애국정신은 우리 당과 당원속에 영원히 빛나리라	1	명덕
1947-09-09-006	당중앙회의실에 동지의 령구를 안치	조객이 줄을 지어 계속	1	
1947-09-09-007	고 김용범동지 략사		1	
1947-09-09-008	고 김용범선생 장의위원회 통지			
1947-09-09-009	조사	북조선로동당 중앙검열위원장 김용범동지의 서거	1	
1947-09-09-010	조사	북조선로동당 중앙검열위원장 김용범동지의 서거	1	
1947-09-09-011	조사	북조선로동당 중앙검열위원장 김용범동지의 서거	1	
1947-09-09-012	추도문	북조선로동당 중앙검열위원장 김용범동지의 서거	1	

기사번호	제목(title)	부제목(stitle)	면수	필자, 출처
1947-09-09-013	추도문	북조선로동당 중앙검열위원장 김용범동지의 서거	1	
1947-09-09-014	추도문	북조선로동당 중앙검열위원장 김용범동지의 서거	1	
1947-09-09-015	남조선의 복마굴을 소탕하라! 애국자들은 그놈들에게 시시각각으로 희생을 당하고있다	흡혈귀 김구일파의 잔학무도한 광폭상	2	민우
1947-09-09-016	평남도내 제1착으로 속현물세 납부	북면 삼봉리세포 리창성 리병용 두 동무	2	명덕
1947-09-09-017	함남도당에서 표창받은 당원동무들의 모범역할	-8.15행사로 43명 표창-	2	박경석
1947-09-09-018	추도사	북조선로동당 중앙검열위원장 김용범동지의 서거	2	
1947-09-09-019	화전민출신 당원학습에 열성	도원면 히창동 삼태세포에서	2	선우수
1947-09-09-020	추도사	북조선로동당 중앙검열위원장 김용범동지의 서거	2	
1947-09-09-021	미국의 대희원조안의 첫 결실에 대하여		2	
1947-09-09-022	김일성위원장에게 드리는 메쎄지	김일성대학 신축기공식에서 평양특별시 시민 일동	3	
1947-09-09-023	애국농민의 고귀한 정열로 이룩되는 민주학원의 전당	9월 7일 김일성대학 신축기공식 성대	3	은길
1947-09-09-024	식사 김두봉	김일성대학 신축기공식에서	3	
1947-09-09-025	축사 김제원	김일성대학 신축기공식에서	3	
1947-09-09-026	북조선 전농민들에게 보내는 감사문	김일성대학 학생 일동	3	
1947-09-09-027	감격의 첫날 첫삽	개시된 신축공사	3	은길
1947-09-09-028	함흥철도부 금년도 증산예정량을 완수		3	경석
1947-09-09-029	각 도 선전부장회의		3	
1947-09-09-030	일기예보		3	
1947-09-09-031	카린치슬로베니아인들에 대한 오지리당국의 정책 부당	유고슬라비아외무성 정보부장 언명	4	북조선통신
1947-09-09-032	루마니아정부대표 체코슬로바키아 방문	-문화협정체결을 위하여-	4	북조선통신
1947-09-09-033	항가리민족농민당 성명		4	북조선통신
1947-09-09-034	안보조사단 족쟈카르타 도착		4	북조선통신
1947-09-09-035	희랍민주군 공격 치렬		4	북조선통신
1947-09-09-036	미대륙의 내부모순 폭로	범미회의에 관하여 트리분나.포풀라지 보도	4	북조선통신
1947-09-09-037	쏘련집단농장원들 모쓰크바에 식량공급		4	북조선통신
1947-09-09-038	쏘련수도로서의 모쓰크바의 발전		4	북조선통신
1947-09-09-039	국경선에 진지 구축한 희랍군	-련기에 불가리아 서한-	4	북조선통신
1947-09-09-040	영갱부 파업 확대	참가인원 6만명 돌파	4	북조선통신
1947-09-09-041	미국은 어떻게 일본시장을 침략하고있는가?		4	통신부

기사번호	제목(title)	부제목(stitle)	면수	필자, 출처
1947-09-09-042	스칸지나비아에 있어서의 영미의 경쟁		4	통신부
1947-09-09-043	로동신문서점개설안내		4	로동신문사 업무부 백
1947-09-10-001	륙속하는 조객 산적하는 조문 화환에 싸여 령구는 장지로	김일성동지의 간곡한 호상에 숙연	1	명덕
1947-09-10-002	인민이 보내는 경건한 추도속에 고 김용범동지 사회장	민주승리의 이땅 모란봉기슭에 영면	1	은길
1947-09-10-003	조사	북조선로동당 중앙검열위원장 김용범동지의 서거	1	
1947-09-10-004	조사	북조선로동당 중앙검열위원장 김용범동지의 서거	1	
1947-09-10-005	추도문	북조선로동당 중앙검열위원장 김용범동지의 서거	1	
1947-09-10-006	조사	북조선로동당 중앙검열위원장 김용범동지의 서거	1	
1947-09-10-007	농촌군중선전선동사업을 일상적으로 진행하자		1	
1947-09-10-008	각계 대표의 조사	북조선로동당 중앙검열위원장 김용범동지의 서거	2	
1947-09-10-009	조전 조문 피력 박창옥	북조선로동당 중앙검열위원장 김용범동지의 서거	2	
1947-09-10-010	추도시	고 김용범선생에게 드림	2	북조선문학예술 총동맹
1947-09-10-011	남조선학교는 민주주의학생의 도살장	구사일생으로 탈출한 남조선학생들	2	북조선통신
1947-09-10-012	공장은 테로구제기관	광주서중학교에도 방화	2	북조선통신
1947-09-10-013	힘과 열성을 다바쳐 건설하자 민주학원	김일성종합대학 신축기공식과 관련하여	3	은길
1947-09-10-014	조기현물세의 완납으로 또하나 세워진 승리의 탑	8월 30일에 북조선전역 완납	3	
1947-09-10-015	이번은 신천군농민들 속현물세를 완납		3	
1947-09-10-016	각지 속속 완납		3	김인곤, 홍범, 박, 성섭, 달수
1947-09-10-017	우리 열성농민들은 퇴비증산에 힘쓴다	각 도에서	3	홍범, 경석, 의철
1947-09-10-018	열성농민들의 청초채취 완수		3	김운길
1947-09-10-019	박두하는 명태성어기 맞아 어로준비에 분망한 어민들	동해안 어민들	3	중선
1947-09-10-020	단천 신풍 광산 계획량 완수		3	김종근
1947-09-10-021	1년동안에 절약되는 국가재산 90여만원	평양연초공장의 창안	3	언철
1947-09-10-022	선물로 맺어지는 로농의 굳은 악수		3	김기형
1947-09-10-023	농기구제작에 총력량을 경주		3	기관

기사번호	제목(title)	부제목(stitle)	면수	필자, 출처
1947-09-10-024	추기맥류파종준비의 제반대책을 토의결정	평남 제38차 인민위원회의	3	달수
1947-09-10-025	일기예보		3	
1947-09-10-026	산과 바다로간 평남의 휴양자		3	달수
1947-09-10-027	반동파의 모략을 분쇄 항가리 신선거 승리	『쁘라우다』지에 마르또브 론평	4	
1947-09-10-028	이태리에 동맹파업		4	북조선통신
1947-09-10-029	미국의 무력유지 강조	범미회의에서 트루맨 연설	4	북조선통신
1947-09-10-030	극도의 경제절약 경고	로조대회에서 베빈외상 연설	4	북조선통신
1947-09-10-031	북미국 물가 폭등		4	북조선통신
1947-09-10-032	프랑코정권반대격문		4	북조선통신
1947-09-10-033	애급에서 신문사주필 검속		4	북조선통신
1947-09-10-034	희랍내에서의 출판자유 박탈		4	북조선통신
1947-09-10-035	쏘련 최대수력발전소 복구		4	북조선통신
1947-09-10-036	화란병사가 폭로한 식민지당국의 죄상		4	북조선통신
1947-09-10-037	체코정부대표 라정부대표 환영		4	북조선통신
1947-09-10-038	히틀러도배 발악적행위		4	북조선통신
1947-09-10-039	지하에 들어간 히틀러도배(상)	-폭로된 그들의 교묘한 비밀-	4	통신부
1947-09-10-040	라지오		4	
1947-09-10-041	극장		4	
1947-09-11-001	인민경제계획을 완수하는데 모든 힘을 다바치자		1	
1947-09-11-002	몰로또브외상의 회한	4개국회의에 관한 미국무성 제안에 대하여	1	북조선통신
1947-09-11-003	북조선에 무장침입한 반동도배 강도와 살인과 방화로 발악	단정수립에 광분하는 김구 리승만의 흉계	1	북조선통신
1947-09-11-004	함북의 턴넬공사 로동자들 3개월 단축준공을 호소		1	북조선통신
1947-09-11-005	통천탄광 원산유지 년도계획량 완수		1	북조선통신
1947-09-11-006	계속되는 남조선검거선풍		1	북조선통신
1947-09-11-007	일본의 대남조선무역은 식민지경제침략의 재현		1	북조선통신
1947-09-11-008	중국에 대한 일본의 위협 증대		1	북조선통신
1947-09-11-009	민족반역자 친일분자들과의 투쟁이 제일 긴급한 과업이다(상)		2	현우
1947-09-11-010	당원들이 선봉이 되어 증산	날로 발전하는 신연광산	2	최영환
1947-09-11-011	재미있게 생활하는 농촌	농성 하촌세포원들의 열성	2	김영복
1947-09-11-012	두 어린것 데리고 젊은 부인 간신히 탈출북상 민전측 가족까지 체포 악형	-해방의 북조선에 안겨 비로소 안도-	2	임성
1947-09-11-013	야수들에게 구금당턴 그때를 회고하고 전률		2	임성
1947-09-11-014	강도화한 남조선테로	민가파괴 등 언어도단	2	유한식
1947-09-11-015	반동테로의 만행으로 수라장이 된 개성시	구사일생으로 탈출 박성남씨 담	2	북조선통신

기사번호	제목(title)	부제목(stitle)	면수	필자, 출처
1947-09-11-016	남조선테로단 우복민전회관 습격	파괴후 집기를 략탈 도주	2	북조선통신
1947-09-11-017	승리에 빛나는 기록 문화사업도 활발히 진전	평양철도기관구 동무들	3	언철
1947-09-11-018	초산목재로동자 돌격작업 계속		3	우선수
1947-09-11-019	수마로부터 국토를 보위	하천정리위원회 조직	3	
1947-09-11-020	추기체육연예대회	1만여 농촌구락부 주최	3	증선
1947-09-11-021	문혔던 석탄 회수	평양화학공장에서	3	언철
1947-09-11-022	증산의 용사들(1)	뒤떨어진 생산률을 창의성을 내여 높인 평양화학공장 전용 수동무	3	언철
1947-09-11-023	동기대책 사고절멸 경쟁운동	함흥철도부에서 전개	3	
1947-09-11-024	성진시 각 공장의 8월중 실적		3	한구동
1947-09-11-025	장천리농민들 도로를 수리복구		3	의철
1947-09-11-026	평양연초공장 탁아소를 찾아서	울음멎은 '울남이' 보모의 사랑의 손길에 어머니도 마음놓고 일한다	3	은길
1947-09-11-027	당면문제를 결정 동기방화대책도 토의	평양특별시 제24차 상무위원회	3	현석
1947-09-11-028	일기예보		3	
1947-09-11-029	신선거의 승리를 경축	항가리공산당.군중대회 개최	4	북조선통신
1947-09-11-030	전전에 접근하는 루마니야산업		4	북조선통신
1947-09-11-031	범미회의의 총결		4	북조선통신
1947-09-11-032	괴뢰 동인도네시아 수상 미국독점자본 영입책동		4	북조선통신
1947-09-11-033	미국로동자 생활 악화		4	북조선통신
1947-09-11-034	범미회의는 미국의 령토확장정책	-라호라지 론난-	4	북조선통신
1947-09-11-035	세계최대 광업박물관 개관		4	북조선통신
1947-09-11-036	황하범람	국부군 제방파괴	4	북조선통신
1947-09-11-037	아르젠틴의 위기	대통령이 민주주의단체를 탄압	4	북조선통신
1947-09-11-038	나치분자 방조하는 서반아	공동사절단의 요구를 거부	4	북조선통신
1947-09-11-039	폭등하는 상해미가		4	북조선통신
1947-09-11-040	이태리전국에 데모	생활비 등귀 저임금 반대	4	북조선통신
1947-09-11-041	지하에 들어간 히틀러도배(중)	-폭로된 그들의 교묘한 비밀-	4	통신부
1947-09-11-042	라지오		4	
1947-09-11-043	극장		4	
1947-09-12-001	결정의 실시를 일상적으로 검열독촉하자		1	
1947-09-12-002	승리의 기발은 올랐다 함흥철도 책임량 완수	함철부 책임목표량완수 총결보고종업원대회	1	박경석
1947-09-12-003	김일성위원장에게 드리는 메쎄지	함흥철도부 수송책임량완수 총결보고종업원대표자대회	1	
1947-09-12-004	사개국회의에 관한 미국무성 제안에 대한 몰로또브외상 회한의 반향		1	의철, 증선, 임성
1947-09-12-005	1947년도 인민경제계획예정수자에 대한 전북조선 로동자 사무원들에게 보내는 호소문	함흥철도부 수송책임량완수 총결보고종업원대표자대회	1	
1947-09-12-006	남조선반동파들의 흉악한 음모를 폭로하며 전조선농민들에게 격함	북조선농민동맹 중앙위원회	1	
1947-09-12-007	민족반역자 친일분자들과의 투쟁이 제일 긴급한 과업이다(하)		2	현우
1947-09-12-008	미국과 원자무기		2	통신부
1947-09-12-009	일본국회내의 반동진영	일본공산당기관지『적기』론평	2	북조선통신
1947-09-12-010	식량난과 고물가를 반대 불란서에 시위와 파업 확대	경찰 방지책으로 최루가스 사용	2	북조선통신
1947-09-12-011	당생활단신	각지 당원들	2	태길, 한구동, 세영, 김기형
1947-09-12-012	김일성위원장에게 드리는 메쎄지	혁명자유가족학원기공식 참석자 일동	3	
1947-09-12-013	이룩되는 만경대학원 헌금과 헌포의 정성으로 9월 10일 기공식 성대히 거행		3	기관
1947-09-12-014	식사 요지 리주연	혁명자유가족학원 기공식에서	3	
1947-09-12-015	북조선관개사업에 대하여	농림국 부국장 문명환씨 담	3	
1947-09-12-016	생산돌격의 불꽃 1947년도 인민경제계획 예정수자 완수	기일단축에 대한 종업원대회	3	은길
1947-09-12-017	조직적로력배치로 11월 15일까지 완수	사동탄갱	3	은길
1947-09-12-018	최고능률을 발휘 10월 15일까지 완수	평양곡산공장	3	임성
1947-09-12-019	민주건설의 찬란한 면모	발전하는 고령면 조산리	3	김태길
1947-09-12-020	불조심하자	소방보안대에 알리자	3	현석
1947-09-12-021	아동극장 1만 7천명이 관람		3	
1947-09-12-022	북조선수상경기선수권대회 개최	13,4일 함흥에서	3	
1947-09-12-023	쓰딸린대원수 북해함대해병 방문	해군장병들 환호 최고조	4	북조선통신
1947-09-12-024	쓰딸린대원수 명예주석으로 해방기념경축대회 성황	불가리아	4	북조선통신
1947-09-12-025	유엔 제2차총회 쏘련대표단 결정	9월 8일 뉴욕향발	4	북조선통신
1947-09-12-026	우크라이나공화국 대표		4	북조선통신
1947-09-12-027	백로씨아공화국 대표		4	북조선통신
1947-09-12-028	국부대미차관 요구	면화구입자금으로	4	북조선통신
1947-09-12-029	토이기수상 사직		4	북조선통신
1947-09-12-030	체코작가들 모쓰크바 도착		4	북조선통신
1947-09-12-031	체코통상대표 모쓰크바 도착		4	북조선통신
1947-09-12-032	화란 벨-정부 대인전 계속 기도		4	북조선통신
1947-09-12-033	화란인도네시아총독 마샬과 요담		4	북조선통신
1947-09-12-034	백이의에 동맹파업		4	북조선통신
1947-09-12-035	쏘련의 서적(상)		4	신문부
1947-09-12-036	지하에 들어간 히틀러도배(하)	폭로된 그들의 교묘한 비밀	4	통신부

기사번호	제목(title)	부제목(stitle)	면수	필자, 출처
1947-09-12-037	쏘련군 항가리에 침몰선 인도		4	북조선통신
1947-09-12-038	아이젠하워의 출마를 시사		4	북조선통신
1947-09-12-039	일본대외무역 부흥문제		4	통신부
1947-09-12-040	라지오		4	
1947-09-12-041	극장		4	
1947-09-13-001	생산의 원가를 저하시킴으로써 산업의 발전을 기하자		1	
1947-09-13-002	함흥철도부 호소에 흥남본궁공장 궐기	9월 20일까지 책임량완수 맹세	1	북조선통신
1947-09-13-003	대한로총 등의 테로만행 피해자 백여명에 도달	철도로조 서울지부 성명 발표	1	북조선통신
1947-09-13-004	모쓰크바창건 8백주년을 맞으며 이.브.쓰딸린의 축사		1	
1947-09-13-005	사개국회의에 관한 미국무성 제안에 대한 몰로또브외상 회한의 반향		1	임성, 언철, 의철
1947-09-13-006	10월말까지 계획완수를 목표로 전철도 종업원 또다시 경쟁운동		1	북조선통신
1947-09-13-007	강력정부수립에 소농당과 민족농민당 의견일치		1	북조선통신
1947-09-13-008	동기대책을 비롯하여 제반중요안건을 결정	평양철도당부 제3차위원회	1	명덕
1947-09-13-009	대오조약위원회 개최		1	북조선통신
1947-09-13-010	당황하는 반동진영에 민주거탄을 폭주하라! 민족휴책의 관두에서 3천만이 단결되여 용감히 싸우라	조선자주독립의 공약을 신사답게 실행하라!	2	하일
1947-09-13-011	제2차 세계대전후의 식민지문제(상)		2	
1947-09-13-012	파시즘의 식민지세계를 반대한 투쟁		2	신문부
1947-09-13-013	단말마!	남조선반동파들의 의사표시 자유	2	
1947-09-13-014	전북조선적으로 제1선착의 영예를 획득한 황해도 안악군 조현물세 납부사업에 있어서 우리 당단체들은 어떻게 이 사업을 협조하였던가?		2	수근
1947-09-13-015	동포의 피를 빠는 악마같은 반동파	암흑천지 남조선을 탈출한 최팔삼군 담	3	
1947-09-13-016	경쟁운동에 개가 단체-원산기관구	개인-철로 김창위	3	홍범
1947-09-13-017	재령군 1착으로 벼현물세를 완납	애국미도 헌납한 정우호농민	3	북조선통신
1947-09-13-018	분기하자 어업로무자들 바다의 자원 명태잡이에		3	중선
1947-09-13-019	어린위안대	평북 용천군 부라면인민학교 소년단에서	3	용삼
1947-09-13-020	지하의 자원을 우리의 힘으로	녀자착암부 최숙랑동무	3	리옥히
1947-09-13-021	겨울의 철도수송 조금도 념려없다	신의주보선구원을 경쟁으로 분투	3	영환
1947-09-13-022	청진학생절경축대회 성황		3	현준극

기사번호	제목(title)	부제목(stitle)	면수	필자, 출처
1947-09-13-023	현물세준비	안변군에서	3	홍범
1947-09-13-024	평양시 주변농민 조의 추수를 시작		3	의철
1947-09-13-025	금년계획의 71% 8월말에 벌써 달성	-평남 성흥광산-	3	옥희
1947-09-13-026	민청원들은 이렇게 싸운다	각지 공장, 기업소 민청원들	3	영환, 한샘, 세영, 경석, 홍범
1947-09-13-027	도급제의 실시는 로동능률을 높인다	함흥철도부에서	3	북조선통신
1947-09-13-028	조현물세 완납		3	
1947-09-13-029	동북해방구 민주정권수립 총화	동북 제1차 행정회의에서 동북행정위원회 주석 두풍씨 보고	4	북조선통신
1947-09-13-030	체코화학공장 생산량 초과		4	북조선통신
1947-09-13-031	항가리공산당.정책 발표	-3개년경제계획 완수를 목적-	4	북조선통신
1947-09-13-032	화교보호 구실밑에 인도네시아에 출병?	국부행정원장 장군 언명	4	북조선통신
1947-09-13-033	이국직맹 대표 쏘련각지 시찰		4	북조선통신
1947-09-13-034	화군공격 계속	케드쟝쟈리지구에서	4	북조선통신
1947-09-13-035	체코출판일		4	북조선통신
1947-09-13-036	대일평화조약 중심코 영 영향제국회의		4	따쓰통신
1947-09-13-037	인도분쟁 재발생	비회교도 퇴거중에	4	북조선통신
1947-09-13-038	무장한 영군 애급에 상륙		4	북조선통신
1947-09-13-039	루마니아 추계파종준비		4	북조선통신
1947-09-13-040	애급에 일대 데모준비		4	북조선통신
1947-09-13-041	체코슬로바키아정부 농민구제법안 채택		4	북조선통신
1947-09-13-042	대일미정책 반대	행정원장 장군 연설	4	북조선통신
1947-09-13-043	쏘련의 서적(하)		4	신문부
1947-09-13-044	제5차 범미회의에 관하여		4	신문부
1947-09-14-001	직장에서의 문화써클운동을 강화하자		1	
1947-09-14-002	남조선폭압에 대하여 북조선동포에게 호소	해주수용소에서 피난자회의	1	
1947-09-14-003	파란에서 스파이단 처단		1	북조선통신
1947-09-14-004	대동인정책 로동자 반대		1	북조선통신
1947-09-14-005	마사리크씨 서거 10주년		1	북조선통신
1947-09-14-006	사개국회의에 관한 미국무성 제안에 대한 몰로또브외상 회한의 반향		1	임성, 은길
1947-09-14-007	조국강토에서 서적들을 퇴치하라! 애국자와 매국노와는 불공대천의 원쑤이며 민주와 반동과는 량존할수 없다	정권을 횡탈하려는 친일파의 진면목	2	용이
1947-09-14-008	표변!!	친일주구-반탁애국자	2	
1947-09-14-009	당생활단신	갈매동 세포원 희생적인 노력	2	통신원
1947-09-14-010	제2차 세계대전후의 식민지문제(중)		2	신문부
1947-09-14-011	애국투사들을 체포학살한 이놈들 죄상을 보라! 일제경관주구에게 내린 인민의 심판	반역도들에 대한 인민재판 방청기	3	달수

기사번호	제목(title)	부제목(stitle)	면수	필자, 출처
1947-09-14-012	자리다툼하는 이꼴! '리승만패' 김구패가 서로 격투 남조선은 정말 지옥이지요!	월경한 농민 한두봉씨 담	3	정운성
1947-09-14-013	10월말까지 책임량 완수 각 공장 호상경쟁을 조직	신의주시당열성자대회	3	영환
1947-09-14-014	중요공장 원료수송돌격작업	평철운수부서	3	달수
1947-09-14-015	자랑할 모범일군들	삭주청수공장 최농수동무, 목재로동자 김낙난동무, 신의주방직 박근도동무	3	김원식, 영락, 영환
1947-09-14-016	현물세단신	개천군 북면 삼봉리부락 농민들	3	
1947-09-14-017	날로 확충되는 농촌구락부시설	함경남도에서	3	중선
1947-09-14-018	인민영화예술의 금자탑!	발성기록영화 「인민위원회」 일반 특별공개	3	
1947-09-14-019	국제정세개관		4	브.미하일로브
1947-09-14-020	투쟁과 승리의 3년간	해방일을 맞는 불가리아	4	통신부
1947-09-14-021	화란 벨-정부 동인수상 초대준비		4	북조선통신
1947-09-14-022	해방을 기념하여 디미뜨로브수상 인민에게 메쎄지		4	북조선통신
1947-09-14-023	런던시가에 파시스트 발호		4	북조선통신
1947-09-14-024	장군 행정원장 국부부패 인정		4	북조선통신
1947-09-14-025	린방의 민주발전 찬양	루마니아수도에서도 불가리아해방 기념대회	4	북조선통신
1947-09-14-026	불란서의 반동계획 -드골은 범속한 반동분자-	『이즈베스챠』지 론평	4	북조선통신
1947-09-14-027	루마니아정부대표 귀환		4	북조선통신
1947-09-14-028	쏘 불위원회 활동	불직맹대표 모쓰크바 도착	4	북조선통신
1947-09-14-029	'백인패권'의 주창을 론난		4	북조선통신
1947-09-14-030	희정부 배후에 반동음모		4	북조선통신
1947-09-14-031	미국회대표단 서전 방문예정		4	북조선통신
1947-09-14-032	극장		4	
1947-09-16-001	제때에 추수를 하자		1	
1947-09-16-002	선전일군의 리론수준 제고를 위하여 김일성위원장 훈사	각 도 선전관계책임자회의	1	
1947-09-16-003	모쓰크바 3상회의 결정은 우리 민주독립의 유일한 길	당면문제를 중심으로 남조선민전대변인과 기자단과의 일문일답	1	북조선통신
1947-09-16-004	비료수송 원활 현재 95% 수송		1	현석
1947-09-16-005	류형당한 희랍의 민주주의자 생활 비참		1	북조선통신
1947-09-16-006	사개국회의에 관한 미국무성 제안에 대한 몰로또브외상 회한의 반향	김일성대학 학생 리종화, 로동자 로중근	1	임성, 기관
1947-09-16-007	조선인민은 쏘련외상 몰로또브씨의 회한을 절대로 지지한다(상)		2	창옥
1947-09-16-008	우리들 손으로 우리의 도시를 미화건설하자	평양시당 60차상무위원회	2	명덕

기사번호	제목(title)	부제목(stitle)	면수	필자, 출처
1947-09-16-009	인도분할후 분쟁 격심		2	북조선통신
1947-09-16-010	태양의 백광환 연구		2	북조선통신
1947-09-16-011	반동파와 투쟁하는 분란민주주의신문들		2	북조선통신
1947-09-16-012	제2차 세계대전후의 식민지문제(하)		2	신문부
1947-09-16-013	래달 10월 20일안으로 현물세를 다 바치자!	평남 개천군민청농민청년열성자대회	3	은길
1947-09-16-014	김일성장군께 드리는 감사문	평남 개천군민청농민청년열성자대회	3	
1947-09-16-015	자랑할 모범일군들 전차운행에 전력을 경주	평양전차사업소 리용상동무	3	기관
1947-09-16-016	만기현물세단신	황해도, 통천에서	3	성섭, 최만상, 인곤, 홍범
1947-09-16-017	향토건설은 우리의 힘으로	함북도인민들 도로공사에 개가	3	언철
1947-09-16-018	자급비료 증산하자	함북은 금년계획의 73% 벌써 완수	3	중선
1947-09-16-019	렬차운전의 생명인 '소레노이도'전원기 창안	함흥철도전기과 동무들의 공훈	3	박경석
1947-09-16-020	알콜생산에 거대한 공적	신의주무수주정공장 모범일군 김선인동무	3	영환
1947-09-16-021	평남에 증설될 가축병원		3	달수
1947-09-16-022	강계아동공원		3	전봉강
1947-09-16-023	농민단기강습		3	정원
1947-09-16-024	양양, 안변 평야에 벌어진 건초채취경쟁운동	애국농민들은 흥겨워 일한다	3	홍범
1947-09-16-025	남조선소식 일속		4	북조선통신
1947-09-16-026	'마샬안'을 비판	파란산업상 민츠씨 보고	4	북조선통신
1947-09-16-027	희랍민주군 진격 계속		4	북조선통신
1947-09-16-028	인도의 로동자와 농민은 어떻게 생활하고있는가		4	
1947-09-16-029	영국과 정말 통상협의 개시		4	북조선통신
1947-09-16-030	대만은 미국의 새 식민지		4	
1947-09-16-031	애급에 시위 발발	영제국주의 타도절규	4	북조선통신
1947-09-16-032	쏘련공장들 생산률 제고		4	북조선통신
1947-09-16-033	미국함대 지중해 주둔	이태리공산.사회 량당 반박	4	북조선통신
1947-09-16-034	불란서 깨솔린배급 감소		4	북조선통신
1947-09-16-035	일본전범자 재판	전륙상황목을 개인 심리	4	북조선통신
1947-09-16-036	유고전범자의 피난소는 파리		4	북조선통신
1947-09-16-037	라지오		4	
1947-09-16-038	극장		4	
1947-09-17-001	영동준비를 완수함으로써 동기작업을 보장하자		1	
1947-09-17-002	농민들의 열성적협조로 북조선관개사업 진척	예상되는 거대한 미곡증수	1	현석

기사번호	제목(title)	부제목(stitle)	면수	필자, 출처
1947-09-17-003	현물세납부에 지성 산간벽지의 농민들	함흥, 청진, 원산	1	북조선통신
1947-09-17-004	평남 각 중요공장 8월의 증산실적		1	
1947-09-17-005	8.15 2주년기념 예술축전 입상된 개인단체 발표		1	명덕
1947-09-17-006	루르협약의 정체 미국 루르부원획득기도	노이에스도이취란드지 론평	1	북조선통신
1947-09-17-007	영국'켄야'를 군사기지화		1	북조선통신
1947-09-17-008	영군 당국의 배신행위		1	북조선통신
1947-09-17-009	토이기경비병 농민을 학해		1	북조선통신
1947-09-17-010	조선인민은 쏘련외상 몰로또브씨의 회한을 절대로 지지한다(하)		2	창옥
1947-09-17-011	'전위대장' 김구	증명서가 말하는 발악상	2	
1947-09-17-012	남조선총검거상황 개관		2	북조선통신
1947-09-17-013	중국에 있어서의 워드마이어의 사명		2	『신시대』지에서, 홍인표 역
1947-09-17-014	포상에 빛나는 채탄부 내금강에서 유유휴양	궁심탄광 리육권동무	2	심철
1947-09-17-015	경지실태조사사업에 있어서 우리 당원들의 모범작용	11월말까지 완필하기로 돌격	3	현석
1947-09-17-016	현물세를 남보다 먼저	평양 주변농민들 분망	3	의철
1947-09-17-017	함북도인민위원회 축산관리에 적절한 지도	증식과 방역대책에 각별한 노력	3	현준국
1947-09-17-018	실천에서 검열된 열성당원 재훈련	평남도당학교 제4기 개교식	3	명덕
1947-09-17-019	굴양식장 복구사업 완수	강원도 문천군 명구면 해안일대에서	3	주상옥
1947-09-17-020	펠셀시험	9월 25일부터	3	현석
1947-09-17-021	모범농촌으로 발전시킨 세포원들의 노력은 크다	고저면 전천리세포의 주동역할	3	홍범
1947-09-17-022	상금을 남조선동포에게	문천세멘트공장 로동자들	3	홍범
1947-09-17-023	토지개혁으로 땅의 주인된 모범농민청년 박용익군		3	리철
1947-09-17-024	평남내무부의 사회사업		3	달수
1947-09-17-025	단체계약 효력 12월말까지 연장	각 공장 철도운수직장 로동자, 기술자들	3	언철
1947-09-17-026	렬차전복을 방지한 신의주보선구 허승봉 오용관		3	영환
1947-09-17-027	구급소는 환자를 기다린다		3	현석
1947-09-17-028	국립예술극단에서 연극연구소 신설		3	혁석
1947-09-17-029	생활 향상된 우리 농촌 쓰라린 소작농은 옛이야기	평양시 당상리 농민들	3	의철
1947-09-17-030	「인민위원회」 대호평	우리 손으로 만들어진 기록영화	3	기관
1947-09-17-031	일기예보	중앙기상대발표	3	중앙기상대
1947-09-17-032	남조선우익반동파들 공위파괴 단독정부 수립 기도	『크라스나야 스베즈다』지 론평-	4	북조선통신

기사번호	제목(title)	부제목(stitle)	면수	필자, 출처
1947-09-17-033	민주, 공화 량당이 호전당이면 인민은 자유와 평화의 제3당을 가져야 한다	윌레스씨 미국대외정책을 비난 연설	4	북조선통신
1947-09-17-034	막부기념에 참가한 각국 대표 귀환		4	북조선통신
1947-09-17-035	'마살안' 심의 위한 국회소집계획 없다	'트대통령비서담'	4	북조선통신
1947-09-17-036	이란반동파 민주주의자 검거	『쁘라우다』통신원 보도	4	북조선통신
1947-09-17-037	일본전범자 옹호를 호주사관 비난		4	북조선통신
1947-09-17-038	희랍민주군 계속 승리		4	북조선통신
1947-09-17-039	화란우익출판물들 안보결정을 무시		4	북조선통신
1947-09-17-040	미국차관을 희망	동인푸페트 케스멘트 언명	4	북조선통신
1947-09-17-041	문화	연극고전의 계승문제	4	국립극장 김일룡
1947-09-17-042	중학생 시집『꽃피는 조국』		4	려수
1947-09-17-043	미국은 라틴아메리카의 태평양연해 해운권독점기도		4	북조선통신
1947-09-17-044	첨예화하는 희랍정세		4	통신부
1947-09-17-045	방송순서		4	
1947-09-18-001	남조선 친일파 민족반역자 일체 반동분자들의 파괴모략에 대하여		1	
1947-09-18-002	리승만은 남조선단독정부수립을 획책하고 있다	미국 얼라이드.레이버.뉴쓰 통신원 보도	1	북조선통신
1947-09-18-003	겨울사업준비를 결정	북조선 각 도시설책임자회의	1	언철
1947-09-18-004	평북 정주군 대전면 농민 강락방위공사에 열성	수해로부터 7백정보를 보위	1	북조선통신
1947-09-18-005	농민들의 증산의욕은 풍작을 확보하였다	북조선농민동맹 위원장 강진건씨 담	1	중선
1947-09-18-006	쏘련의 전차공업 평화적생산으로 전환		1	북조선통신
1947-09-18-007	미군 청도에서 중국학생 구타		1	북조선통신
1947-09-18-008	루마니아에서 군중대회 개최		1	북조선통신
1947-09-18-009	불국 로총대표 쏘련각지 시찰		1	북조선통신
1947-09-18-010	우승돌격운동 신창탄광에서 전개		1	기관
1947-09-18-011	사개국회의에 관한 미국무성 제안에 대한 몰로또브외상 회한의 반향		1	은길, 한샘, 중선
1947-09-18-012	조선인민의 악독한 원쑤		2	일추
1947-09-18-013	당생활단신		2	정원, 조훈, 복원, 청원
1947-09-18-014	피난자들이 말하는 최근 남조선의 실정		2	북조선통신
1947-09-18-015	억울히 폭행 당하고도 호소할곳조차 없지요	경남 동래군서 피난온 권명준씨 담	2	동천
1947-09-18-016	반일투사들은 이렇게 싸웠다	김일성장군이 령도한 동만반일유격대원의 유가족을 찾아서	3	기관
1947-09-18-017	개천군 민청농민들에 대한 김책 부위원장의 격려사	"농촌문화사업에 더욱 노력하여주기 바란다"	3	은길

기사번호	제목(title)	부제목(stitle)	면수	필자, 출처
1947-09-18-018	인민을 위한 보안일군과 친선협조하는 기쁜 소식	평남내무부원들의 보민친선사업	3	달수
1947-09-18-019	책임량의 2배 완수한 평양연초공장 김창숙양		3	기관
1947-09-18-020	체류화차를 일소한 회령기관구 김수찬 동무		3	심철
1947-09-18-021	겨울준비하는 우리들의 기차		3	달수
1947-09-18-022	생활 향상된 우리 농촌 배우며 즐기는 농촌구락부	신북 청면 농민들의 기쁨	3	경석
1947-09-18-023	농민을 원조한 기특한 로동자	황해도 은률 장련광산 로동자들	3	김인곤
1947-09-18-024	일기예보		3	북조선 중앙기상대
1947-09-18-025	비약발전하는 각지 축산업		3	의철, 황진홍
1947-09-18-026	북조선가극단에서 가극「견우직녀」공연		3	
1947-09-18-027	이란정부 아르메니아인의 쏘베트귀환 방해		4	북조선통신
1947-09-18-028	윈나에 전람회		4	북조선통신
1947-09-18-029	쏘련.이란석유협회의 본질	고의로 위법시하려는 모모국	4	북조선통신
1947-09-18-030	루마니아-체코협정은 동남구라파제국의 경제적자립을 증명	『우니베트술』지 론평	4	북조선통신
1947-09-18-031	불란서의 경제상태 악화	근로인민들 정책시정을 요구	4	북조선통신
1947-09-18-032	인도직맹활동 장성	인도직맹대표단 모쓰크바에 도착	4	북조선통신
1947-09-18-033	인도직맹대표일행 귀국		4	북조선통신
1947-09-18-034	전쟁을 싫어하는 화란병사들		4	북조선통신
1947-09-18-035	와르샤와해방 3주년		4	북조선통신
1947-09-18-036	체코 3개년경제계획		4	북조선통신
1947-09-18-037	항가리인민은 민주주의를 찬성투표하였다		4	통신부
1947-09-18-038	미국무기상사 지중해서 무기 제조	중동과 근동에 공급예정	4	북조선통신
1947-09-18-039	영군완전철퇴 요망	회회교청년회 지도자 언명	4	북조선통신
1947-09-18-040	라지오		4	
1947-09-19-001	날로 향상되는 북조선의 문화		1	
1947-09-19-002	북조선인민회의 제14차 상임의원회		1	
1947-09-19-003	북조선인민회의 제14차 상임의원회 결정	북조선인민위원회 도시경영부장 임명에 대하여	1	
1947-09-19-004	북조선인민회의 제14차 상임의원회 결정	북조선최고재판소 재판원사직에 대하여	1	
1947-09-19-005	북조선인민회의 제14차 상임의원회 결정	북조선최고재판소 재판원결정에 대하여	1	
1947-09-19-006	리병제씨 략력		1	
1947-09-19-007	김윤동씨 략력		1	
1947-09-19-008	4개국회담 반대	인민회의창설을 지지	1	

기사번호	제목(title)	부제목(stitle)	면수	필자, 출처
1947-09-19-009	남조선테로단 만행	남로당원을 살해	1	북조선통신
1947-09-19-010	세계민청축전에 참가한 조선대표 귀국일보		1	북조선통신
1947-09-19-011	인민해방군 전승		1	북조선통신
1947-09-19-012	유엔총회전야	각국 대표 예비회의 분망	1	북조선통신
1947-09-19-013	쏘베트정권수립 30주년 기념준비	루마니아에서	1	북조선통신
1947-09-19-014	황해도 7개군 조현물세 완납	15일현재 도전체 71%	1	북조선통신
1947-09-19-015	세금완납운동 전개 강원도 평강군서	서면 유진면 100% 완납	1	북조선통신
1947-09-19-016	사개국회의에 관한 미국무성 제안에 대한 몰로또브외상 회한의 반향		1	기관, 중선, 은길
1947-09-19-017	반동파와 가렬한 투쟁속에서만 민족통일을 확대강화할수 있다	민족통일과 민족분렬에 대한 고찰	2	하일
1947-09-19-018	조직성있는 당적규률과 교양으로 사상수준 제고 산더미같은 퇴비증산에 매진	-평원군 한천면 감오리세포-	2	명덕
1947-09-19-019	세포사업의 모범적역할은 부락의 요망을 제때에 해결	-새곡면 운봉리세포를 본받자-	2	진창렴
1947-09-19-020	파리회담과 '서구쁠럭'(상)		2	신문부
1947-09-19-021	불-쏘협회 제1차대회		2	북조선통신
1947-09-19-022	탄광로동자들의 선생님 녀자당원 국문과 산수를 배운다	룡등탄광	2	리동무
1947-09-19-023	락후된 생산실적을 세포취동으로 제고	평남 성천아마공장에서	2	리옥히
1947-09-19-024	청초를 50차 확보 120차 완수 돌진	함주군 천서면 희목리에서	2	경석
1947-09-19-025	빛나는 민주학원의 최고봉 김일성대학 창립 1주년기념	오는 10월 1일식과 다채한 행사 거행	3	명덕
1947-09-19-026	평양전차지부 종업원들의 애국적증산투쟁	경쟁반 조직하고 목표량 완수	3	언철
1947-09-19-027	평양시내에 있는 각 민영공장의 활동		3	김전
1947-09-19-028	9월 10일까지 144% 완수하고 금년말이면 250% 가능	사리원방적 '랍푸'증산은 이렇게	3	성섭
1947-09-19-029	전기통신사의 자격심사규칙		3	
1947-09-19-030	철도의 침목갱환	황주역원들	3	학준
1947-09-19-031	철도의 침목갱환	사리원보선구	3	성섭
1947-09-19-032	철도침목도 증산	북조선 각 도의 성적	3	현석
1947-09-19-033	수의를 각 도에 배치	농림국주최제2회 가축위생강습회에서	3	중선
1947-09-19-034	로동자 사무원 신체검사 실시	9월 15일~11월말	3	
1947-09-19-035	가정상 이야기를 하거나 모여앉기만 하여도 구타	충청도에서 온 강여준군 담	3	정운성
1947-09-19-036	사복에만 눈을 파는 남조선정치모리배	대구에서 온 차복녀씨 담	3	성섭
1947-09-19-037	집한채 파괴하면 상금 1천 5백원	서북청년회의 발광	3	홍범
1947-09-19-038	"아버지가 살았으면 얼마나 기뻐할가"	반일투사유가족 방문기	3	기관
1947-09-19-039	증산의 용사들(2) 조선사업에 개가	계획량 완수한 평북조선소 동무들	3	영환

기사번호	제목(title)	부제목(stitle)	면수	필자, 출처
1947-09-19-040	체신국원들의 통신경기대회		3	
1947-09-19-041	희랍왕당파 령수 잘다리스의 나치협력의 전범행위 폭로	-주간 레트르.프란세스의 보도-	4	북조선통신
1947-09-19-042	트루맨 서부에 정견유설		4	북조선통신
1947-09-19-043	비밀이 폭로될 때는 대일배상문제에 대한 미국의 태도	『쁘라우다』지의 론평	4	북조선통신
1947-09-19-044	대인도네시아전쟁으로 화란재정상태 악화		4	북조선통신
1947-09-19-045	트리에스트항 자유항으로		4	북조선통신
1947-09-19-046	파시스트들 아르젠틴에		4	북조선통신
1947-09-19-047	강화조약 효력발생에 제하여 평화를 위한 노력 맹서	항가리대통령 졸탄 털디 연설	4	북조선통신
1947-09-19-048	파란에서 수확축전		4	북조선통신
1947-09-19-049	'마-샬계획'이란 무엇?		4	『쁘라우다』지
1947-09-19-050	화군 계속 공격		4	북조선통신
1947-09-19-051	영국 8천만불 금괴 미에 매각		4	북조선통신
1947-09-19-052	리반에 영인간부학교 설립		4	북조선통신
1947-09-19-053	마샬과 왕세걸 밀담		4	북조선통신
1947-09-19-054	영제국 관세동맹 결성 곤난시	-각 자치령의 영제안 반대로-	4	북조선통신
1947-09-19-055	미국의 2정당제에 관하여		4	통신부
1947-09-19-056	인도네시아주민을 불법 체포		4	북조선통신
1947-09-19-057	펠셀시험 시행		4	
1947-09-20-001	유엔의 활기는 민주주의국가의 진지한 협조의 성과	『브라바』지 사설-	1	북조선통신
1947-09-20-002	쏘련대표단 주석 스띠꼬브대장의 성명	1947년 9월 18일	1	
1947-09-20-003	찬연한 승리의 영광 싣고 우리 대표단일행 귀환!	평양역두에서 개선환영대회	1	은길
1947-09-20-004	답사(요지) 김욱진	국제청년축전의 북조선민청대표단의 개선환영대회	1	
1947-09-20-005	이태리전역에 파업 확대	북부농업로동자만 160만 참가	1	북조선통신
1947-09-20-006	김장군과 대표단 감격적악수	승리를 찬양하는 축하의 말씀	2	은길
1947-09-20-007	민족예술의 새 국면을 개척 만도의 절찬을 받으며 돌진	국립극장 세포교양에 전주력	2	명덕
1947-09-20-008	조선민족의 오물통 한민당과 한독당의 정체		2	일민
1947-09-20-009	김일성대학 신축공사에 또 한번 떨치는 민주역량	40만 평양시민은 흥겨워 일한다	3	김전
1947-09-20-010	명태증산의 대책	북조선인민위원회	3	
1947-09-20-011	민주개혁의 승리를 세계인민앞에 확증	청진역두의 민청대표단 환영회	3	준극
1947-09-20-012	이런 기맥힐 일이 있는가? 동민을 총살 검거 9활공출에 불평말한다고	남조선의 암흑상	3	용태
1947-09-20-013	불구자의 수도을 옛이야기 지금은 씩씩히 배우며 자란다	특수기술 습득시키는 두 맹아학교	3	현석
1947-09-20-014	도내 1착으로 조현물세 완납한 평북 의주군농민경축회	김장군과 비료공장에 선물 증정	3	영환
1947-09-20-015	과학적리론으로 무장하여 민주교육에 더욱 노력하자	제4차 평양시교원대회	3	대식
1947-09-20-016	혁명자유가족학원에 10만원을 기증!	재령군 남강면 유창림씨	3	
1947-09-20-017	조선혁명군의 렬사 고 양세봉씨의 투쟁	-혁명자유가족 방문기-	3	기관
1947-09-20-018	애국열로 증산된 각지 추잠		3	리호, 리동무, 최병흡, 홍범
1947-09-20-019	일기예보		3	북조선 중앙기상대
1947-09-20-020	남조선동포에게 의연금	황해도 평산군 농민들	3	진창렴
1947-09-20-021	장개석군 조직적으로 몽고인민공화국 국경 침범	'중앙사'의 날조보도를 몽고인민공화국 외무성 반박	4	북조선통신
1947-09-20-022	이로조대표 우즈베크에		4	북조선통신
1947-09-20-023	쏘련과의 공동정책 현명	장군연설을 중국신문들이 지지	4	북조선통신
1947-09-20-024	분란인민 쏘련에 감사		4	북조선통신
1947-09-20-025	쏘련의 추기어획 시작		4	북조선통신
1947-09-20-026	신항가리인민회의	9월 16일 개회	4	북조선통신
1947-09-20-027	쏘련의 참가없이 대일강화조약 보장될 수 없다	국민참정회의 특별회 건의	4	북조선통신
1947-09-20-028	인도의 골육상쟁은 영제국주의가 조성	『쁘라우다』지 국제론평가의 론평	4	북조선통신
1947-09-20-029	미군, 록도에 기지건설	정말인민들 분개	4	북조선통신
1947-09-20-030	인도네시야에 있어서의 전쟁(상)		4	
1947-09-20-031	희랍주재 미대사관원들 백만장자의 생활		4	북조선통신
1947-09-20-032	라지오		4	
1947-09-20-033	극장		4	
1947-09-20-034	보건일군	의사 구강의사 약제사 펠셀	4	북조선인민위원회 보건국
1947-09-21-001	당지도자들의 고상한 책임에 대하여		1	
1947-09-21-002	찬란한 시대에 찬란한 문화	창립 1주년을 맞는 김일성대학 전개될 가지가지의 기념행사	1	
1947-09-21-003	김일성장군님께 드리는 감사문	황해도 재령군 삼강면 설산리 유창림	1	
1947-09-21-004	애국농민의 뜨거운 정성 혁명자유가족학원에 10만원을 헌금	재녕군 유창림씨의 미거	1	
1947-09-21-005	파란 루마니아간 통상조약 체결		1	북조선통신
1947-09-21-006	북조선 김일성대학창립 1주년기념을 당하여 북조선 전체 인민에게 드리는 호소문		1	
1947-09-21-007	일제패잔형리의 집단 남조선반동경찰의 발악상		2	일민
1947-09-21-008	4백메터 교량가설에 돌격 급류에 뛰여들어 자재 구출	금화시설출장소 세포원 강한 당성으로 봉사	2	안창렬

기사번호	제목(title)	부제목(stitle)	면수	필자, 출처
1947-09-21-009	한가족같은 분위기속에 생산능률 날로 높아간다	원산조선 철공제1세포 핵심	2	홍범
1947-09-21-010	당생활단신		2	최명흡, 세영, 안창렬
1947-09-21-011	파리회담과 '서구쁠럭'(하)		2	신문부
1947-09-21-012	조국의 영예 높이 올린 우리 청년들의 이 감격		3	달수, 은길, 중선
1947-09-21-013	북조선문학예술축전에 영예의 입상을 한 예술가		3	현석
1947-09-21-014	현물세완납과 애국미의 헌납	각지에서	3	달수, 영환, 홍범, 리호, 정원, 의철
1947-09-21-015	평양미술전문 18일에 개교		3	현석
1947-09-21-016	농촌에서 공장 탄광에서 청년들은 증산에 총궐기	평남 개천군민청농민청년들의 호소에 순천군민청원들도 이에 호응	3	중선
1947-09-21-017	일기예보		3	
1947-09-21-018	국제정세개관	불란서 국내정세	4	북조선통신
1947-09-21-019	국제정세개관	희랍신정부수립의 리면	4	북조선통신
1947-09-21-020	희랍당국의 허위선전		4	북조선통신
1947-09-21-021	강화조약성립에 제하여 쏘련에 감사표현		4	북조선통신
1947-09-21-022	이태리근로인민의 단결은 공고하다!	이로조대표 쏘련직맹에 메쎄지	4	북조선통신
1947-09-21-023	대만은 국부군의 훈련기지화	중국평론일보 보도	4	북조선통신
1947-09-21-024	이란에 침입하려는 미국의 제국주의자	『쁘라우다』의 통신원 보도	4	북조선통신
1947-09-21-025	폭등하는 상해미가	국부군유징발이 원인	4	북조선통신
1947-09-21-026	인도네시아에 있어서의 전쟁(하)		4	『쁘라우다』지
1947-09-21-027	쏘련마령서수확 제고에 대한 표창규정 발표		4	북조선통신
1947-09-21-028	파란의 대외무역	쏘련 제1위 미국은 제4위	4	북조선통신
1947-09-21-029	쏘련의 소모품공업 발전		4	북조선통신
1947-09-21-030	화란군공격	점령지구확대기도	4	북조선통신
1947-09-21-031	기괴한 재독일 미점령당국		4	북조선통신
1947-09-21-032	강제이민문제		4	북조선통신
1947-09-21-033	라지오		4	
1947-09-21-034	극장		4	
1947-09-23-001	북조선민청대표단의 국제무대에서의 승리		1	
1947-09-23-002	발전하는 대평양 승리적건설을 경축	평양특별시 승격일주년기념식	1	김전
1947-09-23-003	평양특별시 승격 일주년을 맞이하면서 김일성위원장에게 드리는 메쎄지		1	
1947-09-23-004	날로 높아가는 증산기록	8월분 각 부문의 생산실적	1	
1947-09-23-005	미국의 물가인하정책 실패		1	북조선통신
1947-09-23-006	폭압에 굴하지 않고 민전평화관 사무 재개		1	북조선통신

기사번호	제목(title)	부제목(stitle)	면수	필자, 출처
1947-09-23-007	체코항가리 량국간 외교관계 회복		1	북조선통신
1947-09-23-008	유엔 제2차총회 뉴욕에서 개막		1	북조선통신
1947-09-23-009	불량배를 규합 테로 자행 자아탐욕외 조국은 없다	한민당과 한독당의 유일정강	2	일민
1947-09-23-010	이란반동파들의 음모		2	신문부
1947-09-23-011	퇴비와 가마니제작	진흥세포 녀당원들	2	영환
1947-09-23-012	성진제강소 기술진의 승리	당원기술자의 놀라운 노력	2	허두극
1947-09-23-013	조현물세 군내 제일위 당원들의 선봉적 역할	-만천면당단체들의 적절한 령도-	2	성섭
1947-09-23-014	봄에 땀흘리고 개답한 결정체 벼 80석 증수	길주군 동해면 용원리에서	2	박태화
1947-09-23-015	우리는 이렇게 이겼다 우승한 민청대표 각 부 주장 담	축구, 롱구, 무용	3	현석
1947-09-23-016	북조선문학예술축전에 영예의 입상을 한 예술가(속보)		3	
1947-09-23-017	북조선모범농민 간담회	평북 박천 김용국씨 담, 함남 갑산 김낙홍씨 담	3	중선
1947-09-23-018	증산의 용사들(3) 실수확이 늘었으니 현물세도 더 내겠소	애국농민 송창룡씨	3	달수
1947-09-23-019	북조선농민은행의 예금고 750%를 달성		3	
1947-09-23-020	평양시 납세돌격 총결	1등은 교구 동흥리 등	3	김전
1947-09-23-021	농촌출신으로 농민은행간부 양성		3	
1947-09-23-022	평남도내 납세 제일위는 양덕		3	달수
1947-09-23-023	일기예보		3	
1947-09-23-024	유엔 제2차총회에서 쏘련대표 위신쓰끼의 연설(상)		4	
1947-09-23-025	비루마요인 살해사건		4	『신시대』지
1947-09-23-026	유엔총회 본회의 토론 개시	멕시코, 미, 파 각 대표 발언	4	북조선통신
1947-09-23-027	영령 마래의 근황		4	통신부
1947-09-23-028	쏘.불직맹위원회 목적은 량국 로동자협조 강화	불대표의 기자와의 문답	4	북조선통신
1947-09-23-029	대분련합국 관리위원회 활동정지		4	북조선통신
1947-09-23-030	라지오		4	
1947-09-23-031	극장		4	
1947-09-24-001	쏘미공동위원회 사업에 대하여		1	
1947-09-24-002	트루맨주의는 남조선을 미국의 식민지화하는 기도	이즈베스치아지 론평	1	북조선통신
1947-09-24-003	맥류파종면적을 계획수자이상으로 확보하자		1	
1947-09-24-004	각 중요공장 광산에 문화후생시설 확충		1	북조선통신
1947-09-24-005	루마니아정부 쏘련의 보호에 감사		1	북조선통신
1947-09-24-006	장정부 송자문을 광동성주석에 임명		1	북조선통신

기사번호	제목(title)	부제목(stitle)	면수	필자, 출처
1947-09-24-007	스띠꼬브대장 성명에 대한 반향		1	한샘, 임성, 기관
1947-09-24-008	남조선인민은 반동폭위와 이렇게 투쟁하고있습니다(상)		2	남두우
1947-09-24-009	비나치스화 과제에 대한 두가지 태도		2	신문부
1947-09-24-010	결정지시의 실행정형과 학교사업 협조방침 토의	평양시당 제61차 상무위원회	2	명덕
1947-09-24-011	농촌세포로 우수성 발휘	송탄리당원들 역할 막대	2	주상옥
1947-09-24-012	당원 엄삼영동무 수범으로 전군적으로 퇴비증산 맹렬		2	세영
1947-09-24-013	쏘련인민의 친절에 감격	국제민청축전대표단 귀환보고대회	3	현석
1947-09-24-014	국제무대에서의 승리!	선배와 후진의 감상을 듣는다	3	은길, 달수
1947-09-24-015	휴양소신설 새 배정계획		3	
1947-09-24-016	애국투사에서 이동영화 조직		3	김전
1947-09-24-017	혁명자유가족학원을 방문 10만원기증한 유창림농민	학원생들에게 소박한 격려사	3	현석
1947-09-24-018	나는 누에를 이렇게 칩니다 황해도 장풍군 유인섭씨	한샘	3	
1947-09-24-019	힘을 합하면 못할 일이 없소 함남 흥남 한남훈씨	중선	3	
1947-09-24-020	봉산군 문정면 농민들의 애국미헌납시위	김장군 초상화 선두로 우차 20대 행진	3	성섭
1947-09-24-021	안악농민들 수수현물세 완납		3	윤모
1947-09-24-022	농민들 위안	황해도 금천군 녀맹에서	3	정운성
1947-09-24-023	일기예보		3	
1947-09-24-024	보안원에게 선물 증정	개고개 제1세포 수범	3	최병
1947-09-24-025	보건일군	의사 구강의사 약제사 펠셀	3	
1947-09-24-026	유엔 제2차총회에서 쏘련대표 위신쓰끼의 연설(하)		4	
1947-09-24-027	위신스키씨 연설은 정당	-미 피.엠지의 사설-	4	북조선통신
1947-09-24-028	유엔총회에서 체코대표 등 발언		4	북조선통신
1947-09-24-029	루마니야련합국위원회 해산		4	북조선통신
1947-09-24-030	극장		4	
1947-09-24-031	로동신문사업안내		4	
1947-09-25-001	신입당원들의 교양사업에 대하여		1	
1947-09-25-002	조국의 번영에 감격 김장군께 감사의 글월	쁘라그 한흥수박사로부터	1	
1947-09-25-003	유엔 제2차총회	4국대표 연설	1	북조선통신
1947-09-25-004	조선문제 유엔총회 상정은 모쓰크바결정원칙에 위반	남로당 중앙위원회 담화 발표	1	북조선통신
1947-09-25-005	쏘련외무성 강화조약비준문서 접수		1	북조선통신

기사번호	제목(title)	부제목(stitle)	면수	필자, 출처
1947-09-25-006	당원들의 시간외 작업으로 집회소와 주택 두채를 건축	함부동 제탄세포원들의 모범	1	박철
1947-09-25-007	스띠꼬브대장 성명에 대한 반향		1	한샘, 기관
1947-09-25-008	남조선인민은 반동폭위와 이렇게 투쟁하고있습니다(중)		2	남두우
1947-09-25-009	인민들의 분격은 비등 반동파타도투지 견결	본사로 답지하는 격려문	2	웅기, 한정섭
1947-09-25-010	함북도당학교 제5기생 졸업		2	현준극
1947-09-25-011	백일간무사고계획목표 초과달성경쟁운동 전개	명천역 당원들 불꽃튀는 활약	2	김히훈
1947-09-25-012	량국 근로인민의 거대한 역할 인정	쏘.불직맹위원회 제3차회의	2	북조선통신
1947-09-25-013	이직맹대표단과 기자단 회견		2	북조선통신
1947-09-25-014	만기작물현물세를 경쟁적으로 완납하자	정주군당열성자대회	2	정원
1947-09-25-015	만기현물세를 빨리 바칠것과 기타문제 토의	희천군당열성자대회에서	2	최병휴
1947-09-25-016	퇴비 160% 증산하고 돌진	평강군 현내면 북촌리 당세포에서	2	신봉용
1947-09-25-017	국제무대에서의 승리!	선배와 후진의 감상을 듣는다	3	은길, 중선, 임성
1947-09-25-018	격분! 또 격분! 공위파괴하는 반동파 타도! 청년의 피는 끓는다	평양시 중구민청 제2차 웅변대회	3	명덕
1947-09-25-019	구거비리 농촌소년단을 찾아서		3	김전
1947-09-25-020	예술축전에 입선한 예술가(속보)		3	
1947-09-25-021	평양시에서 개답공사 착수		3	의철
1947-09-25-022	보안원에게 선물	평양시 북구녀맹에서	3	기관
1947-09-25-023	풀은 비료성분 많은 때 빈다	황해도 재령군 임신호씨	3	중선
1947-09-25-024	문화향상은 이렇게 되었소	함북 학성군 리학석씨	3	중선
1947-09-25-025	일기예보		3	중앙기상대
1947-09-25-026	'부인권페지'는 유엔기초를 삭제하는것이다	유엔회의 의정안 토의석상 쏘련대표 강조	4	북조선통신
1947-09-25-027	유엔총회의 주의	위신쓰키연설에 집중	4	북조선통신
1947-09-25-028	항가리련합국 관리위원회 사업 종료		4	북조선통신
1947-09-25-029	쏘련을 공격하는 책동을 분쇄하겠다	쏘 불위원회 불국대표 귀국	4	북조선통신
1947-09-25-030	이란문제조사차 미상원의원단 테헤란 도착		4	북조선통신
1947-09-25-031	희랍민주군공세에		4	북조선통신
1947-09-25-032	미 토차관협의 근근재개 예정		4	북조선통신
1947-09-25-033	국제민주녀성련맹 집행회의		4	북조선통신
1947-09-25-034	미군사 사절단 레바논에 도착		4	북조선통신
1947-09-25-035	유엔총회에서 각국 대표 발언		4	북조선통신
1947-09-25-036	대씨리아계획	쏘련『적성』지의 론평	4	북조선통신

기사번호	제목(title)	부제목(stitle)	면수	필자, 출처
1947-09-25-037	신로선에 오른 파란농민		4	통신부
1947-09-25-038	쏘련농민들 곡물납부계획을 완료		4	북조선통신
1947-09-25-039	화란의 위기 심각		4	북조선통신
1947-09-25-040	보건일군	의사 구강의사 약제사 펠셀	4	
1947-09-26-001	전기화문제에 대하여		1	
1947-09-26-002	북조선 각 공장 광산 종업원들이 김일성위원장에게 맹서	기일 단축코 책임량초과완수의 굳은 결의	1	고석
1947-09-26-003	유엔 제2차총회 토론 점차 백열화		1	북조선통신
1947-09-26-004	공위를 성공시키자	남조선민주애청 담화 발표	1	북조선통신
1947-09-26-005	9월 29일을 휴식일로 결정		1	
1947-09-26-006	남조선인민은 반동폭위와 이렇게 투쟁하고있습니다(하)		2	남두우
1947-09-26-007	하천정리사업의 중요성		2	내무국장 박일우
1947-09-26-008	조현물세 완납에 있어 도내 제1위를 차지한 의주군 송장면 당단체 협조는 크다		2	리영훈
1947-09-26-009	대형기관차 대수리증산의욕 더욱 높다	성진기관구 공작반 당원동무들의 열성	2	한구동
1947-09-26-010	극장 '해방기념관 신축'개관식도 성대히 할 예정	-안주군 당단체의 협조 열성-	2	
1947-09-26-011	휴양소운동장 개수 농촌당원들 동원		2	조훈
1947-09-26-012	우리 선수를 길러낸 직장써클과 지도자의 담화	서북배전부 직장써클 현상규씨, 중앙민청 체육부장 김창천씨	3	기관, 은길
1947-09-26-013	쁘라그 천지를 진동하는 코리아 나스타(조선 만세)!	키스와 꽃다발로 우리 대표단 환영	3	
1947-09-26-014	퇴비를 썼더니 수확이 3배 평남 안주군 최봉오씨		3	중선
1947-09-26-015	돼지를 치면 수입이 많다 평북 구성군 김창진씨		3	중선
1947-09-26-016	우리 대표단 환영하는 김박사 부인	그 친절에 단원들 감격	3	
1947-09-26-017	로동자들에게 짚신을 선물	함남도 단천군 농민들	3	경석
1947-09-26-018	황해도에 팽창한 현물세납부열		3	성섭
1947-09-26-019	함남도농민의 현물세경쟁열		3	명덕
1947-09-26-020	녀맹원의 협조	황해도 서흥군 목감면 녀성동맹에서	3	천
1947-09-26-021	일기예보		3	
1947-09-26-022	창립 1주년을 맞이한 김일성종합대학	우수한 민족간부양성의 과학전당으로 약진!	3	은길
1947-09-26-023	예술축전에 입선한 예술가(속보)		3	
1947-09-26-024	국립예술극단 부설	연극연구소 제1기 연구생 모집 규정	3	
1947-09-26-025	위신스키씨의 연설 전쟁선동자에 대타격	모쓰크바 제 신문 론평	4	북조선통신
1947-09-26-026	미국은 유엔위신 손상	대공보의 론평	4	북조선통신
1947-09-26-027	미국딸라는 토이기에서 무엇에 사용되고있는가		4	통신부
1947-09-26-028	마샬과 비도 회견	안전보장리사회와 일치가결원칙 무시하려는 책동	4	북조선통신
1947-09-26-029	항가리외 2국 유엔가맹 요청		4	북조선통신
1947-09-26-030	토이기에 미인 도착		4	북조선통신
1947-09-26-031	중국의 외교정책 변경을 주장	남경일보 사설	4	북조선통신
1947-09-26-032	대만 군사기지화	웨드마이어시찰후 적극화	4	북조선통신
1947-09-26-033	쏘련로동자의 생활 현저히 향상		4	북조선통신
1947-09-26-034	대일강화조약문제에 대한 4개국회의를 제창	중국민족정치회 특별위원회 결의	4	북조선통신
1947-09-26-035	슬로바키아 음모사건 취조		4	북조선통신
1947-09-26-036	"나일하곡에서 철퇴하라"	애급애국당 당수의 요구	4	북조선통신
1947-09-26-037	북이태리의 파업	농업로동자 요구 관철	4	북조선통신
1947-09-26-038	대만 남부 군사기지화		4	북조선통신
1947-09-26-039	유고 이태리에 항의		4	북조선통신
1947-09-26-040	운라 전총장 하르지아 사망		4	북조선통신
1947-09-26-041	루마니아의회 국제문화협정 비준		4	북조선통신
1947-09-26-042	브라질국민학생련맹		4	북조선통신
1947-09-26-043	체코-항가리 신통상협정		4	북조선통신
1947-09-26-044	쏘련에서 신수확기계 시험		4	북조선통신
1947-09-26-045	이태리 로마에 농업로동자 파업		4	북조선통신
1947-09-26-046	라지오		4	
1947-09-26-047	본사발간 신간안내		4	
1947-09-27-001	쏘련대표단주석 스띠꼬브대장의 성명	1947년 9월 26일	1	
1947-09-27-002	세계인민의 평화와 친선을 위하여 새 전쟁방화자들을 반대한 력사적대연설	-위신쓰끼씨 연설에 대하여-	1	
1947-09-27-003	쏘련교육문화를 시찰하고 교육시찰단일행 귀환	25일 평양역두에서 환영	1	김전
1947-09-27-004	분격도 새로운 10월인민항쟁 광신적반동파를 물리치고 공위사업을 성공시키자	남조선민전 회고담 발표	2	북조선통신
1947-09-27-005	단신으로 급류에 뛰여들어 처와 같이 교량과 도로 방어	김문찬동무여! 장쾌하다	2	최병흡
1947-09-27-006	공덕면당부는 사업을 어떻게 실천하였는가		2	리영훈
1947-09-27-007	로동당원들의 주동적역할로서 1년간계획을 183%로 완수	-통천광산의 생산률 비약-	2	세영
1947-09-27-008	당원들의 모범적작용으로 동기용저수지복구 완성	삼성광산 박순자동무의 창의 주효	2	허길복
1947-09-27-009	창의성을 발휘하여 계획실천에 공헌하는 원산조선소 김약환동무		2	홍범

기사번호	제목(title)	부제목(stitle)	면수	필자, 출처
1947-09-27-010	쏘련을 제외하면서까지 '거부권'철페는 반대	미국의 진보적인사의 관심	2	북조선통신
1947-09-27-011	신5개년계획에 있어 로련산업조합의 역할		2	통신부
1947-09-27-012	동기대책을 비롯한 제 당면과업을 결정	청진철도당부 열성자대회	2	현준극
1947-09-27-013	직장농촌세포원들 파괴된 도로를 복구	금화군 원남면당부 추동	2	창렴
1947-09-27-014	양잠에 전력을 기울여 애국잠견까지를 헌납	정산리세포 유재부동무	2	태길
1947-09-27-015	당원 리석강동무 본받아	전리내들 퇴비의 산더미	2	창렬
1947-09-27-016	고치수매선봉 김증녀녀동무		2	김경환
1947-09-27-017	금년도 책임량 100%이상 완수한 우리 모범직장 다시 증산 계속하는 애국일군들	여러 공장, 기업소들에서	3	김전, 영환, 박철, 단천, 기관, 종근
1947-09-27-018	평양제유공장 창의력을 발휘		3	기관
1947-09-27-019	순천녀맹원들의 활동		3	은길
1947-09-27-020	날로 높아가는 현물세납부열	각지 농민들	3	명덕, 홍범, 송춘관, 창렬, 허길복, 경석, 만선, 리성빈
1947-09-27-021	희망과 기쁨과 감사속에 김일성대학 신축공사 진행	위안대도 나오는 즐거운 공사장	3	김전
1947-09-27-022	팔프제조에 기쁜 소식 금망 난해결에 서광	길주제지 김서남동무	3	태화
1947-09-27-023	단천민청원들 광산작업 원조		3	서득창
1947-09-27-024	국립예술극단 부설	연극연구소 제1기연구생 모집 규정	3	
1947-09-27-025	마샬제안은 제2안보설치기도	유고.우크라이나 량외상 통격	4	북조선통신
1947-09-27-026	독일사회통일당 제2차대회 개막	쏘련공산당축전에 감동	4	북조선통신
1947-09-27-027	파란에 농민대학협회		4	북조선통신
1947-09-27-028	유엔조사위원회	화 인 전쟁 제1차 중간보고	4	북조선통신
1947-09-27-029	영국군측 실현 곤난	-『데일리 워커』지 론평-	4	북조선통신
1947-09-27-030	화란 식량배급 감소		4	북조선통신
1947-09-27-031	2백 25만을 집결	독일사회통일당위원장 보고 연설	4	북조선통신
1947-09-27-032	완전독립을 견지	인도네시아 정부태도 강경	4	북조선통신
1947-09-27-033	희랍민주군 정부군을 격퇴		4	북조선통신
1947-09-27-034	서반아인민에 뜨거운 동정을	국제민주녀성련맹집행위원회	4	북조선통신
1947-09-27-035	미국기지로 등장한 황포		4	북조선통신
1947-09-27-036	항가리 신운하 스지오 개통		4	북조선통신
1947-09-27-037	영미관계와 근동아세아의 석유		4	통신부
1947-09-27-038	라지오		4	
1947-09-27-039	보건일군	의사 구강의사 약제사 펠셀	4	
1947-09-27-040	본사발간 신간안내		4	
1947-09-28-001	화학공업을 발전시키자		1	

기사번호	제목(title)	부제목(stitle)	면수	필자, 출처
1947-09-28-002	미군정하 남조선인민의 불행한 사태에 관하여 남로당 하지중장에게 서한 비합법적폭압 중지하라!	남조선로동당중앙위원회	1	
1947-09-28-003	방쏘교육시찰단에게 듣는다		1	김전, 기관
1947-09-28-004	금년도 생산책임량 완수 활발히 전개되는 당사업 평양견직 제사과세포 모범작용	9월 24일 정오	2	명덕
1947-09-28-005	많은 기재를 창의제작 전기절연품연구 성공	고건원탄광 당원들의 노력	2	황진홍
1947-09-28-006	타고 남은 무연탄 재생 동기대책에 만전확보	신의주제지공장 김시덕동무	2	리영훈
1947-09-28-007	영제국에 대한 미국의 공세	『세계경제와 세계정치』지 이.레민 저 영제국현문제에서	2	
1947-09-28-008	퇴비증산에 열성인 농촌	회령군 보을면 성북세포에서	2	심철
1947-09-28-009	김대공사장에서 수범	평양시당학교생 분투	2	명덕
1947-09-28-010	퇴비증산 수범	김용호동무	2	박철
1947-09-28-011	녀맹원은 경비대를 위문 민청원은 현물세를 준비	-장수면 오가리세포 추동-	2	리성빈
1947-09-28-012	상호협조의 미담한 토막	평북 강계군 외귀면 건상동우리당 성북세포에서	2	박철
1947-09-28-013	철도침목생산에도 당원들 협조로 원활	평북 강계군 전천면에서	2	박철
1947-09-28-014	'승리의 기발운동'을 북조선민청 각 초급단체에 호소	평양견직공장 민청초급단체 궐기	3	기관
1947-09-28-015	운동장확장에 감투하는 오성중학생들		3	
1947-09-28-016	겨울대책에 대한 철도수송준비 완성		3	
1947-09-28-017	교육비로 거액 기증	안악군 안곡면 농민들이 기증	3	황정삼
1947-09-28-018	유치반 어린이의 하루		3	
1947-09-28-019	말은 노래로 동작은 춤으로!	새 조선 아들딸은 이렇게 자란다	3	현석
1947-09-28-020	흥남공장에 선물	함북 온성군 농민들로부터	3	경석
1947-09-28-021	연구토론회를 활기있게 전개	안변군 배화면 천양리세포에서	3	박만선
1947-09-28-022	집급과 도전방지를 전기처산하 지부에 호소	전기처 서북배전부 평양지부에서	3	기관
1947-09-28-023	호소문(요지)	전기처 평양지부종업원대회	3	
1947-09-28-024	증산의 용사들 흥남비료공장에서 또 신기록!	유안증산에 획기적성공	3	경석
1947-09-28-025	조쏘교원 좌담회		3	은길
1947-09-28-026	일기예보		3	
1947-09-28-027	유엔원칙반대자는 누구?	인도네시아문제에 관련하여 『이스베스치아』 론평	4	
1947-09-28-028	유엔파괴하는 반동파를 지탄	국제민주녀성련맹집위회의	4	북조선통신
1947-09-28-029	장정부 언론기관 탄압		4	북조선통신
1947-09-28-030	슬로바키아 전유격대원 등 파시스트 잔재숙청을 요구		4	북조선통신

기사번호	제목(title)	부제목(stitle)	면수	필자, 출처
1947-09-28-031	서전의 금괴 미국으로	딸라를 구하여	4	북조선통신
1947-09-28-032	국제민주녀성집행위원회의		4	북조선통신
1947-09-28-033	미국의 서구침략에 가담할수 없다	부라질신문 론평	4	북조선통신
1947-09-28-034	불가리아 반파시스트인민봉기 24주년		4	북조선통신
1947-09-28-035	프랑코 타도 절규	서전에서 녀성대회 개최	4	북조선통신
1947-09-28-036	사라도브-모쓰크바 가스수송관은 완성되었다		4	통신부
1947-09-28-037	발아리공화국의 문화발전		4	통신부
1947-09-28-038	트리에스트에서 파업 확대		4	북조선통신
1947-09-28-039	라지오		4	
1947-09-28-040	로동신문 사업안내		4	
1947-09-29-001	스띠꼬브대장의 9월 26일 성명에 대하여		1	
1947-09-29-002	스띠꼬브대장 성명을 지지하는 인민의 소리		1	기관, 정삼, 한샘, 현석, 김전, 중선
1947-09-29-003	끼예브에서 량곡정매사업		1	북조선통신
1947-09-29-004	최후말로를 달리고있는 남조선반동테로의 운명	-인민들은 그들을 반드시 심판할것이다-	2	신염
1947-09-29-005	추경협조방침과 기타 중요안건 결정	평양시당 제62차상무위원회	2	명덕
1947-09-29-006	미국 유엔헌장 위반 미국의 국무성지부화기도 더욱 로골	『쁘라우다』특파원의 보도	2	
1947-09-29-007	토지개혁에 감격하여 꿈에도 잊지 못할 은혜	당원 황용학동무의 지성	2	김미일
1947-09-29-008	모범농민으로 표창받아 리병춘동무 증산에 돌진	학성군 학성면 홍평리 지덕세포에서	2	김영복
1947-09-29-009	년간계획 달성에로 최후돌격전을 전개	회령제지세포원 주동	2	심철
1947-09-29-010	세포강화목적 단기강습 조직	양덕군당에서	2	명덕
1947-09-29-011	현물세 제1착 완납 추맥파종에 총진군	구읍리 계정동 당원 주동	2	정운성
1947-09-29-012	순천녀맹원들 선로공사 동원		2	영호
1947-09-29-013	당원의 정치수준 제고 모범농촌으로 대비약	온성군 남양면 수구세포	2	현준극
1947-09-29-014	라진철도부 동무들의 증산투쟁 15만키로운동 승리	수천명 시민들의 환호속에 개가	3	현준극
1947-09-29-015	녀자고급중학교의 하루		3	
1947-09-29-016	과학지식과 진리 탐구 민주주의사상으로 무장	평양녀자고급중학교에서	3	현석
1947-09-29-017	농민들의 퇴비증산	각지 농민들	3	정원, 선우수, 손춘관, 신봉용, 경석, 홍범
1947-09-29-018	농민위안예술대 출동	평남도 선전부에서	3	달수
1947-09-29-019	일기예보		3	
1947-09-29-020	불쌍한 환자들에게 사랑의 손길	쏘련녀의사들의 활동	3	김전

기사번호	제목(title)	부제목(stitle)	면수	필자, 출처
1947-09-29-021	주막교공사	3개월 단축 준공키로 돌격	3	박철
1947-09-29-022	로동신문사 사업 안내		3	
1947-09-29-023	민주건설에 맺어지는 로동자 농민의 단결	안주탄광 확장공사에 자진출동한 농민들의 분투!	3	
1947-09-29-024	우리는 이렇게 행복하다	사리원방적기숙사 방문기	3	성섭
1947-09-29-025	책임감이 센 강례은동무		3	영호
1947-09-29-026	예술축전에 입선한 영예의 예술가(속보)		3	
1947-09-29-027	국제정세개관	유엔총회와 위신쓰끼씨 연설	4	브.미하일로브
1947-09-29-028	위신쓰키씨의 연설에 미국대표단 혼란	뉴욕에서 『쁘라우다』특파원 보도	4	북조선통신
1947-09-29-029	마샬안 실행 곤난	미국내에 격렬한 반항	4	북조선통신
1947-09-29-030	미국생필품 등귀	근로대중의 생활 저락	4	북조선통신
1947-09-29-031	향상되는 신유고슬라비야		4	『트루드』지
1947-09-29-032	파란 대강도살인단 발각		4	북조선통신
1947-09-29-033	파란의 금괴		4	북조선통신
1947-09-29-034	루마니아의 사법기관 민주화	민주정당 쁠럭회의에서 토의	4	북조선통신
1947-09-29-035	라지오		4	
1947-10-01-001	북조선교육문화의 위대한 발전	김일성대학 창립 1주년을 당하여	1	
1947-10-01-002	조선인민을 원조하는 쏘련의 성의에 감사한다 평양시민 장예원씨	스띠꼬브대장성명을 지지하는 인민의 소리	1	의철
1947-10-01-003	인민은 외래자본의 예속을 원치 않는다 세창고무공장 박성국씨	스띠꼬브대장성명을 지지하는 인민의 소리	1	현석
1947-10-01-004	쏘련은 진정으로 조선독립에 진력 문화인 김응선씨	스띠꼬브대장성명을 지지하는 인민의 소리	1	한샘
1947-10-01-005	남조선반동파를 철저히 분쇄하자 교원 박영화씨	스띠꼬브대장성명을 지지하는 인민의 소리	1	현석
1947-10-01-006	중학기금조달에 세포원 솔선	고성군 간성면 어천리 2구세포원들	1	최치욱
1947-10-01-007	9월 23일 유엔총회 오전회의 석상에서 한 아.야.위신쓰끼씨의 연설		1	
1947-10-01-008	스띠꼬브대장성명을 전조선인민은 절대 지지한다(상)	김창만	2	
1947-10-01-009	전기용접봉을 창의제작 기관차수리에 많은 도움 황칠암 문동수 두동무	라진기관구공장에서	2	정훈
1947-10-01-010	벼현물세를 군내 제1위로 납부 애국미헌납고 퇴비증산에 매진 당원 김수인동무를 본받자	금화군 금화면 읍내리	2	창렬
1947-10-01-011	년간계획실천은 눈앞에 닥쳐왔다	쌍용광산 세포원의 주동으로	2	김영복
1947-10-01-012	명랑한 도시를 만들자 청소와 도로수리 완벽	갈마분주서장 조찬환동무의 지도	2	홍범
1947-10-01-013	출강시간을 훨씬 단축 생산률제고에 공헌 막대	황해제철 제강과 당원들의 모범적활동	2	박

기사번호	제목(title)	부제목(stitle)	면수	필자, 출처
1947-10-01-014	목재산출에 적극 진출	영흥면산림서 세포원	2	김경환
1947-10-01-015	성진검차구 당원들이 명랑한 객차수리 완성		2	한구동
1947-10-01-016	만경대학원 건축사업에 대하여		2	전몽수
1947-10-01-017	오늘! 기쁨속에 맞이하는 김일성대학창립 1주년기념		3	은길
1947-10-01-018	김두봉의장으로부터 국보의 책들을 기증		3	김전
1947-10-01-019	기념전람회 공개	고귀한 발명품들로	3	은길
1947-10-01-020	각 방면에 걸친 학술연구보고대회		3	
1947-10-01-021	산같이 쌓인 축전과 축하문		3	
1947-10-01-022	학생들의 감격을 듣는다	력사문학부 김옥수, 계획경제과 김정의	3	김전
1947-10-01-023	단천보육원의 자라나는 모습	함남 단천도립보육원에서	3	기운
1947-10-01-024	체육조선을 구가 각종 선수권대회	평양과 함흥에서 개최	3	
1947-10-01-025	창립 1주년기념을 빛내는 신축공사장의 기쁨	김일성대학 신축공사장에서	3	달수
1947-10-01-026	송흥온천휴양소 개소식		3	영복
1947-10-01-027	로동신문사 사업안내		3	
1947-10-01-028	유엔총회 제2차회의	회의의정 결정	4	북조선통신
1947-10-01-029	유엔헌장 수정안 불가	파란대통령 비에루트씨 외국기자단과 일문일답	4	북조선통신
1947-10-01-030	현이태리정부는 미국의 지중해침략의 앞잡이	이즈베스치아지 론평	4	북조선통신
1947-10-01-031	대만청년을 군사훈련	제1기 수훈자 20만명	4	북조선통신
1947-10-01-032	상해미인회사의 로동자 파업투쟁	국부 무력으로 탄압	4	북조선통신
1947-10-01-033	쏘련로동자 50만 야간중학 수학		4	북조선통신
1947-10-01-034	우크라이나에서 제당공업능력 격증		4	북조선통신
1947-10-01-035	장개석정부의 재정금융조치	신화사통신의 보도	4	북조선통신
1947-10-01-036	유엔총회(9월 17일)에서의 마샬씨의 연설		4	
1947-10-01-037	쏘련에서 신형공구 제작		4	북조선통신
1947-10-02-001	농촌에 있는 당단체활동에 대하여		1	
1947-10-02-002	철도진의 빛나는 승리 1947년 철도화물 수송계획량 완수	9월 30일 완수보고대회 성대	1	현석
1947-10-02-003	반동파의 타도가 독립 촉진하는 길 사무원 신기섭씨	스띠꼬브대장 성명을 지지하는 인민의 소리	1	기관
1947-10-02-004	조선의 민주독립 위한 쏘련측의 성의에 감사 사무원 박영춘씨	스띠꼬브대장 성명을 지지하는 인민의 소리	1	김전
1947-10-02-005	김일성위원장에게 드리는 메쩨지	철도화물수송계획량 달성보고대회 대표 허남히	1	
1947-10-02-006	교통국산하 전종업원에게 보내는 격려의 편지	철도화물수송계획량 달성보고대회 대표 허남히	1	
1947-10-02-007	스띠꼬브대장 성명에 대한 남조선신문의 반향		1	북조선통신
1947-10-02-008	남조선의 신문법안은 민주언론에 대한 폭압	신문기자단 재고 요청	1	북조선통신
1947-10-02-009	개천군내 벼현물세 첫 봉화를 일으키다	당원 현순욱동무	1	명덕
1947-10-02-010	스띠꼬브대장 성명을 전조선인민은 절대지지한다(중)		2	김창만
1947-10-02-011	당보중심으로 학습 열성 반동파폭로선전을 전개 현물세납부에 수범인 아침리 세포	금화군 근동년	2	창렬
1947-10-02-012	서로 앞을 다투어가며 벼현물세납부를 완료 로동당원들이 남먼저 바치다	통천군에서	2	세영
1947-10-02-013	만난을 극복하고 개간한 갈밭에 벼이삭 물결친다 농민들은 새집 짓고 전등 가설	강서군 보립면 관포리에서	2	명덕
1947-10-02-014	농민이 탄광증산에 출동 로력부족 극복코저 동원 로동당원들이 선두돌격	국영길주탄광에서	2	박태화
1947-10-02-015	영흥군당부 학교 수료		2	김경환
1947-10-02-016	북조선문학예술총동맹 제4차 중앙위원회 결정서(상)		2	
1947-10-02-017	백리밖에서 김일성대학공사장에 나온 용강군 의산리 민청원들의 활동	그들은 농촌에서도 모범청년들이다	3	김전
1947-10-02-018	문학예술총동맹의 제4차 중앙위원회 개최	위원보선과 조직사항 결정	3	은길
1947-10-02-019	평북 삭주군 인민들이 올린 승리의 개가 우리 당원의 활동은 컸다	수풍-청수간 도로공사 완성	3	영환
1947-10-02-020	가을파종에 모범 봉산군 초와면 농민들 열성	초구리는 벌써 90% 달성!	3	성섭
1947-10-02-021	흥남본궁공장 카바이트계획완수보고대회		3	경석
1947-10-02-022	로동자들의 창안 제철가열에 쓰는 탄을 유연무연탄혼합으로 성공	황해제철소에서	3	성섭
1947-10-02-023	우리의 민주농촌을 찾아서 수확은 제때에! 경쟁반 조직하고 총동원	함북에서 제일가는 수북리농촌 (1)	3	주재기자 현준극
1947-10-02-024	선천녀맹원들의 모범적증산투쟁		3	염용택
1947-10-02-025	민청원이 동원 아동공원 신설	평북 위원군 민청에서	3	김성린
1947-10-02-026	3.4분기 납세	평남도가 1착	3	달수
1947-10-02-027	일요일 리용 제방공사 조력	영흥면 당원들 수범	3	
1947-10-02-028	로동신문사업 안내		3	
1947-10-02-029	이태리 등 유엔가입 토의	안전보장리사회에서	4	북조선통신
1947-10-02-030	이란당국 미국인훈령으로 진보적인사 대검거		4	북조선통신
1947-10-02-031	유엔결정 실행치 않는 남아련방의 태도 토의	신탁리사회	4	북조선통신
1947-10-02-032	슬로바키아음모단의 정체		4	북조선통신
1947-10-02-033	오지리미점령당국 기아시위자를 처벌		4	북조선통신

기사번호	제목(title)	부제목(stitle)	면수	필자, 출처
1947-10-02-034	신파쑈단체 발호	이태리공산당 등 대책결의	4	북조선통신
1947-10-02-035	뉴욕시의 물가 등귀		4	북조선통신
1947-10-02-036	불가리아인민 토지의 날 경축		4	북조선통신
1947-10-02-037	희랍의 공업수준 빈약	-전전의 불과 61%-	4	북조선통신
1947-10-02-038	까자흐고급교육제도 확장		4	북조선통신
1947-10-02-039	토이기에 미국사절단 잔종		4	북조선통신
1947-10-02-040	딸라의 숭배자		4	통신부
1947-10-02-041	바꾸박물관 장식		4	북조선통신
1947-10-02-042	사회통일당대회 참가자를 미군 불법체포		4	북조선통신
1947-10-02-043	전후 쏘련의 출판사업 약진		4	북조선통신
1947-10-02-044	항가리중공업계에 외국주문 답지		4	북조선통신
1947-10-02-045	극장		4	
1947-10-02-046	로동신문사 사업안내		4	
1947-10-03-001	전인민의 환희와 감격 속에 김일성대학 창립 1주년 기념식		1	은길
1947-10-03-002	쓰딸린대원수에게 드리는 메쎄지(요지)	김일성대학창립 1주년 기념대회	1	
1947-10-03-003	김일성장군에게 드리는 메쎄지(요지)	김일성대학창립 1주년 기념대회	1	
1947-10-03-004	농업현물세 기한전완납은 농민들의 신성한 국가적의무이다		1	
1947-10-03-005	훈사 북조선종합대학창립 1주년기념대회에서	김일성	1	
1947-10-03-006	반로동법을 반대	미국에서	1	북조선통신
1947-10-03-007	식사(요지) 김두봉	김일성대학창립 1주년 기념대회에서	1	
1947-10-03-008	스띠꼬브대장 성명을 전조선인민은 절대지지한다(하)	김창만	2	
1947-10-03-009	험악한 산길을 극복하고 무료순회진료반이 회진	-감격하는 무의촌 농민들-	2	박천명
1947-10-03-010	파종도 남먼저하고 현물세도 선참으로 당원 박남용동무	영흥면 문흥리에서	2	김경환
1947-10-03-011	금년도 관개사업을 검토 앞으로 협조방침을 수립	평남도당 제42차 상무위원회	2	명덕
1947-10-03-012	북조선문학예술총동맹 제4차 중앙위원회 결정서(하)		2	
1947-10-03-013	기술의 창발력발휘로 기계를 복구코 증산에	성진제강 배전세포원들 분투	2	허두극
1947-10-03-014	현물세 남보다 먼저 바쳐 리민을 적극 추동 -남산세포원들-	선천군 심천면	2	엄용택
1947-10-03-015	벼현물세 선납 퇴비증산모범 김창기동무	하남면 원천리세포	2	유한식
1947-10-03-016	늙은 몸으로 퇴비를 증산 리병화동무	화천군 상서면 노동리 2구농민	2	한식

기사번호	제목(title)	부제목(stitle)	면수	필자, 출처
1947-10-03-017	민주교육간부를 양성하는 평양교원대학 개교 1주년기념	력사적보고대회와 호화로운 각 행사	3	기관
1947-10-03-018	민전평양시위원회 신생원과 수용소를 방문		3	달수
1947-10-03-019	김일성위원장에게 드리는 메쎄지(요지)	평양교원대학개교 1주년기념보고대회	3	
1947-10-03-020	전기시설과 곰프렛샤 설치	기계화되는 김대공사장	3	김전
1947-10-03-021	변압기복구에 성공	수성변전소 애국일군들	3	현준극
1947-10-03-022	진보적기업가들로 된 주식회사 조선제지공장 후생시설도 완비되고 증산에 약진	평북도의 민영기업	3	영환
1947-10-03-023	우리의 민주농촌을 찾아서 가축증산에도 모범 김장군상에 빛나는 애국농민들	함북에서 제일가는 수북리농촌 (2)	3	주재기자 현준극
1947-10-03-024	10월혁명기념행사	조쏘문화협회의 계획	3	종섭
1947-10-03-025	신양리시장에 직매점 개설	평남도소비조합에서	3	달수
1947-10-03-026	수납장으로 련이은 농민의 기쁨	각지 현물세 소식	3	한, 김형봉, 정원, 리원길, 성섭, 김만선, 영환
1947-10-03-027	출판정보자유에 관한 국제회의소집 문제토의	유엔 경제 및 사회리사회의	4	북조선통신
1947-10-03-028	파레스티나분할 반대	아랍공위대표 유엔석상연설	4	북조선통신
1947-10-03-029	유엔의 쟁점은 평화 대 전쟁이다	『데일리 워커』지의 론평-	4	북조선통신
1947-10-03-030	파란인귀국문제	파(파란)직맹 영로조에 호소	4	북조선통신
1947-10-03-031	미군 희랍으로		4	북조선통신
1947-10-03-032	예르살렘의 사건	영국경관 다수 사상	4	북조선통신
1947-10-03-033	루쏘친선주간		4	북조선통신
1947-10-03-034	미국회의원들 오지리에 도착		4	북조선통신
1947-10-03-035	상해교통정지	로동자파업으로	4	북조선통신
1947-10-03-036	희랍왕당파들 애국자를 사형		4	북조선통신
1947-10-03-037	불가리야공화국 쏘련장교에 훈장		4	북조선통신
1947-10-03-038	분란민주녀맹 본회의 개최		4	북조선통신
1947-10-03-039	민주주의를 반대하는 독일사회민주당	『쁘라우다』지의 보도	4	북조선통신
1947-10-03-040	쏘련의 장성에 경탄	방쏘중이던 체코작가들의 서한	4	북조선통신
1947-10-03-041	인도네시아군 출혈적항전	-중부쟈바지역 등에서-	4	북조선통신
1947-10-03-042	모쓰크바 방문한 이태리사절단 수석의 인상기		4	통신부
1947-10-03-043	사회주의생산경쟁에 레닌그라드 제1위		4	북조선통신
1947-10-03-044	극장		4	
1947-10-03-045	로동신문사 사업안내		4	
1947-10-04-001	생산지도자들의 중요임무		1	
1947-10-04-002	쏘련만이 진정한 우리의 원조자이다 북조선로동당 부위원장 주녕하	스띠꼬브대장 성명을 지지하여	1	

기사번호	제목(title)	부제목(stitle)	면수	필자, 출처
1947-10-04-003	미국대표단의 무성의로 조선독립은 지연되고있다 북조선민주당 부당수 리정우	스띠꼬브대장 성명을 지지하여	1	
1947-10-04-004	반동파의 온갖 악선전과 모략에 큰 타격을 주었다 천도교청우당수 김달현	스띠꼬브대장 성명을 지지하여	1	
1947-10-04-005	쏘련대표단의 성의에 다시금 감사를 드린다 북조선직총위원장 최경덕	스띠꼬브대장 성명을 지지하여	1	
1947-10-04-006	모쓰크바3상결정의 근본정신에 완전일치 북조선민청위원장 김욱진	스띠꼬브대장 성명을 지지하여	1	
1947-10-04-007	미국대표단의 량심적인 태도와 행동을 요망한다 북조선농민동맹 위원장 강진건	스띠꼬브대장 성명을 지지하여	1	
1947-10-04-008	쏘련대표만이 가질수 있는 진지한 태도이다 북조선녀성동맹 부위원장 김은주	스띠꼬브대장 성명을 지지하여	1	
1947-10-04-009	미측 대표의 반성을 요구 북조선문예총 부위원장 안막	스띠꼬브대장 성명을 지지하여	1	
1947-10-04-010	스띠꼬브대장의 성명에 당황하는 남조선반동진영	미군철퇴 두려워하는 김구. 리승만	1	북조선통신
1947-10-04-011	송자문탄핵을 감찰원 결의		1	북조선통신
1947-10-04-012	스띠꼬브대장성명을 실현하기 위하여 분투	전평민주녀맹 유련 등 성명	1	북조선통신
1947-10-04-013	스띠꼬브대장의 신제안과 반동의 비명		2	석국
1947-10-04-014	조선문제에 대한 쏘미량국의 의견대립 요지	모쓰크바3상결정(1)	2	
1947-10-04-015	당원들이 핵심이 되어 퇴비생산량 6배 돌파	중암동 제2구 제2세포 모범작용	2	박철
1947-10-04-016	추석전으로 정성껏 벼를 말리워 국가에 감격하는 차확실동무	정주군 춘천부락 제3세포 녀당원	2	명덕
1947-10-04-017	금년도 계획량 달성 50%초과에 매진 김봉덕동무의 창발위대	국영선천액쓰성공장에서	2	염영택
1947-10-04-018	10월말까지 계획량 완수 증산으로 반동파에 철퇴	신유선탄광내 당원들의 분투	2	심철
1947-10-04-019	무자식 70로인에게 겨울지날 나무를 선사 상개리 젊은 당원들의 미거	맹산군 월남면에서	2	중선
1947-10-04-020	새 가마니에 포장하여 현물세와 애국미를 중학기금미로 정해복동무	금화군 근남면 사곡리세포 열성당원	2	창렬
1947-10-04-021	미국습의 새로운 형식		2	통신부
1947-10-04-022	승리의 기발은 우리가 쟁취!	평양연초공장 민청에서 호응	3	기관
1947-10-04-023	반동파와 투쟁!	함흥고급중학생들 궐기	3	북조선통신
1947-10-04-024	교양사업에 당원이 수범	이평면 평상동 목재기업소세포에서	3	영락
1947-10-04-025	병균과 싸우는 과학자들	북조선전염병연구소의 분투	3	언철
1947-10-04-026	인민경제계획을 승리로 맺다!	년도책임량 돌파한 각 직장	3	영환, 김종근, 정원, 홍범, 성섭, 박경섭
1947-10-04-027	김일성대학창립 1주년을 기념	학생들 결의	3	은길
1947-10-04-028	면당부회의실건립에 남녀당원들 로력제공	강계군 외귀면당부에서	3	김기형
1947-10-04-029	우리의 민주농촌을 찾아서 동척의 압박도 옛꿈! 오늘은 이러한 행복속에서 산다	날로 발전하는 속초면 부월리(3)	3	강원도주재 김홍범
1947-10-04-030	증산의 용사들 10배를 증산할 새 기계 창안!	국영전기제작소 리덕풍씨	3	언철
1947-10-04-031	유엔총회 각 위원회 사업 희랍문제토의	정치위원회	4	북조선통신
1947-10-04-032	유엔총회 각 위원회 사업 경제적차별대우와 적대적빨럭 문제	경제 및 재정위원회	4	북조선통신
1947-10-04-033	유엔총회 각 위원회 사업 '이주민'귀국문제	사회.인도 및 문화위원회	4	북조선통신
1947-10-04-034	팔레스티나문제와 남아배신문제 론의	유엔특별위원회	4	북조선통신
1947-10-04-035	유엔총회 각 위원회 사업 남아의 유엔결정위반문제	후견위원회	4	북조선통신
1947-10-04-036	유엔총회에 발언을 요구	희랍해방전선 중위의 전보	4	북조선통신
1947-10-04-037	청도의 식민지상		4	동북일보
1947-10-04-038	희랍정부 내전책임을 타국에 전가 기도	볼가리아 강경히 반박	4	북조선통신
1947-10-04-039	쏘련기계건조공업 발전	우랄전전생산량을 초과	4	북조선통신
1947-10-04-040	유엔에 희랍의 출판억압을 전달	희랍신문주필이	4	북조선통신
1947-10-04-041	이원로원 페지		4	북조선통신
1947-10-05-001	전조선인민은 스띠꼬브대장의 9월26일성명을 절대지지한다		1	
1947-10-05-002	유엔 제2차총회	9월 30일 오전정기회의	1, 2	북조선통신
1947-10-05-003	우리들 자력으로 민주정부수립 한다 길주면인위 리문규	스띠꼬브대장 성명을 지지하는 인민의 소리	1	박태화
1947-10-05-004	반동분자들에게 내린 커다란 몽치 녀학생 장준실	스띠꼬브대장 성명을 지지하는 인민의 소리	1	현석
1947-10-05-005	조선민족자체의 운명을 우리들이 결정할 시기는 왔다(상)		2	북조선민전 중앙서기장 최영
1947-10-05-006	조선문제에 대한 쏘미량국의 의견대립 요지	작년에 열린 쏘미공동위원회(2)	2	
1947-10-05-007	로동자와 농민들의 굳은 단결 농민들의 따뜻한 선물로 표현	강서군 농촌당원들의 핵심주효	2	학균
1947-10-05-008	쏘련의 위대한 사회주의10월혁명 30주년을 맞으며!	쏘련은 진보적사회주의문화의 국가이다	2	통신부
1947-10-05-009	향항기지 철퇴설	중국신문 보도	2	북조선통신
1947-10-05-010	'승리의 기발운동 이번엔 가두민청에서 궐기	평양 설수리가두민청	3	기관

기사번호	제목(title)	부제목(stitle)	면수	필자, 출처
1947-10-05-011	개인기업의 자유 보장한 민주정책에 감격 혁명자유가족학원에 10만원	청년기업가 안종히씨의 특지	3	명덕
1947-10-05-012	신의주시민들 혁명자유가족학원에 기부		3	명덕
1947-10-05-013	몸은 불구자이나 마음은 애국자 김대신 축에 천원 기증	사동 3리 5구 7반 김근영	3	김전
1947-10-05-014	당원들이 핵심 적기수송 확보	혜산선 백암역 세포원들	3	태화
1947-10-05-015	각 면에 하나씩 공동목욕탕 신설	평남도보건부에서	3	달수
1947-10-05-016	각지 현물세소식	평산군 세곡면, 태천군 태천면, 영흥군 영흥면, 은률군 은률면	3	진창렴, 리운일, 김경환, 김인곤
1947-10-05-017	조현물세 면내 일착 도로수선에도 열성	태천군 남면 용두리 세포	3	운일
1947-10-05-018	일기예보		3	
1947-10-05-019	증산의 용사들 92세 로인의 증산열과 녀성농민의 모범	순천군 후탄면 월탄리 현석구 농민과 리옥성농민	3	태석
1947-10-05-020	김일성위원장에게 드리는 감사문	기업가 안종희	3	
1947-10-05-021	우리의 민주농촌을 찾아서 운동장과 도서실도 구비 힘껏 일하고 힘껏 배운다	날로 발전하는 속초면 부월리(4)	3	강원도주재 김홍범
1947-10-05-022	국제정세개관		4	브.미하일로브
1947-10-05-023	유고인민전선대회 페막	인민전선의장에 찌또원수 피선	4	북조선통신
1947-10-05-024	유엔에서 쏘련은 진정한 평화를 위하여 투쟁한다	-오.에취.이신문 보도-	4	북조선통신
1947-10-05-025	알바니아의 건설을 찬양	-수상 엔베트 호쟈씨 연설-	4	북조선통신
1947-10-05-026	파란사탕산업 발전		4	북조선통신
1947-10-05-027	상해외인전차뻐스회사 6천 종업원 파업		4	북조선통신
1947-10-05-028	인도네시아도서 미국이 조사 기도		4	북조선통신
1947-10-05-029	홍쏘문화협회대표단 모쓰크바를 시찰		4	북조선통신
1947-10-05-030	쏘련민족어의 출판서적 증가		4	북조선통신
1947-10-05-031	루국독립에 공훈 많은 련합국위원회 대표 귀국		4	북조선통신
1947-10-05-032	국민당통치하에 있는 상해학생들의 애국운동(상)		4	
1947-10-05-033	화란과 프랑코 접근관계 확대		4	북조선통신
1947-10-05-034	체코립법회의 강화조약 비준		4	북조선통신
1947-10-05-035	리오데쟈네이로에서 선거		4	북조선통신
1947-10-05-036	아르메니아인 본국 귀환		4	북조선통신
1947-10-05-037	극장		4	
1947-10-05-038	인민주택현상모집 투고	마감기일연기 광고	4	북조선 건축위원회
1947-10-05-039	단막물 '희곡'현상모집		4	
1947-10-07-001	산업기관의 후생사업을 강화하자		1	
1947-10-07-002	스띠꼬브대장성명을 지지 반동파를 타도 숙청하자	평양시민전산하 각 정당 사회단체 열성자대회	1	현석

기사번호	제목(title)	부제목(stitle)	면수	필자, 출처
1947-10-07-003	쏘련대표의 제의에 미국대표는 응하라 철로로동자 리천복	스띠꼬브대장성명을 지지하여	1	명덕
1947-10-07-004	민주독립국가 건설할 모든 힘을 가지고 있다 강서군 농민 리병진	스띠꼬브대장성명을 지지하여	1	의철
1947-10-07-005	자주독립의 기초는 튼튼하게 되여있다 교원대학 교수 김영화	스띠꼬브대장성명을 지지하여	1	현석
1947-10-07-006	제49차 북조선인민위원회 북조선인민위원회 결정 제73호	북조선 도 시 군 면 리 인민위원회의 위원들이 선거자들앞에 자기 사업을 총결보고하는데 관한 결정서	1	
1947-10-07-007	독립과 자유를 위한 원칙적대로선이다	스띠꼬브대장성명에 대한 남조선로동당 성명	1	
1947-10-07-008	스띠꼬브대장성명에 대한 남조선출판물들의 반향		1	북조선통신
1947-10-07-009	조선민족자체의 운명을 우리들이 결정할 시기는 왔다(하)		2	북조선민전중앙 서기장 최영
1947-10-07-010	조선문제에 대한 쏘미량국의 의견대립 요지	작년에 열린 쏘미공동위원회(3)	2	
1947-10-07-011	반당 수확고 계획이상 현물세 기한전에 완납	대동군 고평면 시산리세포의 추동력	2	명덕
1947-10-07-012	쏘련의 위대한 사회주의10월혁명 30주년을 맞으며	쏘련은 전기화한 국가이다	2	신문부
1947-10-07-013	애국적창발력으로 공장과 기계수리에 개가	학남도로마이트공장 리중천, 맹홍수 동무	2	영복
1947-10-07-014	금망리용에 새로운 방법 김용남동무	길주팔프공장에서	2	태화
1947-10-07-015	직업총동맹 제11차 중앙확대집행위원회 조직개편 선거사업 결정	국제직련에서 온 메쎄지랑독에 만장의 투지는 더욱 격동	3	정
1947-10-07-016	철도일군들은 어떻게 싸웠는가	년도책임량 돌파한 서평양철도공장	3	언철
1947-10-07-017	애국미 30가마니 헌납	강원도 철원 김상준로인	3	
1947-10-07-018	인민들의 뜨거운 협조 만경대학원 공사 진척	혁명렬사에게 드리는 감사	3	기관
1947-10-07-019	우리의 민주농촌을 찾아서 새로 짓는 기와집 사들이는 재봉기	추수에 바쁜 함주군 천원면농촌(1)	3	박경석
1947-10-07-020	만기현물세완납과 가을파종에 매진	안주군농민열성자대회	3	학균
1947-10-07-021	야간고급중학교 개교	평양시에서	3	김전
1947-10-07-022	평남륙운사업소 년도책임 완수		3	은길
1947-10-07-023	남편 뒤이어 채광에 분투	학성흑연광산 리순여동무	3	통신원
1947-10-07-024	단막물 희곡현상모집		3	
1947-10-07-025	인민주택현상모집투고 마감기일연기 광고		3	북조선 건축위원회
1947-10-07-026	홍.라.발.분.이의 유엔가입문제를 론의	9월 29일안보리사회	4	북조선통신

기사번호	제목(title)	부제목(stitle)	면수	필자, 출처
1947-10-07-027	화군은 철퇴하여야 한다	인도네시아수상 언명	4	북조선통신
1947-10-07-028	반동 미꼴라이치크 파란농민당에서 축출 요구		4	북조선통신
1947-10-07-029	씨리아신내각		4	북조선통신
1947-10-07-030	이태리의 파업 확대	농민자전거부대 로마진군 준비	4	북조선통신
1947-10-07-031	화란민간 각층 마샬안반대		4	북조선통신
1947-10-07-032	불란서독일점령지대의 미영지대와의 합병설 빈빈		4	북조선통신
1947-10-07-033	시정하자! 전쟁정책 인민의 조직된 반항으로	보스톤에서 월레스 연설	4	북조선통신
1947-10-07-034	깐디웅장 탄식		4	북조선통신
1947-10-07-035	토이기와 희랍의 군사적협력 진행		4	북조선통신
1947-10-07-036	쏘련주택건축문제로 회의		4	북조선통신
1947-10-07-037	우익사회민주당과 독일의 통일		4	통신부
1947-10-07-038	미국의 범죄는 '불성의와 위선'	뉴스지 주필 로렌스 비난	4	북조선통신
1947-10-07-039	국민당통치하에 있는 상해학생들의 애국운동(하)		4	동북일보
1947-10-07-040	극장		4	
1947-10-08-001	인민위원들의 자기 사업 총결보고에 대하여		1	
1947-10-08-002	문화예술작품을 일당에 모을 새로운 문화전당건설을 설계	6일 발기인 일동 김장군 방문	1	현석
1947-10-08-003	따쓰국제정세개관	쏘미공위사업부진은 미국측 거부태도에 기인	1	
1947-10-08-004	따쓰국제정세개관	북조선과 남조선의 판이한 현실	1	
1947-10-08-005	따쓰국제정세개관 영국 중동군사기지설 정안 완료	『데일리 워커』지 보도	1	북조선통신
1947-10-08-006	미국대표단의 동의를 전체 인민은 요청한다 로동자 김히철	스띠꼬브대장성명을 지지하는 인민의 소리	1	기관
1947-10-08-007	조선인민의 리익과 의사를 존중하는 적절한 제안이다 신리가정부인 김현숙	스띠꼬브대장성명을 지지하는 인민의 소리	1	은길
1947-10-08-008	철퇴를 반대하는 반동파의 음모와 책동을 분쇄하자 평양시 농민 양계환	스띠꼬브대장성명을 지지하는 인민의 소리	1	의철
1947-10-08-009	순천면 추리 농민의 현물세납부열		1	의철
1947-10-08-010	남조선에는 완전히 미국식의 '민주주의'가 조작되고있다	미국식의 '민주주의구현자들'	2	『쁘라우다』지
1947-10-08-011	조선문제에 대한 쏘미량국의 의견대립 요지	금년에 열린 쏘미공동위원회(4)	2	
1947-10-08-012	평양시당 선전선동부의 8개월간 교양사업정형	-9월부터는 학습반재조직 강화	2	명덕

기사번호	제목(title)	부제목(stitle)	면수	필자, 출처
1947-10-08-013	쏘련의 위대한 사회주의10월혁명 30주년을 맞으며	볼쉐위크당은 쏘베트국가의 지도적력량이다(상)	2	신문부
1947-10-08-014	합리적인 분공조직 현물세선착에 승리	덕흥면 작동리세포	2	태길
1947-10-08-015	당기금으로 백미 10말 거출 김영묵동무	안변군 안도면 대와리세포위원장	2	만선
1947-10-08-016	증산투쟁의 거대한 성과는 자치능력의 실증	수안광산 종업원 대표에게 김 책 부위원장 격려	3	현석
1947-10-08-017	최승희무용신작발표회	15일부터 3.1극장	3	
1947-10-08-018	승리의 기발 운동	평양녀자고급중학 민청원들 궐기	3	기관
1947-10-08-019	김일성장군에게 드리는 메쎄지	국영수안광산 종업원대회	3	
1947-10-08-020	이런 몹쓸놈들!	어린 아이들 시켜 북조선지대에 독약까지 뿌리는 남조선반동파	3	북조선통신
1947-10-08-021	증산의 용사들 제동기시험장치에 성공 기관차수리능률 제고	창의성 발휘한 황운택씨	3	언철
1947-10-08-022	문맹퇴치와 증산에 매진	녀맹교육부장회의	3	중선
1947-10-08-023	김일성대학 신축기지공사는 완성	휴일을 리용한 각 기관일군들 돌격	3	은길
1947-10-08-024	각지 추잠견단신	서종면녀맹원 모범, 강원도 추잠견수매사업성적	3	성섭, 홍범
1947-10-08-025	우리의 민주농촌을 찾아서	새끼가마니는 녀맹에서 우차동원은 민청에서 현물세완납은 이렇게 조직(2)	3	박경석
1947-10-08-026	유엔 제2차총회	10월 10일 오후 정기회의	4	북조선통신
1947-10-08-027	안보림시위원선거에 대한 쏘련대표단의 성명		4	북조선통신
1947-10-08-028	국제협조를 보증하는 민주인민국가의 통일전선결성을 강조	발(불가리아)국수상 디미뜨로프씨 신문기자와 일문일답	4	
1947-10-08-029	비률빈과 프랑코 '친선조약'		4	북조선통신
1947-10-08-030	분란민주녀성동맹회의	대쏘친선강화 결의	4	북조선통신
1947-10-08-031	트루맨주의는 각 민족을 노예화	유고슬라비아 찌또원수 연설	4	북조선통신
1947-10-08-032	트루맨정견에 대한 미국출판물의 여론		4	따쓰통신
1947-10-08-033	국제정세개관	유엔총회에서, 희랍전쟁방화자	4	따쓰
1947-10-08-034	쏘련, 대애 원조		4	북조선통신
1947-10-08-035	라지오		4	
1947-10-09-001	남조선사태에 대하여 쏘미량국 정부에 서한	북조선민전중앙위원회에서	1	
1947-10-09-002	민주건설의 사업작풍을 강화하자		1	
1947-10-09-003	유엔총회에 조선대표파견을 반대	남로당중앙위원회 대변인과 기자단 문답	1	
1947-10-09-004	루마니아로동계급 당통일 요구		1	북조선통신
1947-10-09-005	유엔에 특별조선위원회설치 암시	황당무계한 미국 프레스지	1	북조선통신
1947-10-09-006	이라크정부 출판물 탄압		1	북조선통신
1947-10-09-007	봉산녀맹원 애국견 헌납		1	성섭

기사번호	제목(title)	부제목(stitle)	면수	필자, 출처
1947-10-09-008	조선어문연구회에 부과된 사업		2	조선어문연구회 신구현
1947-10-09-009	훈민정음창제의 년대	그 기념일의 시정을 위하여	2	김수경
1947-10-09-010	쏘련의 위대한 사회주의10월혁명 30주년을 맞으며	볼쉐위크당은 쏘베트국가의 지도적력량이다(하)	2	신문부
1947-10-09-011	락후성을 회복하고 동기수송대책 만전	강계철도당부산하 세포들의 핵심	2	영환
1947-10-09-012	포장용가마니 준비로 면1착 현물세를 납부	영흥군 영흥면 문흥리에서	2	태길
1947-10-09-013	월말 학습종합토론회를 개최	안변 서곡면당에서	2	만산
1947-10-09-014	위험한 경계망 뚫고 40리 감격의 현물세 납부! 토지받은 은혜는 잊을수 없다고	집은 38이남 밭은 38이북	3	리호
1947-10-09-015	애국적기업가 교육문화사업에 1, 800여만원 기증	룡강군인민위원 장학령씨	3	달수
1947-10-09-016	민청대표단 개선환영체육대회	11일 평양경기장에서	3	창길
1947-10-09-017	북조선목재생산에 제일 큰 함북목재기업소 증산투쟁	우리 당원들이 주동적역할	3	현준극
1947-10-09-018	항공지식보급 위한 항공협회선전실 개관	항공협회 평북도위원회에서	3	영환
1947-10-09-019	구급환자에게 밤중이라도 가서 치료	김대의학부 구급소 사업	3	달수
1947-10-09-020	삼보광산의 모범 책임량 113% 완수	황해도 금천군 국영삼보광산에서	3	박인원
1947-10-09-021	조쏘문화협회의 10월혁명기념행사		3	
1947-10-09-022	함흥 반룡산에 야외극장 개관		3	경석
1947-10-09-023	녀맹원 유재분녀사	영흥군 장흥면 정산리	3	경환
1947-10-09-024	이주한 옛 화전민은 지금 어떻게 살고있는가	양덕에서-중화군으로 온 이주민	3	김전
1947-10-09-025	증산의 용사들 원산조선소의 투쟁	년도계획완수에 창발력 발휘	3	홍범
1947-10-09-026	김대민청장 고 박환서동무		3	대식
1947-10-09-027	감투하는 길주팔프공장		3	박태화
1947-10-09-028	남아련방의 폭압을 반대 서남아불리가 후견 탄원	유엔에 헤레로족 탄원서 제출	4	북조선통신
1947-10-09-029	영국인민은 대쏘친선을 희망	영로동당대표단장 통신원과 일문일답	4	북조선통신
1947-10-09-030	대희 미국정책 반대	희랍민족해방전선 6주년 기념대회	4	북조선통신
1947-10-09-031	열광적환영 받은 월레스씨의 연설	뉴.리퍼불릭지 보도	4	북조선통신
1947-10-09-032	유고의 사회보험		4	북조선통신
1947-10-09-033	화군 공격 계속	쟈바각지에서 전투 진행	4	북조선통신
1947-10-09-034	미국, 대만서 장군을 훈련		4	북조선통신
1947-10-09-035	영로동당대표단 유고약진에 감탄		4	북조선통신
1947-10-09-036	상해파업 점차 확대	국부 무장경관 경계에 분주	4	북조선통신
1947-10-09-037	부라질 파시스트경찰의 후원하에 탈선 행위		4	북조선통신
1947-10-09-038	오지리외상 그루베르와 희외상 찰타리스 명대조	『쁘라우다』 론평	4	

기사번호	제목(title)	부제목(stitle)	면수	필자, 출처
1947-10-09-039	인민해방군 산동성에서 전승		4	북조선통신
1947-10-09-040	쏘련로동예비학교 신입학		4	북조선통신
1947-10-09-041	트루맨성명을 영국신문 론평		4	따쓰통신
1947-10-09-042	유고슬라비야의 녀성		4	쏘베트녀성지
1947-10-09-043	약진하는 쏘련고등교육		4	북조선통신
1947-10-09-044	라지오		4	
1947-10-09-045	극장		4	
1947-10-10-001	반동의 모략책동과 적극 투쟁하면서 민주독립의 길로 매진하자		1	
1947-10-10-002	사회보험 급부사업 활발	8월말현재 치료받은자 92만여명	1	현석
1947-10-10-003	미경찰의 불법행위에 스띠꼬브대장 항의	쏘련대표단 통역관을 불법체포한데 대하여	1	북조선통신
1947-10-10-004	파란인의 귀국을 영당국이 방해		1	북조선통신
1947-10-10-005	추경을 제때에 하자		1	의철
1947-10-10-006	레닌그라드의 제 공장 혁명 30주년기념 생산준비		1	북조선통신
1947-10-10-007	나에게 보다 높은 향학심과 투쟁심을 북돋아준다 고급중학학생 리화동	스띠꼬브대장성명을 지지하는 인민의 소리	1	달수
1947-10-10-008	조선인민은 자기 나갈 길을 똑똑히 인식하고있다 강서군 농민 김윤진	스띠꼬브대장성명을 지지하는 인민의 소리	1	윤모
1947-10-10-009	미국대표의 성의있는 회답을 요구한다 황해도 사무원 리경오	스띠꼬브대장성명을 지지하는 인민의 소리	1	정운성
1947-10-10-010	쏘미공위미국대표단은 어떻게 모쓰크바결정을 파기하여 공위사업을 파탄시키려고 하였는가		2	탁몽
1947-10-10-011	조선문제에 대한 쏘미량국의 의견대립 요지	금년에 열린 쏘미공동위원회(5)	2	
1947-10-10-012	녀맹을 협조강화하고 증산에 일로매진한다	개천군 인곡리 양병제동무	2	명덕
1947-10-10-013	체류화차 일소에 수범코 주행책임 128% 완수	신성천기관구 송정삼동무	2	영호
1947-10-10-014	쏘련의 위대한 사회주의10월혁명 30주년을 맞으며	쏘련은 다민족친선의 국가이다	2	
1947-10-10-015	광산부문에서 북조선 제1위로 년도책임량 먼저 돌파한 삼보광산경축대회	38접경에서 그들은 이렇게 잘 싸웠다	3	특파원 신언철
1947-10-10-016	김일성위원장에게 드리는 메쩨지	황해도 장풍군 북면 가토미리 국영삼보광산 1947년도 책임완수경축대회	3	
1947-10-10-017	김대창립 1주년을 경축 고귀한 책들을 기증	민주문화건설에 인민들의 협조	3	찬길
1947-10-10-018	가을파종은 성과있게 진행	평남도 농산과지도대 귀환보고	3	의철
1947-10-10-019	흥남지구 인민공장 3.4분기 증산기록		3	경석

기사번호	제목(title)	부제목(stitle)	면수	필자, 출처
1947-10-10-020	대차궤도 신설	평북 용림에서	3	박철
1947-10-10-021	명년증산을 확보하는 추경은 이렇게	평남도인민위원회 지시	3	의철
1947-10-10-022	함북 경성군에 큰 목장을 신설		3	현준극
1947-10-10-023	엄동기 앞두고 사회사업 강화	평양특별시 내무부에서	3	김전
1947-10-10-024	우리의 민주농촌을 찾아서	나무리벌옥토에 둘러싸여 민주를 노래하는 서종면 예로리	3	리성섭
1947-10-10-025	협주단연주회	7일부터 모란봉극장	3	
1947-10-10-026	유엔총회 각 위원회의 토의		4	북조선통신
1947-10-10-027	강대국통일정책을 지지	캐나다로조총회 개최	4	북조선통신
1947-10-10-028	미국사절단 토이기 도착		4	북조선통신
1947-10-10-029	쏘련인민의 평화갈망을 잘 알았다	방쏘, 미국녀성동맹 부위원장 담	4	북조선통신
1947-10-10-030	'강제이민' 소녀를 캐나다 노예취급		4	북조선통신
1947-10-10-031	미국예속화를 반대하는 오지리군중대회		4	북조선통신
1947-10-10-032	미국사절단 10일 중국도착 예정		4	북조선통신
1947-10-10-033	화인군사행동문제 토의 쏘련대표 그로미꼬씨 량군의 전투전진지 철거 주장	안보리사회	4	북조선통신
1947-10-10-034	희곡평 민주건설이 요구하는 작품	박영호씨의 희곡 「홍수」상연을 보고	4	정률
1947-10-11-001	경공업을 발전시키자		1	
1947-10-11-002	국제직업련맹에서 전세계 로동자에게 격문		1	
1947-10-11-003	영쏘친목협회 10월혁명 기념계획		1	북조선통신
1947-10-11-004	이태리토지쟁의 락착		1	북조선통신
1947-10-11-005	13공장이 계획 완수	평북 각 공장의 증산돌격	1	영환
1947-10-11-006	단결된 민주력량으로 배족적반동파를 소탕하자 순천군농민 신기범	스띠꼬브대장성명을 지지하는 인민의 소리	1	기관
1947-10-11-007	자주독립의 유일의 길은 반동파를 소탕하는데 있다 시민 김연식	스띠꼬브대장성명을 지지하는 인민의 소리	1	정삼
1947-10-11-008	인민경제계획완수로 자주독립을 촉진시키자 녀직공 신운명	스띠꼬브대장성명을 지지하는 인민의 소리	1	리동무
1947-10-11-009	반동파들의 흉악한 매국적정체는 여실히 폭로되었다 녀성 김운죽	스띠꼬브대장성명을 지지하는 인민의 소리	1	중선
1947-10-11-010	북조선민주개혁은 모쓰크바3상회의결정에 기초한 조선자주독립의 유일한 토대이다(상)		2	주녕하
1947-10-11-011	미지배층과 바치칸의 동맹	뉴.타임스지 론평	2	북조선통신
1947-10-11-012	옛모습 찾아볼수 없이 즉하리농촌 비약 발전	우리 당세포의 옳바른 령도	2	진창렴
1947-10-11-013	쏘련의 위대한 사회주의10월혁명 30주년을 맞으며 쏘베트인민은 위대한 10월혁명 30주년을 맞으려 준비하고있다	-10월 5일부 『쁘라우다』지 사설-	2	
1947-10-11-014	'승리의 기발'운동에 우리도!	남포학생들 궐기	3	찬길

기사번호	제목(title)	부제목(stitle)	면수	필자, 출처
1947-10-11-015	70세 할머니의 웅변 7백만원으로 문화중학 증축	중화군 양정면민들	3	달수
1947-10-11-016	'승리의 기발'운동에 대한 평양시민청 상무위원회 결정		3	찬길
1947-10-11-017	평양곡산 제1분공장 년도책임 완수		3	기관
1947-10-11-018	추잠견단신	영흥군 88%, 평산군 수매사업	3	태길, 진창렴
1947-10-11-019	농촌의 민주문화향상에 또하나 금자탑!	안주군에 준공된 해방기념관	3	명덕
1947-10-11-020	벼현물세 완납하는 애국농민들 고원의 두 농민	고원군 고원면 동양리 박종국 김종진 농민들	3	경석
1947-10-11-021	벼현물세 완납하는 애국농민들 초산 최거진농민	초산면 앙토동	3	선우수
1947-10-11-022	벼현물세 완납하는 애국농민들 태천 김찬원농민	평북 태천군 서면 운용동모범농민	3	운일
1947-10-11-023	벼현물세 완납하는 애국농민들 정주 승도준동무	갈산면 익성동 황성부락	3	정원
1947-10-11-024	벼현물세 완납하는 애국농민들 안변의 두 농민	강원도 안변군 서곡면 능리 오기범 전영화	3	만선
1947-10-11-025	벼현물세 완납하는 애국농민들 선천 조시옥동무	평북 선천군 신부면 청강동	3	용택
1947-10-11-026	벼현물세 완납하는 애국농민들 경성 김장춘농민	함북 경성군 어랑면 차용리에 거주하는 모범농민	3	현준극
1947-10-11-027	그들은 어떻게 승리하였는가	광산부문에 북조선 1위 삼보광산의 투쟁기록(상)	3	
1947-10-11-028	젊은이보다 억센 늙은이 마음씨도 훌륭	평원군 동송면 천농리 차대준로인	3	의철
1947-10-11-029	연천군 관인면민들도 벼현물세 완납		3	홍범
1947-10-11-030	평원군 조운면 농민들 벼현물세 완납		3	의철
1947-10-11-031	강서 민청원들의 모범적활동		3	
1947-10-11-032	미영의 악의적성명 반박 희랍내란에 간섭치 않는다	알바니야수상 엔베르.호쟈씨 연설	4	북조선통신
1947-10-11-033	쏘련과의 협력은 세계평화의 보증	론던에서 쏘영친선협회 정기회의	4	북조선통신
1947-10-11-034	미국정부는 유엔반대운동을 은폐	『쁘라우다』 론평	4	북조선통신
1947-10-11-035	이란의회 정부신임	쏘.이석유협정은 별도심의	4	북조선통신
1947-10-11-036	트리에스트군정의 무역방책 부당		4	북조선통신
1947-10-11-037	불가리아로동자사민당대회		4	북조선통신
1947-10-11-038	미국의 비호로 파시스트폭행	트리에스트	4	북조선통신
1947-10-11-039	독일분할 꾀하는 석탄관리 반대		4	북조선통신
1947-10-11-040	항가리전범자		4	북조선통신
1947-10-11-041	'부결권'이란 무엇이며 그 반대자들은 누구인가(상)		4	
1947-10-11-042	라지오		4	
1947-10-11-043	극장		4	

기사번호	제목(title)	부제목(stitle)	면수	필자, 출처
1947-10-11-044	영화각본 및 원작공모		4	북조선국립영화촬영소 문예부
1947-10-12-001	조선인민은 쏘련의 성의있는 원조에 뜨거운 감사를 드린다		1	
1947-10-12-002	평양곡산공장 금년도 책임량 완수	초과생산으로 내닫는 전종업원들	1	명덕
1947-10-12-003	애국미 50가마니 헌납	철원 김치운농민의 지성	1	김창읍
1947-10-12-004	유엔 제2차총회	희랍문제토의	1	북조선통신
1947-10-12-005	현하 조선정세에 비추어 지극히 적절한 제의이다 청진학생 지창률	스띠꼬브대장성명을 지지하는 인민의 소리	1	현준극
1947-10-12-006	미군에 대한 우리의 기대는 완전히 사라지고말았다 상인 최봉기	스띠꼬브대장성명을 지지하는 인민의 소리	1	김전
1947-10-12-007	조선인민은 외래자본에 예속되기를 원치 않는다 시민 박시혁	스띠꼬브대장성명을 지지하는 인민의 소리	1	윤모
1947-10-12-008	북조선민주개혁은 모쓰크바3상회의결정에 기초한 조선자주독립의 유일한 토대이다(하)		2	주녕하
1947-10-12-009	연구와 창의 거듭하여 애자제작에 성공	평양전기제작소 요업세포 조창석동무	2	학균
1947-10-12-010	전기계에 우수한 기술을 발휘하는 손창전동무	평양전차지부 수리공장 제2세포원	2	명덕
1947-10-12-011	쏘련의 위대한 사회주의10월혁명 30주년을 맞으며	레닌과 쓰딸린은 다민족쏘베트국가의 조직자이다	2	통신부
1947-10-12-012	당을 사랑하는 박길명동무	문천군 풍하면 상취암세포	2	주상목
1947-10-12-013	10월 10일부터 일제히 승리의 기발운동에 돌입	국영평양견직공장에서	3	기관
1947-10-12-014	과부할머니의 애국미 8가마니	강원도 철원군 동송면 이평리 일구 김음천	3	김창윤
1947-10-12-015	퇴비증산에 돌격 성천 은수리민청	성천군 사가면 은수리 민청맹원들	3	달수
1947-10-12-016	스띠꼬브대장의 성명은 로인에게도 용기를 준다	평원군 동송면 천룡리 농민 차대준로인	3	달수
1947-10-12-017	성천흥덕리의 현물세납부열	성천군 성천면 흥덕리 1구농민들	3	달수
1947-10-12-018	평남도의 사회보험급부자수		3	달수
1947-10-12-019	최승희예술무용 이번 신작내용		3	김전
1947-10-12-020	기막힌 남조선사정 불지르고 빼앗고 죽이는 불한당판	실화 몇가지	3	특파원 신언철
1947-10-12-021	평남의 가을파종 15일까지 완수		3	달수
1947-10-12-022	년간계획초과완수와 월동후생사업에 매진	청진조선공장 세포 선봉적역할	3	현준극
1947-10-12-023	그들은 어떻게 승리하였는가	광산부문에 북조선 1위 삼보광산 투쟁기록(하)	3	
1947-10-12-024	량각장치를 개조하고 생산원가저하에 성공	평양곡산제일공장 최신일동무	3	학균
1947-10-12-025	강대국 '일치가결원칙'이 파탄되면 모든 조직이 와해	『쁘라우다』지 뉴욕특파원 보도	4	북조선통신
1947-10-12-026	화인량군 전투전 진지로의 철거를 인도.파키스탄 대표 지지		4	북조선통신
1947-10-12-027	배상문제에 불합의	윈나에서 대오강화조약위원회의	4	북조선통신
1947-10-12-028	쏘련의 경공업		4	북조선통신
1947-10-12-029	미국독점자본 '동인'에 침입		4	북조선통신
1947-10-12-030	태평양에 군사기지		4	북조선통신
1947-10-12-031	주몽쏘공사 갱질		4	북조선통신
1947-10-12-032	미국무성 '안전원칙' 공포	정부기관에서 민주주의자 구축 기도	4	북조선통신
1947-10-12-033	쏘이협정 폐지 제의	의회에서 미국앞잡이 마수디 연설	4	북조선통신
1947-10-12-034	전쟁선동연설을 뉴질랜드로조 반대		4	북조선통신
1947-10-12-035	토이기의 제 신문 쏘대사성명 외곡		4	북조선통신
1947-10-12-036	주쏘루국대사 귀국		4	북조선통신
1947-10-12-037	'부결권'이란 무엇이며 그 반대자들은 누구인가(하)		4	신문부
1947-10-12-038	쏘련.체코슬로바키아군 국경넘은 3주년 기념축전		4	북조선통신
1947-10-12-039	라지오		4	
1947-10-12-040	극장		4	
1947-10-12-041	최승희예술무용공연		4	
1947-10-14-001	조선문제에 관하여 드.마샬에게 보낸 브.므.몰로토브의 서한		1	
1947-10-14-002	애국선렬의 정신을 계승 혁명자유가족학원 력사적개원식	10월 12일 간리에서 성대히 거행	1	현석
1947-10-14-003	화환을 받으시는 김장군		1	
1947-10-14-004	김일성장군의 훈사		1	
1947-10-14-005	혁명자유가족학원 개원식에서 훈사 하는 김일성		1	
1947-10-14-006	축사 김두봉	혁명자유가족학원 개원식에서	1	
1947-10-14-007	교육국장 한설야		1, 2	
1947-10-14-008	선서문	혁명자유가족학원 생도대표 윤영호	1	
1947-10-14-009	함남도당단체들의 투쟁경험	1947년도 인민경제부흥발전을 위하여 우리 당단체들은 어떻게 협조하였는가	2	북조선로동당 함남도당부 위원장 김열
1947-10-14-010	인민보건을 위하여 정성을 다하여 분투	함흥의대병원 세포핵심	2	경석
1947-10-14-011	년간계획량을 생산코 50% 초과달성 매진	본궁카바이트계 당원 분투	2	경석
1947-10-14-012	축항사업에 솔선 참가지시	영흥군 가진축항기성회에서	2	김경환

기사번호	제목(title)	부제목(stitle)	면수	필자, 출처
1947-10-14-013	김일성장군 립석하 중앙고급지도간부학교 제4기졸업식 엄숙히 거행		3	언철
1947-10-14-014	민주북조선의 또하나의 승리탑 정주교원대학 창립	10월 10일 인민의 환호속에 개교	3	현석
1947-10-14-015	축사	정주군 갈산면 익성동 승도준	3	
1947-10-14-016	김일성위원장에게 드리는 감사문	정주교원대학창립 기념대회	3	
1947-10-14-017	농민들에게 감사를 드린다	정주교원대학 부학장 김관섭씨	3	
1947-10-14-018	학생들의 담화 인민력사과 김순애양	정주교원대학창립 기념대회	3	
1947-10-14-019	학생들의 담화 수물과 리준근군	정주교원대학창립 기념대회	3	
1947-10-14-020	증산의 용사들 삼보광산에서 최고기록	별명은 채광왕 모범로동자 남궁복손동무	3	언철
1947-10-14-021	사과현물세 완납	안변군업자들	3	이철
1947-10-14-022	환호 감탄 박수!	묘기를 자랑하는 민청대표 환영체육회	3	찬길
1947-10-14-023	정주철도민청원 철도복구에 돌격		3	정원
1947-10-14-024	기막힌 남조선사정	일제식비행기고문 사람죽이는데 청부업	3	
1947-10-14-025	기막힌 남조선사정	녀학생에게 발가벗겨 고문	3	
1947-10-14-026	수개국공산당 대표자들의 회의 행동일치조직하는 보도국설치	수개국공산당대표자들의 보도회의에 관한 콤뮤니케	4	
1947-10-14-027	국내외정세에 관하여 항가리수상 연설		4	북조선통신
1947-10-14-028	독일령토내 소재의 파란재산반환 요구		4	북조선통신
1947-10-14-029	희랍은 미국제국주의의 도구이다		4	통신부
1947-10-14-030	유엔의 중국대표 미국과 차관협의		4	북조선통신
1947-10-14-031	라지오		4	
1947-10-14-032	극장		4	
1947-10-14-033	영화각본 및 원작공모		4	
1947-10-14-034	최승희예술무용공연		4	
1947-10-15-001	세포망의 강화를 위하여		1	
1947-10-15-002	선렬의 뜻은 살았다 유가족의 감격적회합	혁명자유가족종합연석대회	1	중선
1947-10-15-003	김일성장군께 드리는 감사문	혁명자유가족종합련석회의	1	
1947-10-15-004	미꼬라이치크를 규탄	파란농민당 지도당원대회	1	북조선통신
1947-10-15-005	형무소수감수자에서 본 남조선인민의 정치투쟁		1	북조선통신
1947-10-15-006	속출하는 남조선폐광		1	북조선통신
1947-10-15-007	로동자 농민의 뜨거운 단결	봉산군 농민들 로동자에게 격려미 241가마니 증정	1	북조선통신
1947-10-15-008	희랍민주군 동기파종 방조	-해방구와 비해방구를 막론하고-	1	북조선통신
1947-10-15-009	희랍비행기 알바니아에 월경 정찰		1	북조선통신
1947-10-15-010	항가리와 불가리아 외교관계 회복		1	북조선통신
1947-10-15-011	유고, 칠리간 외교관계 단절	유고슬라비아 성명	1	북조선통신

기사번호	제목(title)	부제목(stitle)	면수	필자, 출처
1947-10-15-012	쏘련부수상 항가리-쏘련문협대표단 환영		1	북조선통신
1947-10-15-013	쏘련, 점령독일에 신명령을 발표	로동생산력 및 근로인민의 생활수준향상을 위한 조치	1	북조선통신
1947-10-15-014	브라질의 녀성반동법안 반대		1	북조선통신
1947-10-15-015	루국민족 차라니스트당 음모의 조사 완료		1	북조선통신
1947-10-15-016	조선인민은 해양을 건너온 재물에 매수되지 않는다		2	장하일
1947-10-15-017	조선독립문제에 관하여		2	통신부
1947-10-15-018	무사고철로에 무궁화 애국적구호밑에 돌격	함흥보선세포원 의기 왕성	2	경석
1947-10-15-019	무연탄에 '마그네샤'를 혼합 동기연료확보에 새 창안	원산검차구 리의영동무	2	홍범
1947-10-15-020	정기가족회의 수확 훨씬 제고	평북도 정주군 대천면 대흥동 대흥부락 성병국동무	2	정원
1947-10-15-021	교양사업에 구준 기술향상에 열성	정평삼화요업 세포원들	2	리계실
1947-10-15-022	철원군의 애국미봉화 이번엔 55가마니!	과거는 소작농 오늘은 모범농 과전리 전보연씨 헌납	3	김흥범
1947-10-15-023	애국열정에 넘치는 청년농민 김대건축비로 60가마니 헌납	연천군 관인면 리계환농민	3	찬길
1947-10-15-024	김창호동무의 뒤따른 현물세	강계군 성간면 별하동 성현세포당원	3	박철
1947-10-15-025	농악대선두로 현물세를 완납 문흥리 농민들	함남 영흥군 영흥면	3	김경환
1947-10-15-026	승리에 도취말고 더욱 매진! 평양곡산 책임량완수보고대회	년말까지 다시 11.1% 초과증산 결의	3	언철
1947-10-15-027	김일성위원장에게 드리는 메쩨지(요지)	평양곡산공장 년도책임량완수보고대회	3	
1947-10-15-028	신축비로 80가마니 헌납	함주군 선덕면 애국농민들	3	박경석
1947-10-15-029	로력부족 보충 벼탈곡에 동원	정주군 정주면 용포동 농민들	3	
1947-10-15-030	만기현물세 10월말까지 보장	태천군당에서	3	리운백
1947-10-15-031	희망의 가을! 증산의 가을!!	정주군 갈산면 대송부락당 세포위원장 임종두동무	3	
1947-10-15-032	38접경에 벌어진 로동자, 농민의 단결		3	언철
1947-10-15-033	녀맹 발동하여 추잠수매 완료	연백군 녀성동맹 김옥순동무	3	용태
1947-10-15-034	증산을 확보하는 하천정리사업	북조선인민위원회 내무국에서	3	
1947-10-15-035	산촌을 찾아 달리는 이동예술대의 위안	평남도에서 파견한 그간 소식	3	달수
1947-10-15-036	김대호소에 궐기	개천군 문화인련합대회	3	방덕
1947-10-15-037	최승희예술무용공연	10월 15일부터 25일까지	3	
1947-10-15-038	유엔정치위원회 희랍문제 계속 토의		4	북조선통신
1947-10-15-039	문화인도 및 사회위원회		4	
1947-10-15-040	라국의 공산, 사회량당 합당공작 진행		4	북조선통신
1947-10-15-041	희랍군 수뇌부 갱질	미군 쳄버린대장의 훈령으로	4	북조선통신

기사번호	제목(title)	부제목(stitle)	면수	필자, 출처
1947-10-15-042	천인공노할 화란병의 잔학		4	북조선통신
1947-10-15-043	불가리아대인민회의 재개		4	북조선통신
1947-10-15-044	안보리사회에 있어서의 강대국일치가결 원칙		4	통신부
1947-10-15-045	미의 대중차관		4	북조선통신
1947-10-15-046	대오강화조약위원회 전전채무조항 등 토의		4	북조선통신
1947-10-15-047	라지오		4	
1947-10-15-048	극장		4	
1947-10-15-049	본사발간신간안내		4	
1947-10-16-001	수산업의 발전에 대하여		1	
1947-10-16-002	해주제련소 종업원들 다시 추가생산을 맹세	해주제련소 3/4반기총결보고 직장대회	1	
1947-10-16-003	사회단체사업에 대한 당단체의 협조문제 토의	북조선로동당 제11차 중앙위원회	1	학균
1947-10-16-004	현물세납부에 궐기!	개천군 조양, 중서면 12일 1위로 완납	1	의철
1947-10-16-005	현물세납부에 궐기!	연천군 관인면도 14일에 완납	1	로전옥
1947-10-16-006	미국의 조사대 이태리왕래 빈번		1	북조선통신
1947-10-16-007	수개국공산당대표회의 민주세력의 강화를 상징	『쁘라우다』지 평론	1	북조선통신
1947-10-16-008	미국의 흑인종차별대우를 유엔에 진정		1	북조선통신
1947-10-16-009	미영점령독일지대 쏘련공민을 백이의에서 강제로동		1	북조선통신
1947-10-16-010	활발한 맥류추기파종	10월말까지 전도 완료예정	1	
1947-10-16-011	국제녀성련맹가입 1주년을 맞으며		2	북조선민주녀성동맹 중앙위원회 위원장 박정애
1947-10-16-012	화전민의 생활 돌보아 이주대책을 협조 강화	평남도당부 상무위원회	2	명덕
1947-10-16-013	만기현물세완납에 매진 벌써 추맥파종 끝마치다	대동군 부산면 용성리 농촌세포핵심	2	명덕
1947-10-16-014	미국의 화남침략계획		2	북조선통신
1947-10-16-015	분란에서 비밀무기창고 발견		2	북조선통신
1947-10-16-016	쏘련의 위대한 사회주의10월혁명 30주년을 맞으며	쏘련의 운수	2	신문부
1947-10-16-017	평양혁명자유가족학원에 기증미 239가마니	황해도 재령군 애국농민들	3	중선
1947-10-16-018	통운처 륙운사업의 성과	126%로 년도량을 돌파	3	북조선통신
1947-10-16-019	휴가보조금을 유가족학원에	평양곡산공장 제24호 미분탄기공장에서 일하는 석해운씨	3	언철
1947-10-16-020	농한기를 리용 잠박을 만든다	평남도농산부에서	3	의철

기사번호	제목(title)	부제목(stitle)	면수	필자, 출처
1947-10-16-021	증산의 용사들 말한것은 꼭 실천	운반선공사에 공헌 쌓은 삼보광산 임학성동무	3	언철
1947-10-16-022	애국미도 20가마니 우리 당원 리선영동지	강원도 통천군 고저면 전천리 124호 농가에서	3	홍범
1947-10-16-023	소병을 예방하자	평남도농산부 방역사업	3	의철
1947-10-16-024	국가상업망 확장 일층 노력을 호소	상업국관계련석회의	3	달수
1947-10-16-025	우리의 민주농촌을 찾아서 서로서로 돕고 원조하며 민주농촌건설에 일로 매진	평남 개천군 마장리	3	중선
1947-10-16-026	산간벽지세포 문맹퇴치사업	양양군 죽왕면 마좌리 세포원들	3	충근
1947-10-16-027	일기예보		3	
1947-10-16-028	「봉산탈춤」의 도구 일체 김일성대학에 기증	재령군 북률면 로원순씨	3	찬길
1947-10-16-029	어서 가자 얼룩아! 행복의 벼단 싣고!	고읍 광동부락 모범농민 강해전씨	3	
1947-10-16-030	북조선문예총련맹의 10월중 각 연구회		3	
1947-10-16-031	최승희예술무용공연		3	
1947-10-16-032	로동신문사 사업안내		3	
1947-10-16-033	2개년계획 실행한후 신5개년계획 1949년-1953년으로	체코슬로바키아	4	북조선통신
1947-10-16-034	슬로베니아 카린치아의 오지리예속을 반대	유고외무성 정보부장 성명 발표	4	북조선통신
1947-10-16-035	약진하는 쏘련에 감탄	체코의 작가 기자들의 방쏘인상	4	북조선통신
1947-10-16-036	전슬라브위원회 쏘피아에서 총회 개최		4	북조선통신
1947-10-16-037	로동운동의 통일전선 지지	루마니아사회민주당대회	4	북조선통신
1947-10-16-038	이태리 고리치아지방정세 험악		4	북조선통신
1947-10-16-039	마뉴단체 엄벌		4	북조선통신
1947-10-16-040	칠리에 파쑈단체 폭행	정부는 공공연히 승인	4	북조선통신
1947-10-16-041	체코의 피혁및 고무공업		4	북조선통신
1947-10-16-042	파란 3정당 공동행동결정		4	북조선통신
1947-10-16-043	미국이 지지하는 정부는 인민을 대표치 않는 정부	-대의원 톄일러 미의 대외정책 비난-	4	북조선통신
1947-10-16-044	수도근처에 게릴라부대 출현		4	북조선통신
1947-10-16-045	쏘련의 예방약 애급에 도착		4	북조선통신
1947-10-16-046	항복후 2년을 경과한 일본		4	『로동』지
1947-10-16-047	라지오		4	
1947-10-16-048	극장		4	
1947-10-17-001	자기 맹세의 완수는 각 공장 기업소의 임무이다		1	
1947-10-17-002	당단체들의 결정실행정형과 기타 중요문제들을 토의결정	제8차 평안남도당위원회	1	명덕
1947-10-17-003	수개국공산당대표자들의 보도회의에 관한 콤뮤니케에 관하여	『쁘라우다』지의 론평-	1, 4	

기사번호	제목(title)	부제목(stitle)	면수	필자, 출처
1947-10-17-004	조선에서의 미국의 팽창정책은 폭로되었다	『쁘라우다』지 게재 레온쩨브씨의 론문	1	
1947-10-17-005	1947년도 인민경제부흥발전을 위하여 우리 당단체들은 어떻게 협조하였는가	강원도당단체들의 투쟁경험	2	북조선로동당 강원도당부 위원장 한일무
1947-10-17-006	철도운수를 절대보장 당원을 선두로 돌진	원산철도부 우수한 성적을 쟁취	2	홍범
1947-10-17-007	토지개혁운동전개 결의	중국공산당 중앙위원회	2	북조선통신
1947-10-17-008	락후되었던 농촌군이 우수한 농촌으로 약진	평강군당단체들의 핵심작용	2	홍범
1947-10-17-009	미중량국 차관 교섭		2	북조선통신
1947-10-17-010	3.4분기의 승리를 총결 앞으로의 동기대책 토의	교통운수사업총결보고대회	3	달수
1947-10-17-011	반동파와의 투쟁에 학도들은 궐기! 스띠꼬브대장성명 지지 승리의 기발에 매진	청년의 기개 드높은 교대학생 궐기대회	3	찬길
1947-10-17-012	추파를 남먼저 시작 현물세납부에도 모범	평원군 덕산면 리만규씨	3	의철
1947-10-17-013	추파면적 완수한 봉산군 초와면 농민들		3	성섭
1947-10-17-014	추경을 완료	정주군 덕언면 김태운농민	3	임상철
1947-10-17-015	매일 6백평씩 추경	태천군 서면 김찬원농민	3	리운일
1947-10-17-016	우리의 민주농촌을 찾아서 대대소작머슴살이 농촌이 지금은 부유한 1등민주농촌	정주군 갈산면 흥록동	3	현석
1947-10-17-017	길주팔프공장 년간계획 돌파		3	박태화
1947-10-17-018	박천에 추경경쟁 전개	첫 봉화 올린 안성책씨	3	한현복
1947-10-17-019	민영기업의 증산	평남에서 102% 완수	3	달수
1947-10-17-020	인민의 리익을 위한 보안대원들의 활동	평남 개천군 개천면 청년농민들	3	의철
1947-10-17-021	음악전문학교 제2회 추기연주회	모란봉극장에서	3	중선
1947-10-17-022	로동신문사 사업안내		3	
1947-10-17-023	본사발간 신간안내		3	로동신문사
1947-10-17-024	유엔 제2차총회 비자치령문제토의	후견리사회	4	북조선통신
1947-10-17-025	유엔 제2차총회 파란대표 영국의 위임통치중지 강조	팔레스티나문제위원회	4	북조선통신
1947-10-17-026	남아의 인종차별 극심	남아소극적반항회 대표 유엔에 호소	4	북조선통신
1947-10-17-027	방쏘영로동당 대의원 동정		4	북조선통신
1947-10-17-028	스마드라원유에 정제소시설		4	북조선통신
1947-10-17-029	알바니야의 음모자들과 영.미비호자		4	통신부
1947-10-18-001	맥류추파계획을 초과달성하자		1	
1947-10-18-002	각급 인민위원들의 사업총결에 대한 협조와 10월혁명기념사업을 토의결정	북조선민전 제20차 중앙위원회	1	현석
1947-10-18-003	기간단축경쟁운동으로 중요 공장 광산 계획량 속속 완수		1	
1947-10-18-004	농민동맹의 추경운동	52만정보를 두달에	1	북조선통신

기사번호	제목(title)	부제목(stitle)	면수	필자, 출처
1947-10-18-005	스띠꼬브대장성명 지지	성진시에서 수천통 내신	1	북조선통신
1947-10-18-006	열성당원인 박용선동무	강계군 이서면 송하동 세포원	1	박철
1947-10-18-007	묘향산박물관 개관		1	북조선통신
1947-10-18-008	남조선인민의 영웅적투쟁	10월인민항쟁 1주년	1	북조선통신
1947-10-18-009	오늘의 조선인민이 자립할 능력이 없다는것은 조선을 재식민화하려는 제국주의분자들만이 하는 말이다		2	백인준
1947-10-18-010	농촌교양사업에 주력 날로 향상되는 자각성	외류면 마우리세포 주동역할	2	운성
1947-10-18-011	보안대원 농민을 도와 환담하며 벼가을 조력	사동보안대 세포원 해지는줄 모르고 일해	2	학균
1947-10-18-012	탄광반출선공사에 회령역원 솔선 동원	당원들의 추동력 일층 효과	2	심철
1947-10-18-013	개천선복구완성 위하여 당원들은 이렇게 싸웠다	강계철도당부산하 당원들	2	박철
1947-10-18-014	쏘련의 위대한 사회주의10월혁명 30주년을 맞으며	10월혁명은 쏘련녀성들에게 무엇을 주었나?(상)	2	신문부
1947-10-18-015	국가재산과 로력절약 매관작업 진척	년도책임 완수한 평양곡산공장 그후 증산투쟁	3	언철
1947-10-18-016	철도일군들의 생활개선대책	직총상무위원회 결정	3	언철
1947-10-18-017	평남 개천탄광에서 본 녀맹원들의 맹활동	김정자씨를 선두로 초급단체전원들	3	찬길
1947-10-18-018	북조선 각 도의 생산합작사 조직사업		3	북조선통신
1947-10-18-019	오늘도 대풍획! 보라! 민주건설의 승리는 바다우에서도 이루어진다	방어증산에 싸우는 연천어장 방문기	3	현준극
1947-10-18-020	세포회의의 밤(1)		3	안용만
1947-10-18-021	도서관사업의 통계에서 본 북조선민주문화의 약진		3	
1947-10-18-022	평양제정공장 년도책임 완수 페물갱생에 창발력 발휘	우리 당원들의 모범역할	3	기관
1947-10-18-023	만경대공사에 위안대 파견	평남도농민동맹에서	3	중선
1947-10-18-024	"어머니!"하고 안기는 육아원 아이들의 하루	중앙녀맹 아주머니들이 방문	3	중선
1947-10-18-025	북조선가극단 「심청」공연		3	중선
1947-10-18-026	개천흑연광산 년도책임 완수		3	기관
1947-10-18-027	영화각본및원작공모		3	북조선국립영화촬영소 문예부
1947-10-18-028	쏘련국가계획위원회 통신 1947년도 제3,4분기 인민경제복구발전계획실행에 관한 총화	쏘련내각 국가기획위원회 조선신문에서 전재	4	
1947-10-18-029	민주동맹 간부를 총살	민맹주석 장란 국민당에 항의	4	북조선통신
1947-10-18-030	장정부 민주동맹 폭압	로이터.유피통신 보도	4	북조선통신
1947-10-18-031	항가리대표단 체코에 도착		4	북조선통신

기사번호	제목(title)	부제목(stitle)	면수	필자, 출처
1947-10-18-032	쟈바에 격전		4	북조선통신
1947-10-18-033	쏘련점령지대의 자유독일직맹대회	-전국대회개최준비토의-	4	북조선통신
1947-10-18-034	토이기국경군 희민주군에 발포		4	북조선통신
1947-10-18-035	오지리수상 치후리의 망동		4	통신부
1947-10-18-036	불란서파업 확대	파리시의 교통 두절	4	북조선통신
1947-10-18-037	불란서해원 파업	파리의 파업을 지지하여	4	북조선통신
1947-10-18-038	쏘,서량국 외교사신을 대사로 승격		4	북조선통신
1947-10-18-039	애국운동을 탄압	브라질당국 파쑈 옹호	4	북조선통신
1947-10-18-040	2개년계획을 위한 불가리야청년의 투쟁		4	
1947-10-18-041	라지오		4	
1947-10-18-042	극장		4	
1947-10-19-001	정치사상적수준제고는 각개 당원의 의무이다		1	
1947-10-19-002	제1위의 영예는 개천군 17일 현물세 전부 완납	오는 20일에 완납경축대회	1	의철
1947-10-19-003	국제청년절기념행사	북조선민주청년동맹에서	1	찬길
1947-10-19-004	제2차 유엔총회	소위 '미국의 투표기계'는 또다시 발동되었다	1, 4	
1947-10-19-005	공황과 실업이 없는 쏘련의 사회주의적 경제발전		1	북조선통신
1947-10-19-006	미국회 의원들의 빈번한 구라파왕래는 무엇을 의미하는가?	『쁘라우다』지의 론평	1	
1947-10-19-007	미국 10억딸라를 중국에 대부?		1	북조선통신
1947-10-19-008	유고인민회의 상임의원회 항가리정부대표를 환영		1	북조선통신
1947-10-19-009	리인민련맹 승리	로마시회선거에서	1	북조선통신
1947-10-19-010	려운형 민주로선을 포기하고 근로인민당은 반동의 편으로		2	일민
1947-10-19-011	방직작업에 세계적기록	신의주방직공장 김정옥양	2	북조선통신
1947-10-19-012	교통부문의 보수공사	추가계획 세우고 돌격	2	
1947-10-19-013	화목생산에 힘차게 동원	남면세포원들	2	최병흡
1947-10-19-014	평안남도소비조합 리용생산시설 확장		2	기관
1947-10-19-015	쏘련의 위대한 사회주의10월혁명 30주년을 맞으며	10월혁명은 쏘련녀성들에게 무엇을 주었나?(하)	2	신문부
1947-10-19-016	함북의 각 공장 광산에서 예정보다 모두 넘쳐 실행	인민경제 3,4분기총결에서 본 승리의 기록	3	현준극
1947-10-19-017	4.4분기에 들어 증산전 일층 치렬	창도탄광의 애국적로동자들	3	홍범
1947-10-19-018	평남휴양자 1,442명		3	달수
1947-10-19-019	혁명자유가족학원에 소년단원의 따뜻한 정	고천인민학교 어린이들	3	박계진
1947-10-19-020	벼이삭주어 벼 10가마니 혁명자유가족학원에!	철원군 월정인민학교 소년단의 미거	3	김창윤

기사번호	제목(title)	부제목(stitle)	면수	필자, 출처
1947-10-19-021	황주안악량군 경지조사 진척		3	
1947-10-19-022	전년도 계획완수 초과생산에 돌입	평양제침공장의 증산전 맹렬	3	언철
1947-10-19-023	함남도내 국영기업소 3, 4분기계획 넘쳐 실행		3	경석
1947-10-19-024	세포회의의 밤(2)		3	안용만
1947-10-19-025	일제시대 경관놈들이 해방후에 테로단원으로 남조선에서 피난해온 박확녀씨 담	달수	3	
1947-10-19-026	만기현물세 완납 추파면적확보도 결의	안주군 동면 금천리 농민들	3	학균
1947-10-19-027	철산군전장천제방공사 군민들의 열성으로 완수	경축대회를 성대하게 거행	3	
1947-10-19-028	일기예보		3	
1947-10-19-029	영화각본및 원작공모		3	북조선국립영화촬영소 문예부
1947-10-19-030	조문	고 최령동지의 서거와 관련하여	4	
1947-10-21-001	추경을 적극 실행하자		1	
1947-10-21-002	1947년 10월 20일 쏘련대표단의 성명		1	
1947-10-21-003	8개월간의 교양선전사업을 총결 동기대책협조문제 토의	평양시당 제10차위원회	1	학균
1947-10-21-004	희랍문제토의는 무엇을 보였는가	유엔총회위원회에서 쏘련대표단 사상정치적으로 승리	1	
1947-10-21-005	아.야.위신쓰끼 연설	유엔총회위원회에서	1, 4	
1947-10-21-006	남조선10월인항쟁(1)	그 1주년을 맞고	2	
1947-10-21-007	추파와 추경운동을 조직적으로 전개하자		2	북조선로동당 중앙본부 농민부 부부장 임해
1947-10-21-008	교원대학 세포원들의 규률있는 조직적 활동		2	학균
1947-10-21-009	국제대학생련맹에 가입코저 북조선 두 대학민청회의		3	기관
1947-10-21-010	국제대학생들과 단결 반동파와 끝까지 투쟁	김일성대학 제4차 민청대표자회의	3	창길
1947-10-21-011	남조선학생에게 보내는 메쎄지	북조선민주청년동맹 김일성대학 제4차 대표자대회에서	3	
1947-10-21-012	세계민청의 일원으로서 조국건설에 매진	평양교원대학 민청림시총회	3	기관
1947-10-21-013	애국미 74가마니	안변군 배화면 홍룡성농민	3	
1947-10-21-014	보안대원에게 30가마니	안변군 수항리 김여형씨	3	한
1947-10-21-015	속속 수립되는 신기록 체육문화향상의 실증	각종 경기선수권 평양대회	3	현석
1947-10-21-016	귀여운 소년단원들의 련합경기대회 개최	25일부터 시민청주최로	3	찬길
1947-10-21-017	혁명자유가족학원에 백미 5가마니	원산 갈마인민학교	3	기관
1947-10-21-018	인삼캐는데 민청 녀맹이 협조	황해도 남천지역에서	3	

기사번호	제목(title)	부제목(stitle)	면수	필자, 출처
1947-10-21-019	길주팔프공장에서 승리의 기발에 호응		3	태화
1947-10-21-020	만기작물 현물세 완납 애국미도 10가마니 헌납 애국심에 불타는 리달지부인	평남 순천군 후탄면 원탄리 석교동	3	정삼
1947-10-21-021	특수국제기구와 유엔간의 협조문제토의	제2제3위원회 합동회의에서	4	북조선통신
1947-10-21-022	이국식민지문제토의	론돈4국외상대리회의	4	북조선통신
1947-10-21-023	실패한 복수 미국영화의 사상적위기	『신시대』지에서	4	
1947-10-21-024	희랍민주군 공격 치렬		4	북조선통신
1947-10-21-025	희랍해군을 미국서 훈련		4	북조선통신
1947-10-21-026	쏘련의 원조에 감사	루마니아왕 의회에 메쩨지	4	북조선통신
1947-10-21-027	독일반동에 봉사하는 『디.웨리트』지		4	통신부
1947-10-21-028	문화	조선민족가요론(1)	4	최승일
1947-10-22-001	계획에 의한 제품의 품종생산을 확보하자		1	
1947-10-22-002	창립 2주년기념을 앞두고 북조선녀맹 23차 상무위원회		1	은길
1947-10-22-003	스띠꼬브대장일행 귀환 21일 평양비행장에서 감사의 환영	"수고 많이 하셨소"	1	현석
1947-10-22-004	형세판이한 남북조선 북조선으로 이주하는 남조선농민	미국문사 안나.루이스트렁녀사 론설	1	북조선통신
1947-10-22-005	영내각개조는 우익화를 표시	뉴스.크로니클지 론평	1	북조선통신
1947-10-22-006	세계평화를 위협하는 미국태도를 엄정비판	쏘미친선인민회 항의	1	북조선통신
1947-10-22-007	영국륙군성 종업원 파업		1	북조선통신
1947-10-22-008	대전에 또다시 검거선풍	교원 등을 돌연 검거	1	북조선통신
1947-10-22-009	루마니아의회에서 미하이왕내외정책 천명		1	북조선통신
1947-10-22-010	화란군작전 계속 전선 의연 확대		1	북조선통신
1947-10-22-011	파키스탄에 미국자본 침투		1	북조선통신
1947-10-22-012	파란인 본국귀환을 간청		1	북조선통신
1947-10-22-013	체코 9월에 경제계획 완수		1	북조선통신
1947-10-22-014	반동경찰의 고문으로 남로당 신표성씨 서거		1	북조선통신
1947-10-22-015	북조선의 쌀값 6월보다 69%로 저락		1	북조선통신
1947-10-22-016	우크라이나농업 부흥		1	북조선통신
1947-10-22-017	남조선 10월인민항쟁(2)	그 1주년을 맞고	2	
1947-10-22-018	애국열경주 10월말까지 년간계획량 완수를 맹세	평북도당위원회 결의	2	영환
1947-10-22-019	현물세납부에 석유섭 강명학 두동무 수범	영흥면 반룡리에서	2	길태
1947-10-22-020	농업생산계획실행과 현물세납부사업에 있어서 당단체들의 협조정형		2	북조선로동당 평남도당부 부위원장 김민산
1947-10-22-021	목재부문에서는 얼마나 증산되었는가	3.4분기 목제생산 총결보고대회	3	중선
1947-10-22-022	인민들이 즐기는 모란봉공원		3	현석
1947-10-22-023	벼가을을 도와주는 내무국 보안일군들	민청을 중심으로 180명 동원	3	언철
1947-10-22-024	북조선적십자사창립 1주년기념대회		3	
1947-10-22-025	김일성위원장에게 드리는 메쩨지(요지)	북조선적십자사창립 1주년기념대회	3	
1947-10-22-026	자라나는 인민음악	평양음악전문학교 연주회	3	달수
1947-10-22-027	난관을 극복코 자기 책임 완수 박응도동무	영흥군내무서	3	태길
1947-10-22-028	10월혁명 30주년기념 미술전람회	북조선미술동맹에서	3	은길
1947-10-22-029	군중문화의 빛나는 승리 직장문화써클의 장성	평양시직장연극써클경연대회	3	기관
1947-10-22-030	재미나는 해설과 즐거운 연예	'승리의 기발'에 궐기한 교대학생의 농촌위안	3	학균
1947-10-22-031	자기 책임량을 넘쳐 달린 길주기관구 우리 당원들	또다시 10만키로주행운동 전개	3	박태화
1947-10-22-032	항가리-유고간 문화교류협정 체결	우호조약체결 교섭개시에 합의	4	북조선통신
1947-10-22-033	항가리수상 성명		4	북조선통신
1947-10-22-034	항가리 3개부락 체코에 편입		4	북조선통신
1947-10-22-035	미국에서 검토되는 파리회담의 보고		4	북조선통신
1947-10-22-036	라트비아 대호수를 꽃밭으로		4	북조선통신
1947-10-22-037	유엔쏘련대표 환영회 성대	뉴욕쏘령사관에서	4	북조선통신
1947-10-22-038	국부병졸의 생활은 세계에서 제일 렬악		4	북조선통신
1947-10-22-039	파란절약운동 다대한 성과		4	북조선통신
1947-10-22-040	대성과 거두고 전슬라브총회 폐막		4	북조선통신
1947-10-22-041	희랍군사회의 개최		4	북조선통신
1947-10-22-042	루마니아로동계급의 열성에 크게 감명		4	북조선통신
1947-10-22-043	딸라민주주의의 약간의 불편한 점		4	『신시대』지
1947-10-22-044	음악전문학교 연주회를 보고	국립북조선음악학교 연주회에서	4	박영근
1947-10-22-045	문화	조선민족가요론(2)	4	최승일
1947-10-22-046	중국주둔 미군의 밀수사건빈발		4	북조선통신
1947-10-22-047	라지오		4	
1947-10-22-048	극장		4	
1947-10-23-001	쏘미공동위원회 사업중지는 누구의 책임이냐		1	
1947-10-23-002	가까워오는 인민위원들의 사업총결	승리의 길을 전진하면서 북조선인민들은 이렇게 말한다	1	
1947-10-23-003	새옷입고 투표하던 그날 자랑스럽고 기대도 큽니다	상흥리 농민 조심일씨 담	1	
1947-10-23-004	인민위원들의 시책을 힘껏 받들어 더욱 힘쓰겠습니다	평양견직 로동자 안상춘씨 담	1	
1947-10-23-005	자라난 오늘의 북조선 그 기쁨은 무엇에 비하리오	중성리 시민 현규홍씨 담	1	
1947-10-23-006	인도네시아정부 쏘련안 지지		1	북조선통신

기사번호	제목(title)	부제목(stitle)	면수	필자, 출처
1947-10-23-007	파시스트에 추파 보내는 라틴아메리카 제 정부		1	북조선통신
1947-10-23-008	남조선 10월인민항쟁(3)	그 1주년을 맞고	2	
1947-10-23-009	쏘련의 위대한 사회주의10월혁명 30주년을 맞으며	사회주의10월혁명은 농민들에게 무엇을 주었느냐?(상)	2	신문부
1947-10-23-010	김일성장군에게 드리는 메쎄지(요지)	개천군농민청년경축대회	3	
1947-10-23-011	만기현물세 전책임량을 강원도 평강군 완납!		3	의철
1947-10-23-012	북조선 제1위로 현물세완납의 승리 획득한 평남 개천군농민청년경축대회		3	
1947-10-23-013	무상리민청원들의 벼가을하는 장면		3	
1947-10-23-014	당당 국제민청의 일원 국제대학생련맹에 북조선 6대학 가맹수속	동남아세아예속국가대회에도 참가	3	찬길
1947-10-23-015	공민증수속 개정되었다	북조선인민위원회 내무국에서	3	언철
1947-10-23-016	평남도내 각 직장에서는 어떻게 승리하였는가	빛나는 3.4반기의 실적	3	기관
1947-10-23-017	풍년노래도 드높은 나무리벌의 가을	민청원들은 흥겨워 일한다	3	성섭
1947-10-23-018	국립교향악단 제5회 공연		3	
1947-10-23-019	국영기업소 지배인회의	26 7일에	3	
1947-10-23-020	북조선소비조합 각급 위원 선거	오는 11월 10일부터	3	기관
1947-10-23-021	인민주택현상 모집투고 마감기일연기 광고		3	북조선 건축위원회
1947-10-23-022	국제정세개관	유엔에서 미국의 침략주의는 폭로	4	
1947-10-23-023	국제정세개관	미국차관에 의탁하는 불국반동파	4	
1947-10-23-024	희랍정부군 불법월경	불가리아령에 발포	4	북조선통신
1947-10-23-025	자유희랍 위한 투쟁선언		4	북조선통신
1947-10-23-026	항가리, 유고간 친선 확립	항가리외상 내외기자단과 회견	4	북조선통신
1947-10-23-027	희랍왕당파 알바니아에 도발적행동		4	북조선통신
1947-10-23-028	희랍정부군 장병 민주군과 전투 거부		4	북조선통신
1947-10-23-029	로련최고재판소		4	통신부
1947-10-23-030	중국에 접종하는 미국의 시찰자들		4	북조선통신
1947-10-23-031	미국정부고관 쏘련에 국제비밀 제공?		4	북조선통신
1947-10-23-032	민주련군공세	각처에서 중앙군을 기습	4	북조선통신
1947-10-23-033	10월혁명기념 쏘한림원회의		4	북조선통신
1947-10-23-034	항가리, 불가리아간 문화협정 체결		4	북조선통신
1947-10-23-035	국민당 통할구의 중소교 교육위기 막심		4	북조선통신
1947-10-23-036	최승희예술무용공연		4	
1947-10-23-037	라지오		4	
1947-10-24-001	제4.4분기 인민경제계획 실시에 있어서 당단체들의 협조사업을 강화하자		1	

기사번호	제목(title)	부제목(stitle)	면수	필자, 출처
1947-10-24-002	3.4분기 인민경제계획 당단체협조사업을 총결	평양시당 상무위원회	1	학균
1947-10-24-003	전체 기업가 상업인들은 문화전당건설에 궐기하자	23일 발기인회에서 호소문	1	
1947-10-24-004	사회주의와 민주주의는 정복되지 않는다	『이즈베스챠』지 론평	1	북조선통신
1947-10-24-005	하기 휴양사업 총화 휴양자 총수 14, 151	북조선인민위원회로부터	1	
1947-10-24-006	국영개천흑연광산 년도계획 완수 모범로동자 7명에 상장 수여	14일 책임량완수 경축대회 성대	1	달수
1947-10-24-007	목표량 150% 계획량 초과실행을 결의	통운처산하 각 도사업소장회의	1	
1947-10-24-008	해방통신사 폐쇄	'행정명령' 제7호로	1	북조선통신
1947-10-24-009	교양사업을 강력히 수행 고상한 당적의식을 제고	북조선특별병원 세포사업 활발	2	명덕
1947-10-24-010	적절한 분공으로 벼현물세를 선납	평산군 직하리세포의 수범	2	진
1947-10-24-011	약진하는 사리워역 규모있게 자라난다	당원들의 핵심작용 막대	2	백선일
1947-10-24-012	주밀한 조직과 준비로 입봉리 추경추파 완료 초와면 입봉리세포원의 모범	봉산군	2	의철
1947-10-24-013	쏘련의 위대한 사회주의10월혁명 30주년을 맞으며	사회주의10월혁명은 농민들에게 무엇을 주었느냐(하)	2	신문부
1947-10-24-014	고대문화의 전당 묘향산박물관 개관		3	녀성통신원 리동무
1947-10-24-015	김일성장군에게 드리는 편지	묘향산박물관 개관식에서	3	
1947-10-24-016	농촌경리를 향상시키는 농민은행 3.4분기 총결		3	중선
1947-10-24-017	증산의 용사들 바늘 만드는 기계 제작생산률을 두배로 향상	평양제침공장 양선호동무	3	언철
1947-10-24-018	정권기관에도 참가하게 된 녀성들의 감격	녀직공들은 서로 기뻐 부둥켜 안고 울었다	3	은길
1947-10-24-019	세사람 능률내는 제초기를 발명	함남 갑산군 갑산면 조태균씨	3	의철
1947-10-24-020	황해도내 국영기업장 3/4분기 승리의 기록		3	성섭
1947-10-24-021	민주선거기념 저축운동 전개	북조선중앙은행에서	3	기관
1947-10-24-022	애국미 10가마니	순천군 최동현농민	3	정삼
1947-10-24-023	13인민학교 운동회 성대	평양시에서	3	성변
1947-10-24-024	일기예보		3	
1947-10-24-025	로동자들에게 햇쌀 4가마니	평북 정주군 대전면 운흥동 농민들	3	의철
1947-10-24-026	전 이령 식민지문제 토의	런던외상대리회의 계속	4	북조선통신
1947-10-24-027	트리에스트에 공화주의 서반아원조위원회 조직		4	북조선통신
1947-10-24-028	트루맨 기자단과 회견	마샬 중국에 관한 성명발표 예정	4	북조선통신
1947-10-24-029	파.쏘친선협회는 구라파평화의 보루	동협회 제1차대회 개최	4	북조선통신
1947-10-24-030	헨리. 월레스씨 파레스티나 도착		4	북조선통신

기사번호	제목(title)	부제목(stitle)	면수	필자, 출처
1947-10-24-031	대만.화남기지건설에 일본전범자 하세가와 아유가와 등장	로골화하는 미국의 침략	4	북조선통신
1947-10-24-032	미국은 파시스트정책국가	뉴욕의 민주인사 회합에서 론난	4	북조선통신
1947-10-24-033	문화	조선민족가요론(완)	4	
1947-10-24-034	영국의 경제정세(상)		4	
1947-10-24-035	라지오		4	
1947-10-24-036	극장		4	
1947-10-24-037	최승희예술무용공연		4	
1947-10-25-001	산림보호를 철저히 하자		1	
1947-10-25-002	인민경제계획실행에 빛나는 승리	28개소 계획량 완수	1	
1947-10-25-003	제3, 4분기의 생산계획 완수한 기업소	산업국 발표	1	
1947-10-25-004	당면과업을 토의	농림부문 제3.4분기 생산실적총화보고대회	1	중선
1947-10-25-005	프랑코정권의 폭압 의연 계속		1	북조선통신
1947-10-25-006	영미보호하에 있는 전쟁범죄자 문제	유엔법률위원회 심의	1	북조선통신
1947-10-25-007	민주단체를 습격	불반동파의 폭행	1	북조선통신
1947-10-25-008	영국인민은 파쑈두목석방을 반대		1	북조선통신
1947-10-25-009	쏘련브라질량국간의 단교에 관한 따쓰의 보도		1	
1947-10-25-010	년간계획을 완수하기 위하여 이렇게 조직하고 투쟁하였다	평양제침공장 세포원들 핵심역할	2	명덕
1947-10-25-011	교양과 기술전습 강화 생산률 날로 높아간다	문천세멘트 당단체의 협조 열렬	2	홍범
1947-10-25-012	승리의 3.4분기 총결 최후돌격전으로 전환	개천탄광 당원들 선봉적역할	2	방덕
1947-10-25-013	현물세운반용 목달구지 창안	자성면 호레동세포 문봉호동무	2	박철
1947-10-25-014	길주팔프 김양섭 리태규 두동무의 창안		2	태화
1947-10-25-015	비참한 남조선 최근정형 그러나 인민들은 필승의 자신 갖고 전진한다	남조선반동폭위에서 탈출한 남두우씨 수기	2	
1947-10-25-016	모범녀성당원 차동무의 열성	정주군 갈산면 일해동	2	정원
1947-10-25-017	영대의사단 솔직한 언명	와르샤와에서 기자단과 회견	2	북조선통신
1947-10-25-018	김대신축공사에 기쁜 소식 서평양에서 공사장까지 철도부설	교통국과 시인민위원회에서 분담	3	
1947-10-25-019	'승리의 기발'운동의 중간보고에 대한 결정	시민청학생열성자대회	3	찬길
1947-10-25-020	직업동맹의 조직개편	각급 위원들도 선거	3	언철
1947-10-25-021	민전에서 추천한 후보자를 군중들은 열광적으로 환영		3	은길
1947-10-25-022	선거분구에서 밤을 새우던 그때가 정말 기뻤다		3	은길
1947-10-25-023	계산 잘하는 경기대회 개최 11월 15, 6일	북조선중앙은행과 농민은행에서	3	
1947-10-25-024	과실현물세완납에 모범	강원도 원산시 현동리 리개용동무	3	

기사번호	제목(title)	부제목(stitle)	면수	필자, 출처
1947-10-25-025	애국미 10가마니	안변군 배화면 전영송씨	3	김만선
1947-10-25-026	무용에 대한 창작과정 발표	최승희무용연기공연	3	
1947-10-25-027	영광에 빛나는 북조선 1위 그들은 어떠한 조직으로 투쟁하여 승리하였던가	개천군 민청원들의 현물세 완납	3	특파원 달수
1947-10-25-028	화.인분쟁문제에 대한 미국의 신제안	안보리사회에서	4	북조선통신
1947-10-25-029	『솔직한 보고』의 저자 뻔즈는 새 전쟁방화자로 락인되었다		4	북조선통신
1947-10-25-030	화란군 수송선 인도네시아로 향발		4	북조선통신
1947-10-25-031	미국반동배가 론칭하는 '지리경제학'의 정체		4	통신부
1947-10-25-032	파쏘친선협회 제1차대회 개막	회원 36만으로 장성	4	북조선통신
1947-10-25-033	마뉴취조 계속	영미신문 외곡보도	4	북조선통신
1947-10-25-034	해남도인민해방군 확대		4	북조선통신
1947-10-25-035	영국의 경제정세(하)		4	신시대
1947-10-25-036	쏘련영화단평	「교수대의 조야」	4	리영준
1947-10-25-037	라지오		4	
1947-10-25-038	극장		4	
1947-10-25-039	진반수대인께서 로환으로 금일 오전 8시 40분에 평양특별시 선교리 43번지 자택에서 별세하였압기자에 부고하나이다.		4	
1947-10-26-001	증산을 촉진하기 위하여 생산을 그라브에 의하여 조직하자		1	
1947-10-26-002	인민위원사업보고협조와 도급제실시 등에 대한 토의	직업총동맹 제74차 상무위원회	1	언철
1947-10-26-003	동기대책을 완비하고 추가수송을 보장하자	평양철도부 당부 제4차위원회	1	학균
1947-10-26-004	유엔제2차총회 10월 20일 오전전원회의	어째서 유엔지도기관의 선거는 성공치 못하는가	1	북조선통신
1947-10-26-005	유엔제2차총회 10월 20일 오전전원회의	영, 미국측 대표들은 인신매제를 주장한다	1	북조선통신
1947-10-26-006	량군철퇴문제와 남조선민주진영		1	북조선통신
1947-10-26-007	'야심없는 옹호자'로 자처하는 식민정책국가들을 폭로	『이즈베스챠』지특파원의 보도	1	
1947-10-26-008	북조인위지시 제229호 북조선인민위원회 위원장 김일성 11월 3일 휴식에 관한 건	지시	1	
1947-10-26-009	평북도당단체들의 투쟁경험		2	북조선로동당 평북도당부 위원장 윤공흠
1947-10-26-010	무의촌을 방문치료 친절을 다하여 복무	평북중앙병원 세포교양에 주력	2	영환
1947-10-26-011	제방공사로 2천정보 확보 증산과 현물세 납부에 수범	선천군당부의 열성적협조	2	영환
1947-10-26-012	로동규률을 엄수하고 반원들을 추동시범	문례광산 착암부 박기형동무	2	정원

기사번호	제목(title)	부제목(stitle)	면수	필자, 출처
1947-10-26-013	현물세를 완납하고 추경에 전부락 돌진	희천군 동창면 창동 제1농촌 조농각동무	2	오경
1947-10-26-014	짜두었던 가마니에 좋은 낟알 넣어 선납	초산군 하동 중강부락 함회순 동무	2	선우수
1947-10-26-015	사리원방직면방공장 면방년도 책임량 돌파	다시 50% 추가증산에 매진	3	성섭
1947-10-26-016	김장군도 한표 우리들도 한표	그 한표는 정말 감격적이였소	3	은길
1947-10-26-017	함남 풍산군도 현물세 전부 완납		3	김동규
1947-10-26-018	보안일군 학생 소년단까지 모두가 한덩 어리로 뭉쳤다	개천군민청 현물세완납투쟁기	3	달수
1947-10-26-019	선천화교들의 현물세납부열성		3	염용택
1947-10-26-020	강원도내 국영기업소 3, 4분기 증산기록		3	홍범
1947-10-26-021	추경 1만여평	함주군 애국농민들	3	경석
1947-10-26-022	평양특별시의 각 부문 빛나는 3, 4분기 실적		3	
1947-10-26-023	양수기계 제작 금년도 책임량완수	의주기계제작소 동무들	3	영환
1947-10-26-024	평양특별시 락랑리에 대관개공사 시작		3	현장총책임자 김기홍, 기술책임자 로요수, 자계책임자 김기호, 선전책임자 허갑
1947-10-26-025	강원도 산림서산하 림산물의 증산		3	홍범
1947-10-26-026	땅속에 설치한 지하휴식소	평북도 국영문례광산에서	3	정원
1947-10-26-027	평양시 농촌현물세완납 맹서		3	찬길
1947-10-26-028	단천 응덕광산의 추가증산돌격	함남 단천 응덕광산에서	3	종근
1947-10-26-029	로동자들에게 벼 20가마니	강원도 안변군 신고산면 구미리2구 김정팔농민	3	만선
1947-10-26-030	국제정세개관		4	따쓰
1947-10-26-031	브라질은 반쏘선동의 근원	『쁘라우다』지 평론가의 론평	4	북조선통신
1947-10-26-032	5만원짜리 지폐 국부에서 발행		4	북조선통신
1947-10-26-033	발전하는 쏘련체육경기		4	북조선통신
1947-10-26-034	미인의 유전개발을 페루인민들 반대		4	북조선통신
1947-10-26-035	아테네시 직원 24시간 파업		4	북조선통신
1947-10-26-036	미군,장군에게 무기 대량공급		4	북조선통신
1947-10-26-037	희랍민주군대 메토쏘브시 점령		4	북조선통신
1947-10-26-038	미국인일행 토이기 도착		4	북조선통신
1947-10-26-039	불공산당에 대한 투표률은 상승		4	북조선통신
1947-10-26-040	쏘 주인대사 임명		4	북조선통신
1947-10-26-041	체코보안당국 미국의 간첩 체포		4	북조선통신
1947-10-26-042	동구라파의 민주발전과 영미의 악의적 허위선전	『데일리 텔리그라프』지의 졸렬한 허보	4	
1947-10-26-043	라지오		4	
1947-10-26-044	극장		4	
1947-10-26-045	최승희예술무용공연		4	
1947-10-26-046	애도		4	
1947-10-28-001	문학, 예술의 발전을 위하여		1	
1947-10-28-002	추경 및 당면과업을 11월 10일까지 완수	25일 강동군열성농민대회	1	달수
1947-10-28-003	결의문	강동군열성농민대회	1	
1947-10-28-004	김일성장군께 드리는 감사문	강동군열성농민대회	1	
1947-10-28-005	인민위원사업총결협조 현물세조기납부 운동에 관해 토의결정	제8차 북조선농민동맹 중앙위원회	1	의철
1947-10-28-006	슬라브과학자대회준비	쏘베트조직국 제1차회의	1	북조선통신
1947-10-28-007	쏘련녀성위원회 상임위원회		1	북조선통신
1947-10-28-008	제방공사계획 완료 백여반보 증산확보	정주군 안흥면 김정봉동무	1	정원
1947-10-28-009	민주선거 1주년을 현물세완납으로 기념	각지 농민들 속속 궐기	1	북조선통신
1947-10-28-010	우크라이나의 경공업복구 쾌조		1	북조선통신
1947-10-28-011	미국의 '안전대책'발동		1	북조선통신
1947-10-28-012	원산철도공장 일군에게 벼 10가마니를 선사격려	현동리 리세용동무의 미거	2	홍범
1947-10-28-013	교양망과 문화써클 강화 출근률 제고로 생산향상	신창탄광 당단체협조 활발	2	정태성
1947-10-28-014	강계문화단체세포 농촌을 방문코 위안		2	박철
1947-10-28-015	활발히 자라고 움직이는 용소리 서제동 농촌세포	자체발전을 위하여 꾸준한 투쟁 전개	2	
1947-10-28-016	쏘련의 위대한 사회주의10월혁명 30주년을 맞으며	쏘련과학의 30년	2	신문부
1947-10-28-017	보리파종에 북조선 1위 평양특별시 2위는 평남도		3	북조선통신
1947-10-28-018	조 평당수확에 9홉3작	단천 박낙석씨의 모범영농	3	의철
1947-10-28-019	일제패망시 파괴한 생기령 턴넬공사 완성		3	준극
1947-10-28-020	증산의 용사들 열성적지도로서 승리를 보장!	사리원방직 장지열양	3	성섭
1947-10-28-021	우리들 손으로 선거한 위원들의 포부를 듣자	평양특별시 위원 김동춘씨, 강동군 3등면의 위원 김상옥씨	3	은길, 언철, 중선
1947-10-28-022	많은 난관을 극복하고 승리로 내닫는 김대공사	철도부설공사에 직장일군 동원	3	정
1947-10-28-023	명태잡이에 반가운 소식	신포 마양도에서	3	의철
1947-10-28-024	직맹의 조직개편과 선거에 대한 선전제강(상)	북조선직업총동맹 문화부	3	채속
1947-10-28-025	직맹초급단체의 선거선전해설	북조선직업총동맹산하 각급 직업동맹에서	3	북조선통신

기사번호	제목(title)	부제목(stitle)	면수	필자, 출처
1947-10-28-026	일기예보		3	
1947-10-28-027	국부간부들 투기로 치부	각 회사 영업보고에서 폭로	4	북조선통신
1947-10-28-028	현희랍정부를 규탄	쏘메리츠씨의 론평	4	북조선통신
1947-10-28-029	대만인민의 영웅적항쟁		4	동북일보
1947-10-28-030	보수당원들은 영국경제를 어떻게 '구조'하고있는가		4	신문부
1947-10-28-031	극장		4	
1947-10-28-032	북조선로동당 중앙위원회 기관잡지 『근로자』 제8호 발매중		4	
1947-10-29-001	인민정권기관에 대한 당단체의 협조사업에 대하여		1	
1947-10-29-002	농촌애국청년들이여 산업전선으로 나가자!	안주군민청 제7차 확대위원회에서 호소	1	찬길
1947-10-29-003	호소문	안주군민청 제7차 확대위원회에서	1	
1947-10-29-004	세포활동 강화문제를 토의	평양시당 제67차 상무위원회	1	
1947-10-29-005	쏘련이란석유협정 무효를 이란의회 돌연 선언		1	북조선통신
1947-10-29-006	희랍민주군 메트세보 점령	정부군 손해 막대	1	북조선통신
1947-10-29-007	청년들의 국제친선을 위한 투쟁	국제청년대회 2주년기념일에 제하여	2	
1947-10-29-008	만경대학원에 벼 54가마니 기증	어랑면 팔경대리 세포원들의 정성	2	현준극
1947-10-29-009	송전시설완성 위하여 창의와 헌신성을 발휘	전기처 회령지소 세포원들	2	심철
1947-10-29-010	당원들의 열성으로 부락문맹퇴치 진척	함남 영흥군 순녕면 광전리에서	2	태길
1947-10-29-011	년간계획량 100% 완수 당단체의 조직력 발휘	문례광산 초과생산에 돌입	2	정원
1947-10-29-012	생산기관에 있어서 직업동맹단체의 역할		2	김현광
1947-10-29-013	3.4반기성과 총결 4.4반기과업 토의	제7차 국영기업소 책임자회의	3	
1947-10-29-014	인민주권의 우수성을 대중앞에 증명한다 함경남도인민위원 김욱진씨	언철	3	
1947-10-29-015	통일민주정부수립의 토대를 공고히 하겠다	평안남도인민위원 최창석씨	3	
1947-10-29-016	쏘련에 안고 쏘련을 볼수 있는 사진전람회 성대	조쏘문협에서 모란봉극장광장에 개설	3	
1947-10-29-017	300%실행에 싸우는 창도광산의 로동자들	강원도 김화군 창도광산에서	3	창렬
1947-10-29-018	학생소년단들의 선전해설대 동원	정주군 관주면 관주중학 및 관주명동 두인민학교에서	3	정원
1947-10-29-019	녀맹원 등 동원 가마니를 증산	함남 영흥군 순령면 갈전리 리춘반씨	3	태길
1947-10-29-020	일기예보		3	

기사번호	제목(title)	부제목(stitle)	면수	필자, 출처
1947-10-29-021	추경완수로 일반에 시범	학성군 학성면 양호리 최의섭 동무	3	김영복
1947-10-29-022	직맹의 조직개편과 선거에 대한 선전제강(중)	북조선직업총동맹 문화부	3	채속
1947-10-29-023	쏘베트동맹은 인민의 평화와 독립의 방벽이다		4	통신부
1947-10-29-024	미국의 식량절약운동은 실현될수 있는가?	좌절전야의 마샬안	4	북조선통신
1947-10-29-025	희랍군 수뇌 진용갱질		4	북조선통신
1947-10-29-026	치리와 브라질정부 공산주의자를 폭압	파업로동자 총검거 출판물 탄압	4	북조선통신
1947-10-29-027	쏘련작가들 파란향 출발		4	북조선통신
1947-10-29-028	브라질주재 쏘련대사관 습격사건		4	따쓰통신
1947-10-29-029	브라질당국 학생동맹 반대		4	북조선통신
1947-10-29-030	분란외상 등 모쓰크바 도착		4	북조선통신
1947-10-29-031	희랍정부군 지휘할 미국장교 파송결정		4	북조선통신
1947-10-29-032	해방구에 수용된 국부장군들 국부군의 패배 긍정	한 미국녀사의 보고	4	북조선통신
1947-10-29-033	'민주청년'조직의 집행위원회 특별회의 개최		4	북조선통신
1947-10-29-034	공산주의자라고 탄압받는 미국의 영화인들	챱푸린씨 신문대에	4	북조선통신
1947-10-29-035	해상운수계획 벌써 초과	쏘련동부지방 로동자들	4	북조선통신
1947-10-29-036	"아랍동부의 외국군주둔은 우리들에게 위협을 준다"	레바논국회회보 아랍외정 비판	4	북조선통신
1947-10-29-037	위신쓰끼씨 연설은 정당	미장로교목사 연설	4	북조선통신
1947-10-29-038	대만은 미기지화		4	북조선통신
1947-10-29-039	라지오		4	
1947-10-29-040	극장		4	
1947-10-30-001	일상적으로 자기 사업을 검토하자		1	
1947-10-30-002	혁명자유가족학원건축비로 햇벼 69가마니 현금 50만원 제공		1	
1947-10-30-003	우리들이 마땅히 해야 할 일이다	농민 김히준씨 담	1	
1947-10-30-004	선렬들의 고귀한 정신을 계승하기를	기업가 정히남씨 담	1	
1947-10-30-005	비료와 농산물교역	북조선인민위원회 결정	1	
1947-10-30-006	특별휴양소를 만경대에 건설		1	
1947-10-30-007	민주주의력량을 집결하여 자주적통일정부수립에 노력하자!	남로당대변인 기자단과 회견	1	북조선통신
1947-10-30-008	쏘, 미 량국정부에 보낸 북조선민전의 서한	-따쓰통신이 보도-	1	북조선통신
1947-10-30-009	쏘피아법정 반동자판결		1	북조선통신
1947-10-30-010	희랍대외무역관리회 설정안은 미국측 압력의 소산	밤베트쏘스 비판	1	북조선통신

기사번호	제목(title)	부제목(stitle)	면수	필자, 출처
1947-10-30-011	미국반동분자의 활동은 남미에도 급전되고 있다	『쁘라우다』지 론평-	1	북조선통신
1947-10-30-012	나무리벌녀맹원들 교통국일군에 감사		1	
1947-10-30-013	사리원을 시로 승격	북조선인민위원회 결정	1	
1947-10-30-014	부라질주재 쏘대사관원들의 안전 보장하라		1	따쓰
1947-10-30-015	약진하는 체코산업	라우슈만수상 보고	1	북조선통신
1947-10-30-016	국제정세에 대하여	1947년 9월말 파란에서 개최된 제국공산당 정보회의석상에서 진술한 아.스다노브의 보고(1)	2, 3	
1947-10-30-017	우리들 손으로 선거한 위원들의 보고를 듣자	평양특별시 41구에서의 보고일활	3	
1947-10-30-018	민주선거 1주년경축 산업전람회 개최	강원도 원산시에서	3	
1947-10-30-019	전기쓰는데 간절한 부탁	서북배전부 평남지부	3	
1947-10-30-020	조선문학강습회	인민교육문화후원회 주최	3	
1947-10-30-021	굉장한 종합운동장 신설	신의주시에서 10월 5일에 기공식	3	영환
1947-10-30-022	농촌녀성의 문맹퇴치에 더욱더 주력할 것을 맹세 황해도인민위원회 위원 리종희씨	은길	3	
1947-10-30-023	민주정치의 참맛을 또 한번 맛보게 되었다 평양특별시 위원 박창식씨	은길	3	
1947-10-30-024	직맹의 조직개편과 선거에 대한 선전제강(하)	북조선직업총동맹 문화부	3	채속
1947-10-30-025	감사사과 현물세사과	룡강군 성암면 입성면 리문찬농민	3	달수
1947-10-30-026	보통강제방정비공사 년도계획량 완수	27일총결보고대회 개최	3	언철
1947-10-30-027	나라에 바치는 사과 100관	황주 김시형씨	3	
1947-10-30-028	9개국공산당대표자회의는 평화애호인민의 희망을 반향	회의문건을 쏘련인민들 토의	4	조선신문
1947-10-30-029	전쟁상인타도 절규	이태리녀성동맹대회	4	북조선통신
1947-10-30-030	파란립법회의		4	북조선통신
1947-10-30-031	베를린서부지구에 파시스트 란무		4	북조선통신
1947-10-30-032	진보적영화인탄압반대	뉴욕군중대회에서	4	북조선통신
1947-10-30-033	국부, 미군의 장기주둔요청		4	북조선통신
1947-10-30-034	제고되는 파란의 석탄생산		4	북조선통신
1947-10-30-035	루마니아, 유고친선협회 창립		4	북조선통신
1947-10-30-036	귀국하는 아르메니아인		4	북조선통신
1947-10-30-037	남경비밀경찰이 민맹지도자를 검거		4	북조선통신
1947-10-30-038	분란사회민주당 극우정당과 결탁		4	북조선통신
1947-10-30-039	파시스트공판		4	북조선통신
1947-10-30-040	토이기에서는 무엇이 진행되고 있는가		4	『뜨루드』지
1947-10-30-041	극장		4	

기사번호	제목(title)	부제목(stitle)	면수	필자, 출처
1947-10-31-001	근로자들의 정치사상교양을 더욱 가강하자		1	
1947-10-31-002	이번은 순천군이 제3위로 현물세를 완납		1	달수
1947-10-31-003	국부관활하에 파업 속출	상해.청도.천진에 파급	1	북조선통신
1947-10-31-004	베르린군사재판 심리 파시스트살인귀 기록	히틀러배교형리의 공판	1	북조선통신
1947-10-31-005	독일전범자재판 진행	독일군의 공민과 포로의 대량 사살의 진상심리	1	북조선통신
1947-10-31-006	군수품 만재한 미군함 청도에 입항		1	북조선통신
1947-10-31-007	중남미의 도전행동은 ‘월가’의 집행		1	북조선통신
1947-10-31-008	브라질 및 칠리와의 외교단절에 관하여	『쁘라우다』지 론평	1	
1947-10-31-009	국제정세에 대하여	1947년 9월말 파란에서 개최된 제국공산당 정보회의석상에서 진술한 아.스다노브의 보고(2)	2	
1947-10-31-010	상해물가상승으로 국부당국 당황		2	북조선통신
1947-10-31-011	끊임없는 연구로써 7등지를 1등지로	당원 장천석동무는 이렇게 하여 증수	3	성섭
1947-10-31-012	추수에 이어 추경	우리 당원이 솔선 수범	3	정원
1947-10-31-013	직장에 피여나는 찬란한 문화의 꽃	늘어가는 함북문화시설	3	준극
1947-10-31-014	인민과 보안원 좌담회로 협조		3	윤병우
1947-10-31-015	신의주에 설치된 또하나의 박물관		3	현석
1947-10-31-016	「소년단지도원교본」 민청에서 새로 규정		3	찬길
1947-10-31-017	국제청년절기념 사진전람회 개최	-평양시청년구락부에서-	3	찬길
1947-10-31-018	평남도 보안일군들 농촌에 나아가 조력		3	언철
1947-10-31-019	책임량 완수하고 추가생산에 매진	동양특수주물, 순안주관공장, 마동세멘트	3	영환, 달수, 성섭
1947-10-31-020	고공품의 증산과 동기방역을 토의	제39차 평남도위원회	3	달수
1947-10-31-021	신의주 토성동에서 네농민의 애국미		3	영환
1947-10-31-022	지금까지 소개된 쏘련의 영화는?		3	현석
1947-10-31-023	북조선명승고적 보존사업 활발		3	
1947-10-31-024	70만원의 벽돌 중학건설에 기증	황주군 김규섭농민	3	변학준
1947-10-31-025	일기예보		3	
1947-10-31-026	불가리아의 리해관계는 반제국주의진영과 일치	조국전선민족위원회 조국전선산하 각 정당 공동성명서 발표	4	북조선통신
1947-10-31-027	미꼴라이치크 등 파란반동파 도주		4	북조선통신
1947-10-31-028	라틴.아메리카에 대한 미국정책을 규탄	라틴아메리카 로총위원장 호소	4	북조선통신
1947-10-31-029	왕세걸국부외교부장 동경서 맥아더와 회담		4	북조선통신
1947-10-31-030	히틀러배공판	백림군사재판소	4	북조선통신
1947-10-31-031	항가리에 로동자법정		4	북조선통신
1947-10-31-032	시인 리찬의 시를 평함		4	박금석

기사번호	제목(title)	부제목(stitle)	면수	필자, 출처
1947-10-31-033	라지오		4	
1947-11-01-001	위대한 로씨야 사회주의10월혁명 제30주년 기념일에 제하여		1, 2	조쏘문화협회 위원장 리기영
1947-11-01-002	교과서출판에 전심전력 창의성발휘로 생산 제고	라남해방 출판사 세포원들의 선봉역할	2	유승철
1947-11-01-003	기술교양사업에 꾸준 15만키로주파 성공	회령기구 세포원의 핵심작용	2	심철
1947-11-01-004	용접봉 창안 김유근동무	아오지공장 제관계세포	2	민영자
1947-11-01-005	김일성위원장께 보내온 동북동포들의 감사문	목단강시 교육관계자회의에서	3	
1947-11-01-006	금년도 수송계획을 완수 강계철도부의 승리 10월 20일에 빛나는 총결보고	철도부문에서 북조선 2위	3	박철
1947-11-01-007	북조선 4위	강동군현물세완납	3	달수
1947-11-01-008	추수 협조하는 벽동군 학생들		3	달환
1947-11-01-009	민족명절에 반가운 선물「그 녀자의 길」	쏘련명작의 번역극 국립예술극단 공연	3	
1947-11-01-010	평강군의 보리파종 진척		3	홍범
1947-11-01-011	직맹선거는 어떻게 하는가	시내중요공장 모범선거정형	3	언철
1947-11-01-012	'눈뜬 장님'은 옛 이야기	문맹퇴치사업의 성과	3	
1947-11-01-013	현물세완납에 승리 평강군 애국농민들은 어떻게 투쟁하였던가	가을보리파종에도 빛나는 성과	3	주재기자 김홍범
1947-11-01-014	교육확충계획도 승리 신학년도준비 완성	북조선인민위원회 교육국	3	
1947-11-01-015	농민들의 신망을 받는 보안대원들	시리원보안대에서	3	성섭
1947-11-01-016	녀맹원들이 나물을 선물		3	정원
1947-11-01-017	명태잡이에 경쟁전	성진어업로동자들의 분투	3	
1947-11-01-018	9개국공산당회의에 대한 세계민주주의사회계 여론		4	조선신문
1947-11-01-019	미국에 대두하는 반파쑈기세	독점가를 반대하는 작가 영화인 과학자 교수대회	4	북조선통신
1947-11-01-020	미국이 아르젠틴에 대쏘국교단절을 강요		4	북조선통신
1947-11-01-021	독일직맹 제6차회의		4	북조선통신
1947-11-01-022	베르린군사재판	포로총살 2만여명	4	북조선통신
1947-11-01-023	이란에 대한 미국의 팽창정책		4	신문부
1947-11-01-024	라지오		4	
1947-11-01-025	북조선로동당 중앙위원회 기관잡지『근로자』제8호 발매중		4	
1947-11-02-001	산업에 요청되는 로동력을 확보함에 전체 인민은 총궐기하자		1	
1947-11-02-002	조선문제토의 개시	유엔정치위원회에서	1	북조선통신
1947-11-02-003	민주선거기념일 앞두고 현물세 속속 완납	로동자에게 감사미도 보낸다	1	북조선통신
1947-11-02-004	북조선청년들의 '승리의 기발'운동	각지에서	1	북조선통신
1947-11-02-005	3.4반기의 빛나는 승리를 총화	제51차 북조선인민위원회	1	북조선통신
1947-11-02-006	경남에 호렬자 사망자 6명		1	북조선통신

기사번호	제목(title)	부제목(stitle)	면수	필자, 출처
1947-11-02-007	함북도당단체들의 투쟁경험		2	북조선로동당 함북도당부 부위원장 리히준
1947-11-02-008	기술전습과 창의성 발휘 복구와 증산에 일로 매진	청진제강소 당부협조활발	2	현준극
1947-11-02-009	분공과 로력조직으로 현물세를 남먼저 완납	경원군 하면 농촌세포의 추동 활발	2	황진흥
1947-11-02-010	인민해방군 무혈점령	상해교외서도 활약	2	북조선통신
1947-11-02-011	인민해방군의 9월중 전과		2	북조선통신
1947-11-02-012	국부 일본배상물자를 내전에 사용		2	북조선통신
1947-11-02-013	미국의 자본 중국농촌에		2	북조선통신
1947-11-02-014	세계민청련맹에 가맹후 처음으로 맞이하는 국제청년기념행사	북조선전역에서 뜻깊게 거행	3	찬길
1947-11-02-015	수산 함남의 기세 드높이	어업로동자들의 호소	3	경석
1947-11-02-016	호소한 첫날로 대풍획!		3	경석
1947-11-02-017	행복의 앞길을 내다보며 오직 힘차게 싸울뿐이다	평양특별시 인민위원 김려숙씨	3	은길
1947-11-02-018	강원도의 수산사업 어떤 성과로 진행되는가		3	홍범
1947-11-02-019	민주승리에 발맞춰 다리공사도 진척		3	언철
1947-11-02-020	강원도 철원군 만기현물세 완납		3	황
1947-11-02-021	철원군 농민들의 애국미 180가마니		3	홍범
1947-11-02-022	향토문화건설비로 벼 30가마니	원산 사둔 포평리 농민들	3	홍범
1947-11-02-023	디스판셀이란?		3	
1947-11-02-024	사진전람회장의 일부		3	
1947-11-02-025	김대신축공사장의 명랑한 풍경	12월 1일부터는 기차가 다니도록!	3	
1947-11-02-026	10월혁명사진전람회를 보고 무엇을 느꼈던가		3	
1947-11-02-027	'오페렛타'를 조선적인것으로	북조선가극단의「심청」	3	
1947-11-02-028	급고		3	
1947-11-02-029	섬유공업조합과 고무공업조합의 고마운 기증		3	
1947-11-02-030	일기예보		3	북조선기상대
1947-11-02-031	쏘련의 위대한 사회주의 10월혁명 30주년을 맞으며	쏘련공산당은 쏘베트국가의 지배적정당이다	4	통신부
1947-11-02-032	아직 실현되지 않은 미국반동파의 제 계획		4	통신부
1947-11-02-033	인도분쟁 재발생	인도와 파키스탄 량국관계 악화	4	북조선통신
1947-11-02-034	제2차 세계전쟁시의 미국과 라틴.아메리카 제 국가(1)		4	
1947-11-02-035	미군과 함께 훈련하는 일본인		4	북조선통신

기사번호	제목(title)	부제목(stitle)	면수	필자, 출처
1947-11-02-036	북조선로동당 중앙위원회 기관잡지 『근로자』 제8호 발매중		4	
1947-11-03-001	11월 3일 선거 1주년을 맞이하면서 평남 강동군 삼등면 선거자들앞에서 진술한 연설	김일성	1, 2	
1947-11-03-002	김일성 사진		1	
1947-11-03-003	북조선의 민주선거실시 1주년을 맞으며		1	
1947-11-03-004	민주선거 1주년을 회고하며	북조선로동당 중앙위원회 부위원장 주녕하동지 담	2	
1947-11-03-005	력사적명절을 맞이하여	북조선중앙민전서기장 최영	2	
1947-11-03-006	경축하자! 다 같이	우리의 민주력량을 발휘한 민주선거의 승리를 기념하여	3	
1947-11-03-007	감격의 작년 이날	선거장으로 련이은 인민들의 기쁨은 컸다	3	
1947-11-03-008	김일성장군을 선거한 평남 57선거구의 그날		3	
1947-11-03-009	김장군을 뵈오려고 삼등까지 달렸지요	삼등면 덕산탄광 로동자 김응규	3	
1947-11-03-010	북조선인민은 한덩어리로 싸워이겠다		3	
1947-11-03-011	민주주의선거	우리는 이렇게 진행하였다	3	
1947-11-03-012	로동신문사 사업안내		3	로동신문사 업무부
1947-11-03-013	북조선로동당 중앙위원회 기관잡지 『근로자』 제8호 발매중		3	
1947-11-03-014	당선된 위원들의 성분비례해설		3	
1947-11-03-015	일기예보		3	
1947-11-03-016	광주학생운동 제18주년 기념일을 맞으며		4	
1947-11-03-017	민주주의초소에 서있는 발아리인민		4	통신부
1947-11-03-018	무엇이 오태리조약의 토의를 지연시키는가		4	『신시대』지
1947-11-03-019	제2차 세계전쟁시의 미국과 라틴.아메리카 제 국가(2)		4	
1947-11-03-020	범미회의에서 마샬 대쏘외교단절을 획책		4	북조선통신
1947-11-03-021	불.미직맹위원회 개최불능	불대표의 입국불허로	4	북조선통신
1947-11-03-022	주쏘정말공사 모쓰크바 도착		4	북조선통신
1947-11-03-023	미국사절단 또 토국 도착		4	북조선통신
1947-11-03-024	희랍민주군 리바디아 공격		4	북조선통신
1947-11-03-025	비의 대일배상 41여억원 요구		4	북조선통신
1947-11-03-026	극장		4	
1947-11-03-027	북조선 중앙은행 외성지점	지배인 최은섭	4	
1947-11-05-001	도급제를 옳게 실시함으로써 증산을 확보하자		1	

기사번호	제목(title)	부제목(stitle)	면수	필자, 출처
1947-11-05-002	조선문제 토의	유엔총회 정치위원회에서의 론쟁	1	따쓰특파기자
1947-11-05-003	미국대표단은 무엇을 위하여 노력하고 있는가?		1	
1947-11-05-004	북조선인민회의 제3차회의를 소집	11월 18일 평양특별시에서	1	
1947-11-05-005	조선문제에 관한 쏘련대표단의 제의	아.아.그로믜꼬의 성명	1	
1947-11-05-006	유엔정치위원회에서의 토의		1, 4	
1947-11-05-007	김일성장군께 드리는 맹세문	평안남도 제57선거구 인민위원사업총결보고대회	2	
1947-11-05-008	김장군의 혁혁한 업적을 찬양	영예와 환희에 찬 삼등면민 평남 제57선거구 인민위원사업총결보고대회	2	
1947-11-05-009	김일성장군에게 뜨거운 감사를 드린다 농민대표 리영수	평안남도 제57선거구 인민위원사업총결보고대회에서	2	
1947-11-05-010	인민정권을 공고화하는데 투쟁하자 로동자 김사진	평안남도 제57선거구 인민위원사업총결보고대회에서	2	
1947-11-05-011	우리들의 행복은 나날이 높아 가고 있다 민청원대표 김승관	평안남도 제57선거구 인민위원사업총결보고대회에서	2	
1947-11-05-012	민주개혁의 혜택으로 녀성의 지위는 향상 녀성대표 정양히	평안남도 제57선거구 인민위원사업총결보고대회에서	2	
1947-11-05-013	무보수공사에 총돌격 신성천보선구세포원	동기운수를 완전히 확보	2	영호
1947-11-05-014	결정서	평남도 제57선거구 인민위원사업총결보고대회에서	2	
1947-11-05-015	일제의 파괴를 복구하고 사동탄광 금년 도계획량 완수	10월 31일 오후에 승리의 개가	3	기관
1947-11-05-016	18년전의 애국사상을 본받아 조국건설에 일로매진!	광주학생사건기념보고대회 성대	3	찬길
1947-11-05-017	농촌청년들이여 산업전선으로! 안주군 농민청년들의 궐기에 개천군민청 호응	용감히 출동하는 다섯동무들	3	찬길
1947-11-05-018	호응문요지	북조선민주청년동맹 개천군열성자대회에서	3	
1947-11-05-019	선거기념일 경축 연예		3	
1947-11-05-020	평양특별시 인민위원들의 사업총결보고 날자와 장소	각 구역마다 음악예술극단도 배치	3	
1947-11-05-021	강원도 련천군 현물세를 완납		3	김홍범
1947-11-05-022	일기예보		3	중앙기상대
1947-11-05-023	기쁨에 넘치는 평양의 거리 11월 3일을 마음껏 경축	춤으로 노래로 군중들은 즐긴다	3	
1947-11-05-024	내지방소식	녕변농민의 가마니경기	3	리동무
1947-11-05-025	학교증축비로 7만원 기증		3	정운성
1947-11-05-026	수확고조사에 뛰어난 성적		3	원종

기사번호	제목(title)	부제목(stitle)	면수	필자, 출처
1947-11-05-027	우리 손으로 뽑아 내세운 인민위원들의 보고를 듣는다 평남 제35선거구에서의 위원사업총결보고대회	홍기주위원의 보고를 선거자들 환영	3	달수
1947-11-05-028	로동자출신으로 당당한 위원 1년간사업을 열렬히 보고	평남 제63선거구의 정원섭위원	3	한
1947-11-05-029	쏘련의 위대한 사회주의10월혁명 30주년을 맞으며	10월혁명은 쏘련로동계급에게 무엇을 주었는가	4	통신부
1947-11-05-030	평화를 주장하는 민주력량은 무진 9개 공산당 선언서에 대한 반향	조선신문에서	4	
1947-11-05-031	쏘.이협정포기는 이란의 리익과 배치	이란의 제 신문 의회 결정 비난	4	북조선통신
1947-11-05-032	파레스티나에 대한 월레스씨의 견해		4	북조선통신
1947-11-05-033	로동신문사 사업안내		4	로동신문사사업무부
1947-11-07-001	(위대한 사회주의10월혁명 30주년기념 만세!)		1	
1947-11-07-002	쓰딸린대원수에게 드리는 메쎄지	로씨야사회주의 10월혁명 제30주년기념 북조선 평양시보고대회	1	
1947-11-07-003	쓰딸린대원수에게 축전 김일성위원장으로부터	위대한 사회주의10월혁명 30주년을 맞으면서	1	
1947-11-07-004	스베르니크의장에게 축전 김두봉의장으로부터	위대한 사회주의10월혁명 30주년을 맞으면서	1	
1947-11-07-005	위대한 사회주의 10월혁명 30주년 기념일을 맞으며		1	
1947-11-07-006	약소민족 해방의 길을 열어준 쏘련인민에게 감사를 드린다 10월혁명 30주년 기념보고대회	평양시에서	2	
1947-11-07-007	위대한 10월혁명 30주년을 맞이하면서 북조선주둔 쏘베트군대 장병들에게 드리는 북조선인민회의 축사		2	
1947-11-07-008	쏘련의 위대한 사회주의10월혁명과 조선		2	
1947-11-07-009	쏘베트정권이 근로자에 준 혜택		2	통신부
1947-11-07-010	11월 3일 선거 1주년을 맞이하면서 평양특별시 제18선거구 선거자들앞에서 진술한 연설	김두봉	3	
1947-11-07-011	김일성장군에게 드리는 메쎄지	평양특별시 제18선거구 인민위원사업총결보고대회	3	
1947-11-07-012	조국을 위하고 인민을 위한 빛나는 업적을 열렬히 찬양	김두봉선생의 사업보고를 듣는 평양 제18선거구	4	
1947-11-07-013	이미 얻은 민주성과를 더 공고히 하겠다	로동자대표 조성률씨	4	
1947-11-07-014	제국주의침략을 단호분쇄하겠다	중성리 청년대표 로진식씨	4	
1947-11-07-015	김장군주위에 굳게 뭉쳐 반드시 승리한다	녀성대표 리이라씨	4	
1947-11-07-016	인민위원회만이 적합한 정권형태이다	지식인대표 리인규씨	4	
1947-11-07-017	조선문제토의 유엔총회 정치위원회에서의 론쟁	미국대표단은 정치위원회에서 조선인민의 대표들을 초청할것을 반대한다	4	조선신문
1947-11-08-001	선진자들의 경험을 리용하여 전체 경제계획을 보장하자		1	
1947-11-08-002	10월혁명기념보고대회에서	쏘련군사령부 라구찐중장 축사	1	
1947-11-08-003	중국학생의 반파쑈투쟁 치렬	10월중 북평에서 맹휴참가 9천여명	1	북조선통신
1947-11-08-004	빈궁한 국가들에 대한 경제적원조문제 토의	유엔경제재정위원회	1	북조선통신
1947-11-08-005	국제청년절을 기념하는 의의와 우리들 청년의 각오		2	북조선중앙민청 부위원장 로민
1947-11-08-006	쏘베트애국주의의 생기를 주는 힘은 크다	『쁘라우다』지 18일부 사설	2	통신부
1947-11-08-007	40만시민의 보건을 확보 인술을 살려 인민에 복무	평양시보건부 세포원들의 추동 활발	2	학균
1947-11-08-008	현물세운반을 협조한 철도로동자 박태순동무		2	영호
1947-11-08-009	희랍에 격전 계속	민주군의 반격 주효	2	북조선통신
1947-11-08-010	영국의 시회 파시스트 활동을 반대		2	북조선통신
1947-11-08-011	민주 새 조선 건설 위한 1년간의 업적을 피력 우리 인민위원들의 사업총결보고대회	각지에서	3	중선, 기관, 한
1947-11-08-012	2백명의 대연주단으로 된 10월혁명 30주년기념 음악회	「아름다운 모쓰크바」 등 대절찬	3	
1947-11-08-013	만기현물세 완납소식	평북	3	영환
1947-11-08-014	만기현물세 완납소식	희천군 신풍면	3	서명찬
1947-11-08-015	만기현물세 완납소식	홍원군 룡원면	3	김상근
1947-11-08-016	애국미 20가마니 철원군 리강익농민이 헌납		3	홍범
1947-11-08-017	당원들 솔선 애국미 헌납	각지에서	3	정충근, 경석
1947-11-08-018	내지방소식	희천군 남면 송고지동 분4소년단 서병도동무, 정주군에서	3	최병흡, 정원
1947-11-08-019	10월의 나라		3	김상오
1947-11-08-020	각국의 10월혁명 기념		4	북조선통신
1947-11-08-021	영웅적쏘련청년에 열렬한 형제적축하	세계 각국 민청에서 메쎄지	4	북조선통신
1947-11-08-022	10월말이전의 위치로 화란군의 철퇴를 주장	인도네시아 각 정당 사회단체 안보에 서한	4	북조선통신
1947-11-08-023	쏘대외문협에 중국작가 편지		4	북조선통신
1947-11-08-024	불가리아수상 디미트로브가 청년동맹대회에 보내는 중대한 메쎄지		4	북조선통신
1947-11-08-025	상해의 국부당국 민맹관계자 검거		4	북조선통신
1947-11-08-026	남조선소식 일속 소위 '8.15폭동계획'사건	리기석씨 등 송청	4	북조선통신

기사번호	제목(title)	부제목(stitle)	면수	필자, 출처
1947-11-08-027	남조선소식 일속	민전외교부의 발표	4	북조선통신
1947-11-08-028	남조선소식 일속	남조선일대에 돈역 창궐	4	북조선통신
1947-11-08-029	남조선소식 일속 허무러져가는 인천항	30톤발동선도 난항지경	4	북조선통신
1947-11-08-030	서부쟈바를 '자치구'로 선포	화란반동파의 반동회담음모	4	북조선통신
1947-11-08-031	화란을 비호하는 3국조정위원회		4	북조선통신
1947-11-08-032	인도네시아정전회의지 신가파선정설		4	북조선통신
1947-11-08-033	루마니아와 항가리 외교관계 수립		4	북조선통신
1947-11-08-034	쏘베트경제의 새로운 승리		4	통신부
1947-11-08-035	미정부 이란수상에 도미 요청		4	북조선통신
1947-11-08-036	미국의 무기공장 애급에 설치		4	북조선통신
1947-11-08-037	웨드마이어 대중원조안		4	북조선통신
1947-11-08-038	록도의 미군철퇴를 요구	정말여론 집중	4	북조선통신
1947-11-08-039	라지오		4	
1947-11-08-040	북조선로동당 중앙위원회 기관잡지 『근로자』 제8호 발매중		4	
1947-11-11-001	위대한 사회주의10월혁명 30주년에 제하어	1947년 11월 6일 모쓰크바시쏘베트기념회의에서 진술한 브.므.몰로또브의 연설	1, 2, 4	
1947-11-11-002	유엔정치위원회에서 조선문제를 토의		1	북조선통신
1947-11-11-003	전세계 청년들과 함께 우리 청년들 의기를 선양	국제청년절기념 시위대회-평양	3	은길
1947-11-11-004	연엽초에 대한 수납가격 발표		3	
1947-11-11-005	새 조선 건설 위해 싸운 1년간의 업적을 피력 우리 인민위원들의 사업총결보고대회	각지에서	3	한, 윤모, 학균, 환, 언철
1947-11-11-006	년도계획 완수코 추가생산에 매진	각지에서	3	찬길, 윤모, 기관
1947-11-11-007	10월혁명기념연극 「그 녀자의 길」 공연		3	
1947-11-11-008	애국미 20가마니	신고산면 김정팔농민	3	리복원
1947-11-11-009	내지방소식	각지에서	3	윤한석, 정원, 현준극, 리운일, 정충근
1947-11-11-010	당원 서창춘동무 벼 두가마니 헌납	단천면 사동리에서	3	김종근
1947-11-11-011	모쓰크바에서 관병식 거행	-위대한 사회주의10월혁명 30주년 기념-	4	북조선통신
1947-11-11-012	각국의 10월혁명기념		4	북조선통신
1947-11-11-013	전 하지중장 막료 남조선실정을 폭로	미국출판물들의 보도	4	북조선통신
1947-11-11-014	몰로또브외상 주쏘정말공사와 회견		4	북조선통신
1947-11-11-015	희랍을 보루화	『쁘라우다』특파원 보도	4	북조선통신
1947-11-11-016	게릴라 진압코저 미국장교를 사용	쏘풀리스희수상 언명	4	북조선통신
1947-11-11-017	정말수상 사직		4	북조선통신
1947-11-11-018	일본군사포로수용소에서		4	통신부

기사번호	제목(title)	부제목(stitle)	면수	필자, 출처
1947-11-11-019	몰로또브외상 분란수상 초대		4	북조선통신
1947-11-12-001	쓰딸린대원수에게 드리는 편지	북조선민주청년동맹 중앙위원회 평남도 및 평양시위원회 국제청년절기념 련합대회	1	
1947-11-12-002	김일성장군에게 드리는 편지	북조선민주청년동맹 중앙위원회 평남도 및 평양시위원회 국제청년절기념 련합대회	1	
1947-11-12-003	평화를 위하여 앞으로! 청년들의 민주위력을 선양	국제청년절련합대회 성대	1	은길
1947-11-12-004	세계민주청년련맹 서기국에 보내는 전문	북조선민주청년동맹 중앙위원회 평남도 및 평양시위원회 국제청년절기념 련합대회	1	
1947-11-12-005	나에게 커다란 교훈이 되었다 농민 김영준	사회주의 10월혁명30주년 기념 회의에서의 몰로또브연설에 대한 반향	1	현석
1947-11-12-006	전체 인민들이 나갈 방향을 밝혀주었다 시민 김연식	사회주의 10월혁명30주년 기념 회의에서의 몰로또브연설에 대한 반향	1	황정삼
1947-11-12-007	미국제국주의자의 내정간섭을 절대 반대 로동자 정동무	유엔정치위원회에서의 조선문제 토의에 대한 반향	1	언철
1947-11-12-008	조선문제는 조선인자체에게 맡기라! 학생 주종순	유엔정치위원회에서의 조선문제 토의에 대한 반향	1	명덕
1947-11-12-009	쏘련공민 상해 출발		1	북조선통신
1947-11-12-010	황해도당단체들의 투쟁경험		2	북조선로동당 황해도당위원회 위원장 박훈일
1947-11-12-011	모든 난관을 극복코 년간계획량을 완수	마동세멘트공장당부 협조 적절	2	성섭
1947-11-12-012	사리원시 제1차위원회 배순빈씨를 시장으로 선출	간부진용을 정돈코 힘차게 출발	2	성섭
1947-11-12-013	농촌문화향상에 열성 당원들의 노력은 막대	서흥군 신당리 구포면 정문리 세포	2	성섭
1947-11-12-014	만경대학원 공사장에 빛나는 우리 젊은 힘을 보라!	개천 순천군 민청원들의 애국거동	3	학균
1947-11-12-015	현물세완납에 민청원 협조	정주군 곽산면에서	3	정원
1947-11-12-016	3만여석이나 증수할 대동군 림원관개공사	지난 10일 드디여 기공식 거행	3	한
1947-11-12-017	수천년전 유물 청진에서 발굴		3	준극
1947-11-12-018	교육연구회	경원군인민위원회 교육과에서	3	황진흥
1947-11-12-019	금년 또 30가마니 헌납 한 애국농민의 선봉 김제원씨		3	
1947-11-12-020	혁명자유가족 학원건축기금으로 쌀 15가마니 헌납	황해도신천군 농민들의 열성	3	기관
1947-11-12-021	룡강 김봉일외 세 농민은 7천원을		3	기관

기사번호	제목(title)	부제목(stitle)	면수	필자, 출처
1947-11-12-022	학교신축에 백미를 기증	황해도 봉산군 사인면 만화리 장흥진농민	3	성섭
1947-11-12-023	내지방소식	송림시 농민들 18가마니	3	박
1947-11-12-024	내지방소식	김영순농민이 '무'를 선물	3	홍범
1947-11-12-025	내지방소식	콩 한말씩 바친 강계의 두 농민	3	김기형
1947-11-12-026	내지방소식 흥남공장에 사과를 선물	안변군	3	홍범
1947-11-12-027	내지방소식 기특한 소년들	금화군 서면 자등인민학교 소년단원들	3	창렬
1947-11-12-028	민주건설에 빛나는 업적 인민들은 열광적으로 찬양 우리 인민들의 사업총결보고대회	평남 제6선거구 김재욱위원	3	명덕
1947-11-12-029	민주건설에 빛나는 업적 인민들은 열광적으로 찬양 우리 인민들의 사업총결 보고대회	평양 제19선거구 최승희위원	3	한
1947-11-12-030	만기현물세 완납소식 활발한 강원도	7개군이 완납	3	홍범
1947-11-12-031	만기현물세 완납소식	련천군 관인면	3	홍범
1947-11-12-032	만기현물세 완납소식	학성한동 2구	3	김원종
1947-11-12-033	만기현물세 완납소식	정주군 운흥동	3	정원
1947-11-12-034	쓰딸린대원수에게 각국 지도자로부터 축전	10월혁명 30주년에 제하여	4	북조선통신
1947-11-12-035	모택동씨와 주덕씨 축전	10월혁명 30주년에 제하여	4	북조선통신
1947-11-12-036	각국 사회단체로부터 경축메쎄지 쇄도	10월혁명 30주년에 제하여	4	북조선통신
1947-11-12-037	쏘미친선을 확신	쏘미친선인민회의에서 메쎄지	4	북조선통신
1947-11-12-038	각국의 10월혁명기념		4	북조선통신
1947-11-12-039	포로본국송환문제 토의	대일련합리사회에서	4	북조선통신
1947-11-12-040	상해의 3륜차차부 파업		4	북조선통신
1947-11-12-041	안보와 3국위원회에 항의	인도네시아인민들 시위	4	북조선통신
1947-11-12-042	유엔제2차총회(상)		4	신문부
1947-11-12-043	비루마수상 피습		4	북조선통신
1947-11-12-044	『오지리인민의 소리』지 보도		4	북조선통신
1947-11-12-045	민주동맹탄압을 교수들 반대		4	북조선통신
1947-11-12-046	파란쁘.쓰.르당에서 변절자 숙청		4	북조선통신
1947-11-12-047	로동통일당의 결성대회 금지		4	북조선통신
1947-11-12-048	라지오		4	
1947-11-13-001	유엔정치위원회에서 채택된 조선문제에 대한 미국의 제안을 반대한다		1	
1947-11-13-002	쏘련을 위시한 세계민주력량과의 공고한 친선만이 조선인민의 자주독립을 보장한다	북조선 각 정당에서 몰로또브 연설을 환영	1	북조선로동당 선전선동부장 김창만
1947-11-13-003	반동파들의 정치적생명연장책인 시국대책요강 반대	남로당대변인 담화 발표	1	북조선통신
1947-11-13-004	인민은 정복되지 않는다 원자탄비밀은 없어졌다	북조선 각정당에서 모로또브연설을 환영	1	북조선민주당 조직부장 유주용
1947-11-13-005	세계평화를 위하여 투쟁하는 쏘련에 감사	북조선 각 정당에서 몰로또브 연설을 환영	1	청우당 선전부장 백치학
1947-11-13-006	쏘련의 건설을 본받아 우리의 전힘을 바치자	북조선 각 정당에서 몰로또브 연설을 환영	1	시민 백연남
1947-11-13-007	자주독립건설에 귀한 영양소이다	배우 김근식	1	중선
1947-11-13-008	미국제국주의자들은 조선독립을 방해한다	사무원 김상억	1	한
1947-11-13-009	조선인민은 딸라정책에 결코 매수되지 않는다	기독교인 박건수	1	선
1947-11-13-010	동기수송의 완벽을 위해 이렇게 조직실천하였다	양덕기관구당단체의 투쟁경험	2	명덕
1947-11-13-011	혁명자유가족원호와 기타 사회사업강화 결정	평양시당 제68차 상무위원회	2	학균
1947-11-13-012	불철주야 인민과 함께 공장복구에 헌신 노력	강원도 문천군인민위원장 김병팔동지	2	홍범
1947-11-13-013	개간공사로 증산 확보코 인민속에 당위신을 제고	강원도 연천군인민위원장 박은석동지	2	홍범
1947-11-13-014	농민들의 단합된 력량 현물세납부에도 발휘	초리면 칠골세포원들의 선진역할	2	학균
1947-11-13-015	당원들 주동으로 되는 애국미 12가마니	함남 영흥군 억기면 덕상리 조상형동무	2	정삼
1947-11-13-016	당생활단신 추경에 선봉 최성용동무	봉산군 영천면 수역리	2	성섭
1947-11-13-017	당생활단신 지성으로 원호 혁명자유가족	평양시 상흥리	2	칠봉
1947-11-13-018	발아리반동파들 범죄적사실 인정		2	북조선통신
1947-11-13-019	쏘련의 로동계급(상)		2	신문부
1947-11-13-020	국제평화의 초소에 선 직맹의 당면과업 강조	신의주제지공장 직장총회에서 최경덕위원장 보고	3	영환
1947-11-13-021	10월혁명을 기념하는 각지 인민들		3	영환, 성섭
1947-11-13-022	평양주변 농민 애국미 헌납		3	학균
1947-11-13-023	김일성위원장에게 보내온 뜨거운 맹세	동북지방 신문관계자회의에서	3	
1947-11-13-024	벼 280가마니를 거출 만경대학원 신축공사에	재령	3	성섭
1947-11-13-025	수도건설사업의 빛나는 업적 찬양 평양 제1선거구 김홍기위원	우리가 뽑은 대표의 사업보고	3	
1947-11-13-026	인민의 충복으로 바친 열성을 칭찬 함북 제4선거구 장순명위원	우리가 뽑은 대표의 사업보고	3	

기사번호	제목(title)	부제목(stitle)	면수	필자, 출처
1947-11-13-027	인민위원회만이 인민의 정권형태 평양 14선거구 박근모위원	우리가 뽑은 대표의 사업보고	3	한
1947-11-13-028	조국애에 불타는 증산성과를 환영 신의주 제1선거구 정달현위원	우리가 뽑은 대표의 사업보고	3	
1947-11-13-029	톤넬복구공사에 또하나 승리의 기록	함북 라적톤넬과 생기령톤넬복구에서	3	한
1947-11-13-030	납세에 모범	양구군에서	3	손경호
1947-11-13-031	넓은 양초밭이 비옥한 옥토로	함북 두만강류역의 구룡평개답공사	3	한정섭
1947-11-13-032	축구 롱구 럭비 선수권대회 대성황리에 폐막	청진시	3	준극
1947-11-13-033	퇴비증산의 신기록 440% 초과한 조영섭농민	강원도 평강군 세포면 세포리에서	3	홍범
1947-11-13-034	북조선민주당의 결당 2주년 기념보고대회		3	
1947-11-13-035	강동군 인민들 현물세 총결		3	
1947-11-13-036	전북조선철도일군들 포금동회수운동 전개		3	언철
1947-11-13-037	속기법을 배우자!	우리말속기연구생 모집	3	
1947-11-13-038	리만영동무는 쌀로 여섯말	봉산군 쌍상면 요강리에서	3	성섭
1947-11-13-039	승리의 개가 올린 우리 어업일군들	북조선수산사업소 남포사업소에서	3	
1947-11-13-040	당원들 선두에서 추경실시에 모범	철원군 농민들	3	김창윤
1947-11-13-041	내지방소식	벼현물세를 금천군 완납	3	정운성
1947-11-13-042	내지방소식	어랑중학생들 만경대학원에 고마운 기증	3	준극
1947-11-13-043	일기예보		3	중앙기상대
1947-11-13-044	쏘베트대표단이 발기한 전쟁상인반대제 대책결의안 통과	11월 3일 유엔총회본회의에서	4	북조선통신
1947-11-13-045	북평학생 맹휴 단행		4	북조선통신
1947-11-13-046	원자탄의 비밀은 존재치 않는다는 몰로또브보고에 대한 각국의 반향		4	북조선통신
1947-11-13-047	불가리아에 기뢰 락하	희랍왕당파군의 소위	4	북조선통신
1947-11-13-048	상승하는 파란생산		4	북조선통신
1947-11-13-049	북평의 중소학교 수업 중지		4	북조선통신
1947-11-13-050	인도네시아 7천만 인민들 완전독립을 위한 투쟁 계속	공화국대통령 스카르노씨 성명	4	북조선통신
1947-11-13-051	주미불가리아공사 결정		4	북조선통신
1947-11-13-052	미국이 서부독일에 단독정부 수립?		4	북조선통신
1947-11-13-053	운.라 중국에 어업권독점을 기도		4	북조선통신
1947-11-13-054	유엔 제2차총회(하)		4	신문부
1947-11-13-055	륜돈으로부터 나오는 가증한 음조		4	통신부
1947-11-13-056	북조선로동당 중앙위원회 기관잡지 『근로자』 제8호 발매중		4	

기사번호	제목(title)	부제목(stitle)	면수	필자, 출처
1947-11-14-001	몰로또브연설은 조선인민들에게 새로운 용기를 도두어 준다		1	
1947-11-14-002	유엔정치위원회에서의 조선에 관한 미국제안의 정체		1	북조선통신
1947-11-14-003	추경에 분망	삭주면 금오동 농민들	1	김원식
1947-11-14-004	유엔의 가면을 쓰고 조선을 예속화하려는 미국의 음모를 반대 북조선로동당 선전선동부장 김창만	유엔정치위원회의 조선문제결의를 반대	1	
1947-11-14-005	9개국감시란 언어도단 청우당선전부장 백치학	유엔정치위원회의 조선문제결의를 반대	1	
1947-11-14-006	조선대표의 참가도 없이 조선문제토의는 절대 불가 북조선민주당 조직부장 유주용	유엔정치위원회의 조선문제결의를 반대	1	
1947-11-14-007	파괴된 공장을 복구하면서 년간계획 완수의 승리 획득	승호리세멘트 당원들은 이렇게 싸웠다	2	명덕
1947-11-14-008	정치교양과 기술향상 사업을 모범적으로 진행	철원기관구세포의 모범활동	2	홍범
1947-11-14-009	만기현물세 선납에 개가	서흥군당단체 협조 적절	2	정섭
1947-11-14-010	윤병원동무 애국지성	영흥군 고령면 중흥리에서	2	경석
1947-11-14-011	농촌문화향상 위해 이렇게 투쟁하였다	면곡리세포원들의 민청 녀맹 협조 열렬	2	리태옥
1947-11-14-012	래년의 증산을 목표코 관개공사에 력량 발휘	초와면 당원들의 추동 활발	2	성섭
1947-11-14-013	순국한 남편의 뜻이어 조국건설에 헌신 감투 박기렬동무의 애국미거	애국투사 리혁진의 부인	2	계실
1947-11-14-014	이태리반동경찰 10월혁명경축대회를 해산		2	북조선통신
1947-11-14-015	'반공히스테리'를 미국인민에게 경고	-감독종교회의 결의서-	2	북조선통신
1947-11-14-016	쏘련의 로동계급(하)		2	신문부
1947-11-14-017	평양기구제작소에 핀 서로 돕는 건국열	동지애로 맺는 로동자들	3	기관
1947-11-14-018	만경대학원 공사에 중화군민청도 출동		3	찬길
1947-11-14-019	쏘베트국가30년 기념전람회	조쏘문화협회상설전람회관에서	3	찬길
1947-11-14-020	하천개수에 군민들 분투	황해도 은률군의 한일천정리공사	3	김인곤
1947-11-14-021	추경 103% 실시 강동군 농민의 열성적 작업	다시 고공품생산 등에 총궐기	3	김
1947-11-14-022	건설하며 자라는 내고향 농촌자랑	함남도 정평군 광덕면 원상리 김영훈씨 담	3	한샘
1947-11-14-023	만경대학원에 벼 97가마니	안주군 농민들의 열성	3	명덕
1947-11-14-024	고철회수 활발	평양특별시에서	3	한
1947-11-14-025	만기현물세완납소식	13개 시 군이 완납된 평남도	3	김
1947-11-14-026	만기현물세완납소식	황해도에서는 5개군이 완납	3	성섭

기사번호	제목(title)	부제목(stitle)	면수	필자, 출처
1947-11-14-027	만기현물세완납소식	도내 1착으로 정평군이 완납	3	리계실
1947-11-14-028	만기현물세완납소식 현물세완납에 세 농민이 솔선	하우면 명천리에서	3	김하훈
1947-11-14-029	만기현물세완납소식 군내 1착으로 봉산 군이 완납	위원군에서	3	정성린
1947-11-14-030	만기현물세완납소식	영흥군 진흥리	3	
1947-11-14-031	평양거리에 이동소독차		3	한
1947-11-14-032	이달의 문학예술연구회		3	
1947-11-14-033	내지방소식 소년들의 미거	단천초급중학교에서	3	서득창
1947-11-14-034	내지방소식 김영진농민 1만원 기증	봉산군 동면 은파리에서	3	성섭
1947-11-14-035	내지방소식 사무원 자진 시간외작업	원산철도공장 사무원들	3	인
1947-11-14-036	일기예보		3	
1947-11-14-037	우리 인민위원들의 사업보고	평양 제37구 원철위원	3	한
1947-11-14-038	우리 인민위원들의 사업보고	평양28선거구 오현숙위원	3	한
1947-11-14-039	우리 인민위원들의 사업보고	평양 제21구 김윤걸위원	3	한
1947-11-14-040	우리 인민위원들의 사업보고	평양 제29구 박량신위원	3	한
1947-11-14-041	너도 나도 애국미 내는 강원도 농민들의 열성		3	홍범
1947-11-14-042	안변군 농민들은 324가마니 헌납		3	김만선
1947-11-14-043	최후까지 평화 위해 분투한다는 몰로또 브보고에 대한 각국 반향		4	북조선통신
1947-11-14-044	미국이 대만을 분리 미국독점화를 기도	소위 '독립운동'의 리면	4	북조선통신
1947-11-14-045	10월혁명축전에 참가한 각국 대표단원들 의 감상	파란대표단 단원 옌드리호브쓰 키씨 담	4	통신부
1947-11-14-046	10월혁명축전에 참가한 각국 대표단원들 의 감상	'분란-쏘련'협회 총비서 카보넨 씨 담	4	통신부
1947-11-14-047	쏘련 전후 5개년계획의 위력		4	통신부
1947-11-14-048	폭로된 화란군의 범행	마캇싸르의 주민학살사건	4	북조선통신
1947-11-14-049	중국에 대한 무기수출 반대	카나다에서 군중대회	4	북조선통신
1947-11-14-050	화란진보적전문가협회 창설		4	북조선통신
1947-11-15-001	농촌의 동기문화사업을 강화하자		1	
1947-11-15-002	전진하라! 용감히 전진하라! 정의와 진 리는 우리의것이다	남조선로동당 인민에게 호소	1	
1947-11-15-003	미국침략정책에 인민은 속지 않는다	유엔정치위원회의 조선문제에 대한 각 사회단체의 반향	1	북조선농맹위원 장 강진건
1947-11-15-004	기만의 탈을 쓴 유엔을 바로 알자	유엔정치위원회의 조선문제에 대한 각 사회단체의 반향	1	북조선직총위원 장 대리 양영순
1947-11-15-005	쏘련의 주장대로 실천해야 한다	유엔정치위원회의 조선문제에 대한 각 사회단체의 반향	1	북조선녀맹부위 원장 김은주
1947-11-15-006	평양특별시의 휴양소입소자		1	한
1947-11-15-007	쏘련만이 자주독립의 진정한 원조자 이다	몰로또브연설에 대한 북조선사 회단체의 반향	1	직총위원장 최경덕

기사번호	제목(title)	부제목(stitle)	면수	필자, 출처
1947-11-15-008	완전독립실현의 신념을 굳게 한다	몰로또브연설에 대한 북조선사 회단체의 반향	1	북조선농맹위원 장 강진건
1947-11-15-009	연설을 지표로 반동파와 싸우자	몰로또브연설에 대한 북조선사 회단체의 반향	1	북조선녀맹부위 원장 김은주
1947-11-15-010	평화를 쌓기 위한 전선에 총궐기하자	몰로또브연설에 대한 북조선사 회단체의 반향	1	민청중앙위원회 부위원장 로민
1947-11-15-011	전조선청년에게 호소	10일 국제청년절 기념대회에서	2	
1947-11-15-012	학생들의 규률을 강화 당성을 높여 학업 에 전력	신의주경제전문학교 세포 추동 력 강력	2	영환
1947-11-15-013	인민학교신축공사에 헌신적으로 노력하 는 당원 김상규동무	평북 정주군 미산면에서	2	정원
1947-11-15-014	교양사업을 적극 강화 로동능률 향상에 공헌	곡산 중석광산세포 모범작용	2	신언
1947-11-15-015	인도네시아청년들 국제청년절 기념	자유를 위한 싸움속에서	2	북조선통신
1947-11-15-016	불법 해고와 검거에 항의	전평철도조에서	2	북조선통신
1947-11-15-017	쏘베트국가는 공황과 실업이 없이 발전 하고있다		2	통신부
1947-11-15-018	강동군이 제일 먼저 추경완수에 개가!	영예로운 추경완수열성자대회	3	본사특파원 김윤조
1947-11-15-019	석왕사면 농민들 애국미 30가마니	리현록농민은 혼자서 9가마니 헌납	3	홍범
1947-11-15-020	인민들의 힘으로 커지는 우리의 자랑 김 일성대학	김종원농민은 귀중한 신문을 기증	3	선
1947-11-15-021	평양시농산부 우량종곡 확보		3	한
1947-11-15-022	현물세완납코 애국미를 헌납	벽동면 하서동 민청원들	3	리달환
1947-11-15-023	하천제방공사	함북도에서	3	현준극
1947-11-15-024	격려의 쌀로 맺는 로.농의 굳은 악수	황주, 흥남에서	3	경석
1947-11-15-025	민주북조선 따뜻한 품에서 고아들은 행 복되게 자란다	각 애육원들	3	현석, 준극, 경석
1947-11-15-026	새 조선 건설에 빛나는 업적 열광적으로 인민들은 찬양	인민위원들의 사업총결보고대회	3	현준극, 성섭
1947-11-15-027	1천원 기금	옥천면 장농동 벽비부락농민 김차중씨	3	정원
1947-11-15-028	민주선거를 기념 백미와 돈을 헌납	봉산군 사인면 만화리 농민들	3	성섭
1947-11-15-029	의학전문학교 건설에 기부금	원산의학전문에서	3	홍범
1947-11-15-030	일기예보		3	북조선 중앙기상대
1947-11-15-031	연마제조기술자 모집		3	국영 남포화학공장
1947-11-15-032	원자탄의 비밀은 존재치 않는다는 몰로 또브 보고에 대한 각국의 반향		4	북조선통신
1947-11-15-033	몰로또브씨 연설에 국제반동진영 당황		4	북조선통신

기사번호	제목(title)	부제목(stitle)	면수	필자, 출처
1947-11-15-034	16개 서구제국에 대한 미국의 침략의도 로골	대외국 원조문제위원회 보고	4	북조선통신
1947-11-15-035	원자무기사용의 전범성 지적	이태리작가들 선언	4	북조선통신
1947-11-15-036	그린랜드에 대한 미국팽창의 마수		4	통신부
1947-11-15-037	쏘련외상 분란정부대표 초대		4	북조선통신
1947-11-15-038	미의 사촉으로 분할안에 찬성	태도 돌변한 슈마헬	4	북조선통신
1947-11-15-039	루마니아련맹 제2차대회		4	북조선통신
1947-11-15-040	로마의 캐스로동자 파업	로동조건 개선을 요구하여	4	북조선통신
1947-11-15-041	마샬안의 정체를 확인한 외국원조위원회 콤뮤니케	『이브라나 리두』지 론평	4	북조선통신
1947-11-15-042	국립예술극단의 10월혁명 30주년 기념공연에 대하여		4	현석
1947-11-16-001	당간부양성에 대하여		1	
1947-11-16-002	'투표기계'를 리용하여 림시위원회안 통과	6일 유엔정치위원회	1	북조선통신
1947-11-16-003	유엔정치위원회의 조선문제에 대한 사회단체의 반향	조선문제에 대한 결의는 필경 사산아가 될것이다	1	북조선민청부위원장 로민
1947-11-16-004	반동경찰의 새로운 날조	소위 '8.15폭동'관계자 류영준녀사 등 대량 송국	1	북조선통신
1947-11-16-005	11월 17일 국제대학생절을 의의깊게 맞이하자	북조선중앙민청학생부	2	
1947-11-16-006	쏘련의 인민교육		2	통신부
1947-11-16-007	대중무기수출 반대	캐나다 운수로조 성명	2	북조선통신
1947-11-16-008	반일투쟁에서 굳어진 의지 전정력을 경주 인민교육에	함북도 교육부장 리학수동지	2	현준극
1947-11-16-009	남편의 혁명투지를 계승 녀맹을 추동, 건국에 헌신	청진시인민위원 최춘집동지	2	현준극
1947-11-16-010	만경대학원에 바치는 농민들의 지극한 정성	각지에서	2	리시원, 염재학
1947-11-16-011	11월 17일 국제대학생절 민주의 힘 선양하자		3	
1947-11-16-012	약품배급소를 평양시에 신설	평양특별시 인민위원회 보건부에서	3	한
1947-11-16-013	강원도의 현물세 일시 11군 완납	-전도완납에로 매진한다-	3	홍범
1947-11-16-014	년간계획을 완수코 추가생산에로 매진	국영 문천탄광	3	홍범
1947-11-16-015	평양시민의 열성으로 락랑공사는 진행된다	중구는 벌써 책임량 50% 달성	3	한
1947-11-16-016	평남도의 면화수매사업 개시		3	김
1947-11-16-017	한글철자법통일에 대한 사계의 권위들 의견교환	조선어문연구 좌담회	3	중선
1947-11-16-018	사리원 방직모직부 금년도계획량 완수		3	성섭
1947-11-16-019	학용품 증산	평양시내 평남연필공장 및 북성연필공장에서	3	한

기사번호	제목(title)	부제목(stitle)	면수	필자, 출처
1947-11-16-020	양양군의 각 면 현물세 완납		3	정충근
1947-11-16-021	제2수원지의 수도수리 완수		3	한
1947-11-16-022	강계에 세워질 공설운동장		3	박철
1947-11-16-023	10월혁명기념행사 성대히 거행	-함북 청진시에서-	3	준극
1947-11-16-024	중학교 건축비로 벼 10가마니 헌납	강원도 련천군 전곡면 서용순 농민	3	홍범
1947-11-16-025	애국미 11가마니	강원도 인제군 상도리농민들	3	홍범
1947-11-16-026	각지의 국제청년절 기념 남조선청년들을 성원하자!	정주, 사리원, 함흥, 신의주, 청진에서	3	정원, 성섭, 경석, 준극, 영환
1947-11-16-027	날로 증식되는 함북 축산계획량 초과증식에 매진		3	준극
1947-11-16-028	인민극장 신축		3	풍녑
1947-11-16-029	일기예보		3	
1947-11-16-030	미국차관대 반대	반동파의 기도를 이란제지 론난	4	북조선통신
1947-11-16-031	영국에 전시로동통제 부활		4	북조선통신
1947-11-16-032	국민정부의 무력을 장탄 로골적인 무력간섭을 시인	마샬안 미국내에 반대론비 등	4	북조선통신
1947-11-16-033	평화옹호의 기치를 들고 파리시민 시위행렬	제1차대전 종전기념일에	4	북조선통신
1947-11-16-034	모쓰크바 붉은광장의 열병식과 시위		4	통신부
1947-11-16-035	중국인민해방군 석가장시에 돌입		4	북조선통신
1947-11-16-036	사회주의와 민주주의는 무적	『신시대』지의 론평-	4	북조선통신
1947-11-16-037	가스로동자 파업 확대	이태리	4	북조선통신
1947-11-16-038	미국의 대일대중정책		4	동북일보
1947-11-16-039	라지오		4	
1947-11-16-040	극장		4	
1947-11-18-001	관개공사를 적극 추진시키자		1	
1947-11-18-002	반동의 기만과 탄압을 격파하자 승리는 우리의것이다	남조선민전 전체 인민에게 호소	1	북조선통신
1947-11-18-003	약소민족에게 장차 승리에 대한 확고한 신념을 준다 평양 고급중학교장 리학	몰로또브씨 연설에 대한 반향	1	정삼
1947-11-18-004	우리에게 필승의 신념과 고귀한 교훈을 준다 로동자 허태준	몰로또브씨 연설에 대한 반향	1	김
1947-11-18-005	쏘련과 친선을 강화하여 침략자들과 투쟁하자 신의주제지로동자 황봉엽	몰로또브씨 연설에 대한 반향	1	영환
1947-11-18-006	유엔결정은 조선을 다시 식민지화하려는것이다 평양녀자고급중학교 학생들	조선문제에 관한 유엔결정에 대한 반향	1	
1947-11-18-007	제국주의자들의 음모에 속지 않는다 녀사무원 유복순	조선문제에 관한 유엔결정에 대한 반향	1	한
1947-11-18-008	문맹퇴치에 관한 북조선인민위원회 결정		1	
1947-11-18-009	지방행정구역 일부 변경		1	

기사번호	제목(title)	부제목(stitle)	면수	필자, 출처
1947-11-18-010	남조선의 추곡수집방법 부당	6일 전농 담화 발표	1	
1947-11-18-011	회령군 농민들 현물세 완납		1	신철
1947-11-18-012	포수광산도 년간계획을 완수		1	박태환
1947-11-18-013	안식과 건강을 위하여 모든 힘을 휴양자에게	양덕사회보험휴양소세포 추동	2	명덕
1947-11-18-014	성진철도당부 제4차위원회		2	렴재학
1947-11-18-015	공장시설을 확장하면서 년도계획을 승리로 보장	순안주관세포의 협조 주효	2	황정삼
1947-11-18-016	미국반동의 공세를 반대하는 투쟁		2	통신부
1947-11-18-017	기계애호와 창의성 발휘 원가 저하코 계획 달성	회령제지 당원들의 주동적감투	2	심철
1947-11-18-018	인민의 행복을 위하여 불면불휴의 힘을 경주	의주군인민위원장 채룡성동지	2	영환
1947-11-18-019	반일투사로 해방후 출옥 제방 쌓고 벼 7천석 확보	철산군인민위원장 김원태동지	2	영환
1947-11-18-020	배만드는 곡재채취에 장전면 당원들 적극 동원		2	최치목
1947-11-18-021	명천군 남면의 관개수리공사		2	김하효
1947-11-18-022	문맹퇴치선구 북사리세포원		2	김상욱
1947-11-18-023	중국에 돈을 보내는것은 쥐구멍에 넣는것과 같다	월레스씨 대중원조안 론난	2	북조선통신
1947-11-18-024	반역자에 대한 처단은 정당	루마니아	2	북조선통신
1947-11-18-025	조직후 2년이 지난 오늘 녀맹은 이렇게 장성됐다		3	은길
1947-11-18-026	조직적사업으로 녀성교양에 진력	평북 정주군 녀맹조직부장 윤경애씨	3	정원
1947-11-18-027	밤낮을 불문하고 오직 사업에 헌신	청진방직공장 최정목씨	3	현준극
1947-11-18-028	농촌계몽에 열성	청진시 강덕리 박주옥씨	3	현준극
1947-11-18-029	만기현물세 완납	강원도와 평남도에 개가	3	명덕, 김
1947-11-18-030	다같이 향토건설에로 날로 높아가는 이 열성	락랑공사에 앞을 다투어 나서는 평양시민	3	
1947-11-18-031	탈곡기의 전기화로 5배의 능률을 제고		3	언철
1947-11-18-032	직맹선거사업은 활발히 진행된다		3	언철
1947-11-18-033	일기예보		3	
1947-11-18-034	고아들을 위하여 금품을 기업가와 상인들이 기부		3	찬길
1947-11-18-035	새로운 감격과 결의로 인민은 보고를 듣는다	각지 인민위원들의 사업총결보고대회	3	한능도, 특파원 김윤모
1947-11-18-036	유엔가맹청원국가 승인문제를 토의	유엔정치위원회에서	4	북조선통신
1947-11-18-037	강제이주민문제토의 종결	유엔사회인도문화위원회	4	북조선통신
1947-11-18-038	박애의 가면을 쓰고		4	통신부
1947-11-18-039	알바니아의 산업 전전수준 돌파		4	북조선통신

기사번호	제목(title)	부제목(stitle)	면수	필자, 출처
1947-11-18-040	동경과 경도서 로동자 시위	혁명가를 부르며	4	북조선통신
1947-11-18-041	주쏘정말공사 신임장 전달		4	북조선통신
1947-11-18-042	주쏘영국대사관부무관 힐뜬장군의 괴행		4	통신부
1947-11-18-043	극장		4	
1947-11-19-001	북조선인민회의 제3차회의 회순		1	
1947-11-19-002	조선림시헌법제정준비에 대한 김두봉의 장의 보고를 전적 지지	북조선인민회의 제3차회의 개막(제1일)	1	북조선통신
1947-11-19-003	조선림시헌법준비에 관한 보고	북조선인민회의 상임의원회 의장 김두봉	1, 2, 3	
1947-11-19-004	우리는 정의와 평화를 사랑한다 전쟁방화자를 타도하자!	국제대학생절기념 김대 교대 민청련함보고대회	3	찬길
1947-11-19-005	김일성장군에게 드리는 편지	평양시 국제대학생절기념 북조선 김일성대학 평양교원대학 민청련함보고대회	3	
1947-11-19-006	국제대학생련맹에 보내는 편지	북조선 평양시 국제청년절기념 북조선 김일성대학 평양교원대학 민청련합보고대회	3	
1947-11-19-007	인민위원사업 총결보고		3	김, 한
1947-11-19-008	안보비고정위원으로 우크라이나 당선	13일 유엔총회 본회의에서	4	북조선통신
1947-11-19-009	프랑코정권문제 토의	유엔정치위원회에서	4	북조선통신
1947-11-19-010	쏘련은 평화의 성벽		4	통신부
1947-11-19-011	수개 공산당보도국기관지 출현	『견고한 평화와 인민의 민주주의를 위하여』	4	북조선통신
1947-11-19-012	민주진영의 공고를 고창	파란사회당 총비서 연설	4	북조선통신
1947-11-19-013	데가스페리정부 반대하는 인민항쟁 전국에 파급		4	북조선통신
1947-11-19-014	백이의 관헌 쏘련공민의 귀환을 반대		4	북조선통신
1947-11-19-015	겜부리지대학생들 쏘련학생에 메쎄지		4	북조선통신
1947-11-19-016	라지오		4	
1947-11-19-017	연마제조기술자 모집		4	
1947-11-20-001	전조선을 통하여 실시될 조선림시헌법 제정위원회 조직	북조선인민회의 제3차회의(제2일 오전회의)	1	북조선통신
1947-11-20-002	결정서	북조선인민회의 제3차회의에서	1	
1947-11-20-003	조선림시헌법제정위원회 위원		1	
1947-11-20-004	조선림시헌법 제정의 필요성		1	
1947-11-20-005	북조선인민회의 제3차회의 첫날		1	현적
1947-11-20-006	조선통일정부헌법의 모체로서 조선림시헌법을 준비하여야 한다 주녕하대의원(토론요지)	북조선인민회의 제3차회의에서	2	
1947-11-20-007	민주주의통일정부수립의 기반 김달현대의원(토론요지)	북조선인민회의 제3차회의에서	2	

기사번호	제목(title)	부제목(stitle)	면수	필자, 출처
1947-11-20-008	남조선에서 제정하는 반동적헌법의 정체를 폭로하자 최용건대의원(토론요지)	북조선인민회의 제3차회의에서	2	
1947-11-20-009	전조선의 민주화를 위하여 조선림시헌법을 제정한다 김책대의원(토론요지)	북조선인민회의 제3차회의에서	2	
1947-11-20-010	조선인민의 자유와 독립과 행복과 승리의 기치 김창만대의원(토론요지)	북조선인민회의 제3차회의에서	2	
1947-11-20-011	인도네시아 정세 악화	영미의 성의없는 조정으로	2	북조선통신
1947-11-20-012	쎄레베스도에 테로정권수립		2	북조선통신
1947-11-20-013	6천여평의 땅을 논으로 개간했다	석왕사 이화촌 농민들의 힘으로	3	홍범
1947-11-20-014	국제국내반동파들에게 견결한 투쟁을 전개하자	평양시 녀맹창립 2주년기념대회	3	
1947-11-20-015	저금의 간편을 위해 저금관리소를 설치		3	
1947-11-20-016	복구하며 생산하는 강선제강소의 분투		3	언철
1947-11-20-017	농촌경리발전을 위하여 농민은행은 이바지한다	강원도	3	홍범
1947-11-20-018	만경대학원신축에 로동자 농민들 열성	신축기금으로 돈과 쌀을 기부	3	찬길
1947-11-20-019	애국미 12가마니	철원군 동송면 오덕리 농민들	3	홍범
1947-11-20-020	조쏘녀성의 친선좌담회		3	경석
1947-11-20-021	추파맥류 파종상황		3	
1947-11-20-022	인민도서관 재령에 신설		3	신
1947-11-20-023	조양탄광도 운탄계획량 달성		3	윤모
1947-11-20-024	인민위원사업총결보고		3	한, 윤모, 증선, 김
1947-11-20-025	옥수수 3가마니 김례한농민이 헌납		3	한
1947-11-20-026	내 지방소식	각지에서	3	선우수, 윤병우, 충근
1947-11-20-027	일기예보		3	북조선 중앙기상대
1947-11-20-028	근로자대의원 쏘베트에 쓰딸린대원수 립후보	쏘련지방쏘베트선거준비 진행	4	북조선통신
1947-11-20-029	소위 ‘중간위원회’조직문제로 토론 전개	14일 유엔총회 본회의	4	북조선통신
1947-11-20-030	팔레스티나문제에 관한 공동제안을 찬성	유엔팔레스티나 특별위원회	4	북조선통신
1947-11-20-031	프랑코규탄을 재확인	유엔정치위원회에서	4	북조선통신
1947-11-20-032	인민항쟁치렬 씨실리도에까지 파급	이태리	4	북조선통신
1947-11-20-033	루마니아의 로동계급 장성		4	북조선통신
1947-11-20-034	이란외정은 미국간섭 초래		4	북조선통신
1947-11-20-035	국부관하의 식량사정 곤난		4	북조선통신
1947-11-20-036	쏘련의 제 공장 년간계획 달성		4	북조선통신
1947-11-20-037	희랍민주군을 인민들 후원		4	북조선통신
1947-11-21-001	조선법전 초안작성위원회 조직 기타 중대사항을 결정승인	북조선인민회의 제3차회의 폐막 (제2일 오후회의)	1	북조선통신
1947-11-21-002	결정서	북조선인민회의 제3차회의에서	1	
1947-11-21-003	조선법전 초안작성위원회 위원		1	
1947-11-21-004	북조선인민회의 제2차회의와 제3차회의 간에 북조선인민위원회에서 채택한 법령승인에 관하여		1	
1947-11-21-005	북조선인민회의 제2차회의와 제3차회의 간에 채택한 북조선인민회의 상임의원회 결정승인에 관하여		1	
1947-11-21-006	북조선최고재판소 재판원(판사) 증원에 관하여		1	
1947-11-21-007	북조선최고재판소 성원 재판원(판사)증원선거에 관하여		1	
1947-11-21-008	조선법전초안작성위원회 조직에 관한 보고	북조선인민위원회 사법국장 최용달	1, 2	
1947-11-21-009	해방된 농민들은 자기의 국가적임무를 완수하고있다		1	
1947-11-21-010	초안작성을 위임 상임서기장에 김택영 씨피선	조선림시헌법제정위원회 제1차회의	2	현석
1947-11-21-011	조선법전초안작성위원회 제1차회의		2	현석
1947-11-21-012	림산업발전에 대하여		2	무헌
1947-11-21-013	탈주자 김바루나부스의 중상적음모		2	북조선통신
1947-11-21-014	불란서에도 파업	마루세유항 비상상태	2	북조선통신
1947-11-21-015	청년들은 웨친다	‘유엔’의 탈 쓴 흉악한 책동 우리들은 절대 반대한다!	3	찬길
1947-11-21-016	강동군 원탄면 각종세금완납		3	정삼
1947-11-21-017	3천여석 증수할 관개공사를 시작	강원도 인제군 농민들의 열성	3	홍범
1947-11-21-018	궐기의 마크 빛나는 ‘승리의 기발’운동 총결	교대민청	3	찬길
1947-11-21-019	궐기기간중에 쌓아올린 교대민청의 빛나는 성과		3	찬길
1947-11-21-020	성흥광산에서도 계획량 초과완수		3	학균
1947-11-21-021	20만키로 무사고주행 돌파 다시 40만키로에	-청진철도기관구-	3	한
1947-11-21-022	인민위원사업 총결보고		3	영환, 홍범, 윤모
1947-11-21-023	사리원 10월혁명기념전람		3	섭
1947-11-21-024	신창탄광도 년도계획을 완수		3	언철
1947-11-21-025	소년들의 미거	성진시 제1인민학교에서	3	마우룡
1947-11-21-026	승호세멘트 년도계획량 완수		3	윤모
1947-11-21-027	기독교인들 학원에 기부		3	찬길
1947-11-21-028	애국로동임금 만경대학원에	남포제련소 애투회원들	3	찬길
1947-11-21-029	북조선인민회의 제3차회의 둘째날		3	

기사번호	제목(title)	부제목(stitle)	면수	필자, 출처
1947-11-21-030	김대철도부설공사 예정보다 빨리 진행	서구시민들의 열성적협조로	3	한
1947-11-21-031	안보에 대신할 '중간위원회' 설치안을 가결	유엔총회 전원회의	4	북조선통신
1947-11-21-032	국내외정세에 대한 이공산당총비서 보고		4	북조선통신
1947-11-21-033	루마니아로동당결성 예정		4	북조선통신
1947-11-21-034	남아의 인종차별문제로 치렬한 토론 전개	유엔정치위원회에서	4	북조선통신
1947-11-22-001	통일적 민주주의법전 제정의 필요성		1	
1947-11-22-002	조선림시헌법제정에 대한 반향		1	증선, 김, 림, 언철, 한
1947-11-22-003	면화와 량곡 평양시 수매	평양특별시 제29차상무위원회에서	1	한
1947-11-22-004	유엔의 조선문제결정반대	남조선민전중앙위원회 담화 발표	1	북조선통신
1947-11-22-005	국제재판소권한문제 토의	유엔총회 본회의에서	1	북조선통신
1947-11-22-006	우리는 민주독립국가를 건설할수 있는 이런 지도자를 가지고있다	조국해방과 민주건설을 위하여 투쟁하는 조선인민이 경애하는 지도자 김책선생	2	
1947-11-22-007	성인학교, 회관 등 신축계획은 반드시 실천했다	중강면안돌이 제1, 2세포 모범	2	영락
1947-11-22-008	남조선근로인민당내 변절자 및 파벌분자들의 매국적기도와 반인민적죄악을 규탄함	남조선근로인민당내	2	
1947-11-22-009	상급지시수행 현물세를 완납	정주면 덕산동세포	2	정원
1947-11-22-010	우리의 힘으로 없는것을 만들자 전선고무피복기계창안	평양전기제작소 기술자 김원복씨	3	학균
1947-11-22-011	가축위생약품제조에 성공	북조선가축위생연구소에서	3	한
1947-11-22-012	추경을 끝마치고 동기문화시설에	봉산군 초와면 립봉리 농민들	3	성섭
1947-11-22-013	농촌청년들 협조생산능률을 제고	국영고원탄광에서	3	리하섭
1947-11-22-014	홍수의 피해 막는 제방공사를 시작	길주군민의 힘과 열성으로	3	박태화
1947-11-22-015	기업가들도 기부	-남포시의 15기업주-	3	찬길
1947-11-22-016	년도계획 완수코 추가생산에 매진	-국영평양제유공장-	3	윤모
1947-11-22-017	가마니생산에 대열성	정주군 곽산면 남달동 민청초급단체에서	3	정원
1947-11-22-018	인민위원사업총결보고		3	홍범, 김, 윤모, 김
1947-11-22-019	농촌민청원들이 자진 탄광에 출동		3	찬길
1947-11-22-020	송림시 농민들은 이렇게 현물세 완납		3	박
1947-11-22-021	애국기업가의 미거	이번은 만경대학원에 50만원	3	학균
1947-11-22-022	평양농구제작소 계획량 완수		3	기관
1947-11-22-023	로력으로 돕는 민청원의 열성	평북 룡천군 북증면 민청맹원들	3	영환
1947-11-22-024	정주군 농민들 초신을 선물		3	정원
1947-11-22-025	유가족학원에 함북도민 헌납		3	준극
1947-11-22-026	민주건설을 위한 녀맹원들의 지성	중화군에서	3	김
1947-11-22-027	선물로 받은 쌀 유가족학원에		3	정원

기사번호	제목(title)	부제목(stitle)	면수	필자, 출처
1947-11-22-028	가마니짜기경쟁	평남도 평원군 공덕면에서	3	중선
1947-11-22-029	일기예보		3	북조선중앙기상대
1947-11-22-030	북조선작가들의 서한		4	
1947-11-22-031	희랍해방구의 건설사업 괄목	영국경제사 절단 대표 언명	4	북조선통신
1947-11-22-032	희랍해방구의 자유로운 생활		4	북조선통신
1947-11-22-033	희랍의회 대론쟁	찰다리스선언을 비난	4	북조선통신
1947-11-22-034	희랍반동의 폭악한 재판		4	북조선통신
1947-11-22-035	오지리 카린치아에서 히틀러분자들 도발행위		4	북조선통신
1947-11-22-036	풍옥상장군의 호소	내전반대 민주정부 요구	4	북조선통신
1947-11-22-037	재희알메니아인 귀국		4	북조선통신
1947-11-22-038	불란서의 파업 확대	참가인원 8만명	4	북조선통신
1947-11-22-039	씨리아에 대파업		4	북조선통신
1947-11-22-040	미국의 파업 9개월에 3천건		4	북조선통신
1947-11-22-041	흑인민족회의 항의		4	북조선통신
1947-11-22-042	불국철도 종업원대표 모쓰크바 도착		4	북조선통신
1947-11-22-043	파란 쏘련 문예가 교환		4	북조선통신
1947-11-22-044	영국장상 돌톤 사직		4	북조선통신
1947-11-22-045	화란과의 제휴를 배족행위로 규탄		4	북조선통신
1947-11-22-046	유엔가맹의 권리가 있다	루마니야 신녀외상 연설	4	북조선통신
1947-11-22-047	옷타와시장의 쏘련려행담을 캐나다인민들 환영		4	북조선통신
1947-11-22-048	리지오		4	
1947-11-23-001	민주주의적 문화발전에 문화인들은 꾸준한 노력을 경주하자		1	
1947-11-23-002	력사상 처음으로 가지는 우리의 헌법은 빛나리라 문화인 리단씨 담	조선림시헌법제정에 대한 반향	1	현석
1947-11-23-003	남북이 통일된 자주독립국가수립의 투쟁목표다 신창탄광 로동자 황도수씨 담	조선림시헌법제정에 대한 반향	1	정삼
1947-11-23-004	북조선과 같은 정권만이 민족상업도 발전시킨다 상인 리창균씨 담	조선림시헌법제정에 대한 반향	1	기관
1947-11-23-005	정치간섭없는 원조를 주라	-미특별국회에 '진보적시민'단체 성명서-	1	북조선통신
1947-11-23-006	우리에게 무한한 힘을 주며 반동파에게는 천근의 철퇴 로동자 리영복씨 담	조선림시헌법제정에 대한 반향	1	언철
1947-11-23-007	불란서로총 전국련합위원회대회 개최		1	북조선통신
1947-11-23-008	인도네시아의회 개막		1	북조선통신
1947-11-23-009	영쏘통상조약실패는 영측의 무성의에 기인	『쁘라우다』 특파원보도	1	북조선통신
1947-11-23-010	정전령을 무시	화란군 침공	1	북조선통신

기사번호	제목(title)	부제목(stitle)	면수	필자, 출처
1947-11-23-011	민주독립의 기치를 높이 들고 남조선인 민속에서 싸우는 진정한 인민의 지도자 허헌선생		2	
1947-11-23-012	쏘련의 포병기념일을 맞으며	쏘련정부의 결정에 의하여 례년의 19일은 23일로 연기되었음	2	
1947-11-23-013	우리들의 열성과 힘으로 만경대학원을 건설하자	남포제련호소에 평양고무 사리원방직 호응궐기	3	기관, 성섭
1947-11-23-014	호응문	애국국영 평양고무공장 분회원 일동	3	
1947-11-23-015	호소문	남포제련소분회총회원일동	3	
1947-11-23-016	김장군께서 보낸 밀가루 감격으로 받는 로동자들	황해제철소에서 기쁨의 전달식	3	박
1947-11-23-017	소와 말 임자는 증명서 받자	평양특별시 농산부에서	3	한
1947-11-23-018	애국미 10가마니	순천군 은산리의 여섯농민이 헌납	3	달수
1947-11-23-019	만경대학원에 바치는 인민의 열성과 힘	로력으로 돕는 중화군민청원	3	달수
1947-11-23-020	강동양조조합은 현금으로 10만원		3	달수
1947-11-23-021	공장, 광산, 농촌, 어촌에 작가를 파견한다		3	
1947-11-23-022	마산포농민들은 벼와 쌀을 바쳤다		3	정원
1947-11-23-023	조쏘문협제1차 평양시련합반대회		3	한
1947-11-23-024	평양특별시에 문맹퇴치지도위원회		3	한
1947-11-23-025	문맹퇴치에 힘쓰자	민청원은 궐기한다	3	찬길
1947-11-23-026	이러한 노력으로 현물세 먼저 완납		3	선우수
1947-11-23-027	따뜻하고 명랑한 겨울의 기차려행	철도일군들의 노력으로 모든 준비는 다 되었다	3	한
1947-11-23-028	전도완납 머지 않은 황해		3	성섭
1947-11-23-029	고원탄광도 년간계획을 완수		3	언철
1947-11-23-030	녀맹원의 지성	남주일면 이하리녀맹에서	3	김종근
1947-11-23-031	적은 돈이나 책값에 써주	순천군 사인면 반송리 박봉건씨	3	김
1947-11-23-032	일기예보		3	기상대
1947-11-23-033	증산이다 돌격이다	힘차게 싸우는 만덕광산	3	김종근
1947-11-23-034	북조선에 적합한 결제방식에 대하여		4	북조선중앙은행 총재 김찬
1947-11-23-035	불 정국위기!	파업 날로 확대	4	북조선통신
1947-11-23-036	이태리남부 농업로동자 20만 총파업		4	북조선통신
1947-11-23-037	인도네시아서 전투 가렬		4	북조선통신
1947-11-23-038	쏘련경공업공장 계획량 완수		4	북조선통신
1947-11-23-039	국제정세개관	미국의 소위 '자선'의 정체	4	북조선통신
1947-11-23-040	유고슬라비아 무력 제 명절 설정		4	북조선통신
1947-11-23-041	자유를 사랑하는 쏘련만이 제 국가의 독립을 보장한다	분.쏘협회 서기장 방쏘감상담	4	북조선통신

기사번호	제목(title)	부제목(stitle)	면수	필자, 출처
1947-11-23-042	국제정세개관	이태리와 불국의 인민항쟁 가렬	4	북조선통신
1947-11-23-043	각 전선에서 활발한 진공	중국인민해방군의 주간전황	4	북조선통신
1947-11-23-044	알바니야의 토지개혁성과		4	북조선통신
1947-11-23-045	체코사민당 당수를 개선		4	북조선통신
1947-11-23-046	이란에서 영미각축전		4	북조선통신
1947-11-23-047	희랍비행기 알바니아국경을 침범		4	북조선통신
1947-11-23-048	연마제조기술자 모집		4	국영남포 화학공장
1947-11-25-001	물자교류에 있어 소비조합의 역할을 높이자		1	
1947-11-25-002	평화와 건설을 파괴하려는 남조선반동파를 소탕하자 가정부인 리응순	조선림시헌법제정에 대한 반향	1	현석
1947-11-25-003	민주개혁을 성과있게 하는 헌법이 되기를 기업가 김병기	조선림시헌법제정에 대한 반향	1	찬길
1947-11-25-004	반동분자를 심판하는 기본법령이 될것이다 사무원 김옥정	조선림시헌법제정에 대한 반향	1	윤모
1947-11-25-005	유엔결정과 남조선반동파 사기적국민대회서 매국적 '총선거'준비	남조선	1	북조선통신
1947-11-25-006	확대하는 불란서의 파업투쟁	-경찰과 군대의 탄압에도 불구코-	1	북조선통신
1947-11-25-007	이태리 남부전역에 파급		1	북조선통신
1947-11-25-008	파업참가자 50만		1	북조선통신
1947-11-25-009	비도의 무장농민봉기		1	북조선통신
1947-11-25-010	절망적인발악	미국의 원조로 국부군군비 확장	1	북조선통신
1947-11-25-011	라마디에 내각사직		1	북조선통신
1947-11-25-012	일본에 비밀테로단체		1	북조선통신
1947-11-25-013	로동자들의 리익 위해 주야를 가리지 않는다	평양시인민위원 박기문동지	2	학균
1947-11-25-014	녀성들의 행복을 위해 침식을 잊고 헌신로력	평양시인민위원 조옥선동지	2	학균
1947-11-25-015	추가계획까지 완수하면서 명년도 증산 위해 시설 확장	평양견직공장 견직과세포원핵심	2	학균
1947-11-25-016	과동준비진행정형과 현물세 징수협조를 총결	평양시당 상무위원회	2	학균
1947-11-25-017	해방과 민주독립의 길로 남조선인민을 이끌어 싸우는 인민의 지도자 박헌영선생		2	
1947-11-25-018	기업가 농민 학부형들이 신안주중학 신축에 궐기		3	달수
1947-11-25-019	직장학교써클에 연출가들을 배속		3	현석
1947-11-25-020	년간계획을 초과 '승리의 기발쟁취	문천탄광	3	홍범
1947-11-25-021	화재방지에 열성적분투		3	박

기사번호	제목(title)	부제목(stitle)	면수	필자, 출처
1947-11-25-022	가마니 5천매 헌납을 맹세한 황해 안악 리훈영농민의 열성		3	북조선통신
1947-11-25-023	학생위안대	순안고급중학교에서	3	원근
1947-11-25-024	증산돌격을 호소	-문례광산에서 운산광산에-	3	정원
1947-11-25-025	애국미 450가마니	평북 신의주농민들의 열성	3	북조선통신
1947-11-25-026	추경경기	광천농촌에서	3	서득창
1947-11-25-027	몽리면적 630정보의 달천강제방공사 기공식		3	정
1947-11-25-028	공장 일군들에게 벼 10가마니 선물	-원산시의 김세용농민-	3	한
1947-11-25-029	녀맹원들의 지성	화천, 사동, 정주	3	홍범, 김상욱, 성원
1947-11-25-030	석탄증산에 농민들 협조	개천탄광에서	3	찬길
1947-11-25-031	교양집중공작기간중 민청원들이 쌓은 성과		3	찬길
1947-11-25-032	궤도공사 완성	강계군 고인-진평간	3	박철
1947-11-25-033	양진규위원의 사업총결 보고		3	윤병우
1947-11-25-034	사리원시 녀맹기념보고대회		3	성섭
1947-11-25-035	문맹자를 퇴치	녕변 수구동에서	3	김하철
1947-11-25-036	면화현물세 빨리 바치자	정주군 정주면 농민들	3	정원
1947-11-25-037	고공품증산을 적극 협조	농맹중앙상무위원회	3	중선
1947-11-25-038	보육원 애육원 어린이들 '사랑의 승리' 공연		3	현석
1947-11-25-039	김경련농민이 고공품계획량 완수	함남도 고원군 군내면에서	3	건삼
1947-11-25-040	3대발전부 년도계획량 초과완수	장진강발전부에서	3	북조선통신
1947-11-25-041	만경대학원에 동호리 농민들 열성을 바친다		3	김종근
1947-11-25-042	사리원시의 연료대책 만전		3	성섭
1947-11-25-043	일기예보		3	
1947-11-25-044	비방적 보도방지와 국제직맹문제를 토의	15일 유엔총회 본회의에서	4	북조선통신
1947-11-25-045	륜돈외상회의 전야		4	통신부
1947-11-25-046	반동적 독재를 합리화하려는 국민당의 '국민대표선거'	미국의 사촉로 민주진영을 탄압	4	북조선통신
1947-11-25-047	미국식민지화 반대	이란제지정부를 비난	4	북조선통신
1947-11-25-048	자유와 주권을 파괴하는 미제국주의에 항쟁하라	라틴아메리카근로자련맹 호소	4	북조선통신
1947-11-25-049	쏘련귀환민수용소를 불경찰무법 습격		4	북조선통신
1947-11-25-050	영점령군당국의 폭거		4	북조선통신
1947-11-25-051	라지오		4	
1947-11-26-001	기술을 소유함으로써 당원들은 자기의 선봉적역할을 보장하자		1	
1947-11-26-002	교양선전사업을 강화하고 증산경쟁운동을 적극 협조	평남도당상무위원회 토의결정	1	학균

기사번호	제목(title)	부제목(stitle)	면수	필자, 출처
1947-11-26-003	년말 증산경쟁운동을 호소 호응하는 공장들	평남도내 42공장	1	기관, 윤모, 명덕
1947-11-26-004	우리도 떳떳한 국민으로 세계에 나서게 될것이다 시민 류병규	조선림시헌법제정에 대한 반향	1	현석
1947-11-26-005	농민들의 나아갈 길을 더욱 밝혀주는것이다 농민 조상형	조선림시헌법제정에 대한 반향	1	황정삼
1947-11-26-006	몰로토브외상 런던향발	-외상회의에 참가차-	1	북조선통신
1947-11-26-007	북조선미술동맹전람회 개최		1	북조선통신
1947-11-26-008	현물세납부의 수위 획득 강원도당체 협조위대	앙양된 애국열로 명년 증산준비에 매진	2	홍범
1947-11-26-009	추경을 승리로 끝맺고 고공품생산에로 매진	강동군당체들의 핵심역할	2	윤모
1947-11-26-010	10만원공사비를 절약코 동기와 사 생산을 확보	평양전기 제작소 당원들 헌신성 발휘	2	학균
1947-11-26-011	유엔의 거수기발동		2	
1947-11-26-012	산간벽지까지 침투된 우리 당의 강력한 조직	학성면 차삼리 세포의 규률적 생활	2	김영복
1947-11-26-013	금으리 세포원들의 모범성		2	전창렴
1947-11-26-014	신가맹 신청승인문제와 프랑코정권문제 토의 완료	17일 유엔총회본회의	2	북조선통신
1947-11-26-015	문맹자를 남기지 말자	12월부터 3월까지에 평남도의 문맹퇴치사업방침	3	달수
1947-11-26-016	공사장에 넘치는 유엔결정의 반대	린제관개공사 그후 소식	3	김홍범
1947-11-26-017	어업생산부문에 북조선 1,2착		3	
1947-11-26-018	직업동맹중앙산별대회 12월 6일부터 9일까지 열린다		3	언철
1947-11-26-019	화전민 이주상황을 촬영		3	달수
1947-11-26-020	어린이도 애국미헌납	고원군 제1인민학교에서	3	리하섭
1947-11-26-021	년간계획량 넘쳐 완수하고 추가증산에 돌진하는 공장	각 공장들에서	3	윤모, 박철
1947-11-26-022	조직사업에 훌륭한 수완	사리원방직 옥찬희동무	3	성섭
1947-11-26-023	군중문화사업을 일층 더 확충강화	평양특별시 선전부계획	3	한
1947-11-26-024	중앙방송국의 대연주실		3	현석
1947-11-26-025	"치운데 쓰십시요!"	해주 부용녀학생들이 만들어 로동자들에게 보낸 귀여운 선물	3	
1947-11-26-026	평남도내 제일착으로 일체 세금을 전부 완납	성천군민들의 애국적열성	3	달수
1947-11-26-027	명태 열다섯발을 수산학교에 기증		3	홍범
1947-11-26-028	강흥-제농민 사과 헌납		3	홍범
1947-11-26-029	경지조사에 적극 협조		3	박
1947-11-26-030	련천관개공사에 당원들 솔선 동원		3	성섭
1947-11-26-031	김양식에도 성공!		3	북조선통신

기사번호	제목(title)	부제목(stitle)	면수	필자, 출처
1947-11-26-032	교양사업을 강화 증산에 매진	창도류화철광산	3	홍범
1947-11-26-033	현물세와 세금완납	이천군 이천면 개하리에서	3	홍범
1947-11-26-034	오형근로인 애국미 헌납		3	학균
1947-11-26-035	기특한 월정인민학교 소년단		3	달수
1947-11-26-036	안변 석왕사면 리형록씨 특지		3	홍범
1947-11-26-037	일기예보		3	
1947-11-26-038	5개년계획을 4개년에 완수하자!	레닌그라드로동자들의 호소에 쏘련각지 로동자들 호응궐기하였다	4	북조선통신
1947-11-26-039	미국전시통제로 환원?	트루맨대통령연설에 반대여론	4	북조선통신
1947-11-26-040	발칸 4국직맹대표자회의 벨그라드에서 개최		4	북조선통신
1947-11-26-041	사형 금지하라!	미흑인협회 국회에 요청	4	북조선통신
1947-11-26-042	국제직업련맹집행국회의	파리에서	4	북조선통신
1947-11-26-043	처칠은 일본과의 단독강화를 기도했다		4	통신부
1947-11-26-044	인민재판앞에 서있는 루마니야의 원쑤들		4	통신부
1947-11-26-045	라지오		4	
1947-11-27-001	생산에서의 로력조직을 옳게 하자		1	
1947-11-27-002	유엔총회의 조선문제결정은 조선인민의 리익을 유린하였다	남조선민주주의민족전선	1	
1947-11-27-003	남부이태리농업로동자파업요구를 관철		1	북조선통신
1947-11-27-004	20개조정강의 구체화로 민주조국건설의 길을 보장	조선림시헌법제정에 대한 반향	1	녀직공 김신자
1947-11-27-005	완전독립 촉진시킬 헌법 로동자 한봉환	조선림시헌법제정에 대한 반향	1	기관
1947-11-27-006	불파업자 백만 돌파		1	북조선통신
1947-11-27-007	문맹퇴치사업에 다 함께 나서자!		1	현석
1947-11-27-008	조국해방전선에서 련마된 강의호담의 투지를 발휘하여 민주건설에 헌신하는 진정한 인민의 지도자 최용건선생		2	
1947-11-27-009	미국침략자들의 상투수단		2	
1947-11-27-010	미국국회에 제출한 트루맨의 교서		2	
1947-11-27-011	전기로동자 파업	로마시 암흑화	2	북조선통신
1947-11-27-012	왕성한 투지 치밀한 계획 인민교육발전 위해 노력	평남도교육부장 윤상남동지	2	명덕
1947-11-27-013	불굴의 반일투지를 살려 군민의 복리를 위해 헌신	개천군인민위원장 현인식동지	2	명덕
1947-11-27-014	233개 민청초급단체가 참가한 '승리의 기발운동'총결	빛나는 우승! 다시 새로운 결의	3	찬길
1947-11-27-015	민주북조선에 오직 감격! 중국인중학교 개교	25일 평양시 개교식 거행	3	한
1947-11-27-016	민주교육의 새일군 양성할 북조선중앙 교육간부학교	지난 25일에 성대한 개교식	3	찬길
1947-11-27-017	자동차공업에 우수한 성과 조립기술도 자체가 해결	년간계획 완수한 평양자동차공장	3	찬길
1947-11-27-018	룡문탄광 계획 완수		3	
1947-11-27-019	민주상업인들은 웨친다 유엔결정의 반동성	인민시장인들의 시사보고대회	3	한
1947-11-27-020	북조선농민들은 만기현물세 완납운동에 어떻게 싸웠으며 싸우고있는가	승리의 개가 높은 강원 평남 애국농민들	3	의철
1947-11-27-021	농업기술강습회	대동군농민동맹에서	3	의철
1947-11-27-022	전후 쏘미량국관계를 묘사한 「로씨아문제」 공연	28일 쏘련태평양함대연극단	3	
1947-11-27-023	원산유지화학공장 직맹총회 성대		3	홍범
1947-11-27-024	깨끗이 합시다!	우리가 사는 평양시를	3	한
1947-11-27-025	남아의 인종차별문제토의 인도대표단의 결의초안 승인	17일 유엔정치위원회	4	북조선통신
1947-11-27-026	철저한 토지개혁을 요구 민주당의 반동을 규탄	슬로바키아 전농민대의원대회	4	북조선통신
1947-11-27-027	쏘련귀환민습격은 반쏘도발음모	불의회에서 책임 추구	4	북조선통신
1947-11-27-028	인도네시아공화국 봉쇄를 화란해군 기도		4	북조선통신
1947-11-27-029	알바니아 생산경쟁에 청년들 선봉		4	북조선통신
1947-11-27-030	부라질과 칠리는 미국의 종속국이다		4	통신부
1947-11-27-031	라지오		4	
1947-11-28-001	년말증산경쟁운동을 널리 전개하자		1	
1947-11-28-002	년말증산경쟁을 호소 호응	평남도내의 42공장 궐기	1	명덕
1947-11-28-003	조선에 대한 미국정책	미국내 제 신문 론평	1	북조선통신
1947-11-28-004	조선전평후원 미국위원회 전문		1	따쓰통신
1947-11-28-005	영국의 리익을 위하여 쏘련과 협조하라	외상회의에 관한 『데일리 워커』지 론평	1	북조선통신
1947-11-28-006	재미'민주평화쟁취협회' 중국내전종식을 호소		1	북조선통신
1947-11-28-007	경찰의 옹호로 영국파시스트 활동		1	북조선통신
1947-11-28-008	파란직맹 중앙위원회		1	북조선통신
1947-11-28-009	불쏘친선절 파리에서 성대		1	북조선통신
1947-11-28-010	남조선의 반동파들을 폭로분쇄하는 철퇴다	조선림시헌법제정에 대한 반향	1	음악인 림하순
1947-11-28-011	인민의 리익 보장해줄 헌법제정 발표를 고대하고있다 애투회원 한신종	조선림시헌법제정에 대한 반향	1	기관
1947-11-28-012	조선의 자주독립과 민주건설을 위하여 분투하는 지도자 김달현선생		2	
1947-11-28-013	당원들의 사상수준을 높이기 위한 교양사업		2	북조선로동당 함남도당부 선전선동부장 하앙천

기사번호	제목(title)	부제목(stitle)	면수	필자, 출처
1947-11-28-014	쥐잡이에서 얻은 미국인들의 간지		2	
1947-11-28-015	학습에 열성있는자 반드시 일에도 충실	본궁공장 카바이트세포 학습에 열성	2	경석
1947-11-28-016	승리를 다시 앞으로! 책임량초과에 더욱 돌격	'승리의 기발'쟁취한 산업국 민청의 호소	3	찬길
1947-11-28-017	인민반은 반원의 민주교실 그 사업을 적극 협조하자	민전시위원회에서 일반에 강조	3	한
1947-11-28-018	주막교공사 드디어 준공		3	박철
1947-11-28-019	평양해운 사업소 종업원들의 기부		3	학균
1947-11-28-020	소비조합의 각급 위원 선거	각지에 조합원대회 개최	3	기관
1947-11-28-021	평남도 조합원대회		3	달수
1947-11-28-022	문맹자를 퇴치하는 한글학교는 이렇게		3	현석
1947-11-28-023	북조선적으로 추경은 얼마나 진전되고 있는가 토지개혁 이후 농민들의 증산 의욕	각도들에서	3	중선
1947-11-28-024	배화인민학교 조림사업 방조		3	홍범
1947-11-28-025	시 군 농민동맹의 문맹퇴치사업방침		3	의철
1947-11-28-026	강계변전소 신축 준공		3	북조선통신
1947-11-28-027	불조심! 준비는 되었는가		3	한
1947-11-28-028	최승희무용공연 직맹대회에 위안		3	언철
1947-11-28-029	이천군민들 세금 전부 완납		3	송춘관
1947-11-28-030	지석중학세포 교양사업 열성		3	
1947-11-28-031	잣을 따 바치자	잠곡리세포원	3	창현
1947-11-28-032	애국면화 5백근 헌납 '광목을 만들어 우리것으로' 인민주권에 감사하는 오경곤 농민	황해도 신천군 북부면 청산리	3	중선
1947-11-28-033	평양시조합원대회		3	기관
1947-11-28-034	안변의 인민 학생들 특지		3	홍범
1947-11-28-035	보안원에게 아동들이 선물		3	안춘삼
1947-11-28-036	신가맹신청국가에 대한 승인문제로 격론이 전개	유엔총회 본회의에서	4	북조선통신
1947-11-28-037	따쓰의 국제정세개관	구라파에 대한 미국의 경제간섭	4	
1947-11-28-038	따쓰의 국제정세개관 딸라에 매수된 희랍의 정세	ㄲ. 그프만	4	
1947-11-28-039	상해의 법폐저락	국부군의 군사실패가 원인	4	북조선통신
1947-11-28-040	대은행 국유화안	항가리인민회의서 토의	4	북조선통신
1947-11-28-041	희랍민주군사령관 콤뮤니케		4	북조선통신
1947-11-29-001	인민교육기관의 사업을 적극 후원하자		1	
1947-11-29-002	민주개혁을 공고발전시킬 헌법제정발포를 고대한다 의사 김치환	조선림시헌법제정에 대한 반향	1	현석
1947-11-29-003	세기적숙망을 실현하는 인민을 위한 헌법을 기대 문화인 오정현	조선림시헌법제정에 대한 반향	1	언철

기사번호	제목(title)	부제목(stitle)	면수	필자, 출처
1947-11-29-004	미의 강압적태도에 영은 추종, 불은 아부	4국외상대리회의 경과	1	북조선통신
1947-11-29-005	불철도로동자 150만 일제 총파업 단행	슈만내각의 반동성분쇄를 표명	1	북조선통신
1947-11-29-006	한구의 로동자 만여명 파업 장정부 교구 일대에 계엄령	『천진대공보』보도	1	북조선통신
1947-11-29-007	비등하는 쏘련의 생산열	쏘련 방문한 분쏘협회서기장 담	1	북조선통신
1947-11-29-008	이태리인민항쟁속보	코센사전역에서 요구를 관철	1	북조선통신
1947-11-29-009	라흥문화협정조인을 완료		1	북조선통신
1947-11-29-010	우리들은 민주자주독립국가를 건설할수 있는 이러한 지도자들을 가지고 있다!	조국의 해방과 인민의 복리를 위하여 투쟁하는 지도자 홍기주선생	2	
1947-11-29-011	1947년도 평남도인민경제부흥과 발전에 대한 예정수자 초과달성을 위한 돌격경쟁운동전개에 대하여		2	북조선로동당 평남도당부 위원장 김재욱
1947-11-29-012	이 종류의 세계		2	『이즈베스챠』지
1947-11-29-013	당원들의 성원속에 건축된 개천군당부		2	명덕
1947-11-29-014	학생의 열성이 생산에 나타나	국영성진제강소 합금철공장 세포원들	2	마우룡
1947-11-29-015	강계 만포면당 야간당학교 개교		2	
1947-11-29-016	교사 수축코 당위신을 제고	기성리세포원들	2	창렬
1947-11-29-017	벽양면농민의 애국미헌납		2	홍범
1947-11-29-018	송면진내 세포학습에 열성		2	산우수
1947-11-29-019	6만 6천석 증수하게 되는 안신수리공사 90% 진척	3천 5백여 정보가 안전답이 될 날도 불원	3	의철
1947-11-29-020	쏘련류학생들로부터 김일성대학에 온 편지		3	
1947-11-29-021	돌아간 남편의 뜻을 이어 만경대학원에 3만원!	함경북도 청진시 조동리 림분녀녀사	3	기관
1947-11-29-022	'문화궁전'건축비로 독지가들 기금을 기부		3	한
1947-11-29-023	학습을 제고 규률을 강화 민주학생의 거대한 발전	'승리의 기발'총결하는 남포학생들	3	찬길
1947-11-29-024	신설될 김일성대학 부속야간대학에 새로이 신문학과도 개설	15일부터 모집 직장청년들을 환영	3	민성
1947-11-29-025	눈부시게 발전한 일반종업원직맹		3	언철
1947-11-29-026	사무원직맹 제1차 대회		3	언철
1947-11-29-027	인민위원 보고 듣고 애국미	평북 정주군 마산면 원서동에서	3	정원
1947-11-29-028	원가를 저하시키자	신의주팔프공장	3	북조선통신
1947-11-29-029	김일성대학 신축	철도부설공사 완성	3	한
1947-11-29-030	녀맹원으로서 모범적역할	철산군 김순실동무	3	영환
1947-11-29-031	원산어업로동자들 년간계획량 완수		3	홍범
1947-11-29-032	련천군농민의 애국미헌납열		3	홍범
1947-11-29-033	각지의 가마니새끼생산은 어떻게 전개되고있는가 겨울을 리용하는 애국농민들 분투	각도들에서	3	중선

기사번호	제목(title)	부제목(stitle)	면수	필자, 출처
1947-11-29-034	남아의 인종차별문제에 관한 정치위원회의 결정을 거부	유엔총회 본회의에서	4	북조선통신
1947-11-29-035	불란서국민의회 슈만에 조각 임명		4	북조선통신
1947-11-29-036	신수상의 경력		4	
1947-11-29-037	미국군사고문단이 장군 20개사훈련		4	북조선통신
1947-11-29-038	화란 서반아와 경제협정 체결		4	북조선통신
1947-11-29-039	체코슬로바키아인민은 자기의 자주국가를 건설하고있다		4	『트르도』지
1947-11-29-040	찌또원수 쏘피아 도착		4	북조선통신
1947-11-29-041	라지오		4	
1947-11-30-001	북조선인민위원회 위원장 김일성각하	위대한 사회주의10월혁명 30주년을 맞으면서	1	
1947-11-30-002	(쓰딸린대원수)		1	
1947-11-30-003	북조선인민위원회 위원장 김일성각하	위대한 사회주의10월혁명 30주년을 맞으면서	1	
1947-11-30-004	몰로또브외상		1	
1947-11-30-005	북조선인민위원회 위원장 김일성각하	위대한 사회주의10월혁명 30주년을 맞으면서	1	
1947-11-30-006	불가닌무력상		1	
1947-11-30-007	북조선민전산하 각 정당과 사회단체 선전책임자회의		1	
1947-11-30-008	대독강화조약에 대하여 11월 26일 외상회의에서 진술한 몰로또브의 연설		1	
1947-11-30-009	민청열성자들의 임무에 대하여		1	
1947-11-30-010	조국해방의 반일투쟁에서 단련된 강직한 투쟁정신으로 조국창건에 헌신하는 인민의 지도자 박일우선생		2	
1947-11-30-011	자료를 수집연구	헌법체계에 관한 문제토의 조선림시헌법초안작성 진행상황	2	현석
1947-11-30-012	당원들의 사상수준을 높이기 위한 교양사업		2	북조선로동당 함북도당부 선전선동부 부장 허진수
1947-11-30-013	미지중해 함대 나폴리에 집결설	불이의 사태와 직접 관련	2	북조선통신
1947-11-30-014	날로 앙양되는 학습열 어항항만세포의 모범성	청진시 이향항만세포에서	2	고정자
1947-11-30-015	년말생산경쟁에 호소호응한 42개 공장 광산의 중간실적		3	명덕
1947-11-30-016	보라 승리의 기록!	11월 27일현재 전북조선의 현물세납부성적	3	
1947-11-30-017	11월 30일 북조선직업총동맹은 창립 2주년을 맞는다		3	언철

기사번호	제목(title)	부제목(stitle)	면수	필자, 출처
1947-11-30-018	황해도 농민들의 가마니납부 열성	안악군의 547매 헌납	3	중선
1947-11-30-019	이미 얻은 성과를 더욱 추진 앞으로의 과업에 군은 결의	40차 평남도인민위원회	3	달수
1947-11-30-020	나라에 바치는 애국미 헌납	향토문화건설에 장족발전	3	의철
1947-11-30-021	재령 고산리의 완납	황해도 농민들의 가마니 납부 열성	3	중선
1947-11-30-022	녀맹원들의 헌납	황해도 농민들의 가마니 납부 열성	3	중선
1947-11-30-023	정주농민들의 현물세 납부		3	정원
1947-11-30-024	면화현물세	신천군 농민들의 애국열	3	중선
1947-11-30-025	10월혁명 30주년을 맞아 이렇게 기념했다	평양특별시에서	3	현석
1947-11-30-026	만경대학원에 기부		3	김종근
1947-11-30-027	단천녀맹원들의 만경대학원기부		3	김종근
1947-11-30-028	증산투쟁의 42직장에 위안연예대 파견	-평남도 선전부에서-	3	달수
1947-11-30-029	보건인 직업동맹 도위원들을 선거		3	윤모
1947-11-30-030	단천군 언태리녀맹 곡물 헌납		3	김종삼
1947-11-30-031	일기예보		3	
1947-11-30-032	다산모와 독신모의 국가부조료범위에 관한 쏘련방최고쏘베트 상임의원회 명령		4	북조선통신
1947-11-30-033	확대되는 불란서파업 참가인원 2백만명 돌파	각처에서 경찰과 충돌	4	북조선통신
1947-11-30-034	군중과 경찰간 충돌	이태리의 정치적위기	4	북조선통신
1947-11-30-035	헐리웃드영화인을 공산주의자라고 고발		4	북조선통신
1947-11-30-036	불경찰 돌연 쏘련공민동맹 지도자들을 체포	내우에 대한 관심 역전책	4	북조선통신
1947-11-30-037	유고인민의 생산경쟁운동		4	북조선통신
1947-11-30-038	런던 외상회의 각국 대표명단		4	북조선통신
1947-11-30-039	따쓰의 국제정세개관	런던외상회의 개막	4	북조선통신
1947-11-30-040	따쓰의 국제정세개관	루르에 대한 영미의 야욕	4	북조선통신
1947-11-30-041	북조선에서의 쏘련영화		4	리영준
1947-11-30-042	루마니아 풍작	명년까지 식량 충분	4	북조선통신
1947-11-30-043	라지오		4	
1947-11-30-044	극장		4	
1947-12-02-001	로동시간을 합리적으로 리용함으로써 로동능률을 향상시키자		1	
1947-12-02-002	전국적파업을 지시 정부의 반쏘태도를 반대	확대되는 불란서파업	1	북조선통신
1947-12-02-003	민주자주독립의 길로 속도빠르게 달리자		1	철도원 주윤찬
1947-12-02-004	남북조선통일을 촉진시키는것이다	간호원 김영희	1	민성
1947-12-02-005	인민의 자유와 행복 보장	녀배우 원궁선	1	민성
1947-12-02-006	파레스티나분할안 토의	유엔총회 본회의	1	북조선통신

기사번호	제목(title)	부제목(stitle)	면수	필자, 출처
1947-12-02-007	토지개혁실시 요구 런돈회의에 메쎄지 전달	독일농민호상원조위원회 대표	1	북조선통신
1947-12-02-008	독일량점령지대간 상품교환협정 성립		1	북조선통신
1947-12-02-009	빨간의 영구평화를 강조	찌또원수 환영회 석상에서 연설	1	북조선통신
1947-12-02-010	수송사업 질적향상 위해 북조선철도종업원 궐기		1	북조선통신
1947-12-02-011	조국해방을 위하여 반일투쟁으로 일관한 열혈의 애국자이며 지도자인 최창익 선생		2	
1947-12-02-012	쏘련헌법의 기본적특수성		2	신문부
1947-12-02-013	년간계획 기일전완수 자신만만 불꽃튀는 경쟁전은 치렬화	성진제강당단체의 선전교양사업 활발	2	현준극
1947-12-02-014	태산준령 깊은 산골에서 이렇게 배우며 실천한다	모범할 수동면 리풍동세포	2	원식
1947-12-02-015	신강인민무장대의 반장자치운동 확대		2	북조선통신
1947-12-02-016	황해제철 종업원들이 김일성위원장에게 맹세		3	
1947-12-02-017	유가족학원에 바치는 인민의 뜨거운 협조	각지 인민들	3	기관
1947-12-02-018	평양산소공장 년도계획 완수	다시 10% 추가생산에 매진	3	언철
1947-12-02-019	침구 25자리를 탄광전사에게 선물	안주탄광 녀맹원들	3	달수
1947-12-02-020	애산강개수공사에 농민들은 궐기한다	평원군 농민들	3	의철
1947-12-02-021	소년연예대 대표일행 유가족학원 방문 위안	평양제2, 3, 8, 9인민학교 대표들과 중앙민청 소년부장	3	찬길
1947-12-02-022	토건로동자직업동맹 평남 제1차대회		3	철언
1947-12-02-023	교원문화인직맹 평남도대표회의		3	윤모
1947-12-02-024	민주건설사업에 여러번 기부	평양 사동 김근영씨	3	한
1947-12-02-025	평남내무부 일군들 인민들을 위안격려		3	
1947-12-02-026	연마지와 연필을 다량 생산	국영 성진광물가공소에서	3	염재학
1947-12-02-027	배락부위원의 사업총결보고	평북 정주군 갈산면 광동동 인민위원	3	정원
1947-12-02-028	부령에 건설되는 농민구락부	부령군 부령리에서	3	신운판
1947-12-02-029	1천 5백매의 가마니생산 맹세	강원도 안변군 김백관농민	3	중선
1947-12-02-030	동인민위원의 사업총결보고	정주군 갈산면 애도동 이라면 인민위원장 우선두씨	3	정원
1947-12-02-031	가마니 5천매 헌납할것을 맹세	황해도 안악군 대향면 창운리 리훈영농민	3	중선
1947-12-02-032	북조선직업총동맹의 2년간업적은 이렇다(상)		3	
1947-12-02-033	평양 시암리의 농민들 애국미 10가마니		3	의철
1947-12-02-034	평양2녀중의 써클발표회 성황으로 폐막		3	대식
1947-12-02-035	런던4외상회의(제1일)	의사일정 등을 토의	4	북조선통신

기사번호	제목(title)	부제목(stitle)	면수	필자, 출처
1947-12-02-036	유엔아세아 및 극동경제위원회 토의순서와 가입승인문제 토의		4	북조선통신
1947-12-02-037	투루맨주의의 대중원조는 파산		4	북조선통신
1947-12-02-038	미하일.숄로호흐의 최근작에 관한 작자로서의 담화		4	통신부
1947-12-02-039	영국에서 쏘련연극 「로씨아문제」 대인기		4	북조선통신
1947-12-02-040	라지오		4	
1947-12-02-041	극장		4	
1947-12-03-001	락후한 공장 기업소를 선진 공장 기업소의 수준으로 끌어올리자		1	
1947-12-03-002	런던외상회의	대독강화조약준비에 대하여	1	
1947-12-03-003	격화하는 불파업 알제리아에 파급		1	북조선통신
1947-12-03-004	조국의 자주독립의 기초가 되는 경제건설을 위하여 분투하는 지도자 리봉수선생		2	
1947-12-03-005	군중에게 널리 리용되는 민주선전실의 이모저모(1) 당원들의 핵심으로 교양은 진행된다	단천군 사동리 민주선전실	2	명덕
1947-12-03-006	농촌경리부흥발전과 문맹퇴치 사업에 진력	태천면 남흥동세포의 추동력	2	리운길
1947-12-03-007	2개월공사를 10일간에 완수	함남 선리 파리선로반 선로수장 조남송동무	2	
1947-12-03-008	미국전쟁방화자		2	통신부
1947-12-03-009	대일배상금에 관한 쓰뜨라이크씨의 견해		2	통신부
1947-12-03-010	평양철도부 일군들 총궐기 년말증산에 돌격	전북조선 철도종업원에게 호소	3	언철
1947-12-03-011	장군님의 부탁을 받들어 열심히 공부하였습니다 김장군께 드리는 편지전문	강원도 평강군 서면 옥동리 리계산녀성	3	
1947-12-03-012	방송이 잘 들린다 중앙방송국 출력을 확장	12월 1일 성대한 준공식 거행	3	기관
1947-12-03-013	강원도 평강군의 문맹퇴치열성자대회		3	신봉용
1947-12-03-014	김장군께 약속한후 3개월 자필로 편지써 상달	"글을 배우라"는 김장군말씀에 감격한 리계산녀사 문맹퇴치	3	신봉용
1947-12-03-015	능률높은 가마니기계 새끼기계 등이 나왔다	평양농기구제작소와 농연기업사	3	기관
1947-12-03-016	우수한 성능으로 방송을 더욱 강화	중앙방송국 부국장 담	3	기관
1947-12-03-017	평양시 신리 각종 세금 완납		3	한
1947-12-03-018	평양특별시 경지조사 완료		3	한
1947-12-03-019	룡강 강서농민들 가마니납부 맹렬		3	달수
1947-12-03-020	북조선직업총동맹의 2년간 업적은 이렇다(하)		3	언철
1947-12-03-021	함북 아오지탄광 년간계획을 완수	경축의 전보서신 등 산적	3	현준극
1947-12-03-022	일기예보		3	

기사번호	제목(title)	부제목(stitle)	면수	필자, 출처
1947-12-03-023	쏘외상이 특별외상회의소집 제의	대일강화조약준비에 관한 쏘련. 중국 량외상 서한 교환	4	
1947-12-03-024	미영은 완전히 배신	련합국관리리사회 회의에서 쏘련대표 쏘꼬로브쓰끼 연설	4	북조선통신
1947-12-03-025	애급교원 파업	대학강사도 호응	4	북조선통신
1947-12-03-026	유엔아세아 및 극동경제위원회	인도네시아문제의 토의를 제3차회의까지 연기 결정	4	북조선통신
1947-12-03-027	화.인조정협의장소로 미국 랜빌호사용 예정		4	북조선통신
1947-12-03-028	백이의 룩셈부르그 통상대표 모쓰크바 도착		4	북조선통신
1947-12-03-029	쏘련으로부터의 일본인귀환문제		4	통신부
1947-12-03-030	인도네시아의 전투는 왜 정지되지 않는가?		4	통신부
1947-12-03-031	라지오		4	
1947-12-03-032	극장		4	
1947-12-04-001	고공품의 생산증강을 위하여		1	
1947-12-04-002	이인민항쟁 치렬 파업과 시위 련일 계속	무장경관 시위군중에 발포	1	북조선통신
1947-12-04-003	남조선정세개관	미국상사회사들은 무엇을 목적하고 왔는가	1	
1947-12-04-004	당면임무를 토의결정 준법정신제고를 강조	제5차 북조선사법책임자회의	1	윤모
1947-12-04-005	일본에의 원료공급은 무엇을 의미하는가		1	북조선통신
1947-12-04-006	우리 조선 전체 인민에게 광명을 던져주는것이다	제2인민학교 교장 문무헌	1	은길
1947-12-04-007	근로녀성의 힘을 모두어 반동배와 끝까지 싸우겠다	평양고무공장 녀직공 리규옥	1	민성
1947-12-04-008	북조선에서 전개된 10월혁명기념사업		1	김전
1947-12-04-009	민주조국창건에 있어서 농촌경리발전을 위하여 분투하는 지도자 리순근선생		2	
1947-12-04-010	군중에게 널리 리용되는 민주선전실의 이모저모(2) 당원들의 핵심으로 교양이 진행된다	갈산면 익성동 민주선전실	2	정원
1947-12-04-011	가마니생산에 산모범 보이다 김무도동무	정주군 곽산면 남단동 2구 민청초급단체 책임자	2	정원
1947-12-04-012	해방절 맞은 유고인민경제는 나날이 장성		2	북조선통신
1947-12-04-013	미국식민지강점자들은 자체폭로하였다	-조선문제에 관한 유엔총회의 결정에 대하여-	2	신영
1947-12-04-014	고공품생산경쟁운동 평남도내 각 군 각 면에서 전개	12월 1일부터 1월 15일까지 평남도농민동맹 주최로	3	의철
1947-12-04-015	기적소리 드높게 첫 렬차는 달린다	김일성대학 철도개통식	3	달수
1947-12-04-016	나무를 사랑하자 평남도 산림서에서 호소	애림사상보급월간 설정	3	중선

기사번호	제목(title)	부제목(stitle)	면수	필자, 출처
1947-12-04-017	산림지서장회의 개최	당면과업을 결정	3	중선
1947-12-04-018	앞 못보는 장님들이 새끼가마니를 생산 헌납	강서군 증산면에 있는 맹인동맹에서	3	달수
1947-12-04-019	평양시보건부 신체검사 실시		3	한
1947-12-04-020	정평 한양을 농민 애국미 헌납	정평군 귀림면에서	3	
1947-12-04-021	'승리의 기발' 쟁취한 모범초급단체들	견직공장 초급단체, 산업국 초급단체, 미림2리 초급단체, 고급녀중 초급단체, 중성리 초급단체	3	찬길
1947-12-04-022	년간계획량을 완수한 함북의 각 직장들		3	
1947-12-04-023	인민을 위한 국가병원사업		3	한
1947-12-04-024	종모우에 대한 규칙 발표	북조선인민위원회에서	3	한
1947-12-04-025	정평군 농민들의 애국적열성		3	리계실
1947-12-04-026	강서군 농민들의 고공품 완납		3	의철
1947-12-04-027	모범농민 한두환씨의 애국미 27가마니	정평군 광덕면 향중리	3	리계실
1947-12-04-028	당원들의 열성으로 신축된 삭주군당부		3	원식
1947-12-04-029	일기예보		3	
1947-12-04-030	유엔발칸위원회는 평화를 위협하는 도구	유고외무성 대변인 기자단과 문답	4	북조선통신
1947-12-04-031	홍.라량국간의 친선강화	호상원조조약 체결교섭 개시	4	북조선통신
1947-12-04-032	화란군의 잔인한 소위	인도네시아인민 다수 학살	4	북조선통신
1947-12-04-033	영국, 수단에 군사기지 건설		4	북조선통신
1947-12-04-034	불가리아대인민회의 신헌법초안 토의		4	북조선통신
1947-12-04-035	화란침략을 제지하는데 3국위원회는 무능을 폭로	인도네시아 각계 여론 비등	4	북조선통신
1947-12-04-036	대학생자치회 조종하려는 국민당의 음모 폭로		4	북조선통신
1947-12-04-037	인도네시아사태 악화	화란군 의연 공격 계속	4	북조선통신
1947-12-04-038	찌또원수 벨그라드 귀환		4	북조선통신
1947-12-04-039	빨칸 4개직련회의 결정을 지지	루마니아로총 콤뮤니케	4	북조선통신
1947-12-04-040	미국의 대이란조는 독인		4	북조선통신
1947-12-04-041	독일에 대한 미국정책과 구라파인민들의 리익		4	통신부
1947-12-04-042	본사발간 신간안내		4	
1947-12-04-043	라지오		4	
1947-12-05-001	전북조선인민들에게 고함	북조선민주주의민족통일전선 중앙위원회에서	1	
1947-12-05-002	신화페를 발행 구화페와 교환	북조선인민위원회 결정	1	
1947-12-05-003	북조선인민위원회 법령 제30호	북조선에 통용할 신화페발행과 현행화페교환에 관한 결정서	1	
1947-12-05-004	우리 나라 돈이 나왔다!		1	

기사번호	제목(title)	부제목(stitle)	면수	필자, 출처
1947-12-05-005	쓰딸린적헌법은 사회주의적민주주의의 헌법이다		2	
1947-12-05-006	쓰딸린헌법은 쏘베트국가의 정치적기초다		2	
1947-12-05-007	쓰딸린헌법 광채밑에 부유해지는 변강농민		2	신문부
1947-12-05-008	불란서병사들 파업자에 발포거부	파리 10만군중 시정회의소에 쇄도	2	북조선통신
1947-12-05-009	김일성위원장의 훈사		3	
1947-12-05-010	친애하는 황해제철소 종업원들에게	김일성위원장의 답서	3	
1947-12-05-011	북조선인민회 상임의원회 김두봉의장의 축사	황해제철소 용광로복구조업개시에 제하여	3	
1947-12-05-012	건설 북조선의 승리보 제3용광로는 뿜는다	2년간의 조국애의 분투로 황해제철소에 개가는 올랐다	3	
1947-12-05-013	제3용광로 출선식대회		3	
1947-12-05-014	개회사 산업국장 리문환	황해제철소 용광로복구조업개시에 제하여	3	
1947-12-05-015	국영황해제철소 제3용광로 출선식대회 선서문	황해제철소 제3용광로 출선식대회에서	3	
1947-12-05-016	전북조선인민들에게 드리는 호소문 국영황해제철소 제3용광로 출선식을 당하여	황해제철소 제3용광로 출선식대회에서	3, 4	
1947-12-05-017	런던외상회의	대독강화협의에 알바니아 및 파키스탄을 초청하는데 관하여	4	북조선통신
1947-12-05-018	북부이태리인민항쟁 확대 미라노시청을 접수	데.가스페리는 미군주둔연기를 획책	4	북조선통신
1947-12-05-019	오지리강화조약문제를 토의		4	북조선통신
1947-12-05-020	'통일독일'실현을 런던외상회의에 기대	-독일량지대인민들 시위-	4	북조선통신
1947-12-05-021	팔레스티나문제 해결책은 아랍.유태량국분립에 있다 쏘련대표 그로므꼬씨 연설	유엔총회 본회의	4	
1947-12-05-022	독일로부터 영국 강철반출		4	북조선통신
1947-12-06-001	신구화폐의 교환은 국가의 경제적토대를 튼튼히 하는것이다		1	
1947-12-06-002	북조선전역에 걸처 화폐교환소를 설치	신구화폐교환사업 준비 만전	1	김전
1947-12-06-003	화폐교환은 이렇게	북조선중앙은행 총재 김찬씨 담	1	
1947-12-06-004	근로인들의 물질생활은 더욱 향상발전될것이다	평양기관구 로동자 문원근	1	언철
1947-12-06-005	모리간상배는 근절될것이다	시장사무원 최종렬	1	명덕
1947-12-06-006	농촌공장의 물자교류는 더욱 원활하게 될것이다	중화군 농민 김창학	1	학균
1947-12-06-007	희망에 빛나는 낮낮 모리간상배여 물러가라	화폐교환이 발표된 아침의 거리	1	

기사번호	제목(title)	부제목(stitle)	면수	필자, 출처
1947-12-06-008	북조선식량사정에 대하여		2	북조선인민위원회 량정부장 송봉욱
1947-12-06-009	화폐교환은 중요한 정치경제적대책		2	민주조선
1947-12-06-010	황해제철소 제3용광로 출선에 공훈있는 당원들	수많은 동무들중 몇동무만 소개한다	2	
1947-12-06-011	루마니아 공산사민량당 로동당으로 합작준비		2	북조선통신
1947-12-06-012	열과 땀으로 된 제3용광로	황해제철의 애국적증산투쟁 5기로 나누어 그들은 잘 싸웠다	3	
1947-12-06-013	원료약품을 창안	평양고무공장 김상집기사	3	민성
1947-12-06-014	38선 넘어 우차동원 '행복의 현물세'운반 협조	북조선을 부러워하는 이남농민들	3	리성
1947-12-06-015	용접공 원응서동무의 투쟁	황해제철소에서	3	
1947-12-06-016	봉산군당부의 동기교양사업		3	성섭
1947-12-06-017	북조선항공협회창립 2주년기념행사 거행		3	한
1947-12-06-018	위북인민학교 백미 5두 기증		3	복원
1947-12-06-019	룡원면수리공사 승리적으로 진행		3	김상근
1947-12-06-020	초와면녀맹원학교에 기부		3	성섭
1947-12-06-021	평양철도부의 년말증산에 호응	해주철도부 솔선 궐기	3	언철
1947-12-06-022	통신로동자직맹 평남대표자대회		3	북조선통신, 윤모
1947-12-06-023	황해도 곡산광산 년간계획 완수		3	기관
1947-12-06-024	함흥제사공장 년간책임량 완수		3	경석
1947-12-06-025	사리원방직공장 년도계획 완수		3	성섭
1947-12-06-026	현물세운반에 선로반원 협조		3	정원
1947-12-06-027	평양철도부직맹 제2차대표회의		3	윤모
1947-12-06-028	북조선전역에서 진행되는 관개공사와 하천개수공사		3	한샘
1947-12-06-029	일기예보		3	
1947-12-06-030	런던4외상회의(26일) 6개조항의 의정에 합의	대오문제는 외상대리에 위임	4	북조선통신
1947-12-06-031	영국식량기근	애트리내각 위기	4	북조선통신
1947-12-06-032	애급대학생의 정치투쟁	대학중심지는 비상경계	4	북조선통신
1947-12-06-033	오지리에 공급되는 미국의 잉여군수품		4	북조선통신
1947-12-06-034	현 희랍정부에 항의	루마니아거주희랍인대회	4	북조선통신
1947-12-06-035	국부관할구에 신문폐간 속출		4	북조선통신
1947-12-06-036	화란군의 비인도적행위	운라구제품을 탈취코 봉쇄	4	북조선통신
1947-12-06-037	쏘꼴로브쓰끼의 성명을 독일인민들 지지		4	북조선통신
1947-12-06-038	결정파탄의 신책동대두로 팔레스티나분할안표결 연기	유엔총회본회의 속보	4	북조선통신
1947-12-06-039	화란선박의 신가파입항 반대	마래민주청년동맹 성명	4	북조선통신

기사번호	제목(title)	부제목(stitle)	면수	필자, 출처
1947-12-06-040	김구의 사촉을 받은자가 장덕수를 총살		4	북조선통신
1947-12-06-041	주독미군사령관 크레이는 어떤 자인가		4	통신부
1947-12-06-042	국부군 패전 보정시 혼란		4	북조선통신
1947-12-06-043	불국로동자를 격려	루마니아로총 전보	4	북조선통신
1947-12-06-044	몰로또브씨 칼.맑스의 묘에 화환		4	북조선통신
1947-12-06-045	본사발간 신간안내		4	
1947-12-07-001	우리의 또한가지 승리	황해제철소의 제3용광로 복구에 제하여	1	
1947-12-07-002	질서정연 환희속에서 교환사업은 진행된다		1	
1947-12-07-003	계획대로 진행	도산리교환소의 정경	1	김전
1947-12-07-004	전북조선인민들이여! 다같이 단결하여 화목하게 조직적으로 질서있게 화폐교환에 참가하자!		1	
1947-12-07-005	오! 우리 나라의 돈	새 화폐를 바꾸어 쥐고 기뻐하는 김재영할머니	1	
1947-12-07-006	처음으로 우리 나라 돈을 가지게 되었다	평양전차사업소 전공 정동무	1	달수
1947-12-07-007	우리 학생들은 안심하고 공부할수 있게 되었다	김일성대학 경제과 학생 채희경	1	찬길
1947-12-07-008	근로인민의 생활향상을 약속한다	중앙전화국 교환수 로태히	1	민성
1947-12-07-009	당원들의 사상수준을 높이기 위한 교양사업	강원	2	북조선로동당 강원도당부 선전선동부장 조청화
1947-12-07-010	과거의 락후성을 극복코 농한기 교양사업을 추진	활기민 철원군당의 교양사업	2	홍범
1947-12-07-011	학습에서 얻은 리론을 녀맹사업에 살려 실천	군남면 왕림리 세포원 리장원동무	2	홍범
1947-12-07-012	희랍왕당파군 불가리아국경 침범		2	북조선통신
1947-12-07-013	쏘련의 헌법은 승리한 사회주의헌법이다		2	
1947-12-07-014	로동자들은 일어섰다 신구화폐교환 적극지지 다시 증산경쟁으로 이 은혜 보답	사동탄광, 평양곡산공장	3	명덕, 하균
1947-12-07-015	가슴에 벅찬 감사감격을 장군님앞에 올리나이다	사동탄광 종업원들의 메쎄지	3	
1947-12-07-016	고공품생산에 이 열성!	우리 당원들 모범	3	홍범
1947-12-07-017	신구화폐교환에 대한 질의응답		3	
1947-12-07-018	남북통일한 자주독립만이 민족을 도탄에서 구하는 길 -해방에 속고 생활에 우는 남조선인민-	남조선독립신보에서	3	
1947-12-07-019	대동군 농민들의 애국미와 애국헌금		3	한샘
1947-12-07-020	1등에 소 두마리	금천가마니경기대회	3	정운성

기사번호	제목(title)	부제목(stitle)	면수	필자, 출처
1947-12-07-021	시보건부에서 림상분과 설치		3	한
1947-12-07-022	평남민영기업 년간계획 완수		3	달수
1947-12-07-023	초와면 구암리민주선전실		3	성섭
1947-12-07-024	보안원에게 명태마리를	원산시 남북리 김윤성씨	3	용범
1947-12-07-025	약품과 자재를 기증	용산면 김완준선생	3	김재준
1947-12-07-026	년말증산에 호소호응한 42개 직장의 중간실적		3	학균
1947-12-07-027	용평리 농민들 백미 6가마니		3	홍범
1947-12-07-028	우리의 상호협력은 자신을 공동으로 방호	디미뜨로브씨 찌또원수 교환연설	4	
1947-12-07-029	해방구에 갈수 없는 유엔빨간위원회		4	북조선통신
1947-12-07-030	독일분할의 비밀계획 미영간사전합의	『데일리 워커』지보도-	4	북조선통신
1947-12-07-031	따쓰의 국제정세개관		4	브.미하일로브
1947-12-07-032	근로인민의 생활수준 제고	체코슬로바키아공산당수 클레멘트 고트왈드 연설	4	북조선통신
1947-12-07-033	우원 등을 귀빈으로 초대	극동군재검사국장의 괴행	4	북조선통신
1947-12-07-034	화란정부의 무성의로 화.인협의 암초	협의장소인 랜빌호 도착	4	북조선통신
1947-12-07-035	규바반로공격은 미국이 조종		4	북조선통신
1947-12-07-036	잔인한 미국명령서를 오지리인민 반대		4	북조선통신
1947-12-07-037	불국헌법초안 제2독회 완료		4	북조선통신
1947-12-07-038	라지오		4	
1947-12-07-039	극장		4	
1947-12-09-001	로동자, 기수, 기사들사이의 창의적협조에 대하여		1	
1947-12-09-002	헌법체계토의 완료 조문작성 착착 진행	림시헌법초안 작성사업	1	북조선통신
1947-12-09-003	화폐교환의 정확을 기하자	북조선중앙은행 총재와 기자단과의 일문일답	1	김전
1947-12-09-004	화폐교환에 핀 미담 혁명자유가족학원에 신화폐 백원을 기부	안주군 김응규농민의 미행	1	기관
1947-12-09-005	슬로바키아민족회의 개최		1	북조선통신
1947-12-09-006	미국차관은 곧 예속이다	파키스탄에서도 반대	1	북조선통신
1947-12-09-007	반동분자를 격파하는 중요한 시책이다 문화인 백초	화폐교환에 대한 반향	1	언철
1947-12-09-008	집집마다 명랑한 가계가 시작되었다 가정부인 김보욕	화폐교환에 대한 반향	1	중선
1947-12-09-009	물가저락은 우리의 생활안정을 말한다 인민학교 교원 모의전	화폐교환에 대한 반향	1	중선
1947-12-09-010	소년단원들이 학원에 기부	평남 개천군 개천인민학교에서	1	찬길
1947-12-09-011	인민주권을 보위하며 인민의 권익을 옹호하고 민주사법확립에 헌신하는 지도자 최용달선생		2	

기사번호	제목(title)	부제목(stitle)	면수	필자, 출처
1947-12-09-012	신화페(북조선중앙은행권)발행과 북조선의 장래발전		2	박창옥
1947-12-09-013	군중에게 널리 리용되는 민주선전실의 이모저모(3) 군중선동사업은 이렇게 진행된다	함주군 원상리민주선전실, 함주군 쌍흥리민주선전실	2	명덕
1947-12-09-014	신구화페교환에 감격 김일성위원장께 감사 근로인민들은 크게 웨친다! "인민위원회만이 인민을 위한 정권"	수안광산, 사리원방직공장	3	김전
1947-12-09-015	김두봉의장에게 축전	북조선각지로부터 153통	3	중선
1947-12-09-016	청년문맹을 퇴치하자	순천군민청에서 개천군민청에 문맹퇴치협조경쟁운동을 호소	3	은길
1947-12-09-017	춤추며 노래불러 교환일군을 위로 신구화페교환을 경축하는 농민들	재령군 재령면 농민들	3	학균
1947-12-09-018	화페교환에 감격 애국미 헌납	황해도 송화군 하라면 오성리 고한구씨	3	학균
1947-12-09-019	퇴비증산한 영예의 입상자	평남도농림부의 심사결과 발표	3	달수
1947-12-09-020	북조선경지면적실태조사 11월 15일 승리적완수		3	김전
1947-12-09-021	조선 제1의 인도교 청천교의 성대한 준공식	10만 인민들의 애국적열성은 컸다	3	기관
1947-12-09-022	국가상점경영 책임자회의		3	달수
1947-12-09-023	신구화페교환에 대한 질의응답	중앙은행총재 대답	3	한
1947-12-09-024	일기예보		3	
1947-12-09-025	대독강화조약준비절차 토의	런던4국외상회의(28일)	4	북조선통신
1947-12-09-026	재오 전독일재산문제 토의	4국외상대리회의	4	북조선통신
1947-12-09-027	4외상회의는 강대국간의 전후협조지속여부를 증명	『쁘라우다』지 론평-	4	북조선통신
1947-12-09-028	아세아인의 리익에 부합한 자주경제발전이 선결임무	유엔아세아 및 극동경제위원회서 쏘련대표 주장	4	북조선통신
1947-12-09-029	외상회의 진상을 영국신문 외곡보도		4	북조선통신
1947-12-09-030	영국상무국장 모쓰크바 도착		4	북조선통신
1947-12-09-031	『조선사정소개서』 쏘련에서 출판	자이치꼬브교수 저술	4	북조선통신
1947-12-09-032	쏘.분통상조약		4	북조선통신
1947-12-09-033	벨정부 사직 요구	화란공산당	4	북조선통신
1947-12-09-034	아르메니아 27주년 미국서 축하		4	북조선통신
1947-12-09-035	본사발간 신간안내		4	
1947-12-10-001	군중과의 련결은 당단체의 일상적과업이다		1	
1947-12-10-002	날로 활발해지는 교환사업	농림국화페교환소, 역전제2교환소에서	1	중선, 언철
1947-12-10-003	우리 농촌생활은 더욱 향상될것이다 중화면 농민 김운성	화페교환에 대한 반향	1	
1947-12-10-004	앞으로 건전한 상업의 발전은 보장되었다 철물상 김응서	화페교환에 대한 반향	1	은길
1947-12-10-005	화페교환의 결정을 종교단체들 지지	북조선 기독교련맹과 불교총무원	1	
1947-12-10-006	인민의 신뢰도 두텁게 신화페는 류통된다!		1	
1947-12-10-007	민족문학수립과 교육발전을 위하여 투쟁하는 지도자 한설야선생		2	
1947-12-10-008	남조선의 식민지적금융정책		2	리성용
1947-12-10-009	황해제철소 제3용광로 출선에 공훈이룬 당원들	수많은 동무들중 몇동무만 소개한다	2	
1947-12-10-010	신화페 받아쥐고 기뻐하는 평양철도 종업원감사대회		3	언철
1947-12-10-011	서평양철도공장		3	학균
1947-12-10-012	사리원방직공장 로동자 신화페받아 애국헌금		3	
1947-12-10-013	금화중학교에 신축기부금	금화군 금화면 암랑리 2구 냉성동 농민들	3	창렬
1947-12-10-014	인민경제완수 협조하는 강서군 녀맹원들		3	민성
1947-12-10-015	순천군민청 호소에 개천군민청이 호응		3	은길
1947-12-10-016	분노		3	조기천
1947-12-10-017	함북도 농작물수확고실적		3	현준극
1947-12-10-018	예정기일을 1개월 단축	청천대교는 이렇게 완성(상)	3	
1947-12-10-019	황해제철 공작과 동무들 산소빠이연구에 성공		3	
1947-12-10-020	평남도녀맹의 문맹퇴치협조		3	민성
1947-12-10-021	결핵을 박멸하는 중앙료양심사위원회사업		3	한
1947-12-10-022	'문학과 예술의 밤'에서 유엔결정을 절대반대		3	
1947-12-10-023	용광로앞에서 22년	임병순동무의 투쟁	3	
1947-12-10-024	국영기업지배인강습 제1부 제3기졸업식		3	
1947-12-10-025	강원도의 과실현물세와 헌납		3	홍범
1947-12-10-026	일기예보		3	
1947-12-10-027	황해제철소에 예술가들 파견		3	
1947-12-10-028	신구화페교환에 대한 질의응답	중앙은행 총재 대답	3	
1947-12-10-029	불인민항쟁 전국적확대 전행정기관 마비상태에 함입	불로총 단호 비타협태도 천명	4	북조선통신
1947-12-10-030	이인민의 항쟁 격화		4	북조선통신
1947-12-10-031	대독강화조약준비와 관련하여 고정위원회 구성을 토의	런던4외상회의(12월 2일)	4	북조선통신
1947-12-10-032	불가리아인민회의 신헌법을 채택		4	북조선통신

기사번호	제목(title)	부제목(stitle)	면수	필자, 출처
1947-12-10-033	라지오		4	
1947-12-10-034	연마제조기술자 모집		4	국영남포 화학공장
1947-12-11-001	공장당부사업을 강화하자		1	
1947-12-11-002	신화폐류통의 기쁨 상점마다 명랑일색	국영백화점매대에서	1	중성, 달수
1947-12-11-003	신가격표 계시 질서있게 매매	대환리소비조합상점	1	의철
1947-12-11-004	물가저락에 기뻐하는 근로인	제1인민시장	1	기관
1947-12-11-005	인민경제계획실천에 광채 더욱 빛날것이다 배우 김종협	화폐교환에 대한 반향	1	현석
1947-12-11-006	민주발전과 생활향상을 보장하는 진정한 화폐이다	화폐교환에 대한 반향	1	사무원 김응선
1947-12-11-007	불가리아인민들 신헌법 환호지지		1	북조선통신
1947-12-11-008	창발적연구와 실천으로 곡창 황해의 면모를 일신	황해도농림부장 김창하동지	2	성섭
1947-12-11-009	도내 녀성들의 신망을 일신에 모두고 헌신노력	황해도인민위원 리종희동지	2	성섭
1947-12-11-010	증산과 농촌문화향상 농민들의 복리 위해 노력	황해도인민위원 채백희동지	2	성섭
1947-12-11-011	미군주둔하에 있는 남조선은 경찰국가와 같다	뉴욕포스트 서울주재기자의 보도	2	북조선통신
1947-12-11-012	평양시당학교 제3기총결을 성과있게 종료		2	학균
1947-12-11-013	돌격 또 돌격으로 년간계획량 완수	아오지탄광 당단체들의 협조 성공	2	
1947-12-11-014	신민주주의국가는 평화와 안전의 옹호자이다		2	통신부
1947-12-11-015	곤명학생 맹휴	체포학생 석방 요구	2	북조선통신
1947-12-11-016	독일직맹대표 모쓰크바 출발		2	북조선통신
1947-12-11-017	화란군 쟈바에서 새로운 공격 개시		2	북조선통신
1947-12-11-018	녀성의 몸으로 세포를 옳게 령도 생산에 박차	개천탄광 봉천분항 세포위원장 윤갑수동무	2	명덕
1947-12-11-019	신화폐발행으로 더욱 높아진 인민들의 애국열	성진제강소 동무들	3	언철
1947-12-11-020	선교련탄공장 동무들 감사문과 함께 헌금		3	언철
1947-12-11-021	리정선씨외 3인의 애국미 5가마니	대동군 양화면 평리 리정선, 김학천, 김윤청, 김은돈 농민들	3	학균
1947-12-11-022	사리원농민들의 백미 15가마니	사리원시 대원리농민들	3	성섭
1947-12-11-023	청진철도부 년도계획 완수		3	현준극
1947-12-11-024	강동 흑령탄광 년간계획 완수		3	
1947-12-11-025	우리 돈을 받아들고		3	문병균
1947-12-11-026	고급교원양성소의 학생모집		3	림
1947-12-11-027	년말증산 42직장 중간실적	화폐교환에 감격 기일단축	3	명덕
1947-12-11-028	도산별이하 각급 직맹의 선거총결	참가비률은 92% 찬성비률은 99,5%	3	언철
1947-12-11-029	황해제철 6부문 년간계획 승리적완수		3	
1947-12-11-030	기계조종에 훌륭한 솜씨	황해제철 손창운동무	3	
1947-12-11-031	외롭고 가난한 환자에게 인민주권의 따뜻한 손길	평양사회사업구호원을 찾아서	3	찬길
1947-12-11-032	(화폐교환의 기쁨)		3	
1947-12-11-033	개천군 민영기업자대회		3	달수
1947-12-11-034	일기예보		3	
1947-12-11-035	예정기일을 1개월 단축	청천대교는 이렇게 완성(하)	3	기관
1947-12-11-036	쓰딸린적헌법일을 쏘련인민들 기념		4	북조선통신
1947-12-11-037	동구 각국에서 경축	항가리아, 루마니아, 체코슬로바키아, 유고슬라비아	4	북조선통신
1947-12-11-038	전후 독일경제수준과 배상에 대한 토의 계속	런던4국외상회의(6일)	4	북조선통신
1947-12-11-039	흑인을 학살	미국 죠지아주에서	4	북조선통신
1947-12-11-040	항가리-유고슬라비아 우호 및 호상원조조약 성립		4	
1947-12-11-041	찌토원수 부다페스트 도착		4	북조선통신
1947-12-11-042	수개국공산당보도국기관지 제2호 발간		4	북조선통신
1947-12-11-043	리제심에 체포령		4	북조선통신
1947-12-11-044	동구제국을 찬양	-영국로동당 대의원보고대회-	4	북조선통신
1947-12-11-045	파국에 직면한 일본경제	화폐발행전전의 40배	4	북조선통신
1947-12-11-046	국제사회당대회 개막		4	북조선통신
1947-12-11-047	쓰딸린대원수에게 보내온 우크라이나인민들의 편지		4	
1947-12-11-048	드골의 졸도가 영화관을 습격		4	북조선통신
1947-12-11-049	서전통상대표 모쓰크바 도착		4	북조선통신
1947-12-11-050	라지오		4	
1947-12-11-051	연마제조기술자 모집		4	국영남포 화학공장
1947-12-12-001	로동보호에 대하여		1	
1947-12-12-002	남조선민전의장단의 10월혁명기념축전에 쓰딸린대원수로부터 회전		1	
1947-12-12-003	건실한 신가격으로 근로인의 생활 안정	신화폐류통의 실정을 본다	1	
1947-12-12-004	새 설계표에 단란한 가정		1	
1947-12-12-005	로동자들은 일층 증산에 분진한다	평양기구제작소 제1주물공장에서	1	의철
1947-12-12-006	안정해진 생활에 명랑한 부인들		1	중선
1947-12-12-007	학창생활에도 기쁨은 떠돈다	김일성대학 조문과 학생 리옥수군	1	달수
1947-12-12-008	다시 열려진 행복에 감사하는 농민들	평양시 칠불리 라일환농민	1	의철

기사번호	제목(title)	부제목(stitle)	면수	필자, 출처
1947-12-12-009	농민들의 두팔뚝에는 다시금 새힘이 솟는다	함북 길주군 농민 곽신택	1	
1947-12-12-010	반동파들의 음모책동은 통쾌하게 분쇄될것이다	원산시 기업가 리종만	1	홍범
1947-12-12-011	이 기쁨으로 가정살림을 더욱 가치있게 하겠다	가정부인 리보현	1	한샘
1947-12-12-012	미군은 최초부터 어떠한 '포고'와 '선언'을 가지고 남조선에 상륙하였으며 무엇을 하였는가?(상)		2	백인준
1947-12-12-013	남자의 실적을 릉가 용접공 박승길동무	원산석유공장 제관장 로동자	2	홍범
1947-12-12-014	한글학교사업을 조직적으로 협조	-관류2구세포-	2	황길홍
1947-12-12-015	몽고경제개관론문		2	북조선통신
1947-12-12-016	쏘련의 10월혁명과 동양(상)		2	통신부
1947-12-12-017	사동탄광 로동자들 궐기	화폐교환감사 증산돌격	3	찬길
1947-12-12-018	검덕광산의 년말증산운동		3	김종근
1947-12-12-019	평북 룡천군 농민들 애국미 13가마니		3	학균
1947-12-12-020	2천 6백매 가마니헌납	평남 안주군 신안주 면월리 농민들	3	명덕
1947-12-12-021	농민청년들도 궐기 '산업건설협력대'로	평양시 북구민청산하 농민청년 75명	3	찬길
1947-12-12-022	벽동군소년단 단기강습회		3	달환
1947-12-12-023	파괴되었던 창광련와공장 어떻게 년간계획을 완수하였는가		3	기관
1947-12-12-024	경지실태조사사업에 헌신	표창받은 모범일군	3	김전
1947-12-12-025	날로 향상하며 발전하는 원산철도공장 문화사업		3	홍범
1947-12-12-026	우리의 농촌생활을 이렇게 향상시키자(상)		3	
1947-12-12-027	최승희무용단기강습회		3	
1947-12-12-028	사리원방직 증산경쟁 치렬	명년도 계획실행을 준비	3	성섭
1947-12-12-029	42직장의 증산경쟁에 우승한 직장은 표창하기로 결정	평남도에서	3	달수
1947-12-12-030	남조선소식 한토막 「날이 핍박해가는 우리의 살림살이 통화는 2백 60억원 돌파 도저히 살수 없다는 소리뿐」	11월 25일부 남조선 대동신문	3	남조선대동신문
1947-12-12-031	일기예보		3	
1947-12-12-032	대독강화조약절차 계속 토의 강화회의 구성국문제가 중심	런던4국외상회의(3일)	4	북조선통신
1947-12-12-033	인민의 투지는 견고	불국파업중앙위원회 각서 발표	4	북조선통신
1947-12-12-034	마샬안과 미국에 닥쳐오는 경제공황(상)		4	
1947-12-12-035	슈만의 반동행위	유고.불협회에 금령	4	북조선통신
1947-12-12-036	괴뢰'동인'정부와 협정	-화란 벨정부의 책동-	4	북조선통신

기사번호	제목(title)	부제목(stitle)	면수	필자, 출처
1947-12-12-037	불가리아회교도 조국전선강령 지지		4	북조선통신
1947-12-12-038	미의 유송관건설계획 반대		4	북조선통신
1947-12-12-039	극장		4	
1947-12-13-001	민주건설에 있어 애로를 극복함은 건설자의 임무다		1	
1947-12-13-002	식료품 및 상품으로 상업은 광범히 발전한다	북조선인민위원회 김책 부위원장과 기자들과의 담화	1	
1947-12-13-003	신구화폐교환사업 11일 승리적으로 완수		1	김전
1947-12-13-004	남조선민주녀맹 국제녀맹가입 승인		1	북조선통신
1947-12-13-005	국제녀성총동맹에 가입한 남조선녀맹에 축하문	북조선녀성총동맹에서	1	민성
1947-12-13-006	미군정은 테로원조를 중지하라!	재미 김헌식로인이 서한	1	북조선통신
1947-12-13-007	민주조국건설의 토대 더욱 튼튼해질것이다	로동녀성 리보부	1	은길
1947-12-13-008	앞으로 우리들 사업도 건실하게 발전되겠다	기업가 김종만	1	은길
1947-12-13-009	행복을 개척하기에 모든 힘을 바치겠다	교원 박순빈	1	중선
1947-12-13-010	반일해방투쟁사에 빛나는 열혈의 애국투사이며 반동파를 분쇄하고 민주건국의 진두에서 분투하는 지도자 장해우선생		2	
1947-12-13-011	미군은 최초부터 어떠한 '포고'와 '선언'을 가지고 남조선에 상륙하였으며 무엇을 하였는가?(하)		2	백인준
1947-12-13-012	모범적학생생활과 학습률 제고에 노력	강원도당학교 림시세포	2	홍범
1947-12-13-013	미국에서 공산당을 압박		2	북조선통신
1947-12-13-014	북조선 신구화폐교환을 부러워하는 남조선인민의 부르짖음		3	정운성
1947-12-13-015	화폐교환에 감사하는 대동군 농민들의 헌납		3	김전
1947-12-13-016	안변군 농민들의 높아가는 애국열		3	김만선
1947-12-13-017	가마니짜기경기대회 개최	철원군인민위원회 농림과에서	3	홍범
1947-12-13-018	흥남지구 인민공장 년말증산돌격운동		3	경석
1947-12-13-019	'우리 나라 돈'에 감격	부산면 농민들 애국미	3	의철
1947-12-13-020	년말증산에 감투하는 로동자들에게 격려미	원산시 세동 지경현 풍각리 농민들	3	홍범
1947-12-13-021	고공품증산에 돌격하는 강원도 농민들의 애국열		3	홍범
1947-12-13-022	우리의 농촌생활을 이렇게 향상시키자(하)		3	한샘
1947-12-13-023	대가의 명작들을 진렬	쏘련미술전람회 성황	3	은길
1947-12-13-024	팔경대리 민주선전실은 어떻게 사업하고있는가		3	현준극

기사번호	제목(title)	부제목(stitle)	면수	필자, 출처
1947-12-13-025	증산의 용사들 "량도 많이 내야 하지만 질도 좋게 해야 합니다"	원산유지화학공장 김진수동무	3	홍범
1947-12-13-026	「춘향전」 재상연	14일부터 국립극장에서	3	
1947-12-13-027	철원군 마장면 농민들 가마니 초과납부		3	홍범
1947-12-13-028	인민위원 사업보고를 듣고 애국미 헌납	문천군 천내면 제3선거구에서	3	홍범
1947-12-13-029	일기예보		3	
1947-12-13-030	쏘련공민박해에 항의	쏘련정부, 불정부에 각서 전달	4	
1947-12-13-031	쏘련정부.불란서정부에 통상관계교섭 거절통고	불정부의 적대적행위로	4	북조선통신
1947-12-13-032	마샬안과 미국에 닥쳐오는 경제공황(하)		4	『신시대』지
1947-12-13-033	쏘련, 항가리 경제교섭 성립		4	북조선통신
1947-12-13-034	체코슬로바키아로동자들 쏘련인민에게 선물		4	북조선통신
1947-12-13-035	유고, 항가리조약은 평화와 안전의 보증	찌또원수 기자단과 회견	4	북조선통신
1947-12-13-036	누가 런던외상회의의 파탄을 기도하는가?		4	통신부
1947-12-13-037	극장		4	
1947-12-14-001	부고	안길동지의 서거와 관련하여	1	
1947-12-14-002	추도문	안길동지의 서거와 관련하여 북조선인민위원회에서	1	
1947-12-14-003	조사	안길동지의 서거와 관련하여 북조선쏘련군사령부에서	1	
1947-12-14-004	애도문	안길동지의 서거와 관련하여	1	
1947-12-14-005	조사	안길동지의 서거와 관련하여 북조선로동당 중앙위원회에서	1	
1947-12-14-006	추도문	안길동지의 서거와 관련하여 보안간부훈련대대본부에서	1	
1947-12-14-007	조사	안길동지의 서거와 관련하여 북조선로동당 평남도당위원회에서	1	
1947-12-14-008	고 안길선생 장의위원회 구성		1	
1947-12-14-009	고 안길선생 장의위원회 발표		1	
1947-12-14-010	신구화폐교환사업은 승리적으로 완수되었다		1	
1947-12-14-011	우리들은 민주자주독립국가를 건설할수 있는 이러한 지도자를 가지고 있다!	남조선반동파들의 매국적음모를 분쇄하며 민주조국의 외교창립에 헌신하는 지도자 리강국선생	2	
1947-12-14-012	쏘련의 10월혁명과 동양(하)		2	통신부
1947-12-14-013	희랍민주군 전과 혁혁	11월중 해방부락 198개소	2	북조선통신
1947-12-14-014	로마시 로동자 10일야반 총파업	반정부공세 더욱 가렬	2	북조선통신
1947-12-14-015	국부통할구 우편소속직원 총파업 단행		2	북조선통신
1947-12-14-016	원가저하와 년말증산돌격 신의주팔프공장에서 전개	창의고안의 모범일군들 속출	3	영환

기사번호	제목(title)	부제목(stitle)	면수	필자, 출처
1947-12-14-017	산업국민청의 년말증산돌격에 호응	장진강발전소 민청원 궐기	3	성삼
1947-12-14-018	2천 7백정보 관개공사로 명년도 증수 1만 8천여석	함북도의 증산계획은 이렇게 진행	3	현준극
1947-12-14-019	친애하는 산업국 민청원 및 전기처산하 동무들께 호소		3	정삼
1947-12-14-020	김일성대학 민청원들 문맹퇴치협조에 동원		3	은길
1947-12-14-021	북조선 6대학에 보내는 김일성대학 민청의 호소		3	
1947-12-14-022	강서 초리면농촌 비약적으로 발전		3	본사특파원 김윤모
1947-12-14-023	'우리 나라 돈'을 받은 인민들의 기쁨	신의주방직공장 화폐교환 돌격 기념증산	3	영환
1947-12-14-024	사리원시 주변농민들이 화폐교환경축물품 헌납		3	성섭
1947-12-14-025	용광로로 달리는 광석'전차'	홍봉남동무의 애국적투쟁	3	
1947-12-14-026	신화폐경축시장이 14일부터 열린다		3	언철
1947-12-14-027	북조선경지실태조사사업의 승리적성과와 앞으로의 과업		3	김전
1947-12-14-028	평북 신연광산 야간특별돌격대		3	영환
1947-12-14-029	신화페에 감격 벼 12가마니	평안남도 대동군 김제면 원창리 농민 김재수씨외 11명	3	기관
1947-12-14-030	확대되는 불란서인민항쟁 발악적인 정부의 파업탄압	전차와 공정대까지 출동	4	북조선통신
1947-12-14-031	미독점가와 군국주의자는 '기괴한 심리전'을 조작	전 부대통령 월레스씨 연설	4	북조선통신
1947-12-14-032	달레스와 드.골 밀담	불국에서 영세력배제 기도	4	북조선통신
1947-12-14-033	왜 미국은 독일문제에 관하여 합의된 결정을 훼손하는가?		4	통신부
1947-12-14-034	팔레스티나에 대한 영미의 침략적야욕		4	소책자 『팔레스티나문제』
1947-12-14-035	중.미해군협정		4	북조선통신
1947-12-14-036	몽고무역대표단 모쓰크바 도착		4	북조선통신
1947-12-14-037	세계민청련맹대표단입국을 라틴아메리카제국 거부		4	북조선통신
1947-12-14-038	이란 타브리즈시 계엄령상태		4	북조선통신
1947-12-14-039	시간획득의 수단으로 화.인협의를 리용		4	북조선통신
1947-12-14-040	항가리대표 모쓰크바 출발		4	북조선통신
1947-12-14-041	까자흐쓰딴의 생산운동		4	북조선통신
1947-12-14-042	불철도직맹대표 모쓰크바 출발		4	북조선통신
1947-12-14-043	이란아제르바이쟌사태		4	북조선통신

기사번호	제목(title)	부제목(stitle)	면수	필자, 출처
1947-12-14-044	라지오		4	
1947-12-16-001	김일성위원장 김책 부위원장 최용건장군 무정장군 등 친우들에게 받들려나오는 고 안길동지의 령구		1	
1947-12-16-002	전체 인민의 비애속에 고 안길동지의 장례식 15일 모란봉후록에서 엄숙히 거행		1	학균
1947-12-16-003	추도문	안길동지의 서거와 관련하여 북조선인민위원회 김책	1	
1947-12-16-004	추도문	안길동지의 서거와 관련하여 북조선로동당 중앙위원회 대표 주녕하	1	
1947-12-16-005	조사	안길동지의 서거와 관련하여 북조선주둔 쏘련사령부 대표	1	
1947-12-16-006	조사	안길동지의 서거와 관련하여 남조선에 있는 민주주의민족전선 중앙위원회	1	
1947-12-16-007	추도사	안길동지의 서거와 관련하여 보안간부훈련대대본부 총사령관 최용건	1	
1947-12-16-008	고 안길동지 략사		1	
1947-12-16-009	우리들은 민주자주독립국가를 건설할수 있는 이러한 지도자를 가지고있다!	조국의 완전독립을 위하여 민족간부양성에 노력하는 지도자 장종식선생	2	
1947-12-16-010	년말돌격운동전반기 결속 최후생산돌격전으로 돌입	평남도당상무위원회 협조방침 결정	2	김전
1947-12-16-011	일본반동은 강화조약을 재기의 기회로 노리고있다		2	북조선통신
1947-12-16-012	트리에스트에서 파시스트테로행위		2	북조선통신
1947-12-16-013	슬픔에 잠긴 조객 뒤이어 안길동지의 서거를 애도		2	명덕
1947-12-16-014	조선법전초안작성위원회 사업진행상황		2	
1947-12-16-015	미국군사고문단 중국에 대량 증파		2	북조선통신
1947-12-16-016	쌀을 지고온 수백수천의 농민 싼 물건을 사들고 희색이 만면		3	중선
1947-12-16-017	아이만큼한 '방어'집 지을 '못'도 샀다		3	중선
1947-12-16-018	맵시나는 '고무신'에 잊을번했던 '학용품'		3	
1947-12-16-019	눅은 값에 쌀을 산 가정부인의 기쁨	가정부인 김순희씨	3	기관
1947-12-16-020	30원에 배부른 시장간이식당		3	
1947-12-16-021	거리에 가득찬 행복감을 듣는다	쌀값발표를 기뻐하는 인민들	3	
1947-12-16-022	새 물가를 환영	생활안정을 말하는 시민들	3	김전
1947-12-16-023	적절한 쌀값에 만족한 농민들		3	중선
1947-12-16-024	건설북조선을 구가하는 시민들		3	중선

기사번호	제목(title)	부제목(stitle)	면수	필자, 출처
1947-12-16-025	42직장의 년말증산경쟁 6개 직장 표창 결정	20일간의 총결로	3	김전
1947-12-16-026	값싼 물건에 놀랬다 요다음 또 오겠다	농민의 담화	3	중선
1947-12-16-027	농민시장을 오는 18일까지 연장		3	언철
1947-12-16-028	시민생활은 안정 농민들에게 감사	시민의 담화	3	중선
1947-12-16-029	성천강류역의 개간공사 진척		3	의철
1947-12-16-030	신화페에 감격 함남 함주농민 애국미 헌납	함남 함주면 성북리 전체 농민들	3	의철
1947-12-16-031	무슨 물건이 제일 많이 팔렸는가		3	언철
1947-12-16-032	일기예보		3	
1947-12-16-033	불가리아에 신내각	띠미뜨로프수상 류임	4	북조선통신
1947-12-16-034	중국인민의 파업투쟁 발전	경제적요구에서 정치적계단으로	4	북조선통신
1947-12-16-035	우크라이나 첨채대풍작		4	북조선통신
1947-12-16-036	유고.항가리협정은 구라파평화에 기여	『뜨루드』지 론평	4	북조선통신
1947-12-16-037	주민을 대학살	국민당정부 광서성에서	4	북조선통신
1947-12-16-038	지방쏘베트근로자 대의원선거전야의 레닌그라드		4	통신부
1947-12-16-039	할리우드예술인을 기소	소위 비미행동위원회의 행위	4	북조선통신
1947-12-16-040	반쏘영화「방화막」을 캐나다인민 비난		4	북조선통신
1947-12-16-041	미영반동파의 독일해체정책		4	통신부
1947-12-16-042	극장		4	
1947-12-17-001	유일한 화폐제도수립의 빛나는 승리를 공고발전시키자		1	
1947-12-17-002	철도운임도 저하 신화페통용으로	철도부문, 자동차부문, 체신부문	1	북조선통신
1947-12-17-003	고공품생산경쟁을 호소	대동군 열성농민들 중화군 농민에게	1	의철
1947-12-17-004	분투하는 철도진	년말증산돌격운동 10일간의 증산실적	1	언철
1947-12-17-005	생활향상을 보장하는 가장 옳바른 시책이다 중앙결핵 디스판셀의사 리상경	화페교환에 대한 반향	1	한샘
1947-12-17-006	증산운동에 힘을 다하여 분투노력하겠습니다 녕변군 로동자 조경빈	화페교환에 대한 반향	1	김반선
1947-12-17-007	자립경제의 토대는 더욱 튼튼해질것이다 원산우편국 유태선	화페교환에 대한 반향	1	홍범
1947-12-17-008	상점폐쇄 공도봉쇄	로마지구 총파업속보	1	북조선통신
1947-12-17-009	실업과 기아가 총파업의 원인		1	북조선통신
1947-12-17-010	불가리아인민들 신정부를 환영		1	북조선통신
1947-12-17-011	봉급인상요구코 일본관리들 결근		1	북조선통신
1947-12-17-012	레닌그라드 대학과학회의 개최		1	북조선통신
1947-12-17-013	조국해방을 위하여 꾸준히 투쟁하였으며 근로인민의 생활향상을 위하여 분투하는 지도자 오기섭선생		2	

기사번호	제목(title)	부제목(stitle)	면수	필자, 출처
1947-12-17-014	쓰딸린적5개년계획 실행의 새로운 제 성과		2	신문부
1947-12-17-015	화재방지를 위하여 이렇게 복무하고있다	서평양소방보안대 세포 추동	2	학균
1947-12-17-016	무고한 주민을 추방	희랍왕당파정부의 폭행	2	북조선통신
1947-12-17-017	농민시장은 북조선의 자랑	그 항구적대책을 수립중	3	
1947-12-17-018	다미면 농민들 가마니 납부		3	달수
1947-12-17-019	농민시장은 날로 번창한다	사고파는것이 질서가 정연	3	
1947-12-17-020	북조선건재부문 년간계획량 완수		3	
1947-12-17-021	북중경금속공장 다시 추가증산 매진		3	윤모
1947-12-17-022	승호리중학생들 보안원들께 선물		3	달수
1947-12-17-023	화폐교환에 드높은 인민의 환희	증산의 의기 토하는 원산철도공장 종업원대회	3	
1947-12-17-024	42직장중 1등표창 받은 국영 성천광산의 증산투쟁기		3	김전
1947-12-17-025	우리가 만든 각지 특산물 진렬	소비조합생산합작리용 생산제품전시회	3	기관
1947-12-17-026	화폐교환경축대회 열고 고공품증산을 결의	황주군 황주면 성북리	3	변학준
1947-12-17-027	'도리꼬'미는데 힘센 투사	황해제철의 박영준동무	3	
1947-12-17-028	년하 우편과 전보 이렇게 취급한다	북조선인민위원회 체신국에서	3	김전
1947-12-17-029	「노비의 동란」 재상연		3	
1947-12-17-030	대동군 금제면 농민 만경대학원 기증미		3	
1947-12-17-031	일기예보		3	
1947-12-17-032	대독경제원칙문제 토의	런던4국외상회의(9일)	4	따쓰특파원
1947-12-17-033	미사려구와 현실		4	통신부
1947-12-17-034	불가리아신정부 조직은 인민적민주주의의 성과		4	북조선통신
1947-12-17-035	파.미협정반대	파나마학생 시위운동	4	북조선통신
1947-12-17-036	파란농민당 중앙위원회 폐회		4	북조선통신
1947-12-17-037	파란간첩단체 공판		4	북조선통신
1947-12-17-038	알바니아의 기업소들 생산계획 초과		4	북조선통신
1947-12-17-039	라지오		4	
1947-12-17-040	극장		4	
1947-12-18-001	당리론가의 양성은 우리 당의 절박한 임무이다		1	
1947-12-18-002	애국정열의 결정	농업현물세 완납	1	
1947-12-18-003	조선림시헌법제정위원회에 보내온 박정선농민의 편지	강원도 안변군 안변면 탑리에 사는 농민	1	
1947-12-18-004	전기와 경공업 부문 년간계획 승리적으로 완수		1	
1947-12-18-005	우리들의 민주력량이 더욱 굳게 결속되게 되었다	화폐교환에 대한 반향	1	교원 조헌

기사번호	제목(title)	부제목(stitle)	면수	필자, 출처
1947-12-18-006	우리들의 살림살이에는 희망과 광명이 있을뿐이다 가정부인 련련화	화폐교환에 대한 반향	1	현석
1947-12-18-007	지은 쌀은 소비조합이나 직접 소비자에게 팔겠다 농민 곽춘섭	화폐교환에 대한 반향	1	중선
1947-12-18-008	알바니아수상 호쟈씨와 지미뜨로브씨 교환연설	20만군중환영대회에서	1	북조선통신
1947-12-18-009	희랍민주군 적군을 소탕	루벨리아전구에서	1	북조선통신
1947-12-18-010	우리들은 민주자주독립국가를 건설할수 있는 이러한 지도자를 가지고있다!	민주조국건설을 위하여 애국적 열성으로 반동분자와의 투쟁에 적극 헌신하는 지도자 강량욱선생	2	
1947-12-18-011	조국건설의 불꽃튀는 투지 전정력을 경주 학습에 열성	중앙당학교 학생들의 모범적생활	2	학균
1947-12-18-012	공산당은 쏘련의 령도력량이며 기본력량이다		2	통신부
1947-12-18-013	신의주기관구 종업원들 신화폐발행경축 무사고주파돌격 전개		3	영환
1947-12-18-014	평북려객자동차사업소도 2만키로 무사고 주파 돌격		3	영환
1947-12-18-015	길주민청원들 팔프공장공사에 증산돌격		3	박태화
1947-12-18-016	철산군 백량면교환소의 미담		3	영환
1947-12-18-017	쓰딸린대원수 탄생 68주년기념행사		3	민생
1947-12-18-018	문맹퇴치사업	평남도의 성과	3	김전
1947-12-18-019	벽동군 소년단 귀여운 헌납		3	달환
1947-12-18-020	금년도 세금납부성적	평남도가 북조선 1위	3	달수
1947-12-18-021	한글학교에서는 이렇게 배우고있다	평양특별시 선교리 제2한글학교에서	3	윤모
1947-12-18-022	년말증산 영예의 2등을 쟁취한 개천흑연광산의 투쟁기		3	김전
1947-12-18-023	모범공장 평양곡산공장의 년말증산 중간총결보고대회		3	언철
1947-12-18-024	함북수산사업의 빛나는 어획성과		3	현준극
1947-12-18-025	청진제강소의 증산투쟁		3	준극
1947-12-18-026	일기예보		3	
1947-12-18-027	대독경제원칙문제토의 계속	런던4국외상회의(11일)	4	따쓰특파기자
1947-12-18-028	내몽고인민자위군 통일 강화		4	북조선통신
1947-12-18-029	화란침략자의 책동 인도네시아분렬을 기도	벨-화란수상 쟈카르타 향발	4	북조선통신
1947-12-18-030	알바니아수상 불가리아 방문		4	북조선통신
1947-12-18-031	중국해방구와 국민당구의 판이한 농촌경리		4	북조선통신
1947-12-18-032	쏘련의 금년도 곡물수확 작년보다 58% 증가		4	북조선통신

기사번호	제목(title)	부제목(stitle)	면수	필자, 출처
1947-12-18-033	희랍민주군 카로타전구에서 대반격		4	북조선통신
1947-12-18-034	누구에게 또한 무엇때문에 빨간위원회는 필요한가?		4	통신부
1947-12-18-035	음악영화소개	「나의 희망」	4	
1947-12-18-036	라지오		4	
1947-12-18-037	극장		4	
1947-12-18-038	광고		4	
1947-12-19-001	북조선민주건설에 있어서 직업동맹의 역할	-북조선직업총동맹 제2차대회를 맞이하며-	1	
1947-12-19-002	림시헌법초안 조문작성 완료	조선림시헌법초안 작성진행에 관한 보도	1	
1947-12-19-003	농민들은 이러한 헌법제정을 요구한다		1	중선
1947-12-19-004	명년도 농업증산을 위한 준비에 만전을 기하자		1	의철
1947-12-19-005	불란서파업에 대한 로동총련맹지도부의 콤뮤니케		1	북조선통신
1947-12-19-006	산업국 연료처산하 15개 국영기업소 년간계획량 완수		1	윤모
1947-12-19-007	파란군참모본부 한림원 개원식 거행		1	북조선통신
1947-12-19-008	사회보험법 발포 1주년을 맞이하면서		2	북조선인민위원회 로동국장 오기섭
1947-12-19-009	조국건설을 위한 증산에 전력량을 이바지한다	평양타올직조반장 리보비동무	2	학균
1947-12-19-010	개별적기술전습제 실시 3부교대제를 완전 보장	강선제강 분괴공장세포 리치룡동무	2	명덕
1947-12-19-011	직맹산하에 굳게 단결된 북조선의 로동자들은 민주조국건설을 위하여 영웅적 투쟁을 하고있다		2	언철
1947-12-19-012	화란 발스도에 테로정권 수립		2	북조선통신
1947-12-19-013	수모받던 옛 '화전민'은 오늘 씩씩한 산업전사로 나섰다	인민의 환호속에 탄광으로 이주	3	달수
1947-12-19-014	농민시장에서 본 농촌생활의 향상		3	
1947-12-19-015	20일부터 동기방학	학생들은 문맹퇴치에 돌격	3	김전
1947-12-19-016	인민경제계획을 완수한 우리 직장 국영 덕천탄광의 증산투쟁	수많은 모범로동자들 배출	3	김전
1947-12-19-017	가마니 한장 짜는데 28분 30초	황해도 농민들	3	성섭
1947-12-19-018	기특한 소녀	가마니 증산	3	원형
1947-12-19-019	북조선직업총동맹 산별중앙대회 개막		3	언철, 기관, 은길
1947-12-19-020	황해도 농민의 토지개량성과		3	성섭
1947-12-19-021	일기예보		3	

기사번호	제목(title)	부제목(stitle)	면수	필자, 출처
1947-12-19-022	통상문제국제회의	미국 '비률적'투표제 제안	4	북조선통신
1947-12-19-023	파란사회당의 당강령초안		4	북조선통신
1947-12-19-024	불가리아와 알바니아간에 우호협력 호상원조조약 교섭 개시		4	북조선통신
1947-12-19-025	빨간위원회는 희랍에 대한 미국간섭도구		4	북조선통신
1947-12-19-026	쏘, 체협정 4주년을 체코인민 기념		4	북조선통신
1947-12-19-027	중국민주쟁취를 맹세	북평학생 '12.1'운동 2주년을 기념	4	북조선통신
1947-12-19-028	쏘.체통상협정 환영	체코슬로바키아신문	4	북조선통신
1947-12-19-029	희랍정부군 비행기 알바니아국경 침범		4	북조선통신
1947-12-19-030	영국에 막대한 실직자 속출		4	북조선통신
1947-12-19-031	누가 미국을 지배하는가		4	
1947-12-19-032	라지오		4	
1947-12-19-033	극장		4	
1947-12-19-034	광고		4	
1947-12-20-001	생산합작사의 사업을 옳게 조직하자		1	
1947-12-20-002	보라! 민주력량의 승리의 기록	평남도내 기업소 년도계획 기한전에 완수	1	명덕
1947-12-20-003	평양특별시 북조선인민위원회 김일성위원장 앞	1947년도 인민경제부흥발전 예정수자실행에 대한 호소에 접하여 평안남도인민위원회 위원장 리주연으로부터	1	
1947-12-20-004	종업원의 분투를 찬양	강선제강공장 년말증산운동 중간보고대회	1	명덕
1947-12-20-005	국토건설에 거대한 성과	시설부문 계획 초과완수	1	김전
1947-12-20-006	1947년도 사업총결 신년도의 사업방침 토의	각 도 및 평양특별시 로동부장회의	1	윤모
1947-12-20-007	고공품 증산하고 문맹을 퇴치하자	북조선농맹 중앙위원회 결의	1	의철
1947-12-20-008	락랑관개공사 53% 진척		1	김전
1947-12-20-009	영국교사밑에 반공테로	레바논정부 공산당 압박	1	북조선통신
1947-12-20-010	주미쏘련대사 빠뉴수낀 신임		1	북조선통신
1947-12-20-011	불가리아에서 쏘련군 철퇴 완료		1	북조선통신
1947-12-20-012	우리들은 민주자주독립국가를 건설할수 있는 이러한 지도자를 가지고있다!	조국의 독립을 위하여 반일투쟁에 헌신하였으며 부강한 민주조국의 상업발전에 노력하는 지도자 장시우선생	2	
1947-12-20-013	나날이 장성발전되는 당원들의 정치적 수준	사동련탄공장 전기세포 교양사업 진척	2	명덕
1947-12-20-014	황해제철소의 모범	군중선동사업 진척	2	학균
1947-12-20-015	헌법의 성질과 개념		2	
1947-12-20-016	면전체의 가마니책임량을 북조선 1위로 승리적완납	평남 룡강군 다미면 열성농민들	3	의철

기사번호	제목(title)	부제목(stitle)	면수	필자, 출처
1947-12-20-017	가마니헌납 미담	룡강군 다미면 동정리 리유형, 정자홍 두농민	3	의철
1947-12-20-018	문학동맹 중앙상무위원회 개최		3	
1947-12-20-019	평남도에서 무의촌 근멸		3	달수
1947-12-20-020	화폐교환에 감격 애국미 속속 헌납	대동군 량화면 농민들, 평리 농민 리성선, 신리농민 5명	3	명덕
1947-12-20-021	북조선 로동자 사무원들의 이 행복을 보라!		3	현석
1947-12-20-022	북조선직업총동맹 산별중앙대회 개막		3	언철, 의철, 민성, 은길
1947-12-20-023	정주기관구 모범일군들		3	정원
1947-12-20-024	기관차주수기 창안	원산철도공장 한상균동무	3	홍범
1947-12-20-025	인민경제계획을 완수한 우리 직장	강선제강공장의 애국일군 그들은 어떻게 싸워왔는가	3	명덕
1947-12-20-026	정부의 탄압철회를 조건으로 불파업로 동자 철수 개시	파업중앙위원회 명령으로	4	북조선통신
1947-12-20-027	불란서인민항쟁은 슈만정부에 대타격		4	북조선통신
1947-12-20-028	일본인민들의 73%가 국회를 불신임		4	북조선통신
1947-12-20-029	츠깔로브서거 9주년을 기념		4	북조선통신
1947-12-20-030	미국잉여군수품 중국 각 항에 산적		4	북조선통신
1947-12-20-031	불가리아통일민청련결성대회일 박두		4	북조선통신
1947-12-20-032	민주와 평화를 위하여 싸우는 희랍민주군병사(상)		4	
1947-12-20-033	학원에까지 간섭	미국의 민주탄압의 촉수	4	북조선통신
1947-12-20-034	프랑코정부 국제법률가대표입국 거부		4	북조선통신
1947-12-20-035	알바니아대표에 훈장	불가리아정부로부터 수여	4	북조선통신
1947-12-20-036	헤크마트수상에 이란국회 찬성		4	북조선통신
1947-12-20-037	크레이장군의 '선전'공세		4	통신부
1947-12-20-038	극장		4	
1947-12-20-039	광고		4	
1947-12-21-001	쓰딸린대원수의 이름은 천추만대에 빛나라!	쓰딸린대원수 탄생 68주년에 제하여	1	
1947-12-21-002	전세계 인류의 구성인 쓰딸린대원수의 략사		1	
1947-12-21-003	북조선직업총동맹 제2차 중앙대회 개막		1	북조선통신
1947-12-21-004	조선민족해방의 은인 쓰딸린대원수에게 조선인민은 이렇게 감사		2	
1947-12-21-005	황해도당단체는 당원들의 사상수준을 높이기 위하여 어떻게 투쟁하였는가		2	북조선로동당 황해도당부 선전선동부장 현정민
1947-12-21-006	자습과 복습을 적극 실천 학습결과는 반드시 총결	황주군 성북리 농촌세포의 교양사업	2	성섭

기사번호	제목(title)	부제목(stitle)	면수	필자, 출처
1947-12-21-007	통일과 평화를 위한 전독일인민대회	『신시대』지의 론평	2	
1947-12-21-008	오지리내무성에 히틀러배 잔존		2	북조선통신
1947-12-21-009	농민들의 열성으로 또다시 세말농민시장이 열린다!	28일부터 3일간 평양시에서	3	
1947-12-21-010	개천흑연광산의 년말증산중간보고		3	기관
1947-12-21-011	황해제철소 로동자들은 기술창안에 모범적이다		3	성섭
1947-12-21-012	고공품증산경쟁에 호응 중화군 애국농민들 궐기	면과 부락 단위로 경쟁반 조직	3	의철
1947-12-21-013	철원군 농민들 고공품 증산		3	홍범
1947-12-21-014	군내 1착으로 가마니 완납 다시 추가증산에 일로 매진	황해도 사인면 농민들 분투	3	성섭
1947-12-21-015	공장 아저씨와 언니들에게 귀여운 선물과 격려	-평남 기양인민학교 아동들-	3	명덕
1947-12-21-016	강원도의 전체 세금 지난 11일에 완납		3	홍범
1947-12-21-017	보민친선대회에서 애국미 헌납		3	윤모
1947-12-21-018	연초수매사업은 이렇게 진행된다	금천군에서	3	정은성
1947-12-21-019	함북 주을탄광 년간계획 완수		3	준극
1947-12-21-020	쥐를 잡자! 좋은 약이 나왔다	평양특별시인민위원회 보건부에서	3	김전
1947-12-21-021	만경대학원에 벼 50가마니 헌납	평남 순천군 내남면 전체 농민들	3	
1947-12-21-022	각지 면화현물세납부 활발		3	중선
1947-12-21-023	북조선직업총동맹 산별중앙대회 폐막		3	언철
1947-12-21-024	일기예보		3	
1947-12-21-025	미영불대표의 야합으로 론돈외상회의 파탄		4	따쓰특파기자
1947-12-21-026	독일민주단체대표의 의견청취를 거절		4	
1947-12-21-027	쏘베트대표단은 독일배상문제의 실무적 심의를 요구		4	
1947-12-21-028	몰로또브외상 모쓰크바로 귀환		4	북조선통신
1947-12-21-029	쏘련내각 부수상에 까가노위치		4	북조선통신
1947-12-21-030	재오독일재산문제 토의	대오조약에 관한 외상대리회의	4	북조선통신
1947-12-21-031	외상회의 파탄을 영미는 사전에 기도		4	북조선통신
1947-12-21-032	이태리에서 미군철퇴성명		4	북조선통신
1947-12-21-033	알바니아와 불가리아간 우호협력호상원조조약 성립		4	북조선통신
1947-12-21-034	민주와 평화를 위하여 싸우는 희랍민주군 병사(하)		4	통신부
1947-12-21-035	「방화막」촬영을 쏘.캐협회 반대		4	북조선통신
1947-12-21-036	라지오		4	
1947-12-21-037	극장		4	
1947-12-23-001	북조선직업총동맹 제2차 중앙대회에서 진술한 김일성위원장의 연설		1, 2	

기사번호	제목(title)	부제목(stitle)	면수	필자, 출처
1947-12-23-002	북조선직업총동맹 제2차 중앙대회 주석단		1	
1947-12-23-003	북조선인민위원회 위원장 김일성동지		1	
1947-12-23-004	축사	북조선민주주의민족통일전선 중앙위원회 의장 김두봉 (북조선직업총동맹 제2차 중앙대회에서)	2	
1947-12-23-005	로동자와 사무원의 빛나는 업적 찬양	영예의 기발을 수여! 북조선인민위원회 이름으로	2	
1947-12-23-006	수기사	북조선인민위원회 부위원장 김책 (북조선직업총동맹 제2차 중앙대회에서)	2	
1947-12-23-007	답사	북조선직업총동맹 중앙위원회 위원장 최경덕 (북조선직업총동맹 제2차중앙대회에서)	2	
1947-12-23-008	김일성위원장의 연설로 만장에 환호와 감격 폭발	직총 제2차 중앙대회(제2일)	2	언철
1947-12-23-009	국제국내정세에 대한 보고	북조선직업총동맹 제2차 중앙대회에서 주녕하	3, 4	
1947-12-23-010	북조선직총대회에 보내온 남조선전평의 메쩨지	북조선직업총동맹 제2차 중앙대회	3	
1947-12-23-011	산업	모든 난관과 애로를 뚫고 산업부흥의 성벽을 구축 (민주승리 불멸의 금자탑 1947년건설의 성과)	4	달수
1947-12-23-012	교통	철도종업원들의 영웅적투쟁 획기적성과를 올리고 또돌진 (민주승리 불멸의 금자탑 1947년 건설의 성과)	4	김
1947-12-23-013	미영의 음모에 저항하라!	4국회의 파탄과 관련하여 파란 사회당 전세계에 호소	4	북조선통신
1947-12-23-014	불란서근로인민 파업보복행위반대투쟁		4	북조선통신
1947-12-23-015	불가리아와 알바니아 정부대표단의 공동콤뮤니케 요지		4	북조선통신
1947-12-23-016	영국의 실업자 총수 27만		4	북조선통신
1947-12-23-017	체코슬로바키아정부 쏘련과의 통상협정 승인		4	북조선통신
1947-12-23-018	라지오		4	
1947-12-23-019	극장		4	
1947-12-24-001	북조선로동당 중앙위원회 통고		1	
1947-12-24-002	북조선로동당 중앙위원회 결정서	1947년 12월 23일	1	
1947-12-24-003	쓰딸린대원수에게 드리는 메쩨지	북조선직업총동맹 제2차 중앙대회에서	1	

기사번호	제목(title)	부제목(stitle)	면수	필자, 출처
1947-12-24-004	김일성장군에게 드리는 메쩨지	북조선직업총동맹 제2차 중앙대회에서	1	
1947-12-24-005	경제절약은 민주조선건설의 중요한 투쟁과업이다		1	
1947-12-24-006	평남도당단체는 당원들의 사상수준을 높이기 위하여 어떻게 투쟁하였는가		2	북조선로동당 평남도당부 선전선동부장 전몽수
1947-12-24-007	뒤를 이어 배출되는 간부 만만한 자신 얻고 새 출발	평남도당학교 제3회졸업식	2	명덕
1947-12-24-008	평양시당학교 4기생들 입학		2	민성
1947-12-24-009	유고 찌또원수 라국수상과 요담		2	북조선통신
1947-12-24-010	부르죠아헌법은 인민을 노예화하는 헌법이다		2	
1947-12-24-011	높이 올린 또하나의 승리 남포제련소 년간계획 완수	단결의 위력과 창발력의 시위	3	학균
1947-12-24-012	직총 제2차 중앙대회 대성과를 거두고 폐막		3	언철
1947-12-24-013	인민경제계획을 완수한 우리 직장	평양고무공장 종업원들은 어떤 조직으로 싸워왔는가	3	윤모
1947-12-24-014	가마니증산에 결혼식도 연기	평안남도 룡강군 다미면 동정리 녀맹위원장 정리형동무의 가정에서	3	민성
1947-12-24-015	조선림시헌법제정을 찬동하는 시민대회	평북 신의주시에서	3	영환
1947-12-24-016	강원도관개공사 이렇게 진척된다		3	홍범
1947-12-24-017	국제직련맹에 보내는 메쩨지(요지)	북조선직업총동맹 제2차대회	3	
1947-12-24-018	전쏘베트련방직업동맹에 보내는 메쩨지(요지)	북조선직업총동맹 제2차대회	3	
1947-12-24-019	남조선전평에 보내는 메쩨지(요지)	북조선직업총동맹 제2차대회	3	
1947-12-24-020	체신 체신시설은 날로 약진	새 기계도 창안제작	4	김전
1947-12-24-021	보건 위생방역사업에 완벽	국가병원망 날로 확장	4	김전
1947-12-24-022	빨간의 민주공동전선은 확호	불가리아수상 지미뜨로브갈파	4	북조선통신
1947-12-24-023	쏘련내각 부수상에 말리쉐브씨		4	북조선통신
1947-12-24-024	식량공장 종업원 3십만 전국적파업 단행	이태리	4	
1947-12-24-025	차기 대통령후보로 월레스	미국진보적시민협회 추천	4	북조선통신
1947-12-24-026	인도관리 파업		4	북조선통신
1947-12-24-027	방이쏘베트빨찌산대표단의 동정		4	북조선통신
1947-12-24-028	이란아제르바이쟌의 인민탄압 우심		4	북조선통신
1947-12-24-029	미국부두로동자 임금인상요구를 관철		4	북조선통신
1947-12-24-030	제4차 최고쏘베트소집일 결정		4	북조선통신
1947-12-24-031	인도네시아분할 반대	반둥시민 시위행진	4	북조선통신
1947-12-24-032	수개국공산당보도국 기관지 제3호 발간		4	북조선통신

기사번호	제목(title)	부제목(stitle)	면수	필자, 출처
1947-12-24-033	트리에스트에 반파쑈청년련맹		4	북조선통신
1947-12-24-034	희랍우익진영 상극	왕당파와 자유당 대립	4	북조선통신
1947-12-24-035	쏘련해운성 년도계획 초과		4	북조선통신
1947-12-24-036	쏘분국경구할 우호리에 완료		4	북조선통신
1947-12-24-037	기권 많은 볼리비아선거		4	북조선통신
1947-12-24-038	극장		4	
1947-12-25-001	각급 당지도기관 사업총결과 선거진행을 고상한 정치적수준에서 준비하자		1	
1947-12-25-002	지하자원.삼림지역.수역 일체 국유화 결정	북조선인민위원회에서	1	
1947-12-25-003	도시발전을 위한 건축규정을 결정	북조선인민위원회에서	1	
1947-12-25-004	쓰딸린대원수 탄신축하 조쏘문화협회 보고대회		1	북조선통신
1947-12-25-005	위대한 쓰딸린대원수탄신에 드린 축하 전보		1	
1947-12-25-006	조국을 위하여 몸 바친 애국렬사유가족 보호	북조선인민위원회 결정	1	
1947-12-25-007	고 안길선생 추모	공적비 건립 유가족 보호	1	
1947-12-25-008	조선림시헌법초안 제2차 제정위원회 통과		1	북조선통신
1947-12-25-009	문맹퇴치중앙지도위원회 결정		1	
1947-12-25-010	서부쟈바에 괴뢰정권 수립하려고 책동	인도네시아 민주정당들이 폭로	1	북조선통신
1947-12-25-011	평양특별시의 문맹퇴치성과	평양특별시 사회교육과	1	김전
1947-12-25-012	조국의 해방을 위하여 반생을 바쳤으며 인민주권의 보위에 헌신하는 지도자 최윤옥선생		2	
1947-12-25-013	군중에게 널리 리용되는 민주선전실의 이모저모(4) 군중선동사업은 이렇게 진행된다	남포제련소, 평양곡산공장 민주선전실에서	2	오세은, 류기익
1947-12-25-014	로동당과의 협동통일 승인	파란사회당대회 개회	2	북조선통신
1947-12-25-015	위대한 쓰딸린헌법		2	
1947-12-25-016	량과 질의 책임을 완수한 함북목재기업소 로동자들		3	
1947-12-25-017	함북도 농민들의 고공품증산경쟁		3	준극
1947-12-25-018	농촌위원장의 영농법강습회		3	김전
1947-12-25-019	오는 세말농민시장에는 이렇게 많은 물품이 나온다		3	
1947-12-25-020	증산의 용사들 당원으로서의 모범적역할	마동세멘트공장 리영복동무	3	성섭
1947-12-25-021	인민경제계획을 완수한 우리 직장	남포제련소 증산투쟁기	3	학균
1947-12-25-022	겨울동안 학생들의 운동경기는 이렇게	평남교육부에서	3	달수
1947-12-25-023	농림 식량증산에 승리	관개공사도 활발히 전개	3	
1947-12-25-024	로동	사회보험혜택 받아 근로인민생활은 향상	3	
1947-12-25-025	북조선의학회 제2차회의 개최		3	

기사번호	제목(title)	부제목(stitle)	면수	필자, 출처
1947-12-25-026	경제문화발전 5개년계획 몽고인민혁명당에서 토의		4	북조선통신
1947-12-25-027	독일분할기도를 거부하라	독일사회통일당 서부정당에 호소	4	북조선통신
1947-12-25-028	계획달성의 조건을 구비	몽고재정상 언명	4	북조선통신
1947-12-25-029	학원간섭을 비난	미국대학관계자반대운동	4	북조선통신
1947-12-25-030	월레스씨 추천은 신정치운동의 효시		4	북조선통신
1947-12-25-031	희랍에 민주군이 각 전구에서 주동		4	북조선통신
1947-12-25-032	이란에서 영국진영 강화 기도		4	북조선통신
1947-12-25-033	불.쏘협회대표 모쓰크바 도착		4	북조선통신
1947-12-25-034	파쑈침략자에 유죄판결	쏘련 고멜지방전범자재판	4	북조선통신
1947-12-25-035	왜 나는 공산당원인가		4	
1947-12-25-036	민족해방 위해 싸우는 인민의 전투력은 장성	인도네시아, 월남	4	쏘련 『문학신문』
1947-12-25-037	라지오		4	
1947-12-25-038	극장		4	
1947-12-26-001	로동을 기술화하고 기술을 대중화하여 로동생산능률을 제고하자		1	
1947-12-26-002	신화폐류통을 경축하여 김일성위원장께 감사문	평양시민간상공기업가대회에서	1	김전
1947-12-26-003	조선법전초안작성위원회 제2차회의 명년으로 연기		1	
1947-12-26-004	김일성위원장에게 드리는 감사의 편지	평양시민간상공기업가대회	1	
1947-12-26-005	주인 쏘련대사 델리에 도착		1	북조선통신
1947-12-26-006	북조선인민위원회 법령 제31호	북조선지하자원 삼림지역 및 수역의 국유화에 관한 결정서	1	
1947-12-26-007	독일통일 위하여 투쟁하자!	대베르린사회통일당 호소	1	북조선통신
1947-12-26-008	희계릴라부대 전국석권 3분지 2이상 실권 장악	미국 썬지통신원 보도	1	북조선통신
1947-12-26-009	식량공장 종업원의 요구 관철	이태리정부 굴복으로	1	북조선통신
1947-12-26-010	희금융정치가의 반역적역할 지탄	해방구농민당지도부회의	1	북조선통신
1947-12-26-011	평북도당단체는 당원들의 사상수준을 높이기 위하여 어떻게 투쟁하였는가		2	북조선로동당 평북도당부 선전선동부장 박병서
1947-12-26-012	당원들의 학습정형 검토 농촌세포교양 강화 결정	평양시당 제72차 상무위원회	2	학균
1947-12-26-013	학습열을 생산면에 반영 우수한 간부들 날로 속출	신의주목재기업소당부 교양사업 활발	2	영환
1947-12-26-014	신민주주의국가들의 헌법		2	
1947-12-26-015	경흥군민청석탄생산협조대 아오지탄광에 용약 출동	제1기로 300명 벌써 작업	3	준극
1947-12-26-016	봉산군 민청원들 사리원탄광에 동원		3	성섭

기사번호	제목(title)	부제목(stitle)	면수	필자, 출처
1947-12-26-017	북조선법률학원졸업식		3	찬길
1947-12-26-018	농촌에서 우리 당원들은 어떤 역할을 다 하고있는가		3	성섭
1947-12-26-019	인민경제계획을 완수한 우리 직장	국영 평양제침공장 투쟁기	3	윤모
1947-12-26-020	길주탄광의 계획량돌파		3	태화
1947-12-26-021	공장에서 이렇게 하는것이 우리 당원 임무의 하나이다	평양기구제작소에서	3	의철
1947-12-26-022	상업	국가상점망은 급진적으로 발전	3	
1947-12-26-023	교육 수자에 나타난 비약	민주교육의 승리	3	
1947-12-26-024	평북화물자동차사업소 년말수송돌격 전개		3	
1947-12-26-025	헌법제정을 환영 민청원들은 증산에 매진	강원도 련천군 전곡면 은대 민청원들	3	원형
1947-12-26-026	귀여운 배우들 소년극단 조직	평양소년극단 지도위원회에서	3	기관
1947-12-26-027	북조선인민회의 상임의원회 고시		3	
1947-12-26-028	김병린선생 략력		3	
1947-12-26-029	경제 및 문화 발전 5개년계획 통과	몽고인민혁명당회의에서	4	북조선통신
1947-12-26-030	쏘련직맹대표 원나공장 시찰		4	북조선통신
1947-12-26-031	루마니아, 유고간의 우호협력호상원조조약원문 발표		4	북조선통신
1947-12-26-032	불당국의 주의를 환기	아르메니아인귀환문제로	4	북조선통신
1947-12-26-033	파란석탄생산 년도계획 완수		4	북조선통신
1947-12-26-034	희랍정부내 알륵	자유인민량당대립 우심	4	북조선통신
1947-12-26-035	불란서에 물가 등귀		4	북조선통신
1947-12-26-036	쏘베트.노르웨이 국경획정 종결		4	북조선통신
1947-12-26-037	쏘련영화 절찬	아프카니스탄에서	4	북조선통신
1947-12-26-038	이태리서 철퇴한 미군 오.독점령지에 배치?		4	북조선통신
1947-12-26-039	미국의 페물군수품 독일에 강제판매		4	북조선통신
1947-12-26-040	유고군대절		4	북조선통신
1947-12-26-041	미철퇴군 이정부에 무기 양도?		4	북조선통신
1947-12-26-042	공황전야의 미국		4	통신부
1947-12-26-043	라지오		4	
1947-12-26-044	극장		4	
1947-12-27-001	당일군들의 정치적경각성을 높이자		1	
1947-12-27-002	사동탄광과 련탄공장 년말생산경쟁책임을 완수		1	언철
1947-12-27-003	년간시설사업 승리적으로 총결	내무국 시설부 사업총결대회	1	김전
1947-12-27-004	빛나는 성과를 거둔 평북도의 사회교육		1	북조선통신
1947-12-27-005	미의 파나마운하기지 조차연장을 반대	파나마국회에 만장일치 결의	1	북조선통신
1947-12-27-006	당황하는 장정부	해방군 승리적반공	1	북조선통신
1947-12-27-007	쏘.서통상협의 개시에 합의		1	북조선통신
1947-12-27-008	북조선전역에 걸쳐 문맹자재조사 실시		1	북조선통신

기사번호	제목(title)	부제목(stitle)	면수	필자, 출처
1947-12-27-009	전인민의 후보자 위대한 쓰딸린에게 쏘련근로자들은 투표하였다		1	북조선통신
1947-12-27-010	제2차 북조선의학회 귀중한 연구 발표		1	북조선통신
1947-12-27-011	기계와 용감히 싸우는 녀당원 전광산에 드높은 증산의 노래	창도광산 당단체의 선봉적역할	2	홍범
1947-12-27-012	용감하다 리종수동무 항내에 돌입 채탄 완수 애국열에 불타는 녀당원의 모범성	사리원시 상하리1구 리종수	2	성섭
1947-12-27-013	4.4반기 돌격전의 성과 년간계획완수를 보장	성진제강소당부의 열렬한 협조	2	준극
1947-12-27-014	군중에게 널리 리용되는 민주선전실의 이모저모(5) 군중선동사업은 이렇게 진행된다	대동군 룡성리민주선전실	2	명덕
1947-12-27-015	'호루다'를 개조하여 전극과 로력을 절약	강선화학제강과 제1세포 신기원동무	2	명덕
1947-12-27-016	철도수송에 열성적작업 우리 당원 강용무동무	정주기관구의 기관수	2	정원
1947-12-27-017	조선에 관한 유엔위원회는 무엇을 위하여 설립되었는가		2	
1947-12-27-018	파쑈독일소생을 반대하는 평화전선		2	북조선통신
1947-12-27-019	영국 이란에 항공회사 설립		2	북조선통신
1947-12-27-020	불가리아조국전선 2차대회		2	북조선통신
1947-12-27-021	낡은 기중기를 개조하여 석탄싣는 작업을 기계화 우리 당원 조현도동무의 창안	평양기관구에서	3	언철
1947-12-27-022	교대민청원들 지방에 출동	북조선민청 평양교원대학위원회에서	3	찬길
1947-12-27-023	국영 청진제철소 추가증산을 전개		3	준극
1947-12-27-024	품질 좋은 전기용접봉 낮은 원가로 제조 성공	평양기관구에서	3	언철
1947-12-27-025	강원도 애국농민들 애국미헌납 총화		3	홍범
1947-12-27-026	평남도의 고공품증산에 룡강 개천군이 단연 우수		3	의철
1947-12-27-027	항목생산에 돌격	경원군 석우면 농민청년	3	황진흥
1947-12-27-028	"더 많이 더 빨리 더 좋게 만들자"는 구호밑에 투쟁	평양타올공장	3	찬길
1947-12-27-029	20배 능률 내는 연필제조마감기계 창안	국영 단천내화물공장 공작계 마감공으로 일하는 우리 당원 렴학송동무	3	서득창
1947-12-27-030	감자재배는 이렇게 3백평에 2천백관 수확	함남 북청군 장준천씨의 연구	3	의철
1947-12-27-031	남포견직공장 년간계획 완수		3	찬길
1947-12-27-032	국사리 농민들 가마니 1,883매 헌납		3	성섭
1947-12-27-033	명년도 사업준비로 공장을 대수리한다	마동세멘트공장	3	성섭
1947-12-27-034	사리원탄광 년도계획 완수		3	성섭

기사번호	제목(title)	부제목(stitle)	면수	필자, 출처
1947-12-27-035	깨끗이 하여 새해를 맞자	평양시에서	3	김전
1947-12-27-036	보건국에서 조제사시험		3	
1947-12-27-037	일기예보		3	
1947-12-27-038	불정부의 신재정의안 반대	-공산당 및 제단체 성명-	4	북조선통신
1947-12-27-039	체코.루마니아간에 신통상협정 체결		4	북조선통신
1947-12-27-040	미국근로자들의 물질상태는 악화		4	북조선통신
1947-12-27-041	중국인에 경제적압박	샴아페 온정부의 시책	4	북조선통신
1947-12-27-042	일본공산당대회 개최		4	북조선통신
1947-12-27-043	독일분리주의자들 사업 개시		4	북조선통신
1947-12-27-044	아동의 휴가를 위한 쏘직맹의 배려		4	북조선통신
1947-12-27-045	로동계급통일을 위한 오지리공산당의 투쟁		4	
1947-12-27-046	알라스카의 군사기지(상)		4	
1947-12-27-047	극장		4	
1947-12-27-048	본보독자제위 앞		4	
1947-12-28-001	모쓰크바 3상회의결정 2주년에 제하여		1	
1947-12-28-002	조선인민은 이러한 인민공화국을 요구	북조선민전산하 각 정당 사회단체 열성자대회에서 진술한 김일성위원장의 연설에서	1	
1947-12-28-003	북조선인민위원회 위원장 김일성동지		1	
1947-12-28-004	조선인민의 존경을 받는 쏘련외교가들	조선문제에 관한 그들의 성명	1	
1947-12-28-005	조선에 관한 모쓰크바 3상회의 결정은 민주주의조선 완전자주독립국가건설의 기초이다(상)		2	김창만
1947-12-28-006	지옥과 같은 남조선	인민은 도탄속에서 신음	2	본사특파원 박중선
1947-12-28-007	사태난 실업군은 거리거리에 범람		2	
1947-12-28-008	천정부지의 물가		2	
1947-12-28-009	뢰물로 배불리는 탐관오리의 이꼴		2	
1947-12-28-010	범죄만 늘어간다		2	
1947-12-28-011	초만원된 방공호	이 겨울을 어떻게 지나노	2	
1947-12-28-012	먹기 위해 몸 파는 밤거리의 녀성들		2	
1947-12-28-013	'결사반탁'이 빚어놓은 이 암담한 현실을 보라		2	
1947-12-28-014	민주건국의 토대를 닦고 힘차게 전진하는 북조선		3	
1947-12-28-015	남조선매국도배들의 2년간에 나타난 죄상		3	
1947-12-28-016	3국조정위원회 사업 등 토의 미국대표는 해결 천연 획책	안전보장리사회	4	북조선통신
1947-12-28-017	화란 음모 분쇄하자!	스카르노대통령 성명	4	북조선통신
1947-12-28-018	"궐기하라! 독일통일에"	독일인민대회 고정위원회 격문	4	북조선통신

기사번호	제목(title)	부제목(stitle)	면수	필자, 출처
1947-12-28-019	희랍해방구에 민주주의림시인민정부 수립	수석에 마르코스장군	4	북조선통신
1947-12-28-020	인민정부 수립에 당황	왕당파정부 긴급회의	4	북조선통신
1947-12-28-021	테로강화로 '내부숙청' 요구	부수상 찰다리스의 론설	4	북조선통신
1947-12-28-022	체코-화란간 신통상협정		4	북조선통신
1947-12-28-023	체코와 항가리간 외교관계 재개		4	북조선통신
1947-12-28-024	루마니아국방상 갱질		4	북조선통신
1947-12-28-025	실패한 화폐개혁	오지리	4	북조선통신
1947-12-28-026	쏘련에 공급 희망	영국자동차공장 로동자	4	북조선통신
1947-12-28-027	쏘련식량기업		4	북조선통신
1947-12-28-028	알라스카의 군사기지(하)		4	
1947-12-28-029	라지오		4	
1947-12-28-030	극장		4	
1947-12-28-031	본보독자제위 앞		4	
1947-12-30-001	당대렬에서 규률과 조직성을 강화하자		1	
1947-12-30-002	흥남지구인민공장 년도계획 초과 완수	27일 승리의 경축대회 거행	1	
1947-12-30-003	김일성장군에게 드리는 메쎄지	국영 흥남지구인민공장 생산예정수자돌파승리 경축대회	1	
1947-12-30-004	훈사 북조선인민위원회 부위원장 김책	국영 흥남지구인민공장 생산예정수자돌파승리 경축대회	1	
1947-12-30-005	승리를 자랑하는 빛나는 증산기록	흥남공장 전체 종업원들	1	
1947-12-30-006	조선에 관한 모쓰크바 3상회의 결정은 민주주의조선 완전자주독립국가건설의 기초이다(하)		2	김창만
1947-12-30-007	모쓰크바 3상결정과 남조선		2	석국
1947-12-30-008	정치교양과 문맹퇴치 주력 고공품생산에도 적극 추동	원산 세동세포원들의 열성	2	홍범
1947-12-30-009	전군적으로 고공품 완납	평남 룡강군의 빛나는 승리	3	찬길
1947-12-30-010	개천군도 전군 완수		3	찬길
1947-12-30-011	함북의 석탄책임량 완수		3	
1947-12-30-012	로동자 농민의 튼튼한 단결	단천군 수하면에서	3	김종근
1947-12-30-013	우리 당원들의 창안 보이라뻬인트 성공	원산석유공장에서	3	홍범
1947-12-30-014	녕변 룡등탄광 년도계획 완수		3	영환
1947-12-30-015	전기제품에 개가	평양전기제작소 계획 완수	3	학균
1947-12-30-016	기관차수리에 금자탑	서평양철도공장의 분투	3	기관
1947-12-30-017	북조선 각 도 선전부장회의		3	
1947-12-30-018	인민경제계획을 완수한 우리 직장 교양을 높이여서 애국열정을 앙양	평양견직공장	3	윤모
1947-12-30-019	농업증산을 위한 몇가지 영농기술		3	의철
1947-12-30-020	보리수확고에 이 모범을 보라	함남 북청에서	3	의철
1947-12-30-021	원산철도공장 승리적대성과		3	홍범
1947-12-30-022	보건국에서 조제사시험		3	

기사번호	제목(title)	부제목(stitle)	면수	필자, 출처
1947-12-30-023	사업 확장하는 신계축산기업소		3	의철
1947-12-30-024	일기예보		3	
1947-12-30-025	쏘불영의 긴밀한 강조 호소	쏘불동맹 3주년기념대회에서 영로동당 대의사 질리아카스 연설	4	
1947-12-30-026	일본인귀환문제의 내막	일본반동은 반쏘선전에 리용	4	통신부
1947-12-30-027	4상회의를 파탄시킨자는 세계인민의 리익에 도전자	『신시대』지 평론	4	
1947-12-30-028	국유화법안 인민회의에 제출		4	북조선통신
1947-12-30-029	산업국유화법령을 불가리아근로인민 환영		4	북조선통신
1947-12-30-030	유고슬라비아기자동맹대회		4	북조선통신
1947-12-30-031	서반아공산주의자 사형선고에 영국 버밍함 유력자들 반대		4	북조선통신
1947-12-30-032	발전향상하는 쏘련와사공업		4	북조선통신
1947-12-30-033	라지오		4	
1947-12-30-034	극장		4	
1947-12-30-035	본보독자제위 앞		4	
1947-12-31-001	북조선인민들은 국영산업부문의 전년도계획을 승리적으로 완수하였다		1	
1947-12-31-002	조선법전초안작성위원회의 사업진행에 대한 제2회 발표		1	
1947-12-31-003	국영산업부문 생산 전년도 계획을 완수		1	달수
1947-12-31-004	조선사업에서 빛나는 투쟁	원산조선소	1	홍범
1947-12-31-005	쏘련인민이 달성한 1년동안의 제 성과		1	북조선통신
1947-12-31-006	불란서로동자의 국제적단결 공고		1	북조선통신
1947-12-31-007	단체계약의 달성은 로동자 사무원의 생활향상 기여	쏘련직맹중앙위원회 위원장 보고	1	북조선통신
1947-12-31-008	미정부 고관의 부정사건 속발		1	북조선통신
1947-12-31-009	파.미협정반대결정을 아르젠틴진보진영 환영		1	북조선통신
1947-12-31-010	중국인민해방군 550평방리의 지역을 해방		1	북조선통신
1947-12-31-011	유엔림시위원회는 조선내정에 대한 미국간섭의 음페물		2	신염
1947-12-31-012	서부독일에 대한 미영불의 침략안	-『유마니테』지의 론평-	2	북조선통신
1947-12-31-013	쏘련에서 인력의 기계화사업		2	북조선통신
1947-12-31-014	교양은 직접 생산에 반영 흥남류안공장의 투쟁기	지난 1년간 로동당단체의 협조공적 위대	2	명덕
1947-12-31-015	민주녀성들의 씩씩한 성장 조국건설사업에 일로 매진	북조선민주녀성총동맹 사업 총결	3	민성
1947-12-31-016	흥남지구인민공장에서 배출	우리 선진로동자들 우리 당원들은 항상 잘 싸웠다	3	
1947-12-31-017	증산의 용사들 기계창제로 획기적공헌	우리 당원 리영화동무	3	경석
1947-12-31-018	압축기의 기능 제고 우룡치동무	흥남비료공장	3	경석
1947-12-31-019	성능이 우수한 기계를 창안 림봉각동무	흥남비료공장	3	경석
1947-12-31-020	인민경제계획을 완수한 우리 직장 화학공업에 있어서의 거성	흥남지구 인민공장 승리보	3	
1947-12-31-021	통일과 정의의 평화운동	독일 각 지대에 팽배	4	북조선통신
1947-12-31-022	파업로동자 요구를 관철	시시리도	4	북조선통신
1947-12-31-023	'중미친선'의 간판아래 중국의 문화를 침략		4	북조선통신
1947-12-31-024	벨그라드재건 5개년계획		4	북조선통신
1947-12-31-025	서부독일에 통용할 신미국은행권 도착		4	북조선통신
1947-12-31-026	봉건제도근절 토의	일본공산당 제6차대회	4	북조선통신
1947-12-31-027	산업국유화안 환영	불가리아각지에 축하대회	4	북조선통신
1947-12-31-028	희랍민주투쟁원조 전국위원회 불가리아에 탄생		4	북조선통신
1947-12-31-029	크레모나시에 총파업	파시스트 도발에 반대하여	4	북조선통신
1947-12-31-030	불가리아은행 국유화안 통과		4	북조선통신
1947-12-31-031	꼬네브원수에 레닌훈장 수여		4	북조선통신
1947-12-31-032	우크라이나의 경공업생산계획 완수		4	북조선통신
1947-12-31-033	로씨아탐험가 리프께탄생 기념		4	북조선통신
1947-12-31-034	미국전쟁방화자들의 중국에 대한 침략계획		4	통신부
1947-12-31-035	쏘련아동의 동기방학생활		4	북조선통신
1947-12-31-036	런던외상회의 총결		4	통신부
1947-12-31-037	극장		4	

1948년

1948년 1월 1일 『로동신문』

1948년을 맞이하면서 조선 인민에게 보내는 신년사

1948년 새해를 맞이하면서 우리 민족의 영명한 령도자 김일성 위원장은 전 조선 인민에게 다음과 같은 신년사를 보내었다.

해방된 우리 조국을 부강한 민주독립국가로 건설하기 위하여 승리적으로 전진하여 온 1947년을 보내고 1948년을 맞으면서 나는 북조선인민위원회를 대표하여 전 조선 인민에게 새해에도 더욱 빛나는 승리와 영광이 있으라고 축하합니다.

1947년은 조선 인민들이 위대한 승리를 가져온 한 해이었습니다. 북조선 인민들은 민주주의적 모든 개혁의 성과를 더 확보 발전하며, 모든 가능한 조건을 리용하여 국가경제토대를 더욱 튼튼히 하며, 인민들의 물질생활을 더 향상하기 위한 인민경제계획을 수립하고 이 계획을 달성하는데 모든 힘을 바치어 투쟁하였던 것입니다.

북조선 인민들의 애국적 열정과 단결된 민주력량의 위력으로써 력사상에서 처음 되는 이 경제계획은 달성되었습니다. 이 경제계획을 완성함으로써 인민들의 정치, 경제, 문화생활에 더 비약적인 향상을 가져왔으며, 인민들의 물질생활이 안정되기 시작하였으며, 조선 인민은 자기의 손으로써 자기의 조국을 부강한 자주독립국가로 건설할수 있다는 민족적인 자신과 자존심을 더욱 높이게 되었습니다.

일본제국주의자가 파괴하고 간 중요한 공장, 광산, 철도, 운수기관들을 우리의 손으로 복구하였으며, 모든 자재의 부족과 곤난을 무릅쓰고 세계에 저명한 공장 중에 한 위치를 차지하는 흥남인민공장 송림제철소 성진제강소 수풍 및 기타 발전소들을 자기의 기술과 능력으로써 운영하게 된 것은 참으로 우리 민족의 자랑이며, 전 민족에게 높은 자존심을 가지게 하는 것입니다.

이와 같은 업적은 오직 북조선과 같이 모든 정권이 인민에게 있고 모든 국가자원과 공장 기업소 토지와 산림들이 인민의 손에 있기 때문에 가능하였으며, 또 인민들이 능히 창발력을 발휘하며, 자기의 모든 열성을 다하여 이와 같이 큰 공장들과 모든 산업부문들을 능히 움직일수 있으며, 또한 그를 발전하여 민족적 경제토대를 수립하고 부강한 독립국가를 만들수 있는 것입니다. 다시 말하면 우리 조선의 완전 자주독립은 어떠한 제국주의자들이나 또 그들의 기만적인 수단과 딸라의 세력 앞에서 노는 소위 '유엔 대표단' 같은 데 있는 것이 아니라 우리 민족자신에게 있다는 것을 더욱 명백히 증명하는 것입니다. 제 나라 일도 온전히 처리하지 못하고 외국의 예속 하에서 헤매는 나라의 통치배들이 어떻게 또 무슨 렴치로 우리 조선문제를 처리하겠다는 말입니까. 그들은 아무것도 우리 조선 인민에게 갖다 줄수 없는 것입니다. 그들이 가져온다면 미제국주의자들이 우리나라를 침략하려고하는 더욱 흉악한 식민지 정책밖에 가져올 것이 없는 것입니다. 그렇기 때문에 우리 조선문제는 쏘련정부와 쏘련 대표단이 주장한 것과 같이 쏘·미 량군이 동시에 우리나라에서 철거하고 우리 민족 자신의 손으로써 완전 자주독립국가를 건설하는 길로 매진하여야 하겠습니다. ……

김광운, 2018, 『북조선실록』 제17권, 코리아데이터프로젝트, 6~9쪽.

1948년

기사번호	제목(title)	부제목(stitle)	면수	필자, 출처
1948-01-01-001	김일성 사진		1	
1948-01-01-002	김일성	1948년을 맞이하면서 조선인민에게 보내는 신년사	1	
1948-01-01-003	빛나는 투쟁 기록 남기고 새해 맞는 우리 모범당원		2	
1948-01-01-004	조국창건에 빛나는 건설과 승리의 1년		2	
1948-01-01-005	비약발전의 1948!	우리의 전투태세는 이렇다!	2	
1948-01-01-006	승리의 토대우에 다시 승리로 전진		3	언철
1948-01-01-007	기관차는 막 진한다	평양기관구의 전투태세	3	언철
1948-01-01-008	북률면 농민들은 농민시장에 쌀 7백여가마니를 가져왔다		3	
1948-01-01-009	로동을 기계화로	사동련탄공장의 증산태세	3	기관
1948-01-01-010	필수품도 더 나온다	평양곡산공장의 준비 만진	3	김전
1948-01-01-011	새해에 보내는 선물 로동자 농민의 창안 랭해받는 토질에 이랑논 재배 성공	원계상농민	3	의철
1948-01-01-012	새해에 보내는 선물 로동자 농민의 창안 정밀기계까지도 우리 손으로 제작	김처진동무	3	기관
1948-01-01-013	향상된 살림속에 새해를 맞이한다	재령면 농민 주용담동무	3	
1948-01-01-014	소위 유엔림시위원회 구성국가들의 진면모	-조선에 대한 미국침략정책의 병풍-	4	장진광
1948-01-01-015	위기에 직면한 일본사회당		4	북조선통신
1948-01-01-016	라지오		4	
1948-01-01-017	극장		4	
1948-01-04-001	계획경제의 둘째해에 들어선 북조선		1	
1948-01-04-002	조선림시헌법초안작성진행에 관한 보도		1	
1948-01-04-003	루마니아군주제 폐지 인민공화국 선포		1	북조선통신
1948-01-04-004	미하이왕의 퇴위령 원문		1	북조선통신
1948-01-04-005	루군주제폐지는 음모자에게 타격		1	북조선통신
1948-01-04-006	루마니아인민공화국선포 축하군중대회 개최		1	북조선통신
1948-01-04-007	영로동당비서의 반공성명을 항의	광산로동자동맹 총비서	1	북조선통신
1948-01-04-008	주희영국군 무제한 주둔		1	북조선통신
1948-01-04-009	이에 은행파업		1	북조선통신
1948-01-04-010	쏘베트사회주의공화국은 인민의 신뢰를 받고있다		1	북조선통신
1948-01-04-011	이태리 현 정부 반대는 평화쟁취의 필수조건		1	북조선통신
1948-01-04-012	'트루맨주의' 실패	희랍에서	1	북조선통신

기사번호	제목(title)	부제목(stitle)	면수	필자, 출처
1948-01-04-013	동북인민해방군의 대전과 2주일간에 7개 현성 점령		1	북조선통신
1948-01-04-014	프랑코의 쏘로아 사형 반대	항가리직맹 유엔에 항의	1	북조선통신
1948-01-04-015	1948년도 예산안 파란국회에서 토의		1	북조선통신
1948-01-04-016	인 봄베이에서 40만명 파업		1	북조선통신
1948-01-04-017	루마니아 로동총련맹에서도 항의		1	북조선통신
1948-01-04-018	원산철도공장에 오른 년간계획완수의 개가	당단체들의 협조 막대	2	흥범
1948-01-04-019	선로반의 선두에 서서 철도보수에 헌신 노력	우리당원 김익준동무	2	성섭
1948-01-04-020	당학교와 토요강좌 설치 금천 정치교양 적극 추진		2	정운성
1948-01-04-021	모범선전원 최혁동무 1년간에 활동한 업적	함북 온성군 남양면 영달리인 민위원장	2	
1948-01-04-022	미국의 '대외원조안'의 정체	신화사통신의 론평	2	북조선통신
1948-01-04-023	우크라이나공산당 제1비서로 느.크루스체브씨 피선		2	북조선통신
1948-01-04-024	남조선의 반민주주의적림시헌법초안		2	
1948-01-04-025	김일성장군의 신년사에 용기백배한 공장로동자들의 결의	조국과 인민을 위하여 더욱 분투하겠다고	3	김전
1948-01-04-026	지난해 민주건설사업에서 로동자 농민은 이렇게 단결	흥남인민공장 로동자들과 주변 농민들	3	명덕
1948-01-04-027	흥남비료공장의 호소에 농민들은 총궐기		3	원철
1948-01-04-028	정주군 갈산면 송도준동무의 모범적작용		3	윤모
1948-01-04-029	토성면 우리 당원들 고공품증산에 모범		3	정충근
1948-01-04-030	가마니증산에 이 아버지와 이 딸	황해도 평산군 전곡면 군란리에서	3	
1948-01-04-031	로력조직을 개선한 국영평양고무공장		3	기관
1948-01-04-032	국영청수화학공장은 이렇게 승리하였다		3	
1948-01-04-033	벼농사의 모범영농법	함남 고원군 장관수농민	3	의철
1948-01-04-034	무사고정시운행에 우리 당원들이 주동	원산철도기관구 운전세포 손성관동무	3	흥범
1948-01-04-035	함남 풍산군에 종합병원 설립		3	
1948-01-04-036	군내 1착으로 고공품 완납	황해도 금천군 금천면에서	3	윤모
1948-01-04-037	승리의 1947년을 장식	룡강군의 고공품완납 경축대회	3	북조선통신
1948-01-04-038	인민을 위한 희생적투쟁 모범공작원 안정복동무외 26명	서평양내무서에서	3	정삼
1948-01-04-039	날로 활발해가는 평남체육써클		3	김
1948-01-04-040	금천녀중학교 38선 보안일군들을 위안		3	김운성
1948-01-04-041	일기예보		3	
1948-01-04-042	마샬안의 접수는 우리의 독립을 위태케 한다	체코수상 미국기자와 문답	4	북조선통신

기사번호	제목(title)	부제목(stitle)	면수	필자, 출처
1948-01-04-043	조국전선위원회 승인 받은 불가리아헌법초안 발표		4	북조선통신
1948-01-04-044	진보적정당단체를 해산	희랍왕당파정부의 발악	4	북조선통신
1948-01-04-045	불국농민동맹대회		4	북조선통신
1948-01-04-046	1947년은 사회주의와 민주주의의 승리의 해	『신시대』지 사설	4	북조선통신
1948-01-04-047	유엔빨간위원회는 무엇을 하고있는가		4	북조선통신
1948-01-04-048	풍옥상 귀국 거절		4	북조선통신
1948-01-04-049	전범재판정에서의 동조영기의 진술		4	북조선통신
1948-01-04-050	평화를 위하여 싸우는 쏘련		4	통신부
1948-01-04-051	자유희랍방송국		4	북조선통신
1948-01-04-052	화상보의 보도		4	북조선통신
1948-01-04-053	쏘분철도운수협정 조인		4	북조선통신
1948-01-04-054	극장		4	
1948-01-06-001	경제건설에서의 당단체들의 과업		1	
1948-01-06-002	하급당단체사업결산과 지도기관선거(5일부터) 개시		1	
1948-01-06-003	「조선어철자법 개혁안」 성안 조선어문 전편찬도 시작	조선어문연구회	1	중선
1948-01-06-004	작년에 올린 사업성과 금년에는 더 한층 추진	평남도보건관계자련석회의	1	달수
1948-01-06-005	희랍민주정부의 수립은 민주력량발전의 증거	-알바니아 바슈키미지 론평-	1	북조선통신
1948-01-06-006	오는 1월 17일 민청창립 2주년 맞아 모범맹원단체 표창		1	은길
1948-01-06-007	김일성위원장이 주신 당면과업실천 위한 보고대회	각 중요공장에서 수일내 개최	1	언철
1948-01-06-008	경제공황 피치못할 미국 실직자 8백만명을 예상	경제학자 견해발표	1	북조선통신
1948-01-06-009	증산을 맹세하는 레닌그라드로동자들 전후 5개년계획의 제3년사업 개시		1	북조선통신
1948-01-06-010	주미 쏘련대사 트루맨대통령과 담화 교환		1	북조선통신
1948-01-06-011	미국 희랍간섭을 강화	-월드.리포트지 론술-	1	북조선통신
1948-01-06-012	희랍인민대중은 민주주의림시정부를 절대지지		1	북조선통신
1948-01-06-013	미제안을 일축한 파나마국회의 좋은 모범	캐나다 안트리분지 론평	1	북조선통신
1948-01-06-014	미국의 1년중파업 3천 3백건을 돌파		1	북조선통신
1948-01-06-015	독일불점령지대 미영지대에 합병?		1	북조선통신
1948-01-06-016	이에로동평화 및 자유전선녀성동맹 결성		1	북조선통신
1948-01-06-017	개천군농민들의 애국열 고공품생산완수에 승리	작년 현물세선납의 영예 더욱 빛나다	2	명덕
1948-01-06-018	학성군당에서 토요강좌 설치		2	김영복

기사번호	제목(title)	부제목(stitle)	면수	필자, 출처
1948-01-06-019	적절한 분공과 검열실시 고공품생산에 적극 노력	양양군 부월리 세포원들의 투쟁모습	2	정충근
1948-01-06-020	산림애호사상 보급 목재생산에 주력	태천산림지서 세포원들	2	리운일
1948-01-06-021	농민시장개설은 도시와 농촌간의 련계를 강화한다		2	평양특별시 인민위원회 부위원장 박창식
1948-01-06-022	삼신송탄세포 만경대학원에 지성을 표시		2	
1948-01-06-023	1천 5백메터 눈길 헤치고 월동용시목을 져날랐다	단천군 하다면 당원들의 이 열심	2	서득창
1948-01-06-024	군중들이 널리 리용하는 민주선전실의 이모저모(7)	사동탄광 민주선전실	2	
1948-01-06-025	김창화동무의 열성 고공품생산에 모범	단천군 단천면 두언대리세포에서	2	서득창
1948-01-06-026	쏘영간통상에 관하여 량국호상원조에 조인		2	따쓰
1948-01-06-027	루마니아 각 단체 인민공화국 선언 환영		2	북조선통신
1948-01-06-028	희랍왕당파정부의 민주진영검거 실상		2	북조선통신
1948-01-06-029	분규되는 인도	카쉬미르문제	2	북조선통신
1948-01-06-030	불란서사회당의 배반적행위 지적	항가리금속로동자동맹	2	북조선통신
1948-01-06-031	클리시시에서 불경찰 도발행위		2	북조선통신
1948-01-06-032	루마니아의 군주제 페지	항가리의 신문 환영론평	2	북조선통신
1948-01-06-033	선두에서 싸우는 우리 당원	사리원광의 김헌규동무	3	성섭
1948-01-06-034	전차운전능률이 3배로 향상된다	평양전차사업소 제2전차변전소에서	3	언철
1948-01-06-035	북조선학생들의 동기방학동안사업		3	은길
1948-01-06-036	서평양철도공장		3	기관
1948-01-06-037	개천군의 학교 증축		3	중
1948-01-06-038	증산의 용사들 랭각기를 창안! 증산에 공헌 막대	창도광산 정진태동무	3	창렬
1948-01-06-039	쏘련사진이동전람회		3	민성
1948-01-06-040	교대학생들의 문맹퇴치사업	평양교원대에서	3	성섭
1948-01-06-041	김제원선생의 영농계획 이랑논재배와 추경방법		3	의철
1948-01-06-042	금화군 금동면 가마니 완납		3	
1948-01-06-043	명태하륙을 기계화	신포면 김의극동무	3	박형진
1948-01-06-044	룡강군 애국농민들은 어떻게 싸워이겼는가	고공품증산에 북조선 제1위	3	찬길
1948-01-06-045	일기예보		3	
1948-01-06-046	본보독자제위 앞		3	로동신문사
1948-01-06-047	루마니아는 경축일색 인민공화국수립을 환영		4	북조선통신
1948-01-06-048	월레스씨 정강 발표	18주 대표 절대지지	4	북조선통신

기사번호	제목(title)	부제목(stitle)	면수	필자, 출처
1948-01-06-049	노르웨이에 미국자본 침투		4	북조선통신
1948-01-06-050	희랍에 미군 파견?		4	북조선통신
1948-01-06-051	동북인민해방군으로 동북민주련군을 개칭		4	북조선통신
1948-01-06-052	상원의원시대의 트루맨씨		4	
1948-01-06-053	유고청년들 기계공장 건설		4	북조선통신
1948-01-06-054	상해인쇄로동자 파업을 단행		4	북조선통신
1948-01-06-055	비방자는 폭로되었다		4	통신부
1948-01-06-056	쏘련민족정책의 승리		4	통신부
1948-01-06-057	극장		4	
1948-01-07-001	비당원열성자들과의 사업을 강화하자		1	
1948-01-07-002	파란민족회의조직 제4주년을 기념		1	북조선통신
1948-01-07-003	당단체지도기관결산선거사업 당원들의 열성적참가로 진행!		1	
1948-01-07-004	불굴의 투지 결속된 엄숙한 가운데 진행	평양철도기관구 공장세포	1	학균
1948-01-07-005	결점을 심각히 비판 사업의 추진을 토론	평양제4중학교 세포	1	명덕
1948-01-07-006	귀중한 경험 교환코 과감한 실천을 강조	평양사동련탄공장 전기세포	1	명덕
1948-01-07-007	쏘련청년반파쑈위원회 북조선민청에 신년축전		1	
1948-01-07-008	다시 승리를 위하여 증산에 총돌격!	평양연초공장의 생산돌격운동	1	언철
1948-01-07-009	책임제 확립하고 증산에 일로매진	평양제침공장의 증산태세 만전	1	언철
1948-01-07-010	고통하는 남조선인민	재미조선문제연구회 발표	1	북조선통신
1948-01-07-011	칠리에서 로동자탄압		1	북조선통신
1948-01-07-012	불가리아와의 우호조약비준	알바니아인민회의	1	북조선통신
1948-01-07-013	미통신종업원 파업을 단행		1	북조선통신
1948-01-07-014	유고스라비야 제 인민의 독립과 인민정권과 경제부흥 및 사회주의적경제재건을 위한 투쟁에 있어서의 유고스라비야공산당(1)	에드와드 칼델	2	
1948-01-07-015	조선인민에게는 왜 자기의 헌법이 필요한가		2	
1948-01-07-016	신년도의 생산계획실시를 김일성위원장께 굳게 맹세	평양견직공장 종업원대회에서	3	김전
1948-01-07-017	김일성위원장께 드리는 맹세문	국영평양견직공장 로동자사무원 기술자대회	3	
1948-01-07-018	돌격적작업으로 전차운행은 원활	전차사업소동무들 감투	3	언철
1948-01-07-019	평남도선전부의 금년도 사업 전망		3	김
1948-01-07-020	윤택한 생활속에 창의는 발휘된다	평남 룡강군 룡강면 의산리에서	3	찬길
1948-01-07-021	안변군 농민의 가마니증산경쟁 치렬		3	윤모
1948-01-07-022	부속품제조기계를 창안 국가재산에 막대한 리익	평양제침공장 임선범동무	3	언철
1948-01-07-023	가마니기대 36대 제공	열성농민 리병규씨	3	윤모

기사번호	제목(title)	부제목(stitle)	면수	필자, 출처
1948-01-07-024	평양산소공장		3	기관
1948-01-07-025	다시 증산맹서하고 애국미도 다량 헌납	평양시 주변농민들의 열성	3	김
1948-01-07-026	토박한 지질 극복	올감자 2모작 성공	3	의철
1948-01-07-027	건설의 새해에 영광이 있으라		3	중선
1948-01-07-028	사리원탄광의 승리	사리원 전체인민의 협조	3	성섭
1948-01-07-029	희천군 농민들 가마니증산열		3	최병흡
1948-01-07-030	일기예보		3	
1948-01-07-031	인민경제에 빛나는 성과 거두고 제2년도에 들어선 유고 찌또원수 인민에게 메쎄지		4	북조선통신
1948-01-07-032	우리는 승리를 확신	희랍민주정부의 신년축하문	4	북조선통신
1948-01-07-033	민주동맹 자동해산?	민주동맹제군에게 고하는 전 국 부관하 법학교수의 공개장	4	북조선통신
1948-01-07-034	이 신헌법 발효	대통령 데니 골라씨 취임	4	북조선통신
1948-01-07-035	오지리청년들 월남전투참가		4	북조선통신
1948-01-07-036	미국에 지배되는 이란	키야메-이란지의 론평	4	북조선통신
1948-01-07-037	공산주의로조원의 비난반대	런던금속로조에서	4	북조선통신
1948-01-07-038	1948년도 예산안 파란국회를 통과		4	북조선통신
1948-01-07-039	공산주의사회건설의 승리를 위하여	모쓰크바신문들의 신년전망	4	북조선통신
1948-01-07-040	진실을 두려워하는자		4	통신부
1948-01-07-041	라지오		4	
1948-01-08-001	조선인민은 어떤 헌법을 위하여 투쟁할 것인가		1	
1948-01-08-002	당단체지도기관결산선거사업 당원들의 열성적참가로 진행!		1	
1948-01-08-003	정치교양사업 추진코 강력한 실천부대 되자	평양제유공장 세포	1	명덕
1948-01-08-004	더 한층 열성내여 복무할것을 맹세	대동부산면 합성세포	1	명덕
1948-01-08-005	당원들의 모범적역할로 신의주방적공장은 이렇게 발전		1	영환
1948-01-08-006	모쓰크바국제문화협회 조쏘문협에 축전	1948년을 맞이하면서	1	
1948-01-08-007	평남도 고공품생산정형		1	찬길
1948-01-08-008	기술의 보편화로 품질향상을 도모	평양타올	1	기관
1948-01-08-009	결점을 시정하고 돌격의 태세 준비	평양철도	1	언철
1948-01-08-010	유고스라비야 제 인민의 독립과 인민정권과 경제적 부흥 및 경제의 사회주의적 재건을 위한 투쟁에 있어서의 유고스라비야공산당(2)	에드와드 칼델	2	
1948-01-08-011	유엔조선위원회는 무엇을 목적하고있는가		2	신염
1948-01-08-012	고공품생산운동 북조선전역에 걸쳐 전개	농맹창립 2주년을 기념하여	3	의철
1948-01-08-013	전신의 획기적발전	중앙과 지방간 이미 련락	3	중선
1948-01-08-014	농가 104호에 농우 102두	양구군 안대리의 발전상	3	윤모

기사번호	제목(title)	부제목(stitle)	면수	필자, 출처
1948-01-08-015	김일성위원장께 신년도생산량 초과완수 맹세	청진방직공장 종업원일동	3	준극
1948-01-08-016	이천군 청년당원들 문맹퇴치를 호소		3	손춘관
1948-01-08-017	룡흥강개수공사 진척	황무지의 옥답화도 불원	3	식영
1948-01-08-018	증산결의 들끓는 사리원탄광 당부열성자들		3	성섭
1948-01-08-019	문화를 군중속으로	북조선문예총의 신춘사업	3	은길
1948-01-08-020	바다와 싸우는 용사	수산년도계획을 초과완수	3	윤모
1948-01-08-021	기관차의 '눈'이 되는 표시기를 창의제조	평양렬차구 정상국동무의 공훈	3	언철
1948-01-08-022	열있는 학습과 군중문화사업을 전개	문천군 풍산면 문화리세포	3	주상옥
1948-01-08-023	문맹퇴치소식	북조선의 도시, 농촌, 어촌 방방곡곡에서	3	유한식, 중선, 창렬
1948-01-08-024	직장신문『돌격』	강선제강소에서 큰 역할	3	명덕
1948-01-08-025	일기예보		3	
1948-01-08-026	루마니아 신정부 조직	수상에 페트루 그로자씨	4	북조선통신
1948-01-08-027	희랍민주군의 승리	마르코스장군 방송	4	북조선통신
1948-01-08-028	월레스씨의 립후보를 미국각계에서 지지		4	북조선통신
1948-01-08-029	프랑코에 경제원조?	마샬, 베빈, 비도 밀담	4	북조선통신
1948-01-08-030	남경중앙대학생 반압박시위 단행		4	북조선통신
1948-01-08-031	불란서로총은 공고	-분렬책동을 배격-	4	북조선통신
1948-01-08-032	체코중요산업국유화 전공업력의 57%		4	북조선통신
1948-01-08-033	미하이 1세 서서로 향발		4	북조선통신
1948-01-08-034	미당국의 불법행위	유엔의 신임장 가진 통신원을 체포	4	북조선통신
1948-01-08-035	쏘련과 불가리아공사관 승격		4	북조선통신
1948-01-08-036	항가리의 대외평화정책		4	북조선통신
1948-01-08-037	항가리정부 특사를 준비		4	북조선통신
1948-01-08-038	중국에서의 미국간섭의 신단계(상)		4	
1948-01-08-039	라지오		4	
1948-01-08-040	극장		4	
1948-01-08-041	북조선로동당 중앙위원회 기관잡지『근로자』제10호발매중		4	
1948-01-09-001	당단체결산선거사업을 옳게 조직하자		1	
1948-01-09-002	결점들을 비판하며 불같은 열의로 진행	인민검열국세포	1	학균
1948-01-09-003	김일성장군 신년사 보답 증산운동 결의	평남 순천화학공장	1	현지
1948-01-09-004	작년의 경험을 살리여 보다 더 과감한 실천을	남포제련소 공무과 제1세포	1	명덕
1948-01-09-005	김일성장군에게 드리는 결의문	국영순천화학공장 김일성위원장의 신년사 보고대회	1	
1948-01-09-006	이 흉악한 연극을 결사적으로 반대	김일성대학 력사문학부 리옥수양	1	김
1948-01-09-007	딸라앞에 춤추는 유엔조선위원회	문화인 주정순	1	중선
1948-01-09-008	조선을 망치려는 유엔결정 조선인민들은 반대한다		1	현석
1948-01-09-009	유고스라비야 제 인민의 독립과 인민정권과 경제적부흥 및 경제의 사회주의적 재건을 위한 투쟁에 있어서의 유고스라비야공산당(3)	에드와드 칼델	2	
1948-01-09-010	남조선은 미제국주의의 기지로 되고있다		2	국내외통신과
1948-01-09-011	신구화폐교환에 대하여 김일성장군께 감사문 산적		3	
1948-01-09-012	화폐교환에 감격	녀성들이 감사꽃틀 선물	3	
1948-01-09-013	순천군의 농민들 고공품생산 완수		3	찬길
1948-01-09-014	대용품을 발명하여 년도 계획량을 완수	우리 당원 김태익동무의 공헌	3	언철
1948-01-09-015	사회보험휴양소 금강산에 2개소 증설		3	홍범
1948-01-09-016	일찍 수확하는 감자재배법	흥남시 한태환농민 성공	3	의철
1948-01-09-017	왕성해지는 농촌구락부 농촌문화를 추진	평남도	3	찬길
1948-01-09-018	정확한 도급제로 생산능률을 제고	평양성냥	3	기관
1948-01-09-019	춘경기를 앞두고 농기구증산 결의	평양농구	3	언철
1948-01-09-020	오는 8.15 이전으로 화학섬유를 생산해낸다	평양화학공장 복구공사 활발	3	김전
1948-01-09-021	일기예보		3	
1948-01-09-022	대일평화조정준비에 대하여	따스통신	4	
1948-01-09-023	따쓰통신의 반박	날조한 쏘련의 대중원조설	4	북조선통신
1948-01-09-024	독일의 영점령지대에서 대공장로동자들 파업 단행		4	북조선통신
1948-01-09-025	루르주민 76% 독일통일을 열망		4	북조선통신
1948-01-09-026	영비루마조약 승인	인민의 배신자 비루마국회	4	북조선통신
1948-01-09-027	런던에서 학생로동자련맹 회의		4	북조선통신
1948-01-09-028	유고 3개월간의 예산 발표		4	북조선통신
1948-01-09-029	체코산업지대에 공산당원 격증		4	북조선통신
1948-01-09-030	쏘련애급간 통상 방해영의 부당행위		4	북조선통신
1948-01-09-031	중국에서의 미국간섭의 신단계(하)	『신시대』지에서	4	
1948-01-09-032	이반동경찰 시위자 검거		4	북조선통신
1948-01-09-033	(딸라에 목메여 조선에 끌려오는 유엔조선위원회의 가련한 대표들과 이것을 받들어 맞아들이려고 해양을 건너온 주인의 품속에서 발랑발랑 기여나오는 리승만과 김구)		4	
1948-01-09-034	극장		4	
1948-01-10-001	분석적지도는 사업에서 성과를 보장한다		1	
1948-01-10-002	학습에 열성참가 리론수준을 제고	청진성냥공장 세포	1	
1948-01-10-003	철도시설복구에 바친 로력과 사업성과 결산	청진철도기관구세포	1	

기사번호	제목(title)	부제목(stitle)	면수	필자, 출처
1948-01-10-004	모범녀성당원 윤갑수동무가 세포위원으로 피선	평남 개천탄광 128호세포	1	학균
1948-01-10-005	당과 조국에 충실한 모범적일군을 선거	평남 개천군 북면 2리세포	1	학균
1948-01-10-006	딸라에 매운 허수아비들 북조선의 건설을 배우라	평양산소공장 로동자 김기욱씨	1	기관
1948-01-10-007	식민지로 만들려고 하는 흉악한 책동은 단연 반대	평양시 정평리 농민 권열길씨	1	의철
1948-01-10-008	민주자주독립의 길은 쏘미량군철퇴에 있다	평양시 륜리농민 피준농씨	1	의철
1948-01-10-009	새로운 재단법으로 국가재산을 절약	우리 당원 마응목동무	1	언철
1948-01-10-010	'유엔조선위원회'배격!	각 직장에서 일어나는 이 웨침을 들으라	2	
1948-01-10-011	민주독립의 길로 우리는 돌진할뿐	사동탄광, 사동련탄 종업원대회	2	찬길
1948-01-10-012	우리를 식민지적노예로 다시 만들지 못할것이다	평양철도공장 종업원대회	2	
1948-01-10-013	로동계급의 굳은 단결로 반동을 분쇄하자	평양곡산공장 종업원대회	2	학균
1948-01-10-014	조미관계사에 나타난 미제국주의의 배신행위		2	국내외통신과
1948-01-10-015	파란로동당 중앙위원회 사업에 관하여	브라지쓰라브 고무르까	3, 4	
1948-01-10-016	평남도당단체 결산선거사업진행에 대한 정형		4	북조선로동당 평남도당부 조직부장 차순철
1948-01-10-017	작년도 승리의 경험을 1948년 계획의 토대로	함북석탄생산의 기록	5	준극
1948-01-10-018	유엔결정반대 가마니생산에 궐기하여 완수	평남 순천군내 남면농민들	5	찬길
1948-01-10-019	각급 농맹간부 단기강습 개최		5	의철
1948-01-10-020	고공품생산완수에 우리 당원들의 모범	평북 녕변군 외성동세포원들	5	정삼
1948-01-10-021	고공품생산에 구가	의주군 도내 1위 쟁취	5	의철
1948-01-10-022	책임량을 완수코 애국가마니 헌납	당원 리갑수동무 수범	5	달우
1948-01-10-023	문맹퇴치의 모범적녀맹원	화천군 상서면 로동리녀맹에서	5	홍범
1948-01-10-024	우수한 전화교환기 등 제작에 성공한 체신국	체신국기재제작소원들의 결정	5	김
1948-01-10-025	국산자동차제작목표로 돌진하는 기술자동무들	평양국영자동차공장	5	
1948-01-10-026	물자경비를 절약하여서 원가저하를 보장	평양기구	5	
1948-01-10-027	기술전습에 전력 50%증산 결의	동우고무	5	기관
1948-01-10-028	전기동생산에 연판대용을 창안	흥남제련 김두근동무의 공적	5	경석
1948-01-10-029	제2기 로어강습생 모집		5	민성
1948-01-10-030	새 선전방법으로 인끼끄는 김연채동무		5	
1948-01-10-031	일기예보		5	
1948-01-10-032	항가리민주세력은 장성	항가리공산당비서 기자단과 일문일답	6	
1948-01-10-033	정부정책의 변경 없으면 영국의 전도는 절망	『데일리 워커』지의 론평-	6	북조선통신
1948-01-10-034	성도에 미곡폭동		6	북조선통신
1948-01-10-035	애트리는 트루맨의 추종자		6	북조선통신
1948-01-10-036	동부오지리산업 동결?	분렬기도하는 오지리련립정부	6	북조선통신
1948-01-10-037	영국의 통화위기		6	북조선통신
1948-01-10-038	자본가들의 폭언		6	통신부
1948-01-10-039	일본에서의 출판자유를 누가 방해하고 있는가?		6	문학신문
1948-01-10-040	라지오		6	
1948-01-10-041	극장안내		6	
1948-01-11-001	농민들속에 고공품생산운동을 전개하자		1	
1948-01-11-002	결점을 자아비판 질적향상을 도모	사리원고급중학세포	1	황해주재기자 리성섭
1948-01-11-003	조직규률이 강화	신의주팔프공장 세포	1	평북주재기자 최영환
1948-01-11-004	학습에 대한 태만성 철저히 청산하자!	평양역 세포	1	명덕
1948-01-11-005	12일까지 완료할 예정	평북단신	1	평북주재기자 최영환
1948-01-11-006	감격속에 핀 미담 한 토막	순천군 이산리세포에서	1	명덕
1948-01-11-007	영농법개선으로 수확고를 높이자	평남 순천군 농민들은 이렇게	1	찬길
1948-01-11-008	우리를 모욕하는 이 거동 나는 격분을 참을수 없다	평양기구제작소 로동자 리동협씨	1	의철
1948-01-11-009	조선문제의 해결은 조선인민에게 맡겨라	청년 김은섭	1	김
1948-01-11-010	미국제국주의를 더 한층 증오한다	평양시 황금리 상인 박경서씨	1	문상
1948-01-11-011	조국을 침해하려는자는 증오와 투쟁으로 대한다	교원 김성덕씨	1	찬길
1948-01-11-012	유엔조선위원회 배격	요원의 화세로 일어나는 이 웨침을 들으라	2	
1948-01-11-013	조국애에 불타는 분노 전공장을 흔드는 함성	평양견직공장궐기대회	2	김전
1948-01-11-014	승리는 반드시 우리의것 확신을 갖고 증산에 매진	평양시 정오리농민 총궐기	2	명덕
1948-01-11-015	조선인민을 모욕하는 이 행위 참을수 없다	평양연초공장 종업원대회	2	기관
1948-01-11-016	량군철퇴만이 독립의 길 미국의 야망을 절대분쇄	평양기구제작소 종업원궐기대회	2	의철
1948-01-11-017	당적원칙을 준수하자		2	김현석
1948-01-11-018	모범로동자들의 증산을 위한 결의	평양견직공장	3	김전
1948-01-11-019	비료증산을 보장한 류화철광산동무들	응덕.만락.부동 3광산에서	3	김종근
1948-01-11-020	김두봉선생 보고회	철자법개혁안에 대하여	3	중선
1948-01-11-021	기술자를 결속하여 산업부흥을 추진	북조선공업기술련맹의 새 과업	3	은길
1948-01-11-022	보수작업에 주력 련탄증산에 매진	선교련탄	3	기관

기사번호	제목(title)	부제목(stitle)	면수	필자, 출처
1948-01-11-023	모범맹원과 각급 단체를 기념표창	농민동맹창립 기념행사	3	의철
1948-01-11-024	인민의 위안처요 교실인 국립극장창립 기념식		3	현석
1948-01-11-025	로동자열람 격증 평양도서관 확장		3	중선
1948-01-11-026	부단한 연구와 열성으로 1년에 석탄 6백톤 절약	전기제작소 화부 안명선동무	3	언철
1948-01-11-027	38선 농민들의 애국열 고공품생산에 경쟁 치렬	황해도 연백군 농민들	3	윤모
1948-01-11-028	강원농민들이 고공품 속속 완수		3	의철
1948-01-11-029	신화폐기념으로 가마니 천여매 헌납	재령군 망월리 농민들	3	
1948-01-11-030	사업지도검열위원회 탄생	북조선고공품관리소에서	3	윤모
1948-01-11-031	고공품가격 새로이 발표	북조선인민위원회 농림국에서	3	
1948-01-11-032	일기예보		3	
1948-01-11-033	국부군의 대전패 인민해방군의 전과 혁혁	중국공산당위원장 모택동씨 연설	4	따쓰통신
1948-01-11-034	5개년계획을 4개년으로 쏘련제철로동자들 맹세		4	북조선통신
1948-01-11-035	심양 서북방에서 국부군 섬멸		4	북조선통신
1948-01-11-036	풍옥상을 제명처분 리유는 장개석 비난		4	북조선통신
1948-01-11-037	유엔경제사회위원회 개최		4	북조선통신
1948-01-11-038	미정부 칠리에서 반로동법실시 강요		4	북조선통신
1948-01-11-039	캐나다에 실업자 격증		4	북조선통신
1948-01-11-040	중,미해군협정은 무엇을 목적하는가?		4	통신부
1948-01-11-041	북조선김일성대학 민청위원회에서 알리는 말		4	
1948-01-11-042	라지오		4	
1948-01-11-043	극장안내		4	
1948-01-13-001	당내부민주주의를 강화하자		1	
1948-01-13-002	쓰딸린대원수에게 드리는 편지	조쏘문화협회 제2차전체대회	1	
1948-01-13-003	김일성장군에게 드리는 편지	조쏘문화협회 제2차전체대회	1	
1948-01-13-004	사업결산선거진행정형 등 당면한 중요문제들을 토의	평남도당 상무위원회	1	명덕
1948-01-13-005	제2차 전당대회를 증산돌격으로 기념	흥남비료공장 질소계세포	1	함남로동신문사
1948-01-13-006	세포총회 착착 진행	영흥군	1	태길
1948-01-13-007	국가와 인민이 요청하는 빛나는 문화발전을 기약	조쏘문화협회 제2차전체대회	1	은길
1948-01-13-008	모쓰크바국제문화협회 위원장 꼐메네 프씨에게	조쏘문화협회 제2차전체대회 의장 리기영	1	
1948-01-13-009	유엔조선위원회 배격!	북조선인민들의 이 웨침을 들으라	2	
1948-01-13-010	평양시민 총궐기	중구, 동구, 서구, 북구에서	2	문상
1948-01-13-011	'유엔조선위원회'는 조선독립의 방해물이다	평양고무공장 종업원궐기대회	2	기관

기사번호	제목(title)	부제목(stitle)	면수	필자, 출처
1948-01-13-012	이땅의 주인은 우리다!		2	
1948-01-13-013	'무욕한 자선자'의 가면 쓰고 성명에 분주한 하지중장		2	국내외통신과
1948-01-13-014	1947년말 파란에서 진행된 수개국 공산당대표회의에서 진술한 쏘련공산당(볼쉐위크) 중앙위원회의 활동에 대한 그.말렌꼬브의 통신적보고		3, 4	
1948-01-13-015	쏘련에서 1월 11일에 실행될 지방쏘베트 선거준비 진행		4	북조선통신
1948-01-13-016	유엔대표단을 반대하여 가마니생산으로 총궐기	평남도농민들의 애국적투쟁보	5	김
1948-01-13-017	보안원에 선물	강계면 녀성동맹에서	5	복강
1948-01-13-018	고투의 1년을 토대삼아 신년계획달성에 총돌격	남포화학	5	언철
1948-01-13-019	농민위로차로 함남각지에 연예대 파견	함남도 전체 농민들	5	의철
1948-01-13-020	창발적노력의 결과 복구와 절약에 공헌	남포제련	5	언철
1948-01-13-021	역내외미화에 전력	평양역 한정주동무의 열성	5	언철
1948-01-13-022	공률 80% 향상 목표로 매진	남포견직	5	언철
1948-01-13-023	기술향상에 노력물자절약에 궐기	세창고무	5	기관
1948-01-13-024	조농사 개량으로 2배 증수한 농민	신흥군 리재연씨	5	의철
1948-01-13-025	간곡한 위문에 감격하는 애국투사 박달선생의 글		5	현석
1948-01-13-026	안협면농민들 고공품 군내 1착으로 완수		5	송춘관
1948-01-13-027	안변 모범농민들 고공품에도 수범		5	김만선
1948-01-13-028	국민당통치구역에 인민폭동 격증		6	북조선통신
1948-01-13-029	이태리인민전선 근로인민정부로 발동	로총서기장 신념 표명	6	북조선통신
1948-01-13-030	파란에서 태공분자 공판		6	북조선통신
1948-01-13-031	이태리병사의 시위	-제대연기를 반대하여-	6	북조선통신
1948-01-13-032	유고요인에 루국훈장 수여		6	북조선통신
1948-01-13-033	항가리인민회의		6	북조선통신
1948-01-13-034	영경시를 희랍에 파견		6	북조선통신
1948-01-13-035	영국, 독일에서 철철 수입		6	북조선통신
1948-01-13-036	각지의 파업운동	여러 나라들에서	6	북조선통신
1948-01-13-037	미국국회 의원들 마샬안을 반대		6	북조선통신
1948-01-13-038	항가리의 특사		6	북조선통신
1948-01-13-039	인도의 분쟁 빈발	안보에 인도정부 항고	6	북조선통신
1948-01-13-040	캐나다무기 향항에 도착		6	북조선통신
1948-01-13-041	마샬안에 포섭?	프랑코 서반아외상의 선언	6	북조선통신
1948-01-13-042	불국의 통화 증발		6	북조선통신
1948-01-13-043	슬로바키아공업화 진보		6	북조선통신
1948-01-13-044	체코슬로바키아의 토지개혁 개정		6	북조선통신

기사번호	제목(title)	부제목(stitle)	면수	필자, 출처
1948-01-13-045	파란고등교육기관		6	북조선통신
1948-01-13-046	반제투쟁 견지	항가리사회당	6	북조선통신
1948-01-13-047	미의 대희군사간섭 증대		6	북조선통신
1948-01-13-048	파리상인들 림시징세법 반대		6	북조선통신
1948-01-13-049	극동에서의 미국팽창과 영국(상)		6	
1948-01-13-050	북조선로동당 중앙위원회 기관잡지 『근로자』 제10호발매중		6	
1948-01-13-051	북조선김일성대학 민청위원회에서 알리는 말		6	
1948-01-13-052	라지오		6	
1948-01-13-053	극장안내		6	
1948-01-14-001	남조선반동파들의 매국적책동을 분쇄하자		1	
1948-01-14-002	세포위원장으로 피선된 모범로동자 김고망동무	사동탄광 5항 3세포	1	리영훈
1948-01-14-003	증산으로 빛내인 1년간 사업결산	함남 풍산군 사아리 제2세포	1	함남주재기자 박경석
1948-01-14-004	빛나는 증산기록을 지은 모범로동자를 선거했다	개천흑연광산 제92호세포	1	명덕
1948-01-14-005	지도원들의 역할 더 한층 높이여라	강원	1	강원도주재기자 김홍범
1948-01-14-006	년도 수송계획량을 기한전에 초과완수	사리원역세포	1	성섭
1948-01-14-007	열성적참가밑에 질서정연히 진행	함북	1	준극
1948-01-14-008	정치교양사업은 향상되었다	평남 강서군 심정리세포	1	명덕
1948-01-14-009	'유엔조선위원회'를 환영하는자는 누구인가		1	
1948-01-14-010	학생들의 조국애는 폭발 진리와 정의는 못 굽힌다	각 대학, 중학들에서	2	중선, 문상, 언철, 은길
1948-01-14-011	인민반원들의 열렬한 토론 미국의 음모 여지없이 폭로	중성리, 의암리에서	2	문상, 찬길
1948-01-14-012	미제국주의자들은 빈궁과 혼란을 도발하는 진범인		2	본사 국내외통신부
1948-01-14-013	남포제련소의 생산전에서 우리 당원들은 이렇게 싸웠다		3	
1948-01-14-014	발전향상되고있는 함북농촌문화시설		3	준극
1948-01-14-015	고공품 2배 초과생산에 열중	강원도 문천군 문천면 송탄리에서	3	윤모
1948-01-14-016	평양시에 금월중 38탁아소 개소	중앙녀성동맹에서	3	은길
1948-01-14-017	건설과 생산에 열중 기계공업부흥 결의	평양기계	3	김전
1948-01-14-018	새해과업의 완수로 민주자주독립 쟁취	문평제련	3	
1948-01-14-019	쏘련공산당에 감사	이태리공산당대회서 답전	4	북조선통신
1948-01-14-020	이태리총파업 승리	로조측의 전요구 관철	4	북조선통신
1948-01-14-021	백로씨아 복구		4	북조선통신

기사번호	제목(title)	부제목(stitle)	면수	필자, 출처
1948-01-14-022	월레스 립후보를 찬동	미로동당집행위원회 선언	4	북조선통신
1948-01-14-023	영국공산당기관지 18주년기념 성황		4	북조선통신
1948-01-14-024	아랍.유태인간의 충돌을 선동	파렴치한 영국당국의 소행	4	북조선통신
1948-01-14-025	인민해방군 대승리를 경축	동북하루빈에 시민대회	4	북조선통신
1948-01-14-026	편산내각 퇴진하라!	일본사회당 좌익지도자 성명	4	북조선통신
1948-01-14-027	불란서로총청년에 호소		4	북조선통신
1948-01-14-028	상해에 다시 물가 등귀		4	북조선통신
1948-01-14-029	미국의 파쑈인종론자		4	통신부
1948-01-14-030	극동에서의 미국팽창과 영국(하)		4	
1948-01-14-031	라지오		4	
1948-01-14-032	극장안내		4	
1948-01-15-001	각급 당단체지도기관 사업결산과 선거사업에 있어서 비판과 자기비판의 의의		1	
1948-01-15-002	인민정권을 받드는 사업 우리의 고상한 의무이다	평남 안주군 동칠리세포	1	명덕
1948-01-15-003	충분한 준비로 사업을 진행	사리원	1	성섭
1948-01-15-004	고공품생산의 공로자 김만전동무 피선	평남 개천군 동림리 27호세포	1	명덕
1948-01-15-005	제일락후하였던 동리를 모범농촌으로 만들었다	평북 의주군 흥북동세포	1	평북주재기자 최영환
1948-01-15-006	결산과 선거사업 옳게 지도한 라득준동무	평양금강고무공장 세포에서	1	명덕
1948-01-15-007	당원들의 뒤를 따라 전체 종업원총궐기	흥남지구인민공장	1	함남로동신문
1948-01-15-008	금년은 작년보다 3할이상 더 증산	안석란동무의 결의	1	최병흠
1948-01-15-009	변압기수리에 돌격	수풍발전부 전기세포	1	영환
1948-01-15-010	유엔조선위원회 배격!	북조선인민들의 이 웨침을 들으라	2	
1948-01-15-011	정의와 량심의 교리지켜 조국 위해 기독교도 궐기	미국인들의 교활성은 우리들이 더 잘 안다	2	김
1948-01-15-012	기업가 및 상업가들 궐기 민주당본부에서 대회 개최	분노에 들끓는 조국애의 열의	2	문상
1948-01-15-013	각 지방에서 일어나는 인민들의 힘찬 이웨침		2	평북주재기자 영환, 강원주재기자 홍범
1948-01-15-014	평남도의 년말생산 돌격경쟁운동에서 얻은 경험		2	북조선로동당 평남도당부 부위원장 최광렬
1948-01-15-015	평남 년말돌격운동총화	영예의 1등은 흑령탄광	3	김전
1948-01-15-016	당원들의 분공실천 고공품증산을 보장	후창리세포	3	김만선
1948-01-15-017	자기 책임 완수하고 협조로 전부락 완납	리원승동무	3	김만선
1948-01-15-018	전가족의 로력 조직으로 가마니 2천매 완수에 매진	김무도동무	3	정원

기사번호	제목(title)	부제목(stitle)	면수	필자, 출처
1948-01-15-019	활발한 군중문화사업은 고공품생산에도 반영	안변 탑리세포	3	김만선
1948-01-15-020	조림계획 달성	강원도산림서	3	홍범
1948-01-15-021	북조선의 체육문화 민주적으로 대발전		3	김
1948-01-15-022	중견간부를 맞아들여 평남도당학교 입학식		3	명덕
1948-01-15-023	항도 수리확장으로 생산능률제고 기도	국영 3신, 고방탄광 전체 종업원들	3	김전
1948-01-15-024	연극「리순신장군」호평리에 상연중	31극장에서	3	
1948-01-15-025	평양미술전문 신입생 모집		3	
1948-01-15-026	쏘련공산은 우리를 고무 불란서공산당 총비서 축사	이태리공산당 제6차대회	4	북조선통신
1948-01-15-027	유엔팔레스티나위원회 제1차 정식회의 개최		4	북조선통신
1948-01-15-028	화란은 안보결정 무시	괴뢰정부수립을 의연 획책	4	북조선통신
1948-01-15-029	알바니아인민공화국선포 제2주년을 기념		4	북조선통신
1948-01-15-030	장성하는 알바니아	이즈베스치아지 론평	4	북조선통신
1948-01-15-031	3국조정위원회 족쟈카르타 향발		4	북조선통신
1948-01-15-032	부패화하여 가는 토이기		4	북조선통신
1948-01-15-033	학문의 자유를 박탈하는 미국학교 감독관		4	북조선통신
1948-01-15-034	남경.상해의 파업 확대		4	북조선통신
1948-01-15-035	항가리대외무역 계획		4	북조선통신
1948-01-15-036	반쏘적기분을 조장하는 일본전범자 재판		4	북조선통신
1948-01-15-037	아르메니아산업예정수자 달성		4	북조선통신
1948-01-15-038	이란국립은행 총재 사직설		4	북조선통신
1948-01-15-039	인도네시야에서의 미국의 '호의적봉사'		4	통신부
1948-01-15-040	라지오		4	
1948-01-15-041	극장안내		4	
1948-01-16-001	유엔조선위원회를 싸고도는 남조선반동파의 음모		1	
1948-01-16-002	모범기관사 박일만동무 세포위원으로 피선됐다	청진철도 기관구세포	1	현준극
1948-01-16-003	조국창건 위하여 더 힘차게 싸우자	평북 희천 가라지동 제4농촌세포	1	최병흡
1948-01-16-004	함북도당단체들의 1년간의 당정치교양사업		1	준극
1948-01-16-005	기계를 애호하고 물자는 아껴쓰자	사리원방직 직포세포	1	성섭
1948-01-16-006	자기의 결점들을 랭정히 자아비판	강원도 문예총세포	1	홍범
1948-01-16-007	리론수준제고는 부단한 노력으로	신의주공업전문학교 세포	1	영환
1948-01-16-008	승리의 경험 살리여 농산물을 더욱 증산	황해도 봉산군 립봉리 농촌세포	1	성섭
1948-01-16-009	증산에 추동적역할한 최춘집동무의 애국열		1	준극
1948-01-16-010	조선인민은 속지 않을것이다	소위 '유엔조선위원단'의 서울래착의 첫날	2	박우청

기사번호	제목(title)	부제목(stitle)	면수	필자, 출처
1948-01-16-011	조국애에 불타오르는 이 불길을 막을자 없다	량심있는 사람은 다 일어난다	2	김, 은길, 함남주재기자 박경석
1948-01-16-012	창의연구와 물자를 절약 생산원가 20% 이상 저하	평양기구제작소 동무들의 노력의 결정	3	김전
1948-01-16-013	약진하는 기술진의 승리 아루미나세멘 대량생산	남포경금속공장 동무들의 업적	3	언철
1948-01-16-014	보온장치의 전기화 많은 국가재산 절약	남포경금속 오재근동무	3	언철
1948-01-16-015	강원도 축산업계획 승리적으로 완수		3	홍범
1948-01-16-016	각지에서 고공품 속속 완납의 개가		3	언철
1948-01-16-017	자체교양에 노력 군중가운데 등대	모범당원 김준룡동무	3	
1948-01-16-018	농촌세포당원들 문맹퇴치에 수범	강원도 평강군 서면옥동리세포에서	3	봉용
1948-01-16-019	제2차전당대회를 앞둔 우리 당원들의 군은 결의		3	이운일
1948-01-16-020	평남도 가축위생시설 확충에 노력		3	찬길
1948-01-16-021	문맹퇴치돌격운동 활발 전개되고있다	평양특별시	3	문상
1948-01-16-022	동북인민해방군 장춘주변을 공격		4	북조선통신
1948-01-16-023	인민해방군 공세		4	북조선통신
1948-01-16-024	쏘련군의 대공격 제3주년을 기념	파란	4	북조선통신
1948-01-16-025	오지리에 물가폭등		4	북조선통신
1948-01-16-026	은행종업원의 파업을 이로총에서 성원		4	북조선통신
1948-01-16-027	희랍애국투사결속대회		4	북조선통신
1948-01-16-028	외상성명에 대해 이라크각계 불만		4	북조선통신
1948-01-16-029	프랑크프르트회의	독일분할의 미영안 승인	4	북조선통신
1948-01-16-030	이반동기업가 자원결핍을 구실로 공장폐쇄		4	북조선통신
1948-01-16-031	할리우드영화인 재판		4	북조선통신
1948-01-16-032	미국의 노예 되기를 불원	주영 미국대사에 보낸 진교수의 서한	4	북조선통신
1948-01-16-033	독일공산당 열성자대회		4	북조선통신
1948-01-16-034	런던회의를 파탄시킨후 미영은 무엇을 하고있나		4	통신부
1948-01-16-035	공산당원은 자유와 독립을 위하여 싸우는 투사이다		4	통신부
1948-01-16-036	라지오		4	
1948-01-17-001	북조선민청창립 2주년에 제하여		1	
1948-01-17-002	1.4반기계획량 기한전 완수 결의	평양견직	1	김전
1948-01-17-003	기필코 생산량 기한전에 완수	사동련탄	1	찬길
1948-01-17-004	설비복구공사 완수하고 생산능률을 150%로	평양화학	1	기관
1948-01-17-005	오는 3월 15일까지에 항도수리와 책임량 완수	사동탄광	1	찬길

기사번호	제목(title)	부제목(stitle)	면수	필자, 출처
1948-01-17-006	제품책임제를 실시하여 질적향상을 보장	평양제1양말	1	김
1948-01-17-007	더 한층 힘차게 증산돌격 전개	함남 신포 국영제4수산공장세포	1	함남로동신문사
1948-01-17-008	창립 2주년을 맞는 북조선민주청년동맹	1월 17일 의의깊게 기념	1	은길
1948-01-17-009	어린이 업고 열렬히 토론 가정부인까지 전체 궐기	나는 미국목사에게 이런 천시를 당하였소	2	민성
1948-01-17-010	금년도 생산률 제고로 조국독립쟁취를 맹세	근로자들의 힘찬 이 부르짖음	2	함남주재기자 박경석, 찬길, 문상
1948-01-17-011	미침략야망을 분쇄할 인민들의 결심은 굳다	기관사 류병환, 평양 연화리 2구 5반 김금주, 평양고무공장 제화공 리규옥동무	2	학균, 문상, 기관
1948-01-17-012	강원도 당단체들의 결산 선거진행에 있어서의 몇가지 결점		2	북조선로동당 강원도당부 위원장 한일무
1948-01-17-013	생산을 올려 모략 분쇄 조국을 지키는 이 열의	평양제침공장 종업원총궐기	2	김
1948-01-17-014	북조선민주청년동맹원들은 조국건설에 이렇게 싸웠다	각지에서	3	
1948-01-17-015	북조선민주청년동맹의 찬란한 2년간 사업성과		3	
1948-01-17-016	동북인민해방군의 1년간의 혁혁한 전과		4	북조선통신
1948-01-17-017	영직맹지도위에 공산당원들 피선		4	따쓰통신
1948-01-17-018	국군 심양에서 탈주 계획	해방군의 동기공세로	4	북조선통신
1948-01-17-019	인도에 기아 시위		4	북조선통신
1948-01-17-020	일본공산당.예산강령 발표	대중의 생활 향상과 경제부흥 목표	4	북조선통신
1948-01-17-021	루르공업지구의 파업	미영지대로 확대	4	북조선통신
1948-01-17-022	미국반동세력 영화계를 위협		4	북조선통신
1948-01-17-023	이태리은행 종업원 파업 의연 계속	반동기업가에 경제적위협	4	북조선통신
1948-01-17-024	트루맨의 메쎄지 론난	화란실업계 질문	4	북조선통신
1948-01-17-025	미국로동자 희랍정부의 파업자사형법 반대		4	북조선통신
1948-01-17-026	일본농촌의 계급분화 증대		4	북조선통신
1948-01-17-027	공산당원배제를 슈마허 요구		4	북조선통신
1948-01-17-028	미독가스시험장 상실		4	북조선통신
1948-01-17-029	민주주의와 평화의 길로	쏘베트의 독점령지대에서의 민주주의적개혁에 관하여	4	통신부
1948-01-17-030	라지오		4	
1948-01-17-031	극장안내		4	
1948-01-18-001	당지도간부들의 고상한 책임		1	
1948-01-18-002	김일성장군에게 드리는 편지	북조선민주청년동맹창립 2주년 기념보고대회	1	

기사번호	제목(title)	부제목(stitle)	면수	필자, 출처
1948-01-18-003	투쟁력과 단결의 힘으로 국제국내반동파의 음모책동 분쇄	민청창립 2주년 기념보고대회	1	
1948-01-18-004	민주와 독립을 위하여 투쟁하는 남조선청년들에게 보내는 편지	북조선민주청년동맹창립 2주년 기념보고대회	1	
1948-01-18-005	축사 김두봉	북조선민주청년동맹창립 2주년 기념보고대회에서	1	
1948-01-18-006	세포결산선거 완료	함북	1	함북주재기자 허준국
1948-01-18-007	해방투쟁에 헌신해오던 애국녀성이 위원에 당선	중앙녀맹세포	2	
1948-01-18-008	산림애호와 가축증식을 위한 투쟁과업들을 토론	운평리 제24세포	2	명덕
1948-01-18-009	로동능률을 향상시키자	신의주북중공장 제련 제3세포	2	영환
1948-01-18-010	지적한 결점들을 용감히 퇴치하자	사리원 상하리 제2세포	2	성섭
1948-01-18-011	금년도 책임량의 35% 전당대회까지 완수 맹세	원산철도	2	
1948-01-18-012	호상비판으로 세포를 강화	평북려객사업소 세포	2	영환
1948-01-18-013	평남도당산하세포들의 결산선거사업 순조로 진행	18일 완료예정으로 진척	2	명덕
1948-01-18-014	당단체결산선거사업에서 얻은 몇가지의 경험		2	중앙당 조직부 책임지도원 리영훈
1948-01-18-015	일제의 상속자로 출현한 미침략자	'유엔위원단'은 그의 집달리	2	본사 국내외통신부
1948-01-18-016	철도사업의 더 큰 승리를 위하여 우리 당원들은 싸우고있다	각지에서	3	언철, 기관
1948-01-18-017	평안남도 고공품생산을 북조선 제1착으로 완수		3	찬길
1948-01-18-018	민족분렬의 음모는 분쇄되고야말것이다	중앙문학가예술가들 궐기	3	
1948-01-18-019	원산제네스트를 기념 조선재식민지화를 반대	원산조선공장 종업원들 궐기	3	김홍범
1948-01-18-020	우리 조선사람의 손으로 우리의 자주독립국가를	원산유지화학공장 로동자 궐기	3	김홍범
1948-01-18-021	빨간제국의 우의는 견고	유고인민회의 상임의원회 불가리아, 항가리, 루마니아국과의 조약비준	4	북조선통신
1948-01-18-022	서부독일의 식량부족 심각	미영점령당국을 반대하여 군중대회	4	북조선통신
1948-01-18-023	국제직련의 분렬을 미제국주의자 획책	『신시대』지의 론평-	4	북조선통신
1948-01-18-024	쏘련전람회 런던서 개최		4	북조선통신
1948-01-18-025	부라질정부의 반공행동 반대	미국로동자들	4	북조선통신

기사번호	제목(title)	부제목(stitle)	면수	필자, 출처
1948-01-18-026	루르로동자파업에 오베르 하우센로동자도 호응		4	북조선통신
1948-01-18-027	트리폴리에 미공군기지		4	북조선통신
1948-01-18-028	따쓰의 국제정세개관		4	브.아하일로브, 북조선통신
1948-01-18-029	일본경제의 부흥을 장애하는 미점령당국		4	세계정치급 경제지
1948-01-18-030	라지오		4	
1948-01-18-031	극장안내		4	
1948-01-20-001	북조선로동당 각급 당대표회를 앞두고		1	
1948-01-20-002	김일성동지 평남 개천군 야참세포를 방문		1	명덕
1948-01-20-003	질적향상 기도코 계획성을 높이자	평양철도부 당부대표회	1	명덕
1948-01-20-004	윤화주동무 이렇게 하여 평철연료반 세포를 지도		1	현석
1948-01-20-005	보통강역세포 지도하여 성과를 올린 양윤진동무		1	현석
1948-01-20-006	민족분렬을 책동하는 국제국내반동파 분쇄하라	평양시내 보건일군들 궐기	1	문상
1948-01-20-007	조선자주독립은 조선인민이 한다	평남 안주군 농민궐기	1	찬길
1948-01-20-008	조선내정 간섭하려는것 우리는 절대로 반대한다	평남 순천군 농민궐기	1	달수
1948-01-20-009	조선인민은 속지 않을것이다	'유엔조선위원단'을 싸고도는 남조선반동파들의 최근의 추태	2	박우청
1948-01-20-010	각 지방에서 일어나는 '유엔위원단'반대 회합	길주, 함흥, 사리원에서	2	성섭
1948-01-20-011	유엔위원단 도착과 관련	남조선반동발악 적극화	2	따쓰통신
1948-01-20-012	성진제강소복구사업에 있어서 우리 당단체는 이렇게 싸웠다		3	
1948-01-20-013	기술전습에 중점 복구증산의 1년	야금과 제1제강당세포의 투쟁기	3	
1948-01-20-014	성진제강소 우리 당원들은 이렇게 싸웠다	현수옥동무, 전영훈동무	3	학균, 준극
1948-01-20-015	일본의 무장해제심의를 대일련합국리사회에서 미국대표 방해	쏘련대표 끼슬렌꼬장군 항의	4	북조선통신
1948-01-20-016	화란 인도네시아간에 전투중지협정 조인		4	북조선통신
1948-01-20-017	파란정부대표 모쓰크바에 도착		4	북조선통신
1948-01-20-018	비루마공산당 민주정권 수립		4	북조선통신
1948-01-20-019	불가리아와 루마니아 량국우호협력 및 호상원조 조약협의 개시		4	북조선통신
1948-01-20-020	대중원조 6억딸라 계획초안 완성		4	북조선통신
1948-01-20-021	청도 미병 증가		4	북조선통신
1948-01-20-022	독점령불당국 인민대회 금지		4	북조선통신
1948-01-20-023	캐나다.싱가폴로동자에 중국공산당 사의 표명		4	북조선통신

기사번호	제목(title)	부제목(stitle)	면수	필자, 출처
1948-01-20-024	국제민주녀성운동의 유일을 위하여	『쏘련녀성』지에서	4	
1948-01-20-025	미군사고문 참석하에 국민당 군사회의		4	북조선통신
1948-01-20-026	유고 준비금반환을 거부		4	북조선통신
1948-01-20-027	라지오		4	
1948-01-20-028	극장안내		4	
1948-01-21-001	1924년 1월 21일 모쓰크바부근 꼴끼촌에서 서거한 인류최대의 천재 볼쉐위크당의 창조자이며 령수 쏘베트국가의 수립자 블라지미르.일리츠.레닌		1	
1948-01-21-002	레닌선생묘 참배기		1	조쏘문화협회 위원장 리기영
1948-01-21-003	레닌선생 서거 24주년과 볼쉐비끼당		1	
1948-01-21-004	전세계 피압박인민과 약소민족의 구성 위대한 레닌묘		1	
1948-01-21-005	레닌은 약소민족의 구성이다		2	
1948-01-21-006	레닌사상은 우리들에게 행복의 길을 가르켜준다	-인민들에게 총애받는 레닌서적-	2	한샘
1948-01-21-007	그대는 인민옆에	-레닌 서거 제24주년에-	2	리평
1948-01-21-008	레닌은 쏘베트국가의 창건자		2, 4	
1948-01-21-009	새로 피선된 위원들은 조국창건을 위하여 이렇게 투쟁	평양고무세포 서천수동무, 홍복수동무, 평철기관구세포 장원백동무	3	학균, 명덕
1948-01-21-010	레닌 서거 24주년 기념추모회 개최	조쏘문협주최 국립극장에서	3	민성
1948-01-21-011	축전기콘덴샤개조로 년도계획돌파에 공헌 리주형동무	성진제강소에서	3	준극
1948-01-21-012	전기로 11대를 복구 국가에 막대한 리익 보장 림용운동무	성진제강소에서	3	준극
1948-01-21-013	국가재산을 애호하며 공장내 녀성 문맹 퇴치 고금희동무	성진제강소에서	3	준극
1948-01-21-014	충천한 반대의 분노는 충천하는 증산의 욕으로	사리원방직공장동무들 분기	3	성섭
1948-01-21-015	우리의 민족통일을 위한 북조선민주건설을 보라	남포지구철도 종업원 궐기	3	달수
1948-01-21-016	굳게 뭉쳐 독립의 길로	평양시내 시장상인들 궐기	3	문상
1948-01-21-017	조쏘에 친선은 실천에서 굳어진다 녀여를 고투한 쏘련적십자	쏘련적십자단원 표창송별회	3	
1948-01-21-018	베르린의 귀중품 영미로 대량 비밀반출		4	북조선통신
1948-01-21-019	쓰딸린수상 파란수상과 회견		4	북조선통신
1948-01-21-020	국부의 소위 '천도설'	남경을 버리고 광동으로?	4	북조선통신
1948-01-21-021	당황하는 국부군 심양주민 철거 개시		4	북조선통신
1948-01-21-022	파란철도직맹		4	북조선통신
1948-01-21-023	수개공산당 보도국기관지 제5호 발간		4	북조선통신

기사번호	제목(title)	부제목(stitle)	면수	필자, 출처
1948-01-21-024	미석유로동자 파업		4	북조선통신
1948-01-21-025	미국에서 비난받은 미의 대중'원조'		4	북조선통신
1948-01-21-026	루마니아대표 항가리방문 예정		4	북조선통신
1948-01-21-027	이란정부의 미무기구입 반대		4	북조선통신
1948-01-21-028	국부군사령부 북평으로 이전		4	북조선통신
1948-01-21-029	공산당원체포로 인도공산당 항의		4	북조선통신
1948-01-21-030	빨간청년리사회		4	
1948-01-21-031	저명한 일본전범자 대량석방을 권고		4	북조선통신
1948-01-21-032	불란서근로인민의 공산당에 대한 신임 장성		4	통신부
1948-01-21-033	극장안내		4	
1948-01-22-001	김일성 사진		1	
1948-01-22-002	우리는 이해에 무엇을 할것이며 어떻게 일할것인가	강계 각 정당과 사회단체 열성자회합에서 진술한 김일성위원장의 연설	1, 2	
1948-01-22-003	어떠한 난관이라도 극복하고 나아가자	성진제강 당부총회	2	현준극
1948-01-22-004	조직을 더욱 강화하고 철도운수사업을 보장	신의주지구철도 당부	2	영환
1948-01-22-005	레닌과 쓰딸린은 볼쉐비끼당의 조직자이다		2	통신부
1948-01-22-006	단체계약을 갱신 체결 로동법령을 더 효력화	북조선직총 제14차집행위원회 결정	3	연묵
1948-01-22-007	향상되는 근로자의 생활	단체계약의 1년간 총결	3	연묵
1948-01-22-008	대형양수기 다량 생산 관개수리사업을 보장	평양기구 김운봉동무의 업적	3	김전
1948-01-22-009	일용품증산을 위하여 투쟁하는 우리 당원들		3	현주
1948-01-22-010	가마니 5백매를 흥남공장에 기증	평강군 압동리 강성환동무	3	홍범
1948-01-22-011	농민들의 넘치는 애국열 가마니 5천매를 선물로 흥남비료공장 로동자들에게	룡천군농민들	3	영환
1948-01-22-012	증산경쟁 3등상을 유가족학원에 기증	평남도내 42개 직장들에서	3	학균
1948-01-22-013	고공품책임량 완수코 유엔반대 가마니 천매	평원군 공덕면 대전리농민들	3	명덕
1948-01-22-014	유엔위원단반대 증산경쟁운동 전개	서평양철도공장 종업원궐기	3	언철
1948-01-22-015	김일성장군주위에 뭉쳐 조국건설의 길로 나가자	강원도 어업로동자들 궐기	3	홍범
1948-01-22-016	1947년도 인민경제발전국가계획실행 총결	쏘련방국가계획위원회의 발표	4	
1948-01-22-017	파리시회선거 공산당원 우세		4	북조선통신
1948-01-22-018	루르지구 전체 로동자 파업투쟁의 기세		4	북조선통신
1948-01-22-019	중국 각 해방구에서 력사적농민대회		4	북조선통신
1948-01-22-020	루이스 스트롱녀사의 북조선인상기	런던출판물이 보도	4	북조선통신
1948-01-22-021	이란에 실업자 격증		4	북조선통신

기사번호	제목(title)	부제목(stitle)	면수	필자, 출처
1948-01-22-022	도탄에 빠진 토이기인민생활		4	북조선통신
1948-01-22-023	내몽고인민자위군 인민해방군으로 개칭		4	북조선통신
1948-01-22-024	유고청년들 건설사업에 참가		4	북조선통신
1948-01-22-025	정말-영국 무역협정을 정말상인 적극 반대		4	북조선통신
1948-01-22-026	항가리특사법안 통과		4	북조선통신
1948-01-22-027	이산업자련맹 우익당이 재정원조		4	북조선통신
1948-01-22-028	라지오		4	
1948-01-22-029	극장안내		4	
1948-01-23-001	증산경쟁운동의 선두에 선 로동당원들		1	
1948-01-23-002	김일성동지의 주위에 뭉쳐 용감히 싸워 나갈것을 맹세	룡문탄광 당단체들	1	로운봉
1948-01-23-003	정치교양사업 강화코 수송계획달성에 매진	평북 정주기관구 당부	1	영환
1948-01-23-004	레닌 서거 24주년 기념추모회 성황	조쏘문협주최로 국립극장에서	1	인표
1948-01-23-005	제2차 전당대회를 앞두고 증산에 궐기 20일간단축 계획완수 승리로 대회 맞을 결의 공고	평양 제2양말공장 당원총궐기	1	김전
1948-01-23-006	철저한 경비절약에 의하여 자주적재정 토대를 공고화	경비절약에 관한 북조선인민위원회 결정과 재정국 규정 발표	1	북조선통신
1948-01-23-007	생산계획량 초과완수코 제품의 질적향상을 보장	-신의주 국영건일산업공장-	1	영환
1948-01-23-008	계획초과실행 맹세	천내리세멘트공장 당원들 총궐기	1	홍범
1948-01-23-009	38선접경에서 일어나는 인민들의 열화같은 이 웨침	강원도 양양군, 황해도 연백군에서	2	홍범, 리호
1948-01-23-010	가라지동부락발전에 농촌세포의 힘찬 투쟁	희천군 희천면 가라지동 제4세포에서	2	최병흡
1948-01-23-011	반동파와의 투쟁을 맹세	순천화학공장궐기대회	2	기관
1948-01-23-012	증산으로 음모 분쇄	승호리세멘트 종업원궐기	2	기관
1948-01-23-013	'유엔위원단'반대 회합	정주철도	2	정원
1948-01-23-014	부르죠아의회정치와 쏘베트민주주의		2	통신부
1948-01-23-015	국가독립을 위한 투쟁과 미국팽창주의를 반대하는 투쟁에 있어서의 불란서공산당	자크듀클로	3, 4, 6	
1948-01-23-016	쏘련공산당 력사는 민주주의를 위한 투쟁에서의 사상적무기로 된다		4	기석복
1948-01-23-017	체호쓸로바키야 해방시로부터의 체호쓸로바키야공산당사업에 관하여	엘.쓰란쓰키	5, 6	
1948-01-23-018	쏘련은 공산주의사회건설을 위하여 전진한다		6	프.느.오레스크
1948-01-23-019	반동로동회의 반대	라틴아메리카 로동자	6	북조선통신
1948-01-23-020	철도수송사업의 승리 위해 경쟁하는 두 모범기관사 리중근동무 호소에 류봉모동무 호응	고원기관구에서	7	언철

기사번호	제목(title)	부제목(stitle)	면수	필자, 출처
1948-01-23-021	기술과 능률을 제고 생산의 원가를 저하	각 도 체신부장회의 결정	7	문상
1948-01-23-022	한글학교망 재조직 량적질적으로 강화	평남도 문맹퇴치 활발히 전개	7	문상
1948-01-23-023	철도보선사업을 모범적으로 수행	김계원동무	7	김태길
1948-01-23-024	금천군 고공품완수에 우리 당원들의 역할		7	정운성
1948-01-23-025	가마니 초과완수 문맹퇴치도 활발	수안 수천동	7	김대영
1948-01-23-026	김동근농민도 가마니 백매 기증	철원군에서	7	홍범
1948-01-23-027	"남조선농우이나마 주사를 좀 놓아주시요"		7	리호
1948-01-23-028	조쏘문화도서관 이전하여 개관		7	민성
1948-01-23-029	남의 일이 아니라 모두 우리의 일!	서평양역의 명량보	7	기관
1948-01-23-030	양구서면 고공품생산 완수		7	손경호
1948-01-23-031	벼 평당 4근 수확 온상촉성재배로	정종민동무의 신영농법	7	의철
1948-01-23-032	평양곡산공장 김성학동무	식료품	7	현주
1948-01-23-033	평양타올공장 장원조동무 김광수동무	타올	7	기관
1948-01-23-034	서부독일 식량난 심각 미영점령당국 무대책		8	북조선통신
1948-01-23-035	항가리외무성 재조직		8	북조선통신
1948-01-23-036	서부독일반동지 허위기사를 날조		8	북조선통신
1948-01-23-037	서반아게릴라군 프랑코군과 전투		8	북조선통신
1948-01-23-038	불반동정부와 프랑코간 국경개방 협의 진행		8	북조선통신
1948-01-23-039	파키스탄정부 인도정부 비난		8	북조선통신
1948-01-23-040	쏘련인민경제는 전전수준을 회복	따쓰경제평론가의 론평	8	북조선통신
1948-01-23-041	록도에 대한 미기지 반대		8	북조선통신
1948-01-23-042	미국의 군비확장	미국방장관 등 주장	8	북조선통신
1948-01-23-043	조건부인 마샬안		8	북조선통신
1948-01-23-044	반동적긴급법안 반대	이로총련맹 호소	8	북조선통신
1948-01-23-045	영국파쑈단체		8	북조선통신
1948-01-23-046	미국공산당 지도자 피검		8	북조선통신
1948-01-23-047	국제직업련맹의 활동에 관하여		8	
1948-01-23-048	라지오		8	
1948-01-23-049	극장안내		8	
1948-01-24-001	북조선인민회의 제4차회의 소집		1	
1948-01-24-002	김일성동지 주위에 뭉쳐 자주독립 촉진 위해 투쟁	청진철도부 당부대표회	1	현준극
1948-01-24-003	증산경쟁 힘차게 추진	흥남비료공장 당부대표회	1	박경석
1948-01-24-004	락후된 녀맹을 추진한 박남숙동무 위원장에	수안군 녀맹세포	1	
1948-01-24-005	1월 24일 사회보험법 발효 1주년	사회보험의 혜택을 입은자 연인원 실로 3백 8십여만	1	중선
1948-01-24-006	북조선의 사법기관은 인민정권의 옹호자이다		1	

기사번호	제목(title)	부제목(stitle)	면수	필자, 출처
1948-01-24-007	증산협조에 궐기하는 사택녀성당원	평북 삭주군 국영광산 사택녀성 세포원들	1	영환
1948-01-24-008	자기 나라를 잃은자에게는 신앙의 자유도 있을수 없다 각 지방에서 일어나는 기독교신자들	원산, 사리원에서	2	홍범, 성섭
1948-01-24-009	농민들의 불같은 이 웨침	량군철퇴만이 독립의 길	2	의철
1948-01-24-010	개천탄광 당부의 위원으로 선거된 리명옥동무의 모범성		2	명덕
1948-01-24-011	각 지방에서 불길같이 일어나는 궐기대회 소식	경원, 영흥, 희천에서	2	최
1948-01-24-012	1948년도 제1.4분기 인민경제예정수자 실행에 있어서 로동당 각급 당단체의 실지적협조방침에 관하여(상)	제11차 당중앙위원회에서 진술한 로동부장 한국모동무의 보고략기	2	
1948-01-24-013	우리 당세포는 모범적민주선전실을 이렇게 조직하였다	문천 송탄리	3	홍범
1948-01-24-014	김일성대학 학생들이 문맹퇴치에 과감히 투쟁	평양특별시	3	문상
1948-01-24-015	학생들의 조직적열성은 문맹자 자진하여 출석케	사리원시	3	성섭
1948-01-24-016	자산중학 학생들 문맹퇴치에 진군		3	연묵
1948-01-24-017	배우자 배워주자의 마음 서로서로 굳게 맺어졌다	평양교원대학 동기문맹퇴치 총결	3	은길
1948-01-24-018	민청의 사업결산과 각급 지도기관 선거	민청 제8차중앙위원회 결정	3	연묵
1948-01-24-019	중앙도서관 대출문고를 설치		3	언철
1948-01-24-020	64세 로인도 한글학교 교단에	양구군 남면 금산리에 사는 김명한농민	3	손
1948-01-24-021	가마니 2천매 헌납	강원 음대리 3구 민청원 99명이	3	염상화
1948-01-24-022	문맹퇴치사업에 리전체 인민 궐기	동대원리	3	성빈
1948-01-24-023	평양고무공장 홍문경동무	고무신	3	기관
1948-01-24-024	평양양말 제2공장 변인숙동무	양말	3	김전
1948-01-24-025	레닌선생의 위업을 추모	쏘련 방방곡곡에서 성대히 기념	4	북조선통신
1948-01-24-026	독일인민은 분렬을 반대한다	프랑크푸르트회의에 대한 반향	4	북조선통신
1948-01-24-027	통일독일쟁취까지 투쟁		4	북조선통신
1948-01-24-028	미국 독일에 정보망 설치		4	북조선통신
1948-01-24-029	서부독일 파업 확대		4	북조선통신
1948-01-24-030	독일의 통일을 위한 인민대회 개최		4	북조선통신
1948-01-24-031	차관으로 미국무기구입	이란정부의 반동성 로골	4	북조선통신
1948-01-24-032	중국사절단 워싱톤 도착		4	북조선통신
1948-01-24-033	동북의 국부군 병력증강을 요구		4	북조선통신
1948-01-24-034	상해의 각 대학생 빈민구제운동 전개		4	북조선통신
1948-01-24-035	유고인들 시드니로부터 귀국		4	북조선통신
1948-01-24-036	이태리사회당 중앙대회 개최		4	북조선통신

기사번호	제목(title)	부제목(stitle)	면수	필자, 출처
1948-01-24-037	애급학생들의 반영공기 확대		4	북조선통신
1948-01-24-038	민주당과 공화당의 '전쟁강령'을 폭로	'미국진보적시민'협회대회	4	
1948-01-24-039	라지오		4	
1948-01-24-040	극장안내		4	
1948-01-25-001	우리 당 기본조직의 사업을 강화하자		1	
1948-01-25-002	비판과 자기비판 더욱 강력히 전개	평남 숙천면당대표회	1	명덕
1948-01-25-003	건설과 증산으로 전당대회를 뜻깊게 맞자	함주군 주서면 당부대표회	1	함남주재기자 박경석
1948-01-25-004	경각성을 높이자	련천군 음대리 제1세포	1	홍범
1948-01-25-005	정치교양사업 강화하여 리론수준을 제고시키자	안변군 신고산면 구미리 2구세포	1	김만선
1948-01-25-006	농업기술향상에 분투할것을 맹세	정주농사시험장세포	1	정원
1948-01-25-007	원산철도 당부도 증산경쟁을 호소		1	홍범
1948-01-25-008	당원들의 뒤를 따라 증산경쟁에 총궐기	-평양견직공장-	1	김전
1948-01-25-009	평양 제2양말공장에서도 전체 종업원 궐기		1	김전
1948-01-25-010	김장군의 말씀 받들어 문맹 깨친 리계산동무	평강군당대표회에 파견될 대표자로 피선	2	홍범
1948-01-25-011	불굴의 투지를 살려서 건국사업에 전힘을 경주	기획국세포위원으로 피선 송종섭동무	2	학균
1948-01-25-012	교구리가두세포위원으로 피선된 원련화동무의 투쟁기		2	
1948-01-25-013	민주력량의 장성은 반동의 음모를 분쇄	귀성염전 로동자들 궐기	2	명덕
1948-01-25-014	고무산세멘트 종업원들 궐기		2	문상
1948-01-25-015	1948년도 제1.4분기 인민경제예정수자 실행에 있어서 로동당 각급 당단체의 실지적협조방침에 관하여(하)	제11차 당중앙위원회에서 진술한 로동부장 한국모동무의 보고략기	2	
1948-01-25-016	1947년도 계획실시 총화와 1948년도 과업을 토의 결정	산업국산하 국영기업소 책임자회의	3	김전
1948-01-25-017	인민을 위한 국가상업 활발히 발전하고 있다		3	언철
1948-01-25-018	일용품증산을 위하여 투쟁하는 우리 당원들 평양연초공장 김일녀동무	연초	3	기관
1948-01-25-019	훈시(요지)	북조선인민위원회 부위원장 김책	3	
1948-01-25-020	근로자생활을 즐겁게 열심으로 일할수 있게	선전국에서 군중문화사업계획	3	연묵
1948-01-25-021	농민동맹의 창립 2주년 기념대회	오는 1월 30일에	3	의철
1948-01-25-022	공장 농촌에 무용보급 무용의 대중화를 기도	문예총 무용지도위원 파견	3	연묵
1948-01-25-023	동구라파제국에서 레닌의 위업을 추모기념	여러 나라들에서	4	북조선통신
1948-01-25-024	캐나다의 파업		4	북조선통신

기사번호	제목(title)	부제목(stitle)	면수	필자, 출처
1948-01-25-025	'유엔조위'가 기도하는 조선민족의 분렬 반대	재미 80로옹 김헌식씨 서한	4	북조선통신
1948-01-25-026	독일 뉴른베르그로동자 7만명 파업에 돌입		4	북조선통신
1948-01-25-027	빨칸의 민주전선은 철벽	지미뜨로브수상 언명	4	북조선통신
1948-01-25-028	독일의 해체를 결정한 프랑크푸르트회의 내막		4	통신부
1948-01-25-029	불란서의 각계대표 쏘련과의 통상 요구		4	북조선통신
1948-01-25-030	민주주의적헌법을 위한 중국인민의 투쟁은 계속		4	통신부
1948-01-25-031	라지오		4	
1948-01-25-032	극장안내		4	
1948-01-27-001	훈시(요지)	북조선인민위원회 위원장 김일성	1	
1948-01-27-002	김일성위원장 국영기업소 지배인들과 담화 교환		1	본사기자 김동천
1948-01-27-003	량군철퇴를 재강조	'유엔조선위원단'입국에 제하여 남조선민전 성명	1	독립신보 전재
1948-01-27-004	유엔조선위원회에 대한 남조선 각 정당의 견해		1	
1948-01-27-005	김백관동무 가마니 증산		1	김만선
1948-01-27-006	기일 단축코 증산에 매진	룡문탄광 제5항세포	1	영환
1948-01-27-007	시 구역 군 당대표회를 앞두고		1	
1948-01-27-008	레닌의 사상은 공산주의로 가는 길을 밝혀준다	1948년 1월 21일 레닌 서거 24주년 모쓰크바기념회의에서 진술한 므.아.쑤쓸로브의 보고연설	2, 4	
1948-01-27-009	신막기관구의 호소에 25만키로주파로	평양기관구 일군들 호응 총궐기	3	언철
1948-01-27-010	북조선중심 평양특별시 인민의 힘으로 복구 미화		3	문상
1948-01-27-011	정주군에서 녀자교원강습회		3	정원
1948-01-27-012	민청원들이 선두에서 락후한 업적을 만회	후창광산 윤창호동무의 열성	3	영환
1948-01-27-013	북조선로동자의 향상된 생활	평양곡산 유지용동무의 가정	3	현주
1948-01-27-014	일용품증산을 위하여 투쟁하는 우리 당원들 평양성냥공장 문명렬동무	성냥	3	기관
1948-01-27-015	평남 각 공장서 보습 대량생산		3	문상
1948-01-27-016	반동의 아무런 책동에도 조선은 분렬되지 않는다	평안남도목재기업소 종업원궐기	3	기관
1948-01-27-017	운포광산에 발파된 '유엔조선위원단'반대의 분노		3	문상
1948-01-27-018	청진제철소 로동자 격분속에서 총궐기		3	준극
1948-01-27-019	농업증산을 자금으로 보장	북조선농민 은행의 업적	3	의철
1948-01-27-020	브.이.레닌 서거 24주년 추모회 모쓰크바에서 성행	1월 21일 밤 '쏘련극장'에서	4	

기사번호	제목(title)	부제목(stitle)	면수	필자, 출처
1948-01-27-021	맥아더사령부의 일본장기점령 음모	-소위비밀정부문제-	4	북조선통신
1948-01-27-022	외국계미인 추방을 미공산당에서 항의		4	북조선통신
1948-01-27-023	우방과의 조약 비준	루마니아의회	4	북조선통신
1948-01-27-024	루정부대표 항가리 도착		4	북조선통신
1948-01-27-025	불란서인민 메예르안 반대		4	북조선통신
1948-01-27-026	일본경제의 강화 위한 경비		4	북조선통신
1948-01-27-027	국민당통치구 수입초과 신기록		4	북조선통신
1948-01-27-028	영·이라크조약 반대	바크다트에서 학생시위 경관과 충돌 다수 사상	4	북조선통신
1948-01-27-029	라지오		4	
1948-01-27-030	극장안내		4	
1948-01-28-001	북조선로동당 평남도 순천군당 제2차당대표회에서 진술한 김일성동지의 연설		1, 2	
1948-01-28-002	김일성동지를 맞이하여 감격과 긴장속에서 진행	순천군당 제2차당대표회	1	
1948-01-28-003	김일성 사진		1	
1948-01-28-004	고공품생산에 있어서 얻어진 몇가지 경험들	개천군 정촌세포	2	본사기자 김명덕
1948-01-28-005	민주역군들 일당에 참집 순천군당대표회 성황	열렬한 토론과 호상비판으로 장내는 긴장	3	본사기자 오학균
1948-01-28-006	가마니 5천매를 짜서 나라에 이바지하고저	애국농민 리훈영씨의 일가	3	특파기자 위찬길
1948-01-28-007	자존심과 자신심을 갖고 배이상 생산에 투쟁하자	평북 대유동광산 종업원궐기	3	본사기자 리문상
1948-01-28-008	성냥증산으로 불사르자!	청진성냥공장 종업원궐기	3	본사기자 리문상
1948-01-28-009	봉산애국농민들 가마니 천매 헌납		3	특파기자 김윤모
1948-01-28-010	일용품증산을 위하여 투쟁하는 우리 당원들 청진방적공장	인견사	3	함북주재기자 현준극
1948-01-28-011	인민해방전선대회 희랍해방구에서 개최		4	북조선통신
1948-01-28-012	불국통상대표 모쓰크바 도착		4	북조선통신
1948-01-28-013	이태리사회당 공산당과 동일보조 결정		4	북조선통신
1948-01-28-014	항가리와 루마니아간 우호협력 및 호상원조조약 조인		4	북조선통신
1948-01-28-015	청도 석탄 부족		4	북조선통신
1948-01-28-016	북부이태리 플로렌스시에 총파업	시위군중에 대한 발포로	4	북조선통신
1948-01-28-017	총파업은 승리로 종결		4	북조선통신
1948-01-28-018	주쏘 아르젠틴 륙군무관의 비행		4	따쓰
1948-01-28-019	미의 대일정책 비난	영국하원외교정책 토론회에서	4	북조선통신
1948-01-28-020	소위 미국'원조' 반대	토이기 각계 인민대표	4	북조선통신
1948-01-28-021	캐나다정부의 반동성을 통박		4	북조선통신
1948-01-28-022	독일영미점령당국 인민대회 금지		4	북조선통신
1948-01-28-023	유고슬라비아정부 이태리전범자 인도 요구		4	북조선통신
1948-01-28-024	미꼴라이치크 도망으로 파란농민운동 통일		4	북조선통신
1948-01-28-025	국민당정부 영정부에 항의	구룡사건에 관하여	4	북조선통신
1948-01-28-026	씨리아주재 미공사 관세차별 항의		4	북조선통신
1948-01-28-027	중국인민해방투쟁의 앙양	『쁘라우다』지에서	4	
1948-01-28-028	라지오		4	
1948-01-28-029	극장안내		4	
1948-01-29-001	실지와 련결된 투쟁적선전사업을 위하여		1	
1948-01-29-002	고귀한 경험들을 살리여 10%를 초과생산하자	단천부동광산 당총회	1	김종근
1948-01-29-003	당면과업수행에 더욱 열성을 내자	경원면당대표회	1	황진홍
1948-01-29-004	시 군 및 구역 당대표회 24일 일제히 개시	평북만은 27일부터	1	본사기자 김명덕
1948-01-29-005	강력한 지도검열을 면당부는 실행하라	대동군 고평면당대표회	1	본사기자 김명덕
1948-01-29-006	증산에 매진	영흥군당관하 각급 당단체들에서	1	태길
1948-01-29-007	국영기관에서 자재구입 전등과 수도에까지 절약	평양철도공장	1	본사기자 김전
1948-01-29-008	절약재생대용으로 경비절약에 노력	평양연초	1	본사기자 김현주
1948-01-29-009	한번 쓴 도구를 다시 사용 모든 면에서 경비를 절약	국립극장	1	본사기자 김인숙
1948-01-29-010	평북도당단체들의 사업결산과 지도기관 선거진행에 있어서 얻은 몇가지 경험		2	북조선로동당 평북도당부 위원장 윤공흠
1948-01-29-011	세포학습회에 엄정한 규률과 조직성을 보장하라	-조선맥주 세포학습회에서 본 결점들-	2	본사기자 오학균
1948-01-29-012	쏘련은 예속인민들을 위한 자유의 상징		2	통신부
1948-01-29-013	우리 당원의 열성 증산에 모범성 발휘	구룡리세포 김영화동무	2	선우수
1948-01-29-014	엽연초수매에 금천군당 추동		2	정운성
1948-01-29-015	과학적인 영농계획으로 금년도 농업증산을 확보	북조선 각 도 농림부장회의	3	본사기자 김윤모
1948-01-29-016	농민들의 힘으로서 발전되는 농촌문화	강원도	3	본사기자 리의철
1948-01-29-017	증산과 자체교양을 제고 반동음모를 분쇄하자!	단천부동광산 종업원궐기	3	본사기자 리문상
1948-01-29-018	평양철도부산하의 각 직장 더한층 승리 위해 과업 결정	철도직맹 평양철도부 제7차확대회의	3	본사기자 신기관
1948-01-29-019	북조선 도시의 미화복구발전에 주력	도시경영국총결대회 결정	3	본사기자 리문상

기사번호	제목(title)	부제목(stitle)	면수	필자, 출처
1948-01-29-020	평남도의 영사반 각 생산직장 순회		3	본사기자 리문상
1948-01-29-021	명실공히 암흑화된 남조선의 세상형편		3	특파기자 김현석
1948-01-29-022	서부독일에서 민주주의자 탄압	통일위한 인민대회를 방해	4	북조선통신
1948-01-29-023	독일미점령지대 파업 백만명이상 참가		4	북조선통신
1948-01-29-024	쏘련과 파란간에 호상물자교환 협정		4	북조선통신
1948-01-29-025	이태리 렛세 로동자들이 미해병대 도착 반대 파업		4	북조선통신
1948-01-29-026	인도좌익전선통일회의 개최		4	북조선통신
1948-01-29-027	중국인민해방군의 전과	각 전선서 주동 장악	4	북조선통신
1948-01-29-028	공산당의원 피살	큐바근로인민 격분 항의	4	북조선통신
1948-01-29-029	장례식에 5만명 참가		4	북조선통신
1948-01-29-030	화군 휴전협정 위반		4	북조선통신
1948-01-29-031	원나의 식량사정 악화		4	북조선통신
1948-01-29-032	남경시에 파산회사 속출		4	북조선통신
1948-01-29-033	희랍정부의 추문		4	북조선통신
1948-01-29-034	영국 정말간의 통상협의 결렬		4	북조선통신
1948-01-29-035	서서 무역대표 모쓰크바 도착		4	북조선통신
1948-01-29-036	국제직련분렬기도에 항의	유고슬라비아직업동맹	4	북조선통신
1948-01-29-037	체코인민을 계획완수에		4	북조선통신
1948-01-29-038	누가 일본의 비군국화를 반대하는가?		4	통신부
1948-01-29-039	라지오		4	
1948-01-29-040	극장안내		4	
1948-01-30-001	세포의 열성적핵심을 양성하자		1	
1948-01-30-002	결정서 옳게 접수하고 검열사업을 강화	평남 안주군당대표회	1	본사기자 김명덕
1948-01-30-003	농업증산을 맹세	평북 서성면당대표회	1	평북주재기자 영환
1948-01-30-004	신년도경제계획을 결정	-제57차 북조선인민위원회-	1	북조선통신
1948-01-30-005	평북 대유동광산은 19일에 황해 수안광산은 23일에 1월계획량 완수		1	본사기자 신기관
1948-01-30-006	경제절약과 증산에 수안광산일로 매진		1	본사기자 신기관
1948-01-30-007	함남도 전체 농민 고공품생산 완수		1	본사기자 위찬길
1948-01-30-008	필요한 물품들을 자작자급할 계획	중앙병원	1	본사기자 김진억
1948-01-30-009	금년도 예산에서 94만원을 축소	소비조합	1	본사기자 김인숙
1948-01-30-010	소비검열제 강력히 실시	평양견직	1	본사기자 김전

기사번호	제목(title)	부제목(stitle)	면수	필자, 출처
1948-01-30-011	평북산림서 세포위원장 리정렬동무의 모범성		2	평북주재기자 최영환
1948-01-30-012	군중을 추동하여 교양사업에 열성	사원리세포 김원선동무	2	황해도주재기자 리성섭
1948-01-30-013	우리 당원의 열성 증산에 모범성 발휘	문례광산 선광세포 장문상동무	2	정원
1948-01-30-014	비료교역사업에 수범	리관선동무의 애국열	2	본사기자 리의철
1948-01-30-015	꾸준히 배우며 배워주는 사리원시당 선전선동 부부장 김명원동무		2	황해도주재기자 성섭
1948-01-30-016	조선인민은 속지 않을것이다	하지중장의 기만적성명	2	박우청, 경성합동통신
1948-01-30-017	황해제철소 부흥에 있어서 우리 당 단체의 빛나는 투쟁		3	특파기자 김현석
1948-01-30-018	쏘미간의 관계 개선 요망 상이한 체계하에서도 협조가능	주미 쏘련대사와 에이피기자 문답	4	북조선통신
1948-01-30-019	기아항의파업 계속	서부독일 케른에서	4	북조선통신
1948-01-30-020	인민탄압 극단화		4	북조선통신
1948-01-30-021	항가리와 루마니아간 우호협력 및 호상원조 조약문 요지		4	북조선통신
1948-01-30-022	조약의 의의는 거대	루마니아외상 담	4	북조선통신
1948-01-30-023	몰락상태에 빠진 국부통화의 신용		4	북조선통신
1948-01-30-024	희랍각지에 미비행장 건조		4	북조선통신
1948-01-30-025	콜럼비아정부 진보적기자 추방		4	북조선통신
1948-01-30-026	메예르반대안 불공산당 국회에 제출		4	북조선통신
1948-01-30-027	불란서인민은 메예르안 반대		4	북조선통신
1948-01-30-028	파-항가리문화협정 교섭		4	북조선통신
1948-01-30-029	미토협정의 소득?		4	북조선통신
1948-01-30-030	군사기지 양도 반대	큐바대학생련맹 성명서 발표	4	북조선통신
1948-01-30-031	국제학생동맹		4	북조선통신
1948-01-30-032	서반아에서 미불리해 상반	비도밀사보고에서 로현	4	북조선통신
1948-01-30-033	강대국과 대일강화 조약		4	통신부
1948-01-30-034	라지오		4	
1948-01-30-035	극장안내		4	
1948-01-31-001	북조선농민동맹창립 2주년에 제하여		1	
1948-01-31-002	평철기관구 우리 당원 궐기	25만키로주행달성 보장에	1	본사기자 신언철
1948-01-31-003	평양특별시의 문맹퇴치 활발		1	본사기자 김인숙
1948-01-31-004	우결점을 지적검토하고 신년 당면과업들을 토의	북조선인민위원회 량정부련석회의	1	본사기자 리문상
1948-01-31-005	김일성위원장께서 령도하는 길로 전진	평남 개천군 녀성총궐기	1	본사기자 리문상

기사번호	제목(title)	부제목(stitle)	면수	필자, 출처
1948-01-31-006	경비지출에 대하여는 엄밀히 분석검토	평양특별시인민위원회	1	본사기자 박중선
1948-01-31-007	로력배치를 개편 기계수명을 연장	선교련탄	1	본사기자 신기관
1948-01-31-008	불량품 없이한다	기계제작소	1	본사기자 김전
1948-01-31-009	자주 경제 건설로 음모책동을 분쇄	사리원상공업자궐기	1	황해도주재기자 리성섭
1948-01-31-010	군중과의 련결은 당과 당원들의 일상적 과업이다		2	김일홍
1948-01-31-011	강력한 교양사업전개로 락후성 극복코 크게 발전	삭주 청수공장 당총회	2	평북주재 기자 최영환
1948-01-31-012	빛나는 성과 올린 1년동안의 업적	제1차 북조선 각 대학사업 총결 보고대회	2	본사기자 김인숙
1948-01-31-013	근로자의 리익을 옹호하여 최후까지 분투 맹세	이태리공산당 지도자들 성명	2	따쓰통신
1948-01-31-014	고공품완수코 노력 넘쳐 실행	명천군 하기면 성구리에서	2	준극
1948-01-31-015	프랑 평가인하는 자주권의 상실	-『유마니테』지 론평-	2	북조선통신
1948-01-31-016	국제문제에 관한 보도지 론평		2	북조선통신
1948-01-31-017	우익사회주의자는 근로자리익의 반역자		2	통신부
1948-01-31-018	땅의 주인이 된 북조선농민의 기쁨…		3	
1948-01-31-019	부단한 영농법개량으로 2배로 3배로 증산을 보장	홍원 모범농민 렴승빈동무	3	본사기자 박중선
1948-01-31-020	굶주리던 생활은 옛날의 꿈 자기 노력으로 행복한 현실	강원도 안변 김백관 모범농민	3	본사기자 리의철
1948-01-31-021	어서어서 탈곡하여…		3	
1948-01-31-022	1947년 농업증산과 농촌문화의 향상을 추진	함남 함주군 팔복리농맹위원회	3	본사기자 리의철
1948-01-31-023	농민들의 위안처요교실 금강리 2구민주 선전실		3	본사기자 위찬길
1948-01-31-024	과거에 가장 비참하던 부락 현재는 가장 유족한 부락	황해도 안악군 창운리농촌	3	특파기자 위찬길
1948-01-31-025	꽹과리 치며 구호도 드높이 현물세를 나라에…		3	
1948-01-31-026	농촌의 문맹은 날로날로 퇴치	평양시 주변농촌 미림 1리 2리에서	3	본사기자 위찬길
1948-01-31-027	쏘련인민의 친절에 감사	파란수상 모쓰크바출발 담	4	북조선통신
1948-01-31-028	협정의 의의 강조	파란제신문의 론평	4	북조선통신
1948-01-31-029	독일 서부지대의 식량사정 극궁핍		4	북조선통신
1948-01-31-030	쏘련군정 정보국 발표		4	북조선통신
1948-01-31-031	항가리 방문한 파란정부 대표		4	북조선통신
1948-01-31-032	외국계미인 지도자 추방 반대운동 확대		4	북조선통신

기사번호	제목(title)	부제목(stitle)	면수	필자, 출처
1948-01-31-033	인민투표로 통일에 대한 의사표시의 기회를 달라	독일 삭센.안할트인민대회 결정	4	북조선통신
1948-01-31-034	인도네시아내각 사직	월가의 압박 더욱 로골	4	북조선통신
1948-01-31-035	인민해방군이 중요지점 신립둔을 점령		4	북조선통신
1948-01-31-036	국부립법원선거 인민의 참가없이 진행		4	북조선통신
1948-01-31-037	서구제국의 군사동맹안 서전제신문 론박		4	북조선통신
1948-01-31-038	로동당과의 합당문제 토의	불가리아 로동자사민당	4	북조선통신
1948-01-31-039	쏘련제신문에서		4	통신부
1948-01-31-040	희전 보안상 미국에 도착		4	북조선통신
1948-01-31-041	라지오		4	
1948-01-31-042	극장안내		4	
1948-02-01-001	경비절약과 당단체들의 과업		1	
1948-02-01-002	쓰딸린대원수에게 드리는 메쩨지	북조선농민동맹창립 2주년 기념 보고대회	1	
1948-02-01-003	김일성장군에게 드리는 편지	북조선농민동맹창립 2주년 기념 보고대회	1	
1948-02-01-004	증산위한 투쟁속에서 쌓아올린 빛나는 업적	북조선농민동맹창립 2주년 기념 보고대회 성황	1	본사기자 리의철
1948-02-01-005	축사 북조선민전중앙위원회 의장 김두봉	북조선농민동맹창립 2주년 기념 보고대회에서	1	
1948-02-01-006	북조선인민위원회 결정 받들어 각 정당 사회단체에서 경비절약운동을 전개		2	북조선통신
1948-02-01-007	볼가리아로동당(공산주의자)의 사업에 대하여(1)	베.첼벤꼬흐	2	
1948-02-01-008	동남아세아청년대회 참가차 우리 청년 대표 칼깟타로 출발		3	본사기자 림은길
1948-02-01-009	농촌민주전선실에 맺어진 근로의 정신 우리 당원 리세근동무의 활약	룡강군 지운면 량원리에서	3	본사기자 김인숙
1948-02-01-010	우리 당원들은 이렇게 싸웠으며 싸우고 있다	황해제철소	3	
1948-02-01-011	고공품생산에 있어서 강원제3착으로 완수	평남도, 함남도, 강원도에서	3	본사기자 리의철
1948-02-01-012	불행하던 고아부랑아들 민주건설일군으로 장성		3	본사기자 신언철
1948-02-01-013	조선민족분렬을 꾀하는자 누구?	중대리광산 반대궐기	3	본사기자 신기관
1948-02-01-014	명실공히 암흑화된 남조선의 세상형편		3	
1948-02-01-015	력사극 「홍경래」를 상연	국립극장에서	3	본사기자 김인숙
1948-02-01-016	서부'쁠럭'을 제창한 베빈연설에 대한 반향	여러 나라들에서	4	북조선통신
1948-02-01-017	독일인민대회 제2차회의 준비 활발		4	북조선통신

기사번호	제목(title)	부제목(stitle)	면수	필자, 출처
1948-02-01-018	화북에서 대승리	인민해방군 공격전 전개	4	북조선통신
1948-02-01-019	항가리정부요인 파란정부대표와 회견		4	북조선통신
1948-02-01-020	미국의 유고금준비동결은 부당		4	북조선통신
1948-02-01-021	희랍왕당파의 월경도전 실상		4	북조선통신
1948-02-01-022	배상목록에서 다수의 일인공장제거		4	북조선통신
1948-02-01-023	미국공군기지설정에 항의	주미쏘대사 마샬에 각서	4	북조선통신
1948-02-01-024	미의 일본재건안은 세계의 의혹을 환기	-남경일보 론평-	4	북조선통신
1948-02-01-025	평가인하는 물가등귀 초래		4	북조선통신
1948-02-01-026	나시스소장을 희정부 체포		4	북조선통신
1948-02-01-027	항가리로동자의 생산경쟁성과		4	북조선통신
1948-02-01-028	불.서국경 개방		4	북조선통신
1948-02-01-029	희민주군에 대한 악선전 부정		4	북조선통신
1948-02-01-030	우익사회주의자들은 무엇을 기도하는가?		4	통신부
1948-02-01-031	라지오		4	
1948-02-01-032	극장안내		4	
1948-02-03-001	인민정권기관내의 당단체들의 사업을 강화하자		1	
1948-02-03-002	연구하고 열성을 내면 우리는 못할 일이 없다	황해도 송림시당대표회	1	본사기자 오학균
1948-02-03-003	북조선인민회의 상임의원회 고시		1	
1948-02-03-004	당의 빛나는 업적 남기고 원산철도당대표회 성황		1	강원도주재기자 김홍범
1948-02-03-005	작년사업의 결함을 지적 교양과 생산에 주력 맹서	신의주제지공장 당부총회	1	평북주재기자 영환
1948-02-03-006	재정규률 준수코 엄격한 검열 실시	평남도인민위원회	1	본사기자 리문상
1948-02-03-007	경비를 절약하여 석탄가격을 저하	사동련탄	1	본사기자 김동천
1948-02-03-008	볼가리아로동당(공산주의자)의 사업에 대하여(2)	베.첼벤꼬흐	2, 4	
1948-02-03-009	제2차 전당대회를 기념 전체 종업원 증산에 궐기	당을 지지하는 평양철도공장 종업원	3	본사기자 김인숙
1948-02-03-010	'유엔대표단'반대증산계획 102.3%로 달성	서평양철도공장 동무들	3	본사기자 신언철
1948-02-03-011	함경북도 고공품 120%로 완수		3	본사기자 위찬길
1948-02-03-012	완비된 시설속에서 료양받는 근로자들	해주료양소 방문기	3	특파기자 김현석
1948-02-03-013	상점을 근로집중지역에 공장광산 매점기능 강화	북조선소비조합 제1차 중앙대회	3	본사기자 림은길
1948-02-03-014	황해제철소의 우리 당원들은 이렇게 싸웠으며 싸우고있다		3	

기사번호	제목(title)	부제목(stitle)	면수	필자, 출처
1948-02-03-015	림산부문 계획달성으로 건설산업연료 등을 보장	평안남도 산림서의 빛나는 업적	3	본사기자 위찬길
1948-02-03-016	북조선기독교도는 미반동음모에 속지 않는다	'유엔조선위원단'반대 평양기독교도 궐기	3	본사기자 김진억
1948-02-03-017	유고직맹의 업적	창립 3주년에 제한 위원장의 론문	4	북조선통신
1948-02-03-018	프랑꼬의 테로를 반대	쏘련녀성들이 런기서국에 항의	4	북조선통신
1948-02-03-019	이라크에 신내각 조직		4	북조선통신
1948-02-03-020	토지개혁안 실시를 일본지주층 방해		4	북조선통신
1948-02-03-021	남경, 상해 지구 공격	중국인민해방군 우세	4	북조선통신
1948-02-03-022	아랍제국과 영국 군사조약체결 암시		4	북조선통신
1948-02-03-023	귀환독일포로병을 신문	백림주재 미군정대표의 괴행동	4	북조선통신
1948-02-03-024	영련립내각 조직설		4	북조선통신
1948-02-03-025	큐바정계 불안		4	북조선통신
1948-02-03-026	깐듸옹 피살	-인도분쟁의 희생-	4	북조선통신
1948-02-03-027	시인을 기소	칠리재판소	4	북조선통신
1948-02-03-028	영의 지중해기지 미항공대에 예속		4	북조선통신
1948-02-03-029	이태리각지에 실업반대파업		4	북조선통신
1948-02-03-030	서부'쁠럭'을 반대	영국공산당 성명서 발표	4	북조선통신
1948-02-03-031	서반아게릴라부대 각지에서 활동 강화		4	북조선통신
1948-02-03-032	희랍민주군 우세	에피루스의 요지 점령	4	북조선통신
1948-02-03-033	체코슬로바키아민족전선회의		4	북조선통신
1948-02-03-034	팔레스치나문제를 착잡하게 하는 영국		4	북조선통신
1948-02-03-035	항가리의 석탄산업		4	북조선통신
1948-02-03-036	라지오		4	
1948-02-03-037	극장안내		4	
1948-02-04-001	당적검열은 사업의 성과를 보장한다		1	
1948-02-04-002	모범로동자들 일당에 참집 김일성동지를 대표로 선거	남포시당 제2차대표회 감격리 진행	1	본사기자 박중선
1948-02-04-003	인민경제계획 완수 맹세	평양시 동구역당 제2차대표회	1	리영훈
1948-02-04-004	반드시 계획완수하는 실천가가 되여야 한다	평남 평원군당대표회	1	본사기자 김명덕
1948-02-04-005	더 큰 승리 얻기 위하여 당면과업수행에 매진	강원 이천군당대표회	1	본사기자 김명덕
1948-02-04-006	봉산군당에서 지도자강습회		1	황해도주재기자 리성섭
1948-02-04-007	평북도내 각 지방에서 열리는 각급 당대표회	선천군당대표회	2	평북주재기자 최영환
1948-02-04-008	평북도내 각 지방에서 열리는 각급 당대표회	철산군당대표회	2	평북주재기자 최영환
1948-02-04-009	평북도내 각 지방에서 열리는 각급 당대표회	벽동군 벽동면	2	평북주재기자 최영환

기사번호	제목(title)	부제목(stitle)	면수	필자, 출처
1948-02-04-010	평북도내 각 지방에서 열리는 각급 당대 표회	철산군 부서면	2	평북주재기자 최영환
1948-02-04-011	각급 당단체에서 선거되는 우리 당원동 무들의 모범성	황해도에서는 이러한 일군들이 선거되었다	2	본사기자 김현석
1948-02-04-012	'유엔조선위원회'를 반대하는 북조선 각 계각층의 분격의 목소리		2	김일권
1948-02-04-013	민족의 분렬과 조선독립을 지연시키는 '유엔조선위원단'을 반대한다	남조선 각 정당 항의성명	2	북조선통신
1948-02-04-014	작년보다 더한층 증산을 주밀한 계획적 영농으로	농민동맹 52차 중앙위원회 결정	3	본사기자 리의철
1948-02-04-015	토박한 논농사를 개량해 5할 증수	회령군 문정찬농민	3	본사기자 리의철
1948-02-04-016	농민을 위안하는 농촌민주선전실	모학리	3	본사기자 리문상
1948-02-04-017	황해도 문맹퇴치에 김대학생 협조 활발		3	본사기자 김현석
1948-02-04-018	당원의 열성으로 전부락 문맹퇴치	구미리	3	김만선
1948-02-04-019	맹산군민청원들 문맹퇴치에 열성		3	최석형
1948-02-04-020	남조선애국자들에게 성원금을 보내여 격려	홍원군 령무상인들 궐기	3	신연길
1948-02-04-021	각 도에 전개되는 고공품 생산정형		3	본사기자 위찬길
1948-02-04-022	김일성대학 야학부 개교		3	본사기자 김진억
1948-02-04-023	황해제철소의 우리 당원들은 이렇게 싸웠으며 싸우고있다		3	
1948-02-04-024	쓰딸린을 명예회원으로 추대	쏘련의 정치과학지식보급협회	4	북조선통신
1948-02-04-025	미국민협회 대통령에 서한		4	북조선통신
1948-02-04-026	화란군병사의 폭행	인도네시아주민을 학살	4	북조선통신
1948-02-04-027	화북의 물가 등귀		4	북조선통신
1948-02-04-028	서부독일 브레템베르그바텐직맹 총파업을 선언	120만 인원 참가 대기	4	북조선통신
1948-02-04-029	희랍군대 미식무장		4	북조선통신
1948-02-04-030	이란의회 관심	바레인군도에 집중	4	북조선통신
1948-02-04-031	언론인에 격문	슬라브제국의 기자회의	4	북조선통신
1948-02-04-032	지중해미함대		4	북조선통신
1948-02-04-033	미함대의 이태리항정박은 대이강화조약 위반	주미쏘대사 마샬에 각서 전달	4	북조선통신
1948-02-04-034	유엔빨칸위원회 미영정보장교로 보충		4	북조선통신
1948-02-04-035	베빈연설의 내막	『신시대』지의 론평	4	북조선통신
1948-02-04-036	날로 장성되는 중국인민해방군	『쁘라우다』지	4	통신부
1948-02-04-037	반동과 투쟁하는 이태리민주력량	붉은함대지	4	통신부

기사번호	제목(title)	부제목(stitle)	면수	필자, 출처
1948-02-04-038	라지오		4	
1948-02-04-039	극장안내		4	
1948-02-05-001	김일성 사진		1	
1948-02-05-002	김일성동지께 드리는 메쩨지	북조선로동당 평남도 강동군 당 제2차대표회	1	
1948-02-05-003	김일성동지의 호소 받들어 과감히 투쟁 한 혁혁한 업적	평남 강동군당대표회 성황	1	본사기자 김현주
1948-02-05-004	강동군당대표회에 참석한 모범 로동자 농민녀성 당원		1	본사기자 김현주
1948-02-05-005	국가의 민주주의화를 위한 투쟁에 있어 서의 루마니아공산당	게.게올기우 데스	2, 4	
1948-02-05-006	당세포를 강화함으로써 인민경제계획달 성 보장	원산시당 제2차당대표회	3	본사기자 김명덕
1948-02-05-007	토론요지	원산시당 제2차당대표회에서	3	
1948-02-05-008	모든 반동음모 폭로분쇄 교양으로 군중 조직동원	강원도 린제군당 제2차대표회	3	본사기자 김명덕
1948-02-05-009	애국투사모범로동자로 더한층 빛나는 당 대표회	평양 중구역당	3	본사기자 최룡봉
1948-02-05-010	김일성장군의 선거구 삼등면 날로날로 발전		3	특파기자 김현주
1948-02-05-011	우결점을 엄정히 비판	함경북도 경흥군당대표회	3	함북주재기자 현준극
1948-02-05-012	이태리민주진영은 견고	민주주의인민전선전국대회	4	북조선통신
1948-02-05-013	몽고인민공화국의 5개년인민경제계획		4	북조선통신
1948-02-05-014	일본 인구과잉리론의 정체		4	통신부
1948-02-05-015	불당국 주불 월남대표 검거		4	북조선통신
1948-02-05-016	주요한 주에서 월레스 지지	미국여론조사위원회 발표	4	북조선통신
1948-02-05-017	항가리농민 토지개혁완수 경축		4	북조선통신
1948-02-05-018	봉래항 점령		4	북조선통신
1948-02-05-019	친일파가 대통령인 비률빈	전 미국무장관 킥케스씨 지적	4	북조선통신
1948-02-05-020	희의 파업지도자 사형법안에 항의	씨.아이.오집행부	4	북조선통신
1948-02-05-021	라지오		4	
1948-02-05-022	극장안내		4	
1948-02-06-001	북조선인민회의 제4차회의		1	
1948-02-06-002	김일성동지의 령도 받들어 더 큰 승리 위하여 전진하자	함남 흥남시당대표회	1	함남주재기자 박경석
1948-02-06-003	북조선인민위원회창립 제2주년기념에 관 한 표어		1	
1948-02-06-004	함남도당대표회에 파견될 대표로 선출된 모범당원들		1	
1948-02-06-005	결점들을 분석하면서 진지한 토론들을 전개	평북 신의주시당대표회	1	특파기자 김전

기사번호	제목(title)	부제목(stitle)	면수	필자, 출처
1948-02-06-006	승리의 경험 살리여 선봉적역할을 높이자	평양시 서구구역당대표회	2	본사기자 오학균
1948-02-06-007	채탄 한톤! 굴진 한톤! 150%를 기어이 보장	평양시 북구구역당대표회	2	본사기자 오학균
1948-02-06-008	이미 얻은 성과를 확보 긴밀한 련락밑에 매진	함북 무산군당대표회	2	함북도주재기자 현준극
1948-02-06-009	물자를 절약하고 로력을 옳게 조직	강원 문천군당대표회	2	본사기자 김명덕
1948-02-06-010	조직을 강화하고 군중동원에 핵심	평북 룡천군당대표회	2	리석
1948-02-06-011	민주주의민족통일전선의 튼튼한 지지를 받는 북조선인민위원회		2	백인준
1948-02-06-012	흥남인민공장 1월계획 완수	1월계획완수	3	함남주재기자 박경석
1948-02-06-013	신의주방직공장 광목 146.3%	1월계획완수	3	본사기자 김전
1948-02-06-014	평양곡산공장 116.8%	1월계획완수	3	본사기자 김동천
1948-02-06-015	신의주기관구 주행 157%로	1월계획완수	3	본사기자 김전
1948-02-06-016	원산철도공장 계획의 131%	1월계획완수	3	강원주재기자 김홍범
1948-02-06-017	비료수송 중책 지고 과감한 투쟁을 전개	흥남역장 전창호동무 선두 지휘	3	함남주재기자 박경석
1948-02-06-018	수많은 창안으로 농산물증산 보장	청진 남창은농민	3	본사기자 리의철
1948-02-06-019	작년도의 제반사업을 총결 평양특별시 시설확충 결정	평양특별시 제18차 인민위원회	3	본사기자 리문상
1948-02-06-020	날로 향상되여가는 농촌물질문화생활	평안남도	3	본사기자 위찬길
1948-02-06-021	투광지제조 성공	연극영화에 공헌	3	본사기자 김진억
1948-02-06-022	근로인민들의 희곡당선 발표	평양시인위 선전부에서	3	본사기자 김동천
1948-02-06-023	로력을 합리화하고 인적배치를 적절히	신의주제지 지배인 맹훈씨담	3	본사기자 김전발
1948-02-06-024	불필요한 랑비를 절약 인민보건의 중점 보장	보건국 의무부장 최창석씨담	3	본사기자 김인숙
1948-02-06-025	사무부문 인원 축소 페물리용으로 생산	평양전차사업소 직장대회의 결의 공고	3	본사기자 김진억
1948-02-06-026	38경계 녀성들 궐기	'유엔위원단'반대대회	3	지방통신원 리호
1948-02-06-027	미국간섭을 반대 인도네시아인민 궐기	인도네시아의 사태	4	북조선통신
1948-02-06-028	우익내각 출현 인도네시아공화국	인도네시아의 사태	4	북조선통신
1948-02-06-029	인도네시아청년 전체대회	인도네시아의 사태	4	북조선통신

기사번호	제목(title)	부제목(stitle)	면수	필자, 출처
1948-02-06-030	정전협정을 화란측 위반		4	북조선통신
1948-02-06-031	영애신교섭 개시?		4	북조선통신
1948-02-06-032	전 영외상 이 덴 희랍행		4	북조선통신
1948-02-06-033	미정부에 각서 전달	극동상선 통행자유 침범으로	4	따쓰
1948-02-06-034	조선문제의 론문도 게재	9개국공산당 보도국기관지	4	북조선통신
1948-02-06-035	서부독일 삭소니지방 수상은 전범자	파란측 인도 요구	4	북조선통신
1948-02-06-036	무기대여 청산	쏘.미 교섭 진행	4	북조선통신
1948-02-06-037	책광고		4	
1948-02-06-038	국제정세개관	1948년 1월	4	본사 국내외통신부
1948-02-06-039	극장안내		4	
1948-02-07-001	김일성위원장 력사적보고 1947년도 인민경제계획실행에 관한 총결과 1948년도 인민경제계획에 관하여	북조선인민회의 제4차회의 개회	1	북조선통신
1948-02-07-002	북조선인민회의 제4차회의 주석단		1	
1948-02-07-003	김일성위원장의 보고를 듣는 인민의 대표 북조선인민회의 대의원들		1	
1948-02-07-004	김일성장군에게 드리는 편지	평원군농민열성자대회	2	
1948-02-07-005	애국미헌납운동 호소	만경대학원에 천6백가마니	2	본사기자 박중선
1948-02-07-006	소모품대장 개인별 작성 기계비품애호 관념 조장	흥남인민공장	2	함남주재기자 박경석
1948-02-07-007	모든 경비를 절약하여 생산원가 46% 저하	강선제강	2	본사기자 위찬길
1948-02-07-008	호소문	평원군농민열성자대회	2	
1948-02-07-009	우리 당원들 핵심적역할 1월계획을 175%로	국영신의주성냥공장	2	본사기자 김전
1948-02-07-010	7만 7천키로 무사고정시주행에 총궐기	신의주기관구 종업원들	2	본사기자 김전
1948-02-07-011	원가저하 품질향상 콩기름을 2배 증산	국영 신의주제유공장	2	본사기자 김전
1948-02-07-012	1947년도 인민경제부흥발전에 열성적으로 참가한 산업농촌경리 과학문학예술 등 부문의 일군들에게 북조선인민회의 상임위원회 표창장을 증여함에 관하여		3, 4	
1948-02-07-013	서부독일파업 확대	3백만 로동자 24시간 파업	4	북조선통신
1948-02-07-014	출판물검열문제 토의	유엔분과위원회 회의에서	4	북조선통신
1948-02-07-015	쓰딸린수상 루국대표와 회견		4	북조선통신
1948-02-07-016	'비상징수령' 반대	불각지에 반정부운동	4	북조선통신
1948-02-07-017	이민주주의인민전선은 진보적력량의 결정이다	유니타지의 론평	4	북조선통신
1948-02-07-018	총파업을 선언	이태리선박로동자	4	북조선통신
1948-02-07-019	멕시코로동자 시위운동		4	북조선통신
1948-02-07-020	미국의 책동으로 대오조약토의 지연		4	북조선통신
1948-02-07-021	콜럼비아에 파업		4	북조선통신

기사번호	제목(title)	부제목(stitle)	면수	필자, 출처
1948-02-07-022	싱가폴부두로동자 탄약양륙 거절		4	북조선통신
1948-02-07-023	미광산로동자 대대적파업		4	북조선통신
1948-02-07-024	항가리로부터 파란대표 귀국		4	북조선통신
1948-02-07-025	파란파시스트 알젠틴에 도착		4	북조선통신
1948-02-07-026	책광고		4	
1948-02-07-027	국민당정부 미국서 소해정 구입		4	북조선통신
1948-02-07-028	라지오		4	
1948-02-08-001	1947년도 인민경제부흥발전계획에 관한 총결과 1948년도 인민경제발전계획에 대한 보고	북조선인민회의 제4차회의에서 김일성위원장 진술	1, 2, 3	
1948-02-08-002	북조선인민위원회창립 2주년기념 만세!		1	
1948-02-08-003	쓰딸린대원수에게 드리는 전보문	북조선인민위원회창립 제2주년 기념대회	1	
1948-02-08-004	북조선인민위원회창립 2주년에 제하여	김책	3, 4	
1948-02-08-005	북조선인민위원회 창립 2주년 기념대회 주석단		3	
1948-02-08-006	인민정권 창립된지 2년 조국창건의 혁혁한 업적	북조선인민위원회창립 2주년 기념대회	4	본사기자 김현석
1948-02-08-007	축사 민전대표 박정애	북조선인민위원회창립 2주년 기념대회에서	4	
1948-02-08-008	'유엔위원단'을 반대하여 남조선인민들 궐기	체신철도공장 종업원들 항의투쟁	4	북조선통신
1948-02-08-009	남조선전역의 전신전화망 마비상태		4	북조선통신
1948-02-08-010	교통통신 파업	경찰당국 엄중경계중	4	합동통신
1948-02-08-011	인천 각 공장에서 파업연설		4	합동통신
1948-02-08-012	기관차파괴 피해 심대	경찰은 총동원하여 경계	4	합동통신
1948-02-08-013	조선력사상 처음인 중대한 보고를 듣는 대의원		5	
1948-02-08-014	조선림시헌법초안을 전인민토의에 붙일 것을 결정	북조선인민회의 제4차회의 폐회	5	북조선통신
1948-02-08-015	조선림시헌법제정위원회 보고 김두봉	북조선인민회의 제4차회의에서	5	
1948-02-08-016	결정서	북조선인민회의 제4차회의에서	5	
1948-02-08-017	결정서	북조선인민회의 제4차회의에서	5	
1948-02-08-018	북조선인민위원회에 민족보위국을 설치		5	북조선통신
1948-02-08-019	북조선인민위원회 민족보위국설치에 관한 결정서		5	
1948-02-08-020	북조선인민위원회 규정에 관한 법령 일부 개정에 관한 결정서		5	
1948-02-08-021	조선림시헌법초안을 인민토의에 붙이는데 관한 제의 주녕하	북조선인민회의 제4차회의에서	5	
1948-02-08-022	김일성동지가 가르키는 길로 조국창건을 위하여 전진하자	함흥시당대표회 엄숙히 진행	6	함남주재기자 박경석
1948-02-08-023	로동자와 농민의 굳은 단결 승리의 길로 일로 매진하자	함주군당대표회 성대	6	함남주재기자 박경석
1948-02-08-024	시 군 및 구역 당단체들에서는 2월 4일까지 결산선거 완료	평양시당대표회는 2월 14일 소집 예정	6	본사기자 김명덕
1948-02-08-025	우당원들과 서로 손잡고 락후한 영농방식과 투쟁	맹산군당대표회 성황	6	본사기자 오학균
1948-02-08-026	긴장한 분위기속에 전개	신흥군당대표회의 정형	6	함남주재기자 박경석
1948-02-08-027	당회의는 정치적교양의 학교이다		6	현석
1948-02-08-028	인민의 정권밑에서 향상하는 인민생활		7	본사기자 김동천
1948-02-08-029	조국건설 위하여 싸우는 로동자생활은 날로 향상	흥남지구인민공장	7	함남주재기자 박경석
1948-02-08-030	순 소작살이부락이 오붓한 부락으로	강서군 초리면 칠골의 모습	7	본사기자 위찬길
1948-02-08-031	온 가족이 단락하게 생활을 꾸미는 현실	서평양철도공장 로동자의 가정	7	본사기자 신언철
1948-02-08-032	우리의 자랑! 인민의 손으로 복구된 우리의 공장!		7	
1948-02-08-033	인민경제계획의 승리	조국전선 제2차대회에서 지미뜨로브 연설	8	북조선통신
1948-02-08-034	인도네시아신내각 전 정부정강 답습 언명		8	북조선통신
1948-02-08-035	공산당의 력량 장성	체코공산당 총비서 연설	8	북조선통신
1948-02-08-036	미군사기지화하는 이란-미국신협정		8	북조선통신
1948-02-08-037	근로자	'월정독자모집'	8	로동당출판사
1948-02-08-038	신민주주의제국의 계획경제의 성과		8	『이즈베스챠』지
1948-02-08-039	라지오		8	
1948-02-09-001	1948년 2월 8일 인민군열병식에서 진술한 김일성위원장의 연설		1, 3	
1948-02-09-002	열병식에 참렬한 인민군의 위관		1	
1948-02-09-003	인민군 열병식 주석단		1	
1948-02-09-004	열병하는 최용건총사령		2	
1948-02-09-005	그 이름도 조선인민군! 장엄! 평양역두에 열병식	북조선인민위원회 탄생일의 이감격	2	본사기자 김현석
1948-02-09-006	환호의 폭풍속에 시가행진은 계속		2	본사기자 김현주
1948-02-09-007	꽃다발		2	본사기자 박중선
1948-02-09-008	조선인민군 열병식에서 진술한 최용건 총사령의 연설		3	
1948-02-09-009	축사	북조선인민회의 상임위원회 의장 김두봉	3	

기사번호	제목(title)	부제목(stitle)	면수	필자, 출처
1948-02-09-010	축사	북조선민전중앙위원회 김달현	3	
1948-02-09-011	조국과 인민의 영광	-인민군열병식에 드리는 노래	3	박팔양
1948-02-09-012	조국의 아들	인민군대창립을 노래함	3	김우철
1948-02-09-013	열병식에 참렬한 인민군의 부대들 주석단앞을 분렬행진		3	
1948-02-09-014	우리의 인민군대를 세우자		4	김일
1948-02-09-015	포병부대		4	
1948-02-09-016	보병부대		4	
1948-02-11-001	조선민주주의인민공화국 국장		1	
1948-02-11-002	조선림시헌법초안 발표에 관하여	조선림시헌법 제정위원회 보도	1	
1948-02-11-003	조선민주주의인민공화국 국기		1	
1948-02-11-004	조선민주주의인민공화국 림시헌법초안		1, 2	
1948-02-11-005	당면한 과업으로 제기된 중요문제들을 토의 결정	북조선로동당 제12차 중앙위원회	2	
1948-02-11-006	북조선로동당 중앙위원회에서		2	
1948-02-11-007	북조선로동당 제12차 중앙위원회 결정서	전당대회 연기에 대하여	2	
1948-02-11-008	찬란한 업적을 올린 모범일군 901명	북조선인민회의 상임위원회 표창장 증여 및 북조선인민위원회 포상장 수여식	3	본사기자 김동천
1948-02-11-009	평원군농민들 호소에 대동군농민들이 호응	만경대학원건축 애국미운동	3	본사기자 김인숙
1948-02-11-010	보무당당히 행진하는 인민군대의 용자		3	
1948-02-11-011	인민의 감격속에서 행진하는 인민군대		3	본사기자 김명덕
1948-02-11-012	할머니와 병정		3	본사기자 김일권
1948-02-11-013	남조선전역에 인민항쟁 치렬	반동경찰수괴 조병옥 중간발표	3	북조선통신
1948-02-11-014	'유엔위원단' 반대하여 남조선인민은 투쟁하고있다	미군정당국이 발표	3	북조선통신
1948-02-11-015	'유엔단' 돌아가라 군중은 절규 시위	미군의 땅크 출동	3	조통
1948-02-11-016	기관차철도통신시설의 피해 심대		3	
1948-02-11-017	철도통신시설 파괴상태		3	
1948-02-11-018	부산항선박에서 기적신호로 호응		3	
1948-02-11-019	관상대도 파업		3	조통
1948-02-11-020	9일현재로 남조선전신전화 불통지방		3	북조선통신
1948-02-11-021	쏘련과 루마니야간에 친선협조상호원조조약을 체결		4	
1948-02-11-022	사천성에 계엄령		4	북조선통신
1948-02-11-023	트루맨의 서반구안을 반대		4	북조선통신
1948-02-11-024	2월 9일에 불.서국경 개방	불인민의 반대로 난관에 봉착	4	북조선통신
1948-02-11-025	가다야마정책을 통격	일본공산당 노사까씨	4	북조선통신

기사번호	제목(title)	부제목(stitle)	면수	필자, 출처
1948-02-11-026	기아반대파업	독일서부지대에 거익 확대	4	북조선통신
1948-02-11-027	서반아빨찌산부대 프랑코부대를 계속 공박		4	북조선통신
1948-02-11-028	이란의 데니아르즈지 론평		4	북조선통신
1948-02-11-029	미국식'민주주의'는 바로 이런것이다		4	아.끄와샤
1948-02-11-030	월남인민을 박해하지 말라	불란서각지에 반대운동 확대	4	북조선통신
1948-02-11-031	월레스립후보를 미경찰당국 방해		4	북조선통신
1948-02-11-032	화란당국 6천명을 구금		4	북조선통신
1948-02-11-033	대학생다수에 퇴학처분		4	북조선통신
1948-02-11-034	레바논인민 대불재정협정 반대		4	북조선통신
1948-02-11-035	폭락되는 미증권 시세		4	북조선통신
1948-02-11-036	라지오		4	
1948-02-11-037	근로자	'월정독자모집'	4	로동당출판사
1948-02-12-001	조선림시헌법초안은 발표되었다		1	
1948-02-12-002	상급당결정 연구하고 분공 주어 성과를 보장	양덕군당 제2차대표회	1	통신부 조광순
1948-02-12-003	세포를 강화치 않고는 민주과업도 실천안된다	희천군당대표회	1	최병흡
1948-02-12-004	"단독정부반대" 삐라 살포	군산경찰 10여명을 검거	1	북조선통신
1948-02-12-005	광주상업맹휴		1	북조선통신
1948-02-12-006	해상에 파업 확대		1	북조선통신
1948-02-12-007	인천역 집하작업 로동자들도 파업		1	북조선통신
1948-02-12-008	곡창으로서 면목을 확보	철원군당대표회 결의	1	강원도주재기자 김홍범
1948-02-12-009	빛나는 성과를 결산하는 평강군당대표회 대성황		1	강원도주재기자 김홍범
1948-02-12-010	1947년도 흥남인민공장 인민경제계획 예정수자 초과달성을 위하여 투쟁	흥남시 당단체의 생산협조 사업	2	서휘
1948-02-12-011	'유엔조선위원회'는 미제국주의를 충실하게 옹호하는 선도자이다		2	본사 국내외통신부
1948-02-12-012	38선 접경군으로서 경각성을 더욱 높이자	금천군당 제2차대표회	2	통신원 정운성
1948-02-12-013	고공품질향상의 필요 지적	양양군당대표회	2	강원도주재기자 김홍범
1948-02-12-014	단하나의 단체표창 신창탄광의 이 영예	우리 당단체의 핵심적역할의 성과	3	본사특파기자 신기관
1948-02-12-015	김장군 말씀을 받들어 궐기한 안악군농민들		3	본사기자 위찬길
1948-02-12-016	인민군의 동생		3	본사기자 리문상
1948-02-12-017	녀학생과 병정		3	본사기자 김현주
1948-02-12-018	군관기를 선두로 행진 또 행진		3	

기사번호	제목(title)	부제목(stitle)	면수	필자, 출처
1948-02-12-019	쏘련정부의 각서는 정당	이란제지 미국의 침략의도 폭로	4	북조선통신
1948-02-12-020	화란의 침범을 반대	쟈카르타민족전선 항의	4	북조선통신
1948-02-12-021	가다야마내각 총사직 결정		4	북조선통신
1948-02-12-022	빵가격폭등 반대	이란각지에 시위운동	4	북조선통신
1948-02-12-023	칠리정부에 항의문 쇄도		4	북조선통신
1948-02-12-024	선박해원파업 격화	이태리	4	북조선통신
1948-02-12-025	영국과 서반아 통상		4	북조선통신
1948-02-12-026	불란서, 이태리 등 제국을 미합중국에 가입시키자	마샬안에 관한 데일대학 교수의 제의	4	북조선통신
1948-02-12-027	미국유조선을 이태리에 매도		4	북조선통신
1948-02-12-028	미국정부 석유수출 극감		4	북조선통신
1948-02-12-029	반파쑈승리절	불란서에서 시위기념	4	북조선통신
1948-02-12-030	대토 '원조'에 관한 미국의 독점적조건		4	북조선통신
1948-02-12-031	파시스트특별경찰대를 조직	이태리정부	4	북조선통신
1948-02-12-032	불란서통신사의 허위보도	파란외무성 정보부장 반박	4	북조선통신
1948-02-12-033	영경제상태 악화	영국 각 신문들의 보도	4	북조선통신
1948-02-12-034	베빈연설에 고무된 처칠		4	북조선통신
1948-02-12-035	라지오		4	
1948-02-12-036	미국반동이 하라는대로 움직이고있는 이란정부		4	통신부
1948-02-12-037	근로자	'월정독자모집'	4	로동당출판사
1948-02-12-038	이란의회 미차관안을 통과		4	북조선통신
1948-02-13-001	1948년도 인민경제계획과 당단체들의 과업		1	
1948-02-13-002	제2차 전당대회를 앞두고 증산의욕은 날로 높아간다	성진제강소의 우리 당원들	1	염재학
1948-02-13-003	창의창안으로 건설복구 년간계획 140% 실행	서평양철도공장의 약진상	1	본사기자 신언철
1948-02-13-004	이미 얻은 우리의 권리 절대보장할 헌법 요망	평양기구제작소 로동자 김운봉씨 담	1	본사기자 김전
1948-02-13-005	소작제를 없이 한 헌법초안을 지지	룡강군 오신면 송성리 농민 김서현씨 담	1	본사기자 위찬길
1948-02-13-006	경찰지서의 습격 33건에 도달		1	
1948-02-13-007	전주지구 농민들 경찰지서를 습격		1	북조선통신
1948-02-13-008	수원경찰 습격		1	북조선통신
1948-02-13-009	거제도민 어장침해반대 궐기		1	북조선통신
1948-02-13-010	남조선인민은 이러한 폭압속에서 투쟁한다		2	본사 국내외통신부
1948-02-13-011	사리원방직공장에서는 이런 일군들이 선거됐다	최진환, 오승무, 주혜자동무	2	황해주재기자 리성섭
1948-02-13-012	인민군대에 답지하는 인민들의 경축품들		3	

기사번호	제목(title)	부제목(stitle)	면수	필자, 출처
1948-02-13-013	우리 인민군에게 드리는 정성의 가지가지 경축품		3	본사기자 박중선
1948-02-13-014	인민군은 음악으로 시민을 위안하였다		3	본사기자 김현석
1948-02-13-015	유격대와 군관		3	본사기자 김달수
1948-02-13-016	수놓은 시와 병사		3	본사기자 김현석
1948-02-13-017	면인민위원회는 면내 생활을 일신	중화군 양정면인민위원회	3	본사기자 리문상
1948-02-13-018	향상하는 로동자생활	신창탄광 임린순동무	3	본사기자 신기관
1948-02-13-019	토지개혁의 옳은 시책은 농민생활을 향상시켰다	우주훈농민의 향상된 생활	3	본사기자 위찬길
1948-02-13-020	인민정권 비호밑에 발전하는 민족예술	국립극장	3	본사기자 김인숙
1948-02-13-021	중국인민해방군 공세	안산과 영구에 대한 공격 속행	4	북조선통신
1948-02-13-022	장춘의 미영인 철퇴		4	북조선통신
1948-02-13-023	료동반도의 교통 회복		4	북조선통신
1948-02-13-024	개봉시를 위협		4	북조선통신
1948-02-13-025	미국상품 이란에 범람		4	북조선통신
1948-02-13-026	도미니카공화국의 정변		4	북조선통신
1948-02-13-027	우호통상 및 항해조약 이태리와 미국간에 체결		4	북조선통신
1948-02-13-028	미국자본 호주경제를 압박		4	북조선통신
1948-02-13-029	프랑코군대를 격퇴	빨찌산부대 활동 강화	4	북조선통신
1948-02-13-030	인도분쟁의 희생자 백만		4	북조선통신
1948-02-13-031	슈만의 반동정책을 규탄	파리직련평의회 결의안 채택	4	북조선통신
1948-02-13-032	인종차별페지 반대	반동적미국의원들	4	북조선통신
1948-02-13-033	대만자원에 대한 미중공동교섭		4	북조선통신
1948-02-13-034	프랑코와 교섭	미국지중해함대 참모장	4	북조선통신
1948-02-13-035	달레스의 연설		4	북조선통신
1948-02-13-036	민주여론에 제압된 이정부		4	북조선통신
1948-02-13-037	따쓰의 국제정세개관	국제협조의 두가지 형태	4	북조선통신
1948-02-13-038	따쓰의 국제정세개관	서구빨럭주위의 소동	4	북조선통신
1948-02-13-039	이정부 파시스트정치범에 감형령		4	북조선통신
1948-02-13-040	극장안내		4	
1948-02-13-041	책광고		4	
1948-02-14-001	평양시당대표회에 제하여		1	
1948-02-14-002	조선림시헌법초안발표를 경축 증산경쟁운동을 전개	평양제침공장 종업원궐기 호소	1	본사기자 김현주
1948-02-14-003	호소문	평양제침공장 종업원일동	1	

기사번호	제목(title)	부제목(stitle)	면수	필자, 출처
1948-02-14-004	김일성위원장께 드리는 맹세문	평양제침공장 종업원일동	1	
1948-02-14-005	남자와 꼭같이 모든 권리 녀자도 갖는 헌법을 찬성	평양견직공장 제사공 김정순씨 담	1	본사기자 김명덕
1948-02-14-006	선물받고 기뻐하는 인민군들의 이야기		1	본사기자 김전
1948-02-14-007	쏘베트군대는 신형태의 군대이다		2, 3, 4	
1948-02-14-008	중국인민해방군의 작년 하반기성과 혁혁	-총사령부 공보 발표-	4	북조선통신
1948-02-14-009	'빨릭'참가 거부	정말수상 언명	4	북조선통신
1948-02-14-010	아테네시를 위협	희랍민주군 공세 활발	4	북조선통신
1948-02-14-011	『공산당선언』발행 백주년 기념		4	북조선통신
1948-02-14-012	서반아빨찌산부대 활약		4	북조선통신
1948-02-14-013	이란에 대폭동		4	북조선통신
1948-02-14-014	알바니아를 침범	희랍왕당파항공기	4	북조선통신
1948-02-14-015	영광산로동자자동맹 간부에 공산당원들 피선		4	북조선통신
1948-02-14-016	일본의 군국주의배양은 우리의 중국을 위협한다	중국 대공보지의 론평	4	북조선통신
1948-02-14-017	루마니아민주력량 장성	-유일로동당창립으로 표현-	4	북조선통신
1948-02-14-018	상해신문편집자들 항의		4	북조선통신
1948-02-14-019	미국과 영국의 근동분할협정		4	북조선통신
1948-02-14-020	유엔통상회의		4	북조선통신
1948-02-14-021	아르메니아인 귀환원조운동		4	북조선통신
1948-02-14-022	라지오		4	
1948-02-14-023	극장안내		4	
1948-02-15-001	춘기파종을 제때에 준비하자		1	
1948-02-15-002	480분로동 완전 실천	평양산소	1	본사기자 신기관
1948-02-15-003	조선림시헌법제정위원회 보도	조선림시헌법초안에 관한 인민토의에 대하여	1	
1948-02-15-004	광범한 선전해설로써 전인민을 헌법토의에	민전 제23차 중앙위원회	1	본사기자 김동천
1948-02-15-005	우리 당원 핵심되여 복구건설에로 돌진	평양화학	1	본사기자 김현주
1948-02-15-006	인민주권 보장할 헌법을 전조선에 하루바삐 실시	-평양철도종업원련합대회-	1	본사기자 신기관
1948-02-15-007	근로인의 리익 옹호하는 헌법초안을 절대로 지지	-평양고무공장 직장대회-	1	본사기자 김전
1948-02-15-008	경성시내 각처에서 청년학생 집단시위		1	북조선통신
1948-02-15-009	금년도 인민경제 협조방침과 중요한 당면문제를 토의결정	평남도당 제10차위원회	2	본사기자 김명덕
1948-02-15-010	모범석공 김창주동무는 '평양곡산' 당부위원장으로 피선	평남도당 제10차위원회에서	2	본사기자 오학균

기사번호	제목(title)	부제목(stitle)	면수	필자, 출처
1948-02-15-011	함북도내 시군당대표회 예정대로 성과있게 완료		2	함북주재기자 현준극
1948-02-15-012	당원의 뒤를 따라서 금년도 세금을 완납	송학리당원들의 모범성	2	통신원 김만선
1948-02-15-013	북조선인민위원회에서 2년간 쌓은 위대한 업적		2	북조선인민위원회 선전국장 허정숙
1948-02-15-014	부락농민들의 힘으로 휴한지 20정보 개간	발전하는 함북 명천군 동면 량견리부락	3	함북주재기자 현준극
1948-02-15-015	춘경파종준비 끝내고 대기하고있는 농민들	평원군	3	본사기자 위찬길
1948-02-15-016	농민부부와 병사		3	본사기자 김진억
1948-02-15-017	주관생산을 보장한 당원의 모범적열성		3	본사기자 김인숙
1948-02-15-018	조국건설에 큰 역할 노는 모범적로동자들의 모습	평양곡산공장 강종현동무	3	본사기자 김동천
1948-02-15-019	조국건설에 큰 역할 노는 모범적로동자들의 모습	청진방적공장 리진극동무	3	함북주재기자 현준극
1948-02-15-020	조국건설에 큰 역할 노는 모범적로동자들의 모습	신의주팔프공장 백진후동무	3	본사기자 김전
1948-02-15-021	조국건설에 큰 역할 노는 모범적로동자들의 모습	사리원방적공장 림동순동무	3	황해주재기자 리성섭
1948-02-15-022	휴계시간의 한때를 도서실에서 즐기는 우리 인민군들		3	
1948-02-15-023	정부의 임금고정정책	영 각 직맹의 맹렬한 반대야기	4	북조선통신
1948-02-15-024	『데일리 워커』지의 론박		4	북조선통신
1948-02-15-025	관공서 사무원 임금인상 요구		4	북조선통신
1948-02-15-026	서부독일 식량위기	군정은 강제공출 재강화	4	북조선통신
1948-02-15-027	불가리아수비병 월경한 토이기항공기 격추		4	북조선통신
1948-02-15-028	트루맨의 선거술책		4	북조선통신
1948-02-15-029	인민대회소집에 대한 서부지대 군정의 폭압		4	북조선통신
1948-02-15-030	파쑈분자 출마		4	북조선통신
1948-02-15-031	주중미국군대		4	문학신문
1948-02-15-032	베빈과 구라파인민		4	통신부
1948-02-15-033	본보독자제위 앞		4	로동신문사
1948-02-15-034	극장		4	
1948-02-17-001	민주주의민족통일전선의 강화와 우리 당 단체들의 과업		1	
1948-02-17-002	김일성.김두봉 량동지를 제2차 전당대회 대표로 선출	평양시당 제2차대표회 엄숙히 진행	1	본사기자 김전

기사번호	제목(title)	부제목(stitle)	면수	필자, 출처
1948-02-17-003	평남도당위원회에서		1	
1948-02-17-004	헌법초안지지를 증산에 표현하자	-평양기구제작소 직장대회-	1	본사기자 김전
1948-02-17-005	주권은 인민에게 이것이 민주헌법	소설가 리태준씨 담	1	본사기자 김인숙
1948-02-17-006	1947년도 인민경제계획 예정수자실행에서 얻은 경험과 1948년도 새로운 인민경제부흥발전계획 실행에 대한 평남도당 각급 당단체들의 협조사업		2	북조선로동당 평남도당부 위원장 김재욱
1948-02-17-007	양양군 속초면 부원리 민주선전실의 모범성		2	
1948-02-17-008	고도의 창의성 발휘와 원가저하에 전력 경주	평양양말 제2공장	2	본사기자 김전
1948-02-17-009	금년도 가마니 전책임량 완수	북조선농민들의 승리	2	본사기자 김동천
1948-02-17-010	인민경제발전계획에 있어서 지난해 협조 총결과 새해 과업	북조선직업총동맹 제3차 집행위원회	3	본사기자 신기관
1948-02-17-011	연백군녀맹원들 가마니를 헌납		3	리호
1948-02-17-012	준비된 영농계획을 부락농민에게 해설	봉산군 만천면 김진택농민	3	황해도주재기자 리성섭
1948-02-17-013	고도로 높아가는 애국열	평원군농민들의 애국미운동은 애국미 5천 8백여가마니에로	3	본사기자 박중선
1948-02-17-014	평원군농민 호소에 강서군농민도 호응	만경대학원 건축애국미운동 활발	3	본사기자 위찬길
1948-02-17-015	일제시대 참담하던 부락 락원같은 부락으로 발전	룡천군 부라면 삼룡동 2구부락	3	평북주재기자 최영환
1948-02-17-016	인민군의 가정		3	본사기자 김인숙
1948-02-17-017	춘기파종준비	-비료이야기-	3	북농맹 기술보급부
1948-02-17-018	화목한 우리 인민군대 병사들		3	
1948-02-17-019	미영불의 전전 외교내막	쏘련정보국 력사적각서 발표	4	북조선통신
1948-02-17-020	식량난 악화일로	서독 기아파업 고조	4	북조선통신
1948-02-17-021	화란 정전협정을 무시		4	북조선통신
1948-02-17-022	마두라도에서 국민투표		4	북조선통신
1948-02-17-023	서부쟈바에서 화란군 침공		4	북조선통신
1948-02-17-024	인도네시아애국청년 사형		4	북조선통신
1948-02-17-025	영국로동당원들 정부의 임금고정책을 거부		4	북조선통신
1948-02-17-026	로마시장 반대시위		4	북조선통신
1948-02-17-027	인민대회금지 취소를 요구		4	북조선통신
1948-02-17-028	이란내각 위기		4	북조선통신
1948-02-17-029	사탕의 일본수송을 중국선원 반대		4	북조선통신

기사번호	제목(title)	부제목(stitle)	면수	필자, 출처
1948-02-17-030	미국은 쏘백통상조약 저해		4	북조선통신
1948-02-17-031	마샬에 항의		4	북조선통신
1948-02-17-032	인도민주단체에 박해 계속		4	북조선통신
1948-02-17-033	모록코인민 시위	프랑코군대와 충돌	4	북조선통신
1948-02-17-034	대만침략의 미국음모	중국 제 신문이 폭로	4	북조선통신
1948-02-17-035	불가리아조국전선대회 선언		4	북조선통신
1948-02-17-036	영국주가 저락		4	북조선통신
1948-02-17-037	유고외무성 마샬답서 반박		4	북조선통신
1948-02-17-038	대희 미국'원조'의 성과		4	통신부
1948-02-17-039	국가예산안 토의	항가리인민회의	4	북조선통신
1948-02-17-040	라지오		4	
1948-02-17-041	광고		4	
1948-02-18-001	김일성 사진		1	
1948-02-18-002	김일성동지에게 드리는 메쎄지	북조선로동당 평남도 평양시당 제2차대표회	1	
1948-02-18-003	위원들의 새로운 결의로 진용을 강화 힘차게 발족	-평양시당 제1차위원회-	1	
1948-02-18-004	일상적으로 사업을 총화하며 검열하자		1	
1948-02-18-005	력사의 위조자(1)	력사적해명서	2	
1948-02-18-006	만주 고생살이가 오늘 행복한 살림	신의주방적 조옥녀양	2	신의주주재기자 최영환
1948-02-18-007	김장군의 호소를 받들어 증산과 원가저하에 투쟁	신의주방적공장 동무들	3	평북주재기자 최영환
1948-02-18-008	헌법초안을 절대로 지지 금년 농업증산 보장 결의	북조선농맹 제11차 집행위원회에서	3	본사기자 위찬길
1948-02-18-009	1시 8개군 초과완수 안주군만 락후한 성적	평남도 고공품생산투쟁기	3	본사기자 김달수
1948-02-18-010	기계소제정비를 일상적으로 실시	사리원방적 박원복동무	3	황해주재기자 성섭
1948-02-18-011	춘경파종준비	-퇴비는 이렇게 만든다-	3	북농맹 기술보급부
1948-02-18-012	인민의 선물을 앞에 놓고 인민보위 맹세하는 병사		3	리춘
1948-02-18-013	이태리인민전선헌장 제1차 전국대회에서 통과		4	북조선통신
1948-02-18-014	인민전선운동 활발	각지에서 결성대회 진행	4	북조선통신
1948-02-18-015	전이에 반파쑈시위	파시스트도발행위 반대	4	북조선통신
1948-02-18-016	쏘련정보국 각서에 대한 반향	폭로되는 미국무성의 위조문서 사건	4	북조선통신
1948-02-18-017	대독 3국회의 반대	주영 쏘련대사의 성명	4	북조선통신
1948-02-18-018	16개국회의 소집	1개월후 런던에서	4	북조선통신
1948-02-18-019	백이의 파업 격화 운수기관 마비상태	15만 로동자 참가	4	북조선통신

기사번호	제목(title)	부제목(stitle)	면수	필자, 출처
1948-02-18-020	미국 포도아에 항공기지 설정		4	북조선통신
1948-02-18-021	루마니아농민들의 파종준비		4	북조선통신
1948-02-18-022	항가리해방 3주년 경축 예정		4	북조선통신
1948-02-18-023	비루마주민들 독립요구 폭동		4	북조선통신
1948-02-18-024	극장		4	
1948-02-18-025	책광고		4	
1948-02-18-026	구라파경제를 부흥시키는 길		4	통신부
1948-02-19-001	증산경쟁운동과 당단체들의 과업		1	
1948-02-19-002	1947년도 사업총결 금년도 새 과업 토의 결정	직총산하 각 산별 중앙위원회	1	본사기자 신기관, 김현주, 김진억, 박중선
1948-02-19-003	김일성위원장 령도 받들어 실시한 민주개혁의 성과다	북조선인민위원회 재직원대회	1	본사기자 김동천
1948-02-19-004	민주개혁에 기초한 헌법초안 절대지지	평양곡산공장 직장종업원대회	1	본사기자 김인숙
1948-02-19-005	조선림시헌법초안의 정치경제적기본원칙		2	본사선전부
1948-02-19-006	학습에 열성하는 은률내무서세포		2	통신원 김인곤
1948-02-19-007	남조선미군정의 인민항쟁진압책		2	북조선통신
1948-02-19-008	인천부청직원들 월급인상을 요구		2	북조선통신
1948-02-19-009	미국의 대일정책		2	본사 국내외통신부
1948-02-19-010	10만키로 무사고주행을 내걸은 신막기관구는 이렇게 투쟁한다		3	본사특파기자 신언철
1948-02-19-011	자기 노력하는만큼 향상되는 농민생활	평북 선천군 수청면 차성범농민	3	본사기자 리의철
1948-02-19-012	춘경파종준비	속성퇴비 만드는 법	3	북농맹 기술보급부
1948-02-19-013	병사의 일기	그날의 감격	3	고사기관총소대 김인석
1948-02-19-014	커다란 성과로써 끝내인 교대생의 문맹퇴치사업		3	본사기자 신언철
1948-02-19-015	락후한 역을 모범역으로	사리원역장 김인갑동무	3	황해주재기자 리성섭
1948-02-19-016	슬라브 3국외상회의 쁘라그에서 개최 예정		4	북조선통신
1948-02-19-017	파란 각 신문 론평		4	북조선통신
1948-02-19-018	체코 각 신문 론평		4	북조선통신
1948-02-19-019	총선거 실시하라	일본공산당에서 성명	4	북조선통신
1948-02-19-020	서반아.아르젠틴간 군사조약 심의		4	북조선통신
1948-02-19-021	선거를 앞둔 이태리정세		4	북조선통신
1948-02-19-022	이태리대통령 반동법률에 서명		4	북조선통신
1948-02-19-023	포도아의 정세		4	북조선통신
1948-02-19-024	9개공산당기관지 제7호 발행		4	북조선통신

기사번호	제목(title)	부제목(stitle)	면수	필자, 출처
1948-02-19-025	전국적으로 확대	백이의의 파업	4	북조선통신
1948-02-19-026	브라질정부 민주신문에 정간		4	북조선통신
1948-02-19-027	큐바반동정부 민주운동을 탄압		4	북조선통신
1948-02-19-028	대토 미국'원조'의 결과		4	통신부
1948-02-19-029	미이협정을 반대	이란 각 신문 론평	4	북조선통신
1948-02-19-030	프랑코 사촉받은 이내상		4	북조선통신
1948-02-19-031	미파산자 속출		4	북조선통신
1948-02-19-032	극장		4	
1948-02-19-033	신문합본매매광고		4	
1948-02-20-001	북조선인민회의창립 1주년을 맞으면서		1	
1948-02-20-002	당원들의 시범으로 증산의욕 날로 제고	성진철도부	1	렴재학
1948-02-20-003	계획량을 초과코 150% 달성에	사리원철도보선구	1	황해도주재기자 리성섭
1948-02-20-004	헌법초안발표를 경축 시간외 애국로동 전개	흥남비료공장 종업원대회	1	본사주재기자 박경석
1948-02-20-005	우리 녀성은 빠짐없이 헌법초안토의에 참가	북조선녀맹열성자대회	1	본사기자 김진억
1948-02-20-006	김일성위원장에게 또다시 감사드린다	황주군 청수면 원정리 농민 박념선씨 담	1	본사기자 위찬길
1948-02-20-007	림시헌법초안은 녀성의 권리보장	가정부인 리숙원씨 담	1	본사기자 김진억
1948-02-20-008	예술인의 나아갈 옳바른 길을 보장	평양지구 문학예술인대회	1	본사기자 림은길
1948-02-20-009	비판과 자기비판은 당의 유력한 무기이다		2	기석복
1948-02-20-010	근북면 룡목리 금년세금 완납		2	통신원 창열
1948-02-20-011	애국주의열정을 기울여 투쟁하는 우리 당원들	신막기관구에 벌어진 백열전	2	본사기자 신언철
1948-02-20-012	이전 립법의원 미군정을 비난		2	북조선통신
1948-02-20-013	1947년도 인민경제계획실행총결에 대한 경제적정치적의의		2	본사산업운수부
1948-02-20-014	파사방지와 증산으로써 생산원가를 40% 저하	사리원방직 당부의 투쟁성과	3	황해도주재기자 리성섭
1948-02-20-015	농민의 명절 토지개혁일 각가지 기념행사로 맞이	북조선농민동맹에서 진행	3	본사기자 위찬길
1948-02-20-016	인민의 정권밑에 발전하는 곽산면		3	평북주재기자 최영환
1948-02-20-017	정성의 손수건을 오빠병사들에게	평양2녀중학생들	3	본사기자 김인숙
1948-02-20-018	함주군농민들이 인민군에게 선물		3	영환
1948-02-20-019	춘경파종준비		3	북농맹 기술보급부

기사번호	제목(title)	부제목(stitle)	면수	필자, 출처
1948-02-20-020	로동자와 병사		3	본사기자 김동천
1948-02-20-021	인민병사들은 독보회도 씩씩하게		3	
1948-02-20-022	사상적으로 무장하는 인민병사들		3	본사기자 김인숙
1948-02-20-023	미영의 대독정책 폭로	대독련합국 관리리사회에서	4	북조선통신
1948-02-20-024	경제위원회 구성	쏘련점령 독일지대에	4	북조선통신
1948-02-20-025	대독미정책은 평화를 위협	체코슬로바키아외상의 보고	4	북조선통신
1948-02-20-026	토이기의 반동세력 허구날조로 인민탄압		4	따쓰통신
1948-02-20-027	일본공산당의 관동지방당대회를 해산		4	북조선통신
1948-02-20-028	대만에 대한 미국의 음모		4	통신부
1948-02-20-029	'력사의 위조자공표에 영국관변측 당황		4	북조선통신
1948-02-20-030	미, 영, 불 3국외상회의 연기		4	북조선통신
1948-02-20-031	나치전범자		4	북조선통신
1948-02-20-032	라지오		4	
1948-02-20-033	신문합본발매광고		4	
1948-02-21-001	도당대표회를 맞이하며		1	
1948-02-21-002	북조선민전 제24차중앙위원회에서	전조선인민에게 고함	1	
1948-02-21-003	력사의 위조자(2)	력사적해명서	2, 4	
1948-02-21-004	서울에서는 사실을 어떻게 허위로 보도하며 또 그것은 무엇때문인가		2	김동천
1948-02-21-005	부동광산의 로동자들은 흥남공장의 원료를 보장		3	함남주재기자 박경석
1948-02-21-006	부동광산의 모범로동자	심병운, 황하원, 양순금동무	3	
1948-02-21-007	-인분뇨이야기-	인분뇨는 어떻게 다룰것인가	3	북농맹 기술보급부
1948-02-21-008	인민군창설을 경축하여 도내 농민에게 증산 호소	자성면농민들 인민군에 선물도 진정	3	영락
1948-02-21-009	만경대학원애국미운동 안주군 룡강군 호응궐기		3	본사기자 위찬길
1948-02-21-010	굶주리던 소작살이가 기와집에 소돼지 치고	명천군 동면 신양리 박창백농민	3	본사기자 리의철
1948-02-21-011	국립가극장 탄생	근일 첫 공연 개막	3	본사기자 김인숙
1948-02-21-012	영국로동자들의 생활 핍박		4	북조선통신
1948-02-21-013	미제국주의의 독일침략		4	북조선통신
1948-02-21-014	임금고정정책 반대	영국 각 직맹에서 항의	4	북조선통신
1948-02-21-015	이태리선거에 간섭할 미장갑차 로마 도착		4	북조선통신
1948-02-21-016	파쑈배의 고용을 반대		4	북조선통신
1948-02-21-017	런던 목재로동자들 반대		4	북조선통신
1948-02-21-018	루국농업협조합 설립		4	북조선통신

기사번호	제목(title)	부제목(stitle)	면수	필자, 출처
1948-02-21-019	항가리정부대표단 모쓰크바에 도착		4	북조선통신
1948-02-21-020	서부쟈바 분할음모	인도네시아공화국 항의	4	북조선통신
1948-02-21-021	주희 미사절단 카이로에 도착		4	북조선통신
1948-02-21-022	날조보도를 반박	주독 쏘련군 정보부	4	북조선통신
1948-02-21-023	민주활동가의 즉시 석방 요구	-오지리-	4	북조선통신
1948-02-21-024	씨리아를 압박하는 미국의 신책동		4	북조선통신
1948-02-21-025	희랍왕당파의 발광적탄압		4	북조선통신
1948-02-21-026	미국의 대아랍정책	이스그레드지 론평	4	북조선통신
1948-02-21-027	장정부 정보부장 동씨는 어떻게 궁경에 빠졌는가?		4	통신부
1948-02-21-028	포도아군령도 미국기지화		4	북조선통신
1948-02-21-029	극장		4	
1948-02-21-030	신문합본발매광고		4	
1948-02-22-001	북조선로동당 평남도당 제2차 대표대회 주석단		1	
1948-02-22-002	북조선로동당 평남도당위원회 사업결산 보고 요지	북조선로동당 평남도당위원장 김재욱	1, 2	
1948-02-22-003	애국투사 건국일군들로 찬 평안남도당 제2차대표회		1	김현석
1948-02-22-004	조선인민은 미제국주의의 조선식민지화 정책을 반대한다		1	
1948-02-22-005	평남도당 제2차대표대회 참가자들		2	
1948-02-22-006	또하나의 승리 청진제강소 회전로 복구	지난 2월 18일 력사적입화식	3	본사기자 김동천
1948-02-22-007	새 국기의 의의		3	북조선통신
1948-02-22-008	조직적투쟁으로써 수송의 원활을 보장	평양철도일군들의 노력	3	본사기자 신언철
1948-02-22-009	북조선인민위원회 결정 제114호	민간저금지불에 대한 결정서	3	
1948-02-22-010	인민의 옷감생산 위하여 복구건설에 이렇게 투쟁	청진방적공장 종업원동무들	3	함북주재기자 현준극
1948-02-22-011	춘경파종준비	초목회의 성질	3	북농맹 기술보급부
1948-02-22-012	춘경파종준비	초목회의 특성과 쓰는법	3	북농맹 기술보급부
1948-02-22-013	벼 20가마니를 김석종씨의 열성	룡강군 애국미운동 활발	3	추백룡
1948-02-22-014	비료종자를 확보 3활증산목표로	정주군 곽산 남단동 김신호동무	3	신의주주재기자 최영환
1948-02-22-015	주중미해군당국에 항의	중국인민해방구 참모부에서	4	북조선통신
1948-02-22-016	쓰딸린수상 항가리대표를 접견		4	북조선통신
1948-02-22-017	경제부흥과 민주화토의	독일사회통일당 중앙위원회	4	북조선통신
1948-02-22-018	미이비밀군사협정?		4	북조선통신
1948-02-22-019	모슬리에 투석		4	북조선통신

기사번호	제목(title)	부제목(stitle)	면수	필자, 출처
1948-02-22-020	불가리아청년동맹		4	북조선통신
1948-02-22-021	앙고라개간에 토착민들 강제로동		4	북조선통신
1948-02-22-022	파라과이대통령선거	투표거부자를 벌금형	4	북조선통신
1948-02-22-023	동남아세아청년대회에 중국학맹에서 대표 파견		4	북조선통신
1948-02-22-024	루국학맹회의		4	북조선통신
1948-02-22-025	불란서로동자의 구매력반감		4	북조선통신
1948-02-22-026	력사의 교훈을 잊어서는 안된다		4	통신부
1948-02-22-027	'마샬안'의 비밀은 루설		4	통신부
1948-02-22-028	라지오		4	
1948-02-22-029	책광고		4	
1948-02-22-030	근로자		4	
1948-02-23-001	(쓰딸린동지)		1	
1948-02-23-002	쓰딸린대원수에게 올리는 축전	쏘련군창립 30주년 기념대회에 모인 각 정당 사회단체 대표일동	1	
1948-02-23-003	쏘베트군대는 조선의 해방자이다		1, 5	김동천
1948-02-23-004	쏘베트군대창립 30주년 평양시기념보고대회 성회		1	본사기자 김동천
1948-02-23-005	쏘베트군대는 우리의 진정한 벗이다	-그의 창립 30주년에 제하여-	1	
1948-02-23-006	해방탑		1	
1948-02-23-007	쏘련군을 환영하는 평양시민의 첫 군중대회-조선인민대중 앞에서 쏘련군이 조선을 후원하려왔음을 선포하였다.		2	
1948-02-23-008	위대한 쏘베트군대와 감격에 넘치던 3년전		2	조쏘문화협회 위원장 리기영
1948-02-23-009	태양이 꺼지고 지심은 식드라도	쏘베트군대창립 30주년을 축하여	2	리평
1948-02-23-010	쏘베트군대의 구원으로 철창을 벗어나왔을 그때		2	북조선검찰소 소장 장해우
1948-02-23-011	해방의 군대를 감격으로 맞는 평양시민들		2	
1948-02-23-012	모두 열렬한 건설적토론	평남도당대표회 제2일	3	본사기자 김현석
1948-02-23-013	각계각층의 축하속에 함북도당대표회 개회		3	특파기자 김전
1948-02-23-014	전조선인민에게 고한 북조선민전 호소문에 대한 평남도당 제2차대표회의 결정		3	본사기자 김현석
1948-02-23-015	대표들께 축하 드리는 혁명자유가족학원생	평남도당 제2차대표회	3	
1948-02-23-016	황해도당 제2차대표회 긴장속에서 순서를 진행		3	특파기자 김명덕
1948-02-23-017	모범일군들로 빛나는 강원도당 2차대표회		3	특파기자 신기관
1948-02-23-018	(평남도당대표로 참석한 모범건국역군들)		3	

기사번호	제목(title)	부제목(stitle)	면수	필자, 출처
1948-02-23-019	조선인민들은 헌법초안토의에 열렬히 참가한다		4	본사기자 김동천
1948-02-23-020	헌법초안 인민토의는 각 정당 사회단체 협조밑에 진행		4	북조선통신
1948-02-23-021	조선림시헌법초안에 대한 인민들의 건의서		4	
1948-02-23-022	림시헌법초안을 학생들 지지찬동	평양시중등전문대학의 토의대회	4	북조선통신
1948-02-23-023	조선민주주의인민공화국 림시헌법초안에 의한 최고주권기관과 중앙집행기관		4	본사선전부
1948-02-23-024	자기 권리의 보장 위하여 녀성들은 헌법 절대지지	-녀맹위원장의 수첩에서-	5	본사기자 림은길
1948-02-23-025	헌법초안이 보장하는 권리를 공고히 지키자	교원대학 학생대회	5	본사기자 김인숙
1948-02-23-026	하루바삐 전조선에 그 실시 위하여 투쟁	김일성대학 학생대회	5	본사기자 림은길
1948-02-23-027	일본제국주의에 대한 쏘베트군대의 승리		5	
1948-02-23-028	슬라브 3외상회의 개막	파란 체코 유고 각 외상 발언	6	북조선통신
1948-02-23-029	유엔안보회의에서 한 쏘련대표 연설을 지지	인도네시아신문들의 론평	6	북조선통신
1948-02-23-030	런던에서 군중대회	유태인배척운동 반대	6	북조선통신
1948-02-23-031	세계민청집행위원회의		6	북조선통신
1948-02-23-032	파란수도 예산 통과		6	북조선통신
1948-02-23-033	이란정부의 탄압정책 강화		6	북조선통신
1948-02-23-034	뉴욕희랍령사관앞에서 반파쏘시위운동		6	북조선통신
1948-02-23-035	미'강제군사훈련'을 2백여단체 반대항의		6	북조선통신
1948-02-23-036	희랍정부의 야수적처형		6	북조선통신
1948-02-23-037	중국진보작가 테로에게 피살		6	북조선통신
1948-02-23-038	안산점령		6	북조선통신
1948-02-23-039	라지오		6	
1948-02-23-040	광고		6	
1948-02-23-041	'암흑대륙'의 운명		6	
1948-02-25-001	김일성동지		1	
1948-02-25-002	김일성동지에게 드리는 메쎄지	북조선로동당 평남도당 제2차 대표회	1	
1948-02-25-003	북조선인민은 앙양된 정치적열성과 애국적건설의 분위기속에서 조선림시헌법초안을 토의한다		1	
1948-02-25-004	승리에 대한 확신밑에서 앞으로 사업을 진행	평남도당 제1차위원회	2	
1948-02-25-005	거대한 성과를 거두고 평남도당대표회 폐회		2	본사기자 박중선
1948-02-25-006	인민의 요구와 하지의 대답		2, 4	장하일
1948-02-25-007	북조선화폐교환과 그의 성과		2	북조선중앙은행 총재 김찬

기사번호	제목(title)	부제목(stitle)	면수	필자, 출처
1948-02-25-008	김일성위원장앞에 맹세 금년도 수송책 임완수를	직맹 평양철도부 제3차확대위원회에서	3	본사기자 신언철
1948-02-25-009	쏘련군대는 해방의 군대 세계평화를 위하는 군대	평양철도부에서 쏘련군창립 기념대회	3	본사기자 김인숙
1948-02-25-010	쏘련군대께 무한한 감사 조쏘인민의 친선을 강조	평양곡산에서 쏘련군창립 기념대회	3	본사기자 김형기
1948-02-25-011	헌법초안에 대한 인민들의 건의		3	
1948-02-25-012	림시헌법초안을 열렬히 찬동지지	함북 57직장 농촌에서	3	함북주재기자 현준극
1948-02-25-013	춘경파종준비	류산암모니아사용법	3	북농맹 기술보급부
1948-02-25-014	인민군관병사들 헌법초안 절대지지	조선인민군 총사령부의 토의대회	3	북조선통신
1948-02-25-015	공민은 법률앞에 평등할 헌법초안은 인권을 보장	북조선변호사들의 헌법토의대회	3	본사기자 김동천
1948-02-25-016	기독교중진 김치근목사 헌법초안을 절대지지		3	북조선통신
1948-02-25-017	인민정권 받드는 농민들의 열성	덕천일대 세금선납운동	3	
1948-02-25-018	품팔이군의 동리가 해방리농촌으로	봉산군 변촌동부락의 발전상	3	황해주재기자 리성섭
1948-02-25-019	루마니아공산당과 사회당 합당회의 개최		4	북조선통신
1948-02-25-020	일본군수공업 부흥원조		4	북조선통신
1948-02-25-021	체코공산당 호소	-반정부행위를 반대하여-	4	북조선통신
1948-02-25-022	항가리수상 등 모쓰크바를 출발		4	북조선통신
1948-02-25-023	내항개방을 반대	중국선박소유자협회	4	북조선통신
1948-02-25-024	미국에서 폭로되는 마샬안의 비밀		4	북조선통신
1948-02-25-025	레바논정부 프랑코와 외교 개시		4	북조선통신
1948-02-25-026	마샬안의 수락을 반대		4	북조선통신
1948-02-25-027	로전균 피선	일본 신수상에	4	북조선통신
1948-02-25-028	이인민전선		4	북조선통신
1948-02-25-029	약진하는 쏘련통신공업		4	북조선통신
1948-02-25-030	반파쑈투사 학살 중지하라	아테네 정치범인들의 성명서	4	북조선통신
1948-02-25-031	일본을 원동기지화	중국주간지 미정책을 론난	4	북조선통신
1948-02-25-032	원나의 기술가 실업 증가		4	북조선통신
1948-02-25-033	불선박직맹 파업태세		4	북조선통신
1948-02-25-034	화란군의 만행		4	북조선통신
1948-02-25-035	영국과 불란서의 반민주주의정책	파란신문들의 론평	4	북조선통신
1948-02-25-036	라지오		4	
1948-02-25-037	극장		4	
1948-02-25-038	책광고		4	
1948-02-26-001	일용품을 더 많이 생산하자		1	

기사번호	제목(title)	부제목(stitle)	면수	필자, 출처
1948-02-26-002	당과 조국의 승리 위하여 힘차게 전진할 것을 맹세	평북도당 제2차대표회	1	본사기자 김달수
1948-02-26-003	김일성장군에게 드리는 축전	북조선로동당 제2차 평북도당대표회	1	
1948-02-26-004	당중앙위원회에 드리는 축전	북조선로동당 제2차 평북도당대표회	1	
1948-02-26-005	전당대회 경축증산에 승리	서평양기관구 당원들	1	본사기자 권중범
1948-02-26-006	조선림시헌법 인민토의 건의에 대한 비판과 의견	각지 로동자, 사무원들	1	북조선통신
1948-02-26-007	북조선로동당 평북도당위원회 사업결산 보고 요지	북조선로동당 평북도당위원장 리희준	2	
1948-02-26-008	조선에 대한 미국의 정책은 폭로되었다		2	김동천
1948-02-26-009	평남도 당대표들을 음악무용으로 위안	조선인민군 총사령부협주단	2	리종택
1948-02-26-010	춘기파종준비 착착 진행	간척리세포 원선봉 추진	2	통신원 리응직
1948-02-26-011	원산조선소의 신조선 진수식		2	북조선통신
1948-02-26-012	김일성위원장 함흥인민군대를 격려	흥남본궁공장을 시찰	3	북조선통신
1948-02-26-013	작년도의 경험을 살리여 잠업생산 넘쳐 완수하자		3	
1948-02-26-014	계응상박사의 업적		3	
1948-02-26-015	상묘생산에 수범	정주군 강상호농민	3	
1948-02-26-016	산상을 리용하여	안변군 삼방협 농민들	3	
1948-02-26-017	빛나는 성과 쟁취	함남, 평남 인민위원회	3	
1948-02-26-018	잠종제조를 협조	성천군녀맹원들	3	
1948-02-26-019	잠구생산에 분투	함북도녀성동맹원들	3	본사기자 위찬길
1948-02-26-020	작년의 증산을 토대삼아 금년 춘경준비 태세 완료	회령모범농민 문정찬씨	3	회령통신원 심철
1948-02-26-021	양잠에 분투하는 양동녀맹원들		3	
1948-02-26-022	춘경파종준비	석회질소사용법	3	북농맹 기술보급부
1948-02-26-023	춘잠사육준비 완료 대기중의 녀맹원들	봉산군 토와면 양동녀맹원	3	황해주재기자 리성섭
1948-02-26-024	모든 일에 모범적으로 선두에서 증산에 감투	강서군 초리면 김철환농민	3	본사기자 리의철
1948-02-26-025	체코민주정권강화 긴요	각료들의 사직에 관하여 공산당.사민당에 서한	4	북조선통신
1948-02-26-026	신정부 수반은 고트왈드씨		4	북조선통신
1948-02-26-027	고트 왈드를 지지	체코근로대중들 시위	4	북조선통신
1948-02-26-028	투기업자 옹호하는 대신을 타도하라!		4	북조선통신
1948-02-26-029	잔인한 화란군의 폭행		4	북조선통신
1948-02-26-030	체코반동 숙청	『쁘라우다』지의 론평	4	북조선통신

기사번호	제목(title)	부제목(stitle)	면수	필자, 출처
1948-02-26-031	3국위원회 보고 론의	안전보장리사회의에서	4	북조선통신
1948-02-26-032	구매력의 저하로 미국의 경제 혼란		4	북조선통신
1948-02-26-033	외국에 도주한 반역자의 재산 몰수		4	북조선통신
1948-02-26-034	바그다드에 반영시위행진		4	북조선통신
1948-02-26-035	체코반동파의 경제적보루		4	북조선통신
1948-02-26-036	호주의 실업자 증대		4	북조선통신
1948-02-26-037	귀국도상의 유고인민들		4	북조선통신
1948-02-26-038	대일 미국'원조'문제에 대하여		4	통신부
1948-02-26-039	범미회의 개최준비	미국관변측과 실업계	4	북조선통신
1948-02-26-040	트리에스트문제로 미국정부에 각서	유고슬라비아정부	4	북조선통신
1948-02-26-041	소위 '16개국회의'	3월말 파리에서 개최?	4	북조선통신
1948-02-26-042	영미원조와 화란의 책동		4	북조선통신
1948-02-26-043	라지오		4	
1948-02-26-044	극장		4	
1948-02-26-045	본보독자제위 앞		4	로동신문사
1948-02-27-001	'유엔조선위원회'의 기만적술책을 폭로하자		1	
1948-02-27-002	결점들을 준렬히 비판하며 당면과업들을 열렬히 토론	제2차 황해도당대표회	1	본사기자 김명덕
1948-02-27-003	김일성동지에게 드리는 메쩨지	북조선로동당 제2차 황해도당 대표회	1	
1948-02-27-004	황해도당 제2차대표회 주석단과 대표들		2	
1948-02-27-005	황해도당위원회 사업결산보고 요지	도당위원장 박훈일동지의 보고에서	2	
1948-02-27-006	황해도당 제2차대표회에 대표로 참석한 모범녀군들		2	
1948-02-27-007	25만키로 정시무사고 착착 승리에로 추진한다	평양기관구 당원들 선두에서 투쟁	3	본사기자 신언철
1948-02-27-008	김장군의 호소 받들어 원산철도종업원들 궐기		3	강원주재기자 김홍범
1948-02-27-009	춘경파종준비	과린산석회사용법	3	북농맹 기술보급부
1948-02-27-010	다채로운 행사로써 오는 3.1절을 기념	북조선직맹산하 로동자들	3	본사기자 신언철
1948-02-27-011	흥남로동자들을 위한 군중문화교육발전상		3	함남주재기자 박경석
1948-02-27-012	춘경파종기를 앞두고 다수확농민의 좌담회	황해도농민동맹에서	3	본사기자 리의철
1948-02-27-013	좋은 고무신을 더 많이 생산하기 위하여 투쟁	평양정창고무공장 당원동무들	3	본사기자 김동천
1948-02-27-014	매일 작업후 공작 검토 타올을 더 좋고 더 싸게	평양타올공장 동무들 분투	3	본사기자 김형기
1948-02-27-015	북조선 각 농촌에 농업기술강습회	농림기술련맹에서	3	본사기자 리의철
1948-02-27-016	루마니아로동자들의 제 당합동회의에서 진술한 공산당총비서 정치보고		4	
1948-02-27-017	영국공산당회의에 메쩨지	볼쉐위크당에서	4	북조선통신
1948-02-27-018	체코슬로바키아의 국내정치정세		4	북조선통신
1948-02-27-019	쏘베트 신주토 특명전권대사		4	북조선통신
1948-02-27-020	슬라브 3상회의 성명서를 미국에 전달		4	북조선통신
1948-02-27-021	쏘련.항가리간 조약		4	북조선통신
1948-02-27-022	슬라브 3상회의		4	북조선통신
1948-02-27-023	독일분할시도 구체화	미영량군정 괴뢰정부와 협의	4	북조선통신
1948-02-27-024	휴전조약체결후의 인도네시아의 정세		4	통신부
1948-02-27-025	'마샬안'지지 강요	씨.아이.오 반동지도자	4	북조선통신
1948-02-27-026	레바논대통령 크레이톤과 회담		4	북조선통신
1948-02-27-027	슬라브위원회 쏘련대표 출발		4	북조선통신
1948-02-27-028	극장		4	
1948-02-28-001	기자들과의 회견석상에서 북조선인민회의 상임위원회 김두봉의장 성명 발표		1	
1948-02-28-002	김일성동지 맞이한 감격으로 긴장리에 엄숙히 회의를 진행	함남도당 제2차대표회	1	본사기자 김현주
1948-02-28-003	당중앙위원회에 드리는 전문	북조선로동당 함남도당 제2차 대표회	1	
1948-02-28-004	새로 선거된 위원들 임무완수 굳게 맹세	함남도당 제1차위원회	1	
1948-02-28-005	함남도당 제2차대표회에 대표로 참석한 흥남인민공장 모범 로동자들		1	
1948-02-28-006	함남도당위원회 사업결산보고 요지	도당위원장 김렬동지의 보고에서	2	
1948-02-28-007	새로 선거된 위원들로서 황해도당 제1차 위원회		2	리수근
1948-02-28-008	증산경쟁 옳게 조직하여 물자절약생산 능률 제고	함남 단천 부동광산	2	김종근
1948-02-28-009	평양의 면목을 일신케 할 금년도 건설사업을 토의	평양시당 제2차위원회 협조대책 수립	2	본사기자 김현석
1948-02-28-010	함남도당 제2차대표회에 대표로 참석한 모범녀군들		2	
1948-02-28-011	조선림시헌법 인민토의	계속되는 각계층의 건의	3	
1948-02-28-012	인민들의 헌법토의 감격속에 활발 전개	평안남도	3	본사기자 리문상
1948-02-28-013	앙양된 정치적열성 헌법초안토의 활발	평양시민 대중적으로 참가	3	본사기자 리문상
1948-02-28-014	신의주의 헌법토의 찬동지지로서 진행		3	평북주재기자 최영환
1948-02-28-015	춘경파종준비	종자소독은 이렇게	3	

기사번호	제목(title)	부제목(stitle)	면수	필자, 출처
1948-02-28-016	평남도 춘경파종준비 만전대책으로 진행중		3	본사기자 위찬길
1948-02-28-017	2월 29일을 로동일로 하는데 관한 지시		3	
1948-02-28-018	나사만드는기계 자동화에 성공	강기원동무	3	본사기자 김현주
1948-02-28-019	더 높은 수확을 목표로 춘경파종준비에 분망	안변군	3	본사기자 리의철
1948-02-28-020	영국로동당정책을 통격	공산당대회에서 각 대표위원 토론	4	북조선통신
1948-02-28-021	민족전선행동위원회 체코슬로바키아각지에 조직		4	북조선통신
1948-02-28-022	사직각료 불신임	전슬로바키아군사항쟁단체	4	북조선통신
1948-02-28-023	국민당군 7개사 전멸	중국인민해방군 전과 근황	4	북조선통신
1948-02-28-024	법고시를 점령		4	북조선통신
1948-02-28-025	루마니아로동자들의 제 당합동대회의 결정서		4	북조선통신
1948-02-28-026	전인민투표 요구	제2차 베르린인민대회	4	북조선통신
1948-02-28-027	교육의 민주화	쏘련독일지대에서	4	북조선통신
1948-02-28-028	미국의 '원조'를 찬양	이태리 데.가스페리수상	4	북조선통신
1948-02-28-029	미항공사령관 앙카라에 도착		4	북조선통신
1948-02-28-030	(중국인민해방구지역)		4	
1948-02-28-031	루마니아로동당대회를 전인민 축하		4	북조선통신
1948-02-28-032	쏘련비루마외교관계 설정		4	북조선통신
1948-02-28-033	슬라브 3국외상회의 각서를 쏘련정부에도 수교		4	북조선통신
1948-02-28-034	영깨스로동자 임금인상 요구		4	북조선통신
1948-02-28-035	주중 쏘련대사 갱질		4	북조선통신
1948-02-28-036	런던시회선거에 공산당원 승리		4	북조선통신
1948-02-28-037	라지오		4	
1948-02-28-038	본보독자제위 앞		4	
1948-02-29-001	김일성 사진		1	
1948-02-29-002	김일성위원장 격려에 감격 금년도 생산계획완수 맹세	흥남지구 인민공장 전체 종업원	1	북조선통신
1948-02-29-003	흥남지구인민공장에서 진술한 김일성위원장의 연설 요지		1	
1948-02-29-004	김일성위원장에게 드리는 맹세문(요지)	흥남지구인민공장	1	
1948-02-29-005	당면문제 토의결정	함북도당 제1차위원회	1	본사기자 김전
1948-02-29-006	준렬한 비판과 토론으로 보다 큰 승리 쟁취를 맹세	함북도당 제2차대표회	2	본사기자 김전
1948-02-29-007	함북도당위원회 사업결산보고 요지	도당위원장 김민산동지의 보고에서	2	
1948-02-29-008	함북도당 제2차대표회에 대표로 참석한 모범로동자들		2	

기사번호	제목(title)	부제목(stitle)	면수	필자, 출처
1948-02-29-009	김일성동지에게 드리는 메쎄지	북조선로동당 함북도당 제2차대표회	2	
1948-02-29-010	국내외의 반동음모들과 더한층 견결히 투쟁하자	평양시민전산하 열성자대회	3	본사기자 리문상
1948-02-29-011	생산을 증강함으로 반동음모를 부시자	평양 21개 공장에 토의대회	3	본사기자 신언철
1948-02-29-012	철도일군들 궐기하여 3.1기념증산경쟁 전개	평양철도부산하 철도로동자들	3	본사기자 신언철
1948-02-29-013	헌법초안 지지찬동하며 정권 받드는 각 가지 결의	평양특별시 각 리 토의대회	3	본사기자 신언철
1948-02-29-014	철도의 운행 보장키 위해 사동련탄 로동자들 투쟁		3	본사기자 신언철
1948-02-29-015	조선민주주의인민공화국 림시헌법초안에 의한 공민의 최대의무		3	본사선전부
1948-02-29-016	'5백억불구주재건안' 제의	미국 하원외교위원회에서 월레스씨 연설	4	북조선통신
1948-02-29-017	루정부대표 파란을 방문		4	북조선통신
1948-02-29-018	민주정부의 시책을 지지	카스토리아 및 플로라나 지방 인민위원회 회의	4	북조선통신
1948-02-29-019	인민해방군 본계호 포위		4	북조선통신
1948-02-29-020	독일의 통일이 주요과업	루르지구공산당 제3차대회	4	북조선통신
1948-02-29-021	위기 극복못할 로전내각	일본의회 공산당대의원 성명	4	북조선통신
1948-02-29-022	파란에서 불란서혁명 기념		4	북조선통신
1948-02-29-023	월레스를 지지		4	북조선통신
1948-02-29-024	미국 씨.아이.오 대표 모쓰크바에 도착		4	북조선통신
1948-02-29-025	'협정'을 무시한 선거도전에 항의	이공산당 비서 국회의장에 서한	4	북조선통신
1948-02-29-026	파레스티나에 대한 영국계획		4	북조선통신
1948-02-29-027	출판자유 방해하는 미국 신문독점단체		4	통신부
1948-02-29-028	국민당군 독가스를 사용	인민해방군사령부 항의	4	북조선통신
1948-02-29-029	회교도국가동맹안	-영미쁠럭의 기도-	4	북조선통신
1948-02-29-030	알미늄생산관리권 장악		4	북조선통신
1948-02-29-031	유고슬라비아의 민주발전상		4	북조선통신
1948-02-29-032	이령 소말리란드에서의 영국 강탈행위		4	북조선통신
1948-02-29-033	영국 정말간 통상협의		4	북조선통신
1948-02-29-034	극장		4	
1948-03-01-001	3.1운동 제29주년을 맞이하여		1	
1948-03-01-002	인민들의 애국적투쟁정신을 계승 조국창건의 위업 달성의 결의 팽창	3.1운동 29주년기념보고대회	1	
1948-03-01-003	3.1운동 29주년 기념보고	북조선민주주의민족통일전선 중앙위원회 대표 최용건	1, 2	
1948-03-01-004	3.1운동에 발현된 애국전통을 계승하자	북조선인민위원회 인민검열국장 최창익	2	

기사번호	제목(title)	부제목(stitle)	면수	필자, 출처
1948-03-01-005	안심하고 고이 잠드소서 선렬의 뜻 반드시 이으리다	김장군의 따뜻한 손길아래 자라는 혁명자유가족학원생들	3	본사기자 김인숙
1948-03-01-006	꿈인가싶으이다 오늘의 이 행복!	고급중학 1년생 김환군	3	
1948-03-01-007	고생하시던 어머니가 아직도 눈에 어리나이다	초급중학 2년생 정영주양	3	본사기자 김인숙
1948-03-01-008	평양시에서 진행되는 각가지 3.1기념행사		3	본사기자 리문상
1948-03-01-009	태극기는 휘날리고 만세만세 부르던 날	참가자 김유창씨 담	3	본사기자 김동천
1948-03-01-010	나는 총칼을 들고 왜병을 쳐부셨다	당시 독립단 허준씨 담	3	본사기자 김전
1948-03-01-011	인민의 정권 북조선인민위원회창립 2주년을 기념하는 2월 8일 인민들앞에 처음으로 그 명랑하고 씩씩한 자태를 나타낸 혁명자유가족학원 학생들은 감격과 환호 박수로써 이날을 경축하였다.		3	
1948-03-01-012	일제를 반대하여 피로써 싸운 선친들의 애국정신을 계승한 이 나라 젊은 아들딸 그들은 지금 조국과 인민을 위하여 몸바쳐 싸울 힘을 기르며 혁명자유가족학원에서 열심으로 공부하고있다.		3	
1948-03-01-013	우리 민족의 영명한 령도자 김일성장군의 베풀어주신 따뜻한 보금자리에서 씩씩하게 자라는 혁명자유가족학원 학생들의 가슴에는 애국의 피가 뛰며 그들의 입에서는 애국의 노래가 우렁차게 나온다.		3	
1948-03-01-014	당면과업 완수 굳게 맹세	강원도당 제2차대표회	4	본사기자 신기관
1948-03-01-015	새로 선거된 위원들로서 강원도당 제1차위원회		4	본사기자 신기관
1948-03-01-016	강원도당위원회 사업결산보고 요지	도당위원장 한일무동지의 보고에서	4	
1948-03-01-017	김일성동지에게 드리는 메쎄지	북조선로동당 강원도당 제2차대표회	4	
1948-03-01-018	원산철도공장 대표 우로부터 신생진 강준삼 최태진 리원석 최정두		4	
1948-03-01-019	천내리세멘트공장 대표 우로부터 송남섭 한관항 박순을		4	
1948-03-01-020	창도광산 대표 우로부터 리천봉 박연보 홍장손 김수영 리병호 김응식		4	
1948-03-01-021	우리 조국의 우수한 아들들은 손에 무기를 잡고 투쟁하였다		5	조쏘문화협회 위원장 리기영
1948-03-01-022	력사의 위조자(3)	력사적해명서	5, 6	쏘련통신국
1948-03-01-023	체코슬로바키아 신민주정부 성립	수상에 고트왈드씨 취임	6	북조선통신
1948-03-01-024	근로인민 지지		6	따쓰통신
1948-03-01-025	공산당과 협조하여 행동통일을 기하라	체코슬로바키아 사민당 대표 호소	6	북조선통신
1948-03-01-026	몽고인민공화국 외무성 장개석정부에 항의	국경침범행위에 대하여	6	북조선통신
1948-03-01-027	비률빈정부 농민단체원 살해		6	북조선통신
1948-03-01-028	해방구학생에 서한	국민당구학생련맹에서	6	북조선통신
1948-03-01-029	'마샬안'반대대회	호주 시드니에서	6	북조선통신
1948-03-01-030	쏘련몽고호상원조조약 2주년		6	북조선통신
1948-03-03-001	군중문화사업을 광범히 전개하자		1	
1948-03-03-002	김일성장군 주위에 뭉쳐 승리의 길로 힘차게 전진	사동탄항 전체 로동자 궐기	1	리문상
1948-03-03-003	미반동배들의 음모 증산으로 통격하자	평양기구제작소 직장대회	1	권중범
1948-03-03-004	북조선근로인민들 헌법초안 절대지지 증산경쟁으로 경축	강원도 문천기계제작소	1	강원도주재기자 김홍범
1948-03-03-005	북조선근로인민들 헌법초안 절대지지 증산계획 초과완수로 민주조국창건을 촉성	황해 연백군 황용리 농민들	1	리의철
1948-03-03-006	림시헌법초안 인민토의건의에 대한 비판 제2회		1	북조선통신, 본사기자
1948-03-03-007	춘경준비를 비롯하여 1.4분기 생산협조 검토	강원도 당 제2차위원회	2	김홍범
1948-03-03-008	지도기관 결산선거사업 총결 앞으로의 사업방향을 결정	평양시당 상무위원회	2	김전
1948-03-03-009	김장군의 지시 받들어 용감히 전진하는 시중면		2	김현석
1948-03-03-010	더 큰 승리를 위하여 투쟁	제2차 평철당부위원회	2	권중범
1948-03-03-011	미.일독점가동맹		2	통신부
1948-03-03-012	창안으로 애로를 타개하는 개천탄광 량도동무의 업적		2	김명덕
1948-03-03-013	기쁨의 입당통지 기다리며 영농에 분주한 박영하농민		2	김현석
1948-03-03-014	치렬한 증산경쟁의 성과 금년도 1.4반기계획 완수	사리원제분과 해주제련소	3	사리원주재기자 리성섭
1948-03-03-015	39일을 단축하여 1.4반기계획량 완수	개천흑연광산 종업원들	3	김전
1948-03-03-016	3.1절을 기념하여 3각경쟁을 호소	평양곡산이 평양화학 평양양조에	3	신언철
1948-03-03-017	전당대회기념 증산운동 123.3% 초과달성	평양철도공장 동무들	3	신언철
1948-03-03-018	2월의 생산계획량을 24일로 110%	평양견직공장 종업원들	3	김형기
1948-03-03-019	강제로역에 굶주리던 촌 애국미 바치게끔 부유	모범부락 정주군 운흥동	3	평북주재기자 최영환
1948-03-03-020	춘경파종준비	면화재배법	3	김일성대학 농학연구실

기사번호	제목(title)	부제목(stitle)	면수	필자, 출처
1948-03-03-021	종자비료 축력확보 등 춘경파종준비에 노력	황해도 연백군 농민들	3	리의철
1948-03-03-022	새로 수입된 쏘련영화 출판물관계자 감상회		3	김현석
1948-03-03-023	로동자 농민을 위안코저 이동예술반 각 지를 순회 평남도인위 이동예술반에서	3월 5일부터	3	리문상
1948-03-03-024	문맹퇴치에 협조한 로인들께 수건을 선물		3	서득창
1948-03-03-025	호상원조조약체결 제의 쓰딸린대원수 분란대통령에게	쏘련수상이.브.쓰딸린	4	북조선통신
1948-03-03-026	신정부를 지지	쁘라그에 군중대회	4	북조선통신
1948-03-03-027	신정부수립에 대한 반향		4	북조선통신
1948-03-03-028	반동음모는 실패	체코슬로바키아제지	4	북조선통신
1948-03-03-029	미국지배계급의 불안 증대		4	북조선통신
1948-03-03-030	국제반동의 모략은 분쇄	항가리신문들 찬양	4	북조선통신
1948-03-03-031	직맹 및 계획 위원회 등 지지		4	북조선통신
1948-03-03-032	서부 쟈바에 괴뢰정부수립?	반동회의에서 결정	4	북조선통신
1948-03-03-033	분할을 통격	인도네시아신문	4	북조선통신
1948-03-03-034	토이기비행기의 불가리아월경 진상		4	북조선통신
1948-03-03-035	심양의 국민당군 위급		4	북조선통신
1948-03-03-036	심양교외비행장 점령		4	북조선통신
1948-03-03-037	심양함락 시간문제		4	북조선통신
1948-03-03-038	광동의 미인회사		4	북조선통신
1948-03-03-039	영미해군 공동연습		4	북조선통신
1948-03-03-040	토이기의 대학리사회 항의		4	북조선통신
1948-03-03-041	"력사의 위조자" 해설	'뮨헨회담'은 과거로 사라졌는가?	4	통신부
1948-03-03-042	부고	북조선로동당 중앙위원 김영태동지의 서거와 관련하여	4	
1948-03-03-043	부고	북조선로동당 중앙위원 김영태동지의 서거와 관련하여	4	
1948-03-04-001	춘경파종준비와 당단체들의 과업		1	
1948-03-04-002	김일성위원장의 시찰에 감격	흥남공장 일산실적 날로 제고	1	북조선통신
1948-03-04-003	전당대회 경축 증산 드디여 승리로 완수	성진철도부 기관구 공작세포원들	1	렴재학
1948-03-04-004	치료중심에서 예방중심보건사업의 민주화 활발	각 도 보건부장 및 보건관계자회의	1	김인숙
1948-03-04-005	격문 산포코 인민공화국만세 절규	남조선의 관제 3.1기념식장 수라장화	1	북조선통신
1948-03-04-006	헌법초안 인민토의 활발히 진행 헌법초안 발표를 계기로 무사고정시운전에 전력	정주철도기관구 직장토의대회	1	최영환
1948-03-04-007	조선림시헌법초안에 대한 인민들의 건의		1	
1948-03-04-008	이미 얻은 승리의 공고화 위해 투쟁	혁명자유가족학원토의대회	1	
1948-03-04-009	력사의 위조자	력사적해명서	2, 4	쏘련통신국

기사번호	제목(title)	부제목(stitle)	면수	필자, 출처
1948-03-04-010	퇴비 8천여관 확보하고 자갈밭을 미전으로 개량	강원도 양구군 안선봉농민	3	리의철
1948-03-04-011	부족되는 면화종자 농민들자체로 해결	개천군 중서면 운룡리 농민들	3	리의철
1948-03-04-012	"모래밭이 어데 따로 있나 거름 많이 하면 옥토 되지"	황해농촌당원들의 춘경준비	3	리성술
1948-03-04-013	농산물증산을 위해 함남도농민들 투쟁		3	리의철
1948-03-04-014	저명한 피아니스트 쏘꼬로브씨의 연주회	3월 6일에	3	김현석
1948-03-04-015	개천흑연광산 1.4반기계획 완수	우리 당단체의 협조사업 위대	3	김전
1948-03-04-016	발전향상되고있는 모범농촌 토성동		3	최영환
1948-03-04-017	우량종자 확보코 적기파종을 준비	개천군 운룡리 리만진농민	3	리의철
1948-03-04-018	경지리용률을 높이며 비료준비노력조직 완료	평양농촌 미림 2리의 농민들	3	위찬길
1948-03-04-019	따쓰 국제정세개관	체코슬로바키아, 루마니아	4	북조선통신
1948-03-04-020	애도문	북조선로동당 중앙위원 김영태동지의 서거와 관련하여	4	
1948-03-04-021	국제부녀절시위 금지령	파리녀성단체 엄중항의	4	북조선통신
1948-03-04-022	인도네시아의 원료 대량 방출		4	북조선통신
1948-03-04-023	책광고		4	로동당출판사 영업부 영업과
1948-03-05-001	토지개혁 2주년을 맞이하여		1	
1948-03-05-002	김일성 사진		1	
1948-03-05-003	김일성장군에게 드리는 편지	북조선토지개혁실시 2주년 기념보고대회	1	
1948-03-05-004	이미 얻은 승리를 공고화하며 조국창건의 길로 전진을 맹세	토지개혁실시 2주년 기념보고대회	1	
1948-03-05-005	축사	북조선인민위원회 부위원장 김책	1, 2	
1948-03-05-006	농민을 여전히 노예로 얽매는 남조선반동 '토지개혁'법령 초안		2	박우청
1948-03-05-007	면인민위원회 위원선거 1주년에 제하여		2	김동천
1948-03-05-008	3.8국제부녀절 표어	북조선민주녀성총동맹 중앙위원회	2	
1948-03-05-009	땅의 주인이 된 농민들의 향상발전하는 생활형편		3	
1948-03-05-010	땅의 주인된 보답으로서 첫째도 증산 둘째도 증산	함북 라남 수북리 농촌	3	현준국
1948-03-05-011	새집 짓고 학교 짓고 글배우는 새 살림!	자성군 화전민들의 향상된 생활	3	최영환
1948-03-05-012	애국농민 류창림동지		3	
1948-03-05-013	토지개혁은 녀자도 능히 자기 생활을 꾸미게 했다	함남 모범농민 김동화동무	3	박경석
1948-03-05-014	김영률농민의 향상된 생활모습	평남 강서 송호리에서	3	
1948-03-05-015	전슬라브위원회 본회의 2월 26일 쁘라그에서 개최		4	북조선통신

기사번호	제목(title)	부제목(stitle)	면수	필자, 출처
1948-03-05-016	미, 영, 불, 백, 화 방위조약?	데일리.메일 특파원의 보도	4	북조선통신
1948-03-05-017	슬라브 3외상회의 선언 지지	미국무성에 쏘련정부 각서 전달	4	북조선통신
1948-03-05-018	불가리아직맹련합대회 성황		4	북조선통신
1948-03-05-019	인민해방군 영구점령		4	북조선통신
1948-03-05-020	개원점령		4	북조선통신
1948-03-05-021	부녀절금지령을 불란서정부 철회		4	북조선통신
1948-03-05-022	애급에 대한 미국의 비밀제의		4	북조선통신
1948-03-05-023	서부독일의 단독적정치구성은 구라파의 평화를 파괴	립법회의에서 파란외상 연설	4	북조선통신
1948-03-05-024	호주철도로동자의 파업투쟁 치렬		4	북조선통신
1948-03-05-025	미정부보유금		4	북조선통신
1948-03-05-026	인민정부창건 결정서를 채택		4	북조선통신
1948-03-05-027	칠리대통령에게 항의		4	북조선통신
1948-03-05-028	일본 식량난		4	북조선통신
1948-03-05-029	동경재판에서 쏘련검사 론고		4	북조선통신
1948-03-05-030	이란에 대한 미국의 침략	하키미정부정책에 대한 이란신문들의 반대여론	4	북조선통신
1948-03-05-031	프르트리고 도민들 반미시위운동		4	북조선통신
1948-03-05-032	책광고		4	조선로동당출판사 영업부 영업과
1948-03-05-033	인도경찰 공산당지 원고 압수		4	북조선통신
1948-03-05-034	라지오		4	
1948-03-06-001	당일군들의 정치적예리성을 높이자		1	
1948-03-06-002	1.4반기 비료수송계획량 3월 23일안에 완수하자	고원기관구 전체 종업원 궐기	1	신언철
1948-03-06-003	조선법전 초안작성위원회의 사업진행상황에 대한 제3회 발표		1	
1948-03-06-004	헌법초안에 대한 전인민의 관심고조		1	북조선통신
1948-03-06-005	흥남공장 또하나의 승리	카바이트전기로 준공	1	북조선통신
1948-03-06-006	우리의 리익을 표현한 헌법초안을 절대 지지	길주팔프공장 토의보고회	1	박태화
1948-03-06-007	헌법초안을 지지 증산운동에 궐기	송림시 민청맹원들	1	박
1948-03-06-008	365일무사고운동에 우리 당원 선두에서 시범		1	신언철
1948-03-06-009	업억흑연광산 우리 당원 시범		1	김영복
1948-03-06-010	춘경준비에 만전을 기하고 땅 녹기만 기다리는 농민들	료동리세포 핵심으로 전부락이 동원	2	심철
1948-03-06-011	황해도 금천군당산하 당원 학습열 날로 제고		2	정운성
1948-03-06-012	락후되었던 문화사업 활발히 전개되고 있다	'영제요업'세포의 핵심작용	2	라득준
1948-03-06-013	당원들의 주동력으로 장성되는 순안성인중학		2	김전
1948-03-06-014	전당대회 대표로 피선된 장동순동무의 모범성		2	황해도주재기자 리성섭
1948-03-06-015	간부양성에 노력	신천군당부 열성	2	민영익
1948-03-06-016	학습은 곧 자기 사업에 반영	단천축항 방파제세포에서	2	서득창
1948-03-06-017	민주와 평화를 반대하는 부르죠아리론가들의 론조		2	통신부
1948-03-06-018	전등 켜고 라지오 들으며 생활을 노래하는 농민들	함남 영흥군 우당리 농촌	3	박경석
1948-03-06-019	유축농업에 주력 계획영농을 실천	선천가물남동 차성범농민	3	김달수
1948-03-06-020	소달구지도 있겠다 돼지까지도 치겠다	인분나르기에 바쁜 강의범농민	3	김현석
1948-03-06-021	애국미 30가마니 바친 김상준농민의 모범생활		3	김홍범
1948-03-06-022	공휴일작업임금 만경대학원에	성천광산 로동자들	3	신언철
1948-03-06-023	페차를 살린 이 기쁨!	서평양철도공장 당원동무들	3	김현석
1948-03-06-024	춘경파종준비	습한 땅의 배수방법과 그 효과	3	농림국 농림연구부
1948-03-06-025	루국인민민주전선 창설	전국회의 의장에 페트루 그로자 선출	4	북조선통신
1948-03-06-026	쏘련과의 통상제의 쏘영협회결의 채택		4	북조선통신
1948-03-06-027	체코슬로바키아사회당으로 인민사회당 개칭		4	북조선통신
1948-03-06-028	'항가리자유투사민족동맹' 창건		4	북조선통신
1948-03-06-029	동남아세아청년대회		4	북조선통신
1948-03-06-030	체코정교회 신정부 지지		4	북조선통신
1948-03-06-031	미국장관들 장개석과 토의		4	북조선통신
1948-03-06-032	아랍제국 군사정치동맹 기도		4	북조선통신
1948-03-06-033	국제직련 분렬 기도하는 런던대회 불참 결정	이로총 볼로나대회에서 결의	4	북조선통신
1948-03-06-034	대회를 앞둔 항가리사민당		4	북조선통신
1948-03-06-035	미국 뉴욕항에서 서반아에 무기 반출		4	북조선통신
1948-03-06-036	희왕당파 폭행		4	북조선통신
1948-03-06-037	영국 각 직맹기관에 공산당원 다수 피선		4	북조선통신
1948-03-06-038	영국지방직맹 례년회의		4	북조선통신
1948-03-06-039	쏘항 량곡공사를 대사로 승격		4	북조선통신
1948-03-06-040	베를린지구의 불당국 폭행		4	북조선통신
1948-03-06-041	로마시청 관리 파업		4	북조선통신
1948-03-06-042	반동회의의 내막		4	북조선통신
1948-03-06-043	국민당군대 재조직안		4	북조선통신
1948-03-06-044	빨간제국청년동맹		4	북조선통신

기사번호	제목(title)	부제목(stitle)	면수	필자, 출처
1948-03-06-045	력사의 위조자 해설	미국은 히틀러에게 무기를 제공하였다	4	통신부
1948-03-06-046	유고와 루마니아간 우호협력 호상원조 조약비준		4	북조선통신
1948-03-06-047	파루문화협조협정 성립		4	북조선통신
1948-03-06-048	라지오		4	론설위원회
1948-03-06-049	전기화학기술의 개가	우수한 기술로 대량 생산	4	로동신문사
1948-03-07-001	해방된 북조선의 녀성	국제부녀절에 제하여	1	
1948-03-07-002	농촌에 비료 빨리 보내자 함남도민들 열성적협조	흥남공장 비료하조작업 활발	1	박경석
1948-03-07-003	석탄증산운동 격렬 생산원가저하 노력	사동탄광 로동자동무들	1	신기관
1948-03-07-004	50% 초과목표로 또다시 증산에 매진	사리원조면공장	1	황해도주재기자 리성섭
1948-03-07-005	북조선 각 종양장에 면양증식을 호소	강원도 세포종양장에서	1	권중범
1948-03-07-006	헌법초안 지지하여 농산물증산에 분투		1	최영환
1948-03-07-007	추동적역할로써 인민정권을 강화	평양시 중구리위원장 궐기	1	
1948-03-07-008	늦어도 3월중순까지에 1.4반기계획 완수하자	청진철도공장 당원들의 분투	1	현준근
1948-03-07-009	전세계 민주녀성들의 평화와 민주를 위한 투쟁		2	김인숙
1948-03-07-010	물자 절약코 계획 초과완수 모범녀공 김순덕동무 시범	평양제1양말공장에서	2	김형기
1948-03-07-011	수송사업에 분투하는 모범당원 김약호동무	평북륙운사업소 남시출장소에서	2	신용삼
1948-03-07-012	신천전기처 세포원들 자재애호절약에 분투		2	민역악
1948-03-07-013	38접경에서 분투하는 화천내무세포학습 진척		2	웅직
1948-03-07-014	쏘베트국가의 전후 경제 및 문화 발전을 위한 투쟁에 있어서의 쏘련의 녀성		2	통신부
1948-03-07-015	남자못지 않게 척척 크레인을 운전한다	서평양철도 박춘자동무	3	김현석
1948-03-07-016	눈뜬 소경이던 녀자 신문 읽는 이 기쁨!	평양대타령리 박복덕녀사	3	김현석
1948-03-07-017	보장된 생활속에서 묵묵히 증산에 매진	동우고무제화공 전옥복동무	3	신기관
1948-03-07-018	사리원방적녀성들 개인생산경쟁 치렬		3	리성섭
1948-03-07-019	7남매의 어머니가 인민학교 교장으로	평양제5인민교 강군숙녀사	3	박중선
1948-03-07-020	문맹이던 농촌녀성 녀맹위원장으로	개천군 인곡리 량병제녀사	3	김인숙
1948-03-07-021	과부로서 농사지어 행복한 살림을 꾸며	신의주시 농민 김금패녀사	3	최영환
1948-03-07-022	녀자농민 정정기동무, 안악군 안곡면 락동에 사는 정씨		3	
1948-03-07-023	맥아더와 일본정부 밀약	대일강화조약 심의에 대처하여	4	북조선통신
1948-03-07-024	마샬안에 관한 쏘련직맹 선언서	-씨.아이.오대표자에게 수교-	4	북조선통신
1948-03-07-025	국민당정부에 대한 반대운동 활발	상해	4	북조선통신

기사번호	제목(title)	부제목(stitle)	면수	필자, 출처
1948-03-07-026	쌀값 폭등으로 상해에 배급제		4	북조선통신
1948-03-07-027	서반아군주제 복구 음모		4	북조선통신
1948-03-07-028	정부의 시책을 통박	이공산당 지도자 연설	4	북조선통신
1948-03-07-029	토이기에 미국비행기 수송		4	북조선통신
1948-03-07-030	민주주의민족전선의 확립 긴요	팔레스티나공산당 총비서 연설	4	북조선통신
1948-03-07-031	따쓰 국제정세개관	반동파에 대한 체코인민의 승리	4	북조선통신
1948-03-07-032	따쓰 국제정세개관	비밀리에 개최된 런던 3외상회의	4	북조선통신
1948-03-07-033	루쏘통상협정은, 인민의 복리증진	루국 재정상의 성명	4	북조선통신
1948-03-07-034	반파쑈청년위원회 서기장 담		4	북조선통신
1948-03-07-035	미국반파쑈활동가 단식투쟁 선언		4	북조선통신
1948-03-07-036	미국로동자의 생활 악화	독점자본가는 리윤추구에 광분	4	북조선통신
1948-03-07-037	이태리영화계 위기		4	북조선통신
1948-03-07-038	라지오		4	
1948-03-07-039	신간안내		4	로동신문사
1948-03-09-001	민주력량을 민주조국창건에 총집결하자		1	
1948-03-09-002	전세계 민주녀성들과 함께 민주와 평화를 위하여 매진	국제부녀절 37주년 평양시보고대회	1	박중선
1948-03-09-003	제2차 전당대회 앞두고 당원들 고상한 증산투쟁	결산선거사업후의 문천군당산하 당단체들	1	강원도주재기자
1948-03-09-004	시간외 무보수작업	문천탄광 운탄세포와 송탄세포	1	김홍범
1948-03-09-005	2모작으로 증산	문천군 송탄리세포	1	김홍범
1948-03-09-006	군중과 밀접히 련결되고 모범이 되는 룡두동세포		2	리운일
1948-03-09-007	선거후 활발히 발전되는 국영평양석냥공장 세포		2	위찬길
1948-03-09-008	모범농촌을 만들기 위한 상리세포의 핵심적역할	화천군 화천면에서	2	웅직
1948-03-09-009	세포를 옳게 령도하는 위원장 김학렬동무	중강면 안도리 제1세포위원장	2	영락
1948-03-09-010	제2차 세계대전이후의 제국주의모순의 첨예화		2	심염
1948-03-09-011	로동자들의 기술적창안을 대담하게 채택하자		2	국영청진방적공장 지배인 리종옥
1948-03-09-012	림시헌법초안 인민토의(제3회)	건의에 대한 각계의 비판	3	북조선통신, 본사기자
1948-03-09-013	헌법초안토의에 인민들 애국적열성으로 참가		3	김동천
1948-03-09-014	공민은 교육받을 권리를 가진다	순안중학 헌법토의	3	히국
1948-03-09-015	김일성위원장 령도밑에 민주개혁을 실시한 혜택	흑령탄광 직장토의대회	3	신기관
1948-03-09-016	고성군 각계층 인민들 헌법초안 열렬히 지지		3	최치목

기사번호	제목(title)	부제목(stitle)	면수	필자, 출처
1948-03-09-017	제2차 전당대회를 기념 32% 농업증산을 결의	희천군 남면 공문헌농민	3	김달수
1948-03-09-018	민전호소에 시민들 책임 다할것을 맹세	신의주 3.1절기념보고 각 직장대회	3	평북주재기자 최영환
1948-03-09-019	춘경파종준비	벼농사에 필요한 개량할것 몇가지(상)	3	중앙농사시험장
1948-03-09-020	순천군 농민들의 애국미헌납 답지	만경대학원 건축기금으로	3	김전
1948-03-09-021	인민의 승리를 축하	체코슬로바키아공산당 중앙위원회 격문	4	북조선통신
1948-03-09-022	대승리를 구가하는 쁘라그 10만 농민시위		4	북조선통신
1948-03-09-023	히틀러교형리보호에 반대	유고녀성들	4	북조선통신
1948-03-09-024	희랍왕당파병 알바니아에 월경		4	북조선통신
1948-03-09-025	독일 통일과 평화를 위한 제2차인민대회 개최		4	북조선통신
1948-03-09-026	토이기에서 공산당원 공판		4	북조선통신
1948-03-09-027	쏘련은 식량이 풍부하다	쏘련 제 신문의 론술	4	북조선통신
1948-03-09-028	이태리 아르노계곡 로동자 갈탄탄광 점령		4	북조선통신
1948-03-09-029	이스탄불에 감옥 증설		4	북조선통신
1948-03-09-030	마샬안토의에 화직맹 참가 거부		4	북조선통신
1948-03-09-031	반쏘영화 반대	캐나다 작곡가들	4	북조선통신
1948-03-09-032	'마샬안'에 관한 쏘련직맹의 선언		4	통신부
1948-03-09-033	라지오		4	
1948-03-10-001	북조선민전 제25차 중앙위원회에서		1	
1948-03-10-002	김일성 사진		1	
1948-03-10-003	남조선반동적단독정부 선거를 반대하며 조선의 통일과 자주독립을 위하여	북조선인민위원회 위원장 김일성	1, 2	
1948-03-10-004	조선의 통일과 독립을 반대하는 미제국주의자들의 음모		2	민주조선
1948-03-10-005	원가저하를 위한 몇가지 경험		2	신의주방직공장 지배인 김계석
1948-03-10-006	문맹퇴치한 기쁨을 김장군님께 편지로	5천 3백 70통의 감사편지	3	박중선
1948-03-10-007	조선법전초안작성위원회 제2차 전체위원회		3	김동천
1948-03-10-008	'세계청년주간' 성대히 기념	북조선민청중앙 상무위원회 결정	3	북조선통신
1948-03-10-009	10월말로 년도계획 120% 완수하자	귀성제염소 종업원 헌법초안 토의대회	3	신기관
1948-03-10-010	중요산업국유 보장하는 헌법초안 절대 지지	남시제염소 종업원토의대회	3	리문상
1948-03-10-011	단천 북대천 제방공사 성토공정 70% 진척	리중면민들의 단결된 민주력량	3	김종근
1948-03-10-012	3백정보 옥답화할 대령강제방공사	삭주군민 착수의 날 고대	3	원식

기사번호	제목(title)	부제목(stitle)	면수	필자, 출처
1948-03-10-013	춘경파종준비 벼농사에 필요한 개량할것 몇가지(하)	본답의 재배법	3	중앙농사시험장
1948-03-10-014	종곡비료 축력 확보 20일경 춘경 시작	평양시 상흥리 농민들	3	리의철
1948-03-10-015	춘경파종기까지 60여정보 개답	성천군 대동리 농민들 총궐기	3	리의철
1948-03-10-016	런던회의 참가 거부	자유독일직맹중앙위원회	4	북조선통신
1948-03-10-017	대오조약작성 지연 획책	영미측 런던외상대리회의에서	4	북조선통신
1948-03-10-018	유일로동당창설 긴요	항가리사회민주당대회	4	북조선통신
1948-03-10-019	아크레시에 소동 발생		4	북조선통신
1948-03-10-020	국제부녀절을 맞이하여 쏘련녀성반파쑈위원회 각국 녀맹에 축전		4	북조선통신
1948-03-10-021	쏘련과의 조약을 항가리인민회의 비준		4	북조선통신
1948-03-10-022	아크레시의 시위자 사살사건		4	북조선통신
1948-03-10-023	상선독점을 기도	마샬안의 침략적리면	4	북조선통신
1948-03-10-024	지브라르타르에 미국군함 집결		4	북조선통신
1948-03-10-025	신조약을 반대	트란스요르단인민	4	북조선통신
1948-03-10-026	불가리아해방 70주년 기념		4	북조선통신
1948-03-10-027	중국과 일본에 원조확대를 주장	메고번교수의 반동적보고	4	북조선통신
1948-03-10-028	독일에서 특허품을 미국 반출		4	북조선통신
1948-03-10-029	이공화당의 모략	탈당당원이 폭로	4	북조선통신
1948-03-10-030	분할된 인도		4	
1948-03-10-031	라지오		4	
1948-03-10-032	극장		4	
1948-03-11-001	우리 조국을 식민지화하려는 미제국주의자들의 책동을 폭로분쇄하자		1	
1948-03-11-002	하천정리사업에 실천으로써 시범	함주군당산하 농촌당원들	1	함남주재기자 박경석
1948-03-11-003	계획량 완수에 총력량을 경주	원산철도전기구	1	김홍범
1948-03-11-004	계획량의 109% 혁혁한 성과로 달성	함북 줄온탄광	1	김형기
1948-03-11-005	기한전완수 목표	평양제2양말공장	1	김전
1948-03-11-006	북조선민주주의민족통일전선 중앙위원회에서 발표한 구호		1	
1948-03-11-007	서평양철도공장에서 배출되는 모범일군들 세밀한 주의를 돌리면 쉽게 해결될것이 많다	용접공 로달민동무의 지성	2	김현석
1948-03-11-008	서평양철도공장에서 배출되는 모범일군들 자기 몸 같이 사랑하는 기계를 동무삼아 투쟁	선반공 박태보동무의 분투	2	김현석
1948-03-11-009	락후되었던 교양사업 결산선거후 일약 개진	사동련탄공장 전기세포	2	위찬길
1948-03-11-010	각가지로 경비절약하여 고무신 원가 30% 저하	평양고무공장	2	김형기
1948-03-11-011	인민토의에 붙인 헌법초안을 지지	평양시 근화리헌법초안토의대회	2	김영호

기사번호	제목(title)	부제목(stitle)	면수	필자, 출처
1948-03-11-012	남조선민전 등 각 단체 림시헌법초안을 지지		2	북조선통신
1948-03-11-013	토지개혁을 보장하는 헌법초안을 절대 지지	증산을 맹세하는 철산군농민들	2	김성몽
1948-03-11-014	일제를 반대하여 흘린 피는 미제국주의를 반대하는 투쟁속에서 소생되었다		2	신염
1948-03-11-015	생산협의회를 활용하자		2	국영평양견직공장 지배인 정극모
1948-03-11-016	금년 농림수산증산계획 완수 위한 당면과업 토의	농림수산부문 책임자회의	3	리의철
1948-03-11-017	기술영농방법을 각지로 순회강습	강원도농맹에서	3	권중범
1948-03-11-018	토지개혁기념 보리파종 완료	함북 최창락농민	3	함북도주재기자 현준극
1948-03-11-019	113.8% 농업증산을 북조선농민들에게 호소	재령군 북률면 농민헌법토의대회에서	3	항해주재기자 리성섭
1948-03-11-020	춘경파종준비	온상묘판에 대하여	3	북농맹 기술보급부
1948-03-11-021	문맹퇴치사업 활발 진척	성인재교육 광범히 실시	3	김인숙
1948-03-11-022	우리 직장의 생산협의회	평양화학공장 정련계직장에서	3	김현주
1948-03-11-023	평양화학정련계		3	김현주
1948-03-11-024	루마니아헌법초안 민주주의인민전선에서 제출		4	북조선통신
1948-03-11-025	미정부에 재차 항의	쏘련상선 통행자유침범으로	4	북조선통신
1948-03-11-026	4월 18일의 선거를 앞두고 이태리공산당 당수 연설		4	북조선통신
1948-03-11-027	전국에 인민전선지부 조직		4	북조선통신
1948-03-11-028	슬로바키아민족회의		4	북조선통신
1948-03-11-029	미,이비밀조약	『오이』지의 보도	4	북조선통신
1948-03-11-030	중국내에 있어서의 미국반동파의 모험		4	통신부
1948-03-11-031	체코슬로바키아공산당원 백사십일만으로 증가		4	북조선통신
1948-03-11-032	흥국인민경제		4	북조선통신
1948-03-11-033	남아련방정부 파시즘선전 허가		4	북조선통신
1948-03-11-034	임금고정정책을 반대	런던선박수리 로동자들	4	북조선통신
1948-03-11-035	경제공황전야의 미국		4	통신부
1948-03-11-036	희랍인민원조 군중대회 부다페스트시에서 개최		4	북조선통신
1948-03-11-037	'서구동맹'과 이태리		4	북조선통신
1948-03-11-038	영항공군예산		4	북조선통신
1948-03-11-039	미서차관협의		4	북조선통신
1948-03-11-040	라지오		4	
1948-03-11-041	극장		4	
1948-03-12-001	조선인민들은 조선림시헌법초안을 열렬히 환영한다		1	
1948-03-12-002	승리는 우리의것 힘차게 전진하자	평양고무공장 직장대회	1	김형기
1948-03-12-003	미제국주의정책 증산으로써 분쇄	강원도농민들	1	김홍범
1948-03-12-004	미제국주의책동 절대 실현못한다	평양시 의암리 농민 김찬영씨	1	리의철
1948-03-12-005	조국의 식민지화 나는 절대로 반대	서평양철도공장 로동자 리대식씨	1	박중선
1948-03-12-006	'소총회'결정 반대	남조선에서 민전성명 발표	1	북조선통신
1948-03-12-007	조선림시헌법초안 인민토의 건의서와 의견서 제5회		1	북조선통신, 본사기자
1948-03-12-008	개천탄광에 벌어진 증산투쟁	증산 또 증산 굴진 또 굴진	2	신기관
1948-03-12-009	식료품 증산으로 경축	'평양곡산'의 증산보	2	김현주
1948-03-12-010	증산기간 연장하고 생산률제고에 매진	평양농구제작소	2	김형기
1948-03-12-011	지난해의 경험을 살리여 금년도계획 초과에 매진	문천세멘트 포장세포	2	김홍범
1948-03-12-012	생산원가저하에 애국적투쟁 전개	금천 삼보광산	2	정운성
1948-03-12-013	당사업과 민청사업에 분투하는 정삼록동무	국영사동련탄공장 전기세포당원	2	위찬길
1948-03-12-014	미제국주의자들에게서 련발되는 조선문제에 대한 허위로 충만된 선동사업		2	심염
1948-03-12-015	생산원가저하를 위한 투쟁		2	국영평양제침공장 지배인 손기철
1948-03-12-016	증산과 원가 저하에 경쟁으로 투쟁 전개	평북 동방광산 종업원들	3	신기관
1948-03-12-017	우수한 성과 달성하면 '모범일군'완장을 수여	평양제침 3.1기념 증산운동	3	김형기
1948-03-12-018	사리원국영조면공장 1.4분기 책임량 달성		3	리성섭
1948-03-12-019	로동생산성 162% 원가저하 30% 실현	리원 라흥인민공장	3	문지월
1948-03-12-020	춘경파종준비	수도전작 마령서재배법	3	북농맹 기술보급부
1948-03-12-021	월간계획을 넘쳐실행 3.1기념증산에 분투	평양전차사업소 동무들	3	김형기
1948-03-12-022	춘경파종준비 완료 문맹퇴치사업 열중	초산군 양토동 최거진농민	3	김달수
1948-03-12-023	평북 각지 농민들 춘경준비에 분주		3	최영환
1948-03-12-024	우량종자를 서로 내놓아 파종준비에 만전을 기해	신천군 노월면 마명리 농민들	3	권숭범
1948-03-12-025	우리 직장의 생산협의회	평양산소	3	신기관
1948-03-12-026	따쓰 국제정세개관	런던, 파리, 브룻셀에서의 3월회의	4	북조선통신
1948-03-12-027	따쓰 국제정세개관	이태리반동파의 선거전 책동	4	북조선통신
1948-03-12-028	메이에르안과 체코의 사건에 관하여 불공산당 듀클로씨 연설		4	북조선통신
1948-03-12-029	조약체결에 찬동	분란대통령 정식회답	4	북조선통신

기사번호	제목(title)	부제목(stitle)	면수	필자, 출처
1948-03-12-030	분할을 반대하는 독일인민		4	국내외통신부
1948-03-12-031	연안동남 의천시를 점령	중국인민해방군의 전과	4	북조선통신
1948-03-12-032	팔레스치나에서 렬차전복		4	북조선통신
1948-03-12-033	트란스요르단 인민들 시위		4	북조선통신
1948-03-12-034	동경전체 파업 단행		4	북조선통신
1948-03-12-035	진보적인사 추방	미국에서 의연 계속	4	북조선통신
1948-03-12-036	라지오		4	
1948-03-12-037	광고		4	
1948-03-13-001	철도일군들은 애국적투쟁에 궐기하고있다		1	
1948-03-13-002	남조선반동적단독정부선거 반대	김일성위원장의 연설을 받들어 북조선인민들 총궐기	1	김현석
1948-03-13-003	'소총회'결정 반대	평양철도부	1	박중선
1948-03-13-004	자주독립 위해 투쟁	평양화학공장	1	신언철
1948-03-13-005	침략기도 분쇄하자	평양 미림리 농민들	1	권중범
1948-03-13-006	남조선반동적단독정부선거반대 직장대회 토론에 참가한 로동자들	평양시 각 공장, 기업소들에서	1	
1948-03-13-007	김일성장군의 가르킨대로 굳게 뭉쳐 힘차게 전진하자	평양기계제작소 종업원대회	2	김현주
1948-03-13-008	사동로동회관이 떠날듯이 부르짖는 로동자들의 웨침	미제국주의정책을 분쇄하자	2	위찬길
1948-03-13-009	농민들의 투박한 말씨 진심의 발로.애국열	평양주변농민들의 이 결의	2	김현석
1948-03-13-010	로골적으로 실천에 옮긴 미국의 조선분렬정책		2	본사 국내외통신부
1948-03-13-011	계약제도실시에 대하여		2, 3	북조선중앙은행 총재 김찬
1948-03-13-012	수풍발전소의 대형변압기 우리의 손으로 수리완성	수풍발전부 우리 당원동무들의 공적	3	평북주재기자 최영환
1948-03-13-013	천오백마력압축기 봇슈뽐프개조 성공	흥남인민공장 리영화동무	3	박경석
1948-03-13-014	제2차 전당대회를 앞두고 증산으로 당앞에 충성 맹세 1일 480분로동 실천계획량 137% 완수	전당대회 앞둔 평북 운산광산	3	신기관
1948-03-13-015	조선림시헌법초안 인민토의 건의와 의견에 대한 비판 제4회		3	북조선통신, 본사기자
1948-03-13-016	정확한 로력조직과 갖은 창안으로 증산	리원광산 로동자동무들	3	윤지월
1948-03-13-017	통일로동당창설을 위하여 공산당과 협의 개시	항가리사민당 당수 성명 발표	4	북조선통신
1948-03-13-018	일본정부의 비민주성 지적	대일리사회 정기회의에서 쏘련 대표 언명	4	북조선통신
1948-03-13-019	희랍민주군 반공 치렬	적의 대부대 속속 격멸	4	북조선통신
1948-03-13-020	로전신내각의 붕괴는 불가피	뜨르드지의 론평	4	북조선통신
1948-03-13-021	루마니아직맹위원장 연설		4	북조선통신
1948-03-13-022	쏘련과 애급간 통상협정 조인		4	북조선통신

기사번호	제목(title)	부제목(stitle)	면수	필자, 출처
1948-03-13-023	국철대판로조 파업을 결의		4	북조선통신
1948-03-13-024	항가리청년단체대표자회의		4	북조선통신
1948-03-13-025	알바니아에 월경	희왕당군 도전 빈번	4	북조선통신
1948-03-13-026	대만으로부터 만주에 원병		4	북조선통신
1948-03-13-027	영정부 딸라획득에 급급		4	북조선통신
1948-03-13-028	선거전의 이태리정세	이즈베스치아지 론평	4	북조선통신
1948-03-13-029	인도네시아에 대한 미제국주의자의 흉계		4	통신부
1948-03-13-030	라지오		4	
1948-03-13-031	극장		4	
1948-03-13-032	광고		4	
1948-03-14-001	북조선민주건설과 직업동맹의 역할		1	
1948-03-14-002	우리의 행복 빼앗으려는 식민지화정책 절대 반대	평양시 상흥리 농민들	1	리의철
1948-03-14-003	단결된 우리 힘으로 승리를 위해 싸우자	평양시상업관리소산하 직장종업원	1	김진억
1948-03-14-004	미제국주의종살이 우리는 원치 않는다	평양곡산공장	1	김형기
1948-03-14-005	민족분렬의 회책 단연코 배격하자	평양기구제작소	1	김진억
1948-03-14-006	매국정부의 선거 절대로 반대한다	평양전기제작소	1	김동천
1948-03-14-007	조선인민은 미제국주의자들의 조선분할책동을 절대 반대한다		2	장하일
1948-03-14-008	미국충복들의 위협적언사		2	국내외통신부
1948-03-14-009	남조선 2.7구국투쟁 진상	-2월 20일현재(전평발표)-	2	북조선통신
1948-03-14-010	조국과 민족의 분렬을 남조선인민들은 반대		2	북조선통신
1948-03-14-011	단정반대의 투지 증산으로 살리자	정창고무공장	2	김달수
1948-03-14-012	전당대회기념으로 재생된 기관차 '미가하'는 달린다	서평양철도공장에서 출장식 거행	3	김현석
1948-03-14-013	당원들의 선봉적역할로 계획량 성과적으로 진행	평양기구제작소 동무들	3	김형기
1948-03-14-014	자라는 직장문화	서평양철도 연극음악써클	3	김현석
1948-03-14-015	남조선의 각계층의 인민들도 조선림시헌법초안 절대지지		3	북조선통신
1948-03-14-016	견직물 직조행정 간소화 로력 76,7%를 절약	평양견직 리민주동무의 고귀한 창안	3	김동천
1948-03-14-017	춘경파종준비	수도전작 마령서재배법	3	북농맹 기술보급부
1948-03-14-018	춘경파종준비 완료하고 유축농업화 실천을 준비	강서군 상사리 양지동부락	3	리의철
1948-03-14-019	우리 직장의 생산협의회	평양연초	3	김형기
1948-03-14-020	독일문제에 관한 런던회의에 대하여	-쏘련정부의 각서-	4	
1948-03-14-021	서부독일문제에 관한 소위 6개국회의 콤뮤니케		4	북조선통신

기사번호	제목(title)	부제목(stitle)	면수	필자, 출처
1948-03-14-022	이라크로동자의 참상		4	북조선통신
1948-03-14-023	라지오		4	
1948-03-14-024	극장		4	
1948-03-16-001	남조선단독정부선거반대 32만여군중 장엄한 시위	남조선'단선' 및 '유엔소총회'결정 반대 평양시군중대회	1	김현석
1948-03-16-002	민족분렬과 조국의 예속을 허용할수 없다	북조선로동당대표 김두봉	1	
1948-03-16-003	북조선로동당 제2차전당대회 소집에 대하여		1	
1948-03-16-004	남조선단독정부선거실시 및 '유엔소총회'결정을 반대하는 평양시군중대회 결의문		1	
1948-03-16-005	'유엔소총회'의 결정을 반대하고 통일적 자주독립을 전취하자	북조선민주당 대표 최용건	2	
1948-03-16-006	미제국주의침략의 촉수를 거둘때까지 선두에서 과감히 투쟁	로동자대표 조무벽	2	
1948-03-16-007	다같이 일어나서 조국의 위기를 구합시다	천도교청우당대표 김달현	2	
1948-03-16-008	남조선농민을 땅의 주인이 되게 하는 길을 위하여 싸운다!	농민대표 박창린	2	
1948-03-16-009	남조선단독정부선거실시 및 유엔소총회결정 반대 평양시군중대회에 참집한 군중		2	
1948-03-16-010	조선녀성은 조국의 통일적 자주독립과 민주발전을 갈망한다	녀성대표 리금순	3	
1948-03-16-011	조국과 민족의 운명을 조선인민의 손으로 결정하기 위하여	문학예술인대표 리기영	3	
1948-03-16-012	남조선반동적단독정부선거실시를 절대 반대	종교인대표 박상순	3	
1948-03-16-013	조선문제의 해결은 조선인민자체에게	신의주지구 철도종업원 궐기	3	북조선통신
1948-03-16-014	민족산업발전을 파괴하는 미국침략을 절대 반대한다	기업가대표 리영하	3	
1948-03-16-015	단선을 반대하여 싸우자 최후의 승리는 우리의것	원산철도공장 궐기대회	3	김홍범
1948-03-16-016	남북조선청년학생들은 조국통일을 절대로 요구한다	청년대표 김정의	3	
1948-03-16-017	인민은 반동을 물리치고 조국의 영광을 빛내리라	-군중속에서(평양시 군중대회)-	3	김동천
1948-03-16-018	이번 선거에서 민주력량은 정부에 경고를 줄것이다	체노아에서 이태리공산당 총비서 연설	4	북조선통신
1948-03-16-019	의천점령작전에 대한 중국인민해방군 참모부 성명		4	북조선통신
1948-03-16-020	중국인민해방군 락양 공격중		4	북조선통신
1948-03-16-021	미의 대중원조		4	북조선통신
1948-03-16-022	대만알미늄공업 미국인이 장악		4	북조선통신

기사번호	제목(title)	부제목(stitle)	면수	필자, 출처
1948-03-16-023	루마니아근로인민들 헌법초안을 환영지지		4	북조선통신
1948-03-16-024	영국로동당의 성명을 반박	체코슬로바키아사회민주당	4	북조선통신
1948-03-16-025	이태리정부의 선거탄압정책		4	북조선통신
1948-03-16-026	향항의 영국인 대일차관 협의		4	북조선통신
1948-03-16-027	유엔군사위원회에서 쏘련대표 미영정책 폭로		4	북조선통신
1948-03-16-028	이란아제르바이쟌인민의 참상		4	북조선통신
1948-03-16-029	마샬안을 비난	미국변호사협회	4	북조선통신
1948-03-16-030	오지리정부의 반동조치		4	북조선통신
1948-03-16-031	런던회의 결정을 독일인민은 절대 반대	-독일 각 신문들의 론평-	4	북조선통신
1948-03-16-032	일본에 파업속출	대판교원조합 총파업을 단행	4	북조선통신
1948-03-16-033	전체 동경반송공사국지부		4	북조선통신
1948-03-16-034	전체 대판지방협회 파업		4	북조선통신
1948-03-16-035	미국 모밀가루에 동경시민들 중독		4	북조선통신
1948-03-16-036	미국특사 로마 향발		4	북조선통신
1948-03-16-037	극장		4	
1948-03-16-038	책광고		4	로동당출판사
1948-03-17-001	새로 피선된 당지도일군들에 대한 일상적원조사업을 강화하자		1	
1948-03-17-002	김일성장군주위에 굳게 뭉쳐 자주독립의 길로 총진군하자	남조선단선반대 남포시군중대회	1	정명걸
1948-03-17-003	통지서	북조선로동당 제2차전당대회가 소집되는것과 관련하여	1	
1948-03-17-004	북조선인민회의 특별회의 4월로 연기		1	
1948-03-17-005	침략적기도 분쇄될 때까지 굳게 뭉치여 끝내 싸우자	함북 청진시군중대회	1	현준극
1948-03-17-006	통일정부선거는 우리 손으로 하자	함흥지구 군중대회	1	박경석
1948-03-17-007	우리들의 단결된 힘으로 침략적기도를 분쇄하자	원산시민전열성자대회	2	김홍범
1948-03-17-008	이 땅의 주인은 우리다 침략자들은 물러가라	평양 미산리 농민들 궐기	2	권중범
1948-03-17-009	남북조선의 형제는 따로 떨어질수 없다	평양연초공장내 궐기대회	2	김달수
1948-03-17-010	평남도내 각 지방에서 들려오는 인민의 소리		2	김전
1948-03-17-011	'조선과 조선인민을 위하여 비극적인 재난'을 조성하는 미국제국주의자들		2	박우청
1948-03-17-012	4월 10일까지 전계획량 72.7% 완수목표로	평양조면공장 전당대회 경축증산운동	3	신기관
1948-03-17-013	전당대회 기념증산 146%로 총결	사리원철도보선구 동무들	3	리성섭
1948-03-17-014	전체 종업원이 총궐기 또다시 증산으로 기념	평양연초공장 동무들	3	김전
1948-03-17-015	부녀절에 녀맹원들 기념작업	녕변 용등탄광에서	3	최종오

기사번호	제목(title)	부제목(stitle)	면수	필자, 출처
1948-03-17-016	북조선 각 농촌에서 춘경파종 벌써 시작		3	북조선통신
1948-03-17-017	림시헌법초안에 대한 인민들의 지지열 고조		3	김동천
1948-03-17-018	조선림시헌법초안을 만주동포들 환영지지		3	북조선통신
1948-03-17-019	면작 및 잠산 발전대책에 관한 결정서를 발표	북조선인민위원회에서	3	김동천
1948-03-17-020	440석 증수할 하천정리 진행중	길주군내 4개소에서	3	박태화
1948-03-17-021	우리 직장의 생산협의회	평양기관구	3	신언철
1948-03-17-022	서부독일의 진상을 규탄	독일관리리사회 회의에서 쏘꼴로브쓰끼원수 연설	4	북조선통신
1948-03-17-023	런던회의에 대한 쏘련정부의 각서는 정당	쁘라그의 쁘라세지 론평	4	북조선통신
1948-03-17-024	파란제신문의 론평		4	북조선통신
1948-03-17-025	7월이전으로 합당완료 예정	항가리사민당대회	4	북조선통신
1948-03-17-026	길림시를 완전 점령	중국인민해방군	4	북조선통신
1948-03-17-027	중국인민해방군 락양 돌입		4	북조선통신
1948-03-17-028	대만에 뻗힌 미국침략의 마수		4	국내외통신부
1948-03-17-029	근로인민의 단결을 강조	남이로동회의에서 로련서기장 연설	4	북조선통신
1948-03-17-030	량곡배급증가와 봉급인상안 승인	체코슬로바키아신정부 각의	4	북조선통신
1948-03-17-031	체코슬로바키아외상 자살		4	북조선통신
1948-03-17-032	국장으로 결정		4	북조선통신
1948-03-17-033	미국의 흑인학대		4	북조선통신
1948-03-17-034	월레스씨지지측 우세		4	북조선통신
1948-03-17-035	라지오		4	
1948-03-17-036	책광고		4	로동당출판사
1948-03-17-037	광고		4	로동신문사
1948-03-18-001	비당원군중속에서의 정치교양사업을 강화하자		1	
1948-03-18-002	침략적기도를 철저히 분쇄하자 우리의 갈망은 조국의 통일이다	평북도.신의주시 련합군중대회	1	최영환
1948-03-18-003	통지서	북조선로동당 제2차전당대회가 소집되는것과 관련하여	1	
1948-03-18-004	조선인민을 노예화하려는 단독선거는 절대로 못한다	황해도 해주시군중대회	1	박진선
1948-03-18-005	9만여명 군중의 격분된 파도 미침략을 반대하고 노기충천	흥남시군중궐기대회	2	함남주재기자 박경석
1948-03-18-006	미침략을 반대투쟁하자	사리원시민들 분격 궐기	2	황해주재기자 리성섭
1948-03-18-007	우리 민족의 력사적숙망인 통일정부수립을 달성하자	성진시군중궐기대회	2	함북주재기자 김소민
1948-03-18-008	반동도당을 타도하자	송림시 2만 군중 절규	2	
1948-03-18-009	매국적단독정부 절대로 못세운다	함북 길주군중대회	2	박태화

기사번호	제목(title)	부제목(stitle)	면수	필자, 출처
1948-03-18-010	량군의 철퇴만이 우리의 독립 보장	함주군 신중리 농민궐기	2	함남주재기자 박경석
1948-03-18-011	'유엔조선위원단'이여 우리 고국에서 물러가라!	만주 송강성 동포들의 항의문	2	북조선통신
1948-03-18-012	파리꼼무나 77주년을 맞이하여		2	본사선전부
1948-03-18-013	전당대회 경축증산수송 102% 완수	청진철도당부산아 동무들	3	현준극
1948-03-18-014	9월말까지 금년도 전계획량 완수 맹세	평양곡산 제1분공장 동무들	3	신기관
1948-03-18-015	하천정리와 춘경준비에 우리 당원들의 모범성	당대회를 앞둔 정평 송정리	3	리계실
1948-03-18-016	농민들 당대회 기념하여 락토된 도로를 대수리	황해도 대한리 농민들의 열성	3	리성섭
1948-03-18-017	전당대회 기념해 파손된 객차수리	라진철도검차구 동무들	3	현준극
1948-03-18-018	평북 황해 등지에서 벼종자를 구해놓아	중화군 상원 홍천리부락	3	김전
1948-03-18-019	통일적민주정부수립 위하여 끝까지 싸우자	흥남비료공장 직장보고대회	3	박경석
1948-03-18-020	반대하자 배격하자 남조선단독선거를	사리원방직공장 궐기대회	3	리성섭
1948-03-18-021	로골화한 식민지책동 증산으로써 분쇄하자	신의주방적공장 직장보고대회	3	최영환
1948-03-18-022	우리 직장의 생산협의회	평양고무	3	김현주
1948-03-18-023	중국인민해방군의 승리	만주에서의 2월중 전과	4	북조선통신
1948-03-18-024	중국인민해방군의 승리	하남성전투 전과	4	북조선통신
1948-03-18-025	복구되는 동만해방구		4	북조선통신
1948-03-18-026	괴뢰정부를 반대	인도네시아공화국 성명	4	북조선통신
1948-03-18-027	패전의 수습책에 급급하는 장정부		4	북조선통신
1948-03-18-028	미대중 '원조'추가문제 토의		4	북조선통신
1948-03-18-029	월레스연설을 향항민맹 지지		4	북조선통신
1948-03-18-030	"반파시스트구국투쟁에 전체 인민은 총궐기하라"	자유희랍림시정부의 호소	4	북조선통신
1948-03-18-031	세계녀성에 호소	서반아민주녀성동맹	4	북조선통신
1948-03-18-032	로파 소녀들까지도 류형		4	북조선통신
1948-03-18-033	맥아더의 출마를 반대	미국에 반맥아더운동 팽연	4	북조선통신
1948-03-18-034	토이기에 있어서의 미팽창주의자들의 책동	『이즈베스챠』지에서	4	
1948-03-18-035	라지오		4	
1948-03-18-036	극장		4	
1948-03-18-037	광고		4	로동신문사
1948-03-19-001	경제절약과 생산원가저하를 위하여 투쟁하자		1	
1948-03-19-002	승리는 우리 인민의것이다 침략자들의 책동 분쇄하자	강원도 원산시군중대회	1	김만선
1948-03-19-003	국토를 량단하려는 책동 분쇄하기 위하여 싸우자	함남 영흥군군중대회	1	김경환

기사번호	제목(title)	부제목(stitle)	면수	필자, 출처
1948-03-19-004	통지서	북조선로동당 제2차전당대회가 소집되는것과 관련하여	1	
1948-03-19-005	자주독립 쟁취 위한 증산운동 전개한다	홀동광산 종업원 궐기	1	김전
1948-03-19-006	량군 동시 철거를 강경히 주장한다	해주기계제작세멘트공장 련석직장대회	1	박진선
1948-03-19-007	망국노 강요하는 단독선거 절대로 실시하지 못하리라	남포제련소 직장궐기대회	2	김전
1948-03-19-008	민전을 더한층 강화하고 반동을 철저히 배격하자	강원도 민전산하 총궐기	2	김흥범
1948-03-19-009	우리 나라를 망치려는 침략적책동 분쇄하자	평양시 림흥리 농민 궐기	2	권중범
1948-03-19-010	조국을 침해하는 민족의 원쑤를 배격	평남 양덕군 근로인민 총궐기	2	김전
1948-03-19-011	국토량단을 반대 침략자 물러가라	평양전차사업소 직장대회	2	리문상
1948-03-19-012	미국의 야망을 분쇄 억센 전진을 약속	평양려객사업소 궐기대회	2	김인숙
1948-03-19-013	누구가 조선을 인공적으로 분렬하여 자기의 식민지로 만들려 하는가?		2	김일권
1948-03-19-014	기술제고와 창안으로써 당대회기념 증산 또 증산	평양견직공장 동무들	3	김형기
1948-03-19-015	3.1기념증산 끝내고 또 전당대회 기념증산	평양역 종업원들	3	신언철
1948-03-19-016	락후한 성적을 회복하고 전당대회 기념 증산에	선교련탄공장 동무들	3	신기관
1948-03-19-017	북조선수산부문에 방대한 경비절약		3	리문상
1948-03-19-018	매일 물자절약상황 검열보고중심으로 비판전개	평양견직공장	3	김동천
1948-03-19-019	서로서로 도와가며 춘경파종에 바쁘다	학성군내 농민들	3	김영복
1948-03-19-020	조선분렬 반대	두 녀공의 증산투쟁	3	박중선
1948-03-19-021	파종준비에 바쁜 황해도의 농민들		3	리의철
1948-03-19-022	착착 진행되고있는 라랑리관개공사		3	리의철
1948-03-19-023	쏘분간 조약체결협의	3월 22일 개시 결정	4	북조선통신
1948-03-19-024	불가리아정부대표단 모쓰크바에 도착	조약체결을 위하여	4	북조선통신
1948-03-19-025	정말의 파시스트들 폭행		4	북조선통신
1948-03-19-026	미정부의 대이란 3개년계획		4	북조선통신
1948-03-19-027	체코슬로바키아 근로인민정부의 신강령을 증산으로 환영		4	북조선통신
1948-03-19-028	고트왈드정부를 교회도 지지		4	북조선통신
1948-03-19-029	미영병사들 이령토에 출현		4	북조선통신
1948-03-19-030	화란반동의 발악	경찰력 증가	4	북조선통신
1948-03-19-031	화란반동의 발악	전투 계속	4	북조선통신
1948-03-19-032	무근거한 국부항의에 쏘련대사관 거부 표명		4	북조선통신
1948-03-19-033	마사리크씨 서거에 대한 내무상의 성명		4	북조선통신
1948-03-19-034	고 마사리크외상의 추도회		4	북조선통신

기사번호	제목(title)	부제목(stitle)	면수	필자, 출처
1948-03-19-035	영국물가 폭등		4	북조선통신
1948-03-19-036	국민당 관리들 운라구제품을 사취		4	북조선통신
1948-03-19-037	자유희랍림시정부와 그의 수석 마르코쓰장군		4	국내외통신부
1948-03-19-038	항가리혁명 100주년 기념		4	북조선통신
1948-03-19-039	항가리청년단체통일운동		4	북조선통신
1948-03-19-040	희랍왕당파시스트정부 희쏘협회회원들을 박해		4	북조선통신
1948-03-19-041	항가리외무성 미공사에 항의		4	북조선통신
1948-03-19-042	라지오		4	
1948-03-19-043	극장		4	
1948-03-20-001	제2차 전당대회를 앞두고		1	
1948-03-20-002	조국의 통일 위하여 조선인민은 싸운다	3월 17일까지에 3백 50만 군중이 궐기	1	김동천
1948-03-20-003	우리는 민주와 통일 갈망 분렬책동 절대 배격한다	평남 평원군군중대회	1	김전
1948-03-20-004	통지서	북조선로동당 제2차전당대회가 소집되는것과 관련하여	1	
1948-03-20-005	조선침략자들의 진공을 힘찬 투쟁으로 분쇄하자	함남 단천지구 군중대회	1	서득창
1948-03-20-006	노예를 강요하는 결정 절대로 실시치 못한다	평남 대동군군중대회	1	리히국
1948-03-20-007	반동격파의 투지로 더한층 농업증산에	함주군 하신풍리 농민 궐기	1	함남주재기자 박경석
1948-03-20-008	당내의 민주주의작풍을 튼튼히 세우자		2	김일홍
1948-03-20-009	도시미화 춘경파종 협조대책들을 결정	평양시당 제6차 상무위원회	2	위찬길
1948-03-20-010	정확한 도급제는 생산능률을 제고시킨다		2	흥남본궁공장 카바이트과 기술자 김한련
1948-03-20-011	창안제작한 정밀기계와 과감히 투쟁하는 당원들	평양제침	3	김현주
1948-03-20-012	전당대회를 기념하여 기관차수리 330%	성진철도	3	현준극
1948-03-20-013	수많은 공장과 광산에서 1.4반기계획 넘쳐 완수		3	북조선통신
1948-03-20-014	춘경준비에 궐기한 평북농민들의 열성		3	최영환
1948-03-20-015	매일 생산계획량을 122%이상 달성	평양타올	3	김형기
1948-03-20-016	우리 당원들을 선두로 튼튼한 많은 고무신	세창고무	3	신기관
1948-03-20-017	세계민주청년주간에 청년작업반운동 호소	궁심탄광 민청맹원들	3	김진억
1948-03-20-018	3.1기념 직장애호운동 커다란 성과로써 총결	평양철도 민청원들의 애국열	3	신언철

기사번호	제목(title)	부제목(stitle)	면수	필자, 출처
1948-03-20-019	기관차 기관사가 되고저 분투하는 씩씩한 세 녀성	회령기관구 녀성고내수	3	심철
1948-03-20-020	제4차의 평남도 화전민 이주사업		3	김동천
1948-03-20-021	서부렬강은 강화조약체결을 태공 강화조약에 대한 결의안 채택	오지리공산당 중앙위원회 본회의	4	북조선통신
1948-03-20-022	로련최고쏘베트회의 금년도 국가예산안 토의		4	북조선통신
1948-03-20-023	일본의 국내정치정세		4	통신부
1948-03-20-024	사평가를 점령	중국인민해방군	4	북조선통신
1948-03-20-025	쏘련석탄채굴계획 초과실행		4	북조선통신
1948-03-20-026	사회당의 합동결정 환영	항가리공산당 콤뮤니케	4	북조선통신
1948-03-20-027	1948년도 국가경제계획을 승인	파란의회 폐막	4	북조선통신
1948-03-20-028	전국적파업에 돌입	미국우육포장업 로동자	4	북조선통신
1948-03-20-029	영국과 과테말라간 분쟁		4	북조선통신
1948-03-20-030	탄광로동자도 파업 돌입 기세		4	북조선통신
1948-03-20-031	'서부뿔럭'에 미국 참가		4	북조선통신
1948-03-20-032	쏘련의 식량품공업생산		4	북조선통신
1948-03-20-033	희랍기침범에 대하여 알바니아 유엔에 항고		4	북조선통신
1948-03-20-034	장춘시 포위전을 전개		4	북조선통신
1948-03-20-035	라지오		4	
1948-03-20-036	극장		4	
1948-03-20-037	(일반 인쇄가격에 대한 광고)		4	로동신문사
1948-03-20-038	책광고		4	로동신문사
1948-03-21-001	도급제를 정당히 실시하자		1	
1948-03-21-002	김일성동지에게 드리는 메쎄지	북조선로동당 중앙당학교 제5기 졸업생일동	1	
1948-03-21-003	남조선단독선거 배격하여 농민들은 농업증산에 궐기	평남 강서군 농민열성자대회	1	
1948-03-21-004	남조선의 중간 및 우익 정당 남조선단독정부수립 반대		1	북조선통신
1948-03-21-005	통지서	북조선로동당 제2차전당대회의 소집과 관련하여	1	
1948-03-21-006	세계청년주간을 맞으며		2	북조선민주청년동맹 중앙위원회 부위원장 리영섭
1948-03-21-007	춘경준비에 분망 금천군의 농민들	군당부의 옳바른 협조 진행	2	정운성
1948-03-21-008	모범적으로 전개되는 와사세포의 학습정형	국영평양전기제작소에서	2	위찬길
1948-03-21-009	활발히 전개되는 학습	사리원방직공장 경비세포	2	리성섭

기사번호	제목(title)	부제목(stitle)	면수	필자, 출처
1948-03-21-010	미제국주의침략술책에 조선인민은 속지 않는다	'하지'성명서에 나타난 미국식 '자유'의 본질	2	박진
1948-03-21-011	15일간 5만키로 무사고주행목표로	평양철도기관구 동무들	3	김전
1948-03-21-012	당대회를 경축하여 건설과 생산에 투쟁	영락요업공장 동무들	3	위찬길
1948-03-21-013	30% 증산목표로 면화양잠에도 주력	박천 위원동 김리민농민	3	김달수
1948-03-21-014	남조선단독선거 반대하여 경성군 농민들 파종에 궐기		3	안창섭
1948-03-21-015	전당대회를 경축하여 계획의 110% 달성	부령야금공장 동무들	3	현준극
1948-03-21-016	라남시 주변농촌 봄보리파종 시작		3	현준극
1948-03-21-017	토지개혁일 기념 보리감자를 파종	문천군 명구면 귀포리	3	김만선
1948-03-21-018	평양거리를 깨끗이 더 아름답게 하자	21일부터 춘기 대청소주간	3	리문상
1948-03-21-019	3.1절 기념경쟁 150%로 달성	상업관리소산하 각 직장	3	김진억
1948-03-21-020	춘경파종준비	곡식에 따라 비료는 어떻게 줄 것인가	3	북농맹 기술보급부
1948-03-21-021	중국인민해방군의 전첩	락양을 점령 제남에 육박	4	북조선통신
1948-03-21-022	중국인민해방군의 전첩	연안과 서안간 절단	4	북조선통신
1948-03-21-023	중국인민해방군의 전첩	상해근방에서도 활동	4	북조선통신
1948-03-21-024	쏘련과 이태리간에 통상협정교섭문제		4	북조선통신
1948-03-21-025	희랍민주군의 최근 전과		4	북조선통신
1948-03-21-026	이란에 '미국차관성'설립?		4	북조선통신
1948-03-21-027	희왕당파의 파쑈정책에 항의	민주주의희랍파리원조위원회	4	북조선통신
1948-03-21-028	'구주부흥안'을 토의	파리 16개국회의 개최	4	북조선통신
1948-03-21-029	일본 40만 관업로동자 신내각반대 총파업기세		4	북조선통신
1948-03-21-030	제남에 계엄령		4	북조선통신
1948-03-21-031	미국의 선거운동	월레쓰지지측 우세	4	따쓰통신
1948-03-21-032	독일문제에 관한 런던회의의 목적		4	통신부
1948-03-21-033	생산축소. 해고격증	미국주요산업부문 생산과잉으로	4	북조선통신
1948-03-21-034	라지오		4	
1948-03-21-035	극장안내		4	
1948-03-21-036	광고		4	로동신문사 업무국
1948-03-23-001	김일성위원장의 20개정강발표 2주년을 맞으며		1	
1948-03-23-002	금년도 인민경제계획 11월말전으로 완수	흥남공장 종업원 총궐기하여 호소	1	함남주재기자
1948-03-23-003	통지서	북조선로동당 제2차전당대회의 소집과 관련하여	1	
1948-03-23-004	김일성위원장에게 드리는 편지	1948년도 인민경제계획 실행기간단축투쟁 국영흥남지구인민공장 종업원궐기대회	1	

기사번호	제목(title)	부제목(stitle)	면수	필자, 출처
1948-03-23-005	호소문	1948년도 인민경제계획 실행기간단축투쟁 국영흥남지구인민공장 종업원궐기대회	1, 2	
1948-03-23-006	남조선민전 중앙위원회 단독선거 거부 투쟁선언		2	북조선통신
1948-03-23-007	'단독선거'반대하여 광주에서 군중시위		2	북조선통신
1948-03-23-008	광주농교 맹휴 단행		2	북조선통신
1948-03-23-009	농산물증산으로 반동 격멸 조국을 굳게 지키며 싸우자	강동군농민열성자대회	2	리항구
1948-03-23-010	세계청년주간 표어	북조선민청중앙위원회	2	
1948-03-23-011	절약은 산업발전의 자금을 조성하는 중요한 원천의 하나이다		2	리장춘
1948-03-23-012	제2차전당대회 경축 흥남공장들 생산투쟁	흥남비료, 흥남제련, 본궁공장들에서	3	박경석
1948-03-23-013	1.4반기계획량을 120% 완수 맹세	순천화학	3	신기관
1948-03-23-014	평남 황해 농민들 잡곡파종에 돌입		3	북조선통신
1948-03-23-015	단선반대에 궐기하여 체신증강운동을 전개	평남도내 체신일군들	3	
1948-03-23-016	문맹자일소와 함께 성인재교육을 실시		3	김동천
1948-03-23-017	박천대령강교 공사기공식 거행		3	성옥
1948-03-23-018	애국농민 송제준동지		3	
1948-03-23-019	서전의 마샬안참가를 영불 량정부 강요		4	북조선통신
1948-03-23-020	불국『유마니테』지의 론평		4	북조선통신
1948-03-23-021	16개회의에 관한 파리신문의 론평		4	북조선통신
1948-03-23-022	이태리외상 파리회의 참가차 출발		4	북조선통신
1948-03-23-023	'체코'인민사회당내 간첩단		4	북조선통신
1948-03-23-024	미국탄광로동자 파업 22만여명이 참가		4	북조선통신
1948-03-23-025	애트리수상의 반쏘성명	영공산당출신 대의원 항의	4	북조선통신
1948-03-23-026	칠리정부에 항의	범미친선위원회에서	4	북조선통신
1948-03-23-027	이태리선거에 대한 미국간섭 로골화		4	북조선통신
1948-03-23-028	각 해방구에서 전승을 축하		4	북조선통신
1948-03-23-029	이태리상공회의소 종업원 3만 파업	정부의 선거전 탄압 반대	4	북조선통신
1948-03-23-030	'체코'공산당원 날로 격증		4	북조선통신
1948-03-23-031	클레이장군의 밀행을 발표한 대사관원 파면		4	북조선통신
1948-03-23-032	체코슬로바키아는 '황금해안'이 아니다		4	통신부
1948-03-23-033	쏘련신문의 국제정세 점묘	서부독일, 일본	4	통신부
1948-03-23-034	마샬안에 서반아 참가?		4	북조선통신
1948-03-23-035	미국의 남지침투정책		4	북조선통신
1948-03-23-036	라지오		4	
1948-03-23-037	극장안내		4	
1948-03-23-038	광고		4	로동신문사 업무국
1948-03-24-001	각 생산직장마다 로력조직과 생산조직을 합리화함으로써 로동생산률을 제고하자		1	
1948-03-24-002	김일성위원장 주위에 뭉쳐 민주주의자주독립의 길로	평북 삭주군군중대회	1	평북주재기자 최영환
1948-03-24-003	침략도당의 야망을 증산으로 분쇄하자	흑령탄광 종업원궐기	1	김달수
1948-03-24-004	통지서	북조선로동당 제2차전당대회의 소집과 관련하여	1	
1948-03-24-005	우리들은 농업증산으로 자주독립을 촉진시키자	평양시 락랑리농민궐기	1	리의철
1948-03-24-006	량군철퇴를 주장	민전강원도 고성군열성자대회	1	최치목
1948-03-24-007	민족을 분렬하는 단선을 단호 배격	평양시 송신리농민궐기	1	리의철
1948-03-24-008	1.4반기계획 완수를 위한 순천화학 당단체들의 투쟁		2	신기관
1948-03-24-009	리천수리공사 활발히 진행	강동군당부 협조대책 강구	2	김전
1948-03-24-010	높은 정치적각성밑에 2.4반기계획 완수 맹세	해주시당열성자대회	2	박진선
1948-03-24-011	춘기파종에 모범이 되자	연백군당열성자대회	2	리호
1948-03-24-012	민주선전실은 락원	동민들은 서로 배워	2	전세영
1948-03-24-013	문맹자들 전부 일소	당원들의 노력 성공	2	손경호
1948-03-24-014	보리밭을 밟으면 수확이 높아진다	양구군 양구면 한전리에서	2	손경호
1948-03-24-015	회령군내에서 제1차 파종		2	심철
1948-03-24-016	미제국주의자들은 결코 조선인민의 벗이 아니였다	-몇가지의 력사적사실-	2	신염
1948-03-24-017	계획의 초과완수와 품질향상 위해 투쟁	승호리세멘트공장 동무들	3	김전
1948-03-24-018	조선림시헌법초안에 대하여 조선인민들은 찬동지지한다		3	김동천
1948-03-24-019	전당대회를 기념해 보이라장치를 개조	평북무수주정공장	3	최영환
1948-03-24-020	운수계획 완수 위한 제 과업을 토의결정	평양지구철도부장 공장장회의	3	김달수
1948-03-24-021	1.4반기계획 불원 달성 증산과 원가저하에 궐기	흑령탄광 일군들	3	김전
1948-03-24-022	청년작업반운동 사동련탄 호응	궁심탄광 민청호소에	3	김인숙
1948-03-24-023	춘경파종준비	모판은 어떻게 만들것인가(상)	3	
1948-03-24-024	시험장과 린근농민들의 면작의 발전을 위한 투쟁	룡강면 각 시험장 일군들과 농민들	3	리의철
1948-03-24-025	곡산광산 1.4반기계획 완수		3	북조선통신
1948-03-24-026	'마샬안'실행을 중심한 파리 16개국회의(상보)		4	따쓰통신
1948-03-24-027	쏘련 서서간에 무역조약 조인		4	북조선통신
1948-03-24-028	선거전운동 활발	이태리각지에 군중대회	4	북조선통신
1948-03-24-029	군사부활안을 월레스씨 반박		4	북조선통신

기사번호	제목(title)	부제목(stitle)	면수	필자, 출처
1948-03-24-030	비나치화를 방해하는 독일점령 미영불 정책		4	북조선통신
1948-03-24-031	트란스요르단과 영국간 조약		4	북조선통신
1948-03-24-032	공산당과의 공동전선 강조	파란사회당 총비서 연설	4	북조선통신
1948-03-24-033	유고각서를 미국무성 거부		4	북조선통신
1948-03-24-034	인민해방군은 남경을 위협한다		4	
1948-03-24-035	분렬정책을 반대	루르근로인민 분격	4	북조선통신
1948-03-24-036	중국해방구 농민의 생활 향상		4	북조선통신
1948-03-24-037	라지오		4	
1948-03-24-038	극장안내		4	
1948-03-24-039	서적광고		4	로동당출판사
1948-03-25-001	당단체들의 결산선거사업에서 나타난 경험과 교훈에 기초하여 당사업을 개선하자		1	
1948-03-25-002	흥남공장호소에 호응	평철산하 종업원 궐기	1	김동천
1948-03-25-003	통지서	북조선로동당 제2차전당대회의 소집과 관련하여	1	
1948-03-25-004	흥남인민공장호소에 호응하며 전체 북조선철도로동자들에게 보내는 호소문		1	
1948-03-25-005	김일성장군에게 드리는 맹세문	평양철도부산하 종업원열성자대회	1	
1948-03-25-006	기간단축생산운동은 반동파에게 준 대타격	삼신탄광 종업원 호응궐기	2	위찬길
1948-03-25-007	전기제작소도 호응궐기	전차사업소에 경쟁 호소	2	김현주
1948-03-25-008	조국을 위한 이 부름에 우리들은 총궐기하자	평양기구제작소 종업원대회	2	김전
1948-03-25-009	남조선애국적인민들 림시헌법초안을 지지	남로당과 전농에서 결정서 송달	2	북조선통신
1948-03-25-010	조선림시헌법제정위원회 작성헌법초안 지지 결정서	전국농민총련맹 중앙위원회	2	
1948-03-25-011	기간단축생산운동에 웃음으로써 호응하는 삼신탄광 모범로동자들		2	
1948-03-25-012	남조선에서 주인행세를 하고있는 미국 사람들		2	본사 국내외통신부
1948-03-25-013	전당대회 기념증산 1.4반기계획 달성	평양제1양말공장 동무들	3	김형기
1948-03-25-014	개천군의 녀맹원들 생산협조사업 활발		3	림은길
1948-03-25-015	제2차 전당대회전으로 붉은 벽돌을 생산하려고	평양창광련와공장 동무들 궐기	3	위찬길
1948-03-25-016	오룡천제방공사는 농민들의 손으로!		3	현준극
1948-03-25-017	비료운반 만전 기해 수송경쟁전을 전개	평남화물자동차 운전사동무들	3	김형기
1948-03-25-018	사리원륙운세포 비료수송을 보장		3	리성섭
1948-03-25-019	우리의 단결력으로 침략자를 격퇴하자	청진철도공장 종업원 궐기	3	함북주재기자 현준극

기사번호	제목(title)	부제목(stitle)	면수	필자, 출처
1948-03-25-020	침략책동을 분쇄	김일성대학 학생궐기대회	3	김인숙
1948-03-25-021	침략자를 위한 정부는 절대로 못세울것이다	남포해운사업소 종업원궐기	3	김전
1948-03-25-022	중자공 신생진동무		3	
1948-03-25-023	체코슬로바키아문제의 안보토의를 반대	17일 안보에서 쏘련대표 연설	4	
1948-03-25-024	련합국관리리사회 결정을 위반하는 미영불의 행동 폭로	쏘미영불대독동격위원회 회의	4	북조선통신
1948-03-25-025	인민회의창설과 인민투표준비를 결정	제2차독일인민대회	4	북조선통신
1948-03-25-026	쏘련 불가리아간 조약을 불가리아인민들 대환영		4	북조선통신
1948-03-25-027	쏘피아 각 신문의 론평		4	북조선통신
1948-03-25-028	불국『유마니테』지의 론난		4	북조선통신
1948-03-25-029	월가의 침공 반대	화란수도에 군중대회	4	북조선통신
1948-03-25-030	손일선 서거 23주년 기념		4	북조선통신
1948-03-25-031	라지오		4	
1948-03-25-032	극장안내		4	
1948-03-25-033	책광고		4	로동당출판사
1948-03-26-001	유엔결정과 남조선단선, 단정을 반대하고 조선의 통일적자주독립을 위하는 전조선 정당 사회단체 대표자련석회의 개최 제의 제26차 북조선민전중앙위원회	남조선단독정부수립을 반대하는 남조선 정당 사회단체에 고함	1	북조선통신
1948-03-26-002	통지서	북조선로동당 제2차 전당대회가 소집되는것과 관련하여	1	
1948-03-26-003	반동파의 허위선전에 대한 천도교청우당 김달현위원장과 동 종무원 리근섭장의 담화		1	북조선통신
1948-03-26-004	림시헌법초안 인민토의 건의와 의견에 대한 비판		1	북조선통신, 본사기자
1948-03-26-005	조국애에 북받치는 투지 1개월 단축 완수를 맹세	남포제련소 종업원 궐기	2	신기관
1948-03-26-006	생산이 빠르면 독립도 빠르다 선교련탄공장에 호소문 발송	사동탄광 련탄공장 종업원들 궐기 호응	2	리문상
1948-03-26-007	력사를 뒤로 돌리고저 하는 미제국주의자들		2	본사 국내외통신부
1948-03-26-008	흥남인민공장 동무들에게도 지지 않을 우리의 애국심	평양제1양말공장 메리야스공장에 호소	2	김진억
1948-03-26-009	우리는 10월말까지 계획량을 완수한다	평양성냥공장 종업원 궐기	2	박중선
1948-03-26-010	한벌이라도 더 많이 더 좋게	평양피복공장 종업원 궐기	2	은길
1948-03-26-011	로동자들의 애국적발 만난을 뚫고 앞으로 전진	'평양산소'전구공장에 호소	2	김인숙
1948-03-26-012	기능공양성에 주력 좋은 천을 더 많이	남포견직공장 종업원들	3	김전
1948-03-26-013	무사고무정전 목표 출력을 더욱 증진	평양제1변전소 동무들	3	김전

기사번호	제목(title)	부제목(stitle)	면수	필자, 출처
1948-03-26-014	증산과 물자절약으로 제2차 전당대회 경축	사리원방직공장 동무들	3	리성섭
1948-03-26-015	평북모범농민들 춘경파종을 개시		3	최영환
1948-03-26-016	북조선문학예술인 문학예술창조돌격		3	박중선
1948-03-26-017	국토량단하려는 흉책을 분쇄하자	강원도 안변군군중대회	3	김만선
1948-03-26-018	우리들은 끝끝내 싸워 침략기도를 분쇄하자	남포견직공장 종업원 궐기	3	김전
1948-03-26-019	통일정부의 수립은 조선인민이 한다	평양자동차공장 직장대회	3	위찬길
1948-03-26-020	춘경파종준비 모판은 어떻게 만들것인가(하)	모판비료(1평분량)	3	북농맹 기술보급부
1948-03-26-021	활발히 전개되는 세계민주청년운동		4	통신부
1948-03-26-022	쏘련과의 조약협의차로 분란대표 모쓰크바 도착		4	북조선통신
1948-03-26-023	유일로동당의 조직은 파란로동운동의 승리	파란로동당 총비서 고물까씨의 론설	4	북조선통신
1948-03-26-024	분란외상의 역두인사		4	북조선통신
1948-03-26-025	쏘분간 협의 개시		4	북조선통신
1948-03-26-026	남중국기업을 미국회사 독점		4	북조선통신
1948-03-26-027	런던국제사회당회의에 항의	체코슬로바키아사민당	4	북조선통신
1948-03-26-028	독일인민회의 결성		4	북조선통신
1948-03-26-029	영국『데일리 워커』지 론평		4	북조선통신
1948-03-26-030	쏘.불간조약체결 환영		4	북조선통신
1948-03-26-031	로전내각의 임금정책 반대	일본 각 직맹서 동맹파업	4	북조선통신
1948-03-26-032	징병제제의를 반대	미국에 맹휴와 시위운동	4	북조선통신
1948-03-26-033	라지오		4	
1948-03-26-034	극장안내		4	
1948-03-27-001	제2차 전당대회를 맞으며		1	
1948-03-27-002	전북조선 방방곡곡에서 대표들 전당대회에 래참		1	
1948-03-27-003	사진은 우리 당 제2차 전당대회에 대표로 선발된 민주건설에 헌신투쟁하고있는 건국역군들		1	
1948-03-27-004	통지서	북조선로동당 제2차 전당대회가 소집되는것과 관련하여	1	
1948-03-27-005	남조선 각 정당 사회단체에서 조선림시헌법초안 절대 지지		2	북조선통신
1948-03-27-006	남조선영화연극동맹에서도 지지		2	북조선통신
1948-03-27-007	경성민애청원들 열렬히 지지찬동		2	북조선통신
1948-03-27-008	남조선근민당도 헌법초안을 지지		2	북조선통신
1948-03-27-009	림시헌법초안 인민토의 건의와 의견에 대한 비판(제6회)		2	북조선통신, 본사기자
1948-03-27-010	미국군대는 왜 남조선에서 철거하려 하지 않는가?		2	김인숙

기사번호	제목(title)	부제목(stitle)	면수	필자, 출처
1948-03-27-011	미군정은 어찌하여 신한공사를 해체하였는가?		2	북조선통신
1948-03-27-012	당원들이 핵심 되여 모든 작업을 추진케	흥남인민공장 질소계동무들	3	박경석
1948-03-27-013	1.4반기완수에 당원들이 주동력	대유동광산 동무들	3	최영환
1948-03-27-014	신막기관구 종업원 전당대회 경축증산		3	김왈순
1948-03-27-015	농업증산으로써 조선분렬을 배격	경성군농민들	3	류종권
1948-03-27-016	누에치기와 면화재배는 우리 농촌녀성의 힘으로	강서군녀성농민들 평남도 전체 농민에 호소	3	박중선
1948-03-27-017	파종준비 승리로 총결 또다시 증산운동 호소	봉산군 서종면 례로리 농민들	3	리성섭
1948-03-27-018	우리의 힘으로 향토를 건설	순천군 내남 중평 농민들	3	김인숙
1948-03-27-019	넘치는 분노속에서 제방공사장으로!	홍원군군중대회	3	유헌
1948-03-27-020	거대한 민주력량앞에는 굴복하고야말것이다	평양견직공장 직장대회	3	김형기
1948-03-27-021	통일정부수립을 위해 증산으로 싸우자	평양타올공장 직장대회	3	신기관
1948-03-27-022	조선문제는 우리가 해결 침략적책동을 물리치자	평양지구 문학가예술가궐기대회	3	김인숙
1948-03-27-023	일본의 비군화를 반대하는 미군정당국		4	통신부
1948-03-27-024	희외상(찰다리스)의 암약	희.토.이 동맹을 획책	4	북조선통신
1948-03-27-025	국제사회당회의에서 탈퇴	파란사회당 콤뮤니케 발표	4	북조선통신
1948-03-27-026	항가리사민당도 탈퇴성명을 발표		4	북조선통신
1948-03-27-027	전세계 통신사에게 호소	이태리민주주의인민전선	4	북조선통신
1948-03-27-028	루이 싸이앙씨를 미정부 불법 구금		4	북조선통신
1948-03-27-029	미국식으로 무장되는 토이기		4	북조선통신
1948-03-27-030	큐리녀사 구금		4	북조선통신
1948-03-27-031	호주서 대시위	세계민청주간 기념	4	북조선통신
1948-03-27-032	서독단정수립음모 진척	비소니아인민대중들 분개	4	북조선통신
1948-03-27-033	희왕당파 발악		4	북조선통신
1948-03-27-034	신민주주의 제 국가의 인민경제발전		4	
1948-03-27-035	항가리와 유고간 무역협정		4	북조선통신
1948-03-27-036	반공정책을 반박	서전공산당 지도자 연설	4	북조선통신
1948-03-27-037	중국중앙은행의 계획		4	북조선통신
1948-03-27-038	미불군사조약?	체코쓸로브지 보도	4	북조선통신
1948-03-27-039	중국인민해방군 전첩	상해남경에 접근	4	북조선통신
1948-03-27-040	중국인민해방군 전첩	강음 지후를 점령	4	북조선통신
1948-03-27-041	라지오		4	
1948-03-27-042	극장안내		4	
1948-03-28-001	개회사 북조선로동당 중앙위원회 위원장 김두봉	북조선로동당 제2차전당대회	1	
1948-03-28-002	민족적기대와 희망속에 건설들의 대회 개막!	북조선로동당 제2차전당대회	1	김현석

기사번호	제목(title)	부제목(stitle)	면수	필자, 출처
1948-03-28-003	쓰딸린대원수에게 올리는 편지	북조선로동당 제2차전당대회	1	
1948-03-28-004	북조선로동당 제2차 전당대회에 드리는 메쎄지	남조선로동당 중앙위원회	2	
1948-03-28-005	북조선로동당 제2차전당대회에 드리는 축하문		2	
1948-03-28-006	제2차 전당대회 참가자들		2	
1948-03-28-007	전당대회 경축하여 철도일군 투쟁 열렬		3	김동천
1948-03-28-008	당원의 모범을 보았다 나도 그들을 따르겠다	신의주무수주정공장 동무들	3	최영환
1948-03-28-009	제2차전당대회를 환호와 성의로 경축	각지에서	3	김현주
1948-03-28-010	전당대회를 경축하여서 한척의 배라도 더 만들자	원산조선소 동무들	3	김만선
1948-03-28-011	전당대회를 경축 관개공사에 궐기	길주군 용평면민들	3	박태화
1948-03-28-012	황해도의 전체 농민들은 춘경파종에 궐기하였다		3	박진선
1948-03-28-013	봄보리의 파종을 부락전체가 완료	의주군 홍북동 농민들	3	문웅
1948-03-28-014	통일정부 수립 위해 끝까지 투쟁하자	혜산군 반대군중대회	3	박경석
1948-03-28-015	단선반대 계기로 책임량 초과 맹세	평양시 해운부두 로동자 궐기	3	김동천
1948-03-28-016	누가 서부독일인민을 기아에 빠뜨렸는가?		4	통신부
1948-03-28-017	트리에스트의 이태리이양을 미영불 3국 정부 제의		4	북조선통신
1948-03-28-018	트리에스트문제에 관한 유고슬라비아의 각서		4	북조선통신
1948-03-28-019	유니타지 론평		4	
1948-03-28-020	새로 해방된 지구 학생들 인민해방군에 지원		4	북조선통신
1948-03-28-021	중국인민해방군 산동성에서 전승		4	북조선통신
1948-03-28-022	항가리와 오지리간 무역협정		4	북조선통신
1948-03-28-023	국제사회당회의 탈퇴	체코슬로바키아사회당에서 성명	4	북조선통신
1948-03-28-024	신민주주의 제 국가의 인민경제발전(2)	파란	4	
1948-03-28-025	이태리대표단은 회의장에서 퇴장		4	북조선통신
1948-03-28-026	희왕당파군 독가스 사용		4	북조선통신
1948-03-28-027	미국의 파업 치렬		4	북조선통신
1948-03-28-028	라지오		4	
1948-03-28-029	극장안내		4	
1948-03-29-001	김일성 사진		1	
1948-03-29-002	북조선로동당 중앙위원회 사업결산보고	김일성	1, 2, 3, 4, 5	
1948-03-29-003	김일성동지의 보고를 총기립 열렬한 박수로 환영하는 대표들과 방청자들		2	
1948-03-29-004	우리 당 제2차 전당대회에 대표로 참가한 모범로동자들		3	
1948-03-29-005	인민의 신뢰와 희망속에서 우리 당은 더 자라며 큰다		5	김현주
1948-03-29-006	민주조국창건에 빛나는 우리 당의 위대한 업적!	김일성동지 보고를 대표들 열렬히 지지	6	김현석
1948-03-29-007	축사	북조선로동당 제2차전당대회에서	6	
1948-03-29-008	축사	북조선로동당 제2차전당대회에서	6	
1948-03-29-009	남북지도자회합이 커다란 성과 있기를	평양곡산공장 종업원대회	7	신기관
1948-03-29-010	민족적량심있는자 다같이 뭉쳐 싸우자	평양기계제작소 종업원대회	7	김인숙
1948-03-29-011	경지면적을 확장 조기파종에 수범	정평군 홍성리 김상옥동무	7	계실
1948-03-29-012	남북인민의 힘으로 반동음모 분쇄하자	평양견직공장 종업원대회	7	김형기
1948-03-29-013	중공업의 발전을 위하여 애국적로력을 경주하자	강선제강소 종업원들	7	김전
1948-03-29-014	전인민은 구국투쟁에 총궐기하여 단선을 거부하자	남조선민전 성명 발표	7	북조선통신
1948-03-29-015	전조선민주력량은 위대 조국통일 위하여 싸우자	남조선로동당 호소문 발표	7	북조선통신
1948-03-29-016	석탄적재작업시간 단축코 렬차정시운행을 확보하자	평양철도기관구 종업원들	7	신언철
1948-03-29-017	팔레스티나의 분할	『신시대』지에서	8	
1948-03-29-018	불가리아정부대표단 24일 모쓰크바를 출발		8	북조선통신
1948-03-29-019	불가리아수상의 모쓰크바 출발담		8	북조선통신
1948-03-29-020	부신 등 요지를 점령	국민당군 도처에서 패전	8	북조선통신
1948-03-29-021	쏘, 불간 조약을 불국근로자 환영		8	북조선통신
1948-03-29-022	캐나다 중국에 군수품을 매도		8	북조선통신
1948-03-29-023	독일인민은 통일을 요구		8	북조선통신
1948-03-29-024	투루맨서를 월레스씨 통박		8	북조선통신
1948-03-29-025	영국구축함 2척 트리에스트 도착		8	북조선통신
1948-03-29-026	신민주주의 제 국가의 인민경제발전	유고슬라비아	8	
1948-03-29-027	희랍민주군 공세를 계속		8	북조선통신
1948-03-29-028	희랍왕당파의 인민탄압 극심		8	북조선통신
1948-03-29-029	바그다드로동자들 파업		8	북조선통신
1948-03-29-030	출판 및 보도 자유의 국제회의 개최		8	북조선통신
1948-03-29-031	체코 전 부수상 외국도주 미수		8	북조선통신
1948-03-29-032	인도네시아정세		8	북조선통신
1948-03-29-033	정부의 반동정책을 반대	화란에 항의시위와 파업	8	북조선통신
1948-03-29-034	라지오		8	
1948-03-29-035	극장안내		8	

기사번호	제목(title)	부제목(stitle)	면수	필자, 출처
1948-03-30-001	비판과 자기비판으로 열렬한 토론들을 전개	북조선로동당 제2차전당대회	1	김현석
1948-03-30-002	남조선로동당 중앙위원회에 보내는 편지	북조선로동당 제2차전당대회	1	
1948-03-30-003	제2차전당대회에 대표로 참가한 모범로동자들		1	
1948-03-30-004	강원도당위원장 한일무	제2차전당대회 제2일 토론	2	
1948-03-30-005	황해도당위원장 박훈일	제2차전당대회 제2일 토론	2	
1948-03-30-006	중앙은행 총재 김찬	제2차전당대회 제2일 토론	2	
1948-03-30-007	평양전기제작소 로동자 윤경호	제2차전당대회 제2일 토론	2	
1948-03-30-008	평북대표 박기영	제2차전당대회 제2일 토론	2	
1948-03-30-009	함남대표 북청군 농민 리정유	제2차전당대회 제2일 토론	2	
1948-03-30-010	함북 성진제강소 리주형	제2차전당대회 제2일 토론	2	
1948-03-30-011	평북대표 백린규	제2차전당대회 제2일 토론	2	
1948-03-30-012	함북대표 하앙천	제2차전당대회 제2일 토론	2	
1948-03-30-013	제2차전당대회에 대표로 참가한 모범농민들		2	
1948-03-30-014	평북 리히준 함북 김민산 강원 한일무 함남 김렬 평남 김재욱 황해 박훈일	-제2차전당대회에 참석한 각 도 당위원장들-	2	
1948-03-30-015	축사	제2차 전당대회 경축 학생대표 김정의	3	
1948-03-30-016	황해대표 황해제철소 로동자 박영화	제2차전당대회 제2일 토론	3	
1948-03-30-017	함북대표 청진방적공장 녀성로동자 채희	제2차전당대회 제2일 토론	3	
1948-03-30-018	제2차전당대회에 대표로 참가한 모범녀성일군들		3	
1948-03-30-019	북조선로동당 제2차전당대회에 올리는 시		3	북조선문학가예술가 대표 김조규
1948-03-30-020	"일방적행동 중지하라"	주백림 쏘련경비사령관 미영불 점령당국을 비난	4	따쓰통신
1948-03-30-021	인쇄로동자들의 파업을 총선거연기책으로 리용	미국의 지시받은 이태리정부	4	북조선통신
1948-03-30-022	로동당과의 합동준비 진척	파란사회당 중앙집행위원회	4	북조선통신
1948-03-30-023	애틀리성명에 영각지에서 항의운동		4	북조선통신
1948-03-30-024	영국 각 산별 직맹 임금고정정책에 계속 항의		4	북조선통신
1948-03-30-025	실업을 초래하는 마샬안		4	북조선통신
1948-03-30-026	신민주주의 제 국가의 인민경제발전(4)	불가리아	4	
1948-03-30-027	부룻셀회의의 음모		4	통신부
1948-03-30-028	징병제 복구에 관한 투루맨연설의 반향	미국내의 의견 구구	4	따쓰통신
1948-03-30-029	강제군사훈련실시를 요구하는 투루맨의 교서		4	북조선통신
1948-03-30-030	『데일리 엑스프레스』지 론평		4	북조선통신

기사번호	제목(title)	부제목(stitle)	면수	필자, 출처
1948-03-30-031	펠로폰네소스에서 희랍의 민주군이 공격		4	북조선통신
1948-03-30-032	라지오		4	
1948-03-30-033	극장안내		4	
1948-03-31-001	민주조국창건의 길을 명시	거대한 성과를 거두고 페막	1	김현석
1948-03-31-002	당규약수정에 관한 보고	주녕하	1, 2	
1948-03-31-003	황해도대표 중앙본부 조직부장 허가이	제2차전당대회 제2일 토론	2	
1948-03-31-004	평남도대표 평남도당위원장 김재욱	제2차전당대회 제2일 토론	2	
1948-03-31-005	함남도대표 함남도당위원장 김렬	제2차전당대회 제2일 토론	2	
1948-03-31-006	강원도대표 북조선녀위원장 박정애	제2차전당대회 제2일 토론	2	
1948-03-31-007	함북도대표 박태원	제2차전당대회 제2일 토론	2	
1948-03-31-008	평양시대표 평양시당위원장 장위삼	제2차전당대회 제2일 토론	3	
1948-03-31-009	평북도대표 박순제	제2차전당대회 제2일 토론	3	
1948-03-31-010	황해도대표 최기모	제2차전당대회 제2일 토론	3	
1948-03-31-011	강원도대표 리영섬	제2차전당대회 제2일 토론	3	
1948-03-31-012	4일간에 걸친 경축연예대회		3	김현주
1948-03-31-013	축사	평양혁명자유가족학원 학생대표 최철학	3	
1948-03-31-014	제2차전당대회를 경축하는 혁명자유가족학원 학생대표단		3	
1948-03-31-015	제2차전당대회를 경축하는 황해도 해운 인민학교 아동대표단		3	
1948-03-31-016	미영불의 무성의를 폭로 쏘련대표단 퇴장	대독련합국 관리리사회회의	4	북조선통신
1948-03-31-017	쓰딸린수상에 감사	불가리아수상 메쩨지	4	북조선통신
1948-03-31-018	대인민회의선거준비 진척	루마니아내상 담화	4	북조선통신
1948-03-31-019	중국동북행정위원회 길림과 사평가를 착착 복구		4	북조선통신
1948-03-31-020	중국해방구의 혁혁한 발전		4	북조선통신
1948-03-31-021	레바논에서 경찰탄압 혹심		4	북조선통신
1948-03-31-022	서독에서 이태리로 미국무기 반출		4	북조선통신
1948-03-31-023	트리에스트에 충돌사건 빈발		4	북조선통신
1948-03-31-024	찰다리스의 '근동동맹'계획		4	북조선통신
1948-03-31-025	탕은백장군 서안을 방문		4	북조선통신
1948-03-31-026	상해검거선풍		4	북조선통신
1948-03-31-027	라지오		4	
1948-03-31-028	극장안내		4	
1948-04-01-001	력사적 제2차 전당대회후 첫번 가지는 중앙위원회		1	
1948-04-01-002	북조선로동당 중앙위원회에서		1	
1948-04-01-003	김일성		1	
1948-04-01-004	새로 피선된 북조선로동당 중앙지도기관		1	

기사번호	제목(title)	부제목(stitle)	면수	필자, 출처
1948-04-01-005	중앙위원회사업결산보고에 관한 북조선로동당 제2차 전당대회 결정서		2	
1948-04-01-006	북조선로동당 제2차 전당대회의 대표심사보고	진반수	2	
1948-04-01-007	조국통일을 갈망 련석회의를 지지	평양선교련탄공장 직장대회	3	신언철
1948-04-01-008	조선문제의 해결은 조선인민자체에게	평양전구공장 직장대회	3	신기관
1948-04-01-009	전농가를 양잠농가로! 평남 농촌녀성들께 호소	성천군 농촌녀성들이	3	박중선
1948-04-01-010	련석회의개최에 대한 남조선각계의 반향		3	북조선통신
1948-04-01-011	련석회의 성과를 증산으로 보장하자	평양화학공장 직장대회	3	김동천
1948-04-01-012	우리들은 10월말까지에 책임량을 꼭 완수하겠다	서평양철도공장 종업원궐기	3	신언철
1948-04-01-013	좋은 물품을 더 많이 생산	신의주방적공장 종업원들	3	최영환
1948-04-01-014	안악 재령농민들 봄보리파종 완료		3	박진선
1948-04-01-015	보리파종에 열성	회령군 금생리 농민들	3	심철
1948-04-01-016	전국적인민투표에 관한 독일사회통일당 위원장 성명		4	북조선통신
1948-04-01-017	불가리아사회민주당도 국제사회당회의를 탈퇴		4	북조선통신
1948-04-01-018	신항가리주재 쏘련대사 임명		4	북조선통신
1948-04-01-019	백명이상 고용하는 기업소를 국유화	25일 항가리정부 승인	4	북조선통신
1948-04-01-020	항가리신문 론평		4	북조선통신
1948-04-01-021	유니타지 특파원의 보도		4	북조선통신
1948-04-01-022	코르푸해협사건을 심의	유엔국제재판소	4	북조선통신
1948-04-01-023	아프리카에 있는 전 이식민지에 대한 파란의 태도		4	북조선통신
1948-04-01-024	미국의 내정간섭을 반대	화란각지에 파업 및 군중대회	4	북조선통신
1948-04-01-025	화란과 서반아간에 통상교섭		4	북조선통신
1948-04-01-026	영-트란스요르단조약을 아랍인민들 배격		4	북조선통신
1948-04-01-027	주체코 쏘련대사 갱질		4	북조선통신
1948-04-01-028	쏘련.파키스탄간에 통상 개시		4	북조선통신
1948-04-01-029	미국의 신당운동		4	북조선통신
1948-04-01-030	미군수품선박 토이기에 입항		4	북조선통신
1948-04-01-031	파-화간 통상협정		4	북조선통신
1948-04-01-032	서전에 대한 미국의 음모		4	북조선통신
1948-04-01-033	반동의 소굴인 포도아		4	
1948-04-01-034	희랍외상의 폭언 반대		4	북조선통신
1948-04-01-035	라지오		4	
1948-04-01-036	극장안내		4	
1948-04-03-001	제2차 전당대회를 마치고		1	

기사번호	제목(title)	부제목(stitle)	면수	필자, 출처
1948-04-03-002	용감히 싸워 자주독립 쟁취 승리는 우리 인민의것이다	서평양철도공장 종업원들	1	김달수
1948-04-03-003	전조선정당 사회단체대표련석회의 조직 준비위원회		1	북조선통신
1948-04-03-004	민전호소를 지지하여 책임량 초과완수하자	삼신탄광 종업원들	1	위찬길
1948-04-03-005	우리는 자립할 능력을 가졌으며 또 할수 있다	평양제1양말공장 종업원들	1	량수형
1948-04-03-006	련석회의를 환영	녀성단체들이 성명	1	북조선통신
1948-04-03-007	련석회의는 필연적요청	민주독립당 담화 발표	1	북조선통신
1948-04-03-008	민족전도에 일대 광명	전평에서 서명	1	북조선통신
1948-04-03-009	단선단정을 반대하는 인민의 항쟁 의연 빈번		1	북조선통신
1948-04-03-010	인천에 봉화투쟁		1	북조선통신
1948-04-03-011	우리들이 먼저 완수하자 남포견직에 호소문 방송	평양견직공장 종업원대회	2	김형기
1948-04-03-012	증산의 철퇴로써 반동음모를 분쇄	남포전극공장 종업원대회	2	신기관
1948-04-03-013	남포제유공장 종업원 제분공장에 경쟁 호소		2	신기관
1948-04-03-014	주행키로 보장코 기술 향상시킨다	평양전차사업소 종업원들	2	김현주
1948-04-03-015	1948년도 계획완수를 위하여 수산부면에서는 어떻게 투쟁할것인가		2	수산처 원산사업소 소장 강일선
1948-04-03-016	하지의 '토지개혁'		2	본사 국내외통신부
1948-04-03-017	청진제강소 회전로복구에 있어서 우리 당원동무들은 이렇게 싸웠다		3	현준극
1948-04-03-018	한글학교수료시험 북조선전체에 실시		3	림은길
1948-04-03-019	여러가지 창안으로 원가저하에 노력	평양산소공장 동무들	3	김인숙
1948-04-03-020	1.4반기계획 완수코 넘쳐 실행에 매진한다	개천천동광산 동무들	3	김전
1948-04-03-021	농업증산을 위한 당단체들의 협조	강원도 문천군당산하 동무들	3	김만선
1948-04-03-022	대맥과 마령서 파종계획의 40% 진척	개천군 조양면 석간부락	3	김전
1948-04-03-023	평양시 농민들도 모판갈이 개시		3	리항구
1948-04-03-024	퇴비운반에 바쁜 곡창 안변평야 감자와 대마 파종도 시작		3	김만선
1948-04-03-025	청년작업반운동	신유선탄광 회령철도민청 호응	3	심철
1948-04-03-026	북조선의 물가는 나날이 저락한다		3	김동천
1948-04-03-027	산림을 애호하자	나무를 많이 심자	3	김달수
1948-04-03-028	평양시의 식수일 4월 4일부터		3	리문상
1948-04-03-029	만경대학원 건축 애국미운동 활발	평원군 농민의 애국열	3	김인숙
1948-04-03-030	민주주의인민전선 단연 우세	루마니아총선거 진행	4	북조선통신
1948-04-03-031	따쓰통신의 반박		4	북조선통신

기사번호	제목(title)	부제목(stitle)	면수	필자, 출처
1948-04-03-032	일본에 계속 파업 확대		4	북조선통신
1948-04-03-033	맥아더장군 일본정부에 총파업금지를 지령		4	북조선통신
1948-04-03-034	희랍내전에 미국인들 직접 참가		4	북조선통신
1948-04-03-035	희랍의 군사정형 마르코스장군 보고		4	북조선통신
1948-04-03-036	국제적십자위원회에 성명서 전달	자유희랍민주정부	4	북조선통신
1948-04-03-037	전반적군사훈련 반대하여 미국에 평화 옹호운동 전개		4	북조선통신
1948-04-03-038	쏘련서부지방의 석탄산업		4	북조선통신
1948-04-03-039	'트루맨주의'는 인민을 위협 평화를 위한 공세로 나가자	헨리 월레스씨의 연설	4	
1948-04-03-040	라지오		4	
1948-04-03-041	극장안내		4	
1948-04-04-001	경제운영방법과 기술을 학습하자		1	
1948-04-04-002	북조선민주주의민족통일전선 중앙위원회 의장 김두봉선생 담화 발표		1	
1948-04-04-003	통일을 위하여 투쟁	평양교원대학 학생들	1	림은길
1948-04-04-004	더 한층 분발하여 증산에 매진하자	평양고무공장 종업원들	1	신기관
1948-04-04-005	우리들의 민주력량으로 침략적책동을 분쇄하자	평양제침공장 종업원궐기	1	김형기
1948-04-04-006	통일자주독립달성의 길	조선건민회 담화를 발표	1	북조선통신
1948-04-04-007	침략기도 단연 분쇄	함흥기계제작소 종업원들	1	박경석
1948-04-04-008	증산은 조국이 부르는 길 충성을 다하여 매진하자	청진제강소 직장궐기대회	2	김소민
1948-04-04-009	물자를 애호하고 기계고장을 근절	평양타올공장 종업원들	2	김달수
1948-04-04-010	로동능률을 향상시키고 기술전습을 더 한층 강화	평양제침공장 종업원궐기	2	김달수
1948-04-04-011	기본시설개조와 함께 기한전 완수 굳게 맹세	북조선도량형기제작소 종업원	2	김인숙
1948-04-04-012	작년의 경험을 살리여 증산목표를 달성하자	기양화학공장 종업원궐기	2	신기관
1948-04-04-013	미국사람들은 조선에 관한 력사를 위조한다		2	본사 국내외통신부
1948-04-04-014	중견기술자양성을 위하여 어떻게 투쟁할것인가?	흥남비료공장장 주종의	2	
1948-04-04-015	신막기관구에 호응하여 25만키로 초과주행	평양기관구에 또다시 개가	3	신언철
1948-04-04-016	증산과 원가저하를 위해 해주세멘트 당원들 투쟁		3	박진선
1948-04-04-017	1.4반기계획량을 216.4%로 실행	남포조면공장 동무들	3	정명걸
1948-04-04-018	혼성가스발생로를 우리들의 손으로	평양전기제작소 와사과	3	위찬길
1948-04-04-019	면화작물증산 위하여 종자확보코 만반준비	평남도인민위원회에서	3	송학용
1948-04-04-020	파종에 궐기한 황해농민 해주대맥 109% 완료		3	박진선
1948-04-04-021	의주 가산면 농민 봄보리 파종 완료		3	김지창
1948-04-04-022	평남도 봄보리파종 활발	룡강군은 계획의 76%	3	송학용
1948-04-04-023	제방수리와 춘경파종에 총궐기	연백군 용진리 농민들	3	리호
1948-04-04-024	1.4반기에 180%로 자기 책임량을 넘쳐 달성	곡산중석광산 차복실동무	3	박진선
1948-04-04-025	량곡수매사업 전개 활발	비료배분도 원활히 진행	3	김인숙
1948-04-04-026	평북도 한글학교수료시험 90%의 합격성과로 완료		3	김동천
1948-04-04-027	대독관리리사회에 있어서의 미영불측의 음모 로정	독일주둔 쏘베트군정 참모장과 에이.디.엔 통신기자와의 문답	4	
1948-04-04-028	영제국주의자들의 마래에 대한 새 책동		4	
1948-04-04-029	미국과 프랑코간에 군사교섭		4	북조선통신
1948-04-04-030	대중'원조'를 반대	미국의 진보적인사들 성명 발표	4	북조선통신
1948-04-04-031	쏘련기선을 억류	주미 쏘대사 미당국에 항의	4	북조선통신
1948-04-04-032	독일포로까지 징모된 불외인부대		4	북조선통신
1948-04-04-033	인도경찰 공산당습격		4	북조선통신
1948-04-04-034	라지오		4	
1948-04-04-035	극장안내		4	
1948-04-06-001	금년도 식수계획을 성과있게 완수하자		1	
1948-04-06-002	통일정부의 수립 우리 힘으로 촉진	평양철도부산하 종업원들	1	신언철
1948-04-06-003	더욱 굳게 뭉치여 반동타도의 길로	평양연초공장 종업원들	1	김진억
1948-04-06-004	조선문제해결은 조선인민이 한다	평양장갑공장 종업원들	1	량수형
1948-04-06-005	생산기간 단축으로 련차회의 성과 보장	평양철도공장 종업원들	1	김윤모
1948-04-06-006	통일적자주독립 증산으로써 보장	평양자동차공장 종업원들	1	위찬길
1948-04-06-007	남조선각계의 반향	남조선 18정당단체 및 요인들 회합 빈번히 개최	1	북조선통신
1948-04-06-008	남북통일의 첩경은 년간계획완수함에 있다	평양철도공장 궐기대회	2	신언철
1948-04-06-009	증산기일단축은 자주독립의 첩경	성흥광산 호응궐기대회	2	신기관
1948-04-06-010	증산은 건설이다 계획을 초과하자	평양건축구 종업원 궐기	2	신언철
1948-04-06-011	원가는 저하시키고 품질은 향상시키자	평양제2양말공장 종업원	2	김진억
1948-04-06-012	평남륙운에 경쟁 호소	남포해운사업소 궐기	2	신기관
1948-04-06-013	2개월기간 단축 맹세	사리원보선구 동무들	2	리성섭
1948-04-06-014	쏘련경제제도와 화폐		2	김찬
1948-04-06-015	조선에 대한 미국의 진정한 목적		2	본사 국내외통신부
1948-04-06-016	춘기파종협조를 위한 북조선로동자들의 투쟁		3	
1948-04-06-017	비료수송을 위하여	각 기관구에서	3	김달수

기사번호	제목(title)	부제목(stitle)	면수	필자, 출처
1948-04-06-018	양수기생산 위하여	평양기구제작소에서	3	김동천
1948-04-06-019	농기구생산 위하여	평양농기구제작소에서	3	리문상
1948-04-06-020	춘경파종준비		3	북농맹 기술보급부
1948-04-06-021	모란봉일대에 벌어진 인민들의 식수의 손길		3	리문상
1948-04-06-022	당대회경축 증산운동 함북 각 직장에서 계속		3	현준극
1948-04-06-023	춘경파종을 위하여	황해도 우리 당단체들 투쟁	3	박진선
1948-04-06-024	농업증산을 융자로 보장	북조선농민은행의 역할	3	송학용
1948-04-06-025	청년작업반운동	흥남비료 제3류산민청 호응	3	박경석
1948-04-06-026	칠리대표의 중상적주장을 체코외무성 반박	외무성대변인 기자단에게 성명	4	북조선통신
1948-04-06-027	선거승리를 경축	루마니아각지에서	4	북조선통신
1948-04-06-028	중국지식인들 성명서를 발표		4	북조선통신
1948-04-06-029	불국인민회의 쏘련과의 조약 비준		4	북조선통신
1948-04-06-030	미영점령지대로부터 쏘베트점령지대로 이주민 일익격증		4	북조선통신
1948-04-06-031	신정당 급속히 장성	월레스씨 파란기자와의 회견 담	4	북조선통신
1948-04-06-032	평화옹호운동 전개		4	북조선통신
1948-04-06-033	영점령 독일지대내의 '로동자부대'의 정체		4	북조선통신
1948-04-06-034	이태리로총 파업 결정	씨실리도의 테로를 반대	4	북조선통신
1948-04-06-035	드골파의 테로		4	북조선통신
1948-04-06-036	희랍에서 류혈적테로 계속		4	북조선통신
1948-04-06-037	왜 의무적군사훈련이 트루맨에게 필요한가?		4	
1948-04-06-038	대동시를 공격	중국인민해방군	4	통신부
1948-04-06-039	체코주재 쏘련대사 부임		4	북조선통신
1948-04-06-040	쏘련주재 백이의대사 부임		4	북조선통신
1948-04-06-041	비루마의 유엔가입을 안보 다대수위원들 지지		4	북조선통신
1948-04-06-042	희랍민주군의 활약 여전		4	북조선통신
1948-04-06-043	라지오		4	
1948-04-06-044	극장안내		4	
1948-04-06-045	「백두산」 3막 6장	북조선로동당 제2차 전당대회 경축을 위한 작품	4	
1948-04-07-001	남북조선통일을 위한 전조선인민의 궐기		1	
1948-04-07-002	전체 애국적인민들은 련석회의 열렬히 지지	북조선로동당 선전선동부장 박창옥씨	1	북조선통신
1948-04-07-003	련석회의 성공 위해 전력량 경주하겠다	북조선민주당 당수 최용건씨	1	북조선통신
1948-04-07-004	남북회담에 높아가는 환희성	남로당 중앙위원회, 민전산하 련석회의 결정	1	

기사번호	제목(title)	부제목(stitle)	면수	필자, 출처
1948-04-07-005	미제국주의음모 분쇄할것을 확신	직총위원장 최경덕씨	1	북조선통신
1948-04-07-006	민족적대책이다	북조선천도교청우당 위원장 김달현씨	1	북조선통신
1948-04-07-007	하지의 기만적성명은 무엇을 은페하는가		2	주녕하
1948-04-07-008	년간계획 11월로 완수 철도와 탄광에 경쟁 호소	아오지탄광, 궁심탄광, 운포광산, 성진지구철도에서	2	신기관, 유현, 렴재학
1948-04-07-009	한척이라도 더 많은 배를 수송강화 위해 투쟁 맹세	원산조선소 종업원 총궐기	2	김만선
1948-04-07-010	투쟁목표를 내세우고 신의주검차구에 호소	평양검차구 동무들 궐기	2	신언철
1948-04-07-011	1.4분기계획 완수한 평안북도내의 공장들		3	최영환
1948-04-07-012	단천 부동광산 당원들의 계획완수를 위한 투쟁		3	서득창
1948-04-07-013	1.4분기계획완수에 당원들은 모범이 되었다	홍원 운포광산 동무들	3	유현
1948-04-07-014	민청원들 힘으로 재생된 기관차 미가서 103호	회령철도기관구 민청원들의 업적	3	심철
1948-04-07-015	거대한 성과를 거두고 우리 청년대표들 귀환	동남아세아청년대회에 참가했던 대표들	3	림은길
1948-04-07-016	목제메다루를 창안	성진제강 리재천동무	3	김소민
1948-04-07-017	철원군 영북면 농민들 마령서파종을 완료		3	김만선
1948-04-07-018	녕변군 농민들 조파종을 시작		3	
1948-04-07-019	련석회의를 앞두고 조기파종 완수하자	평양시 미산리 농민들	3	리항구
1948-04-07-020	통일자주독립은 우리 자신이 한다	평양시 림흥리 농민 강원혁씨	3	송학용
1948-04-07-021	자주독립쟁취 위한 견결한 투쟁을 전개	창광련와공장 종업원들	3	리항구
1948-04-07-022	또 국경을 침범	몽고인민공화국 외무성 중국 국민당정부에 항의	4	북조선통신
1948-04-07-023	쏘련군대에 감사	항가리 해방 3주년기념	4	북조선통신
1948-04-07-024	인민회의로부터 우익의원 소환	항가리사민당	4	북조선통신
1948-04-07-025	전대신의 외국도주에 불란서대사관원 참가	체코외무상 성명	4	북조선통신
1948-04-07-026	프랑코 서반아에 대한 미국의 비밀교섭 진행		4	북조선통신
1948-04-07-027	농업로동자대회 항가리에서 개최		4	북조선통신
1948-04-07-028	월남의 독립을 반대하는 불란서제국주의자들		4	본사 국내외통신부
1948-04-07-029	월가에 아첨하는 일본수상 아시다 히도시		4	통신부
1948-04-07-030	민주주의인사 숙청할 감독위원회 조직	영국	4	북조선통신
1948-04-07-031	세계민청련맹 정보부 항의		4	북조선통신
1948-04-07-032	정말랄단을 훈련	영국점령 독일지대에서	4	북조선통신
1948-04-07-033	단독국가수립 강조	서부독일 미영군정 장관들	4	북조선통신
1948-04-07-034	스칸지나비아에 대한 미국의 야욕		4	북조선통신

기사번호	제목(title)	부제목(stitle)	면수	필자, 출처
1948-04-07-035	희랍에서 애국자를 또 사형		4	북조선통신
1948-04-07-036	파란에서 로동자실질임금 인상책 결정		4	북조선통신
1948-04-07-037	극장안내		4	
1948-04-08-001	선진과학리론으로 우리 당을 튼튼히 무장하자		1	
1948-04-08-002	남북련석회의에 참석할 대표를 각 사회단체 선정		1	북조선통신
1948-04-08-003	련석회의에 참가할 근민당민중동맹대표 평양에 도착		1	북조선통신
1948-04-08-004	조국이 지향하는 길로 회의추진을 열망한다	농맹부위원장 현칠종씨	1	북조선통신
1948-04-08-005	대표들을 충심으로 환영	녀맹위원장 박정애씨	1	북조선통신
1948-04-08-006	매국노에게는 타격이며 민주독립의 큰 서광이다	북조선기독교도련맹 선전부장 박성채씨	1	북조선통신
1948-04-08-007	조선민족은 자기의 손으로 자기 국가를 운영할수 있다	천도교 종무원 성도부장 조기주씨	1	북조선통신
1948-04-08-008	회의 성공을 믿는다	화학직맹위원장 최창근씨	1	북조선통신
1948-04-08-009	인민이 요청하는바 승리의 방향에서 성공	문예총 부위원장 안막씨	1	북조선통신
1948-04-08-010	구체적대책 강구를 요망	민청부위원장 리영섬씨	1	북조선통신
1948-04-08-011	통일정부수립 촉진시킬 획기적계기가 될것이다	북조선불교련합 총무원 선전부장 신경훈씨	1	북조선통신
1948-04-08-012	회의성과를 확신	북조선공업기술련맹 위원장 리병제씨	1	북조선통신
1948-04-08-013	독립국가수립의 대책 기대	철도직맹위원장 채규달씨	1	북조선통신
1948-04-08-014	승리적성과 위해 농업증산에 매진	평양시 륜리농민들	1	리항구
1948-04-08-015	전당대회의 결정을 지지 당발전을 위해 투쟁하자	평북도당열성자대회	2	최영환
1948-04-08-016	산림보호방역사업 협조대책들을 토의	평남도당상무위원회	2	김전
1948-04-08-017	전당대회후 더욱 활기띤 화학섬유공장 복구사업	당원들의 핵심적역할로 진척	2	김전
1948-04-08-018	당장성에 노력하는 봉산군 사인면당부		2	리성섭
1948-04-08-019	전당대회개회기간중 자동차무사고를 보장	평남려객사업소 세포원들	2	김전
1948-04-08-020	결산선거후 약진하는 부라면 운룡 제1세포		2	최영환
1948-04-08-021	매국적리승만의 죄악상(1)		2	신염
1948-04-08-022	김일성위원장에게 드리는 메쎄지	국영청진제강소 회전로 조업식	3	
1948-04-08-023	중공업의 또하나의 승리 성진제강 회전로 조업식	지난 4월 2일 성진제강소에서	3	김소민
1948-04-08-024	흥남공장에 호응한 함남 5대산별일군련석회의		3	
1948-04-08-025	함남 리원군 농민 조기파종에 궐기		3	윤지월

기사번호	제목(title)	부제목(stitle)	면수	필자, 출처
1948-04-08-026	마령서파종과 벼파종을 완료	안변군 오기범농민	3	김만선
1948-04-08-027	생산원가를 29%저하 기능자 양성에 주력한다	문천탄광 종업원들 호응	3	김만선
1948-04-08-028	백여 정당단체 대표들이 통일독립운동 자협의회	련석회의에 대한 남조선각계 반향	3	북조선통신
1948-04-08-029	서재필 옹도단선 반대	련석회의에 대한 남조선각계 반향	3	북조선통신
1948-04-08-030	남조선단독선거 진행의 리면 폭로 민주독립당에서 담화 발표	련석회의에 대한 남조선각계 반향	3	북조선통신
1948-04-08-031	통일독립운동자협의회 파견대표 편성 론의	련석회의에 대한 남조선각계 반향	3	
1948-04-08-032	문학자 예술가 학자들의 절규	련석회의에 대한 반향	3	북조선통신
1948-04-08-033	아테네군의 패색 농후	-각 전선에서 민주군 활약-	4	북조선통신
1948-04-08-034	희랍민주군 활발		4	북조선통신
1948-04-08-035	안보결정을 위반	유엔팔레스티나위원단	4	북조선통신
1948-04-08-036	팔레스티나에 대한 미국정책을 비난	미공화당출신 의원들	4	북조선통신
1948-04-08-037	화인 량군전투 계속		4	북조선통신
1948-04-08-038	월가에 봉사하는 화란반동파		4	북조선통신
1948-04-08-039	선박업에 큰 타격	낙위 각 신문의 론평	4	북조선통신
1948-04-08-040	인민의 생활수준 저하시킨다	화란신문	4	북조선통신
1948-04-08-041	진보적인사 탄압	인도정부의 반동정책	4	북조선통신
1948-04-08-042	프랑코에 대한 미국의 원조	『데일리 워커』지	4	북조선통신
1948-04-08-043	군국화의 길에 오른 미국		4	통신부
1948-04-08-044	극평	연극 「백두산」을 보고	4	김인숙
1948-04-08-045	라지오		4	
1948-04-08-046	극장안내		4	
1948-04-09-001	춘경기에 있어서 군중선동사업을 강화하자		1	
1948-04-09-002	남북련석회의에 참가할 각 사회단체 대표들 선정		1	북조선통신
1948-04-09-003	14일력사적회의 앞두고 남북련락이 빈번	김구, 김규식 량씨 련락원 래착	1	북조선통신
1948-04-09-004	련석회의 지지하여 증산계획 초과 달성	평남 안주군 송학리 농민들	1	신기관
1948-04-09-005	'광명의 사도' 북조선인민과 정당단체에 무한 감사한다	남조선전평 담화	1	북조선통신
1948-04-09-006	자유와 통일 위하여 승리할 때까지 투쟁	남조선전농 담화	1	북조선통신
1948-04-09-007	통일독립의 전도를 타개	인민공화당 담화	1	북조선통신
1948-04-09-008	신문론평	남조선의 각 신문들	1	북조선통신
1948-04-09-009	북조선로동당 규약		2	
1948-04-09-010	조선인민은 남북련석회의를 절대지지한다		2	김일권
1948-04-09-011	리훈영농민의 애국가마니 5천매 헌납식 성대히 거행		3	박진선
1948-04-09-012	헌납사	리훈영농민	3	

기사번호	제목(title)	부제목(stitle)	면수	필자, 출처
1948-04-09-013	결의문	리훈영농민 가마니 5,000매 헌납식에 참가한 안악군 농민열성자대회	3	
1948-04-09-014	전체 인민들의 옷감원료를 더 생산하자	평원군 녀성농민들 호응 궐기	3	송학용
1948-04-09-015	마령서 대마 연초 파종 단기에 완료	안변군 계산리 농민들	3	김만선
1948-04-09-016	춘경파종준비	화학비료사용하는 방법	3	
1948-04-09-017	이미 얻은 성과를 확대해 빛나는 승리를 보장하자	남포견직공장 직장대회	3	김형기
1948-04-09-018	년간주행을 11월말로 기관차 수리는 10월말로	신막기관구 종업원들 궐기	3	박진선
1948-04-09-019	8월말까지 완수 맹세	광량염전 종업원 궐기	3	신언철
1948-04-09-020	북조선인민정권의 교원들에 대한 배려		3	김동천
1948-04-09-021	쏘.분조약성립	6일 크레물리에서 서명	4	북조선통신
1948-04-09-022	따쓰 국제정세개관	루마니아의 선거	4	북조선통신
1948-04-09-023	따쓰 국제정세개관	'마샬안'과 푸랑코서반아	4	북조선통신
1948-04-09-024	유태인과 아랍인의 분쟁을 조장	영국의 대팔레스티나정책	4	북조선통신
1948-04-09-025	영국전함 레바논방문 빈번		4	북조선통신
1948-04-09-026	인도네시아주민 태반이 문맹		4	북조선통신
1948-04-09-027	애굽의 경찰관 파업 태세	정부에 대우개선 요구코	4	북조선통신
1948-04-09-028	징병제도실시 반대	필라텔피아천주교 주교	4	북조선통신
1948-04-09-029	수에즈지대에 영국군대 증파		4	북조선통신
1948-04-09-030	트리에스트에 대한 미영의 침략적책동		4	본사 국내외통신부
1948-04-09-031	라지오		4	
1948-04-09-032	극장안내		4	
1948-04-09-033	「백두산」3막 6장	북조선로동당 제2차 전당대회 경축을 위한 작품	4	
1948-04-10-001	단체계약체결에 대하여		1	
1948-04-10-002	김일성위원장에게 편지	쏘련류학생들 3.1절을 기념하면서	1	북조선통신
1948-04-10-003	14일력사적회의 앞두고 각 정당 단체에서 대표 선정		1	북조선통신
1948-04-10-004	김구, 김규식 량씨의 련락원 사명수행코 평양발		1	북조선통신
1948-04-10-005	비판과 자아비판을 가강히 하고 당발전을 위하여 견결히 싸우자	평남도당열성자회의	2	김전
1948-04-10-006	자기 교양을 제고시키며 분공검열을 강력히 하자	선전국 세포총회	2	위찬길
1948-04-10-007	매국적리승만의 죄악상(2)		2	신염
1948-04-10-008	공장지배인과 유일관리제		2	문평제련소 지배인 조석립

기사번호	제목(title)	부제목(stitle)	면수	필자, 출처
1948-04-10-009	금년도 사회보험사업 확충 급부는 연 4백 99만명 계획	료양 정양 휴양소 98개소 증설	3	북조선통신
1948-04-10-010	사회보험 1.4분기총화	작년에 비해 162.6%	3	김동천
1948-04-10-011	물고기를 더 많이 잡고저 바다와 싸우는 로동자들		3	송학용
1948-04-10-012	춘경파종준비	화학비료사용하는 방법	3	북조선농림수산기술총련맹
1948-04-10-013	흥남공장에 호응코 청진공장에 또 호소	원산철도공장 궐기	3	
1948-04-10-014	길주군 상하리 보리와 감자 파종 완료		3	
1948-04-10-015	년간화물수송량을 11월말까지 완수	함흥철도부산하 종업원들 궐기	3	
1948-04-10-016	우리 당원을 선두로 고기잡이 위한 투쟁	국영장전수산기업소 동무들	3	최치목
1948-04-10-017	기관차수리계획 10월말까지 완수	청진철도공장 호응궐기	3	신언철
1948-04-10-018	남조선의 인민들 련석회의를 지지		3	북조선통신
1948-04-10-019	쏘.분조약 원문		4	
1948-04-10-020	조약체결후 량국대표 연설		4	북조선통신
1948-04-10-021	브라질정부 공산당 탄압		4	북조선통신
1948-04-10-022	카이로당국 대학을 폐쇄		4	북조선통신
1948-04-10-023	항가리민족 농민당대회		4	북조선통신
1948-04-10-024	미국 안을 채택 쏘파외 3국은 반대	출판보도자유의 국제회의	4	북조선통신
1948-04-10-025	희랍왕당파군의 도발행위	볼가리아정부 유엔에 통지	4	북조선통신
1948-04-10-026	알바니아를 침범		4	북조선통신
1948-04-10-027	희랍민주군의 전승		4	북조선통신
1948-04-10-028	풍옥상연설을 미경찰이 방해		4	북조선통신
1948-04-10-029	인도네시아의 최근 정세		4	
1948-04-10-030	민주인사탄압에 인도대학교수단 항의		4	북조선통신
1948-04-10-031	일본인 광산전문가 해남도로		4	북조선통신
1948-04-10-032	오지리에 실업자 계속 증가		4	북조선통신
1948-04-10-033	상해시당국 기계공직맹을 해산		4	북조선통신
1948-04-10-034	봄베이로동자 파업 항의		4	
1948-04-10-035	극장안내		4	
1948-04-11-001	남로당련락원 평양 도착	허헌, 박헌영 량씨 서한 전달	1	
1948-04-11-002	신진당 참가를 성명		1	북조선통신
1948-04-11-003	불교청년당 참가를 성명		1	북조선통신
1948-04-11-004	북조선 각 정당 사회단체 련석회의 참가 대표 선정	농림수산기술련맹	1	북조선통신
1948-04-11-005	기독교련맹은 1명 첨가 보건련맹은 2명 취소		1	북조선통신
1948-04-11-006	근로인민당 민중동맹대표와 북조선통신사 기자와의 담화	한민당과 독촉이 지지할뿐 기타 정당단체는 단선 반대	1	
1948-04-11-007	근로인민당 민중동맹대표와 북조선통신사 기자와의 담화	북조선의 비약적발전은 우리 민주독립의 대도!	1	

기사번호	제목(title)	부제목(stitle)	면수	필자, 출처
1948-04-11-008	국가재산을 애호하며 산업건설에 충실하자	산업국 당부총회	2	김형기
1948-04-11-009	사상적락후성을 퇴치하고 당적립장에서 새 출발 맹세	농림국세포련석회의	2	리의철
1948-04-11-010	평북도당부에서는 이렇게 실천하고있다		2	최영환
1948-04-11-011	애국청년을 굳게 단결시켜 민주역군으로의 교양 강화	중앙민청세포총회	2	리항구
1948-04-11-012	남북정당사회단체련석회의는 통일적자주독립국가수립을 위하여 적절한 대책을 세워야 한다		2	리템정
1948-04-11-013	거대한 룡흥강개수공사 금년도계획완수의 승리		3	박경석
1948-04-11-014	북조선의 문맹자는 나날이 줄어간다	안주군 신안주면의 투쟁성과	3	신기관
1948-04-11-015	하기방역을 위한 철벽의 대책 수립		3	김동천
1948-04-11-016	파종보장 위하여 비료하조에 응원	흥남시 농민 학생 녀성들	3	북조선통신
1948-04-11-017	인민정권 비호밑에서 씩씩히 자라는 고아들	국립평양애육원에서	3	김달수
1948-04-11-018	평남도 파종 활발히 전개	룡강군은 대맥파종 완료	3	북조선통신
1948-04-11-019	례년보다 20일 앞서 함북도 대맥파종 진행	라남시는 계획의 106% 실행	3	북조선통신
1948-04-11-020	4월 20일까지 락종완료를 계획	안변군 천양리 농민들	3	북조선통신
1948-04-11-021	당원들의 열성 리전체 보리파종 완료		3	류종권
1948-04-11-022	로력조직을 정확히 원가저하도 25%	평양농구제작소 호응 궐기	3	김인숙
1948-04-11-023	작년보다 239% 전부를 1등 염으로	룡강 귀성제염소 호응	3	박중선
1948-04-11-024	출근률 100% 보장 년간계획기간을 단축	함북 고건원탄광 동무들	3	리문상
1948-04-11-025	10월말까지 계획량 완수	해주기계종업원들 맹세	3	박진선
1948-04-11-026	쏘련독일점령지대로 기아인민 월경 격증		4	북조선통신
1948-04-11-027	인도인민들의 투쟁		4	북조선통신
1948-04-11-028	화란재정위기		4	북조선통신
1948-04-11-029	화란의 반공군중대회 실패		4	북조선통신
1948-04-11-030	이태리선거간섭 반대	씨.아이.오 해운동맹	4	북조선통신
1948-04-11-031	따쓰 국제정세개관	이란정부의 반동	4	북조선통신
1948-04-11-032	따쓰 국제정세개관	미국의 동맹파업	4	북조선통신
1948-04-11-033	쓰딸린수상 분란대표단 초대		4	북조선통신
1948-04-11-034	분란 각 신문 론평		4	북조선통신
1948-04-11-035	"우리는 대다수인민의 의사를 존중해야 한다"	이태리공산당 총비서 성명	4	북조선통신
1948-04-11-036	선거자 위협하는 이태리정부		4	북조선통신
1948-04-11-037	토이기농민의 비참상		4	북조선통신
1948-04-11-038	쏘발협조의 신기원		4	통신부
1948-04-11-039	미영점령당국에 트리에스트직맹 항의		4	북조선통신
1948-04-11-040	캐나다경찰 진보적단체 탄압		4	북조선통신
1948-04-11-041	제코와 불가리아간 상품교환협정		4	북조선통신

기사번호	제목(title)	부제목(stitle)	면수	필자, 출처
1948-04-11-042	미석유전문가 파사만연안 탐사		4	북조선통신
1948-04-11-043	라지오		4	
1948-04-11-044	극장안내		4	
1948-04-13-001	전조선인민은 남북정당사회단체련석회의를 절대지지한다		1	
1948-04-13-002	남조선대표 입북교통 보장에 관한 북조선통신사의 공식보도		1	
1948-04-13-003	남조선대표단 속속 입북	12일 인민공화당 전평선발대 래착	1	북조선통신
1948-04-13-004	조선인민공화당 련락원 김원봉씨의 서한을 전달		1	
1948-04-13-005	련석회의 참가할 대표 선정	북조선적십자사	1	북조선통신
1948-04-13-006	남조선 각 단체들 련석회의를 지지		1	북조선통신
1948-04-13-007	조국의 통일자주독립을 증산과 단결로 쟁취하자	평남 안주군 룡운리 농민들	1	신기관
1948-04-13-008	자주독립촉성할 련석회의를 지지	사리원시 대원리 농민들	1	리성섭
1948-04-13-009	미군정이 실시한 신한공사해체의 기만정책을 폭로함	북조선농맹 부위원장 현칠종씨 담	1	북조선통신
1948-04-13-010	신한공사 토지불하 농민 기만하는 술책	남조선민주녀맹 담	1	북조선통신
1948-04-13-011	준렬한 비판과 자아비판 전개 인민의 리익을 위한 투쟁 강화	평양시당열성자회의	2	위찬길
1948-04-13-012	정치사상수준을 제고코 국가상업망확충에 노력	상업국 당부제2차총회	2	김달수
1948-04-13-013	전당대회문헌의 학습과 토론들이 맹렬하게 진행	사리원시당산하 세포들	2	성섭
1948-04-13-014	매국적리승만의 죄악상(3)		2	신염
1948-04-13-015	철도는 로동자들 손으로 복구되고 발전되고있다	서평양철도공장 로동자들	3	신언철
1948-04-13-016	원가를 25% 저하 1.4반기 초과달성	평양 제2양말공장 동무들	3	김현주
1948-04-13-017	로동자의 위력을 시위하는 날 5.1절을 증산으로 맞이하자	제9차 직총상무위원회에서 결정	3	김동천
1948-04-13-018	무사고주파 맹세	성진기관구 궐기	3	신언철
1948-04-13-019	춘경파종진행 활발	황해도인민위원회에서 지적	3	북조선통신
1948-04-13-020	함남 파종 활발 전개		3	북조선통신
1948-04-13-021	개천군의 3면 대맥파종 완료		3	오준옥
1948-04-13-022	함북도의 문맹퇴치 금년 제1기의 성과		3	북조선통신
1948-04-13-023	강원도의 녀성들 춘잠증산에 궐기		3	북조선통신
1948-04-13-024	민주선전실사업에 3각망 어장을 헌납		3	최치목
1948-04-13-025	춘경파종준비	대마파종에 대하여	3	북조선농림수산기술총련맹
1948-04-13-026	로동규률을 엄수하며 로동생산성 높이겠다	강원 문천기계제작소 종업원	3	김만선

기사번호	제목(title)	부제목(stitle)	면수	필자, 출처
1948-04-13-027	주행키로완수는 11월 25일까지	서평양기관구 호응	3	신언철
1948-04-13-028	선로를 튼튼히 보수하여 사고를 미연에 방지하자	평양보선구 호응궐기	3	신언철
1948-04-13-029	영미불당국 백림에서 중요시설 등 대량 반출	련합국사령관회의서 쏘련대표 폭로	4	북조선통신
1948-04-13-030	북부대서양동맹 미영국 설립음모		4	북조선통신
1948-04-13-031	오지리지구 공산당대회		4	북조선통신
1948-04-13-032	중국인민해방군 전승	대호산남하중	4	북조선통신
1948-04-13-033	침략자반대를 이라크인민 절규		4	북조선통신
1948-04-13-034	트란스요르단에 영병사 신축		4	북조선통신
1948-04-13-035	이란 마룹돔지의 론평		4	북조선통신
1948-04-13-036	희, 토, 아랍 제국간에 중동조약 체결		4	북조선통신
1948-04-13-037	영국장교댁에 투탄		4	북조선통신
1948-04-13-038	와르샤와에서 민주청년단체 대회		4	북조선통신
1948-04-13-039	취업령철회 요구	미국광산 로동조합	4	북조선통신
1948-04-13-040	세계보건협회 유엔특수기관으로 자격 충분		4	북조선통신
1948-04-13-041	국민당군에 일본인 복무		4	북조선통신
1948-04-13-042	미하원 의원 담		4	북조선통신
1948-04-13-043	미국의 대구 '원조'	쏘련 제 신문의 론평	4	북조선통신
1948-04-13-044	이태리선거간섭을 반대	불란서의 진보적인사들 선언	4	북조선통신
1948-04-13-045	이란.아제르바이쟌 인민들의 진정서		4	북조선통신
1948-04-13-046	프랑코경찰 애국자 살륙		4	북조선통신
1948-04-13-047	서독의 기독교민주동맹 성명		4	북조선통신
1948-04-13-048	라지오		4	
1948-04-13-049	극장안내		4	
1948-04-13-050	생산안내		4	
1948-04-14-001	남북련석회의 수일간 연기	북조선통신사 공식보도	1	
1948-04-14-002	남조선대표단 다수 래착	남로당 민주한독당 전농 녀맹 문련 등 각 선발대 평양에 도착	1	
1948-04-14-003	남북련석회의 참가에 관한 남조선 제 정당 사회단체들의 결정서 및 메쎄지		1	
1948-04-14-004	련석회의개최 경축하여 춘기파종 기한 전에 하자	평남 안주군 동칠리 농민들	1	신기관
1948-04-14-005	련석회의 지지 141% 실행	평양타올공장 종업원들	1	김인숙
1948-04-14-006	큐리녀사 불법체포에 대해 북조선민주 녀맹에서 항의	죠리오 큐리녀사의 무법체포에 대한 항의문	1	
1948-04-14-007	비당적사상과 견결히 투쟁 숭고한 당적 임무 완수 맹세	황해도당열성자회의	2	박진선
1948-04-14-008	사상적으로 튼튼히 무장 자기 사업에 능수가 되자	신의주시당열성자회의	2	최영환
1948-04-14-009	우리 인민은 왜 남조선선거희극을 배격하는가		2	본사 국내외통신부
1948-04-14-010	인민들과 밀접히 련결 반동파와의 투쟁 강화	북조선검찰소 세포총회	2	김전
1948-04-14-011	인민의 복리를 위하는 새 간부 등용에 전주력	중앙간부부 세포총회	2	김인숙
1948-04-14-012	평남도당 신축공사 당원들이 자원 참가		2	김전
1948-04-14-013	우리 로동자의 힘으로써 훌륭한 자동차가 나온다	평양자동차공장 동무들 분투	3	김현주
1948-04-14-014	길주팔프의 제지기건설공사 착착 진행		3	박태화
1948-04-14-015	고귀한 애국전통 계승할 만경대학원은 건설된다		3	리문상
1948-04-14-016	보리와 감자파종을 군내 제1위로 완료	길주군 장백면 당단체협조 결과	3	박태화
1948-04-14-017	로동규률을 엄수 해운수송을 보장	남포해운사업소 호응궐기	3	김전
1948-04-14-018	로동생산성 170%로 계획기간을 1개월 단축	북조선탄광 중앙공장 호응궐기	3	김인숙
1948-04-14-019	적기춘경파종 위한 농촌당단체의 투쟁	강원 고성군당산하 세포들	3	최치목
1948-04-14-020	회령군 대맥파종 4월 8일에 완료		3	심철
1948-04-14-021	신혁명정부수립	콜롬비아로동자 봉기	4	북조선통신
1948-04-14-022	영, 쏘비행기 충돌 베르린시 상공에서	-영측의 규칙위반이 원인-	4	북조선통신
1948-04-14-023	홍.파통상협정협의 개시		4	북조선통신
1948-04-14-024	인도네시아사태 긴박		4	북조선통신
1948-04-14-025	루국인민회의 개최		4	북조선통신
1948-04-14-026	남아의 파쑈두목 런던 방문		4	북조선통신
1948-04-14-027	항가리 국유기업소의 신지배인 임명		4	북조선통신
1948-04-14-028	쏘련의 과령병제대와 미국의 전반적군사훈련		4	통신부
1948-04-14-029	일본침략의 선동자		4	통신부
1948-04-14-030	분란대표단 모쓰크바 출발		4	북조선통신
1948-04-14-031	주쏘 불대사 모쓰크바 출발		4	북조선통신
1948-04-14-032	이태리 서부쁠럭가입을 튜-린에서 불외상 강요		4	북조선통신
1948-04-14-033	뉴욕으로 가는 화란의 금		4	북조선통신
1948-04-14-034	인도의 파업 확대		4	북조선통신
1948-04-14-035	쁘라그에서 문화인대회		4	북조선통신
1948-04-14-036	파리로동자 시위운동		4	북조선통신
1948-04-14-037	화란통상대표		4	북조선통신
1948-04-14-038	라지오		4	
1948-04-14-039	극장안내		4	
1948-04-15-001	각급 당단체열성자회의는 비판과 자기 비판의 기치하에서 진행된다		1	

기사번호	제목(title)	부제목(stitle)	면수	필자, 출처
1948-04-15-002	남조선 제 정당 사회단체의 련석회의 참가 결정서(속보)		1	
1948-04-15-003	조선민주주의인민공화국 림시헌법초안에 관한 건의서		1	
1948-04-15-004	남북회의대표 파견을 결정	민독당 중앙집행위원회에서	1	북조선통신
1948-04-15-005	당결정을 일상생활에 구현 좌우경적경향과 투쟁하자	강원도당열성자회의	2	량수형
1948-04-15-006	세포사업을 강화하고 당앞에 충성을 다 하자	평양시당 중구구역당열성자회의	2	위찬길
1948-04-15-007	사상적유일성을 제고 행정사업보장을 맹세	로동국 세포총회	2	김형기
1948-04-15-008	하지는 넘불을 외운다		2	박창옥
1948-04-15-009	평남도 각 공장 광산 탄광 1.4분기계획 초과실행		3	김전
1948-04-15-010	남조선화폐교환에 관하여	북조선중앙은행총재 김찬씨 담	3	
1948-04-15-011	침목 각재 판재 등을 한달 단축하여 완수	흥남 본궁제재공장 호응궐기	3	박경석
1948-04-15-012	로동능률과 품질향상	평양고무공장 호응궐기	3	위찬길
1948-04-15-013	섬유직조기부속품 1.4분기계획 달성	평양제침공장 동무들	3	김형기
1948-04-15-014	식료품의 증산을 위한 로동자들의 힘찬 투쟁	평양곡산공장 동무들의 승리보	3	신언철
1948-04-15-015	군내 1착으로 보리파종 완료	학성군 한남면 농민들	3	김영복
1948-04-15-016	강제로 진행되는 남조선선거등록	남조선 각 정당, 사회단체들에서 담화 발표	3	북조선통신
1948-04-15-017	경성시내 각 처에 단선반대의 시위		3	북조선통신
1948-04-15-018	민족전선산하 립후보자의 공동투쟁 제의	체코슬로바키아직업동맹 중앙위원회	4	북조선통신
1948-04-15-019	공산당 제의 수락	체코슬로바키아	4	북조선통신
1948-04-15-020	사회당도 찬성	체코슬로바키아	4	북조선통신
1948-04-15-021	근로인민들 열렬히 지지	체코슬로바키아	4	북조선통신
1948-04-15-022	'마샬안'은 오지리공업에 타격		4	북조선통신
1948-04-15-023	테로습격에 항의	캐나다로동진보당 호소	4	북조선통신
1948-04-15-024	쏘.유호상원조조약 3주년		4	북조선통신
1948-04-15-025	민주희랍원조국제회의 10일 파리에서 개최		4	북조선통신
1948-04-15-026	유고대표 불당국에 항의		4	
1948-04-15-027	불란서외무성 동구제국대표 입국 거부		4	북조선통신
1948-04-15-028	북이태리로 수송된 미국무기		4	북조선통신
1948-04-15-029	선거를 앞둔 미국	일부 주에서 예비선거	4	북조선통신
1948-04-15-030	이란민주주의력량의 국가주권을 위한 투쟁		4	통신부
1948-04-15-031	쏘련은 사회주의적경쟁으로 기념		4	북조선통신
1948-04-15-032	5.1절을 앞두고 반동분쇄를 호소	자유독일직맹련합회	4	북조선통신
1948-04-15-033	불란서 로총서기국의 결정		4	북조선통신

기사번호	제목(title)	부제목(stitle)	면수	필자, 출처
1948-04-15-034	런던영화촬영소원들 시위		4	북조선통신
1948-04-15-035	임금인상을 요구	바바리아로동자 파업	4	북조선통신
1948-04-15-036	쏘서간 통상협정 효력 발생		4	북조선통신
1948-04-15-037	라지오		4	
1948-04-15-038	극장안내		4	
1948-04-16-001	생산경쟁운동에 있어서 새 성과를 쟁취하자		1	
1948-04-16-002	남조선대표 계속 입북	기독교민주동맹 건국청년회 전국유교총련맹대표 등 래착	1	북조선통신
1948-04-16-003	련석회의 참가성명	조선법조회	1	북조선통신
1948-04-16-004	전국불교총련맹 지지성명		1	북조선통신
1948-04-16-005	북조선민주건설에 감격 자주독립의 신념 확고!	남조선대표단 곡산공장 시찰	1	북조선통신
1948-04-16-006	전부락에 불지르고 8천여명 검거고문	경찰 테로만행	1	북조선통신
1948-04-16-007	소위 '자유로운 분위기'란 인민들을 협박 공갈하는것	남조선단선등록의 정체	1	북조선통신
1948-04-16-008	북조선은 새로운 세계이다 남조선은 말할수 없는 참상	민주한독당대표와 북통기자와의 일문일답	1	
1948-04-16-009	당의 력사적 문헌을연구 일상생활에 이를 구현화	함남도당열성자회의	2	박경석
1948-04-16-010	비판과 자아비판우에서 당을 일층 발전 강화하자	평양시당 서구구역당열성자회의	2	김전
1948-04-16-011	국가법령을 수범실천 기술향상에 부단 노력	체신국 세포총회	2	위찬길
1948-04-16-012	전조선 정당사회단체련석회의에 대한 하지의 기만적성명		2	박우청
1948-04-16-013	1.4분기의 승리를 위한 탄광산로동자들의 투쟁		3	북조선통신
1948-04-16-014	남조선민중동맹에서 헌법초안을 지지결정		3	
1948-04-16-015	석탄을 많이 생산키 위해 광범한 증산경쟁을 전개	흑령탄광 로동자동무들	3	신언철
1948-04-16-016	대규모설비를 자랑하는 국립영화촬영소 건설보		3	김인숙
1948-04-16-017	면양증식을 호소한 세포목장 계획 달성		3	리의철
1948-04-16-018	춘기파종을 위한 의주군당의 협조		3	김지창
1948-04-16-019	평남 한글학교수료시험 14만 2천 9백명 합격		3	북조선통신
1948-04-16-020	계획대로의 사업실행은 생산성과의 전제조건		3	정준택
1948-04-16-021	범미회의의 속회 불능	보고다의 시가전투 계속	4	북조선통신
1948-04-16-022	자유로운 선거를 보장하자	이태리공산당 대표의 제의	4	북조선통신
1948-04-16-023	민주주의인민전선운동 활발	외교정책에 관한 성명서를 발표	4	북조선통신

기사번호	제목(title)	부제목(stitle)	면수	필자, 출처
1948-04-16-024	정부직원 제1차전국대회		4	북조선통신
1948-04-16-025	'문화에 관한 회의' 개최		4	북조선통신
1948-04-16-026	경제개혁을 요구	인민경제회의 개최	4	북조선통신
1948-04-16-027	주쏘 화란대사 모쓰크바 도착		4	북조선통신
1948-04-16-028	이태리전역에 걸쳐 전국적대파업 단행		4	북조선통신
1948-04-16-029	파업의 계기는 씨실리도 테로사건		4	북조선통신
1948-04-16-030	헌법초안을 토의	루국대인민회의	4	북조선통신
1948-04-16-031	체코문화인대회 폐막		4	북조선통신
1948-04-16-032	상선통행자유를 미국공군이 침범	이즈베스치아지 론평	4	북조선통신
1948-04-16-033	일본의 대중침략과 미국의 원조		4	통신부
1948-04-16-034	백-쏘친선협회 전국위원회 개최		4	북조선통신
1948-04-16-035	라지오		4	
1948-04-16-036	극장안내		4	
1948-04-16-037	생산안내		4	
1948-04-17-001	강연사업을 강화하자		1	
1948-04-17-002	남조선대표 계속 입북	신진당 사회민주당 등의 각 선발대들 평양 도착	1	북조선통신
1948-04-17-003	"유혹과 모략을 물리치고 정의를 위하여 결연 참가"	김구씨 기자단에게 결의 표명	1	북조선통신
1948-04-17-004	위대한 불멸의 불꽃에 자주독립을 더욱 확신	남조선대표단 황해제철 시찰	1	북조선통신
1948-04-17-005	건국청년회 회의참가 결정		1	
1948-04-17-006	단선단정반대절규	남조선 정당, 사회단체들이 성명	1	북조선통신
1948-04-17-007	경성 북한산에서 다시 봉화투쟁!		1	북조선통신
1948-04-17-008	단선 강행하고저 미국군함을 파견		1	북조선통신
1948-04-17-009	남조선을 탈출해온 인민들은 이렇게 말한다		1	북조선통신
1948-04-17-010	당주위에 튼튼히 뭉쳐 조국에 헌신투쟁 맹세	함북도당열성자회의	2	현준극
1948-04-17-011	인민정권을 강화하며 생산투쟁에 적극 헌신	남포시당열성자회의	2	신기관
1948-04-17-012	모든 결점을 용감히 퇴치 당을 일층 발전강화하자	평양시당 동구구역당열성자회의	2	김형기
1948-04-17-013	규률과 당성을 강화하고 빈농성분의 일군을 육성	북조선농맹 세포총회	2	리의철
1948-04-17-014	력사상으로 본 미국의 조선에 대한 침략기도		2	김현석
1948-04-17-015	2.4반기의 당면과업과 5.1절기념 준비를 토의	평남도당상무위원회	3	김전
1948-04-17-016	다채로운 행사로써 5.1절을 맞이한다	북조선의 로동자들	3	신언철
1948-04-17-017	황해 춘맥파종 완료	마령서파종 88% 진척	3	김현석
1948-04-17-018	함북 보리파종 활발	보리 77%, 감자 46%	3	북조선통신

기사번호	제목(title)	부제목(stitle)	면수	필자, 출처
1948-04-17-019	함남도 춘기파종	례년보다 10일 앞서 진행	3	북조선통신
1948-04-17-020	은률군 춘맥파종 완수에 우리 당원들 주동적역할		3	김인곤
1948-04-17-021	성진시 농민들 보리파종 완료		3	렴재학
1948-04-17-022	북조선 해양기술간부학교 설립		3	김동천
1948-04-17-023	북조선중공업의 심장 황해제철소의 증산보		3	김달수
1948-04-17-024	계획량초과에 총궐기 증산은 반동타도의 힘	평양시 칠불리 농민들	3	송학용
1948-04-17-025	조국창건은 우리 힘으로 량군동시철거 주장한다	평양공화농구제작소 종업원들	3	김윤모
1948-04-17-026	자주독립의 기초가 되는 산업발전에 더욱 힘쓰자	서북배전부 종업원들	3	송학용
1948-04-17-027	독립촉진을 위한 농업증산을 맹세	평양시 룡흥리 농민들	3	김진억
1948-04-17-028	코스타리카에서도 혁명군 수개시를 점령		4	북조선통신
1948-04-17-029	콜럼비아에 련립정부 수립	수상에 자유당 당수	4	북조선통신
1948-04-17-030	범미회의 중단상태		4	북조선통신
1948-04-17-031	대통령의 사임을 자유당측 요구		4	북조선통신
1948-04-17-032	따쓰통신의 반박		4	북조선통신
1948-04-17-033	미군함 말타도에 도착		4	북조선통신
1948-04-17-034	총파업단행 기세	서해안 해운로동자	4	북조선통신
1948-04-17-035	원자병기연구소 종업원 파업	미국에서	4	북조선통신
1948-04-17-036	탄광로동자 파업	미국에서	4	북조선통신
1948-04-17-037	미국상선 반환		4	북조선통신
1948-04-17-038	인도네시아청년협회회의		4	북조선통신
1948-04-17-039	5월 30일로 체코선거 연기		4	북조선통신
1948-04-17-040	파란 유고간 상품교환 협정		4	북조선통신
1948-04-17-041	신헌법을 채택	루-마니아대인민회의	4	북조선통신
1948-04-17-042	인도직맹지도자 투옥에 항의		4	북조선통신
1948-04-17-043	'유엔빨칸위원회'의 제의 거부		4	북조선통신
1948-04-17-044	라지오		4	
1948-04-17-045	극장안내		4	
1948-04-17-046	미국로동계급의 반동파와의 투쟁		4	통신부
1948-04-17-047	이태리 유엔가입문제	선거간섭을 목적코 미 영 불 안보에 제의	4	북조선통신
1948-04-18-001	유일관리제도를 엄격히 실행하자		1	
1948-04-18-002	쏘련수상 이.브.쓰딸린 쏘분조약의 의의를 강조	1948년 4월 7일 분란대표를 초대하여 베풀은 향연석상에서	1	
1948-04-18-003	남북련석회의 개최일자에 관한 북조선통신사의 공식보도		1	

기사번호	제목(title)	부제목(stitle)	면수	필자, 출처
1948-04-18-004	무진장의 창발력을 발휘하여 자주독립 국가의 기초를 건설	남조선대표단 강선제강소 시찰담	1	북조선통신
1948-04-18-005	복숭아꽃 만발한 언덕밑 유복하여진 농촌에 감격	남조선대표 강서 청산리 시찰	1	북조선통신
1948-04-18-006	남조선대표단 대거 입북	사회민주당 근로인민당 조선어연구회 남로당 민중동맹 등 후발대 래착	1	북조선통신
1948-04-18-007	사업상 오유를 과감히 퇴치 당발전을 위해 견결히 투쟁	성진시당열성자회의	2	김소민
1948-04-18-008	맑스레닌주의로 무장 건국사업에 열성 참가	사리원시당열성자회의	2	리성섭
1948-04-18-009	당적경각성을 일층 제고 불순분자와 견결히 투쟁	평양시당 북구구역당열성자회의	2	리문상
1948-04-18-010	세포핵심분자를 양성 정치교양사업에 주력	안변군당열성자회의	2	김만선
1948-04-18-011	세포를 일층 강화하고 반인민적사상과 투쟁	교통국 당부총회	2	김전
1948-04-18-012	당지도자들은 민주건설에 있어서 협동적조직자이다		2	리영훈
1948-04-18-013	우리들의 행복한 생활은 김일성장군의 은덕이다	중화군 이주화전민들	3	김달수
1948-04-18-014	북조선의 춘경파종은 본격적으로 진행된다		3	북조선통신
1948-04-18-015	잠견수매보상물자	북조선 인위결정 발표	3	김동천
1948-04-18-016	평남도 춘경파종 순조로이 진행중	룡강 강서군 대맥파종 완료	3	송학용
1948-04-18-017	우리의 김일성대학은 나날이 자라나고 있다		3	김진억
1948-04-18-018	비료의 수송을 위한 철도일군들의 투쟁	1.4반기계획 132%로 실행	3	김동천
1948-04-18-019	청수화학공장 석회질소공장 신설		3	북조선통신
1948-04-18-020	각가지의 전기용품들을 우리들의 손으로 만든다	평양전기제작소 동무들	3	김현주
1948-04-18-021	북조선의 농민들 양잠준비에 열성		3	김동천
1948-04-18-022	강제로 진행시킨 남조선 소위'선거'등록의 정체		3	북조선통신
1948-04-18-023	단선단정 절대반대	남조선의 학생, 로동자들	3	
1948-04-18-024	영 미 불 정부의 제의 거부	트리에스트문제에 관한 쏘베트정부의 각서	4	북조선통신
1948-04-18-025	신당수립을 제의	'월레스대통령 립후보위원회'	4	북조선통신
1948-04-18-026	월레스씨의 연설	시카고군중대회에서	4	북조선통신
1948-04-18-027	화란정부군사비 추가 주장		4	북조선통신
1948-04-18-028	콜럼비아에 전투 계속	로조는 파업을 호소	4	북조선통신
1948-04-18-029	다수 도시를 봉기군 장악		4	북조선통신
1948-04-18-030	선거전야의 이태리		4	
1948-04-18-031	왜 독일파쑈도배들은 독일로동계급의 령도자 텔만을 살해하였던가?		4	통신부
1948-04-18-032	미국 쌍발비행기 유고령토 침범		4	북조선통신
1948-04-18-033	큐리녀사환영회	파리	4	북조선통신
1948-04-18-034	상해에 5.1절시위 금지령		4	
1948-04-18-035	라지오		4	
1948-04-18-036	극장안내		4	
1948-04-20-001	남북조선정당사회단체대표자련석회의 개최에 제하여		1	
1948-04-20-002	남북련석회의에 관한 예비회의 19일 개최		1	
1948-04-20-003	련석회의에 참가할 북조선로동당 대표		1	
1948-04-20-004	남북련석회의 개최에 대한 남조선 정당사회단체의 결정서 및 메쎄지(속보)		1	
1948-04-20-005	김구씨의 파견원 입북		1	북조선통신
1948-04-20-006	웅대한 과학적설비와 문화시설완비에 경탄	남조선대표단 남포제련소 시찰	1	북조선통신
1948-04-20-007	높은 당적자각성으로 조국을 위하여 싸우자	금화군당열성자회의	2	안창렬
1948-04-20-008	간부양성에 힘을 다하여 경상적검열을 강화하자	봉산군당열성자회의	2	리성섭
1948-04-20-009	비판과 자기비판으로 당의 발전을 일층 강화	학성군당열성자회의	2	김영복
1948-04-20-010	폭로된 남조선 '선거등록'의 정체	-하지의 성명은 인민을 기만하지 못할것이다-	2	박우청
1948-04-20-011	2.4분기 생산협조방침과 하기방역사업 추진문제 토의	평양시당상무위원회	2	위찬길
1948-04-20-012	철도로동자들이 쟁취한 전당대회경축 증산성과		3	김현주
1948-04-20-013	5.1절을 기념하여 증산투쟁을 결의	평양제1양말공장 동무들	3	량수형
1948-04-20-014	함남도의 문맹퇴치 계획을 넘쳐 실행	제1기 15만 4천명을 돌파	3	북조선통신
1948-04-20-015	강원도 식수사업 활발		3	박중선
1948-04-20-016	북조선의 보건사업은 민주주의적으로 발전		3	김인숙
1948-04-20-017	남북련석회의개최에 대한 남조선 정당사회단체의 결정서 및 메쎄지(속보)		3	
1948-04-20-018	북조선은 자유와 행복의 땅 량심적인 전국 기독교인들은 조국통일을 위하여 궐기하자	남조선기독교민주동맹 대표 담	3	북조선통신
1948-04-20-019	새 전쟁의 선동자에 대한 완강한 투쟁을 호소	반히틀러항쟁운동 참가자회의	4	북조선통신
1948-04-20-020	미공산당 전국위원회 성명		4	북조선통신

기사번호	제목(title)	부제목(stitle)	면수	필자, 출처
1948-04-20-021	근로인민의 단결로 이태리총파업 진행		4	북조선통신
1948-04-20-022	이란지배층의 수회사건		4	북조선통신
1948-04-20-023	진보적인사를 토국정부 해고		4	북조선통신
1948-04-20-024	이태리선거에 무력 시위?	미국공군대편대 구주향발	4	북조선통신
1948-04-20-025	미국인들 백림에서 가구 반출		4	북조선통신
1948-04-20-026	이태리선거간섭 반대	미직맹활동가들	4	북조선통신
1948-04-20-027	따쓰 국제정세개관	쏘.분조약은 평등한 조약	4	
1948-04-20-028	따쓰 국제정세개관	선거를 앞둔 미국의 정계	4	
1948-04-20-029	체신종업원들의 파업을 맥아더사령부에서 금지		4	북조선통신
1948-04-20-030	전체 지도자에 군사재판		4	북조선통신
1948-04-20-031	불정부 언론기관을 탄압		4	북조선통신
1948-04-20-032	보고타에서 개최된 범미회의와 미반동		4	통신부
1948-04-20-033	요충룡관을 점령	중국인민해방군 련승	4	북조선통신
1948-04-20-034	미국 대만전기회사에 차관		4	북조선통신
1948-04-20-035	비률빈대통령 로하스 서거		4	북조선통신
1948-04-20-036	미국민권옹호위원회 반공산주의법령제의를 통박		4	북조선통신
1948-04-20-037	라지오		4	
1948-04-20-038	극장안내		4	
1948-04-21-001	고상한 문학예술의 발전을 위하여		1	
1948-04-21-002	북조선은 조국통일의 기지 유림은 새 세대에 가담한다	남조선유교총련맹대표 담	1	북조선통신
1948-04-21-003	김구씨를 비롯하여 한독당대표일행 래착		1	북조선통신
1948-04-21-004	민주개혁의 성과 위대 북조선은 우리의 광명	남조선사회민주당대표 담	1	북조선통신
1948-04-21-005	련석회의개최를 증산으로써 경축	평북 신의주 시민들	1	최영환
1948-04-21-006	북조선의 철도일군들도 증산으로 련석회의 경축		1	신언철
1948-04-21-007	춘기파종 빨리하여 련석회의 개최 경축	안변군 송정리 농민들	1	김만선
1948-04-21-008	인천지방 각 처에서 련석회의 지지시위		1	북조선통신
1948-04-21-009	단선단정분쇄코 조국의 위기 극복	조선교육자협회 성명	1	북조선통신
1948-04-21-010	강제로 진행시킨 남조선선거 등록		1	북조선통신
1948-04-21-011	광공업의 파멸 초래할 남조선단선 반대 결의	남조선광업기술협회 리사회	1	북조선통신
1948-04-21-012	평양시내 기독교도들이 남북련석회의 절대지지	각 교회 교직자련석회의에서 결정	1	
1948-04-21-013	승리 거둔 10개 광산에 축전		1	북조선통신
1948-04-21-014	자기 오유를 은폐하는 경향들과 견결히 투쟁	흥남시당열성자회의	2	박경석
1948-04-21-015	금년도 농산계획 완수 식량을 여유있게 확보	중화군당열성자회의	2	김달수
1948-04-21-016	선진적사상으로 무장 민주선전사업에 헌신	중앙방송국 세포총회	2	김달수
1948-04-21-017	당원들의 신성한 의무를 철저히 실행할 것을 맹세	부령군당열성자회의	2	현준극
1948-04-21-018	당적위임을 철저히 집행하자		2	윤재병
1948-04-21-019	로동자의 전투력을 시위하는 5.1절을 증산으로 기념 결의	평양기관구, 평철공장에서	3	신기관
1948-04-21-020	개천선광궤공사 인민들의 손으로		3	리문상
1948-04-21-021	창의창안과 힘찬 투지로 증산과 원가저하에 투쟁	남포제련소 로동자동무들	3	신기관
1948-04-21-022	소금을 더 많이 생산코저 염전에서 싸우는 일군들	귀성염전	3	신기관
1948-04-21-023	평북도의 춘경파종 활발하게 전개된다		3	최영환
1948-04-21-024	룡강군을 비롯하여 평남 면화파종 활발		3	북조선통신
1948-04-21-025	해초향기풍기는 송도원 모범일군들을 기다린다		3	박중선
1948-04-21-026	미국이 선거를 엄중 감시 내상은 기권자를 위협	이태리에서 선거정형	4	북조선통신
1948-04-21-027	군대와 경찰 동원	이태리에서 선거정형	4	북조선통신
1948-04-21-028	19일 오후 2시까지 선거종료예정	이태리에서 선거정형	4	북조선통신
1948-04-21-029	비소니아에 '주주동맹' 설립		4	북조선통신
1948-04-21-030	미간섭에 항의	미국의 저명한 인사들	4	북조선통신
1948-04-21-031	중국인민해방군 화중에서 전승		4	북조선통신
1948-04-21-032	정부의 민주진영 탄압	인도주민들 항의시위	4	북조선통신
1948-04-21-033	국경지대의 탄광 공동채굴	불국과 유고	4	북조선통신
1948-04-21-034	일본수급전범자에 대한 극동군사재판 종료		4	북조선통신
1948-04-21-035	쏘련 1948년도 제1.4반기 인민경제계획 수행 성과	쏘련 각 신문의 론평	4	북조선통신
1948-04-21-036	루마니아의 대인민회의 폐막		4	북조선통신
1948-04-21-037	오지리에 실업자 격증		4	북조선통신
1948-04-21-038	화북대학생들 동맹휴학 선언		4	북조선통신
1948-04-21-039	샴신내각 조직		4	북조선통신
1948-04-21-040	구라파에 대한 미반동의 계획		4	통신부
1948-04-21-041	라지오		4	
1948-04-21-042	극장안내		4	
1948-04-22-001	김일성 사진		1	
1948-04-22-002	북조선정치정세 전조선 제 정당사회단체대표자련석회의(제2일)에서 진술한 보고	김일성	1, 2, 3, 4	
1948-04-22-003	레닌 탄생 제78주년에 제하여	레닌은 볼쉐비즘의 창시자이다	2	본사 당생활부
1948-04-22-004	전인민의 거대한 기대속에 력사적남북련석회의 개막		4	북조선통신

기사번호	제목(title)	부제목(stitle)	면수	필자, 출처
1948-04-22-005	개회사 김월송	전조선 제 정당사회단체 대표자 련석회의	4	
1948-04-22-006	축사(요지) 북조선로동당 김두봉	전조선 제 정당사회단체 대표자 련석회의	4	
1948-04-22-007	축사(요지) 남조선로동당 허헌	전조선 제 정당사회단체 대표자 련석회의	5	
1948-04-22-008	축사(요지) 북조선민주당 최용건	전조선 제 정당사회단체 대표자 련석회의	5	
1948-04-22-009	축사(요지) 근로인민당 백남운	전조선 제 정당사회단체 대표자 련석회의	5	
1948-04-22-010	축사(요지) 천도교청우당 김달현	전조선 제 정당사회단체 대표자 련석회의	5	
1948-04-22-011	축사(요지) 인민공화당 김원봉	전조선 제 정당사회단체 대표자 련석회의	5	
1948-04-22-012	축사(요지) 남조선민주녀성동맹 류영준	전조선 제 정당사회단체 대표자 련석회의	5	
1948-04-22-013	체코 량대정당 합동 준비	공산당과 사민당 공동성명	6	북조선통신
1948-04-22-014	미국은 평화조약을 위반	항가리외상 성명 발표	6	북조선통신
1948-04-22-015	승리를 확신	월남대통령의 성명	6	북조선통신
1948-04-22-016	파라과이정부 공산당을 탄압		6	북조선통신
1948-04-22-017	쏘풀리스에 항의	루국과학자 예술가들	6	북조선통신
1948-04-22-018	패전으로 인한 천도설	희랍왕당파시스트정부	6	북조선통신
1948-04-22-019	체코 사회보험제를 실시		6	북조선통신
1948-04-22-020	'국민대회' 다수의원들 장정부를 통렬히 비난		6	북조선통신
1948-04-22-021	사망자 1천명	콜럼비아사건에서	6	북조선통신
1948-04-22-022	대일강화조약과 장정부		6	통신부
1948-04-22-023	화란 증원병 인도네시아에 파견		6	북조선통신
1948-04-22-024	5.1절에 제하여 근로인민에 호소	독일사회통일당	6	북조선통신
1948-04-22-025	씨리아대통령 재선		6	북조선통신
1948-04-22-026	미국과 바티칸간 비밀협정이 체결		6	북조선통신
1948-04-22-027	캐나다무기 향가리항에 도착		6	북조선통신
1948-04-22-028	월레스 지지하는 대학교수 파면		6	북조선통신
1948-04-22-029	라지오		6	
1948-04-22-030	극장안내		6	
1948-04-23-001	남조선정치정세 전조선 제 정당사회단체 대표자련석회의(제2일)에서 진술한 보고	박헌영	1, 2	
1948-04-23-002	일당에 모인 남북조선 제 정당사회단체 대표들		2	
1948-04-23-003	남북조선정치정세 보고 대표들 열렬한 토론 전개	련석회의 제2일	3	북조선통신

기사번호	제목(title)	부제목(stitle)	면수	필자, 출처
1948-04-23-004	축사 농민대표 박창린	전조선 제 정당사회단체 대표자 련석회의에서	3	
1948-04-23-005	축사 로동자대표 홍석려	전조선 제 정당사회단체 대표자 련석회의에서	3	
1948-04-23-006	단선단정은 통일독립의 최대의 장애 김구씨	전조선 제 정당사회단체 대표자 련석회의에서	4	
1948-04-23-007	우리의 나갈 길은 민족자결뿐이다 홍명희씨	전조선 제 정당사회단체 대표자 련석회의에서	4	
1948-04-23-008	민족의 승리 위하여 공동투쟁합시다 조소앙씨	전조선 제 정당사회단체 대표자 련석회의에서	4	
1948-04-23-009	토론(요지) 북조선로동당 리주연	전조선 제 정당사회단체 대표자 련석회의에서	4	
1948-04-23-010	토론(요지) 북조선천도교청우당 김정주	전조선 제 정당사회단체 대표자 련석회의에서	4	
1948-04-23-011	토론(요지) 남조선로동당 홍남표	전조선 제 정당사회단체 대표자 련석회의에서	4	
1948-04-23-012	토론(요지) 남조선민주애국청년동맹 임종철	전조선 제 정당사회단체 대표자 련석회의에서	5	
1948-04-23-013	토론(요지) 북조선민주녀성동맹 김귀선	전조선 제 정당사회단체 대표자 련석회의에서	5	
1948-04-23-014	토론(요지) 북조선민주당 정성언	전조선 제 정당사회단체 대표자 련석회의에서	5	
1948-04-23-015	지방활거주의사상과 무자비한 투쟁을 전개	홍원군당열성자회의	5	유헌
1948-04-23-016	인민들은 련석회의에 열렬한 축하를 드린다		5	김동천
1948-04-23-017	국가재산애호에 노력 생산률 제고 위해 투쟁	평양철도공장 당부총회	5	김전
1948-04-23-018	모든 형식주의를 일소 본신사업에 충실하자	고성군당열성자회의	5	최치목
1948-04-23-019	반동파의 허구날조를 반박	이태리민주주의인민전선의 성명	6	북조선통신
1948-04-23-020	민주신문들의 호외발행 금지		6	북조선통신
1948-04-23-021	투표를 강요하는 이태리기독교민주당		6	북조선통신
1948-04-23-022	이태리선거결과	레퓨블리카지의 자료	6	북조선통신
1948-04-23-023	이태리스켈바내상 선거법을 위반		6	북조선통신
1948-04-23-024	트리에스트에서 이태리파쑈테로		6	북조선통신
1948-04-23-025	분란의 공업생산 제고		6	북조선통신
1948-04-23-026	반쏘정책 흑심	반동이 지배하는 캐나다	6	북조선통신
1948-04-23-027	미군사시찰단		6	
1948-04-23-028	희랍민주군 련승	파르살시 등 요충을 공격	6	북조선통신
1948-04-23-029	징병제반대시위 전개	월레스지지학생위원회	6	북조선통신

기사번호	제목(title)	부제목(stitle)	면수	필자, 출처
1948-04-23-030	일본의 동맹파업운동		6	본사 국내외통신부
1948-04-23-031	칼라브리타 점령		6	북조선통신
1948-04-23-032	남경 상해 대학생 경찰과 충돌		6	북조선통신
1948-04-23-033	희랍애국자사형 반대	희정부에 항의	6	북조선통신
1948-04-23-034	미국'원조'로 독립을 상실		6	북조선통신
1948-04-23-035	왕당파정부 개조설		6	북조선통신
1948-04-23-036	캐나다근로인민 물가조정을 요구		6	북조선통신
1948-04-23-037	항가리소농당 당수에 도비씨 피선		6	북조선통신
1948-04-23-038	쏘련작곡가들 미영화회사에 항의		6	북조선통신
1948-04-23-039	싱가포르항 로동자파업		6	북조선통신
1948-04-23-040	라지오		6	
1948-04-23-041	극장안내		6	
1948-04-24-001	남조선단선단정 반대하는 20여 정당단체 토론에 참가	전조선정당사회단체련석회의(제3일)	1	북조선통신
1948-04-24-002	북조선인민회의 특별회의 28일에 소집		1	
1948-04-24-003	련석회의 경축하여 우량탄 더 많이 캐자	사리원탄광 로동자들	1	리성섭
1948-04-24-004	련석회의 개최 경축 증산의욕 더욱 앙양	북조선 각지에서	1	리의천
1948-04-24-005	당원들의 사상교양사업을 가강히 전개하자		1	
1948-04-24-006	남조선의 현 정치정세에 대한 보고 전조선 제 정당사회단체대표자련석회의(제2일)에서 진술	백남운	2	
1948-04-24-007	련석회의대표자들의 한때의 휴식		2	
1948-04-24-008	축사 청년대표 김진국	전조선 제 정당사회단체 대표자 련석회의에서	3	
1948-04-24-009	축사 혁명자유가족학원 강원식	전조선 제 정당사회단체 대표자 련석회의에서	3	
1948-04-24-010	단선단정의 지지자는 천추만대의 민족 역적 북조선로동당 김민산	전조선 제 정당사회단체 대표자 련석회의에서	3	
1948-04-24-011	김일성장군 지도밑에 전체 인민은 굳게 단결 인민공화당 윤성산	전조선 제 정당사회단체 대표자 련석회의에서	3	
1948-04-24-012	련석회의를 경축하는 청년대표들		3	
1948-04-24-013	련석회의를 경축하는 혁명자유가족학원 학생들		3	
1948-04-24-014	북조선인민정권은 남조선인민에게도 자기 정권 근로인민당 송강	전조선 제 정당사회단체 대표자 련석회의에서	4	
1948-04-24-015	김일성위원장 지도하에 북조선민주개혁은 승리 신진당 김충규	전조선 제 정당사회단체 대표자 련석회의에서	4	
1948-04-24-016	통일의 길로 결연히 나가자 한국독립당 조일문	전조선 제 정당사회단체 대표자 련석회의에서	4	

기사번호	제목(title)	부제목(stitle)	면수	필자, 출처
1948-04-24-017	우리 정치력량의 표현 리극로박사	전조선 제 정당사회단체 대표자 련석회의에서	4	
1948-04-24-018	강철같은 단결력으로 조국통일에 전진 맹세 북조선직업총동맹 최경덕	전조선 제 정당사회단체 대표자 련석회의에서	4	
1948-04-24-019	전체 애국인민총궐기 구국투쟁할 때는 왔다 조선로동조합 전국평의회 허성택	전조선 제 정당사회단체 대표자 련석회의에서	4	
1948-04-24-020	소아버리고 대동 돌진하자 사회민주당 류해붕	전조선 제 정당사회단체 대표자 련석회의에서	4	
1948-04-24-021	좌우를 물론하고 민주력량을 총집결하자 민중동맹 황욱	전조선 제 정당사회단체 대표자 련석회의에서	5	
1948-04-24-022	남조선녀성은 단선반대투쟁에 총력량 집주한다 남조선민주녀맹 김옥희	전조선 제 정당사회단체 대표자 련석회의에서	5	
1948-04-24-023	단정반대의 통일적투쟁에 기독교인은 일익을 담당 남조선기독민주동맹 김창준	전조선 제 정당사회단체 대표자 련석회의에서	5	
1948-04-24-024	북조선문화예술의 찬연한 승리 북조선문예총 홍순철	전조선 제 정당사회단체 대표자 련석회의에서	5	
1948-04-24-025	남조선단선단정을 전조선청년은 거부한다 북조선민주청년동맹 리영섬	전조선 제 정당사회단체 대표자 련석회의에서	5	
1948-04-24-026	미국제국주의 침략기도는 반드시 파탄될 것이다 전국유교련맹 김응섭	전조선 제 정당사회단체 대표자 련석회의에서	5	
1948-04-24-027	재일60만 동포들도 구국투쟁에 적극 참가 재일본조선인련맹 리동민	전조선 제 정당사회단체 대표자 련석회의에서	5	
1948-04-24-028	반만년의 력사를 자력으로 사수 북조선불련 김세률	전조선 제 정당사회단체 대표자 련석회의에서	5	
1948-04-24-029	상원의원의 선거 총결 하원의원선거는 중간발표	이태리 내무성의 선거결과 발표	6	북조선통신
1948-04-24-030	인민진선 고립화하려던 반동적음모는 실패		6	북조선통신
1948-04-24-031	해남도에 해군기지 건설		6	북조선통신
1948-04-24-032	헌법초안을 토의	쁘라그군중대회	6	북조선통신
1948-04-24-033	오지리농장 로동자대표자회의		6	북조선통신
1948-04-24-034	월레스를 견결히 지지	콜럼버스학생과 시민	6	북조선통신
1948-04-24-035	일본인구 7천여만		6	북조선통신
1948-04-24-036	독일공업을 말살하려는 비소니아미국점령당국		6	북조선통신
1948-04-24-037	이란인민에게 인민당에서 호소		6	북조선통신
1948-04-24-038	오지리의 군비규정	대오외상대리회의에서	6	북조선통신
1948-04-24-039	드골의 연설에 불인민들 격분		6	북조선통신
1948-04-24-040	인도네시아민족전선회의		6	북조선통신
1948-04-24-041	항가리민주발전의 성과		6	통신부
1948-04-24-042	화란미국협회 쟈카르타에 설립		6	북조선통신
1948-04-24-043	쏘련영화제작자에 파란훈장 수여		6	북조선통신

기사번호	제목(title)	부제목(stitle)	면수	필자, 출처
1948-04-24-044	라지오		6	
1948-04-24-045	극장안내		6	
1948-04-24-046	『쏘련공산당사』 예약모집 광고		6	
1948-04-25-001	남북조선 제 정당사회단체련석회의에서	전조선동포에게 격함	1	
1948-04-25-002	조선정치정세에 관한 결정서와 전조선 인민에게 보내는 격문 채택	전조선정당사회단체대표자련석회의	2	북조선통신
1948-04-25-003	조선정치정세에 대한 결정서	전조선정당사회단체대표자련석회의	2	
1948-04-25-004	축사 녀성대표단	전조선정당사회단체대표자련석회의에서	2	
1948-04-25-005	김일성위원장에게 드리는 메쎄지	국영황해제철소 제1해탄로조업식	2	
1948-04-25-006	전민족의 의사를 표명하는 조선정세에 대한 력사적결정서를 만장일치로 통과하는 남북련석회의대표자들의 거수		2	
1948-04-25-007	련석회의를 경축하는 문화예술인들		2	
1948-04-25-008	련석회의를 경축하는 녀성대표단		2	
1948-04-25-009	황해제철소 동무들은 또하나의 승리를 쟁취	제1해탄로조업식 성대히 거행	3	신언철
1948-04-25-010	축사 북조선인민위원회 부위원장 김책	황해제철소 제1해탄로조업식에서	3	
1948-04-25-011	제1해탄로복구에 모범적역할을 논 동무들		3	
1948-04-25-012	남북련석회의대표자에게 올리는 시	김조규씨 랑독	3	북조선문학예술 가일동
1948-04-25-013	남북련석회의에 대한 따쓰통신의 보도		3	북조선통신
1948-04-25-014	레닌 탄생 78주년 쏘련 각지에서 성대히 기념		4	북조선통신
1948-04-25-015	베를린비행장 상공에서 쏘.영량국비행기 충돌	쏘련측 진상을 발표	4	북조선통신
1948-04-25-016	쏘련 파란간 조약체결 제3주년 량국 수상간 메쎄지 교환		4	북조선통신
1948-04-25-017	희민주군 전승		4	북조선통신
1948-04-25-018	상해철도로동자 항의		4	북조선통신
1948-04-25-019	쏘.분조약의 력사적의의		4	본사 국내외통신부
1948-04-25-020	파란 각 신문 환영의 론평		4	북조선통신
1948-04-25-021	월레스지지운동을 저해	미국의 반동적 제 신문	4	북조선통신
1948-04-25-022	이태리정부에 항의	쓸로베니아인민들	4	북조선통신
1948-04-25-023	프랑코특사 미국을 방문		4	북조선통신
1948-04-25-024	오지리금속제조공업을 와해시키는 미국 앞잡이들		4	북조선통신
1948-04-25-025	라지오		4	
1948-04-25-026	극장안내		4	

기사번호	제목(title)	부제목(stitle)	면수	필자, 출처
1948-04-25-027	『쏘련공산당사』 예약모집광고		4	
1948-04-26-001	망국적단서단정 단연 분쇄 통일자주독립의 위력 선양	련석회의지지 평양시민대회	1, 2	김현석
1948-04-26-002	34만여군중의 행진	조국수호의 위력 시위	1, 3	김동천
1948-04-26-003	남북조선제정당사회단체대표자련석회의 지지 평양시민대회 결정서		1	
1948-04-26-004	축사 박헌영	련석회의지지 평양시민대회에서	2	
1948-04-26-005	축사 홍명희	련석회의지지 평양시민대회에서	2	
1948-04-26-006	축사 최용건	련석회의지지 평양시민대회에서	2	
1948-04-26-007	축사 리영	련석회의지지 평양시민대회에서	3	
1948-04-26-008	감격의 눈물 앞을 가리우고 자주독립의 확신 굳어졌다	남조선대표단 황해제철 시찰	3	김현석
1948-04-26-009	전체 당원이 분공하여 당적결정을 실천하자	명천군당열성자회의	3	현준극
1948-04-26-010	조국애에 불타는 정신을 자기 사업에 뚜 들어 넣자	평양철도기관구 당부총회	3	김전
1948-04-26-011	태만분자와 견결히 투쟁	평양우편국 세포총회	3	김전
1948-04-26-012	검열사업 강화하자	중앙은행의 세포총회	3	위찬길
1948-04-26-013	드골음모에 항의	마루세유에 일대 시위	4	북조선통신
1948-04-26-014	연안을 탈환	중국인민해방군	4	북조선통신
1948-04-26-015	미국 광부파업 확대	정부의 탄압에 격분	4	북조선통신
1948-04-26-016	북불광부 파업		4	북조선통신
1948-04-26-017	미국보잉항공기회사 종업원 1만 8천 파업		4	북조선통신
1948-04-26-018	항가리에서 음모단 발각		4	북조선통신
1948-04-26-019	불국정부대표단 체코수상과 회담		4	북조선통신
1948-04-26-020	체코인민들 불국대표를 환영		4	북조선통신
1948-04-26-021	학교에 관한 신법령 채택	체코인민회의	4	북조선통신
1948-04-26-022	팔레스티나신탁관리의 미국안총회에서 난항		4	북조선통신
1948-04-26-023	이태리상하원의 의원석 결정		4	북조선통신
1948-04-26-024	쏘.항 량국 조약비준문 교환		4	북조선통신
1948-04-26-025	몽고인민공화국의 금년도 예산안		4	북조선통신
1948-04-26-026	서독에서 화폐개혁실시?		4	북조선통신
1948-04-26-027	군대와의 충돌 계속	보고다시 물정소연	4	북조선통신
1948-04-26-028	라틴아메리카제국의 반민주정책		4	북조선통신
1948-04-26-029	불가리아와 희랍간의 관계		4	북조선통신
1948-04-26-030	극장안내		4	
1948-04-26-031	부고	북조선인민위원회 부위원장 홍기주선생 대인 홍창호옹	4	
1948-04-26-032	국제직련은 반동을 반대하는 근로계급의 보루이다	-쏘련직맹기관지의 론평-	4	

기사번호	제목(title)	부제목(stitle)	면수	필자, 출처
1948-04-27-001	5.1절표어	북조선민주주의민족통일전선 중앙위원회	1	
1948-04-27-002	사회주의쏘베트련방공화국정부와 북미합중국정부에 보내는 남북조선 제정당 사회단체대표자련석회의의 요청서		1	
1948-04-27-003	남북조선 56개 정당 사회단체 6백 95명 대표자 참석	남북련석회의대표자 심사결과	2	북조선통신
1948-04-27-004	전조선정당사회단체대표자련석회의 대표 자격심사위원회 보고	주녕하	2	
1948-04-27-005	전조선정당사회단체대표자련석회의 대표 자격심사위원회 심사보고에 대한 결정서		2	
1948-04-27-006	형식주의사업작풍과 투쟁할것을 굳게 맹세	영흥군당열성자회의	2	유현모
1948-04-27-007	국가법령을 수범실천 각 분야에 능수가 되자	성천군당열성자회의	2	김전
1948-04-27-008	교양사업을 강화	국영전기제작소 당부총회	2	위찬길
1948-04-27-009	당의 결정을 심각히 연구 자기 사업에 적극 구현화	룡강군당열성자회의	2	김전
1948-04-27-010	5.1절기념을 위하여 농민들도 증산에 궐기	북농맹상무위원회에서 결정	3	송학용
1948-04-27-011	기간단축계획량의 105.7% 목표로	평양곡산공장 동무들	3	김형기
1948-04-27-012	5.1절과 련석회의를 증산으로 기념하겠다	의주기계제작소 동무들	3	김지창
1948-04-27-013	기술전습을 가강히 하여 파사를 더욱 감소시키자	남포견직공장 동무들	3	정명걸
1948-04-27-014	화차정류시간 단축코 수송계획을 보장하자	평양역 종업원동무들	3	량수형
1948-04-27-015	김일성위원장 초대연에서 진술한 김규식 박사의 연설		3	
1948-04-27-016	인민정권의 옳바른 시책은 2백여만 문맹을 퇴치했다	문맹퇴치사업의 빛나는 성과	3	김동천
1948-04-27-017	목재생산에 싸우는 림산부문 로동자들	성진림산사업소 일군들	3	현준극
1948-04-27-018	공예작물의 수확고를 높이기 위하여 싸우자		3	
1948-04-27-019	선거는 위혁기만으로 진행 공산당은 선거후 더욱 강력	이태리공산당 총비서 담화 발표	4	북조선통신
1948-04-27-020	련합국결정의 리행을 태공 영미당국 베를린경제략탈	베를린회의에서 쏘대표 적발	4	북조선통신
1948-04-27-021	독일분활정책의 발동		4	통신부
1948-04-27-022	서부독일지대 항공로에 특별금지지대 설정		4	북조선통신
1948-04-27-023	신민주주의 제 국가에서의 산업국유화의 새로운 단계	『뜨루드』지의 론평	4	북조선통신
1948-04-27-024	체코슬로바키아직맹의 항의		4	북조선통신

기사번호	제목(title)	부제목(stitle)	면수	필자, 출처
1948-04-27-025	출판보도자유 국제회의 종막		4	북조선통신
1948-04-27-026	루국대인민회의 량조약을 비준		4	북조선통신
1948-04-27-027	화북 5대학 맹휴	학생에 대한 탄압에 항의	4	북조선통신
1948-04-27-028	체코국유화계획 확장		4	북조선통신
1948-04-27-029	극장안내		4	
1948-04-27-030	북조선로동당 중앙본부에서		4	
1948-04-28-001	생산기업소들에서 자기의 맹세를 어떻게 실행하고있는가		1	
1948-04-28-002	남조선단독선거와 단독정부수립에 대한 반대투쟁 대책	허헌	1	
1948-04-28-003	대의원등록 27일부터 개시	북조선인민회의 상임의원회 발표	1	
1948-04-28-004	혁명자유가족학원과 국립영화촬영소 시찰	남조선대표단일행	1	북조선통신
1948-04-28-005	황해도내 시 군 당열성자회의 높은 정치적수준에서 진행		2	박진선
1948-04-28-006	교양사업에 더욱 힘써 국가재산애호에 노력	회령군당열성자회의	2	심철
1948-04-28-007	남조선에서 경찰테로는 강화되고있다		2	본사 국내외통신부
1948-04-28-008	인민정권을 받들어서 농업생산에 주력하자	강서군당열성자회의	2	김전
1948-04-28-009	용감히 결점을 퇴치하고 당사업을 발전 강화하자	함주군당열성자회의	2	박경석
1948-04-28-010	사업상의 오유를 과감히 퇴치하자	청진성냥공장 세포총회	2	김소민
1948-04-28-011	조선림시헌법초안을 전조선인민 절대지지		3	김동천
1948-04-28-012	40일기념기간에 전공정 80% 복구	평양화학공장 동무들	3	량수형
1948-04-28-013	해탄로복구의 기세로 증산투쟁을 계속하자	황해제철소 동무들	3	신언철
1948-04-28-014	면화파종은 이렇게 하자		3	리의철
1948-04-28-015	국가계책임량을 174% 완수 맹세	해주기계제작소 동무들	3	박진선
1948-04-28-016	봉산군 화리부락 묘판락종을 완료		3	리성법
1948-04-28-017	대맥파종 완료코 만기작물파종에	순천군 농민들	3	송학용
1948-04-28-018	홍원군 보리파종 81%로 진척		3	유헌
1948-04-28-019	기계무사고운전과 증산으로 5.1기념	순천화학공장 동무들	3	신기관
1948-04-28-020	복구와 확장을 위한 황해제철 로동자 사무원 기술자들의 투쟁(1)		3	
1948-04-28-021	투표자들을 협박한 기독교민주당에 항의	이태리사회당 서기장 언명	4	북조선통신
1948-04-28-022	체코와 불가리아간에 우호협력조약 체결		4	북조선통신
1948-04-28-023	안보에 서한 전달	유태인기관에서	4	북조선통신
1948-04-28-024	트리에스트에서 파쑈분자 폭행		4	북조선통신
1948-04-28-025	희민주주의자에 대한 사형선언에 반대	미.쏘친선협회 항의	4	북조선통신
1948-04-28-026	5.1절시위를 준비	미국 각 로동단체에서	4	북조선통신

기사번호	제목(title)	부제목(stitle)	면수	필자, 출처
1948-04-28-027	생산제고로 5.1절기념	루국근로인민들	4	북조선통신
1948-04-28-028	비률빈정세		4	북조선통신
1948-04-28-029	일본광산로동자 24시간 파업 단행		4	북조선통신
1948-04-28-030	요네우찌.스즈끼 사거		4	북조선통신
1948-04-28-031	중국방직공장 고문에 미국인 임명		4	북조선통신
1948-04-28-032	로동자들의 파업으로 싱가폴항 마비상태		4	북조선통신
1948-04-28-033	영해공군 낙위근해에서 련습		4	북조선통신
1948-04-28-034	북부이란에 탄압령 발포		4	북조선통신
1948-04-28-035	카린치아영당국 전범자 석방		4	북조선통신
1948-04-28-036	루-마니아인민의 귀국을 영점령당국이 방해		4	북조선통신
1948-04-28-037	로전수상과 그의 비호자		4	통신부
1948-04-28-038	토이기교육상의 특별지시		4	북조선통신
1948-04-28-039	라지오		4	
1948-04-28-040	극장안내		4	
1948-04-28-041	『쏘련공산당사』 예약모집광고		4	
1948-04-29-001	더 높은 수확을 위하여 모든 력량을 바치자		1	
1948-04-29-002	련석회의 성공리 폐회 남북지도자회견 계속	북조선통신의 공식보도	1	
1948-04-29-003	련석회의결정과 격문 받들어 단선반대 투쟁에 인민들 궐기		1	
1948-04-29-004	련석회의 결정 지지하여 구국투쟁에 힘차게 전진	평양시내 기독교인대회	1	북조선통신
1948-04-29-005	미정부에 요청서 전달 위한 3대표 서울 향하여 출발		1	북조선통신
1948-04-29-006	농산물 더 많이 증산하여 단선흉계를 철저히 분쇄	남포시 해산리 농민 강시협씨	1	리의철
1948-04-29-007	김일성장군의 생가를 김구씨의 일행이 방문		1	북조선통신
1948-04-29-008	김장군의 훌륭한 령도에 최대의 경의를 표한다	민족대동회 위원장 김성규씨 담	1	
1948-04-29-009	북조선을 재인식 민간기업도 발전	신진당 선전부장 김충규씨 담	1	
1948-04-29-010	북조선에서 민족문화는 향상발전된다 남조선은 파산상태	리만규씨 담	1	
1948-04-29-011	춘기파종을 강력히 추진 녀맹사업협조 대책 강구	평남도당상무위원회	2	김전
1948-04-29-012	운하굴착과 제방공사에 적극 동원하여 협력하자	평양시당상무위원회 결정	2	위찬길
1948-04-29-013	전세계근로자들은 위대한 성과를 쟁취하고 금년 5.1절을 맞는다		2	본사 국내외통신부

기사번호	제목(title)	부제목(stitle)	면수	필자, 출처
1948-04-29-014	당문헌을 깊이 연구하며 세포생활을 가강히 하자	북청군당열성자회의	2	신봉
1948-04-29-015	세포의 핵심을 강화하고 당의 순결성을 보장하자	단천군당열성자회의	2	서득창
1948-04-29-016	자기 사상을 옳게 무장 조국이 부르는 길로 매진	풍산군당열성자회의	2	김의진
1948-04-29-017	당적자각성을 높이고 인민경제부흥에 노력	개천군당열성자회의	2	김전
1948-04-29-018	정상적인 증산운동으로 더 많은 석탄을 생산하자	사동탄광 로동자동무들	3	량수형
1948-04-29-019	기술전습강화로 생산증강을 보장	성진제강소 동무들	3	김소민
1948-04-29-020	폐차된 기관차를 5.1절안으로 재생	길주기관구 공작반동무들	3	박태화
1948-04-29-021	나날이 발전하고있는 직장의 군중문화사업	남포제련	3	신기관
1948-04-29-022	농산물증산으로서 로동자와 굳게 동맹	강서군 농민들	3	리문상
1948-04-29-023	기념증산운동을 6월말까지 계속	주을탄광 로동자들	3	현준극
1948-04-29-024	회령군 보리파종완료에 당원들의 핵심적역할		3	심철
1948-04-29-025	각 도의 춘경파종과 자급비료반출 활발		3	리의철
1948-04-29-026	춘경파종과 민주선전실	평남 강서	3	리문상
1948-04-29-027	복구와 증산을 위한 황해제철 로동자 사무원 기술자들의 투쟁(2)		3	
1948-04-29-028	미국 제3당운동 활발	국회의원립후보자를 추천	4	북조선통신
1948-04-29-029	투루맨지지자 점차로 감소		4	북조선통신
1948-04-29-030	미국의 반동정책을 월레스씨 폭로	전국사회사업가회의	4	북조선통신
1948-04-29-031	콜럼비아의 인민봉기는 미국에 대한 불만의 폭발	저명한 평론가의 성명	4	북조선통신
1948-04-29-032	아르메니아인대표단 영접회		4	북조선통신
1948-04-29-033	배상금 5백만딸라를 이태리대사 미정부에 수교		4	북조선통신
1948-04-29-034	유고슬라비아인민회의 개최		4	북조선통신
1948-04-29-035	'체코'공산당 신입당원 격증		4	북조선통신
1948-04-29-036	희랍에 대한 미국간섭		4	본사 국내외통신부
1948-04-29-037	소수민족을 박해하는 왕당파희정부에 항의	루마니아정부 각서 전달	4	북조선통신
1948-04-29-038	기독교민주당은 공화국헌법 위반	이태리공산당 제2비서 지적	4	북조선통신
1948-04-29-039	일본 각 도시에서 로동자시위 파업		4	북조선통신
1948-04-29-040	일본면직공업		4	북조선통신
1948-04-29-041	인도네시아와의 전투 계속을 요구	화란반동파	4	북조선통신
1948-04-29-042	영국철병연기를 의연 획책	팔레스티나에서	4	북조선통신
1948-04-29-043	라지오		4	

기사번호	제목(title)	부제목(stitle)	면수	필자, 출처
1948-04-29-044	극장안내		4	
1948-04-29-045	인쇄안내광고		4	로동신문사 업무국
1948-04-30-001	조선민주주의인민공화국 헌법초안에 관한 보고	조선림시헌법제정위원회 위원장 김두봉	1, 2, 3	
1948-04-30-002	조선민주주의인민공화국헌법초안에 관한 보고 청취	북조선인민회의 특별회의 제1일	1	북조선통신
1948-04-30-003	김일성장군은 영명한 지도자	조선어연구회 안영섭씨 담	3	
1948-04-30-004	남북회의결정의 성공적실천 확신	민중동맹 라승규씨 담	3	
1948-04-30-005	인민위원회는 통일정부의 기초	근로대중당 중앙위원장 강순씨 담	3	
1948-04-30-006	단선분쇄를 확신	민주학생총동맹 윤시형씨 담	3	
1948-04-30-007	복구와 확장을 위한 황해제철 로동자 사무원 기술자들의 투쟁(3)		3	
1948-04-30-008	5.1절과 관련하여 전세계근로자에 호소	국제직업련맹	4	북조선통신
1948-04-30-009	쏘.분간 통상조약 비준문서를 교환		4	북조선통신
1948-04-30-010	각국의 5.1절준비		4	북조선통신
1948-04-30-011	5.1절의 시위금지	서부쟈바에서	4	북조선통신
1948-04-30-012	트리에스트의 영미당국 방해		4	북조선통신
1948-04-30-013	중남미의 제 정부 시위탄압에 부심		4	북조선통신
1948-04-30-014	주쏘 서서전권대사 모쓰크바 도착		4	북조선통신
1948-04-30-015	파란 서전간에 통상조약 체결		4	북조선통신
1948-04-30-016	애국자를 대량살륙	희파시스트의 죄상	4	북조선통신
1948-04-30-017	국경사건 빈발	알바니아통신사 보도	4	북조선통신
1948-04-30-018	오지리에 의학자 파업		4	북조선통신
1948-04-30-019	전쟁을 선동하는 미독점단체 '쥬폰'		4	통신부
1948-04-30-020	라지오		4	
1948-04-30-021	극장안내		4	
1948-05-01-001	(쏘련인민의 수령 쓰딸린대원수)		1	
1948-05-01-002	쓰딸린대원수에게 보내는 축전	평양특별시 5.1절기념보고대회에서	1	
1948-05-01-003	남북조선 제 정당 사회단체 지도자들의 협의성립 공동성명서 발표		1	
1948-05-01-004	5.1절에 제하여		1	
1948-05-01-005	5.1절 기념보고 평양특별시 5.1절기념보고대회에서	주녕하	2, 3	
1948-05-01-006	통일독립쟁취 위하여 단선분쇄의 투지 결속	평양시 5.1절기념보고대회	2	김동천
1948-05-01-007	5.1절을 맞이하는 북조선어린이들 축하	쏘련 '삐오넬'로부터 편지	2	
1948-05-01-008	쏘련의 5.1절기념	사회주의적경쟁의 혁혁한 성과	4	북조선통신
1948-05-01-009	국제직련회의 참석차 쏘직맹대표단 출발		4	북조선통신

기사번호	제목(title)	부제목(stitle)	면수	필자, 출처
1948-05-01-010	쏘직맹대표단 로마에 도착		4	북조선통신
1948-05-01-011	독일사회통일당 위원장 담화 발표		4	북조선통신
1948-05-01-012	암스테르담에서 녀성시위		4	북조선통신
1948-05-01-013	불병 팔레스티나파견 반대		4	북조선통신
1948-05-01-014	콜롬비아사건속보 물적손해총액 5억딸라	보고타에서 사자 천 2백	4	북조선통신
1948-05-01-015	서전공산당 일익 장성		4	북조선통신
1948-05-01-016	미국면직물 독일인민에 공급		4	북조선통신
1948-05-01-017	토이기에서의 미영의 알륵		4	북조선통신
1948-05-01-018	장개석 총통에 당선		4	북조선통신
1948-05-01-019	쏘.분조약 비준	-분란의회에서-	4	북조선통신
1948-05-01-020	이태리사회당 중앙위원회 본회의 소집		4	북조선통신
1948-05-01-021	불가리아대표단 쁘라그 출발		4	북조선통신
1948-05-01-022	상해대공장들 광동 등지로 철수		4	북조선통신
1948-05-01-023	루마니아산업 전전수준을 초과		4	북조선통신
1948-05-01-024	정말에서 비밀군사단체 발각		4	북조선통신
1948-05-01-025	불법반항한 영장교 피살	유고국경에서	4	북조선통신
1948-05-01-026	보르네오민족단체 활동 활발		4	북조선통신
1948-05-01-027	마케도니아지구에서 희랍민주군 승세		4	북조선통신
1948-05-01-028	대오외상대리회의에 유고정부 각서 제출		4	북조선통신
1948-05-01-029	불정부 '체육제'에 금지령		4	북조선통신
1948-05-01-030	파리 16개국회의 총결		4	통신부
1948-05-01-031	해남도개발에 일본인 다수 사용		4	북조선통신
1948-05-01-032	싱가포르항 마비상태 계속		4	북조선통신
1948-05-01-033	극장안내		4	
1948-05-01-034	국장, 국기		부록 1	
1948-05-01-035	북조선인민회의 특별회의 결정서		부록 1	
1948-05-01-036	조선민주주의인민공화국 헌법초안		부록 1, 2	
1948-05-02-001	5.1절 만세!		1	
1948-05-02-002	김일성위원장께서 남조선신문기자단과 담화		1	
1948-05-02-003	5.1절기념군중대회	평양역두광장에서	1	
1948-05-02-004	5.1절기념 군중대회에서 진술한 최용건 총사령의 연설		2	
1948-05-02-005	축사 평양특별시 5.1절기념보고대회에서	꼬로드꼬브중장	2	
1948-05-02-006	5.1절기념 군중대회에 참가한 인민군대의 위용		2	
1948-05-02-007	토론과 축조심의를 거쳐 헌법초안 만장일치 통과	북조선인민회의 특별회의 폐회	3	북조선통신

기사번호	제목(title)	부제목(stitle)	면수	필자, 출처
1948-05-02-008	민주개혁의 전조선실시를 보장하는 헌법 초안을 절대지지	정준택	3	
1948-05-02-009	우리의 헌법초안은 남조선인민들의 등대	로동자 윤상만	3	
1948-05-02-010	무수정통과를 요망한다	농민 인리극	3	
1948-05-02-011	농촌녀성의 한사람으로 헌법초안을 전적 지지	녀성 박천일	3	
1948-05-02-012	헌법초안은 통일국가의 사상적기초	문화인 리면상	3	
1948-05-02-013	계획량을 초과완수하여 련석회의의 성 과를 보장	평양곡산공장 로동자 박정현씨	3	신기관
1948-05-02-014	37만여군중 대진군 반동분쇄의 투지 시위		4	
1948-05-02-015	우리 민족의 앞날 튼튼하게 보장	허헌씨	4	
1948-05-02-016	국방의 유력한 힘	김구씨	4	
1948-05-02-017	반가움과 희망을 우리들에게 준다	김규식씨	4	
1948-05-02-018	민족적자부심을 더욱 굳게 하였다	리극로씨	4	
1948-05-02-019	환희와 결의로 맞는 5.1절	로동자들의 행진	4	
1948-05-02-020	환희와 결의로 맞는 5.1절	농군들의 행진	4	
1948-05-02-021	5.1절과 로동일가	정창고무공장 강룡녀동무의 가정	4	
1948-05-02-022	영예의 포상장 쟁취한 모범직장 신창 탄광		5	김동천
1948-05-02-023	답사	신창탄광 로동자 기술자 사무 원 대표 최두식	5	
1948-05-02-024	수기사	북조선인민위원회 부위원장 김책	5	
1948-05-02-025	순전히 우리의 손으로 뜨락또르를 거의 완성	평양자동차공장 동무들의 기념 투쟁	5	김형기
1948-05-02-026	조국의 통일을 위하여 증산에 분기한 농 민들	황해도의 5.1절 증산기념	5	박진선
1948-05-02-027	5.1절 증산투쟁은 일산량 27% 제고	평양견직공장 동무들	5	김형기
1948-05-02-028	강원도 농민들 모판파종 활발		5	송학용
1948-05-02-029	북조선 제1위로서 면화파종 초과 완료	평남 중화군 양정면 농민들	5	김달수
1948-05-02-030	학성군 농민들 모판락종 개시		5	김영복
1948-05-02-031	다뉴브강 관리문제 등 검토	불가리아정부대표단의 체코방문 에 관한 콤뮤니케	6	북조선통신
1948-05-02-032	불가리아정부대표단 귀환		6	북조선통신
1948-05-02-033	5.1절 경축준비 방해	백림 미, 영점령당국	6	북조선통신
1948-05-02-034	5.1절에 공무원에 상금 지급	체코슬로바키아	6	북조선통신
1948-05-02-035	영남부 웨일스광부들 분개		6	북조선통신
1948-05-02-036	불해원로조 파업		6	북조선통신
1948-05-02-037	미국경제공황 절박	로동통계국장의 연설	6	북조선통신
1948-05-02-038	영로동당의 출당처분		6	북조선통신
1948-05-02-039	이태리파쑈분자들이 민주주의진영에 폭행		6	북조선통신

기사번호	제목(title)	부제목(stitle)	면수	필자, 출처
1948-05-02-040	드골당원 무기 은닉		6	북조선통신
1948-05-02-041	전 미일상무관들이 일본에 합동회사 설치		6	북조선통신
1948-05-02-042	일본전국전기로조지도부에 공산당원들 피선		6	북조선통신
1948-05-02-043	호주 미국의 대일정책 반대		6	북조선통신
1948-05-02-044	향항경찰당국 중국청년 사형		6	북조선통신
1948-05-02-045	제네바에서 개최되었던 출판보도자유국 제회의		6	통신부
1948-05-02-046	체신로조 동경지부장을 미국관리가 고문		6	북조선통신
1948-05-02-047	오지리지식인의 비참한 생활형편		6	북조선통신
1948-05-02-048	항가리정부의 특별권한 연장		6	북조선통신
1948-05-02-049	민주운동탄압령 애급정부의회에 제출		6	북조선통신
1948-05-02-050	서반아게릴라부대 활약		6	북조선통신
1948-05-02-051	소수민족박해에 루국인민들 격노		6	북조선통신
1948-05-02-052	화.인전투 계속		6	북조선통신
1948-05-02-053	마샬안 론난	오공산당 지도자들	6	북조선통신
1948-05-02-054	극장안내		6	
1948-05-05-001	조선민주주의인민공화국 헌법초안의 력 사적결정		1	
1948-05-05-002	책임량의 초과달성은 단선반대의 유일 한 길	국영 청진방적공장 로동자들	1	현준극
1948-05-05-003	평양을 떠나면서 김구씨 기자단과 일문 일답		1	북조선통신
1948-05-05-004	북조선은 조국건설의 토대 단선반대투 쟁은 승리한다	근로대중당 김용원씨 담	1	
1948-05-05-005	단선반대투쟁의 거탄이 되겠다	강원도 및 원산시민전열성자회의	1	박중선
1948-05-05-006	일본정부 조선동포박해 극심 조선인학교 전부에 폐쇄령	각지서 재일동포항쟁 치렬	1	북조선통신
1948-05-05-007	미점령군당국 신호에 계엄령		1	북조선통신
1948-05-05-008	조선인지도자를 군사재판에 회부	미군사령관의 언명	1	북조선통신
1948-05-05-009	동경조선청년대표들 문상에게 요구조건 제출		1	북조선통신
1948-05-05-010	과학적공산주의의 창시자 칼.맑스	그의 탄생 130주년에 제하여	2	
1948-05-05-011	쏘련출판물기념일에 제하여		2	
1948-05-05-012	남조선인민들의 민주주의적권리는 더욱 폭압되고있다		2	
1948-05-05-013	평북도의 증산운동 성과적으로 진행		3	최영환
1948-05-05-014	3각경쟁운동으로 일산 21%를 높여	청진제철소 동무들	3	김소민
1948-05-05-015	더 높은 승리를 위한 신창탄광의 증산전		3	량수형
1948-05-05-016	5.1절을 경축하는 체육대회 대성황	평양시에서	3	신기관
1948-05-05-017	전북조선방방곡곡에 5.1절경축일색		3	북조선통신, 리성섭, 최영환

기사번호	제목(title)	부제목(stitle)	면수	필자, 출처
1948-05-05-018	룡강군 농민들 면화파종 102% 완수		3	오학균
1948-05-05-019	조기작물파종 완료 만기작물파종 활발	평남 평원군 농민들	3	리의철
1948-05-05-020	잠견증산을 위한 녀맹원들의 투쟁	함북 학성군내 녀맹원들	3	김영복
1948-05-05-021	평원군 숙천에서 벌써 이앙을 개시		3	리의철
1948-05-05-022	군내에서 제일먼저 모판파종 완료	삭주군에서	3	김원식
1948-05-05-023	남조선미군정의 혹심한 언론탄압		3	북조선통신
1948-05-05-024	단선을 반대하여 목포에 봉화투쟁		3	북조선통신
1948-05-05-025	파탄의 일로 걷는 남조선산업 구출	남조선산업기술원 궐기	3	북조선통신
1948-05-05-026	전통적대관병식 거행	모쓰크바시위참가자 백만	4	북조선통신
1948-05-05-027	동경에 백만 참집		4	북조선통신
1948-05-05-028	군대의 일대행렬로 시작	부카레스트에 50만시민 참가	4	북조선통신
1948-05-05-029	브룻셀시위에 5만명 참가		4	북조선통신
1948-05-05-030	민주주의 위한 헌신 맹세	쁘라그에 40만시민 참가	4	북조선통신
1948-05-05-031	국제직련중앙위원도 참석	로마로동자 자유를 절규	4	북조선통신
1948-05-05-032	희왕당군지역에는 시위 금지		4	북조선통신
1948-05-05-033	전쟁상인과의 투쟁을 맹세	쏘피아에 30만명이상 동원	4	북조선통신
1948-05-05-034	화란 각 도시에 시위		4	북조선통신
1948-05-05-035	대오외상대리회의에서 유고대표 편입을 요구		4	북조선통신
1948-05-05-036	유고와 오지리 대표 결정적인 성명을 발표		4	북조선통신
1948-05-05-037	라지오		4	
1948-05-05-038	극장안내		4	
1948-05-06-001	전조선 제 정당 사회단체대표자련석회의는 거대한 성과를 거두고 종결되었다		1	
1948-05-06-002	국련조선위원단에서 남조선단독선거를 감시하기로 결정한데 대한 남조선단선반대투쟁전국위원회 성명서		1	
1948-05-06-003	오늘의 우리 목표는 통일자주독립 쟁취	평양기관구 로동자 강학준씨	1	신언철
1948-05-06-004	춘기파종 빨리하고 더한층 힘있게 투쟁	평남 대동군 남형제산면 농민 한원석씨	1	위찬길
1948-05-06-005	조선에 관한 따쓰의 보도	북조선인민회의 특별회의에 관하여	1	북조선통신
1948-05-06-006	조선에 관한 따쓰의 보도	남북조선 제 정당 사회단체지도자회의에 관하여	1	북조선통신
1948-05-06-007	5.1절을 축하	쏘련반파쑈위원회 북조선민청에 서한	1	
1948-05-06-008	북조선민청에서 세계민청에 서한		1	북조선통신
1948-05-06-009	남북조선 제 정당 사회단체대표자련석회의는 성공적으로 종결되었다		2	박창옥
1948-05-06-010	자체교양에 더욱 힘쓰자	양덕군당열성자회의	2	김전
1948-05-06-011	비판적정신위에서 진행	경성군당열성자회의	2	류하룡
1948-05-06-012	세포생활과 일상생활을 결부시켜 실천함이 긴요	룡천군당열성자회의	2	용삼
1948-05-06-013	무수한 창의창안으로 원가저하와 증산을 보장	평남 강선제강소 동무들	3	리문상
1948-05-06-014	1만 5천키로조상기를 복구한 제1변전소 원들	전기처 평양송전부에서	3	김형기
1948-05-06-015	보이라의 생명인 주수기를 창안	평양철도 서동균동무	3	신언철
1948-05-06-016	평남 면화파종 활발	1군 5개면이 완수	3	송학용
1948-05-06-017	련석회의를 경축하여 춘기파종을 전부 완료	개천군 조양면 류등룡농민	3	리의철
1948-05-06-018	온상모로 이앙을 끝내인 벼모는 훈풍에 나부낀다	평원군 숙천면 당하리에서	3	리의철
1948-05-06-019	개천군 전체 농민들의 춘경파종을 위한 투쟁	피 100% 면화 63% 파종 진척	3	송학용
1948-05-06-020	5.1절 기념하는 직장연극써클 평양시경연대회		3	김인숙
1948-05-06-021	북조선건설에 경의불금	리극로씨 담	3	북조선통신
1948-05-06-022	조선민족은 분렬되지 않을것이다	홍명희씨 담	3	북조선통신
1948-05-06-023	민주건설의 조건을 만들어준 쏘련군대에 감사	사회민주당 장권씨 담	3	북조선통신
1948-05-06-024	육류통졸임공업의 10만로동자 파업	미국	4	북조선통신
1948-05-06-025	항공기회사 로동자 파업	미국	4	북조선통신
1948-05-06-026	미기관차로조 파업단행 결정		4	북조선통신
1948-05-06-027	미국의 철도수송 마비상태에 봉착		4	북조선통신
1948-05-06-028	팔레스티나신탁관리의 미국제의를 재토의	유엔정치위원회	4	북조선통신
1948-05-06-029	미국 기도 로정		4	북조선통신
1948-05-06-030	체코슬로바키아문제를 재심의	안전보장리사회	4	북조선통신
1948-05-06-031	공동투쟁 계속을 결의	이 인민전선산하 정당단체회의	4	북조선통신
1948-05-06-032	면전반동정부 애국자를 학살		4	북조선통신
1948-05-06-033	불.서간에 재정협정 협의		4	북조선통신
1948-05-06-034	파리에 백만 참집	5.1절경축	4	북조선통신
1948-05-06-035	각 정당 공동으로 와르샤와에 시위	5.1절경축	4	북조선통신
1948-05-06-036	독일근로자 70만 참가	5.1절경축	4	북조선통신
1948-05-06-037	오지리에도 대시위	5.1절경축	4	북조선통신
1948-05-06-038	유고의 동포와의 재합을 요구	슬로베니아해방전선 외상대리회의에 각서	4	북조선통신
1948-05-06-039	슬로베니아해방전선 위원장의 성명		4	북조선통신
1948-05-06-040	런던에 대표파견을 결정	슬로베니아해방전선	4	북조선통신
1948-05-06-041	토이기 각 항에 미 무기 륙양		4	북조선통신
1948-05-06-042	라지오		4	

기사번호	제목(title)	부제목(stitle)	면수	필자, 출처
1948-05-06-043	극장안내		4	
1948-05-06-044	『쏘련공산당사』 예약모집광고		4	
1948-05-06-045	근로자		4	
1948-05-07-001	당적지도에 있어서 검열사업을 강화하자		1	
1948-05-07-002	남조선반동단선 분쇄하자!	5.1절에 제하여 남조선로동당 인민에게 호소	1	
1948-05-07-003	남조선송전문제에 관하여 산업국장 리문환씨 성명		1	
1948-05-07-004	전체 력량 집결하여 통일정부 쟁취한다	평북 신의주시민들	1	최영환
1948-05-07-005	조국과 인민을 위하여 침략책동 철저히 분쇄	김일성대학 력사문학부 문회장군	1	김형기
1948-05-07-006	공포와 질식의 환경속에 '자유분위기'가 있는가?	정체폭로된 '유엔조선위원단'	1	북조선통신
1948-05-07-007	분활정책 합리화시키는 기관	민중동맹 담	1	
1948-05-07-008	단선은 조선의 전통과 자유를 멸시한다	사회민주당 담	1	
1948-05-07-009	련석회의에 참석한 남조선대표들 체포	남조선반동경찰에서	1	북조선통신
1948-05-07-010	서울에서 단선반대봉화	북악산 등에서 화광 충천	1	북조선통신
1948-05-07-011	남조선인민들은 단선단정을 반대하여 이렇게 투쟁하고있다		2	신염
1948-05-07-012	전당대회문헌을 깊이 연구코 그의 실천을 일층 강력히 하라	평남도당상무위원회	2	김전
1948-05-07-013	세포강화에 적극 주력	화천군당 사업은 개진	2	리응직
1948-05-07-014	관료주의사상과 투쟁	서구사무소 세포원들	2	김전
1948-05-07-015	비방과 날조는 반동분자들의 졸렬한 유일의 선동무기다		2	본사 국내외통신부
1948-05-07-016	황해도의 춘경파종과 양잠을 위한 투쟁 격렬	안악군 면화 조 수수 등 파종 완료	3	박진선
1948-05-07-017	농산물증산을 위하여 싸우는 성천군 농민들		3	리의철
1948-05-07-018	북조선 5.1절기념시위에 4백 66만여군중 참가		3	북조선통신
1948-05-07-019	강원도의 모판파종 북조선 1위로 완료		3	송학용
1948-05-07-020	행복한 살림을 꾸미는 이주민부락의 모습	평원군 평원면 화림리	3	리의철
1948-05-07-021	인민위원회포상에 빛나는 신창탄광	우승기환영대회	3	김형기
1948-05-07-022	기계대수리 끝내고 5.1절증산에 돌격	평양산소공장 동무들	3	김형기
1948-05-07-023	5.1절 증산계획을 111% 초과 실행	평양곡산공장 동무들	3	김형기
1948-05-07-024	5.1절을 기념하여 편직기 52대 갱생	국영 평양 제2양말공장	3	김진억
1948-05-07-025	탁아소의 하루	평양 3.8탁아소	3	리문상
1948-05-07-026	제3차 국가공채 발행	쏘련내각에서 결정	4	북조선통신
1948-05-07-027	제3차 국가공채 발행	각 공장에서 환영	4	북조선통신
1948-05-07-028	제3차 국가공채 발행	직장대회 열고 공채 환영	4	북조선통신
1948-05-07-029	쏘련작가들 공채응모에 제1위		4	북조선통신

기사번호	제목(title)	부제목(stitle)	면수	필자, 출처
1948-05-07-030	헬싱키직맹 주최로 3만여명 동원	5.1절에 즈음하여	4	북조선통신
1948-05-07-031	일본각지 시위	5.1절에 즈음하여	4	북조선통신
1948-05-07-032	호주에 시위	5.1절에 즈음하여	4	북조선통신
1948-05-07-033	로동운동탄압 반대	동경에 항의대회	4	북조선통신
1948-05-07-034	미국에 태풍		4	북조선통신
1948-05-07-035	윈나에서 미군 폭행		4	북조선통신
1948-05-07-036	일본 아오모리현에 미항공기지		4	북조선통신
1948-05-07-037	일본병력을 부활 쏘련측 미국기도 론박	대일련합국리사회	4	북조선통신
1948-05-07-038	제3차 유엔구라파경제위원회 개최	제네바에서	4	북조선통신
1948-05-07-039	쏘련과 파키스탄간 외교관계 설정		4	북조선통신
1948-05-07-040	호주주재 쏘련전권대사 임명		4	북조선통신
1948-05-07-041	전쟁방화자에 복무하는 '유엔빨간위원회'		4	본사 국내외통신부
1948-05-07-042	라지오		4	
1948-05-07-043	극장안내		4	
1948-05-07-044	『쏘련공산당사』 예약모집광고		4	
1948-05-07-045	근로자		4	
1948-05-08-001	쏘련정부는 조선에서 자기 군대를 철거할데 대하여 여전히 준비되여있다		1	
1948-05-08-002	쏘미량국 정부에 보낸 남북조선 제 정당 사회단체대표자련석회의 요청서에 대한 쏘련정부의 대답	김두봉씨에게	1	
1948-05-08-003	남조선전력공급문제에 관한 김책 부위원장의 담화		1	
1948-05-08-004	인민정권 받들어 단선분쇄에 전력	평양시 미림리 농민들	1	송학용
1948-05-08-005	민주건설의 공고발전은 통일자주독립쟁취의 힘	소설가 최명익씨	1	김인숙
1948-05-08-006	반동탄압하 남조선 5.1절	로동자선두로 단선분쇄 맹세	1	북조선통신
1948-05-08-007	삼각산에 오른 봉화	격화되는 단선반대투쟁	1	북조선통신
1948-05-08-008	남조선인민들은 단선을 결사적으로 배격한다		2	백인준
1948-05-08-009	실패로 돌아간 미군의 선동		2	본사 국내외통신부
1948-05-08-010	'향보단'에 들라는 위협 못이겨 입북	경기도 려주군 강천면 거르리 한양해씨	2	북조선통신
1948-05-08-011	학생들 단선반대에 궐기	남조선경찰 탄압에 광분	2	북조선통신
1948-05-08-012	선거반대자는 무차별 사살	경성시 돈암동 65 김상필씨	2	북조선통신
1948-05-08-013	단선반대투쟁을 폭압불구코 전개	경성시 리화동 김용성씨	2	북조선통신
1948-05-08-014	관개제방공사를 위한 북조선농민들의 투쟁		3	오학균
1948-05-08-015	영흥군 률산축제공사는 천여정보를 안전옥토로	함남	3	

기사번호	제목(title)	부제목(stitle)	면수	필자, 출처
1948-05-08-016	5천여정보를 옥답화 10여만석 증수 위한 투쟁	황해도	3	
1948-05-08-017	정주군의 제방공사 활발 황초평 또 8백정보 개간	평북	3	
1948-05-08-018	천 9백여정보 관개공사 이앙전으로 완료 예견	평남	3	리문상
1948-05-08-019	면양생산 102% 육성률 100% 완수	함북 온성종양장의 성과	3	리의철
1948-05-08-020	더 높은 수확을 위하여 관개공사를 하는 기쁨	강원	3	
1948-05-08-021	1천4백여정보를 개간 2천여톤 미곡증수 확보	함북	3	
1948-05-08-022	일식	오는 9일 전조선일대에	3	김동천
1948-05-08-023	련석회의결정을 지지 단선단정을 결사반대	남조선 각 정당단체에서 성명	3	
1948-05-08-024	쏘대표 미영음모를 폭로	구라파경제위원회에서	4	북조선통신
1948-05-08-025	영미대독정책의 도구화하는 구라파경제위원회		4	북조선통신
1948-05-08-026	미국산업단체협의회 서기장의 날조 성명	쏘련직맹 꾸즈네쪼브씨 반박	4	북조선통신
1948-05-08-027	부대통령립후보 테일러 파시스트횡행을 론박		4	북조선통신
1948-05-08-028	프랑코서반아 애국자에 흑형		4	북조선통신
1948-05-08-029	장개석의 독재 배격	민동 등 백이십 단체 결의	4	북조선통신
1948-05-08-030	중국 '부대통령'에 리종인 피선		4	북조선통신
1948-05-08-031	국부 위기에 직면	자체내부분렬의 기색	4	북조선통신
1948-05-08-032	쏘베트점령 독일지대의 산업경제 급속 부흥		4	북조선통신
1948-05-08-033	파란석탄 증산		4	북조선통신
1948-05-08-034	미공산당수 성명		4	북조선통신
1948-05-08-035	영국실업자 증가		4	북조선통신
1948-05-08-036	쏘련 5.1절인상담	독일저명작가	4	북조선통신
1948-05-08-037	백이의내각 사직		4	북조선통신
1948-05-08-038	서독에 파업 전개	-식량사정 악화에 기인-	4	북조선통신
1948-05-08-039	화란해군의 략탈행위		4	북조선통신
1948-05-08-040	서부독일공산당 개칭		4	북조선통신
1948-05-08-041	희랍왕당파가 대량사형 집행		4	북조선통신
1948-05-08-042	탄광로동자들 파업기세		4	북조선통신
1948-05-08-043	미국진보적세력의 장성		4	본사 국내외통신부
1948-05-08-044	극장안내		4	
1948-05-09-001	남조선단선에 대타격을 주는 쏘련정부의 대답		1	

기사번호	제목(title)	부제목(stitle)	면수	필자, 출처
1948-05-09-002	조선인민의 친근한 벗인 쏘련외상 브.므.몰로또브씨에게	파쑈독일격멸 제3주년 평양시 전승기념보고대회	1	
1948-05-09-003	히틀러독일격멸 3주년 평양시기념보고대회		1	김인숙
1948-05-09-004	강력한 민주력량의 장성은 반드시 승리를 쟁취한다!	평양지구 철도종업원들	1	신언철
1948-05-09-005	인민정권 튼튼히 받들어 단선분쇄에 총궐기하자	평양시 동구 시민들	1	리동천
1948-05-09-006	자주독립 촉진하는 증산에 더욱 힘쓰자	평양곡산공장 종업원들	1	김형기
1948-05-09-007	하지중장에게 보내는 공개서한		2	
1948-05-09-008	히틀러독일분쇄에 있어서 쏘베트군대의 위대한 공헌	대독전승기념일에 제하여	2	
1948-05-09-009	미침략자들의 흉악한 기도와 남조선인민들의 구국투쟁	남조선단독선거는 테로밑에 준비된다	3	본사 국내외통신부
1948-05-09-010	미침략자들의 흉악한 기도와 남조선인민들의 구국투쟁	남조선인민들은 단선을 절대반대	3	본사 국내외통신부
1948-05-09-011	남조선단선은 친일파에게 정권을 장악시키는데 그 목적이 있다		3	신염
1948-05-09-012	'유엔위원단'의 유람식'감시'		3	본사선전부
1948-05-09-013	제주도인민들의 단선반대항쟁	전투개시 선언한 반동무장대 대대적인 인민도살을 감행한다	4	북조선통신
1948-05-09-014	남조선단독선거 앞두고 남조선천지는 망국풍경		4	북조선통신
1948-05-09-015	최후수단으로 탄압 회유		4	북조선통신
1948-05-09-016	기관총으로 조성하는 미국식의 자유분위기		4	북조선통신
1948-05-09-017	이것이 자유냐?	외출도 가두방관도 불허	4	북조선통신
1948-05-09-018	하지의 서투른 연극은 인민을 기만하지 못한다		4	본사선전부
1948-05-09-019	남조선은 단선폭압에 전률	악질경찰특별행동대 출현	4	북조선통신
1948-05-09-020	미국군 인천을 중심으로 공중사격연습 실시 계획		4	북조선통신
1948-05-09-021	초저녁부터 통행금지	맹장염환자도 금족	4	북조선통신
1948-05-09-022	단독선거 반대코 군산중학 맹휴		4	북조선통신
1948-05-09-023	흑백		4	본사 국내외통신부
1948-05-11-001	문학예술인들의 당면과업		1	
1948-05-11-002	공포와 주검의 장막 뚫고 남조선인민들 총분기		1	북조선통신
1948-05-11-003	남조선전력공급문제에 관한 북조선인민위원회 김책 부위원장의 성명		1	
1948-05-11-004	삼엄한 경계리에 '선거'투표 개시		1	북조선통신

기사번호	제목(title)	부제목(stitle)	면수	필자, 출처
1948-05-11-005	화물자동차에 만재한 미군경비대와 테로단을 부락에 파견		1	북조선통신
1948-05-11-006	남조선은 전쟁분위기 전남 경남 지방에서 다수인민 살상	각처에 지뢰까지 부설	1	북조선통신
1948-05-11-007	비행기기동부대 인민 위협	몽둥이 든 향보단 부락 횡행	1	북조선통신
1948-05-11-008	비약적발전을 보게 된 서평양철도공장 사업	공장당부의 협조 활발	2	김전
1948-05-11-009	김대건축사업을 촉진 당단체협조사업 토의	평양시당 상무위원회	2	위찬길
1948-05-11-010	전당대회결정을 옳게 파악	고성군당산하 당단체 정형	2	최치목
1948-05-11-011	당정치교양사업의 강화	국영 선교련탄공장당부	2	김전
1948-05-11-012	검열사업을 강화하며 정치교양사업을 추진	평양해운사업소세포	2	위찬길
1948-05-11-013	당세포회의에 정치적내용을 더욱 부여하자		2	김일홍
1948-05-11-014	당이 요구하는 수준을 쟁취	평원군 춘파 성과있게 진행	2	리의철
1948-05-11-015	당단체들의 적극추동으로 룡강군 춘경 파종성과 막대		2	송학용
1948-05-11-016	미제국주의침략정책을 반대하여 끝끝내 싸우자	평양철도공장 종업원들	3	위찬길
1948-05-11-017	쏘련의 성의있는 원조에 민족적인 감사를 드린다	평양견직공장 종업원들	3	김전
1948-05-11-018	굳게 뭉친 민주력량으로 최후의 승리 반드시 쟁취	평양전차사업소 종업원들	3	김진억
1948-05-11-019	10일간계획량의 소금을 365.6%로 초과 달성	광량만제염소 동무들	3	신기관
1948-05-11-020	년간화물수송량을 보장하기 위하여	평양철도공장 동무들	3	신언철
1948-05-11-021	우리 당원의 모범적역할 락후성을 퇴치하는 길로	평양기계제작소 동무들	3	김형기
1948-05-11-022	복구건설과 문화시설에 싸우는 기양화학종업원		3	리문상
1948-05-11-023	남조선해안경비대원들 경관들과 충돌전투 계속		3	북조선통신
1948-05-11-024	삼팔선상공에서 미군비행기 선회		3	북조선통신
1948-05-11-025	날로 장성되여가는 조쏘문화협회 사업		3	김동천
1948-05-11-026	팔레스티나분할을 부인하는 영국의 신제안을 토의	유엔정치위원회	4	북조선통신
1948-05-11-027	마케도니아지구에서 민주군 전과 혁혁		4	북조선통신
1948-05-11-028	민주군의 승세	자유희랍방송국 보도	4	북조선통신
1948-05-11-029	체코선거전 5월 9일부터 개시		4	북조선통신
1948-05-11-030	상해 통화시세		4	북조선통신
1948-05-11-031	유고거류민을 이 당국 불법구금		4	북조선통신

기사번호	제목(title)	부제목(stitle)	면수	필자, 출처
1948-05-11-032	서독의 파업 격화	영국점령지대에 파업자 60만명	4	북조선통신
1948-05-11-033	총파업은 절박	『베르리나 차이퉁』지 지적	4	북조선통신
1948-05-11-034	점차 심각화		4	북조선통신
1948-05-11-035	희랍에 사형선풍 계속		4	북조선통신
1948-05-11-036	불로홍에서 항의		4	북조선통신
1948-05-11-037	애국자사형에 루국 녀성 항의		4	북조선통신
1948-05-11-038	반공산주의법안을 반대	미국에 항의운동 치렬	4	북조선통신
1948-05-11-039	루마니아 춘기파종		4	북조선통신
1948-05-11-040	라틴아메리카에 대한 미반동의 신책동		4	북조선통신
1948-05-11-041	일본공산당에 신입당원 증가		4	북조선통신
1948-05-11-042	루마니아공업 전전수준을 돌파		4	북조선통신
1948-05-11-043	어떻게 미제국주의자들은 이 선거에 간섭하였던가?		4	본사 국내외통신부
1948-05-11-044	라지오		4	
1948-05-11-045	극장안내		4	
1948-05-11-046	책광고		4	로동당출판사
1948-05-12-001	쏘미량군철거에 관한 쏘련정부의 대답을 조선인민은 무한한 감격으로 맞이한다		1	
1948-05-12-002	일제총검을 리용하려는 미제국주의자들의 흉계	북조선로동당 부위원장 주녕하동지 담	1	
1948-05-12-003	폭거를 응징하는 투쟁으로 국내외 반동파를 타도하자	북조선천도교청우당 부위원장 박윤길씨 담	1	
1948-05-12-004	이들의 야만적폭거는 전민족적인 굴욕이다	북조선민주당 당수 최용건씨 담	1	
1948-05-12-005	5월 8일 오전 8시에 단선반대총파업 선언	하지중장에게 각서 수교	1	
1948-05-12-006	전당대회의 제반문헌은 민주건설의 사상적무기	함남도당단체 사업 활발히 진척	2	박경석
1948-05-12-007	교양사업을 강화하며 경제건설사업에 매진	사동탄광 련탄공장당부	2	위찬길
1948-05-12-008	당내의 이색분자를 숙청 현동리세포 활기띤 전진	원산시당부 검열사업 주효	2	량수형
1948-05-12-009	민청사업을 더욱 강화하자		2	김인숙
1948-05-12-010	남북련석회의의 성과 찬양코 남조선에 대한 미정책을 론박	이즈베스치아지 평론가의 론평	2	북조선통신
1948-05-12-011	남조선단선반대항쟁 남조선전역에 일층 치렬		3	북조선통신
1948-05-12-012	서울 전체 대학 전문 중등 학교 동맹휴학		3	북조선통신
1948-05-12-013	서울은 전률의 거리 미군비행기만 시위	조선통신의 보도	3	북조선통신
1948-05-12-014	'단선' 전후하여 물가는 폭등일로		3	북조선통신
1948-05-12-015	투표지에 번호박은 비밀아닌 '비밀'투표		3	북조선통신
1948-05-12-016	인천시민들 부청에 쇄도	쌀과 물을 달라고 절규	3	북조선통신

기사번호	제목(title)	부제목(stitle)	면수	필자, 출처
1948-05-12-017	련석회의결정 지지하여 평남도내 기독교인 궐기		3	김달수
1948-05-12-018	시종일관한 방조에 감사	북조선천도교청우당 정치국장 김윤걸씨 담	3	
1948-05-12-019	쓰딸린대원수에게 감사	북조선직총중앙위원회 최경덕씨 담	3	
1948-05-12-020	쏘련에 민족적으로 감사 미군을 철거시켜야 한다	북조선농민동맹 현칠종씨 담	3	
1948-05-12-021	해방자의 진정에 거듭 감격	북조선녀맹 담	3	북조선통신
1948-05-12-022	로동신문독자회 성황		3	김동천
1948-05-12-023	구라파경제위원회 회의	쏘련대표 새 결의초안 제출	4	북조선통신
1948-05-12-024	경제정세의 관찰과 구라파정세에 관하여 쏘련대표 연설	구라파경제위원회 회의	4	북조선통신
1948-05-12-025	쏘련국채예정액 초과	5월 9일부터 응모 중지	4	북조선통신
1948-05-12-026	쏘련군대에 감사	체코국방상의 명령서	4	북조선통신
1948-05-12-027	루국과 불가리아 통상협정 성립		4	북조선통신
1948-05-12-028	대오외상대리회의는 미영의 고집으로 중단		4	북조선통신
1948-05-12-029	히틀러군 장교를 남아로 파견		4	북조선통신
1948-05-12-030	문드트법안 반대	미국에 항의운동 치렬	4	북조선통신
1948-05-12-031	국제학생동맹		4	북조선통신
1948-05-12-032	쏘련 유태인자치주의 비약적인 발전상		4	북조선통신
1948-05-12-033	영점령독일지대에 식량표 위조 격증		4	북조선통신
1948-05-12-034	프랑코에 공급되는 미군용품		4	북조선통신
1948-05-12-035	쏘련인민경제계획의 최초 4개월간의 업적		4	북조선통신
1948-05-12-036	진상 엄페하려는 희랍대표		4	북조선통신
1948-05-12-037	중국의 농업위기		4	통신부
1948-05-12-038	라지오		4	
1948-05-12-039	극장안내		4	
1948-05-12-040	책광고		4	
1948-05-13-001	북조선은 민주독립국가건설의 기지이다		1	
1948-05-13-002	미제국주의자들이 조종한 란포한 조치 절대 배격한다	북조선직총위원장 최경덕씨	1	
1948-05-13-003	일본정부에 엄중항의하며 미국군대의 철거 요구한다	북조선농맹부위원장 현칠종씨	1	
1948-05-13-004	폐쇄령철회를 강경히 요구	북조선녀맹위원장 박정애씨	1	
1948-05-13-005	격분을 금할수 없다	북조선민청부위원장 리영섬씨	1	
1948-05-13-006	약소민족에 대한 시종일관한 우호관계의 증명이다	북조선민주당 당수 최용건씨담	1	
1948-05-13-007	미국은 침략정책 중지고 같이 철거하라	북조선민청 부위원장 리영섬씨담	1	
1948-05-13-008	쏘련정부의 조선에 대한 태도는 시종 여일하다	북조선기독교도련맹 위원장 박상순씨담	1	

기사번호	제목(title)	부제목(stitle)	면수	필자, 출처
1948-05-13-009	해방자와 침략자의 호대조	북조선불교총무원 부원장 김승법씨담	1	
1948-05-13-010	기관차 수리와 정시운행 확보하기 위한 맹렬한 투쟁	평양기관구 당원들의 선봉적역할	2	위찬길
1948-05-13-011	전당대회의 교훈들을 자체사업에 살려 실천	안변군 당단체들의 정형	2	리복원
1948-05-13-012	당정치교양사업을 강화 당원들의 의식수준 제고	평양기구제작소 세포	2	김전
1948-05-13-013	당부지도원들의 사업에 대하여		2	리영훈
1948-05-13-014	이남경관이 말하는 강제투표광경		3	북조선통신
1948-05-13-015	테로단에게 끌려가 11일에 투표했소		3	북조선통신
1948-05-13-016	미군인들이 대거출동하여 선거자들을 자동차로 운반		3	북조선통신
1948-05-13-017	선거일이후 남조선에 인민들의 결사적 항쟁 계속	남조선각지에서	3	북조선통신
1948-05-13-018	투표하고나서 인민들은 통곡		3	북조선통신
1948-05-13-019	집집마다 찾아다니며 선거장으로 가고 호령	남조선각지에서	3	북조선통신
1948-05-13-020	경관과 향보단원 포위속에 투표장에 무거운 발을 옮기는 부인들		3	북조선통신
1948-05-13-021	부락을 경찰이 포위	전차 비행기 출동	3	북조선통신
1948-05-13-022	옥상에서 도망자를 감시	선거일의 서울풍경	3	북조선통신
1948-05-13-023	립후보자 일인당 선거운동비 3천만원		3	북조선통신
1948-05-13-024	자라 보고 놀란자가 솥뚜껑 보고 놀란다	평양산소공장 로동자 허옥씨 담	3	김인숙
1948-05-13-025	성명을 내는것이 아니라 잠꼬대를 하는하지	삼신탄광 로동자 리창섭씨 담	3	김진억
1948-05-13-026	더 창피당하기전에 어서어서 돌아가시소	평양시 장진리 농민 배내영씨 담	3	위찬길
1948-05-13-027	립후보자의 이름을 불러 투표하라고 강요		3	북조선통신
1948-05-13-028	중요한 제 결정을 통과 5월 6일 콤뮤니케 발표	국제직업련맹 집행위원회	4	북조선통신
1948-05-13-029	예루살렘시 문제에 관한 후견리사회의 권고 승인	유엔림시총회 본회의	4	북조선통신
1948-05-13-030	신헌법을 채택	체코립법회의에서	4	북조선통신
1948-05-13-031	항가리주재 쏘대사 신임장 제출		4	북조선통신
1948-05-13-032	합당의 기본이 될 선언 발표	항가리량당 합동정치위원회	4	북조선통신
1948-05-13-033	영국탄광로동자 파업		4	북조선통신
1948-05-13-034	각국의 대독전승절경축		4	북조선통신
1948-05-13-035	희랍민주군의 혁혁한 전과		4	북조선통신
1948-05-13-036	반역자특사에 반대	사직한 불 대심원조사위원	4	북조선통신
1948-05-13-037	이 공산당 중앙위원회의 폐막		4	북조선통신
1948-05-13-038	국제보건기구헌장을 파란도 비준		4	북조선통신

기사번호	제목(title)	부제목(stitle)	면수	필자, 출처
1948-05-13-039	요소부락을 속속 점령	희랍민주군	4	북조선통신
1948-05-13-040	예루살렘에 군정제도를 세우려는자는 누구냐?		4	
1948-05-13-041	라지오		4	
1948-05-13-042	극장안내		4	
1948-05-14-001	농촌에서의 군중정치사업에 대하여		1	
1948-05-14-002	김일성위원장께 체코로부터 서한		1	
1948-05-14-003	계획량의 초과로 침략정책을 배격	평양전기제작소 종업원들	1	신기관
1948-05-14-004	침략자를 구축하는것이 우리의 최대의 과업이다	평양청소사업소 종업원들	1	김진억
1948-05-14-005	투표소는 완연 포로수용소	이남 청단일대의 단선풍경	1	북조선통신
1948-05-14-006	투표하지 않으면 토지를 몰수한다	경찰서인가 하였더니 선거장	1	북조선통신
1948-05-14-007	‘선거’투표실 경찰관 립회	-춘천의 단선풍경-	1	북조선통신
1948-05-14-008	선거위원들이 투표를 감시 선거장에서 일체 담화 금지	-개성의 단선풍경-	1	북조선통신
1948-05-14-009	미군과 경관이 인민을 선거장에 몰아냈다		1	북조선통신
1948-05-14-010	승리의 기발을 탈회코저 영예의 로력 기울여 투쟁	서평양기관구 당원들 핵심적활약	2	김전
1948-05-14-011	물자절약과 기술전습 회령제지공장의 증산	당원들의 핵심적역할은 크다	2	심철
1948-05-14-012	문맹퇴치를 비롯하여 농산물증산에 전주력	청진시 용향리당부 모범	2	현준극
1948-05-14-013	우량품생산을 위하여 당원들의 모범성 제고	평양양말제1공장세포	2	위찬길
1948-05-14-014	증산 위해 분투	정평요업세포	2	리계실
1948-05-14-015	예보 정확 확보	기상대 세포원	2	위찬길
1948-05-14-016	일본반동분자들은 다시금 조선인민의 초보적권리를 유린하고있다		2	본사 국내외통신부
1948-05-14-017	기념증산계획을 195.1% 실행	평양성냥공장 종업원들	3	김형기
1948-05-14-018	미제국주의침략정책을 증산으로써 분쇄한다	평양제침공장 종업원들	3	김형기
1948-05-14-019	5.1절을 기념하여 목재 목탄 증산투쟁	희천림산처작업소 종업원들	3	최병흡
1948-05-14-020	품질향상에 노력하며 안전시설에 노력한다	사동탄광 종업원들	3	리문상
1948-05-14-021	흰것도 빨갛게 보이는 하지의 색안경	평양기구제작소 로동자들의 대화	3	오학균
1948-05-14-022	얻어맞으면서도 내가 이겼다는 격	평양양말제1공장 신편녀공 강병녀씨 담	3	위찬길
1948-05-14-023	생산방식을 개선 더 높은 능률 확보	평양자동차공장 김기홍 김병준 동무	3	김현주
1948-05-14-024	흥남제2초산공장 복구	초산암모니아 배가 생산	3	북조선통신
1948-05-14-025	남포주변 농민들 춘파 순조로 진행		3	송학용
1948-05-14-026	미군정과 경찰의 극악한 탄압하에 장렬한 구국항쟁 일층 치렬		3	북조선통신

기사번호	제목(title)	부제목(stitle)	면수	필자, 출처
1948-05-14-027	묵호에서도 투표소 파괴		3	북조선통신
1948-05-14-028	전남일대 통신두절상보	복구공사는 곤난	3	북조선통신
1948-05-14-029	선거를 반대하는자는 닥치는대로 처치하라	수도청장 장택상의 발광	3	북조선통신
1948-05-14-030	제주도인민항쟁 더욱 치렬	반동경찰 4백여명 증파 요청	3	북조선통신
1948-05-14-031	국제직련집행위원회 폐막	제2차 국제직련회의 12월 15일 이내로 소집 결정	4	북조선통신
1948-05-14-032	유엔구라파경제위원회 제3차회의 폐막		4	북조선통신
1948-05-14-033	남조선‘선거’는 비민주적이다	중국신민보 론평	4	북조선통신
1948-05-14-034	아테네에 계엄령		4	북조선통신
1948-05-14-035	체코에 ‘자유투사동맹’ 탄생		4	북조선통신
1948-05-14-036	불란서최고재판소에서 공산당출신 배심원 사직		4	북조선통신
1948-05-14-037	희랍왕당파의 학살 반대	각국에서 항의운동 치렬	4	북조선통신
1948-05-14-038	브라질석유자원의 미국이양 반대		4	북조선통신
1948-05-14-039	기자의 입국을 거부하는 미국		4	북조선통신
1948-05-14-040	5월 30일 선거 앞두고 체코슬로바키아공산당 호소		4	북조선통신
1948-05-14-041	소위 ‘대중원조’특사 임명		4	북조선통신
1948-05-14-042	이국회 역원 선출		4	북조선통신
1948-05-14-043	조선소를 운영	이로동자	4	북조선통신
1948-05-14-044	팔레스티나진공을 압뚤라왕 계획		4	북조선통신
1948-05-14-045	쏘군기념비 체까빠에서 제막		4	북조선통신
1948-05-14-046	인도네시아인민들의 투쟁은 계속되고있다		4	통신부
1948-05-14-047	라지오		4	
1948-05-14-048	극장안내		4	
1948-05-15-001	당원들은 당사업에 적극 참가하자		1	
1948-05-15-002	침략자들의 책동 증산으로서 분쇄	평양시 성냥공장 종업원들	1	신기관
1948-05-15-003	쏘련의 성의에 감사 드린다	평양시 정오리 농민 리창복씨	1	김인숙
1948-05-15-004	단독괴뢰정부수립은 절대 승인하지 않는다	제1고무공장 로동자들	1	신언철
1948-05-15-005	침략책동을 파탄시킬 투지를 더욱 굳게 한다	평양고무공장 녀자로동자 김복희양	1	김전
1948-05-15-006	쏘련측의 제의를 미국은 수락하라	평남려객사업소 종업원들	1	리문상
1948-05-15-007	제주도에서는 ‘선거’ 불능	인민들의 강렬한 반대투쟁으로	1	북조선통신
1948-05-15-008	무장경관 7천명을 동원 선거장마다 20명씩 배치	계엄상태하의 경성 ‘선거’풍경	1	북조선통신
1948-05-15-009	위협과 공갈! 무력탄압으로 투표를 강제	인민들은 투표결과를 부인	1	북조선통신
1948-05-15-010	경찰이 하라는대로 했을뿐 투표결과는 모두 부인		1	북조선통신
1948-05-15-011	이렇게 공갈 매수		1	북조선통신

기사번호	제목(title)	부제목(stitle)	면수	필자, 출처
1948-05-15-012	식료품생산의 중대성 인식 활기있게 전진하는 종업원	평양곡산공장당부 협조공헌 막대	2	김전
1948-05-15-013	기술전습을 질적 보장	평양전기제작소당부	2	위찬길
1948-05-15-014	금천군의 모범세포인 비천동세포 사업정형		2	정운성
1948-05-15-015	인민반을 추동	중성가두세포	2	위찬길
1948-05-15-016	폭군 하지의 무모		2	승원
1948-05-15-017	높은 정치적각성과 수준에서 결속된 황해도내 세포총회		2	박진선
1948-05-15-018	품질향상파사률 저하코 5月상반 142% 달성	평양타올공장 종업원들	3	김형기
1948-05-15-019	증산은 날로 제고되며 원가는 날로 저하된다	신유선탄광 종업원들의 열성	3	심철
1948-05-15-020	증산과 원가저하를 위한 투쟁 성과적으로 진행	삼보광산의 로동자들	3	정운성
1948-05-15-021	충실하여가며 늘어가는 근로자의 휴양정양시설		3	김동천
1948-05-15-022	창립 1주년을 맞이한 로동신문사종합공장		3	신언철
1948-05-15-023	춘경파종 끝내고 보리밭 제초 시작	성천군 령천면 대잡파리 농민들	3	리의철
1948-05-15-024	미국식의 기만과 강점에 대한 '자유'	인민예술극장 연출가 윤경씨 담	3	김인숙
1948-05-15-025	애국적 교수와 학생을 학원에서 내쫓는 '자유'	평양3녀중 교원 김영주씨 담	3	김진억
1948-05-15-026	건모육성을 위하여 몇가지 알아둘점		3	농업수산기술련맹
1948-05-15-027	약무사업의 급속한 발전		3	김인숙
1948-05-15-028	미국이 조종하는 하키미학정 기아와 탄압에 인민들은 항거	-이란에 계엄령-	4	북조선통신
1948-05-15-029	파란통신사의 반박	미국소식통의 상투적인 날조	4	북조선통신
1948-05-15-030	희랍민주군 전과	밤바타요새 점령	4	북조선통신
1948-05-15-031	희랍민주군 전과	왕당파부대가 민주군에 투항	4	북조선통신
1948-05-15-032	따쓰국제정세개관		4	북조선통신
1948-05-15-033	이태리하원 제1차회의	선거에서의 자유의사 억압에 대한 인민전선의 항의를 시인	4	북조선통신
1948-05-15-034	주일미경찰대 로조활동가들을 박해		4	북조선통신
1948-05-15-035	반쏘영화「철막」을 반대	미국에 시위운동 전개	4	북조선통신
1948-05-15-036	희랍에서는 무엇이 진행되고있는가?(1)		4	
1948-05-15-037	라지오		4	
1948-05-15-038	극장안내		4	
1948-05-16-001	수산업을 급속히 발전시키자		1	
1948-05-16-002	침략시도 분쇄 위해 증산투쟁 일층 강화	국영청진방적공장 종업원들	1	김소민
1948-05-16-003	쏘련의 성의있는 대답에 최대의 감사를 드린다	청진철도공장 종업원들	1	김소민

기사번호	제목(title)	부제목(stitle)	면수	필자, 출처
1948-05-16-004	선거장주위에 기관총을 배치	총검으로 강행된 남조선단선	1	북조선통신
1948-05-16-005	량 개 지서를 습격 격렬한 전투 계속	제주도인민항쟁	1	북조선통신
1948-05-16-006	미제국주의침략자들은 이 땅에서 즉시 물러가라	서북배전부 종업원들	1	리의철
1948-05-16-007	쏘련의 성의있는 원조는 우리에게 자신심을 준다	강원도 및 원산시민전열성자대회	1	량수형
1948-05-16-008	중국동북 재주동포들 단선반대 절규	『민주일보』게재-	1	북조선통신
1948-05-16-009	량군동시철거를 주장한 쏘련제의를 실현시키자	평양화학공장 종업원들	1	김윤모
1948-05-16-010	조선에 대한 쏘련의 성의 가슴깊이 명심하며 감사	인민예술극장 배우 리단씨	1	김인숙
1948-05-16-011	힘찬 건설과 빛나는 문화시설	남조선에 돌아간 권 송 량씨 담	1	북조선통신
1948-05-16-012	전당대회 로선우에서 민족간부를 교양훈련	김일성대학 당부사업 진척	2	김전
1948-05-16-013	세포사업을 활발히 추진 학업에 열중하는 당원들	평양교원대학 지리과 세포	2	위찬길
1948-05-16-014	높은 당적수준에서 진행되는 평북 령변군 당부 사업정형		2	최영환
1948-05-16-015	당원의 이름을 고결히 지키자		2	허동욱
1948-05-16-016	위조자들 자기 폭로		2	본사 국내외통신부
1948-05-16-017	땅의 주인인 북조선농민들은 봄파종에 이렇게 싸우고있다		3	김달수, 오학균, 리의철
1948-05-16-018	회령군 농민들 파종 거의 완수		3	심철
1948-05-16-019	화전농민들에 대하여 현물세용가마니 면제	-북조선인민위원회 결정-	3	김동천
1948-05-16-020	북조선 전체 문맹자는 한글학교에 취학했다		3	김동천
1948-05-16-021	로동자들의 힘으로 발전되는 군중문화	써클경연에서 1등한 성흥광산	3	신기관
1948-05-16-022	나의 하고싶은 말을 시원스럽게 하였다	혁명자유가족 고 윤석정선생부인 하련옥녀사 담	3	김동천
1948-05-16-023	파리만 얼씬하여도 공산주의라고 비명	사무원 김사윤씨 담	3	리문상
1948-05-16-024	쏘, 미 관계에 관하여		4	북조선통신
1948-05-16-025	쏘련정부성명에 관한 곡해		4	북조선통신
1948-05-16-026	백림주둔군 부사령관회의	미, 영, 불 지구 경찰테로를 쏘련대표 준렬히 폭로 규명	4	북조선통신
1948-05-16-027	희랍에서는 무엇이 진행되고있는가?(2)	전호에서 계속	4	
1948-05-16-028	극장안내		4	
1948-05-18-001	가면을 벗어버린 미식민지침략자		1	
1948-05-18-002	침략자들의 분렬책동에 큰 타격을 주는 것이다	평북 신의주 시민들	1	최영환
1948-05-18-003	량군동시철거를 강경히 요구한다	함남 홍원군 군중대회	1	유헌

기사번호	제목(title)	부제목(stitle)	면수	필자, 출처
1948-05-18-004	투표에는 강제 개표에는 협잡		1	북조선통신
1948-05-18-005	한독 사민 등 단선부인성명		1	북조선통신
1948-05-18-006	제주도인민항쟁속보 경비대가 경찰지서를 사격	보관중인 선거서류 소각	1	북조선통신
1948-05-18-007	탄압 강제 기만 협잡	-월경자들의 증언-	1	북조선통신
1948-05-18-008	서울시내 학생들 단선배격시위	경관대 남학생 1명 사살	1	북조선통신
1948-05-18-009	선거장의 구조는 마치 감옥	단선광경목격자의 말	1	북조선통신
1948-05-18-010	김일성위원장 특별지시로 대학교원우대에 대해 감사	교육국장 담화를 발표	1	
1948-05-18-011	탄광 광산 착암부에게 백미 5백그람 더 증배		1	김동천
1948-05-18-012	정치교양사업을 강화하며 부화분자들과 견결히 투쟁	평양화학공장당부 사업 활발	2	김전
1948-05-18-013	민족교육간부양성에 각 세포의 적극적 협조	평양교원대학당부 사업 발전	2	위찬길
1948-05-18-014	남조선에 실시된 미국식선거		2	본사 국내외통신부
1948-05-18-015	비판과 새로운 계획밑에 세포사업은 나날이 발전	김화군 근동면 광삼리 3구 세포	2	안창렬
1948-05-18-016	당대회결정을 실천하는 구성군 오봉면 세포원들		2	김봉준
1948-05-18-017	계급적의식이 제고되며 농촌사업은 더욱 더 전진	평남 룡강군 금곡면 석포리 세포	2	송학용
1948-05-18-018	기계고장의 미연방지로 날로 상승하는 생산곡선	신의주제지공장 종업원들	3	최영환
1948-05-18-019	일제가 파괴하고간 공장복구사업 치렬	평양화학공장 종업원들	3	리문상
1948-05-18-020	매일 자기 책임계획량을 150% 이상 초과 실행	평양장갑공장 종업원들	3	김진억
1948-05-18-021	인민보건생활의 향상을 위해 투쟁	북조선적십자사 중앙대회	3	신기관
1948-05-18-022	수천척지하에서도 민주건설투쟁 치렬	아오지탄광 종업원들	3	현준극
1948-05-18-023	체화물을 일소하고 주행키로 초과달성	신성천기관구 종업원들	3	신언철
1948-05-18-024	5.1절을 기념 로동자들에게 쌀 선물	평남 강서군 대보면 팔정리 문동 농민들	3	리의철
1948-05-18-025	활발하게 진행되는 북조선의 춘경파종	모판면화 대맥파종 완료	3	김달수
1948-05-18-026	적기춘경 파종을 위한 농촌당단체들의 투쟁	평강군	3	신봉용
1948-05-18-027	춘경파종을 전부 끝내고 모래밭 2천평을 옥전화	철원군 어운면 이길리 농민들	3	김만선
1948-05-18-028	지방산업의 발전강화를 위해 이렇게 싸우고 있다		3	북조선인민위원회 상업국 지방산업처장 황태성

기사번호	제목(title)	부제목(stitle)	면수	필자, 출처
1948-05-18-029	유엔인권위원회에 상정될 선언초안을 쏘련대표 규명		4	북조선통신
1948-05-18-030	유엔인권위원회의 기초분과위원회 속보	미영측 인종차별을 주장	4	북조선통신
1948-05-18-031	일본천황제 폐지를 요구		4	북조선통신
1948-05-18-032	문드트법안 반대운동 확대		4	북조선통신
1948-05-18-033	미 죠지아주에 인민진보당 탄생	-월레스 지지를 표명-	4	북조선통신
1948-05-18-034	일본의 군사력을 소생시키는 미국		4	북조선통신
1948-05-18-035	립후보자 발표	체코인민회의 선거	4	북조선통신
1948-05-18-036	서부독일 파업		4	북조선통신
1948-05-18-037	각계를 망라한 체코민전산하 립후보자		4	북조선통신
1948-05-18-038	영국공업계에 실업 격증		4	북조선통신
1948-05-18-039	마샬안으로 영석탄업 위기		4	북조선통신
1948-05-18-040	국제직련회의로부터 자유독일직맹대표 귀환		4	북조선통신
1948-05-18-041	희랍에서는 무엇이 진행되고있는가?(3)	전호에서 계속	4	본사 국내외통신부
1948-05-18-042	라지오		4	
1948-05-18-043	극장안내		4	
1948-05-19-001	금년도인민경제 1.4분기총결과 2.4분기 협조에 대하여		1	
1948-05-19-002	쓰딸린수상에게 보내는 월레스의 공개서한		1	
1948-05-19-003	북조선통신사의 공식보도	남조선전력공급문제에 관하여	1, 2	
1948-05-19-004	전당대회의 결정들을 자기 사업에 결부 실천	함주군 선덕면 대덕리세포	2	박경석
1948-05-19-005	국가재산애호와 경비절약 기타 중요안건을 토의결정	평남도당상무위원회	2	김전
1948-05-19-006	리원면 부락민 중요도로 건설		2	윤지월
1948-05-19-007	남조선단독선거는 어떻게 준비되었으며 또 진행되었는가		2	신염
1948-05-19-008	창의로써 기계를 개조 화용지의 증산을 보장	신의주팔프공장 종업원들	3	최영환
1948-05-19-009	5.1절기념 생산계획 138%로 초과달성	국영 은곡광산 종업원들	3	김봉준
1948-05-19-010	4월분계획 완수코 신광맥채굴에 착수	청학광산 종업원들	3	김영복
1948-05-19-011	날로 발전되여가는 북조선도서관사업		3	신기관
1948-05-19-012	개수공사와 아울러 정상적인 운행 보장	평양전차사업소 종업원들	3	김형기
1948-05-19-013	10만키로 무사고주행 달성코 계속 투쟁 전개	혜산진기관구 종업원들	3	김기일
1948-05-19-014	질좋은 벽돌을 더 많이 생산하기 위하여 분투	국영 창광련와공장 종업원들	3	김형기
1948-05-19-015	순전히 우리 손으로 우수한 방적기 제작	평양 김일진씨의 연구 성공	3	신언철
1948-05-19-016	두꺼비		3	김동천

기사번호	제목(title)	부제목(stitle)	면수	필자, 출처
1948-05-19-017	쏘미간 각서교환에 대한 각국의 반향	평화정책에 기초한 쏘련측 성의를 환영	4	북조선통신
1948-05-19-018	서독 백 10만로동자	-파업 계속 격화-	4	북조선통신
1948-05-19-019	항가리인민경제 비약적으로 발전		4	북조선통신
1948-05-19-020	서전과 낙위간에 군사동맹 체결?		4	북조선통신
1948-05-19-021	장군 사직	중국	4	북조선통신
1948-05-19-022	재독영당국『신시대』지 발매 금지		4	북조선통신
1948-05-19-023	영국우편국 종업원들 정부의 반동정책 폭로		4	북조선통신
1948-05-19-024	영군의 근동주둔계속을 애급신문반박		4	북조선통신
1948-05-19-025	체코정부요인 파란 도착		4	북조선통신
1948-05-19-026	매년 높아가는 영국회사 리윤		4	북조선통신
1948-05-19-027	일본직맹대표들이 맥아더에게 항의		4	북조선통신
1948-05-19-028	인도네시아공화국 정계 쟈카르타민족전선회의 지지		4	북조선통신
1948-05-19-029	전국대회 소집		4	북조선통신
1948-05-19-030	쏘련단신		4	북조선통신
1948-05-19-031	팔레스티나의 위기뒤에는 무엇이 은폐되고있는가		4	통신부
1948-05-19-032	극장안내		4	
1948-05-20-001	목축업의 발전을 위하여		1	
1948-05-20-002	월레스씨의 공개서한에 대한 이.브.쓰딸린의 답서		1	
1948-05-20-003	(쓰딸린대원수)		1	
1948-05-20-004	민주개혁의 성과들은 침략을 막을 성벽이다	황해금천군 민전열성자대회	1	정운성
1948-05-20-005	남북련석회의 요청에 대한 쏘련정부대답을 지지환영	근로인민당의 성명서	1	북조선통신
1948-05-20-006	'단선' 무효! '단정' 반대!	경성시내에서 결사적인 야간시위	1	북조선통신
1948-05-20-007	남조선단독선거 진행진상을 폭로	민독당 자주녀맹에서 담화	1	북조선통신
1948-05-20-008	대구녀상 마산녀중 단선배격맹휴 치렬		1	북조선통신
1948-05-20-009	서울에서 단선배격투쟁	경관파출소 등에 투탄	1	북조선통신
1948-05-20-010	경찰지서와 악질향보단장을 습격		1	북조선통신
1948-05-20-011	경찰과 반동분자를 습격	경찰청권내 전화도 파괴	1	북조선통신
1948-05-20-012	전북 경북지방에서 단선배격항쟁 치렬		1	북조선통신
1948-05-20-013	무사고정시주행확보와 반간첩투쟁에 일로 정진	신막기관구 당원들의 선봉적역할	2	배선일
1948-05-20-014	자기 사업을 심각히 연구 급격한 생산률 제고 보장	함북도 경성군 주을탄광 당부	2	류하룡
1948-05-20-015	전당대회정신을 계승 생산에 유감없이 발휘	청진철도공장 당부	2	현준극

기사번호	제목(title)	부제목(stitle)	면수	필자, 출처
1948-05-20-016	당사업을 꾸준히 개진	구성군당단체의 정형	2	최영환
1948-05-20-017	검열사업의 효과를 발휘	삭주군당단체사업 활발	2	최영환
1948-05-20-018	북조선소비조합사업의 발전과 앞으로의 전망	-그의 창립 2주년에 제하여-	2	북조선소비조합 중앙위원회 위원장 조홍히
1948-05-20-019	5.1절증산운동은 성과적으로 계속	함북도내 각 생산직장	3	현준극
1948-05-20-020	증산과 품질향상 위하여	순천화학공장 종업원들	3	
1948-05-20-021	기관차효률제고 위해 싸우는 연료반 로동자	평양기관구 박린섭동무	3	신언철
1948-05-20-022	인민군대에게 정성의 선물을	청수화학공장에서	3	김원식
1948-05-20-023	조기이앙에 대한 농림국의 지시		3	
1948-05-20-024	두류작물 제외한 전체 파종을 완료	평양특별시 주변농민들	3	
1948-05-20-025	춘경파종완료코 온상모이앙 개시	금천군 농민들	3	정운성
1948-05-20-026	면양증산계획을 달성	순천군 종양장 일군들	3	김동천
1948-05-20-027	양돈부락 만들고 증식투쟁 전개	구성군 양지동 농민들	3	김봉준
1948-05-20-028	중화군민들의 위대한 힘	곤양강개수공사를 완수	3	김달수
1948-05-20-029	우리 당원들 선두가 되여 계획완수 위한 투쟁 전개	북조선탄광중앙공장	3	김형기
1948-05-20-030	북조선 6대 공장중 계속 제1위의 영예 쟁취	서평양철도공장 종업원들	3	신언철
1948-05-20-031	신유태국가 선포	전아랍군 유태국에 진공	4	북조선통신
1948-05-20-032	유.아 량측 전투 격렬		4	북조선통신
1948-05-20-033	씨리아, 레바논군과 유태군간 격전		4	북조선통신
1948-05-20-034	유태군 아케시 점령		4	북조선통신
1948-05-20-035	남조선'단선'에 대한 따쓰통신의 보도		4	북조선통신
1948-05-20-036	유엔림시총회 폐막		4	북조선통신
1948-05-20-037	유고와 파키스탄간 외교관계 설정		4	북조선통신
1948-05-20-038	희민주군의 5월초전과		4	북조선통신
1948-05-20-039	계속 전승		4	북조선통신
1948-05-20-040	파란의 량농민당 협조선언서 발표		4	북조선통신
1948-05-20-041	서반아은행가 뉴욕에 도착		4	북조선통신
1948-05-20-042	선거준비 진척	체코	4	북조선통신
1948-05-20-043	교회에서 선거지지 호소		4	북조선통신
1948-05-20-044	쏘련소식		4	북조선통신
1948-05-20-045	이태리사회당 림시대회 소집		4	북조선통신
1948-05-20-046	재오영당국 전범자를 석방		4	북조선통신
1948-05-20-047	분직맹원 격증		4	북조선통신
1948-05-20-048	국제학생절 11월 17일로 결정		4	북조선통신
1948-05-20-049	체코소개전람회 루국에서 개최		4	북조선통신
1948-05-20-050	쏘미간 각서교환에 대한 『쁘라우다』지의 론평		4	북조선통신

기사번호	제목(title)	부제목(stitle)	면수	필자, 출처
1948-05-20-051	라지오		4	
1948-05-20-052	극장안내		4	
1948-05-20-053	책광고		4	로동당출판사
1948-05-21-001	경제절약에 대하여		1	
1948-05-21-002	"쏘련의 성의있는 노력에 충심으로 감사를 드린다"	함북도민들 열렬히 환영지지	1	현준극
1948-05-21-003	미제국주의는 조선인이 자급자족할수 있는 전력교류를 조지하고있다		1	북조선통신 특파원
1948-05-21-004	전력대가 해결치 않는 미군정에 원성		1	북조선통신
1948-05-21-005	조선인민의 지망을 그대로 표현하였다	평남 개천 천동광산 종업원들	1	리문상
1948-05-21-006	남조선'단선'에 대한 외국기자들의 보도		1	북조선통신
1948-05-21-007	재일조선인학교폐쇄 반대하여 신의주 각 학교에서 학생대회		1	북조선통신
1948-05-21-008	련석회의 결정 받들어 망국적책동 분쇄하자	업억광산 종업원들	1	김영복
1948-05-21-009	미제국주의자들의 흉책 단결된 투쟁력으로 분쇄	평남도녀맹열성자회의	1	김진억
1948-05-21-010	통일자주독립 촉진하여 인민보건사업에 전력 경주	김대의학병원 간호원 김춘희씨	1	리성빈
1948-05-21-011	총칼로 강행한 단독선거 우리는 절대 승인 안한다	청진제철소 로동자 한인수씨	1	
1948-05-21-012	조국과 인민에게 복무하는 당원의 임무 완수 위해 투쟁	황해도내 당단체들의 투쟁정형	2	박진선
1948-05-21-013	당앞에 맹세한 결의를 힘찬 실천으로써 표현	함북도내 당단체들의 투쟁정형	2	현준극
1948-05-21-014	국가상업망의 확장과 민주상업수립에 매진	평양시상공관리소 당원들	2	김전
1948-05-21-015	맹세식 자비를 일소코 무자비한 비판을 요구	평양제1중학 세포 강화	2	위찬길
1948-05-21-016	결함을 용서치 않는 정신으로 교양 추진	평남도재판소 세포	2	
1948-05-21-017	날조에 능숙한 하지중장		2	백인준
1948-05-21-018	의무교육실시 위하여 준비사업은 진행된다		3	김동천
1948-05-21-019	승리적성과를 자랑하는 문맹퇴치전람회 성황		3	
1948-05-21-020	라남시 파종 완료	김매기에 총궐기	3	김소민
1948-05-21-021	북조선농민들의 열성은 파종을 성과적으로 추진		3	
1948-05-21-022	의주군 파종 완료	평북도내 제1위로	3	김지창
1948-05-21-023	9백정보를 옥답화	경흥군민들의 승리	3	현준극
1948-05-21-024	철원군내 모범농민들 모내기를 개시하였다		3	김만선

기사번호	제목(title)	부제목(stitle)	면수	필자, 출처
1948-05-21-025	정확한 로력조직으로 이앙준비 완료코 대기	함남 홍원군 용천리 농민들	3	유헌
1948-05-21-026	평양운하공사를 비롯한 향토건설에 인민들 궐기		3	박중선
1948-05-21-027	창의창안으로서 생산능률을 제고	황해제철 공작과 차량계 일군들	3	신기관
1948-05-21-028	우리 당원을 핵심으로 5.1절증산운동 활발	평양기구제작소 종업원들	3	김형기
1948-05-21-029	만반준비 갖추고 계획완수 위해 투쟁	청수화학공장 종업원들	3	최영환
1948-05-21-030	기관차수리를 보장하여 수송책임량을 완수케	양덕기관구 리용우동무	3	신언철
1948-05-21-031	창의창안으로 애로 타개 기술전습과 학습에 모범	은곡광산 김영련동무	3	김봉준
1948-05-21-032	신유태국 이스라엘국을 쏘련 정식 승인	량국외상 전문을 교환	4	북조선통신
1948-05-21-033	인민들은 평화를 요망	월레스씨 방송연설	4	북조선통신
1948-05-21-034	원자력의 국제관리를 미영불측 기피		4	북조선통신
1948-05-21-035	미국도 정식 승인		4	북조선통신
1948-05-21-036	분란민청경축일 성황		4	북조선통신
1948-05-21-037	영국종군병단체 정부에 원조책을 요구		4	북조선통신
1948-05-21-038	몰로또브외상 주쏘호대사를 접견		4	북조선통신
1948-05-21-039	백림주둔 련합국사령관회의		4	북조선통신
1948-05-21-040	오지리에 있어서의 미국군정당국의 폭정		4	북조선통신
1948-05-21-041	쏘련소식	안과의들의 빛나는 업적	4	북조선통신
1948-05-21-042	쏘련소식	인민에게 친절한 과학 한림원장	4	북조선통신
1948-05-21-043	국제협조와 약소민족		4	
1948-05-21-044	라지오		4	
1948-05-21-045	극장안내		4	
1948-05-22-001	면화의 보다 높은 생산을 위하여		1	
1948-05-22-002	'단선'결과를 절대 부인 민족의 생사는 '단정'분쇄에 달렸다	남조선민전 인민대중에게 호소	1	
1948-05-22-003	남조선정당협의회에서 단독선거 무효 성명		1	
1948-05-22-004	단독선거 무효선언	남조선각계에서 성명서 발표	1	북조선통신
1948-05-22-005	전당대회문헌연구를 실천행정과 결부하자	평양시당 상무위원회	2	위찬길
1948-05-22-006	세포자체를 강화하여 군중속에 위신을 제고	중화군 금암리세포	2	송학용
1948-05-22-007	당세포사업을 강화 학습회출석률 향상	고무산세멘트공장 당부	2	김소민
1948-05-22-008	평북 운산군 당단체들 핵심이 되어 군중 추동		2	최영환
1948-05-22-009	북조선의 인민교육발전에 대하여		2	남일
1948-05-22-010	춘경파종을 거의 끝내고 증산 위해 싸우는 농민들	황해도	3	박진선

기사번호	제목(title)	부제목(stitle)	면수	필자, 출처
1948-05-22-011	평북도각지 농촌에서 모내기 활발하게 전개		3	최영환
1948-05-22-012	우리 당단체들의 협조는 춘기파종을 보장하였다	은률군	3	김인곤
1948-05-22-013	32개의 양돈부락 설치 가축증산과 방역에 만전	평양시 주변농촌에	3	리의철
1948-05-22-014	황해도내 관개제방공사 성과적으로 진행된다	안신수리한일천제방공사 완수	3	박진선
1948-05-22-015	조선을 위한 목재건조실을 설치	원산, 청진 조선소에	3	리문상
1948-05-22-016	민주선전실을 이렇게 활용하고있다	금천군 북면 식현동의 당원들	3	정운성
1948-05-22-017	평남농맹에서 농업기술순회강습회 개최		3	리의철
1948-05-22-018	면화비배관리는 이렇게 하자		3	리의철
1948-05-22-019	경찰은 투표불참가자를 조사탄압	제주도에서는 선거함 수집도 불능	3	북조선통신
1948-05-22-020	남조선인민들 '단정'분쇄의 항쟁에 계속 분기		3	북조선통신
1948-05-22-021	협잡선거에 대한 분쟁	당선자 걸어 재심 요구	3	북조선통신
1948-05-22-022	단독선거 무효선언	남조선각계에서 성명 발표	3	
1948-05-22-023	전투중지가 긴급 미측 제의를 쏘측 지지	팔레스티나문제에 관한 안보리사회	4	북조선통신
1948-05-22-024	아랍 제국과 중국 영국 쏘.미주장을 기피		4	북조선통신
1948-05-22-025	국제전람회 성황리 폐막		4	북조선통신
1948-05-22-026	아랍 제국에 무기 공급	영외무성 대변인언명	4	북조선통신
1948-05-22-027	쏘.미각서교환을 지지하고 월레스씨 미정책을 폭로		4	북조선통신
1948-05-22-028	남조선단선무대는 가련한 희극을 연출	쏘련『적성』지의 론평	4	북조선통신
1948-05-22-029	인도네시아공화국 화란측 제의를 일축		4	북조선통신
1948-05-22-030	항가리전기화 10개년계획		4	북조선통신
1948-05-22-031	미무기 속속 토이기에 도착		4	북조선통신
1948-05-22-032	극동에 대한 쏘련의 대외정책		4	통신부
1948-05-22-033	농촌구락부사업 활발	쏘련	4	북조선통신
1948-05-22-034	각지에 새집단농장 설치	쏘련	4	북조선통신
1948-05-22-035	메리야스피복공장 복구		4	북조선통신
1948-05-22-036	라지오		4	
1948-05-22-037	극장안내		4	
1948-05-22-038	책광고	1947년 9월말 파란에서 열린 수개국공산당대표자들의 보도회의	4	로동당출판사
1948-05-23-001	적기이앙으로써 증산을 보장하자		1	
1948-05-23-002	남조선 5.10단선에 대하여 남조선단선반대투쟁 전국위원회 성명		1	
1948-05-23-003	'단선'무효를 선언	남조선각계에서 계속 성명	1	북조선통신
1948-05-23-004	구국투쟁을 모해하는 하지성명에 대하여	남조선전농 반박성명	1	북조선통신

기사번호	제목(title)	부제목(stitle)	면수	필자, 출처
1948-05-23-005	비판적정신의 진의 파악 정치사상적각성을 제고	강원도내 당단체들의 사업정형	2	량수형
1948-05-23-006	평북 박천군당단체의 사업	비판적정신에서 사업 추진	2	최영환
1948-05-23-007	락후성 퇴치코 수송계획 완수	강계화물사업소 동무들	2	전봉강
1948-05-23-008	총검의 위협으로 강행된 남조선단선을 조선인민은 절대 인정치 않는다		2	박우청
1948-05-23-009	로동법령실시 2주년을 증산운동으로 기념하자	북조선직업총동맹에서 호소	3	신언철
1948-05-23-010	수많은 창의고안으로 전기기구의 증산보장	평양전기제작소 종업원들	3	김형기
1948-05-23-011	기술전습제강화를 위한 은곡광산 당단체의 투쟁		3	김봉준
1948-05-23-012	승리로 결속한 5.1증산 2.4반기까지 계속 결의	평양견직공장 종업원들	3	김진억
1948-05-23-013	흥남공장 또하나의 승리	린산전기로의 복구 완성	3	북조선통신
1948-05-23-014	가소링차를 재생시킨 주을요업 윤귀돌 동무		3	류하룡
1948-05-23-015	4천석을 증수할 차강공사를 완수	평남 강서 초리면 농민들	3	
1948-05-23-016	과학적영농으로 조기이앙에 수범	평원군 대송리 홍종국농민	3	김달수
1948-05-23-017	춘경파종 완료하고 이앙준비에 바쁘다	함북 회령군 농민들	3	심철
1948-05-23-018	이랑논모내기를 시작 이달안으로 완료 예정	봉산군 영천면 강락리 농민들	3	리성섭
1948-05-23-019	함주군 벌판은 모내기에 한창		3	박경석
1948-05-23-020	인민의 항쟁 격화확대 무장경관 대다수 출동	제주도인민항쟁	3	북조선통신
1948-05-23-021	4천여경관대를 급파	제주도인민항쟁	3	북조선통신
1948-05-23-022	전부락민이 대성통곡하며 산중으로 집단 이동	제주도인민항쟁	3	북조선통신
1948-05-23-023	인민항쟁의 력량 일로확대	제주도인민항쟁	3	북조선통신
1948-05-23-024	팔레스티나문제의 조정자를 임명	유엔안보리사회에서	4	북조선통신
1948-05-23-025	팔레스티나문제로 안보에서 영미간 론쟁		4	북조선통신
1948-05-23-026	이스라엘국가를 체코도 정식 승인	도합 8개국이 승인	4	북조선통신
1948-05-23-027	독일인민회의 제2차대회 개최		4	북조선통신
1948-05-23-028	주섬신중대사		4	
1948-05-23-029	미하원 소위 '반공법'을 통과		4	북조선통신
1948-05-23-030	토이기에서도 '반공법' 기안		4	북조선통신
1948-05-23-031	소위 '문드트'법안을 뉴욕시장도 반대		4	북조선통신
1948-05-23-032	재미유태인대표들 유엔쏘련대표에 감사		4	북조선통신
1948-05-23-033	중국대통령 취임식		4	북조선통신
1948-05-23-034	대가 지불 않는 서독미군당국		4	북조선통신
1948-05-23-035	소위 '로건법'에 월레스씨 위반?		4	북조선통신
1948-05-23-036	파란민청단체 합동준비 진보		4	북조선통신

기사번호	제목(title)	부제목(stitle)	면수	필자, 출처
1948-05-23-037	정부에 토지개혁 등 요구	남경대학 교수들 성명서 발표	4	북조선통신
1948-05-23-038	상해대학생들 맹휴를 단행		4	북조선통신
1948-05-23-039	화란군의 전투행위 계속		4	북조선통신
1948-05-23-040	'서구동맹'과 '서북대서양쁠럭'은 뮨헨정책의 재생이다		4	통신부
1948-05-23-041	군중교육사업에 있어 자유독일직맹의 역할		4	북조선통신
1948-05-23-042	쓸라브민족농업전람회		4	북조선통신
1948-05-23-043	오지리직총총회 대성황		4	북조선통신
1948-05-23-044	미함선 26척 중국에 양도		4	북조선통신
1948-05-23-045	파란농민절에 경축시위 성대		4	북조선통신
1948-05-23-046	포환던지기에 쏘련방 신기록		4	북조선통신
1948-05-23-047	극장안내		4	
1948-05-23-048	책광고	1947년 9월말 파란에서 열린 수개국 공산당대표자들의 보도회의	4	로동당출판사
1948-05-25-001	림산사업의 새로운 발전을 위하여		1	
1948-05-25-002	남조선단독선거 무효를 선언	남로당 중앙위원회의 성명	1	북조선통신
1948-05-25-003	우리의 령도자 김일성위원장 전북조선성인학교 학생 격려	문맹퇴치전람회를 참관하시고	1	신기관
1948-05-25-004	이남 연백군에서 '단선'무효시위	향보단 전원도 가담	1	북조선통신
1948-05-25-005	단선희극 몇가지		1	북조선통신
1948-05-25-006	단전 후의 남조선	전기료금 령수증 들고 관청에 쇄도	1	북조선통신
1948-05-25-007	량군 동시철거 실현시켜 우리 힘으로 정부 세우자	운포광산 종업원들	1	유헌
1948-05-25-008	통일정부수립 위하여 끝까지 싸울 결심이다	평양철도공장 선반공 오학조씨	1	신언철
1948-05-25-009	야만적인 반민주선거 이것은 무효선거이다	평남 중화군 동두면 석화리 농민 정시홍씨	1	리의철
1948-05-25-010	당내부사업을 강화하고 생산성 제고에 분투노력	희천기관구 당단체들의 투쟁정형	2	최병흡
1948-05-25-011	수송력을 일층 강화하며 난관을 극복코 일로발전	강계철도 당단체들의 업적	2	최영환
1948-05-25-012	당원의 교양수준을 제고 농촌경리발전 위해 헌신	강원 이천군당단체들의 사업정형	2	송춘관
1948-05-25-013	모범부락 료동리세포의 사업정형		2	심철
1948-05-25-014	문헌연구를 광범히 조직	철원군당단체사업정형	2	김만선
1948-05-25-015	검열사업을 강화하여 체신사업을 적극 추진	평남도체신부 세포	2	위찬길
1948-05-25-016	조선문제에 대한 두가지 견지		2	본사 국내외통신부
1948-05-25-017	계획 넘쳐실행한 성과로써 5.1절증산운동을 총결	서평양철도공장	3	김현석

기사번호	제목(title)	부제목(stitle)	면수	필자, 출처
1948-05-25-018	사업평가회를 조직하여 생산률제고에 큰 성과를	평양철도공장	3	신언철
1948-05-25-019	당단체의 옳바른 협조는 계획의 초과완수를 보장	사리원탄광	3	리성섭
1948-05-25-020	조선에서 처음으로 '안치모니'를 생산	해주제련소	3	리성섭
1948-05-25-021	갖은 창안과 열성으로써 계획의 122.3% 달성	함북 영안화학공장	3	김소민
1948-05-25-022	조선을 침략하려는 미군정의 고의적태공	평양전기제작소 로동자 강경숙씨	3	김형기
1948-05-25-023	하지는 변명 걷어치우고 대가 지불코 문제 해결하라	평양화학공장 로동자 박금찬씨	3	박중선
1948-05-25-024	미군정이 고의적으로 전력공급 중단시켰다	조선맥주주식회사 로동자 차경식씨	3	김달수
1948-05-25-025	조선산업경제 파탄시키려는 미제국주의의 기도	자주통일생산구국위원회 성명	3	북조선통신
1948-05-25-026	금천군 민청원 양잠에 협력		3	정운성
1948-05-25-027	과학적영농으로 농민들속에 시범	신흥군 황규갑동무	3	위정산
1948-05-25-028	춘경파종 끝내고 제초제피에 전력	룡강군 농민들	3	송학용
1948-05-25-029	진정한 인권보장을 미, 영, 불 대표는 기피	유엔인권위원회	4	북조선통신
1948-05-25-030	미국파업 계속 확대	22만 자동차로동자 임금문제로 파업기세	4	북조선통신
1948-05-25-031	미국파업 계속 확대	파업로동자 군대와 충돌	4	북조선통신
1948-05-25-032	유.아전투는 계속	예르살렘에 시가전	4	북조선통신
1948-05-25-033	씨리아에 계엄령		4	북조선통신
1948-05-25-034	유고슬라비아 이스라엘국 승인		4	북조선통신
1948-05-25-035	팔레스티나문제에 관하여 국부외교부 대변인 담		4	북조선통신
1948-05-25-036	아세아녀성대회개최 결정	제5차 국제민주녀맹 집행위원회	4	북조선통신
1948-05-25-037	캐나다로동자의 생활난 극심		4	북조선통신
1948-05-25-038	미국련방재판소 철도로동자파업 금지령		4	북조선통신
1948-05-25-039	미국 진보적인사들의 문드트법반대운동 계속		4	북조선통신
1948-05-25-040	정부의 반동정책을 공박	오지리공산당 총비서 강조	4	북조선통신
1948-05-25-041	영직조계에 실업의 위협		4	북조선통신
1948-05-25-042	동부독일출판물의 류입 금지	미점령당국에서	4	북조선통신
1948-05-25-043	월남인민은 여전히 투쟁을 계속하고있다		4	
1948-05-25-044	일본철도로동자들 파업단행		4	북조선통신
1948-05-25-045	라지오		4	
1948-05-25-046	극장안내		4	
1948-05-25-047	책광고	사회발전에 대한 맑스, 레닌주의적학설의 제기본문제	4	로동당출판사
1948-05-26-001	애국투사후원사업의 새로운 발전에 대하여		1	

기사번호	제목(title)	부제목(stitle)	면수	필자, 출처
1948-05-26-002	총칼로 강행한 단선 절대 인정치 않는다	-서평양철도공장에서-	1	김달수
1948-05-26-003	남조선동포의 흘린 피를 헛되이 하지 않을것이다	-평양곡산공장에서-	1	박중선
1948-05-26-004	부강조국건설을 위하여 경제기초를 튼튼히 닦자	원산조선소 종업원들	1	량수형
1948-05-26-005	단정분쇄의 투지를 증산투쟁에 살리자	-사동탄광과 련탄공장에서-	1	위찬길
1948-05-26-006	책임량의 완수는 반동타도의 힘!	-평양철도공장에서-	1	신언철
1948-05-26-007	량군 철퇴하라	혁신복음당 등 성명	1	북조선통신
1948-05-26-008	남북련석회의 요청에 대한 쏘련정부의 대답을 남조선각계에서 지지성명		1	북조선통신
1948-05-26-009	단정후 경성에 도몬소동	남북의 통일을 더욱 갈망	1	북조선통신
1948-05-26-010	단결된 힘으로 승리 쟁취한다	평양중앙우편국 사무원 김영근씨	1	김동천
1948-05-26-011	수확고를 더 높이기 위한 농민들의 증산투쟁 치렬	로동당원의 선봉적역할로 추동	2	김현석
1948-05-26-012	황해도내의 당단체들 증산을 당적으로 보장		2	박진선
1948-05-26-013	정치적각성밑에 조기이앙에 궐기	원산시 지경리 세포핵심	2	량수형
1948-05-26-014	조선의 산업파괴시키려는 미군정의 침략정책의 하나	평남도 룡강군 대대면 덕동리 농민 임기두씨	2	리의철
1948-05-26-015	전력문제로써 그들의 침략적기도는 더욱 폭로	평남 강서군 보현리 농민 송해림씨	2	
1948-05-26-016	미군정의 고의적태공은 우연한 사실이 아니다	평양제2인민학교 교장 문무현씨	2	신기관
1948-05-26-017	전력공급중단의 책임은 미군정과 하지에 있다	김일성대학 학생 리충근군	2	김진억
1948-05-26-018	이앙에 모범 보이는 정평군 공필현동무		2	리계실
1948-05-26-019	재일동포에 대한 일본정부의 박해		2	본사 국내외통신부
1948-05-26-020	계획의 106,9% 달성 생산원가를 25% 저하	사리원방직공장	3	리성섭
1948-05-26-021	5.1절증산계획을 159.1%로 실행	단천 신풍광산	3	서득창
1948-05-26-022	속출하는 창의창안은 전체 사업의 추진을 보장	성진철도부	3	신언철
1948-05-26-023	북조선의 제1위로써 평남도 춘경파종 완료	평안남도 농민들의 고귀한 승리	3	송학용
1948-05-26-024	잠견의 증산을 위하여 녀성들의 눈부신 투쟁	금천군 녀성동맹원들	3	정운성
1948-05-26-025	춘경파종 완료코 모내기를 시작	평원군 농민들	3	리원길
1948-05-26-026	벌써 이앙 3천평을 완료	평원군 로지면 대성리 홍정국농민	3	김전
1948-05-26-027	480분작업 엄격실행 증산운동을 승리로 결속	남포화학공장	3	정명걸
1948-05-26-028	5.1증산운동을 승리적으로 달성	학성 쌍룡광산	3	김영복

기사번호	제목(title)	부제목(stitle)	면수	필자, 출처
1948-05-26-029	질좋은 전구생산 위하여 기능자양성에 주력한다	평양전구공장 종업원들	3	김인숙
1948-05-26-030	고등어잡이를 위한 태세를 갖추고 대기	동해안 각 어장에서	3	김달수
1948-05-26-031	양잠에 주의할 점		3	
1948-05-26-032	무의무탁한 고아들은 배우며 즐기며 자란다	봉래도 갱생원의 하루	3	신기관
1948-05-26-033	팔레스티나분쟁은 영국에게 책임이 있다	안보에서 우크라이나대표 통박	4	북조선통신
1948-05-26-034	유엔인권초안위원회 6개조 원문 통과		4	북조선통신
1948-05-26-035	쏘련의 협조에 감사	분란공산당출신 각료 정부에게 서한을 제출	4	북조선통신
1948-05-26-036	주에루살렘미령사 5격탄환 명중		4	북조선통신
1948-05-26-037	영국 케니아에 군사기지 건설		4	북조선통신
1948-05-26-038	독일쏘베트점령지대 통상활발화		4	북조선통신
1948-05-26-039	콜럼비아정부의 탄압정책 극심		4	북조선통신
1948-05-26-040	중국대학생들 반미운동 치렬		4	북조선통신
1948-05-26-041	국제적십자위원회는 희랍애국자를 구출하라	쏘베트적십자위원회 성명	4	북조선통신
1948-05-26-042	몽고근로자들 항의		4	북조선통신
1948-05-26-043	『신시대』지배포 금지하는 독일점령 영당국을 론난		4	북조선통신
1948-05-26-044	희랍왕당파시스트 미국기자를 암살		4	북조선통신
1948-05-26-045	미국하원에서 문제화?		4	북조선통신
1948-05-26-046	인민경제 5개년계획기초	항가리내각 국가기획국에 위임	4	북조선통신
1948-05-26-047	백로서아의 파종면적 확장		4	북조선통신
1948-05-26-048	력사적인 문서	월레스에 대한 쓰딸린의 답서	4	통신부
1948-05-26-049	이란북부각지서 민주주의자탄압		4	북조선통신
1948-05-26-050	체코국가수입 매년 증가		4	북조선통신
1948-05-26-051	항가리의 국가보험혜택		4	북조선통신
1948-05-26-052	중국로동자를 미병이 사살		4	북조선통신
1948-05-27-001	국가졸업시험을 성과있게 준비하자		1	
1948-05-27-002	김일성장군에게 드리는 맹세문	평양특별시 한글학교 및 각급 성인학교 학생궐기대회	1	
1948-05-27-003	김일성위원장 말씀 받들어 평양시내 성인학교생 궐기		1	박중선
1948-05-27-004	북조선 전체 문맹자 및 각급 성인학교 학생들에게 보내는 호소문	평양특별시 한글학교 및 각급 성인학교 학생궐기대회	1	
1948-05-27-005	조선인민은 속지 않는다 망국멸족의 단정을 분쇄	-평양시내 교통구락부에서-	1	신언철
1948-05-27-006	모든 힘 바쳐 구국투쟁에	평원군 숙천면 만흥리 농민 전당수씨	1	리의철
1948-05-27-007	'단정'분쇄에 계속 분기	남조선인민의 구국투쟁 치렬	1	북조선통신

기사번호	제목(title)	부제목(stitle)	면수	필자, 출처
1948-05-27-008	농민의 요구에 호응 전원이 돌격 관개용 양수기를 기일전에 완성	남포조선소 당원들 핵심적역할의 성과	2	김전
1948-05-27-009	당정치교양사업을 강화	강원도 회양군당단체들	2	안춘삼
1948-05-27-010	증산의욕은 나날이 치렬	룡천군당단체들의 추동	2	신용삼
1948-05-27-011	세포의 락후성을 퇴치 높아가는 군중의 신임	함남 함주군당단체들의 사업	2	박경석
1948-05-27-012	북조선인민정권하에서 날로 향상되는 교원생활		2	김동천
1948-05-27-013	보다 높은 생산 보장하는 기본건설에 혁혁한 성과	흥남비료공장	3	
1948-05-27-014	우리 당원을 선두로 한 각 작업반들의 증산전	흥남본궁공장	3	
1948-05-27-015	화물수송달성 위한 운전사들의 열성	평남화물자동차사업소	3	김형기
1948-05-27-016	기관차담당제는 정시운전을 보장		3	북조선통신
1948-05-27-017	수송계획완수 위한 철도일군들의 투쟁	함흥철도부	3	김명구
1948-05-27-018	안전시설에 만전 기하고 기념계획을 초과달성	함북 고참탄광	3	현준극
1948-05-27-019	수많은 창안과 노력으로 질좋은 종이를 넘쳐 생산	회령제지공장	3	심철
1948-05-27-020	귀성제염 일군들 5월계획을 완수		3	북조선통신
1948-05-27-021	선진영농법으로 조기이앙에 수범	리원군 류원석동무	3	윤지월
1948-05-27-022	춘경파종을 끝내고 모내기에 만전태세	리원군당하 각 세포	3	
1948-05-27-023	'신축자유기'를 창안	평양철도공장 서동균동무	3	신언철
1948-05-27-024	철원벌판에는 모내기가 시작		3	김만선
1948-05-27-025	쓰딸린대원수에게 보낸 월레스의 공개서한에 관하여		4	통신부
1948-05-27-026	분란공산당출신의 외상직 박탈에 대하여 동당집행위원회 항의		4	북조선통신
1948-05-27-027	통일독립을 원한다면 인민투표에 참가하라	-사회통일당대표 연설-	4	북조선통신
1948-05-27-028	전유태군에 정전령	이스라엘국가정부	4	북조선통신
1948-05-27-029	칠리하원에서 「반공법」통과		4	북조선통신
1948-05-27-030	악귀들이 도량하는 희랍왕당파 관할지구	『신시대』지의 현지보도-	4	북조선통신
1948-05-27-031	마샬안은 전쟁계획안	-불란서쏘련대표 연설-	4	북조선통신
1948-05-27-032	희랍애국자 계속 총살		4	북조선통신
1948-05-27-033	항가리의 공업 전전수준 돌파		4	북조선통신
1948-05-27-034	전왕 미하이의 공민권을 박탈		4	북조선통신
1948-05-27-035	슬라브 제국 농업전람회 연기		4	북조선통신
1948-05-27-036	라지오		4	
1948-05-27-037	극장안내		4	
1948-05-27-038	예약모집	『볼쉐위끼당사』	4	로동당출판사
1948-05-28-001	철도운수사업을 더한층 발전시키자		1	

기사번호	제목(title)	부제목(stitle)	면수	필자, 출처
1948-05-28-002	김일성장군에게 메쩨지	재일조선인학교 페쇄령을 반대하며 평양재주일본인 자기들의 처우를 감사	1	
1948-05-28-003	체포된 인민 재판도 없이 총살 송악산. 진봉산 시체로 가득	남조선에서	1	북조선통신
1948-05-28-004	총살은 계속하여 진행되고있다	남조선에서	1	
1948-05-28-005	영등포전화중계소 습격	호남선일대는 전화두절	1	북조선통신
1948-05-28-006	굳은 단결과 증산으로 침략책동을 분쇄하자	청학광산 종업원들	1	김영복
1948-05-28-007	우리의 민주력량 단정을 단연 분쇄	평양제2녀중 교무주임 김경손씨	1	김병영
1948-05-28-008	쏘련제의 실천을 강경히 요구한다	평양인흥1리 리장 리성유씨	1	조석준
1948-05-28-009	구체적협조대책의 강구로 무사고정시주행 보장했다	평양철도당부의 사업성과	2	김전
1948-05-28-010	기술전습을 옳게 실시하여 기관차수리에 다대한 성과	평양기관구내 당원들	2	위찬길
1948-05-28-011	철도운수의 발전 위하여 우리 당원들은 분투한다	평양철도공장내의 당원들	2	신기관
1948-05-28-012	정치교양사업의 질적향상을 도모	주을요업공장 소성세포	2	류하룡
1948-05-28-013	맑스-레닌주의로 무장함으로써 당적경각성은 더일층 제고된다		2	김일홍
1948-05-28-014	로동법령 2주년기념으로 경축증산경쟁운동을 전개	사동련탄공장 종업원들	3	김형기
1948-05-28-015	전화기교환대는 계속 생산되고있다	북조선통신기재제작소	3	신언철
1948-05-28-016	기계수리작업을 성공적으로 완수	평양곡산공장 종업원들	3	김달수
1948-05-28-017	'북조선소년단'의 창립 2주년기념	6월 6일 호화로운 행사	3	신기관
1948-05-28-018	통수식에 맺어진 농민들의 증산의욕	영풍관개공사	3	심철
1948-05-28-019	통수식에 맺어진 농민들의 증산의욕	안원관개공사	3	황진홍
1948-05-28-020	토지의 주인된 기쁨은 새로운 영농법을 창안	철원군 자일리 문기봉동무	3	김만선
1948-05-28-021	두류파종기를 새로 고안제작	황해도 감응한씨	3	북조선통신
1948-05-28-022	유축농업화 위해 전부락민들 노력	회령군 신금생리	3	리의철
1948-05-28-023	모판의 관리와 록비채취에 궐기	연백군 농민들	3	리호
1948-05-28-024	청진제강소 복구를 위한 당단체의 투쟁		3	김인춘
1948-05-28-025	세계평화애호인민들은 월레스의 공개서한에 대한 쓰딸린의 답서를 지지환영		4	북조선통신
1948-05-28-026	체코의 선거 박도	부수상 민족의 단결호소	4	북조선통신
1948-05-28-027	공산당출신 각료들에 대한 반동의 박해에 항의	헬싱키에 군중대회	4	북조선통신
1948-05-28-028	미국의 신농무장관 임명		4	북조선통신
1948-05-28-029	쏘련협동조합대표 로마 향발		4	북조선통신
1948-05-28-030	루마니아의 민주발전에 경탄	영국대의원 프리트 담	4	북조선통신
1948-05-28-031	오지리직맹대회	직련중앙상임위원 개선	4	북조선통신

기사번호	제목(title)	부제목(stitle)	면수	필자, 출처
1948-05-28-032	미국잠수함을 토이기에 양도		4	북조선통신
1948-05-28-033	이태리신내각성원		4	북조선통신
1948-05-28-034	아동문제의 국제회의 파란에서 개최		4	북조선통신
1948-05-28-035	일본은 무장하고있다		4	통신부
1948-05-28-036	체코와 유고간에 통상협정 조인		4	북조선통신
1948-05-28-037	신민주주의국가들의 경지면적확장		4	북조선통신
1948-05-28-038	라지오		4	
1948-05-28-039	극장안내		4	
1948-05-28-040	예약모집	『볼쉐위끼당사』	4	로동당출판사
1948-05-29-001	기술습득과 당단체의 역할에 대하여		1	
1948-05-29-002	김일성장군께 드림	재북조선평양일본인학생일동	1	
1948-05-29-003	김두봉의장 함남지방 시찰		1	북조선통신
1948-05-29-004	비법적인 강제'단선'에 조선인민은 속지 않는다	동평양 각 리민들 보고대회	1	신언철
1948-05-29-005	조국통일과 독립 위하여 목숨을 내걸고 싸우자	김일성대학 학생들	1	신기관
1948-05-29-006	단정을 분쇄할 때까지 우리는 견결히 싸우자	평양제1양말직장대회	1	김형기
1948-05-29-007	인민공화국만세를 절규	악질경관 등 계속 습격	1	북조선통신
1948-05-29-008	단선반대시위에 참가한 학생에게 미군 정재판 3년징역을 언도		1	북조선통신
1948-05-29-009	제주도인민항쟁탄압에 참가기피한 현직 경관을 포고령위반이라고 체포		1	북조선통신
1948-05-29-010	횡령한 돈으로 투표지를 매수	대동청년단 간부의 소행	1	북조선통신
1948-05-29-011	당원들의 열성적인 노력으로 인조섬유 공장 복구공사 진척	평양화학공장내 당단체들 분투	2	김전
1948-05-29-012	학습열 높이면서 책임량 초과달성	흥남비료공장 중공계분세포	2	박경석
1948-05-29-013	당내부사업의 수준을 더욱 제고시키자		2	김일홍
1948-05-29-014	연구와 실천으로 섬유증산을 보장	북선아마풍산공장 세포	2	김의진
1948-05-29-015	결점을 시급히 시정하여 책임량완수를 보장하자	함북 회령 궁심탄광내의 당원들	2	심철
1948-05-29-016	잠종소립을 완료하고 제2계단사업을 호소	금천군 녀성열성양잠가들	3	
1948-05-29-017	쏘련정부대답 받들고 이앙과 김매기에 궐기	경성군내 전체 농민들	3	류한룡
1948-05-29-018	양잠의 과학적사육을 학리와 실지로써 연구	녕변농림전문학생들	3	리동무
1948-05-29-019	선재압연공장을 강선제강소에 신설		3	리문상
1948-05-29-020	남포시 농민들 춘기파종 완수		3	정명걸
1948-05-29-021	우수한 사업방식으로 복구계획을 초과 완수	평양화학공장	3	리문상
1948-05-29-022	엄격한 감정으로 원목의 품위를 향상	림산처고인공장	3	정봉강

기사번호	제목(title)	부제목(stitle)	면수	필자, 출처
1948-05-29-023	5.1증산운동에 있어 모범반과 일군들을 표창	서평양철도공장에서	3	김현석
1948-05-29-024	변경된 원사해사기를 증설하고 증산에 돌격	제1양말공장 종업원들	3	김형기
1948-05-29-025	새로운 창안으로 림산작업에 공헌	연두평림산작업소	3	김의진
1948-05-29-026	신입생모집요항	혁명자유가족학원	3	
1948-05-29-027	쏘련소개	1948년도의 쏘련농촌경리(1)	3	신문부
1948-05-29-028	외교사신교환에 대하여	이스라엘국림시정부 외상 쏘련 외상 몰로또브에 타전	4	북조선통신
1948-05-29-029	몰로또브외상 이스라엘제의에 동의		4	북조선통신
1948-05-29-030	유엔대표의 입국을 거절한 미국의 위법 행위	인권위원회에서 쏘련대표 항의	4	북조선통신
1948-05-29-031	미공산당전국대회를 8월 뉴욕시에서 소집		4	북조선통신
1948-05-29-032	파란국가상업의 약진상		4	북조선통신
1948-05-29-033	전쟁의 온상이였던 항가리 오늘은 구라파평화의 요새	항가리공산당 총비서의 담화	4	북조선통신
1948-05-29-034	왕당파의 학살행위에 항의	재영희랍민주주의자동맹	4	북조선통신
1948-05-29-035	주중쏘대사 남경에 도착		4	북조선통신
1948-05-29-036	전왕가 재산몰수를 루국인민들 대환영		4	북조선통신
1948-05-29-037	희랍민주군 전승		4	북조선통신
1948-05-29-038	국제정세개관		4	본사 국내외통신부
1948-05-29-039	모쓰크바아동 여름방학에 야영생활		4	북조선통신
1948-05-29-040	쏘련녀성대표 로마로부터 귀환		4	북조선통신
1948-05-29-041	라지오		4	
1948-05-29-042	극장안내		4	
1948-05-29-043	예약모집	『볼쉐위끼당사』	4	로동당출판사
1948-05-30-001	조선인민은 '단선'을 부인하며 '단정'을 절대배격한다		1	
1948-05-30-002	따쓰의 보도		1	
1948-05-30-003	기술수준제고를 위하여 당원들이 핵심적 역할	사동련탄공장내 당단체들	2	위찬길
1948-05-30-004	학술과 실지 겸한 기술전습 파사를 축감코 생산률 제고	평양타올공장 세포	2	신기관
1948-05-30-005	미국식'고도의 자유선거'		2	박우청
1948-05-30-006	월레쓰에게 보낸 쓰딸린의 답서에 관한 미국무성의 성명		2	
1948-05-30-007	따쓰의 보도		2	
1948-05-30-008	철도운수사업보장 위해	평철산하 일군들의 투쟁	3	
1948-05-30-009	빛나는 기록으로 선로보수를 강화	평양보선구	3	신언철
1948-05-30-010	날로 향상발전하는 북조선의 체육문화		3	김동천
1948-05-30-011	곡산공장구락부의 사업개진을 위하여		3	김달수

기사번호	제목(title)	부제목(stitle)	면수	필자, 출처
1948-05-30-012	창발력을 발휘하여 우수한 권사기 제작	평양화학 리기용군	3	리문상
1948-05-30-013	38접경에서 본 추악한 단선(1)	강원도 전곡에서	3	본사기자 김현석
1948-05-30-014	쏘련소개	1948년도의 쏘련농촌경리(2)	3	신문부
1948-05-30-015	트루맨정부의 렴치없는 행위	월레스 라지오연설에서 론박	4	북조선통신
1948-05-30-016	내상해직에 관련하여 분란공산당 보도 발표		4	북조선통신
1948-05-30-017	체코슬로바키아의 선거운동 고조		4	북조선통신
1948-05-30-018	이스라엘국가승인을 요구	이상원 의원들	4	북조선통신
1948-05-30-019	파란에 대방송국 건설		4	북조선통신
1948-05-30-020	영점령 독일지대 조선소에서 전함수리에 분주		4	북조선통신
1948-05-30-021	미국의 진보적세력은 문드트법안을 치렬히 반대		4	북조선통신
1948-05-30-022	일본상품 중국에 범람		4	북조선통신
1948-05-30-023	정부신예산안에 하원 불신임 표명	캐나다	4	북조선통신
1948-05-30-024	영국 한해흑심		4	북조선통신
1948-05-30-025	주아프카니스탄 쏘련대사 갱질		4	북조선통신
1948-05-30-026	데.가스페리신정부는 공화국헌법위반	이태리 제 신문 론박	4	북조선통신
1948-05-30-027	유엔원자위원회사업을 누가 파탄시켰는가?		4	통신부
1948-05-30-028	미불간의 의견충돌로 중대난관에 봉착	대독런던 6개국회의	4	북조선통신
1948-05-30-029	스베르니크씨 홍국대사 접견		4	북조선통신
1948-05-30-030	불정부대표단		4	북조선통신
1948-05-30-031	쏘련산업의 혁혁한 성과		4	북조선통신
1948-05-30-032	소위 대중원조사절단장 임명		4	북조선통신
1948-05-30-033	국적불명잠수함 알바니아해변을 회유		4	북조선통신
1948-05-30-034	중국 남경정부 신수상 임명		4	북조선통신
1948-05-30-035	보리수확 개시	쏘련소식	4	북조선통신
1948-05-30-036	마령서재배에 신개척	쏘련소식	4	북조선통신
1948-05-30-037	라지오		4	
1948-05-30-038	극장안내		4	
1948-06-01-001	당도서실사업을 강화하자		1	
1948-06-01-002	생활필수품물자에 대한 국가가격을 대폭 인하	제65차 북조선인민위원회 결정	1	북조선통신
1948-06-01-003	하지중장의 전기조작	-전기문제에 대한 『신시대』지 론평-	1	북조선통신
1948-06-01-004	민주력량을 더 강화하여 반동매국책동 분쇄하자 중앙전신전화우편국 일군들	남조선에서의 단독선거를 반대하여	1	김동천
1948-06-01-005	침략책동의 분쇄를 위하여 더욱 힘찬 투쟁을 전개하자 -평양연초공장에서-	남조선에서의 단독선거를 반대하여	1	김형기

기사번호	제목(title)	부제목(stitle)	면수	필자, 출처
1948-06-01-006	우리는 투쟁으로서 통일정부 쟁취하자 -평양기관구에서-	남조선에서의 단독선거를 반대하여	1	신언철
1948-06-01-007	우리에게는 자립할 자신과 실력이 있다 조선맥주종업원보고대회	남조선에서의 단독선거를 반대하여	1	김달수
1948-06-01-008	전당대회문헌을 연구하며 정치적각성밑에 사업 촉진	평양시 북구구역당 단체들의 정형	2	위찬길
1948-06-01-009	시기에 맞는 협조대책은 승리적성과를 가져왔다.	함북 경원군당산하 당단체들	2	황진홍
1948-06-01-010	기본건설사업의 중요성		2	정동춘
1948-06-01-011	무자비한 자기 비판전개로 엄중한 결함을 철저히 시정	강원 금화군내무서 창도분서세포	2	안창렬
1948-06-01-012	당원들의 핵심적활동으로 록비채취 성과적으로 완수	황해 금천군 토산면 학산리세포	2	정운성
1948-06-01-013	평양화학복구공사에 당원들의 열성적분투	원동세포, 원액세포에서	2	
1948-06-01-014	꾸준한 학습과 연구토론 자체교양수준을 높인다.	원산조선소 제재계세포	2	량수형
1948-06-01-015	열성적학습과는 생산능률 제고한다.	단천 부동광산 당부산하 각 세포	2	서득창
1948-06-01-016	도내 공장 광산에 호소한 증산맹세를 충실히 실천	해주기계제작소	3	박진선
1948-06-01-017	로력조직의 합리화로 증산의욕은 일층 왕성	해주제련소	3	박진선
1948-06-01-018	농산부문 춘기사업 총결 당면한 과업을 토의결정	각 도농림부장회의에서	3	리의철
1948-06-01-019	38접경에서 본 추악한 단선(2)	강원도 전곡에서 본사기자 김현석 수기	3	
1948-06-01-020	시민들의 열성적참가로 평양운하 개착공사 진척	이미 전공정 70%를 실행	3	신언철
1948-06-01-021	당단체의 열성적협조로 동로복구공사 진척	강원 문평제련소	3	량수형
1948-06-01-022	경성군 녀맹원들 잠견증산에 궐기		3	류하룡
1948-06-01-023	쏘미회담 즉시개시 요구	쏘미친선전국위원회주최 군중대회	4	북조선통신
1948-06-01-024	우크라이나의 복구상		4	북조선통신
1948-06-01-025	내상의 직위박탈에 대하여 분란에 항의운동 고조		4	북조선통신
1948-06-01-026	독일인민투표 진행	미, 영, 불측은 탄압	4	북조선통신
1948-06-01-027	파시스트에 테로목표를 제공하는 '미국의 흑표'		4	북조선통신
1948-06-01-028	국제협동조합 집행위원회	국제협동조합절에 제하여 쏘련대표 투쟁목표를 제시	4	북조선통신

기사번호	제목(title)	부제목(stitle)	면수	필자, 출처
1948-06-01-029	북이농장 로동자의 동맹파업 확대		4	북조선통신
1948-06-01-030	전세계 진보적인민들은 희랍왕당파에 항의한다		4	통신부
1948-06-01-031	남아수상 근일 사임		4	북조선통신
1948-06-01-032	트루맨대통령 맥원수 귀국에 언급		4	북조선통신
1948-06-01-033	쏘련소식	인적자원과 로동생산력	4	북조선통신
1948-06-01-034	로동자의 주택 각지에 신설		4	북조선통신
1948-06-01-035	농업계획에 대한 쏘련신문 보도		4	북조선통신
1948-06-01-036	극장안내		4	
1948-06-01-037	예약모집	『볼쉐위끼당사』	4	
1948-06-02-001	국가가격저하는 민주건설의 위대한 승리의 성과		1	
1948-06-02-002	북조선인민위원회결정 제138호 1948년도 국가가격 일부 저하에 관한 결정서		1	
1948-06-02-003	'단정'은 절대배격 쏘련제안을 지지	평양 미림2리 농민들	1	신기관
1948-06-02-004	량군동시철거의 실현 위해 싸운다	전차사업소 운수과 로동자 김성빈씨	1	김달수
1948-06-02-005	국가가격 대폭적인하는 북조선경제건설의 승리	상업국장 장시우씨	1	북조선통신
1948-06-02-006	당조직정치사업 강화문제와 신학년도 준비사업 협조대책 등을 토의결정	제2차 평남도당위원회에서	2	김전
1948-06-02-007	정치교양사업상 결점들을 시급히 퇴치함이 당면과업	평양시당 중구구역당	2	김현석
1948-06-02-008	결점을 시정하며 학습에 열성 참가	철원렬차구세포	2	김만선
1948-06-02-009	미국의 저명한 문화일군들이여! 당신들은 누구와 함께 있는가?	-쏘련작가들이 보낸 공개서한-	2	
1948-06-02-010	이앙을 적기에 완수하자 적기이앙대책 토의결정	북농상무위원회에서	3	리의철
1948-06-02-011	우수한 기록을 남긴 방직기술경기대회	사리원방직공장에서	3	리성섭
1948-06-02-012	복구건설에 착수한 아오지인조석유공장		3	리문상
1948-06-02-013	모직업의 중보인 '세모기'운전 개시	사리원방직공장	3	리성섭
1948-06-02-014	국가졸업시험을 앞두고 학업성적 제고 위해 투쟁	평양제4인민학교 강갑신교원	3	신기관
1948-06-02-015	항내작업에 필요한 '무분식습진기' 창안	창도광산 장유환동무	3	안창렬
1948-06-02-016	우기대책의 만전을 기하여 제1변전소 종업원들 투쟁		3	김형기
1948-06-02-017	평화와 민주를 위하여!	쏘련작가들의 공개서한에 대한 미국의 저명한 문화일군들의 답서	3	
1948-06-02-018	쏘.미관계에 대한 각국의 반향	미국무성성명에 대한 따쓰보도 지지	4	북조선통신
1948-06-02-019	미정책의 약점을 표시 보수파까지도 비난	미국	4	북조선통신

기사번호	제목(title)	부제목(stitle)	면수	필자, 출처
1948-06-02-020	분란민주진영 승리	내상직과 무임소상직에 민주주의자를 추천 승인	4	북조선통신
1948-06-02-021	미국무성의 모순된 주장	오지리	4	북조선통신
1948-06-02-022	미정부태도 비난	루마니아	4	북조선통신
1948-06-02-023	미국은 군비확장정책을 추구	서서	4	북조선통신
1948-06-02-024	체코슬로바키아 선거 진행	민족전선에 89% 투표 39개 선거지구의 통계	4	북조선통신
1948-06-02-025	서전 제 신문의 관심 집중		4	북조선통신
1948-06-02-026	미국정책을 폭로	체코	4	북조선통신
1948-06-02-027	트루맨정책 실패	항가리	4	북조선통신
1948-06-02-028	희랍의 도전에 대한 알바니아의 성명		4	북조선통신
1948-06-02-029	깨소링수출회사 루국에 설립		4	북조선통신
1948-06-02-030	따쓰통신 정당	파란	4	북조선통신
1948-06-02-031	소위 '체코문제' 등 토의	-안전보장리사회-	4	북조선통신
1948-06-02-032	서반아군주정체 회복시도 로정		4	북조선통신
1948-06-02-033	자신이 조인한 협정을 트루맨은 침범	독일	4	북조선통신
1948-06-02-034	이스라엘국을 남아에서 승인		4	북조선통신
1948-06-02-035	파란-불가리아간에 호상원조조약 체결		4	북조선통신
1948-06-02-036	라지오		4	
1948-06-02-037	극장안내		4	
1948-06-02-038	근로자예약모집		4	
1948-06-03-001	조선인민은 통일민주정부수립의 길로 매진한다		1	
1948-06-03-002	자기 맡은 책임을 다하여 미침략정책을 분쇄하자	평양산소공장 종업원들	1	
1948-06-03-003	조국을 팔아먹는자들을 조국강토에서 몰아내자	평양시 동대원리민들	1	
1948-06-03-004	쓰러진 인민들의 귀중한 피를 우리는 헛되이 해서는 안된다	남조선 각계에서 '단정'반대를 절규	1	북조선통신
1948-06-03-005	조선민족은 하나이다 두쪽으로 가를수 없다	평양전구공장 종업원들	1	김달수
1948-06-03-006	우리들은 생산증강으로 미침략기도를 처부시자	주을요업공장 종업원들	1	류하룡
1948-06-03-007	총칼의 위혁으로 강행된 '단선'은 인정할수 없다	고성철도 종업원들	1	최치묵
1948-06-03-008	더 높은 농업증산으로써 미침략기도를 분쇄하자	평양시 칠불리 농민들	1	리의철
1948-06-03-009	'단선'을 합법화하려 하나 조선인민은 속지 않는다	황해도 금천군 금천면민대회	1	정운성
1948-06-03-010	당선전사업과 당교양사업을 제고시키자		2	박창옥
1948-06-03-011	볼쉐위크당과 쏘베트국가의 탁월한 지도자 까리닌	-그의 서거 2주년에 제하여-	2	본사 국내외통신부

기사번호	제목(title)	부제목(stitle)	면수	필자, 출처
1948-06-03-012	형식적인 학습진행은 시급히 이를 청산하자	사동련탄 사무세포의 학습정형	2	위찬길
1948-06-03-013	학습에 대한 열성은 증산으로 표현된다.	평양성냥공장 세포학습정형	2	신기관
1948-06-03-014	사상투쟁전개로 세포사업을 추진	주을목재기업소세포	2	류하용
1948-06-03-015	단선무효성명을 받들고 적기이앙을 군내에 호소	이천군 향교리 3구 농민들	3	송춘관
1948-06-03-016	호소문	이천면 향교리 3구농민 열성자회의에서	3	
1948-06-03-017	만반의 준비를 갖추고 의주군 농민들 이앙 개시		3	김지창
1948-06-03-018	나무리벌에 이앙 활발	이랑논을 광범히 보급	3	오학균
1948-06-03-019	제2차 북조선문학예술축전		3	김현석
1948-06-03-020	산과 바다로 달리는 학생들의 하기방학		3	박중선
1948-06-03-021	당단체의 적극적협조로 증산의욕 유감없이 발휘	황해제철소	3	리성섭
1948-06-03-022	호상비판과 연구로 생산품의 질을 향상	유선내화련와	3	심철
1948-06-03-023	원산철도부산하의 5.1증산운동성과		3	량수형
1948-06-03-024	인민경제계획의 성과적수행은 생활필수품의 가격을 저하시켰다.		3	황종태
1948-06-03-025	민족전선에 89.3% 투표	체코슬로바키아인민회의선거	4	북조선통신
1948-06-03-026	인민투표관계자 박해에 쏘련대표 엄중항의	주백림련합국부사령관회의	4	북조선통신
1948-06-03-027	북부라인로동자 파업		4	북조선통신
1948-06-03-028	반공법안 철회 주장	상원에서 윌레스씨 연설	4	북조선통신
1948-06-03-029	팔레스티나사태를 검토	안전보장리사회	4	북조선통신
1948-06-03-030	영행정기관에서 ‘좌익분자’ 숙청		4	북조선통신
1948-06-03-031	월남에 대한 불의 침략기도		4	북조선통신
1948-06-03-032	월남군의 승세		4	북조선통신
1948-06-03-033	체코대통령의 탄생일을 축하		4	북조선통신
1948-06-03-034	화란하원선거 7월 7일 시행		4	북조선통신
1948-06-03-035	미국무성 국제정보국장 임명		4	북조선통신
1948-06-03-036	따쓰의 국제정세개관	서부독일에 관한 6개국런던회의	4	북조선통신
1948-06-03-037	따쓰의 국제정세개관	자기들의 리익의 초소에 선 분란인민	4	북조선통신
1948-06-03-038	라지오		4	
1948-06-03-039	극장안내		4	
1948-06-03-040	근로자예약모집		4	
1948-06-04-001	신학년도 준비에 대한 당단체들의 협조		1	
1948-06-04-002	김일성위원장께서 강서 청산리를 시찰	감격에 찬 농민들 증산에 돌진	1	북조선통신
1948-06-04-003	식민지명에를 씌우려는자들과 용감히 투쟁하자.	평양견직공장 종업원들	1	

기사번호	제목(title)	부제목(stitle)	면수	필자, 출처
1948-06-04-004	남조선인민들을 노예화하려는 음모를 처부수자.	사리원시 녀맹원들 궐기	1	리성섭
1948-06-04-005	인민정권의 옳은 시책의 결과임을 다시한번 통감 평양견직공장 로동자 강순덕씨	생활필수품의 국가가격인하에 대한 인민의 반향	1	김형기
1948-06-04-006	생활필수품가격인하에 함북인민들 정권에 감사	생활필수품의 국가가격인하에 대한 인민의 반향	1	북조선통신
1948-06-04-007	우리들의 가정생활이 더 향상될것이 기쁘다 가정부인 김순례씨	생활필수품의 국가가격인하에 대한 인민의 반향	1	리문상
1948-06-04-008	당원들의 주동적역할로 이루어진 평남 춘경파종과 관개공사의 성과		2	리의철
1948-06-04-009	적절한 분공조직으로 파종과 이앙 사업 협조	평북 신의주시 연대동세포	2	최영환
1948-06-04-010	각급 당단체들은 비판과 자아비판의 기치를 높이 들고 전진하고 있다.		2	장하일
1948-06-04-011	학년말시험 준비사업과 신학년도 준비사업 협조	김일성대학당부	2	김전
1948-06-04-012	학년말시험 준비사업과 신학년도 준비사업 협조	교원대학당부	2	위찬길
1948-06-04-013	황해도내 이앙사업 활발	‘이랑논’도 광범히 실시	3	박진선
1948-06-04-014	신학년도 준비사업의 적극적추진을 위하여		3	
1948-06-04-015	림산자원 개발키 위한 백두산림철공사 착수		3	
1948-06-04-016	창립 2주년을 맞는 북조선소년단		3	김현석
1948-06-04-017	소년의 조쏘친선 쏘련삐오넬에게 보내는 편지	북조선민주청년동맹 중앙위원회 소년부	3	
1948-06-04-018	원철산하 기술경기에 영예의 제1위를 획득	고성기관구	3	최치목
1948-06-04-019	창발적노력으로 작업능률은 제고	고참탄광	3	장우풍
1948-06-04-020	경쟁을 조직하여 목표완수에 돌진	삼보광산	3	정운성
1948-06-04-021	우기대책 강화하여 생산계획완수 보장	황해제철소	3	리문상
1948-06-04-022	화풍면 농민들 일제히 이앙에		3	심철
1948-06-04-023	국영상점에서 본 인민들의 이 기쁨		3	박중선
1948-06-04-024	전인민의 열광적지지밑에 진행된 체코슬로바키아의 선거	『쁘라우다』지 특파원 현지보도	4	북조선통신
1948-06-04-025	미영불의 분할안 폭로	주백림련합국사령관회의	4	북조선통신
1948-06-04-026	4주간조건부휴전의 영국안의 진의가 폭로	팔레스티나에 관한 안보회의	4	북조선통신
1948-06-04-027	서부오지리에서 반군사단체 조직		4	북조선통신
1948-06-04-028	『신시대』지 제21호에는 어떤 론문들이 게재되었는가?		4	통신부
1948-06-04-029	‘마샬안’은 오국무역 저해		4	북조선통신
1948-06-04-030	라지오		4	

기사번호	제목(title)	부제목(stitle)	면수	필자, 출처
1948-06-04-031	극장 안내		4	
1948-06-04-032	근로자예약모집		4	
1948-06-05-001	이앙을 제때에 완수하자		1	
1948-06-05-002	미제국주의침략기도를 재동북동포들이 분격!	-리원백씨의 「단정배격」편지-	1	김현석
1948-06-05-003	쏘련제의대로 량국군대 동시철거를 강경히 요구	고성시설출장소 사무원 조남완씨	1	최치목
1948-06-05-004	우리 농민들의 감격을 다시금 새롭게 합니다 재녕군 진곡리 농민 옥인곤씨	생활필수품의 국가가격인하에 대한 인민의 반향	1	오학균
1948-06-05-005	물건 많이 팔리는것이 무엇보다도 기쁩니다 시소제1백화 녀점원 김경한	생활필수품의 국가가격인하에 대한 인민의 반향	1	박중선
1948-06-05-006	쏘련제안 실시를 요구 적기이앙으로 증산 보장	금화군 농민 박노준씨	1	안창렬
1948-06-05-007	인민을 굶주리게 하는 정치를 절대 배격한다	신의주 연대동 농민 박명철씨	1	
1948-06-05-008	남조선인민들의 구국투쟁은 '단정'을 배격하여 더욱 치렬		1	북조선통신
1948-06-05-009	제주도인민항쟁공판 사형 장기징역 등을 구형		1	북조선통신
1948-06-05-010	남조선에 벌어진 대량 검거와 살륙		1	북조선통신
1948-06-05-011	조기이앙과 이랑논실시를 금천군 당단체들 적극 협조		2	정운성
1948-06-05-012	성과적이앙완수를 위하여 관개공사완수에 전력 경주	평양시 미산리당부산하 당원들	2	김전
1948-06-05-013	만반준비를 갖추며 적기이앙에 힘쓴다	단천군 복귀면 송오리세포	2	서득창
1948-06-05-014	적기이앙실시 준비 위하여 논갈이와 모판정리에 열중	평양시 대타령1리 농촌당원들	2	위찬길
1948-06-05-015	민족반역자 친일파들로 결속된 워싱톤의 주구들은 남조선에서 조국을 팔아먹는다		2	박창옥
1948-06-05-016	원가저하의 투쟁성과는 필수품가격 인하로 발현	평양견직공장 종업원들	3	김형기
1948-06-05-017	활발히 진척되는 초지기설치공사	길주팔프공장	3	리문상
1948-06-05-018	황해도 서해안일대에 까나리 해삼 잡이 활발		3	박진선
1948-06-05-019	5월 30일에 리내이앙을 완료	봉산군 령천면 각락리	3	리성섭
1948-06-05-020	봉산군의 이앙사업 백열전에 들어섰다		3	리성섭
1948-06-05-021	함북 학성군 모내기 시작		3	김영복
1948-06-05-022	계획이상 증산 위해 기계조정을 제때에 평양연초 리영수동무	로동법령실시 2주년 맞으며	3	위찬길
1948-06-05-023	파괴된 기관차를 건설의 궤도우로 청진 철도공장 로동자들	로동법령실시 2주년 맞으며	3	김소민

기사번호	제목(title)	부제목(stitle)	면수	필자, 출처
1948-06-05-024	화진포정양소	특권계급의 향락지가 근로자들의 락원으로	3	
1948-06-05-025	재일조선인학교 폐쇄사건 동경에서 일단 가조인 성립	일본문상의 무성의한 태도	3	북조선통신
1948-06-05-026	신호사건에 참가했던 조선인들 미군사 재판소에서 판결 언도		3	북조선통신
1948-06-05-027	체코슬로바키아 선거소식	선거결과에 대한 내상 담화	4	북조선통신
1948-06-05-028	승리 찬양하는 각 신문의 론평		4	북조선통신
1948-06-05-029	유태군 전면적공세로 전환		4	북조선통신
1948-06-05-030	테로근절조치의 강구 요구	유엔인권위원회에게 자유희랍정부 성명 전달	4	북조선통신
1948-06-05-031	독일민주녀맹대회 개최	국제민주녀맹에도 가입	4	북조선통신
1948-06-05-032	문드트법안 난항	인민들의 반대 치렬	4	북조선통신
1948-06-05-033	처칠이 연출한 '구라파련합'회의		4	통신부
1948-06-05-034	희랍의 미군사사절단장 인민의 대량학살을 사촉	『뉴욕 헤랄드 트리뷴』지 보도-	4	북조선통신
1948-06-05-035	안보에 허위보고한 영미군사령관 트리에스트직맹회의에서 폭로		4	북조선통신
1948-06-05-036	쏘련소식	로동자 사무원들의 유쾌한 휴식의 하루	4	북조선통신
1948-06-05-037	에쓰또니아농촌의 문화발전		4	북조선통신
1948-06-05-038	극장안내		4	
1948-06-05-039	'지함'광고		4	
1948-06-06-001	과실의 높은 수확을 위하여		1	
1948-06-06-002	군경합작의 살륙작전과 위협 및 회유모략 박차고 제주인민항쟁 날로 치렬		1	북조선통신
1948-06-06-003	김일성장군주위에 뭉쳐 조국건설 위하여 싸우자	신흥림산사 종업원들	1	위정산
1948-06-06-004	우리를 노예화하려는 미국흉책을 절대로 배격	주을탄광 종업원들	1	
1948-06-06-005	실을 더 많이 생산하여 '단정'배격에 투쟁하자	철원제사공장 종업원들	1	김만선
1948-06-06-006	생산원가를 더 저하시켜 물가를 더 저하시키자! 남포제련소 종업원들	생활필수품의 국가가격인하에 대한 인민의 반향	1	하정희
1948-06-06-007	련탄의 원가저하 위하여 견결히 투쟁할 것을 결의 평양 선교련탄공장 종업원들	생활필수품의 국가가격인하에 대한 인민의 반향	1	김전
1948-06-06-008	물가저하를 가져온것은 근로자들의 노력의 결과 국립극장 배우 리재덕씨	생활필수품의 국가가격인하에 대한 인민의 반향	1	김현석
1948-06-06-009	생산원가의 저하를 위한 투쟁의 빛나는 성과	-평양제2양말공장세포의 모범적 역할-	2	김전
1948-06-06-010	열성적연구노력으로 생산원가저하에 공헌	사리원방직공장 당원들	2	리성섭

기사번호	제목(title)	부제목(stitle)	면수	필자, 출처
1948-06-06-011	충분한 대책과 실천으로 농촌경리발전 위해 분투	강원도 문천군 송탄리세포	2	량수형
1948-06-06-012	개답작업을 이앙전에 완수하기 위하여 분투	평양시 미림리 농촌당원들	2	신기관
1948-06-06-013	잠견증산 보장 위하여 열성적으로 분투 노력	평북 의주잠사시험장세포	2	최영환
1948-06-06-014	게시판공작을 열성있게 전개	강계려객자동차사업소세포	2	정봉강
1948-06-06-015	증산운동을 승리로 결속	황해자동차사업소세포	2	
1948-06-06-016	우리 소년단원들은 새 조선의 씩씩한 일군으로 자라고있다	소년단창립 2주년에 제하여	2	승원
1948-06-06-017	이미 쟁취한 승리를 공고발전시키자!	평양자동차공장	3	김형기
1948-06-06-018	로동법령의 혜택을 증산투쟁으로 보답	함흥기관구	3	박경석
1948-06-06-019	환희와 희망으로 맞는 북조선소년단의 창립 2주년 기념		3	
1948-06-06-020	날로 자라는 소년단	평양12인민학교에서	3	김현석
1948-06-06-021	관리방법을 적극 개량 증산전을 치렬히 전개	국영특산기업소 사리원사업소 관내 국영과수원에서	3	리성섭
1948-06-06-022	국영 평양타올공장 2.4분기계획 완수		3	위찬길
1948-06-06-023	평양-신성천간에서 해방후 최고견인기록 수립	평양기관구돌격대	3	신언철
1948-06-06-024	모내기에 분망한 평양시주변 농촌		3	송학용
1948-06-06-025	제강혼선로는 복구되였다	황해제철소	3	박진선
1948-06-06-026	분란이 쏘련에 지불할 배상액의 감하에 대한 쏘련정부의 결정		4	
1948-06-06-027	팔레스티나에 대한 결의안을 채택	안전보장리사회	4	북조선통신
1948-06-06-028	유태측은 안보결정대로 6월 1일 전선에 정전령		4	북조선통신
1948-06-06-029	전 독일장병들 아랍군에 가담		4	북조선통신
1948-06-06-030	이태리농업로동자의 파업		4	북조선통신
1948-06-06-031	국제정세개관	체코슬로바키아 민주진영의 승리	4	본사 국내외통신부
1948-06-06-032	국제정세개관	독일인민은 통일을 요구한다.	4	본사 국내외통신부
1948-06-06-033	라지오		4	
1948-06-06-034	극장안내		4	
1948-06-08-001	철도운수부문에서 문화사업을 강화하자		1	
1948-06-08-002	북조선주둔 쏘련군의 보도		1	
1948-06-08-003	신학년도 신학기의 준비를 우리들의 힘으로 완필하자.	중화군 교육열성자대회에서 호소	1	신기관
1948-06-08-004	김일성위원장에게 드리는 맹세문	중화군 교육열성자대회	1	
1948-06-08-005	민주조선 새 일군 되기를 굳세게 맹세하는 소년들	북조선소년단창립 2주년보고대회	1	김달수

기사번호	제목(title)	부제목(stitle)	면수	필자, 출처
1948-06-08-006	물가저하를 위하여 더욱 로동생산성을 높이겠다	청진제철소 종업원들	1	현준극
1948-06-08-007	출판물원가 저하 위하여 싸우겠다.	로동당출판사 김복남씨	1	김병영
1948-06-08-008	락후한 세포 집중지도와 학습회지도 사업을 강화	평양시 서구역당부에서	2	김전
1948-06-08-009	철도운수사업 발전 위하여 당단체는 열성적으로 협조	함흥철도부 당부산하 각급 당단체들	2	박경석
1948-06-08-010	증산을 위한 투쟁에 솔선 실천하여 시범	강원 이천군 이천면 탑리 세포원들	2	송춘관
1948-06-08-011	학습과 비판을 널리 전개	정평군 문산면 중흥리세포	2	리계실
1948-06-08-012	1948년도 로동보호사업에 대하여		2	소암
1948-06-08-013	물가저하를 위한 투쟁은 인민의 물질생활을 향상	평양연초공장 종업원들의 투쟁성과	3	김달수
1948-06-08-014	2.4반기계획을 6.5% 초과 완수	함남 라흥제철소	3	윤지월
1948-06-08-015	인민들의 열성으로 강서 증산중학 증축		3	신언철
1948-06-08-016	고치증산을 호소한 금천군녀맹의 뒤를 따라 평산군 세곡면녀맹 궐기		3	
1948-06-08-017	수마에서 건져 기름진 땅으로	청강하류 제방공사	3	송학용
1948-06-08-018	파종의 뒤를 이어 개답에 적극 매진	신금생리 관개공사	3	심철
1948-06-08-019	250정보를 영원히 옥답화	신덕천관개공사	3	유헌
1948-06-08-020	토지 얻은 기쁨을 증산으로 보답	온포.팔향관개공사	3	류하룡
1948-06-08-021	각지의 이앙소식	황해도내 1착으로 영천면 이앙을 완료	3	리성섭
1948-06-08-022	각지의 이앙소식	함남 신흥군	3	위정산
1948-06-08-023	각지의 이앙소식	함남 홍원군	3	유헌
1948-06-08-024	각지의 이앙소식	함경북도	3	준극
1948-06-08-025	홍원앞바다에 고등어잡이 활발		3	유헌
1948-06-08-026	북조선소년단의 즐거운 하루		3	김현석
1948-06-08-027	체코슬로바키아선거승리에 대한 쏘련신문 론평		4	북조선통신
1948-06-08-028	인민투표 요구하는 청원서에 쏘베트지대 인구의 86.41% 참가		4	북조선통신
1948-06-08-029	런던6개국회의에서 불측 굴복확실시		4	북조선통신
1948-06-08-030	쏘미간통상의 개선 력설	미국의 저명한 인사들의 공개서한	4	북조선통신
1948-06-08-031	불로총 물가인하투쟁을 언명		4	북조선통신
1948-06-08-032	반공법을 비난	워싱톤군중대회	4	북조선통신
1948-06-08-033	"영국에 제재를 가하라"	재미유태인단체들 국무성에 요구	4	북조선통신
1948-06-08-034	희랍민주군 코닛차시 포격		4	북조선통신
1948-06-08-035	상해의 중국학생들 반미시위운동		4	북조선통신
1948-06-08-036	애국자를 사형	희랍파시스트	4	북조선통신
1948-06-08-037	교훈적인 며칠동안		4	통신부

기사번호	제목(title)	부제목(stitle)	면수	필자, 출처
1948-06-08-038	미국공산당 지도자 계속 체포		4	북조선통신
1948-06-08-039	『자유인민』지를 창간	파란슬라브위원회	4	북조선통신
1948-06-08-040	쏘련소식	쓰딸린상에 빛나는 쏘련기술자들	4	북조선통신
1948-06-08-041	아세아 및 극동경제위원회 인도네시아 공화국 대표 참가를 화란과 미, 영, 불, 비대표들 거부		4	북조선통신
1948-06-08-042	라지오		4	
1948-06-08-043	극장안내		4	
1948-06-09-001	지방신문 출판사업을 강화하자			
1948-06-09-002	김일성장군에게 드리는 편지	북조선소년단창립 제2주년기념 평양시련합보고대회	1	
1948-06-09-003	리승만의 매국적회의인 남조선 소위 '국회' 진행중		1	북조선통신
1948-06-09-004	남조선각지의 인민들 '단정'반대운동 치렬		1	북조선통신
1948-06-09-005	소위 '국회'는 '립법의원'의 재판	남조선 각계 반대성명	1	북조선통신
1948-06-09-006	생활필수품인 '타올'을 더 많이 더 좋게 만들겠다 평양타올공장 직조계 녀직공 김화준양	생활필수품의 국가가격인하에 대한 인민의 반향	1	위찬길
1948-06-09-007	우리는 농업증산으로 이 승리를 보장하겠다 황해도 봉산군 례로리 농민 오광룡씨	생활필수품의 국가가격인하에 대한 인민의 반향	1	오학균
1948-06-09-008	조기작물현물세 징수사업 앞두고 당단체들의 협조사업을 강화하자	평남도당상무위원회에서	2	김전
1948-06-09-009	금년도 1.4반기계획 실행을 위한 당단체들의 협조사업 총결	황해도당 제2차위원회	2	박진선
1948-06-09-010	협조대책 수립코 이앙완수 보장에	안변군당산하 각급 당단체들	2	량수형
1948-06-09-011	이앙을 성과적으로 완수 솔선 시범으로 제초 시작	령천면당산하의 당원들	2	리성섭
1948-06-09-012	가강한 교양사업의 전개로 건설공사는 진척되고있다	길주팔프공장 당부의 협조	2	박태화
1948-06-09-013	신학년도의 학교준비사업을 북조선 전체 인민들에게 호소	평남 중화군 교육열성자대회에서	2	
1948-06-09-014	로력조직 개편코 생산능률을 제고	생기령탄광 남2항세포	2	김소민
1948-06-09-015	필수가격인하로 나타난 국영 평안양조장의 원가저하를 위한 투쟁		3	김형기
1948-06-09-016	김장군방문의 감격을 농업증산에 살리여	강서군 청산리 농민들	3	오학균
1948-06-09-017	방법을 개선하여 채탄률을 높였다	사동탄광 채탄부	3	김달수
1948-06-09-018	2.4반기계획을 완수코 다시 299%로 제고 결의	함남단천 신풍광산	3	
1948-06-09-019	국가시험을 앞두고 학업실력배양에 투쟁	평양고급중학교	3	신기관
1948-06-09-020	다년간의 숙망은 드디여 실현되었다	복룡천 개수공사	3	신연철

기사번호	제목(title)	부제목(stitle)	면수	필자, 출처
1948-06-09-021	몽리면적 2, 250정보 증수량 3만 6천석 예상	주남관개공사	3	류하룡
1948-06-09-022	직장문화의 발전	기양화학공장	3	리문상
1948-06-09-023	항외 로동자와 사무원도 협력	사리원탄광	3	박진선
1948-06-09-024	중화군 소이도리 이앙을 완료하다	각지의 이앙소식	3	
1948-06-09-025	평안도 이암부락 이앙을 완료하다	각지의 이앙소식	3	최영환
1948-06-09-026	평북 룡천군	각지의 이앙소식	3	송학용
1948-06-09-027	체코슬로바키아 선거총결 민족전선에 89.2% 투표	체코내무성에서 발표	4	북조선통신
1948-06-09-028	승리적선거총결에 대한 체코민족전선의 호소문		4	북조선통신
1948-06-09-029	중앙선거위원회 위원장 노쩨크씨의 성명		4	북조선통신
1948-06-09-030	정전령은 량측이 수락	팔레스티나 전투는 의연 계속	4	북조선통신
1948-06-09-031	안보리사회회의		4	북조선통신
1948-06-09-032	쏘미협회 간담회 성황		4	북조선통신
1948-06-09-033	토이기수상의 사직설		4	북조선통신
1948-06-09-034	베빈의 사직설		4	북조선통신
1948-06-09-035	헬신키에 군중대회	쏘분조약비준을 환영	4	북조선통신
1948-06-09-036	항가리중공업의 발전		4	북조선통신
1948-06-09-037	항가리정부 이스라엘국 승인		4	북조선통신
1948-06-09-038	마샬안 지출액 삭감	미하원 세출예산위원회 결정	4	북조선통신
1948-06-09-039	쏘련녀성대표 분란방문		4	북조선통신
1948-06-09-040	인도의 민주진영은 장성되고있다		4	통신부
1948-06-09-041	라지오		4	
1948-06-09-042	극장안내		4	
1948-06-10-001	적기어로사업에 대하여		1	
1948-06-10-002	쏘련이 제의한 량군철퇴 자주독립을 보장하는 길	강원도 철원우편국 종업원들	1	김만선
1948-06-10-003	모범학생들을 선발하여 하기방학에 휴양시킨다	산과 바다로 명승고적지로	1	북조선통신
1948-06-10-004	김장군의 옳바르신 령도밑에 이루어진 결과이다 성진제강소 종업원들	생활필수품의 국가가격인하에 대한 인민의 반향	1	김소민
1948-06-10-005	농산물의 증산으로써 조국통일을 촉진하자	강원도 고성군 농민 김창조씨	1	최지목
1948-06-10-006	살륙으로 강행한 선거를 미국은 '민주' '자유'라고	김일성대학 학생 김동길군	1	김영호
1948-06-10-007	리승만망국'단정'의 '대통령'야욕을 표명		1	북조선통신
1948-06-10-008	금번 국가가격 인하는 우리들이 쟁취한 승리 함북 업억흑연광산 종업원들	생활필수품의 국가가격인하에 대한 인민의 반향	1	김영복
1948-06-10-009	인민의 정권아니고는 도저히 있을수 없는 시책 평양특별시 정무원 김우강	생활필수품의 국가가격인하에 대한 인민의 반향	1	리문상

기사번호	제목(title)	부제목(stitle)	면수	필자, 출처
1948-06-10-010	조기이앙의 실시를 위하여 우리 당원들 실천으로 수범	철원군 당단체들의 협조	2	김만선
1948-06-10-011	록비채취에 수범 적기이앙에 돌진	정평군 문산면 풍양리세포원들	2	리계실
1948-06-10-012	관개공사 끝마치고 지금은 이앙을 시작	중화군 률리면 류신리 농촌당원들	2	위찬길
1948-06-10-013	옳바로 분공조직 최대의 력량 발휘	흥남 본궁공장 기공계선반세포	2	리정화
1948-06-10-014	정치교양사업 강화하고 과업실천에 모범성 발휘	구성 동산면 남산동 제2세포원들	2	김봉준
1948-06-10-015	6.10만세 22주년을 맞이하면서		2	석국
1948-06-10-016	증산맹세의회장에 태풍처럼 일어나는 '단정'배격의 소리!	평양기관구	3	신언철
1948-06-10-017	배곱증산을 목표로 잠견생산사업 활발	각도에서	3	북조선통신
1948-06-10-018	진격대를 조직하여 증산전에 더욱 정진	흥남비료 류산과	3	박경석
1948-06-10-019	'단정'을 분쇄할 의기로 30만키로무사고 운전	성진철도부	3	김소민
1948-06-10-020	당원들의 협조로 공사는 날로 진척	재령강개수공사	3	박진선
1948-06-10-021	린근면에서도 출동하여 협조	평안천수리공사	3	송춘관
1948-06-10-022	기후적조건을 최고도로 리용	전체 염전로동자들의 제염작업은 백열화!	3	신기관
1948-06-10-023	각지의 이앙소식	구암부락에 호응 대전면이앙 완료	3	김응원
1948-06-10-024	각지의 이앙소식	평남 강서군	3	리의철
1948-06-10-025	기대를 증설하고 기술을 극력 발휘	사리원방직공장 김선복, 리배옥 동무들	3	
1948-06-10-026	섬유공업기능경기대회 총결		3	리문상
1948-06-10-027	쓰딸린대원수에게 분란수상 감사서한		4	북조선통신
1948-06-10-028	쓰딸린대원수에게 대통령도 감사전보		4	북조선통신
1948-06-10-029	쏘련의 대분배상 삭감을 분란인민 성심으로 환영	각 단체에서 감사문 전달	4	북조선통신
1948-06-10-030	쏘련의 대분배상 삭감을 분란인민 성심으로 환영	분란 각 신문 론평	4	북조선통신
1948-06-10-031	쏘련의 대분배상 삭감을 분란인민 성심으로 환영	저명인사들의 성명	4	북조선통신
1948-06-10-032	배상지불 감하를 쏘련정부에 요청	항가리공산당 중앙위원회에서	4	북조선통신
1948-06-10-033	이태리전역에 파업	농장 로동자파업이 발단	4	북조선통신
1948-06-10-034	영국의 로동계급은 쏘련과의 친선 희구	파란 방문한 영국회 의원의 보고	4	북조선통신
1948-06-10-035	이란내각 위기		4	북조선통신
1948-06-10-036	국제부흥은행 취체역 인도네시아 방문		4	북조선통신
1948-06-10-037	국제직업련맹 집행위원회는 어떤 문제들을 토의하였나?		4	
1948-06-10-038	라지오		4	
1948-06-10-039	극장안내		4	

기사번호	제목(title)	부제목(stitle)	면수	필자, 출처
1948-06-11-001	직장에 있어서의 로력조직과 로동규률의 강화에 대하여		1	
1948-06-11-002	김일성위원장께서 함북도 중요 공장 광산 등을 시찰		1	북조선통신
1948-06-11-003	도급제 상금제식량 특별배급제를 광범하게 실시	북조선인민위원회 결정	1	본사기자
1948-06-11-004	현물세판정사업과 곡물검사엄격 실시	북조선인민위원회 지시	1	박중선
1948-06-11-005	사리원의 전체 시민들은 남조선 '단정'을 배격한다		1	리성섭
1948-06-11-006	전조선인민들은 끝까지 '단정'을 배격	평북 정주 곽산중학교장 박의도씨	1	송학용
1948-06-11-007	자기의 노력이 클수록 자기 생활은 향상된다	평양양말제1공장 로동자 라병수씨	1	박진선
1948-06-11-008	향상되는 생활에 감격 원가저하에 더욱 노력	황해고무공장 로동자 라경칠씨	1	박진선
1948-06-11-009	동북지방 조선인들 행복하게 살고있다	화교련합회 시찰단 담	1	북조선통신
1948-06-11-010	학업성적의 제고를 위하여 열성적노력을 부단히 경주	-사리원고급중학 세포원들-	2	리성섭
1948-06-11-011	솔선 실천으로 적기이앙을 추진	정주군 대전면 당단체들	2	리문희
1948-06-11-012	락후한 현상들을 퇴치하며 적기이앙 보장 위하여 분투	-강원도 고성군당산하 농촌당원들-	2	최치목
1948-06-11-013	현물세납부준비를 위한 구체적협조대책을 수립	송화군 상리면 신평세포원들	2	리성섭
1948-06-11-014	구체적대책 수립 적기이앙을 협조	선천군 남면 당단체들	2	최영환
1948-06-11-015	적기이앙을 보장	함주군 천서면 회목리세포	2	박경석
1948-06-11-016	문학예술을 고상한 사상적수준에서 발전시키자		2	백인준
1948-06-11-017	승리의 기발은 내것 선진적로동법령을 증산으로 기념하자	서평양철도공장	3	신언철
1948-06-11-018	경쟁태세 갖추고 줄기차게 달리자	회령제지공장	3	심철
1948-06-11-019	교양사업을 강화 증산의욕을 제고	순천화학공장	3	김달수
1948-06-11-020	모범일군들을 작품화	북조선작가들 직장 농촌으로	3	
1948-06-11-021	위대한 평론가 베린스끼 추모의 밤		3	김현석
1948-06-11-022	'비색법페.하측정기'를 창안	길주팔프공장 고창국동무	3	박태화
1948-06-11-023	통천근해에서도 고등어잡이 활발		3	전세영
1948-06-11-024	'민청호'에 뭉친 청년들의 열성	남양염전 청년작업반	3	김형기
1948-06-11-025	우리 당원들은 적기이앙사업의 선두에서 싸운다	함경남도	3	박경석
1948-06-11-026	동리벽보판에는 그날그날의 이앙성적과 모범사실이 게재된다	평안북도	3	
1948-06-11-027	자기 마을 필하고 다른 마을을 협조	함북 경성군	3	
1948-06-11-028	체코슬로바키아 베네스대통령사임	정부에서 그의 업적을 찬양	4	북조선통신

기사번호	제목(title)	부제목(stitle)	면수	필자, 출처
1948-06-11-029	고트왈드수상 성명	베네스씨 서한도 발표	4	북조선통신
1948-06-11-030	국제사회당회의 와르샤와에서 개최		4	북조선통신
1948-06-11-031	주희미사절단장을 소환하여 단죄하라!	암살당한 미기자추도회에서 요구	4	북조선통신
1948-06-11-032	의사표시자유박해에 항의	독일인민회의 의장단에서	4	북조선통신
1948-06-11-033	미해군 중국에서 상륙작전 연습		4	북조선통신
1948-06-11-034	시미즈사부로일본공산당에 가입		4	북조선통신
1948-06-11-035	쏘련철도상 갱질		4	북조선통신
1948-06-11-036	런던6개국회의 결과를 베를린 각신문들이 론평		4	북조선통신
1948-06-11-037	일본에 식량난		4	북조선통신
1948-06-11-038	화란왕녀즉위 9월 6일 거식		4	북조선통신
1948-06-11-039	미국검사총장 소위 파괴적단체 명부록을 발표		4	북조선통신
1948-06-11-040	큐바대통령에 소크다스 당선		4	북조선통신
1948-06-11-041	극장안내		4	
1948-06-11-042	책광고		4	조선로동당 출판사
1948-06-11-043	베빈은 무엇을 말하지 않았는가		4	통신부
1948-06-12-001	적기제초중경으로써 작물생육을 보장하자		1	
1948-06-12-002	김일성장군에게 드리는 맹세문	평안남도 문맹자 및 각급 성인학교 학생궐기대회	1	
1948-06-12-003	한명의 문맹도 없이 하고 지식수준을 더욱 높이자	평안남도 문맹자 및 각급 성인학교 호응궐기대회	1	신기관
1948-06-12-004	평양특별시 한글학교 및 각급 성인학교에 보내는 호응문	평안남도 문맹자 및 각급 성인학교 학생궐기대회	1	
1948-06-12-005	황해도문맹퇴치지도위원회에 보내는 조전문	평안남도 문맹퇴치 및 성인교육관계자궐기대회	1	
1948-06-12-006	량국군대 철거한후에 인민정부를 세워야 한다	강원도 복계기관구 로동자 도재현씨	1	김만선
1948-06-12-007	참을수 없는 분노투지를 농업증산에 기울이겠다	평남 강서군 농민 차장환씨	1	리의철
1948-06-12-008	북조선인민위원회결정 제147호	도급 임금제 상금제 및 식량특별배급제에 관한 결정서	2	
1948-06-12-009	경제건설사업의 성과적보장 위한 당단체들의 협조사업을 강화하자	평남도당상무위원회에서	2	김전
1948-06-12-010	열성적노력으로 보장한 문맹퇴치의 빛나는 승리	회령군 팔을면 당단체들	2	심철
1948-06-12-011	신학년도 준비사업에 대한 당단체들의 협조대책 토의	평양시당 상무위원회	2	위찬길
1948-06-12-012	능률을 배이상 높이는 쇄토보습과 제초기 창안	중앙농사시험장세포 송준기동무	2	리성섭
1948-06-12-013	이미 쟁취한 성과를 계속 확대키 위하여	평양철도공장	3	

기사번호	제목(title)	부제목(stitle)	면수	필자, 출처
1948-06-12-014	오늘의 이 행복을 래일의 증산으로	평양타올공장	3	김형기
1948-06-12-015	신학년도 준비사업 토의결정	평양시인민위원회	3	리문상
1948-06-12-016	철벽같은 우기대책 우리의 공장을 보호	국영 순천화학공장	3	김달수
1948-06-12-017	새로 설치된 야외영사장	모란봉공원	3	김현석
1948-06-12-018	5일현재 북조선이앙상황통계		3	리의철
1948-06-12-019	수확고를 높이기 위하여 새로운 방식을 속속 실시	황해도	3	박진선
1948-06-12-020	이앙이 끝나기도 바쁘게 김매기로 돌아서고있다	강원도	3	리운일
1948-06-12-021	자기 이앙 마치고 이웃집 이앙 협조	태천군 김찬원동무	3	리운일
1948-06-12-022	국가시험을 앞두고 준비는 다 되었는가	신의주시 각 학교	3	최영환
1948-06-12-023	미제국주의자는 남조선주둔군의 증원을 기도		3	북조선통신
1948-06-12-024	미국약품 범람으로 국내제약업은 쇠퇴		3	북조선통신
1948-06-12-025	전 총독부 고관들을 하지중장이 초청		3	북조선통신
1948-06-12-026	루마니아의 배상지불액을 50%로 감하할 것을 결정	쏘련정부의 우호정책	4	북조선통신
1948-06-12-027	항가리청원도 수락	쏘련정부의 우호정책	4	북조선통신
1948-06-12-028	드레이퍼의 건의안은 전쟁도발의 촉진이 목적	-중국각계에서 비난-	4	북조선통신
1948-06-12-029	중국 각계 인사들 공동성명서 발표		4	북조선통신
1948-06-12-030	팔레스티나 전투상황		4	북조선통신
1948-06-12-031	미의 대일정책 반대하여 중국에서 항의 운동 전개		4	북조선통신
1948-06-12-032	분란신문계 대표 모쓰크바 도착		4	북조선통신
1948-06-12-033	마샬안 지출삭감에 영국정계 비관		4	북조선통신
1948-06-12-034	아이젠하우워 대학총장에 신임		4	북조선통신
1948-06-12-035	쏘련소식	경제건설성과	4	북조선통신
1948-06-12-036	쏘련중좌실종사건의 진상	미영정보국 앞잡이의 소행	4	북조선통신
1948-06-12-037	극장안내		4	
1948-06-12-038	책광고		4	
1948-06-13-001	도급임금제와 상금제를 옳바로 실시하자		1	
1948-06-13-002	북조선인민위원회 위원장 김일성장군에게 드리는 편지	공화국북반부로 온 남조선 '해안경비대'원들	1	
1948-06-13-003	소위 남조선해안경비선 '통천정' 남조선을 탈출하여 북조선에 입항		1	북조선통신
1948-06-13-004	남조선 소위 해안경비대 총사령관 손원일에게 보내는 성명서		1	
1948-06-13-005	소백산맥일대에서 항쟁 경찰은 '토벌'전을 개시	남조선인민들의 구국투쟁	1	북조선통신
1948-06-13-006	경성동회에 수류탄 투탄 형무소 재감자 단식투쟁	남조선인민들의 구국투쟁	1	북조선통신

기사번호	제목(title)	부제목(stitle)	면수	필자, 출처
1948-06-13-007	조기작물현물세 납부준비협조사업 철저히 전개하자	평양시 미림1리당부의 협조정형	2	김전
1948-06-13-008	그릇된 사업작풍 시정한후 선봉적역할로 류벌 보장	강계군 롱림면 류벌세포원들	2	전봉강
1948-06-13-009	확충강화되고있는 사리원시당도서실		2	리성섭
1948-06-13-010	현물세납부준비사업 협조	평양시 청암리당 단체들	2	위찬길
1948-06-13-011	전부락 추동시켜 이앙완료를 보장	철원군 인복면 도밀리 세포원들	2	김만선
1948-06-13-012	북조선직업총동맹의 국제직련가입 1주년을 맞으면서		2	북조선직업총동맹 위원장 최경덕
1948-06-13-013	학부형 교원 일치되어 신학년도 준비를 결의	평양 제20인민학교 학부형열성자대회	3	박중선
1948-06-13-014	전시민의 력량 기울여 신학년준비사업 보장	신의주시 교육열성자대회 결의	3	북조선통신
1948-06-13-015	조기작물현물세의 대곡납부비률 개정	북조선인민위원회에서	3	북조선통신
1948-06-13-016	신학년도 준비사업은 인민의 성원속에 진행	해주시 룡당인민학교	3	박진선
1948-06-13-017	두벌김 마치고 덧거름을 준비	신봉률동무	3	심철
1948-06-13-018	적기이앙이 끝나는대로 속속 두벌김에 들어선다	강원도 이천군 농민들	3	송춘관
1948-06-13-019	지방신문평	평북로동신문	3	박우청
1948-06-13-020	고트왈드를 대통령에 추천	체코슬로바키아민족전선에서 결정	4	북조선통신
1948-06-13-021	정전명령을 천연시키는 팔레스티나조정책임자	군사고문 파견 위한 미국의 암중모책	4	북조선통신
1948-06-13-022	토내각 총사직		4	북조선통신
1948-06-13-023	배상액 감하를 항가리 각 신문 환영		4	북조선통신
1948-06-13-024	런던6개국회의의 권고안을 일축	독일인민회의 상임위원회	4	북조선통신
1948-06-13-025	주중미국대사의 경고를 북평대학생들 공동 규탄	대일미정책반대운동 확대	4	북조선통신
1948-06-13-026	남경의 대학생들도 반박		4	북조선통신
1948-06-13-027	미해원 파업		4	북조선통신
1948-06-13-028	인기없는 트루맨	서부려행에서도 불성공	4	북조선통신
1948-06-13-029	런던6개국회의에 대하여 불국 사회계 불만	불란서	4	북조선통신
1948-06-13-030	미의 대일무역정책을 비률빈인민 반대		4	북조선통신
1948-06-13-031	국제사회당 와르샤와회의 페회		4	북조선통신
1948-06-13-032	이란내각 와해		4	북조선통신
1948-06-13-033	영국부두로동자들의 실업자수 격증		4	북조선통신
1948-06-13-034	파시스트신문을 트루맨 찬양		4	북조선통신
1948-06-13-035	카나다의 생활비지수 상승		4	북조선통신
1948-06-13-036	국철횡빈지부 파업에 돌입		4	북조선통신
1948-06-13-037	쏘련의 우호적행위	이즈베스치아지 사설	4	북조선통신

기사번호	제목(title)	부제목(stitle)	면수	필자, 출처
1948-06-13-038	라지오		4	
1948-06-13-039	극장안내		4	
1948-06-15-001	국가시험을 성과적으로 보장하자		1	
1948-06-15-002	북조선인민위원회 위원장 김일성장군에게 드리는 편지	소위 남조선해안경비대묵호기지 '고원정'승무원들	1	
1948-06-15-003	소위 남조선해안경비선 또 북조선에 입항	'고원정' 정장이하 29명 원산에	1	북조선통신
1948-06-15-004	락후성과 결점을 퇴치하며 정치교양사업을 적극 추진	함북 회령군당산하 각급 당단체들	2	심철
1948-06-15-005	평양시주변의 관개공사들 당원들 협조로 기한전 완수		2	리의철
1948-06-15-006	부단한 노력으로 생산률 날로 제고	청학광산내 당원들	2	김영복
1948-06-15-007	미제국주의침략자들의 단독정부수립 괴뢰극을 전조선인민은 절대배격		2	석국
1948-06-15-008	전기료금의 '횡령범' 미군정에 대한 남조선인민의 원성은 높다		2	북조선통신
1948-06-15-009	신학년도의 준비사업을 전 평양시민들에게 호소	제2중학교 학부형열성자대회	3	송학용
1948-06-15-010	신학년도준비는 우리들의 손으로	제3인민학교 학부형열성자대회	3	리의철
1948-06-15-011	학교의 수리와 확장 등은 학부형들의 힘으로 하자	평양 제1중학부형열성자대회	3	신언철
1948-06-15-012	호소문	평양 제2중학교 학부형열성자대회	3	
1948-06-15-013	소년단원들의 갸륵한 애교심	평양 제4중학교	3	
1948-06-15-014	재교육 받는 성인학생들	북조선각지에서	3	박중선
1948-06-15-015	초조와 복수에 미군정은 광분 인민들은 타협없는 항쟁 계속	제주도인민항쟁	3	북조선통신
1948-06-15-016	미군사령관 선두에서 지휘 '모조리 휩쓸어버리는 작전'을 호언	제주도인민항쟁	3	북조선통신
1948-06-15-017	소위 귀순권고를 일축코 도민전체가 항쟁에 참가	제주도인민항쟁	3	북조선통신
1948-06-15-018	망국국회를 반대하는 남조선인민의 구국투쟁		3	북조선통신
1948-06-15-019	쓰딸린대원수에게 감사	항가리수상	4	북조선통신
1948-06-15-020	쓰딸린대원수에게 감사	항가리공산당대표	4	북조선통신
1948-06-15-021	몰로또브외상에게 감사서한	항가리외상	4	북조선통신
1948-06-15-022	팔레스티나의 진상 천명	이스라엘외상의 공식발표	4	북조선통신
1948-06-15-023	대독관리리사회소집에 미, 영사령관은 불응		4	북조선통신
1948-06-15-024	고트왈드의 대통령추천을 체코슬로바키아인민 환영		4	북조선통신
1948-06-15-025	불령 모록코에서 유태인과 아랍인 충돌		4	북조선통신
1948-06-15-026	일본전국운수종업원 파업		4	북조선통신

기사번호	제목(title)	부제목(stitle)	면수	필자, 출처
1948-06-15-027	미국의 수주에서 진보적정당 창립		4	북조선통신
1948-06-15-028	전 히틀러장병 아랍외인부대에 응모		4	북조선통신
1948-06-15-029	면전민얀지구 인민들 대량무장봉기		4	북조선통신
1948-06-15-030	쏘미관계와 마샬의 협잡		4	통신부
1948-06-15-031	워싱톤포스트지의 론평		4	북조선통신
1948-06-15-032	극장안내		4	
1948-06-16-001	원가저하를 위하여 적극 투쟁하자		1	
1948-06-16-002	영예의 졸업시험 6월 16일 개시		1	
1948-06-16-003	인민위원회는 학생들의 고상한 실력을 기대한다	교육국 부국장 남일씨 담	1	북조선통신
1948-06-16-004	북조선인민위원회 제149호 결정	로동자 사무원에 대한 의료상 방조범위 확장에 대한 결정서	1	
1948-06-16-005	통일정부수립의 토대를 더 한층 공고화 대시키자	평양기관구 기관사 리병찬씨	1	신언철
1948-06-16-006	조선인민의 나아갈 길은 조국통일과 민주자주독립	평남 강서 청산리 농민 박선준씨	1	리의철
1948-06-16-007	6.10만세의 투쟁교훈을 구국투쟁에 발전시키자	남조선민전에서 담화 발표	1	북조선통신
1948-06-16-008	제주도의 살륙은 반민족적행동이다	남조선 각계에서 성명	1	북조선통신
1948-06-16-009	훈시(요지)	김두봉	2	
1948-06-16-010	당과 조국과 인민을 위하여 헌신할 간부 양성의 사업성과는 실로 거대	중앙당학교창립 2주년기념식	2	김전
1948-06-16-011	창립기념전람회	학교발전상을 표현	2	김현석
1948-06-16-012	학생들의 문화생활		2	위찬길
1948-06-16-013	김일성위원장 시찰에 감격 증산투쟁 더욱 치렬히 전개	성진제강소 종업원들	3	김소민
1948-06-16-014	신학년도 준비사업을 전 함남도민에게 호소	흥남시교육열성자대회	3	박경석
1948-06-16-015	호소문	흥남시교육열성자대회에서	3	
1948-06-16-016	학생은 인민의 희망 우리들이 키워주자	평양 제14인민학교 학부형열성자대회	3	위찬길
1948-06-16-017	온갖 열성을 다 바쳐 학교사업 적극 협조	함북도 인민들의 열성	3	현준극
1948-06-16-018	철도의 우기대책은 완벽	자재는 벌써 95% 확보	3	신언철
1948-06-16-019	건설에 바치는 인민들의 열성	선진시설 자랑하는 평양중앙종합병원	3	신기관
1948-06-16-020	신학년도 준비사업의 협조방침을 토의 결정	북조선농맹상무위원회에서	3	리의철
1948-06-16-021	건설에 바치는 인민들의 열성	평남공업용수도 예정대로 공사 진척	3	박중선
1948-06-16-022	쓰딸린 대원수에게 루국수상 감사서한		4	북조선통신
1948-06-16-023	배상지불액감하에 대하여 항가리 각계 감사		4	북조선통신

기사번호	제목(title)	부제목(stitle)	면수	필자, 출처
1948-06-16-024	체코슬로바키아 선거결과에 대하여 고트왈드와 외국기자 문답		4	북조선통신
1948-06-16-025	파리의 전통적시위 콤뮤나르성전에서 거행		4	북조선통신
1948-06-16-026	모리배와 결탁한 토정부 고관들		4	북조선통신
1948-06-16-027	의사표시 자유를 무시하는 '제17조' 원안대로 통과	유엔인권위원회	4	북조선통신
1948-06-16-028	산업국유화의안을 시인	루마니아대인민회의	4	북조선통신
1948-06-16-029	누가 전반적군비축소를 반대하는가?		4	통신부
1948-06-16-030	인도네시아문제를 토의	안전보장리사회에서	4	북조선통신
1948-06-16-031	미군사고문단 중국방문 예정		4	북조선통신
1948-06-16-032	오지리군대 창설안에 공산당 반대결의		4	북조선통신
1948-06-16-033	런던회의 결정 반대	백이의 공산당	4	북조선통신
1948-06-16-034	대일미정책에 항의	중국학생들 맹휴 단행	4	북조선통신
1948-06-16-035	쏘련음악가들 와르샤와에서 연주회		4	북조선통신
1948-06-16-036	"런던회의 결정을 찬동"	마샬 언명	4	북조선통신
1948-06-16-037	미로동장관 서거		4	북조선통신
1948-06-16-038	희랍민주군 분견대 공세		4	북조선통신
1948-06-16-039	극장안내		4	
1948-06-16-040	예약모집	『볼쉐위끼당사』	4	
1948-06-17-001	농림부문의 시험장 및 사업장에 대한 당단체의 협조		1	
1948-06-17-002	김일성장군 시찰에 감격	함북도민들 증산에 궐기	1	북조선통신
1948-06-17-003	북조선인민위원회 결정 제148호	안전 기사 또는 기수 설치에 관한 결정서	1	
1948-06-17-004	쏘련삐오넬로부터 회전	북조선소년단창립 2주년을 기념하여	1	
1948-06-17-005	내 나라 일은 우리 손으로 해결할것으로 주장합니다	재령군 왕현리 농민 기공도씨	1	오학균
1948-06-17-006	조국 완전자주독립 위해 농업증산에 더욱더 노력	평양시 청암리 농민 백인환씨	1	위찬길
1948-06-17-007	미국극동항공대의 만행 조선어선 11척을 격침	울릉도부근 해상의 참사	1	북조선통신
1948-06-17-008	당조직정치사업에 대한 강화발전대책들을 토의	평양시당 제4차위원회	2	위찬길
1948-06-17-009	고상한 정치수준에서 세포사업발전에 노력	강원도 인제군내무서세포	2	최종갑
1948-06-17-010	토론과 실천을 결부시켜 당적임무를 충실히 완수	만덕광산 당부산하 각 세포	2	서득창
1948-06-17-011	결점퇴치 위하여 부단한 노력 경주	삭주군당산하 당단체들	2	김원식
1948-06-17-012	전당대회 결정 실천으로 생산능률을 제고시켰다	청진시당부산하 각급 당단체들	2	현준극

기사번호	제목(title)	부제목(stitle)	면수	필자, 출처
1948-06-17-013	쏘련은 자기의 약속을 철저히 리행한다		2	김일권
1948-06-17-014	졸업시험의 성과를 열렬히 기대한다!	평양 제1중학교에서	3	박중선
1948-06-17-015	사제간의 사랑으로 뜨겁게 엉킨 시험장	평양 제3녀중학교에서	3	김달수
1948-06-17-016	오늘 시험이 끝난후	평양 제2인민학교에서	3	신기관
1948-06-17-017	6월 14일부터 잠견수매를 개시		3	북조선통신
1948-06-17-018	김대농학부 실험농장의 사업		3	오학균
1948-06-17-019	이앙사업을 승리로 결속 제초와 현물세에 총궐기	함주군 천원면 농민들	3	박경석
1948-06-17-020	잠견의 수매사업에 솔선하여 적극 진출	성천.강동 양잠농민들	3	위찬길
1948-06-17-021	맥전 177반에 제초중경을 실시	탁영리녀맹원들	3	리호
1948-06-17-022	두벌김을 끝마치고 중경도 40% 진행	회령군 팔을면 농민들	3	심철
1948-06-17-023	우량종자확보와 조기현물세준비	금천군 농민들	3	정운성
1948-06-17-024	조기작물을 적기에 수확하여 수확고를 높이자		3	박중선
1948-06-17-025	시험답안작성에 온 정신을 집중하고있는 평양 제2인민학교 졸업반 학생들		3	
1948-06-17-026	첫날의 시험을 끝마치고 자신있는 답안에 기뻐하는 평양제1중학교 학생들		3	
1948-06-17-027	담임선생을 둘러싸고 자기들이 쓴 답안내용을 서로 이야기하는 평양 제2인민학교 졸업반 학생들		3	
1948-06-17-028	항가리근로인민당대회 볼쉐위크당의 메쎄지에 감명		4	북조선통신
1948-06-17-029	중국산업시설 계속 향항으로 반출		4	북조선통신
1948-06-17-030	정부계획안을 규탄	이공산당지도자	4	북조선통신
1948-06-17-031	전일총독부 고관들 남조선상륙에 관하여 따쓰통신의 보도		4	북조선통신
1948-06-17-032	미국 버지니아주에서 흑인립후보 배척		4	북조선통신
1948-06-17-033	미국 켄탁키주 진보당		4	북조선통신
1948-06-17-034	분란민주동맹 대의원들 국회에 과세삭감을 제의		4	북조선통신
1948-06-17-035	파리에서 국제녀성전람회		4	북조선통신
1948-06-17-036	자유독일직업동맹 사무기관을 폐쇄	백림미점령군당국의 불법행위	4	북조선통신
1948-06-17-037	신인민주주의제국 농민의 승리		4	신문부
1948-06-17-038	독일 영미점령당국 파란아동 억류		4	북조선통신
1948-06-17-039	체코인민회의 개회	의장에 올드리히온 피선	4	북조선통신
1948-06-17-040	이태리사회당 총비서의 연설		4	북조선통신
1948-06-17-041	'런던회의'결정 부결을 불근로대중 요구		4	북조선통신
1948-06-17-042	항가리정부대표단 파란방문 예정		4	북조선통신
1948-06-17-043	극장안내		4	

기사번호	제목(title)	부제목(stitle)	면수	필자, 출처
1948-06-18-001	생활필수품의 원활한 류통을 위하여 적극 투쟁하자		1	
1948-06-18-002	쓰딸린대원수에게 보내는 메쎄지	항가리근로인민당대회 채택	1	
1948-06-18-003	홍기주부위원장이 순천양잠상황 시찰		1	북조선통신
1948-06-18-004	조국통일의 유일한 길 쏘련제의 실천을 요구	중앙전화국 기술자 정인성씨	1	박중선
1948-06-18-005	남북조선의 민주력량은 '단정'을 분쇄하고야만다	평양직조공장 녀공 홍순복양	1	김현석
1948-06-18-006	특권적인 남조선미화폐예금증권발행제도 실시	'법정교환률'과 대상수출제 등 폐지	1	북조선통신
1948-06-18-007	미제국주의침략자들은 자기의 무덤을 파고있다	조선맥주 로동자 김영수씨	1	김달수
1948-06-18-008	민족적량심이 있는자면 누구나 인민학살을 반대	체신국 사무원 전대경씨	1	송용
1948-06-18-009	민주주의적상업의 발전을 위하여 결점 퇴치하며 과감히 투쟁	북조선상업국 상업처세포	2	김전
1948-06-18-010	제초작업을 추진	봉산군 리촌동세포	2	리성섭
1948-06-18-011	끊임없는 노력과 적극실천으로 상품류통의 원활을 도모	평양시소비조합내 당단체	2	위찬길
1948-06-18-012	꼴끼서거 제12주년에 제하여	미국의 기형적문명	2	
1948-06-18-013	남조선의 식량사정	백 27억원의 외국량곡을 수입	2	북조선통신
1948-06-18-014	남조선무역의 입초	5월중 인천항에서만 1억 8천만원의 가격	2	북조선통신
1948-06-18-015	남조선 미군정이 신문관계자 기소		2	북조선통신
1948-06-18-016	학생들의 충분한 준비에 시험위원들은 기뻐했다	평양 제3중학교에서	3	박중선
1948-06-18-017	여러 '작문'문제중에서 '미제국주의와의 투쟁'학생들은 이것을 골랐다	평양사범전문학교에서	3	리문상
1948-06-18-018	각지의 졸업시험상황	강원도, 평안북도에서	3	북조선통신
1948-06-18-019	신학년도준비사업을 전함북도민에게 호소	명천군 북면교육열성자대회에서	3	현준극
1948-06-18-020	온갖 창의 발휘하여 2.4반기계획 완수	평양타올공장투쟁보	3	위찬길
1948-06-18-021	2.4반기계획 완수하고 승리를 향해 전진 또 전진	해주스레트공장 해주기계제작소 종업원들	3	박진선
1948-06-18-022	체화상품 일소 위해 이동판매대를 파견	회령국영백화점에서	3	심철
1948-06-18-023	가극「춘향」에 대하여(1)		3	김현석
1948-06-18-024	미국에서 유엔결정위반 전쟁선동을 로골화	쏘련대사 미국정부에 각서 송달	4	북조선통신
1948-06-18-025	화란에서 새 전쟁 선동	쏘련대사 각서 송달	4	북조선통신
1948-06-18-026	항가리근로인민당대회 폐회	당강령을 채택하고 위원 선출	4	북조선통신
1948-06-18-027	항가리정치정세에 관한 전량당대표의 보고		4	북조선통신
1948-06-18-028	소위 런던'권고안'에 대한 독일내 각지에 반대 치렬		4	북조선통신

기사번호	제목(title)	부제목(stitle)	면수	필자, 출처
1948-06-18-029	쏘미관계와 독일문제		4	통신부
1948-06-18-030	신수상에 자뽀또츠끼 임명		4	북조선통신
1948-06-18-031	북경의 대학생 미대사에 항의		4	북조선통신
1948-06-18-032	싱가폴로련 파업 선언		4	북조선통신
1948-06-18-033	이란내각 갱질		4	북조선통신
1948-06-18-034	산업국유화를 루국인민 환영		4	북조선통신
1948-06-18-035	라지오		4	
1948-06-18-036	극장안내		4	
1948-06-19-001	춘기잠견수매사업을 보장하자		1	
1948-06-19-002	쏘련군대축소에 대한 북조선 각 정당 사회단체의 담화		1	
1948-06-19-003	김일성장군주위에 굳게 뭉치여 끝까지 투쟁하자	평양기관구 로동자 팽치순씨	1	신언철
1948-06-19-004	최후승리는 우리것이다 용감하게 싸워 나가자	평양보선구 로동자 리양길씨	1	
1948-06-19-005	'남조선해안경비대' 입북은 미제국주의 야욕을 폭로	평남 강서군 농민 로선진씨	1	리의철
1948-06-19-006	사기협잡의 단선단정 절대로 배격합니다	주을 줄온면 줄온리 종교인 박정애씨	1	류하룡
1948-06-19-007	조직적협조사업전개로 전부락민을 이앙에 추동	함남 고원군 고원면 신성리세포	2	박경림
1948-06-19-008	적기이앙의 실시를 당적으로 보장했다	강원도 양양군당부	2	량수형
1948-06-19-009	이랑모의 실시를 당원들 솔선 실천	연백군 온정리세포	2	리호
1948-06-19-010	모범적실천으로 생산능률을 제고	운포광산내 당원들	2	유헌
1948-06-19-011	농촌경리발전을 위하여 열성적노력을 경주한다	삭주 남서면 신온동 2구세포	2	김원식
1948-06-19-012	신학년도 준비사업은 전체 인민의 과업으로 전개		2	교육국 부국장 남일
1948-06-19-013	국가시험의 존엄성을 학생들은 굳게 지킨다	평양교원대학에서	3	박중선
1948-06-19-014	리로 정연히 대답하는 사회과학의 구답시험	평양고급녀자중학에서	3	김달수
1948-06-19-015	신학년도 준비에 로력자재금품을 아낌없이 바치자	평양기업가회합에서	3	신기관
1948-06-19-016	6월 14일 벌써 올보리현물세 납부	례로리 조응곤동무	3	
1948-06-19-017	치밀한 계획밑에 우기대책을 강화	청진제강소	3	리문상
1948-06-19-018	모범농민의 휴양을 조직	북조선농민동맹에서	3	리의철
1948-06-19-019	고치는 전부 국가수매에 황해도내 양잠가들	해방 3주년을 증산으로 기념코저 양잠과 고치수매에 농민들 총궐기	3	박진선
1948-06-19-020	과학적기술 습득 고치증산에 매진 평안남도 양잠농가들	해방 3주년을 증산으로 기념코저 양잠과 고치수매에 농민들 총궐기	3	송학용

기사번호	제목(title)	부제목(stitle)	면수	필자, 출처
1948-06-19-021	우리 당원의 가정에서 봄고치출하의 첫 봉화	영흥군 장흥면 삼봉리에서	3	유현모
1948-06-19-022	제일 먼저 고치를 국가에 판매했다	신안면 신귀동 농민	3	
1948-06-19-023	가극 「춘향」에 대하여(2)		3	김현석
1948-06-19-024	쓰딸린수상과 몰로또브외상 체코신대통령에게 축의 표명		4	북조선통신
1948-06-19-025	체코신내각 성립 대통령 명단을 승인		4	북조선통신
1948-06-19-026	미군사재판 반파쑈소녀에 혹형		4	북조선통신
1948-06-19-027	고트왈드대통령 외국사신들 접견		4	북조선통신
1948-06-19-028	유엔 제3차 후견리사회		4	북조선통신
1948-06-19-029	우크라이나외상 뉴욕에 도착		4	북조선통신
1948-06-19-030	독일의 통일을 요구하는 서명운동 성공리에 완료		4	북조선통신
1948-06-19-031	분.파통상협정교섭 개시		4	북조선통신
1948-06-19-032	정부예산안을 론박	일본공산당 노사까씨	4	북조선통신
1948-06-19-033	분란과 루국 이스라엘 승인		4	북조선통신
1948-06-19-034	주쏘체코대사 모쓰크바 도착		4	북조선통신
1948-06-19-035	인도네시아에서 철병하라	화란공산당 총비서 연설	4	북조선통신
1948-06-19-036	화란 암스테르담주재 미령사관의 월권행위		4	북조선통신
1948-06-19-037	월권행위하는 유엔조정자	주미이스라엘국 대표 성명	4	북조선통신
1948-06-19-038	헬싱키의 공업전람회		4	북조선통신
1948-06-19-039	쏘련정부의 중요한 결정		4	통신부
1948-06-19-040	징병안을 가결	미국상원에서	4	북조선통신
1948-06-19-041	팔레스티나 군사고문단에 쏘련참가 기피하는 미국대표	안보에서 그로므꼬씨 론박	4	북조선통신
1948-06-19-042	반프랑코운동 날로 치렬		4	북조선통신
1948-06-19-043	라지오		4	
1948-06-19-044	극장안내		4	
1948-06-19-045	예약모집	『볼쉐위끼당사』	4	
1948-06-20-001	림산직장에서의 당정치문화사업의 강화에 대하여		1	
1948-06-20-002	쏘련군대축소에 대한 북조선 각 정당 사회단체의 담화		1	
1948-06-20-003	제주도인민항쟁 계속 확대 테로단과 판검사까지 동원	소위 단선 재실시는 불가능	1	북조선통신
1948-06-20-004	해방 3주년기념준비위원회 구성		1	박중선
1948-06-20-005	남조선의 피의 항쟁을 증산으로써 성원하자	함북 생기령탄광 로동자 강일봉씨	1	류하룡
1948-06-20-006	6.10만세기념일에 인천에서 단정반대투쟁		1	북조선통신

기사번호	제목(title)	부제목(stitle)	면수	필자, 출처
1948-06-20-007	봉기군중들이 남원 독촉지부장을 습격		1	
1948-06-20-008	인천류치장 피감자들 단정반대단식투쟁		1	
1948-06-20-009	조직적지도사업의 강화로 각 세포사업을 개진케 했다	강원도 원산시당부	2	량수형
1948-06-20-010	열성적 연구와 실천으로 전력의 발전공급을 보장	장진강발전부당부산하 각 급당단체와 당원들	2	박경석
1948-06-20-011	적극적인 협조로 인민정권을 강화	제2차 홍원군당위원회에서	2	유헌
1948-06-20-012	학습 비판 실천으로 세포생활을 일층 개진	북청군 후창면 황촌세포	2	신봉
1948-06-20-013	미국은 남조선에서 어떤 정부를 수립하려는가		2	본사선전부
1948-06-20-014	평양시 중구역당도서실 사업 점차 활발히 전개		2	김전
1948-06-20-015	인조사가 쏟아져나오리라	평양화학복구공사	3	김형기
1948-06-20-016	애로와 난관 타개극복하여 첫 생산을 해방기념선물로	평양특수고무 기본건설공사	3	신언철
1948-06-20-017	증산에 학업에 낮에 밤을 이어 싸우는 야간학생의 졸업시험	평양야간고급중학교에서	3	리문상
1948-06-20-018	모범소년단원은 시험에도 모범	제3인민학교에서	3	신기관
1948-06-20-019	각지의 이앙소식	함경북도와 강원도에서	3	현준극, 량수형
1948-06-20-020	새로운 광맥을 탐구	쌍용광산 로동자들	3	김영복
1948-06-20-021	농민과의 련계밑에 년간계획 초과 완수	함흥림산사업소	3	오학균
1948-06-20-022	2.4반기계획을 100%로 완수	사리원방직피복과	3	리성섭
1948-06-20-023	10만명 백림직맹원 시위	미군정당국의 직맹박해에 항의	4	북조선통신
1948-06-20-024	백의강철로동자 25만 전국적파업에 돌입		4	북조선통신
1948-06-20-025	런던부두로동자파업 확대		4	북조선통신
1948-06-20-026	이태리 츄린지방로동자파업		4	북조선통신
1948-06-20-027	불란서에 전국적대파업		4	북조선통신
1948-06-20-028	청도시 가옥매수에 분주한 미국인		4	북조선통신
1948-06-20-029	직맹권리 침해한 제국을 국제직업련맹에서 비난		4	북조선통신
1948-06-20-030	미군비행기의 조선어선 폭격에 대하여 따쓰통신의 보도		4	북조선통신
1948-06-20-031	불란서국회를 영미정부 억압	'런던협정' 비준 획득코저	4	북조선통신
1948-06-20-032	체코-쏘베트상업회의소		4	북조선통신
1948-06-20-033	쏘련의 건설상을 찬양	방쏘분란신문기자대표단	4	북조선통신
1948-06-20-034	쏘련소식	경제건설성과	4	북조선통신
1948-06-20-035	국제정세개관		4	본사 국내외통신부
1948-06-20-036	라지오		4	
1948-06-20-037	극장안내		4	
1948-06-22-001	8.15해방 제3주년은 가까워온다		1	

기사번호	제목(title)	부제목(stitle)	면수	필자, 출처
1948-06-22-002	북조선통신사의 공식보도	전력문제에 관한 하지중장의 서한에 대한 북조선주둔 쏘련군사령관의 답신	1	
1948-06-22-003	전력문제에 대하여	북조선통신사의 보도	1	
1948-06-22-004	쏘련의 우의적정책에 끝없는 감사를 드린다 평남 강서군 상모리 농민 최인환씨	북조선의 쏘련군대축소에 대한 인민들의 반향	1	리의철
1948-06-22-005	쏘련시책에는 항상 감사 미침략정책과는 투쟁 평양화학공장 로동자 김동억	북조선의 쏘련군대축소에 대한 인민들의 반향	1	김인숙
1948-06-22-006	쏘련은 자기의 약속을 리행 서평양야간중 교장 김영조씨	북조선의 쏘련군대축소에 대한 인민들의 반향	1	박중선
1948-06-22-007	당원들의 열성과 투쟁으로 무사고정시 운행 보장된다	정주기관구 당단체와 당원들의 협조	2	리문희
1948-06-22-008	전취한 성과의 발전 위하여 정치교양사업을 일층 강화	강원도 화천군당부	2	리웅직
1948-06-22-009	사상수준제고에 큰 도움	함남 홍원군당도서실 사업	2	유헌
1948-06-22-010	당정치교양사업의 지도에 대한 몇가지 문제		2	고혁
1948-06-22-011	더 높은 승리 위하여 투쟁	사동련탄공장 종업원들	3	김달수
1948-06-22-012	10만키로 무사고주파!	길주기관구 종업원들	3	박태화
1948-06-22-013	금년도의 예정수자 초과달성에 매진!	북조선 전체 로동자들	3	신언철
1948-06-22-014	풀은 산과 들에 우거졌다 퇴비로 땅을 살지게 하자	함북 회령군 보을면 농민들	3	심철
1948-06-22-015	정성껏 정선한 우량품으로 국가적의무를 충실히 리행	황주군 박산리 농민들	3	리성섭
1948-06-22-016	조기작물현물세를 벌써부터 납부 개시	평남 룡강군 농민들	3	리의철
1948-06-22-017	2모작보리수확에 수범 과거 머슴이던 그가 오늘은 선진적 농민	함남 고원면 한응달농민	3	박경림
1948-06-22-018	강도나치스의 불법침공에 대하여 쏘련인민은 영웅적으로 투쟁했다		3	본사 국내외통신부
1948-06-22-019	민주주의적정강을 천명	인도네시아공화국 정부	4	북조선통신
1948-06-22-020	팔레스티나군사고문단에 쏘련대표 참가 제의를 거부	유엔안보리사회	4	북조선통신
1948-06-22-021	항가리 전체 학교 국가에 이관 결정		4	북조선통신
1948-06-22-022	원자력위원회 제 보고를 토의		4	북조선통신
1948-06-22-023	영정부의 공산당원 추방조치에 진보적 인사들 격분항의		4	북조선통신
1948-06-22-024	미국의 대이란 무기원조 계속		4	북조선통신
1948-06-22-025	체코슬로바키아 소식	경제건설성과	4	북조선통신
1948-06-22-026	레바논정부의 불법체포에 항의		4	북조선통신
1948-06-22-027	유엔경제발전분과위원회		4	북조선통신
1948-06-22-028	루마니아과학한림원 재조직		4	북조선통신
1948-06-22-029	강력한 굴착기생산		4	북조선통신

기사번호	제목(title)	부제목(stitle)	면수	필자, 출처
1948-06-22-030	미국내의 민주전선 강화		4	
1948-06-22-031	극장안내		4	
1948-06-23-001	조기작물현물세 수납사업을 보장하자		1	
1948-06-23-002	조선을 위한 성의에 감사 평양철도공장 로동자 선우식씨	북조선주둔 쏘련군대축소에 대한 각계의 반향	1	김인숙
1948-06-23-003	침략자와 끝까지 투쟁 평양견직공장 로동자 강석재씨	북조선주둔 쏘련군대축소에 대한 각계의 반향	1	신기관
1948-06-23-004	6월 10일을 전후하여 남조선구국투쟁 맹렬	무장봉기만세시위 등 광범히 전개	1	북조선통신
1948-06-23-005	미군정 남조선에서 소위 하곡수집 강행	맥작감수에 불구수집량은 증가	1	북조선통신
1948-06-23-006	조선어선을 폭격한 미군의 만행	'독도'사건에 대하여 인민들 분격!	1	
1948-06-23-007	협조사업을 적극 전개하여 이앙의 성공적완수를 보장	평북 정주군 당단체들의 협조	2	최영환
1948-06-23-008	열성적 노력과 협조로써 체신사업의 발전을 보장	평남도 체신부내 당단체들	2	김전
1948-06-23-009	전당대회 제 문헌을 연구 이것을 실제사업에 결부	김화군 당단체들	2	안창렬
1948-06-23-010	북조선민청의 세계민청가입 제1주년에 제하여		2	민청중앙 부위원장 리영섬
1948-06-23-011	왜 남조선 소위 '국회'는 회의만 하고있는가		2	철산
1948-06-23-012	로동자들의 열성에 흥남시민 적극 진출	흥남인민공장의 활동 맹렬	3	박경석
1948-06-23-013	즉석에 185만원 쇄도 김응철씨 20만원 희사	청진시 상인 및 기업가 교육열성자대회에서	3	김소민
1948-06-23-014	조기작물현물세의 납부준비를 철저히	신천군 은천리 농민들	3	박진선
1948-06-23-015	활발한 북조선의 모내기		3	박중선
1948-06-23-016	해방의 감격을 증산에 경주 복구와 건설에 돌진해왔다	서평양철도공장에서	3	신언철
1948-06-23-017	미국항공대는 조선사람을 폭격연습의 산 표적으로!		3	
1948-06-23-018	고리끼서거 12주년 쏘련에서 성대히 기념		4	북조선통신
1948-06-23-019	쏘베트문학창조에 고리끼의 역할 지대	-쏘련신문들의 론평-	4	북조선통신
1948-06-23-020	인도네시아문제를 토의	안전보장리사회에서	4	북조선통신
1948-06-23-021	유엔후견리사회 후견령토들의 청원 심의		4	북조선통신
1948-06-23-022	일본아시다내각은 붕괴위기에 직면	-최근의 일본정세-	4	북조선통신
1948-06-23-023	미국제국주의자들은 세계반동의 지주이다	쏘베트출판물개관	4	본사 국내외통신부
1948-06-23-024	광분중에 있는 미국의 일본재건	악씨옹지 론평	4	북조선통신
1948-06-23-025	런던항 파업으로 완전마비상태		4	북조선통신
1948-06-23-026	라지오		4	
1948-06-23-027	극장안내		4	

기사번호	제목(title)	부제목(stitle)	면수	필자, 출처
1948-06-24-001	로동법령발포 2주년기념일에 제하여		1	
1948-06-24-002	로동법령발포 2주년기념 북조선 각 직장의 보고대회		1	신언철
1948-06-24-003	금번 쏘련군대축소는 쏘련제의의 실천화 평남 중화군 강노리 농민 김원갑씨	북조선주둔 쏘련군대 축소에 대한 각계의 반향	1	리의철
1948-06-24-004	쏘련은 조선자주독립을 진심으로 원조하고있다 평양시 정무원 류기홍씨	북조선주둔 쏘련군대 축소에 대한 각계의 반향	1	리문상
1948-06-24-005	그들이 범한 민족적죄를 인민앞에 용감하게 사죄	평남 강동군 농민 김붕기씨	1	김전
1948-06-24-006	조선인민은 또다시 노예됨을 원치 않는다	평양기신사대표 신선익씨	1	
1948-06-24-007	미제국주의독아로부터 남조선동포를 구원하자. 평양곡산공장 로동자 양경준씨	조선어선을 폭격한 미군의 만행	1	신기관
1948-06-24-008	신인이 공노할 만행을 미국인은 감행하였다. 평양 제3녀중 교원 강동식씨	조선어선을 폭격한 미군의 만행	1	신기관
1948-06-24-009	로동법령 정확히 실행하여 로동규률강화에 적극 협조	평양기관구 당단체의 역할	2	김전
1948-06-24-010	적극 협조와 실천으로 로동규률준수를 보장	평양견직공장 당단체	2	위찬길
1948-06-24-011	전당대회결정을 옳게 실천하여 락후한 산업들을 개진케 하였다	명천군당산하 각급 당단체들	2	장우종
1948-06-24-012	학습열 제고코 기술전습 추진	수풍발전부 기계계세포에서	2	김원식
1948-06-24-013	로동법령과 로동계급의 물질문화생활수준의 향상		2	
1948-06-24-014	우리의 손에 돌아온 공장 우리의 손으로 복구건설	승호리세멘트공장	3	김달수
1948-06-24-015	로동법령발포 제2주년기념 대전람회		3	신언철
1948-06-24-016	승호리세멘트공장 최원선동무의 행복한 가정		3	
1948-06-24-017	로동법령발포 2주년기념 평양시직장체육대회 성황		3	김현석
1948-06-24-018	근로자의 락원 국영삼방정양소		3	김동천
1948-06-24-019	(승호리세멘트공장의 혁신자들)		3	
1948-06-24-020	미국은 안보를 기만하려 한다	후견리사회에 권한이양문제를 쏘련대표 18일 안보에서 통박	4	북조선통신
1948-06-24-021	체코슬로바키아 신정부의 정강	안또닌 자뽀또츠끼수상 발표	4	북조선통신
1948-06-24-022	오지리미점령지대 전범자 석방		4	북조선통신
1948-06-24-023	미국군국주의는 세계평화를 위협		4	북조선통신
1948-06-24-024	오지리독립을 침해하는 소위 '마샬안'의 원조	공산당대의원의회서 선언	4	북조선통신
1948-06-24-025	쏘련과 체코슬로바키아 통상 및 해운에 관한 조약비준서류 교환		4	북조선통신
1948-06-24-026	신수상의 정부정강 승인	체코슬로바키아인민회의	4	북조선통신

기사번호	제목(title)	부제목(stitle)	면수	필자, 출처
1948-06-24-027	쏘미관계조정을 반대하는자는 누구며 그 리유는 어데 있는가?		4	본사 국내외통신부
1948-06-24-028	중국인민해방군 개봉시를 점령		4	북조선통신
1948-06-24-029	희랍사법상 피살		4	북조선통신
1948-06-24-030	마래인민의 해방투쟁 치렬	-련방전역에 계엄령 발포-	4	북조선통신
1948-06-24-031	토이기의회에서 전 정부정책 비난		4	북조선통신
1948-06-24-032	과학기술문관직맹 강경항의		4	북조선통신
1948-06-24-033	이란의 석유 매일 4만통을 미국회사에 공급		4	북조선통신
1948-06-24-034	극장안내		4	
1948-06-25-001	미제국주의자들의 파쑈적만행에 대한 조선인민의 분격		1	
1948-06-25-002	(쓰딸린대원수)		1	
1948-06-25-003	쓰딸린대원수에게 드리는 메쎄지	북조선로동법령실시 2주년 평양시기념보고대회	1	
1948-06-25-004	김일성 사진		1	
1948-06-25-005	김일성장군에게 드리는 편지	북조선로동법령실시 2주년 평양시기념보고대회	1	
1948-06-25-006	로동법령실시 제2주년기념 평양시보고대회 성대히 개최		1	신언철
1948-06-25-007	형식적사업작풍 일소하고 교양수준제고에 노력하자	산업국 흑색처세포 학습정형	2	위찬길
1948-06-25-008	모범적인 역로로 작업능률을 제고	신의주무수주정공장 공작분세포	2	최영환
1948-06-25-009	인민경제계획 기한전완수 위하여 남포제련소 당단체와 당원들 투쟁		2	김태호
1948-06-25-010	소위 '국회'의 정체를 폭로함(1)		2	박진
1948-06-25-011	증산경쟁운동 전개	북조선직맹에서 전북조선에 호소	3	신언철
1948-06-25-012	우렁찬 기계소리와 함께 언제나 생각은 증산투쟁	평양곡산공장 종업원들	3	신기관
1948-06-25-013	2,4분기계획량을 140.9%로 초과	흥남비료공장 린안계	3	김명구
1948-06-25-014	근로자를 위한 정휴양소 묘향산 등 6개소에 신설		3	북조선통신
1948-06-25-015	면민들의 불타는 교육열 즉석에 127만원 기부	경성면교육열성자대회	3	류하룡
1948-06-25-016	새 영농법을 말하는 모범농민좌담회	평남도농맹에서	3	
1948-06-25-017	민주학원의 최고전당 김대공사 활발히 진척		3	리의철
1948-06-25-018	미영불 독일점령지대에서의 단독적화페개혁실시는 포츠담협정의 위반이다		4	북조선통신
1948-06-25-019	서독단독화페개혁에 대처 서독지대와 교통련락 차단	주독 쏘베트군정 포고	4	북조선통신

기사번호	제목(title)	부제목(stitle)	면수	필자, 출처
1948-06-25-020	서부독일단독화페개혁은 미제국주의 세계지배음모	독일인민회의 항의선언문 채택	4	북조선통신
1948-06-25-021	조국애에 불타는 희랍의 민주군		4	북조선통신
1948-06-25-022	'마샬안'에 관한 미국의 여론		4	본사 국내외통신부
1948-06-25-023	사형리로 화한 희랍왕당파		4	북조선통신
1948-06-25-024	희랍민주정부 당면문제 토의		4	북조선통신
1948-06-25-025	중국국민당군대 강제징병		4	북조선통신
1948-06-25-026	마르세이유금속로동자 파업 단행		4	북조선통신
1948-06-25-027	멕시코직업동맹 국제로동기구 탈출		4	북조선통신
1948-06-25-028	중국국민군에 일본인려단장		4	북조선통신
1948-06-25-029	극장안내		4	
1948-06-26-001	김일성 사진		1	
1948-06-26-002	김일성위원장님께 드리는 맹세문	국영 남포조선소 전체 로동자, 기술자, 사무원일동	1	
1948-06-26-003	체육사업에 대하여		1	
1948-06-26-004	우리 인민의 손으로 된 철강선 신흥호 진수!	지난 23일 남포조선소에서	1	북조선통신
1948-06-26-005	독도학살사건에 대하여 전민족적분노는 폭발!	남조선각계에서 성명	1	북조선통신
1948-06-26-006	결점들을 검토비판하여 당조직정치사업을 강화	평남 양덕군당 제4차위원회	2	조광순
1948-06-26-007	기간단축운동의 성과보장 위하여 열성적노력 경주하여 투쟁	신창탄광내 당단체와 당원들	2	김전
1948-06-26-008	도서실 활용 점차 활발 금후 일층의 노력 필요	평양시 북구역당부 도서실 사업	2	위찬길
1948-06-26-009	남포조선소 신흥호진수식에서 축사	북조선인민위원회 부위원장 김책	2	
1948-06-26-010	소위 '국회'의 정체를 폭로함(2)		2	박진
1948-06-26-011	신학년도 준비사업 활발히 전개		3	
1948-06-26-012	고태화씨의 백만원희사에 당장에 570만원 쇄도	남포시 상인기업가교육열성자대회	3	
1948-06-26-013	송인화씨의 장거에 뒤이어 이 열성! 355만원 기부	라남시교육열성자대회	3	최서훈
1948-06-26-014	6월 26일부터 영예의 진급시험 개시		3	신기관
1948-06-26-015	사랑하는 자녀 위해 온갖 성의 다 바치자	함흥시교육열성자대회	3	박경석
1948-06-26-016	열성자회의 첫날에 250만원을 희사	길주군교육열성자대회	3	박태화
1948-06-26-017	호소문	남포시 상인기업가교육열성자대회에서	3	
1948-06-26-018	서부독일에서의 단독화페개혁에 대하여	주독쏘베트군정장관이 주독미군정장관에게 서한 전달	4	북조선통신
1948-06-26-019	마샬안 반대하는 영국회의원 정부와의 대립 심각화		4	북조선통신

기사번호	제목(title)	부제목(stitle)	면수	필자, 출처
1948-06-26-020	서독화페개혁에 항의	독일로동자 궐기투쟁	4	북조선통신
1948-06-26-021	이란은 미군국주의자의 병기창으로 되고있다	-유니베르술지 론평-	4	북조선통신
1948-06-26-022	미국법률하에서는 반파시즘도 유죄	미저술가 파스트 맹렬히 공격	4	북조선통신
1948-06-26-023	쏘련소식	경제건설성과	4	북조선통신
1948-06-26-024	서구경제난 리용 미 리득획득 기도	에코노미스트지 지적	4	북조선통신
1948-06-26-025	극장안내		4	
1948-06-26-026	팔레스치나 비극은 계속되고있다		4	본사 국내외통신부
1948-06-27-001	농업현물세제실시 2주년에 제하여		1	
1948-06-27-002	김일성위원장께 요청서	구암례의 량저수지관개용수공급에 관하여 남조선로동당 및 남조선전농에서	1	북조선통신
1948-06-27-003	북조선인민위원회결정 제155호	구암저수지와 례의저수지의 관개용수를 남조선연백지방에 공급함에 관한 결정서	1	
1948-06-27-004	북조선인민위원회 귀중	전국농민총련맹중앙위원회	1	
1948-06-27-005	북조선인민위원회 귀중	남조선로동당중앙위원회	1	
1948-06-27-006	조기현물세 납부준비사업 조직적협조로써 적극 추진	개천군 조양면당산하 세포원들	2	김전
1948-06-27-007	조기작물현물세의 납부사업 적극 협조	장연군 락도면 월장리세포	2	여경철
1948-06-27-008	적극 실천과 모범적역할로 이앙의 성과 적완수를 보장	함북 회령군당산하 농촌당원들	2	심철
1948-06-27-009	신학년도준비사업을 적극적으로 협조하자	철원군당상무위원회에서	2	김만선
1948-06-27-010	북조선농민의 생활은 날로 향상되고있다		2	북조선농민동맹 중앙위원회 부위원장 현칠종
1948-06-27-011	하의도의 량곡부패문제	미군정성명의 허위성이 폭로	2	북조선통신
1948-06-27-012	조기작물현물세납부를 철저히 준비하고있다!	안악군 해창리 서리에서	3	박진선
1948-06-27-013	감자 2모작에 성공	원산시 현동리 리귀암동무	3	량수형
1948-06-27-014	벼와 보리의 2모작이앙은 이랑논으로	순안면 강송철농민	3	리의철
1948-06-27-015	몽리면적 215정보에 관개도 모내기도 단숨에	북청군 금호리 농민들	3	신봉
1948-06-27-016	부라면 농민들의 과거와 현재	과거의 '불이농장'을 찾아서	3	오학균
1948-06-27-017	향상된 생활	미림2리 모범농민 리희찬동무의 생활	3	리의철
1948-06-27-018	쏘베트점령 독일지대도 화폐개혁을 단행	서부독일단독화폐개혁에 대처	4	북조선통신
1948-06-27-019	대베를린지대에서는 서독신화폐통용 금지		4	북조선통신
1948-06-27-020	배상액 감하에 감사	분란정부 주분쏘베트사절단 초대	4	북조선통신

기사번호	제목(title)	부제목(stitle)	면수	필자, 출처
1948-06-27-021	서독화폐개혁에 관하여 『꼼쏘몰쓰까야 쁘라우다』지 론평		4	북조선통신
1948-06-27-022	실업의 위협에 직면한 오지리로동자의 참상	쏘련화학직맹위원장 려행인상담	4	북조선통신
1948-06-27-023	오하이오진보당 창립	미국대통령선거전초전 진보적세력 일층 장성	4	북조선통신
1948-06-27-024	월레스지지 전국위원회서 새 정당 강령 작성원조 호소	미국대통령선거전초전 진보적세력 일층 장성	4	북조선통신
1948-06-27-025	월레스지지 전국적청년단체 창립운동 진척	미국대통령선거전초전 진보적세력 일층 장성	4	북조선통신
1948-06-27-026	유엔기구의 원칙을 진정으로 옹호하는 자와 거짓으로 옹호하는자		4	본사 국내외통신부
1948-06-27-027	브라질당국 공산당신문을 불법 정간		4	북조선통신
1948-06-27-028	극장안내		4	
1948-06-29-001	제초기에 있어서 농촌선전교양사업을 활발히 전개하자		1	
1948-06-29-002	북조선통신사의 공식보도		1	
1948-06-29-003	조쏘문화교류의 전당 문화회관 성대히 개관		1	북조선통신
1948-06-29-004	문화회관개설을 감사	조쏘문협의 축전	1	북조선통신
1948-06-29-005	미군도 동일태도 취하라 쏘련주둔군 축소에 감사	남조선각계에서 성명	1	북조선통신
1948-06-29-006	이 민족적인 모욕을 도저히 참을수 없다 평양고급중학 교원 최규동씨	조선어선폭격한 미군의 만행	1	
1948-06-29-007	귀축같은 미군군인은 하루바삐 물러가거라 인민예술극장 배우 최필용씨	조선어선폭격한 미군의 만행	1	
1948-06-29-008	남조선동포도 하루바삐 우리같은 행복을 갖도록 함북 학성군 성리 농민 임학선씨	조선어선폭격한 미군의 만행	1	
1948-06-29-009	남조선미군정에서는 각종 세률을 대폭 인상		1	북조선통신
1948-06-29-010	남조선초등학교 졸업생 중등학교 입학난 극심		1	북조선통신
1948-06-29-011	검열독촉사업을 더한층 강화하자	북청군당 제3차위원회	2	신봉
1948-06-29-012	솔선실천과 적극협조로 락후성 극복코 사업 추진	함북 온천목재직장 세포원들	2	황두건
1948-06-29-013	핵심적역할로 부락민 추동 중경제초 성과적으로 수행	회양군 심포리 세포원들	2	김만선
1948-06-29-014	옳바른 지도와 협조로 벽돌증산을 일층 추진	창광련와공장 세포원들	2	김전
1948-06-29-015	조선인은 미군항공대의 폭격의 '표적'이 될수 없다		2	한재덕

기사번호	제목(title)	부제목(stitle)	면수	필자, 출처
1948-06-29-016	신학년도 준비사업에 바치는 북조선인민들의 애국적열성		3	
1948-06-29-017	남포상인기업가의 호소에 평양상인기업가들도 궐기		3	
1948-06-29-018	현창건씨 150만원 기부 군전체로는 720만원!	함북 경성군민들의 이 열성	3	
1948-06-29-019	결의문	평양시 기업가상인교육열성자대회에서	3	
1948-06-29-020	김일성대학 국가진급시험		3	신기관
1948-06-29-021	해방 3주년기념 증산운동을 전개	성진제강소 종업원들	3	김소민
1948-06-29-022	국영수산사업소 2.4분기계획 완수	6월 20일에	3	리문상
1948-06-29-023	논김 네벌 밭김은 다섯벌	평북 룡천군 쌍성동에서	3	오학균
1948-06-29-024	인도네시아문제에 대한 안보회의	괴뢰정권 세우려는 화란측 기도를 공박	4	북조선통신
1948-06-29-025	원자무기금지를 반대하는 미국	안보에서 미측 제의 각하	4	북조선통신
1948-06-29-026	인민들의 환영리에 쏘베트점령 독일지대의 화폐개혁 진행		4	북조선통신
1948-06-29-027	서독의 반동적화폐개혁 독일인민들 분격항의		4	북조선통신
1948-06-29-028	서부독일단독화폐개혁과 일본정부의 위기에 관하여	이즈베스치아 외교평론가의 론평	4	북조선통신
1948-06-29-029	런던부두로동자 파업 확대		4	북조선통신
1948-06-29-030	대외정책에 있어서의 두 로선	쏘련의 신문개관	4	본사 국내외통신부
1948-06-29-031	이란신수상을 다수의원 반대		4	북조선통신
1948-06-29-032	극장안내		4	
1948-06-29-033	북조선로동당 중앙위원회 기관잡지 『근로자』 제6호		4	로동당출판사
1948-06-30-001	생산직장들에서 군중문화사업을 일층 강화하자		1	
1948-06-30-002	김일성위원장께 감사문 터져내려오는 생명수에 환호	급수에 감격한 이남농민들	1	북조선통신
1948-06-30-003	김일성장군에게 드리는 감사문	남조선 연백군 농민대표일동	1	
1948-06-30-004	우리 강토에서 통수까지 방해하는 미군정을 저주	급수 요청하는 이남농민들의 서한 산적	1	북조선통신
1948-06-30-005	강도가 돈을 못빼앗으면 주인뺨이라도 때리는격	성진제강소 로동자 황팔억씨	1	
1948-06-30-006	군대철거를 거부하면서 미군은 이런 만행을 감행	신의주방직공장 로동자 박근도씨	1	
1948-06-30-007	옳바른 조직적지도로 세포사업을 개진강화	평양시 중구 오탄리 가두세포	2	위찬길

기사번호	제목(title)	부제목(stitle)	면수	필자, 출처
1948-06-30-008	의료사업의 발전 위하여 당원들 헌신적으로 복무	회령인민병원내우리 당원들	2	심철
1948-06-30-009	솔선 실천으로 군중을 추동 신학년도 준비사업을 추진	함주군 천서면당산하의 당원들	2	김명구
1948-06-30-010	조기현물세수납 준비사업을 협조	황해도 금천군당부	2	정운성
1948-06-30-011	정치교양사업 강화하고 증산계획달성 보장하자	풍산군당 제2차위원회	2	김의진
1948-06-30-012	쏘련군대는 약소민족의 해방자로 전세계 인민들의 존경을 받고있다		2	본사선전부
1948-06-30-013	채탄과 운탄을 강화하여 월동석탄을 풍부히 하자	삼신탄광	3	위찬길
1948-06-30-014	원가를 저하시키고 품질을 향상시키자	공락요업공장	3	위찬길
1948-06-30-015	고치수매사업 활발 춘잠 3매 사육하여 전량 60키로 헌납	곡산군 김승권농민	3	김준택
1948-06-30-016	고치수매사업 활발	황해도	3	
1948-06-30-017	고치수매사업 활발	평남도	3	송학용
1948-06-30-018	만반의 준비 갖추고 풍수해를 방지하자 신의주기계제작소	철벽같은 우기대책 수립	3	리문상
1948-06-30-019	철저한 비상출동을 조직 수해비상 응급차도 준비 황해선 철도종업원들	철벽같은 우기대책 수립	3	
1948-06-30-020	자라는 직장문화	서평양철도공장	3	신언철
1948-06-30-021	백절불굴의 굳센 투지 그는 실로 황철의 보배	공작과 김기모동무	3	박진선
1948-06-30-022	쏘련외상과 파란수상 연설	와르샤와8개국외상회의 참석 각국 대표들 25일 공로 귀국	4	북조선통신
1948-06-30-023	중국인민해방군의 산서성전과		4	북조선통신
1948-06-30-024	와르샤와8개국회의 성명은 독일문제해결의 관건	체코슬로바키아외상 방송	4	북조선통신
1948-06-30-025	임금인상요구 관철코 미탄광파업 해결		4	북조선통신
1948-06-30-026	"이스라엘 조국방위에 모든것을 총동원시키라"	진보적지도자 스네흐 박사 호소	4	북조선통신
1948-06-30-027	불국내 파란농업로동자동맹 해체		4	북조선통신
1948-06-30-028	미공화당 대통령립후보 뉴욕주지사 듀이 지명		4	북조선통신
1948-06-30-029	체코슬로바키아 2월사건 관계자 대량 석방		4	북조선통신
1948-06-30-030	미해운로조 파업금지령		4	북조선통신
1948-06-30-031	라지오		4	
1948-06-30-032	극장안내		4	
1948-06-30-033	마샬안의 련속적변화		4	본사 국내외통신부
1948-07-01-001	해방기념을 앞두고 조선인민은 쏘련인민에게 또다시 감사를 드린다		1	

기사번호	제목(title)	부제목(stitle)	면수	필자, 출처
1948-07-01-002	김일성장군께 감사문	통수개시된 레저수지에 달려온 남조선농민들	1	
1948-07-01-003	김일성장군에게 드리는 편지	8.15해방 3주년기념 증산경쟁운동협조 황철민청열성자대회	1	
1948-07-01-004	미국제국주의자들은 조선민족의 원쑤이다	삼보광산 로동자 남궁복손씨	1	
1948-07-01-005	미군은 남조선인민들을 굶주리게 하고 죽이였다	길주농민 허금남씨	1	
1948-07-01-006	인종차별로서 한 만행 우리는 용서할수 없다	장진강발전부 로동자 최광렬씨	1	
1948-07-01-007	결점들을 제때에 시정하여 사업의 우수한 성과를 보장	-평양철도공장 당부의 협조정형	2	김전
1948-07-01-008	직맹사업 협조 강화하고 기한단축운동 보장하자	흥남시당 제2차위원회에서	2	박경석
1948-07-01-009	증산경쟁운동의 승리적성과 보장	복계기관구 당부의 협조	2	김만선
1948-07-01-010	왜 조선인민들은 남조선단선을 배격하는가		2	신염
1948-07-01-011	청년작업반 증산경쟁에 궐기	황철민청원들 전체 맹원앞에 맹세	3	신기관
1948-07-01-012	목재증산에 싸우는 평북도 림산일군들		3	최영환
1948-07-01-013	밀려드는 고등어떼 염장준비 충분하다	고저수산사업장에서	3	전세영
1948-07-01-014	농민이 요구하는 양수기 더 많이 더 좋게 만들고저	평양기구제작소에서	3	김달수
1948-07-01-015	보리현물세를 납부	강원도에서	3	량수형
1948-07-01-016	군전체 기한전 납부준비	이천군 농민들	3	송춘관
1948-07-01-017	가장 결실이 좋은 우량곡물로 바치자	평양시 미림2리 농민들	3	리의철
1948-07-01-018	고치수매사업 활발 각 군 속속 수매 완료	강원도와 함남 영흥군에서	3	유현모
1948-07-01-019	황해제철소 제강공장 평로에서 쇠물이 쏟아진다.		3	
1948-07-01-020	황해제철소 박판공장에서 박판을 생산하는 광경		3	
1948-07-01-021	베를린에서의 쏘베트지대 신화페통용에 관련하여 주독 쏘베트군정 호소문 발표		4	북조선통신
1948-07-01-022	인도네시아의 자주권을 박탈하려고 하는 화란		4	북조선통신
1948-07-01-023	서부독일점령당국 파괴적행동 우심	『쁘라우다』통신원의 보도	4	북조선통신
1948-07-01-024	이태리사회당 전국대회 개최		4	북조선통신
1948-07-01-025	마-샬안에 일본포함을 주장 소위 드레이퍼-보고의 정체	악씨옹지 뉴욕특파원 론평	4	북조선통신
1948-07-01-026	'마-샬안'참가 16개국 미국의 예속국가화한다	불란서 각 신문들의 론평	4	북조선통신
1948-07-01-027	국제박람회 성황		4	북조선통신
1948-07-01-028	오지리전력성 진보분자 해고		4	북조선통신
1948-07-01-029	파리국제녀성전람회에서 쏘베트관 인기		4	북조선통신
1948-07-01-030	소위 '만주국'의 최후		4	본사 국내외통신부
1948-07-01-031	극장안내		4	
1948-07-01-032	북조선로동당 중앙위원회 기관잡지 『근로자』 제6호		4	
1948-07-02-001	각 직장기업소의 로동보호를 위하여		1	
1948-07-02-002	김일성장군께 감사문	급수로 소생한 남조선농민들	1	
1948-07-02-003	김일성위원장에게 드리는 편지	황해도 신계군 다미면 백오리 리순길	1	
1948-07-02-004	황해 잠견수매사업 활발 황주 금천은 계획량 초과	신계 리순길녀사 잔여잠견을 헌납	1	박진선
1948-07-02-005	남조선의 토지개량사업은 미군정 태공으로 전폐상태		1	남조선통신
1948-07-02-006	미군인 리유없이 농민과 신부 구타		1	북조선통신
1948-07-02-007	옳바른 조직과 지도검열로 세포사업을 일층 추진강화	-평양곡산제1분공장 공작세포-	2	위찬길
1948-07-02-008	락후한 성적 만회 위하여 협조사업을 활발히 전개	국영신연광산내 당단체	2	김원식
1948-07-02-009	비판과 자기비판 전개로 락후성 극복코 사업 개진	주을탄광 당부산하 각 세포	2	류하룡
1948-07-02-010	학업성적 제고와 신학년도 준비사업 협조	철원사범학교 세포	2	김만선
1948-07-02-011	녀성들은 고치수매에 열성적으로 참가하자		2	북조선녀성총동맹 위원장 박정애
1948-07-02-012	남조선'단선'은 민주자유탄압의 악례 하지는 '미일1가'연장을 기도	-중국신문 대공보지의 론평-	2	북조선통신
1948-07-02-013	시민들의 애국열성으로 전공정의 90%를 실행	평양운하개착공사 진척	3	신언철
1948-07-02-014	유리한 조건을 리용 속출되는 창의고안	황해제철소에서	3	리문상
1948-07-02-015	북조선 모내기성적	6월 25일현재	3	
1948-07-02-016	활발히 진행되는 운탄선건설공사	삼신탄광 기본건설	3	
1948-07-02-017	하기방역에 대비하여 예방치료약 다량 생산	북조선전염병연구소	3	신기관
1948-07-02-018	하기방학을 리용	문맹퇴치사업에 학생들 적극 참가	3	
1948-07-02-019	순국산품 '도란스'제작에 성공	성진제강소 주근하동무	3	김소민
1948-07-02-020	농촌민주선전실	학성면 호통리	3	김영복
1948-07-02-021	303만원 즉석에서 기부	주을면 교육열성자대회	3	류하룡
1948-07-02-022	각계각층에서 협력	함남 북청군민들	3	신봉
1948-07-02-023	농촌문화를 토의	농촌구락부 책임자들	3	

기사번호	제목(title)	부제목(stitle)	면수	필자, 출처
1948-07-02-024	앞으로 4배 증산을 약속하는 건식공장의 수리공사는 우리 로동자들의 손으로 착착 진행되고있다	-승호리세멘트공장에서-	3	
1948-07-02-025	안전보장리사회에서 인도네시아문제 토의	쏘련대표 화란정부의 위반행위를 공박	4	북조선통신
1948-07-02-026	와르샤와 8개국 외상회의 결과에 대하여	파란외상 동국정부각의에서 보고	4	북조선통신
1948-07-02-027	중국국민당구의 경제위기	백만원과 50만원 지페 발행예정	4	북조선통신
1948-07-02-028	미공화당내 알륵결과로 대통령립후보에 듀-이 지명		4	북조선통신
1948-07-02-029	분란인민민주동맹의 선거운동 고조		4	북조선통신
1948-07-02-030	불가리아와의 외교관계재개를 주미희랍대사 거절		4	북조선통신
1948-07-02-031	6개국 런던회의의 총결		4	본사 국내외통신부
1948-07-02-032	북조선로동당 중앙위원회 기관잡지 『근로자』 제6호		4	
1948-07-02-033	극장안내		4	
1948-07-03-001	문학작가와 평론가의 과업		1	
1948-07-03-002	남조선의 소위 '국회'는 친일민족반역자의 집회	창도광산 로동자 홍장손씨	1	
1948-07-03-003	조선인민은 절대적으로 조선통일을 요구한다	쌍용광산 로동자 황태극씨	1	
1948-07-03-004	더 높은 수확으로써 미제국주의책동 분쇄	강원도 철원군 농민 문기봉씨	1	
1948-07-03-005	이남연백평야에 통수한데 대하여	북조선농민동맹 위원장 강진건씨 담	1	
1948-07-03-006	각지의 잠견수매사업은 활발하게 전개되고있다	27일현재 50% 달성	1	북조선통신, 김만선, 최치목
1948-07-03-007	인민반을 강화하여 건설사업 적극 추진	평북도 북중면 쌍성동세포의 협조	2	송학용
1948-07-03-008	적극적인 협조사업 더 활발히 전개하자	북조선인민위원회 보건국세포	2	김전
1948-07-03-009	도급제 정확히 실시케 하여 계획량 기한전에 초과 달성	해주기계제작소 초급당단체 협조	2	박진선
1948-07-03-010	부락민 추동하여 제초 완료	고성군 거진면 송정리 세포원들	2	최치목
1948-07-03-011	문학의 사상성과 예술성을 위하여	리동규씨의 단편집을 읽고	2	김성
1948-07-03-012	북조선로동자들의 또하나의 승리 평양화학공장 증기동력시설 복구	감격의 화입식 성대히 거행	3	김전
1948-07-03-013	8.15기념 증산경쟁운동에 북조선로동자들 속속 궐기!		3	신기관
1948-07-03-014	경지면적확장과 토지개량사업에 북조선농민들이 거둔 거대한 성과	함경북도	3	현준극
1948-07-03-015	1개년기간 단축코 풍리관개공사 완수		3	황성남
1948-07-03-016	오룡천제방공사에 당원들의 역할 크다		3	황진홍

기사번호	제목(title)	부제목(stitle)	면수	필자, 출처
1948-07-03-017	와르샤와 8개국 외상회의 공동성명서		4	
1948-07-03-018	붕괴전야의 일본아시다내각		4	북조선통신
1948-07-03-019	체코슬로바키아공산당 사회민주당 대표자대회	합당에 대한 선언서 발표	4	북조선통신
1948-07-03-020	미.인간 신조약 교섭		4	북조선통신
1948-07-03-021	극장안내		4	
1948-07-04-001	당세포열성자 양성에 대하여		1	
1948-07-04-002	정의는 이기는 법이며 불의는 망하고야 만다	고성제재공장 로동자 리광원씨	1	
1948-07-04-003	조선은 통일되여야 한다 조선의 량단은 절대 반대	경성군 주을면 농민 리증갑씨	1	
1948-07-04-004	석탄증산으로써 반동배들을 분쇄	사동련탄공장 채탄부 백진준씨	1	
1948-07-04-005	미군은 조선인의 어로를 방해한다	수산처 종업원들 항의대회	1	북조선통신
1948-07-04-006	만행자 미군은 하루속히 조선강토에서 물러가라	오봉호선부 량울형씨	1	
1948-07-04-007	각지의 잠견수매사업은 활발하게 전개되고있다		1	리호
1948-07-04-008	신학년도 준비협조사업 더한층 가강히 전개하자	평남도당 상무위원회에서	2	김전
1948-07-04-009	전당대회 결정실천으로 정치교양사업은 진행된다	평양시당단체들에서	2	위찬길
1948-07-04-010	가일층의 사업추진 위해 검열지도사업 강화하자	-무산군당부의 사업정형-	2	현준극
1948-07-04-011	옳바른 협조사업전개로 당면과업들 제 때에 완수	학성군 학동면 성상리세포	2	김영복
1948-07-04-012	사실을 회피하려는 띤장관의 시도는 실패하였다		2	신염
1948-07-04-013	조기작물현물세 납부 등 중요한 당면과업을 토의	농맹상무위원회에서	3	리의철
1948-07-04-014	평남도 강서군 농민들 논밭김매기에 총돌진		3	송학용
1948-07-04-015	농업증산에 이바지하는 농민구락부 군중문화사업	함북 어랑면 팔경대리	3	리의철
1948-07-04-016	본사사옥의 신축공사 활발히 진척되고있다		3	신언철
1948-07-04-017	조기작물현물세납부는 충분히 준비되여있다	평남도, 함남도에서	3	송학용, 김만선
1948-07-04-018	남조선소식		3	북조선통신
1948-07-04-019	중국의 최근 전황 인민해방군 파죽지세로 승전	패전내분에 와해되는 국부군	4	북조선통신
1948-07-04-020	베를린정세 악화책임은 서부점령렬강에 있다	『노이에스 도이취란트』지 비난	4	북조선통신
1948-07-04-021	영국부두 로동자파업 확대 전국에 비화될 기운 농후	영정부 전국비상사태령 선포	4	북조선통신

기사번호	제목(title)	부제목(stitle)	면수	필자, 출처
1948-07-04-022	따쓰의 국제정세개관	베를린정세	4	
1948-07-04-023	따쓰의 국제정세개관	팔레스티나에 대한 영미의 궤계	4	
1948-07-04-024	미국침략정책을 여실하게 로출	대오지리관리리사회에서	4	북조선통신
1948-07-04-025	인도를 해체한 영미	-볼쉐비끼지 론평-	4	북조선통신
1948-07-04-026	마샬안에 관한 불.미협정은 불란서 주권과 독립 박탈	-불로동총련맹 콤뮤니케 발표-	4	북조선통신
1948-07-04-027	서부쟈바지구에 화란군 만행 계속		4	북조선통신
1948-07-04-028	영국대신에 파항을 점유하려는 미	아슈샤르크지 론평	4	북조선통신
1948-07-04-029	이파시스트수괴들 귀국		4	북조선통신
1948-07-04-030	쏘련-이스라엘간 공사 교환		4	북조선통신
1948-07-04-031	극장안내		4	
1948-07-06-001	인민경제계획실행에 있어서 정확한 통계사업을 실시하자		1	
1948-07-06-002	김일성위원장에게 드리는 감사문	시족국립애육원 아동일동	1	
1948-07-06-003	언제나 잊을수 없으며 절대로 용인할수 없다	평남 강동군 인연리 농민 김응군씨	1	
1948-07-06-004	미항공대의 폭격살상은 의식적인 만행인것이다	조선맥주 사무원 리도히씨	1	
1948-07-06-005	미제국주의침략자들은 조선산업을 파멸시킨다	황해제철소 로동자 김양봉씨	1	
1948-07-06-006	북받쳐오르는 격분을 도저히 참을수 없다	함남 흥원군 농민 고휘길씨	1	
1948-07-06-007	우리는 조국을 창건할 능력과 자신이 있다	평남 개천군 중서면 농민 리민신씨	1	
1948-07-06-008	각지 잠견수매 활발하게 전개	평안남도의 양덕군, 덕천군, 평원군, 평안북도에서	1	송학용, 한관제, 리원길, 최영환
1948-07-06-009	구체적지도와 검열로 정치교양사업발전향상	강원도 각급 당단체들	2	량형수
1948-07-06-010	당원들의 모범적작용으로 신학년도 준비사업 진척	평남 중화군당단체들 협조	2	김전
1948-07-06-011	조선으로부터의 외국군대철거는 조선독립회복에 필요한 조건이다		2	본사선전부
1948-07-06-012	치렬한 투쟁으로 목재증산을 보장	삼수군당단체들의 협조	2	조학태
1948-07-06-013	교양사업 옳게 전개하여 기한단축운동을 추진	단천 검덕광산당단체	2	서독창
1948-07-06-014	부락민 추동하여 보리현물세 완납	강원도 린제군 북면 서호동세포	2	최종갑
1948-07-06-015	증산경쟁운동에 북조선로동자들 궐기! 각 생산직장의 종업원대회	서평양철도공장, 평양견직공장에서	3	
1948-07-06-016	김일성위원장께 감사	시족국립애육원 원아들	3	신기관
1948-07-06-017	금년도 계획기간 단축에 총력량을 집중하고있다	황해제철소 종업원들	3	
1948-07-06-018	고원-양덕간 견인기록 수립	고원기관구의 승리	3	
1948-07-06-019	조국해방의 감사를 증산투쟁으로 표시	평양철도공장에서	3	신언철
1948-07-06-020	소금상반기계획 기한전에 완수	북조선 염전로동자들	3	
1948-07-06-021	경지면적확장과 토지개량사업에 북조선 농민들이 거둔 거대한 성과	평안남도	3	송학용
1948-07-06-022	원산시의 상인과 기업가들 신학년도 준비사업에 궐기		3	
1948-07-06-023	와르샤와회의 성명서는 얄타.포츠담선언에 충실	모쓰크바신문들의 론평	4	북조선통신
1948-07-06-024	평화애호민주인민들의 리익과 완전히 일치된다	부카레스트신문들의 론평	4	북조선통신
1948-07-06-025	팔레스티나의 최근정세 영.미가 조작해낸 소위 '휴전'	유태국침략의 새로운 책동	4	
1948-07-06-026	평화의 영속을 보장하는 협약	파리신문들의 론평	4	북조선통신
1948-07-06-027	불가리아인민들 열렬히 지지	쏘피아신문들의 론평	4	북조선통신
1948-07-06-028	와르샤와회의결정실현은 전세계의 항구적평화 초래	파란신문들의 론평	4	북조선통신
1948-07-06-029	주독서부렬강은 이 제안 접수하라	이태리신문들의 론평	4	북조선통신
1948-07-06-030	세계평화수립의 구체적제안 포함	쁘라그신문들의 론평	4	북조선통신
1948-07-06-031	극장안내		4	
1948-07-06-032	북조선로동당 중앙위원회기관잡지『근로자』제6호 내용		4	
1948-07-07-001	자습당원들에 대한 지도방법에 대하여		1	
1948-07-07-002	북조선인민회의 제28차 상임의원회 결정	북조선인민회의 정기회의 소집에 관하여	1	
1948-07-07-003	인민경제계획초과완수로 미제국주의의 흉계를 분쇄	서평양철도공장 선반공 송용순씨	1	
1948-07-07-004	치렬한 증산전으로써 미국의 야욕을 분쇄하자	청진방적공장 정사공 최일순양	1	
1948-07-07-005	미군 철퇴할 때까지 구국투쟁을 전개	평양시 정무원 한성훈씨	1	
1948-07-07-006	미국인은 조선사람을 억압모욕하며 죽인다	강선제강소 로동자 서전규씨	1	
1948-07-07-007	만행의 상습자 미군인 하루속히 물러가거라	신흥군 신상리 농민 리인수씨	1	
1948-07-07-008	각지 잠견수매 활발하게 전개		1	송학용, 김영복, 량수형, 신봉
1948-07-07-009	실지에 맞는 구체적지도로 하급 당단체들의 사업 개선	강원도 문천군당	2	량수형
1948-07-07-010	형식적학습방법 시정하여 정치교양수준을 일층 제고	강원도 김화군 보막리세포	2	안창렬
1948-07-07-011	조기현물세 수납사업 제반협조대책을 토의	정주군당 열성자대회	2	리문회
1948-07-07-012	당원들의 모범적인 역할로 도내 1위의 영예 쟁취 보장	사리원우편국 세포원들	2	리성섭

기사번호	제목(title)	부제목(stitle)	면수	필자, 출처
1948-07-07-013	8.15해방 3주년을 앞두고	인민의 물질적 문화적 생활수준 향상위한 투쟁에서의 인민위원회(1)	2	북조선인민위원회 기획국장 정준택
1948-07-07-014	3년간 민주건설의 축도	찬란한 해방기념준비사업	3	북조선통신
1948-07-07-015	북조선문학예술축전 참가세측 발표		3	북조선통신
1948-07-07-016	평양기계제작소 복구 7월 5일 드디여 조업 개시		3	
1948-07-07-017	빛나는 공헌을 쌓은 최원서동무의 투쟁		3	김전
1948-07-07-018	새로 개소된 묘향산휴양소		3	박중선
1948-07-07-019	와르샤와회의결정 환영 통일을 위한 인민투표실시 요구	제3차독일인민회의 결의안 채택	4	북조선통신
1948-07-07-020	구라파평화 위한 유일한 프로그람	불가리아외상 언명	4	북조선통신
1948-07-07-021	분란의회선거 진행	민주진영의 진출 현저	4	북조선통신
1948-07-07-022	분란의회선거 진행	우익반동의 기도 실패	4	북조선통신
1948-07-07-023	미국군함 이태리항에 정박		4	북조선통신
1948-07-07-024	화란의회 하원선거	공산당의 예비선거대회 성황	4	북조선통신
1948-07-07-025	봄베이로동자 파업		4	북조선통신
1948-07-07-026	삼경찰의 테로정책 혹심		4	북조선통신
1948-07-07-027	서독지방 정부수상회의 개최		4	북조선통신
1948-07-07-028	쏘련주재 불란서대사 모쓰크바 도착		4	북조선통신
1948-07-07-029	미국항공모함 이스탄불항 도착		4	북조선통신
1948-07-07-030	인도경제사태		4	북조선통신
1948-07-07-031	쏘련소식	경제건설성과	4	북조선통신
1948-07-07-032	런던협상의 리면		4	본사 국내외통신부
1948-07-07-033	라지오		4	
1948-07-07-034	극장안내		4	
1948-07-07-035	책광고		4	
1948-07-08-001	남북조선 제정당 사회단체 지도자협의회 평양시에서 진행	남북조선 제정당 사회단체 지도자협의회 보도	1	
1948-07-08-002	주밀한 협조대책과 실천으로 증산 보장	생기령탄광내 당원들	2	류하룡
1948-07-08-003	적극협조로 결함 퇴치코 계획량 초과 달성을 보장	국영전진수산사업장 세포	2	유헌
1948-07-08-004	자습당원의 자습연구의 방법적지도에 적극 노력	북조선통신사 세포에서	2	위찬길
1948-07-08-005	8.15해방 3주년을 앞두고	인민의 물질적 문화적 생활수준 향상 위한 투쟁에서의 인민위원회(2)	2	북조선인민위원회 기획국장 정준택
1948-07-08-006	영예의 졸업식 거행	북조선 각급 학교에서	3	
1948-07-08-007	우수한 인재를 양성하며 날로 발전하는 민주학원	평양고급중학교	3	
1948-07-08-008	열성교원 리효진선생	평양고급중학교에서	3	

기사번호	제목(title)	부제목(stitle)	면수	필자, 출처
1948-07-08-009	열성학생 김무희군	평양고급중학교에서	3	신기관
1948-07-08-010	조기현물세 기한전 납부와 청초채취 등 강동군에 호소	순천군농민열성자대회에서	3	리의철
1948-07-08-011	황해도민들의 이 열성!	안악군은 1,340만원 희사	3	
1948-07-08-012	남포상인기업가의 호소에 신의주시에서도 호응궐기		3	
1948-07-08-013	평양시의 상인기업가들이 다시 5백 30여만원 희사		3	북조선통신
1948-07-08-014	미영불점령 베를린지대의 곤난은 서부렬강의 분할정책의 결과	쏘꼴로브쓰끼원수 언명	4	북조선통신
1948-07-08-015	베를린주둔 미영불당국련합국 경비사령부사업을 파탄	주독 쏘련군정정보국 콤뮤니케 발표	4	북조선통신
1948-07-08-016	서독당국정책은 베를린경제의 파멸 초래		4	북조선통신
1948-07-08-017	항가리와 쏘련 점령 독일지대간 통상협정 조인		4	북조선통신
1948-07-08-018	애란에 전국적철도 총파업		4	북조선통신
1948-07-08-019	화인전쟁 속개설		4	북조선통신
1948-07-08-020	섬라의 중국학교 폐쇄	재향항 중국문화인들 항의	4	북조선통신
1948-07-08-021	미국인들 서전살도 계속		4	북조선통신
1948-07-08-022	이 파시스트기관 전국대회		4	북조선통신
1948-07-08-023	국제정세개관	평화를 위한 투쟁선언서	4	본사 국내외통신부
1948-07-08-024	국제정세개관	동경-워싱톤-프랑크 프르트 추축	4	본사 국내외통신부
1948-07-08-025	마래인민의 무장봉기 확대 영당국 비상사태령을 선포	비행기까지 동원 촌락 맹폭	4	북조선통신
1948-07-08-026	쏘련소식	경제건설성과	4	북조선통신
1948-07-08-027	극장안내		4	
1948-07-09-001	조국의 통일과 민주독립을 요구하는 전조선인민은 남북조선 제정당 사회단체 지도자협의회의 결정을 절대지지한다		1	
1948-07-09-002	8.15조선해방 3주년 기념표어		1	
1948-07-09-003	8.15해방 3주년을 앞둔 북조선근로인민들의 높은 생산을 위한 투쟁 함경남도	흥남비료, 운포광산, 일건광산, 신포조선에서	1	박경석, 유헌, 김기일, 신봉
1948-07-09-004	찬란하게 개화한 북조선민주문화		2	
1948-07-09-005	력사적민주개혁 승리적으로 완수		2	
1948-07-09-006	승호리세멘트공장의 작업광경		2	
1948-07-09-007	나날이 건설되는 북조선산업경제	산업, 농산, 운수, 상업	2	
1948-07-09-008	북조선 로동자 농민들의 행복스런 생활		2	
1948-07-09-009	연극 「리순신장군」의 한 장면		2	
1948-07-09-010	평양연초공장의 탁아소		2	
1948-07-09-011	잔학무도한 남조선탄압상		3	

기사번호	제목(title)	부제목(stitle)	면수	필자, 출처
1948-07-09-012	암흑과 퇴폐의 남조선의 문화		3	
1948-07-09-013	파산되여가는 남조선의 산업		3	
1948-07-09-014	인천방적공장 파업로동자(10월인민항쟁)를 탄압검거하는 경찰대		3	
1948-07-09-015	생지옥을 이룬 남조선의 농촌		3	
1948-07-09-016	파업군중(10월인민항쟁)을 유린하는 미군정과 경찰대	서울시에서	3	
1948-07-09-017	유엔 조정관의 제의를 이스라엘국에서 거부		4	북조선통신
1948-07-09-018	서독정치지도자들도 단독정부수립을 반대		4	북조선통신
1948-07-09-019	신화폐인쇄비를 독일측에 부과	서부점령렬강	4	북조선통신
1948-07-09-020	탕간이카령토에 대한 영정부의 폭정 폭로	유엔 후견리사회에서	4	북조선통신
1948-07-09-021	영미협정에 반대를 성명	영보수당 국회의원	4	북조선통신
1948-07-09-022	토이기참모장 희랍방문		4	북조선통신
1948-07-09-023	런던결정의 수행촉진을 미국제국주의자들 시도	-『쁘라우다』지 론평-	4	북조선통신
1948-07-09-024	파란의 철강공업	6개월 생산계획 초과	4	북조선통신
1948-07-09-025	미.노르웨이간에 쌍무협정 조인		4	북조선통신
1948-07-09-026	두 정책과 두 프로그람	와르샤와 외상회의에 대하여	4	본사 국내외통신부
1948-07-09-027	쏘련소식	레닌그라-드의 공장들 작년보다 50% 더 생산	4	북조선통신
1948-07-09-028	쏘련소식	민쓰크해방 4주년 기념	4	북조선통신
1948-07-09-029	미국정부관리 투기에 종사		4	북조선통신
1948-07-09-030	극장안내		4	
1948-07-09-031	수개 공산당 보도국회의에 관한 콤뮤니케	유고슬라비야공산당 당내정형에 대한 보도국 결의	부록 1.2	
1948-07-09-032	남조선산업은 왜 나날이 파괴되고있는가?		부록 2	류정하
1948-07-10-001	보고하는 김일성 위원장		1	
1948-07-10-002	북조선인민회의 특별회의에서 찬동한 조선민주주의인민공화국 헌법실시에 관하여	김일성	1, 2, 3	
1948-07-10-003	조선민주주의인민공화국 헌법실시에 관한 김일성위원장의 보고를 절대 지지찬동	북조선인민회의 제5차회의 제1일	1	북조선통신
1948-07-10-004	인도네시아문제와 팔레스티나문제 토의	유엔안전보장리사회	4	북조선통신
1948-07-10-005	통일자주권을 희구한다	독일사회인민당 특별성명	4	북조선통신
1948-07-10-006	2개년경제계획안 지지	쏘련점령 독일지대 국유화기업소 대표자회의에서 결의안 채택	4	북조선통신
1948-07-10-007	미국구축함 희랍과 토이기에 도착		4	북조선통신
1948-07-10-008	파란의 기계제작공업		4	북조선통신
1948-07-10-009	팔레스티나 정전연기를 유엔조정관 안보에 요구		4	북조선통신

기사번호	제목(title)	부제목(stitle)	면수	필자, 출처
1948-07-10-010	우크라이나에 영화망 대확장		4	북조선통신
1948-07-10-011	징병을 반대하여 북평학생들 봉기		4	북조선통신
1948-07-10-012	정치단체참여 거부를 아이젠하우워 성명		4	북조선통신
1948-07-10-013	마래인민항쟁에 대한 련방정부당국의 광분	영국군함까지 급파	4	북조선통신
1948-07-10-014	로전정부에 대한 인민 여론		4	북조선통신
1948-07-10-015	희랍민주군의 최근 전과		4	북조선통신
1948-07-10-016	이태리반동정부 파업강제탄압책 강구		4	북조선통신
1948-07-10-017	사우디.아라비아향 시설품의 적하 거절	칼리포르니아연안로동자	4	북조선통신
1948-07-10-018	자유독일직맹에 파업단행을 요구	베를린로동자들	4	북조선통신
1948-07-10-019	일본정부 부수상 니시오 사직		4	북조선통신
1948-07-10-020	인도통상대표 체코슬로바키아에 도착		4	북조선통신
1948-07-10-021	와르샤와회의 성명서는 구라파인민의 투쟁강령		4	본사 국내외통신부
1948-07-10-022	라지오		4	
1948-07-10-023	극장안내		4	
1948-07-10-024	책광고		4	
1948-07-11-001	국기		1	
1948-07-11-002	국장		1	
1948-07-11-003	결정서		1	
1948-07-11-004	조선민주주의인민공화국 헌법		1, 2	
1948-07-11-005	통지서		1	
1948-07-11-006	결정서		3	
1948-07-11-007	조선민주주의인민공화국 헌법실시를 결정한 순간 인민회의 대의원들은 총기립하여 감격에 넘치는 열렬한 박수를 하였다.		3	
1948-07-11-008	조선민주주의인민공화국 최고인민회의 대의원선거일 중앙선거위원을 결정	북조선인민회의 제29차상임의원회에서	3	
1948-07-11-009	조선최고인민회의 선거실시에 관한 보고	강량욱	3	
1948-07-11-010	조선민주주의인민공화국 헌법실시와 조선최고인민회의 선거실시를 만장일치로 결정	북조선인민회의 제5차회의 제2일	3	북조선통신
1948-07-11-011	토론 주녕하씨	제5차 북조선인민회의에서 진술한 김일성위원장의 보고를 지지하여	4	
1948-07-11-012	토론요지 김득란씨	제5차 북조선인민회의에서 진술한 김일성위원장의 보고를 지지하여	4	
1948-07-11-013	토론요지 리종완씨	제5차 북조선인민회의에서 진술한 김일성위원장의 보고를 지지하여	4	

기사번호	제목(title)	부제목(stitle)	면수	필자, 출처
1948-07-11-014	토론요지 조성옥씨	제5차 북조선인민회의에서 진술한 김일성위원장의 보고를 지지하여	4	
1948-07-11-015	토론요지 정상욱씨	제5차 북조선인민회의에서 진술한 김일성위원장의 보고를 지지하여	4	
1948-07-11-016	토론요지 리종권씨	제5차 북조선인민회의에서 진술한 김일성위원장의 보고를 지지하여	4	
1948-07-11-017	토론요지 김문국씨	제5차 북조선인민회의에서 진술한 김일성위원장의 보고를 지지하여	4	
1948-07-11-018	토론요지 김상철씨	제5차 북조선인민회의에서 진술한 김일성위원장의 보고를 지지하여	4	
1948-07-11-019	살육의 남조선	시체에 40여발의 탄환	4	북조선통신
1948-07-11-020	인민의 요구를 반영하는 헌법실시를 지지찬동	평양산소공장 로동자 박광연씨	5	
1948-07-11-021	조선인민공화국헌법의 즉시 실시를 절대지지	평북 룡천군 남압동농민 김원걸씨	5	
1948-07-11-022	전인민토의에서 지지된 헌법실시를 찬동한다	평양시 오탄리 가정부인 한경희씨	5	
1948-07-11-023	헌법실시를 지지하며 중앙정부조직을 찬성	평양기업가 신선익씨	5	
1948-07-11-024	경지면적확장과 토지개량사업에 북조선농민들이 거둔 거대한 성과	평안북도	5	최영환
1948-07-11-025	조기현물세 기한전 납부와 청초채취 등 개천군에 호소	성천군농민열성자대회에서	5	송학용
1948-07-11-026	개천군 조양면 농민들 조기작물현물세 완납		5	오학균
1948-07-11-027	초지기설치공사에 농촌민청원들 협조	길주팔프공장에서	5	박태화
1948-07-11-028	견직물검사를 7일부터 실시		5	신언철
1948-07-11-029	서독미영불당국은 밀정 파견코 쏘베트점령지대의 경제파괴 기도	독일사회통일당 서기국 성명	6	북조선통신
1948-07-11-030	정치협상회의 개최의 공산당제의를 찬동	중국개혁사회민주당	6	북조선통신
1948-07-11-031	독일우익정당들도 런던권고안 반대		6	북조선통신
1948-07-11-032	동독단일화페는 베를린경제발전에 기여		6	북조선통신
1948-07-11-033	서독단독화페개혁의 결과		6	북조선통신
1948-07-11-034	불미쌍무협정을 불란서국회 의원들 반대		6	북조선통신
1948-07-11-035	서미쌍무협정을 제지비난		6	북조선통신
1948-07-11-036	미탄광 로동자 파업		6	북조선통신
1948-07-11-037	유엔조정관 이스라엘 방문		6	북조선통신

기사번호	제목(title)	부제목(stitle)	면수	필자, 출처
1948-07-11-038	페루국에서 우익군대 반란		6	북조선통신
1948-07-11-039	쏘련외상신임 불국대사 접견		6	북조선통신
1948-07-11-040	쏘련소식	경제건설성과	6	북조선통신
1948-07-11-041	독일문제와 일본문제		6	본사 국내외통신부
1948-07-11-042	극장안내		6	
1948-07-12-001	조선민주주의인민공화국 헌법실시와 조선최고인민회의 선거실시를 전북조선인민 환호지지	각지에서 경축군중대회	1	
1948-07-12-002	조국의 통일을 지향하는 평양시민들의 감격 폭발 평양시경축군중대회	중구	1	
1948-07-12-003	각 도의 경축군중대회 성대		1	
1948-07-12-004	결정서	조선민주주의인민공화국 헌법실시지지 평양시경축군중대회	1	
1948-07-12-005	조선민주주의인민공화국 최고인민회의 대의원선거에 관한 규정		2	
1948-07-12-006	헌법실시를 환호지지 평양시경축군중대회	서구, 동북구에서	2	
1948-07-12-007	북조선인민회의 제5차회의 결정 전달보고 김책	평양 중구경축군중대회에서	3	
1948-07-12-008	축사 북조선로동당 대표 주녕하	평양 중구경축군중대회에서	3	
1948-07-12-009	축사 북조선민주당 대표 홍면후	평양 중구경축군중대회에서	3	
1948-07-12-010	축사 북조선천도교청우당 대표 박윤길	평양 중구경축군중대회에서	3	
1948-07-12-011	새로운 반쏘적허구 류포	이태리파시스트선동자들	4	북조선통신
1948-07-12-012	이태리에 전국적파업기세		4	북조선통신
1948-07-12-013	탄가니카 등 식민지령토에 위원단을 파견키로 결정	-유엔후견리사회-	4	북조선통신
1948-07-12-014	통일을 위하여 최후까지 투쟁	인도네시아대통령 연설	4	북조선통신
1948-07-12-015	미영쌍무협정을 영국하원에서 심의		4	북조선통신
1948-07-12-016	일본영화계에서 진보적인사 추방		4	북조선통신
1948-07-12-017	인도경찰탄압 계속		4	북조선통신
1948-07-12-018	서서에 미국상품과 파시스트단체 범람		4	북조선통신
1948-07-12-019	북평학생 맹휴		4	북조선통신
1948-07-12-020	서미협정내막	니.다그지 론평	4	북조선통신
1948-07-12-021	중국의 직업동맹운동과 로동자들의 생활형편		4	본사 국내외통신부
1948-07-12-022	불란서재무성 직원 총파업		4	북조선통신
1948-07-12-023	분란의회 선거결과 예측		4	북조선통신
1948-07-12-024	극장안내		4	
1948-07-14-001	조선민주주의인민공화국 기치하에 전조선인민은 힘찬 전진을 개시하였다		1	

기사번호	제목(title)	부제목(stitle)	면수	필자, 출처
1948-07-14-002	우리 당 제2차 중앙위원회 당면한 제문제를 토의결정		1	김전
1948-07-14-003	조선민주주의인민공화국 최고인민회의 대의원선거에 관한 중앙선거위원회 고시		1	
1948-07-14-004	영예의 학위를 수여	제69차 북조선인민위원회에서	1	
1948-07-14-005	북조선고등교육기관 획기적개선강화 결정	제69차 북조선인민위원회에서	1	박중선
1948-07-14-006	8.15해방 3주년을 앞둔 북조선근로인민들의 높은 생산을 위한 투쟁 함경북도	청학광산, 청진림산, 회령전기처, 주을요업에서	1	김영복, 김소민, 신철, 류하룡
1948-07-14-007	북조선인민회의 제30차 상임의원회 결정	조선민주주의인민공화국 최고인민회의 대의원선거에 관한 선거 구조직에 관하여	2, 3	
1948-07-14-008	조선주둔 쏘베트군 인원축소에 대하여		2	본사선전부
1948-07-14-009	축사(요지) 로동자대표 리병찬	조선민주주의인민공화국 헌법실시와 조선최고인민회의선거를 지지하는 평양 중구경축군중대회에서	3	
1948-07-14-010	축사(요지) 농민대표 김용성	조선민주주의인민공화국 헌법실시와 조선최고인민회의선거를 지지하는 평양 중구경축군중대회에서	3	
1948-07-14-011	축사(요지) 청년대표 림봉운	조선민주주의인민공화국 헌법실시와 조선최고인민회의선거를 지지하는 평양 중구경축군중대회에서	3	
1948-07-14-012	축사(요지) 녀성대표 림금순	조선민주주의인민공화국 헌법실시와 조선최고인민회의선거를 지지하는 평양 중구경축군중대회에서	3	
1948-07-14-013	축사(요지) 문화인대표 리기영	조선민주주의인민공화국 헌법실시와 조선최고인민회의선거를 지지하는 평양 중구경축군중대회에서	3	
1948-07-14-014	유엔결정을 무시하는 조정책임자의 음모로정	안보에서 그로므꼬 통박	4	북조선통신
1948-07-14-015	희랍민주군의 전과 근황		4	북조선통신
1948-07-14-016	쏘베트점령지대 통화만이 대베를린경제의 법정화폐	베를린시 참사회에서 결정	4	북조선통신
1948-07-14-017	북평학생사건 상보	14명 사망 18명 위독	4	북조선통신
1948-07-14-018	인도네시아공화국을 화란측무력으로 위협		4	북조선통신
1948-07-14-019	인도네시아선전상 론박		4	북조선통신
1948-07-14-020	애급인의 생활난 우심		4	북조선통신

기사번호	제목(title)	부제목(stitle)	면수	필자, 출처
1948-07-14-021	경제파탄의 위기 서독일대에 절박	단독화폐개혁이 원인	4	북조선통신
1948-07-14-022	동독 2개년경제계획		4	북조선통신
1948-07-14-023	서전에 자동차로 신설		4	북조선통신
1948-07-14-024	희랍민주군의 공세와 량지대의 판이한 현상		4	본사 국내외통신부
1948-07-14-025	알바니아인민군 조직 제5주년기념		4	북조선통신
1948-07-14-026	쏘련대표단을 대환영		4	북조선통신
1948-07-14-027	아이젠하우워대통령 립후보출마 거부		4	북조선통신
1948-07-14-028	루마니아재류 희랍인위원회		4	북조선통신
1948-07-14-029	일본정부 석탄 강철 등 가격인상 발표		4	북조선통신
1948-07-14-030	라지오		4	
1948-07-14-031	극장안내		4	
1948-07-15-001	민주주의민족통일전선 기치밑에서 조선의 통일을 위하여 나아가자!		1	
1948-07-15-002	조선민주주의인민공화국 헌법실시를 인민 환호지지	군중대회에 3백 95만 참가	1	렴재학, 리성섭, 정명걸, 북조선통신
1948-07-15-003	독도사건에 대한 미측의 일방적처리에 남조선각계 분격		1	북조선통신
1948-07-15-004	남조선농민들 하곡수집 반대		1	북조선통신
1948-07-15-005	곡창인 남조선은 식량수입처로		1	북조선통신
1948-07-15-006	대가업으로 변한 조흥은행의 양태		1	북조선통신
1948-07-15-007	해방 3주년을 맞이하는 북조선인민위원회		2	북조선인민위원회 검열국장 최창익
1948-07-15-008	쏘베트국가는 특수한 국가형태다		2	본사 국내외통신부
1948-07-15-009	조선에 대한 사실을 은폐하는 트루맨		2	본사선전부
1948-07-15-010	평남 개천군 농민 조기현물세 완납		3	박중선
1948-07-15-011	조기현물세 기한전 납부와 청초채취에 일제히 궐기!	평남도 각 군 농민호소 호응	3	송학용
1948-07-15-012	자유와 행복을 구가하며 북조선농민 증산에 매진		3	유현모
1948-07-15-013	경지면적확장과 토지개량 사업에 북조선인민들이 거둔 거대한 성과	함경남도	3	박경석, 박경림, 신봉
1948-07-15-014	기념증산운동에 평양시 각 공장 궐기		3	신언철
1948-07-15-015	문학예술콩클 실시	북조선인민위원회에서	3	리문상
1948-07-15-016	인민들의 열렬한 성원속에 신학년도 준비 활발히 진척	청진시, 함북 회령군, 함남 장진면에서	3	심봉, 리동수
1948-07-15-017	몽고인민공화국 건국 27주년을 경축		4	북조선통신

기사번호	제목(title)	부제목(stitle)	면수	필자, 출처
1948-07-15-018	주독 미영당국의 단독결정으로 독일량 점령지대간 통상관계 두절	-쏘골로브쓰끼원수 지적-	4	북조선통신
1948-07-15-019	부대통령 주택앞에서 9천여 북평학생들 시위	학생학살에 항의하여	4	북조선통신
1948-07-15-020	쏘련 꼬리끼주 농업전문가들		4	북조선통신
1948-07-15-021	이정부 미국의 압력으로 파란과의 통상 조약 태공		4	북조선통신
1948-07-15-022	일본정부 곡류가격을 대인상		4	북조선통신
1948-07-15-023	정말공산당 '록도협정'페기 주장		4	북조선통신
1948-07-15-024	진보적단체의 설립을 금지	서독의 미점령당국	4	북조선통신
1948-07-15-025	미륙군차관일행 희랍전선을 시찰		4	북조선통신
1948-07-15-026	중국의 소위 '국민회의'		4	본사 국내외통신부
1948-07-15-027	파리경시총감 시위운동 금지		4	북조선통신
1948-07-15-028	미국함대 지불랄탈에 입항		4	북조선통신
1948-07-15-029	일본에 있어서의 미국독점 자본가들의 획책	-이즈베스치아지 론평-	4	북조선통신
1948-07-15-030	중국신민보에 정간명령		4	북조선통신
1948-07-15-031	극장안내		4	
1948-07-16-001	조선민주주의인민공화국 헌법실시와 공화국 최고인민회의 선거에 제하여 전조선인민에게 고함		1	
1948-07-16-002	국기는 광명발전과 행복의 상징	그 정확한 규격에 관한 보도	2	
1948-07-16-003	조선최고인민회의 선거에 대한 표어		2	
1948-07-16-004	조선민주주의인민공화국 헌법채택은 세기적인 위대한 력사적결의이다		2	신염
1948-07-16-005	2.4반기와 상반년 실적 총결 3.4반기의 당면과업을 결정	제11차 국영기업소 책임자회의	3	신언철
1948-07-16-006	애국적열의속에 높은 성과를 보장	고치수매 중간보도	3	오학균
1948-07-16-007	헌신적투쟁을 과감히 전개 먼바다로 고등어떼를 추격	홍원군관하 각 어항에서	3	유천
1948-07-16-008	강원도 말무리 현물세를 완납		3	최치목
1948-07-16-009	해방된 북조선근로자들은 창의창안으로 조국에 공헌 '석탄재선기'창안	사동련탄 위치호동무	3	김달수
1948-07-16-010	북조선지대에 적응한 고구마재배법 연구	북청군 양화면 김명철동무	3	신봉
1948-07-16-011	'전기원반신호기' 창안	길주철도전기구 강용덕동무	3	
1948-07-16-012	단련의 여름방학을 맞으며 학생들의 의기는 드높다		3	박중선
1948-07-16-013	우수한 졸업생을 내인 평양제12인민학교		3	
1948-07-16-014	열성교원 조내실선생		3	
1948-07-16-015	모범학생들	평양제12인민학교에서	3	신기관

기사번호	제목(title)	부제목(stitle)	면수	필자, 출처
1948-07-16-016	쏘련과의 우호관계를 강조	전통적인 슬라브절 축전에서 체코슬로바키아대통령 연설	4	북조선통신
1948-07-16-017	생활필수품 가격등귀에 일본근로인민 분격 항의		4	북조선통신
1948-07-16-018	일수상 로전의 폭언		4	북조선통신
1948-07-16-019	서독단정급속 수립코저 신6개국회의 개최 획책		4	북조선통신
1948-07-16-020	서독단정음모		4	북조선통신
1948-07-16-021	서독지도자들 소위 '도덕재무장운동'에 참가		4	북조선통신
1948-07-16-022	영국기의 무통고 동독비행을 금지		4	북조선통신
1948-07-16-023	베를린서부지구에서 전차운전 중지		4	북조선통신
1948-07-16-024	오지리경제는 마비상태	'마샬안'에 의한 '원조'의 결과	4	북조선통신
1948-07-16-025	체코슬로바키아직맹열성자대회		4	북조선통신
1948-07-16-026	희랍의 학살 계속		4	북조선통신
1948-07-16-027	토이기는 미국의 전위화		4	북조선통신
1948-07-16-028	상해원가 대폭락 계속		4	북조선통신
1948-07-16-029	영국외상과 호주수상 일본문제 토의		4	북조선통신
1948-07-16-030	상해자동차 종업원들 무단해고 항의		4	북조선통신
1948-07-16-031	라지오		4	
1948-07-16-032	극장안내		4	
1948-07-16-033	항가리로동계급의 단결		4	본사 국내외통신부
1948-07-17-001	하간 교원교양사업에 대하여		1	
1948-07-17-002	이태리공산당수 피습사건에 대하여 쏘련공산당(볼쉐비크)중앙위원회로부터 이태리공산당에 전보문 전달		1	
1948-07-17-003	토글리앗티에 대한 흉행		1	북조선통신
1948-07-17-004	이태리공산당 데.가스페리정부의 사직을 요구		1	북조선통신
1948-07-17-005	김장군의 가르키시는 길은 승리의 길인 것을 확신한다	평양철도공장 로동자 김순덕씨	1	
1948-07-17-006	공민된 영예를 느끼며 선거의 날을 기다린다	평남 순천군 하리 농민 박봉학씨	1	
1948-07-17-007	영예의 학위 받은 인사들		1	
1948-07-17-008	수해대책준비 위한 협조사업 적극 전개	평북 정주보선구 당단체	2	리문희
1948-07-17-009	열성적 협조사업 전개하여 현물세납부 준비 적극 추진	북청군 하거서면 당단체	2	신봉
1948-07-17-010	교양사업 강화하여 학업성적 제고 보장	청진교원대학내 당단체	2	김소민
1948-07-17-011	실험기구와 표본 당원들 제작준비	강원도 이천중학 세포원들	2	송춘관
1948-07-17-012	조선민주주의인민공화국 최고인민회의 대의원선거를 위한 중앙선거위원회 고시		2	

기사번호	제목(title)	부제목(stitle)	면수	필자, 출처
1948-07-17-013	남조선'국회' 희극과 망국'헌법'		2	석국
1948-07-17-014	북조선 전체 로동자들은 기념증산을 통해 총궐기		3	신언철
1948-07-17-015	면화의 병충해를 이렇게 구축하자	농림국에서 지시	3	
1948-07-17-016	헌법실시를 경축하여 감격속에 현물세 완납	이천군 향교리 3구 농민들	3	손춘관
1948-07-17-017	밀보리현물세 완납	평남 평원군 해소면	3	
1948-07-17-018	면전체 드디여 완납	평남 룡강군 대대면	3	리의철
1948-07-17-019	평양견직 조사공 당운실동무	년간책임량을 완수	3	김달수
1948-07-17-020	사리원방직 직포공 김봉덕동무	년간책임량을 완수	3	리성섭
1948-07-17-021	강동군 사기리 리전체로 완납		3	
1948-07-17-022	맹산군 농산리 리전체로 완납		3	송학용
1948-07-17-023	새로운 결의와 희망 속에 영예의 졸업식을 맞는다	평양교원대학에서	3	
1948-07-17-024	교육국장상에 빛나는 5명의 모범졸업생들		3	신기관
1948-07-17-025	후견령토인 루안다,우룬디를 곤고에 합병하려는 백이의정부	후견리사회에서 쏘련대표 론박	4	북조선통신
1948-07-17-026	화란군은 전투태세	인도네시아에 증병	4	북조선통신
1948-07-17-027	미민주당 전국대회 필라텔피아에서 개막		4	북조선통신
1948-07-17-028	미군점령 베를린지구에 파시스트군사체제 설립		4	북조선통신
1948-07-17-029	서반아빨찌산부대 공세		4	북조선통신
1948-07-17-030	중근동제국주재 미국외교사신회의 준비		4	북조선통신
1948-07-17-031	파나마림시대통령 취임		4	북조선통신
1948-07-17-032	베르나돗테의 보고내막		4	북조선통신
1948-07-17-033	레바논의 애국자 탄압 우심		4	북조선통신
1948-07-17-034	미와 아랍측간에 직접협의 개시?		4	북조선통신
1948-07-17-035	화란선거에서 공산당에 대한 박해 격심		4	북조선통신
1948-07-17-036	왕당파장교 22명 민주군에 귀순		4	북조선통신
1948-07-17-037	불수송차 피습		4	북조선통신
1948-07-17-038	미해남도 장악기도를 반대	재향항도민들	4	북조선통신
1948-07-17-039	오지리지배층 오독신합병준비		4	북조선통신
1948-07-17-040	국제정세개관	동남아세아에서의 민족해방투쟁	4	본사 국내외통신부
1948-07-17-041	국제정세개관	유엔팔레스티나조정관의 음모	4	본사 국내외통신부
1948-07-17-042	극장안내		4	
1948-07-17-043	서적광고		4	
1948-07-18-001	전조선인민은 민전호소에 호응궐기한다		1	
1948-07-18-002	로마 이태리공산당 중앙위원회 귀중	토글리앗티의 저격에 관하여	1	

기사번호	제목(title)	부제목(stitle)	면수	필자, 출처
1948-07-18-003	민주와 인민을 반대하는 이 흉행반동의 만행을 철저히 분쇄하자	북조선로동당 중앙위원회 부위원장 주녕하동지 담	1	
1948-07-18-004	"반동도배들의 최후발악 격퇴과 증오로 반격하자"	북조선로동당 평남도당열성자회의에서 결정	1	
1948-07-18-005	미국조종하에 준동하는 남조선반동들도 한무리	평양곡산공장 직장총회	1	오학균
1948-07-18-006	민주력량을 무서워하는 반동파의 발악적행동	평양전기제작소 직장총회	1	리문상
1948-07-18-007	반동이 아무리 발악해도 민주력량은 승리한다	평양산소공장 직장총회	1	위찬길
1948-07-18-008	창의성을 발휘하여 제품질적향상 보장	국영평양전기제작소 당부	2	위찬길
1948-07-18-009	기술자중심으로 로력조직을 개편	청진제철소 공장 당부	2	김소민
1948-07-18-010	기술전습 추진하여 생산계획 초과 달성	평양견직공장 당부	2	김전
1948-07-18-011	조선최고인민회의 선거법의 기본원칙에 관하여(1)		2	김택영
1948-07-18-012	쏘련의 진정한 방조에 감사 최후승리를 위하여 싸운다	북조선민주당 중앙위원회	3	북조선통신
1948-07-18-013	조선민주주의인민공화국 헌법실시와 최고인민회의 선거를 전체 농민 절대지지	북조선농민동맹 중앙위원회	3	북조선통신
1948-07-18-014	민전주위에 결속하여 최후승리를 보장하자	북조선천도교청우당 중앙위원회	3	북조선통신
1948-07-18-015	조선최고인민회의 선거에 로동계급의 역할을 강조	북조선직총중앙집행위원회	3	북조선통신
1948-07-18-016	"위대한 력사적 사명을 청년들은 전력을 다하여 수행하라"	북조선민청중앙위원회	3	북조선통신
1948-07-18-017	"전체 녀성은 최고인민회의 선거에 빠짐없이 참가하라"	북조선녀성동맹 중앙위원회	3	북조선통신
1948-07-18-018	쏘련류학 조선학생대표들 방학으로 고국에 일시 귀환	쏘련에 대한 감사를 피력	3	김달수
1948-07-18-019	쏘련류학 조선학생대표들 방학으로 고국에 일시 귀환	모쓰크바국립대학 법과 허성진군 담	3	
1948-07-18-020	이태리인민대중들 격분	로마와 밀란의 로동회의소 총파업 선언	4	북조선통신
1948-07-18-021	이공산당수 저격에 항의	이태리로동자 총파업 단행	4	북조선통신
1948-07-18-022	최후의 승리 쟁취할 때까지 싸우자	이태리로총 성명서 발표	4	북조선통신
1948-07-18-023	수술경과 순조 생명은 무사		4	북조선통신
1948-07-18-024	이태리공산당 수령저격범 기독교민주당원으로 판명	-테레풀레스통신의 보도-	4	북조선통신
1948-07-18-025	쏘베트근로인민들 흉포한 테로행위에 격분 쏘베트 각 신문들 반향 게재	이태리공산당수 저격사건에 대한 반향	4	북조선통신
1948-07-18-026	평화를 사랑하는 력량에 대한 범죄 체코슬로바키아공산당	이태리공산당수 저격사건에 대한 반향	4	북조선통신

기사번호	제목(title)	부제목(stitle)	면수	필자, 출처
1948-07-18-027	제국주의앞잡이의 이 가증할 음모 불란서공산당	이태리공산당수 저격사건에 대한 반향	4	북조선통신
1948-07-18-028	범죄행위에 항의 루마니아로동당	이태리공산당수 저격사건에 대한 반향	4	북조선통신
1948-07-18-029	사실을 외곡하는 트루맨		4	본사 국내외통신부
1948-07-20-001	자연과학지식에 대한 선전사업을 널리 전개하자		1	
1948-07-20-002	조국의 위기를 타개하는 력사적 또 민족적 과업	북조선애국투사후원회 결정	1	
1948-07-20-003	조선민주자주독립의 옳은 로선이므로 찬성	북조선공업기술총련맹 결정	1	
1948-07-20-004	최고인민회의선거에 전력량을 다 바치자	북조선불교련합회 결정	1	
1948-07-20-005	조국의 통일과 독립과 자유를 보장하는 것이다	북조선농림수산기술총련맹 결정	1	
1948-07-20-006	이태리인민들은 더욱 단결하고 싸울것이다	이태리공산당 당수저격사건에 대한 반향	1	북조선민주당 중앙본부 선전부장 리홍렬
1948-07-20-007	천인공노할 죄악 반동분자 타도 위해 싸우자	이태리공산당 당수저격사건에 대한 반향	1	북조선천도교청우당 전찬배
1948-07-20-008	반민주분자들의 최후적발악이다	이태리공산당 당수저격사건에 대한 반향	1	북조선직업총동맹 위원장 최경덕
1948-07-20-009	평화민주에 대한 반동의 조전이다	이태리공산당 당수저격사건에 대한 반향	1	북조선농민동맹 부위원장 현칠종
1948-07-20-010	죽어가는 반동의 가증한 범죄행위	이태리공산당 당수저격사건에 대한 반향	1	북조선녀성동맹 위원장 박정애
1948-07-20-011	반동에 대하여서 큰 증오를 느낀다	이태리공산당 당수저격사건에 대한 반향	1	북조선민주청년동맹 리영섬
1948-07-20-012	파시스트도배의 최후발악이다	이태리공산당 당수저격사건에 대한 반향	1	조쏘문화협회 중앙본부 리찬
1948-07-20-013	선거사업의 승리보장 위한 당면실천과업을 토의결정	평남도당열성자회의에서	2	김전
1948-07-20-014	지도검열사업강화로서 전당대회결정 옳게 실천	강원도 철원군 당단체	2	김만선
1948-07-20-015	조선최고인민회의 선거법의 기본원칙에 관하여(2)		2	김택영
1948-07-20-016	당단체의 열성적협조밑에 해방후 최고 주행기록 수립	정주기관구의 승리	3	신언철
1948-07-20-017	평양시소매품가격지수 저하		3	박중선

기사번호	제목(title)	부제목(stitle)	면수	필자, 출처
1948-07-20-018	모범운전반의 투쟁기록	기관사 정옥곤동무 담	3	
1948-07-20-019	평양시 각급학교 졸업생 환영대회를 성대히 거행	모란봉극장에서	3	신기관
1948-07-20-020	체력향상 위하여 인민체위를 검정		3	북조선통신
1948-07-20-021	독도사건의 미국식해결에 조선인민은 더욱 격분한다		3	북조선통신
1948-07-20-022	전후 쏘련의 경제발전(1)		3	본사선전부
1948-07-20-023	톨리앗티저격에 항의하는 총파업 철회 결정 채택	이태리로총집행위원회	4	북조선통신
1948-07-20-024	반동 데.가스페리정부의 사직을 강력히 요구	이태리공산당 제2비서 연설	4	북조선통신
1948-07-20-025	건강상태는 중태로 인정	폐와 기관지에 병발증 우려	4	북조선통신
1948-07-20-026	파시스트배들의 언어도단의 행동 파란 로동당과 사회당	이태리공산당수 저격사건에 대한 반향	4	북조선통신
1948-07-20-027	미제국주의자의 이내정간섭 결과 미국 공산당 메쎄지	이태리공산당수 저격사건에 대한 반향	4	북조선통신
1948-07-20-028	국제반동파의 획책이다 불란서로총지도부	이태리공산당수 저격사건에 대한 반향	4	북조선통신
1948-07-20-029	오지리신문들 론평	이태리공산당수 저격사건에 대한 반향	4	북조선통신
1948-07-20-030	쏘베트반파쑈청년위원회	이태리공산당수 저격사건에 대한 반향	4	북조선통신
1948-07-20-031	루마니아각지에서도 항의군중대회 개최	이태리공산당수 저격사건에 대한 반향	4	북조선통신
1948-07-20-032	인도인민은 독립을 위한 투쟁을 계속하고있다		4	본사 국내외통신부
1948-07-20-033	투루맨의 대통령립후보지명 반대	남부제주민주당 지도자	4	북조선통신
1948-07-20-034	파발간 보도교환 조약 조인		4	북조선통신
1948-07-20-035	희랍민주군의 최근공세 치렬		4	북조선통신
1948-07-20-036	베르나돗테의 제의를 지지하는 미국결의안	-안보에서 이스라엘대표 반대-	4	북조선통신
1948-07-20-037	일본과 불인간 금융협정 성립		4	북조선통신
1948-07-20-038	극장안내		4	
1948-07-21-001	남조선에서 진행된 단선과 관련하여 조성된 조선정치정세와 통일조선을 위한 투쟁대책에 관한 보고		1, 2	박헌영
1948-07-21-002	평철산하 기념증산운동 빛나는 성과 거두며 진행		3	신언철
1948-07-21-003	조선에서 처음되는 '뜨락또르'제작에 성공		3	김달수
1948-07-21-004	선거선전지도원을 북조선각지에 파견	북조선민전중앙위원회에서	3	
1948-07-21-005	북조선 각급 학교 신입생모집 개시		3	박중선

기사번호	제목(title)	부제목(stitle)	면수	필자, 출처
1948-07-21-006	헌법실시 경축하여 현물세를 속속 완납	황해도농민들	3	박진선
1948-07-21-007	각종 '호스'를 련결하는 '호스멘다'를 창안	창도광산 장유환동무	3	안창렬
1948-07-21-008	인민들의 열성적성원속에 신학년도 준비 활발히 진척	원산시, 사리원시, 남포시, 평양시에서	3	량수형, 정명걸, 신기관
1948-07-21-009	전후 쏘련의 경제발전(2)		3	본사선전부
1948-07-21-010	쏘련공산당(볼쉐비크)이 유고슬라비아공산당의 초청을 거부		4	
1948-07-21-011	정부의 사직요구를 결의	이태리인민주전선	4	북조선통신
1948-07-21-012	정부의 사직 요구	로마민중대회	4	북조선통신
1948-07-21-013	"테로적경찰방식사용을 중지하라"	이로총 총비서	4	북조선통신
1948-07-21-014	립법민주정체 재수립을 주장	이로총 간부들	4	북조선통신
1948-07-21-015	중국공산당도 메쎄지 전달	이태리공산당수 저격사건에 대한 반향	4	북조선통신
1948-07-21-016	일대 격분을 표명 체코슬로바키아각계	이태리공산당수 저격사건에 대한 반향	4	북조선통신
1948-07-21-017	이태리인민들과 분격을 같이한다 쏘련과학한림원 회원	이태리공산당수 저격사건에 대한 반향	4	북조선통신
1948-07-21-018	로동계급의 경각심 제고 노이에스. 토이취란트지의 론평	이태리공산당수 저격사건에 대한 반향	4	
1948-07-21-019	중국국민당과 조선문제		4	본사 국내외통신부
1948-07-21-020	유엔재정전령시인	이스라엘외무성 대변인성명	4	북조선통신
1948-07-21-021	뉴기니아에 관한 호주의 보고를 심의	-유엔후견리사회-	4	북조선통신
1948-07-21-022	일본 자유당과 국민당 합동		4	북조선통신
1948-07-21-023	이스라엘군 승세		4	북조선통신
1948-07-21-024	화란당국의 불법체포		4	북조선통신
1948-07-21-025	태원으로 진격	중국인민해방군 우세	4	북조선통신
1948-07-21-026	북평당국의 반동조치		4	북조선통신
1948-07-21-027	극장안내		4	
1948-07-21-028	북조선로동당 중앙위원회 기관잡지 『근로자』(제7호)		4	
1948-07-22-001	북조선민전결성 2주년에 제하여		1	
1948-07-22-002	이.브.쓰딸린에게 '모쓰크바창건 8백주년' 훈패 수여		1	
1948-07-22-003	일본공산당 서기장 도꾸다 규이찌씨 피습		1	북조선통신
1948-07-22-004	도꾸다씨 살해흉계는 로동계급을 반대하는 폭행	일본공산당의 메쎄지	1	북조선통신
1948-07-22-005	도꾸다씨 상처 경상	-공동통신의 보도-	1	북조선통신
1948-07-22-006	국제로동청년대회 조선대표 출발		1	
1948-07-22-007	문학예술작품을 통해 선전사업에 적극 참가	북조선문학예술총동맹 결정	1	

기사번호	제목(title)	부제목(stitle)	면수	필자, 출처
1948-07-22-008	통일적인 행동으로써 그 실시를 승리로 보장	북조선보건련맹 결정	1	
1948-07-22-009	조국의 통일과 독립을 촉진하는 유일한 길	함남 함주군 대덕리농민 한규익씨	1	
1948-07-22-010	온갖 반동의 음모책동에 고도의 경각성을 높이자 평양전차사업소 직장총회	이태리공산당수 저격사건에 대하여	1	김동천
1948-07-22-011	죽어가는 반동의 발악 격분을 금할수가 없다 평양사동련탄공장 직장총회	이태리공산당수 저격사건에 대하여	1	송학용
1948-07-22-012	함남도당단체는 전당대회의 결정을 이렇게 실천하고있다		2	함남도당위원회 위원장 김렬
1948-07-22-013	조선의 자주독립과 민주화를 위한 투쟁에 있어서의 북조선민전의 업적	북조선민전결성 2주년에 제하여	2	최영
1948-07-22-014	농림부문 2.4분기총화 중요한 당면과업을 토의	각 도농림부장회의	3	리의철
1948-07-22-015	생산의욕에 불타는 청년작업반의 투쟁	평양곡산공장 제약과	3	
1948-07-22-016	선거선전활동 개시	평양도인민위원회에서	3	박중선
1948-07-22-017	학습회좌담회 등 선거준비에 만전	사동련탄공장에서	3	리문상
1948-07-22-018	선거사업의 만전기하여 선전해설을 광범히 전개	평양시인민위원회에서	3	
1948-07-22-019	민전산하에 통일된 인민의 힘은 위대하다	흥남시 민전	3	김동천
1948-07-22-020	신학년도 준비 승리적으로 진행 기금희사 3억 7천여만원 교사신축비품정비도 순조	평안북도, 황해도에서	3	북조선통신, 최영환, 박진선
1948-07-22-021	불가리아와 항가리 량국간에 우호협조 및 호상원조조약 체결		4	북조선통신
1948-07-22-022	쏘련슬라브위원회 항의성명서를 발표	이태리공산당수 저격사건에 대한 각국 반향	4	북조선통신
1948-07-22-023	모쓰크바로동자들 항의대회를 개최	이태리공산당수 저격사건에 대한 각국 반향	4	북조선통신
1948-07-22-024	분란공산당 메쎄지를 전달	이태리공산당수 저격사건에 대한 각국 반향	4	북조선통신
1948-07-22-025	불가리아로동당에서 전보문 전달	이태리공산당수 저격사건에 대한 각국 반향	4	북조선통신
1948-07-22-026	항가리인민들의 분격 폭발	이태리공산당수 저격사건에 대한 각국 반향	4	북조선통신
1948-07-22-027	파란각지에서 항의군중대회	이태리공산당수 저격사건에 대한 각국 반향	4	북조선통신
1948-07-22-028	화란공산당도 전보문을 전달	이태리공산당수 저격사건에 대한 각국 반향	4	북조선통신
1948-07-22-029	영정부의 대표입국거절로 세계민청집행위원회 연기		4	북조선통신
1948-07-22-030	이스라엘군 총공격		4	북조선통신

기사번호	제목(title)	부제목(stitle)	면수	필자, 출처
1948-07-22-031	레바논외상 마미드프랜지 사직		4	북조선통신
1948-07-22-032	톨리앗티의 병세		4	북조선통신
1948-07-22-033	이태리내상의 충돌사건 보고		4	북조선통신
1948-07-22-034	토이기는 미국의 전위화		4	북조선통신
1948-07-22-035	대통령립후보에 투루맨	미국민주당전국대회에서 지명	4	북조선통신
1948-07-22-036	미민주당내 반투루맨파		4	북조선통신
1948-07-22-037	투루맨지명은 '절명의 표정'		4	북조선통신
1948-07-22-038	체코슬로바키아에서 국제영화축전		4	북조선통신
1948-07-22-039	미국의 진보적력량은 날로 장성되고있다		4	본사 국내외통신부
1948-07-22-040	극장안내		4	
1948-07-22-041	북조선로동당 중앙위원회 기관잡지 『근로자』(제7호)		4	
1948-07-23-001	생산직장내 민청단체들의 역할에 대하여		1	
1948-07-23-002	조선민주주의인민공화국 헌법실시를 환호지지한다	황해도 189개소에서 군중대회	1	박진선
1948-07-23-003	빛나는 새 국기를 받들고 헌법실시를 지지한다	강원도 고성군 대진리 어업로동자 신주원씨	1	
1948-07-23-004	조국의 애국적세력을 더욱 튼튼히 집결하는것		1	평북 정주기관구 로동자 한공직
1948-07-23-005	민주개혁을 법적으로 확보하는 헌법실시 지지	평남 중화군 대흥리 농민 김성봉씨	1	
1948-07-23-006	신앙자유와 조국독립을 전취할것을 굳게 맹세	북조선기독교도련맹 결정	1	
1948-07-23-007	재무장화를 꿈꾸고있는 일본반동배의 발악이다	평양기구제작소 로동자 김정운	1	
1948-07-23-008	도꾸다 규이찌씨 피습은 역시 미국인의 음모이다		1	전기제작소 와사과 로동자 최승진
1948-07-23-009	톨리앗티씨 피습에 분격	함북근로자들의 직장총회 개최	1	북조선통신
1948-07-23-010	남조선에서 진행된 단선과 관련된 조선정치정세와 통일조선을 위한 투쟁의 대책에 관한 보고	홍명희	2	
1948-07-23-011	남조선에서 진행된 단선과 관련하여 조성된 조선정치정세와 통일조선을 위한 투쟁대책에 대하여	리영	2, 3	
1948-07-23-012	선거통신의 민활을 기하여 체신일군들 총궐기하였다		3	박중선
1948-07-23-013	쏘련학자들 평양 래착		3	김동천
1948-07-23-014	전북조선인민에게 파철의 수집을 호소	라진시민열성자대회에서	3	

기사번호	제목(title)	부제목(stitle)	면수	필자, 출처
1948-07-23-015	8.15해방 3주년을 앞두고 조기현물세 완납에 일로 매진 평안북도	정주군과 룡천군 완납	3	송학용
1948-07-23-016	8.15해방 3주년을 앞두고 조기현물세 완납에 일로 매진 평안남도	각지에서	3	리의철, 오학균
1948-07-23-017	베를린정세문제에 관한 미영불정부의 각서에 대한 쏘련정부의 답서		4	
1948-07-23-018	영제국주의자들을 반대하여 마래인민은 싸우고있다		4	본사국내외통신부
1948-07-23-019	덕전(도꾸라)씨 피습에 항의하여 북부구 주로조 총파업		4	북조선통신
1948-07-23-020	총파업에 대한 보복행동을 이태리반동정부에서 지령		4	북조선통신
1948-07-23-021	톨리앗티 병세		4	북조선통신
1948-07-23-022	불슈-망정부 사직		4	북조선통신
1948-07-23-023	베를린서부지대에도 쏘련정부 식량을 공급		4	북조선통신
1948-07-23-024	비률빈수부 계손에 이전		4	북조선통신
1948-07-23-025	유엔후견리사회 위원단		4	북조선통신
1948-07-23-026	극장안내		4	
1948-07-23-027	북조선로동당 중앙위원회 기관잡지 『근로자』(제7호)		4	
1948-07-24-001	남조선단독선거와 관련하여 우리 조국에 조성된 정치정세와 조국통일을 위한 장래투쟁대책에 관한 보고	김일성	1	
1948-07-24-002	김일성 사진		1	
1948-07-24-003	쓰딸린동무에게 보낸 이태리공산당 중앙위원회 전보문		1	따쓰통신
1948-07-24-004	동경일본공산당 중앙위원회 귀중	쏘련공산당 중앙위원회 비서로부터	1	
1948-07-24-005	신국기의 제정과 태극기의 페지에 대하여	김두봉선생의 담화 발표	2, 3	
1948-07-24-006	인민들의 열렬한 환호속에서 최고인민회의 선거준비 진행		3	
1948-07-24-007	평양시 각 선거구 선거준비 활발히 진전되고있다!	서성4리선거구, 제2남문리선거구, 련화리선거구, 신리1리선거구	3	위찬길, 김전, 김현석, 신기관
1948-07-24-008	선거의 승리를 보장하자!	평양 각처 보고대회에서	3	
1948-07-24-009	벼의 다수확을 위해 투쟁	평북 강상훈농민	3	송학용
1948-07-24-010	'아마죤밧낑'을 창안	곡산공장 림인선동무	3	
1948-07-24-011	이태리의 총파업은 위대한 민주력량을 과시	이태리공산당 호소문 발표	4	북조선통신
1948-07-24-012	이시에나지방사태 긴박		4	북조선통신
1948-07-24-013	로총분렬기도를 반대하여 이로총 집위 성명서를 발표		4	북조선통신

기사번호	제목(title)	부제목(stitle)	면수	필자, 출처
1948-07-24-014	경각심을 높이라	로마로동회의소에서 특별콤뮤니케를 발표	4	북조선통신
1948-07-24-015	이태리공산당은 최대의 전국적당	이공산당 제2비서 강조	4	북조선통신
1948-07-24-016	큐바공산당 비서 성명		4	북조선통신
1948-07-24-017	톨리앗티의 병원생활		4	북조선통신
1948-07-24-018	도구다씨 피습에 대하여	이태리 유니타지 론평	4	북조선통신
1948-07-24-019	이태리공산당수 저격사건에 대한 각국 반향	불란서각지에 항의대회 개최	4	북조선통신
1948-07-24-020	서구동맹 5개국 외상회의 개막		4	북조선통신
1948-07-24-021	유엔경제사회리사회 개최		4	북조선통신
1948-07-24-022	미점령 오지대에 신나치운동		4	북조선통신
1948-07-24-023	미림시의회 소집		4	북조선통신
1948-07-24-024	국민당반동을 반대하는 중국인민들의 투쟁		4	본사 국내외통신부
1948-07-24-025	극장안내		4	
1948-07-25-001	김일성 사진		1	
1948-07-25-002	김일성장군에게 드리는 편지		1	
1948-07-25-003	김일성장군을 립후보로 추대 감격에 들끓는 23선거구 강동군 흑령탄광 종업원대회서 결의	흑령탄광 모범로동자 리영빈	1	
1948-07-25-004	조선민주주의인민공화국 최고인민회의 대의원선거 립후보자추천에 관한 결정서	평남 강동군 흑령탄광 종업원대회에서	1	
1948-07-25-005	조선최고인민회의선거에 대하여 광범한 준비사업을 전개하자		2	주녕하
1948-07-25-006	쏘련의 위대한 해군	-쏘련해군절에 제하여-	2	본사선전부
1948-07-25-007	기관차수리 질적향상 위한 서평양철도공장 당원 투쟁		2	김전
1948-07-25-008	평양자동차공장내 당원들 자동차공업 추진 위해 투쟁		2	위찬길
1948-07-25-009	신국기의 제정과 태극기의 폐지에 대하여(상)	김두봉선생 담화 발표	3, 4	
1948-07-25-010	선거의 승리적성과를 보장하자	각 도 당열성자회의에서 열렬히 토론	4	김현석
1948-07-25-011	당원들의 열성적협조로 선거준비는 활발히 진행	사동련탄공장에서	4	위찬길
1948-07-25-012	8.15해방 3주년을 앞두고	해방후의 간부양성사업	4	장종식
1948-07-25-013	김장군의 힘찬 격려의 말씀 명심코 언제나 새로운 감속에 증산투쟁	흑령탄광 로동자들의 거룩한 이 뜻!	5	
1948-07-25-014	흑령탄광 뒤이어 궐기한 제23선거구 인민들		5	
1948-07-25-015	희망가득찬 가슴속에는 증산의욕이 넘쳐흐른다	삼등면농민들의 아담한 생활	5	
1948-07-25-016	오늘 그는 조국창건의 용감한 투사가 되었다	흑령탄광부 김영규씨	5	
1948-07-25-017	원한에 서리였던 땅은 행복의 땅으로 되었다	속추리 오원서농민	5	
1948-07-25-018	흑령탄광로동회관(립후보추천직장대회에 탄광로동자들이 밀려든다)		5	
1948-07-25-019	흑령탄광 종업원들이 도서실에서 책을 보고있는 광경		5	
1948-07-25-020	삼등면 속추리 고능연농민의 행복한 가정생활		5	
1948-07-25-021	탄광종업원들의 어린 딸들이 흑령초급중학교에서 씩씩히 배우며 뛰노는 장면		5	
1948-07-25-022	도구다씨 암살미수사건에 항의코 정부사직을 요구	일본공산당 정부에 항의문 제출	6	북조선통신
1948-07-25-023	정부의 보복행위에 대항	이태리인민민주전선	6	북조선통신
1948-07-25-024	이반동정부의 보복행동 격심		6	북조선통신
1948-07-25-025	이반동경찰의 불법체포 계속		6	북조선통신
1948-07-25-026	톨리앗티씨의 건강상태 호조		6	북조선통신
1948-07-25-027	세계평화촉진대회	-런던에서 개최-	6	북조선통신
1948-07-25-028	미공산당지도자의 기소는 민주주의에 대한 공격행동		6	북조선통신
1948-07-25-029	영미정책을 비난	런던시민군중대회	6	북조선통신
1948-07-25-030	영점령 백림지대에 반동적경제경찰이 조직		6	북조선통신
1948-07-25-031	미선 양자강항행에 중국각계에서 항의		6	북조선통신
1948-07-25-032	파란 금년도 상반기 인민경제계획 달성		6	북조선통신
1948-07-25-033	미국 필라델피아에서 제3차전국대회 소집		6	북조선통신
1948-07-25-034	주희영국경찰사절단을 론난	아테네신문	6	북조선통신
1948-07-25-035	영국정부 새 차관을 요구		6	북조선통신
1948-07-25-036	국제정세개관	쏘련경제의 급격한 발전	6	본사 국내외통신부
1948-07-25-037	국제정세개관	베를린의 사태와 쏘련정부의 견지	6	본사 국내외통신부
1948-07-25-038	국제정세개관	파시스트의 흉행은 파탄되고말았다	6	본사 국내외통신부
1948-07-25-039	극장안내		6	
1948-07-27-001	김두봉선생에게 드리는 편지	제7선거구내 중요직장 련합종업원대회	1	
1948-07-27-002	김두봉선생을 립후보로 추천 감격에 넘친 사동2리 선거구	구내 중요직장 련합종업원대회서 결의	1	
1948-07-27-003	김일성장군을 립후보로 각 선거구 인민들이 추천		1	

기사번호	제목(title)	부제목(stitle)	면수	필자, 출처
1948-07-27-004	조선민주주의인민공화국 최고인민회의 대의원선거제7선거구 립후보자추천을 위한 평양시 사동탄광 사동련탄공장 평양자동차공장 로동자 기술자 사무원 련합대회 결정서		1	
1948-07-27-005	연설(요지) 김두봉선생추천을 절대지지 찬동한다	사동련탄공장 모범로동자 김근순	1	
1948-07-27-006	동경 일본공산당 중앙위원회 귀중	일본공산당 서기장 도구다 규이찌동지에게 감행한 반동파들의 테로행위에 대하여	1	
1948-07-27-007	이태리공산당 중앙위원회로부터 북조선로동당 중앙위원회에 회전	톨리앗티의 암살음모사건에 관하여	1	
1948-07-27-008	조선최고인민회의선거는 우리 조국의 통일과 독립과 자유를 보장하는 거족적 구국대책		2	박창옥
1948-07-27-009	김일성동지에게		2	
1948-07-27-010	북조선인민위원회 위원장 김일성귀하		2	
1948-07-27-011	선거준비사업에 당원들 적극 협조	종로리선거구, 룰리2리선거구, 역전리 제5분구에서	2	김전
1948-07-27-012	조선민주주의인민공화국 최고인민회의 대의원선거사업은 활발히 진행되고 있다		3	
1948-07-27-013	선거사업 활기 띠우고 진척	대의원립후보자 계속 추천	3	김동천
1948-07-27-014	선거출판을 보장	출판로동자들의 활동	3	박중선
1948-07-27-015	해방기념문학예술축전 호화현란한 성과를 예상		3	김현석
1948-07-27-016	선거지도사무에 바쁜 중앙선거위원회 위원들		3	
1948-07-27-017	유권자등록 개시	평양특별시에서	3	
1948-07-27-018	남포제련 종업원들 최금복동무를 추천	동구선거구	3	신기관
1948-07-27-019	남포견직 종업원들 안신호녀사를 추천	서구선거구	3	신기관
1948-07-27-020	정부 불신임결의안을 이태리상원에서 토의		4	북조선통신
1948-07-27-021	사건의 배후관계를 은폐하려는 이정부		4	북조선통신
1948-07-27-022	인민단결전국위원회 설치	이태리인민민주전선	4	북조선통신
1948-07-27-023	보복행위 극악		4	북조선통신
1948-07-27-024	도구다씨 살해흉계의 사촉자는 미제국주의	미공산당 일공에 메쩨지 전달	4	북조선통신
1948-07-27-025	미제 3당강령초안	투루맨주의와 마샬안을 공격	4	북조선통신
1948-07-27-026	소위 유엔 정전령은 아랍측을 리롭게 할뿐		4	북조선통신
1948-07-27-027	진보적인사의 해고를 화란내상 빗테만 선언		4	북조선통신
1948-07-27-028	베를린 쏘련지구서 식량배급량을 증가		4	북조선통신
1948-07-27-029	예루살렘 경계선 획정		4	북조선통신

기사번호	제목(title)	부제목(stitle)	면수	필자, 출처
1948-07-27-030	미가량함대 록도해역에서 연습		4	북조선통신
1948-07-27-031	맥아더사령부 재일외국회사에 사업경영 허가		4	북조선통신
1948-07-27-032	일본정부 외국자본유도에 광분		4	북조선통신
1948-07-27-033	불란서공화국 조각 앙드레.마리씨에 위촉		4	북조선통신
1948-07-27-034	단정음모에 분망한 서독지대 군정장관들		4	북조선통신
1948-07-27-035	영점령지대의 실업자수		4	북조선통신
1948-07-27-036	서독에 실업자 55만명		4	북조선통신
1948-07-27-037	남경정부와 미국간 비밀계약		4	북조선통신
1948-07-27-038	극장안내		4	
1948-07-27-039	선거를 앞둔 미국 제3당		4	본사 국내외통신부
1948-07-28-001	허가이동지를 추천한 평남 룡강해운선 거구	귀성염전종업원대회에서	1	
1948-07-28-002	연설(요지) 허가이선생 추천은 우리 선거구의 영광	귀성염전 모범로동자 한동식	1	
1948-07-28-003	선동사업의 사상수준을 제고하자!		1	
1948-07-28-004	김일성장군을 립후보로 각 선거구 인민들이 추천		1	
1948-07-28-005	북조선인민위원회 위원장 김일성귀하		1	
1948-07-28-006	조선민주주의인민공화국 최고인민회의 대의원선거 립후보자추천에 관한 평남 룡강군 귀성염전 종업원대회 결정서		1	
1948-07-28-007	환호감격과 새로운 결의로 김재욱동지 립후보로 추천	광량만염전 종업원대회에서	2	오학균
1948-07-28-008	선거의 승리 보장위하여 선전사업에 당원들 헌신	제7호 사동2리선거구 강보연동무, 평양기구제작소 박성화동무	2	위찬길, 김전
1948-07-28-009	조선민주주의인민공화국 헌법실시의 의의		2	최용달
1948-07-28-010	조국통일의 확신밑에서 소금생산 위해 일로 매진	룡강군 귀성제염소	3	오학균
1948-07-28-011	계속되는 빛나는 성과로 조국통일의 기초 쌓았다	평양기구제작소 종업원들	3	김전
1948-07-28-012	조국의 자립적경제토대를 튼튼히 하기 위해 싸워왔다	평양곡산공장 종업원들	3	김달수
1948-07-28-013	평양곡산종업원들 김성학동무를 추천	신리1리선거구	3	리문상
1948-07-28-014	평양기구종업원들 김상철동무를 추천	련화리선거구	3	박중선
1948-07-28-015	평양시선거구 분구조직 완료	특별분구는 7개소에	3	북조선통신
1948-07-28-016	유고슬라비아공산당 제5차대회와 유고슬라비아 전체 공산당원들에게 공개서한	재쏘련 유고슬라비아공산당원들이	4	
1948-07-28-017	유고슬라비아공산당대회는 국제공산주의운동에서 완전히 고립된 분위기속에서 진행		4	북조선통신

기사번호	제목(title)	부제목(stitle)	면수	필자, 출처
1948-07-28-018	베를린정세문제에 관한 영.미.불 정부 각서와 쏘련정부 답서에 대한 세계각지의 반향		4	북조선통신
1948-07-28-019	쏘련정부 각서를 찬동	독일민주주의 인민들	4	북조선통신
1948-07-28-020	일본공산당 중앙위원회에 모택동씨 타전		4	북조선통신
1948-07-28-021	베를린 각 신문의 론평		4	북조선통신
1948-07-28-022	항가리 각 신문 론평		4	북조선통신
1948-07-28-023	체코슬로바키아 각 신문의 론평		4	북조선통신
1948-07-28-024	파란 각 신문 론평		4	북조선통신
1948-07-28-025	베를린사태에 대한 책임은 미 영 불 통치층에 있다		4	본사국내외통신부
1948-07-28-026	극장안내		4	
1948-07-29-001	주녕하동지를 추천한 함경남도 북청선거구	함남자동차사업소 북청지소 종업원대회	1	
1948-07-29-002	김일성장군을 립후보로 각 선거구 인민들이 추천		1	
1948-07-29-003	김두봉선생을 립후보로 각 선거구 인민들이 추천		1	
1948-07-29-004	김일성위원장귀하		1	
1948-07-29-005	김일성장군 앞		1	
1948-07-29-006	조선민주주의인민공화국 최고인민회의 대의원선거 립후보자추천에 관한 함남 북청군 함남자동차사업소 북청지소 종업원대회 결정서		1	
1948-07-29-007	조선최고인민회의 남조선대의원선거 지도위원회에서 남조선인민에게 호소	동위원회 위원 리극로씨 방송	2	
1948-07-29-008	정준택씨를 추천	박천군 량가선거구에서	2	
1948-07-29-009	한설야를 추천	갑산군 갑산선거구에서	2	
1948-07-29-010	최용달씨를 추천	양양군 남문선거구에서	2	
1948-07-29-011	장시우씨를 추천	중화군 중화선거구에서	2	
1948-07-29-012	송봉욱씨를 추천	재령군 재령선거구에서	2	
1948-07-29-013	허정숙씨를 추천	린제군 상동선거구에서	2	
1948-07-29-014	리기영씨를 추천	회양군 신안선거구에서	2	
1948-07-29-015	최고인민회의 대의원선거에 대한 인민들의 열의는 바야흐로 고조!		3	
1948-07-29-016	선거승리 보장코저 선전해설에 총궐기	련화리선거선전실	3	박중선
1948-07-29-017	본사신축공사 진척		3	
1948-07-29-018	8.15해방기념 대전람회 개막을 앞두고 준비에 분망		3	김현석
1948-07-29-019	박천군 홍이동 농민들은 김룡국농민을 추천했다	박천군 박천선거구	3	리의철
1948-07-29-020	순천화학로동자들 강인규농민을 추천	순천군 순천선거구	3	오학군

기사번호	제목(title)	부제목(stitle)	면수	필자, 출처
1948-07-29-021	오늘의 영예에 보답코저 계속 눈부신 투쟁에 궐기	남포제련소에서	3	신기관
1948-07-29-022	진보당의 명칭 채택	미국 제3당전국대회	4	북조선통신
1948-07-29-023	신당의 강령규약을 채택	대통령 및 부대통령 립후보 지명	4	북조선통신
1948-07-29-024	도꾸다씨 피습사건에 관하여 쏘련공산당(볼쉐위크)중앙위원회 및 제국민주단체들이 보낸 성원에 일본공산당 감사 표명		4	북조선통신
1948-07-29-025	민주주의단체 지도자들을 이태리반동정부 대량 검거		4	북조선통신
1948-07-29-026	민주통일정부 수립운동 불란서각지에서 활발히 전개		4	북조선통신
1948-07-29-027	일본 중요전범자공판과 제국주의자들의 책동		4	본사 국내외통신부
1948-07-29-028	민주정부수립을 인민들 열망		4	북조선통신
1948-07-29-029	톨리앗티씨의 건강상태 호조		4	북조선통신
1948-07-29-030	불평등한 미.낙조약		4	북조선통신
1948-07-29-031	민주단체해산에 일본로동자 항의		4	북조선통신
1948-07-29-032	이태리실업자 2백 40만		4	북조선통신
1948-07-29-033	파란재생4주년 기념		4	북조선통신
1948-07-29-034	서반아빨찌산 건투 계속중		4	북조선통신
1948-07-29-035	분란신의회 개원식 거행		4	북조선통신
1948-07-29-036	항가리인민의 생활조건 향상		4	북조선통신
1948-07-29-037	극장안내		4	
1948-07-30-001	남녀평등권법령 발포 2주년에 제하여		1	
1948-07-30-002	김책동지를 립후보로 신천군 농민들이 추천	황해 신천군 북부면농민대회	1	
1948-07-30-003	김일성장군을 립후보로 각 선거구인민들이 추천		1	
1948-07-30-004	남조선인민이 선거에 적극 참가할것을 확신	조선최고인민회의 남조선선거지도위원회 호소에 대한 북조선인민의 반향	1	광량만염전 로동자 문치성
1948-07-30-005	조국의 통일을 위하여서 남북이 한결같이 선거에	조선최고인민회의 남조선선거지도위원회 호소에 대한 북조선인민의 반향	1	농민 장왈현
1948-07-30-006	조선민주주의인민공화국 최고인민회의 대의원립후보자추천에 관한 황해도 신천군 북부면농민대회 결정서		1	
1948-07-30-007	남조선의 소위 '국회'의 희극과 리승만의 망국적'대통령'놀음		2	김민혁
1948-07-30-008	조선민주주의인민공화국 헌법실시와 최고인민회의 선거는 통일독립의 유일한 길	남조선민전의 성명	2	

기사번호	제목(title)	부제목(stitle)	면수	필자, 출처
1948-07-30-009	남북조선정당 사회단체 지도자협의회 결정은 전인민의 의사를 대표	남조선각계에서 성명 발표	2	북조선통신
1948-07-30-010	조선최고인민회의 대의원립후보자 각 직장과 농촌 군중대회에서 추천	여러 선거구에서	2	
1948-07-30-011	북조선녀성들은 자유와 행복 속에 조국건설에 적극 참가하고있다!		3	김현석
1948-07-30-012	남녀평등권법령 실시 2주년기념대회		3	
1948-07-30-013	립후보로 추천된 녀성들	여러 선거구에서	3	
1948-07-30-014	따뜻한 보호밑에서 녀성들 증산에 전심		3	신기관
1948-07-30-015	북조선녀성들이 씩씩하게 행진하는 광경		3	
1948-07-30-016	평양타올공장 녀직공들의 작업광경		3	
1948-07-30-017	서평양기관구 녀자크레인수들의 름름한 용자		3	
1948-07-30-018	3.8탁아소에서-보모들의 따뜻한 손길아래서 자냥스럽게 놀고있는 어린 아기들		3	
1948-07-30-019	페칼라정부의 재조직 요구	분란인민민주동맹	4	북조선통신
1948-07-30-020	분란 각 직맹들 신정부참가를 요구		4	북조선통신
1948-07-30-021	상반년의 전과	희랍민주군 승세	4	북조선통신
1948-07-30-022	중국 곤명학생참안	경찰의 발포로 150여명 사상	4	북조선통신
1948-07-30-023	위기에 처한 왕당파내각		4	북조선통신
1948-07-30-024	신독일마르크 통용 개시	7월 25일부터 동부독일에서	4	북조선통신
1948-07-30-025	예루살렘용수난 제거		4	북조선통신
1948-07-30-026	이태리정부 빵소매가격 인상		4	북조선통신
1948-07-30-027	부르죠아국가에서의 반민주주의적선거법		4	본사 국내외통신부
1948-07-30-028	베를린에서 불국인 리탈		4	북조선통신
1948-07-30-029	비률빈과 프랑코서반아간 우호조약 비준		4	북조선통신
1948-07-30-030	불란서의 정치적위기	『쁘라우다』지 론설	4	북조선통신
1948-07-30-031	서구동맹련합군 급속편성을 력설	화란군 참모장	4	북조선통신
1948-07-30-032	영군장교들 아랍군에 편입		4	북조선통신
1948-07-30-033	미국비행기 베를린에서 식료품 반출		4	북조선통신
1948-07-30-034	항가리의 소맥수확고 향상		4	북조선통신
1948-07-30-035	극장안내		4	
1948-07-31-001	김일성장군에게 드리는 편지	승호선거구 립후보자추천지지 직장 농촌 부락 대회대표자련석회의	1	
1948-07-31-002	제23호 평남 강동군 승호선거구 선거위원회 위원장 앞		1	
1948-07-31-003	최창익동지를 추천한 황해도 장풍군 농민들	황해도 장풍군 강산선거구에서	1	
1948-07-31-004	승호선거구 립후보요청에 김일성위원장은 쾌히 승낙		1	김동천

기사번호	제목(title)	부제목(stitle)	면수	필자, 출처
1948-07-31-005	연설(요지) 열렬한 애국투사이며 지도자의 한사람이다	모범농민 양진곤	1	
1948-07-31-006	조선민주주의인민공화국 최고인민회의 대의원립후보자추천에 관한 황해도 장풍군 대강면농민대회 결정서		1	
1948-07-31-007	쏘베트군대는 조선인민의 해방자이다	북조선이 일본제국주의압박에서 해방된 3주년을 맞으면서	2	본사선전부
1948-07-31-008	조선최고인민회의 대의원립후보자 각 직장과 농촌군중대회에서 추천		2	
1948-07-31-009	선거를 승리로 맺고저 전인민 궐기	평양특별시, 평안남도, 황해도	3	
1948-07-31-010	지금까지 조국통일 위하여 싸운 남조선인민이 아닌가	사동련탄 로동자 위치호	3	
1948-07-31-011	가혹한 탄압도 두려워 않고 이번 선거에 참가할것이다	백옥철공소 기업가 리인찬	3	
1948-07-31-012	인민공화국선포의 노래		3	김수철 시, 박한순 곡
1948-07-31-013	조국통일의 확신밑에 석탄증산에 총궐기!	사동련탄공장에서	3	
1948-07-31-014	선거경축전람회에 행복된 생활이 반영	미림2리 농촌	3	김현석
1948-07-31-015	도구다 규이찌동지에 대한 반동의 흉악한 범죄행위		4	본사 국내외통신부
1948-07-31-016	미진보당대회 페막	선거강령을 채택코 전국위원회를 선거	4	북조선통신
1948-07-31-017	남녀평등권문제를 토의 녀성지위위원회 결의안 채택	제3차 유엔인권위원회	4	북조선통신
1948-07-31-018	마리내각을 불신임	불란서공산당	4	북조선통신
1948-07-31-019	아테네정부 수상 쏘풀리스 사직		4	북조선통신
1948-07-31-020	화란통상 부조		4	북조선통신
1948-07-31-021	신알바니아의 문화발전 급속		4	북조선통신
1948-07-31-022	동독 2개년경제계획안 각 정치지도자들 지지성명		4	북조선통신
1948-07-31-023	미국진보당을 지지하는 '미국진보청년'단체 창립		4	북조선통신
1948-07-31-024	휴전령을 위반	팔레스타나 아랍측	4	북조선통신
1948-07-31-025	구주 16개 국회의 개최		4	북조선통신
1948-07-31-026	국제반동의 흉행을 론박	이 유니타지 사설	4	북조선통신
1948-07-31-027	반프랑코 무장투쟁 치렬		4	북조선통신
1948-07-31-028	미군사사절단 서전에 도착		4	북조선통신
1948-07-31-029	미공산당 지도자 피검에 항의성명	영국공산당 총비서	4	북조선통신
1948-07-31-030	불가리아직맹 경제발전에 협력		4	북조선통신
1948-07-31-031	서독지대에서 철도직원 해고		4	북조선통신
1948-07-31-032	항가리통상대표단 모쓰크바 도착		4	북조선통신

기사번호	제목(title)	부제목(stitle)	면수	필자, 출처
1948-07-31-033	극장안내		4	
1948-08-01-001	선거분구사업을 강화함으로써 선거에 전력량을 집중하자		1	
1948-08-01-002	김두봉선생에게 보내는 요청서	조선최고인민회의 대의원선거를 위한 제7호 사동2리선거구 립후보자추천지지직장 농촌부락 정당 사회단체 대표자련석회의	1	
1948-08-01-003	제7호 평양특별시 사동2리선거구 선거위원회 위원장 앞		1	
1948-08-01-004	사동 2리 선거구립후보를 김두봉선생께서 쾌히 승락		1	
1948-08-01-005	박일우동지를 추천	연백군 적암선거구 적암온정리 록동리농민대회	1	
1948-08-01-006	우리 조국은 조선민주주의인민공화국으로 선포되었다		2	윤문창
1948-08-01-007	락후했던 생산실적을 적극 협조로 초과달성	북조선탄광중앙공장 당부	2	신기관
1948-08-01-008	조선최고인민회의 대의원립후보자 각 직장과 농촌군중대회에서 추천		2	
1948-08-01-009	신국기의 제정과 태극기의 페지에 대하여(중)	김두봉선생 담화 발표	3, 4	
1948-08-01-010	선거의 승리를 위하여 전인민궐기	각지에서	5	
1948-08-01-011	선전원들과 담화하는 유권자들-사동2리선거선전실에서		5	
1948-08-01-012	반동배의 탄압 물리치고 선거에 참가할 것이다!		5	평양견직로동자 당운실
1948-08-01-013	이번 선거에 남조선녀성은 그 용감성을 발휘하리라!		5	중화군 녀성농민 모은비
1948-08-01-014	로동자들의 애국적열의로 복구되었고 발전되었다	함북 성진제강소 사업	5	신언철
1948-08-01-015	선전원과 유권자들	신리1리선거선전실에서	5	신기관
1948-08-01-016	도꾸다동지 암살흉계에 관하여 보내온 쏘련공산당(볼쉐비크) 중앙위원회의 성원에 일본공산당 중앙위원회에서 답서		6	
1948-08-01-017	흉아리재류 남부슬라브민주동맹 서기장의 피살사건 진상		6	북조선통신
1948-08-01-018	신문정간명령	화식민지당국	6	북조선통신
1948-08-01-019	전베를린식량공급을 영국군사령관이 반대		6	북조선통신
1948-08-01-020	미.영은 군비축소를 기피	안보평상군비위원회에서 쏘베트 대표 말리크씨 비난	6	북조선통신
1948-08-01-021	이란신정부의 비렬한 행위		6	북조선통신

기사번호	제목(title)	부제목(stitle)	면수	필자, 출처
1948-08-01-022	월레스의 투쟁강령		6	본사 국내외통신부
1948-08-01-023	따쓰국제정세개관	미국진보당대회	6	
1948-08-01-024	쏘련소식	전후 5개년계획의 실행을 위한 로동계급의 투쟁	6	북조선통신
1948-08-01-025	쏘련소식	사회보험혜택입는 로동자들	6	북조선통신
1948-08-01-026	쏘련소식	모직물생산고 비약적발전	6	북조선통신
1948-08-01-027	쏘련소식	증가되는 곡물수확	6	북조선통신
1948-08-01-028	쏘련소식	청년탐험자구락부의 사업	6	북조선통신
1948-08-01-029	극장안내		6	
1948-08-01-030	따쓰국제정세개관	불란서의 내각갱질	6	북조선통신
1948-08-03-001	실지생활과 련결된 선전선동사업을 전개하자		1	
1948-08-03-002	제23호 강동 승호선거구 김장군을 후보자로 등록		1	
1948-08-03-003	제7호 사동2리선거구 김두봉선생을 후보로 등록		1	
1948-08-03-004	1948년도 인민경제발전계획 상반년실행 총결	북조선인민위원회 기획국 보도	1	
1948-08-03-005	조국통일과 완전독립을 쟁취하는 길로 나아가자		1	청진철도공장 로동자 최금남
1948-08-03-006	남조선의 전체 애국인민 선거에 참가할 것을 확신		1	국립교향악단 김기덕
1948-08-03-007	주녕하동지 북청선거구에 승락		1	
1948-08-03-008	허가이동지 룡강해운선거구에 승락		1	
1948-08-03-009	최창익동지 장풍강산선거구에 승락		1	
1948-08-03-010	김책동지 신천북부선거구에 승락		1	
1948-08-03-011	박일우동지 연백적암선거구에 승락		1	
1948-08-03-012	남북조선 제 정당 사회단체 지도자협의회의 결정서를 남조선각계 전적으로 지지		1	북조선통신
1948-08-03-013	조선최고인민회의 선거 절대지지	남조선농민당 성명서를 발표	1	북조선통신
1948-08-03-014	소위 '대통령' 리승만의 방성대곡		2	승원
1948-08-03-015	적극협조와 핵심적역할로 계획량의 초과달성을 보장	북조선 각 지역 생산기업소들에서	2	김현석
1948-08-03-016	최용건씨를 추천	강계동방광산 종업원대회	2	
1948-08-03-017	김달현씨를 추천	함주군 주지면 상수리농민대회	2	
1948-08-03-018	홍기주씨를 추천	평원송석리 부용리 련합군중대회	2	
1948-08-03-019	강건씨를 추천	제212호 특별선거구	2	
1948-08-03-020	정일룡씨를 추천	양구군 양구선거구에서	2	
1948-08-03-021	최고인민회의 립후보추천 완료 각지 유권자등록사무 활발 진척	평양시는 31일 등록 완료	3	
1948-08-03-022	현물세납부 활발	평남도는 31일에 완납	3	오학균

기사번호	제목(title)	부제목(stitle)	면수	필자, 출처
1948-08-03-023	선전해설사업에 헌신적으로 투쟁	평양 기림3리 세포원들	3	김전
1948-08-03-024	녀당원들 적극 활동		3	신기관
1948-08-03-025	선거분구 선전활동 바야흐로 백열화!	사리원시 동리1구	3	리성섭
1948-08-03-026	더욱 높은 증산으로 조국통일 위해 투쟁	평양제2양말공장	3	위찬길
1948-08-03-027	「민주선거의 노래」		3	마우룡 시, 신도선 곡
1948-08-03-028	인민보건 위해 약초조사 착수	김대의학부에서	3	
1948-08-03-029	유고슬라비아공산당대회는 테로의 환경 속에서 진행되고있다		4	『쁘라우다』지 특파기자
1948-08-03-030	토리 앗티동지 첫 성명		4	북조선통신
1948-08-03-031	미량당정책 규탄	월레스씨 연설	4	북조선통신
1948-08-03-032	칠리정부 프랑크와 국교재개?		4	북조선통신
1948-08-03-033	파게르홀름의 정부구성복안을 분란인민 민주동맹 거부		4	북조선통신
1948-08-03-034	다뉴강의에 참가할 쏘련대표들 결정		4	북조선통신
1948-08-03-035	우크라이나대표 벨그라드착		4	북조선통신
1948-08-03-036	미 영 불 등 각국 대표단 수석들		4	북조선통신
1948-08-03-037	화란과의 교섭을 일체 중지하라!	인도네시아 민주전선지도자 성명	4	북조선통신
1948-08-03-038	항가리재류남부슬라브동맹 서기장살해범 의 심문을 개시		4	북조선통신
1948-08-03-039	베른주재 라공사관 경제고문 서서에서 피검		4	북조선통신
1948-08-03-040	희랍소폴리스의 사직원인		4	북조선통신
1948-08-03-041	쏘련과 인도네시아공화국		4	본사 국내외통신부
1948-08-03-042	희랍국방회의 내막		4	북조선통신
1948-08-03-043	대일미정책을 화북대학 교수 학생들 반대		4	북조선통신
1948-08-03-044	팔레스티나에 아랍정부 수립설		4	북조선통신
1948-08-03-045	극장안내		4	
1948-08-04-001	조선최고인민회의 선거에 조선인민의 단결력을 시위하자		1	
1948-08-04-002	김일성장군의 회한	제23선거구 이외의 추천한 선 거구에	1	
1948-08-04-003	김두봉선생의 회한	제7선거구 이외의 추천한 선거 구에	1	
1948-08-04-004	김일성장군을 립후보로 각 선거구 인민 들이 추천		1	
1948-08-04-005	김두봉선생을 립후보로 각 선거구 인민 들이 추천		1	
1948-08-04-006	남조선로동자와의 단결을 굳게 하여 선 거를 승리에로		1	흥남비료공장 로동자 신정식
1948-08-04-007	난관을 극복하고 선거참가를 확신		1	황해 금천군 농민 라기성

기사번호	제목(title)	부제목(stitle)	면수	필자, 출처
1948-08-04-008	신학년도준비 활발히 진척	기금희사 7억 2천여만원	1	
1948-08-04-009	반역도당의 매국회		2	석국
1948-08-04-010	조기현물세 기한전완납을 보장하기 위해 당원들 투쟁	황해도 금천군 구이면 비천동, 함북 회녕군 화풍면 사을리당부 에서	2	김현석
1948-08-04-011	조선최고인민회의 대의원립후보를 승락		2	
1948-08-04-012	력사적선거를 기념하여 증산투쟁 가일 층 치렬화	립후보자등록 계속 진행	3	김동천
1948-08-04-013	제1호선거구의 립후보등록 완료		3	김전
1948-08-04-014	황해도 로동자 농민 증산투쟁에 총궐기		3	박진선
1948-08-04-015	문학예술축전의 평양시예선대회		3	리문상
1948-08-04-016	재미있는 이야기속에서 할머니들에게 선 전해설	남문리선거구 지관영동무	3	위찬길
1948-08-04-017	선전실을 유쾌하게 야외무대도 가설	길주선거구 리종남동무	3	박태화
1948-08-04-018	계획기간 단축에 모범작업반 활동	본궁화학공장	3	신언철
1948-08-04-019	쏘베트경제의 대승리		3	통신부
1948-08-04-020	다뉴브회의 개최	회의공식용어에 관한 쏘련제의 채택	4	북조선통신
1948-08-04-021	화란군의 살륙	중부쟈바에서 비전투원 살해	4	북조선통신
1948-08-04-022	화란사회계에서 분개		4	북조선통신
1948-08-04-023	항가리대통령 사표 제출		4	북조선통신
1948-08-04-024	항가리내각 사임을 승인		4	북조선통신
1948-08-04-025	이정유산업로동자들의 총파업은 성공리 에 종료		4	북조선통신
1948-08-04-026	독일민주농민당 인민회의 조직에 가입 요청		4	북조선통신
1948-08-04-027	분란사회민주당 단독내각을 조각		4	북조선통신
1948-08-04-028	핀두스전선에서 희랍민주군 승세		4	북조선통신
1948-08-04-029	미국의 반동적출판물(1)		4	본사 국내외통신부
1948-08-04-030	서반아반파쑈투사 피살		4	북조선통신
1948-08-04-031	톨리앗티 퇴원		4	북조선통신
1948-08-04-032	일본 아시다수상의 언명		4	북조선통신
1948-08-04-033	희왕당파군 패전을 호도		4	북조선통신
1948-08-04-034	'서독림시헌법기초위원회'		4	북조선통신
1948-08-04-035	상해에서 민주주의자들 피검		4	북조선통신
1948-08-04-036	극장안내		4	
1948-08-05-001	당세포회의의 조직성과 교육성을 제고 하자		1	
1948-08-05-002	선거유권자등록 완료 립후보자등록도 완료	선거사업 본격적궤도우에	1	
1948-08-05-003	평양시 선거사업은 활발하게 진행된다		1	

기사번호	제목(title)	부제목(stitle)	면수	필자, 출처
1948-08-05-004	조국과 인민과 당을 위하여 헌신분투할 영예의 역군들	중앙당학교 졸업식 성대	1	
1948-08-05-005	"조선민주주의인민공화국 기발을 높이 들고 전진하자"		1	청진철도공장 로동자 남승열
1948-08-05-006	"남조선농민들은 용감하게 선거에 참가 할것을 믿는다"		1	평남 중화군 농민 로리권
1948-08-05-007	"선거의 승리를 위하여 씩씩하게 싸워나 가자"	성진제강소 기술자 리재천	1	성진제강소 기술자 리재천
1948-08-05-008	평양시 행정구역으로 새로이 남구구역 설치		1	
1948-08-05-009	"조선인민은 모두 선거에 승리는 우리의 것이다!"		1	강원 고성군 사무원 리계인
1948-08-05-010	"남조선동포여! 조선최고인민회의 선거에 참가하라 그리고 미제국주의자의 침략마수를 분쇄하라"	홍명희씨 남조선에 방송	2	
1948-08-05-011	실지적지도검열사업으로 자습당원의 정치수준 제고	평양 동구역당부	2	
1948-08-05-012	실지적지도검열사업으로 자습당원의 정치수준 제고	평양 서구역당부	2	
1948-08-05-013	조선최고인민회의 대의원립후보를 승락		2	
1948-08-05-014	북조선농민들은 조국통일을 위해 선거에 적극 참가하며 증산에 매진		3	
1948-08-05-015	대의원립후보자로 추천된 모범농민들	인민의 신망높은 리종권농민	3	리의철
1948-08-05-016	대의원립후보자로 추천된 모범농민들	근로를 사랑하는 오호석농민	3	송학용
1948-08-05-017	돌피뽑기에 바쁜 농민들	-미림2리에서-	3	
1948-08-05-018	립후보자 김룡국농민이 사는 심대동 1구 부락은 날로 향상	평북 박천군 량가면	3	최영환
1948-08-05-019	선거의 승리를 위해 농업증산에 총궐기	중화군 월내리 농민들	3	
1948-08-05-020	선거승리 위하는 이 정성 마령서 17가마니 헌납	안변군 김백관농민	3	리복원
1948-08-05-021	8.15해방 3주년 기념전람회 농림수산관		3	
1948-08-05-022	황해도 전체 농민들 퇴비생산운동 전개		3	북조선통신
1948-08-05-023	강계군 공북면 공인동 농민들이 조기현물세를 수납장으로 운반하는 광경		3	본사 국내외통신부
1948-08-05-024	서부렬강의 기도는 파탄 오태리의 가결권부여요구 부결	다뉴브회의(제2일)	4	따쓰특파원통신
1948-08-05-025	인도네시아문제를 토의 쏘련대표 화란정책을 비난	유엔안전보장리사회	4	북조선통신
1948-08-05-026	희랍왕의 언명		4	북조선통신
1948-08-05-027	분란인민민주동맹 조각절충 경과 석명		4	북조선통신
1948-08-05-028	화란의 식량사정 개선 불능		4	북조선통신
1948-08-05-029	주독 영 미 비행기 항공안전보장규정 위반		4	북조선통신

기사번호	제목(title)	부제목(stitle)	면수	필자, 출처
1948-08-05-030	운라물품 판매금을 미국이 불법 관리		4	북조선통신
1948-08-05-031	8.15해방 3주년기념 북조선예술축전		4	
1948-08-05-032	미국의 반동적출판물(2)		4	본사 국내외통신부
1948-08-06-001	조선최고인민회의 대의원선거를 앞두고 선전선동사업을 활발히 전개하자		1	
1948-08-06-002	북조선 각 도의 선거사업은 인민의 열성적참가밑에 진행	각 도들에서	1	
1948-08-06-003	년간계획기간단축 위한 북조선로동자들의 투쟁	8.15와 선거를 앞두고	1	북조선통신
1948-08-06-004	"조선최고인민회의 선거승리를 향하여 돌진하자"	운포광산 로동자 허성근	1	
1948-08-06-005	남조선인민들을 고무	평북 정주군 농민 오명승	1	
1948-08-06-006	"이번 선거의 정치적의의를 철저히 선전 해설하겠다"	평양시 기술자 리형모	1	
1948-08-06-007	사업에 있어서의 실천적재능에 대하여	『쁘라우다』지에서	2	
1948-08-06-008	조선최고인민회의 대의원립후보를 승락		2	
1948-08-06-009	애국열정에 불타는 북조선학생들 선거선전에 적극 참가하고있다!		3	
1948-08-06-010	완성에 가까워오는 만경대학원		3	
1948-08-06-011	맑스-레닌서적을 북조선학생들 애독	김일성대학 도서관에서	3	신기관
1948-08-06-012	대의원립후보자로 추천된 교원문화인 책임감이 강한 옥영자교장	사리원제2인민학교 교장	3	리성섭
1948-08-06-013	대의원립후보자로 추천된 교원문화인 독학의 식물학사 원홍구선생	평양시 서성4리선거구에서	3	
1948-08-06-014	애국선렬들의 투지를 계승 조국통일의 신념 튼튼하다	혁명자유가족학원 학생들	3	김전
1948-08-06-015	김일성대학생들의 애국열성은 드높다		3	위찬길
1948-08-06-016	자동차사업에 복무하는 일군들의 과업		3	륙운처장 천치억
1948-08-06-017	의정안을 통과	다뉴브회의(8월 2일)	4	따쓰특파원통신
1948-08-06-018	쓰딸린수상 미.영.불 대사를 접견		4	북조선통신
1948-08-06-019	다뉴브강 항행문제		4	본사 국내외통신부
1948-08-06-020	중국인민해방군 1년간 전과 혁혁		4	북조선통신
1948-08-06-021	비소니아물가 50% 인상		4	북조선통신
1948-08-06-022	이태리반동파들 로총분렬음모에 광분		4	북조선통신
1948-08-06-023	항가리대통령 사임에 따라 동국인민회의 소집을 결정		4	북조선통신
1948-08-06-024	마르코스장군 방문기	『뉴욕 헤랄드 트리뷴』지 특파원 보도	4	북조선통신
1948-08-06-025	8.15해방 3주년기념 북조선예술축전		4	

기사번호	제목(title)	부제목(stitle)	면수	필자, 출처
1948-08-07-001	조국의 가장 우수한 아들딸들을 조선최고 인민회의 대의원립후보자로 추천하였다		1	
1948-08-07-002	제7호 사동2리선거구에서 진술한 김두봉 선생 연설		1, 2	
1948-08-07-003	반동경찰의 폭압을 뚫고 남조선인민들 조선최고인민회의 선거사업 전개		1	북조선통신
1948-08-07-004	김두봉선생을 맞은 제7호선거구 대의원 후보자지지 환영대회 성황		1	
1948-08-07-005	조선민주주의인민공화국 최고인민회의 대의원선거를 위한 중앙선거위원회 보도	조선민주주의인민공화국 최고인 민회의 대의원후보자등록에 관 하여	2, 5	
1948-08-07-006	8.15해방 3주년기념 예술축전 개막에 제 하여		3	김두용
1948-08-07-007	쏘련군은 인류의 해방군이다		3	리태준
1948-08-07-008	풍려한 과수원	-해방전사 쏘련군을 위하여-	3, 4	임순득
1948-08-07-009	쏘베트군대를 노래함		3	박팔양
1948-08-07-010	해방후 나의 창작생활		4	리기영
1948-08-07-011	연극「흑인 부렛트중위」 상연에 대하여		4	김현석
1948-08-07-012	소년고수	-8.15단상-	4	김사량
1948-08-07-013	김일성위원장을 높이 받들고 각 선거구 인민들 증산에 궐기		5	김동천
1948-08-07-014	쏘련 학자 교수들의 래조로 북조선학계 활기를 띠었다	대학 교수들의 하기강습회에서	5	북조선통신
1948-08-07-015	유권자명부를 게시 인민들 만면에 희색	제9호 인흥3리선거구에서	5	최죽히
1948-08-07-016	유권자명부는 게시되었다-련화리선거구 제16분구에서		5	
1948-08-07-017	대망의 문학예술축전 8월 6일에 일제이 개막		5	김현석
1948-08-07-018	사업의 지연을 획책하는 영국대표의 기 도는 실패	다뉴브회의(8월 3일)	6	따쓰통신
1948-08-07-019	미군수품 토이기로 적출		6	북조선통신
1948-08-07-020	주독 쏘베트군정당국 전베를린시민에 량곡배급을 개시		6	북조선통신
1948-08-07-021	항가리공화국 신대통령에 근로인민당 사 카시츠 피선		6	북조선통신
1948-08-07-022	항가리신대통령 연설		6	북조선통신
1948-08-07-023	미공산당지도자 기소에 진보적인사들 공 동항의		6	북조선통신
1948-08-07-024	미국은 안보를 무시	인도네시아에 관한 안보회의	6	북조선통신
1948-08-07-025	아랍측의 피난민만을 옹호하려는 영기도 좌절	-8월 2일 안보회의에서-	6	북조선통신
1948-08-07-026	국제정세개관	월가의 흉악한 지령	6	본사 국내외통신부
1948-08-07-027	국제정세개관	중국에 대한 미국정책의 파탄	6	본사 국내외통신부
1948-08-07-028	국제정세개관	불운한 영국외상	6	본사 국내외통신부
1948-08-07-029	8.15해방 3주년기념 북조선예술축전		6	
1948-08-08-001	직장로동자들의 물질문화생활의 향상을 위하여		1	
1948-08-08-002	김일성위원장에게 보내는 메쩨지	1948년도 인민경제계획 책임량 실행총결 남양염전 종업원대회	1	
1948-08-08-003	평원군 남양염전종업원들 채염 년간계 획을 초과달성		1	신기관
1948-08-08-004	제92호선거구 유권자들 박일우동지 열렬 히 지지환영		1	박진선
1948-08-08-005	선거의 승리를 위하여 헌신분투할것을 맹세	해주에서 열린 로동자농민 문 화인대회에서	1	박중선
1948-08-08-006	38선사이에 남북인민들 선거승리를 위하 여 총궐기		1	북조선통신
1948-08-08-007	빛나는 승리로써 결속지은 중화군 신학 년도 준비사업		1	신기관
1948-08-08-008	흥남비료공장 당원들 힘찬 증산투쟁을 전개		2	신언철
1948-08-08-009	정치교양수준제고 위하여 열성적인 노 력을 기울인다		2	김현석
1948-08-08-010	끊임없는 노력으로 련탄운반작업 추진	사동련탄공장 김근순동무	2	위찬길
1948-08-08-011	위대한 쓰딸린대원수는 쏘베트인민의 령수이며 조선인민의 친우이다		2	리철산
1948-08-08-012	신국기의 제정과 태극기의 페지에 대하 여(하)	김두봉선생 담화 발표	3, 4	
1948-08-08-013	선거통신과 련락의 원활을 기하여 운수 체신일군들 치렬한 투쟁 전개		5	
1948-08-08-014	선거통신강화를 토의 결정	각 도 체신부장회의	5	리문상
1948-08-08-015	명부의 오유정정과 선거실준비를 진행		5	
1948-08-08-016	선거련락과 운수의 원활을 기하여 투쟁	북청자동차북청지소	5	박경석
1948-08-08-017	막은 드디어 열리었다	대망의 문학예술축전	5	김현석
1948-08-08-018	철도운수 강화하여 선거의 승리를 보장	청진철도공장에서	5	신언철
1948-08-08-019	부친의 혁명정신을 계승 불굴의 투지로 써 투쟁!	운포광산 고광한동무	5	유헌
1948-08-08-020	복구와 건설과 증산에 항상 선두에서 싸 웠다	길주팔프 김태련동무	5	박태화

기사번호	제목(title)	부제목(stitle)	면수	필자, 출처
1948-08-08-021	인민들간의 견고한 평화를 위한 쏘련의 투쟁(1)		5	
1948-08-08-022	1948년 8월 4일 다뉴브회의에서 진술한 쏘련대표 위신쓰끼의 연설		6	
1948-08-08-023	쏘련협약안을 토의	다뉴브회의(8월 4일)	6	따쓰특파원통신
1948-08-08-024	쏘련소식	소비조합상점 매상고 증가	6	북조선통신
1948-08-08-025	쏘련소식	신과학기술보급운동 활발	6	북조선통신
1948-08-10-001	8.15 3주년과 조선최고인민회의 대의원 선거를 기념하는 전북조선 인민들의 증산투쟁은 강력히 전개되고 있다		1	
1948-08-10-002	신천군 북부선거구 유권자들 김책동지를 열렬히 지지환영		1	
1948-08-10-003	조선최고인민회의 대의원후보자로 각계각층의 우수한 인사들이 등록		1	
1948-08-10-004	폭등한 남조선의 물가 백미일두 2천원		1	
1948-08-10-005	입학지옥과 학원시장화		1	
1948-08-10-006	미국석유부채에 부침하는 남조선		1	
1948-08-10-007	사례		1	
1948-08-10-008	제56호선거구 유권자들이 박창옥동지를 열렬히 환영지지		2	오학균
1948-08-10-009	산업국유화법령발포 제2주년을 맞으며		2	
1948-08-10-010	리승만은 월가의 대변인이다		2	신염
1948-08-10-011	중요산업국유화 2년간에 통일조국의 경제토대 구축		3	
1948-08-10-012	쏘련의 기술적 물질적 원조 위대	북조선산업은 복구발전되었다	3	신언철
1948-08-10-013	경제계획의 승리적달성을 전력부문에서 튼튼히 보장		3	
1948-08-10-014	대의원립후보로 추천된 모범로동자들의 증산보	청진방적공장 리진근동무	3	
1948-08-10-015	대의원립후보로 추천된 모범로동자들의 증산보	재녕 하성광산 최산화녀사	3	김달수
1948-08-10-016	인민들간의 견고한 평화를 위한 쏘련의 투쟁(2)		3	
1948-08-10-017	루마니아주재 유고슬라비아대사 골루보비츠의 사임경위		4	
1948-08-10-018	유고슬라비아인민회의 상임위원회에 보낸 서한(전문)		4	
1948-08-10-019	유고슬라비아공산당 중앙위원회에게 서한	재쏘련 유고슬라비아공산당원들이	4	
1948-08-10-020	직맹탄압법률페지를 요구	칠리국은행 종업원들	4	북조선통신
1948-08-10-021	정말제지 보도		4	북조선통신
1948-08-10-022	쏘련소식	모쓰크바에서의 조선에 관한 강연	4	모쓰크바 조선신문특파원

기사번호	제목(title)	부제목(stitle)	면수	필자, 출처
1948-08-10-023	쏘련대표가 제출한 협정초안을 우크라이나와 불가리아 대표 시인	다뉴브회의(8월 5일)	4	북조선통신
1948-08-10-024	쏘련소식	전련맹적체육경기	4	북조선통신
1948-08-10-025	쏘련소식	철도의 전기화	4	따쓰통신
1948-08-10-026	8.15해방 3주년기념 북조선예술축전		4	
1948-08-11-001	해방 3주년 대전람회는 인민의 열광적 환호속에서 개관된다		1	
1948-08-11-002	장풍군 강산선거구 유권자들은 최창익동지를 열렬히 지지환영		1	
1948-08-11-003	8.15해방기념과 선거를 앞두고 전체 인민들은 새 승리에로 총궐기		1	
1948-08-11-004	조선최고인민회의 선거에 대한 남조선 반동경찰의 발광적탄압		1	북조선통신
1948-08-11-005	남북조선 정당 사회단체 지도자협의회 결정지지	남조선민족자주련 법학자동맹 성명	1	북조선통신
1948-08-11-006	조선최고인민회의 후보자에 대한 각계 인민들의 반향	각지에서	1	북조선통신
1948-08-11-007	제59호선거구 유권자들 정준택동지를 열렬히 환영		2	
1948-08-11-008	8.15해방 3주년기념 대전람회 조국건설의 빛나는 승리의 기록!		2, 3	
1948-08-11-009	인민들간의 견고한 평화를 위한 쏘련의 투쟁(3)		2, 3	
1948-08-11-010	대의원립후보자로 추천된 우리 당원 모범 로동자 농민	대동군 순안 전정일동무	3	
1948-08-11-011	대의원립후보자로 추천된 우리 당원 모범 로동자 농민	황해제철소 김승현동무	3	
1948-08-11-012	미국공산당 제14차대회 파시즘과의 투쟁 강령 제의		4	북조선통신
1948-08-11-013	도구다동지 도묘귀환	일본공산당환영대회 개최	4	북조선통신
1948-08-11-014	민주주의 탄압하는 애급정부		4	북조선통신
1948-08-11-015	불가리아주재 쏘련대사 임명		4	북조선통신
1948-08-11-016	이공산당출신 상원의원 내상 스켈바의 언사공격		4	북조선통신
1948-08-11-017	내상과 외상 갱질	항가리공화국 정부	4	북조선통신
1948-08-11-018	최근의 국제정세		4	본사 국내외통신부
1948-08-11-019	쏘련소식	새 고급학교들	4	따쓰통신
1948-08-11-020	쏘련소식	실업학교 및 철도기술중학교 학생모집	4	따쓰통신
1948-08-11-021	3년간에 자라난 우리 민족예술을 시위하는 8.15해방 3주년기념 북조선예술축전		4	

기사번호	제목(title)	부제목(stitle)	면수	필자, 출처
1948-08-12-001	전조선인민은 조선최고인민회의 대의원 립후보자들을 열렬히 환영한다		1	
1948-08-12-002	김일성위원장에게 드리는 맹세문	평양화학공장 종업원들	1	
1948-08-12-003	북조선의 승리 또하나 평양화학공장 복구!	11일 조업식대회 성대히 거행	1	김달수
1948-08-12-004	룡강군 해운선거구 유권자들은 허가이 동지를 열렬히 지지환영		1	
1948-08-12-005	제33호선거구 선거자들앞에서 리주연동 지 헌신분투할 결의 피력		2	박중선
1948-08-12-006	쏘베트군대는 신형태의 군대이다		2	본사 국내외통신부
1948-08-12-007	김성수란 어떠한 자인가		2	박진
1948-08-12-008	쏘련학자들의 학술강연 전학계에 끼치 는 공헌지대	김일성대학 교원강습회에서	3	신기관
1948-08-12-009	립후보자환영지지대회는 감격과 환호속 에 진행된다		3	김동천
1948-08-12-010	대의원립후보자로 추천된 우리 당원 모 범 로동자 농민	함남 고원기관구 윤상만동무	3	
1948-08-12-011	대의원립후보자로 추천된 우리 당원 모 범 로동자 농민	벽성군 영천 채백희동무	3	
1948-08-12-012	렬차와 극장 해설 등 창의적선전을 전개	강원도에서 김일성대학생들	3	김만선
1948-08-12-013	전선절단하여 사복채운 반역도당에게 최고형!		3	
1948-08-12-014	8.15와 선거를 경축하여 농민들의 증산 투쟁은 치렬		3	리의철
1948-08-12-015	8.15를 경축하여 불야성을 이룬 평양의 밤거리		3	
1948-08-12-016	거룩한 한표를 동지에게 로동자들 가슴 깊이 결의	게시된 선거자명부앞에서	3	위찬길
1948-08-12-017	쏘베트대표단이 제출한 협정초안을 금 후회의사업의 기본으로 채택	다뉴브회의(8월 7일)	4	북조선통신
1948-08-12-018	국제로동청년대회 와르샤와에서 개최		4	북조선통신
1948-08-12-019	중국 립법원 요인들의 반쏘적행동에 대 하여		4	본사 국내외통신부
1948-08-12-020	전중국직업련맹 탄생		4	북조선통신
1948-08-12-021	불경찰 서공에서 중국인 대량검거		4	북조선통신
1948-08-12-022	쏘련소식	채소추수준비사업	4	따쓰통신
1948-08-12-023	쏘련소식	신종직조물전람회 개최	4	따쓰통신
1948-08-12-024	쏘련소식	백로씨야쏩호즈 곡물납부계획 완수	4	따쓰통신
1948-08-12-025	3년간에 자라난 우리 민족예술을 시위하 는 8.15해방 3주년기념 북조선예술축전		4	

기사번호	제목(title)	부제목(stitle)	면수	필자, 출처
1948-08-13-001	1948년도 인민경제발전계획 상반년실행 결과와 금후의 투쟁과업		1	
1948-08-13-002	북청군 북청선거구 유권자들은 주녕하 동지를 열렬히 지지환영		1	
1948-08-13-003	평양화학공장 조업식대회에서 북조선각 기업소 공장 로동자 기술자 사무원들에 게 보내는 호소문		1	
1948-08-13-004	북조선자매들과 단결하여 녀성의 권리 를 전취하자!	남조선녀성동맹 전체 녀성에게 호소	1	북조선통신
1948-08-13-005	제97호선거구 유권자들앞에서 박정애동 지 조국에 헌신할것을 력설		2	박중선
1948-08-13-006	적극 협조사업 전개하여 선거사업진행 일층 추진	평남도당산하 당단체	2	김전
1948-08-13-007	최고인민회의는 조선민주주의인민공화국 의 최고주권기관이다		2	최용달
1948-08-13-008	적극 협조사업 전개하여 선거사업진행 일층 추진	평양시당산하 당단체	2	위찬길
1948-08-13-009	대전람회 정문		3	
1948-08-13-010	해방의 은인 쏘련군에 대한 인민들의 감 사의 선물답지		3	위찬길
1948-08-13-011	선거장설치도 거의 완료	선전사업에 가일층 분투	3	김동천
1948-08-13-012	8.15해방 3주년기념 대전람회 개관식 대 성황!		3	신기관
1948-08-13-013	대의원립후보자로 추천된 우리 당원 모 범 로동자 농민	검덕광산 리창하동무	3	김동천
1948-08-13-014	대의원립후보자로 추천된 우리 당원 모 범 로동자 농민	장연군 속달면 김명리동무	3	여경철
1948-08-13-015	문학예술축전 계속 진행		3	김현석
1948-08-13-016	열성적선전원을 선거자들이 총애	사리원 서리1구에서	3	리성섭
1948-08-13-017	쏘베트국가헌법에 대하여		3	
1948-08-13-018	민주련합정부의 수립 촉진책 강구	중국공산당과 민주정당간에 서한 교환	4	
1948-08-13-019	주독 쏘베트군정 베를린에 물자보급		4	북조선통신
1948-08-13-020	일반위원회 제1차회의	8월 9일 다뉴브회의	4	북조선통신
1948-08-13-021	희민주군 계속 승세		4	북조선통신
1948-08-13-022	각 대표의 보고 청취	국제로동청년대회	4	북조선통신
1948-08-13-023	화란신내각 조각완료		4	북조선통신
1948-08-13-024	쏘련외교사절단 이스라엘 착		4	북조선통신
1948-08-13-025	희랍왕당파군 알바니아령토 침범		4	북조선통신
1948-08-13-026	주독 영사령관 영지특파원을 추방		4	북조선통신
1948-08-13-027	이 사회당 넨니씨 쏘련을 방문		4	북조선통신

기사번호	제목(title)	부제목(stitle)	면수	필자, 출처
1948-08-13-028	중국해방지구에 있어서의 경제문화건설의 제반성과		4	본사 국내외통신부
1948-08-13-029	쏘련소식	씨비리아 등 랭한지대에서 동맥파종에 신방법 채용	4	북조선통신
1948-08-13-030	쏘련소식	해바라기종자 신종진화	4	북조선통신
1948-08-13-031	쏘련소식	그루지야에서 과실수확 진행	4	북조선통신
1948-08-13-032	3년간에 자라난 우리 민족 예술을 시위하는 8.15해방 3주년기념 북조선예술축전		4	
1948-08-14-001	8.15해방 3주년기념에 제하여		1	
1948-08-14-002	8.15해방기념 목전에 두고 선거의 승리 위한 인민의 투쟁		1	
1948-08-14-003	각 구선거위원회 사업 활발	선전은 군중속에 깊이 침투	1	김동천
1948-08-14-004	북조선의 민주건설에 공헌한 각 부문의 모범일군들을 표창	북조선인민회의 제33차 상임위원회 결정	1	
1948-08-14-005	8.15해방을 기념하는 로동자들의 증산투쟁!	흥남비료, 사리원탄광, 라흥제철, 룡성기계에서	1	
1948-08-14-006	선거일에 대한 준비와 선거위원회의 과업		2	김택영
1948-08-14-007	북조선로동당창립 2주년을 앞두고	민족간부양성에 대한 우리 당의 정책과 업적	2	북조선로동당 중앙본부 당간부부장 진반수
1948-08-14-008	민주주의건설을 위한 투쟁에 있어서의 북조선출판물		2, 3	최룡일
1948-08-14-009	북조선인민보건의 발전을 위한 쏘련의 실제적방조는 실로 위대		3	리문상
1948-08-14-010	쏘련군의 기술적방조지대	파괴된 하성광산 복구건설	3	
1948-08-14-011	조국통일의 번영을 위하여 농업증산에 계속 매진하자		3	송학용
1948-08-14-012	8.15와 선거를 앞두고 농업증산에 가일층 분투	강서군을 찾아서	3	김태석
1948-08-14-013	대의원립후보자로 추천된 우리 당원 모범 로동자 농민	강선제강소 문의석, 함주군 주서면 주만술	3	최죽히
1948-08-14-014	군비축소와 그 법규에 관한 운영위원회의 보고를 심의	-안보평상군비위원회-	4	북조선통신
1948-08-14-015	정부의 파업금지령 반대	일본로동자들 파업기세	4	북조선통신
1948-08-14-016	서독지대 정치정세 긴박	물가등귀반대시위 단행	4	북조선통신
1948-08-14-017	비미행동조사위원회 의장의 부정행동 폭로		4	북조선통신
1948-08-14-018	기자단회견석상에서의 트루맨의 연설		4	북조선통신
1948-08-14-019	"승리는 우리의것이다 무기들고 총궐기하라"	희랍민주군 사령관의 명령서	4	북조선통신
1948-08-14-020	희랍민주군 공격		4	북조선통신
1948-08-14-021	영국에 진주하는 미국항공부대		4	북조선통신
1948-08-14-022	쏘련소식	모쓰크바생산일군들의 호소에 응하여	4	따쓰통신
1948-08-14-023	쏘련소식	내연기관차제조공장	4	
1948-08-14-024	쏘련소식	쏘련에서 물가 저락	4	
1948-08-14-025	3년간에 자라난 우리 민족예술을 시위하는 8.15해방 3주년기념 북조선예술축전		4	
1948-08-14-026	쏘중우호동맹 조약체결 제3주년에 제하여		4	본사 국내외통신부
1948-08-15-001	김일성 사진		1	
1948-08-15-002	(쓰딸린대원수)		1	
1948-08-15-003	일본제국주의식민지통치로부터 조선해방 8.15 3주년기념 만세		1	
1948-08-15-004	쓰딸린대원수 앞	8.15해방 3주년기념 평양시보고대회	1	
1948-08-15-005	북조선인민위원회 위원장 김일성각하	조선해방 3주년에 제하여	1	
1948-08-15-006	8.15해방 3주년기념보고	김일성	2, 3	
1948-08-15-007	8.15해방 3주년기념 평양시보고대회에서 진술한 레베제브소장의 축사		3	
1948-08-15-008	해방 3주년을 맞이하는 북조선인민들의 환희!	8.15해방 3주년기념 평양시보고대회	4	
1948-08-15-009	메쎄지	8.15해방 3주년기념 평양시보고대회	4	
1948-08-15-010	조국건설에 특별히 공헌한 영예의 민주역군들을 표창		4	박중선
1948-08-15-011	북조선인민회의 상임위원회 표창에 빛나는 조국건설을 위하여 특별히 공헌한 민주역군들		4	
1948-08-15-012	최고인민회의 선거를 앞두고 8.15를 맞는 인민들의 환희		5	김현석
1948-08-15-013	선거의 승리를 위하여 우리 당원들 헌신분투	함남, 황해, 남포에서	5	
1948-08-15-014	쏘련의 우의적적극방조로 남포제련소는 복구되었다		5	신언철
1948-08-15-015	해방후 북조선민주건설은 이렇게 약진 발전하고있다		5	
1948-08-15-016	동아의 민주력량은 장성된다 제국주의자들을 반대하는 동아 제 인민의 견결한 투쟁	중국, 일본, 인도네시아, 월남	6	
1948-08-15-017	동아 제 인민들의 자유와 독립을 옹호하는 쏘련의 대외정책		6	본사 국내외통신부

기사번호	제목(title)	부제목(stitle)	면수	필자, 출처
1948-08-16-001	감격의 해방의 날을 맞아 조국통일의 투지 드높다	8.15해방 3주년기념 평양시군중대회	1, 2	
1948-08-16-002	36만군중의 시위행진!		1	
1948-08-16-003	8.15해방 3주년기념 평양특별시군중대회에서 진술한 최용건총사령의 연설		1, 2	
1948-08-16-004	쏘베트동맹은 조선인민의 리익의 초소에 서있다		2	송일룡
1948-08-16-005	쏘련군대에 대한 인민들의 감사	해방기념탑에 꽃다발을 증정!	3	
1948-08-16-006	쏘베트군대에게 드리는 헌사	8.15해방 3주년기념 평양시군중대회에서	3	
1948-08-16-007	북조선각지 경축군중대회 감격과 환호속에서 진행!	각지에서	3	
1948-08-16-008	메르꿀노브장군의 답사	8.15해방 3주년기념 평양시군중대회에서	3	
1948-08-16-009	재미쏘베트공민 랍치사건에 관해 주미쏘대사 미국무성에 각서 전달		4	북조선통신
1948-08-16-010	다뉴브항행제도에 관한 쏘련협정초안 제4조 시인	12일 일반위원회 오전회의	4	북조선통신
1948-08-16-011	상해대학당국의 비행		4	북조선통신
1948-08-16-012	베를린시참사회 새선거실시문제		4	북조선통신
1948-08-16-013	마샬안에 의한 '원조'		4	북조선통신
1948-08-16-014	쏘련소식	공장로동자들의 자녀양육사업	4	북조선통신
1948-08-16-015	쏘련소식	로동보호시설 대량설치	4	북조선통신
1948-08-16-016	일본문제해결의 유일한 길		4	본사 국내외통신부
1948-08-16-017	8.15해방 3주년기념 북조선예술축전		4	
1948-08-18-001	자습당원들의 학습을 계통적으로 검열하자		1	
1948-08-18-002	8.15해방 3주년을 기념하여 김일성장군에게 기념품을 증정	흥남인민공장 전체 종업원들의 정성	1	
1948-08-18-003	북조선인민들은 해방의 명절을 감격과 환희속에서 맞이하였다	각지의 군중대회참가자 5백만명!	1	
1948-08-18-004	려행자들을 위하여 성진역에 림시선거장 설치		1	
1948-08-18-005	조선최고인민회의 선거를 절대지지	남조선 각 정당 사회단체 계속하여 성명서 발표	1	북조선통신
1948-08-18-006	조선최고인민회의 남조선선거 치렬히 전개되고있다	반동경찰은 소위 8.15예비검속과 선거탄압을 강행	1	북조선통신
1948-08-18-007	조국과 인민 위해 헌신할 결의를 김일동지 선거자들앞에서 피력	제96호 신계선거구에서	2	
1948-08-18-008	하급당단체들에 대한 조직적지도사업 강화	평양시당부와 산하 각 구역당부	2	위찬길
1948-08-18-009	'선거'극 연출후의 남조선		2	리활
1948-08-18-010	북조선인민회의 제33차 상임위원회 결정	산업 농촌경리 과학 문학 예술 등 부문의 일군들에게 북조선인민회의 상임위원회 표창장을 증여함에 관하여	2, 3	
1948-08-18-011	쏘련공민비법랍치행동을 묵인하고있는 미국당국에 쏘련정부 항의		4	북조선통신
1948-08-18-012	쏘련공민랍치사건에 대한 쏘련 각 신문 론평		4	북조선통신
1948-08-18-013	「미국제3당은 인민전선이다」	일본『아까하다』지 론평	4	북조선통신
1948-08-18-014	쏘베트점령 독일지대 상반년경제계획 완수		4	북조선통신
1948-08-18-015	오지리자동차공장 휴업상태		4	북조선통신
1948-08-18-016	쏘련과 서서간 통상조약 비준문서를 교환		4	북조선통신
1948-08-18-017	부르죠아국가에서의 립법기관'선거'는 어떻게 진행되는가?		4	본사 국내외통신부
1948-08-18-018	쏘련소식	해군절에 제하여 『쁘라우다』지 사설	4	북조선통신
1948-08-18-019	쏘련소식	각 공장의 도서관사업 활발	4	북조선통신
1948-08-18-020	8.15해방 3주년기념 북조선예술축전		4	
1948-08-19-001	력사적선거일을 앞두고		1	
1948-08-19-002	몰로또브쏘련외상의 축전에 대한 김일성위원장의 회전	8.15해방 3주년에 제하여	1	
1948-08-19-003	조선최고인민회의 선거사업은 인민의 지지밑에 활발하게 진행		1	
1948-08-19-004	제4차 중앙선거위원회		1	북조선통신
1948-08-19-005	조선최고인민회의 창설위업에 돌진하자!	8.15에 제하여 남조선민전 성명	1	북조선통신
1948-08-19-006	조선최고인민회의선거 남조선에서도 강력 추진	반동경찰은 발악적으로 탄압	1	북조선통신
1948-08-19-007	단정수립 경축아취에 방화 남조선각지의 단정반대운동	-소란한 남조선의 8.15-	1	북조선통신
1948-08-19-008	제29호금곡선거구 선거자들 김재욱동지를 열렬히 환영지지		2	
1948-08-19-009	조국통일독립 위해 투쟁할것을 정일룡동지 선거자들앞에 맹세		2	
1948-08-19-010	당원들의 열성으로 선거선전사업 활발	평양시 각 선거구	2	위찬길
1948-08-19-011	북조선로동당창립 제2주년을 앞두고	함북도당단체의 업적	2	북조선로동당 함북도당 위원장 김민산
1948-08-19-012	선거일을 목전에 앞두고 선거선전은 가일층 활발	평양시 각 선거구에서	3	리문상

기사번호	제목(title)	부제목(stitle)	면수	필자, 출처
1948-08-19-013	쏘련기술자의 원조로 철도운수는 향상발전		3	신언철
1948-08-19-014	유권자명부를 정비 창의적선전을 전개	황해도 각 선거구에서	3	박진선
1948-08-19-015	협조사업 적극 전개 계획초과생산 보장	청진제철소내 당단체들	3	김소민
1948-08-19-016	대의원립후보자로 추천된 우리 당원 모범 로동자 농민	본궁화학공장 한도겸동무	3	최죽희
1948-08-19-017	대의원립후보자로 추천된 우리 당원 모범 로동자 농민	철원군 동송면 김만중동무	3	리문상
1948-08-19-018	8.15해방 3주년기념 대전람회 성황		3	김현석
1948-08-19-019	쏘베트문학의 애국주의적사상성에 대하여(1)		3	선전부
1948-08-19-020	다뉴브위원회에 참가하려는 미.영.불의 기도 봉쇄	일반위원회 12일 오후회의	4	북조선통신
1948-08-19-021	다뉴브위원회 구성문제에 관한 심의 완료	일반위원회 13일 오전회의	4	북조선통신
1948-08-19-022	특별강하관리위원회 설립에 대한 쏘베트초안의 각 조항 시인	일반위원회 13일 오후회의	4	북조선통신
1948-08-19-023	아시다내각 타도 절규	일본에서의 8.15기념대회	4	북조선통신
1948-08-19-024	쏘련소식 쏘련해군의 장성	골로브꼬제독 담화 발표	4	북조선통신
1948-08-19-025	쏘련소식	젊은 로동녀자들의 성과	4	따쓰통신
1948-08-19-026	독일에 대한 추악한 음모		4	본사 국내외통신부
1948-08-19-027	8.15해방 3주년기념 북조선예술축전		4	
1948-08-20-001	조국의 통일과 후손의 행복을 원한다면 민전립후보자들에게 투표하자		1	
1948-08-20-002	쏘련무력상 쏘련원수 불가닌각하	8.15해방 3주년에 제하여	1	
1948-08-20-003	모쓰크바군관구 사령관 쏘련원수 메레츠꼬브각하	8.15해방 3주년에 제하여	1	
1948-08-20-004	남조선의 지하선거는 성공적으로 진전한다	조선중앙일보의 보도	1	북조선통신
1948-08-20-005	후보자환영대회는 각지에서 계속 진행		1	
1948-08-20-006	8.25선거를 기념하는 로동자들의 증산투쟁!	유선내화련와, 길주내화물, 부동광산, 흥남제련	1	심철, 박태화, 서득창, 리정환
1948-08-20-007	조국과 인민을 위해 헌신할것을 최용건씨선거자들앞에서 맹세		2	
1948-08-20-008	북조선로동당창립 제2주년을 앞두고	평남도당단체의 업적	2	북조선로동당 평남도당 위원장 김재욱
1948-08-20-009	청년작업반운동에 대하여		2	북조선민청 중앙위원회 부위원장 리영섭
1948-08-20-010	광범한 대중속에 깊이 침투 이동선전대의 활동도 활발	강원도 선거선전사업	3	김만선
1948-08-20-011	고도의 애국적열의속에 농민들 청초채취에 궐기	북조선 전체 농민들	3	송학용
1948-08-20-012	8.15증산목표를 빛나는 기록으로 완수	사리원방직공장	3	리성섭
1948-08-20-013	해방기념 인민체육축전은 찬란한 성과를 거두고 종막	평양시경기장에서	3	
1948-08-20-014	인민에게 복무하는 예술가 대의원립후보자로 추천	민족무용가 최승희녀사	3	박중선
1948-08-20-015	기념문학예술축전 성황리에 계속 진행	국립가극극장에서	3	
1948-08-20-016	쏘베트문학의 애국주의적사상성에 대하여(2)		3	선전부
1948-08-20-017	재미쏘련공민랍치사건 상보		4	북조선통신
1948-08-20-018	베를린시참사회내의 다수파의 반동성 규탄	베를린인민들 분노 폭발	4	북조선통신
1948-08-20-019	쏘련협정초안토의를 계속	다뉴브회의 14일 일반위원회	4	북조선통신
1948-08-20-020	쏘련소식	4대의 작업대를 일시 사용	4	
1948-08-20-021	쏘련소식	자녀많은 어머니에게 보조금	4	
1948-08-20-022	서적광고		4	
1948-08-20-023	8.15해방 3주년기념 북조선예술축전		4	
1948-08-21-001	조선최고인민회의 대의원선거일은 박두하였다		1	
1948-08-21-002	김일성위원장의 축전에 대하여 메레츠꼬브원수로부터 회전	8.15해방 3주년에 제하여	1	
1948-08-21-003	박두한 대의원선거를 위하여 애국적인 전체 인민들 총궐기		1	김동천
1948-08-21-004	재일조선인련맹 해방 3주년기념대회		1	북조선통신
1948-08-21-005	8.25선거를 기념하는 로동자들의 증산투쟁!	라진철도, 무산광산, 평양제과, 백암목제, 청진산소에서	1	전기풍, 황두건, 리동수, 리보국, 김소민
1948-08-21-006	통일조국건설에의 매진을 장순명동지가 열렬히 력설	제208호선거구 선거자들앞에서	2	
1948-08-21-007	갑산선거구 선거자들이 한설야동지를 환영지지		2	안채희
1948-08-21-008	북조선로동당창립 제2주년을 앞두고	황해도당단체의 업적	2	북조선로동당 황해도당 위원장 박훈일
1948-08-21-009	당단체들의 선거협조사업을 더욱 강화하자		2	김동천
1948-08-21-010	선거승리를 위한 준비와 선전에 우리당과 당원들의 헌신적투쟁 조국통일을 갈망하는 인민들의 열의 비등	평안북도, 강원도, 함경북도, 함경남도에서	3	최영환, 김현석
1948-08-21-011	해방 3주년을 기념하여 조기현물세 일체를 완납	사리원시 농민들	3	리성섭

기사번호	제목(title)	부제목(stitle)	면수	필자, 출처
1948-08-21-012	대의원립후보자로 추천된 우리 당원 모범 로동자 농민	룡성기계제작소 최선자동무, 황해도 재령군 김제원동무	3	최죽희
1948-08-21-013	쏘련에 있어서는 각 공민에 대한 로동이 보장되었다		3	통신부
1948-08-21-014	군대까지 동원 탄압	희왕당파의 귀축행위	4	북조선통신
1948-08-21-015	희랍체신직맹의 호소		4	북조선통신
1948-08-21-016	자격심사위원회와 수정위원회를 선거	16일 다뉴브회의 본회의	4	북조선통신
1948-08-21-017	면전인민군의 승세	란공은 포위상태	4	북조선통신
1948-08-21-018	쏘련의 보급에 의하여 베를린식량배급 확보		4	북조선통신
1948-08-21-019	예루살렘에서 전투 재개		4	북조선통신
1948-08-21-020	쏘련소식	쾌속선반공의 성취	4	
1948-08-21-021	쏘련소식	자동적재기	4	
1948-08-21-022	꼴호즈출신의 새 미술가들		4	
1948-08-21-023	도서관사업 활발		4	
1948-08-21-024	유고슬라비야공산당원들은 유고슬라비야공산당 중앙위원회의 반인민적정책에 항의하고있다		4	본사 국내외통신부
1948-08-21-025	서적광고		4	
1948-08-21-026	8.15해방 3주년기념 북조선예술축전		4	
1948-08-22-001	인민의 총의로 선출된 천여명대표 일당에 참집	력사적남조선인민대표자대회 개막	1	북조선통신
1948-08-22-002	8월 25일은 휴식일로	북조선인민위원회의 결정	1	
1948-08-22-003	개회사 홍명희	남조선인민대표자대회에서	1	
1948-08-22-004	조선최고인민회의 남조선대의원선거를 위한 남조선인민대표자대회 대표선거 총결에 대하여 박헌영		2, 3, 4	
1948-08-22-005	축사 북조선민주주의민족통일전선 중앙위원회 김두봉	남조선인민대표자대회에서	4	
1948-08-22-006	미제국주의를 반대하여 제주도인민들 결사투쟁	제주도대표 김달삼씨 담	4	
1948-08-22-007	조국통일의 신념도 굳게 인민들 선거의 날을 고대	평북도 룡천군선거선전실에서	5	
1948-08-22-008	쏘련의학기술과 그 친절에 인민들 경탄하고 감사한다	쏘련적십자병원에서	5	리문상
1948-08-22-009	대의원립후보자로 추천된 우리 당원 모범기술자들	수풍발전부 리지찬동무	5	최영환
1948-08-22-010	대의원립후보자로 추천된 우리 당원 모범기술자들	흥남비료공장 리재영동무	5	최죽희
1948-08-22-011	쏘련학자단 또 래착	전학계 열렬히 환영	5	박중선
1948-08-22-012	성초기를 놓치지 말고 퇴비증산에 총궐기하자		5	리의철

기사번호	제목(title)	부제목(stitle)	면수	필자, 출처
1948-08-22-013	꼴호즈가족과 그의 수입	조선인꼴호즈 '달리니 보스또끄'	5	본사선전부
1948-08-22-014	쏘련협정초안을 채택하고 다뉴브회의 페막		6	북조선통신
1948-08-22-015	다뉴브회의 조인식 거행		6	북조선통신
1948-08-22-016	협정에 대한 추가의정서를 토의	다뉴브회의 17일 일반위원회 오전회의	6	북조선통신
1948-08-22-017	1921년협정의 무효를 선언하는 추가의정서 시인	다뉴브회의 일반위원회 사업 완료	6	북조선통신
1948-08-22-018	현행범으로서 체포된 미국간첩		6	
1948-08-22-019	국제정세개관	다뉴브회의 페막	6	본사 국내외통신부
1948-08-22-020	국제정세개관	아시다의 반동정책	6	본사 국내외통신부
1948-08-22-021	북조선로동당 중앙위원회 기관잡지 근로자	8월호 발간	6	
1948-08-24-001	김일성 사진		1	
1948-08-24-002	조선최고인민회의 선거를 앞두고 평남 강동군 승호선거구선거자들 앞에서 진술한 김일성장군의 연설		1, 2	
1948-08-24-003	김일성장군을 받든 제23호선거구 감격의 대의원후보자환영대회 성황		1	
1948-08-24-004	전조선인민은 조선최고인민회의 대의원선거에 총궐기하였다		2	박진
1948-08-24-005	치렬한 선거투쟁의 승리 각지 대표들 열렬히 토론	남조선인민대표자대회(제2일)	3	
1948-08-24-006	인민들의 지원과 희생동지들에 보답하자 남로당대표(충남론산) 김오성	남조선인민대표자대회에서	3	
1948-08-24-007	선혈 흘리며 쓰러진 선렬들과 로동자 농민의 요구를 실현하여 주소서 전남 화순 로동자 농민 5천 7백 86명의 메쎄지	남조선인민대표자대회에서	3	
1948-08-24-008	남조선로동계급은 영웅적으로 싸운다 로동자대표(경기, 인천) 리신재	남조선인민대표자대회에서	3	
1948-08-24-009	우리의 정권 인민위원회를 도로 찾자 농민대표(경북, 경주) 리영동	남조선인민대표자대회에서	3	
1948-08-24-010	하지장군의 조선괴뢰정부 조작연극		3	본사 국내외통신부
1948-08-24-011	북조선로동당창립 제2주년을 앞두고	평북도당단체들의 민주건설을 위한 투쟁	4	북조선로동당 평북도당 위원장 박일영
1948-08-24-012	북조선로동당창립 제2주년을 앞두고	평양시당단체의 업적	4	북조선로동당 평양시당 위원장 장위삼

기사번호	제목(title)	부제목(stitle)	면수	필자, 출처
1948-08-24-013	선거의 승리를 위하여 과감한 증산투쟁 전개	본궁화학공장 로동자들	4	박경석
1948-08-24-014	선거의 날은 래일로 림박 승리를 위한 준비는 완료	각지에서	5	박경석, 김소민, 최죽히, 김달수, 김만선, 박진선
1948-08-24-015	발걸음을 멈추고 남조선대표들의 목소리에 귀를 기울이는 군중		5	
1948-08-24-016	조국의 통일과 독립을 위해 싸우는 인민들의 목소리!		5	김현석
1948-08-24-017	쏘련동맹이 파란국가에 주는 경제적방조		5	본사선전부
1948-08-24-018	쏘련내각의 베를린에 대한 식료품배급 결정에 관하여 독일사회통일당 중앙서기국 결의안 발표		6	북조선통신
1948-08-24-019	베를린시민들에 대한 쏘련측의 석탄배급을 미국측에서 중상		6	북조선통신
1948-08-24-020	톨리앗티 건강량호		6	북조선통신
1948-08-24-021	독일경제위원회도 감사성명		6	북조선통신
1948-08-24-022	쏘미통상협정 파기하는 미국	『뉴욕 포스트』지 론평	6	북조선통신
1948-08-24-023	화란당국의 도발행위로 인도네시아공화국 협의 중지		6	북조선통신
1948-08-24-024	서전에 대한 미국의 획책		6	북조선통신
1948-08-24-025	다뉴브회의 참가 각국 대표 귀국		6	북조선통신
1948-08-24-026	주백림 불군 불원철퇴?		6	북조선통신
1948-08-24-027	쏘련소식	연료공업생산 각지에서 증가	6	북조선통신
1948-08-24-028	쏘련소식	쏘베트적십자협회	6	북조선통신
1948-08-24-029	선거전투쟁이 첨예화한 미국		6	본사 국내외통신부
1948-08-24-030	북조선로동당 중앙위원회 기관잡지 『근로자』 8월호 내용		6	
1948-08-24-031	8.15해방 3주년기념 북조선예술축전		6	
1948-08-25-001	(오늘 8월 25일은 조선최고인민회의 대의원선거의 날 모두다 선거에로!)		1	
1948-08-25-002	모두다 선거에로!		1	
1948-08-25-003	승리에로 이끄는 선거에 전조선인민의 환희 폭발		1	
1948-08-25-004	남조선인민대표자대회에 대한 북조선인민의 반향	각지의 근로자들	1	북조선통신
1948-08-25-005	전 조선인민은 감격과 환희로 위대한 선거의 날을 맞이한다		2	김동천
1948-08-25-006	김일성장군 연설 받들어 각처에서 보고대회 성황		2	
1948-08-25-007	선거장으로		2	박준일

기사번호	제목(title)	부제목(stitle)	면수	필자, 출처
1948-08-25-008	쏘련은 우리를 해방시켰으며 또 진정으로 원조하는 벗이다		2	홍인표
1948-08-25-009	선거를 기다리는 로동자의 가정		2	신기관
1948-08-25-010	선거의 승리 보장키 위한 북조선로동자들의 투쟁		2	
1948-08-25-011	북조선인민들의 성원속에 대회는 승리적으로 진행	남조선인민대표자대회(제3일)	3	북조선통신 특파원
1948-08-25-012	축사(요지) 남북조선로동계급의 힘을 신뢰하라 북조선로동자대표 문창운	남조선인민대표자대회에서	3	
1948-08-25-013	남조선에도 토지개혁을 실시하기 위하여 통일정부수립 촉진하자 북조선농민대표 황원보	남조선인민대표자대회에서	3	
1948-08-25-014	남조선자매들의 평등권 쟁취를 위하여 싸우자 북조선녀성대표 고백선	남조선인민대표자대회에서	3	
1948-08-25-015	남조선학생청년들의 투쟁 성원한다 북조선중등전문대학생대표 박표실	남조선인민대표자대회에서	3	
1948-08-25-016	남조선인민대표자대회에 화환을 드리는 북조선녀성대표들		3	
1948-08-25-017	이태리 3백만농장로동자들과 농민 전국적총파업 단행		4	북조선통신
1948-08-25-018	쏘련공민중상의 진상	뉴욕주재 쏘련총령사 성명	4	북조선통신
1948-08-25-019	이란반독재신문전선 성명		4	북조선통신
1948-08-25-020	미경찰당국의 전횡적인 행동		4	북조선통신
1948-08-25-021	희랍민주군 승세		4	북조선통신
1948-08-25-022	일본 북해도에 파업 날로 확대		4	북조선통신
1948-08-25-023	미국의 대쏘통상정책 부당	포레녀사 『뉴욕 포스트』지에서 론난	4	북조선통신
1948-08-25-024	화란식민지당국의 폭행		4	북조선통신
1948-08-25-025	스칸디나비아에 대한 영미의 책동		4	북조선통신
1948-08-25-026	쏘련소식	납곡계획 초과달성	4	북조선통신
1948-08-25-027	쏘련소식	쏘련인민예술가 별세	4	북조선통신
1948-08-25-028	반동의 공격을 반대하는 이태리근로대중의 투쟁		4	본사 국내외통신부
1948-08-25-029	8.15해방 3주년기념 북조선예술축전		4	
1948-08-25-030	북조선로동당 중앙위원회 기관잡지 『근로자』 8월호 내용		4	
1948-08-26-001	김일성장군에게 먼저 영예의 한표를 드리려	제23호 선거구 선거자들	1	
1948-08-26-002	나는 조국의 통일과 독립을 위하여 투표했다		1	
1948-08-26-003	조국통일을 위하여 전조선인민은 총궐기하여 투쟁한다		1	

기사번호	제목(title)	부제목(stitle)	면수	필자, 출처
1948-08-26-004	제7호선거구 제10분구에서 투표하는 김일성 사진		1	
1948-08-26-005	나는 로동자립후보자에게 투표했다		1	신기관
1948-08-26-006	제5호선거구 제25분구에서 투표하시는 김두봉선생		1	
1948-08-26-007	남조선인민대표자대회 대표선거총화에 관한 결정		2	
1948-08-26-008	남조선인민대표자대회	제4일	2	북조선통신
1948-08-26-009	리승만사설'내각'		2	석국
1948-08-26-010	살인적탄압밑에서 선거투쟁을 전개	남조선인민대표선거투쟁정형	2	
1948-08-26-011	조국통일을 위한 위대한 경사	평양시의 선거의 날	3	김동천
1948-08-26-012	가두가설무대우에서 노래부르는 녀성들	평양 교구리부근에서	3	
1948-08-26-013	나는 누구보다도 제일 먼저 투표했다	제1호선거구 7분구선거장에서	3	최죽희
1948-08-26-014	나는 마음껏 감사를 드린다	평북도 제83호선거구 제49분구 박현학부처에서	3	
1948-08-26-015	조국독립을 위해 나는 투표하였다	제2호선거구 2분구선거장에서	3	김달수
1948-08-26-016	선거자들의 열성참가로 선거는 성공적으로 진행	각지에서	3	
1948-08-26-017	선거실앞에 장사진 이룬 유권자들	제2호선거구에서	3	
1948-08-26-018	남조선인민대표자대회 개막에 관하여 따쓰통신의 보도		4	북조선통신
1948-08-26-019	항가리근로인민당 총비서 라코시씨 연설		4	북조선통신
1948-08-26-020	주큐바 쏘련대사관 피습사건		4	북조선통신
1948-08-26-021	악질투기배를 단호 체포	베를린경찰당국에서	4	북조선통신
1948-08-26-022	통화교란자를 체포		4	북조선통신
1948-08-26-023	금년도 상반기 경제계획달성	불가리아	4	북조선통신
1948-08-26-024	트리에스트 지사임명을 미영 지연	안보에서 쏘대표 성명	4	북조선통신
1948-08-26-025	영국은 딸라의 노예	텔레프레스통신 론평	4	북조선통신
1948-08-26-026	이태리사회당 지도자 넨니씨 담화		4	북조선통신
1948-08-26-027	미제국주의자들의 아세아침략계획		4	본사 국내외통신부
1948-08-26-028	미지중해함대 사령관 암약		4	북조선통신
1948-08-26-029	독일파철수출문제로 영미 의견 충돌		4	북조선통신
1948-08-26-030	마다가스카르도의 '봉기'		4	북조선통신
1948-08-26-031	8.15해방 3주년기념 북조선예술축전		4	
1948-08-27-001	전조선인민의 승리		1	
1948-08-27-002	조선최고인민회의 대의원선거를 위한 중앙선거위원회 보도		1	
1948-08-27-003	선거자의 열성적참가로 선거는 승리적으로 완료	평양시, 평남도, 함북도, 함흥시에서	1	

기사번호	제목(title)	부제목(stitle)	면수	필자, 출처
1948-08-27-004	조선최고인민회의 남조선대의원을 선거하는 투표 진행	남조선인민대표자대회(제5일)	1	북조선통신
1948-08-27-005	북조선로동당창립 2주년을 앞두고	2년간의 강원도당단체의 업적	2	북조선로동당 강원도당 위원장 한일무
1948-08-27-006	당원된 의무에 충실 날로 상승하는 실적	청진철도공장 김창근동무	2	
1948-08-27-007	로동자의 교양제고로써 비약적인 증산을 초래	원산철도공장 강준삼동무	2	김만선
1948-08-27-008	교양과 증산의 선두에 서서 많은 녀성을 이끌고 나간다	청진방직공장 채희동무	2	
1948-08-27-009	새로운 영농법으로 146% 증수확보	명천군 동면 박창백동무	2	
1948-08-27-010	자급비료증산으로 농업증산을 보장	안변군 배화면 김백관동무	2	
1948-08-27-011	증산과 녀맹사업에 열성적인 모범녀성	정주군 남서면 김상경동무	2	최영환
1948-08-27-012	직장문맹퇴치에 헌신코 자기 책임량을 넘쳐 실행	강원특수고무공장 전숙자동무	2	
1948-08-27-013	떼목을 지어 두만강을 흘러내리는 무산일대 원시림의 풍부한 목재	호곡목재공장으로 모인다	3	현준국
1948-08-27-014	당원들 총력량을 집결 생산실적제고를 보장	천내리세멘트공장	3	김만선
1948-08-27-015	142인찌 대초지기 신설공사 활발히 진척	길주팔프공장	3	
1948-08-27-016	연극「백두산」을 보고		3	근로인민당 제주도대표 고경흠
1948-08-27-017	남조선인민대표 선거투쟁정형		3	
1948-08-27-018	사회주의로동영웅의 칭호를 받은 문자현씨		3	본사선전부
1948-08-27-019	다뉴브회의 총결	『쁘라우다』지 론문	4	
1948-08-27-020	입원중의 쏘련공민에 대한 미형사들의 날조선전 폭로	주뉴욕 쏘련 부령사 성명	4	북조선통신
1948-08-27-021	일본 동보영화회사산하 종업원들 파업		4	북조선통신
1948-08-27-022	희랍왕당파의 로총서기장 학살계획		4	북조선통신
1948-08-27-023	파시스트를 석방하는 화란의 신내각		4	북조선통신
1948-08-27-024	분란인민민주동맹 대표 대통령을 방문		4	북조선통신
1948-08-27-025	국내외반동을 반대하는 일본근로자들의 투쟁		4	본사 국내외통신부
1948-08-27-026	쏘련소식	광범히 보급된 통신교육	4	북조선통신
1948-08-27-027	쏘련소식	각 지방에서 납곡계획 완수	4	북조선통신
1948-08-27-028	쏘련소식	동기곡물파종 전국적으로 진행	4	북조선통신
1948-08-27-029	쏘련소식	쏘베트건축 30주년기념 전람회	4	북조선통신
1948-08-27-030	8.15해방 3주년기념 북조선예술축전		4	
1948-08-28-001	당창립 2주년을 맞으면서		1	
1948-08-28-002	쏘련내각 수상 쓰딸린대원수귀하	8.15해방 3주년에 즈음하여	1	

기사번호	제목(title)	부제목(stitle)	면수	필자, 출처
1948-08-28-003	김일성장군 조선민주주의인민공화국 최고인민회의 대의원 당선	전유권자 100%로 찬성투표	1	북조선통신
1948-08-28-004	김두봉선생에게 당선증을 교부	각 선거구 당선증교부사업 진행	1	북조선통신
1948-08-28-005	폐회사 허헌	조선최고인민회의 대의원선거를 위한 남조선인민대표자대회에서	1	
1948-08-28-006	북조선인민위원회 김일성위원장에게 드리는 메쩨지	조선최고인민회의 대의원선거를 위한 남조선인민대표자대회	1	
1948-08-28-007	북조선로동당창립 2주년을 맞으며	우리 당 2년간의 조직적장성	2	북조선로동당중앙본부 조직부 부부장 김승섭
1948-08-28-008	당세는 날로 발전강화	순천군당단체의 정형	2	김전
1948-08-28-009	조선최고인민회의 대의원으로 진정한 인민의 대표를 선출	남조선인민대표자대회 력사적 승리 거두고 26일 폐막	2	북조선통신
1948-08-28-010	갈산면당단체의 협조로 농촌경리는 급속히 발전		2	위찬길
1948-08-28-011	전력은 산업건설의 원동력 정상적공급을 보장기 위해	장진강발전부	3	박경석
1948-08-28-012	농산물증산 위해 청초채취에 전력	순천군 조봉한농민	3	송학용
1948-08-28-013	활발한 신학년도 준비상황	교사신축계획의 317%	3	김동천
1948-08-28-014	철저한 실천으로 당적임무에 충실	수풍발전부 리태정동무	3	최영환
1948-08-28-015	생산과 결부시켜 자체교양에 주력	본궁화학공장 김정순동무	3	
1948-08-28-016	민주건설의 위대한 모습	기념대전람회 련일 성황	3	신기관
1948-08-28-017	근로자들의 건강에 관한 쏘베트정부의 고려		3	본사선전부
1948-08-28-018	까씨엔끼나 및 싸마린사건에 관한 미국정부의 각서에 대한 쏘련정부의 답서		4	
1948-08-28-019	쓰딸린대원수 미영불 제 사절을 접견		4	북조선통신
1948-08-28-020	세계민청평의회 개최	와르샤와근방 오드보츠크시에서	4	북조선통신
1948-08-28-021	세계민주청년련맹평의회 19개국 청년기관의 신가입 승인		4	북조선통신
1948-08-28-022	미항공장관 등 토이기 방문		4	북조선통신
1948-08-28-023	희왕당파의 항전행위	알바니아의 령토를 포격	4	북조선통신
1948-08-28-024	서반아인들 쏘련정주를 간청		4	북조선통신
1948-08-28-025	영국과 '마샬안'		4	본사 국내외통신부
1948-08-28-026	세계로동청년운동사에 빛나는 국제로동청년대회 폐회		4	북조선통신
1948-08-28-027	베를린 미국제기관 뉴룸베르그에 이전 준비		4	북조선통신
1948-08-28-028	월남의 문화발전		4	북조선통신

기사번호	제목(title)	부제목(stitle)	면수	필자, 출처
1948-08-28-029	쏘련소식	사회주의로동영웅칭호 수여	4	북조선통신
1948-08-28-030	쏘련소식	고등교육기관 증가 신설중	4	북조선통신
1948-08-28-031	8.15해방 3주년기념 북조선예술축전		4	
1948-08-29-001	김일성 사진		1	
1948-08-29-002	위대한 승리		1	
1948-08-29-003	조선최고인민회의 대의원선거를 위한 북조선중앙선거위원회의 1948년 8월 25일에 진행한 선거총결에 관한 보도		1, 2	
1948-08-29-004	조선최고인민회의 대의원선거 결과에 관한 남조선인민대표자대회 주석단의 보도		1	
1948-08-29-005	조선최고인민회의 대의원들에게 알리는 공시		1	
1948-08-29-006	북조선로동당창립 2주년에 제하여	민주조국건설과 로동당의 역할	2	최창익
1948-08-29-007	민주건설에 적극 투쟁한 송림시당단체의 업적		2	
1948-08-29-008	우리 당창립 2주년을 로동자들 증산으로 경축	사동련탄공장에서	3	
1948-08-29-009	계획생산의 성과를 높이어 승리의 기발을 올리기까지	사리원방직공장	3	리성섭
1948-08-29-010	연극 「제주도」 상연	남조선인민대표자대회에서	3	
1948-08-29-011	김일성대학 교사 머지 않어 준공		3	
1948-08-29-012	통일과 독립 위하여 제주도인민은 영용하게 싸운다(1)		3	
1948-08-29-013	리승만의 반역적범죄	8.29국치일에 제하여	3	
1948-08-29-014	미국의 선거전풍경	브리드스포르트에서의 월레스의 연설	4	북조선통신
1948-08-29-015	트리에스트공산당대회 신중앙위원들을 선출		4	북조선통신
1948-08-29-016	진보당탄압 우심		4	북조선통신
1948-08-29-017	유엔빨칸위원단은 전쟁상인의 대행기관	알바니아외상 성명 발표	4	북조선통신
1948-08-29-018	미정부 징병국장대리 담화		4	북조선통신
1948-08-29-019	루마니아에서 물가 대폭인하		4	북조선통신
1948-08-29-020	북부핀두스지구에서 희랍민주군 전과 혁혁		4	북조선통신
1948-08-29-021	수단에 있어서의 영정책		4	북조선통신
1948-08-29-022	인도에 대한 미국의 촉수		4	북조선통신
1948-08-29-023	소위 국제사회주의청년동맹		4	북조선통신
1948-08-29-024	국제교원회의 개최		4	북조선통신
1948-08-29-025	국제정세개관	쏘련공민랍치사건에 대하여	4	본사 국내외통신부
1948-08-29-026	국제정세개관	반동은 발악한다	4	본사 국내외통신부
1948-08-29-027	극장안내		4	

기사번호	제목(title)	부제목(stitle)	면수	필자, 출처
1948-08-29-028	서적광고		4	조선로동당 출판사
1948-08-31-001	신학년도를 맞이하면서		1	
1948-08-31-002	조선최고인민회의에 대한 표어		1	
1948-08-31-003	학교사업에 있어서의 북조선인민들의 승리	9월 1일 새학년도 시작	1	
1948-08-31-004	위대한 선거의 승리를 경축하는 증산투쟁!	신의주방직, 수풍발전부, 학무염전, 대개작업장에서	1	
1948-08-31-005	농촌경리발전을 위한 투쟁에서의 우리 당의 역할		2	북조선로동당 중앙본부 농민부 부부장 김성일
1948-08-31-006	리승만정부는 미국의 허수아비다		2	본사선전부
1948-08-31-007	함주군당단체의 활약	군중을 추동 건국으로	2	
1948-08-31-008	자체교양에 열성	윤용묵동무의 모범	2	
1948-08-31-009	녀성의 선두에서	노서분동무의 분투	2	
1948-08-31-010	영원히 잊지 못할 날!		3	박중선
1948-08-31-011	선거승리의 감격을 증산투쟁에 살리여	평양철도공장 화차수리반 로동자 리상진	3	황경렵
1948-08-31-012	토지는 영원히 농민의것 선거승리는 이것을 보장	중화군 남곤면 남정리 한창협 농민일가	3	오학균
1948-08-31-013	남조선인민들의 의사를 정확하게 반영시키였다		3	해주 석계동농민 박성준
1948-08-31-014	통일과 독립 위하여 제주도인민은 영용하게 싸운다(2)		3	
1948-08-31-015	조국의 통일을 위하여서 조선인민은 단결되였다		3	해주기계제작소 로동자 김명구
1948-08-31-016	『하나의 애정』을 읽고		3	박팔양
1948-08-31-017	진보적인미추린의 생물과학의 기발을 드높이 들어라!	-『쁘라우다』지 론평-	4	북조선통신
1948-08-31-018	남조선인민대표자대회 대표선거총화에 관하여 따쓰통신의 보도		4	북조선통신
1948-08-31-019	인민전선형성의 적당한 시기	일본공산당 서기장 도꾸다동지 담	4	북조선통신
1948-08-31-020	미공산당 지도자탄압에 엄중항의	저명한 진보적흑인들	4	북조선통신
1948-08-31-021	마래 면전의 인민항쟁탄압		4	북조선통신
1948-08-31-022	희랍인의 피난월경에 대한 알바니아내무성 성명		4	북조선통신
1948-08-31-023	백림시참사회 일부 지도자 련합국관리당국결정 위반		4	북조선통신
1948-08-31-024	서독실업로동자들 동독에 취직을 요망		4	북조선통신

기사번호	제목(title)	부제목(stitle)	면수	필자, 출처
1948-08-31-025	불마리내각 총사직		4	북조선통신
1948-08-31-026	미독점자본가 서독에 진출		4	북조선통신
1948-08-31-027	견고한 민주주의평화를 위한 투쟁에 있어서의 고귀한 기여	이태리 루마니아 항가리 불가리아 및 분란과의 강화조약비준 1주년에 제하여	4	본사 국내외통신부
1948-08-31-028	화란식량사정 악화		4	북조선통신
1948-08-31-029	화란 제 도시에 식량증배요구시위 빈번		4	북조선통신
1948-08-31-030	영공산당 총비서 분란 향		4	북조선통신
1948-08-31-031	오지리정부의 반동적조치		4	북조선통신
1948-08-31-032	파란대외무역 전전수준 초과		4	북조선통신
1948-08-31-033	남이에 지진		4	북조선통신
1948-08-31-034	극장안내		4	
1948-09-01-001	남조선인민대표자대회에서 당선된 조선최고인민회의 대의원명단		1	
1948-09-01-002	본보창간 2주년기념에 제하여		1	
1948-09-01-003	위대한 선거의 승리를 경축하는 증산투쟁!	흥남 룡성기계, 흥남제련, 대유동광산, 풍산아마에서	1	
1948-09-01-004	무산군당단체협조로 목재생산을 초과확보		2	
1948-09-01-005	은률군농민선거 경축을 증산으로 보답코저 궐기	황해도 은률군당산하 각 면농촌세포원들	2	
1948-09-01-006	학습과 선거선전에 열성 리명준동무 솔선 모범	신의주녀자고급중학교 세포에서	2	
1948-09-01-007	녀맹원을 추동 증산 위해 분투 모범당원 홍섭섭동무	황주군 주남면 내함리 모범당원	2	
1948-09-01-008	녀성들의 선봉 김명림동무의 열성	황해북도 금전군 우리면 비천동세포에서	2	
1948-09-01-009	녀성경리일군들 양성키 위해 노력 모범당원 리인애동무	함남중앙은행 저금주임	2	
1948-09-01-010	맑스-레닌의 당을 비판과 자아비판 없이는 생각할수 없다		2	본사 국내외통신부
1948-09-01-011	굳게 잡은 손과 손에 새 결의는 맺히였다	국영 제2양말공장 신편공 김동삼녀공	3	
1948-09-01-012	통일된 민족적의사 세계인민앞에 시위	황해도 곡산광산 리중우동무	3	
1948-09-01-013	우리의 앞길엔 광명이 있을뿐	사동련탄공장 모범로동자이며 당원인 위치흐동무	3	
1948-09-01-014	두 대의원	안주군 대의원선거구에서 당선된 김기남선생, 안악군 홍선지구 립후보로 추천된 김필주선생	3	
1948-09-01-015	모든 준비 갖추고 개학일을 맞는다	평양 제12인민학교	3	
1948-09-01-016	북조선농민의 애국열성	조기작물현물세 완납!	3	
1948-09-01-017	추잠소립을 완료	각지 농촌들에서	3	

기사번호	제목(title)	부제목(stitle)	면수	필자, 출처
1948-09-01-018	만기현물세 선납	이천군 상수회리 농민들	3	
1948-09-01-019	레닌의 협동조합안(1)		3	본사선전부
1948-09-01-020	세계적으로 저명한 문화인들 미국의 팽창정책 비난		4	북조선통신
1948-09-01-021	평화옹호의 선언서 채택코 국제련락위원회 설치결의		4	북조선통신
1948-09-01-022	각국대표 토론 계속		4	북조선통신
1948-09-01-023	이태리반동정부 총파업참가자를 체포		4	북조선통신
1948-09-01-024	이반동 데.가스페리정부 대쏘전참가부대에 훈장 수여		4	북조선통신
1948-09-01-025	반로동정책 비난	서전공산당지도자 연설	4	북조선통신
1948-09-01-026	인도의 반동을 고무하는자는 누구냐?		4	본사 국내외통신부
1948-09-01-027	쏘련소식	경제건설성과	4	북조선통신
1948-09-01-028	극장안내		4	
1948-09-02-001	전련맹볼쉐비크공산당 중앙위원회와 쏘련내각으로부터	쏘련 최고쏘베트대의원 대장 안드레이 알렉싼드로위츠 스다노브의 서거와 관련하여	1	
1948-09-02-002	아.아.스다노브동무의 병환과 서거에 관한 진단결과		1	
1948-09-02-003	전련맹볼쉐비크공산당 중앙위원회 정치국 위원 동중앙위원회 비서 쏘련최고쏘베트대의원 대장 안드레이 알렉싼드로위츠 스다노브동무의 장례식조직위원회로부터		1	
1948-09-02-004	대의원은 인민의 진정한 충복이다		1	
1948-09-02-005	고시	아.아.스다노브의 서거와 관련하여	1	
1948-09-02-006	안드레이 알렉싼드로위츠 스다노브		1	
1948-09-02-007	쏘련공산당(볼쉐위크) 중앙위원회 귀중	아.아.스다노브의 서거와 관련하여	1	
1948-09-02-008	쏘련공산당(볼쉐위크) 중앙위원회 귀중	아.아.스다노브의 서거와 관련하여	1	
1948-09-02-009	력사적 조선최고인민회의에 전조선인민은 축하를 드린다		2	
1948-09-02-010	대의원들의 결의 승리는 반드시 인민에게 있다	삼수군 삼수선거구에서 당선된 리봉남선생	2	
1948-09-02-011	대의원들의 결의 완전자주독립 위하여 싸울따름	남조선인민대표자회의에서 당선된 박건병씨	2	
1948-09-02-012	위대한 선거의 승리를 경축하는 증산투쟁!	평양곡산, 평양기관구, 수풍목재기업에서	2	

기사번호	제목(title)	부제목(stitle)	면수	필자, 출처
1948-09-02-013	아.아.스다노브는 볼쉐비크당과 쏘베트국가의 우수한 활동가이다		2	
1948-09-02-014	력사적최고인민회의를 환호속에 맞이하는 평양		3	
1948-09-02-015	오늘의 이 민족적감격!	평양기관구 기관사 하원오동무	3	
1948-09-02-016	빛나는 희망속에서	남률면 전곡리 옥인곤동무	3	
1948-09-02-017	조국의 력사적성사		3	
1948-09-02-018	대의원을 기다리는 인민회의대회의장		3	
1948-09-02-019	인민들의 환호에 싸여 대의원들 평양에 래착		3	
1948-09-02-020	새로운 희망과 기대 속에 새학년은 시작되었다	북조선 각지에서	3	
1948-09-02-021	유고슬라비아항공부사령관 유고슬라비아 탈출	『쁘라우다』지 주필에게 서한을 송부	4	
1948-09-02-022	그람모스의 전과를 찬양	자유희랍민주정부의 명령서	4	북조선통신
1948-09-02-023	주독미군당국 반동괴수 원조		4	북조선통신
1948-09-02-024	방쏘인상담	미국부두로동자대표	4	북조선통신
1948-09-02-025	해방된 알바니아의 발전상	주루마니아 알바니아공사 담	4	북조선통신
1948-09-02-026	따쓰의 국제정세개관	미진보당 력량장성, '마샬안'의 구렬, 마샬안과 오지리	4	북조선통신
1948-09-02-027	극장안내		4	
1948-09-03-001	대일전승기념일을 맞으며		1	
1948-09-03-002	조선최고인민회의 력사적제1차회의 개막		1	북조선통신
1948-09-03-003	쏘련최고쏘베트 상임의원회 스다노브서거에 애도표명		1	북조선통신
1948-09-03-004	개회사 정운영	조선최고인민회의 력사적제1차회의	1	
1948-09-03-005	조선민주주의인민공화국 헌법위원회 조직	위원장에 김두봉선생	1	북조선통신
1948-09-03-006	대의원의 의무 및 권리에 관한 규정작성 위원회 조직		1	북조선통신
1948-09-03-007	조선최고인민회의 대의원자격심사위원회 조직		1	
1948-09-03-008	전조선인민들의 열광적환호와 무한한 감격속에 열린 조선최고인민회의 제1차회의장에서		1	
1948-09-03-009	조선최고인민회의 선거의 승리는 남조선 친일파 민족반역자들에게 거족적으로 타격을 주었다		2	리준근
1948-09-03-010	선거승리를 보장키 위한 평양시당단체 협조성과		2	
1948-09-03-011	세포주위에 뭉친 쌍성동 모범농촌으로 날로 발전	룡천군 북중면 쌍성동	2	

기사번호	제목(title)	부제목(stitle)	면수	필자, 출처
1948-09-03-012	선거승리에 도취치 말자 조국건설에로 추진 맹세	사리원시당에서	2	
1948-09-03-013	정귀보동무의 열성	평양시 동구역 정오리가두세포에서	2	
1948-09-03-014	쏘련은 아세아 제 인민의 평화와 안전의 방벽이다	대일전승 3주년에 제하여	2	본사선전부
1948-09-03-015	새 승리를 향하여 전진하고있다!		3	
1948-09-03-016	열렬한 축하를 드리노라	국립극장 배우들	3	
1948-09-03-017	민족적감격속에서	평양화학공장 조병주동무	3	
1948-09-03-018	조국의 앞길에 광명이 비친다	평양시 상흥리 김용덕농민	3	
1948-09-03-019	정성들인 송이송이 첫 수확의 목화 선납	룡강군 오심면 구룡리 김덕실녀성	3	
1948-09-03-020	청초채취의 빛나는 승리	평원군 남흥리 농민들	3	
1948-09-03-021	여지없이 파괴되었던 공장 우리의 손으로 복구되었다	강선제강 로동자들의 분투	3	
1948-09-03-022	력사적회의		3	리태준
1948-09-03-023	레닌의 협동조합안(2)		3	본사선전부
1948-09-03-024	세계평화옹호문화인대회에서 채택한 평화옹호선언서		4	
1948-09-03-025	베를린근로인민들 시위	반동들의 반민주정책에 항의	4	북조선통신
1948-09-03-026	민주통일정부를 불란서인민 갈망		4	따쓰통신
1948-09-03-027	국제교원회의 월남대표 담		4	북조선통신
1948-09-03-028	이스라엘 유엔가입 요구	미영측은 극력 방해	4	북조선통신
1948-09-03-029	화란항가리신통상협정		4	북조선통신
1948-09-03-030	희랍민주군 각지에서 승세		4	북조선통신
1948-09-03-031	오지리에 실업자 격증		4	북조선통신
1948-09-03-032	슈만 조각 수락		4	북조선통신
1948-09-03-033	서반아철도시설을 미인시찰		4	북조선통신
1948-09-03-034	네루정부에 항의	델리 18개사회단체서 공개서한	4	북조선통신
1948-09-03-035	대일리사회의 소집을 쏘련대표 요구		4	북조선통신
1948-09-03-036	탄부절을 성대 경축	쏘련소식	4	북조선통신
1948-09-03-037	백로씨아 몰다비아 량공화국 곡물납부계획 초과달성	쏘련소식	4	북조선통신
1948-09-03-038	각 지역에서 탐험영화 제작	쏘련소식	4	북조선통신
1948-09-03-039	극장안내		4	
1948-09-03-040	루르군사잠재세력을 영미는 부흥시키고있다		4	본사 국내외통신부
1948-09-04-001	직물생산의 향상을 위하여		1	
1948-09-04-002	전련맹볼쉐비크공산당 중앙위원회와 쏘련내각의 명의로 진술한 브.므.몰로또브의 연설		1	
1948-09-04-003	모쓰크바에서 안드레이 알렉싼드로위츠 스다노브의 장례식		1	
1948-09-04-004	아.아.스다노브의 령구앞에		1	북조선통신
1948-09-04-005	쏘련무력성에서 보내는 조사		1	
1948-09-04-006	각국 공산당지도자들로부터 보내온 조사 전련맹볼쉐비크공산당 중앙위원회 귀중	스다노브의 서거와 관련하여	1	
1948-09-04-007	영농법 개선을 위하여 이렇게 투쟁하고 있다	금천군 토산면당단체들	2	
1948-09-04-008	당원을 선두로 수송확보	단천기관구 동무들 열성	2	
1948-09-04-009	당사업에 충실한 모범당원 녀성로동자 김후남동무	흥남비료공장 주물계공원에서	2	
1948-09-04-010	김동식동무의 분투 트럭수리에 전주력	무산광산 채광과 트럭수리공장에서	2	
1948-09-04-011	솔선 모범을 보이는 은률 장련면 률리 임권배동무	황해도에서	2	
1948-09-04-012	농업증산과 교양에 신천 문무면 권병조동무	황해도 신천군 문무면 당부위원	2	
1948-09-04-013	맑스-레닌의 당의 내부생활의 중요원칙		2	본사 당생활부
1948-09-04-014	중앙정부수립 앞두고 기념증산운동에 돌입	평양시내 국영공장 전체 로동자들	3	
1948-09-04-015	우수한 성과를 올린 퇴조수산합작사	함남도내 어업로동자에게 호소	3	
1948-09-04-016	비료공급 원활히 진행 년도계획의 93.6% 달성	북조선농촌에서	3	
1948-09-04-017	승리의 영예 지켜 추잠사육에 정진	봉산군 초와면 농민들	3	
1948-09-04-018	승리의 긱격도 드높이 만기현물세 준비에 궐기	평남 룡강군 농민들	3	
1948-09-04-019	최고인민회의 대의원들 3대건축공사장을 시찰		3	
1948-09-04-020	쏘베트련맹은 높은 수확을 거두고 있다		3	본사 선전부
1948-09-04-021	쏘련군대에서 애도 표명	아.아.스다노브의 서거와 관련하여	4	북조선통신
1948-09-04-022	불란서공산당 중앙위원회 쓰딸린대원수에게 조전	아.아.스다노브의 서거와 관련하여	4	북조선통신
1948-09-04-023	끼예브시 각 기업소에서 추도회를 개최	아.아.스다노브의 서거와 관련하여	4	북조선통신
1948-09-04-024	파란로동계급의 애도	아.아.스다노브의 서거와 관련하여	4	북조선통신
1948-09-04-025	체코슬로바키아의 2백만 공산당원 조의 표명	아.아.스다노브의 서거와 관련하여	4	북조선통신
1948-09-04-026	서서신문들 서거기사 발표	아.아.스다노브의 서거와 관련하여	4	북조선통신

기사번호	제목(title)	부제목(stitle)	면수	필자, 출처
1948-09-04-027	헬싱키 각 신문 애도 표명	아.아.스다노브의 서거와 관련하여	4	북조선통신
1948-09-04-028	북부 핀두스전과를 찬양	희랍공산당 중앙위원회 정치국	4	북조선통신
1948-09-04-029	대불재정협정을 레바논의회 비준		4	북조선통신
1948-09-04-030	미국북카주의 반동파들 월레스연설 방해		4	북조선통신
1948-09-04-031	아프리카대륙의 운명	미국의 침입은 로골화하였다	4	본사 국내외통신부
1948-09-04-032	동독추기전람회 개막		4	북조선통신
1948-09-04-033	미.영 관리들 이란을 탐사시행		4	북조선통신
1948-09-04-034	방쏘 낙위직맹대표단 쏘낙친선을 강조		4	북조선통신
1948-09-04-035	분란공산당창건 30주년기념 성황		4	북조선통신
1948-09-04-036	화란녀왕 퇴위		4	북조선통신
1948-09-04-037	극장안내		4	
1948-09-05-001	(조선최고인민회의 의장 허헌, 부의장 김달현, 부의장 리영)		1	
1948-09-05-002	최고인민회의 제1차회의	제2일	1	북조선통신
1948-09-05-003	조선최고인민회의에서 조직한 헌법위원회 제1일회의		1	북조선통신
1948-09-05-004	추파맥류파종에 대하여 농림국으로부터 지시		1	
1948-09-05-005	적기수확과 만기작물 현물세선납을 위한 투쟁을 강력히 전개하자		1	
1948-09-05-006	쏘련공산당(볼쉐비크) 중앙위원회 귀중	스다노브의 서거와 관련하여	1	
1948-09-05-007	위대한 선거의 승리를 경축하는 증산투쟁!	평양견직, 신의주기계, 평양특수고무에서	1	
1948-09-05-008	조선최고인민회의 제1차회의(제2일)에서	황해제철소 로동자 사무원, 평양국영 사동련탄공장 종업원들, 강서군 수산면 농민들, 서울철도로동자들의 축하문	2	
1948-09-05-009	각지에서 축하문답지	제1차조선최고인민회의를 축하	2	김동천
1948-09-05-010	조선민주주의인민공화국 최고인민회의 대의원자격심사위원회 보고	구재수	2	
1948-09-05-011	만기작물을 적기에 수확하여 현물세를 기한전에 납부하자	북농맹 제74차 상무위원회	3	리의철
1948-09-05-012	동기수송의 만전 기하여 제반 월동준비를 진행	함북 회령철도 일군들	3	신철
1948-09-05-013	조가을-오늘의 이 기쁨	평양 북구 이암리 홍치덕농민	3	
1948-09-05-014	강력한 정신적무기로 되는 와쎕쓰끼박사의 철학강의	북조선로동당 선전선동부 주최	3	현석
1948-09-05-015	무르익은 오곡은 수확을 기다린다	중화군 중화면 산개리 림양선농민	3	송학용
1948-09-05-016	최고인민회의 대의원들 전람회와 평양화학 시찰		3	김달수
1948-09-05-017	력사적회의를 경축하여 련일 다채로운 예술공연		3	박중선
1948-09-05-018	쏘련과의 친선을 고수하라	분란공산당 총비서 강조	4	북조선통신
1948-09-05-019	민주통일정부를 요구	불란서공산당 성명서 발표	4	북조선통신
1948-09-05-020	스다노브의 서거를 애도	이태리 각 신문들	4	북조선통신
1948-09-05-021	오지리공산당 제14차대회	10월 25일에 소집	4	북조선통신
1948-09-05-022	인도네시아 공산당과 사회당 정식으로 합당		4	북조선통신
1948-09-05-023	루마니아녀성교육		4	북조선통신
1948-09-05-024	직맹운동탄압에 항의	이로총 국회에 특별회의소집 요구	4	북조선통신
1948-09-05-025	서부렬강들의 대독수출문제		4	북조선통신
1948-09-05-026	단일화페통용을 요구	사회통일당 대베를린중앙위원회	4	북조선통신
1948-09-05-027	일본사회당기관지 비방적보도		4	북조선통신
1948-09-05-028	서독'의회' 개최		4	북조선통신
1948-09-05-029	희랍민주군 마케도니아전투첩보		4	북조선통신
1948-09-05-030	월남인민의 영웅적투쟁		4	본사 국내외통신부
1948-09-05-031	징병등록반대운동 미국전역에 팽배		4	북조선통신
1948-09-05-032	중국전행정원장 장군 방일		4	북조선통신
1948-09-05-033	쏘련소식	경제건설성과	4	북조선통신
1948-09-05-034	극장안내		4	
1948-09-07-001	조선민주주의인민공화국 헌법에 관하여		1, 2	김두봉
1948-09-07-002	조선최고인민회의 제1차회의	제3일	1	북조선통신
1948-09-07-003	조선최고인민회의에서 조직한 헌법위원회 4, 5량일회의		1	북조선통신
1948-09-07-004	남조선'국방군'조직을 일본인들이 지도한다		2	민주조선
1948-09-07-005	남조선망국'단정'분쇄투쟁은 날로 치렬화한다		2	북조선통신
1948-09-07-006	토론 김책	조선민주주의인민공화국헌법에 관하여	3	
1948-09-07-007	토론 리승엽	조선민주주의인민공화국헌법에 관하여	3, 4	
1948-09-07-008	스다노브서거를 세계인민들 애도	여러 나라들에서	4	북조선통신
1948-09-07-009	영항공원수 레바논방문		4	북조선통신
1948-09-07-010	인도네시아의 3개 근로자정당 공산당 사회당 로동당 합동		4	북조선통신
1948-09-07-011	정치국위원을 선출	인도네시아공산당	4	북조선통신
1948-09-07-012	베네쥬서거		4	북조선통신
1948-09-07-013	미국'원조'의 결과로 자주권을 잃은 오지리		4	본사 국내외통신부

기사번호	제목(title)	부제목(stitle)	면수	필자, 출처
1948-09-07-014	토론 송봉욱	조선민주주의인민공화국헌법에 관하여	4	
1948-09-08-001	조선최고인민회의 제1차회의	제4일	1	북조선통신
1948-09-08-002	3천만인민의 열렬한 지지속에 최고인민회의 승리적으로 진행		1	
1948-09-08-003	김용범동지 1주기		1	
1948-09-08-004	조선민주주의독립국가 수립에 대한 쏘련인민의 진정한 원조		1	
1948-09-08-005	위대한 선거의 승리 경축하는 증산투쟁	평양철도공장, 본궁화학공장에서	1	
1948-09-08-006	토론 정준택	조선민주주의인민공화국헌법을 지지하여	2	
1948-09-08-007	토론(요지) 리진근	조선민주주의인민공화국헌법을 지지하여	2	
1948-09-08-008	토론(요지) 최금복	조선민주주의인민공화국헌법을 지지하여	2	
1948-09-08-009	토론(요지) 리용	조선민주주의인민공화국헌법을 지지하여	3	
1948-09-08-010	토론(요지) 김수일	조선민주주의인민공화국헌법을 지지하여	3	
1948-09-08-011	토론(요지) 박문규	조선민주주의인민공화국헌법을 지지하여	3	
1948-09-08-012	토론(요지) 김창준	조선민주주의인민공화국헌법을 지지하여	3	
1948-09-08-013	토론(요지) 채백히	조선민주주의인민공화국헌법을 지지하여	3, 4	
1948-09-08-014	토론 박헌영	조선민주주의인민공화국헌법을 지지하여	4, 5	
1948-09-08-015	토론(요지) 천성옥	조선민주주의인민공화국헌법을 지지하여	4	
1948-09-08-016	토론 주녕하	조선민주주의인민공화국헌법을 지지하여	5	
1948-09-08-017	토론 허헌	조선민주주의인민공화국헌법을 지지하여	6	
1948-09-08-018	토론 홍명희	조선민주주의인민공화국헌법을 지지하여	6	
1948-09-08-019	토론(요지) 한설야	조선민주주의인민공화국헌법을 지지하여	6	
1948-09-08-020	토론(요지) 조복녀	조선민주주의인민공화국헌법을 지지하여	6	
1948-09-08-021	토론(요지) 백남운	조선민주주의인민공화국헌법을 지지하여	7	
1948-09-08-022	토론(요지) 최용달	조선민주주의인민공화국헌법을 지지하여	7	
1948-09-08-023	토론(요지) 강량욱	조선민주주의인민공화국헌법을 지지하여	7	
1948-09-08-024	토론(요지) 김용극	조선민주주의인민공화국헌법을 지지하여	7	
1948-09-08-025	청년의 름름한 기개 필승의 투지는 충만		7	신언철
1948-09-08-026	화북인민정부 선포	화북인민대표자대회에서	8	북조선통신
1948-09-08-027	미국에 대파업선풍	해운로조 파업단행으로 태평양연안은 마비상태	8	북조선통신
1948-09-08-028	미국에 대파업선풍	철도로조와 트럭로조도 해운로조의 파업을 지지	8	북조선통신
1948-09-08-029	독일민주녀맹대표단 쏘련각지 시찰		8	북조선통신
1948-09-08-030	월레스씨를 지지	미국로동당대회	8	북조선통신
1948-09-08-031	미진보당의 선거운동 활발		8	북조선통신
1948-09-08-032	베를린민주뿔럭 조직		8	북조선통신
1948-09-08-033	이태리에 검거선풍		8	북조선통신
1948-09-08-034	체코슬로바키아정부 고 베네슈씨를 국장		8	북조선통신
1948-09-08-035	미국의료시설	미보험국장의 보고	8	북조선통신
1948-09-08-036	영재정상 언명		8	북조선통신
1948-09-08-037	영국조선업 강철부족으로 난관에 봉착		8	북조선통신
1948-09-08-038	쁘라그에서 박람회 개막		8	북조선통신
1948-09-08-039	쏘련점령 독일지대에서 10월 1일부터 식량 증배		8	북조선통신
1948-09-08-040	인도네시아인민들의 투쟁은 계속 되고 있다		8	본사 국내외통신부
1948-09-08-041	쏘련소식	경제건설성과	8	북조선통신
1948-09-08-042	극장안내		8	
1948-09-09-001	김일성 수상		1	
1948-09-09-002	조선민주주의인민공화국 최고인민회의 상임위원회 성원		1	
1948-09-09-003	조선최고인민회의 상임위원회 선거에 관하여		1	
1948-09-09-004	정권위양에 관한 성명	김일성	1	
1948-09-09-005	조선최고인민회의 제1차회의 결정서	정권위양접수에 관하여	1	
1948-09-09-006	조선민주주의인민공화국 정부의 구성에 관한 제의	김두봉	1	
1948-09-09-007	조선최고인민회의 제1차회의 제5일		2	북조선통신
1948-09-09-008	조선최고인민회의 제1차회의 결정서	조선민주주의인민공화국 정부의 구성에 관하여	2	
1948-09-09-009	토론(요지) 리극로	조선민주주의인민공화국헌법을 지지하여	2	

기사번호	제목(title)	부제목(stitle)	면수	필자, 출처
1948-09-09-010	꽃피는 북조선		2	서광제
1948-09-09-011	토론(요지) 오기섭	조선민주주의인민공화국헌법을 지지하여	2	
1948-09-09-012	토론(요지) 리문환	조선민주주의인민공화국헌법을 지지하여	2	
1948-09-09-013	민족적감격의 날		2	김동천
1948-09-09-014	찬서리 날리는 남조선	『신시대』지에서	3	아.위로챠예브 쓰차
1948-09-09-015	왜군을 또다시 불러오는 매국도당의 최후발악상		3	장하일
1948-09-09-016	전이태리식민지문제를 심의할 4국외상회의 개최제의	쏘련정부에서 미영불 정부에 각서 전달	4	북조선통신
1948-09-09-017	쏘련에 대한 선함인도를 이태리정부는 회피기도		4	북조선통신
1948-09-09-018	루마니아로동계급의 생산성과 다대		4	북조선통신
1948-09-09-019	쏘련점령 독일지대의 식량사정 더욱 호전		4	북조선통신
1948-09-09-020	이태리산업가들 마살안에 불만 표명		4	북조선통신
1948-09-09-021	파란통상대표 항가리 래착		4	북조선통신
1948-09-09-022	미무기 속속 이란에 수송		4	북조선통신
1948-09-09-023	미영련합공군연습	런던을 중심으로	4	북조선통신
1948-09-09-024	불신내각 조직		4	북조선통신
1948-09-09-025	체코슬로바키아대통령이 베네스미망인에 조사전달		4	북조선통신
1948-09-09-026	이반동경찰 민주청년들 체포		4	북조선통신
1948-09-09-027	쏘련소식	경제건설성과	4	북조선통신
1948-09-09-028	독일에 대한 판이한 두 정책		4	본사 국내외통신부
1948-09-09-029	극장안내		4	
1948-09-10-001	수상 김일성		1	
1948-09-10-002	(조선민주주의인민공화국 정부 성원들)		1	
1948-09-10-003	조선민주주의인민공화국 헌법채택을 기념하기 위한 기념문건립에 관한 결정		1	
1948-09-10-004	조선최고인민회의 제1차회의 결정서	조선민주주의인민공화국 정부의 구성에 관하여	1	
1948-09-10-005	조선최고인민회의 제1차회의 결정서	조선민주주의인민공화국 최고재판소선거에 관하여	1	
1948-09-10-006	조선민주주의인민공화국 헌법 승인과 그 실시에 관한 결정		2	
1948-09-10-007	(조선민주주의인민공화국 국장과 국기)		2	
1948-09-10-008	조선민주주의인민공화국 헌법		2, 3	
1948-09-10-009	조선최고인민회의 제1차회의 결정서	조선민주주의인민공화국 검사총장임명에 관하여	3	

기사번호	제목(title)	부제목(stitle)	면수	필자, 출처
1948-09-10-010	조선최고인민회의 제1차회의 결정서	조선최고인민회의 법제위원회 조직에 관하여	3	
1948-09-10-011	조선최고인민회의 제1차회의 결정서	조선최고인민회의 대의원의 권리 및 의무에 관한 규정승인에 관하여	3	
1948-09-10-012	조선최고인민회의 대의원의 권리와 의무에 관한 규정		3	
1948-09-10-013	쏘미량군철퇴를 량국정부에 요청할것을 결정		3	북조선통신
1948-09-10-014	최고인민회의 대의원들 북조선민주학원을 시찰		3	
1948-09-10-015	아시다정부의 반로동법령에 항의하여 전국적파업운동 전개	일본로동자들의 파업투쟁 치렬	4	북조선통신
1948-09-10-016	로조단체의 기본권리까지 박탈하려는 맥아더의 지령		4	북조선통신
1948-09-10-017	북해도 구주 등에 걸쳐 총파업태세 치렬		4	북조선통신
1948-09-10-018	쏘피아주재 미국부령사의 간첩행동 발로		4	북조선통신
1948-09-10-019	파란로동당 전당대회		4	북조선통신
1948-09-10-020	화란 비소니아간 통상협정		4	북조선통신
1948-09-10-021	유엔가입 정당성 강조	불가리아부수상 연설	4	북조선통신
1948-09-10-022	희랍왕당파군 도처에서 패주		4	북조선통신
1948-09-10-023	비참한 애급의 후생문제		4	북조선통신
1948-09-10-024	극장안내		4	
1948-09-10-025	조선민주주의인민공화국헌법 채택과 중앙정부수립에 관련하여 민주주의민족통일전선 중앙위원회에서 발표한 표어		4	
1948-09-10-026	조선최고인민회의 제1차회의 제6일		4	북조선통신
1948-09-11-001	김일성 사진		1	
1948-09-11-002	조선민주주의인민공화국 정부의 정강 발표	내각수상 김일성	1	
1948-09-11-003	쏘련정부와 북미합중국 정부에 보내는 조선최고인민회의의 요청서		2	
1948-09-11-004	조선최고인민회의 제1차회의 폐막		2	북조선통신
1948-09-11-005	폐회사 허헌	조선최고인민회의 제1차회의에서	2	
1948-09-11-006	조선민주주의인민공화국 최고인민회의 제1차회의 결정서	대사실시에 관하여	2	
1948-09-11-007	유엔에 대표를 파견할수 있는 권한을 정부에 위임		2	북조선통신
1948-09-11-008	토론(요지) 강순	조선민주주의인민공화국 헌법을 지지하여	2	
1948-09-11-009	토론(요지) 김정주	조선민주주의인민공화국 헌법을 지지하여	2	

기사번호	제목(title)	부제목(stitle)	면수	필자, 출처
1948-09-11-010	중앙정부수립을 환호하는 인민들		3	
1948-09-11-011	무한한 기대를 가지며	사동련탄공장에서	3	위찬길
1948-09-11-012	행복의 길은 열리다	평양시 동구 송신리에서	3	송학용
1948-09-11-013	조국의 앞길에 광명이 비친다	평양공업대학에서	3	신기관
1948-09-11-014	승리적성과를 거두고 력사적회의는 페막!		3	박중선
1948-09-11-015	축복받은 가을	중화군 남곤면 남정리 한창협 농민	3	오학균
1948-09-11-016	행복한 가정	평양시 의암리 림상호씨가정	3	리문상
1948-09-11-017	오늘의 이 감격!	평양화학공장 김화중동무	3	김달수
1948-09-11-018	년간계획 단축투쟁 승리적으로 진행!	북조선 전체 로동자들	3	신언철
1948-09-11-019	중앙정부수립의 기사를 읽는 빛나는 얼굴들	-제2양말공장에서-	3	
1948-09-11-020	아테네정부의 비방을 규탄	알바니아외무성 유엔에 성명	4	북조선통신
1948-09-11-021	불수망내각 붕괴	신임투표에서 패배	4	북조선통신
1948-09-11-022	베를린시 행정기관의 우익파들 파괴적 행동을 계속 감행		4	북조선통신
1948-09-11-023	알바니아공산당 제1차당대회 소집		4	북조선통신
1948-09-11-024	아세아제국녀성대회	10월 15일 인도에서 개최	4	북조선통신
1948-09-11-025	백이의 루마니아간 통상협정 체결		4	북조선통신
1948-09-11-026	분란공산당 제8차대회 페막		4	북조선통신
1948-09-11-027	고 베네스박사의 장례식 거행		4	북조선통신
1948-09-11-028	루마니아의 철도망 확충		4	북조선통신
1948-09-11-029	영국에서 배전 제한		4	북조선통신
1948-09-11-030	중국공산당원 마래에서 다수 피검		4	북조선통신
1948-09-11-031	쁘라그대표 쏘련방문 결정		4	북조선통신
1948-09-11-032	따쓰의 국제정세개관	불란서의 새 정부 귀추	4	북조선통신
1948-09-11-033	따쓰의 국제정세개관	미국의 선거전	4	북조선통신
1948-09-11-034	극장안내		4	
1948-09-12-001	조선최고인민회의 제1차회의는 위대한 력사적성과를 거두었다		1	
1948-09-12-002	조선민주주의인민공화국 최고인민회의와 중앙정부를 절대지지	남조선 각 정당 사회단체에서 성명 발표	1	북조선통신
1948-09-12-003	황금빛 물결치는 전야에서 북조선농민들 추수에 궐기		1	
1948-09-12-004	증산투쟁으로써 중앙정부를 경축	아오지탄광, 청진철도부, 청진방적에서	1	
1948-09-12-005	통일민주조선을 위하여		2	본사선전부
1948-09-12-006	중앙정부수립을 경축하여 눈부신 증산투쟁에 총궐기	순천화학공장에서	2	김전
1948-09-12-007	당원들의 열화같은 투쟁 원가저하년간계획 완수	국영유선내화련와공장에 개가	2	심철

기사번호	제목(title)	부제목(stitle)	면수	필자, 출처
1948-09-12-008	배우며 일하는 탑리세포 농촌발전을 강력히 추진	강원도 안변군 안변면 탑리에서	2	김만선
1948-09-12-009	모범적으로 일하는 김봉덕동무	사리원방직공장 직포공	2	
1948-09-12-010	각급 당부내에 후비간부를 양성할 필요에 대하여		2	김재필
1948-09-12-011	우리의 민족적투쟁강령	흥남비료공장 공작과 제관계에서	3	박경석
1948-09-12-012	높이 받들고 전진	인민군 전사 리성훈동무	3	리문상
1948-09-12-013	쓰딸린상 수상작 영화「로씨야문제」		3	군중문화부
1948-09-12-014	농민들의 힘으로 이루어진 백금!	평양시 대타령리 김중도할머니	3	오학균
1948-09-12-015	퇴비증산 위하여 청초채취에 궐기	봉산군 관수리 농민들	3	리성섭
1948-09-12-016	쏘련에 있어서의 학생구락부들		3	본사선전부
1948-09-12-017	아시다법령의 위헌성 규탄 다수로동단체 고소		4	북조선통신
1948-09-12-018	인도네시아공산당에서 민족통일전선확립 호소		4	북조선통신
1948-09-12-019	극동위원회 결정을 침범한 파업금지령의 부당성 론증	쏘련대표 기자단에게 성명	4	북조선통신
1948-09-12-020	미국운수로동자련맹 트루맨 및 듀이 지지 거절		4	북조선통신
1948-09-12-021	불법박해와 대량검거에 중국학생들 항의		4	북조선통신
1948-09-12-022	쏘련점령 독일지대 대외통상 확장		4	북조선통신
1948-09-12-023	아랍제국련맹회의 개최		4	북조선통신
1948-09-12-024	미국진보당 선거운동 추진		4	북조선통신
1948-09-12-025	비미행동조사위원회를 반대	미국의 과학자들	4	북조선통신
1948-09-12-026	일본민주주의진영계의 합동통신사 발족		4	북조선통신
1948-09-12-027	불가리아의 대인민회의 1년간 권한 연장		4	북조선통신
1948-09-12-028	장군 리승만 아시다회합설		4	북조선통신
1948-09-12-029	남아련방정부 금후 이민이주 거절		4	북조선통신
1948-09-12-030	쏘련소식	절약저축운동	4	북조선통신
1948-09-12-031	비루마에 있어서의 민족해방투쟁의 장성		4	본사 국내외통신부
1948-09-12-032	로동계급의 행동통일에 정부 부득이 양보	불로총지도부 콤뮤니케 발표	4	북조선통신
1948-09-12-033	국제의사대회 개막		4	북조선통신
1948-09-12-034	극장안내		4	
1948-09-14-001	조선민주주의인민공화국 정부 수립 경축 평양시 군중대회 주석단		1	
1948-09-14-002	김일성 사진		1	
1948-09-14-003	연설	내각수상 김일성	1	
1948-09-14-004	최고인민회의 상임위원회 위원장 김두봉		1	
1948-09-14-005	결정서	조선민주주의인민공화국 정부수립경축 평양시군중대회	1	

기사번호	제목(title)	부제목(stitle)	면수	필자, 출처
1948-09-14-006	끓어넘치는 감격과 환희로 중앙정부수립을 경축!	조선민주주의인민공화국 정부수립경축 평양시군중대회	1	
1948-09-14-007	축사 북조선민전대표 김달현	조선민주주의인민공화국 정부수립경축 평양시군중대회	2	
1948-09-14-008	축사(요지) 농민대표 김윤영	조선민주주의인민공화국 정부수립경축 평양시군중대회	2	
1948-09-14-009	축사(요지) 청년대표 주종순	조선민주주의인민공화국 정부수립경축 평양시군중대회	2	
1948-09-14-010	축사(요지) 로동자대표 양만조	조선민주주의인민공화국 정부수립경축 평양시군중대회	2	
1948-09-14-011	축사(요지) 녀성대표 김정애	조선민주주의인민공화국 정부수립경축 평양시군중대회	2	
1948-09-14-012	축사(요지) 문화인대표 리기영	조선민주주의인민공화국 정부수립경축 평양시군중대회	2	
1948-09-14-013	축사(요지) 종교인대표 김창준	조선민주주의인민공화국 정부수립경축 평양시군중대회	2	
1948-09-14-014	중앙정부를 지지경축하는 각지의 군중대회 대성황		2	
1948-09-14-015	중앙정부를 높이 받들고 기쁨에 넘친 인민의 대렬	조선민주주의인민공화국 중앙정부수립을 경축	3	박중선
1948-09-14-016	조국건설의 주력부대	조선민주주의인민공화국 중앙정부수립을 경축	3	신언철
1948-09-14-017	승리를 향하여	조선민주주의인민공화국 중앙정부수립을 경축	3	황경렵
1948-09-14-018	토지의 주인들	조선민주주의인민공화국 중앙정부수립을 경축	3	오학균
1948-09-14-019	미래는 청년의것	조선민주주의인민공화국 중앙정부수립을 경축	3	김달수
1948-09-14-020	문학예술인의 전진	조선민주주의인민공화국 중앙정부수립을 경축	3	현석
1948-09-14-021	오늘의 이 행복!	조선민주주의인민공화국 중앙정부수립을 경축	3	김달수
1948-09-14-022	미국내 파업 확대일로	파업참가자 10만명 돌파	4	북조선통신
1948-09-14-023	희랍민주군 각 전선에서 승세		4	북조선통신
1948-09-14-024	우익지도자의 행위 규탄	미국전기라지오로동자직맹대회	4	북조선통신
1948-09-14-025	반파쑈투쟁희생자추도국제대회 베를린에서 개최 예정		4	북조선통신
1948-09-14-026	희랍왕당파가 민주인사 체포		4	북조선통신
1948-09-14-027	해방 4주년기념을 축하	불가리아부수상의 연설	4	북조선통신
1948-09-14-028	친화란파사무원 숙청을 인도네시아직맹측 요구		4	북조선통신
1948-09-14-029	서부베를린에서 쏘련지구발행 신문판매 금지		4	북조선통신
1948-09-14-030	쏘련소식	경제건설성과	4	북조선통신
1948-09-14-031	극장안내		4	
1948-09-14-032	쏘련의 형제적방조밑에 몽고인민공화국은 발전		4	본사 국내외통신부
1948-09-15-001	농촌각급 당단체들은 만기작물현물세의 정확한 판정사업에 적극 협력하자		1	
1948-09-15-002	김일성장군에게 드리는 메쩨지	청년열성자대회	1	
1948-09-15-003	우리의 중앙정부를 높이 받들고 년간계획의 재차 단축완수 호소	흥남지구 5대공장 청년열성자대회에서	1	
1948-09-15-004	조선민주주의인민공화국 최고인민회의 상임위원회 제1차회의		1	북조선통신
1948-09-15-005	중앙정부를 경축하는 로동자들의 증산투쟁	평안북도, 함경북도에서	1	북조선통신
1948-09-15-006	남조선에 휘날리는 인민공화국 국기		1	북조선통신
1948-09-15-007	미군 남조선무기주둔협정 체결	중앙통신사 보도	1	북조선통신
1948-09-15-008	통일중앙정부는 량군동시철거를 강력히 요구한다		2	최창익
1948-09-15-009	찌또도당의 민족주의는 유고슬라비아를 어데로 끌고가는가?		2	본사 당생활부
1948-09-15-010	흑련광산 종업원 년간계획을 완수		2	최죽희
1948-09-15-011	애국미헌납 현물세납부로 인민공화국의 전도를 축복	강원도 철원군 농민들	3	위찬길
1948-09-15-012	농민들의 애국지성	순천군 조봉한농민	3	
1948-09-15-013	고상한 국가적의무 현물세를 기한전에	평안남도 농민들 속속 선납	3	송학용
1948-09-15-014	이랑논재배법으로 수확고를 높이였다 차용문동무의 시범	봉산군 사인면 문구리세포에서	3	성섭
1948-09-15-015	개척	황초평을 찾아서	3	
1948-09-15-016	가을고치를 따서 국가수매장으로	평안남도 전체 양잠농민들	3	
1948-09-15-017	청초는 산더미처럼	평안북도 농민들	3	최영환
1948-09-15-018	새 생활의 설계	농림수산관에서	3	신기관
1948-09-15-019	현실과 비방		3	본사선전부
1948-09-15-020	불란서신수상 앙리 퀴이유씨 피임		4	북조선통신
1948-09-15-021	전후복구건설상에 경탄	방쏘낙위직맹대표단 인상담 발표	4	북조선통신
1948-09-15-022	쏘련과 동구와의 통상확장이 긴요	낙위상업상 연설	4	북조선통신
1948-09-15-023	불군 대연습		4	북조선통신
1948-09-15-024	분란내각의 반동정체		4	북조선통신
1948-09-15-025	희랍민주군 련승		4	북조선통신
1948-09-15-026	낙위서전정말외상회의	'북부쁠럭'결성을 협의	4	북조선통신
1948-09-15-027	미국식생활양식	『슬라뱌네』지 폭로	4	북조선통신

기사번호	제목(title)	부제목(stitle)	면수	필자, 출처
1948-09-15-028	국제민주법률가협회대회		4	북조선통신
1948-09-15-029	주쏘이스라엘공사 신임장 제출		4	북조선통신
1948-09-15-030	베를린민주빨럭결성 환영	독일반파쑈민주 제정당 통일전선	4	북조선통신
1948-09-15-031	루마니아에 성인중학제 설정		4	북조선통신
1948-09-15-032	풍옥상장군 사거	유해는 모쓰크바에서 화장	4	북조선통신
1948-09-15-033	쏘련소식	경제건설성과	4	북조선통신
1948-09-15-034	판이한 두개 출판물		4	본사 국내외통신부
1948-09-15-035	극장안내		4	
1948-09-16-001	북조선민청 각급 지도기관의 사업결산과 선거에 제하여		1	
1948-09-16-002	조국건설의 기치를 드높이 년간계획을 완수한 공장들	청진제철, 평양직조, 원산유지에서	1	
1948-09-16-003	중앙정부를 경축하는 로동자들의 증산투쟁	평양제침, 평양연초에서	1	
1948-09-16-004	미군사령관과 리승만괴뢰정부와의 매국적'협정'		1	민주조선
1948-09-16-005	민주교육발전을 위하여		2	남일
1948-09-16-006	'친일파숙청법'을 조작한 리승만매국회의 은신술		2	석국
1948-09-16-007	중앙정부를 경축	당원들 힘찬 전진	2	위찬길
1948-09-16-008	조현물세 780가마니 정부수립 경축하여 선납	평북도 태천군 농민들	3	김병기
1948-09-16-009	한알의 곡식도 손실없이	황해도 봉산군 레로리 농민들	3	리성섭
1948-09-16-010	벼가을은 시작되었다.	평양교외 미림리 장병철농민	3	
1948-09-16-011	가을누에 상족	횡해도 은률군에서	3	김인곤
1948-09-16-012	벼종자의 확보와 밀보리파종준비	황해도 금천군에서	3	정운성
1948-09-16-013	현물세의 기준이 되는 수확고판정을 정확히	평남도 평원군 통덕리에서	3	경렵
1948-09-16-014	거대한 성과	-토지개간의 3년-	3	송학용
1948-09-16-015	대학의 공청단체와 대학생들의 학창생활(1)		3	본사선전부
1948-09-16-016	전 이태리식민지문제에 관하여 쏘미영 불간 각서 교환		4	따쓰
1948-09-16-017	위신쓰끼씨 파리에 도착		4	북조선통신
1948-09-16-018	조선최고인민회의의 량군동시철퇴 요청서	따쓰통신 보도	4	북조선통신
1948-09-16-019	파란로동당 총비서로 베루트씨가 피선된데 관한 파란사회당 결정서		4	따쓰통신
1948-09-16-020	희랍로동자의 생활 날로 악화		4	북조선통신
1948-09-16-021	에리트레아의 이인상점 파산		4	북조선통신
1948-09-16-022	독성가스 분출	비률빈주민 다수 사망	4	북조선통신
1948-09-16-023	불신내각 성립		4	북조선통신

기사번호	제목(title)	부제목(stitle)	면수	필자, 출처
1948-09-16-024	반파쑈항쟁참가국제투사대회		4	북조선통신
1948-09-16-025	슈마허파 지하조직 발각	주독쏘베트군정 내무부 성명	4	북조선통신
1948-09-16-026	단서청년남녀들 전쟁상인을 반대		4	북조선통신
1948-09-16-027	이란주권 무시하는 미영비밀협정		4	북조선통신
1948-09-16-028	쏘련소식	전차병절축하대회, 우수한 의학자 아린낀 서거	4	북조선통신
1948-09-16-029	이태리로동계급의 원쑤		4	본사 국내외통신부
1948-09-16-030	극장안내		4	
1948-09-17-001	맥류추파사업을 적기에 보장하자		1	
1948-09-17-002	전조선인민은 중앙정부를 열렬히 환영 지지하고있다		1	
1948-09-17-003	정강을 받들고	조선민주주의인민공화국 중앙정부를 열렬히 환영지지하여	1	청진방적 로동자 김대련
1948-09-17-004	더 높은 증산으로	조선민주주의인민공화국 중앙정부를 열렬히 환영지지하여	1	남포시 농민 김극성
1948-09-17-005	조국통일 위하여	조선민주주의인민공화국 중앙정부를 열렬히 환영지지하여	1	평양 서선피혁 상인 한춘삼
1948-09-17-006	신앙자유를 보장	조선민주주의인민공화국 중앙정부를 열렬히 환영지지하여	1	평양시 종교인 김치근
1948-09-17-007	남조선전역에서 벌어진 최고인민회의 선거참가자 검거	-따쓰통신의 보도-	1	북조선통신
1948-09-17-008	조국건설의 기치를 드높이 년간계획을 완수한 공장들 전계획 완수코 40% 초과에	라진철도공장	1	
1948-09-17-009	조국건설의 기치를 드높이 년간계획을 완수한 공장들 창안노력으로 년간계획 완수	동방광산	1	
1948-09-17-010	김일성수상의 정강 받들어 전조선농민들의 힘찬 전진		2	신염
1948-09-17-011	레닌주의는 세계문화의 최고업적이다(1)		2	
1948-09-17-012	당원들을 선두로 증산투쟁 치렬화	청진시당단체의 협조 막대	2	현준극
1948-09-17-013	향토건설과 증산에 농민들 열렬히 투쟁	당원들의 모범적역할 주효	2	위정산
1948-09-17-014	김일성수상의 깊은 배려로 청년운동장이 창설된다!		3	신기관
1948-09-17-015	정강실천에 매진	사동련탄 김고망동무	3	황경렵
1948-09-17-016	겨울고기잡이준비에 좋은 어선을 보내고저	서호조선소에서	3	박경섭
1948-09-17-017	기름진 땅에 높은 수확	평양교외 대타령리에서	3	오학균
1948-09-17-018	동기용저축탕크에 사료 3백톤을 준비	신계축산기업소	3	렴상재
1948-09-17-019	빨찌산의 소녀	영화 「마리떼」	3	군중문화부
1948-09-17-020	조국에 강철을 더 많이	성진제강 리금생동무의 창안	3	신언철

기사번호	제목(title)	부제목(stitle)	면수	필자, 출처
1948-09-17-021	대학의 공청단체와 대학생들의 학창생활(2)		3	본사선전부
1948-09-17-022	전 이식민지문제 심의하기 위한 4국대표자회의 개최		4	따쓰통신
1948-09-17-023	파리회의를 둘러싸고 분분한 출판물보도		4	따쓰통신
1948-09-17-024	칠리사회당 제국주의주구를 숙청		4	북조선통신
1948-09-17-025	미지중해함대	『크라스나야 스베즈다』지 론평	4	북조선통신
1948-09-17-026	항가리국방상 갱질		4	북조선통신
1948-09-17-027	분란상공상 쁘라그 착		4	북조선통신
1948-09-17-028	일본에 대한 미국정책을 일본인민들은 반대한다		4	본사 국내외통신부
1948-09-17-029	쏘련인민은 조선민주주의인민공화국을 환영한다	-『쁘라우다』지 사설-	4	
1948-09-17-030	쏘련소식	각 기업소의 절약저축	4	
1948-09-18-001	매국노 리승만이는 조국과 민족을 팔아먹는 '한미군사협정'을 체결하였다		1	
1948-09-18-002	근로인민투쟁의 결실	로동자 서삼식씨 담	1	
1948-09-18-003	문화통일달성을 확신	교원 안철씨 담	1	
1948-09-18-004	상계에도 일대 서광	상인 진일정씨 담	1	
1948-09-18-005	민주학원건설로 조국에 보답	학생 김용성군 담	1	
1948-09-18-006	정강을 절대지지	평양곡산 로동자 유지용씨 담	1	
1948-09-18-007	완전독립을 쟁취	평양화학 로동자 강창식씨 담	1	
1948-09-18-008	영예로운 인민	평양혁신사 기업가 윤재건씨 담	1	
1948-09-18-009	중앙정부 지지하는 남조선인민들	공화국국기게양과 봉화투쟁 계속	1	북조선통신
1948-09-18-010	전조선인민은 민주헌법의 기치 높이 들고 총진군하고있다		2	중봉
1948-09-18-011	주녕하교통상의 지시를 받들어 전체 철도일군들은 궐기하였다		2	
1948-09-18-012	레닌주의는 세계문화의 최고업적이다(2)		2	당생활부
1948-09-18-013	김일성수상의 정강에 호응하여 급속한 조국부강에 농민들 궐기	평안남도내 각지의 현물세납부정형	3	김전
1948-09-18-014	철저한 동기대책으로 생산능률을 더욱 제고	평양고무공장 로동자들 분투	3	
1948-09-18-015	숨길수 없는 사실	남조선로동자들의 생활	3	
1948-09-18-016	애국미에 나타난 농민들의 애국열	함북도 종선군 남산면 신봉리에서	3	송학봉
1948-09-18-017	영양가 높은 우유를 인민들에게 더 많이	신설되는 평양목장	3	리의철
1948-09-18-018	오늘에 이루어진 애국선렬의 뜻!	혁명자유가족피복공장 로기도녀사	3	황경렵
1948-09-18-019	꼴호즈의 탁아소		3	본사선전부

기사번호	제목(title)	부제목(stitle)	면수	필자, 출처
1948-09-18-020	전 이태리식민지문제해결을 미영불 대표 회피	4국대표자회의(9월 14일 오전회의)	4	따스특파원통신
1948-09-18-021	일본파업속보	전기로조단전 결의 암흑화전술에 당국 아연	4	북조선통신
1948-09-18-022	정부의 사직 요구	체신로조 태업투쟁 전개	4	북조선통신
1948-09-18-023	영국국가기관 녀종업원 요구		4	북조선통신
1948-09-18-024	쏘련소식	경제건설성과	4	북조선통신
1948-09-18-025	국제정세개관	4개국대표자 파리회의 개막	4	본사 국내외통신부
1948-09-18-026	국제정세개관	아세아에 대한 월가의 새 음모	4	본사 국내외통신부
1948-09-18-027	극장안내		4	
1948-09-19-001	현단계에서의 우리 당 선전선동원들의 과업		1	
1948-09-19-002	김책부수상을 감격으로 맞이한 전체 산업일군들은 궐기하였다		1	
1948-09-19-003	'대한망국정부'는 미군의 3년이상 무기한 주둔 청원		1	북조선통신
1948-09-19-004	국제로동청년대회 조선대표일행 귀환		1	
1948-09-19-005	김장군내각을 절대지지	인민공화당, 교육자협회	1	
1948-09-19-006	모든 정열은 조국통일에	남조선과학기술련맹	1	
1948-09-19-007	광명이 비치였다	룡천군 서서면 농민 김시명	1	
1948-09-19-008	문화발전 위하여	국립가극장 문화인 최순희	1	
1948-09-19-009	리승만괴뢰정부의 매국적협정		2	내정
1948-09-19-010	민주조국창건에 있어서의 우리 당단체의 선봉적역할		2	김형
1948-09-19-011	우리 당원을 선두로 공장복구와 증산에	아오지인조석유공장	2	김소민
1948-09-19-012	추잠견생산협조에 금천군당단체 열성		2	정운성
1948-09-19-013	국가가 요구하는 섬유원료 고치의 전량을 국가수매에	홍원군 양잠가들의 열성	3	유헌
1948-09-19-014	현물세를 납부하여 국가적의무를 실천	대동군 룡산면 농민들	3	
1948-09-19-015	류안비료 더 많이 농촌에	흥남비료공장 로동자들	3	박중선
1948-09-19-016	오늘의 이 행복을	북조선로동자들의 생활	3	황경렵
1948-09-19-017	민족무용예술의 찬란한 개화!	최승희무용연구소 공연	3	
1948-09-19-018	종자개량으로 높은 수확을	평남 강서군 증산면 농덕리 김병기동무	3	리의철
1948-09-19-019	당원들이 선두에서	남포제련소의 증산투쟁	3	
1948-09-19-020	씨비리야의 꼴호즈 '쓰딸린쓰꼬예즈나먀'에 있는 조선사람들		3	박태운
1948-09-19-021	전 이태리식민지문제에 관한 4개국대표자회의	9월 14일 오후회의, 9월 15일 회의	4	따스특파원통신
1948-09-19-022	동부쟈바지구에서 화.인전투 재개		4	북조선통신

기사번호	제목(title)	부제목(stitle)	면수	필자, 출처
1948-09-19-023	미국은 전이식민지를 전략기지로 확보 기도		4	북조선통신
1948-09-19-024	면전인민항쟁 치렬		4	북조선통신
1948-09-19-025	화란직맹대표 쁘라그 도착		4	북조선통신
1948-09-19-026	희랍민주군 덴드로호리구역 점령		4	북조선통신
1948-09-19-027	불란서신정부 증세부과준비		4	북조선통신
1948-09-19-028	체코슬로바키아에서 식량을 증배		4	북조선통신
1948-09-19-029	미.토량국의 '중요협의'		4	북조선통신
1948-09-19-030	중국인민은 일본에 대한 미국정책을 반대한다		4	국내외통신부
1948-09-19-031	쏘련소식	쏘련에서 생산원가저하와 저축계획촉진운동 활발	4	북조선통신
1948-09-19-032	똘리야찌동지 건강 완전회복		4	따쓰통신
1948-09-19-033	극장안내		4	
1948-09-21-001	우리 민족의 자유와 통일을 보장하는 위대한 쏘련의 력사적회답		1	
1948-09-21-002	조선최고인민회의 상임위원회 위원장 김두봉각하	조선최고인민회의 요청서를 접수하고	1	
1948-09-21-003	조선에서 쏘련군대철거에 대한 쏘련외무성의 보도		1	
1948-09-21-004	조선인민의 자유독립을 끝까지 보장하는 쏘련!		1	
1948-09-21-005	미군도 철병토록 적극 투쟁하자! 곡산공장 로동자 석해년	량군동시철거요청에 응낙한 쏘련정부에 대하여 인민들의 감사폭발	1	
1948-09-21-006	쏘련은 진정한 약소민족의 해방자 평양시 의암리 농민 박재학	량군동시철거요청에 응낙한 쏘련정부에 대하여 인민들의 감사폭발	1	
1948-09-21-007	조선인민은 쏘련인민의 은공을 천추만대토록 잊지 않을것이다		2	김동천
1948-09-21-008	지방신문평	강원도로동신문	2	홍순철
1948-09-21-009	평양시당단체의 당면과업		2	위찬길
1948-09-21-010	평양시 남구역당 건립		2	현석
1948-09-21-011	쏘련인민은 조선인민의 진정한 벗	영원불멸의 친선을 더욱 굳게 맹세	3	
1948-09-21-012	김일성수상의 정강 받들고 국토완정을 달성할 때까지	사동련탄공장에서	3	김달수
1948-09-21-013	더욱 굳센 투지로써 민족통일 위해 투쟁	평양철도기관구에서	3	김현주
1948-09-21-014	찌또그루빠에 피살당한 유고슬라비아의 애국자 아르쏘 요와노비츠		3	
1948-09-21-015	이 감격을 증산에	평양시 의암리 강관섬농민	3	리의철

기사번호	제목(title)	부제목(stitle)	면수	필자, 출처
1948-09-21-016	공화국의 학생으로서 느끼는 민족적자부심	평양고급중학교에서	3	
1948-09-21-017	우리 조국강토에서 물러가라 미군아!	평양 제15인민시장에서	3	
1948-09-21-018	오직 전진이 있을뿐	평양사범대학에서	3	신기관
1948-09-21-019	희랍인민들은 총궐기	희공산당 총비서 론문	4	북조선통신
1948-09-21-020	소위 '구라파경제협조리사회'	미영불 등 대립 심각화	4	북조선통신
1948-09-21-021	방쏘독일녀맹대표단 귀국		4	북조선통신
1948-09-21-022	화북인민대표자대회	선거실시를 정부에 위임	4	북조선통신
1948-09-21-023	오지리로동자 임금인상 요구		4	북조선통신
1948-09-21-024	일본경찰당국 공산당사무소 습격		4	북조선통신
1948-09-21-025	일본공산당 간부암살미수에 대한 적기지 론평		4	북조선통신
1948-09-21-026	일본 물가 폭등		4	북조선통신
1948-09-21-027	분란 사민당과 농민당의 갈등		4	북조선통신
1948-09-21-028	일본에 있어서의 미군의 략탈행위		4	본사 국내외통신부
1948-09-21-029	쏘련소식	경제건설성과	4	북조선통신
1948-09-21-030	"공산주의와의 투쟁"이라는 구호뒤에는 무엇이 숨어있나		4	본사 국내외통신부
1948-09-21-031	극장안내		4	
1948-09-21-032	광고		4	로동신문사
1948-09-22-001	제철업의 발전을 위하여		1	
1948-09-22-002	최고인민회의 상임위원회 제2차회의		1	북조선통신
1948-09-22-003	쏘련최고쏘베트 상임위원회 위원장 느.스베르니크각하	쏘베트군대의 철거와 관련하여	1	
1948-09-22-004	조쏘친선은 우리 조국의 독립을 보장하는 담보 북조선로동당 중앙위원회 선전선동부장 박창옥	량군동시철거요청에 응낙한 쏘련정부에 대하여	1	
1948-09-22-005	쏘련은 조선독립의 진정한 원조자이다 북조선천도교청우당 위원장 김달현	량군동시철거요청에 응낙한 쏘련정부에 대하여	1	
1948-09-22-006	쏘련인민과 영원불멸의 친선을 맺자! 북조선민주당 선전부장 리홍렬	량군동시철거요청에 응낙한 쏘련정부에 대하여	1	
1948-09-22-007	최고인민회의는 진정한 인민의 대표기관이며 국가최고권력을 행사한다		2	덕명
1948-09-22-008	평남도당단체는 선거승리를 보장키 위하여 이렇게 투쟁하였다		2	북조선로동당 평남도당 선전선동부장 김선락
1948-09-22-009	폭포를 리용 발전소창건 정석중동무 성공	양주군 방산면 장평리에서	2	손경호
1948-09-22-010	최후의 승리를 향하여 로동계급 용감히 전진	국영성냥공장에서	3	김달수

기사번호	제목(title)	부제목(stitle)	면수	필자, 출처
1948-09-22-011	흥남공장 청년들의 호소에 전체 로동청년들 호응궐기	평양기계제작소, 강동군에서	3	김전
1948-09-22-012	침략적제국주의배들을 자유애호인민의 원쑤로 규정	국제로동청년대회 조선대표 귀환담	3	북조선통신
1948-09-22-013	년간계획 달성하고	국영 리원광산에서	3	박경석
1948-09-22-014	영화제작을 더욱 활발히 전개하자		3	서광제
1948-09-22-015	인민공화국을 지지하는 남조선인민들의 투쟁!		3	북조선통신
1948-09-22-016	남조선괴뢰정부의 발악	제1신문과 조선중앙일보사 습격	3	북조선통신
1948-09-22-017	남조선괴뢰정부의 발악	세계일보사 습격	3	북조선통신
1948-09-22-018	괴뢰정부의 매국노들은 일제에의 경제적 예속을 기도		3	북조선통신
1948-09-22-019	맥아더의 대일정책 부당 파업금지령 등 철회요구	극동위원회 쏘베트대표 성명	4	북조선통신
1948-09-22-020	모쓰크바 각 신문의 국제문제 론평		4	북조선통신
1948-09-22-021	아랍군 유태지역을 포격		4	북조선통신
1948-09-22-022	브라질에서 일본인국수주의단체원 피검		4	북조선통신
1948-09-22-023	희랍민주군 아그이아시에 돌입		4	북조선통신
1948-09-22-024	상해학생들 기아반대 시위		4	북조선통신
1948-09-22-025	버펄로시에서 윌레스씨 연설		4	북조선통신
1948-09-22-026	실업자에 강제로동을 부과를 할것을 반동적이정부에서 기도		4	북조선통신
1948-09-22-027	인도 델리에 계엄령		4	북조선통신
1948-09-22-028	비루마에 있어서의 영국의 분렬정책		4	북조선통신
1948-09-22-029	영국잠수함 코펜하겐 도착		4	북조선통신
1948-09-22-030	구라파무선전신회의	방송과 주파수할당 협정	4	북조선통신
1948-09-22-031	서전반동신문의 허위보도 폭로		4	북조선통신
1948-09-22-032	영국의회의원 '마살안'을 비난		4	북조선통신
1948-09-22-033	팔레스티나유엔조정책임자 베르나돗테 피살		4	북조선통신
1948-09-22-034	북부일본에 태풍우		4	북조선통신
1948-09-22-035	제12차 국제박람회 폐막		4	북조선통신
1948-09-22-036	국제과학인련맹대회 개막		4	북조선통신
1948-09-22-037	영국직맹대표 쁘라그 도착		4	북조선통신
1948-09-22-038	쏘련소식	경제건설성과	4	북조선통신
1948-09-22-039	극장안내		4	
1948-09-22-040	대체 누구의 대만인가?		4	최룡일
1948-09-23-001	위대한 쏘련의 선진적 새 문화를 수입하자		1	
1948-09-23-002	쏘베트사회주의공화국련방 내각 수상 이오씨프 위싸리오노비츠 쓰딸린대원수 각하	쏘베트군의 철거와 관련하여	1	

기사번호	제목(title)	부제목(stitle)	면수	필자, 출처
1948-09-23-003	김두봉위원장과 김일성수상에게 모택동주석과 주덕장군 축전		1	북조선통신
1948-09-23-004	조선인민의 의사존중하는 쏘련에 감사를 드린다 북조선직업총동맹 위원장 최경덕	량군동시철거요청에 응낙한 쏘련정부 호의에 대하여	1	
1948-09-23-005	타국자주권을 존중하는 쏘련의 전통적대외정책 북조선농민동맹 중앙위원회 위원장 강진건	량군동시철거요청에 응낙한 쏘련정부 호의에 대하여	1	
1948-09-23-006	남조선에서 인민위원회를 회복하며 조직하자!		2	김형준
1948-09-23-007	파란로동당 중앙위원회 총회의 결정		2, 3	
1948-09-23-008	쏘련녀의사는 나에게 광명의 세상을 주었다		3	박중선
1948-09-23-009	쏘련의 우의적방조 명심코 조국경제건설을 위해 전진	평양곡산공장	3	김달수
1948-09-23-010	레닌그라드조선학생들 중앙정부수립을 기념경축	신민주국가학생 다수 참석	3	
1948-09-23-011	조곡현물세징수서는 드디여 발부되었다!	평남도내 전체 농민들	3	
1948-09-23-012	국제로동청년대회 미국대표단 조선청년들에게 서한		3	
1948-09-23-013	맥아더장군은 포츠담선언과 극동위원회 결정을 침범하였다	쏘련대표 극동위원회 정례회의에서 성명	4	북조선통신
1948-09-23-014	제3차 유엔총회에 참가할 쏘련대표단 성원		4	북조선통신
1948-09-23-015	백로씨아공화국대표단성원		4	북조선통신
1948-09-23-016	우크라이나공화국 대표단		4	북조선통신
1948-09-23-017	위신쓰끼씨 파리에 도착		4	북조선통신
1948-09-23-018	불신정부의 반동법안 세금과 물가 인상	각지에 항의파업	4	북조선통신
1948-09-23-019	불란서각지에 시위운동 전개		4	북조선통신
1948-09-23-020	정부정책 반대	영국사회단체	4	북조선통신
1948-09-23-021	인도네시아에 대한 화란의 무력침공		4	북조선통신
1948-09-23-022	공화국건물을 화란당국 압수		4	북조선통신
1948-09-23-023	미국의 지원받는 화란		4	북조선통신
1948-09-23-024	이란에 있어서의 영미량국대립		4	북조선통신
1948-09-23-025	미국과학자들 원자력생산참가를 혐오		4	북조선통신
1948-09-23-026	부다페스트은행 예금액		4	북조선통신
1948-09-23-027	반역범인 처단	체코슬로바키아	4	북조선통신
1948-09-23-028	베네주엘라의 진보적시인 모쓰크바 도착		4	북조선통신
1948-09-23-029	희랍왕당파는 어데로?		4	조식
1948-09-23-030	이란에 미군사고문단 도착		4	북조선통신
1948-09-23-031	일본 정계와 금융계에 독직의옥사건		4	북조선통신
1948-09-23-032	극장안내		4	
1948-09-24-001	당내의 비판과 자아비판을 더욱 높은 수준에서 전개하자		1	

기사번호	제목(title)	부제목(stitle)	면수	필자, 출처
1948-09-24-002	김일성수상의 정강을 높이 받든 전체 조선인민들의 힘찬 투쟁!		1	
1948-09-24-003	쏘련군 철거에 대한 결정에 당황하는 매국노 리승만		1	우식
1948-09-24-004	쏘련인민과의 영원한 친선을 조선인민들은 굳세게 맹세!	량군동시철거요청에 응낙한 쏘련정부호의에 대하여	1	
1948-09-24-005	미군 즉시 철퇴하라! 남조선민전, 쏘련군철거에 담화	량군동시철거요청에 응낙한 쏘련정부호의에 대하여	1	
1948-09-24-006	조쏘인민의 친선은 영구불멸 북조선민주녀성총동맹 위원장 박정애	량군동시철거요청에 응낙한 쏘련정부호의에 대하여	1	
1948-09-24-007	쏘련인민과 그 수령인 쓰딸린대원수께 감사 북조선청년동맹 부위원장 리영섬	량군동시철거요청에 응낙한 쏘련정부호의에 대하여	1	
1948-09-24-008	전조선인민은 미침략정책을 박차고 힘차게 전진하고있다		2	신염
1948-09-24-009	남조선철도종업원들은 인민항쟁의 선봉대였다	남조선철도총파업 2주년에 제하여	2	선전부
1948-09-24-010	당단체를 더욱 강력하게	평남도당 상무위원회에서	2	본사기자 김전
1948-09-24-011	풍년의 수확으로 조국에 이바지하는 농민들	황해도 은률군 장령면 률리에서	2	김인곤
1948-09-24-012	모범적녀성당원 남시염전 오이명동무	평안북도 정주군 남시 학무염전에서	2	
1948-09-24-013	민족통일의 길은 열리였다	함흥철도기관구에서	3	박경석
1948-09-24-014	와셉쓰끼박사 철학강의 다대한 성과 거두고 종결		3	현석
1948-09-24-015	면화의 현물세를 기한내에 도내 녀성농민들에게 호소	룡강군 서부리 녀성농민들	3	송학용
1948-09-24-016	더 커가는 애정	평양 민본리에서	3	김달수
1948-09-24-017	맥류추파는 시작되었다	평양특별시 룡흥리에서	3	오학균
1948-09-24-018	조선요업공업의 근원지로 조국의 막대한 수요를 충족	주을요업공업은 복구발전	3	리문상
1948-09-24-019	미대사관원들의 불법행위	루마니아외무성의 각서	4	북조선통신
1948-09-24-020	주독영점령당국 전 나치군병사를 징모		4	북조선통신
1948-09-24-021	희랍민주군 공격 치렬		4	북조선통신
1948-09-24-022	일본과 통상 및 원조 확대	장군의 방일목적	4	북조선통신
1948-09-24-023	불가리아에 농학한림원		4	북조선통신
1948-09-24-024	파란수학자 제6차대회		4	북조선통신
1948-09-24-025	퀘이유정부정책을 반대	불란서국내에 항의치렬	4	북조선통신
1948-09-24-026	미국무차관과 파리시장 회담		4	북조선통신
1948-09-24-027	월레스씨 선거연설		4	북조선통신
1948-09-24-028	아테네시에 대량피검 계속		4	북조선통신
1948-09-24-029	미국의 선거전	듀이도 서해안 려행	4	북조선통신
1948-09-24-030	국제과학인련맹대회		4	북조선통신
1948-09-24-031	일본전기로조 단전파업 속행		4	북조선통신
1948-09-24-032	항가리맥류수확고 증가		4	북조선통신
1948-09-24-033	인도네시아공산당을 화란당국에서 박해		4	북조선통신
1948-09-24-034	아르젠틴의 진보적단체		4	북조선통신
1948-09-24-035	토이기정부 학교유지금 지출중지		4	북조선통신
1948-09-24-036	웨드마이어의 중국재파견설		4	북조선통신
1948-09-24-037	이란군대 탈주병 증가		4	북조선통신
1948-09-24-038	이란에서의 미전쟁상인들		4	북조선통신
1948-09-24-039	인도통치층의 폭행		4	박문근
1948-09-24-040	극장안내		4	
1948-09-25-001	북조선로동당 제3차 중앙위원회(제1일)		1	
1948-09-25-002	북조선로동당 제3차 중앙위원회에서 진술한 「조선민주주의인민공화국 최고인민회의 선거총화와 당단체들의 당면과업」에 대한 보고	허가이	1, 2, 3	
1948-09-25-003	유엔총회 제3차회의 21일 파리에서 개막		4	북조선통신
1948-09-25-004	22일회의	유엔총회	4	북조선통신
1948-09-25-005	의정초안 심의 총위원회에서	유엔총회	4	북조선통신
1948-09-25-006	이태리정부 근로인민의 급료 삭감		4	북조선통신
1948-09-25-007	미항공사령관대리 일본 도착		4	북조선통신
1948-09-25-008	중국국민당지구 경제파탄은 미국의 경제팽창정책의 결과		4	김병기
1948-09-25-009	극장안내		4	
1948-09-26-001	북조선로동당 중앙위원회 제3차회의(제2일)		1	
1948-09-26-002	만기현물세 징수사업과 1949년도 농산물증산준비에 대한 당단체의 과업	김책	1, 2	
1948-09-26-003	북조선에서 쏘련군을 철거함에 관한 쏘련정부의 결정에 대한 세계의 반향	여러 나라에서	1	
1948-09-26-004	맹렬한 반항에 봉착한 소위 '한미협정' 발효		2	북조선통신
1948-09-26-005	김일성수상의 정강 받들고 승리를 향하여 용감히 전진 평양곡산공장 종업원대회에서	량군동시철거요청에 응낙한 쏘련정부호의에 대하여	3	
1948-09-26-006	미군철거를 강경히 요구 평양화학직장대회에서	량군동시철거요청에 응낙한 쏘련정부호의에 대하여	3	
1948-09-26-007	쏘련군의 은혜를 그는 잊지 못한다	량군동시철거요청에 응낙한 쏘련정부호의에 대하여	3	리의철
1948-09-26-008	승리의 신념도 굳게 국가적의무에 충실 개천군 군우3리농민대회에서	량군동시철거요청에 응낙한 쏘련정부호의에 대하여	3	
1948-09-26-009	해방기념문학예술축전은 다대한 성과를 거두고 종막	심사위원회 심사결과 발표	3	

기사번호	제목(title)	부제목(stitle)	면수	필자, 출처
1948-09-26-010	미군 남조선에서 철퇴하라 북조선문학예술총동맹 부위원장 안막	량군동시철거요청에 응낙한 쏘련 정부호의에 대하여	3	
1948-09-26-011	북미합중국서도 군대를 철거하라 북조선불교총련맹 위원장 김세률	량군동시철거요청에 응낙한 쏘련 정부호의에 대하여	3	
1948-09-26-012	우리 국권회복의 대로는 열리다 북조선기독교도련맹 서기장 박건수	량군동시철거요청에 응낙한 쏘련 정부호의에 대하여	3	
1948-09-26-013	영원불망하리라 시인 민병균	량군동시철거요청에 응낙한 쏘련 정부호의에 대하여	3	
1948-09-26-014	전반적토론을 개시	유엔총회 23일 오전회의	4	따스특파원통신
1948-09-26-015	전반적토론을 개시	유엔총회 23일 오후회의	4	북조선통신
1948-09-26-016	중국인민해방군 제남시에 돌입		4	북조선통신
1948-09-26-017	불가리아인민공화국 유엔가입 신청		4	북조선통신
1948-09-26-018	뉴욕주공산당 지도자 피습		4	북조선통신
1948-09-26-019	토이기대사관원 위법	루마니아외무성 각서 전달	4	북조선통신
1948-09-26-020	불가리아의 민족동등정책		4	박태민
1948-09-26-021	불란서에 파업격화		4	북조선통신
1948-09-26-022	희랍왕당파군 포로를 총살		4	북조선통신
1948-09-26-023	중국재정부장 미국을 방문		4	북조선통신
1948-09-26-024	화란신파견부대 동원		4	북조선통신
1948-09-26-025	쏘련소식	경제건설성과	4	북조선통신
1948-09-26-026	극장안내		4	
1948-09-28-001	북조선로동당 중앙위원회 제3차회의 「조선민주주의인민공화국 최고인민회의 선거총화와 당단체들의 당면과업」에 대한 결정서		1	
1948-09-28-002	북조선로동당 중앙위원회 제3차회의 쏘련군대를 환송할데 대한 결정을 채택		1	
1948-09-28-003	쏘련군의 철퇴는 일관된 해방적사명의 표현이다		2	김현석
1948-09-28-004	장진수산사업소 증산에 일로매진	당원들의 핵심적역할	2	최치옥
1948-09-28-005	남포시의 발전을 위한 시당단체의 투쟁정형		2	김전
1948-09-28-006	쏘련과의 군은 친선만이 조국의 자주독립을 보장	남포견직공장 종업원대회	3	
1948-09-28-007	조국의 영예를 위하여	평남 대동군 림원면농민대회	3	
1948-09-28-008	괴뢰'정부'가 체결한 매국조약 절대부인	문천기계제작소 종업원대회	3	
1948-09-28-009	감격의 기록		3	
1948-09-28-010	가을고치수매 활발	20일현재 109%	3	
1948-09-28-011	로동청년들의 의기 양양 년간계획단축에로 매진	남포전극공장 민청원들	3	김전
1948-09-28-012	북조선 4대염전 년간계획을 완수		3	김달수
1948-09-28-013	과학적영농으로 맥류증산을 보장	황해도 농민들	3	최령

기사번호	제목(title)	부제목(stitle)	면수	필자, 출처
1948-09-28-014	남조선의 산업 날로 황폐		3	북조선통신
1948-09-28-015	고향 제주도에 보내는 아름다운 이 성원!	신의주방직공장 직포실 김춘길 동무	3	최영환
1948-09-28-016	유엔총회 제3차회의 전반적토론 계속	24일 오전회의	4	따스특파원통신
1948-09-28-017	칠리대표의 중상적연설	위신쓰끼씨 반박	4	북조선통신
1948-09-28-018	의정을 심의 24일 오후회의	유엔총회 제3차회의	4	따스특파원통신
1948-09-28-019	항가리석유생산 격감음모	미국 스탠더드석유회사의 책동	4	북조선통신
1948-09-28-020	중국에 대한 미국정책은 무엇을 추궁하고있나?		4	최근번
1948-09-28-021	일본소화전공회사 사건	아시다정부의 위기 초래	4	북조선통신
1948-09-28-022	불란서정부 파란기자입국 거부		4	북조선통신
1948-09-28-023	극장안내		4	
1948-09-28-024	북조선로동당 중앙위원회 기관잡지 『근로자』(제9호)		4	
1948-09-29-001	쏘련인민과의 견고한 친선의 기치밑에서		1	
1948-09-29-002	중앙정부를 받든 북조선농민은 만기작물현물세 납부에 총궐기		1	
1948-09-29-003	녀맹 제14차 중앙위원회 당면한 과업들을 토의결정	국제녀성대회 대표도 선정	1	
1948-09-29-004	완전독립 성취 위한 조선인민의 결의	『이즈베스치야』지 론평-	1	
1948-09-29-005	미침략정책 폭로	『태그리쉐 룬트샤우』지 론평	1	북조선통신
1948-09-29-006	미국군대의 동시철거를 로동자들은 강경히 주장 흥남제련소보고대회	량군동시철거요청에 응낙한 쏘련 정부호의에 대하여	1	
1948-09-29-007	쏘련과의 친선을 더욱 굳게 하자 강서군 수산면 가생리 농민대회	량군동시철거요청에 응낙한 쏘련 정부호의에 대하여	1	
1948-09-29-008	쏘련원조에 의하여 우리는 장성되었다 황해도체신부 직장대회	량군동시철거요청에 응낙한 쏘련 정부호의에 대하여	1	
1948-09-29-009	평화의 군대 인민군대 강종환	량군동시철거요청에 응낙한 쏘련 정부호의에 대하여	1	
1948-09-29-010	조국통일의 길 사무원 김기철	량군동시철거요청에 응낙한 쏘련 정부호의에 대하여	1	
1948-09-29-011	사진		2	
1948-09-29-012	력사적진격		2	
1948-09-29-013	쏘련군의 위력앞에 일제는 항복하였다		2	
1948-09-29-014	해양을 건너온 재물에 매수되지 않는다		2	
1948-09-29-015	주권과 산업을 우리 인민에게		2	
1948-09-29-016	쏘련은 약소민족의 자유의 초소에 섰다		2	
1948-09-29-017	민족자주독립의 경제적토대 구축	황해제철소에서	3	
1948-09-29-018	땅을 받은 농민들	함북 명천 동면 양견리에서	3	
1948-09-29-019	우리 민족의 인재들 선진과학으로 무장		3	황경렵
1948-09-29-020	우리 손에 돌아온후	북조선중앙농사시험장 평양지장에서	3	오학균

기사번호	제목(title)	부제목(stitle)	면수	필자, 출처
1948-09-29-021	찬란한 개화	국립영화촬영소에서	3	신기관
1948-09-29-022	쏘련철도기술자 이골씨가 평양기관구 기대진씨에게 바르브세칭법과 호이루뻬스세칭법을 가르치는 광경		3	
1948-09-29-023	우렁차게 돌아가는 조국산업의 동맥		3	김달수
1948-09-29-024	쏘련은 인민들의 평화와 안전의 초소에 견결히 서있다	1948년 9월 25일 유엔총회 전원회의석상에서 진술한 쏘련대표단 수석 아.야.위신쓰끼의 연설	4	
1948-09-29-025	위신쓰끼씨의 연설에 미국빨럭 당황	유엔총회 25일 본회의	4	북조선통신
1948-09-29-026	극장안내		4	
1948-09-30-001	평화와 민주를 위하여 제국주의를 반대하여 투쟁하자		1	
1948-09-30-002	위대한 쏘련은 진정한 조선인민의 원조자다	신의주방직공장 종업원대회	1	
1948-09-30-003	반동과의 투쟁을 견결히 할것을 맹세	함흥철도부 종업원대회	1	
1948-09-30-004	현물세를 우량품으로서 10월 20일까지 완납결의	함주군 천원면 중리농민대회	1	
1948-09-30-005	만기현물세의 징수사업과 래년도농업증산토의 결정	농맹 제14차 중앙위원회에서	1	
1948-09-30-006	평남도당부 청사준공식	9월 27일에 성대히 거행	1	
1948-09-30-007	부산부두로동자들 파업을 단행!		1	북조선통신
1948-09-30-008	북조선에서의 쏘련군 철퇴에 관한 -이즈베스치아지의 론평-		1	북조선통신
1948-09-30-009	파란로동당열성자회의에서 진술한 베루트의 보고		2, 3	
1948-09-30-010	파란로동당열성자회의에서 진술한 고물까의 연설		3	
1948-09-30-011	쏘련은 인민들의 평화와 안전의 초소에 견결히 서있다 1948년 9월 25일 유엔총회 전원회의석상에서 진술한 쏘련대표단 수석 아.야.위신쓰끼의 연설	전호에 계속	4	
1948-09-30-012	베를린정세와 이에 관한 협의문제에 대한 따쓰통신의 공식성명		4	
1948-09-30-013	중국국민당기 비전투원 살륙		4	북조선통신
1948-09-30-014	국민당당국의 특별재판소		4	북조선통신
1948-09-30-015	분란의 파업		4	북조선통신
1948-09-30-016	루마니아농민들 동기파종 개시		4	북조선통신
1948-09-30-017	중국의 연료 식량난 우심		4	북조선통신
1948-09-30-018	저명한 흑인들 청원서에 서명		4	북조선통신
1948-10-01-001	맑스-레닌주의의 기본지식에 대한 백과사전		1	
1948-10-01-002	쏘련군대철거와 관련하여 쓰딸린대원수에게 감사의 메쎄지	평양시민청열성자대회에서	1	
1948-10-01-003	쏘련군대환송을 위하여 로동자들 애국로동전개	평양시의 화학부문 로동자들이	1	
1948-10-01-004	쏘련의 시종일관한 정의의 정책의 표현	남포제련 아연제련과 종업원대회	1	
1948-10-01-005	쏘련군의 은공으로서 토지의 주인이 되었다	강동군 청룡면 대오루리농민대회	1	
1948-10-01-006	조선인민의 앞길을 가르치는 쏘련공산당략사연구열 비등		2	
1948-10-01-007	『쏘련공산당(볼쉐비크)략사』는 광명의 길로 인도해주는 등대		2	
1948-10-01-008	수많은 모든 책중에서 내가 가장 사랑하는 책	-홍준기동무의 노트에서-	2	
1948-10-01-009	『쏘련공산당(볼쉐비크)략사』를 나는 이렇게 연구하고 있다	-김선락동무의 학습경험에서-	2	
1948-10-01-010	앞으로 전진하기 위하여	-박화삼동무와의 담화가운데서-	2	
1948-10-01-011	『쏘련공산당사』를 손에 든 감격과 기쁨-평양군중서점에서		2	
1948-10-01-012	『쏘련공산당사』연구에 열중-국가검열성도서실에서		2	
1948-10-01-013	농민은 더 한층 굳게 로동계급과 단결해야 된다는것을 배웠다	-오희남농민의 담화중에서-	2	
1948-10-01-014	훌륭한 객차와 튼튼한 화차로 철도수송의 원활을 보장	평양철도공장에서	3	신언철
1948-10-01-015	추파맥류파종을 위한 북조선농민들의 투쟁		3	
1948-10-01-016	안주군농민들 맥류파종 완료		3	오학균
1948-10-01-017	인민들에게 옷감을 더 많이 보내고저!	평남 강서군 함종면 홍범리에서	3	
1948-10-01-018	창립 2주년을 맞는 김일성종합대학		3	신기관
1948-10-01-019	쏘베트의 조선녀성들		3	김성국
1948-10-01-020	베빈의 진부한 연설	27일 본회의에서	4	북조선통신
1948-10-01-021	체코슬로바키아대표 쏘련정부 제의를 지지	27일 오후회의에서	4	북조선통신
1948-10-01-022	유엔총회 전원회의에서의 위신쓰끼의 연설에 대한 반향		4	따쓰통신
1948-10-02-001	만기작물현물세 징수사업을 적극 추진시키자		1	
1948-10-02-002	침략적야심 가진 미국정부의 회답 조선에서 외국군대 철거문제에 관하여	모쓰크바주재 미대사의 회신	1	
1948-10-02-003	조국의 통일과 자유를 위하여 선봉적역할을 노는 로동자들		1	
1948-10-02-004	조쏘친선강화에 힘쓰며 11월내로 책임량 완수	성진제강소종업원대회	1	

기사번호	제목(title)	부제목(stitle)	면수	필자, 출처
1948-10-02-005	미국군대의 동시철거를 우리는 강경히 요구한다	회령군 팔을면 금생리농민대회	1	
1948-10-02-006	그의 덕택으로서 기관사가 되었다	고원기관구 기관사 박상홍	1	
1948-10-02-007	조쏘친선에 주력	평양녀자고급중학교 교원 김관일	1	
1948-10-02-008	조선인민군대는 민주를 옹호하며 조국을 침략으로부터 방어하는 성벽이다		2	석천
1948-10-02-009	선거총화와 당단체들의 당면과업들을 토의결정	평남도당위원회에서	2	위찬길
1948-10-02-010	농촌문화 향상 위해 당원들 열렬히 투쟁		2	
1948-10-02-011	자유와 민주독립을 위한 남조선10월인민항쟁		2	송남
1948-10-02-012	조국은 인재를 요구한다	평양에 3개 단과대학 창설	3	신기관
1948-10-02-013	벼 12만석 증수 보장		3	신언철
1948-10-02-014	우리 당원들의 위력	평남도당부청사 준공	3	
1948-10-02-015	비료수송 103%로 완수		3	
1948-10-02-016	거대한 출발	평남수리관개공사 착공	3	송학용
1948-10-02-017	항쟁의 남조선		3	
1948-10-02-018	건설의 북조선		3	김전
1948-10-02-019	미영뿔럭은 쏘련제의 회피	9월 28일 오전회의	4	북조선통신
1948-10-02-020	전반적토론 계속	28일 오후회의	4	북조선통신
1948-10-02-021	총위원회 쏘련제안을 의정에 포함키로 결정		4	북조선통신
1948-10-02-022	쏘미간의 평화보전 위한 10개조를 제안	미국슬라브위원회에서 월레스씨 연설	4	북조선통신
1948-10-02-023	베빈은 새 전쟁을 선동	『데일리 워커』지 론평	4	북조선통신
1948-10-02-024	쏘련소식		4	북조선통신
1948-10-02-025	극장안내		4	
1948-10-03-001	동기어로사업의 준비를 위하여		1	
1948-10-03-002	조선민주주의인민공화국 내각 제3차회의 중요한 결정들 채택		1	북조선통신
1948-10-03-003	평남관개시설사업에 관한 결정		1	
1948-10-03-004	1948년도 조기작물현물세 징수사업총결과 만기작물현물세 징수준비사업에 대한 결정		1	
1948-10-03-005	우리가 요구하는것은 미국군대의 동시철거	평남 성천군 이동리농민대회	1	
1948-10-03-006	쏘련은 조선산업부흥을 위하여 적극 방조하였다		2	신언철
1948-10-03-007	매국적리승만도당들의 비밀적범죄와 로골적범죄		2	
1948-10-03-008	평화를 인민에게!	브로쯜라브에서 개최된 전세계문화인대회에서 진술한 일리야.에렌부르그의 연설속기	2, 3	

기사번호	제목(title)	부제목(stitle)	면수	필자, 출처
1948-10-03-009	쏘련군을 환송하려는 나도 너도 정성의 선물	평양직조공장에서	3	
1948-10-03-010	목화다수확에 성공	평남 룡강군 리병도농민	3	송학용
1948-10-03-011	유아들의 체위 향상	우량아심사대회	3	리문상
1948-10-03-012	조선자주독립 위한 쏘련의 진정한 정책 성흥광산 로동자 박찬영씨	유엔총회에서 한 위신쓰끼의 연설에 대하여	3	
1948-10-03-013	조선인민의 심정을 똑바로 알아준다 중화군농민 오국진씨	유엔총회에서 한 위신쓰끼의 연설에 대하여	3	
1948-10-03-014	자유와 평화를 애호하는 인민에게 승리는 돌아온다 평양공업대학 교원 김인식씨	유엔총회에서 한 위신쓰끼의 연설에 대하여	3	
1948-10-03-015	제3차 유엔총회		4	북조선통신
1948-10-03-016	위신쓰끼연설은 평화를 반대하는 책동 폭로	-루마니아 각 신문 론평-	4	북조선통신
1948-10-03-017	유엔총회		4	북조선통신
1948-10-03-018	불란서의 총파업		4	북조선통신
1948-10-03-019	화란과 타협한 핫타정부 진보적단체원 대량 체포		4	북조선통신
1948-10-03-020	쏘련소식	공청창립 30주년기념	4	북조선통신
1948-10-03-021	이태리공산당 중앙위원회		4	북조선통신
1948-10-05-001	생산직장들에서의 문화써클운동에 대하여		1	
1948-10-05-002	조선민주주의인민공화국 내각 제4차회의		1	북조선통신
1948-10-05-003	영웅적쏘련군의 공훈 영구기념	쏘련군환송조직에 관한 내각결정	1	북조선통신
1948-10-05-004	조선어문연구회와 조선력사편찬위원회 신발족		1	북조선통신
1948-10-05-005	내각직속국 국장 임명		1	북조선통신
1948-10-05-006	통일독립 위하여 더 힘찬 투쟁 전개 평양철도공장 로동자 양영술씨	유엔총회에서 한 위신쓰끼씨의 연설에 대하여	1	
1948-10-05-007	자유와 독립을 갈망 미식민지화를 반대 화가 탁월길씨	유엔총회에서 한 위신쓰끼씨의 연설에 대하여	1	
1948-10-05-008	필승의 자신 얻었다 평양시 리향리 도료상점주 김동일씨	유엔총회에서 한 위신쓰끼씨의 연설에 대하여	1	
1948-10-05-009	조선은 통일과 독립을 주장하는 조선인민의것	-쏘련군철거에 대한 『신시대』지 론평-	1	북조선통신
1948-10-05-010	미군의 철퇴 절규	인천에서 시위행진	1	북조선통신
1948-10-05-011	조쏘친선을 굳게	흥남비료공장 직장대회	1	
1948-10-05-012	친일분자민족반역자들을 단호히 처단하자		2	장군진
1948-10-05-013	견결한 투쟁과 노력으로 당면과업들을 실천하자	평양시당단체 열성자회의에서	2	위찬길
1948-10-05-014	맥아더의 발굽밑에서 시들어 가는 동경		2, 3	아.와르샤브쓰끼-『신시대』지
1948-10-05-015	자기 노력으로 거두는 대풍작의 즐거운 가을	황해도에서	3	리성섭

기사번호	제목(title)	부제목(stitle)	면수	필자, 출처
1948-10-05-016	쏘련군에 대한 감사의 선물	평양곡산공장 종업원들의 정성	3	황경녑
1948-10-05-017	쏘련의 성의있는 방조로써 산업기술은 발전되었다		3	신언철
1948-10-05-018	맥류추파를 끝내고 쏘련군환송을 결의	봉산군 화전리 농민들	3	
1948-10-05-019	선진과학문화를 배우러 제3기 쏘련파견 류학생 출발		3	신기관
1948-10-05-020	평양시민이 쟁취한 또하나 빛나는 승리	팔동교의 준공식	3	리문상
1948-10-05-021	적기추수 적기추파	평남 성천군 쌍농면 농문리 농민들	3	리의철
1948-10-05-022	유엔총회 9월 29일 회의에서 우크라이나 대표단 수석 마누일쓰끼의 연설		4	
1948-10-05-023	유엔 제3차총회 영국대표의 기만수단	정치위원회에서	4	북조선통신
1948-10-05-024	쏘련소식		4	북조선통신
1948-10-06-001	쏘련군대환송을 성과있게 조직하자		1	
1948-10-06-002	쏘련군철거에 대한 제 정당 사회단체들의 사업을 토의 결정	북조선민전 제33차 중앙위원회	1	북조선통신
1948-10-06-003	쏘련군대환송을 위한 중앙환송위원회 조직		1	북조선통신
1948-10-06-004	쏘련군대의 은공에 보답하며 조쏘인민의 영구한 친선을 공고히 하자	남조선민주 제정당 사회단체 지도자회의 결정	1	북조선통신
1948-10-06-005	조선의 통일독립 위하여 백방으로 원조하는 쏘련 황해도 해주시 선산동농민 모덕흥씨	유엔총회에서의 위신쓰끼씨의 연설에 대하여	1	
1948-10-06-006	공명정대한 주장에 찬의와 경의 표한다 기업가 리인찬씨	유엔총회에서의 위신쓰끼씨의 연설에 대하여		
1948-10-06-007	미군의 무조긴 철거 요망	남조선의 민주한독당 등 담화 발표	1	북조선통신
1948-10-06-008	미군의 무조건 철거요망	재일조선인련맹의 성명	1	북조선통신
1948-10-06-009	남조선인민들의 무장항쟁 치렬		1	북조선통신
1948-10-06-010	남조선각지에 계속하여 계양되는 인민공화국 국기		1	북조선통신
1948-10-06-011	침략적야심을 가진 미국정부의 철병회피답서		2	박동초
1948-10-06-012	승리적성과를 보장한 당원들의 빛나는 역할	국영신포조선소내의 우리 당원들	2	신봉
1948-10-06-013	위임받은 지도검열사업을 그는 어떻게 진행하였는가	리대형동무의 지도검열사업에서	2	위찬길
1948-10-06-014	자습당원의 학습에 방법적지도를 주자		2	
1948-10-06-015	쏘련군의 친절한 지도는 우리들을 우수한 기관사로		3	신언철
1948-10-06-016	쓰딸린거리의 그 이름은 만대를 두고 기념하리라		3	

기사번호	제목(title)	부제목(stitle)	면수	필자, 출처
1948-10-06-017	한톤의 석탄이라도 더 수송하기 위하여	평양해운사업소 로동자들	3	
1948-10-06-018	인민의 로력을 노래하는 테·너 강장일동무		3	현석
1948-10-06-019	사회질서는 완전확보	야간통행시간 제한 전면적으로 철폐	3	북조선통신
1948-10-06-020	호상 경쟁조직 더 한층의 증산에	-평양전기제작소-	3	신언철
1948-10-06-021	저마다 경쟁으로 책임량 초과완수	-사리원방직공장-	3	
1948-10-06-022	쏘련농촌공산당원들은 높은 수확을 위한 투쟁의 조직자이다		3	
1948-10-06-023	쏘꼴롭쓰끼원수의 성명		4	
1948-10-06-024	아.야.위신쓰끼씨 원자무기금지를 거부하는 미국안 폭로	유엔총회 정치위원회 1일 오전 회의에서	4	북조선통신
1948-10-06-025	찰다리스의 엄페행위		4	북조선통신
1948-10-07-001	쏘련은 국제무대에서 조선의 통일독립과 자유를 위하여 강경히 투쟁한다		1	
1948-10-07-002	조선자주독립을 옹호하는 성벽 마동세멘트공장 로동자 리영복씨	유엔총회에서의 위신쓰끼씨의 연설에 대하여	1	
1948-10-07-003	반동과의 투쟁을 더욱 힘차게 전개 안변군농민 김재인씨	유엔총회에서의 위신쓰끼씨의 연설에 대하여	1	
1948-10-07-004	쏘련군철거에 넘치는 감사감격	황해도각처에서 광범한 군중대회	1	북조선통신
1948-10-07-005	쏘련의 성의있는 원조에 더 한층 군은 친선으로	부전강발전부 제4발전소 직장대회	1	북조선통신
1948-10-07-006	청년들의 애국투쟁으로 조국건설은 진척된다		1	북조선통신
1948-10-07-007	조쏘친선의 결의 더 한층 증산으로	-평북 룡암포제련소-	1	신용삼
1948-10-07-008	리승만괴뢰정부의 이 혼란상!	반동내부에서 무력전복을 기도	1	북조선통신
1948-10-07-009	발악하는 남조선반동경찰 '수도청'관하는 비상경계	-10월인민항쟁 2주년으로-	1	북조선통신
1948-10-07-010	남조선 매국괴뢰정부에서 조선통신사를 강제폐쇄		1	북조선통신
1948-10-07-011	미국과 국민당 정부간에 비밀협정을 체결		1	민주조선
1948-10-07-012	건설과 기쁨의 풍요한 가을 맞아 풍년을 구가하는 재령벌 농민들	농촌경리발전을 위한 재령군 당단체의 투쟁	2	김전
1948-10-07-013	당원들의 열성적노력으로 지하배수장치 개조에 성공	장진강발전부 제4발전소세포	2	박경석
1948-10-07-014	과동준비를 철저히 하자		2	리문상
1948-10-07-015	항상 자기 사업을 연구하여 조국건설사업에 이바지		2	정운성
1948-10-07-016	군중의 선두에 서서 방파제공사를 추진	거진항만공사에서 당원들 분투	2	최치목
1948-10-07-017	리승만'국회'의 자체 폭로 희극		2	신염
1948-10-07-018	쏘련군대 전별의 선물 아름다운 정성을 실어	전화국 교환수동무들	3	황경렵
1948-10-07-019	쏘련기술자의 협조 막대	성진제강소 증산에 박차	3	김소민

기사번호	제목(title)	부제목(stitle)	면수	필자, 출처
1948-10-07-020	래년의 증산 위하여	은률군농민들 맥류파종에 궐기	3	김인곤
1948-10-07-021	쏘련정부에 감사 드리며 현물세완납에 총매진!	강원도	3	
1948-10-07-022	향토문화건설 위해 벼 22가마니 헌납	강원도 안변군 리찬조농민	3	김만선
1948-10-07-023	우량한 목화를 현물세로 하루바삐 나라에 바치고저		3	
1948-10-07-024	추잠수매에 열성	평남 양잠농민들	3	송학용
1948-10-07-025	쓰딸린상수상작품 영화「마을의 녀선생」		3	신기관
1948-10-07-026	인민을 위한 수산업 승리적으로 발전		3	
1948-10-07-027	1948년 10월 4일 안보리사회 회의에서 한 위신쓰끼의 연설		4	
1948-10-07-028	쏘꼴롭쓰끼원수의 성명		4	
1948-10-07-029	유엔경제재정위원회 부의장에 백로씨아 대표 피선		4	북조선통신
1948-10-07-030	불, 미, 영 3국 각서에 대한 알바니아외상 답서		4	북조선통신
1948-10-07-031	월레스지지결의안 채택	미국슬라브위원회 전국대회	4	북조선통신
1948-10-08-001	면화현물세 징수사업과 수매사업을 강력히 실행하자		1	
1948-10-08-002	국련총회에 조선민주주의인민공화국 정부대표 파견에 관한 북조선통신사의 공식보도		1	
1948-10-08-003	조선민주주의인민공화국 내각결정 제16호	국련총회대표 파견에 관한 결정서	1	
1948-10-08-004	국련사무총장 투루그베 리귀하	국련총회회의에서의 조선문제심의와 관련하여	1	
1948-10-08-005	불란서공화국 외무상 로베트 슈망귀하	국련총회 회의에 참가할 우리 나라 대표들의 입국사증과 관련하여	1	
1948-10-08-006	쏘련의 성의있는 원조에 최대의 감사를 드린다	고성지구 철도종업원대회	1	
1948-10-08-007	중앙정부 받들어 승리에 매진하자	대보탄광 종업원대회	1	
1948-10-08-008	제주도 인민무장항쟁 치렬 남원 중문지서 등 습격	제주읍 오동리서도 전투	1	북조선통신
1948-10-08-009	해방자이며 진정한 벗 쏘련군대에 조선인민은 최대의 감사를 드린다		2	
1948-10-08-010	북조선민청 각급 지도기관사업결산과 선거사업의 보다 높은 승리적수행을 위하여		2	북조선민청중앙위원회 부위원장 리영섬
1948-10-08-011	유고슬라비야의 정형에 관하여		2, 3	『신시대』지 제38호
1948-10-08-012	우리들의 오늘의 행복은 쏘련군대의 은공이다!		3	
1948-10-08-013	철도일군들의 선진적투쟁	서평양철도공장 종업원들의 증산보	3	송학용
1948-10-08-014	평양양덕간 철도선 대대적으로 보강		3	북조선통신
1948-10-08-015	조국에 드리는 나의 선물		3	김전
1948-10-08-016	각 직장의 동기대책을 보장키 위하여	사동련탄 채탄부들의 투쟁	3	
1948-10-08-017	종업원의 과동석탄 충분히 준비되었다	평양산소공장 동기대책 만전	3	신언철
1948-10-08-018	백림정세문제에 관한 쏘련정부의 각서		4	
1948-10-08-019	백림문제 상정여부 토의	안전보장리사회 개회	4	북조선통신
1948-10-08-020	일본 아시다내각 총사직을 결정	소화전공수뢰사건이 원인	4	북조선통신
1948-10-09-001	입당자에 대한 보증인의 책임성을 높이자		1	
1948-10-09-002	북조선으로부터 철거하는 쏘련군대 환송구호		1	
1948-10-09-003	비등된 애국열을 계획초과에 경주	-국영운포광산-	1	유헌
1948-10-09-004	앞으로의 목표는 더 한층의 증산	-성진제강소 주물공장-	1	렴재학
1948-10-09-005	재일조선동포대표 초청	정부에서 8일 서한 발송	1	북조선통신
1948-10-09-006	혜산제재공장도 년간계획을 완수		1	송학용
1948-10-09-007	해주철도부와 함흥공작소도		1	북조선통신
1948-10-09-008	우리의 진정한 벗 쏘련에 감사한다	평남 룡강 신녕면 소강리농민대회	1	
1948-10-09-009	조선의 자주권을 옹호하는 쏘련과의 친선을 더욱 굳게	원산시 석우리 기독교회 신도대회	1	
1948-10-09-010	감사를 증산으로	양양군 강현면 금풍리 농민들	1	
1948-10-09-011	쏘련기술자들이 남긴 거대한 공적 우리 산업발전과 함께 길이 빛나리		2	신언철
1948-10-09-012	쏘련의 적극적인 방조로 민주문화는 찬란히 개화		2	김현석
1948-10-09-013	당원들의 열성적협조로 교육문화를 향상시켰다	평남 룡강군 당단체의 투쟁성과	2	송학용
1948-10-09-014	'스파이크'형을 제작하여 생산을 보장한 민병남동무		2	위찬길
1948-10-09-015	성의있는 기술지도로써 증산하는 리경애동무		2	김명덕
1948-10-09-016	인민의 힘으로 준공되는 우리의 김일성종합대학	오는 10월 10일 준공식	3	
1948-10-09-017	로동자들은 애국로동으로 쏘련군에게 드릴 기념품을	함남도에서	3	박경석
1948-10-09-018	맥류추파를 군인민위원회에서 이렇게 지도하였다	태천군	3	김병기
1948-10-09-019	농민들은 자기의 고상한 임무를 충실히 리행한다	홍원군의 현물세납부사업 활발	3	유헌

기사번호	제목(title)	부제목(stitle)	면수	필자, 출처
1948-10-09-020	류모랭상법으로 벼 평당 최고 4승 5홉 수확	강원도 철원군 외천리 리화석 농민	3	리의철
1948-10-09-021	내 조국에 아름다운 영광이 있으라!		3	인민군인 정준룡
1948-10-09-022	주택건축과 수리는 10월말로 완료된다	평양연초	3	신언철
1948-10-09-023	동기의 정상적생산을 보장	평양화학	3	김달수
1948-10-09-024	베를린문제가 상정되기까지의 서부렬강 음모로정	10월 5일 안보에서 위신쓰끼의 규탄	4	북조선통신
1948-10-09-025	안보에서의 베를린문제토의에 쏘련대표가 참가거부를 선언		4	북조선통신
1948-10-09-026	원자력문제에 관한 쏘련안 외곡하는 카나다안을 론박	2일 정치위원회에서 우크라이나대표 연설	4	북조선통신
1948-10-09-027	쏘련정부 외상 몰로또브 이태리정부에 각서 전달	강화조약실행을 요구	4	북조선통신
1948-10-09-028	원자위원회 보고 계속 토의	유엔 5일 정치위원회에서	4	북조선통신
1948-10-09-029	중국국부사당국 장춘퇴각을 확인		4	북조선통신
1948-10-09-030	이태리실업자 무려 3백만명		4	북조선통신
1948-10-09-031	불국이 아프리카에 비행장 건설		4	북조선통신
1948-10-09-032	미국상원 의원 토이기를 방문		4	북조선통신
1948-10-10-001	문학예술운동을 보다 높은 수준에서 전개하자		1	
1948-10-10-002	쓰딸린대원수에게 드리는 메쩨지	내각직속 중앙지도간부학교 제6기 졸업생일동	1	
1948-10-10-003	김일성장군에게 드리는 메쩨지	내각직속 중앙지도간부학교 제6기 졸업생일동	1	
1948-10-10-004	조선민주주의인민공화국 내각 제5차회의		1	북조선통신
1948-10-10-005	조선민주주의인민공화국 외무상 국련총회 제3차회의 의장에게 전보 발송	조선민주주의인민공화국 외무상성명서	1	
1948-10-10-006	조국과 인민을 위해 복무할 우리 나라의 새 민주역군들	조선민주주의인민공화국 내각직속중앙고급지도간부학교 졸업식	1	
1948-10-10-007	「1949-1950년도 조선민주주의인민공화국 인민경제발전에 관한 2개년계획」수립사업진행상황에 대한 보고(요지)	국가계획위원회 위원장 정준택	2	
1948-10-10-008	해방 3주년 기념예술축전 연극수위상「성장」에 대하여		3	
1948-10-10-009	인민의 생활에서 떠나지 않기 위해	'박로인'역 노고성	3	
1948-10-10-010	커다란 체험!	'거부기'역 조준조	3	
1948-10-10-011	민주주의민족연극수립이 목표	평북예술극단 단장 안기석	3	
1948-10-10-012	새로운 인간이 되기 위하여	'국보'역 방희진	3	
1948-10-10-013	정치교양에 주력	'금순'역 리인희	3	
1948-10-10-014	농촌으로 들어가 고귀한 주옥을	작자 백문환	3	
1948-10-10-015	사상을 형상화함에 있어서…	연출자 강렬구	3	

기사번호	제목(title)	부제목(stitle)	면수	필자, 출처
1948-10-10-016	근로인민속에서	'만섭모'역 명귀분	3	
1948-10-10-017	연기련마에 노력	'황만하'역 유영일	3	
1948-10-10-018	인민을 위하여	'최씨'역 장옥	3	
1948-10-10-019	증오	-관중속에서-	3	김현주
1948-10-10-020	원자위원회보고에 관한 일반토론 종료	6일 유엔 정치위원회	4	북조선통신
1948-10-10-021	5개년계획법령 채택	체코슬로바키아, 파란, 항가리	4	북조선통신
1948-10-10-022	불란서근로인민들은 유엔총회 쏘련대표 단제안을 환영		4	북조선통신
1948-10-10-023	핫타정부의 탄압 우심		4	북조선통신
1948-10-10-024	불란서근로인민들은 빈곤에 신음한다	『유마니테』지 평론	4	북조선통신
1948-10-10-025	딸라는 인민들의 자유와 행복을 박탈한다		4	리명심
1948-10-10-026	쏘련소식		4	북조선통신
1948-10-12-001	미군의 장기주둔은 조선예속정책이다		1	
1948-10-12-002	북조선주둔 쏘련군대에 드리는 메쩨지	김일성종합대학 신축교사준공 및 창립 2주년기념식 학생일동	1	
1948-10-12-003	김일성장군께 드리는 메쩨지	김일성종합대학 신축교사준공 및 창립 2주년기념식 학생일동	1	
1948-10-12-004	국련총회 제3차회의 의장에게 발송한 조선민주주의인민공화국 내각 외무상의 전문		1	
1948-10-12-005	김일성대학 신축교사준공식 성대히 거행		1	신기관
1948-10-12-006	쏘련의 거대한 형제적원조로 민주보건 사업은 발전되었다		2	황경렵
1948-10-12-007	체육문화의 비약적발전은 쏘련체육인들의 방조로		2	
1948-10-12-008	위대한 10월사회주의혁명과 식민지 및 예속 인민들의 민족해방투쟁		2	
1948-10-12-009	동기대책협조사업 강화와 당면한 중요과업에 대하여 토의	평남도당 상무위원회에서	2	김명덕
1948-10-12-010	쓰딸린대원수에게 드리는 메쩨지	제1차 철도종업원열성자회의	3	
1948-10-12-011	김일성장군에게 드리는 메쩨지	제1차 철도종업원열성자회의	3	
1948-10-12-012	년간계획 기한전완수에 철도일군들 총궐기하자	철도종업원열성자회의에서	3	신인철
1948-10-12-013	「1948년도 인민경제계획 완수하기 위한 당면과업」에 대한 주녕하교통상의 보고(요지)		3, 4	
1948-10-12-014	호소문	철도종업원열성자회의	4	
1948-10-12-015	평원선과 만포선의 급경사구간 전기화	명년 1월 1일부터는 개통	4	북조선통신
1948-10-12-016	또하나의 승리!	청진제강소 제3회전로 10월 5일 감격의 화입식	4	현준극
1948-10-12-017	황해제철소 복구건설에 쏘련인들의 기술적협조		5	리성섭

기사번호	제목(title)	부제목(stitle)	면수	필자, 출처
1948-10-12-018	행복한 하루밤	평양 특별시 쏘련구락부에서	5	김순희
1948-10-12-019	엄동설한이 오더라도 생산에 지장이 없도록	평양기구	5	
1948-10-12-020	종업원 과동준비에 만반대책 진행중	전차사업소	5	신언철
1948-10-12-021	소위 '한미협정'의 대가	반도호텔 등 재산은 미국의 소유	5	북조선통신
1948-10-12-022	맥아더에게 불리워가는 리승만		5	북조선통신
1948-10-12-023	미군정 강제공출의 재판	소위 '량곡매입법'을 통과	5	북조선통신
1948-10-12-024	베를린문제를 외곡시키려는 미대표의 허위성명	10월 6일 안보 오전회의에서	6	북조선통신
1948-10-12-025	베를린정세에 관한 독일사회통일당 지도자의 담화		6	북조선통신
1948-10-12-026	쏘련제의심의 착수	유엔총회 7일 정치위원회	6	북조선통신
1948-10-12-027	민주와 독립을 위한 월남인민들의 투쟁		6	최룡일
1948-10-13-001	쏘련은 조선인민의 자유와 독립을 보장하는 유일한 국가이다		1	
1948-10-13-002	조선민주주의인민공화국 수립과 해외동포들의 메쎄지 및 축전		1	북조선통신
1948-10-13-003	김일성장군에게 드리는 메쎄지	제3회 8.15해방기념 및 조선중앙정부수립촉성 재일본대판조선인민대회	1	
1948-10-13-004	김일성수상에게 드리는 축전 조선민주주의인민공화국 내각 수상 김일성각하	재합조선인 통일적조선민주정부성립경축대회	1	
1948-10-13-005	조선민주주의인민공화국 최고인민회의 상임위원회 김두봉위원장 및 대의원일동 앞	재합조선인 통일적조선민주정부성립경축대회	1	
1948-10-13-006	조선최고인민회의 상임위원회 정령	'국기'훈장 제1 제2 제3급의 제정에 관하여	1	
1948-10-13-007	'국기'훈장 제1 제2 제3급에 관한 규정		1	
1948-10-13-008	국기훈장	도해	2	
1948-10-13-009	대사실시에 관한 정령		2	
1948-10-13-010	메쎄지	조선중앙정부수립촉성인민대회	2	
1948-10-13-011	조선민주주의인민공화국 내각 제6차회의		2	북조선통신
1948-10-13-012	로동자, 사무원들의 생활수준 획기적개선향상대책에 관한 결정	로동자, 사무원들의 생활향상대책에 관한 결정서(요지)	2	
1948-10-13-013	내각 직속 통신보도기관으로 조선중앙통신사 조직		2	북조선통신
1948-10-13-014	리내 농민을 추동 맥류파종을 완료	금천군 합탄면 매후리세포원들	2	정운성
1948-10-13-015	남조선농민의 고혈 뽑는 리승만'정부'의 략탈행위	'량곡매입법'으로 전년보다 46%나 더 활당	2	북조선통신
1948-10-13-016	남조선동포들 계속하여 인민공화국 국기를 계양		2	북조선통신
1948-10-13-017	해주기계제작소의 발전	쏘련기술자의 방조 막대	3	박진선

기사번호	제목(title)	부제목(stitle)	면수	필자, 출처
1948-10-13-018	급경사구간 철도전기화 제반준비사업 활발 진행		3	신언철
1948-10-13-019	락랑리농민들 애국미 헌납		3	오학균
1948-10-13-020	조국에 드리는 내 노력의 열매	홍수원군관	3	김전
1948-10-13-021	공장 및 종업원들의 월동준비 활발 진행	평양철도공장	3	김달수
1948-10-13-022	월동 위한 만반대책	평양직조	3	신언철
1948-10-13-023	쏘련군대의 은공을 천추만대 잊지 않으리라		3	리태준
1948-10-13-024	쏘련연극인의 방조로 개최되는 민족연극		3	한태천
1948-10-13-025	토이기를 안보에 인입하려던 미국의 기도는 실패	유엔 8일 오전 전원회의	4	북조선통신
1948-10-13-026	약품관리설정에 관한 의정서 등을 토의	8일 오후 전원회의	4	북조선통신
1948-10-13-027	자유독일직총위원장 성명		4	북조선통신
1948-10-13-028	"중국국민당은 무력하다"	스트롱녀사의 중국 려행담	4	북조선통신
1948-10-13-029	유엔은 베를린문제를 취급할 권한이 없다	쏘베트점령 독일지대 주민 반대	4	북조선통신
1948-10-13-030	국제직련 제2차대회에 일본로조를 초청		4	북조선통신
1948-10-13-031	불사회당 지도자 랑그리유 탈당		4	북조선통신
1948-10-13-032	불가리아와 분란간 신통상 협정		4	북조선통신
1948-10-13-033	이란에 주재한 미인들의 행동		4	북조선통신
1948-10-13-034	인도에 파업선풍		4	북조선통신
1948-10-13-035	원자문제의 합의도달을 미국대표 완강히 반대	원자문제 결의초안 작성분과위원회	4	북조선통신
1948-10-13-036	서구 5개국 륙상회의의 콤뮤니케		4	북조선통신
1948-10-13-037	극장안내		4	
1948-10-14-001	(쓰딸린)		1	
1948-10-14-002	조선중앙통신사의 공식보도		1	조선중앙통신
1948-10-14-003	김일성 사진		1	
1948-10-14-004	쏘베트사회주의공화국동맹 내각 수상 이오씨프.위싸리 오노비츠.쓰딸린각하	우리나라와의 외교관계설정과 관련하여	1	
1948-10-14-005	조선민주주의인민공화국 내각 수상 김일성각하	우리나라와의 외교관계설정과 관련하여	1	
1948-10-14-006	내각결정 제27호	로동자 사무원들의 생활향상대책에 관한 결정서	1	
1948-10-14-007	쏘련의 성의있는 원조에 의하여 우리 농촌경리는 급속발전 향상		2	송학용
1948-10-14-008	1948년도 인민경제 상반년 예정수자실행 협조에 대한 경험과 당단체의 과업에 대하여		2	북조선로동당 중앙본부 로동부장 박영성
1948-10-14-009	쏘련군대를 환송하는 조선인민의 열의는 비등		3	
1948-10-14-010	무르익은 과수원	강서군 수산면 가흥리 김연주양	3	

기사번호	제목(title)	부제목(stitle)	면수	필자, 출처
1948-10-14-011	평안북도의 농민들은 맥류추파를 넘쳐 완료		3	
1948-10-14-012	개천군 4개 면은 현물세 전량 완납		3	송학용
1948-10-14-013	개천군 소맥파종 104%로 완수		3	
1948-10-14-014	동기간 렬차정시무사고운전을 확보하기 위하여	원산철도부	3	김만선
1948-10-14-015	우리 공장의 동기대책	중앙식료	3	김달수
1948-10-14-016	평양시당 각급 당단체들의 과동준비사 업협조에 대하여		3	북조선로동당 평양시당부 부위원장 김형
1948-10-14-017	원자무기금지와 군비축소의 쏘련정부제 안을 심의	정치위원회 9일 회의	4	북조선통신
1948-10-14-018	인도네시아인민정권 세력범위 확장		4	조선중앙통신
1948-10-14-019	상해물가 폭등		4	조선중앙통신
1948-10-14-020	찌또도당의 정책 반대	애급주재 유고외교단 사직	4	조선중앙통신
1948-10-14-021	반쏘영화상영을 인도인민 반대		4	조선중앙통신
1948-10-14-022	희랍에서의 미인의 행동		4	북조선통신
1948-10-14-023	쏘련제안을 미영쁠럭 거부	원자위원회 보고 심의분과위원회 9일 회의	4	조선중앙통신
1948-10-14-024	영국 8월중 로동쟁의		4	조선중앙통신
1948-10-14-025	이란인민당창립 7주년		4	북조선통신
1948-10-14-026	단독화폐개혁결과에 서독주민들 실망		4	조선중앙통신
1948-10-14-027	극장안내		4	
1948-10-15-001	조선인민의 력사발전에 있어서의 새 계단		1	
1948-10-15-002	조쏘량국간 외교 및 경제 관계설정에 대한 각계의 반향		1	조선중앙통신
1948-10-15-003	조쏘량국간 외교 및 경제관계설정에 대한 각계의 반향		2	조선중앙통신
1948-10-15-004	재일동포들의 조선인민공화국 축하대회에 맥아더사령부 감시명령		2	조선중앙통신
1948-10-15-005	감격과 행복 속에 새날은 밝았다	평양 쓰딸린거리에서	2	
1948-10-15-006	공화국 중앙정부의 정강실천과 당면중 요과업실천을 일층 강화	함남도 당열성자회의에서	2	
1948-10-15-007	조국의 양양한 전도를 축복 전인민의 환호와 감격 폭발	쓰딸린대원수의 회전과 내각 제6 차회의 결정을 환영지지하며 재 일동포를 성원하는 인민의 결의	3	
1948-10-15-008	쏘련에 다시한번 뜨거운 감사 표시	평양화학공장 종업원대회	3	
1948-10-15-009	책임량의 기한전 완수로 쏘련의 은공에 보답하자	평양사동련탄공장 직장대회	3	
1948-10-15-010	반동과의 투쟁을 일층 견결히 전개	평양공업대학 학생대회	3	
1948-10-15-011	조쏘인민의 영원불멸의 친선을 굳게 할 것을 맹세	함남자동차사업소 직장보고대회	3	

기사번호	제목(title)	부제목(stitle)	면수	필자, 출처
1948-10-15-012	미군철퇴를 강경히 요구	해주기계제작소 직장대회	3	
1948-10-15-013	녀맹을 일층 강화하자		3	북조선민주녀성 동맹 중앙위원회 위원장 박정애
1948-10-15-014	평화와 안전을 반대하는 미영쁠럭의 정 체는 폭로	11일 정치위원회 오전회의	4	조선중앙통신
1948-10-15-015	팽창에만 광분하는 국가들에 유엔은 이 미 장애물	『쁘라우다』지 외교평론가 론평	4	조선중앙통신
1948-10-15-016	트루맨의 선거운동		4	조선중앙통신
1948-10-15-017	이태리지방 시참사회원 선거에서 인민 쁠럭 각 정당들 승리		4	조선중앙통신
1948-10-15-018	이란 쿠라산지방 대지진		4	조선중앙통신
1948-10-15-019	영국보수당 년차회의 개최		4	조선중앙통신
1948-10-15-020	광고		4	로동신문사
1948-10-15-021	극장안내		4	
1948-10-15-022	베를린의 현정세에 대한 책임은 서부렬 강에 있다		4	리동천
1948-10-16-001	로동자, 사무원들의 생활향상대책에 관 한 조선민주주의인민공화국 중앙정부의 력사적결정		1	
1948-10-16-002	조선중앙통신사의 공식보도		1	조선중앙통신
1948-10-16-003	몽고인민공화국 수상 겸 외무상 초이발 산각하에게	우리나라와의 외교관계설정과 관련하여	1	
1948-10-16-004	조선민주주의인민공화국 외무상 박헌영 각하	우리나라와의 외교관계설정과 관련하여	1	
1948-10-16-005	외군철퇴의 긴급동의로 수라장된 망국 '국회'		1	조선중앙통신
1948-10-16-006	미국인들은 남조선을 자기 식민지화한다		1	오귀서
1948-10-16-007	쏘련인민의 애국주의적력량은 민족간의 우의에 기초하고 있다		2	
1948-10-16-008	국제주의사상으로 튼튼히 무장 반동과 의 투쟁 일층 가강히 전개	황해도당 열성자회의에서	2	
1948-10-16-009	3.4분기협조성과를 총화 일층의 추진 위 한 방침 토의	평남도당 상무위원회에서	2	
1948-10-16-010	조쏘량국 수상 서한교환은 조국의 국제 적진출을 담보	중앙당학교 보고대회	3	
1948-10-16-011	이 감격과 이 감사를 증산으로 경축하자	평양견직공장 종업원대회	3	
1948-10-16-012	민족적 자신심과 긍지를 갖게 한다	쏘련과 우리 나라와의 외교관 계설정에 대하여	3	북조선문학동맹 위원장 안함광, 조선중앙통신

기사번호	제목(title)	부제목(stitle)	면수	필자, 출처
1948-10-16-013	조쏘인민의 친선을 더욱 강화하자	쏘련과 우리 나라와의 외교관계 설정에 대하여	3	작가 리기영
1948-10-16-014	민족적 자부심과 위력을 우리는 더 한층 갖는다	평양기계제작소 종업원대회	3	정문향
1948-10-16-015	통일완전독립의 결정적촉진이다	쏘련과 우리 나라와의 외교관계 설정에 대하여	3	북조선공업기술 총련맹 위원장 리병제, 조선중앙통신
1948-10-16-016	독립국가를 갖는 무한 큰 이 영광	쏘련과 우리 나라와의 외교관계 설정에 대하여	3	북조선무용동맹 위원장 최승희, 조선중앙통신
1948-10-16-017	3천만 인민의 영광	쏘련과 우리 나라와의 외교관계 설정에 대하여	3	북조선광산 로동자직업동맹 중앙위원회 위원장 박원술, 조선중앙통신
1948-10-16-018	평양기구제작소 로동자들		3	
1948-10-16-019	원자무기금지와 군비축소에 관한 쏘베트제의를 계속 심의	-11일 정치위원회-	4	조선중앙통신
1948-10-16-020	쏘련제안의 매장을 미영 기도	12일 정치위원회 오전회의	4	조선중앙통신
1948-10-16-021	불국파업 확대	국영철도에도 파급	4	조선중앙통신
1948-10-16-022	원자무기의 무통제적생산축적을 미영쁠럭 시도	11일 원자위원회 분과위원회	4	조선중앙통신
1948-10-16-023	쏘분국경에서 미간첩앞잡이 피검		4	조선중앙통신
1948-10-16-024	서적광고		4	로동당출판사
1948-10-17-001	인민공화국기를 높이 들고 남북조선의 통일을 위하여 투쟁하자		1	
1948-10-17-002	약소민족의 해방을 위한 전통적대외정책의 표현	평양철도공장 직장보고대회	1	
1948-10-17-003	국제무대에 당당히 나설 민족적자부심을 가진다	평양연초공장 직장대회	1	
1948-10-17-004	동등한 권리 갖고 국제무대에 진출	김일성종합대학 보고대회	1	
1948-10-17-005	민주평화의 기치 높이 들고 국토완정을 위한 투쟁에로	북조선문예총예술가군중대회	1	
1948-10-17-006	남조선괴뢰정권의 반동적량곡매입정책에 대한 박문규농림상의 담화		1	
1948-10-17-007	로동자 사무원들의 생활향상을 위한 공화국내각의 획기적결정에 보답하자		2	김동천
1948-10-17-008	중앙정부정강의 실천과 경제계획실행 협조 결정	함북도당 제4차위원회에서	2	
1948-10-17-009	정치적경각성 가일층 제고 선전교양사업 가강히 전개	강원도당 제5차위원회에서	2	
1948-10-17-010	중앙결정의 실행을 위한 구체적과업들 토의결정	평북도당열성자회의에서	2	
1948-10-17-011	쏘련군대의 위대한 공훈은 영원히 기억에 남으리라!		3	최영환, 박진선
1948-10-17-012	감자를 5배 증수 일반곡류는 30% 증수	해주모범농민 모덕홍씨	3	리의철
1948-10-17-013	해방전 고용녀 오늘의 대의원		3	김춘희
1948-10-17-014	날로 치렬해가는 제주도인민항쟁		3	조선중앙통신
1948-10-17-015	남조선망국단정은 애국인민 계속 처형		3	조선중앙통신
1948-10-17-016	남조선반동경찰 신문기자들 검거		3	조선중앙통신
1948-10-17-017	입초신기록 내는 남조선매국무역		3	조선중앙통신
1948-10-17-018	총붕괴의 위기에 직면한 남조선산업		3	조선중앙통신
1948-10-17-019	'량곡매입'에 시민의 돈략탈	남조선괴뢰'정부'의 이 소행	3	조선중앙통신
1948-10-17-020	남조선통화 3백억대를 돌파격증		3	조선중앙통신
1948-10-17-021	위신쓰끼씨 미영쁠럭의 진의를 폭로	정치위원회 12일 오후회의	4	조선중앙통신
1948-10-17-022	불란서외상의 코블렌츠방문		4	조선중앙통신
1948-10-17-023	신정부를 불신임	분란인민군중대회	4	조선중앙통신
1948-10-17-024	각지에서 군중대회		4	조선중앙통신
1948-10-17-025	일본 파업 확대	약 80만 로동자들 파업 참가	4	조선중앙통신
1948-10-17-026	일본경찰당국 시위참가자를 검거		4	조선중앙통신
1948-10-17-027	몽고인민공화국		4	
1948-10-17-028	서반아에 대한 미국의 음모		4	조선중앙통신
1948-10-17-029	인도네시아 핫타정부군 인민군에 귀순		4	조선중앙통신
1948-10-17-030	소위 련방정부		4	
1948-10-17-031	일본정부의 반민주적조치	전국적학생맹휴금지령 발포	4	조선중앙통신
1948-10-17-032	국민당정부의 물가통제결과		4	조선중앙통신
1948-10-17-033	유엔에서의 쏘련제안 지지	영쏘 친선협회 년차회의	4	조선중앙통신
1948-10-17-034	극장안내		4	
1948-10-17-035	이란대학당국의 반동조치		4	조선중앙통신
1948-10-17-036	중국인민해방군 지부요항을 점령		4	조선중앙통신
1948-10-17-037	『근로자』 10월호		4	
1948-10-17-038	조선중앙통신사의 공식보도		호외	조선중앙통신
1948-10-17-039	파란공화국 외무상 못제렙쓰끼각하	우리나라와의 외교관계설정과 관련하여	호외	
1948-10-17-040	조선민주주의인민공화국 외무상 박헌영각하	우리나라와의 외교관계설정과 관련하여	호외	
1948-10-19-001	쓰딸린대원수에게 드리는 감사문	사동련탄공장 종업원대회	1	
1948-10-19-002	사동련탄공장 종업원대회에서 진술한 김책부수상의 연설		2, 3	
1948-10-19-003	뜨.프.쓰띠꼬브를 조선민주주의인민공화국주재 쏘련특명전권대사로 임명		2	
1948-10-19-004	조선중앙통신사의 공식보도		2	조선중앙통신

기사번호	제목(title)	부제목(stitle)	면수	필자, 출처
1948-10-19-005	파란공화국 외무상 못제렙쓰끼각하	우리나라와의 외교관계설정과 관련하여	2	
1948-10-19-006	조선민주주의인민공화국 외무상 박헌영 각하	우리나라와의 외교관계설정과 관련하여	2	
1948-10-19-007	토론(요지) 김근순	사동련탄공장 종업원대회에서	3	
1948-10-19-008	토론(요지) 윤송파	사동련탄공장 종업원대회에서	3	
1948-10-19-009	토론(요지) 김치성	사동련탄공장 종업원대회에서	3	
1948-10-19-010	토론(요지) 전선녀	사동련탄공장 종업원대회에서	3	
1948-10-19-011	토론(요지) 박상현	사동련탄공장 종업원대회에서	3	
1948-10-19-012	평양사동련탄공장 종업원대회에서 채택된 결정서		3	
1948-10-19-013	최대의 감사	사동련탄공장에서	3	
1948-10-19-014	1948년도 쏘련인민경제계획 제3.4분기 초과달성		4	조선중앙통신
1948-10-19-015	원자무기금지와 군비축소에 관한 쏘련 제안은 평화 위한 효과적수단	『신시대』지의 론평	4	조선중앙통신
1948-10-19-016	쏘련직총위원회 불로총에 전보문 발송		4	조선중앙통신
1948-10-19-017	불로총련비서 보고		4	조선중앙통신
1948-10-19-018	파란공화국		4	
1948-10-19-019	뻬꼬 다쁘체비츠는 살인자 란꼬비츠의 충복이다		4	『쁘라우다』 9월 26일부
1948-10-19-020	광고		4	로동신문사
1948-10-20-001	조국통일을 위한 투쟁에서의 우리 나라 청년들		1	
1948-10-20-002	김일성수상에게 드리는 메쩨지 조선민주주의인민공화국 내각 수상 김일성각하	조선민주주의인민공화국 수립 경축 대련조선인군중대회	1	
1948-10-20-003	조선최고인민회의 상임위원회 정령	조선해방기념장 제정에 관하여	1	
1948-10-20-004	조선해방기념장 도해		1	
1948-10-20-005	조선인민은 해방자인 쏘련군의 위훈을 찬양	조선해방기념장수여식 거행	1	
1948-10-20-006	제3.4반기사업총결코 당면과업들을 토의 결정	제1차 국영기업소 책임자회의에서	1	신언철
1948-10-20-007	미군사경찰 장교와 일본경찰들 조선인련맹대회장에 침입 공화국국장 떼고 동포 사살		1	조선중앙통신
1948-10-20-008	굳은 결의와 승리의 확신밑에 각시군당 열성자회의 진행		2	현석
1948-10-20-009	학습내용의 사상성 높여 정치교양수준 제고하자	서평양내무서세포 학습정형	2	김명덕
1948-10-20-010	로씨야사회주의10월혁명 31주년을 앞두고	쏘련에 있어서의 공산당의 민족정책의 승리	2	
1948-10-20-011	매국노 리범석의 죄악상		2	우국진

기사번호	제목(title)	부제목(stitle)	면수	필자, 출처
1948-10-20-012	위대하신 쓰딸린대원수에게 3천만 이름으로 영예 드리자	각 직장, 농촌가두들에서	3	신언철, 김기초
1948-10-20-013	위대한 쏘련군을 찬양하며 환송하는 각지의 군중대회		3	최치목
1948-10-20-014	망국국회에 제출된 외군철퇴요청안에 당황한 한민당의 반역도당 미군장기주둔을 거듭 애원		3	조선중앙통신
1948-10-20-015	괴뢰정부 비호하에 테로흉행 더욱 빈발		3	조선중앙통신
1948-10-20-016	귀중한 광석들을 계속 류출	망국단정 매국무역을 강화	3	조선중앙통신
1948-10-20-017	괴뢰정부 조장밑에 망국비밀무역 성행		3	조선중앙통신
1948-10-20-018	인민항쟁에 떠는 남조선반동경찰	산악전연습으로 인민학살훈련	3	조선중앙통신
1948-10-20-019	위신쓰끼연설	15일 안보회의에서	4	
1948-10-20-020	베를린문제심의를 서부뿔럭 계속 기도	15일 안보리사회 재개	4	조선중앙통신
1948-10-20-021	원자무기금지 및 군비축소에 관한 쏘베트안을 분할심의하려는 미영뿔럭의 기도는 실패	14일 제2분과위원회 제1차회의에서	4	조선중앙통신
1948-10-20-022	국제적으로 확인을 받는 조선민주주의인민공화국	여러 나라들에서	4	
1948-10-20-023	현정부반대운동 분란각지에 치렬		4	조선중앙통신
1948-10-20-024	건축로동자 파업		4	조선중앙통신
1948-10-20-025	국채 계속 격증		4	조선중앙통신
1948-10-21-001	쏘련과 조선민주주의인민공화국간의 외교관계 설정		1	
1948-10-21-002	체코슬로바키아내각 조선민주주의인민공화국과의 외교관계설정을 결정		1	조선중앙통신
1948-10-21-003	쏘련군대를 찬양하면서 성심성의로 서명에 참가	흥남비료공장 종업원들	1	박경식
1948-10-21-004	국토완정의 결의와 함께	평양전기제작소 종업원들	1	리의철
1948-10-21-005	조쏘친선을 맘깊이 새기며 감사서명하는 정성의 손길	평양곡산공장 종업원들	1	리문상
1948-10-21-006	끓어오르는 감격속에서 한사람도 빠짐없이 서명	평양기구제작소 종업원들	1	김전
1948-10-21-007	남조선괴뢰정권 망국법 또하나	관료독재의 경찰국가를 규정하는 지방행정조직법안 제정	1	조선중앙통신
1948-10-21-008	군중이 봉기 반동을 응징		1	조선중앙통신
1948-10-21-009	쏘련의 물질적기술적원조로 경공업은 비약적으로 발전한다		2	김달수
1948-10-21-010	철도부문내 각급 당단체는 동기대책협조를 강화하자		2	김명덕
1948-10-21-011	정치교양수준 제고위하여 당원들은 이렇게 투쟁한다	각급 당단체에서	2	현석
1948-10-21-012	열성을 다하여서 자체교양에 노력	사동련탄공장 김순기동무	2	위찬길

기사번호	제목(title)	부제목(stitle)	면수	필자, 출처
1948-10-21-013	위대한 쏘련군을 찬양하며 환송하는 각지의 군중대회		3	최영환
1948-10-21-014	래년도의 결실을 보장하기 위하여	사리원 국영과수원들	3	리성섭
1948-10-21-015	수산 강원도의 동기어로준비 만전		3	김만선
1948-10-21-016	계획보다 초과한 추잠견수매실적		3	
1948-10-21-017	정복된 열두삼천리벌!	평남관개건설공사장을 찾아서	3	오학균
1948-10-21-018	미영뿔럭거수기계를 리용 비법적결의안 채택을 강요	-16일총회 본회의-	4	조선중앙통신
1948-10-21-019	인권에 관한 선언초안에 대하여 맹렬한 론쟁 계속 전개	16일 사회인도문화위원회 회의	4	조선중앙통신
1948-10-21-020	유엔총회에서의 미영뿔럭의 희극	『쁘라우다』지 론평	4	조선중앙통신
1948-10-21-021	요시다신내각에 대한 인민의 반대운동 팽배		4	조선중앙통신
1948-10-21-022	일본 요시다내각 조각을 완료		4	조선중앙통신
1948-10-21-023	마·샬과 서전외상회의		4	조선중앙통신
1948-10-21-024	체코슬로바키아		4	
1948-10-22-001	시민들의 과동준비에 대하여		1	
1948-10-22-002	쓰딸린대원수에게 드리는 감사문	쏘련군대철거에 감사하여 남조선전농중앙위원회로부터	1	
1948-10-22-003	남조선소위 국방군 제14련대 리승만괴뢰정부를 반대하여 폭동을 일으켰다		1	조선중앙통신
1948-10-22-004	삼엄한 비상경계리에 매국적 리승만 동경도착		1	조선중앙통신
1948-10-22-005	제주도인민항쟁용사에게 최고 15년 구형		1	조선중앙통신
1948-10-22-006	리승만암살미수사건 발생		1	조선중앙통신
1948-10-22-007	인민의 여론을 위협공갈	반역도당들의 헛된 노력	1	조선중앙통신
1948-10-22-008	미군 즉시철퇴 요구	삐라 광주시에 산포	1	조선중앙통신
1948-10-22-009	인민정권을 더욱 강화하며 정부정강을 강력히 실천하자	평안남도인민위원회 세포련합총회	2	리문상
1948-10-22-010	가스생산에 더욱 주력하자	평양전기제작소 와사세포원들	2	위찬길
1948-10-22-011	로씨아사회주의10월혁명 31주년을 앞두고	사회주의10월혁명과 동방	2	
1948-10-22-012	당원들의 선봉적역할로써 백여호사택을 말끔히 수리	사동련탄공장 세포원들의 핵심적역할로	2	정준기
1948-10-22-013	당원들의 앙양된 학습열로 동기정치교양사업에 만전	황해도 금천군당부에서	2	정운성
1948-10-22-014	우리 당세포의 적극협조로 겨울고기잡이의 준비 진척	북청신포면수산세포	2	신봉
1948-10-22-015	노전동 추경 승리적완수	박천군 청룡면 노전동당세포에서	2	송학용
1948-10-22-016	감사감격에 넘치여서 한마음한뜻으로 서명	평양철도공장 종업원들	3	신언철
1948-10-22-017	농민들의 이 행복은 쏘련의 원조의 덕택	평양 대신리 농민들의 감사서명	3	리의철

기사번호	제목(title)	부제목(stitle)	면수	필자, 출처
1948-10-22-018	제2차 국제녀성대회에 조선녀성대표 조영씨 등 3명 파견		3	조선중앙통신
1948-10-22-019	조국의 영예와 번영 위하여 힘차게 나가자 승리의 길로		3	김만선
1948-10-22-020	위대한 쏘련군을 찬양하며 환송하는 각지의 군중대회		3	김춘희
1948-10-22-021	기록영화「38선」공개	국립영화촬영소 기념작품	3	
1948-10-22-022	가족에 대하여 걱정 마셔요		3	김전
1948-10-22-023	원자무기금지 군비축소 및 이를 관리할 기관을 안보에 설치할데 대한 쏘베트제안 계속 심의	16일 제2분과위원회	4	조선중앙통신
1948-10-22-024	미영뿔럭은 유엔페지와 국제협조의 파탄을 기도	『쁘라우다』지 국제평론	4	조선중앙통신
1948-10-22-025	중국인민해방군 동북지구 제압		4	조선중앙통신
1948-10-22-026	미군정의 폭악한 명령에 항의	대베를린자유독일직총 중앙위원회	4	조선중앙통신
1948-10-22-027	불란서 파업 치렬		4	조선중앙통신
1948-10-22-028	항가리직총대회		4	조선중앙통신
1948-10-22-029	미국반동의 책동 로골		4	김창일
1948-10-22-030	토이기에 대한 미국의 원조		4	조선중앙통신
1948-10-22-031	큐바부두로조 지도자 일레시아스 피살		4	조선중앙통신
1948-10-22-032	중국국민당정부의 극형		4	조선중앙통신
1948-10-22-033	서독3군정장관 독일분할의 구체안 토의		4	조선중앙통신
1948-10-22-034	동부쟈바에서 화란당국 다수 민주인사 체포		4	조선중앙통신
1948-10-22-035	극장안내		4	
1948-10-23-001	인민정권기관을 더욱 강화하자		1	
1948-10-23-002	조선중앙통신사의 공식보도		1	조선중앙통신
1948-10-23-003	체코슬로바키아공화국 외무상 클레멘띠쓰각하	우리나라와의 외교관계설정과 관련하여	1	
1948-10-23-004	조선민주주의인민공화국 외무상 박헌영각하	우리나라와의 외교관계설정과 관련하여	1	
1948-10-23-005	평양에서는 21일현재 14만여명 서명에 참가		1	황경렵
1948-10-23-006	우리는 쏘련의 은혜 영원히 잊지 않는다	신의주방직공장 종업원들	1	최영환
1948-10-23-007	남조선의 소위 '국방군'의 폭동	인민들의 지지밑에 세력을 계속 확대	1	조선중앙통신
1948-10-23-008	제주도인민무장부대 반동경찰부대를 격파		1	조선중앙통신
1948-10-23-009	남조선반동경찰 언론탄압 계속	국민신문 편집국장 피검	1	조선중앙통신
1948-10-23-010	자기 사업을 깊이 연구하고 계획성과 조직성을 높이라	북조선소비조합 평양시위원회 당부	2	김명덕

기사번호	제목(title)	부제목(stitle)	면수	필자, 출처
1948-10-23-011	당원들의 현물세완납투쟁 군내 농민들의 애국열 비등	단천군당단체 당원들의 모범	2	서득창
1948-10-23-012	맥류의 조기광조파실시와 우량퇴비생산에 적극 협조	금천군당단체와 당원들	2	정운성
1948-10-23-013	추기파종완료 현물세완납에	개천군당단체의 협조성과	2	
1948-10-23-014	당교양사업의 지도에 대한 몇가지 문제		2	고혁
1948-10-23-015	영웅적쏘련군을 찬양하며 환송하는 각지의 군중대회		3	리성섭, 현준극
1948-10-23-016	쏘련의 물질 및 기술방조로 발전궤도에 들어선 목축업	강원도에서	3	김만선
1948-10-23-017	무산림산사업소의 동기대책은 완벽!		3	현준극
1948-10-23-018	공장과 종업원들의 과동준비 활발 진행	평양제침공장	3	신언철
1948-10-23-019	영원히 그대들의 가슴에 빛나리!		3	
1948-10-23-020	평양역두에서		3	
1948-10-23-021	민족문학예술발전토의 중앙대회 개최를 결정	문예총 제6차 중앙집행위원회	3	
1948-10-23-022	벼의 다수확을 위하여	북조선중앙농사시험장	3	
1948-10-23-023	평남밀파종 완료		3	
1948-10-23-024	애국미 30가마니	함남 박효민농민의 열성	3	박경석
1948-10-23-025	추경을 완료	안주군 남조리 농민들	3	김윤식
1948-10-23-026	원자관리에 관한 카나다안 저상에 치렬한 론쟁 전개	18일 정치위원회	4	조선중앙통신
1948-10-23-027	사회인도문화위원회 10월 19일 오후회의	유엔총회 제3차회의	4	조선중앙통신
1948-10-23-028	전구주에 단전파업	일본	4	조선중앙통신
1948-10-23-029	아시다와 그 후계자	『뜨루드』지의 론평	4	조선중앙통신
1948-10-23-030	요시다신내각 위기	로동세급은 요시다내각공세를 준비	4	조선중앙통신
1948-10-23-031	화북인민정부 주석에 동필무씨 피선		4	조선중앙통신
1948-10-23-032	소위 스칸디나비아방위위원회 조직		4	조선중앙통신
1948-10-23-033	극장안내		4	
1948-10-24-001	추경을 광범히 실시하자		1	
1948-10-24-002	20일현재로 평남에서만 69만여명 서명에 참가		1	조선중앙통신
1948-10-24-003	쏘련의 은혜에 감사하며 열성적으로 서명에 참가	함남도내 각 공장 기업소 종업원들	1	
1948-10-24-004	조선중앙통신사의 공식보도		1	조선중앙통신
1948-10-24-005	조선민주주의인민공화국 외무상 박헌영 각하	유엔총회 제1차회의에 우리 나라 대표단을 참가시킬것을 요청하는 전문에 대하여	1	
1948-10-24-006	조국방위의 굳은 결의밑에 감사깊은 서명을 질서있게	인민군대 군무자들	1	김전
1948-10-24-007	쏘련과 조선	-『신시대』지 사설-	1	

기사번호	제목(title)	부제목(stitle)	면수	필자, 출처
1948-10-24-008	당원들의 선봉적역할로써 선거경축 증산 승리로 결속	함북도 각급 당단체의 당원들	2	김소민
1948-10-24-009	중앙당 제3차위원회 결정 깊이 연구하고 당원을 궐기	고원군 군내면 신흥리 세포원들	2	박경림
1948-10-24-010	전체 농민들을 추경실시에로	홍원군당단체들	2	유헌
1948-10-24-011	당지도사업에 있어서 각급 당지도원들의 역할에 대하여		2	허동욱
1948-10-24-012	당원들의 적극 협조로 건초공급을 보장	회양군 란곡양목장에서	2	송용철
1948-10-24-013	누가 김영칠동무를 새 생활로 인도하였던가		2	정문향
1948-10-24-014	영웅적쏘련군을 찬양하며 환송하는 각지의 군중대회		3	조선중앙통신, 정명걸, 리문상
1948-10-24-015	쏘련군을 환송하는 평양시인민위원회	평양모란봉극장에서	3	
1948-10-24-016	량곡의 랑비 없으며 저축하자 저금하자	이는 곧 농민자체의 리익	3	리의철
1948-10-24-017	자기 사업에 우수한 능수가 되려고…	평양화학 조병주동무	3	
1948-10-24-018	그의 기본투쟁강령은 매일 책임량을 넘쳐 실행하는것	모범당원 리만수동무	3	김명덕
1948-10-24-019	남조선에 ‘계엄령’ 선포		3	조선중앙통신
1948-10-24-020	남조선인민항쟁 치렬	경찰서와 반동분자들을 계속 습격	3	조선중앙통신
1948-10-24-021	망국노 리승만의 매국려행	맥아더와 미군장기주둔 및 재일동포탄압을 협략	3	조선중앙통신
1948-10-24-022	유엔총회 제3차회의 원자위원회사업을 파괴하는 카나다안을 미영뿔락 강압채택	20일 정치위원회에서	4	조선중앙통신
1948-10-24-023	베를린문제에 관한 토론 재개	10월 19일 안보 오후회의	4	조선중앙통신
1948-10-24-024	불국 탄광로동자들의 파업투쟁 격화	각지서 경찰 헌병대와 교전	4	조선중앙통신
1948-10-24-025	쏘련소식		4	조선중앙통신
1948-10-24-026	극장안내		4	
1948-10-26-001	국토의 완정과 민주를 위하여 투쟁하자		1	
1948-10-26-002	쓰딸린대원수에게 드리는 메쎄지	평양만경대혁명자유가족학원 신교사개원식	1	
1948-10-26-003	김일성장군에게 드리는 메쎄지	평양만경대혁명자유가족학원 신교사개원식	1	
1948-10-26-004	조선최고인민회의 상임위원회 정령	조선해방투사기념장 제정에 관하여	1	
1948-10-26-005	인민들의 환호 감격과 경축 속에 만경대학원교사준공식을 거행		1	박중선
1948-10-26-006	김일성장군동상제막식		1	
1948-10-26-007	조선해방투사기념장에 관한 규정		2	
1948-10-26-008	조선해방투사기념장 도해		2	조선중앙통신
1948-10-26-009	세포회의를 충분한 준비밑에서 진행하자	평양양조공장 세포총회에서	2	위찬길

기사번호	제목(title)	부제목(stitle)	면수	필자, 출처
1948-10-26-010	당원들의 핵심적역할로써 부과된 책임량을 넘쳐 실행	철원전기기관차기관구	2	조홀
1948-10-26-011	김일성대학 신축공사에서 쟁취한 김석원동무의 업적		2	리수근
1948-10-26-012	1949년도 농업증산준비에 대하여		2	북조선농민동맹 중앙위원장 강진건
1948-10-26-013	23일현재 4백여만명 열성으로 서명에 참가		3	
1948-10-26-014	쏘련과의 친선 맹세하며 성심성의를 다하여 서명	원산철도공장 종업원들	3	김만선
1948-10-26-015	차례차례 정성의 서명	전진수산종업원들	3	유현
1948-10-26-016	영웅적쏘련군을 찬양하며 환송하는 인민들의 환호!	쓰딸린거리에서	3	
1948-10-26-017	애국선렬의 뜻은 영생하리라		3	
1948-10-26-018	소원 성취		3	김춘희
1948-10-26-019	남조선의 소위 국방군 폭동부대 행동범위를 계속 확대하면서 진격		3	조선중앙통신
1948-10-26-020	재미조선사정협회의 발간 『조선인의 소리』 리승만의 독재를 지적		3	조선중앙통신
1948-10-26-021	폭동에 당황하는 남조선괴뢰정부 호남방면 려객취급 중지		3	조선중앙통신
1948-10-26-022	망국적 '한미전력대책협정' 실행하려 미전기기사단 래착		3	조선중앙통신
1948-10-26-023	무력탄압에도 불구하고 불파업 더욱 치렬		4	조선중앙통신
1948-10-26-024	안보에서 서부렬강은 '베를린문제'에 관한 책임전가를 계속 획책		4	조선중앙통신
1948-10-26-025	국제정세개관		4	
1948-10-26-026	항구적평화설정에 관한 결정적결의안기초를 위한 분과위원회 조직	유엔 정치위원회	4	조선중앙통신
1948-10-26-027	청도에서의 미해군의 횡포		4	조선중앙통신
1948-10-27-001	새 2개년계획수립사업을 더욱 성과적으로 보장하자		1	
1948-10-27-002	쏘련군철거에 제하여 남조선각계에서 쓰딸린대원수에게 감사의 메쎄지		1	
1948-10-27-003	조선민주주의인민공화국 수립을 경축하며 절대지지하는 해외동포들	중국재주동포들로부터 메쎄지	1	
1948-10-27-004	룡문탄광의 빛나는 승리!	년간계획 완수하고 새로운 목표에 돌진	1	조선중앙통신
1948-10-27-005	워싱톤 포스트지 론평		1	조선중앙통신
1948-10-27-006	남조선폭동에 대한 외국통신들의 보도		1	따쓰통신, 조선중앙통신

기사번호	제목(title)	부제목(stitle)	면수	필자, 출처
1948-10-27-007	매국적리승만 당황하여 혹심한 학살정책을 선포		1	조선중앙통신
1948-10-27-008	락후한 사업조직 시정하고 관개공사공정완수에 돌진	벽성군 가대지구당단체의 협조성과	2	박진선
1948-10-27-009	또하나의 승리!	당원들의 선진적투쟁으로 부령발전소 '발전기'복구	2	김소민
1948-10-27-010	그는 당적위임을 어떻게 실행하고 있는가?	선교련탄공장 림은공동무	2	위찬길
1948-10-27-011	군내 일착으로 현물세완납 보장	롱춘리 1구세포	2	정춘근
1948-10-27-012	잠견의 높은 생산 위해 당원들 선봉	금천군당산하 세포원들	2	정운성
1948-10-27-013	남조선의 쌀은 어디로 가나		2	석국
1948-10-27-014	쏘련의 형제적방조에 무한 감사 드리며 서명	황해제철소 종업원들	3	박진선
1948-10-27-015	오늘의 이 영예를 증산으로 살리자	신의주제지공장 종업원들	3	김윤모
1948-10-27-016	행복한 생활로 인도해준 우리의 진정한 벗에 감사	평남 대동군 림원면 운월리 농민들	3	리의철
1948-10-27-017	영웅적쏘련군을 찬양하며 환송하는 인민들의 환호!	평양역두, 원산에서	3	김만선
1948-10-27-018	향상된 생활	평양곡산공장 로동자들의 주택지구에서	3	리문상
1948-10-27-019	리원군 농민들 추경에 총궐기		3	윤지월
1948-10-27-020	쏘련군대의 거대한 방조로 함북도내 건설사업은 발전		3	현준극
1948-10-27-021	로동자와 사무원들에 대한 생활향상의 대책의 결정은 인민경제발전을 추진한다		3	신언철
1948-10-27-022	유엔총회 제3차회의 국제평화와 안전 위한 쏘련제안을 외곡 또는 전복시키려는 미영쁠럭	21일 정치위원회 제2분과위원회	4	조선중앙통신
1948-10-27-023	불탄광파업 의연 치렬	정부는 무장군대에 발포명령	4	조선중앙통신
1948-10-27-024	카나다주재 유고외교단 찌또그루빠와의 관계단절을 성명		4	조선중앙통신
1948-10-27-025	장군이 일본에 간 내막	원동쁠럭안의 정체	4	조선중앙통신
1948-10-27-026	수개 공산당보도국결의를 지지하는 대학생들을 추방	-유고슬라비아당국의 비행-	4	조선중앙통신
1948-10-27-027	주독 불군정장관 갱질호		4	조선중앙통신
1948-10-27-028	북평 소학교원들 파업을 단행		4	조선중앙통신
1948-10-27-029	중국인민해방군 정주시를 점령		4	조선중앙통신
1948-10-27-030	토이기국회보결'선거'		4	조선중앙통신
1948-10-27-031	서전무역사절 방일		4	조선중앙통신
1948-10-27-032	극장안내		4	
1948-10-28-001	우리 당을 조직적으로 더욱 공고히 하자		1	
1948-10-28-002	우의적원조에 감사	청진제강소 종업원들	1	김소민

기사번호	제목(title)	부제목(stitle)	면수	필자, 출처
1948-10-28-003	조쏘친선 굳게 결의하며	원산조선소 종업원들	1	
1948-10-28-004	쏘련군대 장교들에게 조선해방기념장 수여		1	
1948-10-28-005	이 영예를 증산으로	사리원방직공장 종업원들	1	리정만
1948-10-28-006	자유와 해방 얻은 기쁨으로써 서명	평양전차사업소 종업원들	1	김기초
1948-10-28-007	조선민주주의인민공화국 중앙정부수립 경축 체육대회에 참가코저 남조선체육인들 래양		1	조선중앙통신
1948-10-28-008	영웅적쏘련군대의 철거에 감격하여 남조선 각 정당 사회단체에서 감사문		1	
1948-10-28-009	풍년가 드높은 재령북률평야에 당단체의 현물세 납부협조 활발		2	리성섭
1948-10-28-010	신입당원들의 당성을 제고 책임량완수를 협조보장	락연광산초급당부	2	박진선
1948-10-28-011	군중의 선두에서 당원들 핵심역할	단천군관개공사장에서	2	서득창
1948-10-28-012	류사운동무는 이렇게 기관사기술을 소유하게 되었다!		2	김준호
1948-10-28-013	로씨아사회주의10월혁명 31주년을 앞두고	사회주의10월혁명의 국제적의의에 대하여	2	
1948-10-28-014	영웅적쏘련군을 찬양하며 환송하는 인민들의 환호!		3	리문상
1948-10-28-015	대사령에 의한 형의 면제 및 감면을 실시	북조선 각 교화소에서	3	
1948-10-28-016	평안남도의 농민들 추경사업진행 활발		3	리의철
1948-10-28-017	본보 및 『근로자』독자회	평북 신의주시에서	3	
1948-10-28-018	11월 15일까지 공사를 완수하자!	로동신문사 신축공사 종업원대회	3	
1948-10-28-019	남조선괴뢰정부를 반대한 폭동부대들 범위 확대하며 진격을 계속!		3	조선중앙통신
1948-10-28-020	경남 울산군에 인민봉기		3	조선중앙통신
1948-10-28-021	남조선폭동에 대한 외국통신들의 보도		3	조선중앙통신
1948-10-28-022	괴뢰정부 반대폭동에 미군의 무장간섭 시위		3	조선중앙통신
1948-10-28-023	인민공화국기 남조선삼척공업학교에 게양	반동경찰이 학생 30명 검거	3	조선중앙통신
1948-10-28-024	기름 한방울 생산도 없는 남조선 자동차 운행도 파멸의 위기		3	조선중앙통신
1948-10-28-025	유엔총회 제3차회의 항구적평화설정에 관한 멕시코안 계속 심의	21일 정치위원회	4	조선중앙통신
1948-10-28-026	멕시코안 만장일치 채택	22일 정치위원회 오후회의	4	조선중앙통신
1948-10-28-027	전면적폭동화?	불란서파업 의연 치렬	4	조선중앙통신
1948-10-28-028	광부파업 날로 확대		4	조선중앙통신
1948-10-28-029	쏘련소식	곡물의 추가적계획 초과납부	4	조선중앙통신
1948-10-28-030	소위 국제망명자기구문제 토의	경제재정과 사회인도문화 량위원회 련합회의	4	조선중앙통신

기사번호	제목(title)	부제목(stitle)	면수	필자, 출처
1948-10-28-031	독일민주주의공화국 헌법초안에 관한 결정을 독일인민회의에서 채택		4	조선중앙통신
1948-10-28-032	극장안내		4	
1948-10-29-001	애국주의는 조국발전의 위대한 력량이다		1	
1948-10-29-002	조선민주주의인민공화국 내각 제8차회의		1	조선중앙통신
1948-10-29-003	1948년도 3.4반기 인민경제계획 총결에 대한 국가계획위원회의 보도		1	
1948-10-29-004	공민증교환 교부 및 신분등록제도 실시	내각 제8차회의에서 결정	1	조선중앙통신
1948-10-29-005	사리원탄광 마동세멘트 년간계획 완수!		1	조선중앙통신
1948-10-29-006	위대한 사회주의10월혁명의 전세계사적의의	로씨아사회주의 10월혁명 제31주년에 제하여 보고자들과 선전원들에게 주는 재료	2, 3	조쏘문화협회중앙본부
1948-10-29-007	괴뢰정부를 반대한 무장폭동부대 광범한 지대에서 유격작전을 전개!	순천일대에서 학생청년들도 무장항쟁	3	조선중앙통신
1948-10-29-008	괴뢰정부의 대량살륙행동 려수읍에 무차별 함포사격	려수읍의 전체 인민들 방위작전에 궐기	3	조선중앙통신
1948-10-29-009	괴뢰망국단정하에서 동절 맞는 남조선 인민		3	조선중앙통신
1948-10-29-010	쏘련청년들에게 영예를 드린다	공산청년동맹창건 30주년을 맞으며	3	
1948-10-29-011	미영뿔럭은 군비축소를 반대	-23일 제2분과위원회 회의에서-	4	조선중앙통신
1948-10-29-012	베를린문제에 관한 결의초안을 안내소위 중립국대표단 제출	10월 22일 안전보장리사회	4	조선중앙통신
1948-10-29-013	분란각지에도 파업		4	조선중앙통신
1948-10-29-014	불란서파업 속보		4	조선중앙통신
1948-10-29-015	화란근로인민들 불로동자와의 단결 표명		4	조선중앙통신
1948-10-29-016	이태리인광부 불란서에서 다수 피검		4	조선중앙통신
1948-10-29-017	인간의 최고의 희망을 미독점자본가들 파괴	선거운동대회서 월레스씨 연설	4	조선중앙통신
1948-10-29-018	백림서부지구 투기업자들		4	조선중앙통신
1948-10-29-019	세계민주청년의 선두에서 쏘련청년들은 싸우고 있다	쏘련청년반파쑈위원회 위원장 담	4	조선중앙통신
1948-10-29-020	독일인민회의 포츠담결정 리행 주장		4	조선중앙통신
1948-10-29-021	일본정부의 폭압적조치		4	조선중앙통신
1948-10-30-001	조선인민은 로씨아의 위대한 사회주의10월혁명 31주년기념행사를 준비한다		1	
1948-10-30-002	『쁘라우다』기자의 질문과 쓰딸린수상의 대답		1	
1948-10-30-003	조선최고인민회의 상임위원회 정령	쏘베트사회주의공화국동맹주재 조선민주주의인민공화국 특명전권대사에 주녕하를 임명함에 관하여	1	

기사번호	제목(title)	부제목(stitle)	면수	필자, 출처
1948-10-30-004	루마니아인민공화국정부 조선민주주의인민공화국과의 외교관계설정을 결정		1	조선중앙통신
1948-10-30-005	쓰딸린대원수에게 남조선 제 정당단체에서 메쎄지	남조선신진당 민주한국독립당 민중동맹건민회 기독교민주동맹 전국유교련맹등에서	1	조선중앙통신
1948-10-30-006	쓰딸린대원수에게 드리는 감사문에 6백여만명 서명		1	조선중앙통신
1948-10-30-007	조쏘친선의 굳은 결의로 영예의 서명을 정성있게	부전강발전부 종업원들	1	
1948-10-30-008	조선최고인민회의 상임위원회 정령	조선민주주의인민공화국 교통상 주녕하 해임에 관하여	1	
1948-10-30-009	강력한 비판으로 결점들을 지적하고 당면과업을 결정	평남도당 상무위원회에서	2	송학용
1948-10-30-010	중구구역당 허광일동무의 하루의 사업조직	구역당위원장실에서	2	정준기
1948-10-30-011	내각결정 제50호	국가학위수여위원회에 관한 규정	2	
1948-10-30-012	내각결정 제51호	학위 및 학직수여에 관한 규정	2	
1948-10-30-013	내각결정 제56호	외국려행에 관한 규정	2	
1948-10-30-014	당원들의 창발적로력으로 재령광산 '도라구라일' 복구		2	천홍필
1948-10-30-015	당원들의 협조로 면내 추경을 완료	태평면당산하 당원들	2	박룡기
1948-10-30-016	민주건설을 위하여 이렇게 투쟁하였다		2	북조선로동당 평안북도 박천군당부 위원장 김형섭
1948-10-30-017	영웅적쏘련군을 찬양하며 환송하는 인민들의 환호!		3	유현, 박진선, 김춘희
1948-10-30-018	공화국수립 경축하는 전조선종합체육대회	각지 선수들 평양에 도착	3	신기관
1948-10-30-019	서평양철도공장 종업원들 금년도 년간계획을 완수!		3	김기초
1948-10-30-020	'므하트'창립 50주년기념대회 성대히 거행	평양지구의 문학예술인들	3	박중선
1948-10-30-021	제주도인민항쟁 치렬	통신선과 도로 차단코 련일 공세	3	조선중앙통신
1948-10-30-022	리승만괴뢰정부 반대하여 남조선인민 각지에서 봉기		3	조선중앙통신
1948-10-30-023	리승만의 반동경찰이 무고한 인민들을 학살		3	조선중앙통신
1948-10-30-024	소위 '정당 등록법'을 괴뢰정부 다시 발동		3	조선중앙통신
1948-10-30-025	매국노 리승만의 대경실책		3	장진광
1948-10-30-026	희랍민주림시정부 대표의 초청문제토의를 미영뿔럭 강압중단	26일 정치위원회에서	4	조선중앙통신
1948-10-30-027	팔레스티나문제심의를 지연시키려는 미영뿔럭	23일 정치위원회에서	4	조선중앙통신
1948-10-30-028	국제재판소 구성원선거	총회와 안보리사회에서	4	조선중앙통신
1948-10-30-029	동부쟈바에서 무력충돌 계속		4	조선중앙통신
1948-10-30-030	루마니아		4	
1948-10-30-031	유고통상대표단 모쓰크바에 도착		4	조선중앙통신
1948-10-30-032	분란에 '국제부흥발전은행'사절 방문		4	조선중앙통신
1948-10-30-033	인민해방군 호로도공격		4	조선중앙통신
1948-10-30-034	일본공산당 간부 불법 피검		4	조선중앙통신
1948-10-30-035	서독에서 철도선로 해체		4	조선중앙통신
1948-10-30-036	쏘련소식		4	조선중앙통신
1948-10-30-037	광고		4	로동신문사
1948-10-31-001	전국종합체육대회 개최에 제하여		1	
1948-10-31-002	쓰딸린대원수에게 드리는 메쎄지	민주한국독립당 중앙위원회	1	
1948-10-31-003	조선민주주의인민공화국 전람회 레닌그라드 대학에서 개최!		1	조선중앙통신
1948-10-31-004	평원선전기화공사는 활발히 진척되고 있다		1	신언철
1948-10-31-005	3.4반기 사업 총결하고 금후의 당면과업을 토의	각 도시군 로동부과장 및 정휴양소장련석회의에서	1	
1948-10-31-006	우리들의 행복은 쏘련의 원조의 힘	아오지탄광 종업원들	1	현준극
1948-10-31-007	조쏘친선의 굳은 맹약으로 성심성의를 다하여 서명	평양제침공장 종업원들	1	김기초
1948-10-31-008	끊임없는 방조에 감사	룡암포제련소 종업원들	1	신용삼
1948-10-31-009	실지 사업과 결부시켜 세포사업을 강화 추진	평양전기제작소 당부 요업세포	2	위찬길
1948-10-31-010	당단체의 적극 협조로 북청면 전체 추경 완료		2	신봉
1948-10-31-011	모범교원 박명진동무는 자기 사업의 능수이다		2	류득수
1948-10-31-012	추경사업 승리적완수에 안변군당단체핵심 작용		2	리복원
1948-10-31-013	로씨아사회주의10월혁명 31주년을 앞두고	10월혁명은 쏘련인민들의 물질문화생활을 높이였다	2	
1948-10-31-014	빠벨 꼴차긴의 형상은 인민대중을 투쟁에로 호소한다(1)	소설 『강철은 어떻게 단련되였는가』에 대하여	2, 3	박중선
1948-10-31-015	영웅적쏘련군을 찬양하며 환송하는 인민들의 환호!	각지에서	3	정명걸
1948-10-31-016	종합체육대회 개막		3	
1948-10-31-017	전국체육인들은 조선민주주의인민공화국 절대지지	전국종합체육대회에 참가할 남조선 선수대표 리씨 담	3	
1948-10-31-018	미군이 직접 지도한 전차함포의 집중사격으로 무차별 살륙파괴		3	조선중앙통신

기사번호	제목(title)	부제목(stitle)	면수	필자, 출처
1948-10-31-019	계엄령하의 경성시내에 인민공화국지지의 삐라		3	조선중앙통신
1948-10-31-020	'향보단'의 재판 '민보단' 괴뢰정부의 테로정책 강화		3	조선중앙통신
1948-10-31-021	'량곡매입법'으로 금융업자는 폭리		3	조선중앙통신
1948-10-31-022	희랍에 대한 내정간섭을 정당화하려는 미영뿔럭	26일 정치위원회 오후회의	4	조선중앙통신
1948-10-31-023	일본파업선풍 계속 확대	전산금속광산 로조파업 결정	4	조선중앙통신
1948-10-31-024	팔레스티나에 전투재개설		4	조선중앙통신
1948-10-31-025	쏘베트점령 백림지구서 임금 대폭 인상		4	조선중앙통신
1948-10-31-026	분란에서 쏘베트공업 상설전람회관 개관		4	조선중앙통신
1948-10-31-027	불란서로동자들의 파업		4	
1948-10-31-028	쏘련소식		4	조선중앙통신
1948-10-31-029	극장안내		4	
1948-11-02-001	공화국정부를 받드는 남조선인민들의 투쟁		1	
1948-11-02-002	조선중앙통신사의 공식보도		1	
1948-11-02-003	괴뢰정부를 반대하는 폭동부대 유격전 치렬		1	조선중앙통신
1948-11-02-004	인민공화국에 충성 맹세	려수시민의 강력한 항전	1	조선중앙통신
1948-11-02-005	남조선괴뢰정부 반대하는 소위 '국방군' 폭동에 대하여	따쓰통신이 상세히 보도	1	조선중앙통신
1948-11-02-006	11월 3일 로동일로 규정		1	조선중앙통신
1948-11-02-007	년간계획의 기한전 완수에 우리 당단체의 적극적활동		2	황경렵
1948-11-02-008	만기현물세납부를 위한 대원면 당단체들의 협조		2	최현구
1948-11-02-009	평남도당부 신청사준공에 있어 도내 당단체와 당원들의 협조		2	북조선로동당 평남도당부 위원장 김재욱
1948-11-02-010	빠벨 꼴차긴의 형상은 인민대중을 투쟁에로 호소한다(2)	소설 『강철은 어떻게 단련되었는가』에 대하여	2, 3	박중선
1948-11-02-011	평양-강원도 녀자배구의 백열전		3	
1948-11-02-012	국토완정을 맹세하는 청년들의 의기 드높다	개회식장에서	3	신기관
1948-11-02-013	민주건설에 단련된 름름한 체력을 시위	체육대회 제1일	3	현석
1948-11-02-014	조국옹호에 억센 체력을	제1경기장에서	3	김전
1948-11-02-015	민주체육의 개화!	제4경기장에서	3	김춘희
1948-11-02-016	조선전국종합체육대회 제1일전적		3	
1948-11-02-017	유엔총회 제3차회의 군비축소와 원자무기금지의 파란대표단의 결의초안 심의	정치위원회 제2분과위원회	4	조선중앙통신
1948-11-02-018	심양도 점령	중국인민해방군	4	조선중앙통신
1948-11-02-019	국부군 란봉에서도 철퇴		4	조선중앙통신
1948-11-02-020	태원도 명재 경각		4	조선중앙통신
1948-11-02-021	민주당과 공화당 막대한 선거비		4	조선중앙통신
1948-11-02-022	이스라엘수상 국회에서 연설		4	조선중앙통신
1948-11-02-023	뉴욕시의 지상교통 정돈상태		4	조선중앙통신
1948-11-02-024	남부페루에 폭동		4	조선중앙통신
1948-11-02-025	인도의 작가 쏘련을 방문		4	조선중앙통신
1948-11-02-026	유고슬라비아		4	
1948-11-02-027	쏘련소식	주요도시에서 직맹의 지도기관 선거	4	조선중앙통신
1948-11-02-028	베링해협발견 3백년제		4	조선중앙통신
1948-11-02-029	독점자본가의 세력을 미국인민은 분쇄하라	월레스씨 뉴헤벤시에서 연설	4	
1948-11-02-030	극장안내		4	
1948-11-03-001	1948년도 인민경제 3.4반기총화와 당단체의 과업		1	
1948-11-03-002	남조선 제 정당으로부터 쓰딸린대원수에게 메쎄지	근로대중당 사회민주당 천도교청우당으로부터	1	조선중앙통신
1948-11-03-003	성심을 다하여 감사문에 서명	청진방적공장 종업원들	1	김소민
1948-11-03-004	전부락민이 서명에	갑산군 갑산면 남부리민들	1	안재희
1948-11-03-005	일층의 증산 맹세하며 무한한 감격으로 서명	운포광산 종업원과 그의 가족들	1	
1948-11-03-006	민족적감격으로	해주철도부 종업원들	1	박진선
1948-11-03-007	증산을 맹세하며 열성적으로 참가	금천군인민들의 서명	1	정운성
1948-11-03-008	김책부수상 아오지석유공장 시찰	격려받은 종업원들 일층 증산 결의	1	조선중앙통신
1948-11-03-009	10월혁명 31주년기념행사를 조선인민은 새로운 감격속에서 진행		1	
1948-11-03-010	레닌공산청년동맹창건 30주년기념 성대히 거행	북조선민주청년동맹에서	1	
1948-11-03-011	당내조직력을 발휘하여 결점을 시급히 퇴치하자	중화군 당단체 사업에서	2	
1948-11-03-012	강사들을 일상적으로 지도강연사업을 일층 강화하자	평양 중구구역당부 강연사업에서	2	송학용
1948-11-03-013	강의내용을 세밀히 연구 준비된 재료로 학습지도	평양곡산제1분공장 공작세포 김하빈동무	2	위찬길
1948-11-03-014	정치교양사업 활발히 전개 박성옥동무의 열성	안변군 서곡면 계산리세포 학습회강사	2	
1948-11-03-015	11월 3일 선거 2주년에 제하여		2	북조선민주주의민족통일전선 중앙위원회 서기장 리규

기사번호	제목(title)	부제목(stitle)	면수	필자, 출처
1948-11-03-016	광주학생운동 19주년 기념일을 맞으며		2	북조선중앙민청 위원장 현정민
1948-11-03-017	영웅적쏘련군을 찬양하며 환송하는 인민들의 환호!	신의주, 안변 역두에서	3	김만선
1948-11-03-018	새 승리에로 궐기한 농민들 광범한 지역에 추경을 실시		3	오학균
1948-11-03-019	백열전으로 고조된 경기 전인민의 인기는 총집중	조선전국종합체육대회 제2일	3	신기관, 림덕보
1948-11-03-020	나어린 중학생 76명을 총살	전대미문의 야수적발악 계속	3	조선중앙통신
1948-11-03-021	잠견통제로 농민을 수탈	괴뢰정부의 반인민적정책	3	조선중앙통신
1948-11-03-022	인민을 탄압학살하는 흉책	리승만사병단을 양성조직	3	조선중앙통신
1948-11-03-023	경찰지서와 세무서 습격	제주도인민항쟁맹렬!	3	조선중앙통신
1948-11-03-024	반동진영에 대혼란 야기		4	조선중앙통신
1948-11-03-025	안보리사회 의장 언급 회피		4	조선중앙통신
1948-11-03-026	불각 신문들 사실을 외곡		4	조선중앙통신
1948-11-03-027	서부렬강들은 효과적응수책 토의		4	조선중앙통신
1948-11-03-028	『뉴욕 타임스』지 사설		4	조선중앙통신
1948-11-03-029	유엔총회 제3차회의 소위 빨간위원단결론을 미영쁠럭은 무조건 접수	-27일 정치위원회-	4	조선중앙통신
1948-11-03-030	중국인민해방전의 새 발전		4	리동건
1948-11-03-031	베를린시참사회의 분렬행위 격심		4	조선중앙통신
1948-11-03-032	중국국민당정부 옹수상 사표 제출		4	조선중앙통신
1948-11-03-033	지중해에서 미함대 연습		4	조선중앙통신
1948-11-04-001	쏘련군대환송은 거대한 감격속에서 진행되고 있다		1	
1948-11-04-002	쓰딸린대원수에게 드리는 감사문에 683만명 서명		1	
1948-11-04-003	영원불멸의 조쏘친선을 마음속깊이 맹세하며	해주기계 해주세멘트 종업원들	1	박전선
1948-11-04-004	쏘련군대용사들에게 조선해방기념장 수여		1	조선중앙통신
1948-11-04-005	문맹퇴치 및 성인재교육강화를 내각에서 지시		1	
1948-11-04-006	위대한 사회주의10월혁명 제31주년 기념보고대회	평양시 각 직장에서 성대히 개최	1	
1948-11-04-007	대구서 시가전! 라주서 산악전 미군대 출동 '진압전투'에 참가		1	조선중앙통신
1948-11-04-008	호남일대의 폭동부대는 인민과 단합 유격전 전개		1	조선중앙통신
1948-11-04-009	미군정하 일본반동의 만행	조국의 국기를 게양한다고 조선동포들을 학살 투옥!	1	조선중앙통신
1948-11-04-010	민주건설을 위한 투쟁에서 선천군 당단체들이 거둔 성과		2	최영환
1948-11-04-011	후비강사양성에 더한층 힘쓰자!		2	위찬길
1948-11-04-012	로씨아 사회주의10월혁명 31주년을 앞두고	전동맹 공산당(볼쉐위크)은 쏘베트국가승리의 조직자이다	2	
1948-11-04-013	쏘련의 진정한 우의적방조로 우리 교육문화는 찬란히 발전		2	신기관
1948-11-04-014	영웅적쏘련군을 찬양하며 환송하는 인민들의 환호!	평양 북구, 라진시민들	3	위찬길, 현준극
1948-11-04-015	화려하게 장식되는 영예의 쓰딸린거리		3	
1948-11-04-016	광주학생운동 19주년 기념대회 각지에서 개최		3	김춘희
1948-11-04-017	조선전국종합체육대회 제3일의 전적		3	신기관
1948-11-04-018	리승만의 동경려행에 관하여	『크라스나야 스베즈다』지 론평-	3	조선중앙통신
1948-11-04-019	소위 '방공쁠럭'의 흉책		3	조선중앙통신
1948-11-04-020	재일동포앞에 얼굴도 못들고 돌아온 리승만	소위 '성대한 환영회'의 진상	3	조선중앙통신
1948-11-04-021	소위 원동'방공쁠럭'의 내막		3	홍인표
1948-11-04-022	반동배들의 야합		3	장진광
1948-11-04-023	『쁘라우다』기자의 질문과 쓰딸린수상의 대답에 대한 반향	여러 나라들에서	4	조선중앙통신
1948-11-04-024	불탄광 로동자파업	제5주에 돌입	4	조선중앙통신
1948-11-04-025	불란서로동자 파업투쟁을 전세계 근로인민들은 격려	『유마니테』지의 론평	4	조선중앙통신
1948-11-04-026	팔레스티나문제 토의	28일 안보리사회	4	조선중앙통신
1948-11-04-027	유엔총회 제3차회의 희랍문제에 관한 결의초안을 쏘련대표단에서 제출	-29일 정치위원회-	4	조선중앙통신
1948-11-04-028	유엔총회 제3차회의 희랍문제 위요코론쟁	-30일 정치위원회-	4	조선중앙통신
1948-11-04-029	중국국민당정부 경제파탄에 부심		4	조선중앙통신
1948-11-04-030	불가리아와 화란간 물품교환협정		4	조선중앙통신
1948-11-05-001	면화수매사업을 강력히 추진시키자		1	
1948-11-05-002	쓰딸린대원수에게 드리는 메쎄지	조선전국종합체육대회	1	
1948-11-05-003	김일성장군에게 드리는 메쎄지	조선전국종합체육대회	1	
1948-11-05-004	사회주의10월혁명기념대회 각 직장들에서 성대히 거행!		1	
1948-11-05-005	레닌공산청년동맹 중앙위원대표 래조		1	
1948-11-05-006	각 공장 기업소에서 년간계획 속속 완수	황해제철, 성진조선소, 곡산제일제지공장, 평양철도에서	1	
1948-11-05-007	세포의 핵심을 양성하여 당원들의 학습열을 제고	강원도 이천군 당단체들	2	송춘관
1948-11-05-008	생산협조를 강력히 추진 년간계획 완수에 개가!	천내리세멘트공장내 당단체들	2	김만선

기사번호	제목(title)	부제목(stitle)	면수	필자, 출처
1948-11-05-009	당원들의 선봉적역할로 추경은 성과적으로 진행	평양시 대타령 2리세포당원들	2	송학용
1948-11-05-010	농한기 세포학습준비 만전에 노력	성천군 흥덕리 3세포	2	송학용
1948-11-05-011	사회주의10월혁명 31주년을 맞이하는 쏘련의 중공업		2	
1948-11-05-012	당도서실 사업을 강화하자		2	북조선로동당 평남도당부 선전선동부장 김선락
1948-11-05-013	인민체력의 장성을 과시	전국종합체육대회 폐막	3	신기관
1948-11-05-014	제4일 전적(결승)		3	
1948-11-05-015	남조선대구의 폭동군 행동범위를 대폭확대		3	조선중앙통신
1948-11-05-016	'한미경제협정'내막 폭로 한 『국민신문』을 폐쇄	남조선망국정부 또 언론 탄압	3	조선중앙통신
1948-11-05-017	'량곡매입법'반대에 매국노 리승만 당황	인민에게 밀정행위 강요	3	조선중앙통신
1948-11-05-018	서울복판에 설정되는 미제국주의의 '왕국'	매국노 리승만은 반도호텔을 헌상	3	조선중앙통신
1948-11-05-019	공화국기 계양한 재일동포에 혹형	란포한 미군사재판	3	조선중앙통신
1948-11-05-020	유엔총회 제3차회의 후견령토들을 식민지로 전환시키려는 통치렬강	-11월 1일 후견위원회-	4	조선중앙통신
1948-11-05-021	파란대통령 베루트 연설	파란인민회의 추기회의에서	4	조선중앙통신
1948-11-05-022	볼쉐끼당에 감사문 전달	오지리공산당대회에서	4	조선중앙통신
1948-11-05-023	전쟁방화자를 반대하는 쏘련의 철두철미한 투쟁		4	최룡일
1948-11-05-024	봉천함락속보		4	조선중앙통신
1948-11-05-025	국민당정부 총사직		4	조선중앙통신
1948-11-05-026	국민당군 패전에 미관변측 비관		4	조선중앙통신
1948-11-05-027	유태아랍 량공산당 합당		4	조선중앙통신
1948-11-05-028	불가리아대인민회의		4	조선중앙통신
1948-11-05-029	화란 각 도시에서 정부정책반대군중대회		4	조선중앙통신
1948-11-05-030	로씨아10월혁명을 백이의서 경축준비		4	조선중앙통신
1948-11-05-031	미대통령선거전 결과 트루맨의 당선 확정		4	조선중앙통신
1948-11-06-001	쓰딸린대원수에게	로씨아 사회주의10월혁명 31주년에 제하여	1	
1948-11-06-002	약소민족해방의 길을 열어준 쏘련인민에게 영예를 드린다	로씨아 사회주의10월혁명 31주년경축 전조선정당사회단체 및 조쏘문화협회 평양시기념대회	1	
1948-11-06-003	조선중앙통신사의 공식보도		1	
1948-11-06-004	로씨아의 위대한 사회주의10월혁명 31주년 기념보고	김책	2, 3	
1948-11-06-005	축사	레베제브소장	3, 4	

기사번호	제목(title)	부제목(stitle)	면수	필자, 출처
1948-11-06-006	중국 해방구인민들로부터 김일성대학과 만경대학원에 곡물 150톤을 기증		4	조선중앙통신
1948-11-06-007	유엔 총회정치위원회에서의 소위 발칸위원단사업에 대한 위신쓰끼씨의 연설(1)		4	
1948-11-06-008	불공산당비서 연설		4	조선중앙통신
1948-11-07-001	위대한 사회주의10월혁명 31주년기념 만세!		1	
1948-11-07-002	쏘련공산당(볼쉐위끼) 중앙위원회 쓰딸린동지에게	로씨아 사회주의10월혁명 31주년에 제하여	1	
1948-11-07-003	쏘베트사회주의공화국동맹 내각 수상 쓰딸린대원수 각하	로씨아 사회주의10월혁명 31주년에 제하여	1	
1948-11-07-004	쏘베트사회주의공화국동맹 최고쏘베트상임위원회 위원장 느.스웨르니크 각하	로씨아 사회주의10월혁명 31주년에 제하여	1	
1948-11-07-005	로씨아의 위대한 사회주의10월혁명 31주년		2	
1948-11-07-006	쏘베트사회주의공화국동맹 외무상 몰로또브각하	로씨아 사회주의10월혁명 31주년에 제하여	2	
1948-11-07-007	위대한 10월혁명의 승리		2	
1948-11-07-008	인류의 위대한 지도자		3	
1948-11-07-009	공민전쟁의 불길 속에서		3	
1948-11-07-010	조선인민에게 준 영원불멸의 공훈		3, 4	
1948-11-07-011	평양주둔 쏘련군들 기념대회 거행 위대한 사회주의10월혁명 31주년을 축하하여	조쏘문화협회위원장 리기영선생의 축사	3	
1948-11-07-012	유엔총회 정치위원회에서의 소위 발칸위원단사업에 대한 위신쓰끼씨의 연설(2)		4	
1948-11-09-001	현물세납부사업을 성과있도록 보장하자		1	
1948-11-09-002	쏘베트인민의 위대한 수령인 쓰딸린대원수 각하	로씨아 사회주의10월혁명 31주년에 제하여	1	
1948-11-09-003	위대한 사회주의10월혁명 31주년 기념대회 성황	평양시내 9개 장소에서	1	
1948-11-09-004	각지에서 사회주의10월혁명 기념대회를 성대히 진행!		1	조선중앙통신
1948-11-09-005	조국건설을 위하여 년간계획 속속 완수	각지 공장들에서	1	
1948-11-09-006	동기철도수송사업 보장위하여 평양철도당단체는 이렇게 협조		2	송학용
1948-11-09-007	검열사업 강화하여 사업성과 보장하자		2	위찬길
1948-11-09-008	정치교양사업의 질적제고 위하여	황해 봉산군 례로리 동골세포	2	김창봉
1948-11-09-009	하급당단체사업을 더욱 강화하자		2	북조선로동당 중앙본부 조직부 부부장 차영락

기사번호	제목(title)	부제목(stitle)	면수	필자, 출처
1948-11-09-010	농민학살을 전제로 하는 '량곡매입법'의 정체		2	김형준
1948-11-09-011	영웅적쏘련군을 찬양하며 환송하는 인민들의 환호!		3	김춘희, 현준극
1948-11-09-012	북조선민주건설을 찬양 로동청년들을 격려 고무	레닌공청중앙위원회 대표일행 황철 시찰	3	
1948-11-09-013	남조선괴뢰정부를 반대하는 폭동부대 행동범위 일층 확대	대구시내 통신련락 두절	3	조선중앙통신
1948-11-09-014	순천의 다수 학생들 폭동에 참가		3	조선중앙통신
1948-11-09-015	폭동부대 지휘자 체포에 50만원을 현상금으로	소위 국군사령부의 궁여지책	3	조선중앙통신
1948-11-09-016	자신의 장래를 두려워하는 리승만교사와 학생에 대한 조사 축출을 명령		3	조선중앙통신
1948-11-09-017	려수전투에 미군이 지도	따쓰통신의 보도	3	조선중앙통신
1948-11-09-018	유엔총회 정치위원회에서의 소위 발칸위원단 사업에 대한 위신쓰끼씨의 연설(3)		4	
1948-11-09-019	평화설정에 관한 결의안 채택	-3일 유엔총회에서-	4	조선중앙통신
1948-11-09-020	미국국회내의 세력비중 전도		4	조선중앙통신
1948-11-09-021	미부대통령으로 민주당의 바크레 당선		4	조선중앙통신
1948-11-09-022	국민당 특무기관은 향항에서 민주주의활동가 암살을 기도		4	민주조선
1948-11-09-023	공고		4	
1948-11-10-001	위대한 사회주의10월혁명 31주년	1948년 11월 6일 모쓰크바시 쏘베트기념 경축회의에서 진술한 브.므.몰로또브의 보고	1, 2, 3	
1948-11-10-002	영웅적쏘련군을 찬양하며 환송하는 인민들의 환호!		3	박경석
1948-11-10-003	쏘련청년과 조선청년의 굳게 맺어지는 이 친선!	레닌공청대표 남포제련 및 부근 농촌 시찰	3	
1948-11-10-004	북조선시장물가 일로 저락	소비층의 구매력은 더욱 증대	3	조선중앙통신
1948-11-10-005	청진철도국관내 동기수송을 확보		3	김소민
1948-11-10-006	유엔총회 정치위원회에서의 소위 발칸위원단사업에 대한 위신쓰끼씨의 연설(4)		4	
1948-11-10-007	'발칸위원단'보고 허구성 로정	2일 정치위원회 회의에서	4	조선중앙통신
1948-11-11-001	북조선민청 제3차대회에 제하여		1	
1948-11-11-002	쓰딸린대원수에게 드리는 감사문에 남조선인민들도 광범히 서명에 참가		1	조선중앙통신
1948-11-11-003	사회주의10월혁명기념일에 쏘련군기념탑 정초식을 거행	평남도인민들의 정성으로 남포에서	1	정명걸
1948-11-11-004	평양지구 문학예술인들 사회주의10월혁명 기념		1	
1948-11-11-005	세계청년절기념대회	평양모란봉극장에서	1	
1948-11-11-006	사회주의10월혁명 31주년 쏘베트기념 경축회의에서 진술한 몰로또브 보고에 대한 반향	평양기구종업원들, 평양 중성리 리민들	1	
1948-11-11-007	중국동북조선인대표단 평양 도착		1	
1948-11-11-008	조국건설을 위하여 년간계획 완수	각 도들에서	1	김소민
1948-11-11-009	조국건설을 위하여 각지의 추경 활발	각 도들에서	1	리의철
1948-11-11-010	3.4반기실행협조 총화코 당단체들의 당면과업 토의	평북도생산관계당원열성자회의	2	
1948-11-11-011	당원들의 선봉적역할로 추경은 활발히 진척된다	평남 강동군 당단체의 협조정형	2	
1948-11-11-012	동기세포학습회의 질적제고 위하여		2	송학용
1948-11-11-013	동기대책의 만전을 보장 생산제고에 비등된 열의	평양곡산공장 당부의 협조성과	2	위찬길
1948-11-11-014	세계청년절에 제하여		2	리능훈
1948-11-11-015	남조선괴뢰'정부'의 '법령'은 무효이다		2	승호
1948-11-11-016	영웅적쏘련군을 찬양하며 환송하는 인민들의 환호!	우리 당 중앙당학교, 황해도인민들, 퇴조수산합작사 어업로동자들	3	김전, 박진선, 박경석
1948-11-11-017	국제녀성대회참가차 조선녀성대표들 출발		3	김춘희
1948-11-11-018	로동청년들 증산투쟁으로 민청 제3차중앙대회 경축	북조선 각 생산직장에서	3	신기관
1948-11-11-019	해방 3주년 기념전람회 다대한 성과 거두고 폐관	관람자 무려 30만	3	
1948-11-11-020	공민증의 교부사업을 당원들 적극 협조하자		3	
1948-11-11-021	괴뢰정부를 반대하는 폭동군 지리산을 중심으로 세력 확대	경남 경북 전남 전북 일대에서 유격전 맹렬	3	조선중앙통신
1948-11-11-022	보성읍에서 시가전을 전개	대부분의 경찰지서를 습격	3	조선중앙통신
1948-11-11-023	남조선일대에 검거선풍	각계각층의 반대에 직면한 리승만'정부'의 발악적탄압	3	조선중앙통신
1948-11-11-024	남조선 강원도 삼척군에서 무장군중들 경찰지서 습격		3	조선중앙통신
1948-11-11-025	괴뢰정부의 '량곡매입법' 농민의 반대로 실행 불능		3	조선중앙통신
1948-11-11-026	미제국주의자들의 전력독점을 반대	자주통일생산구국회에서 성명	3	조선중앙통신
1948-11-11-027	원자무기독점 가능케 하는 카나다안을 미영 강압채택 -4일 전원회의에서-	유엔총회 제3차회의	4	조선중앙통신
1948-11-11-028	'발칸위원단'보고의 허구성은 폭로 2일 정치위원회 회의에서	유엔총회 제3차회의	4	
1948-11-11-029	희랍문제토의는 최종단계에 도달 5일 정치위원회 오전회의	유엔총회 제3차회의	4	조선중앙통신

기사번호	제목(title)	부제목(stitle)	면수	필자, 출처
1948-11-11-030	남경독재정권타도 호소	재향항 제 민주주의정당단체에서 중국인민들에게 고하는 성명서 발표	4	조선중앙통신
1948-11-11-031	불파업 제7주 돌입	각지에서 류혈 충돌	4	조선중앙통신
1948-11-11-032	장개석의 사직 요구		4	조선중앙통신
1948-11-11-033	토머스 듀이 정계서 은퇴 성명		4	조선중앙통신
1948-11-11-034	공고		4	
1948-11-12-001	조국통일독립을 위한 남조선인민들의 투쟁		1	
1948-11-12-002	쓰딸린대원수에게 드리는 감사문에 남조선인민들 벌써 4백여만명 서명		1	조선중앙통신
1948-11-12-003	조국건설을 위하여 년간계획 완수	각 도들에서	1	
1948-11-12-004	사회주의10월혁명 31주년 모쓰크바시 쏘베트기념 경축회의에서 진술한 몰로또브 보고에 대한 반향		1	
1948-11-12-005	중국신민주주의청년단 대표 래조		1	
1948-11-12-006	축사 북조선민전대표 허가이	북조선민청 제3차대회에서	2	
1948-11-12-007	축사 쏘련레닌공청 대표 게오르기 니끼따예브	북조선민청 제3차대회에서	2	
1948-11-12-008	북조선민청위원장 현정민씨와 쏘련 및 중국청년대표들 담화		2	
1948-11-12-009	전조선청년들의 기대속에 북조선민청 제3차대회 개막	제1일회의에서	3	신기관
1948-11-12-010	조국경제건설을 위한 억센 청년들의 투지!	흥남비료공장, 본궁화학공장 청년작업반에서	3	박경석
1948-11-12-011	쏘련청년대표일행 함흥과 흥남을 시찰		3	조선중앙통신
1948-11-12-012	중국동북지방 완전해방을 경축하는 화교군중대회		3	
1948-11-12-013	평원선과 만포선 전기화공사 활발		3	조선중앙통신
1948-11-12-014	수산합작사 어민들 새 생활을 향해 전진	전진수산합작사에서	3	
1948-11-12-015	래년의 증산 위하여 우량종자확보에!	함남 신흥군 장하리 농민들	3	위정산
1948-11-12-016	월동준비를 철저히 하자	재령광산 로동자들	3	박진선
1948-11-12-017	남조선일대에 벌어진 검거선풍은 더욱 확대	리승만'정부'의 발악 욱심	3	조선중앙통신
1948-11-12-018	남조선괴뢰정부 미독점자본가들의 석유침략정책 지지		3	조선중앙통신
1948-11-12-019	호남일대에서 대중적도살행동 진행	가정부인 등 28명에게 사형 언도	3	조선중앙통신
1948-11-12-020	'량곡매입'반대하여 남조선농민들 궐기		3	조선중앙통신
1948-11-12-021	팽창일로의 남조선화페 발행고 3백 20억원 돌파		3	조선중앙통신
1948-11-12-022	쏘련대표단의 도덕적승리 희랍애국자의 사형방지를 주장 6일 정치위원회 오후회의	유엔총회 제3차회의	4	조선중앙통신

기사번호	제목(title)	부제목(stitle)	면수	필자, 출처
1948-11-12-023	제3차 유엔총회사업 12월 8일까지에 완료 예정		4	조선중앙통신
1948-11-12-024	몰로또브 쏘련외상 외교계의 제 인사를 초대		4	조선중앙통신
1948-11-12-025	팔레스티나문제를 외곡하는 미영쁠럭	-4일 안보 오전회의-	4	조선중앙통신
1948-11-12-026	화북포기결정	국민당정부 수뇌부회의	4	조선중앙통신
1948-11-12-027	중국인민해방군 산해관을 점령		4	조선중앙통신
1948-11-12-028	황하지구공격 개시		4	조선중앙통신
1948-11-12-029	화중 제 도시에 난민들 집결		4	조선중앙통신
1948-11-12-030	남경상해지구거주 미인에 철퇴 권고	주중미국대사관에서	4	조선중앙통신
1948-11-12-031	중국국민당정부 광동에 천도준비		4	조선중앙통신
1948-11-12-032	상해 남경 한구 등지 철도종업원 파업		4	조선중앙통신
1948-11-12-033	미국무장관 마샬 사직설		4	조선중앙통신
1948-11-12-034	희랍왕당파정부 위기		4	조선중앙통신
1948-11-12-035	희랍민주군 각지에서 승세		4	조선중앙통신
1948-11-12-036	인도네시아인민항쟁 치렬		4	조선중앙통신
1948-11-13-001	래년도 농업증산의 준비를 위하여		1	
1948-11-13-002	쓰딸린대원수에게 드리는 메쎄지	북조선민주청년동맹 제3차대회	1	
1948-11-13-003	김일성장군에게 드리는 편지	북조선민주청년동맹 제3차대회	1	
1948-11-13-004	사회주의10월혁명 31주년기념 경축회의에서 진술한 몰로또브 보고에 대한 반향	평양산소공장 종업원들, 문학동맹산하 작가들	1	
1948-11-13-005	조국건설을 위하여	년간계획 완수	1	
1948-11-13-006	조국건설을 위하여 현물세납부 활발	황해도	1	
1948-11-13-007	북조선민주청년동맹 중앙위원회 사업결산 보고(요지)	북조선민주청년동맹 중앙위원회 위원장 현정민	2	
1948-11-13-008	축사 중국신민주주의청년단 대표 장남상	북조선민청 제3차대회	2	
1948-11-13-009	축사 남조선민주애국청년동맹 대표	북조선민청 제3차대회	2	
1948-11-13-010	청년들의 불타는 애국정열 백열화하는 열렬한 토론!	북조선민청 제3차대회(제2일)	3	신기관
1948-11-13-011	조국경제건설을 위한 청년들의 억센 투지!	평남 강동탄광, 평양철도공장 청년작업반에서	3	신언철
1948-11-13-012	중국해방구청년련합회에서 북조선민청 제3차대회에 축전		3	
1948-11-13-013	나날이 향상되는 로동자 사무원들의 생활	사동련탄공장에서	3	
1948-11-13-014	북조선민청 제3차대회를 경축키 위하여 래조한 중국신민주주의청년단 대표일행 평양역에서		3	
1948-11-13-015	철천의 원쑤 리승만의 이 죄악	10월 30일 오후 8시 현재로 2천 3백 26명을 사형	3	조선중앙통신
1948-11-13-016	목화 반당 6백근을 수확	강지갑농민의 목화재배법	3	
1948-11-13-017	행복한 쏘련의 교원(1)		3	최룡봉

기사번호	제목(title)	부제목(stitle)	면수	필자, 출처
1948-11-13-018	유엔총회 제3차회의 희랍문제 결의초안 심의	11월 8일 정치위원회	4	조선중앙통신
1948-11-13-019	유엔총회 제3차회의 결의초안 계속 심의	9일 정치위원회	4	조선중앙통신
1948-11-13-020	중국인민해방군 서주총공격 개시		4	조선중앙통신
1948-11-13-021	상해식량난 극심		4	조선중앙통신
1948-11-13-022	국제정세개관		4	최일룡
1948-11-13-023	일본 각지 탄광 로동자 전국적총파업		4	조선중앙통신
1948-11-14-001	김일성 사진		1	
1948-11-14-002	북조선민주청년동맹 제3차대회에서 진술한 김일성수상의 연설		1, 2	
1948-11-14-003	조선중앙통신사의 공식보도		2	
1948-11-14-004	김일성수상의 림석맞아 대회장의 활기 일층 앙등	북조선민청 제3차대회(제3일)	2	신기관
1948-11-14-005	조국경제건설을 위한 청년들의 억센 투지!	평양기관구 청년작업반	2	신언철
1948-11-14-006	조국경제건설을 위한 청년들의 억센 투지!	평양전기제작 청년작업반	2	김기초
1948-11-14-007	북조선민청 제3차대회에 축하를 드리는 인민군대내 민청단체축하단		2	
1948-11-14-008	정의의 군대에 영광이 있으라	청진역두에서	3	김소민
1948-11-14-009	불멸의 공훈을 이땅에 남기고	풍산군 환송대회	3	김의진
1948-11-14-010	남조선축구단일행 청진에서 교환시합		3	조선중앙통신
1948-11-14-011	년말증산운동에 총돌입!	함북도내 각 생산직장에서	3	신언철
1948-11-14-012	인민들은 자진하여 인민군가족을 후원	평양시 서구관내 각 리민들	3	김전
1948-11-14-013	민청 제3차대회 경축대표 위안의 밤 성황		3	김춘희
1948-11-14-014	북조선문학예술총동맹 각 지구위원회 총회 진행		3	
1948-11-14-015	괴뢰리승만정부의 발악	소위 국방군 폭동에 당황한 남조선괴뢰정부의 '나치스'식 허위선전	3	민주조선
1948-11-14-016	야간 6시이후 방문은 사살	소위 수도청장 언명	3	조선중앙통신
1948-11-14-017	전남전북일대에 계엄령		3	조선중앙통신
1948-11-14-018	경찰증모로 발악을 기도		3	조선중앙통신
1948-11-14-019	행복한 쏘련의 교원(2)		3	최룡봉
1948-11-14-020	대쏘침략의도를 론증	-제5일의 판결문에서-	4	조선중앙통신
1948-11-14-021	남경대학살사건 론증	-6일재판 판결문에서-	4	조선중앙통신
1948-11-14-022	이태리녀성대표단 위신쓰끼씨 방문		4	조선중앙통신
1948-11-14-023	도죠 등 7명에게 교수형 언도		4	조선중앙통신
1948-11-14-024	장개석정부 붕괴의 위기	동북해방에 대한 외보들의 론평	4	조선중앙통신
1948-11-14-025	남경 상해에 계엄령		4	조선중앙통신
1948-11-14-026	일본과 영국간 통상협정 체결		4	조선중앙통신
1948-11-14-027	중국국민당정부의 물가정책 치명적실패		4	조선중앙통신
1948-11-14-028	항가리공화국		4	

기사번호	제목(title)	부제목(stitle)	면수	필자, 출처
1948-11-14-029	장개석정부 미곡폭동군중 사살		4	조선중앙통신
1948-11-14-030	희랍왕당파의 패전에 미국무장관 분노		4	조선중앙통신
1948-11-14-031	파란통상대표단 모쓰크바 도착		4	조선중앙통신
1948-11-14-032	미극동해공군 대연습		4	조선중앙통신
1948-11-16-001	위대한 쏘련은 민주와 평화의 성벽이다		1	
1948-11-16-002	조선민주주의인민공화국 내각 제9차회의		1	조선중앙통신
1948-11-16-003	내각결정 제67호	사업등록에 관한 규정	1	
1948-11-16-004	내각결정 제72호	기술자격심사에 관한 규정	1	
1948-11-16-005	국가기술자격심사위원회 설치를 결정		1	
1948-11-16-006	조선물질문화유물조사보존위원회 설치를 결정		2	
1948-11-16-007	내각결정 제61호	공증소에 관한 규정	2	
1948-11-16-008	내각결정 제59호	변호사에 관한 규정	2	
1948-11-16-009	북조선민청 중앙위원회 사업결산보고에 대한 북조선민주청년동맹 제3차대회 결정서		2, 3	
1948-11-16-010	국토완정과 세계평화를 위한 청년들의 투지는 더욱 강렬!	제3차민청대회 폐막	3	신기관
1948-11-16-011	모범단체와 맹원들을 표창	북조선민청중앙위원회에서	3	조선중앙통신
1948-11-16-012	바다의 창파헤치고 동해안 명태잡이 활발	전진수산사업소에서	3	유헌
1948-11-16-013	북조선적십자사 무료진료 순회		3	
1948-11-16-014	쏘련영웅 랴보바녀사를 조선녀성들 환호로 영접	녀맹주최로 15일 성대한 환영대회 개최	3	
1948-11-16-015	조국경제건설을 위한 청년들의 억센 투지!	평양연초청년작업반	3	김기초
1948-11-16-016	조국경제건설을 위한 청년들의 억센 투지!	금화광산 청년작업반	3	신언철
1948-11-16-017	조선철도공업의 기지로 될 2대철도공장 공사 활발	서평양철도공장, 원산철도공장들에서	3	
1948-11-16-018	몰로또브 쏘련외상의 10월혁명기념보고에 대한 세계각국 반향		4	조선중앙통신
1948-11-16-019	서부독일에 대파업		4	조선중앙통신
1948-11-16-020	서독 10만로동자 파업		4	조선중앙통신
1948-11-16-021	트루맨이 쓰딸린과 회견할 가능에 대한 『타임쓰헤랄드』 시사평론가 꼬편의 견해		4	조선중앙통신
1948-11-16-022	유엔총회 제3차회의 국제무역에 대한 차별대우문제 심의	경제 재정위원회에서	4	조선중앙통신
1948-11-16-023	전쟁을 강요하는자들		4	
1948-11-16-024	중국인민해방군 호로도를 점령		4	조선중앙통신
1948-11-16-025	인민해방군공세로 서주에 계엄령		4	조선중앙통신
1948-11-16-026	희랍왕당파수상 사직		4	조선중앙통신
1948-11-17-001	동기의 당학습조직에 대하여		1	

기사번호	제목(title)	부제목(stitle)	면수	필자, 출처
1948-11-17-002	중국동북 조선인대표단에게 주신 김일성 수상의 말씀		1	
1948-11-17-003	조선민주주의인민공화국 중앙정부 김일성수상에게 드림	중국동북조선인민들	1	
1948-11-17-004	동북지방재류동포대표들 중앙정부수립을 경축하여 김일성수상을 방문		1	
1948-11-17-005	동북지방 재류동포대표들 김두봉위원장 방문		1	
1948-11-17-006	중국동북지방동포 중앙정부수립 경축	각지에서 군중대회	1	조선중앙통신
1948-11-17-007	조국건설을 위하여 년간계획 완수	평양제침, 평양자동차, 탄광공장에서	1	
1948-11-17-008	중국동북지방 재류동포들이 공화국정부수립을 경축하여 김일성수상에게 드리는 메쎄지에 서명한 문건들과 기념컵		1	
1948-11-17-009	북조선민주청년동맹 강령		2	
1948-11-17-010	당과 국가에서 요구하는 간부양성을 활발히 진행	평양시당부에서	2	위찬길
1948-11-17-011	추경사업협조에 있어 평남도 당단체의 투쟁		2	송학용
1948-11-17-012	당원들의 열성적노력으로 물자절약코 주행키로 완수	단천기관구 운전세포	2	서득창
1948-11-17-013	우리의 길은 곧 력사가 열어준 승리의 길이다	장편시 「우리의 길」을 읽고	2, 3	한효
1948-11-17-014	영웅적쏘련군을 찬양하며 환송하는 인민들의 환호!	환송렬차를 운전하며 감격도 새로워 그 은혜	3	신언철
1948-11-17-015	남조선축구단일행 함흥에서 교환시합		3	조선중앙통신
1948-11-17-016	시인들은 이렇게 쏘련군을 찬양!		3	
1948-11-17-017	2개년계획 실시를 앞두고 기본건설과 월동준비 만전	삼보광산 로동자들	3	
1948-11-17-018	연구와 근면의 승리 벼 평당 6근을 수확	금천군 리금생농민의 온상모재배법	3	정운성
1948-11-17-019	지리산 방면의 폭동군 일대 공격전을 전개!	구례곡성관하 8개소 경찰을 습격	3	조선중앙통신
1948-11-17-020	인민대량학살을 위한 무장테로단 조직의 흉책	리승만괴뢰정권의 소위 시국대책	3	조선중앙통신
1948-11-17-021	남조선 순천무장폭동에 교원들 76명이 참가		3	조선중앙통신
1948-11-17-022	리승만괴뢰정부 인민학살에 광분		3	조선중앙통신
1948-11-17-023	정부의 불법행위에 일치항의 투쟁 호소	불공산당에서 2천만 로동자에게	4	조선중앙통신
1948-11-17-024	파리시 마비상태		4	조선중앙통신
1948-11-17-025	불정부의 위기심각		4	조선중앙통신
1948-11-17-026	이태리로동자들의 투쟁은 치렬		4	조선중앙통신
1948-11-17-027	서독파업로동자 800만		4	조선중앙통신
1948-11-17-028	미국 부두파업 확대		4	조선중앙통신
1948-11-17-029	애급석유에 미국의 촉수		4	조선중앙통신
1948-11-17-030	유엔총회 제3차회의 원자무기금지와 군비축소문제 심의	11일 정치위원회	4	조선중앙통신
1948-11-17-031	천진 북평 함락은 시간문제	남경도 수주간이상 유지난	4	조선중앙통신
1948-11-17-032	군사적마샬안에 대하여		4	박태민
1948-11-17-033	분란통상대표 모쓰크바 도착		4	조선중앙통신
1948-11-18-001	제4.4반기 인민경제계획의 완수를 위한 투쟁		1	
1948-11-18-002	동북지방 재류동포대표들 조국의 민주건설을 시찰		1	황경엽
1948-11-18-003	조선력사편찬위원회의 기본과업과 방향을 결정		1	
1948-11-18-004	민청중앙 상무위원회 선거		1	조선중앙통신
1948-11-18-005	국가제정위원회 구성	광범한 군중속에서 국가 작시 작곡 모집	1	김춘희
1948-11-18-006	조국건설을 위하여	각지에서 년간계획 완수, 현물세 납부, 추경 활발	1	현준극, 김소민, 신언철, 김소민, 리효윤
1948-11-18-007	래년도 증산을 위한 농민들의 추경 성과		1	김달수
1948-11-18-008	쏘련군대환송사업을 성과있게 협조 보장!	평양시 남구구역 당단체들에서	2	송학용
1948-11-18-009	현물세납부와 추경실시에 우리 당원들의 핵심적역할	황해도 벽성군 동운면 당단체들의 투쟁	2	박진선
1948-11-18-010	정치교양사업의 개진강화에 노력	평양화학공장 원액세포	2	
1948-11-18-011	황명근동무는 광명을 찾아 환희에 살고 있다	신의주팔프공장 조제실에서 일하는 황명근동무	2	
1948-11-18-012	북조선민주녀성총동맹창립 3주년을 맞이하여		2	북조선민주녀성총동맹 중앙위원회 위원장 박정애
1948-11-18-013	쏘련사회주의농업발전에 있어서의 새로운 계획		2	
1948-11-18-014	당단체들의 적극 협조로 년간계획은 승리에로!	황해제철	3	윤종철
1948-11-18-015	그 공훈을 토대로 조국건설에 전력	성진제강소 쏘련군환송회에서	3	김소민
1948-11-18-016	당단체들의 적극 협조로 년간계획은 승리에로!	단천광산	3	서득창
1948-11-18-017	노력은 행복을 지어준다	평양직조공장 재봉실 재봉공 김운윽동무	3	
1948-11-18-018	괴뢰정부의 소위 내무장관 윤치영의 죄악상		3	전영철

기사번호	제목(title)	부제목(stitle)	면수	필자, 출처
1948-11-18-019	피에 굶주린 매국노 괴수 리승만 광주와 전주에서 인민도살 계속		3	조선중앙통신
1948-11-18-020	괴뢰정부학정하에 겨울을 맞는 남조선	인민생활은 더욱 비참	3	조선중앙통신
1948-11-18-021	남조선시장에는 외국상품이 범람		3	조선중앙통신
1948-11-18-022	남조선매국무역 10월중 입초 6억 6천여 만원		3	조선중앙통신
1948-11-18-023	자연을 개발하여 조국경제건설에	백두산 림산철도부설공사	3	신언철
1948-11-18-024	불란서의 가을폭풍 -파리로부터의 편지-	이.멘쉬꼬브	4	
1948-11-18-025	중국인민해방군 서주를 점령	미대사관 미인철퇴 경고	4	조선중앙통신
1948-11-18-026	우회작전의 주공		4	조선중앙통신
1948-11-18-027	희랍왕당파정부 조각에 실패 거듭		4	조선중앙통신
1948-11-18-028	서부독일에 각종 무기 도착		4	조선중앙통신
1948-11-18-029	극장안내		4	
1948-11-19-001	자연정복에 대한 쏘련인민의 위대한 계획		1	
1948-11-19-002	함남도 추경완료	각지에서	1	조선중앙통신
1948-11-19-003	현물세납부 활발	각지에서	1	
1948-11-19-004	년간계획완수	각지에서	1	
1948-11-19-005	평북도의 현물세 납부 활발히 진행		1	최영환
1948-11-19-006	민청3차대회에 참석했던 쏘련청년대표단 일행 귀국		1	조선중앙통신
1948-11-19-007	남조선 강원도에서 인민들 유격전 전개		1	조선중앙통신
1948-11-19-008	괴뢰정부 반대하는 폭동군 지리산지역에서 일대 공세		1	조선중앙통신
1948-11-19-009	매국노 리승만의 이 죄악!	102명을 순천에서 사형 언도	1	조선중앙통신
1948-11-19-010	재판 '국민총력련맹' '애국총련맹'을 조작		1	조선중앙통신
1948-11-19-011	쏘련의 선진농업과학의 최고봉		2	
1948-11-19-012	쏘련녀성들을 맞이한 단란한 조쏘친선의 밤	김일성대학 녀맹에서	3	김춘희
1948-11-19-013	떠나며 주는 격려의 말 국토완정을 달성하라	갑산군 쏘련군환송대회	3	안채
1948-11-19-014	농학기술의 연구실시는 농산물증산을 보장한다	농림성에서 농업기술강습회 실시	3	리의철
1948-11-19-015	조쏘문화교류의 전당	평양문화회관 도서실에서	3	
1948-11-19-016	신계축산복구발전을 위한 쩨미또후.와씨리씨의 공훈		3	박진선
1948-11-19-017	농촌경리의 발전을 위하여 우리 당원들 선두에서 투쟁	벽성군 과산리, 봉산군 례로리에서	3	김달수
1948-11-19-018	누구의 조종밑에서 리승만이는 인민을 학살하는가		3	김일수
1948-11-19-019	함락전야의 남경	남경근접지인 숙현 함락	4	조선중앙통신
1948-11-19-020	베를린문제를 위한 4개국회의 유엔의장과 사무총장이 제의		4	조선중앙통신

기사번호	제목(title)	부제목(stitle)	면수	필자, 출처
1948-11-19-021	유엔제3차총회 의장 에밧트와 사무총장 트루그베 리의 서한에 대한 쏘련정부의 답서		4	
1948-11-19-022	영국도 상해주민에 철거령		4	조선중앙통신
1948-11-19-023	이농업로동자 파업을 결정		4	조선중앙통신
1948-11-19-024	위기에 직면한 남경정부 트루맨에게 원조 요청		4	
1948-11-19-025	미국농산물가격 폭락		4	조선중앙통신
1948-11-19-026	서부독일의 파업		4	조선중앙통신
1948-11-19-027	불탄광로동자 파업	루르문제 등으로 격화	4	조선중앙통신
1948-11-19-028	불파업로동자에 형제적 동정 표명	쏘련광산 로동자들이	4	조선중앙통신
1948-11-19-029	카나다 대중군사 원조		4	조선중앙통신
1948-11-19-030	오지리외상 로마에 도착		4	조선중앙통신
1948-11-19-031	영국 애급간에 신석유 계약		4	조선중앙통신
1948-11-19-032	전쟁방화자들		4	최일룡
1948-11-19-033	국제직업총련맹의 활동을 림시 중지하자는 영국 트레드유니온 총위원회의 제의에 대한 쏘련직총중앙위원회 위원장 브.브.꾸즈네쪼브의 견해		4	
1948-11-20-001	각급 당단체지도원들의 역할을 높이자		1	
1948-11-20-002	고귀한 교훈!		1	북조선농민동맹 중앙위원회 위원장 강진건
1948-11-20-003	위대한 힘!		1	북조선직업총동맹 위원장 최경덕
1948-11-20-004	인민들의 생활향상을 위하여		1	북조선녀성동맹 중앙위원회 위원장 박정애
1948-11-20-005	사회주의제도의 우월성!		1	곡산공장 로동자 최진원
1948-11-20-006	황해도 면화현물세 납부 활발하게 진행		1	
1948-11-20-007	년간계획을 완수	각지에서	1	
1948-11-20-008	현물세납부 활발	각지에서	1	
1948-11-20-009	추경을 완료	각지에서	1	
1948-11-20-010	조선민주주의인민공화국 대표 초청을 미국이 반대		1	조선중앙통신
1948-11-20-011	평양시 동구구역 당부책임지도원들의 역할에 대하여		2	송학용
1948-11-20-012	세밀한 계획과 지도로써 신입당원교양사업 활발	평양전기제작소 라이트계세포	2	황경엽
1948-11-20-013	당강연사업의 질적향상을 위하여		2	박영의

기사번호	제목(title)	부제목(stitle)	면수	필자, 출처
1948-11-20-014	리아리즘과 혁명적로맨티시즘과의 호상관계에 대하여(1)		2, 3	한효
1948-11-20-015	영웅적쏘련군을 찬양하며 환송하는 인민들의 환호!	함북지방연선, 홍원군, 녕변군 쏘련군환송대회에서	3	조선중앙통신, 최영환, 유현
1948-11-20-016	당단체들의 적극협조로 년간계획은 승리에로!	락연광산, 함북도림사사업소에서	3	여경, 현준극
1948-11-20-017	투지	스칠볼(강구)창안제작	3	김달수
1948-11-20-018	벼다수확에 성공	류취복농민의 온상모재배법	3	리의철
1948-11-20-019	원자무기금지와 군비축소문제를 계속 토의	12일 정치위원회	4	조선중앙통신
1948-11-20-020	일본전광산 총파업 단행		4	조선중앙통신
1948-11-20-021	불란서공산당 총비서 모리쓰 토레즈의 연설		4	따쓰통신
1948-11-20-022	미공군차관 일본을 방문		4	조선중앙통신
1948-11-20-023	쏘련소식	하리꼬브 등 제 도시의 로동자들 사업을 총결	4	조선중앙통신
1948-11-20-024	공고		4	
1948-11-20-025	국제정세개관		4	
1948-11-21-001	소비조합사업을 더한층 강화하자		1	
1948-11-21-002	조선민주주의인민공화국 내각 수상 김일성각하	사회주의10월혁명 31주년기념일을 맞이하여	1	
1948-11-21-003	조선민주주의인민공화국 박헌영외무상 국련사무총장 및 동제3차총회의장과 동제3차총회정치위원회 의장에게 서한		1	조선중앙통신
1948-11-21-004	국가제정에 관한 조선민주주의인민공화국 정부 문화선전성 공시		1	
1948-11-21-005	인민에게 복무하는 과학의 힘		1	북조선민주청년동맹 중앙위원회 위원장 현정민
1948-11-21-006	평화정책의 표본		1	평양공업대학 건설공학부장 정인창
1948-11-21-007	정권이 인민의 손에 있는데서		1	강동군 풍동농민 조태민
1948-11-21-008	신분등록제실시에 의한 공민증 출생증교부사업 개시		1	조선중앙통신
1948-11-21-009	조쏘문화협회 중앙본부 사회과학분과위원회 결성		1	
1948-11-21-010	농촌리당단체들의 사업수준제고를 위하여	평양시당 상무위원회에서	2	

기사번호	제목(title)	부제목(stitle)	면수	필자, 출처
1948-11-21-011	사업실행에 대한 총화를 제때에 정확히 가지자!	평양성냥공장세포에서	2	위찬길
1948-11-21-012	국가재정일군들의 과업		2	재정상 최창익
1948-11-21-013	38선우에서(1)		2, 3	영화배우 문예봉
1948-11-21-014	수해방지고 증산을 보장 인민에게 막대한 리익을	삼천강 제1기 제방공사 완수	3	최영환
1948-11-21-015	리알리즘과 혁명적로맨티시즘과의 호상관계에 대하여(2)		3	한효
1948-11-21-016	평남관개수리공사는 활발히 진척되고 있다		3	리의철
1948-11-21-017	부지런한 마을사람들	사리원시 신양리에서	3	김춘희
1948-11-21-018	농한기에 고공품을 더 많이	평남도 각지 농민들	3	리의철
1948-11-21-019	남기고 가신 생산계획에 대하여 걱정마시고 군무에 충실하시오	평양전기제작소에서	3	김전
1948-11-21-020	농민들의 문화생활	의주군 홍북동 민주선전실	3	최영환
1948-11-21-021	원자무기금지와 군비축소에 관한 쏘련대표 위신쓰끼의 연설	11월 11일 유엔총회 제1위원회에서	4	
1948-11-21-022	중국국민당정부 청도에 계엄령 선포		4	조선중앙통신
1948-11-21-023	천진시방위에 국부군측 당황		4	조선중앙통신
1948-11-21-024	미해군 청도에 증파		4	조선중앙통신
1948-11-21-025	불란서항만 로동자 무기한 총파업 결정		4	조선중앙통신
1948-11-21-026	백이의의 실업자 격증		4	조선중앙통신
1948-11-21-027	카나다수상 사직		4	조선중앙통신
1948-11-21-028	북조선로동당 중앙위원회 기관잡지『근로자』11호		4	조선중앙통신
1948-11-23-001	남조선로동당창립 2주년을 맞이하면서		1	
1948-11-23-002	조선민주주의인민공화국을 동북거류동포 절대지지 맹세 조선민주주의인민공화국 내각 수상 김일성장군 각하	재길림성화전현조선인 조선민주주의인민공화국 중앙정부수립 경축대회	1	
1948-11-23-003	남조선로동당 중앙위원회 귀중	남조선로동당창립 2주년에 제하여	1	
1948-11-23-004	자연정복에 대한 쏘련인민의 위대한 계획!	위대한 정책!	1	사무원 조순형
1948-11-23-005	자연정복에 대한 쏘련인민의 위대한 계획!	사회주의의 승리	1	시인 리도영
1948-11-23-006	자연정복에 대한 쏘련인민의 위대한 계획!	우리 앞길의 전망	1	사범대학 력사과 학생 김철
1948-11-23-007	자주적민족산업의 건설을 위하여		2	부수상 김책
1948-11-23-008	38선위에서(2)		2, 3	영화배우 문예봉
1948-11-23-009	조쏘친선의 감격 굳게 잡은 손과 손	강원도 평강역두에서	3	김만선
1948-11-23-010	쏘련군장병들께 꽃다발을 드리며	송화군환송대회에서	3	박진선

기사번호	제목(title)	부제목(stitle)	면수	필자, 출처
1948-11-23-011	년간계획을 승리에로 년말돌격운동 백열화	흥남 5대공장	3	박경석
1948-11-23-012	년간계획을 승리에로 년말돌격운동 백열화	청진방적공장	3	현준극
1948-11-23-013	년간계획을 승리에로 년말돌격운동 백열화	철도종업원들	3	
1948-11-23-014	조쏘학생 교환 연예대회		3	박중선
1948-11-23-015	공민증의 교환 교부 및 신분등록사업 활발!	평양특별시, 신의주에서	3	최영환
1948-11-23-016	원자무기금지와 군비축소에 관한 쏘련 대표 위신쓰끼의 연설	11월 11일 유엔총회 제1위원회에서	4	
1948-11-23-017	일본탄광 파업 의연 확대 탄광의 3로조 공동투쟁	제2차 파업단행준비 만전	4	조선중앙통신
1948-11-23-018	석탄공업은 위기	정부의 타협책 실패	4	
1948-11-23-019	희랍찰다리스 조각난에 봉착		4	조선중앙통신
1948-11-23-020	1949년도 조선중앙년감 예약모집		4	조선중앙통신
1948-11-24-001	대중속에서의 당선전선동사업에 대하여		1	
1948-11-24-002	조국건설을 위하여 년간계획을 완수	각지 공장 기업소들에서	1	박경석
1948-11-24-003	조국건설을 위하여 추경을 완료	각지 군들에서	1	박경석
1948-11-24-004	문학예술의 찬란한 성과	8.15해방 3주년기념 예술축전 입상자 및 예술가 특별상 시상식	1	김춘희
1948-11-24-005	북조선민주당 평양시당대회 개최		1	
1948-11-24-006	'량곡매입법'전면적반대에 리승만 '특별조치'를 강구		1	조선중앙통신
1948-11-24-007	매국도당들간의 '협박장전'	불안과 공포만 늘어가는 망국 국회와 괴뢰정부	1	조선중앙통신
1948-11-24-008	애국인사 12명 사형집행		1	조선중앙통신
1948-11-24-009	소위 독촉국민회를 '방공협회'로 개편		1	조선중앙통신
1948-11-24-010	당정치교양사업의 질적강화문제를 토의 결정	평남도당 제4차위원회에서	2	송학용
1948-11-24-011	사업방식을 개진 주물생산을 보장	청진철도공장 주물부세포	2	김소민
1948-11-24-012	원가저하를 위한 투쟁에 당원들의 선봉적역할	락연광산 초급당부	2	박진선
1948-11-24-013	정치교양사업을 활발히 전개하자	해주시 당단체의 교양사업	2	
1948-11-24-014	남포제련소 오늘의 승리	당단체들의 협조로 보장	2	남포제련소 초급당 위원장 김덕원
1948-11-24-015	왜 미군은 남조선에서 물러가지 않으려 하는가		2	김일수
1948-11-24-016	꽃봉오리를 달아주며		3	박중선
1948-11-24-017	새 광맥을 찾아서	화풍광산에서	3	
1948-11-24-018	기술기능의 련마는 증산의 위력한 담보	사리원방직공장에서	3	리성섭
1948-11-24-019	인민의 옷감으로 될 목화를 국가수매에	룡강군 서부동을 찾아서	3	리의철

기사번호	제목(title)	부제목(stitle)	면수	필자, 출처
1948-11-24-020	한포교 준공식		3	
1948-11-24-021	승리의 함성	38접경 한포교의 준공식	3	리문상
1948-11-24-022	쏘련에 있어서의 로력인간의 광영	쏘련최고쏘베트 대의원 사회주의 로동영웅 이완.빠논의 수기	3	
1948-11-24-023	원자무기금지와 군비축소에 관한 쏘련 대표 위신쓰끼의 연설	11월 11일 유엔총회 제1위원회에서	4	
1948-11-24-024	쏘미협의 재개 등 요구	미국진보당 전국위원회	4	조선중앙통신
1948-11-24-025	베를린철도교통의 고의적파괴를 미주둔 군에서 기도		4	조선중앙통신
1948-11-24-026	쏘련소식	인민들의 창조적노력은 국토의 면모를 개변	4	조선중앙통신
1948-11-24-027	모쓰크바학생 국제학생절을 기념		4	조선중앙통신
1948-11-24-028	1949년도 조선중앙년감 예약모집		4	
1948-11-25-001	전조선인민은 남조선의 미군장기주둔을 절대반대한다		1	
1948-11-25-002	미군 즉시 철퇴하라!	매국노들의 소위 '미군 남한주둔 승인안'을 조선인민은 절대 배격	1	조선중앙통신
1948-11-25-003	미군의 장기주둔을 망국'국회'에서 결의		1	조선중앙통신
1948-11-25-004	평양철도공장에서	미군 즉시 철퇴를 요구하여	1	
1948-11-25-005	평양견직공장에서	미군 즉시 철퇴를 요구하여	1	
1948-11-25-006	8.15예술축전에 입상한 예술가들!		1	
1948-11-25-007	조국을 파는 매국노들의 최후 발악		2	김송인
1948-11-25-008	증산경쟁운동을 추진하여 년간계획 기한전 완수에로	평양시 동구역 당단체의 협조 성과	2	송학용
1948-11-25-009	조직적력량 발휘하여 추경완수의 성과 보장	황해도 은률군 당단체의 추경 협조	2	김인곤
1948-11-25-010	동기학습을 강화	청진시 당단체의 정치교양사업	2	현준극
1948-11-25-011	채소저장사업 보장	평양화학공장 초급당부에서	2	
1948-11-25-012	군중선동사업 추진하여 민주건설에 다대한 성과	박천군 당단체의 군중선동사업	2	최영환
1948-11-25-013	쏘련군 은공에 보답하여 농촌발전에 헌신을 맹세	평남도농맹 환송대회	3	김동천
1948-11-25-014	쏘련군대환송축구대회 남조선선수단도 참가		3	조선중앙통신
1948-11-25-015	쏘련군의 은공은 만대토록 빛나리	신흥군환송대회	3	위정산
1948-11-25-016	조국경제건설의 위대한 힘의 원천	확충 발전되는 북조선전기산업	3	리문상
1948-11-25-017	소비조합생산기업소의 생활필수품생산고 격증	월말현재 작년의 4배	3	조선중앙통신
1948-11-25-018	정복	룡산벌의 어제와 오늘	3	리의철
1948-11-25-019	중앙정부수립 경축하여 저축운동을 광범히 전개	북조선중앙은행에서	3	황경렵

기사번호	제목(title)	부제목(stitle)	면수	필자, 출처
1948-11-25-020	토지를 개량하여 벼다수확을 보장	철원군 리재관농민	3	김만선
1948-11-25-021	쏘베트동맹은 선진적문화의 나라이다		3	박태민
1948-11-25-022	베를린문제에 관한 영측답서 부당	쏘꼴롭쓰끼원수 성명	4	
1948-11-25-023	유엔총회 제3차회의 중간위원회 문제 토의	17일 특별위원회	4	조선중앙통신
1948-11-25-024	유엔총회 제3차회의 특별위원회 설치	15일 총회에서	4	조선중앙통신
1948-11-25-025	중간위원회의 비법성을 쏘련대표 말리크씨 규탄		4	조선중앙통신
1948-11-25-026	전중국적승리는 림박 1년내외에 국부 완전 타도	중국공산당 대변인 언명	4	조선중앙통신
1948-11-25-027	원나시에서 미군폭행 격증		4	조선중앙통신
1948-11-25-028	원자무기는 대량적살륙의 무기로부터 제외되여야 한다		4	최일룡
1948-11-26-001	조선민주주의인민공화국 중앙정부 주위에 굳게 뭉치여 국토완정 위하여 싸우자		1	
1948-11-26-002	조선인민은 이러한 흉책을 절대 용인하지 않는다		1	북조선민주당 당수 최용건
1948-11-26-003	미제주구의 발악적흉모		1	북조선천도교청우당 중앙위원장 김달현
1948-11-26-004	미군즉시 철퇴하라!		1	북조선직업총동맹 위원장 최경덕
1948-11-26-005	리승만괴뢰'정부'에서 미군주둔을 정식 요청		1	조선중앙통신
1948-11-26-006	매국노들의 발악!		1	북조선농민동맹 중앙위원회 위원장 강진건
1948-11-26-007	조선청년들은 망국도배를 기어이 분쇄할것이다		1	북조선민청 중앙위원회 위원장 현정민
1948-11-26-008	8.15예술축전에 입상한 예술가들!		1	
1948-11-26-009	미군주둔을 요청하는 역적들을 타도하자!		2	송남
1948-11-26-010	옳바른 지도와 검열로서 초급당부사업 강화하자		2	리윤섭
1948-11-26-011	당적위임을 완수하여 기본건설사업에 기여		2	정흥
1948-11-26-012	미군 철퇴하라고 웨치는 로동자들	-평양철도공장에서-	2	
1948-11-26-013	국토완정을 위한 투쟁에 일층 분기	흥남비료공장 로동자들	2	
1948-11-26-014	견고한 조쏘친선은 조국륭성의 담보!		3	허웅
1948-11-26-015	중국청년대표들 귀로에 흥남 시찰		3	조선중앙통신

기사번호	제목(title)	부제목(stitle)	면수	필자, 출처
1948-11-26-016	쏘련군장병들께 꽃을 드리는 마음	자성면환송대회에서	3	최영환
1948-11-26-017	조선민주주의인민공화국의 공민증을 받으며		3	리문상
1948-11-26-018	조선민주주의인민공화국을 해외동포들은 절대옹호지지	중국동북재류동포 대표 단장 담화 발표	3	
1948-11-26-019	중국동북재류동포대표단일행 귀환		3	조선중앙통신
1948-11-26-020	괴뢰정부반대의 폭동군 구례주변에서 계속 공세	강원도 오대산방면에 계엄령 선포	3	조선중앙통신
1948-11-26-021	대구폭동 '진압'에 미군간섭을 고백	남조선망국 '국회의원'의 발언	3	조선중앙통신
1948-11-26-022	폭동지대 수개면에서 인민위원회 회복 활동		3	조선중앙통신
1948-11-26-023	매국노 리승만의 애원성		3	장진광
1948-11-26-024	유엔총회 제3차회의 후견리사회의 보고 심의	11월 18일전원회의	4	조선중앙통신
1948-11-26-025	팔레스티나문제에 관한 쏘련대표 말리크의 연설	유엔안보 15일 회의에서	4	
1948-11-26-026	장차 수립될 독일민주주의공화국의 기본법		4	김만수
1948-11-26-027	발전하는 에스또니아의 공업		4	조선중앙통신
1948-11-27-001	미군 장기주둔의 '요청'은 미제국주의의 조종하에서 꾸며낸 음모이다		1	
1948-11-27-002	남포제련소 3천여명 종업원들이 전조선 로동자들께 반대투쟁 호소	매국노들의 미군주둔 요청을 절대배격하여	1	
1948-11-27-003	남조선망국'국회'에서 결의한 미군의 주둔을 반대하는 남포제련소 종업원대회의 결의문	매국노들의 미군주둔 요청을 절대배격하여	1	
1948-11-27-004	흥남비료공장 만여명 종업원대회 결의문	매국노들의 미군주둔 요청을 절대배격하여	1	
1948-11-27-005	황해제철소 3천명 종업원대회 결의문	매국노들의 미군주둔 요청을 절대배격하여	1	
1948-11-27-006	평양화학공장 2천명 종업원대회 결의문	매국노들의 미군주둔 요청을 절대배격하여	1	
1948-11-27-007	제3차 유엔총회 쏘련대표수석 위신쓰끼씨에게 서한	북조선민전 중앙위원회에서	2	
1948-11-27-008	전조선인민은 매국노들의 미군 장기주둔 요청을 절대배격한다		2	구연호
1948-11-27-009	8.15예술축전에서 특별상 받은 예술가들		2	
1948-11-27-010	조쏘친선 굳게 하여 새 행복을 건설하리		3	김춘희
1948-11-27-011	떠나며 주는 격려의 말	승리를 향해 매진하소	3	황경렵
1948-11-27-012	사회과학의 연구보급은 문화발전의 지침이 된다	조쏘문화협회 사회과학위원회	3	김춘희
1948-11-27-013	평남도 전체 농민들 고공품생산에 궐기		3	리의철

기사번호	제목(title)	부제목(stitle)	면수	필자, 출처
1948-11-27-014	조국건설을 위하여	각지에서 년간계획 완수, 현물세납부 활발, 추경사업 완료	3	
1948-11-27-015	탄맥을 찾아 굴진 또 굴진	사동련탄공장 채탄과에서	3	신언철
1948-11-27-016	오늘의 준비는 래일의 증산!	북청군 장황리 농민들	3	
1948-11-27-017	소위 국방군내 청년들을 대량 처형하는 망국노들		3	조선중앙통신
1948-11-27-018	남조선에 휘날리는 인민공화국 국기		3	조선중앙통신
1948-11-27-019	남조선폭동군에 관한 『파리스테른 뷸레친』의 보도		3	조선신문
1948-11-27-020	남조선경제상태에 관한 미기자의 론평		3	조선신문
1948-11-27-021	불란서 파업 계속		4	조선중앙통신
1948-11-27-022	베를린 서부지구의 단선	소위 선거위원회 회의 개최	4	조선중앙통신
1948-11-27-023	『쏘련과 조선문제』문서집 쏘련외무성에서 출판		4	조선중앙통신
1948-11-27-024	이수상 불방문		4	조선중앙통신
1948-11-27-025	단독선거 무효 통고	베를린림시시장에게 쏘련군측 서한	4	조선중앙통신
1948-11-27-026	쏘베트점령 독일지대에 통일적신분증명서 발행		4	조선중앙통신
1948-11-27-027	정말문화인대표단 방쏘		4	조선중앙통신
1948-11-27-028	유엔총회 미대표로 덜레스 임명		4	조선중앙통신
1948-11-27-029	방쏘 독일사절단의 인상		4	조선중앙통신
1948-11-27-030	서독에 실업자 격증		4	조선중앙통신
1948-11-27-031	일본정계의 회뢰의옥사건		4	조선중앙통신
1948-11-27-032	중국인민해방군의 추기공세는 승리적으로 진행		4	김일수
1948-11-27-033	쏘련소식	발전하는 철강공업	4	조선중앙통신
1948-11-27-034	아열대지방에서의 수확제고 위한 정부 결정		4	조선중앙통신
1948-11-27-035	1949년도 조선중앙년감 예약모집		4	조선중앙통신
1948-11-28-001	남조선에서 미군은 즉시 철거하라		1	
1948-11-28-002	평양시 장천리 농민대회의 결의문	매국노들의 미군주둔 요청을 절대배격하여	1	
1948-11-28-003	원산조선소 1천 3백여명 종업원대회의 결의문	매국노들의 미군주둔 요청을 절대배격하여	1	
1948-11-28-004	조선민주주의인민공화국 내각 제10차회의		1	조선중앙통신
1948-11-28-005	청진제강소 종업원대회 결의문	매국노들의 미군주둔 요청을 절대배격하여	1	
1948-11-28-006	평양 사동련탄공장 종업원대회 결의문	매국노들의 미군주둔 요청을 절대배격하여	1	
1948-11-28-007	평양기독교도 열성자대회 결의문	매국노들의 미군주둔 요청을 절대배격하여	1	

기사번호	제목(title)	부제목(stitle)	면수	필자, 출처
1948-11-28-008	조선인민은 매국도당들의 망국음모를 분쇄할것이다		2	오귀선
1948-11-28-009	강연사업의 질적향상은 강사자체의 준비로부터		2	송학용
1948-11-28-010	정치교양사업의 강화로 당원들의 리론수준 제고	순천군 당단체의 정치교양사업 진행정형	2	
1948-11-28-011	8.15예술축전에서 특별상받은 예술가들		2	
1948-11-28-012	조국자주독립의 길을 쏘련군은 열어주었다	평양역두에서	3	리문상
1948-11-28-013	쏘련군장병들의 앞길에 건강과 행복이 있으라!	영흥역두에서	3	류현모
1948-11-28-014	조국건설을 위하여	각지에서 년간계획 완수, 현물세납부 활발, 추경사업 완료	3	
1948-11-28-015	매국노들의 흉책을 타도분쇄할 의기로	평양철도공장에서	3	리인태
1948-11-28-016	기본건설을 확충 강화	철원제사공장에서	3	김만선
1948-11-28-017	고공품생산에 매진	안주군 장상리, 철원군 립석리에서	3	김윤석, 김만선
1948-11-28-018	자주적경제건설을 위하여 농맹의 조직을 더욱 견고히	북조선농민동맹 제5차 중앙위원회	3	김달수
1948-11-28-019	미군주둔을 정식 요청하는 매국외교원장택상의 죄악		3	리희명
1948-11-28-020	원자무기금지와 군비 및 병력 축소에 관한 쏘련대표 위신쓰끼의 연설	-13일 유엔총회 제1위원회에서-	4	
1948-11-28-021	정전조건을 무시하는 화란군 당국을 규탄	안보참가 인도네시아대표 지적	4	조선중앙통신
1948-11-28-022	루마니아의 추기파종운동		4	조선중앙통신
1948-11-28-023	백이의내각 총사직		4	조선중앙통신
1948-11-29-001	전조선인민은 총궐기하여 망국노들의 소위 '미군 남한주둔 요청'을 절대배격한다		1	
1948-11-29-002	매국반역도당을 타도하고 조국완전통일 완수를 맹세	김일성대학 민청대회	1	
1948-11-29-003	재현하는 리완용의 후배의 매국흉책을 절대배격하자	사리원시녀성궐기대회	1	
1948-11-29-004	망국노 리승만괴뢰정부의 죄악을 만천하 대중앞에 폭로한다		2	리기영
1948-11-29-005	8.15예술축전에서 특별상받은 예술가들		2	
1948-11-29-006	쏘련군이 남긴 공훈 영원토록 빛나리!	선교1리환송기념전람회	3	리문상
1948-11-29-007	쏘련군은 우리의 은인	련천역두에서	3	김만선
1948-11-29-008	그림마다 기억도 새로워		3	황경렵
1948-11-29-009	흥남비료공장 로동자들은 자기의 맹세를 수행하였다	년간계획완수 경축대회 성황	3	신언철

기사번호	제목(title)	부제목(stitle)	면수	필자, 출처
1948-11-29-010	평양기관구공장 민청작업반원들이 기관차를 수리하는 광경		3	
1948-11-29-011	괴뢰정부타도에로 돌진!	-평양철도기관구에서-	3	신언철
1948-11-29-012	토지의 리용률을 높이자	강원도 련천군 농민들	3	렴상익
1948-11-29-013	매국정부의 소위 외무장관 미군장기주둔을 정식 요청		3	조선중앙통신
1948-11-29-014	매국노 리승만 인민학살을 계속	2백 24명에 사형 언도	3	조선중앙통신
1948-11-29-015	남조선에서의 검거와 사살		3	조선중앙통신
1948-11-29-016	기만적'구매권'으로 량곡수탈 의연 계속	남조선괴뢰정부의 '량곡매입법'	3	조선중앙통신
1948-11-29-017	팽창일로의 남조선화폐	발행고 3백 50억원대를 돌파	3	조선중앙통신
1948-11-29-018	경성시내에 천연두 만연		3	조선중앙통신
1948-11-29-019	남조선망국'국회'의 우편물 검열법		3	조선중앙통신
1948-11-29-020	원자무기금지와 군비 및 병력 축소에 관한 쏘련대표 위신쓰끼의 연설	-13일 유엔총회 제1위원회에서-	4	
1948-11-29-021	불로동자들의 파업투쟁에 쏘련로동자 계속 동정 표명		4	조선중앙통신
1948-11-29-022	각국 근로자들 불광부를 원조		4	조선중앙통신
1948-11-29-023	쏘련소식	우랄 등 지대 철야금공장들 전 전생산수준을 초과	4	조선중앙통신
1948-11-29-024	한림원 생물학회사업 재조직		4	조선중앙통신
1948-11-30-001	당적주목을 기술습득에 돌리자		1	
1948-11-30-002	김일성수상에게 드리는 메쩨지	1948년도 인민경제계획 국영흥남비료공장 예정숫자 1개월 단축달성 승리의 경축대회	1	
1948-11-30-003	볼가리아인민공화국 내각 조선민주주의인민공화국과의 외교관계 설정 결의		1	조선중앙통신
1948-11-30-004	남조선의 리승만괴뢰정부를 반대하여 '국방군 비행소위'탈출 입북		1	조선중앙통신
1948-11-30-005	미군장기주둔의 음모를 우리들은 절대 배격한다	신의주제지공장 직장대회	1	
1948-11-30-006	조선인민은 매국노들의 죄악을 추호의 용서없이 처단할것이다		2	황성덕
1948-11-30-007	정치교양사업을 보다 높은 수준으로 제고시키자!	평양시당 제5차위원회에서	2	
1948-11-30-008	강의방법을 깊이 연구하고 세포학습 질 적향상에 노력	은률광산세포 리호선동무	2	
1948-11-30-009	결산보고사업의 준비를 철저히 실행하기 위하여		2	송학용
1948-11-30-010	매국노들의 최후발악을 증산투쟁으로 분쇄하자	해주세멘트공장 종업원대회	2	
1948-11-30-011	괴뢰정부의 책동 분쇄하고 미군을 즉시 철퇴시키자!	청진방직공장 종업원대회	2	

기사번호	제목(title)	부제목(stitle)	면수	필자, 출처
1948-11-30-012	쏘련군을 환송하는 평양시의 청년들		3	
1948-11-30-013	뜨거운 악수로 쏘련군과 작별		3	윤종철
1948-11-30-014	새로 생긴 마을	함남 영흥군 률산벌에서	3	리의철
1948-11-30-015	년간계획 완수	각지의 공장, 기업소들에서	3	위정산, 김소민
1948-11-30-016	년간계획 완수 농민들의 열성	각지의 농촌들에서	3	리호윤
1948-11-30-017	무럭무럭 자라라	평양연초공장 탁아소 풍경	3	
1948-11-30-018	추기기본사업 진행	학무 염전로동자들	3	신용삼
1948-11-30-019	맹약을 실천!	년간계획 완수한 흥남비료공장	3	본사함남주재 기자 박경섭
1948-11-30-020	원자무기금지와 군비 및 병력축소에 관한 쏘련대표 위신쓰끼의 연설	-13일 유엔총회 제1위원회에서-	4	
1948-11-30-021	독일인민회의 상임위원회 독일문제해결에 관한 호소문 발표		4	조선중앙통신
1948-11-30-022	프랑코 서반아 '총선거' 실시		4	조선중앙통신
1948-11-30-023	상해대학교수 휴강을 단행		4	조선중앙통신
1948-11-30-024	볼가리아		4	
1948-12-01-001	농촌의 동기문맹퇴치사업에 대하여		1	
1948-12-01-002	김일성수상에게 메쩨지 인민공화국에 충성을 맹세	오뎃싸지구조선인류학생대회에서	1	
1948-12-01-003	남조선 각 정당 사회단체에서 담화 발표	미군주둔을 반대하여 민주독립당 대표 홍명희, 사회민주당 장권, 조선인민공화당 중앙위원회 위원장 김원봉	1	조선중앙통신
1948-12-01-004	불굴의 투지와 결의로써 조국수호에 매진하자!	평남 흑령탄광 종업원대회	1	조선중앙통신
1948-12-01-005	결의문	남조선망국'국회'에서 결의한 '미군주둔승인안'을 반대하는 흑령탄광 종업원대회	1	
1948-12-01-006	미군 남조선주둔기도를 평양시민들 반대 항의	따쓰통신의 보도	1	조선중앙통신
1948-12-01-007	남조선에서 미군사사절단 괴뢰정부의 군대를 양성	미주둔사령관 콜터소장 정식 발표	1	조선중앙통신
1948-12-01-008	인류의 평화와 안전을 위한 투쟁을 찬양	위신쓰끼씨에게 남로당 서한	2	
1948-12-01-009	고상한 당적각성밑에 비판과 자아 비판 전개	중화군당 제5차위원회에서	2	송학용
1948-12-01-010	동기문맹퇴치 및 성인재교육사업을 성과있게 보장하자		2	최선경
1948-12-01-011	쓰딸린적헌법(1)	쓰딸린적헌법절 12주년을 맞으면서	2	
1948-12-01-012	약소민족의 진정한 원조자 쏘련군!	평양시녀맹환송회에서	3	김춘희
1948-12-01-013	향기로운 정성의 꽃다발 우리 벗이여 받으시요!	원산역두에서	3	김만선

기사번호	제목(title)	부제목(stitle)	면수	필자, 출처
1948-12-01-014	공민중교환교부사업은 활발히 진행되고 있다!		3	
1948-12-01-015	지식은 힘!	잔존문맹퇴치 및 성인재교육운동에 궐기	3	신기관
1948-12-01-016	년간계획 완수	각지에서	3	
1948-12-01-017	농민들의 열성	각지에서	3	
1948-12-01-018	농민들의 문화생활	레로리민주선전실	3	리성섭
1948-12-01-019	콕쓰생산에 최고기록 수립	황해제철소	3	리성섭
1948-12-01-020	조국을 파는 매국노들의 최후운명은 절박하였다		3	신기호
1948-12-01-021	원자무기금지와 군비 및 병력축소에 관한 쏘련대표 위신쓰끼의 연설 13일 유엔총회 제1위원회에서	전호에서 계속	4	
1948-12-01-022	유엔총회 제3차회의 유엔신가입승인문제 토의 계속	24일 특별위원회에서	4	조선중앙통신
1948-12-01-023	중국국민당 수뇌부내 소동		4	오석만
1948-12-01-024	인권에 관한 선언서 초안토의 계속	25일 사회인도문화위원회	4	조선중앙통신
1948-12-01-025	장개석 정부수상에 손과 임명	비관자살자는 국민당비서장	4	조선중앙통신
1948-12-01-026	송미령 미국방문		4	조선중앙통신
1948-12-02-001	국제주의사상으로 튼튼히 무장하자		1	
1948-12-02-002	조선중앙통신사의 공식보도		1	조선중앙통신
1948-12-02-003	불가리아인민공화국 외무상 와씰 꼴라로브각하	외교관계설정을 제의하여	1	
1948-12-02-004	조선민주주의인민공화국 외무상 박헌영각하	외교관계설정을 제의하여	1	
1948-12-02-005	제2차국제녀성대회에 축전	북조선녀성동맹에서	1	
1948-12-02-006	미군철퇴를 절규하여 서울시민들 파업시위	중등이상 학생들도 맹휴로 호응	1	조선중앙통신
1948-12-02-007	통일민주독립의 길로 매진	신진당중앙위원회 위원장 리용	1	
1948-12-02-008	항쟁으로 응대할뿐!	근로대중당 중앙위원장 강순	1	
1948-12-02-009	원자무기금지와 군비 및 병력축소에 관한 쏘련제안을 지지	위신쓰끼씨에게 남조선 각 정당 서한	2	
1948-12-02-010	국토완정을 위하여 투쟁	민중동맹 수석총무 라승규	2	
1948-12-02-011	미군철퇴 위해 투쟁	남조선천도교청우당위원장 김병제	2	
1948-12-02-012	더욱 로골히 폭로된 매국노의 정체!	민주한독당 김일청	2	
1948-12-02-013	기독교인들이여 미제국주의 흉책을 분쇄하라	기독교민주동맹 중앙위원회 위원장 김창준	2	
1948-12-02-014	스.므.끼로브	그의 서거 14주년에 제하여	2	홍인표
1948-12-02-015	쓰딸린적헌법(2)	쓰딸린적헌법절 12주년을 맞으면서	2	

기사번호	제목(title)	부제목(stitle)	면수	필자, 출처
1948-12-02-016	38선이남에서 부르는 위대한 쏘련군대만세!	38연선에 벌어진 감격적환송	3	조선중앙통신
1948-12-02-017	조쏘인민의 굳은 친선 영원히 맺어지리!	안주군환송대회	3	송학용
1948-12-02-018	축복		3	김춘희
1948-12-02-019	방역진을 튼튼히 하자 북조선전역에 종두 실시	보건성에서	3	
1948-12-02-020	일용품의 다량 생산으로 인민들의 생활을 풍부히	평양요업공장	3	김기초
1948-12-02-021	년간계획 완수 또하나의 승리	황해제철소 제선과에서 개가	3	리문상
1948-12-02-022	창조의 자유 위하여 '미군주둔안' 분쇄하자	평양지구 문학가예술가궐기대회	3	조선중앙통신
1948-12-02-023	토론 배우 황철	평양지구 문학가예술가궐기대회에서	3	
1948-12-02-024	토론 작곡가 김순남	평양지구 문학가예술가궐기대회에서	3	
1948-12-02-025	토론 작가 최명익	평양지구 문학가예술가궐기대회에서	3	
1948-12-02-026	결의문	평양지구 문학가예술가궐기대회에서	3	
1948-12-02-027	서남아프리카후견문제와 통상차별대우 반대안 표결	26일 유엔총회 본회의	4	조선중앙통신
1948-12-02-028	일본반동정부는 장개석을 원조한다		4	민주조선
1948-12-02-029	서부베를린단독선거의 뽀이꼬트를 호소	독일인민회의 상임위원회에서	4	조선중앙통신
1948-12-02-030	베를린근로인민들 단독'선거'에 항의		4	조선중앙통신
1948-12-02-031	상해학교수업료 4배 증가		4	조선중앙통신
1948-12-02-032	쏘련소식		4	조선중앙통신
1948-12-02-033	인민민주주의제국간의 경제협조와 친선의 강화		4	리성빈
1948-12-03-001	세포(초급당부)와 면당부 지도기관사업 총화를 높은 정치적수준에서 진행하자		1	
1948-12-03-002	미군남조선강점정책을 반대하자!	근로인민당 중앙위원회 리영	1	
1948-12-03-003	미국주구들의 악행	유교련맹 김응섭	1	
1948-12-03-004	망국노들의 범죄 규탄 미군은 즉시 철퇴하라	평양시보건인대회에서	1	조선중앙통신
1948-12-03-005	결의문	남조선망국'국회'에서 결의한 '미군주둔승인안'을 반대하는 평양시보건인대회	1	
1948-12-03-006	민족경제발전을 위하여 미군철퇴를 실현시키자	평양시상인기업가대회에서	1	조선중앙통신
1948-12-03-007	결의문	남조선망국'국회'에서 결의한 '미군주둔승인안'을 반대하는 평양시상인기업가대회	1	

기사번호	제목(title)	부제목(stitle)	면수	필자, 출처
1948-12-03-008	유엔 제3차총회 쏘련대표단 수석 위신쓰끼귀하	군비축소제안과 관련하여	2	
1948-12-03-009	유엔 제3차총회 쏘련대표단 수석 위신쓰끼귀하	군비축소제안과 관련하여	2	
1948-12-03-010	당내 민주주의를 적극 발양시키자	평양시 남구구역당부위원회에서	2	
1948-12-03-011	옳바른 생산협조로써 년간계획완수를 보장	신유선탄광 당부의 협조정형	2	심철
1948-12-03-012	결점들을 시정하며 학습수준제고에로	중앙전화국 세포	2	송학용
1948-12-03-013	남조선괴뢰'정부'군대를 미군이 왜 양성 훈련시키는가		2	문영모
1948-12-03-014	쓰딸린적헌법(3)	쓰딸린적헌법절 12주년을 맞으면서	2	
1948-12-03-015	위훈을 남기고 떠나는 쏘련군의 용감한 자태	청진역두에서	3	김소민
1948-12-03-016	쏘련인민과 굳게 손잡고 세계의 평화 위해 싸우리	38접경 양양역두에서	3	김충근
1948-12-03-017	공민들의 영예로운 의무 세금기한전완납에 개가	평북도 선천군 인민들	3	김동천
1948-12-03-018	성인교육의 빛나는 승리	한글학교 및 속성 성인학교 국가졸업 및 수료 시험 성적	3	신기관
1948-12-03-019	새로운 결의밑에	평양곡산공장 2개년계획준비	3	김기초
1948-12-03-020	조국건설을 위하여 년간계획 완수	각지에서	3	
1948-12-03-021	덕천군 현물세 완납		3	
1948-12-03-022	신흥군 현물세 완납		3	
1948-12-03-023	독자들의 소리	흥남시에서 본보독자회 개최	3	박경석
1948-12-03-024	당황한 괴뢰정부 수도청 삐라산포자 사살을 명령		3	조선중앙통신
1948-12-03-025	"이 땅의 겨레의 념원은 언제나 실현될 것인가"	남조선 우익진영내에서도 '미군 남한주둔승인안' 비난	3	조선중앙통신
1948-12-03-026	계속되는 리승만의 죄행	73명을 순천에서 사형 언도	3	조선중앙통신
1948-12-03-027	쓸쓸한 예원	령락일로의 남조선예술계	3	조선중앙통신
1948-12-03-028	남조선은행권 20일간에 50여억원 증발		3	조선중앙통신
1948-12-03-029	2개월동안에 걸친 불란서광부파업 중지		4	따쓰통신
1948-12-03-030	안보내 강대국 일치가결원칙을 회피하려는 미영뻘럭기도로정	29일 유엔특별위원회	4	조선중앙통신
1948-12-03-031	탄광파업로동자들에 대한 쏘련근로인민의 원조에 감사	불로총에서 쏘직맹에 서한	4	조선중앙통신
1948-12-03-032	베를린서부점령당국은 시관리기관의 활동파양	드라뜨원중장의 성명	4	따쓰통신
1948-12-03-033	알바니아인민공화국수립 4주년을 경축		4	조선중앙통신
1948-12-03-034	알바니아인민에게 보내는 쏘련작가들의 축하문		4	조선중앙통신

기사번호	제목(title)	부제목(stitle)	면수	필자, 출처
1948-12-03-035	서독을 식민지화하려는 미영의 의도 로골		4	조선중앙통신
1948-12-03-036	남경 상해로부터 미대사관들 퇴거		4	조선중앙통신
1948-12-03-037	떼헤란협정의 실행을 누가 방해하였는가?	떼헤란회담 5주년에 제하여	4	최일룡
1948-12-03-038	극장안내		4	
1948-12-04-001	화폐개혁 1주년을 맞으며		1	
1948-12-04-002	노도와 같은 인민들의 항의투쟁	'미군주둔안'에 대한 분격 고조	1	
1948-12-04-003	미제의 흉악한 모략을 분쇄하자!	조선건민회 위원장 리극로	1	
1948-12-04-004	해주세멘트에서 전기회전로 회복		1	조선중앙통신
1948-12-04-005	년간계획 완수	11월 30일현재 74개소 완수	1	
1948-12-04-006	힘찬 애국운동의 전개로 망국책동을 분쇄하자!	남포시기업가상인대회에서	1	
1948-12-04-007	결의문	남조선망국'국회'에서 결의한 미군장기주둔을 반대하는 남포시기업가상인궐기대회	1	
1948-12-04-008	미국인들의 '인도' '자유'의 가식을 폭로하자!	원산시기독교도대회에서	1	
1948-12-04-009	결의문	원산시기독교도대회	1	
1948-12-04-010	조선민주주의인민공화국수립 경축대회 성대히 개최	쏘련류학 조선인학생들	1	
1948-12-04-011	유엔 제3차총회 쏘련대표단 수석 위신쓰끼귀하	군비축소제안과 관련하여	2	
1948-12-04-012	세포의 열성적핵심양성사업을 가강히 전개하자	평양시 서구구역당단체들에서	2	위찬길
1948-12-04-013	형식적 학습경향 퇴치하고 당원들의 학습의욕은 제고	허천강발전부 당단체에서	2	김의진
1948-12-04-014	강사들의 역할 높여 강연사업 질적향상	회령군당부의 강연사업	2	심철
1948-12-04-015	화폐개혁 1주년을 맞이하면서		2	재정성 부상 김찬
1948-12-04-016	쏘련장병들의 가슴에는 해방기념장이 빛난다!	평양역두에서	3	류민우
1948-12-04-017	잊히지 않는 회상과 영원한 우정을 간직하고…		3	김춘희
1948-12-04-018	조국을 사랑하는 청년들 국토완정에로 총돌진!	평남도민청열성자대회	3	신기관
1948-12-04-019	래년도의 증산을 위한 중요당면과업을 토의	평양시농민열성자대회	3	
1948-12-04-020	주밀한 계획밑에	평양제침공장	3	최창준
1948-12-04-021	능률을 37배나 높일 조포사상기를 창안 제작	사리원방직 림동순동무	3	리성섭
1948-12-04-022	농림수산기술련맹에서 기술연구발표회를 개최		3	조선중앙통신

기사번호	제목(title)	부제목(stitle)	면수	필자, 출처
1948-12-04-023	투쟁으로 이룩한 오늘의 행복!	곡산공장 로동자 황윤길동무의 생활	3	김동천
1948-12-04-024	교원들의 사명을 절실히 느끼면서	김두일교원의 행복한 생활	3	
1948-12-04-025	활발히 매매되는 생활필수품	평양시소비조합 제1백화점에서	3	
1948-12-04-026	해방되자 토지분여 받고 새집 짓자 풍년이 들었네	룡강군 서부동 림군식농민	3	리의철
1948-12-04-027	원자무기금지와 군비 및 병력축소의 쏘베트제안을 강압 부결 19일 전원회의 오후회의	유엔총회 제3차회의	4	조선중앙통신
1948-12-04-028	미영의 희랍침략음모 폭로 다수파결의 안을 강압 채택 27일 전원회의에서	유엔총회 제3차회의	4	조선중앙통신
1948-12-05-001	쓰딸린대원수		1	
1948-12-05-002	쓰딸린헌법일에 제하여		1	
1948-12-05-003	년간계획 완수	각지에서	1	
1948-12-05-004	300%초과달성목표	성진지방산업종합공장	1	
1948-12-05-005	평남 룡강군내의 4개리 고공품생산계획량 완수		1	
1948-12-05-006	현물세납부 활발	각지에서	1	
1948-12-05-007	면화현물세 완납	각지에서	1	
1948-12-05-008	서해안의 동기어로 높은 실적 거두며 진행		1	조선중앙통신
1948-12-05-009	년간계획 완수직장 속출	2개년계획 실행태세완비에 매진	1	조선중앙통신
1948-12-05-010	사회주의국가의 헌법	쓰딸린적헌법절 12주년에 제하여	2	
1948-12-05-011	자습당원들의 자각적학습열을 더욱 높이자	교통성 당부 자습당원들	2	송학용
1948-12-05-012	정치적 기술적 교양사업 제고 무사고정시운전을 일층 보장	정주기관구 당단체들	2	최영환
1948-12-05-013	구체적계획밑에 동기학습을 추진	평양특별시 남구구역당부에서	2	
1948-12-05-014	정확한 협조대책을 세우고 오늘의 빛나는 성과를 보장	평남 성천광산 초급당부	2	
1948-12-05-015	인민을 노예화하는 부르죠아국가헌법		2, 3	리승엽
1948-12-05-016	북조선농민의 이름으로 해방의 은인께 꽃다발을	평양역두에서	3	김동천
1948-12-05-017	쏘련군환송의 감격은 화폭마다 차고넘친다	평양시학생미술전을 앞두고	3	
1948-12-05-018	평남도 목재로동자들 자연부원개발에 분투		3	리의철
1948-12-05-019	공민증		3	김춘희
1948-12-05-020	영농법을 적극 개량하여 단위수확고를 높이였다	황해도 농민들의 승리	3	박진선
1948-12-05-021	조선민주주의인민공화국 새 엽서		3	
1948-12-05-022	유엔신가입에 관한 각국 결의초안 심의	25일 특별위원회	4	조선중앙통신
1948-12-05-023	주백림영군 총사령관에 보낸 쏘꼴로브쓰끼원수의 서한		4	
1948-12-05-024	인도네시아에서의 사건		4	최식
1948-12-05-025	안보내표결문제 토의 29일 특별위원회 오후회의	유엔총회 제3차회의	4	조선중앙통신
1948-12-05-026	독일경제위원회 확대 강화	주독쏘베트군정장관 포고	4	조선중앙통신
1948-12-05-027	아세아 및 극동경제위원회 제4차회의 개막		4	조선중앙통신
1948-12-05-028	극장안내		4	
1948-12-07-001	목재의 채벌과 운반은 전인민적중요사업이다		1	
1948-12-07-002	김일성수상의 쏘련장관환송연 성대		1	
1948-12-07-003	김일성수상의 환송인사		1	
1948-12-07-004	전조선인민은 매국노들의 미군주둔요청을 절대배격	평남, 황해도에서	1	
1948-12-07-005	년간계획 완수	각지에서	1	
1948-12-07-006	현물세와 고공품	각지에서	1	
1948-12-07-007	철도운수사업의 강화 위하여 기술자는 현장으로 나아가자	평양철도국 사무계통기술자들의 호소	1	
1948-12-07-008	미제국주의침략을 분쇄하는 항쟁에로	성진제강소 종업원대회	1	
1948-12-07-009	당내 민주주의원칙을 준수하자		2	북조선로동당 중앙본부 조직부 부부장 김승섭
1948-12-07-010	동기교양사업의 질적제고 위하여	리원군당부 교양사업 추진	2	김성국
1948-12-07-011	호상비판의 정신에서 지도기관사업을 총화	평양시 장촌리 1구세포에서	2	리수근
1948-12-07-012	우리 조국 독립에 대한 쏘련의 은공은 천추만대토록 영원히 잊지 못하리라		2, 3	리기영
1948-12-07-013	해방탑	미술가들의 정성	3	황성도
1948-12-07-014	굳게 잡은 손과 손 조쏘친선의 맥박	평양역두에서	3	리문상
1948-12-07-015	고공품생산 활발	각지 농민들	3	류민우
1948-12-07-016	면화를 국가수매에	봉산군 농민들	3	리성섭
1948-12-07-017	남조선괴뢰정부 언론기관에 허위보도를 강요		3	조선중앙통신
1948-12-07-018	망국국회 의원들 자기들의 향락을 법문화	국회의원 생활보장안 채택	3	조선중앙통신
1948-12-07-019	매국노 리승만 발악 계속	서울서 수백명 일제검거	3	조선중앙통신
1948-12-07-020	소위 량곡매입에 '국군'까지 출동		3	조선중앙통신
1948-12-07-021	안보내의 투표에 관한 쏘련의 결의초안		4	
1948-12-07-022	칠리대표단의 도발적인 반쏘고발안심의를 개시	2일 유엔법제위원회에서	4	조선중앙통신
1948-12-07-023	불란서 탄광파업 후보		4	조선중앙통신
1948-12-07-024	백이의 신내각 조각난항		4	조선중앙통신

기사번호	제목(title)	부제목(stitle)	면수	필자, 출처
1948-12-07-025	민주쁠럭에 가입한 정당단체들로 백림림시민주시청 구성		4	따쓰통신
1948-12-07-026	유엔가입 요구	월남공화국에서	4	조선중앙통신
1948-12-07-027	비참한 마래인민의 생활상태		4	조선중앙통신
1948-12-07-028	쏘련소식	집단농장농민들의 대량적인 교양문제	4	조선중앙통신
1948-12-07-029	쏘련소식	고지태양관측소 신설	4	조선중앙통신
1948-12-07-030	끼로브피살 14주년기념		4	
1948-12-07-031	국제정세개관	유엔총회에 있어서의 희랍문제	4	홍인철
1948-12-07-032	국제정세개관	유엔신가입문제와 세이론	4	홍인철
1948-12-07-033	국제정세개관	불란서탄광부 파업 중지	4	홍인철
1948-12-07-034	극장안내		4	
1948-12-08-001	신입당원교양사업에 대하여		1	
1948-12-08-002	건설과 로력에서 교양받은 선진적돌격부대가 되자!	황해제철소 로동청년들	1	윤칠종
1948-12-08-003	농촌문화계몽운동을 전개 과학지식을 보급시키자!	평양시 장천리 농민청년들	1	리의철
1948-12-08-004	훌륭한 인재가 되기 위하여 자각적으로 학습에 매진!	김일성종합대학 학생들	1	
1948-12-08-005	쏘련군대 장관 군관 및 직원들에게 쏘련훈장과 훈패 상여		1	조선중앙통신
1948-12-08-006	미군철퇴를 요구하는 인민항쟁 날로 치렬!	남조선	1	조선중앙통신
1948-12-08-007	남조선전역에 걸쳐 또다시 검거선풍!	서울에서 만 520명을 검거	1	조선중앙통신
1948-12-08-008	년간계획 완수	각지에서	1	
1948-12-08-009	평양선 전철공사	관평변전소공사 완료	1	
1948-12-08-010	이천군 농민들이 문화회관을 신축		1	
1948-12-08-011	당간부양성사업에 일층 당적주목을 돌리자		2	북조선로동당 중앙본부 간부부장 진반수
1948-12-08-012	자기 사업을 연구파악하여 조직적지도성을 제고하자	신의주제지공장 초급당부사업에서	2	김명덕
1948-12-08-013	충분한 준비밑에 결산보고회 진행	평양녀자사범문학교 세포에서	2	송학용
1948-12-08-014	평남도당학교 3개월반 제7회생의 졸업식 거행		2	
1948-12-08-015	영웅적쏘련군을 찬양하며 환송하는 인민들의 환호!		3	현준국, 박경석, 최영환, 박진선, 황경엽
1948-12-08-016	현장으로 진출하는 기술자를 뜨거운 동지애로 환영!	평양기관구, 서평양기관구에서	3	김지창
1948-12-08-017	년간계획기간단축운동 빛나는 승리로 맺자!		3	신언철

기사번호	제목(title)	부제목(stitle)	면수	필자, 출처
1948-12-08-018	따쓰의 보도	브라무글리아씨의 다섯가지 질문에 대한 11월 20일 전달된 대답들에 대한 쏘련측의 해석	4	
1948-12-08-019	미군 즉시 철퇴를 요구하는 남조선인민들의 파업투쟁	따쓰통신의 보도	4	조선중앙통신
1948-12-08-020	유엔총회 제3차회의 팔레스티나문제에 관한 결의초안심의 완료	1일 정치위원회	4	조선중앙통신
1948-12-08-021	최근 중국정세		4	백산
1948-12-08-022	팔레스티나문제에 관한 영국결의초안 표결	4일 정치위원회	4	조선중앙통신
1948-12-08-023	백림림시민주시참사회를 주백림 쏘련군사령부 승인		4	조선중앙통신
1948-12-08-024	씨리아수상 사직		4	조선중앙통신
1948-12-08-025	극장안내		4	
1948-12-09-001	쏘련은 인민의 평화와 안전의 초소에 서있다		1	
1948-12-09-002	애국청년들의 힘으로 재생된 '민청호기관차'	서평양철도공장 청년들	1	김기초
1948-12-09-003	완강하고 인내성있게 배우고 또 배워야 한다	평양공업대학 학생들	1	김춘희
1948-12-09-004	일하며 배우고 배우며 일하는 청년이 되자	평양곡산공장 청년들	1	
1948-12-09-005	조쏘문화협회사업의 강화 지도기관 선거 실시를 결정	조쏘문협 제2차 중앙위원회에서	1	
1948-12-09-006	북조선민주당 제3차 전당대회		1	조선중앙통신
1948-12-09-007	조선민주주의인민공화국대표 참가를 거부하고 조선문제의 토의를 미영쁠럭 불법 채택	12월 6일 유엔정치위원회에서	1	조선중앙통신
1948-12-09-008	군중선동사업의 조직강화와 체계확립을 위하여		2	차도순
1948-12-09-009	당내부생활강화 위하여 당내민주주의 적극 발양	함남도당위원회에서	2	박경석
1948-12-09-010	진지한 토론으로 사업을 검토비판	평남도인민재판소 세포에서	2	리수근
1948-12-09-011	고귀한 경험 살려 초과생산을 보장	신의주팔프공장 초급당부	2	최영환
1948-12-09-012	보다 높은 승리쟁취에 전체 종업원들을 추동	부녕야금공장 당부	2	현준극
1948-12-09-013	부단한 노력과 투쟁으로 년간계획의 완수를 보장	철원전기기구 당단체의 협조	2	김만선
1948-12-09-014	영웅적쏘련군을 찬양하며 환송하는 인민들의 환호!	중앙환송위원회의 중간총결	3	조선중앙통신
1948-12-09-015	교통성 기술진도 현장진출을 요청		3	김기초
1948-12-09-016	활기띤 동해안	명태는 대풍확!	3	윤지월

기사번호	제목(title)	부제목(stitle)	면수	필자, 출처
1948-12-09-017	영농기술 향상시켜 단위수확을 높이자	평남도 농민들의 영농기술좌담회	3	류민우
1948-12-09-018	훌륭한 일군이 되소서		3	황성도
1948-12-09-019	높은 능률 낮은 원가	재녕광산에서	3	박진선
1948-12-09-020	인민들의 생활을 유족히	평남도소비조합사업 총결	3	리임테
1948-12-09-021	남조선의 전률할 이 현실		3	조선중앙통신
1948-12-09-022	쓰딸린적헌법절에 대한 세계각국의 반향		4	따쓰통신
1948-12-09-023	팔레스티나문제에 관한 베르나돗테안 완전 파멸	-유엔정치위원회에서-	4	조선중앙통신
1948-12-09-024	백림서부지대 단독선거 위혁 허구 날조 감행		4	따쓰통신
1948-12-09-025	쏘련대표의 보고에 환호	12월 3일 국제녀성대회 성황	4	조선중앙통신
1948-12-09-026	극장안내		4	
1948-12-09-027	광고		4	
1948-12-09-028	항가리의 경제적승리		4	김만수
1948-12-10-001	춘기파종준비사업에 대하여		1	
1948-12-10-002	김일성수상에게 축하의 편지	레닌그라드조선인류학생들로부터	1	
1948-12-10-003	미쁘럭 소위 공동결의안 제출하고 망국적 리승만'정부'승인과 새로 '유엔위원단' 조직 획책	-12월 7일 유엔정치위원회에서-	1	조선중앙통신
1948-12-10-004	미군의 즉시 철퇴를 요구하며 리승만괴뢰'정부'를 반대하여 남조선전역에 일대 파업!		1	조선중앙통신
1948-12-10-005	대구주둔 '국방군' 일부 또다시 폭동		1	조선중앙통신
1948-12-10-006	북조선 제1착으로 평남도 현물세 완납		1	
1948-12-10-007	부락농민들의 힘으로 룡원중학교사 준공!		1	
1948-12-10-008	북조선의 전체 염전 추기정리작업 완수		1	
1948-12-10-009	현물세와 고공품	각지에서	1	
1948-12-10-010	창성-삭주간의 문지령도로공사 완수		1	
1948-12-10-011	형식적지도방법을 퇴치하여 정치교양사업 일층 개진강화	남포시당단체의 교양사업에서	2	곽기원
1948-12-10-012	하급당지도사업에 있어서 관료주의작풍을 청산하자	신의주방직공장 초급당부 사업에서	2	본사기자 김명덕
1948-12-10-013	남조선의 반동매국도당들은 애국인민들을 도살하고있다		2	최렬
1948-12-10-014	북으로 향하는 렬차에 조쏘친선만세 드높다	함흥역두에서	3	조선중앙통신
1948-12-10-015	쏘련군의 위훈을 찬양 감사의 축기를 증정!	북조선녀성동맹에서	3	조선중앙통신
1948-12-10-016	진정한 우리의 은인	쏘련군을 회상하는 차호면민들	3	통신원 윤지월
1948-12-10-017	로력의 영예를 느낀다	북조선직총중앙위원회	3	본사기자 리인태

기사번호	제목(title)	부제목(stitle)	면수	필자, 출처
1948-12-10-018	농민생활은 부단히 향상	북조선농맹 중앙위원회	3	조선중앙통신
1948-12-10-019	평남관개건설공사의 승리적완수는 농촌 경리발전에 거대한 의의가 있다		3	본사기자 김달수
1948-12-10-020	경제사회위원회 보고에 대한 결의안을 표결	-4일 오전 전원회의-	4	조선중앙통신
1948-12-10-021	불안에 싸인 리승만괴뢰'정부'	『쁘라우다』지 외교평론가 론평	4	조선중앙통신
1948-12-10-022	칠리대표단의 반쏘적중상	-6일 법제위원회-	4	조선중앙통신
1948-12-10-023	베를린민주주의층 신시참사회를 지지		4	조선중앙통신
1948-12-10-024	희랍 아테네시 등에서 전철종업원들 파업		4	조선중앙통신
1948-12-10-025	서전륙군사령관 서반아에 체재		4	조선중앙통신
1948-12-10-026	미국대표의 보고		4	조선중앙통신
1948-12-10-027	각국 대표들 아동의 형편과 제권리옹호에 관하여 토론		4	조선중앙통신
1948-12-10-028	광고		4	
1948-12-10-029	북해도에서의 미국식'질서'		4	조혁
1948-12-11-001	자연과학에 대한 강연사업을 널리 전개하자		1	
1948-12-11-002	북조선민주건설의 성과를 총화하며 조국해방건설의 은인 쏘련군을 찬양	북조선로동당 중앙위원회 제4차회의에서	1	
1948-12-11-003	조선민주주의인민공화국 외무상 유엔 사무총장 및 유엔 제3차총회 의장에게 서한		1	
1948-12-11-004	조선문제의 전반적토론 미쁘럭의 강압으로 중지	12월 8일 유엔정치위원회	1	조선중앙통신
1948-12-11-005	조선민주주의인민공화국 중앙정부수립을 경축하여 재일조선인대표일행 래조		1	조선중앙통신
1948-12-11-006	부화한 사상경향퇴치 위하여 강력한 당적비판전개가 필요	신의주공업전문학교 세포에서	2	본사기자 김명덕
1948-12-11-007	정치교양사업을 더한층 강화하자	평양시민청 세포에서	2	본사기자 리수근
1948-12-11-008	미제국주의침략정책을 반대하여 궐기한 아세아인민들의 투쟁		2	동민
1948-12-11-009	비발치듯 5색테프속에 더욱 깊어가는 석별의 정	평양역두에서	3	본사기자 황경렵
1948-12-11-010	환송대렬속에서 환호 폭발	룡천군환송대회에서	3	본사통신원 신용삼
1948-12-11-011	화폭마다에 넘쳐 흐르는 조쏘인민간의 친선의 정	함흥쏘련군환송미술전람회	3	함남주재기자 박경석
1948-12-11-012	만기작물 현물세완납에 돌진하는 북조선 농민들		3	본사기자 리의철

기사번호	제목(title)	부제목(stitle)	면수	필자, 출처
1948-12-11-013	청년에게 열어준 행복의 길	북조선민청중앙위원회	3	본사기자 신기관
1948-12-11-014	녀성해방의 진정한 원조자	북조선녀맹중앙위원회	3	
1948-12-11-015	천추만대에 잊지 못할 은공	조쏘문화협회 중앙위원회	3	본사기자 김춘희
1948-12-11-016	민주보건제도확립에 위훈	북조선보건련맹 중앙위원회	3	조선중앙통신
1948-12-11-017	미군의 주둔을 반대하여 남조선인민 항쟁을 계속		3	조선중앙통신
1948-12-11-018	인민공화국을 절대지지하며 미군 즉시 철퇴를 견결히 요구	남조선인민들의 구국투쟁 치렬	3	조선중앙통신사 특파원
1948-12-11-019	일제 '치안유지법'의 신판 소위'국가보안법' '공포'		3	조선중앙통신
1948-12-11-020	남조선의 '국방군'은 오합지졸	부대내에 폭동기세 팽배	3	조선중앙통신사 특파원
1948-12-11-021	체코슬로바키아대표단 모쓰크바에 도착		4	조선중앙통신
1948-12-11-022	자뽀또츠끼수상 역두 연설		4	
1948-12-11-023	루마니아의 문맹퇴치운동		4	조선중앙통신
1948-12-11-024	항가리인민회의 남녀평등권법령 채택		4	조선중앙통신
1948-12-11-025	쓰딸린수상 동대표단 대표들을 접견		4	조선중앙통신
1948-12-11-026	이륙군참모총장 도미		4	조선중앙통신
1948-12-11-027	평화옹호를 위한 선언서	제2차 국제녀성대회에서 채택	4	따쓰통신
1948-12-11-028	주독미군정장관을 갱질		4	조선중앙통신
1948-12-11-029	베를린서부지구 단선결과는 무효	주백림쏘련군 사령관대리 성명	4	조선중앙통신
1948-12-11-030	국제정세개관	중국정세에 대한 외국출판물의 반향	4	최일룡
1948-12-11-031	국제정세개관	새로운 길우에 서있는 알바니아	4	최일룡
1948-12-11-032	극장안내		4	
1948-12-12-001	북조선로동당 중앙위원회 제4차회의에서의 북조선민주건설의 성과와 그에 있어서의 위대한 쏘련의 원조에 대한 보고	북조선로동당 중앙위원회 위원장 김두봉	1, 2	
1948-12-12-002	옳지 못한 경향들에 대한 사상투쟁을 강력히 전개	함북도당 제5차위원회에서	2	주재기자 현준극
1948-12-12-003	북조선민주건설의 성과와 그에 있어서의 위대한 쏘련의 원조에 대한 북조선로동당 중앙위원회 제4차회의 결정서		2	
1948-12-12-004	세포지도기관사업총화를 높은 수준에서 진행하자!	도시경영성 세포총회정형 검토	2	본사기자 리수근
1948-12-12-005	그는 감사와 영예 속에 환송렬차를 운전하였다	그날의 리용채기관사	3	본사기자 리문상
1948-12-12-006	조선의 예술문화작품을 쏘련에 소개		3	
1948-12-12-007	쏘련군대는 정의의 군대 그 빛은 온 세계에 빛나리	홍원역두에서	3	유헌

기사번호	제목(title)	부제목(stitle)	면수	필자, 출처
1948-12-12-008	새 승리를 위하여	평양산소공장에서	3	본사기자 최창준
1948-12-12-009	생산시설을 확충 강화	평양연초공장에서	3	본사기자 김기초
1948-12-12-010	예술창조의 자유로운 길	북조선문예총중앙위원회	3	본사기자 김춘희
1948-12-12-011	쏘련기술자들의 업적 찬양	북조선공업기술련맹 중앙위원회	3	조선중앙통신
1948-12-12-012	진정한 신앙생활을 보장	북조선기독교도련맹 중앙위원회	3	본사기자 김동천
1948-12-12-013	포악한 탄우를 무릅쓰고 삐라를 뿌리며 시위 감행	남조선인민의 투쟁 치렬	3	조선중앙통신
1948-12-12-014	참담한 전남지역의 학원학생과 교원을 대량 축출		3	조선중앙통신
1948-12-12-015	일제주구와 무뢰한들의 집단인 남조선 경찰들 최후발악		3	조선중앙통신사 특파원
1948-12-12-016	남조선망국무역	11월중 수입초과 8배이상	3	조선중앙통신
1948-12-12-017	체코슬로바키아공산당 중앙확대위원회에서 진술한 클레멘트 고트왈드 보고		4	
1948-12-12-018	일본의 공업발전수준에 대한 쏘베트제안을 계속 토의	-극동위원회에서-	4	조선중앙통신
1948-12-12-019	인도네시아사태	쟈카르타근방에서 무장충돌 발생	4	조선중앙통신
1948-12-12-020	인도네시아사태	셀레베스도의 화란군 인민학살 계속	4	조선중앙통신
1948-12-12-021	인도네시아사태	족 쟈카르타직맹의 결의	4	조선중앙통신
1948-12-12-022	백림서부지대선거에 관한 『쁘라우다』지 보도		4	조선중앙통신
1948-12-12-023	광고		4	
1948-12-14-001	생산직장의 군중문화사업을 더한층 광범하게 전개하자		1	
1948-12-14-002	쓰딸린대원수에게 드리는 감사문	북조선민주당 제3차 전당대회	1	
1948-12-14-003	김일성수상에게 드리는 감사문	북조선민주당 제3차 전당대회	1	
1948-12-14-004	잔존문맹을 완전퇴치하고 성인재교육사업 전개하자	함북 온성군에서 전체 인민들에게 호소	1	주재기자 김소민
1948-12-14-005	호소문	함북 온성군 문맹퇴치 및 성인재교육 지도관계자열성자대회	1	
1948-12-14-006	북조선민주당 제3차 전당대회		1	조선중앙통신
1948-12-14-007	북조선민주당 중앙지도기관 부서 결정		1	조선중앙통신
1948-12-14-008	조국건설을 위하여	각지에서	1	
1948-12-14-009	평남도민주건설의 성과 총화 쏘련군의 방조를 높이 찬양!	평남도당 제5차위원회에서	2	본사기자 리수근

기사번호	제목(title)	부제목(stitle)	면수	필자, 출처
1948-12-14-010	평북도민주건설에 남긴 위훈 쏘련군의 업적을 열렬히 찬양	평북도당위원회에서	2	주재기자 최영환
1948-12-14-011	당의 일층 공고발전을 위한 제 당면과업을 토의 결정	강원도당 제7차위원회에서	2	주재기자 김만선
1948-12-14-012	교양사업 일층 강화하여 세포사업을 발전시키자	평양제1고급중학교 세포에서	2	본사기자 현갑진
1948-12-14-013	엄중한 결점퇴치 위한 비판과 자아비판 전개	해주기계제작소 공작분세포에서	2	주재기자 박진선
1948-12-14-014	당내부사업 강화하여 조직적역할을 높이자	함주군당 제4차위원회	2	주재기자 박경석
1948-12-14-015	고 안길동지 1주기 추도식		2	
1948-12-14-016	분공을 옳게 조직하고 검열사업을 강화하자	흥남비료 제1류안계 세포에서	2	
1948-12-14-017	조선해방기념장이 가슴마다 찬란하다	고원역두에서	3	박경림
1948-12-14-018	구체적사실이 증명하는 쏘련군의 형제적원조	강계군에서	3	통신원 박철
1948-12-14-019	년간계획을 완수한 기초우에 2개년계획 준비 순조로 진행 기계의 보수정비로 높은 성능을 확보	평양기구제작소에서	3	본사기자 리인태
1948-12-14-020	작잠림 설정으로 잠견증산을 준비	황해도인민위원회에서	3	주재기자 박진선
1948-12-14-021	견실한 열매를 얻기 위하여 각급 학교 제1학기시험 진행		3	본사기자 신기관
1948-12-14-022	겨울방학동안의 학교내 민청단체들의 사업결정	중앙민청에서	3	본사기자 신기관
1948-12-14-023	쏘련장병들의 부인들과 석별의 정을 나누는 조선녀성들	-삼봉에서-	3	
1948-12-14-024	3년간의 업적을 총화하면서 쏘련군의 우의적방조에 감사	북조선소비조합, 북조선적십자사, 애국투사후원회, 북조선불교도련합회	3	
1948-12-14-025	우리들의 교양실	곡산공장 민주선전실의 하루	3	본사기자 리문상
1948-12-14-026	성어기에 들어선 명태잡이	함남해안일대	3	주재기자 박경석
1948-12-14-027	원자무기금지와 군비 및 병력축소에 관한 위신쓰끼씨의 연설	11월 19일 유엔총회 전원회의에서	4	
1948-12-14-028	국제민주녀맹 지도기관선거 조선대표 집행위원으로 피선	-제2차 국제녀성대회 폐회-	4	조선중앙통신
1948-12-14-029	쏘련과 체코슬로바키아간의 우호 및 상호원조조약의 체결 제5주년에 제하여		4	송진
1948-12-15-001	조선인민은 유엔에서의 조선문제에 대한 비법적결정을 절대배격한다		1	

기사번호	제목(title)	부제목(stitle)	면수	필자, 출처
1948-12-15-002	영용한 쏘련군의 위훈 찬양	전당적감사의 축기를 증정	1	
1948-12-15-003	평남도내 45개 기업소 년간계획을 초과 완수		1	
1948-12-15-004	함남도 현물세 완납		1	
1948-12-15-005	룡흥강 률산축제공사 농민들의 힘으로 완수		1	조선중앙통신
1948-12-15-006	년간계획 완수	각지에서	1	
1948-12-15-007	조선문제토론을 방해하는 전술로 미영 뿔럭의 결의안을 강제로 채택	11, 12 량일 유엔총회 전원회의	1	조선중앙통신
1948-12-15-008	구체적인 연구와 검토로 당사업을 일층 강화발전	황해도당 제4차위원회에서	2	주재기자 박진선
1948-12-15-009	민주건설의 성과를 총화 쏘련군의 공적 높이 찬양	평양시당 제6차위원회에서	2	본사기자 현갑진
1948-12-15-010	정확한 방법상 지도로 학습진행을 촉진하자	송림시당교양사업정형	2	윤철
1948-12-15-011	결점들을 심각히 비판하며 교양사업의 질적향상 강조	내각사무국 세포에서	2	라득준
1948-12-15-012	충분한 준비밑에 강연사업을 추진	강계군당부의 학습지도정형	2	전봉강
1948-12-15-013	레닌주의는 반제국주의투쟁의 사상적무기이다		2	
1948-12-15-014	문맹퇴치에 분투	리원군 동흥리 세포에서	2	윤지월
1948-12-15-015	농기구의 성능을 높여 농업증산을 보장코저	평양농기구제작소에서	3	본사기자 류민우
1948-12-15-016	쏘련장병들은 한결같이 조선인민의 승리를 축하	순천역두에서	3	김동헌
1948-12-15-017	쏘련군은 평화와 자유를 옹호하는 성벽이다	종성역두에서	3	통신원 김진규
1948-12-15-018	국영지방산업의 발전은 인민생활향상에 기여		3	조선중앙통신
1948-12-15-019	기본건설사업 광범히 진행	각지 공장, 광산, 탄광들에서	3	조선중앙통신
1948-12-15-020	목재증산을 위하여 동기벌목준비에로	신의주림산사업소 로동자들	3	주재기자 최영환
1948-12-15-021	선철증산에 개가!	황해제철 제선과 로동자들의 투쟁기	3	주재기자 리성섭
1948-12-15-022	퇴비는 땅을 살찌게 한다	금천군 구이면 비천동 농민들	3	정운성
1948-12-15-023	견실한 열매는 좋은 씨로부터	대동군 순안면 관북리에서	3	본사기자 류민우
1948-12-15-024	면양증식에 분투	리목목장에서	3	본사기자 리의철
1948-12-15-025	국가상업과 인민생활		3	본사기자 황경엽

기사번호	제목(title)	부제목(stitle)	면수	필자, 출처
1948-12-15-026	원자무기금지와 군비 및 병력축소에 관한 위신쓰끼씨의 연설 11월 19일 유엔총회 전원회의에서	전호에서 계속	4	
1948-12-15-027	체코슬로바키아대표단을 쏘련외상 축하 초연	조선통상대표 리주연씨도 참석	4	조선중앙통신
1948-12-15-028	극장안내		4	
1948-12-16-001	우리 당의 조직적원칙을 엄격히 준수하자		1	
1948-12-16-002	1948년 12월 6일 유엔정치위원회 회의에서 진술한 쏘련대표 야.말리크의 연설		1	
1948-12-16-003	평북도 현물세 완납		1	
1948-12-16-004	수남천의 회문교는 인민들의 손으로 준공		1	
1948-12-16-005	년간계획 완수	각지에서	1	
1948-12-16-006	현물세와 고공품	각지에서	1	
1948-12-16-007	상급당부의 결정지시를 제때에 옳게 실천하자	사리원시당 제3차위원회에서	2	주재기자 리성섭
1948-12-16-008	당원들의 창발적노력으로 오늘의 빛나는 성과를 보장	성진제강소 초급당부	2	주재기자 김소민
1948-12-16-009	낡은 사상잔재와의 강력한 투쟁을 전개	홍원군당 제3차위원회	2	통신원 유헌
1948-12-16-010	가강한 정치교양사업으로 공정계획완수를 협조보장	단천축항 초급당부	2	통신원 서득창
1948-12-16-011	세포(초급당부)와 면당부 지도기관사업 총화의 조직성, 정치성 및 교양적의의를 일층 제고하자		2	김태진
1948-12-16-012	쏘련군의 결정적역할로 선렬의 뜻이 이루어졌다	단천군에서	3	서득창
1948-12-16-013	국토완정을 달성하여 그 은공에 보답하리!	평양역두에서	3	본사기자 김춘희
1948-12-16-014	순조로 진행되는 공민증교부사업		3	본사기자 리문상
1948-12-16-015	문맹을 남김없이 퇴치코저	사리원시 성인교육 활발히 전개	3	주재기자 리성섭
1948-12-16-016	격증되는 시설공사에 련와를 더 많이 보내자	창광련와공장 종업원들	3	본사기자 김기초
1948-12-16-017	옷감을 더 많이 생산하여 인민의 요구에 수응하자	평양견직공장에서	3	본사기자 김지창
1948-12-16-018	3년간의 업적을 총화하면서 쏘련군의 우의적방조에 감사	북조선민주당, 북조선천도교청우당에서	3	조선중앙통신
1948-12-16-019	척박한 땅을 비옥한 땅으로	봉산군 송정리 김영현농민	3	본사기자 리의철
1948-12-16-020	혼란과 무질서 상태에 빠진 미군주둔하 남조선교육계		3	조선중앙통신

기사번호	제목(title)	부제목(stitle)	면수	필자, 출처
1948-12-16-021	남조선괴뢰정부의 언론탄압 날로 우심	리태준씨의 『쏘련기행』 등 발매금지	3	조선중앙통신
1948-12-16-022	'국가보안법'을 휘두르는 남조선경찰의 검거선풍	경성서만 320여명 검속	3	조선중앙통신
1948-12-16-023	원자무기금지와 군비 및 병력축소에 관한 위신쓰끼씨의 연설 11월 19일 유엔총회 전원회의에서	전호에서 계속	4	
1948-12-16-024	위신쓰끼씨 모쓰크바로 향발		4	조선중앙통신
1948-12-16-025	쏘련과의 호상원조조약체결일을 체코슬로바키아에서 성대히 경축		4	조선중앙통신
1948-12-16-026	서부베를린단선은 무효	베를린시장 에베르트의 성명	4	조선중앙통신
1948-12-16-027	날로 발전하는 몽고의 가축업		4	조선중앙통신
1948-12-16-028	극장안내		4	
1948-12-17-001	미제국주의자들의 흉책에 대한 조선인민의 분노는 고조되고 있다		1	
1948-12-17-002	반동분쇄의 결의도 군게 학습에 증산에 총돌진!	평양화학공장 청년작업반	1	본사기자 김기초
1948-12-17-003	민주조국이 요구하는 인재가 되기 위하여	평양녀자고급중학교 학생들	1	본사기자 최창준
1948-12-17-004	농학상지식을 습득하며 선진영농방법을 농촌에	평양시 미림2리 청년들	1	본사기자 류민우
1948-12-17-005	국토완정과 조국건설 위한 전조선인민들의 힘찬 투쟁		1	본사기자 김동철
1948-12-17-006	년간계획 완수	각지에서	1	
1948-12-17-007	현물세와 고공품	각지에서	1	
1948-12-17-008	당내민주주의를 발양하여 세포사업을 일층 강화하자	조선최고검찰소 세포총회에서	2	본사기자 리수근
1948-12-17-009	결점들을 철저히 퇴치하고 당단체의 조직적역할 제고	단천군당 제5차위원회에서	2	통신원 서득창
1948-12-17-010	당단체지도사업에 있어서 관료주의적작풍 청산하자	은률군당 제4차위원회에서	2	
1948-12-17-011	교양사업을 강화 제때에 검열 독촉	신흥군당 제4차위원회에서	2	통신원 위정산
1948-12-17-012	리순신장군 서거 350주년에 제하여		2	김두용
1948-12-17-013	무한한 감사와 존경을 드리면서…	흥남시에서	3	주재기자 박경석
1948-12-17-014	조쏘친선은 군게	사리원시에서	3	주재기자 리성섭
1948-12-17-015	인민들의 열성으로 문맹퇴치사업 활발	강원도 양양군에서	3	통신원 정충근
1948-12-17-016	철도부문의 기본건설 활발		3	김기초
1948-12-17-017	건설자재인 목재를 더 많이 생산키 위해	림산부문 로동자들	3	리의철
1948-12-17-018	북조선산업부흥발전에 남긴 쏘련기술자들의 공헌지대!		3	

기사번호	제목(title)	부제목(stitle)	면수	필자, 출처
1948-12-17-019	미국의 지배권을 확립하는 소위 한미경제원조협정 체결		3	조선중앙통신
1948-12-17-020	매국경제협정강제통과에 소위 의원들까지 반대성명		3	조선중앙통신
1948-12-17-021	남조선인민들의 서명 감사문 반동경찰에서 다량 압수		3	조선중앙통신
1948-12-17-022	호상원조조약체결 5주년에 제하여 쓸딸린대원수 체코슬로바키아수상에게 축전		4	
1948-12-17-023	호상원조조약체결 5주년에 제하여 쓸딸린대원수에게 체코슬로바키아수상 축전		4	
1948-12-17-024	유엔 제3차총회 전반회의는 폐막 다음회의는 4월에 미국에서 재개		4	조선중앙통신
1948-12-17-025	팔레스티나문제에 관한 미영의도 로골적으로 폭로	11일총회 전원회의에서	4	조선중앙통신
1948-12-17-026	인권에 관한 선언 채택	11일총회 전원회의에서	4	조선중앙통신
1948-12-17-027	중국인민해방군의 10월분 전적 혁혁	-적군 54만여 섬멸-	4	조선중앙통신
1948-12-17-028	장가구외위에 진격		4	조선중앙통신
1948-12-17-029	산해관과 진황도 해방 속보		4	조선중앙통신
1948-12-18-001	생활필수품의 생산을 증가하자		1	
1948-12-18-002	조선민주주의인민공화국 옹호를 맹세	중국 송강성 녕안현 재류동포들의 메쎄지	1	
1948-12-18-003	기계의 숙련공이 되며 기술에 능통하며	사동련탄공장 로동청년들	1	본사기자 신언철
1948-12-18-004	과학을 소유한 새 인재가 되기 위하여	흥남비료공장 로동청년들	1	주재기자 박경석
1948-12-18-005	괴뢰정부반대 무장항쟁 남조선전역에서 일층 치렬		1	조선중앙통신
1948-12-18-006	제주도인민항쟁 치렬	괴뢰정부경찰 초토방화를 감행	1	조선중앙통신
1948-12-18-007	조국건설 위하여	각지에서	1	
1948-12-18-008	조국건설 위하여 년간계획 완수	각지에서	1	
1948-12-18-009	조직적인 협조사업전개로 문맹퇴치사업의 성과 보장	평양시 류성리 세포에서	2	본사기자 김명덕
1948-12-18-010	헌신적투쟁으로 당사업 일층 개진	해주세멘트공장 토건분세포	2	주재기자 박진선
1948-12-18-011	제3차 유엔총회에 있어서의 조선문제심의에 대하여		2	함창선
1948-12-18-012	성인재교육사업을 적극 추진강화하자	정평리당단체에서	2	본사기자 리순근
1948-12-18-013	교양사업을 일층 강화하며 사상투쟁 과감히 전개하자	신흥군 서고천면 주양리 세포	2	통신원 위성산
1948-12-18-014	사업의 추진을 위하여 실천성을 일층 높이자	풍산군 녀맹세포원들	2	통신원 김의진

기사번호	제목(title)	부제목(stitle)	면수	필자, 출처
1948-12-18-015	옳지 못한 사상과 견결히 투쟁하자	홍원군 룡원면 신안리 세포	2	통신원 유헌
1948-12-18-016	그칠줄 모르는 환담의 꽃 영원한 친선을 굳게 약속	황해도당부주최 환송회에서	3	
1948-12-18-017	이 땅에 남긴 쏘련군의 위훈 천추만대토록 잊지 않으리	문천군환송대회에서	3	통신원 리달우
1948-12-18-018	인민군과 보안대원 가족에게 리민들이 드리는 존경과 감사	-평양시 류성리의 위안의 밤-	3	본사기자 김동천
1948-12-18-019	쏘련인민과의 굳은 친선 조국의 번영을 보장한다	황해도녀맹에서	3	주재기자 박진선
1948-12-18-020	농민들의 다수확경험 옥수수	의주군 강영태농민	3	본사기자 리의철
1948-12-18-021	북조선산업부흥발전에 남긴 쏘련기술자들의 공헌지대!	금속부문, 건재부문들에서	3	
1948-12-18-022	남조선반동경찰 애국자검거 계속		3	조선중앙통신
1948-12-18-023	팽창일로의 남조선화폐발행고 드디어 4백 10억대 돌파		3	조선중앙통신
1948-12-18-024	발악하는 남조선경찰	폭동'혐의'로 수십명 검거	3	조선중앙통신
1948-12-18-025	학원에 대한 포악한 탄압		3	조선중앙통신
1948-12-18-026	미군정의 괴이행위	남조선의 자재를 외국상인에 불하	3	조선중앙통신
1948-12-18-027	호상원조조약체결일에 제하여	스웨르니크씨 고트왈드씨에게 축전	4	
1948-12-18-028	호상원조조약체결일에 제하여	고트왈드씨 스웨르니크씨에게 축전	4	
1948-12-18-029	불반동경찰 로동자를 사살	전체 근로인민들 항의	4	조선중앙통신
1948-12-18-030	파란로동자 제 정당 유일당을 위한 련석회의		4	조선중앙통신
1948-12-18-031	항가리수상에 이스트완도비 임명		4	조선중앙통신
1948-12-18-032	향항에 영국증원대 파견		4	조선중앙통신
1948-12-18-033	희랍민주군의 전과 계속 확대		4	조선중앙통신
1948-12-18-034	요시다내각의 부패상	중의원에서 불신임안 결의	4	조선중앙통신
1948-12-18-035	일본해운동자 파업	전기로조도 투쟁을 호소	4	조선중앙통신
1948-12-18-036	요시다수상 수회혐의로 문초		4	조선중앙통신
1948-12-18-037	일본전범자의 사형집행을 연기하는 대심원의 괴행		4	조선중앙통신
1948-12-18-038	쏘련소식	사회주의적농업의 급속한 발전	4	조선중앙통신
1948-12-18-039	영화「청년근위대」		4	
1948-12-18-040	미제국주의자들은 장개석에 대한 원조를 계속 하고있다		4	민주조선
1948-12-18-041	광고		4	로동신문사
1948-12-19-001	사회보험법발포 2주년에 제하여		1	

기사번호	제목(title)	부제목(stitle)	면수	필자, 출처
1948-12-19-002	2개년인민경제계획 1949년 1.4분기예정수자 승인	내각 제11차회의에서	1	조선중앙통신
1948-12-19-003	전반적초등의무교육 실시를 위한 제반준비대책 결정	내각 제11차회의에서	1	조선중앙통신
1948-12-19-004	생활필수품배급사업에 관하여	내각 제11차회의 결정	1	조선중앙통신
1948-12-19-005	보건기관직원봉급 대폭 인상	내각 제11차회의에서	1	조선중앙통신
1948-12-19-006	유엔위원단의 비호밑에 날조된 남조선단독선거 쏘련대표 야.말리크 연설	12월 8일 유엔정치위원회	1, 2	
1948-12-19-007	옳지 못한 경향과 견결히 투쟁하자	안악군 안악면 평정리 세포	2	주재기자 박진선
1948-12-19-008	비판과 자기비판 강력히 전개하자	사리원농업대학 교원세포	2	주재기자 리성섭
1948-12-19-009	당적위임완수에 더한층 충실하자	금천군 신대동 세포에서	2	
1948-12-19-010	공화국을 굳게 지키여 쏘련군의 은공에 보답	북청군에서	3	본사기자 신봉
1948-12-19-011	쏘련군의 남긴 위훈 영원토록 빛나리!	평양역두에서	3	본사기자 류민우
1948-12-19-012	겨울방학을 맞이하여 교양과 단련에 힘쓰자!	각급 학교들에서	3	본사기자 신기관
1948-12-19-013	오늘의 정양은 래일의 증산	사회보험 석왕사정양소	3	주재기자 김만선
1948-12-19-014	농민들의 다수확경험 고구마	북청군 김명철농민	3	본사기자 류민우
1948-12-19-015	북조선산업부흥발전에 남긴 쏘련기술자들의 공헌지대!	철도부문, 화학부문에서	3	본사기자 신언철
1948-12-19-016	부강조국건설에 매진!	황해제철소에서	3	윤종칠
1948-12-19-017	명년도에는 기어코 벼 반당 14가마니를	신천군 황수만농민	3	주재기자 박진선
1948-12-19-018	사회보험실시이후 2년간의 이 성과!		3	
1948-12-19-019	팔레스티나문제심의 완료	12일 유엔전원회의에서	4	조선중앙통신
1948-12-19-020	아세아 및 극동경제위원회 제4차회의 폐막		4	조선중앙통신
1948-12-19-021	분란대외정책		4	조선중앙통신
1948-12-19-022	쏘.이통상협정	이군함교부기간도 결정	4	조선중앙통신
1948-12-19-023	이경제사절단 모쓰크바 출발		4	조선중앙통신
1948-12-19-024	애급경찰과 반동단체		4	조선중앙통신
1948-12-19-025	국제정세개관	새 전쟁 방화자들의 도덕적정치적패배	4	림철민
1948-12-19-026	국제정세개관	백림서부지대에서 연출된 선거희극	4	림철민
1948-12-19-027	국제정세개관	미국 항구로동자들의 파업	4	림철민
1948-12-21-001	레닌과 쓰딸린의 략전을 깊이 연구하자		1	
1948-12-21-002	사상적준비를 완강히 하며 증산경쟁에 적극 참가하자	민청창립기념일을 앞두고 전맹원에게 호소	1	본사기자 신기관
1948-12-21-003	선진과학의 체득과 기술련마에 총궐기	통신기재제작소 청년들	1	본사기자 리인태
1948-12-21-004	과거문맹이던 농촌청년 학습에 증산에 열중	이천군 웅탄면 괴미탄성인학교		통신원 송춘관
1948-12-21-005	리승만의 이 매국행위	국가재산을 미국에 양도	1	조선중앙통신
1948-12-21-006	북조선경공업의 비약적인 발전	섬유공업 기타의 기본건설 활발	1	본사기자 김기초
1948-12-21-007	조국건설을 위하여	각지에서	1	조선중앙통신
1948-12-21-008	쓰딸린의 저서연구는 사상리론수준을 제고		2	본사기자 김춘희
1948-12-21-009	목재생산보장을 위하여 투쟁하는 무산군당단체		2	본사기자 송학용
1948-12-21-010	지도기관의 역할 높이며 정치교양사업 강화하자	재령군 한천리 세포에서	2	
1948-12-21-011	리승만괴뢰'정부'가 미국과 체결한 매국'한미경제협정'을 전조선인민은 절대 배격하자		2	총남
1948-12-21-012	철거하는 쏘련장병들은 조선인민의 승리를 축복	평남도각지 환송대회에서	3	
1948-12-21-013	쏘련과의 견고한 친선은 조국완전독립의 담보	황해도각지 환송대회에서	3	
1948-12-21-014	강설기를 맞이하여 목재생산 더욱 활발	청진림산사업소산하 각 직장에서	3	주재기자 현준극
1948-12-21-015	쏘련영화 「정복되지 않는 사람들」		3	본사기자 신기관
1948-12-21-016	기대증설로 생산능률을 제고	청학광산 종업원들	3	허원상
1948-12-21-017	새 승리를 위한 투지는 만만하다	중앙기계제작소 종업원들	3	본사기자 김지황
1948-12-21-018	가축을 증식하고 퇴비를 증산하여	평남 강서군 농민들	3	
1948-12-21-019	영농기술강습회	각지에서	3	
1948-12-21-020	원료장입차의 고장을 근본적으로 방지하여	황해제철 김득룡동무	3	윤종칠
1948-12-21-021	우수한 재각도를 창안	평양연초 전상봉동무	3	본사기자 김기초
1948-12-21-022	쏘련과 체코슬로바키아 량국 회담	우호관계의 일층 공고화를 재확인	4	조선중앙통신
1948-12-21-023	평화와 자유를 옹호하는 불란서의 인민운동		4	조선중앙통신
1948-12-21-024	희랍인민들은 최후승리 확신	민주정부 각원 담화	4	조선중앙통신
1948-12-21-025	희왕당파군 알바니아에 불법침입		4	조선중앙통신

기사번호	제목(title)	부제목(stitle)	면수	필자, 출처
1948-12-21-026	노르웨이통상대표 모쓰크바 출발		4	조선중앙통신
1948-12-21-027	항가리인민회의 신정부정강 토의		4	조선중앙통신
1948-12-21-028	일본파업투쟁 계속 확대	신문 종업원들도 참가	4	조선중앙통신
1948-12-21-029	파란 수도건설계획		4	조선중앙통신
1948-12-21-030	중국동북지방 풍작		4	조선중앙통신
1948-12-21-031	정말작가의 방쏘인상담		4	조선중앙통신
1948-12-21-032	루마니아정부 인도와의 외교관계설정을 결정		4	조선중앙통신
1948-12-21-033	전란령 인도총독의 폭언		4	조선중앙통신
1948-12-21-034	쏘련소식	전후 5개년계획의 제3년도 성과 거대	4	조선중앙통신
1948-12-21-035	쏘련소식	라트비아아마재배인회의	4	조선중앙통신
1948-12-21-036	연구생모집요항		4	평양공업대학
1948-12-21-037	불가리아인민에게 주는 쏘련의 공명정대한 원조		4	채윤경
1948-12-22-001	철도운수부문에서 동기간의 애로를 극복하면서 인민경제수송계획을 초과달성하자		1	
1948-12-22-002	위대한 쓰딸린대원수귀하	쓰딸린대원수탄생 69주년 평양시민경축대회	1	
1948-12-22-003	(쓰딸린대원수)		1	
1948-12-22-004	쓰딸린대원수탄생 69주년 평양시민경축대회		1	본사기자 박중선
1948-12-22-005	강원도 오대산일대에 인민항쟁세력 증대!		1	조선중앙통신
1948-12-22-006	평양시당학교 제6기생 졸업		1	
1948-12-22-007	년간계획 완수	각지에서	1	
1948-12-22-008	옳바른 계획을 수립하여 강사교재강습 진행하자	평양시 북구역당의 강사강습정형	2	본사기자 현갑진
1948-12-22-009	당적위임을 수행함에 충실성을 더한층 높이자	청진제철소 초급당부에서	2	본사기자 송학용
1948-12-22-010	당조직규률 엄수하며 교양사업을 일층 강화	평양시 중구 서성5리세포에서	2	본사기자 최치목
1948-12-22-011	민족적 리익과 권리 옹호를 위하여 재일 60만동포는 견결히 싸운다		2	김성칠
1948-12-22-012	쏘련군이 조선을 떠나도 조쏘친선은 영구불멸	평북도에서 마지막으로 쏘련군을 환송	3	주재기자 최영환
1948-12-22-013	쏘련장병들과 싸인을 교환-평양역두에서		3	
1948-12-22-014	쏘련장병들의 영예는 영원무궁토록 빛나리	강원도에서 마지막으로 쏘련군을 환송	3	주재기자 김만선
1948-12-22-015	로동자들의 예술적천분은 자유로이 자라나고있다!	사리원방직공장 문화써클	3	본사기자 김춘희
1948-12-22-016	폐차전기두4호를 완전 복구	복계기관구 전기공장에서	3	주재기자 김만선

기사번호	제목(title)	부제목(stitle)	면수	필자, 출처
1948-12-22-017	기술인재양성은 산업발전의 관건	황해제철소에서	3	윤칠종
1948-12-22-018	동기를 맞은 림산계의 벌목과 운재는 활발!	칠평림산사업소에서	3	주재기자 최영환
1948-12-22-019	농민들의 다수확경험 조	회양군 한길용농민	3	송용철
1948-12-22-020	『조선신문』은 조선인민들에게 조국건설의 길을 밝히여주었다!		3	김동천
1948-12-22-021	유엔총회 제3차회의 전반회의 사업에 대하여		4	홍인철
1948-12-22-022	체코슬로바키아수상 귀국	쏘련과의 군은 동맹 강조	4	조선중앙통신
1948-12-22-023	미국정부의 공산당 박해		4	조선중앙통신
1948-12-22-024	파란로동자 제 정당합동대회 개막		4	조선중앙통신
1948-12-22-025	우크라이나과학한림원		4	조선중앙통신
1948-12-22-026	미정부의 허위적비방을 항가리정부 반박		4	조선중앙통신
1948-12-22-027	경찰의 보복행위 반대	불란서로동자 전국적인 항의	4	조선중앙통신
1948-12-22-028	남아련방정부 흑인학생 천대		4	조선중앙통신
1948-12-23-001	조선인민은 자기 조국의 자유와 국토완정을 위하여 치렬한 애국투쟁을 전개하고있다		1	
1948-12-23-002	쏘련해군의 위훈 찬양하며 전당적감사의 축기를 증정		1	주재기자 김소민
1948-12-23-003	교양 위하여 노력하며 년말수송전에 총궐기	평양기관구 청년들	1	본사기자 김지창
1948-12-23-004	조국건설 위하여	각지에서	1	
1948-12-23-005	‘국가보안법’의 악성 발휘	남조선일대의 대량 검거 계속	1	조선중앙통신
1948-12-23-006	일정한 자습계획밑에 체계있게 공부하고있다	조선맥주공장 청년들	1	본사기자 리인태
1948-12-23-007	형식적사업작풍 퇴치하고 지도검열사업 강력히 추진	락연광산 공작계분세포에서	2	주재기자 박진선
1948-12-23-008	선전원들을 위한 실무적교양 강화	평양시당 상무위원회에서	2	본사기자 현갑진
1948-12-23-009	비판과 자아비판 강화하며 당회의의 교육성 제고하자	청진철도공장 초급당부에서	2	주재기자 현준극
1948-12-23-010	락후한 사상경향과 견결한 투쟁을 전개	온성군당위원회에서	2	주재기자 현준극
1948-12-23-011	당조직강화를 위하여 강력한 비판전개 필요	라흥제철소 주강계세포	2	통신원 윤치월
1948-12-23-012	자습당원들의 학습지도에 있어서 몇가지 문제		2	
1948-12-23-013	해방과 원조로 굳게 맺은 조쏘인민의 친선을 맹세	사리원역두에서	3	주재기자 리성섭
1948-12-23-014	쏘련군대와 석별하는 청진역두의 인민들!		3	주재기자 현준극

기사번호	제목(title)	부제목(stitle)	면수	필자, 출처
1948-12-23-015	인민군대 군인가족에 대한 평북인민들의 열성적후원		3	주재기자 최영환
1948-12-23-016	작가들의 창작계획 4부작 「두만강」	리기영씨의 구상에서	3	본사기자 김춘희
1948-12-23-017	조중인민의 친선을 도모	조중학생교환연예대회 성대	3	본사기자 신기관
1948-12-23-018	년말증산운동 치렬히 전개	함북도내 각 생산직장에서	3	주재기자 김소민
1948-12-23-019	선진영농법을 연구하여	회녕군 료동리 농민들	3	본사기자 리의철
1948-12-23-020	만포선전기화공사 진척!	전철개통식 앞두고 맹렬한 최후 돌격	3	본사기자 김기초
1948-12-23-021	애국미 7백여가마니 국가에 헌납		3	
1948-12-23-022	날씨는 계속 따스하다	중앙기상대의 발표	3	조선중앙통신
1948-12-23-023	광범한 인민의 교실	평양중앙도서관에서 본 근로인 민들의 문화생활	3	본사기자 김춘희
1948-12-23-024	볼쉐위끼당의 축문에 감격	파란로동사회량당합당대회	4	따쓰통신
1948-12-23-025	불가리아로동당대회		4	조선중앙통신
1948-12-23-026	베를린주둔 불군사령관 방송국 무전탑을 파괴	쏘련군당국에서 엄중항의	4	조선중앙통신
1948-12-23-027	독일 진보적인민들 분격		4	조선중앙통신
1948-12-23-028	베를린시 참사회에서 선거법규 준비		4	조선중앙통신
1948-12-23-029	유고대사 모쓰크바 착		4	조선중앙통신
1948-12-23-030	미국은 일본재무장에 광분		4	조선중앙통신
1948-12-23-031	쏘련소식	과학자양성사업	4	조선중앙통신
1948-12-23-032	쏘련소식	모쓰크바중앙백화점	4	조선중앙통신
1948-12-23-033	위신쓰끼씨 탄생 65주년		4	조선중앙통신
1948-12-23-034	다수교원단체에게 훈장 수여		4	
1948-12-23-035	극장안내		4	
1948-12-23-036	일본 공산당과 로동계급은 자기 조국의 정치적 경제적 자주를 위하여 투쟁하고 있다		4	김만수
1948-12-24-001	동기방학을 교육사업에 옳게 리용하자!		1	
1948-12-24-002	조선최고인민회의 상임위원회 정령	조선민족해방운동에서 헌신적으 로 투쟁하였으며 민족보위와 인 민의 리익을 옹호함에 공훈있는 인민군대 및 내무성 군관들과 조선민주자주독립국가건립을 위 하여 외국침략자 및 국내반동파 들과의 투쟁에서 영웅성을 발휘 한 투사들에게 국기훈장 1, 2, 3 급을 수여함에 관하여	1	

기사번호	제목(title)	부제목(stitle)	면수	필자, 출처
1948-12-24-003	(국기훈장 제1급수훈자들)		1	
1948-12-24-004	괴뢰정부 반대하는 폭동군 보성 곡성에 서 일대 공세!	수개 경찰지서도 습격소탕	1	조선중앙통신
1948-12-24-005	문맹을 완전히 퇴치하자	함북 온성군 호소에 평양 서구 인민들 호응	1	본사기자 신기관
1948-12-24-006	년간계획 완수	각지에서	1	
1948-12-24-007	현물세와 고공품	각지에서	1	
1948-12-24-008	사업분공 옳게 조직하며 정치교양사업 일층 강화	황해도 재령군 하성광산 당부 에서	2	본사기자 리수근
1948-12-24-009	당장성사업에 일층 심중한 관심 돌리자	청진제강소 초급당부의 사업정형	2	본사기자 송학용
1948-12-24-010	형식적학습경향 퇴치코 사상교양사업 옳 게 추진	대령광산 당부에서	2	주재기자 김만선
1948-12-24-011	'유엔조선위원단'의 허위적보고		2	진성
1948-12-24-012	우리 조국의 남북		2, 3	심영
1948-12-24-013	조선에 대한 쏘련의 방조 앞으로도 변함 없다!	함남도각지 환송대회	3	본사기자 김동천
1948-12-24-014	쏘련군가족을 초대하여 단란한 석별의 하루를	회녕군녀맹에서	3	심철
1948-12-24-015	선진영농기술을 광범히 실시하자	강서군농업기술강습회 성과 막대	3	본사기자 리의철
1948-12-24-016	농민들의 다수확경험 벼	룡강군 김병만농민	3	본사기자 리의철
1948-12-24-017	작가들의 창작계획 장편소설 『철화』	작가 리태준씨의 구상에서	3	본사기자 김준희
1948-12-24-018	리승만도당들의 귀축행위	총검으로 무고한 인민 학살	3	조선중앙통신
1948-12-24-019	체조교원에 군사훈련 강행	소위 배속장교양성이 목적	3	조선중앙통신
1948-12-24-020	남조선괴뢰'정부' 언론탄압	잡지 『문장』을 폐간처분	3	조선중앙통신
1948-12-24-021	파란인민경제발전에 관한 경제위원회 위 원장 민츠의 보고	파란로동자 제 정당합당대회에서	4	조선중앙통신
1948-12-24-022	파란로동당 장성 현저		4	조선중앙통신
1948-12-24-023	식량부족반대 낙위인민시위		4	조선중앙통신
1948-12-24-024	파리시민의 일대 시위로 피살로동자장례 식 거행		4	조선중앙통신
1948-12-24-025	대베를린시 배급망 확장	시참사회 공급부장 담	4	조선중앙통신
1948-12-24-026	서전에 대한 미국압력 가강		4	조선중앙통신
1948-12-24-027	코르푸해협사건 심의	17일 유엔국제재판소에서	4	조선중앙통신
1948-12-24-028	씨.아이.오산하 뉴욕주내 제직맹대회		4	조선중앙통신
1948-12-24-029	명춘 1월 23일로 일본총선거 내정		4	조선중앙통신
1948-12-24-030	항가리건축사업 활발 진보		4	조선중앙통신
1948-12-24-031	쏘련소식	쏘베트작가동맹 제12차총회 개막	4	조선중앙통신
1948-12-24-032	쏘련소식	식료품판매망 급격히 증가	4	조선중앙통신

기사번호	제목(title)	부제목(stitle)	면수	필자, 출처
1948-12-24-033	도죠이하 7 전범자 교수형 집행		4	조선중앙통신
1948-12-24-034	반동의 공세 반대하여 미국로동자들은 투쟁		4	조일
1948-12-25-001	국가재산애호운동을 더욱 활발히 전개하자		1	
1948-12-25-002	조선을 일본제국주의기반으로부터 해방함에 공훈있는 쏘련군대 원수 장관 장교들에게 국기훈장을 수여		1	조선중앙통신
1948-12-25-003	열성적인 군사교련과 함께 선진적리론으로 무장 결의	조선인민군대 청년들	1	본사기자 김전
1948-12-25-004	선진과학으로 무장하면서 인민보안임무 완수에 매진	평양시내무부 보안대 청년들	1	
1948-12-25-005	국기훈장 제2급	수훈자들	1	
1948-12-25-006	년간계획 완수	각지에서	1	
1948-12-25-007	2백여무장폭동군에게 소위 전남지사 등 피습		1	조선중앙통신
1948-12-25-008	비판과 호상비판 전개하여 지도기관의 역할을 높이자	황해도 송림시인민위원회 세포에서	2	통신원 윤철
1948-12-25-009	부화한 사상과의 투쟁 일층 견결히 전개하자	봉산군 서종면 례로리당부에서	2	주재기자 리성섭
1948-12-25-010	자체환경에 맞는 학습실시에 노력	평북 송면우편국 세포	2	
1948-12-25-011	세포원들의 책임감 높이며 지도검열사업강화를 강조	평양시 서구 상리3세포에서	2	본사기자 현갑진
1948-12-25-012	조선인민은 쏘련군의 은공을 천추만대토록 잊지 않으리라		2	백영
1948-12-25-013	낡은 사상잔재 청산하고 선진과학으로 무장하자	함흥의과대학 학생세포에서	2	주재기자 박경석
1948-12-25-014	결점발생의 원인 철저한 추궁 필요	무산군내무서 세포	2	본사기자 송학용
1948-12-25-015	지시와 결정의 실천력 미약	국영 운포광산 중호분세포에서	2	통신원 유헌
1948-12-25-016	해방의 은인 쏘련군에게 최대의 영예를 올리자	성진시에서	3	렴재학
1948-12-25-017	불멸의 공훈을 남기고 쏘련군대는 떠나간다	홍원역두에서	3	유헌
1948-12-25-018	동기어로 맞은 수산일군들 새 승리를 향하여 총궐기!		3	본사기자 류민우
1948-12-25-019	금년에 만든 수리안전답에 명년에는 전면 랭상모 실시	선천군 태산면 농민들	3	본사기자 리의철
1948-12-25-020	준공에 가까워오는 양덕-천성간 전철공사		3	조광수
1948-12-25-021	작가들의 창작계획 장편소설 『남매』	한설야씨의 구상에서	3	본사기자 김춘희
1948-12-25-022	반동의 남조선	리승만괴뢰정부와 망국국회간의 추악한 분쟁	3	조선중앙통신
1948-12-25-023	우리조국의 남북(2)		3	심영
1948-12-25-024	파란통일로동당 지도기관선거	중앙위원회 위원장에 베루트 피선	4	조선중앙통신
1948-12-25-025	로동자 제 정당 합당경축	와르샤와에서 군중대회 성황	4	조선중앙통신
1948-12-25-026	이태리정부기관 정무원 24시간 파업 단행		4	조선중앙통신
1948-12-25-027	희랍민주군 승세		4	조선중앙통신
1948-12-25-028	체코슬로바키아에서 로동영웅 표창		4	조선중앙통신
1948-12-25-029	인도네시아공화국 반대하여 화란군 군사행동 개시		4	따쓰통신
1948-12-25-030	인도네시아 전황		4	따쓰통신
1948-12-25-031	화군침략에 대한 각국 반향		4	조선중앙통신
1948-12-25-032	쏘련소식	화폐개혁실시 및 배급제페지 1주년	4	조선중앙통신
1948-12-25-033	쏘련소식	쏘베트작가동맹총회 폐막	4	조선중앙통신
1948-12-25-034	극장안내		4	
1948-12-25-035	1948년도에 있어서의 쏘련인민의 창조적 로력의 거대한 승리		4	최일룡
1948-12-26-001	모쓰크바 3상회의 결정 3주년을 맞이하면서		1	
1948-12-26-002	쓰딸린대원수께 드리는 감사문 남조선인민 990여만 서명		1	조선중앙통신
1948-12-26-003	쏘련군대 원수 장관 장교들에게 국기훈장을 수여		1	조선중앙통신
1948-12-26-004	북조선 전체 농민들 만기현물세 완납!		1	
1948-12-26-005	년간계획 완수	각지에서	1	
1948-12-26-006	조선자주독립 위한 쏘베트외교가들의 국제무대서의 성명		1	
1948-12-26-007	조국의 북반부는 건설발전의 길로		2	
1948-12-26-008	평남관개건설공사는 활발히 진척되고있다		2	본사기자 김달수
1948-12-26-009	출판물은 인민들에게 전망의 길을 열어준다		2	본사기자 김현주
1948-12-26-010	기본건설의 활발한 진행은 2개년계획실행의 토대!		2	본사기자 김기초
1948-12-26-011	조국건설을 위한 증산투쟁	각지에서	2	본사기자 리인태, 주재기자 김만선
1948-12-26-012	나날이 견고해지고있는 조선인민군대의 력량!		2	본사기자 김전

기사번호	제목(title)	부제목(stitle)	면수	필자, 출처
1948-12-26-013	신축된 김일성종합대학		2	
1948-12-26-014	조국의 남반부는 파괴퇴페의 길로		3	
1948-12-26-015	총검의 탄압을 무릅쓰고 로동자들 용감히 투쟁!		3	
1948-12-26-016	농민들의 량곡을 총검으로 략탈		3	본사기자 김달수
1948-12-26-017	날조를 일삼는 반동출판물		3	본사기자 김현주
1948-12-26-018	미군철퇴 절규하는 애국인민들을 탄압학살하는 반동경찰		3	
1948-12-26-019	굶고 헐벗는 한편엔 질탕과 향락이 성행		3	본사기자 리문상
1948-12-26-020	남조선 소위 '국군'은 미제의 침략도구		3	본사기자 김전
1948-12-26-021	암담한 학원		3	
1948-12-26-022	안보내강대국 일치가결원칙에 관한 쏘련대표 위신쓰끼씨 연설	11월 30일 유엔특별위원회에서	4	
1948-12-26-023	중국인민해방군 북평을 완전포위		4	조선중앙통신
1948-12-27-001	위대한 쓰딸린대원수에게	쏘련군대가 북조선을 떠나감에 대하여	1	
1948-12-27-002	민족재생의 앞길을 열어준 쏘련군을 열광적으로 환송	쏘련군환송 평양시군중대회 성대	2	
1948-12-27-003	전송사 김책	쏘련군환송 평양시군중대회에서	2	
1948-12-27-004	전인민이 기록한 민족적감사의 발로 쓰딸린대원수에게 드리는 감사문을 전달	1천 6백 76만여명 서명	2	조선중앙통신
1948-12-27-005	답사 메르꿀로브소장	쏘련군환송 평양시군중대회에서	2	
1948-12-27-006	해방의 은인 쏘련군과 최후의 전별을 하면서		3	본사기자 박중선
1948-12-27-007	국토완정을 달성하여 그 은혜에 보답하리!		3	본사기자 김달수
1948-12-27-008	군중들의 환송리에 역으로 향하는 쏘련군장관들		3	
1948-12-27-009	반동의 남조선	당황한 매국노 리승만 장택상 윤치영 등을 파면	3	조선중앙통신
1948-12-27-010	괴뢰정부 인프레를 조장		3	조선중앙통신
1948-12-27-011	보상물자도 현금도 안주고 빈농에게서 량곡을 수탈		3	조선중앙통신
1948-12-27-012	우리 공화국북반부에는 이미 외국군대가 없다!		3	김항우
1948-12-27-013	안보내강대국 일치가결원칙에 관한 쏘련대표 위신쓰끼씨 연설 11월 30일 유엔특별위원회에서	전호에서 계속	4	

기사번호	제목(title)	부제목(stitle)	면수	필자, 출처
1948-12-27-014	화란의 대인무력침공에 대하여 안보에서 각국대표 토론		4	조선중앙통신
1948-12-27-015	화란공산당에서 침략전쟁반대투쟁		4	조선중앙통신
1948-12-27-016	항가리근로농민 및 농업로동자전국동맹 결성대회 개최		4	조선중앙통신
1948-12-28-001	애국투사후원회창립 제2주년에 제하여		1	
1948-12-28-002	쏘베트사회주의공화국련맹 내각 수상 쓰딸린대원수각하	쓰딸린탄생일에 즈음하여	1	
1948-12-28-003	조선민주주의인민공화국 내각 수상 김일성각하	쓰딸린탄생일에 즈음하여	1	
1948-12-28-004	국기훈장 제2급	수훈자들	1	
1948-12-28-005	조국의 국토완정 위해 끝까지 투쟁 사동련탄 로동자들	모쓰크바3상결정 3주년을 맞는 각계의 반향	1	
1948-12-28-006	쏘련은 자기 약속을 리행했지요 평양 문수리 농민들	모쓰크바3상결정 3주년을 맞는 각계의 반향	1	
1948-12-28-007	조국건설을 위하여 년간계획을 완수	각지에서	1	
1948-12-28-008	남포시 세금 완납		1	
1948-12-28-009	평안남도 국가세금 완납		1	
1948-12-28-010	발생된 결함과 오유를 시정 당사업의 개선강화를 토의	평북도당위원회에서	2	주재기자 최영환
1948-12-28-011	부화한 사상경향 급속히 청산하자	함주군 류정리세포총회에서	2	주재기자 박경석
1948-12-28-012	세포위원회의 역할 높이고 당내 민주주의를 발양하자	풍산군내무서 세포총회에서	2	통신기자 김의진
1948-12-28-013	적절한 분공조직과 검열사업 강화하자	봉산군 답기동세포총회에서	2	주재기자 리성섭
1948-12-28-014	조직적생활환경속에서 선진과학을 심오히 연구	중앙당학교 학생들의 교내생활	2	본사기자 송학용
1948-12-28-015	모쓰크바3상결정을 왜 미제국주의자들은 리행치 않았는가		2	김일권
1948-12-28-016	당과 국가를 위해서 헌신할 결의도 굳게	평남도당학교 6개월반 졸업식	2	
1948-12-28-017	환송의 그치지 않는 노래와 만세소리!	순천역두에서	3	
1948-12-28-018	북쪽을 바라보며 석별의 감 못이겨	신성천역두에서	3	
1948-12-28-019	마지막 환송렬차를 보내는 인민의 감격	함흥역두에서	3	
1948-12-28-020	친선의 정이 북받쳐	양덕역두에서	3	
1948-12-28-021	함남도 민주건설에 남긴 쏘련군의 빛나는 공훈!		3	
1948-12-28-022	겨울고기잡이에 돌격하는 함남도의 수산합작사들		3	주재기자 박경석
1948-12-28-023	무진장한 바다의 보배를 건지려고	청진수산사업소 일군들	3	본사기자 송학용
1948-12-28-024	인민의 생활필수품 더 많이 생산키 위해	지방산업관리국신하 각 공장들에서	3	

기사번호	제목(title)	부제목(stitle)	면수	필자, 출처
1948-12-28-025	생산시설의 보수정비	평양피복공장에서	3	본사기자 최창준
1948-12-28-026	복구와 건설에 돌격	청진제철소 일군들	3	
1948-12-28-027	주독쏘군정 정보국 성명	미영불대표의 정보를 반박	4	조선중앙통신
1948-12-28-028	베를린신시참사회는 시의 통일재건 위해 노력	시장 에베르트씨 연설	4	조선중앙통신
1948-12-28-029	미영독점자본가들 서독공업을 탈취		4	조선중앙통신
1948-12-28-030	쏘련직맹대표 이태리각지 공장 방문		4	조선중앙통신
1948-12-28-031	영국철도직맹 반공제의 거부		4	조선중앙통신
1948-12-28-032	일본해원들 파업으로 체화 45만톤		4	조선중앙통신
1948-12-28-033	일본점령 미군당국에서 횡수하군항 재건		4	조선중앙통신
1948-12-28-034	쏘련소식	쏘련간부들의 정치적자체교양	4	조선중앙통신
1948-12-28-035	쏘련소식	리스아니아의 집단농민대회	4	
1948-12-28-036	쏘련소식	인민경제발전	4	
1948-12-28-037	쏘련소식	예술한림원 회원명단 발표	4	
1948-12-28-038	일본제국주의의 소생은 아세아 제 인민의 평화와 안전을 위협하고있다		4	차윤경
1948-12-28-039	북조선로동당 중앙위원회 기관잡지『근로자』12호		4	로동신문사내 『근로자』편집국
1948-12-29-001	동기체육을 활발히 전개하자		1	
1948-12-29-002	훌륭한 문학작품창작에 배가노력 문학예술인들	모쓰크바3상결정 3주년 맞는 각계의 반향	1	본사기자 김춘희
1948-12-29-003	미군철퇴 요구코 견결히 투쟁하자 평양신리10구 4반 인민들	모쓰크바3상결정 3주년 맞는 각계의 반향	1	본사기자 리문상
1948-12-29-004	우리 민주력량은 반드시 승리한다	김일성대학생들	1	
1948-12-29-005	쏘련군대철거후의 북조선		1	조선중앙통신
1948-12-29-006	국기훈장 제2급	수훈자들	1	
1948-12-29-007	조국건설을 위하여	각지에서	1	
1948-12-29-008	조쏘문화교류의 전당 함흥문화회관 개관		1	조선중앙통신
1948-12-29-009	동기당정치교양사업을 질적으로 개진강화하자	재녕군 하성면당단체에서	2	본사기자 리수근
1948-12-29-010	세포열성당원 양성 부단히 노력하자!	청진제철소 초급당부에서	2	본사기자 송학용
1948-12-29-011	세포지도사업에 충실성을 높이자	개천군 중서면당부에서	2	
1948-12-29-012	안일성과 견결한 사상투쟁을 전개	풍산군 아마공장세포총회에서	2	
1948-12-29-013	형식주의사업작풍 퇴치 조직적지도수준 높이자	평양곡산공장 초급당부총회에서	2	
1948-12-29-014	정치교양사업의 강화로써 당원들의 당성을 제고하자	사리원탄광 2항 1세포총회에서	2	주재기자 리성섭
1948-12-29-015	조선의 완전통일과 독립을 방해하는자는 누구인가?		2	리기영
1948-12-29-016	인민보안에 주야분투하는 보안대원들을 무한히 사랑	평양 미림리 농민들	3	본사기자 리문상
1948-12-29-017	인민군과 보안대원들에게 정성의 선물과 연예로 위문	련천군내 녀맹원들	3	
1948-12-29-018	『쏘련단편소설집』합평회	문학동맹 소설분과위원회	3	본사기자 김춘희
1948-12-29-019	농민들의 다수확경험 2모작 마령서와 벼	영흥군 강계원농민	3	본사기자 리의철
1948-12-29-020	본사신축사옥 준공		3	
1948-12-29-021	퇴페된 문화		3	
1948-12-29-022	인민항쟁참가자들에게 괴뢰정부 계속 극형언도		3	조선중앙통신
1948-12-29-023	리승만괴뢰정부에서 소위 ‘국방군’ 강제모집		3	조선중앙통신
1948-12-29-024	리승만괴뢰정부 ‘국방부’ 김석원 등 전 일본장교 등용		3	조선중앙통신
1948-12-29-025	1948년도 민주건설의 거대한 성과(1)		3	
1948-12-29-026	련맹의 사업보고 시인코 세계청년대회 소집 결정	세계민청집행위원회 회의	4	조선중앙통신
1948-12-29-027	스웨르니크씨 주쏘유고대사 접견		4	조선중앙통신
1948-12-29-028	희랍민주정부수립 1주년	-동정부에서 호소문을 발표-	4	조선중앙통신
1948-12-29-029	이태리실업자 175만명		4	조선중앙통신
1948-12-29-030	독일점령 불군정당국 다수기업소 몰수		4	조선중앙통신
1948-12-29-031	쏘.분량국 상호물자공급에 관한 협정 체결		4	조선중앙통신
1948-12-29-032	미국내 실업상태 혹심	실업, 반실업 계 1천 수백만	4	조선중앙통신
1948-12-29-033	북조선에서의 인민체육	-쏘련『쏘베트체육』지의 보도-	4	조선중앙통신
1948-12-29-034	화란대표는 안보에서 대인침공의 정당화 기도		4	조선중앙통신
1948-12-29-035	화란의 대인침공은 비법적인 행위이다	씨.아이.오 위원장 언명	4	조선중앙통신
1948-12-29-036	루마니아농촌문화 급격히 발전		4	조선중앙통신
1948-12-29-037	쏘련소식	제2차 우크라이나작가대회 개최	4	조선중앙통신
1948-12-29-038	쏘련소식	라트비아문학주간	4	조선중앙통신
1948-12-29-039	미국의 대일본정책을 중국인민은 반대한다		4	김항우
1948-12-30-001	고공품생산을 적극 추진시키자		1	
1948-12-30-002	새 승리를 위하여 힘차게 투쟁하자 서평양철도공장 일군들	쏘련군철거완료에 대한 반향	1	본사기자 김기초
1948-12-30-003	조국에 충성 바쳐 통신을 민속하게 중앙우편국 사무원들	쏘련군철거완료에 대한 반향	1	본사기자 리문상
1948-12-30-004	해방군 정신 배워 보건사업에 헌신 평양특별병원 간호원들	쏘련군철거완료에 대한 반향	1	본사기자 김춘희

기사번호	제목(title)	부제목(stitle)	면수	필자, 출처
1948-12-30-005	전체 초등교육의무제실시 위한 북조선교육자들의 당면과업 토의	북조선 도 시 군 교육부 과장회의	1	본사기자 신봉
1948-12-30-006	전력생산계획 완수	각 발전소들에서	1	
1948-12-30-007	조국건설을 위하여	천마광산.단록광산에서	1	
1948-12-30-008	고공품생산 완료	각지에서	1	
1948-12-30-009	평양제1고급중학교 해방기념관 준공		1	
1948-12-30-010	농민들의 로력으로 흥천제방공사 준공		1	
1948-12-30-011	국기훈장 제3급	수훈자들	1	
1948-12-30-012	상급당결정을 구체화하여 증산협조 성과적으로 진행	황해도 신천군 가산면당단체에서	2	본사기자 리수근
1948-12-30-013	선진영농법연구에 노력 만반의 준비를 적극 추진	가산면 송연리당단체에서	2	
1948-12-30-014	금년도의 경험 살려 면화증산준비 만전	가산면 운천동세포에서	2	
1948-12-30-015	미제국주의침략도구인 남조선괴뢰'정부'를 타도하자!		2	김인숙
1948-12-30-016	조국보위에 분투하는 용사들을 적극 후원	강원도내 녀성동맹원들	3	
1948-12-30-017	남편은 조국보위에 안해는 농업증산에 인민군의 안해 오선비씨	황해도 벽성군 대거면 숙달리에서	3	
1948-12-30-018	로동자들의 행복	황해제철소 문화주택거리	3	본사기자 리문상
1948-12-30-019	국기훈장 수여받은 영예의 애국투사들	박달선생	3	본사기자 김전
1948-12-30-020	기술기능련마에 전력	부전강발전부에서	3	의정산
1948-12-30-021	남조선은 경찰국가		3	
1948-12-30-022	통용되지 않는 리승만의 '지시'		3	
1948-12-30-023	금년의 경험을 토대로	풍산군 김학두농민	3	통신원 김의진
1948-12-30-024	1948년도 민주건설의 거대한 성과(2)		3	본사기자 신언철
1948-12-30-025	파란로동사회 량당 합당대회에서 진술한 베루트의 보고		4	
1948-12-31-001	1948년을 보내면서		1	
1948-12-31-002	훌륭한 인재의 양성으로써 보답 인민학교 교원들	쏘련군철거완료에 대한 인민들의 반향	1	
1948-12-31-003	보안대 일군들의 책임은 일층 중대 내무서 보안대원들	쏘련군철거완료에 대한 인민들의 반향	1	
1948-12-31-004	첫 상륙지 청진을 지나 쏘련군대는 고국으로	청진시민들의 마지막 환송	1	주재기자 현준극
1948-12-31-005	국기훈장 제3급	수훈자들	1	
1948-12-31-006	미군 즉시철퇴를 강경히 요구한다 전차사업소 로동자들	쏘련군철거완료에 대한 인민들의 반향	1	
1948-12-31-007	국토완정의 투지 일층 더욱 굳게	평양시 률리 농민들	1	본사기자 리의철

기사번호	제목(title)	부제목(stitle)	면수	필자, 출처
1948-12-31-008	조국건설을 위하여 황해제철 전체 년간계획을 완수	쏘련군철거완료에 대한 인민들의 반향	1	
1948-12-31-009	조국건설을 위하여	각지에서	1	
1948-12-31-010	조국건설을 위하여 고공품생산 완료	각지에서	1	
1948-12-31-011	잔존문맹완전퇴치를 목표 군중적운동을 강력히 추진	함북 온성군당단체에서	2	주재기자 현준극
1948-12-31-012	조직적인 협조대책으로 성인재교육사업 활발!	남양면당단체에서	2	
1948-12-31-013	1948년도 조선국내 정세개관		2	김동천
1948-12-31-014	백발백중의 사격수 되기 위하여	조선인민군 하사 김원식동무	3	
1948-12-31-015	내한행군중에 있는 조선인민군 포병대		3	
1948-12-31-016	남편은 조국방위에 안해는 녀성의 선두에	이천군 최춘봉씨	3	송춘관
1948-12-31-017	1948년 국내중요일지		3	
1948-12-31-018	1948년도 민주건설의 거대한 성과(3)		3	
1948-12-31-019	파란로동사회 량당 합당대회에서 진술한 베루트의 보고	전호에서 계속	4	
1948-12-31-020	불가리아로동당 제6차대회 진행		4	조선중앙통신
1948-12-31-021	내각불신임안을 일본의회서 가결	내각은 중의원을 해산	4	조선중앙통신
1948-12-31-022	화란침략군에 미국무기 제공		4	조선중앙통신
1948-12-31-023	테헤란에 반동테로사건 발작		4	조선중앙통신
1948-12-31-024	신미국무장관에 아이젠하워 취임설		4	조선중앙통신
1948-12-31-025	일본파업 10월중에 76만명 참가		4	조선중앙통신
1948-12-31-026	1948년도 국제정세		4	홍인철

1949년

1949년 1월 1일 『로동신문』

1949년을 맞이하면서 전국 인민에게 보내는 신년사

친애하는 동포들!

1949년 새해를 맞이하며, 나는 조선민주주의인민공화국 중앙정부의 명의로 자주 독립국가 건설을 위한 투쟁에서 지난해에 빛나는 업적을 남겨놓은 공화국 인민들에게 새해의 영광과 축복을 드립니다.

1948년은 우리 민족의 독립운동사상에 있어서 가장 빛나는 업적들을 남겨놓은 해였습니다. 비록 지난해에 우리 민족은 전국적 통일과 완전 자주 독립국가를 쟁취하지는 못하였지만 그러나 머지않은 장래에 전국적 통일과 완전 자주 독립국가를 쟁취할 수 있는 기초와 조건들을 갖추어 놓았습니다.

해방 후 3년 동안에 북조선에서 쟁취한 모든 민주개혁들과 민주 건설들을 법적으로 일층 확고히 하며, 전 조선 인민들에게 우리 조국이 나아갈 방향을 밝혀주는 조선민주주의인민공화국 헌법이 제정되었습니다.

"조선 사람은 통일될 수 없으며, 자기 손으로 자주 독립 국가를 건설 할 수 없다"는 미제국주의자들과 반동파들의 온갖 요언과 흉계를 물리치고 조선 사람들은 자기들끼리 얼마든지 통일할 수 있으며, 자기 손으로 자주 독립국가를 능히 건설할 수 있다는 것을 전 세계에 증시하여주는 남북조선 제 정당 사회단체 4월 련석회의가 평양에서 소집되었습니다.

정견이 상이한 남북조선 정당 사회단체 대표자들은 우리 조국에 조성된 민족적 분렬의 위기를 타개하기 위하여 우리 조국 강토에서 외국군대가 철거할 것을 요구하였으며, 우리 조선 인민은 외국의 간섭이 없이 자기 손으로 능히 통일정부를 수립할 수 있으며, 미제국주의자들의 식민지예속화정책의 도구인 소위 '유엔 조선위원단'을 반대 배격하며, 미정권당국의 조종 하에서 강행하는 5월 10일 단독 '선거'는 망국멸족의 배족적 '선거'로 규정하고 그를 배격 보이꼬트하며, 또 이러한 망국적 '선거'로써 수립된 어떠한 '정부'든지 조선 인민은 인정하지 않고 지지하지 않을 것이며, 이러한 '정부'와 체결한 어떠한 '조약'이나 '협정'이든지 조선 인민은 다 승인하지 않을 것이며, 그에 대한 책임을 누구나 지지 않으리라는 것을 이구동성으로 선포하였습니다.

남북조선 인민들은 총궐기하여 4월 련석회의의 결정을 받들어 장엄한 구국투쟁으로써 5월 10일 망국적 단독 '선거'를 배격 보이꼬트하고 음흉한 제국주의자들이 위조한 망국적 괴뢰'정부'를 전 조선 인민과 완전히 절연 고립시키었습니다.

남조선 총 유권자의 77.52%와 북조선 총 유권자의 99.97%의 참가 하에서 조선 최고인민회의 선거를 승리적으로 실시하여 조선민주주의인민공화국을 선포하고 공화국 중앙정부를 수립한 사실은 우리 공화국을 전체 조선 인민이 어떻게 지지하는가 하는 가장 좋은 실례로 됩니다. ……

김광운, 2018, 『북조선실록』 제26권, 코리아데이터프로젝트, 6~13쪽.

1949년

기사번호	제목(title)	부제목(stitle)	면수	필자, 출처
1949-01-01-001	새해를 새 승리로 맞이하자		1	
1949-01-01-002	김일성 사진		1	
1949-01-01-003	1949년을 맞이하면서 전국인민에게 보내는 신년사	조선민주주의인민공화국 내각 수상 김일성	1, 2	
1949-01-01-004	1948년도 인민경제건설 및 국토완정을 위한 투쟁에 있어서 우리 당의 역할		2	최창익
1949-01-01-005	승리에 대한 자신만만	서평양철도공장에서	3	본사기자 김기초
1949-01-01-006	조국경제토대 더욱 튼튼히	신의주림산사업소	3	주재기자 최영환
1949-01-01-007	로동자들은 선두에 서서 국토완정을 위하여 투쟁	흥남비료공장 로동자들	3	본사기자 김지창
1949-01-01-008	더 높은 수확을	안주군 송산·왕산 농민들	3	본사기자 김달수
1949-01-01-009	풍부한 지하자원 개발하여	룡문탄광 로동자들	3	본사기자 리인태
1949-01-01-010	우리의 희망	제2인민학교	3	본사기자 김춘희
1949-01-01-011	미군주둔하의 남조선	암흑속에서 새해를 맞는 남조선인민들	3	본사기자 김현주
1949-01-01-012	인도네시야의 사건 미.영의 반동성은 폭로	27일 안전보장리사회	4	조선중앙통신
1949-01-01-013	화란군병력 쟈바에만 14만		4	조선중앙통신
1949-01-01-014	원조를 즉시 중지하라!	미국 다수 인사들 성명	4	조선중앙통신
1949-01-01-015	항가리청년들 항의		4	조선중앙통신
1949-01-01-016	이라크하원 안보에 항의		4	조선중앙통신
1949-01-01-017	미국신문들의 론평		4	조선중앙통신
1949-01-01-018	화란군의 침략행동은 즉시 중지되여야 한다		4	김만수
1949-01-01-019	불가리아로동당대회 폐막		4	조선중앙통신
1949-01-01-020	불가리아로동당 공산당으로 개칭		4	조선중앙통신
1949-01-01-021	월레스씨 성명		4	조선중앙통신
1949-01-01-022	체코슬로바키아인민들 분격		4	조선중앙통신
1949-01-01-023	『근로자』편집국으로부터		4	『근로자』편집국
1949-01-04-001	금년도 높은 수확을 위한 투쟁에 매진하자		1	

기사번호	제목(title)	부제목(stitle)	면수	필자, 출처
1949-01-04-002	생산계획의 초과달성은 국토완정과 독립에의 길	사동련탄공장 종업원들	1	본사기자 리인태
1949-01-04-003	인민공화국의 기지를 더욱 튼튼히 만들기 위하여	평양시 의암리 농민들	1	본사기자 리문상
1949-01-04-004	1948년도 경제계획 거대한 승리로써 쟁취!		1	조선중앙통신
1949-01-04-005	인민에게 복무하는 예술인이 되기 위하여	문학예술인들	1	본사기자 김춘희
1949-01-04-006	국제직련과 전쏘련방직맹에 신년축하	북조선직업총동맹에서	1	
1949-01-04-007	당사업지도방법을 더욱 향상시키자		2	북조선로동당 중앙본부 조직부장 김열
1949-01-04-008	일층의 증산보장 위하여 협조사업을 조직적으로	남포제련소 초급당부	2	본사기자 송학용
1949-01-04-009	당내부사업강화 위한 비판과 자기비판 전개	고성철도기관구공장세포에서	2	통신원 임완호
1949-01-04-010	조선인민군대협주단 로동자들을 위안 격려	흥남비료공장에서	3	주재기자 박경석
1949-01-04-011	두 아들을 인민군대에 보낸 로동자의 오늘의 이 영예!	신유선탄광 정도봉씨	3	통신원 심철
1949-01-04-012	한사람의 문맹자도 없이 하자	룡강군인민들의 궐기대회	3	신봉
1949-01-04-013	미군주둔하의 남조선	자리다툼만 일삼는 리승만괴뢰'정부'	3	조선중앙통신
1949-01-04-014	미군주둔하의 남조선	불안과 소란의 남조선 야간통행시간을 또 단축	3	조선중앙통신
1949-01-04-015	만단의 준비를 갖추고	황해제철소에서	3	통신원 윤종철
1949-01-04-016	도광기시설에 성공	대령광산에서	3	
1949-01-04-017	모범로동자들의 투쟁 합성고무제품에 성공	평양특수고무 한국헌동무	3	본사기자 김지창
1949-01-04-018	쏘련의 사회단체		3	김극복
1949-01-04-019	팔레스티나문제를 심의 28일 오전회의에서	안전보장리사회 회의에서	4	조선중앙통신
1949-01-04-020	항가리근로인민들의 생산경쟁운동은 치렬		4	조선중앙통신
1949-01-04-021	인도네시아문제를 심의 28일 오후회의에서	안전보장리사회 회의에서	4	조선중앙통신
1949-01-04-022	미국의 무기공급은 계속		4	조선중앙통신
1949-01-04-023	1949년도 카나다의 군사예산		4	조선중앙통신
1949-01-04-024	씨리아 레바논 신문들의 론박		4	조선중앙통신
1949-01-04-025	화란학생대회 침략 즉시 중지를 요구		4	조선중앙통신
1949-01-04-026	이태리의 물가 날로 폭등		4	조선중앙통신
1949-01-04-027	수단정세 불온		4	조선중앙통신

기사번호	제목(title)	부제목(stitle)	면수	필자, 출처
1949-01-04-028	일본공산당은 통일인민전선쟁취를 위하여 투쟁하고있다		4	박근식
1949-01-04-029	불란서정부당국에서 진보적이주민을 박해		4	조선중앙통신
1949-01-04-030	쟈카르타부근에서 화.인군 무력충돌		4	조선중앙통신
1949-01-04-031	인도네시아에 신괴뢰정부		4	조선중앙통신
1949-01-04-032	이.흥간 물품 교환	총액 3천 5백만딸라	4	조선중앙통신
1949-01-04-033	중국국민당에 미국원조 부여		4	조선중앙통신
1949-01-04-034	쏘련소식	인민재판소 판사선거 정치적통일 시위	4	조선중앙통신
1949-01-05-001	새해를 모범적노력으로!		1	
1949-01-05-002	새 2개년계획실행에 애국적투지로써 참가	평양화학공장 종업원들	1	본사기자 김기초
1949-01-05-003	초등의무교육실시의 준비사업에 궐기하자	제2인민학교 직원들	1	본사기자 김춘희
1949-01-05-004	건설과 증산투쟁으로 공화국의 륭성을 보장	평양피복공장 종업원들	1	본사기자 리인태
1949-01-05-005	세계민청 쏘련청년반파쑈위원회에 년하전보	북조선민청중앙위원회에서	1	
1949-01-05-006	국제녀맹에 북조선녀맹에서 년하전보		1	
1949-01-05-007	국기훈장 수여받은 영예의 애국투사	조선인민군 총참모장 강건동지	2	
1949-01-05-008	사회단체사업강화 위한 협조대책들을 토의 결정	-평양시당 상무위원회에서-	2	본사기자 현갑진
1949-01-05-009	사회단체 옳게 추진시켜 유일관리제를 적극 강화	국영평양제면공장 세포에서	2	본사기자 리수근
1949-01-05-010	강계군당부의 동기교양사업		2	본사기자 신기관
1949-01-05-011	맑스-레닌주의적정당은 로동계급의 강력한 무기		2	한영석
1949-01-05-012	조국애에 불타는 우수한 사격수	조선인민군 하사관 박승용동무	3	본사기자 김전
1949-01-05-013	말을 능숙히 다루는 모범전사	조선인민군 상등병 권종수동무	3	본사기자 김전
1949-01-05-014	새해맞아 새 결의로 2개년계획 실천에	재녕광산에서	3	
1949-01-05-015	징소리 높이 울리며 바다로 나가는 어민들	신포수산사업소에서	3	주재기자 박경석
1949-01-05-016	미군주둔하의 남조선	여지없이 파탄된 남조선 석탄생산	3	조선중앙통신
1949-01-05-017	농민들의 다수확경험 이랑논	재녕군 박봉식농민	3	본사기자 리의철
1949-01-05-018	희망가득한 생활	룡강군 서부동 홍종원농민	3	
1949-01-05-019	쏘련과 조선문제		3	마예브쓰끼
1949-01-05-020	일본 중의원선거전 개시	공산당립후보 백여명 진출	4	조선중앙통신

기사번호	제목(title)	부제목(stitle)	면수	필자, 출처
1949-01-05-021	루마니아인민공화국 선포 1주년 기념을 경축		4	조선중앙통신
1949-01-05-022	따쓰의 반박		4	조선중앙통신
1949-01-05-023	애급수상 피살		4	조선중앙통신
1949-01-05-024	파란탄광 로동자 경쟁으로 계획 완수		4	조선중앙통신
1949-01-05-025	서독 비소니아 경제파탄	등록된 실업자 70만명	4	조선중앙통신
1949-01-05-026	알바니아의 인민교육 발전		4	조선중앙통신
1949-01-05-027	팔레스티나 조정위원단		4	조선중앙통신
1949-01-05-028	화란에서 대인침략에 독일포병 리용		4	조선중앙통신
1949-01-05-029	월남공화국에 있어서의 문화발전을 위한 투쟁		4	최진
1949-01-05-030	화란의회에서 식민지전쟁법안 통과		4	조선중앙통신
1949-01-05-031	1949년도 경제계획 통과	루국 대인민회의에서	4	조선중앙통신
1949-01-05-032	안전보장리사회에서의 우크라이나대표의 규탄		4	조선중앙통신
1949-01-05-033	쏘련소식	국영농장탄광들 계획량 초과완수	4	조선중앙통신
1949-01-05-034	쏘련소식	신도시들 건설	4	조선중앙통신
1949-01-05-035	극장안내		4	
1949-01-06-001	1949년도 제1.4분기 예정수자실행과 당단체의 과업		1	
1949-01-06-002	새 승리 쟁취의 태세도 만반 국토완정에 장엄한 전진!	흥남제련소 로동자들	1	본사기자 신언철
1949-01-06-003	광범한 인민대중을 위한 보건사업을 강력히 전개	제1종합병원 종업원들	1	본사기자 신봉
1949-01-06-004	1949년 국정가격 전면적으로 인하	12월 29일 내각회의에서	1	조선중앙통신
1949-01-06-005	쏘련주둔군 사령부일행 31일 두만강을 통과	홍의에서 최종의 환송대회	1	조선중앙통신
1949-01-06-006	전쏘련방직맹에서 북조선직총에 년하축전		1	
1949-01-06-007	만포선 전기화공사 완성		1	조선중앙통신
1949-01-06-008	함북도 탄전로동자들 년간계획 승리로 종결		1	
1949-01-06-009	강원도 관개공사계획을 초과달성		1	
1949-01-06-010	이미 거둔 성과 토대로 보다 큰 새 승리 쟁취에	평양견직공장 당단체	2	본사기자 리수근
1949-01-06-011	사상투쟁 가강히 사업분공은 옳게	함남 신흥군 가평면 능리 당부에서	2	통신원 위정산
1949-01-06-012	관료주의사업작풍을 시급히 퇴치하자!	북조선중앙은행 초급당부에서	2	
1949-01-06-013	당내부 강화하며 협조사업을 추진	함북 신유선탄광 당부에서	2	통신원 심철
1949-01-06-014	자습당원들에게 주는 자료	물질과 의식	2, 3	
1949-01-06-015	행복한 내고향을 찾아	고향에서 돌아온 조선인민군 김재봉전사	3	

기사번호	제목(title)	부제목(stitle)	면수	필자, 출처
1949-01-06-016	선진적농림수산기술의 광범한 보급을 위하여	북조선농림수산기술련맹의 신년도계획	3	본사기자 리의철
1949-01-06-017	인민군들에게 보내는 로동자들의 새해축하		3	
1949-01-06-018	모범로동자들의 창의 시린다-개조에 성공	흥남비료 변춘성동무	3	주재기자 박경석
1949-01-06-019	부고	최고인민회의 대의원 백락영의 서거에 대하여	3	
1949-01-06-020	미군주둔하의 남조선	남조선매국무역 인천항에만 11개월간 입초 44억원을 돌파	3	조선중앙통신
1949-01-06-021	미군주둔하의 남조선	구국삐라 뿌린 중학생을 현장 사살하는 반동경찰	3	조선중앙통신
1949-01-06-022	인권선언초안에 관한 위신쓰끼의 연설	12월 9일 유엔전원회의에서	4	조선중앙통신
1949-01-06-023	쏘련과 유고간에 통상협정 체결	유고의 불성의로 상품융통 감소	4	조선중앙통신
1949-01-06-024	찌도도당의 반인민적반역정책을 반대하는 유고슬라비야인민들		4	따쓰통신
1949-01-06-025	장개석 등을 전범자로 중국 각계 인사들 락인		4	조선중앙통신
1949-01-06-026	애급 와프트당 화란의 대인침략에 항의		4	조선중앙통신
1949-01-06-027	극장안내		4	
1949-01-07-001	민주건설의 또하나의 새 성과		1	
1949-01-07-002	공화국기치를 높이 들고 거족적구국투쟁에 궐기	흥남비료공장 로동자들	1	본사기자 신언철
1949-01-07-003	2개년경제계획완수에 녀성의 전체 력량을 집결	중앙녀맹에서	1	본사기자 김춘희
1949-01-07-004	일제침략전쟁에 강제징모되었던 조선인출신 포로병 쏘련으로부터 송환		1	조선중앙통신
1949-01-07-005	근로인민들의 생활은 향상 일로를 밟고 있다	평양기관구에서	1	본사기자 김지창
1949-01-07-006	행복스러운 오늘의 생활 높은 증산으로 보답하자	평양곡산공장에서	1	본사기자 김기초
1949-01-07-007	학교건축을 위한 애국미 헌납!	평양시 미림2리 농민들	1	본사기자 박중선
1949-01-07-008	쏘련녀성반파쑈위원회에서 북조선녀맹에 년하전보		1	
1949-01-07-009	조직적협조성을 제고하여 새 승리 쟁취에 힘차게 매진	평양철도당단체	2	본사기자 송학용
1949-01-07-010	사업상락후성 퇴치하며 사상투쟁을 가강히 전개	함남 리원군 서면당부에서	2	통신원 윤지월
1949-01-07-011	지도기관사업을 일층 강화	황해도 신천군 온천면당부에서	2	주재기자 리성섭
1949-01-07-012	매국노들의 허위선전은 백일하에 폭로되었다		2	김동천
1949-01-07-013	자습당원들에게 주는 참고재료	물질과 의식(2)	2, 3	
1949-01-07-014	조국보위의 초소에 서있는 인민군대와 보안대원들! 인민의 안전질서를 철저히 보장하자!	교통지휘대원 리용순	3	본사기자 김전
1949-01-07-015	2개년 화물수송계획의 1월중 수송과업을 토의	교통성 국처부장회의에서	3	본사기자 신언철
1949-01-07-016	미군주둔하의 남조선	소위 '국가보안법' 공포후 반동경찰의 발악 우심	3	조선중앙통신
1949-01-07-017	미군주둔하의 남조선 남조선의 통화는 422억원 돌파	95.89%는 백원권	3	조선중앙통신
1949-01-07-018	선진적사회과학지식을 광범히 보급키 위하여	조쏘문협 사회과학분과위원회에서	3	본사기자 심봉
1949-01-07-019	물가는 저하일로!	평양시 소비조합중앙상점에서	3	
1949-01-07-020	금년도의 높은 수확을 보장키 위한 영농준비	재녕군 강지갑농민	3	주재기자 리성섭
1949-01-07-021	중국인민해방군의 전첩을 경축하여 화교들 시위행진		3	조선중앙통신
1949-01-07-022	인권선언초안에 관한 위신쓰끼의 연설	12월 9일 유엔전원회의에서	4	
1949-01-07-023	중국 국공조정제안을 쏘련측 고려라는 허구를 따쓰통신이 폭로 성명		4	조선중앙통신
1949-01-07-024	독일인민회의 상임위원회 성명		4	조선중앙통신
1949-01-07-025	덴마크공산당의 성명		4	조선중앙통신
1949-01-07-026	중국의 민주세력은 반드시 승리할것이다		4	리홍선
1949-01-07-027	쏘련소식	모쓰크바주의 철도건설계획	4	조선중앙통신
1949-01-08-001	동기목재운반사업을 강력히 추진시키자		1	
1949-01-08-002	객화차수리를 완전히 하여 철도운수사업을 보장 맹세	평양철도공장 로동자들	1	본사기자 김지창
1949-01-08-003	기술전습과 창의창안으로 체신부문발전을 적극 추진	중앙전화국 종업원들	1	본사기자 리문상
1949-01-08-004	제2차 국제녀성대회에 참가하였던 조선녀성대표 귀국		1	본사기자 김춘희
1949-01-08-005	원가저하 위하여 더욱 투쟁하자!	사동련탄 종업원들	1	본사기자 리인태
1949-01-08-006	농업증산으로 보답하겠다	평양 상흥리 농민들	1	
1949-01-08-007	학교건축을 위한 애국미 헌납!	평양 락랑리 농민들	1	본사기자 신봉
1949-01-08-008	쏘련청년반파쑈위원회에서 북조선민청에 년하축전		1	
1949-01-08-009	국기훈장 수여받은 영예의 애국투사	민족보위성 부상 김일동지	2	

기사번호	제목(title)	부제목(stitle)	면수	필자, 출처
1949-01-08-010	의무교육준비사업에 공화국공민은 총궐기하자		2	박중선
1949-01-08-011	1.4분기 경제계획실행협조방침을 토의 결정	평남도당 상무위원회에서	2	본사기자 송학용
1949-01-08-012	분공을 옳게 하여 세포사업을 강화	평양농산화학공장세포	2	본사기자 현갑진
1949-01-08-013	이미 거둔 성과를 앞으로 계속 발전	홍원군 보현면당부에서	2	통신원 유헌
1949-01-08-014	지도검열사업을 제때에	함남도 서고천면당부에서	2	통신원 위정산
1949-01-08-015	동지애로 뭉친 특무장과 전사		3	
1949-01-08-016	자기 임무에 충실한 모범전사	조선인민군 김용택전사	3	본사기자 김전
1949-01-08-017	체육부면의 제반시설과 조직을 일층 확대강화	각 도시군 체육관계자련석회의	3	조선중앙통신
1949-01-08-018	북조선농민동맹 지도기관선거준비사업 진척		3	본사기자 리의철
1949-01-08-019	미군주둔하의 남조선 남조선산업은 마비상태	물가고와 임금저하로 생활고 우심	3	조선중앙통신
1949-01-08-020	기술을 부단히 련마하여	통신기재제작소 종업원들	3	본사기자 신언철
1949-01-08-021	작년도의 승리를 이어 새해의 증산에로 매진	회녕제재공장 로동자들	3	
1949-01-08-022	행복한 환경	주을정양소를 찾아서	3	주재기자 김소민
1949-01-08-023	모범로동자들의 창의 초지기운전의 능수	신의주제지공장 황봉렵동무	3	
1949-01-08-024	우수한 경험을 살리어	회령군 료동리 농민들	3	통신원 심철
1949-01-08-025	안전보장리사회 회의	인도네시아문제를 토의	4	조선중앙통신
1949-01-08-026	일본 중의원선거전 진행	일본공산당 공인립후보 발표	4	조선중앙통신
1949-01-08-027	부라질작가의 쏘련방문 인상담		4	조선중앙통신
1949-01-08-028	비률빈정세에 대하여		4	김재희
1949-01-08-029	쏘련소식	로동자주택 신축	4	조선중앙통신
1949-01-08-030	쏘련소식	다수 문화기관 속속 복구신축	4	조선중앙통신
1949-01-08-031	연구생모집요항		4	사리원농업대학 학장
1949-01-09-001	전조선인민은 미군의 즉시 철퇴를 더한층 강렬히 요구한다		1	
1949-01-09-002	인민군대 및 내무성 군관들과 영웅적투사에게 국기훈장 수여	8일 조선최고인민회 의원에서 수여식 거행	1	
1949-01-09-003	감사의 말씀	최용건	1	
1949-01-09-004	격려의 말씀	김두봉	1	
1949-01-09-005	인민경제발전을 여실히 말하는것	중앙은행 사무원들	1	본사기자 리문상
1949-01-09-006	우리 살림살이는 날로 향상된다	평양 정평리 농민들	1	본사기자 리의철

기사번호	제목(title)	부제목(stitle)	면수	필자, 출처
1949-01-09-007	래조하였던 중국 동북동포대표단 각지에서 귀환보고		1	조선중앙통신
1949-01-09-008	소금채취작업준비협조에 당단체의 역할을 일층 제고	평남 남양염전 당단체에서	2	본사기자 송학용
1949-01-09-009	제2차 국제녀성대회 회의석상에서의 조선대표들		2	
1949-01-09-010	생산합작사의 의의에 대하여(1)		2	김찬
1949-01-09-011	국제민주녀성동맹 대회에서	엠.마까로바	2, 3	
1949-01-09-012	휴가에서 돌아온 전사의 이야기	조선인민군 전사 김하관	3	본사기자 김전
1949-01-09-013	인민군대에 보낸 할머니의 편지	평산군 한포리 리매화할머니	3	본사기자 리문상
1949-01-09-014	잠견증산과 목화재배에 녀성들의 애국적활동!	중앙녀맹에서 작년도 협조사업을 총화	3	본사기자 김춘희
1949-01-09-015	미군주둔하의 남조선	남조선매국노들의 가련한 구명책	3	
1949-01-09-016	힘찬 첫 출발!	평양제1양말공장 종업원들	3	본사기자 리인태
1949-01-09-017	토지리용률 고도로 높여	룡강군 세죽리 오준관농민	3	본사기자 리의철
1949-01-09-018	모범로동자들의 창의 '파인.오일'제조에 성공	대유동광산 박문혁동무	3	통신원 주병돈
1949-01-09-019	미영 루르를 독점	런던비밀회담의 위법적결정	4	조선중앙통신
1949-01-09-020	이태리근로인민의 투쟁	반동의 소위 동기공세에 항거	4	조선중앙통신
1949-01-09-021	이태리수상 미국방문?		4	조선중앙통신
1949-01-09-022	이태리반동지배층 군사뿔럭가입에 광분		4	조선중앙통신
1949-01-09-023	오지리정부 전범자를 불법석방		4	조선중앙통신
1949-01-09-024	체코슬로바키아인민들 새 5개년계획에 착수		4	조선중앙통신
1949-01-09-025	화란의 대인침략에 항의	파키스탄 외상	4	조선중앙통신
1949-01-09-026	찌또도당을 반대하여 쏘피아주재 유고슬라비야대사관 참사 핫지빤쪼브 사직		4	따쓰통신
1949-01-09-027	화란의 대인침략에 항의	국제학생동맹	4	조선중앙통신
1949-01-09-028	유고슬라비아출신의 카나다인들 항의		4	따쓰통신
1949-01-09-029	상해에 동사자 격증		4	조선중앙통신
1949-01-09-030	쏘련소식	자연개조계획의 실천정형 보도	4	조선중앙통신
1949-01-09-031	쏘련소식	쏘베트작곡가동맹총회	4	조선중앙통신
1949-01-11-001	농민동맹지도기관사업 결산 및 선거실시에 대하여		1	
1949-01-11-002	증산과 건설에 총돌진하여 공화국의 강력한 기지 축성	평양곡산공장 로동자들	1	본사기자 김기초
1949-01-11-003	좋은 연초를 많이 생산하여 공장에 광산에 농촌에	평양연초공장 종업원들	1	본사기자 리인태

기사번호	제목(title)	부제목(stitle)	면수	필자, 출처
1949-01-11-004	원료와 식량을 증산하여 국토완정을 촉진시키자	평양시 상흥리 농민들	1	본사기자 리의철
1949-01-11-005	이미 얻은 승리를 공고발전시키자	평양화학 로동자들	1	본사기자 리수근
1949-01-11-006	원가저하를 위해 더욱 투쟁하자!	사리원방직 로동자들	1	주재기자 리성섭
1949-01-11-007	우리 당 중앙당학교 제8기 3개월반 졸업식 거행		1	
1949-01-11-008	위대한 민주건설의 제 성과에 감격	재일동포대표들 각지 공장 농촌을 순찰	1	조선중앙통신
1949-01-11-009	고상한 군사규률과 질서는 조선인민군대의 전투력의 기초		2	김전
1949-01-11-010	생산합작사의 의의에 대하여(2)		2	김찬
1949-01-11-011	강력한 전투력은 엄격한 규률에서	조선인민군 전사 김길영, 하사관 한병간	3	
1949-01-11-012	무기를 눈동자와 같이	조선인민군 최대광전사	3	본사기자 김전
1949-01-11-013	포구에 닿는 배마다 명태를 산같이 싣고	학성군 용대 수산일군들	3	통신원 허원상
1949-01-11-014	작년의 2배이상 목표로	청진제강소 종업원들	3	주재기자 김소민
1949-01-11-015	용광로를 복구하여	흥남제련소 종업원들	3	
1949-01-11-016	곡류 2천여톤 증수할 3교천섭수로공사 착공		3	조선중앙통신
1949-01-11-017	괴뢰'정부' 반대하는 무장폭동 거익 확대!	호남일대에서 일대 공격전 전개	3	조선중앙통신
1949-01-11-018	폭동군 경남지대로 진격		3	조선중앙통신
1949-01-11-019	완도 등 수많은 섬에서도 벌어지는 인민무장항쟁		3	조선중앙통신
1949-01-11-020	세계민주녀성들은 평화와 안전을 위하여 싸운다!	국제녀성대회 조선녀성대표 귀국담	3	
1949-01-11-021	쏘련녀성반파쑈위원회에게 각국 민주녀맹에서 신년축전		4	조선중앙통신
1949-01-11-022	미국무장관 마샬 사직	후임으로 애치슨 취임	4	조선중앙통신
1949-01-11-023	화란수상의 인도네시아 려행 연기		4	조선중앙통신
1949-01-11-024	비소니아에서 빵배급량 감소		4	조선중앙통신
1949-01-11-025	라트비아에 대도서관건설 계획		4	조선중앙통신
1949-01-11-026	미국경제상태 악화		4	조선중앙통신
1949-01-11-027	아테네수공업자동맹 폐점파업을 호소		4	조선중앙통신
1949-01-11-028	미국독점자본가들 이라크석유지배를 기도		4	조선중앙통신
1949-01-11-029	국제생활에서		4	
1949-01-11-030	쏘련소식		4	조선중앙통신
1949-01-11-031	극장안내		4	

기사번호	제목(title)	부제목(stitle)	면수	필자, 출처
1949-01-12-001	조선인민은 조선주차 쏘베트동맹 특명대사의 래임을 환영한다		1	
1949-01-12-002	조선주차 쏘련특명전권대사 쓰띠꼬브씨 공로 래임		1	조선중앙통신
1949-01-12-003	김일성수상 재일본조선인대표단일행을 접견		1	조선중앙통신
1949-01-12-004	쓰띠꼬브대사를 출영한 공화국정부 요인 및 각계 저명한 인사들-		1	
1949-01-12-005	일제진지를 격파하는 장엄한 해방의 포성!		2	
1949-01-12-006	조선인민은 해양을 건너온 재물에 결코 속지 않으리라		2	
1949-01-12-007	력사의 날! 8월 15일		2	
1949-01-12-008	조선의 자주독립을 옹호한 위대한 쏘련의 외교가들		2	
1949-01-12-009	출영한 김일성 수상과 악수하는 쓰띠꼬브 대사(사진)	-평양비행장에서-	2	
1949-01-12-010	해방의 은인의 그 목소리를 천추만대토록 잊지 않으리		2	
1949-01-12-011	해방탑 붉은별 영원히 빛나리		2	
1949-01-12-012	공화국기치높이 인민은 승리에로		2	
1949-01-12-013	아버지도 아들도 조국을 위하여		3	본사기자 리문상
1949-01-12-014	엄동설한 산림속에서 원목채벌운반에 분투	강계림산사업소에서	3	통신원 전봉강
1949-01-12-015	제3차 중앙대회를 앞둔 북조선문학예술총동맹		3	본사기자 김춘희
1949-01-12-016	로동보호를 일층 강화하자	상업성산하 기업소 지배인회의	3	본사기자 리인태
1949-01-12-017	양수기를 다량으로	평양기구제작소 로동자들	3	본사기자 김지창
1949-01-12-018	행복과 희망속에서 더 높은 수확을 위해	룡천군 부라면 운룡동 농민들	3	주재기자 최영환
1949-01-12-019	남포에서 조중소년친선대회		3	조선중앙통신
1949-01-12-020	미군주둔하의 남조선	암흑.학살.기한	3	
1949-01-12-021	미군주둔하의 남조선 제주도인민항쟁 치렬!	경찰지서 등을 계속 습격	3	조선중앙통신
1949-01-12-022	남조선영구주둔 획책하는 미국의 시도를 폭로	-이즈베스치아지의 론평-	4	조선중앙통신
1949-01-12-023	극동위원회에서의 쏘련대표의 성명		4	조선중앙통신
1949-01-12-024	희랍민주군의 전과		4	조선중앙통신
1949-01-12-025	알바니아쏘련문화협회 사업		4	조선중앙통신

기사번호	제목(title)	부제목(stitle)	면수	필자, 출처
1949-01-12-026	불가리아 혁명시인 탄생 백주년기념 성대		4	조선중앙통신
1949-01-12-027	항가리인민들은 반역자숙청을 찬성		4	조선중앙통신
1949-01-12-028	제국주의삘럭은 새 전쟁준비시도의 표현이다		4	최일룡
1949-01-12-029	쏘련소식	인민경제계획을 각지서 초과달성	4	조선중앙통신
1949-01-12-030	쏘련소식	백로씨아공화국 창건 30주년	4	조선중앙통신
1949-01-13-001	북조선민주건설의 거대한 성과는 부강조국건설의 기본토대로 되었다		1	
1949-01-13-002	조선민주주의인민공화국 박헌영외무상 조선주차 쏘련특명전권대사 쓰띠꼬브씨를 접견		1	조선중앙통신
1949-01-13-003	우수한 민족간부가 되려고 선진사상으로 튼튼히 무장	김일성종합대학 학생들	1	본사기자 김춘희
1949-01-13-004	선진적영농법의 섭취로 원료와 식량증산을 보장	고원군 고원면 상고도리 농민들	1	통신원 박경림
1949-01-13-005	국정가격 전면적인하를 환호로 맞이하는 인민들 더 높은 생산성과 쟁취할것을 맹세	황해제철 로동자들	1	
1949-01-13-006	조국건설을 위하여	성진제강소 문화구락부사옥 준공	1	주재기자 현준극
1949-01-13-007	조국건설을 위하여 고공품 완납	리원, 평원, 신흥, 단천, 재녕에서	1	
1949-01-13-008	학교건축을 위한 애국미 헌납!	봉산군 서종면과 순천군 농민들	1	주재기자 리성섭, 본사기자 신봉
1949-01-13-009	세포(초급당부) 및 면당지도기관 결산사업을 총결 의무교육준비협조책 토의	평남도당 상무위원회에서	2	본사기자 송학용
1949-01-13-010	레닌서거 제25주년을 앞두고	동방인민의 해방투쟁에 관한 레닌과 쓰딸린의 명제	2	백남주
1949-01-13-011	생산원작사의 의의에 대하여(3)		2	김찬
1949-01-13-012	언제나 용감하라! 모범보안대원 박장철 분대장	남평양보안대에서 복무하고 있는 분대장	3	본사기자 김전
1949-01-13-013	북조선농민동맹 지도기관결산 및 선거사업 북조선전역에서 일제 개시		3	본사기자 백운학
1949-01-13-014	또하나의 빛나는 승리	우리 손으로 제작된 차륜을 달고 기관차는 달린다!	3	본사기자 리인태
1949-01-13-015	농한기를 고공품생산에	황해도 재령군 농민들	3	주재기자 리성섭
1949-01-13-016	공화국의 기지를 튼튼히 축성하자	승호리세멘트공장 종업원들	3	
1949-01-13-017	미군주둔하의 남조선 괴뢰'정부'내분 심각화	'국무총리' 리범석 등 사표소동	3	조선중앙통신
1949-01-13-018	미군주둔하의 남조선 리승만괴뢰'정부'의 만행	각처에서 방화초토 감행	3	조선중앙통신
1949-01-13-019	미군주둔하의 남조선	강제'모병'으로 동포상잔을 흉모	3	조선중앙통신
1949-01-13-020	소발구운재작업에 농민들 적극 협력	초산군 고면목재작업소에서	3	통신원 김경춘
1949-01-13-021	나날이 높아가는 국영상점 판매고		3	본사기자 김동천
1949-01-13-022	어데서 살가?	거리를 방황하는 영국인민들	4	브.니끼찐
1949-01-13-023	제81차 미국회에 트루맨 교서를 전달		4	조선중앙통신
1949-01-13-024	미국 대중원조로 양자강과 대만 요구		4	조선중앙통신
1949-01-13-025	화인간 항공로 중단		4	조선중앙통신
1949-01-13-026	윌레스씨의 론박		4	따쓰통신
1949-01-13-027	근로자예약에 대하여		4	로동신문사
1949-01-14-001	전반적초등의무교육실시준비에 총궐기하자		1	
1949-01-14-002	철도운수의 원활을 위하여 수리와 기관사양성에 주력	평양기관구 로동자들	1	본사기자 김지창
1949-01-14-003	국토완정과 완전독립 위해 힘찬 건설과 증산에 총궐기	성진제강소 종업원들	1	주재기자 김소민
1949-01-14-004	치잠공동사육준비와 춘기파종준비에 만전	강서군 동진면 고일리 농민들	1	본사기자 리의철
1949-01-14-005	경제적토대를 구축하며 새 승리를 향하여 매진!	평양석냥공장 로동자들	1	본사기자 김기초
1949-01-14-006	근로인민들의 생활 날로 향상	승호리세멘트 로동자들	1	
1949-01-14-007	고마운 시책에 증산으로 보답	강동군 풍동면 농민들	1	본사기자 리의철
1949-01-14-008	더욱 힘이 나고 용기가 더해진다	고원철도 로동자 주성연씨 담	1	
1949-01-14-009	조국건설을 위하여	면화수매사업 계획의 102%로 총결	1	조선중앙통신
1949-01-14-010	조국건설을 위하여	애국미로 강서고급중학교사 준공	1	
1949-01-14-011	분공을 옳게 조직하여 분세포사업 적극 방조	평양의학대학 초급당부에서	2	본사기자 리수근
1949-01-14-012	지도기관의 역할을 더욱 높이도록 노력	금천군 서천면당부에서	2	통신원 정운성
1949-01-14-013	외무성세포당원들의 학습	맑스레닌주의를 깊이 연구	2	본사기자 송학용
1949-01-14-014	군중과의 련결을 일층 강화하자		2	차도순
1949-01-14-015	직맹사업을 적극 협조하여 정련기계의 완전수리 보장	평양화학공장 정련분세포	2	본사기자 현갑준
1949-01-14-016	일상적노력으로 학습열 일층 제고	부전강발전부 제4발전소 세포	2	통신원 위정산
1949-01-14-017	고상한 예술적정서는 병사들의 투지를 고무	조선인민군대의 예술활동	3	본사기자 김전
1949-01-14-018	조쏘문화협회 지도기관선거준비 진척		3	본사기자 신봉
1949-01-14-019	장벽식채탄법을 광범히 실시하여	아오지탄광 로동자들	3	본사기자 현준극

기사번호	제목(title)	부제목(stitle)	면수	필자, 출처
1949-01-14-020	문예총 제26차 중앙상임위원회 개최		3	본사기자 김춘희
1949-01-14-021	기계무사고를 보장하여	평양곡산공장 로동자들	3	본사기자 김기초
1949-01-14-022	엽연초수매 진행		3	조선중앙통신
1949-01-14-023	량곡상점 및 직장상점 책임자회의		3	
1949-01-14-024	미군주둔하의 남조선 망국적'한미석유협정' 체결	미제의 경제적침략 날로 로골화	3	조선중앙통신
1949-01-14-025	미군주둔하의 남조선 학살과 파괴에 날뛰는 경찰	제주도에서 6천호이상을 방화 인명학살도 근 1만명에 도달	3	조선중앙통신
1949-01-14-026	미군주둔하의 남조선	괴뢰'정부'의 재정은 파멸일로를 달린다	3	조선중앙통신
1949-01-14-027	미군주둔하의 남조선	제주도인민항쟁 치렬!	3	조선중앙통신
1949-01-14-028	쏘련과의 친선을 강조	분란-쏘련협회 대회에서	4	조선중앙통신
1949-01-14-029	모순에 충만	『쁘라우다』지 론평	4	조선중앙통신
1949-01-14-030	쏘련과의 직접교섭으로 '랭정전쟁'을 종식시키라	미국슬라브.위원회의 서한	4	따쓰통신
1949-01-14-031	미국대내외정책의 위기를 증시	유니타지 사설	4	조선중앙통신
1949-01-14-032	미국상원외교위원회 신구성		4	조선중앙통신
1949-01-14-033	서부독일지대에서 독일군부대조직 계속		4	조선중앙통신
1949-01-14-034	쏘련소식	2백개 소도시 재건사업 착공	4	조선중앙통신
1949-01-14-035	쏘련소식	또하나의 신도시 출현	4	조선중앙통신
1949-01-14-036	쏘련소식	까자흐의 집단농장	4	조선중앙통신
1949-01-14-037	1949년도 미국경제 하강상태 초래 예상		4	조선중앙통신
1949-01-14-038	미국근로대중의 생활은 날로 악화되고 있다		4	최동수
1949-01-14-039	백이의 실업자 격증	-미국상품범람으로-	4	조선중앙통신
1949-01-14-040	근로자예약에 대하여		4	로동신문사
1949-01-15-001	조쏘인민간에 맺어진 친선은 영원히 공고하리라		1	
1949-01-15-002	조선최고인민회의 상임위원회 위원장 김두봉선생에게 조선주차 쏘련특명전권대사 쓰띠꼬브씨 신임장 봉정		1	조선중앙통신
1949-01-15-003	쓰띠꼬브대사의 신임장봉정사		1	
1949-01-15-004	김두봉위원장의 답사		1	
1949-01-15-005	레닌서거 제25주년을 앞두고	레닌은 현대의 위대한 인간이다	2	홍인철
1949-01-15-006	세포(초급당부)지도기관 결산사업 총화하고 의무교육준비협조를 토의	평양시당 상무위원회에서	2	본사기자 현갑진
1949-01-15-007	정치교양사업을 강화하며 생산증강과 물자절약 보장	신의주방직공장 직포갑반 분세포에서	2	주재기자 최영환
1949-01-15-008	결점을 제때에 퇴치하며 지도수준을 더욱 높이자	황해도 봉산군 서종면당부에서	2	주재기자 리성섭

기사번호	제목(title)	부제목(stitle)	면수	필자, 출처
1949-01-15-009	상관의 명령을 강력히 실천한다	조선인민군대 김동학하사관	3	본사기자 김전
1949-01-15-010	금년도 1.4분기 예정수자 승리적으로 완수하자! 농촌경리발전을 위해 새 농기구를 다량 제작	평양농기구제작소에서	3	본사기자 김기초
1949-01-15-011	농맹지도기관선거 활발히 진행된다	강서군 동진면 탄포리에서	3	본사기자 리의철
1949-01-15-012	영화 「청년근위대」를 보고		3	
1949-01-15-013	쏘베트청년들의 용감성을 본받자	영화 「청년근위대」를 보고	3	인민군대 김하간전사
1949-01-15-014	단결은 위대한 힘	영화 「청년근위대」를 보고	3	평양제1인쇄공장 김태식
1949-01-15-015	그들의 애국정신 만대의 구감!	영화 「청년근위대」를 보고	3	김일성대학 공수환
1949-01-15-016	미군주둔하의 남조선	괴뢰'정부'의 매국'정책'이 가져온 숨길수 없는 죄상	3	
1949-01-15-017	미군주둔하의 남조선	소위 하급관리간에 불평불만이 만만	3	조선중앙통신
1949-01-15-018	미군주둔하의 남조선	반동경찰내에서 '자가숙청'소동	3	조선중앙통신
1949-01-15-019	알바니아인민들 쓰딸린에게 서한		4	조선중앙통신
1949-01-15-020	알바니아인민공화국 제3주년 기념경축		4	조선중앙통신
1949-01-15-021	카나다에서 귀환한 쏘련인민의 서한		4	조선중앙통신
1949-01-15-022	이란정부의 재정상태		4	조선중앙통신
1949-01-15-023	세계의 평화를 위하여 문화 및 과학회의 소집을 미국의 문화인들이 호소		4	조선중앙통신
1949-01-15-024	화란침략군대를 반대하여 쟈바에서 빨찌산부대 활약		4	조선중앙통신
1949-01-15-025	오지리는 미국의 군사기지화	대항공부대 설치계획	4	조선중앙통신
1949-01-15-026	루마니아의 생산경쟁 고조		4	조선중앙통신
1949-01-15-027	정말의 평화정책고수를 요구		4	조선중앙통신
1949-01-15-028	자기 권리쟁취를 위한 일본농민들의 투쟁		4	신남주
1949-01-15-029	근로자예약에 대하여		4	로동신문사
1949-01-16-001	북조선민주청년동맹 창립일에 제하여		1	
1949-01-16-002	화물수송계획 초과완수를 함흥철도 민청원에게 호소	함흥기관구 민청원들	1	주재기자 박경석
1949-01-16-003	석탄을 보다 많이 캐내여 민족산업발전을 보장	흑령탄광 로동자들	1	통신원 김연국
1949-01-16-004	조선민주주의인민공화국 내각 수상 김일성장군 조선주차 쏘련특명전권대사 뜨.프.쓰띠꼬브씨를 접견		1	조선중앙통신
1949-01-16-005	조쏘문협	레닌서거 25돐에 즈음하여	1	본사기자 김춘희

기사번호	제목(title)	부제목(stitle)	면수	필자, 출처
1949-01-16-006	평양철도공장	레닌서거 25돐에 즈음하여	1	본사기자 김지창
1949-01-16-007	사동련탄공장	레닌서거 25돐에 즈음하여	1	본사기자 김기초
1949-01-16-008	학교건축을 위한 애국미 헌납!	해주시농민들과 장용자, 로배군농민	1	
1949-01-16-009	조국건설을 위하여	각지에서	1	송춘관
1949-01-16-010	경험과 교훈을 옳게 살려 새 승리 쟁취의 길로 매진	평양시당부	2	본사기자 송학용
1949-01-16-011	강사들의 질적향상으로 도서실사업은 일층 활발	단천군당의 도서실사업에서	2	통신원 심상진
1949-01-16-012	초등의무교육실시준비를 위한 당적협조사업에 대하여		2	최선경
1949-01-16-013	군중속에서의 정치교양사업	흥남비료중공계 분세포 생활에서	2	통신원 리정환
1949-01-16-014	강사의 강의기능 높여 학습수준을 일층 제고	평양곡산 제일분공장 공작세포	2	본사기자 현갑진
1949-01-16-015	조국의 재산을 굳게 지키자	철도경비대원 정농묵	3	본사기자 김전
1949-01-16-016	민청창립 3주년을 앞두고		3	본사기자 신봉
1949-01-16-017	미군주둔하의 남조선 "가택을 수색하고 법으로 빼앗으라"	량곡수탈을 위한 리승만의 담화	3	조선중앙통신
1949-01-16-018	미군주둔하의 남조선	작년에 미국사탕 4만톤 들어왔다	3	조선중앙통신
1949-01-16-019	미군주둔하의 남조선	인천항 독크 반환으로 기만을 엄폐	3	조선중앙통신
1949-01-16-020	미군주둔하의 남조선 매국조약 폭로하였다고 『세계일보』판권을 취소	괴뢰정부 언론봉쇄정책	3	조선중앙통신
1949-01-16-021	치렬한 증산투쟁으로 벌써 높은 성과를 보장	평양제침공장에서	3	본사기자 리인태
1949-01-16-022	기술을 더욱 향상시켜	문평제련소에서	3	통신원 리달우
1949-01-16-023	근로자를 위한 통신강좌		3	본사기자 신봉
1949-01-16-024	의무교육준비 진척	평양특별시에서	3	본사기자 신봉
1949-01-16-025	농민들의 다수확경험 연초	신천군 리치화농민	3	통신원 백응호
1949-01-16-026	독일포로병송환계획을 서부렬강에서 태공	-주독쏘련군정 성명 발표-	4	조선중앙통신
1949-01-16-027	불란서 반동정부지도자들 국가자금횡령사건에 련루		4	조선중앙통신
1949-01-16-028	쏘련은 자유의 나라	미국녀성 콩그레스 부위원장담	4	조선중앙통신
1949-01-16-029	아르젠틴작가의 방쏘 인상담		4	조선중앙통신
1949-01-16-030	인도국회의 헌법초안토의 연기		4	조선중앙통신
1949-01-16-031	국제정세개관	'7개년계획'의 가면밑에서	4	
1949-01-16-032	국제정세개관	인민적파란은 강화되고있다	4	
1949-01-16-033	국제정세개관	재무장을 의미하는 '안정화'	4	

기사번호	제목(title)	부제목(stitle)	면수	필자, 출처
1949-01-16-034	극장안내		4	
1949-01-18-001	쏘련주차 조선특명전권대사의 부임에 제하여		1	
1949-01-18-002	합리적인 로력과 학습으로 어로투쟁을 맹렬하게 전개	청진수산합작사 일군들	1	
1949-01-18-003	영농기술과 토지리용률을 높이여 많은 수확을 거두자	리천군 서면 하화암리 농민들	1	통신원 송춘관
1949-01-18-004	쏘련주차 조선특명전권대사 주녕하씨 공로 부임		1	조선중앙통신
1949-01-18-005	쏘련 주차 조선특명전권대사 주녕하를 바래우는 김일성 사진		1	
1949-01-18-006	강사강습을 옳게 조직하여 질적수준제고에 적극 노력	평양시 중구역당 선전선동부에서	2	본사기자 송학용
1949-01-18-007	강사수준 높이기 위하여 재교양사업을 적극 추진	학성군당 선전선동부에서	2	통신원 허원상
1949-01-18-008	쏘련주차 주녕하대사는 모쓰크바로 떠났다		2	
1949-01-18-009	레닌서거 25주년을 앞두고	사회주의에 있어서의 로동생산성에 관한 레닌의 명제	2	김승열
1949-01-18-010	엄격한 규률과 뜨거운 동지애	조선인민군대 김윤해군관	3	
1949-01-18-011	조쏘반사업결산 및 지도기관선거 개시		3	
1949-01-18-012	농맹리(동)지도기관선거 애국열의속에 활발히 진행		3	본사기자 리의철
1949-01-18-013	년간예정의 60%를 강설기에 실천하고저	무산림산사업소 산하 로동자들	3	
1949-01-18-014	훈민정음창제 5백 5주년 기념보고대회		3	본사기자 김춘희
1949-01-18-015	더 높은 수확을 위해 영농법을 적극 개량	리원군 농민들	3	통신원 유지월
1949-01-18-016	미군주둔하의 남조선	인민은 굶어죽어도 부당한 부담을 강요	3	
1949-01-18-017	미군주둔하의 남조선	애국자들 계속 검거	3	조선중앙통신
1949-01-18-018	미군주둔하의 남조선	협잡도적의 소굴 리승만괴뢰'정부'	3	
1949-01-18-019	남조선을 미국에 예속시키는 '한미경제원조협정' 절대 배격	남조선『로력자』지의 론평	3	조선중앙통신
1949-01-18-020	화란의 대인침략전을 조장하는 미국의 죄상 폭로	1월 11일 안전보장리사회	4	조선중앙통신
1949-01-18-021	화란군의 귀축행위		4	조선중앙통신
1949-01-18-022	중국인민해방군 천진을 점령		4	조선중앙통신
1949-01-18-023	쏘미간의 직접교섭으로 호상의견차이 해결 요구	-미국슬라브위원회-	4	조선중앙통신
1949-01-18-024	항가리농업 투하자본		4	조선중앙통신
1949-01-18-025	쏘련소식	리트바공화국농민	4	조선중앙통신

기사번호	제목(title)	부제목(stitle)	면수	필자, 출처
1949-01-18-026	인도네시아인민항쟁군 족쟈카르타시에 돌입		4	조선중앙통신
1949-01-18-027	쏘련소식	각급 학교 신축복구	4	조선중앙통신
1949-01-18-028	쏘련소식	마까로브제독 탄생 백년제	4	
1949-01-18-029	극장안내		4	
1949-01-18-030	장개석의 '화평'요구를 신화사 통신기자 통박		4	조선중앙통신
1949-01-19-001	조선인민군대는 조국을 보위하는 인민의 성벽이다		1	
1949-01-19-002	조국이 부르는 그 길로 인민의 옷감을 더 많이	신의주방직공장 종업원들	1	주재기자 최영환
1949-01-19-003	생산성을 일층 제고시키며 생산원가를 더 저하하도록	평양산소공장 로동자들	1	본사기자 김기초
1949-01-19-004	남북조선간의 우편물교환에 관하여	조선민주주의인민공화국 체신상 김정주씨의 성명	1	
1949-01-19-005	동기수송을 보장하면서 기술강습을 가강히 전개	신막기관구 종업원들	1	주재기자 리성섭
1949-01-19-006	각지 민청원들	레닌서거 25돐에 즈음하여	1	본사기자 신봉
1949-01-19-007	강서군 농촌	레닌서거 25돐에 즈음하여	1	
1949-01-19-008	학교건축을 위한 애국미 헌납!	각지에서	1	
1949-01-19-009	금년도내로 교원양성과 기본건설사업완수 예정	전반적초등의무교육실시 중앙준비위원회에서	1	조선중앙통신
1949-01-19-010	소금증산을 보장키 위한 제반준비사업 착착 진행	룡강 귀성염전 당단체에서	2	본사기자 송학용
1949-01-19-011	지도기관사업결산이후 형식적사업방식을 청산	-김일성대학 당부에서-	2	본사기자 현갑진
1949-01-19-012	공화국북반부 농민들은 새 승리를 향하여 힘차게 전진하고있다		2	김달수
1949-01-19-013	자각적열성밑에 자체교양에 주력	평남도당학교에서	2	
1949-01-19-014	과거의 결점들을 퇴치하며 자체리론수준제고에 노력	김인덕동무의 학습생활에서	2	주재기자 리성섭
1949-01-19-015	인민군대창립 1주년을 고상한 예술로 경축하자		3	본사기자 김전
1949-01-19-016	금속공업 날로 약진	신제품도 다량 생산	3	조선중앙통신
1949-01-19-017	면목을 일신한 국영란곡목장		3	통신원 송용칠
1949-01-19-018	훈련에도 우수한 성적을	신장수분대장	3	본사기자 리문상
1949-01-19-019	춘기파종을 위한 만반준비 갖추며	강서군 고일리 농민들	3	본사기자 리의철
1949-01-19-020	모범로동자들의 창의 언제나 선두에서	성진제강 림룡운동무	3	주재기자 김소민
1949-01-19-021	금년도에는 더 높은 성과를	룡성기계제작소에서	3	리정환
1949-01-19-022	채탄능률을 높이여	운곡탄광 로동자들	3	박경림
1949-01-19-023	미군주둔하의 남조선	매카노 장면의 죄악	3	송남
1949-01-19-024	미군주둔하의 남조선	남조선괴뢰'정부' 소위 '국군'강화에 광분	3	조선중앙통신
1949-01-19-025	반쏘행위한 미영회원을 축출	-쏘련과학한림원총회에서-	4	조선중앙통신
1949-01-19-026	일본의 저명한 지식인들 공산당에 가입		4	조선중앙통신
1949-01-19-027	정부정책의 반동성 규탄 25%의 임금인상을 요구	-불란서로동총련맹 행정위원회 성명-	4	조선중앙통신
1949-01-19-028	파란과 영국간 통상협정 조인		4	조선중앙통신
1949-01-19-029	애급과 이스라엘간에 화평교섭 재개		4	조선중앙통신
1949-01-19-030	이라크에 대한 영국의 침략정책		4	조선중앙통신
1949-01-19-031	쏘련소식	에쓰또니아 주택건설 대규모로 진전	4	조선중앙통신
1949-01-19-032	쏘련소식	발전하여가는 에쓰또니아농업	4	조선중앙통신
1949-01-19-033	쏘련소식	라트비아농민	4	조선중앙통신
1949-01-19-034	볼가리아 조국전선과 그에서의 공산당의 역할		4	오석만
1949-01-19-035	극장안내		4	
1949-01-20-001	'유엔신조선위원단'은 미제국주의 앞잡이이다		1	
1949-01-20-002	조선민주주의인민공화국 최고인민회의 제2차 정기회의 1월 28일에 소집	조선민주주의인민공화국 최고인민회의의 제11차 상임위원회 결정	1	조선중앙통신
1949-01-20-003	조선민주주의인민공화국 최고인민회의의 소집에 대한 공시		1	
1949-01-20-004	조쏘친선을 더욱 공고히 하자!	황해제철 로동자들	1	통신원 윤칠
1949-01-20-005	국토완정의 명랑한 전망	중화군 농민들	1	본사기자 백운학
1949-01-20-006	신의주 각 공장	레닌서거 25돐에 즈음하여	1	
1949-01-20-007	청진시에서	레닌서거 25돐에 즈음하여	1	
1949-01-20-008	내각 제2회 우승기 흥남비료공장에 수여	국영기업소 책임자회의에서	1	조선중앙통신
1949-01-20-009	세포핵심 육성하며 협조사업을 활발히	평양철도기관구공장 분세포	2	본사기자 현갑진
1949-01-20-010	사업상 결점 시정하며 지도기관사업 강화에	함북도 직맹평의회 세포에서	2	주재기자 현준극
1949-01-20-011	세포강사강습 성과있게 진행	함남 신흥군당부에서	2	통신원 위정산
1949-01-20-012	일상적 검열과 지도로 세포사업 추진시키자	후창군 후창면 군내동초급당부	2	주재기자 최영환
1949-01-20-013	당학교들에 있어서 간부양성사업의 질적강화를 위하여		2	북조선로동당 중앙본부 간부부장 진반수

기사번호	제목(title)	부제목(stitle)	면수	필자, 출처
1949-01-20-014	세포(초급당부) 및 면당단체들의 지도기관 결산사업과정에서 얻은 경험교훈	평남	2	평남도당 조직부장 안중극
1949-01-20-015	불의의 재난을 미연에 방지하자	소방보안대원들	3	본사기자 김전
1949-01-20-016	인민군대는 가는곳마다 인민들의 환영을 받는다	대중극장에서	3	본사기자 리문상
1949-01-20-017	엄동설한 창파를 헤치고 오늘도 명태잡이에 돌진	원산수산사업소 어로일군들	3	주재기자 김만선
1949-01-20-018	높은 기술을 발휘하여	평양산소공장에서	3	본사기자 김기초
1949-01-20-019	미군주둔하의 남조선	괴뢰'정부' 탐관오리들의 사기횡령사건 계속 탄로	3	조선중앙통신
1949-01-20-020	전세계의 민주녀성들은 평화와 자유를 위해 투쟁	제16차 녀맹중앙확대위원회	3	본사기자 김춘희
1949-01-20-021	산업의 급격한 발전은 고공품을 더 많이 수요		3	본사기자 백운학
1949-01-20-022	생산공정기계화로 능률을 더욱 높이자	통천탄광 로동자들	3	강두훈
1949-01-20-023	다수확경험을 본받아	주을군 중평리 농민들	3	
1949-01-20-024	중국화평문제에 관한 쏘련외무성의 성명		4	
1949-01-20-025	레닌서거 25주년	쏘련 각 신문들 론평	4	조선중앙통신
1949-01-20-026	레닌박물관 성황		4	조선중앙통신
1949-01-20-027	몬트고메리 화란을 방문		4	조선중앙통신
1949-01-20-028	서부독일공산당 총비서를 영국군정에서 기소		4	조선중앙통신
1949-01-20-029	런던직업동맹리사회의 성명		4	조선중앙통신
1949-01-20-030	근로인민들 항의		4	조선중앙통신
1949-01-20-031	희랍수상 사직	왕당파정당간의 알력이 기인	4	조선중앙통신
1949-01-20-032	뉴욕 구재판소 악한에 무죄 언도		4	조선중앙통신
1949-01-20-033	인도네시아에서 빨찌산투쟁 치렬		4	조선중앙통신
1949-01-20-034	사회주의에로 발전하는 루마니야		4	한동
1949-01-20-035	토이기수상 사표를 제출		4	조선중앙통신
1949-01-21-001	(레닌)		1	
1949-01-21-002	레닌서거 25주년에 제하여		1	
1949-01-21-003	레닌묘에서		1	
1949-01-21-004	레닌주의는 근로대중의 투쟁의 기치이다		2	김정한
1949-01-21-005	레닌의 저서를 애독하며 연구하는 조선인민들		2	본사기자 송학용
1949-01-21-006	레닌을 노래함	레닌서거 25주년 기념일에	2	박팔양
1949-01-21-007	레닌의 유훈에 따라		2	
1949-01-21-008	군수품을 애호절약	차천병사의 모범성	3	
1949-01-21-009	군마를 잘 가꾸어	권원국전사의 지성	3	

기사번호	제목(title)	부제목(stitle)	면수	필자, 출처
1949-01-21-010	1948년도 경제계획 산업부문의 성과를 총결	제1차 국영기업소 책임자회의	3	조선중앙통신
1949-01-21-011	눈덮인 삼림속에서 벌목과 운재에 분투	청진림산사업소에서	3	주재기자 현준극
1949-01-21-012	레닌서거 25주년기념 전야	각 지방에서 기념준비사업 활발	3	
1949-01-21-013	1.4분기수송계획량 실행을 위한 대책 토의	제1차 교통성 국 부 소장회의	3	본사기자 리인태
1949-01-21-014	의무교육실시 위한 평남도준비사업 활발		3	본사기자 신봉
1949-01-21-015	농촌경리발전을 위하여	경지면적을 확장하자	3	
1949-01-21-016	미군주둔하의 남조선 괴뢰정부반대폭동 맹렬	지이산주변의 많은 지역을 장악	3	조선중앙통신
1949-01-21-017	미군주둔하의 남조선	인민무장대 충북으로 세력을 확대	3	조선중앙통신
1949-01-21-018	미군주둔하의 남조선 '계엄령'실시여하에 불관	제주도인민항쟁 날로 치렬	3	조선중앙통신
1949-01-21-019	미군주둔하의 남조선	괴뢰정부 '량곡매입'에 경찰 '적극행동'을 재명령	3	조선중앙통신
1949-01-21-020	레닌의 위업을 추억	쏘련과학한림원 철학학회	4	조선중앙통신
1949-01-21-021	카스미르문제를 토의	안전보장리사회에서	4	조선중앙통신
1949-01-21-022	중국인민해방군 두률명을 포로		4	조선중앙통신
1949-01-21-023	이란인민당 중앙위원회 성명		4	조선중앙통신
1949-01-21-024	스칸디나비야3국회의 미국의 강압하에서 진행		4	조선중앙통신
1949-01-21-025	일본반동정부에서 공산당을 탄압		4	조선중앙통신
1949-01-21-026	평화조정을 위한 투쟁은 인민들의 안전을 위한 투쟁이다		4	채윤병
1949-01-21-027	국민당의 '조정'요청을 미영 량정부 거절		4	조선중앙통신
1949-01-21-028	청도수비국민당군 일부 의거		4	조선중앙통신
1949-01-22-001	레닌 서거 25주년 평양시 기념추모회에 참석한 김일성 사진		1	
1949-01-22-002	레닌서거 25주년 평양시기념추모회 성황		1	
1949-01-22-003	조선민주주의인민공화국 최고인민회의 상임위원회 김두봉위원장 조선주차 쏘련 특명전권대사 쓰띠꼬브씨를 초대		1	조선중앙통신
1949-01-22-004	레닌-쓰딸린의 위대한 기치는 우리에게 승리의 앞길을 밝혀준다	레닌서거 25주년 평양시기념추모회에서 진술한 최창익동지의 보고요지	1	
1949-01-22-005	국기훈장 수여받은 영예의 애국투사 최현동지		2	
1949-01-22-006	리론수준 높이는데 당출판물 널리 리용	사동련탄공장 당단체에서	2	본사기자 현갑진

기사번호	제목(title)	부제목(stitle)	면수	필자, 출처
1949-01-22-007	효과적인 방법으로 동기교양사업 강화	황해제철 고로 갑조세포에서	2	주재기자 리성섭
1949-01-22-008	충분한 준비밑에서 회의를 진행하자	평북 자성군 장토면당부에서	2	통신원 리효윤
1949-01-22-009	자습당원들에게 주는 학습자료	자본주의의 전반적공황(1)	2	『쓰딸린전사』
1949-01-22-010	군관교육가실력경기 백열	인민군대창립 1주년을 앞두고	3	본사기자 김전
1949-01-22-011	남북조선 각 정당 사회단체 련석보고대회 성황	제2차 국제녀성대회 진행상황을 청취	3	본사기자 김춘희
1949-01-22-012	미군주둔하의 남조선 「경성조발자들의 잠수함흉책」	-크라스노이.플로트지 론평-	3	조선중앙통신
1949-01-22-013	미군주둔하의 남조선	남조선괴뢰'정부' 신서의 비밀을 침해	3	조선중앙통신
1949-01-22-014	농맹 리(동)지도기관선거 승리적성과를 거두며 진행		3	본사기자 리의철
1949-01-22-015	난관을 극복하고 승리의 개가 올린 만포선 개고-고인간 전기철도 개통식!		3	본사기자 리문상
1949-01-22-016	기술인재양성을 위한 기술교육관계자대회		3	본사기자 신봉
1949-01-22-017	중국정세에 관하여 중국공산당수 모택동 성명	장개석의 기만적화평건의 정체를 폭로	4	조선중앙통신
1949-01-22-018	중국인민해방군의 12월분 전과		4	조선중앙통신
1949-01-22-019	레닌서거 25주년 각국 기념행사		4	조선중앙통신
1949-01-22-020	미국에 실업자 계속 격증	정부의 대책은 거의 전무	4	조선중앙통신
1949-01-22-021	미국공산당 지도자 공판	삼엄한 경계리에 개정	4	조선중앙통신
1949-01-22-022	쏘련소식	재건되는 끼예브	4	조선중앙통신
1949-01-22-023	쏘련소식	새로운 채탄꼼바인	4	조선중앙통신
1949-01-22-024	서부렬강의 음모 분쇄	서부독일공산당에서 선언	4	조선중앙통신
1949-01-22-025	중국인민들이 쟁취한 거대한 성과		4	리봉국
1949-01-23-001	남조선괴뢰'정부'를 반대하는 조선인민들의 투쟁은 날로 치렬화하여가고있다		1	
1949-01-23-002	김일성수상께 드리는 축전문	만포선 개고 고인간 철도전기화 개통식장에 모인 로동자, 농민, 기술자, 사무원 일동	1	
1949-01-23-003	이 감격을 증산에 표시할것을 결의 청진제강 로동자들	조쏘량국 대사교환과 관련하여	1	주재기자 현준극
1949-01-23-004	조쏘인민간의 친선은 더욱 공고 평양곡산 로동자들	조쏘량국 대사교환과 관련하여	1	본사기자 리인태
1949-01-23-005	증산의욕 더 높여 대사교환을 환영 사리원역 종업원들	조쏘량국 대사교환과 관련하여	1	주재기자 리성섭
1949-01-23-006	국토완정의 자신은 만만	문학예술인들	1	본사기자 김춘희
1949-01-23-007	학교건축을 위한 애국미 헌납!	각 시, 군들에서	1	
1949-01-23-008	조국건설을 위하여	각지에서	1	

기사번호	제목(title)	부제목(stitle)	면수	필자, 출처
1949-01-23-009	당장성 당이 요구하는 기본성분으로	함남 북청 덕성면당단체에서	2	본사기자 리수근
1949-01-23-010	교양 부단한 노력은 우수한 성과를	함남 북청 덕성면당단체에서	2	본사기자 리수근
1949-01-23-011	분공 분공받은 과업 책임있게 실천	함남 북청 덕성면당단체에서	2	본사기자 리수근
1949-01-23-012	농촌경리 일층의 발전을 위하여 향토건설과 증산에!	함남 북청 덕성면당단체에서	2	본사기자 리수근
1949-01-23-013	사회단체협조사업 당원들이 핵심이 되여	함남 북청 덕성면당단체에서	2	본사기자 리수근
1949-01-23-014	자습당원들에게 주는 학습자료	자본주의의 전반적공황(2)	2	『쓰딸린전자』
1949-01-23-015	당신의 아들은 훌륭한 전사가 되였습니다 병사의 아버지께 보낸 군관의 편지	길주군 웅편면 지일리 현치원 농민과 그의 아들 충국	3	주재기자 현준극
1949-01-23-016	수산업발전을 위해 연구와 시험에 분투	청진수산시험장에서	3	주재기자 김소민
1949-01-23-017	1년간의 사업을 총화하고 1.4분기 새 과업들을 토의	각 도 로동부장회의	3	본사기자 신언철
1949-01-23-018	영예의 표창받은 모범기업소들!	흥남비료공장과 황해제철소에서	3	
1949-01-23-019	미군주둔하의 남조선	풍전등화의 장개석과 그의 파견인 유어만	3	서광제
1949-01-23-020	표창의 영예 빛나는 흥남비료공장 로동자		3	
1949-01-23-021	국제직련서기장 성명	영국직맹평의회 제안을 공박	4	조선중앙통신
1949-01-23-022	인도네시아인민무장군 각지에서 공세		4	조선중앙통신
1949-01-23-023	미 영 화 직맹대표들의 국제직련분활음모		4	조선중앙통신
1949-01-23-024	불란서정부의 기만정책		4	조선중앙통신
1949-01-23-025	국제직련파괴시도 배격	호주로동운동지도자 언명	4	조선중앙통신
1949-01-23-026	서부독일지대 전력석탄 부족		4	조선중앙통신
1949-01-23-027	신민주주의 제 국가에서는 로동계급과 로력농민간의 동맹이 강화되고있다		4	리종선
1949-01-23-028	체코슬로바키야의 작년도 무역총액		4	조선중앙통신
1949-01-23-029	체코슬로바키야와 파란 사회정책문제 공동토의		4	조선중앙통신
1949-01-23-030	유엔 이란대표단의 보고는 허위		4	조선중앙통신
1949-01-23-031	이란정세		4	조선중앙통신
1949-01-23-032	영국항공기회사의 암약		4	조선중앙통신
1949-01-23-033	국제학생동맹 집행위원회 개막		4	조선중앙통신
1949-01-23-034	미국해병 청도에 상륙		4	조선중앙통신
1949-01-23-035	『근로자』 1호		4	
1949-01-25-001	당간부를 정상적으로 지도하자		1	
1949-01-25-002	김일성수상께 드리는 축전문	평원선 양덕-천성간 전기철도 개통식장에 모인 로동자, 농민, 기술자, 사무원일동	1	

기사번호	제목(title)	부제목(stitle)	면수	필자, 출처
1949-01-25-003	조선민주주의인민공화국 최고인민회의 소집에 대한 공시		1	
1949-01-25-004	조선민주주의인민공화국 내무성 보도		1	
1949-01-25-005	평원선전철 개통식!	숭고한 애국열로 극복한 난공사	1	본사기자 리문상
1949-01-25-006	학교건축을 위한 애국미 헌납!	룡강군 금천군농민들	1	
1949-01-25-007	세포위원회사업을 강화하자		2	평남도당위원장 김재욱
1949-01-25-008	1.4분기 예정수자실행의 보장을 위한 협조방침 토의	흥남시당열성자회의에서	2	통신원 리정환
1949-01-25-009	기능공양성사업 적극 협조추진	평양종합병원 건설사무소세포	2	
1949-01-25-010	충분한 준비밑에 세포학습을 진행	사리원방직공장 원동분세포에서	2	주재기자 리성섭
1949-01-25-011	세포강사로서의 나의 몇가지 경험	세포학습강사의 1개월간 사업 총결에서	2	본사기자 현갑진
1949-01-25-012	분석적지도사업에 대하여		2	본사기자 송학용
1949-01-25-013	모범민청반운동 활발	인민군대내 민청맹원들	3	본사기자 김전
1949-01-25-014	벌목운재작업 활발	평북 칠평목재작업소에서	3	본사기자 신기관
1949-01-25-015	림산철도공사를 대대적으로 확장	농림성 림산관리국에서	3	본사기자 리의철
1949-01-25-016	광산부면의 선두에서	산업성상 곡산광산	3	
1949-01-25-017	장벽식채탄법을 광범히 실시하여	산업성상 아오지탄광	3	
1949-01-25-018	기본건설을 완료하고 증산일로에로 총돌진	성진지방산업공장 로동자들	3	통신원 렴재학
1949-01-25-019	기계제작공업에 깊은 관심 돌리자	평양중앙기계제작 기본시설 확장	3	본사기자 리인태
1949-01-25-020	소비조합 1.4분기 책임량 돌파운동!	홍원군 경운면 제2상점조합원들	3	통신원 유헌
1949-01-25-021	미군주둔하의 남조선 종교의 자유를 유린하는 남조선괴뢰정부	교회당불법명도를 거부한 목사를 검거	3	조선중앙통신
1949-01-25-022	미군주둔하의 남조선	륜락과 퇴페의 남조선교육상태	3	조선중앙통신
1949-01-25-023	레닌서거 25주년 각국 기념행사		4	조선중앙통신
1949-01-25-024	서독공산당 총비서 라이만사건심의 연기		4	조선중앙통신
1949-01-25-025	국제직련분렬책동에 백이의 직맹에서 항의		4	조선중앙통신
1949-01-25-026	미국인들이 나치전범자 하인켈을 석방		4	조선중앙통신
1949-01-25-027	미국의 기대에 어그러진 스칸디나비야 외상회의		4	조선중앙통신
1949-01-25-028	신민주주의 제 국가에 대한 영국의 비방 적선전을 폭로	『슬라뱌네』지의 론평-	4	조선중앙통신
1949-01-25-029	국제직련을 분렬하려는 기도에 대하여		4	홍인철

기사번호	제목(title)	부제목(stitle)	면수	필자, 출처
1949-01-25-030	쏘련소식	쏘련농촌전기화 착착 전국에 실현	4	조선중앙통신
1949-01-26-001	각성은 애국주의의 불가결의 특성이다		1	
1949-01-26-002	조국보위의 튼튼한 성벽인 우리 군대의 창건을 축하!	평양고무공장 로동자들	1	본사기자 김기초
1949-01-26-003	인민군대의 생활을 그린 많은 예술문학 작품 창작	문학예술인들	1	
1949-01-26-004	귀국한 쏘련청년대표 북조선민주건설 찬양		1	조선중앙통신
1949-01-26-005	사회보험제실시 2주년		1	조선중앙통신
1949-01-26-006	전반적초등의무교육실시 위한 학령아동 조사 진행!		1	조선중앙통신
1949-01-26-007	학교건축을 위한 애국미헌납!	여러 시, 군들에서	1	
1949-01-26-008	조국건설을 위하여	각지에서	1	조선중앙통신
1949-01-26-009	레닌-쓰딸린의 위대한 기치를 들고 공산주의 승리로 향하여 브.이.레닌서거 25주년기념 모쓰크바추도회 석상에서 진술한 쁘.느.뽀쓰뻴로브동무의 보고	1949년 1월 21일	2, 3	
1949-01-26-010	빛나는 성과를 거둔 군관교육가 경기 대회		3	
1949-01-26-011	면농맹지도기관 결산 및 선거 진행	평남 강서군 강서면에서	3	본사기자 백운학
1949-01-26-012	미군주둔하의 남조선 괴뢰정부 각 부서에 미국인'상담역' 배치	소위 '한미경제원조협정' 행세	3	조선중앙통신
1949-01-26-013	영예의 표창받은 모범기업소들!	산업성상 순천화학공장과 룡성기계제작소에서	3	
1949-01-26-014	쏘련직맹대표단 성명	영국직맹의 제의를 비판	4	조선중앙통신
1949-01-26-015	국제직련집행지도부 회의 폐막		4	조선중앙통신
1949-01-26-016	미국정부조사국의 비행 계속		4	조선중앙통신
1949-01-26-017	레닌서거 25주년 각국 기념상황		4	조선중앙통신
1949-01-26-018	장개석은 남경을 떠났다	-총통직은 리종인이 담당-	4	조선중앙통신
1949-01-26-019	미국에서 민권용호 위한 운동 광범히 전개		4	조선중앙통신
1949-01-26-020	선언과 현실		4	최일룡
1949-01-26-021	쏘련소식	강력한 공업국으로된 우즈베크 공화국	4	조선중앙통신
1949-01-26-022	쏘련 불가리야간 금년도 물자교환협정		4	조선중앙통신
1949-01-27-001	조국과 민족을 팔아먹는 망국괴뢰'정부'의 배족적죄악		1	
1949-01-27-002	우리 인민군대 탄생의 날 깊은 감격으로 맞이하자	흥남비료공장 로동자들	1	주재기자 박경석
1949-01-27-003	인민군대군무자들에게 무한한 영예를 드리면서	평양연초공장 로동자들	1	본사기자 리인태

기사번호	제목(title)	부제목(stitle)	면수	필자, 출처
1949-01-27-004	조선민주주의인민공화국 최고인민회의 소집에 대한 공시		1	
1949-01-27-005	우승의 영예를 경축하며 새 승리에의 돌진을 맹세	흥남비료공장 경축대회	1	조선중앙통신
1949-01-27-006	학교건축을 위한 애국미 헌납!	각 군들에서	1	
1949-01-27-007	조국건설을 위하여 고공품완납	각지에서	1	
1949-01-27-008	볼가리야로동당(공산주의자들) 제5차대회에서 진술한 그.므.지미트로브의 보고		2, 3	
1949-01-27-009	네가 훌륭한 군인이 되기를 원한다	조선인민군대 분대장 관겸의 어머니 윤문수씨	3	본사기자 황경엽
1949-01-27-010	지방산업의 발전을 위하여	1948년도 지방산업총결회의	3	본사기자 리인태
1949-01-27-011	선철증산의 담보로 될 기본건설 활발히 진척	황해제철소에서	3	통신원 유종칠
1949-01-27-012	미군주둔하의 남조선	반도호텔과 부속지대를 매국노들이 미국에 양도	3	조선중앙통신
1949-01-27-013	영예의 표창받은 모범기업소들!	산업성상 장진강발전부, 천내리세멘트공장, 신의주방직공장에서	3	
1949-01-27-014	화평교섭에 대한 중국공산당대변인 담		4	조선중앙통신
1949-01-27-015	국민당통치구 인사들 화북해방구에서 회합		4	조선중앙통신
1949-01-27-016	중국인민해방군 당고를 점령		4	조선중앙통신
1949-01-27-017	제현도 점령		4	조선중앙통신
1949-01-27-018	일본 중의원 총선거결과	공산당의 진출 현저	4	조선중앙통신
1949-01-27-019	일본 중의원 총선거결과	공산당총비서 최고점으로 당선	4	조선중앙통신
1949-01-27-020	현존배심원선거법에 항의코 변호사들 공판중지 요구	-미국공산당 지도자 공판 계속-	4	조선중앙통신
1949-01-27-021	공산당과의 행동을 이태리사회당 견지		4	조선중앙통신
1949-01-27-022	미국독점자본가들 개인회사를 합병		4	조선중앙통신
1949-01-27-023	팔레스티나에 영군 속속 도착		4	조선중앙통신
1949-01-27-024	서구 5개국의회 대표자회의 파렬		4	조선중앙통신
1949-01-27-025	희랍왕당파정부 신내각		4	조선중앙통신
1949-01-27-026	린치재판을 하고있는 린컨의 아메리카		4	김재린
1949-01-28-001	인민공화국기치를 높이 들고 괴뢰'정부' 타도에로		1	
1949-01-28-002	공화국 인민군대창건의 날 2월 8일을 성심으로 맞자	각급 녀맹단체들	1	본사기자 김춘희
1949-01-28-003	병사들과 더욱 튼튼한 련계 정성들인 춤과 노래의 선물	평양피복공장 로동자들	1	본사기자 리인태
1949-01-28-004	전체 시민이 열성을 다하여 다채로운 기념사업을 준비	원산시인민들	1	

기사번호	제목(title)	부제목(stitle)	면수	필자, 출처
1949-01-28-005	인민군대군무자들에게 위문의 편지를 보내자!	청진철도공장 로동자들	1	주재기자 현준극
1949-01-28-006	학교건축을 위한 애국미 헌납!	각지에서	1	
1949-01-28-007	조국건설을 위하여 고공품 완납	각지에서	1	
1949-01-28-008	환호속에 대의원들 륙속 래착		1	본사기자 리문상
1949-01-28-009	인민공화국의 떳떳한 주인으로		2	
1949-01-28-010	웅장하게 돌아가는 소결로-마동세멘트공장에서		2	
1949-01-28-011	인민들에 공급할 섬유품은 증산된다	사리원방직공장에서	2	
1949-01-28-012	물가는 저락되고 생활은 날로 향상	평양소비조합중앙상점에서	2	
1949-01-28-013	의무교육실시에 농민들의 애국열	함주군 주서면 탈복리에서	2	
1949-01-28-014	건설과 승리의 길로 용진하는 공화국 북반부의 인민들		2	
1949-01-28-015	조국민주건설에 빛나는 또하나의 승리!		2	
1949-01-28-016	논에서 150%의 식량증산을 위하여	평북 34천 첨수로공사장에서	2	
1949-01-28-017	연극 「항쟁의 노래」		2	
1949-01-28-018	행복의 거리	극장가를 찾아서	2	
1949-01-28-019	인민공화국 기치밑에서 남조선인민유격전 치렬		3	
1949-01-28-020	멸망에 직면한 매국노들의 발악		3	
1949-01-28-021	리승만직속의 테로기관 소위 '대한감찰부'의 정체		3	
1949-01-28-022	불행과 도탄속에 신음하는 공화국남반부 인민들!		3	
1949-01-28-023	도탄에 빠진 인민들의 생활		3	
1949-01-28-024	퇴폐와 륜락의 암담한 사회상		3	
1949-01-28-025	농촌경리는 파멸일로로		3	
1949-01-28-026	미제의 딸라에 목매인 '유엔신조선위원단'		3	
1949-01-28-027	국제직련분렬음모를 반대규탄하는 각국 직맹		4	조선중앙통신
1949-01-28-028	중국인민해방군이 천진시 점령한 경위		4	조선중앙통신
1949-01-28-029	남아프리카에 폭동		4	조선중앙통신
1949-01-28-030	모순에 찬 트루맨의 연설	미국정부의 강령을 표명	4	조선중앙통신
1949-01-28-031	일본 중의원선거에서 우익지도진 대량 락선		4	조선중앙통신
1949-01-28-032	아세아에 대한 미국정책은 인민들의 반대항쟁에 봉착		4	조선중앙통신
1949-01-28-033	국제정세개관	쏘련인민들의 헌신적투쟁의 빛나는 결실	4	신남주
1949-01-28-034	국제정세개관	일본 중의원선거 결과	4	신남주

기사번호	제목(title)	부제목(stitle)	면수	필자, 출처
1949-01-28-035	국제정세개관	국제직련분렬음모는 완전히 실패하였다	4	신남주
1949-01-28-036	쏘련소식	인민재판소선거 각지에서 진행	4	조선중앙통신
1949-01-28-037	쏘련소식	각 지방 직맹대회 개최	4	조선중앙통신
1949-01-28-038	인도네시아에 화란군 증원		4	조선중앙통신
1949-01-29-001	3천만 인민의 기대와 환희속에 최고인민회의 제2차회의 개막		1	조선중앙통신
1949-01-29-002	개회사 허헌	최고인민회의 제2차회의에서	1	
1949-01-29-003	쏘련주차 조선민주주의인민공화국 특명전권대사 주녕하씨 모쓰크바 도착		1	조선중앙통신
1949-01-29-004	회의의안	최고인민회의 제2차회의	1	
1949-01-29-005	내무원들은 인민들의 안전질서를 위하여 투쟁한다		1	
1949-01-29-006	조선민주주의인민공화국 북반부의 인민경제부흥발전을 위한 1948계획실행총결과 1949년-1950년 2개년계획 보고자 국가계획위원장 대의원 정준택	최고인민회의 제2차회의에서	2, 3, 4	
1949-01-30-001	최고인민회의 제2차회의에 열렬한 축하를 드린다		1	
1949-01-30-002	최고인민회의 제2차회의 공화국정부 대외정책 천명 (제2일)		1	조선중앙통신
1949-01-30-003	다채로운 기념준비와 생산증산에 더욱 노력 사리원방직 로동자들	인민군대창립 1돐에 즈음하여	1	주재기자 리성섭
1949-01-30-004	영예의 날을 경축하며 인민군을 위안키 위해 청진방적공장 로동자들	인민군대창립 1돐에 즈음하여	1	주재기자 현준극
1949-01-30-005	수예품제작과 위안연예회로 북조선민주청년들	인민군대창립 1돐에 즈음하여	1	본사기자 신봉
1949-01-30-006	호남일대유격전 치렬 지리산주변에서 대격전 전개	백무동전투에 경찰 천여명 동원	1	조선중앙통신
1949-01-30-007	충북방면의 우세한 유격군 충남전북지역으로 세력 확대		1	조선중앙통신
1949-01-30-008	무장유격대 활동범위를 확대	'유엔신위원단'배격 삐라 산포	1	조선중앙통신
1949-01-30-009	조선민주주의인민공화국 정부의 대외정책에 관하여 부수상 겸 외상 박헌영	최고인민회의 제2차회의에서	2, 3	
1949-01-30-010	새 2개년계획의 승리를 위하여 총진군하자! 최고인민회의 제1일회의의 토론	정일용, 허성택 대의원	3	
1949-01-30-011	쏘련 및 인민민주주의제국 경제호상원조리사회 창설		4	조선중앙통신
1949-01-30-012	아세아 및 근동제국회의 인도 델리에서 진행		4	조선중앙통신
1949-01-30-013	반이스라엘전쟁에 영국 참전 기도		4	조선중앙통신
1949-01-30-014	중국인민해방군 북평에 입성		4	따쓰통신
1949-01-30-015	중국 국민당정부 파국수습에 급급	정부기관 군대 등 남방으로 퇴각	4	조선중앙통신
1949-01-30-016	중국 국민당통치구의 통화가치 폭락		4	조선중앙통신
1949-01-30-017	백이의령 콩고에 미국의 침략책동		4	조선중앙통신
1949-01-30-018	보르네오에서 무장충돌 계속		4	조선중앙통신
1949-01-30-019	영국철도종업원들 대량 해고		4	조선중앙통신
1949-01-30-020	남조선에서의 매국노들의 류혈적테로		4	쏘련문학신문 『리재라투르나야 가제타』
1949-02-01-001	북조선농민동맹창립 제3주년에 제하여		1	
1949-02-01-002	조선최고인민회의 제2차회의(제3일)	공화국전역에 각급 인민위원회 선거실시를 결정		조선중앙통신
1949-02-01-003	대사실시 총결에 관하여 사법상 리승엽	조선최고인민회의 제2차회의에서	1	
1949-02-01-004	최고재판소 재판원 보선	김시엽대의원 피선	1	조선중앙통신
1949-02-01-005	최고재판소 참심원 20명을 선거		1	조선중앙통신
1949-02-01-006	쏘련외상 몰로또브씨 쏘련주차 조선민주주의인민공화국 특명전권대사 주녕하씨를 접견		1	조선중앙통신
1949-02-01-007	농맹창립 제3주년 맞아 농민들 새 결의로 전진!		1	
1949-02-01-008	제주도인민항쟁 치렬	괴뢰'정부'군경의 련합부대를 산중에 유인코 포위공격	1	조선중앙통신
1949-02-01-009	행정구역 개편에 관하여 부수상 홍명희	조선최고인민회의 제2차회의에서	2	
1949-02-01-010	최고인민회의 제2차회의에서 토론(요지)	장익림(황해제철소 지배인)	2	
1949-02-01-011	최고인민회의 제2차회의에서 토론(요지)	김점권대의원	2	
1949-02-01-012	최고인민회의 제2차회의에서 토론(요지)	박준언대의원	2	
1949-02-01-013	최고인민회의 제2차회의에서 토론(요지)	김정주대의원	2	
1949-02-01-014	최고인민회의 제2차회의에서 토론(요지)	장권대의원	2	
1949-02-01-015	최고인민회의에서 피로된 축전 축문	최고인민회의 제2차회의를 축하여	3	
1949-02-01-016	조선민주주의인민공화국 최고인민회의 제2차회의에 드리는 메쎄지	경성철도공장 종업원일동으로부터	3	
1949-02-01-017	남조선감옥에서 출옥탈출하여 조선최고인민회의 제2차회의에 참석한 리기석씨 등 3대의원의 담화		3	
1949-02-01-018	투루맨의 취임연설은 '미제국'창설계획이다		4	조선중앙통신
1949-02-01-019	노벨상 받은 정말교수 성명		4	조선중앙통신
1949-02-01-020	작년도의 인민경제계획을 몽고인민공화국 초과완수		4	조선중앙통신
1949-02-01-021	라이만재판 반대여론에 서부영국 군정당국 당황		4	조선중앙통신
1949-02-01-022	희랍민주군의 전과 계속 확대		4	조선중앙통신

기사번호	제목(title)	부제목(stitle)	면수	필자, 출처
1949-02-01-023	왕당파정부 농민을 촌락에서 축출		4	조선중앙통신
1949-02-01-024	팔레스티나문제로 영정부의 립장 동요		4	조선중앙통신
1949-02-01-025	화란경제위기		4	조선중앙통신
1949-02-01-026	알바니야에 대한 쏘련의 원조		4	조선중앙통신
1949-02-01-027	국제학생동맹 집행위원회 폐막		4	조선중앙통신
1949-02-01-028	경찰인가 군대인가?		4	
1949-02-01-029	인도네시아에서 화란군 계속 침공		4	조선중앙통신
1949-02-01-030	쏘련소식	로련 우크라이나 량공화국 전년도 인민경제 초과완수	4	조선중앙통신
1949-02-01-031	쏘련소식	끼예브주의 집단농장	4	조선중앙통신
1949-02-02-001	1949년 신학기를 성과있게 맞이하자		1	
1949-02-02-002	1949년 1월 27일에 받은 미국 『인터내슈널 뉴스 써비스』통신사 구라파총지배인 킹쓰버리.스미스씨의 질문에 대한 이.브.쓰딸린수상의 대답		1	
1949-02-02-003	김일성수상 총결연설 진술 중요법령 및 결정채택코 폐막	조선최고인민회의 제2차회의(제4일)	1	조선중앙통신
1949-02-02-004	조선민주주의인민공화국 정부의 대외정책에 관하여		1	
1949-02-02-005	조선민주주의인민공화국 최고재판소 보선에 관하여		1	
1949-02-02-006	대사실시 총결에 대하여		1	
1949-02-02-007	지방주권기관 도.시.군.구역.면 및 리 인민위원회 선거실시에 관하여		1	
1949-02-02-008	지방주권기관(도, 시, 군, 면, 리 인민위원회)선거실시에 관하여 조선최고인민회의 상임위원회 부위원장 홍기주	최고인민회의 제2차회의에서	2	
1949-02-02-009	백남운대의원	최고인민회의 제2차회의에서 한 토론	3	
1949-02-02-010	김득란대의원	최고인민회의 제2차회의에서 한 토론	3	
1949-02-02-011	리기영대의원	최고인민회의 제2차회의에서 한 토론	3	
1949-02-02-012	유영준대의원	최고인민회의 제2차회의에서 한 토론	3	
1949-02-02-013	리극로대의원	최고인민회의 제2차회의에서 한 토론	3	
1949-02-02-014	신진우대의원	최고인민회의 제2차회의에서 한 토론	3	
1949-02-02-015	경북포항주둔 ‘국방군’ 폭동		3	조선중앙통신
1949-02-02-016	무장유격대 부산형무소 동래출장소를 습격!		3	조선중앙통신

기사번호	제목(title)	부제목(stitle)	면수	필자, 출처
1949-02-02-017	노루웨이정부에게 쏘련정부 각서 전달	‘대서양동맹’에 관한 립장 설명 요구	4	조선중앙통신
1949-02-02-018	중국민주인사 55명 혁명의 철저한 수행을 호소		4	조선중앙통신
1949-02-02-019	중국인민해방군 남경에로 육박		4	조선중앙통신
1949-02-02-020	파란작가대회		4	조선중앙통신
1949-02-02-021	회의 사항 및 절차 등 토의	유엔후견리사회 제4차회의	4	조선중앙통신
1949-02-02-022	희랍민주주의 림시정부 내전중지조건을 제시		4	조선중앙통신
1949-02-02-023	이라크인민들의 정부정책반대시위		4	조선중앙통신
1949-02-02-024	트루맨은 무엇을 말했고 무엇을 말하지 않았는가		4	박태민
1949-02-02-025	우크라이나공산당(볼쉐위끼) 제16차대회		4	조선중앙통신
1949-02-02-026	불란서 소매물가격 날로 등귀		4	조선중앙통신
1949-02-03-001	김일성 사진		1	
1949-02-03-002	조선최고인민회의 제2차회의에서 진술한 김일성수상의 총결연설		1, 2	
1949-02-03-003	사진은 김일성수상의 연설을 듣는 대의원들		2	
1949-02-03-004	박영성대의원	최고인민회의 제2차회의에서 한 토론	3	
1949-02-03-005	리병남대의원	최고인민회의 제2차회의에서 한 토론	3	
1949-02-03-006	최선자대의원	최고인민회의 제2차회의에서 한 토론	3	
1949-02-03-007	장순명대의원	최고인민회의 제2차회의에서 한 토론	3	
1949-02-03-008	정성언대의원	최고인민회의 제2차회의에서 한 토론	3	
1949-02-03-009	정백대의원	최고인민회의 제2차회의에서 한 토론	3	
1949-02-03-010	조선최고인민회의 제2차회의의 력사적 의의		3	김동천
1949-02-03-011	북평시민들의 환호리에 인민해방군 당당 입성!	-기본상으로 화북에서 전쟁 종결-	4	조선중앙통신
1949-02-03-012	국민당정부의 화남이동책	장개석의 비밀경찰 조량	4	조선중앙통신
1949-02-03-013	인도네시아에서 화란군철거를 거부하는 미영대표	-유엔안보리사회에서-	4	조선중앙통신
1949-02-03-014	독일에 있어서의 서부렬강의 새로운 단독행위		4	김영
1949-02-04-001	인민군대창립 1주년기념을 대중적으로 맞이하자		1	

기사번호	제목(title)	부제목(stitle)	면수	필자, 출처
1949-02-04-002	조선민주주의인민공화국 북반부의 인민경제부흥발전을 위한 1948년 계획실행 총결과 1949년-1950년 2개년계획에 관한 법령		1, 2	
1949-02-04-003	조선민주주의인민공화국 인민군대의 특성에 대하여		3, 4	민족보위성 문화부상 김일
1949-02-04-004	미영뿔럭 공공연히 화란을 옹호	인도네시아문제에 관한 안전보장리사회 회의	4	조선중앙통신
1949-02-04-005	소위 '구라파련방'은 새 전쟁의 조발음모	이태리공산당 톨리아티 성명	4	조선중앙통신
1949-02-04-006	통일독일과 민주평화 위해 과감한 투쟁을 전개하자!	독일사회통일당대회 성명서	4	조선중앙통신
1949-02-04-007	베를린의 최후적분렬을 서부렬강 획책		4	조선중앙통신
1949-02-04-008	맑스.라이만재판에 쏘련기자의 방청 금지	영국 군정당국의 당황 우심	4	조선중앙통신
1949-02-04-009	항가리최고인민재판소 판결		4	조선중앙통신
1949-02-04-010	불란서정부 이스라엘 승인		4	조선중앙통신
1949-02-04-011	경제호상원조리사회는 자유와 주권옹호의 무기	부카레스트 각 신문 론평	4	조선중앙통신
1949-02-04-012	불반동정부 폭압에 항거한 전인민적항의 성과를 쟁취		4	조선중앙통신
1949-02-04-013	제1차 선거의 비민주성을 지적	이스라엘공산당 비서	4	조선중앙통신
1949-02-04-014	직맹운동의 국제적단결 지지	분란직맹지도자 성명	4	조선중앙통신
1949-02-05-001	생산직장내 당단체사업을 강화하자		1	
1949-02-05-002	트루맨대통령과의 회견장소에 관한 미국 '아이.엔.에스'통신사 구라파총지배인의 전보와 이에 대한 이.브.쓰딸린수상의 답전		1	
1949-02-05-003	조선민주주의인민공화국 최고인민회의 상임위원회 정령	조선민주주의인민공화국 38선이북지역의 도 시 군 구역 인민위원회 선거일의 결정에 관하여	1	
1949-02-05-004	전남일대의 유격전	령광군 불갑면에서 대격전	1	조선중앙통신
1949-02-05-005	조선민주주의인민공화국 최고인민회의 상임위원회 정령	조선민주주의인민공화국 38선이북 도 시 군 구역 인민위원회 선거에 관한 규정의 승인에 관하여	2	
1949-02-05-006	조선민주주의인민공화국 38선이북지역의 도 시 군 구역 인민위원회 선거에 관한 규정		2	
1949-02-05-007	자강도 및 함경북도 라진군 신설에 관하여		2	
1949-02-05-008	북대서양조약에 관한 쏘련외무성의 성명		3, 4	
1949-02-05-009	리종인의 '화평'무대뒤에서 장개석은 반공 흉책		4	조선중앙통신

기사번호	제목(title)	부제목(stitle)	면수	필자, 출처
1949-02-06-001	인민위원회를 더 한층 강화하자		1	
1949-02-06-002	조선민주주의인민공화국 최고인민회의 상임위원회 정령	조선민주주의인민공화국 38선이북지역의 도 시 군 구역 인민위원회 선거에 관한 중앙선거지도위원회 조직에 관하여	1	
1949-02-06-003	조선민주주의인민공화국 최고인민회의 상임위원회 정령	조선민주주의인민공화국 최고인민회의 상임위원회 자강도조직위원회 구성에 관하여	1	
1949-02-06-004	쏘련주차 조선민주주의인민공화국 특명전권대사 주녕하씨 쏘련최고쏘베트 상임위원회 위원장 스웨르니크씨에게 신임장 봉정		1	조선중앙통신
1949-02-06-005	내무성 보도	남조선괴뢰군의 무장습격과 관련하여	1	
1949-02-06-006	잡지 『즈나미야』에 관하여	잡지 『즈베즈다』 및 『레닌그라드』에 관한 쏘련공산당(볼쉐위크) 중앙위원회의 결정을 잡지 『즈나미야』편집부는 어떻게 집행하였는가에 대한 검열	2	
1949-02-06-007	사상-정치교양사업을 더 한층 제고하자!		2	김춘희
1949-02-06-008	2.7구국투쟁 1주년을 맞으며		2	김형준
1949-02-06-009	건국실을 더욱 화려하게 인민군대창립 1주년을 앞두고	김봉철군관이 지휘하는 구분대에서	3	본사기자 김전
1949-02-06-010	서해안 어로일군들 조기잡이를 준비	평북 등곳포수산합작사	3	주재기자 최영환
1949-02-06-011	지식은 광명	배우고 또 배우자	3	
1949-02-06-012	확장발전하는 국가상업망	평양상업관리소 사업 총결	3	본사기자 리문상
1949-02-06-013	쏘련학자들의 강의 조선학계에 공헌!		3	본사기자 신봉
1949-02-06-014	매국노 리승만의 매국행적	조선독립운동 한다 칭하며 일본천황 '만수무강'을 축원	3	박진
1949-02-06-015	쏘련직총 서기장의 연설	국제직련 분렬음모를 폭로하고 통일적인 로동운동강화를 호소	4	조선중앙통신
1949-02-06-016	분란직총내 좌익위원들 국제직련운동의 통일 고수		4	조선중앙통신
1949-02-06-017	'대서양동맹'가입 반대	노르웨이근로인민 항의대회	4	조선중앙통신
1949-02-06-018	전국적시위운동을 불란서로동총련맹 호소		4	조선중앙통신
1949-02-06-019	희랍인민들의 투쟁 찬양	베를린군중대회 성황	4	조선중앙통신
1949-02-06-020	독일경제발전의 두개의 길		4	김병영
1949-02-06-021	'아세아제국회의'의 정체		4	조선중앙통신
1949-02-06-022	동부독일에 대한 쏘련의 물자원조		4	조선중앙통신
1949-02-06-023	독일사회통일당 중앙위원회 개최		4	조선중앙통신

기사번호	제목(title)	부제목(stitle)	면수	필자, 출처
1949-02-06-024	쏘련소식	쏘련공산당 모쓰크바주 및 시위원회 개최	4	조선중앙통신
1949-02-06-025	쏘련소식	그루지아공산당 제14차대회	4	조선중앙통신
1949-02-08-001	조선인민군 창립 1주년 기념대회 주석단		1	
1949-02-08-002	위대한 쓰딸린대원수에게 드리는 축전	조선인민군창립 1주년에 즈음하여	1	
1949-02-08-003	조선민주주의인민공화국 정부와 내각 수상 김일성장군에게 드리는 축전	조선인민군창립 1주년에 즈음하여	1	
1949-02-08-004	조선민주주의인민공화국 최고인민회의 상임위원회 정령	조선민주주의인민공화국의 인민보위와 인민의 리익을 옹호함에 공훈있는 인민군대 및 내무성 군관들에게 국기훈장 2, 3급을 수여함에 관하여	1	
1949-02-08-005	조선인민군창립 1주년에 제하여		1	
1949-02-08-006	조선인민군 장병들에게 축전 조선최고인민회의 및 내각과 북조선민전중앙위원회에서	조선인민군창립 1주년에 즈음하여	2	
1949-02-08-007	조선인민군창립 1주년경축 평양시인민위원회 경축대회	각 정당 사회단체 열성자 참석리에 대성황	2	본사기자 김동천
1949-02-08-008	조선인민군 장병들게 축하메쎄지 남조선 제 정당 사회단체 대표자일동으로부터	조선인민군창립 1주년에 즈음하여	2	
1949-02-08-009	인민위원회는 진정한 인민의 주권기관이다	북조선인민위원회 창립 제3주년에 제하여	2	
1949-02-08-010	사상적무장으로 군센 전투력을	리용수군관 지휘하의 구분대에서	3	
1949-02-08-011	튼튼한 체력은 전투의 기본력량	박현숙분대장	3	
1949-02-08-012	조선인민군대에 보낸 인민들의 선물 산적	평양시에서	3	
1949-02-08-013	명랑한 부대생활	박주서군관이 지휘하는 구분대에서	3	본사기자 김전
1949-02-08-014	호남지방유격대 맹활동	구례 보성 등지에서 전투 전개	3	조선중앙통신
1949-02-08-015	지이산폭동군의 행동 활발	함양서 국군 제3련대를 정면공격 함평전투에서도 1개 소대를 격파	3	조선중앙통신
1949-02-08-016	제주도인민항쟁	발악하는 괴뢰'정부' 경찰을 인민유격대 도처에서 격파	3	조선중앙통신
1949-02-08-017	광주근접 림곡에서도 전투	경성시내에 다수 삐라 산포	3	조선중앙통신
1949-02-08-018	쓰딸린수상의 제의를 미대통령과 국무장관 거부		4	조선중앙통신
1949-02-08-019	월레스씨의 성명		4	조선중앙통신
1949-02-08-020	'북대서양동맹'에 관한 쏘련외무성 성명에 대한 각국의 반향		4	조선중앙통신
1949-02-08-021	국제직련집행국회의		4	조선중앙통신

기사번호	제목(title)	부제목(stitle)	면수	필자, 출처
1949-02-08-022	세계평화와 안전을 위한 력사적인 문헌		4	박덕순
1949-02-08-023	일본우익 제 정당 내분	민주당은 분렬위기	4	조선중앙통신
1949-02-08-024	화란의 파업		4	조선중앙통신
1949-02-08-025	북조선로동당 중앙위원회 기관잡지 『근로자』 제2호 내용		4	로동신문사 『근로자』편집국
1949-02-09-001	지방주권기관선거에 제하여 공화국북반부 전체 인민에게 북조선민전 호소		1	
1949-02-09-002	조선민주주의인민공화국 도 시 군 구역 인민위원회 대의원선거에 관한 표어		1	
1949-02-09-003	조선민주주의인민공화국 전체 녀성들에게 고함	조선민주주의인민공화국 남북녀성열성자대회	2	
1949-02-09-004	김일성수상의 말씀 받들고 민청원들은 자체교양제고를 위하여 투쟁한다		2	현정민
1949-02-09-005	당정치교양사업에 있어서 구체적지도성을 제고하자	명천군당단체 사업에서	2	주재기자 김소민
1949-02-09-006	조선인민군창립 1주년을 인민들 열렬히 환호경축!	각지에서	3	조선중앙통신
1949-02-09-007	의무교육실시 위한 학령아동조사 완료		3	본사기자 신봉
1949-02-09-008	세계의 항구한 평화와 민주와 안전을 위하여	전조선녀성열성자대회	3	본사기자 김춘희
1949-02-09-009	8.15해방 4주년기념 전국문학예술축전에 관한 규정		3	문화선전성
1949-02-09-010	조쏘반선거완료코 시군대표회를 개시	조쏘문화협회에서	3	본사기자 신봉
1949-02-09-011	농맹지도기관선거 성과있게 계속 진행		3	본사기자 백운학
1949-02-09-012	조국건설에 더 많은 목재를	함북 무산 유평작업소에서	3	
1949-02-09-013	남조선유격전 일층 치렬	포항폭동군도 완전 합류	3	조선중앙통신
1949-02-09-014	제주도인민유격대 소위 국군을 섬멸!	소지한 무기전부를 로획	3	조선중앙통신
1949-02-09-015	남조선에 있어서의 식민지정권	『이즈베스치야』지 론평	3	조선중앙통신
1949-02-09-016	국제직련집행국회의에서 진술한 쏘련직맹대표 꾸즈네쪼브의 연설		4	
1949-02-09-017	따쓰의 국제정세개관	북대서양동맹에 관한 쏘련외무성의 성명	4	조선중앙통신
1949-02-09-018	따쓰의 국제정세개관	독일사회통일당 제1차대회	4	조선중앙통신
1949-02-09-019	중국인민해방군 2년반간의 전과	중국인민해방군 총사령부 보도	4	조선중앙통신
1949-02-09-020	인도의 기아 극심		4	조선중앙통신
1949-02-09-021	몽고녀성대회에서 국제녀성대회결정 지지		4	조선중앙통신
1949-02-09-022	군사뿔럭가입은 국가적재화 초래	이태리상원의원 언명	4	조선중앙통신
1949-02-09-023	영철도종업원 대량해고 예정		4	조선중앙통신
1949-02-10-001	목재채벌과 운재사업을 제때에 수행하자		1	
1949-02-10-002	쓰딸린대원수 귀하	조선민주주의인민공화국 남북녀성열성자대회	1	

기사번호	제목(title)	부제목(stitle)	면수	필자, 출처
1949-02-10-003	김일성수상에게 드리는 편지	조선민주주의인민공화국 남북녀 성열성자대회	1	
1949-02-10-004	조선민주주의인민공화국 국련가입요청 전보문 전달		1	조선중앙통신
1949-02-10-005	인민경제발전속도를 가일층 제고시키기 위해	수풍발전부 종업원들	1	
1949-02-10-006	2개년계획의 승리적달성을 튼튼히 보장	사동련탄공장 종업원들	1	본사기자 김기초
1949-02-10-007	춘경과 파종준비를 유감없이 갖추겠다	금천군 북면 식현동 농민들	1	본사기자 백운학
1949-02-10-008	중앙선거지도위원회 제1차위원회를 개최		1	조선중앙통신
1949-02-10-009	조선민주주의인민공화국 38선 이북지역의 도 시 군 구역 인민위원회 대의원선거를 위한 중앙선거지도위원회 고시		1	
1949-02-10-010	농업증산을 보장키 위한 영농준비사업 적극 협조	함북 어랑면당단체에서	2	주재기자 현준극
1949-02-10-011	깊은 연구와 노력으로 신입당원을 교양 훈련	서평양철도공장 초급당부에서	2	본사기자 송학용
1949-02-10-012	협조사업 옳게 전개하여 사회단체사업 적극 추진	순천군 후탄면당단체에서	2	
1949-02-10-013	2개년계획의 첫 춘기파종준비를 제때에 수행하자!		2	홍성태
1949-02-10-014	세포위원회의 역할 높여 정치교양사업 강화하자	주을전기처세포에서	2	통신원 류하룡
1949-02-10-015	계획성있는 학습지도로 정치교양사업을 강화	평양연초공장 제1분세포에서	2	본사기자 현갑진
1949-02-10-016	조선인민군창립 1주년을 인민들 열렬히 환호경축!	각지에서	3	주재기자 박경석, 조선중앙통신
1949-02-10-017	함석제조 드디어 성공!	황해제철소에서	3	윤종철
1949-02-10-018	가극 「온달」을 보고		3	박중선
1949-02-10-019	수송계획 초과완수에 선두에서 용감히 투쟁 현장에 진출한 사무계통 기관사들	평양기관구	3	본사기자 김지창
1949-02-10-020	미군주둔하의 공화국남반부	괴뢰'정부'의 망국무역 1개월간의 소비품 수입 2천 2백만딸라	3	조선중앙통신
1949-02-10-021	량곡매입 실패한 리승만 새 악법을 조작 발동		3	조선중앙통신
1949-02-10-022	학교 '감독권'을 경찰들이 장악		3	조선중앙통신
1949-02-10-023	쏘련정부에서 노르웨이정부에 불가침조약체결 제의		4	조선중앙통신
1949-02-10-024	화란군의 범죄행위		4	조선중앙통신
1949-02-10-025	주희랍영국 군사사절단 비용		4	조선중앙통신

기사번호	제목(title)	부제목(stitle)	면수	필자, 출처
1949-02-10-026	국제직련 집행국회의에서 진술한 쏘련직맹대표 꾸즈네쬬브의 연설		4	
1949-02-11-001	지방주권기관선거에서의 선전선동사업을 강화하자		1	
1949-02-11-002	우리 민주력량은 반드시 반동을 타승할 것이다	평양화학공장 종업원들	1	본사기자 리인태
1949-02-11-003	산업운수일군들은 온갖 정력과 긴장성을 발휘하자	통천탄광 종업원들	1	
1949-02-11-004	조선민주주의인민공화국 민족보위상 명령 제118호		1	
1949-02-11-005	공화국북반부지역에서 선거준비사업 활발 전개		1	
1949-02-11-006	선거위원을 선출	평양시 제2차 인민위원회	1	본사기자 리성빈
1949-02-11-007	평양시 상인기업가 2천만원을 거출	리영권씨 5백만원 희사	1	본사기자 신봉
1949-02-11-008	원산시 상공업자들 1천백여만원 희사		1	
1949-02-11-009	경험교훈을 옳게 살려 당사업 성과있게 진행	청진철도공장 초급당부에서	2	주재기자 현준극
1949-02-11-010	낡은 사업방식을 퇴치하며 당내 비판 활발히 전개하자	평북 신의주검차구세포에서	2	주재기자 최영환
1949-02-11-011	기술전습협조 강화로 생산원가저하를 보장	평양요업공장 세포원들	2	본사기자 리수근
1949-02-11-012	결점 발생케 한 원인을 심각한 비판으로 규명	평북 룡천 양하면 시북동세포에서	2	통신원 신용삼
1949-02-11-013	도 시 군 구역 인민위원회 선거는 지방주권기관을 일층 강화한다		2	최인권
1949-02-11-014	락후한 사상과 투쟁하여 옳지 못한 경향들을 퇴치	운포광산 중호분세포에서	2	통신원 유헌
1949-02-11-015	인민군이 된 조선의 딸 김규옥양		3	본사기자 리문상
1949-02-11-016	로동자극단 조직	북조선직업총동맹에서	3	본사기자 리인태
1949-02-11-017	독로강발전소 복구공사에 착수		3	본사기자 리성빈
1949-02-11-018	포구에 닿는 배마다 만선의 개가 드높다	청진수산사업소에서	3	주재기자 김소민
1949-02-11-019	립철의 다량생산을 보장할 제2회전로완전복구에 개가	청진제강소 로동자들	3	주재기자 현준극
1949-02-11-020	획기적인 기본건설 철도수송력을 강화!	서평양철도공장	3	본사기자 김기초
1949-02-11-021	삼교천첩수로공사 승리적으로 진행	2월 15일 완성 예정	3	통신원 신용삼

기사번호	제목(title)	부제목(stitle)	면수	필자, 출처
1949-02-11-022	소위 '유엔 신조선위원단'	대대손손 미국상전에게 종살이 하는 비률빈대표	3	박찬모
1949-02-11-023	중국공산당 대변인성명	중요전범자의 인도를 요구	4	조선중앙통신
1949-02-11-024	'화평교섭'에 대하여	중국공산당 대변인성명	4	조선중앙통신
1949-02-11-025	국민당특무기관은 음모조직을 계획		4	조선중앙통신
1949-02-11-026	일본공산당 서기장 담		4	조선중앙통신
1949-02-11-027	서부독일실업자 날로 격증		4	조선중앙통신
1949-02-11-028	중국해방지구에서 무엇을 보았는가	『연안에서 하르빈까지』(기행문)	4	
1949-02-12-001	세포학습회 지도자들의 질적향상에 대하여		1	
1949-02-12-002	새로운 기술과 기능으로 생산능률의 제고에 주력	성진제강소 종업원들	1	주재기자 김소민
1949-02-12-003	공화국의 기치높이 받들고 더욱 용감하게 싸워나가자	삼보광산 로동자들	1	
1949-02-12-004	망국멸족의 매국노들을 철저히 처부시기 위하여	평양곡산공장 종업원들	1	본사기자 김기초
1949-02-12-005	각 정당 사회단체들의 선거준비협조사업 활발		1	본사기자 김동천
1949-02-12-006	조국건설을 위하여	장진강발전소 제1호발전기분해에 성공	1	조선중앙통신
1949-02-12-007	조국건설을 위하여 고공품 완수	각지 농민들	1	
1949-02-12-008	학교건축을 위한 인민들의 열의! 평원군 농민들	벼 6천 5백가마니와 현금 290만원 헌납	1	
1949-02-12-009	학교건축을 위한 인민들의 열의!	초산군 송면 원대동 농민들	1	통신원 김경춘
1949-02-12-010	학교건축을 위한 인민들의 열의! 안악군 대원면 농민들	장여순농민 벼 백가마니 헌납	1	주재기자 박덕순
1949-02-12-011	학교건축을 위한 인민들의 열의! 철산군 농민들	현재 8, 691가마니 거출	1	
1949-02-12-012	춘기파종준비사업에 대한 당단체의 당면과업을 토의	평남도당 상무위원회에서	2	본사기자 송학용
1949-02-12-013	비판과 자아비판 정신에서 지도기관사업을 강화하자	평북 룡천군 운용동세포에서	2	주재기자 최영환
1949-02-12-014	세포지도사업을 정확히 진행하자	초산군 송면 당부에서	2	통신원 김경춘
1949-02-12-015	당회의의 조직성과 교육성을 제고하자		2	김명덕
1949-02-12-016	민족상쟁의 음모로 미군장기주둔 획책	-매국노들의 최후발악-	2	김환
1949-02-12-017	조국보위의 초소에 서있는 인민군대와 보안대원들! 안심하고 군무에 충실하소서!	인민군의 안해 백연옥씨	3	주재기자 김만선
1949-02-12-018	2개년인민경제계획의 승리를 목표로 전진 맹세	황해도내 로동자 농민 열성자대회	3	주재기자 박덕순
1949-02-12-019	춘경파종준비 활발	리원군 중흥리 농민들	3	통신원 윤지월

기사번호	제목(title)	부제목(stitle)	면수	필자, 출처
1949-02-12-020	창의력을 기울여 신항도를 굴진	부령 련천광산 로동자들	3	주재기자 김소민
1949-02-12-021	체신망을 확충 강화하여 국가적활동의 민활을 보장	각 도 체신부장회의	3	본사기자 리인태
1949-02-12-022	목재증산열은 바야흐로 고조	무산림산사업소 각 작업장에서	3	통신원 심철
1949-02-12-023	군농맹선거 활발히 진행		3	본사기자 백운학
1949-02-12-024	학교신축에 거금 희사한 특지가들		3	
1949-02-12-025	소위 '유엔 신조선위원단'	세나라 상감을 모시기에 뼈만 남은 씨리야대표	3	안함광, 장진광
1949-02-12-026	일본에 거주하는 조선동포들이 쓰딸린 대원수와 쏘련정부에게 감사의 메쎄지를 전달하였다		4	조선중앙통신
1949-02-12-027	중국인민해방군 련승	양자강북안 강소성지구를 거의 해방	4	조선중앙통신
1949-02-12-028	손과 등 국민당 반동파들 광동에 가짜정부 수립		4	조선중앙통신
1949-02-12-029	대인침략군을 화란에서 증가		4	조선중앙통신
1949-02-12-030	일본 특별국회 11일부터 개최		4	조선중앙통신
1949-02-12-031	테헤란학생들 반영시위		4	조선중앙통신
1949-02-12-032	대서양동맹가입을 반대	덴마크인민들 항의대회 개최	4	조선중앙통신
1949-02-12-033	마르코스장군 병환으로 수상의 직무를 사임		4	조선중앙통신
1949-02-12-034	리트바공화국 인민들의 물질생활 향상		4	조선중앙통신
1949-02-12-035	항가리의 반역자 재판		4	조선중앙통신
1949-02-12-036	피고들 죄행을 인정		4	조선중앙통신
1949-02-12-037	쏘련소식	쏘련공산당(볼쉐위끼) 모쓰크바주 및 시 공동대회	4	조선중앙통신
1949-02-12-038	미국에게 예속되는 영국		4	최일룡
1949-02-12-039	극장안내		4	
1949-02-13-001	망국괴뢰'정부'의 마지막발악을 분쇄하자		1	
1949-02-13-002	정상적이며 균형적인 증산투쟁을 전개하자	운포광산 종업원들	1	통신원 유헌
1949-02-13-003	대의원선거의 승리를 자기 창작에서 협조	24차시 전문분과위원회	1	본사기자 김춘희
1949-02-13-004	북조선로동당 중앙위원회 제5차회의 제1일		1	
1949-02-13-005	조국건설을 위하여	정평군 무산면 농민들 중학교사를 신축	1	
1949-02-13-006	조국건설을 위하여 고공품 완수	각지 농민들	1	
1949-02-13-007	학교건축을 위한 인민들의 열의! 안주군 농민들	김순흡 벼 1백가마니 김병전 벼 90가마니 최관수 벼 90가마니	1	
1949-02-13-008	학교건축을 위한 인민들의 열의!	의주군 농민들	1	

기사번호	제목(title)	부제목(stitle)	면수	필자, 출처
1949-02-13-009	학교건축을 위한 인민들의 열의!	리혜직농민	1	
1949-02-13-010	학교건축을 위한 인민들의 열의!	후탄면 농민들	1	
1949-02-13-011	학교건축을 위한 인민들의 열의!	안악녀성들의 애국가마니	1	
1949-02-13-012	학교건축을 위한 인민들의 열의!	녕원군 농민들	1	
1949-02-13-013	학교건축을 위한 인민들의 열의!	신천군 농민들	1	
1949-02-13-014	학교건축을 위한 인민들의 열의!	강서군 농민들	1	
1949-02-13-015	학교건축을 위한 인민들의 열의!	함북도 농민들	1	
1949-02-13-016	학교건축을 위한 인민들의 열의!	봉산군 농민들	1	
1949-02-13-017	학교건축을 위한 인민들의 열의!	함주군 농민들	1	
1949-02-13-018	학교건축을 위한 인민들의 열의!	덕천군 농민들	1	
1949-02-13-019	평남 순천 후탄면 당단체의 사업		2	본사기자 송학용
1949-02-13-020	공화국북반부의 인민들은 2개년계획실행에 총매진		2	신언철
1949-02-13-021	정성의 선물로 인민군을 위안	황해도 금천군 인민들	3	통신원 정운성
1949-02-13-022	승리적으로 진행되는 거대한 수풍에프롱공사		3	주재기자 최영환
1949-02-13-023	쏘련기술자의 방조	수풍에프롱공사장에서	3	
1949-02-13-024	선거승리 보장코저 전신을 더욱 원활히	중앙전신국 종업원들	3	본사기자 리성빈
1949-02-13-025	금년의 높은 수확은 춘경파종으로부터	은률군 구왕리 농민들	3	통신원 김인곤
1949-02-13-026	인민보건 강화 위해 보건련맹 적극 분투		3	본사기자 신봉
1949-02-13-027	소위 '유엔 신조선위원단'	워싱톤의 파리주재원 불란서매 국정부대표	3	김남천, 장진광
1949-02-13-028	중국인민해방군의 북평입성 광경		4	조선중앙통신
1949-02-13-029	중국국민당 반동파들 '화평'리면에 저항 준비		4	조선중앙통신
1949-02-13-030	요시다내각 총사직		4	조선중앙통신
1949-02-13-031	미국인목사 담		4	조선중앙통신
1949-02-13-032	장개석 '인퇴'의 정체	리종인은 양자강수호역	4	조선중앙통신
1949-02-13-033	따쓰의 국제정세개관	미국은 평화조약에 대한 제의를 거부	4	조선중앙통신
1949-02-13-034	따쓰의 국제정세개관	노르웨이와 북대서양동맹	4	조선중앙통신
1949-02-13-035	따쓰의 국제정세개관	막스.라이만에 대한 반동파의 탄압	4	조선중앙통신
1949-02-13-036	미국의 군사적침략	-미국기자의 론평-	4	조선중앙통신
1949-02-13-037	중국국민당 반동파의 '화평'음모		4	동선
1949-02-13-038	쏘련소식	사회주의농업화하는 리트바공화국	4	조선중앙통신
1949-02-13-039	쏘련소식	1948년도 아르메니아인민경제발전	4	조선중앙통신
1949-02-13-040	쏘련소식	까후까즈에 천문대지소 설치	4	조선중앙통신

기사번호	제목(title)	부제목(stitle)	면수	필자, 출처
1949-02-13-041	극장안내		4	
1949-02-15-001	북조선로동당 하급당단체(세포, 초급당부, 면당부)들의 9개월간 사업총결에 관한 총화와 당지도사업 강화에 대한 보고	북조선로동당 중앙위원회 부위원장 허가이	1, 2	
1949-02-15-002	북조선로동당 중앙위원회 제5차회의 제2일		1	
1949-02-15-003	조선인민군창립 1주년축하에 대하여 최용건민족보위상 사례		3	
1949-02-15-004	대학생의 장학금 급여범위를 확장	9일 내각회의에서 결정	3	조선중앙통신
1949-02-15-005	『쏘베트신보』 발행		3	본사기자 신봉
1949-02-15-006	목재채벌에 개가!	강계림산사업소 북동작업장	3	본사기자 리의철
1949-02-15-007	자강도조직 위하여	조직위원회 당면과업 결정	3	본사기자 리성빈
1949-02-15-008	생산원가를 저하시키자!	평양메리야쓰공장 로동자들	3	본사기자 리인태
1949-02-15-009	춘경파종 앞두고 축력보장에 분투	농림성 가축위생연구소에서	3	본사기자 백운학
1949-02-15-010	어기어차 당겨라 풍획의 그물을!	명천다진수산합작사 일군들	3	
1949-02-15-011	소위 '유엔 신조선위원단'	확대경 들고야 볼수 있는 미국 장난감 살바돌대표	3	최명익, 장진광
1949-02-15-012	세계평화와 안전을 위한 쏘련의 노력을 절대지지	불란서공산당 정치국 결의	4	조선중앙통신
1949-02-15-013	세계평화와 안전을 위한 쏘련의 노력을 절대지지	이태리공산당 지도부 성명	4	조선중앙통신
1949-02-15-014	대오지리강화조약 준비를 위한 4개국 외상대리회의 재개		4	조선중앙통신
1949-02-15-015	비루마정부 관리들 파업		4	조선중앙통신
1949-02-15-016	미국내 실업군 5백만	취업자는 작년에 비하여 4백만 저하	4	조선중앙통신
1949-02-15-017	인도에 있어서의 경찰테로		4	김만선
1949-02-15-018	남경인민화평대표단 중국공산당과 협의		4	조선중앙통신
1949-02-15-019	국적불명의 비행기가 알바니야상공 침범		4	조선중앙통신
1949-02-15-020	애급의 파업 군대로 탄압		4	조선중앙통신
1949-02-15-021	바티칸법왕과 미국제독 회견		4	조선중앙통신
1949-02-15-022	비루마카덴인 독립 요구	정부군과 격전 전개	4	조선중앙통신
1949-02-15-023	영군사재판을 비난	독일경제위원회 항의	4	조선중앙통신
1949-02-15-024	극장안내		4	
1949-02-16-001	조선민주주의인민공화국 1949-1950년도 2개년간 인민경제계획실시에 있어서의 당단체의 과업에 대하여	북조선로동당 중앙위원회 정치위원 김책	1, 2	
1949-02-16-002	내 아들을 훌륭한 군인으로 교육하여주기를 바랍니다	함북 학성군 하나면 달리리 농민	3	

기사번호	제목(title)	부제목(stitle)	면수	필자, 출처
1949-02-16-003	만반준비 갖추며 춘경파종을 대기	숙천면 당하리 송철농민	3	본사기자 송학용
1949-02-16-004	북조선민청대표 모쓰크바 향발	레닌공청대회 참석차	3	조선중앙통신
1949-02-16-005	관개개수공사에 의한 금년 경지면적 대확장	7천 3백여정보 예상	3	조선중앙통신
1949-02-16-006	농림수산부면사업 총결 2개년계획실천을 토의	농림성회의에서	3	본사기자 백운학
1949-02-16-007	확장발전하는 평양목장		3	본사기자 리의철
1949-02-16-008	행복한 마을	신의주시 토성동	3	주재기자 최영환
1949-02-16-009	소위 ‘유엔신조선위원단’	영국에 목매인 노예로 미국에 팔린 호주대표	3	한설야, 장진광
1949-02-16-010	유고슬라비야정부의 각서에 대한 쏘련의 회답		4	조선중앙통신
1949-02-16-011	중국국민당 청도수비군이 철퇴전에 제시설 파괴기도		4	조선중앙통신
1949-02-16-012	전체 독일인민들에게 옥중에서 메쩨지	서부독일공산당 총비서	4	조선중앙통신
1949-02-16-013	일본에서 미륙군장관일행은 중국국민당 반동에 ‘원조’ 기도	-섬북 신화방송국 방송-	4	조선중앙통신
1949-02-16-014	화란의회에서 공산당출신의원이 정부의 대인정책 공격		4	조선중앙통신
1949-02-16-015	화란식민상 사직		4	조선중앙통신
1949-02-16-016	쏘련과 신민주주의 제 국가간의 경제협조는 강화되고있다		4	조일
1949-02-16-017	런던외상대리회의	령토에 관한 유고슬라비야대표의 의견청취를 쏘련대표 강력히 주장	4	조선중앙통신
1949-02-16-018	일본선거결과에 대한 『쁘라우다』지 론평		4	조선중앙통신
1949-02-16-019	체코슬로바키야 국가계획국 설립		4	조선중앙통신
1949-02-16-020	체코슬로바키야 직맹원 수효		4	조선중앙통신
1949-02-17-001	쏘베트군대는 전세계 피압박인민의 해방군대이다		1	
1949-02-17-002	김일성장군에게 드리는 메쩨지	평남도 강동군 삼등면민열성자대회	1	
1949-02-17-003	김일성장군 동상과 기념관을 강동군 승호리에 건립 결의	삼등면민들의 지성!	1	조선중앙통신
1949-02-17-004	호소문	평남도 강동군 삼등면민열성자대회	1	
1949-02-17-005	기술인재를 양성하는 사업은 중대한 문제다	평북 정주기관구 일군들	1	주재기자 최영환

기사번호	제목(title)	부제목(stitle)	면수	필자, 출처
1949-02-17-006	영농계획을 충실히 하여 2개년계획을 넘쳐 실행	대동군 룡산리 농민들	1	
1949-02-17-007	박헌영부수상 겸 외무상에게 국련사무총장 트르그베.리씨로부터 회한 도달		1	조선중앙통신
1949-02-17-008	호남지방유격전 치렬	해남경찰서 정면공격 감행	1	조선중앙통신
1949-02-17-009	도 시 군 구역 인민위원회 대의원선거 진행에 대한 당단체들의 과업에 관한 북조선로동당 중앙본부 조직부장 김열동지의 보고		2	
1949-02-17-010	분석적지도를 강화하여 세포위원회 사업 수준 제고	평양화학공장 초급당부에서	2	본사기자 리수근
1949-02-17-011	당장성사업을 엄격한 개별적심사로	평북 벽동군당단체에서	2	통신원 리달환
1949-02-17-012	인민위원회사업 협조보장에 전력	함흥시 해방리세포에서	2	주재기자 박경석
1949-02-17-013	2개년계획실행 위하여 운영측 사업을 적극 협조	부평야금공장 당단체들	2	주재기자 김소민
1949-02-17-014	인민군대가족위안의 하루를 즐겁게 보내며	평양특별시 북구인민들	3	본사기자 리성빈
1949-02-17-015	집결수송을 강화하고 중점수송을 려행하자	평철관내 수송일군들	3	본사기자 김지창
1949-02-17-016	명년부터 기관차를 제작할 북중기계제작소건설 활발		3	주재기자 최영환
1949-02-17-017	확장발전하는 정양소와 휴양소		3	조선중앙통신
1949-02-17-018	농업증산에 기여한 농사시험장의 업적		3	본사기자 리의철
1949-02-17-019	소위 ‘유엔 신조선위원단’	배고파서 얻어먹으려 온 사분오렬된 인도대표	3	민병균
1949-02-17-020	2개년계획완수와 선거승리위한 각 사회단체들의 중앙회의 개최		3	본사기자 김춘희, 조선중앙통신
1949-02-17-021	임금인상을 요구하고 미국팽창정책을 규탄	불란서로동총련맹 행정위원회 성명	4	조선중앙통신
1949-02-17-022	서전의회에서 대외정책문제 토의		4	조선중앙통신
1949-02-17-023	국제반동의 중상행위를 항가리외상 반박		4	조선중앙통신
1949-02-17-024	비미행동조사위원회 예산액		4	조선중앙통신
1949-02-17-025	영국점령 독일지대에서 실업자를 군대에 강제징모		4	조선중앙통신
1949-02-17-026	라틴아메리카의 로동자들은 비참한 생활형편에 있다		4	조선중앙통신
1949-02-17-027	중국국민당의 내전준비	각지에서 인력과 량곡을 징발	4	조선중앙통신
1949-02-17-028	인민해방군 입성후 북평물가 저락		4	조선중앙통신
1949-02-17-029	항가리반역자 판결		4	조선중앙통신

기사번호	제목(title)	부제목(stitle)	면수	필자, 출처
1949-02-17-030	샤므를 누가 지배하는가		4	
1949-02-17-031	쏘련소식	모쓰크바의 교육문화사업	4	조선중앙통신
1949-02-17-032	항가리주재 미대사관 무관 국경지대촬영의 비법행위		4	조선중앙통신
1949-02-17-033	희랍왕당파에 대한 미국'원조'		4	조선중앙통신
1949-02-17-034	쏘련소식	백로씨아공업	4	조선중앙통신
1949-02-18-001	쏘련은 조선의 통일완전독립을 원조하는 유일의 국가이다		1	
1949-02-18-002	선거승리를 보장함으로써 민주건설의 성과를 공고히	교통성 평양공장 일군들	1	본사기자 김지창
1949-02-18-003	수산조선의 무한 발전 위하여 힘차게 싸우자	신포수산사업소 일군들	1	주재기자 박경석
1949-02-18-004	하루바삐 문맹을 깨치고 조국을 위한 모든 투쟁에	중앙녀맹일군들	1	본사기자 김춘희
1949-02-18-005	1949년 농작물파종사업 실행대책 수립	내각회의에서 결정	1	
1949-02-18-006	평남도당 제6차위원회에서 하급당단체들의 9개월간 사업총결을 총화	당단체들의 사업강화에 대하여 토의(제1일)	2	본사기자 송학용
1949-02-18-007	군중정치사업 강화로 생산능률을 일층 제고	평양전구공장 초급당부에서	2	본사기자 리수근
1949-02-18-008	민주건설을 위한 투쟁에서 거둔 강원도 인민위원회의 사업성과		2	김만선
1949-02-18-009	1.4분기 계획완수보장을 위한 우리 당원들의 모범적역할	청진수산사업소 세포에서	2	주재기자 김소민
1949-02-18-010	인민군생활을 말하는 로동자들의 좌담회	평양기구제작소에서	3	본사기자 김전
1949-02-18-011	조국화학공업발전의 위력한 원천을 구축! 윙크라식까스발생로공사 진척	아오지인조석유공장	3	
1949-02-18-012	철도운수의 거대한 장성	교통성산하 열성자대회	3	본사기자 김지창
1949-02-18-013	선거선전 활발	평양시	3	본사기자 리성빈
1949-02-18-014	내각상 수여받은 운수일군들		3	
1949-02-18-015	소위 '유엔 신조선위원단'	패망 장개석'정부'의 관을 질머지고 온 유어만	3	철민, 장진광
1949-02-18-016	와해되는 중국반동파 각지에 국부적화평세력이 대두	-신화사통신기자 론평-	4	조선중앙통신
1949-02-18-017	파리에 대군중시위	불란서시민주력량승리 15주년기념	4	조선중앙통신
1949-02-18-018	미국내에서의 인종차별은 트루맨의 대외정책과 관련	월레스씨 군중대회에서 연설	4	조선중앙통신
1949-02-18-019	인종차별 근절시키기 위한 미국전국립법대회		4	조선중앙통신
1949-02-18-020	미국립시군사고문주석 취임		4	조선중앙통신

기사번호	제목(title)	부제목(stitle)	면수	필자, 출처
1949-02-18-021	'국제적'직맹련합조직을 에이.에프.엘집행부에서 결정		4	조선중앙통신
1949-02-18-022	쏘련소식	쏘련예술가들 활동	4	조선중앙통신
1949-02-18-023	쏘련소식	의료시설 및 의약생산 증가	4	조선중앙통신
1949-02-18-024	국제정세개관	자기 인민을 혼란시키려는 현 유고슬라비야정부	4	홍인철
1949-02-18-025	국제정세개관	로마법왕추기관의 간첩행위는 폭로되었다	4	홍인철
1949-02-19-001	딸라에 매수된 소위 '유엔 신조선위원단'을 배격하자		1	
1949-02-19-002	질적으로 우수한 기계를 더 많이 제작하기 위하여	신의주기계제작소 일군들	1	주재기자 최영환
1949-02-19-003	로동규률을 엄수하며 생산능률을 높이겠다	함흥제사공장 일군들	1	주재기자 박경석
1949-02-19-004	로동생산성 120% 제고 생산원가 15% 저하 맹세	평양연초공장 일군들	1	본사기자 리인태
1949-02-19-005	쏘베트군대창건 31주년 기념준비사업 활발히 전개	조쏘문화협회에서	1	본사기자 신봉
1949-02-19-006	학교건축을 위한 인민들의 열의! 황해도 농민들	현금 2천여만원 애국미 2만여석을 헌납	1	주재기자 박덕순
1949-02-19-007	학교건축을 위한 인민들의 열의! 회녕면민들	김정연씨 백만원 희사	1	
1949-02-19-008	경상남북도일대 유격전	경주 함양 등지에서 치렬	1	조선중앙통신
1949-02-19-009	전남 곡성 남원 등에서 격전		1	조선중앙통신
1949-02-19-010	평남도당 제6차위원회에서	2개년계획실시 및 지방주권기관 선거 진행에 대한 당단체들의 과업 토의(제2일)	2	본사기자 송학용
1949-02-19-011	2개년계획실행 위하여 기본건설사업 협조 추진	평양시 사동련탄공장 당단체에서	2	본사기자 현갑진
1949-02-19-012	앙양된 애국적열성속에서 선거를 성과 있게 진행하자		2	장순명
1949-02-19-013	당원들의 핵심적역할로 초과달성의 성과를 보장	청진철도공장 주조과세포에서	2	주재기자 김소민
1949-02-19-014	농민들을 추동하여 영농준비사업 추진	철원군 동송면당부에서	2	통신원 조훈
1949-02-19-015	조국보위의 초소에 튼튼히 서있는 인민군과 경비대 및 보안대원들!	인민군대 군무자들 미술전람회를 준비	3	
1949-02-19-016	금년도 수송계획량을 승리적으로 완수하자	교통성산하 열성자대회(제2일)	3	
1949-02-19-017	호소문	교통성산하 종업원 및 교통로동자직업동맹 열성자대회	3	
1949-02-19-018	영예의 내각우승기를 수여받은 고원기관구		3	

기사번호	제목(title)	부제목(stitle)	면수	필자, 출처
1949-02-19-019	철도관계일군들 비료수송에 분투		3	조선중앙통신
1949-02-19-020	내각상 수여받은 운수일군들		3	
1949-02-19-021	리승만 미군주둔 애원	"각하가 가시면 나는 팔떨어진 사람같아요"	3	구연묵
1949-02-19-022	유엔안보리사회	쏘련의 평화제안을 둘러싸고 전쟁방화자들 자체를 폭로	4	조선중앙통신
1949-02-19-023	쏘련군대의 북조선철거에 제하여 쓰딸린대원수에게 보낸 감사문을 따쓰통신이 전문을 보도		4	조선중앙통신
1949-02-19-024	독일주둔 영국군정당국 인민의 항의에 당황하여 라이만을 석방		4	조선중앙통신
1949-02-19-025	일본 신내각 조직		4	조선중앙통신
1949-02-19-026	일본사회당 지도자들 공산당에 가입		4	조선중앙통신
1949-02-19-027	일본 신수상 요시다 시게루는 미국 및 일본 독점자본가의 충복		4	최일룡
1949-02-19-028	맥아더에게 대한 미정부의 비밀지령		4	조선중앙통신
1949-02-19-029	동부독일에서 밀정단 발각		4	조선중앙통신
1949-02-19-030	서부마케도니아에서 희랍민주군 활약		4	조선중앙통신
1949-02-19-031	쏘련소식	쏘련지리학회총회	4	조선중앙통신
1949-02-19-032	쟈바동부지방에서 인도네시아인들 공세		4	조선중앙통신
1949-02-19-033	이태리외상 파리를 방문		4	조선중앙통신
1949-02-19-034	천진시 인민정부에서 전 왕정위괴뢰정부의 주일대사 등을 체포		4	조선중앙통신
1949-02-19-035	쏘련소식	로련농촌시설 완비계획	4	조선중앙통신
1949-02-20-001	지방주권기관선거 준비사업에 있어서의 우리 당단체의 과업		1	
1949-02-20-002	제품을 질적으로 높이여 경공업생산계획을 보장	평양제침공장 일군들	1	본사기자 김기초
1949-02-20-003	교통운수사업의 민활성을 보장하여야 하겠습니다	함남 신흥역 일군들	1	통신원 위정찬
1949-02-20-004	과학적인 영농방법으로 높은 수확을 보장하겠다	대동군 재경리면 간리 농민들	1	본사기자 송학용
1949-02-20-005	쏘베트군대창건 31주년 기념준비사업 활발히 전개	사동련탄공장, 평양사범대학에서	1	본사기자 리인태, 신봉
1949-02-20-006	각 도 및 평양특별시에 689개 선거구 조직		1	조선중앙통신
1949-02-20-007	학교건축을 위한 인민들의 열의! 평안남도 농민들	애국미 10만 7천가마니 현금 8천여만원을 헌납	1	
1949-02-20-008	학교건축을 위한 인민들의 열의! 정주군 농민들	벼 6천 3백여가마니 현금 백여만원 헌납	1	
1949-02-20-009	학교건축을 위한 인민들의 열의!	풍산군 농민들	1	김의진
1949-02-20-010	학교건축을 위한 인민들의 열의! 청진기업가들	강성재씨 백만원 김음철씨 백만원	1	
1949-02-20-011	평양시당 제7차위원회에서	세포(초급당부)지도기관사업 총결에 관한 총화와 당지도사업강화에 대한 문제 및 기타 당면과업 토의	2	본사기자 현갑진
1949-02-20-012	쏘베트군대창건 31주년을 앞두고	쏘베트군대는 평화와 안전의 초소에 서있다	2	장성호
1949-02-20-013	자습당원들에게 주는 참고자료	레닌의 『제국주의론』(1)	2	
1949-02-20-014	정치학습에 더욱 열중하자	모범경비대원 김승현동무	3	주재기자 리성섭
1949-02-20-015	아연제련공장 기공식 거행	남포제련소에서	3	조선중앙통신
1949-02-20-016	선거의 의의를 널리 해석선전	평양시 동구	3	본사기자 리문상
1949-02-20-017	2개년계획실행에 있어서 각급 동맹단체의 과업 제시	직총 제8차 집행위원회에서	3	본사기자 리인태
1949-02-20-018	각 인민반에서 선전원들 활동	평양시 중성리	3	본사기자 리성빈
1949-02-20-019	유축농촌을 찾아	함남 고원군 보충리	3	주재기자 박경림
1949-02-20-020	다수확경험을 살리여 온상모 준비	금천군 구태형농민	3	통신원 정운성
1949-02-20-021	내각상 수여받은 운수일군들		3	
1949-02-20-022	미군주둔하의 공화국남반부	'민주국민당'으로 간판만 바꾼 친일파소굴 한민당	3	김동원
1949-02-20-023	괴뢰'정부'는 청년들에게 특별테로훈련 강제 실시		3	조선중앙통신
1949-02-20-024	쓰딸린대원수에게 드리는 조선인민의 감사문을 쏘련 각 신문들이 보도		4	조선중앙통신
1949-02-20-025	중국국민당 완고파들의 여명은 며칠 남지 않았다	-섬북신화방송-	4	조선중앙통신
1949-02-20-026	깐디암살자에 교수형을 언도		4	조선중앙통신
1949-02-20-027	미국주차 항가리공사 미국무성에 각서 전달		4	조선중앙통신
1949-02-20-028	쏘련의 평화정책을 환영	스톡홀름에서 평화옹호연설대회	4	조선중앙통신
1949-02-20-029	새로운 평화운동개시를 미쏘친선협회와 미국로동당에서 성명		4	조선중앙통신
1949-02-20-030	일본민주당 분렬에 직면		4	조선중앙통신
1949-02-20-031	트리폴리타니아에 대한 미국계획		4	조선중앙통신
1949-02-20-032	아이젠하우어 희랍 토이기 방문예정		4	조선중앙통신
1949-02-20-033	미국에 파업		4	조선중앙통신
1949-02-20-034	소위 베네룩스제국외상회의 헤그에서 재소집		4	조선중앙통신
1949-02-20-035	극장안내		4	

기사번호	제목(title)	부제목(stitle)	면수	필자, 출처
1949-02-20-036	자기 권리를 위한 일본근로자들의 투쟁과 일본산별로동조합평의회		4	박태식
1949-02-22-001	춘경파종준비를 성과있게 실시하여 높은 수확을 보장하자		1	
1949-02-22-002	기본건설사업과 함께 과감한 증산투쟁 전개	단천광산 일군들	1	통신원 서득창
1949-02-22-003	우리가 쓰는 기계부속품을 우리 손으로 만들수 있도록	평양기구제작소 일군들		본사기자 김지창
1949-02-22-004	체신사업은 경제발전에 신경의 역할을 놀고있다	풍산우편국 일군들	1	통신원 김의진
1949-02-22-005	쏘베트군대창건 31주년 기념준비사업 활발히 전개	해주시, 신의주시, 순천군 농민들	1	본사기자 백운학
1949-02-22-006	경북도 무장인민유격대 수개 경찰지서를 습격		1	조선중앙통신
1949-02-22-007	해남경찰서 습격	린접산악지대에서 계속 공격	1	조선중앙통신
1949-02-22-008	남반부인민항쟁부대 백천경찰서를 소탕		1	조선중앙통신
1949-02-22-009	쏘베트군대창건 31주년을 맞으며 선전원들에게 주는 담화자료	쏘베트군대의 위업에 대하여	2	
1949-02-22-010	조국보위의 초소에 튼튼히 서있는 인민군과 경비대 및 보안대원들! 간첩테로도배들의 침입을 미연에 방지	경비대 김인철분대장	3	본사기자 김전
1949-02-22-011	기술기능을 련마하며 새 승리를 향하여 돌진 장벽식채탄법을 광범히 적용	아오지탄광	3	주재기자 김소민
1949-02-22-012	경공업발전을 위하여	평양제침공장 로동자들	3	본사기자 김기초
1949-02-22-013	선거승리를 위하여 면밀한 계획밑에 준비사업을 진행	홍원군	3	통신원 유헌
1949-02-22-014	이면수의 어장을 신발견	동해안 제진단부근에서	3	조선중앙통신
1949-02-22-015	보리파종 시작!	룡강군 다미면 농민들	3	
1949-02-22-016	내각상 수여받은 운수일군들		3	
1949-02-22-017	자습당원들에게 주는 참고자료	레닌의『제국주의론』(2)	3	
1949-02-22-018	주인화란군 일부 반란	참가병 2백여명을 사형	4	조선중앙통신
1949-02-22-019	미국은 왜 아세아에서 실패를 거듭하고 있는가		4	조선중앙통신
1949-02-22-020	항가리수도 부다페스트의 발전		4	조선중앙통신
1949-02-22-021	인도네시아유격대 족쟈카르타를 위협		4	조선중앙통신
1949-02-22-022	국제학생동맹 집행위원회 회의		4	조선중앙통신
1949-02-22-023	화란에 실업자 격증		4	조선중앙통신
1949-02-22-024	마래전투는 영군에 불리		4	조선중앙통신
1949-02-22-025	불란서부수상 겸 사법상 사직		4	조선중앙통신
1949-02-22-026	미국의 대학들은 월가의 지점이다		4	조선중앙통신

기사번호	제목(title)	부제목(stitle)	면수	필자, 출처
1949-02-22-027	쏘련소식	공산주의의 적극적건설자인 쏘련녀성	4	조선중앙통신
1949-02-22-028	동남아세아에서의 민족해방투쟁		4	
1949-02-22-029	쏘련소식	우즈베크의 녀성들	4	조선중앙통신
1949-02-23-001	쏘베트군대창립 31주년에 제하여		1	
1949-02-23-002	조선민주주의인민공화국 정부대표단 쏘련을 방문	22일 공로 모쓰크바로 향발	1	조선중앙통신
1949-02-23-003	쏘베트사회주의공화국련맹 무력상 불가닌원수 귀하	쏘베트군대창립 31돐에 즈음하여	1	조선중앙통신
1949-02-23-004	사진은 쏘련방문 조선민주주의인민공화국 정부대표단 사진		1	
1949-02-23-005	북반부의 선거준비사업 활발하게 진척되고 있다		1	
1949-02-23-006	쏘련과 그의 군대는 세계의 견고한 민주를 위한 투쟁에서의 선봉대이다		2	
1949-02-23-007	조선인민은 쏘베트군대에 영예와 감사를 드린다		2	위찬길
1949-02-23-008	선거를 준비하는 인민군대 군무자들		3	본사기자 김전
1949-02-23-009	선거승리를 위하여	직맹맹원들의 활동	3	본사기자 리문상
1949-02-23-010	쏘베트군대창건 31주년기념 사진전람회 성황		3	본사기자 신봉
1949-02-23-011	전몰쏘련장병 분묘앞에 꽃다발을		3	박중선
1949-02-23-012	오늘 공화국 북반부인민들은 3월 30일 실시되는 도 시 군 구역 인민위원회 선거의 승리를 보장하여 지방주권기관을 더욱 강화발전시키며 나아가서 완전자주독립을 일층 촉진시키기 위하여 총궐기하였다.	-평양시 제3호분구 선거선전실에서-	3	
1949-02-23-013	선거선전실을 통한 선거선전활동 활발	평양시	3	본사기자 리성빈
1949-02-23-014	영예의 우승기 수여받은 홍남역 종업원 경축대회	춘기비료수송 3월 15일 완료를 결의	3	조선중앙통신
1949-02-23-015	로동신문 책임주필 앞	평남 대동군 금제면 목당리 강준겸으로부터	3	
1949-02-23-016	조선민주주의인민공화국 정부의 유엔가입신청심의를 미영쁠럭 거부 쏘련대표 미국의 흉계를 폭로	2월 15일 안전보장리사회에서	4	조선중앙통신
1949-02-23-017	인도네시아내의 전황은 예상이외로 전변	화란군은 방위로 전향	4	조선중앙통신
1949-02-23-018	희랍민주군 대활약	중부지대에서 총반격전	4	조선중앙통신
1949-02-23-019	호주외상의 대중국간섭제의는 중국인민들에 대한 모욕이다	-신화사통신의 보도-	4	조선중앙통신

기사번호	제목(title)	부제목(stitle)	면수	필자, 출처
1949-02-23-020	쏘련 및 기타 국가들이 '세계보건기구'에서 탈퇴		4	조선중앙통신
1949-02-23-021	아나 루이스 스트롱 간첩행위로 체포		4	조선중앙통신
1949-02-23-022	이란정부에서 대쏘비방 조장		4	조선중앙통신
1949-02-23-023	이스라엘대통령에 와이즈만 피선		4	조선중앙통신
1949-02-23-024	불란서 물가 계속 등귀		4	조선중앙통신
1949-02-24-001	남반부인민들의 구국투쟁은 날로 치렬화한다		1	
1949-02-24-002	쓰딸린대원수에게	조쏘문화협회주최 중앙 및 평안남도 평양특별시 각 정당 사회단체 대표참가 쏘베트군대창건 31주년 기념대회	1	
1949-02-24-003	구례 산청 함양 등 해방지구에 인민위원회를 회복		1	조선중앙통신
1949-02-24-004	선거의 승리를 보장하기 위하여 북반부 인민들은 총궐기하였다		1	
1949-02-24-005	위대한 쏘련군대창건 31주년 평양기념대회 성황		1	조선중앙통신
1949-02-24-006	쏘베트군대창건 31주년 기념보고대회 각처에서 성황	문화회관, 인민군대에서	1	조선중앙통신
1949-02-24-007	세포(초급당부) 및 면당지도기관 사업총결을 총화 당면한 중요과업들을 토의	강서군당 제8차위원회에서	2	본사기자 송학용
1949-02-24-008	금년도 농업증산 위한 영농준비에 적극 협조	순천군 후탄면당단체에서	2	
1949-02-24-009	도 시 군 구역 인민위원회 대의원선거에서의 각급 선거위원회의 사업활동에 관하여		2	김택영
1949-02-24-010	정치교양사업 추진에 더한층 노력경주하자	갑산군 갑산면 몽충리세포에서	2	통신원 안채희
1949-02-24-011	경각성을 높여 경비임무에 충실	모범보안대원 배문호	3	본사기자 김전
1949-02-24-012	목재를 제때에 벌목하여 건설공사에 속히 보내자	무산림산사업소 로동자들	3	주재기자 현준극
1949-02-24-013	쏘련군의 위훈을 길이 전할 중앙박물관 쏘련실을 증설	쏘베트군대창립 31주년을 기념하여	3	본사기자 김춘희
1949-02-24-014	선거자명부작성에 착수	평양시	3	본사기자 리성빈
1949-02-24-015	유선방송을 강화하여 선거선전 더욱 활발히	평양특별시 인민위원회에서	3	본사기자 리문상
1949-02-24-016	질좋은 박엽지를 더 많이 생산코저	회녕제지공장 로동자들	3	통신원 심철
1949-02-24-017	중국 동북 연변에 조선인민대학 설립		3	조선중앙통신
1949-02-24-018	괴뢰'정부'경찰을 격퇴코 공화국국기 선두로 시위	38접경이남 옹진군 인민들 궐기	3	조선중앙통신

기사번호	제목(title)	부제목(stitle)	면수	필자, 출처
1949-02-24-019	유엔 '신위원단'을 반대하여 광주시내 각처에 벽보와 삐라		3	조선중앙통신
1949-02-24-020	괴뢰'정부'의 부패상을 '국회의원'이 자체 폭로		3	조선중앙통신
1949-02-24-021	남반부의 소금도 미국'원조'에 예속		3	조선중앙통신
1949-02-24-022	영국로동자들이 쏘련로동자들에게 세계평화에 대한 선언서 전달		4	
1949-02-24-023	원자무기를 금지할데 대한 문제토의를 미영뿔럭 회피	유엔원자력관리위원회 사업 재개	4	조선중앙통신
1949-02-24-024	희랍왕당파 녀성과 목사 등 학살		4	조선중앙통신
1949-02-24-025	북대서양동맹은 반드시 실패할 운명을 가지고 있다	-미국기자 스틸의 론평-	4	조선중앙통신
1949-02-24-026	동독지대에서의 제2차 화폐개혁실시설은 백림 서부반동신문의 날조	주독쏘베트군정 정보국 성명	4	조선중앙통신
1949-02-24-027	니아사랜드의 아프리카인들 아사상태		4	조선중앙통신
1949-02-24-028	평화와 자유 위해 싸우는 세계민청의 업적		4	조선중앙통신
1949-02-24-029	파시스트범죄자의 석방을 이태리전국에서 항의		4	조선중앙통신
1949-02-24-030	미국간첩 스트롱 쏘련에서 추방		4	조선중앙통신
1949-02-24-031	미국은 일본을 원동에 대한 침략적도구로 전화시키고 있다		4	엄학림
1949-02-24-032	쏘련-항가리 조약체결 1주년		4	조선중앙통신
1949-02-24-033	극장안내		4	
1949-02-25-001	조쏘문화교류사업을 활발히 전개하자!		1	
1949-02-25-002	1949년 육류수매에 관한 결정을 내각회의에서 채택		1	조선중앙통신
1949-02-25-003	북반부 도 시 군 구역 인민위원회 대의원선거준비사업 활발히 진행	함남도, 자강도에서	1	
1949-02-25-004	쏘련무력상 명령	1949년 2월 23일 모쓰크바	1	
1949-02-25-005	쏘베트군대창건 31주년 기념보고대회 각처에서 성황		1	
1949-02-25-006	학교건축을 위한 인민들의 열의! 순천군 농민들	김윤찬농민 백가마니	1	
1949-02-25-007	학교건축을 위한 인민들의 열의!	룡천군 농민들	1	
1949-02-25-008	학교건축을 위한 인민들의 열의!	미산리 농민들	1	
1949-02-25-009	학교건축을 위한 인민들의 열의!	인상된 임금을 학교증축에	1	
1949-02-25-010	학교건축을 위한 인민들의 열의!	서흥초급중학교직원들	1	
1949-02-25-011	학교건축을 위한 인민들의 열의!	회녕군 농민들	1	
1949-02-25-012	제 민주국가들과 동등한 립장에서		2	
1949-02-25-013	춘기파종준비에 농민들은 총궐기	황해도 금천군 토산면 농민들	2	통신원 정운성
1949-02-25-014	비료증산을 위하여 로동자들은 싸운다	흥남비료공장에서	2	
1949-02-25-015	선철이 홍수처럼!	-황해제철소에서-	2	

기사번호	제목(title)	부제목(stitle)	면수	필자, 출처
1949-02-25-016	자립적경제토대 튼튼히 쌓는 2개년계획 실행에 총진군!		2	
1949-02-25-017	선거승리를 위하여	문학동맹 맹원들	2	
1949-02-25-018	의무교육실시준비에 인민들의 애국열 고조		2	
1949-02-25-019	조선최고인민회의 대의원 성분		2	
1949-02-25-020	학교신축을 위하여 애국미를!	-평남 순천군에서-	2	
1949-02-25-021	2개년인민경제계획의 전망		2	
1949-02-25-022	인민유격대들의 항쟁 치렬	각지에서 인민위원회 회복	3	
1949-02-25-023	여명유지책으로 미군주둔을 애걸		3	
1949-02-25-024	리승만괴뢰 '국회의원' 성분		3	
1949-02-25-025	남반부를 월가독점자본에게 예속시키려는 괴뢰'정부' 흉책		3	
1949-02-25-026	강도행위의 법문화 '량곡매입법'을 조작		3	
1949-02-25-027	'국가보안법'으로 애국자 다량학살		3	
1949-02-25-028	끌려온 '유엔 신조선위원단'회의와 말공부로 허장성세		3	
1949-02-25-029	조국과 민족을 파는 매국협정에 분광		3	
1949-02-25-030	활극 리승만괴뢰'국회' 풍경		3	
1949-02-25-031	쓰딸린수상에게 독일녀성들 서한 전달		4	조선중앙통신
1949-02-25-032	원자무기금지와 군비축소에 대한 작년도의 유엔총회결의안을 심의	-안보상용군비위원회 개최-	4	조선중앙통신
1949-02-25-033	라틴아메리카로동련맹 위원장 담		4	조선중앙통신
1949-02-25-034	서부빨럭 각국 륙상회의	영국은 각국의 무력제압을 기도	4	조선중앙통신
1949-02-25-035	교통운수로동자들 파업	로마시 교통 정지	4	조선중앙통신
1949-02-25-036	중국 화북인민정부 북평으로 정식 이전		4	조선중앙통신
1949-02-25-037	쏘련소식	부흥발전되는 백로씨아공화국	4	조선중앙통신
1949-02-25-038	국제정세개관	라이만에 대한 제국주의자들의 탄압은 완전히 실패	4	박현민
1949-02-25-039	국제정세개관	델리회담은 아세아인민을 반대하는 동남빨럭창건에 있어서의 한 고리이다	4	박현민
1949-02-25-040	야채를 내버리는 영국농민		4	조선중앙통신
1949-02-25-041	일본에서 노예매매사건 탄로		4	조선중앙통신
1949-02-25-042	『근로자』 3호		4	『근로자』편집국
1949-02-26-001	중앙위원회 제5차회의 결정을 깊이 연구하자		1	
1949-02-26-002	북반부에서 지방주권기관 대의원선거준비사업 활발	103개 시 군 및 평양특별시 5개 구역선거위원회를 조직	1	통신원 안채희
1949-02-26-003	학교건축을 위한 인민들의 열의!	철원군 농민들	1	통신원 조훈
1949-02-26-004	학교건축을 위한 인민들의 열의!	홍원군 농민들	1	

기사번호	제목(title)	부제목(stitle)	면수	필자, 출처
1949-02-26-005	학교건축을 위한 인민들의 열의!	룡상동 농민들	1	통신원 김경춘
1949-02-26-006	학교건축을 위한 인민들의 열의!	금화군 농민들	1	통신원 리달우
1949-02-26-007	학교건축을 위한 인민들의 열의!	덕천군 농민들	1	
1949-02-26-008	학교건축을 위한 인민들의 열의!	양양군민들	1	주재기자 김만선
1949-02-26-009	학교건축을 위한 인민들의 열의!	자성군 농민들	1	리효윤
1949-02-26-010	남반부인민항쟁 치렬 함평에서 반동경찰을 소탕	해남에서는 계속 산악전 전개	1	조선중앙통신
1949-02-26-011	황해도당 제5차위원회에서	세포(초급당부) 및 면당지도기관 사업총결에 관한 총화와 당지도사업강화에 대한 문제 및 기타 당면중요과업들을 토의	2	주재기자 박덕순
1949-02-26-012	금년도 농작물파종사업실행에 관한 내각결정의 성과있는 실천을 위한 당단체들의 과업		2	김달수
1949-02-26-013	조국보위의 초소에 튼튼히 서있는 인민군과 경비대 및 보안대원들! 국기훈장 수여받은 영예의 경비대군관	전병린분대장	3	본사기자 김전
1949-02-26-014	선거승리 위하여	전체 교통일군들 선거선전에 궐기	3	본사기자 리문상
1949-02-26-015	선거통신을 원활히	평남도 체신일군들	3	
1949-02-26-016	국립영화촬영소 제작 기록영화 「영원한 친선」		3	본사기자 신봉
1949-02-26-017	적기파종으로 더 높은 수확을	봉산군 비정리 농민들	3	주재기자 리성섭
1949-02-26-018	괴뢰'정부'의 강제적'량곡매입' 완전실패		3	조선중앙통신
1949-02-26-019	량곡강제매입에 실패한 리승만 농림장관을 파면		3	조선중앙통신
1949-02-26-020	남조선의 매국도당들 미국의 잉여물자 환영		3	조선중앙통신
1949-02-26-021	공화국남반부에 대한 미제의 '경제원조' 정체	일본서 도자기 대량수입	3	조선중앙통신
1949-02-26-022	'유엔 인도네시아위원단' 보고심의를 미영빨럭 연기 기도	-2월 16일 안보리사회-	4	조선중앙통신
1949-02-26-023	중국 광동성지구에서 국민당군 1개 련대 의거		4	조선중앙통신
1949-02-26-024	'마샬안'참가 제 국가에 심심한 혼란이 반영	-구라파제국통상경제협조위원회 폐막-	4	조선중앙통신
1949-02-26-025	쏘련은 군비축소와 원자무기금지를 위한 투쟁의 선두에 서있다		4	최일룡
1949-02-26-026	화란공산당출신 대의원들 의회에서 대인침략 반대		4	조선중앙통신

기사번호	제목(title)	부제목(stitle)	면수	필자, 출처
1949-02-26-027	중국인민해방군 북평의 각 신문사를 접수		4	조선중앙통신
1949-02-26-028	토이기 이라크간 군사조약 체결		4	조선중앙통신
1949-02-26-029	노르웨이 근로인민들 정부의 미영추종 정책을 반대		4	조선중앙통신
1949-02-26-030	화란식민상의 사직 원인		4	조선중앙통신
1949-02-26-031	서구라파제국 비행기생산에 광분		4	조선중앙통신
1949-02-27-001	문학예술의 당성과 예술성을 위하여		1	
1949-02-27-002	김일성수상에게 서한	중국 길림성거주 조선인대표로 부터	1	
1949-02-27-003	북반부에서 지방주권기관 대의원선거준 비사업 활발		1	본사기자 리문상
1949-02-27-004	대학생의 장학금 급여범위확장에 각 대학에서 학생들 감사궐기대회		1	본사기자 신봉
1949-02-27-005	라진군 조직 등 행정구역 변갱사업 진행		1	조선중앙통신
1949-02-27-006	학교건축을 위한 인민들의 열의! 순천군 민들의 열성	애국미 9천 9백여가마니 현금 7 백 79만원 헌납	1	본사기자 백운학
1949-02-27-007	학교건축을 위한 인민들의 열의! 회녕군 민들	현금 천 7백어만원 헌납	1	통신원 심철
1949-02-27-008	남반부인민항쟁 치렬 경북일대에 유격 전 격렬	안동군내에서 경찰지서 습격	1	조선중앙통신
1949-02-27-009	함남도당 제6차위원회에서	세포(초급당부) 및 면당지도기 관 사업총결에 관한 총화와 당 지도사업강화에 대한 문제 및 기타 당면중요과업들을 토의	2	주재기자 박경석
1949-02-27-010	당원들의 열성적협조로서 선거선전사업 활발히 전개	평양시, 고원군 당단체에서	2	통신원 박경림
1949-02-27-011	문학예술의 기지를 더욱 튼튼히 구축하자		2	박중선
1949-02-27-012	당원들의 모범으로 로동규률을 강화!	동평양고무공장 세포에서	2	본사기자 리수근
1949-02-27-013	조국보위의 초소에 튼튼히 서있는 인민 군과 경비대 및 보안대원들! 경비초소에 서도 문화활동 활발	경비대원 오승조	3	본사기자 김전
1949-02-27-014	선거승리위하여	선거선전과 농업증산에 전체 농 맹원들은 궐기!	3	본사기자 리문상
1949-02-27-015	해마다 산에 나무를 심어 림산자원을 더 욱 풍부히	조림사업준비 성과있게 진행	3	본사기자 리의철
1949-02-27-016	로동당원증을 받고		3	김귀련
1949-02-27-017	선거출판물을 제때에	출판로동자들의 열성	3	본사기자 리성빈
1949-02-27-018	다수확경험을 살리여 면화	리천면 박봉춘농민	3	통신원 송춘관
1949-02-27-019	품위를 더욱 높이자	재녕광산 로동자들	3	통신원 정홍필

기사번호	제목(title)	부제목(stitle)	면수	필자, 출처
1949-02-27-020	고도의 기술을 발휘하여 더 높은 성과를 보장!	성진제강소 로동자들	3	주재기자 김소민
1949-02-27-021	치렬화하는 인민항쟁에 괴뢰 '정부' 더욱 발악		3	조선중앙통신
1949-02-27-022	괴뢰정부'국군'의 만행	안동시에 박격포탄 발사	3	조선중앙통신
1949-02-27-023	쏘련군대창건 31주년을 각국에서 성대히 기념		4	조선중앙통신
1949-02-27-024	쏘련청년들 독립을 위하여 투쟁하는 제 국가청년들과의 단결의 날을 기념	모쓰크바에서 조선류학생들 연 설	4	조선중앙통신
1949-02-27-025	중국인민해방군이 운남성에서 세력 확대		4	조선중앙통신
1949-02-27-026	안혜경 소력자 등 석가장 도착		4	조선중앙통신
1949-02-27-027	오지리의 '사회주의자들'은 국내 및 국제 반동의 충복이다		4	리근성
1949-02-27-028	파란의 절약제도		4	조선중앙통신
1949-02-27-029	몽고인민공화국 제9차 대인민회의 개최		4	조선중앙통신
1949-02-27-030	날로 늘어가는 리트바영화관		4	조선중앙통신
1949-03-01-001	자유와 독립을 위한 조선인민들의 투쟁		1	
1949-03-01-002	쓰딸린대원수에게 드리는 축전	북조선문학예술총동맹 제3차대 회 대표일동으로부터	1	
1949-03-01-003	북반부에서 지방주권기관 대의원선거준 비사업 활발	황해도와 남포시에서	1	주재기자 박덕순, 통신원 정명걸
1949-03-01-004	3.1절 제30주년 평양시기념대회 성황		1	
1949-03-01-005	학교건축을 위한 인민들의 열의!	각지 농민들	1	본사기자 백운학
1949-03-01-006	경성시내 경찰파출소 습격		1	조선중앙통신
1949-03-01-007	거제도유격전 맹렬		1	조선중앙통신
1949-03-01-008	3.1운동 30주년을 맞으면서		2	김두용
1949-03-01-009	민족보위상 최용건씨의 항일유격전투사 에서		2	본사기자 김전
1949-03-01-010	만경대학원에서 자라는 애국선렬들의 자녀들		2	본사기자 박중선
1949-03-01-011	문예총 3차대회 개막		3	박중선
1949-03-01-012	개회사 한설야	문예총 3차대회에서	3	
1949-03-01-013	축사(요지)	문예총 3차대회에서	3	
1949-03-01-014	개인설계에 의한 개인경쟁운동 전개	사동련탄 김원경동무의 첫 봉화	3	
1949-03-01-015	각국에서 쏘련군대창건 31주년기념 초대연		4	조선중앙통신
1949-03-01-016	석방된 분란전범자 전 수상 랑겔		4	조선중앙통신
1949-03-01-017	트리에스트문제를 토의	21일 안보리사회 회의	4	조선중앙통신
1949-03-01-018	정부의 반로동정책을 반대하여 일본로 동자들 속속 파업		4	조선중앙통신
1949-03-01-019	공산당에 대한 인도정부의 탄압		4	조선중앙통신

기사번호	제목(title)	부제목(stitle)	면수	필자, 출처
1949-03-01-020	스칸디나비아제국주재 파란공사들 와르샤와에서 회의 개최		4	조선중앙통신
1949-03-01-021	루이 싸이앙씨의 입국을 미국이민당국에서 간섭		4	조선중앙통신
1949-03-01-022	새 전쟁 방화자들의 침략정책은 수치스러운 실패로 끝날것이다		4	허성환
1949-03-01-023	동부지중해군사동맹		4	조선중앙통신
1949-03-03-001	조국의 우수한 아들딸들을 대의원립후보로 추천하자		1	
1949-03-03-002	김일성 사진		1	
1949-03-03-003	김일성장군에게 드리는 편지	강동군 흑령탄광 종업원대회	1	
1949-03-03-004	평남도 제37호선거구 립후보자로 김일성장군을 추대	강동군 흑령탄광 종업원대회에서	1	
1949-03-03-005	조선민주주의인민공화국 평안남도인민위원회 대의원선거를 위한 평안남도 제37호선거구 립후보자추천에 관한 결정서		1	
1949-03-03-006	김일성장군을 립후보자로 추천한 흑령탄광 종업원대회결정을 지지	평남도 제37호선거구 전유권자 환호	2	본사기자 송학용
1949-03-03-007	함북도당 제6차위원회에서	세포(초급당부) 및 면당지도기관 사업총결에 관한 총화와 당 지도사업강화에 대한 문제 및 기타 당면과업들을 토의	2	주재기자 김소민
1949-03-03-008	도 시 군 구역 인민위원회 선거실시의 정치적의의		2	승원
1949-03-03-009	문예총 제3차대회(제2일)		3	
1949-03-03-010	김일성수상에게 드리는 축전	북조선문학예술총동맹 제3차대회	3	
1949-03-03-011	북조선문학예술총동맹사업 총결에 대한 제3차대회의 결정서		3	
1949-03-03-012	문예총중앙위원회 부서		3	조선중앙통신
1949-03-03-013	문예총산하 각 동맹 중앙위원회 개선		3	조선중앙통신
1949-03-03-014	전쟁을 반대하며 평화를 위하여 반제국주의투쟁을 강화하자!	불란서공산당 토레스 연설	4	조선중앙통신
1949-03-03-015	리제심 등 민주인사들 북평에 도착		4	조선중앙통신
1949-03-03-016	북평에서 민주인사 환영대회		4	조선중앙통신
1949-03-03-017	쏘련직총중앙위원회 국제직련집행위원회 결과를 토의		4	조선중앙통신
1949-03-03-018	파란의 6개년인민경제계획		4	김정운
1949-03-03-019	불안정한 분란정부		4	조선중앙통신
1949-03-03-020	몽고통상대표 모쓰크바 출발		4	조선중앙통신
1949-03-03-021	비소니아의 실업자 102만명		4	조선중앙통신
1949-03-03-022	신민주주의제국가에 대한 미제국주의자들의 음모		4	조맹훈

기사번호	제목(title)	부제목(stitle)	면수	필자, 출처
1949-03-03-023	로마법왕이 비밀회의 소집		4	조선중앙통신
1949-03-03-024	경제호상원조리사회에서 알바니아의 가입을 시인		4	조선중앙통신
1949-03-03-025	쏘련소식		4	조선중앙통신
1949-03-03-026	극장안내		4	
1949-03-04-001	조선인민은 자연의 우연적피해와 싸우고있다		1	
1949-03-04-002	김두봉선생에게 드리는 편지	사동련탄공장 종업원대회	1	
1949-03-04-003	평양시 제77호선거구 립후보로 김두봉위원장을 추대	평양사동련탄공장 종업원대회에서	1	
1949-03-04-004	북반부에서 지방주권기관 대의원선거 준비사업 활발	해주시	1	
1949-03-04-005	3.1절 맞는 남반부인민들의 투쟁	남반부 각처에 공화국 국기게양코 삐라산포와 대중시위를 감행	1	조선중앙통신
1949-03-04-006	화순에서 경찰지서를 소탕	보성방면에서도 공세	1	조선중앙통신
1949-03-04-007	쓰딸린대원수에게 전보 몽고인민공화국 수상으로부터	몽.쏘우호호상조조약 및 경제문화협조 협정체결 3주년에 제하여	2	
1949-03-04-008	쓰딸린대원수의 답전		2	
1949-03-04-009	강원도당 제8차위원회에서	세포(초급당부) 및 면당지도기관 사업총결에 관한 총화와 당 지도사업강화에 대한 문제 및 기타 당면과업들을 토의	2	주재기자 김만선
1949-03-04-010	공화국남반부에 있는 문학가 예술가들에게 보내는 편지		2	
1949-03-04-011	소위 '유엔신조선위원단'은 미제국주의의 침략도구이다		2	리성용
1949-03-04-012	평남관개건설공사 승리적으로 진척!		3	
1949-03-04-013	대자연을 인민의 리익에 복종	50만석의 미곡이 증수된다	3	
1949-03-04-014	관개건설공사장에서 힘찬 건설의욕으로 굳은 암반을 굴진!	턴넬공사	3	
1949-03-04-015	열두삼천리벌을 옥답으로 건국대원들의 애국열성	수로공사	3	본사기자 리의철
1949-03-04-016	쏘련내각 및 전련맹볼쉐위끼공산당 중앙위원회 결정	일용품국정소매가격을 1949년 3월 1일부터 또다시 인하함에 관하여	4	
1949-03-04-017	남경과 광동의 두 국민당정부 령도권쟁탈전을 전개		4	조선중앙통신
1949-03-04-018	전세계 남녀로동자들에게 보내는 국제직련집행국의 격문 북조선직업총동맹 중앙위원회에 도달		4	

기사번호	제목(title)	부제목(stitle)	면수	필자, 출처
1949-03-04-019	평화옹호자들에게 보내는 선언서 발표	세계지식인대회 국제련락위원회	4	조선중앙통신
1949-03-04-020	미국의 실업자 격증		4	조선중앙통신
1949-03-04-021	쏘련소식	수자는 무엇을 말하여주는가?	4	
1949-03-05-001	토지개혁 3주년기념일을 맞이하여		1	
1949-03-05-002	전조선인민은 기쁨속에서 김일성장군을 립후보로 추대		1	주재기자 박덕순
1949-03-05-003	북반부에서 지방주권기관 대의원선거준비사업 활발	평양시, 정평군에서	1	
1949-03-05-004	김일성장군을 추천한 영예를 증산으로 기념	흑령탄광 로동자들	1	본사기자 송학용
1949-03-05-005	학교건축을 위한 애국미 헌납!	황해도 민청원들, 청진시민들과 초산군 농민들	1	
1949-03-05-006	담양에서 경찰들을 소탕	미국제 중기관총 등 로획	1	조선중앙통신
1949-03-05-007	전남 다도해에서도 격전	강진에서는 경찰지서 습격	1	조선중앙통신
1949-03-05-008	새 승리를 위하여		2	리의철
1949-03-05-009	활발히 전개되는 춘경준비-평남안주군 립석면 동호리에서		2	
1949-03-05-010	새로 건설된 마을	함북 경원벌의 여운리부락	2	주재기자 김소민
1949-03-05-011	다수확영농교환회를 개최-황해도 신천군 남부면 부정리 농촌민주선전실에서		2	
1949-03-05-012	보다 높은 수확을	자강도 만포군 외귀면 흥판동 240여호 농민들	2	
1949-03-05-013	토지개혁실시는 농촌경리를 급진적으로 발전시켰다		2	백영
1949-03-05-014	북반부농촌경리발전과 전망		2	
1949-03-05-015	남반부농민들을 기만하려는 '농지개혁법' 초안의 정체		3	송남
1949-03-05-016	영웅적인 구국항쟁으로 해방지구에 토지개혁을		3	
1949-03-05-017	괴뢰'정부'의 농촌파괴		3	본사기자 리의철
1949-03-05-018	'량곡매입'을 반대하는 농민들의 치렬한 투쟁		3	
1949-03-05-019	현정부개조의 필요를 분란공산당에서 강조		4	조선중앙통신
1949-03-05-020	체코슬로바키야의 2월사건 1주년기념		4	조선중앙통신
1949-03-05-021	월레스씨 연설	미국하원 외교위원회에서	4	조선중앙통신
1949-03-05-022	전범자석방과 애국자박해에 이태리각지에서 항의대회		4	조선중앙통신
1949-03-05-023	중국 국민당통치구 물가폭등		4	조선중앙통신
1949-03-05-024	파파리가스살해에 대한 각국의 항의 계속		4	조선중앙통신

기사번호	제목(title)	부제목(stitle)	면수	필자, 출처
1949-03-05-025	마래당국의 폭행		4	조선중앙통신
1949-03-05-026	해방된 천진의 물가는 저락		4	조선중앙통신
1949-03-05-027	멕시코와의 군사협정체결을 미국 시도		4	조선중앙통신
1949-03-05-028	독자들의 질문에 대한 대답	루마니야의 인민쏘베트	4	본사국외통신부
1949-03-05-029	쏘련소식	문화발전에 대한 쏘련국가의 고려	4	
1949-03-06-001	김일성 사진		1	
1949-03-06-002	조선민주주의인민공화국 정부대표단 모쓰크바 도착		1	조선중앙통신
1949-03-06-003	역두에서 진술한 김일성수상의 연설	모쓰크바역에서	1	
1949-03-06-004	조선인민은 기쁨속에서 김일성장군을 립후보로		1	
1949-03-06-005	조선정부대표단 도착을 쏘련의 각 신문들 보도		1	조선중앙통신
1949-03-06-006	북반부에서 지방주권기관 대의원선거준비사업 활발	함남도	1	주재기자 박경석
1949-03-06-007	증산으로 선거를 기념하자	본궁화학공장 로동자들	1	통신원 리정환
1949-03-06-008	학교건축을 위한 인민들의 열의!	각지에서	1	주재기자 리성섭
1949-03-06-009	평남도 제11호선거구 립후보로 김재욱동지를 추천	광량만염전종업원대회에서	2	본사기자 리문상
1949-03-06-010	농업증산과 결부시켜 선거준비사업을 협조	평양시 능라리세포에서	2	본사기자 리수근
1949-03-06-011	평북도당 제7차위원회에서	세포(초급당부) 및 면당지도기관 사업총결에 관한 총화와 당지도사업강화에 대한 문제 및 기타 당면과업들을 토의	2	주재기자 최영환
1949-03-06-012	도 시 군 구역 인민위원회 대의원후보자 추천절차 및 등록에 대하여		2	김택영
1949-03-06-013	영예의 대의원립후보로 추천된 모범로동자와 우수한 농민들!	평양연초공장 김확실녀사	3	본사기자 리성빈
1949-03-06-014	영예의 대의원립후보로 추천된 모범로동자와 우수한 농민들!	평양시 미림리 주청송농민	3	본사기자 리문상
1949-03-06-015	농민동맹 제4차대회 개막		3	
1949-03-06-016	좋은 종이를 다량생산하여 출판문화향상에 기여하자	신의주제지공장에서	3	본사기자 리인태
1949-03-06-017	조쏘문화협회 사업결산 및 지도기관선거 활발히 진행	평남도지부 제3차대회	3	본사기자 신기관
1949-03-06-018	평양특별시 중구 제23분구 선거선전실에서 선거선전해설광경		3	
1949-03-06-019	인민반에 깊이 침투하여 선거의의를 광범히 선전	사리원시 선거선전원들	3	주재기자 리성섭

기사번호	제목(title)	부제목(stitle)	면수	필자, 출처
1949-03-06-020	선거선전해설에 녀맹원들 적극 진출		3	본사기자 김춘희
1949-03-06-021	제주도에서 감행한 매국역도들의 죄상	4백어부락중 3백부락 소각	3	조선중앙통신
1949-03-06-022	3.1절에 매국노들 발악적탄압을 감행		3	조선중앙통신
1949-03-06-023	미영뻘럭은 총회의사를 유린	안보 상용군비위원회에서	4	조선중앙통신
1949-03-06-024	클레이장군 사임을 요청		4	조선중앙통신
1949-03-06-025	따쓰통신의 반박		4	조선중앙통신
1949-03-06-026	쏘련에서의 새로운 물가저하에 대한 각국의 반향		4	조선중앙통신
1949-03-06-027	이태리로동계급의 투쟁	각지에서 공장을 계속 점령	4	조선중앙통신
1949-03-06-028	전범자 석방에 반대하는 항의운동 계속	이태리에서	4	조선중앙통신
1949-03-06-029	일본공산당 서기장 도구다의 성명		4	조선중앙통신
1949-03-06-030	독일자유민주당대회		4	조선중앙통신
1949-03-06-031	쏘련소식	쏘련전후 식료품생산격증	4	조선중앙통신
1949-03-06-032	국제정세개관		4	신남주
1949-03-08-001	국제부녀절 제38주년기념일에 제하여		1	
1949-03-08-002	이.브.쓰딸린 조선정부대표단 접견		1	조선중앙통신
1949-03-08-003	느.므.스웨르니크 조선정부대표단 접견		1	조선중앙통신
1949-03-08-004	전보문	평남도인민위원회 대의원립후보로 추천한데 대하여	1	
1949-03-08-005	쏘련 각 신문들의 보도		1	
1949-03-08-006	조선최고인민회의 상임위원회에서 선거사업에 관한 문제를 토의		1	조선중앙통신
1949-03-08-007	민주와 평화를 위하여 투쟁하는 녀성들의 단결된 민주력량 시위	국제부녀절기념 평양시녀성대회	1	본사기자 김춘희
1949-03-08-008	전인민의 앙양된 정치적열성속에 선거사업은 승리적으로 진행된다	중앙선거지도위원회 박정애위원장의 담화	1	조선중앙통신
1949-03-08-009	선거승리를 증산으로 보장	황해제철소 로동자들	1	
1949-03-08-010	농민동맹 제4차대회에서 진술한 축사	내각부수상 김책	2	
1949-03-08-011	정치교양사업 및 기타 제문제들을 토의 결정	평남도당 상무위원회에서	2	본사기자 송학용
1949-03-08-012	민주와 평화를 위하여 녀성들은 투쟁한다		2	방민
1949-03-08-013	경험을 호상 교환하며 선거선전사업을 추진	-김진모동무의 선전공작에서-	2	본사기자 리수근
1949-03-08-014	운영측을 적극 협조 생산능률제고 보장	원산철도공장 제관분세포	2	주재기자 김만선
1949-03-08-015	영예의 대의원립후보로 추천된 모범로동자들과 우수한 농민들!	남포제련소 백학기동무	3	통신원 정명걸
1949-03-08-016	농민동맹 제4차대회(제2일)		3	본사기자 리의철
1949-03-08-017	영예의 대의원립후보로 추천된 모범로동자와 우수한 농민들!	평양고무공장 홍복수녀사	3	

기사번호	제목(title)	부제목(stitle)	면수	필자, 출처
1949-03-08-018	영예의 대의원립후보로 추천된 모범로동자와 우수한 농민들!	평양시 중단리 리능준농민	3	본사기자 리성빈
1949-03-08-019	행복과 승리의 길로	인민주권하에서 자라는 례로리농촌	3	김동천
1949-03-08-020	3월8일-국제부녀절에 대한 쏘련공산당(볼쉐위끼) 중앙위원회 결정		4	조선중앙통신
1949-03-08-021	쏘련최고쏘베트상임위원회에서		4	조선중앙통신
1949-03-08-022	『인터내슈널 뉴스 써비스』통신사의 질문에 대한 불란서공산당 총비서 답변		4	조선중앙통신
1949-03-08-023	불란서수상의 반쏘 중상		4	조선중앙통신
1949-03-08-024	세계인민들은 평화와 민주를 위한 투쟁에 있어 쏘련을 지지하고있다		4	박한선
1949-03-08-025	이란반동의 인민탄압	각지에 계엄령을 포고하고 검거	4	조선중앙통신
1949-03-08-026	현역군인에 마살 복귀		4	조선중앙통신
1949-03-08-027	영국공산당 총비서의 성명		4	조선중앙통신
1949-03-08-028	이스탄불군수공장에 대화재		4	조선중앙통신
1949-03-08-029	독일점령 미영당국 비행장을 건설		4	조선중앙통신
1949-03-08-030	항가리와 백이의간 통상협정 체결		4	조선중앙통신
1949-03-08-031	파란 항가리간 물자교환을 확장		4	조선중앙통신
1949-03-09-001	쏘련인민과의 친선만이 국가자주권에 대한 튼튼한 담보로 된다		1	
1949-03-09-002	쓰딸린대원수에게	3.8부녀절 제38주년을 기념하여	1	
1949-03-09-003	조선민주주의인민공화국 내각 수상 김일성장군에게	3.8부녀절 제38주년을 기념하여	1	
1949-03-09-004	조선정부대표단의 쏘련방문은 량국간 친선에 막대한 기여		1	본사기자 류민우
1949-03-09-005	김일성장군에게 6백여선거구에서 립후보 요청		1	조선중앙통신
1949-03-09-006	김두봉선생 립후보 승낙	평양특별시 인민위원회 대의원선거 제77호구위원회에	1	조선중앙통신
1949-03-09-007	김두봉선생을 립후보자로 각지 선거구에서 계속 추천		1	
1949-03-09-008	3.8국제부녀절에 제하여 쏘련녀성반파쑈위원회로부터 북조선민주녀성동맹에 축전		1	
1949-03-09-009	평양시 제72호선거구 립후보로 장위삼동지를 추천	삼신탄광종업원대회에서	2	본사기자 최치묵
1949-03-09-010	산간벽지인민들에게 군중선전사업을 강화	평남도당부 선전선동부에서	2	본사기자 송학용
1949-03-09-011	열성적노력을 경주하여 선거준비사업 적극 협조	평양시 남구역당부에서	2	
1949-03-09-012	선거준비사업을 계획성있게 협조	해주시 선산동세포에서	2	주재기자 박덕순

기사번호	제목(title)	부제목(stitle)	면수	필자, 출처
1949-03-09-013	당원들의 열성으로 선거선전사업 활발	철원군당부에서	2	통신원 조훈
1949-03-09-014	선전선동원들에게 주는 참고자료 레닌과 쏘베트동맹의 대외정책	『노보예 우레미야』 1949년 4호에서	2, 3	
1949-03-09-015	영예의 대의원립후보로 추천된 우리 조국의 우수한 아들딸들!	아오지인조석유 연복길동무	3	
1949-03-09-016	영예의 대의원립후보로 추천된 우리 조국의 우수한 아들딸들!	국립극장 박영신녀사	3	본사기자 리성빈
1949-03-09-017	농민동맹 제4차대회(제3일)		3	본사기자 리의철
1949-03-09-018	영예의 대의원립후보로 추천된 우리 조국의 우수한 아들딸들!	성흥광산 조양성녀사	3	본사기자 리문상
1949-03-09-019	개인경쟁은 반경쟁으로 증산운동 점차로 확대!		3	조선중앙통신
1949-03-09-020	선거승리 위하여	민주청년동맹원들 선거선전사업 활발	3	
1949-03-09-021	42호 렬차안에서		3	
1949-03-09-022	북대서양동맹 가입반대	코펜하겐에서 군중대회	4	조선중앙통신
1949-03-09-023	불란서의 진보적인사들 북대서양조약조인 반대		4	조선중앙통신
1949-03-09-024	호주공산당 총비서 성명		4	조선중앙통신
1949-03-09-025	미국국방장관 갱질		4	조선중앙통신
1949-03-09-026	국민당군 1개 사단기의 사단장이하 인민해방군에 합류		4	조선중앙통신
1949-03-09-027	국민당은 내전준비에 광분		4	조선중앙통신
1949-03-09-028	전쟁상인들의 반쏘주장 반박	전 주쏘 미대사관 무관	4	조선중앙통신
1949-03-09-029	수단주민들 기아상태		4	조선중앙통신
1949-03-09-030	파파리가스참사의 진상을 규탄하자!	쏘련직총 위원장의 전문	4	조선중앙통신
1949-03-09-031	공산당지도자 재판반대	뉴욕에서 대군중대회	4	조선중앙통신
1949-03-09-032	마다가스카르도를 미국에 이양?		4	조선중앙통신
1949-03-09-033	체코슬로바키야민족전선에서 2월사변 1주년을 기념		4	조선중앙통신
1949-03-09-034	새 전쟁 방화자들의 계획들에 있어서의 동남아세아제국쁠럭		4	백인근
1949-03-10-001	증산경쟁운동을 활발히 전개하자		1	
1949-03-10-002	쓰딸린대원수에게 정부에서 선물을 진정		1	조선중앙통신
1949-03-10-003	레닌묘에 화환을 올리고 모쓰크바의 각처를 관람		1	조선중앙통신
1949-03-10-004	쏘련무력상 불가닌원수로부터 최용건민족보위상에게 답전		1	
1949-03-10-005	위대한 쓰딸린대원수에게		2	
1949-03-10-006	조선인민의 선물	쓰딸린대원수에게	2	
1949-03-10-007	정성을 기울여	쓰딸린대원수에게	2	

기사번호	제목(title)	부제목(stitle)	면수	필자, 출처
1949-03-10-008	영예의 대의원립후보로 추천된 우리 조국의 우수한 아들딸들!	재녕군 청천면 강지갑농민	3	주재기자 박덕순
1949-03-10-009	영예의 대의원립후보로 추천된 우리 조국의 우수한 아들딸들!	중화군 룡연면 김순실녀사	3	본사기자 리문상
1949-03-10-010	농민동맹 제4차중앙대회 다대한 성과 거두고 페막!		3	
1949-03-10-011	농민동맹중앙지도기관과 그 부서		3	조선중앙통신
1949-03-10-012	황초평전기화공사		3	주재기자 최영환
1949-03-10-013	남반부농민들에게 보내는 편지	북조선농민동맹 제4차중앙대회	3	
1949-03-10-014	리승만괴뢰'정부'『국제신문』을 페간		3	조선중앙통신
1949-03-10-015	고리대금에 얽매인 남반부의 수산업		3	조선중앙통신
1949-03-10-016	쏘련녀성반파쑈위원회 전세계 민주녀성단체에 축문		4	조선중앙통신
1949-03-10-017	인도 파업 계속		4	조선중앙통신
1949-03-10-018	태공지주들의 토지를 몰수	루마니야정부의 새 토지시책	4	조선중앙통신
1949-03-10-019	미국공산당 지도자들이 트루맨에게 공개서한		4	조선중앙통신
1949-03-10-020	미국로동자들 시위		4	조선중앙통신
1949-03-10-021	토레스와 톨리앗티의 성명은 쏘련의 평화정책을 확증		4	조선중앙통신
1949-03-10-022	독일공업수준문제에 대한 미영불 3국협의 진행		4	조선중앙통신
1949-03-10-023	불가리야의 반역자재판 피고들 죄상 고백		4	조선중앙통신
1949-03-10-024	희랍외상의 토이기방문 예정		4	조선중앙통신
1949-03-10-025	북대서양군사쁠럭 총지도자 취임 예상		4	조선중앙통신
1949-03-10-026	인도인민들은 종전대로 살기를 원하지 않는다		4	김정호
1949-03-10-027	'마샬안'은 서구라파 제 인민들에게 무엇을 가져다주었는가?		4	문진
1949-03-10-028	쏘련소식		4	조선중앙통신
1949-03-11-001	지방주권기관 선거준비를 위하여		1	
1949-03-11-002	조선정부대표단의 쏘련방문은 량국간 친선에 막대한 기여		1	주재기자 박경석
1949-03-11-003	선거준비사업 활발 추천된 립후보자 등록 완료	선거자명부도 일제히 게시	1	
1949-03-11-004	쏘련직맹에서 북조선직총에 대회참가 초대		1	
1949-03-11-005	학교건축을 위한 인민들의 열의!	각지 인민들	1	본사기자 신기관, 통신원 리복원

기사번호	제목(title)	부제목(stitle)	면수	필자, 출처
1949-03-11-006	남반부인민항쟁 치렬 장성방면에서 경찰 수십명 소탕	응원출동중인 '국군'도 섬멸	1	조선중앙통신
1949-03-11-007	평안남도 제69호선거구 립후보로 차순철 동지를 추천	개천군 중흥리 농민회의에서	2	본사기자 송학용
1949-03-11-008	평양시 제49호선거구 립후보로 김섬동지를 추천	로동신문사종합공장 종업원대회	2	본사기자 리성빈
1949-03-11-009	상급당 결의실천 위한 제 문제 구체적으로 토의	성천군당제7차위원회에서	2	본사기자 송학용
1949-03-11-010	기능공기술자양성사업을 옳바른 협조로 적극 추진	동평양기계제작소당단체	2	본사기자 현갑진
1949-03-11-011	선거선전사업과 선전원들의 사업방법에 대한 몇가지 문제		2	차도순
1949-03-11-012	'유엔신조선위원단'은 미제의 조선침략 도구		2, 3	동민
1949-03-11-013	영예의 대의원립후보로 추천된 우리 조국의 우수한 아들딸들!	회녕군 차인식농민	3	통신원 심철
1949-03-11-014	영예의 대의원립후보로 추천된 우리 조국의 우수한 아들딸들!	평양제18인민학교 교장 명영숙녀사	3	본사기자 리성빈
1949-03-11-015	유권자명부게시판앞에서	평양특별시 남구구역 제4호 12분구	3	본사기자 리성빈
1949-03-11-016	개인경쟁은 반경쟁으로 증산운동 점차로 확대!	흥남비료공장	3	흥남비료공장 합성과 운전계 A조 압축기작업반 대표 강사령
1949-03-11-017	개인경쟁은 반경쟁으로 증산운동 점차로 확대!	평양견직공장	3	본사기자 김지창
1949-03-11-018	우리 당원들이 선두에서	봉산군 선거선전 활발	3	본사기자 리성섭
1949-03-11-019	인민군대군무자들 선거사업준비 활발		3	본사기자 김전
1949-03-11-020	쏘베트공민송환사무당국에 대한 미국당국의 비법적행동을 규탄	쏘꼴로브쓰끼원수의 성명	4	조선중앙통신
1949-03-11-021	불.쏘협회 전국위원회에서 수상의 반쏘성명 규탄		4	조선중앙통신
1949-03-11-022	중국전국학생련합회 조직	전중국학생대표자대회에서	4	조선중앙통신
1949-03-11-023	트루맨의 비밀회합		4	조선중앙통신
1949-03-11-024	시드니시회의 부당한 행동		4	조선중앙통신
1949-03-11-025	애급외상의 런던방문설		4	조선중앙통신
1949-03-11-026	중국전국직총 북평으로 이전		4	조선중앙통신
1949-03-11-027	비르마에 전투 계속		4	조선중앙통신
1949-03-11-028	서독괴뢰정부성원에 반동분자 추천		4	조선중앙통신

기사번호	제목(title)	부제목(stitle)	면수	필자, 출처
1949-03-11-029	평화옹호세계대회 소집을 각국 지식인들 지지성명		4	조선중앙통신
1949-03-11-030	불란서군대의 만행		4	조선중앙통신
1949-03-11-031	일본연극인들 공산당에 입당		4	조선중앙통신
1949-03-11-032	미국지질탐험대 애급에 도착		4	조선중앙통신
1949-03-11-033	세계 평화와 안전을 위한 미국진보적세력의 투쟁		4	조맹훈
1949-03-11-034	비률빈에 대한 미제국주의자들의 정책		4	김석준
1949-03-11-035	『근로자』 제4호		4	『근로자』편집국
1949-03-12-001	기술습득은 당원들의 고상한 당적임무이다		1	
1949-03-12-002	조선정부대표단의 쏘련방문은 량국간 친선에 막대한 기여		1	주재기자 김소민, 박덕순
1949-03-12-003	조국의 우수한 아들딸들이 대의원립후보로 등록되었다		1	
1949-03-12-004	선거승리를 증산으로 보장	해주철도부산하 종업원들	1	
1949-03-12-005	괴뢰'정부청사'에 공화국기를 게양	당황한 리승만도당 게양대를 도괴	1	조선중앙통신
1949-03-12-006	전남일대에 유격전 격렬		1	조선중앙통신
1949-03-12-007	지이산방면 세력범위 확대	철도전화선 절단코 공격	1	조선중앙통신
1949-03-12-008	평양시 제81호선거구 립후보로 리림동지를 추천	군무자총회에서	2	본사기자 김전
1949-03-12-009	평양시 제60호선거구 립후보로 김성학동지를 추천	평양곡산공장 종업원대회에서	2	본사기자 황경렵
1949-03-12-010	당원들의 적극 협조로 춘경파종준비를 완료	황해 벽성군 송간리 하룡세포	2	
1949-03-12-011	11월 3일 민주선거이후 거둔 함북도인민위원회의 사업성과		2	함북도인민위원회 위원장 김영수
1949-03-12-012	미제의 강압과 침략정책		2	안성호
1949-03-12-013	영예의 대의원립후보로 추천된 우리 조국의 우수한 아들딸들!	평양시보안대 홍근택중대장	3	
1949-03-12-014	영예의 대의원립후보로 추천된 우리 조국의 우수한 아들딸들!	삼신탄광 한병록씨	3	본사기자 리성빈
1949-03-12-015	영예의 대의원립후보로 추천된 우리 조국의 우수한 아들딸들!	청진방적공장 심행춘녀사	3	주재기자 현준극
1949-03-12-016	모범선전원 리보금동무	평양특별시 남구 제14분구선거선전실 선전원	3	본사기자 리성빈
1949-03-12-017	내각결정 연구하여 춘기파종준비 진행	자강도 강계면 농민들	3	본사기자 백운학
1949-03-12-018	개인경쟁은 반경쟁으로 증산운동 점차로 확대!	사리원기관구	3	주재기자 리성섭

기사번호	제목(title)	부제목(stitle)	면수	필자, 출처
1949-03-12-019	사욕에 눈어두운 망국'국회의원'들	자기들의 보수를 대폭인상	3	조선중앙통신
1949-03-12-020	미국독점가의 지휘하에 '한일통상'예비회담 진행		3	조선중앙통신
1949-03-12-021	주기률을 발견한 위대한 로씨야학자 드.멘젤렙흐		3	김룡상
1949-03-12-022	각국에서 부녀절을 기념		4	조선중앙통신
1949-03-12-023	파리녀성들의 과감한 기념		4	조선중앙통신
1949-03-12-024	화란공산당 총비서 폴.드.그루트의 성명		4	조선중앙통신
1949-03-12-025	백이의공산당 성명		4	조선중앙통신
1949-03-12-026	공산당지도자 재판 반대하여 뉴욕시민 시위		4	조선중앙통신
1949-03-12-027	제국주의자들은 후견령토를 어떻게 관리하고있는가?		4	박태민
1949-03-12-028	쏘련의 평화정책을 찬양	-영국 캔터베리 부감독의 연설-	4	조선중앙통신
1949-03-12-029	오지리민주녀성동맹에서 「평화옹호에 관한 법령」초안 제출		4	조선중앙통신
1949-03-12-030	매수독점행위	-서독미군정당국-	4	조선중앙통신
1949-03-12-031	미국 지중해함대가 토이기항구에 정박		4	조선중앙통신
1949-03-12-032	레바논당국의 비행		4	조선중앙통신
1949-03-13-001	전체 파종면적을 우량종자로 확보하자		1	
1949-03-13-002	모쓰크바의 각 기업소 및 문화기관들을 계속 시찰		1	따쓰통신
1949-03-13-003	대의원립후보를 지지하는 유권자대회 광범히 진행!	각 도에서	1	조선중앙통신
1949-03-13-004	도시군구역 선거준비사업은 증산투쟁속에서 활발히 진척	평남도와 송림시에서	1	본사기자 리문상, 통신원 윤칠칠
1949-03-13-005	림산사업소 일군들 금년 운재계획 완수	동문작업소, 중흥작업소, 녕원작업소, 가산작업소에서	1	
1949-03-13-006	지이산방면 항쟁부대 맹공격	하동 악양경찰을 2차에 걸쳐 습격	1	조선중앙통신
1949-03-13-007	평양시 제59호선거구 립후보로 강준호동지를 추천	평안양조공장 종업원대회에서	2	본사기자 리성빈
1949-03-13-008	지도일군들의 책임성 높여 세포지도방조사업을 강화	봉산군 사인면 당단체에서	2	주재기자 박덕순
1949-03-13-009	인민반실정에 알맞는 선거선전사업을 진행	신영길동무의 선전공작에서	2	본사기자 리수근
1949-03-13-010	분석적지도와 검열사업에 대하여		2	차영락
1949-03-13-011	선거선전협조사업을 일층 활발히 전개하자	평남도당단체의 협조사업에서	2	본사기자 송학용
1949-03-13-012	영예의 대의원립후보로 추천된 우리 조국의 우수한 아들딸들!	아오지탄광 김영목씨	3	통신원 엄상설
1949-03-13-013	영예의 대의원립후보로 추천된 우리 조국의 우수한 아들딸들!	황해제철소 박명찬씨	3	통신원 윤종칠
1949-03-13-014	경공업발전에 이바지할 평양방직 기본건설 활발		3	본사기자 김기초
1949-03-13-015	개인경쟁은 반경쟁으로 증산운동은 점차로 확대!	해주세멘트공장	3	주재기자 박덕순
1949-03-13-016	쓰딸린상수상작품 쏘련영화 「씨베리야대지의 곡」		3	본사기자 신봉
1949-03-13-017	금년도 증산의 담보로 될 춘경파종준비 만전	안주군 장산리 농민들	3	본사기자 리의철
1949-03-13-018	미군주둔하의 공화국남반부	리승만의 인민학살도구 비밀경찰 '사정국' 신조직	3	조선중앙통신
1949-03-13-019	쏘베트녀성반파쑈위원회에서 국제부녀절에 각국 녀성들을 축하		4	조선중앙통신
1949-03-13-020	분란의 인쇄공장 로동자 파업		4	조선중앙통신
1949-03-13-021	유엔안보리사회회의 이스라엘의 유엔가입청원을 토의		4	조선중앙통신
1949-03-13-022	일본에서 공화국국기를 게양했다고 조선학생에 중형 언도		4	조선중앙통신
1949-03-13-023	희랍민주군의 공격 날로 치렬		4	조선중앙통신
1949-03-13-024	중국인민해방군의 금년 1월 전과		4	조선중앙통신
1949-03-13-025	북평주위의 국민당군 개편	인민해방군 지휘하에 소속	4	조선중앙통신
1949-03-13-026	국제정세개관	힘차게 울리우고있는 평화를 옹호하는 목소리와 불란서수상의 꿈	4	리동선
1949-03-13-027	국제정세개관	무엇을 위한 군비확장?	4	리동선
1949-03-13-028	이라크정부의 만행	백여명 민주인사에 종신징역	4	조선중앙통신
1949-03-13-029	독일녀성들 원자탄금지 요구		4	조선중앙통신
1949-03-13-030	미국경제상태 악화		4	조선중앙통신
1949-03-13-031	영국에 실업격증		4	조선중앙통신
1949-03-15-001	당지도일군들의 책임성을 제고하자		1	
1949-03-15-002	쏘련최고쏘베트회의 방청 모쓰크바종합대학도 방문		1	조선중앙통신
1949-03-15-003	대의원선거준비사업은 증산투쟁에서 활발히 진척	평북도와 강원도에서	1	주재기자 최영환
1949-03-15-004	선거준비사업 지도 위하여 각 도에 중앙선거위원 파견		1	
1949-03-15-005	학교건축을 위한 인민들의 열의!	각지 인민들	1	본사기자 허극준, 주재기자 박경석, 통신원 김왈순, 최린태, 렴상재

기사번호	제목(title)	부제목(stitle)	면수	필자, 출처
1949-03-15-006	남반부인민항쟁 치렬	남반부 무장항쟁부대들 해방구에서 신문 등 발행	1	조선중앙통신
1949-03-15-007	당원들의 적극적인 협조로 선거선전사업 활발히 진행	강원도 원산시 당단체에서	2	주재기자 김만선
1949-03-15-008	조직적협조강화로 생산의 난관을 극복	평양농기구제작소 세포	2	본사기자 리수근
1949-03-15-009	비판과 자기비판은 사업발전의 강력한 사상적무기이다		2	김명덕
1949-03-15-010	자습당원들에게 주는 참고자료	쏘베트농촌의 사회주의적발전과 로동계급의 역할	2, 3	
1949-03-15-011	영예의 대의원립후보로 추천된 우리 조국의 우수한 아들딸들!	흥남비료공장 원기화씨	3	주재기자 박경석
1949-03-15-012	목재운반을 제때에	강계림산사업소 창평작업소	3	본사기자 백운학
1949-03-15-013	영예의 대의원립후보로 추천된 우리 조국의 우수한 아들딸들!	순천군 은산면 김윤찬농민	3	본사기자 리문상
1949-03-15-014	개인경쟁은 반경쟁으로 증산운동은 점차로 확대!	신의주방직공장	3	주재기자 최영환
1949-03-15-015	다수확경험을 살리여 랭상모	철원군 리화석농민	3	통신원 조훈
1949-03-15-016	군중속에 침투하여 다방면으로 선전	풍산군 선거선전원들	3	통신원 김의진
1949-03-15-017	이동영화와 연예로 선거선전을 활발히	평남도에서	3	본사기자 리문상
1949-03-15-018	남반부의 철강생산과 방적업은 파멸일로로		3	조선중앙통신
1949-03-15-019	입초일로의 망국무역	2개월간에 10억원	3	조선중앙통신
1949-03-15-020	우리들은 언제나 쏘련과 함께 평화애호 진영에 가담할것이다	-백이의공산당 중앙위원회-	4	조선중앙통신
1949-03-15-021	미국련방조사국의 비행	쏘련외교관을 불법체포	4	조선중앙통신
1949-03-15-022	파란국방성의 예산안		4	조선중앙통신
1949-03-15-023	오지리공산당대회에서 중국인민해방군에 축전		4	조선중앙통신
1949-03-15-024	각국의 공산당들은 평화를 위하여 투쟁한다		4	조선중앙통신
1949-03-15-025	아세아에 대한 제국주의자들의 계획은 실패에 돌아가고 있다		4	신남주
1949-03-15-026	불가리야의 반역자들에게 종신형 등을 언도		4	조선중앙통신
1949-03-15-027	평화옹호세계대회 소집호소에 쏘련금속직맹에서 찬동		4	조선중앙통신
1949-03-15-028	일본운수상의 성명		4	조선중앙통신
1949-03-15-029	동구라파와의 스웨덴의 통상을 미국은 방해		4	조선중앙통신

기사번호	제목(title)	부제목(stitle)	면수	필자, 출처
1949-03-15-030	이태리 사라가트당 분렬에 직면		4	조선중앙통신
1949-03-15-031	극장안내		4	
1949-03-16-001	과학인재들의 준비와 교양		1	
1949-03-16-002	레닌박물관을 방문		1	조선중앙통신
1949-03-16-003	흘레브제조공장을 시찰		1	조선중앙통신
1949-03-16-004	북반부 도 시 군 구역 인민위원회 대의원후보자의 등록을 완료	중앙선거지도위원회 박정애위원장의 담화	1	
1949-03-16-005	북반부에서 지방주권기관 대의원선거준비사업 활발	함북도와 평남민청에서	1	주재기자 현준극본사기자 송학용
1949-03-16-006	학교건축을 위한 인민들의 열의!	각지 인민들	1	주재기자 박경석
1949-03-16-007	방쏘중인 북조선민청부위원장 레닌그라드방위박물관 시찰		1	조선중앙통신
1949-03-16-008	당의 조직지도사업을 구체적으로 진행하자	평양시 서구역당부에서	2	본사기자 리수근
1949-03-16-009	당장성을 정상적으로 신입당원교양을 강화	강원도 문천군 명구면당단체에서	2	통신원 리달우
1949-03-16-010	자습당원들에 대한 지도사업을 더욱 강화하자		2	고혁
1949-03-16-011	선거사업 협조에 당적노력을 경주	함남도 풍산군 풍산면 신풍하리 세포에서	2	
1949-03-16-012	보건일군교양사업 적극적으로 협조	풍산군 풍산병원세포	2	통신원 김의진
1949-03-16-013	영예의 대의원립후보로 추천된 우리 조국의 우수한 아들딸들!	천내리세멘트공장 김경남씨	3	
1949-03-16-014	영예의 대의원립후보로 추천된 우리 조국의 우수한 아들딸들!	황해제철소 리문해씨	3	통신원 윤칠
1949-03-16-015	선진농기구 '뿌라우'를 춘경기전으로 다량생산	국영농기구공장들에서	3	본사기자 리의철
1949-03-16-016	강력살충제 'D.D.T' 대량생산에 착수!		3	조선중앙통신
1949-03-16-017	춘기파종전으로 비료를 농촌에!	고원기관구 종업원들	3	본사기자 김지창
1949-03-16-018	내용은 풍부하게 표현은 평이하게	홍원군 제23호구 선거선전원들	3	통신원 유현
1949-03-16-019	도내 청년로동자들에게 선거경축증산운동 호소	원산철도기관차과 선반직장 청년작업반원들	3	주재기자 김만선
1949-03-16-020	지도기관선거후의 농민동맹사업 활발	룡강군 성암면에서	3	
1949-03-16-021	새 기술을 습득하자	북중기술양성소에서	3	본사기자 리인태
1949-03-16-022	미군주둔하의 공화국남반부 남조선경제 파멸 심각화	부도수표 하루에 18건	3	조선중앙통신
1949-03-16-023	쏘련최고쏘베트 제5차 정기회의 개막		4	조선중앙통신

기사번호	제목(title)	부제목(stitle)	면수	필자, 출처
1949-03-16-024	유엔경제사회리사회에서 진술한 쏘련대표 짜라쁘낀의 연설	1948년도 세계경제정세에 대한 유엔사무국의 보고서에 관하여	4	
1949-03-16-025	중국양자강과 롱해선간지구에 중원림시민주인민정부 탄생		4	조선중앙통신
1949-03-16-026	극동을 찾아오는 미국방문객들과 그들이 추궁하는 '태평양조약'		4	동린
1949-03-17-001	도급제를 옳바로 실행하자		1	
1949-03-17-002	김두봉선생 탄신 60주년	각계에서 영광을 드리는 축하문	1	
1949-03-17-003	방쏘 정부대표단 및 쏘련주차 대사관으로부터 축하전보		1	
1949-03-17-004	조선최고인민회의 상임위원회 위원장 김두봉선생에게	탄신 60주년에 제하여	1	
1949-03-17-005	조선최고인민회의 상임위원회 위원장 김두봉선생에게	탄신 60주년에 제하여	1	
1949-03-17-006	조선민주주의인민공화국 최고인민회의 상임위원회 위원장이시며 북조선로동당 중앙위원회 위원장이신 김두봉선생에게	탄신 60주년에 제하여	2	
1949-03-17-007	조선민주주의인민공화국 최고인민회의 상임위원회 위원장 김두봉선생의 략사		2	
1949-03-17-008	조선최고인민회의 상임위원회 위원장 김두봉선생에게	탄신 60주년에 제하여	2	
1949-03-17-009	조선민주주의인민공화국 최고인민회의 상임위원회 위원장 김두봉선생에게	탄신 60주년에 제하여	2	
1949-03-17-010	조선민주주의인민공화국 최고인민회의 상임위원회 위원장 김두봉선생에게	탄신 60주년에 제하여	2	
1949-03-17-011	당원들의 열성적협조로 선거준비사업 활발히 진행	남포시당부	2	본사기자 김윤모
1949-03-17-012	영예의 대의원립후보로 추천된 우리 조국의 우수한 아들딸들!		3	통신원 김진규
1949-03-17-013	급격히 발전하는 함북도의 축산업		3	주재기자 현준극
1949-03-17-014	새로운 작업방식으로 우수한 기록 계속 수립	황해제철소 로동자들	3	통신원 윤종칠
1949-03-17-015	개인경쟁운동의 첫 봉화 올린 영예를 지켜	사동련탄공장	3	본사기자 김기초
1949-03-17-016	평화옹호세계대회 소집에 대하여 조선문화인들 성명		3	
1949-03-17-017	매국노 리승만의 써커스		3	쏘련 『문학신문』
1949-03-17-018	평화를 옹호하는 목소리는 강력하게 울리우고 있다!		4	
1949-03-17-019	평화의 력량은 확고불패하다		4	

기사번호	제목(title)	부제목(stitle)	면수	필자, 출처
1949-03-17-020	로마청년남녀들 대시위를 감행		4	조선중앙통신
1949-03-18-001	맑스-레닌주의교양사업을 강화하자		1	
1949-03-18-002	김두봉선생탄생 60주년을 축하하여 쏘련 최고쏘베트 상임위원회 위원장 스웨르니크씨와 쓰띠꼬브대사로부터 축전		1	
1949-03-18-003	김두봉선생탄생 60주년을 경하하여 각계로부터 정중한 축문	60성상의 고결한 생애와 찬란한 업적을 찬하	1	조선중앙통신
1949-03-18-004	조선민주주의인민공화국 38선이북지역 도시군구역인민위원회 대의원선거를 위한 중앙선거지도위원회의 보도		1	
1949-03-18-005	경남북각지에서 격전 '유엔신위원단'배격	삐라 련속적으로 산포	1	조선중앙통신
1949-03-18-006	경성에 계속 공화국기 게양	'중앙청'정문에 '유엔신위'반대 삐라	1	조선중앙통신
1949-03-18-007	선거준비사업의 협조정형과 인민군대가족 후원사업 토의	평남도당 상무위원회에서	2	본사기자 송학용
1949-03-18-008	당원들의 열성적협조로 선거준비사업 활발히 진행	황해도 은률군 고정리세포	2	통신원 김인곤
1949-03-18-009	대의원립후보로 추천된 조국의 우수한 아들딸들	청진제철소 최석송씨	2	주재기자 김소민
1949-03-18-010	대의원립후보로 추천된 조국의 우수한 아들딸들	평강군 서면 리계산녀사	2	주재기자 김만선
1949-03-18-011	파리꼼무나 78주년에 제하여		2	고영선
1949-03-18-012	서정시편	항쟁의 려수	3	조기천
1949-03-18-013	꼬르네이추끄작 연극 「외과의 끄레체트」의 상연을 보고		3	박민
1949-03-18-014	평화옹호세계대회 소집호소에 각국 인민들 열렬히 호응		4	조선중앙통신
1949-03-18-015	유엔경제사회리사회에서 진술한 쏘련대표 짜라쁘낀의 연설	62호의 계속	4	
1949-03-18-016	인도에 대한 미국의 팽창은 미국과 영국간의 모순을 더욱 첨예화시키고있다		4	신동우
1949-03-19-001	2개년계획의 실천을 위한 우리 당단체의 과업		1	
1949-03-19-002	이.브.쓰딸린 조선정부대표단을 환영	오찬회 배설	1	조선중앙통신
1949-03-19-003	쏘련외상 아.야.위신쓰끼 조선정부대표단 접견		1	
1949-03-19-004	레닌의 집과 박물관 방문		1	조선중앙통신
1949-03-19-005	쏘련주재 조선대사관에서 정부대표단을 접대		1	
1949-03-19-006	학교건축을 위한 인민들의 열의!	각지 인민들	1	주재기자 박덕순, 통신원 김인곤, 전봉강, 김경춘

기사번호	제목(title)	부제목(stitle)	면수	필자, 출처
1949-03-19-007	쏘련직업동맹대회에 남조선전평대표 초청		1	조선중앙통신
1949-03-19-008	조직적지도수준 높여 분세포사업 강화하자	평양전구공장 당부에서	2	본사기자 송학용
1949-03-19-009	우리 당원들의 열성적협조로 선거준비사업은 활발히 진척	선천군당부, 철산면당부, 하성광산당부 소송산분세포	2	주재기자 최영환, 박덕순, 통신원 김중백
1949-03-19-010	인민들의 애국적열성과 참가밑에 선거준비사업은 진행되고있다		2	송남
1949-03-19-011	교양과 기술전습협조로 생산능률을 부단히 제고	서평양직물공장세포에서	2	본사기자 리수근
1949-03-19-012	영예의 대의원립후보로 추천된 우리 조국의 우수한 아들딸들!	원산석면제작소 리의영씨	3	주재기자 김만선
1949-03-19-013	전기철도공사 완성이후 양덕-천성간 수송 활발		3	본사기자 김지창
1949-03-19-014	영예의 대의원립후보로 추천된 우리 조국의 우수한 아들딸들!	광량만제염소 주인화씨	3	본사기자 신기관
1949-03-19-015	1.4분기계획을 완수하고 반경쟁에서 제1위 쟁취	사동련탄 김태현작업반에서	3	
1949-03-19-016	분구선거위원들의 선거준비사업 활발	금천군 제21호분구에서	3	통신원 정운성
1949-03-19-017	평화옹호세계대회 소집에 대하여 각계에서 지지성명		3	조선중앙통신
1949-03-19-018	선거 경축하여 첫 소금을 생산	광량만제염소	3	본사기자 신기관
1949-03-19-019	미군주둔하의 공화국남반부	리승만괴뢰'정부' '국세'를 대폭인상	3	조선중앙통신
1949-03-19-020	평화옹호세계대회 소집호소에 각국 인민들 열렬히 호응		4	조선중앙통신
1949-03-19-021	북대서양동맹가입을 반대하여 이태리에 시위와 파업		4	조선중앙통신
1949-03-19-022	불란서식민지 통치자들의 월남에 대한 새로운 흉책		4	김신명
1949-03-19-023	유엔경제위원회 회의	아세아 및 극동경제위원단에 남조선괴뢰'정부'참가를 미국 기도	4	조선중앙통신
1949-03-19-024	쏘련소식	공청대회준비 활발	4	조선중앙통신
1949-03-19-025	미국의 40만 광부들 총파업을 단행		4	조선중앙통신
1949-03-19-026	'태평양동맹'결성책동	영국 부식민상 호주에 도착	4	조선중앙통신
1949-03-19-027	항가리인민회의 개최		4	조선중앙통신
1949-03-19-028	극장안내		4	
1949-03-20-001	대학교수사업의 질을 높이자		1	
1949-03-20-002	모쓰크바의 공장과 문화기관 계속 시찰		1	조선중앙통신
1949-03-20-003	모쓰크바에 도착한 조선 정부 대표단		1	

기사번호	제목(title)	부제목(stitle)	면수	필자, 출처
1949-03-20-004	2개년계획의 1949년도 제2.4분기 예정수자를 승인	내각회의에서	1	조선중앙통신
1949-03-20-005	인민유격대행동지역 남조선의 과반을 차지	도처에 인민위원회 복구	1	조선중앙통신
1949-03-20-006	축산발전에 관한 결정을 각의에서 채택		2	조선중앙통신
1949-03-20-007	서해안간사지를 가경지로 전환할것을 각의에서 결정		2	조선중앙통신
1949-03-20-008	학술용어심사위원회 설치	학술용어를 통일하며 실용한자 시정키 위하여	2	조선중앙통신
1949-03-20-009	하기방역대책을 내각에서 결정		2	조선중앙통신
1949-03-20-010	북반부재주 중국인교육대책의 국가적보장을 내각에서 결정		2	조선중앙통신
1949-03-20-011	11월 3일 민주선거이후 거둔 평남도인민위원회의 사업성과		2	평남도인민위원회 위원장 송창렴
1949-03-20-012	영예의 대의원립후보로 추천된 우리 조국의 우수한 아들딸들!	양덕기관구 한보국씨	3	본사기자 신기관
1949-03-20-013	선거실	평양시 남구구역 제6호 제16분구	3	
1949-03-20-014	영예의 대의원립후보로 추천된 우리 조국의 우수한 아들딸들!	함흥고무공장 김문손양	3	주재기자 박경석
1949-03-20-015	립후보자환영유권자대회 열렬한 환호속에 진행!	평양시 제60호선거구에서	3	본사기자 리성빈
1949-03-20-016	모범선거선전실	평양시 중구 제2호구 제3분구	3	본사기자 송학용
1949-03-20-017	평남도각지 농촌에서 보리파종 시작!		3	본사기자 리의철
1949-03-20-018	평화옹호세계대회소집에 대하여 각계에서 지지성명		3	조선중앙통신
1949-03-20-019	비료는 원활히 농촌에로		3	
1949-03-20-020	미군주둔하의 공화국남반부	교통운수료금 대폭인상	3	조선중앙통신
1949-03-20-021	미군주둔하의 공화국남반부	반동경찰들의 학원탄압 우심	3	조선중앙통신
1949-03-20-022	이태리하원에서 한 톨리앗티의 연설	북대서양동맹가입을 반대하여	4	조선중앙통신
1949-03-20-023	이태리전국에 파업시위 격렬	북대서양동맹가입을 반대하여	4	조선중앙통신
1949-03-20-024	카나다각지에서	북대서양동맹가입을 반대하여	4	조선중앙통신
1949-03-20-025	이태리로동총련맹 서기장 성명 발표	북대서양동맹가입을 반대하여	4	조선중앙통신
1949-03-20-026	브라질공산당선언	북대서양동맹가입을 반대하여	4	조선중앙통신
1949-03-20-027	독일기독교민주동맹의 결의	북대서양동맹가입을 반대하여	4	조선중앙통신
1949-03-20-028	『조선녀성』독자들에게 알리는 말씀		4	조선녀성사
1949-03-20-029	미국군사기지는 평화를 위협한다	『신시대』지 9호에서	4	
1949-03-22-001	조선정부대표단이 모쓰크바에 체재하는 동안에 발표한 쏘조량국정부 공동콤뮤니케		1	

기사번호	제목(title)	부제목(stitle)	면수	필자, 출처
1949-03-22-002	조쏘량국 력사에서의 새로운 사변		1	
1949-03-22-003	쏘련과 조선민주주의인민공화국간의 경제적 및 문화적 협조에 관한 협정		1	
1949-03-22-004	남반부인민항쟁 치렬		1	조선중앙통신
1949-03-22-005	학교교육의 질적제고 위한 협조사업을 일층 강화하자	남포시당부에서	2	본사기자 송학용
1949-03-22-006	우리 당원들의 열성적협조로 선거준비사업은 활발히 진행	함남도당부, 평강군당부, 황주면 동천리세포에서	2	주재기자 박경석, 리성섭
1949-03-22-007	조쏘량국간의 력사적협정은 리승만괴뢰 '정부'에 대한 치명적타격이다		2	승원
1949-03-22-008	요업공장 신설의 기한전 완수에로	황해제철 건설부 축로세포	2	주재기자 리성섭
1949-03-22-009	영예의 대의원립후보로 추천된 우리 조국의 우수한 아들딸들!	희천기관구 김정윤씨	3	통신원 김창하
1949-03-22-010	영예의 대의원립후보로 추천된 우리 조국의 우수한 아들딸들!	갑산군 동인면 염신천씨	3	통신원 안채희
1949-03-22-011	국제청년주간을 맞이하여 로동청년들 증산에 궐기!		3	본사기자 신언철
1949-03-22-012	조림사업을 적극 추진시켜 조국의 림산자원을 풍부히	금년도의 식수계획	3	본사기자 리의철
1949-03-22-013	공업기술련맹사업 활발	조국공업발전에 기여	3	본사기자 김기초
1949-03-22-014	평화옹호세계대회소집에 대하여 각계에서 지지성명		3	조선중앙통신
1949-03-22-015	선거승리를 위하여 민청맹원들 활동!		3	주재기자 최영환
1949-03-22-016	근로인민을 위한 대규모아빠트 착공	다수 기업소들에서도 문화주택 건설	3	조선중앙통신
1949-03-22-017	미군주둔하의 공화국남반부	강도경찰테로단들 기부금의 명목으로 인민의 재물을 강탈	3	조선중앙통신
1949-03-22-018	평화옹호세계대회소집호소에 각국 인민들 열렬히 호응		4	조선중앙통신
1949-03-22-019	전세계 자유애호인민들은 평화에 대한 자기의 의사를 소리높이 표현하고있다		4	조맹훈
1949-03-22-020	이태리의 북대서양동맹참가 가부는 국민투표로써 결정하라!	-이태리하원에서 한 사회당 넨니의 연설-	4	조선중앙통신
1949-03-22-021	『근로자』 제5호		4	『근로자』편집국
1949-03-22-022	『조선녀성』독자들에게 알리는 말씀		4	조선녀성사
1949-03-23-001	날로 강화되여가는 쏘-조친선	1949년 3월 21일부 『쁘라우다』지 사설	1	
1949-03-23-002	조선정부대표단 모쓰크바를 출발		1	따쓰통신
1949-03-23-003	모쓰크바 출발에 제한 김일성수상의 연설		1	

기사번호	제목(title)	부제목(stitle)	면수	필자, 출처
1949-03-23-004	김두봉선생 느.스웨르니크씨에게 회전	생일에 제하여	1	
1949-03-23-005	사례	생일에 제하여	1	
1949-03-23-006	민족평등의 립장에서 체결된 형제적협정	사동련탄공장 로동자들	1	
1949-03-23-007	조쏘간의 친선과 문화의 교류는 더욱 광범하게	조쏘문협 중앙본부 일군들	1	
1949-03-23-008	연설하는 김일성 수상 사진	모쓰크바 야로쓰라부역두에서	1	
1949-03-23-009	김일성장군의 20개정강발표 3주년을 맞이하면서		2	김준일
1949-03-23-010	세포의 핵심열성자양성을 세심한 계획 밑에 진행하자	평양시 북구역당부에서	2	본사기자 송학용
1949-03-23-011	우리 당원들의 열성적협조로 선거준비사업은 활발히 진행	사리원시당부, 온성군당부에서	2	주재기자 리성섭, 현준극
1949-03-23-012	당원들의 핵심적역할로 춘경파종준비 착착 진행	선천군 인두동당부	2	주재기자 최영환
1949-03-23-013	쏘련인민들의 친선의 위력		2	
1949-03-23-014	대의원선거준비사업은 증산투쟁속에서 활발히 진척 평남도 선거사업 진행정황을 청취	조선최고인민회의 상임위원회서	3	주재기자 리문상
1949-03-23-015	쓰딸린거리에서		3	
1949-03-23-016	소금의 조기채취를 위한 춘기준비작업은 활발!	남시염전에서	3	본사기자 리인태
1949-03-23-017	인민반들에서 환영받는 선전원	신천 북부면 동창리에서	3	주재기자 백응호
1949-03-23-018	평화옹호세계대회소집에 대하여 각계에서 지지성명		3	
1949-03-23-019	평화옹호전국련합대회 24일 평양에서 개최		3	조선중앙통신
1949-03-23-020	추파맥류 비배관리사업을 성과적으로 보장하자		3	전태환
1949-03-23-021	평화옹호세계대회 소집호소에 각국 인민들 열렬히 호응		4	조선중앙통신
1949-03-23-022	미국통치층은 군사비로서는 전체 예산의 과반이상을 지출하면서도 교육비로서는 전체 예산의 1%도 못되는 2억 5천 딸라를 지출하고있다.		4	쏘련 〈우찌쩨리쓰카야가제따〉(교원신문)
1949-03-23-023	월레스씨의 언명	북대서양동맹을 예리하게 비난	4	조선중앙통신
1949-03-23-024	불란서공산당 선언		4	조선중앙통신
1949-03-23-025	미국의 '원조'는 불란서에게 파멸을 가져다주고있다		4	신남주
1949-03-23-026	북대서양동맹가입 반대	이태리 하원에서	4	조선중앙통신
1949-03-23-027	북대서양조약원문을 미국국무성에서 발표		4	조선중앙통신
1949-03-23-028	서부독일에서 영국군대 연습		4	조선중앙통신
1949-03-23-029	공산당출신대의원의 불가침권을 박탈	-불란서국회에서-	4	조선중앙통신

기사번호	제목(title)	부제목(stitle)	면수	필자, 출처
1949-03-23-030	극장안내		4	
1949-03-24-001	당세포핵심·열성자들의 역할		1	
1949-03-24-002	남조선매국노들에게 치명적타격이 될것이다	흥남비료공장 로동자들	1	주재기자 박경석
1949-03-24-003	우리의 승리적자신심을 한층 더 고무하여준다	신의주제지공장 로동자들	1	주재기자 최영환
1949-03-24-004	이 협정은 조국의 터전을 굳게 다지는것으로 된다	평양곡산공장 로동자들	1	본사기자 리인태
1949-03-24-005	조선정부대표단 레닌그라드 시찰		1	조선중앙통신
1949-03-24-006	황해제철소 종업원들에게 정부에서 7백만원 상금수여		1	통신원 윤종칠
1949-03-24-007	라주방면 인민유격대 활발	'국군' 제20련대장 등 처단	1	조선중앙통신
1949-03-24-008	화순군 춘양지서를 소탕		1	조선중앙통신
1949-03-24-009	평양화학공장에서		1	
1949-03-24-010	우리 당원들의 열성적협조로 선거준비사업은 활발히 진행	자강도당부 조직위원회와 흥남시당부에서	2	주재기자 현갑진, 박경석
1949-03-24-011	쏘련과 체결한 협정의 정치경제적의의		2	한재호
1949-03-24-012	축산발전에 관한 정부 시책과 국가육류수매사업에 대하여		2	리태화
1949-03-24-013	추천된 대의원립후보자를 유권자들 열렬히 환영!	함북도, 평남도에서	3	주재기자 현준극, 본사기자 신기관
1949-03-24-014	세계청년주간기념보고회	민청중앙위원회에서	3	
1949-03-24-015	평화옹호세계대회소집에 대하여 각계에서 지지성명		3	
1949-03-24-016	의무교육실시준비사업은 승리적으로 진척되고있다		3	본사기자 신봉
1949-03-24-017	미군주둔하의 공화국남반부	천정 모르고 오르는 남반부의 각종 료금	3	조선중앙통신
1949-03-24-018	쓰딸린상수상작품 영화「씨베리야대지의 곡」에 대한 각계 인사들의 소감		3	
1949-03-24-019	인도네시아문제를 토의	유엔안전보장리사회에서	4	조선중앙통신
1949-03-24-020	미쏘친선전국협의회에서 북대서양조약반대를 호소		4	조선중앙통신
1949-03-24-021	영국정부대변인 화란을 방문		4	조선중앙통신
1949-03-24-022	미국당국의 비법적행위	쏘련외교관에 대한 재판 개시	4	조선중앙통신
1949-03-24-023	평화옹호운동 불란서에서 더욱 확대		4	조선중앙통신
1949-03-24-024	국제정세개관	평화옹호의 기치밑에서	4	김동민
1949-03-24-025	국제정세개관	이라크반동의 만행	4	김동민
1949-03-24-026	국제정세개관	날로 악화되여가는 미국의 경제형편	4	김동민

기사번호	제목(title)	부제목(stitle)	면수	필자, 출처
1949-03-25-001	새 전쟁 방화자들을 반대하는 평화옹호전국련합대회!		1	본사기자 박중선
1949-03-25-002	개회사 박정애	평화옹호전국련합대회에서	1, 3	
1949-03-25-003	평화옹호를 위하여		1	
1949-03-25-004	우리 조국 경제발전에 커다란 힘이 될것이다	해주화학공장 로동자들	1	
1949-03-25-005	조쏘친선을 더욱더 굳게 할것을 맹세!	원산철도기관구 종업원들	1	주재기자 김만선
1949-03-25-006	농촌경리는 일층 더 향상발전될것이다	강동군 승호면 립석리 농민들	1	본사기자 류민우
1949-03-25-007	조국의 국토완정을 촉진시키는것이다	평양전차사업소 민청원들	1	
1949-03-25-008	평화옹호전국련합대회에서 진술한 한설야선생의 보고		2	
1949-03-25-009	평화옹호전국련합대회에서 진술한 각계 인사들의 토론(요지)		3	
1949-03-25-010	평화옹호세계대회준비 진행	대회개막은 4월 20일로 결정	4	조선중앙통신
1949-03-25-011	각국으로부터 서한 계속 도달		4	조선중앙통신
1949-03-25-012	북대서양동맹을 반대하는 전세계 각국 인민들의 투쟁		4	조선중앙통신
1949-03-25-013	이.쏘협회의 성명		4	조선중앙통신
1949-03-25-014	정말에서도 전국적항의		4	조선중앙통신
1949-03-25-015	분란공산당결의		4	조선중앙통신
1949-03-25-016	알바니아정부대표단 모쓰크바에 도착		4	조선중앙통신
1949-03-25-017	'반일행동조사위원회'가 왜 조직되는가?		4	최일룡
1949-03-25-018	유엔 제3차총회 후반회의 뉴욕에서 4월 5일 개최 예정		4	조선중앙통신
1949-03-25-019	총비서의 기소를 반대하여	-호주공산당지도자 성명-	4	조선중앙통신
1949-03-25-020	시드니에 파업확대		4	조선중앙통신
1949-03-25-021	파란농민들의 춘기파종준비		4	조선중앙통신
1949-03-25-022	호주외상 베빈과 토의		4	조선중앙통신
1949-03-25-023	극장안내		4	
1949-03-25-024	『조선녀성』독자들에게 알리는 말씀		4	조선녀성사
1949-03-26-001	유권자들앞에서 진술한 김두봉선생의 연설		1	
1949-03-26-002	평양시 제77호구 립후보 김두봉선생 환영대회 성황		1	
1949-03-26-003	3월 30일 선거의 날은 휴식일로 규정		1	
1949-03-26-004	평화옹호전국련합대회 선언서		2	
1949-03-26-005	평화옹호국제문화인 련락위원회	평화옹호세계대회소집과 관련하여	2	
1949-03-26-006	제2차전당대회 1주년을 맞이하면서		2	

기사번호	제목(title)	부제목(stitle)	면수	필자, 출처
1949-03-26-007	평화옹호세계대회 지지에 대한 전국련합대회 선언서를 채택	평화옹호전국련합대회에서	2	
1949-03-26-008	추천된 대의원립후보자를 유권자들 열렬히 환영!	함남도와 황해도에서	3	주재기자 박경석, 박덕순
1949-03-26-009	평양시 서구민청단체 선거승리에 맹활동		3	본사기자 리수근
1949-03-26-010	조선인민군대 군무자들 립후보자환영대회 진행		3	
1949-03-26-011	평화옹호전국련합대회에서 진술한 각계 인사들의 토론(요지)		3	
1949-03-26-012	리승만의 귀축행위 무고주민들을 추방	이남 연백군 은천면에서	3	조선중앙통신
1949-03-26-013	모쓰크바비행장에서 진술한 알바니아수상의 연설		4	
1949-03-26-014	쏘련외상 위신쓰끼 알바니아수상과 회견		4	조선중앙통신
1949-03-26-015	인민항의운동전개를 이태리공산당수 성명	-이태리하원회의-	4	조선중앙통신
1949-03-26-016	제국주의자들은 군비축소와 원자무기금지의 유엔결정을 태공		4	문태화
1949-03-26-017	항가리인민독립전선 제1차회의 개최		4	조선중앙통신
1949-03-26-018	침략전쟁을 반대하여 화란청년들 시위		4	조선중앙통신
1949-03-26-019	쏘베트점령 독일지대 각국과의 통상확장		4	조선중앙통신
1949-03-26-020	미국국무성 유엔부장 담		4	조선중앙통신
1949-03-26-021	쏘련대학생용 교과서출판		4	조선중앙통신
1949-03-26-022	마샬안의 '원조'로 정말의 경제형편 악화		4	조선중앙통신
1949-03-26-023	시위참가자들에 이태리경찰 만행		4	조선중앙통신
1949-03-27-001	제2차전당대회 1주년		1	
1949-03-27-002	레닌그라드방위박물관을 방문		1	조선중앙통신
1949-03-27-003	레닌그라드시를 계속 시찰		1	조선중앙통신
1949-03-27-004	레닌-쓰딸린적인 대외정책의 표현	청진철도공장 로동자들	1	주재기자 현준국
1949-03-27-005	우리 공화국 공업발전에 막대한 기여를 할것이다	평양공업대학 교수 학생들	1	본사기자 신봉
1949-03-27-006	매국노 리범석 죄상 폭로	해주방화테로음모사건 공판	1	조선중앙통신
1949-03-27-007	각지에서 보리파종 시작!		1	본사기자 류민우, 리의철
1949-03-27-008	제1.4분기계획을 완수	각지 근로자들	1	조선중앙통신
1949-03-27-009	제2차 전당대회이후 개천군당단체는 이렇게 강화발전되었다		2	리수근
1949-03-27-010	조쏘량국간협정은 조국경제발전의 튼튼한 담보		2	김항우
1949-03-27-011	선거준비사업의 만전을 기하자!		2	송학용

기사번호	제목(title)	부제목(stitle)	면수	필자, 출처
1949-03-27-012	추천된 대의원립후보자를 유권자들 열렬히 환영!		3	주재기자 최영환, 본사기자 김윤모
1949-03-27-013	선거승리를 위하여 녀맹원들 적극 활동	홍원군에서	3	통신원 유헌
1949-03-27-014	평양 특별시 제49호선거구립후보자 김섭동지환영대회에서 연설하는 김섭동지와 유권자들		3	
1949-03-27-015	선거전야의 평양		3	본사기자 리성빈
1949-03-27-016	백일하에 폭로된 리범석의 죄상		3	조선중앙통신
1949-03-27-017	이태리의 북대서양동맹가입문제 상원에서도 반대에 봉착		4	조선중앙통신
1949-03-27-018	북대서양동맹 반대하는 불란서인민의 투쟁		4	조선중앙통신
1949-03-27-019	쏘련내각 수상 쓰딸린 알바니아수상을 접견		4	조선중앙통신
1949-03-27-020	쏘련최고쏘베트 상임위원회에서		4	조선중앙통신
1949-03-27-021	일본민주력량의 장성과 공고화		4	신남주
1949-03-27-022	미국경제사태 악화		4	조선중앙통신
1949-03-27-023	공업생산고 쇠퇴	미국에서	4	조선중앙통신
1949-03-27-024	평화옹호세계대회를 독일각계에서 지지		4	조선중앙통신
1949-03-27-025	월남군의 승세		4	조선중앙통신
1949-03-27-026	영군사사절단 샴에 도착		4	조선중앙통신
1949-03-27-027	북대서양동맹에 관한 공개질문 등을 주장	미국내 14주의 대표들 회합	4	조선중앙통신
1949-03-27-028	영국경제학자 워리너녀사 담		4	조선중앙통신
1949-03-27-029	우크라이나식료품생산 증가		4	조선중앙통신
1949-03-28-001	선거일을 앞두고		1	
1949-03-28-002	조선정부대표단일행 레닌그라드시를 출발		1	조선중앙통신
1949-03-28-003	지방주권기관선거 위하여 북반부인민들은 총궐기!		1	본사기자 황경엽
1949-03-28-004	전반적초등의무교육실시 준비사업 진행정형 중간보고를 내각에서 청취		1	조선중앙통신
1949-03-28-005	봄보리파종 개시	각지 농민들	1	
1949-03-28-006	1.4분기계획완수	각 공장, 기업소들에서	1	
1949-03-28-007	평북 삼교천 첩수로공사 드디여 완성!		1	
1949-03-28-008	우리 당원들의 열성적협조로 선거준비사업 성과적으로 보장	신의주시 당단체, 단천군당부, 강계전신전화선로 관리소세포에서	2	주재기자 최영환, 현갑진, 통신원 서득창
1949-03-28-009	공장초급당부 사업에 대하여		2	박영성
1949-03-28-010	지방주권기관선거를 성과있게 진행하자!		2	박영수

기사번호	제목(title)	부제목(stitle)	면수	필자, 출처
1949-03-28-011	추천된 대의원립후보자를 유권자들 열렬히 환영!	강원도와 평양시에서	3	주재기자 김만선, 본사기자 리성빈
1949-03-28-012	선거승리를 위하여 선전원들은 이렇게 분투	각지에서	3	본사기자 신기관
1949-03-28-013	선거일 앞둔 분구선거위원회	신흥군 원흥리 제75분구에서	3	통신원 위정산
1949-03-28-014	평양특별시 쓰딸린거리		3	
1949-03-28-015	반동역도들에게 내리는 준엄한 인민의 심판!	해주방화테로음모사건 공판 종결	3	조선중앙통신
1949-03-28-016	북대서양조약 반대하는 각국의 항의투쟁은 치렬		4	조선중앙통신
1949-03-28-017	중국공산당 모택동주석 등 북평에 도착		4	조선중앙통신
1949-03-28-018	평화옹호전국련합대회를 따쓰통신이 보도		4	조선중앙통신
1949-03-28-019	왜 미영지배층은 쏘련과의 협조를 희망하지 않는가?		4	김일수
1949-03-28-020	불가리야청년건설대 사업		4	조선중앙통신
1949-03-28-021	쏘련과의 견고한 친선을 영국공산당 총비서 강조		4	조선중앙통신
1949-03-28-022	인도네시아유격전 치렬	체리본항구 등을 공격	4	조선중앙통신
1949-03-28-023	항가리-알바니아간에 물자교환협정		4	조선중앙통신
1949-03-28-024	불란서탄항에서 파란로동자 희생 빈발		4	조선중앙통신
1949-03-29-001	직장내 당단체사업을 강화하자		1	
1949-03-29-002	조국의 자유와 행복 위하여 모두다 선거에로 나아가자		1	박중선
1949-03-29-003	봄보리파종 진척	각지에서	1	주재기자 박경석, 김만선
1949-03-29-004	1.4분기계획 완수	여러 공장, 기업소들에서	1	
1949-03-29-005	학교건축을 위한 인민들의 열의!	각지 인민들	1	본사기자 신기관, 백운학, 주재기자 박경석, 김만선, 통신원 홍기성
1949-03-29-006	남반부인민항쟁 치렬 제주도인민들의 무장항쟁 격화	리승만괴뢰'정부'의 당황 심각	1	조선중앙통신
1949-03-29-007	평남도인민위원회 대의원선거를 위한 제11호구 립후보자 김재욱동지 환영대회		2	본사기자 리인태
1949-03-29-008	당원들의 열성적협조로 선거준비사업 성과있게 보장	금천군 당단체에서	2	통신원 정운성
1949-03-29-009	세포원들의 모범으로 춘경파종준비 만전!	연천군 연천면 상리세포에서	2	통신원 렴상익
1949-03-29-010	조쏘협정은 조국문화발전에 양양한 전망을 준다		2	리기영

기사번호	제목(title)	부제목(stitle)	면수	필자, 출처
1949-03-29-011	선거승리를 위한 증산투쟁 치렬!		2	본사기자 송학용
1949-03-29-012	선거의 준비는 완료되었다. 공민들은 모두다 선거에로!	각지에서	3	주재기자 박경석, 리문상, 최영환, 김만선, 본사기자 신기관
1949-03-29-013	선거일을 앞둔 평양의 밤거리		3	
1949-03-29-014	선거일을 맞이하는 인민군대 군무자들		3	
1949-03-29-015	증산투쟁으로 선거를 경축!	평양 제2양말공장에서	3	
1949-03-29-016	평양연초공장 권삼계 로동자		3	
1949-03-29-017	평화옹호세계대회소집호소에 각국 인민들의 호응 계속		4	조선중앙통신
1949-03-29-018	북대서양동맹반대를 영국인민들에게 호소	영국공산당 정치위원회에서	4	조선중앙통신
1949-03-29-019	호주청년들 군중시위		4	조선중앙통신
1949-03-29-020	서반아빨찌산들 활동		4	조선중앙통신
1949-03-29-021	북대서양조약은 미국대외정책의 어리석은 로선이다	헨리 월레스씨의 언명	4	
1949-03-29-022	불란서의 군선거 진행	알제리아에서 공산당 성공	4	조선중앙통신
1949-03-29-023	애급에 대한 영국외상의 지시		4	조선중앙통신
1949-03-29-024	쏘련경공업품전람회 성황		4	조선중앙통신
1949-03-29-025	미영점령 서부독일지대의 수백만 녀성들의 곤경		4	조선중앙통신
1949-03-29-026	미국녀성들 부두에서 시위		4	조선중앙통신
1949-03-29-027	극장안내		4	
1949-03-30-001	모두다 선거에로!		1	
1949-03-30-002	김일성수상을 립후보자로 추대한 영예의 삼등면민들		1	본사기자 황경엽
1949-03-30-003	지방주권기관 선거의 승리를 보장하려는 인민의 새로운 결의	선거전야의 각지 경축군중대회 성황	1	본사기자 리성빈
1949-03-30-004	북조선문예총 등 각 단체 성명서 평화옹호세계대회 준비위원회 도착을 조선중앙통신이 보도		1	
1949-03-30-005	평화옹호전국민족준비위원회 제1차회의		1	조선중앙통신
1949-03-30-006	조국건설 위하여 봄보리파종 진척	각지에서	1	
1949-03-30-007	당원들의 열성적협조로 선거준비사업 성과있게 보장	회령군 당단체, 장원면 당단체, 해주검차구세포에서	2	통신원 심철, 김상원, 주재기자 박덕순
1949-03-30-008	선거장으로		2	민병균
1949-03-30-009	단결된 민주력량을 선거승리에로!		2	승원

기사번호	제목(title)	부제목(stitle)	면수	필자, 출처
1949-03-30-010	2개년계획실행을 위한 산업일군들의 증산투쟁		2	신언철
1949-03-30-011	가두무대에서는 선거를 경축하는 제4인민학교학생들의 노래가 우렁차게 흘러나온다-3월 30일 평양시 중앙우편국앞에서		3	
1949-03-30-012	북반부 전체 공민들은 모두다 선거장에로!		3	본사기자 김달수
1949-03-30-013	처음으로 행사하는 영예로운 권리		3	본사기자 신기관
1949-03-30-014	평양시 각 극장들에서는 선거경축연예가 상연되고있다.	평양국립극장앞에서	3	
1949-03-30-015	힘찬 증산투쟁과 함께 선거의 날을 맞이하며	사동련탄공장에서	3	
1949-03-30-016	거대한 건설속에서	수풍발전소 로동자들	3	본사기자 신언철
1949-03-30-017	더 큰 행복을 위하여	재령군 송학리 리명재농민	3	
1949-03-30-018	선거를 경축하는 우렁찬 노래소리		3	
1949-03-30-019	민족문화의 찬란한 개화를 위하여	영예의 이 한표를 민전립후보자에게	3	본사기자 김춘희
1949-03-30-020	화평교섭진행에 관한 중국공산당의 결정		4	조선중앙통신
1949-03-30-021	중국국민당 하응흠내각		4	조선중앙통신
1949-03-30-022	평화옹호세계대회 준비위원회에 각국으로부터 성명서 계속 도착		4	조선중앙통신
1949-03-30-023	유엔원자위원회 회의	원자무기금지를 영미측 회피	4	조선중앙통신
1949-03-30-024	희랍민주단체 대표자대회		4	조선중앙통신
1949-03-30-025	비률빈공산당 총비서의 성명		4	조선중앙통신
1949-03-30-026	침략적뻴럭조작을 협의	극동 중동 및 동남아세아 제국 미국외교대표자회의 개최	4	조선중앙통신
1949-03-30-027	뉴욕세계평화옹호 문화인 및 과학자대회	미국국무성은 각국 대표의 참가를 방해	4	조선중앙통신
1949-03-30-028	자유와 독립을 위한 서반아인민들의 투쟁		4	정문섭
1949-03-30-029	평화옹호세계대회에 참가할 중국대표 결정		4	조선중앙통신
1949-03-30-030	신화사본사 북평에 이전		4	조선중앙통신
1949-03-30-031	극장안내		4	
1949-03-31-001	김일성수상께 영예의 한표를 드리는 기쁨!	평남도 제37호선거구에서	1	
1949-03-31-002	자유와 행복을 준 인민의 정권을 강화하기 위하여	평양 제77호선거구에서	1	
1949-03-31-003	북반부인민들은 지방주권기관을 강화하기 위하여 투표하였다		1	
1949-03-31-004	인민은 승리를 향하여!		2	

기사번호	제목(title)	부제목(stitle)	면수	필자, 출처
1949-03-31-005	새 승리의 기치 높이 들고		2	김춘희
1949-03-31-006	투표를 끝마치고 다채로운 연예대회-(평양시 황금리광장에서)		2	
1949-03-31-007	2개년인민경제계획 초과완수를 맹세하며	평양시 선교4리 선거분구, 평양시 미림농촌에서	2	
1949-03-31-008	공민의 영예를 충성으로 지킨다	인민군대내 선거구들에서	2	
1949-03-31-009	민주력량의 힘찬 시위	선거의 환희에 휩싸인 평양시	3	
1949-03-31-010	조국의 륭성을 위해 나의 첫 선거권을!		3	본사기자 리수근
1949-03-31-011	선거승리를 위한 통신일군들의 분투		3	본사기자 김지창
1949-03-31-012	유권자들이 투표하는 광경		3	
1949-03-31-013	공화국북반부 각지에서 선거는 승리적으로 진행		3	
1949-03-31-014	뉴욕세계평화옹호 문화인과학자대회	-각 대표들 열렬한 토론을 전개-	4	조선중앙통신
1949-03-31-015	북대서양동맹가입반대	이태리상원에서 토론 계속	4	조선중앙통신
1949-03-31-016	새 전쟁 선동자들을 반대하며 평화옹호를 위한 투쟁을 절규	레닌그라드청년들 미국청년들에게 답서	4	조선중앙통신
1949-03-31-017	국제정세개관	'태평양동맹'조작에 제국주의자들 광분	4	최동수
1949-03-31-018	국제정세개관	유엔총회 제3차회의 후반회의 개막을 앞두고	4	최동수
1949-03-31-019	체코슬로바키아에서 음모적사건에 영국장교 련루		4	조선중앙통신
1949-03-31-020	뉴욕시민들 처칠의 미국방문을 반대		4	조선중앙통신
1949-03-31-021	희랍주재의 미영대사들 희랍내전을 선동		4	조선중앙통신
1949-03-31-022	평화옹호세계대회에 참가할 중국대표 출발		4	조선중앙통신
1949-03-31-023	영국 석탄공업위기에 직면		4	조선중앙통신
1949-04-01-001	맥류파종을 제때에 완수하자		1	
1949-04-01-002	북반부 각지에서 선거는 승리적으로 완료되었다		1	
1949-04-01-003	조선민주주의인민공화국 38선이북지역의 도 시 군 구역 인민위원회 대의원선거 중간정형	중앙선거지도위원회 박정애위원장의 담화	1	
1949-04-01-004	봄보리파종 진척	평남각지, 양구, 라남에서	1	
1949-04-01-005	1.4분기계획 완수	평양양조, 해주철도, 단천광산에서	1	
1949-04-01-006	투표함은 열리다	평양시 남구구역 제25분구에서	1	
1949-04-01-007	방대한 기본건설공사 성과있게 협조보장!	청진제철소당부에서	2	

기사번호	제목(title)	부제목(stitle)	면수	필자, 출처
1949-04-01-008	세포학습회 지도자들의 사상정치적수준을 제고	함북 안농면 당단체에서	2	
1949-04-01-009	당정치교양사업의 질적수준제고에 노력	경성군 내무서세포에서	2	통신원 류하룡
1949-04-01-010	조쏘량국간에 체결된 협정은 조국력사 발전의 일대 추진력		2	김율
1949-04-01-011	「미국외교관들에 관한 진상」		2, 3	
1949-04-01-012	벼의 더 높은 수확을 위하여 새 영농법을 광범히 실시!	평남도 각지 농촌에서	3	본사기자 백운학
1949-04-01-013	떼목을 타고 수로 8백리	녕원림산작업소의 첫 류벌	3	본사기자 백운학
1949-04-01-014	림철차제작에 개가!	평양기구제작소 로동자들	3	
1949-04-01-015	미군주둔하의 공화국남반부	소위 '대일통상협약' 수입초과 2백 47억원을 예정	3	조선중앙통신
1949-04-01-016	민주련합정부 수립제안 비준	중국공산당 중앙위원회 전체회의	4	조선중앙통신
1949-04-01-017	인도네시아문제를 토의	안보리사회 23일회의	4	조선중앙통신
1949-04-01-018	레닌공산청년동맹대회 참가차 북조선민청 등 각국 대표들 모쓰크바에 도착		4	조선중앙통신
1949-04-01-019	베를린에 대군중대회	서부 '비'마르크 류통기도 반대	4	조선중앙통신
1949-04-01-020	브라질에서도 평화옹호운동		4	따쓰통신
1949-04-01-021	마샬안관리자의 정책에 화란당국 불만		4	조선중앙통신
1949-04-01-022	유엔녀성지위원회 회의		4	조선중앙통신
1949-04-01-023	오지리주둔 미군 증가		4	조선중앙통신
1949-04-01-024	공산주의를 반대하는 공세는 평화사업을 반대하는것이다		4	주하선
1949-04-01-025	미국과 칠리 기업가들간에 강철공업'발전'협정 체결		4	조선중앙통신
1949-04-01-026	극장안내		4	
1949-04-02-001	원료와 자재의 절약		1	
1949-04-02-002	봄보리파종 진척	각지에서	1	주재기자 박덕순
1949-04-02-003	1.4분기계획 완수	각지 공장, 기관구들에서	1	
1949-04-02-004	중화고급중학교 신축공사 준공!		1	
1949-04-02-005	인민들의 힘으로 구룡인민교 준공		1	
1949-04-02-006	학교건축을 위한 인민들의 열의!	각지에서	1	본사기자
1949-04-02-007	남반부인민항쟁치렬	전남일대에 유격전 맹렬	1	조선중앙통신
1949-04-02-008	분세포지도를 강화하여 로동생산성제고를 보장	평양연초공장 당부에서	2	본사기자 리수근
1949-04-02-009	파종준비를 성과있게 보장	박천군 당단체에서	2	주재기자 최영환
1949-04-02-010	춘경과 퇴비운반을 추진	신천군 원동세포에서	2	
1949-04-02-011	근로자의 물질적문화적수준의 향상은 사회주의적사회의 발전법칙이다		2	

기사번호	제목(title)	부제목(stitle)	면수	필자, 출처
1949-04-02-012	「미국외교관들에 관한 진상」	전호에서 계속	2, 3	
1949-04-02-013	공민의 권리를 영예로써 행사 인민군대 군무자들	김근식소속구분대에서	3	본사기자 김전
1949-04-02-014	선거경축증산을 승리로 맺고 2.4분기계획실행에 돌진	평양연초공장에서	3	본사기자 리인태
1949-04-02-015	풍부한 림산자원은 조림식수로부터!	평남도 인민들의 식수사업 활발	3	본사기자 류민우
1949-04-02-016	기계공업발전을 위한 각지의 기본건설 활발		3	본사기자 김기초
1949-04-02-017	국립영화촬영소 제작	기록영화「민주건국」	3	본사기자 신봉
1949-04-02-018	면화의 재배구역을 선정	함종면 농민들의 영농준비	3	본사기자 리의철
1949-04-02-019	독자여러분들에게 알리는 말씀		3	로동신문사
1949-04-02-020	괴뢰'정부'의 매국행위	비률빈에 원료공급 약속	3	조선중앙통신
1949-04-02-021	뉴욕세계평화옹호 문화인 및 과학자대회 전문별로 각 부회의가 진행		4	조선중앙통신
1949-04-02-022	중국 전국직총에서 북대서양동맹을 규탄		4	조선중앙통신
1949-04-02-023	평화옹호를 위한 쏘련의 예산과 전쟁준비를 위한 미국의 예산		4	최일룡
1949-04-02-024	남경국민당정부 화평대표를 결정		4	조선중앙통신
1949-04-02-025	주독미군정의 여론조사결과		4	조선중앙통신
1949-04-02-026	극장안내		4	
1949-04-03-001	북반부 도 시 군 구역 인민위원회 대의원선거의 승리		1	
1949-04-03-002	조선민주주의인민공화국 38선 이북지역의 도 시 군 구역 인민위원회 대의원선거를 위한 중앙선거지도위원회 보도		1	
1949-04-03-003	봄보리파종 진척	황해도 각지, 신천, 평원, 대동에서	1	
1949-04-03-004	1.4분기계획 완수	단천기관구, 양덕작업소, 맹산작업소에서	1	
1949-04-03-005	전쏘련방직업동맹대회 참가차 북조선직총 및 남조선전평 대표 모쓰크바 향발		1	
1949-04-03-006	남반부인민항쟁치렬		1	조선중앙통신
1949-04-03-007	세포학습회를 계획적으로 진행하자!	명천우편국세포에서	2	통신원 김창힘
1949-04-03-008	분세포조직사업 강화하여 채광계획실행을 보장	재녕 하성광산 당부에서	2	
1949-04-03-009	당원들의 주도적역할로써 1.4분기계획을 초과 보장	성진제강 단조공장세포에서	2	통신원 렴재학
1949-04-03-010	상급당결정을 구체화하여 세포학습을 질적으로 제고	평양통신기계제작소 세포에서	2	본사기자 리수근
1949-04-03-011	제주도 인민무장봉기 1주년		2	김영주

기사번호	제목(title)	부제목(stitle)	면수	필자, 출처
1949-04-03-012	집체적지도사업으로 실제적사업방법을 개선	남포시 당단체에서	2	본사기자 송학용
1949-04-03-013	문화활동을 모범적으로	철도경비대원 최춘식	3	
1949-04-03-014	활발히 진척되는 남포판초자공장 기본건설		3	본사기자 김기초
1949-04-03-015	2.4분기계획은 더 높은 성과로!	곡산광산 로동자들	3	본사기자 신언철
1949-04-03-016	축산업발전을 위하여	평남도 농림처에서	3	
1949-04-03-017	문예총 제3차대회 결정을 받든 문학예술인들의 활동		3	본사기자 김춘희
1949-04-03-018	보리파종을 성과있게	농맹 상무위원회에서 협조방침 토의	3	본사기자 리의철
1949-04-03-019	조기채염에 개가	평북 남시 학무염전에서	3	통신원 신용삼
1949-04-03-020	항쟁의 봉화는 올랐다	1주년 맞는 제주도인민무장봉기	3	김지성
1949-04-03-021	뉴욕세계평화옹호 문화인 및 과학자 대회사업 종료		4	조선중앙통신
1949-04-03-022	뉴욕세계평화옹호 문화인 및 과학자대회에서 진술한 아.아.파제예브의 연설		4	
1949-04-03-023	미국폭격기와 잠수함 등이 국민당정부로부터 기의한 순양함을 해방구내에서 격침		4	조선중앙통신
1949-04-03-024	레닌공청동맹대회 개막		4	조선중앙통신
1949-04-03-025	화평교섭 진행 대표추가결정	-중국공산당에서-	4	조선중앙통신
1949-04-03-026	국민당정부의 화평교섭대표 북평에 도착		4	조선중앙통신
1949-04-05-001	식수사업을 대중적으로 전개하자		1	
1949-04-05-002	봄보리파종 진척	각지에서	1	
1949-04-05-003	1.4분기계획 완수	각지 공장, 기관구, 제작소들에서	1	
1949-04-05-004	학교건축을 위한 인민들의 열의!	각지 근로자들	1	본사기자
1949-04-05-005	남반부인민항쟁치렬		1	조선중앙통신
1949-04-05-006	자습당원들에 대한 지도사업을 개선 향상	평양시 남구역 당부에서	2	
1949-04-05-007	당원들의 모범적투쟁으로 춘경파종의 만전대책 완료	평강군 압동리세포에서	2	통신원 리배근
1949-04-05-008	생산계획실행을 성과있게 보장	라북탄광 당단체에서	2	
1949-04-05-009	원료자재절약을 조직적으로 협조	서평양메리야스공장 세포에서	2	본사기자 송학용
1949-04-05-010	경공업의 급속한 발전으로 인민들의 필수품 요구를 충족시키자		2	리원곤
1949-04-05-011	쏘련인민들의 위대한 친선		2	최명호

기사번호	제목(title)	부제목(stitle)	면수	필자, 출처
1949-04-05-012	아버지는 증산에 아들은 군무에	황해도 금천군 외룡면 소북포리 전대봉농민과 그의 아들 전선표	3	
1949-04-05-013	2.4분기계획실행에 새 승리 향하여 돌진!	청수화학공장 로동자들	3	신언철
1949-04-05-014	평화옹호전국련합대회 선언을 적극 지지하여 각지에서 련합대회 개최		3	주재기자 리성섭, 김소민
1949-04-05-015	만단준비 갖추고 과실증산에 분투	국영은률과수원에서	3	통신원 김인곤
1949-04-05-016	창의적노력을 기울여 금년에는 더 높은 수확을	재녕군 설산리 농민들	3	통신원 정흥필
1949-04-05-017	영농지식	춘경에 대하여	3	농림수산 기술련맹
1949-04-05-018	지도기관선거후의 농민동맹사업 활발	금천군 장지리 농민들	3	본사기자 리의철
1949-04-05-019	위기에 빠진 남조선의 식량사정		3	조선중앙통신
1949-04-05-020	괴뢰 '정부하의 개성인삼 전멸상태		3	조선중앙통신
1949-04-05-021	외국청년대표들 축하연설	레닌공청 제11차대회 진행	4	조선중앙통신
1949-04-05-022	알바니아정부대표단을 쏘련외무성에서 초대연		4	조선중앙통신
1949-04-05-023	북대서양동맹에 관한 토론 이태리상원에서 계속 전개		4	조선중앙통신
1949-04-05-024	반동에 봉사하는 미국재판소		4	채윤설
1949-04-05-025	베네룩스제국 카톨릭 제 정당 비밀회의		4	조선중앙통신
1949-04-05-026	쏘련직맹대회 대표파견을 영국직맹평의회에서 거절		4	조선중앙통신
1949-04-05-027	중국부녀전국대표자대회 개막		4	조선중앙통신
1949-04-05-028	정말정세 험악		4	조선중앙통신
1949-04-05-029	서독정계대표와의 회담을 독일인민회의에서 제의	근로인민들은 열렬히 지지	4	조선중앙통신
1949-04-05-030	서부베를린화폐문제에 관한 서부측 비밀회의 실패		4	조선중앙통신
1949-04-05-031	루마니아청년대회		4	조선중앙통신
1949-04-05-032	『근로자』제6호		4	『근로자』편집국
1949-04-05-033	극장안내		4	
1949-04-06-001	의무교육준비사업을 일층 성과적으로 추진하자		1	
1949-04-06-002	춘기파종 진척!	함남 각지, 봉산, 의주, 연백에서	1	
1949-04-06-003	1.4분기계획 완수	여러 공장, 작업소들에서	1	
1949-04-06-004	국가기술자격심사사업 개시		1	조선중앙통신
1949-04-06-005	북조선민청대표 중국 북평 향발	중국신민주청년단 제1차대표대회 참가자	1	
1949-04-06-006	남반부인민항쟁치렬		1	조선중앙통신
1949-04-06-007	5.1절 기념사업 협조대책과 춘경파종 협조정형을 토의	평남도당 상무위원회에서	2	본사기자 송학용

기사번호	제목(title)	부제목(stitle)	면수	필자, 출처
1949-04-06-008	군중정치사업을 강화하여 로동자들의 증산의욕 제고	원산석면제작소 세포에서	2	주재기자 김만선
1949-04-06-009	당정치교양 지도방조사업을 개선강화하자	황해제철소 당부에서	2	통신원 윤종철
1949-04-06-010	적기파종은 높은 수확을 위한 투쟁이다		2	김달수
1949-04-06-011	코스모뽀리찌즘은 미제국주의의 사상적 무기이다		2	
1949-04-06-012	북대서양조약에 대한 쏘련정부의 각서		3	
1949-04-06-013	평화옹호전국련합대회 선언을 적극 지지하여	각도에서	3	조선중앙통신, 주재기자 박덕순
1949-04-06-014	함남도내 각 생산직장에서 증산경쟁운동 활발히 진행		3	조선중앙통신
1949-04-06-015	내각결정 지침삼아 춘경파종에 궐기!	평원군 통덕리 농민들	3	본사기자 백운학
1949-04-06-016	보리파종을 마치고 온상모설치를 준비	강서군 현봉리 와대동 농민들	3	본사기자 류민우
1949-04-06-017	평화옹호세계대회 소집호소에 각국 인민들의 호응 계속		4	조선중앙통신
1949-04-06-018	드골의 성명		4	조선중앙통신
1949-04-06-019	쏘련공청동맹대회에 관한 모쓰크바 각 신문들의 론설		4	조선중앙통신
1949-04-06-020	인민당원에게 이란정부 중형		4	조선중앙통신
1949-04-06-021	진정한 화평을 요구하는 백여명의 학생을 살상	4월 1일 남경에서 참안 발생	4	조선중앙통신
1949-04-06-022	쏘-분조약체결 1주년		4	홍인철
1949-04-06-023	씨리아군부에서 구데타를 감행		4	조선중앙통신
1949-04-06-024	친영파에 정부조직 위임		4	조선중앙통신
1949-04-06-025	루마니아와 알바니아간에 통상협정 체결		4	조선중앙통신
1949-04-06-026	극장안내		4	
1949-04-07-001	자습당원들의 정치적리론수준 제고를 위하여		1	
1949-04-07-002	춘경파종 활발히 진척!	각지에서	1	조선중앙통신
1949-04-07-003	1.4분기계획 완수	각지 공장, 기업소들에서	1	
1949-04-07-004	식수를 활발히 진행	각도에서	1	
1949-04-07-005	학교건축을 위한 인민들의 열의!	각지 근로자들	1	
1949-04-07-006	승리의 개가 높이 올리며 질주하는 재생의 기관차!	서평양철도공장에서 '선거승리경축호' 완성	1	본사기자 리인태
1949-04-07-007	군중선동사업을 질적으로 개선강화	평양조선고무공장 세포에서	2	본사기자 리수근
1949-04-07-008	당원들의 조직적력량 동원 생산계획실행을 협조보장	원산철도공장 당부에서	2	주재기자 김만선
1949-04-07-009	기술전습사업을 조직적으로 협조	검덕광산 철공분세포에서	2	통신원 서득창
1949-04-07-010	사업분공을 정확히 하여 전신사업의 신속을 보장	체신성 전신국세포에서	2	
1949-04-07-011	전반적초등의무교육실시는 인민들의 문화수준을 일층 제고시킨다		2	남일
1949-04-07-012	면화의 다수확을 보장하기 위하여	신천군 당단체에서와 온천면 운봉리세포	2	주재기자 박덕순
1949-04-07-013	인민군대 군인가족을 인민들은 적극 후원	평양특별시 남구역 련화리에서	3	본사기자 김전
1949-04-07-014	2.4분기계획실행에 돌진	평양철도공장, 은률광산에서	3	본사기자 김기초, 통신원 김인곤
1949-04-07-015	신안주-개천간 광궤부설공사 활발히 진척		3	본사기자 리인태
1949-04-07-016	백두산림철공사 쾌속도로 진척		3	조선중앙통신
1949-04-07-017	신생 자강도의 전망		3	
1949-04-07-018	림산자원 개발하여 공화국경제건설에	강계림산사업소	3	주재기자 리문상
1949-04-07-019	칠평에서 목재를 싣고-림철 운재광경		3	
1949-04-07-020	지하자원 개발하여 공업발전에 기여	국영강계동방광산	3	주재기자 현갑진
1949-04-07-021	발전되는 목축업	자강도에서	3	
1949-04-07-022	제반 건설자재로 목재를 다량 생산	대규모의 별오제재소	3	주재기자 리문상
1949-04-07-023	자강도에서 동해안에 통하는 강계선철도 대보수		3	조선중앙통신
1949-04-07-024	북대서양조약에 관한 쏘련정부 각서에 대하여 각국에서의 반향		4	조선중앙통신
1949-04-07-025	북대서양조약 반대 성명	중국 제 민주정당에서	4	조선중앙통신
1949-04-07-026	태평양조약토의 등에 송자문 광분		4	조선중앙통신
1949-04-07-027	북대서양동맹 반대투쟁에 있어 이태리 공산 사회량당 공동전선견지를 성명		4	조선중앙통신
1949-04-07-028	브라질에 평화옹호대회 개최		4	조선중앙통신
1949-04-07-029	아이슬랜드 각지에서 북대서양동맹 가입반대		4	조선중앙통신
1949-04-07-030	국제정세개관		4	신동우
1949-04-07-031	인도네시아군대 쟈바에서 공세		4	조선중앙통신
1949-04-07-032	극장안내		4	
1949-04-08-001	조쏘 량국간의 경제문화교류는 강화되여 간다		1	
1949-04-08-002	정부대표단 귀국환영대회에서 진술한 김일성수상의 답사		1	

기사번호	제목(title)	부제목(stitle)	면수	필자, 출처
1949-04-08-003	김일성 사진		1	
1949-04-08-004	쓰딸린대원수에게 김일성수상으로부터 전보	쏘련국경을 떠나 귀국하면서	1	
1949-04-08-005	쏘련을 방문한 조선민주주의인민공화국 정부대표단일행 귀국		1	조선중앙통신
1949-04-08-006	쏘련을 방문한 조선민주주의인민공화국 정부 대표단 사진		1	
1949-04-08-007	김일성수상을 비롯한 정부대표단의 귀환을 열렬히 환영	평양비행장에서 성대한 환영대회	2	조선중앙통신
1949-04-08-008	환영사 정부대표 부수상 김책	쏘련방문 정부대표단의 귀환을 환영하는 대회에서	2	
1949-04-08-009	개회사 김달현	쏘련방문 정부대표단의 귀환을 환영하는 대회에서	2	
1949-04-08-010	환영사 리영	쏘련방문 정부대표단의 귀환을 환영하는 대회에서	2	
1949-04-08-011	환영사 남조선민전대표 허헌	쏘련방문 정부대표단의 귀환을 환영하는 대회에서	2	
1949-04-08-012	환영사 북조선민전대표 최용건	쏘련방문 정부대표단의 귀환을 환영하는 대회에서	2	
1949-04-08-013	쏘련외상 위신쓰끼씨에게 박헌영외상 전보	쏘련국경을 떠나 귀국하면서	2	
1949-04-08-014	환영하는 군중들에게 답례하는 김일성 사진		3	
1949-04-08-015	환영사 로동자대표 송치만	쏘련방문 정부대표단의 귀환을 환영하는 대회에서	3	
1949-04-08-016	환영사 농민대표 김춘일	쏘련방문 정부대표단의 귀환을 환영하는 대회에서	3	
1949-04-08-017	환영사 청년대표 주종순	쏘련방문 정부대표단의 귀환을 환영하는 대회에서	3	
1949-04-08-018	환영사 녀성대표 유영준	쏘련방문 정부대표단의 귀환을 환영하는 대회에서	3	
1949-04-08-019	평화옹호전국련합대회 선언을 적극 지지하여 각도에서 련합대회 개최		3	
1949-04-08-020	영농지식	퇴비는 지력을 증진시킨다	3	
1949-04-08-021	이태리공산당 중앙위원회에서 진술한 공산당 총비서 톨리앗티의 연설		4	조선중앙통신
1949-04-08-022	유엔 제3차총회 후반기회의 개막	5일.뉴욕에서	4	조선중앙통신
1949-04-08-023	쏘련레닌공청대회 진행	중앙위원회 보고에 대한 토론 계속	4	조선중앙통신
1949-04-08-024	월레스씨의 연설	북대서양조약을 비난	4	
1949-04-08-025	호주공산당총비서 연설	공산당탄압은 전쟁준비의 일부	4	조선중앙통신

기사번호	제목(title)	부제목(stitle)	면수	필자, 출처
1949-04-08-026	쏘련에서 국정소매가격 인하후 인민들의 생활품수요 증대		4	조선중앙통신
1949-04-08-027	북대서양조약 조인		4	조선중앙통신
1949-04-08-028	영식민성대표 인도에 도착		4	조선중앙통신
1949-04-09-001	5.1절을 증산으로 맞이하자		1	
1949-04-09-002	우리들은 오로지 증산으로 보답!	사동련탄 로동자들	1	
1949-04-09-003	조쏘협정체결은 조국건설의 담보	평양견직공장 일군들	1	
1949-04-09-004	국가적임무를 훌륭히 완수!	문학예술인들	1	본사기자 김춘희
1949-04-09-005	세계민주력량을 더욱 굳게 하자!	평양보선구 로동자들	1	
1949-04-09-006	제국주의자들의 침략음모를 폭로	중암녀맹 일군들	1	
1949-04-09-007	건재부문의 각 공장에서 1.4분기계획 초과달성		1	조선중앙통신
1949-04-09-008	춘기파종 진척	각지에서	1	
1949-04-09-009	남반부인민항쟁 경기도 전역에 구국투쟁 활발	삐라산포와 공화국기 게양	1	조선중앙통신
1949-04-09-010	강사들의 리론수준 높여 강연사업 질적수준 제고	평남도당부 강연사업에서	2	본사기자 송학용
1949-04-09-011	적기파종 보장하기 위한 당원들의 모범적역할	금천군 냉정동세포에서	2	통신원 김운성
1949-04-09-012	조쏘인민간에 굳게 맺어진 친선은 천추에 길이 빛날것이다		2	
1949-04-09-013	면화파종준비를 적극 협조 추진	신천군 상망동세포에서	2	주재기자 박덕순
1949-04-09-014	분공을 옳게 조직 생산계획실행 추진	운포광산 생산분세포에서	2	주재기자 최영환
1949-04-09-015	인민군가족을 적극 후원	평양곡산공장 로동자들	3	본사기자 김전
1949-04-09-016	다같이 식수에	은률군 인민들	3	통신원 김인곤
1949-04-09-017	대동강에 닿은 첫 떼목		3	본사기자 류민우
1949-04-09-018	미군주둔하의 공화국남반부	리승만괴뢰'정부'의 망국적예산 결정	3	조선중앙통신
1949-04-09-019	기관차 외륜제작에 성공하여 철도수송 사업발전에 공헌!	성진제강 종업원들에게 내각에서 표창	3	
1949-04-09-020	꾸준한 노력으로써	성진제강소에서	3	본사기자 신언철
1949-04-09-021	독일서부국경의 비법적변경에 대한 쏘련정부의 각서		4	조선중앙통신
1949-04-09-022	과학문화발전에 획기적조치	독일경제위원회 법안 채택	4	조선중앙통신
1949-04-09-023	평화옹호세계대회 지지 열렬	30개국에 준비위원회 조직	4	조선중앙통신
1949-04-09-024	북대서양조약 서명에 항의	이태리 각지에 반대투쟁 치렬	4	조선중앙통신
1949-04-09-025	당면과업에 대한 콤뮤니케를 발표	이태리공산당에서	4	조선중앙통신

기사번호	제목(title)	부제목(stitle)	면수	필자, 출처
1949-04-09-026	헬싱키에 대군중대회	쏘분조약체결 1주년에 제하여	4	조선중앙통신
1949-04-09-027	전쟁선전금지법안을 분란의회 다수파 부결		4	조선중앙통신
1949-04-09-028	파란농민호상원조동맹 제3차 전국대회 개막		4	조선중앙통신
1949-04-09-029	체코슬로바키아 직맹위원장 담화		4	조선중앙통신
1949-04-09-030	씨리아쿠데타는 영국이 조종		4	조선중앙통신
1949-04-10-001	하급단체 지도사업을 강화하자		1	
1949-04-10-002	조국건설에 대한 투지를 더욱 고무	청수화학 일군들	1	
1949-04-10-003	2개년 계획에 전심전력 경주	해주철도보선구 일군들	1	주재기자 박덕순
1949-04-10-004	조국문화발전에 양양한 전망을	조쏘문화협회 일군들	1	본사기자 신봉
1949-04-10-005	민주와 평화를 위해 투쟁하자	신의주팔프공장 일군들	1	주재기자 최영환
1949-04-10-006	평화애호 인민의 의사를 반영한것	북반부 문화인들	1	
1949-04-10-007	춘기파종 진척	각지에서	1	
1949-04-10-008	1.4분기계획 완수	청진제유, 평양전구, 서평양철도에서	1	
1949-04-10-009	평화옹호세계대회 참가차로 공화국대표 일행 파리 향발		1	
1949-04-10-010	생산계획 실행보장 위하여 군중정치사업을 일층 강화	아오지인조석유공장 당부에서	2	통신원 엄상설
1949-04-10-011	제품의 품위향상 위한 군중적운동을 추진	해주기계제작소 당단체에서	2	주재기자 박덕순
1949-04-10-012	로동자들의 생활수준향상 위하여	평양곡산공장 당부에서	2	본사기자 송학용
1949-04-10-013	지방주권기관 선거승리에 대하여		2	
1949-04-10-014	찌또도배는 쏘련 및 인민민주주의 국가들의 락인된 원쑤이다		2, 3	
1949-04-10-015	순천화학공장 로동자들 기념증산운동에 총궐기		3	본사기자 리인태
1949-04-10-016	기관차 외륜제작에 공훈	김영진씨에게 내각상 수여	3	본사기자 최창준
1949-04-10-017	결정서(요지)	순천화학공장 제19차 종업원대회	3	
1949-04-10-018	평화옹호전국련합대회 선언을 적극 지지하여 각지에서 녀성들 궐기		3	본사기자 김춘희, 통신원 정명걸
1949-04-10-019	5.1절 기념사업을 조직	직총상무위원회에서	3	본사기자 김기초
1949-04-10-020	영농지식	면화재배에 대하여	3	농림수산 기술련맹

기사번호	제목(title)	부제목(stitle)	면수	필자, 출처
1949-04-10-021	유엔 제3차총회 후반회의	총회의장은 미영쁠럭의 유엔헌장위반을 묵과	4	조선중앙통신
1949-04-10-022	중국인민해방군은 양자강 도하준비 만전	중국신화사 사설	4	조선중앙통신
1949-04-10-023	희랍왕당파의 만행 계속	민주인사들을 다량 사형	4	조선중앙통신
1949-04-10-024	남경국민당정부는 인민앞에 투항하라	중국신화사 사설	4	조선중앙통신
1949-04-10-025	정부의 공산당 탄압흉계 폭동준비설을 날조 선전	이태리공산당의 성명	4	조선중앙통신
1949-04-10-026	이태리각지에 비행기지 건설		4	조선중앙통신
1949-04-10-027	쏘련의 저명한 인사들은 평화옹호의 기치밑에 5.1절을 맞이한다		4	조선중앙통신
1949-04-12-001	문학발전에 있어서의 평론가들의 역할		1	
1949-04-12-002	정부대표단에게 최대의 감사를	수풍땜보수공사 일군들	1	
1949-04-12-003	공화국의 위신과 국제적지위 확고	사리원제1공장 일군들	1	
1949-04-12-004	조선최고인민회의 상임위원회에서		1	조선중앙통신
1949-04-12-005	조선민주주의인민공화국 최고인민회의 상임위원회 정령		1	
1949-04-12-006	조선민주주의인민공화국 최고인민회의 소집에 대한 공시		1	
1949-04-12-007	민주력량은 전쟁방화를 불허한다	동방광산 로동자들	1	주재기자 현갑진
1949-04-12-008	우리들은 전쟁을 절대로 반대한다	평양화학공장 로동자들	1	
1949-04-12-009	덕유산전투 일층 맹렬	장수군 번암경찰지서 소탕	1	조선중앙통신
1949-04-12-010	지리산주변을 계속 제압	군중선전사업도 활발	1	조선중앙통신
1949-04-12-011	당원들을 조직적으로 발동 춘경파종을 성과있게 추진	황해도 당단체에서	2	주재기자 박덕순
1949-04-12-012	농민들을 적극 추동 감자파종완료 보장	안변군 천양리당부에서	2	통신원 리복원
1949-04-12-013	광범한 선전해석사업으로 비생산부문 전기절약 환기	해주배전부 사리원사업소세포에서	2	주재기자 리성섭
1949-04-12-014	당조직지도사업 개선강화를 토의	화천군당 상무위원회에서	2	통신원 김관식
1949-04-12-015	미국군대는 왜 남반부에서 물러가지 않는가?		2	리성용
1949-04-12-016	찌또도배는 쏘련 및 인민민주주의국가들의 락인된 원쑤이다	전호에서 계속	2	
1949-04-12-017	개인경쟁운동을 더 높은 수준에서	해주화학공장에서	3	주재기자 박덕순
1949-04-12-018	평북도내 농민들 랭상모파종 활발		3	주재기자 최영환
1949-04-12-019	대규모의 근대식 중앙종합병원 신축공사 활발		3	본사기자 리성빈
1949-04-12-020	철도선로보수의 만전을 기하여	사리원보선구에서	3	주재기자 리성섭
1949-04-12-021	북반부의 생활필수품 시장가격 계속 저하!		3	조선중앙통신

기사번호	제목(title)	부제목(stitle)	면수	필자, 출처
1949-04-12-022	미군주둔하의 공화국남반부	괴뢰'정부'하 천정부지의 물가고	3	3월 15일부 『동아일보』
1949-04-12-023	중국문예계의 사상투쟁	-소군의 사상의식비판에 대하여-	3	하앙천
1949-04-12-024	유엔경제사회리사회에서의 소위 '강제로동'문제에 대하여	-『쁘라우다』지의 론문-	4	
1949-04-12-025	쏘련에서 5.1절기념 위한 대규모적 사회주의경쟁 전개		4	조선중앙통신
1949-04-12-026	희랍왕당파 독가스사용		4	조선중앙통신
1949-04-12-027	총회 공용어문제 등 토의	유엔총회 총위원회	4	조선중앙통신
1949-04-12-028	반동적제법령을 이태리정부 기초		4	조선중앙통신
1949-04-12-029	남경경위부대 일부 기의		4	조선중앙통신
1949-04-13-001	민주선전실의 역할을 높이자		1	
1949-04-13-002	수송계획달성에 분투노력하겠다	신의주기관구 일군들	1	주재기자 최영환
1949-04-13-003	새 승리에 대한 전망으로 고무	길주내화물 일군들	1	주재기자 현준극
1949-04-13-004	쏘련과의 친선은 민주독립의 담보	평양시녀성들	1	
1949-04-13-005	조선민주주의인민공화국 최고인민회의 소집에 대한 공시		1	
1949-04-13-006	국영산업 각 공장 기업소 1.4분기계획을 성과적으로 수행		1	조선중앙통신
1949-04-13-007	춘기파종 진척	각지에서	1	
1949-04-13-008	황해도 식수계획 109.7% 완수		1	
1949-04-13-009	학교건축을 위한 인민들의 열의!	각지 근로자들	1	통신원 심철, 박용, 주재기자 현갑진
1949-04-13-010	북조선민청대표 북평 도착		1	조선중앙통신
1949-04-13-011	인민군대가족후원사업과 5.1절기념준비사업 토의	평양시당 상무위원회에서	2	본사기자 리수근
1949-04-13-012	봄보리와 감자파종 성과있게 협조보장	벽성군 당단체에서	2	주재기자 박덕순
1949-04-13-013	토지리용률제고에 세포원들의 모범	재녕군 장수면 룡평세포에서	2	통신원 정흥필
1949-04-13-014	증산경쟁운동을 군중적으로 추진	통천탄광 당부에서	2	주재기자 김만선
1949-04-13-015	로동계급의 당에 관한 레닌-쓰딸린의 학설		2	
1949-04-13-016	잠견과 면화증산에 농민들을 적극 추동	희천군 솔모루세포에서	2	주재기자 리문상
1949-04-13-017	세포위원회의 역할 높여 당정치교양사업 질적제고	강계림산사업소세포에서	2	주재기자 현갑진
1949-04-13-018	학습회 지도자들의 지도방조사업을 강화	철산군 서림면 인수동당부에서	2	통신원 김중백

기사번호	제목(title)	부제목(stitle)	면수	필자, 출처
1949-04-13-019	기념증산투쟁에 총매진!	동평양기계제작소에서	3	본사기자 최창준
1949-04-13-020	5.1절을 기념경축하여 인민군들 예술경연 준비		3	
1949-04-13-021	영예의 노력으로 증산에 더욱 힘차게	평양견직공장에서	3	본사기자 김지창
1949-04-13-022	게와 가재미 계속 대풍획	차호수산합작사	3	
1949-04-13-023	평화옹호전국련합대회 선언을 적극 지지하여 각지에서 련합대회 개최		3	조선중앙통신
1949-04-13-024	면화	평남도 농민들	3	본사기자 리의철
1949-04-13-025	작잠	황해도 흥학리 농민들	3	주재기자 박덕순
1949-04-13-026	봄누에	평남도 양잠농가들에서	3	본사기자 리의철
1949-04-13-027	미군주둔하의 공화국남반부		3	조선중앙통신
1949-04-13-028	영농지식	이랑논재배법의 유리성	3	농림수산 기술련맹
1949-04-13-029	쏘분조약체결 1주년에 제하여 쏘련내각 수상 쓰딸린에게 분란공화국 내각 수상 전보		4	조선중앙통신
1949-04-13-030	유엔 제3차총회 후반기회의 안보의 기능을 약화시키려는 미영빨력의 간책 탄로	6일 특별정치위원회에서	4	조선중앙통신
1949-04-13-031	유엔 제3차총회 후반기회의 민드센티재판사건 등 총회의정에 강제 첨가	총위원회에서	4	조선중앙통신
1949-04-13-032	일본 경제형편의 악화는 일본정부와 미점령당국의 범죄적정책의 결과이다		4	황국선
1949-04-13-033	루마니아와 체코슬로바키아간에 물자교환 협의		4	조선중앙통신
1949-04-13-034	쏘련레닌공청대회 페막	레닌훈장으로 동맹의 공훈 더욱 찬란	4	조선중앙통신
1949-04-13-035	중국공산당 주석 모택동 전범자문제에 대한 의견 발표		4	조선중앙통신
1949-04-13-036	화평교섭의 무대뒤에서 국민당 남경정부 군대를 강제 징모		4	조선중앙통신
1949-04-13-037	미국 이란에 수송기를 인도		4	조선중앙통신
1949-04-13-038	『조선녀성』 4월호		4	조선녀성사
1949-04-14-001	춘기파종기에 있어서 군중선동사업을 더 한층 강화하자		1	
1949-04-14-002	오늘의 감격을 증산에 살리자	청진제철소 일군들	1	주재기자 김소민

기사번호	제목(title)	부제목(stitle)	면수	필자, 출처
1949-04-14-003	학습성적제고에 일층 매진을 결의	김일성대학 학생들	1	본사기자 김춘희
1949-04-14-004	국토완정 위하여 힘차게 싸우자!	원산철도공장 일군들	1	주재기자 김만선
1949-04-14-005	조선민주주의인민공화국 최고인민회의 소집에 대한 공시		1	
1949-04-14-006	평안남도인민위원회 제2기 1차 회의 개최	위원장 상무위원 등을 선거	1	
1949-04-14-007	평양시인민위원회 제2기 제1차 회의	위원장 상무위원 등을 선거	1	
1949-04-14-008	춘기파종 진척	각지에서	1	통신원 김창함
1949-04-14-009	학교건축을 위한 인민들의 열의!	각지 근로자들	1	
1949-04-14-010	쏘련공산당의 제조직원칙에 관하여		2	
1949-04-14-011	경지면적 확장키 위하여 당원들 선두에서 투쟁	정평군 광덕면당단체에서	2	통신원 김상원
1949-04-14-012	군중선동사업 강화로 파종을 성과있게 추진	연백군 목단면 탁영세포에서	2	통신원 리용태
1949-04-14-013	강경애작 소설 『인간문제』를 출판하면서		2, 3	
1949-04-14-014	로력자의 전투력을 증산으로 시위하자	평양메리야스공장 로동자들	3	본사기자 김지창
1949-04-14-015	더 높은 성과로 2.4분기를	평양철도국에서 1.4분기 승리 총결	3	
1949-04-14-016	양잠준비	송천리 녀맹원들	3	통신원 정운성
1949-04-14-017	높은 수확을 위하여 춘기파종을 성과있게	태천군 남부동 농민들	3	본사기자 백운학
1949-04-14-018	조국산업발전에 이바지할 기술적력량을 총집결하여	-창립 3주년을 맞는 공업기술련맹-	3	본사기자 김춘희
1949-04-14-019	미군주둔하의 공화국남반부	석탄값을 대폭 인상	3	조선중앙통신
1949-04-14-020	유엔 제3차총회 후반기회의 전 이태리식민지문제 토의	6일 정치위원회에서	4	조선중앙통신
1949-04-14-021	중국인민해방군 양자강도하 진군 태세		4	조선중앙통신
1949-04-14-022	인도네시아각지에서 전투 계속		4	조선중앙통신
1949-04-14-023	주쏘중국대사 모쓰크바 출발		4	조선중앙통신
1949-04-14-024	평화옹호세계대회 지지 열렬		4	조선중앙통신
1949-04-14-025	북대서양쁠럭과 프랑코서반아		4	박호선
1949-04-14-026	쏘분국경 확정에 관한 조약비준서 교환		4	조선중앙통신
1949-04-14-027	희랍왕당파의 학살행위 계속		4	조선중앙통신
1949-04-14-028	국가정무원 파업	희랍	4	조선중앙통신
1949-04-14-029	불란서로동총련맹에서 5.1절 호소문을 발표		4	조선중앙통신
1949-04-14-030	극장안내		4	
1949-04-15-001	공예작물재배를 제때에 실행하자		1	
1949-04-15-002	공화국인민앞에 승리의 길이 열려	승호리세멘트 일군들	1	통신원 김연국
1949-04-15-003	신생공화국의 번영과 발전을	교통성 평양공장 일군들	1	본사기자 김지창

기사번호	제목(title)	부제목(stitle)	면수	필자, 출처
1949-04-15-004	농업증산을 위한 힘찬 투쟁을 맹세	태천군 송곡동 농민들	1	본사기자 백운학
1949-04-15-005	세계민주진영을 단결강화하자!	황해제철 일군들	1	통신원 윤종칠
1949-04-15-006	세계평화를 위한 쏘련정책을 찬양	원산 룡평리 농민들	1	주재기자 김만선
1949-04-15-007	함경남도인민위원회 제2기 1차 회의 개최	위원장 상무위원들을 선거	1	
1949-04-15-008	평양시 각 구역인민위원회 제1차 회의	위원장 상무위원 등을 선거	1	본사기자 리성범
1949-04-15-009	연백 호국천제방공사 농민들의 힘으로 완수		1	
1949-04-15-010	춘기파종 진척	각지에서	1	
1949-04-15-011	세포핵심-열성자를 계획적으로 교양훈련	평양시 중구역당부에서	2	본사기자 리수근
1949-04-15-012	당조직지도사업 개선강화에 노력	문천군 당부에서	2	통신원 리달우
1949-04-15-013	가축증식보장에 세포원들의 모범	정평면 연봉리세포에서	2	통신원 김상원
1949-04-15-014	쏘련공산당의 제 조직원칙에 관하여	당은 로동계급의 최고조직 형태이다	2	
1949-04-15-015	강경애작 소설 『인간문제』를 출판하면서	전호에서 계속	2, 3	석영
1949-04-15-016	로력은 근로인민의 영예 다같이 기념증산운동에	하성광산 로동자들	3	통신원 정흥필
1949-04-15-017	길주팔프공장 로동자들 량면양지생산에 성공!		3	
1949-04-15-018	철저한 준비 꾸준한 노력은 높은 수확으로 보답된다	금천군 농민들 파종에 궐기	3	본사기자 류민우
1949-04-15-019	위대한 시인 마야꼽쓰끼 서거 19주년 기념의 밤		3	본사기자 김춘희
1949-04-15-020	광활한 주남벌을 옥답으로	완수에 가까운 주남관개공사	3	주재기자 김소민
1949-04-15-021	미군주둔하의 공화국남반부 물가는 계속 폭등	학원에는 생활고로 퇴학자 속출	3	조선중앙통신
1949-04-15-022	쏘련내각 수상 쓰딸린대원수에게 알바니아내각 수상으로부터 전보		4	조선중앙통신
1949-04-15-023	알바니아정부대표단이 모쓰크바에 체재하고있는동안에 발표한 쏘련 알바니아 량국정부의 공동콤뮤니케		4	조선중앙통신
1949-04-15-024	알바니아정부대표단 모쓰크바를 출발		4	조선중앙통신
1949-04-15-025	엔베르.호쟈 연설		4	조선중앙통신
1949-04-15-026	씨.아이.오에서 쏘련직총대회에 대표파견 거부		4	조선중앙통신
1949-04-15-027	북대서양동맹을 반대하는 각국 인민들의 투쟁치렬	런던군중대회 성황	4	조선중앙통신
1949-04-15-028	미국 전 국방장관 포레스탈 발광		4	조선중앙통신

기사번호	제목(title)	부제목(stitle)	면수	필자, 출처
1949-04-15-029	마-샬안화된 제 국가에 대한 미국팽창의 제 결과		4	
1949-04-15-030	미국의 저명한 인사들의 공동 공개서한		4	조선중앙통신
1949-04-15-031	쏘련 각 직맹대표 파리로 향발		4	조선중앙통신
1949-04-15-032	전쟁준비에 광분하는 금년도 영국예산안		4	조선중앙통신
1949-04-15-033	서독의 루마니아 재산문제에 관하여 루마니아정부에서 미국정부에 가서 전달		4	조선중앙통신
1949-04-16-001	증산경쟁운동과 우리 출판물의 과업		1	
1949-04-16-002	조국의 승리 위해 더욱 견결히 투쟁	강계림산 일군들	1	
1949-04-16-003	우수한 양잠농가 될것을 굳게 결의	희천군 솔모루 농민들	1	주재기자 리문상
1949-04-16-004	수산업발전에 헌신분투하자	원산수산사업소 일군들	1	주재기자 김만선
1949-04-16-005	조선민주주의인민공화국 최고인민회의 소집에 대한 공시		1	
1949-04-16-006	산업성산하 모범로동자대회 개막	2개년계획 실행을 열렬히 토의	1	본사기자 김기초
1949-04-16-007	황해도인민위원회 제2기 제1차회의		1	
1949-04-16-008	가잠 작잠 사육준비 만전	공화국북반부의 야잠농가들에서	1	조선중앙통신
1949-04-16-009	춘기파종 진척	각도에서	1	
1949-04-16-010	학교건축을 위한 인민들의 열의!	각지 근로자들	1	
1949-04-16-011	교양망을 급속히 개편하고 학습회수준을 향상시키자	연백군 산외면 당단체에서	2	통신원 리용태
1949-04-16-012	일용품의 원활한 류통협조대책 토의	평양시당 상무위원회에서	2	본사기자 리수근
1949-04-16-013	선진적파종방법 광범히 군중화	경흥면 당단체에서	2	주재기자 김소민
1949-04-16-014	쏘련공산당의 제 조직원칙에 관하여	대중과의 련락은 공산당의 무적성의 기초이다	2	
1949-04-16-015	분해되고있는 '유엔신조선위원단'		2	승원
1949-04-16-016	흥남비료공장 로동자들 기념증산운동에 궐기		3	주재기자 박경석
1949-04-16-017	근로자의 명절을 증산으로 우리의 전투력을 시위하자	황해제철소 로동자들	3	본사기자 신기관
1949-04-16-018	5.1절을 호화롭게 기념경축하기 위해	직장문화써클들 기념연예회 준비	3	
1949-04-16-019	영농지식	랭상모는 왜 유리한가	3	농림수산 기술련맹
1949-04-16-020	재녕강제방이 축성되면 태상벌은 기름진 논으로		3	주재기자 리성섭
1949-04-16-021	매국노들의 개싸움	소위 '상공장관' 임영신의 공금 횡령사건 탄로를 기회로	3	
1949-04-16-022	나치 독일군에게 파괴당하였던 쏘베트 지구의 건설 신속히 부흥		3	김응호
1949-04-16-023	평화옹호세계대회 소집지지 열렬	6억 인민 망라한 단체들 참가 희망	4	조선중앙통신
1949-04-16-024	유엔 제3차총회 후반회의 전 이태리식민지문제 계속 토의	-7일 정치위원회에서-	4	조선중앙통신
1949-04-16-025	독일 전인민대회 대표선거에 관한 독일 인민회의의 호소		4	조선중앙통신
1949-04-16-026	쏘련과 알바니아간의 친선은 더욱 강화되여가고 있다		4	홍인철
1949-04-16-027	독일문제 공동협의를 서부독일 '의회' 거부		4	조선중앙통신
1949-04-16-028	분란수상의 기괴한 행동		4	조선중앙통신
1949-04-16-029	서부독일 미군 화란을 시찰		4	조선중앙통신
1949-04-16-030	극장안내		4	
1949-04-17-001	산업성 산하 모범로동자대회에 대하여		1	
1949-04-17-002	조선민주주의인민공화국 주차 중국 동북행정위원회 상업대표단 래착		1	조선중앙통신
1949-04-17-003	김일성수상께서 중국 동북상업대표단 수석을 접견		1	조선중앙통신
1949-04-17-004	김일성수상을 받들고 힘차게	청진제강소 일군들	1	주재기자 김소민
1949-04-17-005	농촌경리발전을 기술적으로 보장	농림수산기술련맹 일군들	1	본사기자 황경렵
1949-04-17-006	더 높은 수확으로 국토완정을 촉진	해주 왕신동 농민들	1	
1949-04-17-007	산업성산하 모범로동자대회 폐막		1	본사기자 김기초
1949-04-17-008	평화옹호대회참석 조선대표일행 파리향 도중 모쓰크바 도착		1	조선중앙통신
1949-04-17-009	세포지도기관의 집체적지도수준 개선강화하자	화천군 소비조합세포에서	2	통신원 김관식
1949-04-17-010	결점을 제때에 퇴치하고 당정치교양사업 질적 강화	해주세멘트공장 당부에서	2	
1949-04-17-011	적기춘경파종에로 농민들을 고무추동	안변군 당단체에서	2	주재기자 김만선
1949-04-17-012	자습당원들을 위한 지도방조사업 강화	문천군 당단체에서	2	통신원 리달우
1949-04-17-013	쏘련공산당의 제 조직원칙에 관하여	민주주의적 중앙집권제는 공산당의 조직적구조의 지도적원칙이다	2	
1949-04-17-014	자유로운 출판물과 종속되는 출판물		2, 3	조문성

기사번호	제목(title)	부제목(stitle)	면수	필자, 출처
1949-04-17-015	생산의 기본능력을 높이는 건설사업을 더욱 성과있게	본궁화학공장 로동자들	3	주재기자 박경석
1949-04-17-016	철도수송 위한 제1선에 우수한 객화차를 더 많이	교통성 평양공장 로동자들	3	본사기자 박피득
1949-04-17-017	인민군인가정의 파종을 부락농민들 적극 협조	학성군 홍평리에서	3	주재기자 김소민
1949-04-17-018	선진영농법으로 더욱 높은 수확을	평남도 농민들	3	본사기자 류민우
1949-04-17-019	리승만살인'정부'의 최후발악		3	조선중앙통신
1949-04-17-020	유엔 제3차총회 후반회의 소위 조정위원단 등 위원후보자명부 작성에 관한 '중간위원회'결의안 심의	-7일 특별정치위원회에서-	4	조선중앙통신
1949-04-17-021	미쏘친선전국협의회의 서한		4	조선중앙통신
1949-04-17-022	중국 화평회담 정식 교섭 개시		4	조선중앙통신
1949-04-17-023	불가리아공산당 중앙위원회 꼬스또브의 반당행위 규탄		4	조선중앙통신
1949-04-17-024	쏘피아에서 군중대회	체코슬로바키아와의 호상원조조약을 기념	4	조선중앙통신
1949-04-17-025	독일의 통일을 위한 독일인민회의의 투쟁		4	최동수
1949-04-17-026	미국내 전지역에서 평화옹호운동 고조		4	조선중앙통신
1949-04-17-027	미국로동자들의 경제적형편 악화		4	조선중앙통신
1949-04-17-028	『근로자』 제7호		4	『근로자』편집국
1949-04-19-001	력사적인 날		1	
1949-04-19-002	도민들의 열렬한 지지속에 각 도인민위원회 회의 진행		1	주재기자 김만선, 현준극, 최영환
1949-04-19-003	조선민주주의인민공화국 최고인민회의 대의원들에게 알림		1	
1949-04-19-004	충북 영동지구에서 전투 치렬	추풍령사 2개 경찰지서 소탕	1	조선중앙통신
1949-04-19-005	지리산방면에서 공전의 대격전		1	조선중앙통신
1949-04-19-006	각지에 인민위원회 회복		1	
1949-04-19-007	대의원들 인민들의 환호속에 래착		1	
1949-04-19-008	당날의 사업조직을 철저히 진행하자!	평양시 동구역 당단체에서	2	본사기자 리수근
1949-04-19-009	학습회지도자들의 지도방조사업 강화	라북탄광 당단체에서	2	
1949-04-19-010	군중정치사업을 강화 로동생산성을 제고	청진조선소 당부에서	2	주재기자 현준극
1949-04-19-011	쏘련공산당의 제 조직원칙에 관하여	엄격한 규률은 공산당 제 성과의 제 기본조건의 하나이다	2	
1949-04-19-012	당원들의 선봉적역할로써	길주군 당단체에서	2	주재기자 현준극

기사번호	제목(title)	부제목(stitle)	면수	필자, 출처
1949-04-19-013	파종에로 농민들을 추동	신흥군 원평면 당단체에서	2	통신원 위정산
1949-04-19-014	꾸준한 창발적노력으로 기본건설공사를 활발히	신의주팔프공장 로동자들	3	주재기자 최영환
1949-04-19-015	조선농림수산업의 과학적발전을 위해	각종 시험장 및 연구소 광범히 설치	3	조선중앙통신
1949-04-19-016	5.1절을 뜻깊게 맞기 위해 농업증산에 더욱 힘쓰자!	농맹 제3차 상무위원회	3	본사기자 류민우
1949-04-19-017	미군주둔하 38선이남 식량사태 위기에 절박!		3	조선중앙통신
1949-04-19-018	남조선민애청원들을 학살하는 리승만살인'정부'의 야만적행위를 배격!	평양에 열린 민청열성자들의 대회에서	3	본사기자 리수근
1949-04-19-019	선언서	평양시 민청열성자대회	3	
1949-04-19-020	동포는 굶고 쌀을 일본에	망국 배족적'한일협정'	3	조선중앙통신
1949-04-19-021	각국에서 불란서당국의 입국사증 제한에 항의		4	조선중앙통신
1949-04-19-022	중국 화평회담 진행	중공대표 화평협정안을 교부	4	조선중앙통신
1949-04-19-023	전세계 평화옹호운동을 감시하는 미영의 변견들	『쁘라우다』지의 론평-	4	조선중앙통신
1949-04-19-024	평화옹호세계대회의 개막에 대하여		4	채인순
1949-04-19-025	유엔 제3차총회 후반회의 이스라엘의 유엔가입을 총회의정에 포함	13일전원회의 오전회의	4	조선중앙통신
1949-04-19-026	새 5개년계획안을 인민토의에	-항가리 근로인민당에서 제출-	4	조선중앙통신
1949-04-19-027	서부독일에서 나치도배 등용		4	조선중앙통신
1949-04-19-028	분란인민민주동맹에서 경제형편 개선대책 요구		4	조선중앙통신
1949-04-19-029	오지리해방 제4주년 기념		4	조선중앙통신
1949-04-19-030	미국에 대지진		4	조선중앙통신
1949-04-19-031	『조선녀성』 4월호	4월 20일발행	4	조선녀성사
1949-04-20-001	최고인민회의 제3차회의 개막 금년도 국가종합예산을 상정	-제1일회의에서-	1	조선중앙통신
1949-04-20-002	개회사	허헌	1	
1949-04-20-003	국가종합예산심의위원회 구성		1	조선중앙통신
1949-04-20-004	춘기파종 진척	각지에서	1	
1949-04-20-005	학교건축을 위한 인민들의 열의!	각지 근로자들	1	
1949-04-20-006	평남관개공사 협조사업에서		2	송학용
1949-04-20-007	조쏘협정은 량국간 동등권리의 기초우에서 체결되었다		2	승민
1949-04-20-008	조직적협조 강화하여 춘경파종성과를 보장	고원군 북방축리 세포에서	3	통신원 박경림
1949-04-20-009	기술전습을 더욱 광범히 로력조직을 합리적으로	룡성기계제작소 로동자들	3	주재기자 박경석
1949-04-20-010	기본시설확장은 생산능력을 증대	재녕광산 로동자들	3	통신원 정필

기사번호	제목(title)	부제목(stitle)	면수	필자, 출처
1949-04-20-011	강을 막아 저수지로 넓은 벌을 옥답으로	봉산관개공사 활발	3	주재기자 최영환
1949-04-20-012	생활필수품의 배급 계속 증가 소비조합 사업실적	북조선소비조합에서	3	조선중앙통신
1949-04-20-013	호상련관성 일층 강화하여 균형적발전을 보장하자!	제3차 산업성산하 기업소 지배인회의	3	
1949-04-20-014	영농지식	봄누에를 어떻게 사육할가	3	농림수산 기술총련맹
1949-04-20-015	준비는 철저히 파종은 제때에	재녕군 농민들 조파종을 시작	3	본사기자 리의철
1949-04-20-016	미군주둔하의 공화국남반부	인민항쟁에 당황한 리승만 각지에서 현지학살 감행	3	조선중앙통신
1949-04-20-017	유엔 제3차총회 후반기회의 전 이태리식 민지에 대한 미영뻘럭의 야심 폭로	9일 정치위원회에서	4	조선중앙통신
1949-04-20-018	'로씨아비행기'의 이란상공 출현에 관한 로이터의 날조를 따쓰통신 반박		4	조선중앙통신
1949-04-20-019	유엔 제3차총회 후반기회의 전 이태리식 민지 주민의 의견심의를 위한 분과위원회 조직	-11일 정치위원회에서-	4	조선중앙통신
1949-04-20-020	미국 식민지적팽창의 적극화		4	박민우
1949-04-20-021	그람모스전투 치렬	왕당파 손실 막대	4	조선중앙통신
1949-04-20-022	5.1절기념에 관하여 이태리로동총련맹 콤뮤니케를 발표		4	조선중앙통신
1949-04-20-023	일본로조대표의 방쏘를 맥아더사령부에서 불허		4	조선중앙통신
1949-04-20-024	런던의 부두로동자 파업		4	조선중앙통신
1949-04-20-025	화란경제위기		4	조선중앙통신
1949-04-21-001	우리 국가의 종합예산		1	
1949-04-21-002	국가종합예산 지지 찬동하여 대의원들 열렬한 토론을 전개	-최고인민회의 제3차회의 제2일-	1	조선중앙통신
1949-04-21-003	쏘.불 우호협조 및 호상원조조약체결 1주년에 제하여 쏘련내각 수상 쓰딸린대원수에게 불가리아수상 지미뜨로브 전보		1	
1949-04-21-004	쏘련내각 수상 쓰딸린대원수의 답전		1	
1949-04-21-005	춘기파종 진척	각지에서	1	
1949-04-21-006	림진대교 가설공사 진척		1	
1949-04-21-007	금천군 구이면 덕암리 안신동 제방공사 완성		1	통신원 정운성
1949-04-21-008	고구려벽화고분 신발견	황해도 안악군하에서	1	조선중앙통신
1949-04-21-009	레닌공청 제11차대회에 참가하였던 북조선민주청년대표 귀국		1	

기사번호	제목(title)	부제목(stitle)	면수	필자, 출처
1949-04-21-010	조선민주주의인민공화국 1948년도 국가종합예산 총결과 1949년도 국가종합예산에 관한 보고	재정상 최창익	2, 3	
1949-04-21-011	유엔 제3차총회 후반회의 '민드센티재판사건'등의 총회 상정여부를 론의	-6, 7일 총위원회에서-	4	조선중앙통신
1949-04-21-012	쏘련직맹대회 참가차 각국 직맹대표들 모쓰크바 도착		4	조선중앙통신
1949-04-21-013	전 미국국방장관 포레스탈의 발광 후문		4	조선중앙통신
1949-04-21-014	쏘련 교원대표 영국 향발		4	조선중앙통신
1949-04-21-015	통일을 위하여 뭉치라	서부독일공산당 총비서 연설	4	조선중앙통신
1949-04-21-016	백이의 경제 파멸에 직면		4	조선중앙통신
1949-04-21-017	분란반동층의 반공도발 빈번		4	조선중앙통신
1949-04-22-001	조선민주주의인민공화국정부대표단의 쏘베트사회주의공화국련맹방문 사업경과보고	내각 수상 김일성	1, 2	
1949-04-22-002	쏘베트사회주의공화국련맹 방문 사업경과보고를 하는 김일성 사진		1	
1949-04-22-003	레닌탄생 79주년에 제하여		2	
1949-04-22-004	토론(요지) 신상훈	조선최고인민회의 제3차회의 제2일 회의에서	3	
1949-04-22-005	토론(요지) 남일	조선최고인민회의 제3차회의 제2일 회의에서	3	
1949-04-22-006	토론(요지) 리유민	조선최고인민회의 제3차회의 제2일 회의에서	3	
1949-04-22-007	토론(요지) 리룡진	조선최고인민회의 제3차회의 제2일 회의에서	3	
1949-04-22-008	토론(요지) 최성환	조선최고인민회의 제3차회의 제2일 회의에서	3	
1949-04-22-009	김일성수상 정부대표단의 쏘련방문사업경과에 대하여 보고	최고인민회의 제3차회의 제3일 오후회의	3	조선중앙통신
1949-04-22-010	유엔제3차총회후반회의 유엔'무장경비대' 설치에 관한 사무총장의 제의를 심의	-특별정치위원회에서-	4	조선중앙통신
1949-04-22-011	인민회의 선거를 앞두고 항가리인민독립전선에서 호소문 발표		4	조선중앙통신
1949-04-22-012	뉴욕대학생들 침략뻘럭 반대		4	조선중앙통신
1949-04-22-013	쏘련과의 친선을 강조	백이의.쏘련친선협회 대회	4	조선중앙통신
1949-04-22-014	량국인민간의 친선강화 등 결의안을 통과		4	조선중앙통신
1949-04-22-015	인도네시아에서 전투 치렬		4	조선중앙통신
1949-04-22-016	서부렬강은 독일분할을 완성하고있다		4	류선희
1949-04-22-017	국민당통치구의 물가 날로 등귀		4	조선중앙통신
1949-04-22-018	독일사회민주당내 탈당자 속출		4	조선중앙통신
1949-04-22-019	극장안내		4	

기사번호	제목(title)	부제목(stitle)	면수	필자, 출처
1949-04-23-001	우리 인민에 대한 쓰딸린적배려		1	
1949-04-23-002	5.1절 표어		1	
1949-04-23-003	정부대표단의 쏘련방문 사업성과 만장일치 승인	조선최고인민회의 제3차회의 제4일	1	조선중앙통신
1949-04-23-004	경제적 및 문화적협조에 관한 조쏘협정 조인-사진은 조약조인광경 서명하고있는 이는 쏘련외상 아.야.위신쓰끼		1	
1949-04-23-005	토론(요지) 윤행중	조선최고인민회의 제3차회의 제2일 회의에서	2	
1949-04-23-006	토론(요지) 최응려	조선최고인민회의 제3차회의 제2일 회의에서	2	
1949-04-23-007	토론(요지) 김민산	조선최고인민회의 제3차회의 제2일 회의에서	2	
1949-04-23-008	토론(요지) 김일청	조선최고인민회의 제3차회의 제2일 회의에서	2	
1949-04-23-009	토론(요지) 리호제	조선최고인민회의 제3차회의 제2일 회의에서	2	
1949-04-23-010	토론(요지) 정일룡	조선최고인민회의 제3차회의 제2일 회의에서	2	
1949-04-23-011	조선최고인민회의 제3차 회의 참가자들		2	
1949-04-23-012	토론(요지) 정준택	조선최고인민회의 제3차회의 제3일 오전회의에서	3	
1949-04-23-013	토론(요지) 하만호	조선최고인민회의 제3차회의 제3일 오전회의에서	3	
1949-04-23-014	국가종합예산에 대한 대의원들의 토론을 최창익재정상결론	조선최고인민회의 제3차회의 제3일 오전회의	4	조선중앙통신
1949-04-23-015	토론(요지) 김정주	조선최고인민회의 제3차회의 제3일 오전회의에서	3	
1949-04-23-016	토론(요지) 김원봉	조선최고인민회의 제3차회의 제3일 오전회의에서	3	
1949-04-23-017	토론(요지) 박문규	조선최고인민회의 제3차회의 제3일 오전회의에서	3	
1949-04-23-018	담화하는 대의원들		3	
1949-04-23-019	중국인민해방군 진격 개시	남경정부의 화평협정거부로	4	조선중앙통신
1949-04-23-020	력사적 평화옹호세계대회 20일 파리에서 드디어 개막		4	조선중앙통신
1949-04-23-021	불란서입국 거부된 대표들 쁘라그에서 대회개최		4	조선중앙통신
1949-04-23-022	불란서당국의 행위에 중국직맹들 항의		4	조선중앙통신
1949-04-23-023	체코슬로바키아외무성 각서		4	조선중앙통신
1949-04-23-024	쏘련직총 제10차대회 개막	대회지도부 선출코 의정승인	4	조선중앙통신
1949-04-23-025	불가리아수상 신병으로 휴가		4	조선중앙통신
1949-04-23-026	항가리 새 5개년계획은 사회주의에 도달하는 길	항가리 근로인민당지도자 연설	4	조선중앙통신
1949-04-23-027	미국은 살기 좋은 나라가 아니다	국제기자단동맹 위원장 담	4	조선중앙통신
1949-04-23-028	불가리아외상 항의서한 발표		4	조선중앙통신
1949-04-23-029	중국해방구의 경제적부흥은 성공적으로 진행되고있다		4	로진우
1949-04-23-030	극장안내		4	
1949-04-24-001	조선최고인민회의 제3차회의 거대한 성과		1	
1949-04-24-002	쏘베트인민의 수령이시며 조선인민의 가장 친근한 벗인 쓰딸린대원수에게	조선민주주의인민공화국 최고인민회의 제3차회의	1	
1949-04-24-003	조선민주주의인민공화국 정부대표단의 쏘베트사회주의공화국련맹 방문 총결에 관하여		1	
1949-04-24-004	1949년도 공화국국가종합예산에 관한 법령 통과	조선최고인민회의 제3차회의 페막	1	조선중앙통신
1949-04-24-005	페회사 허헌	조선최고인민회의 제3차회의에서	1	
1949-04-24-006	최고인민회의 제3차회의를 축하	전조선각처에서 축전 축문 답지	1	
1949-04-24-007	조선최고인민회의 제3차회의 제4일 휴식시간 봄빛짙은 모란봉회의장 앞뜰 뺀치에서 김일성수상이 김제원 대의원과 담소하는 사진		2	본사사진부 림덕보
1949-04-24-008	토론 부수상 홍명희	조선최고인민회의 제3차회의 제4일 회의에서	2	
1949-04-24-009	토론 체신상 김정주	조선최고인민회의 제3차회의 제4일 회의에서	2	
1949-04-24-010	토론 대의원 최월성	조선최고인민회의 제3차회의 제4일 회의에서	2	
1949-04-24-011	토론 국가계획위원회 위원장 정준택	조선최고인민회의 제3차회의 제4일회의에서	3	
1949-04-24-012	토론 대의원 리홍렬	조선최고인민회의 제3차회의 제4일회의에서	3	
1949-04-24-013	조선민주주의인민공화국 정부대표단의 쏘베트사회주의공화국련맹 방문 총결에 관한 결정서를 만장일치로 채택하는 대의원들		3	
1949-04-24-014	평화옹호세계대회 개막! 졸리오.큐리를 위시한 주석단을 선거 쁘라그대회에 련락대표파견 결정	-제1일 오전회의에서-	4	조선중앙통신
1949-04-24-015	중국인민해방군 양자강 도하 진격		4	조선중앙통신
1949-04-24-016	평화옹호세계대회 개막! 졸리오.큐리를 위시한 주석단을 선거 쁘라그대회에 련락대표파견 결정	제1일 오후회의에서	4	조선중앙통신

기사번호	제목(title)	부제목(stitle)	면수	필자, 출처
1949-04-24-017	북대서양동맹을 반대하여 평화애호인민은 단결하라 -이태리 넨니의 연설-	평화옹호세계대회에서	4	조선중앙통신
1949-04-24-018	우리 시대의 녀성들은 불행을 참고만 있지 않는다 -유제니 코롱의 연설-	평화옹호세계대회에서	4	조선중앙통신
1949-04-24-019	평화옹호세계대회		4	박씨
1949-04-24-020	쏘련 및 인민민주의 제 국가와 친선단결을 강화하자 -저명한 흑인가수 폴.롭슨의 연설-	평화옹호세계대회에서	4	조선중앙통신
1949-04-26-001	당적검열은 당사업의 고상한 성과를 보장한다		1	
1949-04-26-002	1949년도 조선민주주의인민공화국 국가종합예산에 관한 법령		1	
1949-04-26-003	조쏘문협 제3차대회 오는 27일 평양에서 개최		1	조선중앙통신
1949-04-26-004	조쏘문화협회 중앙대회 참가차 쏘련 및 몽고인민공화국 문화인대표단 평양 도착		1	박중선, 본사사진부 박명도
1949-04-26-005	조선민주주의인민공화국 북반부지역에서의 도 시 군 구역 인민위원회 대의원선거 총결 보고 강량욱	조선최고인민회의 제3차회의 제5일회의에서	2	
1949-04-26-006	조선민주주의인민공화국 38선 이북지역의 도 시 군 구역 인민위원회 선거총결에 관하여		2	
1949-04-26-007	토론 대의원 백남운	조선최고인민회의 제3차대회의 제4일회의에서	3	
1949-04-26-008	토론 대의원 리용	조선최고인민회의 제3차대회의 제4일회의에서	3	
1949-04-26-009	남반부인민항쟁치렬		3	조선중앙통신
1949-04-26-010	중국인민해방군 진격맹렬		4	조선중앙통신
1949-04-26-011	붕괴되는 국민당 통치기구	광동 상해 등지로 분산 도망	4	조선중앙통신
1949-04-26-012	미제국주의자들은 일본서 무엇을 추구하고있는가		4	김용진
1949-04-26-013	파리대회와 동일한 의정 채택	평화옹호세계대회 쁘라그대회 제1일회의	4	조선중앙통신
1949-04-26-014	카나다평화전선 강화	경찰당국의 박해에도 불굴	4	조선중앙통신
1949-04-26-015	전인도직맹 평의회대회		4	조선중앙통신
1949-04-27-001	조쏘량국간의 경제적 및 문화적협조에 관한 협정을 비준	조선최고인민회의 상임위원회에서	1	조선중앙통신
1949-04-27-002	조쏘문화협회 제3차대회		1	
1949-04-27-003	철갑선 건조로 정부배려에 보답	남포조선소 일군들	1	본사기자 김지창

기사번호	제목(title)	부제목(stitle)	면수	필자, 출처
1949-04-27-004	높은 수확을 위해 투쟁할것을 맹세	대동군 림원면 농민들	1	본사기자 백운학
1949-04-27-005	고등교육부문의 급격한 발전 위해	평양사범대학 교수들	1	본사기자 신봉
1949-04-27-006	쏘파우호협조 및 호상원조약체결 4주년에 제하여 쏘련내각 수상 쓰딸린에게 보낸 파란수상 찌란께비츠의 전문		1	
1949-04-27-007	쓰딸린대원수의 답전	쏘파우호협조 및 호상원조약 체결 4주년에 제하여	1	
1949-04-27-008	조쏘문화의 활발한 교류와 민족문화의 찬란한 건설에 기대	쏘베트작가 아.아.뻬르벤쪼브씨 담	1	
1949-04-27-009	조선문화와 몽고문화의 교류 기대	조쏘문협대회에 온 몽고대표 두굴쑤룬씨 담	1	조선중앙통신
1949-04-27-010	조쏘문화협회중앙대회참가차 중국 동북해방구 문화인대표단일행 평양에 도착		1	본사사진부 림덕보
1949-04-27-011	토론 대의원 장시우	(조선최고인민회의 제3차회의 제4일회의에서)	2	
1949-04-27-012	전세계 근로자들의 단결을 시위하는 5.1절		2	최호민
1949-04-27-013	5.1절기념 증산운동을 각지에서 성과적으로 진행		3	조선중앙통신
1949-04-27-014	장벽식채탄면을 넓히고 집중채탄방식을 실시하여	궁심탄광 로동자들	3	통신원 심철
1949-04-27-015	5.1절을 다채롭게	문예총맹원들 기념사업준비	3	본사기자 김춘희
1949-04-27-016	청진제철소 용광로의 복구공사 활발히 진척		3	주재기자 김소민
1949-04-27-017	황해도 농민들 목화파종 시작		3	본사기자 리의철
1949-04-27-018	인민군인가정의 파종을 적극 협조	평북도 농민들	3	주재기자 최영환
1949-04-27-019	미군주둔하의 공화국남반부	인민도살에 날뛰는 리승만 무고한 인민을 대량학살	3	조선중앙통신
1949-04-27-020	뻔스'박사'의 얼빠진 소리		3, 4	리태준
1949-04-27-021	쏘.파조약체결 4주년에 제하여 량국외상 전문을 교환		4	조선중앙통신
1949-04-27-022	쏘련최고쏘베트 상임위원회에서		4	조선중앙통신
1949-04-27-023	장개석 재등장을 획책	항주에서 국민당수뇌부 협의	4	조선중앙통신
1949-04-27-024	대만에 미국군용기 입하		4	조선중앙통신
1949-04-27-025	미국륙군장관 로이알 사직		4	조선중앙통신
1949-04-27-026	세계대회 파리대회 쏘련대표 파제예브 등 연설	21일 오후회의에서	4	조선중앙통신

기사번호	제목(title)	부제목(stitle)	면수	필자, 출처
1949-04-27-027	쏘련직총 제10차대회 제1일 회의	중앙위원회 사업에 관한 꾸즈네쬬브위원장 연설	4	
1949-04-28-001	조쏘문협 제3차대회 개막	제1일회의	1	박중선
1949-04-28-002	쏘련은 평화와 민주의 성새이다	조쏘문화협회 제3차대회 석상에서 진술한 김두봉선생의 보고	1, 2, 3	
1949-04-28-003	김두봉선생의 보고를 청취하는 대회대표들		2	
1949-04-28-004	축사 북조선로동당대표 장순명	조쏘문화협회 제3차대회에서	3	
1949-04-28-005	평화옹호세계대회 파리대회 각국 대표들 토론 열렬 조선대표 대회에 도착	22일 오전회의	4	조선중앙통신
1949-04-28-006	쏘련영웅빨찌산 소녀 조야의 어머니 토론	평화옹호세계대회 파리대회에서	4	조선중앙통신
1949-04-28-007	대회장에 환희 폭발 중국인민해방군의 남경해방을 축하	평화옹호세계대회 파리대회에서	4	조선중앙통신
1949-04-28-008	화평회담에서 중국공산당대표단이 남경 정부대표단에게 교부하였던 국내화평협정안 전문		4	
1949-04-29-001	조선인민은 평화옹호세계대회를 열렬히 지지한다		1	
1949-04-29-002	전세계 근로인민들의 위대한 지도자이시며 스승이며 조선인민의 친근한 벗이며 해방자이신 쓰딸린대원수께 드리는 축전	조쏘문화협회 제3차대회	1	
1949-04-29-003	우리들의 행복은 증산으로 배가된다	함흥제사공장 종업원들	1	본사기자 박경석
1949-04-29-004	높은 수확 거두어 식량을 더 풍부히	재녕 북률면 석포리 농민	1	주재기자 박덕순
1949-04-29-005	근로자들의 5.1절기념 증산투쟁	애국적열성속에 바야흐로 백열화	1	
1949-04-29-006	평양시 각 생산직장들에서 5.1절기념보고대회 개최		1	본사기자 리성빈
1949-04-29-007	대련 관동의 중쏘우호협회 대표 조쏘문화협회 대회에 래참		1	조선중앙통신
1949-04-29-008	축사 북조선천도교청우당 대표 김달현	조쏘문화협회 제3차대회 제1일 회의에서	2	
1949-04-29-009	축사 북조선민주당 대표 정성언	조쏘문화협회 제3차대회 제1일 회의에서	2	
1949-04-29-010	축사 남조선 제 정당대표 김상역	조쏘문화협회 제3차대회 제1일 회의에서	2	
1949-04-29-011	중앙위원회 사업결산보고 청취하고 열렬한 토론 전개	조쏘문화협회 제3차대회 제2일 회의에서	2	박중선
1949-04-29-012	축사 쏘련문화인 대표 이.아.까이로브	조쏘문화협회 제3차대회 제1일 회의에서	3	

기사번호	제목(title)	부제목(stitle)	면수	필자, 출처
1949-04-29-013	축사 몽고문화인 대표 두굴쑤룬	조쏘문화협회 제3차대회 제1일 회의에서	3	
1949-04-29-014	축사 중국 동북해방구 문화인 대표 류지명	조쏘문화협회 제3차대회 제1일 회의에서	3	
1949-04-29-015	조쏘문화협회 제3차대회에 체코슬로바키아와 불가리아에서 축전		3	
1949-04-29-016	평화옹호세계대회 파리대회 평화행렬의 행진가운데 대회의 토론은 고조	-23일회의에서-	4	조선중앙통신
1949-04-29-017	중국인민해방군 진격	남경-항주간 국도차단	4	조선중앙통신
1949-04-29-018	쏘련영웅 마레세브의 토론	평화옹호세계대회에서	4	조선중앙통신
1949-04-29-019	오지리에서 미군 연습		4	조선중앙통신
1949-04-29-020	정말공산당서 5.1절 호소문 발표		4	조선중앙통신
1949-04-29-021	국제직련을 대표하여 루이 싸이앙씨 축사	쏘련직총 제10차대회 제2일 오전회의	4	조선중앙통신
1949-04-29-022	평화옹호세계대회 쁘라그대회	-23일오전회의-	4	조선중앙통신
1949-04-30-001	평화와 민주의 기치를 높이 들고		1	
1949-04-30-002	조쏘문화협회 대회에서 쏘련대외문화련락협회에 메쎄지		1	
1949-04-30-003	조쏘문협 제3차대회 폐막		1	본사기자 김춘희
1949-04-30-004	항쏘협회와 주녕하대사 조쏘문화협회대회에 축전	조쏘문화협회 제3차대회를 축하하여	1	
1949-04-30-005	식민지국가 민주청년들과의 단결의 날에 제하여 파란청년들 남조선청년들께 서한		1	조선중앙통신
1949-04-30-006	조쏘문화협회 제3차대회 석상에서 진술한 쓰띠꼬브쏘련대사의 축하연설		2	
1949-04-30-007	축사 남조선문화단체총련맹 김남천	조쏘문화협회 제3차대회에서	2	
1949-04-30-008	모란봉해방탑에 조쏘문화협회 제3차 대회 기념 화환 증정		2	
1949-04-30-009	맹세한 증산목표 초과달성에 돌진	흥남비료공장에서	3	주재기자 신기관
1949-04-30-010	일용품을 다량으로 생산하기 위하여	서평양직물공장에서	3	본사기자 리인태
1949-04-30-011	5.1절 전야의 평양		3	본사기자 리성빈
1949-04-30-012	군무자들의 5.1절경축 경기경연대회		3	
1949-04-30-013	설계는 창발적으로 실천은 모범적으로	단천광산 김봉기동무	3	통신원 서득창
1949-04-30-014	희망의 봄을 적기파종으로	-녕변군 팔월면 송현동을 찾아서-	3	본사기자 백운학
1949-04-30-015	50만의 시위대회 성황	파리교외 부팔로운동장에서	4	조선중앙통신
1949-04-30-016	파리대회에서 진술한 파제예브의 연설		4	
1949-05-01-001	쓰딸린대원수에게	5.1절 제60주년을 기념하면서	1	

기사번호	제목(title)	부제목(stitle)	면수	필자, 출처
1949-05-01-002	5.1절 평양시 기념대회 주석단 사진		1	
1949-05-01-003	평화와 민주를 옹호하는 근로인민의 투지를 결속	평양시 5.1절기념대회	1	
1949-05-01-004	조쏘문화협회 중앙지도기관 개선		1	조선중앙통신
1949-05-01-005	평화옹호세계대회 선언서		1	
1949-05-01-006	쏘련문화인대표단을 맞이하여 교육 문예 미술각계서 좌담회		1	조선중앙통신
1949-05-01-007	평화옹호세계대회 위원회에 한설야 박정애 량씨도 피선		1	
1949-05-01-008	5.1절기념보고 평양시 5.1절 기념보고대회에서	박헌영	2, 3	
1949-05-01-009	전세계 인민들 환호리에 평화옹호세계대회 폐막		4	조선중앙통신
1949-05-01-010	이태리인민들의 평화서명부를 녀성대표들이 대회주석단에 전달		4	조선중앙통신
1949-05-01-011	쁘라그대회도 폐막		4	조선중앙통신
1949-05-01-012	평화옹호세계대회위원회의 조직과 사업에 관한 결정서		4	조선중앙통신
1949-05-01-013	평화옹호세계대회는 전쟁방화자들에게 준엄한 경고를 주었다		4	박태근
1949-05-01-014	중국인민해방군 정황	소주를 점령하고 절강성내로 진격	4	조선중앙통신
1949-05-01-015	제국주의침략세력은 중국서 철퇴해야 한다	-신화사통신 사설-	4	조선중앙통신
1949-05-01-016	중국인민해방군 계속 남진		4	조선중앙통신
1949-05-01-017	혁명질서수립사업에 인민들 적극 참가		4	조선중앙통신
1949-05-01-018	남경시 군사관리위원회 성립		4	조선중앙통신
1949-05-02-001	평양역두광장에서 진행된 5.1절군중대회 대성황!		1	
1949-05-02-002	평양역두광장에서 진행된 5.1절군중대회 대성황!		1	
1949-05-02-003	공화국정부를 대표하여 김책부수상 연설	5.1절 군중대회에서	1	
1949-05-02-004	북조선 제 정당 사회단체를 대표하여 로동자 문창원씨 연설	5.1절 군중대회에서	1	
1949-05-02-005	남조선 제 정당 사회단체를 대표하여 농민 김상훈씨 연설	5.1절 군중대회에서	1	
1949-05-02-006	30만군중의 우람찬 행진!	5.1절 군중시위에서	2	
1949-05-02-007	부강조국건설의 역군	5.1절 군중시위에서	2	
1949-05-02-008	슬기론 래일의 희망	5.1절 군중시위에서	2	
1949-05-02-009	평화의 노래 드높이	5.1절 군중시위에서	2	
1949-05-02-010	경축속에 싸인 평양의 밤거리	5.1절 군중시위에서	2	

기사번호	제목(title)	부제목(stitle)	면수	필자, 출처
1949-05-02-011	땅의 주인들	5.1절 군중시위에서	2	
1949-05-02-012	조선민주주의인민공화국 기치밑에서!	함흥시에서	3	로동신문 주재기자
1949-05-02-013	인민은 령도자에게 영광을	신의주에서	3	로동신문 주재기자
1949-05-02-014	9만명의 시위	청진에서	3	로동신문 주재기자
1949-05-02-015	통일과 단결을 시위하면서	원산에서	3	로동신문 주재기자
1949-05-02-016	국토완정을 위하여 앞으로!	강계에서	3	로동신문 주재기자
1949-05-02-017	로력의 개가	해주시에서	3	로동신문 주재기자
1949-05-02-018	전하라 대동강		3	백인준
1949-05-02-019	기타 도시들에서	남포시, 사리원시, 송림시들에서	3	로동신문 통신원
1949-05-02-020	평화옹호세계대회위원회	여러 나라들에서	4	
1949-05-02-021	상임위원회	평화옹호세계대회위원회	4	
1949-05-02-022	평화옹호세계대회에서 국제평화상을 제정		4	조선중앙통신
1949-05-02-023	미국구축함 정말을 방문		4	조선중앙통신
1949-05-02-024	미영의 날조적각서를 항가리정부 론박		4	조선중앙통신
1949-05-02-025	희랍노예화정책은 실패에 돌아가고말았다		4	
1949-05-02-026	『근로자』 제8호		4	로동신문사 『근로자』편집국
1949-05-04-001	불리한 자연조건을 극복하면서 춘기파종을 성과있게 수행하자		1	
1949-05-04-002	더 높은 증산으로 반동책동을 분쇄	흥남비료공장 로동자들	1	주재기자 신기관
1949-05-04-003	면화의 더 높은 수확 위해 투쟁	희천군 읍 하동농민들	1	주재기자 리문상
1949-05-04-004	선진기술습득으로 인민경제수행에	선교련탄공장 종업원들	1	
1949-05-04-005	주녕하대사로부터 북조선직업총동맹에 5.1절 축전	근로자의 명절 5.1절을 축하하여	1	
1949-05-04-006	쏘련직총 제10차대회에서 북조선직총대표 최경덕 연설		1	조선중앙통신
1949-05-04-007	경북지구의 유격전 활발 영양군 청기경찰지서 소탕	남반부인민항쟁	1	조선중앙통신
1949-05-04-008	경남인민유격전 밀양지구 산악전 계속	남반부인민항쟁	1	조선중앙통신
1949-05-04-009	지리산전투 계속 괴뢰경찰을 처단	남반부인민항쟁	1	조선중앙통신
1949-05-04-010	각 도 시 군 구역당부 조직부장회의에서		2	본사기자 김명덕

기사번호	제목(title)	부제목(stitle)	면수	필자, 출처
1949-05-04-011	지도기관 역할 일층 제고 당내 민주주의 적극 발양	해주화학공장 세루로이드분세포에서	2	주재기자 박덕순
1949-05-04-012	세포원들의 선도적역할을 높이여서	영안화학공장 당부에서	2	주재기자 김소민
1949-05-04-013	조선에서의 로동계급과 로동운동		2	
1949-05-04-014	조직지도사업 강화하여 로동생산성 제고를 보장	곡산광산당부에서	2	통신원 김준태
1949-05-04-015	토지리용률을 높이여 수확을 더욱 풍부히!		3	본사기자 류민우
1949-05-04-016	관개망을 확장하여 자연의 재해를 극복	안서관개공사	3	본사기자 리의철
1949-05-04-017	광활한 지대를 기름진 논으로	대동군 림원면 관개공사	3	
1949-05-04-018	잠관공사를 강우기전에	장연지구 관개공사	3	주재기자 박덕순
1949-05-04-019	군무자들의 체력향상은 전투력강화발전의 근간	인민군 5.1절경축종합체육대회	3	김전
1949-05-04-020	고등어잡이준비에 수산로동자들 궐기	함남 서호수산사업소 로동자들	3	본사기자 류민우
1949-05-04-021	괴뢰'정부'의 5.1절 탄압 로동자 백여명 검거	미군주둔하의 공화국남반부	3	조선중앙통신
1949-05-04-022	5.1절 비상경계	미군주둔하의 공화국남반부	3	조선중앙통신
1949-05-04-023	쏘련의 과학과 기술의 승리		3	김응호
1949-05-04-024	전체 중국인민에게 주는 모택동과 주덕의 포고		4	
1949-05-04-025	영국군함 애미씨스트호사건에 관한 중국인민해방군 총사령부 대변인 성명		4	
1949-05-04-026	국민당 비행기의 폭행	남경공습 인민을 살상	4	조선중앙통신
1949-05-04-027	중국 국민당에 대한 미국의 '원조'는 파탄되고있다		4	김훈
1949-05-04-028	유엔 제3차총회 후반회의 전 이태리식민지문제 토의	21일 정치위원회	4	조선중앙통신
1949-05-04-029	뉴욕학생맹휴		4	조선중앙통신
1949-05-05-001	우리 출판물의 과업		1	
1949-05-05-002	인민의 리익에 부합된 예산!	신의주기계 로동자들	1	주재기자 최영환
1949-05-05-003	정부시책 받들어 수송을 민활하게	해주기관구 로동자들	1	주재기자 박덕순
1949-05-05-004	공예작물의 높은 수확으로 보답	사리원시 주변농민들	1	주재기자 리성섭
1949-05-05-005	남조선 각 정당 사회단체 조쏘협정을 적극 지지!		1	조선중앙통신

기사번호	제목(title)	부제목(stitle)	면수	필자, 출처
1949-05-05-006	쏘련방문 조선민주주의인민공화국 정부대표단 귀환보고대회 성황!		1	
1949-05-05-007	조쏘문화협회 중앙위원회에서 쏘련 몽고 중국 문화인대표 초대		1	조선중앙통신
1949-05-05-008	쏘련의 선진적출판물들을 조선인민은 애독한다		2	본사기자 리수근
1949-05-05-009	관개건설공사의 기간단축 위하여	단천군당부에서	2	통신원 서득창
1949-05-05-010	면화파종계획을 성과있게 보장	재녕군 안촌동 세포에서	2	통신원 정필
1949-05-05-011	칼.맑스 탄생 131주년에 제하여	칼.맑스는 과학적공산주의의 창시자이다	2	김명덕
1949-05-05-012	조선에서의 로동계급과 로동운동	전호에서 계속	2, 3	(쏘련잡지『직업동맹』지에서)
1949-05-05-013	전기기관차재생에 개가	철원기관구 로동자들	3	통신원 조훈
1949-05-05-014	30만키로 무사고주행	성진 길주기관구 일군들	3	주재기자 김소민
1949-05-05-015	콜캇타사용에 성공 채탄계의 일대 혁신	안주탄광에서	3	본사기자 김기초
1949-05-05-016	고상한 예술적정서는 전사들의 투지를 고무	5.1절기념 인민군예술경연대회	3	김전
1949-05-05-017	온상모 이앙	평남 평원군 숙천면 당하리 류도공농민	3	본사기자 백운학
1949-05-05-018	승리는 인민에게 있다	중국 신민주주의청년대회에 참가하였던 북조선민청대표 귀국담	3	조선중앙통신
1949-05-05-019	화교들 남경해방을 경축	각지에서 군중대회 개최	3	조선중앙통신
1949-05-05-020	각국에서 5.1절기념 성황	여러 나라들에서	4	조선중앙통신
1949-05-05-021	유고슬라비아인민들은 반역자들에 대한 반항을 강화하고있다		4	
1949-05-05-022	영국외무성의 불법통고에 불가리아정부에서 항의		4	조선중앙통신
1949-05-05-023	영국자치령 수상회의 아세아동맹결성 협의?		4	조선중앙통신
1949-05-05-024	극장안내		4	
1949-05-06-001	일용품류통의 원활을 보장하자		1	
1949-05-06-002	선진쏘련문화를 연구섭취에 진력	해주 교원 대학생들	1	주재기자 박덕순
1949-05-06-003	건설 수리 등을 기술적으로 보장	부전강발전부 일군들	1	통신원 위정산
1949-05-06-004	우량한 련와를 대량 생산 맹세	안변련와 로동자들	1	주재기자 김만선
1949-05-06-005	조선민주주의인민공화국 최고인민회의 상임위원회 김두봉위원장 쏘련 몽고 중국 문화인대표를 초대		1	조선중앙통신

기사번호	제목(title)	부제목(stitle)	면수	필자, 출처
1949-05-06-006	중국 동북문화인대표단일행 귀국		1	조선중앙통신
1949-05-06-007	공화국북반부에서 춘기파종 진척	각지에서	1	
1949-05-06-008	조선민주주의인민공화국 중앙통신사의 공식보도		1	
1949-05-06-009	남조선인민항쟁 치렬		1	조선중앙통신
1949-05-06-010	군중선동사업 일층 강화로 로동자들을 증산에로 고무	서평양철도공장 당부에서	2	본사기자 송학용
1949-05-06-011	형식주의 사업작풍 퇴치코 분석적지도 사업 강화하자	신의주지구 철도당부에서	2	주재기자 최영환
1949-05-06-012	정치교양사업 질적강화로 당원들의 선도적역할 제고	사리원방직 방사분세포에서	2	주재기자 리성섭
1949-05-06-013	당생활에 있어서의 당원들의 적극성을 위하여		2	김태진
1949-05-06-014	용광로복구사업을 성과있게 협조진행	황해제철소 당부에서	2	통신원 윤종칠
1949-05-06-015	남편의 의기를 고무하는 안해의 씩씩한 증산투쟁	흥남 본궁화학공장 전체 로동자들	3	본사기자 리성빈
1949-05-06-016	모판의 공동관리로 건전한 모를 육성	박천군 량가면 련담동 농민들	3	본사기자 백운학
1949-05-06-017	높은 능률과 자재절약은 생산품의 원가를 저하	룡성기계제작소 로동자들	3	주재기자 신기관
1949-05-06-018	봄비는 내린다! 파종을 성과있게	자강도에서	3	
1949-05-06-019	망국적 파행무역	4월중 인천에만 입초 7억여원	3	조선중앙통신
1949-05-06-020	민주력량을 강화하여 전쟁음모를 분쇄하자	사동련탄공장 로동자들	3	본사기자 김기초
1949-05-06-021	평화적건설을 위해 증산에 더욱 힘차게	곡산공장 로동자들	3	본사기자 황경렵
1949-05-06-022	세계평화를 위한 투쟁은 예술의 가장 고상한 주제	문학예술인들의 결의	3	본사기자 김춘희
1949-05-06-023	민주주의평화를 위한 투쟁에 있어서의 쏘베트문화		3	김응호
1949-05-06-024	각국에서 5.1절기념 성황		4	조선중앙통신
1949-05-06-025	항가리인민회의선거를 앞두고		4	최명우
1949-05-06-026	중국인민해방군 전과 확대	각지에서 유격대들과 합류	4	조선중앙통신
1949-05-06-027	중국 국민당군대에 일본전범군인 가담		4	조선중앙통신
1949-05-06-028	재쏘련 유고슬라비아인들 찌또도당 반대하는 신문 발간		4	조선중앙통신
1949-05-06-029	서부 점령당국과 '본의회'대표간에 서부독일 단독정부의 '헌법'초안에 합의 도달		4	조선중앙통신
1949-05-06-030	서부베를린녀성들 시위		4	조선중앙통신
1949-05-07-001	남반부인민들의 구국투쟁은 더욱 치렬화한다		1	

기사번호	제목(title)	부제목(stitle)	면수	필자, 출처
1949-05-07-002	최고인민회의 제3차회의결정 실행위한 인민의 결의	청진철도공장 로동자들, 풍산아마공장 로동자들	1	주재기자 현준극, 통신원 김현모
1949-05-07-003	인민의 아들은 정의의 편에 선다	'국방군'의거입북에 대한 각계의 반향	1	로동자 최춘식
1949-05-07-004	인민에게 겨눈 총부리는 그들 매국노자신에게	'국방군'의거입북에 대한 각계의 반향	1	농민 리광현
1949-05-07-005	의거한 남조선 소위'국방군' 2개 대대 인민들의 환호리에 원산역에 도착!		1	조선중앙통신
1949-05-07-006	의거한 '국방군'지휘자들이 원산역두에서 진술한 답사	표무원, 강태무	1	
1949-05-07-007	평양시 당단체의 사업정형을 토의	평남도당 상무위원회에서	2	본사기자 송학용
1949-05-07-008	농민들의 애국적증산의욕을 고무	철원군 당단체에서	2	주재기자 김만선
1949-05-07-009	사회단체를 옳게 발동 경지면적확장에 만전	연천군 유촌리당부에서	2	통신원 렴상익
1949-05-07-010	신입당원들의 교양사업강화에 대하여		2	북조선로동당 중앙본부 조직부 부부장 차영락
1949-05-07-011	조선민주주의인민공화국 1949년도 국가종합예산에 대하여		2, 3	재정성 부상 김찬
1949-05-07-012	인민들 성의와 환호로써 군무자들의 가족을 위안	평양시 북구인민들 위안의 밤을 개최	3	본사기자 신봉
1949-05-07-013	페차를 수리하여 '5.1절경축호'로	서평양철도공장 로동자들	3	본사기자 박피득
1949-05-07-014	평화옹호투쟁에서 인민은 승리한다!	신의주제지공장 로동자들	3	주재기자 최영환
1949-05-07-015	자손만대의 행복을 위해 녀성들 평화옹호에 궐기	중앙녀맹독보회에서	3	
1949-05-07-016	까나리잡이 시작	몽금포어장에서	3	주재기자 박덕순
1949-05-07-017	파종과 모판관리에 로력을 합리적으로	개천군 중흥리 농민들	3	본사기자 배운학
1949-05-07-018	장성강 거센 물결 헤치고 떼목을 몰아 압록강에로	칠평 림산사업소 자성작업소 관동작업장에서	3	통신원 리효윤
1949-05-07-019	각국에서 5.1절기념 성황		4	
1949-05-07-020	일본탄광 로동자 파업 단행		4	조선중앙통신
1949-05-07-021	미국파업수 격증		4	조선중앙통신
1949-05-07-022	알바니아 이태리간 외교관계 설정		4	조선중앙통신
1949-05-07-023	평화옹호세계대회의 거대한 성과		4	박태문

기사번호	제목(title)	부제목(stitle)	면수	필자, 출처
1949-05-07-024	미국 이란간에 군사비밀협정		4	조선중앙통신
1949-05-07-025	쏘련공청대회 참가 불란서대표 귀환보고		4	조선중앙통신
1949-05-07-026	희랍왕당파군 손실 막대		4	조선중앙통신
1949-05-07-027	트란스요르단군대 씨리아국경에 집결		4	조선중앙통신
1949-05-07-028	극장안내		4	
1949-05-08-001	면화재배에 전인민적주목을 돌리자		1	
1949-05-08-002	김일성수상에게 드리는 감사문	이남 연백농민대회	1	
1949-05-08-003	구암 레의 저수지의 급수에 감격	이남농민들 감사대회 개최	1	조선중앙통신
1949-05-08-004	의거부대 평양에 도착!	30여만 시민 열렬히 환영	1	
1949-05-08-005	우리의 거사는 괴뢰'정부'의 악행에 대한 대답	표무원	1	
1949-05-08-006	공화국인민의 일원으로서 영예로운 투쟁에 나서겠다	강태무	1, 2	본사기자 황경엽, 박명도
1949-05-08-007	파쑈독일을 격멸한 전승절 5월 9일		2	
1949-05-08-008	조선민주주의인민공화국 1949년도 국가종합예산에 대하여		2	재정성 부상 김찬
1949-05-08-009	연선주민들의 환호리에 원산발 평양으로		2	조선중앙통신 특파원
1949-05-08-010	볼쉐위끼출판절 기념야회 성황!	쏘베트신보사 주최	3	본사기자 김춘희
1949-05-08-011	광석을 다량 산출할 대발파작업에 성공	무산광산 로동자들	3	
1949-05-08-012	품질좋고 값싼 전구 더 많이 생산키 위해	평양전구공장 로동자들	3	본사기자 최창준
1949-05-08-013	새로운 강재소둔법 창안	성진제강소에서	3	통신원 렴재학
1949-05-08-014	평화를 위한 투쟁에서 용감하고 또 용감하자	흥남비료공장 로동자들	3	주재기자 신기관
1949-05-08-015	세계평화애호인민들과의 강철같은 단결을 일층 굳게	교통성 평양공장 로동자들	3	본사기자 박피득
1949-05-08-016	흥남비료공장의 3대기본건설!	제4류산공장 2호장치공사	3	
1949-05-08-017	흥남비료공장의 3대기본건설!	접촉류산공장	3	
1949-05-08-018	기본적생산능력의 획기적증강을 예견	축전지공장	3	주재기자 신기관
1949-05-08-019	유엔 제3차총회 후반회의	28일전원회의	4	조선중앙통신
1949-05-08-020	미영공동참모부 '지시'에 서부동맹방위회의 동의		4	조선중앙통신
1949-05-08-021	국민당비행기 북평을 폭격		4	조선중앙통신
1949-05-08-022	영제국 자치령회의 내막	『쁘라우다』지 시사평론가 론평	4	조선중앙통신
1949-05-08-023	희랍각지에서 민주군 공세		4	조선중앙통신
1949-05-08-024	월레스의 평화순회려행		4	조선중앙통신
1949-05-08-025	중국인민해방군 항주를 해방		4	조선중앙통신
1949-05-08-026	원동에서의 공고한 민주주의평화설정을 위한 쏘련의 투쟁		4	도문수

기사번호	제목(title)	부제목(stitle)	면수	필자, 출처
1949-05-08-027	군대조직에 화란정부 광분		4	조선중앙통신
1949-05-08-028	이란군사법정의 '판결'		4	조선중앙통신
1949-05-10-001	인민군대가족 후원사업을 대중적으로 전개하자		1	
1949-05-10-002	선진기술 습득하여 선철증산에 매진!	황해제철소 종업원들	1	주재기자 리성섭
1949-05-10-003	무사고정시운전 철저히 보장하자	희천기관구 일군들	1	주재기자 리문상
1949-05-10-004	파종에 열성을	명천 룡반리 농민들	1	통신원 김창함
1949-05-10-005	의거는 애국적인 장거	'국방군'의거입북에 대한 각계의 반향	1	최고인민회의 대의원 류해붕
1949-05-10-006	어머니의 자애로서 그들을 환영한다	'국방군'의거입북에 대한 각계의 반향	1	녀성 리낙선
1949-05-10-007	청년들의 량심은 흐리지 않는다	'국방군'의거입북에 대한 각계의 반향	1	청년 지창익
1949-05-10-008	조선최고인민회의 상임위원회에서 조선최고인민회의 공보발간 결정		1	
1949-05-10-009	쏘련방문 조선민주주의인민공화국 정부대표단 귀환보고대회 성황!	홍명희부수상, 정준택씨, 김정주씨 보고대회	1	조선중앙통신
1949-05-10-010	위대한 쏘련군대의 은공을 찬양	파쑈독일 격멸 4주년기념보고회 성황	1	본사기자 황경엽
1949-05-10-011	쏘련 몽고 문화인들 금강산 탐승		1	조선중앙통신 특파원
1949-05-10-012	파란직업동맹대회에 조선대표 초청		1	조선중앙통신
1949-05-10-013	평양시당 제8차위원회에서 당중앙위원회 제5차회의 결정실행정형에 대하여 토의		2	본사기자 리수근
1949-05-10-014	면화파종 추진하며 모파락종도 활발	황주군 원정리 2구세포에서	2	통신원 변학준
1949-05-10-015	망국 5.10단선조작 1년후의 공화국남반부		2	리승엽
1949-05-10-016	남조선에 있어서의 식민지정책		2	유영
1949-05-10-017	면화재배의 적지를 선정코 파종을 적기에 기술적으로	신천군 신천면 송오리 농민들	3	주재기자 리성섭
1949-05-10-018	고치증산을 위하여 봄누에사육을 준비	평북 녕변군 농민들	3	본사기자 백운학
1949-05-10-019	군인가정의 파종을 민청원들 적극 협조	화천군 오탄리에서	3	통신원 길관식
1949-05-10-020	작잠증산 위하여	북반부의 농민들	3	
1949-05-10-021	인민들의 옷감을 더 좋게 더 많이	신의주방직공장 한춘자동무	3	본사기자 리인태
1949-05-10-022	소위 '국방군'의 내면상	의거부대 지휘자 표무원 강태무씨의 담화에서	3	조선중앙통신 특파원
1949-05-10-023	약진발전하는 체육문화! 청년들의 체력증진을 과시	5.1절기념 평양시체육대회	3	

기사번호	제목(title)	부제목(stitle)	면수	필자, 출처
1949-05-10-024	소작쟁의 날로 격증	전남도내 1년간 1만 7천여건 일제시대 전선적인 건수를 능가	3	조선중앙통신
1949-05-10-025	리승만괴뢰'정부'에서 서울신문을 정간처분		3	조선중앙통신
1949-05-10-026	남반부주둔 미군의 폭거	경성교외에서 공방연습	3	조선중앙통신
1949-05-10-027	베를린문제에 관한 쏘 미 영 불정부의 공동콤뮤니케		4	
1949-05-10-028	쏘련내각에서 2백억루블리 국채 발행		4	조선중앙통신
1949-05-10-029	쏘련인민들 열렬히 환영		4	조선중앙통신
1949-05-10-030	씨리아정부 송유관수비에 영국보초병 사용제 등 페지		4	조선중앙통신
1949-05-10-031	북대서양조약 비준거부를 요구	이태리각지에 서명운동	4	조선중앙통신
1949-05-10-032	주쏘 영국대사 모쓰크바 출발		4	조선중앙통신
1949-05-10-033	일본탄광 로동자 제1차 파업 계속		4	조선중앙통신
1949-05-10-034	누가 또 무엇때문에 인도에서의 민주주의운동을 방해하고있는가		4	최호선
1949-05-10-035	희랍 림시민주주의정부 내전중지운동강화를 호소		4	조선중앙통신
1949-05-10-036	비률빈주재 영국대리공사 자살		4	조선중앙통신
1949-05-10-037	친미정당인 씨리아국민당 다시 정계의 제일선에 출현		4	조선중앙통신
1949-05-10-038	씨리아 트란스요르단관계 계속 긴박		4	조선중앙통신
1949-05-10-039	항가리 인민경제 산업부문 1,4분기생산계획 초과완수		4	조선중앙통신
1949-05-10-040	극장안내		4	
1949-05-11-001	농촌당단체의 전투적과업		1	
1949-05-11-002	조선민주주의인민공화국 내각 결정 제46호	공화국남반부의 토지개혁실시를 위한 법령기초위원회 조직에 관한 결정서	1	
1949-05-11-003	김일성수상께서 쏘련문화인대표단 몽고문화인대표단 제씨를 접견		1	조선중앙통신
1949-05-11-004	조선민주주의인민공화국 내각 결정 제45호 조선인민군대 전사 및 하사관들의 부양가족원호에 관한 결정서		1	
1949-05-11-005	의무교육준비사업을 성과있게 협조키 위하여	연백군 당단체에서	2	통신원 리용태
1949-05-11-006	면화의 적기파종에 농민들을 계속 추동	중화군 신한리 세포에서	2	본사기자 리성빈
1949-05-11-007	인민군대가족 후원사업을 광범한 군중운동으로 추진	벽성군 당단체의 협조사업에서	2	주재기자 박덕순
1949-05-11-008	지도검열사업의 강화로 당학습을 높은 수준으로	신의주시 당단체에서	2	주재기자 최영환

기사번호	제목(title)	부제목(stitle)	면수	필자, 출처
1949-05-11-009	리승만매국도당들은 일본제국주의자들과 결탁하고있다		2	선동기
1949-05-11-010	군중선전선동사업 일층 개선강화하자	평양시 북구 서북송전부 세포에서	2	본사기자 리수근
1949-05-11-011	아오지인조석유공장 산소분리기 완전복구		3	
1949-05-11-012	작업공정 기계화로 생산능률을 제고	주을요업공장 김사손씨의 창의	3	본사기자 신언철
1949-05-11-013	혼합수송기개조에 성공	사동련탄 위치호동무	3	본사기자 김기초
1949-05-11-014	유일조합원증 교환교부사업	북조선소비조합에서	3	
1949-05-11-015	군인가정의 춘경을 성심껏 협조하자!	룡천군 서호동 농민들	3	통신원 김성균
1949-05-11-016	소위 '국방군'의 내면상 의거부대 병사들이 폭로	천천 제1대대 제2중대소속 일등병 고성원, 춘천 제1대대 제1중대본부 일등병 김성준	3	
1949-05-11-017	몽고영화 「초원의 기사들」		3	본사기자 신봉
1949-05-11-018	미영뿔럭 현회기 의정에서 다수 중요문제 삭제를 기도	-4월 29일 총위원회-	4	조선중앙통신
1949-05-11-019	'민드센티'재판사건문제 등에 관한 특별정치위원회 보고 심의	4월 29일 저녁 전원회의	4	조선중앙통신
1949-05-11-020	몬트고메리 화란에 도착		4	조선중앙통신
1949-05-11-021	중국인민해방군 계속 진공	절강-강서간의 다수역 점령	4	조선중앙통신
1949-05-11-022	중국 화북지구 전역에서 국민당 무장력 완전숙청		4	조선중앙통신
1949-05-11-023	중국인민해방군의 거대한 승리		4	리진형
1949-05-11-024	극장안내		4	
1949-05-12-001	남반부 토지개혁실시를 위한 투쟁		1	
1949-05-12-002	진정한 인민정권의 시책 받들고 투쟁!	평양시 문수리 농민들	1	
1949-05-12-003	정부의 두터운 배려 감격을 마지 않는다	군무자 김시환가정에서	1	본사기자 최창준
1949-05-12-004	승리에 대한 신심을 더욱 굳게 하였다!	평양연초공장 종업원들	1	본사기자 김기초
1949-05-12-005	제2차 세계청년대회와 청년학생들의 축전에 대표파견을 위한 준비 진행		1	조선중앙통신
1949-05-12-006	무축농가 퇴치 위하여	농민은행의 금년도 축산자금대부계획 증가	1	조선중앙통신
1949-05-12-007	학교건축을 위한 인민들의 열의	흥남제7인민학교 준공	1	주재기자 신기관
1949-05-12-008	쏘련 몽고 문화인대표단 공로 귀국		1	본사기자 김춘희, 박명도
1949-05-12-009	당학습의 질적제고에 당적력량을 경주하자	은률군 북부면 당단체에서	2	통신원 김인곤

기사번호	제목(title)	부제목(stitle)	면수	필자, 출처
1949-05-12-010	목재관류작업을 성과있게 추진	하고산 림산작업장 세포에서	2	통신원 김상원
1949-05-12-011	일반적기술수준제고에 적극 노력	신포조선소 세포에서	2	통신원 신항식
1949-05-12-012	류벌의 최적기를 최대한도로 리용하자		2	농림성 림산관리국장 고용대
1949-05-12-013	찌또도배는 제국주의진영에 서있다		2, 3	
1949-05-12-014	인민군대 군인가족원호에 대한 내각결정에 근무자들 환호!		3	본사기자 박경석
1949-05-12-015	토지리용률을 고도로 높여 농촌경리발전에 기여하자	거대한 훈융관개공사 완공	3	주재기자 김소민
1949-05-12-016	낡은 방식을 버리고 새로운 영농법으로	재녕군 봉천리 농민들의 파종 활발	3	본사기자 리의철
1949-05-12-017	중국신민주주의청년단 대표회의에 참가하였던 민청대표 귀환보고대회		3	본사기자 리수근
1949-05-12-018	소위 '국방군'의 내면상 의거부대 장교병사들의 방송에서	제1대대 대대장 표무원, 제2대대 대장 강태무, 제1대대 제1중대 제2소대 제3분대 부분대장 양관재	3	
1949-05-12-019	미군주둔하의 공화국남반부	각처에 공화국국기 계양	3	조선중앙통신
1949-05-12-020	미군주둔하의 공화국남반부	흑을 백이라고 말치 않은 죄	3	조선중앙통신
1949-05-12-021	불란서공산당 정치국에서 콤뮤니케를 발표		4	조선중앙통신
1949-05-12-022	불란서국방상의 폭거	『유마니테』지를 불법기소	4	조선중앙통신
1949-05-12-023	불란서각계에서 반대항의		4	조선중앙통신
1949-05-12-024	항가리 문화인 대회개최		4	조선중앙통신
1949-05-12-025	쏘련에서 신국채발행은 대성공을 거두고 있다		4	조선중앙통신
1949-05-12-026	중국인민해방군 절강-강서선에서 전과 확대		4	조선중앙통신
1949-05-12-027	전국민당 문화기관들을 접수		4	조선중앙통신
1949-05-12-028	쏘련의 직맹들은 로동계급의 국제적통일을 위한 투쟁의 선봉에 서있다		4	최윤문
1949-05-12-029	미국국회 폐막	민주당은 선거시의 약속을 배반	4	조선중앙통신
1949-05-12-030	미국정부에서 집세를 인상		4	조선중앙통신
1949-05-12-031	북대서양조약비준문제로 백이의 하원에서 론쟁		4	조선중앙통신
1949-05-12-032	마래직총 전 위원장 참사		4	조선중앙통신
1949-05-12-033	영국탄광 로동자 파업		4	조선중앙통신
1949-05-12-034	극장안내		4	
1949-05-13-001	인민군대가족의 원호는 공화국무력을 강화한다		1	
1949-05-13-002	김일성장군에게 드리는 감사문	민족보위성 및 ○○구분대 군무자로천대회	1	
1949-05-13-003	공화국정부의 배려에 감격 인민앞에 충실할것을 맹세	민족보위성 및 ○○구분대 군무자대회	1	김전
1949-05-13-004	조선민주주의인민공화국 중앙통신사의 공식보도		1	
1949-05-13-005	조국과 인민을 위하여 모두다 의거하라 의거입북한 '국방군' 2개 대대 장병들 남조선 전'국방군' 장병에게 호소	남조선 리승만괴뢰'정부' '국방군' 장교병사들에게 보내는 호소문	1	
1949-05-13-006	인민군대가족들의 적기파종원조사업 활발히 진행	안변군 배화면 천양리당부에서	2	주재기자 김만선
1949-05-13-007	선전선동사업을 전개하여 면화파종을 성과적으로	벽성군 문정리 구정세포에서	2	주재기자 박덕순
1949-05-13-008	야간당학교사업의 일층 개선을 위하여	자성군당 상무위원회에서	2	
1949-05-13-009	당날의 사업조직 강화하여 당내 민주주의를 적극 발양	연백군 화성면 용전리세포에서	2	통신원 리용태
1949-05-13-010	기계공업의 발전은 산업발전의 기본조건이다		2	신언철
1949-05-13-011	남조선반동역도들이 조작한 지주를 위한 소위 「농지개혁법」	-조선중앙통신기자의 론평-	2, 3	조선중앙통신
1949-05-13-012	조국경제건설의 거대한 원동력!	-수풍 에프롱공사현장을 찾아서-	3	본사기자 신언철
1949-05-13-013	조국과 인민에게 충성 맹세	의거부대 장병전원회의에서 결의 표명	3	본사기자 송학용
1949-05-13-014	유엔 제3차총회 후반회의 금후사업의 절차문제토의	-5월 2일 전원회의-	4	조선중앙통신
1949-05-13-015	국채응모에 관한 쏘련재정성의 발표		4	조선중앙통신
1949-05-13-016	대독전승일을 각국에서 기념		4	조선중앙통신
1949-05-13-017	과학자 큐리를 불란서반동 박해		4	조선중앙통신
1949-05-13-018	신민주주의 제국가에서 농업기계생산은 장성된다		4	박석
1949-05-13-019	미국정부에서 공산당 탄압 가강		4	조선중앙통신
1949-05-13-020	불가리아내각에서 빵가격 인하 등 결정		4	조선중앙통신
1949-05-13-021	영국 리버풀에서 평화옹호대회		4	조선중앙통신
1949-05-13-022	쎄일론에 미자본 침투		4	조선중앙통신
1949-05-14-001	축산사업의 급속한 발전을 위하여		1	
1949-05-14-002	조선민주주의인민공화국 내각 수상 김일성장군에게 드리는 편지	춘천 제1대대 홍천 제2대대 의거부대 장병전원회의에서	1	
1949-05-14-003	의거입북한 남조선'국방군' 해군 제2특무정 장병 일동	각계의 환영리에 평양에 도착	1	조선중앙통신

기사번호	제목(title)	부제목(stitle)	면수	필자, 출처
1949-05-14-004	전심군무에 정진하라 군무자가족들의 감사	평양시 장진리 리래은, 평양시 선교리 문령란, 자강도 회천군 산풍면 서동에서 온 김룡삼	1	조선중앙통신
1949-05-14-005	인민정권만이 할수 있는 배려 문수1리 군무자가족	조철송동무의 어머니 김씨할머니, 김송걸동무의 부인 한주옥	1	
1949-05-14-006	무한한 감사를	룡강군 성암면 송성헌씨 담	1	본사기자 김전
1949-05-14-007	당선전원들을 옳게 지도 군중선전선동사업을 개선	평북 구성군당부에서	2	주재기자 최영환
1949-05-14-008	사업분공을 정확히 하고 실행을 강력히 지도검열	성진제강소 당단체에서	2	주재기자 김소민
1949-05-14-009	의무교육준비사업 높은 애국열로 진행	장진군 중남면당부에서	2	통신원 지두영
1949-05-14-010	인민군대가족원호의 선전사업을 광범히 전개	평양시 중앙공급소 세포에서	2	본사기자 김명덕
1949-05-14-011	리승만괴뢰'정부'를 배격하는 남반부인민들의 구국투쟁		2	리성용
1949-05-14-012	공화국남반부의 토지개혁 실시를 위한 법령기초위원회 조직에 대한 남조선 각 정당 단체의 반향		2	조선중앙통신, 김병제
1949-05-14-013	축산업발전에 기여할 가축위생연구소 대확장		3	본사기자 백운학
1949-05-14-014	사료를 연구하여 가축증식에 기여	소에게 생식시키는 안악군 장산리를 찾아	3	본사기자 리의철
1949-05-14-015	소위 '국방군'의 내면상	홍천 제2대대 제5중대 제1소대 제1분대장 하사 장규태	3	
1949-05-14-016	래봉목장 방목광경		3	
1949-05-14-017	육류수매사업 활발	평남도 각지 농촌에서	3	본사기자 백운학
1949-05-14-018	농촌경리발전에 힘쓰오니 군무에 더욱 충실하소서	학성군 한동리 농민들	3	통신원 허원상
1949-05-14-019	전남인민무장대 전투 치렬	수개경찰지서를 공격	3	조선중앙통신
1949-05-14-020	괴뢰'정부'군경의 교통통신을 단절	전남 각처에서	3	조선중앙통신
1949-05-14-021	경남 북방면 인민유격전	괴뢰'정부'군경의 통신망을 단절	3	조선중앙통신
1949-05-14-022	산악전 유격전 격렬		3	조선중앙통신
1949-05-14-023	세계평화옹호전선에 뭉치라!	정말공산당 전당대회 메쎄지	4	조선중앙통신
1949-05-14-024	중국해방구에서 철도의 대부분이 운행		4	조선중앙통신
1949-05-14-025	불란서 각 직맹 행동통일	임금인상 단체계약 등 요구코 공동투쟁	4	조선중앙통신
1949-05-14-026	중국전국청년 제1차대표자대회 폐막		4	조선중앙통신
1949-05-14-027	화란부대들의 테로행위		4	조선중앙통신
1949-05-14-028	봉건제도 폐지 요구	파키스탄 신드주농민대회	4	조선중앙통신
1949-05-14-029	미국의 상원에서 월레스씨 북대서양동맹을 규탄		4	조선중앙통신

기사번호	제목(title)	부제목(stitle)	면수	필자, 출처
1949-05-14-030	미영의 선전과 실정		4	신근성
1949-05-14-031	항가리정부는 교회사업에 완전한 자유를 보장한다	-미국신교 목사의 담화-	4	조선중앙통신
1949-05-14-032	토이기정부 총사직?		4	조선중앙통신
1949-05-14-033	인도수상 네루 방미?		4	조선중앙통신
1949-05-14-034	국제직련산별부 신설에 관한 각국 직맹지도자들 성명		4	조선중앙통신
1949-05-14-035	분란의 주택난		4	조선중앙통신
1949-05-14-036	극장안내		4	
1949-05-15-001	2.4분기 생산계획실행을 위한 투쟁에서의 당단체의 과업		1	
1949-05-15-002	남조선 제정당 사회단체로 북조선민전 중앙위원회에 서한		1	
1949-05-15-003	국기훈장 수여식 광경		1	박명도
1949-05-15-004	인민군대 및 내무성 군관들에게 국기훈장 수여	14일 조선최고인민회의 상임위원회에서 수여식 거행	2	조선중앙통신
1949-05-15-005	도시경영사업의 협조대책을 토의	평양시당 상무위원회에서	2	본사기자 리수근
1949-05-15-006	주도한 계획밑에 잠견증산을 협조	리원면 룡산리 세포에서	2	통신원 윤지월
1949-05-15-007	조선인민군대는 날로 장성강화되고있다		2	김전
1949-05-15-008	공화국남반부의 토지개혁실시를 위한 법령기초위원회 제1차회의		2	조선중앙통신
1949-05-15-009	공화국남반부의 토지개혁실시를 위한 법령기초위원회 조직에 대한 남조선 각 정당 단체의 반향		2	조선중앙통신
1949-05-15-010	원쑤들에 대한 높은 경각성으로 인민보안의 초소에 설것을 맹세	보안국 경비보안처 ○○구분대 군무자대회	3	김전
1949-05-15-011	개천선 광궤부설공사를 6.24까지에 완수하자	개천-신안주간 광궤공사 로동자들	3	본사기자 박피득
1949-05-15-012	10만키로를 정시무사고로 주파코저	원산기관구 종업원들	3	주재기자 김만선
1949-05-15-013	뜨락또르로 춘경을 협조	각지 농사시험장에	3	
1949-05-15-014	자재를 쾌속히 건설의 터전에로	정주기관구 종업원들	3	
1949-05-15-015	소위'국방군'의 내면상	춘천 1대대 2중대 1소대장 소위 지준영	3	
1949-05-15-016	철도수송발전에 기여할 기본건설의 승리적진척	서평양철도공장에서	3	본사기자 리인태
1949-05-15-017	선진적영농방법 랭상모 이앙!		3	통신원 지덕봉
1949-05-15-018	유엔 제3차총회 후반회의 프랑코 서반아문제 토의	4일 정치위원회 오후 회의	4	
1949-05-15-019	중국인민해방군 복건성에 진격		4	조선중앙통신
1949-05-15-020	국민당 해군 급속 붕괴	25척 기의 23척 투항	4	조선중앙통신

기사번호	제목(title)	부제목(stitle)	면수	필자, 출처
1949-05-15-021	미국자동차산업 로동자 파업 날로 확대		4	조선중앙통신
1949-05-15-022	유엔 구라파경제위원회		4	조선중앙통신
1949-05-15-023	서반아인민의 사형집행인		4	조맹훈
1949-05-15-024	극장안내		4	
1949-05-17-001	조쏘문화의 교류사업을 더욱 강력히 추진시키자		1	
1949-05-17-002	남조선로동당 민주독립당 조선인민공화당 근로인민당 남조선청우당 사회민주당 남조선민녀성동맹 조선로동조합 전국평의회에 보내는 북조선민주주의민족통일전선 중앙위원회의 답서	'조국통일민주주의전선' 결성에 대한 제의를 토의한것과 관련하여	1	
1949-05-17-003	북조선중앙은행 소액화페발행을 내각에서 결정		1	
1949-05-17-004	훌륭한 군인이 되기 위하여!	○○구분대 군무자들	1	
1949-05-17-005	인민의 정권에 무한한 감사를	전사의 안해 백경선씨	1	본사기자 김기초
1949-05-17-006	자체환경에 부합된 실천적사업계획을 수립하자!	평양시 전차사업소 제4분세포에서	2	본사기자 리수근
1949-05-17-007	당정치교양사업을 계통적으로 지도	희천군당부에서	2	주재기자 리문상
1949-05-17-008	작업비판회 성과를 보장 증산열의를 부단히 제고	신의주제지공장 당부에서	2	주재기자 최영환
1949-05-17-009	당날과 당회의에 대하여		2	북조선로동당 중앙본부 조직부 부부장 차영락
1949-05-17-010	공화국남반부의 토지개혁실시를 위한 법령기초위원회 조직에 대한 남조선 각 정당 단체의 반향	근로인민당, 민주애국청년동맹, 민중동맹에서	2	
1949-05-17-011	인민군대 전체 군무자들 고상한 문화생활을 영위		3	김전
1949-05-17-012	군인가정의 영농을 솔선하여 협조하자	함북 경성군내 민청원들	3	주재기자 김소민
1949-05-17-013	성대한 연예회로 군인가족을 위안	평양시 문수2리 리민들	3	본사기자 신봉
1949-05-17-014	새로 개소된 주을 온포정양소		3	주재기자 김소민
1949-05-17-015	확장발전되는 국영직장상점	공화국북반부의 각 공장 광산 기업소에서	3	조선중앙통신
1949-05-17-016	세계청년 및 대학생축전에 파견할 체육선수선발대회		3	
1949-05-17-017	소위 '국방군'의 내면상	춘천 제1대대 본부중대 2등중사 하룡택	3	
1949-05-17-018	가축을 증식시키여 농촌을 더욱 부요케	신흥군 남평리 농민들	3	통신원 리정산
1949-05-17-019	쏘련에 있어서의 독립채산제(1)		3	김응호
1949-05-17-020	쏘련직총 10차대회에 참가한 각국 대표들 기자들과 담화	남조선 전평대표도 담화	4	조선중앙통신
1949-05-17-021	쏘련직총 제10차대회에서 승인된 직맹규약을 발표		4	조선중앙통신
1949-05-17-022	신민주주의국가 루마니아의 문화		4	로진국
1949-05-17-023	공산당과의 공동전선을 견지	이태리사회당전국대회 개최	4	조선중앙통신
1949-05-17-024	일본탄광 로동자 파업 확대일로		4	조선중앙통신
1949-05-17-025	직맹분렬주의자들이 계획한 '아세아로동련맹' 조작실패		4	조선중앙통신
1949-05-17-026	남미 콜럼비아로동당의 성명		4	조선중앙통신
1949-05-17-027	극장안내		4	
1949-05-18-001	조국의 통일과 국토완정 위하여		1	
1949-05-18-002	'조국통일민주주의전선' 결성을 인민들 절대지지	평양화학공장, 평양기구제작소, 중앙우편국에서	1	본사기자 리인태
1949-05-18-003	중앙고급지도간부학교 제8 제9기생 졸업식		1	
1949-05-18-004	수풍땜의 에프롱보수공사 기본적 콩크리트작업 완료		1	
1949-05-18-005	파종이앙 활발히 진척 연초모판 파종완료 60%증산을 예상	각지에서	1	
1949-05-18-006	조국과 인민을 위하여 힘차게 싸울것을 맹세	○○○구분대 군무자들	1	
1949-05-18-007	강력한 전투적력량을 발휘하도록 노력하자	○○○구분대 군무자들	1	
1949-05-18-008	더 훌륭한 경비대원이 되라고	평양 오탄리 신운철녀사	1	
1949-05-18-009	북구역당단체의 당사업계획수립정형을 토의	평양시당 상무위원회에서	2	본사기자 리수근
1949-05-18-010	세포핵심-열성자의 역할 제고를 위하여	만포군당단체에서	2	주재기자 현갑진
1949-05-18-011	구체적과업을 분공하여 세포원들이 실제적모범	황철 후판갑조분세포에서	2	통신원 윤철
1949-05-18-012	정치교양사업 강화 위하여 하부실정을 옳게 파악하자	평강군 현내면 당단체에서	2	통신원 리배근
1949-05-18-013	관개공사계획을 성과있게 실행하기 위하여		2	농림성 관개관리국장 전희균
1949-05-18-014	공화국남반부의 토지개혁실시를 위한 법령기초위원회 조직에 대한 남조선 각 정당 단체의 반향	사회민주당, 로동조합전국평의회, 남조선민주녀성동맹에서	2	

기사번호	제목(title)	부제목(stitle)	면수	필자, 출처
1949-05-18-015	나도 남편과 같이 조국위해 몸바쳐	해주화학공장 변희열씨의 결의	3	주재기자 박덕순
1949-05-18-016	군정학습의 새 학기 맞아 군인들의 의기 더욱 높다	각 구분대들에서	3	
1949-05-18-017	도수로를 개량하여 수리를 더 안전히	룡천-의주간 제2기 개량공사	3	통신원 김성균
1949-05-18-018	간석지개척을 위한 서해안조사에 착수		3	본사기자 리의철
1949-05-18-019	조국을 팔아먹으며 민족을 학살하는 리승만도당의 죄상	의거입북한 남조선'국방군' 제2특무정 부기관장 강룡환소위 방송(요지)	3	
1949-05-18-020	쏘련에 있어서의 독립채산제(2)		3	김응호
1949-05-18-021	불란서공산당 정치국에서 콤뮤니케를 발표		4	조선중앙통신
1949-05-18-022	중국인민해방군 전과 절강-강서철도 완전장악	상해포위선을 일층 더 압축	4	조선중앙통신
1949-05-18-023	불란서정부의 민주인사 박해에 전국적 항의운동 확대		4	조선중앙통신
1949-05-18-024	불란서로동총련맹 상임위원회의 콤뮤니케		4	조선중앙통신
1949-05-18-025	큐리옹호운동	불란서문화 과학계에서 전개	4	조선중앙통신
1949-05-18-026	쏘련직총 위원장에게 국제직련서기장 서한		4	조선중앙통신
1949-05-18-027	쏘련의 저명한 인사들은 평화옹호의 소리를 높인다	레닌농학한림원 회원 쓰딸린상 계관인 이사이.와룬쨘	4	
1949-05-18-028	희랍민주군 전과 확대		4	조선중앙통신
1949-05-18-029	토이기인민들 생활비고등을 반대		4	조선중앙통신
1949-05-18-030	월레스의 평화순회려행	각지에서 대환영	4	조선중앙통신
1949-05-18-031	『근로자』 제9호		4	로동신문사 『근로자』편집국
1949-05-19-001	춘경파종은 성과있게 진행된다		1	
1949-05-19-002	'조국통일민주주의전선'결성제의를 남조선 정당 사회단체들도 열렬히 환영지지	민주한독당, 남조선전국농민총련맹, 남조선민애청에서	1	
1949-05-19-003	조선건민회의 답서 남조선로동당 민주독립당 조선인민공화당 근로인민당 남조선청우당 사회민주당 남조선민주녀성동맹 조선로동조합 전국평의회 귀중	'조국통일민주주의전선'결성과 관련하여	1	
1949-05-19-004	민중동맹의 답서 남조선로동당 민주독립당 조선인민공화당 근로인민당 남조선청우당 사회민주당 남조선민주녀성동맹 조선로동조합전국평의회 귀중	'조국통일민주주의전선'결성과 관련하여	1	

기사번호	제목(title)	부제목(stitle)	면수	필자, 출처
1949-05-19-005	'조국통일민주주의전선'결성을 인민들 절대지지		1	북조선직총 부위원장 최주석, 기업가 선우영철, 목사 리학봉
1949-05-19-006	새 유일제강에 근거하여 세포학습회를 옳게 진행	평양시 문화출판사 세포에서	2	본사기자 리수근
1949-05-19-007	구체적인 계획으로 학교사업을 협조	연백군 적암중학교 세포에서	2	통신원 리룡태
1949-05-19-008	전습반을 적극 협조 기술수준 날로 향상	청진방직공장 당부에서	2	
1949-05-19-009	파종을 성과있게 보장하고 건모육성지도사업을 협조	회녕군 당단체에서	2	통신원 심철
1949-05-19-010	세포학습회 지도자들을 위한 쎄미나르 사업에 대하여		2	당중앙본부 선전선동부 교양과장 고혁
1949-05-19-011	공화국남반부의 토지개혁실시를 위한 법령기초위원회 조직에 대한 남조선 각 정당 단체의 반향	민주한독당, 민주독립당, 남조선기교민주동맹, 전국유교련맹에서	2	
1949-05-19-012	온 가족이 한맘한뜻으로 조국의 완전독립을 위하여	군인과 그의 가족들의 담화에서	3	
1949-05-19-013	조국과 인민에게 충성을 다해 복무	평양특별시보안대원들	3	
1949-05-19-014	미군주둔하의공화국남반부		3	조선중앙통신
1949-05-19-015	수송력을 획기적으로 높일 집결수송은 점차로 확대!	평양철도국산하 일군들	3	본사기자 박피득
1949-05-19-016	세계청년축전에 참가할 체육선수선발대회 폐막		3	본사기자 신봉
1949-05-19-017	립철의 다량생산을 보장할 회전로복구 활발히 진척!	청진제강소 로동자들	3	주재기자 김소민
1949-05-19-018	품위높은 광석을 더 많이 생산하자	단천광산 로동자들	3	본사기자 김기초
1949-05-19-019	중국인민해방군 전과	한구 무창 한양 해방	4	조선중앙통신
1949-05-19-020	중국인민해방군 전과	상해를 삼면 포위코 교외에 육박	4	조선중앙통신
1949-05-19-021	유고슬라비아를 탈출한 장교들이 성명서를 발표		4	조선중앙통신
1949-05-19-022	침략빈대 호소	불란서녀성동맹 비서 연설	4	조선중앙통신
1949-05-19-023	비률빈대통령은 월가의 지령에 의하여 수작한다		4	김동석
1949-05-19-024	스칸디나비아제국 섬유공업 파멸상태		4	조선중앙통신
1949-05-19-025	쏘련직총 제10차대회참가 외국직맹 및 국제직련대표들	쏘련직총중앙위원회 상임위원회에 서한	4	
1949-05-19-026	반인민적물가를 윈나로동자들 반대		4	조선중앙통신
1949-05-19-027	우리는 쏘련을 반대하는 전쟁에 참가하지 않는다	불란서소녀동맹 제5차대회	4	조선중앙통신

기사번호	제목(title)	부제목(stitle)	면수	필자, 출처
1949-05-19-028	인도외무상 성명		4	조선중앙통신
1949-05-19-029	희랍왕당파가 목사 등을 사형		4	조선중앙통신
1949-05-20-001	사회과학교수에 대하여		1	
1949-05-20-002	남조선민주주의민족전선 중앙위원회의 성명서		1	
1949-05-20-003	조국통일민주주의전선 결성제의를 환영 지지하여 남조선 각 정당 단체로부터 계속 답신	신진당, 근로대중당, 불교청년당, 조선대중당, 남조선불교도련맹에서	1	
1949-05-20-004	김원무씨에게 국기훈장 3급 수여		1	조선중앙통신
1949-05-20-005	의무교육준비협조사업 애국적열의속에서 진행	리원군 서면당단체에서	2	통신원 윤지원
1949-05-20-006	소비조합사업의 개선향상을 보장	홍원군 소비조합세포에서	2	통신원 유헌
1949-05-20-007	인민군대가족의 영농을 적극 협조	화천군 오탄리당부에서	2	통신원 김관식
1949-05-20-008	강사들의 리론수준 높여 당강연사업을 질적강화	경성군 당단체에서	2	주재기자 김소민
1949-05-20-009	인민군대부양가족원호사업에 대한 의의		2	승원
1949-05-20-010	코스모뽀리찌즘과 인떼르나찌오날리즘		2	
1949-05-20-011	군인가족원호에 대한 민청맹원들의 열의!	녕변군에서	3	통신원 차기표
1949-05-20-012	민주개혁의 성과를 튼튼히 지키기 위해	○○○구분대 군무자들	3	주재기자 박덕순
1949-05-20-013	만반준비를 갖추고 고등어잡이를 대기	동해안 어로일군들	3	본사기자 백운학
1949-05-20-014	뿌스낀탄생 150주년 기념사업준비 진행		3	본사기자 김춘희
1949-05-20-015	송전능력을 높이는 조상기를 완전 수리	서북송전부에서	3	본사기자 최창준
1949-05-20-016	미군주둔하의공화국남반부	해적으로 불리워지는 소위 '국방군'의 해군	3	
1949-05-20-017	미군주둔하의공화국남반부	소위 '국방장관'의 광언	3	조선중앙통신
1949-05-20-018	북조선소비조합 창립 3주년을 맞으며		3	북조선소비조합 중앙위원회 위원장 조홍희
1949-05-20-019	베를린에서 군중대회	지역적제한의 철폐와 외상회의 소집을 환영	4	조선중앙통신
1949-05-20-020	인민대회 대표자 선거	민주독일에서	4	조선중앙통신
1949-05-20-021	선거 진행	민주독일에서	4	조선중앙통신
1949-05-20-022	과테말라에 대한 미국의 압박 흑심		4	조선중앙통신
1949-05-20-023	인민대회 대표자 선거에 관한 독일인민회의 서기국의 호소		4	조선중앙통신
1949-05-20-024	독일경제위원회의 초청		4	조선중앙통신
1949-05-20-025	애급농민의 궁경		4	조선중앙통신
1949-05-20-026	파란직맹대회 연기		4	조선중앙통신

기사번호	제목(title)	부제목(stitle)	면수	필자, 출처
1949-05-20-027	중국에 있어서의 군사-정치적정세		4	백하
1949-05-20-028	양자강중류에서 제4야전군 도하		4	조선중앙통신
1949-05-21-001	국가졸업진급시험을 성과있게 준비하자		1	
1949-05-21-002	김일성수상에게 축전 귀국한 쏘련문화 인대표단 일동으로부터	우리 나라를 떠나는것과 관련하여	1	
1949-05-21-003	조국통일을 위하여 한뭉치 되어 싸우자	조국통일민주주의전선 결성을 절대지지하여	1	북조선민주당 중앙본부 선전부장 리홍렬
1949-05-21-004	전체 애국적력량을 총집결하여야 한다	조국통일민주주의전선 결성을 절대지지하여	1	청우당 부위원장 박윤길
1949-05-21-005	가장시기에 적응한 구국대책이다	조국통일민주주의전선 결성을 절대지지하여	1	북조선농민동맹 중앙위원회 부위원장 현칠종
1949-05-21-006	쏘련방직맹대회에 참가하였던 직업총동맹 전평대표일행 귀환		1	
1949-05-21-007	파란직맹대회에 북조선직총에서 축전	대회를 축하하여	1	조선중앙통신
1949-05-21-008	남조선 전평에서도 축전		1	조선중앙통신
1949-05-21-009	조국통일 완성하는 위업에로 모두다!	사동련탄공장 일군들	1	본사기자 황경엽
1949-05-21-010	당적지도검열사업을 일층 체계있게 진행하자	평양시 북구역 당부에서	2	본사기자 송학용
1949-05-21-011	세포실정에 부합되게 지도사업을 정상적으로	화천군 상서면 당부에서	2	통신원 김관식
1949-05-21-012	각 생산직장들에서의 우기대책에 대하여		2	신언철
1949-05-21-013	코스모뽀리찌즘과 인떼르나찌오날리즘	전호에서 계속	2, 3	
1949-05-21-014	높은 애국적열의로써 군인가족을 원호하자	경성군 중평리 농민들	3	통신원 류하룡
1949-05-21-015	조국과 인민 위해 언제나 용감하소서	평양 중구역 인민들	3	본사기자 리성빈
1949-05-21-016	5월 훈풍 그윽한 모란봉에서 즐거운 일요일을 인민과 함께	인민군전사들	3	차남준
1949-05-21-017	파란청년들은 조선청년들과의 친선적련계를 열렬히 희망한다	북조선민청에 보내온 파란청년들의 서한	3	조선중앙통신
1949-05-21-018	배소로를 복구하여 내화물원료를 증산	길주내화물공장 로동자들	3	통신원 방락신
1949-05-21-019	품위는 높이고 원가는 낮추자	은곡광산 로동자들	3	통신원 최린태
1949-05-21-020	이스라엘국가의 유엔가입에 관한 7개국 결의안을 채택 9일 특별정치위원회	유엔 제3차총회 후반회의	4	조선중앙통신
1949-05-21-021	중국인민해방군 전과	강소성 거의 전부 해방	4	조선중앙통신
1949-05-21-022	중국인민해방군 전과	구강등 요지를 해방	4	조선중앙통신

기사번호	제목(title)	부제목(stitle)	면수	필자, 출처
1949-05-21-023	정보의 국제적전달과 부인의 권리에 관한 협정초안 강압채택 11일 제3위원회	유엔 제3차총회 후반회의	4	조선중앙통신
1949-05-21-024	영국고사포대 백이의에 도착		4	조선중앙통신
1949-05-21-025	이태리사회당대회는 중간파의 기대를 좌절		4	조선중앙통신
1949-05-21-026	베를린문제에 대하여		4	주인선
1949-05-21-027	영국경찰의 폭행!	아이슬러씨를 불법체포	4	조선중앙통신
1949-05-21-028	파란인민들 분격	영국정부에 항의	4	조선중앙통신
1949-05-21-029	항가리산업의 발전 현저		4	조선중앙통신
1949-05-21-030	서독 단독국가수립과 점령법규를 반대하여	서독공산당 투쟁호소	4	조선중앙통신
1949-05-21-031	화란증원부대 인도네시아에 도착		4	조선중앙통신
1949-05-21-032	극장안내		4	
1949-05-22-001	로동보호사업을 일층 강화하자		1	
1949-05-22-002	조선민주주의인민공화국과 알바니아인민공화국과의 외교관계설정에 대하여		1	
1949-05-22-003	민주독립 쟁취하는 획기적인 대책이다	조국통일민주주의전선 결성을 절대지지하여	1	북조선녀성동맹 부위원장 리금순
1949-05-22-004	국토완정투쟁에서 더욱 용감한 투사로	조국통일민주주의전선 결성을 절대지지하여	1	북조선민청중앙위원회 부위원장 오운식
1949-05-22-005	미군 철퇴를 요구코 과감히 투쟁	조국통일민주주의전선 결성을 절대지지하여	1	북조선기독교련맹 선전부장 박길환
1949-05-22-006	'조국통일민주주의전선'결성제의를 남조선정당 사회단체들도 열렬히 환영지지	남조선문화단체총련맹, 전국유교련맹, 기독교민주동맹애서	1	조선중앙통신
1949-05-22-007	남반부구국항쟁 치렬 전남광양에서 8개 지서 습격	각처에서 반동분자를 처단	1	조선중앙통신
1949-05-22-008	실천적사업계획 수립하고 하부사업을 성과있게 추진	공대 건설 섬유학부 교직원 분세포에서	2	본사기자 윤봉경
1949-05-22-009	광범한 군중 선전사업으로 군무자가족 원호사업 활발	평양시 선교4리 가두세포에서	2	본사기자 리수근
1949-05-22-010	인민군대와 인민들의 련계를 일층 굳게 하자		2	북조선로동당 중앙본부 선전선동부 부부장 윤군창
1949-05-22-011	세포원들의 선도적역할로 개답공사는 활발히 진척	고원군 몽상리 세포에서	2	통신원 박경림
1949-05-22-012	쏘련공업의 부단한 륭성		2	전관
1949-05-22-013	조선인민군예술극장 연극 「장갑렬차」 상연		3	김전

기사번호	제목(title)	부제목(stitle)	면수	필자, 출처
1949-05-22-014	남반부의 각 농촌에서 활동하는 무장항쟁부대 위한 군사원호단		3	조선중앙통신
1949-05-22-015	기술전습 강화하여 생산능률을 높이자	주을요업공장 로동자들	3	통신원 류하룡
1949-05-22-016	세계청년축전 무용대표선발경연대회		3	조선중앙통신
1949-05-22-017	병사들을 종처럼 부리는 소위 '국방군' 해군장교		3	
1949-05-22-018	'한일통상협정'을 계기로 략탈적일본재벌들 준동		3	조선중앙통신
1949-05-22-019	괴뢰'정부'의 학원탄압	교원대거'숙청'	3	조선중앙통신
1949-05-22-020	운수를 확보코저 우기대책에 만전	평양철도국 신막지구	3	주재기자 박덕순
1949-05-22-021	최승희작 민족무극「반야월성곡」을 보고		3	박팔양
1949-05-22-022	전 이태리식민지문제 토의 분과위원회 설치안 채택 9일 정치위원회에서	유엔 제3차총회 후반회의	4	
1949-05-22-023	북이 60만 농업로동자 파업 단행		4	조선중앙통신
1949-05-22-024	독일전국회의 소집운동 서부독일에서도 활발		4	조선중앙통신
1949-05-22-025	희랍왕당파군 국경침범 불가리아정부 항의서한	-유엔사무국 발표-	4	조선중앙통신
1949-05-22-026	알바니아인민공화국		4	박희남
1949-05-22-027	불가리아선거의 승리적 결과		4	조선중앙통신
1949-05-22-028	화란침략자들의 테로 격화		4	조선중앙통신
1949-05-22-029	미국 헬싱키에 대비행장 건설		4	조선중앙통신
1949-05-22-030	멕시코로총비서 출옥		4	조선중앙통신
1949-05-24-001	당선전원들에 대한 지도사업		1	
1949-05-24-002	조국통일민주주의전선 결성제의를 지지 찬동하여	조선농민당 학병거부자동맹 건청 등 답서	1	
1949-05-24-003	조국통일민주주의전선 결성을 인민들 절대지지		1	
1949-05-24-004	민독당 근민당 남조선청우당 사민당 등 조국통일민주주의전선 결성준비위원회 대표 선정		1	조선중앙통신
1949-05-24-005	공화국북반부에서	식수계획을 넘쳐 수행, 파종이앙 진척	1	
1949-05-24-006	남반부구국항쟁 치렬	벌교 등지에서 격전 전개	1	조선중앙통신
1949-05-24-007	남반부구국항쟁 치렬	반동경찰의 폭압 뚫고 삐라와 표어들을 산포	1	조선중앙통신
1949-05-24-008	자습당원들의 리론연구 적극적으로 지도방조	평양시 중구역당부에서	2	본사기자 송학용
1949-05-24-009	인민군대가정의 적기이앙을 협조	철원군 상노리 세포에서	2	통신원 조훈
1949-05-24-010	면화적기파종에 농민들을 계속 추동	련천군당부에서	2	주재기자 김만선

기사번호	제목(title)	부제목(stitle)	면수	필자, 출처
1949-05-24-011	조국통일민주주의전선 결성은 국토완정의 거족적구국대책		2	리승엽
1949-05-24-012	1949년도 모쓰크바의 도시시설		2, 3	김정산
1949-05-24-013	즐거운 군대생활	김성윤전사의 수기에서	3	림덕보
1949-05-24-014	정부의 따뜻한 배려는 전사들의 용기를 배가		3	주재기자 박덕순
1949-05-24-015	주남관개수리공사 준공	20일 성대히 통수식을 거행	3	조선중앙통신
1949-05-24-016	국가시험 앞두고 학기말시험 시행	평양녀자고급중학교에서	3	
1949-05-24-017	생산공정 기계화로 계획초과실행에!	곡산광산 선광장 확장공사	3	
1949-05-24-018	장벽식 채탄면은 점차로 확대된다	함북 하면탄광 로동자들	3	주재기자 김소민
1949-05-24-019	수모를 이앙	철원군 양지리 1구에서	3	주재기자 김만선
1949-05-24-020	쏘련학자들 래조		3	
1949-05-24-021	미군주둔하의 공화국남반부 애국자들에게 계속 사형 언도	리승만도당의 발악 우심	3	조선중앙통신
1949-05-24-022	미군주둔하의 공화국남반부	맥아더는 미국무성에 리승만괴뢰'정부'에 무기공급을 요청	3	조선중앙통신
1949-05-24-023	희랍내전중지문제에 관한 따쓰의 성명		4	
1949-05-24-024	남아프리카련방에 거주하는 인도인의 차별대우문제 심의 -10일 정치위원회-	유엔제3차총회 후반회의	4	조선중앙통신
1949-05-24-025	중국인민해방군 전과	서안(섬서성 수부)을 해방	4	조선중앙통신
1949-05-24-026	희랍민주군 전과		4	조선중앙통신
1949-05-24-027	반파쑈활동가 아이슬러의 불법체포를 각계에서 항의	파란외무성 대표의 성명	4	조선중앙통신
1949-05-24-028	반파쑈활동가 아이슬러의 불법체포를 각계에서 항의	베를린주재 파란군사사절단 성명	4	조선중앙통신
1949-05-24-029	동아프리카 우간다에서 영국당국 주민을 대량 학살		4	조선중앙통신
1949-05-24-030	미국사법성의 비행		4	조선중앙통신
1949-05-24-031	알바니아에 대한 찌또도당의 야망	-알바니아의 반역자재판에서-	4	조선중앙통신
1949-05-24-032	견고한 민주주의적평화를 위한 원동인민들의 투쟁		4	
1949-05-24-033	씨리아독재자 자임의 혹정		4	조선중앙통신
1949-05-24-034	서전금속 로동자직맹 지도부의 분렬행위		4	조선중앙통신
1949-05-24-035	극장안내		4	
1949-05-25-001	우리 조국 민주발전에서의 쏘련의 원조		1	
1949-05-25-002	조국통일민주주의전선 결성을 인민들 절대지지	선교련탄 일군들, 평양 미림2리 농민들, 하성광산 50립산 일군들	1	본사기자 백운학, 주재기자 박덕순
1949-05-25-003	조국통일민주주의전선 결성제의를 남조선각계에서 지지	민중동맹 중앙위원 박응환, 기독교민주동맹 중앙위원 리병일, 조선건민회 한정우	1	조선중앙통신
1949-05-25-004	파종이앙 진척	각지에서	1	
1949-05-25-005	강서군 함정면 농민들전체 춘기파종을 완료		1	
1949-05-25-006	전북 장수군지역에 인민위원회 착착 회복		1	조선중앙통신
1949-05-25-007	영화관에서 애국삐라 산포		1	조선중앙통신
1949-05-25-008	국군의거에 매국도당 대혼란	참모총장이하 책임자 전부 파면	1	조선중앙통신
1949-05-25-009	평등호혜의 립장에서 친선적통상관계는 진행		2	
1949-05-25-010	1946년도의 조쏘량국간의 무역총액을 100으로 한다면 1949년에는 456.5% 1950년에는 937.5%로 급격장성발전된다		2	
1949-05-25-011	뻗어오르는 용광로의 연기	민주건설의 자랑 황해제철	2	
1949-05-25-012	조쏘문화협회 제3차대회에 참가차로 래조하였던 쏘련미술가와 조선미술가들의 교환		2	
1949-05-25-013	선진적쏘련문화의 섭취로 찬란히 개화되는 민족문화		2	
1949-05-25-014	우리 산업발전에 쏘련과학의 공훈		2	
1949-05-25-015	평남관개건설공사장에서 기술적원조를 주고있는 쏘련토목기사 싸깔로브씨와 조선기술자들		2	
1949-05-25-016	자연개조의 거센 투쟁에 쏘련기술자들의 원조		2	
1949-05-25-017	병사들의 유쾌한 오락회	리주학군관 지휘하의 구분대에서	3	김전
1949-05-25-018	성형기를 창안하여 능률을 3배로 증가	황해제철 요업부에서	3	통신원 윤칠
1949-05-25-019	로력의 전원에서	안주군 연호면 남일리를 찾아서	3	본사기자 백운학
1949-05-25-020	작업공정을 기계화 객차수리에 공헌!	교통성 평양공장 최주렬씨	3	본사기자 박피득
1949-05-25-021	창의적로력으로	영안화학공장 로동자들	3	통신원 김창함
1949-05-25-022	빡빡 긁어가는 미국의 경제'원조'	한미협정체결후의 남반부	3	송남
1949-05-25-023	미제와 리승만과의 '협정'		3	장진광
1949-05-25-024	전 이태리식민지운명에 관한 제 결의안들을 채택	13일 정치위원회	4	조선중앙통신
1949-05-25-025	위신쓰끼 파리에 도착		4	조선중앙통신
1949-05-25-026	중국인민해방군 전황	절강성 동남부 중요항구 등과 무창 장사간 철도중요역 점령	4	조선중앙통신

기사번호	제목(title)	부제목(stitle)	면수	필자, 출처
1949-05-25-027	중국인민해방군 전황	남창을 해방	4	조선중앙통신
1949-05-25-028	중국인민해방군 전황	남경인민정부 수립	4	조선중앙통신
1949-05-25-029	제3차 독일인민대회 대표자선거 전유권자의 95.2%가 참가		4	조선중앙통신
1949-05-25-030	체코슬로바키아에서 반역자들을 판결		4	조선중앙통신
1949-05-25-031	이란인민생활		4	조선중앙통신
1949-05-25-032	미국에 실업자 격증		4	조선중앙통신
1949-05-25-033	전 미국국방장관 포레스틸 자살		4	조선중앙통신
1949-05-25-034	제 인민들의 친선이라는 해빛은 '북대서양장글에 있는 모든것을 들어낸다		4	
1949-05-26-001	경리재정사업의 질을 높이자		1	
1949-05-26-002	조선민주주의인민공화국 중앙통신사의 공식보도		1	
1949-05-26-003	조국통일민주주의전선 결성제의를 지지 찬동하여	민족대동회 남조선자주녀맹 등 답서	1	
1949-05-26-004	원산교원대학 오는 9월 개교		1	조선중앙통신
1949-05-26-005	파종이앙 진척	각지 농촌들에서	1	
1949-05-26-006	흥남지구 공장로동자들 1천여만원 희사를 결의		1	주재기자 신기관
1949-05-26-007	함북도인민들		1	조선중앙통신
1949-05-26-008	2억 4백여만원 희사 2백 4교의 신축개시	황해도인민들	1	
1949-05-26-009	홍원군 내무원들의 애국지성		1	
1949-05-26-010	가평면 민들의 열성적인 협조		1	
1949-05-26-011	신천 합촌동 민청원들		1	
1949-05-26-012	하성광산당부의사업에서	조직적협조로서 우기대책을 보장	2	주재기자 박덕순
1949-05-26-013	하성광산당부의사업에서	청년작업반사업 일층 강화에 노력	2	통신원 정필
1949-05-26-014	민주건설투쟁에서 검열된 우수한 근로자를 당대렬에	평양기관구 운전 제2분세포에서	2	본사기자 리수근
1949-05-26-015	각 도 로동신문은 춘경파종을 어떻게 반영하고있는가		2	김현주
1949-05-26-016	직관적선전물의 질적향상 위하여		2	김태윤
1949-05-26-017	소년단원들의 귀여운 연예 군인가족위안의 밤 성황	평양시 서구역에서	3	본사기자 박경석
1949-05-26-018	록음우거진 숲속에서 즐기는 군무자들의 단란	어느 휴식일의 하루	3	
1949-05-26-019	소금채취작업 활발	남시 염전로동자들	3	주재기자 최영환
1949-05-26-020	쏘련아동생활에 대한 사진전람회를 개최	조쏘문화협회에서	3	본사기자 김춘희
1949-05-26-021	자연과 투쟁한 결실	주남관개공사 준공기	3	현준국

기사번호	제목(title)	부제목(stitle)	면수	필자, 출처
1949-05-26-022	인민무장부대를 진압키는 불가능	소위 '국군 현지전투사령관'의 비명	3	조선중앙통신
1949-05-26-023	리승만의 복수수단 확대	소위 국회의원 검거 계속	3	조선중앙통신
1949-05-26-024	경성시내서 진보적교원 40여명을 검거 투옥		3	조선중앙통신
1949-05-26-025	파리 4개국 외상회의소집에 관하여	『쁘라우다』지 외교평론가 마리닌의 론평	4	
1949-05-26-026	트리에스트총독임명문제 심의	11일 안전보장리사회	4	조선중앙통신
1949-05-26-027	월남민족해방투쟁 강렬	불란서군대 손실 막대	4	조선중앙통신
1949-05-26-028	인민민주국가건설에서의 체코슬로바키아 공산당		4	
1949-05-26-029	사회주의 위한 투쟁에서의 항가리 로동계급과 직맹	항가리직맹 총서기장 아프로.안탈의 론평	4	조선중앙통신
1949-05-26-030	항가리의 선거 성과적으로 진행		4	조선중앙통신
1949-05-26-031	선거승리 경축군중대회		4	따쓰통신
1949-05-26-032	서부독일의 점령비 격증		4	조선중앙통신
1949-05-26-033	연구생모집		4	김일성종합대학 총장
1949-05-27-001	생산에서의 창의와 발명에 대하여		1	
1949-05-27-002	국토완정을 위하여 더욱 굳센 투지로 전진	'조국통일민주주의전선' 결성을 절대지지하여	1	애국투사후원회 중앙위원회 부위원장 염한국
1949-05-27-003	리승만망국도배들에게 치명적타격이 될 것이다	'조국통일민주주의전선' 결성을 절대지지하여	1	북조선불교도련맹 부위원장 김승법
1949-05-27-004	그 어느때보다도 더욱 굳게 뭉치자 길주팔프 종업원들	'조국통일민주주의전선' 결성을 절대지지하여	1	주재기자 김소민
1949-05-27-005	조국통일을 쟁취하는 거족적인 구국대책	'조국통일민주주의전선' 결성을 절대지지하여	1	북조선소비조합 중앙위원회 위원장 조홍희
1949-05-27-006	남반부 각 도 농민들을 초청하여 간담	남반부 토지개혁 위한 법령기초위원회에서	1	조선중앙통신
1949-05-27-007	파종이앙 활발히 진척	북반부의 면화파종계획 100.8%로 초과완수	1	
1949-05-27-008	회녕 두립촌벌관개공사 완수		1	
1949-05-27-009	남포 제1탁아소 개소	년간 연 1만 6천명 수용	1	
1949-05-27-010	남반부인민항쟁치렬	각 처에서 유격부대 맹활동	1	조선중앙통신
1949-05-27-011	남반부인민항쟁치렬	각 처 '군경'전신전주 절단	1	조선중앙통신
1949-05-27-012	당중앙위원회 제5차회의 결정서 집행정형을 토의	평남도내 각 시 군 면당부 및 생산직장 당부위원장 련석회의에서	2	본사기자 송학용
1949-05-27-013	구체적지도방조로 강연사업을 개선	재녕군당단체에서	2	통신원 정필

기사번호	제목(title)	부제목(stitle)	면수	필자, 출처
1949-05-27-014	조직지도사업 강화하여 림산계획실행을 보장	자강도 전천군당부에서	2	주재기자 리문상
1949-05-27-015	경비대 및 보안대는 조국과 인민을 위하여 견결히 투쟁하고있다		2	내무성 문화국장 김한중
1949-05-27-016	조기작물에 대한 비배관리		2	사리원농사시험장장 김진세
1949-05-27-017	영예로운 충성을 맹세코 세 아들을 인민군인으로	룡천군 중흥동 리성중농민	3	통신원 김성균
1949-05-27-018	배우고 또 배워서 조국에 이바지하리	조선인민군 전사들	3	
1949-05-27-019	높은 수확을 위하여 목화밭제초에 분망	황주군 청룡면 농민들	3	주재기자 리성섭
1949-05-27-020	지하자원탐사대 자강도에서 활동		3	조선중앙통신
1949-05-27-021	화전민생활을 벗어나 땅의 행복한 주인으로	중화군 신흥면 관산리	3	본사기자 리성빈
1949-05-27-022	라이스페-퍼초지기신설공사 활발히 진척	신의주제지공장 로동자들	3	주재기자 최영환
1949-05-27-023	림산업발전을 위한 림상조사사업 활발	농림성에서	3	본사기자 백운학
1949-05-27-024	쓰딸린상수상 쏘련영화 「참된 사람의 이야기」		3	신봉
1949-05-27-025	파리4개국외상회의 개막 독일통일문제 등 4개 의정 결정	23일(제1일)회의	4	조선중앙통신
1949-05-27-026	소위 본'헌법 서독의회에서 선포		4	조선중앙통신
1949-05-27-027	씨.아이.오의 결정		4	조선중앙통신
1949-05-27-028	희랍림시민주정부에서 콤뮤니케를 발표		4	조선중앙통신
1949-05-27-029	트리에스트 미 영 군정에서 민주진영의 선거운동 방해		4	조선중앙통신
1949-05-27-030	선거에 관련하여 항가리내각 총사직 결정		4	조선중앙통신
1949-05-27-031	알바니아지방 인민회의 선거실시		4	조선중앙통신
1949-05-27-032	일-쏘친선협회 창립		4	조선중앙통신
1949-05-27-033	브라운의 인도려행		4	조선중앙통신
1949-05-27-034	『쁘라우다』주필에게 영국외무성기관지 『부리딴쓰끼 싸유즈니크』잡지 주필 알지 바리드 르.죤손으로부터 서한		4	
1949-05-27-035	연구생모집		4	김일성종합대학 총장
1949-05-28-001	인민정권의 강화를 위한 당단체의 협조		1	
1949-05-28-002	국토완정을 위한 투쟁을 더한층 강력히 전개하자	조국통일민주주의전선결성을 지지하여	1	북조선공업기술총련맹 중앙위원회 위원장 리병제
1949-05-28-003	조국통일민주주의전선 결성에 총궐기하자!	조국통일민주주의전선결성을 지지하여	1	북조선인민항공협회 중앙위원회 서기장 신태은
1949-05-28-004	조선인민들에게는 다만 통일이 있을뿐!	조국통일민주주의전선결성을 지지하여	1	북조선농림수산기술련맹 중앙위원회 위원장 김창하
1949-05-28-005	더욱더 증산에 헌신투쟁 맹세	신막기관구 로동자들	1	주재기자 박덕순
1949-05-28-006	조국통일민주주의전선 결성제의를 지지 찬동하여 민족해방청년동맹 답신		1	
1949-05-28-007	류안증산에 또하나의 승리	흥남비료공장에서	1	조선중앙통신
1949-05-28-008	파종이앙 활발히 진척	함북도, 강원도 화천군	1	조선중앙통신
1949-05-28-009	관개공사 준공	함남도, 강원도, 흥융 관개공사	1	
1949-05-28-010	학교건축 위한 인민의 열의	룡천군과 해주4인민교, 상북면민들	1	
1949-05-28-011	조직적협조사업 강화하여 국가시험준비사업을 보장	황해도 은률녀자중학교 세포에서	2	
1949-05-28-012	정확한 분공조직으로 적기이앙사업을 추진	재녕군 서호면 장산동 세포에서	2	
1949-05-28-013	주도한 계획밑에 우기대책을 협조	평양시 성냥공장 세포에서	2	본사기자 리수근
1949-05-28-014	리승만괴뢰'정부'의 최후발악을 분쇄하고 조국의 완전통일을 쟁취하자!		2	승원
1949-05-28-015	쏘련아까데미끄 리센꼬의 탁월한 로작		2	
1949-05-28-016	우리의 인민군전사들이 군무에 전심할 수 있도록	무산군 서안리 농민들 군인가족 적극 원조	3	통신원 박종덕
1949-05-28-017	다정한 보안대원들	○○보안대원들	3	
1949-05-28-018	새로 개소된 조쏘도서관		3	본사기자 김춘희
1949-05-28-019	폐차를 복구하여 수송 제1선에로!	진화기관구 로동자들	3	통신원 박종덕
1949-05-28-020	실지작업과 결부시켜 기술전습을 정상적으로	운산광산 로동자들	3	통신원 백종진
1949-05-28-021	정성들여 길러 질좋은 고치로	성천군 대동리 현봉부락에서	3	본사기자 백운학
1949-05-28-022	모는 건전하게 이앙은 제때에	안주군 니서리 농민들	3	
1949-05-28-023	선진적영농방법을 농민들속에 광범히	평남도내 농맹단체들의 활동	3	본사기자 백운학
1949-05-28-024	독로강발전소 가설공사 활발		3	조선중앙통신
1949-05-28-025	괴뢰'정부'의 귀축행위	안면도에 '특수감옥' 설치	3	조선중앙통신
1949-05-28-026	초만원 이룬 대구형무소	7할이 '국가보안법'관계	3	조선중앙통신

기사번호	제목(title)	부제목(stitle)	면수	필자, 출처
1949-05-28-027	남조선인민의 해외추방획책		3	합동통신
1949-05-28-028	상해의 중요시가 해방	인민해방군을 시민들 환영	4	조선중앙통신
1949-05-28-029	유엔 제3차총회 후반회의 프랑코를 옹호하려는 미영의 계획은 실패	16일 총회전원회의	4	조선중앙통신
1949-05-28-030	희랍애국자의 어머니들 전세계에 호소		4	조선중앙통신
1949-05-28-031	『쁘라우다』주필에게 영국외무성기관지 『부리딴쓰끼 싸유즈니크』잡지 주필 알지바리드르 죤스톤으로부터 서한	전호에서 계속	4	
1949-05-29-001	기본건설공사를 적극적으로 추진시키자		1	
1949-05-29-002	3천만 조선인민의 의사를 반영한것이다	조국통일민주주의전선결성을 절대지지하여	1	조쏘문화협회 중앙위원회 위원장 리기영
1949-05-29-003	거족적인 당면과업이다	조국통일민주주의전선결성을 절대지지하여	1	북조선적십자사 선전부장 김문학
1949-05-29-004	부강한 통일국가건설은 우리의 일치된 투쟁목표	조국통일민주주의전선결성을 절대지지하여	1	북조선문학예술 총동맹 부위원장 리태준
1949-05-29-005	조국통일민주주의전선 결성제의를 지지찬동하여 조선어학회에서 답신		1	
1949-05-29-006	5.1절기념 증산운동의 성과를 직총에서 총화		1	조선중앙통신
1949-05-29-007	파종이앙 활발히 진척	각지에서	1	
1949-05-29-008	학교건축 위한 인민의 열의	각 도들에서	1	
1949-05-29-009	군중선동 및 문화사업 협조정형을 토의	평양시당 상무위원회에서	2	본사기자 리수근
1949-05-29-010	인민군대가족의 파종을 성과있게	명천군 독포리 세포에서	2	주재기자 김소민
1949-05-29-011	당단체의 계획적협조로 의무교육준비사업 활발	연천군 중면당단체에서	2	통신원 렴상익
1949-05-29-012	일반적기술수준 제고하여 방역사업을 질적으로 보장	조선전염병연구소 세포에서	2	박승화
1949-05-29-013	보건사업의 발전을 위하여		2	보건성 의무국장 최창석
1949-05-29-014	쏘련에서의 기술간부문제는 어떻게 해결되었던가		2	
1949-05-29-015	군무에 더욱 정진하여 인민들의 원호에 보답	최경학전사의 결의	3	
1949-05-29-016	인민군대 건국실		3	

기사번호	제목(title)	부제목(stitle)	면수	필자, 출처
1949-05-29-017	림산자원개발 위한 기본건설공사 진행	무산림산사업소 각 현장들에서	3	주재기자 현준극
1949-05-29-018	행복한 녀성들	평양견직공장에서	3	본사기자 리성빈
1949-05-29-019	고원탄광 철도부설공사 활발		3	통신원 박경림
1949-05-29-020	경험을 옳게 살리고 새 방법을 연구하여	종성군 주산리 림병연농민	3	통신원 김진규
1949-05-29-021	소위'국회의원'검거문제	괴뢰'국회'의 암흑면 폭로	3	조선중앙통신
1949-05-29-022	거대한 변혁	주남관개 통수식을 보고	3	리태준
1949-05-29-023	파리 4개국 외상회의 독일통일문제에 관한 쏘련측 구체안 제출	-24일(제2일)회의-	4	
1949-05-29-024	중국인민해방군 전과		4	조선중앙통신
1949-05-29-025	국제직업련맹의 금속공 견직공 및 제혁공들의 국제회의 소집에 대하여		4	
1949-05-29-026	통일과 강화조약체결을 독일인민들 열망		4	조선중앙통신
1949-05-29-027	쏘련점령 독일지대 물가 대폭인하		4	조선중앙통신
1949-05-29-028	체코슬로바키아공산당 제9차대회 개막		4	조선중앙통신
1949-05-31-001	청년들의 민주주의적 교양		1	
1949-05-31-002	조국통일을 위한 투쟁에 더욱 힘차게 싸울것을 결의	조국통일민주주의전선결성을 지지하여	1	북조선보건련맹 중앙위원회 부위원장 김세철
1949-05-31-003	증산의 열도를 더한층 높이자	흥남비료주물과 로동자들	1	
1949-05-31-004	2개년계획의 기한전완수에	청진제강 로동자들	1	주재기자 김소민
1949-05-31-005	훌륭한 민족간부 되기에 노력하자	평양공대 교수 학생들	1	본사기자 박경석
1949-05-31-006	파종이앙 활발히 진척	각지에서	1	
1949-05-31-007	학교건축 위한 인민의 열의	각 도들에서	1	
1949-05-31-008	당조직정치지도사업의 개선강화를 토의	원산시당 열성자회의에서	2	주재기자 김만선
1949-05-31-009	군중선동사업을 활발히 계속 전개	정평군 화동리당부에서	2	통신원 김상원
1949-05-31-010	건모육성을 보장	신흥군 요중리 세포에서	2	
1949-05-31-011	선진쏘련문화의 활발한 섭취를 위하여		2	리기영
1949-05-31-012	쏘베트 그루지야의 수도 뜨빌리씨		2	
1949-05-31-013	인민군대는 우리들의 학교 군사훈련과 정치교양에 전심	○○구분대 김병련전사	3	김전
1949-05-31-014	휴식일에 오빠와 함께		3	
1949-05-31-015	쏘련학자의 헌신적방조 조선학계에 공헌지대	아르쭈난박사의 활동	3	본사기자 박경석
1949-05-31-016	인민앞에 맹세한것 꾸준히 실천하자!	사동련탄공장 김태현작업반	3	본사기자 김기초

기사번호	제목(title)	부제목(stitle)	면수	필자, 출처
1949-05-31-017	금년도 류벌계획을 우기전에 완수코저	신풍림산작업장 로동자들	3	주재기자 리문상
1949-05-31-018	증산의욕 앙양시켜 경제계획실천에로	북조선직업총동맹에서	3	본사기자 신언철
1949-05-31-019	농림수산기술을 더 높은 수준에	농림수산기술련맹에서	3	본사기자 백운학
1949-05-31-020	농촌계절탁아소	북조선적십자사에서	3	본사기자 신봉
1949-05-31-021	'미군철퇴'설에는 무엇이 숨어있는가?		3	리문일
1949-05-31-022	미제의 '미군철퇴' 요술통		3	장진광
1949-05-31-023	파리4개국외상회의 독일통일문제토의 계속	-25일(제3일)회의-	4	
1949-05-31-024	중국인민해방군 상해를 완전해방		4	조선중앙통신
1949-05-31-025	일본전국대학 고전 동맹휴학 단행		4	조선중앙통신
1949-05-31-026	극장안내		4	
1949-06-01-001	춘잠견의 증산을 성과있게 보장하자		1	
1949-06-01-002	'조국통일민주주의전선'결성준비위원회 김두봉위원장과 조선중앙통신사 기자와의 담화		1	
1949-06-01-003	시기에 적절한 구국대책이다	'조국통일민주주의전선'결성을 지지하여	1	영화배우 문예봉
1949-06-01-004	조정철씨에게 국기훈장제3급 수여	조선최고인민회의 상임위원회	1	조선중앙통신
1949-06-01-005	당운실씨 년간책임량 완수	평양견직공장에서	1	조선중앙통신
1949-06-01-006	이앙 활발히 진척	철원, 신흥, 연천, 봉산에서	1	
1949-06-01-007	평양제1인민병원 락성		1	
1949-06-01-008	5대산인민무장대 산악전 전개		1	조선중앙통신
1949-06-01-009	소위 '국군'제3련대 격파 박격포 등 무기도 로획		1	조선중앙통신
1949-06-01-010	당과 국가에 헌신복무할 간부양성에 빛나는 업적	창립 3주년 맞는 중앙당학교	2	
1949-06-01-011	맑스-레닌주의를 심오하게 -독서실에서-	중앙당학교에서	2	
1949-06-01-012	고상한 예술과 문화적정서를 학생들의 문화생활	중앙당학교에서	2	
1949-06-01-013	북조선로동당 중앙당학교창립 3주년		2	장주익
1949-06-01-014	사격의 명수가 되어 임무수행을 철저히	경비대원 고승옥전사	3	
1949-06-01-015	노래를 즐겨하는 보안대원들	보안대원들과 평양 제20인민학교 소년단원들	3	
1949-06-01-016	민청작업반운동을 더 광범히 더 활발히	평양메리야스공장에서	3	본사기자 최창준
1949-06-01-017	기계에 정통하여 제품을 정확하게	성진제강소 자범근동무	3	통신원 렴재학
1949-06-01-018	물자를 만재하고 건설의 터전에로	마데두13호기관차에서	3	
1949-06-01-019	굳세고 씩씩하게 소년은 자란다	소년단창립 3주년 기념준비	3	본사기자 신봉
1949-06-01-020	리승만매국도당의 비명		3	김오성, 장진광

기사번호	제목(title)	부제목(stitle)	면수	필자, 출처
1949-06-01-021	체코슬로바키아공산당 제9차대회	쏘련공산당에서 말렌꼬브 참가	4	조선중앙통신
1949-06-01-022	쏘련외무성과 모쓰크바주재 영국대사관간에 각서를 교환		4	조선중앙통신
1949-06-01-023	통일과 평화를 위하여 독일 전체 인민들 궐기		4	조선중앙통신
1949-06-01-024	유엔원자위원회 사업 재개		4	조선중앙통신
1949-06-01-025	영국 파업 격증		4	조선중앙통신
1949-06-01-026	트란스요르단에 아사자 속출		4	조선중앙통신
1949-06-01-027	민족전선 결성제안을 서부독일 각지에서 환영		4	조선중앙통신
1949-06-01-028	본 '헌법'을 반대하는 독일진보력량의 투쟁		4	박근문
1949-06-01-029	몽고와 알바니아간 외교관계 설정		4	조선중앙통신
1949-06-01-030	미국식방위(미제국주의자들의 아저씨들은 처칠이나 딸레스와 같은 흉악한 어뢰를 유엔을 파괴할 목적으로 발사하고 있다)		4	
1949-06-02-001	조국통일을 위한 거족적투쟁		1	
1949-06-02-002	공화국내각 수상 김일성장군께 드리는 맹세문	성진제강소 직장총회	1	
1949-06-02-003	동법령 3주년기념일 앞두고 상반년계획 초과완수를 김일성수상에게 맹세!	성진제강소 로동자들 증산경쟁운동에 궐기	1	조선중앙통신
1949-06-02-004	공화국남반부 토지개혁법령초안원안 작성심의	동법령기초위원회회의에서	1	조선중앙통신
1949-06-02-005	혁명적유지를 계승코 싸우자	혁명자유가족들	1	
1949-06-02-006	화물수송량을 넘쳐 실행하여	강계륙운사업소 일군들	1	주재기자 현갑진
1949-06-02-007	견직물생산에 헌신투쟁 맹세	평양견직로동자들	1	
1949-06-02-008	학습회지도자들을 위한 쎄미나르사업을 강화	신천군당단체에서	2	주재기자 박덕순
1949-06-02-009	적기이앙을 보장키 위하여 관개용수준비 만전	리원군 남송면당단체에서	2	통신원 윤지월
1949-06-02-010	조직적력량을 경주	장풍군 독정리 자개동세포에서	2	통신원 허준
1949-06-02-011	당날의 교양성 일층 제고에 노력	사리원시당부에서	2	통신원 지덕봉
1949-06-02-012	뿌쉬낀탄생 150주년기념일을 앞두고	뿌쉬낀은 위대한 로씨아민족시인이다	2	
1949-06-02-013	공화국남반부 토지개혁실시를 위하여		2	리성용
1949-06-02-014	발전하는 고향의 소식은 전사의 의기를 고무한다		3	통신원 신항식
1949-06-02-015	생산협의회강화로 높은 생산을 보장	평양연초직맹단체에서	3	본사기자 리인태

기사번호	제목(title)	부제목(stitle)	면수	필자, 출처
1949-06-02-016	에야콤프렛샤 수리재생에 개가	원산검차구 류상현동무	3	본사기자 신언철
1949-06-02-017	국립예술극장 상연	가극 「카르멘」에 대한 각계의 반향	3	
1949-06-02-018	국립예술극장의 가극 「카르멘」공연을 보고		3	리조영
1949-06-02-019	파리4개국외상회의 독일통일문제 토의 계속	-26일(제4일)회의-	4	조선중앙통신
1949-06-02-020	며칠동안의 파리4개국외상회의 사업은 무엇을 보여주는가?		4	림문수
1949-06-02-021	인도네시아의 전황	죠쟈카르타지구에서 격전	4	조선중앙통신
1949-06-02-022	화란의 전병력 인도네시아에 집중?		4	조선중앙통신
1949-06-02-023	반공운동을 거부	영국의 2대직맹	4	조선중앙통신
1949-06-02-024	평양사범대학 학생모집		4	평양사범대학
1949-06-03-001	당내의 비판과 자기비판을 활발히 전개하자		1	
1949-06-03-002	국토완정 위하여 더욱 힘차게 투쟁		1	의학박사 장기려
1949-06-03-003	거족적투쟁에 힘차게 나서자	운포광산 로동자들	1	통신원 유헌
1949-06-03-004	끝까지 싸워 이겨야 하오	남포 해산리 농민들	1	통신원 정명길
1949-06-03-005	계획완수에 총돌진하자	원산기관구 일군들	1	주재기자 김만선
1949-06-03-006	더 높은 증산으로	의주군 북일부락 농민들	1	주재기자 최영환
1949-06-03-007	곡산광산 상반년계획 완수		1	
1949-06-03-008	춘경이앙 활발 진척	각지에서	1	
1949-06-03-009	사리원-해주간에 급행렬차를 운전		1	
1949-06-03-010	운탄시설을 기계화	고원탄광에서	1	
1949-06-03-011	학교건축사업 진행정형 의무교육실시중앙준비위원회 제4차회의에서 토의	안변군, 정평군에서	1	
1949-06-03-012	비판과 자기비판 강화하여 세포사업을 활기있게 추진	중앙은행본점 세포에서	2	본사기자 송학용
1949-06-03-013	세포핵심-열성자 교양지도를 강화	연천군당부에서	2	통신원 렴상익
1949-06-03-014	당원들의 주도적역할로써 학교건축사업을 성과있게	은률군 이도면당단체에서	2	통신원 김인곤
1949-06-03-015	기술수준 제고하여 우량가축증산 보장	재녕군종축장 세포에서	2	통신원 정필
1949-06-03-016	므.이.까리닌 서거 제3주년		2	
1949-06-03-017	인민군대가족 원호사업은 전인민적애국운동으로 광범히 전개되고 있다		2	김준일
1949-06-03-018	인민군대는 가는곳마다 열광적환영을 받는다	룡천군 내중면에서	3	본사기자 황경엽
1949-06-03-019	마상에 올라앉아	○○기병대 전사들과 인민들	3	

기사번호	제목(title)	부제목(stitle)	면수	필자, 출처
1949-06-03-020	안전시설을 강화코 증산에 일층 분투!	곡산광산 로동자들	3	통신원 리영식
1949-06-03-021	상목을 더 잘 가꾸어 집집마다 잠견증산	황해도 각지 농촌에서	3	본사기자 류민우
1949-06-03-022	세계청년축전파견 무용대표선발경연		3	본사기자 김춘희
1949-06-03-023	광명에 찬 앞길	평양 제3애육원을 찾아서	3	본사기자 리성빈
1949-06-03-024	미군주둔하의 공화국 남반부	리승만 매국도당 애국자들을 총살	3	조선중앙통신
1949-06-03-025	미제앞에 재롱부리는 두마리의 충실한 주구		3	리봉
1949-06-03-026	독일인민대회 개막	2천여명의 대표가 참석	4	조선중앙통신
1949-06-03-027	전체 애국적력량을 민족전선에 집결호소	제1일 오전회의에서 피크 연설	4	조선중앙통신
1949-06-03-028	영국로동당 우익지도층 진보적당원들을 박해		4	조선중앙통신
1949-06-03-029	애급의 군사비		4	조선중앙통신
1949-06-03-030	동경에서 대시위	각처에서 경관대와 충돌	4	조선중앙통신
1949-06-03-031	이태리사회당내의 분렬책동은 실패		4	조선중앙통신
1949-06-03-032	쏘련청년대표 자유독일청년대회에 참가		4	조선중앙통신
1949-06-03-033	이태리사회당은 공산당과의 행동통일을 견지하고 있다		4	최친국
1949-06-03-034	불란서정부의 애국인사박해 혹심		4	조선중앙통신
1949-06-03-035	희랍왕당군 불가리아령토 침범		4	조선중앙통신
1949-06-03-036	극장안내		4	
1949-06-04-001	인민체력검정의 광범한 실시를 위하여		1	
1949-06-04-002	모든 력량을 조국통일에로		1	작곡가 김순남
1949-06-04-003	국토완정 위한 거족적투쟁을		1	연극배우 황철
1949-06-04-004	매국도당들을 타도분쇄하자	서흥석회공장 로동자들	1	
1949-06-04-005	수송투쟁에 총궐기하자	평양기관구 로동자들	1	본사기자 박경석
1949-06-04-006	우리민족은 하나이다!	중화군 신한리 농민들	1	본사기자 리성빈
1949-06-04-007	청진해방투쟁기념관 개관		1	조선중앙통신
1949-06-04-008	조선서 처음으로 함석제조에 성공	황해제철로동자들	1	
1949-06-04-009	이앙 활발히 진척	각지에서	1	
1949-06-04-010	오대산일대 산악전 맹렬	삼척지역에서도 교전	1	조선중앙통신
1949-06-04-011	태백산지대에서도 산악전		1	조선중앙통신
1949-06-04-012	학교교육사업의 협조강화대책을 토의 결정	평양시당상무위원회에서	2	본사기자 리수근
1949-06-04-013	당회의조직지도사업을 높은 수준에서 진행하여	희천군당부에서	2	주재기자 리문상

기사번호	제목(title)	부제목(stitle)	면수	필자, 출처
1949-06-04-014	광범한 군중선동사업으로 인민군대후원 사업 활발	연백군당단체에서	2	
1949-06-04-015	조국통일에 애국적력량을 총집결하자		2	김영주
1949-06-04-016	독립채산제는 쏘베트 제 기업소관리의 계획적방법이다		2	
1949-06-04-017	열렬한 희망을 달성하여 영예의 인민군 인으로	로동자출신의 림춘웅전사	3	본사기자 박경석
1949-06-04-018	군마를 둘러싸고	내무성 경비국 ○○기병대	3	
1949-06-04-019	로동법령 3주년기념 증산경쟁운동에 궐기	사동련탄공장 로동자들	3	본사기자 김지창
1949-06-04-020	기본시설을 대확충하여	하성광산 로동자들	3	통신원 정필
1949-06-04-021	뿌쉬낀탄생 150주년기념 사진전람회 대 성황		3	본사기자 김춘희
1949-06-04-022	이랑논모내기 활발	황해도 봉산벌에서	3	본사기자 리성섭
1949-06-04-023	세계청년축전파견 체육후보선수선발		3	본사기자 신봉
1949-06-04-024	괴뢰'정부'경찰 학생 다수 검거		3	조선중앙통신
1949-06-04-025	창조적로력으로	평남관개공사 제2공구에서	3	본사기자 백운학
1949-06-04-026	파리4개국외상회의 서부 3개국 대표단 구체안제출을 회피	27일(제5일)회의	4	조선중앙통신
1949-06-04-027	독일인민대회 폐막	파리4개국외상회의에 파견할 대 표단을 선출	4	조선중앙통신
1949-06-04-028	막스.라이만의 석방 요구	영국군정에 전보문 발송	4	조선중앙통신
1949-06-04-029	중국인민해방군 전과		4	조선중앙통신
1949-06-04-030	전인도직맹평의회대회 정부의 박해속에 서 개막	5월 28일 봄베이에서	4	조선중앙통신
1949-06-05-001	소년단사업을 더 한층 활발히 전개하자		1	
1949-06-05-002	애국적력량을 총집결시키자		1	김달삼
1949-06-05-003	강력한 구국대책		1	조복례
1949-06-05-004	열화같은 투지로 괴뢰'정부'타도에	청진제철로동자들	1	
1949-06-05-005	공화국남반부의 토지개혁실시를 위한 법령기초위원회 사업진행에 관한 조선 중앙통신사의 공식보도		1	
1949-06-05-006	조국통일민주주의전선 결성제의를 지지 찬동하여 호국청년단 천도교북조선종무 원 등 참가서한		1	
1949-06-05-007	조국통일민주주의전선결성을 축하하여 각계각층으로부터 동준비위원회에 축전 축문		1	조선중앙통신
1949-06-05-008	북반부 각 대학 신입생모집		1	조선중앙통신
1949-06-05-009	김일성장군빨찌산부대의 보천보전투는 조선민족의 해방투쟁을 더 한층 힘차게 고무하였다	-보천보전투승리 12주년에 제하 여-	2	
1949-06-05-010	조국구원의 빛나는 태양		2	박팔양
1949-06-05-011	세포의 조직적역할 높이여 계획실행 성 과적으로 협조	희천검차구 세포에서	2	주재기자 리문상
1949-06-05-012	적기이앙을 보장하기 위한 당단체의 역 할을 강화	함남 고원군당단체에서	2	
1949-06-05-013	인민군대가족원호사업을 더 광범한 사 회적운동으로	남구역당단체에서	2	본사기자 유봉경
1949-06-05-014	우리 인민군대는 공화국을 보위하는 튼 튼한 성벽이다		2	현덕
1949-06-05-015	아.뿌쉬낀은 세계문학의 자랑이다	뿌쉬낀탄생 150주년에 즈음하여	3	조쏘문화협회 중앙본부 부위원장 박길용
1949-06-05-016	씨비리에로 보냄		3	뿌쉬낀작, 전동혁역
1949-06-05-017	뿌쉬낀탄생 150주년 기념야회 성대히 거행		3	본사기자 김춘희
1949-06-05-018	뿌쉬낀을 추모하며		3	시인 박세영, 김순석
1949-06-05-019	쥬꼬브쓰끼에서의 문학회의에서 원편으 로부터 꼬리쪼흐 고골리 뿌쉬낀 오도에 브쓰끼 꾸루이로브		3	
1949-06-05-020	괴뢰'정부'의 총사직을 망국'국회'서 건의 결정		3	조선중앙통신
1949-06-05-021	현직 '상공장관' 임영신을 기소	'법무장관'은 사임	3	조선중앙통신
1949-06-05-022	전 '농림장관'인 조봉암도 기소결정		3	조선중앙통신
1949-06-05-023	유고슬라비아정부의 각서에 대한 쏘베 트정부의 답서		4	조선중앙통신
1949-06-05-024	통일과 강화조약체결을 갈망 전체 애국 인민의 총궐기 호소	제3차 독일인민대회 선언서	4	조선중앙통신
1949-06-05-025	침몰하여가는 배우에서 헤매는 쥐들인 장개석도배		4	
1949-06-05-026	직조로동자들의 산별부조직은 로동계급 의 단결을 강화한다	쏘련직조로동자직맹 위원장 담	4	조선중앙통신
1949-06-05-027	알제리아공산당대회		4	조선중앙통신
1949-06-05-028	『근로자』 제10호		4	로동신문 『근로자』편집국
1949-06-07-001	조국통일민주주의전선결성의 정치적 의의		1	

기사번호	제목(title)	부제목(stitle)	면수	필자, 출처
1949-06-07-002	쓰딸린대원수에게 드리는 편지	북조선소년단창립 3주년기념 평양시련합대회	1	
1949-06-07-003	김일성장군에게 드리는 편지	북조선소년단창립 3주년기념 평양시련합대회	1	
1949-06-07-004	단결의 위력으로 완전독립달성에	신흥군우편국 일군들	1	통신원 위정산
1949-06-07-005	농산물의 계획 초과완수로써	단천군 장하리 농민들	1	
1949-06-07-006	조국의 기둥이 될 씩씩한 기상을 시위	소년단창립 3주년기념 평양시대회	1	본사기자 라원근
1949-06-07-007	쏘련뼈오넬에게 보내는 편지	북조선소년단창립 3주년기념 평양시련합대회	1	
1949-06-07-008	5월분 철도화물수송실적 해방후 최고기록을 수립		1	조선중앙통신
1949-06-07-009	상반기계획 완수	창평제재공장, 함남륙운 함흥출장소, 녕원림산작업소에서	1	
1949-06-07-010	조쏘문화협회 위원장 리기영씨 뿌쉬낀 탄생 150주년 기념회참가차 모쓰크바 향발		1	본사기자 신봉
1949-06-07-011	내각 림산국 신설		1	조선중앙통신
1949-06-07-012	당내부사업강화와 인민군대가족원호사업을 토의	함북도당 제7차위원회에서	2	주재기자 김소민
1949-06-07-013	당날의 회의준비진행을 구체적으로 지도방조	평양시 남구역당부에서	2	본사기자 리수근
1949-06-07-014	전반적학력제고 성과있게 협조보장	리원고급중학교 세포에서	2	통신원 윤지월
1949-06-07-015	당정치교양사업을 더 높은 수준에서	명천군 용포리 제1분세포에서	2	통신원 김창함
1949-06-07-016	평남관개수리공사의 국가적의의와 우리 당단체의 과업		2	북조선로동당 중앙본부 농민부 부부장 김성일
1949-06-07-017	선진적쏘베트과학		2	
1949-06-07-018	교통질서와 안전확보에 헌신복무	리흥교 교통지휘대원	3	본사기자 황경엽
1949-06-07-019	수풍땜 에푸롱보수공사준공식 성대히 거행!		3	본사기자 김기초
1949-06-07-020	우수한 학업실력을 영예의 국가시험에	평양사범대학에서	3	본사기자 김춘희
1949-06-07-021	2.4분기계획 초과완수에	흥남비료공장 로동자들	3	주재기자 신기관
1949-06-07-022	공화국정부의 옳은 시책을 높이 받들고 더욱 힘차게	평철산하 열성자대회에서	3	
1949-06-07-023	미제가 남조선에서 사용하는 두가지 도구		3	승원, 장진광
1949-06-07-024	독일의 통일문제에 관한 미영불 공동결의초안 제출	28일(제6일)회의	4	조선중앙통신

기사번호	제목(title)	부제목(stitle)	면수	필자, 출처
1949-06-07-025	중국인민해방군의 전과	청도 완전해방	4	조선중앙통신
1949-06-07-026	희랍문제는 해결될수 있으며 또한 반드시 해결되여야 된다	『쁘라우다』지 사설-	4	조선중앙통신
1949-06-07-027	전인도직맹평의회대회 페막		4	조선중앙통신
1949-06-07-028	맥아더사령부의 비법적인 명령		4	조선중앙통신
1949-06-07-029	화란인민들은 대인전쟁 반대		4	조선중앙통신
1949-06-07-030	마래에서 언론탄압		4	조선중앙통신
1949-06-07-031	주쏘노르웨이대사 모쓰크바에 도착		4	조선중앙통신
1949-06-07-032	극장안내		4	
1949-06-08-001	지방주권기관 일군들의 책임성을 높이자		1	
1949-06-08-002	김일성수상에게 드리는 메쎄지	수풍발전소 에프롱보수건설공사준공식	1	
1949-06-08-003	조국통일민주주의전선 결성을 인민들 절대지지		1	공학박사 최삼렬, 주재기자 박덕순
1949-06-08-004	조선민주주의인민공화국 중앙통신사의 보도		1	
1949-06-08-005	로씨아문학의 위대한 창시자 뿌쉬낀탄생 150주년기념	평양 모란봉극장에서	1	본사기자 박중선
1949-06-08-006	중국6.6교사절 기념보고대회	평양시인민위원회 회의실에서	1	
1949-06-08-007	평화옹호세계대회에 참가하였던 조선민주주의인민공화국 대표 귀환		1	
1949-06-08-008	지도검열사업을 강화하여 당사업수준을 제고하자	평양시 중앙기계제작소 당부에서	2	본사기자 리수근
1949-06-08-009	세포의 조직적협조로 적기이앙준비 활발	만포군 외귀면 구창세포	2	주재기자 현갑진
1949-06-08-010	당정치교양사업에 더 높은 당적주의를	연백군소비조합 세포에서	2	통신원 리용래
1949-06-08-011	2.4분기계획실행을 위한 산업일군들의 투쟁		2	산업성 기사장 김현국
1949-06-08-012	쏘련의 새로운 도시 첼야빈쓰끄		2	최흥룡
1949-06-08-013	군마사육훈련에 모범적노력으로	○○기병대 김완규기병하사	3	본사기자 리성빈
1949-06-08-014	우기에 대처할 만반의 준비진행	교통성산하 일군들	3	본사기자 신언철
1949-06-08-015	근로자들을 위한 주택건설공사 진척	평양에서	3	
1949-06-08-016	동해안 고등어잡이 본격적단계에로	동해안 각지 수산사업소에서	3	본사기자 리의철
1949-06-08-017	학업실력을 총발휘하여 영예의 국가시험준비에	김일성종합대학에서	3	본사기자 박경석
1949-06-08-018	교내 교외에서 복습을 충실히	평양사범전문학교에서	3	본사기자 신봉
1949-06-08-019	중경제초 활발	황해도 각지 농민들	3	

기사번호	제목(title)	부제목(stitle)	면수	필자, 출처
1949-06-08-020	매국노 리승만의 발광적 독재야욕		3	조선중앙통신
1949-06-08-021	파리4개국외상회의 독일통일문제에 관한 서부렬강의 제안토의	5월 30일(제7일)회의	4	조선중앙통신
1949-06-08-022	쏘련외상 위신쓰끼 연설	파리4개국외상회의에서	4	조선중앙통신
1949-06-08-023	체코슬로바키아공산당 제9차대회폐막	규약을 수정코 지도기관을 선거	4	조선중앙통신
1949-06-08-024	전세계 민주여론에 당황	영국당국 아이슬러 석방	4	조선중앙통신
1949-06-08-025	알바니아에서 선거준비 활발		4	조선중앙통신
1949-06-09-001	제2.4분기인민경제계획완수를 위한 투쟁		1	
1949-06-09-002	광범하고 견실한 전민족적투쟁에로	신천군 추산리 농민들	1	주재기자 박덕순
1949-06-09-003	조국통일민주주의전선 결성제의를 지지 찬동하여 남조선 정당 사회단체 계속 결의표명	민족공화당 준비위원회, 한국독립당 열성분자대회 결정서	1	
1949-06-09-004	상반년계획 완수	각지에서	1	
1949-06-09-005	이앙 활발히 진척	각지에서	1	
1949-06-09-006	준공가까운 평양 독신자아빠트		1	본사기자 박경석
1949-06-09-007	충북 전북 각처에서 전투중		1	조선중앙통신
1949-06-09-008	생산기술의 전반적제고로 상반년계획완수를 보장	회녕제지공장 당단체에서	2	통신원 심철
1949-06-09-009	정치교양사업의 질적수준을 부단히 제고	평남 신창탄광 당부에서	2	본사기자 송학용
1949-06-09-010	보선구우기대책을 계획적으로 협조	평양철도국 보선구 세포에서	2	본사기자 윤봉경
1949-06-09-011	광범한 군중선전사업으로 축우증식을 성과있게 보장	리원군 원동리세포에서	2	통신원 윤지월
1949-06-09-012	남반부인민들의 구국투쟁은 날로 치렬해지고있다		2	김오성
1949-06-09-013	쏘련농업발전에서의 중심과업		2	
1949-06-09-014	농민들은 성심으로 군무자들을 환영	강원도 이천군 농촌에서	3	본사기자 류민우
1949-06-09-015	군악소리 우렁차게	인민군대 군악대	3	본사사진반 림덕보
1949-06-09-016	호조학습을 강력히 전개 국가시험준비에 만전	평양 제3중학교에서	3	본사기자 라원근
1949-06-09-017	우량잠견증산에 농민들의 열성 고조	북반부양잠농민들	3	본사기자 리의철
1949-06-09-018	기계가동률을 최고도로	평양철도공장 로동자들	3	본사기자 리성섭
1949-06-09-019	40%를 초과주행코저	길주기관구 '민청호'기관사들	3	통신원 방락신
1949-06-09-020	조기작물작황의 판정사업 개시	재녕군 삼강면 상해리에서	3	본사기자 리성섭

기사번호	제목(title)	부제목(stitle)	면수	필자, 출처
1949-06-09-021	망국'국회'에서 '내각' 총퇴진 재결의		3	조선중앙통신
1949-06-09-022	망국'국회'와 괴뢰'정부' 대립격화		3	조선중앙통신
1949-06-09-023	'반민특경대'를 무장해제	서울시는 비상경계로 삼엄	3	조선중앙통신
1949-06-09-024	김준연을 '국회'에서 제명 처분		3	조선중앙통신
1949-06-09-025	유엔구라파경제위원회 대외무역발전촉진분과위원회 폐막		4	조선중앙통신
1949-06-09-026	인권협정초안 심의 계속	유엔인권위원회 회의	4	조선중앙통신
1949-06-09-027	소위 '법관모욕'죄로 미국공산당 지도자들에 금고형 언도		4	조선중앙통신
1949-06-09-028	군비축소에 관한 총회결의안 심의	안보상용군비위원회 운영위원회	4	조선중앙통신
1949-06-09-029	파란직맹대회	직맹역할에 관한 보고를 청취	4	조선중앙통신
1949-06-09-030	이태리에 류혈도발사건	경찰의 발포로 로동자 사상	4	조선중앙통신
1949-06-09-031	쏘련도시발전성 신설		4	조선중앙통신
1949-06-09-032	세계민청련맹 집행위원회 개최		4	조선중앙통신
1949-06-09-033	평화옹호세계대회참가 중국대표단 귀국환영대회		4	조선중앙통신
1949-06-09-034	볼리비아에 계엄령		4	조선중앙통신
1949-06-09-035	불쏘협회대회		4	조선중앙통신
1949-06-09-036	마래인민유격군 영국지상부대를 포위		4	조선중앙통신
1949-06-10-001	고급학부들의 당면과업		1	
1949-06-10-002	교육문화발전에 헌신분투하자		1	철학자 신남철
1949-06-10-003	애국력량집결은 조속한 승리의 길		1	전몽수
1949-06-10-004	리승만매국도당 철저히 소탕하자	청진방적 로동자들	1	
1949-06-10-005	조국통일민주주의전선 결성제의를 지지 찬동하여 남조선 정당 사회단체 계속 결의표명	민중구락부의 결정서	1	
1949-06-10-006	상반년계획 완수	회녕제지공장, 서평양직물공장, 평남륙운, 신막기관구에서	1	
1949-06-10-007	승호리세멘트 제1공장복구공사 드디어 준공		1	통신원 김천우
1949-06-10-008	전남일대 전투 맹렬		1	조선중앙통신
1949-06-10-009	경찰 이동부대를 격파	무기 군용트럭 등 로획	1	조선중앙통신
1949-06-10-010	경북방면 인민무장대 각처에서 산악전 전개		1	조선중앙통신
1949-06-10-011	조기작물현물세 징수사업협조와 당면한 제 문제 토의	평남도당상무위원회에서	2	본사기자 송학용
1949-06-10-012	기능자의 로력조직 성과있게 협조하여	동평양기계제작소 당단체에서	2	본사기자 리수근
1949-06-10-013	자체실정에 옳게 련계시켜 군중정치사업을 효과있게	리원군 문평리세포에서	2	통신원 윤지월

기사번호	제목(title)	부제목(stitle)	면수	필자, 출처
1949-06-10-014	당사업계획수립에 대하여		2	당중앙본부 조직부 통신과장 김태진
1949-06-10-015	6.10만세 23주년 기념일에 제하여		2	김주섭
1949-06-10-016	기경과 파종을 협조하여 군무자가족을 적극 원호	자강도 농민들	3	주재기자 현갑진
1949-06-10-017	장애물을 뛰여넘어 앞으로 앞으로	내무성 경비국 ○○기마대 기마병들	3	본사사진반 림덕보
1949-06-10-018	불리한 자연조건을 극복 힘차게 적기이앙에로!	강서군 도봉리 농민들	3	본사기자 류민우
1949-06-10-019	황해하기어로 활발하게 진행	황해도내 수산부문에서	3	조선중앙통신
1949-06-10-020	고등어 풍획	함남도내 동해안 각 어장에서	3	조선중앙통신
1949-06-10-021	기관차부속품 생산키 위한 기본건설공사 쾌속도로	북중기계제작소에서	3	주재기자 최영환
1949-06-10-022	학업실력을 검열받는 영예로운 국가시험에	김일성종합대학 학생들	3	본사기자 김춘희
1949-06-10-023	멸망에 박두한 리승만매국도당		3	현유
1949-06-10-024	찌또도배를 반대하여	유고슬라비아로부터 볼가리아에 넘어온 유고슬라비아공산당원들 성명을 발표	4	
1949-06-10-025	중국민주정당단체 대표들 향항의 영국당국에 항의		4	조선중앙통신
1949-06-10-026	뿌쉬낀탄생 150주년을 각국에서 성대히 기념		4	조선중앙통신
1949-06-10-027	희랍 근로인민의 생활형편 날로 악화		4	조선중앙통신
1949-06-10-028	송경령에게 중국해방구 녀성지도자들 전보		4	조선중앙통신
1949-06-10-029	미국경제협조관리처 부처장 임명		4	조선중앙통신
1949-06-10-030	극장안내		4	
1949-06-11-001	이앙을 제때에 실시하자		1	
1949-06-11-002	부강조국 위하여 농업발전에 전력		1	농학박사 계응상
1949-06-11-003	증산투쟁을 더욱 가강히	동평양기계 로동자들	1	
1949-06-11-004	과학기술탐구에 더 한층 분투!	김일성종합대학 학생들	1	본사기자 박경석
1949-06-11-005	조국통일민주주의전선 결성을 성원하는 축전 축문		1	
1949-06-11-006	전쟁도발자를 반대하는 전세계 인민들의 단결은 공고하다!	평화옹호세계대회에 참가하였던 한설야씨 귀국담	1	조선중앙통신
1949-06-11-007	뿌쉬낀탄생 백50주년 각지에서 성대히 기념		1	조선중앙통신
1949-06-11-008	상반기계획완수	사동련탄공장 련탄부, 평양메리야스, 양덕역, 평양양조공장에서	1	
1949-06-11-009	이앙 활발히 진척	각지에서	1	
1949-06-11-010	당내부사업의 강화를 위한 조직지도를 더욱 효과있게	평북 태천군당부에서	2	주재기자 최영환
1949-06-11-011	국가시험준비를 성과있게 협조	재녕녀자사범전문학교 세포에서	2	통신원 정필
1949-06-11-012	조기작물현물세 준비사업 협조	신계군 하마산동 세포에서	2	통신원 렴상재
1949-06-11-013	인민군대가족원호사업을 더 한층 활발히 전개	리원군당단체에서	2	윤지월
1949-06-11-014	세포회의를 주도한 계획밑에 진행	신천군 신흥동세포에서	2	주재기자 박덕순
1949-06-11-015	생산원가를 저하시켜 인민경제축적을 높이자		2	현민
1949-06-11-016	새로운 쏘베트공채		2	
1949-06-11-017	우수한 미술품으로 대내를 더 명랑하게	○○경비대 리일수군관	3	본사기자 리성빈
1949-06-11-018	군인가정의 논에 선참으로 모내기	북청면 장황리 농민들	3	통신원 신항식
1949-06-11-019	우수한 성적으로 국가진급시험을	평양공업대학 학생들	3	본사기자 신봉
1949-06-11-020	오늘의 행복을 더욱 빛나게	평양견직공장 로동자들	3	
1949-06-11-021	기관차수리 질적보장으로	청진철도공장 로동자들	3	
1949-06-11-022	촌가를 아끼여서 잠견증산에 열중	금화군 백양리 양잠부락에서	3	본사기자 백운학
1949-06-11-023	평양운하공사 성과있게 진척		3	본사기자 박경석
1949-06-11-024	괴뢰'정부'의 귀축행위	각처에서 인민학살 계속	3	조선중앙통신
1949-06-11-025	소위 '맥아더선'의 확장으로 일본 또다시 조선령해 강점		3	조선중앙통신
1949-06-11-026	광목값 2배이상으로 인상		3	조선중앙통신
1949-06-11-027	미 영 불은 독일분할을 고정화하려 획책한다	『쁘라우다』지 평론가 론평-	4	
1949-06-11-028	인도청년에 사형언도		4	조선중앙통신
1949-06-11-029	이태리농업로동자들의 파업은 전국에 파급		4	조선중앙통신
1949-06-11-030	뿌쉬낀탄생 150주년을 세계각국에서 성대히 기념		4	조선중앙통신
1949-06-11-031	파란직맹대회 폐막		4	조선중앙통신
1949-06-11-032	일본공산당 경제부흥대책안을 발표		4	조선중앙통신
1949-06-11-033	지미뜨로브의 병세		4	조선중앙통신
1949-06-11-034	바르세로나에 폭발사건발생		4	조선중앙통신
1949-06-11-035	왕당파는 희랍의 안정과 평화를 바라지 않는다	희랍공산당 총비서 연설	4	조선중앙통신
1949-06-11-036	영국사무원직맹에서 국제직련탈퇴 거부		4	조선중앙통신

기사번호	제목(title)	부제목(stitle)	면수	필자, 출처
1949-06-11-037	서부렬강들의 단독적인 대독정책의 경제적총결		4	조석
1949-06-11-038	일본동대 동맹휴학		4	조선중앙통신
1949-06-11-039	히틀러장관들을 영국에서 비호		4	조선중앙통신
1949-06-11-040	극장안내		4	
1949-06-12-001	초급당단체에서의 당원들의 교양		1	
1949-06-12-002	망국괴뢰'정부'를 철저히 분쇄하자		1	황해제철소 기사장 리문해
1949-06-12-003	통일을 쟁취하는 거족적인 대책		1	미술가 길진섭
1949-06-12-004	구국투쟁에 총궐기하자	농산화학로동자들	1	본사기자 박경석
1949-06-12-005	북조선로동당 중앙위원회에서		1	
1949-06-12-006	평화를 사랑하는 세계 각계각층 인민들은 굳게 단결되었다	평화옹호세계대회에 참가하였던 박정애녀사 귀환담	1	조선중앙통신
1949-06-12-007	충북지구전투 점차 맹렬	진천군내 경찰지서 소탕	1	조선중앙통신
1949-06-12-008	지리산주변서 격전	락동강류역에서도 교전	1	조선중앙통신
1949-06-12-009	오대산방면 산악전 계속		1	조선중앙통신
1949-06-12-010	실제사업경험에 기초한 당조직지도사업 강화를 토의	함남도 각 시 군당부 조직부 부부장 각 면당부 위원장 련석회의에서	2	주재기자 신기관
1949-06-12-011	이앙의 성과적진척을 적극적으로 협조보장	함남 정평군 주이면당부에서	2	통신원 김상원
1949-06-12-012	학습회지도자를 위한 쎄미나르를 효과있게	평양 동구역당부에서	2	본사기자 송학용
1949-06-12-013	전체 애국적인민들은 조국통일을 위하여 총궐기하자		2	홍남표
1949-06-12-014	공예작물비배관리에 더 깊이 관심을 돌리자		2	농림성 농산국장 리용석
1949-06-12-015	자각적 규률로서 군무집행에 모범	○○보안대 지달경전사	3	본사기자 리성빈
1949-06-12-016	창조적노력을 기울여 8.15예술축전 준비	북반부 문학예술인들	3	본사기자 김춘희
1949-06-12-017	물줄기를 끌어서 수전면적확장에	북청 임자동관개공사 완성	3	통신원 신항식
1949-06-12-018	작업반들의 증산경쟁	동평양기계제작소 로동자들	3	본사기자 김기초
1949-06-12-019	생산성제고와 원가저하로	남포제련소 로동자들	3	통신원 정명걸
1949-06-12-020	기술전습을 강화하여	해주세멘트공장 로동자들	3	주재기자 박덕순
1949-06-12-021	남조선망국'국회'에서는 어떠한 추태가 벌어지고있는가		3	성용
1949-06-12-022	아.야.위신쓰끼 연설 5월 31일(제8일)회의	파리4개국외상회의에서	4	

기사번호	제목(title)	부제목(stitle)	면수	필자, 출처
1949-06-12-023	희랍인민들에게는 평화가 요구된다		4	로운국
1949-06-12-024	장개석 대만으로		4	조선중앙통신
1949-06-14-001	류벌작업의 최적기		1	
1949-06-14-002	조국과 인민 위해 헌신투쟁하자!		1	남조선청우당 중앙위원 김일선
1949-06-14-003	애국적력량을 조국통일에로		1	조선건민회 김병문
1949-06-14-004	조선민족은 분렬될수 없다	사리원탄광 로동자들	1	주재기자 박덕순
1949-06-14-005	미군철퇴케 하며 매국도당 분쇄하자	북청군 죽평리 농민들	1	
1949-06-14-006	튼튼히 단결하여 힘차게 싸우자!	영제요업로동자들	1	본사기자 최창준
1949-06-14-007	각지에서의 귀환보고대회 조직	평화옹호전국민족준비위원회 제3차회의에서	1	조선중앙통신
1949-06-14-008	상반년계획 완수	황해산하 륙운출장소들, 해주철도부, 서평양기관구, 무계지구에서	1	
1949-06-14-009	각지 관개공사	고원3구지구, 장풍관개, 경성지구, 양정관개에서	1	
1949-06-14-010	이앙 활발히 진척	룡천 양서면 정주 대전면 면적으로 이앙완수	1	
1949-06-14-011	이앙 활발히 진척	선천, 안주, 평양시에서	1	
1949-06-14-012	학교건축을 위한 인민들의 열의!	홍원군 인민들, 화천군 인민들, 양하녀맹원들	1	
1949-06-14-013	민청사업강화를 위한 협조대책을 토의	평양시당 상무위원회에서	2	본사기자 윤봉경
1949-06-14-014	적기이앙을 위한 투쟁의 선두에서	함남 신상면당부에서	2	통신원 김상원
1949-06-14-015	신입당원에 대한 교양사업을 강화	해주시당단체에서	2	주재기자 박덕순
1949-06-14-016	학생들의 하기간 교외교양에 대하여		2	교육성 부상 남일
1949-06-14-017	미국자본주의의 '인민적성격'에 관한 전설은 폭로되었다		2	성채
1949-06-14-018	군인과 그 가족들을 위한 위안무용공연대회 성황	문예총 무용위원회 주최로	3	본사기자 김춘희
1949-06-14-019	군인가정후원에 녀맹원들의 모범	안악군 동창리에서	3	주재기자 박덕순
1949-06-14-020	백두산 원시림속에 림철부설공사 진척		3	주재기자 신기관
1949-06-14-021	창발적력료으로 원가 저하	신의주기계제작소 로동자들	3	주재기자 최영환

기사번호	제목(title)	부제목(stitle)	면수	필자, 출처
1949-06-14-022	특수직물생산에 만반준비	서평양직물공장 로동자들	3	본사기자 김지창
1949-06-14-023	고구려벽화분 발견	황해도 안악군에서	3	조선중앙통신
1949-06-14-024	용수를 조정하여 이앙을 적기에	벽성군 송간리 농민들	3	본사기자 류민우
1949-06-14-025	풍획의 개가높이	동해안 영흥만에서	3	본사기자 백운학
1949-06-14-026	미국의 소위 '원조물자'는 남조선산업파괴를 재촉		3	조선중앙통신
1949-06-14-027	사회당내 우익지도자들의 반역적행위를 통렬히 비난	오지리 좌익사회당원 대회 진행	4	조선중앙통신
1949-06-14-028	광동성의 다수지점해방	중국인민해방군의 전과	4	조선중앙통신
1949-06-14-029	오지리근로인민의 통일전선수립 결정		4	조선중앙통신
1949-06-14-030	씨리아에서의 사건은 영미침략뿔럭의 내부모순의 표현이다		4	신동우
1949-06-14-031	중국직총상무위원회 아세아제국직맹회 의준비 결정		4	조선중앙통신
1949-06-14-032	오지리인민당의 반동성은 탄로		4	조선중앙통신
1949-06-14-033	중동에서의 영미의 알력		4	조선중앙통신
1949-06-14-034	극장안내		4	
1949-06-15-001	인민군대의 영예로운 임무		1	
1949-06-15-002	조선최고인민회의 상임위원회 정령	'공로'메달 제정에 관하여	1	
1949-06-15-003	'공로'메달에 관한 규정		1	
1949-06-15-004	조선최고인민회의 상임위원회 정령	'군공'메달 제정에 관하여	1	
1949-06-15-005	'군공'메달에 관한 규정		1	
1949-06-15-006	통일독립쟁취에 힘차게 전진하자	고무산세멘트 로동자들	1	주재기자 현준극
1949-06-15-007	쏘련교수일행 래조		1	조선중앙통신
1949-06-15-008	조국통일민주주의전선 결성대회에 파견할 대표를 선출	북조선 각 정당 사회단체들에서	1	조선중앙통신
1949-06-15-009	조선민주주의인민공화국 내각결정 제66호 식염판매에 관한 결정서		1	
1949-06-15-010	평화옹호세계대회 참가대표 귀환보고대회 성황	한설야대표 보고진술	1	조선중앙통신
1949-06-15-011	세계민주진영은 평화를 위해 투쟁	평화옹호세계대회에 참가하였던 김창준씨 귀환담	1	조선중앙통신
1949-06-15-012	당학습체계에 관한 규정과 유일제강을 옳게 파악하여	강원도 문평제련소 당단체에서	2	주재기자 김만선
1949-06-15-013	적기이앙협조에 주도한 당적 주목을 돌리여	회령군당단체에서	2	통신원 심철
1949-06-15-014	과학적영농방법을 광범히 보급시키여	전천군 화경면당단체에서	2	주재기자 리문상

기사번호	제목(title)	부제목(stitle)	면수	필자, 출처
1949-06-15-015	주택건축을 활발히 전개하자		2	도시경영성 부상 리병제
1949-06-15-016	로씨아의 쏘베트정권초기에 있어서의 로동자의 산업에 대한 통제		2	박근철
1949-06-15-017	높은 책임감과 헌신성으로 대원들의 체력보호에 분투	○○보안대 김순화하사	3	본사기자 리성빈
1949-06-15-018	적기이앙으로 벼의 다수확을	철원군 외촌리에서	3	
1949-06-15-019	평원선 대보수공사 성과적으로 완성!		3	본사기자 리성섭
1949-06-15-020	상급동맹 결정을 정확히 침투시켜	금화군농맹지도원 김순근동무	3	본사기자 백운학
1949-06-15-021	자애의 품에서	농촌계절탁아소에서	3	본사기자 신봉
1949-06-15-022	증산운동의 첫 봉화를 든 영예로운 맹세를 속속 실천	성진제강소 로동자들	3	통신원 렴재하
1949-06-15-023	철광석을 더 많이	무산광산 로동자들	3	
1949-06-15-024	미군철퇴설에 숨어있는 또하나의 흉책		3	리일
1949-06-15-025	파리4개국외상회의 독일통일문제 합의 미달 베를린문제 토의를 개시	-6월 1일회의-	4	조선중앙통신
1949-06-15-026	위신쓰끼씨 오지리외상을 접견		4	조선중앙통신
1949-06-15-027	아세아녀성대표대회를 중국에서 소집키로 결정	국제녀맹 제7차 집행위원회	4	조선중앙통신
1949-06-15-028	미륙군장관에 크레이 임명		4	조선중앙통신
1949-06-15-029	'정원법'을 반대하여 일본국철로조 파업		4	조선중앙통신
1949-06-15-030	맥아더사령부에서 파업중지 요구		4	조선중앙통신
1949-06-15-031	중국 해방구에서 철도복구 활발		4	조선중앙통신
1949-06-15-032	항가리인민회의 다수 결정을 채택		4	조선중앙통신
1949-06-15-033	일본에서 아동매매 성행		4	조선중앙통신
1949-06-15-034	일본체신로조 해고반대결의		4	조선중앙통신
1949-06-15-035	극장안내		4	
1949-06-15-036	태평양조약은 북대서양조약에 대한 보충이다		4	박윤경
1949-06-16-001	평화를 위한 전선은 더 한층 공고하여 간다		1	
1949-06-16-002	승리를 위하여 굳게 단결하자		1	무용가 최승희
1949-06-16-003	조국통일 위한 건설투쟁에로	평양산소로동자들	1	본사기자 리성빈
1949-06-16-004	'공로'메달의 도해		1	
1949-06-16-005	'군공'메달의 도해		1	
1949-06-16-006	국제직련 제2차대회 참가차로 직총 전평 대표일행 출발		1	
1949-06-16-007	각급 학교 국가졸업 및 진급시험 일제히 진행		1	

기사번호	제목(title)	부제목(stitle)	면수	필자, 출처
1949-06-16-008	소비조합 직물판매 장성	북조선소비조합에서	1	조선중앙통신
1949-06-16-009	고무화류 생산발전 현저	지방산업관리국산하 국영고무공장에서	1	조선중앙통신
1949-06-16-010	이앙 활발히 진척	각지에서	1	
1949-06-16-011	당회의의 조직성과 교양성을 계속 제고	연백군당단체에서	2	통신원 리용태
1949-06-16-012	적기이앙협조를 주도한 계획밑에	신흥군 가평면당단체에서	2	통신원 위정산
1949-06-16-013	자급비료증산을 효과있게 협조	재녕군 상성면 상소동 세포에서	2	통신원 정필
1949-06-16-014	적기제초중경으로써 작물생육을 보장하자		2	남치연
1949-06-16-015	인민진료사업의 질을 부단히 높여	평양의학대학병원 의무세포에서	2	본사기자 윤봉경
1949-06-16-016	전력생산에 있어서의 나의 몇가지 경험		2	장진강발전부 지배인 정원빈
1949-06-16-017	즐거운 야영생활로 실지적훈련에 매진	안덕희군관구분대 야영지에서	3	김전
1949-06-16-018	수견기를 앞두고 작잠채종을 준비	황해도 각지 작잠채종림지에서	3	
1949-06-16-019	금년도 양모생산계획을 완수하고	신계농장 곡산목양장에서	3	
1949-06-16-020	4년간에 자라난 빛나는 군중문화	사동련탄공장 문화써클사업	3	본사기자 김춘희
1949-06-16-021	품위제고에 노력	재녕광산 로동자들	3	
1949-06-16-022	작업방법을 부단히 개선	서평양철도공장 로동자들	3	본사기자 리성섭
1949-06-16-023	로력의 열매	안주탄광 김길복동무	3	본사기자 리인태
1949-06-16-024	미제의 남조선침략야망	트루맨 소위 '남조선원조액' 1억 5천만딸라 국회에 요구	3	조선중앙통신
1949-06-16-025	의정 제2항을 심의 '베를린문제와 통화문제' -6월 2일회의-	파리4개국외상회의에서	4	조선중앙통신
1949-06-16-026	3일 비밀회의	파리4개국외상회의에서	4	조선중앙통신
1949-06-16-027	4일 비밀회의	파리4개국외상회의에서	4	조선중앙통신
1949-06-16-028	체코슬로바키아 민주주의의 추진력은 공산당이다		4	김광훈
1949-06-16-029	원자무기금지 및 원자력관리에 관한 쏘련결의안 심의	유엔원자력위원회 운영위원회	4	조선중앙통신
1949-06-16-030	일본국철로조 파업 확대		4	조선중앙통신
1949-06-16-031	월남군의 전투성과		4	조선중앙통신
1949-06-16-032	극장안내		4	
1949-06-17-001	국가에게 준 자기의 맹세를 영예롭게 실천하자		1	
1949-06-17-002	조국통일민주주의전선 결성대회에 파견할 대표들을 선출	각 정당, 사회단체들에서	1	조선중앙통신
1949-06-17-003	조국통일민주주의전선 결성을 지지찬동하여 남조선 정당 사회단체 계속 결의 표명		1	조선중앙통신

기사번호	제목(title)	부제목(stitle)	면수	필자, 출처
1949-06-17-004	조국통일 위하여 더 한층 분기하자		1	북조선광산직맹 중앙위원회 위원장 박원술
1949-06-17-005	애국적인민들의 총의를 집결하자	안변 송강리 농민들	1	주재기자 김만선
1949-06-17-006	손종준씨에게 국기훈장 3급을 수여		1	조선중앙통신
1949-06-17-007	남조선인민유격대에 격려문	재일조선 민주청년동맹과 민주녀맹에서	1	
1949-06-17-008	평화옹호세계대회 참가 귀환 보고	한설야	2	
1949-06-17-009	물심량면 지성으로 전사의 가정을 원호	안변군 송강리 농민들	3	주재기자 김만선
1949-06-17-010	흥남비료공장에서 '문학의 밤'을 개최	시인 조기천씨를 초청하여	3	본사기자 리수근
1949-06-17-011	두만강물을 끌어 경흥벌을 옥답으로	함북 락산관개공사 완성	3	
1949-06-17-012	합리적로력조직을	평양특수고무공장 로동자들	3	본사기자 최창준
1949-06-17-013	꾸준한 노력으로 쌓아올린 우수한 학업실력을 시위!	평양 제3녀자중학교에서	3	본사기자 라원근
1949-06-17-014	영예의 국가시험에 련마한 실력을 발휘	함흥의과대학에서	3	
1949-06-17-015	미제는 조선인민을 학살하라고 리승만괴뢰'정부'에 무기를 공급하고있다		3	림성학, 장진광
1949-06-17-016	파리4개국외상회의 베를린문제 계속 토의	-6월 7일회의-	4	
1949-06-17-017	부르죠아출판물들은 누구에게 봉사하는가		4	최동수
1949-06-17-018	극장안내		4	
1949-06-18-001	조기작물현물세를 우량곡으로 선납하자		1	
1949-06-18-002	조국통일민주주의전선 결성대회에 파견할 대표들을 선출	각 사회단체들에서	1	
1949-06-18-003	용감하게 싸우자 승리는 인민의것	마동세멘트 로동자들	1	주재기자 박덕순
1949-06-18-004	김책 부수상 흥남공장 등 시찰		1	조선중앙통신
1949-06-18-005	북조선로동당 평남도당위원회에서		1	
1949-06-18-006	평화옹호세계대회 조선대표들 평양시내 각처에서 귀환 보고		1	조선중앙통신
1949-06-18-007	인민군대 및 내무성 군관들에게 국기훈장을 수여		1	조선중앙통신
1949-06-18-008	리승만괴뢰'정부'의 청년학살을 반대하여 재일조선민주청년동맹 성명서 발표		1	
1949-06-18-009	전남일대 유격전 격렬		1	조선중앙통신
1949-06-18-010	자습당원들의 학습지도를 부단히 개선하기 위하여	강원도 화천군당부에서	2	통신원 길광식
1949-06-18-011	세포강화를 위한 조직지도를 면밀히	은률군 일도면당부에서	2	통신원 김인곤

기사번호	제목(title)	부제목(stitle)	면수	필자, 출처
1949-06-18-012	적기이앙 협조대책으로 저수지굴착 제때에 보장	홍원군 도룡리당단체에서	2	통신원 유헌
1949-06-18-013	고리끼의 전통은 불멸	므.고리끼서거 제13주년에 제하여	2	김응호
1949-06-18-014	국가졸업진급시험을 성과있게 진행하자		2	교육성 고등교육국장 장익환
1949-06-18-015	인민군대에 대한 동경속에 소년들은 씩씩히 자란다	자강도 동창면 부성소년단원들	3	주재기자 리문상
1949-06-18-016	더 높은 수확 위해 중경제초에 분망	평강군 상진부락 농민들	3	
1949-06-18-017	하기방역대책의 완벽을 기하여	각종 예방 기관-검역소, 위생시험소, 병원, 진료소, 소독소, 전염병연구소들에서	3	
1949-06-18-018	정성들여 기른 누에 우량한 고치로 수견	성천군내 양잠농가들에서	3	본사기자 백운학
1949-06-18-019	만만한 자신으로 영예의 시험장에	평양 제3인민학교에서	3	본사기자 김춘희
1949-06-18-020	8.15해방 4주년기념 문학예술축전규정 발표		3	
1949-06-18-021	험산준령 굽이돌아 전기기관차는 질주	개고전기기관구에서	3	
1949-06-18-022	류벌방식 개선하여 목재수송을 더 빨리	평양림산사업소 림산로동자들	3	본사기자 류민우
1949-06-18-023	로동자의 재해건수 막대		3	조선중앙통신
1949-06-18-024	파리4개국외상회의 (애치슨, 슈망, 베빈의 연설)	전호에서 계속	4	조선중앙통신
1949-06-18-025	중국공산당 화중국 및 인민해방군 화중군구역 성립		4	조선중앙통신
1949-06-18-026	영국정부의 반동적정책들을 반대하여 영국협회 파란지부보도국 책임자는 영국국적을 거부하였다		4	
1949-06-18-027	쏘련대표 베를린문제에 관한 서부렬강제안 비판 -6월 8일회의-	파리4개국외상회의에서	4	
1949-06-19-001	자습당원들에 대한 지도사업		1	
1949-06-19-002	조국통일민주주의전선 결성대회에 파견할 대표들을 선출	각 사회단체들에서	1	조선중앙통신
1949-06-19-003	쏘련직맹 제10차대회에 초청받았던 조선대표 각 생산직장에서 귀환보고		1	조선중앙통신
1949-06-19-004	의거입북한 남조선 소위 '국방군'장병들에게 격려문	재일조선 민주청년동맹과 민주녀맹에서	1	조선중앙통신
1949-06-19-005	광산 탄광 로동자 기술자들의 우대를 내각에서 결정	조선민주주의인민공화국 내각 결정 제73호	1	

기사번호	제목(title)	부제목(stitle)	면수	필자, 출처
1949-06-19-006	2개년경제계획 실행에 있어서의 흥남비료공장 당단체의 협조정형		2	본사기자 리수근
1949-06-19-007	조국통일민주주의전선 결성은 우리 민족의 거족적구국대책이다		2	최원택
1949-06-19-008	쏘련직업동맹 제10차대회에 참가하고서		2, 3	최경덕
1949-06-19-009	인민들과 군인들의 련계를 더욱 깊게	강원도 녀맹원들	3	
1949-06-19-010	갑판우의 오락회		3	본사사진반 림덕보
1949-06-19-011	곡산 화학 량공장 련합문학써클좌담회 개최		3	본사기자 김춘희
1949-06-19-012	실을 더 많이 뽑아 섬유공업발전에	함흥제사공장 녀공들	3	주재기자 신기관
1949-06-19-013	행복한 환경	풍광명미한 명승지에서 래일의 증산의 기를 배양	3	본사기자 신언철
1949-06-19-014	파리4개국외상회의 쏘련대표 베를린문제에 관한 서부렬강제안 비판 -6월 8일회의-	전호에서 계속	4	
1949-06-19-015	베를린통화문제토의를 서부렬강대표들 회피 -6월 9일회의-	파리4개국외상회의에서	4	조선중앙통신
1949-06-19-016	인도네시아공산당 중앙위원회의 호소		4	조선중앙통신
1949-06-19-017	극장안내		4	
1949-06-21-001	광산 탄광 로동자 기술자들의 우대에 관한 내각결정에 대하여		1	
1949-06-21-002	조국통일민주주의전선 결성을 인민들 절대지지	조국통일민주주의전선 결성대회에 파견할 대표들을 선출	1	조선중앙통신
1949-06-21-003	림산종업원우대를 위시한 림산사업 발전강화대책 내각에서 결정		1	조선중앙통신
1949-06-21-004	생활필수품과 상품류통 확장대책 내각에서 결정		1	조선중앙통신
1949-06-21-005	정권이 인민에게 있는데서만 가능	삼신탄광 로동자들	1	
1949-06-21-006	오대산일대 산악전 맹렬	괴뢰'정부'는 '계엄령'포고	1	조선중앙통신
1949-06-21-007	'국군'작전지휘에 미군장교가 참가	오대산일대 전투 확대	1	조선중앙통신
1949-06-21-008	세포사업의 강화를 위한 집체적지도를 높이여	평북 철산면당부에서	2	
1949-06-21-009	조기현물세납부 준비사업 적극 협조	금천군당단체에서	2	
1949-06-21-010	우기대책협조 위해 구체적분공조직을	연백군 적암우편국 세포에서	2	통신원 리종언
1949-06-21-011	민주건설에서의 인테리의 역할		2	문화선전성 부상 태성수
1949-06-21-012	불가리아공산당내에 있어서의 민족주의와의 투쟁(1)		2	
1949-06-21-013	8.15 4주년기념 예술경연대회를 준비	조선인민군 군무자들	3	김전

기사번호	제목(title)	부제목(stitle)	면수	필자, 출처
1949-06-21-014	아침의 캇타-훈련		3	본사사진반 림덕보
1949-06-21-015	세계의 문호 막심 고리끼서거 13주년 기념강연회		3	
1949-06-21-016	평화옹호세계대회귀환 박정애녀사 보고대회		3	본사기자 김춘희
1949-06-21-017	제1호용광로를 기한전에 복구코저	청진제철소 로동자들	3	주재기자 현준극
1949-06-21-018	농민들의 열성으로 육류수매사업 활발	평남도 각지 농촌에서	3	본사기자 류민우
1949-06-21-019	의무교육준비의 승리적추진 위해	각 도민청단체에서	3	본사기자 라원근
1949-06-21-020	조국통일민주주의전선 결성대회에 참석차로 입북한 남조선 각정당 사회단체 대표들 기자단과 회견	남조선산업건설협의회 대표 리종만, 민족공화당 준비위원회 박근실	3	
1949-06-21-021	파리4개국외상회의 베를린 통화문제에 관한 쏘련대표 위신쓰끼 연설 -6월 9일 회의에서-	전호에서 계속	4	
1949-06-21-022	베를린전체에 걸친 단일화폐문제토의를 서방대표들 거부		4	
1949-06-21-023	중국새정치협상회의 준비회 제1차회의	상무위원회 위원장에 모택동주석을 추대	4	조선중앙통신
1949-06-21-024	대독강화조약문제 토의	6월 10일회의	4	조선중앙통신
1949-06-21-025	일본제강 광도제작소로조 해고반대하여 파업을 단행		4	조선중앙통신
1949-06-21-026	가나까와현내 70여개로조		4	조선중앙통신
1949-06-21-027	해원로조에서 임금인상 요구		4	조선중앙통신
1949-06-22-001	림산종업원들의 우대에 관한 전인민적 배려		1	
1949-06-22-002	입북한 남조선 각 정당 사회단체 대표들 기자단과 계속 회견	사회민주당 리정진, 불교총련맹 최영근	1	
1949-06-22-003	조선민주주의인민공화국 중앙통신사의 보도		1	
1949-06-22-004	2개년계획 초과달성으로 보답!	사동련탄 로동자들	1	
1949-06-22-005	자연부원개발에 힘차게 싸우자!	신창탄광 로동자들	1	
1949-06-22-006	조선민주주의인민공화국 내무성 보도		1	
1949-06-22-007	쏘베트인민들의 위대한 조국전쟁	쏘련에 대한 파쑈독일의 배신적침공 제8주년에 제하여	2	
1949-06-22-008	당장성사업과 신입당원교양에 높은 관심을 돌리자	청진철도공장 당단체에서	2	주재기자 김소민
1949-06-22-009	다수확을 위하여 이앙을 적극 협조	봉산군당단체에서	2	주재기자 박덕순

기사번호	제목(title)	부제목(stitle)	면수	필자, 출처
1949-06-22-010	볼가리아공산당내에 있어서의 민족주의와의 투쟁(2)	수개국 공산당보도국기관지 『공고한 평화와 인민민주주의를 위하여』 5월 15일부	2	
1949-06-22-011	기계에 정통하여 임무를 더욱 충실히	○○경비정 리성식기관장	3	본사기자 리성빈
1949-06-22-012	내각결정에 일층 분발하여 증산투쟁을 더욱 치렬히	아오지탄광 로동자들	3	
1949-06-22-013	기술향상으로 원가저하에!	신의주팔프공장 로동자들	3	
1949-06-22-014	불리한 자연조건 극복 적기이앙에 총궐기!	황해도 은률군, 평남 룡강군, 함남 북청군 농민들	3	통신원 김인곤, 본사기자 백운학, 리의철
1949-06-22-015	곤경에 빠진 미제의 허수아비들		3	박기철
1949-06-22-016	서해안 38선부근에서 남조선반동경찰 북조선어민들을 박해	해주에서 어민들 항의대회 개최	3	조선중앙통신
1949-06-22-017	파리4개국외상회의 대독강화조약 준비 토의	-6월 12일 회의-	4	
1949-06-22-018	서부대표들의 발언에 대한 아.야.위신쓰끼의 답변	파리4개국외상회의에서	4	
1949-06-22-019	비밀회의 진행	파리4개국외상회의에서	4	조선중앙통신
1949-06-23-001	당조직지도사업에 있어서의 면당부의 역할		1	
1949-06-23-002	조국통일민주주의전선 결성을 인민들 절대지지	남조선정당 사회단체 계속 결의표명	1	조선중앙통신
1949-06-23-003	입북한 남조선정당사회단체대표 기자단과 계속회견	민주독립당대표 리홍래, 민족공화당 준비위원회 대표 남경우	1	
1949-06-23-004	남반부에서 조국통일민주주의전선결성 지지데모		1	조선중앙통신
1949-06-23-005	강연사업의 정치적내용을 높은 수준으로 보장하자	평양시 서구역당부에서	2	본사기자 윤봉경
1949-06-23-006	당조직지도사업을 부단히 강화	신계군당부에서	2	통신원 렴상재
1949-06-23-007	기능공양성사업을 성과있게 협조	정평군직조공장 세포에서	2	통신원 김상원
1949-06-23-008	광산 탄광 로동자우대에 관한 내각결정은 그들의 물질문화생활수준을 향상시키는 획기적시책이다		2	로동성 부상 박임선
1949-06-23-009	북조선민청의 세계민청가입 2주년		2	북조선민주청년동맹 중앙위원회 위원장 현정민
1949-06-23-010	협동동작의 높은 규률성 백발백중의 사격을 보장	최진실분대원들	3	김전
1949-06-23-011	청년작업반원들이 페기된 전차를 재생	평양전차사업소에서	3	본사기자 리성섭

기사번호	제목(title)	부제목(stitle)	면수	필자, 출처
1949-06-23-012	힘찬 증산투쟁으로 국가의 배려에 보답	쌍용광산 로동자들	3	
1949-06-23-013	춘잠견수매 개시	내각 수매국에서	3	조선중앙통신
1949-06-23-014	행복한 환경	산전산후의 유급휴가 등 로동녀성의 권리를 보장	3	
1949-06-23-015	련일 대풍획으로 고등어잡이 한창	동해안 각 어장에서	3	
1949-06-23-016	확장되는 상품류통망은 인민들의 수요를 더욱 충족		3	본사기자 황경엽
1949-06-23-017	비배관리는 이렇게	얕은 중경을 자주하여 표토를 부드럽게 하자	3	
1949-06-23-018	초근목피로 연명하는 남조선농민의 기아상		3	조선중앙통신
1949-06-23-019	남조선원화 대 미화 환금률 인상		3	조선중앙통신
1949-06-23-020	남조선에서 역우 1만두 수탈획책		3	조선중앙통신
1949-06-23-021	미영정부와 불가리아 루마니아 및 항가리 정부간의 강화조약 해석에 대한 쏘련정부의 각서		4	조선중앙통신
1949-06-23-022	평화옹호전국대회	-항가리에서-	4	조선중앙통신
1949-06-23-023	비률빈인민유격대 활동		4	조선중앙통신
1949-06-23-024	불란서 정부 기관 종업원들 파업		4	조선중앙통신
1949-06-23-025	공산당출신 대의원들 정부의 책임을 추궁	불란서국민의회에서	4	조선중앙통신
1949-06-23-026	드골파를 반대하는 시위		4	조선중앙통신
1949-06-23-027	파리의 진보적시민들 공화국방위선언서 채택		4	조선중앙통신
1949-06-23-028	모리스 토레스박해 반대	불란서 전국에 항의운동 확대	4	조선중앙통신
1949-06-23-029	프랑코와 불란서간 통상협정		4	조선중앙통신
1949-06-23-030	강대국 일치가결원칙은 중대한 국제문제를 해결하는 기초이다		4	조명구
1949-06-23-031	극장안내		4	
1949-06-24-001	로동법령실시 3주년을 맞으며		1	
1949-06-24-002	거족적투쟁으로 승리를 쟁취하자		1	조선물질문화유물조사보존위원회 위원장 한흥수
1949-06-24-003	우수한 민족간부될것을 맹세한다	사리원농대학생들	1	
1949-06-24-004	림산물 증산에 일층 분기하자	광산, 탄광, 림산 로동자, 기술자들의 우대에 대하여	1	북조선농림수산직맹 중앙위원회 위원장 김혁봉
1949-06-24-005	조쏘량국 어린이들의 형제적친선을 더욱 견고히	쏘련삐오넬로부터 조선소년들에게 회답	1	조선중앙통신
1949-06-24-006	입북한 남조선정당사회단체대표 기자단과 계속 회견	건국청년회대표 리소학, 사회민주당대표 곽홍식	1	
1949-06-24-007	국제직련대회참가 조선대표 20일 모쓰크바 도착		1	조선중앙통신
1949-06-24-008	군중선전사업강화로 중경제초를 더욱 활발히	리원군 대오리세포에서	2	통신원 윤지월
1949-06-24-009	세포학습회의 질적수준 제고	곡산군 도리동세포에서	2	통신원 지근화
1949-06-24-010	보건에 대한 인식을 높이여 하기방역사업을 적극 협조	고원군인민병원 세포에서	2	통신원 박경림
1949-06-24-011	국토완정과 미군철퇴를 위한 조선인민의 투쟁		2	김인숙
1949-06-24-012	북반부 근로인민들의 물질문화생활은 부단히 향상되고 있다		2	북조선직업총동맹 중앙위원회 부위원장 정응동
1949-06-24-013	평양 각 공장 로동자들 군무자들을 위안 격려		3	김전
1949-06-24-014	조기작물수확고의 정확한 판정 위해	재녕군 상해리 농민들	3	주재기자 박덕순
1949-06-24-015	'괴뢰국회'대혼란	'국회부의장' 등 다수에 체포령	3	조선중앙통신
1949-06-24-016	영예로운 맹세를 실천 복구되는 제1용광로	황해제철소 로동자들	3	통신원 윤칠
1949-06-24-017	행복한 생활을 구가하며 탄광복구발전에 헌신투쟁	평남 안주탄광 로동자들	3	본사기자 리인태
1949-06-24-018	황해도방면 38선을 침입하였던 남조선 '국방군' 포로병들의 담화	'국방군'2등상사 려창덕, '국방군'2등병사 한기두	3	
1949-06-24-019	중국새정치협상회의 준비회 각 분과위원회를 구성		4	조선중앙통신
1949-06-24-020	제2차대회 소집을 앞두고 국제직련에서 메쎄지 발표		4	조선중앙통신
1949-06-24-021	이라크 씨리아의 관계는 날로 악화		4	조선중앙통신
1949-06-24-022	독립과 자유를 위한 투쟁에서의 월남공화국		4	김기운
1949-06-24-023	영국에서 평화옹호운동 활발		4	조선중앙통신
1949-06-24-024	드골파 음모자 옥중에서 자살		4	조선중앙통신
1949-06-24-025	유엔신성원승인문제 재심	-16일 안보리사회에서-	4	조선중앙통신
1949-06-24-026	큐바대통령의 반민주적폭언		4	조선중앙통신
1949-06-24-027	일본 전토에 태풍 래습		4	조선중앙통신
1949-06-24-028	이태리에 파업투쟁 치렬	2백 50만이상이 참가	4	조선중앙통신
1949-06-24-029	분란공업생산량 감소		4	
1949-06-24-030	『근로자』 제11호		4	로동신문사 『근로자』편집국

기사번호	제목(title)	부제목(stitle)	면수	필자, 출처
1949-06-25-001	우리 조국은 하나이며 우리 민족은 하나이다		1	
1949-06-25-002	조국통일민주주의전선 결성을 인민들 절대지지	남조선 정당 사회단체 계속 결의 표명	1	조선중앙통신
1949-06-25-003	조국통일민주주의전선결성대회에 참가할 조선 각 정당 사회단체 대표들 륙속 래착		1	
1949-06-25-004	입북한 남조선 정당 사회단체 대표들 담화	불교총련맹 권세곤, 신생회대표 림기준	1	
1949-06-25-005	전조선인민의 애국적력량은 조국통일민주주의전선 결성에 집결되었다		2	
1949-06-25-006	생산능률을 높이기 위한 당선전원들의 모범적역할	신의주제유공장 세포에서	2	주재기자 최영환
1949-06-25-007	자습당원의 학습을 체계있게 지도방조	강원도 평강군당부에서	2	통신원 리배근
1949-06-25-008	부패한 괴뢰'정부'의 괴멸은 림박하였다	한국로농당대표 김학준	2	
1949-06-25-009	여생을 조국통일독립에 바치련다	민중동맹대표 김원진	2	
1949-06-25-010	군무는 충실하게 휴식은 명랑하게	인민군대 ○○구분대에서	3	주재기자 신기관
1949-06-25-011	대양의 함상에서		3	
1949-06-25-012	대회결정을 철저히 침투 협회사업을 높은 수준으로	조쏘문화협회에서	3	본사기자 신봉
1949-06-25-013	김일성대학 탐사대 백두산천지에 도달		3	
1949-06-25-014	국가에서 주는 우대에 증산의기는 더욱 치렬	곡산광산 로동자들	3	
1949-06-25-015	급수를 조절하여 적기이앙에로!	평북 태천군 농민들	3	
1949-06-25-016	헌신적로력은 행복한 열매를	안주탄광 노배근동무	3	본사기자 리인태
1949-06-25-017	불리한 자연조건 극복하고 적기이앙에 궐기한 농민들		3	
1949-06-25-018	38선을 침입하였던 남조선'국방군' 포로병들의 담화 독전하는 '장교'는 부하를 사살한다	'국방군'1등병 김명수	3	
1949-06-25-019	파리4국외상회의 페막	오지리에 대한 강화조약원칙은 합의에 도달	4	조선중앙통신
1949-06-25-020	위신쓰끼 쏘련외상 공로 모쓰크바향발		4	조선중앙통신
1949-06-25-021	국제직련 피혁산별부 창설대회		4	조선중앙통신
1949-06-25-022	대만에 대한 미국의 '독립부여'는 무엇을 말하여주는가?		4	림문
1949-06-25-023	불란서 근로인민들의 공산당지도자옹호운동		4	조선중앙통신
1949-06-25-024	일본해원로조 해고반대투쟁		4	조선중앙통신
1949-06-25-025	라틴아메리카의 평화옹호운동 활발		4	조선중앙통신

기사번호	제목(title)	부제목(stitle)	면수	필자, 출처
1949-06-25-026	항가리근로인민당에서 이색분자를 출당		4	조선중앙통신
1949-06-25-027	극장안내		4	
1949-06-26-001	개회사 김두봉	조국통일민주주의전선결성대회에서	1	
1949-06-26-002	조국통일민주주의전선결성대회 의안		1	조선중앙통신
1949-06-26-003	남북조선 71개 애국적 정당 사회단체의 참석하에 력사적인 조국통일민주주의전선결성대회 개막		1	조선중앙통신
1949-06-26-004	국내외정세와 우리의 임무 허헌	조국통일민주주의전선결성대회에서	2, 3, 4	
1949-06-26-005	파리4개국외상회의 콤뮤니케		4	
1949-06-26-006	중국새정치협상회의 준비회 회의석상에서 진술한 모택동씨의 연설		4	
1949-06-28-001	제철생산기업소 당단체들의 전투적과업		1	
1949-06-28-002	조국통일민주주의전선결성대회(제2일회의)	전조선애국적민주력량을 총집결한 조국통일민주주의전선 력사적탄생	1	조선중앙통신
1949-06-28-003	국내외정세와 우리의 임무에 대한 결정서를 채택		1	
1949-06-28-004	김구씨 피살	범인은 '국방군'소위	1	조선중앙통신
1949-06-28-005	김구씨조난에 조의표시	조국통일민주주의전선결성대회 제2일회의에서	1	조선중앙통신
1949-06-28-006	리승만은 장개석과 동일한 길을 걷고 있다	일본공동통신의 사설	1	조선중앙통신
1949-06-28-007	경북일대 유격전 맹렬 인민무장대 경찰지서를 강습	괴뢰경찰은 민가 2백여호 소각	1	조선중앙통신
1949-06-28-008	조국통일민주주의전선 강령에 대한 보고 한설야	조국통일민주주의전선결성대회에서	2	
1949-06-28-009	북조선로동당 대표 장순명	조국통일민주주의전선결성대회 제2일 오전회의에서	2	
1949-06-28-010	인민공화당대표 윤징우	조국통일민주주의전선결성대회 제2일 오전회의에서	2	
1949-06-28-011	남조선로동당 대표 홍남표	조국통일민주주의전선결성대회 제2일 오전회의에서	3	
1949-06-28-012	북조선민주당 대표 홍기주	조국통일민주주의전선결성대회 제2일 오전회의에서	3	
1949-06-28-013	민중동맹대표 김원진	조국통일민주주의전선결성대회 제2일 오전회의에서	3	
1949-06-28-014	북조선천도교청우당 대표 김정주	조국통일민주주의전선결성대회 제2일 오전회의에서	3	
1949-06-28-015	토론을 청취하는 대표들		3	

기사번호	제목(title)	부제목(stitle)	면수	필자, 출처
1949-06-28-016	북조선민주청년동맹 대표 현정민	조국통일민주주의전선결성대회 제2일 오전회의에서	3	
1949-06-28-017	축사 로동자대표 김학진	조국통일민주주의전선결성대회에서	4	
1949-06-28-018	축사 농민대표 한계환	조국통일민주주의전선결성대회에서	4	
1949-06-28-019	축사 녀성대표 고영자	조국통일민주주의전선결성대회에서	4	
1949-06-28-020	민주독립당대표 홍기문	조국통일민주주의전선결성대회 제2일 오전회의에서	4	
1949-06-28-021	우리는 승리하고있습니다	유격대용사들로부터 결성대회에 편지	5	
1949-06-28-022	국가의 적극적시책으로 중소상공업발전을 촉진	국가계획위원회에서 중소상공업가와 간담회 개최	5	조선중앙통신
1949-06-28-023	중소상공업발전 위하여 자금은 무제한으로 대부		5	조선중앙통신
1949-06-28-024	세률은 더욱 저하		5	조선중앙통신
1949-06-28-025	부족되는 원료자재문제해결의 길		5	조선중앙통신
1949-06-28-026	개인무역은 이렇게		5	조선중앙통신
1949-06-28-027	철도수송력의 장성은 개인화물수송을 더욱 보장한다		5, 6	조선중앙통신
1949-06-28-028	파리외상회의의 성과에 대하여	-『쁘라우다』지 파리특파원 론평	6	
1949-06-28-029	광동의 국민당잔여도배 대만과 중경으로 도망		6	조선중앙통신
1949-06-28-030	불란서 재주화교들 송자문의 음모를 배격		6	조선중앙통신
1949-06-28-031	브라질의 직조로동자들 파업		6	조선중앙통신
1949-06-28-032	쟈바각지에서 유격대활동		6	조선중앙통신
1949-06-28-033	항가리에서 간첩 체포		6	조선중앙통신
1949-06-28-034	파리외상회의결과는 민주진영이 고수하는 평화정책의 승리이다		6	진만근
1949-06-28-035	중소상공업가들과 로동법령		6	조선중앙통신
1949-06-28-036	가격사정은 제품의 질에 의거		6	조선중앙통신
1949-06-28-037	개인도 광업을 경영할수 있게 된다		6	조선중앙통신
1949-06-28-038	인민정권의 배려에 감사	세창고무공업사 조능준씨 담	6	조선중앙통신
1949-06-28-039	개인기업의 보다 높은 발전을 기대한다	정준택위원장의 결론	6	조선중앙통신
1949-06-29-001	조국통일민주주의전선은 승리적으로 결성되었다		1	
1949-06-29-002	조국통일민주주의전선결성대회 폐막 남북통일선거에 의한 평화적통일방책 제시	조국통일민주주의전선 강령과 대회선언서를 만장일치가결(제3일회의에서)	1	조선중앙통신

기사번호	제목(title)	부제목(stitle)	면수	필자, 출처
1949-06-29-003	조국통일민주주의전선 중앙위원회 제1차회의		1	조선중앙통신
1949-06-29-004	조국통일민주주의전선 의장단과 중앙상무위원회 선거		1	조선중앙통신
1949-06-29-005	조국통일민주주의전선 중앙위원회 선거		1	조선중앙통신
1949-06-29-006	조국통일민주주의전선 결성준비위원회 김두봉위원장 앞	조국통일민주주의전선 결성에 즈음하여	1	
1949-06-29-007	조국통일민주주의전선 결성준비위원회 김두봉위원장 앞	조국통일민주주의전선 결성에 즈음하여	1	
1949-06-29-008	봉화지역의 인민유격대 각처의 경찰지서를 소탕		1	조선중앙통신
1949-06-29-009	경북지구 유격전 활발!		1	조선중앙통신
1949-06-29-010	선언서 조선전체 민주주의 정당 사회단체들에게 전체 조선인민들에게	조국통일민주주의전선결성대회	2	
1949-06-29-011	조국통일민주주의전선 강령	조국통일민주주의전선결성대회에서	3	
1949-06-29-012	조국통일민주주의전선결성 대회대표자격심사위원회 보고 강량욱	조국통일민주주의전선결성대회에서	3	
1949-06-29-013	조국통일민주주의전선결성대회대표 자격심사위원회 심사보고에 대한 결정서		3	
1949-06-29-014	조국통일민주주의전선결성대회(제2일회의에서)	북조선로동당 대표 강영태	3	
1949-06-29-015	조국통일민주주의전선결성대회(제2일회의에서)	북조선직업총동맹 대표 최경덕	3	
1949-06-29-016	조국통일민주주의전선결성대회(제2일회의에서)	남조선로동당 대표 구남중	4	
1949-06-29-017	조국통일민주주의전선결성대회(제2일회의에서)	북조선로동당 대표 윤병주	4	
1949-06-29-018	조국통일민주주의전선결성대회(제2일회의에서)	남조선언론협회 대표 오기영	4	
1949-06-29-019	조국통일민주주의전선결성대회(제2일회의에서)	북조선문예총대표 리태준	4	
1949-06-29-020	조국통일민주주의전선결성대회(제2일회의에서)	북조선기독교도련맹 대표 김익두	4	
1949-06-29-021	전국청년들은 조국의 부름에 총궐기하자!	조국통일민주주의전선결성대회 제2일 오후회의에서 한 청년대표 정기련의 축사	4	
1949-06-30-001	조국통일민주주의전선결성경축 평양시민대회 대성황	25만여명의 환호성 강산을 진동	1, 2	조선중앙통신
1949-06-30-002	개회사 김성학	조국통일민주주의전선결성경축 평양시민대회에서	1	

기사번호	제목(title)	부제목(stitle)	면수	필자, 출처
1949-06-30-003	조선의 통일은 조선인민자체로써 해결한다		1	
1949-06-30-004	조국통일민주주의전선결성경축 평양시민대회 결정서		1	
1949-06-30-005	봉화 서장이하 경찰부대를 소탕		1	조선중앙통신
1949-06-30-006	충북 단양역전의 경찰파출소 습격		1	조선중앙통신
1949-06-30-007	축사 로동자대표 문창원	조국통일민주주의전선결성경축 평양시민대회에서	2	
1949-06-30-008	축사 청년대표 김진국	조국통일민주주의전선결성경축 평양시민대회에서	2	
1949-06-30-009	축사 녀성대표 정숙경	조국통일민주주의전선결성경축 평양시민대회에서	2	
1949-06-30-010	축사	농민대표 명봉화	2	
1949-06-30-011	조국통일민주주의전선결성대회 선언서 초안에 대한 각 대표들의 토론	북조선로동당 대표 진반수, 남조선로동당 대표 강문석	3	
1949-06-30-012	조국통일민주주의전선 강령보고에 대한 각 대표들의 토론	근로인민당대표 고경흠, 북조선천도교청우당대표 박윤길	3	
1949-06-30-013	조국통일민주주의전선결성대회를 축하하여 조국통일민주주의전선결성대회에 드리는 편지	남조선 삼척무연탄광 로동자들로부터	3	
1949-06-30-014	조국통일민주주의전선결성대회 귀중	조국통일민주주의전선 결성대회를 축하하여	3	
1949-06-30-015	이태리 농업로동자파업 승리적으로 종결		4	조선중앙통신
1949-06-30-016	공산당지도부에서 콤뮤니케를 발표		4	조선중앙통신
1949-06-30-017	국제직련대회준비 진행	루이 싸이앙씨의 담화	4	조선중앙통신
1949-06-30-018	각 산별부창설대회에 관한 국제직련의 콤뮤니케		4	조선중앙통신
1949-06-30-019	미국에 경제공황 박두	진보당전국위원회의 지적	4	조선중앙통신
1949-06-30-020	금속로동자들의 산별부창설대회		4	조선중앙통신
1949-06-30-021	알바니아인민쏘베트선거에서 인민전선 승리		4	조선중앙통신
1949-06-30-022	미국과 중국국민당간에 '최후방위'음모 진행		4	조선중앙통신
1949-06-30-023	주쏘영국대사 모쓰크바 도착		4	조선중앙통신
1949-06-30-024	조국통일민주주의전선결성대회(제2일회의에서)	북조선로동당 리성운	4	
1949-06-30-025	조국통일민주주의전선결성대회(제2일회의에서)	전평대표 박방수	4	
1949-07-01-001	당적경각성을 높이자		1	
1949-07-01-002	조국을 위하여 헌신을 맹세!	평양곡산공장 로동자들	1	
1949-07-01-003	선언서에 명시된 길로 나아가자	평양시주변 농민들	1	
1949-07-01-004	우리들의 나갈 길은 오직 한길	평양 서성리민들	1	
1949-07-01-005	8.15해방 4주년기념 전국준비위원회를 조직		1	조선중앙통신
1949-07-01-006	8.15해방 4주년기념 사업준비		1	조선중앙통신
1949-07-01-007	북반부의 각 대학 졸업식 거행		1	조선중앙통신
1949-07-01-008	하기방학기간에 학생들 특별휴양		1	조선중앙통신
1949-07-01-009	함북 온수평정양소 개소		1	조선중앙통신
1949-07-01-010	북반부 기계공업 급진적으로 발전		1	
1949-07-01-011	상반기계획 완수	각지 공장, 기업소들	1	조선중앙통신
1949-07-01-012	이앙 활발히 진척	각 도들에서	1	
1949-07-01-013	기술전습을 강화하여 생산능률제고를 보장	황해제철공장당단체에서	2	통신원 윤종칠
1949-07-01-014	종업원의 생활수준향상에 부단히 당적주의를 돌리여	평양시 사동련탄공장 당부에서	2	본사기자 윤봉경
1949-07-01-015	승리의 기치 높이 들고 전조선인민은 전진한다		2	윤현
1949-07-01-016	수리불안전담이앙 성과있게 협조	함남귀림면당단체에서	2	통신원 김상원
1949-07-01-017	리승만도당은 김구씨를 왜 살해하였는가		2	박석
1949-07-01-018	조국통일민주주의전선 강령보고에 대한 각 대표들의 토론(요지) 남조선로동당 대표 리순	조국통일민주주의전선결성대회 제3일회의에서	3	
1949-07-01-019	조국통일민주주의전선 강령보고에 대한 각 대표들의 토론(요지) 한국독립당 열성자대표 김세련	조국통일민주주의전선결성대회 제3일회의에서	3	
1949-07-01-020	조국통일민주주의전선결성대회 선언서 초안에 대한 각대표들의 토론(요지)	남조선문화단체총련맹 대표 김남천	3	
1949-07-01-021	조국통일민주주의전선 강령보고에 대한 각 대표들의 토론(요지)	북조선녀성동맹 대표 리금순	3	
1949-07-01-022	축사 만경대혁명자유가족학원 학생대표 리종식	조국통일민주주의전선결성대회 제3일회의에서	3	
1949-07-01-023	불란서공산당 정치국에서 콤뮤니케를 발표		4	조선중앙통신
1949-07-01-024	백이의 선거운동에서 공산당의 진출 현저		4	조선중앙통신
1949-07-01-025	불란서통상대표단 모쓰크바 도착		4	조선중앙통신
1949-07-01-026	국제직련집행국회의 전평의 국제직련가입 지지		4	조선중앙통신
1949-07-01-027	카나다해원직맹원들 파업투쟁 치렬		4	조선중앙통신
1949-07-01-028	인도농민들 폭동		4	조선중앙통신
1949-07-01-029	이태리우익사회당원진영내에서의 대혼란		4	박근문
1949-07-01-030	일본국철로조의 태도 강경	정부의 탄압정책 반박 성명	4	조선중앙통신
1949-07-01-031	아테네정부 수상 급사		4	조선중앙통신
1949-07-01-032	영국녀성대표일행 레닌그라드에 도착		4	조선중앙통신
1949-07-01-033	북대서양동맹 참가국가간에 중요토의 계속		4	조선중앙통신
1949-07-01-034	일본농민들의 공산당가입 격증		4	조선중앙통신

기사번호	제목(title)	부제목(stitle)	면수	필자, 출처
1949-07-01-035	독일민족민주당 제1차대회 진행		4	조선중앙통신
1949-07-01-036	미국에 진보적청년단체 조직		4	조선중앙통신
1949-07-01-037	바바리아에 실업자 39만		4	조선중앙통신
1949-07-01-038	극장안내		4	
1949-07-02-001	높은 수확을 위한 비배관리		1	
1949-07-02-002	더욱 굳게 뭉치어 승리를 쟁취하자	사동련탄 로동자들	1	
1949-07-02-003	우리는 자기 힘으로 조국을 통일하자	평양철도공장 로동자들	1	
1949-07-02-004	통일실현 위한 굳은 결의 맹세	평양공업대학 학생들	1	본사기자 리수근
1949-07-02-005	국토완정 위해 몸바처 싸우자	수동광산 로동자들	1	
1949-07-02-006	북반부의 각 대학 7월 1일부터 하기방학		1	조선중앙통신
1949-07-02-007	함남도의 여러 어장들 년간생산계획을 초과		1	조선중앙통신
1949-07-02-008	북반부의 축산업 급진적으로 발전		1	조선중앙통신
1949-07-02-009	함북도 관개사업 활발 진행	4천여정보를 옥답으로	1	조선중앙통신
1949-07-02-010	청진제강소 제1회전로 완전복구의 개가		1	
1949-07-02-011	이앙 활발히 진척	각 도들에서	1	
1949-07-02-012	조선중앙통신사의 보도		1	
1949-07-02-013	선전사업과 기술향상으로 수송능력을 부단히 제고	함흥철도국 당단체에서	2	주재기자 신기관
1949-07-02-014	구체적 사업계획으로 지도사업을 강화시키자	평남 신안주면당부에서	2	본사기자 송학용
1949-07-02-015	세포학습회지도자에 대한 지도방조사업을 강화하자		2	당중앙본부 선전선동부 교양과 김성필
1949-07-02-016	로동규률을 강화하여 생산실적을 높이자		2	노세억
1949-07-02-017	열렬한 조국애로 능숙한 군사기술을	○○구분대 윤룡창분대	3	김전
1949-07-02-018	화포를 둘러싸고		3	
1949-07-02-019	창발적로력 기울여 모내기 활발히 진척	평북 정주군 농민들	3	
1949-07-02-020	선진과학으로 무장한 민족간부를 사회에로	평양교원대학 제3회 졸업식	3	본사기자 라원근
1949-07-02-021	예정기간 단축하여 제1호회전로 복구	청진제강소 로동자 기술자들	3	주재기자 현준극
1949-07-02-022	기술수준 높이고 로력조직을 개편	청암광산 로동자들	3	
1949-07-02-023	더욱 높은 생산위해 반경쟁운동을 강화	성진제강소 로동자들	3	
1949-07-02-024	풍요한 고원	평강국영농장을 찾아서	3	본사기자 백운학
1949-07-02-025	국제직업련맹 제2차대회는 로동계급의 단결을 더욱 강화		4	조선중앙통신
1949-07-02-026	국제직련집행위원회 제2차대회 의정 등 결정		4	조선중앙통신
1949-07-02-027	중국 새 정치협상회의 준비회에서 중국동북 조선인대표 연설		4	조선중앙통신

기사번호	제목(title)	부제목(stitle)	면수	필자, 출처
1949-07-02-028	불란서철도종업원련맹전국대회 개막		4	조선중앙통신
1949-07-02-029	주쏘미국대사 모쓰크바 도착		4	조선중앙통신
1949-07-02-030	직맹분렬주의자의 제네바회의 페막		4	조선중앙통신
1949-07-02-031	희랍왕당파내에 수상직쟁탈전		4	조선중앙통신
1949-07-02-032	인도네시아에 유격전 격렬		4	조선중앙통신
1949-07-02-033	찌또도당의 반공테로		4	조선중앙통신
1949-07-02-034	국제부흥발전은행에 차관을 신청	유고정부에서	4	조선중앙통신
1949-07-02-035	미국해군함선 비률빈에 집중		4	조선중앙통신
1949-07-02-036	알바니아 2개년경제계획		4	량준
1949-07-02-037	이란에 기근소동		4	조선중앙통신
1949-07-02-038	미국공산당 비서 데니스의 소위 국회모욕사건 재심		4	조선중앙통신
1949-07-02-039	이란군사법정의 판결		4	조선중앙통신
1949-07-02-040	불란서우익정당들 뿔럭결성 시도		4	조선중앙통신
1949-07-02-041	극장안내		4	
1949-07-03-001	조국통일을 위한 인민의 애국투쟁은 어떠한 힘으로서도 막지 못한다		1	
1949-07-03-002	선언서에 제시된 길로 전진하자!	북중기계로동자들	1	통신원 김성균
1949-07-03-003	통일을 반대하는 놈들을 타도하자	정주기관구 로동자들	1	주재기자 최영환
1949-07-03-004	완전자주독립 위해 용감히 나아가자	철산군 참면 농민들	1	
1949-07-03-005	증산투쟁으로 반동을 분쇄!	해주철도부 로동자들	1	주재기자 박덕순
1949-07-03-006	각 공장 광산에서 전개된 로동법령기념 증산투쟁의 성과		1	조선중앙통신
1949-07-03-007	개인년간계획 속속 완수	서흥광산 착암부 리팔봉, 국영 철원제사공장 모범로동자들	1	
1949-07-03-008	상반기계획 완수	각지에서	1	
1949-07-03-009	이앙 활발히 진척	전국각지에서	1	
1949-07-03-010	잠견수매 활발	북반부 각 도 양잠농민들	1	조선중앙통신
1949-07-03-011	정치적경각성을 높이어 당내부조직을 더욱 강화	평양곡산공장 당단체에서	2	본사기자 송학용
1949-07-03-012	조직지도 강화하여 기본건설을 협조	사리원방직공장 방사분세포에서	2	통신원 지덕봉
1949-07-03-013	조기현물세납부를 구체적으로 협조	리원군 하류정리세포에서	2	통신원 윤지월
1949-07-03-014	당부지도원들의 역할		2	당중앙본부 조직부 책임지도원 김낙선
1949-07-03-015	볼쉐위끼당은 새 형태의 당이다(1)		2	
1949-07-03-016	8.15해방기념 앞두고 인민군대에 정성의 선물	평양시내 학생 및 시민들	3	

기사번호	제목(title)	부제목(stitle)	면수	필자, 출처
1949-07-03-017	황숙기를 맞이하여 밀보리적기수확에	평북 정주군 농민들	3	본사기자 백운학
1949-07-03-018	전기차 두대를 재생	철원전기기관구 로동자들	3	
1949-07-03-019	직장상점의 일용품 나날이 풍족해간다	사동련탄공장에서	3	본사기자 황경엽
1949-07-03-020	꽃피는 인민예술	평양연초공장 써클을 찾아서	3	본사기자 김춘희
1949-07-03-021	내무성경비대의 구원으로 9사1생으로 돌아왔다	랍치당하였던 리인봉씨의 담화	3	
1949-07-03-022	'국방군'은무차별 학살을 감행!	벽성군 가천면 삼괴리 김영춘씨 담	3	
1949-07-03-023	리승만도배는 테로수단으로써 잔명을 연장시키려 한다		3	승원
1949-07-03-024	파리외상회의의 결과에 관한 위신쓰끼씨의 언명		4	조선중앙통신
1949-07-03-025	국제직련 제2차대회 개막		4	조선중앙통신
1949-07-03-026	쏘련대외문화련락협회의 초대연에 리기영씨도 참석		4	조선중앙통신
1949-07-03-027	불란서 각지에 파업투쟁 치렬		4	조선중앙통신
1949-07-03-028	파란과 애급간 통상조약 체결		4	조선중앙통신
1949-07-03-029	마샬안 가입국들 경제위기에 봉착		4	조선중앙통신
1949-07-03-030	이태리청년들 반전시위		4	조선중앙통신
1949-07-03-031	평화옹호운동은 계속 장성강화되고있다		4	주용국
1949-07-03-032	인도의 정치경제사정 험악	로동자와 농민 탄압도 우심	4	조선중앙통신
1949-07-03-033	북대서양동맹반대 이태리에서 날로 치렬		4	조선중앙통신
1949-07-03-034	파리에서 귀환군인시위		4	조선중앙통신
1949-07-03-035	인도네시아의 정세		4	조선중앙통신
1949-07-03-036	주쏘불가리아대사 모쓰크바 출발		4	조선중앙통신
1949-07-03-037	연구생모집요항		4	평양공업대학
1949-07-05-001	지미뜨로브서거에 관한 쏘련공산당(볼쉐위끼) 중앙위원회 및 쏘련내각의 발표		1	
1949-07-05-002	불가리아인민공화국 내각 귀중	불가리아인민공화국 내각 수상의 서거에 제하여	1	
1949-07-05-003	불가리아대인민회의 상임위원회 위원장 민쵸.네이체브각하	불가리아인민공화국 내각 수상의 서거에 제하여	1	
1949-07-05-004	8.15해방 4주년기념을 고상한 준비로써 맞이하자		1	
1949-07-05-005	지미뜨로브서거에 관한 불가리아공산당 중앙위원회 내각 및 조국전선전국위원회의 발표		1	
1949-07-05-006	지미뜨로브의 병환치료결과 및 서거원인		1	조선중앙통신
1949-07-05-007	조선중앙통신사 보도		1	

기사번호	제목(title)	부제목(stitle)	면수	필자, 출처
1949-07-05-008	조국통일민주주의전선 결성을 경축하는 군중대회 각지에서 개최		1	주재기자
1949-07-05-009	자부심과 안일성을 준렬히 비판하여 당조직을 계속 강화	남구역 국립극장세포에서	2	본사기자 리수근
1949-07-05-010	자습당원들의 학습을 더욱 효과적으로 지도방조하자	평남 안주군당부에서	2	본사기자 송학용
1949-07-05-011	평화적방법으로 조국을 통일하자		2	김인숙
1949-07-05-012	볼쉐끼당은 새 형태의 당이다(2)		2	
1949-07-05-013	호화다채로운 예술공연체육축전 전람회를 준비	평양시에서	3	
1949-07-05-014	해방탑 밑에서		3	
1949-07-05-015	높은 애국적열의로써 군무자가족원호사업	평양시 녀맹원들	3	본사기자 김춘희
1949-07-05-016	험산준령을 뚫고 운탄선공사 활발	고원탄광선 부설공사 로동자들	3	본사기자 리인태
1949-07-05-017	강물을 끌어올려 천수답에 이앙을	북청군 속후면 농민들	3	통신원 신항식
1949-07-05-018	각 대학 교수들의 하기강습회 개최		3	본사기자 라원근
1949-07-05-019	11월말일까지에 년간계획 완수코저	사동련탄공장 채탄부 직장대회에서	3	
1949-07-05-020	새로운 투쟁목표로 로동생산성 제고에	사리원탄광 직장대회에서	3	본사기자 리인태
1949-07-05-021	선진적영농법을 농민속에 보급침투	평북 철산군농맹에서	3	본사기자 백운학
1949-07-05-022	우리 금속계의 또하나 승리 '자석합금강' 제작에 성공	평양통신기계제작소에서	3	
1949-07-05-023	봄고치수매사업 계획량 초과달성	강원도 전체 양잠가들	3	주재기자 김만선
1949-07-05-024	이태리근로인민을 대표하여 대회참가자들을 열렬히 환영	이태리로총서기장 연설	4	조선중앙통신
1949-07-05-025	일본반동 내각반대 인민투쟁 격화	경찰서습격사건 발생	4	조선중앙통신
1949-07-05-026	미국의 경제위기 심각	공업생산지수 날로 저락	4	조선중앙통신
1949-07-05-027	국제영화축전에 쏘련 참가 거부		4	조선중앙통신
1949-07-05-028	인도네시아에 유격전 치렬		4	조선중앙통신
1949-07-05-029	오지리통상대표 와르샤와 도착		4	조선중앙통신
1949-07-05-030	영국철도종업원 전국적파업 결정		4	조선중앙통신
1949-07-05-031	국제직련 제2차대회 개막에 대하여		4	강원
1949-07-05-032	파리외상회의에 관하여 애치슨 성명 발표		4	조선중앙통신
1949-07-05-033	파란 서서간 통상조약 체결		4	조선중앙통신
1949-07-05-034	분란인민주동맹 제2차대회 개막		4	조선중앙통신
1949-07-05-035	미영대비행대 화란상공을 무단비행		4	조선중앙통신
1949-07-06-001	춘기잠견수매사업에 대하여		1	

기사번호	제목(title)	부제목(stitle)	면수	필자, 출처
1949-07-06-002	불가리아공산당 중앙위원회에	불가리아인민의 수령인 게오르기 지미뜨로브서거에 대하여	1	
1949-07-06-003	지미뜨로브서거에 대하여 쏘련각계에서 조의표시		1	
1949-07-06-004	경각성을 높이여 증산에 더욱 로력	평양화학 로동자들	1	
1949-07-06-005	선언서는 유일한 평화적통일대책	부령군 수성면 농민들	1	주재기자 현준극
1949-07-06-006	통일독립을 위한 적절한 방책이다	보건일군들	1	본사기자 신봉
1949-07-06-007	조국통일민주주의전선결성 경축군중대회 각지에서 성대히 개최		1	주재기자
1949-07-06-008	책임지도원의 역할 높여 당지도사업수준을 제고	평양시 중구역당부에서	2	본사기자 리수근
1949-07-06-009	비판과 자기비판을 더 높은 정치적수준에서 진행하자	평남 순천군 당단체에서	2	본사기자 송학용
1949-07-06-010	8.15 4주년을 맞이하며	북반부의 민족산업발전은 조국완전자주독립의 튼튼한 경제적토대로 되었다	2	산업성 부상 정일룡
1949-07-06-011	유고슬라비아 뜨로쯔끼분자들의 변절과 반역의 길	파란통일로동당 비서 르.삼보롭쓰끼	2, 3	
1949-07-06-012	빛나는 생산성과 쟁취하여 조국통일의 승리의 길로!	강원도 창도광산 로동자들	3	주재기자 김만선
1949-07-06-013	광석품위 제고하고 원가를 저하코저	성흥광산 직장대회에서	3	본사기자 리성섭
1949-07-06-014	훌륭한 군인이 되겠습니다	전사와 농민의 감격의 해후	3	주재기자 리문상
1949-07-06-015	밀갈에 분망한 북반부 각지농민들		3	
1949-07-06-016	반당 571키로 밀의 획기적다수확	중화군 광석리 량두찬농민	3	본사기자 리의철
1949-07-06-017	나무리벌 농민들 논김매기에 분망		3	
1949-07-06-018	준비된 산업간부 되기 위해 졸업론문제작에 전심 노력	평양공업대학에서	3	
1949-07-06-019	용수를 활용하자		3	
1949-07-06-020	중국공산당탄생 28주년기념	북평에서 기념대회 개최	4	조선중앙통신
1949-07-06-021	중국직맹운동에 관하여	중국직총부위원장 유녕일씨 담	4	조선중앙통신
1949-07-06-022	모쓰크바시민들의 지미뜨로브추도회		4	조선중앙통신
1949-07-06-023	후견리사회회의	위원단권한문제 토의	4	조선중앙통신
1949-07-06-024	일본국철 로조투쟁 개시	정부 '비상사태선언'발동 준비	4	조선중앙통신
1949-07-06-025	전 항전운동참가자 박해에 불란서전국인민들 항의		4	조선중앙통신
1949-07-06-026	불란서정부에서 반역자를 옹호	민주인사는 계속 탄압	4	조선중앙통신
1949-07-06-027	일본전국체신로조 투쟁지령을 발령		4	조선중앙통신
1949-07-06-028	막스.라이만을 영국당국 학대		4	조선중앙통신

기사번호	제목(title)	부제목(stitle)	면수	필자, 출처
1949-07-06-029	찌또도배의 반역적활동에 관한 불가리아공산당 중앙위원회 확대회의 결의		4	따쓰통신
1949-07-06-030	트라이쵸 꼬쓰토브의 반당적행동에 대한 불가리아공산당 중앙위원회 확대회의 결정		4	따쓰통신
1949-07-06-031	극장안내		4	
1949-07-07-001	신학년도준비사업을 성과있게 실행하자		1	
1949-07-07-002	북반부 각 광산 탄광 로동자 김일성수상에게 증산을 맹세	우대에 관한 내각결정에 보답하기 위하여	1	조선중앙통신
1949-07-07-003	남북부로동자들에게도 우리와 같은 행복을!	함흥기관구 로동자들	1	주재기자 신기관
1949-07-07-004	우리들이 나아갈 길은 더욱더 뚜렷해졌다!	해주화학공장 로동자들	1	주재기자 박덕순
1949-07-07-005	조국통일민주주의전선결성 경축군중대회 각처에서 성대히 개최		1	주재기자
1949-07-07-006	매국노 리승만도당은 국제적안녕질서의 파괴자이다	-이즈베스치아지의 론설-	1	조선중앙통신
1949-07-07-007	남양염전로동자들 년간생산계획 완수		1	
1949-07-07-008	상반기계획 완수	각지 광산들에서	1	
1949-07-07-009	축산업의 발전을 위한 당단체의 협조정형 토의	평남도당상무위원회에서	2	본사기자 송학용
1949-07-07-010	당적책임감 제고를 위하여 호상비판을 더욱 맹렬히	평양시 제65호공장 선반계세포에서	2	본사기자 리수근
1949-07-07-011	비판적정신 높이여 작업능률을 제고	아오지인조석유공장 선반계분세포에서	2	통신원 김광헌
1949-07-07-012	전체 조선인민들은 조국통일과 미군철퇴를 위한 애국적투쟁에 총궐기하였다		2	김준일
1949-07-07-013	각급 기술학교의 개편과 당면과업		2	교육성 기술교육국 부국장 오말준
1949-07-07-014	승리에 대한 자신도 굳게 년간계획 기한전완수에	평양곡산공장 로동자들	3	본사기자 김기초
1949-07-07-015	정성들인 봄고치 륙속 수매장으로	평남 강동군 양잠농민들	3	본사기자 류민우
1949-07-07-016	애국적각성으로 임무완수에 모범	○○해안경비대 주일남부분대장	3	본사기자 리성빈
1949-07-07-017	고등어를 더 많이 인민들의 식탁에로	서호수산사업소 로동자들	3	주재기자 신기관
1949-07-07-018	'윙크라'를 복구하여 메다노루를 더 많이	아오지인조석유 로동자들	3	본사기자 최창준
1949-07-07-019	부강조국건설 위해 발전되는 전기부문	공화국북반부에서	3	본사기자 박경석

기사번호	제목(title)	부제목(stitle)	면수	필자, 출처
1949-07-07-020	조선영화 「내 고향」에 대하여		3	박중선
1949-07-07-021	파리외상회의 총화에 대한 위신쓰끼씨의 언명 전문		4	
1949-07-07-022	국제직련 제2차대회 국제직련사업에 관한 루이 싸이앙씨의 보고	6월 29일회의에서	4	조선중앙통신
1949-07-07-023	경제위기를 완화시킬데 대한 긴급대책을 즉시 세우라!	미국진보당에서 대통령에게 서한	4	조선중앙통신
1949-07-07-024	불란서당국 희랍선원 박해		4	조선중앙통신
1949-07-08-001	조국통일을 위한 거족적투쟁에 총궐기하자		1	
1949-07-08-002	평화적통일을 장해하는 놈들에게 정의의 철추를	함남 운포광산 종업원들	1	통신원 유헌
1949-07-08-003	인민군대에 대한 협조를 더욱 적극화함으로써	룡천군내 청년들	1	통신원 김성균
1949-07-08-004	인민의 힘찬 전진을 제어할자는 없다!	평양견직공장 로동자들	1	본사기자 김지창
1949-07-08-005	조쏘간의 경제적 및 문화적 협조에 관한 협정의 비준서 교환		1	조선중앙통신
1949-07-08-006	조국통일민주주의전선결성 경축군중대회 각처에서 성대히 개최		1	주재기자, 조선중앙통신
1949-07-08-007	황철제1용광로 완전복구	오는 15일 화입식 거행예정	1	조선중앙통신
1949-07-08-008	상반기계획 완수	각지 공장, 탄광, 광산들에서	1	
1949-07-08-009	이앙 활발히 진척	각 도 농촌들에서	1	
1949-07-08-010	군중정치문화사업 강화로 상반년계획완수를 보장	천내리세멘트공장 당단체에서	2	주재기자 김만선
1949-07-08-011	생산과 밀접히 련결된 선전선동사업을 강화	평양화학공장 원동과 분세포에서	2	본사기자 리수근
1949-07-08-012	조국통일을 위한 전체 애국적인민들의 투쟁적과업		2	홍순철
1949-07-08-013	당학습회의 질적강화를 위하여		2	당중앙본부 선전선동부 교양과장 고혁
1949-07-08-014	3.4분기계획 초과실행에 애국적열의를 총집결!	평양연초공장 로동자들	3	본사기자 리인태
1949-07-08-015	평양시 민청원들의 경축준비사업 활발		3	본사기자 라원근
1949-07-08-016	열성껏 가꾸어서 풍미좋은 과실을	국영상보주리과수원에서	3	본사기자 리의철
1949-07-08-017	우리 교육문화의 발전에 쏘련학자들의 막대한 기여		3	본사기자 신봉
1949-07-08-018	사회에로 나가는 새 음악예술인들	국립음악학교에서	3	본사기자 김춘희

기사번호	제목(title)	부제목(stitle)	면수	필자, 출처
1949-07-08-019	높은 수확 위하여 열성을 기울여	개천군 개천면 한리규농민	3	본사기자 류민우
1949-07-08-020	과학적사육으로 우량종축을 증식	순천종축장에서	3	
1949-07-08-021	로동자들의 창의로 견직기제작에 성공	평양제침공장 로동자들	3	본사기자 김기초
1949-07-08-022	레닌그라드시의 도시정비		3	김율
1949-07-08-023	국제직련 제2차대회 국제직련사업에 관한 루이 싸이앙씨의 보고	6월 29일회의에서	4	조선중앙통신
1949-07-08-024	국제직련 제2차대회 보고에 관한 토론 전개 6월 30일회의에서	전호에서 계속	4	조선중앙통신
1949-07-08-025	지미뜨로브서거를 세계 각국에서 애도		4	조선중앙통신
1949-07-08-026	지미뜨로브의 령구 불가리아로 호송		4	조선중앙통신
1949-07-08-027	지미뜨로브서거에 국제직련 조의 표시		4	조선중앙통신
1949-07-08-028	화란의 군사비 총예산의 4분지 1		4	조선중앙통신
1949-07-08-029	미국내에 실업자 속출	완전실업자만 5백만	4	조선중앙통신
1949-07-08-030	서구에 대한 미국의 소위 석탄전쟁		4	조선중앙통신
1949-07-08-031	극장안내		4	
1949-07-09-001	당 간부의 자체교양을 체계있게 진행하자		1	
1949-07-09-002	인민의 위력앞에 역적놈의 발악은 분쇄되고만다!	천내리세멘트공장 로동자들	1	주재기자 김만선
1949-07-09-003	선진적영농기술을 적용하여	강동군 호탄동 농민들	1	본사기자 류민우
1949-07-09-004	조국의 통일은 우리의 힘으로	동평양직물공장 로동자들	1	본사기자 김지창
1949-07-09-005	남조선인민들 계속 결의 표명	조국통일민주주의전선결성을 지지하여	1	
1949-07-09-006	조국통일민주주의전선결성 경축군중대회 각처에서 성대히 개최		1	본사기자 박경석, 주재기자 리문상
1949-07-09-007	조선민주주의인민공화국 내무성 공식 보도		1	
1949-07-09-008	상반기계획 완수	각지 탄광, 광산, 공장들에서	1	
1949-07-09-009	자습당원들의 학습정형을 정확히 파악한 기초우에서	함북 회령군당부에서	2	통신원 심철
1949-07-09-010	준렬한 비판으로 경각성을 더욱 제고	강서전기공장 당단체에서	2	본사기자 송학용
1949-07-09-011	우량곡과 적기수확으로 조기현물세선납을 협조	화천군 사내면 사창리세포에서	2	통신원 김관서
1949-07-09-012	인민들의 투쟁력량의 강화를 위한 사상정치교양사업을 광범히 전개하자		2	

기사번호	제목(title)	부제목(stitle)	면수	필자, 출처
1949-07-09-013	잠견수매사업을 성과있게 진행하자		2	당중앙본부 농민부 지도원 전태환
1949-07-09-014	조쏘친선을 더욱 견고히 문화교류의 성과를 총화	조쏘문화협회의 기념준비사업	3	본사기자 신봉
1949-07-09-015	위대한 쏘련에 민족적감사 기념증산운동에 총돌진!	평양철도공장 로동자들	3	본사기자 리성섭
1949-07-09-016	하기야영생활에서 강철같은 체력 단련	야영지의 군무자들	3	주재기자 최영환
1949-07-09-017	나날이 발전하는 우리의 체신사업		3	본사기자 리인태
1949-07-09-018	2중양수기를 설치하여 수리불안전답에 이앙을	문천군 송탄리 농민들	3	
1949-07-09-019	세계청년축전파견 대표환송체육대회		3	조선중앙통신
1949-07-09-020	중국 7.7항일전쟁 12주년기념대회	평양재주 중국인민들	3	본사기자 박경석
1949-07-09-021	조국통일민주주의전선결성대회의 선언서를 리승만매국도당은 왜 인민들앞에 감추려 하는가?		3	리문일
1949-07-09-022	국제직련 제2차대회 평화인민들의 민주주의적권리 및 직맹의 단결을 위한 국제직련의 투쟁에 관한 꾸즈네쪼브씨의 보고	7월 2일회의에서	4	
1949-07-09-023	따쓰의 반박		4	조선중앙통신
1949-07-09-024	서부렬강은 서부독일의 군사공업을 부흥시킨다		4	박동수
1949-07-09-025	현 정부정책을 규탄 민주중국과 통상하라!	영국공산당에서 성명 발표	4	조선중앙통신
1949-07-09-026	마샬안협정 위기에 봉착		4	조선중앙통신
1949-07-09-027	주독 4개국 점령군 사령관대리회의에 관한 콤뮤니케		4	조선중앙통신
1949-07-09-028	반나치애국투사협회 회의		4	조선중앙통신
1949-07-09-029	백이의건축로동자 파업		4	조선중앙통신
1949-07-09-030	『근로자』 제12호 내용		4	로동신문사 『근로자』편집국
1949-07-10-001	8.15해방 4주년을 증산으로 맞이하자		1	
1949-07-10-002	김일성장군의 령도밑에 조국이 부르는 길로 매진	부전강발전부 제4발전소 종업원들	1	통신원 위정산
1949-07-10-003	축산발전에 전력기울여	신계종합농장 일군들	1	주재기자 박덕순
1949-07-10-004	조선민주주의인민공화국 최고인민회의 상임위원회 정령	시 군 인민재판소 및 도재판소 선거에 관하여	1	
1949-07-10-005	조선민주주의인민공화국 최고인민회의 상임위원회 정령	북조선중앙은행권을 위조 또는 그 위페를 사용함에 대한 처벌에 관하여	1	
1949-07-10-006	조선민주주의인민공화국 시 군 인민재판소 및 도재판소 선거에 관한 규정		1	
1949-07-10-007	안일한 사업작풍에 대하여 견결한 호상비판을 전개	사리원방직공장 당단체에서	2	주재기자 박덕순
1949-07-10-008	자습당원들에 대한 지도방조를 적절히	평양시인민위원회 교육부 세포에서	2	본사기자 윤봉경
1949-07-10-009	군중선동사업을 강화하여 자급비료생산을 적극 협조	신계군 마서면 사기막세포에서	2	주재기자 렴상재
1949-07-10-010	생활필수품의 증산과 상품류통의 확장은 인민생활향상의 전제조건이다		2	상업성 부상 김광수
1949-07-10-011	누가 우리 조국의 통일을 방해하는가?		2	리성용
1949-07-10-012	애국적력량을 총집결하여 기본건설공사 촉진을 맹세	남포판초자공장 로동자들	3	통신원 정명결
1949-07-10-013	력사적 8.15를 농산물증산으로	각급 농민동맹에서	3	
1949-07-10-014	쏘베트군대에게 영예를 드리면서	함북도 녀맹원들	3	
1949-07-10-015	군무자가족에게 지성의 원호사업	평양철도공장 로동자들	3	본사기자 리성섭
1949-07-10-016	명랑한 합창소리	국립음악학교에서	3	림덕보
1949-07-10-017	조기작물현물세 납부사업 개시	평남도내 농민들	3	본사기자 류민우
1949-07-10-018	면화다수확 위한 비배관리에 열성	재녕군 청천면 강지갑농민	3	주재기자 박덕순
1949-07-10-019	빛나는 창의고안 작업능률을 제고	구성 은곡광산 로동자들	3	주재기자 최영환
1949-07-10-020	위생방호원양성소 설치	북조선적십자사 남포시지부에서	3	통신원 정명결
1949-07-10-021	미군의 철퇴설은 모략적요언으로 폭로되었다		3	김준일
1949-07-10-022	국제직련 제2차대회 평화인민들의 민주주의적권리 및 직맹의 단결을 위한 국제직련의 투쟁에 관한 꾸즈네쪼브씨의 보고 7월 2일회의에서	전호에서 계속	4	
1949-07-12-001	조국통일을 위한 남반부인민들의 투쟁		1	
1949-07-12-002	더욱 용기를 백배하여 2개년계획 완수에로!	평양제침공장 로동자들	1	본사기자 김기초
1949-07-12-003	식량을 더 많이 보장하기 위하여	고원군 흥평리 농민들	1	통신원 박경림
1949-07-12-004	조국통일민주주의전선결성 경축군중대회 각처에서 성대히 개최		1	조선중앙통신
1949-07-12-005	조국통일민주주의전선의 선언서 유엔사무국에 도착		1	조선중앙통신

기사번호	제목(title)	부제목(stitle)	면수	필자, 출처
1949-07-12-006	조국전선 강령 및 선언서를 절대지지	평양시불교도열성자대회 성황	1	조선중앙통신
1949-07-12-007	남반부인민항쟁 치렬 경남 전남 각처에서 행동 활발	장서 서삼 경찰지서 완전소탕	1	조선중앙통신
1949-07-12-008	세포위원회의 역할 높이며 지도검열사업을 강화하자	평양철도기관구 공장분세포에서	2	본사기자 리수근
1949-07-12-009	생산능률 향상하여 원가저하를 보장	성진제강소 당단체에서	2	주재기자 김소민
1949-07-12-010	8.15해방 4주년을 맞이하며	쏘련인민은 조선인민의 진정한 원조자이다	2	위찬길
1949-07-12-011	조선인민의 위력은 우리 조국의 평화적 통일을 보장할것이다		2	송남
1949-07-12-012	조국통일의 기세도 높이 치렬한 증산투쟁을 전개	해주세멘트공장 로동자들	3	주재기자 박덕순
1949-07-12-013	전람회 강연회 등 다채로운 기념사업	각급 민주청년동맹에서	3	본사기자 라원근
1949-07-12-014	군무자가족의 김매기를 원조	박종팔전사일행	3	
1949-07-12-015	희망의 대로로		3	림덕보
1949-07-12-016	우량작잠종을 위한 과학적시험을 거듭	정주국립작잠시험장에서	3	주재기자 최영환
1949-07-12-017	상반년계획을 성과있게 실행	북반부각지의 관개공사	3	본사기자 류민우
1949-07-12-018	세계청년 및 대학생축전에 파견할 조선체육대표 선발		3	조선중앙통신
1949-07-12-019	남과 북두 마을	-38선에서-	3	리성빈
1949-07-12-020	국제직련 제2차대회 평화인민의 민주주의적권리 및 직맹의 단결을 위한 국제직련의 투쟁에 관한 산티의 보충보고	-7월 2일회의-	4	조선중앙통신
1949-07-12-021	국제직련 제2차대회 꾸즈네쪼브와 산티의 보고 지지 각국 대표들 토론전개	-7월 2일회의-	4	조선중앙통신
1949-07-12-022	국제직련 제2차대회 쏘련대표 작가 뽈레보이 토론	-7월 4일 오전회의-	4	조선중앙통신
1949-07-12-023	국제직련 제2차대회 꾸즈네쪼브씨의 결론	-7월 4일 오후회의-	4	조선중앙통신
1949-07-12-024	국제직련 제2차대회 근로인민의 경제적 사회적 리익을 옹호하는데 있어서의 국제직련과 각국 직맹중앙기관들의 사업 토의	-7월 5일회의-	4	조선중앙통신
1949-07-12-025	중국인민해방군의 5월 6월간 전과		4	조선중앙통신
1949-07-12-026	주쏘애급대사 귀국		4	조선중앙통신
1949-07-12-027	중동제국동맹결성 협의		4	조선중앙통신
1949-07-12-028	이태리해원 파업 확대		4	조선중앙통신
1949-07-12-029	극장안내		4	

기사번호	제목(title)	부제목(stitle)	면수	필자, 출처
1949-07-13-001	인민경제 3.4분기계획 실행을 위한 당단체의 과업		1	
1949-07-13-002	헐벗고 천대받는 남반부녀성들에게도 자유를!	벽성군 교정면 녀맹원들	1	본사기자 리성빈
1949-07-13-003	우수한 교육간부양성에 전력을!	평양녀자사범전문 교원들	1	본사기자 김춘희
1949-07-13-004	조국통일민주주의전선결성 경축군중대회 각처에서 성대히 개최		1	조선중앙통신
1949-07-13-005	조국통일민주주의전선 각 지방의 위원회 결성대회 환호리에 진행		1	본사기자 리성빈, 조선중앙통신
1949-07-13-006	『조국전선』지 창간호 발행		1	조선중앙통신
1949-07-13-007	방쏘중인 리기영씨 공로중국으로 향발		1	조선중앙통신
1949-07-13-008	박사학위론문 공개심사회의 개최		1	
1949-07-13-009	삼신탄광내 당단체의 당장성사업진행정형 토의	평양시당상무위원회에서	2	본사기자 리수근
1949-07-13-010	기술수준향상을 협조하여 생산의 높은 성과를 보장	라흥기계제작소 공작계분세포에서	2	통신원 윤지월
1949-07-13-011	8.15해방 4주년을 맞이하여	해방후 4년간의 북반부인민경리의 비약적발전	2	국가계획위원회 위원장 정준택
1949-07-13-012	부강한 민주조국 건설위해 높은 애국열로 증산에 돌진	본궁화학공장 로동자들	3	주재기자 신기관
1949-07-13-013	4년간에 이룩한 민주건설을 시위	평남도의 8.15준비사업	3	본사기자 박경석
1949-07-13-014	10일현재 90% 춘잠견수매 활발	북반부의 전체 양잠농민들	3	본사기자 류민우
1949-07-13-015	착암기를 대량생산 지하자원 개발에로	성진착암기제작공장 기본공사 활발	3	주재기자 김소민
1949-07-13-016	소위 '국방군' 의거부대장병들 조선인민군대에 편입	11일 인민군대편입식 성대히 거행	3	조선중앙통신
1949-07-13-017	소위 '국방군' 의거부대장병들의 인민군대편입식에서 민족보위상의 명령 전달		3	조선중앙통신
1949-07-13-018	리승만은 왜 갑자기 벙어리가 되었었던가?		3	림철민
1949-07-13-019	영국경제위기 심각	영국재정상 하원에서 보고	4	조선중앙통신
1949-07-13-020	중국인민해방군 전과	절강성 녕해를 해방	4	조선중앙통신
1949-07-13-021	미국강철생산 계속 저하		4	조선중앙통신
1949-07-13-022	베를린서부지구에 작업중지공장 속출		4	조선중앙통신
1949-07-13-023	토이기의 곡물수확감소 예정		4	조선중앙통신
1949-07-13-024	뉴욕백화점들 매상고 저락		4	조선중앙통신
1949-07-13-025	인도에 실업자 격증		4	조선중앙통신
1949-07-13-026	유엔경제 및 사회 리사회 제9차회의		4	조선중앙통신

기사번호	제목(title)	부제목(stitle)	면수	필자, 출처
1949-07-13-027	후견령토 나우루도에 대한 호주정부의 통치보고 심의	유엔후견리사회회의	4	조선중앙통신
1949-07-13-028	비르마빨찌산부대 활약		4	조선중앙통신
1949-07-13-029	국제학생동맹 집행위원회 폐막		4	조선중앙통신
1949-07-13-030	루마니아종교인들 인민민주정체 지지		4	조선중앙통신
1949-07-13-031	극장안내		4	
1949-07-13-032	인민쏘베트는 인민민주주의국가들의 정치적기초이다		4	한광우
1949-07-14-001	당면한 당정치선동사업에 대하여		1	
1949-07-14-002	조국통일민주주의전선 중앙위원회에서 조국통일민주주의전선에 가입하지 않은 남반부 제 정당 사회단체 지도자들에게!	각계각층 요인들과 사회적활동가들에게!	1	
1949-07-14-003	자습당원들의 학습지도를 일상적으로 준비있게 진행	함남 홍원군당부에서	2	통신원 유헌
1949-07-14-004	하기방학기간에 신학년도 준비를 구체적으로 협조	평양사범대학 당단체에서	2	본사기자 윤봉경
1949-07-14-005	조기현물세납부를 계획적으로 협조	은률군 률리세포에서	2	통신원 김인곤
1949-07-14-006	유고슬라비아공산당내 정형에 관한 수개국 공산당보도국기관지 『공고한 평화와 인민민주주의를 위하여』에서	수개국 공산당보도국기관지 『공고한 평화와 인민민주주의를 위하여』에서	2, 3	
1949-07-14-007	조선인민은 자체의 힘으로 조국통일을 실천할것이다		2	장순명
1949-07-14-008	조국의 통일독립을 위한 거족적투쟁대렬에 튼튼히	서평양직물공장 로동자들	3	본사기자 리인태
1949-07-14-009	발전한 군중문화와 높은 증산으로 기념	원산철도기관구 로동자들	3	주재기자 김만선
1949-07-14-010	조국과 인민에게 충실할것을 맹세	조선인민군에 편입된 '국방군'의 거부부대 장병들의 결의	3	본사기자 송학용
1949-07-14-011	면화의 다수확을 위하여	북반부농민들	3	
1949-07-14-012	부단한 선전사업 애국열을 더욱 높여	교통성 평양공장민주선전실에서	3	본사기자 김지창
1949-07-14-013	조선인민의 무한한 사랑받는 쏘련의 선진적과학문학서적		3	본사기자 신봉
1949-07-14-014	국제직련 제2차대회 산별부창설에 관한 빗토리오의 보고 및 보고에 관한 대표들의 토론	-7월 5일회의-	4	조선중앙통신
1949-07-14-015	국제직련대회를 경축	세계 각 민주단체 메쎄지	4	조선중앙통신
1949-07-14-016	베빈은 지껄이고있다		4	박기순
1949-07-14-017	쏘련평화옹호대회 소집 결정	쏘련 각 사회단체 및 과학자단체대표자회의	4	조선중앙통신
1949-07-14-018	호주경찰 만행		4	조선중앙통신
1949-07-14-019	전 국민당군 항공병사 상해에서 취업		4	조선중앙통신

기사번호	제목(title)	부제목(stitle)	면수	필자, 출처
1949-07-14-020	애급정부의 전략도로건설계획		4	조선중앙통신
1949-07-15-001	조국을 사랑하면 다같이 조국통일에 용감히 나서라		1	
1949-07-15-002	조국통일민주주의전선 의장단 허헌선생 조선중앙통신 기자와 회견		1	
1949-07-15-003	조국을 구하는 길과 파는 길은 확연하다	평양연초공장 로동자들	1	
1949-07-15-004	조국통일의 길은 오직 하나뿐이다	김일성종합대학 학생들	1	본사기자 김춘희
1949-07-15-005	조국통일민주주의전선 각 도 위원회 결성		1	조선중앙통신
1949-07-15-006	조선중앙통신사의 보도		1	
1949-07-15-007	당장성사업에 일상적으로 높은 당적관심을 경주	천내리세멘트공장 당단체에서	2	주재기자 김만선
1949-07-15-008	림산사업 발전위한 기본건설 적극 협조	혜산군 백두림 가림공구세포에서	2	통신원 리귀섭
1949-07-15-009	조선인민은 북반부인민이 쟁취한 성과를 어느때든지 양보하지 않는다		2	김열
1949-07-15-010	광산 탄광 로동자들은 애국적증산투쟁으로 정부의 우대에 보답하고있다		2	산업성 부상 고히만
1949-07-15-011	위대한 로씨아의 작가 안똔 체홉서거 45주년 로씨아인민의 자랑인 세계문학의 대가 체홉	-체홉서거 45주년에 제하여-	3	
1949-07-15-012	현물세완납과 중경제초로 해방 4주년을 뜻깊게 기념	평양시주변 농민들	3	본사기자 류민우
1949-07-15-013	인민보건의 발전상을 과시	북조선적십자사에서	3	본사기자 신봉
1949-07-15-014	줄기찬 투쟁으로 폐항복구사업에	강서탄광 로동자들	3	본사기자 최창준
1949-07-15-015	'유엔신조선위원단' 철퇴요구에 비률빈대표 등 비명		3	조선중앙통신
1949-07-15-016	남북의 분렬고정화에 광분하는 리승만도당 38선이남 20키로이내 교통 차단		3	조선중앙통신
1949-07-15-017	월가의 앵무새 리승만		3	장진광
1949-07-15-018	국제직련 제2차대회 아세아 호주 아프리카 및 라틴아메리카에서의 직맹사업을 토의	-7월 7일회의에서-	4	조선중앙통신
1949-07-15-019	국제직련 제2차대회	쏘베트대표단원 베이쩨노브 연설	4	
1949-07-15-020	지미뜨로브의 장의식 쏘피아에서 엄숙히 거행		4	조선중앙통신
1949-07-15-021	국제직련 제2차대회 총리사회를 선거	-7월 8일 오전회의-	4	
1949-07-15-022	'서독련방의회'의 선거를 앞두고 독일공산당 선거강령 발표		4	조선중앙통신
1949-07-15-023	서구라파 제 국가에 대한 마샬안의 파멸적결과		4	김동문

기사번호	제목(title)	부제목(stitle)	면수	필자, 출처
1949-07-15-024	화란의회에서 북대서양조약 토의?		4	조선중앙통신
1949-07-16-001	시 군 인민재판소 및 도재판소 선거의 정치적의의		1	
1949-07-16-002	김일성장군에게 드리는 맹세문	조국통일민주주의전선 결성지지 평양시 청년열성자대회	1	
1949-07-16-003	조선민주주의인민공화국 내각 결정 제87호	광산위탁경영제 및 분광제를 실시함에 관한 결정서	1	
1949-07-16-004	주저할 때가 아니다	서평양철도공장 로동자들	1	본사기자 리인태
1949-07-16-005	정의는 승리한다	평양시 미림1리 농민들	1	본사기자 김지창
1949-07-16-006	조국통일민주주의전선결성 경축군중대회 각처에서 성대히 개최		1	본사기자 신봉, 조선중앙통신
1949-07-16-007	북반부의 전체 염전들에서 소금년간생산계획을 초과완수		1	
1949-07-16-008	비판과 자기비판을 더 높은 정치적수준에서 진행하자	국립음악학교 교원세포에서	2	본사기자 윤봉경
1949-07-16-009	더욱 높은 수준에서 활발한 비판을 전개	해주철도부 기관구세포에서	2	주재기자 박덕순
1949-07-16-010	8.15해방 4주년을 맞이하며	쏘베트군대는 우리 민족의 해방자이다	2	림철민
1949-07-16-011	조국통일을 위하여 민주개혁의 성과를 더욱 공고 발전시키자		2	구연묵
1949-07-16-012	조국통일민주주의전선 기치높이 증산에 궐기	흥남비료공장 로동자들	3	주재기자 신기관
1949-07-16-013	시 군 및 도 재판소 선거실시에 대한 각 도 사법부장회의		3	본사기자 리성빈
1949-07-16-014	로씨아의 위대한 작가 체홉 서거 45주년 기념야회		3	
1949-07-16-015	찬란한 민족문화의 유물인 광대한 고구려벽화분 발굴	황해도 안악군 룡순면에서	3	본사기자 신봉
1949-07-16-016	벌목계획 기간전실행에	신남리림산작업장 로동자들	3	
1949-07-16-017	어머니의 노래	인민군대 병사들에게 보내는……	3	홍순철
1949-07-16-018	미국의 어떠한 원조도 리승만을 구하지는 못할것이다		3	김동천
1949-07-16-019	선언서 및 결정서 등 채택코 국제직련 제2차대회 폐막		4	조선중앙통신
1949-07-16-020	서기장에 루이 싸이앙 선거 7월 8일 총리사회에서	국제직련 제2차대회	4	따쓰통신
1949-07-16-021	국제직련대회 경축하여 미라노에서 군중대회 성황		4	조선중앙통신
1949-07-16-022	리승만은 미제의 주구	비률빈로동자들 시위	4	조선중앙통신
1949-07-16-023	막스.라이만석방운동 확대	서독군정당국 당황	4	조선중앙통신
1949-07-16-024	강화조약문제에 관하여 일본공산당 성명서 발표		4	조선중앙통신
1949-07-16-025	이태리청년전국대회 개최		4	조선중앙통신
1949-07-16-026	독점자본의 공세를 반대하는 각국 근로인민들의 파업투쟁		4	로진
1949-07-16-027	'서독련방의회' 립후보자로 사회민주당 반역자를 추천		4	조선중앙통신
1949-07-16-028	동부독일에서 식료품가격 인하		4	조선중앙통신
1949-07-16-029	인도 식량사정 악화		4	조선중앙통신
1949-07-16-030	비률빈에서 태평양동맹결성을 장개석 획책		4	조선중앙통신
1949-07-17-001	교원들에 대한 하기교양사업		1	
1949-07-17-002	조국통일을 위한 투쟁에 참가를 주저할 권리 없다	강서탄광 전체 로동자들	1	본사기자 최창준
1949-07-17-003	인민의 힘은 거대하다	평양통신기재제작소 종업원들	1	본사기자 리성빈
1949-07-17-004	조국통일을 위한 투쟁에 용감히	기업가 김순협씨 담	1	
1949-07-17-005	조국보위후원회 결성준비위원회 조직		1	조선중앙통신
1949-07-17-006	조국의 평화적통일방책을 열렬히 지지	평양시문화인궐기대회 개최	1	조선중앙통신
1949-07-17-007	조국통일민주주의전선 각 도 위원회 결성		1	
1949-07-17-008	남반부인민항쟁치렬!		1	조선중앙통신
1949-07-17-009	조국전선에 가입하지 않은 남반부문화인들에게 보내는 공개서한	평화적조국통일지지 문화인궐기대회	2	
1949-07-17-010	승리의 성과에 안일치 말고 정치적각성을 더욱 높이라	원산철도공장당부 열성자회의에서	2	주재기자 김만선
1949-07-17-011	당조직강화를 위한 준렬한 비판을 전개	평양시 제3녀중세포에서	2	본사기자 리수근
1949-07-17-012	남반부인민들의 무력항쟁은 날이 갈수록 치렬화한다		2	홍남표
1949-07-17-013	조국통일의 승리의 길에서 높은 생산성과로 8.15를	원산조선소 로동자들	3	주재기자 김만선
1949-07-17-014	빛나는 생산성과 쟁취를 위하여	평양메리야스공장 로동자들	3	본사기자 김기초
1949-07-17-015	박사학위론문 공개심사회의		3	조선중앙통신
1949-07-17-016	조국과 인민위해 언제나 용감하라 인민군대의 어머니 정수녀씨	황해도 벽성군 교정면 월암리에서	3	본사기자 리성빈
1949-07-17-017	리승만망국도당의 발악	소위 '병역법' 실시를 획책	3	조선중앙통신
1949-07-17-018	인민교육에 헌신할 새 간부들 사회에로	평양녀사전졸업식에서	3	본사기자 라원근
1949-07-17-019	대마비배관리 활발	신흥군 동상면 농민들	3	통신원 위정산
1949-07-17-020	'유엔조선위원단'의 희극은 파탄되었다		3	승원, 장진광

기사번호	제목(title)	부제목(stitle)	면수	필자, 출처
1949-07-17-021	국제직련 제2차대회 선언서		4	
1949-07-17-022	국제직련 제2차대회에서 채택한 국제직련사업의 전반적보고에 대한 결정서		4	
1949-07-17-023	국제직련으로부터 탈퇴를 성명한 미영 및 기타 국가들의 직맹지도자들과 이 나라들의 로동자직맹원들에게 보내는 국제직련 제2차대회 메쩨지		4	
1949-07-19-001	조국통일을 방해하는자들을 용감히 타도하라!		1	
1949-07-19-002	리승만도당의 매국행위를 보고만있어서는 안된다!	평양특수고무공장 로동자들	1	본사기자 최창준
1949-07-19-003	조선최고인민회의 상임위원회에서		1	조선중앙통신
1949-07-19-004	황철제1용광로 출선식 17일 황철로동회관에서 거행		1	본사기자 리인태
1949-07-19-005	승리에 대한 굳은 신념밑에	갑산인민병원 종업원들	1	통신원 안채희
1949-07-19-006	조국통일민주주의전선 각 시 군 위원회 결성완료		1	조선중앙통신
1949-07-19-007	림산국 상반년사업 총결회의 폐회	박헌영부수상 림산일군들을 격려	1	조선중앙통신
1949-07-19-008	남반부인민항쟁 치렬		1	조선중앙통신
1949-07-19-009	신입당원교양사업 추진시켜 당대렬을 조직적으로 공고히	안변군당단체에서	2	주재기자 김만선
1949-07-19-010	비판을 강력히 전개하여 정치적경각성을 계속 제고	평남 개천군당단체에서	2	본사기자 송학용
1949-07-19-011	재판소선거를 높은 정치적수준에서 진행하자		2	사법성 부상 김동학
1949-07-19-012	쏘련인민들의 체육문화의 거대한 발전에 대하여		2	남일
1949-07-19-013	25만키로주파를 위해 고상한 애국적로력 기울여	평양기관구 전체 일군들	3	본사기자 리인태
1949-07-19-014	예술 체육 축전과 호화로운 전람회	강원도 인민들의 준비사업	3	주재기자 김만선
1949-07-19-015	대원들의 문화교양제고에 적극 노력	경비소대 최창호전사	3	본사기자 리성빈
1949-07-19-016	황철 제1용광로는 이렇게 복구되었다	로동자 기술자들의 빛나는 투쟁	3	주재기자 박덕순
1949-07-19-017	년간계획 7월말까지에	창평작업소 로동자들	3	본사기자 류민우
1949-07-19-018	각급 학교에서 학생모집 개시		3	
1949-07-19-019	리승만매국도당의 '병역법'은 무엇때문에 필요한것인가?		3	림철민
1949-07-19-020	중국인민해방군 3년간 전과	국민당군 손실 5백 70만	4	조선중앙통신

기사번호	제목(title)	부제목(stitle)	면수	필자, 출처
1949-07-19-021	국제직련대회결정	꾸즈네쪼브와 산티의 보고에 관한 결정서	4	조선중앙통신
1949-07-19-022	리승만도당에 항의	국제학생동맹에서	4	조선중앙통신
1949-07-19-023	희랍해원직맹 지도자들의 석방을 요구하는 결의서		4	조선중앙통신
1949-07-19-024	쏘련평화옹호대회 8월하순 개최 결정		4	조선중앙통신
1949-07-19-025	호주에 파업 확대		4	조선중앙통신
1949-07-19-026	국제직련 제2차대회의 총화		4	구진수
1949-07-19-027	영국정부에서 비상사태 선언	부두로동자 파업으로	4	조선중앙통신
1949-07-20-001	조기작물현물세 납부에 있어서 농촌당단체들의 과업		1	
1949-07-20-002	주저는 인민앞에 커다란 죄악을 짓는것이다!	중화군 신흥면 농민들	1	본사기자 리성섭
1949-07-20-003	인민의 목소리를 제어할수 없다!	전차사업소 종업원들	1	본사기자 리성빈
1949-07-20-004	연극활동에 나의 전력을	연극배우 리단씨 담		
1949-07-20-005	조국통일민주주의전선결성 경축군중대회 각처에서 성대히 개최		1	조선중앙통신
1949-07-20-006	평화적통일을 위하여 궐기한 애국적력량의 거류는 막을수 없다		1	북조선민주당 리홍렬
1949-07-20-007	평화적통일을 쟁취하는 길에서 용감히 전진하자		1	민주한독당 리능종
1949-07-20-008	뿌쉬낀탄생 기념축전에 참가하였던 리기영씨 귀환		1	
1949-07-20-009	강연의 질을 부단히 향상시켜 대중의 정치적각성 일층 제고	황해도 벽성군당단체에서	2	통신원 최광용
1949-07-20-010	높은 사상적수준에서 학습제강을 성과있게 진행	성진제강소 주물공장 세포에서	2	통신원 렴재학
1949-07-20-011	실지환경을 파악하고 상품류통사업을 보장	철산군소비조합세포에서	2	주재기자 최영환
1949-07-20-012	무축농가 퇴치코저 농민들을 계속 추동	삼수군 화산리세포에서	2	통신원 리종남
1949-07-20-013	당선전원들의 경험교환사업을 일층 강화하자		2	당중앙본부 선전선동부 군중선동과 김태윤
1949-07-20-014	자급비료생산에 높은 관심을 돌리자		2	당중앙본부 농민부 지도원 위태성
1949-07-20-015	온갖 창발적로력 기울여 애국적증산투쟁에 궐기	아오지탄광 로동자들	3	주재기자 김소민
1949-07-20-016	빛나는 성과속에 더 높은 증산위해	자강도 동방광산 로동자들	3	주재기자 리문상

기사번호	제목(title)	부제목(stitle)	면수	필자, 출처
1949-07-20-017	우량밀로 골라서 현물세납부 활발	중화군 신흥면 농민들	3	본사기자 리성섭
1949-07-20-018	농민들의 증산의욕 부단히 고무하여	황해도 봉산군농민동맹에서	3	본사기자 류민우
1949-07-20-019	조국보위의 초소에 서있는 인민군대에 민족적영예를	인민들의 정성담은 선물 38경비대 군무자들에게	3	주재기자 박덕순
1949-07-20-020	근로인민당 당수 려운형씨 피살 2주년 추도회 거행		3	
1949-07-20-021	멸망의 날을 앞둔 무리들 소위 '태평양동맹'을 조작		3	김준
1949-07-20-022	조선민주주의인민공화국 북반부 15개 대학 신입생모집요람		4	
1949-07-21-001	광산 탄광들에서 생산능률을 일층 제고하자		1	
1949-07-21-002	우리는 증산의 함마를 더욱 힘차게 두들긴다	청진철도공장 로동자들	1	주재기자 현준극
1949-07-21-003	남반부의 기술자들이여 조국위해 용감히 나서라	산업성 기사장 김현국씨 담	1	
1949-07-21-004	김일성수상 림석하에 산업성산하 지배인회의 진행		1	본사기자 김기초
1949-07-21-005	개인대외무역허가에 관한 규정 내각에서 승인		1	
1949-07-21-006	8.15 4주년기념 준비사업 각 분야에서 활발히 진행		1	조선중앙통신
1949-07-21-007	조국보위후원회 평남도준비위원회 결성		1	본사기자 송학용
1949-07-21-008	위원회의 역할을 강화하여 세포사업수준을 일층 제고	평양화학공장 원동과 분세포에서	2	본사기자 윤봉경
1949-07-21-009	당내 민주주의를 발양하여 사상적 조직적 일치성 보장	화천군 사창리세포에서	2	통신원 길관식
1949-07-21-010	우리 민족은 하나이며 조국통일은 조선인민의 거족적지향이다		2	당중앙본부 선전선동부 출판과장 류정하
1949-07-21-011	평남도내의 생산직장 기술학교와 기술양성소 사업에 대하여		2	평남도당부 로동부 김충석
1949-07-21-012	조국통일의 촉진을 위한 열화의 투지로 증산일로에	북중기계제작소 로동자들	3	본사기자 황경엽
1949-07-21-013	더 높은 수확으로 해방 4주년을 기념	자강도 전천군 화경면 농민들	3	주재기자 리문상
1949-07-21-014	방대한 복구공사 최후단계에 돌입	아오지인조석유공장에서	3	주재기자 김소민

기사번호	제목(title)	부제목(stitle)	면수	필자, 출처
1949-07-21-015	열성을 다하여서 군무자가족 원호	강동탄광 로동자들	3	본사기자 류민우
1949-07-21-016	필수품생산은 늘고 상품류통망은 확장	북반부 각지에서	3	본사기자 김지창
1949-07-21-017	꾸준한 연구와 노력으로	함남도재판소 형사부장 한창식씨	3	본사기자 리성빈
1949-07-21-018	품앗이반을 활용 논김매기에 열중	리원군 봉현리 농민들	3	통신원 윤지월
1949-07-21-019	교수능력의 일층 제고위해 각급 학교 교원강습회 개최		3	본사기자 라원근
1949-07-21-020	리승만망국도당들의 강제적'병역법'		3	조선중앙통신
1949-07-21-021	리승만도당 당황	전남각지 교통 차단	3	조선중앙통신
1949-07-21-022	중국인민해방군 전과 호북 호남 강서성에서 공세 확대	의창 사시 등 도시 10여개를 해방	4	조선중앙통신
1949-07-21-023	노르웨이공산당 총비서 국회선거를 앞두고 연설		4	조선중앙통신
1949-07-21-024	화란의회에서 북대서양조약 토의		4	조선중앙통신
1949-07-21-025	분란의 국채액 격증		4	조선중앙통신
1949-07-21-026	국제직련산별부창설회의 진행		4	조선중앙통신
1949-07-21-027	런던부두로동자 파업으로 영국경제 중대위기에 직면		4	조선중앙통신
1949-07-21-028	런던의 다수 직맹단체들 부두로동자파업을 지지		4	조선중앙통신
1949-07-21-029	불란서의 국가적명절을 파리시민들 성대히 경축		4	조선중앙통신
1949-07-21-030	월남민주동맹 메쎄지		4	조선중앙통신
1949-07-21-031	중국민주진영의 혁혁한 승리는 제국주의진영의 패망을 의미한다		4	김지문
1949-07-22-001	위대한 쏘련과의 친선은 부강민주조국 건설의 튼튼한 담보이다		1	
1949-07-22-002	조국통일에 대한 숭고한 제의를 절대지지한다!	평양기관구 로동자들	1	본사기자 김지창
1949-07-22-003	우리에게는 오직 전진이 있을뿐!	선교련탄 로동자들	1	본사기자 리인태
1949-07-22-004	더 힘을 내고 각성을 높이자	안변군 수남리 농민들	1	주재기자 김만선
1949-07-22-005	조국통일민주주의전선결성 경축군중대회 각처에서 성대히 거행	함흥시청년열성자대회	1	주재기자 신기관
1949-07-22-006	조국통일민주주의전선결성 경축군중대회 각처에서 성대히 거행	남포시상인기업가대회	1	통신원 정명길
1949-07-22-007	평화적조국통일의 선언은 조선인민의 절박한 요구이다		1	북조선직업총동맹 최경덕

기사번호	제목(title)	부제목(stitle)	면수	필자, 출처
1949-07-22-008	조국통일 위업달성에 결연히 나설것이다		1	조선대중당 리두산
1949-07-22-009	산림육성과 보호강화에 관한 결정을 내각 제20차회의에서 채택		1	조선중앙통신
1949-07-22-010	조선중앙통신사의 보도		1	
1949-07-22-011	림산사업의 발전강화를 위한 무산군당 단체 사업정형 토의	함북도당상무위원회에서	2	주재기자 김소민
1949-07-22-012	관료주의적분자들을 제때에 적발폭로하자	평양시소비조합당부 총회에서	2	본사기자 송학용
1949-07-22-013	조기현물세납부사업 성과적보장을 위하여	청진시 농포리당부에서	2	통신원 현준봉
1949-07-22-014	평화적통일을 보장하기 위한 전인민적 요구조건		2	윤군창
1949-07-22-015	조국통일을 위한 거족적투쟁에로	평양시 남구역당부 선전사업에서	2	
1949-07-22-016	고상한 애국적로력의 성과 빛나는 내각 우승기 쟁취!	단천광산 로동자들	3	본사기자 김기초
1949-07-22-017	민주건설을 과시할 대전람회 등을 준비	황해도 인민들의 기념사업준비	3	
1949-07-22-018	각 직장써클들의 예술축전경연대회	18일부터 평양시에서	3	본사기자 라원근
1949-07-22-019	군대는 나의 학교	박효균전사의 수기에서……	3	본사기자 리성빈
1949-07-22-020	우수한 기술인재되기 위하여서!	평양공대 섬유공학부, 흥남공대 유기화학부 학생들	3	
1949-07-22-021	교원들의 애국열성 학생들의 실력제고	사리원 제3인민학교에서	3	
1949-07-22-022	조국과 인민의 리익을 고수	함경북도재판소 형사부장 최지명씨	3	본사기자 리성빈
1949-07-22-023	홍수의 범람을 근절 많은 쌀이 증수된다 완성가까운 대성천직수로공사	평북 박천군에서	3	본사기자 백운학
1949-07-22-024	괴뢰정부의 매국적량곡정책	명년도의 식량 대곤난 예상	3	조선중앙통신
1949-07-22-025	중국인민해방군 전과	롱해철도 서방에서 강력한 공세	4	조선중앙통신
1949-07-22-026	미국재무장관 로마에 도착		4	조선중앙통신
1949-07-22-027	쓰딸린수상 주쏘영국대사를 접견		4	조선중앙통신
1949-07-22-028	일본민주세력에 대한 공세를 쏘련대표 빠뉴스낀씨 비난	7월 13일 극동위원회에서	4	조선중앙통신
1949-07-22-029	리승만괴뢰정부에 엄중한 항의 제출	세계민주청년련맹에서	4	조선중앙통신
1949-07-22-030	영국정부의 비상조치법을 반대	런던항 로동자 시위운동	4	조선중앙통신
1949-07-22-031	런던부두로동자 파업은 합법적인 권리 옹호투쟁	『쁘라우다』지 론평-	4	조선중앙통신
1949-07-22-032	호주공산당건물 습격사건의 내막		4	조선중앙통신
1949-07-22-033	독자들의 질문에 대한 대답	경제공황의 무서운 징조가 미국을 위협하고있다	4	
1949-07-22-034	파키스탄에 걸인 범람		4	조선중앙통신
1949-07-23-001	조국과 인민의 리익을 옹호하는 인민군대를 강화하자!		1	
1949-07-23-002	평화적통일 방해하는자는 미제국주의의 앞잡이다	신의주제지공장 로동자들	1	주재기자 최영환
1949-07-23-003	민주개혁 성과를 더욱 확대공고히	룡천군 북검동 농민들	1	본사기자 황경엽
1949-07-23-004	조선인민의 위력은 평화적통일을 반드시 실현한다		1	민주독립당 반일병
1949-07-23-005	조국전선 강령과 선언서는 조선인민의 승리의 지표		1	북조선청우당 옥군식
1949-07-23-006	조선민주주의인민공화국 내각 결정 제29호	농업현물세 일부 개정에 관한 결정서	1	
1949-07-23-007	뿌쉬낀탄생 기념축전에 참가했던 리기영씨의 귀환담		1	조선중앙통신
1949-07-23-008	조국보위후원회 평양시준비위원회 결성		1	
1949-07-23-009	당지도원들의 사업에 구체적인 방조를 주자	강원도 문천군당부 사업경험	2	통신원 리달우
1949-07-23-010	현실적문제와 결부시켜 유일학습제강을 진행!	회양군 탄곡면 조동2구세포에서	2	
1949-07-23-011	당원들의 선봉적역할 높이여 8.15기념 증산투쟁 치렬히	마동세멘트공장 당단체에서	2	통신원 양형문
1949-07-23-012	조국의 통일을 방해하는자는 인민의 처단을 받을것이다		2	석국
1949-07-23-013	정부배려에 보답	림산로동자들 궐기	2	내각 림산국장 한병옥
1949-07-23-014	오늘의 행복을 가져다준 쏘련군대에 뜨거운 감사를	회녕제지공장 로동자들	3	통신원 심철
1949-07-23-015	선진적영농법을 광범히 보급하여	농림수산기술련맹의 기념사업	3	본사기자 류민우
1949-07-23-016	조국보위의초소에 서있는 인민군대에 민족적영예를 남편의 일터를 지켜 군무자가족 김녀정씨	평양전차사업소 권선공	3	본사기자 최창준
1949-07-23-017	로동생산성을 계속 제고	하황토작업소 로동자들	3	본사기자 류민우
1949-07-23-018	나무리벌 농민들 중경제초에 열중	재녕군 북률면 남자리에서	3	주재기자 박덕순
1949-07-23-019	용수를 조절하며 논김매기에 분망	연백군 한정리 농민들	3	
1949-07-23-020	참심원후보자추천 개시	평양화학공장 종업원대회	3	본사기자 리성빈
1949-07-23-021	모범로동자		3	박석정
1949-07-23-022	인민들의 교실로 발전하는 박물관		3	본사기자 라원근

기사번호	제목(title)	부제목(stitle)	면수	필자, 출처
1949-07-23-023	힘찬 건설투쟁으로 복구되는 남계광산		3	통신원 방락신
1949-07-23-024	불-쏘친선을 강조	불란서공산당 총비서	4	조선중앙통신
1949-07-23-025	신가맹신청국승인문제 토의	유엔안보리사회에서	4	조선중앙통신
1949-07-23-026	미국의 진보적인민들 새 중국 경축대회 개최		4	조선중앙통신
1949-07-23-027	영국 레이보당 지도층의 소위 사회주의 시책		4	리운선
1949-07-23-028	희랍정세에 대한 희랍공산당 총비서의 성명		4	조선중앙통신
1949-07-23-029	해원 및 부두로동자 국제산별부 창설		4	조선중앙통신
1949-07-23-030	미국 각계에서 삐린쓰키 석방 요구		4	조선중앙통신
1949-07-23-031	토이기에 흉작 혹심		4	조선중앙통신
1949-07-23-032	암스테르담에서 군중대회 성황		4	조선중앙통신
1949-07-23-033	북대서양조약비준을 반대	불란서인민들의 투쟁 치렬	4	조선중앙통신
1949-07-23-034	이태리에 대한 미국의 마수		4	조선중앙통신
1949-07-23-035	극장안내		4	
1949-07-24-001	림산일군들의 증산투쟁을 더 한층 강력히 전개하자		1	
1949-07-24-002	아름다운 3천리강토는 우리 민족의것이다	북중기계제작소 로동자들	1	
1949-07-24-003	나의 영농계획을 꼭 실천함으로써	평북 덕안이벌 농민들	1	본사기자 백운학
1949-07-24-004	오직 조국과 인민을 위하여	시인 민병균씨 담	1	
1949-07-24-005	조국전선선언서 실천위한 남반부인민들의 투쟁 확대	남조선전역에서 파업 단행	1	조선중앙통신
1949-07-24-006	조국보위후원회 각 도결성준비위원회 조직		1	조선중앙통신
1949-07-24-007	조국과 인민을 사랑하는 청년들은 다같이 조국통일에 용감히 나서자	평화적조국통일방책지지 청년궐기대회	1	본사기자 신봉
1949-07-24-008	조국통일민주주의전선결성 경축군중대회 각처에서 성대히 진행		1	
1949-07-24-009	세계민청대회와 청년 및 대학생 축전에 참가할 조선대표일행 출발		1	조선중앙통신
1949-07-24-010	조국통일의 물질적토대 견고한 축성을 위하여 투쟁	청진철도국 당단체에서	2	주재기자 현준극
1949-07-24-011	세포의 조직적강화를 위하여 면당부의 역할을 일층 높이라	자강도 강계군 공북면당부 사업에서	2	주재기자 리문상
1949-07-24-012	조국통일을 위한 투쟁에 인민들은 총궐기하였다		2	김영주
1949-07-24-013	상반년 수송계획실행을 위한 투쟁에서 체득한 경험과 교훈		2	평양철도국 당부위원장 김인갑
1949-07-24-014	철도운수에 크게 기여할 페차재생투쟁에 총궐기	서평양철도공장 로동자들	3	본사기자 리성섭

기사번호	제목(title)	부제목(stitle)	면수	필자, 출처
1949-07-24-015	예술적기능을 조국통일에 문학예술인들의 활동활발	북조선문학예술총동맹산하 전체 문학가 예술인들	3	본사기자 신봉
1949-07-24-016	애국적증산의욕 고도로 높이면서	하성광산 로동자들	3	통신원 정필
1949-07-24-017	군무자가족원호에 부락농민들의 열성	룡천군 반곡동 농민들	3	
1949-07-24-018	과학을 탐구하려 성악 백두산으로	대학생탐험대일행 평양 출발	3	본사기자 라원근
1949-07-24-019	인민재판소의 위신을 제고	통천군인민재판소 소장 겸 판사 리근태씨	3	본사기자 리성빈
1949-07-24-020	해방기념전람회 출품제작에 분망	교통성산하 로동자들	3	
1949-07-24-021	모쓰크바근로자들의 빛나는 승리		3	
1949-07-24-022	중국인민해방군 전과	상산 의춘 등지를 해방	4	조선중앙통신
1949-07-24-023	중국 국민당정부 국방부 광동을 탈출		4	조선중앙통신
1949-07-24-024	북대서양동맹은 사기	이태리하원에서 넨니씨 토론	4	조선중앙통신
1949-07-24-025	독일민주력량에 당황한 영국당국 라이만을 석방		4	조선중앙통신
1949-07-24-026	일본국철당국 행위 비렬	로조간부들을 대량해고	4	조선중앙통신
1949-07-24-027	서전 동독간통상협정 체결		4	조선중앙통신
1949-07-24-028	카나다로동상 성명		4	조선중앙통신
1949-07-24-029	관제직맹조작에 일본정부 분망		4	조선중앙통신
1949-07-24-030	불란서사회당대회에서 당세력쇠퇴와 불안 반영		4	조선중앙통신
1949-07-24-031	불가리아수상에 와씰 꼴라로브 피선		4	조선중앙통신
1949-07-24-032	이란인민당지도자 계속 피검		4	조선중앙통신
1949-07-24-033	분란반동의 반인민적정책을 반대하는 분란민주력량		4	임준
1949-07-24-034	건축로동자산별부 창설		4	조선중앙통신
1949-07-24-035	왕당파법정 민주인사에 극형		4	조선중앙통신
1949-07-24-036	극장안내		4	
1949-07-26-001	당사업의 능숙성에 대하여		1	
1949-07-26-002	창의창발성을 기울여 발전공사를 기한전에	독로강발전공사 일군들	1	
1949-07-26-003	우리들에게는 찬란한 승리가 약속되여 있다		1	농림수산기술련맹 부위원장 허병률
1949-07-26-004	조국통일민주주의전선결성 경축군중대회 각처에서 성대히 진행		1	
1949-07-26-005	민족경제발전에 가일층의 노력을	정창고무공업사 지배인 최래봉씨 담	1	
1949-07-26-006	창발성 발휘하여 인민생활향상에	상인 송형진씨 담	1	
1949-07-26-007	경북일대 무장항쟁 확대	대구부근역과 경주역주둔 '군경' 공격	1	조선중앙통신
1949-07-26-008	경북각지의 유격전 활발		1	조선중앙통신

기사번호	제목(title)	부제목(stitle)	면수	필자, 출처
1949-07-26-009	경북 달성광산 로동자들 봉기		1	조선중앙통신
1949-07-26-010	조국통일을 위한 투쟁을 8.15증산운동과 결부	평양 사동련탄공장당부 사업에서	2	본사기자 송학용
1949-07-26-011	무자비한 당적비판으로 부화한 경향과 투쟁하라	함북 아오지인조석유공장당부 총회에서	2	통신원 김광헌
1949-07-26-012	동족상쟁을 흉책하고있는 리승만매국도당		2	한철호
1949-07-26-013	거대한 성과	함북도 탄전지대 탄광들의 4년간의 장족적발전성과	2	주재기자 현준극
1949-07-26-014	우량곡으로 정성을 담아 조기현물세를 선참 납부	박천군 농민들의 열성	3	본사기자 백운학
1949-07-26-015	중앙예술축전에 파견할 단체 결정	평양시써클경연대회에서	3	본사기자 신봉
1949-07-26-016	함남도내 각급 재판소 선거준비 활발히 진척		3	주재기자 신기관
1949-07-26-017	완비한 전투력을 더욱 강력히!	리동춘분대원들의 훈련 맹렬	3	본사기자 김전
1949-07-26-018	로력의 성과	개인년간계획 초과완수한 사동련탄공장 김원경동무	3	
1949-07-26-019	인민들의 옷감을 풍부히 공급코저	녕변군내 견직물직조사업 활발	3	
1949-07-26-020	고구려고분벽화 사생전람회 개최		3	조선중앙통신
1949-07-26-021	리호림 주성순 량씨에게 박사학위수여를 결정	국가 학위수여위원회에서	3	본사기자 황경엽
1949-07-26-022	6회 제초 끝내고 면화적심을 준비	강서군 함종면 농민들	3	본사기자 류민우
1949-07-26-023	신포수산사업소의 고등어잡이 활발		3	조선중앙통신
1949-07-26-024	미제의 배를 불리여주는 매국적남조선 조세법		3	조선중앙통신
1949-07-26-025	일본어선 남조선연해 침범		3	조선중앙통신
1949-07-26-026	도망하는 '유엔신조선위원단' 살바돌대표		3	조선중앙통신
1949-07-26-027	이태리의 북대서양조약 참가에 관한 쏘련정부의 각서		4	
1949-07-26-028	이태리의 북대서양동맹가입은 뭇솔리니 정책의 재연이다	하원에서 톨리앗티 토론	4	조선중앙통신
1949-07-26-029	신가맹국승인문제 계속 토의	유엔안보리사회에서	4	조선중앙통신
1949-07-26-030	장사동방에서 수개 도시 해방	중국인민해방군 전과	4	조선중앙통신
1949-07-26-031	월남해방구의 민주건설		4	조선중앙통신
1949-07-26-032	불란서근로자들의 생활은 날로 악화되고있다		4	최능호
1949-07-26-033	인도인쇄로동자 파업		4	조선중앙통신
1949-07-26-034	그린랜드에 군사기지 건설		4	조선중앙통신
1949-07-26-035	비률빈대통령 미국을 방문?		4	조선중앙통신
1949-07-26-036	상해의 미가 대폭 저락		4	조선중앙통신
1949-07-26-037	극장안내		4	
1949-07-27-001	생활필수품과 상품류통의 확장을 위한 투쟁		1	

기사번호	제목(title)	부제목(stitle)	면수	필자, 출처
1949-07-27-002	주저는 자멸의 길이다	황해제철소 로동자들	1	
1949-07-27-003	인민의 대렬에 용감히 들어서라	룡강군 서부리 농민들	1	본사기자 류민우
1949-07-27-004	승리는 우리것 용감히 나서자	희곡작가 조령출씨 담	1	
1949-07-27-005	군인가족후원을 더욱 열성있게	평양기구제작소 로동자들	1	
1949-07-27-006	조국보위후원회 사업에 적극 참가	평양양말공장 로동자들	1	본사기자 김지창
1949-07-27-007	면양모수매가격 대폭인상을 내각에서 결정		1	조선중앙통신
1949-07-27-008	조국전선 강령 및 선언서를 지지하여 평양시 상공업자궐기대회 개최		1	
1949-07-27-009	이남강원도방면 무장항쟁대 공세		1	조선중앙통신
1949-07-27-010	경북의 인민무장항쟁부대들 각 지서 반동'군경' 이동 차단		1	조선중앙통신
1949-07-27-011	군중문화사업과 결부시켜 선전선동을 활발히 진행	평북 신의주시당단체에서	2	주재기자 최영환
1949-07-27-012	고상한 정치적선동으로 근로자들을 증산에로 고무	평양시 동구 신교련탄공장당부에서	2	본사기자 윤봉경
1949-07-27-013	대곡작물파종을 성과있게 보장하기 위한 농촌당단체들의 과업		2	북조선로동당 중앙본부 농민부장 리구훈
1949-07-27-014	우수한 경험을 일반화하여 면화비배관리를 적극 추진	자강도 강계군 야학동세포에서	2	주재기자 리문상
1949-07-27-015	조국전선에 가입하지 않은 남반부 기업가 상인 수공업자들에게 보내는 공개서한	평화적조국통일방책지지 상공업자궐기대회	2	
1949-07-27-016	정성껏 고르고 말리여 밀보리현물세를 완납	평남 룡강군 농민들	3	본사기자 백운학
1949-07-27-017	고귀한 영예를 또다시 3.4분기에서도!	고건원탄광 로동자들	3	본사기자 김기초
1949-07-27-018	8.15해방 4주년기념 전국문학예술축전림박	8월 1일부터 평양시에서 개막	3	본사기자 라원근
1949-07-27-019	인민군대는 인민과 깊이 련결되여있다	만포행 렬차안에서	3	주재기자 리문상
1949-07-27-020	승리의 기발 쟁취운동 전개	평양시 로동청년열성자대회 개최	3	조선중앙통신
1949-07-27-021	평양곡산공장의 기본건설공사 활발히 진척		3	
1949-07-27-022	쏘련영화	엘바강의 상봉	3	본사기자 신봉
1949-07-27-023	미영량국 정부각서에 대한 쏘련정부의 답서	불가리아 항가리 루마니아 각국과의 강화조약해석문제에 관하여	4	

기사번호	제목(title)	부제목(stitle)	면수	필자, 출처
1949-07-27-024	유고슬라비아정부에 대한 쏘련정부의 각서		4	
1949-07-27-025	호주광부들의 총파업		4	오치선
1949-07-27-026	중쏘친선협회 발기인대회 개최	송경령 등 7백명이 발기	4	조선중앙통신
1949-07-27-027	미국의 경제위기 심각	로동자의 생활 계속 악화	4	조선중앙통신
1949-07-27-028	실업자 계속 증가		4	조선중앙통신
1949-07-27-029	영국 각 직맹 비상조치법을 반대		4	조선중앙통신
1949-07-27-030	미대통령의 경제보고는 일방적인 허위날조		4	조선중앙통신
1949-07-27-031	월남인민군의 전과		4	조선중앙통신
1949-07-27-032	아이슬러체포사건에 관하여 파란정부와 영국정부간 각서 교환		4	조선중앙통신
1949-07-27-033	비르마국방상 미국을 방문		4	조선중앙통신
1949-07-27-034	인도에서 반정부폭동		4	조선중앙통신
1949-07-27-035	『근로자』 제13호 내용		4	로동신문사 『근로자』편집국
1949-07-28-001	조선인민들은 조국전선에 굳게 뭉치였다		1	
1949-07-28-002	조선최고인민회의 상임위원회 김두봉위원장에게 불가리아 대인민회의 상임위원회 민쵸.네이체브위원장으로부터 회전	불가리아인민공화국 수상의 서거에 제하여	1	
1949-07-28-003	리승만매국도당은 우리 민족 만대의 원쑤	남시염전 로동자들	1	통신원 리영진
1949-07-28-004	정의는 항상 승리	북조선공업기술련맹 조직부장 김경심씨 담	1	
1949-07-28-005	조국통일민주주의전선결성 경축군중대회 각처에서 성대히 진행		1	주재기자 신기관
1949-07-28-006	평화적조국통일을 지지하여 반동의 폭압 무릅쓰고 삐라 산포		1	조선중앙통신
1949-07-28-007	북조선녀맹 박정애위원장에게 알바니아 녀맹서기장으로부터 편지		1	
1949-07-28-008	박춘혁씨에게 국기훈장 3급을 수여		1	조선중앙통신
1949-07-28-009	강원도 철원군당단체사업에서		2	리수근
1949-07-28-010	남녀평등권법령발포 제3주년을 앞두고		2	북조선민주녀성동맹 위원장 박정애
1949-07-28-011	조기현물세를 우량곡으로 7월말일전으로 완납코저	평양시주변 농민들	3	
1949-07-28-012	4년간에 장성된 민주력량을 시위	평북도의 8.15기념준비사업	3	주재기자 최영환
1949-07-28-013	생산경쟁운동 강화 계획초과실행에로	웅기조선소 로동자들	3	주재기자 현준극
1949-07-28-014	해방 네돐맞는 기념준비사업을 성대히	인민보안대 군무자들	3	본사기자 리성빈

기사번호	제목(title)	부제목(stitle)	면수	필자, 출처
1949-07-28-015	남녀평등권법령 실시로 전변되는 녀성들의 생활	공화국북반부에서	3	
1949-07-28-016	영예론 로력바쳐 부강조국 건설에 로동녀성 김봉덕양	사리원방직공장 직포공	3	
1949-07-28-017	청초를 많이 베어 자급비료증산에	강서군 광양리 농민들	3	본사기자 류민우
1949-07-28-018	조국통일민주주의전선에 가입하지 않은 남반부종교인들에게 보내는 공개서한	평화적조국통일방책지지 평양시 종교인궐기대회	3	
1949-07-28-019	중국인민해방군 전과		4	조선중앙통신
1949-07-28-020	청년'평화행렬' 불란서에 도착		4	조선중앙통신
1949-07-28-021	희랍왕당정부 만행		4	조선중앙통신
1949-07-28-022	총회에 제출할 보고 심의	유엔후견리사회에서	4	조선중앙통신
1949-07-28-023	해원 및 부두로동자산별부에서 런던부두로동자 파업 지지		4	조선중앙통신
1949-07-28-024	화란인민들 침략동맹 반대		4	조선중앙통신
1949-07-28-025	정부의 시정방침 발표	불가리아수상 와씰 꼴라로브	4	조선중앙통신
1949-07-28-026	독일인민회의 개막		4	조선중앙통신
1949-07-28-027	서부독일 철도공업마비		4	조선중앙통신
1949-07-28-028	비르마에서는 무엇이 진행되고있는가?		4	박운수
1949-07-29-001	면화수확고의 제고를 위한 투쟁		1	
1949-07-29-002	도저히 용서할수 없다 리승만역족의 만행을	사리원기관구 로동자들	1	통신원 지덕봉
1949-07-29-003	평화적통일을 반대하는자는 조국을 팔아먹으려는자다	강계군 야학동 농민들	1	주재기자 리문상
1949-07-29-004	인민들과 더불어 역적타도에 매진	영화배우 류경애씨 담	1	
1949-07-29-005	북조선로동당 중앙위원회와 남조선로동당 중앙위원회에 불가리아공산당 중앙위원회 불가리아내각 및 불가리아조국전선 중앙위원회로부터 회전	불가리아수상의 서거에 대하여	1	
1949-07-29-006	조선민주주의인민공화국내각에 불가리아내각으로부터 회전	불가리아수상의 서거에 대하여	1	
1949-07-29-007	조국통일민주주의전선결성 경축군중대회 각처에서 성대히 진행	자강도, 청진시 열성자대회들에서	1	주재기자 현준극
1949-07-29-008	뿌쉬낀탄생 기념축전에 참가하였던 리기영씨의 귀환보고대회 성황		1	본사기자 신봉
1949-07-29-009	교통성 상반년사업 총결	김책부수상 교통일군들 격려	1	본사기자 리인태
1949-07-29-010	함남도재판소 판사 및 참심원선거 진행		1	
1949-07-29-011	인민민주독재에 대하여	중국공산당 중앙위원회 위원장 모택동	2, 3	
1949-07-29-012	조국통일의 애국적투지로 조기현물세 기한전납부에	평북 룡천군 부라면 농민들	3	본사기자 리의철

기사번호	제목(title)	부제목(stitle)	면수	필자, 출처
1949-07-29-013	단장되여가고있는 종합전람회 회장	8.15해방 4주년기념 종합전람회 장에서	3	본사기자 김기초
1949-07-29-014	전국체육축전에 파견할 각 도대표예선 대회 종료		3	본사기자 라원근
1949-07-29-015	모범적지도로써 자각적규률 높여	조선인민군 최우극분대장	3	주재기자 박덕순
1949-07-29-016	준공 가까운 중앙종합병원		3	
1949-07-29-017	인민정권 받들고 농촌경리발전에	농민녀성 로서분녀사	3	본사기자 김춘희
1949-07-29-018	나의 조국을 받들어	중국 남방에서	3	최택정
1949-07-29-019	중국인민해방군 전과 석탄산지 평향을 점령	지방인민무장대도 활약	4	조선중앙통신
1949-07-29-020	락후한 국가들에 대한 원조문제의 토의 개시	유엔경제사회리사회	4	조선중앙통신
1949-07-29-021	영국탄광로동자련맹의 요구		4	조선중앙통신
1949-07-29-022	희랍왕당군의 도발행위에 대하여 알바니아정부에서 유엔사무국에 통고		4	조선중앙통신
1949-07-29-023	통일을 위한 독일인민의 투쟁은 날로 장성된다		4	신명식
1949-07-29-024	토이기 씨리아간에 군사동맹준비		4	조선중앙통신
1949-07-29-025	영국정부에 엄중항의	런던부두로동자 파업에 관한 해원 및 부두로동자산별부 성명	4	조선중앙통신
1949-07-29-026	범미평화옹호대회 9월초순 멕시코에서 소집		4	조선중앙통신
1949-07-29-027	유엔후견리사회 제5차회의 페막		4	조선중앙통신
1949-07-29-028	미국상원에서 북대서양조약 비준		4	조선중앙통신
1949-07-29-029	8.15해방 4주년기념 전국문학예술축전		4	
1949-07-29-030	미국상원의원 타프트의 고백		4	조선중앙통신
1949-07-29-031	맥아더의 초조		4	조선중앙통신
1949-07-30-001	남녀평등권법령발포 3주년에 제하여		1	
1949-07-30-002	승리는 우리의것이다 굳게 단결하여 싸우자	고원탄광 종업원들	1	통신원 박경림
1949-07-30-003	높은 증산으로 조국통일을 촉진	창도광산 로동자들	1	통신원 김준호
1949-07-30-004	미국의 여하한 원조도 리승만도배를 구출 못한다	몽금포국영어장 로동자들	1	
1949-07-30-005	조국통일민주주의전선결성경축군중대회 각처에서 성대히 거행		1	주재기자 리문상
1949-07-30-006	리승만괴뢰정부의 소위 '국방군'특무공작대 '호림부대'의 완전소멸에 대한 공화국 내무성의 보도		1	
1949-07-30-007	조국전선선언서 실천을 위한 남반부인민 항쟁 치렬		1	조선중앙통신

기사번호	제목(title)	부제목(stitle)	면수	필자, 출처
1949-07-30-008	뿌쉬낀탄생 150주년기념 축전참가 귀환보고(요지)	리기영	2	
1949-07-30-009	8.15해방 4주년을 맞이하며	운수기관의 비약적발전은 인민경제계획의 승리적달성을 보장하고있다	2	교통성 부상 박의완
1949-07-30-010	조국통일의 자신심 높이 부락적으로 현물세 완납	황해도 재녕군 부덕리 농민들	3	주재기자 박덕순
1949-07-30-011	인민들의 열성속에 성과있게 착착 진행	전국문학예술축전 준비사업	3	본사기자 신봉
1949-07-30-012	환호와 기쁨 속에 기념준비사업 활발	8.15 맞이하는 함남도 인민들	3	
1949-07-30-013	인민에게 복무하는 애국적로력을 바쳐	최고인민회의 대의원 최숙량씨	3	
1949-07-30-014	헌신적노력으로 교육문화발전에 녀교장 원덕중 씨	평양 제2녀자초급중학교	3	본사기자 김춘희
1949-07-30-015	백절불굴의 투지로 전사들을 교육훈련	○○구분대 박윤하군관	3	주재기자 신기관
1949-07-30-016	우기에 대처하여 통신시설 강화에	체신성산하 일군들	3	본사기자 리인태
1949-07-30-017	농촌깊이 침투하는 소비조합상점망	자강도 인민들의 향상되는 생활	3	주재기자 리문상
1949-07-30-018	어제와 오늘	…사동련탄공장에서…	3	리성빈
1949-07-30-019	유고슬라비아정부에 대한 쏘련정부의 각서	쏘련공민에 대한 비법적체포에 관하여	4	
1949-07-30-020	분란의 현 정세에 관한 공산당집행위원회 결의문		4	
1949-07-30-021	독일 동서 량지대 경제기관협의 개시		4	조선중앙통신
1949-07-30-022	독일인민회의 제8차회의 결정서		4	
1949-07-30-023	서독비소니아에 영업파산 속출		4	조선중앙통신
1949-07-30-024	미국의 소위 '원조'의 정체		4	최룡국
1949-07-30-025	트루맨 국회에 교서 전달	대외군사원조계획안 승인 요구	4	조선중앙통신
1949-07-30-026	계획안실천권을 트루맨 요구		4	조선중앙통신
1949-07-30-027	압둘라왕 영국 방문		4	조선중앙통신
1949-07-30-028	인도에서 공산당탄압 흑심		4	조선중앙통신
1949-07-30-029	미국극동무역리사회 부위원장 휴즈 인도에 도착		4	조선중앙통신
1949-07-31-001	평화적으로 조국을 통일할 조선인민의 단결된 력량		1	
1949-07-31-002	원쑤들을 물리치는 투쟁에 몸과 마음을 다 바치자!	신의주방직공장 로동자들	1	주재기자 최영환
1949-07-31-003	리승만매국역도들의 최후운명은 림박했다	연백군 고포리 농민들	1	
1949-07-31-004	조국통일민주주의전선결성 경축군중대회 각처에서 성대히 거행		1	주재기자 신기관, 통신원 정명걸

기사번호	제목(title)	부제목(stitle)	면수	필자, 출처
1949-07-31-005	다수 민간기업가들 광산경영을 신청		1	
1949-07-31-006	우수한 제품제조로 정부의 배려에 보답	단양철공소 리학림씨 담	1	
1949-07-31-007	이남강원도 오대산방면에서 인민무장유격대 행동 활발		1	조선중앙통신
1949-07-31-008	각성을 더 일층 높이며 당적력량을 강화하라	평양시 남구역당위원회에서	2	본사기자 리수근
1949-07-31-010	당원들의 모범성 발휘하여 생산협조사업을 성과있게	국영박천견직공장 세포에서	2	
1949-07-31-010	국제반전일을 맞으며		2	한창남
1949-07-31-011	실천적 수범과 선동으로 적기제초에 농민을 추동	강원도 안변군 하와리세포에서	2	
1949-07-31-012	당조직지도사업에 있어서 당적검열의 의의		2	당중앙본부 조직부 리교혁
1949-07-31-013	현물세완납에 총궐기하여 애국적력량을 조국전선에	평남 대동군 농민들	3	본사기자 백운학
1949-07-31-014	쏘련군기념탑의 건립공사를 활발히	남포시 인민들의 기념준비	3	통신원 정명걸
1949-07-31-015	4년간에 발전된 교육문화를 자랑	종합전람회 교육문화관 준비사업	3	본사기자 신봉
1949-07-31-016	따뜻한 동지애로 굳게 뭉친 전사들	백성두보안대원의 생활에서	3	주재기자 리문상
1949-07-31-017	영예로운 로력을 조국통일에	평양메리야스공장에서	3	
1949-07-31-018	풍수해에 대처할 제반준비 갖추어	황해도 은률군 농민들	3	본사기자 류민우
1949-07-31-019	풍부한 지하자원을 부강조국 건설에로	고원탄광에서	3	본사기자 리인태
1949-07-31-020	다수확을 위하여 논김매기에 분투	평북 룡천군 부라면 농민들	3	
1949-07-31-021	척추부러진 승냥이들이 죽을려고 한곳에 모여든다		3	윤현
1949-07-31-022	1949년 2.4분기 쏘련인민경제부흥발전 국가계획 실행총화에 관한 쏘련내각 중앙통계국 보도		4	
1949-07-31-023	독일사회통일당 중앙위원회 전원회의		4	조선중앙통신
1949-07-31-024	찌또도당과 희랍왕당파의 도발행위는 파탄될것이다	알바니아신문 론평	4	조선중앙통신
1949-07-31-025	'마샬안'은 실업과 빈궁을 가져왔다	『마취오브 레이버』지 론설	4	조선중앙통신
1949-07-31-026	소위 군사원조에 관한 미국국무성의 소책자		4	조선중앙통신
1949-07-31-027	'대서양방위기구'조직 예비토의 진행		4	조선중앙통신
1949-08-02-001	조국보위후원사업에 열성적으로 참가하자		1	
1949-08-02-002	조국통일민주주의전선 중앙상무위원회 제4차회의에서	38이북지역에 대한 리승만괴뢰정부의 소위 국방군과 경찰대의 비법적침입과 그들의 만행사건조사위원회 구성	1	조선중앙통신

기사번호	제목(title)	부제목(stitle)	면수	필자, 출처
1949-08-02-003	원쑤들을 타도함이 없이 조국통일 실현할수 없다	리원군 룡평리 농민들	1	통신원 윤지월
1949-08-02-004	인민이 기대하는 작품창작 위하여	소설가 최명익씨 담	1	
1949-08-02-005	군인가족후원은 마땅한 의무이다	평양시 미림1리 농민들	1	본사기자 백운학
1949-08-02-006	인민군대를 더욱 강화하기 위하여	평양연초공장 종업원들	1	
1949-08-02-007	8.15해방 4주년기념 경축예술공연 성대히 개막!	평양시에서	1	
1949-08-02-008	조국전선 선언서의 실천을 위한 남반부 인민항쟁 치렬	충북 인민무장항쟁대들 단양지구서 화약고 점령	1	조선중앙통신
1949-08-02-009	정치적각성을 일층 높이여 당의 순결성을 보장하자!	평남 평원군당위원회에서	2	본사기자 송학용
1949-08-02-010	정확한 판정사업 보장하고 현물세납부에 군중을 추동	황해도당단체에서	2	주재기자 박덕순
1949-08-02-011	결점과 오유들에 대하여 비판의 무자비성 발휘하라	함북 경성군당위원회에서	2	주재기자 현준극
1949-08-02-012	쏘련은 포츠담협정의 충실한 집행자이다		2	
1949-08-02-013	잡지 『청년생활』에 대한 평		2, 3	리정순
1949-08-02-014	높은 애국적열성속에 우량곡으로 현물세완납	황해도 재녕군 청천면 농민들	3	
1949-08-02-015	인민들의 열성적참가밑에 각종 준비사업 성대히 진행	8.15 맞는 함북도 인민들	3	주재기자 현준극
1949-08-02-016	전국문학예술축전 문학작품 심사		3	본사기자 라원근
1949-08-02-017	면회실에 웃음피는 로동자들의 격려	보안대 ○○구분대에서	3	
1949-08-02-018	해방 4주년기념 평남도전람회 개막		3	본사기자 리성빈
1949-08-02-019	우기에 대처하여 보선작업에 분투	평양보선구 로동자들	3	본사기자 리성섭
1949-08-02-020	미군주둔하의 공화국남반부	워싱톤의 명령에 의하여 제자리에 주저앉은 살바돌대표 마가나	3	조선중앙통신
1949-08-02-021	독일점령 4개국 사령관대리회의에 관한 콤뮤니케		4	
1949-08-02-022	트루맨의 군사원조안 국회에서 상당한 반대에 봉착	반동의원들까지도 반대의견	4	조선중앙통신
1949-08-02-023	서부독일에서 미군의 폭행사건 빈번		4	조선중앙통신
1949-08-02-024	북대서양조약 비준문제를 이태리상원에서 계속 토의		4	조선중앙통신
1949-08-02-025	중국국민당 잔존세력 인민의 곡물 강제징수		4	조선중앙통신
1949-08-02-026	국민당통치구 수해 막대		4	조선중앙통신

기사번호	제목(title)	부제목(stitle)	면수	필자, 출처
1949-08-02-027	인도직조공업 위기 심각		4	조선중앙통신
1949-08-02-028	누가 미국을 통치하고있는가?		4	
1949-08-02-029	8.15해방기념 경축예술공연		4	
1949-08-03-001	8.15해방 4주년 기념축전을 성대히 진행하자		1	
1949-08-03-002	조선민주주의인민공화국 내각 수상 김일성장군		1	
1949-08-03-003	조선민주주의인민공화국 내각 수상 김일성장군의 언명	중앙신문 기자들의 질문에 주신 대답	1	
1949-08-03-004	조선민주주의인민공화국 최고인민회의 상임위원회 정령	소득세개정에 관하여	2	
1949-08-03-005	세계민청 제2차대회와 청년 및 대학생축전참가 조선대표일행 29일 공로 모쓰크바 안착		2	조선중앙통신
1949-08-03-006	모쓰크바에 도착한 오운식씨 『꼼쏘몰쓰까야·쁘라우다』 기자에게 담화 발표		2	조선중앙통신
1949-08-03-007	조국통일의 결의도 굳게 조기현물세를 일체 완납	신천군 남부면 한은리 농민들	3	본사기자 류민우
1949-08-03-008	8.15를 앞두고 단장되는 평양거리		3	본사기자 리성빈
1949-08-03-009	개막된 예술축전	강원도립극장 공연	3	본사기자 라원근
1949-08-03-010	군인가정의 영예를 증산으로 빛내고저	태천군 은창동 안농화씨	3	통신원 김병기
1949-08-03-011	작업방식 개선하여 생산률을 더욱 제고	곡산광산 로동자들	3	
1949-08-03-012	쏘련기술자의 방조로 스.프생산 급격히 장성	평양화학공장에서	3	본사기자 김기초
1949-08-03-013	림상조사사업 성과있게 진척		3	본사기자 리의철
1949-08-03-014	8.15해방 4주년을 맞이하는 북반부인민들		3	위찬길
1949-08-03-015	유엔경제사회리사회 락후한 국가들에 대한 기술적원조문제 토의	-7월 26일회의-	4	조선중앙통신
1949-08-03-016	이태리공산당은 비약적으로 장성한다		4	조선중앙통신
1949-08-03-017	베를린주둔 4개국 군사령관 제2차협의회의를 개최		4	조선중앙통신
1949-08-03-018	서독지대 선거운동에 미영당국의 간섭 횡포		4	조선중앙통신
1949-08-03-019	서부베를린의 생산위기		4	조선중앙통신
1949-08-03-020	독일통일 위한 투쟁 지지	저명한 작가 토마스.만 성명	4	조선중앙통신
1949-08-03-021	쏘련과 중국동북간 통상협정을 체결		4	조선중앙통신
1949-08-03-022	희랍왕당정부 관공리 총파업		4	조선중앙통신
1949-08-03-023	영국보호령의 참상	하드라마우에서 5만명 아사	4	조선중앙통신
1949-08-03-024	8.15해방기념 경축예술공연		4	

기사번호	제목(title)	부제목(stitle)	면수	필자, 출처
1949-08-04-001	김일성수상의 언명 받들고 승리의 자신심 높이 앞으로		1	
1949-08-04-002	8.15해방 4주년 기념표어	조국통일민주주의전선 중앙위원회에서	1	
1949-08-04-003	긴장되고 동원된 상태에서 당의 력량을 집결동원하자	평양시당위원회에서	2	본사기자 리수근
1949-08-04-004	자만자족하는 경향과 무자비하게 투쟁하라	강원도 양양군당위원회에서	2	주재기자 김만선
1949-08-04-005	8.15해방 4주년을 맞이하며	조쏘문화의 활발한 교류는 공화국의 경제문화발전의 거대한 힘	2	조쏘문화협회 중앙본부 부위원장 박길룡
1949-08-04-006	평화적통일을 지지하는 남반부인민들의 투쟁은 일층 확대되고있다		2	박기한
1949-08-04-007	비등된 애국적열의로써 현물세납부에 총궐기!	강원도내 전체 농민들	3	
1949-08-04-008	호화롭게 전시되는 자강도의 건실모습	8.15 맞는 자강도 인민들	3	주재기자 리문상
1949-08-04-009	4년간의 발전상을	평양시 미림1리 농산물전람회	3	본사기자 백운학
1949-08-04-010	무사고 무정전의 송전을 보장코저	서북송전부산하 일군들	3	본사기자 최창준
1949-08-04-011	작년보다 배반의 면화의 풍작 예견	룡강면 서부리 농민들	3	
1949-08-04-012	인민무력 자랑하는 '조국보위관'의 위관	전국종합전람회에서	3	김전
1949-08-04-013	북반부교육문화의 거대한 발전에 경탄	중국동북 연변대학 교수들의 담화	3	
1949-08-04-014	리승만의 동족상쟁흉계는 반드시 파탄되고만다		3	최방, 장진광
1949-08-04-015	중국인민해방군 전과 호남성의 상덕 례릉 등을 점령	감숙성에서도 전과를 확대	4	조선중앙통신
1949-08-04-016	미국국회의 중상에 항의	유엔간부위원회에서	4	조선중앙통신
1949-08-04-017	미국반동신문도 비난		4	조선중앙통신
1949-08-04-018	불란서 및 분란 소년동맹대표 모쓰크바 도착		4	조선중앙통신
1949-08-04-019	미국참모장들의 구라파방문목적	『데일리 워커』지 론평	4	조선중앙통신
1949-08-04-020	이태리상원내 다수파 북대서양조약비준 강압결의		4	조선중앙통신
1949-08-04-021	미국은 인도네시아의 자원을 략탈하고있다		4	
1949-08-04-022	인도농민소란 확대		4	조선중앙통신
1949-08-04-023	쏘련 및 동구라파제국과의 통상을 발전시킬것을 강조	-월레스씨 연설-	4	조선중앙통신

기사번호	제목(title)	부제목(stitle)	면수	필자, 출처
1949-08-04-024	쏘련경제의 강력한 발전		4	위성신
1949-08-04-025	동부독일지대의 일용품생산 확장	독일경제위원회에서 결정	4	조선중앙통신
1949-08-04-026	독일점령 4개국의 특별전문가협의회		4	조선중앙통신
1949-08-04-027	8.15해방기념 경축예술공연		4	
1949-08-05-001	리승만매국역도들을 박멸하고 조국통일의 길로!		1	
1949-08-05-002	애국적민주력량은 거대하며 장엄하다	평양제침공장 로동자들	1	
1949-08-05-003	반동은 멸망하고야만다	서평양철도공장 로동자들	1	본사기자 최창준
1949-08-05-004	우리는 승리한다	률리1리 농민들	1	
1949-08-05-005	조국통일민주주의전선결성경축 군중대회 각처에서 성대히 거행		1	
1949-08-05-006	정부배려에 감사 광산경영을 결의	평양 인흥리 차호근씨담	1	
1949-08-05-007	민족경제발전에 영예롭게 나서자	고려전구공장 한환동씨담	1	
1949-08-05-008	인민들의 열렬한 지지 참가밑에 조국보위후원회 하부조직결성 진행		1	조선중앙통신
1949-08-05-009	리범석의 직접지휘하에 북반부에서 폭동 파괴 암살을 흉모하던 테로도당공판 개정		1	조선중앙통신
1949-08-05-010	강서군당단체의 생산협조정형과 기타 문제들을 토의	평남도당 상무위원회에서	2	본사기자 송학용
1949-08-05-011	결점들을 급속히 청산하고 당대렬을 일층 강화하라!	해주시당위원회에서	2	주재기자 박덕순
1949-08-05-012	소득세법 개정에 대하여		2	재정성 부상 리장춘
1949-08-05-013	조선인민은 조국통일의 길로 용감하게 나아갈것이다		2	민병균
1949-08-05-014	해방후 조선인민이 이룩한 민주건설의 승리의 기록	종합전람회개관준비 착착 진행	3	본사기자 라원근
1949-08-05-015	군무자와 가족들을 지성으로 위안격려	황해도 송림시 인민들	3	통신원 윤종칠
1949-08-05-016	련일 대성황 이루는 강원도종합전람회		3	
1949-08-05-017	기념출판물 발간	북조선문학예술총동맹에서	3	본사기자 신봉
1949-08-05-018	군내 제1착으로 조기현물세 완납	황주군 영풍리 농민들	3	
1949-08-05-019	만반준비 갖추고 신학년도를 대기	함남 고원군 인민들	3	통신원 신항식
1949-08-05-020	축산업의 급속한 발전을 위하여서	평남도인민위원회에서	3	본사기자 백운학
1949-08-05-021	리승만매국도당 소위 '헌병령'을 실시	'국군'과 인민탄압을 목적	3	조선중앙통신
1949-08-05-022	자기수하 관공리들까지 종로네거리에 매 달아죽이겠다고 발광하는 리승만		3	조선중앙통신
1949-08-05-023	3인조 '매국타령'		3	장진광
1949-08-05-024	트루맨의 대외군비원조안을 미국 각계 에서 비난		4	조선중앙통신

기사번호	제목(title)	부제목(stitle)	면수	필자, 출처
1949-08-05-025	북대서양동맹을 반대 대쏘친선을 강조	-불쏘협회에서 성명 발표-	4	조선중앙통신
1949-08-05-026	미국참모장 일행 서부독일에 도착		4	조선중앙통신
1949-08-05-027	맥아더와 일본반동들은 민주운동을 혹심 히 탄압	『신시대』지 론평-	4	조선중앙통신
1949-08-05-028	평화옹호 미대륙대회 지지	미국준비위원회에서 호소문 발표	4	조선중앙통신
1949-08-05-029	독자의 질문에 대한 대답	영미간의 모순과 알력은 날로 첨예화하여가고 있다	4	
1949-08-05-030	수단에 대기근		4	조선중앙통신
1949-08-05-031	주쏘 에티오피아공사 모쓰크바 도착		4	조선중앙통신
1949-08-05-032	영국철도로조 파업을 통고		4	조선중앙통신
1949-08-05-033	주베를린 미군사령관 사직		4	조선중앙통신
1949-08-05-034	8.15해방기념 경축예술공연		4	
1949-08-06-001	2개년인민경제계획 1949년도 하반년계획 실행협조를 위한 당단체들의 과업		1	
1949-08-06-002	남반부인민들의 총파업속보	평화적통일방책을 지지하는 남 반부인민들의 투쟁 더욱 확대	1	조선중앙통신
1949-08-06-003	조선민주주의인민공화국 내각결정 제108호	체육절제정에 관한 결정서	1	
1949-08-06-004	당선전원들에게 지도와 방조를 구체적 으로 주자	평양시당부 선전선동사업에서	2	본사기자 리수근
1949-08-06-005	자연적피해를 극복하고저 농민들을 제방 공사에 추동	함북 라진군 부거면당단체에서	2	주재기자 현준극
1949-08-06-006	향토건설사업을 성과있게 협조	철원군 동송면당단체에서	2	
1949-08-06-007	8.15해방 4주년을 맞이하며	농림수산부문의 양양한 전망	2	농림성 부상 송봉욱
1949-08-06-008	조국통일독립 달성을 위한 더욱 힘찬 증 산투쟁의 길로	자강도 창평제재공장 로동자들	3	주재기자 리문상
1949-08-06-009	우량곡으로 골라서 조기현물세를 완납	평북 태천군 태천면 농민들	3	
1949-08-06-010	예술축전 대성황	평남도립극장 공연	3	본사기자 라원근
1949-08-06-011	국립극장 신인연구발표공연	「나란히 선 두집」에 대하여	3	박민
1949-08-06-012	리승만괴뢰정부 소위국무총리 리범석 직 접지휘하에 북반부에서 폭동 파괴 암살 을 흉모하던 테로도당에 대한 공판속보		3	조선중앙통신
1949-08-06-013	마누일쓰끼의 연설	유엔상용군비위원회에서	4	
1949-08-06-014	정부의 파업강제진압책을 호주인민들 강경히 규탄		4	조선중앙통신
1949-08-06-015	미국참모장들의 서구방문진의 폭로		4	조선중앙통신
1949-08-06-016	쟈바에서 격전 전개		4	조선중앙통신
1949-08-06-017	트루맨주의의 파탄은 불가피한것이다		4	김진문
1949-08-06-018	유엔사무총장대리 간부위원회의 항의결 의문 시인		4	조선중앙통신
1949-08-06-019	영국조선업 쇠퇴 심각		4	조선중앙통신

기사번호	제목(title)	부제목(stitle)	면수	필자, 출처
1949-08-06-020	8.15해방기념 경축예술공연		4	
1949-08-07-001	8.15해방 4주년을 위대한 승리로!		1	
1949-08-07-002	우리에게는 공화국정부와 김일성수상이 계시다!	평양체신전문학교 교원들	1	
1949-08-07-003	더욱 용기가 난다	황주군 동천리 농민들	1	
1949-08-07-004	조선민주주의인민공화국 내각결정 제110호	「물질문화유물보존에 관한 규정」승인에 관한 결정서	1	
1949-08-07-005	물질문화유물보존에 관한 규정		1	
1949-08-07-006	조국통일민주주의전선 중앙위원회에서 38이북지역에 대한 리승만괴뢰정부의 '국방군'과 경찰대의 비법적침입과 그들의 만행사건조사위원회 사업 개시		1	
1949-08-07-007	조국통일민주주의전선을 지지하는 남반부인민들의 줄기찬 투쟁	-로력자지의 보도-	1	조선중앙통신
1949-08-07-008	당의 규률을 일층 사랑하며 비판의 무기를 높이 들라!	함남 홍원군당위원회에서	2	통신원 유헌
1949-08-07-009	당의 전투력을 총집결하여 8.15증산을 승리에로	평양기구제작소 세포에서	2	본사기자 현준극
1949-08-07-010	쏘련의 대일선전포고 4주년을 맞으며		2	
1949-08-07-011	8.15해방 4주년을 맞이하여	해방 4주년을 맞는 인민교육사업의 성과	2	교육성 부상 남일
1949-08-07-012	애국적기념증산투쟁속에 빛나는 생산성과 계속 쟁취	본궁화학공장 로동자들	3	주재기자 신기관
1949-08-07-013	애국의 정열 용솟음치는 인민군대가족 위안의 밤	자강도 도립극장에서	3	
1949-08-07-014	함남 평북도의 기념전람회 개관		3	조선중앙통신
1949-08-07-015	축전작품제작에 미술인들의 활동		3	본사기자 라원근
1949-08-07-016	원자에네르기과학강연회		3	조선중앙통신
1949-08-07-017	대학사업을 총화하고 앞으로의 방향을 제시	1948년도 대학사업총결보고대회에서	3	
1949-08-07-018	애국적열성속에 현물세 속속 납부	금화군 동면 농민들	3	
1949-08-07-019	다시 50만키로의 정시무사고주행에	회녕기관구 로동자들	3	통신원 심철
1949-08-07-020	괴뢰정부의 폭정으로 남반부농민들 리농 격증		3	조선중앙통신
1949-08-07-021	통화팽창'방지대책'으로 통화를 증발하려는 리승만도당들		3	조선중앙통신
1949-08-07-022	서독에서 공산당세력 장성	반동정당들 백색테로 감행	4	조선중앙통신
1949-08-07-023	영국군함 애미씨스트호의 비굴한 탈출에 관하여	중국인민해방군 진강전선사령관 성명	4	조선중앙통신
1949-08-07-024	국제부흥발전은행에서 유고에 사절단 파견		4	조선중앙통신

기사번호	제목(title)	부제목(stitle)	면수	필자, 출처
1949-08-07-025	영국근로자들에게 보내는 쏘련직맹원들의 메쎄지		4	조선중앙통신
1949-08-07-026	인도평화옹호대회		4	조선중앙통신
1949-08-07-027	광산로동자의 국제적단결	광산로동자 국제산별부 부위원장 담	4	조선중앙통신
1949-08-07-028	직조 및 피복로동자국제산별부 결성		4	조선중앙통신
1949-08-07-029	트루맨정부에서 국회에 군사원조안승인 애원		4	조선중앙통신
1949-08-07-030	서부베를린시청 의장 완전한 실패를 고백		4	조선중앙통신
1949-08-07-031	미국참모장일행 서구군사기지화에 광분		4	조선중앙통신
1949-08-07-032	태평양동맹의 반동정체 폭로	인도기자의 론평	4	조선중앙통신
1949-08-07-033	8.15해방기념 경축예술공연		4	
1949-08-07-034	미국참모장들 오지리방문 예정		4	조선중앙통신
1949-08-09-001	쏘련은 조선인민의 영원한 은인이다		1	
1949-08-09-002	공화국내각 수상 김일성장군에게 드리는 맹세문	평남관개건설공사 종업원대회	1	
1949-08-09-003	김일성수상에게 공사의 성과적실행을 맹세	평남관개공사종업원대회	1	
1949-08-09-004	림산일군우대에 관한 내각결정 환호 김일성수상에게 증산맹세문 답지	각지 림산작업소 작업장들에서	1	조선중앙통신
1949-08-09-005	38이북지역에 또 침입한 남조선괴뢰정부의 '국방군' 2개 대대 섬멸		1	조선중앙통신
1949-08-09-006	각 대학의 입학시험 개시	수용력 160%로 확충	1	조선중앙통신
1949-08-09-007	쏘련은 우리 조국의 진정한 원조자이다		2	
1949-08-09-008	인민정권하에서 민주의 기지로 비약 발전한 공화국북반부		2	
1949-08-09-009	조국통일을 위하여 경제토대를 튼튼히	성진제강소에서	2	
1949-08-09-010	내 땅 가는 이 기쁨을 식량증산에 모두어	황해도 재령군 재령면 봉천리 농민들	2	
1949-08-09-011	강력한 인민무력!	힘의 원천은 무진장	2	
1949-08-09-012	인민의 아들딸들은 행복한 배움터에서	흥남공업대학에서	2	
1949-08-09-013	수자가 말하는 북반부 경제		2	
1949-08-09-014	생산직장 근로자들 문화의 창조자로 진출		2	
1949-08-09-015	인민공화국 기치 높이 반동을 무찌르고 전진		3	
1949-08-09-016	미제와 매국도당의 지배하에 암흑천지화한 공화국남반부		3	
1949-08-09-017	실업기아의 생지옥 인민생활은 총파탄	남반부에서	3	
1949-08-09-018	강매하는 과잉상품 실어가는 금은보화	남반부에서	3	
1949-08-09-019	수자가 말하는 남반부경제		3	
1949-08-09-020	인민의 증오속에 와해되는 '국방군'	남반부에서	3	
1949-08-09-021	우수한 민족문화는 부화퇴페의 일로로	남반부에서	3	
1949-08-09-022	천추에 용서 못할 야수적인민학살	남반부에서	3	

기사번호	제목(title)	부제목(stitle)	면수	필자, 출처
1949-08-09-023	리승만의 당황실색		3	장진광
1949-08-09-024	원자력위원회사업 무기한으로 중지	유엔원자력위원회회의	4	조선중앙통신
1949-08-09-025	중국인민해방군 전과 호남성 수부 장사 해방	전 호남성 주석 등 장개석과 절연 성명	4	조선중앙통신
1949-08-09-026	중국인민해방군 전과	감숙성 천수 등 점령	4	조선중앙통신
1949-08-09-027	비르마인민민주전선 결성		4	조선중앙통신
1949-08-09-028	미륙군참모장의 연설	하원 외교위원회에서	4	조선중앙통신
1949-08-09-029	미국대통령 국회에 보고	희랍 토이기 군사원조에 관하여	4	조선중앙통신
1949-08-09-030	8.15해방기념 경축예술공연		4	
1949-08-10-001	당단체의 전투적력량의 강화를 위하여		1	
1949-08-10-002	인민의 의사를 거역하는 역적들은 단죄 되고야만다	독로강발전소 건설공사장 로동 자들	1	
1949-08-10-003	우리 청년은 조국보위의 초소에 용감히 나서자!	단천 신풍광산 민청원들	1	통신원 서득창
1949-08-10-004	반동의 야망은 실현될수 없다	인민군대 군관 김룡연씨담	1	
1949-08-10-005	조선민주주의인민공화국 내각결정 제107호	「로력 수급 및 정착에 관한 규정」승인에 관한 결정서	1	
1949-08-10-006	김일성수상에게 감사의 편지	평북 운산 중국인민학교에서	1	조선중앙통신
1949-08-10-007	의무교육제실시준비사업 제2차 중간총결 보고대회		1	본사기자 라원근
1949-08-10-008	북반부 각 시 군 인민재판소선거 승리적 으로 종료	도재판소선거도 활발히 진행	1	
1949-08-10-009	로력 수급 및 정착에 관한 규정		2	
1949-08-10-010	평남도당위원회에서		2	본사기자 송학용
1949-08-10-011	중요산업의 국유화는 인민경제발전의 기 본조건으로 되었다	-중요산업국유화법령발표 제3주 년에 제하여-	2	산업성 부상 백홍권
1949-08-10-012	조선인민에게 준 쏘련군대의 천추에 잊 지 못할 불멸의 공적	8.15 네돐 맞아 단장되는 해방탑	3	
1949-08-10-013	만난을 돌파하는 완비된 전투력 발휘	군무자들의 수영도하훈련 경기 대회에서	3	
1949-08-10-014	자강도써클대표종합예술공연 성황		3	본사기자 라원근
1949-08-10-015	해방후 4년간에 발전한 근로자들의 예술 문학활동		3	본사기자 신봉
1949-08-10-016	중요산업의 국유화로써 민족자립경제는 튼튼히	승호세멘트공장에서	3	본사기자 리인태
1949-08-10-017	밀보리현물세를 우량곡으로 완납	재녕군 봉천리 농민들	3	
1949-08-10-018	미군주둔하의 공화국남반부	김구씨 살해범에 대한 소위 공 판에서 리승만도당의 음모를 자 체폭로	3	조선중앙통신
1949-08-10-019	미국참모장일행의 도착 반대	파리의 진보적단체들 시위 준비	4	조선중앙통신

기사번호	제목(title)	부제목(stitle)	면수	필자, 출처
1949-08-10-020	중국인민해방군 제4야전군 전과		4	조선중앙통신
1949-08-10-021	패잔국민당군 교량 및 철도를 파괴		4	조선중앙통신
1949-08-10-022	미국참모총장 주독미군 장기주둔을 언명		4	조선중앙통신
1949-08-10-023	인도네시아정세에 관한 화란공산당 성명서		4	조선중앙통신
1949-08-10-024	중국에 대한 미제의 음모		4	『유나이테드. 레 스』지 워싱톤주재기자
1949-08-10-025	일본림시국회 9월하순 소집 예정		4	조선중앙통신
1949-08-10-026	트루맨은 새로운 군비를 요구한다		4	신진
1949-08-10-027	마샬안은 불란서에 정치위기를 초래하 였다	유리 쥬꼬브의 론설	4	조선중앙통신
1949-08-10-028	원자력위원회의 사업중지에 만족	미국대통령 성명	4	조선중앙통신
1949-08-10-029	8.15해방기념 경축예술공연		4	
1949-08-11-001	공화국기치 높이 들고 조국통일의 길로!		1	
1949-08-11-002	조선민주주의인민공화국 최고인민회의 상임위원회 정령	조선민주주의인민공화국 인민 군대 및 내무성 군관 하사 전 사들에게 국기훈장 2, 3급을 수 여함에 관하여	1	
1949-08-11-003	조선민주주의인민공화국 최고인민회의 상임위원회 정령	조선민주주의인민공화국 인민 군대 및 내무성 군관 하사 전 사들에게 군공메달을 수여함에 관하여	1	
1949-08-11-004	우리의 살림은 더욱 윤택해진다	평양산소공장 로동자들	1	
1949-08-11-005	질좋고 값싼 직조물증산에	의창직물공장 오중근씨담	1	
1949-08-11-006	남조선 소위 국방군 해군 제1정대소속 제.아이호경비선 또 의거입북		1	조선중앙통신
1949-08-11-007	오는 8월 16일은 휴식일로 결정		1	조선중앙통신
1949-08-11-008	사업분공을 구체성있고 생활성있게 조직 하자!	평양전구공장 라이트분세포 사 업경험	2	본사기자 송학용
1949-08-11-009	청초채취사업에 농민을 계속 추동	강계군 동부동세포에서	2	주재기자 리문상
1949-08-11-010	8.15해방 4주년을 맞이하며	민족상업의 발전	2	상업상 장시우
1949-08-11-011	현 계단에 있어서의 강연사업과 그내용		2	오기렴
1949-08-11-012	민족적명절을 경축하는 8.15 앞둔 평양 거리		3	본사기자 리성빈
1949-08-11-013	함남 황해 도립극장 예술축전 연극공연		3	본사기자 라원근
1949-08-11-014	자랑하는 체육문화 체육축전준비 활발	각지에서	3	
1949-08-11-015	민주기지보위에 용감한 경비대원	경비대 김태섭분대장의 공적	3	김전
1949-08-11-016	조기현물세 일체를 면적으로 완납하여	안주군 신안주면 농민들	3	본사기자 리의철
1949-08-11-017	각급 조쏘반들의 다채한 기념사업		3	본사기자 신봉

기사번호	제목(title)	부제목(stitle)	면수	필자, 출처
1949-08-11-018	원산시화교인민군대를 방문		3	조선중앙통신
1949-08-11-019	갈곳없는 장개석을 가지고는 파탄된 리승만의 처지를 회복하지 못할것이다		3	승원, 장진광
1949-08-11-020	중국인민해방군 전황	호남 감숙 량성에서 전과 확대	4	조선중앙통신
1949-08-11-021	자본주의제도의 위기 첨예화	세계경제정세에 관한 유엔보고서	4	조선중앙통신
1949-08-11-022	그람모스지대에서 격전	희랍민주군 왕당군을 격퇴	4	조선중앙통신
1949-08-11-023	비률빈대통령 워싱톤에 도착		4	조선중앙통신
1949-08-11-024	락후한 국가들에 대한 미국 '원조안'의 정체		4	김승월
1949-08-11-025	미국의 진보적인사들 대외군비원조안 규탄		4	조선중앙통신
1949-08-11-026	포도아정부 고아에 군대 파견		4	조선중앙통신
1949-08-11-027	호주 부두로동자들 파업		4	조선중앙통신
1949-08-11-028	쏘련외상 에티오피아공사를 접견		4	조선중앙통신
1949-08-11-029	8.15해방기념 경축예술공연		4	
1949-08-12-001	생산시설의 사용효률을 최고도로 높이자!		1	
1949-08-12-002	조선민주주의인민공화국 최고인민회의 상임위원회 정령	산업 교통 체신 농촌경리 과학 문학 예술 등 부문의 일군들에게 공로메달을 수여함에 관하여	1	
1949-08-12-003	함북도당위원회에서		2	주재기자 김소민
1949-08-12-004	충분한 강의준비에 의하여 리론과 현실적문제를 결부	황해제철 축로분세포에서	2	
1949-08-12-005	8.15해방 4주년을 맞이하며	우리의 경제문화발전에서의 쏘련의 원조	2	구연묵
1949-08-12-006	공화국경비대는 리승만매국도당들의 내란도발시도를 성과있게 제압하고있다		2	내무성 문화국 부국장 김만석
1949-08-12-007	해방 4주년을 의의있게 다채호화로운 기념행사	8.15 맞는 평남도 인민들	3	
1949-08-12-008	북반부 각 영화관 기념경축영화 상영		3	본사기자 신봉
1949-08-12-009	8.15경축 저금운동 전개	중앙은행을 비롯한 평양시내 각 금융기관들에서	3	본사기자 리성섭
1949-08-12-010	평양시녀맹원들의 군인가족위안의 밤		3	본사기자 황경엽
1949-08-12-011	국립예술극장의 음악공연		3	
1949-08-12-012	제4해탄로 복구 승리적으로 진척	황해제철소에서	3	본사기자 최창준
1949-08-12-013	현물세를 기한전에 우량곡으로 완납	회녕군 료동리 농민들	3	통신원 심철
1949-08-12-014	백두산지질연구생산실습 대성과	평양공업대학 광산지질학부 지질학과 생산실습대에서	3	
1949-08-12-015	쏘련에서의 국가 및 협동조합 상업일군들의 임금형태		3	
1949-08-12-016	쏘련과의 통상협정을 동북 각계 인사들 지지		4	조선중앙통신
1949-08-12-017	불란서군경 무력 행사	콩코르드광장의 시위를 탄압	4	조선중앙통신
1949-08-12-018	파리시민대표단 브래들리장군에 항의서한 전달		4	조선중앙통신
1949-08-12-019	서부독일선거에 관하여 독일사회통일당 위원장 담화		4	조선중앙통신
1949-08-12-020	불란서와의 교섭 중지	파리주재 월남대표 성명	4	조선중앙통신
1949-08-12-021	중국국민당반동 일본군인 10만 사용 기도		4	조선중앙통신
1949-08-12-022	인도네시아의 사태에 관하여		4	조선중앙통신
1949-08-12-023	큐바는 미국의 식민지이다		4	김명식
1949-08-12-024	문트.퍼규슨법안 반대	미국의 진보적인사들	4	조선중앙통신
1949-08-12-025	스코틀랜드탄광로동자 모쓰크바에 도착		4	조선중앙통신
1949-08-12-026	호주탄광로동자들의 파업에 대한 군대 간섭 로골		4	조선중앙통신
1949-08-12-027	분란정부의 반동조치		4	조선중앙통신
1949-08-12-028	8.15해방기념 경축예술공연		4	
1949-08-13-001	당사업에서 안일성을 퇴치하자		1	
1949-08-13-002	2개년인민경제계획의 1949년 상반년실행 총화에 대한 국가계획위원회의 보도		1	
1949-08-13-003	쏘련평화옹호자대표회의에 허헌선생을 초청		1	
1949-08-13-004	38연선 황해도지구 공화국경비대 군관 하사 전사들에게 국기훈장 및 군공메달을 수여	홍기주부위원장 림석하에 수여식 성대히 거행	1	조선중앙통신
1949-08-13-005	해방 4주년기념 종합전람회 개관	민족적자주성을 시위하는 민주건설의 승리의 기록!	2	
1949-08-13-006	력사에 길이 빛날 선렬들의 위훈! 해방투쟁관	해방 4주년기념 종합전람회에서	2	
1949-08-13-007	조쏘친선의 정을 더 한층 가다듬어 조쏘친선관	해방 4주년기념 종합전람회에서	2	
1949-08-13-008	향토건설에 발휘된 창조적로력의 성과 시설관	해방 4주년기념 종합전람회에서	2	
1949-08-13-009	우리의 힘으로 쟁취한 승리의 기록으로 충만 민주관	해방 4주년기념 종합전람회에서	2	
1949-08-13-010	름름한 강철대오! 필승의 신념을 고무 조국보위관	해방 4주년기념 종합전람회에서	2	
1949-08-13-011	공화국기치 드높이 한마음 한뜻으로! 남조선인민투쟁관	해방 4주년기념 종합전람회에서	2	
1949-08-13-012	튼튼히 구축되는 민족 자립경제 산업관	해방 4주년기념 종합전람회에서	3	
1949-08-13-013	'38선호랑이'	국기훈장 3급의 영예에 빛나는 공화국경비대 김종호중대장	3	

기사번호	제목(title)	부제목(stitle)	면수	필자, 출처
1949-08-13-014	농림수산부문의 거대한 발전성과 농림수산관	해방 4주년기념 종합전람회에서	3	
1949-08-13-015	전체 인민 참가밑에 약진하는 교육문화 교육문화관	해방 4주년기념 종합전람회에서	3	
1949-08-13-016	교통운수의 전모와 체신사업의 장성을 운수체신관	해방 4주년기념 종합전람회에서	3	
1949-08-13-017	상품은 늘어가고 물가는 날로 저락 상업관	해방 4주년기념 종합전람회에서	3	
1949-08-13-018	화폭마다 약동하는 새로운 인민의 모습 미술관	해방 4주년기념 종합전람회에서	3	
1949-08-13-019	영국공산당선거강령만이 유일한 위기해 결대책이다	영국공산당 부총비서 언명	4	조선중앙통신
1949-08-13-020	평화의 날을 기념하자	독일인민회의 서한	4	조선중앙통신
1949-08-13-021	국내외정세에 관한 화란공산당 결정서		4	조선중앙통신
1949-08-13-022	항가리민주녀성동맹에서		4	조선중앙통신
1949-08-13-023	영국의 교육상태 악화		4	조선중앙통신
1949-08-13-024	항가리내각회의에서 헌법초안 토의		4	조선중앙통신
1949-08-13-025	분란평화옹호자협회의 호소문		4	조선중앙통신
1949-08-13-026	공산당과 좌익사회당원들 공동전선 견지코 투쟁	오지리공산당 총비서 선거론설 발표	4	조선중앙통신
1949-08-13-027	주독미점령당국 서독에서 모병		4	조선중앙통신
1949-08-13-028	시사해설	국제부흥발전은행이란 무엇인가?	4	리용진
1949-08-13-029	미국경제형편 일층 악화		4	조선중앙통신
1949-08-13-030	소위 구라파지역사령부		4	조선중앙통신
1949-08-13-031	대쏘친선을 요구	불쏘협회에서 성명	4	조선중앙통신
1949-08-13-032	루마니아에 집단농장 창설		4	조선중앙통신
1949-08-13-033	8.15해방기념 경축예술공연		4	
1949-08-14-001	8.15해방 4주년		1	
1949-08-14-002	더욱 열성을 내여 인민경제완수에로!	청진방적공장 로동자들	1	주재기자 김소민
1949-08-14-003	매국도당을 박멸하고 완전자주독립 위하여	양덕기관구 로동자들	1	본사기자 리성섭
1949-08-14-004	찬란한 민족미술을 건설하기 위하여!	화가 정관철씨담	1	
1949-08-14-005	8.15해방 기념보고대회	북반부 각 직장 농촌가두에서	1	조선중앙통신
1949-08-14-006	시 군 인민재판소 및 도재판소 선거	남반부인민항쟁 치렬	1	
1949-08-14-007	조선청년대표단 부다페스트 도착		1	조선중앙통신
1949-08-14-008	8.15경축 관광단일행 13일 평양시에 도착		1	
1949-08-14-009	경남 각지에서 활발	부산부내에 진출행동	1	조선중앙통신
1949-08-14-010	지리산주변에서 세력 날로 확대		1	조선중앙통신
1949-08-14-011	평북도당위원회에서		2	주재기자 최영환

기사번호	제목(title)	부제목(stitle)	면수	필자, 출처
1949-08-14-012	8.15해방 4주년을 맞이하며	인민의 리익에 복무하는 민주출판물	2	당중앙본부 선전선동부 출판과장 류정하
1949-08-14-013	관개공사를 성과있게 추진시키자		2	농림성 관개관리국장 전희균
1949-08-14-014	8.15전야의 공화국북반부		3	본사기자 황경엽
1949-08-14-015	성황 이룬 예술축전	함북도립극장 공연	3	본사기자 라원근
1949-08-14-016	기술을 소유하여	평양화학공장 로동자 조병주동무	3	본사기자 박경석
1949-08-14-017	땅은 기름지어	룡천군 삼룡동 하동하농민	3	
1949-08-14-018	증산과 경축속에 8.15 맞는 농민들	공화국북반부 농민들	3	본사기자 리의철
1949-08-14-019	밀 보리 현물세를 우량곡으로 완납	평양시주변 농민들	3	본사기자 류민우
1949-08-14-020	국기훈장에 빛나는 백발백중의 사격수	○○구분대 변익두전사	3	
1949-08-14-021	싸우자 더욱 굳세게		3	백인준
1949-08-14-022	미군주둔하의 공화국남반부 공포에 떠는 리승만도당 인민들의 8.15경축 탄압	남반부 각지에 비상경계실시	3	조선중앙통신
1949-08-14-023	소위 강제로동문제 토의 완료	유엔경제사회리사회 전원회의	4	조선중앙통신
1949-08-14-024	주쏘 루마니아대사 귀국		4	조선중앙통신
1949-08-14-025	사천성에 육박	중국인민해방군	4	조선중앙통신
1949-08-14-026	큐바평화옹호전국대회 국제전쟁상인들을 규탄		4	조선중앙통신
1949-08-14-027	그람모스에서 희랍민주군 공세		4	조선중앙통신
1949-08-14-028	주쏘 루마니아대사 모쓰크바에 도착		4	조선중앙통신
1949-08-14-029	왜 추방되었는가?	주서울 로씨아정교회 관장 포리카르프의 성명	4	따쓰통신
1949-08-14-030	쏘련평화옹호대회는 민주진영을 더욱 강화	-『뜨루드』지 론평-	4	조선중앙통신
1949-08-14-031	평화와 민주를 위한 투쟁의 대렬에 튼튼히 서있는 중국공산당		4	라봉수
1949-08-14-032	8.15해방기념 경축예술공연		4	
1949-08-14-033	8.15해방기념 종합전람회 개관!		4	
1949-08-15-001	(위대한 쏘련인민의 수령 쓰딸린대원수)		1	
1949-08-15-002	김일성 사진		1	
1949-08-15-003	조선민주주의인민공화국 민족보위상의 명령 제0741호		1, 2	
1949-08-15-004	쏘베트사회주의공화국련맹 내각 수상 이.브.쓰딸린대원수각하	조선해방 4주년에 제하여	1	

기사번호	제목(title)	부제목(stitle)	면수	필자, 출처
1949-08-15-005	쏘베트사회주의공화국련맹 최고쏘베트 상임위원회 위원장 스웨르니크각하	조선해방 4주년에 제하여	1	
1949-08-15-006	쓰딸린대원수에게 드리는 메쎄지	8.15해방 4주년 평양시기념대회	1	
1949-08-15-007	조선민주주의인민공화국 내각 수상 김일성장군에게 드리는 메쎄지	8.15해방 4주년기념 흥남비료공장 종업원대회	2	
1949-08-15-008	쏘베트사회주의공화국련맹 무력상 쏘베트런맹 원수 와실렙쓰끼각하	조선해방 4주년에 제하여	2	
1949-08-15-009	쏘베트사회주의공화국련맹 외무상 위신쓰끼귀하	조선해방 4주년에 제하여	2	
1949-08-15-010	8.15해방 4주년 기념보고 박헌영	8.15해방 4주년 평양시기념대회에서	2, 3, 4	
1949-08-15-011	쏘련군대는 세계의 약소민족과 피압박민족의 해방자이다		3	
1949-08-15-012	8.15해방 4주년 평양시기념대회 성황		4	조선중앙통신
1949-08-16-001	평양역전광장에서 진행된 장엄한 열병식과 군중시위!		1, 2, 3	박명도, 림덕보
1949-08-16-002	김일성수상께서 작곡가 4씨에게 피아노 수여		1	조선중앙통신
1949-08-16-003	국기훈장 및 군공메달수여식 거행		1	조선중앙통신
1949-08-16-004	공로메달수여식도 거행		1	조선중앙통신
1949-08-16-005	평양의 거리거리는 온종일 환희속에!		2	박중선
1949-08-16-006	쏘베트군대의 은공을 찬양	해방탑에 감사의 화환 증정	3	본사기자 박중선
1949-08-16-007	해방투쟁기념관건축기금 3천 5백만원을 단독희사	녀류기업가 김선녀사의 장거	3	조선중앙통신
1949-08-16-008	해방절		3	박팔양
1949-08-16-009	뜨거운 감사의 지성으로 높이 세운 쏘련군기념동상	남포시 쏘련군기념동상 제막식에서	3	본사기자 신봉
1949-08-16-010	해방 4주년경축 각지의 군중대회		3	주재기자
1949-08-16-011	오지리문제에 관한 4개국 외상대리회의 진행		4	조선중앙통신
1949-08-16-012	중국인민해방군 호남성에서 전과 확대		4	조선중앙통신
1949-08-16-013	미참모장일행은 즉시 돌아가라!	오지리공산당 총비서 연설	4	조선중앙통신
1949-08-16-014	이란왕 방미?		4	조선중앙통신
1949-08-16-015	국제청년학생축전 8월 14일 개막 예정		4	조선중앙통신
1949-08-16-016	불가리아에서 기본건설 확대		4	조선중앙통신
1949-08-16-017	불란서당국을 반대	카메룬인민 영용히 투쟁	4	조선중앙통신
1949-08-16-018	미국에 실업자 격증	7월중만 31만명 증가	4	조선중앙통신
1949-08-16-019	전쟁방화자들의 책동은 분쇄되면서있다		4	송순
1949-08-16-020	덴마크에 딸라결손 흑심		4	조선중앙통신
1949-08-16-021	국제부흥발전은행에 분란정부 가입		4	조선중앙통신
1949-08-16-022	핫타와 네루 회담		4	조선중앙통신

기사번호	제목(title)	부제목(stitle)	면수	필자, 출처
1949-08-16-023	8.15해방기념 종합전람회 개관!		4	
1949-08-18-001	장엄한 민주세력의 시위		1	
1949-08-18-002	4년동안에 이루어놓은 민주건설의 업적에 감격	8.15경축 관광단일행	1	본사기자 황경엽
1949-08-18-003	승리에 대한 자신심 더 한층 굳게 하였다		1	흥남비료공장 로동자 황수택
1949-08-18-004	호화론 해방기념전람회	민족적자주성을 시위!	1	사리원탄광 녀성로동자 김성이
1949-08-18-005	애국미로 지은 김일성대학	농민들의 영예 길이 빛나리	1	황해도 신계군 녀성농민 문이복
1949-08-18-006	8.15해방 4주년기념 전국체육축전 개막		1	본사기자 박중선
1949-08-18-007	쏘련의 교육문화 광범히 섭취 우리 교육문화를 발전시키자	공화국북반부 교육관계자대회에서	1	본사기자 라원근
1949-08-18-008	쏘련평화옹호회 참가차 허헌선생 박정애녀사 모쓰크바 향발		1	조선중앙통신
1949-08-18-009	결점들을 급속히 청산하고 당대렬을 일층 강화하라!	강원도당위원회에서	2	주재기자 김만선
1949-08-18-010	새학년도를 맞이할 제반준비사업 성과 있게 진행	평양제2고급중학교 세포에서	2	본사기자 현준극
1949-08-18-011	리승만도당은 남반부인민들의 구국투쟁을 막지 못한다		2	박민호
1949-08-18-012	농작물 풍수해방지대책에 만전을 기하자		2	당중앙본부 농민부 부부장 박경수
1949-08-18-013	장엄하다 그 행진 씩씩하다 그 모습 아들의 행진을 본 어머니의 환희	강동군 삼등면 로영리 박병옥 어머니	3	본사기자 류민우
1949-08-18-014	일부 천수답에 대곡을 파종	황해도 재녕군 농민들	3	
1949-08-18-015	광범한 인민체육문화의 찬란한 발전성과를 과시	체육축전 제1일	3	본사기자 김춘희
1949-08-18-016	국기훈장에 빛나는 로동자출신 분대장	공화국경비대 유린병분대장	3	본사기자 리성빈
1949-08-18-017	남반부인민항쟁 치렬		3	조선중앙통신
1949-08-18-018	붕괴일로를 걷는 '유엔신조선위원단'	『이즈베스치야』지 론평-	3	조선중앙통신
1949-08-18-019	중국인민해방군 전과		4	조선중앙통신
1949-08-18-020	영국보수당의 선거강령은 새 침략전쟁을 도발하는것	『이즈베스치야』지 론평	4	조선중앙통신
1949-08-18-021	호주수상 연설		4	조선중앙통신
1949-08-18-022	항항영국당국 중국인을 박해		4	조선중앙통신
1949-08-18-023	영국점령지대 실업자 격증		4	조선중앙통신

기사번호	제목(title)	부제목(stitle)	면수	필자, 출처
1949-08-18-024	정치적으로 파산되고있는 불란서사회당 지도자들	『뜨루드』지 론설	4	조선중앙통신
1949-08-18-025	미국독점자본가들 영국경제정책 압박		4	조선중앙통신
1949-08-18-026	미국에서 평화옹호자들의 대렬이 장성하고있다		4	송승민
1949-08-18-027	큐바평화옹호전국대회 폐막		4	조선중앙통신
1949-08-18-028	휴전선포후도 화인전투 계속		4	조선중앙통신
1949-08-18-029	호주탄광부의 파업 의연 계속		4	조선중앙통신
1949-08-18-030	평양로어학교 신입생추가모집		4	평양로어학교
1949-08-19-001	높은 생산능률을 위한 당단체의 투쟁		1	
1949-08-19-002	형제적원조자 쏘련에 감사		1	자강도 위원군 대덕면 제탄작업장 로동자 강대선
1949-08-19-003	발전소건설 위해 분투노력하겠다		1	독로강발전소 건설사무소 리렬배
1949-08-19-004	위력한 인민군 우리 용기를 고무		1	황해도 해주지구 미술가 최강삼
1949-08-19-005	전국체육인 총력량 발휘	전국체육인궐기대회에서	1	조선중앙통신
1949-08-19-006	조국과 인민을 위하여 민주사법에 헌신 복무	재판소선거 총결회의에서	1	본사기자 박경석
1949-08-19-007	조선시인들이 쓴 시를 쏘련문학잡지에 번역게재		1	
1949-08-19-008	전국교육자는 총궐기하자	북반부교육자궐기대회에서 호소	1	
1949-08-19-009	안일성을 배격청산하고 보다 큰 성과를 위하여!	함남도당위원회에서	2	주재기자 신기관
1949-08-19-010	경험들을 종합분석하여 당조직지도의 질을 제고	평양시 동구역당부에서	2	본사기자 현준극
1949-08-19-011	동기어로준비사업 계획성있게 추진	신포수산사업소 당부에서	2	통신원 윤지월
1949-08-19-012	당내비판과 자기비판의 일층 강화를 위하여		2	김선락
1949-08-19-013	직장문화써클 4년간의 장성	공화국북반부에서	2	고찬보
1949-08-19-014	로동자이였던 그가 우수한 땅크병으로	전차부대 최기덕중사	3	
1949-08-19-015	빛나는 성과를 쟁취하고 체육축전 성황리에 폐막		3	
1949-08-19-016	백절불굴의 투지로 원쑤를 용감히 분쇄	국기훈장에 빛나는 권영일중대장	3	본사기자 리성민
1949-08-19-017	높은 수확을 거두고 현물세완납에 궐기	강원도 연천군 농민들	3	통신원 렴상익
1949-08-19-018	애국적열성 기울여 신학년도준비 완료	황해도 봉산군 인민들	3	

기사번호	제목(title)	부제목(stitle)	면수	필자, 출처
1949-08-19-019	창조적로력은 빛나는 성과를	원산철도공장에서	3	
1949-08-19-020	창발력발휘하여 높은 생산성과를	신포조선소 로동자들	3	통신원 윤지월
1949-08-19-021	미군주둔하의 공화국남반부 리승만도당들의 비렬한 흉책	김구씨 살해범석방운동 조종	3	조선중앙통신
1949-08-19-022	유고슬라비아정부의 각서에 대한 쏘련정부의 답서		4	
1949-08-19-023	국제청년학생축전 개막	80개국의 대표들 참가	4	조선중앙통신
1949-08-19-024	쓰딸린수상 주쏘미국대사를 접견		4	조선중앙통신
1949-08-19-025	유고슬라비아정부에 대한 쏘련정부의 각서의 추가	까르델	4	
1949-08-19-026	『근로자』 14호		4	로동신문사 근로자편집국
1949-08-20-001	원가저하와 품위제고를 성과있게 보장하자		1	
1949-08-20-002	조선민주주의인민공화국 내각 수상 김일성각하	조선해방 4주년에 제하여	1	
1949-08-20-003	조선민주주의인민공화국 내각 수상 김일성각하	조선해방 4주년에 제하여	1	
1949-08-20-004	조선민주주의인민공화국 내각 수상 김일성각하	조선해방 4주년에 제하여	1	
1949-08-20-005	조선민주주의인민공화국 외무상 박헌영귀하	조선해방 4주년기념일에 제하여	1	
1949-08-20-006	우리들의 거대한 힘은 능히 원쑤를 물리친다		1	함북 길주팔프공장 로동자 최학순
1949-08-20-007	인민들의 힘으로 조국은 부강발전		1	평북 선천군 녀성농민 김인옥
1949-08-20-008	책임이 더 한층 중대함을 느꼈다		1	함남 혜산군제재공장 녀성로동자 정분월
1949-08-20-009	공화국북반부에서 조기작물현물세 속속 완납	각지에서	1	
1949-08-20-010	실제적가능성을 동원하여 기계사용효률을 일층 제고	서평양직물공장 세포에서	2	본사기자 윤봉경
1949-08-20-011	증산경쟁을 적극 추진시켜 인견사생산 성과있게 보장	청진방적공장 류산분세포에서	2	주재기자 김소민
1949-08-20-012	공화국체신사업의 비약적발전		2	체신성 부상 박병섭
1949-08-20-013	대중을 집단주의로 교양시키자	-리태준작 단편소설 『호랑이할머니』에 대하여-	2, 3	박중선

기사번호	제목(title)	부제목(stitle)	면수	필자, 출처
1949-08-20-014	인민들의 평화적로력의 초소에서	하늘의 용사 안성덕항공병	3	김전
1949-08-20-015	맹세한 생산목표달성 위해 총돌진	흥남비료공장 로동자들	3	주재기자 신기관
1949-08-20-016	고상한 로력으로 부강조국건설에	공로메달의 영예에 빛나는 곡산광산 로동자 고치덕동무	3	본사기자 리성섭
1949-08-20-017	교사수리 완료하고 신학년도준비 분망	평양 제9인민학교에서	3	본사기자 라원근
1949-08-20-018	단독적서독'의회선거' 군정당국탄압하에 강행		4	조선중앙통신
1949-08-20-019	감숙성 수부에 육박	중국인민해방군	4	조선중앙통신
1949-08-20-020	국제청년학생축전 진행		4	조선중앙통신
1949-08-20-021	퀴리크의 암약		4	조선중앙통신
1949-08-20-022	월남민주군의 전과		4	조선중앙통신
1949-08-20-023	일본에 실업자 격증		4	조선중앙통신
1949-08-20-024	희랍왕당군 참패	비차지구의 전투에서	4	조선중앙통신
1949-08-20-025	일본 전국체신로조 해고반대투쟁		4	조선중앙통신
1949-08-20-026	희랍민주녀성동맹 미영침략정책 규탄		4	조선중앙통신
1949-08-20-027	파키스탄인의 반영감정 농후		4	조선중앙통신
1949-08-20-028	쟈카르타에 미국자동차공장 설치		4	조선중앙통신
1949-08-20-029	8.15해방기념 경축예술공연		4	
1949-08-20-030	인민이 전취한 행복		4	뽀뜨르.이그나또브
1949-08-21-001	당부지도원들의 역할		1	
1949-08-21-002	조선민주주의인민공화국 내각 수상 김일성장군에게 드리는 메쎄지	8.15경축관광단원일동	1	
1949-08-21-003	몽고인민공화국 수상 쵸이발산원수각하	조선해방 4주년에 제하여	1	
1949-08-21-004	알바니아민주주의인민공화국 내각 수상 겸 외상 엔베르.호쟈대장 각하	조선해방 4주년에 제하여	1	
1949-08-21-005	놀라운 민주건설의 성과 일층 발전시키기에 헌신	8.15경축관광단원들 좌담회에서 소감 피력	1	조선중앙통신
1949-08-21-006	평양시에 동물원 및 식물원 개원		1	조선중앙통신
1949-08-21-007	평양철도관리국 평양시설관리소 각 직장		1	
1949-08-21-008	남반부인민항쟁치렬		1	조선중앙통신
1949-08-21-009	조국통일독립을 위한 투쟁에 전투적력량을 총동원하자!	황해도당위원회에서	2	주재기자 박덕순
1949-08-21-010	정치적각성을 일층 높이며 긴장된 상태에서 군중을 동원	평양곡산공장 당단체에서	2	본사기자 송학용
1949-08-21-011	조선인민들은 조국통일을 위하여 과감히 투쟁한다		2	홍순철
1949-08-21-012	학습회지도자들의 양성은 당단체들의 중요과업이다		2	고혁
1949-08-21-013	바다를 지키는 해군용사들	강선빈모범해군병사	3	

기사번호	제목(title)	부제목(stitle)	면수	필자, 출처
1949-08-21-014	조국보위의 전초에 용감히 선 녀간호원	군공메달 수여받은 강보연특무장	3	본사기자 리성빈
1949-08-21-015	마른모의 이식과 대용작물 파종에	재녕군 서림리 농민들	3	
1949-08-21-016	쏘련영화	쓰딸린그라드격전	3	본사기자 신봉
1949-08-21-017	추잠견증산 위한 제반준비 활발	강계군 어뢰면 농민들	3	주재기자 리문상
1949-08-21-018	최후발악하는 리승만매국도당		3	조선중앙통신
1949-08-21-019	아세아 및 대양주제국직맹대회 11월 15일에 북평에서 개최	국제직련서기국에서 공식발표	4	조선중앙통신
1949-08-21-020	국제직련교육일군산별부 회의에서 최호민씨 토론 참가		4	조선중앙통신
1949-08-21-021	중국해방군의 전과		4	조선중앙통신
1949-08-21-022	국제직련교육일군산별부창설회의		4	조선중앙통신
1949-08-21-023	산업문제에 관한 쏘련대표의 연설	유엔경제사회리사회에서	4	조선중앙통신
1949-08-21-024	비르마에서의 민족해방운동		4	김종덕
1949-08-21-025	오철성 동경 도착		4	조선중앙통신
1949-08-21-026	『근로자』 15호		4	로동신문사 『근로자』편집부
1949-08-23-001	조국통일의 신속한 쟁취를 위하여		1	
1949-08-23-002	인민경제건설투쟁의 경험을 교환하며 새로운 결의를 피력	8.15경축관광단 초대좌담회에서	1	조선중앙통신
1949-08-23-003	중앙 및 각 도에 제품검사기관을 설치키로 내각에서 결정		1	조선중앙통신
1949-08-23-004	의의깊은 일정 끝마치고 8.15경축관광단 귀향		1	조선중앙통신
1949-08-23-005	년간계획 완수	해주보선구 로동자들, 함남도내 로동자들	1	조선중앙통신
1949-08-23-006	조기현물세 속속 완납	각지에서	1	
1949-08-23-007	산 경험들을 연구총화하며 당사업을 면밀히 조직하라	동평양기계제작소당부 사업경험	2	본사기자 송학용
1949-08-23-008	면화의 다수확을 위하여 불리한 조건과 적극 투쟁	황해도 신천군당단체에서	2	주재기자 박덕순
1949-08-23-009	민주보건의 비약적발전		2	보건상 리병남
1949-08-23-010	물질문화유물보존사업에 대하여		2	물질문화유물조사 보존위원회 위원장 한흥수
1949-08-23-011	백발백중 적을 타승할 우수한 포기술에 정통	인민군대 포병들	3	김전
1949-08-23-012	자강도개발의 동맥 강삭선공사 활발		3	주재기자 리문상
1949-08-23-013	운항반 경쟁으로 해운수송 활발히	은률군 금산포 선원들	3	통신원 김인곤

기사번호	제목(title)	부제목(stitle)	면수	필자, 출처
1949-08-23-014	애국적열의로써 학교건축 속속 완공	자강도 인민들의 신학년도 준비사업	3	
1949-08-23-015	조국산업발전에 헌신적으로 투쟁	김상철대의원	3	
1949-08-23-016	모범적로력으로 경제계획완수에	한도겸대의원	3	본사기자 박경석
1949-08-23-017	학교건축 완성코 신학년도 준비에	강원도 화천군 인민들	3	통신원 김관식
1949-08-23-018	화순일대서 대규모적공세	화순탄광 로동지들도 호응	3	조선중앙통신
1949-08-23-019	화순일대서 계속 교전	괴뢰정부 전남경찰국 발표	3	조선중앙통신
1949-08-23-020	경경선 죽령역 점령코 승객들에 해설투쟁	소백산부근서 유격활동 활발	3	조선중앙통신
1949-08-23-021	경북 의성경찰서를 소탕 구금된 애국인사 전부 탈환	항쟁인민 5백여명 총진공	3	조선중앙통신
1949-08-23-022	식민지당국의 탄압하에서도 공화국선포기념시위	인도네시아 각지에서 성황	4	조선중앙통신
1949-08-23-023	국제청년학생축전	예술과 스포츠 경연 성황	4	조선중앙통신
1949-08-23-024	쏘련롱구단과의 대전에서 조선롱구단 석패		4	조선중앙통신
1949-08-23-025	국제평화의 날을 제의	평화옹호세계대회 상임위원회	4	조선중앙통신
1949-08-23-026	이태리와 찌또간 통상협정을 체결		4	조선중앙통신
1949-08-23-027	찌또도당의 가면은 벗기여졌다	『쁘라우다』지 사설	4	조선중앙통신
1949-08-23-028	시사해설	타프트-하틀리법령이란 무엇인가?	4	
1949-08-24-001	자급비료증산을 위한 농민들의 투쟁		1	
1949-08-24-002	청초채취에 궐기	각지 농촌에서	1	
1949-08-24-003	추잠견증산에	각지에서	1	본사기자 리의철
1949-08-24-004	조기현물세 속속 완납	각지에서	1	
1949-08-24-005	년간계획 완수	자강도, 평양시에서	1	조선중앙통신
1949-08-24-006	뜨락또르운재작업에 성공	무산림산 유평작업소에서	1	조선중앙통신
1949-08-24-007	유고슬라비아인민은 찌또도당을 타도할 것이다		1	북조선민주당 선전부장 리홍렬
1949-08-24-008	반역자 찌또도당에게는 멸망하는 길밖에 없다		1	북조선천도교청우당 선전국장 옥군식
1949-08-24-009	정당한 쏘련대외정책은 찌또도당의 가면을 벗겼다		1	북조선직업총동맹 위원장 최경덕
1949-08-24-010	승리는 항상 인민의 편에 있다		1	북조선농민동맹 중앙위원회 위원장 강진건
1949-08-24-011	8.25총선거 1주년을 맞으며		2	선전성 부상 김오성

기사번호	제목(title)	부제목(stitle)	면수	필자, 출처
1949-08-24-012	당조직정치사업 강화하여 생산률의 파동성 극복하자	평남도당상무위원회에서	2	본사기자 리수근
1949-08-24-013	산간벽지의 대중속에서 정치선동을 강화하라	자강도 자성군당단체 사업에서	2	주재기자 리문상
1949-08-24-014	생산공정을 합리화하여 품위의 향상을 옳게 보장	국영 신천연초공장 세포에서	2	주재기자 박덕순
1949-08-24-015	찌또도배의 기만적외교술은 폭로되었다		2	
1949-08-24-016	신속민활한 활동으로 침입한 원쑤들을 격멸	지성해경비구분대원들	3	김전
1949-08-24-017	조국의 하늘 지키는 용사들		3	
1949-08-24-018	애국적로력 바쳐 신학년도 준비에	함북 회녕군 인민들	3	
1949-08-24-019	나는 가리라		3	리정구
1949-08-24-020	김일성수상으로부터 피아노 수여받은 작곡가들	김순남, 리면상, 김원균, 황학근	3	
1949-08-24-021	애국사상 고무하며 헌신성을 배양하자	평남도교육관계자대회에서	3	본사기자 라원근
1949-08-24-022	강건한 체력과 불굴의 투지를 조국통일에로	-전국체육축전의 성과-	3	박중선
1949-08-24-023	최후발악하는 리승만매국도당	테로와 학살의 자금으로 년액 6억원을 강제징수	3	조선중앙통신
1949-08-24-024	망국무역 더욱 조장코저 코-타제마자페지 결정	리승만괴뢰정부의 매국흉책 또하나	3	조선중앙통신
1949-08-24-025	유고슬라비아정부에 보낸 쏘련정부의 답서에 대한 세계각국의 반향		4	조선중앙통신
1949-08-24-026	복주를 해방	중국인민해방군	4	조선중앙통신
1949-08-24-027	미국에서의 사상에 대한 통제		4	조석순
1949-08-24-028	미국에 실업자 더욱 격증	7월중 완전실업 5백 90만	4	조선중앙통신
1949-08-25-001	8.25선거 1주년		1	
1949-08-25-002	공화국남반부 교육자들에게 보내는 공개서한	평화적조국통일방책지지 교육자궐기대회	1	
1949-08-25-003	위대한 쏘련과의 친선만이 자주독립을 확보하여준다		1	북조선민주녀성총동맹 부위원장 리금순
1949-08-25-004	조선민주주의인민공화국 세계평화옹호전국민족위원회에서 브라질과 아르젠틴량국정부에 항의		1	
1949-08-25-005	민주건설을 위한 투쟁에 당의 조직적력량을 동원	황해도 봉산군 서종면당단체에서	2	주재기자 박덕순
1949-08-25-006	사회단체사업을 강화하여 그의 활동을 민활하게 보장	함남 갑산군 남흥리세포	2	통신원 안채희

기사번호	제목(title)	부제목(stitle)	면수	필자, 출처
1949-08-25-007	당선전원들을 동원하여 군중의 정치적 각성을 제고	종성군당 선전선동부에서	2	통신원 김진규
1949-08-25-008	공화국정부는 평화적조국통일달성의 튼튼한 담보이다		2	구연묵
1949-08-25-009	허위적선동으로 인민을 기만하려는 찌또도배의 면모는 폭로되었다		2, 3	
1949-08-25-010	우수한 기마수 되여 숭고한 임무완수에	기병대 기로창소대장	3	본사기자 리성빈
1949-08-25-011	기본건설 확장하며 목표량 초과달성에	하성광산 로동자들	3	통신원 정필
1949-08-25-012	다수확을 위한 퇴비증산에!	평북도 각지 농민들	3	
1949-08-25-013	애국적노력으로 명예실을 더 많이	함흥제사공장 로동자들	3	주재기자 신기관
1949-08-25-014	대중의 선두에서 높은 헌신성 발휘	김룡국대의원	3	본사기자 백운학
1949-08-25-015	항상 군중들을 교양하여 추동	최산화대의원	3	본사기자 박경석
1949-08-25-016	10월 2일을 평화의 날로 결정	평화옹호세계대회 상임위원회	4	조선중앙통신
1949-08-25-017	락후한 국가들에 원조를 줄데 대한 경제위원회의 보고를 심의	유엔경제사회리사회 전원회의에서	4	조선중앙통신
1949-08-25-018	감숙성 국민당군 수천 투항		4	조선중앙통신
1949-08-25-019	경제위원회의 결의안 심의	쏘련 파란 등의 수정안 일부 채택	4	조선중앙통신
1949-08-25-020	쏘련정부답서에 대하여 침묵을 지키는 찌또도당		4	조선중앙통신
1949-08-25-021	미국의 차관은 정치적 및 군사적 성격을 띠고있다		4	신동수
1949-08-25-022	유엔사무총장 년례보고를 발표		4	조선중앙통신
1949-08-25-023	주희랍 유고대리대사 희랍왕당파정부와 협의		4	조선중앙통신
1949-08-25-024	영국철도종업원 일요동맹파업 단행		4	조선중앙통신
1949-08-25-025	'서독련방국가'에 바티칸법왕이 사절임명 기도		4	조선중앙통신
1949-08-26-001	조선인민은 쏘련공민에 대한 찌또도당의 만행에 대하여 분격한다		1	
1949-08-26-002	유고슬라비아정부각서에 대한 쏘련정부의 답서	쏘련공민들을 비법적으로 체포한데 관하여	1	
1949-08-26-003	생산능률제고에 발휘된 당원들의 모범성은 거대	강원도 금화광산 당부에서	2	주재기자 김만선
1949-08-26-004	실지생활과 결부시키여 정치선동을 강력히 전개	함남 북청군 장황리당부에서	2	통신원 윤지월
1949-08-26-005	북조선로동당창립 3주년을 맞으며	평양시당단체의 3년간의 업적	2	북조선로동당 평양시당 위원장 김섬
1949-08-26-006	시 군 인민재판소 및 도재판소선거는 성과있게 진행되였다		2	사법성 부상 김동학
1949-08-26-007	용감한 투쟁으로 충실히 임무 수행	군공메달 수여받은 김용택전사	3	본사기자 리성빈
1949-08-26-008	열병대앞을 지나 쓰딸린거리를 향하여 나아가는 신속민활한 오토바이부대	-8.15해방 4주년 인민군열병식에서-	3	
1949-08-26-009	쏘련기술자의 원조밑에 애국적증산경쟁 치렬	룡성기계제작소 로동자들	3	주재기자 신기관
1949-08-26-010	정선되는 작품 7백 60여편	8.15축전문학부문의 성황	3	조선중앙통신
1949-08-26-011	의무교육준비사업 빛나는 성과로 완수	학성군 인민들	3	주재기자 김소민
1949-08-26-012	청초채취에 농민들 궐기	위원군 고봉동에서	3	주재기자 리문상
1949-08-26-013	모든 힘과 로력을 조국창건 위하여	김증현대의원	3	본사기자 리성섭
1949-08-26-014	열렬한 애국심 고무하여 로동자들을 증산투쟁에	전중학대의원	3	본사기자 박경석
1949-08-26-015	리승만도당격멸 위한 남반부인민항쟁 치렬		3	조선중앙통신
1949-08-26-016	찌또도당의 만행 계속		4	조선중앙통신
1949-08-26-017	중국인민해방군 7월중 전과	국민당군 병력손실 9만	4	조선중앙통신
1949-08-26-018	중국 장산렬도 완전해방		4	조선중앙통신
1949-08-26-019	법왕과 협의		4	조선중앙통신
1949-08-26-020	인도네시아애국자들 핫타에 의하여 피살		4	조선중앙통신
1949-08-26-021	호주와 영국간 군사협의?		4	조선중앙통신
1949-08-26-022	아르젠틴 및 브라질 경찰 평화옹호운동을 탄압		4	조선중앙통신
1949-08-26-023	항가리인민공화국헌법 통과	항가리인민회의에서	4	조선중앙통신
1949-08-26-024	영국재정상의 사임문제		4	조선중앙통신
1949-08-26-025	희랍왕당파에 대한 미국무기공급 계속		4	조선중앙통신
1949-08-26-026	국제청년학생축전은 청년들의 력량을 시위	세계민청련맹위원장 담	4	조선중앙통신
1949-08-26-027	쏘련이 제1위	국제청년학생축전 체육부문성적 발표	4	조선중앙통신
1949-08-26-028	주독일 영국병 쏘련점령지대로 탈출		4	조선중앙통신
1949-08-26-029	군비원조안삭감에 대한 미국 각 신문의 론평		4	조선중앙통신
1949-08-26-030	범토이기주의자들과 범회교주의자들은 전쟁방화자들에게 복무		4	전치우
1949-08-27-001	현 계단에 있어서의 당선전원들의 임무		1	
1949-08-27-002	유고슬라비아정부에 보낸 쏘련정부의 답서에 대한 반향		1	조선중앙통신
1949-08-27-003	김일성수상께서 황해제철소를 시찰	전종업원들을 격려	1	조선중앙통신

기사번호	제목(title)	부제목(stitle)	면수	필자, 출처
1949-08-27-004	국제직련 제2차대회 제결정을 지지	남북조선직업동맹열성자대회 개최	1	본사기자 리인태
1949-08-27-005	조쏘친선과 쏘베트문화섭취 강화 위하여 '조쏘친선과 쏘베트문화순간' 설정		1	조선중앙통신
1949-08-27-006	호화다채로운 의의깊은 계획 수립	기대되는 '조쏘친선과 쏘베트문화순간'	1	조선중앙통신
1949-08-27-007	당의 전투적력량 강화하여 민주건설성과를 공고화대	함북 청진시당단체의 업적	2	주재기자 김소민
1949-08-27-008	창발적의견을 종합하여 생산협조사업을 강력히	해주기계제작소 주철분세포에서	2	주재기자 박덕순
1949-08-27-009	북조선로동당창립 3주년을 맞으며	함북도당단체의 3년간의 업적과 경험	2	북조선로동당 함북도당위원장 고봉기
1949-08-27-010	당창립 3주년을 맞이하는 공장당단체의 투쟁과 업적		2	서평양철도공장 당부 위원장 양봉린
1949-08-27-011	끊임없는 훈련으로 필승의 력량을 배양 인민군대 군무자들	박용섭군관이 지휘하는 구분대에서	3	김전
1949-08-27-012	목화비배관리에 열성 기울여 분투	황해도 재령군 양산리 농민들	3	본사기자 류민우
1949-08-27-013	월동준비사업에 만전	강원도 각 공장 기업소에서	3	조선중앙통신
1949-08-27-014	인민의 리익 위하여	리진근대의원	3	
1949-08-27-015	군중을 추동하여 증산의욕을 고무	김길수대의원	3	본사기자 박경석
1949-08-27-016	인민유격대 전남서 맹활동 법성지서를 습격 소각	용산 및 수문포 파출소 파괴	3	조선중앙통신
1949-08-27-017	괴뢰정부군 경용철도전신을 파괴		3	조선중앙통신
1949-08-27-018	최후발악하는 리승만매국도당	매국노 리승만 '국회'의원체포에 '국회'의장자체 불안을 고백	3	조선중앙통신
1949-08-27-019	보이라수리에 창조적노력을	원산철도공장 제관직장 청년작업반원들	3	주재기자 김만선
1949-08-27-020	사회주의로부터 파시즘으로 탈주한 찌또도당	『쁘라우다』지 사설-	4	
1949-08-27-021	찌또도당 희랍왕당파와 회담	미국상품공급로개척을 요구	4	조선중앙통신
1949-08-27-022	세계민주청년대회 9월 2일 부다페스트에서 개최 결정		4	조선중앙통신
1949-08-27-023	중국인민해방군 전황		4	조선중앙통신
1949-08-27-024	루마니아해방기념 경축대회 성황		4	조선중앙통신
1949-08-27-025	정말에 실업자 증가		4	조선중앙통신
1949-08-27-026	미국전쟁방화자들은 유엔을 훼손시키고 있다		4	박신
1949-08-27-027	극장안내		4	

기사번호	제목(title)	부제목(stitle)	면수	필자, 출처
1949-08-28-001	우리 당 창립 3주년에 제하여		1	
1949-08-28-002	조선민주주의인민공화국 최고검찰소의 보도		1	
1949-08-28-003	쏘련인민과의 친선을 강화함으로써 세계반동진영 타도를 촉진하자		1	리승엽선생
1949-08-28-004	제국주의주구로 전락한 찌또도당은 반드시 멸망하고야말것이다	북조선민주당 위원장 최용건씨 담	1	
1949-08-28-005	북조선로동당창립 3주년에 제하여	조국통일과 민주건설에서의 우리 당의 투쟁	2	북조선로동당 중앙위원회 부위원장 허가이
1949-08-28-006	급속한 조국통일을 위하여		2	림철
1949-08-28-007	학습과 훈련 통하여 기계화무기에 정통	기계화부대 군무자들	3	김전
1949-08-28-008	석회질소비료생산을 위한 기본건설공사 활발히 진척	청수화학공장에서	3	주재기자 최영환
1949-08-28-009	두주일동안에 종합전람회 성황	16만여명이 참관	3	본사기자 김춘희
1949-08-28-010	온갖 정력을 다 기울여 철도운수사업을 보장	장시일기관사	3	본사기자 리성섭
1949-08-28-011	면화다수확을 위하여 부단한 연구와 투쟁을	강지갑농민	3	본사기자 백운학
1949-08-28-012	평안남도 농민들 조기현물세 완납		3	
1949-08-28-013	조국보위후원사업기금으로	청진시의 기업가 강석재, 평양시의 기업가 리경찬, 량태봉	3	
1949-08-28-014	오조현물세 납부 후작으로 교맥 소채 파종	평남 개천군 북면 농민들	3	
1949-08-28-015	리완용의 후손인 리승만매국도당을 소탕하자!		3	김송암
1949-08-28-016	쏘련공민을 비법적으로 체포한데 관하여 유고슬라비아정부에 보낸 쏘련정부 답서에 대한 세계각국의 반향		4	조선중앙통신
1949-08-28-017	누가 누구의 길로 가고있으며 또 이 길은 어데로 통하는가		4	
1949-08-28-018	미국공산당창건 30주년에 중국공산당 모택동주석 축전		4	조선중앙통신
1949-08-28-019	쏘련평화옹호대회 개막	모쓰크바직업동맹회관에서	4	조선중앙통신
1949-08-28-020	분란에 파업운동 확대	반동경찰의 테로 횡행	4	조선중앙통신
1949-08-30-001	조국통일을 방해하는자는 반드시 소탕되고야말것이다		1	
1949-08-30-002	크라후트초지기 설치공사를 완성	신의주팔프공장에서	1	조선중앙통신
1949-08-30-003	수산로동자들	각지 수산로동자들	1	본사기자 류민우
1949-08-30-004	면화현물세 일부를 선납	평남 룡강군 김봉목농민	1	

기사번호	제목(title)	부제목(stitle)	면수	필자, 출처
1949-08-30-005	쏘련정부답서를 지지하여 각계에서 계속 담화 발표	찌또도당의 반역적범죄를 비난하는 여론비등	1	조선중앙통신
1949-08-30-006	만기현물세 납부사업의 성과적보장을 위하여	평양시당상무위원회에서	2	본사기자 리수근
1949-08-30-007	농촌경리의 급속한 발전을 위하여 투쟁	강원도 화천군당단체에서	2	주재기자 김만선
1949-08-30-008	내부력량을 옳게 동원하여 생산활동을 성과있게 추진	사리원사무용품공장 세포에서	2	통신원 지덕봉
1949-08-30-009	조쏘친선과 쏘베트문화순간에 대하여		2	조쏘문화협회 중앙위원회 위원장 리기영
1949-08-30-010	당창립 3주년 맞는 황철당단체의 업적		2	황해제철소당부 위원장 김명욱
1949-08-30-011	조국과 인민이 부른다면 어느때든지 응할수 있게	리덕우구분대 군무자들	3	김전
1949-08-30-012	'조쏘친선과 쏘베트문화순간'을 의의깊게 맞이하자 순간사업계획을 토의	조쏘문화협회 상무위원회에서	3	본사기자 신봉
1949-08-30-013	평남도준비위원회 조직		3	본사기자 최룡봉
1949-08-30-014	쏘련기술자의 원조로 무사고발전을 보장!	수풍발전부에서	3	주재기자 최영환
1949-08-30-015	새학년도 준비사업 속속 완수되고있다	강원도내 각지에서	3	
1949-08-30-016	리승만도당박멸위한 남반부인민항쟁치렬		3	조선중앙통신
1949-08-30-017	쏘베트동맹에서는 실업을 모른다		3	오준흥
1949-08-30-018	중국인민해방군 전황		4	조선중앙통신
1949-08-30-019	실업은 자본주의의 산물	-크라스느이.폴로트지 론설-	4	조선중앙통신
1949-08-30-020	쏘련평화옹호대회에축하문 전달	미쏘친선전국협의회에서	4	조선중앙통신
1949-08-30-021	일본에서 '폭력행위취체법' 작성중		4	조선중앙통신
1949-08-30-022	인도네시아지도자살해로 민족해방운동 막지 못한다	신화사 론평	4	조선중앙통신
1949-08-30-023	오지리 윈나음악당에서 「쏘베트예술의 달」 개막		4	조선중앙통신
1949-08-30-024	세계민청련맹집행위원회 정기회의		4	조선중앙통신
1949-08-30-025	미영간 모순 격화		4	조선중앙통신
1949-08-30-026	판이한 길 판이한 총결		4	장영구
1949-08-30-027	마래인민해방군 활동	싱가폴주변에까지 파급	4	조선중앙통신
1949-08-30-028	화.인'원탁회의' 극비밀리에 진행		4	조선중앙통신
1949-08-30-029	불란서공산당 립후보자 승리		4	조선중앙통신
1949-08-30-030	희랍에서 격전		4	조선중앙통신
1949-08-30-031	극장안내		4	
1949-08-31-001	새 학년도를 맞이하면서		1	
1949-08-31-002	조선최고인민회의 상임위원회에서		1	

기사번호	제목(title)	부제목(stitle)	면수	필자, 출처
1949-08-31-003	조선민주주의인민공화국 최고인민회의 상임위원회 정령	조선민주주의인민공화국 최고인민회의소집에 관하여	1	
1949-08-31-004	조선민주주의인민공화국 최고인민회의 소집에 대한 공시		1	
1949-08-31-005	평남 룡강군에서 면화수확을 개시	현물세 속속 선납	1	
1949-08-31-006	림산부면 년간계획 속속 완수	자강도에서	1	주재기자 리문상
1949-08-31-007	교통운수일군들 수송력증강에!		1	본사기자 신언철
1949-08-31-008	남반부인민무력항쟁!	유격지구 7부 118군 682면 출동대원 10일간에 9천여명	1	조선중앙통신
1949-08-31-009	볼쉐위끼당과 쏘베트국가의 저명한 활동가 아.아.스다노브		2	
1949-08-31-010	동기대책에 만전을 기하여 엄한기의 애로를 방지하자	평북 정주기관구 당단체에서	2	본사기자 윤봉경
1949-08-31-011	류안비료 4만톤 추가실천 위한 근로자들의 투쟁 적극 추진	흥남비료공장 구역당단체에서	2	주재기자 신기관
1949-08-31-012	애로들을 제때에 타개하고 정상적생산활동을 보장	평양전구공장 와사분세포에서	2	본사기자 현준극
1949-08-31-013	생산기업소들에서의 동기대책에 대하여		2	당중앙본부 로동부 권영환
1949-08-31-014	능숙한 전투지휘로써 도발해온 원쑤를 소탕	국기훈장제3급 안영현소대장	3	본사기자 리성빈
1949-08-31-015	포를 밀고 포진지를 이동하는 우리 인민군 포병들		3	
1949-08-31-016	래일부터는 새학년도	만단준비는 갖추었다	3	본사기자 라원근
1949-08-31-017	무축농가를 유축농가로	함북 길주군 상하리	3	주재기자 김소민
1949-08-31-018	월동준비를 적극 추진	평철관리국산하 일군들	3	본사기자 리성섭
1949-08-31-019	모든 힘을 다 바쳐 공사완수에로!	평남관개공사 제2공구에서	3	본사기자 리의철
1949-08-31-020	고상한 애국열의로 군무자가족을 협조	함남 신흥군 원평면 녀맹원들	3	통신원 위정산
1949-08-31-021	리승만괴뢰정부내에 반대파 속출		3	조선중앙통신
1949-08-31-022	리승만괴뢰정부의 무책임한 행위로 죽령턴넬에서 45명 참사		3	조선중앙통신
1949-08-31-023	월가의 송풍기로 돌리던 살인바람개비의 송풍로는 머지 않아 이렇게 파괴될 것이다		3	장진광
1949-08-31-024	평화옹호와 새 전쟁도발자들을 반대하는 투쟁에 관하여 느.쓰.찌호노브의 보고	쏘련평화옹호대회에서	4	

기사번호	제목(title)	부제목(stitle)	면수	필자, 출처
1949-08-31-025	감숙성 수부 란주 해방	중국인민해방군	4	조선중앙통신
1949-08-31-026	'대외군사원조안'을 통격	미국상원에서 윌레스 연설	4	조선중앙통신
1949-08-31-027	전중국직총회의에서 국제직련서기장에게 전문		4	
1949-08-31-028	카나다교육계 위기		4	조선중앙통신
1949-09-01-001	당사업경험의 일반화와 출판물의 과업		1	
1949-09-01-002	강원도 농민들 조기현물세 완납		1	조선중앙통신
1949-09-01-003	내각결정 받들고 가축증식에 분투		1	본사기자 류민우
1949-09-01-004	교통운수일군들의 창의적노력		1	본사기자 리성섭
1949-09-01-005	8.15해방 4주년기념 증산운동의 빛나는 성과	함북도 각 공장 기업소들에서	1	주재기자 김소민
1949-09-01-006	조선민주주의인민공화국 최고인민회의 소집에 대한 공시		1	
1949-09-01-007	경북일대 인민유격전 확대 안동읍내 기습하고 경관을 소탕	군내 각처서 열광적인 군중대회	1	조선중앙통신
1949-09-01-008	경북 각지서 애국청년들 항쟁부대에 적극 참가		1	조선중앙통신
1949-09-01-009	라주군일대의 유격전		1	조선중앙통신
1949-09-01-010	쏘련대외문화련락협회 원산문화회관 개관		1	본사기자 위봉
1949-09-01-011	당장성사업과 정치사업에 당적관심을 심각히 돌리라	황해도 은률군 장련면당단체에서	2	통신원 김인곤
1949-09-01-012	판정사업의 정확성 기하고 만기현물세 납부준비 보장	함남 리원군 방축리세포에서	2	통신원 박경림
1949-09-01-013	당조직강화를 위하여 세포위원회역할 높이자	평양제침공장 세포에서	2	본사기자 송학용
1949-09-01-014	당원들의 선봉적역할로 청초채취사업 적극 추진	황해도 벽성군 문정리세포에서	2	
1949-09-01-015	학생절에 제하여		2	북조선민청중앙위원회 위원장 현성민
1949-09-01-016	리승만의 야망은 실현될수 없다		2	김일수
1949-09-01-017	인민들의 열렬한 격려 군무자들의 용기 고무	내무성 경비대 강상호구분대에서	3	본사기자 리성빈
1949-09-01-018	바다를 지키는 우리 해병들		3	
1949-09-01-019	폐차를 화려한 고급차로	평양철도공장 로동자들의 투쟁성과	3	본사기자 리성섭
1949-09-01-020	조쏘친선과 쏘베트문화순간	평양시준비위원회 결성	3	본사기자 최룡봉
1949-09-01-021	독로강		3	본사기자 리인태

기사번호	제목(title)	부제목(stitle)	면수	필자, 출처
1949-09-01-022	많은 기술인재를 조국은 요구한다	기술학교 사업총결보고대회에서	3	본사기자 라원근
1949-09-01-023	공화국 민주사법의 상반년사업을 총결	제8차 사법책임자회의	3	본사기자 박경석
1949-09-01-024	조쏘문협평남도 문학분과위원회 주최	이싸꼽쓰끼의 시창작연구회 상황	3	본사기자 김춘희
1949-09-01-025	행복을 구가하는 근로자들	사회보험 송도원휴양소에서	3	본사기자 박중선
1949-09-01-026	계획이상의 건초를 확보	강원도 문천군 용성리 농민들	3	주재기자 김만선
1949-09-01-027	조국보위후원사업기금으로 북청군의 기업가 주병건씨가 10만원		3	통신원 윤지월
1949-09-01-028	평화옹호와 새 전쟁도발자들을 반대하는 투쟁에 관하여 느.쓰.찌호노브의 보고 쏘련평화옹호대회에서	전호에서 계속	4	
1949-09-01-029	중국동북인민대표자회의 개최		4	조선중앙통신
1949-09-01-030	중국공산당 동북분국비서 고강의 연설	중국동북인민대표자회의에서	4	조선중앙통신
1949-09-01-031	중국동북인민정부 탄생		4	조선중앙통신
1949-09-01-032	각 대표들 열렬한 토론을 전개 -8월 26일 오전회의-	쏘련평화옹호대회	4	조선중앙통신
1949-09-02-001	산업발전에서의 호상련관성을 보장하자		1	
1949-09-02-002	평양화학공장 로동자들 3.4분기 스프계획 완수		1	본사기자 김기초
1949-09-02-003	3.4분기의 주행계획 완수	철원기관구에서	1	
1949-09-02-004	평안북도 농민들 조기현물세 완납		1	주재기자
1949-09-02-005	체신부문의 기본건설 활발		1	본사기자 리인태
1949-09-02-006	금년도 춘잠견수매계획 초과	북반부 양잠농민들	1	
1949-09-02-007	도시경영부문 제반건설 활발		1	
1949-09-02-008	8.15해방 4주년기념 증산운동의 빛나는 성과	함남 각 공장 기업소에서	1	본사기자 신언철
1949-09-02-009	쏘련평화옹호대회에서 허헌선생 연설		1	
1949-09-02-010	국제청년학생축전 인민무용연기에서 조선대표 2, 3등 획득		1	
1949-09-02-011	9월1일 학생절기념 평양시보고회 성황		1	본사기자 신봉
1949-09-02-012	북반부의 각급 학교 9월 1일 일제 개학		1	
1949-09-02-013	당도서실사업을 강화하여 자습당원들의 학습을 방조	평양시 남구역당부 사업경험	2	평양시 남구역당부 선전선동부장 라득준
1949-09-02-014	복구된 제1용광로의 성과적운영을 위하여	황해제철소 고로분세포들에서	2	주재기자 박덕순

기사번호	제목(title)	부제목(stitle)	면수	필자, 출처
1949-09-02-015	조선최고인민회의는 조선인민의 최고정권기관이다		2	최고재판소 부소장 김동철
1949-09-02-016	리승만도당의 간악한 책동은 완전히 폭로되었다		2	리문일
1949-09-02-017	열성적으로 배우고 가르쳐 전투력강화에 전력을 경주	김동히군관의 소대원들	3	본사기자 김전
1949-09-02-018	추파맥류파종사업 성과있게 진행하자	평남도농산관계자회의에서	3	본사기자 리의철
1949-09-02-019	조쏘친선과 쏘베트문화순간준비사업 착착 진행		3	본사기자 신봉
1949-09-02-020	3.4분기 승리에로!	황철로동자들 힘차게 돌진	3	통신원 윤종칠
1949-09-02-021	월동준비 착착 진행	강계림산사업소 희천작업소	3	주재기자 리문상
1949-09-02-022	동기에 대처 기본건설 활발히	평양선교련탄공장	3	본사기자 최치목
1949-09-02-023	인민을 위안격려하는 강원도의 녀맹연예대		3	
1949-09-02-024	깨끗한 신축교사에서 기쁘게 새학년도를!	평양제11인민학교에서	3	본사기자 김춘희
1949-09-02-025	양돈농민들에게 우량종돈을 보급	자강도 자성군 종축장에서	3	
1949-09-02-026	조국보위후원사업기금으로 북청군의 기업가 조병모씨가 10만원		3	통신원 윤지월
1949-09-02-027	최후발악하는 리승만매국도당 리승만괴뢰정부의 내부갈등 심각	'검찰청'관계자들 대량사직 소동	3	조선중앙통신
1949-09-02-028	각 대표들 열렬한 토론을 전개 -8월 26일 오전회의-	전호에서 계속	4	조선중앙통신
1949-09-02-029	대회구성에 관한 보고 청취 각 대표들의 토론 계속	-8월 26일 오후회의-	4	조선중앙통신
1949-09-02-030	국제청년학생축전 페막	축전참가대표들의 군중대회 성황	4	조선중앙통신
1949-09-02-031	국제정세개관	미'대외군비원조안' 하원표결에서 참패	4	조선중앙통신
1949-09-02-032	평화옹호전미대회전야		4	조선중앙통신
1949-09-02-033	독일인민들의 쏘련연구열 고조		4	조선중앙통신
1949-09-03-001	평화옹호세계대회 상설위원회 및 각국의 평화옹호운동참가자들에게 보내는 호소문	-쏘련평화옹호대회에서-	1	
1949-09-03-002	쓰딸린대원수에게 드리는 메쩨지	쏘련평화옹호대회에서	1	
1949-09-03-003	조선민주주의인민공화국 최고인민회의 소집에 대한 공시		1	
1949-09-03-004	9.1학생절 기념보고회 북반부각지서 성대히 진행		1	조선중앙통신
1949-09-03-005	조기현물세 완납단계에 제1기 현물세는 30일에 완납	공화국북반부 농민들	1	조선중앙통신

기사번호	제목(title)	부제목(stitle)	면수	필자, 출처
1949-09-03-006	함남 학교신증축 전반적으로 완료		1	
1949-09-03-007	일요유람렬차 운행	평양철도관리국에서	1	
1949-09-03-008	남반부 인민무력항쟁!	삼척 평창 등지에서 유격대 련일 공세	1	조선중앙통신
1949-09-03-009	찌또도배들은 미제의 충견으로 쏘련과 인민민주의 제 국가를 반대하여 나서고있다		2	석파
1949-09-03-010	일제를 무찌르던 그 힘 오늘은 조국방위에!	국기훈장제3급 수여받은 유창권군관	3	본사기자 김전
1949-09-03-011	조쏘친선과 쏘베트문화순간	평양시의 다채로운 사업계획 착착 추진	3	본사기자 신봉
1949-09-03-012	완수의 날 가까운 개천선광궤철도부설공사		3	본사기자 리성섭
1949-09-03-013	8.15해방 4주년기념 경축예술공연 페막!		3	본사기자 라원근
1949-09-03-014	만기작물판정사업 농민들 적극 협조	황해도 벽성군 서석면 문정리에서	3	주재기자 박덕순
1949-09-03-015	인민정권기관의 위신을 저락시키려고 흉책한 해독분자들에게 준엄한 심판	조선민주주의인민공화국 최고재판소 현지공판에서	3	조선중앙통신
1949-09-03-016	림목종자채취로 산림자원 풍부히	무산군 인민들 림목종자채취에 열성	3	통신원 박종덕
1949-09-03-017	제국주의를 반대하는 아세아인민들의 투쟁력량은 급격히 장성강화되고있다		3	
1949-09-03-018	유고슬라비아정부에 대한 쏘련정부의 각서		4	
1949-09-04-001	평화옹호투쟁에 용감하고 또 용감하라!		1	
1949-09-04-002	평화옹호의 세력은 날로 강화되고있다	중앙기계제작소 로동자들	1	본사기자 김기초
1949-09-04-003	반민주진영으로 탈주한 찌또도당은 인민의 원수	개천군 쌍룡리 농민들	1	
1949-09-04-004	제국주의돌격대의 죄악은 인민들앞에 폭로되었다		1	제3녀중 교장 허하백
1949-09-04-005	조선민주주의인민공화국 최고인민회의 소집에 대한 공시		1	
1949-09-04-006	김일성장군래림의 영예를 년간계획 초과완수에로!	황철종업원궐기대회에서	1	통신원 윤철
1949-09-04-007	평양타올공장에서 3.4분기계획 완수		1	
1949-09-04-008	림산부문 일군들 작업능률제고에		1	본사기자 리의철
1949-09-04-009	8.15해방 4주년기념 증산운동의 빛나는 성과	황해도 각 공장 기업소들에서	1	
1949-09-04-010	함남도 농민들 청초채취 활발		1	주재기자 신기관

기사번호	제목(title)	부제목(stitle)	면수	필자, 출처
1949-09-04-011	쏘련파견 류학생일행 모쓰크바 향발		1	본사기자 김춘희
1949-09-04-012	당과 국가가 요구하는 인재의 양성을 위하여	평남도당학교에서	2	본사기자 송학용
1949-09-04-013	생활과 밀접히 련결된 군중강연을 조직 진행	흥남시당단체에서	2	통신원 황찬히
1949-09-04-014	집체적지도수준 높이어 세포를 구체적으로 방조	함남 삼수군 관흥면당부에서	2	
1949-09-04-015	현물세준비와 결부시켜 우량종자확보사업 추진	황해도 신계군 소막동세포에서	2	통신원 렴상재
1949-09-04-016	농촌경리발전을 위한 평북도당단체의 투쟁		2	북조선로동당 평북도당부 위원장 박일영
1949-09-04-017	나는 조국과 인민을 위하여 복무한다		2	평양특별시 제5호선거구 대의원 평양특별시인민위원회 위원장 김성학
1949-09-04-018	동지적 우애와 단결로 선진포기술 정통에!	한영철구분대 군무자들	3	본사기자 리성빈
1949-09-04-019	만기작물판정사업을 정확히 실천하자	평양시인민위원회 농산부에서	3	
1949-09-04-020	맹세를 영예롭게 실천	3.4분기계획 기한전에 완수한 평양타올공장 로동자들의 투쟁	3	본사기자 리인태
1949-09-04-021	조쏘친선과 쏘베트문화순간	평남도준비위원회 사업계획 착착 진행	3	본사기자 박경석
1949-09-04-022	조쏘친선과 쏘베트문화순간	평양지구 작가들 창작과업을 분공	3	본사기자 김춘희
1949-09-04-023	대학생	백두산탐험귀환전람회 민청중앙위원회 주최로	3	본사기자 김춘희
1949-09-04-024	지리산유격대 활동맹렬 협천서 소위 호명부대 격멸	아천부락에 휘날리는 공화국기	3	조선중앙통신
1949-09-04-025	울산 밀양 등지서 면사무소 등 소탕	각지에서 악질반동분자를 계속 처단	3	조선중앙통신
1949-09-04-026	인민재판 열고 반동경찰 처단	경남 량산군 선리지서 소탕	3	조선중앙통신
1949-09-04-027	경북 각지에서 경찰지서 계속 습격	량곡창고 점령코 농민에 식량분배	3	조선중앙통신
1949-09-04-028	쏘련평화옹호대회 폐막	상설위원회를 선거하고	4	조선중앙통신
1949-09-04-029	쏘련평화옹호대회경축 모쓰크바군중대회 성황		4	조선중앙통신
1949-09-04-030	분란에서 파업 승리!		4	조선중앙통신

기사번호	제목(title)	부제목(stitle)	면수	필자, 출처
1949-09-04-031	케미시의 파업운동은 로동계급의 통일과 단결을 시위		4	조선중앙통신
1949-09-04-032	국제청년학생축전 총결		4	조선중앙통신
1949-09-06-001	조국보위후원사업을 대중적으로 전개하자		1	
1949-09-06-002	우리 민족에게 부과된 평화옹호임무에 충실하자		1	평화옹호전국민족위원회 위원장 작가 한설야
1949-09-06-003	쏘련은 평화대렬의 선봉이다		1	북조선직업총동맹 위원장 최경덕
1949-09-06-004	평화옹호는 전세계 인민의 공통적지향이다		1	북조선민청위원장 현정민
1949-09-06-005	조선민주주의인민공화국 최고인민회의소집에 대한 공시		1	
1949-09-06-006	청진제철소 제2해탄로 복구	9월 1일 조업 개시	1	조선중앙통신
1949-09-06-007	조선에서 처음으로 수력발전기제작에 성공	강서전기공장 로동자들	1	
1949-09-06-008	경지면적확장에 관개시설공사 활발	관개시설부문 근로자들	1	
1949-09-06-009	신학년도에 대처 학교신증축 완료	평양특별시에서	1	본사기자 김춘희
1949-09-06-010	국영지방산업은 급진적으로 발전		1	본사기자 김기초
1949-09-06-011	여러 공장 기업소들에서 년간계획을 속속 완수		1	
1949-09-06-012	당과 국가가 요구하는 간부양성의 빛나는 성과	중앙당학교에서	2	본사기자 송학용
1949-09-06-013	당원들의 선봉적역할 높여 계획실행을 성과있게 보장	성진제강소 당단체에서	2	주재기자 김소민
1949-09-06-014	당회의의 조직적 교양적 역할을 더 일층 제고하라	회양군 관리세포에서	2	통신원 리주삼
1949-09-06-015	소맥추파준비에 농민을 적극 추동	황해도 신계군 청년동세포에서	2	통신원 렴상재
1949-09-06-016	공화국정부수립 1주년을 맞으며	민족간부의 급격한 장성	2	내각 간부국 부국장 리히준
1949-09-06-017	인민들의 행복 위해 나의 모든 힘을 경주		2	평남 남포시 제11호선거구 대의원 평남 남포시인민위원회 부위원장 최금복
1949-09-06-018	군무자의 가족들 건설투쟁에 헌신	인민군대 서병수전사의 안해 박창숙	3	

기사번호	제목(title)	부제목(stitle)	면수	필자, 출처
1949-09-06-019	승리 쟁취한 로동자들	년간계획을 기한전에 완수한 재녕광산 로동자들의 투쟁성과	3	주재기자 박덕순
1949-09-06-020	조쏘친선과 쏘베트문화순간 사업계획 토의결정	강원도, 남포시에서	3	주재기자 김만선, 통신원 정명걸
1949-09-06-021	조국보위후원사업 위하여 평남 평원군 농민 김원하씨가 벼 40가마니		3	통신원 리원길
1949-09-06-022	나의 조국이여 나는 너에게 복무한다		3	조선인민군 655군부대 안양
1949-09-06-023	공화국정부수립 1주년 맞는 농촌 무축농가에서 유축농가로 풍작을 맞는 하련마을	평북 구성군 오봉면 양지동	3	주재기자 최영환
1949-09-06-024	지리산유격대 계속 맹활동	협천읍 완전포위 경찰서 등 소탕	3	조선중앙통신
1949-09-06-025	화약고 점령하고 폭약전부를 로획	경북 문경광산에 진격	3	조선중앙통신
1949-09-06-026	정선 강릉 평창 등지에서 경찰지서습격 빈번		3	조선중앙통신
1949-09-06-027	삼척군일대 유격전 활발		3	조선중앙통신
1949-09-06-028	남조선의 항공권마자 틀어쥐는 미제의 흉책		3	조선중앙통신
1949-09-06-029	유고슬라비아정부에 보낸 쏘련정부의 각서에 대한 세계각국의 반향		4	조선중앙통신
1949-09-06-030	중국인민해방군 전과	복주에서 국민당 5만여명을 소탕	4	조선중앙통신
1949-09-06-031	중국인민해방군 전과	란주에서 대승리	4	조선중앙통신
1949-09-06-032	상해 가솔린부족 극복 국민당봉쇄 완전실패		4	조선중앙통신
1949-09-06-033	인민해방군의 중요진격로	해방구빨찌산활동지대	4	
1949-09-06-034	인민해방군의 중요진격로	해방구빨찌산활동지대	4	
1949-09-06-035	신학년도 맞는 쏘련교육계		4	조선중앙통신
1949-09-06-036	미국 뉴욕주의 파시스트분자들 흑인가수 로브슨의 음악회를 습격		4	조선중앙통신
1949-09-06-037	미국내 진보적인사들 항의군중대회 조직		4	조선중앙통신
1949-09-06-038	『근로자』 제16호		4	로동신문사 『근로자』편집국
1949-09-07-001	공화국헌법실시 1주년		1	
1949-09-07-002	조선민주주의인민공화국 내각결정 제126호	「재정경리기능자 대우개선에 관한 규정」승인에 관한 결정서	1	
1949-09-07-003	조선민주주의인민공화국 내각결정 제127호	재정경리기능자격심사위원회설치에 관한 결정서	1	
1949-09-07-004	조선민주주의인민공화국 최고인민회의소집에 대한 공시		1	
1949-09-07-005	유고슬라비아정부에 보낸 쏘련정부의 각서에 대한 정계 인사들의 반향		1	조선중앙통신

기사번호	제목(title)	부제목(stitle)	면수	필자, 출처
1949-09-07-006	당정치사업을 강화하여 군중의 각성을 일층 제고	강원도 화천군 가일리세포에서	2	통신원 길관식
1949-09-07-007	강의방법 개선하고 새 유일제강을 진행	평양제2양말공장 세포에서	2	본사기자 송학용
1949-09-07-008	기술수준을 부단히 높이여 근로자들의 창조력을 동원	단천광산 선광분세포에서	2	통신원 서득창
1949-09-07-009	당의 조직적 장성과 공고화를 위한 투쟁		2	북조선로동당 강원도당부 위원장 림춘추
1949-09-07-010	재정경리기능자 대우개선에 관한 규정		2	
1949-09-07-011	재정경리기능자격심사에 관한 규정		2	
1949-09-07-012	무기를 자기 눈동자와 같이 사랑하여 항상 준비태세를	리광진구분대 군무자들	3	본사기자 김전
1949-09-07-013	공화국정부수립 1주년 맞는 공장 혁혁한 성과 올리면서 창발성 발휘하여 투쟁	순천화학	3	본사기자 김기초
1949-09-07-014	쏘련미술(사진)전람회	조쏘문협상설전람회장에서	3	본사기자 김춘희
1949-09-07-015	재정경리활동에 책임성 더 높이자	평양시 재정경리일군열성자대회	3	
1949-09-07-016	향상된 생활!	-흥남비료공장 로동자사택에서-	3	본사기자 박경석
1949-09-07-017	조쏘친선과 쏘베트문화순간	중앙준비위원회 제반준비에 만전	3	본사기자 신봉
1949-09-07-018	제2해탄로 완전복구에 개가 올린 청진제철 로동자		3	주재기자 김소민
1949-09-07-019	나무리벌		3	본사기자 송학용
1949-09-07-020	1천 5백여명의 대표 참가밑에 제2차 세계청년대회 부다페스트에서 개막		4	조선중앙통신
1949-09-07-021	세계민청련맹과업에 관한 기.드.보아송의 보고		4	조선중앙통신
1949-09-07-022	이태리은행 종업원들 전국적파업	고용측 영업시간변경에 대항	4	조선중앙통신
1949-09-07-023	영국로동자들의 파업투쟁 상반년도에 8백 80여회		4	조선중앙통신
1949-09-07-024	미제의 가소로운 『대중백서』의 진상		4	리진형
1949-09-07-025	분란조선업로동자들 파업을 단행		4	조선중앙통신
1949-09-07-026	파시스트들 로브슨에 '린치' 기도 각층에서 항의운동 팽배	-흑인가수 로브슨살해기도사건 속보-	4	조선중앙통신
1949-09-07-027	그람모스지구에서 왕당파군을 격퇴	희랍민주군 총사령부의 콤뮤니케	4	조선중앙통신
1949-09-07-028	극장안내		4	
1949-09-08-001	정부수립 1주년에 제하여		1	
1949-09-08-002	조국통일 달성하여 세계평화에 기여하자		1	평화옹호전국민족위원회 위원 김창준

기사번호	제목(title)	부제목(stitle)	면수	필자, 출처
1949-09-08-003	평화옹호의 력량은 강대	평화옹호전국민족위원회 위원 류영준	1	
1949-09-08-004	영원한 행복의 길에의 계시	북조선농민동맹 중앙위원장 강진건씨 담	1	
1949-09-08-005	조선최고인민회의 대의원들에게 알림		1	
1949-09-08-006	멸망의 길 달리는 찌또도당		1	북조선민주당 중앙위원회 부위원장 정성언
1949-09-08-007	찌또도당은 자기 인민을 제국주의자에게 팔고있다		1	조선인민공화당 성주식
1949-09-08-008	최고인민회의 대의원들 전조선 각지에서 래착		1	
1949-09-08-009	핵심열성자의 역할 높여 세포사업을 질적으로 강화	강원도 양구군당단체에서	2	통신원 리배근
1949-09-08-010	세포학습지도자들을 구체적으로 원조하자	순천화학공장 초급당부에서	2	본사기자 현준극
1949-09-08-011	공장조업을 보장키 위하여 사전준비사업을 적극 추진	사리원조면공장 세포에서	2	주재기자 박덕순
1949-09-08-012	군중정치사업 강화하여 품위의 질적향상을 보장	문천기계제작소 주물분세포에서	2	
1949-09-08-013	공화국헌법은 공민의 권리를 철저히 옹호한다		2	
1949-09-08-014	당은 항상 내 사업의 성과적수행을 방조		2	제91호선거구 대의원 황해도농민동맹 위원장 채백희
1949-09-08-015	조국의 보위는 공민의 최대의무이며 최대영예 인민들 애국열성으로 군인가족 원호	함북 회령 신유선탄광 로동자들	3	
1949-09-08-016	로력은 조선인민의 영예다	룡성기계제작소에서	3	
1949-09-08-017	조국보위후원사업 위하여 기업가들의 희사 속출	경성군, 라남시의 기업가들	3	
1949-09-08-018	조쏘친선과 쏘베트문화순간	자강도준비위원회 제반사업계획 수립	3	주재기자 리문상
1949-09-08-019	공화국정부수립 1주년 맞는 어장 더 많은 생선 잡기 위하여 만반준비로 어로에 분투	청진수산일군들	3	주재기자 김소민
1949-09-08-020	개인무역 국제무대로 진출		3	
1949-09-08-021	풍작 이룬 면화의 즐거운 첫 수확!	평남 강서군 함종면 농민들	3	본사기자 리의철

기사번호	제목(title)	부제목(stitle)	면수	필자, 출처
1949-09-08-022	로력의 열매	평남 강서군 수상면 가흥리 김영주씨의 가족	3	
1949-09-08-023	전북 전남일대 유격전 일층 치렬 정읍 성송 전투에서 전과 다대	라산지서를 습격소각	3	조선중앙통신
1949-09-08-024	경성일대에 비상경계 실시		3	조선중앙통신
1949-09-08-025	경북일대에서 유격대 맹활동	각지에서 반동군경 계속 소탕	3	조선중앙통신
1949-09-08-026	문주산일대서 산악전 전개	이동중인 '군경'부대 섬멸	3	조선중앙통신
1949-09-08-027	제2차세계청년대회 각국 대표들 열렬한 토론 전개	조선청년대표도 토론에 참가	4	조선중앙통신
1949-09-08-028	평화옹호세계대회 상설위원회에 보낼 전문 채택	-9월 3일 오후회의에서-	4	조선중앙통신
1949-09-08-029	오지리공산당대표자대회 총선거대책 등 토의		4	조선중앙통신
1949-09-08-030	아세아녀성대표회의 앞두고 국제민주녀성련맹 호소문 발표		4	조선중앙통신
1949-09-08-031	중국신정치협상에 참석차 재조선화교대표 북평 향발		4	조선중앙통신
1949-09-08-032	인민해방군 광동 광서부대 계속 남진		4	조선중앙통신
1949-09-08-033	미국원조를 싸고 서구제국 갈등		4	조선중앙통신
1949-09-08-034	로브슨에 가한 파시스트폭행은 트루맨 정부를 평가할 표준	-미국공산당 전국위원회 성명-	4	조선중앙통신
1949-09-08-035	유고군대내 경찰제설치	애국장교들을 계속 체포	4	조선중앙통신
1949-09-08-036	중국과 일본 반동파들 일본인부대 대만에 수송		4	조선중앙통신
1949-09-08-037	미국의 대만합병음모에 재일화교들 항의운동		4	조선중앙통신
1949-09-08-038	하노이 사이곤 등 부근에서 월남군이 불군을 소탕		4	조선중앙통신
1949-09-08-039	호주직맹의 지도자 석방		4	조선중앙통신
1949-09-08-040	극장안내		4	
1949-09-09-001	최고인민회의 제4차 회의 주석단		1	림덕보
1949-09-09-002	조선민주주의인민공화국창립 1년에 관한 조선민주주의인민공화국 내각 수상 김일성장군의 보고		1, 2, 3	
1949-09-09-003	조선민주주의인민공화국창립 1년에 관하여 보고 하는 김일성 사진		1	
1949-09-09-004	조선최고인민회의 제4차회의 의안		1	
1949-09-09-005	조선민주주의인민공화국 최고인민회의 제4차회의 개막		3	조선중앙통신
1949-09-09-006	개회사 김달현	조선민주주의인민공화국 최고인민회의 제4차회의에서	3	

기사번호	제목(title)	부제목(stitle)	면수	필자, 출처
1949-09-09-007	제2차 세계청년대회 각국 대표들 계속 토론에 참가	-9월 4일 회의-	4	조선중앙통신
1949-09-09-008	일본 요시다반동정부의 폭기	재일조선인련맹에 해산령	4	조선중앙통신
1949-09-09-009	쏘영량국 로동자들의 친선관계를 강화하자	방쏘중인 스코틀랜드탄광로동자직맹위원장의 언명	4	조선중앙통신
1949-09-09-010	희랍왕당파도당의 만행	다수 애국녀성들을 총살	4	조선중앙통신
1949-09-09-011	극동의 전략정세협의로 미영군사전문가 일본래왕 빈번		4	조선중앙통신
1949-09-09-012	주간 국제정세개관		4	
1949-09-09-013	찌또도당은 희랍왕당파를 도와주고있다		4	
1949-09-10-001	평화적조국통일의 실현을 위하여 투쟁하자		1	
1949-09-10-002	조선민주주의인민공화국 내각 수상 김일성장군에게 드리는 메쎄지	평양시재정경리일군열성자대회	1	
1949-09-10-003	공화국정부의 시책을 찬양 조선최고인민회의 제4차회의	제2일	1	조선중앙통신
1949-09-10-004	'전반적초등의무교육제실시에 관한 법령 기초위원회' 성원명단		1	
1949-09-10-005	곡산광산에서 3.4분기계획 완수		1	
1949-09-10-006	운수기술인재양성사업 활발	교통성에서	1	본사기자 리성섭
1949-09-10-007	국제교원직맹대회에 참가했던 북조선직맹대표일행 귀환		1	본사기자 리인태
1949-09-10-008	조선중앙통신사 중국주재 특파원 북평향발		1	조선중앙통신
1949-09-10-009	평양시재정경리일군열성자대회에서 공화국북반부 전체 재정경리일군들에게 보내는 호소문		1	
1949-09-10-010	전반적초등의무교육제실시에 관한 법령 채택에 대한 보고	내각 부수상 홍명희	·2	
1949-09-10-011	조선최고인민회의 제4차회의 제2일 오전 회의에서 토론	대의원 장순명	3	
1949-09-10-012	조선최고인민회의 제4차회의 제2일 오전 회의에서 토론	대의원 리용	3	
1949-09-10-013	조선최고인민회의 제4차회의 제2일 오전 회의에서 토론	대의원 김란주화	3	
1949-09-10-014	조선최고인민회의 제4차회의 제2일 오전 회의에서 토론	대의원 정성언	3	
1949-09-10-015	휴식시간에 환담하는 대의원들		3	림덕보
1949-09-10-016	제2차 세계청년대회 각국 대표들 토론을 계속 선언서작성위원들을 선거	-9월 5일회의에서-	4	조선중앙통신
1949-09-10-017	쏘련평화옹호위원회 상임위원회 선출		4	조선중앙통신
1949-09-10-018	맥아더당국은 민주를 반대하여 발악하고있다		4	
1949-09-10-019	항가리대통령 세계청년대회 대표환영회 개최		4	조선중앙통신
1949-09-10-020	베를린의 미국헌병 세계민청기를 소각		4	조선중앙통신
1949-09-10-021	찌또도당의 반역적정책 규탄	호주공산당 총비서의 론설	4	조선중앙통신
1949-09-10-022	비관에 싸인 미영카의 재정회담		4	조선중앙통신
1949-09-11-001	만기작물현물세 징수를 위한 수확고판정사업을 정확히 집행하자		1	
1949-09-11-002	조선민주주의인민공화국 창립 1년에 관하여		1	
1949-09-11-003	전반적초등의무교육제실시에 관한 법령		1	
1949-09-11-004	북조선중앙은행권을 위조 또는 그의 위페를 사용함에 대한 처벌에 관한 조선최고인민회의 상임위원회 정령승인에 관한 조선최고인민회의 결정		1	
1949-09-11-005	소득세개정에 관한 조선최고인민회의 상임위원회 정령승인에 관한 조선최고인민회의 결정		1	
1949-09-11-006	전반적초등의무교육제실시에 관한 법령을 채택	조선최고인민회의 제4차회의 폐막	1	조선중앙통신
1949-09-11-007	공화국창립 1년에 관한 김일성수상의 보고 받들고 더욱 긴장된 상태에서 조국통일 향하여 총돌진	사동련탄공장 로동자들	1	본사기자 리인태
1949-09-11-008	조선최고인민회의 제4차회의 제2일 오전 회의에서 토론	대의원 홍명희	2	
1949-09-11-009	조선최고인민회의 제4차회의 제2일 오전 회의에서 토론	대의원 김정애	2	
1949-09-11-010	조선최고인민회의 제4차회의 제2일 오전 회의에서 토론	대의원 송재현	2	
1949-09-11-011	조선최고인민회의 제4차회의 제2일 오전 회의에서 토론	대의원 박윤길	2	
1949-09-11-012	-토론을 지지하여 열렬한 박수를 보내는 대의원들-		2	
1949-09-11-013	조선최고인민회의 제4차회의 제2일 오전 회의에서 토론	대의원 박준언	3	
1949-09-11-014	조선최고인민회의 제4차회의 제2일 오전 회의에서 토론	대의원 강순	3	
1949-09-11-015	조선최고인민회의 제4차회의 제2일 오후 회의에서 토론	대의원 김만중	3	
1949-09-11-016	남반부유격전사들의 축하편지 공화국기치를 높이 들고 원쑤와의 전투를 강화한다	오대산전구유격대에서	3	

기사번호	제목(title)	부제목(stitle)	면수	필자, 출처
1949-09-11-017	남북각지로부터 축전 축문	함경남도 고원군 몽상지구 7개리 농민대회	3	
1949-09-11-018	제2차 세계청년대회 미국의 침략정책에 대한 항의전문을 채택	-9월 6일 오전회의-	4	조선중앙통신
1949-09-11-019	일본정부는 재일조선인민청도 해산	앞으로의 가혹한 탄압을 공언	4	조선중앙통신
1949-09-11-020	일본정부의 조치에 대하여 끝까지 싸우겠다	-재일조선인련맹 위원장 담-	4	조선중앙통신
1949-09-11-021	제2차 세계청년대회 자격심사위원회 보고 청취	-9월 6일 오후회의-	4	조선중앙통신
1949-09-11-022	평화옹호체코슬로바키아위원회 평화옹호 전미주대회에 축전		4	조선중앙통신
1949-09-11-023	중국은 인민민주의국가로 된다		4	고순
1949-09-11-024	이태리로총산하직맹 전국대회준비 진행		4	조선중앙통신
1949-09-11-025	인도네시아는 결코 제국주의자들에게 굴복하지는 않을것이다	-인도네시아공산당 중앙위원회의 서한-	4	조선중앙통신
1949-09-11-026	급속히 발전되고있는 인민민주주의 제국가		4	
1949-09-13-001	전반적초등의무교육제실시에 관한 법령채택에 관하여		1	
1949-09-13-002	조선최고인민회의 상임위원회에서		1	
1949-09-13-003	조선인민의 애국력량은 반드시 승리하고야만다	평양특수고무공장 로동자들	1	본사기자 김기초
1949-09-13-004	평화적조국통일 위한 전민족적투쟁의 지표	평양시 송신리 농민들	1	
1949-09-13-005	소송료 및 공증료에 관한 규정을 실시	소송료 및 공증료에 관한 규정	1	
1949-09-13-006	재일조선인활동탄압 심화 본부 등 접수코 검거 시작	일본 요시다반동정부의 만행	1	조선중앙통신
1949-09-13-007	조선최고인민회의 제4차회의 제3일회의에서 토론	대의원 백남운	2	
1949-09-13-008	조선최고인민회의 제4차회의 제3일회의에서 토론	대의원 김태련	2	
1949-09-13-009	조선최고인민회의 제4차회의 제3일회의에서 토론	대의원 박준영	2	
1949-09-13-010	조선최고인민회의 제4차회의 제3일회의에서 토론	대의원 김복진	2	
1949-09-13-011	조선최고인민회의 제4차회의 제3일회의에서 토론	대의원 려운철	2	
1949-09-13-012	조선최고인민회의 제4차회의 제3일회의에서 토론	대의원 원홍구	2	
1949-09-13-013	휴식시간에 환담하는 대의원들		2	
1949-09-13-014	조선최고인민회의 제4차회의 제3일회의에서 토론	대의원 리극로	3	

기사번호	제목(title)	부제목(stitle)	면수	필자, 출처
1949-09-13-015	조선최고인민회의 제4차회의 제3일회의에서 토론	대의원 김형태	3	
1949-09-13-016	소위 '국방군호림부대'의 악질도배들에게 인민의 심판	조선민주주의인민공화국 최고재판소 특별법정에서	3	조선중앙통신
1949-09-13-017	제2차 세계청년대회 각국 대표들의 토론 계속	-9월 7일 오전회의-	4	조선중앙통신
1949-09-13-018	중국인민해방군 전황	청해성 수부 서녕을 해방	4	조선중앙통신
1949-09-13-019	중국인민해방군 전황	감숙성에서 전과 확대	4	조선중앙통신
1949-09-13-020	전독일에서 평화의 날을 성대히 기념		4	조선중앙통신
1949-09-13-021	유고에 망명중이던 희랍민주인사들 체코에 도착		4	조선중앙통신
1949-09-13-022	대 오지리강화조약 초안작성을 위한 런던외상대리회의의 결과	미영불대표의 배신행위로 외상대리회의의 사업 정지	4	조선중앙통신
1949-09-13-023	급속히 발전되고있는 인민민주주의 제국가		4	
1949-09-13-024	숨길수 없는 사실	미국참모장들의 구라파려행은 미영불간의 알력을 확대시켰다	4	
1949-09-13-025	81차 비.티.유.씨년차대회 다수대표의 반대에도 불구하고 국제직련탈퇴 승인		4	조선중앙통신
1949-09-14-001	맑스-레닌주의리론교양을 더 한층 강화하자		1	
1949-09-14-002	통일자주독립의 경제토대 더욱 튼튼히 축성하자!	흥남비료공장 로동자들	1	통신원 강기모
1949-09-14-003	교육간부양성에 일층 분발 정부시책을 충실히 실천	평양사범대학에서	1	본사기자 신봉
1949-09-14-004	'조쏘친선과 쏘베트문화순간'의 높은 성과 거두자	조쏘문화협회 중앙위원회 위원장 리기영씨 담	1	
1949-09-14-005	래조중이던 쏘련학자일행 7씨 귀국		1	조선중앙통신
1949-09-14-006	만기작물수확 개시 현물세준비사업도 활발	공화국북반부 각지 농민들	1	본사기자 리의철
1949-09-14-007	소맥파종 개시	강원도 철원군에서	1	
1949-09-14-008	평양연초공장 3.4분기계획 완수		1	본사기자 최치목
1949-09-14-009	평화적생산에 분투하고있는 북반부의 인민을 포격	해주룡당포세멘트공장에 대한 소위 '국방군'의 만행	1	조선중앙통신
1949-09-14-010	새로 등용된 일군들을 실지사업에서 훈련하자	평양시 동구역당 지도일군들	2	본사기자 송학용
1949-09-14-011	새 작업방식을 일반화하여 로운영효률 계속 제고	성진제강 용해1분세포에서	2	통신원 림재학
1949-09-14-012	내각결정 27호 받들고 가축증식을 적극 협조	강원도 안변군 주음리세포에서	2	주재기자 김만선
1949-09-14-013	미제의 사수로서 진행되는 일본반동정부의 재일조선인민탄압		2	송성철

기사번호	제목(title)	부제목(stitle)	면수	필자, 출처
1949-09-14-014	땅크운전에 정통하여 언제든지 나설수 있게	박선혜군관구분대의 심상일특무상사	3	본사기자 김전
1949-09-14-015	농민들은 열성적으로 추파맥류파종준비에	재녕군 은룡면 구대동 농민들	3	통신원 정필
1949-09-14-016	민주사법간부들 속속 양성배출	사법성 사법원양성소에서	3	본사기자 박경석
1949-09-14-017	조쏘친선과 쏘베트문화순간 기념증산운동 전개	평양철도공장 로동자들	3	본사기자 리성섭
1949-09-14-018	조쏘친선과 쏘베트문화순간 년간계획기간단축에	학포탄광 로동자들	3	
1949-09-14-019	조쏘친선과 쏘베트문화순간 전람회에 전시할 사진편집을 완료	조쏘문협중앙본부	3	본사기자 신봉
1949-09-14-020	꾸준한 연구와 노력은 빛나는 승리적성과를	무산광산 로동자들	3	통신원 박종덕
1949-09-14-021	즐겁고 명랑한 인민의 교양처	리원군 동유정리민주선전실	3	통신원 박경림
1949-09-14-022	조국보위원사업을 위하여 함남 홍원군 홍원면 남당리 기업가 최호봉씨 50만원	평남도에서도 조국보위후원자금 희사	3	
1949-09-14-023	인민의 심판 받은 인민의 원쑤들	증인의 말에서 폭로된 악질도배들의 만행!	3	
1949-09-14-024	련맹지도기관 선거	제2차 세계청년대회 페막	4	조선중앙통신
1949-09-14-025	세계청년대회페막을 기념하여 부다페스트에서 군중대회 개최		4	조선중앙통신
1949-09-14-026	세계민청련맹 집행위원회 보고에 관한 결의문	제2차세계청년대회	4	
1949-09-14-027	각국 청년들에게 보내는 선언서	제2차세계청년대회	4	
1949-09-14-028	독일점령 미군정당국 나치스비행사를 징발		4	조선중앙통신
1949-09-14-029	유고슬라비아정부에 대한 파란정부의 각서	파란주재 유고슬라비아정부 대표들의 밀정행위에 대하여	4	
1949-09-14-030	미국 각지에서 파업투쟁 치렬	로동조건향상과 임금인상 요구	4	조선중앙통신
1949-09-15-001	추잠견수매사업을 성과있게 보장하자		1	
1949-09-15-002	창의적노력을 기울여 맡은 과업을 넘쳐 실천	동방광산 로동자들	1	주재기자 리문상
1949-09-15-003	원쑤에 대한 경각성 높여 민주기지를 튼튼히 고수	평북도 철산군 농민들	1	본사기자 리의철
1949-09-15-004	자급비료증산 위한 청초채취 활발	북반부 전체 농민들	1	
1949-09-15-005	추잠견수매 개시	순천, 태천, 고원에서	1	본사기자 백운학
1949-09-15-006	년간계획 완수	여러 단위에서	1	
1949-09-15-007	광산위탁경영제 및 분광제 실시에 관한 규정 발표		1	조선중앙통신
1949-09-15-008	영천군 자양지서를 기습	경북	1	조선중앙통신
1949-09-15-009	죽령에서 '토벌대'를 역습	충북	1	조선중앙통신

기사번호	제목(title)	부제목(stitle)	면수	필자, 출처
1949-09-15-010	룡주지서를 습격소탕	경남	1	조선중앙통신
1949-09-15-011	대중정치문화사업의 중심으로 로동구락부사업을 강화하자!		2	본사기자 리수근
1949-09-15-012	선전원들의 역할 높여 농업증산의욕을 고무	종성군 용계면 원종산세포에서	2	통신원 김진규
1949-09-15-013	당원들의 선도적역할로 추기맥류파종준비 활발	재녕군 은룡면 어은동세포에서	2	통신원 정필
1949-09-15-014	공화국대외정책의 승리적성과		2	외무성 부상 박동초
1949-09-15-015	쏘련에서의 사회주의경쟁은 사회주의건설의 공산주의적방법이다		2	림선주
1949-09-15-016	침착과감한 전투로써 침입한 적을 완전 소탕	심봉선군관이 지휘하는 구분대에서	3	본사기자 리성빈
1949-09-15-017	조국보위후원사업	조국보위후원회결성준비위원회에서	3	본사기자 최룡봉
1949-09-15-018	함북도민들 후원금 희사		3	
1949-09-15-019	조쏘친선과 쏘베트문화순간 조쏘순간사업에 모든 력량을 경주	조쏘문협 각 도 시 군 위원회 위원장회의에서	3	본사기자 신봉
1949-09-15-020	조쏘친선과 쏘베트문화순간 기념증산운동 전개	평양연초공장 로동자들	3	본사기자 최치목
1949-09-15-021	창조적로력으로 벼의 다수확을!	강원도 철원군 리화석농민	3	본사기자 리의철
1949-09-15-022	동기철도수송보장 위한 청진철도 월동준비 활발	청진철도국관하 11재소 기관구 전체 일군들	3	주재기자 김소민
1949-09-15-023	국가는 모성 및 유아를 특별히 보호	국영 남포제1탁아소에서	3	
1949-09-15-024	년간 육류수매계획을 완수	공화국북반부 전체 농민들	3	본사기자 류민우
1949-09-15-025	인민의 심판 받은 인민의 원쑤들	살인 방화 략탈 위페 등 잔인무도한 이 만행!	3	
1949-09-15-026	'유엔조선위원단' 완전실패 자인	계속주재 흉책하는 보고서를 조작	3	조선중앙통신
1949-09-15-027	쏘련전차병절을 각지에서 성대히 기념		4	조선중앙통신
1949-09-15-028	전차병절을 맞이하여 쏘련무력상 명령 발표		4	
1949-09-15-029	호주정부 중국인 2천명 추방		4	조선중앙통신
1949-09-15-030	독일인 10만명 외국군대에 복무		4	조선중앙통신
1949-09-15-031	평화옹호전미주대회 진행 분과위원회 강령초안 작성	각국 대표들의 토론 연설 계속	4	조선중앙통신
1949-09-15-032	중국국민당 해병대 1개 중대 폭동		4	조선중앙통신
1949-09-15-033	시사해설	베를린시참사회란 무엇인가?	4	오동식
1949-09-15-034	급속히 발전되고있는 인민민주주의 제 국가		4	

기사번호	제목(title)	부제목(stitle)	면수	필자, 출처
1949-09-15-035	중쏘친선은 평화를 위한 확실한 담보이다	-손일선미망인 연설-	4	조선중앙통신
1949-09-15-036	오지리경제의 발전을 위해 좌익빨럭에 투표하라!	10월 9일 총선거 앞두고 오지리공산당 호소문 발표	4	조선중앙통신
1949-09-15-037	극장안내		4	
1949-09-16-001	3.4분기계획을 초과완수하자		1	
1949-09-16-002	평화적조국통일 위하여 민주기지를 일층 공고히	원산석유공장 로동자들	1	주재기자 김만선
1949-09-16-003	고상한 예술적작품으로 인민의 애국열의를 고무	문학예술총동맹 일군들	1	본사기자 김춘희
1949-09-16-004	맥아더와 요시다와 리승만의 공모		1	북조선직업총동맹 위원장 최경덕
1949-09-16-005	일본반동파의 파쑈적만행		1	북조선농민맹 위원장 강진건
1949-09-16-006	일제 재무장 경계하자		1	북조선민주청년동맹 위원장 현정민
1949-09-16-007	재일동포들의 투쟁에 성원		1	북조선민주녀성총동맹 부위원장 리금순
1949-09-16-008	목포형무소 수감자들 폭동파옥	방금 '군경'부대와 교전중	1	조선중앙통신
1949-09-16-009	리(농촌)초급당부사업 지도경험		2	평남도당부 조직부 지도원 양리배
1949-09-16-010	인민군대 가족들에 대한 인민적원호사업을 추진	평양시 남구역당단체에서	2	본사기자 윤봉경
1949-09-16-011	만기작물판정사업의 정확성을 보장키 위하여	북청군 상거서면당단체에서	2	통신원 윤지월
1949-09-16-012	당원들의 역할을 제고하여 년간계획을 빛나는 승리로	복계기관구 당부에서	2	주재기자 김만선
1949-09-16-013	평남도당단체의 민주개혁의 성과를 공고화하기 위한 투쟁		2	북조선로동당 평남도당부 위원장 박영성
1949-09-16-014	전선 절단하는 적을 소탕코 통신련락을 완전히 보장	38경비대 통신구분대 강윤옥분대장	3	본사기자 리성빈
1949-09-16-015	군무자가족 위안	조국보위후원회 평양시 역전리 초급단체	3	본사기자 최룡봉
1949-09-16-016	추파맥류파종준비 활발 자급비료 확보코 초경 실시	평남 중화군 농민들	3	
1949-09-16-017	조국보위후원금 강원도민들 희사		3	조선중앙통신
1949-09-16-018	조쏘친선 및 쏘베트문화순간	각 도준비사업 활발	3	주재기자 박덕순, 리문상, 신기관
1949-09-16-019	평양화학공장 정련직장		3	
1949-09-16-020	인민의 심판 받은 '호림부대'원들	미제의 무기를 가지고 일제를 본딴 온갖 악행	3	
1949-09-16-021	날로 확대되는 이남강원도인민유격대		3	조선중앙통신
1949-09-16-022	부산발 군경렬차 주행불능 경주-포항간 군경통신선 차단	경상남도인민유격대에서	3	조선중앙통신
1949-09-16-023	매봉 산록서 '토벌대' 섬멸	남반부인민유격대에서	3	조선중앙통신
1949-09-16-024	산청군하 방곡에서 자동차부대를 소탕	전남도 경남도내 제 지역에서 활동중인 인민유격대에서	3	조선중앙통신
1949-09-16-025	광주 목포 등지에 비상경계		3	조선중앙통신
1949-09-16-026	백양사부근 '토벌대' 소탕	순창일대에서 활동중인 유격대에서	3	조선중앙통신
1949-09-16-027	유엔신가입문제토의 재개 중국의 결의안을 부결	-9월 7일 회의에서-	4	조선중앙통신
1949-09-16-028	평화옹호전미주대회 사업 계속 죤.로그의 반쏘연설을 규탄	로브슨의 록음연설을 피력	4	조선중앙통신
1949-09-16-029	손일선미망인 월레스에 축전		4	조선중앙통신
1949-09-16-030	보르네오남부에서 빨찌산활동 치렬		4	조선중앙통신
1949-09-16-031	분란평화옹호대회 10월 2일 소집 결정		4	조선중앙통신
1949-09-16-032	급속히 발전되고있는 인민민주주의 제국가		4	
1949-09-16-033	영국직맹단체들에서 희랍민주해방투쟁을 지지		4	조선중앙통신
1949-09-16-034	오지리민주녀맹선거선언서 발표		4	조선중앙통신
1949-09-16-035	주간 국제정세개관		4	
1949-09-17-001	당사업을 구체적으로 지도하자		1	
1949-09-17-002	불가리아인민공화국 내각 수상 와실.꼴리로브각하	불가리아의 해방 5주년 기념일에 제하여	1	
1949-09-17-003	조선민주주의인민공화국 내각 수상 김일성각하	불가리아해방 제5주년 기념일에 제하여	1	
1949-09-17-004	일본반동정부는 재일동포들에 대한 탄압을 즉시 중지하라	북조선애국투사후원회 중앙확대위원회의 항의문	1	
1949-09-17-005	재일동포탄압은 미제의 침략정책의 일부분이다	작가 한설야	1	
1949-09-17-006	재일동포들의 최후승리 확신한다	평양사동탄광 로동자 김원경	1	
1949-09-17-007	반동파들의 공모는 인민의 단결앞에 분쇄	기독교인 김창준	1	
1949-09-17-008	재일조선인련맹 및 민청 등 일본정부의 해산령에 항의		1	조선중앙통신

기사번호	제목(title)	부제목(stitle)	면수	필자, 출처
1949-09-17-009	목포형무소탈옥항쟁부대 소위 해군륙상부대와 교전		1	조선중앙통신
1949-09-17-010	리승만도당의 남조선청년탄압에 대하여 항의	제2차 세계청년대회에서	1	조선중앙통신
1949-09-17-011	남반부 문화유물파괴략탈에 대하여	전국학술단체 사회단체 문화활동가들 항의성명	2	
1949-09-17-012	애로와 난관을 용감히 극복	경제계획실행을 보장하라	2	본사기자 현준극
1949-09-17-013	전신전화망의 동기대책을 주밀한 계획밑에 성과있게	연백군 적암우편국 세포에서	2	통신원 리용태
1949-09-17-014	미제의 사수에 의하여 조선인민을 탄압하는 요시다와 리승만의 만행		2	구연묵
1949-09-17-015	인민들은 물심량면으로 조국보위후원에 열성!	조국보위후원회결성준비강원도위원회에서	3	
1949-09-17-016	조국보위후원사업에	함흥시 리근묵씨 백만원 희사	3	조선중앙통신
1949-09-17-017	인민군대 및 경비대에 화교들의 선물	청진시 재주화교들	3	조선중앙통신
1949-09-17-018	동기수송에 만전	신막철도지구에서	3	주재기자 박덕순
1949-09-17-019	종합전람회 련일 성황	한달간의 관람자 30여만	3	본사기자 김춘희
1949-09-17-020	조현물세납부준비에 만전!	평남 룡강군 양곡면 갈천리 농민들	3	본사기자 류민우
1949-09-17-021	조쏘친선 및 쏘베트문화순간 사회단체들의 준비	직총, 농맹	3	본사기자 신봉
1949-09-17-022	강남에 보내노라(1)	중국	3	사정우 작, 하앙천 번역
1949-09-17-023	추잠견수매에	라남시녀맹원들	3	주재기자 김소민
1949-09-17-024	인민의 심판 받은 '호림부대'원들	부인의 젖 베고 눈을 빼며 산사람을 불에 넣는 만행	3	
1949-09-17-025	제 묘혈을 파는 리승만매국도당		3	장진광
1949-09-17-026	서북전선 전과 확대	중국인민해방군	4	조선중앙통신
1949-09-17-027	서장 및 회교 인민대표단들 중국인민해방군을 열렬히 환영		4	조선중앙통신
1949-09-17-028	요시다내각 타도 위한 일본로농당의 제의		4	조선중앙통신
1949-09-17-029	이태리국민의 소득 1938년 수준에 미급		4	조선중앙통신
1949-09-17-030	월남인민군의 작전 북부 및 중부에서 활발		4	조선중앙통신
1949-09-17-031	쏘련평화옹호대회 참가한 각국 대표들의 귀환담	영국대표 귀국도중 쁘라그에서 담화 발표	4	조선중앙통신
1949-09-17-032	급속히 발전되고있는 인민민주주의 제국가		4	
1949-09-17-033	루마니아대표 귀환보고대회 개최		4	조선중앙통신

기사번호	제목(title)	부제목(stitle)	면수	필자, 출처
1949-09-17-034	호주평화옹호대회		4	조선중앙통신
1949-09-17-035	미국석유관계전문가일행 사우디.아라비아 답사		4	조선중앙통신
1949-09-17-036	자본주의세계는 심각한 위기에 직면하고 있다		4	김민우
1949-09-17-037	『근로자』 제17호		4	로동신문사 잡지편집국
1949-09-18-001	재일조선인민에 대한 일본 요시다반동정부의 만행에 항의한다		1	
1949-09-18-002	평화적조국통일 위하여 굳센 결의로 매진하자!	중앙녀맹일군들	1	본사기자 김춘희
1949-09-18-003	공화국정부의 시책은 조선인민을 승리에로	신천군 송현리 농민들	1	주재기자 박덕순
1949-09-18-004	탄압받는 재일동포 위해 거족적성원을 보내자	작가 리태준	1	
1949-09-18-005	만행의 즉시철회를 강력히 요구한다	평양시 의암리 농민 홍치덕	1	
1949-09-18-006	조국의 평화적통일방책 지지하여 '국방군' 장병들 륙속 기의	'국방군' 제1사단 11련대소속 1개 분대 또 의거입북	1	조선중앙통신
1949-09-18-007	조국과 인민을 배반하는 죄악적생활을 계속할수 없었다	지휘자 2등상사 배룡식	1	
1949-09-18-008	평화적조국통일방책 지지하여 의거하였다	하사관 전막동	1	
1949-09-18-009	당결정을 어떻게 구체화하여 실천할것인가		2	평원군당부위원장 리종원
1949-09-18-010	철도수송사업을 보장할 동기대책에 당적 관심을	해주철도관리국 당단체에서	2	주재기자 박덕순
1949-09-18-011	우편 및 우편송금에 관한 규정을 실시		2	
1949-09-18-012	중앙 및 각급 방역위원회 개편을 내각에서 결정		2	
1949-09-18-013	조쏘친선 및 쏘베트문화순간을 앞두고	쏘련근로자들의 생활수준은 제고되고있다	2	
1949-09-18-014	애국열성과 로력 바쳐 조국보위후원사업에	평남도내의 전체 녀맹원들	3	본사기자 김춘희
1949-09-18-015	바다의 초소에서		3	
1949-09-18-016	강남에 보내노라(2)	중국	3	사정우 작, 하앙천 번역
1949-09-18-017	풍양의 가을 맞아 작물판정사업 활발히	함주군 천원면 상중리 농민들	3	본사기자 백운학
1949-09-18-018	'조쏘친선과 쏘베트문화순간'사업의 찬란한 성과를 위하여		3	조쏘문화협회 중앙위원회 부위원장 박길용
1949-09-18-019	백운산유격대 광양읍에 돌입	목하'군경'부대와 격전중	3	조선중앙통신

기사번호	제목(title)	부제목(stitle)	면수	필자, 출처
1949-09-18-020	경비선을 돌파하고 영주경찰서를 습격	남반부인민유격대에서	3	조선중앙통신
1949-09-18-021	남조선 전형무소에 비상경계령		3	조선중앙통신
1949-09-18-022	요시다강도무리들의 재일동포습격만행을 사수하는 맥아더와 이에 감사를 드리며 기뻐하는 매국노 리승만		3	장진광
1949-09-18-023	이태리는 새 로선을 취하여야 한다	이태리공산당 총비서 톨리앗티의 연설	4	조선중앙통신
1949-09-18-024	이태리파업해원들 승리!	정부는 탄압계속을 획책	4	조선중앙통신
1949-09-18-025	국제학생동맹리사회 참가차 쏘련대표단 쏘피아 향발		4	조선중앙통신
1949-09-18-026	비.티.유.씨우익지도자들의 반로동계급적 반동죄상 폭로	『쁘라우다』지 론설-	4	
1949-09-18-027	미영인의 침략의도를 북경거주 지베트인들 분격		4	조선중앙통신
1949-09-18-028	인도경찰 학생시위참가자들 체포		4	조선중앙통신
1949-09-18-029	찌또당의 배신적행위는 날로 로골화하여가고있다		4	김우일
1949-09-20-001	추파맥류파종에 대하여		1	
1949-09-20-002	원쑤들에 대한 적개심과 경각성을 일층 제고하자	해주기계제작소 로동자들	1	주재기자 박덕순
1949-09-20-003	인민들의 거대한 힘은 어떤 침략흉책도 불허	평양기관구 로동자들	1	본사기자 리성섭
1949-09-20-004	반동파들의 무모한 공세는 반드시 실패할것이다	북조선민주당 부위원장 정성언	1	
1949-09-20-005	재일동포들은 어떠한 탄압에도 굴치 않을것이다	북조선천도교청우당 부위원장 박윤길	1	
1949-09-20-006	청진제철소 제2해탄로 조업식을 성대히 거행		1	
1949-09-20-007	선교련탄공장에서 3.4분기계획 완수		1	
1949-09-20-008	면화 대풍작	북반부농민들	1	
1949-09-20-009	오대산인민유격대 강릉군하 옥곡고개 점거		1	조선중앙통신
1949-09-20-010	각지 전투에서 승세	안동군일대에서 활약하고있는 유격대에서	1	조선중앙통신
1949-09-20-011	서평양기관구 초급당단체는 동기대책을 이렇게 협조한다		2	
1949-09-20-012	예비기관차를 확보하고 실동기관차의 성능 제고	서평양기관구에서	2	
1949-09-20-013	석탄확보와 저탄의 풍화방지를 위한 투쟁	서평양기관구에서	2	
1949-09-20-014	종업원들의 월동준비에 높은 당적주의를 돌려		2	서평양기관구 초급당부 위원장 강인선

기사번호	제목(title)	부제목(stitle)	면수	필자, 출처
1949-09-20-015	광범한 사상정치교양과 실무능력을 높이기 위해	서평양기관구에서	2	
1949-09-20-016	공화국정부의 배려하에 인민들의 물질문화수준은 급격히 향상		2	국가계획위원회 재정계획부장 리상언
1949-09-20-017	남반부인민유격대는 급속도로 장성강화되고있다		2	김동주
1949-09-20-018	원쑤에 대한 적개심 높이며 경제계획 초과실행에로	해주세멘트공장 로동자들	3	주재기자 박덕순
1949-09-20-019	자연과의 투쟁 홍수의 피해 막고 다수확을	평북 철산군 서림면 강암동	3	본사기자 리의철
1949-09-20-020	새 인간 새 생활을 형상화한 희곡을	-희곡작가회의에서-	3	본사기자 김춘희
1949-09-20-021	만경대 방문한 의거병일행 인민을 위한 시책에 경탄		3	
1949-09-20-022	조쏘친선 및 쏘베트문화순간 기념증산운동 전개	순천화학로동자들	3	본사기자 김기초
1949-09-20-023	룡성기계제작소에서 로동의 기술화, 기술의 대중화		3	
1949-09-20-024	값싸고 질좋은 많은 상품 인민들의 생활을 풍족케	평양중앙국백에서	3	본사기자 최룡봉
1949-09-20-025	인민의 심판 받은 '호림부대'원들	병신 거지와 악질도배들을 위협으로 모아가지고 만행	3	
1949-09-20-026	류행성뇌염예방에 대하여(1)		3	
1949-09-20-027	중국인민정치협상회의 준비회 전원회의 개최		4	조선중앙통신
1949-09-20-028	중국인민해방군 진격	강서성 거의 전부 해방	4	조선중앙통신
1949-09-20-029	유엔 제4차총회 참가차 쏘련대표단일행 뉴욕 향발		4	조선중앙통신
1949-09-20-030	이태리공산당기관지 특파원 북평 도착		4	조선중앙통신
1949-09-20-031	중동에서의 미영의 알륵	워싱톤회담에서 발로	4	조선중앙통신
1949-09-20-032	일본진보적교수들 공직에서 추방		4	조선중앙통신
1949-09-20-033	트루맨의 반동정책 규탄 쏘련과의 협조를 강조	-월레스 진보당축하연에서 연설	4	조선중앙통신
1949-09-20-034	급속히 발전되고있는 인민민주주의 제국가		4	
1949-09-20-035	이태리해원 파업투쟁 계속 전개	선주들의 고집 거부하고 제6일에 돌입	4	조선중앙통신
1949-09-20-036	몽고인민공화국의 국제적지위는 강화되고있다		4	박동수
1949-09-20-037	네루정부는 지베트를 병합하려는 음모를 변명할수 없다	-북평인민일보의 론평-	4	조선중앙통신

기사번호	제목(title)	부제목(stitle)	면수	필자, 출처
1949-09-20-038	마케도니아에서 희랍민주군 공세		4	조선중앙통신
1949-09-21-001	리승만매국도당을 소탕하자		1	
1949-09-21-002	원쑤 일제와 공모하는 리승만도당을 소탕하자	평양메리야스공장 민청작업반원들	1	본사기자 최룡봉
1949-09-21-003	공화국정부에 굳게 뭉쳐 평화적조국통일에로!	고원군 상산면 농민들	1	본사기자 백운학
1949-09-21-004	재일조선인련맹과 민청에 대한 해산령을 즉시 철회하라!	북조선민청중앙위원회에서 일본요시다반동정부에 엄중항의	1	
1949-09-21-005	재일동포들의 뒤에는 3천만 조선인민이 서있다	조선로동조합 전국평의회 위원장 허성택	1	
1949-09-21-006	재일동포들의 건투를 빈다	남조선녀성동맹 위원장 류영준	1	
1949-09-21-007	일본군국주의와 야합한 리승만도당 시급히 소탕하자	조선인민공화당 부위원장 성주식	1	
1949-09-21-008	경남북일대 진공 계속 문경군 동로경찰지서 습격	응원하는 본서서장 등 소탕	1	조선중앙통신
1949-09-21-009	강릉일대 각지에서 군경전신련락차단	악질분자 계속 소탕	1	조선중앙통신
1949-09-21-010	함안군 칠서지서 습격		1	
1949-09-21-011	대구'철도경비대' 초비상경계 실시		1	조선중앙통신
1949-09-21-012	교육사업의 질적향상에 당적주목을 더욱 돌리자	평양제1고급중학교 세포에서	2	본사기자 리수근
1949-09-21-013	고상한 국제주의사상으로 청년들을 교양키 위하여!	평양시 중구역당부에서	2	본사기자 현준극
1949-09-21-014	미제는 남반부의 문화유물을 계획적으로 파괴략탈하고있다		2	조선물질문화유물조사보존위원회 한흥수
1949-09-21-015	당원들의 제의와 당결정집행에 대하여		2	김선락
1949-09-21-016	악조건들을 극복하고 사격임무 훌륭히 완수	최주연군관관하의 구분대 군무자들	3	본사기자 김전
1949-09-21-017	인민군대 경비대 보안대에 소년단원이 위문품을	평양제8중학교 소년단원들	3	본사기자 최룡봉
1949-09-21-018	군무자가족 위안	평양시 신3리녀맹에서	3	본사기자 박경석
1949-09-21-019	조국보위후원사업에 자강도 만포군내 상인 기업가들 희사		3	주재기자 리문상
1949-09-21-020	함흥제사공장의 로동자들		3	
1949-09-21-021	국제교육일군직업동맹 제4차대회 참가대표의 귀환보고대회		3	
1949-09-21-022	조쏘친선 및 쏘베트문화순간 결의문	순천화학공장 직장대회	3	
1949-09-21-023	저잠잠종 생산	재녕군 국립저잠시험장에서	3	통신원 정필
1949-09-21-024	자기 눈동자처럼 국가재산을 애호	평양화학공장 로동자들	3	본사기자 황경렵
1949-09-21-025	류행성뇌염예방에 대하여(2)		3	보건성 방역국

기사번호	제목(title)	부제목(stitle)	면수	필자, 출처
1949-09-21-026	감숙성 국민당군 폭동	국내화평협정을 접수	4	조선중앙통신.
1949-09-21-027	광서 운남 인민유격대 맹활동		4	조선중앙통신
1949-09-21-028	복건성 동안 6개 도서 점령		4	조선중앙통신
1949-09-21-029	서북전선에서 전과 확대		4	조선중앙통신
1949-09-21-030	중국국민당이 모집한 일본비행사 대만도착		4	조선중앙통신
1949-09-21-031	유엔신가입문제 토의 아르젠틴결의안 부결	-유엔안보리사회 9월 13일 회의-	4	조선중앙통신
1949-09-21-032	인도의 진정한 독립을 위하여 싸우고있는 인도로동계급		4	탁원규
1949-09-21-033	베를린시 생활의 정상화 위한 제 문제 토의	베를린주둔 4개국 군사령관회의	4	조선중앙통신
1949-09-21-034	국제학생동맹리사회 제3차회의 개최	9월 15일 쏘피아에서	4	조선중앙통신
1949-09-21-035	미국 씨.아이.씨정보처 '독일분국'을 설치		4	조선중앙통신
1949-09-22-001	8.15해방 4주년기념 축전의 성과		1	
1949-09-22-002	승리에 대한 자신심 높이 공사완수에 전력을 경주	평남관개공사 고성현장에서	1	본사기자 송학용
1949-09-22-003	조국의 우수한 일군양성에 헌신적으로 노력하겠다	평양제4남자초중 교직원들	1	본사기자 김춘희
1949-09-22-004	재일조선인에 대한 탄압을 중지하고 민주주의적자유를 보장하라!	북조선농민동맹 중앙위원회에서 일본반동정부의 만행에 항의	1	
1949-09-22-005	재일동포들에게 거족적성원을 보내자	민주독립당 홍명희	1	
1949-09-22-006	일본군국주의재생을 경계하자	민주동맹 총무 리숭규	1	
1949-09-22-007	려수행 군경렬차 기습	전남순천일대에서 활동하고있는 유격대에서	1	조선중앙통신
1949-09-22-008	장흥군하 장평지서 소탕	전남일대에서 활동하는 유격대에서	1	조선중앙통신
1949-09-22-009	광주시내 경찰파출소에 투탄		1	조선중앙통신
1949-09-22-010	조선주재 중국신화사 특파원일행 평양착		1	
1949-09-22-011	당단체들은 대중과의 련계를 더욱 강화하라		2	정주군당부 조직부장 주정윤
1949-09-22-012	환경과 조건을 고려하여 당강연사업을 강화하자	만포군당부 사업에서	2	주재기자 리문상
1949-09-22-013	당의 조직적력량을 동원 림목종자채취사업을 보장	갑산군 회린면 용수리세포에서	2	통신원 안채희
1949-09-22-014	민주교육일군들의 임무		2	교육성 부상 남일
1949-09-22-015	조쏘친선 및 쏘베트문화순간을 앞두고	쏘련에서의 농촌경리의 발전	2	
1949-09-22-016	조국보위후원사업에 인민들의 열의 앙양!	평양시에서	3	
1949-09-22-017	조선최고인민회의 제4차회의 총결에 관한 대의원들의 보고 김상철대의원 보고	제1호선거구에서	3	본사기자 최룡봉

기사번호	제목(title)	부제목(stitle)	면수	필자, 출처
1949-09-22-018	조국보위후원금 속속 희사	황해도민들, 덕천군민들	3	
1949-09-22-019	9월의 종축장	자강도종축장에서	3	주재기자 리문상
1949-09-22-020	디젤엔징개조로 조선사업을 추진	남포조선소	3	본사기자 리인태
1949-09-22-021	조쏘친선 및 쏘베트문화순간 순간준비사업계획 성과있게 진행하자	평양시선전문화인열성자회의에서	3	
1949-09-22-022	조쏘친선 및 쏘베트문화순간	각지의 준비사업	3	주재기자 김만선, 통신원 윤종칠
1949-09-22-023	마야꼽쓰끼의 밤 성황		3	본사기자 신봉
1949-09-22-024	'국방군'부내에 의거기운 농후	제1사단 제12련대 제1대대 제1중대 제2소대 소대장 김재복씨 담	3	
1949-09-22-025	총뿌리를 리승만도당에게 돌리기 위하여	수도경비사령부 제2련대 제2중대 제3소대 소대장 배동익씨 담	3	
1949-09-22-026	펑탄도를 해방	중국인민해방군	4	조선중앙통신
1949-09-22-027	우웨(감숙성)를 해방	중국인민해방군	4	조선중앙통신
1949-09-22-028	중국 각지에서 각계 대표자회의를 급속한 시일내에 소집하자	-신화사 론설-	4	조선중앙통신
1949-09-22-029	미탄광로동자 48만 파업 단행	강철로동자 50만도 합류기세	4	조선중앙통신
1949-09-22-030	복건성 국민당군 1사단 투항		4	조선중앙통신
1949-09-22-031	각국의 평화옹호운동은 전쟁상인들의 계획 분쇄	『뜨루드』지 론설-	4	조선중앙통신
1949-09-22-032	중공중앙위원회 주석 모택동 불란서 『유마니테』지 주필에게 축전		4	조선중앙통신
1949-09-22-033	중국공산당과 로동계급은 중국제반경제개혁의 조직자		4	리은곤
1949-09-22-034	영당국의 학생대회금지에 수단학생 항의투쟁		4	조선중앙통신
1949-09-22-035	월남북부에서 불군손실 막대		4	조선중앙통신
1949-09-22-036	나치분자 테오도르.하이스 서독단독국가의 대통령으로		4	조선중앙통신
1949-09-22-037	중국국민당 비밀경찰이 인민학살을 계속		4	조선중앙통신
1949-09-22-038	서부독일지대에서 파시스트운동 확대		4	조선중앙통신
1949-09-22-039	친우들의 상봉	쏘련만화잡지 『끄로꼬지르』에서	4	
1949-09-23-001	면화의 적기수확을 위하여		1	
1949-09-23-002	쏘련과의 굳은 친선은 조국자주독립의 담보	신의주기계제작소 로동자들	1	통신원 박상빈
1949-09-23-003	성과에 도취하지 말고 더욱 용감히 앞으로!	대동군 룡산면 농민들	1	
1949-09-23-004	쓰딸린대원수의 메쎄지	마르셀 카샹탄생 80주년을 축하	1	
1949-09-23-005	파쑈적폭거를 즉시 철회하라!	재일동포탄압에 대하여 북조선문학예술총동맹 항의	1	

기사번호	제목(title)	부제목(stitle)	면수	필자, 출처
1949-09-23-006	추파맥류파종 활발	북반부 각지 농민들	1	
1949-09-23-007	중앙국영백화점에서 3.4분기계획 완수		1	본사기자 박경석
1949-09-23-008	문경군 동로산북전투상보	남반부유격대에서	1	조선중앙통신
1949-09-23-009	광양 서방에서 '군경'부대 섬멸	남반부유격대에서	1	조선중앙통신
1949-09-23-010	중국평화옹호대회에 조선대표파견을 초청		1	조선중앙통신
1949-09-23-011	부고	김정숙녀사의 서거와 관련하여	2	
1949-09-23-012	애도문	김정숙녀사의 서거와 관련하여	2	
1949-09-23-013	당교양사업에 있어서 가장 중요한 문제는 그의 사상적수준을 제고시키는 문제이다		2	박창옥
1949-09-23-014	당원들의 정치학습총화를 고상한 수준에서 진행하라	평양특수고무공장 세포에서	2	본사기자 현준극
1949-09-23-015	림목종자채취사업 성과있게 실시하자		2	농림성 산림국장 김관식
1949-09-23-016	전화선 절단하려는 적을 과감신속히 전부를 소탕	내무성경비대 유장선분대장	3	본사기자 김전
1949-09-23-017	조국보위후원금 희사	맹산군민들	3	본사기자 백운학
1949-09-23-018	석탄 확보코 보이라수리 등 월동준비에 만전	-흥남비료공장 로동자들-	3	본사기자 리인태
1949-09-23-019	남반부의 선거자들에게 대의원들 보고 방송		3	조선중앙통신
1949-09-23-020	각 선거구에서 보고		3	본사기자 최룡봉
1949-09-23-021	조쏘친선 및 쏘베트문화순간 순간쏘련영화상영프로편성을 완료	'조쏘친선과 쏘베트문화순간' 중앙준비위원회에서	3	본사기자 신봉
1949-09-23-022	조쏘친선 및 쏘베트문화순간 예술공연 준비 활발	자강도	3	주재기자 리문상
1949-09-23-023	'국방군'의거장병들 환영	공화국경비대 현지부대들에서	3	조선중앙통신
1949-09-23-024	○○부대에서 성대한 환영대회		3	조선중앙통신
1949-09-23-025	환영사 최현	의거장병들에 대한 환영대회에서	3	
1949-09-23-026	답사 '륙군소위' 배동익	의거장병들에 대한 환영대회에서	3	
1949-09-23-027	의거입북하여온 '국방군' 장병들		3	
1949-09-23-028	유엔총회 제4차회의	플러싱.메도우스에서 9월 20일 개막	4	조선중앙통신
1949-09-23-029	유엔참가 쏘련대표단 뉴욕 도착	위신쓰끼씨 기자단에게 성명 발표	4	조선중앙통신
1949-09-23-030	항가리인민을 반역한 라이크도당의 죄상	-부다페스트인민재판에서-	4	조선중앙통신
1949-09-23-031	중국인민해방군 전황	중앙감숙에 돌입	4	조선중앙통신
1949-09-23-032	수원성 국민당군 폭동	미제에 대한 투쟁 선언	4	조선중앙통신

기사번호	제목(title)	부제목(stitle)	면수	필자, 출처
1949-09-23-033	온갖 탄압과 박해하에서 불란서 평화투표 성공리에		4	조선중앙통신
1949-09-23-034	유엔후견리사회에서 코스타.리카 탈퇴		4	조선중앙통신
1949-09-23-035	심각화하여가는 모순에 빠진 자본주의 국가들	『쁘라우다』지 사설-	4	조선중앙통신
1949-09-24-001	조쏘친선은 부강통일조국건설의 튼튼한 담보이다		1	
1949-09-24-002	긴장된 상태에서 일하여 빛나는 승리를 확보하자	원산철도기관구 로동자들	1	
1949-09-24-003	쏘련과학을 섭취하여 과학발전에 기여하자	평양공업대학 교수 유연락씨 담	1	
1949-09-24-004	맥아더와 요시다와 리승만의 밀모를 분쇄하자	신진당 리용	1	
1949-09-24-005	파쑈침략흉행의 단적표현	조선건민회 리극로	1	
1949-09-24-006	일본군국주의재생을 결코 용허치 않는다	사회민주당 장권	1	
1949-09-24-007	위대한 쏘련인민을 선두로 한 평화옹호대렬은 승리의 길로 전진한다	쏘련평화옹호대회에 참가하였던 박정애녀사 귀환담	1	조선중앙통신
1949-09-24-008	'평화옹호국제투쟁일'기념사업 진행		1	조선중앙통신
1949-09-24-009	흥남비료공장에서 3.4분기계획 완수		1	조선중앙통신
1949-09-24-010	인민유격대 령광읍에 돌입	경찰서 포위 시가전 전개중	1	조선중앙통신
1949-09-24-011	령광군 불갑면에서 격전	전남강진군 유격대에서	1	조선중앙통신
1949-09-24-012	목포형무소탈옥항쟁부대 무안방면에서 '군경'을 반격		1	조선중앙통신
1949-09-24-013	고 김정숙녀사의 장례식에 관한 통지		2	
1949-09-24-014	금년도 농업증산을 총결하는 추수기 농촌당단체의 투쟁		2	
1949-09-24-015	불리한 자연조건 극복코 농업증산의 성과를 보장	봉산군 례로리 농민들	2	
1949-09-24-016	우량곡으로서 기한전에 현물세납부 보장키 위하여	봉산군 례로리당단체에서	2	
1949-09-24-017	래년도의 높은 수확을 쟁취키 위한 준비 활발	봉산군 례로리당단체에서	2	본사기자 리수근
1949-09-24-018	당원들과 대중들 속에서 각성을 높이기 위한 투쟁		2	북조선로동당 황해도당부 위원장 계동선
1949-09-24-019	조국의 통일독립을 위하여 싸우는 남조선로동계급		2	송남
1949-09-24-020	과감민속한 전투로써 침입한 적을 완전 소탕	38경비대 오윤섭정찰구분대	3	본사기자 리성빈
1949-09-24-021	조국보위후원금 희사	강원도 안변군 신고산면 고산리 농민들	3	본사기자 윤봉경
1949-09-24-022	조선최고인민회의 제4차회의 총결에 관한 대의원들의 보고	김성학대의원 보고	3	본사기자 최룡봉
1949-09-24-023	조쏘친선 및 쏘베트문화순간 기념증산경쟁운동 활발히 진행	평양피복, 화풍광산	3	본사기자 김기초, 주재기자 리문상
1949-09-24-024	원산시의 화교들이 인민군대에 위안품		3	주재기자 김만선
1949-09-24-025	반당 750근의 면화다수확 예견	최영태농민의 면화밭에서	3	본사기자 신언용
1949-09-24-026	황해도 신천벌		3	
1949-09-24-027	의무교육제실시준비사업 중간총결과 당면과업 토의	제7차 중간총결보고대회에서	3	본사기자 라원근
1949-09-24-028	리승만도당과 일본반동정부 경성에 일본령사관설치 흉책		3	조선중앙통신
1949-09-24-029	재일조선인련맹재산 리승만도당 횡취기도		3	조선중앙통신
1949-09-24-030	재일조선인련맹 대신하여 반동적신단체 결성 흉책	-일본 요시다반동정부의 책동-	3	조선중앙통신
1949-09-24-031	의거입북한 남조선 '국방군' 병사들의 담화 의거입북한 장병들 이렇게 행복하다	제1사단 제1련대 제2대대 제6중대 제3소대 륙군하사 박로히씨 담	3	
1949-09-24-032	중국인민정치협상회의 개막		4	조선중앙통신
1949-09-24-033	중국인민정치협상회의는 45개 단위 5백 10명의 대표로 구성		4	조선중앙통신
1949-09-24-034	북평에서 외국특파원 만찬회 개최	조선중앙통신사 특파원도 참가	4	조선중앙통신
1949-09-24-035	청해성 수부 서녕 해방전투에서 국민당군 2천명을 포로		4	조선중앙통신
1949-09-24-036	수원성폭동 제 인사에게 모택동 및 주덕 축전		4	조선중앙통신
1949-09-24-037	원자력위원회사업 토의 카나다결의안 강압채택	-유엔안보리사회 9월 16일 회의-	4	조선중앙통신
1949-09-24-038	중국인민정치협상회의의 의의는 거대하다		4	리유선
1949-09-24-039	영국 런던지구 5만 철도종업원 태업		4	조선중앙통신
1949-09-24-040	불가리아에서의 소수민족교육		4	조선중앙통신
1949-09-25-001	청년들에 대한 당단체들의 사상교양사업		1	
1949-09-25-002	책임량을 초과완수하여 민주기지를 더욱 튼튼히	순천화학공장 로동자들	1	본사기자 김기초
1949-09-25-003	민주교육일군의 임무를 철저히 수행하겠다	제2인민학교 교직원들	1	본사기자 김춘희
1949-09-25-004	일본반동정부의 비법적행위를 규탄한다	재일동포탄압에 대하여 북조선 직총중앙위원회에서 엄중항의	1	

기사번호	제목(title)	부제목(stitle)	면수	필자, 출처
1949-09-25-005	리승만괴뢰정부의 소속 2천톤함선 의거 입북		1	조선중앙통신
1949-09-25-006	오대산유격대 진공 치렬	홍천군 두촌에서 '군경' 섬멸	1	조선중앙통신
1949-09-25-007	'국군' 2개 중대 섬멸 삼척군 원덕지서 폭파	오대산유격대에서	1	조선중앙통신
1949-09-25-008	이남강원도 발왕산유격대 송천도하중의 '군경' 섬멸		1	조선중앙통신
1949-09-25-009	영덕경찰본서 습격 '군경' 섬멸코 청사 파괴	경북방면 인민유격대에서	1	조선중앙통신
1949-09-25-010	고 김정숙녀사의 장례식 깊은 애도리에 엄숙히 거행		2	조선중앙통신
1949-09-25-011	동기의 농촌정치문화사업준비를 성과있게 진행하자		2	안변군당부 선전선동부장 송춘섭
1949-09-25-012	학습회지도자의 역할 높여 당학습을 질적으로 강화	학성군 학성병원 세포에서	2	통신원 허원상
1949-09-25-013	정치적각성을 높이여 당대렬을 일층 공고화	정주군당단체에서	2	통신원 탁문회
1949-09-25-014	전투적인 유물론자 이완.빠블로브	-그의 탄생 100주년에 제하여-	2	
1949-09-25-015	근로자들의 물질문화생활향상을 위한 당단체의 투쟁		2	북조선로동당 남포시당부 위원장 곽기원
1949-09-25-016	정치교양수준 일층 높이며 백절불굴의 전투력강화에	38경비대 조영택구분대 김두연부분대장	3	본사기자 리성빈
1949-09-25-017	기술향상경쟁으로 제품의 질 일층 제고	라흥기계제작소에서	3	통신원 박경림
1949-09-25-018	조선최고인민회의 제4차회의 총결에 관한 대의원들의 보고	함남도내 각 선거구에서	3	본사기자 박경석
1949-09-25-019	조선최고인민회의 제4차회의총결에 관한 대의원들의 보고	제6호선거구에서	3	본사기자 최룡봉
1949-09-25-020	만기작물현물세 납부준비에 열성	재녕군 남률면 내림리 농민들	3	통신원 정필
1949-09-25-021	애국적로력 바쳐 공사완수에 분투	함북 사회별관개공사장에서	3	주재기자 김소민
1949-09-25-022	속속 배출될 교육일군들		3	본사기자 라원근
1949-09-25-023	조쏘친선 및 쏘베트문화순간 저명한 쏘련 희곡 가극 등 다채론 프로를 련습	무대예술인들이	3	본사기자 신봉
1949-09-25-024	의거입북한 '국방군'장병들을 맞이하는 공화국경비대 ○○부대의 환영대회		3	조선중앙통신
1949-09-25-026	의거입북한 '국방군'병사들의 담화 남조선'국방군'에 남아있는 병사들이여 모두다 의거하라	제1사단 제18련대 제3대대 제12중대 제1소대 제1분대 륙군2등병 조항영씨 담	3	
1949-09-25-027	유엔 제4차총회	총회의장 및 6개 위원회 의장 선거	4	조선중앙통신
1949-09-25-028	평화를 갈망하는 전세계 인민들은 쏘련 대표단의 열렬한 투쟁을 기대	위신쓰끼씨의 성명에 미국신문 관심 집중	4	조선중앙통신
1949-09-25-029	중국인민정치협상회의 중요보고들을 청취하고 6개 분과위원회를 조직	-제2일회의-	4	조선중앙통신
1949-09-25-030	새 중국 탄생의 축포와 함께 북평시에 환희의 파도 비등		4	조선중앙통신
1949-09-25-031	감숙성에서 전과 확대		4	조선중앙통신
1949-09-25-032	중국인민정치협상회의에서 진술한 모택동씨의 개회연설		4	
1949-09-25-033	주독 미군정당국 루르독점체제 강화		4	조선중앙통신
1949-09-25-034	중국국민당 밀정이 양젠장군을 암살		4	조선중앙통신
1949-09-25-035	백이의정부 석탄가격 인상		4	조선중앙통신
1949-09-25-036	극장안내		4	
1949-09-27-001	만기작물현물세를 우량곡으로 제때에 바치자		1	
1949-09-27-002	김두봉선생 선거구에서	조선최고인민회의 제4차회의 총결에 관한 대의원보고회 진행	1	본사기자 최룡봉
1949-09-27-003	남조선'국방군' 항공군소속 군용기 '에루파일호' 의거입북		1	조선중앙통신
1949-09-27-004	의거입북한 리승만괴뢰정부소속 함선환영대회 남포시에서 성대히 개최		1	조선중앙통신
1949-09-27-005	답사 선장 안관제	의거입북자환영대회에서	1	
1949-09-27-006	의거입북한 리승만괴뢰정부 소속 함선과 군용기, 비행사		1	
1949-09-27-007	조선최고인민회의 제4차회의 총결에 관한 대의원보고회 진행	주녕하동지 선거구에서	2	통신원 윤지월
1949-09-27-008	학습회지도자 쎄미나르사업수준을 일층 높이자	원산시당부에서	2	본사기자 윤봉경
1949-09-27-009	지난 경험들을 옳게 살려 만기현물세납부준비 추동	자강도 만포군 별오동세포에서	2	주재기자 리문상
1949-09-27-010	재일동포들의 민주주의적자유 보장하자	재일동포탄압에 대하여 북조선녀맹중앙위원회 항의	2	
1949-09-27-011	요시다정부의 재일조선인탄압을 일본공산당에서 강경히 항의		2	조선중앙통신
1949-09-27-012	조쏘친선과 쏘베트문화순간을 앞두고	쏘베트공업의 급속한 발전	2	
1949-09-27-013	38경비대 오윤섭 정찰구분대		3	
1949-09-27-014	조국보위후원사업 인민들 열렬히 지지	평남도에서	3	본사기자 박경석
1949-09-27-015	조선최고인민회의 제4차회의 총결에 관한 대의원들의 보고	평남도내 각 선거구에서	3	
1949-09-27-016	조쏘친선과 쏘베트문화순간 직장써클의 준비 활발	국영 평양연초공장, 북청군내에서	3	

기사번호	제목(title)	부제목(stitle)	면수	필자, 출처
1949-09-27-017	단천군민들 금품을 희사		3	통신원 서득창
1949-09-27-018	만기작물의 판정 제때정확히 실시	갑산군 갑산면 고암리 농민들	3	통신원 안채희
1949-09-27-019	기계에 정통한 능수가 되려고	황철민청작업반원들	3	통신원 윤종칠
1949-09-27-020	김일성대학 력사박물관 설비 완성		3	조선중앙통신
1949-09-27-021	생산시설을 개선하며 생산능률제고에	신의주기계제작소 로동자들	3	본사기자 리인태
1949-09-27-022	재정간부들을 속속 양성배출	중앙재정간부양성소에서	3	
1949-09-27-023	즐거운 휴식시간	평양곡산공장의 점심휴식시간	3	본사기자 최룡봉
1949-09-27-024	령광군 군남지서 격멸 장성서 '군경'렬차 습격소각	령광방면유격대에서	3	조선중앙통신
1949-09-27-025	충북 청산광산을 점거 로동자들 일제히 호응궐기	충북인민유격대에서	3	조선중앙통신
1949-09-27-026	(재일조선인련맹재산을 저마다 먹겠다고 달려드는 요시다와 리승만의 꼴은 맥아더사령부에서 기르는 두마리의 군용견을 련상시킨다)		3	장진광
1949-09-27-027	유엔총회 제4차회의 총회에 권고할 의정토의 개시 조선문제 등 상정을 비법채택	-총위원회 21일회의-	4	조선중앙통신
1949-09-27-028	중국인민정치협상회의 인민정치협상회의 조직법초안에 관한 보고	-제2일회의-	4	
1949-09-27-029	중국인민정치협상회의 중앙인민정부 조직법초안에 관한 보고	-제2일회의-	4	
1949-09-27-030	이란 차기의회선거 앞두고 전 소수반대파의원 맹활동		4	조선중앙통신
1949-09-27-031	인도 각지의 감옥에서 공산당원들 단식투쟁		4	조선중앙통신
1949-09-28-001	기업소에서의 로력의 합리화를 위하여		1	
1949-09-28-002	생산계획을 초과완수하여 우리 힘을 더욱 굳게 하자	검덕광산 로동자들	1	통신원 서득창
1949-09-28-003	인민군대 보안대를 백방으로 원조하겠다	함남 함주군 상중리 농민들	1	본사기자 백운학
1949-09-28-004	3.4분기계획 각 탄광에서 완수	학포탄광, 하면탄광, 고건원탄광에서	1	
1949-09-28-005	회녕제지공장에서 년간계획을 완수		1	
1949-09-28-006	동해안 어로일군 명태잡이준비에		1	
1949-09-28-007	현물세납부 개시	철산, 신천, 송화, 희천에서	1	통신원 윤극환
1949-09-28-008	맥류파종 진행	룡강, 벽성, 서흥에서	1	
1949-09-28-009	남반부유격대 8월중 전과 동원연인원 4만여 전투 759회 9개읍 공격 6개 본서 소탕	로력자지 보도	1	조선중앙통신
1949-09-28-010	경북 포항읍에 돌입	구룡포에서 '국군' 다수 투항	1	조선중앙통신
1949-09-28-011	밀양읍에서 시가전	'사찰주임'이하 다수 소탕	1	조선중앙통신
1949-09-28-012	원효산인민유격대 군경 1중대를 섬멸	동래경찰서 송정출장소 소탕	1	조선중앙통신
1949-09-28-013	리승만괴뢰정부 '경찰당국' '유엔한위'서기 2명 검거		1	조선중앙통신
1949-09-28-014	생산의 파동적변화를 더욱 견결히 배격하자	해주기계제작소에서	2	본사기자 리수근
1949-09-28-015	'조쏘순간'사업의 높은 성과를 보장키 위하여	평양곡산공장 당부에서	2	본사기자 송학용
1949-09-28-016	기술수준향상에 적극 협조 무정전무사 고운전을 보장	부전강발전부 초급당부에서	2	주재기자 신기관
1949-09-28-017	하급당단체들과의 련락을 일층 긴밀히 하자		2	북조선로동당 평남도당부 위원장 박영성
1949-09-28-018	림산부문 동기작업준비사업을 성과있게 조직하자		2	내각림산국장 한병옥
1949-09-28-019	경비대원들 위안격려하는 38초소에서의 위안의 밤		3	본사기자 리성빈
1949-09-28-020	조선최고인민회의 제4차회의 총결에 관한 대의원들의 보고	평남도 각 선거구에서	3	본사기자 박경석
1949-09-28-021	조선최고인민회의 제4차회의 총결에 관한 대의원들의 보고	제126호선거구에서	3	
1949-09-28-022	조국보위후원사업에 각지 인사들 속속 희사		3	
1949-09-28-023	연구노력으로 다수확을	함남 함주군 상기천면 창설벌에서	3	본사기자 백운학
1949-09-28-024	의무교육제실시에 관한 법령을 지지하여 궐기	평양시교육관계자궐기대회	3	
1949-09-28-025	의거입북한 리승만괴뢰정부소속 함선의 선장 안관제씨(전렬좌편) 기관장 리승구씨(전렬우편)		3	
1949-09-28-026	아세아녀성대표회의 경축하여 년간계획 기한전완수에 함흥제사로동자들 궐기		3	
1949-09-28-027	조쏘친선과 쏘베트문화순간 준비사업 활발	철산군, 갑산군	3	통신원 심창락, 본사기자 신봉
1949-09-28-028	행복한 쏘련인민들		3	
1949-09-28-029	보다 큰 승리의 쟁취를 위하여	단천광산 로동자들	3	통신원 서득창
1949-09-28-030	밭과 천수답을 옥답으로	황해도 안서관개공사	3	본사기자 류민우
1949-09-28-031	쏘련에서의 '원자폭발사건'에 관한 따쓰의 공식보도		4	
1949-09-28-032	유엔총회 제4차회의 일반적토의 개시	9월 21일 전원회의	4	조선중앙통신
1949-09-28-033	라이크도당에 대한 공판 진행	부다페스트인민재판소에서	4	조선중앙통신

기사번호	제목(title)	부제목(stitle)	면수	필자, 출처
1949-09-28-034	라이크도당에게 판결 언도	부다페스트인민재판소에서	4	조선중앙통신
1949-09-28-035	중국인민정치협상회의 인민정치협상회의의 조직법초안 등을 지지하여 각 대표 연설	-제3일회의-	4	조선중앙통신
1949-09-28-036	중소공업 몰락으로 인도에 실업자 급증		4	조선중앙통신
1949-09-29-001	날로 확대되는 소위 '국방군'의 의거		1	
1949-09-29-002	의거입북한 리승만괴뢰정부소속 함선승무원들과 '국방군'비행사들을 열렬히 환영	조국통일민주주의전선 평양시위원회 주최의 환영대회 성황	1	조선중앙통신
1949-09-29-003	미영전쟁방화자들은 당황망조하고있다 북조선직총중앙위원장 최경덕	쏘련에서의 '원자폭발사건'에 관한 따쓰의 공식보도와 관련하여	1	조선중앙통신
1949-09-29-004	인류행복에 기여한다 북조선중앙민청위원장 현정민	쏘련에서의 '원자폭발사건'에 관한 따쓰의 공식보도와 관련하여	1	조선중앙통신
1949-09-29-005	환영사 조국전선대표 김창준	조국통일민주주의전선 평양시위원회 주최의 환영대회에서	1	
1949-09-29-006	의거입북한 리승만괴뢰정부소속 함선승무원일행 평양 도착	역두에서 성대한 환영회	1	조선중앙통신
1949-09-29-007	선거자들의 열렬한 환영속에 김책동지 자기 보고를 진술	조선최고인민회의 제4차회의 총결에 관한 대의원보고회	2	본사기자 신언룡
1949-09-29-008	자습당원들에 대한 지도사업상 몇가지 문제		2	안주군당 선전선동부장 백경엽
1949-09-29-009	농민들의 애국열성을 추동 현물세납부준비를 활발히	신흥군 신흥면 흥평리세포에서	2	통신원 위정산
1949-09-29-010	환영사 평양시민대표 김성학	조국통일민주주의전선 평양시위원회 주최의 환영대회에서	2	
1949-09-29-011	답사 의거입북한 선장 안관제	조국통일민주주의전선 평양시위원회 주최의 환영대회에서	2	
1949-09-29-012	답사 의거입북한 비행사 리명호	조국통일민주주의전선 평양시위원회 주최의 환영대회에서	2	
1949-09-29-013	대내 보건사업을 위하여 초소에서 후방에서 분투	김창률군의구분대 군무자들	3	본사기자 리성빈
1949-09-29-014	조선최고인민회의 제4차회의 총결에 관한 대의원들의 보고	황해도 각 선거구에서	3	본사기자 박경석
1949-09-29-015	조국보위후원금품 희사	청진시, 평원군에서	3	
1949-09-29-016	기본건설공사 활발히 진행	중앙기계제작소	3	본사기자 김기초
1949-09-29-017	년간계획완수에 개가!	곡산광산 로동자들 승리 쟁취	3	본사기자 리인태
1949-09-29-018	조쏘친선과 쏘베트문화순간 순간준비사업은 성과적으로 진행	중앙준비위원회 제3차회의에서	3	조선중앙통신
1949-09-29-019	직장에 미화공작	평양기관구 로동자와 그의 가족들	3	본사기자 신언철
1949-09-29-020	이완.빠블로브탄생 백주년 기념보고대회 성황	조쏘문협중앙본부회관에서	3	본사기자 김춘희
1949-09-29-021	조현물세납부의 만단준비를 완료	은률군 장련면 봉암리 농민들	3	통신원 김인곤
1949-09-29-022	의거입북한 리승만괴뢰정부소속 함선승무원들의 담화 리승만은 일체 해상권을 미제에 바치고있다	선장 안관제씨담	3	
1949-09-29-023	유엔총회 제4차회의 총위원회에서 제출한 총회의정을 강압채택	-9월 22일 전원회의-	4	조선중앙통신
1949-09-29-024	중국인민정치협상회의는 전중국인민의 지향을 대표	-중국인민정협참가대표들 담화발표-	4	조선중앙통신
1949-09-29-025	위신쓰끼씨 연설에 미영대표들 당황	-9월 23일 회의-	4	조선중앙통신
1949-09-30-001	생산기업소들에서의 기술수준향상에 대하여		1	
1949-09-30-002	우리들의 앞길은 행복에 가득차있다	국영 평강종합농장에서	1	본사기자 윤봉경
1949-09-30-003	2개년인민경제계획을 재정적으로 보장하자	국영건재광유상점 경리일군들	1	
1949-09-30-004	쏘련의 원자무기의 소유는 전세계의 평화와 안전에 기여될것이다		1	북조선로동당 선전선동부장 박창옥
1949-09-30-005	세계평화를 고수하는 더욱 튼튼한 담보이다		1	평양공업대학 교수 강영환
1949-09-30-006	김일성수상의 말씀 받들어 황철녀맹원들 증산에 분발		1	본사기자 김춘희
1949-09-30-007	세계평화옹호 중국대회참가차 박정애 최호민 량씨 북평 향발		1	
1949-09-30-008	3.4분기계획은 속속 완수된다	단천광산, 양덕기관구, 정주기관구, 서평양기관구에서	1	
1949-09-30-009	국제학생동맹리사회에 조선학생대표 참가		1	조선중앙통신
1949-09-30-010	제2차 세계청년대회에 참가하였던 공화국청년대표단일행 귀국		1	본사기자 라원근, 박명도
1949-09-30-011	선거자들의 두터운 신뢰속에 박일우동지의 보고회 성황	제92호 연백군 적암선거구에서	2	
1949-09-30-012	박정애동지의 진술한 보고를 선거자들 열렬히 지지환영	제97호 평산군 남천선거구에서	2	본사기자 리인태
1949-09-30-013	농업증산을 보장함에 있어 당단체의 협조성과		2	서흥군 구포면당 위원장 김두양
1949-09-30-014	세포핵심-열성자들을 실지사업에서 훈련하라	평원군 뇌성리 화삼분세포에서	2	본사기자 송학용
1949-09-30-015	쏘련은 평화옹호를 위한 투쟁의 선두에 서있다	-평화옹호국제투쟁일을 앞두고-	2	홍인표
1949-09-30-016	조쏘친선과 쏘베트문화순간을 앞두고	쏘련에서의 사회주의문화의 개화	2	

기사번호	제목(title)	부제목(stitle)	면수	필자, 출처
1949-09-30-017	예술인들이 순회공연으로 38경비대원들 위안 격려		3	본사기자 김전
1949-09-30-018	38경비대 최춘섭 기관단총구분대원들		3	
1949-09-30-019	조쏘친선과 쏘베트문화순간 준비사업 활발	문학동맹, 평양공업대학	3	본사기자 김춘희, 신봉
1949-09-30-020	조국보위후원사업 위하여	각지에서	3	조선중앙통신, 통신원 안채희
1949-09-30-021	애국면화 헌납	순천군 상리녀맹원들	3	통신원 홍기성
1949-09-30-022	초지기쇄목기준공식 거행	길주팔프공장	3	
1949-09-30-023	정밀기계부속품 다량생산에	평양제침공장 로동자들	3	본사기자 김기초
1949-09-30-024	평북의 곡창 룡천벌!		3	
1949-09-30-025	맥류파종현물세납부 등 당면과업 성과 있게 실천	평원군농민열성자회의에서 결의	3	본사기자 류민우
1949-09-30-026	의거입북한 리승만괴뢰정부소속함선 승무원들의 담화 바다에서 본 리승만도당의 매국행위	기관장 리승구씨 담	3	
1949-09-30-027	경성시내서 애국자 2백여명을 검거	리승만괴뢰정부 만행 극심	3	조선중앙통신
1949-09-30-028	재일조선인들을 일본정부 강제환송		3	조선중앙통신
1949-09-30-029	왜놈을 의형으로 모셔들이는 매국노 리승만		3	장진광
1949-09-30-030	유엔총회 제4차회의에서 새 전쟁 준비에 대한 규탄과 평화의 공고화를 위한 5대 강국의 조약체결에 관하여 위신쓰끼씨 연설	-9월 23일 전원회의-	4	
1949-10-01-001	『쏘련공산당(볼쉐위끼)략사』발간 11주년에 제하여		1	
1949-10-01-002	김일성장군 선거구에서 조선최고인민회의 제4차회의 총결에 관한 보고회 진행		1	본사기자 박경석
1949-10-01-003	남반부인민무력항쟁		1	조선중앙통신
1949-10-01-004	'평화옹호국제투쟁일' 기념준비사업 진행		1	본사기자 김춘희
1949-10-01-005	쏘련정부의 제안은 세계 평화와 안전의 기본조건이다		1	북조선천도교청 우당 부위원장 박윤길
1949-10-01-006	위신쓰끼씨의 제안은 전인류의 환호를 받을것이다		1	민주독립당 전봉화
1949-10-01-007	쏘련의 원자력소유는 평화와 안전의 담보		1	조선건민회 위원장 리극로
1949-10-01-008	인간사상의 최고봉을 향하여!	쏘련공산당략사발간 11주년 맞는 조선인민들의 열의	2	
1949-10-01-009	위대한 쓰딸린의 로작은 조선인민을 승리에로 고무		2	본사기자 리수근

기사번호	제목(title)	부제목(stitle)	면수	필자, 출처
1949-10-01-010	백전백승의 리론을 배우고 또 배우자		2	본사기자 현준극
1949-10-01-011	부강조국건설에 강력한 사상적무기		2	공장지배인 김상철
1949-10-01-012	쏘련공산당략사연구에 있어서 나의 몇가지 경험		2	원산시당부 선전선동부장 한명환
1949-10-01-013	『볼쉐위끼공산당략사』연구에 열중-조쏘 도서관에서		2	
1949-10-01-014	(38경비대 오윤섭정찰구분대 군무자들은 영예로운 조국보위의 전초에서 완강한 전투력을 소유하기 위하여 장애물돌파 훈련에 정진하고있다.)		3	
1949-10-01-015	조국보위후원사업에 인민의 열성 더욱 고조	조국보위후원회 체신성초급단체	3	본사기자 최룡봉
1949-10-01-016	평양시의 기업가 리종해씨 2백만원 희사	조국보위후원을 위하여	3	
1949-10-01-017	고원군	함남 고원군 고원면 하장탄리 농민들 조국보위후원	3	통신원 조용철
1949-10-01-018	조선최고인민회의 제4차회의 총결에 관한 대의원들의 보고	평남도 각 선거구에서	3	
1949-10-01-019	조국통일 위한 투쟁속에서 선진과학연구에 더욱 정진	-창립 제3주년 맞는 김일성종합대학-	3	본사기자 라원근
1949-10-01-020	동기수송 보장 위한 제반준비를 활발히	-신북청기관구-	3	통신원 윤지월
1949-10-01-021	조쏘친선과 쏘베트문화순간		3	통신원 정명걸, 김선
1949-10-01-022	의거입북한 '국방군' 비행사들의 담화		3	
1949-10-01-023	공고한 평화와 민주주의를 위한 전세계 민주청년들의 단결된 위력을 시위하였다	오운식씨 담	3	
1949-10-01-024	유엔총회 제4차회의 일반적토의에 각국 대표 참가	-9월 24일 전원회의-	4	조선중앙통신
1949-10-01-025	중국인민해방군 전황		4	조선중앙통신
1949-10-01-026	영국화폐 평가인하		4	조선중앙통신
1949-10-01-027	파운드평가인하에 영국인민들은 격분		4	조선중앙통신
1949-10-01-028	미국공산당 지도자 재판	변호인측 증언완료로 최후단계에	4	조선중앙통신
1949-10-01-029	평화옹호국제투쟁일 앞두고 세계각국에서 기념사업 준비	쏘련직맹에서 기념행사를 준비	4	조선중앙통신
1949-10-01-030	평화옹호국제투쟁일 앞두고 세계각국에서 기념사업 준비	중국각지에서 기념행사를 준비	4	조선중앙통신
1949-10-01-031	평화옹호국제투쟁일을 증산투쟁으로 맞이하자	-파란직맹중앙위원회의 호소-	4	조선중앙통신
1949-10-01-032	분란목재로동자직맹 평화옹호국제투쟁일 기념호소		4	조선중앙통신

기사번호	제목(title)	부제목(stitle)	면수	필자, 출처
1949-10-01-033	국제학생동맹리사회 회의 폐막	남조선민주학련 등 가입승인	4	조선중앙통신
1949-10-01-034	국제정세개관		4	
1949-10-02-001	조선인민은 언제나 평화의 편에 서서 투쟁한다		1	
1949-10-02-002	국제련합 아세아 및 극동경제위원회 서기장 로코나탄귀하	국제련합 아세아 및 극동경제위원회 가입신청을 청원하여	1	
1949-10-02-003	중화인민공화국 중앙인민정부 성립	주석에 모택동	1	조선중앙통신
1949-10-02-004	평화적조국통일 위한 북반부인민들의 투쟁	황철 제4호평로 신설공사 완수!	1	
1949-10-02-005	맥류파종 진행	선천군, 철산군에서	1	
1949-10-02-006	재평양 외국기자 초대	29일 문화선전성에서	1	조선중앙통신
1949-10-02-007	요시다반동정부의 폭거반대	경도에서 조일량국 인민합동항의대회	1	조선중앙통신
1949-10-02-008	쏘련의 제안은 전세계평화애호인민들에게 거대한 용기와 자신을 준다	남조선로동당 정치위원 김삼룡	1	
1949-10-02-009	미영제국주의의 음모를 분쇄	북조선공업기술총련맹 위원장 리병제	1	
1949-10-02-010	조선최고인민회의 제4차회의 총결에 관한 대의원보고회 진행 승리의 자신심 더욱 굳게 최창익동지의 보고를 지지	제95호 장풍군 강상선거구에서	2	본사기자 리성섭
1949-10-02-011	매국노들의 패배는 목전에 있다	리극로대의원 남반부선거자들에게 방송	2	조선중앙통신
1949-10-02-012	조선인민들의 조국통일을 위한 투쟁은 세계인민들의 평화옹호투쟁과 튼튼히 련결되여있다		2	평화옹호전국민족위원회 위원장 한설야
1949-10-02-013	10월인민항쟁 3주년		2	일명
1949-10-02-014	평화의 촌-38이북을 침범한 리승만도당 소탕전에 용감		3	본사기자 리성빈
1949-10-02-015	조국보위후원금 희사	강원도, 평북도, 평남도에서	3	
1949-10-02-016	'평화옹호국제투쟁일' 맞는 각 공장 기념보고대회 성황	평양시내 각 공장들에서	3	본사기자 김기초
1949-10-02-017	조쏘친선과 쏘베트문화순간 기념증산경쟁 활발	강원도, 자강도에서	3	
1949-10-02-018	높아가는 독서열	-국영평양서점에서-	3	본사기자 황경엽
1949-10-02-019	무축농가를 유축농가로	재녕군 남률면 내림리 농민들	3	통신원 정필
1949-10-02-020	의거입북한 비행사 리명호 박룡오 량씨에게 상금 수여		3	조선중앙통신
1949-10-02-021	의거입북한 '국방군' 비행사들의 담화 국방군비행사들은 용감하게 의거하라	'륙군항공 1등상사' 박룡오씨 담	3	
1949-10-02-022	행복한 쏘련인민들	쏘련의 탁아소	3	
1949-10-02-023	(평화옹호국제투쟁일 만세!)		3	장진광

기사번호	제목(title)	부제목(stitle)	면수	필자, 출처
1949-10-02-024	유엔총회 제4차회의 쏘베트제안들을 총회에 상정결정	-9월 26일 총위원회-	4	조선중앙통신
1949-10-02-025	유고슬라비아정부에 보내는 쏘련정부의 각서	쏘련 부외상 아.그로믜꼬	4	
1949-10-02-026	쏘련에서의 '원자폭발사건'에 관한 따쓰의 공식보도에 대한 세계각국의 반향		4	조선중앙통신
1949-10-02-027	유고슬라비아정부에 대한 항가리정부의 각서		4	
1949-10-04-001	세계평화와 안전을 위한 력사적제의		1	
1949-10-04-002	중화인민공화국 중앙인민정부 주석 모택동각하	중화인민공화국의 선포와 중앙인민정부 수립과 관련하여	1	
1949-10-04-003	중국공산당 중앙위원회 귀중	중화인민공화국의 선포와 중앙인민정부 수립과 관련하여	1	
1949-10-04-004	평화옹호국제투쟁일 평양시군중대회 성대		1	본사기자 박중선
1949-10-04-005	평화옹호세계대회 상설위원회 귀중	세계평화옹호국제투쟁일 조선민주주의인민공화국 평양시군중대회	1	
1949-10-04-006	쏘련정부에서 중화인민공화국에 외교관계 설정코 대사교환결정 통지		1	조선중앙통신
1949-10-04-007	중화인민공화국 선포와 중앙인민정부수립 경축하는 평양시중국인대회 성황		1	조선중앙통신
1949-10-04-008	중화인민공화국 중국인민정치협상회의 전국위원회 귀중	중화인민공화국의 선포와 중앙인민정부 수립과 관련하여	1	
1949-10-04-009	평화옹호국제투쟁일 평양시군중대회에서 진술한 한설야씨의 보고		2	
1949-10-04-010	힘찬 로력투쟁으로써 평화의 날을 기념하자 로동자대표 김경화	평화옹호국제투쟁일 평양시군중대회에서	2	
1949-10-04-011	평화옹호국제투쟁일 평양시군중대회 성대히 거행-김일성광장에서		2	본사사진반 박명도
1949-10-04-012	조국의 평화적통일 반대하는 리승만도배를 분쇄하자 농민대표 조병룡	평화옹호국제투쟁일 평양시군중대회에서	3	
1949-10-04-013	남편과 아들이 전쟁에 희생될것을 거부한다 녀성대표 한순례	평화옹호국제투쟁일 평양시군중대회에서	3	
1949-10-04-014	전쟁방화자들은 우리 조국 남반부에도 있다 청년대표 박순명	평화옹호국제투쟁일 평양시군중대회에서	3	
1949-10-04-015	평화를 고수함은 종교인들의 임무 종교인대표 목사 곽히정	평화옹호국제투쟁일 평양시군중대회에서	3	
1949-10-04-016	전쟁을 반대하여 인류문화 옹호하자 문화인대표 리석진	평화옹호국제투쟁일 평양시군중대회에서	3	
1949-10-04-017	반동의 탄압 물리치고 조국통일 위하여 분기하라!	조선최고인민회의 제4차회의 총결에 관하여 김삼룡대의원 남반부선거자들에게 방송	3	

기사번호	제목(title)	부제목(stitle)	면수	필자, 출처
1949-10-04-018	중국인민정치협상회의 제1차 전원회의 선언서		4	
1949-10-04-019	중화인민공화국 외상 주은래 국교설정에 관하여 각국 정부에 공식서한		4	
1949-10-04-020	쏘련정부에 보내는 공식서한을 북경주재 쏘련총령사에 전달	중화인민공화국 외상 주은래로부터	4	
1949-10-04-021	중화인민공화국 조직법 등 통과	국기 수도 림시국가도 채택	4	조선중앙통신
1949-10-04-022	대만 해남도 등 해방에 준비	중국인민해군대표 열렬히 토론	4	조선중앙통신
1949-10-04-023	유엔총회 제4차회의 일반적토의 계속	-9월 26일 전원회의-	4	조선중앙통신
1949-10-04-024	중국국민당파견 유엔대표의 대표권 즉시박탈을 요구한다	-신화사 론설-	4	조선중앙통신
1949-10-04-025	쏘련에서의 '원자폭발사건'에 관한 따쓰의 공식보도에 대한 세계각국의 반향		4	따쓰통신
1949-10-04-026	국제기자협회 제3차대표자회의 12월 5일 부룻쎌에서 개최 예정		4	조선중앙통신
1949-10-04-027	화란정부 군비확장에 광분		4	조선중앙통신
1949-10-05-001	중국인민에게 영원한 영광이 있으라!		1	
1949-10-05-002	중화인민공화국 중앙인민정부 외교부장 주은래각하	중화인민공화국 중앙인민정부 수립에 제하여	1	
1949-10-05-003	중화인민공화국 선포와 중앙인민정부 수립을 축하하여 각계 인사들을 초대	주조 중국 동북상업대표단에서	1	조선중앙통신
1949-10-05-004	쏘련정부의 조치는 정당	북조선직업총동맹 위원장 최경덕	1	
1949-10-05-005	유고슬라비아 현 정부는 민주진영의 반역자다	북조선민주청년동맹 부위원장 오운식	1	
1949-10-05-006	세계평화옹호 중국대회장에 박정애 최호민 량씨 참석		1	조선중앙통신
1949-10-05-007	유엔총회 제4차회의 조선문제 토의 개시	-특별정치위원회 9월 30일회의-	1, 2	조선중앙통신
1949-10-05-008	선거자들의 절대한 신뢰속에 장순명동지 자기 보고를 진술	제208호 종성군 종성선거구에서	2	
1949-10-05-009	공화국정부의 업적을 찬양 정준택동지의 보고를 지지	제59호 박천군 량가선거구에서	2	
1949-10-05-010	선거자와의 련계를 더욱 견고히 김일동지의 보고회 성황리에 진행	제96호 신계군 신계선거구에서	2	통신원 렴상재
1949-10-05-011	낡은 중국은 사라지고 새 중국이 탄생되였다		2	구철
1949-10-05-012	내각결정 높이 받들어 군인가족의 영농협조	황해도 은률군 일도면 신암리 농민들	3	통신원 김인곤
1949-10-05-013	조국보위후원금 각지 인사들 희사	평남도내 인민들	3	본사기자 김전
1949-10-05-014	동기간 증산 보장할 제반준비 착착 진척	무산광산	3	
1949-10-05-015	평화옹호국제투쟁일 각지에서 군중대회		3	조선중앙통신
1949-10-05-016	조쏘친선과 쏘베트문화순간	직장써클들의 준비	3	본사기자 김기초, 신봉
1949-10-05-017	중화인민공화국 선포와 중앙인민정부수립 경축	북반부각지에서 중국인대회	3	조선중앙통신
1949-10-05-018	배룡식2등상사를 비롯한 의거병들에게 임무를 훌륭히 완수했다고 말하는 경비대원		3	
1949-10-05-019	남반부인민무력항쟁		3	조선중앙통신
1949-10-05-020	중국인민정치협상회의 폐막	중앙인민정부 위원회 등도 선거	4	조선중앙통신
1949-10-05-021	쏘련정부에서 광동정부에 외교관계단절 인정을 통지		4	조선중앙통신
1949-10-05-022	유엔총회 제4차회의 일반적토의 계속 -9월 26일 전원회의-	전호에서 계속	4	
1949-10-05-023	유엔총회 정치위원회 27일 사업 개시		4	조선중앙통신
1949-10-05-024	희랍문제 토의	정치위원회 28일회의	4	조선중앙통신
1949-10-05-025	세계평화옹호 중국대회 각국의 저명한 인사들 참가		4	조선중앙통신
1949-10-05-026	유고정부에 대한 파란정부의 각서		4	
1949-10-06-001	래년의 높은 수확을 위하여 추경을 광범히 실시하자		1	
1949-10-06-002	령도자에 대한 존경과 사모로 김일성장군동상을 건립중	강동군 인민들 4월부터 공사에 착수	1	본사기자 박경석
1949-10-06-003	유엔총회 제4차회의 조선문제 토의 계속	-특별정치위원회 10월 1일회의-	1	조선중앙통신
1949-10-06-004	접촉류산공사 준공	흥남비료공장에서	1	
1949-10-06-005	해주세멘트공장 3,4분기 계획 완수		1	
1949-10-06-006	찌또도당에게 주는 커다란 타격	북조선농민동맹 위원장 강진건	1	
1949-10-06-007	반역적찌또도당에 대한 증오 불금	북조선녀성동맹 부위원장 리금순	1	
1949-10-06-008	왜 미제국주의자들은 '유엔조선위원단 무기한 주재와 군사감시원설치'를 흉책하고있는가		2	박창옥
1949-10-06-009	구체적이며 전투적인 정치선동을 위하여	각급 당단체들에서	2	본사기자 리수근
1949-10-06-010	의무교육제실시에 대한 법령실행을 보장하자!	평양시 서구역당단체에서	2	본사기자 윤봉경
1949-10-06-011	유일제강의 교양적목적 더욱 명백히 인식시키자	정주군당단체에서	2	
1949-10-06-012	경비초소를 굳게 지켜 침입기도의 적을 감시	38선경비대 박승철분대원들	3	
1949-10-06-013	조국보위후원금 희사	평양, 함남에서	3	통신원 위정산
1949-10-06-014	내각결정 높이 받들고 계획완수를 굳게 결의	황철열성자대회에서	3	통신원 윤종칠
1949-10-06-015	써클선발경연대회 진행	평남	3	본사기자 신봉
1949-10-06-016	년간수송계획량 기간단축완수에	평양역 종업원들	3	본사기자 리성섭

기사번호	제목(title)	부제목(stitle)	면수	필자, 출처
1949-10-06-017	체육문화 과시할 체육절 10월 9일에 체육대회	북반부 각 지역에서	3	본사기자 라원근
1949-10-06-018	황무지를 옥답으로 개척	황해도 황주군 도남관개공사	3	본사기자 류민유
1949-10-06-019	라이스페파를 신의주제지공장에서 생산		3	
1949-10-06-020	민주건설의 성과 찬양하며 해방의 은인 쏘련에 감사	의거입북한 함선승무원 및 비행사일행 각지 견학	3	본사기자 김전, 박명도
1949-10-06-021	열성과 로력 다하여 추맥파종 완료	철산군 서림면 원옥동 농민들	3	통신원 심찬락
1949-10-06-022	생산시설 개조확대하며 생산능률을 부단히 제고	동방광산 로동자들	3	주재기자 리문상
1949-10-06-023	맹원들을 고무하여 기간단축투쟁에로	평양방직건설공사 현장직장위원회에서	3	
1949-10-06-024	유엔총회 제4차회의 중국국민당대표의 흉계를 쏘련대표 위신쓰끼씨 통박	-총위원회 9월 28일회의-	4	조선중앙통신
1949-10-06-025	유고슬라비아정부에 보낸 쏘련정부의 각서에 대한 세계각국의 반향		4	조선중앙통신
1949-10-06-026	희랍문제 토의 정치위원회 28일회의	전호에서 계속	4	
1949-10-06-027	중화인민공화국 수립 경축	북경서 시민군중대회 성황	4	조선중앙통신
1949-10-06-028	『근로자』 제18호		4	로동신문사 잡지편집국
1949-10-07-001	높은 경각성은 승리를 위한 불가결의 조건이다		1	
1949-10-07-002	조선민주주의인민공화국 김일성수상각하	중화인민공화국성립을 경축하여 주신데 대하여	1	
1949-10-07-003	중화인민공화국 중앙인민정부위원회 구성		1	조선중앙통신
1949-10-07-004	조선문제에 관한 미국안을 거수기발동으로 강압채택	-유엔특별정치위원회 10월 4일회의-	1	조선중앙통신
1949-10-07-005	쏘련 중국간 외교관계설정을 환영	그로믜꼬부외상에 주은래씨 답전	1	조선중앙통신
1949-10-07-006	중화인민공화국과 외교관계 설정	불가리아, 체코슬로바키아, 루마니아	1	조선중앙통신
1949-10-07-007	미제침략정책분쇄에 더욱 용감히 나서자	북조선민주당 부위원장 홍기주	1	
1949-10-07-008	조중인민의 친선련계는 공고화된다	조국전선중앙위원회 서기국장 김창준	1	
1949-10-07-009	당회의의 정치적수준을 일층 높이자	청진철도공장 초급당부에서	2	본사기자 현준극
1949-10-07-010	당력량을 옳게 배치하여 생산실적을 성과있게 보장	문천기계제작소 당부에서	2	주재기자 김만선
1949-10-07-011	맥류추파를 추진시킨 당원들의 선도적역할	연백군 고포리 1구세포에서	2	통신원 리용태
1949-10-07-012	혁명적경각심을 높이라!	『진실한 평화와 민주주의를 위하여』지의 사설에서	2	
1949-10-07-013	당도서실은 자습당원들의 방조자이다		2	당중앙본부 선전선동부 교양과 지도원 김성필
1949-10-07-014	의거입북한 '국방군'장병들 영예와 행복의 길을 걷고 있다	조선인민군 표무원부대에서	3	
1949-10-07-015	강도행위를 '법문화'하는 리승만도당의 최후발악		3	김환
1949-10-07-016	유엔총회 제4차회의 중국국민당대표의 반쏘적흉계를 폭로	-9월 29일 전원회의-	4	조선중앙통신
1949-10-07-017	유고슬라비아정부에 대한 불가리아정부의 각서		4	조선중앙통신
1949-10-07-018	체코슬로바키아정부에서 유고슬라비아정부에 호상원조조약 무효통고		4	조선중앙통신
1949-10-07-019	희랍문제 토의 정치위원회 28일회의	전호에서 계속	4	조선중앙통신
1949-10-07-020	유고슬라비아정부에 보낸 쏘련정부의 각서에 대한 세계각국의 반향		4	따쓰통신
1949-10-08-001	동기어로의 높은 성과를 위하여		1	
1949-10-08-002	조선민주주의인민공화국 외무상 박헌영 각하	조선과 중국간의 외교관계설정과 관련하여	1	
1949-10-08-003	쏘련 및 중화인민공화국 량국 주차대사를 각각 임명		1	조선중앙통신
1949-10-08-004	쏘련 및 중화인민공화국 각각 대리대사를 임명		1	조선중앙통신
1949-10-08-005	항가리 및 파란 량국 중화인민공화국과 외교관계를 설정		1	조선중앙통신
1949-10-08-006	조중량국인민의 친선관계를 강화하자	근로인민당 위원장 리영	1	
1949-10-08-007	세계민주진영의 승리다	작가 한설야	1	
1949-10-08-008	세계평화옹호 중국대회 폐막	박정애녀사 축하연설	1	조선중앙통신
1949-10-08-009	일본정부의 비법적해산령 극동위원회에 취소명령 요청	-재일조선인련맹에서-	1	조선중앙통신
1949-10-08-010	아오지인조석유공장의 윙크라와사발생로 완성		1	조선중앙통신
1949-10-08-011	강계 강삭선 개량공사 9월 20일 완성!		1	조선중앙통신
1949-10-08-012	중국인민의 력사적승리	1949년 10월 5일부 『쁘라우다』지 사설에서	2	
1949-10-08-013	자습당원들에 대한 쎄미나르사업을 질적으로 제고하라	많은 당단체들에서	2	본사기자 리수근
1949-10-08-014	'쏘베트순간사업준비를 높은 정치적수준에서 보장	신흥군 서고천면당단체에서	2	통신원 위정산
1949-10-08-015	농민들을 적극 추동하여 추맥파종을 성과있게	서흥군 목감면 간고동세포에서	2	

기사번호	제목(title)	부제목(stitle)	면수	필자, 출처
1949-10-08-016	단련된 청년들의 전투력을 높이 시위하자	-제1회 체육절을 맞으며-	2	교육성 부상 남일
1949-10-08-017	원쑤들과의 투쟁에서 항상 용감한 38경비대원들		3	본사기자 리성빈
1949-10-08-018	조국보위후원금 희사	원산시내 기업가 상인들	3	
1949-10-08-019	추맥파종완료에 당원들 솔선 시범	장연군 락도면 월장리에서	3	통신원 김순한
1949-10-08-020	쏘련기술자들의 방조로 '윙크라와사발생로' 완공	아오지인조석유공장에서 10월 3일 화입시운전	3	주재기자 김소민
1949-10-08-021	조선최고인민회의 제4차회의 총결에 관한 대의원들의 보고	제109호선거구에서	3	본사기자 박경석
1949-10-08-022	조쏘친선과 쏘베트문화순간 준비사업 활발	자강도, 해주시에서	3	주재기자 리문상, 박덕순
1949-10-08-023	기술전문학교 학생들 생산실습		3	본사기자 라원근
1949-10-08-024	의거입북한 리승만괴뢰정부 소속함선 승무원들에게 상금		3	조선중앙통신
1949-10-08-025	나는 선진쏘련문화에서 이렇게 배우고있다		3	작곡가 김순남
1949-10-08-026	미제는 남조선을 식민지예속화하고있다	의거입북한 함선항해사 박극도씨 담	3	
1949-10-08-027	유엔총회 제4차회의 의정토의순서변경을 획책한 중국국민당대표의 책략 파탄	-정치위원회 10월 1일회의-	4	조선중앙통신
1949-10-08-028	전 이태리식민지문제 토의	-정치위원회 9월 30일회의-	4	조선중앙통신
1949-10-08-029	유고슬라비아정부에 보낸 쏘련정부의 각서에 대한 세계각국의 반향		4	따쓰통신
1949-10-08-030	희랍문제 토의 정치위원회 28일회의	전호에서 계속	4	
1949-10-08-031	희랍에서의 미군철퇴 강경요구	미국인 20만명 련서청원 예정	4	조선중앙통신
1949-10-09-001	산업의 기술적무장을 일층 강력히 촉진하자		1	
1949-10-09-002	조선민주주의인민공화국 최고인민회의 상임위원회 정령	조선민주주의인민공화국 38선이북지역의 면 및 리(동) 인민위원회 선거일의 결정에 관하여	1	
1949-10-09-003	조선민주주의인민공화국 최고인민회의 상임위원회 정령	조선민주주의인민공화국 38선이북지역의 면 및 리(동) 인민위원회 선거에 관한 규정의 승인에 관하여	1	
1949-10-09-004	조국통일민주주의전선 중앙위원회 보도		1	
1949-10-09-005	38연선무장충돌 조사결과에 관한 조국통일민주주의전선 조사위원회 보고서		1, 2	
1949-10-09-006	조선민주주의인민공화국 38선이북지역의 면 및 리(동) 인민위원회선거에 관한 규정		3	
1949-10-09-007	제1회 체육절기념 평양시보고대회 8일 모란봉극장에서 개최		3	본사기자 라원근

기사번호	제목(title)	부제목(stitle)	면수	필자, 출처
1949-10-09-008	건설과 증산에 창발적노력을 청년작업반원들	함북도내 각 생산직장에서	3	주재기자 김소민
1949-10-09-009	유엔총회 제4차회의 전 이태리식민지문제 토의 -정치위원회 9월 30일회의-	전호에서 계속	4	
1949-10-09-010	불란서 현 내각 총사직		4	조선중앙통신
1949-10-09-011	중화인민공화국 국기 제법설명		4	
1949-10-09-012	쏘련의 중화인민공화국 승인에 대한 미영 각 신문들의 보도		4	조선중앙통신
1949-10-09-013	미국은 신중국정부 승인하고 통상관계 급속히 수립하라!	『데일리 워커』지 론평-	4	조선중앙통신
1949-10-09-014	독립적독일민주정부수립을 전독일인민들 강력히 요구		4	조선중앙통신
1949-10-09-015	신중국정부승인 지연은 서부제국의 립장을 약화	『뉴욕 헤랄드 트리뷴』지 론평-	4	조선중앙통신
1949-10-09-016	유고슬라비아정부에 대한 체코슬로바키아정부의 각서		4	
1949-10-11-001	원쑤를 소탕함에 있어서 용감성과 견인성을 더욱 발휘하여 투쟁하자		1	
1949-10-11-002	3.4분기계획 완수	여러 공장, 기업소들에서	1	
1949-10-11-003	추파맥류파종 각지에서 활발히 진행		1	본사기자 류민우
1949-10-11-004	추잠견수매 활발	각지에서	1	
1949-10-11-005	조선인민은 동족상쟁을 결코 원치 않는다	사동련탄공장 로동자들	1	
1949-10-11-006	조국보위후원사업에 열성을 다하겠다	평양철도공장 로동자들	1	본사기자 리성섭
1949-10-11-007	원쑤를 소탕하기 위하여 더욱 용감히 전진하자!	김일성종합대학 학생들	1	본사기자 박경석
1949-10-11-008	제2차 세계청년대회 참가대표 귀환보고대회 개최		1	
1949-10-11-009	남조선인민무력항쟁		1	조선중앙통신
1949-10-11-010	남반부인민들이여 조국통일을 위하여 총궐기하라	조선최고인민회의 제4차회의 총결에 관하여 리구훈대의원 방송	2	
1949-10-11-011	모범로동자들의 경험을 일반화하기 위한 투쟁		2	평양연초공장 당부위원장 류수창
1949-10-11-012	명년도 농업증산 위한 추경을 활발히 추진	연백군 운산면 석산리 1구세포에서	2	통신원 리용태
1949-10-11-013	공화국헌법의 전조선적실시를 위하여 총진군하자		2	최고재판소 부소장 김동철
1949-10-11-014	조쏘친선과 쏘베트문화순간 앞두고 쏘련에서의 도시건설	-복구되는 쏘베트끼예브-	2	

기사번호	제목(title)	부제목(stitle)	면수	필자, 출처
1949-10-11-015	원쑤에 대한 경각성을 높이여 잠입한 테로단의 만행 분쇄	황해도 벽성군 내무서 교정면 분주소 장덕신분주소장	3	본사기자 리성빈
1949-10-11-016	조국건설투쟁에 용감한 청년들의 기개를 시위 제1회 체육절을 성대히 기념	북반부 각 도, 시, 군들에서	3	본사기자 신봉
1949-10-11-017	조쏘친선과 쏘베트문화순간	인민군대군무자들 준비사업 성과있게 진행	3	본사기자 김전
1949-10-11-018	조국보위후원금 희사	평북, 평남에서	3	
1949-10-11-019	열성과 노력으로 높은 수확을	평양시주변농민들	3	본사기자 류민우
1949-10-11-020	기본건설 확장하며 년간계획 초과완수에	-서평양직물공장 로동자들-	3	본사기자 정록
1949-10-11-021	당황망조한 매국노 리승만 채병덕 김석원을 파면		3	조선중앙통신
1949-10-11-022	나는 선진쏘련문화에서 이렇게 배우고 있다		3	배우 리단
1949-10-11-023	인민의 품에 안겨 남조선괴뢰정부군 제1사단 제11련대소속	-의거병 최만업하사의 수기-	3	
1949-10-11-024	독일민주주의인민공화국 선포결의	제9차 독일인민회의에서	4	조선중앙통신
1949-10-11-025	유엔총회 제4차회의 전 이태리식민지문제를 계속 토의	-10월 3일 정치위원회 회의-	4	조선중앙통신
1949-10-11-026	미국공산당 지도자들에게 모택동주석 답전	중화인민공화국창건을 축하하여	4	
1949-10-11-027	평화와 민주주의에 대한 반동의 음모는 파탄되었다		4	김인철
1949-10-11-028	희랍파시스트정부의 학살정책을 중지하라	각국의 녀성들 유엔에 항의	4	조선중앙통신
1949-10-12-001	조쏘량국간의 외교관계설정 1주년에 제하여		1	
1949-10-12-002	쏘베트사회주의공화국련맹 내각 수상 이.브.쓰딸린대원수각하	외교관계설정기념일 1주년에 제하여	1	
1949-10-12-003	원쑤들이 발악하면 할수록 그들의 멸망은 가까워온다	양양군 중광정리 농민들	1	
1949-10-12-004	인민군대 경비대가족의 원호사업을 더욱 강화하자	평양시 녀맹일군들	1	
1949-10-12-005	38연선무장충돌조사결과에 관한 조국통일민주주의전선 조사위원회보고서 유엔사무총장에게 전달		1	조선중앙통신
1949-10-12-006	조선최고인민회의 제4차회의 총결에 관한 대의원들의 보고회	선거자들의 열렬한 지지밑에 진행	1	본사기자 박경석
1949-10-12-007	남조선인민무력항쟁		1	조선중앙통신
1949-10-12-008	중국평화옹호대회에 참가하였던 박정애 최호민 량씨 귀국		1	조선중앙통신
1949-10-12-009	조선민주주의인민공화국과 쏘베트사회주의공화국련맹간의 외교관계설정 1주년에 제하여		2	외무성 부상 박동초

기사번호	제목(title)	부제목(stitle)	면수	필자, 출처
1949-10-12-010	각성제고와 당대렬의 공고화를 위하여	평원군당단체에서	2	본사기자 리수근
1949-10-12-011	군중정치사업을 강화 생산의욕을 적극 고무	신계종합농장 공장분세포에서	2	통신원 렴상재
1949-10-12-012	자유와 행복 속에서 씩씩하게 애국선렬의 유자녀들은 장성	만경대학원창립 2주년 맞는 유자녀들	3	본사기자 리성빈
1949-10-12-013	나는 선진쏘련문화에서 이렇게 배우고 있다		3	의학박사 장기려
1949-10-12-014	내각결정 높이 받들고 년간계획초과완수에 총궐기	-본궁화학공장 로동자들-	3	주재기자 신기관
1949-10-12-015	명태잡이 개시	신포수산사업소에서	3	본사기자 류민우
1949-10-12-016	항가리국가반역자 라이크 및 그의 공모자들에 대한 공판 라슬로 라이크에 대한 심문 라이크와 그의 공모자들은 미국정탐부의 앞잡이들이다	찌또 란꼬비츠 및 기타의 미국정탐기관들과의 관계	3, 4	따쓰통신
1949-10-12-017	서부독일 단독정부수립에 관련하여 쏘련정부 미영불 정부들에 가서 전달		4	
1949-10-12-018	전이태리식민지문제를 계속 토의 -유엔총회 10월 3일 정치위원회 회의-	전호에서 계속	4	
1949-10-13-001	파쑈를 재생시키려는 미영제국주의자들의 흉책을 절대반대한다		1	
1949-10-13-002	조국보위후원회 중앙본부에서 조국보위 위한 인민들의 애국열성	인민군대에 비행기와 땅크를 헌납	1	조선중앙통신
1949-10-13-003	년간계획 완수	여러 공장, 기업소들에서	1	
1949-10-13-004	빛나는 성과를 거두고 4.4분기 계획완수에	건재공업부문	1	본사기자 김기초
1949-10-13-005	면 및 리(동) 인민위원회선거 위한 평안남도선거위원회를 조직		1	
1949-10-13-006	내각직속 중앙지도간부학교 11 12기 졸업식 거행		1	본사기자 라원근
1949-10-13-007	놈들의 야수적만행은 그들의 묘혈을 팔 뿐이다	평양곡산공장 로동자들	1	
1949-10-13-008	인민들은 야수적만행을 결코 용서치 않는다	장풍군 판부리 농민들	1	
1949-10-13-009	원쑤들을 적발함에 더욱 경각심을 높이자	평양기구제작소 로동자들	1	
1949-10-13-010	국제반동의 음모흉책을 철저히 폭로분쇄하자	함남 고원군 몽상리 농민들	1	
1949-10-13-011	의거입북한 남조선괴뢰군 제1사단 12련대와 영등포 홍룡부대 병사들을 환영		1	조선중앙통신

기사번호	제목(title)	부제목(stitle)	면수	필자, 출처
1949-10-13-012	조선최고인민회의 제4차회의 총결에 관한 대의원보고회 진행 선거자들의 열렬한 지지속에 박창옥동지의 보고회 성황	제56호 녕변군 북신현선거구에서	2	본사기자 현준국
1949-10-13-013	기본건설공사 완수에 있어 공장당단체의 역할	길주팔프공장에서	2	
1949-10-13-014	농촌가축증식사업에 높은 당적관심을 돌려	단천군 북두 1면당단체에서	2	통신원 서득창
1949-10-13-015	맥류의 적기파종으로 명년도 높은 수확을 보장	강원도 화천군 사창리세포에서	2	통신원 길관식
1949-10-13-016	군중과의 련결은 당전투적력량강화의 불가결의 요소이다		2	북조선로동당 중앙본부 조직부 부부장 차영락
1949-10-13-017	조쏘친선과 쏘베트문화순간 앞두고	쏘베트문화는 우리 민족문화의 구원자이다	2	조쏘문화협회 중앙위원회 위원장 리기영
1949-10-13-018	자각적렬성 높여 제1위의 성적을	-김시응군관 지휘중대-	3	
1949-10-13-019	조쏘친선과 쏘베트문화순간 앙양된 열의속에 순간기념을 준비	북반부 각 공장, 광산, 기업소들에서	3	본사기자 김춘희
1949-10-13-020	조국보위후원금 희사	함남, 평북에서	3	통신원 박경림, 주재기자 최영환
1949-10-13-021	나는 선진쏘련문화에서 이렇게 배우고 있다		3	시인 박세영
1949-10-13-022	제1용광로 완전복구에 청진제철 로동자들 궐기		3	주재기자 김소민
1949-10-13-023	목화를 손실없이 제때에 수확하자	재녕군 삼강면 주산동 농민들	3	
1949-10-13-024	체육절기념행사 각지에서 성황		3	
1949-10-13-025	항가리 국사범인 라이크 및 그의 공모자들에 대한 공판	전호에서 계속	3, 4	
1949-10-13-026	민주주의독일민족전선의 선언서		4	
1949-10-13-027	중화인민공화국주차 쏘련대사 북경 도착		4	조선중앙통신
1949-10-13-028	서부독일정부' 수립에 관련하여 인민민주주의 제 국가들 미영불 정부에 각서 전달		4	조선중앙통신
1949-10-13-029	조쏘순간 경축공연안내		4	
1949-10-14-001	쓰딸린대원수에게 드리는 메쎄지	조쏘친선과 쏘베트문화순간 평양시경축대회	1	
1949-10-14-002	조선민주주의인민공화국 내각 수상 김일성장군에게 드리는 메쎄지	조쏘친선과 쏘베트문화순간 평양시경축대회	1	
1949-10-14-003	조선민주주의인민공화국 최고인민회의 상임위원회 위원장 김두봉각하	중화인민공화국 수립을 축하하여준데 대하여	1	

기사번호	제목(title)	부제목(stitle)	면수	필자, 출처
1949-10-14-004	조쏘친선의 강화는 통일적 독립적 민주조선창건의 담보이다 홍명희	조쏘친선과 쏘베트문화순간을 개시함에 제한 평양시경축대회에서	2, 3, 4	
1949-10-14-005	선거자들의 지지환호리에 허가이동지의 보고회 성황	조선최고인민회의 제4차회의 총결에 관한 대의원보고회 진행	2	본사기자 박경석
1949-10-14-006	축사 조선주차 쏘련특명전권대사 쓰띠꼬브	조쏘친선과 쏘베트문화순간을 개시함에 제한 평양시경축대회에서	4	
1949-10-14-007	조쏘친선과 쏘베트문화순간	평양시경축대회 성황	3, 4	조선중앙통신
1949-10-15-001	조쏘친선과 쏘베트문화순간에 제하여		1	
1949-10-15-002	조선민주주의인민공화국 내각 수상 김일성각하	조쏘외교관계설정 1주년에 제하여	1	
1949-10-15-003	김일성수상에게 드리는 맹세문	곡산광산 종업원궐기대회	1	
1949-10-15-004	북조선로동당 중앙위원회 남조선로동당 중앙위원회 귀중	중화인민공화국 수립을 축하하여준데 대하여	1	
1949-10-15-005	박헌영외무상 유엔사무총장과 동 제4차 총회 의장에게 항의성명	유엔특별정치위원회에서의 조선문제에 대한 비법적결정에 대하여	1	
1949-10-15-006	38이북지역에 또다시 침습하여온 남조선괴뢰'정부'군을 격퇴		1	조선중앙통신
1949-10-15-007	조선최고인민회의 제4차회의 총결에 관한 대의원보고회 진행	최용건대의원 강계에서 보고	2	조선중앙통신
1949-10-15-008	년간계획의 완수를 위하여 당단체의 력량을 동원하라	평남도당 상무위원회에서	2	본사기자 송학용
1949-10-15-009	군무자가족 원호사업에 농민들의 애국적렬성 추동	구성군 사기면 인곡동세포에서	2	통신원 최린태
1949-10-15-010	엄한기 림목생산 보장할 동기대책을 강력히 추진	고성군림산작업소 서면작업장세포에서	2	통신원 한구연
1949-10-15-011	조쏘친선과 쏘베트문화순간에 제하여	쏘베트동맹은 승리한 사회주의국가이다(1)	2	
1949-10-15-012	만기작물현물세 납부에 총궐기한 북반부농민들		2	리의철
1949-10-15-013	년간계획 130% 초과실행을 결의	곡산광산 종업원궐기대회	3	통신원 김준태
1949-10-15-014	면 및 리(동) 인민위원회 선거 위한 도선거위원회를 조직		3	
1949-10-15-015	평남 대동군 림원벌에서는 추맥파종 한창		3	
1949-10-15-016	창발적투쟁으로 기계가동률 제고	황철 조강공장 로동자들	3	통신원 윤종철
1949-10-15-017	조쏘친선과 쏘베트문화순간 평양시경축대회에서 축사	조국통일민주주의전선대표 리영	3	
1949-10-15-018	조쏘친선과 쏘베트문화순간	북반부방방곡곡에서 다채론 경축예공연	3	본사기자 김춘희

기사번호	제목(title)	부제목(stitle)	면수	필자, 출처
1949-10-15-019	조쏘순간기념전람회 개관!	북반부각지에서	3	본사기자 라원근
1949-10-15-020	쏘련희곡작가 니꼴라이 월따의 작 희곡 「어느한 나라에서」 에 대하여		3	신고송
1949-10-15-021	항가리 국사범인 라이크 및 그의 공모자들에 대한 공판	제244호에서 계속	4	
1949-10-15-022	독일민주주의공화국 림시정부수립에 관련하여 주독 쏘련군정장관의 성명		4	
1949-10-15-023	몽고인민공화국과 중화인민공화국간 외교관계설정		4	조선중앙통신
1949-10-15-024	독일민주주의공화국 초대대통령으로 사회통일당 위원장 빌헬름 피크 피선		4	조선중앙통신
1949-10-15-025	서독단독정부 수립에 관련한 쏘련정부 각서에 대한 각국의 반향		4	따쓰통신
1949-10-16-001	면 리(동) 인민위원회를 일층 더 강화하자		1	
1949-10-16-002	독일민주주의공화국 대통령과 수상에게 보낸 쓰딸린대원수의 서한		1	
1949-10-16-003	년간계획을 완수	각지에서	1	본사기자 리성섭, 통신원 리달우, 정명걸
1949-10-16-004	현물세납부 활발	북반부각지에서	1	본사기자 백운학
1949-10-16-005	맥류파종 진행	황주군, 회령군에서	1	통신원 심철
1949-10-16-006	조선최고인민회의 제4차회의 총결에 관한 대의원들의 보고회	제29호선거구와 제145호선거구에서	1	
1949-10-16-007	남조선인민무력항쟁		1	
1949-10-16-008	공장내 당단체사업의 일층 강화를 위한 투쟁	성진제강소 초급당부에서	2	본사기자 현준극
1949-10-16-009	당적위임실행에 충실성을 높이자	리원군 대평리세포에서	2	통신원 박경림
1949-10-16-010	조쏘친선과 쏘베트문화순간에 제하여	쏘베트동맹은 승리한 사회주의국가이다(2)	2	
1949-10-16-011	남반부인민유격대는 반동을 무찌르고 전진한다		2	선동기
1949-10-16-012	조쏘친선과 쏘베트문화순간	각지 기념경축대회 성황	3	
1949-10-16-013	써클경연대회 평양시에서 진행		3	본사기자 라원근
1949-10-16-014	동기의 정상적통신련락보장 위한 제반 준비 활발	-체신성관하 각 직장에서-	3	본사기자 김기초
1949-10-16-015	면 및 리(동) 인민위원회선거 위한 군선거위원회들 조직	평남도내 각 군에서	3	본사기자 박경석
1949-10-16-016	쏘련기술자들의 방조로 생산능률 2배이상 제고	성진제강소에서	3	주재기자 김소민

기사번호	제목(title)	부제목(stitle)	면수	필자, 출처
1949-10-16-017	한계흥농민의 밭에서 평년작의 1배반 수확	안악군 용문면 상덕리에서	3	본사기자 류민우
1949-10-16-018	항가리 국사범인 라이크 및 그의 공모자들에 대한 공판	전호에서 계속	3, 4	
1949-10-16-019	투옥된 애국자들을 구출하고 리승만도당의 '헌병조장' 입북		3	조선중앙통신
1949-10-16-020	리승만괴뢰정부의 발악성		3	조선중앙통신
1949-10-16-021	주독 쏘베트군정당국의 일체 행정권을 독일민주주의공화국 림시정부에 이양	-츄이꼬브군정장관 쏘련정부결정 발표-	4	조선중앙통신
1949-10-16-022	불란서주재 전 국민당정부 외교관들 반동정부와의 관계단절 선언		4	조선중앙통신
1949-10-16-023	불란서신내각 조직을 앞두고 공산당기본원칙을 발표		4	
1949-10-16-024	국제단신		4	따쓰통신
1949-10-16-025	조쏘순간 경축공연안내		4	
1949-10-18-001	새 학습년도 앞두고 당교양체계에서의 년간학습을 고상한 수준에서 총화하자		1	
1949-10-18-002	발전하는 지방산업 년간계획 13% 초과 완수에	국영지방산업산하 전체 로동자들	1	본사기자 정창록
1949-10-18-003	황해도선거위원회 조직		1	주재기자 박덕순
1949-10-18-004	면화현물세납 활발히 전개	황해도 농민들	1	
1949-10-18-005	16개우편국 9월중에 신설	북반부에서	1	
1949-10-18-006	조국통일을 위한 투쟁에 힘차게 나가자!	평양연초공장 로동자들	1	본사기자 최룡봉
1949-10-18-007	전체 조선인민의 의사를 명확히 표시하였다	황해도 재녕군 봉천리 농민들	1	본사기자 류민우
1949-10-18-008	리승만괴뢰정부군 또다시 해주세멘트공장을 포격		1	조선중앙통신
1949-10-18-009	비행기와 땅크 건조기금 희사	함흥 류승혁씨 1백만원 희사	1	본사기자 리성빈
1949-10-18-010	비행기와 땅크 건조기금 희사	회녕 라재균씨 30만원 희사	1	
1949-10-18-011	남조선인민무력항쟁치렬		1	조선중앙통신
1949-10-18-012	동기어로의 높은 성과를 당적으로 보장하라		2	주재기자 신기관
1949-10-18-013	년간계획완수투쟁을 성과있게 조직하자	청진시당부에서	2	본사기자 현준극
1949-10-18-014	높은 정치적열성속에서 '조쏘순간'사업을 전개	장연군 락연광산 당단체에서	2	통신원 김순한
1949-10-18-015	'조쏘친선과 쏘베트문화순간'을 성대히 맞이한 조선인민들		2	홍명희

기사번호	제목(title)	부제목(stitle)	면수	필자, 출처
1949-10-18-016	찌또도당은 유고슬라비아공산당을 경찰기구로 만들었다		2	
1949-10-18-017	조선인민들은 해방탑에 화환을 드려 해방과 원조로써 맺어진 쏘련인민과의 친선을 더욱 굳게 하고 있다.		3	
1949-10-18-018	조쏘친선과 쏘베트문화순간	각 직장 농촌 학교 등에서 기념경축대회 성황	3	본사기자 신봉
1949-10-18-019	조쏘량국 인민의 친선체육회	해방산광장에서	3	본사기자 라원근
1949-10-18-020	다채론 기념행사로 순간 맞는 신의주시		3	주재기자 최영환
1949-10-18-021	자기의 맹세를 실천하며 조국보위의 임무완수에	38경비대 김명수소대장	3	본사기자 리성빈
1949-10-18-022	기계가동률 높여 년간계획완수에 개가!	평양특수고무공장 로동자들	3	본사기자 김기초
1949-10-18-023	더 높은 수확을 거두기 위하여	재녕군 재녕면 농민들 추파 완료	3	본사기자 류민우
1949-10-18-024	'유엔조선위원단'의 제3차 연극도 반드시 파탄된다		3	리성용, 창파
1949-10-18-025	항가리 국사범인 라이크 및 그의 공모자들에 대한 공판	전호에서 계속	4	
1949-10-18-026	정권이양에 관한 쏘련정부결정에 전체 독일인민들의 감격과 환호 폭발		4	조선중앙통신
1949-10-18-027	유엔총회 제4차회의 인민민주주의국가들의 '인권준수문제'를 토의	-특별정치위원회에서-	4	조선중앙통신
1949-10-18-028	주중 쏘련대사 로씬씨 주은래외교부장과 회견		4	조선중앙통신
1949-10-18-029	국제직련 및 국제민주녀맹대표 일행 아세아직맹 녀맹대회준비차 북경 도착		4	신화사통신
1949-10-18-030	쏘련녀성대표단 이태리 향발		4	조선중앙통신
1949-10-18-031	중국인민해방군 광동을 해방		4	
1949-10-19-001	아세아근로인민들의 단결은 일층 강화되고 있다	-아세아 및 대양주 직맹대회를 앞두고-	1	
1949-10-19-002	쓰딸린대원수에게 보낸 독일민주주의공화국 대통령 및 림시정부 수상의 답서		1	
1949-10-19-003	김일성수상에게 드리는 편지	국영성진제강소 종업원대회	1	
1949-10-19-004	'유엔조선위원단'을 즉시 해체하라	북조선민주당 부위원장 정성언	1	
1949-10-19-005	전체인민의 총의의 반영	북조선천도교청우당 부위원장 박윤길	1	
1949-10-19-006	4.4분기계획 초과실행을 맹세	성진제강소 종업원대회에서	1	통신원 렴재학
1949-10-19-007	대중을 국제주의사상으로 교양하자		2	본사기자 리수근
1949-10-19-008	광범한 군중을 적극 발동 조국보위후원회사업 전개	명천군 아간면 고참리세포에서	2	
1949-10-19-009	당원들의 선도적역할로 추맥파종을 적기에 보장	태산면 칠성동초급당부 입암분세포에서	2	통신원 김제헌
1949-10-19-010	당단체들의 활동에서 협의제도를 강화하자		2	송학용
1949-10-19-011	찌또도당은 유고슬라비아공산당을 경찰기구로 만들었다	전호에서 계속	2	조명순
1949-10-19-012	조쏘친선과 쏘베트문화순간 경축기념행사 성대히 진행	황해도, 자강도에서	3	주재기자 리문상
1949-10-19-013	각지에 높이 세운 해방탑들에 지성의 화환을 드리는 조선인민들		3	
1949-10-19-014	강연회 광범히 진행	리기영씨를 비롯하여 각계 인사들 다수 출연	3	본사기자 신봉
1949-10-19-015	조쏘인민의 무용좌담회	-지난 17일 문예총에서-	3	본사기자 김춘희
1949-10-19-016	정상적인 훈련으로 포사격에서 최우등	강응산포구분대원들	3	본사기자 리성빈
1949-10-19-017	생산시설의 리용률 높여 질좋은 련탄을 다량생산	사동련탄	3	본사기자 김기초
1949-10-19-018	선진기술습득과 기계보수 철저히	아오지탄광	3	주재기자 김소민
1949-10-19-019	답전작으로 추파 활발히	강원도 화천군 농민들	3	통신원 김관서
1949-10-19-020	북조선적십자사창립 3주년을 기념		3	
1949-10-19-021	로씨아의 작곡가 차이꼽쓰끼-작품에 대하여		3	박영근
1949-10-19-022	항가리 국사범인 라이크 및 그의 공모자들에 대한 공판	전호에서 계속	4	
1949-10-19-023	독일민주주의공화국 대통령과 수상에게 보낸 쓰딸린대원수의 서한에 대한 각국의 반향		4	조선중앙통신
1949-10-19-024	중국인민해방군 전과	백숭희군의 주력부대를 호남성 중부에서 포위섬멸	4	조선중앙통신
1949-10-19-025	민주주의련립정부 수립 요구	불란서공산당 정치국서 호소	4	조선중앙통신
1949-10-19-026	영국공산당에서 총선거운동 개시	런던서 공산당출신 대의원들 연설	4	
1949-10-19-027	국제단신		4	
1949-10-20-001	사회단체사업강화를 위한 당단체들의 역할		1	
1949-10-20-002	전체 염전들에서 기본건설 활발		1	본사기자 정창록
1949-10-20-003	원산교원대학 개교식 거행		1	
1949-10-20-004	도선거위원회조직 완료 선거준비사업 활발히 진행	각 도에서	1	

기사번호	제목(title)	부제목(stitle)	면수	필자, 출처
1949-10-20-005	선거준비사업 진행	평남도에서	1	본사기자 박경석
1949-10-20-006	조선문제는 조선인민자체가 해결한다	북조선기독교련맹 위원장 강량욱	1	
1949-10-20-007	조선인민의 일치한 지향을 표시하였다	평양전구공장 로동자들	1	
1949-10-20-008	조선최고인민회의 제4차회의 총결에 관한 대의원들의 보고회	제156호선거구와 제210호선거구에서	1	
1949-10-20-009	비행기 땅크 건조기금 각지에서 희사 계속		1	
1949-10-20-010	남조선인민무력항쟁치렬		1	조선중앙통신
1949-10-20-011	양양군당단체는 이렇게 투쟁하고있다		2	송학용, 백운학
1949-10-20-012	자유 평화 행복 속에서 풍년맞은 말곡리 마을	양양군 현북면	3	백운학, 송학용
1949-10-20-013	독일민주주의공화국 대통령 빌헬름 피크의 연설	독일의 민족적통일을 위하여 평화와 민주주의를 위하여 쏘련과 또는 전체 평화애호인민들과의 친선을 위하여	4	
1949-10-20-014	독일민주주의공화국 대통령과 수상에게 모택동주석 축전		4	
1949-10-20-015	독일민주주의공화국 대통령과 수상에게 보낸 쓰딸린대원수의 서한에 대한 각국의 반향		4	따쓰통신
1949-10-20-016	중국인민해방군 진격	군항 아모이 해방	4	조선중앙통신
1949-10-21-001	구라파력사에 있어서의 전환점		1	
1949-10-21-002	년간 생산계획량의 기한전완수에 총돌진	북부 각 탄전 로동자들	1	주재기자 김소민
1949-10-21-003	년간계획 완수	륙운사업소들, 해운사업소들에서	1	본사기자 김기초
1949-10-21-004	평남도 각 군선거위원회 조직 완료		1	본사기자 박경석
1949-10-21-005	남조선인민무력항쟁치렬		1	조선중앙통신
1949-10-21-006	인민들의 반대에 겁먹고 괴뢰정부 강제 소개 중지		1	조선중앙통신
1949-10-21-007	'유엔조선위원단'의 존속은 조선에 대한 미제의 내정간섭을 강화하려는것이다	북조선직총 부위원장 정응동	1	
1949-10-21-008	조국통일을 위하여 일층 강력한 투쟁을 전개할뿐	남조선전농대표 리구훈	1	
1949-10-21-009	재일조선인학교를 폐쇄	일본반동정부의 탄압 계속	1	조선중앙통신
1949-10-21-010	사회주의10월혁명 32주년을 앞두고	위대한 로씨야사회주의10월혁명의 국제적의의	2	
1949-10-21-011	당단체의 지도적력량을 일층 강화하자		2	본사기자 송학용
1949-10-21-012	당정치학습의 고상한 사상성을 제고하자!	국영제1인쇄소공장 세포에서	2	

기사번호	제목(title)	부제목(stitle)	면수	필자, 출처
1949-10-21-013	군중정치사업을 강화하여 당장성사업을 정상적으로	강원도 이천군당단체에서	2	주재기자 김만선
1949-10-21-014	조쏘친선과 쏘베트문화순간		3	주재기자 김소민, 본사기자 리성빈
1949-10-21-015	각 공장 기업소 학교 농촌에서 좌담회	평남	3	본사기자 신봉
1949-10-21-016	복쓰문화회관에서 순간을 경축	다채론 기념행사로	3	
1949-10-21-017	쏘베트장병들에게	조쏘친선 및 쏘베트문화순간에 제하여	3	홍순철
1949-10-21-018	쏘련학자들의 강연회 북반부각지에서 성대히 진행		3	본사기자 김춘희
1949-10-21-019	내각지시 받들어 공사완수에 궐기	동평양아빠트건설사업소 로동자들	3	본사기자 김기초
1949-10-21-020	니나 뽀뽀바 저 『사회주의국가의 녀성』을 읽고		3	김원주
1949-10-21-021	항가리 국사범인 라이크 및 그의 공모자들에 대한 공판	249호에서 계속	4	
1949-10-21-022	독일민주주의공화국 대통령과 수상에게 보낸 쓰딸린대원수의 서한에 대한 각국의 반향		4	
1949-10-21-023	유엔총회 제4차회의 전 이태리식민지문제에 관한 결의안토의에서 미영대표들 리비아의 독립을 방해	-정치위원회 분과위원회 10월 12일회의-	4	조선중앙통신
1949-10-21-024	공산당지도자 유죄판결에 미국내 각계에서 항의 비등		4	
1949-10-22-001	조선녀성들의 민주를 위한 강력한 투쟁		1	
1949-10-22-002	조쏘순간경축기념 증산투쟁성과 확대	북반부 광산 공장 들에서	1	본사기자 리인태
1949-10-22-003	현물세납부 진행	함주군과 신흥군에서	1	
1949-10-22-004	군선거위원회 조직 완료		1	
1949-10-22-005	조선인민의 투쟁앞에 미제의 음모는 실패될것이다	전평 부위원장 박세영	1	
1949-10-22-006	조국통일독립을 방해하는 미제의 음모를 분쇄하자	작가 리태준	1	
1949-10-22-007	일본 각지서 조선인학교 폐쇄	맥아더통치하의 일본반동정부 재일동포들에게 계속 만행	1	조선중앙통신
1949-10-22-008	일본각지서 조선인학교 폐쇄	구주지방 조선인학생들 교가 부르며 학교 고수	1	조선중앙통신
1949-10-22-009	조쏘친선과 쏘베트문화순간을 축하하여 쏘련예술대표단 래조		1	조선중앙통신

기사번호	제목(title)	부제목(stitle)	면수	필자, 출처
1949-10-22-010	당교양망체계를 고상한 수준에서 확립하자		2	본사기자 현준극
1949-10-22-011	광범한 증산운동으로 조쏘순간을 의의깊게	성진제강소 초급당부에서	2	통신원 렴재학
1949-10-22-012	군무자가족원호사업에 농민들의 애국열성 추동	재녕군 재녕면 호석동세포에서	2	통신원 정필
1949-10-22-013	당단체들은 추경과 현물세납부 사업을 적극 협조하자		2	북조선로동당 평안도당부 위원장 박영성
1949-10-22-014	조쏘친선과 쏘베트문화순간에 제하여	쏘베트사회주의민족문화의 개화	2	박민우
1949-10-22-015	조쏘친선과 쏘베트문화순간	인민군 협주단과 내무성 극단에서 경축예술공연	3	
1949-10-22-016	쏘련군동상에 화환을 헌납	-남포시 8.15광장에서-	3	
1949-10-22-017	벌목과 운재 작업 활기있게 진행!	혜산림산사업소 대화동작업장	3	본사기자 백운학
1949-10-22-018	쏘련기술자들의 방조로 가축생식에 거대한 성과	국영신계종합농장에서	3	통신원 렴상제
1949-10-22-019	추맥파종 제때에 성과있게 완료	평남 강서군에서	3	
1949-10-22-020	당원들이 선봉이 되여 생산의 파동성을 퇴치	황해도 홀동광산에서	3	주재기자 박덕순
1949-10-22-021	기념출판물 간행	조쏘친선과 쏘베트문화순간에 제하여 조쏘문화협회에서	3	본사기자 신봉
1949-10-22-022	경리일군으로서의 영예를 고수하며	국영평양제침공장 경리과장 전덕창동무	3	본사기자 황경엽
1949-10-22-023	로동행정 사업강화를 위하여 3.4분기로 동행정사업 총결회의	로동성에서	3	본사기자 최치목
1949-10-22-024	로력의 열매	-평남 진지동과수원에서-	3	
1949-10-22-025	리승만도당은 조선인민을 제국주의자들의 노예로 팔려고 흉책한다		3	철민
1949-10-22-026	항가리 국사범인 라이크 및 그의 공모자들에 대한 공판	전호에서 계속	4	
1949-10-22-027	1949년도 제3.4분기 쏘련인민경제 부흥발전과 국가계획실행에 관한 쏘련내각 중앙통계국 보도		4	
1949-10-22-028	미국공산당 중앙위원회 위원장에게 불란서공산당 중앙위원회에서 전보		4	조선중앙통신
1949-10-23-001	승리를 향하여 전진하는 조선인민들		1	
1949-10-23-002	'고삼피'섬유원료로 등장	농림성에서	1	조선중앙통신
1949-10-23-003	현물세납부 진행	각지에서	1	
1949-10-23-004	선거선전원들 각 도에 파견	조국통일민주주의전선 중앙위원회에서	1	본사기자 박경석

기사번호	제목(title)	부제목(stitle)	면수	필자, 출처
1949-10-23-005	평남도 각 면선거위원회 조직진행		1	
1949-10-23-006	'유엔조선위원단'철거시켜 조국통일을 성취하자	북조선농민동맹 위원장 강진건	1	
1949-10-23-007	조선인민의 의사를 무시하는 여하한 결정도 배격한다	민중동맹대표 라승규	1	
1949-10-23-008	비행기와 땅크기금 희사	신천군과 룡강군에서	1	통신원 리종헌, 본사기자 리성빈
1949-10-23-009	남반부인민무력항쟁치렬		1	조선중앙통신
1949-10-23-010	경관까지 동원하여 재일조선인학교 해산	일본반동정부의 만행	1	조선중앙통신
1949-10-23-011	유격전과 의거입북에 당황	미국함대를 남조선에 파견	1	조선중앙통신
1949-10-23-012	당적위임의 정확한 실천을 보장하기 위하여	평양 제2양말공장에서	2	본사기자 리수근
1949-10-23-013	종자개량을 위한 투쟁은 수확고향상의 중요임무	자강도 강계군 강계면 내룡동세포에서	2	주재기자 리문상
1949-10-23-014	군중선동사업강화로 추경을 활발히 추진	자강도 후창군 남신면 양동세포에서	2	
1949-10-23-015	조쏘친선과 쏘베트문화순간에 제하여	쏘련인민의 투쟁적성과는 조선인민에게 승리의 길을 밝혀준다	2	리승엽
1949-10-23-016	수풍발전부의 사업발전을 당단체는 이렇게 보장했다		2	수풍발전부 당부 위원장 김형섭
1949-10-23-017	해방의 은인에게 드리는 전민족적 감사와 영예	해방탑에 각계각층 대표들 화환 헌납	3	조선중앙통신
1949-10-23-018	헌납사 리기영	해방탑에서 각계각층 대표들 화환헌납에서	3	
1949-10-23-019	조선농업발전에 전망주는 쏘련농작물 종자들		3	본사기자 백운학
1949-10-23-020	문학동맹 맹원들의 경축창작활동 활발		3	본사기자 김춘희
1949-10-23-021	청진시 쓰딸린거리 해방탑		3	
1949-10-23-022	조쏘친선과 쏘베트문화순간을 축하하여 래조한 쏘련예술대표단		3	
1949-10-23-023	쏘련예술대표단일행 조선문학예술인들과 교환		3	조선중앙통신
1949-10-23-024	각 도 써클경연대회 인민들의 절찬속에 진행	조쏘친선과 쏘베트문화순간에 제하여	3	본사기자 라원근
1949-10-23-025	순간을 경축하는 다채론 기념행사	각급 학교들에서	3	
1949-10-23-026	기자단회견석상에서의 아.야.위신쓰끼씨의 성명		4	
1949-10-23-027	주쏘 중화인민공화국 초대대사 왕가상씨 모쓰크바 향발		4	조선중앙통신

기사번호	제목(title)	부제목(stitle)	면수	필자, 출처
1949-10-23-028	쏘련정부 독일민주주의공화국 림시정부와의 외교사절단교환을 결정		4	조선중앙통신
1949-10-23-029	파란 체코슬로바키아 불가리아 및 항가리 정부도 외교사절단교환을 결정		4	조선중앙통신
1949-10-23-030	찰다리스 리승만 및 찌또를 비호하는 베빈	유엔총회에서의 베빈의 연설에 대하여	4	『이스베스치』
1949-10-23-031	국제단신		4	
1949-10-23-032	조쏘순간 경축공연안내		4	
1949-10-23-033	독일에 대한 서부렬강의 침략정책의 커다란 타격		4	최동
1949-10-25-001	위대한 쏘련의 선진문화를 적극 섭취하자!		1	
1949-10-25-002	조선최고인민회의 상임위원회에서		1	
1949-10-25-003	기술인재양성사업 활발히 전개	각지에서	1	
1949-10-25-004	년간계획 완수	황해제철소 류산공장, 타루공장, 단천림산에서	1	
1949-10-25-005	림목종자채취 성과있게 진행	북반부산림지대 인민들	1	본사기자 백운학
1949-10-25-006	평남도 각 면선거위원회 조직 완료		1	
1949-10-25-007	현물세납부 진행	정평군과 영흥군에서	1	
1949-10-25-008	아마수매사업 활발히 진행	함남 삼수군 농민들	1	
1949-10-25-009	쏘련의 정당한 제의의 실현을 위해 투쟁하자 룡강군 서부리 농민들	유엔특별정치위원회에서의 조선문제에 관한 비법적결정을 항의하는 박헌영외무상의 성명을 지지하여	1	
1949-10-25-010	조선문제의 해결은 조국전선강령실현에 있다 미술학교 교직원들	유엔특별정치위원회에서의 조선문제에 관한 비법적결정을 항의하는 박헌영외무상의 성명을 지지하여	1	
1949-10-25-011	남반부인민무력항쟁치렬 3부대로 대규모 시가전 경찰서 형무소 공격소탕	-경북 안동 전투상보-	1	조선중앙통신
1949-10-25-012	학교폐쇄 반대한다고 재일동포들 구금	일본반동정부의 만행 계속	1	조선중앙통신
1949-10-25-013	선전원들의 사상정치적수준을 일층 제고하자		2	본사기자 리수근
1949-10-25-014	생산에서 로동자들의 높은 창발성을 위하여	성진제강 주물분세포에서	2	통신원 최돈수
1949-10-25-015	세포위원회의 역할 높여 당정치교양사업을 강화	금천군인민위원회 제2세포에서	2	통신원 박의정
1949-10-25-016	당학교사업의 강화를 위하여		2	북조선로동당 중앙본부 당간부부 부부장 리범순
1949-10-25-017	쏘련의 사회주의농촌경리발전의 승리적 성과		2	농림성 부상 김재욱
1949-10-25-018	열렬한 환호와 우애 속에서 열린 쏘련예술대표단의 경축공연 성황		3	
1949-10-25-019	고상한 인민예술의 진면모를 보았다 문화선전성 문화국장 김경준씨	쏘련예술대표단의 공연을 보고	3	
1949-10-25-020	많은 교훈을 주며 창조적의욕 고무 무용가 리석예씨	쏘련예술대표단의 공연을 보고	3	
1949-10-25-021	건전한 사상성과 고상한 예술성 국립교향악단 단장 김기덕씨	쏘련예술대표단의 공연을 보고	3	
1949-10-25-022	량국인민의 우정을 더 한층 두텁게 했다 조쏘문화협회 중앙본부 선전부장 리종률씨	쏘련예술대표단의 공연을 보고	3	
1949-10-25-023	훌륭한 그 기교에 참으로 경탄했다 피아니스트 백운복씨	쏘련예술대표단의 공연을 보고	3	
1949-10-25-024	헌시	쏘련예술대표단 쓰딸린상계관시인	3	므.느.그리바쵸브
1949-10-25-025	쏘련예술대표단일행 유서깊은 만경대 시찰		3	조선중앙통신
1949-10-25-026	쏘련건축사에 관한 전람회 개최	조쏘문협 중앙본부에서	3	조선중앙통신
1949-10-25-027	투쟁력을 고무하는 진정한 인민의 예술 평양화학공장 로동자 박승욱씨	쏘련예술대표단의 공연을 보고	3	
1949-10-25-028	기본건설 적극 추진하여 년간계획의 완수를 보장	청암광산 로동자들	3	주재기자 김소민
1949-10-25-029	동기의 목재생산 위한 제반준비 활발히 진행	녕원림산작업소 로동자들	3	본사기자 류민우
1949-10-25-030	래년도의 증산은 추경실시로부터	황주군 농민들	3	통신원 리동욱
1949-10-25-031	중화인민공화국 정부주요인사 결정	-중앙인민정부위원회 제3차전원회의-	4	
1949-10-25-032	중국인민해방군부대 신강성 수도에 입성		4	조선중앙통신
1949-10-25-033	유엔총회 제4차회의 '중간위원회' 보고 계속 토의	-특별정치위원회 10월 17일회의	4	조선중앙통신
1949-10-25-034	독자의 질문에 대한 대답	두 제도의 평화적공존에 대하여	4	
1949-10-25-035	공산당지도자 유죄판결에 미국내 각계 반대운동 치렬		4	조선중앙통신
1949-10-26-001	공화국북반부 면 리 인민위원회선거 표어	조국통일민주주의전선 중앙위원회에서	1	
1949-10-26-002	유엔총회 제4차회의 조선문제에 관한 특별정치위원회의 결의안을 비법채택	총회 10월 21일 오전 전원회의	1	조선중앙통신
1949-10-26-003	쏘련예술대표단일동을 초대	조쏘문화협회 중앙본부에서	1	조선중앙통신
1949-10-26-004	집체적지도수준을 일층 제고하자		2	본사기자 송학용

기사번호	제목(title)	부제목(stitle)	면수	필자, 출처
1949-10-26-005	대중교양사업을 강화하여 생산계획실행을 보장하자	평양연초공장 당단체에서	2	
1949-10-26-006	작업의 기계화를 보장하여 년간계획 기한전완수에로	고원탄광 당부에서	2	주재기자 신기관
1949-10-26-007	로동자들의 창발성발휘에 높은 당적관심을 돌리자	해주기계제작소 차륜분세포에서	2	주재기자 박덕순
1949-10-26-008	우리 민족문화의 말살을 음모하는 일본 반동정부의 만행		2	민제
1949-10-26-009	미영제국주의자와 찌또의 흉악한 음모는 폭로되었다	평양통신기계제작소 로동자들	2	
1949-10-26-010	미영제국주의자들의 여하한 흉책도 파탄된다	평북 룡천군 쌍성동 농민들	2	
1949-10-26-011	폭로된 반동의 수치스러운 음모	평양시 민청일군들	2	
1949-10-26-012	애국열성과 로력을 바쳐 군무자가정의 추수 협조	정주군과 자강도 농민들	3	통신원 탁문회, 주재기자 리문상
1949-10-26-013	평북 운흥동 녀맹위원장 조옥복씨		3	
1949-10-26-014	평년작의 2배반이상 다수확을 쟁취한 농민	평남 개천군 개천면 군우3리 한리규농민	3	
1949-10-26-015	인민정권의 고마운 시책 정휴양소의 시설을 확충	로동성에서	3	본사기자 박경석
1949-10-26-016	품위를 부단히 제고하며 년간계획 기한전완수로 매진	함남 신풍광산 로동자들	3	본사기자 리인태
1949-10-26-017	생산능률 높이며 기본건설 활발히	재령광산 로동자들	3	통신원 정필
1949-10-26-018	남반부인민유격대의 전과	4월부터 9월까지의 전과	3	
1949-10-26-019	유엔 제4차총회 안전보장리사회의 비상임위원선거 실시	-전원회의 10월 20일회의에서-	4	조선중앙통신
1949-10-26-020	항가리와 독일민주주의공화국간에 상품교류 및 지불에 관한 협정 조인		4	조선중앙통신
1949-10-26-021	군비축소와 원자무기의 금지문제 토의	-안전보장리사회에서-	4	조선중앙통신
1949-10-26-022	희랍애국자들에 대한 사형을 중지하라! 쏘련각계에서 유엔에 항의	쏘련직총중앙위원회와 쏘련녀성반파쑈위원회 항의문	4	
1949-10-26-023	일본민주진영 통일 강화	일본공산당 정치국원 노자까씨 담	4	조선중앙통신
1949-10-26-024	일본의 진보적인테리겐챠는 반동을 반대하여 투쟁하고있다		4	최운국
1949-10-26-025	각국에서 파업투쟁 치렬		4	조선중앙통신
1949-10-26-026	국제단신		4	
1949-10-27-001	모든 힘과 수단을 다하여 '유엔위원단'의 계속주둔을 배격하자!		1	
1949-10-27-002	세계청년절 기념증산에 청진시 로동청년들 궐기		1	주재기자 김소민

기사번호	제목(title)	부제목(stitle)	면수	필자, 출처
1949-10-27-003	선거자명부 작성 위한 제반준비사업을 진행	각 면인민위원회에서	1	
1949-10-27-004	평안남도 리선거위원회 조직 진행		1	
1949-10-27-005	선거관계자강습 각 도에서 실시		1	
1949-10-27-006	애국미를 헌납	고원군 몽상리 농민들	1	
1949-10-27-007	'유엔위원단'의 금번연극도 파탄시키고야 만다	사동련탄공장 로동자들	1	본사기자 리인태
1949-10-27-008	'유엔위원단'을 몰아내고 평화적통일을 쟁취하자!	대동군 순안면 택암리 농민들	1	
1949-10-27-009	아세아 및 대양주 직맹대회 앞두고 직총에서 기념준비사업 진행		1	본사기자 박경석
1949-10-27-010	남반부인민무력항쟁치렬		1	조선중앙통신
1949-10-27-011	재일조선인교육기관을 리승만도당 횡취 기도		1	조선중앙통신
1949-10-27-012	근로자들의 사상교양에 높은 당적관심을 돌리자		2	본사기자 현준극
1949-10-27-013	정확한 분공조직은 당원들의 실천력을 강화한다	문평아연공장 공작분세포에서	2	통신원 리달우
1949-10-27-014	당단체의 적극협조로써 인민정권을 일층 공고히	자강도 강계군당단체에서	2	주재기자 리문상
1949-10-27-015	로동보호사업강화를 보장 생산능률을 부단히 제고	자강도 후창광산 당단체에서	2	통신원 송태규
1949-10-27-016	면 리 인민위원회선거의 정치적의의		2	김송암
1949-10-27-017	조쏘친선은 조선인민의 승리의 담보이다		2	태성수
1949-10-27-018	불법침입한 적을 신속히 완전소탕	경비대 배윤성구분대원들	3	본사기자 리성빈
1949-10-27-019	활발히 진행되는 고원탄광선공사		3	주재기자 신기관
1949-10-27-020	쏘련예술대표단 북반부 각지 순회		3	조선중앙통신
1949-10-27-021	성어기를 앞둔 명태잡이	신포수산사업소 로동자들	3	본사기자 백운학
1949-10-27-022	영예로운 임무를 완수하기 위하여	재령군 서호면 신환포리 농민들	3	통신원 정필
1949-10-27-023	우량포장지 다량생산에	신의주팔프공장에서	3	주재기자 최영환
1949-10-27-024	8천여석 미곡 증수할 용연저수지공사 활발 전 공정의 80% 진척	함남 영흥군 인흥면에서	3	통신원 김유철
1949-10-27-025	농사기술 향상과 보급을 위해 분투	정주농사시험장에서	3	주재기자 최영환
1949-10-27-026	우리 리인민위원회는 이렇게 사업하였다		3	황주군 성북리인민위원회 위원장 고상윤

기사번호	제목(title)	부제목(stitle)	면수	필자, 출처
1949-10-27-027	농촌경리발전 위해 헌신적으로 분투한 평양시 송신리인민위원회 박경운위원		3	본사기자 박경석
1949-10-27-028	아나또리 쑤로브의『푸른 거리』에 대하여		3	리석진
1949-10-27-029	유고슬라비아정부에 대한 쏘련정부의 각서		4	조선중앙통신
1949-10-27-030	유엔 제4차총회 보도자유에 관한 협약초안심의연기를 결정	-전원회의 10월 20일회의-	4	조선중앙통신
1949-10-27-031	쓰딸린대원수의 서한에 표명된 기대의 실천을 맹세	독일민주주의공화국 림시주련합의원회의	4	조선중앙통신
1949-10-27-032	군비축소와 원자무기의 금지문제 토의 -안전보장리사회에서-	전호에서 계속	4	
1949-10-27-033	미국공산당 지도자 재판	인민들의 항의를 무시코 유죄판결을 언도	4	조선중앙통신
1949-10-27-034	호주공산당 총비서에 대한 유죄판결취소를 요구	영국공산당 총비서의 서한	4	조선중앙통신
1949-10-27-035	공산당지도자 석방운동	미국내 진보적정당단체들 활동	4	조선중앙통신
1949-10-27-036	국제단신		4	
1949-10-28-001	면 리 인민위원회선거와 당선전원들의 임무		1	
1949-10-28-002	체코슬로바키아공화국 내각 수상 자뽀또츠끼각하	체코슬로바키아 독립선포기념일에 제하여	1	
1949-10-28-003	체코슬로바키아공화국 대통령 고뜨왈드각하	체코슬로바키아 독립선포기념일에 제하여	1	
1949-10-28-004	체코슬로바키아공화국 외무상 블라도 클레멘찌스각하	체코슬로바키아 독립선포기념일에 제하여	1	
1949-10-28-005	위대한 사회주의10월혁명 32주년기념준비 진행	조국전선과 조쏘문화협회에서	1	
1949-10-28-006	쏘련예술대표단의 청진공연 대성황		1	조선중앙통신
1949-10-28-007	아세아직업동맹대회 아세아녀성대표대회 준비차 최호민 김귀선씨 북경 향발		1	본사기자 김기초
1949-10-28-008	리승만도당을 반대하여 괴뢰군대 병사들 의거입북		1	조선중앙통신
1949-10-28-009	조선문제의 해결권은 오직 조선인민에게 있다	서평양철도공장 로동자들	1	
1949-10-28-010	침략적내정간섭 물리쳐 평화적조국통일에로!	평북 정주군 운흥동 농민들	1	본사기자 류민우
1949-10-28-011	년간계획완수를 위한 대중적증산투쟁을 적극 추진시키자		2	본사기자 송학용
1949-10-28-012	면화재배성과를 옳게 총화 래년도 다수확을 보장하자	신천군당부에서	2	주재기자 박덕순
1949-10-28-013	위대한 사회주의10월혁명 32주년을 앞두고	10월혁명후 세계에는 이러한 변천들이 생겼다	2	

기사번호	제목(title)	부제목(stitle)	면수	필자, 출처
1949-10-28-014	쏘련공산당(볼쉐위끼) 교양체계에서의 새로운 학습년도		2	
1949-10-28-015	원쑤들의 만행 박차고 년간계획완수에 개가	삼보광산 로동자들	3	통신원 박의정
1949-10-28-016	지질에 맞는 우량종자로 맥류파종을 적기에 완료	강원도 화천군 농민들	3	통신원 김관서
1949-10-28-017	제1회체육절기념 전국종합체육대회 준비		3	
1949-10-28-018	물질문화유물조사보존사업 진척	제1차 '물보'관하 학술부장회의	3	본사기자 라원근
1949-10-28-019	우리 면인민위원회는 이렇게 사업하였다		3	평원군 공덕면인민위원회 위원장 김달영
1949-10-28-020	공화국경비대의 안내를 받는 의거병		3	
1949-10-28-021	제 묘혈을 파는 리승만매국도당	금년에도 추곡수탈 강행	3	조선중앙통신
1949-10-28-022	괴뢰정부의 '면화매상'책 1천만근을 강탈기도		3	조선중앙통신
1949-10-28-023	남조선에서의 검거투옥 격증	그 80%는 '국가보안법'위반	3	조선중앙통신
1949-10-28-024	형무소 증축 형무관 증원	매국도당의 단말마적발악	3	조선중앙통신
1949-10-28-025	유엔 제4차총회 희랍애국자들에 대한 사형취소 요구 쏘련대표단 특별결의안 제출	-정치위원회 10월 24일회의-	4	조선중앙통신
1949-10-28-026	중화인민공화국 독일민주주의공화국과의 외교관계설정을 결정		4	조선중앙통신
1949-10-28-027	각국 정부에 보내는 독일민주주의공화국 외무성성명		4	
1949-10-28-028	공산당지도자들에 대한 유죄판결에 미국내 반대항의운동 치렬		4	조선중앙통신
1949-10-28-029	미국직맹관료들은 월가의 충복		4	박근직
1949-10-28-030	미국공산당 지도자 판결에 각국서 항의		4	조선중앙통신
1949-10-28-031	미국공산당 지도자 유죄판결에 데니스와 데이비스 항의성명		4	조선중앙통신
1949-10-28-032	『근로자』 제19호		4	로동신문사 잡지편집국
1949-10-29-001	동기벌목 및 운재준비에 만전을 기하자		1	
1949-10-29-002	경공업부문 각 공장들 년간계획완수에 돌진		1	본사기자 김기초
1949-10-29-003	평양공업대학 제1기 졸업식		1	본사기자 라원근
1949-10-29-004	면선거위원회 속속 조직 완료		1	
1949-10-29-005	선거관계문건 각 도에 발송		1	본사기자 박경석

기사번호	제목(title)	부제목(stitle)	면수	필자, 출처
1949-10-29-006	선거통신을 보장하기 위하여 체신성에서 중앙지도부 조직		1	
1949-10-29-007	비행기와 땅크기금 희사	재녕군 농민들	1	
1949-10-29-008	비행기와 땅크기금 희사	함흥시내 기업가 상인들 1천여만원을 희사	1	조선중앙통신
1949-10-29-009	비행기와 땅크기금 희사	순천군에서	1	
1949-10-29-010	우리 보건사업에 방조를 준 쏘련의 학자를 위한 축하회	27일 인투리쓰트호텔에서	1	본사기자 신봉
1949-10-29-011	위대한 사회주의10월혁명 32주년기념준비 진행	황해제철소에서	1	
1949-10-29-012	미제의 조선침략흉책을 절대 배격한다!	사리원보선구 로동자들	1	
1949-10-29-013	쏘련과의 친선을 굳게 하여 평화적조국통일 달성하자	김일성종합대학 학생들	1	
1949-10-29-014	위대한 10월혁명 32주년기념에 참가하기 위하여 조선문화활동가일행 모쓰크바 향발		1	조선중앙통신
1949-10-29-015	학습총화사업을 형식적으로 진행하는 경향과 투쟁하라	평양시 북구역당부에서	2	김선락
1949-10-29-016	당원들의 핵심적역할로 의무교육준비사업 활발	명천군 동면당단체에서	2	주재기자 김소민
1949-10-29-017	직장내 문화사업을 더욱 활발히 전개하자	평양전구공장 초급당부에서	2	본사기자 현준극
1949-10-29-018	상품류통을 강화하여 생활필수품수요를 만족시키자		2	상업상 장시우
1949-10-29-019	쏘베트시문학을 섭취함에 있어서 경험과 교훈		2, 3	북조선문학예술총동맹 서기장 민병균
1949-10-29-020	침입한 원쑤소탕전에서 용감성 발휘한 경비대원	-음파산전투에서-	3	본사기자 리성빈
1949-10-29-021	쏘련기술자의 방조받아 우량한 종이를 다량생산	-길주팔프공장에서-	3	주재기자 김소민
1949-10-29-022	년간계획 초과생산에로	평양연초공장 로동자들	3	
1949-10-29-023	가축은 늘고 생활은 향상	희천군 희천면 가라지동 농민들	3	주재기자 리문상
1949-10-29-024	방설장치 비롯하여 월동준비 성과있게	-아오지탄광에서-	3	주재기자 김소민
1949-10-29-025	맑고 평화로운 가을 하늘아래 벌마다 오곡이 무르익는 북반부		3	
1949-10-29-026	지방인민정권기관의 일층강화를 위하여	농촌경리발전에 헌신분투한 희천군 장동면인민위원회 왕정흡 위원	3	본사기자 백운학
1949-10-29-027	지방인민정권기관의 일층강화를 위하여	대동군 택암리인민위원회 한기도위원	3	

기사번호	제목(title)	부제목(stitle)	면수	필자, 출처
1949-10-29-028	유엔제4차총회 쏘말리랜드에 대한 후견형태문제 토의	-정치위원회분과위원회-	4	조선중앙통신
1949-10-29-029	루마니아 독일 량국간 외교사절단 교환 결정		4	조선중앙통신
1949-10-29-030	영국평화옹호대회 성황	평화를 위한 투쟁을 절규	4	조선중앙통신
1949-10-29-031	루이 아라공의 시민권박탈에 각국에서 항의 비등		4	조선중앙통신
1949-10-29-032	국제정세개관		4	
1949-10-30-001	위대한 로씨아사회주의10월혁명 제32주년기념일을 앞두고		1	
1949-10-30-002	평화옹호세계대회 확대위원회 귀중	확대위원회를 축하하여	1	
1949-10-30-003	세계평화옹호 불란서민족위원회 귀중	불란서의 시인인 루이 아라공씨가 불란서반동정권당국으로부터 시민권을 박탈당한데 대하여	1	
1949-10-30-004	조선인민의 단결된 힘을 더한층 발휘하자!	선교련탄공장 로동자들	1	
1949-10-30-005	증산과 조국보위후원에 더욱 열성을 기울이겠다	안악군 용문면 상덕리 농민들	1	
1949-10-30-006	레닌공산청년동맹창립 31주년기념보고회	28일 민청중앙위원회에서	1	본사기자 김전
1949-10-30-007	선거준비사업 활발	각지에서	1	본사기자 박경석
1949-10-30-008	유격대 진주시에 돌입 의거'해병대' 호응 합류	괴뢰군경 격파하며 진공	1	조선중앙통신
1949-10-30-009	8.15해방 4주년기념종합전람회 회기 연장		1	조선중앙통신
1949-10-30-010	근로자들의 월동준비사업 성과있게 협조하자	평양화학공장 초급당단체에서	2	본사기자 현준극
1949-10-30-011	추경의 급속한 완료 위해 농민들을 광범히 발동	재령군 북률면 면포등세포에서	2	통신원 정필
1949-10-30-012	당원들의 1년간학습을 높은 수준에서 총화하자	철산군 참면으보농 2세포에서	2	통신원 심창락
1949-10-30-013	위대한 사회주의10월혁명 32주년을 앞두고 쏘베트이데올로기는 가장 진보적이데올로기이다	『쁘라우다』지 사설	2	
1949-10-30-014	과거경험을 옳게 살려 금번 선거의 승리를 보장하자		2	당중앙본부 군중선동과장 차도순
1949-10-30-015	학습에 열성하며 적을 소탕함에 용감	38경비대 오윤돈구분대	3	본사기자 김전
1949-10-30-016	로력조직 합리화하여 년간계획완수를 보장	단천광산 로동자들의 투쟁성과	3	본사기자 리인태
1949-10-30-017	다수확을 위한 우량종자확보에	안악군 룡순면 신류리 농민들	3	주재기자 박덕순
1949-10-30-018	평북 정주군 현물세 수납장 입구		3	

기사번호	제목(title)	부제목(stitle)	면수	필자, 출처
1949-10-30-019	지방인민정권기관의 일층 강화를 위하여 선거선전사업을 열성적으로 협조	민청, 평철에서	3	본사기자 박경석, 리성섭
1949-10-30-020	의거입북한 병사들의 담화 남녀로소를 무차별 학살	리승만괴뢰정부군대 제1사단 11련대소속 1등병 리종학씨 담	3	
1949-10-30-021	리승만반역도당의 위기		3	리현
1949-10-30-022	식민지인민들에게 자유를 주며 예속국가에서 군대를 철거하라	-영국평화옹호대회의 토론-	4	조선중앙통신
1949-10-30-023	미국군사기지화에 반대	영국평화옹호위원회 항의	4	조선중앙통신
1949-10-30-024	미국공산당 지도자들을 즉시 석방하라!	각국에서 석방운동 치렬화	4	조선중앙통신
1949-10-30-025	영국내각의 총사직을 요구	로동당정부 난관에 봉착	4	조선중앙통신
1949-10-30-026	체코슬로바키아정부 미국대사관에 각서 전달		4	조선중앙통신
1949-10-30-027	불가리아인민경제의 새로운 향상	3.4분기 계획실행총화 발표	4	조선중앙통신
1949-10-30-028	백이의 평화옹호전국대회	평화애호인민들의 단결을 호소	4	따쓰통신
1949-10-30-029	유엔의 친우들과 원쑤들	유엔창설 4주년에 관한 『쁘라우다』지의 론평	4	조선중앙통신
1949-10-30-030	체코슬로바키아와 중국청년우호단결대회 개최		4	조선중앙통신
1949-10-30-031	제 인민의 가족적단란속에서		4	위민순
1949-10-30-032	루르국제관리문제를 싸고 미영간의 갈등 격화		4	조선중앙통신
1949-10-30-033	중화인민공화국 중앙인민정부 각부 및 주요기관 사업 개시		4	조선중앙통신
1949-10-30-034	국제단신	덴마크	4	
1949-11-01-001	군무자가족에 대한 원호사업을 일층 강화하자!		1	
1949-11-01-002	년간계획 완수	여러 광산, 공장들에서	1	
1949-11-01-003	현물세납부 진행	여러 군들에서	1	통신원 홍기성
1949-11-01-004	선거준비사업 활발	각지에서	1	본사기자 박경석
1949-11-01-005	‘유엔위원단’절대배격 조국의 통일을 쟁취하자	평양중앙기계제작소 로동자들	1	
1949-11-01-006	원쑤들을 타도하기 위하여 더욱 증산에 분투하자	검덕광산 로동자들	1	
1949-11-01-007	사회주의10월혁명 32주년기념준비	-곡산공장에서-	1	본사기자 리인태
1949-11-01-008	아세아녀성대회 앞두고 조선녀성들 기념준비 진행		1	본사기자 김춘희
1949-11-01-009	쏘련예술대표단일행 성진 함흥을 방문		1	조선중앙통신
1949-11-01-010	빛나는 업적 남기고 쏘련보건일군일행 귀국		1	
1949-11-01-011	초급당단체에 대한 조직적지도의 질을 향상시키자	동평양제작소 당부일군들	2	본사기자 송학용
1949-11-01-012	금년도의 경험을 토대로 래년도 농업증산준비 추진	련천군 삭녕면 여척리세포에서	2	통신원 렴상익
1949-11-01-013	군무자가족들의 월동준비협조에 농민들을 적극 추동	온성군 미포면당단체에서	2	통신원 박용
1949-11-01-014	위대한 사회주의10월혁명 32주년을 앞두고	쏘련은 평화를 위한 투쟁에서 세계민주력량을 자기 주위에 튼튼히 집결시키고있다	2	김승화
1949-11-01-015	1950년도 농업증산준비를 철저히 하자		2	북조선농민동맹 중앙위원회 부위원장 현칠종
1949-11-01-016	제1회체육절기념 전국종합체육대회 개막		3	
1949-11-01-017	공장을 보위하면서 년간계획 기한전 완수에로	해주세멘트공장 로동자들	3	주재기자 박덕순
1949-11-01-018	확장발전되는 국립정평종마목장		3	통신원 김상원
1949-11-01-019	지방인민정권기관의 일층강화를 위하여	우리 리인민위원회는 이렇게 사업하였다	3	룡강군 룡강면 서부리인민위원회 위원장 홍준호
1949-11-01-020	추수와 추경에 분망한 농민들	-운흥벌에서-	3	본사기자 류민우
1949-11-01-021	제주도유격대 진공 계속	모슬포에서 괴뢰군 1개 중대 섬멸	3	조선중앙통신
1949-11-01-022	전남 순천군 황전면에서 3백여명 유격대에 입대		3	조선중앙통신
1949-11-01-023	경북 김천군 증산지서를 소탕		3	조선중앙통신
1949-11-01-024	전남 장성군에서 괴뢰군 1개 중대 격멸		3	조선중앙통신
1949-11-01-025	제 묘혈을 파는 리승만매국도당	강제공출시킨 가마니를 다량으로 일본에 수출	3	조선중앙통신
1949-11-01-026	방송청취료금 대폭 인상		3	조선중앙통신
1949-11-01-027	유엔 제4차총회 희랍애국자 사형중지에 대한 쏘베트대표단의 결의안 토의	-정치위원회 10월 24일회의-	4	조선중앙통신
1949-11-01-028	중화인민공화국을 경축	자유희랍정부 수상 축전	4	조선중앙통신
1949-11-01-029	쏘련문학에 대한 독일인민들의 관심		4	
1949-11-01-030	각계 인민대표자회의 중국 각 도시에서 진행		4	조선중앙통신
1949-11-01-031	미국 탄광과 강철부문 로동자들의 파업 계속	트루맨은 강제진압 언명	4	조선중앙통신, 창파
1949-11-01-032	라지오	11월 1일	4	
1949-11-02-001	동기철도운수사업의 강화를 위하여		1	

기사번호	제목(title)	부제목(stitle)	면수	필자, 출처
1949-11-02-002	조선민주주의인민공화국 내각 수상 김일성각하	체코슬로바키아공화국 독립기념일에 제하여	1	
1949-11-02-003	선거준비사업 활발	각지 군들에서	1	본사기자 백운학, 통신원 안체희
1949-11-02-004	2개년계획을 완수하여 민주기지를 더욱 튼튼히	평산군륙운사업소 로동자들	1	
1949-11-02-005	미제국주의자들의 흉악한 음모책동을 분쇄하자!	창성군 림산동 농민들	1	
1949-11-02-006	비행기와 땅크기금 희사		1	조선중앙통신, 주재기자 최영환, 통신원 정명걸
1949-11-02-007	쏘련예술대표단일행 흥남과 원산서 공연		1	조선중앙통신
1949-11-02-008	최호민 김귀선 량씨 북경 도착		1	조선중앙통신
1949-11-02-009	리승만도당의 야만적폭행	조선식물학계의 권위자 장형두씨를 고문치사	1	조선중앙통신
1949-11-02-010	삼엄히 무장한 미국함대 인천 입항		1	조선중앙통신
1949-11-02-011	당원들과의 담화의 방법으로 학습총화를 진행하자	평양기구제작소세포에서	2	본사기자 현준극
1949-11-02-012	추수와 현물세 및 추경에 당원들의 선도적역할 제고	안변군 안변면 비운리세포에서	2	통신원 송준관
1949-11-02-013	당적위임을 충실히 실행 년간계획 기한전 완수 보장	청진방적공장에서	2	주재기자 김소민
1949-11-02-014	선거선전과 출판물들의 과업		2	당중앙본부 출판과장 류정하
1949-11-02-015	축산업발전을 위하여		2	농림성 축산국장 리태화
1949-11-02-016	우수한 땅크병	김기선땅크구분대 한리선특무상사	3	본사기자 리성빈
1949-11-02-017	생산협의회역할 높여 계획량 초과완수 보장	-문천탄광직장위원회 사업에서-	3	통신원 리달우
1949-11-02-018	벼다수확에 우수한 기록!	우리 당원 리화석농민	3	본사기자 신언룡
1949-11-02-019	영원히 살아있어라		3	므.느.그리쵸브 작, 홍종린 역
1949-11-02-020	제1회체육절기념 전국종합체육대회	-제2일-	3	본사기자 라원근

기사번호	제목(title)	부제목(stitle)	면수	필자, 출처
1949-11-02-021	지방인민정권기관의 일층강화를 위하여	우리 리인민위원회는 이렇게 사업하였다	3	자강도 강계군 강계면 명륜리 인민위원회 위원장 박선수
1949-11-02-022	선거선전사업 협조	녀맹	3	
1949-11-02-023	이동연예대 각지에 파견	문화선전성에서	3	본사기자 박경석
1949-11-02-024	인천항에 들어온 미국의 함대도 리승만 도당을 구원치 못할것이다		3	승원
1949-11-02-025	유엔 제4차총회 희랍애국자 사형중지에 대한 쏘련대표의 결의안 계속 토의	-정치위원회 25일회의-	4	조선중앙통신
1949-11-02-026	시인 루이 아라공 무죄석방	불란서반동들의 죄악상 폭로	4	조선중앙통신
1949-11-02-027	쥴모크는 재판에 회부되여야 한다	-루이 아라공 론설-	4	조선중앙통신
1949-11-02-028	전쟁방화자들은 리성을 잃었다		4	림혁
1949-11-02-029	인도네시아파송을 거부코 화란군병사들 폭동		4	조선중앙통신
1949-11-02-030	인도네시아파송을 다수 화란병사들 거부		4	조선중앙통신
1949-11-02-031	중국인민해방군의 전과	광동서 남에서 전과 확대	4	조선중앙통신
1949-11-02-032	라지오	11월 2일	4	
1949-11-03-001	11월 3일 민주 첫 선거 3주년		1	
1949-11-03-002	황해제철소 제4호평로 출강식 거행		1	
1949-11-03-003	선거준비사업 활발	신흥군, 녕변군에서	1	본사기자 박경석, 통신원 위정산, 김왈수
1949-11-03-004	현물세납부 활발	각도에서	1	
1949-11-03-005	추경 활발히 진행	자강도와 평북도에서	1	
1949-11-03-006	조선문제에 관한 유엔총회 제4차회의의 비법적결정을 전조선인민은 절대배격한다!	신의주기관구 종업원들, 자강도 전천군 남동농민들	1	
1949-11-03-007	사회주의10월혁명 32주년기념준비	흥남비료공장에서	1	주재기자 신기관
1949-11-03-008	쏘련예술대표단일행 강계에서 공연		1	조선중앙통신
1949-11-03-009	쏘련예술대표단 뻬드롭교수 극예술인들과 좌담		1	조선중앙통신
1949-11-03-010	11월 3일을 로동일로 내각에서 결정		1	조선중앙통신
1949-11-03-011	남반부인민무력항쟁치렬 광주시내에서 격전	괴뢰군경의 '기마대'본부 소탕	1	조선중앙통신
1949-11-03-012	민청초급단체 1년간 사업총화를 적극 협조하자	남구역당부에서	2	본사기자 송학용
1949-11-03-013	학습총화의 경험교환으로 결점시정코 우점을 일반화	문천군당부에서	2	통신원 리달우
1949-11-03-014	당단체의 주동적역할로 선거준비사업 활발히 진척	평남도당단체에서	2	

기사번호	제목(title)	부제목(stitle)	면수	필자, 출처
1949-11-03-015	11월 3일 민주 첫 선거의 력사적의의에 대하여		2	김택영
1949-11-03-016	광주학생운동 20주년		2	북조선민주청년동맹 중앙위원회 위원장 현정민
1949-11-03-017	조국과인민을 위하여 전투력의 강화에로! 자기 임무 완수에 항상 용감성 발휘	38경비대 노춘삼부분대장	3	본사기자 김전
1949-11-03-018	제1회체육절기념 전국종합체육대회	-제3일-	3	본사기자 라원근
1949-11-03-019	우량한 종축 다량생산에	중앙축산시험장에서	3	본사기자 류민우
1949-11-03-020	년간계획 기간단축경쟁으로 승리의 기발 쟁취에 궐기	평양시 로동청년열성자회의	3	본사기자 리성빈
1949-11-03-021	자급비료 풍부히 준비하는 농민들	희천군 동면 갈현동에서	3	주재기자 리문상
1949-11-03-022	지방 인민정권기관의 일층 강화를 위하여	농맹, 궁심탄광, 평남도체신부	3	통신원 심철, 본사기자 박경석
1949-11-03-023	나의 벼다수확을 위한 투쟁		3	강원도 철원군 철원면 외촌리 리화석
1949-11-03-024	유엔 제4차총회 희랍애국자 사형중지에 대한 쏘련대표의 결의안 계속 토의	-정치위원회 25일회의-	4	조선중앙통신
1949-11-03-025	중화인민공화국 대사 모쓰크바에 도착		4	조선중앙통신
1949-11-03-026	인도네시아에서의 월 스트리트의 음모		4	강덕홍
1949-11-03-027	아세아녀성대회 개최는 12월 6일로 결정		4	조선중앙통신
1949-11-03-028	맥아더는 대일점령을 영구화한다	-악씨옹지 론평-	4	
1949-11-03-029	불란서수상에 비도 취임		4	
1949-11-03-030	라지오	11월 3일	4	
1949-11-04-001	지방주권기관 강화에 더 일층 심중한 당적주목을 돌리자		1	
1949-11-04-002	약진하는 화학공업		1	본사기자 김기초
1949-11-04-003	년간계획 완수	주을요업에서	1	
1949-11-04-004	선거준비사업 활발	각도에서	1	
1949-11-04-005	인민의 단결을 굳게 하여 원쑤를 타도분쇄하자	곡산광산 로동자들	1	주재기자 박덕순
1949-11-04-006	통일독립을 위한 투쟁을 막을자는 없다	황주군 제안리 농민들	1	
1949-11-04-007	리승만도당이 감행한 식물학계의 권위자 장형두씨 고문학살에 대하여 북반부 과학자 교육가 항의성명	북반부의 저명한 학자 교육가들의 회의	1	

기사번호	제목(title)	부제목(stitle)	면수	필자, 출처
1949-11-04-008	학습총화경험을 충분히 살려 총화회의를 준비하자		2	본사기자 송학용
1949-11-04-009	사회단체를 적극 발동 현물세 리적완납을 보장	고원군 군내면 몽상리세포에서	2	통신원 신항식
1949-11-04-010	당적관심을 깊이 돌려 동기대책을 성과있게	락연광산 초급당부에서	2	통신원 김순한
1949-11-04-011	위대한 사회주의10월혁명 32주년 앞두고	쏘련군대는 류혈적투쟁으로 조선인민을 해방시키였다	2	최고재판소 부소장 김동철
1949-11-04-012	남반부인민들의 무장투쟁은 날이 갈수록 치렬화하여간다		2	일명
1949-11-04-013	튼튼한 체구로써 다같이 조국보위에	평양전구공장 민청원들	3	본사기자 황경엽
1949-11-04-014	(사회주의 10월혁명 32주년을 기념하여 군무자들이 정성들여 건립한 조쏘친선탑!)	-조선인민구대 유성걸구분대에서-	3	
1949-11-04-015	월동준비 착착 완료	라흥기계제작소	3	통신원 박경림
1949-11-04-016	제1회체육절기념 전국종합체육대회 폐막		3	본사기자 라원근
1949-11-04-017	우리 리인민위원회는 이렇게 사업하였다		3	박천군 량가면 련담리인민위원회 위원장 김형근
1949-11-04-018	선거선전 활발히	봉산군 령천면 강락리 선거선전대	3	본사기자 리성법
1949-11-04-019	나의 벼다수확을 위한 투쟁	전호에서 계속	3	강원도 철원군 철원면 의촌리 리화석
1949-11-04-020	유엔 제4차총회 희랍애국자 사형중지에 대한 쏘련대표의 결의안 계속 토의	-정치위원회 10월 26일회의-	4	조선중앙통신
1949-11-04-021	호주공산당 총비서에 대한 란포한 재판		4	김민수
1949-11-04-022	평화옹호세계대회 상설위원회회의		4	조선중앙통신
1949-11-04-023	라지오	11월 4일	4	
1949-11-05-001	생산직장내 당사업을 구체적으로 진행하자		1	
1949-11-05-002	김일성장군에게 드리는 메쎄지	평안남도 강동군 인민일동	1	
1949-11-05-003	김일성장군동상제막식 영예와 기쁨 속에서 거행	11월 3일 승호리역전공원에서	1	본사기자 박경석
1949-11-05-004	김일성장군동상 좌대에 조각한 헌시		1	
1949-11-05-005	위대한 사회주의10월혁명 32주년기념준비 진행	유성걸부대, 김일성대학에서	1	본사기자 리성빈, 신봉
1949-11-05-006	전국제1차외과학대회 개최에 관하여 공화국남반부의 전체 보건활동가들에게 보내는 공개서한		2	

기사번호	제목(title)	부제목(stitle)	면수	필자, 출처
1949-11-05-007	새학습년도 학습회지도자의 선발배치와 그들의 교양수준제고를 위한 사업에 대하여		2	당중앙본부 교양과 지도원 리준근
1949-11-05-008	당단체들은 선거선전사업을 활발히 전개하자		2	송학용
1949-11-05-009	기관차의 운용효률 높이며 년간화물수송계획 기한전완수에 매진	고원기관구 로동자들	3	본사기자 리인태
1949-11-05-010	쏘련예술대표단 신의주에서 공연		3	조선중앙통신
1949-11-05-011	2단양수기 설치로 자연의 재해를 극복	문천군 황성리 농민들	3	통신원 리달우
1949-11-05-012	"잠시라도'국방군'에 종사했던것을 생각하면 수치스럽기 그지없습니다"하며 철모를 벗어드는 의거병에게 공화국경비대원들은 따뜻한 형제적 위로와 격려를 주고있다.		3	
1949-11-05-013	선거를 증산으로	연백군 농민들	3	
1949-11-05-014	인민반에 침투하여 실정에 알맞게 해설	안주군 연호면 선거선전원들	3	본사기자 최룡봉
1949-11-05-015	선거선전사업 협조	조쏘문화협회와 중앙전신국에서	3	본사기자 신봉, 박경석
1949-11-05-016	의거입북한 병사들의 담화 공화국경비대는 진정한 인민의 리익의 수호자이다	괴뢰정부군대 제1사단 제13련대소속 2등병 최일호씨 담	3	
1949-11-05-017	남반부 인민무력항쟁! 진주동북방 미천에서 괴뢰군의 4개 중대 섬멸	진주주둔 '해병대'폭동사건속보	3	조선중앙통신
1949-11-05-018	남반부 인민무력항쟁!	지리산인민유격대 삼장지서 등을 소탕	3	조선중앙통신
1949-11-05-019	유엔 제4차총회 희랍에서의 사형집행 유예에 관한 에쿠아도르대표의 결의안 채택	-정치위원회 10월 27일회의-	4	조선중앙통신
1949-11-05-020	평화옹호세계대회 상설위원회경축대회 로마에서 성황		4	조선중앙통신
1949-11-05-021	경찰의 만행에 반대항의	이태리에서 8시간 총파업	4	조선중앙통신
1949-11-05-022	이태리정부 위기에 직면	사라가트당 대신들 사직	4	조선중앙통신
1949-11-05-023	서독공업쟁탈전으로 미영간 모순 더욱 격화		4	조선중앙통신
1949-11-05-024	10월혁명기념경축 영화상영		4	
1949-11-06-001	위대한 사회주의10월혁명 32주년		1	
1949-11-06-002	년간계획 완수	각지 광산, 공장들에서	1	주재기자 박덕순
1949-11-06-003	현물세납부 활발	각 군들에서	1	
1949-11-06-004	반동에 대한 경각성 높여 선거승리 위해 분투하자	재녕군 양산리 농민들	1	본사기자 류민우

기사번호	제목(title)	부제목(stitle)	면수	필자, 출처
1949-11-06-005	선거준비사업 활발	공화국북반부 전지역에서	1	본사기자 황경엽, 주재기자 신기관
1949-11-06-006	통일독립을 위한 투쟁에서 온갖 정력 기울여 싸우자	음악동맹 일군들	1	
1949-11-06-007	위대한 사회주의10월혁명 32주년 기념보고대회 성황	평양문화회관에서	1	조선중앙통신
1949-11-06-008	쏘련예술대표단 남포에서 공연		1	조선중앙통신
1949-11-06-009	평양시 애국적 기업가 상인 비행기 17대 헌납		1	조선중앙통신
1949-11-06-010	남반부인민무력항쟁 치렬 광주시내에 재차돌입격전	괴뢰군의 헌병대를 소탕	1	조선중앙통신
1949-11-06-011	2천여명의 면민궐기 악질분자를 대거 처단	전남 령광군 대마면에서	1	조선중앙통신
1949-11-06-012	경남 거창 함양간에서 괴뢰군경용철도 절단	지리산인민유격대의 전과	1	조선중앙통신
1949-11-06-013	위대한 10월혁명에서 전취한 쏘베트주권의 공고화를 위하여		2	
1949-11-06-014	사회주의건설을 완성코	쏘련	2	
1949-11-06-015	인류평화의 수호자로	쏘련	2	
1949-11-06-016	공산주의를 향하여!	쏘련	2	
1949-11-06-017	량극의 두 세계와 두 체계		2	
1949-11-06-018	전후 급속히 복구발전되는 쏘베트공업의 한모습	자뽀로지 쓰따리종합공장에서	2	
1949-11-06-019	불멸의 위훈을!	10월혁명의 산아 쏘베트군대	3	
1949-11-06-020	우리를 원조하는 진정한 벗	쏘련	3	
1949-11-06-021	쏘련애국주의에서 나는 이렇게 배웠다		3	조선인민군대 군관 리영일
1949-11-06-022	산업발전에서	우리를 적극 원조하는 쏘련인민들	3	
1949-11-06-023	농업발전에서	우리를 적극 원조하는 쏘련인민들	3	
1949-11-06-024	연극「매의 날음」의 한장면		3	
1949-11-06-025	(흥남비료공장 변류공장)		3	
1949-11-06-026	예술문화에서	우리를 적극 원조하는 쏘련인민들	3	
1949-11-06-027	기발을 우러러	사회주의10월혁명 32주년을 맞으며	3	민병균
1949-11-06-028	위대한 사회주의10월혁명 32주년 기념행사 각국에서 성대히 진행		4	조선중앙통신
1949-11-06-029	평화와 민주를 위하여	쏘련잡지『아그뇨끄』지에서	4	

기사번호	제목(title)	부제목(stitle)	면수	필자, 출처
1949-11-06-030	칼컷타시 정무원 파업 계속		4	따쓰통신
1949-11-06-031	평화옹호세계대회 상설위원회 회의	위원들을 새로 선거코 폐막	4	조선중앙통신
1949-11-06-032	찌또도당 대표를 상설위원회에서 추방할데 관한 결정서		4	조선중앙통신
1949-11-06-033	미국 호주 희랍 정부의 불법판결에 중국 민주정당단체 항의		4	조선중앙통신
1949-11-06-034	중국국민당 민주주의그루빠들 단일단체 합동운동 진전		4	조선중앙통신
1949-11-06-035	동구라파에 주재하는 미국대사들의 회담		4	조선중앙통신
1949-11-06-036	국제단신		4	따쓰통신
1949-11-06-037	민주주의 및 사회주의 진영은 장성강화 되고있다		4	강순
1949-11-06-038	『근로자』 제20호 내용		4	로동신문사 잡지편집국
1949-11-07-001	(레닌동지)		1	
1949-11-07-002	(쓰딸린동지)		1	
1949-11-07-003	쏘베트사회주의공화국련맹 내각 수상 쏘베트련맹 대원수 이.브.쓰딸린각하	위대한 사회주의10월혁명 32주년에 제하여	1	
1949-11-07-004	위대한 쓰딸린대원수에게	위대한 로씨아 사회주의10월혁명 32주년경축 조국통일민주주의전선 평양시기념대회	1	
1949-11-07-005	쏘베트사회주의공화국련맹 최고쏘베트 상임위원회 위원장 스웨르니끄각하	위대한 사회주의10월혁명 32주년에 제하여	1	
1949-11-07-006	위대한 로씨아 사회주의10월혁명 32주년 기념보고	리승엽	2, 3, 4	
1949-11-07-007	쏘베트사회주의공화국련맹 외무상 위신쓰끼각하	위대한 사회주의10월혁명 32주년에 제하여	2	
1949-11-07-008	위대한 사회주의10월혁명 32주년경축 조국전선 평양시기념대회		3	조선중앙통신
1949-11-07-009	10월혁명기념보고대회 각 지방에서 성대히 거행		4	조선중앙통신
1949-11-07-010	유엔 제4차총회 유엔신가입문제 토의	특별정치위원회 10월 31일회의	4	조선중앙통신
1949-11-07-011	쏘련최고쏘베트 상임위원회 위원장 주쏘중화인민공화국 대사를 접견		4	조선중앙통신
1949-11-07-012	미국에서의 깽행위		4	김동민
1949-11-07-013	찌또도당의 테로정책에 대한 유고슬라비아인민들의 불만은 날로 높아가고있다		4	조선중앙통신
1949-11-07-014	평화옹호세계대회 상설위원회 회의에서 국제평화상을 제정		4	조선중앙통신
1949-11-07-015	국제단신		4	조선중앙통신

기사번호	제목(title)	부제목(stitle)	면수	필자, 출처
1949-11-09-001	위대한 사회주의10월혁명 32주년기념 1949년 11월 6일 모쓰크바시 쏘베트경축회의에서 진술한 그.므.말렌꼬브의 보고		1, 2, 3	
1949-11-09-002	독일민주주의공화국 림시정부 외무상 게오르그 데르팅게르각하	독일민주주의공화국의 선포와 그의 림시정부의 수립과 관련하여	1	
1949-11-09-003	위대한 사회주의10월혁명 32주년기념 경축회의 모쓰크바시대극장에서 개최		3	조선중앙통신
1949-11-09-004	리승만괴뢰군 격퇴에 공훈 국기훈장 및 군공메달 수훈자의 빛나는 공적	오웅구분대장, 리문선부분대장, 군관 하사관들의 공적	3	조선중앙통신
1949-11-09-005	래조중의 시인 그리바쵸브씨와 시인 작가들 좌담회		3	조선중앙통신
1949-11-09-006	선거를 증산으로 기념하자	고무산세멘트공장 직맹원들 궐기	3	주재기자 김소민
1949-11-09-007	평화옹호세계대회 상설위원회의 호소문		4	
1949-11-09-008	유엔 제4차총회 유엔신가입문제 계속 토의	특별정치위원회 11월 1일회의	4	조선중앙통신
1949-11-09-009	공산당지도자들의 보석은 미국정부의 패배를 의미한다	-미국공산당 위원장 성명-	4	조선중앙통신
1949-11-09-010	보석을 환영하는 군중시위 성황		4	조선중앙통신
1949-11-09-011	재일조선인학교 폐쇄를 국제학생동맹에서 항의		4	조선중앙통신
1949-11-09-012	분란에 대한 미제의 음모		4	박철
1949-11-10-001	새로운 승리에로 나가는 민주주의와 사회주의의 불패의 력량		1	
1949-11-10-002	중요생산기업소들에서 생산원가를 현저히 저하		1	본사기자 리인태
1949-11-10-003	리인민위원회 선거자명부 북반부 각 리에 속속 공시		1	
1949-11-10-004	조선민주주의인민공화국 외무상 박헌영각하	체코슬로바키아공화국 탄생기념일에 제하여	1	
1949-11-10-005	쏘련인민의 불패의 력량은 전세계 평화의 튼튼한 담보 평양철도공장 로동자들	위대한 사회주의10월혁명 32주년기념에 관한 그.므.말렌꼬브의 보고에 대한 반향	1	
1949-11-10-006	쏘베트정부는 변함없이 국제안전에 충실히 복무 평양시 미림2리 농민들	위대한 사회주의10월혁명 32주년기념에 관한 그.므.말렌꼬브의 보고에 대한 반향	1	
1949-11-10-007	비행기 2대 헌납	평천양조장 리경찬씨와 고려보험주식회사에서	1	조선중앙통신
1949-11-10-008	함북도 농민들	비행기와 땅크기금 희사	1	조선중앙통신
1949-11-10-009	신천군 림근성농민 벼 2백가마니 희사	비행기와 땅크기금 희사	1	통신원 리종헌
1949-11-10-010	국제녀맹리사회 참가차 박정애녀사 모쓰크바 향발		1	조선중앙통신

기사번호	제목(title)	부제목(stitle)	면수	필자, 출처
1949-11-10-011	적십자사총재 리동영씨 모쓰크바에 도착		1	조선중앙통신
1949-11-10-012	박천군에서	비행기와 땅크기금 희사	1	
1949-11-10-013	함주군에서	비행기와 땅크기금 희사	1	주재기자 신기관
1949-11-10-014	북청군에서	비행기와 땅크기금 희사	1	통신원 윤지월
1949-11-10-015	경북 김천군에서 격전	지서 면사무소 등을 소탕	1	조선중앙통신
1949-11-10-016	유격대원 3명이 괴뢰군 9명 소탕		1	조선중앙통신
1949-11-10-017	'결사토벌대' 50여명을 소탕	이남 강원도 삼척군에서	1	조선중앙통신
1949-11-10-018	선거승리를 위해 당단체의 력량을 경주하라	평남도당위원회에서	2	본사기자 송학용
1949-11-10-019	생산반조직을 강화하여 년간계획 완수를 보장	무산군 삼사림산작업소 세포에서	2	통신원 박종덕
1949-11-10-020	인민위원회의 시책과 업적들을 군중속에 해석침투	안변군 배화면 신기리세포에서	2	통신원 송춘관
1949-11-10-021	동기의 생산을 보장할 월동준비를 활발히 추진	혜산림산사업소 초급당부에서	2	통신원 한규풍
1949-11-10-022	조쏘량국간의 친선은 극동 안전과 평화의 튼튼한 담보이다		2	민족보위성 부상 김일
1949-11-10-023	세계청년절에 제하여		2	북조선민청중앙위원회 부위원장 오운식
1949-11-10-024	선거를 추경완수로	안주군 신안주면 중암리 농민들	3	본사기자 백운학
1949-11-10-025	면밀한 계획밑에 선거자명부 작성	구성군 구성면인민위원회에서	3	통신원 최린태
1949-11-10-026	선거선전 연예대 순회	황해도	3	주재기자 박덕순
1949-11-10-027	선거자명부 게시	평양시 미림2리 선거위원회에서	3	
1949-11-10-028	태백산인민유격대와 농민들 편지를 교환하여 서로 격려		3	조선중앙통신
1949-11-10-029	리승만괴뢰군 격퇴에 공훈세운 용사들의 군공	안홍술소대장, 심병희분대장, 리영복상등병의 공훈	3	조선중앙통신
1949-11-10-030	제 묘혈을 파는 리승만매국도당 비률빈에도 강제이민	리승만매국도당 인민추방을 계속 흉책	3	조선중앙통신
1949-11-10-031	매국노 리승만 미해병들 앞에서 동족살륙을 약속		3	조선중앙통신
1949-11-10-032	유엔 제4차총회 희랍문제에 관한 불가리아 및 알바니아대표들의 의견 청취	정치위원회 11월 2일회의	4	조선중앙통신
1949-11-10-033	미국금속 야금로동자 파업을 적극 지지하자!	국제직련금속로동자산별부 서기장 담	4	조선중앙통신
1949-11-10-034	인도네시아인민들 '원탁회의'결정을 거부		4	조선중앙통신
1949-11-10-035	쏘련주차 독일민주주의공화국 외교사절 단수석 모쓰크바 도착		4	조선중앙통신
1949-11-10-036	동남아세아에 대한 '마샬안'을 조작		4	조선중앙통신
1949-11-10-037	소위 삼응철도사건공판 개시	일본당국서 책임을 공산당에 전가시도	4	조선중앙통신
1949-11-10-038	신생 중국인민들의 문화생활 일로향상		4	조선중앙통신
1949-11-10-039	국제직련집행국 회의 11월 11일 북경에서 개최		4	조선중앙통신
1949-11-10-040	아세아 및 대양주제국직맹대회에 루이 싸이앙 참가		4	조선중앙통신
1949-11-10-041	팔레스티나에 대한 미국의 야망		4	조선중앙통신
1949-11-10-042	라지오		4	
1949-11-11-001	만기작물현물세 납부사업협조를 위한 농촌당단체의 과업		1	
1949-11-11-002	김일성수상에게 서한 재일조선인련맹으로부터	조선민주주의인민공화국 내각 수상 김일성장군에게 드리는 서한	1	
1949-11-11-003	10월혁명 32주년을 축하하여 쓰띠꼬브쏘련대사 초대연 개최		1	조선중앙통신
1949-11-11-004	쏘련인민의 영용한 투쟁은 인류의 진보를 위한 모범이다 평양곡산공장 로동자들	위대한 사회주의10월혁명 32주년기념에 관한 그.므.말렌꼬브의 보고에 대한 반향	1	
1949-11-11-005	쏘베트제도의 우월성은 여실히 증명되었다 문학예술인들	위대한 사회주의10월혁명 32주년기념에 관한 그.므.말렌꼬브의 보고에 대한 반향	1	
1949-11-11-006	신천군 고초리 농민들 벼 810가마니 희사	비행기와 땅크기금 희사	1	주재기자 박덕순
1949-11-11-007	130만원 희사 녕변군내 기업가들	비행기와 땅크기금 희사	1	통신원 김왈수
1949-11-11-008	제3차 세계청년절기념 평양시보고대회 성황		1	조선중앙통신
1949-11-11-009	아세아 및 대양주직업동맹대회 참가차 조선대표일행 출발		1	조선중앙통신
1949-11-11-010	127만원 희사 영흥군 기업가 상인들	비행기와 땅크기금 희사	1	통신원 김유천
1949-11-11-011	비행기와 땅크기금 희사	정주군, 안악군에서	1	통신원 탁문희, 강희조
1949-11-11-012	선거사업과 농촌경리발전을 위한 제 문제를 토의	황해도당 제7차위원회에서	2	주재기자 박덕순
1949-11-11-013	금번 선거의 정치적승리를 튼튼히 보장하기 위하여	종성면당부에서	2	통신원 김진규
1949-11-11-014	선진적작업방식을 광범히 적용하자!	사리원방직공장 당단체들에서	2	통신원 정필
1949-11-11-015	쏘련은 세계평화옹호인민의 선두에 서서 나아간다		2	조쏘문화협회 중앙위원회 위원장 리기영

기사번호	제목(title)	부제목(stitle)	면수	필자, 출처
1949-11-11-016	면 리 인민위원회 선거준비사업을 더욱 정확히 하자		2	황경엽
1949-11-11-017	선거를 증산으로	청수화학공장 로동자들	3	통신원 라이성
1949-11-11-018	주밀한 계획밑에 선거선전 활발히	함주군 주서면 신중리 선거선전실에서	3	주재기자 신기관
1949-11-11-019	선거좌담회	박천군 량가면 련담리 농민들	3	본사기자 신연룡
1949-11-11-020	세계청년절을 증산으로 경축	회녕군 각 직장 로동청년들	3	통신원 심철
1949-11-11-021	리승만괴뢰군 격퇴에 공훈세운 용사들의 군공	오윤돈정찰소대장, 김명수소대장, 한수택상등병의 공훈	3	조선중앙통신
1949-11-11-022	내각결정 받들고 공사를 일층 추진	평남관개공사	3	본사기자 배운학
1949-11-11-023	위대한 사회주의10월혁명 32주년을 각국에서 성대히 기념		4	조선중앙통신
1949-11-11-024	10월혁명 32주년에 제하여 쏘련부외상 축하초대연 개최	허헌 최창익 량씨도 참석	4	조선중앙통신
1949-11-11-025	쏘련외상 위신쓰끼씨 미국무장관을 방문		4	조선중앙통신
1949-11-11-026	파란정부의 요청에 의하여 로꼬쏘브쓰끼원수 파란군에 복무 결정		4	조선중앙통신
1949-11-11-027	로꼬쏘브쓰끼원수 파란국방상에 취임		4	조선중앙통신
1949-11-11-028	인도네시아인민들 '원탁회의'결정을 엄중 항의		4	조선중앙통신
1949-11-11-029	인도네시아를 식민지화 하기 위한 '원탁회의' 페막		4	
1949-11-12-001	면 리 인민위원회 대의원선거의 승리적 보장을 위하여		1	
1949-11-12-002	쓰딸린대원수에게 축전 각국 지도자들로부터	-10월혁명 32주년에 제하여-	1	조선중앙통신
1949-11-12-003	수풍발전부 제7호기 베루마우스 보수공사 완수		1	본사기자 최치목
1949-11-12-004	년간계획 완수	해주철도관리국, 승호리기관구, 강계시설사업소, 신의주거재화학에서	1	
1949-11-12-005	림상조사사업의 금년도계획 완수		1	본사기자 신언룡
1949-11-12-006	세계평화애호인민들의 승리의 신심을 굳게 한다 평양특수고무공장 로동자들	위대한 사회주의10월혁명 32주년기념에 관한 그.므.말렌꼬브의 보고에 대한 반향	1	
1949-11-12-007	쏘련의 비약적발전은 세계인민들을 고무한다 원산철도공장 로동자들	위대한 사회주의10월혁명 32주년기념에 관한 그.므.말렌꼬브의 보고에 대한 반향	1	

기사번호	제목(title)	부제목(stitle)	면수	필자, 출처
1949-11-12-008	로동보호사업 강화 로동재해 미연방지	황해도 각 공장 기업소에서	1	본사기자 리성섭
1949-11-12-009	제주도유격대의 진공치렬	기관지『혈화』계속 배부	1	조선중앙통신
1949-11-12-010	경남 울산군 삼남면에서 괴뢰군의 자동차부대를 섬멸		1	조선중앙통신
1949-11-12-011	라주군 금성산 산록에서 '토벌대'의 2개 중대 격멸		1	조선중앙통신
1949-11-12-012	경북 청도방면 유격대 괴뢰군 2개 중대 섬멸		1	조선중앙통신
1949-11-12-013	전남 각지에서 철도를 제거	괴뢰군경의 수송로 차단	1	조선중앙통신
1949-11-12-014	재일조선인들에 대한 일본정부의 만행 계속		1	조선중앙통신
1949-11-12-015	선거사업과 인민경제계획완수를 위한 당단체의 과업 토의	함남도당 제9차위원회에서	2	주재기자 신기관
1949-11-12-016	면 리 인민위원회 선거사업협조대책을 토의	강원도당 제10차위원회에서	2	주재기자 김만선
1949-11-12-017	면 리 선거승리를 애국적증산운동으로 보장하자		2	신언철
1949-11-12-018	쏘련문화는 인류문화의 등대이다		2	문치수
1949-11-12-019	경제건설과 결부시켜 선거선전을 성과있게	재녕군 벽화리 농민들	3	통신원 정필
1949-11-12-020	리인민위원회 선거자명부 공시완료		3	본사기자 박경석
1949-11-12-021	선거를 증산으로 증산경쟁운동으로 년간계획초과완수에	무산림산사업소 로동자들	3	본사기자 리성섭
1949-11-12-022	제2차 학위론문공개심사회의 오는 22일에 개최		3	조선중앙통신
1949-11-12-023	순회공연으로 선거선전 활발	남포시내 연예써클	3	통신원 정명걸
1949-11-12-024	높아가는 독서열	후창군인민도서관에서	3	
1949-11-12-025	리승만괴뢰군 격퇴에 공훈세운 용사들의 군공	리몽식분대장, 김창길부대장의 공훈	3	조선중앙통신
1949-11-12-026	미제의 충실한 종인 매국노 리승만은 우리 조국 남반부의 재물을 팔고있다		3	철민
1949-11-12-027	모쓰크바 붉은광장에서 10월혁명기념시위 성대	김일성수상 김두봉선생의 초상화를 든 대렬도 행진	4	조선중앙통신
1949-11-12-028	위대한 10월의 승리적기치	-『쁘라우다』지 사설-	4	
1949-11-12-029	유엔 제4차총회 희랍문제에 관한 결의안 토의	-정치위원회 11월 3일회의-	4	조선중앙통신
1949-11-12-030	인민민주주의국가들에 대한 미국무성의 새로운 음모		4	조선중앙통신
1949-11-13-001	우수한 애국자들을 대의원립후보자로 추천하자		1	

기사번호	제목(title)	부제목(stitle)	면수	필자, 출처
1949-11-13-002	김일성수상에게 축하의 메쎄지	공화국창립 1주년에 제하여 재미동포들로부터	1	조선중앙통신
1949-11-13-003	조선민주주의인민공화국 최고인민회의 상임위원회 위원장 김두봉각하	체코슬로바키아공화국의 민족적 명절에 제하여	1	
1949-11-13-004	비행기와 땅크기금 희사	각지에서	1	본사기자 최룡봉
1949-11-13-005	중요생산기업소들에서 10월분 생산계획 초과달성		1	
1949-11-13-006	제3차 세계청년절 각지에서 성대히 기념		1	조선중앙통신
1949-11-13-007	전남에서 농민봉기!		1	조선중앙통신
1949-11-13-008	선거사업진행에 있어서의 당단체의 역할을 더욱 높이자	함북도당 제9차위원회에서	2	주재기자 김소민
1949-11-13-009	면 리 선거사업협조를 고상한 정치적수준에서	평북도당 제10차위원회에서	2	주재기자 최영환
1949-11-13-010	명년도 다수확을 보장할 우량종자확보 사업 추진	황해도 장연군 탁도면 월장리세포에서	2	통신원 김순한
1949-11-13-011	선거선전사업에 높은 창발성을 발휘하자!	자강도 전천군당단체에서	2	주재기자 리문상
1949-11-13-012	김일성종합대학 발전과 제1회생 졸업을 앞두고		2	김일성종합대학 부총장 김승화
1949-11-13-013	앙양된 애국열의속에 선거선전 활발히 진행	자강도 전천군 간북면에서	3	주재기자 리문상
1949-11-13-014	일상생활과 결부하여 해설	강원도 고성군 고성면 중리선거선전대	3	통신원 한구연
1949-11-13-015	면인민위원회 대의원후보자추천 개시	평남도에서	3	
1949-11-13-016	연예대도 발동	평북도 선천군민청에서	3	통신원 김제헌
1949-11-13-017	다채론 연예준비	각급 학교 학생들	3	본사기자 라원근
1949-11-13-018	우리 면인민위원회는 이렇게 사업하였다		3	자강도 전천군 성간면 인민위원회 위원장 김리정
1949-11-13-019	정확한 묘준으로 목표를 전부 소멸	묘준수 박찬백부분대장	3	본사기자 리성변
1949-11-13-020	군무자가족원호	평양통신구 로동자들	3	본사기자 리성섭
1949-11-13-021	선거를 앞두고 로력의 열매를 거둔 농민들-현물세를 남먼저 바치려는 열의밑에 정성들여 우량곡물로 현물세를 준비하고있는 그들의 얼굴에는 희열이 넘치고있다.	-평남 안주군 연호면 남일리에서-	3	
1949-11-13-022	면화다수확에 성공 1반보에 750근	재녕군 장수면 민신호농민	3	주재기자 박덕순
1949-11-13-023	인민정권에 감사하며 현물세 선참으로 완납	전천군 간북면 농민들	3	본사기자 백운학
1949-11-13-024	기본건설 적극 추진하며 래년도의 증산 보장에로	하성광산 로동자들	3	통신원 정필
1949-11-13-025	10월혁명 32주년기념 말렌꼬브 보고에 대한 세계각국에서의 반향		4	조선중앙통신
1949-11-13-026	인도학생들 런던에서 시위	네루의 매국행위를 반대	4	조선중앙통신
1949-11-13-027	유엔 제4차총회 원자력관리설정문제 토의	특별정치위원회 11월 7일회의	4	조선중앙통신
1949-11-13-028	미국에서는 이와 같이 인종을 차별하고 있다		4	한동수
1949-11-13-029	실업문제토의 종료	유엔총회 경제위원회에서	4	조선중앙통신
1949-11-13-030	희랍직맹지도자 사형언도에 싸우스.웨일즈로동자들 항의		4	조선중앙통신
1949-11-13-031	서독에서 외인부대 조직		4	조선중앙통신
1949-11-13-032	일본에서 대규모적경찰대훈련 실시		4	조선중앙통신
1949-11-13-033	라지오	11월 13일	4	
1949-11-15-001	년간계획완수를 위하여 생산직장내 당단체들과 당원들은 적극 투쟁하자		1	
1949-11-15-002	건재공업부문 로동자들 년간계획을 속속 완수		1	
1949-11-15-003	선거를 경축하여 추경 활발히 전개		1	본사기자 류민우
1949-11-15-004	년간계획 완수	각지에서	1	
1949-11-15-005	현물세납부 활발	신흥군	1	
1949-11-15-006	내각결정 받들고 빛나는 성과 쟁취	각 광산 탄광 로동자들	1	본사기자 리인태
1949-11-15-007	비행기와 땅크기금 희사	각지에서	1	조선중앙통신, 통신원 리동욱, 조훈
1949-11-15-008	의거입북한 리승만괴뢰군대 병사들을 열렬히 환영		1	조선중앙통신
1949-11-15-009	장형두씨의 사인은 반동경찰의 고문타박에 의한 뇌진탕으로 판명	법의학자들의 검시결과	1	조선중앙통신
1949-11-15-010	선거선전사업을 고상한 정치적수준에서 진행하자	황해도 신천군 가산면당단체에서	2	본사기자 현준극
1949-11-15-011	활발히 진행되는 선거선전 선거승리를 농업증산으로	봉산군 령천면 가산세포에서	2	주재기자 박덕순
1949-11-15-012	활발히 진행되는 선거선전 당단체의 력량을 경주	재녕군 신원면당부에서	2	통신원 정필
1949-11-15-013	활발히 진행되는 선거선전 거경험을 옳게 살려	봉산군 토성면 률리세포에서	2	통신원 양행모

기사번호	제목(title)	부제목(stitle)	면수	필자, 출처
1949-11-15-014	활발히 진행되는 선거선전 계층별 선전을 효과있게	회녕군당단체에서	2	통신원 심철
1949-11-15-015	선거준비진행정형 및 기타 문제를 토의	평남도당 상무위원회에서	2	본사기자 송학용
1949-11-15-016	인민민주정체의 우월성에 대하여		2	김동철
1949-11-15-017	직기설치를 앞두고활발히 진척되는 평양방직공장 제1공장 신축공사		3	림덕보
1949-11-15-018	방직공업발전의 새 기원	거대한 평양방직공장 기본건설공사	3	
1949-11-15-019	거대한 전망	평양방직공장 기본건설공사	3	기본건설사무소 기사장 리근현
1949-11-15-020	창조적력량을 고무	평양방직공장 기본건설공사	3	기본건설사업소 당부위원장 김봉윤
1949-11-15-021	고귀한 방조!	평양방직공장 기본건설공사	3	
1949-11-15-022	건설공사의 승리적완수로	평양방직공장 기본건설공사	3	직장위원회 위원장 김효식
1949-11-15-023	로동자들은 열성 기울여	평양방직공장 기본건설공사	3	
1949-11-15-024	파멸일로를 걷는 남반부의 방적공업		3	
1949-11-15-025	(평양방직공장 기본건설공사의 혁신자들)		3	
1949-11-15-026	유엔 제4차총회 전 이태리식민지문제 계속 토의	-정치위원회 11월 8일회의-	4	조선중앙통신
1949-11-15-027	불란서로동총련맹에서 전국로동자행동통일 호소		4	조선중앙통신
1949-11-15-028	은행원들 파업을 성명		4	조선중앙통신
1949-11-15-029	방직로동자들 파업 단행		4	조선중앙통신
1949-11-15-030	불란서근로인민의 생활형편 더욱 악화		4	조선중앙통신
1949-11-15-031	서독에서 실업자 격증		4	조선중앙통신
1949-11-15-032	세계청년절을 성대히 기념	쏘련 각지에서	4	조선중앙통신
1949-11-15-033	불란서'평화 및 자유옹호투사'위원회 콤뮤니케		4	조선중앙통신
1949-11-15-034	독자들의 질문에 대한 대답		4	박석
1949-11-15-035	뉴욕주 최고재판소의 폭거	공산당지도자들 피선거자명부에서 삭제	4	조선중앙통신
1949-11-15-036	라지오	11월 15일	4	
1949-11-16-001	선거선전에서 군중과의 련계를 일층 강화하자		1	
1949-11-16-002	조선민주주의인민공화국 부수상 겸 외무상 박헌영각하	독일민주주의공화국과의 외교관계를 설정할것을 결정한것과 관련하여	1	
1949-11-16-003	쏘련공산당(볼쉐비크)중앙위원회와 쏘련정부에 축하메쎄지 각국 인사들로부터	10월혁명 32주년에 제하여	1	조선중앙통신

기사번호	제목(title)	부제목(stitle)	면수	필자, 출처
1949-11-16-004	조선에서 처음 건설되는 남포판초자공장 불원 준공		1	조선중앙통신
1949-11-16-005	세계청년절에 제하여 북조선민청에 축전	쏘련청년 반파쑈위원회로부터	1	조선중앙통신
1949-11-16-006	비행기와 땅크기금 희사	평남도와 함남도에서	1	조선중앙통신
1949-11-16-007	조쏘친선과 문화교류에 기여하고 쏘련예술대표단일행 공로 귀국	평양비행장에서 성대히 환송	1	본사기자 김춘희
1949-11-16-008	의거입북한 리승만괴뢰정부소속 함선에 동승하였던 미국인 2명의 신변에 대하여 박일우내무상 기자단과 문답		1	조선중앙통신
1949-11-16-009	새학습년도 준비사업을 성과적으로 진행하자!	평양시 동구역당부에서	2	본사기자 송학용
1949-11-16-010	선거선전에 당의조직적 력량을 광범히 동원하자		2	통신원 김성권, 김현모
1949-11-16-011	국제반동의 어떠한 모략도 아세아근로인민의 단결을 약화시킬수 없다		2	유형민
1949-11-16-012	새학습년도 당학습의 질적향상을 위하여		2	당중앙본부 당교양과장 고혁
1949-11-16-013	높은 정치적열의속에 증산투쟁 힘차게 전개	문천제련소 로동자들	3	통신원 리달우
1949-11-16-014	계획적인 사업으로 농민을 증산에 추동	강계군 강계면 야학리농맹	3	본사기자 백운학
1949-11-16-015	면인민위원회 대의원 후보자추천 진행	각지에서	3	
1949-11-16-016	농촌경리발전에 헌신분투한 단천군 단천면 영산리인민위원회 김태혁위원		3	통신원 서득창
1949-11-16-017	선거선전과 선거준비 일층 활발히	금천군내 각 리에서	3	통신원 박의정
1949-11-16-018	을밀대에서 굽이쳐흐르는 대동강을 내려다보는 의거병들		3	본사사진반 박명도
1949-11-16-019	의거입북한 병사들의 담화 동족상쟁에 불응한다고 남녀로소를 무차별 총살	리승만괴뢰정부군대 수도경비대 제2련대 3대대소속 1등병 최종역씨 담	3	
1949-11-16-020	위조지페로 북반부의 인민경제 파괴교란하려던자들을 처단		3	조선중앙통신
1949-11-16-021	애국열성과 로력 바쳐 군인가족을 적극 원호	평양시 남구 역전리 리민들	3	
1949-11-16-022	제 묘혈을 파는 리승만매국도당 리승만도당 일본군국주의와 야합	무기원조 애걸차 신성모 일본방문	3	조선중앙통신
1949-11-16-023	중국인민해방군의 제 성과		4	김광선
1949-11-16-024	유엔 제4차총회 원자력관리문제 계속 토의	특별정치위원회 11월 8일회의	4	조선중앙통신
1949-11-16-025	세계청년절을 각국에서 성대히 기념		4	조선중앙통신

기사번호	제목(title)	부제목(stitle)	면수	필자, 출처
1949-11-16-026	이태리로동자들의 투쟁		4	조선중앙통신
1949-11-16-027	체코슬로바키아대외무역 발전		4	조선중앙통신
1949-11-16-028	이태리공산주의청년련맹창립대회 근일 개최		4	조선중앙통신
1949-11-16-029	국제단신		4	조선중앙통신
1949-11-17-001	군사지식의 습득은 공화국청년들의 고상한 임무이다		1	
1949-11-17-002	년간계획 완수	철도운수부문, 함북도내 국영상업부문에서	1	본사기자 리성섭
1949-11-17-003	선거를 경축하여 현물세납부 활발	각지에서	1	
1949-11-17-004	추경 활발히 진행	각지 군에서	1	
1949-11-17-005	고공품생산에 궐기	평남 룡강군 농민들	1	본사기자 류민우
1949-11-17-006	신의주력사박물관개관 2주년기념		1	주재기자 최영환
1949-11-17-007	발전하는 기계공업		1	본사기자 김기초
1949-11-17-008	남반부보건활동가에게 공개서한을 발송	전국제1차외과학대회 준비위원회에서	1	본사기자 김경일
1949-11-17-009	항공기술습득에 기여	평남도 제1회 모형항공기경기대회 위한 각 시 군 예선대회 성과리에 거행	1	본사기자 김전
1949-11-17-010	경남 진주주둔 괴뢰군내 '해병대'폭동사건 상보		1	조선중앙통신
1949-11-17-011	지리산방면 인민유격대 경찰지서 등을 대거소탕		1	조선중앙통신
1949-11-17-012	명년도 농업증산준비를 위하여 적극 투쟁하자	황해도 신천군 가산면 은천리세포에서	2	본사기자 현준극
1949-11-17-013	선거승리의 보장을 위하여 실지 생활과 결부된 선전	연백군 금산면 장현세포에서	2	통신원 리용래
1949-11-17-014	학습회지도자의 질적수준을 일층 높이자	강원발전부 초급당부에서	2	통신원 길관식
1949-11-17-015	선거승리의 보장을 위하여 농민들의 애국열성을 고무	신계군 적여면 흑검산세포에서	2	통신원 렴상재
1949-11-17-016	선거승리의 보장을위하여 우수한 경험을 살리여	철원군 철원면 관우리당부에서	2	통신원 조훈
1949-11-17-017	선거승리의 보장을 위하여 선전원들의 역할을 제고	함남 북청군당단체에서	2	주재기자 신기관
1949-11-17-018	세계대학생절에 제하여		2	박민
1949-11-17-019	동기농한기를 리용하여 고공품생산을 성과있게 진행하자		2	리의철
1949-11-17-020	민주건설에로 농민들을 추진	보봉리인민위원회	3	본사기자 황경엽

기사번호	제목(title)	부제목(stitle)	면수	필자, 출처
1949-11-17-021	보봉리농민들은 선거선전좌담회를 열고 면 리 인민위원회선거를 승리적으로 완수할데 대한 방책들을 토의하고있다.	-보봉2리 선거선전실에서-	3	
1949-11-17-022	문화농촌 건설하자	강서군 초리면 보봉리에서	3	
1949-11-17-023	일제시는 농노생활 오늘에는 민족간부	강서군 초리면 보봉리에서	3	본사기자 백운학
1949-11-17-024	정성을 다하여 군무자가족 원호에	강서군 초리면 보봉리에서	3	통신원 오영복
1949-11-17-025	다수확을 위하여	다수확 거둔 리종근농민	3	강서군 초리면 보봉리 리종근
1949-11-17-026	선거승리 위하여 애국적열성을!	강서군 초리면 보봉리에서	3	통신원 림호
1949-11-17-027	조국보위후원사업을 열성적으로 전개하고있는 보봉리 녀맹원 민청원들은 지금 군인가족의 탈곡을 협력하고있다.		3	본사사진 림덕보
1949-11-17-028	주독쏘련관리위원회 위원장 브.이.추이꼬브대장 독일민주주의공화국 림시정부 각료들과 회견		4	조선중앙통신
1949-11-17-029	주독쏘련관리위원회 위원장 브·이·추이꼬브대장의 성명	-주독쏘련관리위원회 설치에 관련하여-	4	
1949-11-17-030	독일민주주의공화국 림시정부수상 옷토 그로테볼의 연설		4	
1949-11-17-031	중동의 미국외교관들 회담		4	조선중앙통신
1949-11-17-032	불란서경찰과 공모한 중국국민당 밀정들 의거한 파리주재 전 국민당대사관원을 습격		4	조선중앙통신
1949-11-17-033	이태리지배층간에 위기 더욱 심각화		4	조선중앙통신
1949-11-17-034	중국 신강성 소수 민족들 인민해방군을 환영		4	조선중앙통신
1949-11-17-035	국제단신		4	조선중앙통신
1949-11-17-036	중국인민해방군의 전과콤뮤니케		4	조선중앙통신
1949-11-17-037	이스라엘공산당 총비서 정부의 반동정책을 규탄		4	조선중앙통신
1949-11-17-038	국제정세개관		4	
1949-11-17-039	(주인과 그의 충견)		4	『쁘라우다』지
1949-11-18-001	생산원가의 저하로써 인민경제축적을 높이자		1	
1949-11-18-002	년간계획 완수	각지에서	1	본사기자 김기초, 통신원 송춘관, 최영환
1949-11-18-003	약진하는 전기부문		1	본사기자 리성섭
1949-11-18-004	현물세납부 활발	각지 군들에서	1	
1949-11-18-005	추경 속속 완료	각지 군들에서	1	

기사번호	제목(title)	부제목(stitle)	면수	필자, 출처
1949-11-18-006	내각결정 제74호 받들고 목재증산투쟁 전개	북반부 전체 림산로동자들	1	본사기자 백운학
1949-11-18-007	국제대학생절기념보고대회 국립예술극장에서 성대히 거행		1	
1949-11-18-008	비행기 땅크기금 희사	각지에서	1	본사기자 리성섭, 통신원 정필
1949-11-18-009	충북 청주 시민들 '지방법원'을 습격		1	조선중앙통신
1949-11-18-010	괴뢰군 4개 중대 섬멸	전라북도 무주전투 속보	1	조선중앙통신
1949-11-18-011	년간계획완수를 위하여 군중정치사업을 강화하자	평양곡산공장 당부에서	2	본사기자 송학용
1949-11-18-012	당원들의 역할을 일층 제고	신흥군 가평면 중양리세포에서	2	통신원 위정산
1949-11-18-013	창발적로력을 적극 고무 류안비료증산을 활발히	흥남비료공장 류산부 제3류산과 분세포에서	2	통신원 김기도
1949-11-18-014	조국보위후원사업을 전인민적운동으로 추진	강원도 화천군 서오지리1구세포에서	2	통신원 김관식
1949-11-18-015	쏘련공산당(볼쉐비크)의 경험은 모든 량심적이고 철두철미한 민주주의자들의 재산이다		2	
1949-11-18-016	선거일전으로 추경완수에!	강서군 초리면 남호리 농민들	3	본사기자 백운학
1949-11-18-017	선거를 주제로 희곡들을 창작	희곡작가들	3	본사기자 김춘희
1949-11-18-018	농촌경리발전에 헌신분투한 벽성군 가좌면 룡호리인민위원회 리근수위원		3	주재기자 박덕수
1949-11-18-019	증산을 위한 우량종자확보	황해도 은률군	3	
1949-11-18-020	원가저하를 위한 투쟁에서 빛나는 성과 쟁취	금화광산 로동자들	3	통신원 김준호
1949-11-18-021	아세아녀성대회를 증산으로 맞이하자	궁심탄광 녀맹원들 궐기	3	통신원 심철
1949-11-18-022	면인민위원회 대의원후보자추천 진행	각지에서	3	
1949-11-18-023	기계가동률을 높이며 계획기간 단축투쟁에!	평양기구제작소 로동자들	3	본사기자 리인태
1949-11-18-024	빛나는 기록 쟁취	흥남비료 김병일브리가다	3	본사기자 김기초
1949-11-18-025	제 묘혈을 파는 리승만매국도당	소년들까지 탄압하려는 소위 '소년법안'조작 획책	3	조선중앙통신
1949-11-18-026	강제소개 반대한 농민들을 총살		3	조선중앙통신
1949-11-18-027	인민공화국 지지코 남녀평등권 요구한 애국녀성들을 불법검거		3	조선중앙통신
1949-11-18-028	아세아 및 대양주제국직맹대회 개막	주석단을 선거코 의정을 채택	4	조선중앙통신
1949-11-18-029	국제직련집행국 국원일행 북경 도착		4	조선중앙통신
1949-11-18-030	전 이태리식민지문제에 관한 분과위원회 권고안 계속 토의	-유엔총회 정치위원회-	4	조선중앙통신

기사번호	제목(title)	부제목(stitle)	면수	필자, 출처
1949-11-18-031	인도공산당원들 옥중단식투쟁 단행		4	조선중앙통신
1949-11-18-032	쏘련과의 친선강조	미쏘친선전국협회주최의 10월혁명 기념축하연 성대	4	조선중앙통신
1949-11-19-001	조선민주주의인민공화국과 독일민주주의공화국간의 외교관계설정은 세계민주진영을 확대함에 진정한 기여로 된다		1	
1949-11-19-002	년간계획초과실행 위한 선거경축 증산전 치렬	북반부 전체 로동자들	1	본사기자 리성섭
1949-11-19-003	명태잡이에 분투하는 원산수산사업소 일군들		1	주재기자 김만선
1949-11-19-004	서평양철도공장 기본건설공사 진척		1	본사기자 리인태
1949-11-19-005	비행기 땅크기금 희사	각지에서	1	
1949-11-19-006	쏘련적십자사병원 15개소 공화국정부에 무상으로 양도	12일 조인식 거행	1	본사기자 김경일, 박명도
1949-11-19-007	조쏘친선은 영구불변!	조쏘친선과 쏘베트문화순간의 거대한 성과	1	조선중앙통신
1949-11-19-008	학습총화의 경험을 살려	경성면당단체에서	2	주재기자 김소민
1949-11-19-009	교양망편성을 일층 엄밀히	성진내화물공장 배소분세포에서	2	통신원 렴재학
1949-11-19-010	생산반경쟁운동 적극 추진	단천 신풍광산 당부에서	2	통신원 서득창
1949-11-19-011	선거경축 추가생산에로	주을요업공장 당부에서	2	통신원 박광선
1949-11-19-012	동기선로 보강사업을 완수	신막보선구 당단체에서	2	주재기자 박덕순
1949-11-19-013	세포의 조직적지도수준을 일층 높이자		2	본사기자 송학용
1949-11-19-014	리인민위원회 선거자총회를 어떻게 준비할것인가		2	평남도선거위원회 서기장 주상철
1949-11-19-015	다채로운 연예공연으로 선거선전을 활발히 전개	순천화학공장 써클원들	3	본사기자 류민우
1949-11-19-016	정확한 공정관리로 생산의 균형성 보장	원산철도공장 로동자들	3	본사기자 리인태
1949-11-19-017	선거선전사업에 민청원들 적극 진출	평남도내에서	3	
1949-11-19-018	이동영화렬차 순회	함흥철도국 관내에서	3	
1949-11-19-019	선전원 수기		3	선천군 태산면 선거선전지도부 선전대장 강원세
1949-11-19-020	면인민위원회 대의원후보자 속속 등록		3	본사기자 박정석
1949-11-19-021	면인민위원회 대의원선거자명부 공시		3	

기사번호	제목(title)	부제목(stitle)	면수	필자, 출처
1949-11-19-022	제식훈련검열에서 분대전원에게 표창	김봉흡분대원들의 성과	3	
1949-11-19-023	로력조직 옳게 하여 추경 성과있게 완료	순천군 금곡리	3	
1949-11-19-024	리승만매국도당의 강제이민은 조선민족 노예화의 흉책이다		3	리성용
1949-11-19-025	파란통일로동당 중앙위원회 확대위원회회의에 관한 콤뮤니케		4	
1949-11-19-026	유엔 제4차총회 쏘련대표 원자력관리에 관한 결의안을 제출	특별정치위원회 11월 8일회의	4	조선중앙통신
1949-11-19-027	유엔에서의 '국민당정부' 대표권박탈을 요구	중국정부 외교부장 주은래씨 유엔에 통고	4	조선중앙통신
1949-11-19-028	국제민주녀맹리사회 회의 11월 15일 모쓰크바에서 개최		4	조선중앙통신
1949-11-19-029	불란서반동정당들 선거법'개정'을 획책		4	조선중앙통신
1949-11-19-030	인민민주주의제도는 프로레타리아독재의 형태이다		4	안석필
1949-11-20-001	조선민주주의인민공화국 최고인민회의 상임위원회 정령	철산광산 일군들에게 공로메달을 수여함에 관하여	1	
1949-11-20-002	2개년인민경제 1949년 계획실행정형과 1950년도 과업에 대하여 내각부수상 겸 산업상 김책	산업부문 경제 및 직맹열성자대회에서	1, 2	
1949-11-20-003	2개년인민경제계획의 승리적성과를 보장키 위하여 산업부문 경제 및 직맹열성자대회 개최		2	조선중앙통신
1949-11-20-004	우수한 경험을 교환하여 선거선전을 더 효과있게	봉산군 구연면 탑촌리 선거선전원들	3	통신원 양행모
1949-11-20-005	희천군 관리선거위원회 만단준비 갖추며 선거의 날을 대기		3	통신원 김영걸
1949-11-20-006	정시무사고로 주행하여 년간계획 기한전완수에	평양기관구 로동자들	3	본사기자 리성섭
1949-11-20-007	면인민위원회 대의원후보자등록 완료		3	본사기자 박경석
1949-11-20-008	민청원들 연예공연으로 선거선전에!	강원도민청위원회에서	3	본사기자 김경일
1949-11-20-009	생산공정 기계화로 작업능률 계속 제고	강서전기공장 로동자들	3	본사기자 최치목
1949-11-20-010	증산과 결부된 선거선전을	북청군 선거선전지도부에서	3	통신원 윤지월
1949-11-20-011	현종학소대 전소대원이 백발백중의 명사격수로		3	
1949-11-20-012	우리 인민위원회는 이렇게 사업하였다		3	연백군 금산면 오현리인민위원회 위원장 리형순

기사번호	제목(title)	부제목(stitle)	면수	필자, 출처
1949-11-20-013	전로제강법의 실시준비를 강선제강소에서 착착 진행		3	본사기자 김기초
1949-11-20-014	제 묘혈을 파는 리승만매국도당	일제식 '보도련맹'을 조작한 리승만도당의 궁여지책은 계속 실패를 당하고있다	3	조선중앙통신
1949-11-20-015	루이 싸이앙의 연설 -제1일회의에서-	아세아 및 대양주 제국직맹대회에서	4	조선중앙통신
1949-11-20-016	유엔총회 제4차회의 쏘련대표 원자력관리에 관한 결의안을 제출 특별정치위원회 11월 8일회의	전호에서 계속	4	
1949-11-20-017	월스트리트는 지금도 국민당 장개석도당에 대한 원조를 계속하고있다.		4	쏘련만화잡지 『끄로꼬지르』
1949-11-20-018	파리'3상회의'총화에 대하여		4	한구선
1949-11-20-019	이태리각지에서 농장로동자들의 투쟁 치렬		4	조선중앙통신
1949-11-20-020	국제단신		4	조선중앙통신
1949-11-22-001	산업부문 경제 및 직맹열성자대회에서 연설하는 김일성 사진		1	
1949-11-22-002	산업부문 경제 및 직맹열성자대회에서 진술한 김일성수상의 총결연설		1, 2	
1949-11-22-003	김일성수상께서 총결연설 진술 인민경제계획완수 위한 과업 명시	산업부문 경제 및 직맹열성자대회 거대한 성과 거두고 폐회	2	조선중앙통신
1949-11-22-004	학습총화와 새학습년도 준비사업을 토의	평양시 북구역당부 열성자회의에서	2	본사기자 송학용
1949-11-22-005	인민의 단결력을 힘차게 시위코저	황해도	3	주재기자 박덕순
1949-11-22-006	철산광산 일군들에 대한 공로메달수여식을 거행		3	주재기자 최영환
1949-11-22-007	나라의 주인답게 인민정권강화에	평남도	3	본사기자 김전
1949-11-22-008	인민정권기관에 우수한 애국자를	함남도	3	주재기자 신기관
1949-11-22-009	(리인민위원회 선거일을 앞두고 선거준비사업은 활발히 전개되고있는 평양시 미림1리 선거위원회)		3	
1949-11-22-010	장애를 용감히 물리치고 전화가설을 보다 신속히	최은혁소대원들의 성과	3	
1949-11-22-011	자강도 전천군 성간면 쌍방리 김성룡 위원 경지면적의 확장에 부락민을 적극 추동		3	본사기자 백운학
1949-11-22-012	종성군 남산면 선전원들 군중집회를 적극 리용		3	통신원 김진규
1949-11-22-013	조선어문발전에 높은 관심 돌리자	잡지『조선어연구』독자회 성황	3	본사기자 라원근

기사번호	제목(title)	부제목(stitle)	면수	필자, 출처
1949-11-22-014	괴뢰군경간의 반목폭발 령암에서 쌍방 2시간격전	-로력자지의 보도-	3	조선중앙통신
1949-11-22-015	괴뢰군경의 무능을 고백	-망국국회 진주사건조사보고에서-	3	조선중앙통신
1949-11-22-016	진주사건에 겁을 먹은 괴뢰정부 경상남도 '도지사'와 진주경찰서장을 파면		3	조선중앙통신
1949-11-22-017	유엔총회 제4차회의 새 전쟁준비에 대한 규탄과 평화의 공고화를 위한 5대강국의 조약체결에 관한 쏘련제안토의 개시	정치위원회 11월 14일회의	4	조선중앙통신
1949-11-22-018	아세아 및 대양주 제국 직맹운동에서의 국제직련의 사업과 대회과업에 관한 보고 아세아 및 대양주제국직맹대회	-제2일회의에서-	4	조선중앙통신
1949-11-22-019	아세아 및 대양주제국직맹대회 참석대표들을 주은래씨 초연		4	조선중앙통신
1949-11-22-020	루이 싸이양의 보고에 대한 토론 종결	-제3일 회의에서-	4	조선중앙통신
1949-11-22-021	중국인민해방군 귀주성 수도 해방		4	조선중앙통신
1949-11-23-001	남조선로동당결성 3주년을 맞으면서		1	
1949-11-23-002	새로운 승리를 쟁취할 투지와 용기를 준다	산업부문 경제 및 직맹열성자대회에서 진술한 김일성수상의 총결연설을 받들고	1	흥남비료공장 지배인 주종의
1949-11-23-003	난관을 타개극복하고 새로운 성과를 쟁취하자	산업부문 경제 및 직맹열성자대회에서 진술한 김일성수상의 총결연설을 받들고	1	수풍발전부 로동자 김경흥
1949-11-23-004	함선도 헌납키로 결정	조국보위후원회 중앙본부에서	1	조선중앙통신
1949-11-23-005	건함기금으로 1천 50만원 희사	함흥시 상인 기업가들	1	조선중앙통신
1949-11-23-006	김일성종합대학 제1회졸업생 국가졸업시험 진행		1	
1949-11-23-007	조선사회문화활동가대표단 위해 향연 개최	쏘련대외문화련락협회에서	1	조선중앙통신
1949-11-23-008	마산형무소 수감자들 파옥	창원군에서 유격대와 합류	1	조선중앙통신
1949-11-23-009	8시간에 걸쳐 시가전 전개 괴뢰군의 대부대를 소탕	전북 무주전투 상보	1	조선중앙통신
1949-11-23-010	지리산인민유격대 산청읍에 돌입		1	조선중앙통신
1949-11-23-011	남조선로동당 창립 3주년	조국의 통일과 자유를 위한 투쟁에 있어 남조선로동당의 역할	2	남조선로동당 정치위원 김삼룡
1949-11-23-012	료원의 불길같이 확대발전되는 남반부인민들의 무장항쟁		2	
1949-11-23-013	독립과 자유를 위한 남반부인민들의 투쟁		2	
1949-11-23-014	인민들과 군게 련결된 강대한 불패의 력량		2	
1949-11-23-015	남반부인민유격대원들의 휴식의 한때		2	

기사번호	제목(title)	부제목(stitle)	면수	필자, 출처
1949-11-23-016	인민영웅 유격대장!	신원호동무	2	
1949-11-23-017	인민경제계획실행을 위한 직맹단체들의 사업정형에 대하여 북조선직업총동맹 중앙위원회 부위원장 정기원	산업부문 경제 및 직맹열성자대회에서	3, 4	
1949-11-23-018	국제민주녀맹리사회회의	평화를 위한 각국 녀성들의 활동에 관한 보고 청취	4	조선중앙통신
1949-11-23-019	미국항공대의 숙사점유로 영국의 주택난 우심		4	조선중앙통신
1949-11-23-020	영국정부 강철공업국유화를 연기결정		4	조선중앙통신
1949-11-24-001	산업경제부문에서 새롭고 거대한 성과를 쟁취하기 위하여 총궐기하자!		1	
1949-11-24-002	조선민주주의인민공화국 내각 수상 김일성각하	사회주의10월혁명 32주년기념일에 제하여	1	
1949-11-24-003	조선민주주의인민공화국 내각 결정 제161호	리인민위원회 정원 및 봉급개정에 관한 결정서	1	
1949-11-24-004	쓰딸린대원수탄생 70주년경축행사 준비	-조국전선에서-	1	
1949-11-24-005	산업부문 경제 및 직맹열성자대회에서 진술한 김일성수상의 총결연설을 받들고 힘차게 매진하자!	산업부문 경제 및 직맹열성자대회에서 진술한 김일성수상의 총결연설을 받들고	1	신의주팔프공장 기사장 장형두, 황해제철소 직장위원장 정두익
1949-11-24-006	남반부인민항쟁치렬		1	조선중앙통신
1949-11-24-007	남반부인민항쟁치렬 2백여명의 괴뢰군경부대를 제주읍남방에서 기습소탕	-제주도인민유격대의 전과-	1	조선중앙통신
1949-11-24-008	선거자총회준비를 적극 협조	황해도 금천군 좌면 송세리 당단체에서	2	통신원 박의정
1949-11-24-009	선거의의를 구체적으로	벽성군 서석면당단체에서	2	주재기자 박덕순
1949-11-24-010	연예대활동을 활발히	삼수군 삼수면 민탕리세포에서	2	통신원 리종남
1949-11-24-011	선전력량을 총동원하여 군중의 정치적 열성 고무	구성군당부에서	2	통신원 최린대
1949-11-24-012	년간계획 완수보장을 위한 우리 당단체의 투쟁	당의 조직적력량을 발동	2	회녕제지공장 세포위원장 채완진
1949-11-24-013	아세아 제국에서의 침략적외국군대철거 요구의 결정채택 제의	아세아 및 대양주제국직맹대회 제2일회의에서 북조선직총대표 최호민씨 연설	2	
1949-11-24-014	축산발전을 위한 투쟁에서 이천군당단체가 거둔 성과		2	강원도 이천군당부 위원장 박창한
1949-11-24-015	농민들의 애국적열성 높여 추경을 성과있게 완수 보장	북청군 하거서면 농민들	2	통신원 윤지월

기사번호	제목(title)	부제목(stitle)	면수	필자, 출처
1949-11-24-016	리인민위원회를 강화하자	모두다 선거자총회에로!	3	
1949-11-24-017	추경을 완료하여 선거를 증산으로	영흥군 덕흥면 풍성리 농민들	3	본사기자 류민우
1949-11-24-018	리대의원을 우수한 애국자로	황주군 성북리 한진원농민의 일가	3	본사기자 박경석, 서상학
1949-11-24-019	나가자 기쁨의 마음으로!		3	김춘희
1949-11-24-020	새로운 전망속에서	하성광산 로동자들	3	주재기자 박덕순
1949-11-24-021	헌신적로력으로 인민정권강화에	고건원탄광 로동자들	3	주재기자 김소민
1949-11-24-022	농촌경리발전 위해 전부락을 유축농화	이천군 학봉면 성호리 농민들	3	통신원 김락준
1949-11-24-023	쏘련외무성에서 모쓰크바주차 유고슬라비아대사관에 각서 전달		4	조선중앙통신
1949-11-24-024	아세아 및 대양주제국직맹대회 아세아 제국의 로동계급의 활동에 관한 보고 청취	조선대표들도 보고(제4일회의에서)	4	조선중앙통신
1949-11-24-025	자본주의 제국 녀성들의 경제적권리옹호문제 토의	-국제민주녀맹리사회 회의-	4	조선중앙통신
1949-11-24-026	하이다라바드정부의 민주주의자박해에 관하여 국제직련 콤뮤니케 발표		4	조선중앙통신
1949-11-24-027	유고슬라비아인민들의 찌또도당에 대한 반항 장성		4	리철갑
1949-11-24-028	이태리농장로동자들의 토지요구운동 확대		4	조선중앙통신
1949-11-24-029	쏘련소식	종마사양에서의 새 성과	4	따쓰통신
1949-11-24-030	쏘련소식	새로운 과학상 제 설정	4	
1949-11-24-031	『근로자』제21호		4	로동신문사 잡지편집국
1949-11-25-001	모두다 선거에로!		1	
1949-11-25-002	전체 맹원들의 자각적열성을 더욱 추동시키겠다	산업부문 경제 및 직맹열성자대회에서 진술한 김일성수상의 총결연설을 받들고	1	사리원방직공장 직장위원회 위원장 김종수
1949-11-25-003	정확한 도급제실시와 로동보호시설 강화에	산업부문 경제 및 직맹열성자대회에서 진술한 김일성수상의 총결연설을 받들고	1	평양화학공장 기사장 리원관
1949-11-25-004	년간계획 완수	각지에서	1	본사기자 리성섭
1949-11-25-005	현물세납부와 추경에 함북도내 농민들 궐기		1	주재기자 김소민
1949-11-25-006	박석련 김인석 량씨에게 학사학위수여 결정		1	조선중앙통신
1949-11-25-007	3.4분기 농림수산부문 총결회의		1	본사기자 백운학

기사번호	제목(title)	부제목(stitle)	면수	필자, 출처
1949-11-25-008	황해도내 관개공사 성과적으로 진행		1	
1949-11-25-009	비행기 땅크 함선기금 희사	각지에서	1	주재기자 김만선, 신기관, 통신원 정명걸
1949-11-25-010	애국자에게는 영원한 영광이 있다		2	남조선로동당 중앙위원회 정치위원 리승엽
1949-11-25-011	조직지도사업을 강화하여	고건원탄광 당부에서	2	통신원 김원송
1949-11-25-012	당의 력량을 옳게 배치하여 당원들의 선도적역할 제고	학포탄광당단체에서	2	통신원 김진규
1949-11-25-013	당원들이 모범이 되여 일반적기술수준을 제고	성진제강소 공작분세포에서	2	통신원 렴재학
1949-11-25-014	대중과의 련결을 일층 강화하자!		2	본사기자 현준극
1949-11-25-015	철천의 원수 일제와 야합한 리승만도당을 타도하자!		2	승원
1949-11-25-016	우수한 애국자를 선거하자	모두다 선거장에로!	3	림덕보
1949-11-25-017	빛나는 업적을 총화	대동군 순안연 택암리에서	3	본사기자 백운학
1949-11-25-018	문화농촌건설에로	평남 중화군 룡연면 파장리 박운신농민	3	
1949-11-25-019	온종일을 환희속에	평양시 서구 미산리에서	3	본사기자 김춘희
1949-11-25-020	나라의 주인답게	룡강군 성암면 대정리 송학실 녀성	3	본사기자 리인태
1949-11-25-021	공화국북반부 각지에서 리선거자총회 성대히 진행		3	
1949-11-25-022	리인민위원회대의원립후보자를 추천제의하는 최호모씨와 유권자들		3	
1949-11-25-023	아세아 및 대양주제국직맹대회 각국의 직업동맹 중앙기관들의 보고 청취	-제5일회의-	4	조선중앙통신
1949-11-25-024	아세아 및 대양주제국직맹대회	의정 제1항에 관한 결의안	4	조선중앙통신
1949-11-25-025	아세아 및 대양주제국직맹대회 참가대표들을 모택동주석 초연	-최경덕 박세영 량씨도 참석-	4	조선중앙통신
1949-11-25-026	유엔총회 제4차회의 원자력관리문제 계속 토의	-특별정치위원회 11월 14일회의-	4	조선중앙통신
1949-11-25-027	영국에서의 선거전운동		4	오진효
1949-11-25-028	민주녀성 출판물에 관한 토의	-국제민주녀맹리사회 회의-	4	조선중앙통신
1949-11-25-029	국제단신		4	조선중앙통신
1949-11-25-030	극장안내		4	

기사번호	제목(title)	부제목(stitle)	면수	필자, 출처
1949-11-26-001	인민정권기관내 일군들의 고상한 사업작풍을 일층 향상시키자		1	
1949-11-26-002	증산의욕을 앙양시키는데 온갖 정력을 기울이겠다	산업부문 경제 및 직맹열성자대회에서 진술한 김일성수상의 총결연설을 받들고	1	순천화학공장 지배인 채찬
1949-11-26-003	유일관리제를 강화하며 로동규률을 확립하겠다	산업부문 경제 및 직맹열성자대회에서 진술한 김일성수상의 총결연설을 받들고	1	사동련탄공장 지배인 윤영철
1949-11-26-004	조쏘순간사업을 총결	조쏘문협 제5차 중앙상무위원회	1	조선중앙통신
1949-11-26-005	위대한 생리학자 이완.빠브로브탄생 백주년 기념대회참가 귀환보고회		1	
1949-11-26-006	비행기 땅크 함선기금을 웅기시 기업가 상인들 희사		1	통신원 김성권
1949-11-26-007	'유엔조선위원단'을 반대배격하라! -조국통일민주주의전선 제3차 중앙위원회에서-	전조선애국적 정당 및 사회단체들과 전체 조선인민들에게 고하는 조국통일민주주의전선 중앙위원회의 호소문	1, 2	
1949-11-26-008	매국노 리승만도당의 폭압과 기만정책을 폭로배격하자!		2	남조선 로동당 중앙위원회 정치위원 김삼룡
1949-11-26-009	새 환경과 새 조건에서 새롭게 일하자!	순천화학공장당부에서	2	순천화학공장당부 위원장 오석영
1949-11-26-010	선거실로 투표하려들어가는 선거자들	-평원군 평원면 송석리 선거장에서-	2	
1949-11-26-011	공화국북반부지역에서 리인민위원회선거 진행	여러 도들에서	3	주재기자
1949-11-26-012	강서군 누차면 1리선거장에서		3	본사기자 백운학
1949-11-26-013	투표를 끝마친 박원모농민의 담화	평원군 평원면 송석리 선거장에서	3	
1949-11-26-014	작업조건 참작하여 로력을 기동성있게	원산조선소 로동자들	3	본사기자 리인태
1949-11-26-015	고구마를 다수확	신천군 추능리 권병조농민	3	본사기자 류민우
1949-11-26-016	동해안 명태어로 련일 풍획!		3	
1949-11-26-017	딸라에 목매여 또다시 끌려온 허수아비들의 가련한 연극은 반드시 참담한 실패로 끝난다		3	한철호

기사번호	제목(title)	부제목(stitle)	면수	필자, 출처
1949-11-26-018	유엔총회 제4차회의 새 전쟁 준비에 대한 규탄과 평화의 공고화를 위한 5대강국의 조약체결에 관한 쏘련제안 계속 토의	-정치위원회 11월 16일회의-	4	조선중앙통신
1949-11-26-019	인도네시아직맹운동정형에 관한 인도네시아대표의 보고	-아세아 및 대양주제국직맹대회 제4일회의에서-	4	조선중앙통신
1949-11-26-020	불란서내각의 조직에 대하여		4	김문수
1949-11-26-021	아세아직맹대회 구성	대회운영위원회에서 발표	4	조선중앙통신
1949-11-27-001	새로운 감정으로 새롭게 일하자!		1	
1949-11-27-002	지적된 조목을 구체화 로동자들의 열의 고조 평양 각 생산직장들에서	산업부문 경제 및 직맹열성자대회에서 진술한 김일성수상의 총결연설을 받들고	1	조선중앙통신
1949-11-27-003	로동자들의 높은 창조적적극성을 발휘하도록	산업부문 경제 및 직맹열성자대회에서 진술한 김일성수상의 총결연설을 받들고	1	개천탄광 지배인 박관희
1949-11-27-004	조선민주주의인민공화국 최고인민회의 상임위원회 위원장 김두봉각하	사회주의10월혁명 32주년기념일에 제하여	1	
1949-11-27-005	조선민주주의인민공화국 외무상 박헌영각하	사회주의10월혁명 32주년기념일에 제하여	1	
1949-11-27-006	남반부인민항쟁치렬		1	조선중앙통신
1949-11-27-007	'유엔조선위원단'을 반대배격하자!		1	본사기자 최치목, 백운학
1949-11-27-008	대중적증산운동의 높은 성과를 보장하기 위한 당적지도를 강화하자		2	북조선로동당 평남도당부 위원장 박영성
1949-11-27-009	계획초과달성을 위하여	-평양선교련탄공장 당부에서-	2	평양선교련탄공장당부 위원장 허즙
1949-11-27-010	전체 로동자들을 애국적증산투쟁에로 고무추동	고무산세멘트공장 당단체에서	2	통신원 신운권
1949-11-27-011	광범한 군중들의 력량을 조직적으로 발동	평양철도기관구 초급당부에서	2	본사기자 현준극
1949-11-27-012	민주선전실사업 강화하여 농촌선전사업을 활발히	자강도 자성군당단체에서	2	주재기자 라문상
1949-11-27-013	국가는 강철을 많이 요구한다	청진제철소의 기본건설공사에서	3	
1949-11-27-014	로동자들의 창의를 살리여	완성가까운 제1용광로에서	3	강홍권
1949-11-27-015	건설에서의 전위대	청진제철소의 기본건설공사에서	3	청진제철소 초급당부 위원장 유철규
1949-11-27-016	완성가까운 제1용광로		3	강홍권
1949-11-27-017	인민의 힘으로 면모를 새로이	청진제철소의 기본건설공사에서	3	
1949-11-27-018	선진기술로 장비	청진제철소의 기본건설공사에서	3	

기사번호	제목(title)	부제목(stitle)	면수	필자, 출처
1949-11-27-019	미국인들은 왜 남조선에 빈번히 찾아오고있는가?		3	영민
1949-11-27-020	유엔총회 제4차회의 새 전쟁준비에 대한 규탄과 평화의 공고화를 위한 5대강국의 조약체결에 관한 쏘련제안 계속 토의 -정치위원회 11월 16일회의-	전호에서 계속	4	조선중앙통신
1949-11-27-021	시사해설	강제로동문제를 둘러싼 소동	4	
1949-11-27-022	락후한 국가들의 경제적발전문제에 관한 결의안 채택	-전원회의 11월 16일회의-	4	조선중앙통신
1949-11-29-001	'유엔조선위원단'에게 결정적타격을 주자!		1	
1949-11-29-002	알바니아인민공화국 수상 엔베르.호쟈각하	알바니아인민의 해방 5주년에 제하여	1	
1949-11-29-003	기술자양성에 주력하며 기계효률제고에 총궐기 아오지탄광 종업원들	산업부문 경제 및 직맹열성자대회에서 진술한 김일성수상의 총결연설을 받들고	1	주재기자 김소민
1949-11-29-004	책임한계를 명확히 하며 로동규률을 강화하자	산업부문 경제 및 직맹열성자대회에서 진술한 김일성수상의 총결연설을 받들고	1	음산조선소 로동자 남학국
1949-11-29-005	비행기 땅크 함선기금 희사		1	
1949-11-29-006	강철같은 단결로써 원쑤들을 몰아내자!	안주군 대리면 농민들	1	
1949-11-29-007	력사는 리승만도당의 멸망을 촉진시킬 뿐이다	국립극장 연극예술인들	1	
1949-11-29-008	검거된 애국자 1백 40여명 고문에 불굴하고 '전향을 거부		1	조선중앙통신
1949-11-29-009	국제직련륙운 및 항공철도로동자산별부 창립대회 참가차 조선대표일행 부카레스트 향발		1	조선중앙통신
1949-11-29-010	곤난과 애로를 타개하여	아오지탄광당부회암항 제2분세포에서	2	통신원 김성권
1949-11-29-011	무책임성과의 투쟁을 견결히	청수화학공장당부에서	2	통신원 라의성
1949-11-29-012	480분로동을 효과있게	갑산아마공장 세포에서	2	통신원 안소희
1949-11-29-013	유일관리제를 강화	학포탄광 탄부 운수분세포에서	2	통신원 김규진
1949-11-29-014	당새학습년도준비를 위하여 학습정형을 정확히 파악	남면당열성자회의	2	통신원 김제현
1949-11-29-015	당새학습년도준비를 위하여 학습망편입을 엄밀히	라북탄광당부에서	2	통신원 최서훈
1949-11-29-016	당회의에 대한 몇가지 문제		2	
1949-11-29-017	선거를 경축하여 년간주행키로 돌파	정주기관구 로동자들	3	본사기자 김기초
1949-11-29-018	맹세를 영예롭게 실천	고무산세멘트공장 로동자들	3	주재기자 김소민

기사번호	제목(title)	부제목(stitle)	면수	필자, 출처
1949-11-29-019	면대의원립후보자와 선거자들과의 담화	안주군 대리면 제15호선거구에서	3	본사기자 황경엽
1949-11-29-020	농산물전람회 개최코 증산과 결부한 선전을	강원도 련천군 미산면농맹	3	본사기자 백운학
1949-11-29-021	포사격술에 정통 숙달한 기능 발휘	신치주 포분대원들	3	
1949-11-29-022	목재운반을 보장할 림도를 확장하자!	무산림산사업소 로동자들	3	통신원 김종연
1949-11-29-023	겨울동안에 다량의 고공품을	연백군 은산리 농민들	3	통신원 리용태
1949-11-29-024	초과계획 실행하며 기본건설을 활발히	단록광산 로동자들	3	통신원 김준호
1949-11-29-025	명태어로 활발	동해안 서호어항	3	
1949-11-29-026	다수확경험 면화	재녕군 강지갑 농민	3	통신원 정필
1949-11-29-027	제 묘혈을 파는 리승만매국도당	괴뢰군대내에까지 소위 '전향순간'을	3	조선중앙통신
1949-11-29-028	전쟁방화자이며 흉악한 침략자인 미제를 '자선가'로 추켜들고 세번째의 희극을 연출하는 '유엔조선위원단'		3	장진광
1949-11-29-029	유엔제4차총회 희랍문제에 관한 '4개국 결의안'을 강압채택	-전원회의 11월 18일회의-	4	조선중앙통신
1949-11-29-030	국제직련집행국회의에 관한 콤뮤니케		4	조선중앙통신
1949-11-29-031	미제를 반대하는 투쟁에서의 라틴아메리카 제 국가 인민들		4	박종린
1949-11-29-032	광서성 수부 계림을 해방	중국인민해방군	4	조선중앙통신
1949-11-29-033	중경 1백키로지점에 육박 호남호북성 전지역도 해방	중국인민해방군	4	조선중앙통신
1949-11-29-034	북경시정부 성립	중국인민해방군	4	조선중앙통신
1949-11-29-035	쏘련소식	고대로씨아유물의 복구사업 진행	4	조선중앙통신
1949-11-29-036	지주측과의 교섭 결렬로 이 농민들 토지 점거 단행		4	조선중앙통신
1949-11-29-037	알바니아국내상업에서 국영부문의 성과 거대		4	조선중앙통신
1949-11-29-038	대사관의 설치를 위하여 파란대리대사 북경 도착		4	조선중앙통신
1949-11-30-001	연극예술인들의 사상적수준을 더욱 높이자		1	
1949-11-30-002	책임감을 높이여 주인답게 사업하자 사동련탄공장에서	산업부문 경제 및 직맹열성자대회에서 진술한 김일성수상의 총결연설을 받들고	1	
1949-11-30-003	앙양된 증산의욕을 고무추동시키겠다	산업부문 경제 및 직맹열성자대회에서 진술한 김일성수상의 총결연설을 받들고	1	본궁화학공장 직장위원회 위원장 황창전
1949-11-30-004	조국의부흥발전 위한 북반부인민들의 투쟁 년간계획 완수	각지에서	1	주재기자 신기관, 본사기자 김기초

기사번호	제목(title)	부제목(stitle)	면수	필자, 출처
1949-11-30-005	원산농대 제1회국가졸업시험		1	본사기자 라원근
1949-11-30-006	남반부인민항쟁치렬 연인원 8만 9천여명 참가 교전회수 1천 3백 30회	남반부유격대의 10월중 종합전과	1	조선중앙통신
1949-11-30-007	미제의 음흉한 책동은 참패를 당할것이다	서평양철도공장 로동자들	1	본사기자 최치목
1949-11-30-008	'유엔위원단' 반대배격하는 전인민적투쟁에 나서자	평양사범대학 학생들	1	
1949-11-30-009	아세아녀성대표대회 참가자 조선녀성대표단 북경 향발		1	조선중앙통신
1949-11-30-010	방쏘조선적십자사 대표를 쏘련보건성 부상 환영초대		1	조선중앙통신
1949-11-30-011	로력의 고착과 로동자들의 기술수준제고를 위한 투쟁		2	문천기계제작소 공장당 부위원장 리원삼
1949-11-30-012	운전사고를 미연에 방지 화물수송계획 달성을 보장	해주기관구 세포에서	2	주재기자 박덕순
1949-11-30-013	국립예술극장당단체는 자기 사업의 결점을 퇴치하라!		2	김선락
1949-11-30-014	당회의에 대한 몇가지 문제	전호에서 계속	2	
1949-11-30-015	높은 수확 보장하는 퇴비를 많이 내자!	의주군 강영태농민	3	주재기자 최영환
1949-11-30-016	작업반증산경쟁을 일층 높은 수준에로	은률광산 로동자들	3	통신원 김인곤
1949-11-30-017	『쏘베트신보』독자회		3	
1949-11-30-018	다수확경험 벼	봉산군 오응곤농민	3	본사기자 류민유
1949-11-30-019	동기철도수송을 원활히 보장코저	고원기관구 로동자들	3	본사기자 리성섭
1949-11-30-020	군무자가족원호는 공화국공민의 영예	함남도내 각 농촌에서	3	주재기자 신기관
1949-11-30-021	면선거승리를 위한 사회단체들의 활동	각지에서	3	주재기자 신기관, 통신원 리종남
1949-11-30-022	신천군 남부면 인민위원회 업적	농촌경리 발전시키며 문화농촌 건설에 매진	3	
1949-11-30-023	미국의 무기와 리승만도당의 간계로는 조국을 사랑하는 인민의 의지를 꺾지 못한다		3	구연
1949-11-30-024	(미국상전에 대한 리승만의 아첨)		3	창과
1949-11-30-025	몽고인민공화국 수상 쵸이 발산원수	몽고인민공화국선포 25주년에 제하여	4	
1949-11-30-026	쏘베트사회주의공화국련맹 내각 수상 쓰딸린대원수	몽고인민공화국선포 25주년에 제하여	4	
1949-11-30-027	유엔제4차총회 희랍문제에 관한 '4개국결의안'을 강압채택	-전원회의 11월 18일회의-	4	조선중앙통신
1949-11-30-028	유엔제4차총회 전 이태리식민지문제에 관한 정치위원회의 결의안을 채택	-전원회의 11월 20일회의-	4	조선중앙통신
1949-11-30-029	전 인도평화옹호대회 칼컷타에서 성대히 개최		4	조선중앙통신
1949-11-30-030	미제가 일본에 부식하고있는 '생활양식'은 이렇다		4	신동수
1949-12-01-001	근로대중에 대한 민주주의적사상교양을 더욱 강화하자		1	
1949-12-01-002	모두다 자기 맹세의 훌륭한 실천자가 되자	룡문탄광 로동자들	1	
1949-12-01-003	기계의 무사고운전으로 생산능률을 높이겠다	부녕야금공장 로동자들	1	
1949-12-01-004	흥남비료공장에서 전체 년간계획 완수		1	
1949-12-01-005	부단한 증산보장코저 기계무사고운동 전개	북반부 각 공장 로동자들	1	본사기자 리성섭
1949-12-01-006	홍학근 최응석 량씨에게 의학박사학위 수여 결정		1	본사기자 라원근
1949-12-01-007	현물세 완납	황주군	1	통신원 리동욱
1949-12-01-008	경북농민들 충천의 기세로 봉기		1	조선중앙통신
1949-12-01-009	안동 및 성주군 농민들 인민유격대에 합류		1	
1949-12-01-010	영덕농민들도 궐기	반동지주를 박멸	1	
1949-12-01-011	경주서도 궐기		1	
1949-12-01-012	'전향'거부한 변호사를 불을 질러 고문학살	리승만도당의 야수적만행	1	조선중앙통신
1949-12-01-013	사선에서 헤매이는 리승만매국도당 강제징병을 년내에 실시		1	조선중앙통신
1949-12-01-014	강선제강소에서는 왜 로동력류동이 심한가		2	본사기자 송학용
1949-12-01-015	기술교양사업의 강화로 로동생산성을 일층 제고	고저수산사업소 당부에서	2	통신원 강두훈
1949-12-01-016	쓰.므.끼로브서거 15주년		2	
1949-12-01-017	농민들의 열성을 옳게 조직 금년도 축산계획 완수보장	창성군당부에서	2	통신원 한동유
1949-12-01-018	생산기업소내 일군들의 책임감을 높이자!		2	산업성 부상 정일룡
1949-12-01-019	수방직면포의 증산을 도내 녀성들에게 호소	평남 강서군녀맹원열성자대회에서	3	본사기자 류민우

기사번호	제목(title)	부제목(stitle)	면수	필자, 출처
1949-12-01-020	기관차의 성능을 고도로 리용하자	신막기관구 로동자들	3	주재기자 박덕순
1949-12-01-021	선거자좌담회를 개최코 선거선전을 더 효과있게	함주군 팔복리 선거선전대원들	3	본사기자 박경석
1949-12-01-022	선거일을 앞두고 준비사업에 만전	삼수군 삼수면 제10호구 선거위원회	3	통신원 리종남
1949-12-01-023	면인민위원회의 업적	과거의 불모지대에 경작지를 확장하여	3	곡산군 도화면인민위원회 위원장 서춘혁
1949-12-01-024	동해안 명태잡이 바야흐로 활발!	신포수산사업소에서	3	통신원 윤지월
1949-12-01-025	부단한 노력으로 작업방식개진에	평양기구제작소에서	3	
1949-12-01-026	쏘베트공업의 거대한 성과		3	조병일
1949-12-01-027	유엔총회 제4차회의 전 이태리식민지문제에 관한 정치위원회의 결의안을 채택	-전원회의 11월 21일회의-	4	조선중앙통신
1949-12-01-028	유엔총회 제4차회의 새 전쟁준비에 대한 규탄과 평화의 공고화를 위한 5대강국의 조약체결에 관한 쏘련제안 계속 토의	-정치위원회 11월 23일회의-	4	조선중앙통신
1949-12-01-029	유고슬라비아 찌또도당의 '5개년계획'의 파탄		4	라봉진
1949-12-01-030	수개공산당보도국 회의에 관한 콤무니케		4	
1949-12-01-031	북경에서 군중대회	아세아 및 대양주직맹대회 성공 경축	4	조선중앙통신
1949-12-01-032	하이다라바드정부의 만행		4	조선중앙통신
1949-12-01-033	24시간파업	불란서 5백여만 로동자들 단행	4	조선중앙통신
1949-12-01-034	반퀴리노무장항쟁 비률빈서 계속 확대		4	조선중앙통신
1949-12-01-035	국제단신		4	
1949-12-02-001	인민들의 평화와 민주주의와 민족적독립을 위하여	11월 30일 『쁘라우다』지 사설	1	
1949-12-02-002	조선민주주의인민공화국 내각 결정 제167호	화전농민의 직장전출에 관한 결정서	1	
1949-12-02-003	조선민주주의인민공화국 38선이북지역의 리인민위원회 대의원선거총결에 관하여	리인민위원회 대의원선거 총결에 관한 각 도인민위원회에서 조선최고인민회의 상임위원회에 제출한 자료에 의함	1	
1949-12-02-004	평남도내 리인민위원회 선거	투표참가자 99.9% 찬성투표 97.27%	1	
1949-12-02-005	수개국공산당보도국회의에 대한 콤무니케		2, 3	
1949-12-02-006	대외무역발전과 국가 및 소비조합 상업 발전강화에 관하여	장시우상업상 기자단과 문답	3	조선중앙통신
1949-12-02-007	종성군 종성면인민위원회 업적	관개시설을 확장하여 광대한 지역을 옥답으로	3	통신원 김진규
1949-12-02-008	면대의원립후보자로 추천된 우수한 농민들	재녕군 삼강면 유창림농민, 함주군 상기천면 주락운농민	3	주재기자 박덕순, 신기관
1949-12-02-009	무엇때문에 리승만도당은 소위 국회의원 소장파를 공판하는가?		3	윤현
1949-12-02-010	유엔총회 제4차회의 중국국민당의 대표권을 쏘련대표단 부인	-정치위원회 11월 25일회의-	4	조선중앙통신
1949-12-02-011	유엔총회 제4차회의 쏘련의 평화제안토의 종료	-정치위원회 11월 25일회의-	4	조선중앙통신
1949-12-02-012	국민당 반동파들 도피에 관하여 중국정부 주은래외교부장 성명		4	조선중앙통신
1949-12-02-013	서독대강철콘체른을 부활기도		4	따쓰통신
1949-12-02-014	분렬과 예속을 반대하는 독일인민들의 투쟁		4	김진구
1949-12-02-015	파산된 국민당상회		4	『이즈베스챠』지
1949-12-03-001	조국의 통일과 평화를 위하여 투쟁하며 전쟁방화자들을 폭로하라		1	
1949-12-03-002	난관을 극복하고 승리를 향해 나가자	본궁화학공장에서	1	
1949-12-03-003	생산공정의 기계화에 전력을 기울이겠다		1	단천광산 지배인 장기덕
1949-12-03-004	세계로동계급의 통일과 단결을 더욱 강화하자 사동련탄공장 로동자들	수개국공산당보도국의 제 결의문에 대한 반향	1	
1949-12-03-005	세계 평화 및 안전의 확립을 종교인들의 신념에 일치된다	수개국공산당보도국의 제 결의문에 대한 반향	1	기독교목사 김창준
1949-12-03-006	조국통일을 위하여 영웅적으로 투쟁하는 남조선청년들에게 영광이 있으라!	파란대학생련맹으로부터 남조선 청년들에게 격려의 서한	1	
1949-12-03-007	민주기지를 튼튼히 하여 인민의 적들을 격퇴하자	평남 강동군 승호3리 농민들	1	본사기자 류민우
1949-12-03-008	적에 대한 경각심 높여 원쑤들을 분쇄하자	조선인민군 군무자들	1	
1949-12-03-009	광주형무소 '형무관'들 의거수감자를 구출코 탈출		1	조선중앙통신
1949-12-03-010	생산사업개진대책을 굼뜨게 하는 사업작풍을 퇴치하라	평양화학공장에서	2	김선락
1949-12-03-011	건설을 잠시라도 늦출수는 없다	강선제강소에서	2	특파기자 송학용
1949-12-03-012	쓰딸린적헌법은 세계에서 가장 민주주의적인 헌법이다		2	
1949-12-03-013	면인민위원회 대의원선거		2	김동천
1949-12-03-014	면인민위원회선거에 다같이 참가하자!		3	
1949-12-03-015	부요하고 문명한 농촌을 건설코저	중화군 석정리 농민들	3	본사기자 류민우

기사번호	제목(title)	부제목(stitle)	면수	필자, 출처
1949-12-03-016	인민정권은 우리에게 행복을	룡강군 안성리 군인가정	3	본사기자 박경석
1949-12-03-017	선거일을 앞둔 유권자들의 좌담회	-12.2일 강동군 승호면 립석리 민주선전실에서-	3	
1949-12-03-018	희망과 환희 속에서	안변면선거위원회에서	3	주재기자 김만선
1949-12-03-019	높은 증산성과로 선거승리보장에	강서군 청산리 농민들	3	
1949-12-03-020	불합격품 퇴치하여 원가를 저하시키자	원산철도공장 주조직장 로동자들	3	본사기자 리성섭
1949-12-03-021	정확한 도급제로 생산능률을 제고	신의주방직공장에서	3	주재기자 최영환
1949-12-03-022	남반부농민들은 반동을 소탕하며 토지개혁을 실천하고있다		3	송남
1949-12-03-023	유엔총회 제4차회의 쏘련의 평화제안 토의 종료 -정치위원회 11월 25일회의-	전호에서 계속	4	조선중앙통신
1949-12-03-024	중국인민해방군 전과	서남의 다수 중요도시 해방	4	조선중앙통신
1949-12-03-025	중국인민해방군 중경을 해방!		4	조선중앙통신
1949-12-03-026	유엔총회 제4차회의 팔레스티나문제 토의	-특별정치위원회 11월 25일회의-	4	조선중앙통신
1949-12-03-027	자유와 민주가 있는곳에서 행복한 생활을 건설하겠다	-탈주하여 동부독일에 들어온 미국군인의 담화-	4	조선중앙통신
1949-12-03-028	쏘련주재 베네주엘라특명전권대사 모쓰크바 도착		4	조선중앙통신
1949-12-03-029	근동주재 미국외교관들 이스탄불에서 비밀회의		4	조선중앙통신
1949-12-03-030	불란서국민의회 반로동법안 심의		4	조선중앙통신
1949-12-03-031	왜 미국은 원자에네르기에 대한 국제관리의 설정을 결렬시키고있는가?		4	한규용
1949-12-03-032	쉴링의 평가인하는 오지리공업을 교살		4	조선중앙통신
1949-12-03-033	인도네시아인민유격전 더욱 치렬		4	조선중앙통신
1949-12-04-001	(쓰딸린동지)		1	
1949-12-04-002	쏘련최고쏘베트 상임위원회에서		1	
1949-12-04-003	아세아 및 대양주제국직맹대회 조선대표단 모택동주석에 기발 증정		1	조선중앙통신
1949-12-04-004	함남 강원 평남 평양 등에서 국가상품류 통년간계획 돌파		1	조선중앙통신
1949-12-04-005	년간화물수송계획 완수	평양철도관리국에서	1	
1949-12-04-006	현물세 완납	곡산군, 회양군에서	1	
1949-12-04-007	쓰딸린적적헌법일에 제하여		1	
1949-12-04-008	평화옹호대렬을 더욱 공고확대하자	수개국공산당보도국의 제 결의문에 대한 반향	1	북조선민주당 중앙본부 부위원장 정성언

기사번호	제목(title)	부제목(stitle)	면수	필자, 출처
1949-12-04-009	평화와 민족적독립 위해	수개국공산당보도국의 제 결의문에 대한 반향	1	선일흥업사 사장 김선
1949-12-04-010	원의 가치는 더욱 제고되었고 화폐기능은 공고히 되었다	-화폐개혁실시 2주년을 맞으며-	2	재정성 부상 김찬
1949-12-04-011	수개국공산당보도국회의에 대한 콤뮤니케	도살자 및 간첩들의 정권하의 유고슬라비아공산당 보도국결의문	2	
1949-12-04-012	조선내정간섭위원단인 '유엔조선위원단'을 타도하라!		2	김송암
1949-12-04-013	공화국 북반부지역에서 면인민위원회선거 진행		3	
1949-12-04-014	선거경축연예대로 출동한 봉산군 문정면 지탄리 농촌써클원들의 공연	-황해도 봉산군 초와면 양동리에서-	3	림덕보
1949-12-04-015	환희에 휩싸여	순천군 순천면 제17호선거구에서	3	
1949-12-04-016	선거자들이 투표하는 광경		3	
1949-12-04-017	영예로운 한표를 문화농촌건설 위해	대동군 고평면 신흥리 박룡현 농민	3	본사기자 류민우
1949-12-04-018	우리 나라 초자공업의 신기원	남포판초자공장 건설 진척	3	통신원 정명걸, 박명도
1949-12-04-019	유엔총회 제4차회의 '중간위원회'존속을 강압결정	-전원회의 11월 21일회의-	4	따쓰통신
1949-12-04-020	평화옹호세계대회 상설위원회에서 인도정부의 반인민적탄압을 항의		4	조선중앙통신
1949-12-04-021	민족반역자도당에 대한 기소장을 발표	불가리아인민공화국 최고검찰소에서	4	조선중앙통신
1949-12-04-022	군사방면으로 전향하는 영국과학		4	조선중앙통신
1949-12-04-023	독일의 분렬자들을 반대	서독청년들의 투쟁 활발	4	조선중앙통신
1949-12-04-024	아세아녀성대회에 전녀성들 관심집중		4	조선중앙통신
1949-12-04-025	불란서 24시간 파업후보		4	조선중앙통신
1949-12-04-026	아세아 및 대양주직맹대회의 거대한 성과		4	김일우
1949-12-04-027	딸라의 철쇄에 얽매인 덴마크		4	조선중앙통신
1949-12-04-028	공산당의 선거강령만이 영국의 위기를 극복할수 있다	-영국공산당 21차대회에서-	4	조선중앙통신
1949-12-04-029	이태리로동총련맹 전국적 24시간파업단행 결정		4	조선중앙통신
1949-12-04-030	쏘련소식	복구되는 쓰딸린그라드	4	따쓰통신
1949-12-06-001	동기간에 있어서 농촌당단체들의 과업		1	
1949-12-06-002	각 기술전문교 학생들 졸업준비		1	본사기자 라연근
1949-12-06-003	년간계획 속속 완수	창도광산, 함북 학성내화물공장에서	1	

기사번호	제목(title)	부제목(stitle)	면수	필자, 출처
1949-12-06-004	화물수송계획을 각 역들에서 완수		1	본사기자 리성섭
1949-12-06-005	조국의 통일을 위한 투쟁에 더욱 용감하게 나서자!	수개국공산당보도국의 제 결의문에 대한 반향	1	북조선민주청년동맹 중앙위원회 부위원장 장서진
1949-12-06-006	로동운동분렬자들과의 타협없는 투쟁을! 흥남비료공장 로동자들	수개국공산당보도국의 제 결의문에 대한 반향	1	
1949-12-06-007	'유엔조선위원단'을 반대배격하자!	영흥군 신풍리 농민들, 농림수산기술일군들	1	
1949-12-06-008	남조선직맹의 자유와 권리를 옹호하기 위한 결의안을 채택	아세아 및 대양주제국직맹대회에서	1	조선중앙통신
1949-12-06-009	농민들 계속 봉기	공화국남반부 각지에서	1	조선중앙통신
1949-12-06-010	10월혁명기념 참가차로 방쏘중이던 조선사회문화활동가일행 귀국		1	
1949-12-06-011	생활필수품 증산과 공급의 원활을 위한 협조대책 등 토의	평남도당상무위원회에서	2	김선락
1949-12-06-012	청진제강소에서는 왜 립철생산이 저하되었는가		2	특파기자 현준극
1949-12-06-013	전부락을 유축농가로 전환시키기 위하여	강원도 안변군 석왕사면 상탑리세포에서	2	통신원 송춘관
1949-12-06-014	당원들의 책임성 높이여 상품류통사업 원활히	황해도 봉산군소비조합 세포에서	2	통신원 양행모
1949-12-06-015	기업소의 동기로동보호사업의 강화를 위하여		2	로동성 부상 박임선
1949-12-06-016	매국노 리승만은 조선쌀로 일본제국주의자들을 먹여살리고있다		2	김영주
1949-12-06-017	4년간의 경험을 총화하고 출판인쇄개선발전을 토의	출판인쇄일군 열성자대회에서	3	본사기자 박중선
1949-12-06-018	공정한 표창제로 생산의욕을 제고	원산철도공장 화차직장에서	3	
1949-12-06-019	물가는 저락되고 임금수입은 장성	사동련탄공장 로동자 허백석씨의 생활에서	3	본사기자 박경석
1949-12-06-020	년간화물수송투쟁 각 기관구에서 치렬		3	본사기자 리성섭
1949-12-06-021	조국보위후원사업강화 위한 제반 당면문제를 토의	조국보위후원회 중앙본부 및 각도위원장련석회의에서	3	본사기자 김전
1949-12-06-022	영예를 지니고	은률군 리대의원련석회의	3	통신원 김인곤
1949-12-06-023	우량종자확보에	린제군 덕산리 농민들	3	통신원 천영호
1949-12-06-024	의거입북한 괴뢰군병사들을 환영초대		3	조선중앙통신
1949-12-06-025	소위 유엔조선위원단	영미국사환군으로 돌아치는 인도대표	3	리성용

기사번호	제목(title)	부제목(stitle)	면수	필자, 출처
1949-12-06-026	제 묘혈을 파는 리승만매국도당	해외동포를 탄압키 위한 '해외국민등록법'조작	3	조선중앙통신
1949-12-06-027	유엔총회 제4차회의 유엔신입가입 및 '유엔경찰군'설치문제에 관한 비법적결의안 채택	-전원회의 11월 22일회의-	4	따쓰통신
1949-12-06-028	불란서 비도내각 또 붕괴		4	조선중앙통신
1949-12-06-029	끼로브서거 15주년을 쏘련각지에서 기념		4	조선중앙통신
1949-12-06-030	파란량농민당합당대회 개최		4	조선중앙통신
1949-12-06-031	'자유무역'이란 간판밑에서의 미제국주의의 식민지정책		4	박현철
1949-12-06-032	전범자들을 무죄석방하는 '비나치화' 서독에서 실시		4	조선중앙통신
1949-12-06-033	직맹분렬주의자들의 런던회의에 서독의 반동직맹지도자들 참가		4	조선중앙통신
1949-12-07-001	조국보위를 위한 인민들의 애국열성을 더욱 고무시키자		1	
1949-12-07-002	김일성수상에게 드리는 메쎄지	흥남비료공장 1949년도 년간계획완수 보고대회	1	
1949-12-07-003	전세계 평화애호인민들이 다같이 실천해야 할 강령	수개국공산당보도국의 제 결의문에 대한 반향	1	북조선천도교청우당 부위원장 박윤길
1949-12-07-004	평화옹호는 제인민들의 과업이다	수개국공산당보도국의 제 결의문에 대한 반향	1	원산기독교인 리운룡
1949-12-07-005	공화국북반부 각지에서 쓰딸린적헌법일을 기념		1	
1949-12-07-006	조국의 부흥발전 위한 북반부인민들의 투쟁 년간계획 속속완수	신의주제약공장, 신의주제지공장에서	1	
1949-12-07-007	'유엔조선위원단'을 반대배격하자!	문평제련소 로동자들, 중앙국백종업원들	1	
1949-12-07-008	남반부인민유격대가 쟁취한 4월이래의 종합전과	-로력자지의 보도-	1	조선중앙통신
1949-12-07-009	공산당은 로동계급의 전투적참모부이다		2	박대성
1949-12-07-010	옳은 지도검열사업으로 엄격한 규률을 확립하라	강선제강소에서	2	특파기자 송학용
1949-12-07-011	생산규률을 강화하고 일반적기술수준을 제고	호곡제재공장 당단체에서	2	통신원 박종덕
1949-12-07-012	리승만도당은 무엇때문에 소위 '지방자치법'실시를 미루기만 하는가		2	한성
1949-12-07-013	새 승리 위한 결의도 굳게 년간계획완수 보고대회	흥남비료공장 로동자들	3	주재기자 신기관
1949-12-07-014	부단한 노력으로	박천견직공장 로동자들	3	주재기자 최영환

기사번호	제목(title)	부제목(stitle)	면수	필자, 출처
1949-12-07-015	화폐개혁실시후 2년간 북반부시장물가 날로 저하		3	조선중앙통신
1949-12-07-016	아세아녀성대회를 기념하여	안주탄광 녀맹원들 항내작업에 진출!	3	본사기자 김기초
1949-12-07-017	생활필수품을 더 많이 생산하자	평양특수고무공장 로동자들	3	
1949-12-07-018	전체 부락이 유축농가로	대동군 고평면 신흥리 농민들	3	본사기자 류민우
1949-12-07-019	쏘련을 방문하였던 공화국사회문화활동가들의 귀국담 국제민주력량의 불패의 힘을 보았다	로동자 김승현씨 담	3	
1949-12-07-020	소위 유엔조선위원단	중국에서 쫓겨난 패망 장개석 대표	3	김숙
1949-12-07-021	리승만도당 '국가보안법'을 개악		3	조선중앙통신
1949-12-07-022	아세아 및 대양주제국직맹대회 다대한 성과 거두고 폐막		4	조선중앙통신
1949-12-07-023	대회참가 각국 대표들 북경 출발		4	조선중앙통신
1949-12-07-024	중국 동북 주요도시들에서의 미제의 밀정단의 활동 폭로		4	조선중앙통신
1949-12-07-025	중화인민공화국 중앙인민정부 10월 1일을 국경일로 설정		4	조선중앙통신
1949-12-07-026	비.티.유.씨하부단체 간부에 다수 영국공산당원들 피선		4	조선중앙통신
1949-12-07-027	쏘베트동맹은 평화사업을 고수하고있다		4	최규식
1949-12-07-028	급속도로 발전하는 인민민주주의국가	경제건설성과	4	
1949-12-07-029	이태리 24시간파업에 전국근로인민 일제히 참가		4	조선중앙통신
1949-12-07-030	의거입북한 남조선리승만괴뢰정부소속 함선에 동승하였던 미국인 인도에 관한 내무성 보도		4	
1949-12-07-031	아세아녀성대회소집 2, 3일 연기		4	조선중앙통신
1949-12-07-032	희랍에 대한 미국'원조'		4	에이·에프·피통신
1949-12-07-033	서독재무장에 관한 미제의 음모 로골화		4	조선중앙통신
1949-12-08-001	당열성자는 당위원회의 지주이다		1	
1949-12-08-002	해방후 최고수송기록!	철도수송부문의 년말증송투쟁 활발	1	
1949-12-08-003	함북도내 농민들 고공품생산에 궐기		1	조선중앙통신
1949-12-08-004	자재절약운동	평양전구공장에서	1	
1949-12-08-005	현물세 납부	평남도	1	
1949-12-08-006	평안남도선거위원회의 보도	1949년 12월 3일에 진행된 면인민위원회 대의원선거총결에 관하여	1	
1949-12-08-007	비행기 땅크 함선기금 희사	각지에서	1	
1949-12-08-008	'유엔조선위원단'을 반대배격하자!	황해제철소 종업원들	1	
1949-12-08-009	괴뢰군경을 포착하여 소탕	경북 보현산록에서	1	조선중앙통신
1949-12-08-010	전남 함평에서 농민들 봉기		1	조선중앙통신
1949-12-08-011	재일조선인학교폐쇄를 반대하여 조선인소학교 학생들 완강히 투쟁		1	조선중앙통신
1949-12-08-012	1949년도 당교양사업총화와 새학습년도 준비사업토의	평양시당단체열성자회의에서	2	본사기자 리연호
1949-12-08-013	기계에 대한 기술자와 로동자들의 책임감을 높이자	강선제강소에서	2	본사특파기자 송학용
1949-12-08-014	동기간 세포학습회지도자들을 위한 1개월강습사업을 높은 리론적수준에서 진행하자		2	당중앙본부 선전선동부 교양과장 고혁
1949-12-08-015	남조선에서 굶은 승냥이처럼 헤매는 월가상인들		2	인숙
1949-12-08-016	조국과 인민에게 식량을 더욱 충족히	근로자들의 창조적력량으로 평남관개공사 활발히 진척!	3	본사기자 리의철, 류민우, 김달수, 라원근
1949-12-08-017	기술수준을 높이여	해주철도공장 로동자들	3	주재기자 박덕순
1949-12-08-018	성인재교육사업	각지 농촌에서 활발히 전개	3	통신원 최린태
1949-12-08-019	우리의 미래에 대한 휘황한 전망이다 농민 최재린씨 담	쏘련을 방문하였던 공화국사회문화활동가들의 귀국담	3	
1949-12-08-020	평남 강서군 녀성들 수방직면포증산에		3	
1949-12-08-021	유엔 제4차총회 쏘련의 평화제안 토의	-전원회의 11월 29일회의-	4	조선중앙통신
1949-12-08-022	아세아 및 대양주제국직맹대회는 식민지제국 로동계급력량장성을 시위	『뜨루드』지 론평-	4	조선중앙통신
1949-12-08-023	맥아더사령부의 지도하에 일본의 매몰탄약들을 재생		4	조선중앙통신
1949-12-08-024	아세아제국녀성대회에 참가할 각국 대표들 속속 북경에 도착		4	조선중앙통신
1949-12-08-025	미국상원 의원들의 구라파려행의 진의		4	조선중앙통신
1949-12-08-026	광고		4	체신성출판물관리처 보급부
1949-12-08-027	미국의 반동직맹지도자들은 독점자본에 봉사하고있다		4	조용식
1949-12-09-001	로동계급의 통일을 위한 투쟁	12월 4일부 『쁘라우다』 사설	1	
1949-12-09-002	위대한 쓰딸린대원수 탄생 70주년기념 경축사업을 성대히 준비할것을 토의결정	조국전선중앙상무위원회에서	1	
1949-12-09-003	쓰딸린대원수의 탄생 70주년에 제하여 그의 저서들과 략전을 번역출판		1	조선중앙통신

기사번호	제목(title)	부제목(stitle)	면수	필자, 출처
1949-12-09-004	'유엔조선위원단'을 반대배격하자!	북조선불교도들, 고성기관구 로동자들	1	조선중앙통신
1949-12-09-005	조국의 부흥발전 위한 북반부인민들의 투쟁	각지에서	1	
1949-12-09-006	현물세 납부	함남도, 평북도에서	1	
1949-12-09-007	쓰딸린대원수탄생 70주년을 앞두고	인류의 행복은 위대한 쓰딸린의 이름과 함께	2	
1949-12-09-008	합리적로력조직으로서 로동능률을 제고하자	삼신탄광에서	2	본사기자 리연호
1949-12-09-009	선진기술과 선진적생산경험을 대담하게 섭취하라	사리원방직공장에서	2	특파기자 리인태
1949-12-09-010	성인재교육사업을 성과적으로 협조	자강도 전천군 전천면 중암리 세포에서	2	주재기자 리문상
1949-12-09-011	'자수'와 '전향'을 거부한 애국자들에 대한 리승만도당의 야수적만행		2	승원
1949-12-09-012	생산률을 15% 제고	회녕제지공장 청년작업반원들	3	통신원 심철
1949-12-09-013	창발성을 발휘!	운포광산 로동자들	3	통신원 리각선
1949-12-09-014	월간 1만키로 주파에!	사리원기관구 한인행기관사	3	신언철
1949-12-09-015	김일성장군의 초상화를 붉은광장에서 우러러본 감격 작가 리태준씨 담	쏘련을 방문하였던 공화국사회 문화활동가들의 귀국담	3	
1949-12-09-016	인민정권밑에서 육성된 새로운 민족간부들 배출	평양화학공장 오순엽기사	3	본사기자 황경엽
1949-12-09-017	경지면적확장과 영농법개선으로	련천군 서남면 장학리 김일산 농민	3	통신원 렴상익
1949-12-09-018	명태잡이 활발히 전개	원산수산사업소 어로일군들	3	주재기자 김만선
1949-12-09-019	소위 유엔조선위원단	미국의 머슴군으로 유명한 비률빈대표	3	박민
1949-12-09-020	제 묘혈을 파는 리승만매국도당	인민학살비용에 충당코저 소위 국채법을 조작	3	조선중앙통신
1949-12-09-021	미국 영국 불란서 화란의 근로인민들에게 보내는 호소문	-아세아 및 대양주제국직맹대회에서-	4	
1949-12-09-022	파란에서 3개년계획을 기한전에 완수		4	
1949-12-09-023	유엔총회 제4차회의 중국국민당의 반쏘제안 각국 대표의 반대에 봉착	-정치위원회 12월 2일회의-	4	조선중앙통신
1949-12-09-024	'아세아의 로동자 및 녀성들의 생활과 투쟁전람회' 북경에서 개관		4	조선중앙통신
1949-12-09-025	진보적인류의 위대한 전취	-쓰딸린적헌법일에 제한 쏘련 각 신문의 론평-	4	조선중앙통신
1949-12-09-026	파란량농민당합당대회 폐막		4	조선중앙통신
1949-12-09-027	서전에 있는 미국앞잡이들		4	조선중앙통신
1949-12-09-028	광고		4	체신성 출판물관리처 보급부
1949-12-10-001	면 리 인민위원회대의원선거는 승리적으로 완수되었다		1	
1949-12-10-002	조선민주주의인민공화국 내각 결정 제182호	증산경쟁운동에 관한 결정서	1	
1949-12-10-003	흥남비료공장 지배인 주종의동지 직업동맹직장위원회 위원장 김홍집동지 리영섭동지 앞	축하문	1	
1949-12-10-004	조선민주주의인민공화국 38선이북지역의 면인민위원회 대의원선거총결에 관하여	면인민위원회대의원선거 총결에 관한 각 도인민위원회에서 조선최고인민회의 상임위원회에 제출한 자료에 의함	1	
1949-12-10-005	쓰딸린대원수 탄생 70주년 기념하여 북반부 각지에서 성대히 준비진행		1	
1949-12-10-006	정치경제학 아까데미아설립을 내각에서 결정		1	조선중앙통신
1949-12-10-007	의거입북한 남조선 리승만괴뢰정부소속 함선에 동승하였던 미국인 인도에 관한 내무성 보도		1	
1949-12-10-008	내무성보도에 대한 미국대사관의 대답		1	
1949-12-10-009	미국인 인도에 관한 조선민주주의인민공화국 내무성 보도		1	
1949-12-10-010	평화를 옹호하며 전쟁방화자들을 반대하는 투쟁		2, 3	므.쑤쓸롭
1949-12-10-011	영예휘장 '조선민주주의인민공화국 산업모범일군'수여에 관한 규정		2	
1949-12-10-012	영예휘장 '조선민주주의인민공화국 모범운수일군'수여에 관한 규정		2	
1949-12-10-013	증산경쟁기금에 의한 상금수여절차에 관한 규정		2	
1949-12-10-014	생활과 예술의 완전한 조화를 보았다 작곡가 김순남씨 담	쏘련을 방문하였던 공화국사회 문화활동가들의 귀국담	3	
1949-12-10-015	쏘련은 원자력을 평화건설에 사용하고 있다		4	조선중앙통신
1949-12-10-016	국제직련 아세아상설련락국 설치에 관한 결정서	아세아 및 대양주제국직맹대회에서	4	
1949-12-10-017	아세아제국직맹 중앙기관들의 보고에 관한 결정서		4	
1949-12-10-018	평화를 위한 미국인민대중의 급속한 동원을 력설 미쏘친선전국협의회의에서	제1일	4	조선중앙통신

기사번호	제목(title)	부제목(stitle)	면수	필자, 출처
1949-12-10-019	유엔총회 제4차회의 미영의 전쟁준비정책을 쏘련대표단 재차 규탄	-전원회의 12월 1일회의-	4	조선중앙통신
1949-12-10-020	일본로동자들의 파업참가 10월중에 1백만여명		4	조선중앙통신
1949-12-10-021	심양인민공안국에서 전 미국령사관원의 철퇴명령		4	조선중앙통신
1949-12-11-001	합리적로력조직으로 로동능률을 부단히 제고하자		1	
1949-12-11-002	조선민주주의인민공화국 내각 수상 김일성각하	알바니아해방 5주년에 제하여	1	
1949-12-11-003	조선최고인민회의 상임위원회에서		1	
1949-12-11-004	특수기능자우대에 관한 규정을 내각에서 승인		1	
1949-12-11-005	교통질서단속에 관한 규정 내각에서 승인		1	조선중앙통신
1949-12-11-006	제2호발전기 보수완료	수풍발전부 로동자들	1	
1949-12-11-007	개천선 광궤시설공사 오는 15일까지 완성예상		1	조선중앙통신
1949-12-11-008	새 기록영화들 제작	국립영화촬영소에서	1	
1949-12-11-009	교수기능 제고	평양시내 각급 학교에서	1	
1949-12-11-010	조선민주주의인민공화국 최고인민회의 상임위원회 정령	조선민주주의인민공화국 인민군대 및 내무성 군관 하사 전사들에게 국기훈장제3급 및 군공메달을 수여함에 관하여	1	
1949-12-11-011	쓰딸린대원수탄생 70주년을 앞두고 쓰딸린대원수는 쏘련의 제 민족의 친선에 대한 위대한 고무자이다	따지끄쓰딴볼쉐이끼공산당 중앙위원회 비서 브.가푸로브	2	
1949-12-11-012	생산직장내 직맹단체의 역할을 더욱 높이자	흑령탄광 직장위원회에서	2	특파기자 리성빈
1949-12-11-013	기술에 대한 낡은 인습을 버리고 선진기술을 용감히 리용하자	강선제강소에서	2	특파기자 송학용
1949-12-11-014	미국은 남조선을 아세아침략의 발판으로 삼으려고 한다		2	김일우
1949-12-11-015	신생로동자들의 기술습득을 위한 사업 활발	문천기계제작소 로동자들	3	통신원 리달우
1949-12-11-016	동평양에 건축중인 로동자아빠트는 지난 9일현재 전체 공정의 90%가 진행되었으며 로동자 및 정무원아빠트 8호와 3호는 년말까지에 전부 준공될 예정이다.		3	본사사진반 림덕보
1949-12-11-017	인민군대 소식 인민들로부터 받은 편지	김도일구분대에서	3	본사기자 김전
1949-12-11-018	행복한 생활의 기쁨속에서!	혁명자유가족 평양직조공장	3	본사기자 박경석

기사번호	제목(title)	부제목(stitle)	면수	필자, 출처
1949-12-11-019	고공품생산에 농민들을 추동	학성군 송하리농맹에서	3	통신원 허원상
1949-12-11-020	위대한 사회주의10월혁명 32주년기념 참관기(1)		3	리태준
1949-12-11-021	쏘련농업의 위대한 발전		3	박승호
1949-12-11-022	아세아제국녀성대회 12월 10일에 개최		4	조선중앙통신
1949-12-11-023	대회 앞두고 대표들의 환영좌담회 개최		4	조선중앙통신
1949-12-11-024	쁘라이쵸 꼬쓰또브 및 그 공모자들의 사건에 관한 불가리아인민공화국 최고검찰소의 기소장		4	
1949-12-11-025	유엔총회 제4차회의 미영의 전쟁준비정책을 쏘련대표단 재차 규탄 전원회의 12월 1일회의	전호에서 계속	4	조선중앙통신
1949-12-11-026	독일민주주의공화국의 성과적경제발전		4	
1949-12-13-001	증산경쟁운동은 로동자들이 생산계획실행의 질과 량의 보장 위하여 기업소운영사업에 적극 참가하는 방법이다		1	
1949-12-13-002	교통상대리 부상 박의완동지 북조선교통로동자직업동맹 중앙위원회 위원장 정교섭동지 앞	축하문	1	
1949-12-13-003	년간계획 속속 완수	평양곡산공장, 사동련탄공장 련탄부에서	1	
1949-12-13-004	동기성인재교육	평양시에서	1	
1949-12-13-005	쓰딸린대원수탄생 70주년 기념준비사업 성대히 진행	평양시내 각 공장 기업소들에서	1	
1949-12-13-006	경쟁운동의 광범한 전개는 인민의 복리를 증진시킨다	사동련탄공장 로동자들	1	
1949-12-13-007	더 높은 승리에로 고무궐기시킨다	평양기관구 로동자들	1	
1949-12-13-008	의거입북한 남조선 리승만괴뢰정부소속 함선에 동승하였던 미국인 인도완료에 대한 내무성보도		1	
1949-12-13-009	남반부 각지 농민들의 봉기 일층 치렬!		1	조선중앙통신
1949-12-13-010	사업에서의 개인적책임회피성을 근절하자!	황해제철소에서	2	특파기자 리인태
1949-12-13-011	새학년도 당학습의 높은 수준을 보장하기 위하여		2	철원군당부 위원장 리헌용
1949-12-13-012	공화국의 기치를 높이 들고 조국의 통일독립을 위하여 궐기한 남반부인민의 영웅적투쟁		2	리승엽
1949-12-13-013	쓰딸린의 천재적로작	『레닌주의의 제 문제』에 대하여	2	중앙당학교장 박무
1949-12-13-014	김일성수상의 말씀 받들고 새로운 승리 향해 전진	흥남비료공장로동자들	3	

기사번호	제목(title)	부제목(stitle)	면수	필자, 출처
1949-12-13-015	평양기관구 로동자들은 증산경쟁운동에 관한 내각결정을 환호로 맞이하며 증산경쟁운동을 더욱 광범히 전개할데 대한 결의와 투지를 새로이 하고있다		3	
1949-12-13-016	국기훈장에 빛나는 영예의 경비대군관	강도건군관	3	본사기자 리성빈
1949-12-13-017	위대한 사회주의10월혁명 32주년기념 참관기(2)		3	리태준
1949-12-13-018	소위 유엔조선위원단	제 발등불도 못끄는 머저리 불란서대표	3	전일
1949-12-13-019	제 묘혈을 파는 리승만매국도당	징병신고를 거부했다해서 대구에서 70여명 검거고문	3	조선중앙통신
1949-12-13-020	쓰딸린대원수탄생 70주년 경축사업을 전세계각국의 근로인민들 성대히 준비	쏘련, 파란, 루마니아, 불가리아, 항가리, 몽고, 불란서, 이태리에서	4	조선중앙통신
1949-12-13-021	뜨라이쵸 꼬쓰또브 및 그 공모자들의 사건에 관한 불가리아인민공화국 최고검찰소의 기소장	전호에서 계속	4	
1949-12-14-001	집행에 대한 검열은 당지도사업의 중요조건이다		1	
1949-12-14-002	성인재교육사업 중앙위원회회의		1	
1949-12-14-003	각급 기술교육망 대대적으로 확장		1	
1949-12-14-004	면 리 인민위원회 대의원 단기강습		1	
1949-12-14-005	함경북도에서 현물세를 완납		1	
1949-12-14-006	쓰딸린대원수탄생 70주년 기념준비 자강도에서 활발		1	주재기자 리문상
1949-12-14-007	쓰딸린대원수 김일성장군 부각 제작		1	
1949-12-14-008	구체적서약밑에 증산에 궐기하자	평양제침로동자들	1	
1949-12-14-009	투쟁에서 더욱 용감하자!	신의주제지종업원궐기대회	1	최영환
1949-12-14-010	남반부 인민항쟁	경남 산청전투속보, 라주농민들 봉기	1	조선중앙통신
1949-12-14-011	로동계급의 일치단결과 공산당들의 과업	1949년 11월하순에 수개국공산당보도국회의에서 진술한 빨미로 똘리야찌의 보고	2, 3	
1949-12-14-012	정확한 도급제의 실시로 로동능률을 일층 제고	성진제강소에서	3	주재기자 김소민
1949-12-14-013	작업방식 개진하여 동기벌목운재 보장	함흥림산 장진작업소 로동자들	3	본사기자 류민우
1949-12-14-014	국기훈장에 빛나는 영예의 경비대군관	조영택군관	3	본사기자 리성빈
1949-12-14-015	20만석의 미곡이 증수될 영흥관개시설공사 활발		3	본사기자 리의철

기사번호	제목(title)	부제목(stitle)	면수	필자, 출처
1949-12-14-016	명년도 과실증산에 동기관리작업을 철저히	국영 안변과수원에서	3	통신원 송춘관
1949-12-14-017	수방직면포증산에 궐기	평북도내 녀성들	3	통신원 김왈수
1949-12-14-018	위대한 사회주의10월혁명 32주년기념 참관기(3)		3	리태준
1949-12-14-019	쓰딸린대원수 탄생 70주년 경축사업을 전세계각국의 근로인민들 성대히 준비		4	조선중앙통신
1949-12-14-020	유엔총회 쏘련대표단 뉴욕 출발	위신쓰끼씨 성명 발표	4	조선중앙통신
1949-12-14-021	중국인민해방군 9, 10월종합전과		4	조선중앙통신
1949-12-14-022	아세아 및 대양주 제국 남녀로동자들에게 보내는 호소문	-아세아 및 대양주제국직맹대회에서-	4	
1949-12-14-023	꼬스또브 및 그 공모자들에 대한 불가리아최고검찰소의 기소장	전호에서 계속	4	
1949-12-15-001	선진로동자들의 우수한 경험을 광범히 살리여 생산력을 더욱 향상시키자		1	
1949-12-15-002	년간계획을 속속 완수!	각지 공장들에서	1	
1949-12-15-003	간이진료소망 확장	각지 농촌들에서	1	
1949-12-15-004	10월혁명 모쓰크바시 경축대회참가 귀환 보고		1	
1949-12-15-005	강원도 원산시에 해방투쟁기념관		1	
1949-12-15-006	장진림산작업장에서 운재작업 전기화		1	
1949-12-15-007	쓰딸린대원수탄생 70주년을 조선인민들은 성대히 기념한다	각지에서	1	
1949-12-15-008	8.15해방 4주년기념 전국문학예술축전 입상자 발표	전국문학예술축전 지도위원회에서	1	
1949-12-15-009	쓰딸린대원수탄생 70주년을 경축하기 위해 조선민주주의인민공화국 인민대표단 일행 모쓰크바 향발		1	조선중앙통신, 박명도
1949-12-15-010	쓰딸린대원수탄생 70주년을 앞두고	위대한 쓰딸린대원수는 쏘련인민의 수령이며 조선인민의 친근한 벗이다	2	조쏘문화협회 중앙위원회 위원장 리기영
1949-12-15-011	흥남비료공장의 빛나는 성과		2	흥남비료공장 지배인 주종의
1949-12-15-012	로동자들의 애국적열성을 옳게 조직유도하여	흥남비료공장 구역당단체에서	2	본사기자 송학용
1949-12-15-013	생산협의회를 이렇게 리용한다	흥남비료공장에서	3	직업동맹직장위원회 위원장 김홍집
1949-12-15-014	로동자 기술자들의 기술전습	흥남비료공장에서	3	기사장 리재영
1949-12-15-015	로동자들의 문화써클	흥남비료공장에서	3	직업동맹직장위원회 위원장 김홍집

기사번호	제목(title)	부제목(stitle)	면수	필자, 출처
1949-12-15-016	나의 맹세는 실천되었다	흥남비료공장에서	3	합성부 운전과 강사련
1949-12-15-017	흥남비료공장의 일부		3	
1949-12-15-018	아세아녀성대회 개막 평화와 민족적독립과 녀성 및 아동의 권리를 위한 투쟁을 절규	-제1일회의-	4	조선중앙통신
1949-12-15-019	유엔 제4차총회 인도네시아문제에 관한 14개국결의안을 채택	-특별정치위원회 12월 3일회의-	4	조선중앙통신
1949-12-15-020	용병부대 조직음모에 서독학생들 반대 항의		4	조선중앙통신
1949-12-15-021	서독의 실업자 1백 38만여		4	조선중앙통신
1949-12-15-022	아세아 및 대양주 제국 남녀로동자들에게 보내는 호소문 -아세아 및 대양주제국직맹대회에서-	전호에서 계속	4	
1949-12-15-023	꼬쓰또브 및 그 공모자들에 대한 불가리아 최고검찰소의 기소장	전호에서 계속	4	
1949-12-15-024	『근로자』 22호		4	로동신문사 잡지편집국
1949-12-16-001	인간에 대한 쓰딸린적배려	12월 9일부 『쁘라우다』지 사설	1	
1949-12-16-002	위대한 쓰딸린대원수의 탄생 70주년 경축하여 전조선인민의 정성에 찬 선물 진정		1	조선중앙통신
1949-12-16-003	김일성수상에게 드리는 메쩨지	평양기관구 종업원대회	1	
1949-12-16-004	쓰딸린대원수 체코슬로바키아수상과 메쩨지 교환	량국간 조약체결 6주년에 제하여	1	조선중앙통신
1949-12-16-005	쓰딸린대원수의 탄생 70주년을 성대히 기념	조선인민군 각 구분대에서	1	본사기자 리성빈
1949-12-16-006	쓰딸린대원수의 탄생 70주년을 성대히 기념	황해도에서	1	
1949-12-16-007	쓰딸린대원수의 탄생 70주년을 성대히 기념	함북 종성군에서	1	
1949-12-16-008	쓰딸린대원수에게 드리는 선물		2	
1949-12-16-009	쓰딸린대원수 탄생 70주년을 앞두고	쓰딸린은 쏘베트군대의 조직자이며 령도자이다	2	민족보위성 부상 김일
1949-12-16-010	김일성수상의 격려에 일층 고무되여 교통성산하 전체 종업원들 추가수송계획 완수에 총궐기		3	본사기자 최치목
1949-12-16-011	가축을 증식하며 토질을 비옥하게	신계군 죽누리농맹에서	3	본사기자 리의철
1949-12-16-012	선진영농법의 광범한 보급 위해	-농림수산기술련맹에서-	3	본사기자 류민우
1949-12-16-013	국기훈장에 빛나는 영예의 경비대군관	로장원군관	3	본사기자 리성빈
1949-12-16-014	국기훈장에 빛나는 영예의 경비대군관	오윤섭군관	3	본사기자 리성빈
1949-12-16-015	문화생활 즐기는 산간농촌	강계군 종남면 장평리에서	3	주재기자 리문상
1949-12-16-016	위대한 사회주의10월혁명 32주년기념 참관기(4)		3	리태준
1949-12-16-017	사회보험의 혜택	평양화학공장 병원에서	3	
1949-12-16-018	8.15해방 4주년기념 전국문학예술축전 입상자 발표	전국문학예술축전 지도위원회에서	3	
1949-12-16-019	유엔 제4차총회 인도네시아문제에 관한 14개국결의안을 채택 -특별정치위원회 12월 3일회의-	전호에서 계속	4	조선중앙통신
1949-12-16-020	고 찌미뜨로브묘의 제막식 쏘피아에서 거행		4	조선중앙통신
1949-12-16-021	호주의 선거전 정세 험악	공산당선거운동을 탄압	4	조선중앙통신
1949-12-16-022	항가리인민회의에서 5개년계획법령 채택		4	조선중앙통신
1949-12-16-023	영국 중국간 친선을 위하여 영 진보적인 사들 회의 개최		4	조선중앙통신
1949-12-16-024	세계로동조합련맹 결성		4	조선중앙통신
1949-12-16-025	영 탄광로동자 총살사건에 항의운동 치렬		4	조선중앙통신
1949-12-16-026	평화옹호청원서를 불란서인민들 대통령에게 제출		4	따쓰통신
1949-12-16-027	뜨라이쵸 꼬쓰또브 및 그 공모자들의 사건에 관한 불가리아인민공화국 최고검찰소의 기소장	전호에서 계속	4	
1949-12-17-001	래년도 춘기파종준비를 위한 농촌당단체들의 과업		1	
1949-12-17-002	김일성장군동상 건립	흥남시에서 12월하순에 제막식	1	조선중앙통신
1949-12-17-003	년간계획 속속 완수	각지 공장들에서	1	
1949-12-17-004	문화선전연예대 조직		1	
1949-12-17-005	각도에서 현물세를 속속 완납		1	
1949-12-17-006	함흥산원		1	
1949-12-17-007	쓰딸린대원수의 탄생 70주년을 성대히 기념	기념경축행사는 날로 광범히!	1	
1949-12-17-008	쓰딸린대원수의 탄생 70주년을 성대히 기념	사진전람회들 개관	1	
1949-12-17-009	증산에 더욱 힘써 정부배려에 보답	평양곡산공장 로동자들	1	
1949-12-17-010	경각성을 일층 높이여	해주세멘트공장 로동자들	1	주재기자 박덕순

기사번호	제목(title)	부제목(stitle)	면수	필자, 출처
1949-12-17-011	조선녀성대표단 선물 증정	아세아제국녀성대회에	1	조선중앙통신
1949-12-17-012	남반부인민항쟁	경산군하 농민들 봉기	1	조선중앙통신
1949-12-17-013	남반부인민항쟁	괴뢰군화물렬차를 량산에서 습격전복	1	조선중앙통신
1949-12-17-014	쓰딸린대원수 탄생 70주년을 앞두고	위대한 스승 쓰딸린	2	
1949-12-17-015	화물수송년간계획 완수를 승리적으로 협조보장		2	평양철도국 당부 위원장 김인갑
1949-12-17-016	작업의 기계화로 생산능률을 제고하자	남포제련소에서	2	특파기자 송학용
1949-12-17-017	인민유격대의 치렬한 진공앞에 리승만매국도당은 비명을 올리고있다		2	김항우
1949-12-17-018	대중적증산경쟁운동을 일층 광범히 전개하자!	각지에서	3	주재기자 심기관, 본사기자 류민우, 리의철, 통신원 윤지월
1949-12-17-019	가축방역보건 위한 약품제조에 정진	국립가축위생연구소에서	3	본사기자 백운학
1949-12-17-020	위대한 사회주의10월혁명 32주년기념 참관기(5)		3	리태준
1949-12-17-021	국기훈장에 빛나는 영예의 경비대군관	계윤협부소대장	3	본사기자 리성빈
1949-12-17-022	기관차수리계획 달성에!	원산철도공장 기관차직장에서	3	
1949-12-17-023	8.15해방 4주년기념 전국문학예술축전 입상자 발표 전국문학예술축전 지도위원회에서	전호에서 계속	3	
1949-12-17-024	인민들의 평화 및 독립을 위한 국제녀맹의 투쟁에 관하여, 마이앙 쿠튜리에 보고 제1일회의	아세아제국녀성대회에서	4	
1949-12-17-025	아세아제국녀성대회에서 박정애녀사 토론		4	조선중앙통신
1949-12-17-026	아세아제국녀성대회 대표들을 위해 중국정부 주은래총리 축하연을 배설		4	조선중앙통신
1949-12-17-027	레바논민주녀성들 불법체포를 아세아제국녀성대회에서 항의		4	조선중앙통신
1949-12-17-028	중국인민해방군 전과		4	조선중앙통신
1949-12-17-029	뜨라이쵸 꼬쓰또브 및 그 공모자들의 사건에 관한 불가리아인민공화국 최고검찰소의 기소장	전호에서 계속	4	
1949-12-18-001	당초급단체사업을 강화하자		1	

기사번호	제목(title)	부제목(stitle)	면수	필자, 출처
1949-12-18-002	김일성수상에게 새로 선거된 각 리인민위원회들로부터 서한		1	조선중앙통신
1949-12-18-003	금년도 만기작물현물세 15일현재로 전부완납	북반부농민들	1	조선중앙통신
1949-12-18-004	쓰딸린대원수의 탄생 70주년을 성대히 기념	각지에서	1	
1949-12-18-005	'유엔조선위원단'을 반대배격하라!	각지에서 궐기대회 진행	1	주재기자 김소민
1949-12-18-006	창원군 북면 면사무소를 소탕	괴뢰군 1소대를 섬멸	1	조선중앙통신
1949-12-18-007	제주도인민유격대 계속 진공		1	조선중앙통신
1949-12-18-008	'전향귀순'흥책 분쇄강연회 개최		1	조선중앙통신
1949-12-18-009	도살자 및 간첩들의 정권하의 유고슬라비아공산당	1949년 11월하순 수개국 공산당 보도국회의에서 진술한 그.게오르기우데스의 보고	2, 3	
1949-12-18-010	작업반경쟁을 강화하여 기본건설을 활발히 추진	문평아연공장 로동자들	3	본사기자 리성섭
1949-12-18-011	우량종축증식에	강원도 석왕사종축장에서	3	통신원 송춘관
1949-12-18-012	질좋은 가마니와 새끼를 많이 짜자	금화군농맹에서	3	본사기자 류민우
1949-12-18-013	사회보험의 혜택	화진포휴양소에서	3	
1949-12-18-014	8.15해방 4주년기념 전국문학예술축전 입상자 발표 전국문학예술축전 지도위원회에서	전호에서 계속	3	
1949-12-18-015	중화인민공화국 중앙정부 주석 모택동씨 모쓰크바에 도착		4	조선중앙통신
1949-12-18-016	중화인민공화국 중앙정부 주석 모택동씨의 연설		4	
1949-12-18-017	이.브.쓰딸린 중화인민공화국 중앙정부 주석 모택동씨를 접견		4	조선중앙통신
1949-12-18-018	뜨라이쵸 꼬쓰또브 및 그 공모자들의 사건에 관한 불가리아인민공화국 최고검찰소의 기소장	전호에서 계속	4	
1949-12-18-019	꼬쓰또브도당에 대한 재판 진행	피소인들 자기의 범죄를 확인	4	조선중앙통신
1949-12-18-020	서독에서 군국주의재생		4	따쓰통신
1949-12-18-021	쏘련외상 위신쓰끼씨 공로로 베를린에 도착		4	조선중앙통신
1949-12-18-022	아세아제국녀성대회 인민들의 평화 및 독립을 위한 국제녀맹의 투쟁에 관하여 마이앙 쿠튜리에 보고(1일회의)	전호에서 계속	4	
1949-12-18-023	'원탁회의'결정을 반대	-인도네시아공화국 의회에서-	4	조선중앙통신
1949-12-19-001	공산당과 쏘베트인민의 위대한 수령이며 스승이신 이.브.쓰딸린	이.브.쓰딸린탄생 70주년에 제하여	1, 2, 3, 4	

기사번호	제목(title)	부제목(stitle)	면수	필자, 출처
1949-12-19-002	민족적독립과 세계평화를 위한 아세아 녀성들의 투쟁에 관한 보고 -제2일회의-	아세아제국녀성대회에서	4	조선중앙통신
1949-12-19-003	사회보험사업의 발전강화를 위하여	-사회보험법발포 3주년-	4	로동성 사회보험부장 리락묵
1949-12-19-004	위신쓰끼쏘련외상 독일민주주의공화국 정부요인들을 방문		4	조선중앙통신
1949-12-19-005	피크대통령 위신쓰끼외상을 초대		4	조선중앙통신
1949-12-19-006	위신쓰끼외상 모스크바 향발		4	조선중앙통신
1949-12-19-007	뜨라이쵸 꼬쓰또브 및 그 공모자들의 사건에 관한 불가리아인민공화국 최고검찰소의 기소장	전호에서 계속	4	
1949-12-20-001	로동당중앙위원회 정기회의에서 진술한 수개국공산당보도국회의 총결에 관한 김일성동지의 보고		1, 2, 3	
1949-12-20-002	김일성 사진		1	
1949-12-20-003	로동당중앙위원회 정기회의에 관한 보도		1	
1949-12-20-004	재미동포들은 미제와 매국노 리승만도당들을 반대하며 조국통일독립을 위하여 싸운다	북미조선인민주주의전선 대표 리사민씨 담	3	
1949-12-20-005	각국 대표들 열렬한 토론 전개 -제3일회의-	아세아제국녀성대회에서	4	조선중앙통신
1949-12-20-006	평화옹호투쟁의 단결을 위하여 이태리 각지에서 군중대회 성황		4	조선중앙통신
1949-12-20-007	이태리정부 종업원들 24시간 파업 단행		4	조선중앙통신
1949-12-20-008	영국전기로동자들 파업		4	조선중앙통신
1949-12-20-009	월남의 전쟁을 즉시 중지하라	불란서근로인민들의 호소	4	조선중앙통신
1949-12-20-010	서부렬강 고등판무관들간에 서독군대조직 둘러싸고 갈등		4	조선중앙통신
1949-12-20-011	인도직조로동자들 총파업을 결정		4	조선중앙통신
1949-12-20-012	뜨라이쵸 꼬쓰또브 및 그 공모자들의 사건에 관한 불가리아인민공화국 최고검찰소의 기소장	전회에서 계속	4	
1949-12-20-013	국제단신		4	따쓰통신
1949-12-21-001	(쓰딸린대원수)		1	
1949-12-21-002	쓰딸린대원수탄생 70주년에 제하여		1	
1949-12-21-003	쏘련내각 수상 위대한 쓰딸린대원수에게	쓰딸린대원수탄생 70주년에 제하여	1	
1949-12-21-004	쓰딸린대원수에게	쓰딸린대원수탄생 70주년에 제하여	1	
1949-12-21-005	위대한 쓰딸린대원수 탄신 70주년에 전조선인민의 명의로 드리는 축하		1	조선중앙통신

기사번호	제목(title)	부제목(stitle)	면수	필자, 출처
1949-12-21-006	쏘베트사회주의공화국련맹 내각 수상 쓰딸린대원수에게	쓰딸린대원수탄생 70주년에 제하여	2	
1949-12-21-007	쓰딸린대원수에게	쓰딸린대원수탄생 70주년에 제하여	2	
1949-12-21-008	쓰딸린대원수에게	북조선민주당 및 북조선천도교청우당에서 축전	2	
1949-12-21-009	조선민주주의인민공화국 최고인민회의 상임위원회 정령	자강도 강계군 강계면을 강계시로 승격시키며 강계군을 장강군으로 개칭함에 관하여	2	
1949-12-21-010	쓰딸린과 사회주의공업화		2	부수상 겸 산업상 김책
1949-12-21-011	쓰딸린은 위대한 군사전략가		2	민족보위상 최용건
1949-12-21-012	쓰딸린과 볼쉐위끼공산당		2	평남도당부 위원장 박영성
1949-12-21-013	쓰딸린선생의 인상		3	부수상 홍명희
1949-12-21-014	쓰딸린과 집단화		3	농림성 부상 김재욱
1949-12-21-015	헌시	쓰딸린대원수 탄생 70주년을 맞으며	3	홍순철
1949-12-21-016	쓰딸린과 문화		3	조쏘문화협회 중앙위원회 위원장 리기영
1949-12-21-017	쏘련 인민경제의 기술적 재무장에 대한 모든 거대한 사업이 쓰딸린의 직접적인 지도하에서 진행되었다.		3	
1949-12-21-018	쓰딸린과 민족해방운동		4	최고인민회의 상임위원회 부위원장 홍남표
1949-12-21-019	쓰딸린과 평화		4	북조선문학예술총동맹 위원장 한설야
1949-12-21-020	쓰딸린의 탄생 70주년을 증산으로 경축	순천화학공장에서	4	
1949-12-21-021	쓰딸린을 우러러 방방곡곡에서 기념		4	
1949-12-21-022	쓰딸린은 천재적리론가이다		4	자습당원 리윤섭
1949-12-21-023	쓰딸린의 로작을 조선인민들은 애독		4	
1949-12-21-024	평양문화회관에서 경축회의 성황	쓰딸린대원수 탄생 70주년에 제하여	4	조선중앙통신
1949-12-21-025	평양시내 각처에서 기념경축회 진행	쓰딸린대원수 탄생 70주년에 제하여	4	조선중앙통신

기사번호	제목(title)	부제목(stitle)	면수	필자, 출처
1949-12-21-026	함흥시 경축대회	쓰딸린대원수 탄생 70주년에 제하여	4	
1949-12-21-027	아세아제국녀성대회에 참가하였던 허정숙문화선전상 귀국		4	조선중앙통신
1949-12-21-028	기념경축행사		4	
1949-12-22-001	쓰딸린대원수에게 레닌훈장을 수여	쏘련최고쏘베트 상임위원회에서	1	조선중앙통신
1949-12-22-002	위대한 쓰딸린대원수에게	쓰딸린대원수탄생 70주년기념 조국통일민주주의전선 중앙위원회 주최의 경축대회	1	
1949-12-22-003	위대한 쓰딸린대원수에게 드리는 조선인민의 거족적축하	쓰딸린대원수탄생 70주년기념 조국통일민주주의전선 중앙위원회 주최의 경축대회 성대히 거행	1	조선중앙통신
1949-12-22-004	'인민들간의 평화의 공고화를 위한' 국제쓰딸린상 제정	쏘련최고쏘베트 상임위원회에서	1	
1949-12-22-005	쓰딸린대원수탄생 70주년기념 조국통일민주주의전선 중앙위원회 경축대회에서 진술한 박헌영동지의 보고		2, 3	
1949-12-22-006	위대한 쓰딸린대원수탄생 70주년기념 경축대회 각지에서 성대히 진행		3	주재기자
1949-12-22-007	쓰딸린대원수탄생 70주년을 경축하기 위하여 각국 대표단 모쓰크바에 도착		4	조선중앙통신
1949-12-22-008	아세아제국녀성대회 폐막	민족적해방과 항구한 세계평화를 위한 결정서 및 선언서들을 채택	4	조선중앙통신
1949-12-22-009	쓰딸린대원수탄생 70주년을 축하하는 메쎄지를 통과	아세아제국녀성대회에서	4	조선중앙통신
1949-12-22-010	'유엔조선위원단'철거를 유엔에 요구할것을 결정	-아세아제국녀성대회에서-	4	조선중앙통신
1949-12-22-011	중경시인민정부 수립		4	조선중앙통신
1949-12-22-012	중국인민해방군 전황	광동 광서 성계에서 포위섬멸전 종결	4	조선중앙통신
1949-12-22-013	국민당 서강성장 등 의거		4	조선중앙통신
1949-12-22-014	대회성공을 경축하여 북경시민들 군중대회 성대히 개최		4	조선중앙통신
1949-12-22-015	불가리아내각 일부 변동		4	조선중앙통신
1949-12-22-016	꼬쓰또브 및 그 공모자들에 관한 불가리아최고검찰소의 기소장	전호에서 계속	4	
1949-12-23-001	직업동맹단체들의 전투적과업		1	
1949-12-23-002	쓰딸린대원수에게 드리는 축하메쎄지	쏘련공산당(볼쉐위크) 중앙위원회와 쏘련내각으로부터	1	

기사번호	제목(title)	부제목(stitle)	면수	필자, 출처
1949-12-23-003	조선민주주의인민공화국 최고인민회의 상임위원회 정령	중화인민공화국주재 조선민주주의인민공화국 특명전권대사에 리주연을 임명함에 관하여	1	
1949-12-23-004	쏘련평화옹호대회에 참가하였던 허헌선생 귀국		1	조선중앙통신
1949-12-23-005	로동당중앙위원회 정기회의에서 진술한 2개년인민경제계획 실행을 위한 투쟁에 있어서 산업부문내 당단체들의 사업개선방침에 관한 허가이동지의 보고		2, 3	
1949-12-23-006	직맹단체들의 협조사업 강화대책을 토의	직총 제12차 중앙위원회	3	본사기자 리성섭
1949-12-23-007	쓰딸린대원수탄생 70주년 경축대회 모쓰크바대극장에서 성대히 거행		4	조선중앙통신
1949-12-23-008	아세아녀성들의 권리를 위한 투쟁에 관한 결정서	-아세아제국녀성대회에서-	4	조선중앙통신
1949-12-23-009	쓰딸린대원수에게 축하문	중국공산당 중앙위원회로부터	4	조선중앙통신
1949-12-23-010	패잔 장개석도당과 불란서당국 국민당잔존부대를 월남에 퇴각 계획		4	조선중앙통신
1949-12-23-011	레바논정부 불법적으로 직맹지도자들을 재판		4	조선중앙통신
1949-12-23-012	뜨라이쵸 꼬쓰또브 및 그 공모자들의 사건에 관한 불가리아인민공화국 최고검찰소의 기소장	전호에서 계속	4	
1949-12-23-013	불가리아대인민회의 대의원선거 진행		4	조선중앙통신
1949-12-24-001	산업일군들의 책임감을 높이자		1	
1949-12-24-002	쓰딸린대원수탄생 70주년 모쓰크바경축대회에서 김두봉선생 축하연설		1	조선중앙통신
1949-12-24-003	년간계획 속속 완수	각지 공장, 탄광들에서	1	조선중앙통신
1949-12-24-004	은률대교 준공		1	통신원 김인곤
1949-12-24-005	학교신축공사 진척	자강도 전천군고급중학교에서	1	
1949-12-24-006	고공품 생산	화천, 신흥에서	1	
1949-12-24-007	송림극장 확장		1	
1949-12-24-008	아세아 및 대양주제국직맹대회에 참가하였던 조선대표일행 귀국		1	조선중앙통신
1949-12-24-009	적십자사 위원장 리동영씨 귀국		1	조선중앙통신
1949-12-24-010	9개월간의 사업을 총화	농민동맹 제3차 중앙위원회	1	본사기자 류민우
1949-12-24-011	문학예술총동맹 제3차 중앙위원회		1	본사기자 김춘희
1949-12-24-012	괴뢰군경 등 4천여명 소탕 4만여명 농민봉기에 참가	남반부무력항쟁 11월중 종합전과	1	조선중앙통신

기사번호	제목(title)	부제목(stitle)	면수	필자, 출처
1949-12-24-013	로동당중앙위원회 정기회의에서 진술한 당원들의 사상정치교양사업 강화와 당단체들의 과업에 관한 박헌영동지의 보고		2, 3, 4	
1949-12-24-014	쓰딸린대원수탄생 70주년을 각국의 근로인민들 성대히 경축	중국, 불가리아, 파란에서	4	조선중앙통신
1949-12-24-015	비르마정부 중국과의 외교관계설정을 희망		4	조선중앙통신
1949-12-24-016	불란서비행기 중국령토침범에 관하여 중국 주은래외교부장 항의성명 발표		4	조선중앙통신
1949-12-24-017	불란서당국 월남침략전쟁에 전 히틀러군인을 다수 리용		4	조선중앙통신
1949-12-24-018	왕당파쑈단체 바바리아에 출현		4	따쓰통신
1949-12-24-019	일본해원로조 전국파업을 진행		4	조선중앙통신
1949-12-24-020	마래인민해방군 서남부에서 전과 확대		4	조선중앙통신
1949-12-24-021	서독용병부대조직을 서독인민들 견결히 반대		4	따쓰통신
1949-12-24-022	『근로자』제23호		4	로동신문사 잡지편집국
1949-12-25-001	쏘련군대철거 1주년에 제하여		1	
1949-12-25-002	김일성수상에게 새 승리 맹세 년간계획을 완수한 본궁화학공장에서	지배인 리천호	1	
1949-12-25-003	각급 학교 동기휴가		1	
1949-12-25-004	조선민주주의인민공화국 최고인민회의 상임위원회 정령	수풍발전부 일군들에게 공로메달을 수여함에 관하여	1	
1949-12-25-005	학교신축공사 활발	안주군, 연백군에서	1	
1949-12-25-006	교수실습	평양야간교원대학에서	1	
1949-12-25-007	갑산인민병원 신축공사 준공		1	
1949-12-25-008	어로계획 완수	동해안 각 수산사업소들에서	1	
1949-12-25-009	로동연구소 설치	로동성에서	1	
1949-12-25-010	'유엔조선위원단'을 반대배격하자!	자강도 각지에서 군중집회	1	
1949-12-25-011	'유엔조선위원단'을 반대배격하자!	강원도 화천군에서	1	통신원 길관식
1949-12-25-012	경북 의성군하 농민들 '유엔위원단'타도 시위		1	조선중앙통신
1949-12-25-013	안동방면 인민유격대 괴뢰군 25련대를 정면공격		1	조선중앙통신
1949-12-25-014	괴뢰군 20련대 1중대를 격파	전남 화순방면 인민유격대에서	1	조선중앙통신
1949-12-25-015	경찰정찰대 1소대 소탕		1	조선중앙통신
1949-12-25-016	재일조선인학교에 대한 일본반동정부 만행 계속		1	조선중앙통신
1949-12-25-017	쏘련군대철거 1주년에 제하여	쏘련은 조선의 민주주의적자주독립의 진정한 옹호자	2	외무성 부상 박동초

기사번호	제목(title)	부제목(stitle)	면수	필자, 출처
1949-12-25-018	직장에 진출한 화전농민들을 정착시키기 위하여 당적관심을 높이자	흑령탄광에서	2	특파기자 리성빈
1949-12-25-019	기계사고를 방지하기 위한 결정적대책으로 협조하자	황해제철소에서	2	특파기자 리인태
1949-12-25-020	새해의 증산 위해 우량종자 선정확보를 적극 협조	강계군 강계면 서산리세포에서	2	주재기자 리문상
1949-12-25-021	미제국주의자들 일본재무장화에 광란	『이즈베스치야』지 론평-	2	
1949-12-25-022	기술의 보편화를 위하여 기술일군들 적극 활동!	문평제련소에서	3	본사기자 리성섭
1949-12-25-023	기계가동률 높이며 새 성과를 향하여!	금화광산 로동자들	3	통신원 김준호
1949-12-25-024	조국보위를 위한 애국열성은 고조	부전강발전부 로동자들	3	통신원 위정산
1949-12-25-025	년말증산에 분투	함흥제사공장 조사실에서	3	림덕보
1949-12-25-026	해방의 은인 쏘련군회상기		3	평양특별시인민위원회 부위원장 리학수
1949-12-25-027	래년도 영농준비에	장연군 율산리 농민들	3	통신원 김순탄
1949-12-25-028	로동계급의 국제적 단결과 통일은 일층 강화되었다	최경덕씨의 귀국담	3	
1949-12-25-029	'유엔조선위원단'의 가지가지 추악한 화상	땅재주 잘 넘는 난쟁이 희극배우 살바돌대표	3	옥별
1949-12-25-030	파탄된 매국노들의 '전향귀순' 흉책		3	조선중앙통신
1949-12-25-031	경성시내 쌀값 계속 폭등		3	조선중앙통신
1949-12-25-032	쓰딸린대원수탄생 70주년을 각국의 근로인민들 성대히 경축	체코슬로바키아, 독일, 분란, 항가리, 루마니아, 인도, 화란, 오지리에서	4	따쓰통신
1949-12-25-033	쏘련외상 각국 외교대표단들을 초대		4	조선중앙통신
1949-12-25-034	중국인민해방군 전황	제2야전군의 40일간 전과	4	조선중앙통신
1949-12-25-035	아세아 전체 녀성들에게 보내는 메쎄지	-아세아제국녀성대회에서-	4	
1949-12-27-001	기술을 소유한 인재가 모든것을 결정한다		1	
1949-12-27-002	김일성장군동상 제막식 25일 흥남시에서 거행		1	조선중앙통신
1949-12-27-003	영예의 군공메달수여식 성대히 거행	공화국경비대 ○○부대에서	1	
1949-12-27-004	평남도당학교 졸업식 거행		1	
1949-12-27-005	기계공업부문 년간계획 돌파		1	
1949-12-27-006	조선민주주의인민공화국 제1차 외과학대회 개막		1	본사기자 김경일
1949-12-27-007	'유엔조선위원단'을 반대배격하자!	청진시 각지에서 궐기대회	1	주재기자 김소민
1949-12-27-008	'유엔조선위원단'을 반대배격하자!	평양시 로동자들	1	본사기자 최치목

기사번호	제목(title)	부제목(stitle)	면수	필자, 출처
1949-12-27-009	중화인민공화국 의학자일행 래조	조선민주주의인민공화국 제1차 외과학대회 준비위원회의 초청에 의하여	1	
1949-12-27-010	경북 봉화방면 인민유격대 괴뢰군경을 처부시며 진공		1	조선중앙통신
1949-12-27-011	지리산인민유격대 괴뢰군경 2중대를 격파		1	조선중앙통신
1949-12-27-012	생산부문 당단체들의 사업개선방침과 당사상교양사업강화에 대하여 토의	평남도당위원회 제10차회의에서	2	본사기자 송학용
1949-12-27-013	민주건설사업에서 검열된 열성자를 당대렬에 흡수하자	안변군 배화면 신기리세포에서	2	통신원 송춘관
1949-12-27-014	생활필수품생산을 증가하여 인민들의 수요를 충족시키자		2	산업성 부상 리종옥
1949-12-27-015	남조선청년들은 리승만도당의 동족상쟁 강요를 반대투쟁한다		2	유영
1949-12-27-016	공화국북반부 전체 농민들에게 보내는 호소문	1950년도 농업증산을 위한 다수확열성농민대회	3	
1949-12-27-017	해방의 은인 쏘련군회상기		3	평양철도공장 제동기수리공 신호국
1949-12-27-018	고도의 창의를 발휘하여 원료자재절약에 분투!	해주기관구 로동자들	3	주재기자 박덕순
1949-12-27-019	년간계획 완수코 더 높은 증산으로	청진수산사업소 로동자들	3	주재기자 김소민
1949-12-27-020	산간벽지에서 문화선전사업	자강도내 문화공작대의 활동	3	주재기자 리문상
1949-12-27-021	리범석이 파견한 반동파괴분자에게 준 엄한 인민의 심판		3	조선중앙통신
1949-12-27-022	쓰딸린대원수에게 축하의 메쩨지	국제직련 세계민청 및 국제녀맹으로부터	4	
1949-12-27-023	중화인민공화국주차 체코슬로바키아대사 임명		4	조선중앙통신
1949-12-27-024	일본정부의 '삼응사건'	법정음모 실패	4	조선중앙통신
1949-12-27-025	영국경찰사절단 희랍에 계속 주둔		4	조선중앙통신
1949-12-27-026	미 영 불 화란녀성들에게 보내는 호소문	아세아제국녀성대회에서	4	
1949-12-27-027	꼬쓰또브 및 그 공모자들에 관한 불가리아최고검찰소의 기소장	제306호에서 계속	4	
1949-12-28-001	모쓰크바3상결정 4주년		1	
1949-12-28-002	쓰딸린대원수탄생 70주년 축하연 모쓰크바 크레믈리에서 성대히 배설		1	조선중앙통신
1949-12-28-003	김일성수상에게 맹세한 초과수송계획을 달성!	교통성산하 전체 종업원들	1	

기사번호	제목(title)	부제목(stitle)	면수	필자, 출처
1949-12-28-004	민족간부들 속속 배출	원산농업대학, 중앙보건간부양성소에서	1	
1949-12-28-005	제1차 외과학대회(제2일)		1	
1949-12-28-006	쏘련을 방문하였던 조선사회문화활동가들의 귀환보고회 각지에서 진행		1	
1949-12-28-007	모쓰크바3상회의결정 4주년에 제하여	모쓰크바3상회의결정과 자주독립국가건설을 위한 조선인민들의 투쟁	2	로동당중앙본부 선전선동부 부부장 김두용
1949-12-28-008	학습회지도자강습에서 나타난 결점을 급속히 퇴치하라	평양시 동구역당부에서	2	본사기자 리연호
1949-12-28-009	산품의 질적향상과 원가저하를 위하여	청진방적공장에서	2	특파기자 현준극
1949-12-28-010	하부와의 긴밀한 련계밑에 조직지도사업을 일층 강화	안변군 석왕사면당단체에서	2	통신원 송춘관
1949-12-28-011	농한기를 리용하여 성인교육사업을 성과있게 협조하자	은률군 일도면 농림리세포에서	2	통신원 김인곤
1949-12-28-012	리승만매국도당은 왜 '국회의원'임기연장을 떠들게 되었는가?		2	민병의
1949-12-28-013	해방의 은인 쏘련군회상기	참된 인민의 복무자로서 산 교훈을 준 군의소좌	3	의사 윤경선
1949-12-28-014	년간계획완수에 있어서 나의 몇가지 경험	로동자들의 건설적의견을 광범히 접수하여 이를 실천	3	천내리세멘트공장 지배인 차승철
1949-12-28-015	품위를 향상시키기 위한 선진로동자들의 투쟁	유선내화물공장 로동자들	3	통신원 심철
1949-12-28-016	군무자 및 그 가족위안의 밤 성대!	조국보위후원회 평양시본부 주최로	3	본사기자 리상빈
1949-12-28-017	모형항공기경기대회	평양시에서	3	
1949-12-28-018	직장진출 지원하는 산간벽지 화전민들	자강도 후창면 원탄리에서	3	주재기자 리문상
1949-12-28-019	선진영농기술의 연구보급에 정진	국영중앙농사시험장 일군들	3	주재기자 박덕순
1949-12-28-020	수방직면포생산에 궐기	평남 강서군 함종면 누차리 녀성들	3	서상학
1949-12-28-021	멸망에 직면한 리승만도당의 발악	남조선치안상태 악화를 매국노들 솔직히 고백	3	조선중앙통신
1949-12-28-022	남조선 전지역에 비상경계		3	조선중앙통신
1949-12-28-023	백성이 괴뢰정부를 따르지 않는다고 비명올리는 망국국회의원		3	조선중앙통신
1949-12-28-024	유엔총회 제4차회의 총화		4	한진국
1949-12-28-025	오지리내에서의 나치사상부활의 위험에 관한 문제 토의	-대오련합국관리리사회 12월 22일회의-	4	조선중앙통신

기사번호	제목(title)	부제목(stitle)	면수	필자, 출처
1949-12-28-026	꼬쓰또브도당에 대한 판결 언도	불가리아최고재판소에서	4	조선중앙통신
1949-12-28-027	꼬쓰또브에 대한 사형 집행		4	조선중앙통신
1949-12-28-028	트란스요르단과 파레스티나의 아랍부문 합방		4	조선중앙통신
1949-12-29-001	김일성종합대학 물리수학부 제1회졸업식에서 진술한 김일성수상의 훈사		1	
1949-12-29-002	김일성종합대학 물리수학부 제1회 졸업식에서 진술하는 김일성 사진		1	
1949-12-29-003	김일성종합대학 물리수학부 제1회졸업식 성대히 거행		1	본사기자 라원근
1949-12-29-004	국기훈장 및 군공메달수여식 거행		1	조선중앙통신
1949-12-29-005	제1차 외과학대회 폐막		1	본사기자 김경일
1949-12-29-006	31일은 로동일	명년 1월 1일 2일은 휴식일	1	조선중앙통신
1949-12-29-007	8.15해방 4주년기념 전국문학예술축전 입상자시상식 거행		1	본사기자 김춘희
1949-12-29-008	생산사업의 개선방침과 당정치사업강화를 토의	평양시당위원회 제10차회의에서	2	본사기자 송학용
1949-12-29-009	당의 력량 총동원하여 년간계획 기한전 완수	강원도 고성기관구에서	2	통신원 한구연
1949-12-29-010	동기간 고공품생산에 당원들의 선도적 역할 제고	함남 신흥군 서고천면 주양리 세포에서	2	통신원 위정산
1949-12-29-011	래년도의 높은 수확을 위하여 다수확농법을 광범히 섭취하자		2	농민동맹중앙위원회 부위원장 현칠종
1949-12-29-012	재미동포는 인민공화국을 지지하며 리승만괴뢰정권을 절대반대한다		2	북미조선인민주주의전선 대표 리사민
1949-12-29-013	김일성종합대학 물리수학부 제1회 졸업생들에게 열렬한 축하를 보낸다		3	
1949-12-29-014	인민의 품속에 자란 첫 민족간부를 보내며	김일성종합대학 부총장 김승화씨 담	3	
1949-12-29-015	우리 과학발전의 중견일군이 되라	김일성종합대학 물리수학부장 김동운씨 담	3	
1949-12-29-016	조국과 인민에게 헌신복무하겠다	최우등졸업생 최재웅	3	
1949-12-29-017	해방의 은인 쏘련군회상기	그들이 남긴 불멸의 은공은 영원히 우리들 가슴속에	3	평양곡산공장 생산부장 김익수
1949-12-29-018	교문을 나서는 김일성대학 물리수학부 제1회졸업생들-어머니에게 졸업증서를 보이며 기뻐하는 박종이졸업생		3	림덕보
1949-12-29-019	나는 이것이 꿈인가 하오	졸업생학부형 엄기홍농민	3	

기사번호	제목(title)	부제목(stitle)	면수	필자, 출처
1949-12-29-020	불란서공산당 중앙위원회 전원회의에서 진술한 토레스의 연설		4	조선중앙통신
1949-12-29-021	전 쏘련군정당국관하의 귀금속들을 독일민주주의공화국 림시정부에 이관		4	조선중앙통신
1949-12-29-022	극장안내		4	
1949-12-29-023	아세아제국녀성대회의 성과에 대하여		4	김일우
1949-12-30-001	애국투사후원사업을 일층 강화하자		1	
1949-12-30-002	조선민주주의인민공화국 내각결정 제196호	로동자임금개정에 관한 결정서	1	
1949-12-30-003	「로동자임금개정에 관한 결정서」(1949년 12월 27일 내각결정 제196호)별지	로동자임금적용에 관한 규정	1	
1949-12-30-004	평양공업대학 금속 전기 광산지질 3개 학부 제1회졸업식 성대히 거행		1	
1949-12-30-005	조선민주주의인민공화국 외과학회 결성		1	본사기자 김경일
1949-12-30-006	조선말사전 편찬을 완료	조선어문연구회에서	1	
1949-12-30-007	생산부문당단체들의 사업개선방침과 당원들의 사상교양사업강화를 토의	황해도당위원회 제8차회의에서	2	주재기자 박덕순
1949-12-30-008	실생활과 결부된 구체적문제들을 상정 토의하자	평양농기구제작소 초급당부내 부분적분세포들에서	2	본사기자 리연호
1949-12-30-009	당장성사업과 신입당원교양을 성과있게 진행	철산군 백량면 가도리세포에서	2	평북 철산군 심창락
1949-12-30-010	당원들을 적절히 배치 생산계획 초과완수로	함남 일건광산에서	2	
1949-12-30-011	직장내 문화교양사업의 질을 높이자		2	고찬보
1949-12-30-012	'유엔위원단'은 우리 나라에서 한걸음도 걸을수 없다		2	조국통일민주주의전선 중앙위원회 서기국장 김창준
1949-12-30-013	해방의 은인 쏘련군회상기	로력의 영예를 가르쳐준 쾌활한 청년 항공하사	3	농민 김일주
1949-12-30-014	래년도의 증산 위해 제반준비사업 활발히 진행!	평양견직공장에서	3	본사기자 리인태, 림덕보
1949-12-30-015	엄한을 극복하고 벌목운재에 분투	신흥군 도안림산작업장에서	3	통신원 위정산
1949-12-30-016	군무자들을 위안격려	평북 녕변군 제79소년단 대표들	3	본사기자 리성빈
1949-12-30-017	적탄작업을 적극 협조	함북 종성군 녀맹원들	3	
1949-12-30-018	평양공업대학 금속 전기 광산지질 3개 학부 제1회졸업 최우등생들!		3	서상학
1949-12-30-019	'유엔조선위원단'의 갖가지 추악한 화상	인간백장 해적의 후손인 호주대표	3	조우

기사번호	제목(title)	부제목(stitle)	면수	필자, 출처
1949-12-30-020	불란서공산당 중앙위원회 전원회의에서 진술한 토레스의 연설	전호에서 계속	4	조선중앙통신
1949-12-30-021	불란서인민들에 보내는 월남대통령의 메쎄지		4	조선중앙통신
1949-12-30-022	와티칸의 위선자들		4	박현기
1949-12-30-023	세균무기를 사용한 전 일본군인들의 사건에 관한 쏘련쁘리모르연해군관구 군사검찰소의 기소장		4	
1949-12-30-024	일본에서 파업투쟁 격화		4	조선중앙통신
1949-12-30-025	불란서 비도내각 겨우 국회신임 획득		4	조선중앙통신
1949-12-31-001	1949년을 보내며		1	
1949-12-31-002	조선민주주의인민공화국 최고인민회의 상임위원회 정령	사회보험료수납법 개정에 관하여	1	
1949-12-31-003	민중동맹중앙위원회 성명서		1	
1949-12-31-004	조선민주주의인민공화국 최고인민회의 상임위원회 정령	산업부문 일군들에게 공로메달을 수여함에 관하여	2	
1949-12-31-005	조선민주주의인민공화국 최고인민회의 상임위원회 정령	거래세 개정에 관하여	2	
1949-12-31-006	남조선인민유격운동을 진압하기 위하여 리승만괴뢰정권은 수만의 군대를 동원		2	김삼룡
1949-12-31-007	1949년도 국내정세개관		2, 3	
1949-12-31-008	해방의 은인 쏘련군회상기	감방문을 열어주던 잊을수 없는 그 모습	3	애투부위원장 렴한국
1949-12-31-009	힘찬 증산과 건설투쟁으로 새해의 승리 쟁취에 총돌진	승호리세멘트공장 로동자들	3	본사기자 리인태
1949-12-31-010	날로 증가되는 로동자들의 사택	평양연초공장에서	3	
1949-12-31-011	인민들과 경비대와의 련계를 더욱 튼튼히	연천군내 인민들의 경비대원호	3	통신원 렴상익
1949-12-31-012	수방직증산 위한 우리들의 투쟁		3	강서군 함종면 홍범리 녀맹원 하만복
1949-12-31-013	동기학습에 농민들 열성	평남 개천면 마장리에서	3	본사기자 백운학
1949-12-31-014	평양시 선교리에 설치된 국영년말대판매시장에서는 많은 인민들이 새해맞이 준비를 위하여 값눅은 각종 생활필수품을 구입하고있다		3	림덕보
1949-12-31-015	세균무기를 사용한 전 일본군인들의 사건에 관한 쏘련쁘리모르(연해)군관구 군사검찰소의 기소장	전호에서 계속	4	
1949-12-31-016	국제사회당 회의위원회는 영미제국주의자들의 간첩중심이다		4	

기사번호	제목(title)	부제목(stitle)	면수	필자, 출처
1949-12-31-017	신사제씨여 잊지 마십시오!		4	『뚜르드』지

1950년

조선로근지들은 단결하라!

동포들이여 새해를 축복합니다!

부강조국을 위하여 투쟁에서 새승리를 향하여 나아갑시다

로 동 신 문

복조선로동당 중앙위원회 평남도당부위원회 평양시당부위원회 기관지

책임주필 기석복

로동신문사
평양시전구리수옥정

린선 사문
三신一신 번호

一九五〇년을 맞이하여
공화국전체인민에게 보내는

조선민주주의인민공화국
내각수상 김일성장군의
신 년 사

一九五〇년을 맞이하여
공화국전체인민에게 보내는
조선민주주의인민공화국
내각수상 김일성장군의
신년사
(제一면)

(계속 二면)

1950년 1월 1일 『로동신문』

1950년을 맞이하여 공화국 전체 인민에게 보내는 조선민주주의인민공화국 내각 수상 김일성장군의 신년사

친애하는 동포 형제자매들!

1950년 새해를 맞이하면서 나는 조선민주주의인민공화국 정부의 명의로 조국의 통일 독립과 자유를 위하여 투쟁하는 전국 동포들에게 새해의 영광과 축복을 드립니다.

지난해 1949년에는 미제국주의자들과 그의 주구 리승만 매국역도들 때문에 비록 조국을 완전히 통일시키는 사업을 완수하지는 못하였지만 그의 실현을 위한 투쟁에 우리는 전체 애국적 진보적 민주력량을 총궐기시키었고 리승만 매국역도들을 전체 조선 인민과 절연 고립시키었으며, 우리 조국 북반부에 강력한 군사 정치 경제 문화 기지를 축성함으로써 조선민주주의인민공화국의 기초를 튼튼케 하는 력사적 과업을 성과 있게 실천하였습니다.

우리 조국에 조성된 현 정세 하에서 오직 공화국 북반부에 강력한 민주기지를 축성하는 조건 하에서만 우리 조국의 통일과 독립이 보장되며, 국토를 급속히 완정시킬수 있다는 것을 철저히 각오한 북반부 인민들은 우리 조국의 민주기지를 더욱 튼튼케 하는 장엄한 투쟁을 전개하였습니다.

이 장엄한 전 인민적 민주 건설 사업을 진행하는 행정에서 허다한 난관들과 장애가 있었음에도 불구하고 공화국 정부의 시정방침을 높이 받들고 긴장된 로력과 투쟁으로써 모든 난관과 장애를 극복하면서 2개년 인민경제계획에 예견된 첫해의 계획들을 성과 있게 실천하였습니다.

공화국 북반부 방방곡곡에서 벌어진 공장 제조소들의 복구 신설 사업과 도로 관개 부설 공사들과 문화시설 및 학교 건축들은 전 인민적 건설 운동으로 전개된 결과 오늘 공화국 북반부의 면모는 일신되었으며, 인민들이 쟁취한 민주개혁의 성과들은 일층 공고 발전되었습니다. 인민들의 물질문화생활 수준은 부단히 향상되었고 민주질서는 정연하게 되어 대내 대외적으로 공화국의 위신은 상당히 제고되었습니다.

이와 같이 우리 조국 북반부를 강력한 군사 정치 경제 문화적 기지로 구축함으로써 조국통일을 위한 투쟁에 궐기한 애국적 인민에게 민주력량의 승리를 보장하는 새 힘의 원천지로 만들기 위하여 분투한 공화국 북반부 전체 로동자 농민 사무원 인테리 기업가 상인 수공업자 각계각층 인사들에게 새해를 맞이하면서 나는 조선민주주의인민공화국 정부를 대표하여 심심한 감사를 드리는 바입니다.

민주주의인민공화국 기치를 높이 들고 그 기치 하에 조국을 통일시키기 위한 완강한 투쟁은 지난 1년 동안에 공화국 남반부에서도 일층 맹렬히 전개되었습니다. 미제국주의자들의 조종 하에서 리승만 매국역도들이 애국적 민주진영에 대하여 실시하고 있는 팟쇼적 탄압과 폭압 테로 학살이 그렇게 심함에도 불구하고 남반부의 애국적 인민들은 미제국주의자들의 내정 간섭과 그 주구들을 반대하는 영용한 구국투쟁을 치렬히 전개하였습니다. ……

김광운, 2019, 『북조선실록』 제36권, 코리아데이터프로젝트, 6~9쪽.

1950년 6월 24일 『로동신문』

1950년

기사번호	제목(title)	부제목(stitle)	면수	필자, 출처
1950-01-01-001	조선민주주의인민공화국 내각 수상 김일성장군		1	
1950-01-01-002	1950년을 맞이하여 공화국 전체 인민에게 보내는 조선민주주의인민공화국 내각 수상 김일성장군의 신년사		1	
1950-01-01-003	류안비료 4만톤 초과완수에 개가!	흥남비료공장 로동자들	1	
1950-01-01-004	영광은 진보적인류의 앞길에!		2	
1950-01-01-005	새로운 승리를 향하여		2	
1950-01-01-006	창공높이 활개펴고		2	조선인민군 비행사 김히경
1950-01-01-007	녀성기능공의 맹세		2	사리원방직공장 직포공 한선옥
1950-01-01-008	인민의 아들딸들을 키우는 영예 지니고		2	제9인민학교장 문무현
1950-01-01-009	인민무력 강화에 정진하고있는 공화국의 씩씩한 비행사들		2	
1950-01-01-010	근로인민당 중앙위원회 성명서		2	
1950-01-01-011	민족예술발전의 더 큰 성과 위하여		2	국립극장 배우 리재덕
1950-01-01-012	아세아제국녀성대회에 참가하였던 조선녀성대표일행 귀환		2	조선중앙통신
1950-01-01-013	강동군 승호리 김일성장군동상앞에서 새해의 결의를 이야기하는 승호리 주민들		3	
1950-01-01-014	새날의 태양		3	조령출
1950-01-01-015	행복과 희망 속에 맞는 새해를 2개년경제계획 완수에로!		3	신창탄광 지주부 문봉우
1950-01-01-016	문화향토를 건설하여 우리 생활을 더욱 즐겁게		3	함남 함주군 신중리 홍현직
1950-01-01-017	인민의 원쑤들을 무찌르며 나가자!	태백산전구 송○○유격대원의 수기	3	
1950-01-01-018	공화국북반부 제철부문의 모범일군들		3	
1950-01-01-019	시간은 인민의 편에 유리하게 흐르고있다		3	리태준
1950-01-01-020	세균무기를 사용한 전 일본군인들의 사건에 관한 쏘련 쁘리모르(연해)군관구 군사검찰소의 기소장	전호에서 계속	4	
1950-01-01-021	중국인민해방투쟁에 있어서의 중국공산당의 지도적역할		4	

기사번호	제목(title)	부제목(stitle)	면수	필자, 출처
1950-01-01-022	독자들에게		4	
1950-01-01-023	리승만은 새해를 맞으며 장송곡을 부른다		4	승원
1950-01-02-001	새 방식으로 모범적으로 일하며 원쑤와의 투쟁에 용감하라		1	
1950-01-02-002	조선민주주의인민공화국 최고인민회의 상임위원회 정령 거래세 개정에 관하여	1949년 12월 31일호에서 계속	1, 2, 3	
1950-01-02-003	조중체신협정 체결	북경시에서 량국대표간 조인	1	조선중앙통신
1950-01-02-004	수풍발전부일군들에게 공로메달수여식 거행		1	주재기자
1950-01-02-005	복쓰재평양 문화회관 조쏘문협중앙위원회 공동주최 신년축하연 성대		1	
1950-01-02-006	사회민주당 중앙위원회의 성명서		2	
1950-01-02-007	쏘련기행문	쏘련은 인민의 위대한 벗(1)	2, 3	리기영
1950-01-02-008	조국보위초소에 선 용사들을 위하여 각지에서 위안회 진행		3	조선중앙통신
1950-01-02-009	조선민주주의인민공화국 최고인민회의 상임위원회 정령	지방자치세에 관하여	3	
1950-01-02-010	새해를 맞는 모범로동자 려호필동무의 단란한 가정	사동련탄공장 모범채탄부	3	
1950-01-02-011	항가리외무성의 성명	-미영간첩체포에 관련하여-	4	조선중앙통신
1950-01-02-012	평화옹호운동은 날로 확대강화되고있다	-평화옹호세계대회 상설위원회 서기장 담-	4	조선중앙통신
1950-01-02-013	미국공산당 전국위원회 확대회의 개최		4	조선중앙통신
1950-01-02-014	전쟁물자 생산과 수송을 거부하는 불란서근로인민들의 투쟁 격렬		4	조선중앙통신
1950-01-02-015	중국국민당 잔존군 월남으로 도피	-월남방송국 공식 발표-	4	조선중앙통신
1950-01-02-016	세균무기를 사용한 전 일본군인들의 사건에 관한 쏘련 쁘리모르(연해)군관구 군사검찰소의 기소장	전호에서 계속	4	
1950-01-03-001	구체적지도로써 군중과의 련계를 강화하자		1	
1950-01-03-002	령도자의 신년사 받들고 새해의 새 승리를 향하여 고무격려되면서	평양통신기계제작소에서	1	본사기자 김기초
1950-01-03-003	령도자의 신년사 받들고 새해의 새 승리를 향하여 기술과 기능에 정통하여	평양보선구산하에서	1	본사기자 리성섭
1950-01-03-004	조선민주주의인민공화국 최고인민회의 상임위원회 정령	부동산취득세 개정에 관하여	1	
1950-01-03-005	조선민주주의인민공화국 최고인민회의 상임위원회 정령	차량세 개정에 관하여	1	
1950-01-03-006	김일성수상의 훈시 받드는 문학예술인 열성자대회 진행		1	본사기자 김춘희

기사번호	제목(title)	부제목(stitle)	면수	필자, 출처
1950-01-03-007	조선민주주의인민공화국 최고인민회의 상임위원회 정령	가옥세 개정에 관하여	2	
1950-01-03-008	조선민주주의인민공화국 최고인민회의 상임위원회 정령	대지세 개정에 관하여	2	
1950-01-03-009	산업과 농업의 급진적발전을 위한 우리 당의 관심을 일층 더 높이자	평북도당위원회 제11차회의에서	2	주재기자 최영환
1950-01-03-010	높은 생산성과를 보장하며 새로운 광맥 발견에 분투!	창도광산 로동자들	3	통신원 김준호
1950-01-03-011	공급을 높이기 위한 부속경리 옳게 조직	평양화학공장에서	3	본사기자 리성섭
1950-01-03-012	남반부애국투사가족들의 생산과 학습의 즐거운 생활	애국투사유가족 송석직조공장에서	3	본사기자 박정석
1950-01-03-013	새해의 희망과 기쁨을 군무자 그 가족과 함께	송림시민들	3	통신원 윤칠
1950-01-03-014	고공품증산을 위한 우리들의 투쟁경험		3	평남 룡강군 금곡면 우등1리 리농맹위원장 김종태
1950-01-03-015	우량종자확보와 퇴비증산에	철원군 외촌리 농민들	3	
1950-01-03-016	멸망에 직면한 리승만도당의 발악 매국 도당의 살인방화행위 전부락에 방화코 주민학살	-경상북도 문경군에서-	3	조선중앙통신
1950-01-03-017	쏘련기행문	쏘련은 인민의 위대한 벗(2)	3	리기영
1950-01-03-018	세균무기를 사용한 전 일본군인들의 사건에 관한 쏘련 쁘리모르(연해)군관구 군사검찰소의 기소장	전호에서 계속	4	
1950-01-03-019	일본철도로동자파업에 대한 미점령당국의 탄압에 항의	국제직련운수로동자산별부에서	4	조선중앙통신
1950-01-03-020	맥아더 또 일본인전범자를 석방		4	조선중앙통신
1950-01-03-021	일본동대교수들 파업		4	조선중앙통신
1950-01-03-022	서구라파를 예속하기 위한 마샬안관리처의 새로운 '통일안'		4	조선중앙통신
1950-01-03-023	평화옹호위원회를 각 직장에 설치할데 대한 결정서 발표	국제직련집행국에서	4	조선중앙통신
1950-01-03-024	미점령 오지리지대에서 신파쑈테로단체 또 발각		4	조선중앙통신
1950-01-03-025	'마샬계획'은 서구라파에서 실업자를 계속 증가시키고있다		4	최병식
1950-01-04-001	공산주의의 홰불은 온 세계를 비친다	『쁘라우다』지 사설	1	
1950-01-04-002	150명의 로동자를 기능자로 양성하겠다		1	황해제철소 해탄부 직장장 리호준

기사번호	제목(title)	부제목(stitle)	면수	필자, 출처
1950-01-04-003	각 기술전문학교들에서 졸업식 거행		1	
1950-01-04-004	룡강군농민들 고공품생산 책임량을 완수	룡강군, 연천군, 북천군, 안변군 농민들	1	
1950-01-04-005	함북도당학교 졸업식 거행		1	
1950-01-04-006	강원도에서 문화선전사업 활발		1	
1950-01-04-007	성명서	민족대동회 중앙위원회	1	
1950-01-04-008	조중인민의 친선은 날로 강화	새해를 맞이하여 재평양화교대표일행 조선인민군을 위안	1	본사기자 리성빈
1950-01-04-009	중화인민공화국 의학자일행 공화국북반부 의료시설들을 시찰		1	조선중앙통신
1950-01-04-010	괴뢰군 2개 중대를 격파	-태백산인민유격대 전과-	1	조선중앙통신
1950-01-04-011	괴뢰군용렬차를 습격	팔공산인민유격대	1	조선중앙통신
1950-01-04-012	남반부청소년들의 징병반대투쟁 치렬	대구시내에서 과감한 시위행진	1	조선중앙통신
1950-01-04-013	밀양방면 인민유격대 밀양읍에 돌입		1	조선중앙통신
1950-01-04-014	산업 및 농촌경리 발전을 위한 과업과 당원들의 사상교양사업 강화를 토의	함남도당위원회 제10차회의에서	2	한영근
1950-01-04-015	학습회지도자들의 실력제고를 위하여		2	문천군당부 선전선동부장 정천복
1950-01-04-016	채탄 및 운탄 시설기계화 위해 투쟁하는 하면탄광 로동자들		2	주재기자 김소민
1950-01-04-017	산업일군들은 자기 사업에 능수가 되며 주인이 되자		2	한전충
1950-01-04-018	목척리 농민들은 전부락을 유축농가로 전환시켰다	삼수군 자서면에서	2	통신원 리종남
1950-01-04-019	인민의 재산을 경매하고있는 리승만도당을 박멸하자		2	강석
1950-01-04-020	금년도 년간계획실행의 첫 작업에 힘차게 돌입!	평양곡산공장 로동자들	3	본사기자 리인태
1950-01-04-021	인민정권의 품에서	평양 제1애육원 원아들	3	본사기자 최룡봉
1950-01-04-022	쏘련출판물에 대한 인민들의 높은 관심		3	
1950-01-04-023	화물적하량을 130%로 실행	평양역 일군들	3	본사기자 리성섭
1950-01-04-024	우량종자확보 위한 종자전람회를 개최	함북 온성군 남양리 농민들	3	통신원 박용
1950-01-04-025	나의 몇가지 사업경험	정확한 기계보수운전으로 기계 가동률을 현저히 제고	3	문천기계제작소 지배인 민병길
1950-01-04-026	쏘련기행문	쏘련은 인민의 위대한 벗(3)	3	리기영
1950-01-04-027	모쓰크바에 체재하고있는 인민민주제국 지도자들의 신년인사		4	조선중앙통신
1950-01-04-028	중국인민해방군 성도를 해방		4	조선중앙통신

기사번호	제목(title)	부제목(stitle)	면수	필자, 출처
1950-01-04-029	루마니아대인민회의에서 1950년도 국가계획안 토의		4	조선중앙통신
1950-01-04-030	스포츠계의 거대한 성과		4	
1950-01-04-031	불가리아 녀성들은 국가생활에 적극 참가		4	조선중앙통신
1950-01-04-032	아메리카니즘	일리야 에렌브르그	4	
1950-01-04-033	극장안내		4	
1950-01-05-001	생산기술을 소유하고 기계에 능숙한 인재를 육성하자		1	
1950-01-05-002	조선민주주의인민공화국 내각 수상 김일성각하	쓰딸린탄생 70주년에 제하여	1	
1950-01-05-003	위대한 쓰딸린대원수탄생 70주년에 드린 조선인민들의 축전 축문을 쏘련대사관에 전달		1	조선중앙통신
1950-01-05-004	체코슬로바키아공화국 내각 수상 안또니.자뽀또쯔끼씨와 조선민주주의인민공화국 내각 수상 김일성장군간에 신년축하전보 교환		1	조선중앙통신
1950-01-05-005	독일민주주의공화국 대통령 빌헬름 피크씨와 조선민주주의인민공화국 최고인민회의 상임위원회 위원장 김두봉선생간에 신년축하전보 교환		1	조선중앙통신
1950-01-05-006	체코슬로바키아공화국 대통령 클레멘트 고트왈드씨와 조선민주주의인민공화국 최고인민회의 상임위원회 위원장 김두봉선생간에 신년축하전보 교환		1	조선중앙통신
1950-01-05-007	중화인민공화국 중앙인민정부 모택동주석 따쓰통신원과 일문일답		1	
1950-01-05-008	비행기 땅크 함선 기금 희사 2억 8천여만원과 량곡 4만 8천여가마니	공화국북반부 인민들	1	조선중앙통신
1950-01-05-009	성명서	근로대중당 중앙위원회	1	
1950-01-05-010	쓰딸린과 쓰딸린적지도	브.몰로또브	2, 3	
1950-01-05-011	새로운 결의와 투지로써 증산투쟁에 힘차게 궐기	평양메리야스공장 로동자들	3	본사기자 김기초
1950-01-05-012	높은 수확을 위하여 영농준비를 철저히	벽성군 서석면 문정리 농민들	3	주재기자 박덕순
1950-01-05-013	군무자위안의 밤 새해의 건투를 축복	함북 종성군에서	3	통신원 김진규
1950-01-05-014	즐거운 동기휴가	평양 제4녀자중학교 학생들	3	본사기자 박중선
1950-01-05-015	어린이신년경축대회	평양문화회관 및 조쏘문화협회 공동주최로	3	
1950-01-05-016	쏘련기행문	쏘련은 인민의 위대한 벗(4)	3	리기영
1950-01-05-017	중국공산당에서 전중국인민에게 메쎄지		4	조선중앙통신

기사번호	제목(title)	부제목(stitle)	면수	필자, 출처
1950-01-05-018	국제학생동맹대표단일행 모쓰크바 도착		4	조선중앙통신
1950-01-05-019	중국인민해방군 전황		4	조선중앙통신
1950-01-05-020	세균무기를 사용한 전 일본군인에 판결	쏘련 쁘리모르군관구 군사재판소에서	4	조선중앙통신
1950-01-05-021	남아포도아식민지당국 흑인들을 강제로동에 동원		4	조선중앙통신
1950-01-05-022	영국근로인민들의 생활형편 날로 악화	-리프먼의 서한-	4	조선중앙통신
1950-01-05-023	항가리의 기계공업은 급속히 발전되고 있다		4	조선중앙통신
1950-01-05-024	미국은 월남에 대해 새로운 음모를 조작		4	조선중앙통신
1950-01-05-025	쏘련과 노르웨이간에 국경문제에 관한 조약 체결		4	조선중앙통신
1950-01-05-026	서부독일에 비행장 다수 건설		4	조선중앙통신
1950-01-05-027	'세계정부'의 꼬스모뽈리트적반동구호에 관하여		4	조석진
1950-01-06-001	동기운재작업을 성과있게 보장하자		1	
1950-01-06-002	강원도내의 각 공장 기업소들이 새해 첫날 작업에서 거둔 성과		1	조선중앙통신
1950-01-06-003	기계화사업 활발	영유광산에서	1	
1950-01-06-004	영화관차 등장	교통성에서	1	
1950-01-06-005	평북인민문화관 건설공사 활발히 진척		1	
1950-01-06-006	함흥시에 포화공장 신설		1	
1950-01-06-007	각급 학교 교원들의 동기강습회 개최	전국 각지에서	1	
1950-01-06-008	강원도내 교육문화사업		1	
1950-01-06-009	북반부 각 농촌들에서 동기영농강습회 진행		1	본사기자 리의철
1950-01-06-010	수방직면포생산	평남 황해 평북 등 면화다산지대의 녀성들	1	
1950-01-06-011	북조선직업총동맹과 각국 직맹단체들간에 신년축전 교환		1	조선중앙통신
1950-01-06-012	각국 청년단체들로부터 북조선민청에 신년축전		1	조선중앙통신
1950-01-06-013	쓰딸린대원수탄생 70주년 축하행사에 참가하였던 조선인민대표단 모쓰크바 출발		1	조선중앙통신
1950-01-06-014	경북일대 유격전 일층 치렬		1	조선중앙통신
1950-01-06-015	괴뢰군의 '통행금지령' 파탄	지리산주변의 유격전 일층 치렬	1	조선중앙통신
1950-01-06-016	치렬한 삐라투쟁 계속	오대산인민유격대	1	조선중앙통신
1950-01-06-017	'경찰토벌대' 격파	고헌산인민유격대	1	조선중앙통신
1950-01-06-018	생산부문 당단체들의 사업개선방침과 당원들의 사상교양사업 강화를 토의	함북도당위원회 제10차회의에서	2	주재기자 김소민
1950-01-06-019	새 학습년도 세포학습을 개선강화	함흥시당단체에서	2	주재기자 신기관

기사번호	제목(title)	부제목(stitle)	면수	필자, 출처
1950-01-06-020	세포학습회지도에서의 나의 경험		2	국립영화촬영소 초급당부 제1분세포 학습회지도자 조종석
1950-01-06-021	당일군들의 사업능력을 향상시키자		2	평남도당 위원장 박영성
1950-01-06-022	리승만매국도당은 제주도를 미국공군기지로 제공하였다		2	김석산
1950-01-06-023	인민들의 옷감증산에	사리원방직녀성로동자들 증산경쟁운동에 총궐기	3	주재기자 박덕순
1950-01-06-024	과거의 결함 퇴치코 힘찬 증산투쟁 전개	황해제철소 로동자들	3	통신원 윤철
1950-01-06-025	인민들의 평화적로력의 초소에 서서		3	조선인민군 항공부대 서주필
1950-01-06-026	농촌부업발전에 열성을 기울여서	자강도 희천군 루중리 대의원 박금란녀사	3	
1950-01-06-027	나의 사업경험	철근콩크리트조립식가교	3	내무성 시설처 연구부 기사 리시인
1950-01-06-028	쏘련기행문	쏘련은 인민의 위대한 벗(5)	3, 4	리기영
1950-01-06-029	근로인민들의 공동행동은 승리의 가장 큰 조건으로 된다	불란서로동총련맹 관리위원회 회의의 호소	4	조선중앙통신
1950-01-06-030	월남에서의 전쟁을 반대하여 불란서선원 파업		4	조선중앙통신
1950-01-06-031	이태리부두로동자들 전쟁물자취급을 반대		4	조선중앙통신
1950-01-06-032	분란령토내 전범자인도를 쏘련정부에서 요구		4	조선중앙통신
1950-01-06-033	이태리로동총련맹에서 1950년도 과업을 성명		4	조선중앙통신
1950-01-06-034	대만에 대한 미제의 음모		4	
1950-01-06-035	미국정부와 대만에 있는 국민당간에 '원조'에 대한 비밀협정 체결		4	조선중앙통신
1950-01-07-001	로동자임금개정에 관한 내각결정은 증산의욕을 고무시킨다		1	
1950-01-07-002	새해의 첫 수송투쟁에서 빛나는 성과를 속속 쟁취	평철산하 각 기관구들에서	1	본사기자 리성섭
1950-01-07-003	광폭직기효률의 2배증진에 성공	사리원방직공장에서	1	
1950-01-07-004	강계시인민위원회 사업 개시		1	조선중앙통신
1950-01-07-005	평양야간교원대학 국가졸업시험 진행		1	
1950-01-07-006	력사과 교원강습회 진행	평양사범대학을 비롯하여 여러 교원대학들에서	1	

기사번호	제목(title)	부제목(stitle)	면수	필자, 출처
1950-01-07-007	물질문화조사보존사업 활발	황해도에서	1	
1950-01-07-008	교육관계자회의	평양, 원산에서	1	
1950-01-07-009	산업부문 일군들에게 대한 공로메달수여식 거행	조선최고인민회의 상임위원회에서	1	조선중앙통신
1950-01-07-010	우크라이나삐오넬들로부터 조선소년들에게 친선서한 래착		1	조선중앙통신
1950-01-07-011	제주도인민유격대 진공	서귀포주둔 괴뢰군경부대를 격멸	1	조선중앙통신
1950-01-07-012	량산방면 인민유격대		1	조선중앙통신
1950-01-07-013	지리산인민유격대		1	조선중앙통신
1950-01-07-014	일월산인민유격대		1	조선중앙통신
1950-01-07-015	도시에로 도망하는 악질지주들을 처단	전남 각지에서	1	조선중앙통신
1950-01-07-016	도시에 도피하는 악질지주들 격증		1	조선중앙통신
1950-01-07-017	야간당학교사업진행을 적극적으로 개선강화	은률군당단체에서	2	김인곤
1950-01-07-018	고원기관구는 수리 및 주행 계획을 성과있게 실행		2	신항식
1950-01-07-019	로동 및 생산 규률위반자에게 엄격한 조직적대책을 취하자		2	동평양기계제작소 당부위원장 박성림
1950-01-07-020	자습당원들에 대한 강연사업을 높은 수준에서 진행하자		2	당중앙본부 선전선동부 교양과 지도원 안은종
1950-01-07-021	재미당시의 리승만의 죄악을 폭로함		2	특지 조선인민주주의전선대표 리사민
1950-01-07-022	채탄능률을 일층 제고	1.4분기계획 기한전완수에 총궐기한 사동련탄 로동자들	3	본사기자 리성섭
1950-01-07-023	경로동현장으로 녀성들 적극 진출	흥남비료공장	3	흥남비료공장 직장위원회 위원장 김홍정
1950-01-07-024	자급비료증산에	봉산군 만화리 농민들	3	봉산군 만화리인민위원회 위원장 장봉택
1950-01-07-025	군무자들에게 보낸 인민들의 새해 축하문		3	내무성 문화국 선전부 김봉길
1950-01-07-026	인민들의 교양처로 발전하는 도서관	국립중앙도서관	3	국립중앙도서관 열람부장 김국석
1950-01-07-027	쏘련기행문	쏘련은 인민의 위대한 벗(6)	3, 4	리기영

기사번호	제목(title)	부제목(stitle)	면수	필자, 출처
1950-01-07-028	독일민주주의공화국 대통령 탄생 74주년 축하회		4	조선중앙통신
1950-01-07-029	정부의 고정임금정책 반대	영국철도로동자들의 항의	4	조선중앙통신
1950-01-07-030	해고반대투쟁 격화	불란서	4	조선중앙통신
1950-01-07-031	인도네시아인민들의 무장투쟁 더욱 격화		4	조선중앙통신
1950-01-07-032	서부독일에서 미군의 폭행 우심		4	조선중앙통신
1950-01-07-033	중국철도망 급속복구		4	조선중앙통신
1950-01-07-034	동독야금기업소들 생산계획 초과완수		4	조선중앙통신
1950-01-07-035	항가리인민보건사업발전상		4	조선중앙통신
1950-01-07-036	미인협정 체결		4	조선중앙통신
1950-01-07-037	미국유연탄로동자들 파업		4	조선중앙통신
1950-01-07-038	미국점령당국 일본에 군함 양도		4	조선중앙통신
1950-01-07-039	영미제국주의의 계획속에 들어있는 치베트		4	
1950-01-08-001	비판과 자기비판은 자체력량의 장성을 의미한다		1	
1950-01-08-002	새해 첫 작업부터 빛나는 성과를	공화국북반부 전체 로동자들	1	
1950-01-08-003	함남도소비조합 상점망 날로 확장		1	
1950-01-08-004	평북도 교육문화사업 활발		1	
1950-01-08-005	평북도 간부학교 및 재정간부양성소생 졸업		1	
1950-01-08-006	유격대원호위원회 조직코 전국인민에게 보내는 호소문을 채택	-경북 영주군 문수면하 농민들-		조선중앙통신
1950-01-08-007	우량종자교환사업 북반부 각 농촌에서 진행		1	
1950-01-08-008	고공품생산	각지 군들에서	1	
1950-01-08-009	수방직면포생산	강서군, 대동군에서	1	
1950-01-08-010	남반부농민들 봉기 계속	전남 강진군하에서	1	조선중앙통신
1950-01-08-011	남반부농민들 봉기 계속	울진군하 농민들	1	
1950-01-08-012	천마산인민유격대 괴뢰군경합동부대 소탕		1	조선중앙통신
1950-01-08-013	도처에서 괴뢰군경 격파		1	조선중앙통신
1950-01-08-014	학습회지도자의 선발배치를 옳게 하여 교양사업을 개진		2	문천제련소 당부 부위원장 지여천
1950-01-08-015	조선민주주의인민공화국 최고인민회의 상임위원회 1949년 12월 30일부 정령에 의하여 전 수풍발전부 에프롱공사 전권 대표였던 현 로동당 평남도당부 위원장 박영성동무는 공로메달을 받았다.		2	
1950-01-08-016	게시판과 속보판을 리용하여 출근률과 생산의욕 제고		2	평양화학공장당부 위원장 최린상
1950-01-08-017	당장성과 신입당원 교양사업에 높은 관심을 돌리라	아오지인조석유공장 초급당단체에서	2	주재기자 김소민
1950-01-08-018	볼쉐위크당의 정책은 쏘베트기구의 승리에 있어서 결정적역할을 논다		2	김태민
1950-01-08-019	의무교육제실시와 녀성들의 임무		2	북조선녀성동맹 중앙위원회 위원장 박정애
1950-01-08-020	신속한 수송투쟁에 궐기	평양기관구 로동자들	3	평양기관구장 전홍걸
1950-01-08-021	새해에 들어서 명태 4천여바리를 어획	신포수산사업소 로동자들	3	주재기자 신기관
1950-01-08-022	바다의 용사들		3	
1950-01-08-023	리내의 고공품생산 책임량을 완수!	양양군 말곡리	3	양양군 말곡리 농맹위원장 윤영종
1950-01-08-024	개방성골절치료에 키브스봉페붕대법	평양종합중앙병원에서	3	평양종합중앙병원 의사 박주상
1950-01-08-025	나는 희곡 「운명지여진 사람들의 음모」를 어떻게 창작하였는가		3	니꼴라이 위르따
1950-01-08-026	강서군 초리면 보봉2리 민주선전실에서는 높은 수확을 위한 영농좌담회가 농민들의 열성적참가밑에 활발히 진행되고 있다.		3	
1950-01-08-027	쏘련기행문	쏘련은 인민의 위대한 벗(7)	3, 4	리기영
1950-01-08-028	로동자들의 임금인상요구로 분란정치정세 첨예화		4	조선중앙통신
1950-01-08-029	주은래의 성명	국민당의 외국주재 대사관 등의 금후행동에 관하여	4	조선중앙통신
1950-01-08-030	전 국민당정부의 비르마대사관원 등 의거		4	조선중앙통신
1950-01-08-031	북대서양조약 조인국들 '방위안'채택 예상		4	조선중앙통신
1950-01-08-032	독일파쑈기관 찌또에게 봉사		4	조선중앙통신
1950-01-08-033	미국의 대만침략흉책을 중국 각 신문들 통렬히 규탄		4	조선중앙통신
1950-01-08-034	일본의 주택난 극심		4	조선중앙통신
1950-01-08-035	불가리아 5개년계획 제1년도의 거대한 성과		4	조선중앙통신
1950-01-08-036	일본제국주의자들의 죄악		4	
1950-01-09-001	기억하라 사랑하라 배우라 우리들의 스승 우리들의 령도자 레닌을		1	
1950-01-09-002	평양통신기계제작소의 신축공사 최종단계 돌입		1	
1950-01-09-003	동해안일대에 대한 송전선가설공사 완료	원산배전부산항 로동자들	1	

기사번호	제목(title)	부제목(stitle)	면수	필자, 출처
1950-01-09-004	속성성인학생 졸업	전국 각지에서	1	
1950-01-09-005	목형의 창의개조로 국가에 많은 리득을	청진제강소 성형직장 김종환동무	1	
1950-01-09-006	고공품 생산	함남도와 평남도에서	1	
1950-01-09-007	함북도 교육사업		1	
1950-01-09-008	통신사범전문학교 등교교수 개시	교육성에서	1	
1950-01-09-009	평양 로동자아빠트 준공		1	
1950-01-09-010	날로 발전되는 인민보건사업	황해도에서	1	
1950-01-09-011	레닌서거 26주년을 앞두고	조쏘문화협회에서	1	
1950-01-09-012	레닌서거 26주년을 앞두고	사동련탄공장에서	1	
1950-01-09-013	중국외과학자일행 귀국		1	조선중앙통신
1950-01-09-014	인민보건제도에 배운바 크다	래조중의 중국외과학자 주택소 교수 담	1	조선중앙통신
1950-01-09-015	경기도 가평방면에서 괴뢰군 3백여명을 격파		1	조선중앙통신
1950-01-09-016	구금된 남반부애국자들 감방에서 유격 전술 연구	-경북괴뢰경찰국장 보고에서-	1	조선중앙통신
1950-01-09-017	레닌서거 26주년을 앞두고	레닌의 기치 높이 들고 쓰딸린 의 지도밑에 공산주의승리에로	2	박석
1950-01-09-018	자습당원 지도경험에서	꼰술따찌야에 대하여	2	평남도당부 선전선동부 부부장 신호근
1950-01-09-019	로동자들의 창의를 실제사업에 살려 오 작품 퇴치		2	평양전구공장 초급당부 위원장 김성오
1950-01-09-020	농촌문화시설을 활발히 리용하자	전천군 당단체에서	2	통신원 배용복
1950-01-09-021	광석을 더 많이 캐자	하성광산 로동자들 치열한 부 리가다경쟁운동을 전개	3	주재기자 박덕순
1950-01-09-022	벌목량을 계속 제고시켜	칠평림산 운동관작업장 로동자들	3	통신원 배용복
1950-01-09-023	국가와 인민의 재산수호에 더욱 충직히		3	공화국내무성 보안대 차환용
1950-01-09-024	조선민주주의인민공화국 최고인민회의 상임위원회 1949년 12월 30일부 정령에 의하여 전 로동당 함경남도 흥남시당부 위원장이였던 현 북조선직업총동맹 중 앙위원회 부위원장 정가원씨는 공로메 달을 받았다.		3	
1950-01-09-025	장성하는 음악써클	평양곡산공장	3	평양곡산공장 써클지도원 강응엽
1950-01-09-026	서평양철도공장 기관차직장 로동자들은 기관차수리의 질적제고를 위하여 힘찬 증산투쟁을 전개하고있다.		3	

기사번호	제목(title)	부제목(stitle)	면수	필자, 출처
1950-01-09-027	나의 사업경험 라지에타생산능률을 높 이기 위해	공로메달을 받은 평양방직건설 사무소 주물과장 최방길	3	
1950-01-09-028	쏘련기행문	쏘련은 인민의 위대한 벗(8)	3, 4	리기영
1950-01-09-029	불란서정부에 대하여 파란정부 엄중항의	파리주차 파란대사관 습격으로	4	조선중앙통신
1950-01-09-030	'세계자유로동조합련맹'은 로동대중에서 완전히 고립		4	조선중앙통신
1950-01-09-031	원자무기금지운동 불란서에서 전개		4	조선중앙통신
1950-01-09-032	구슬프게 찍찍 울고있는 국민당의 쥐들		4	백민선
1950-01-09-033	영국과 호주간에 의견차이 심각화		4	조선중앙통신
1950-01-09-034	애급하원선거 실시		4	조선중앙통신
1950-01-09-035	독일민주주의공화국 대외무역 더욱 확장		4	조선중앙통신
1950-01-09-036	서독의 나치즘재생을 미국 각계 인사들 항의		4	조선중앙통신
1950-01-09-037	체코와 파키스탄간 1950년 통상협정		4	조선중앙통신
1950-01-10-001	남반부 인민유격운동은 인민들의 절대 한 지지속에 일층 치렬화하고있다		1	
1950-01-10-002	기본건설공사 활발	청진제철소에서	1	
1950-01-10-003	기본건설공사 활발	강서전기공장에서	1	
1950-01-10-004	미루정방기 6대를 조립	사리원방직공장에서	1	
1950-01-10-005	교통운수기술자 양성	교통성산하에서	1	
1950-01-10-006	고공품생산	각지 군들에서	1	
1950-01-10-007	잠업기술원 배출	황해도 재령고등잠사기술원양성 소에서	1	
1950-01-10-008	연관절단기의 성능을 2배로	원산철도공장 완성공 리재성동무	1	
1950-01-10-009	문화선전연예대의 활동	안변군에서	1	통신원 송춘관
1950-01-10-010	흥남비료공장 종업원들 금년도 계획의 2 개월단축실행 맹세	영예의 공로메달수여식에서 결의	1	조선중앙통신
1950-01-10-011	레닌서거 26주년을 앞두고	녀맹중앙위원회에서	1	본사기자 김춘희
1950-01-10-012	레닌서거 26주년을 앞두고	국립미술학교에서	1	본사기자 김경일
1950-01-10-013	경북일대 유격전 일층 활발	도처에서 괴뢰군경을 격멸	1	조선중앙통신
1950-01-10-014	남반부농민봉기 계속	구례농민들 강제공출미를 탈환	1	조선중앙통신
1950-01-10-015	남반부농민봉기 계속	무주농민들 군중대회 개최	1	조선중앙통신
1950-01-10-016	인민유격대원호사업 활발	이남강원도 및 전북 각지에서	1	조선중앙통신
1950-01-10-017	당원들의 모범적역할 높여 매일 120%의 생산실적을 확보		2	사동련탄공장 초급당부 위원장 최관영
1950-01-10-018	유재춘동무는 실생활과 결부시켜 학습 을 지도한다	양양군 토성면 사촌리세포에서	2	통신원 전승수
1950-01-10-019	정태주부리가다는 하루에 아연 20키로씩 을 초과생산		2	남포제련소당부 위원장 윤갑중

기사번호	제목(title)	부제목(stitle)	면수	필자, 출처
1950-01-10-020	학생들의 동기휴가중 교양사업을 위하여		2	교육성보통교육국 부국장 송진파
1950-01-10-021	또하나의 리승만도당의 매국흉책		2	진영철
1950-01-10-022	기관차수리를 철저히	원산철도공장 로동자들 철도수송력강화에 분투	3	주재기자 김만선
1950-01-10-023	영흥군내각 면에서 고공품 책임량 속속 완수!		3	영흥군농맹선전원 차승영
1950-01-10-024	날로 높아가는 로어연구열!		3	조쏘문협평남지부 야간로어강습소 지도원 박원철
1950-01-10-025	인민들의 따뜻한 위안격려에 고무	강원도 고성군 장전면에서	3	조선인민군 ○○구분대 전사 유순헌
1950-01-10-026	국립극장창립 3주년을 맞이하여		3	국립극장 총장 신고송
1950-01-10-027	쏘련기행문	쏘련은 인민의 위대한 벗(9)	3, 4	리기영
1950-01-10-028	친중정책지지를 결의	영국학생로동련맹 년차대회	4	조선중앙통신
1950-01-10-029	중국과의 외교관계의 설정을 인도정부 요청		4	조선중앙통신
1950-01-10-030	덴마크에 평화옹호운동 활발		4	조선중앙통신
1950-01-10-031	불란서에서 파산 격심		4	조선중앙통신
1950-01-10-032	오끼나와의 군사시설 완성		4	조선중앙통신
1950-01-10-033	인민승리공채구매 중국 각지에서 활발		4	조선중앙통신
1950-01-10-034	바귀오비밀회담		4	조선중앙통신
1950-01-10-035	세계제패의 망상		4	『쁘라우다』지
1950-01-10-036	미국의 반동출판물들은 전쟁방화자들의 도구이다		4	김동민
1950-01-11-001	기업소들에서의 직관적선동사업을 강화하자		1	
1950-01-11-002	산업부문 일군들에게 대한 공로메달수여식들 거행		1	
1950-01-11-003	기본건설공사 활발	각지 발전소들에서	1	
1950-01-11-004	공화국정부의 배려밑에 화교들의 교육시설 확장	평양시중국인학교 제1학기사업 총결	1	
1950-01-11-005	공화국정부의 배려밑에 화교들의 교육시설 확장	해주시중국인학교 교사 수리증축 완성	1	
1950-01-11-006	평양시교원대회	제1녀자고급중학교에서	1	
1950-01-11-007	레닌서거 26주년을 앞두고	곡산공장에서	1	
1950-01-11-008	레닌서거 26주년을 앞두고	평양연초공장에서	1	
1950-01-11-009	영주농민들의 호소에 호응코 인민유격대원호사업 활발	-경상북도 각지에서-	1	조선중앙통신
1950-01-11-010	태백산인민유격대 진공 치렬		1	조선중앙통신
1950-01-11-011	팔공산인민유격대		1	조선중앙통신
1950-01-11-012	인도애국청년들을 석방하라	북조선민청과 남조선민애청에서 네루정부에 항의	1	조선중앙통신
1950-01-11-013	산업 및 농업 발전과 당정치교양사업 강화를 토의	문천군당위원회 제12차회의에서	2	통신원 리달우
1950-01-11-014	동구역당부는 생산부문내 당단체에 대한 지도사업 개선		2	동구역당부 조직부장 박화삼
1950-01-11-015	직종별 교대별에 적응하게 분세포사업을 지도하라	성진제강소 초급당단체에서	2	함북도당 조직부 지도원 리두히
1950-01-11-016	고공품생산운동을 적극 추진시키자		2	농민동맹중앙위원회 부위원장 현칠종
1950-01-11-017	미국식민주주의는 이러하다		2	리사민
1950-01-11-018	공로메달 수여받은 흥남비료공장 일군들의 빛나는 업적!		3	본사기자
1950-01-11-019	쏘련기행문	쏘련은 인민의 위대한 벗(10)	3, 4	리기영
1950-01-11-020	일본정세에 대하여		4	
1950-01-11-021	중화인민공화국을 영국정부에서 승인		4	조선중앙통신
1950-01-11-022	노르웨이정부 중국과의 외교관계설정을 결정		4	조선중앙통신
1950-01-11-023	유고슬라비아정부에 대한 체코슬로바키아정부의 각서	체코 및 슬로바키아 민족에 대한 유고슬라비아당국의 박해에 관련하여	4	조선중앙통신
1950-01-11-024	영국인민들 마래식민지전쟁종결을 절규		4	조선중앙통신
1950-01-11-025	항가리농촌경리 3개년계획 완수		4	조선중앙통신
1950-01-12-001	국가의 리익을 보호하는 정신으로 인민대중을 교양하자		1	
1950-01-12-002	로동자주택에 대한 정부의 심심한 배려	산업성산하 각 광산, 탄광, 공장들에서	1	
1950-01-12-003	각 수산사업소 로동자들 새해 어로생산에서 빛나는 성과		1	
1950-01-12-004	본궁화학공장에 청년공장 신설		1	
1950-01-12-005	함남문화선전사업		1	
1950-01-12-006	수방직면포생산	각지에서	1	
1950-01-12-007	로동계급의 국제적단결을 강조	아세아 및 대양주제국직맹대회 참가대표 귀환 남북조선직맹열성자대회	1	본사기자 박경석

기사번호	제목(title)	부제목(stitle)	면수	필자, 출처
1950-01-12-008	레닌서거 26주년을 앞두고	황해도에서	1	
1950-01-12-009	레닌서거 26주년을 앞두고	조선인민군 각 구분대에서	1	
1950-01-12-010	지리산유격대 마천주둔 괴뢰군을 공격		1	조선중앙통신
1950-01-12-011	경주군에서 대격전		1	조선중앙통신
1950-01-12-012	비행기 땅크의 기금으로 174만원 헌납	북반부거주 4만 화교들	1	
1950-01-12-013	조선인민군대창립 2주년을 앞두고	조선인민군대의 고상한 도덕성은 그의 승리의 원천이다	2	민족보위성 부상 김일
1950-01-12-014	로동자들의 창의성 발휘시켜 10여종의 창의고안에 성공		2	사리원방직공장 초급당부 위원장 오승무
1950-01-12-015	현장일군들에게서 배우며 실정에 적응하게 협조하자	평양중앙기계제작소 초급당부위원회에서	2	평양시당부 조직부 부부장 한의제
1950-01-12-016	나는 충분한 제강을 갖고 세포학습회를 지도한다		2	서평양직물공장 세포 상반학습회 지도자 노동리
1950-01-12-017	눈이 나린다	형제들이여 인민유격대를 도웁자!	3	양남수
1950-01-12-018	기술적애로를 제때에 해결 생산능률을 120%로 제고	청진방적공장 로동자들	3	주재기자 김소민
1950-01-12-019	금년에는 전부락이 륙상모를 설치코자	안변군 수항리 농민들	3	통신원 송춘관
1950-01-12-020	생산과 밀접히 련결된 선전선동사업을 강화		3	사동련탄직맹 초급단체위원장 김응찬
1950-01-12-021	나의 사업경험 자동봉지기의 운전기능 소유에 노력	공로메달 받은 평양전구공장 봉지공 김신제	3	
1950-01-12-022	땅크병의 영예		3	조선인민군 전차○○부대 하사관 강희구
1950-01-12-023	쏘련기행문	쏘련은 인민의 위대한 벗(11)	3, 4	리기영
1950-01-12-024	백이의공산당 정치국 콤뮤니케		4	조선중앙통신
1950-01-12-025	미국 씨리아에 방대한 무기제공 계획		4	조선중앙통신
1950-01-12-026	1950년도의 독일인민의 과업	옷토 그로테볼의 론설	4	조선중앙통신
1950-01-12-027	쏘련최고쏘베트선거 3월 12일 실시 결정		4	조선중앙통신
1950-01-12-028	덴마크정부에서 중화인민공화국을 승인		4	조선중앙통신
1950-01-12-029	쩨일론정부에서 중화인민공화국을 승인		4	조선중앙통신
1950-01-12-030	이스라엘정부에서 중화인민공화국을 승인		4	조선중앙통신
1950-01-12-031	인도네시아인민들의 무력항쟁 격화		4	조선중앙통신
1950-01-12-032	파란기계공업의 생산고 1950년에 격증 예정		4	조선중앙통신

기사번호	제목(title)	부제목(stitle)	면수	필자, 출처
1950-01-12-033	영국령토에 진출하는 미제국주의자들		4	김석기
1950-01-13-001	우량종자를 제때에 확보하자		1	
1950-01-13-002	조선민주주의인민공화국 내각결정 제2호	「산림관리에 관한 규정」승인에 관한 결정서	1	
1950-01-13-003	레닌서거 26주년을 앞두고 철도일군들	평양철도관리국산하 각 직장에서	1	
1950-01-13-004	레닌서거 26주년을 앞두고	자강도 각지에서	1	
1950-01-13-005	인민군대에 바칠 비행기 땅크 헌납기금 1억 2천여만원!	오는 25일 평양에서 헌납식 거행	1	조선중앙통신
1950-01-13-006	인민유격대원호사업 활발	-전남, 경남 각지에서-	1	조선중앙통신
1950-01-13-007	괴뢰군 1개 소대를 격파		1	조선중앙통신
1950-01-13-008	제주도인민유격대 '경찰토벌대'를 격파		1	조선중앙통신
1950-01-13-009	무력항쟁에 당황	괴뢰경찰내에 사직자 속출	1	조선중앙통신
1950-01-13-010	쓰딸린은 진보적인류의 수령이다		2	그.말렌꼬브
1950-01-13-011	거래세 및 지방세 개정에 대한 정치적의의		2	재정성 부상 김찬
1950-01-13-012	생산계획 품종별 달성에 높은 성과 쟁취하며 분투	남포제련소 로동자들	3	남포제련소 기사장 박영석
1950-01-13-013	군무자들의 교양실	조선인민군 ○○구분대에서	3	
1950-01-13-014	증산목표를 세우고 춘기파종준비 활발		3	황주군 황주면 신상리농맹위원장 김상진
1950-01-13-015	기술수준 높이고 전기아연생산을 166%로		3	남포제련소직장 위원장 리호두
1950-01-13-016	날로 증대되는 인민들의 구매력		3	평양중앙국백 영업과 김덕원
1950-01-13-017	쏘련기행문	쏘련은 인민의 위대한 벗(12)	3	리기영
1950-01-13-018	제3야전군의 1949년도 전과	중국인민해방군 전황	4	조선중앙통신
1950-01-13-019	해남도에서 전과 확대	중국인민해방군 전황	4	조선중앙통신
1950-01-13-020	안전보장리사회로부터의 중국국민당 대표의 제명 요구	중국 주은래외교부장 유엔에 통고	4	조선중앙통신
1950-01-13-021	향항의 국가재산보호에 관하여 주은래 명령서 발표		4	조선중앙통신
1950-01-13-022	독일민주주의공화국과 체코슬로바키아 간에 통상협정 체결		4	조선중앙통신
1950-01-13-023	대만인민들의 해방투쟁기세 앙양		4	조선중앙통신
1950-01-13-024	금년도 중국 철강공업발전계획		4	조선중앙통신
1950-01-13-025	대만인민은 침략자를 반대하여 싸운다	대만민주자치동맹 주석 사설홍담	4	조선중앙통신
1950-01-13-026	파키스탄경찰당국 공산당을 불법탄압		4	조선중앙통신
1950-01-13-027	미국의 파업운동 급속 장성		4	조선중앙통신
1950-01-13-028	월남인민군 도처에서 전과 확대		4	조선중앙통신
1950-01-13-029	쟈바에서 화인량군 격전		4	조선중앙통신

기사번호	제목(title)	부제목(stitle)	면수	필자, 출처
1950-01-13-030	국회에 보낸 트루맨교서는 미국인민들을 기만하고있다	-트루맨교서에 대한 미국내 반향-	4	조선중앙통신
1950-01-13-031	1949년도 미국생산 격감	-국회에 제출된 대통령경제고문협의회 보고서 지적-	4	조선중앙통신
1950-01-13-032	쏘베트동맹은 민주주의적일본을 위하여 시종일관하게 투쟁하고있다		4	오상만
1950-01-14-001	전체 조선인민들과 전조선 애국적 정당 사회단체들과 전체 애국적인사들과 사회적활동가들에게 고하는 조국통일민주주의전선 중앙위원회 호소문		1, 2	
1950-01-14-002	조국전선산하 근로인민당 사회민주당 근로대중당 민중동맹 민족대동회 등에 대한 리승만매국역도들의 분렬파괴음모를 반대하여 상기 정당 단체들이 발표한 성명서에 관한 조국통일민주주의전선 중앙위원회 제4차회의 결정서		1	
1950-01-14-003	남조선 현정세와 애국적 정당 사회단체들의 임무	박헌영	2, 3, 4	
1950-01-14-004	조쏘량국간의 친선은 날이 갈수록 더욱 강화되여간다		2	
1950-01-14-005	조국통일민주주의전선 중앙위원회 제4차회의에서		3	조선중앙통신
1950-01-14-006	데.카스페리의 정부개조약속 위반에 관하여 톨리앗티 성명 발표		4	조선중앙통신
1950-01-14-007	쏘련최고쏘베트 상임위원회 위원장 스웨르니크 모택동씨 접견		4	조선중앙통신
1950-01-14-008	중국 모택동주석 레닌묘에 화환 증정		4	조선중앙통신
1950-01-14-009	인도에서 실업자 격증		4	
1950-01-14-010	급속히 발전되고있는 인민민주주의 제국가		4	조선중앙통신
1950-01-15-001	일체의 력량을 원쑤를 소탕함에 돌리라		1	
1950-01-15-002	평화적조국통일을 방해하는 인민의 원쑤를 소탕하자!	서평양철도공장, 평양시녀맹일군들, 황해도 황주군 농민들	1	
1950-01-15-003	조선민주주의인민공화국 내각결정 제6호	최고인민회의 제4차회의에서 채택된 「전반적초등의무교육제 실시에 관한 법령」실행에 관한 결정서	1	
1950-01-15-004	조선민주주의인민공화국 내각결정 제9호	농민시장개설에 관한 결정서	1	
1950-01-15-005	평양시 계약중재원 설치		1	조선중앙통신
1950-01-15-006	레닌서거 26주년을 앞두고	레닌은 볼쉐위크당의 창건자이다	2	리효
1950-01-15-007	학령아동취학에 관한 규정		2	
1950-01-15-008	교과서 및 학용품 무상배급에 관한 규정		2	
1950-01-15-009	농민시장에 관한 규정		2	
1950-01-15-010	미제국주의자들의 남조선에 대한 소위 '원조'의 정체		2	리사민
1950-01-15-011	전투훈련에 출동하는 땅크부대	최우석구분대에서	3	
1950-01-15-012	로동자들의 옳은 제의를 민속히 생산에 반영시켜	강원도 창도광산	3	창도광산 지배인 김보경
1950-01-15-013	나의 사업경험	내산뽐프수리를 완성하기까지	3	공로메달 받은 남포제련소 수리완성공 리창익
1950-01-15-014	민주선전실발전에 선전원들 적극 활동	희천군 장동면 관상리농맹에서	3	자강도 희천군 관상리농맹위원장 김원선
1950-01-15-015	농촌군중문화사업협조에	동기휴가중의 함북학생민청원들	3	통신원 허원상
1950-01-15-016	동기체육훈련에 정진하는 청년들-대동강에서		3	
1950-01-15-017	쏘련기행문	쏘련은 인민의 위대한 벗(13)	3	리기영
1950-01-15-018	최고쏘베트선거를 앞두고 쏘련근로자들 증산운동 전개		4	조선중앙통신
1950-01-15-019	중국 주은래외교부장 외교관계설정국에 답서		4	조선중앙통신
1950-01-15-020	안전보장리사회 쏘련대표 중국국민당대표권 박탈 요구		4	조선중앙통신
1950-01-15-021	이태리파업로동자 류혈사건에 항의	반정부진영대의원대회소집 결정	4	조선중앙통신
1950-01-15-022	급속히 발전되고있는 인민민주의국가		4	조선중앙통신
1950-01-15-023	일본 우익사회주의분렬자들의 실패	『뜨루드』지 론평-	4	조선중앙통신
1950-01-15-024	파란에서의 사회주의건설의 새로운 성과		4	박증건
1950-01-15-025	월남인민군들 계속 전과 확대		4	조선중앙통신
1950-01-16-001	평화적조국통일을 방해하는 인민의 원쑤를 소탕하자!	해주스레트공장	1	
1950-01-16-002	평화적조국통일을 방해하는 인민의 원쑤를 소탕하자!	문학동맹 일군들	1	
1950-01-16-003	직업동맹단체들의 군중정치교양사업을 일층 강화하자		1	
1950-01-16-004	1949년도 국영산업부문 기본건설공사의 성과		1	조선중앙통신
1950-01-16-005	양양광산 완전복구		1	
1950-01-16-006	레닌서거 26주년을 앞두고	함남도에서	1	
1950-01-16-007	남반부인민항쟁 치렬	제주도인민유격전 각지에서 괴뢰경찰부대 소탕	1	조선중앙통신

기사번호	제목(title)	부제목(stitle)	면수	필자, 출처
1950-01-16-008	남반부인민항쟁 치렬 악질분자 소탕	강원도방면 인민유격대에서	1	조선중앙통신
1950-01-16-009	남반부인민항쟁 치렬	경북일대 유격전	1	조선중앙통신
1950-01-16-010	생산정지를 야기하는 어떠한 태만이든지 국가법령과 당규률 위반자로서 엄격히 취급되여야 한다		2	로동당중앙본부 검열위원회 위원장 장순명
1950-01-16-011	설한기에 년간 운재계획의 80%이상 달성기 위하여	평북 창성림산사업소에서	2	완풍발구운재작업장 강룡택
1950-01-16-012	구체적분공으로써 기관제2호를 수리		2	천내리 세멘트공장 기관분세포 위원장 채원묵
1950-01-16-013	이.씨.에이 '남한원조' 1년간의 죄악과 리승만도당의 울음섞인 '찬양'		2	리문일
1950-01-16-014	기계사고를 완전히 근절코 생산계획을 143.5%로	순천화학공장에서	3	석회질소과장 장광홍
1950-01-16-015	생산속도 제고 위해	순천화학공장에서	3	카바이트과장 리준걸
1950-01-16-016	호상 책임감을 높여	순천화학공장에서	3	순천화학공장 직장위원회 리룡훈
1950-01-16-017	적기파종준비에 장연군 락도면 농민들 활약		3	황해도 장연군 삼천리농맹위원장 리진련
1950-01-16-018	인민군창립 2주년 앞두고 군무자들을 위안격려 가족원호사업도 활발히	학성군 학중면 수동리 농민들	3	통신원 허원상
1950-01-16-019	멸망에 직면한 리승만도당의 죄악	서울시내 물가 더욱 폭등	3	조선중앙통신
1950-01-16-020	쏘련기행문	쏘련은 인민의 위대한 벗(14)	3	리기영
1950-01-16-021	분란에서 대통령선거전 치렬	분란의 민주주의층은 인민민주동맹의 선거강령을 지지	4	조선중앙통신
1950-01-16-022	영국의회선거에 관하여 영국공산당 총비서 성명		4	조선중앙통신
1950-01-16-023	로동자에 대한 사격사건에 관하여 이태리공산당 총비서 성명		4	조선중앙통신
1950-01-16-024	인도네시아에 동맹파업 확대		4	조선중앙통신
1950-01-16-025	중화인민공화국승인을 요구	-미국대극동민주정책촉진위원회의 성명-	4	조선중앙통신
1950-01-16-026	1950년도 불란서국민의회 개막		4	조선중앙통신
1950-01-16-027	서부독일의 참상	독일경제학자 성명	4	조선중앙통신
1950-01-16-028	미국실업가들의 인도네시아 방문		4	조선중앙통신
1950-01-16-029	독점자본가들의 지배제도를 극구 찬양한 트루맨교서		4	조선중앙통신
1950-01-16-030	미제가 '제공'하는 딸라는 목적지에 도달하면서 이렇게 변화된다	-『쁘라우다』지에서-	4	
1950-01-16-031	불란서공산당원들 시참사회의원에 당선		4	조선중앙통신
1950-01-16-032	침략적태평양조약을 위한 영미제국주의자들의 음모		4	
1950-01-17-001	남조선로동당 전체 당원들에게 보내는 남조선로동당 중앙위원회 편지		1	
1950-01-17-002	생산직장내 청년작업반사업의 일층 강화를 위하여		1	
1950-01-17-003	쓰딸린대원수탄생 70주년기념성전에 참가하였던 공화국인민대표단일행 귀국		1	조선중앙통신
1950-01-17-004	북조선민주청년동맹창립 4주년에 제하여	조국통일을 위한 투쟁에서의 민주청년동맹의 역할	2	북조선민주청년동맹 중앙위원회 위원장 현정민
1950-01-17-005	생산에서 매개 당원들의 주도적역할을 제고하자		2	평양시특수고무공장 세포위원장 정순호
1950-01-17-006	당정치교양사업지도경험을 교환	평남도당부에서	2	본사기자 리연호
1950-01-17-007	다수확농민의 영농경험을 보급시키는 남양리농맹	온성군에서	2	통신원 박용
1950-01-17-008	가능한 력량을 총동원하여 성인학교사업을 활발히	련천인민학교세포에서	2	통신원 렴상익
1950-01-17-009	파철수집을 더한층 성과적으로 진행하자		2	산업성 금속관리국 파철수집사업소장 김동수
1950-01-17-010	정시무사고주행으로 수송계획을 성과있게	회령기관구 로동자들	3	통신원 심철
1950-01-17-011	고공품계획량을 군적으로 완수!	강원도 화천군	3	통신원 길관식
1950-01-17-012	나의 영예!		3	조선인민군 ○○항공부대 비행사 최현옥
1950-01-17-013	근로대중속에서 배출하는 신진작가들		3	문학동맹 중앙위원회 서기장 김북원
1950-01-17-014	로력의 열매 행복한 생활		3	곡산공장 로동자 리기남
1950-01-17-015	나의 사업경험 로타리콤프렛샤를 수리복구	공로메달 받은 해주세멘트공장 기계운전공 최억선	3	
1950-01-17-016	쏘련기행문	쏘련은 인민의 위대한 벗(15)	3	리기영

기사번호	제목(title)	부제목(stitle)	면수	필자, 출처
1950-01-17-017	쏘련최고쏘베트 상임위원회에서 반역자 간첩 파괴분자들에게 사형적용에 관한 정령 발포		4	조선중앙통신
1950-01-17-018	데.카스페리내각 총사직		4	조선중앙통신
1950-01-17-019	모데나사건의 금후 대책을 토의하는 특별회의를 소집		4	조선중앙통신
1950-01-17-020	항가리로동자들 이태리정부의 테로를 규탄		4	조선중앙통신
1950-01-17-021	희생자들 장례식 거행	영결식에서 톨리앗티 연설	4	조선중앙통신
1950-01-17-022	정부의 반인민적정책에 항의	파키스탄직맹 서기장 성명	4	조선중앙통신
1950-01-17-023	미국신회계년도 예산안 군사비만 71% 차지		4	조선중앙통신
1950-01-17-024	두 주인의 머슴		4	
1950-01-17-025	영미제국주의자들은 서부독일을 무장시키고있다		4	
1950-01-17-026	월가의 전쟁방화자들의 대포밥		4	신시대
1950-01-18-001	전조선 로동자 기술자 사무원들에게 보내는 호소문	조국통일민주주의전선 호소문 지지 평양시로동자군중대회	1	
1950-01-18-002	생산직장에의 녀성의 진출	혜산군내에서	1	
1950-01-18-003	문화선전대들의 사업 활발히 진행	무산군내에서	1	
1950-01-18-004	림산기술자들 배출	내각 림산국 중앙림산기술원양성소에서	1	
1950-01-18-005	훈민정음창제 506주년 기념대회 개최		1	
1950-01-18-006	생산기업소들에서 원료와 자재의 절약운동을 광범히 전개하자		1	
1950-01-18-007	레닌서거 26주년을 앞두고	강원도 각지에서	1	
1950-01-18-008	레닌서거 26주년을 앞두고	조쏘문협중앙주최의 강연회	1	
1950-01-18-009	조국의 통일독립과 인민의 행복을 위하여 헌신투쟁하는 남반부 인민유격대원들을 항상 사랑과 존경으로 원호하자		2	리기석
1950-01-18-010	비판과 자기비판의 정신밑에 생산을 책임있게 보장하자		2	창도광산 초급당부 위원장 유태운
1950-01-18-011	봉천리농민들의 생활은 날로 개선향상되고있다	재령군에서	2	봉천리 민주선전실 선전원 남덕희
1950-01-18-012	쏘련기행문	쏘련은 인민의 위대한 벗(16)	2	리기영
1950-01-18-013	평화적조국통일을 방해하는 인민의 원쑤를 소탕하자!	조국전선호소문을 지지하는 평양시로동자들의 대회	3	
1950-01-18-014	민청창립 4주년을 기념하여 기관차수리 신기록운동 전개	서평양철도공장 로동청년들	3	서평양철도공장 청년작업반원 최주현
1950-01-18-015	남반부빨찌산전투기 원쑤들의 머리우에 인민의 심판을!	연백지구 인민유격대 리봉식돌격대장의 투쟁기에서	3	
1950-01-18-016	38경비대원으로부터 받은 편지		3	함남 갑산군 동인면당위원장 박상묵
1950-01-18-017	면화재배면적을 6백정보로 확장	강원도 연천군 농민들	3	강원도 연천군농맹위원장 함국정
1950-01-18-018	직장체육문화를 더욱 발전시키자	문천기계제작소 체육써클	3	문천기계제작소 써클지도원 도성해
1950-01-18-019	멸망에 직면한 리승만매국도당 강제징병책 실패	인민들의 반대투쟁으로 검사를 연기	3	조선중앙통신
1950-01-18-020	중국국민당대표권박탈에 관한 쏘련제안 토의	-안보리사회 1월 12일회의-	4	조선중앙통신
1950-01-18-021	쓰딸린대원수 주쏘인도대사를 접견		4	조선중앙통신
1950-01-18-022	화란의 식민지전쟁을 중국청년들 반대항의		4	조선중앙통신
1950-01-18-023	중화인민공화국을 각국 정부 속속 승인		4	조선중앙통신
1950-01-18-024	인도대학교수들 전쟁준비를 규탄		4	조선중앙통신
1950-01-18-025	급속히 발전되고있는 인민민주주의 제국가		4	조선중앙통신
1950-01-18-026	전범자비호에 관한 쏘련정부의 성명을 분란의회 외교위원회에서 토의		4	조선중앙통신
1950-01-18-027	평화를 옹호하여 투쟁하는 미국의 진보적력량		4	리문호
1950-01-18-028	영국경제의 위기를 말하는 영재정상 크맆스의 담화		4	조선중앙통신
1950-01-18-029	호주부두로동자들의 요구관철을 위한 투쟁		4	조선중앙통신
1950-01-19-001	쓰딸린대원수탄생 70주년 기념축전에 참가하였던 조선민주주의인민공화국 인민대표단 수석 김두봉선생이하 제씨 기자단과 회견		1	
1950-01-19-002	생산의 구체적실정에 적응하여 당지도사업을 조직하자		1	
1950-01-19-003	2개년 인민경제계획 첫해의 관개건설공사의 성과		1	
1950-01-19-004	각 탄광들에서 굴진사업 활발	다수 주택도 신축	1	
1950-01-19-005	북조선천도교청우당 제3차 전당대회 진행		1	조선중앙통신
1950-01-19-006	중화인민공화국주재 조선민주주의인민공화국대사 리주연씨 부임		1	조선중앙통신, 림덕보

기사번호	제목(title)	부제목(stitle)	면수	필자, 출처
1950-01-19-007	남북조선 전체 농민들에게 보내는 호소문	조국전선호소문지지 평양시주변 농민군중대회	2	
1950-01-19-008	조선인민군창립 2주년 기념일을 앞두고	공화국인민군대는 인민의 원쑤들을 소탕함에 항상 준비되어 있다	2	민족보위성 문화훈련국 부국장 김일
1950-01-19-009	트루맨의 '칙사' 제섶은 왜 남조선을 찾아왔던가		2	김일우
1950-01-19-010	인민군창립 2주년을 성대히 기념하자!	평양특별시에서	3	
1950-01-19-011	인민군창립 2주년을 성대히 기념하자!	평북도에서	3	조선중앙통신
1950-01-19-012	의무교육실시를 충분한 준비로써	평양 제13인민학교 학부형들	3	제13인민학교 교무주임 전원봉
1950-01-19-013	경비초소에서		3	공화국보안대 한창권
1950-01-19-014	축산기술보급으로 합리적가축사양을	만포군 외귀면 건상리농맹에서	3	만포군 건상리농맹 선전원 최승두
1950-01-19-015	동기휴가중의 학생들의 교외교양	평양시에서	3	본사기자 라원근
1950-01-19-016	파사률을 철저히 근절코 계획보다 원가 10% 저하에	남포견직공장 로동자들	3	남포견직공장 지배인 강락구
1950-01-19-017	평화적조국통일을 방해하는 인민의 원쑤를 소탕하자!	평양시주변 농민들의 대회	3	
1950-01-19-018	평화적조국통일을 방해하는 인민의 원쑤를 소탕하자!	사동련탄공장 종업원궐기대회	3	
1950-01-19-019	청진혁명자유가족피복공장 궐기대회		3	조선중앙통신
1950-01-19-020	쏘련제안을 계속 토의 쏘련대표단은 국민당대표가 축출되기까지 안보리사회사업에 참가하지 않을것을 성명	안보리사회 1월 13일회의	4	조선중앙통신
1950-01-19-021	모데나로동자학살사건에 세계인민들의 항의 치렬		4	조선중앙통신
1950-01-19-022	쏘련 및 인민민주주의제국 대표들 유엔일부 위원회회의에서 퇴장		4	조선중앙통신
1950-01-19-023	모데나사건 도발자들을 모살죄로 기소		4	조선중앙통신
1950-01-19-024	모데나 금속로동자들 요구를 관철		4	조선중앙통신
1950-01-19-025	불란서 각 항구 로동자들은 전쟁물자취급을 반대한다		4	조선중앙통신
1950-01-19-026	몬트고메리의 도착에 화란근로인민들 분격		4	조선중앙통신
1950-01-19-027	자유독일청년동맹대표자회의 개최		4	조선중앙통신
1950-01-19-028	재불파란공민을 불란서당국 박해		4	조선중앙통신
1950-01-19-029	드골파의 폭행을 반대하여 파리에서 군중대회	모리스 토레스도 연설	4	조선중앙통신
1950-01-19-030	미국 장개석에게 군사원조 계속		4	조선중앙통신
1950-01-19-031	인도로동계급의 투쟁		4	최종식
1950-01-20-001	북조선천도교청우당 제3차 전당대회에서 진술한 김일성수상의 연설		1	
1950-01-20-002	김일성수상		1	
1950-01-20-003	김일성수상 림석하여 연설 진술	북조선천도교청우당 제2차 전당대회 제3일	1	조선중앙통신
1950-01-20-004	레닌서거 26주년을 앞두고	레닌은 쏘베트 다민족국가의 창건자이며 전세계 근로자들과 모든 피압박민족 및 예속인민의 위대한 수령이며 벗이다	2	리민우
1950-01-20-005	당장성과 신입당원교양사업 강화에 대한 문제 등 토의	평양시당 상무위원회에서	2	본사기자 리연호
1950-01-20-006	증기공급을 원활히 함으로써 팔프생산을 적극 보장하자	신의주팔프공장 초급당부에서	2	주재기자 최영환
1950-01-20-007	아세아 및 대양주제국직맹대회는 세계 로동계급의 통일과 단결을 더욱 강화하였다		2	북조선직업총동맹 중앙위원회 서기장 최호민
1950-01-20-008	인민군창립 2주년을 성대히 기념하자!	북반부 각지 녀맹원들	3	
1950-01-20-009	인민군창립 2주년을 성대히 기념하자!	북조선민청 각급 단체에서	3	
1950-01-20-010	동기전투훈련에 여념이 없는 공화국경비대 경기관총수들		3	
1950-01-20-011	조국전선호소문에 호응하여 더욱 높은 증산을 결의	신의주팔프공장 종업원궐기대회	3	
1950-01-20-012	각지에서 레닌을 추모		3	
1950-01-20-013	반일빨찌산시대를 회상하면서		3	공화국경비대 ○○부대 부대장 최현
1950-01-20-014	벌목과 류벌준비 활발	무산림산 삼장작업소 로동자들	3	통신원 박종덕
1950-01-20-015	유아들의 보육시설을 일층 확충	38탁아소에서	3	38탁아소장 장해룡
1950-01-20-016	리승만도당 쌀값폭등에 당황		3	조선중앙통신
1950-01-20-017	쏘말리랜드에 대한 이태리의 '후견'의 진상은 이러하다		4	조선중앙통신
1950-01-20-018	마래에서의 전쟁을 중지하라	-영국공산당 집행위원회 성명-	4	조선중앙통신
1950-01-20-019	스위스정부 중화인민공화국을 승인		4	조선중앙통신
1950-01-20-020	서독무역입초 격증		4	조선중앙통신
1950-01-20-021	불란서당국의 파란인박해에 진보적단체에서 항의		4	조선중앙통신
1950-01-20-022	평화옹호운동을 도처에서 활발히 전개	씨리아평화옹호운동 강화	4	조선중앙통신

기사번호	제목(title)	부제목(stitle)	면수	필자, 출처
1950-01-20-023	평화옹호운동을 도처에서 활발히 전개	전쎄일론평화옹호대회 개최	4	조선중앙통신
1950-01-20-024	벨그라드는 영미간첩행위의 중심지이다		4	리검호
1950-01-20-025	중국국민당 앞잡이들 서독에서 범죄적 책동 감행		4	조선중앙통신
1950-01-20-026	싸이프라스도를 희랍에 편입하라	-희랍학생들 강경히 요구-	4	조선중앙통신
1950-01-20-027	국제단신		4	조선중앙통신
1950-01-20-028	도매경쟁(미국상회 외국판매원의 우익사회주의적점원들)	『쁘라우다』지에서-	4	
1950-01-21-001	레닌서거 26주년		1	
1950-01-21-002	레닌서거 26주년 추모회를 엄숙히 거행	20일밤 국립예술극장에서	1	
1950-01-21-003	작년 쏘련을 방문하였던 김일성 수상을 수석으로 한 조선민주주의인민공화국 정부대표단은 1949년 3월 4일 레닌묘를 찾아 화환을 올리였다.		1	
1950-01-21-004	1919년 붉은광장에서 연설하는 브.이.레닌	쏘련화가 쁘.와씨리예브	2	
1950-01-21-005	레닌	-서거 26주년에-	2	김상오
1950-01-21-006	레닌주의는 근로인민의 위대한 승리의 기치이다		2	
1950-01-21-007	레닌묘앞에서		2	리기영
1950-01-21-008	인민군창립 2주년을 성대히 기념하자!	평양연초공장에서	3	
1950-01-21-009	생산시설을 최고도로 리용 년간계획 2개월 단축실행에	남포화학공장 로동자들	3	본사기자 리인태
1950-01-21-010	고공품증산에 선전원들 활동	정주군 해룡리농맹	3	정주군 해룡리농맹위원장 김취건
1950-01-21-011	다수확농민들의 금년도 파종준비	황해도에서	3	주재기자 박덕순
1950-01-21-012	반땅크 포병훈련	리태수포소대원들	3	
1950-01-21-013	조국전선호소문에 호응 조국보위의 굳은 결의	내무성 철도경비대 리홍렴구분대 군무자궐기대회	3	
1950-01-21-014	남반부빨찌산 전투기 대담한 기습으로 경찰본서를 일거에 소탕	지리산유격대 공격대원의 수기	3	
1950-01-21-015	멸망에 직면한 리승만도당의 죄악	금포공항의 운영권을 미국에 양도	3	조선중앙통신
1950-01-21-016	멸망에 직면한 리승만도당의 죄악	유류가격을 대폭 인상	3	조선중앙통신
1950-01-21-017	쏘련인민들 련일 레닌박물관 방문		4	조선중앙통신
1950-01-21-018	세계 각국과의 외교관계설정을 요망하는 월남 호지명대통령의 성명서		4	조선중앙통신
1950-01-21-019	서서의 실업자 격증		4	조선중앙통신
1950-01-21-020	쏘련 및 인민민주주의제국 대표들 회의에서 퇴장	유엔경제사회리사회 경제 및 로동위원회에서	4	조선중앙통신
1950-01-21-021	중국 모택동주석 미국공산당에 회전		4	조선중앙통신

기사번호	제목(title)	부제목(stitle)	면수	필자, 출처
1950-01-21-022	중화인민공화국의 각국과의 외교관계	중국과 월남민주공화국간에 외교관계 설정	4	조선중앙통신
1950-01-21-023	중화인민공화국의 각국과의 외교관계	중국 주은래외교부장 이스라엘 아프가니스탄 및 분란의 각 외상에게 회전	4	조선중앙통신
1950-01-21-024	월남전쟁반대투쟁 불란서에서 더욱 치렬		4	조선중앙통신
1950-01-21-025	월남향 군용물자수송거부투쟁 확대		4	조선중앙통신
1950-01-21-026	월남향 ‘원정부대’출발 거부		4	조선중앙통신
1950-01-21-027	서독정부에 대한 립장 견지	항가리외무성의 성명	4	조선중앙통신
1950-01-21-028	국제정세개관	독일민주주의민족전선	4	하진석
1950-01-21-029	국제정세개관	군비경쟁의 예산	4	하진석
1950-01-22-001	1월 20일 평양시국립예술극장에서 거행된 레닌서거 26주년 기념추모회 주석단		1	
1950-01-22-002	남북조선 전체 학생들에게 보내는 호소문	조국전선호소문지지 김일성종합대학 교수학생궐기대회	1	
1950-01-22-003	위대한 레닌-쓰딸린당	『쁘라우다』지 1월 20일부 사설에서	1	
1950-01-22-004	조국전선호소문 지지하여 김일성대학 교수 학생들 궐기대회 개최		1	조선중앙통신
1950-01-22-005	우라지미르.일리츠.레닌서거 26주년 추모회에서 진술한 리승엽동지의 보고		2, 3	
1950-01-22-006	쏘련내각 중앙통계국보도	1949년도 쏘련인민경제복구발전의 국가계획실행총화	4	
1950-01-22-007	유엔 및 그의 안보리사회사업에의 중화인민공화국대표 임명에 관하여 주은래 유엔에 각서 전달		4	조선중앙통신
1950-01-23-001	공화국남반부 전지역에서 투쟁하는 전체 인민유격대원들에게 보내는 호소문	조국통일민주주의전선 중앙위원회 호소문지지 원산시로동자군중대회	1	
1950-01-23-002	생산기업소들에서의 녀성들의 역할		1	
1950-01-23-003	인민의 원쑤를 모조리 소탕하라!	-원산시로동자궐기대회-	1	
1950-01-23-004	브.이.레닌서거 26주년 추모회 북반부의 중요도시들에서 거행		1	조선중앙통신
1950-01-23-005	호남일대 농민봉기 치렬		1	조선중앙통신
1950-01-23-006	아세아제국녀성대회결정지지 전조선녀성열성자대회		1	
1950-01-23-007	북조선천도교청우당 중앙지도기관 선거		1	조선중앙통신, 기관지(개벽신보)주필박우천
1950-01-23-008	사회단체내 당원들의 핵심적역할 높여 꼰쓰따지생산 활발		2	곡산공장 초급당부위원장 박정헌

기사번호	제목(title)	부제목(stitle)	면수	필자, 출처
1950-01-23-009	정곡리 녀성들은 질좋은 수방직면포를 짜고있다	황해도 은률군 남부면에서	2	통신원 김인곤
1950-01-23-010	가마니생산을 군내 1착으로 완수한 회녕군 료동리 농민들		2	료동리민주선전실 책임자 리동호
1950-01-23-011	생산 각 부문에서 당적영향의 균형성을 보장하자		2	당중앙본부 조직부 통신과장 김태진
1950-01-23-012	리승만도당은 남조선인민을 기근지옥으로 몰아넣고있다		2	도현
1950-01-23-013	인민군창립 2주년을 성대히 기념하자!	함남도에서	3	
1950-01-23-014	창립 두돐 앞두고 건국실장치에	김정녀군관소속구분대에서	3	
1950-01-23-015	인민군창립 2주년을 성대히 기념하자!	황해도에서	3	
1950-01-23-016	발파효률을 높여 채광능률을 제고	곡산광산 로동자들	3	통신원 김준태
1950-01-23-017	1.4분기계획 달성코 계속 명태어획에 분투	청진수산사업소 로동자들	3	통신원 황봉천
1950-01-23-018	로동자들에게 환영받는 우리 연극써클	평양연초공장	3	평양연초공장 써클지도원 김대유
1950-01-23-019	조선서 처음으로 되는 특수세멘트 첫 생산에	마동세멘트공장 로동자들	3	마동세멘트공장 공무부장 한상옥
1950-01-23-020	반일빨찌산시대를 회상하면서		3	내무성 부상 박훈일
1950-01-23-021	중화인민공화국 정무원 총리 겸 외교부장 주은래 모쓰크바 도착		4	조선중앙통신
1950-01-23-022	미불화점유 토지 및 건물 접수	북경시군사관리위원회에서	4	조선중앙통신
1950-01-23-023	불가리아인민회의 신내각구성을 승인		4	조선중앙통신
1950-01-23-024	인도애국자 사형집행을 국제민청에서 항의		4	조선중앙통신
1950-01-23-025	불가리아인민회의 제2차회의 개막		4	조선중앙통신
1950-01-23-026	불란서국민의회에서의 예산심의		4	최영
1950-01-23-027	인권문제에 관한 국제재판소의 서한에 대한 항가리외무성의 론박		4	조선중앙통신
1950-01-23-028	국제재판소에 보낸 루마니아정부의 답서		4	조선중앙통신
1950-01-23-029	평화옹호세계대회 상설위원회 메쎄지에 관한 독일민주주의공화국 림시인민의원의 선언서		4	조선중앙통신
1950-01-23-030	아세아에 대한 맥아더의 음모		4	조선중앙통신
1950-01-23-031	하이다라바드 로동자들 파업		4	조선중앙통신
1950-01-24-001	평화적조국통일을 방해하는 인민의 원쑤를 소탕하자!	민족보위성 직속구분대 군무자 로천대회에서	1	

기사번호	제목(title)	부제목(stitle)	면수	필자, 출처
1950-01-24-002	평화적조국통일을 방해하는 인민의 원쑤를 소탕하자!	평양철도공장 종업원들의 궐기대회에서	1	
1950-01-24-003	조국보위후원사업과 군무자가족원호사업은 인민군대의 전투력을 더욱 강화한다		1	
1950-01-24-004	사회보험에 의한 혜택		1	
1950-01-24-005	평원군 공덕면 농민들 애국가마니를 헌납		1	
1950-01-24-006	남반부도처에서 봉화투쟁 계속 치렬		1	조선중앙통신
1950-01-24-007	경북 각처에 공화국기 게양		1	조선중앙통신
1950-01-24-008	모데나사건에 관련하여 이태리로동총련맹에 전보	북조선직총과 남조선전평에서	1	
1950-01-24-009	쓰딸린은 전세계 근로인민의 위대한 수령이다	쓰딸린대원수를 뵈온것은 나의 일생에 큰 영광이다	2	리승엽
1950-01-24-010	평양연초공장에서는 모성로동자들 위해 탁아소 확충		2	평양연초공장 초급당부 위원장 류수창
1950-01-24-011	매개 로동자들의 책임성 높여 생산의 파동성 퇴치	정주군 문례광산 초급당단체에서	2	통신원 탁문회
1950-01-24-012	반동을 무찌르며 해방구를 확대하는 투쟁에서 인민유격대를 백방으로 원호하고있는 남반부인민들		2	홍남표
1950-01-24-013	산림자원의 축적 및 그의 항속적리용을 도모하는것은 인민생활의 복리를 향상시킨다		2	농림성 산림국 부국장 김기섭
1950-01-24-014	인민군창립 2주년을 성대히 기념하자!	서평양철도공장에서	3	
1950-01-24-015	야외훈련에 출동하는 인민군기병대 송인봉구분대원들		3	
1950-01-24-016	회전로의 사고를 근절코 립철생산을 성과있게 보장	청진제강소 로동자들	3	청진제강소 기술부장 최봉선
1950-01-24-017	경제기관을 운영할 수많은 간부를 양성	중앙산업간부양성소	3	중앙산업간부양성소 소장 리근택
1950-01-24-018	군내에서 선참으로 계획량을 생산완료	정주군 송암리 농민들	3	평북 정주군농맹위원장 김봉집
1950-01-24-019	반일빨찌산시대를 회상하면서		3	조선인민군 ○○부대 부대장 왕련
1950-01-24-020	제3차 '유엔조선위원단'은 자기의 침략정체를 자체폭로하고있다		3	리문일

기사번호	제목(title)	부제목(stitle)	면수	필자, 출처
1950-01-24-021	쓰딸린대원수 중화인민공화국 중앙인민정부 정무원 총리 겸 외교부장 주은래를 접견		4	조선중앙통신
1950-01-24-022	아동들의 민주교육문제 토의	세계민청련맹 집행위원회 회의	4	조선중앙통신
1950-01-24-023	쏘련대표 유엔원자력위원회 상임위원회 회의에서 퇴장		4	조선중앙통신
1950-01-24-024	카나다로동진보당에서 신헌법 작성채택을 요구		4	조선중앙통신
1950-01-24-025	영국 예멘을 무력침공 기도		4	조선중앙통신
1950-01-24-026	월남에서 불란서경찰의 폭행시위에 참가한 학생을 사격		4	조선중앙통신
1950-01-24-027	이태리민주청년들의 평화옹호투쟁문제 토의	-세계민청련맹 집행위원회 회의에서-	4	조선중앙통신
1950-01-24-028	서반아이주민들에 대한 칠리당국의 테로에 항의	불가리아-서반아민주련합위원회에서	4	조선중앙통신
1950-01-24-029	인도네시아에 모여드는 미국독점자본가들		4	조선중앙통신
1950-01-24-030	석유문제를 둘러싼 미영간의 대립 격화		4	조선중앙통신
1950-01-24-031	인도네시아전역에 로동자들 파업 확대		4	조선중앙통신
1950-01-24-032	미국농민의 빈궁화		4	
1950-01-25-001	당학습회지도자 교양사업에 깊은 관심을 돌리자		1	
1950-01-25-002	불가리아내각 수상 와씰 꼴라로브 서거		1	
1950-01-25-003	불가리아인민공화국 내각 귀중	내각수상 와씰 꼴라로브의 서거와 관련하여	1	
1950-01-25-004	불가리아공산당 중앙위원회 귀중	내각수상 와씰 꼴라로브의 서거와 관련하여	1	
1950-01-25-005	와씰 꼴라로브서거에 제하여 쏘련공산당(볼쉐위끼) 중앙위원회와 쏘련내각에서 불가리아공산당 중앙위원회와 불가리아내각에 조전		1	
1950-01-25-006	조선민주주의인민공화국 정부 조중체신협정을 비준		1	조선중앙통신
1950-01-25-007	리주연대사 북경 도착		1	조선중앙통신
1950-01-25-008	화전농민들 대중적으로 생산직장에 진출	자강도 희천군에서	1	주재기자 리문상
1950-01-25-009	북조선민주당 중앙확대위원회 개최		1	조선중앙통신
1950-01-25-010	원동기단속규정 내무성에서 실시		1	조선중앙통신
1950-01-25-011	남반부인민항쟁 치렬	경남북 각지에서 빠라투쟁 격화	1	조선중앙통신
1950-01-25-012	남반부인민항쟁 치렬	남조선 '경제원조'중단으로 리승만도당 소동	1	조선중앙통신
1950-01-25-013	절약된 물자와 리용되는 폐기물은 보충적자원이다		2	국가계획위원회 위원장 정준택

기사번호	제목(title)	부제목(stitle)	면수	필자, 출처
1950-01-25-014	집단적지도방법은 당내 민주주의를 강화한다	송림시당상무위원회는 왜 당내 민주주의를 철저히 준수치 않았는가?	2	본사기자 현준극
1950-01-25-015	신곡리 녀성들 1월 10일까지 수방직면포 생산을 완수	철산군에서	2	참면 신곡리당부 위원장 오승조
1950-01-25-016	재일조선인련맹에 대한 일본반동정부의 폭거		2	조선중앙통신
1950-01-25-017	년산 6천 3백만메터의 면직물을 생산할 기계조립에 착수!	금년 4월부터 정방작업개시에 평양방직공장 건설로동자들 분투	3	평양방직공장 건설사무소 기계기사장 박응하
1950-01-25-018	작업비판회 역할 높여 불합격품퇴치에 노력	해주철도공장 로동자들	3	해주철도공장 직맹위원장 리춘배
1950-01-25-019	명태잡이 1월분 어로계획을 333%로 실행	신포수산사업소 로동자들	3	신포수산사업소 지배인 노금봉
1950-01-25-020	인민군창립 2주년을 성대히 기념하자! 각 직장 농촌에 모범군무자 파견	내무성에서	3	
1950-01-25-021	인민군창립 2주년을 성대히 기념하자!	청진성냥공장에서	3	
1950-01-25-022	민청창립기념 빙상경기대회 성대	평양시에서	3	
1950-01-25-023	애치슨의 연설에 관련하여 위신쓰끼씨 성명 발표		4	조선중앙통신
1950-01-25-024	브.이.레닌서거 26주년 각국 인민들 기념추모		4	조선중앙통신
1950-01-25-025	쟈바에서 화인간 전투 계속		4	조선중앙통신
1950-01-25-026	극동위원회회의에서 쏘련대표단 퇴장		4	조선중앙통신
1950-01-25-027	인민의 리익을 옹호하는 대통령을 분란인민은 요구한다	『투에칸산 사노마드』지 론평	4	조선중앙통신
1950-01-25-028	주쏘 각국 대공사들 레닌묘에 화환 증정		4	조선중앙통신
1950-01-25-029	중화인민공화국의 대외정책의 성과		4	김상회
1950-01-26-001	전조선청년들에게 보내는 호소문	조국전선호소문지지 평양시청년군중대회	1	
1950-01-26-002	선전간부들의 리론수준제고를 위하여		1	
1950-01-26-003	평양시청년군중대회		1	
1950-01-26-004	경남북일대 인민유격 치렬	도처에서 괴뢰군경부대를 소탕	1	조선중앙통신
1950-01-26-005	경남북일대 인민유격 치렬	각지에서 빠라투쟁 활발	1	조선중앙통신
1950-01-26-006	수십명의 해병 의거 탈주	드높아가는 괴뢰군내의 의거기세	1	조선중앙통신
1950-01-26-007	국제직련륙운 및 항공로동자산별부 창설대회참가 조선대표단일행 귀국		1	
1950-01-26-008	주중특명전권대사 리주연 국서봉정에 대하여 협의		1	조선중앙통신

기사번호	제목(title)	부제목(stitle)	면수	필자, 출처
1950-01-26-009	레닌-쓰딸린의 위대하고도 무적한 기치 하에서 공산주의 승리에로	1950년 1월 21일 모쓰크바에서 진행된 레닌서거 26주년기념 추모회에서 진술한 쁘.느.뽀 쓰뻴로브동무의 보고	2, 3	
1950-01-26-010	레닌서거 26주년기념추모회 모쓰크바대극장에서 엄숙히 거행		3	조선중앙통신
1950-01-26-011	브.이.레닌서거 26주년 각국 인민들 기념추모		4	조선중앙통신
1950-01-26-012	모데나 로동자들의 투쟁을 지지	중화전국총공회 전문 발송	4	조선중앙통신
1950-01-26-013	'인권'문제에 관하여 불가리아외무성 성명		4	조선중앙통신
1950-01-26-014	덴마크공산당 중앙위원회 결의안		4	조선중앙통신
1950-01-26-015	'마샬안화한 국가들에서 실업자 격증		4	조선중앙통신
1950-01-26-016	하이다라바드당국의 만행	농민 로동자 다수를 사형	4	조선중앙통신
1950-01-26-017	애치슨은 아무것도 연구하지 않았다		4	최병식
1950-01-26-018	트리에스트로동자들 임금인상요구를 관철		4	조선중앙통신
1950-01-26-019	하이다라바드사건에 대하여 국제민주법률가동맹 항의		4	조선중앙통신
1950-01-27-001	조국보위를 위하여 바치는 인민들의 거대한 애국지성		1	
1950-01-27-002	조선민주주의인민공화국 내각결정 제23호	국립건설자금은행설치에 관한 결정서	1	
1950-01-27-003	내각에서 도시경영성 기본건설사업정형을 청취토의		1	조선중앙통신
1950-01-27-004	인민군대에 바치는 비행기 땅크 함선기금 1억원 헌납	25일저녁 헌납식 성대히 거행	1	조선중앙통신
1950-01-27-005	비행기 땅크 함선기금 헌납에 대한 최용건민족보위상의 답사		1	
1950-01-27-006	농림수산부문 지도일군련석회의에서 진술한 박헌영부수상의 연설		2	
1950-01-27-007	김일성수상께서 농림수산부문 일군들의 과업을 명시	농림수산부문 지도일군련석회의 다대한 성과 거두고 폐막	2	
1950-01-27-008	반전차총구분대 동기전투훈련	노운식군관이 지도하는 구분대에서	3	
1950-01-27-009	인민군창립 2주년을 성대히 기념하자!	각지에서	3	사리원역장 전동현
1950-01-27-010	산림속에 드높은 증산투지	유평림산사업소 로동자들	3	
1950-01-27-011	남반부빨찌산 전투기 '군경'련합부대를 매복하여 포위섬멸	전남서남지구 인민유격대원의 수기에서	3	
1950-01-27-012	매일 천여립방의 원목을 운반하여		3	유평림산사업소 부지배인 황순철
1950-01-27-013	멸망에 직면한 리승만도당의 죄악	서울시내 식료품가격 2할이상 폭등	3	조선중앙통신

기사번호	제목(title)	부제목(stitle)	면수	필자, 출처
1950-01-27-014	멸망에 직면한 리승만도당의 죄악	전기료금을 대폭 인상	3	조선중앙통신
1950-01-27-015	와씰 꼴라로브의 추도회 불가리아 각지에서 거행		4	조선중앙통신
1950-01-27-016	와씰 꼴라로브서거원인에 관한 진단서 발표		4	조선중앙통신
1950-01-27-017	와씰 꼴라로브서거에 제하여 체코슬로바키아공산당 중앙위원회에서 불가리아공산당 중앙위원회에 조전		4	조선중앙통신
1950-01-27-018	와씰 꼴라로브서거에 제하여 불가리아공산당 중앙위원회와 불가리아인민공화국 내각에서 호소문 발표		4	조선중앙통신
1950-01-27-019	불가리아공산당 중앙위원회 전원회의 개최		4	조선중앙통신
1950-01-27-020	와씰 꼴라로브의 장례에 참가할 각국 대표단들 쏘피아에 도착		4	조선중앙통신
1950-01-27-021	새 전쟁준비를 반대하는 백이의녀성들의 투쟁 강화		4	조선중앙통신
1950-01-27-022	세계민청련맹에서 찌또의 청년단체대표를 축출하라!	루마니아청년들의 요구	4	조선중앙통신
1950-01-27-023	몽고인민공화국 내각 일부 갱질		4	조선중앙통신
1950-01-27-024	영로동당선거선언서는 기만적언구들로 충만		4	조선중앙통신
1950-01-27-025	월남직맹전국대회에서 불란서경찰의 월남학생학살사건을 규탄		4	조선중앙통신
1950-01-27-026	불란서와 스위스의 도발적보도에 대한 따쓰의 반박		4	조선중앙통신
1950-01-27-027	쏘련인민경제의 빛나는 성과	1949년도의 쏘련인민경제 복구발전에 대한 국가계획실행총화에 대하여	4	현철
1950-01-27-028	파시스트적페스트균		4	『이즈베스챠』지
1950-01-28-001	농림수산부문 지도일군련석회의에서 진술한 김일성수상의 연설		1	
1950-01-28-002	김일성 수상 사진		1	
1950-01-28-003	조선민주주의인민공화국 최고인민회의 상임위원회 정령	교통부문 일군들에게 국기훈장 제3급 및 공로메달을 수여함에 관하여	2	
1950-01-28-004	조선민주주의인민공화국 내각결정 제20호	1950년 농작물파종사업 실행대책에 관한 결정서	2	
1950-01-28-005	인민군창립 2주년을 성대히 기념하자!	흥남비료공장에서	3	
1950-01-28-006	비행기와 땅크 부대의 협동작전으로 공격전을 전개하는 인민군대 보병부대들의 돌격전투훈련		3	

기사번호	제목(title)	부제목(stitle)	면수	필자, 출처
1950-01-28-007	전기로운전률 높이고 카바이트품위 향상	청수화학공장 로동자들	3	청수화학공장 지배인 전윤승
1950-01-28-008	인민군창립 2주년을 성대히 기념하자!	문예총에서	3	
1950-01-28-009	직장에 진출한 화전민들 행복한 환경에서 증산투쟁	함북 생기령탄광에서	3	주재기자 김소민
1950-01-28-010	의무교육실시 위해 만반준비를 갖추며	평양 제4인민학교에서	3	평양 제4인민학교 교양주임 김성보
1950-01-28-011	생산반경쟁으로 수방직증산 활발	은률군 산동리녀맹에서	3	통신원 김인곤
1950-01-28-012	반일빨찌산시대를 회상하면서		3	조선인민군 ○○부대 부대장 최용진
1950-01-28-013	세계민주청년집행위원회에서 '유고슬라비아인민청년'동맹 지도부와의 관계를 단절할 결정서 채택		4	조선중앙통신
1950-01-28-014	아동들의 민주교육문제에 관한 결정서 채택	-세계민청련맹 집행위원회회의-	4	조선중앙통신
1950-01-28-015	스웨덴평화옹호위원회에서 의회의원들에게 메쎄지		4	조선중앙통신
1950-01-28-016	인민민주주의제국내의 희랍아동들을 아테네당국에 인도하지 말라	희랍민주녀맹에서 요구	4	조선중앙통신
1950-01-28-017	샤키에 대한 불법적언도에 반대		4	조선중앙통신
1950-01-28-018	중국인민은 유엔 각 기관으로부터 국민당대표 축출을 요구하고있다	『이즈베스치야』지 론평-	4	조선중앙통신
1950-01-28-019	이란지배를 위한 영국의 책동 로골화		4	조선중앙통신
1950-01-28-020	구라파의 마샬화된 제국가에 있어서		4	박민
1950-01-28-021	장개석에 대한 최후처방	-대만에서-	4	『쁘라우다』지
1950-01-29-001	공화국남반부 빨찌산들에게 보내는 편지	조국전선호소문지지 민족보위성 및 직속구분대군무자	1	
1950-01-29-002	전조선교원들에게 보내는 호소문	조국전선호소문지지 평양시교원대회	1	
1950-01-29-003	남반부농민들은 토지와 자유를 위한 투쟁에 용감하라		1	
1950-01-29-004	조국전선호소문을 지지하여 각처에서 군중대회	평양, 청진시에서	1	
1950-01-29-005	조중체신협정 전문 공표		1	조선중앙통신
1950-01-29-006	조선인민군창립 2주년을 앞두고	조선인민군대 군무자들은 조국과 인민을 위하여 헌신적으로 복무하는 자각성과 용감성으로 무장되여있다	2	민족보위성 문화훈련국 오기찬
1950-01-29-007	모든 력량을 생산을 더욱 높이는 방향에 복종시키자		2	황해제철소 초급당부 부위원장 박순근
1950-01-29-008	학습회지도자의 수준 높이며 그의 빈번한 조동을 퇴치하자	길주군당단체에서	2	주재기자 김소민
1950-01-29-009	련천조면공장 로동자들은 원가를 10% 저하시켰다		2	통신원 렴상익
1950-01-29-010	위대한 작가 안똔.체호브 탄생 90주년에 제하여		2	박빈
1950-01-29-011	인민군창립 2주년을 성대히 기념하자!	평철산하 일군들	3	
1950-01-29-012	인민군창립 2주년 앞두고 경축공연련습에 정진하는 내무성협주단원들		3	
1950-01-29-013	인민군창립 2주년을 성대히 기념하자!	황해도 농민들	3	
1950-01-29-014	인민군창립 2주년을 성대히 기념하자!	자강도 인민들	3	
1950-01-29-015	질좋고 값싼 실을 더 많이 뽑기 위해	함흥제사공장 로동자들	3	함흥제사공장 조사부리가다반장 리태숙
1950-01-29-016	나는 1개월 책임량을 14일간에 완수하였다	삼신탄광 채탄부 리용성	3	
1950-01-29-017	우량종자 확보코자 발아시험을 실시	길주군 상하리 농민들	3	길주군 웅평면 상하리농맹위원장 김정원
1950-01-29-018	리승만도당 '원조'애걸차로 대표 미국에 파견		3	조선중앙통신
1950-01-29-019	인민들이 바친 장군의 칭호는 영원히 빛날것이다 전남서 남지구 인민유격대 총사령 최현동무의 공훈	1월 15일부 로력자지에서 전재	3	
1950-01-29-020	평화옹호군중대회 쁘라그에서 개최		4	조선중앙통신
1950-01-29-021	평화옹호투사박해에 반대 백이의 인민들 시위 감행		4	조선중앙통신
1950-01-29-022	식민지압제밑에서 신음하는 아프리카근로인민들		4	조선중앙통신
1950-01-29-023	서독공군재건에 미영 광분		4	조선중앙통신
1950-01-29-024	불란서 이태리 화란 로동자들 전쟁물자 취급을 거부		4	조선중앙통신
1950-01-29-025	미국극동 공군사령관 호주군수뇌부와 회담		4	조선중앙통신
1950-01-29-026	작년도의 영국 물가등귀 극심		4	조선중앙통신
1950-01-29-027	새로운 앙양의 길에 들어선 인민민주주의 제 국가		4	
1950-01-29-028	미영제국주의자들은 오지리에서 파시즘을 재생시키고있다		4	현혁

기사번호	제목(title)	부제목(stitle)	면수	필자, 출처
1950-01-30-001	남반부농민들에게 보내는 호소문	조국전선호소문지지 온성군 온성면 동화리 및 서흥리 농민	1	
1950-01-30-002	전조선애국적종교인들에게 보내는 호소문	평양시종교인대회	1	
1950-01-30-003	농림수산부문의 사업을 개진하자		1	
1950-01-30-004	조국전선호소문을 지지하여 각처에서 군중대회		1	
1950-01-30-005	중목동 화전농민들 생산직장에로 활발히 진출	신계군 적여면 목전리에서	2	통신원 렴상재
1950-01-30-006	나의 학습에서의 몇가지 경험		2	외무성내 자습당원 최남녕
1950-01-30-007	실정에 적응된 지도방법으로 세포사업 높은 수준에서 진행		2	은률군 남부면당위원장 박화순
1950-01-30-008	금번 실시중에 있는 산간농촌지대에 대한 3개월간 특별군중선동사업을 일층 성과있게 진행하자		2	당중앙본부 군중선동과 지도원 전원악
1950-01-30-009	재일동포들은 리승만과 야합한 요시다정부의 폭압을 반대하여 공화국기치 높이 들고 투쟁한다		2, 3	강문석
1950-01-30-010	인민군창립 2주년을 성대히 기념하자!	평양곡산공장에서	3	
1950-01-30-011	인민군창립 2주년을 성대히 기념하자!	라남시녀맹원들	3	
1950-01-30-012	기계보수작업을 제때에 정확하게	해주스레트공장 로동자들	3	해주스레트공장 지배인 황형숙
1950-01-30-013	수방직면포생산 리적으로 완료	철산군 신곡리 녀성들	3	철산군 참면 신곡리녀맹위원장 정치란
1950-01-30-014	지리산 높은 산악과 더불어 우리 조국력사우에 불멸할 김지회동무의 공훈		3	『로력자』
1950-01-30-015	와씰 꼴라로브의 장례식 쏘피아에서 거행		4	조선중앙통신
1950-01-30-016	꼴라로브의 장례참가 각국 대표단들 지미프로브묘에 화환 증정		4	조선중앙통신
1950-01-30-017	이태리근로인민들의 무기제작반대투쟁 치렬		4	조선중앙통신
1950-01-30-018	미영의 침략정책을 반대	서장인민들 분격 궐기	4	조선중앙통신
1950-01-30-019	원나의 '로동자사무원의원회의' 로동자들의 임금인상제안을 각하		4	조선중앙통신
1950-01-30-020	전쟁반대군중대회 파리에서 성황	3만여군중 월남전쟁중지를 절규	4	조선중앙통신
1950-01-30-021	미국정보기관의 범죄적음모는 폭로되었다	『쁘라우다』지 론설	4	조선중앙통신
1950-01-30-022	서부독일군수공장에 대한 투자권을 미영불당국 획득		4	조선중앙통신

기사번호	제목(title)	부제목(stitle)	면수	필자, 출처
1950-01-30-023	미제는 일본전쟁방화자들을 비호하고있다		4	김문석
1950-01-31-001	북조선농민동맹창립 4주년에 제하여		1	
1950-01-31-002	중화인민공화국주차 조선민주주의인민공화국 특명전권대사 리주연씨 중화인민공화국 중앙인민정부 부주석 류소기씨에게 신임장을 봉정		1	조선중앙통신
1950-01-31-003	리주연대사의 신임장봉정사		1	
1950-01-31-004	류소기부주석의 답사		1	
1950-01-31-005	조국전선호소문지지 평양시 기업가 상인 궐기대회		1	
1950-01-31-006	남반부인민항쟁 치렬 경주유격대 적의 대부대 압도	괴뢰군은 저이끼리 포위작전	1	조선중앙통신
1950-01-31-007	남반부인민항쟁 치렬	청송인민유격대 야습작전	1	조선중앙통신
1950-01-31-008	남반부인민항쟁 치렬	전남북일대 진공전 치렬	1	조선중앙통신
1950-01-31-009	평화적조국통일을 방해하는 인민의 원쑤를 소탕하자! 전조선애국적 기업가 상인 수공업자들에게 보내는 호소문	조국통일민주주의전선 중앙위원회 호소문지지 평양시 기업가 상인궐기대회	1	
1950-01-31-010	지방실정의 구체적파악으로 강연사업을 성과있게 보장		2	북구역당선전선동부 부부장 리자경
1950-01-31-011	중남면 농민들 고공품 및 수방직면포 생산을 완수		2	평남 개천군 중남면당위원장 량병태
1950-01-31-012	경흥리에서는 왜 고공품이 계획대로 생산되지 않는가		2	통신원 김상원
1950-01-31-013	의무교육실시를 위한 준비사업을 활발히 진행하자!		2	교육성 부상 남일
1950-01-31-014	미하원의 '대한원조법안'부결은 무엇을 말하는가?		2	선동기
1950-01-31-015	생산성과를 날로 확대	생산품의 량과 질을 보장하며 본궁화학공장 로동자들 분투	3	
1950-01-31-016	카바이트 품질을 표준품위이상으로	본궁화학공장에서	3	카바이트부장 주련
1950-01-31-017	모두가 숙련공이 되기 위하여	본궁화학공장에서	3	청년공장장 주덕성
1950-01-31-018	인민군창립 2주년을 성대히 기념하자!	인민군창립기념 사진전람회 성대	3	
1950-01-31-019	인민군창립 2주년을 성대히 기념하자!	정평군 농민들	3	
1950-01-31-020	자동총구분대 군무자들의 립사사격훈련		3	
1950-01-31-021	문화향토건설의 기쁨속에 농맹창립 4주년을 기념	명천군 동면 량견리	3	명천군 동면 량견리농민동맹위원장 리인철

기사번호	제목(title)	부제목(stitle)	면수	필자, 출처
1950-01-31-022	리기영 작	『쏘련은 인민의 위대한 벗』을 읽고	3	리상원
1950-01-31-023	화교들의 학대살해에 대하여 중국정부 타이정부에 항의		4	조선중앙통신
1950-01-31-024	루마니아로동당 중앙위원회 전원회의 개최		4	조선중앙통신
1950-01-31-025	유고슬라비아정부에 보내는 루마니아정부의 각서	-국경침범사건에 관련하여-	4	조선중앙통신
1950-01-31-026	급속히 발전되고있는 인민민주주의 제 국가	항가리근로자들의 생활조건의 개선	4	조선중앙통신
1950-01-31-027	인도제헌회의에서 초대대통령을 선거		4	조선중앙통신
1950-01-31-028	영국방송협회의 불공정행위 공산당에 선거방송을 제한	영국공산당 총비서 수상에 항의	4	조선중앙통신
1950-01-31-029	불란서국민의회 예산안토의를 진행		4	조선중앙통신
1950-01-31-030	아프리카인민들은 식민지적억압을 종말 지우기 위하여 투쟁하고있다		4	한정식
1950-01-31-031	항일유격전에서 희생된 빨찌산 박길송동무를 추억하면서		4	전창철
1950-02-01-001	우리 공화국과 월남민주주의공화국간의 외교관계설정에 제하여		1	
1950-02-01-002	조선민주주의인민공화국 정부 월남민주주의공화국과 외교관계 설정	외교관계설정과 관련하여	1	
1950-02-01-003	평화적조국통일을 방해하는 인민의 원쑤를 소탕하자! 전조선녀성들에게 보내는 호소문	전조선호소문지지 평양시녀성군중대회	1	
1950-02-01-004	전조선인민과 애국투사후원회 전체 회원들에게 보내는 호소문	애국투사후원회 중앙위원회	1	
1950-02-01-005	조국전선호소문을 지지하여 각처에서 군중대회	신의주와 남포시에서	1	
1950-02-01-006	체호브탄생 90주년을 기념	29일 평양문화회관에서	1	
1950-02-01-007	제1회졸업식 야간교원대학		1	조선중앙통신
1950-02-01-008	혁명적비판과 자기비판에 대하여		2	
1950-02-01-009	고귀한 경험을 살리여 영농기술강습을 전개	북천군 동흥리세포에서	2	통신원 윤지월
1950-02-01-010	인민군대가족원호는 인민들의 영예적사업		2	평양시 남구역당부 부위원장 리만화
1950-02-01-011	대유동광산은 왜 기술자양성사업에 부주의하는가?		2	창성군당 선전선동부 부부장 박림
1950-02-01-012	남조선 망국무역		2	리성용

기사번호	제목(title)	부제목(stitle)	면수	필자, 출처
1950-02-01-013	그대는 조국에 충실하였다		3	김조규
1950-02-01-014	인민군창립 2주년을 성대히 기념하자!	평양시와 양양군에서	3	
1950-02-01-015	1.4분기 육류수매계획 완료	곡산군 횡천리농민들	3	통신원 조재성
1950-02-01-016	호상 경쟁적으로 기술수준을 제고	남포견직공장 로동자들	3	남포견직공장 직장위원회 위원장 박원도
1950-02-01-017	산림부원개발에	유평림산사업소 덕림벌목현장에서	3	
1950-02-01-018	60로구로 전가족과 함께 총을 잡고 빨찌산대렬에	인민영웅 신태순동무의 최후	3	
1950-02-01-019	우리 마을의 동기성인교육	안변군 천양리	3	안변군 천양리 속성성인학교 강사 김원진
1950-02-01-020	련합국대오관리리사회 정기회의	오지리 다수출판물들의 반동선전에 관하여 토의	4	조선중앙통신
1950-02-01-021	데.카스페리재각을 반대 전이태리에 항의운동 치렬	각지에서 군중대회 개최코 평화옹호호소문을 토의	4	조선중앙통신
1950-02-01-022	서남지구 잔존국민당 정규군을 완전섬멸		4	조선중앙통신
1950-02-01-023	쏘련과 월남민주주의공화국간에 외교관계 설정		4	조선중앙통신
1950-02-01-024	급속히 발전되고있는 인민민주주의 제국가 파란	대외무역의 발전	4	
1950-02-01-025	미국무기하선작업 거부를 백이의 부두로동자들 결정		4	조선중앙통신
1950-02-01-026	월남전쟁을 중지하고 전쟁예산을 삭감하라	불란서참의원에서 프티장군 연설	4	조선중앙통신
1950-02-01-027	의무적군사훈련실시를 호주정부에서 결정		4	
1950-02-01-028	쏘련정부 인도네시아합중공화국 승인을 결정		4	조선중앙통신
1950-02-01-029	미국무기의 수송을 반대하여 화란근로인민들 강경히 투쟁		4	조선중앙통신
1950-02-01-030	항일유격전에서 희생된 혁명렬사 허형식동지의 영생불멸의 모습을 추억하면서		4	전창철
1950-02-02-001	산품의 질을 향상시키기 위하여 표준조작법을 엄격히 준수하자		1	
1950-02-02-002	조선민주주의인민공화국 내각결정 제27호	「국가기관 사회단체 협동단체 기타 일반기업소 및 사무기관의 로동자 사무원에 대한 로동내부질서 표준규정」 승인에 관한 결정서	1	
1950-02-02-003	우리의 서한을 받으라 역도 리승만아	평안남도 남포시 기독교도들을 대표하여 용수리 장로교회	1	

기사번호	제목(title)	부제목(stitle)	면수	필자, 출처
1950-02-02-004	혁명적비판과 자기비판에 대하여		2	
1950-02-02-005	당원들의 의식수준 고려하여 세포학습을 진행		2	문평아연공장 건설공장당부위원장 유용일
1950-02-02-006	생산에서 검열된 로동자들을 당에 정상적으로 받아들이자	함북 생기령탄광초급당단체에서	2	통신원 박광선
1950-02-02-007	금화광산 당단체는 근로자들의 생활수준향상에 심중한 당적주목을 돌리라!		2	금화군당부 로동부장 염백춘
1950-02-02-008	미국은 무엇을 방위하려고 '한미상호방위원조협정'을 조작하였는가?		2	승원
1950-02-02-009	인민군대 중기관총구분대 군무자들의 사격훈련		3	
1950-02-02-010	함남도 인민들 군무자들과 교환연예회 진행		3	
1950-02-02-011	유휴자재 활용하여 생산설비를 확대	동평양직물공장	3	동평양직물공장 지배인 최창은
1950-02-02-012	광산에로 진출한 화전민들의 새 생활		3	쌍용광산 운광부 신현문
1950-02-02-013	북반부 각급학교 제2학기수업 개시		3	
1950-02-02-014	전국스키선수권대회 삼방경기장에서 진행		3	조선중앙통신
1950-02-02-015	반일빨찌산시대를 회상하면서		3	공화국경비대 ○○부대 부대장 오백룡
1950-02-02-016	월남에 평화를!	-불란서국민의회에서 공산당출신 의원들 절규-	4	조선중앙통신
1950-02-02-017	교통임금 대폭인상에 파리시민들 항의 치렬	불란서에서	4	조선중앙통신
1950-02-02-018	전차를 실은 렬차를 정지	불란서에서	4	조선중앙통신
1950-02-02-019	전쟁물자취급 반대투쟁을 위한 의연금모집운동 전개	불란서에서	4	조선중앙통신
1950-02-02-020	전쟁물자취급을 반대하는 불란서 근로자들의 투쟁 치렬	『쁘라우다』지 파리통신원 보도-	4	
1950-02-02-021	루마니아녀성들의 평화옹호투쟁 활발		4	조선중앙통신
1950-02-02-022	중국신강성 인민정부 주석 애치슨의 허구를 반박성명		4	조선중앙통신
1950-02-02-023	미국정부의 특별대표 제섭 비률빈을 방문		4	조선중앙통신
1950-02-02-024	일본정부 진보적교원들을 박해		4	
1950-02-02-025	항일유격전에서 희생된 혁명렬사 허형식 동지의 영생불멸의 모습을 추억하면서		4	전창철
1950-02-03-001	로동규률을 자각적으로 엄수하자		1	

기사번호	제목(title)	부제목(stitle)	면수	필자, 출처
1950-02-03-002	조선민주주의인민공화국 정치경제학아까데미야개원식 성대히 거행		1	
1950-02-03-003	개회사	박헌영	1	
1950-02-03-004	정치경제학아까데미야개원식에서 진술한 최창익총장의 보고		1	
1950-02-03-005	조국과 인민은 영용한 남반부유격대들의 애국투쟁을 영원히 잊지 않을것이다		2	리승엽
1950-02-03-006	지도검열사업의 경험에서		2	평양시 남구역당부 로동부장 채규훈
1950-02-03-007	기계의 사고원인을 기술부족으로 변명하려는 경향을 일소하자	문천제련소에서	2	통신원 리달우
1950-02-03-008	매국노들이 떠드는 '개헌'운동의 리면에는 무엇이 숨어있는가		2	리문일
1950-02-03-009	인민군창립 2주년을 성대히 기념하자!	신의주방직공장과 평양시 각급학교에서	3	
1950-02-03-010	보안대 ○○부대 기동대의 동기전투훈련		3	
1950-02-03-011	남반부빨찌산전투기 두 용사의 돌격으로 적의 지휘부를 소탕	오대산지구 인민유격대 민보영 배남해 동무	3	
1950-02-03-012	새로운 영농법섭취에!	재령군 남률면 야두리농맹에서 영농기술강습회를 광범히 실시	3	주재기자 박덕순
1950-02-03-013	선진농구 '뿌라우' 대량생산에 분투	평양농구제작소에서	3	국영 평양농구공장 지배인 리근주
1950-02-03-014	중국시초(1) 새 중국	-아세아제국녀성대회에 참가하여-	3	김귀련
1950-02-03-015	기관차검사를 정확하고 세밀히	신막기관구 일군들	3	신막기관구 검사조역 김태화
1950-02-03-016	우리 직장의 예술써클 증산의욕을 힘차게 고무	자강도 동방광산에서	3	자강도 동방광산 직맹문화지도원 리선영
1950-02-03-017	항가리에서 사회주의의 기초를 건설하기 위한 계획안	『뜨루드』지 론평-	4	조선중앙통신
1950-02-03-018	중국에서 금년도 철도사업계획 발표		4	조선중앙통신
1950-02-03-019	데.카스페리반동도당들 이태리신내각을 조직		4	조선중앙통신
1950-02-03-020	급속히 발전되고있는 인민민주주의 제국가	경제건설성과	4	조선중앙통신
1950-02-03-021	몽고인민혁명당 중앙위원회 전원회의 개최		4	조선중앙통신

기사번호	제목(title)	부제목(stitle)	면수	필자, 출처
1950-02-03-022	딸라를 자랑하는 미국에 있어 근로인민의 생활은 이러하다		4	조선중앙통신
1950-02-03-023	오리올과 바오다이간의 협정은 불란서 식민지정책의 표현이다	불란서공산당 정치국의 결정서	4	조선중앙통신
1950-02-03-024	신화사통신의 반박	유.피통신의 날조보도에 대하여	4	조선중앙통신
1950-02-03-025	락후한 국가들에 대한 트루맨의 '원조'계획은 '마샬안'의 계속		4	김반우
1950-02-03-026	(대만 한구석에서 울고있는 장개석)		4	『이즈베스챠』지
1950-02-04-001	농촌문화향상을 위한 당단체들의 투쟁적임무		1	
1950-02-04-002	결의문	조국전선호소문지지 조선교육 도서출판사 종업원궐기대회	1	
1950-02-04-003	조국전선호소문 지지하여 조선교육도서출판사 종업원궐기대회		1	조선중앙통신
1950-02-04-004	1월분생산계획 완수	각 공장, 광산, 기업소들에서	1	
1950-02-04-005	수방직생산계획 완수	각지에서	1	
1950-02-04-006	조중량국간 전신전화개통식 체신성 체신상실에서 거행		1	
1950-02-04-007	주중 리주연대사 중국정부요인들을 방문		1	조선중앙통신
1950-02-04-008	류소기부주석 리주연대사를 초대		1	조선중앙통신
1950-02-04-009	조국전선의 호소문을 높이 받들고 경북유격대 동해안일대를 석권		1	조선중앙통신
1950-02-04-010	괴뢰군경 2백여명을 격파	10개 부락농민들 봉기	1	
1950-02-04-011	창수지서 소탕코 기동부대를 격멸		1	
1950-02-04-012	조선인민군창립 2주년을 앞두고	조선인민군대는 인민의 사랑과 원조 속에 날로 장성강화되고 있다	2	조국보위후원회 중앙본부 부위원장 문종목
1950-02-04-013	문제의 기본고리 파악하여 정확한 대책 강구함으로써	신막기관구에서	2	신막기관구 초급당부 위원장 박찬제
1950-02-04-014	근로를 회피하는 경향과의 투쟁으로 고공품생산 보장	문천과 화천에서	2	문천군당부위원장 윤응룡, 강원도 화천군당부위원장 박종환
1950-02-04-015	낡은 기술에 의존하지 말라	룡성기계제작소에서	2	주재기자 신기관
1950-02-04-016	농민시장의 운영은 근로대중의 물질생활을 일층 향상시킨다		2	상업성 상공부장 남중군
1950-02-04-017	인민군창립 2주년을 성대히 기념하자!	남포제련소와 평양기관구에서	3	

기사번호	제목(title)	부제목(stitle)	면수	필자, 출처
1950-02-04-018	인민군대 ○○통신구분대 군무자들의 무전기술상학		3	
1950-02-04-019	제분공정을 합리화하여 매월 24만여원을 절약	사리원제분공장 로동자들	3	사리원제분공장 생산부장 김병순
1950-02-04-020	인민과의 튼튼한 련계로 정부시책을 광범히 침투		3	최고인민회의 대의원 길주팔프공장 로동자 김태련
1950-02-04-021	철도로동자 문학써클단기강습회 개최	교통성 문화부에서	3	
1950-02-04-022	중국시초(2) 세계가 우러러부르는 쓰딸린	-아세아제국녀성대회에 참가하여-	3	김귀련
1950-02-04-023	오작품을 근절하고 증산경쟁을 활발히	원산철도공장 주조직장 로동자들	3	주재기자 김만선
1950-02-04-024	2만여석의 미곡이 증수될 장연지구 관개공사 활발!		3	장연지구 관개공사 사무소 소장 김상운
1950-02-04-025	영농좌담회운영을 일층 효과적으로	선천군 인두리 농민들	3	선천군 심천면 인두리농맹위원장 김병관
1950-02-04-026	영국공산당 선거운동을 활발히		4	조선중앙통신
1950-02-04-027	영국직맹운동의 반역자 디킨은 로동자들의 신망을 급격히 상실		4	조선중앙통신
1950-02-04-028	불가리아내각 수상에 빌꼬.체르벤꼬브 피선		4	조선중앙통신
1950-02-04-029	카나다실업자들의 형편 악화	직업을 요구하여 시위를 감행	4	조선중앙통신
1950-02-04-030	전쟁물자취급 반대운동 화란에서 더욱 확대		4	조선중앙통신
1950-02-04-031	전쟁물자취급 거부투쟁 이태리 각 항에 더욱 확대		4	조선중앙통신
1950-02-04-032	미항공모함 요꼬스가에 입항		4	조선중앙통신
1950-02-04-033	두 세계-두 총화		4	위문수
1950-02-04-034	월남민주주의공화국		4	
1950-02-04-035	미국 이태리의 '군사원조'협정은 이태리를 노예상태로 전환		4	조선중앙통신
1950-02-04-036	중국 신해방구에서 토지개혁사업 진척		4	조선중앙통신
1950-02-04-037	민주주의독일민족전선은 전진한다	베를린시군중대회에서 아이슬러 연설	4	조선중앙통신
1950-02-04-038	국제학생동맹 집행위원회 런던에서 개최예정		4	조선중앙통신

기사번호	제목(title)	부제목(stitle)	면수	필자, 출처
1950-02-05-001	8.15해방 5주년을 맞이하면서 2개년인민경제계획 기한단축 및 초과완수를 위하여 공화국북반부 전체 로동자 기술자 사무원들에게 보내는 흥남비료공장 본궁화학공장 단천광산 함흥철도관리국 종업원대회들의 호소문		1	
1950-02-05-002	8.15해방 5주년을 맞이하면서 2개년인민경제계획을 기한전에 초과완수할것을 전체 로동자 기술자 사무원에게 호소	함남지구 공장 광산 철도 등에서	1	조선중앙통신
1950-02-05-003	생산문제를 광범한 당원들속에서 토의한 결과		2	해주화학공장 당부위원장 리춘식
1950-02-05-004	기계수리비 랑비현상과 무자비하게 투쟁하자	학포탄광에서	2	통신원 김진규
1950-02-05-005	생활상 문제에 심중한 관심을 돌려 화전민 직장진출을 협조	북청군 상거서면당단체에서	2	통신원 윤지월
1950-02-05-006	유일관리제와 독립채산제를 확립강화하며 원가를 저하시키자		2	산업성 계획부장 황도연
1950-02-05-007	기회주의와의 결정적투쟁없이 로동계급의 승리는 불가능하다		2	황민수
1950-02-05-008	인민군창립 2주년을 성대히 기념하자!	각지에서	3	
1950-02-05-009	표준조작법엄수로 산품의 질을 향상	신의주작잠사공장 로동자들	3	신의주작잠사공장 지배인 김창룡
1950-02-05-010	증대된 수익을 문화농촌건설에	자강도 위원군 월평리 농민들	3	자강도 위원군 월평리농맹위원장 백태두
1950-02-05-011	중국시초(3) 월남이여	-아세아제국녀성대회에 참가하여-	3	김귀련
1950-02-05-012	반일빨찌산시대를 회상하면서		3	민족보위성 부상 무정
1950-02-05-013	왜 리승만역도들은 일본황족으로 된 리은을 애국자로 선전하기 시작하는가?		3	김동원
1950-02-05-014	평화옹호군중대회 개최	체코슬로바키아 각지에서	4	조선중앙통신
1950-02-05-015	쓰딸린그라드전승 7주년을 체코슬로바키아인민들 기념		4	조선중앙통신
1950-02-05-016	체코슬로바키아정부에서 월남민주주의공화국과 외교관계설정을 결정		4	조선중앙통신
1950-02-05-017	체코슬로바키아에서 인도네시아합중공화국을 승인		4	조선중앙통신
1950-02-05-018	쏘련 각계 인사들 현 유고정부로부터 받은 훈장패용을 거부		4	조선중앙통신
1950-02-05-019	찌또앞잡이들의 테로단 항가리에서 발각	-항가리내무성 보도-	4	조선중앙통신
1950-02-05-020	아프리카인민들에 대한 불란서식민지당국의 폭행		4	조선중앙통신
1950-02-05-021	아프리카인민에 대한 폭행에 불란서공산당 항의		4	조선중앙통신
1950-02-05-022	평화옹호운동에 적극 참가호소	노르웨이 '평화옹호자'단체의 메쎄지	4	조선중앙통신
1950-02-05-023	서반아에 실업과 빈궁은 날로 증가		4	조선중앙통신
1950-02-05-024	『근로자』 제2호	조선인민군창건 2주년특집호	4	로동신문사 잡지편집국
1950-02-05-025	급속히 발전되고있는 인민민주주의 제국가	경제건설성과	4	
1950-02-05-026	제국주의침략을 반대하여 투쟁하는 월남인민들은 승리하고있다		4	리성모
1950-02-06-001	2개년인민경제계획의 기한전완수를 위한 증산투쟁에 궐기하라		1	
1950-02-06-002	로동당 중앙위원회에서	8.15해방 5주년을 맞이하면서 2개년인민경제계획 기간단축 및 초과완수를 위한 흥남비료공장 본궁화학공장 단천광산 함흥철도관리국 로동자 기술자 사무원들의 증산경쟁운동 호소에 대하여	1	
1950-02-06-003	미국 영국 및 중화인민공화국 정부들에 보내는 쏘련정부의 각서	일본천황 히로히도 등을 전범자로서 국제특별군사재판에 부치자	1, 2	
1950-02-06-004	조선인민군창건 2주년을 앞두고	김일성장군반일빨찌산부대의 애국전통을 계승한 우리 인민군대	2	민족보위성 총참모장 강건
1950-02-06-005	리승만괴뢰군의 불의침습을 수10차에 걸쳐 격멸소탕한 국기훈장수훈자 세 군관 동무들의 이야기		3	
1950-02-06-006	중국시초(4) 조약돌	-만수산에서-	3	김귀련
1950-02-06-007	우리 공장의 기술전습과 기술인재양성사업		3	북중기계제작소 지배인 홍연구
1950-02-06-008	선진적가축사양관리법을 널리 보급	자강도종축장에서	3	자강도종축장 기수 박용선
1950-02-06-009	불가리아쏘련친선협회 전국회의 개최		4	조선중앙통신
1950-02-06-010	전쟁물자취급 반대투쟁 화란에서 더욱 치렬히 전개		4	조선중앙통신
1950-02-06-011	직맹지도자에 대한 불법언도에 레바논인민들 항의시위 단행		4	조선중앙통신

기사번호	제목(title)	부제목(stitle)	면수	필자, 출처
1950-02-06-012	일본에서 미제국주의의 충복 요시다는 미국에 일본예속화를 강조	-공산당출신의원 정부의 반동정책 규탄-	4	조선중앙통신
1950-02-06-013	일본 야하다제철소 로동자들 무기한 파업 단행		4	조선중앙통신
1950-02-06-014	일본에서 작년 11월이후 로동쟁의참가자 80여만		4	
1950-02-06-015	직맹지도자의 변호를 레바논정부 방해		4	조선중앙통신
1950-02-06-016	관리의 공산당참가를 인도정부 금지		4	조선중앙통신
1950-02-06-017	분란의 현 정치로선변경을 요구	-분란민주녀성들 회의에서-	4	조선중앙통신
1950-02-06-018	식민지 및 예속국가들에서의 민족해방운동의 강력한 앙양		4	엄규호
1950-02-06-019	평화옹호전선은 확대되고있다	카나다와 이태리에서	4	
1950-02-06-020	국제단신		4	
1950-02-06-021	월가의 상인이 하는 말이-나는 더도 바라지 않네!	그저 그가 기운이나 주게 해주게!	4	『뜨루드』지
1950-02-07-001	공화국의 지방주권강화를 위한 당단체의 임무		1	
1950-02-07-002	일제전범자처벌에 대한 쏘련정부제의를 절대지지		1	북조선민주당 중앙위원회 부위원장 정성언
1950-02-07-003	전범자에 대한 어떤 비호도 인민은 용허치 않을것이다		1	북조선천도교청우당 중앙위원회 위원장 김달현
1950-02-07-004	일본천황 히로히도 등의 엄중처벌을 주장한다		1	북조선직업총동맹 중앙위원회 부위원장 정가원
1950-02-07-005	조국전선호소문을 지지하여 각처에서 군중대회		1	통신원 윤철
1950-02-07-006	초등의무교육제실시 앞두고 북반부 전지역의 학령아동조사 개시		1	
1950-02-07-007	38선용사들을 위안코자 인민대표단일행 현지에로		1	조선중앙통신
1950-02-07-008	조국전선호소문 받들고 남반부인민유격전 치렬	부산시일각에 돌입	1	조선중앙통신
1950-02-07-009	제주도주둔 괴뢰군해병 의거		1	조선중앙통신
1950-02-07-010	조국의 통일독립과 민주화를 위한 투쟁에서의 인민위원회의 역할		2	

기사번호	제목(title)	부제목(stitle)	면수	필자, 출처
1950-02-07-011	렬차의 무사고운전을 보장하기 위한 신의주기관구 공작세포의 협조		2	신의주기관구 공작세포위원장 최기용
1950-02-07-012	구체적이며 분석적으로 세포사업을 지도		2	벽성군 가천면당부 위원장 박기환
1950-02-07-013	『로동신문』의 재료에 의하여	국립예술극장 당단체는 자기사업의 결점을 퇴치하고있다	2	
1950-02-07-014	남반부인민들은 리승만역도들을 반드시 소탕하고야 말것이다		2	조일명
1950-02-07-015	인민군창립 2주년을 성대히 경축!	각지에서 경축대회 진행	3	
1950-02-07-016	남반부빨찌산 투쟁기 농민들의 열렬한 지지속에 인민의 원부 '경찰서'를 소탕	경산지구 인민유격대 공격대원의 수기에서	3	
1950-02-07-017	작업방식을 개선하여 채광능률을 130%로	성흥광산 로동자들	3	성흥광산 지배인 손인룡
1950-02-07-018	다수확농민들의 경험을 옳게 살려	황해도 례로리 농민들 춘기파종 준비 활발	3	본사기자 백응호
1950-02-07-019	리승만역도들의 인민학살의 진상	'국방군'에 랍치당하였던 연천군 백학면 심관식농민의 담화	3	
1950-02-07-020	향항영국군경의 만행에 로동자들 강경히 항의		4	조선중앙통신
1950-02-07-021	근로인민들의 시위에 대한 이스라엘경찰의 만행		4	조선중앙통신
1950-02-07-022	동구라파 각 인민민주주의국가들에서 월남민주공화국 승인		4	조선중앙통신
1950-02-07-023	미국의 잉여농작물투매는 카나다의 반대항의에 봉착		4	
1950-02-07-024	마샬안에 참가한 국가간에 모순 격화		4	조선중앙통신
1950-02-07-025	중국 화동과 서북에 각 군정위원회 성립		4	조선중앙통신
1950-02-07-026	오지리'독립자동맹'은 파시스트의 소굴		4	조선중앙통신
1950-02-07-027	평화옹호전선은 확대되고있다	각국에서	4	
1950-02-07-028	제4차 학위론문 공개심사회의		4	조선중앙통신
1950-02-07-029	미국의 라지오는 전쟁방화자들의 전용물로 되여있다		4	
1950-02-08-001	김일성 사진		1	
1950-02-08-002	위대한 쓰딸린대원수에게	조선인민군창립 2주년기념 평양시경축대회	1	
1950-02-08-003	축전	조선인민군창립 2돐에 즈음하여	1	
1950-02-08-004	축전	조선인민군창립 2돐에 즈음하여	1	
1950-02-08-005	조선민주주의인민공화국 민족보위상 명령	1950년 2월 8일 제51호	1	

기사번호	제목(title)	부제목(stitle)	면수	필자, 출처
1950-02-08-006	조선인민군창립 2주년기념 평양시경축대회에서 진술한 민족보위상 최용건동지의 보고		2, 3, 4	
1950-02-08-007	조선인민 군창립 2주년기념 평양시 경축대회 주석단		3	박명도
1950-02-08-008	축사	조국통일민주주의전선 대표 장순명	3	
1950-02-08-009	조국과 인민을 보위하는 강력한 무력인 조선인민군의 창립 2주년을 성대히 경축	조선인민군창립 2주년기념 평양시기념경축대회에서	4	조선중앙통신
1950-02-08-010	미국과 북대서양동맹 참가국들간에 체결된 쌍무협정에 관하여	『쁘라우다』지 론설-	4	조선중앙통신
1950-02-08-011	서전지방자치정부기관선거 앞두고 공산당정치국 메쎄지 발표		4	조선중앙통신
1950-02-08-012	일본전쟁범죄자들을 법정에 불러내자!		4	김민도
1950-02-09-001	조선인민은 인민군창립 2주년을 성대히 기념하였다		1	
1950-02-09-002	김일성수상에게 감사와 축하와 맹세의 메쎄지	인민군창립 2주년을 맞이하는 군무자들로부터	1	
1950-02-09-003	조선민주주의인민공화국 내각결정 제28호	「8.15해방 5주년을 맞이하면서 2개년인민경제계획 기한단축 및 초과완수를 위한 흥남비료공장 본궁화학공장 단천광산 함흥철도관리국 로동자 기술자 사무원들의 증산경쟁운동 호소에 관한 결정서」	1	
1950-02-09-004	축사 로동자대표 김광호	조선인민군창립 2주년기념 평양시경축대회에서	1	
1950-02-09-005	축사 농민대표 노송현	조선인민군창립 2주년기념 평양시경축대회에서	1	
1950-02-09-006	미국 영국 및 중화인민공화국 정부에 보내는 쏘련정부의 각서에 대한 반향	숨길수 없는 전쟁범죄자들을 엄중처벌하라!	1	북조선농민동맹 위원장 강진건
1950-02-09-007	인민군대에 복무함은 공민의 최대의 의무이며 영예이다		2	림해
1950-02-09-008	우리의 위력을 인민의 이름으로 부르라		2	리정구
1950-02-09-009	김일성장군의 이름 높이 받들고 원쑤를 소탕하는 싸움에 나갔다		2	공화국경비대 ○○부대 중대장 조영택
1950-02-09-010	선렬들의 애국투지 계승한 어린이들		2	만경대혁명자 유가족학원장 전창철
1950-02-09-011	영예의 수훈자들		3	

기사번호	제목(title)	부제목(stitle)	면수	필자, 출처
1950-02-09-012	조국과 인민이 맡겨준 영예로운 임무를 충직히		3	조선인민군 ○○땅크구분대 김의응
1950-02-09-013	나는 군대에서 선진적과학을 소유하였다		3	조선인민군 ○○부대 전사 리용현
1950-02-09-014	제주도에서 일어난 해방의 봉화는 남반부하늘을 휩싸고 있다		3	
1950-02-09-015	인민군대 군무자들과 농민들의 화목한 담화	-안변군 규문리에서-	3	
1950-02-09-016	행복한 내마을	-휴가를 받고서-	3	38경비대 ○○구분대 전사 박사현
1950-02-09-017	군인가족의 영예를 지켜 월간 책임량 150%로 실행	원산철도공장 리정숙동무	3	주재기자 김만선
1950-02-09-018	미제국주의자들은 찌또도당을 아세아에서의 간첩활동에 리용하고 있다	신문 『공고한 평화를 위하여 인민민주주의를 위하여!』 1950년 2월 3일부에서	4	
1950-02-09-019	불란서에서		4	조선중앙통신
1950-02-09-020	화란에서		4	조선중앙통신
1950-02-09-021	체코에서	쁘라그 평화옹호대회	4	조선중앙통신
1950-02-09-022	루마니아에서	각지에서 평화옹호대회 개최	4	조선중앙통신
1950-02-09-023	조선인민군창립 2주년경축대회 각지에서 성대히 거행		4	
1950-02-09-024	정성의 선물 인민군에게 전달	조선인민군창립 2돐에 즈음하여	4	
1950-02-09-025	인민대표단들 각 부대에서 축하	조선인민군창립 2돐에 즈음하여	4	
1950-02-09-026	전범자 일황을 재판할데 관한 쏘련정부 각서를 절대지지	-중국 각 신문들 론평-	4	조선중앙통신
1950-02-09-027	재중국미국인 귀국에 관하여 중국정부 외교부대변인 언명		4	조선중앙통신
1950-02-10-001	정기출판물들의 풍부한 내용을 위하여		1	
1950-02-10-002	농림수산부문 지도일군 련석회의에서 진술한 김일성수상의 연설 받들고 평원군 부용리 농민들 궐기		1	
1950-02-10-003	결의문	농림수산부문 지도일군 련석회의에서 진술한 김일성수상 연설지지 평원군 평원면 부용리 농민궐기대회	1	
1950-02-10-004	국영농기계임경소를 안주 정주 룡천 재령 함주 등지에 설치		1	조선중앙통신
1950-02-10-005	농기구 및 농약의 원만한 생산수급을 위한 대책 결정		1	조선중앙통신

기사번호	제목(title)	부제목(stitle)	면수	필자, 출처
1950-02-10-006	북조선직업총동맹 중앙위원회에서	8.15해방 5주년을 맞이하면서 2개년인민경제계획 기간단축 및 초과완수를 위한 흥남비료공장 본궁화학공장 단천광산 함흥철도관리국 로동자 기술자 사무원들의 증산경쟁운동 호소에 대하여	1	
1950-02-10-007	미국 영국 및 중화인민공화국 정부에 보내는 쏘련정부의 각서에 대한 반향	쏘련정부의 제안을 즉시 실천하라!	1	북조선민주청년동맹 위원장 현정민
1950-02-10-008	당열성자들과의 사업강화하여 당날회의를 높은 수준에서 진행		2	평양시 서구역당 조직부장 리근호
1950-02-10-009	자산면 풍덕리농맹은 농민 호상간 우량종곡교환을 신속히 조직지도할것이다!		2	본사기자 백운학
1950-02-10-010	당결정실행을 위한 투쟁에 있어서 분공과 지도검열을 강화하라		2	금화군당부 조직부 부부장 장인기
1950-02-10-011	당도서실사업을 강화하여 자습당원들과 선전원들을 구체적으로 방조하자		2	평남도당 선전선동부장 오성화
1950-02-10-012	리승만괴뢰정부의 강제징병제는 왜 파탄되었는가		2	김유민
1950-02-10-013	축사 청년대표 신상호	조선인민군창립 2돐기념 평양시 경축대회에서	3	
1950-02-10-014	축사 녀성대표 김귀선	조선인민군창립 2돐기념 평양시 경축대회에서	3	
1950-02-10-015	인민들의 열렬한 축하속에 각 부대에서 경축대회 성황	조선인민군창립 2돐에 즈음하여	3	
1950-02-10-016	38경비초소에서 기념보고대회 성대	조선인민군창립 2돐에 즈음하여	3	
1950-02-10-017	평양화학공장경축대회	조선인민군창립 2돐에 즈음하여	3	
1950-02-10-018	미림리농민경축대회	조선인민군창립 2돐에 즈음하여	3	
1950-02-10-019	각급 학교경축대회	조선인민군창립 2돐에 즈음하여	3	
1950-02-10-020	위대한 로씨아시인 뿌쉬낀서거 113주년 추모사진전람회 개최		3	본사기자 김춘희
1950-02-10-021	커다란 전망속에 진행되는 독로강수력발전 건설공사		3	주재기자 리문상
1950-02-10-022	지난해 한달동안에 3천여정보 기경	국영 평강종합농장 뜨락또르작업반장 유만성동무의 투쟁	3	본사기자 백운학
1950-02-10-023	멸망에 직면한 리승만도당의 죄악	전부락 소각코 주민을 대량 학살	3	조선중앙통신
1950-02-10-024	해상훈련에 출동하는 공화국해병들		3	

기사번호	제목(title)	부제목(stitle)	면수	필자, 출처
1950-02-10-025	이태리 나폴리경찰대 시위로동자대렬을 사격		4	조선중앙통신
1950-02-10-026	경찰의 도발행위에 항의하여 나폴리에서 총파업 단행		4	조선중앙통신
1950-02-10-027	국제직련 광산로동자산별부 관리국회의 개최		4	조선중앙통신
1950-02-10-028	불란서식민지당국의 억압행위에 아프리카인민들 반대항의		4	조선중앙통신
1950-02-10-029	월남에 대한 불란서침략자들의 기도는 실패할것이다	-불란서공산당 정치국 성명 발표-	4	조선중앙통신
1950-02-10-030	쏘련외상 위신쓰끼 주은래씨 등 초대		4	조선중앙통신
1950-02-10-031	중국 모택동주석일행 쓰딸린자동차공장을 방문		4	조선중앙통신
1950-02-10-032	이태리정부의 새로운 위기		4	조선중앙통신
1950-02-10-033	불란서침략군에 징모된 독일병사들은 월남인민군에 넘어가라!	-독일민주주의공화국 내각회의에서 호소-	4	조선중앙통신
1950-02-10-034	미영전쟁물자취급 반대에 서독부두로동자들도 궐기		4	조선중앙통신
1950-02-10-035	전독일청년대회 5월에 개최		4	
1950-02-10-036	무엇때문에 미국은 대일평화조정을 반대하고있는가		4	박동우
1950-02-11-001	평화옹호의 기발을 더욱 높이 들어라!		1	
1950-02-11-002	농림수산부문 지도일군련석회의에서 진술한 김일성수상의 연설 받들고 국영 평강종합농장 종업원궐기대회		1	조선중앙통신
1950-02-11-003	1월분계획 초과완수	북반부 각 탄광들과 륙운로동자들	1	
1950-02-11-004	재령군 남률면 농민들 우량종곡을 확보		1	
1950-02-11-005	아오지인조석유공장에서 메다노루가 나온다		1	
1950-02-11-006	일본천황을 극악한 전쟁범죄괴수로서 엄중처단할것이다		1	민주독립당대표 홍명희
1950-02-11-007	히로히도도당을 국제군사재판에 부치라		1	근로인민당 중앙위원회 위원장 리영
1950-02-11-008	생산에서의 애로조건 타개하고 품종별계획을 성과적으로 보장		2	해주기계제작소 단련제4분세포 위원장 리무경
1950-02-11-009	청강생들로 하여금 사전에 배울 문제를 준비케하여		2	문천군당부 선전선동부 부부장 정균남

기사번호	제목(title)	부제목(stitle)	면수	필자, 출처
1950-02-11-010	직맹학습회의 질을 높이여 근로자들의 사상정치수준을 일층 제고시키라	웅기수산사업소에서	2	통신원 김성권
1950-02-11-011	공화국헌법의 기치를 높이 들고 조국의 평화적통일의 길로!		2	김태영
1950-02-11-012	애치슨은 왜 미국하원에서 '대한원조'를 재요청하였던가		2	전일
1950-02-11-013	기계휴전률을 근절하고 11만벌의 작업복 초과생산에	신의주방직공장 로동자들	3	신의주방직공장 지배인 김계석
1950-02-11-014	1.4분기생산계획의 1개월단축 실행 위해	삼신탄광 로동자들	3	본사기자 리성섭
1950-02-11-015	탄생후 1년간에 이룬 자강도의 발전과 성과		3	조선중앙통신
1950-02-11-016	영웅적 제주도빨찌산의 용감하고 탁월한 지휘자	리덕구동무의 공훈	3	
1950-02-11-017	조기춘경 실시코자 만반준비에 분망	룡천군 립암리 농민들	3	룡천군 양하면 립암리농맹위원장 조영화
1950-02-11-018	멸망에 직면한 리승만도당	소위 내무장관 김효석 파면	3	조선중앙통신
1950-02-11-019	평화옹호를 위한 투쟁에서 전세계 자유애호인민들은 굳게 결속되고있다		4	김일우
1950-02-11-020	노사까동지의 과오에 관한 일본공산당 중앙위원회 총회의 결정		4	따쓰통신
1950-02-11-021	중국인민해방군의 1949년 하반기전과	-중국국민당군 손실 1백 70여만명-	4	조선중앙통신
1950-02-11-022	쏘련 및 인민민주주의 제국 대표들 유엔 경제사회리사회 회의에서 퇴장		4	조선중앙통신
1950-02-11-023	일본 세균전범자들의 귀축행위에 대하여	-중국인민들의 목격담-	4	조선중앙통신
1950-02-11-024	인도네시아 전역에서 로동자들 파업 단행		4	조선중앙통신
1950-02-11-025	레바논인민들의 전쟁반대투쟁 치렬		4	조선중앙통신
1950-02-11-026	불내상 줄 모크의 비굴한 도발행위		4	조선중앙통신
1950-02-11-027	비르마빨찌산들 광대한 지역 장악	-영의회사절단원 담-	4	조선중앙통신
1950-02-11-028	불란서간첩들에 대한 재판을 개시	파란 스제친에서	4	조선중앙통신
1950-02-11-029	극장안내		4	
1950-02-12-001	의무교육실시를 위한 학령아동조사사업을 성과적으로 보장하자		1	
1950-02-12-002	남아지전범자들을 철저히 숙청하라!		1	신진당 중앙위원회 위원장 리용
1950-02-12-003	과학권위를 위해 과학모독자들을 처벌하여야 한다		1	평양의대세균학 강좌장 홍순옥
1950-02-12-004	인간모독자들을 철저히 처단하라		1	북조선녀성총동맹 위원장 박정애
1950-02-12-005	함남지구로동자사무원들의 호소에 전체 로동자들 호응궐기 8.15까지 기간을 단축하여 완수할것을 결의	룡성기계제작소 로동자들	1	
1950-02-12-006	인민군창립 2주년을 기념하여 비행기 땅크 함선기금답지		1	
1950-02-12-007	남반부인민 항쟁치렬	조국전선의 호소문을 받들고 남반부인민들 속속 유격대에 입대	1	조선중앙통신
1950-02-12-008	강제징병반대투쟁에 망국도당들 비명		1	조선중앙통신
1950-02-12-009	인민유격대원호주간 설정	-전북 정읍군하 농민들-	1	조선중앙통신
1950-02-12-010	당원들의 모범적역할 높이여 증산경쟁운동을 더욱 힘차게		2	평양메리야스공장 세포위원장 강태식
1950-02-12-011	하부실정을 구체적으로 파악하여 능숙한 지도를	문천탄광에서	2	통신원 리달우
1950-02-12-012	입당대상자들을 항상 교양훈련하자!	강원도 양양군 죽왕면 야촌리 세포에서	2	통신원 전승수
1950-02-12-013	관개공사의 성공적실시는 농촌에서의 자연의 우연적조해를 돌파하는 과학적공격이다		2	농림성 관개관리국장 전희균
1950-02-12-014	인민들을 굶겨죽이고있는 리승만도당		2	김남해
1950-02-12-015	30만키로 무사고주행코 계속 50만키로주파에 돌입	삼봉기관구 로동자들	3	통신원 김진규
1950-02-12-016	우량종자 소독하여 파종준비에 만전	경성군 어랑면 하우리 농민들	3	경성군 어랑면 하우리농맹위원장 정배수
1950-02-12-017	면화재배면적을 50% 더 확장	신의주시 연재리 농민들	3	신의주시 연재리인민위원회 위원장 최락구
1950-02-12-018	쏘련적십자사 평양병원 의료시설을 일층 확장		3	본사기자 김경일
1950-02-12-019	남반부인민들의 구국투쟁전람회		3	
1950-02-12-020	농민들의 문화적생활을 위하여		3	평남 평원군 공덕면인민위원회 위원장 김달영
1950-02-12-021	쏘베트민주주의의 력량		3	박민
1950-02-12-022	노르웨이공산당내 정형에 관하여	노르웨이공산당 총비서 에밀 레브리엔	4	
1950-02-12-023	자본주의착취의 명에를 벗어난 파란은 사회주의건설에로 매진		4	조선중앙통신

기사번호	제목(title)	부제목(stitle)	면수	필자, 출처
1950-02-12-024	쏘련최고쏘베트 대의원립후보자추천대회 쏘련 각지에서 개최		4	조선중앙통신
1950-02-12-025	칠리 전국 로동자 사무원 파업		4	조선중앙통신
1950-02-12-026	이태리에서 전쟁반대투쟁 더욱 치렬히 전개되고있다		4	조선중앙통신
1950-02-12-027	"흑인은 백인과 같이 뉴욕에 류할수 없다"	디알로,압둘라의 미국입국을 파리주재 미국부령사 거부	4	조선중앙통신
1950-02-13-001	경제부문 간부양성사업에 당적주목을 돌리자!		1	
1950-02-13-002	인민학살과 문화말살에 광분하는 리승만망국도당을 소탕하자	조국전선 호소문지지 평양시문화인군중대회	1	조선중앙통신
1950-02-13-003	호소문	조국전선 호소문지지 평양시문화인군중대회	1	
1950-02-13-004	남반부농민들이여 구국투쟁에 총궐기하라	전농중앙위원회에서 호소문 발표	1	
1950-02-13-005	인민유격대의 진공에 호응	남반부농민들 계속 봉기	1	조선중앙통신
1950-02-13-006	농림수산부문 지도일군 련석회의에서 진술한 김일성수상의 연설 받들고	함주군 주서면 풍남리 농민궐기대회	1	조선중앙통신
1950-02-13-007	농민들 선진농기구 확보에 열성		1	조선중앙통신
1950-02-13-008	춘기파종의 성과적수행 위한 투쟁은 농촌당단체의 당면한 전투적과업!	-안악군 당단체의 사업정형에서-	2	특파기자 현준극
1950-02-13-009	쏘베트군대창건 32주년을 앞두고	인류앞에서의 쏘베트군대의 전세계사적공헌	2	
1950-02-13-010	고공품계획량을 초과완수하여 포장용기를 보장하자!		2	
1950-02-13-011	함남지구 4대직장 호소에 신의주방직공장에서 호응	사리원방직공장에 증산경쟁 호소	3	조선중앙통신
1950-02-13-012	광산용기계의 대량생산 위한 기본건설공사 활발히 진행	락원기계제작소 건설현장로동자들	3	본사기자 리인태
1950-02-13-013	소발구운재작업	념원림산사업소 완룡작업장에서	3	
1950-02-13-014	남반부빨찌산 전투기 경찰'토벌대'를 일격에 격멸 농민들에게 활발한 선전공작	호남야산대 ○○부대 박태우동무의 수기에서	3	
1950-02-13-015	계획적인 식목으로 산림보호육성에!	태천군 강동면 구성리농민들	3	태천군 강동면 구성리 산림관리위원장 백준필
1950-02-13-016	나는 훌륭한 로동자가 되었다	화전민출신 로동자의 고향에 보낸 편지	3	통신원 리달우
1950-02-13-017	일본황제 등 주요 세균전범자들을 재판에 회부할데 대한 쏘련정부 각서를 지지	쏘련정부의 각서에 대한 중화인민공화국 정부의 답서	4	조선중앙통신
1950-02-13-018	근로인민들에 대한 경제적 사회적 차별조치들의 철폐에 관하여	국제직련에서 유엔경제사회리사회에 보고서 제출	4	조선중앙통신
1950-02-13-019	불란서 자동차공장 로동자 22만여명 파업 단행		4	조선중앙통신
1950-02-13-020	영국에서의 선거전투쟁		4	박철
1950-02-13-021	급속히 발전되고있는 인민민주주의 제국가 불가리아	1949년도의 인민경제계획을 초과완수	4	조선중앙통신
1950-02-13-022	국제단신		4	
1950-02-14-001	증산경쟁운동의 높은 성과를 보장키 위한 당단체들의 과업		1	
1950-02-14-002	토지개혁 4주년을 기념하여 영농준비 및 기념행사를 광범히 전개		1	본사기자 류민우
1950-02-14-003	원산시 주변농촌 리들에서		1	조선중앙통신
1950-02-14-004	신의주시 점심리농민대회		1	주재기자 최영환
1950-02-14-005	변속모터장치에 성공 초지생산률 150% 제고	길주팔프공장에서	1	본사기자 김기초
1950-02-14-006	개스신호등을 창의	양덕보선구장에서	1	본사기자 리성섭
1950-02-14-007	옵셋트인쇄기를 제작	조선교육도서출판사에서	1	
1950-02-14-008	세빠레다를 간소화	금화광산에서	1	
1950-02-14-009	중공전극을 제작	성진제강소 제강과 주병설	1	
1950-02-14-010	새로운 작업방식과 로동의 기계화를 위한 투쟁		1	
1950-02-14-011	평화를 고수하는 화란민주청년들을 즉시 석방하라	북조선민청과 남조선민애청에서 화란정부에 항의	1	조선중앙통신
1950-02-14-012	재정성사업총결회의		1	
1950-02-14-013	항가리인민공화국 상임위원회는 조선주차 특명전권공사로 스미취 샨도르씨를 임명		1	조선중앙통신
1950-02-14-014	남반부 각지에서 악질분자숙청 치렬		1	조선중앙통신
1950-02-14-015	경북 영양군하에서 '금강부대' 격멸		1	조선중앙통신
1950-02-14-016	볼쉐위끼당의 지도적역할은 쏘베트인민의 성과의 기초이다		2	김민수
1950-02-14-017	당의 정책을 대중들가운데 부단히 침투시킴으로써		2	평양방직공장 건설사무소 건축제1분세포 위원장 신병설
1950-02-14-018	기관차수리의 질적제고를 위한 대책을 세우라!	신북청기관구에서	2	통신원 윤지월
1950-02-14-019	성인교육사업의 성과를 보장하기 위한 협조로서		2	신창면 완풍리세포위원장 김인태
1950-02-14-020	농맹역할제고에 높은 당적관심을	회양군당단체에서	2	

기사번호	제목(title)	부제목(stitle)	면수	필자, 출처
1950-02-14-021	수방직면포증산을 위한 농촌녀성들의 투쟁		2	김영걸
1950-02-14-022	남포화학공장에서도 호응	영유광산에 증산경쟁을 호소	3	
1950-02-14-023	로동청년들의 총궐기를 호소	함남도 로동청년열성자대회에서	3	
1950-02-14-024	보수점검을 철저히 하여 무사고 무정전을 보장!	수풍발전부 일군들	3	수풍발전부 지배인 최재하
1950-02-14-025	소금증산을 위하여	각 염전들에서 춘기준비작업 활발	3	
1950-02-14-026	보리다수확영농강습회	학성군 홍평리 농민들	3	통신원 허원상
1950-02-14-027	서정시편 지리산지구(1)	「산이여」	3	백인준
1950-02-14-028	리승만괴뢰정부의 소위 외무장관 림병직은 어떠한 자인가?		3	리사민
1950-02-14-029	좌익후보자에게 투표하라!	영국독립로동당 선거선언서	4	조선중앙통신
1950-02-14-030	교육의 민주화를 위한 학생단체들의 투쟁에 관하여 국제학생동맹 집행위원회에서 토의		4	조선중앙통신
1950-02-14-031	미국의 대외정책은 군부가 지배하고 있다	-미국국방장관 존슨의 보고-	4	조선중앙통신
1950-02-14-032	장개석도당의 최후발악	『이즈베스챠』지에서	4	
1950-02-14-033	분란 파게르홀름정부의 반인민적정책을 폐기하라	바파.사나지 사설	4	조선중앙통신
1950-02-14-034	트루맨의 특사 제섭 인도네시아에서 암약		4	조선중앙통신
1950-02-14-035	파운드의 새로운 평가인하 예상		4	조선중앙통신
1950-02-14-036	이란의 실업자 증가일로		4	조선중앙통신
1950-02-14-037	국제정세개관	사회주의로 향하는 인민민주주의 제 국가	4	
1950-02-14-038	국제정세개관	새로운 노예적협정	4	
1950-02-14-039	국제정세개관	영미간의 석유쟁탈전	4	정문수
1950-02-15-001	운재작업의 결정적시기		1	
1950-02-15-002	조선민주주의인민공화국 최고인민회의 상임위원회 정령	「조선민주주의인민공화국 최고인민회의소집에 관하여」	1	
1950-02-15-003	조선민주주의인민공화국 최고인민회의 상임위원회 정령	「철산광산 전권대표 현 로동당 자강도당부 부위원장 장철에게 국기훈장 제3급을 수여함에 관하여」	1	
1950-02-15-004	조선민주주의인민공화국 최고인민회의 상임위원회 정령	「항가리인민공화국주재 조선민주주의인민공화국 특명전권공사에 권오직을 임명함에 관하여」	1	
1950-02-15-005	조국전선호소문지지 법률가궐기대회		1	
1950-02-15-006	중국주차 리주연대사 중국정부요인들 초대		1	조선중앙통신
1950-02-15-007	월남청년대표대회에 축전	북조선민청과 남조선민애청에서	1	조선중앙통신
1950-02-15-008	적십자사 지도기관선거 준비사업 활발히 진행		1	본사기자 김경일

기사번호	제목(title)	부제목(stitle)	면수	필자, 출처
1950-02-15-009	괴뢰군경의 동기작전 분쇄하면서 제주도인민유격대 진공 치렬		1	조선중앙통신
1950-02-15-010	인민의 이름으로 악질분자 소탕	경남, 경북에서	1	조선중앙통신
1950-02-15-011	리승만괴뢰군 야수적만행 전부락 방화코 주민을 학살		1	조선중앙통신
1950-02-15-012	증산경쟁운동 및 춘경파종준비협조대책 등을 토의	평남도당 상무위원회에서	2	본사기자 송학용
1950-02-15-013	학습회지도자로서의 나의 첫 강의		2	정평군 귀림면 포하리세포 김윤경
1950-02-15-014	생산에서 당원들의 책임성을 제고하여	수안광산에서	2	통신원 여경철
1950-02-15-015	꾸준한 해설사업으로써 화전농민들을 직장으로	전천군 룡림면 남흥리에서	2	통신원 배용복
1950-02-15-016	강력한 비판으로써 로동규률 강화하라	회녕궁심탄광 8갱에서	2	주재기자 김소민
1950-02-15-017	농촌경리발전대책을 강구	평원군당에서	2	
1950-02-15-018	소위 '유엔조선위원단'에게 보내는 공개서한		2	
1950-02-15-019	10월말까지 계획완수 결의 평양견직공장에 경쟁을 호소	남포견직공장 종업원궐기대회에서	3	
1950-02-15-020	평양제침공장에 증산경쟁을 호소	평양특수고무공장 궐기대회에서	3	
1950-02-15-021	5만톤 원광생산의 대발파작업 활발	무산광산 로동자들	3	통신원 박종덕
1950-02-15-022	선종사업을 더욱 철저히	룡천군 안심리농민들	3	룡천군 양하면 안심리농맹위원장 리창현
1950-02-15-023	대차 15대를 련결하여 민속한 목재운반을 보장	천수림산작업소에서	3	
1950-02-15-024	서정시편 지리산지구(2)	「눈나리는 밤」	3	백인준
1950-02-15-025	리승만도당은 제국주의자들의 힘을 빌려 잔명을 이어보려고 흉책하고있다		3	김영
1950-02-15-026	원자력위원회 상임위원회 회의결렬의 책임은 미영불카나다정부대표들에게 있다	유엔쏘련대표 말리크 트루그베리에게 서한	4	조선중앙통신
1950-02-15-027	알바니아인민공화국 외무성의 각서	티라나주재 유고슬라비아사절단원들의 위법행위들에 관하여	4	조선중앙통신
1950-02-15-028	유고주재 불가리아대사관원을 찌또정부 비법적으로 추방		4	조선중앙통신
1950-02-15-029	불란서정부 사회당각료들의 사직은 그들의 반동정책의 절망적성격을 폭로	-불란서공산당 총비서 자기 선거구에서 연설-	4	조선중앙통신
1950-02-15-030	쏘련최고쏘베트 상임위원회 위원장 스웨르니크 모택동주석을 초대		4	조선중앙통신
1950-02-15-031	인도에서 기아폭동		4	조선중앙통신

기사번호	제목(title)	부제목(stitle)	면수	필자, 출처
1950-02-15-032	미국이 날조한 쏘련의 일본포로'귀국에 관한 문제'를 폭로	-호주잡지에서-	4	따쓰통신
1950-02-15-033	월남에서 문맹퇴치사업성과 거대		4	조선중앙통신
1950-02-15-034	바오다이는 월남인민의 불구대천의 원쑤		4	조선중앙통신
1950-02-15-035	분란당국은 전범자들을 스웨덴으로 밀송		4	조선중앙통신
1950-02-15-036	서독지대의 회사대표들 고의적으로 백림지구의 교통질서확립을 방해	주베를린 쏘련관리위원회 대표 서부베를린 사령관들에 서한	4	조선중앙통신
1950-02-15-037	인도에서의 평화옹호운동		4	리경선
1950-02-16-001	춘경파종준비를 성과있게 진행하자!		1	
1950-02-16-002	자강도내 각지에서 농민궐기대회		1	조선중앙통신
1950-02-16-003	농작물의 다수확재배를 위해 새로운 육성방법연구에 열중	국영농사시험장 일군들	1	
1950-02-16-004	우량종 가축을 증식키 위하여	중앙축산시험장 일군들	1	본사기자 류민우
1950-02-16-005	조국전선호소를 지지하여 각처에서 군중대회		1	
1950-02-16-006	조선민주주의인민공화국 최고인민회의 상임위원회 정령	조선민주주의인민공화국 최고인민회의 소집에 관하여	1	
1950-02-16-007	수방직면포증산을 위한 각지 농촌녀성들의 투쟁		1	
1950-02-16-008	각 생산직장들의 로동보호사업		1	
1950-02-16-009	유축농가로 전환하는 북반부 각 농촌들		1	
1950-02-16-010	북조선소비조합 제7차 중앙위원회		1	
1950-02-16-011	강제징병제를 반대하여 남반부청소년들의 투쟁 일층 치렬		1	조선중앙통신
1950-02-16-012	수산일군들 1.4분기계획 속속 완수	동해안 각지 수산로동자들	1	
1950-02-16-013	잔여물자를 유효하게 리용	북중기계제작소에서	1	
1950-02-16-014	고공품생산		1	
1950-02-16-015	당원들의 모범적역할 높여 브리가다경쟁을 일층 강화		2	함북 동관탄광 초급당부 채광제2분세포 위원장 양태업
1950-02-16-016	책임성을 일층 높여 공사를 기술적으로 보장하라!	림원관개공사장 일부 일군들은 왜 날림식으로 일하였던가?	2	본사기자 백운학
1950-02-16-017	당회의결정을 철저히 집행하자	강원도 안변군 송학리세포에서	2	통신원 송춘관
1950-02-16-018	쏘베트군대 창건 32주년을 앞두고	쏘베트군대의 힘과 그의 위력의 원천	2	
1950-02-16-019	조선인민은 조국전선의 호소를 지지하여 리승만매국도당소탕에 총진군하고있다		2	조국통일민주주의전선 중앙위원회 서기국장 김창준
1950-02-16-020	흥남비료 본궁화학 단천광산 등 호상간에도 증산경쟁 체결		3	조선중앙통신
1950-02-16-021	불꽃튀는 증산경쟁을 전개하고있는 성진제강소 로동자들		3	
1950-02-16-022	황해제철 및 곡산광산에 증산경쟁을 호소	성진제강소 종업원궐기대회에서	3	
1950-02-16-023	선광품위를 87%로 제고	동방광산 승연선광장 로동자들	3	자강도 동방광산 승연선광장 지도원 김명길
1950-02-16-024	금년도 춘기파종사업을 성과있게 보장하기 위해		3	박천군 량가면 보석리 인민위원회 위원장 우이수
1950-02-16-025	인민무력의 위력한 장성모습에 감탄	인민군창립 기념사진전람회 거대한 성과 거두고 폐막	3	본사기자 김전
1950-02-16-026	양묘준비작업 활발	철원조림사업소에서	3	강원도 철원조림사업소 금화양묘장장 윤범모
1950-02-16-027	서정시편 지리산지구(3)	「마을」	3	백인준
1950-02-16-028	춘경파종준비에-퇴비반출에 분망한 중화군 농민들		3	
1950-02-16-029	북대서양동맹을 반대	로마청년군중시위	4	조선중앙통신
1950-02-16-030	호주평화옹호대회 4월 16일 개최		4	조선중앙통신
1950-02-16-031	평화는 세계에서 가장 긴요한 문제이다	-캔터버리 부감독 론설-	4	조선중앙통신
1950-02-16-032	체코슬로바키아 인민들 평화호소문을 열렬히 지지		4	조선중앙통신
1950-02-16-033	불가리아인민회의에서 평화옹호선언서를 채택		4	조선중앙통신
1950-02-16-034	평화옹호세계대회 상설위원회의 평화제안을 전세계 인민들 지지	-졸리오.큐리 담화발표-	4	조선중앙통신
1950-02-16-035	쏘베트동맹과 루-마니아의 친선은 장성하며 강화되고있다		4	
1950-02-16-036	루-마니아인민공화국에서 1949년 국가계획을 초과완수		4	조선중앙통신
1950-02-16-037	부다페스트시해방 5주년을 항가리인민들 성대히 기념		4	조선중앙통신
1950-02-16-038	통일된 민주주의적독일재건만이 서부독일경제를 복구시킬수 있다	독일민주주의공화국 울쁘리히트 부수상 연설	4	조선중앙통신
1950-02-16-039	일본로동자들의 파업 전국에 확대		4	조선중앙통신
1950-02-16-040	동경은 세균전쟁음모 중심지였다	-아까하다지 론평-	4	조선중앙통신

기사번호	제목(title)	부제목(stitle)	면수	필자, 출처
1950-02-16-041	불란서자동차공장 로동자들 각지에서 군중대회 개최		4	조선중앙통신
1950-02-16-042	진보적인사들에 대한 인도경찰의 만행 계속		4	조선중앙통신
1950-02-16-043	미국 슬라브콩그레스위원장을 카나다당국 불법 체포		4	조선중앙통신
1950-02-16-044	포도아경찰당국의 만행	공산당지도자들을 학살	4	조선중앙통신
1950-02-16-045	북대서양조약제국에 대한 미국무기공급준비 추진		4	조선중앙통신
1950-02-16-046	무기공급계획실시 감독을 위한 미국군사사절단 불란서에 도착		4	조선중앙통신
1950-02-17-001	동방인민의 력사에 있어서의 일대사변		1	
1950-02-17-002	쏘련과 중화인민공화국간에 조약 및 협정들을 모쓰크바에서 조인한데 관한 쏘중콤뮤니케		1	
1950-02-17-003	우호동맹 및 호상원조에 관한 쏘베트사회주의공화국련맹과 중화인민공화국간의 조약		1	
1950-02-17-004	중국장춘철도 려순 및 대련에 관한 쏘베트사회주의공화국련맹과 중화인민공화국간의 협정		1	
1950-02-17-005	중화인민공화국에 크레딧트를 대여할데 관한 쏘베트사회주의공화국련맹정부와 중화인민공화국 중앙인민정부간의 협정		1	
1950-02-17-006	아.야.위신쓰끼 연설	쏘중 조약 및 협정 조인식에서	1	
1950-02-17-007	주은래씨 연설	쏘중 조약 및 협정 조인식에서	1	
1950-02-17-008	조선어문법 발간	조선어문연구회에서	1	조선중앙통신
1950-02-17-009	자강도 당열성자회의	수개국 공산당보도국 제3차회의 총결에 관한 당중앙위원회 결정실행방침을 토의	2	주재기자 리문상
1950-02-17-010	증산경쟁운동의 중요성을 강조하여 대중의 힘을 동원		2	사동련탄공장 초급당부 위원장 최관영
1950-02-17-011	춘기파종을 적극 협조		2	학성면 흥평리 제1분세포위원장 김오남
1950-02-17-012	춘기출어를 위한 준비사업을 추진		2	장연군 해안면 몽금포 국영어장세포위원장 변창문
1950-02-17-013	로동자들의 애국증산의욕을 옳게 발동시켜 생산성과 보장		2	성진내화물공장 초급당부위원장 전궁영

기사번호	제목(title)	부제목(stitle)	면수	필자, 출처
1950-02-17-014	조선에 대한 침략적흉계를 꾸미는 백악관의 흑막		2	리사민
1950-02-17-015	정확한 검열사업으로 생산계획실행과 제품의 높은 질을 보장하자		2	국가검열상 김원봉
1950-02-17-016	7월말까지 계획완수 결의 하성 성천광산에 경쟁 호소	천동광산 종업원궐기대회에서	3	본사기자 리성섭
1950-02-17-017	정확한 영농계획으로 적지적작을 엄격히	벽성군 영천면 영양리농민들	3	벽성군 영천면 영양리농맹위원장 송민섭
1950-02-17-018	년말까지 총생산액을 281.6% 실행 결의	서평양직물공장 종업원궐기대회	3	본사기자 리인태
1950-02-17-019	서정시편 지리산지구(4)	「생사를 넘어」	3	백인준
1950-02-17-020	나의 사업경험	자동차를 자기 몸과 같이 애호하여 무사고운전	3	공로메달 받은 강원도자동차 사업소 금화출장소 운전사 김용석
1950-02-17-021	평양문화회관의 군중문화사업 활발		3	본사기자 김춘희
1950-02-17-022	유아들의 건전한 발육을 위하여	평양녀성유아상담소에서	3	본사기자 최룡봉
1950-02-17-023	월남침략전쟁중지를 절규하고 파리 50만 군중시위	불란서민주력량이 파시스트들에게 타격을 준 1934년사건을 기념하여	4	조선중앙통신
1950-02-17-024	미국 40만 탄광로동자 파업	정부의 강제중지명령도 효과 없다	4	조선중앙통신
1950-02-17-025	야마다 등 일본전범자들의 상소를 쏘련 최고재판소 각하		4	조선중앙통신
1950-02-17-026	새 전쟁준비흉계를 규탄 드레즈덴근로자들 시위	드레즈덴시에 대한 미영의 야만적폭격 5주년에 제하여	4	조선중앙통신
1950-02-17-027	원자무기제조를 금지하고 5대렬강은 평화조약 체결하라!	『데일리 워커』지창간 20주년 기념대회에서 영국공산당 총비서 해리 폴릿트 연설	4	조선중앙통신
1950-02-17-028	영국의 마래전쟁은 실패	『데일리 워커』지 강조	4	조선중앙통신
1950-02-17-029	오지리의 인민들은 평화를 원하고있다	미제에 봉사하고있는 반동들을 폭로하여 오지리공산당 정치국원에 른슈트.핏셔 연설	4	조선중앙통신
1950-02-17-030	미영전쟁상인들 올란드도 군사기지화음모		4	조선중앙통신
1950-02-17-031	일본무장경찰 50만 재편성에 관한 미국비밀각서를 요시다정부에 전달		4	조선중앙통신

기사번호	제목(title)	부제목(stitle)	면수	필자, 출처
1950-02-17-032	광고문		4	체신성 출판물관리처 외국출판물 보급부
1950-02-17-033	미제국주의자들은 남의 손으로 싸우려 하고있다		4	
1950-02-18-001	시 군 야간당학교사업을 일층 강화하자		1	
1950-02-18-002	쏘련과 중국간의 조약 및 협정체결에 대한 각 정당 사회단체 및 각계 반향		1	조선중앙통신
1950-02-18-003	쏘중 량국간에 체결된 조약과 협정은 타 민족의 민족적 독립과 자유와 권리를 수호하는 위대한 쏘베트사회주의공화국련맹의 쓰딸린적대외정책의 표현이다		1	로동당 중앙본부 선전선동부장 박창옥
1950-02-18-004	조선인민의 승리에 대한 자신심을 더욱 굳게 하여준다		1	북조선민주당 위원장 최용건
1950-02-18-005	조선민주주의인민공화국 최고인민회의 소집에 대한 공시		1	
1950-02-18-006	남조선 전체 천도교인과 청우당원들에게 보내는 편지	천도교중앙종무원 중앙위원회, 북조선천도교청우당 중앙위원회, 남조선천도교청우당 중앙위원회에서	1	
1950-02-18-007	평화적 조국통일의 투쟁에 각계층 인민을 집결시키자	황해도당열성자회의에서	2	주재기자 박덕순
1950-02-18-008	작업조건을 충분히 지여 생산을 제때에 보장하라	강원특수고무공장에서	2	주재기자 김만선
1950-02-18-009	적기를 놓치지 않고 목재를 운반하기 위하여	무산군 삼장면당단체에서	2	통신원 박종덕
1950-02-18-010	면화의 다수확을 위하여 파종준비사업을 적극 추진		2	황주군 황주면 성북리세포위원장 리흥법
1950-02-18-011	생활개변의 의욕을 고무하여 화전민들을 건설의 터전에로	자강도 초산군 풍면당단체에서	2	주재기자 리문상
1950-02-18-012	평화와 제 인민들의 안전의 사업에 대한 중요한 공헌	『이즈베스챠』지 사설	2	
1950-02-18-013	농맹정치교양사업을 적극 협조하자		2	송학용
1950-02-18-014	10월말까지 계획완수 결의코 룡성기계제작소에 경쟁호소	문천기계제작소 종업원대회	3	통신원 리달우
1950-02-18-015	신의주제지공장 로동자들 궐기	평양화학공장에 경쟁 호소	3	
1950-02-18-016	로동행정합리화하여 생산능률 일층 제고	해주세멘트공장 로동자들	3	해주세멘트공장 기사장 김우영
1950-02-18-017	인민군대에 대한 신뢰를 더욱 두터이	인민대표단귀환좌담회에서	3	본사기자 리성빈
1950-02-18-018	직장에 진출한 화전민들의 휴식의 한때	-귀성염전 민주선전실에서-	3	
1950-02-18-019	서정시편 지리산지구(5)	「타버린 마을」	3	백인준
1950-02-18-020	브리가다선동원 박귀술동무의 활동	단천광산 부동갱에서	3	통신원 서득창
1950-02-18-021	남반부인민유격대진공 치렬	각 지서 괴뢰군경부대를 격멸	3	조선중앙통신
1950-02-18-022	'소장파'공판에서 폭로된 리승만도당의 매국정책		3	조선중앙통신
1950-02-18-023	박시형씨에게 력사학박사 최창하씨에게 공학박사	국가학위수여위원회에서 결정	3	
1950-02-18-024	쏘중간에 조인된 조약 및 협정을 중국신문들 열렬히 환영		4	조선중앙통신
1950-02-18-025	쏘중조약 및 협정체결을 경축하여 중국정부 류소기부주석 축하연 배설		4	조선중앙통신
1950-02-18-026	일본세균전범자들의 귀축행위	전일본군 위생병들 진상폭로	4	조선중앙통신
1950-02-18-027	모택동주석을 환영하여 주쏘중국대사 초대연 배설		4	조선중앙통신
1950-02-18-028	일본 요시다반동정부당국 진보적교원들 계속 해고		4	조선중앙통신
1950-02-18-029	륭성도상에 있는 독일민주주의공화국의 인민경제		4	김민식
1950-02-18-030	항가리	1950년-1951년 농업발전에 관한 결정 채택	4	조선중앙통신
1950-02-18-031	몽고	산업경제발전일로	4	조선중앙통신
1950-02-18-032	호주정부 일본전범자들을 석방		4	조선중앙통신
1950-02-18-033	파키스탄당국 진보적활동가들을 박해		4	조선중앙통신
1950-02-18-034	파란 스제친군사재판소에서 불란서간첩들에게 판결 언도		4	조선중앙통신
1950-02-18-035	불란서당국 아프리카의 민주인사들을 박해		4	조선중앙통신
1950-02-18-036	독일과학자들 미륙군에 종사		4	조선중앙통신
1950-02-18-037	영국의 실업자 격증 일로		4	조선중앙통신
1950-02-18-038	극장안내		4	
1950-02-18-039	마샬안은 불란서의 소매상업부진을 초래		4	조선중앙통신
1950-02-19-001	기업소들에서의 자금회전률을 높이자		1	
1950-02-19-002	전세계 평화애호인민의 승리의 담보로 된다		1	북조선천도교청우당 중앙위원회 위원장 김달현
1950-02-19-003	미영제국주의자들의 중상요언은 완전히 폭로분쇄되었다		1	인민공화당 김원봉
1950-02-19-004	남조선 전체 학자 교수 교원들에게 보내는 공개서한		1	

기사번호	제목(title)	부제목(stitle)	면수	필자, 출처
1950-02-19-005	쓰딸린적쏘련대외정책의 표현이다		1	북조선직업총동맹 위원장 최경덕
1950-02-19-006	쓰딸린대원수 모택동주석을 초대		1	조선중앙통신
1950-02-19-007	황해제철소 제3해탄로 복구		1	
1950-02-19-008	쏘베트군대창건 32주년 기념사업준비 활발히 진행		1	
1950-02-19-009	쏘베트군대사진전람회 성황		1	
1950-02-19-010	제주도인민유격전		1	조선중앙통신
1950-02-19-011	당일군들의 능숙한 지도를 위하여		2	금화군당 위원장 김구화
1950-02-19-012	함남도당열성자회의		2	주재기자 신기관
1950-02-19-013	야간당학교사업을 부단히 개선강화		2	리원군당 선전선동부 부부장 이종혁
1950-02-19-014	기술전습사업을 더욱 효과적으로	웅기조선수리공장에서	2	통신원 김성권
1950-02-19-015	우리 공화국의 주권은 인민에게 있다		2	홍남표
1950-02-19-016	리승만의 동경방문뒤에는 무엇이 숨어있는가		2	경아
1950-02-19-017	2개년계획을 11월말까지 완수목표로	평양지구 철도종업원들 호응궐기	3	
1950-02-19-018	원산조선소 종업원들 남포조선소에 경쟁 호소		3	
1950-02-19-019	8월 14일까지 계획완수를 결의	운곡탄광 종업원들	3	
1950-02-19-020	서정시편 지리산지구(6)	「승전」	3	백인준
1950-02-19-021	애독되는 민주출판물	평양시 동구서점에서	3	
1950-02-19-022	원액실수률을 140%로 높여	신의주팔프공장 로동자들	3	신의주팔프공장 지배인 김도락
1950-02-19-023	마을선동원들은 대중을 문화향토건설에로	리원군 포항리에서	3	리원군 포항리민주선전실 선동원책임자 신승춘
1950-02-19-024	곡종별 파종계획의 정확한 실행을 위해	평북 룡천군 외상면 안평리 농맹	3	룡천군 외상면 안평리농맹위원장 김성환
1950-02-19-025	수방직면포생산경쟁 활발	철산군 녀맹원들	3	철산군 녀맹 리원학
1950-02-19-026	리승만도당이 사설비밀결사를 조직하여 인민학살과 북반부 파괴음모를 감행		3	조선중앙통신
1950-02-19-027	쏘중간에 체결된 조약과 협정을 전중국인민들 열렬히 지지		4	조선중앙통신
1950-02-19-028	미국진보적인사들 정부의 침략정책을 견결히 반대	미국'예술 과학 및 전문학예 전국협의회'주최 군중대회 개최	4	조선중앙통신
1950-02-19-029	덴마크조선소로동자들 산업군국화에 항의		4	조선중앙통신
1950-02-19-030	서독에 땅크훈련도로건설 계획		4	조선중앙통신
1950-02-19-031	독일민주주의공화국의 경제봉쇄를 꾀하는 서부점령당국들의 새로운 흉책		4	조선중앙통신
1950-02-19-032	소위 국제망명자기구는 미영의 노예징모소이다		4	조선중앙통신
1950-02-19-033	미국은 핫타정부에 1억딸라차관 부여		4	조선중앙통신
1950-02-19-034	쏘말리랜드의 행정관에 이태리전범자임명을 반대	미국주재 에티오피아대사관 유엔사무총장에 서한 전달	4	조선중앙통신
1950-02-19-035	분란의 지배층은 국가헌법을 위반		4	조선중앙통신
1950-02-19-036	광고문		4	체신성 출판물관리처 외국출판물 보급부
1950-02-19-037	벨그라드의 반역자들		4	
1950-02-19-038	자본주의 제 국가의 로동계급의 절대적 및 상대적인 빈궁화		4	
1950-02-20-001	인민의 원쑤를 소탕하면서 전진하는 인민유격대에 영광이 있으라!		1	
1950-02-20-002	동방 및 세계의 평화와 민주와 안전의 위력한 담보이다		1	민주독립당대표 홍명희
1950-02-20-003	전쟁방화자들에 대한 파산선고이다		1	근로인민당 중앙위원회 위원장 리영
1950-02-20-004	남조선 로동자 사무원들에게 고하는 전평중앙위원회의 호소문	조선로동조합 전국평의회에서	1	
1950-02-20-005	평화옹호와 평화적조국통일을 촉진하는 평화옹호자대회 성황		1	조선중앙통신
1950-02-20-006	화전민들 속속 직장에 전출	자성군에서	1	통신원 장세운
1950-02-20-007	인민유격대원호사업 남반부 각지에서 일층 활발		1	조선중앙통신
1950-02-20-008	전북 각지에서 농민봉기 치렬		1	조선중앙통신
1950-02-20-009	구체적인 증산경쟁목표를 수립토록 하기에 적극 노력		2	신창탄광 초급당부위원장 리길태
1950-02-20-010	남포제련소 책임일군들은 말로가 아니라 실천을 통하여 주인답게 일하라!		2	특파기자 현준극
1950-02-20-011	대중의 의견을 옳게 종합하여 생산문제를 제때에 해결		2	아오지탄광당부 부위원장 지인흡

기사번호	제목(title)	부제목(stitle)	면수	필자, 출처
1950-02-20-012	쏘중간 조약 및 협정의 체결은 쓰딸린적 대외정책의 표현이다		2	조청화
1950-02-20-013	조국보위후원사업에 있어서 청년들의 역할		2	림해
1950-02-20-014	맹세한 증송목표실천 위해 승리의 기세 드높이 매진!	함흥철도관리국산하 일군들	3	
1950-02-20-015	각 역 구 직장들에서 경쟁운동 날로 치렬화		3	교통운수직맹 함흥철도관리국 위원회 위원장 민봉식
1950-02-20-016	춘기비료를 3월말까지 초과수송코자	흥남역일군들	3	흥남역 부역장 주장춘
1950-02-20-017	경종법개선과 면화재배면적확장으로	춘파준비에 궐기한 황해도농민들	3	본사기자 김달수
1950-02-20-018	우수한 면화재배법 연구	은률군 률리 농민들	3	은률군 장련면 률리농맹위원장 배병항
1950-02-20-019	년간계획을 140%로 남포조선소에 경쟁 호소	중앙기계제작소 종업원궐기대 회에서	3	
1950-02-20-020	남반부빨찌산 전투기 '국군'주둔지를 소탕하고 원쑤들을 인민재판에!	오대산인민유격대원의 수기에서	3	
1950-02-20-021	인민군창립 기념공연 「제2전선의 배후」	-인민군예술극장에서-	3	본사기자 김전
1950-02-20-022	계획량 완수코 자가용가마니생산 박천 군 량가면 농민들	고공품	3	박천군 량가면농맹위원 장 리보근
1950-02-20-023	우라늄을 미국에 공급하지 말라!	-백이의 하원에서 공산당출신의 원의 연설-	4	조선중앙통신
1950-02-20-024	로동운동분렬주의자들에 대한 미국로동 자들의 반항	『뜨루드』지 론설-	4	조선중앙통신
1950-02-20-025	모택동주석일행 모쓰크바 출발		4	조선중앙통신
1950-02-20-026	역두에서 진술한 모택동주석의 연설		4	조선중앙통신
1950-02-20-027	마살안화한 제 국가		4	
1950-02-20-028	민주주의독일민족전선 강령 채택		4	조선중앙통신
1950-02-20-029	베빈은 영국의 '천재적'중개인	영국을 미국에 파는데도 특출 한 수완을 뵈였다	4	허태식
1950-02-20-030	급속히 발전되고있는 인민민주주의 제 국가	경제건설성과	4	
1950-02-20-031	공산당원들에 대한 학살에 전인도직맹 평의회 항의		4	조선중앙통신
1950-02-20-032	미제는 아세아에서 '소마살안'실시를 기도		4	조선중앙통신
1950-02-20-033	광고문		4	체신성 출판물관리처 외국출판물 보급부
1950-02-21-001	자습당원들에 대한 개별적지도사업을 강화하자		1	
1950-02-21-002	공화국 내각 수상 김일성장군에게 드리 는 메쩨지	농림수산부문 지도일군련석회 의에서 진술하신 김일성수상의 연설을 실천하기 위한 평남관 개공사 종업원궐기대회	1	
1950-02-21-003	농림수산부문 지도일군련석회의에서 진 술하신 김일성수상의 연설을 받들고 공 사의 실행기간단축을 결의	평남관개건설공사 종업원들 궐 기	1	조선중앙통신
1950-02-21-004	교통운수부문 일군들에 대한 국기훈장 및 공로메달 수여식 거행		1	조선중앙통신
1950-02-21-005	남반부각지에서 유격대원호 활발		1	조선중앙통신
1950-02-21-006	쏘련군대창건 32주년 기념준비	조선인민군 각 구분대와 평양 연초공장에서	1	
1950-02-21-007	평양시의 학령아동조사사업 성과적으로 진행		1	
1950-02-21-008	춘기파종준비	고성군과 벽성군에서	1	
1950-02-21-009	미제를 선두로 한 새 전쟁 방화자들에게 내리는 치명적타격		1	북조선농민동맹 중앙위원회 위원장 강진건
1950-02-21-010	쏘련과 중국간에 체결된 조약 및 협정을 조선재류화교들 열렬히 지지	북조선화교련합 총회위원장 조 령덕씨 담화	1	조선중앙통신
1950-02-21-011	평화적조국통일을 촉진하는 평화옹호자 대회에서 진술한 한설야씨의 보고		2	
1950-02-21-012	박정애녀사의 개회사	평화적조국통일을 촉진하는 평 화옹호자대회에서	2	
1950-02-21-013	토론(요지) 북조선직업총동맹위원장 최 경덕	평화적조국통일을 촉진하는 평 화옹호자대회에서	2	
1950-02-21-014	토론(요지) 남조선녀성동맹위원장 유영준	평화적조국통일을 촉진하는 평 화옹호자대회에서	3	
1950-02-21-015	토론(요지) 언어학자 리극로	평화적조국통일을 촉진하는 평 화옹호자대회에서	3	
1950-02-21-016	토론(요지) 고고학자 한흥수	평화적조국통일을 촉진하는 평 화옹호자대회에서	3	
1950-02-21-017	토론(요지) 작가 김남천	평화적조국통일을 촉진하는 평 화옹호자대회에서	3	
1950-02-21-018	토론(요지) 로동자대표 리정화	평화적조국통일을 촉진하는 평 화옹호자대회에서	3	

기사번호	제목(title)	부제목(stitle)	면수	필자, 출처
1950-02-21-019	토론(요지) 청년대표 오운식	평화적조국통일을 촉진하는 평화옹호자대회에서	3	
1950-02-21-020	평화적조국통일을 방해하는 인민의 원쑤를 소탕하자! 평양시법률가궐기대회 결의문	조국통일민주주의전선 호소문 지지 평양시법률가궐기대회	3	
1950-02-21-021	사과증산 위하여	국영 안변과수원에서	3	국영 안변과수원 원장 김홍집
1950-02-21-022	리승만괴뢰정부는 월가의 특설매점이다		3	리사민
1950-02-21-023	쏘련최고쏘베트 대의원립후보자등록 개시	쓰딸린대원수께서 립후보를 승낙	4	조선중앙통신
1950-02-21-024	쏘중조약 및 협정체결에 대한 세계각국의 반향		4	조선중앙통신
1950-02-21-025	북경시에서 10만여군중시위	-쏘중우호동맹 및 호상원조조약 체결을 경축하여-	4	조선중앙통신
1950-02-21-026	알바니아청년대회	식민지 및 예속국가 청년들과의 단결을 강조	4	조선중앙통신
1950-02-21-027	암스테르담부두로동자들 전쟁준비반대 군중대회 개최		4	조선중앙통신
1950-02-21-028	백이의 실업청년들 군대입영을 거부		4	조선중앙통신
1950-02-21-029	급속히 발전되고있는 인민민주주의 제국가		4	조선중앙통신
1950-02-21-030	영국의 선거전 앞두고 레이버당 광분		4	오창식
1950-02-21-031	'보이지 않는 제국'의 황제 나탄2세		4	
1950-02-22-001	김일성 수상		1	
1950-02-22-002	교통성산하 종업원 및 교통로동자직업동맹 열성자련석회의에서 진술한 김일성수상의 연설		1	
1950-02-22-003	김일성수상께서 교통운수부문 일군들의 과업을 명시	제2차 교통성산하 종업원 및 교통직맹 열성자련석회의에서	1	본사기자 리성섭
1950-02-22-004	평화적조국통일을 촉진하는 평화옹호자대회의 결정서		2	
1950-02-22-005	평화적조국통일을 촉진하는 평화옹호자대회에서의 각계 대표들의 토론(요지)	목사 김창준	2	
1950-02-22-006	평화적조국통일을 촉진하는 평화옹호자대회에서의 각계 대표들의 토론(요지)	목사 강량욱	2	
1950-02-22-007	농기계임경소의 설치는 농촌경리발전에 거대한 정치경제적의의를 가진다		2	농림성 부상 김재욱
1950-02-22-008	2개년계획을 116.7%로 초과완수할것을 결의	청진제강소 종업원궐기대회에서	3	
1950-02-22-009	공로메달 수여받은 교통부문 일군들		3	
1950-02-22-010	2개월 기간단축을	고원탄광 종업원궐기대회에서	3	
1950-02-22-011	유평림산작업소 등에 경쟁을 호소하고 궐기	길주팔프공장 종업원들	3	

기사번호	제목(title)	부제목(stitle)	면수	필자, 출처
1950-02-22-012	'승리의 기발'쟁취증산운동에 궐기	평양시 로동청년들	3	
1950-02-22-013	우량종자 확보코 농기구를 갖추어	함북도 농민들의 춘파준비	3	주재기자 김소민
1950-02-22-014	1월분 생산계획을 모범적으로 수행한 기업소에 우승기와 상금을 수여		3	
1950-02-22-015	평양의학대학 실험실에서 연구에 정진하는 보건일군들		3	
1950-02-22-016	리승만은 미제의 고용병이며 조선인민의 원쑤인 일본군벌을 남조선으로 끌어오려한다		3	윤현
1950-02-22-017	평화옹호세계대회 상설위원회의 호소를 지지	이태리 각지에서	4	조선중앙통신
1950-02-22-018	점령종결과 평화를 위한 투쟁	오지리로동자들 치렬히 전개	4	조선중앙통신
1950-02-22-019	카나다에 실업자 격증	카나다로동성 발표	4	조선중앙통신
1950-02-22-020	주중 루마니아대사 북경에 도착		4	조선중앙통신
1950-02-22-021	체코슬로바키아작가동맹에서 아르젠틴당국에 항의		4	조선중앙통신
1950-02-22-022	미국 40만 탄광로동자 파업 계속		4	조선중앙통신
1950-02-22-023	불란서철도 및 탄광로동자들 전쟁물자 취급반대투쟁 치렬		4	조선중앙통신
1950-02-22-024	동경 3만 로동자 군중시위		4	조선중앙통신
1950-02-22-025	월남중국친선협회 결성		4	조선중앙통신
1950-02-22-026	1950년은 사회주의경제와 자본주의경제에게 무엇을 가져올것인가		4	김재일
1950-02-22-027	애치슨의 언명은 현실과 부합치 않다		4	박동우
1950-02-22-028	방코크회의 음모		4	조선중앙통신
1950-02-22-029	테헤란주재 미대사관 선전정보부를 확장		4	조선중앙통신
1950-02-22-030	급속히 발전되고있는 인민민주주의 제국가 항가리의 인민경제	쏘련과의 호상원조조약체결 2주년에 제하여	4	조선중앙통신
1950-02-22-031	극장안내		4	
1950-02-23-001	(쓰딸린)		1	
1950-02-23-002	우리의 해방군 쏘베트군대창립 32주년		1	
1950-02-23-003	쏘베트군대창립 32주년에 제하여 쏘베트 군대 장병들에게 보내는 북반부인민들의 편지		1	조선중앙통신
1950-02-23-004	쏘베트군대창립 32주년을 전인민은 증산과 행사로 성대히 기념		1	본사기자 김전
1950-02-23-005	쏘중량국간의 조약 및 협정체결을 지지하여 평양재주 중국인대회 성황		1	조선중앙통신
1950-02-23-006	국제직련 화학산별부창설대회에 북조선 대표 출발		1	조선중앙통신

기사번호	제목(title)	부제목(stitle)	면수	필자, 출처
1950-02-23-007	해방의 은인 쏘베트군대의 위훈을 찬양하며 인민들은 해방탑을 찾아 화환을 증정한다		2	
1950-02-23-008	력사적시각	『만주와 조선에서의 전투』란 소책자에서	2	
1950-02-23-009	공산주의세계로 가는 길		2	아.쑤르꼬브 작, 장일 역
1950-02-23-010	쏘베트군대의 영구불멸의 공훈		2	림해
1950-02-23-011	쏘련군대 회상기		2	원산철도공장 로동자 김금천
1950-02-23-012	현존설비능력을 최고도로 리용하여	흥남비료공장에서	3	흥남비료공장 건설부장 서도석
1950-02-23-013	원가를 계획보다 5% 저하키 위하여	흥남비료공장에서	3	류산부장 장정후
1950-02-23-014	기계의 가동률을 91.9%로 제고	문천기계제작소 로동자들	3	통신원 리달우
1950-02-23-015	산림육성보호위해 조림식수준비 활발	각지 산림일군들	3	본사기자 류민우
1950-02-23-016	식민지 및 예속국가 청년들과의 단결의 날을 기념		3	
1950-02-23-017	농기계임경소의 설치를 열렬히 환영하는 농민들	재령군 나무리벌	3	재령군인민위원회 위원장 오학모
1950-02-23-018	매국노 리승만은 일제군벌을 '동지'로 모신다		3	황욱
1950-02-23-019	유격대의 진공에 놀랜 매국도당 긴급 인민학살비 지출		3	조선중앙통신
1950-02-23-020	세계경제상태에 관한 유엔사무국의 보고서		4	
1950-02-23-021	'식민지 및 예속국가 청년들과의 단결의 날'	텔라비브에서 기념군중대회	4	조선중앙통신
1950-02-23-022	불란서의 우익사회주의자들의 새로운 책동		4	구동수
1950-02-23-023	미영의 간첩 게이게르도당의 사건에 관한 항가리국가검찰소의 기소장		4	조선중앙통신
1950-02-23-024	워싱톤에 간 리종인후문		4	조선중앙통신
1950-02-23-025	건망증에 걸린 제국주의자들	중국만화전재	4	
1950-02-24-001	쏘베트군대창건 32주년기념 평양시기념대회 주석단		1	박명도
1950-02-24-002	위대한 쓰딸린대원수에게	쏘베트군대창건 32주년기념 평양시기념대회	1	
1950-02-24-003	쏘베트사회주의공화국련맹 무력상 와씰렙쓰끼원수 귀하	쏘베트군대창건 32돐에 즈음하여	1	

기사번호	제목(title)	부제목(stitle)	면수	필자, 출처
1950-02-24-004	쏘베트군대창건 32주년에 제하여 쏘련무력상 와씰렙쓰끼원수 명령 발포		1	
1950-02-24-005	위대한 쏘베트군대창건 32주년기념 평양시기념대회 성황		1	조선중앙통신
1950-02-24-006	민족보위성 군무자경축대회		1	조선중앙통신
1950-02-24-007	조선민주주의인민공화국 내각결정 제49호	1950년 3월 1일을 로동일로 정함에 관한 결정서	1	
1950-02-24-008	조선민주주의인민공화국 최고인민회의 소집에 관한 공시		1	
1950-02-24-009	기본건설트레스트를 설치	21일 내각회의에서 결정	1	조선중앙통신
1950-02-24-010	쏘베트군대창건 32주년기념 평양시기념대회에서 진술한 김일동지의 보고		2	
1950-02-24-011	김일성수상의 격려에 고무 10월말까지 화물수송완수 결의	평양철도관리국산하 종업원 및 직맹열성자회의에서	3	본사기자 리성섭
1950-02-24-012	흥남제련소와 성흥광산에 증산경쟁을 호소코 궐기	남포제련소 종업원들	3	
1950-02-24-013	토지의 리용률을 고도로 높이고자	강원도 농민들의 춘파준비	3	주재기자 김만선
1950-02-24-014	우리 농민들은 농기계임경소설치를 환영한다		3	
1950-02-24-015	1월분생산계획을 모범적으로 수행한 기업소들	성흥광산	3	
1950-02-24-016	벼 정당 14톤을 수확하기 위하여	철원군 리화석농민의 금년도 건직파재배준비	3	
1950-02-24-017	우량한 건명태를 더 많이 생산코자	전진수산사업소에서	3	전진수산사업소 소장 리덕영
1950-02-24-018	흥남제약공장내에 '녀성직장'을 창설		3	통신원 강기모
1950-02-24-019	리승만과 리은은 서로 혀를 할으며 일제를 위하여 싸울것을 맹약하였다		3	김유
1950-02-24-020	'식민지 및 예속국가 청년들과의 단결의 날 세계각국 청년들 기념		4	조선중앙통신
1950-02-24-021	'식민지 및 예속국가 청년들과의 단결의 날'에 제하여 국제민주주의기자동맹에서 콤뮤니케 발표		4	조선중앙통신
1950-02-24-022	전세계 민주인사들에게 보내는 수감된 희랍애국자들의 편지	희랍왕당파의 귀축행위를 중지시키라	4	조선중앙통신
1950-02-24-023	평화옹호세계대회 위원회회의 3월에 스톡홀름에서 개최		4	조선중앙통신
1950-02-24-024	화란에서 평화옹호운동 확대		4	조선중앙통신
1950-02-24-025	우리들은 인민의 리익을 위하여 싸우고 있다	영국공산당 총비서 가리 뽈리트	4	

기사번호	제목(title)	부제목(stitle)	면수	필자, 출처
1950-02-24-026	유고슬라비아당국의 폭행에 불가리아정부 항의		4	조선중앙통신
1950-02-24-027	월남 쏘련중국친선의 날을 성대히 경축	2월 18일 월남에서	4	조선중앙통신
1950-02-24-028	베네룩스국가간의 모순 격화		4	조선중앙통신
1950-02-24-029	공산당에 대한 탄압을 일본정부 수상 폭언		4	조선중앙통신
1950-02-25-001	생산기업소들에서의 생산협의회의 역할		1	
1950-02-25-002	금년도 생산계획 초과완수에 농림수산일군 및 농민들 궐기		1	본사기자 백운학
1950-02-25-003	적하작업을 시간내에 하며 화차회귀일수를 단축하자	사리원역 종업원들	1	
1950-02-25-004	공사의 5개월반 기간단축을 결의	장연지구 관개공사종업원궐기대회	1	통신원 김순한
1950-02-25-005	궤조교환책임량의 기한전완수를 맹세	평양보선구 일군들	1	
1950-02-25-006	조선최고인민회의 제5차회의에 평화에 대한 제의를 제출할것을 결정	평화옹호전국민족위원회 제7차회의에서	1	조선중앙통신
1950-02-25-007	조선민주주의인민공화국 최고인민회의 대의원들에게 알림		1	
1950-02-25-008	쏘베트군대창건 32주년 기념보고대회 각지에서 성대히 거행		1	
1950-02-25-009	춘기파종준비 활발	각 군들에서	1	
1950-02-25-010	최고인민회의 제5차회의 앞두고 대의원들 평양에 래착		1	박명도
1950-02-25-011	전체 선거자-남녀로동자 남녀농민 륙해군장병 쏘베트인테리들에게 보내는 쏘련공산당(볼쉐위끼) 중앙위원회의 호소문		2	
1950-02-25-012	쏘련에서의 선거는 세계에서 가장 민주주의적인 선거이다		2	김우성
1950-02-25-013	쏘련의 예술영화「쓰딸린그라드격전」 제2부에 대하여		3	김경일
1950-02-25-014	쏘베트영화예술의 훌륭한 작품	「쓰딸린그라드격전」(제2부)에 대한 관중들의 감상	3	
1950-02-25-015	빈번하던 기계사고를 근절 생산능률을 매일 152%로	황해제철 조강공장 로동자들	3	황해제철소 조강직장장 안병선
1950-02-25-016	1월분생산계획을 모범적으로 수행한 기업소들	청진방적공장	3	
1950-02-25-017	만고역적 리승만의 망국멸족행위는 절정에 달했다		3	리사민
1950-02-25-018	쏘베트군대창건 32주년 모쓰크바기념경축대회		4	조선중앙통신
1950-02-25-019	쏘련과 루마니아간에 1950년도 통상협정 체결		4	조선중앙통신
1950-02-25-020	쏘련과 불가리아간에 협정 체결	1950년도 호상물자공급에 관하여	4	조선중앙통신
1950-02-25-021	중국인민해방군 주덕총사령 쓰딸린대원수에게 축전	-쏘베트군대창건 32주년에 제하여-	4	조선중앙통신
1950-02-25-022	분란기자총동맹 년차대회		4	조선중앙통신
1950-02-25-023	미국은 애급에서 영국세력을 구축 기도		4	조선중앙통신
1950-02-25-024	미영의 간첩 게이게르도당에 판결 언도	-부다페스트재판소에서-	4	조선중앙통신
1950-02-25-025	세계민청서기에 대한 불란서당국의 출국명령에 각국 청년단체 항의		4	조선중앙통신
1950-02-25-026	불란서당국의 불법적조치	세계민청서기에 출국명령	4	조선중앙통신
1950-02-25-027	서독의 미군 학생을 살해		4	조선중앙통신
1950-02-25-028	이스라엘 미국에 차관 요청		4	조선중앙통신
1950-02-25-029	루마니아청년들도 항의		4	조선중앙통신
1950-02-25-030	미국인민의 생활수준 계속 저락		4	조선중앙통신
1950-02-25-031	이란인민은 기아와 실업에 잠겨있다	-파에타테.마지 론평-	4	조선중앙통신
1950-02-25-032	유고슬라비아애국인사들에 대한 찌또도당의 잔악한 고문학살		4	조선중앙통신
1950-02-25-033	라틴아메리카 제 국가 로동계급의 민족적독립과 민주를 위한 투쟁		4	박동수
1950-02-26-001	조선민주주의인민공화국 최고인민회의 제5차회의 주석단	제1일 회의에서	1	박명도
1950-02-26-002	조선민주주의인민공화국 최고인민회의 제5차회의 개막		1	조선중앙통신
1950-02-26-003	제2호전기로 복구확장	흥남비료공장 로동자들	1	
1950-02-26-004	농민시장건축공사 진행	원산시인민위원회에서	1	
1950-02-26-005	남반부인민들의 치렬한 항쟁	괴뢰군경부대를 계속 격멸	1	조선중앙통신
1950-02-26-006	남반부인민들의 치렬한 항쟁	경북 동해안일대를 재차 석권	1	조선중앙통신
1950-02-26-007	증산경쟁운동에서 당원들의 모범적역할을 높이자		1	
1950-02-26-008	평남도당 및 평양시당단체 열성자회의	수개국 공산당보도국 제3차회의 총결에 관한 당중앙결정 실행방침 토의	2	본사기자 윤봉경
1950-02-26-009	강선제강소는 무엇때문에 계속 락후되고 있는가?		2	특파기자 현준극
1950-02-26-010	『로동신문』의 재료에 의하여	평남도인민위원회에서 림원관개공사에 관한 문제를 토의	2	
1950-02-26-011	춘경파종준비기에 있어 군중선동사업을 광범히 전개하자!		2	황해도당 위원장 계동선
1950-02-26-012	인민은 학살에 굴복되지 않는다		2	조희영
1950-02-26-013	2만 5천톤 초과완수 결의코 금강산광산에 증산경쟁 호소	양양광산 종업원궐기대회에서	3	통신원 전승수
1950-02-26-014	8.15까지 완수 결의코 순천화학호소에 호응	청수화학공장 종업원궐기대회에서	3	통신원 라이성

기사번호	제목(title)	부제목(stitle)	면수	필자, 출처
1950-02-26-015	작업조건 보장하여 생산성과를 확대	단록광산 로동자들	3	단록광산 지배인 로인석
1950-02-26-016	2개년계획에서의 자기 책임량을 1년 25일간에 완수하였다		3	룡성기계제작소 호뺑구공 리하구
1950-02-26-017	뜨락또르의 능숙한 운전사가 되기 위해	농림성에서	3	
1950-02-26-018	농기계임경소조직을 적극 원조하기 위하여	평남 안주군 농민들	3	안주군인민위원회 위원장 리린
1950-02-26-019	10월부터 아연생산목표로 기본건설공사 활발히 진척	문평아연공장 건설현장 로동자들	3	본사기자 리인태
1950-02-26-020	우리들은 인민의 두터운 존경과 사랑속에 있다!	군무자들의 좌담회에서	3	본사기자 리성빈
1950-02-26-021	멸망에 직면한 리승만매국도당	잡곡을 먹으라고 호통하는 매국역도	3	조선중앙통신
1950-02-26-022	식민지 및 예속국가 청년들과의 단결의 날 세계각국 청년들 기념		4	조선중앙통신
1950-02-26-023	중국에서	중국인민해방군 곤명에 진주	4	조선중앙통신
1950-02-26-024	중국에서	쏘중조약체결을 경축하여 주중 쏘련대사관 초대연	4	조선중앙통신
1950-02-26-025	중국 동북인민정부 새로운 공채 발행		4	조선중앙통신
1950-02-26-026	국민당비행기 남경을 폭격		4	조선중앙통신
1950-02-26-027	노르웨이공산당 특별대회 개최	당의 통일강화문제를 토의	4	조선중앙통신
1950-02-26-028	전쟁방화자들의 또 하나의 실패		4	최봉국
1950-02-26-029	쏘베트군대창건 32주년을 노르웨이에서 기념		4	조선중앙통신
1950-02-26-030	불란서인민들의 평화를 위한 투쟁은 날로 확대되고 있다	『쁘라우다』지 파리특파원 보도	4	조선중앙통신
1950-02-26-031	급속히 발전되고있는 인민민주주의 제국가	파란 농촌에서 기계화 진행	4	
1950-02-26-032	국제직련에서 유엔사무총장에 항의	유엔경제사회리사회에서의 국제직련에 대한 비법결정 반대	4	조선중앙통신
1950-02-26-033	전쟁물자취급을 반대하는 불란서인민들의 투쟁		4	조선중앙통신
1950-02-26-034	불란서에서 파업운동 더욱 확대		4	조선중앙통신
1950-02-26-035	불란서 칼레시참사회선거에 공산당원들 다수 당선		4	조선중앙통신
1950-02-26-036	월남민주공화국 정부위원회 금년도 해방전쟁진행계획 승인		4	
1950-02-27-001	우리 공화국의 성과는 수자로 증명된다		1	
1950-02-27-002	우리의 증송투쟁의 지침으로	철도부문 일군들	1	본사기자 리성섭
1950-02-27-003	춘기파종준비 활발	각지에서	1	

기사번호	제목(title)	부제목(stitle)	면수	필자, 출처
1950-02-27-004	남포소다공장 머지않아 가성소다를 생산한다		1	
1950-02-27-005	수방직생산계획 속속 완수	황해도와 철산군에서	1	
1950-02-27-006	고공품생산계획을 속속 완수하는 북반부농민들		1	
1950-02-27-007	1.4분기계획 완수	금화역 전체 로동자들	1	
1950-02-27-008	2월분생산계획을 완수	평양기관구와 평양, 북청역들에서	1	
1950-02-27-009	2개년생산계획을 완수한 아오지탄광 박병남씨		1	
1950-02-27-010	쿠랑크뼁자동삭정기 창안	평양기관구장 전흥철과 공작조역 한창화	1	
1950-02-27-011	도처에서 괴뢰군경대 섬멸	남반부인민유격대에서	1	조선중앙통신
1950-02-27-012	남반부 각지에서 유격대원호사업 더욱 활발		1	조선중앙통신
1950-02-27-013	조선민주주의인민공화국 북반부의 인민경제부흥발전을 위한 1949년-1950년 2개년계획의 실행정형	조선민주주의인민공화국 국가계획위원회 위원장 정준택	2, 3	
1950-02-27-014	2개년생산책임량을 8.15까지 완수코자	하성광산 로동자들	3	하성광산 지배인 최효선
1950-02-27-015	대유동 성흥 곡산 수안 4대광산에 경쟁을 호소	홀동광산 종업원궐기대회에서	3	
1950-02-27-016	적기파종하기 위한 제반준비 갖추고서	평안북도 농민들	3	주재기자 최영환
1950-02-27-017	평양 모란봉식물원에서		3	박명도
1950-02-27-018	뜨락또르기경을 열렬히 기대!	황주군 낙지동 농민들	3	통신원 리동욱
1950-02-27-019	평화옹호세계대회위원회에서 주요국가들에 대표단 파견		4	조선중앙통신
1950-02-27-020	평화옹호투쟁은 날로 확대강화되여가고 있다	-졸리오.큐리교수의 담화-	4	조선중앙통신
1950-02-27-021	루마니아 각지에 평화옹호위원회 조직		4	조선중앙통신
1950-02-27-022	국제부녀절을 평화를 위한 투쟁의 날로 만들어야 한다	불란서 진보적정당단체들의 호소	4	조선중앙통신
1950-02-27-023	남아프리카련방정부 공산당해체법령기초		4	조선중앙통신
1950-02-27-024	브레멘항을 통하여 미국무기 서독에 도착		4	조선중앙통신
1950-02-27-025	노르웨이공산당 특별대회 폐막	중요결정서 등을 채택코 새로운 중앙위원회를 선출	4	조선중앙통신
1950-02-27-026	화란공산당대회에 외국 형제적정당 대표들의 참가를 화란정부에서 거부		4	조선중앙통신
1950-02-27-027	이태리 로동총련맹 주최로 전이태리경제회의 개최	빈궁과 실업을 극복하기 위한 대책들을 토의	4	조선중앙통신
1950-02-27-028	급속히 발전되고있는 인민민주주의 제국가	경제건설성과	4	

기사번호	제목(title)	부제목(stitle)	면수	필자, 출처
1950-02-27-029	선거전의 희랍정세		4	조선중앙통신
1950-02-27-030	민주주의독일민족전선의 강령	통일과 독립을 위한 로선을 제시	4	조선중앙통신
1950-02-27-031	레바논과 미국간의 매국조약을 레바논인민들 맹렬히 반대		4	조선중앙통신
1950-02-27-032	석유문제를 둘러싼 미영의 갈등 격화		4	조선중앙통신
1950-02-27-033	해마다 줄어가는 토이기의 학생수		4	조선중앙통신
1950-02-27-034	테헤란에 티부스 만연		4	조선중앙통신
1950-02-28-001	당의 력량은 대중과의 밀접한 련결에 있다		1	
1950-02-28-002	2개년인민경제계획의 실행정형에 대하여 대의원들 열렬한 토론 전개	조선최고인민회의 제2일회의	1	조선중앙통신
1950-02-28-003	흑색광업부문생산 급진적으로 장성		1	
1950-02-28-004	작업을 기계화하여 생산속도 9배 제고	아오지인조석유공장	1	
1950-02-28-005	구랏샤치판을 재생하여 년 10만원을 리득	창도광산에서	1	통신원 김준호
1950-02-28-006	농민시장개설준비사업 활발히 진행		1	본사기자 최룡봉
1950-02-28-007	1만여 농촌청년들 목재증산에 궐기		1	
1950-02-28-008	철산군 가봉리농민들 문화구락부건설 진행		1	철산군 여한면 가봉리농민동맹 위원 정락범
1950-02-28-009	국영농기계임경소의 설치는 조선농업기계화의 력사적출발	박문규농림상 담	1	조선중앙통신
1950-02-28-010	남반부인민항쟁 치렬	경남 량산에서 부락에 방화한 괴뢰군경을 역습 소탕	1	조선중앙통신
1950-02-28-011	학령아동조사사업 성과있게 진행	각 도 시들에서	1	
1950-02-28-012	토론 대의원 장시우	인민경제2개년계획 실행정형에 대한 최고인민회의 2일오전회의에서	2	
1950-02-28-013	토론 대의원 리룡진	인민경제2개년계획 실행정형에 대한 최고인민회의 2일오전회의에서	2	
1950-02-28-014	토론 대의원 리구훈	인민경제2개년계획 실행정형에 대한 최고인민회의 2일오전회의에서	2	
1950-02-28-015	토론 대의원 박문규	인민경제2개년계획 실행정형에 대한 최고인민회의 2일오전회의에서	2	
1950-02-28-016	토론 대의원 정일룡	인민경제2개년계획 실행정형에 대한 최고인민회의 2일오전회의에서	2	
1950-02-28-017	토론 대의원 김황일	인민경제2개년계획 실행정형에 대한 최고인민회의 2일오전회의에서	2	

기사번호	제목(title)	부제목(stitle)	면수	필자, 출처
1950-02-28-018	토론 대의원 리영섭	인민경제2개년계획 실행정형에 대한 최고인민회의 2일오전회의에서	2	
1950-02-28-019	토론(요지) 대의원 장권	인민경제2개년계획 실행정형에 대한 최고인민회의 2일오전회의에서	3	
1950-02-28-020	토론(요지) 대의원 리창하	인민경제2개년계획 실행정형에 대한 최고인민회의 2일오전회의에서	3	
1950-02-28-021	철조화물선 건조를 위한 증산투쟁을 일층 치렬히	원산조선소 로동자들	3	본사기자 리인태
1950-02-28-022	2개년생산계획을 품종별로 완수코자	신의주방직공장 로동자들	3	신의주방직공장 직맹로임부장 태준섭
1950-02-28-023	공사의 실행기간단축 위해 총궐기	평남관개건설공사 일군들	3	본사기자 백응호
1950-02-28-024	직장전출화전민들을 뜨거운 사랑속에 맞아	독로강발전부 건설사업소에서	3	주재기자 리문상
1950-02-28-025	조기춘경 위하여 퇴비반출에 분망	황해도 재령군내농민들	3	
1950-02-28-026	산간벽촌농민들의 열렬한 환영받으며 선전연예공작단 활동	회양군에서	3	회양군파견 선전연예공작단 원 리선봉
1950-02-28-027	멸망에 직면한 리승만매국도당	'지방자치법'을 실시할수 없다고 비명	3	조선중앙통신
1950-02-28-028	소거리반도 조직 완료코	신천군 농민들	3	신천군농민동맹
1950-02-28-029	평화옹호세계대회위원회 회의 스톡홀름에서 개최를 스웨덴 진보적인사들 열렬히 환영		4	조선중앙통신
1950-02-28-030	불란서 로동총련맹의 성명	파리지구 금속로동자들의 임금인상요구는 정당	4	조선중앙통신
1950-02-28-031	체코인회의에서 평화옹호세계대회위원회 제의를 토의		4	조선중앙통신
1950-02-28-032	쏘련해군성 신설	해군상에 유마세브해군대장 임명	4	조선중앙통신
1950-02-28-033	파멸적군비경쟁중지를 요구	다수 미국인민들 국회에 서한	4	조선중앙통신
1950-02-28-034	믿지 못할 발판들	-중국만화에서-	4	
1950-02-28-035	대베를린민주주의시참사회 새로 구성		4	조선중앙통신
1950-02-28-036	인도네시아 각지에서 반정부운동 격화		4	조선중앙통신
1950-02-28-037	비참한 상태에 놓여있는 호주의 강제이주민들		4	
1950-02-28-038	국제정세개관	방코크회의의 실패	4	
1950-02-28-039	국제정세개관	평화를 옹호하는 전세계 민주청년들의 투쟁	4	

기사번호	제목(title)	부제목(stitle)	면수	필자, 출처
1950-02-28-040	국제정세개관	쏘중조약 및 협정체결을 전세계 인민들 열렬히 지지	4	
1950-02-28-041	국제정세개관	자본주의는 위기에 처하고있다	4	
1950-03-01-001	조국에 대한 우리 인민의 사랑은 태양과 같이 뜨겁다		1	
1950-03-01-002	1949년도 1950년도 국가종합예산집행총결과 국가종합예산을 토의	조선최고인민회의 제3일회의 오전회의	1	조선중앙통신
1950-03-01-003	국가종합예산안토의 계속 국내 국채발행제의를 열렬히 찬동	조선최고인민회의 제3일회의 오후회의	1	조선중앙통신
1950-03-01-004	1950년도 국가종합예산심의위원회		1	조선중앙통신
1950-03-01-005	조선민주주의인민공화국 내각 결정 제42호	「국영농기계임경소에 관한 규정」 승인에 관한 결정서	1	
1950-03-01-006	3.1운동 31주년 평양시기념대회 성황	평양시 국립극장에서	1	본사기자 최룡봉
1950-03-01-007	국영농기계임경소에 관한 규정		1	
1950-03-01-008	조선민주주의인민공화국 1949년도 국가종합예산집행총결과 1950년도 국가종합예산에 관한 보고 재정상 최창익	최고인민회의 제3일회의에서	2, 3	
1950-03-01-009	인민경제 2개년계획 실행정형에 대한 대의원들의 토론(요지) 최고인민회의 제2일 오후회의에서	대의원 허성택, 대의원 박세영	3	
1950-03-01-010	국가종합예산에 대한 대의원들의 토론(요지) 최고인민회의 제3일 오전회의에서	대의원 박영성, 대의원 김제원	3	
1950-03-01-011	불란서 각 항구 부두로동자들의 전쟁물자취급 반대투쟁 계속 치렬		4	조선중앙통신
1950-03-01-012	중국정부 아편연독금을 명령		4	조선중앙통신
1950-03-01-013	중국인민해방군 남오도를 해방		4	조선중앙통신
1950-03-01-014	서독청년평화옹호대회에 보낸 자유독일청년동맹의 메쎄지		4	조선중앙통신
1950-03-01-015	불가리아인민공화국 보도부의 성명	미주재 불가리아공사의 소환을 요구하는 비법적행동에 대하여	4	조선중앙통신
1950-03-01-016	각국의 공산당과 로동당들은 장성강화되고있다	『쁘라우다』지 론설-	4	조선중앙통신
1950-03-01-017	세균무기보존에 날뛰는 페스트의 변호자들		4	리재화
1950-03-01-018	급속히 발전되고있는 인민민주주의 제국가	루마니아	4	
1950-03-01-019	영국의회선거의 반민주적성격 탄로		4	조선중앙통신
1950-03-01-020	테로하에 진행되고있는 희랍의 '선거'준비		4	조선중앙통신
1950-03-01-021	서독점령당국 요새구축에 광분		4	조선중앙통신

기사번호	제목(title)	부제목(stitle)	면수	필자, 출처
1950-03-02-001	1950년도 국가종합예산		1	
1950-03-02-002	최고인민회의 제5차회의 제4일 1950년도 국가종합예산에 관한 법령과 재판소구성법을 채택	오전회의	1	조선중앙통신
1950-03-02-003	조선민주주의인민공화국 형법 및 형사수속법안 상정	오후회의	1	조선중앙통신
1950-03-02-004	남반부체육인들에게 보내는 공개서한	조국전선호소문지지 평양시체육인궐기대회	1	
1950-03-02-005	리승만역도들을 타도하기 위하여 전체 체육인들 궐기	조국전선호소문지지 평양시체육인궐기대회	1	
1950-03-02-006	북반부인민들의 건설투쟁 2개년계획을 완수	은률광산 로동자들 흑색광업부문에서 1위로 완수, 함흥기관구 김배환기관사, 오로기관구 한윤연기관사, 청진수산사업소 74건국호 로동자들	1	
1950-03-02-007	최고인민회의를 경축하여 원시유적전람회를 개최	국립중앙력사박물관에서	1	본사기자 김경일
1950-03-02-008	남반부각지 유격 전황	순천서 괴뢰군 1개 중대 분쇄	1	조선중앙통신
1950-03-02-009	조선민주주의인민공화국 재판소 구성법 채택에 관한 보고	최고인민회의상임위원회 부위원장 홍남표	2	
1950-03-02-010	토론 대의원 리병남	최고인민회의 제3일회의에서 국가종합예산에 대한 토론	2	
1950-03-02-011	토론 대의원 천성옥	최고인민회의 제3일회의에서 국가종합예산에 대한 토론	2	
1950-03-02-012	토론 대의원 김영수	최고인민회의 제3일회의에서 국가종합예산에 대한 토론	2	
1950-03-02-013	토론 대의원 김정주	최고인민회의 제3일회의에서 국가종합예산에 대한 토론	3	
1950-03-02-014	토론 대의원 윤희구	최고인민회의 제3일회의에서 국가종합예산에 대한 토론	3	
1950-03-02-015	토론 대의원 송금애	최고인민회의 제3일회의에서 국가종합예산에 대한 토론	3	
1950-03-02-016	토론 대의원 백남운	최고인민회의 제2일 오후회의에서 인민경제 2개년계획실행정형에 대한 토론	3	
1950-03-02-017	토론 대의원 리봉련	최고인민회의 제2일 오후회의에서 인민경제 2개년계획실행정형에 대한 토론	3	
1950-03-02-018	토론 대의원 김득란	최고인민회의 제2일 오후회의에서 인민경제 2개년계획실행정형에 대한 토론	3	

기사번호	제목(title)	부제목(stitle)	면수	필자, 출처
1950-03-02-019	토론 대의원 박철	최고인민회의 제2일 오후회의에서 인민경제 2개년계획실행정형에 대한 토론	3	
1950-03-02-020	토론 대의원 김승현	최고인민회의 제2일 오후회의에서 인민경제 2개년계획실행정형에 대한 토론	3	
1950-03-02-021	식료품 및 제조품 국정소매가격의 새로운 인하에 관한 쏘련내각 및 쏘련공산당(볼쉐위크) 중앙위원회 결정		4	
1950-03-02-022	귀국도중의 모택동주석 쓰딸린대원수에게 전보		4	조선중앙통신
1950-03-02-023	위대한 쏘베트동맹의 원조밑에 항가리는 사회주의의 길로!		4	최옥
1950-03-02-024	금본위에 대한 루블리교환률의 변경 및 외국화페들에 대한 루블리교환률을 높일데 관한 쏘련내각 결정		4	조선중앙통신
1950-03-02-025	자본주의경제체계에 대한 사회주의경제체계의 우월성	『이즈베스치야』지 론설-	4	조선중앙통신
1950-03-02-026	서부독일경찰의 만행	공산당지구위원회를 습격	4	조선중앙통신
1950-03-03-001	원쑤와의 투쟁에서 더욱 무자비하게 싸우자!		1	
1950-03-03-002	조선민주주의인민공화국 형법을 채택	최고인민회의 제5일회의	1	조선중앙통신
1950-03-03-003	위대한 쏘련의 평화적건설의 결과이다	쏘련에서의 물가인하와 루블리교환률 제고에 대한 반향	1	로동자 당운실
1950-03-03-004	쏘련은 진정한 인민의 나라이다	쏘련에서의 물가인하와 루블리교환률 제고에 대한 반향	1	농민 리희찬
1950-03-03-005	사회주의경제의 위력을 다시금 과시	쏘련에서의 물가인하와 루블리교환률 제고에 대한 반향	1	사무원 문영백
1950-03-03-006	세계민청서기를 추방하려는 불정부의 폭거에 엄중항의	북조선민청 중앙위원회와 남조선민애청 중앙위원회에서	1	조선중앙통신
1950-03-03-007	농민시장의 개설은 도시와 농촌간의 경제적련계를 더욱 공고히 한다	장시우상업상의 담화	1	
1950-03-03-008	리승만도당의 파쑈테로적교육정책을 폭로규탄	조국전선호소문지지 원산시학생군중대회	1	조선중앙통신
1950-03-03-009	남반부인민들 인민유격대에 더욱 많은 원호물자를 제공	경북일대를 중심으로 하는 남반부 각지에서	1	조선중앙통신
1950-03-03-010	영천읍 일각에 돌입!	경북일대 유격전 일층 치렬	1	조선중앙통신
1950-03-03-011	조선민주주의인민공화국 형법 및 형사수속법채택에 관한 보고	사법상 리승엽	2	
1950-03-03-012	조선민주주의인민공화국 재판소구성법안에 대한 토론(요지) 최고인민회의 제4일 오전회의에서	대의원 조태우	2	
1950-03-03-013	조선민주주의인민공화국 재판소구성법안에 대한 토론(요지) 최고인민회의 제4일 오전회의에서	대의원 주만술	2	
1950-03-03-014	조선민주주의인민공화국 형법 및 형사수속법초안에 관한 조선최고인민회의 법제위원회의 첨부 보고	계동선	3	
1950-03-03-015	토론 대의원 김광수	최고인민회의 제3일회의에서 국가종합예산에 대한 토론	3	
1950-03-03-016	토론 대의원 김성학	최고인민회의 제3일회의에서 국가종합예산에 대한 토론	3	
1950-03-03-017	토론 대의원 리유민	최고인민회의 제3일회의에서 국가종합예산에 대한 토론	3	
1950-03-03-018	토론 대의원 길원팔	최고인민회의 제3일회의에서 국가종합예산에 대한 토론	3	
1950-03-03-019	토론 평안남도 인민위원회 위원장 송창렴	최고인민회의 제3일회의에서 국가종합예산에 대한 토론	3	
1950-03-03-020	쏘베트국가의 위력강화에 대한 또하나의 뚜렷한 증거		4	강우
1950-03-03-021	새로운 단체계약을 요구하는 미국탄광로동자들의 파업투쟁 더욱 치렬		4	조선중앙통신
1950-03-03-022	미국탄광로동자 파업 제4주에 돌입		4	조선중앙통신
1950-03-03-023	쏘련 미국간의 협의를 미국인민들 열렬히 요구		4	조선중앙통신
1950-03-03-024	미국진보당대회 개최	트루맨의 대내외정책을 반대하는 정치강령 채택	4	조선중앙통신
1950-03-03-025	오는 평화옹호세계대회위원회의 개최를 스웨덴민주청년들 열렬히 환영		4	조선중앙통신
1950-03-03-026	독일민주주의공화국 대외정책에 관하여	독일민주주의공화국 림시인민의원회의에서 외상 데르팅게르 연설	4	조선중앙통신
1950-03-03-027	찌또도당의 직맹들을 국제직련에서 추방하라!	항가리직총의 메쎄지	4	조선중앙통신
1950-03-03-028	인민해방군과 공동으로 대만해방을 완성하라!	2.28인민봉기 3주년에 제하여 대만민주자치동맹에서 메쎄지	4	조선중앙통신
1950-03-03-029	요시다반동정부의 폭압	공산당원들을 공직에서 축출	4	조선중앙통신
1950-03-04-001	조국과 인민의 리익을 옹호하는 민주주의적법전		1	
1950-03-04-002	조선민주주의인민공화국 형사소송법 채택	조선민주주의인민공화국 최고인민회의 제5차회의 폐막	1	조선중앙통신
1950-03-04-003	평화옹호세계위원회의 평화제의호소를 지지찬동	최고인민회의 제6일회의에서	1	조선중앙통신

기사번호	제목(title)	부제목(stitle)	면수	필자, 출처
1950-03-04-004	조선민주주의인민공화국 최고인민회의 귀중 세계평화를 위한 호소문	평화옹호세계위원회, 조선민주주의인민공화국 평화옹호전국민족위원회	1	
1950-03-04-005	쏘련의 위력을 다시한번 과시하는것이다	쏘련에서의 물가인하와 루블리 교환률 제고에 대한 반향	1	김길수
1950-03-04-006	쏘베트국가는 더욱 풍성하고 유족하여진다	쏘련에서의 물가인하와 루블리 교환률 제고에 대한 반향	1	리태준
1950-03-04-007	농민시장 개설준비원만 3월 5일부터 개시	평양특별시 민본리와 대신리의 농민시장	1	본사기자 박철우
1950-03-04-008	2월계획 완수	원산석면제작소	1	
1950-03-04-009	평화옹호세계위원회의 평화제의호소문에 대하여	조선민주주의인민공화국 평화옹호전국민족위원회 대표 한설야	2	
1950-03-04-010	토론 대의원 최경덕	최고인민회의 제6일회의에서 평화옹호세계위원회의 평화제의호소에 대한 토론	2	
1950-03-04-011	토론 평화옹호전국민족위원회 대표 김익두	최고인민회의 제6일회의에서 평화옹호세계위원회의 평화제의호소에 대한 토론	3	
1950-03-04-012	토론 대의원 리기영	최고인민회의 제6일회의에서 평화옹호세계위원회의 평화제의호소에 대한 토론	3	
1950-03-04-013	토론 대의원 장해우	최고인민회의 제5일 오전회의에서 선민주주의인민공화국 형법 및 형사소송법초안에 대한 토론	3	
1950-03-04-014	토론 대의원 최용달	최고인민회의 제5일 오전회의에서 선민주주의인민공화국 형법 및 형사소송법초안에 대한 토론	3	
1950-03-04-015	국제부녀절에 관한 전련맹공산당(볼쉐위크) 중앙위원회 결정		4	
1950-03-04-016	국제부녀절을 맞이하여 국제민주녀성련맹에서 메쎄지 발표		4	조선중앙통신
1950-03-04-017	월남공화국에 대한 제국주의적책동		4	오철
1950-03-04-018	영국총선거 결과에 대하여	-영국공산당 총비서 해리 폴릿트 론설-	4	조선중앙통신
1950-03-04-019	오지리 로동자 사무원의 임금인상 요구 투쟁 계속		4	조선중앙통신
1950-03-04-020	서부독일 각지에 평화옹호위원회 조직		4	조선중앙통신
1950-03-04-021	세계민청련맹서기에 대한 불란서당국의 출국명령에 대하여 알바니아청년들 항의		4	조선중앙통신
1950-03-04-022	실업과 물가고에 허덕이는 오지리		4	조선중앙통신
1950-03-04-023	월남인민군 2개월간 전과	도처에서 불란서군을 격파	4	조선중앙통신
1950-03-04-024	쏘중간 전신전화련락협정 체결		4	조선중앙통신
1950-03-04-025	중국정부 농업생산계획 발표		4	조선중앙통신
1950-03-04-026	신강성인민정부 부주석 등 중국공산당에 입당		4	조선중앙통신
1950-03-04-027	드골도당의 반공화국음모 계속 폭로		4	조선중앙통신
1950-03-04-028	공산주의자들에 대한 인도정부의 비법조치		4	조선중앙통신
1950-03-04-029	극장안내		4	
1950-03-05-001	토지개혁실시 4주년		1	
1950-03-05-002	「1950년도 조선민주주의인민공화국 국가종합예산에 관한 법령」	조선민주주의인민공화국 최고인민회의는 다음과 같이 결정한다	1	
1950-03-05-003	「조선민주주의인민공화국 북반부의 인민경제부흥발전을 위한 1949-1950년 2개년계획의 실행 정형에 관한 결정」		1	
1950-03-05-004	「조선민주주의인민공화국 재판소구성법 채택에 관하여」		1	
1950-03-05-005	「조선민주주의인민공화국 형법채택에 관하여」		1	
1950-03-05-006	「평화옹호세계위원회의 평화제의호소문에 관하여」	1950년 3월 3일 채택한 결정	1	
1950-03-05-007	토론 대의원 박정애	최고인민회의 제6일회의에서 평화옹호세계위원회의 평화제의호소에 대한 토론	2	
1950-03-05-008	토론 대의원 김창준	최고인민회의 제6일회의에서 평화옹호세계위원회의 평화제의호소에 대한 토론	2	
1950-03-05-009	토론 대의원 김한중	최고인민회의 제5일 오전회의에서 조선민주주의인민공화국 형법 및 형사소송법 초안에 대한 토론	2	
1950-03-05-010	토론 대의원 정성언	최고인민회의 제5일 오전회의에서 조선민주주의인민공화국 형법 및 형사소송법 초안에 대한 토론	2	
1950-03-05-011	토론 대의원 옥영자	최고인민회의 제5일 오전회의에서 조선민주주의인민공화국 형법 및 형사소송법 초안에 대한 토론	2	
1950-03-05-012	토론 대의원 홍기문	최고인민회의 제5일 오전회의에서 조선민주주의인민공화국 형법 및 형사소송법 초안에 대한 토론	2	

기사번호	제목(title)	부제목(stitle)	면수	필자, 출처
1950-03-05-013	토지개혁 4주년을 농업증산으로 맞이하는 함남 함주군 농민들	희망에 찬 마을사람들	3	본사기자 백운학
1950-03-05-014	토지개혁 4주년을 농업증산으로 맞이하는 함남 함주군 농민들	2천 50여정보를 비전옥답으로 개간	3	함주군인민위원회 위원장 김희봉
1950-03-05-015	신축된 함주고급중학교에서		3	
1950-03-05-016	뜨락또르기경은 높은 수확을 보장한다	함흥벌에서	3	주북면 흥산리 한희찬농민
1950-03-05-017	과학적영농계획밑에 적지적작을 위해 투쟁		3	주서면 풍남리농민동맹 위원장 김홍우
1950-03-05-018	여유곡물을 농민시장에	함주군내 각지 농민들	3	
1950-03-05-019	뜨락또르기술원 양성소생들의 기경실습을 구경하는 주변농민들		3	림덕보
1950-03-05-020	새로운 물가인하결정을 쏘련인민들 열렬히 환영		4	조선중앙통신
1950-03-05-021	찌또반역도당을 반대하는 유고인민들의 대중적투쟁		4	조선중앙통신
1950-03-05-022	신해방구의 토지개혁실시를 중화인민공화국 정부 발표		4	조선중앙통신
1950-03-05-023	월남에서 토지개혁 계속 실시		4	조선중앙통신
1950-03-05-024	유고정부에 보낸 불가리아정부의 각서	불가리아국경수비대병 피살사건에 관하여	4	조선중앙통신
1950-03-05-025	암스테르담근로인민들 항의군중대회 개최	평화옹호세계대회위원회대표단을 화란당국 비법적으로 추방한데 대하여	4	조선중앙통신
1950-03-05-026	독쏘친선협회사업을 서부베를린당국 방해		4	조선중앙통신
1950-03-05-027	노르웨이 사탕 과자 등 가격 불원 인상		4	조선중앙통신
1950-03-05-028	평화를 위하여	에렌부르그의 론설	4	
1950-03-05-029	대만		4	
1950-03-06-001	비판과 자기비판을 더 널리 전개하자		1	
1950-03-06-002	조선민주주의인민공화국 형사소송법채택에 관하여		1	
1950-03-06-003	조선민주주의인민공화국 38선이북지역에 있어서의 지방행정구역중 리 혹은 동 명칭을 리로 통일함에 관한 조선최고인민회의 상임위원회 정령승인에 관하여		1	
1950-03-06-004	조선민주주의인민공화국 38선이북지역의 리행정구역 일부를 변경함에 관한 조선최고인민회의 상임위원회 정령승인에 관하여		1	

기사번호	제목(title)	부제목(stitle)	면수	필자, 출처
1950-03-06-005	자강도 강계군 강계면을 강계시로 승격시키며 강계군을 장강군으로 개칭함에 관한 조선최고인민회의 상임위원회 정령승인에 관하여		1	
1950-03-06-006	차량세개정에 관한 조선최고인민회의 상임위원회 정령승인에 관하여		1	
1950-03-06-007	사회보험료 수납법개정에 관한 조선최고인민회의 상임위원회 정령승인에 관하여		1	
1950-03-06-008	거래세개정에 관한 조선최고인민회의 상임위원회 정령승인에 관하여		1	
1950-03-06-009	부동산 취득세 개정에 관한 조선최고인민회의 상임위원회 정령승인에 관하여		1	
1950-03-06-010	가옥세개정에 관한 조선최고인민회의 상임위원회 정령승인에 관하여		1	
1950-03-06-011	대지세개정에 관한 조선최고인민회의 상임위원회 정령승인에 관하여		1	
1950-03-06-012	강순대의원을 조선최고인민회의 상임위원회 위원으로부터 해임함에 관하여		1	
1950-03-06-013	정백의 대의원자격을 박탈함에 관하여		1	
1950-03-06-014	토지개혁실시 4주년기념 경축대회 성대히 거행	평양모란봉극장에서	1	본사기자 백응호
1950-03-06-015	우리의 복리를 위한 공채가 하루속히 나오기를 기다린다		1	평양화학공장 방사과 로동자 김광식
1950-03-06-016	국가은공에 얼마간이라도 보답코자 더 많은 공채를		1	함남 함주군 주서면 풍남리 농민 안두필
1950-03-06-017	쓰베르들로브쓰끄선거구 근로자 및 사회단체 대표자회의에서 진술한 느.므.스베르니끄의 연설		2	
1950-03-06-018	조선인민들은 공채발행을 열렬히 요망한다		2	장순명
1950-03-06-019	토론 대의원 리기석	최고인민회의 제6일회의에서 평화옹호세계위원회의 평화제의호소에 대한 토론	3	
1950-03-06-020	토론 대의원 리홍렬	최고인민회의 제6일회의에서 평화옹호세계위원회의 평화제의호소에 대한 토론	3	
1950-03-06-021	토론 대의원 리극로	최고인민회의 제6일회의에서 평화옹호세계위원회의 평화제의호소에 대한 토론	3	

기사번호	제목(title)	부제목(stitle)	면수	필자, 출처
1950-03-06-022	토론 대의원 박윤길	최고인민회의 제6일회의에서 평화옹호세계위원회의 평화제의호소에 대한 토론	3	
1950-03-06-023	3월 5일부터 평양제1농민시장 개설		3	본사기자 박철우, 림덕보
1950-03-06-024	쏘련에서의 물가인하와 루블리교환률제고에 대한 각국의 반향	여러 나라에서	4	조선중앙통신
1950-03-06-025	주독쏘련관리위원회에서 정당 및 사회단체 등록에 관한 직능 등을 독일정부에 양도		4	조선중앙통신
1950-03-06-026	실업자들에 직업을 주며 로동자의 임금을 인상하라	덴마크실업자전국동맹회의에서	4	조선중앙통신
1950-03-06-027	서독의 자유독일청년동맹 제1차대회 독일의 통일을 위한 투쟁과업을 토의		4	조선중앙통신
1950-03-06-028	'마샬안'은 서구라파에 무엇을 가져왔는가?		4	조선중앙통신
1950-03-06-029	레바논의 경제형편 참담	완전실업자만 12만명	4	조선중앙통신
1950-03-06-030	대만		4	쁘.끄라이노브 『아그뇨크』지
1950-03-06-031	미국자본 불란서전기공업에 침입		4	조선중앙통신
1950-03-06-032	애급당국 진보적서적의 판매를 금지		4	조선중앙통신
1950-03-07-001	조선적십자회 각급 지도기관 선거사업을 협조하자		1	
1950-03-07-002	나는 누구보다도 먼저 공채를 사기 위하여 준비하겠다		1	평양기관구 기관사 정도명
1950-03-07-003	우리의 공채는 철두철미 인민의 리익을 위한것이다		1	조각가 조규봉
1950-03-07-004	나의 여유경제력을 공채구입에 열성적으로 충당하겠다		1	동흥특수공업사 사장 선창준
1950-03-07-005	류벌 편벌계획을 6월말까지 완수할것을 호소	녕원림산작업소 종업원궐기대회	1	본사기자 류민우
1950-03-07-006	호소문	1950년 류벌계획기간단축 및 초과완수를 위한 녕원림산작업소 종업원궐기대회	1	
1950-03-07-007	남조선녀맹원들과 남조선 전체 녀성들에게 보내는 남조선민주녀성동맹 중앙위원회 호소문		1	
1950-03-07-008	조선적십자회 지도기관 선거사업준비 진행		1	
1950-03-07-009	상아해안녀성들의 탄압을 중지하라	북조선녀맹에서 불란서식민지 통치당국에 항의	1	조선중앙통신
1950-03-07-010	신화통신사 주조선분사 평양에 설립		1	조선중앙통신

기사번호	제목(title)	부제목(stitle)	면수	필자, 출처
1950-03-07-011	당단체의 조직적협조로써 민청사업을 일층 개선강화	덕천군당단체에서	2	덕천군당부 위원장 배용은
1950-03-07-012	당원들의 책임성 제고하여 기술습득을 위한 투쟁 활발	남포견직공장에서	2	남포견직공장 직포계 제2분세포위원장 송운영
1950-03-07-013	경공업원료증산 위해 면화의 적지선정 보장		2	철산군 서림면 광봉리세포위원장 김윤택
1950-03-07-014	당지도검열사업을 체계있게 진행하자		2	평남도당위원장 박영성
1950-03-07-015	매국노들이 떠드는 망국국회 '의원임기 연장운동'의 리면에는 무엇이 숨어있는가?		2	리문일
1950-03-07-016	객차직장 건설공사 완성 앞두고 더욱 활발	원산철도공장 로동자들	3	
1950-03-07-017	7월말까지 2개년계획의 완수 위하여	천동광산 로동자들	3	본사기자 리성섭
1950-03-07-018	해빙즉시로 조기춘경할 준비 만전	함남도농민들의 춘파준비	3	
1950-03-07-019	개설된 첫날부터 성황 이룬 농민시장	신의주시농민시장에서	3	주재기자 최영환
1950-03-07-020	로동자출신지배인의 공장운영관리경험		3	공로메달받은 해주철도공장 지배인 리지갑
1950-03-07-021	농민들의 집단적문화생활장소로	자강도 장평리민주선전실	3	주재기자 리문상
1950-03-07-022	조국과 당을 위해 분신력투한 지리산전구 정치위원 류일석동무의 공훈		3	
1950-03-07-023	멸망에 직면한 리승만매국도당	'태평양동맹'체결로써 잔명 유지하려는 매국노	3	조선중앙통신
1950-03-07-024	불란서 각지에서 파업 계속 확대	파업투표에 절대다수 로동자 찬동	4	조선중앙통신
1950-03-07-025	체코슬로바키아에서 외국간첩에 대한 공판 개시		4	조선중앙통신
1950-03-07-026	화란의 경제상태 계속 악화		4	조선중앙통신
1950-03-07-027	쏘련교육기관망의 장성		4	조선중앙통신
1950-03-07-028	'마샬안'자금배당문제 둘러싸고 미국회에서 추악한 갈등 연출	『이즈베스치야』지 론평-	4	조선중앙통신
1950-03-07-029	미당국 인민민주주의국가들과의 통상을 방해		4	조선중앙통신
1950-03-07-030	미국무성 평화옹호세계위원회대표단의 입국 거부		4	조선중앙통신

기사번호	제목(title)	부제목(stitle)	면수	필자, 출처
1950-03-07-031	아세아에 있어서 미국정책에 대한 인도신문들의 론평		4	
1950-03-07-032	불란서인민은 평화를 위하여 적극적으로 싸우고있다		4	박순석
1950-03-07-033	련방조사국의 불법행위에 미국각계층의 비난 비등		4	조선중앙통신
1950-03-07-034	전중국에서 각계 인민대표자회의 성과적으로 진행		4	조선중앙통신
1950-03-07-035	미국비행기를 불란서에 수송		4	조선중앙통신
1950-03-07-036	중국국민당도배의 폭격은 미제국주의자들이 조종한다	-신화사보도-	4	조선중앙통신
1950-03-07-037	급속히 발전되고있는 인민민주주의 제국가 체코슬로바키아	인민생활 문화수준 날로 향상	4	
1950-03-08-001	국제부녀절에 제하여		1	
1950-03-08-002	조선민주주의인민공화국 내각 수상 김일성장군에게 드리는 편지	제2차 교통성산하 종업원 및 교통로동자직업동맹 열성자대회	1, 2	
1950-03-08-003	국제부녀절경축 평양시기념대회 성대히 거행	7일 국립예술극장에서	2	본사기자 김춘희
1950-03-08-004	조선녀성들은 평화와 민주를 위해 투쟁하는 세계민주녀성들과 함께 힘차게 전진하고있다		2	유영준
1950-03-08-005	자기 맹세를 실천하고있는 단천광산 로동자들의 투쟁		3	단천광산 지배인 장기덕, 기사장 임관모
1950-03-08-006	토지개혁실시 4주년을 각지에서 성대히 기념		3	조선중앙통신
1950-03-08-007	3.8국제부녀절을 기념하여 로동녀성들 증산투쟁에 궐기		3	
1950-03-08-008	국영농기계임경소설치를 환영하는 열성농민좌담회	황해도 재령군에서	3	
1950-03-08-009	교원의 영예		3	사리원 제3인민학교 교장 윤호병
1950-03-08-010	군무자가족들의 춘경파종을 협조	정주군 동흥리 농민들	3	통신원 탁문회
1950-03-08-011	반당 평균 3백근의 면화수확을 목표로	신천군 남부면 한은리 농민들	3	통신원 리종헌
1950-03-08-012	멸망에 직면한 리승만매국도당	'개헌안'을 위요하고 계속되는 매국노들의 암투	3	조선중앙통신
1950-03-08-013	체코공산당 중앙위원회 전원회의에서 진술한 클레멘트 고트왈드 보고		4	조선중앙통신
1950-03-08-014	모택동주석일행 귀국		4	조선중앙통신
1950-03-08-015	대오강화조약 신속체결을 미영불 고의적으로 방해	오지리정부각서에 대한 쏘련외무성의 답서	4	조선중앙통신

기사번호	제목(title)	부제목(stitle)	면수	필자, 출처
1950-03-08-016	화란공산당대회에서		4	『쁘라우다』지
1950-03-08-017	일본방송의 허위보도에 대한 따쓰의 반박		4	조선중앙통신
1950-03-08-018	희랍애국자들에 대한 사형집행을 제지시키라!	유엔 쏘련상임대표 요구	4	조선중앙통신
1950-03-08-019	적에 결정적타격을 주기 위한 총동원령을 월남정부 발표		4	조선중앙통신
1950-03-08-020	미국침략정책의 새로운 행위		4	안호
1950-03-08-021	이란정부 인민당지도자들을 류형		4	조선중앙통신
1950-03-08-022	극장안내		4	
1950-03-09-001	우리 철도에 군대와 같은 규률을 확립하자		1	
1950-03-09-002	(브.므.몰로또브의 사진)		1	
1950-03-09-003	쏘련공산당(볼쉐비크) 중앙위원회 브.므.몰로또브동지 앞	탄생 60주년에 제하여	1	
1950-03-09-004	쏘베트사회주의공화국련맹 내각 부수상 브.므.몰로또브각하	탄생 60주년에 제하여	1	
1950-03-09-005	쏘베트사회주의공화국련맹 내각 부수상 브.므.몰로또브각하	탄생 60주년에 제하여	1	
1950-03-09-006	우리 농민생활을 더욱 풍부하게 하는것이다	공채발행결정과 관련하여	1	황해도 벽성군 서석면 문정리 농민 정형옥
1950-03-09-007	우리의 더 좋은 생활을 보장하는 공채를 솔선 구입하겠다	공채발행결정과 관련하여	1	평양제4인민학교 교장 박기연
1950-03-09-008	2개년계획 완수	금화광산 로동자들	1	
1950-03-09-009	금년도의 첫채염	광량만염전 로동자들	1	
1950-03-09-010	봄보리파종 시작	금천군, 은률군, 룡강군에서	1	
1950-03-09-011	북반부 각 도시들에서 농민시장 일제히 개설		1	
1950-03-09-012	남반부인민유격대 1월중 종합전과		1	조선중앙통신
1950-03-09-013	위대한 쓰딸린의 가장 친근한 전우인 브.므.몰로또브		2	
1950-03-09-014	락후성을 급속히 퇴치하고 새성과를 쟁취하기 위하여	황해제철소 제강부 당단체에서	2	본사특파기자 리수근
1950-03-09-015	공산당원들과 비당원들의 쓰딸린적뿔력		2	오태천
1950-03-09-016	우수한 경험을 본받으며 각 브리가다간에 경쟁치렬	문평제련소 로동자들	3	
1950-03-09-017	화차회전률을 높여 2월분 화물수송계획을 186%로	평양역 종업원들	3	본사기자 리성섭
1950-03-09-018	황해도내 4대 관개공사 활발히 진척		3	주재기자 박덕순
1950-03-09-019	선진농기구를 광범히 보급	강계시 동부리농맹	3	자강도 강계시 동부리농맹위원장 리용식

기사번호	제목(title)	부제목(stitle)	면수	필자, 출처
1950-03-09-020	조국과 인민을 보위하려는 그의 소원은 이루어졌다	영예의 군무자가 된 남포우편국 기계수리공 림승집동무	3	본사기자 최룡봉
1950-03-09-021	남반부 빨찌산전투기 시가지의 '군경'을 습격소탕 호응한 인민들과 시위행진	경남동남부인민유격대 공격대원의 수기에서	3	
1950-03-09-022	리승만역도들의 '국채'발행음모는 왜 파탄되었는가		3	김우인
1950-03-09-023	3.8국제부녀절을 각국 녀성들 성대히 기념		4	조선중앙통신
1950-03-09-024	평화옹호는 인류가 직면한 가장 위대한 과업	영국평화옹호위원회 호소문 발표	4	조선중앙통신
1950-03-09-025	주쏘 미국대사관에 전달한 쏘련외무성의 각서	-공민권문제에 관련하여-	4	조선중앙통신
1950-03-09-026	인도네시아인민의 도살자 베스테르링그의 배후에는 누가 서있는가		4	김석기
1950-03-09-027	월남인민해방군 퍼루를 해방		4	조선중앙통신
1950-03-09-028	태평양동맹결성책동에 대한 제섚의 음모 도처에서 반대에 봉착	『이즈베스치야』지 론평-	4	조선중앙통신
1950-03-09-029	미국간첩단 윈나에서 또 발각		4	조선중앙통신
1950-03-09-030	유엔신가맹절차에 관한 국제재판소의 의견 발표		4	조선중앙통신
1950-03-09-031	이태리에서 남부이태리농민 토지점거운동을 로동자들 강력히 지지		4	조선중앙통신
1950-03-09-032	이태리에서 남부토지점거운동 더욱 확대	각지에 토지분배를 위한 위원회 조직	4	조선중앙통신
1950-03-09-033	로동총련맹 서기장 토지문제에 관하여 정부에 질의		4	조선중앙통신
1950-03-09-034	인도네시아정부 재정고문에 히틀러도당 리용을 획책		4	조선중앙통신
1950-03-10-001	적기파종준비를 제때에 완수하자		1	
1950-03-10-002	쓰딸린대원수에게	3.8국제부녀절을 경축 평양시기념대회	1	
1950-03-10-003	공화국 내각 수상 김일성장군에게	3.8국제부녀절을 경축 평양시기념대회	1	
1950-03-10-004	북반부인민들의 건설투쟁	신의주해운, 해주제련소, 영유광산, 성진항, 청진항, 성흥광산에서	1	
1950-03-10-005	학교건축기금으로 3백만원 희사	신의주시 량시섭씨의 미거	1	조선중앙통신
1950-03-10-006	공채를 발행할것을 전체 인민들은 열렬히 환영한다	우리공장에는 새기계가 더많이 시설될것이다	1	흥남비료공장 로동자 전장수
1950-03-10-007	공채를 발행할것을 전체 인민들은 열렬히 환영한다	공채구입에 모든 힘을 다하겠다	1	무역상인 리종해
1950-03-10-008	남조선민애청 전체 맹원들과 전체 애국청년들에게 고함	남조선민애청 중앙위원회 호소문	1	

기사번호	제목(title)	부제목(stitle)	면수	필자, 출처
1950-03-10-009	3.8국제부녀절경축 평양시기념대회에서 진술한 박정애녀사의 보고(요지)		2	
1950-03-10-010	축사 재조선 쏘련녀성대표 까젠쓰까야	3.8국제부녀절경축 평양시기념대회에서	2	
1950-03-10-011	축사 재조선 중국녀성대표 정설송	3.8국제부녀절경축 평양시기념대회에서	2	
1950-03-10-012	철도규률 엄수하여 2월분 주행계획을 122%로	신막기관구 로동자들	3	신막기관구 구장 김창식
1950-03-10-013	봄비료를 하루속히 농촌에 보내기 위하여	흥남에서	3	림덕보
1950-03-10-014	장벽식 채탄으로 갱목소비량을 절약	하면탄광 로동자들	3	하면탄광 기사장 김재중
1950-03-10-015	3.8국제부녀절 각지기념대회 성황		3	조선중앙통신
1950-03-10-016	논밭을 깊이 갈아 보다 높은 수확을	재령군 양대리 농맹에서	3	차봉균
1950-03-10-017	매농가 생산계획 수립하고 선진영농기술을 적극 보급		3	평안북도 정주군 갈산면 인민위원회 위원장 김자균
1950-03-10-018	나의 사업경험	로동자들의 자각적생산규률을 높이여	3	무산광산 지배인 한치경
1950-03-10-019	정주군내 농민들 농기계임경소설치준비에 열성		3	조선중앙통신
1950-03-10-020	랑비현상을 일소하고 문화농촌 건설에로		3	평안군 서봉면 진포리인민위원회 위원장 손익성
1950-03-10-021	재일조선인과 일본로동자들 동경서 3.1절 기념		3	조선중앙통신
1950-03-10-022	국가시험을 앞두고 성인교육 더욱 활발	자강도 각지에서	3	주재기자 리문상
1950-03-10-023	평화옹호세계위원회대표단 모쓰크바 도착		4	조선중앙통신
1950-03-10-024	불가리아각지에 평화옹호위원회 조직		4	조선중앙통신
1950-03-10-025	평화옹호세계위원회의 개최를 스웨덴근로인민들 열렬히 환영		4	조선중앙통신
1950-03-10-026	일본전국체신로조 파업		4	조선중앙통신
1950-03-10-027	평화옹호세계위원회 제의를 이태리 각시 참사회에서 지지		4	조선중앙통신
1950-03-10-028	공산당대의원을 의회의석에서 불법 축출	불란서국민의회 다수파의 만행	4	조선중앙통신
1950-03-10-029	공산당대의원을 불법퇴장시킨데 반대	불란서근로인민들 국민의회에 항의	4	조선중앙통신
1950-03-10-030	불란서로동자들의 파업확대 각지 교통운수부문 정지상태	파리시참사회 등 원호사업 전개	4	조선중앙통신

기사번호	제목(title)	부제목(stitle)	면수	필자, 출처
1950-03-10-031	근로인민들에게 보복을 강화할 법안을 국민의회 다수파 조작 흉책		4	조선중앙통신
1950-03-10-032	쏘련미술전람회 분란에서 개최		4	조선중앙통신
1950-03-10-033	미제는 파시스트두꺼비를 양육하고있다.		4	
1950-03-10-034	서적광고		4	조선중앙도서판매소
1950-03-10-035	미제국주의는 중국인민의 원쑤이다		4	강철주
1950-03-11-001	신입당원 교양사업에 대하여		1	
1950-03-11-002	브.므.몰로또브탄생 60주년에 제하여 쏘련공산당(볼쉐위크) 중앙위원회와 쏘련내각에서 축하문		1	
1950-03-11-003	브.므.몰로또브에게 레닌훈장수여		1	조선중앙통신
1950-03-11-004	북반부인민들의 건설투쟁	복계기관구 기관사들, 평양화학, 평양해운, 평철산하 각 기관구에서	1	통신원 길관식
1950-03-11-005	가마니생산계획 초과완수	북반부 전체 농민들	1	
1950-03-11-006	수방직계획 속속 완수	황해도내 전체 농촌녀성들	1	
1950-03-11-007	목재증산에 더욱 힘쓰면서 공채구입에 솔선하겠다	공채발행결정과 관련하여	1	녕원림산작업소 로동자 남궁합
1950-03-11-008	공채를 구입할 기쁨과 영예를 마음껏 느낀다	공채발행결정과 관련하여	1	시인 민병균
1950-03-11-009	인민의 축적력을 힘차게 시위할것이다	공채발행결정과 관련하여	1	사무원 최봉은
1950-03-11-010	남반부 전체 어업로동자들과 어민들에게 보내는 공개서한	조국전선호소문지지 황해도 몽금포어업로동자대회	1	
1950-03-11-011	불가리아공산당 중앙위원회 전원회의에서 진술한 빌꼬.체르벤꼬브의 보고		2, 3	
1950-03-11-012	2개년계획을 영예롭게 완수한 은률광산 로동자들!		3	
1950-03-11-013	생산시설을 정비확장코 작업방법을 철저히 개선		3	은률광산 지배인 리선관
1950-03-11-014	기준량을 점차로 높여 채굴량을 180%로		3	은률광산 채광부 리창림
1950-03-11-015	생산속도의 부단한 제고로 로력대중을 고무추동		3	은률광산초급당부 위원장 옥종서
1950-03-11-016	한발과 풍수해방지에 만반의 대책을 수립	정평군 흥덕리 농민들	3	통신원 김상원
1950-03-11-017	조기춘경 위한 퇴비반출 활발		3	안주군 신안주면농맹위원장 김운남
1950-03-11-018	로동자들의 문학창작	평양화학 문학써클원들	3	평양화학공장 문학써클지도원 홍한기

기사번호	제목(title)	부제목(stitle)	면수	필자, 출처
1950-03-11-019	불가리아인민공화국 내각에서 1950년도 국가계획을 채택		4	조선중앙통신
1950-03-11-020	쏘련내각 부수상 브.므.몰로또브탄생 60주년에 제하여 중국공산당 중앙위원회와 정무원총리 축전 발송		4	조선중앙통신
1950-03-11-021	헌병대들의 공격에 대항하여 공산당대의원들 용감히 투쟁	불란서국민의회 폭행사건 상보	4	조선중앙통신
1950-03-11-022	파업목적에 관한 콤뮤니케 발표	불란서로동총련맹 서기국에서	4	조선중앙통신
1950-03-11-023	인민대중의 적극 지지밑에	불란서	4	조선중앙통신
1950-03-11-024	미국에서의 실업의 장성과 근로자들의 형편의 악화		4	김용
1950-03-11-025	따쓰의 반박	영국물리학자 푹쓰재판에 관련하여	4	조선중앙통신
1950-03-11-026	불란서당국 세계여론의 압력으로 세계민청서기추방을 연기		4	조선중앙통신
1950-03-11-027	세계민청서기추방에 대한 각국 청년들의 항의 계속		4	조선중앙통신
1950-03-11-028	미국탄광로동자들 승리	탄광주와 단체계약을 체결	4	조선중앙통신
1950-03-11-029	일본로동자들 파업 확대		4	조선중앙통신
1950-03-11-030	미국간첩들에 대한 공판 개시	쏘피아재판소에서	4	조선중앙통신
1950-03-11-031	루마니아민주정부수립 5주년기념대회 성황		4	조선중앙통신
1950-03-12-001	보건일군들의 신성한 임무		1	
1950-03-12-002	북반부인민들의 건설투쟁 2월계획 초과완수	청진방적, 신연광산, 화풍광산, 중대리광산, 신의주기관구에서	1	
1950-03-12-003	북반부인민들의 건설투쟁 춘기파종준비 활발	장연군, 철산군, 전천군, 황주군에서	1	
1950-03-12-004	북반부인민들의 건설투쟁 봄보리파종 시작	평산군 월하리, 온성군, 서흥군에서	1	
1950-03-12-005	쓰딸린대원수탄생 70주년경축대회에 참가한 공화국인민대표 귀환보고대회 성황		1	본사기자 박경식
1950-03-12-006	인민생활의 복리증진을 위해 공채구입에 적극 참가하겠다	공채발행결정과 관련하여	1	귀성제염소 로동자 장도환
1950-03-12-007	공채발행은 농촌발전에 막대한 도움이 될것이다	공채발행결정과 관련하여	1	정주군 고안면 흑우리농민 전양봉
1950-03-12-008	솔선 공채를 구입함으로써 국가류성발전에 기여하겠다	공채발행결정과 관련하여	1	지물상 한동엽
1950-03-12-009	남반부인민들의 항쟁 치렬	괴뢰군 제25련대 주력부대를 공격	1	조선중앙통신
1950-03-12-010	남반부인민들의 항쟁 치렬 인민유격대를 원호하는 남반부인민들의 애국지성 더욱 고조	경남북, 전남북에서	1	조선중앙통신

기사번호	제목(title)	부제목(stitle)	면수	필자, 출처
1950-03-12-011	남반부인민들의 항쟁 치렬 괴뢰군 제2사단의 주력부대를 추격	태백산유격부대 계속 진공	1	조선중앙통신
1950-03-12-012	1950년 3월 9일 모쓰크바시 레닌그라드 선거구 유권자회의에서 진술한 그.므.말렌꼬브의 연설		2, 3	
1950-03-12-013	작업공정을 세분화하여 기술능력을 고도로 발휘	서평양철도공장 로동자들	3	서평양철도공장 지배인 강병태
1950-03-12-014	생산시설을 확장하고 채탄능률을 2배로	학포탄광 로동자들	3	통신원 김진규
1950-03-12-015	로동신문사 편집부 앞	국영순안기계제작소 지배인 조응필	3	
1950-03-12-016	춘경전에 뿌라우를 더 많이 농촌에로!	평양농구제작소 로동자들	3	평양농구제작소 뿌라우생산과장 김원창
1950-03-12-017	풍미좋은 과실을 더 많이 생산코자	홍원과수원 종업원들	3	
1950-03-12-018	2모작을 실시하여 50%증산을 목표	안변군 안도면 하와리 농민들	3	안변군 안도면 하와리농맹위원장 김시형
1950-03-12-019	묘포를 확장하며 식수준비에 만전	북청군 조림사업소에서	3	통신원 윤지월
1950-03-12-020	우리 마을에서는 군무자가족의 협조사업을 이렇게 하고있다	신흥군 상리 농민들	3	함남 신흥군 상리 조국보위후원회 초급단체위원장 엄혜숙
1950-03-12-021	평화옹호세계위원회 대표단제안을 쏘련 최고쏘베트 량의원 의장들에게 제출		4	조선중앙통신
1950-03-12-022	평화옹호세계위원회대표단 환영회	쏘련평화옹호위원회에서 개최	4	조선중앙통신
1950-03-12-023	평화옹호세계위원회 제의를 알바니아인민회의에서 찬동		4	조선중앙통신
1950-03-12-024	쏘련에서는 소매가격이 인하되는 반면에 자본주의국가에서는 왜 등귀되는가?		4	채혁
1950-03-12-025	평화옹호세계위원회대표단 모쓰크바에서 기자단과 회견		4	조선중앙통신
1950-03-12-026	불란서로동자들의 파업 급속히 각 산업부문에 확대	벌써 금속로동자만 50만명 참가	4	조선중앙통신
1950-03-12-027	근로인민들과의 군은 단결하에 불란서 로동자 파업 더욱 확대		4	조선중앙통신
1950-03-13-001	해빙기의 보선작업을 성과있게 보장하여 철도수송력을 일층 제고하자		1	
1950-03-13-002	북반부인민들의 건설투쟁 1.4분기계획 완수	본궁화학, 평북륙운에서	1	
1950-03-13-003	북반부인민들의 건설투쟁	금활-삼등간 철도부설공사 활발히 진행	1	본사기자 리성섭

기사번호	제목(title)	부제목(stitle)	면수	필자, 출처
1950-03-13-004	북반부인민들의 건설투쟁 춘기파종준비 활발	벽성군, 연백군, 송화군, 봉산군에서	1	
1950-03-13-005	쏘련에서 뜨락또르 60대 입하	각 임경소에서 준비사업 활발	1	
1950-03-13-006	전가족이 공채를 구매할 준비를 갖추고 있다	공채발행결정과 관련하여	1	농민 고기호
1950-03-13-007	나의 있는 축적력을 다하여 더 많은 공채를	공채발행결정과 관련하여	1	강계북선제유공장주 김기덕
1950-03-13-008	교육부문 1949년총결과 1950년도 과업 토의	교육성 1949년도총결회의	1	
1950-03-13-009	의무교육제실시를 앞두고 교육간부양성사업 적극 진행	교육성에서	1	
1950-03-13-010	쏘련녀성 반파쑈위원회와 루마니아민주녀성동맹으로부터 북조선녀맹위원장에게 축전	-3.8국제부녀절에 제하여-	1	조선중앙통신
1950-03-13-011	평화옹호자함남도대회 성황	평화옹호함남도위원회 위원도선거	1	
1950-03-13-012	남반부인민유격전 치렬	태백산인민유격대 괴뢰군 제2사단주력 격퇴	1	조선중앙통신
1950-03-13-013	남반부인민유격전 치렬	괴뢰군 22련대 제3대대주력을 소탕	1	조선중앙통신
1950-03-13-014	남반부인민유격전 치렬	경북 울진방면 인민유격대 괴뢰군 1개 중대를 격파	1	조선중앙통신
1950-03-13-015	원가저하에 중요한 출유률을 제고시키기 위한 투쟁	신의주제유공장 세포에서	2	신의주제유공장 세포위원장 김재학
1950-03-13-016	기술전습회를 강화하여 생산에서 대대한 성과를		2	평양화학공장 원액과 분세포위원장 박행규
1950-03-13-017	축산발전의 중요성을 깊이 인식하고 결함을 속히 퇴치하라	자강도축산사업소에서	2	주재기자 리문상
1950-03-13-018	경지면적의 확장과 토지리용률 제고에	원평면 중양리세포에서	2	통신원 위정산
1950-03-13-019	「로동자임금개정에 관한 결정」의 의의와 그 적용사업에 대하여		2	로동상 허성택
1950-03-13-020	공채의 발행으로 건설확장될 방대한 기본건설공사	평양방직공장, 평남관개공사, 평양역사건축에서	3	조선중앙통신
1950-03-13-021	각지에서 춘잠사육준비 활발히 진행		3	본사기자 백운학
1950-03-13-022	우량종돈 보급하여 무축농가를 일소	재령면 봉천리 농민들	3	
1950-03-13-023	함상의 오락회	고현윤군관지휘구분대 수병들	3	특파기자 리성빈

기사번호	제목(title)	부제목(stitle)	면수	필자, 출처
1950-03-13-024	기계무사고운전을 보장하고 2월분계획을 139.5%로	신의주팔프공장 로동자들	3	주재기자 최영환
1950-03-13-025	선진작업경험 일반화하며 규격발파를 정확히 준수	창도광산 로동자들	3	통신원 김준호
1950-03-13-026	리승만도당은 왜 '병역법시행령'을 조작하였는가?		3	현우
1950-03-13-027	쏘련인민들은 최고쏘베트선거에 참가할 만반의 준비를 갖추고있다		4	조선중앙통신
1950-03-13-028	쏘련평화옹호위원회의 성명		4	조선중앙통신
1950-03-13-029	다뉴브위원회에 관한 미영불정부각서에 대한 쏘련정부의 답서		4	조선중앙통신
1950-03-13-030	평화옹호세계위원회 대표를 환영하여 쏘련평화옹호위원회에서 초대연		4	조선중앙통신
1950-03-13-031	평화옹호세계위원회대표단 입국을 거절한데 대하여 미국회에 항의	중국평화옹호위원회에서	4	조선중앙통신
1950-03-13-032	인민민주주의 제 국가에서	경제건설성과	4	조선중앙통신
1950-03-13-033	영국선거결과에 관하여	『이즈베스치야』지 론평-	4	조선중앙통신
1950-03-13-034	레이버당원들의 '민주주의적사회주의'는 영국인민들에게 무엇을 주었는가?		4	최철
1950-03-13-035	'구라파청산동맹'창설안을 둘러싸고 영미간 대립 격화		4	조선중앙통신
1950-03-13-036	일본로동자들의 파업 전국적규모로 확대	-광산로동자들 용광로소화파 단행-	4	조선중앙통신
1950-03-13-037	일본에서 국제부녀절 성대히 기념		4	조선중앙통신
1950-03-13-038	본'의회'또 반동법안 통과		4	조선중앙통신
1950-03-14-001	선진기업소와 선진로동자들의 우수한 경험을 일반화하자		1	
1950-03-14-002	각 공장 기업소들에서 기간단축운동 성과있게 진행		1	
1950-03-14-003	침목수명을 2배 연장하는 침목방부제공장을 건설	교통성에서	1	본사기자 리성섭
1950-03-14-004	상반년계획 완수	만포목기구생산합작사	1	
1950-03-14-005	춘잠사육준비사업 적극 추진	북반부 전체 양잠지도일군들	1	본사기자 루민우
1950-03-14-006	새로운 채굴방법으로 일간책임량을 447%로 제고	수안광산 김경률동무	1	
1950-03-14-007	조쏘친선은 조국통일의 담보	쓰딸린대원수탄생 70주년기념 성전에 참가한 리금순녀사의 귀환보고대회 성황	1	
1950-03-14-008	가축증식으로 육류수매 속속 완수	재령군, 창성면에서	1	
1950-03-14-009	나의 수입금의 여유전부를 공채구입에 충당하겠다	공채발행결정과 관련하여	1	서평양철도공장 제관공 김립하

기사번호	제목(title)	부제목(stitle)	면수	필자, 출처
1950-03-14-010	공채를 사기 위하여 나는 힘껏 저축하고 절약하겠다	공채발행결정과 관련하여	1	가정부인 서경순
1950-03-14-011	항가리해방 5주년 기념축전에 참가코자 조선민주주의인민공화국 인민대표단일행 출발		1	조선중앙통신
1950-03-14-012	1950년 3월 10일 모쓰크바시 몰로또브선거구의 선거자회의에서 진술한 브.므.몰로또브의 연설		2, 3	
1950-03-14-013	조쏘량국간의 경제적 및 문화적 협조에 관한 협정체결 제1주년에 제하여	위대한 쏘련과의 상품교류는 공화국인민들의 복리향상을 촉진시키고있다	3	상업상 장시우
1950-03-14-014	브리가다경쟁 강화하여 채탄능률을 130%로	룡등탄광 로동자들	3	본사기자 김기초
1950-03-14-015	표준작업법을 엄수하며 작업경험을 호상교환	고무산세멘트공장 로동자들	3	
1950-03-14-016	작업방법을 개선하여 기관차수리일수를 단축	해주철도공장 로동자들	3	해주철도공장 지배인 리지갑
1950-03-14-017	철광석운반에 분투하는 하성광산 운반공들		3	
1950-03-14-018	온상모판 설정하고 락종준비를 개시	홍원군 용원면 풍운리 농민들	3	통신원 리각선
1950-03-14-019	환영받는 인민군이동사진전람회	조국보후원회 평남도본부에서	3	
1950-03-14-020	가축품종 개량코 사육방법을 개선	회양군인민위원회에서	3	
1950-03-14-021	쏘련최고쏘베트선거 인민들의 열광속에 진행		4	조선중앙통신
1950-03-14-022	「위대한 쓰딸린의 이름과 더불어」	『쁘라우다』지 사설-	4	조선중앙통신
1950-03-14-023	평화옹호세계위원회 대표단 모쓰크바 출발		4	조선중앙통신
1950-03-14-024	평화옹호세계위원회 참가차 쏘련대표 스톡홀름 향발		4	조선중앙통신
1950-03-14-025	대만의 국민당도배 최후발악 인민들의 자유를 완전히 박탈	-전 국민당군 일 비행사의 편지-	4	조선중앙통신
1950-03-14-026	국제아동원조기금위원회 회의에서 쏘련대표 퇴장		4	조선중앙통신
1950-03-14-027	불란서의 파업 계속 확대 80만로동자 파업에 돌입	9일 전력 개스 로동자도 참가	4	조선중앙통신
1950-03-14-028	반동적예산안 심의를 일본로동자들 반대시위		4	조선중앙통신
1950-03-14-029	맥아더사령부군수품을 대만에 수송		4	조선중앙통신
1950-03-14-030	이태리 영국비행기 구입		4	
1950-03-14-031	분란반동의 배후에는 미제의 책동이 숨어있다		4	태후철

기사번호	제목(title)	부제목(stitle)	면수	필자, 출처
1950-03-14-032	중국주차 루마니아대사 모택동주석에 신임장 봉정		4	조선중앙통신
1950-03-14-033	영국 스칸디나비아빨럭의 결성책동은 제국주의자들의 모순을 반영	『이즈베스치야』지 론평-	4	조선중앙통신
1950-03-14-034	서적광고		4	조선중앙도서판매소
1950-03-15-001	식수는 인민의 공동적사업이다		1	
1950-03-15-002	쏘련최고쏘베트 중앙선거위원회의 보도		1	
1950-03-15-003	쓰딸린대원수 당선을 확인	-쓰딸린선거구위원회에서-	1	조선중앙통신
1950-03-15-004	1.4분기계획 완수	은곡광산, 성흥광산, 만포기관구, 회령제지에서	1	
1950-03-15-005	봄보리파종 진행	명천군, 황해도, 온성군에서	1	
1950-03-15-006	공채발행을 요망하여 채탄능률을 170%로	공채발행결정과 관련하여	1	주을탄광 로동자 리만산
1950-03-15-007	여유곡물을 팔아 공채구매를 준비하겠다	공채발행결정과 관련하여	1	중화군농민 김형준
1950-03-15-008	자주적민족경제발전 위한 공채발행을 절대지지한다	공채발행결정과 관련하여	1	기독교인 최지화
1950-03-15-009	공화국남반부 애국적불교도들에게 보내는 공개서한	북조선불교도련맹과 산하조직들에서	1	
1950-03-15-010	적십자회 초급단체지도기관선거 활발	평양특별시와 조선적십자회산하 각급 기관에서	1	
1950-03-15-011	조쏘량국간의 경제적 및 문화적 협조에 관한 협정체결 제1주년에 제하여	위대한 쏘련의 원조는 공화국의 자립적인민경제발전을 위한 필수적조건이다	2	국가계획위원회 위원장 정준택
1950-03-15-012	당적지도수준 제고 위해 상호경험을 교환	각 도 시 군 구역당부 조직부장강습회에서	2	본사기자 송학용
1950-03-15-013	세포위원회의 역할을 높여	서북송전부에서	2	서북송전부세포위원장 정태성
1950-03-15-014	2개년인민경제계획 기한전완수를 위한 투쟁에서 제기되는 몇가지 문제		2	국가계획위원회 통계국 부국장 김계림
1950-03-15-015	자기 갱내 실정에 적합한 새로운 발파방법을 적용	자강도 후창광산 로동자들	3	주재기자 리문상
1950-03-15-016	로동보호시설을 완비하고 녀성들을 갱내작업에로 추동	사리원탄광 녀맹에서	3	사리원탄광 녀맹위원장 리필녀
1950-03-15-017	수산업의 발전 위해 기본건설에 분투!	국영수산 로동자들	3	
1950-03-15-018	평양제2농민시장 대성황!		3	본사기자 박철우
1950-03-15-019	년간계획의 140%초과실행에 궐기한 중앙기계제작소 로동자들		3	

기사번호	제목(title)	부제목(stitle)	면수	필자, 출처
1950-03-15-020	쏘련영화 「엘바강의 상봉」 조선어대화판에 대하여		3	추민
1950-03-15-021	뜨락또르를 환영하는 곡창 룡천군 농민들		3	통신원 김리환
1950-03-15-022	나의 영농준비	금화군 한택대농민	3	
1950-03-15-023	농민들이 요구하는 물품을 제때에 공급	회양군소비조합 신안면상점 종업원들	3	통신원 정명연
1950-03-15-024	자본주의국가들에서는 누구를 위하여 공채를 발행하는가?		3	리사민
1950-03-15-025	쓰딸린대원수에게 드리는 무한한 사랑의 뚜렷한 표현	쓰딸린선거구의 감격적장면	4	조선중앙통신
1950-03-15-026	반동적예산안토의를 반대하는 일본로동자들의 파업 더욱 확대		4	조선중앙통신
1950-03-15-027	맥아더 다수 일본전범자를 석방		4	조선중앙통신
1950-03-15-028	불란서비행기 중국령내에 침입		4	조선중앙통신
1950-03-15-029	미국의 프랑코지지정책을 라틴아메리카 진보층 규탄		4	조선중앙통신
1950-03-15-030	희랍왕당정부의 허구비난에 관하여 알바니아정부 유엔에 서한 전달		4	조선중앙통신
1950-03-15-031	오지리물가 계속 폭등		4	
1950-03-15-032	중국인민들에게 대한 쏘련정부의 청렴한 원조		4	김영
1950-03-15-033	미국대사 카크랩의 군사흉책 인도네시아인민에 불만야기		4	
1950-03-15-034	쏘련영화 중국에서 대환영		4	
1950-03-15-035	인민민주주의 제 국가에서	사회주의에로의 길에서 발전하는 루마니아	4	
1950-03-16-001	조쏘량국간의 경제적 및 문화적 협조에 관한 협정체결 1주년		1	
1950-03-16-002	1950년 3월 12일 선거결과에 관한 쏘련최고쏘베트중앙선거위원회의 보도		1	
1950-03-16-003	2개년주행계획 완수	단천기관구 김생택기관사	1	
1950-03-16-004	1.4분기계획 완수	중대리광산, 회령역, 원산건축구, 청진역, 신연광산에서	1	
1950-03-16-005	공채를 사기 위하여 생산능률을 더욱 높이겠다	공채발행을 환영하여	1	남포견직공장 녀성로동자 심정희
1950-03-16-006	8.15전에 옷감을 생산하여 인민들의 기대에 보답하겠다	공채발행을 환영하여	1	평양방직공장 건설사무소 기사장 박응하
1950-03-16-007	리주연주중조선대사 주은래외교부장을 방문		1	조선중앙통신
1950-03-16-008	조선민주주의인민공화국 최고재판소에서		1	조선중앙통신

기사번호	제목(title)	부제목(stitle)	면수	필자, 출처
1950-03-16-009	조선미술가를 위하여 미술연구소 설치	쏘련대외문화련락협회 재평양 문화회관에서	1	
1950-03-16-010	지리산유격대진공 치렬	하동 및 산청방면에서 맹활동	1	조선중앙통신
1950-03-16-011	인민유격대를 적극 원호하는 남반부인민들의 애국지성		1	조선중앙통신
1950-03-16-012	민청사업 및 북구역당단체 생산협조문제 등을 토의	평남도당 상무위원회에서	2	본사기자 송학용
1950-03-16-013	군중정치사업을 강화하여 당장성사업을 정상적으로		2	강원도 양양군 현북면 말곡리세포위원장 김기준
1950-03-16-014	다수확을 보장키 위해 조기춘경준비 적극 협조		2	황주군 신상리 1구세포위원장 리의렬
1950-03-16-015	행정일군들의 개별적책임성을 제고하자	홀동광산 초급당단체	2	통신원 여경철
1950-03-16-016	쏘베트인민의 위대한 시위		2	
1950-03-16-017	조국을 위한 투쟁에로 인민을 고무하는 책	표돌로브의 작『지하주당위원회』	2, 3	영
1950-03-16-018	선진로동자들의 경험을 일반화하여	북중기계제작소 로동자들	3	북중기계제작소 직맹위원장 황명성
1950-03-16-019	계단식발파 실시로 착암기운전률 제고	락연광산 로동자들	3	통신원 김순한
1950-03-16-020	레니나바드제면공장과 꼴호즈에서 사과를 따는 광경		3	
1950-03-16-021	쏘련농업전람회 개최	조쏘문협중앙위원회 상설전람회장에서	3	
1950-03-16-022	선진농업기술보급 위해 야로비자찌야시험	함북 경성농사시험장에서	3	함북도 경성농사시험장장 김박송
1950-03-16-023	식수기를 앞두고 조림기술을 보급	강원도 각지에서	3	통신원 정명연
1950-03-16-024	관개시설을 확장하며 한해방지에 만반대책	평남도내 각지 농민들	3	본사기자 백응호
1950-03-16-025	쓰딸린대원수당선을 쏘련근로자들 열렬히 환영		4	조선중앙통신
1950-03-16-026	평화옹호세계위원회대표단원 몬타구 애치슨에게 공개서한을 전달		4	조선중앙통신
1950-03-16-027	불란서로동자들의 파업 더욱 확대	파업찬성투표 성공적으로 진행	4	조선중앙통신
1950-03-16-028	영국외교대표들 간첩행위에 관한 항가리인민공화국 외무성의 보도		4	조선중앙통신
1950-03-16-029	인도네시아의 파업투쟁 치렬		4	조선중앙통신
1950-03-16-030	우리는 선거한다	쏘련	4	이.에렌부르그
1950-03-16-031	쏘련의 선진적기술방조는 중국의 높은 생산성을 보장	중국 각 신문들의 론평	4	조선중앙통신
1950-03-16-032	애치슨의 외교정책파산은 감출수 없는 사실이다	『쁘라우다』지 론설-	4	조선중앙통신
1950-03-16-033	'태평양동맹'결성문제로 호주외상 비률빈 방문		4	조선중앙통신
1950-03-17-001	조쏘량국간의 경제적 및 문화적 협조에 관한 협정체결 1주년에 제하여	조선민주주의인민공화국 내각 수상 김일성	1	
1950-03-17-002	쏘련인민들의 사상 정치적단결의 위대한 시위	쏘련최고쏘베트선거총결에 관한 반향	1	평양곡산공장 로동자 김상순
1950-03-17-003	세계의 항구적평화의 성새는 더욱 강화되었다	쏘련최고쏘베트선거총결에 관한 반향	1	대동군 룡산면농민 리진화
1950-03-17-004	쏘련과의 우호적친선관계는 조선민주주의인민공화국 대외정책의 기초이다		2	조선민주주의인민공화국 내각 부수상 겸 외무상 박헌영
1950-03-17-005	우리 민주건설의 성과 보장 위한 쏘련기술자들의 고귀한 방조!	평남관개건설공사에서	2	평남관개건설공사사무소 소장 최광렬
1950-03-17-006	우리 민주건설의 성과보장 위한 쏘련기술자들의 고귀한 방조!	황해제철소에서	2	황해제철소 지배인 최기모
1950-03-17-007	조쏘무역은 날로 발전되고있다		2	상업성 부상 유도승
1950-03-17-008	쏘련문화는 조선민족문화발전의 튼튼한 담보이다		3	조쏘문화협회 중앙위원회 위원장 리기영
1950-03-17-009	조쏘협정은 기본건설의 거대한 추진력으로 되고있다	-서평양철도공장기본건설 공사장에서-	3	
1950-03-17-010	쏘련에서 수입한 뜨락또르는 농민들의 절대한 환호를 받고있다		3	
1950-03-17-011	쏘련인민들의 우의적방조는 민주발전에 거대한 추진력!	평양방직공장에서	3	평양방직공장 기본건설사무소 소장 강정수
1950-03-17-012	쏘련인민들의 우의적방조는 민주발전에 거대한 추진력!	평양의대병원에서	3	평양의학대학병원 원장 김병기
1950-03-17-013	쏘련인민들의 우의적방조는 민주발전에 거대한 추진력!	원산농업대학에서	3	원산농업대학 학장 리순근
1950-03-17-014	쏘련인민들의 우의적 방조는 민주발전에 거대한 추진력!	쏘련대외문화협회 재평양문화회관에서	3	본사기자 김춘희
1950-03-17-015	불란서의 파업 각부문에 확대	마르세이유에서 미국선원들도 파업에 동정	4	조선중앙통신
1950-03-17-016	이태리사회당 중앙위원회 전원회의 개최	총비서 넨니 정치문제에 관한 보고를 진술	4	조선중앙통신

기사번호	제목(title)	부제목(stitle)	면수	필자, 출처
1950-03-17-017	항가리외무성의 보도	미국정부의 비우호적행동에 관하여	4	조선중앙통신
1950-03-17-018	이태리정부의 '치안유지법' 악질적인 수정기도 실패		4	조선중앙통신
1950-03-17-019	마래민족해방군 증강		4	조선중앙통신
1950-03-17-020	프랑코정권을 반대하는 서반아인민들의 투쟁		4	강호
1950-03-17-021	인민민주주의 제 국가에서	경제건설성과	4	조선중앙통신
1950-03-17-022	미제는 일본의 군사잠세력복구에 광분		4	
1950-03-17-023	프랑코서반아근로인민들의 생활형편 계속 악화		4	조선중앙통신
1950-03-17-024	극장안내		4	
1950-03-18-001	파리콤무나 79주년		1	
1950-03-18-002	우리의 산업운수 각 부문에서 진행되는 거대한 기본건설		1	본사기자 리성섭
1950-03-18-003	2월분생산계획을 모범적으로 수행한 6개 기업소에 우승기 수여		1	
1950-03-18-004	8.15까지 2개년계획완수를 맹세	함흥시상업관리소	1	
1950-03-18-005	공산당과 정부에 대한 인민들의 지대한 신뢰	쏘련최고쏘베트선거총결에 관한 반향	1	북조선민주당 선전부장 리홍렬
1950-03-18-006	공산주의에로 전진하는 쏘련인민들의 위력을 증시	쏘련최고쏘베트선거총결에 관한 반향	1	북조선직업총동맹위원장 최경덕
1950-03-18-007	전세계평화옹호자들과의 단결을 일층 강화하자	평양시 평화옹호자대회에서	1	
1950-03-18-008	남조선문련 전체 맹원들과 전체 애국적 문화인들께 고함	남조선문련 중앙위원회 호소문	1	
1950-03-18-009	민족간부양성에 있어서의 쏘련의 원조는 막대하다		2	허헌
1950-03-18-010	사업의 선후를 옳게 포착하여 생산성과를 보장한다		2	동평양기계제작소당부 위원장 박석린
1950-03-18-011	당회의에서는 구체적으로 문제를 토의 결정하자!	정평요업공장세포에서	2	통신원 김상원
1950-03-18-012	생산의 파동성을 퇴치하고 로동자들의 증산의욕 고무	연암림산사업소 박천18키로 분세포에서	2	통신원 박종덕
1950-03-18-013	개별적책임분공으로 신생로동자들을 교양	청수화학공장에서	2	통신원 라의정
1950-03-18-014	파리콤무나는 로동계급의 혁명적위력의 시위였다		2	
1950-03-18-015	개인맹세를 철저히 실행 1.4분기계획량을 135%로	신연광산 로동자들	3	신연광산 지배인 김석창
1950-03-18-016	애국적열성을 발휘하여 자재소비절약에 분투	서평양철도공장 건설공사 로동자들	3	본사기자 리성섭
1950-03-18-017	우수한 기관사들을 본받아 기관차견인 능률을 제고	고원기관구 종업원들	3	통신원 리정환
1950-03-18-018	쏘련기술자들의 빛나는 업적 우리 공장의 시설과 기술의 개선을 해결하여 주었다	성진제강소에서	3	성진제강소 생산부장 최만현
1950-03-18-019	쏘련기사 미뜨로환씨의 기술협조-강서전기공장에서		3	
1950-03-18-020	영예의 조선인민군에 편입된 의거병들의 생활	조선인민군 ○○부대 배동익구분대에서	3	통신원 리동욱
1950-03-18-021	집단모판 설정하고 적기파종을 준비	명천군 동면 양견리 농민들	3	명천군 동면양견리인민위원회 위원장 김창락
1950-03-18-022	서해안에서 출항 개시	은률군 금산포 선원들	3	
1950-03-18-023	「지리산지구」「중국시초」 등에 대한 시합평회	문학동맹 시분과위원회에서	3	
1950-03-18-024	평양공대 학생들의 생산실습		3	본사기자 김경일
1950-03-18-025	최고쏘베트선거경축대회 쏘련각지에서 성대히 개최		4	조선중앙통신
1950-03-18-026	인민해방군조직에 필요한 국내조건은 이미 성숙되었다	인도공산당 총비서의 성명	4	조선중앙통신
1950-03-18-027	최고쏘베트선거결과에 관한 쏘련 각 신문의 론설		4	조선중앙통신
1950-03-18-028	일본전범자들을 석방한 맥아더의 죄악행위 규탄	전극동 국제군사법정판사담화 발표	4	조선중앙통신
1950-03-18-029	쏘베트인민들은 볼쉐위끼당과 위대한 쓰딸린에게 대한 사랑과 헌신성을 전세계에 시위하였다		4	김택영
1950-03-18-030	인민민주주의 제 국가에서	슬로바키아의 공업화	4	
1950-03-18-031	영국방문중의 평화옹호세계위원회대표단 런던에서 기자단과 회견		4	조선중앙통신
1950-03-18-032	국제직련 화학공업로동자산별부창설대회 개최		4	조선중앙통신
1950-03-18-033	불란서당국 평화투사들에 계속 폭행		4	조선중앙통신
1950-03-18-034	극장안내		4	
1950-03-19-001	청년들의 체육문화훈련사업을 일층 강화하자		1	
1950-03-19-002	조선에서 처음으로 판초자생산에 성공	남포판초자공장 전체 로동자들	1	

기사번호	제목(title)	부제목(stitle)	면수	필자, 출처
1950-03-19-003	철도부문 일군들 2개년계획 속속 완수	함흥기관구에서	1	
1950-03-19-004	1.4분기계획 완수	교통운수, 함흥제사공장에서	1	
1950-03-19-005	전부락적으로 보리파종 성과있게 완료	영흥군 덕흥면 쌍흥리 농민들	1	통신원 김유철
1950-03-19-006	쏘련에서의 선거의 승리는 세계평화의 위력한 담보	쏘련최고쏘베트선거총결에 관한 반향	1	북조선천도교청 우당 부위원장 박윤길
1950-03-19-007	사회주의사회제도의 우월성을 전세계에 과시	쏘련최고쏘베트선거총결에 관한 반향	1	북조선농민동맹 중앙위원회 위원장 강진건
1950-03-19-008	조국통일과 세계의 항구한 평화를 위하여 평화옹호자대회 각도에서 성대히 거행	평남도, 강원도, 평북도, 황해도에서	1	본사기자 박경석
1950-03-19-009	루마니아소비조합중앙대회에 북조선소비조합 중앙위원회 축전		1	조선중앙통신
1950-03-19-010	우리 생활을 더욱 향상시킬 공채가 속히 나오기를 기대	공채를 구입할것을 환영하여	1	재령군 북률면 무상리 농민 김두식
1950-03-19-011	국가에 공헌할수 있는 공채구입에 나의 여유력을 제공	공채를 구입할것을 환영하여	1	의사 정영을
1950-03-19-012	청년들을 실지로력에서 교양하여 증산 투지 고무		2	평양곡산공장 제약과 세포부위원장 김영찬
1950-03-19-013	진보적과학지식 보급하여 잔존하는 미신타파에로	철산군당부에서	2	주재기자 최영환
1950-03-19-014	브리가다사업강화 위해 구체적지도를 주라!	사리원방직공장에서	2	주재기자 박덕순
1950-03-19-015	금년도의 거대한 기본건설공사는 인민들의 물질적복리를 증진하는 강력한 담보이다		2	산업성 부상 정일룡
1950-03-19-016	나는 이렇게 정치학교를 지도한다	쏘련레닌쓰크 '그라쓰니 오고로니크-싸도보드'꼴호즈의 정치학교 지도원 아.데이게나의 경험	2	
1950-03-19-017	작업반조직을 강화하고 채탄능률을 130%로	고원탄광 청년작업반원들	3	고원탄광 민청위원장 진국보
1950-03-19-018	창발적로력으로 작업공정을 기계화	평양특수고무공장 로동자들	3	
1950-03-19-019	뜨락또르기경을 열심히 준비하는 재령군 농민들		3	
1950-03-19-020	함상의 포훈련	고준명군관지휘구분대 포병들	3	본사기자 리성빈
1950-03-19-021	조기춘경에 분투!	강원도 안변군 농민들	3	본사기자 백운학

기사번호	제목(title)	부제목(stitle)	면수	필자, 출처
1950-03-19-022	열성농민들의 다수확경험보급	이천군 개하리 농민들	3	통신원 엄영길
1950-03-19-023	쏘련기술자들의 빛나는 업적 선진적기술원조는 우리에게 자신과 전망을 갖게 하였다	사리원방직공장에서	3	사리원방직공장 지배인 장경록
1950-03-19-024	쏘베트기술의 새로운 창조자들		3	김우철
1950-03-19-025	평화옹호세계위원회 제3차회의 개막	3월 15일 스톡홀름에서	4	조선중앙통신
1950-03-19-026	회의참가차 각국대표단 스톡홀름에 도착		4	조선중앙통신
1950-03-19-027	오지리민주녀성동맹에서 의회에 제출할 평화옹호법안 작성		4	조선중앙통신
1950-03-19-028	일본전국미망인대표자회의에서 항구한 평화수호를 결의		4	조선중앙통신
1950-03-19-029	중국국민당비행기 또 상해를 맹폭		4	조선중앙통신
1950-03-19-030	불란서 평화 및 자유투사동맹 제2차전국대회 개최		4	조선중앙통신
1950-03-19-031	일본로동자들의 파업 확대	금속화학로조에서도 파업 지령	4	조선중앙통신
1950-03-19-032	가면을 벗은 슈마헤르		4	
1950-03-19-033	인민민주주의 제 국가에서	경제건설성과	4	조선중앙통신
1950-03-19-034	미국회에 반동적문트법안 재상정		4	조선중앙통신
1950-03-19-035	극장안내		4	
1950-03-20-001	'유엔조선위원단'을 우리 강토에서 몰아내자!		1	
1950-03-20-002	철광석 45만톤대발파작업 진행	무산광산 로동자들	1	통신원 박종덕
1950-03-20-003	1.4분기계획 속속 완수	평남륙운산하 11개 출장소, 교통부문, 사동련탄 률리갱, 신의주수산사업소에서	1	
1950-03-20-004	뜨락또르임경소설치사업 성과있게 진행	농림성에서	1	
1950-03-20-005	수확고제고에 노력하면서 여유곡물을 공채구입에	공채를 구입할것을 열렬히 환영하여	1	강원도 문천군 덕원면 농민 박태일
1950-03-20-006	리익금을 절약저축하여 정부배려에 보답하겠다	공채를 구입할것을 열렬히 환영하여	1	평양시 동대원 건재품생산합작사 정룡문
1950-03-20-007	퇴비반출과 기경	은률군, 회양군에서	1	통신원 김인곤, 정명연
1950-03-20-008	밀밭답압 시작	은률군 산동리 농민들	1	
1950-03-20-009	평화옹호자대회 성대히 진행	평양시내 각 구역에서	1	본사기자 박철우
1950-03-20-010	리승만역도들과 불도의 모독자들을 소탕하자	조국전선호소문을 지지하는 평남도불교도궐기대회에서	1	조선중앙통신
1950-03-20-011	남반부인민유격전 치렬	태백산지구 인민유격대 괴뢰군 제2사단의 주력을 계속 추격	1	조선중앙통신

기사번호	제목(title)	부제목(stitle)	면수	필자, 출처
1950-03-20-012	개별적인 교양방법으로 열성분자들을 당대렬에		2	은률군 장련면 률리세포위원장 배흥양
1950-03-20-013	자습당원들의 학습방조사업에 많은 당 적주목을		2	신계군당 선전선동부장 박기현
1950-03-20-014	산림자원의 애호육성을 위하여	신흥군 상원천면 해방리에서	2	통신원 위정산
1950-03-20-015	당회의의 조직성과 교양성을 높이자	곡산광산 당단체 부분적 분세포들에서	2	통신원 리병영
1950-03-20-016	1950년도 종합예산의 인민적성격에 관하여		2	재정성 부상 윤형식
1950-03-20-017	선전원 쑤쏘꼬로브의 경험	쏘련루호비츠크구역 부지온꼴호즈당단체 비서 그.제닌의 론문	2	
1950-03-20-018	강철 게지다이롯트창안으로 선로강도를 2배로 증가	평양보선구 로동자들	3	본사기자 리성섭
1950-03-20-019	우수한 새광맥을 발견 기본건설 활발히 진행	명달광산로동자들	3	
1950-03-20-020	문화향토건설에 나선 마을사람들	만포군 외귀면 건중리에서	3	주재기자 리문상
1950-03-20-021	군인가족들의 춘기파종사업 적극 협조	은률군 밤골마을 농민들	3	통신원 김인곤
1950-03-20-022	작잠소립을 앞두고 준비사업에 궐기	각지 작잠시험장 일군들	3	본사기자 류민우
1950-03-20-023	쏘련학자들의 빛나는 업적	쏘련학자들의 원조로써 날로 자라는 김일성대학	3	본사기자 박철우
1950-03-20-024	선동원들 공채발행에 대한 선전 활발히 전개	평남관개건설공사장에서	3	
1950-03-20-025	새출발의 기쁨으로 매일 180%로 증산		3	천동광산 로동자 김윤학
1950-03-20-026	멸망에 직면한 리승만매국도당	리승만의 공갈위혁으로 망국국회에서 소위 개헌안 부결	3	조선중앙통신
1950-03-20-027	쏘련최고쏘베트선거결과는 전세계 평화진영의 새승리	쏘련최고쏘베트선거결과에 관한 각국 신문들의 론평	4	조선중앙통신
1950-03-20-028	국제전정치범련맹에서 평화옹호세계위원회 회의에 축하문 전달		4	조선중앙통신
1950-03-20-029	쏘련작가 꼬르네이츄크에 대한 불당국의 출국기도에 항의	평화옹호세계위원회에서	4	조선중앙통신
1950-03-20-030	월남민주주의공화국 국방상 지방군의 10대임무 발표		4	조선중앙통신
1950-03-20-031	불란서당국『신시대』지 판매구독을 금지		4	조선중앙통신
1950-03-20-032	독일농림로동자직맹대회에 참가했던 쏘련직맹대표 귀국후 담화 발표		4	조선중앙통신
1950-03-20-033	손중산서거 25주년추도회 개최		4	조선중앙통신

기사번호	제목(title)	부제목(stitle)	면수	필자, 출처
1950-03-20-034	인도정세에 대하여		4	오기석
1950-03-20-035	극장안내		4	
1950-03-21-001	기업소들에서 로동 및 생산 규률을 엄격히 준수하자		1	
1950-03-21-002	2개년계획 속속 완수	흥남 륙운, 원산석면에서	1	
1950-03-21-003	1.4분기계획 완수	락연광산, 해주스레트에서	1	
1950-03-21-004	교통부문 기술인양성사업 활발히 진행		1	
1950-03-21-005	소채파종을 준비하는 평양시 주변농촌 농민들		1	
1950-03-21-006	봄보리파종 진행	성천군, 장풍군에서	1	통신원 현준
1950-03-21-007	작년부터 저금한 여유금전부를 공채구입에	공채를 구입할것을 열렬히 환영하여	1	천동광산 착암공 송경선
1950-03-21-008	수익금을 더 많이 저축하면서 공채발행을 기대	공채를 구입할것을 열렬히 환영하여	1	상인 김태률
1950-03-21-009	평화옹호자대회 각지에서 성대히 진행	함북도, 흥남시, 남포시에서	1	통신원 정명귈
1950-03-21-010	공화국법전채택과 사법일군들의 과업을 토의	사법성사법책임자회의	1	본사기자 박경석
1950-03-21-011	경북유격대의 진공전 치렬	각지에서 유격전구 속속 확대	1	조선중앙통신
1950-03-21-012	철도화물수송 2개년계획을 기간단축 및 초과실행키 위해	평양철도관리국 당단체에서	2	평양철도관리국 당부위원장 리하간
1950-03-21-013	당날회의에 대한 지도사업을 일층 강화하자		2	당중앙본부 조직부 박두일
1950-03-21-014	남반부농민들의 토지와 자유를 위한 투쟁은 반드시 승리할것이다		2	리구훈
1950-03-21-015	개별적작업성과를 총화하며 브리가다간의 검열을 철저히	사동련탄공장 로동자들	3	본사기자 리인태
1950-03-21-016	모범브리가다의 경험 살려 1.4분기채광량을 105%로	양양광산 로동자들	3	통신원 전승수
1950-03-21-017	쏘련기술자들의 빛나는 업적 우리 공장의 우수한 인조섬유기술간부들을 양성하여주었다	평양화학공장에서	3	평양화학공장 지배인 문만욱
1950-03-21-018	영웅전	대숲 어득히 흔들리는 거기	3	양남수
1950-03-21-019	바디제작기 창안	신의주방직공장 리길두동무	3	
1950-03-21-020	한해방지에 철저한 대책을	은률군 산동리 농민들	3	은률군 산동리농맹위원장 홍태성
1950-03-21-021	밀밭밟기에 녀성들 궐기	평산군 용산면에서	3	통신원 엄문혁
1950-03-21-022	해빙기를 맞이하여 류벌준비 더욱 활발	희천림산작업소 로동자들	3	통신원 김영걸
1950-03-21-023	소위 '유엔조선위원단'과 매국노들과의 '협의'는 내란도발의 음모		3	조선중앙통신

기사번호	제목(title)	부제목(stitle)	면수	필자, 출처
1950-03-21-024	불란서'평화옹호 및 자유투사'동맹 전국대회에서 전쟁정책을 반대하는 결정서들을 채택		4	조선중앙통신
1950-03-21-025	불란서파업 이미 4주에 돌입	각계로부터 원호금 거출	4	조선중앙통신
1950-03-21-026	파키스탄경찰 민주인사들을 불법 검거	각 진보단체에서 맹렬히 항의	4	조선중앙통신
1950-03-21-027	마래에서의 식민지전쟁의 중지를 요구	『데일리 워커』지 사설	4	조선중앙통신
1950-03-21-028	세계청년주간을 맞이하여 세계민청련맹 메쎄지 발표		4	조선중앙통신
1950-03-21-029	민족평화상을 제정	체코슬로바키아평화옹호위원회에서	4	조선중앙통신
1950-03-21-030	평화옹호사업을 방해하는 영불화정부에 엄중항의	-중국평화옹호위원회에서-	4	조선중앙통신
1950-03-21-031	인민민주주의 제 국가에서 책을 인민에게	알바니아	4	
1950-03-21-032	신생중국의 건설상황		4	조선중앙통신
1950-03-21-033	불가리아외상 유엔에 서한 전달	희랍왕당군의 도발행위에 관하여	4	조선중앙통신
1950-03-21-034	인도네시아의 파업 더욱 확대		4	조선중앙통신
1950-03-21-035	미국제 국민당비행기의 만행중지를 요구	-쟈바도반둥의 중국녀성들-	4	조선중앙통신
1950-03-21-036	항가리공사 주은래외교부장을 방문		4	조선중앙통신
1950-03-21-037	파쑈적찌또란꼬비츠도배에 대한 유고인민들의 반항은 날로 장성되고있다		4	리영식
1950-03-22-001	이른 작물의 파종을 성과있게 진행하자		1	
1950-03-22-002	1.4분기계획 속속 완수	화풍광산, 평양타올, 성천아마, 회령제지, 장진림산에서	1	
1950-03-22-003	최고주행기록 수립	청진기관구 차석철기관사	1	
1950-03-22-004	60인찌 초지기건설 진행	회령제지공장에서	1	
1950-03-22-005	봄보리파종 활발히 진행	박천군 봉지리, 북청군 덕성면, 고원군 북방축리, 학성군에서	1	
1950-03-22-006	수산물증산에 더욱 힘써 공채구입을 준비	공채를 구입할것을 열렬히 환영하여	1	장연군 국영어장 로동자 한문겸
1950-03-22-007	국가배려에 감사하면서 공채를 많이 구입하겠다	공채를 구입할것을 열렬히 환영하여	1	신흥군 림산주식회사 지배인 리통원
1950-03-22-008	전체 불교도들은 리승만도당과 요승 백성욱을 소탕하기 위하여 총궐기하라!	북조선불교도련맹 중앙위원회에서 격문	1	
1950-03-22-009	남조선거주화교들에 대한 리승만괴뢰정부의 박해를 규탄	북조선화교련합총회에서 성명 발표	1	조선중앙통신
1950-03-22-010	남반부영웅적빨찌산들에 대한 리승만괴뢰군의 동기공세는 실패에 돌아갔다		2	김삼룡
1950-03-22-011	야간당학교사업의 보다 높은 성과 위해	하천군당부에서	2	하천군당부 선전선동부 교양지도원 김종주
1950-03-22-012	물자절약을 위한 투쟁을 사회적운동으로 전개	평양견직공장 조사직장에서	2	본사기자 리연호
1950-03-22-013	벼다수확을 보장하기 위한 투쟁에서		2	금화군 근북면 백덕리 1세포위원장 한규한
1950-03-22-014	선진농기구보급에 대한 무책임성을 퇴치하라!	리천군인민위원회내 농산과세포에서	2	리천군당부 책임지도원 주귀록
1950-03-22-015	다수확을 위하여 과학적경종법을 적극 실시하자		2	농림성 농산국장 리용석
1950-03-22-016	갱내안전시설 확충하여 로동생산성을 일층 제고	고건원탄광 로동자들	3	고건원탄광 안전기사 안남취
1950-03-22-017	우수한 작업방식 보급코 생산성과를 계속 확대	해주세멘트공장 로동자들	3	해주세멘트공장 직업동맹위원장 최진강
1950-03-22-018	농민들의 애국적로력협조밑에 평남관개공사 활발히 진척!	평북 정주군 림포면 농민들	3	본사기자 류민우
1950-03-22-019	양잠기술 습득하며 잠구잠실 등을 개선	금천군 소북포리 농민들	3	금천군 소북포리 녀맹위원장 전은하
1950-03-22-020	군무자가족들에 대한 원호사업 활발	양양군 농민들	3	통신원 전승수
1950-03-22-021	수로 8백리를 거치여 대동강에 첫떼목 도착!	녕원림산작업소에서	3	
1950-03-22-022	리승만도당은 미국무력으로 남반부인민들을 위협하고있다		3	유석
1950-03-22-023	위대한 세계평화옹호운동에 전세계인구 거의 절반이 참가	-위원회사업에 관한 쟝.라핏트의 보고-	4	조선중앙통신
1950-03-22-024	위원회의 사업보고에 관하여 각국 대표 열렬한 토론 전개		4	조선중앙통신
1950-03-22-025	알바니아인민회의에서 1950년도예산안 토의		4	조선중앙통신
1950-03-22-026	화란의회의 미국화란간 쌍무협정비준에 인민들의 반대항의 치렬		4	조선중앙통신

기사번호	제목(title)	부제목(stitle)	면수	필자, 출처
1950-03-22-027	카라치우편국 종업원들 생활개선을 요구하여 파업		4	조선중앙통신
1950-03-22-028	미국무성 지도자들 프랑코서반아와의 교섭을 로골적으로 진행	'북대서양동맹'인입책동에 대한 『뜨루드』지 론평	4	조선중앙통신
1950-03-22-029	국제직련 화학공업로동자산별부창설대회 폐막		4	조선중앙통신
1950-03-22-030	신생중국의 건설상황		4	조선중앙통신
1950-03-22-031	미국인들의 흑인학대와 유색인종차별은 어떤것인가?		4	리사민
1950-03-23-001	로동자임금개정에 관한 내각결정의 정확한 집행을 보장하자		1	
1950-03-23-002	조선민주주의인민공화국 내각 결정 제67호 생활필수품증산에 관한 결정서		1	
1950-03-23-003	섬유공업발전에 기여할 공채를 솔선 구입하겠다	공채를 구입할것을 열렬히 환영하여	1	평양공업대학 섬유공학부장 박영석
1950-03-23-004	공채발행을 기대하면서 창작사업에 일층 노력	공채를 구입할것을 열렬히 환영하여	1	작가 황건
1950-03-23-005	평화옹호자대회 각지에서 성대히 진행	자강도, 원산시, 신의주에서	1	
1950-03-23-006	성인교육사업을 가강히 추진시키자	성인교육 중앙지도위원회 위원장 백남운씨 담	1	
1950-03-23-007	박정애녀사 헬싱키에 향발	국제민주녀맹집행위원회 정기회의에 참가차	1	
1950-03-23-008	당원들의 개별적수준을 고려하여 교양을 주자!	금화군당단체에서	2	금화군당부 선전선동부 부부장 선장준
1950-03-23-009	실생활과 결부된 선동사업을 위하여		2	평양양말제1공장 세포위원장 리영선
1950-03-23-010	당원들의 선도적역할 높여 기술전습을 성과있게!	부전강발전부에서	2	부전강발전부 기계부설비과 분세포위원장 한홍심
1950-03-23-011	『로동신문』의 자료에 의하여	교통성에서 수송계획지연현상 퇴치키 위하여 구체적대책을 강구	2	
1950-03-23-012	교원들의 정치교양사업을 일층 강화하자!		2	교육성 부상 남일
1950-03-23-013	당학습회 지도자들과의 일상적사업을 강화하자		2	고혁

기사번호	제목(title)	부제목(stitle)	면수	필자, 출처
1950-03-23-014	자기들의 2개년계획을 완수한 금화광산 로동자들		3	금화광산 지배인 김윤해, 금화광산초급당부 위원장 마준범
1950-03-23-015	작업에 대한 엄격한 비판으로 기관차반 복수리 근절	자강도 만포기관구 로동자들	3	주재기자 리문상
1950-03-23-016	2개년인민경제계획 기간단축에 궐기한 사리원방직공장 로동자들		3	
1950-03-23-017	풍전등화와 같은 매국노들의 발악상은 날로 혹심해가고 있다	의거입북한 '국방군' 제7사단 9련대 2대대 1등상사 리성걸 담	3	
1950-03-23-018	젊은 기사들	삼신탄광에서	3	본사기자 라원근
1950-03-23-019	가축사를 개선하며 양돈증식에 노력	태천군 동면 광성리농민들	3	통신원 변성수
1950-03-23-020	우리는 조쏘반을 이렇게 운영한다	북청배전부직장 조쏘반	3	북청배전부직장 조쏘반장 전수현
1950-03-23-021	쏘련영화 「평화는 전쟁을 승리한다」에 대하여		3	김성일
1950-03-23-022	위원회사업보고에 대한 토론 계속 17일 오전회의에서	평화옹호세계위원회 3차회의	4	조선중앙통신
1950-03-23-023	애치슨의 연설은 거꾸로 되여있다	중국정부 외교부장 주은래 담화 발표	4	조선중앙통신
1950-03-23-024	평화는 기다릴것이 아니라 쟁취하여야 한다	쏘련대표 가가리나의 토론	4	조선중앙통신
1950-03-23-025	미국의 반동을 폭로하고 평화옹호를 언명	미국진보당대회의 성과	4	김호
1950-03-23-026	찌또의 앞잡이 살라이를 국제직련대렬에서 축출 결정	-국제직련 서기국 콤뮤니케-	4	조선중앙통신
1950-03-23-027	경찰의 류혈적폭행을 반대	이태리각지에서 총파업	4	조선중앙통신
1950-03-23-028	원자폭탄관리에 관한 쏘미간합의를 대다수 미국인민들 요망		4	조선중앙통신
1950-03-23-029	침략정책에 봉사하는 애치슨의 소위 총력외교	『쁘라우다』지 론평-	4	조선중앙통신
1950-03-23-030	호주정부 공산당을 비합법화 기도		4	조선중앙통신
1950-03-24-001	인민의 복리증진을 위한 공화국정부의 배려		1	
1950-03-24-002	조선민주주의인민공화국 내각 수상 김일성각하	브.몰로또브탄생일에 제하여	1	
1950-03-24-003	조선민주주의인민공화국 내각 부수상 겸 외무상 박헌영각하	브.몰로또브탄생일에 제하여	1	
1950-03-24-004	최고출강기록 수립!	황철 제2평로 로동자들	1	
1950-03-24-005	2개년계획을 완수한 각 기업소의 로동자들		1	

기사번호	제목(title)	부제목(stitle)	면수	필자, 출처
1950-03-24-006	보리파종 활발	철원군, 화천군, 영흥군, 서흥군에서	1	
1950-03-24-007	훌륭한 역사를 건축해줄 공채발행을 환영한다	공채를 구입할것을 열렬히 환영하여	1	평양역장 박만송
1950-03-24-008	나의 생활의 여유력을 공채구매에 돌리겠다	공채를 구입할것을 열렬히 환영하여	1	평산군 로동리 최사천농민
1950-03-24-009	식수조림사업강화에 관하여 내각에서 결정		1	조선중앙통신
1950-03-24-010	평화옹호자대회 각지에서 성대히 진행	강동군, 철산군에서	1	
1950-03-24-011	괴뢰군 제2사단에 재차 타격	태백산인민유격대 맹진공	1	조선중앙통신
1950-03-24-012	태백산유격대 계속 진공		1	조선중앙통신
1950-03-24-013	일본경찰 조선동포를 또다시 습격 1백여명 검거	-동경대동회관 거주자들에 대한 폭행-	1	조선중앙통신
1950-03-24-014	당학습총화준비사업을 활발히 진행	위원군당단체에서	2	위원군당부 선전선동부장 박정균
1950-03-24-015	무사고정시수송과 화차의 운영효률제고를 위하여	신의주역에서	2	신의주역세포부 위원장 김삼덕
1950-03-24-016	자습당원은 자체학습에 더욱 노력하자	후창군당단체에서	2	통신원 김영로
1950-03-24-017	로동자들의 창발적로력을 높이도록 보장하라	평양농기구제작소당단체 사업에서	2	본사기자 리수근
1950-03-24-018	1950년도 상반기 당학습사업총화를 높은 수준에서 진행하자		2	로동당 중앙본부 선전선동부 부부장 윤군창
1950-03-24-019	인민수입의 축적을 생산력의 확장에로 돌리자		2	임해
1950-03-24-020	철강공업의 발전 위해 립철생산에 분투하는 청진제강소 로동자들		3	청진제강소 지배인 김재수
1950-03-24-021	남반부빨찌산 전투기 항상 부대의 눈과 귀가 되어 적을 소탕케한 척후분대장	오대산전구 어기봉동무의 공훈	3	
1950-03-24-022	그는 조국의 우수한 비행사가 되었다	조선인민군 유성걸구분대 황경길비행사	3	
1950-03-24-023	행복한 새생활	사동련탄공장 위치호동무	3	본사기자 박철우
1950-03-24-024	열성농민들의 지도밑에 공동랭상모판을 설치	개천군 군우3리 농민들	3	본사기자 류민우
1950-03-24-025	리기영작 장편소설 땅에 대한 좌담회	조쏘문협 중앙위원회에서	3	본사기자 김춘희
1950-03-24-026	뜨락또르정비작업과 제반기본건설에 분투	재령농기계임경소 일군들	3	재령농기계임경소 지배인 정성필
1950-03-24-027	원자무기를 먼저 사용하는 정부는 범죄자로 인정될것이다 -졸리오.큐리의 연설-	평화옹호세계위원회 3차회의	4	조선중앙통신
1950-03-24-028	평화옹호세계위원회 폐막 원자무기금지와 제2차 평화옹호세계대회소집에 관한 호소문 채택	국제평화상심사위원회도 선거	4	조선중앙통신
1950-03-24-029	자기 권리를 위하여 투쟁하는 호주로동계급		4	박환철
1950-03-24-030	스칸디나비아제국에 평화운동 확대		4	조선중앙통신
1950-03-24-031	허장성세의 요시다		4	
1950-03-24-032	불란서파업로동자들 다수 요구 관철	10만여 금속로동자들은 의연 파업 계속	4	조선중앙통신
1950-03-24-033	도구다 큐이찌를 중상하려던 일본반동층의 흉책 폭로		4	조선중앙통신
1950-03-24-034	해방 5주년기념을 항가리인민들 성대히 준비		4	조선중앙통신
1950-03-24-035	서적광고		4	조선중앙도서판매소
1950-03-25-001	경제간부들에 대한 교양사업을 강화하자		1	
1950-03-25-002	쏘베트사회주의공화국련맹 내각 수상 쓰딸린대원수에게	조선민주주의인민공화국과 쏘베트 사회주의공화국련맹간의 경제문화협조에 관한 협정체결 1주년에 제하여	1	
1950-03-25-003	조선민주주의인민공화국 내각 수상 김일성귀하	조선민주주의인민공화국과 쏘베트 사회주의공화국련맹간의 경제문화협조에 관한 협정체결 1주년에 제하여	1	
1950-03-25-004	쏘베트사회주의공화국련맹 외무상 아.야.위신쓰끼각하	조선민주주의인민공화국과 쏘베트 사회주의공화국련맹간의 경제문화협조에 관한 협정체결 1주년에 제하여	1	
1950-03-25-005	조선민주주의인민공화국 외무상 박헌영귀하	조선민주주의인민공화국과 쏘베트 사회주의공화국련맹간의 경제문화협조에 관한 협정체결 1주년에 제하여	1	
1950-03-25-006	조선민주주의인민공화국 외무상 박헌영각하	조선민주주의인민공화국정부가 월남정부를 승인하였다는 소식에 접하여	1	
1950-03-25-007	1.4분기계획을 완수한 공장 광산들	학포탄광, 수동광산, 후창광산, 남포화학에서	1	
1950-03-25-008	춘기파종 활발히 진행 퇴비반출과 파종사업을 진행하는 농민들	만포군, 순천군에서	1	통신원 송태규
1950-03-25-009	작년도 2배이상 묘목 육성	북반부식수준비	1	

기사번호	제목(title)	부제목(stitle)	면수	필자, 출처
1950-03-25-010	세계청년주간을 증산으로 맞이하는 청년들의 투쟁	공화국각지의 청년들	1	
1950-03-25-011	세계청년주간을 맞이하여	북조선민청에 루마니아로동청년동맹으로부터 축전	1	조선중앙통신
1950-03-25-012	공채발행에 고무되어 기한전에 1.4분기계획 완수	공채를 구입할것을 열렬히 환영하여	1	양양광산 로동자 리세화
1950-03-25-013	예술인에 준 국가배려에 감사하며 공채발행을 기대	공채를 구입할것을 열렬히 환영하여	1	국립극장 배우 배용
1950-03-25-014	군중문화사업의 강화를 위하여	-흥남비료공장 구역당단체에서-	2	주재기자 신기관
1950-03-25-015	당원들의 모범적역할을 높여 문화농촌 건설에로	장연군 용정리 세포에서	2	장연군 용정리 세포위원장 김영숙
1950-03-25-016	화학비료교역사업과 랭상모판설치준비를 성과있게	재령군 서호면 석산리에서	2	통신원 정필
1950-03-25-017	정의와 진보를 사랑하는 선진인류는 평화옹호진영에 굳게 뭉친다		2	평화옹호전국민족위원회 위원장 한설야
1950-03-25-018	농촌정치문화사업을 일층 강화하자		2	로동당 중앙본부 농민부 부부장 박경수
1950-03-25-019	표준조작법의 엄격한 준수로 최고출강 기록을 수립	황철 제2평로 로동자들의 투쟁성과	3	통신원 윤칠
1950-03-25-020	철도규률을 엄수하며 운전기능향상에 노력	평양기관구 로동자들	3	본사기자 리성섭
1950-03-25-021	2개년계획 완수코 50%추가생산에	흥남비료공장 아크카본과 브리가다원들	3	흥남비료공장 아크카본과 브리가다반장 조명상
1950-03-25-022	이앙전으로 급수기 위해 공사기한전완수에 궐기	풍천지구 관개공사 로동자들	3	통신원 윤극환
1950-03-25-023	전투지휘에 능숙한 해군군관으로 된 농촌청년	조선인민군 해군 ○○구분대 최종운정장	3	
1950-03-25-024	기후와 풍토에 맞는 우량상목을 보급	자강도 잠업관리소에서	3	주재기자 리문상
1950-03-25-025	상품교류를 원활히 하여 제때에 물품을 원만히 공급	홍원군 경운면소비조합 제2상점 종업원들	3	홍원군 경운면소비조합 제2상점 안게신
1950-03-25-026	명랑한 방직공들	사리원방직공장에서	3	사리원방직공장 무용써클원 리정비
1950-03-25-027	벼다수확 위하여 륙상모실시준비	강원도 안변군 석왕사면 후창리 리지림농민	3	통신원 송춘관
1950-03-25-028	미제에 '원조' 계속 애걸차 망국국회의원들 향미 출발		3	조선중앙통신
1950-03-25-029	평화옹호세계위원회 위원들 스톡홀름에서 기자단과 회견		4	조선중앙통신
1950-03-25-030	불가리아국경수비병 살해사건책임은 찌또도당에게 있다		4	조선중앙통신
1950-03-25-031	무장경찰의 폭압행위를 반대	아프리카인민들 바리케이트전 전개	4	조선중앙통신
1950-03-25-032	희랍애국자들의 생명 구원하기 위하여 급속한 조치를 취하라	-유엔사무총장에게 보낸 쏘련대표의 서한-	4	조선중앙통신
1950-03-25-033	유고슬라비아애국자들도 찌또도당의 훈장패용을 거부		4	조선중앙통신
1950-03-25-034	체코슬로바키아통상대표단 북경에 도착		4	조선중앙통신
1950-03-25-035	유고내 소수민족에게 찌또도당 류혈적 테로 감행		4	조선중앙통신
1950-03-25-036	쏘련, 불가리아조약체결 2주년에 제한 쏘련 각 신문의 론평		4	조선중앙통신
1950-03-25-037	쏘련의 평화정책에 대한 진실		4	방호식
1950-03-25-038	월남에서	제국주의자들을 반대하는 월남인민의 투쟁	4	조선중앙통신
1950-03-25-039	아프리카민주동맹의 지도자들 석방을 요구	불란서공산당 총비서의 전문	4	조선중앙통신
1950-03-25-040	영국과 미국간에 비밀협의 진행	극동에 미군기지 건설에 관하여	4	조선중앙통신
1950-03-25-041	화학공업로동자산별부설치에 관하여	-국제직련서기 성명 발표-	4	조선중앙통신
1950-03-25-042	극장안내		4	
1950-03-26-001	인민민주주의의 창조적력량		1	
1950-03-26-002	1.4분기계획을 완수한 공장 광산들	흥남비료공장, 평양철도, 사동련탄, 리원광산, 기양화학에서	1	
1950-03-26-003	류안비료 수송계획 완수	흥남역종업원들	1	
1950-03-26-004	로동자 사무원들을 위하여 금년도에 3만여호 주택 건축	공화국정부에서	1	조선중앙통신
1950-03-26-005	춘경파종 활발히 진행	조기춘경 진행하는 함남도 각지 농민들	1	주재기자 최경찬
1950-03-26-006	묘목 2만 3천본 식수사업 완료	금천군 동화면 법천리 농민들	1	
1950-03-26-007	봄보리파종 진행	리원군	1	통신원 박경림
1950-03-26-008	공채가 나오기를 기다리며 책임량 초과 완수를 결의	공채를 구입할것을 열렬히 환영하여	1	황해제철소 로동자 조화섭
1950-03-26-009	우리 생활을 더욱 행복케할 공채를 남먼저 구입하겠다	강원도 연천군 군무자가족 김돌세농민	1	
1950-03-26-010	평화옹호자대회 각지에서 성대히 진행	평양시, 화천군에서	1	

기사번호	제목(title)	부제목(stitle)	면수	필자, 출처
1950-03-26-011	조선동포들에 대한 일본경찰 폭행 계속	동경대동회관사건 후보	1	조선중앙통신
1950-03-26-012	남반부인민들의 치렬한 항쟁	태백산지구 유격대활동 계속 확대	1	조선중앙통신
1950-03-26-013	당학습총화사업을 성과적으로 진행하기 위한 준비사업 진행		2	평양시 중구역당부 선전선동부장 박재신
1950-03-26-014	도내 당단체지도기관들의 선거실시에 대한 문제 토의	자강도당 조직위원회에서	2	주재기자 리문상
1950-03-26-015	청진철도관리국 일군들은 수송사업을 혁신하라!		2	특파기자 신언철!
1950-03-26-016	증산경쟁운동에 있어서의 직업동맹의 역할을 높이자		2	북조선직업총동맹 중앙위원회 서기장 최호민
1950-03-26-017	리승만역도들은 식민지노예화교육을 인민에게 강요하고있다		2	박준영
1950-03-26-018	산업성 및 직총우승기를 쟁취한 신의주방직공장 로동자들		3	신의주방직공장 지배인 김계석
1950-03-26-019	더 많은 전력을 생산코자 기본건설을 활발히 추진	장진강발전부현장 로동자들	3	통신원 한정설
1950-03-26-020	민주교육에 헌신하는 전사의 안해	은률 제1인민학교 교원 정영애 녀사	3	
1950-03-26-021	평남도각지에서 식수 시작		3	본사기자 백응호
1950-03-26-022	어선정비작업을 끝내고 고등어잡이준비에 만전	전진수산사업소 종업원들	3	
1950-03-26-023	북반부각지에서 로어강습회 활발		3	
1950-03-26-024	지방적원료원천을 광범히 동원하며 생산시설을 확대	각지 생산합작사들에서	3	
1950-03-26-025	최근에 의거입북한 '국방군' 의거장병들을 열렬히 환영	평양모란봉극장에서	3	김전
1950-03-26-026	'총선거' 실시할 자신이 없어 갈바 모르고 헤매는 리승만		3	조선중앙통신
1950-03-26-027	평화옹호전선은 장성강화되고있다	『쁘라우다』지 사설-	4	
1950-03-26-028	대오련합국관리리사회 정기회의	'미국공급물자대가 지불기금조달에 관한'법령개정 및 오지리 실업자문제 등 토의	4	조선중앙통신
1950-03-26-029	이태리각지에 파업시위 치렬	정부의 농민지도자검거 및 집회금지령 반대	4	조선중앙통신
1950-03-26-030	경제상태의 파탄을 말하는 이태리예산안	-하원에서 재정상 연설-	4	조선중앙통신
1950-03-26-031	이태리로총 집행위원회회의 광범한 대중적투쟁을 호소		4	조선중앙통신
1950-03-26-032	평화옹호운동 미국에서 계속 확대		4	조선중앙통신

기사번호	제목(title)	부제목(stitle)	면수	필자, 출처
1950-03-26-033	쏘련과 인도네시아간 관계를 제국주의자들 파괴 기도		4	조선중앙통신
1950-03-26-034	미국은 유고슬라비아를 지중해뼐럭에 포함기도		4	조선중앙통신
1950-03-26-035	대오강화조약준비를 누가 방해하는가?		4	현철
1950-03-27-001	기본건설공사에서의 도시경영부문 일군들의 책임성을 높이자		1	
1950-03-27-002	1.4분기계획 속속 완수	해운관리국, 남계광산, 부령야금, 천내리세멘트, 해주세멘트에서	1	
1950-03-27-003	년간채광계획을 완수	쌍룡광산 로동자들	1	
1950-03-27-004	높은 수확을 위하여 부락농민들 솔선하여 화학비료를 교역	홍원군 룡원면 중동리 농민들	1	본사기자 백응호
1950-03-27-005	랭상륙상모판 광범히 실시	평북도 농민들	1	
1950-03-27-006	쏘련에서 뜨락또르 또 10대 입하	총계 80대가 각 임경소에 배치	1	
1950-03-27-007	높아진 나의 임금을 공채구매에 충당	공채를 발행할것을 열렬히 환영하여	1	주을요업공장 녀성로동자 서금영
1950-03-27-008	보다 더 행복한 생활을 창조하기 위하여	공채를 발행할것을 열렬히 환영하여	1	황주군 황주면농민 고상윤
1950-03-27-009	평화옹호자대회 각지에서 성대히 진행	각 대학, 경성군에서	1	
1950-03-27-010	쏘련영화창립 30주년	조쏘문화협회강당에서 기념대회	1	
1950-03-27-011	쏘련예술가들 각 생산직장 써클원들 지도		1	
1950-03-27-012	태백산지구 유격전황	궤주하는 괴뢰군에 세번째 타격	1	조선중앙통신
1950-03-27-013	남반부각지에서 악질분자 숙청		1	조선중앙통신
1950-03-27-014	비판과 자기비판의 기치 높이 들고 락후하였던 세포를 강화	금천군 북면 이소리 연동세포에서	2	금천군 북면 이소리 연동세포위원장 김영남
1950-03-27-015	면당부는 사업한계를 파악하고 세포를 지도하라	평강군 남면당부에서	2	평강군당부 조직부 부부장 리남원
1950-03-27-016	기경의 기계화로 축우가 필요없다는 경향과 투쟁	재령군당단체에서	2	주재기자 박덕순
1950-03-27-017	농촌민주선전실사업을 강화하자!		2	로동당 평남도당 부위원장 오성화
1950-03-27-018	누가 볼쉐위끼 당원이 될수 있는가		2	
1950-03-27-019	슈링게지채굴방법으로 채광능률 200%로 제고	천동광산 로동자들	3	천동광산 지배인 김석두

기사번호	제목(title)	부제목(stitle)	면수	필자, 출처
1950-03-27-020	생산시설 기계화할 기본건설공사 활발	운포광산 로동자들	3	통신원 리각선
1950-03-27-021	규격처방 엄수하며 의약품증산에 궐기	흥남제약공장 녀성직장에서	3	주재기자 신기관
1950-03-27-022	리민들의 원호로 파종을 제일 먼저	은흥리 군무자가족들	3	본사기자 최룡봉
1950-03-27-023	인민생활을 더욱 풍족케	평양요업공장에서	3	본사기자 박철우
1950-03-27-024	흥성한 농민시장	원산	3	주재기자 백운학
1950-03-27-025	풍치림을 만들기 위하여 식수조림사업 적극 추진	은률군 농림리 농민들	3	은률군 일도면 농림리 림야관리위원회 위원장 김태곤
1950-03-27-026	남반부빨찌산 전투기 오대산련봉과 더불어 영생할 대담무쌍한 경기소대장	변순학동무의 공훈	3	
1950-03-27-027	조기춘경과 랭상모판 설치	재령벌 농민들	3	
1950-03-27-028	세계청년주간을 각국에서 성대히 기념		4	조선중앙통신
1950-03-27-029	일본전범자들을 맥아더 계속 석방 기도		4	조선중앙통신
1950-03-27-030	불란서반동들 선거법개정을 음모		4	조선중앙통신
1950-03-27-031	반평화투사법령에 불란서인민들 항의		4	조선중앙통신
1950-03-27-032	로브슨의 출연취소에 미국인민들 항의 계속		4	조선중앙통신
1950-03-27-033	전세계 근로자들의 선봉대		4	강기철
1950-03-27-034	쏘련녀성대표를 축하하는 영쏘친선협회 환송회 성황		4	조선중앙통신
1950-03-27-035	폴 로브슨의 방송취소를 미국진보당에서 항의성명		4	조선중앙통신
1950-03-27-036	미국사법성의 음모	1만 2천명의 공산당원을 검거계획	4	조선중앙통신
1950-03-27-037	외교관계설정에 관한 협의차 노르웨이정부대표 북경 도착		4	조선중앙통신
1950-03-27-038	중국의 각 신문들 애치슨연설을 통박		4	조선중앙통신
1950-03-27-039	희랍왕당파들 총검하에 선거 실시		4	조선중앙통신
1950-03-28-001	선전선동사업의 당면한 전투적과업		1	
1950-03-28-002	1.4분기계획 속속 완수	재령광산, 황철 해탄부, 하성광산, 신흥림산, 정평림산에서	1	김상원
1950-03-28-003	춘경파종에 분망하는 평북도 농민들		1	주재기자 최영환
1950-03-28-004	구장기관구창설이래 최고주행기록을 수립	구장기관구 차대륜기관사	1	
1950-03-28-005	어로일군들의 증산투쟁	공화국북반부 각 수산합작사에서	1	
1950-03-28-006	나의 생활의 보다 높은 향상 위하여 공채구입을 준비	은률군 농민 리정화녀사	1	
1950-03-28-007	공채를 솔선 구입하여 국가시책에 보답할것을 결의	공채를 발행할것을 열렬히 환영하여	1	기업가 박선일
1950-03-28-008	외금강휴양소의 웅대한 확장	휴양생 기다리는 호화로운 문화시설	1	본사기자 김기초
1950-03-28-009	평화옹호자대회 각지에서 성대히 진행	해주시, 금천군, 북청군에서	1	
1950-03-28-010	찌또의 앞잡이 유로 살라이축출을 절대 지지한다	북조선직총에서 국제직련에 서한	1	조선중앙통신
1950-03-28-011	제주도인민유격대 맹진격	노로악일대에서 해병대 격파	1	조선중앙통신
1950-03-28-012	위대한 문호 막심 고리끼	-고리끼탄생 82주년에 제하여-	2	김달수
1950-03-28-013	평양방직공장 기본건설공사의 성과적추진은 전인민적요망		2	본사기자 송학용
1950-03-28-014	30여만평을 수리안전답으로!	호남지구 관개공사에 분투하는 농민들	3	특파기자 백응호
1950-03-28-015	생산의 파동성을 퇴치하고 1.4분기계획을 초과완수	학포탄광 로동자들	3	학포탄광 지배인 전광수
1950-03-28-016	군무자들의 로력협조	평양방직공장에서	3	
1950-03-28-017	조국과 인민에게 충직한 용감무쌍한 청년부대장	조선인민군 ○○땅크부대 부대장 최우식동무	3	김전
1950-03-28-018	면화다수확 보장코자 퇴비를 충분히 확보	강원도 련천면 부무리 농민들	3	통신원 렴상익
1950-03-28-019	근로자들에게 부식물을 더 많이 공급하기 위하여	중앙식료품종합공장에서	3	본사기자 박철우
1950-03-28-020	목재증산을 위한 벌목 류벌 작업 활발히 진척	각지의 림산로동자들	3	본사기자 류민우
1950-03-28-021	도시를 록화	평양시민들 조림식수	3	
1950-03-28-022	행복과 희망속에서	평양화학공장 주물직장 김용길동무	3	
1950-03-28-023	미군지휘밑에 강행한 리승만괴뢰군경'토벌작전' 분쇄		3	
1950-03-28-024	애치슨의 정책과 아세아인민들		4	김기호
1950-03-28-025	서독정세와 민족전선발전에 관하여 막스 라이만 연설	서독공산당 중앙위원회 회의에서	4	조선중앙통신
1950-03-28-026	민족적독립을 위하여 일본공산당 전체인민에게 호소		4	조선중앙통신
1950-03-28-027	일본로동자들의 파업 각 탄광 발전소에 파급		4	조선중앙통신
1950-03-28-028	찌또도당의 간첩들의 사건에 대한 불가리아의 쏘피아지구검찰소의 기소장		4	조선중앙통신
1950-03-28-029	덴마크는 미국군사기지로 전변되고있다	『크라쓰느이 플로트』지 론평-	4	조선중앙통신
1950-03-28-030	미국정책에 대한 무조건지지를 로마법왕 구라파 추기관들에 요구		4	조선중앙통신
1950-03-28-031	극장안내		4	

기사번호	제목(title)	부제목(stitle)	면수	필자, 출처
1950-03-29-001	채광계획 초과완수를 위한 광산로동자들의 증산투쟁		1	
1950-03-29-002	김일성수상에게 각지 근로자들 2개년계획 승리적실행을 맹세		1	조선중앙통신
1950-03-29-003	함남도내 각 공장 기업소에서 기본건설공사 활발	흥남비료공장, 단천광산, 염료공장, 신포수산사업소 랭동공장, 지방산업부문에서	1	조선중앙통신
1950-03-29-004	북반부농민들 구락부와 민주선전실 대대적으로 건설		1	조선중앙통신
1950-03-29-005	로력과 절약을 다하여 공채구입을 준비	공채를 발행할것을 열렬히 환영하여	1	함주군 상기천면 농민 박일회
1950-03-29-006	근로자들의 복리를 일층 증진시킬 공채발행을 환영	공채를 발행할것을 열렬히 환영하여	1	사무원 한지선
1950-03-29-007	남반부 전체 애국적기업가들에게 보내는 공개서한	평양시 전체 기업가들의 대표들로부터	1	
1950-03-29-008	세계민주청년련맹 위원장에게 북조선민청과 남조선민애청에서 축전		1	조선중앙통신
1950-03-29-009	49년도 체육사업을 총결	교육성 각 도 체육과장회의에서	1	
1950-03-29-010	당열성자들과의 사업경험	주을로뿌공장에서	2	주을로뿌공장 세포위원장 김병석
1950-03-29-011	사상정치교양사업을 시급히 개선하라!	금천군 우봉면당단체에서	2	통신원 박이정
1950-03-29-012	자체리론수준 제고하여 학습지도를 충실하게		2	안악군 봉성리 제1세포 학습지도자 조종옥
1950-03-29-013	춘기파종준비를 더디게 하는 경향과 투쟁하자	위원군 서태면 인덕리세포에서	2	통신원 최명호
1950-03-29-014	신입로동자들의 정치사상성을 높이며 로동기술을 습득시키자		2	로동당 평남도당 위원장 박영성
1950-03-29-015	리승만의 일본방문후에 일제의 재일동포박해는 더욱 혹심해졌다		2	송제민
1950-03-29-016	1, 2월 계속 우승기를 쟁취한 본궁화학공장 로동자들		3	본궁화학공장 지배인 리천호, 소다부장 송상무
1950-03-29-017	광석품위를 높이며 증산목표 달성코자	영유광산 로동자들	3	영유광산 지배인 오덕삼
1950-03-29-018	기계대보수작업	평양곡산공장에서	3	
1950-03-29-019	선진농기계 정비완료 모범적인 파종실시에	국영 평강종합농장에서	3	특파기자 백운학
1950-03-29-020	한해대책에 관심을 높여	재령군 남률면 야두리 농민들	3	주재기자 박덕순
1950-03-29-021	인민들의 의료품수요를 더욱 충족시키기 위하여	평양피복공장에서	3	본사기자 박철우
1950-03-29-022	군무자가정의 춘기파종을 적극 협조	영흥군 순녕면 소라리 농민들	3	
1950-03-29-023	남조선경제를 략탈하는 미국의 '석탄 및 광물자원개발단'을 파견		3	조선중앙통신
1950-03-29-024	미국군용물자도착 반대코 튜니지아근로인민들 파업		4	조선중앙통신
1950-03-29-025	미국무기하선 거부투쟁 튜니스항에서 더욱 치렬		4	조선중앙통신
1950-03-29-026	항가리근로인민들의 생활수준 날로 향상		4	조선중앙통신
1950-03-29-027	일본탄광로동자 31만여 파업 단행		4	조선중앙통신
1950-03-29-028	인도-이란협정을 리용하여 영국 미국의 세력퇴치를 기도		4	조선중앙통신
1950-03-29-029	침략성을 더욱 로골히 나타내는 영국지배층의 대외정치로선	『이즈베스치야』지 론평-	4	조선중앙통신
1950-03-29-030	'불란서외인부대'의 진상을 전외인부대 대원이 폭로		4	조선중앙통신
1950-03-29-031	월남인민해방군 각처에서 적군 공격		4	조선중앙통신
1950-03-29-032	파란과 화란 및 인도네시아합중공화국간 통상협정 체결		4	조선중앙통신
1950-03-29-033	미국생활양식의 첨단	『공고한 평화와 인민민주주의를 위하여』지에서	4	
1950-03-29-034	통일적민주주의적독일을 위한 독일인민의 투쟁		4	양진철
1950-03-29-035	방어문제에 관한 영국의 백서는 레이버보수량당의 공동정책		4	조선중앙통신
1950-03-29-036	비미행동조사위원회 추가예산 미국회하원에서 가결		4	조선중앙통신
1950-03-29-037	불란서의 자르병합을 자르 전체인민들 반대		4	조선중앙통신
1950-03-29-038	극장안내		4	
1950-03-30-001	전반적초등의무교육실시와 영예로운 교원들의 임무		1	
1950-03-30-002	2개년계획을 완수	은률조면, 철원제사에서	1	
1950-03-30-003	1.4분기계획 속속 완수	함흥철도, 평양성냥, 경성요업에서	1	
1950-03-30-004	세계청년주간 맞아 생산성과 날로 확대	함북도내 로동청년들	1	주재기자 김소민

기사번호	제목(title)	부제목(stitle)	면수	필자, 출처
1950-03-30-005	넓은 무 립목지에 3만여본 식수 완료	북청군 거산면 포황리 인민들	1	통신원 윤지월
1950-03-30-006	봄보리파종 완료	안악군	1	통신원 강희조
1950-03-30-007	나는 공채를 구입할수 있는 충분한 여유를 갖추었다	공채를 발행할것을 열렬히 환영하여	1	대원면 엄서리 농민 김용복
1950-03-30-008	국가의 륭성발전을 위한 공채가 속히 나오기를 기대	공채를 발행할것을 열렬히 환영하여	1	원산중앙병원 의사 주원순
1950-03-30-009	평화용호자대회 각지에서 성대히 진행	강계시	1	주재기자 리문상
1950-03-30-010	조선물질문화유물조사보존위원회사업 활발		1	
1950-03-30-011	저명한 로씨아의 작곡가 므.무쏘르그스끼서거 69주년	복쓰 평양문화회관에서 추모회	1	
1950-03-30-012	남반부인민유격대 서울근방 동두천에 돌입		1	
1950-03-30-013	괴뢰군경의 '동기작전'을 분쇄 당당 1302회의 동원 단행	남반부인민유격대 2월중 종합 전과	1	조선중앙통신
1950-03-30-014	평남도당 상무위원회에서		2	
1950-03-30-015	나의 자습경험에서		2	내각 간부국세포 리치엽
1950-03-30-016	우리 공화국의 정치적기초인 인민위원회는 강화되고있다		2	
1950-03-30-017	미제가 조작하려는 '태평양동맹'은 반드시 파탄될것이다		2	
1950-03-30-018	철원군 농민들은 열성농민들의 선진영농법을 광범히 실시한다		3	본사기자 백운학
1950-03-30-019	인민군대는 나의 학교이다		3	조선인민군 리명수구분대 김동훈전사
1950-03-30-020	탄질과 암질에 맞게 채탄기구들을 개조	신창탄광 로동자들	3	본사기자 리성섭
1950-03-30-021	도 시 군 대의원선거 1주년을 맞으며 우리 군 대의원들은 농촌경리발전을 위하여 이렇게 투쟁하고있다	함북 경성군인민위원회	3	함북도 경성군인민위원회 위원장 강석정
1950-03-30-022	판매고는 날로 높아간다	국영중앙백화점에서	3	
1950-03-30-023	의무교육실시 앞두고 사범교육실습 활발	평양남사전 실습생들	3	
1950-03-30-024	심산밀림속에서도 글배우는 소리 높다		3	무산군 삼사면 박천리 속성성인학교 강사 유형숙
1950-03-30-025	허장성세하는 매국당도 법조계인사들에게 중형 언도		3	조선중앙통신
1950-03-30-026	전지역에 12시간 파업 단행 각 산업교통기관의 기능정지	-근로자에 대한 경찰의 사격에 응답-	4	조선중앙통신
1950-03-30-027	로동자들과 경찰간에 도처에서 시가전 전개		4	조선중앙통신
1950-03-30-028	쏘련공산당(볼쉐위끼) 중앙위원회와 쏘련내각에서	가축사육 3개년계획 실행과정에 관한 결정 채택	4	조선중앙통신
1950-03-30-029	파르마에서 시위자 피살 장례식에 15만 군중 참가	이태리로총 총비서 산티 추도 연설 진술	4	조선중앙통신
1950-03-30-030	월남인민해방군 전과를 계속 확대		4	조선중앙통신
1950-03-30-031	화란과 인도네시아합중공화국에서 중화인민공화국 승인		4	조선중앙통신
1950-03-30-032	미제의 조종밑에 요시다정부 외국자본에 특권부여 기도		4	조선중앙통신
1950-03-30-033	미국인들 서독에서 세균전쟁준비를 진행		4	조선중앙통신
1950-03-30-034	카나다평화용호위원회에서 정부의 세균무기준비를 규탄		4	조선중앙통신
1950-03-30-035	독일민주주의공화국 새로운 물가인하 실시		4	조선중앙통신
1950-03-30-036	전쟁을 위한 과학연구에 영정부 막대한 경비 지출		4	조선중앙통신
1950-03-30-037	이태리공산당의 공고화와 찌또도당앞잡이들의 실패	이태리공산당 총비서대리 피예트로 섹키야	4	
1950-03-31-001	당원들은 국가적축적 위해 선봉적으로 투쟁하자		1	
1950-03-31-002	10만키로무사고주파 계속 20만키로주행에	단천기관구 기관사들	1	
1950-03-31-003	1.4분기계획 속속 완수	고무산세멘트, 룡등탄광, 각 보선구, 신의주팔프, 평양철도공장, 평양연초에서	1	
1950-03-31-004	모택동주석 리주연대사 접견		1	조선중앙통신
1950-03-31-005	운광선복선공사	락연광산에서 민청원들의 열성적협조	1	통신원 김순환
1950-03-31-006	많은 기계를 재생 운전효률을 제고	길주내화물공장에서	1	
1950-03-31-007	채광능률 200%이상 높여 공채구입을 준비	공채를 발행할것을 열렬히 환영하여	1	은률광산 로동자 림창림
1950-03-31-008	나의 생활비 절약과 있는 축적을 다하여	공채를 발행할것을 열렬히 환영하여	1	국영 중화군 서점 지배인 리히적
1950-03-31-009	의무교육제실시를 앞두고 지도검열원 각도에 파견		1	
1950-03-31-010	봄보리파종 완료	영흥군, 송화면에서	1	통신원 윤극환

기사번호	제목(title)	부제목(stitle)	면수	필자, 출처
1950-03-31-011	랭상모판에 락종 개시	금천군 농민들	1	통신원 박의정
1950-03-31-012	국립기본건설자금은행 4월 1일부터 사업 개시	재정성에서	1	
1950-03-31-013	류벌준비를 진행하는 덕막작업장	칠평림산사업소에서	1	
1950-03-31-014	태백산지구 인민유격대 괴뢰군경을 맹렬히 공격		1	조선중앙통신
1950-03-31-015	남반부인민들의 유격대원호사업 더욱 활발	경남, 경북에서	1	조선중앙통신
1950-03-31-016	생산에서의 모범일군을 교양훈련주어 당에 흡수		2	북중기계제작소 초급당부 부위원장 김기복
1950-03-31-017	자강도내 각급 당단체들에서 지도기관 결산선거준비 진행		2	주재기자 리문상
1950-03-31-018	당학습총화를 형식적으로 진행하는 경향을 퇴치하라	평양곡산공장에서	2	본사기자 윤봉경
1950-03-31-019	생산의 기본적문제들을 광범한 토의에 부치여		2	삼신탄광 2갱직맹반위원회 위원장 김린봉
1950-03-31-020	국가 및 소비조합 상업의 일군들은 인민들에 대한 봉사성을 더욱 높이자		2	상업상 장시우
1950-03-31-021	도시경영부문제 당단체들의 역할을 일층 높이자!		2	로동당 중앙본부 로동부 부장 김인춘
1950-03-31-022	기술수준을 균형적으로 발전시켜 불합격품을 퇴치하고 원가를 저하	주을요업공장 로동자들	3	통신원 박광선
1950-03-31-023	5.1절까지에 기본건설공사 완수코자	단천광산 로동자들	3	단천광산 지배인 장기덕
1950-03-31-024	새 다이야 실시를 보장코자 렬차운전속도제고에 노력	승호리기관구 로동자들	3	본사기자 리성섭
1950-03-31-025	기계제작에 분투하는 룡성기계제작소 로동자들		3	
1950-03-31-026	도 시 군 대의원선거 1주년을 맞으며	인민들의 요구를 제때에 해결하여줌에 적극 노력	3	평양시인민위원회 대의원 홍복수녀사
1950-03-31-027	마을사람들에게 온 편지	조선인민군 박기범전사로부터 온성군 장덕리 농민들에게	3	
1950-03-31-028	뿌라우를 광범히 보급하여 여섯치깊이로 춘경을 보장	안변군 안변면 탑리 농민들	3	안변군 안변면 탑리 농맹위원장 신상철
1950-03-31-029	지방지질에 적합한 '륙모보리'를 파종	평남 룡강군 농민들	3	본사기자 백운학
1950-03-31-030	날로 늘어가는 가죽제품들	평양피혁공장에서	3	
1950-03-31-031	과수원의 장래발전 위해 선진관리법을 적극 섭취		3	국영 황주인훈과수원 원장 손효훈
1950-03-31-032	이태리지배계급을 반대하는 근로인민의 투쟁은 정당하다	이태리사회당 지도부 선언문	4	조선중앙통신
1950-03-31-033	농업로동자사격사건을 의회반대파 대의원들 고소		4	조선중앙통신
1950-03-31-034	로동자들에 대한 공격을 즉시 중지하라	이태리계 미국시민들로부터	4	조선중앙통신
1950-03-31-035	이태리정부의 만행 더욱 혹심	민주주의활동가를 대량 체포	4	조선중앙통신
1950-03-31-036	백이의 50만로동자 왕제반대총파업 단행	공산당 정치국에서 콤뮤니케 발표	4	조선중앙통신
1950-03-31-037	형리들의 수하일군들	불란서우익사회당원들의 음모에 관하여	4	황건
1950-03-31-038	제 국가의 안전과 평화를 위협하는 미국의 군사기지	『크라스나야 스베즈다』지의 론평	4	
1950-03-31-039	동부스마트라의 철도종업원 3천명 총파업		4	조선중앙통신
1950-03-31-040	일본 고베의 부두로동자들 24시간 파업 단행		4	조선중앙통신
1950-03-31-041	민주와 자유를 위한 인민들의 투쟁을 호소	파키스탄, 월남	4	조선중앙통신
1950-03-31-042	미국공산당 서기장 데니스의 유죄판결을 확인	대심원의 반동적판결	4	조선중앙통신
1950-03-31-043	평화옹호세계위원회 제의를 화란인민들 열렬히 지지		4	조선중앙통신
1950-03-31-044	파키스탄쏘련문화협회 지부를 판잡에 설치		4	조선중앙통신
1950-03-31-045	극장안내		4	
1950-04-01-001	단체계약의 정확한 체결을 위하여		1	
1950-04-01-002	조선민주주의인민공화국 최고인민회의 상임위원회 정령	상속세에 관하여	1	
1950-04-01-003	평화옹호자대회 각지에서 진행	장풍군, 녕원군에서	1	
1950-04-01-004	공채를 발행할것을 전체 인민들은 열렬히 환영	우수한 작품을 제작하여 공채를 많이 구입하겠다	1	화가 김하건
1950-04-01-005	공채를 발행할것을 전체 인민들은 열렬히 환영	나의 생활의 여유력 기울여 공채구입을 열성껏 준비	1	룡천군 북중면 쌍성리 농민 안상건
1950-04-01-006	광석 8만 9천톤의 추가증산을 맹세	2개년계획 완수한 은률광산 로동자들	1	통신원 김인곤
1950-04-01-007	교통성산하 철도 각 선에 걸쳐 4월 1일부터 새 다이야 실시		1	
1950-04-01-008	춘기파종 속속 진행	평남도, 함남도에서	1	

기사번호	제목(title)	부제목(stitle)	면수	필자, 출처
1950-04-01-009	흡혈귀 리승만도당을 철저히 소탕하자	조국전선호소문지지 함흥시종교인궐기대회 성황	1	조선중앙통신
1950-04-01-010	제철공업의 발전을 위하여 무산광산은 대대적으로 개발되고있다		2	특파기자 현준극
1950-04-01-011	생산직장내 기술기능자양성사업의 강화를 위하여		2	로동당중앙본부 당간부부 부장 진반수
1950-04-01-012	쏘련인민경제부흥발전에 있어서의 공채의 역할		2	김문식
1950-04-01-013	자연의 피해를 미연에 방지키 위해 과학적선진영농법을 광범히 적용	황해도 봉산군 서종면 농민들	3	례로리농맹위원장 오원국, 서종면 홍리농맹위원장 량승환
1950-04-01-014	창의고안으로 물자를 절약 스.프원가를 33.8% 저하	평양화학공장 로동자들	3	본사기자 김기초
1950-04-01-015	평양	아동궁전	3	
1950-04-01-016	계단식채광법으로 원가 24.6% 저하	중대리광산 로동자들	3	주재기자 최영환
1950-04-01-017	황무지를 옥답으로 도남관개공사 활발히 진척	황주군 도남관개 몽리구역내 전체 농민들	3	황주군 도남관개 관리위원회 위원장 허광섭
1950-04-01-018	군무자가족들의 봄보리파종 협조	함남도 농민들	3	
1950-04-01-019	룡천군 농민들 뜨락토르임경을 속속 신청		3	통신원 김리환
1950-04-01-020	동평양 아빠-트건축물들 거의 완성		3	
1950-04-01-021	명랑한 녀학생들	평양제3녀중에서	3	
1950-04-01-022	멸망에 직면한 리승만매국도당들 매국노들의 '국채'강매흉책 파탄		3	조선중앙통신
1950-04-01-023	마래에서의 전쟁중지요구를 전국적으로 전개하라	영국공산당 정치위원회 성명서	4	조선중앙통신
1950-04-01-024	마래에서의 영국식민지정책의 파탄	-『크라스나야 스베즈다』지 론평-	4	조선중앙통신
1950-04-01-025	테로속에서 사활적권리를 위하여 투쟁하고있는 불란서로동계급	-불란서 로총서기 류시앙.자야 론평-	4	조선중앙통신
1950-04-01-026	데.가스페리의 매국정책을 이태리 각 신문들 규탄		4	조선중앙통신
1950-04-01-027	미국 이태리에 다수 비행기를 공급		4	조선중앙통신
1950-04-01-028	쏘련과 중화인민공화국간에 주식회사창설에 관한 협정 체결	3월 27일 모쓰크바에서	4	조선중앙통신
1950-04-01-029	유고슬라비아광견		4	
1950-04-01-030	중국인민해방군 서창시를 해방		4	조선중앙통신
1950-04-01-031	알바니아 교육비 격증		4	조선중앙통신

기사번호	제목(title)	부제목(stitle)	면수	필자, 출처
1950-04-01-032	'마-샬안'은 기아와 곤궁의 계획이다	'마-샬안'실시 2주년이 가져온 결과	4	『쁘라우다』지
1950-04-01-033	국제협동조합동맹 집행위원회회의 바-젤에서 개최		4	조선중앙통신
1950-04-02-001	5.1절을 더 높은 증산성과로 맞이하자		1	
1950-04-02-002	철도보강공사	교통성 건설관리국에서	1	
1950-04-02-003	1.4분기 화물수송계획 완수	교통성산하 전체 철도일군들	1	
1950-04-02-004	2개년계획을 속속 완수	함흥기관구 기관사들	1	
1950-04-02-005	성진공구제작소 기본건설 착착 진척		1	
1950-04-02-006	수방직면포생산계획 완수	평남도내 녀성들	1	본사기자 백운학
1950-04-02-007	조파종을 실시	평산군 로동리 농민들	1	
1950-04-02-008	공채를 발행할것을 전체 인민들은 열렬히 환영	나의 상금과 여유금으로 공채를 구입하겠다	1	평양림산사업소 제2제재공장 로동자 박양옥
1950-04-02-009	공채를 발행할것을 전체 인민들은 열렬히 환영	더 많은 옷감과 좋은 농기구를 받기 위해 공채구입을 준비	1	화천군 지촌리 농민 윤종환
1950-04-02-010	륙모판에 벼씨를 락종	통천군내에서	1	통신원 채승석
1950-04-02-011	평화옹호자대회 각지에서 성대히 진행	아오지탄광, 원산석면제작소에서	1	
1950-04-02-012	도서관의 확충과 도서의 군중화를 위하여	국립중앙도서관 제1차 평의회	1	
1950-04-02-013	태백산유격대 괴뢰군경의 '토벌작전'을 도처에서 분쇄		1	조선중앙통신
1950-04-02-014	학습총화에서 높은 성과를 쟁취하기 위하여		2	금천군당부 선전선동부 부부장 김춘식
1950-04-02-015	강사의 역할을 제고하여 기술전습을 성과있게 보장		2	북동공장당부 위원장 장태수
1950-04-02-016	전부락을 유축농가로 하기 위한 협조대책	안악군 장산리에서	2	통신원 강희조
1950-04-02-017	세포위원회의 역할을 높이자		2	로동당중앙본부 조직부 김태진
1950-04-02-018	볼쉐위끼적교양의 학교	쏘련 우흐똠쓰키구역 위키노농촌꼴호즈당단체의 비서 쓰.게라시모노브의 론설	2, 3	
1950-04-02-019	검열사업을 철저히 하여 기계사고를 미연에 방지	승호리세멘트공장 로동자들	3	승호리세멘트공장 공무부장 류인호
1950-04-02-020	객차를 화려하고 명랑케 하기 위하여	해주검차구 로동자들	3	해주검차구 구장 오중근
1950-04-02-021	랭상모판에 락종	선천군 최형욱농민	3	
1950-04-02-022	농작물의 동해를 방지하는 추파작물의 새 재배법 연구	정주농사시험장 일군들	3	본사기자 류민우

기사번호	제목(title)	부제목(stitle)	면수	필자, 출처
1950-04-02-023	다수확을 보장할 랭상모를 논면적의 50%에 실시	황주군 구성면 서종리 농민들	3	황주군 구성면 서종리농맹위원장 홍형표
1950-04-02-024	군무자의 가족된 영예를 증산에!	평양곡산공장에서	3	
1950-04-02-025	의무교육실시 앞두고 학용품증산에 궐기	평양학용품공장에서	3	
1950-04-02-026	행복하고 유족한 살림	재녕군 고산리 배인호농민	3	주재기자 박덕순
1950-04-02-027	평화와 민주주의를 위한 인도인민들의 투쟁 치렬	봄베이 석유로동자 총파업	4	조선중앙통신
1950-04-02-028	평화와 민주주의를 위한 인도인민들의 투쟁 치렬	평화옹호를 절규하며 인도학생들 시위	4	조선중앙통신
1950-04-02-029	해방 5주년 기념에 제하여 특사실시에 대한 결정 채택	항가리인민공화국 상임위원회에서	4	조선중앙통신
1950-04-02-030	해방 5주년기념 축전을 항가리인민들 성대히 준비		4	조선중앙통신
1950-04-02-031	모택동주석 항가리공사를 접견		4	조선중앙통신
1950-04-02-032	파키스탄의 카라치정무원들 파업		4	조선중앙통신
1950-04-02-033	정치범들의 즉시석방을 전인도직맹평의회에서 요구		4	조선중앙통신
1950-04-02-034	마래인민해방군 공격 계속		4	조선중앙통신
1950-04-02-035	월남인민해방군 2월중에 2천 5백평방키로를 해방		4	조선중앙통신
1950-04-02-036	장개석잔당들의 강탈속에서 해방을 기다리는 해남도 인민들		4	조선중앙통신
1950-04-02-037	북대서양동맹 군사회담중지를 화란근로인민들 강경히 요구		4	조선중앙통신
1950-04-02-038	독일에서	뮨헨재판소의 죄인석방을 근로인민들 반대항의	4	조선중앙통신
1950-04-02-039	국제정세개관	이태리인민의 격분의 항의	4	
1950-04-02-040	국제정세개관	전쟁 및 군비경쟁의 예산	4	
1950-04-02-041	국제정세개관	자르에 뒤이어 쉴레스위흐를	4	
1950-04-02-042	서독에 새로운 파시스트당 출현		4	조선중앙통신
1950-04-02-043	미국 인도네시아에 무기를 부여		4	조선중앙통신
1950-04-02-044	불사회당 당수 블룸 사망		4	조선중앙통신
1950-04-02-045	본괴뢰정부 예산결손 막대		4	조선중앙통신
1950-04-02-046	독일전국청년대회 참가자들을 전체 로동자들 적극 원조		4	조선중앙통신
1950-04-02-047	일본전국로조련락협의회 이란직맹지도자 박해를 항의		4	조선중앙통신
1950-04-02-048	아프리카민주운동에 대한 불란서통치층의 비법행위		4	조선중앙통신

기사번호	제목(title)	부제목(stitle)	면수	필자, 출처
1950-04-03-001	자연피해의 미연방지대책에 만전을 기하자		1	
1950-04-03-002	수산물증산을 위한 기본건설 활발히 진행	동해안 각 수산사업소들에서	1	
1950-04-03-003	평양 대동강에 제2대동교 가설 준비		1	조선중앙통신
1950-04-03-004	1.4분기 주행계획 완수	교통성산하 운전부문 일군들	1	
1950-04-03-005	벼다수확을 위하여 집단모판을 설치	황해도내 농민들	1	주재기자 박덕순
1950-04-03-006	휴한지 6만 9천평 개간	장풍군 대강면 우근리 농민들	1	통신원 허준
1950-04-03-007	공채를 발행할것을 전체 인민들은 열렬히 환영	공채를 구입할 감격을 판초자 증산에 경주	1	남포판초자공장 제판로동자 오재근
1950-04-03-008	공채를 발행할것을 전체 인민들은 열렬히 환영	공채를 구입함으로써 나의 지성을 국가에	1	수공업자 김기주
1950-04-03-009	이 마을 저 마을에 논갈이가 한창	룡천군내 농민들	1	통신원 김리환
1950-04-03-010	새 극장을 건축	황해도 금천군에	1	통신원 박의정
1950-04-03-011	식수사업 활발히 진행	전국각지에서	1	주재기자 최영환
1950-04-03-012	천리장강에 떼목이 내린다	각지 림산로동자들	1	본사기자 백응호
1950-04-03-013	평화옹호자대회 각지에서 성대히 진행	성진제강소, 원산수산사업소에서	1	
1950-04-03-014	상급당결정을 집체적으로 연구토의밑에 세포를 지도		2	강원도 양구군 동면당부 위원장 신승하
1950-04-03-015	충분한 준비밑에서 당학습총화를 진행		2	안변군당부 선전선동부장 김병원
1950-04-03-016	교원들의 교수기능제고에 부단히 주력		2	신흥고급중학교 교원세포위원장 박석균
1950-04-03-017	춘경파종사업진행을 민속히 추진시키자!	함남도 리원군에서	2	특파기자 백응호
1950-04-03-018	생산직장내의 당선동원들은 증산의욕의 열렬한 고무자이다		2	로동당 중앙본부 선전선동부 부부장 차도순
1950-04-03-019	남반부인민유격운동의 첫 봉화 올린 제주도 4.3무장봉기		2	강문석
1950-04-03-020	기관차의 반복수리 근절하여 실동능률을 부단히 제고	고원기관구 로동자들	3	주재기자 신기관
1950-04-03-021	5.1절을 경축하는 예술경연대회 진행	조선인민군 각 구분대에서	3	
1950-04-03-022	고등어잡이 준비	원산수산사업소 로동자들	3	원산수산사업소 지배인 리용세

기사번호	제목(title)	부제목(stitle)	면수	필자, 출처
1950-04-03-023	질좋은 양말을	평양제1양말공장에서	3	
1950-04-03-024	제주도빨찌산들에게 영광을 드린다	-4.3봉기 2주년에-	3	조규창
1950-04-03-025	사범전문학교들에서의 문학력사과교수를 보고		3	라향
1950-04-03-026	독일공산당 중앙위원회 비서국에서 아데나우어의 반동정책을 폭로		4	조선중앙통신
1950-04-03-027	공동강령에 의거한 선거운동을 독일의 정당사회단체들 요구		4	조선중앙통신
1950-04-03-028	독일민주녀맹3차대회 래 4월 21일 개최		4	조선중앙통신
1950-04-03-029	서부독일에 대한 미영불의 점령정책에 관하여	-『쁘라우다』지 론평-	4	조선중앙통신
1950-04-03-030	아테네-벨그라드'추축'조작에 대한 미제국주의자들의 새로운 기도		4	조선중앙통신
1950-04-03-031	평화투쟁에 관한 결정서를 불란서로총관리위원회 발표		4	조선중앙통신
1950-04-03-032	월남민족통일전선 중앙위원회 반제투쟁을 호소		4	조선중앙통신
1950-04-03-033	이태리농민들의 투쟁은 민주진영의 강화를 의미	『이즈베스치야』지 론평	4	조선중앙통신
1950-04-03-034	무장한 인도네시아인민들 화란인기업주들을 처단		4	조선중앙통신
1950-04-03-035	미제의 내정간섭을 인도네시아 각 신문 비난		4	조선중앙통신
1950-04-03-036	이태리-토이기간 조약은 '지중해동맹'의 첫 조치		4	조선중앙통신
1950-04-03-037	불필요한 영국기계구입을 이태리반동들 의회에서 획책		4	조선중앙통신
1950-04-03-038	영국평화옹호위원회에서 평화옹호세계위원회3차회의에 관한 보고 토의		4	조선중앙통신
1950-04-03-039	버-널교수에 대한 차별대우를 영국과학자들 반대항의		4	조선중앙통신
1950-04-03-040	호주운수로동자들 파업 계속 결정		4	조선중앙통신
1950-04-03-041	찌또도당의 테로하에 강행되는 유고슬라비아의 소위 '선거'		4	조선중앙통신
1950-04-03-042	핵쓸리는 무엇을 근심하고있는가?	인류의 한 위험에 대하여	4	
1950-04-04-001	조쏘량국간의 문화교류는 날로 강화되여간다		1	
1950-04-04-002	5.1절을 맞이하며 북반부로동자들 성대한 기념행사 준비		1	
1950-04-04-003	높은 증산성과로 5.1절을 맞고자	삼신탄광 로동자들	1	본사기자 리연호
1950-04-04-004	2개년계획을 완수	신천연초공장 종업원들	1	

기사번호	제목(title)	부제목(stitle)	면수	필자, 출처
1950-04-04-005	벼다수확을 위한 랭상륙상모판 광범히 설치	평남도내 미작지대에서	1	본사기자 백운학
1950-04-04-006	공채를 발행할것을 전체 인민들은 열렬히 환영	임금의 여유를 저축하면서 공채구입을 준비하고있다	1	남포조선소 로동자 김상돈
1950-04-04-007	공채를 발행할것을 전체 인민들은 열렬히 환영	공채를 구입할 준비를 갖추고 발행날을 고대	1	재녕군 봉천리 농민 리찬섭
1950-04-04-008	봄보리와 감저 파종	의주군, 고원군에서	1	
1950-04-04-009	아마파종	북청군 신창면 승평리 리종원	1	
1950-04-04-010	평화옹호자대회 각지에서 성대히 진행	평강군, 성천군에서	1	
1950-04-04-011	방대한 기본건설의 성과적실행을 재정적으로 보장	국립건설자금은행 리장춘총재 담화	1	조선중앙통신
1950-04-04-012	이남강원도 각지에서 유격지구를 속속 확대		1	조선중앙통신
1950-04-04-013	브.이.레닌탄생 80주년을 앞두고	레닌주의는 전세계 근로자들의 투쟁의 기발이다	2	신염
1950-04-04-014	자강도내 초급당단체들에서 지도기관결산 선거사업 진행	희천역 세포에서	2	주재기자 리문상
1950-04-04-015	기계회전속도 높여 생산능률을 제고		2	회녕제지공장 세포위원장 김동춘
1950-04-04-016	직관적선동사업을 활발히 추진시키라	함북 종성군 동관탄광에서	2	통신원 김진규
1950-04-04-017	미제국주의자들은 남조선산업을 어떻게 파탄시키였는가?		2	김동원
1950-04-04-018	1.4분기계획을 초과완수한 청진방적공장 로동자들		3	청진방적공장 부지배인 김해원
1950-04-04-019	광석채굴에서의 새로운 성과를 쟁취하기 위하여	개천탄광 람전분광 최경수브리가다에서	3	본사기자 리인태
1950-04-04-020	농기계임경소의 설치는 농민들의 증산의욕 고무	정주농기계임경소에서	3	주재기자 최영환
1950-04-04-021	남반부인민항쟁에서 포연탄우를 뚫고 련락임무를 완수한 애국소녀	정기덕동무의 공훈	3	
1950-04-04-022	그들은 모두 우수한 기상과학을 소유하였다	김성학소속구분대에서	3	
1950-04-04-023	인민들의 환호속에 해주시농민시장 개설		3	주재기자 박덕순
1950-04-04-024	리승만괴뢰정부 전력료금을 또 대폭인상		3	조선중앙통신
1950-04-04-025	인민학살에 광분하는 매국도당 20만 청년들을 강제동원 기도		3	조선중앙통신
1950-04-04-026	리승만도당 안동군하에서 또다시 귀축행위 감행		3	조선중앙통신

기사번호	제목(title)	부제목(stitle)	면수	필자, 출처
1950-04-04-027	체코슬로바키아인민회의 1950년예산안을 채택		4	조선중앙통신
1950-04-04-028	영국의 '키레나이카군대'조직획책에 리비아인민들 분격		4	조선중앙통신
1950-04-04-029	아프리카민주동맹 지도자들에 대한 불법적판결		4	조선중앙통신
1950-04-04-030	덴마-크공산당기관지 주필에 대한 코펜하 겐시재판소의 비법적판결		4	조선중앙통신
1950-04-04-031	스웨-덴의 중립정책은 무엇을 추구하고 있는가	『신시대』지 론설	4	조선중앙통신
1950-04-04-032	월.스트리-트에 봉사하는 우익사회주의자들		4	『쁘라우다』지
1950-04-04-033	항가리해방 5주년기념		4	박동수
1950-04-04-034	가다야마는 미제에 대한 사회당출신 충복이다		4	류기호
1950-04-05-001	조선인민은 평화용호와 조국통일을 위한 투쟁에 궐기하였다		1	
1950-04-05-002	기계의 가동률제고와 산소증산으로 5.1절을 기념	평양산소공장 로동자들	1	본사기자 박종하
1950-04-05-003	5.1절을 춘경파종의 높은 성과로 맞이하자	평남도 농민들	1	본사기자 백응호
1950-04-05-004	평양운하공사 계속 착수		1	조선중앙통신
1950-04-05-005	2개년채탄계획을 완수한 김만흥동무의 영예	동관탄광에서	1	
1950-04-05-006	벼 777톤 증수 예견하는 저수지	함남 정평군 로동저수지공사 진척	1	
1950-04-05-007	공채를 발행할것을 전체 인민들은 열렬히 환영	농촌경리를 촉진시켜줄 공채를 솔선 구입하겠다	1	철원군 철원면 리촌리 농민 리화석
1950-04-05-008	공채를 발행할것을 전체 인민들은 열렬히 환영	복리증진 위한 공채발행을 기쁨으로써 고대하고있다	1	조산원 박경옥
1950-04-05-009	평화와 민주주의와 사회주의의 위대한 조국 쏘련과의 친선을 강조	조쏘문화협회 제3차 중앙위원회 성대히 진행	1	본사기자 김춘희
1950-04-05-010	도 시 군 구역 인민위원회 대의원 년간 사업총결보고		1	본사기자 박경석
1950-04-05-011	조선적십자회 면지도기관선거사업 진행		1	
1950-04-05-012	쏘베트영화창건 30주년을 기념하여 쓰딸린계관상작품들을 시내 각 영화관에서 상영		1	
1950-04-05-013	이남강원도 각지 유격전황	유격지구를 계속 확대	1	조선중앙통신
1950-04-05-014	쏘련은 평화와 민주주의와 사회주의의 위대한 조국이다	조쏘문화협회 제3차 중앙위원회에서 진술한 허헌선생의 보고	2, 3	

기사번호	제목(title)	부제목(stitle)	면수	필자, 출처
1950-04-05-015	굴진보갱사업을 철저히 생산속도를 부단히 제고	사리원탄광 로동자들	3	주재기자 박덕순
1950-04-05-016	브리가다작업의 호상련계밑에 정광채취률을 6.3% 제고	자강도 후창광산 로동자들	3	주재기자 리문상
1950-04-05-017	교원상점 성황	평양중구 교원련합직장상점에서	3	
1950-04-05-018	불란서공산당 제12차대회	-대회의정을 채택-	4	조선중앙통신
1950-04-05-019	출판물자유의 말살을 기도하여 불란서정부 국제기자동맹대회 금지		4	조선중앙통신
1950-04-05-020	데니스에 대한 비법적판결을 반대	미공산당 전국위원회 항의성명 발표	4	조선중앙통신
1950-04-05-021	장개석에 대한 군사원조를 중지하라	미국진보적인사들 시위	4	조선중앙통신
1950-04-05-022	쏘련과 중화인민공화국간에 민간항공주식회사창설에 관한 협정 체결		4	조선중앙통신
1950-04-05-023	일본학생들의 평화용호운동 활발		4	조선중앙통신
1950-04-05-024	국민당도당은 '재주'부리고있다		4	
1950-04-05-025	'도구다의 요청'사건의 진상		4	조선중앙통신
1950-04-05-026	유고슬라비아의 '선거'		4	조선중앙통신
1950-04-05-027	중화인민공화국과 인도간에 대사 교환		4	조선중앙통신
1950-04-05-028	쏘련정부 대표들 항가리에 도착		4	조선중앙통신
1950-04-05-029	파란은 사회주의를 향해 매진하고있다		4	현철
1950-04-06-001	상전비배관리와 춘잠사육준비를 철저히 진행하자		1	
1950-04-06-002	조선민주주의인민공화국 최고인민회의 상임위원회 정령	산업 림산 농림 체신 상업 부문 및 기타 일군들에게 공로메달을 수여함에 관하여	1	
1950-04-06-003	공채를 발행할것을 전체 인민들은 열렬히 환영	고용농에서 땅의 주인이 된 이 기쁨을 공채구입으로	1	황해도 장풍군 대강면 농민 허원진
1950-04-06-004	공채를 발행할것을 전체 인민들은 열렬히 환영	공화국의 륭성발전을 더욱 촉진시키기 위하여	1	제2녀자고급중학교 교원 전량
1950-04-06-005	5.1절을 맞이하여 2.4분기계획 초과완수를 위한 로동자들의 증산투쟁 치렬		1	
1950-04-06-006	4, 5월분 계획을 150% 초과실행 결의	5.1절을 맞는 평양전구공장 로동자들	1	
1950-04-06-007	2개년계획량을 완수한 박응상동무의 열성	평북 중대리광산 채광운반부에서	1	통신원 조윤정
1950-04-06-008	5.1절을 맞이하는 북반부농민들의 투쟁		1	본사기자 김만선
1950-04-06-009	제3차대회결정 집행을 위한 10개월간 사업총결과 당면과업에 대하여	조쏘문화협회 제3차 중앙위원회에서 진술한 리기영씨의 보고(요지)	2	

기사번호	제목(title)	부제목(stitle)	면수	필자, 출처
1950-04-06-010	섬유공업의 보다높은 발전 위한 춘잠사육준비 활발히 진척	강원도, 황해도, 함남도에서	3	주재기자 전윤필, 통신원 리동욱, 신흥군 녀맹위원장 리장선
1950-04-06-011	륙모판을 광범히 설치	안변군 안변면 농민들	3	통신원 송춘관
1950-04-06-012	영양가치 풍부한 과자를 더 값싸게	평양제과공장에서	3	본사기자 박종택
1950-04-06-013	규격발파법을 정확히 실시 채광능률을 200%로	황해도 곡산광산 로동자들	3	
1950-04-06-014	국가계획을 30% 초과실행키 위하여	각지 염전로동자들	3	본사기자 박철우
1950-04-06-015	리승만매국도당은 왜 망국국회'의원선거'를 미루기만하는가?		3	도현
1950-04-06-016	평화옹호세계위원회 제3차회의의 결정 및 호소를 열렬히 지지	중국평화옹호위원회 선언서 발표	4	조선중앙통신
1950-04-06-017	점령군대나 땅크들을 독일인민은 원치 않는다	독일평화옹호위원회 위원장 언명	4	조선중앙통신
1950-04-06-018	미국무기의 취급반대투쟁을 이태리사회당 전국적으로 전개		4	조선중앙통신
1950-04-06-019	항가리해방 5주년기념 축전 개시	감사의 기념비제막식 거행	4	조선중앙통신
1950-04-06-020	미국자본 애급에 더욱 침투		4	조선중앙통신
1950-04-06-021	북대서양동맹 군사회담을 반대	화란근로인민들 치렬히 투쟁	4	조선중앙통신
1950-04-06-022	레바논석유로동자들 파업	당국은 파업기사게재를 금지	4	조선중앙통신
1950-04-06-023	빈사지경에 있는 정치범을 즉시 석방하라!	인도직맹평의회 강경히 요구	4	조선중앙통신
1950-04-06-024	9백명의 화란장교를 인도네시아에 파견		4	조선중앙통신
1950-04-06-025	인민들은 평화를 위하여 투표한다	『쁘라우다』지의 사설	4	
1950-04-06-026	인민민주주의 제 국가에서	경제건설성과	4	
1950-04-06-027	쏘분조약체결 2주년을 헬싱키에서 경축		4	조선중앙통신
1950-04-06-028	체코슬로바키아외무성 쁘라그주재 미대사관에 각서 전달		4	조선중앙통신
1950-04-06-029	대외'원조'지출액 삭감	미국회 하원에서 가결	4	조선중앙통신
1950-04-06-030	맥아더 일본전범자들을 또 석방		4	
1950-04-06-031	일본의 반동당국 진보적교수직원 계속 추방		4	조선중앙통신
1950-04-06-032	일본정부 진보적 학생 교수도 탄압		4	조선중앙통신
1950-04-07-001	원료 및 자재의 보유기준량을 엄격히 준수하자		1	
1950-04-07-002	조선민주주의 인민공화국 내각 결정 제82호	화물자동차 공차운행방지에 관한 결정서	1	
1950-04-07-003	5.1절을 기관차수리강화와 기술제고 위한 투쟁으로 기념	평양기관구 로동자들	1	본사기자 리성섭

기사번호	제목(title)	부제목(stitle)	면수	필자, 출처
1950-04-07-004	넓은 옥답에 논갈이가 벌어진다	련천 현가리 농민들	1	통신원 렴상익
1950-04-07-005	5.1절을 맞는 농민들 다수확을 위한 춘경파종사업 활발히 진행	자강도, 은률군에서	1	
1950-04-07-006	부전강발전부 언제공사 진척		1	
1950-04-07-007	나의 실수입을 절약하여 공채구입에 충당하겠다	공채를 발행할것을 전체 인민들은 열렬히 환영	1	본궁화학공장 로동자 렴갑성
1950-04-07-008	국가시책에 보답하고자 공채구입준비에 열성을	공채를 발행할것을 전체 인민들은 열렬히 환영	1	기업가 리학림
1950-04-07-009	농기계임경소 기본건설사업을 기한전에 완수하자	안주지구 농기계임경소설치지지 군중대회에서	1	본사기자 류민우
1950-04-07-010	전국내과학대회를 개최할것을 결정	보건성 학술위원회에서	1	
1950-04-07-011	쏘련건축학자 와레니크박사 초빙코 시공학기술강좌 개최	도시경영성에서	1	조선중앙통신
1950-04-07-012	평북도인민문화관건설공사 진행		1	조선중앙통신
1950-04-07-013	리승만과 요시다간에 군수품공급에 관한 비밀협정 체결	『아까하다』지 보도-	1	조선중앙통신
1950-04-07-014	증산경쟁운동을 보다 높은 단계에로 발전시키기 위하여!	본궁화학공장 선동원들의 좌담회에서	2	본사기자 리수근
1950-04-07-015	당단체의 실정에 능통하고 구체적인 지도를 주자	이천군당의 일부 책임지도원들	2	통신원 엄영길
1950-04-07-016	영농법개선과 토지리용률 제고를 위해		2	회양군 송치리 선동원 김두철
1950-04-07-017	연천군인민위원회 수매사업은 왜 락후되었는가		2	통신원 렴상익
1950-04-07-018	수리기공들의 기술수준을 높여 기관차 수리를 140%로	청진철도공장 로동자들	3	
1950-04-07-019	작업경험을 호상교환하고 표준조작법을 철저히 준수	부녕야금공장 로동자들	3	통신원 신운권
1950-04-07-020	토양비료에 대한 과학적지식 보급	자하면인민위원회에서	3	주재기자 리문상
1950-04-07-021	우량종축을 증식키 위하여	이천군종축장에서	3	통신원 엄영길
1950-04-07-022	조선인민군 제4차 예술경연대회준비 활발		3	
1950-04-07-023	용수를 절약하며 보수리에 궐기	린제군 린제면 농민들	3	통신원 천영호
1950-04-07-024	1천 8백여석을 증수할 안전수리답을 개간!	송화군 장양면 농민들	3	통신원 율극환
1950-04-07-025	어장의 주인으로	전진수산사업소 어로로동자 림형일동무	3	본사기자 백응호
1950-04-07-026	쏘련로동자들의 생산경험을 섭취	평양특수고무 조쏘반에서	3	평양특수고무공장 조쏘반 책임자 리봉난
1950-04-07-027	어느때든지 출동할수있는 능숙한 싸마호-트전사들	조선인민군 한동주구분대	3	
1950-04-07-028	리범석이 리승만을 반대하고 사표 제출		3	조선중앙통신

기사번호	제목(title)	부제목(stitle)	면수	필자, 출처
1950-04-07-029	허물어지는 리승만도당의 발판	살인경찰내에서 도주자 속출	3	조선중앙통신
1950-04-07-030	항가리해방 5주년기념 경축 성황	-부다페스트 오페라극장에서-	4	조선중앙통신
1950-04-07-031	기념축전참가 각국대표들 환영	항가리내각 만찬회 개최	4	조선중앙통신
1950-04-07-032	항가리해방 5주년기념에 모택동주석 축전		4	조선중앙통신
1950-04-07-033	인도네시아파업투쟁 치렬	동부스마트라의 9만 로동자 파업	4	조선중앙통신
1950-04-07-034	향항에서의 중국비행기폭파사건에 관하여 주은래외교부장 성명서 발표		4	조선중앙통신
1950-04-07-035	체코 및 슬로바키아 녀성동맹 합동대회		4	조선중앙통신
1950-04-07-036	대오련합국관리리사회 정기회의 오지리정부의 일부 법령들을 승인		4	조선중앙통신
1950-04-07-037	국제교육자동맹에서 유고슬라비아교육자동맹 지도부와의 관계 단절		4	조선중앙통신
1950-04-07-038	노르웨이에 물가 폭등		4	조선중앙통신
1950-04-07-039	쏘련과 몽고인민공화국 공사관을 대사관으로 승격		4	조선중앙통신
1950-04-07-040	쏘련과 중국간에 항공우편사무 개시		4	조선중앙통신
1950-04-07-041	미점령당국 세균전쟁준비에 '서독'과학연구소들'을 리용		4	조선중앙통신
1950-04-07-042	서독정부 세금징수총액의 절반을 점령비에 충당		4	조선중앙통신
1950-04-07-043	쏘련소식	파종경쟁운동 날로 확대	4	조선중앙통신
1950-04-07-044	쏘련소식	각 기업소에서 단체계약 체결	4	
1950-04-07-045	중국동북소식	경제건설 활발	4	조선중앙통신
1950-04-07-046	중국동북소식	심양과 안동 등의 각 공장 생산계획을 기한전 완수	4	조선중앙통신
1950-04-07-047	늙은 전쟁방화자의 새로운 음모		4	박기민
1950-04-07-048	미국경제의 계속하강을 미상무성에서도 예견		4	조선중앙통신
1950-04-07-049	서부베를린 재정파산상태		4	조선중앙통신
1950-04-07-050	문트법안의 부결을 미국인민들 계속 요구		4	조선중앙통신
1950-04-07-051	호주에서 유아매매 성행		4	조선중앙통신
1950-04-07-052	금년도 '노벨평화상'수상자명단에는 처칠 트루맨 마샬 희랍왕 빠벨이 들어있다		4	
1950-04-08-001	하반기 당학습사업을 높은 사상정치적 수준에서 준비하자		1	
1950-04-08-002	5.1절 앞두고 일간 책임량을 120%로 초과완수 결의	평양철도공장 로동자들	1	본사기자 박종하
1950-04-08-003	2만 4천정보에 파종	각지 농민들의 파종성과	1	조선중앙통신
1950-04-08-004	자성작업소에서 류벌작업 개시		1	통신원 김항선
1950-04-08-005	양잠업발전의 전망을 품고 공채구매준비에 열성	공채를 발행할것을 전체 인민들은 열렬히 환영	1	성천군 룡문리 농민 석윤팔
1950-04-08-006	향상된 생활을 구가하며 공채발행을 열렬히 요망	공채를 발행할것을 전체 인민들은 열렬히 환영	1	전진수산합작사원 림경화
1950-04-08-007	조선민주주의인민공화국 최고재판소에서		1	조선중앙통신
1950-04-08-008	공원을 신설	원산시에서	1	
1950-04-08-009	평화적조국통일을 위하여 애국적기독교인들은 총궐기하라	공화국남반부 기독교인들에게 보내는 조선예수교장로회총회의 호소문	1	
1950-04-08-010	면당부사업의 일층 강화를 위하여		2	평남도당부 조직부 통신과장 백선일
1950-04-08-011	라진군내 당단체들에서	지도기관사업결산 및 선거 진행	2	주재기자 김소민
1950-04-08-012	물자절약으로 국가에 더 많은 리익을		2	승호리세멘트공장 1로세포 위원장 한봉원
1950-04-08-013	묘목의 활착률을 90%이상 보장코자		2	곡산조림사업소 세포위원장 고정환
1950-04-08-014	브.마야꼽쓰끼서거 20주년 앞두고	블라지미르.마야꼽쓰끼와 쏘베트의 뿌에지야	2	고성준
1950-04-08-015	우리 나라가 발행하려는 공채는 조국과 인민의 복리를 위한것이다		2	재정성 부상 윤형식
1950-04-08-016	운산-북신현간의 철도복구공사 2개월 기간단축목표로 활발히 진척		3	주재기자 최영환
1950-04-08-017	2.4분기 첫날부터 높은 생산성과 쟁취	사동련탄공장 로동자들	3	본사기자 리보국
1950-04-08-018	뜨락또르기경준비는 활발히 진행되고있다	룡천농기계임경소에서	3	룡천농기계임경소 지배인 정상옥
1950-04-08-019	경기관총 명사수	최장만경비구분대 초소에서	3	
1950-04-08-020	감저 2모작을 실시하여 토지리용률을 일층 제고	강원도 농민들	3	주재기자 전윤필
1950-04-08-021	춘잠견의 증산 위해 치잠공동사육 준비	평남도	3	
1950-04-08-022	농산물판매고는 10배로 증가되었다	평양 제1농민시장	3	
1950-04-08-023	우량종축증식에	-신안종축장에서-	3	
1950-04-08-024	랭상모판을 광범히 설치하여 반당 18가마니를 생산코자	평북 박천군 량가면 농민들	3	통신원 어제의
1950-04-08-025	지방원료원천을 광범히 동원코 생활필수품 증산	자강도 지방산업공장에서	3	
1950-04-08-026	항가리해방 5주년경축 근로인민들 장엄한 시위		4	조선중앙통신

기사번호	제목(title)	부제목(stitle)	면수	필자, 출처
1950-04-08-027	미국무기의 공급을 반대	이태리부두로동자들 항의대회 개최	4	조선중앙통신
1950-04-08-028	독일민주녀성동맹지부를 서독 각지에서 속속 설립		4	조선중앙통신
1950-04-08-029	미국은 리비아에 대항공기지 설치		4	조선중앙통신
1950-04-08-030	류혈적파쑈제도를 반대하는 서반아인민들의 투쟁	서반아공산당 정치국원의 론평	4	조선중앙통신
1950-04-08-031	쏘련소식	경제건설성과	4	
1950-04-08-032	미국은 일본에 또 항공기지 신설		4	조선중앙통신
1950-04-08-033	서독 미점령당국 전범자들을 또 석방		4	조선중앙통신
1950-04-08-034	미국경제사절단 희랍공업화를 반대		4	조선중앙통신
1950-04-08-035	서독에서 물가폭등을 예기		4	조선중앙통신
1950-04-08-036	항가리인민의 위대한 명절	마티아스 라코시	4	
1950-04-08-037	국회에 제출한 카나다예산안은 군비경쟁정책을 반영		4	조선중앙통신
1950-04-08-038	장개석 대만에서 인민들을 대량학살		4	조선중앙통신
1950-04-09-001	새 다이야의 성과적보장을 위한 철도당단체의 당면과업		1	
1950-04-09-002	5.1절을 높은 증산성과로써 맞기 위하여 치렬한 투쟁 전개	덕천탄광 로동자들	1	본사기자 리성섭
1950-04-09-003	2개년계획을 초과완수	희천기관구 두 기관사	1	통신원 김영걸
1950-04-09-004	5.1절을 다수확을 위한 투쟁으로 기념	함북도내 전체 농민들	1	
1950-04-09-005	파종을 활발히 진행	강원도 농민들	1	주재기자 전윤필
1950-04-09-006	황해제철소의 거대한 기본건설 착착 진행		1	
1950-04-09-007	공채의 발행은 공화국의 철도운수사업을 일층 발전시킨다	공채를 발행할것을 전체 인민들은 열렬히 환영	1	원산기관구 기관사 신자삼
1950-04-09-008	공채를 구입함은 공민된 나의 무한한 영예이다	공채를 발행할것을 전체 인민들은 열렬히 환영	1	양양군 손양면 여운포리 농민 김근배
1950-04-09-009	룡흥강 양륙장에 떼목이 계속 도착		1	통신원 김유철
1950-04-09-010	성과있게 진행되는 함북도 성인교육사업		1	주재기자 김소민
1950-04-09-011	중앙은행에서 '2개년계획기간단축호응저축주간'을 설정		1	조선중앙통신
1950-04-09-012	평남도내 각지에 보건시설 확충		1	조선중앙통신
1950-04-09-013	남반부인민유격대 해방구창설에로!	태백산 및 지리산 지구 유격대 해방구창설투쟁에 만반준비	1	조선중앙통신
1950-04-09-014	집체연구사업을 강화하여 직외강사들의 역할을 제고	강원도 연천군당부에서	2	통신원 렴상익
1950-04-09-015	자강도내 초급당단체들에서 지도기관결산 및 선거사업 활발		2	주재기자 리문상

기사번호	제목(title)	부제목(stitle)	면수	필자, 출처
1950-04-09-016	지난번 당학습총화사업의 경험을 살리여		2	북계기관구세포 학습회 지도자 리의량
1950-04-09-017	사고방지를 위하여 엄격한 규률을 확립하자	해주기관구에서	2	주재기자 박덕순
1950-04-09-018	인민도살에 광분하고있는 리승만매국역도들		2	홍남표
1950-04-09-019	당적각성을 매사에 있어서 높이자		2	리기석
1950-04-09-020	1949년도 쓰딸린상계관작품인 총천연색 쏘련예술영화 「백림함락」(제1부)에 대하여		3	김춘희
1950-04-09-021	1만 4천여석의 미곡을 증수할 단천관개공사 활발히 진척!		3	주재기자 신기관, 단천관개공사 사무소 소장 리득세
1950-04-09-022	증산경쟁위원회의 역할을 높여 무사고 배전을 보장	자강도 강계배전부 로동자들	3	주재기자 리문상
1950-04-09-023	생활필수품의 원가저하에 노력	원산식료품종합공장	3	주재기자 전윤필
1950-04-09-024	불란서공산당 제12차대회 석상에서 진술한 모리스 토레스의 보고요지		4	
1950-04-09-025	불란서공산당 제12차대회 토레스의 보고에 의한 토론 전개	-4월 3일회의-	4	조선중앙통신
1950-04-09-026	바티칸간첩들에게 판결 언도	쁘라그의 국가재판소에서	4	조선중앙통신
1950-04-09-027	화란청년총동맹대회준비 활발		4	조선중앙통신
1950-04-10-001	춘기파종의 성과적수행 위해 농촌선동원들의 역할을 높이자		1	
1950-04-10-002	5.1절을 높은 증산성과로 맞이하기 위하여	사리원방직공장 로동자들	1	주재기자 박덕순
1950-04-10-003	5.1절을 농업증산으로 기념하고자	황해도 농민들	1	
1950-04-10-004	교통성산하 일군들 2개년계획 속속 완수		1	
1950-04-10-005	춘기파종 활발히 진행	정평군, 성천군, 경성군, 봉산군에서	1	
1950-04-10-006	계획량을 150%이상 내면서 공채구입을 준비	공채를 발행할것을 전체 인민들은 열렬히 환영	1	청진제철소 로동자 함춘광
1950-04-10-007	신앙의 자유와 행복 속에서 더 큰 행복을 위하여 공채를	공채를 발행할것을 전체 인민들은 열렬히 환영	1	기독교인 변린서
1950-04-10-008	철도선로보호를 위하여 5백만본의 식수를 진행	교통성산하 전체 일군들	1	
1950-04-10-009	강계농민시장 성황		1	
1950-04-10-010	의무교육실시준비사업 착착 진행	자강도에서	1	주재기자 리문상

기사번호	제목(title)	부제목(stitle)	면수	필자, 출처
1950-04-10-011	남반부인민유격대 해방구창설에로! 인민유격대의 춘기전투 활발	이남강원도, 경북에서	1	조선중앙통신
1950-04-10-012	증산경쟁운동의 성과적추진으로 생산속도 장성		2	삼신탄광 직맹위원장 도윤홍
1950-04-10-013	5.1절을 증산으로 맞기 위해 당원들의 선봉적역할을 강조	남포시당부에서	2	통신원 하정히
1950-04-10-014	당원들의 정치학습사업에 대한 지도경험		2	제65호공장당부 위원장 현무광
1950-04-10-015	미제의 침략정책과 리승만도당의 망국정책에 의하여 남조선의 농촌경리는 완전히 파탄되고있다		2	리오남
1950-04-10-016	기계의 무사고운전 보장하여 암모니아 생산속도를 제고	흥남비료공장 합성부 로동자들	3	흥남비료공장 합성부장 홍계수
1950-04-10-017	열성농민들을 선두로 랭상모판락종 활발	은률군 풍산리 농민들	3	통신원 김인곤
1950-04-10-018	기계설비 정비코 정광생산에 궐기	무산광산 로동자들	3	
1950-04-10-019	작년보다 2배의 성냥을 생산코자	평양성냥공장에서	3	
1950-04-10-020	남반부빨찌산전투기 '경찰유동대'를 기습소탕 진조리부락에 승리의 개가	오대산인민유격대 ○○부대 리학선대원의 수기에서	3	
1950-04-10-021	륙모식랭상모 건직파 수직파 재배로 정당 3백 20가마니를 수확하겠다		3	강원도 철원군 철원면 외촌리 농민 리화석
1950-04-10-022	쏘련공산당(볼쉐위끼) 중앙위원회와 쓰딸린대원수에게 축하문	-불란서공산당 제12차대회에서-	4	
1950-04-10-023	이태리에로의 미국무기수송보도에 관련하여	-이태리평화옹호 전국위원회 콤뮤니케 발표-	4	조선중앙통신
1950-04-10-024	'인민민주주의 제국에 대한 경축일'을 월남인민들 성대히 기념		4	조선중앙통신
1950-04-10-025	평화옹호운동에 화란 각계 대표들 참가		4	조선중앙통신
1950-04-10-026	평화옹호청원서서명운동을 오지리청년들 활발히 전개		4	조선중앙통신
1950-04-10-027	파키스탄의 진보적작가들 평화옹호자대회소집을 호소		4	조선중앙통신
1950-04-10-028	체코슬로바키아에서 평화옹호군중대회 개최		4	조선중앙통신
1950-04-10-029	스위스평화옹호위원회 콤뮤니케		4	조선중앙통신
1950-04-10-030	민족적독립을 위하여 동남아세아인민들은 이렇게 싸우고있다	비률빈인민해방군 마닐라부근 4개 도시를 공격	4	조선중앙통신
1950-04-10-031	민족적독립을 위하여 동남아세아인민들은 이렇게 싸우고있다	동부스마트라 농원로동자들 파업참가 10만명에 도달	4	조선중앙통신

기사번호	제목(title)	부제목(stitle)	면수	필자, 출처
1950-04-10-032	유엔기관들에서는 그동안 무엇이 진행되고있는가?	-『쁘라우다』지 론평-	4	조선중앙통신
1950-04-10-033	국제정세개관	사회주의 및 인민민주주의 내부의 굳은 단결을 시위	4	김천일
1950-04-10-034	국제정세개관	일본에서의 파업운동은 급격히 앙양되고있다	4	김천일
1950-04-11-001	벼의 다수확을 위하여 랭상모판과 륙상모판에 의한 육모법을 광범히 적용하자		1	
1950-04-11-002	청진해방투쟁기념관에 김일성장군동상 건립		1	조선중앙통신
1950-04-11-003	년간계획실행기간을 더욱 단축하여 5.1절을 높은 증산으로 기념하고자	문천제련소 로동자들	1	통신원 리달우
1950-04-11-004	춘경을 성과있게 진행	룡천군 농민들	1	본사기자 백운학
1950-04-11-005	곡산광산 제2선광장 복구		1	통신원 리병영
1950-04-11-006	공채를 발행할것을 전체 인민들은 열렬히 환영	토지리용률을 높이면서 공채가 나오기를 고대	1	고원군 상산면 북방충리 농민 신량균
1950-04-11-007	공채를 발행할것을 전체 인민들은 열렬히 환영	생활비를 절약코 저축하여 남먼저 공채를 구매하겠다	1	연천군 연천면 군무자가족 전성례
1950-04-11-008	교통성산하 기본건설공사 활발히 진척		1	
1950-04-11-009	륙상모대락종 완료	금화군 읍내리 농민들	1	
1950-04-11-010	봄보리파종 끝내고 춘경작업 진행	대동군 농민들	1	
1950-04-11-011	조파종	벽성군	1	
1950-04-11-012	속성성인교육사업 성과있게 진행	황해도	1	주재기자 박덕순
1950-04-11-013	북반부 각 직장들에서 직장기술교육사업 활발		1	
1950-04-11-014	5.1절을 경축하여 다채로운 연예 준비	룡천군 복중면 하장리 농촌써-클원들	1	통신원 김리환
1950-04-11-015	아동극연구회 조직	제1차 공연준비도 착착 진행	1	
1950-04-11-016	서해안체육대회 개최	4월 20일부터 4일간 남포시에서	1	본사기자 박경식
1950-04-11-017	브.이.레닌탄생 80주년을 앞두고 레닌-쓰딸린의 사상은 공산주의를 위한 투쟁에로 고무한다	쁘.유진	2	
1950-04-11-018	브리가다경쟁운동의 조직과 그 추진을 위해 이렇게 협조		2	본궁화학공장 염안과 제1분세포 위원장 한풍훈

기사번호	제목(title)	부제목(stitle)	면수	필자, 출처
1950-04-11-019	로동자들의 창의를 대담하게 살리기 위해		2	서평양철도공장 시험실분세포 위원장 황찬호
1950-04-11-020	창발적로력으로 생산원가를 8천만원 저하시킬것을 결의	평양화학공장 로동자들	3	본사기자 김기초
1950-04-11-021	로력류동을 방지코 채탄능률을 제고	흑령탄광에서	3	흑령탄광직맹위원회 위원장 김용운
1950-04-11-022	안주군 농민들의 뜨락또르기경계약체결 활발		3	본사기자 류민우
1950-04-11-023	제2차 미술경쟁대회 준비	조선인민군 각 구분대에서	3	
1950-04-11-024	3대지공이 된 군무자의 가족	남포견직공장 김금순 장성숙 동무	3	
1950-04-11-025	용수를 적극 절약하며 양수 및 저수장을 확장	평남 대동군 농민들	3	본사기자 백응호
1950-04-11-026	대두전작으로 마령서파종을 광범히 실시	고원군농민동맹에서	3	함남 고원군 농맹위원장 허보덕
1950-04-11-027	학생들의 140키로 역전경주 대성황!	평안남도민청주최	3	
1950-04-11-028	쏘련출판물들을 애독하는 시민들	-평양.조쏘도서관에서-	3	
1950-04-11-029	로력의 열매	해주검차구 모범기공 김정규동무의 행복한 생활	3	
1950-04-11-030	높은 학습열로 국가시험 준비	함남도내 성인학생들	3	
1950-04-11-031	미제 남조선에서 위혁적무력시위 감행		3	조선중앙통신
1950-04-11-032	불란서공산당 제12차대회 각 대표들 열렬히 토론 전개	-4월5일회의-	4	조선중앙통신
1950-04-11-033	불란서공산당 12차대회의 인상	『쁘라우다』지 통신원의 보도	4	조선중앙통신
1950-04-11-034	일본은 어떤 나라의 군사기지로도 제공될수 없다	일본원자학자대회의 항의문	4	조선중앙통신
1950-04-11-035	아랍제국동맹은 미영략탈자들의 도구	『뜨루드』지 론평-	4	조선중앙통신
1950-04-11-036	평화옹호세계위원회 결정지지	로씨아정교회 콤뮤니케 발표	4	조선중앙통신
1950-04-11-037	쏘련 및 인민민주주의 제 국가대표단 고주파방송회의에서 퇴장		4	조선중앙통신
1950-04-11-038	기아에 헤매는 포도아근로인민들	포도아녀성직조로동자의 편지	4	조선중앙통신
1950-04-11-039	미국비행기를 적재한 항공모함 비제르타에 입항		4	조선중앙통신
1950-04-11-040	오지리국가기관은 날로 파쑈화한다		4	조선중앙통신
1950-04-11-041	미국륙해군 수뇌부 군사기지설치에 광분		4	조선중앙통신
1950-04-11-042	영미제국주의침략하에서 위기에 직면한 인도의 경제		4	안철식
1950-04-11-043	쏘베트영화창립 30주년기념 영화축전		4	

기사번호	제목(title)	부제목(stitle)	면수	필자, 출처
1950-04-12-001	인민교원양성은 전반적초등의무교육실시에서의 중요한 전제조건이다		1	
1950-04-12-002	평화옹호세계위원회 제3차회의 호소문		1	
1950-04-12-003	공채를 발행할것을 전체 인민들은 열렬히 환영	우리 생활을 더욱 향상시킬 공채발행을 기대	1	금화광산 제1직장 기술자 전중익
1950-04-12-004	공채를 발행할것을 전체 인민들은 열렬히 환영	공채구입을 위하여 나는 축적에 더욱 힘쓰겠다	1	국영 신계종합농장 목부 곽명식
1950-04-12-005	탄갱굴진을 대규모로 확장	각지 탄광들에서	1	조선중앙통신
1950-04-12-006	강계시에 각종 문화기관 건설		1	
1950-04-12-007	새 다이야운행을 보선강화로 보장하면서 5.1절을 기념	평양보선구 로동자들	1	본사기자 리성섭
1950-04-12-008	화전민들 직장 진출	림산부문에도 2천 6백여명	1	조선중앙통신
1950-04-12-009	남반부인민유격대 해방구창설에로!	이남강원도, 경북, 전남북에서	1	조선중앙통신
1950-04-12-010	신입로동자들과의 사업을 강화하여		2	평양화학공장당부 교양지도원 박형근
1950-04-12-011	학습총화를 위한 담화를 효과있게		2	생기령탄광 고령토갱 분세포 학습회지도자 리만산
1950-04-12-012	당단체의 적극적인 협조로 춘경파종 성과있게 진행	화천군 당단체에서	2	통신원 리주상
1950-04-12-013	공화국정부의 생활필수품증산을 위한 시책과 그의 전망에 대하여		2	국가계획위원회 산업계획처 경공업부장 오덕환
1950-04-12-014	쏘베트는 쏘베트국가의 정치적기초이다		2	
1950-04-12-015	5월 10일까지 2개년계획기간 단축완수를 굳게 결의	평양연초공장 로동자들	3	본사기자 박종하
1950-04-12-016	채광시설을 기계화하여 1.4분기생산성과를 계속 확대	수동광산에서	3	수동광산 지배인 김병태
1950-04-12-017	브리가다경쟁을 더욱 치렬히 전개	본궁화학공장 로동자들	3	주재기자 신기관
1950-04-12-018	각 도 대의원들 선거구에서 1년간의 사업을 총결보고		3	본사기자 박경석
1950-04-12-019	자기 임무에 충실한 우수한 마사원	김봉술소속구분대 진영주동무	3	
1950-04-12-020	춘잠사육기술을 연구하며 개량잠구를 충분히 준비	덕천군 농촌녀성들	3	통신원 황우
1950-04-12-021	풍부한 동해안의 각종 어획물을 가공	흥남식료종합공장	3	통신원 강기모

기사번호	제목(title)	부제목(stitle)	면수	필자, 출처
1950-04-12-022	산간벽촌의 보건문화사업	회양군에서	3	통신원 정명연
1950-04-12-023	당면을 증산키 위하여	-평양제과 당면공장에서-	3	
1950-04-12-024	농민군중속에 깊이 침투 우수한 영농법을 일반화	연천군 삭녕면 여척리 선동원들	3	통신원 렴상익
1950-04-12-025	매국도당도 부인하지 못하는 괴뢰군경의 야수적만행		3	조선중앙통신
1950-04-12-026	륙성도상의 인민민주주의 제 국가	경제건설성과	4	조선중앙통신
1950-04-12-027	불란서공산당 제12차대회 폐막		4	조선중앙통신
1950-04-12-028	레오폴드의 복위를 반대한 백이의공산당 정치국호소문		4	조선중앙통신
1950-04-12-029	화란 주의회선거를 앞두고 근로인민들 군중대회 개최	화란공산당 총비서 그루트 국내외정세에 관하여 연설	4	조선중앙통신
1950-04-12-030	미국의 잉여농산물 격증	농업상태에 관한 트루맨의 교서에 대하여	4	조선중앙통신
1950-04-12-031	미국의 일본내의 군사기지유지를 일본인민들 강경히 반대	에코노미스트지 론평	4	조선중앙통신
1950-04-12-032	'북대서양동맹국'에 대한 미국의 새로운 압박		4	오동성
1950-04-12-033	비률빈인민해방군 계속 진공	민족적독립을 위한 동남아세아 인민들의 투쟁 치렬	4	조선중앙통신
1950-04-12-034	월남인민해방군의 전과 불란서군 1천여명을 섬멸	민족적독립을 위한 동남아세아 인민들의 투쟁 치렬	4	조선중앙통신
1950-04-12-035	쏘련소식	쏘련면화재배성 신설	4	조선중앙통신
1950-04-12-036	국제민주녀성련맹 집행위원회회의 4월 17일 헬싱키에서 개최		4	조선중앙통신
1950-04-12-037	희랍의 물가등귀 격심		4	조선중앙통신
1950-04-12-038	남아련방정부 전 독일군 등용		4	조선중앙통신
1950-04-12-039	쏘베트영화창립 30주년기념 영화축전		4	
1950-04-13-001	평화옹호의 력량은 날로 장성강화되고있다		1	
1950-04-13-002	책임량을 초과완수하며 5.1절을 더 높은 증산으로	평양제침공장 로동자들	1	본사기자 박종하
1950-04-13-003	철도로동자들의 5.1절기념준비		1	본사기자 리성섭
1950-04-13-004	각지에서 춘경파종 활발히 진행	국영농장과 평북도에서	1	
1950-04-13-005	좋은 과실을 증산하기 위하여	국영 풍해면과수원에서	1	통신원 윤극환
1950-04-13-006	공채를 발행할것을 전체 인민들은 열렬히 환영	공채를 더 많이 사기 위하여 책임량초과달성에 더욱 열성	1	학포탄광 기관차수리공 김형기
1950-04-13-007	공채를 발행할것을 전체 인민들은 열렬히 환영	나의 여유력을 다하여 공채구입을 준비	1	경흥군 아오지면 오봉리 농민 고규운

기사번호	제목(title)	부제목(stitle)	면수	필자, 출처
1950-04-13-008	보건부문 기본건설 착착 진척		1	본사기자 김지창
1950-04-13-009	비약적으로 발전하는 북반부 약품생산		1	
1950-04-13-010	식수사업 활발	함북도	1	
1950-04-13-011	덕천인민병원 건설공사 진행		1	통신원 황우
1950-04-13-012	오대산인유격대 괴뢰군을 격파		1	조선중앙통신
1950-04-13-013	증산경쟁운동에 있어서의 당단체의 협조사업을 토의	함남도당위원회 제11차회의에서	2	통신원 한영근
1950-04-13-014	기계가동률제고와 품종별 완수를 위하여		2	신의주방직공장 초급당부 위원장 라찬웅
1950-04-13-015	미래의 주인공들을 꾸준하게 교양하자!	평양기구제작소에서	2	본사기자 윤봉경
1950-04-13-016	녀성로동자들에게 대한 직조기술지도를 강화		2	정평직조공장 세포위원장 김동진
1950-04-13-017	농촌경리의 발전을 위하여 선진영농법을 용감히 적용하자		2	농림성 부상 송봉욱
1950-04-13-018	기능향상과 로력개편으로 광석의 더 높은 증산을 보장	자강도 화풍광산 로동자들	3	통신원 김영필
1950-04-13-019	민속한 환차작업으로	청진역 일군들	3	
1950-04-13-020	문화향토건설에 녀맹원들의 열의	신천군 녀맹원들	3	신천군녀맹책임 지도원 하순선
1950-04-13-021	뜨락또르운전실습	뜨락또르기술원양성소생들	3	
1950-04-13-022	쏘베트의 천재적시인 마야꼽쓰끼를 추모	평양사범대학에서	3	
1950-04-13-023	물모집합모판설치 준비	재녕군 남률면 장교리 농민들	3	재녕군 남률면 장교리농맹위원 장 리정수
1950-04-13-024	침략자 미제의 위혁적무력시위도 멸망해가는 리승만괴뢰정권을 구원하지 못할것이다		3	리환
1950-04-13-025	평화옹호와 불란서인민의 리익을 옹호하는 정부수립을 위한 투쟁을 호소	-불란서공산당 제12차대회에서-	4	
1950-04-13-026	파키스탄당국 계속 진보적인사를 박해		4	조선중앙통신
1950-04-13-027	토레스의 보고에 대한 결정서		4	조선중앙통신
1950-04-13-028	미국정부에 대한 쏘련정부의 항의		4	조선중앙통신
1950-04-13-029	런던방송국의 허위보도에 대한 불가리아통신사의 반박		4	조선중앙통신
1950-04-13-030	미국무기의 트리에스트도착은 대이강화조약에 대한 위반행위	트리에스트평화옹호위원회 유엔사무총장에게 전보	4	조선중앙통신
1950-04-13-031	영국 10만명의 정규군을 마래인민 학살에 동원		4	조선중앙통신

기사번호	제목(title)	부제목(stitle)	면수	필자, 출처
1950-04-13-032	워싱톤의 '잠수함'허보	『크라스나야 스베즈다』지 론평	4	조선중앙통신
1950-04-13-033	일본에서 평화옹호운동 활발		4	조선중앙통신
1950-04-13-034	자르지방 탄광로동자들에게 직맹행동통일강화를 호소	독일민주공화국 탄광로동자동맹에서	4	조선중앙통신
1950-04-13-035	국제학생동맹 서기장을 불란서당국 불법취조		4	조선중앙통신
1950-04-13-036	맥아더는 일본전범자들을 계속 석방하고있다		4	안기억
1950-04-14-001	면화파종을 제때에 실시하자		1	
1950-04-14-002	5.1절기념 공동준비위원회 결성	조국전선중앙상무위원회에서	1	조선중앙통신
1950-04-14-003	5.1절을 경축하여 성대한 기념행사 준비	평양화학공장 로동자들	1	
1950-04-14-004	염전로동자들의 주택 1천 5백여호 건축		1	조선중앙통신
1950-04-14-005	공채를 발행할것을 전체 인민들은 열렬히 환영	넉넉해진 나의 생활을 공채구입으로 더욱 행복하게	1	독로강발전소 로동자 한종현
1950-04-14-006	공채를 발행할것을 전체 인민들은 열렬히 환영	인민경제발전을 위하여 솔선 공채를 구입하겠다	1	평원고무공업사 사장 최명섭
1950-04-14-007	춘기비료수송 활발	교통운수부문에서	1	조선중앙통신
1950-04-14-008	대맥파종 완료	평북도	1	
1950-04-14-009	북반부각지에서 춘기파종 활발히 진행		1	본사기자 백운학
1950-04-14-010	성과있게 진행되는 각지의 성인교육사업		1	
1950-04-14-011	교통성 보건처에서 하기방역사업 진행		1	
1950-04-14-012	림산부문 로동자들 조기류벌에 궐기		1	조선중앙통신
1950-04-14-013	전체 보건일군들은 리승만도당 타도에 총궐기하자	조국전선호소문지지 함흥시보건인궐기대회	1	조선중앙통신
1950-04-14-014	남반부농민들의 유격대원호사업 더욱 활발		1	조선중앙통신
1950-04-14-015	진보적 인류의 위대한 시인 브.브.마야꼽쓰끼	-그의 서거 20주년에 제하여-	2	김달수
1950-04-14-016	춘경파종 및 녀맹사업협조 정형 등 기타문제를 토의	평남도당상무위원회에서	2	본사기자 리수근
1950-04-14-017	기술수준을 향상시키기 위하여 적극 협조		2	본궁화학공장내 청년공장 선반과세포 정인교
1950-04-14-018	생산에 필요한 조건들을 옳게 지어주자!	라흥기계제작소내 일부 지도일군들	2	통신원 박경림
1950-04-14-019	국가공채발행은 인민경제발전을 촉진시키는 대책이다		2	재정성 부상 리장춘
1950-04-14-020	「당은…」		3	브.마야꼽쓰끼 원작, 심영섭 역

기사번호	제목(title)	부제목(stitle)	면수	필자, 출처
1950-04-14-021	「쏘베트공민증」		3	브.마야꼽쓰끼 원작, 전동혁 역
1950-04-14-022	「웨치노라!」		3	브.마야꼽쓰끼 원작, 조기천 역
1950-04-14-023	「흑백」		3	브.마야꼽쓰끼 원작, 조기천 역
1950-04-14-024	미국군용기의 쏘련국경침범사건에 관한 반향	여러 나라들에서	4	조선중앙통신
1950-04-14-025	세계시장을 독점하려는 트루맨의 '제한없는 통상계획'		4	조선중앙통신
1950-04-14-026	미국의 각계 인사들 쏘미간의 교섭을 요구		4	조선중앙통신
1950-04-14-027	애치슨의 '총력외교'는 서구라파의 군국화를 촉진시킨다		4	조선중앙통신
1950-04-14-028	중국인민은 쏘중합동회사 창설을 환영한다		4	
1950-04-14-029	동부스마트라 농원 로동자의 파업 의연 계속		4	조선중앙통신
1950-04-14-030	영국 점원 및 배달원들 임금고정정책을 반대		4	조선중앙통신
1950-04-14-031	'락후한 나라에 대한 원조'라는 가면밑에서의 아프리카에 대한 미국독점자본의 팽창		4	리봉우
1950-04-14-032	마래에서의 영제국주의의 범죄적음모	『쁘라우다』지 론설	4	조선중앙통신
1950-04-14-033	알바니아부외상 유엔사무총장에게 서한 전달	희랍왕당파 군대의 도발행위에 관하여	4	조선중앙통신
1950-04-14-034	자본주의국가에서의 장성된 경제공황은 딸라와 폰드간의 첨예한 투쟁을 초래하고있다(『쁘라우다』지에서 전재)		4	
1950-04-14-035	찌또도당의 자본주의재생정책으로 근로인민들의 형편 날로 악화		4	조선중앙통신
1950-04-14-036	화란청년동맹대회를 경축하여 암스테르담에서 군중대회 개최		4	조선중앙통신
1950-04-14-037	동남아세아주재 미국대표회의 개최		4	조선중앙통신
1950-04-14-038	투옥된 토이기시인 단식투쟁을 단행		4	조선중앙통신
1950-04-14-039	국민당도당 대만에서 5천명의 인사를 체포		4	조선중앙통신
1950-04-15-001	'유엔조선위원단'의 내정간섭기도는 걸음마다 파탄되고있다		1	
1950-04-15-002	5.1절을 높은 생산성과로 맞이하고자 치렬한 투쟁 전개	북반부 각 생산직장 로동자들	1	본사기자 김기초

기사번호	제목(title)	부제목(stitle)	면수	필자, 출처
1950-04-15-003	교통성산하 일군들 2개년계획 속속 완수		1	
1950-04-15-004	5.1절을 적기파종 위한 투쟁으로 맞자	북조선농민동맹에서	1	본사기자 백운학
1950-04-15-005	공채를 발행할것을 전체 인민들은 열렬히 환영	영예의 로력으로 소득한 수입을 절약하여 공채구입에	1	국영 평강종합농장 작업대장 함장락
1950-04-15-006	공채를 발행할것을 전체 인민들은 열렬히 환영	의료시설확충에 감격하여 한장의 공채라도 더 많이	1	해주시 중앙병원 의사 리철홍
1950-04-15-007	호화다채로운 연예로 5.1절기념준비	흥남시민들	1	주재기자 신기관
1950-04-15-008	미제의 타국에서의 무력시위와 비행을 금지할것을 강요한다	미국군용기의 쏘련국경침범사건에 관하여	1	
1950-04-15-009	남반부 전체 애국적문화인들에게 보내는 공개서한	함흥지구 문학예술인들로부터	1	
1950-04-15-010	단체계약체결을 성과있게 보장하기 위하여		2	삼신탄광 채광제1분세포 위원장 김경두
1950-04-15-011	중앙기계제작소 당단체는 생산사업을 개선할 결정적대책을 취하라!		2	본사기자 리연호
1950-04-15-012	5.1절을 더욱 높은 생산성과로써 성대히 기념하자		2	북조선직업총동맹 중앙위원회 서기장 최호민
1950-04-15-013	적기파종의 성과적실행을 위하여 투쟁하자!		2	농림성 농산국장 리용석
1950-04-15-014	4월분 생산계획을 130%로 초과실행할것을 굳게 결의	평양곡산공장 로동자들	3	본사기자 김기초
1950-04-15-015	춘기비료수송계획을 101%로 초과완수	흥남비료공장 수송부 로동자들	3	흥남비료공장 수송부 부부장 한탁홍
1950-04-15-016	나는 4월분 나의 채광계획을 4월 6일에 106%로 실행하였다		3	곡산광산 착암공 류치상
1950-04-15-017	850톤급철갑선을 5.1절까지 진수코자	남포조선소 로동자들	3	통신원 박종모
1950-04-15-018	이앙기를 앞두고 랭상 및 륙상모판 관리에 분투	평북도 각지 농민들	3	본사기자 백운학
1950-04-15-019	평양시 제2호선거구에서 김진선시대의원 사업총결보고회 성황		3	
1950-04-15-020	랭상모판의 해충을 이렇게 구제하고있다		3	의주군 농민 김리직
1950-04-15-021	경제적여유력을 농촌경리발전에	은률군 배병항농민	3	통신원 김인곤
1950-04-15-022	조국의 령해를 지키는 공화국해병들		3	
1950-04-15-023	'자수전향'흉책파탄에 당황한 매국도당 '주위청산주간' 조작		3	조선중앙통신
1950-04-15-024	날로 폭등하는 남조선의 미가		3	조선중앙통신
1950-04-15-025	월남에서의 식민지전쟁을 반대하는 불란서근로자들의 투쟁		4	조선중앙통신
1950-04-15-026	이태리 각지에서 평화옹호대회 개최		4	조선중앙통신
1950-04-15-027	스위스평화옹호위원회 평화제의 지지를 의회에 요구		4	조선중앙통신
1950-04-15-028	유엔행정예산위원회회의에서 쏘련대표 퇴장		4	조선중앙통신
1950-04-15-029	평화옹호호소문서명운동 서부독일에서 활발히 전개		4	조선중앙통신
1950-04-15-030	평화옹호인민투표운동 일본에서 전국적으로 전개		4	조선중앙통신
1950-04-15-031	몽고인민공화국 소후랄상임위원회에서 평화옹호세계위원회 호소문 지지		4	조선중앙통신
1950-04-15-032	쏘베트동맹은 전세계에서의 평화의 지주이다		4	양관식
1950-04-15-033	평화옹호투쟁은 인민들의 의무	영국진보적작가의 호소	4	조선중앙통신
1950-04-15-034	백이의녀성평화옹호동맹 미국무기취급반대를 호소		4	조선중앙통신
1950-04-15-035	국제직련교육일군산별부 평화옹호세계위원회 호소문 지지		4	조선중앙통신
1950-04-15-036	마.샬안을 리용하여 미국 서독을 계속 략탈		4	조선중앙통신
1950-04-15-037	장개석도당 해남도의 철광을 일본에 수송 기도		4	조선중앙통신
1950-04-15-038	인도네시아 석을 미국 계속 수탈		4	조선중앙통신
1950-04-15-039	'불독동맹'에 관한 미국의 계획	『뜨루드』지 론평-	4	조선중앙통신
1950-04-15-040	서독 영국점령당국 대쏘정탐 음모		4	조선중앙통신
1950-04-15-041	쏘련주차 화란대사 모쓰크바를 출발		4	조선중앙통신
1950-04-15-042	인민민주주의 제 국가에서	경제건설성과	4	조선중앙통신
1950-04-16-001	농기계임경소와 당단체의 과업		1	
1950-04-16-002	항가리인민공화국 내각 수상 이스트반.도비각하	항가리해방 5주년기념일에 제하여	1	
1950-04-16-003	조선민주주의인민공화국 내각 수상 김일성각하	항가리해방 5주년기념일에 제하여	1	
1950-04-16-004	항가리인민공화국 상임위원회 위원장 아르빠드 사까시츠각하	항가리해방 5주년기념일에 제하여	1	
1950-04-16-005	조선최고인민회의 상임위원회 위원장 김두봉각하	항가리해방 5주년기념일에 제하여	1	

기사번호	제목(title)	부제목(stitle)	면수	필자, 출처
1950-04-16-006	항가리인민공화국 외무상 둘라.깔라이각하	항가리해방 5주년기념일에 제하여	1	
1950-04-16-007	조선민주주의인민공화국 외무상 박헌영각하	항가리해방 5주년기념일에 제하여	1	
1950-04-16-008	증가된 수입을 절약하여 공채를 남먼저 구입하겠다	공채를 발행할것을 전체 인민들은 열렬히 환영	1	함흥제사공장 제사공 강금순
1950-04-16-009	공채구입에 가정부인들이 많은 역할을 하여야 한다	공채를 발행할것을 전체 인민들은 열렬히 환영	1	평양기림리 가정부인 장우복
1950-04-16-010	조선민주주의인민공화국 최고인민회의 상임위원회 정령	남포유리공장 일군들에게 공로메달을 수여함에 관하여	1	
1950-04-16-011	5.1절경축연예 준비	북반부 각 공장 광산들에서	1	
1950-04-16-012	제1회 학생과학연구꼰페렌찌야 개최	김일성종합대학 학생들	1	본사기자 김춘희
1950-04-16-013	레닌탄생 80주년 경축 쏘련인민들 광범히 준비		1	조선중앙통신
1950-04-16-014	브.이.레닌탄생 80주년을 앞두고	레닌-쓰딸린당의 현명한 지도밑에 쏘련인민들은 공산주의의 승리에로	2	최훈
1950-04-16-015	자강도 당단체들에서 지도기관결산선거사업 진척		2	주재기자 리문상
1950-04-16-016	벽신문편집진용 강화로 증산의욕을 고무추동		2	해주검차구 세포위원장 리동헌
1950-04-16-017	상업기관내 당일군들의 책임성을 높이자!	평양시 중앙국영백화점내 일부일군들	2	본사기자 리수근
1950-04-16-018	적기이앙전에 관개용수를 보장하기 위하여		2	안변군 방화리세포위원장 김기보
1950-04-16-019	치렬한 증산경쟁으로 2.4분기계획 초과완수 맹세	흥남비료공장 로동자들	3	주재기자 최경찬
1950-04-16-020	계생광산 기본건설공사 성과있게 진행		3	통신원 배용복
1950-04-16-021	4월분 주행계획을 125%로 실행 결의	고원기관구 로동자들	3	통신원 리정환
1950-04-16-022	천수답의 한해대책으로 륙모판과 2단모판 설치	재녕군 은산리 농민들	3	재녕군 삼강면 은산리농맹위원장 손효익
1950-04-16-023	시민들의 로력협조밑에 평양운하공사 활발히 진척		3	본사기자 김기초
1950-04-16-024	고가기중기를 복구하여 월 3천명의 로력을 절약	황해제철소 운영무동무	3	통신원 윤철
1950-04-16-025	"인민군대에서 나는 마음껏 배우고있습니다"	아버지에게 보낸 정룡상전사의 편지	3	

기사번호	제목(title)	부제목(stitle)	면수	필자, 출처
1950-04-16-026	생산시설 확장코 인견직물증산에	함흥섬유종합공장에서	3	통신원 최경찬
1950-04-16-027	농민들의 저축열 고조	종성군농민은행 1.4분기저금계획 135%로 초과	3	통신원 김진규
1950-04-16-028	명랑하게 자라는 탁아소 어린이들	평양화학공장 탁아소에서	3	
1950-04-16-029	'토벌'실패에 당황한 리승만도당 괴뢰군 총참모장대리를 파면		3	
1950-04-16-030	미국모험자들의 음흉한 행위 미국군용기가 쏘련국경을 불법침범한데 관하여	『쁘라우다』지 론설	4	조선중앙통신
1950-04-16-031	미국군용기의 쏘련국경침범사건에 관한 반향	노르웨이와 덴마-크에서	4	조선중앙통신
1950-04-16-032	쏘련정부에서 이태리정부에 각서 전달	이태리정부가 대이강화조약 및 쏘이협정을 위반한데 관하여	4	조선중앙통신
1950-04-16-033	쏘중조약 및 협정들을 비준	쏘련최고쏘베트 상임위원회와 중국중앙인민정부위원회에서	4	조선중앙통신
1950-04-16-034	미국 전쟁물자공급을 반대하는 이태리 로동자들 파업 더욱 치렬		4	조선중앙통신
1950-04-16-035	마래인민해방군의 공세 치렬	쿠알라룸푸르시에 육박	4	조선중앙통신
1950-04-16-036	미영화 3국식민지통치자들 인도네시아파업에 당황		4	조선중앙통신
1950-04-16-037	월남인민해방군 전과 확대		4	조선중앙통신
1950-04-16-038	투옥된 서독청년들의 투쟁결의 더욱 앙양		4	조선중앙통신
1950-04-16-039	카나다에 실업 격증		4	조선중앙통신
1950-04-16-040	인민민주주의 제 국가에서 인민의 리익의 초소에서	파란	4	
1950-04-17-001	민주주의적중앙집권제의 강화는 우리 당 공고화의 기본적조건이다		1	
1950-04-17-002	다채로운 행사로 북반부농민들 5.1절기념 준비		1	본사기자 백운학
1950-04-17-003	춘기파종 각지에서 활발히 진행	함남도, 황해도에서	1	주재기자 최경찬, 통신원 강희조
1950-04-17-004	국영농기계임경소설치 환영	룡천군 농민들의 군중대회 성황	1	주재기자 최영환
1950-04-17-005	공민의 영예 지니고 공채발행을 기대	공채를 발행할것을 전체 인민들은 열렬히 환영	1	원산조선소 로동자 김봉히
1950-04-17-006	공채발행은 조국의 통일을 일층 촉진	공채를 발행할것을 전체 인민들은 열렬히 환영	1	연백포중학교 교장 장기헌
1950-04-17-007	조선적십자회 각급 지도기관선거 성과적으로 진행		1	조선중앙통신
1950-04-17-008	원매자와 소비자간의 생활필수품 교환을 촉진하는 국영수탁판매점		1	조선중앙통신

기사번호	제목(title)	부제목(stitle)	면수	필자, 출처
1950-04-17-009	브.브.마야꼽쓰끼서거 20주년 추모의 밤 성대히 개최	복쓰문화회관에서	1	본사기자 라원근
1950-04-17-010	'서반아청년들과의 단결의 날'	서반아통일사회청년동맹에 북조선민청과 남조선민애청에서 축전	1	조선중앙통신
1950-04-17-011	국제직련화학로동자산별부창설대회에 참가하였던 북조선화학로동자직맹 대표 일행 귀환		1	조선중앙통신
1950-04-17-012	조선주재 항가리인민공화국 특명전권공사 스미취 샨도르씨 평양 도착		1	조선중앙통신
1950-04-17-013	발전된 새 조건에 적응하여 도급기준량을 정확히 개선		2	본궁화학공장 석회질소과 일근세포위원장 김인덕
1950-04-17-014	학습회지도자의 역할을 높여 당학습총화를 체계있게 진행	함흥시당관하 새소생산세포에서	2	주재기자 최경찬
1950-04-17-015	선진경종법을 일반화하며 륙모판을 광범히 실시		2	안변군 수려리세포위원장 리상초
1950-04-17-016	실생활과 결부된 군중선동사업을 일상적으로 전개하자		2	당중앙본부 선전선동부 부부장 차도순
1950-04-17-017	의료품원료를 확보키 위하여 춘잠견의 생산고를 높이자		2	농림성 잠업부장 신응표
1950-04-17-018	생산시설을 확장하며 판초자증산에 궐기	남포유리공장 로동자들	3	본사기자 리성섭
1950-04-17-019	기계시설들을 애호하며 물자를 적극 절약하자	신의주팔프공장 로동자들	3	
1950-04-17-020	면화의 적지선정과 집중재배에 분투	재녕군 농민들	3	재녕군인민위원회 농산과장 오남제
1950-04-17-021	두만강에 계속 떼목은 내린다 송학류벌로동자들의 투쟁	함북 회령림산사업소 송학작업장에서	3	통신원 심철
1950-04-17-022	비료를 확보하고 파종 활발히 진행	황주군 제안리인민위원회에서	3	황주군 황주면 제안리인민위원회 위원장 정세환
1950-04-17-023	석왕사휴양소문화관 신축공사		3	
1950-04-17-024	여유곡물저축을 옳게 리용하여 문화생활에	화천군 간척리 윤문섭농민	3	
1950-04-17-025	출유률을 높이여 원가저하에 노력	신의주제유공장 로동자들	3	주재기자 최영환
1950-04-17-026	불란서공산당 제12차대회에서의 모리스 토레스의 결론연설(요지)	불란서인민은 쏘련을 반대하여 결코 싸우지 않을것이다	4	
1950-04-17-027	불가리아직총 유엔사무총장에게 서한	-수용소에 있는 희랍애국자들을 구원할데 관하여-	4	조선중앙통신
1950-04-17-028	불독통일에 대한 아데나우어의 계획은 미제국주의정책의 일부분	『크라스나야 스베즈다』지 론설-	4	조선중앙통신
1950-04-17-029	쏘련과 독일민주주의공화국간에 상품교환 및 지불협정 체결		4	조선중앙통신
1950-04-17-030	미국에서 범죄사건 격증		4	조선중앙통신
1950-04-17-031	희랍의 신문 쥬라도수용소의 참상 폭로		4	조선중앙통신
1950-04-17-032	중국에서 물가 전반적으로 안정		4	조선중앙통신
1950-04-17-033	희랍왕당파들 수감자들에 대한 폭행 극심		4	조선중앙통신
1950-04-17-034	국제직련집행위원회회의 부다페스트에서 개최 예정		4	조선중앙통신
1950-04-17-035	국제직련금속로동자산별부회의 5월하순 베를린에서 개최 예정		4	조선중앙통신
1950-04-17-036	미국 로동통계국에서도 국내파업건수증가를 인정		4	조선중앙통신
1950-04-17-037	모로코공산당지도자에 불란서당국 2개월 금고형 언도		4	조선중앙통신
1950-04-17-038	미국공군 일본비행사를 훈련		4	조선중앙통신
1950-04-17-039	분란정부 물가인상을 결정		4	조선중앙통신
1950-04-18-001	춘기파종의 성과적수행을 위하여 농촌당단체의 조직정치사업을 강화하자		1	
1950-04-18-002	김일성수상에게 드리는 메쎄지	남포유리공장 로동자, 기술자, 사무원들로부터	1	
1950-04-18-003	남포유리공장 모범일군들에게 대한 공로메달수여식 거행		1	조선중앙통신
1950-04-18-004	남포유리공장조업식 성대히 거행		1	조선중앙통신
1950-04-18-005	내가 맡은 생산책임량을 기한전에 실행	공채를 발행할것을 전체 인민들은 열렬히 환영	1	남포륙운사업소 로동자 김진수
1950-04-18-006	공채발행을 기대하며 면화파종에 더욱 열성	공채를 발행할것을 전체 인민들은 열렬히 환영	1	평남 룡강군 초산리 농민 한형규
1950-04-18-007	도 시 군 구역 인민위원회 대의원보고회 성대히 진행		1	조선중앙통신
1950-04-18-008	농기계임경소 기본건설완수를 위하여	함주군 농민들 군중대회	1	주재기자 최경찬
1950-04-18-009	자강도내 각 삼림지대에서 림철부설공사 활발		1	조선중앙통신

기사번호	제목(title)	부제목(stitle)	면수	필자, 출처
1950-04-18-010	급진적으로 발전되는 보건간부양성사업		1	본사기자 김지창
1950-04-18-011	브.이 레닌탄생 80주년을 앞두고	레닌주의는 수백만인의 학설이다	2	김창석
1950-04-18-012	학습총화를 위한 세포총회준비를 성과있게		2	림산국세포 위원장
1950-04-18-013	락후한 분자들에 대한 지도사업을 강화하여		2	재녕광산 초급당부 위원장 최기호
1950-04-18-014	유람식지도를 퇴치하자	재녕군 북률면당부에서	2	통신원 정필
1950-04-18-015	새로운 로력적성과로 5.1절을 성대히 기념	1.4분기계획을 110.2%로 초과완수한 하성광산로동자들의 증산투쟁	3	하성광산 지배인 최효선, 기사장 장한철
1950-04-18-016	남반부빨찌산전투기 혼비백산한 '군경'놈들을 일격에 전부 섬멸	○○지구 인민유격대 주승식대원의 수기에서	3	
1950-04-18-017	기관차수리작업시간을 단축키 위하여 투쟁하는 함흥기관구 로동자들		3	
1950-04-18-018	조국보위후원사업 강화하며 군무자가족들의 로력을 협조	위원군 만호리민들	3	통신원 최명호
1950-04-18-019	관개용수 확보에 농민들을 적극 추동	신천군 진우리인민위원회에서	3	진우리인민위원회 위원장 김현삼
1950-04-18-020	250여단보에 이앙할 랭상모판관리에 열성	정주군 정주면 농민들	3	본사기자 김만선
1950-04-18-021	교원문화일군들의 5.1절기념체육대회 성황	평양시경기장에서	3	본사기자 김지창
1950-04-18-022	풍부한 목재 리용하여 목공예품을 생산	평양종합목공장에서	3	
1950-04-18-023	초등의무교육실시 앞두고 교과서편찬출판사업 활발	교육성 편찬관리국에서	3	
1950-04-18-024	리승만도당 괴뢰군장교들을 맥아더와 요시다에게 파견		3	
1950-04-18-025	의무교육실시 앞두고 교과서출판에 분투하는 조선교육도서출판사 로동자들		3	
1950-04-18-026	매국도당들의 강제징병흉책 파탄		3	조선중앙통신
1950-04-18-027	트리에스트로동자들 미국무기하선을 반대		4	조선중앙통신
1950-04-18-028	평화옹호호소문서명운동 불가리아에서 활발		4	조선중앙통신
1950-04-18-029	미국무기도착을 백이의인민들 반대		4	조선중앙통신
1950-04-18-030	반파쑈청년들을 불당국 불법재판		4	조선중앙통신
1950-04-18-031	월남행 전쟁물자적재를 불란서로동자들 거부		4	조선중앙통신
1950-04-18-032	쏘련군대에 의한 해방 5주년을 원나시민들 성대히 경축		4	조선중앙통신
1950-04-18-033	미국군용기의 쏘련국경침범사건에 관한 반향	파란에서	4	조선중앙통신
1950-04-18-034	포레쓰탈의 '지휘'밑에 진행되는 미국군 사대신들 부레트리 죤슨 및 기타의 안쌈부레		4	
1950-04-18-035	알바니아로동당대표회의 개최		4	조선중앙통신
1950-04-18-036	미국무기와 군수품 불란서에 도착		4	조선중앙통신
1950-04-18-037	인민민주주의 제 국가에서의 농업의 사회주의적개조		4	강호선
1950-04-18-038	항일유격대의 우수한 정치공작원 오세영동지의 모습을 회고하면서		4	전창철
1950-04-19-001	국가 및 소비조합상업기관내 당원들의 역할을 제고하자		1	
1950-04-19-002	5.1절을 높은 생산성과로 시위	북반부로동자들의 증산투쟁 고조	1	조선중앙통신
1950-04-19-003	호상경쟁에 궐기한 로동자들의 증산성과	평양방직 문평아연 량공장에서	1	조선중앙통신
1950-04-19-004	본궁화학공장 흥남비료공장 일군들에 공로메달수여식 성대히 거행		1	
1950-04-19-005	춘기파종 활발	자강도	1	주재기자 리문상
1950-04-19-006	춘기파종 활발	린제군	1	통신원 천명호
1950-04-19-007	춘기파종 활발	문천군	1	통신원 리달우
1950-04-19-008	행복과 기쁨을 안고 희망에 찬 앞날을 바라보며 증산에 열성	공채를 발행할것을 전체 인민들은 열렬히 환영	1	신의주팔프공장 록부실직공장 한성륜
1950-04-19-009	뜨락또르기경의 기쁨을 공채구입으로	공채를 발행할것을 전체 인민들은 열렬히 환영	1	안주군 신안주면 신성리 농민 김태영
1950-04-19-010	이앙전통수식 목표코 각지 관개공사 진척		1	본사기자 백운학
1950-04-19-011	농기계임경소설치사업을 우리 힘으로	정주농민군중대회에서	1	본사기자 김만선
1950-04-19-012	새 희망과 환희 속에 화전민들 생산직장에 륙속 진출		1	조선중앙통신
1950-04-19-013	항가리인민공화국 특명전권공사 스미취 샨도르씨 조선민주주의인민공화국 외무성 부상 한효삼씨를 방문		1	조선중앙통신
1950-04-19-014	전조선 제 정당사회단체대표자련석회의 2주년을 맞이하면서		2	홍남표

기사번호	제목(title)	부제목(stitle)	면수	필자, 출처
1950-04-19-015	국가축적을 높이기 위하여		2	평양기구제작소 주물세포위원장 김정운
1950-04-19-016	고등어잡이 준비사업을 성과있게 보장	신포수산사업소에서	2	통신원 윤지월
1950-04-19-017	일제와 야합한 리승만도당에 대한 전조선인민의 분노는 일층 격발되고있다		2	최민후
1950-04-19-018	5.1절을 경축기념하여 기본건설공사를 활발히	독로강발전부 건설현장로동자들	3	주재기자 리문상
1950-04-19-019	5.1절을 기념하여 더 많은 전극을 생산코자 투쟁하는 남포전극공장 로동자들		3	
1950-04-19-020	정확한 작업분공으로 기관차수리시간 단축	함흥기관구 로동자들	3	주재기자 최경찬
1950-04-19-021	자강도 제8호선거구에서 김승섭대의원의 사업총결보고회 성황		3	
1950-04-19-022	작업검토회의 역할 높여 생산에서의 결함을 제때에 퇴치	정평요업공장 로동자들	3	정평요업공장 직장위원장 리태용
1950-04-19-023	다채로운 예술작품상연으로 5.1절을 성대히 기념하고자	흥남비료공장 각 써-클에서	3	주재기자 신기관
1950-04-19-024	농민들의 앙양된 열성속에서 뜨락또르 기경준비 활발히 진행	안주농기계임경소에서	3	본사기자 백응호
1950-04-19-025	우량종축을 광범히 보급시키기 위하여	종성군종축장에서	3	함북 종성군종축장 장장 김태경
1950-04-19-026	교원들의 열성적노력밑에 의무교육준비사업 진척	해주 제4인민학교에서	3	해주 제4인민학교 교장 김원린
1950-04-19-027	'토벌'실패에 당황한 괴뢰군대내에 파면선풍 계속		3	조선중앙통신
1950-04-19-028	미국군용기의 쏘련국경침범사건에 대한 반향	여러 나라에서	4	조선중앙통신
1950-04-19-029	쏘련외상 위신쓰끼 주쏘 애급공사를 접견		4	조선중앙통신
1950-04-19-030	중국과의 외교관계설정을 화란정부에서 제의		4	조선중앙통신
1950-04-19-031	국유화된 미국기업소에 관한 항가리외무성 보도부의 콤뮤니케		4	조선중앙통신
1950-04-19-032	'구라파리사회'외상회의 책동		4	조선중앙통신
1950-04-19-033	평화옹호세계위원회 호소를 국제민주녀성련맹 지지성명		4	조선중앙통신
1950-04-19-034	제국주의전쟁상인들에게 봉사하는 우익사회주의자들	『쁘라우다』지 론설-	4	
1950-04-19-035	희랍주차 미국대사 희랍정부개조를 강요		4	조선중앙통신

기사번호	제목(title)	부제목(stitle)	면수	필자, 출처
1950-04-19-036	조국을 사랑하는자는 죽음을 두려워하지 않는다	일제에게 무참히 희생된 전일 우동지를 회고하며	4	전창철
1950-04-20-001	정확한 통계사업은 사업의 계획성을 보장한다		1	
1950-04-20-002	5.1절을 앞두고 평남도내 각 공장들의 증산경쟁 활발		1	조선중앙통신
1950-04-20-003	5.1절을 기념하여 고등어잡이준비 활발	동해안 각 수산사업소에서	1	본사기자 백운학
1950-04-20-004	춘기방역에 성과 거두고 하기방역에 분투	보건일군들	1	본사기자 김지창
1950-04-20-005	북반부 각처에 체신부문 제반시설 확장		1	본사기자 김기초
1950-04-20-006	공채를 발행할것을 전체 인민들은 열렬히 환영	인민의 복리 위한 공채발행은 나의 증산의욕을 고무한다	1	수풍발전부 로동자 박용관
1950-04-20-007	공채를 발행할것을 전체 인민들은 열렬히 환영	생활향상의 기쁨속에 공채구매 준비에 열성	1	금화군 금성면 초서리 농민 정봉윤
1950-04-20-008	5.1절기념 성대히 준비	평양시 민청단체들, 자강도 각지에서	1	주재기자 리문상
1950-04-20-009	남반부 각지 인민유격대 유격지구를 일층 확대		1	조선중앙통신
1950-04-20-010	체코슬로바키아해방 5주년 기념축전에 참가차 조선민주주의인민공화국 대표일행 출발		1	조선중앙통신
1950-04-20-011	기계가동률을 높이여 생산능률을 제고		2	평양연초공장 제11세포 박덕순
1950-04-20-012	당학습총화사업지도에 대한 호상경험을 교환	금화군당부에서	2	통신원 김준호
1950-04-20-013	적기파종을 위한 투쟁에 농민들을 추동		2	철원군당위원장 리헌용
1950-04-20-014	남반부빨찌산들의 영용한 춘기공세는 리승만역도들을 극도로 당황케 하고있다		2	강규찬
1950-04-20-015	인민군대는 청년들을 애국적인재로 교양훈련하는 훌륭한 학교이다		2	현정민
1950-04-20-016	금년내로 2천 2백정보 통수코자 평남관개공사 현장로동자들 궐기		3	본사기자 백응호
1950-04-20-017	기계무사고운전과 물자절약에 분투	성진제강소 로동자들	3	주재기자 김소민
1950-04-20-018	정확한 작업책임분공으로 생산능률을 부단히 제고	청진제유공장 로동자들	3	

기사번호	제목(title)	부제목(stitle)	면수	필자, 출처
1950-04-20-019	녀맹단체사업을 강화하여 녀성들을 실생활에서 교양하자	평남도녀맹위원회에서	3	
1950-04-20-020	높은 생산성과를 위하여 생산시설을 철저히 점검하고있는 청진제철소 해탄로직장 로동자들		3	
1950-04-20-021	묘목이식 끝내고 제초작업을 준비	양양묘포장에서	3	통신원 전승수
1950-04-20-022	모판관리를 지도협조 건모이앙준비에 만전	신천군 진우리농맹에서	3	신천군 온천면 진우리농맹 위원장 조국선
1950-04-20-023	원가저하를 위하여 공동작업을 확장	평양 제1직물생산합작사에서	3	본사기자 박정석
1950-04-20-024	조선인민군 제2차 미술경쟁대회에 우수한 작품들을 출품	방영의소속구분대에서	3	
1950-04-20-025	평화옹호는 제 인민들의 당면한 중요과업이다	평화옹호세계대회 1주년을 맞으며	4	최동수
1950-04-20-026	각계 인사들 평화옹호호소문서명운동에 참가	루-마니아	4	조선중앙통신
1950-04-20-027	평화옹호청원운동 각지에서 활발히 진행	영국	4	조선중앙통신
1950-04-20-028	중국인민해방군의 전과	서창지구 잔적 완전 소탕	4	조선중앙통신
1950-04-20-029	평화옹호호소문서명운동 활발히 전개	불가리아	4	조선중앙통신
1950-04-20-030	평화옹호청원서서명운동 성과적으로 진행	서독	4	조선중앙통신
1950-04-20-031	각지에서 평화옹호투표 계속	화란	4	조선중앙통신
1950-04-20-032	큐-바에 물가 폭등		4	조선중앙통신
1950-04-20-033	진보적출판물지지운동 불란서에서 전개		4	조선중앙통신
1950-04-20-034	비률빈민족해방운동 치렬	『크라스나야 스베즈다』지 론평	4	조선중앙통신
1950-04-20-035	미국무기도착을 반대	이태리 각지에서 항의시위	4	조선중앙통신
1950-04-20-036	토이기시인 히크메트의 생명을 구원하라!	폴 로브슨 전체 미국인들에게 호소	4	조선중앙통신
1950-04-20-037	처칠의 서독재무장제의를 런던직맹리사회 견결히 규탄		4	조선중앙통신
1950-04-20-038	런던북부 기술총동원들 영국군대 마래철퇴를 요구		4	조선중앙통신
1950-04-20-039	영국군인협회련맹 년차회의 개최 예정		4	조선중앙통신
1950-04-20-040	생활비등귀에 영국로동자들 대타격		4	조선중앙통신
1950-04-21-001	5.1절표어		1	
1950-04-21-002	조선민주주의인민공화국 최고인민회의 상임위원회 위원장 김두봉선생에게 조선주재 웽그리야인민공화국 특명전권공사 스미취 샨도르씨 신임장 봉정		1	조선중앙통신
1950-04-21-003	스미취 샨도르공사의 봉정사	웽그리야인민공화국 특명전권공사의 신임장봉정식에서	1	

기사번호	제목(title)	부제목(stitle)	면수	필자, 출처
1950-04-21-004	김두봉위원장의 답사	웽그리야인민공화국 특명전권공사의 신임장봉정식에서	1	
1950-04-21-005	평화옹호서명운동은 전인민적운동으로 되고있다	평화옹호전국민족위원회위원장 한설야씨 담화	1	조선중앙통신
1950-04-21-006	서명운동은 평화적조국통일을 위한 투쟁의 일환		1	근로인민당 위원장 리영
1950-04-21-007	브.이.레닌탄생 80주년을 앞두고	레닌과 쓰딸린	2	
1950-04-21-008	조선인민과 웽그리야인민간의 친선은 날로 강화되고있다		2	박기영
1950-04-21-009	산업부문 1.4분기 실행성과를 총화	산업성산하 지배인 및 직맹위원장 련석회의	2	
1950-04-21-010	군중정치사업을 강화하여 적기파종 성과있게 추진!	금화군 운장리세포에서	2	통신원 김준호
1950-04-21-011	면화의 다수확 위하여 파종준비에 궐기한 룡강군 농민들!		3	
1950-04-21-012	평규식재배법을 광범히 보급	면화의 다수확 위하여	3	평남 룡강군 인민위원회 농산과장 문찬구
1950-04-21-013	적기파종을 위하여	면화의 다수확 위하여	3	룡강군농맹위원장 로종우
1950-04-21-014	농촌선동원들의 역할 높여	면화의 다수확 위하여	3	평남 룡강군당부 위원장 한수옥
1950-04-21-015	작업인계를 철저히 하는 정주기관구 로동자들		3	
1950-04-21-016	농맹단체들의 당면과업 제시	북조선농민동맹 제4차 중앙위원회에서	3	본사기자 백운학
1950-04-21-017	친절한 모범간호원	김유정소속구분대 간호원 리여숙동무	3	
1950-04-21-018	1천톤급철조화물선을 4월말까지 건조하고자	원산조선소 로동자들의 투쟁	3	주재기자 전윤필
1950-04-21-019	5.1절까지 2개년계획 초과완수 결의	재녕광산 로동자들	3	주재기자 박덕순
1950-04-21-020	인민들의 열성적참가밑에 의무교육실시 준비 활발	함남도 각지에서	3	
1950-04-21-021	내무성극단공연 연극「은파산」을 보고		3	김춘희
1950-04-21-022	사회주의경쟁전개로써	각국의 5.1절기념준비 활발	4	조선중앙통신
1950-04-21-023	평화옹호의 구호밑에서	각국의 5.1절기념준비 활발	4	조선중앙통신
1950-04-21-024	단독강화를 반대하고 전면적강화의 급속한 체결을 요구	일본공산당 중앙위원회회의에서 도꾸다 큐이찌 보고	4	조선중앙통신

기사번호	제목(title)	부제목(stitle)	면수	필자, 출처
1950-04-21-025	요시다정부의 중세징수를 일본인민들 반대 투쟁		4	조선중앙통신
1950-04-21-026	북부이태리에서 2시간 총파업 단행		4	조선중앙통신
1950-04-21-027	평화옹호세계위원회 호소문에 체코슬로바키아문화일군들 서명		4	조선중앙통신
1950-04-21-028	유고슬라비아정부에 보낸 불가리아정부의 각서	-찌또도당의 도발행위에 관하여-	4	조선중앙통신
1950-04-21-029	졸리오.큐리박해에 항의	-불란서평화 및 자유투사동맹에서-	4	조선중앙통신
1950-04-21-030	인민민주주의 제 국가에 대한 쏘베트동맹의 형제적원조		4	오성칠
1950-04-21-031	인도네시아 농원 로동자들 파업 승리		4	조선중앙통신
1950-04-21-032	화란외상 대외정책을 성명	-중국승인문제 등에 관하여-	4	조선중앙통신
1950-04-21-033	미국군함 수척 이태리에 도착		4	
1950-04-21-034	미국의 강압으로 희랍 베니젤로스정부 사직		4	조선중앙통신
1950-04-21-035	미국 서반아간의 무역 급격히 증가		4	조선중앙통신
1950-04-21-036	국제항쟁투사대회 베를린에서 개최		4	조선중앙통신
1950-04-21-037	희랍에 대한 미국의 원조는 '엄중한 형태의 간섭'이다	친미정부강요에 대한 희랍신문들의 론평	4	조선중앙통신
1950-04-22-001	맑스-레닌주의를 더욱 심오하게 연구하자		1	
1950-04-22-002	레닌에 관하여	1924년 1월 28일 크레믈리군관학교 학생들의 야회에서 진술한 쓰딸린의 연설중에서	1	
1950-04-22-003	맑스-레닌주의저서 당출판사에서 이미 530여만부 출판		1	
1950-04-22-004	레닌탄생 80주년을 기념	조쏘문화협회 중앙본부, 평양시내 각 직장들, 원산 함흥 기타 지방들에서	1	
1950-04-22-005	레닌이 탄생하였으며 1878년부터 1887년까지 거주하신 씸빌쓰크(현재는 우리야노브쓰크)에 있는 집		1	
1950-04-22-006	조선인민은 위대한 레닌의 기치밑에 살며 승리하고있다		2	리승엽
1950-04-22-007	레닌에 대한 회상	고리끼작 『레닌』중에서	2	
1950-04-22-008	레닌의 학설은 수천만대중에게 백전백승할 힘을 준다		2	김승화
1950-04-22-009	레닌공청의 이름을 가진 모쓰크바국립극장에서 상연된 연극 「울리야노브의 가정」		3	
1950-04-22-010	레닌탄생 80주년에 바치노라		3	박팔양
1950-04-22-011	평화옹호의 거센 물결은 전쟁도발자들의 발악을 분쇄할것이다		3	남조선녀성동맹 위원장 류영준

기사번호	제목(title)	부제목(stitle)	면수	필자, 출처
1950-04-22-012	미제의 식민지예속화정책과 전쟁도발음모를 파탄시키자	평양지구 문화인들	3	본사기자 김춘희
1950-04-22-013	전쟁방화자들을 평화옹호위력앞에 전률케 하자	사동련탄공장 로동자들	3	본사기자 박경석
1950-04-22-014	매국노들이 꾸며내는 망국'선거'음모를 배격하는 각계 인사들의 담화 미제의 지령으로 감행되는 매국'선거'를 철저히 파탄시키자	북조선천도교청우당 위원장 김달현	3	
1950-04-22-015	2개년계획 기한전완수의 당면과업 토의코 페회	산업성산하 지배인 및 직맹위원장련석회의	3	신언철
1950-04-22-016	국제녀맹집행위원회회의 18일 헬싱키에서 개막		4	조선중앙통신
1950-04-22-017	유엔경제 및 로동문제분과위원회회의에서 쏘련대표 퇴장		4	조선중앙통신
1950-04-22-018	국제민주녀성련맹 집행위원회회의를 경축하여 헬싱키에서 군중대회 성대히 진행		4	조선중앙통신
1950-04-22-019	중국 황하연안의 땜복구공사 완성		4	조선중앙통신
1950-04-22-020	평화옹호투쟁에 관한 문제 등 토의 -15일회의-	영국 런던지구 공산당년차대회	4	조선중앙통신
1950-04-22-021	마래에서의 전쟁중지를 요구하는 결의안 채택 -16일회의-	영국 런던지구 공산당년차대회	4	조선중앙통신
1950-04-22-022	월남인민해방군 불란서진지를 계속 점령		4	조선중앙통신
1950-04-22-023	평화옹호를 위한 전투에서		4	김영식
1950-04-22-024	서독로동자들의 생활수준 급격 저하		4	조선중앙통신
1950-04-22-025	호주평화옹호대회 멜보른에서 개최		4	조선중앙통신
1950-04-22-026	마-샬안의 결과로 화란산업 마비상태		4	조선중앙통신
1950-04-23-001	평화옹호와 조국통일을 위한 전투적구호		1	
1950-04-23-002	평화를 옹호하는 모든 인사들은 다같이 서명하라!	평화옹호전국민족위원회 제8차 회의에서	1	조선중앙통신
1950-04-23-003	원자무기의 무조건 금지를 자유애호인민들 절실히 요구		1	작가 리기영
1950-04-23-004	평화옹호서명은 원자무기광신자들에게 내리는 준엄한 선고이다		1	종교인 김창준
1950-04-23-005	매국노들이 꾸며내는 망국'선거'음모를 배격하는 각계 인사들의 담화		1	
1950-04-23-006	5.1절을 기념하여 책임량을 기한전에 완수한 철도일군들		1	
1950-04-23-007	남포시내 기업소 모범일군들에게 공로메달수여식		1	본사기자 김지창
1950-04-23-008	조선적십자회 평양시지도기관 선거		1	
1950-04-23-009	북반부 각 농촌에서 면화파종 개시		1	
1950-04-23-010	2개년계획 완수	정평직조공장 로동자들	1	

기사번호	제목(title)	부제목(stitle)	면수	필자, 출처
1950-04-23-011	이태리직업련맹에서 북조선직총에 감사의 서한		1	조선중앙통신
1950-04-23-012	1950년 제1.4분기 사업총결과 당면과업에 대하여	산업성 산하기업소 지배인 및 직맹위원장 련석회의에서 진술한 산업성 부상 정일룡동지의 보고	2, 3	
1950-04-23-013	영예의 내각우승기와 산업성 및 직총공동우승기를 받은 산업성산하 모범기업소들의 증산성과		3	
1950-04-23-014	농민들의 열렬한 환호속에 각지에서 뜨락토르경 개시!		3	
1950-04-23-015	조쏘문협3차대회후 10개월간 사업을 총화	조쏘문협 평남도위원회에서	3	
1950-04-23-016	3월분 계획을 모범적으로 실행한 교통성 산하직장들		3	본사기자 리보국
1950-04-23-017	건모를 육성하여 적기이앙준비에	안변군 안변면 농민들	3	주재기자 전윤필
1950-04-23-018	마령서와 조 파종에 분투	강원도 린제군에서	3	통신원 천영호
1950-04-23-019	서해안체육대회 성대히 진행	남포시경기장에서	3	
1950-04-23-020	이태리공산당 중앙위원회 전원회의에서 진술한 톨리앗티의 연설		4	
1950-04-23-021	평화옹호위원회 개최	루마니아	4	조선중앙통신
1950-04-23-022	각지에 평화옹호위원회 조직	노르웨이	4	조선중앙통신
1950-04-23-023	평화옹호작가위원회 결성	호주	4	조선중앙통신
1950-04-23-024	평화옹호대회 성황	파키스탄	4	조선중앙통신
1950-04-23-025	롯테르담 부두로동자들 평화옹호군중대회 개최	-화란공산당 총비서 연설-	4	조선중앙통신
1950-04-23-026	평화옹호세계위원회 호소문을 민주주의적단체들 지지	브라질	4	조선중앙통신
1950-04-23-027	유엔쏘련대표 말리크 사무총장에게 서한 전달	희랍애국자들에 대한 사형선고 취소에 관하여	4	조선중앙통신
1950-04-23-028	중국인민해방군 해남도에 상륙		4	조선중앙통신
1950-04-23-029	국제민주법률가협회리사회의 개최	부다페스트에서	4	조선중앙통신
1950-04-23-030	몽고인민공화국 독일 및 파란과 외교관계를 설정		4	조선중앙통신
1950-04-24-001	생산직장내 로동보호사업에 일층 당적주목을 돌리자		1	
1950-04-24-002	5.1절기념 조광증산을 성과있게 진행	성흥광산 로동자들	1	
1950-04-24-003	교원들에게 주택건축기금을 대여		1	
1950-04-24-004	식수사업 활발	전국각지에서	1	본사기자 리영주
1950-04-24-005	4월분 계획 완수	평양보선구산하 로동자들	1	
1950-04-24-006	5.1절 성대히 기념코자	평남도에서	1	

기사번호	제목(title)	부제목(stitle)	면수	필자, 출처
1950-04-24-007	착암기술을 더욱 높여 수입의 여유를 공채에	공채를 발행할것을 전체 인민들은 열렬히 환영	1	창도광산 착암공 박우상
1950-04-24-008	다수확을 보장하며 공채가 나오기를 고대	공채를 발행할것을 전체 인민들은 열렬히 환영	1	강원도 연천군 유촌리 농민 김공렬
1950-04-24-009	레닌탄생 80주년 기념강연회 성대히 진행	복쓰문화회관과 대중극장에서	1	
1950-04-24-010	평화를 옹호하여 모두다 서명하자!	북조선불교도련맹 위원장 김세률	1	
1950-04-24-011	제2망국'선거'는 매국노들의 철저한 파멸의 계기로 된다	북조선민주당 부위원장 정성언	1	
1950-04-24-012	망국노들은 인민들의 반격에 직면할것이다	북조선직업총동맹 위원장 최경덕	1	
1950-04-24-013	8.15해방 5주년을 맞이하면서 2개년인민경제계획 기간단축 및 초과완수를 위한 증산경쟁운동진행에서 나타난 제반결함퇴치에 관하여	산업성 산하기업소 지배인 및 직맹위원장련석회의에서 진술한 로동당중앙본부 로동부장 김인춘동지의 보고	2, 3	
1950-04-24-014	금년도 1.4분기계획을 모범적으로 실행한 신의주방직공장 로동자들		3	주재기자 최영환
1950-04-24-015	우리는 미제의 식민지예속화정책을 분쇄키 위해 서명한다 평양철도공장 로동자들	평화옹호서명 진행	3	
1950-04-24-016	평화옹호투쟁은 조선인민의 리익과 긴밀히 련계되여있다 김일성종합대학 학생들	평화옹호서명 진행	3	
1950-04-24-017	군무자들의 예술공연을 대환영!	금화군에서	3	통신원 김준호
1950-04-24-018	동해안체육대회 성황	원산시종합경기장에서	3	
1950-04-24-019	전세계 녀성들에게 보내는 호소문 채택 -4월19일회의	국제녀맹집행위원회회의	4	조선중앙통신
1950-04-24-020	체코슬로바키아공화국 외무성 미국대사관에 각서 전달	-간첩행동에 관련하여-	4	조선중앙통신
1950-04-24-021	아세아제국녀성대회총결을 토의 -4월19일회의	국제녀맹집행위원회회의	4	조선중앙통신
1950-04-24-022	호주평화옹호대회에서 대회선언서초안을 토의		4	조선중앙통신
1950-04-24-023	정부의 평화옹호투사탄압에 관련하여 레바논청년평화옹호위원회 성명 발표		4	조선중앙통신
1950-04-24-024	단 4년동안에 미국에서 추방된 외국출신 인사들은 830,000명에 달한다		4	
1950-04-24-025	미국에서의 경제위기의 장성		4	안영식
1950-04-24-026	대오련합국 관리리사회의 나치즘재생에 관한 문제 토의		4	조선중앙통신

기사번호	제목(title)	부제목(stitle)	면수	필자, 출처
1950-04-24-027	중화인민공화국 대표를 유엔중국대표로 인정하라!	-미국대학교수의 주장-	4	조선중앙통신
1950-04-24-028	소위 거류민철거계획은 미국정부의 기만이다	신화사통신 보도	4	조선중앙통신
1950-04-24-029	불란서로동총련맹 대표일행 모쓰크바 도착		4	조선중앙통신
1950-04-24-030	이스라엘의 문화인들도 토이기시인의 석방을 요구		4	조선중앙통신
1950-04-25-001	평화옹호의 지향을 평화옹호의 실제적 행동으로!		1	
1950-04-25-002	평양지구 모범일군들에 대한 공로메달 수여식 거행	-조선최고인민회의 상임위원회에서-	1	조선중앙통신
1950-04-25-003	무사고주행으로 5.1절을 기념하는 철도 로동자들	양덕기관구에서	1	
1950-04-25-004	5.1절 성대히 기념코자	본궁화학공장	1	주재기자 신기관
1950-04-25-005	조국통일과 평화옹호를 위한 투쟁의 선두에	남포제련소 로동자 전관조	1	
1950-04-25-006	5.1절 성대히 기념코자	북조선민주녀성동맹에서	1	
1950-04-25-007	흥남비료공장의 4천마력압축기 신설공사 진척		1	조선중앙통신
1950-04-25-008	미국의 답서에 대한 쏘련정부의 각서	미국비행기의 쏘련국경침범사건에 관하여	1	조선중앙통신
1950-04-25-009	연인원 6만 2천여명으로 1, 962회의 동원 단행	남반부인민유격대 3월중 종합전과	1	조선중앙통신
1950-04-25-010	비판을 광범히 전개하여 작업에서의 결점을 퇴치		2	운곡탄광 64갱 을분세포위원장 최옥철
1950-04-25-011	높은 수확을 거두기 위한 투쟁에서	황주군 영풍면 성재리 전촌세포에서	2	통신원 리동욱
1950-04-25-012	세포위원회사업에 당원을 적극 참가시키자	평양의학대학병원에서	2	남구구역당 선전선동부장 라득준
1950-04-25-013	평화와 자유는 오직 인민들의 강력한 투쟁으로서만이 쟁취된다		2	유영준
1950-04-25-014	리승만역도들의 제2차 망국단선을 거족적으로 총파탄시키자		2	김광수
1950-04-25-015	농촌경리를 급속히 발전시킬 뜨락또르 기경 활발!	안주 정주 농기계임경소에서	3	
1950-04-25-016	환희와 감격을 말하는 안주군 연호벌 농민들		3	본사기자 송학용

기사번호	제목(title)	부제목(stitle)	면수	필자, 출처
1950-04-25-017	나는 뜨락또르를 애호하며 그 성능을 다 리용하겠다		3	국영안주농기계 임경소 제1작업반장 송중길
1950-04-25-018	나의 논 6천 7백평을 불과 4시간에 갈았다		3	안주군 연호면 박비리 농민 최찬세
1950-04-25-019	농민들의 로력협조는 기경사업을 더욱 촉진		3	정주군 대전면 농민동맹위원장 김창익
1950-04-25-020	농업증산으로 정부시책에 보답하겠다		3	정주군 대전면 운흥리 농민 김도순
1950-04-25-021	쏘련공산당(볼쉐위끼) 중앙위원회에 메쩨지	-서반아공산당 중앙위원회에서-	4	
1950-04-25-022	쏘련으로부터의 일본포로송환완료에 관한 따쓰의 보도		4	조선중앙통신
1950-04-25-023	화란근로인민들 생활난으로 외국으로 속속 이주		4	조선중앙통신
1950-04-25-024	서반아공산당 중앙위원회에 메쩨지	쏘련공산당(볼쉐위크) 중앙위원회에서	4	
1950-04-25-025	쏘중간에 1950년도 통상협정 및 물자교환협정 체결		4	조선중앙통신
1950-04-25-026	미국의 완전실업자 6백만		4	조선중앙통신
1950-04-25-027	불란서로동총련맹 전국위원회 회의 개최		4	조선중앙통신
1950-04-25-028	최근 애치슨은 미국 각지를 순회하며 평화와 민주 및 사회주의진영의 비방을 일삼고 있다		4	『쁘라우다』지
1950-04-25-029	일본정세		4	한익수
1950-04-25-030	쏘베트문화는 인민의 업적		4	박순석
1950-04-26-001	인민무력강화는 인민의 승리를 보장하는 강력한 힘으로 된다		1	
1950-04-26-002	김일성수상 청진제철소 시찰		1	조선중앙통신
1950-04-26-003	5.1절을 기념하여 증산과 기본건설 더욱 활발	금화광산 로동자들	1	통신원 김준호
1950-04-26-004	의무교육준비사업 성과있게 진행	전반적초등의무교육제실시 중앙준비위원회 제2차회의에서	1	
1950-04-26-005	공채를 발행할것을 전체 인민들은 열렬히 환영	값싸고 질좋은 옷감을 많이 생산하여 국가에 공급	1	덕천 제7직조합작사원 리광월
1950-04-26-006	공채를 발행할것을 전체 인민들은 열렬히 환영	개인기업발전을 보장하여준 정부시책에 보답	1	기업가 고동륙

기사번호	제목(title)	부제목(stitle)	면수	필자, 출처
1950-04-26-007	춘잠의 사육준비 평남도 거의 완료		1	본사기자 백운학
1950-04-26-008	피나무껍질로써 선식용자료 제작	신의주해운사업소 수리공장 리인조	1	조선중앙통신
1950-04-26-009	주쏘 각국 외교사절단들 레닌묘에 화환 증정		1	조선중앙통신
1950-04-26-010	평양특별시인민위원회 대의원들의 보고회 종료		1	
1950-04-26-011	매국노들의 망국'선거'를 배격하는 각계 인사들의 담화 매국노들은 또다시 흉계를 꾸미고있다!	조선건민회 위원장 리극로	1	
1950-04-26-012	매국노들의 망국'선거'를 배격하는 각계 인사들의 담화 매국노들의 '선거'를 또다시 철저하게 파탄시키자	남조선전평위원장 허성택	1	
1950-04-26-013	매국노들의 망국'선거'를 배격하는 각계 인사들의 담화 미제의 지시에 의한 매국노들의 망국'선거'를 파탄시키자	북조선농민동맹 위원장 강진건	1	
1950-04-26-014	원단위저하로 8천만원의 리익을 국가에 주기 위하여		2	평양화학공장당부 부위원장 리원근
1950-04-26-015	과학적영농기술을 널리 보급시켜	철산군 서림면에서	2	서림면당위원장 리영선
1950-04-26-016	국가공채는 교육문화발전을 일층 촉진시킨다		2	교육상 백남운
1950-04-26-017	매개 당원들에 대한 개별적지도사업을 강화하자		2	당중앙본부 조직부 부부장 서웅선
1950-04-26-018	정부의 두터운 배려에 감사	롱천벌 농민들 증산에 궐기	3	본사기자 류민우
1950-04-26-019	뜨락또르로 기경하여 다수확을 보장하겠다		3	함주군 주지면 농민 전근형
1950-04-26-020	작업경험을 교환하여 기경속도를 날로 제고		3	재녕농기계임경소 제5작업반장 리언용
1950-04-26-021	'국방군'내부의 모순갈등은 날로 혹심해 가고있다	'국방군' 5사단 15련대 6중대 3소대 김상국상사 담	3	
1950-04-26-022	5.1절경축 각 산별직맹체육대회 성황	평양시에서	3	
1950-04-26-023	적기이앙을 위하여 용수확보에 분투	강원도 농민들	3	주재기자 전윤필
1950-04-26-024	한해극복에로 농민들을 추동	신천군 한은리 선동원들	3	신천군 남부면 한은리민주선전실 선동원 김원규

기사번호	제목(title)	부제목(stitle)	면수	필자, 출처
1950-04-26-025	1.4분기계획을 모범적으로 실행한 성흥광산 로동자들의 빛나는 업적		3	
1950-04-26-026	트리예스트자유령에 관하여 쏘련정부의 각서 전달	미국 영국 불란서 정부들에게	4	조선중앙통신
1950-04-26-027	국제녀맹집행위원회회의 아동보호문제 토의	4월20일회의	4	조선중앙통신
1950-04-26-028	호주평화옹호대회 폐막		4	조선중앙통신
1950-04-26-029	월남해방전쟁 3년		4	
1950-04-26-030	브레스트 근로인민들의 시위에 사격 감행	불란서경찰의 만행	4	조선중앙통신
1950-04-26-031	경찰의 야만적행위에 근로인민들 반항 치렬		4	
1950-04-26-032	두 제도와 두 총화	1950년 3월 25일부 『쁘라우다』지 사설에서	4	
1950-04-26-033	중국인민해방군 해남도 전과 확대		4	조선중앙통신
1950-04-27-001	인민경제발전은 광석을 더 많이 요구한다		1	
1950-04-27-002	김일성장군선거구에서 대의원사업보고 성대히 진행		1	본사기자 박경석
1950-04-27-003	5.1절을 더 높은 증산성과로	북반부 각 공장 로동자들의 증산투쟁	1	본사기자 김기초
1950-04-27-004	조선민주주의인민공화국 내각 결정 제97호	1950년 4월 30일(일요일)을 로동일로 하고 5월 2일을 공휴일로 함에 관한 결정서	1	
1950-04-27-005	평화를 옹호하여 서명하자! 평화옹호서명운동을 전인민적운동으로 전개하자	고고학자 한흥수씨담	1	
1950-04-27-006	조파종 완료코 면화파종 실시	신천군, 정주군에서	1	통신원 리종현, 본사기자 백운학
1950-04-27-007	평남관개공사 취수탑건설 위한 대발파작업 수행		1	조선중앙통신
1950-04-27-008	적십자회 평남도지도기관을 선거	평양모란봉극장에서	1	
1950-04-27-009	공화국정부의 배려밑에 북반부거주 중국인들 의무교육실시준비 만전		1	조선중앙통신
1950-04-27-010	애국력량을 총집중하여 망국단선을 파탄시키자	인민공화당 위원장 김원봉	1	
1950-04-27-011	망국'선거'는 역도들을 최후무덤으로 몰아넣을것이다	남조선청우당 위원장 김병제	1	
1950-04-27-012	당회의준비에 열성당원들을 광범히 참가시키여		2	영유광산 어파채광 2분세포 위원장 박범로
1950-04-27-013	기계수리를 제때에 하여 높은 가동률을 보장	금화광산 제1공장 분세포에서	2	통신원 김준호

기사번호	제목(title)	부제목(stitle)	면수	필자, 출처
1950-04-27-014	성진제강소는 불합격품생산자들과의 무자비한 투쟁을 전개하라!		2	특파기자 현준극
1950-04-27-015	반동의 여하한 폭압도 애국자의 투지를 꺾지 못한다		2	리기석
1950-04-27-016	『로동신문』의 재료에 의하여 국영상업기관 일군들의 국가적책임성을 더욱 제고하기 위한 구체적대책을 강구	평양시상업관리소에서	2	
1950-04-27-017	영예의 내각우승기 쟁취한 청진방적공장 로동자들의 투쟁성과		3	주재기자 김소민
1950-04-27-018	면화의 다수확을 적기파종으로!	안악군 해창리 농민들	3	통신원 강희조
1950-04-27-019	평화옹호세계위원회 제3차회의 호소문에 서명하는 평양철도공장 종업원들		3	
1950-04-27-020	전쟁방화자들의 음모책동을 철저히 분쇄하자	평양화학공장 종업원들	3	
1950-04-27-021	평화와 자유와 녀성들의 권리를 위하여 서명하자!	평양시 각계 녀성들 평화옹호서명	3	조선중앙통신
1950-04-27-022	평화옹호서명 강원도 각지에서 활발히 전개		3	조선중앙통신
1950-04-27-023	우리 조국의 평화적통일과 민족문화의 발전을 위하여	평양시립예술극장 예술인들	3	본사기자 박경석
1950-04-27-024	군무자들의 5.1절경축 종합경기대회		3	
1950-04-27-025	서해안지구체육경기대회 페막		3	조선중앙통신
1950-04-27-026	인민들의 열렬한 축하속에 속성성인학교 학생들의 국가시험 진행	25일부터 북반부 각지에서	3	본사기자 라원근
1950-04-27-027	리승만과 장개석 협정체결을 획책		3	조선중앙통신
1950-04-27-028	미국군용기의 쏘련국경침범사건에 관한 반향	여러 나라에서	4	조선중앙통신
1950-04-27-029	각국의 평화옹호운동 활발	몽고평화옹호위원회에서 평화옹호세계위원회 호소문 지지	4	조선중앙통신
1950-04-27-030	각국의 평화옹호운동 활발 5.1절에 원자무기금지서명운동 전개	독일평화옹호위원회 서기장 언명	4	조선중앙통신
1950-04-27-031	각국의 평화옹호운동 활발	오지리평화옹호대회준비사업 활발	4	조선중앙통신
1950-04-27-032	국제녀맹집행위원회회의	아세아제국녀성대회총결에 관한 결정서 채택	4	조선중앙통신
1950-04-27-033	국제녀맹집행위원회회의	국제아동절기념에 관한 결정서 채택	4	조선중앙통신
1950-04-27-034	해남도에서 중국인민해방군 해안선의 국민당잔군을 숙청		4	조선중앙통신
1950-04-27-035	마음속에 명예와 량심을 지닌자는 평화옹호대렬속에 들어서야 한다		4	김영식
1950-04-27-036	국제학생동맹 집행위원회 회의참가국 대표 모쓰크바 도착		4	조선중앙통신

기사번호	제목(title)	부제목(stitle)	면수	필자, 출처
1950-04-27-037	미국간첩들에게 판결 언도	-쁘라그국가재판소에서-	4	조선중앙통신
1950-04-27-038	세계보건기관에서 체코슬로바키아 탈퇴		4	조선중앙통신
1950-04-27-039	10월에 실시될 독일민주주의공화국 선거에 관한 결정서 채택	-자유독일 직업련맹에서-	4	조선중앙통신
1950-04-27-040	쏘련5.1절축전에 참가할 영국로동자대표단 구성	-영쏘친선협회에서-	4	조선중앙통신
1950-04-27-041	농민운동확대에 당황하여 인도반동들 '군사행동'을 시도		4	조선중앙통신
1950-04-27-042	불란서반동들의 공산당에 대한 테로행위		4	조선중앙통신
1950-04-27-043	'국제기독교민주당련맹'대표회의		4	조선중앙통신
1950-04-28-001	1950년도 2.4분기생산계획 실행보장을 위한 당단체들의 과업		1	
1950-04-28-002	조선민주주의인민공화국 최고인민회의 상임위원회 정령	협동단체 사업에 대한 소득세 부과에 관하여	1	
1950-04-28-003	공로메달 및 내각우승기 수여	성흥광산 로동자들에게	1	본사기자 리보국
1950-04-28-004	여유금을 저축하면서 춘기파종에 적극 노력	공채를 발행할것을 전체 인민들은 열렬히 환영	1	명천군 아간면 양정리 농민 김기룡
1950-04-28-005	어로와 절약에서 축적된 금액을 모두다 공채에	공채를 발행할것을 전체 인민들은 열렬히 환영	1	송화군 초도 녀성 리찬호
1950-04-28-006	5.1절을 성대히 기념코자	창도광산, 신의주제지공장에서	1	주재기자 최영환
1950-04-28-007	평남 황해 량도 식수계획 완수		1	조선중앙통신
1950-04-28-008	웽그리야해방 5주년 기념축전에 참가하였던 조선인민대표단일행 귀국		1	조선중앙통신
1950-04-28-009	망국'선거를 파탄시키고 평화적조국통일에로!	북조선민주청년동맹 위원장 현정민	1	
1950-04-28-010	남반부에서 인민유격대 유격전구 속속 확대!	태백산지구, 오대산지구, 지리산지구에서	1	조선중앙통신
1950-04-28-011	공장당단체의 당조직지도사업정형 토의	평양시당상무위원회에서	2	
1950-04-28-012	표준조작법을 엄수하여 출강시간을 단축		2	황철평로병분세포위원장 김태진
1950-04-28-013	조선인민은 평화와 민주의 기치밑에 5.1절을 성대히 맞이한다		2	조국통일민주주의전선 서기국장 김창준
1950-04-28-014	당원들의 의견을 옳게 종합하여 세포사업을 분석적으로 진행		2	흥남비료공장 합성제2분세포위원장 리형숙

기사번호	제목(title)	부제목(stitle)	면수	필자, 출처
1950-04-28-015	공화국북반부 고중 전문학교 최우등생회의 성대히 진행!	평양 모란봉극장에서	3	본사기자 김달수
1950-04-28-016	선렬들의 유지를 이어 학업성적제고에 노력	학과학습강화를 위한 학생청년들의 결의	3	만경대혁명자유가족학원 고급반 1학년 김현숙
1950-04-28-017	과학적지식을 넓히며 우수한 민족간부가 되자	학과학습강화를 위한 학생청년들의 결의	3	흥남화학전문학교 제조화학과 장성구
1950-04-28-018	모두다 국가시험에서 우수한 성적을 쟁취하자	학과학습강화를 위한 학생청년들의 결의	3	신천농업전문학교 2년생 최상주
1950-04-28-019	오작품을 퇴치하며 물자절약으로 원가저하에 노력	평양기구제작소 로동자들	3	본사기자 리보국
1950-04-28-020	천수답 70정보를 수리안전답으로!	정주군 춘천리 농민들	3	정주군 갈산면 춘천리인민위원회 위원장 노봉희
1950-04-28-021	어획물의 저장 위하여 랭동공장건설에 분투	신포수산사업소 시설부문 로동자들	3	통신원 윤지월
1950-04-28-022	인도 비하르주 직맹평의회에서 적극적 평화옹호투쟁을 호소		4	조선중앙통신
1950-04-28-023	평화옹호군중대회 시드니-에서 개최		4	조선중앙통신
1950-04-28-024	5.1절기념에 관하여 세계민청련맹서기국에서 멧세-지 발표		4	조선중앙통신
1950-04-28-025	군대와 군수품의 마래파송을 호주해원동맹원들 반대		4	조선중앙통신
1950-04-28-026	런던의 파업부두로동자수 12만		4	조선중앙통신
1950-04-28-027	브레스트 근로인민들 더욱 단결		4	조선중앙통신
1950-04-28-028	로동에 관한 의안 채택	독일민주주의공화국 림시인민의원회의에서	4	조선중앙통신
1950-04-28-029	파란 1.4분기 인민경제계획 초과완수		4	조선중앙통신
1950-04-28-030	중국인민해방군 해남도 해구시 해방		4	조선중앙통신
1950-04-28-031	인도네시아의 파업운동 계속 앙양		4	조선중앙통신
1950-04-28-032	인민민주주의파란에서의 교육문화사업에 대하여		4	여봉호
1950-04-28-033	이라크인민의 생활형편 극악		4	조선중앙통신
1950-04-28-034	이란에서 영국세력의 급격장성에 미국 당황		4	조선중앙통신
1950-04-28-035	본정부의 관세인상결정은 화란농업에 파멸적타격		4	조선중앙통신
1950-04-29-001	우리 사업에서의 고질과 결점을 용감히 비판하자		1	

기사번호	제목(title)	부제목(stitle)	면수	필자, 출처
1950-04-29-002	보다 높은 증송성과로써 5.1절을 경축코자	교통부문 로동자들	1	본사기자 리성섭
1950-04-29-003	녕원림산 로동자들 금년도 류벌계획 완수	전체 류벌일군에 호소한 맹세를 실천	1	본사기자 백운학
1950-04-29-004	평철써클에서	5.1절을 성대히 경축하기 위하여	1	주재기자 박덕순
1950-04-29-005	춘잠종배부준비사업 진행	북반부 양잠지도일군들	1	본사기자 류민우
1950-04-29-006	해주기계제작소	5.1절을 성대히 경축하기 위하여	1	주재기자 박덕순
1950-04-29-007	평화옹호서명운동은 인민의 단결과 투쟁력을 과시한다	목사 박기환씨담	1	
1950-04-29-008	북반부 각지에서 벼의 수직파 활발	5.1절을 성대히 경축하기 위하여	1	
1950-04-29-009	발전하는 유치원	131개소 새로 설치	1	조선중앙통신
1950-04-29-010	흑령탄광 리경호동무에게 주는 공로메달수여식 거행		1	
1950-04-29-011	최해관동무에게 강동탄광에서	공로메달 수여	1	
1950-04-29-012	제1회 교원과학연구꼰페렌찌야	평양공업대학에서	1	본사기자 김춘희
1950-04-29-013	졸업 앞둔 기술전문학교 학생들 생산직장에서 실습		1	
1950-04-29-014	8.15해방기념 전람회 준비	청진시에서	1	조선중앙통신
1950-04-29-015	매국노들의 망국'선거'를 배격하는 각계인사들의 담화 남조선녀성들은 망국'선거'를 반대하여 다같이 궐기하라	남조선녀성동맹위원장 류영준	1	
1950-04-29-016	비당원열성자들과의 사업을 강화하여		2	사동련탄공장 제2의 3분세포 위원장 김재순
1950-04-29-017	선동원들의 역할을 높여 로동자들의 투지 고무	원산철도공장에서	2	주재기자 전윤필
1950-04-29-018	축산업발전에 높은 당적관심을 돌리여	회양군 회양면에서	2	통신원 정명연
1950-04-29-019	자습당원들의 학습을 구체적으로 방조하자		2	당중앙본부 교양과장 고혁
1950-04-29-020	반동지주를 위한 리승만역도의 소위 '농지개혁'		2	박경수
1950-04-29-021	1.4분기계획을 성과있게 수행한 순천화학공장 로동자들의 증산성과		3	본사기자 박종하
1950-04-29-022	군무자가족들에 대한 농민들의 로력협조	린제군 북면 풍교리에서	3	
1950-04-29-023	시 군 구역 인민위원회 대의원들 각 선거구에서 1년간사업을 보고		3	조선중앙통신
1950-04-29-024	집합모판설치로 모판용수를 절약	안악군 남정리 농민들	3	통신원 강희조

기사번호	제목(title)	부제목(stitle)	면수	필자, 출처
1950-04-29-025	1천톤급철조화물선 건조에 분투하고있는 원산조선소 로동자들		3	
1950-04-29-026	매국역적들을 타도분쇄하고 조국의 평화적통일을 위하여 애국투사유가족 평양직조공장에서	평화옹호서명 진행	3	본사기자 김지창
1950-04-29-027	우리들은 평화를 쟁취하여야 한다 해주기계제작소 로동자들	평화옹호서명 진행	3	주재기자 박덕순
1950-04-29-028	함경북도 각지에서	평화옹호서명 진행	3	
1950-04-29-029	평북도 각지에서	평화옹호서명 진행	3	
1950-04-29-030	평남도 각지에서	평화옹호서명 진행	3	
1950-04-29-031	중국예술영화 「중국의 딸」을 보고		3	라원근
1950-04-29-032	모리스 토레즈탄생 50주년에 쓰딸린대원수와 쏘련공산당(볼쉐위크) 중앙위원회에서 축전		4	
1950-04-29-033	미국군용기의 쏘련국경침범사건에 관한 반향	여러 나라들에서	4	조선중앙통신
1950-04-29-034	레바논에서 평화옹호운동 활발		4	조선중앙통신
1950-04-29-035	불란서법정 인민들의 항의에 당황	브레스트사건관계자들에 무죄판결	4	조선중앙통신
1950-04-29-036	월남인민해방군 중부에서 불침략군 1천 8백여명 소탕		4	조선중앙통신
1950-04-29-037	월남인민해방군 1.4분기 전과 다대		4	조선중앙통신
1950-04-29-038	비률빈인민해방군 각 도시 해방하고 계속 진격		4	조선중앙통신
1950-04-29-039	중국의 전인구 4억 8천 3백 60여만		4	조선중앙통신
1950-04-29-040	중국에서 5.1절기념준비		4	조선중앙통신
1950-04-29-041	동남아세아의 민족해방운동은 제국주의 후방을 뒤흔들고있다		4	김호면
1950-04-30-001	조선인민 영웅적남반부빨찌산들에게 더욱 뜨거운 사랑과 성원을 보내자		1	
1950-04-30-002	공장 광산 기업소들에서 5.1절을 높은 성과로 기념		1	본사기자 김기초
1950-04-30-003	북반부 각 농촌에서 면화파종 활발히 진행		1	통신원 리동욱
1950-04-30-004	4월분 류안비료생산계획을 돌파	흥남비료공장에서	1	조선중앙통신
1950-04-30-005	조기잡이를 앞에 두고 어민들의 출어준비 만전	신의주수산사업소에서	1	본사기자 김만선
1950-04-30-006	조선민주주의인민공화국 박헌영외무상 웽그리아인민공화국 특명전권공사 스미취 샨도르씨를 접견		1	조선중앙통신
1950-04-30-007	5.1절기념보고회 성대히 진행	평양시내 각 직장들에서	1	
1950-04-30-008	상업성 1.4분기 사업총결회의		1	조선중앙통신

기사번호	제목(title)	부제목(stitle)	면수	필자, 출처
1950-04-30-009	38이북지역에 대한 남조선괴뢰군의 인화탄발사		1	조선중앙통신
1950-04-30-010	대학 고급전문학교졸업생 열성자회의 평양 모란봉극장에서 개최		1	
1950-04-30-011	김일성종합대학 교육학까비네트		1	조선중앙통신
1950-04-30-012	매국노들의 망국'선거'를 배격하는 각계 인사들의 담화 전체 인민의 거센 투쟁앞에 망국'선거'는 좌절될것이다	북조선민주녀성총동맹 부위원장 리금순	1	
1950-04-30-013	자강도내 각급 당단체지도기관선거 진척		2	
1950-04-30-014	평남도당상무위원회에서		2	
1950-04-30-015	학습회지도자들의 사업경험을 호상교환		2	평원군당부 선전선동부장 김락윤
1950-04-30-016	근로자들의 교양을 강화	당장성사업 부단히 진행	2	룡천군당부 조직부장 리성실
1950-04-30-017	5.1절은 전세계 근로자들의 투쟁적력량을 검열하는 날이다		2	박동수
1950-04-30-018	조국의 평화적통일달성을 위한 애국적 열성속에 증산경쟁 치렬	해주세멘트공장 로동자들	3	해주세멘트공장 지배인 리용화
1950-04-30-019	보다높은 성과위해 창조적력력을 발휘		3	해주세멘트공장 지배인 리용화
1950-04-30-020	5.1절전야의 평양		3	
1950-04-30-021	평규식재배법으로 면화파종을 활발히	신천군 농민들	3	본사기자 백응호
1950-04-30-022	안해의 첫 편지 분대장이 된 당신을 마음껏 축하합니다	조선인민군 라범률동무에게 고향 회녕군 창두면 무산리에서	3	
1950-04-30-023	녀성들에게 선진양잠기술을 보급	안변군 탑리녀맹에서	3	안변군 탑리녀맹위원장 김상렬
1950-04-30-024	전세계 평화애호인사들과 단결하여 평화를 고수하자 교통성산하 로동자 사무원들	평화옹호서명 진행	3	
1950-04-30-025	젊은 세대는 전쟁을 절대 반대한다! 평양지구 각 대학생들	평화옹호서명 진행	3	조선중앙통신
1950-04-30-026	인류문화를 제국주의자들의 파괴로부터 옹호하기 위하여 원산교원대학 학생들	평화옹호서명 진행	3	주재기자 전윤필
1950-04-30-027	함남도 각지에서	평화옹호서명 진행	3	
1950-04-30-028	'토벌'실패에 당황한 리승만매국도당의 내부갈등은 날로 격화되고있다		3	김동원
1950-04-30-029	모든것은 인민을 위하여 모리스 토레즈탄생 50주년에 제하여	『쁘라우다』지 파리주재 통신원 유리 쥬꼬브	4	

기사번호	제목(title)	부제목(stitle)	면수	필자, 출처
1950-04-30-030	각국의 평화옹호서명운동	여러 나라들에서	4	조선중앙통신
1950-04-30-031	평화옹호세계위원회 호소문지지 성명 발표	국제학생동맹 집행위원회 회의에서	4	조선중앙통신
1950-04-30-032	일본과학자회의에서 평화옹호호소문 채택		4	조선중앙통신
1950-04-30-033	파키스탄직업련맹대회 개최 국제직련대표 토온톤도 참가	전쟁반대투쟁과 로동계급의 단결 등을 강조	4	조선중앙통신
1950-04-30-034	런던 부두로동자파업에 당황	애틀리정부 부두에 군대를 동원	4	조선중앙통신
1950-04-30-035	스코틀랜드 주택난 혹심		4	조선중앙통신
1950-04-30-036	중국 전국국영탄광 1.4분기계획 초과완수		4	조선중앙통신
1950-04-30-037	인도네시아고무를 미국 점차 독점		4	조선중앙통신
1950-04-30-038	미국내의 각계각층은 평화옹호투쟁에 적극 참가	폴 로브슨 『쁘라우다』지 뉴욕통신원과의 담화	4	조선중앙통신
1950-05-01-001	평양시 5.1절 기념 경축대회 주석단		1	
1950-05-01-002	쓰딸린대원수에게	평양시 5.1절기념경축대회	1	
1950-05-01-003	평화와 민주와 통일독립의 기발밑에서 앞으로!		1	
1950-05-01-004	조선민주주의인민공화국 내각 수상 김일성장군 조선주재 웽그리아인민공화국 특명전권공사 스미취 샨도르씨를 접견		1	조선중앙통신
1950-05-01-005	조선근로자들에게 5.1절을 축하하여 각국 직맹으로부터 북조선직총과 남조선전평에 축전		1	조선중앙통신
1950-05-01-006	5.1절기념 평양시경축대회 성대		1	조선중앙통신
1950-05-01-007	5.1절기념 평양시경축대회에서 진술한 박헌영동지의 보고		2, 3	
1950-05-01-008	생산원가 8천만원저하운동 빛나는 성과 거두며 활발히 진행	평양화학공장 로동자들	3	본사기자 박종하
1950-05-01-009	품위제고를 위한 투쟁	황해제철 조강직장 로동자들	3	황철조강직장 압연직공장 김성훈
1950-05-01-010	벼의 다수확을 위하여 온상모이앙을 시작	개천군 군우3리 한리규농민	3	본사기자 김만선
1950-05-01-011	전쟁을 반대하는 굳은 결의로써 서명 진행	청진제강소 로동자들	3	주재기자 김소민
1950-05-01-012	남북조선 불교계 인사들 평화옹호호소문에 서명		3	조선중앙통신
1950-05-01-013	전세계근로자들과의 단결을 튼튼히 하자!	평양의과대학병원 일군들	3	본사기자 김지창
1950-05-01-014	1950년도 1.4분기 쏘련인민경제 부흥발전을 위한 국가계획실행결과에 관한 쏘련내각 중앙통계국 보도		4	

기사번호	제목(title)	부제목(stitle)	면수	필자, 출처
1950-05-01-015	각국의 5.1절축전에 참가차 쏘련직맹대표단들 출발		4	조선중앙통신
1950-05-01-016	국제학생동맹 집행위원회 회의	평화옹호투쟁에서의 학생단체들의 과업에 관한 요세프.그로만의 보고	4	조선중앙통신
1950-05-01-017	국제학생동맹 집행위원회 회의	그로만의 보고에 대하여 각국 대표 토론 전개	4	조선중앙통신
1950-05-01-018	평화옹호진영은 승리를 향해 보무당당히 전진하고있다		4	황욱
1950-05-02-001	5.1절기념 평양시군중대회 주석단		1	박명도
1950-05-02-002	평화옹호와 조국통일 위한 강력한 전투력을 시위!	5.1절기념 평양시군중대회에서	1, 2, 3	
1950-05-02-003	승리와 단결의 5월		2	리태준
1950-05-02-004	공화국북반부 방방곡곡에서 5.1절군중대회 성대히 진행		3	주재기자
1950-05-02-005	노력하자 투쟁하자 5.1절이다		3	림화
1950-05-02-006	유엔상용군비위원회 회의에서 쏘련대표 퇴장		4	조선중앙통신
1950-05-02-007	유엔식량농업기구에서 파란정부 탈퇴선언		4	조선중앙통신
1950-05-02-008	국제학생동맹 집행위원회 회의 제2차대회 준비사업 토의		4	조선중앙통신
1950-05-02-009	유엔 아세아 및 극동경제위원회 중국대표참가에 관하여 주은래외교부장 트루그베 리에게 전보		4	조선중앙통신
1950-05-02-010	쏘련협동조합단체들에서 이태리농민들에게 뜨락또르 다수 기증		4	조선중앙통신
1950-05-02-011	모리스 토레즈탄생 50주년에 제하여 각국 공산당과 로동당들로부터 축전		4	조선중앙통신
1950-05-02-012	일본에서의 로동운동분렬자 우익사회당원들은 미국전쟁방화자들의 보조자이다		4	오익두
1950-05-02-013	쏘련의 5.1절축전참가차 이태리로총대표 모쓰크바 도착		4	조선중앙통신
1950-05-02-014	'마샬안'자금삭감을 미국회 상원의원들 요구		4	조선중앙통신
1950-05-02-015	호주당국 원주민들탄압에 진보적인사들 격분		4	조선중앙통신
1950-05-02-016	월남인민해방군 전과 확대	랑손부근 2개지점 점령	4	조선중앙통신
1950-05-02-017	영국의 마래식민지전쟁을 호주군국주의자들 원조 기도		4	조선중앙통신
1950-05-02-018	석유문제 둘러싸고 미영 의견대립 심화		4	조선중앙통신
1950-05-02-019	오끼나와군사시설건설에 미국 더욱 광분		4	조선중앙통신

기사번호	제목(title)	부제목(stitle)	면수	필자, 출처
1950-05-02-020	쏘련소식	쓰딸린적자연개조계획 착착 진행	4	조선중앙통신
1950-05-02-021	쏘련소식	자동차생산 증가	4	조선중앙통신
1950-05-02-022	루마니아군사재판소에서 미.영간첩들에 판결 언도		4	조선중앙통신
1950-05-02-023	불란서당국 월남에서 중국인 다수를 체포		4	조선중앙통신
1950-05-03-001	기본건설부문에서의 물자 랑비현상과 견결히 투쟁하자		1	
1950-05-03-002	2개년계획을 속속 완수	재녕광산, 평양특수고무공장, 고성기관구, 평양기관구에서	1	
1950-05-03-003	북반부 각 농촌에서 면화파종 활발히 진행	평남도, 선천군, 박천군에서	1	
1950-05-03-004	춘잠사육준비 성과있게 진행	영흥군교리 양잠가들	1	통신원 류현모
1950-05-03-005	뜨락또르로 기경하면서 춘기파종 활발히 진행	국영신계농장에서	1	본사기자 김만선
1950-05-03-006	광석을 더 많이 채굴하여 부강한 조국건설에	공채를 발행할것을 전체 인민들은 열렬히 환영	1	곡산광산 착암공 박덕수
1950-05-03-007	모든 준비를 갖추고 공채나오기를 기대	공채를 발행할것을 전체 인민들은 열렬히 환영	1	벽동군 송서면 농민 김득보
1950-05-03-008	맥전비배관리	황주군 제안리 농민들	1	통신원 리동욱
1950-05-03-009	5.1절을 경축하여 북조선직총과 남조선전평에서 각국 직맹에 축전		1	조선중앙통신
1950-05-03-010	성진제강소 모범일군들에 대한 공로메달수여식 거행		1	조선중앙통신
1950-05-03-011	교원과학연구꼰페렌찌야 개최	평양사범대학에서	1	본사기자 라원근
1950-05-03-012	매국노들의 망국'선거'를 배격하는 각계 인사들의 담화 망국'선거'의 강제실시는 반드시 분쇄되고야만다	전국농민총련맹 대표 리구훈	1	
1950-05-03-013	비판과 자기비판의 기치밑에 라진군당 대표회의 진행		2	주재기자 김소민
1950-05-03-014	세포핵심-열성자들과의 사업을 강화하여		2	봉산군 요촌동 세포위원장 김의철
1950-05-03-015	상반기 학습을 총화하고 하반기 학습개진책 강구		2	평양고무공장 세포위원장 장군협
1950-05-03-016	당원들의 선도적역할로 농민들의 애국열성 고무	은률군 누리세포에서	2	통신원 김인곤
1950-05-03-017	농작물의 높은 수확을 위하여 자연의 우연적피해 극복에 적극 투쟁하자		2	농림성 농산국 부국장 김일호
1950-05-03-018	세포위원회의 역할 높여 당교양사업을 강화하자	금화군인민위원회 농산과세포에서	2	통신원 김준호

기사번호	제목(title)	부제목(stitle)	면수	필자, 출처
1950-05-03-019	영예로운 승리를 향하여	흥남비료공장 로동자들	3	흥남비료공장 증산경쟁위원회 위원장 리재영
1950-05-03-020	남포견직공장 직포공들의 견직물품질규격에 대한 토의		3	
1950-05-03-021	철저한 보수작업으로 기계가동률을 제고	마동세멘트공장 로동자들	3	통신원 양행모
1950-05-03-022	농번기의 로력협조로 군무자가족들을 원호	아오지면 오봉리 농민들	3	통신원 김상호
1950-05-03-023	자가용채종포를 설치	신천군 농민들	3	본사기자 백운호
1950-05-03-024	평화옹호진영은 날로 강화되여간다!	평양검차구 로동자들	3	본사기자 리성섭
1950-05-03-025	우리들의 투쟁은 반드시 승리한다	신의주방직 로동자들	3	
1950-05-03-026	우리들의 단결을 일층 굳게하는것	함흥제사공장 로동자들	3	
1950-05-03-027	우량종돈을 더 많이 보급시키기 위하여	평원군인민위원회 종축장에서	3	본사기자 백운학
1950-05-03-028	최후멸망에서 발악하는 매국노들의 추악한 분쟁		3	리재윤
1950-05-03-029	학생청년들의 경제적요구관철투쟁에 관한 보고 -4월 27일회의-	국제학생동맹 집행위원회 회의에서	4	조선중앙통신
1950-05-03-030	결정서들을 채택코 페막 -28일회의-	국제학생동맹 집행위원회 회의에서	4	조선중앙통신
1950-05-03-031	졸리오.큐리에 대한 박해를 반대	-평화옹호세계위원회 서기국 콤뮤니케 발표-	4	조선중앙통신
1950-05-03-032	세계각국 학생들에게 보내는 호소문 채택		4	조선중앙통신
1950-05-03-033	비률빈의 새 무역관리법을 미국정부에서 반대		4	조선중앙통신
1950-05-03-034	'대서양최고리사회'창설에 관한 비도의 제안은 미국주인의 명령		4	조선중앙통신
1950-05-03-035	카나다실업자 격증		4	조선중앙통신
1950-05-03-036	트리예스트에 대한 영미제국주의자들의 비법적행동		4	현철
1950-05-03-037	미국의 잉여소맥량 격증		4	조선중앙통신
1950-05-03-038	몽고인민공화국과 외교관계설정을 웽그리아내각에서 결정		4	조선중앙통신
1950-05-03-039	영국레이버당 정부지도자들 보수당과의 야합 더욱 로골		4	조선중앙통신
1950-05-03-040	반인민적'지방세법개정법안'을 일본중의원 반동의원들 불법채택		4	조선중앙통신
1950-05-03-041	극장안내		4	
1950-05-04-001	춘기파종의 성과적완수를 위하여		1	

기사번호	제목(title)	부제목(stitle)	면수	필자, 출처
1950-05-04-002	공채발행을 요망하는 전체 인민들의 애국적열의 고조	평양방직공장 종업원궐기대회	1	조선중앙통신
1950-05-04-003	급속한 시일내에 공채를 발행할것을 열렬히 요청	재령나무리벌 농민들 회의에서	1	조선중앙통신
1950-05-04-004	성진제강소에서 공로메달수여식 거행		1	
1950-05-04-005	조선적십자회 각 도 지도기관선거		1	본사기자 박경석
1950-05-04-006	매국노들의 망국'선거'를 배격하는 각계 인사들의 담화 망국'선거'분쇄를 위하여 총궐기하자	근로인민당 위원장 리영	1	
1950-05-04-007	이남강원도지구 인민유격대 춘천시내에 돌입		1	조선중앙통신
1950-05-04-008	자연의 우연적인 피해를 미연에 방지하기 위하여	안악군 문산면 송간리에서	2	통신원 강희조
1950-05-04-009	로동자들의 창발적의견을 접수하여 높은 성과를 보장	속초수산사업소 초급당부 제7분세포에서	2	통신원 전승수
1950-05-04-010	생산규률위반과의 견결한 투쟁에서		2	창도광산 금천갱 채광 제1분세포 위원장 조석근
1950-05-04-011	쏘련출판물은 세계에서 가장 민주주의적인 출판물이다		2	박태준
1950-05-04-012	평남관개공사를 더욱 성과있게 추진시키자		2	농림성 관개관리국장 전희균
1950-05-04-013	운탄능률을 5배로 제고시킬 고원탄광선 부설공사 준공!		3	
1950-05-04-014	자연부원을 조국과 인민의 리익에 복종시키기 위하여	고건원탄광선 부설공사장에서	3	주재기자 신기관
1950-05-04-015	청년들의 단련된 체력을 시위	5.1절경축 평양시체육대회 성황	3	
1950-05-04-016	평양방직공장 종업원궐기대회와 재령 나무리벌 농민들의 회의		3	
1950-05-04-017	이앙준비에 만전	안주군 농민들	3	본사기자 백응호
1950-05-04-018	평화를 쟁취하기 위하여 흥남비료공장 로동자들	평화옹호서명 광범히 진행	3	통신원 강기모
1950-05-04-019	우리들의 행복을 위하여 서명한다 금화광산 로동자들	평화옹호서명 광범히 진행	3	통신원 김준호
1950-05-04-020	잠업발전을 위하여	국영잠업시험장에서	3	본사기자 류민우
1950-05-04-021	유격대'토벌'실패에 당황한 미제 로버트를 파면		3	조선중앙통신

기사번호	제목(title)	부제목(stitle)	면수	필자, 출처
1950-05-04-022	5.1절기념 열병식과 경축시위 모쓰크바 붉은광장에서 성대히 거행		4	조선중앙통신
1950-05-04-023	서부렬강들의 고의적지연책동으로 대오강화조약 작성사업 중단	외상대리회의에 관하여	4	조선중앙통신
1950-05-04-024	쏘련청년대표단 북경 도착		4	조선중앙통신
1950-05-04-025	쏘베트인민의 출판물		4	박지석
1950-05-04-026	미래전쟁비지출을 중지하라	『데일리 워커』지 론평	4	조선중앙통신
1950-05-04-027	월남향 전쟁물자적재를 불란서부두로동자들 거부		4	조선중앙통신
1950-05-04-028	미국무기하선거부 투쟁에 백이의 및 화란 로동자들 일치행동		4	조선중앙통신
1950-05-04-029	체코슬로바키아외무성 미국외교대표 축소 요구		4	조선중앙통신
1950-05-04-030	미국의 압력으로 이태리야금공업 축소		4	조선중앙통신
1950-05-05-001	출판물들은 당선전의 강유력한 무기이다		1	
1950-05-05-002	공채발행을 요망하는 전체 인민들의 애국적열의 비등	평양철도공장, 사동련탄공장종업원궐기대회에서	1	
1950-05-05-003	8.15해방 5주년을 기념하여 각지서 문화시설건설사업 활발	강계시, 운산군에서	1	주재기자 리문상, 통신원 백종진
1950-05-05-004	각 기업소들에서 공로메달수여식 거행	신창탄광, 덕천탄광에서	1	
1950-05-05-005	북반부 주요기업소들에서 주간직장신문을 발간		1	조선중앙통신
1950-05-05-006	미제가 명령한 망국'선거'는 매국노들의 멸망을 촉진한다	북조선기독교도 련맹중앙위원회 위원장 강량욱	1	
1950-05-05-007	영용한 투쟁으로써 '선거'희극을 파탄시키자	민중동맹대표 라승규	1	
1950-05-05-008	과학적공산주의의 창시자 칼.맑스	-그의 탄생 132주년에 제하여-	2	박무
1950-05-05-009	증산경쟁운동 추진대책과 경각성제고에 대한 문제토의	함북도당위원회 제11차회의	2	주재기자 김소민
1950-05-05-010	로동자들을 교양훈련하여 당장성사업을 정상적으로		2	곡산광산 대절2호분세포 위원장 김인선
1950-05-05-011	새 경종법으로 면화의 적기파종을 적극 협조		2	황주군 흑교면 신흥동 세포위원장 조기조
1950-05-05-012	바다에서 일하는 당원들의 학습을 이렇게 조직		2	원산수산사업소 선박세포위원장 라영길
1950-05-05-013	공채발행은 조국의 통일독립을 촉진시키기 위한 물질적토대를 더욱 튼튼케 할것이다		2	국가계획위원회 부위원장 윤행중

기사번호	제목(title)	부제목(stitle)	면수	필자, 출처
1950-05-05-014	작업비판을 강화하여 생산계획을 127.9%로 초과	중대리광산 로동자들	3	통신원 조윤정
1950-05-05-015	굴진과 지주 작업개선 채탄량을 2배로 제고	고건원탄광 로동자들	3	통신원 김원송
1950-05-05-016	우수한 경험을 교환하여 증산경쟁을 활발히!	창도광산 로동자들	3	통신원 김준호
1950-05-05-017	공채발행을 요망하며 자기들의 증송결의를 말하는 평양기관구 로동자들		3	
1950-05-05-018	우리는 허가치 않는다		3	브.브레쁜트
1950-05-05-019	선진쏘련건설공사전람회를 개최	평양공업대학 건설공학부에서	3	본사기자 김춘희
1950-05-05-020	한발과 풍수해 대책으로 제방과 양수로를 구축	정평군 화동리농맹에서	3	정평군 신상면 화동리 농맹위원장 리현모
1950-05-05-021	매국노들의 동족상쟁흉책을 철저히 분쇄하자	강원도 연천군민들	3	통신원 렴상익
1950-05-05-022	세계의 공고한 평화와 조국의 평화적통일을 쟁취하자	자강도 동방광산 로동자들	3	주재기자 리문상
1950-05-05-023	우리의 단결된 력량을 시위하자	남포제련소 로동자들	3	통신원 박종해
1950-05-05-024	신천온천정양소에서		3	
1950-05-05-025	산림을 보호육성키위하여 림상조사사업을 적극 추동	각 도 산림기술일군들	3	본사기자 백운학
1950-05-05-026	이앙기를 앞두고 건모육성에 분투	개천군 군우3리 농민들	3	본사기자 김만선
1950-05-05-027	각국에서 5.1절 성대히 경축	중국, 파란, 체코슬로바키아, 알바니아, 몽고, 독일	4	조선중앙통신
1950-05-05-028	중국인민해방군 해남도를 완전해방		4	조선중앙통신
1950-05-05-029	오지리비군국화에 관한 문제를 토의	대오련합국 관리리사회 정기회의	4	조선중앙통신
1950-05-05-030	비상경계밑에 나폴리항에 미국무기 도착		4	조선중앙통신
1950-05-05-031	이란군대의 만행	파업로동자들을 사격	4	조선중앙통신
1950-05-05-032	루마니아 1.4분기 국가계획 초과완수		4	조선중앙통신
1950-05-05-033	공산당출신 대의원에 대한 불란서국방상의 흉책		4	조선중앙통신
1950-05-05-034	일본청년전선결성대회 세계민청에 가입을 결정		4	조선중앙통신
1950-05-05-035	국제수학자대표자회의 로마에서 개최		4	조선중앙통신
1950-05-05-036	베를린주재 미점령당국 '독립직맹'에 재정원조		4	조선중앙통신
1950-05-05-037	전 일본 고급장교들 미군군관학교에 파견		4	조선중앙통신
1950-05-05-038	사회주의국가의 로동은 진정으로 자유로운 로동		4	김연식
1950-05-06-001	평화적조국통일을 위한 조선인민의 투쟁		1	
1950-05-06-002	평양화학공장 종업원궐기대회에서	공채발행을 요망하여	1	
1950-05-06-003	중앙기계제작소 종업원궐기대회에서	공채발행을 요망하여	1	
1950-05-06-004	평양곡산공장 종업원궐기대회에서	공채발행을 요망하여	1	
1950-05-06-005	평화적조국통일 위하여 2개년계획 완수에 정진		1	해주세멘트공장 보이라공 장두만
1950-05-06-006	전쟁방화자들을 분쇄하는 투쟁에 더욱 용감하자		1	강원도 고성군 서리 농민 김봉일
1950-05-06-007	장성된 북반부의 출판물		1	
1950-05-06-008	5.1절을 전후하여 남반부빨찌산 맹활동	이남 강원도지구, 경북지구, 경남지구, 전북지구에서	1	조선중앙통신
1950-05-06-009	당날 회의지도사업을 강화하여		2	양구군당부 부위원장 염기윤
1950-05-06-010	우기대책을 철저히 하여		2	영유광산당부 위원장 한승록
1950-05-06-011	기술수준을 일층 높이여 무사고송전을 계속 보장	수풍발전부 배전반 분세포에서	2	통신원 라의성
1950-05-06-012	공채발행을 요망하는 북반부농민들의 애국적열성		2	북조선농민동맹 중앙위원회 부위원장 현칠종
1950-05-06-013	생산직장내 당세포사업은 생산조건과 교대별에 적용하여 진행하여야 한다		2	평남도당부 조직부장 안준국
1950-05-06-014	오작품근절에 적극 노력 생산원가를 계속 저하	락원기계제작소 로동자들	3	주재기자 최영환
1950-05-06-015	정확한 규격발파를 실시하여 4월분계획 18일간에 완수	수동광산 로동자들	3	통신원 리정환
1950-05-06-016	집중재배지에 면화파종 진행	은률군 률리 농민들	3	통신원 김인곤
1950-05-06-017	공채발행을 요망하는 직장과 농촌에서의 궐기대회 신문보도를 청취하며 자기들의 결의를 말하는 평양곡산공장 로동자들		3	
1950-05-06-018	대환영 받고있는 쏘련예술영화「백림함락」		3	
1950-05-06-019	국가와 인민 앞에 학업성과를 총화	평양의학대학 졸업반 학생들	3	본사기자 라원근

기사번호	제목(title)	부제목(stitle)	면수	필자, 출처
1950-05-06-020	남조선에 대한 미제의 소위 '원조'의 흉악한 정체		3	리윤
1950-05-06-021	쏘련내각에서 제5차 국채발행을 결정		4	조선중앙통신
1950-05-06-022	쏘련직총 중앙위원회에서 국채응모에 관한 결정서 채택		4	조선중앙통신
1950-05-06-023	쏘련의 새 국채발행을 근로인민들 열렬히 환영		4	조선중앙통신
1950-05-06-024	졸리오.큐리에 대한 불당국의 박해를 각국에서 항의	불란서, 영국, 스웨덴	4	조선중앙통신
1950-05-06-025	쏘베트경제의 부단한 륭성		4	최호철
1950-05-06-026	불가리아 1.4분기계획 초과완수		4	조선중앙통신
1950-05-06-027	영국의 여러 직맹단체들 원자무기생산 금지를 요구		4	조선중앙통신
1950-05-06-028	독일사회통일당대회 7월 하순에 개최 예정		4	조선중앙통신
1950-05-06-029	각국에서 5.1절 성대히 기념	오지리, 미국, 스위스, 이태리, 덴마크, 일본, 인도, 분란	4	
1950-05-06-030	독일민주주의공화국 최고재판소 미영간 첩파괴자들에 판결 언도		4	조선중앙통신
1950-05-06-031	군사공약의 부담으로 곤경에 빠진 화란정부		4	조선중앙통신
1950-05-06-032	미영불 외상회의 앞두고 미국은 영국에 압박 가중	『데일리 워커』지 론평	4	조선중앙통신
1950-05-07-001	인민들은 국가공채의 발행을 요구한다		1	
1950-05-07-002	원산철도공장 종업원궐기대회에서	공채발행을 요망하여	1	
1950-05-07-003	안변군 배화면 어운리 농민궐기대회에서	공채발행을 요망하여	1	주재기자 전윤필
1950-05-07-004	청진제철소 종업원궐기대회에서	공채발행을 요망하여		조선중앙통신
1950-05-07-005	덕천군 덕천면 안동리 농민궐기대회에서	공채발행을 요망하여	1	
1950-05-07-006	삼신탄광 종업원궐기대회에서	공채발행을 요망하여	1	
1950-05-07-007	평양시 남구역 련화리민궐기대회에서	공채발행을 요망하여	1	본사기자 리성섭
1950-05-07-008	볼쉐위끼적출판절 기념보고회 성대	복쏘평양문화회관에서	1	
1950-05-07-009	쏘련문화를 더욱 열심히 섭취하자	조쏘문협 평양시열성자회의	1	
1950-05-07-010	선철생산 1일간 818톤을 돌파	황해제철소의 신기록	1	주재기자 박덕순
1950-05-07-011	5.1절을 축하하여 쏘련협동조합과 루마니아협동조합으로부터 북조선소비조합에 축전		1	조선중앙통신
1950-05-07-012	남조선괴뢰군 38선이북지역을 향하여 다수의 포탄과 총탄을 발사		1	조선중앙통신
1950-05-07-013	매개 당원들을 당사업에 열성적으로 인입시키여		2	산업성65호공장 주물세포 위원장 정인범

기사번호	제목(title)	부제목(stitle)	면수	필자, 출처
1950-05-07-014	군중선동사업을 강화하여 농민들의 애국적열성 고무	괴전리내 당단체들에서	2	공덕면당부 위원장 공사훈
1950-05-07-015	새 다이야의 성과적실행을 보장키 위하여	복계기관구 당단체에서	2	통신원 길관식
1950-05-07-016	평화적 조국통일은 조선인민의 유일의 지망이다		2	승원
1950-05-07-017	동구구역당부는 당정치교양사업을 실질적으로 개선하자		2	김선락
1950-05-07-018	2개년계획을 5월 10일까지 완수하기 위한 증산투쟁 치렬	평양연초공장 로동자들	3	본사기자 박종하
1950-05-07-019	내화련와의 대량생산과 품질향상에	유선내화물공장 로동자들	3	통신원 심철
1950-05-07-020	조선인민군 제2차 미술전람회 개최		3	조선중앙통신
1950-05-07-021	유휴자재 활용하여 새 다이야운행 보장	신북청철도전기구 로동자들	3	통신원 윤지월
1950-05-07-022	매년 1만 3천여석을 증수할 장연지구 관개건설공사 활발		3	본사기자 백응호
1950-05-07-023	랭상모 이앙	선천군 남면 건산리 임영상농민	3	통신원 김제헌
1950-05-07-024	공채발행을 요망하며 자기들의 결의를 말하는 평양시 련화리민들	-련화리민주선전실에서-	3	
1950-05-07-025	조국의 평화적통일을 단결된 민주력량으로 촉진시키자!	북선아마공장 로동자들	3	
1950-05-07-026	제국주의침략자에 대한 증오와 적개심으로 서명	강원도 고성군 인민들	3	통신원 윤원
1950-05-07-027	새 전쟁방화자들의 흉책을 매 걸음마다 폭로분쇄하자	선천종합공장 로동자들	3	통신원 김제헌
1950-05-07-028	평화옹호진영을 더욱 강화하자	은률군 률리 농민들	3	통신원 김인곤
1950-05-07-029	농작물의 높은 수확 위해 적지적작을 적극 실시	룡천군 쌍성리농민들	3	쌍성리인민위원장 전일
1950-05-07-030	쓰딸린대원수에 대한 불란서인민의 경애심을 표시하여 파리근교거리를 쓰딸린거리로 개칭		4	조선중앙통신
1950-05-07-031	졸리오.큐리에 대한 박해를 반대하는 항의전문 세계 각국에서 쇄도	평화옹호세계위원회 서기국 발표	4	조선중앙통신
1950-05-07-032	쏘련의 국채는 인민의 복리를 더욱 증진시킨다	-새 국채발행에 대한 쏘련 각 신문의 론평-	4	조선중앙통신
1950-05-07-033	파리에서 항의군중대회 개최		4	조선중앙통신
1950-05-07-034	스위스평화옹호위원회에서 항의		4	조선중앙통신
1950-05-07-035	인도농민지도자들에 대한 사형 반대	런던에서 인도인학생 시위	4	조선중앙통신
1950-05-07-036	파쑈적닉슨법안 조작을 미국회에서 획책		4	조선중앙통신
1950-05-07-037	인민적공채	『쁘라우다』지의 사설	4	
1950-05-07-038	멘지스정부의 공산당비법화법안을 호주 각 사회단체들 반대항의		4	조선중앙통신
1950-05-07-039	공산당을 비법화하려는 호주정부의 시도를 배격	-칸타베리 부감독 죤슨 성명-	4	조선중앙통신

기사번호	제목(title)	부제목(stitle)	면수	필자, 출처
1950-05-07-040	미국공산당 지도자들 부당한 판결취소 요구		4	조선중앙통신
1950-05-07-041	중국청년절 성대히 기념		4	조선중앙통신
1950-05-07-042	중국에 거류한 미국인들 철거		4	조선중앙통신
1950-05-07-043	덴마크의 물가 계속 폭등		4	조선중앙통신
1950-05-07-044	미국정부 순양함 27척을 일본당국에 양도		4	조선중앙통신
1950-05-07-045	애치슨에 의하여 선포된 '총력외교'는 본질에 있어서 파산당한 '원자외교'와 다름이 없으며 이는 미국을 수반으로 한 제국주의 진영의 대외정책에 있어서의 침략적로선을 더욱 강화할것이라는것을 의미하는것이다		4	
1950-05-08-001	도급제를 보다 광범히 실시하자		1	
1950-05-08-002	신의주방직공장 종업원회의에서	공채발행을 요망하여	1	조선중앙통신
1950-05-08-003	평양시녀성들의 궐기대회에서	공채발행을 요망하여	1	
1950-05-08-004	단천광산 선광장 준공		1	조선중앙통신
1950-05-08-005	자강도내 각계 인민들 열렬히 요망	공채발행을 요망하여	1	조선중앙통신
1950-05-08-006	평양기구제작소 종업원궐기대회	공채발행을 요망하여	1	
1950-05-08-007	대동군 순안면 택엄리 농민궐기대회에서	공채발행을 요망하여	1	
1950-05-08-008	강원도 각지에서 군중대회 광범히 진행	공채발행을 요망하여	1	조선중앙통신
1950-05-08-009	2개년계획 완수한 로동자들	홍원직조공장 로동자들, 회령제지공장에서	1	통신원 리작선
1950-05-08-010	무정전보장 위해 방수로공사 진행	부전강발전부에서	1	위청산
1950-05-08-011	로씨아의 천재적작곡가 챠이꼽쓰끼탄생 110주년기념야회성대히 거행		1	본사기자 라원근
1950-05-08-012	매국노들의 망국'선거'를 배격하는 각계 인사들의 담화 망국노들의 '선거'를 더욱 철저히 파탄시키자!	사회민주당 장권	1	
1950-05-08-013	학습회지도자의 역할제고로 정치학습을 높은 수준에서!		2	안악군 은흥면당 위원장 김광수
1950-05-08-014	비판과 자기비판의 강화로 당원들의 선봉적 역할 제고		2	곡산광산 제1호분세포 위원장 리봉영
1950-05-08-015	20정보의 밭을 논으로 전환시키기 위하여	함남 홍원군 운학면 신풍리	2	통신원 리각선
1950-05-08-016	위대한 쏘베트군대는 히틀러독일 격파에 있어서 결정적인 역할을 놀았다	-대독전승기념일에 제하여-	2	김일우
1950-05-08-017	미제는 '신이민법'안으로써 침략정책을 강화하려 한다		2	리사민
1950-05-08-018	치렬한 증산경쟁으로 2개년계획 완수코 55.4% 추가실행에 궐기	재녕광산 로동자들	3	주재기자 박덕순
1950-05-08-019	마광능률을 높이기 위해 선광장확장공사에 분투	대유동광산 로동자들	3	통신원 한동윤
1950-05-08-020	철저한 작업준비로 생산속도를 일층 제고	웅기 조선공장 로동자들	3	통신원 김상호
1950-05-08-021	인민군협주단공연 대절찬속에 진행		3	
1950-05-08-022	군무자가족들의 적기파종을 협조	함남도 각지에서	3	주재기자 신기관
1950-05-08-023	섬유공업의 원료 증산코자 춘잠사육준비에 열성	강원도 양잠농민들	3	주재기자 전윤필
1950-05-08-024	성빈돈사양관리법을 개선 자돈증식에 새로운 성과	신계종합농장에서	3	통신원 렴상재
1950-05-08-025	공채발행을 열렬히 요망하는 평양시녀성궐기대회		3	
1950-05-08-026	공고한 평화옹호운동을 적극적행동으로!	평양연초공장 로동자들	3	
1950-05-08-027	항구한 세계평화옹호는 인민의 공통한 의사이다	남포조선소 종업원들	3	통신원 정령걸
1950-05-08-028	평화옹호를 위해 증산투쟁 강력히	안악군직물합작사 사원들	3	통신원 강희조
1950-05-08-029	랭상모이앙 끝내고 본답관수작업에!	평남 순천군 현창성농민	3	통신원 홍기성
1950-05-08-030	적화작업과 비배관리를 성과있게	장연과수농장 상리과수원에서	3	본사기자 김만선
1950-05-08-031	면화파종	황주군, 련천군, 안주군에서	3	로동통신원
1950-05-08-032	평화옹호서명운동 활발	불란서, 웽그리아, 불가리아	4	조선중앙통신
1950-05-08-033	각국의 5.1절 성대히 기념	인도네시아, 이스라엘, 라틴아메리카제국, 남아련방	4	조선중앙통신
1950-05-08-034	련합국대일리사회 쏘련대표가 맥아더에게 서한을 전달	일본의 이전 해군 및 공군 기지들이 복구되고있는 사실에 관련하여	4	조선중앙통신
1950-05-08-035	쏘련대표 말리크 유엔사무총장에게 통지	중국국민당대표가 참가하는 한 유엔녀성지위위원회에 불참가를 진술	4	조선중앙통신
1950-05-08-036	미제국주의자들은 인도네시아를 어떻게 '원조'하고있는가?		4	
1950-05-08-037	체코슬로바키아해방 5주년기념축전에 쏘련정부대표단 참가		4	조선중앙통신
1950-05-08-038	애치슨씨는 커다란 자리에 앉아있는 소인이다		4	양오식
1950-05-08-039	웽그리아 1.4분기 인민경제계획 초과완수		4	조선중앙통신
1950-05-08-040	비.티.유.씨의 임금고정정책에 대하여 영국탄광로동자들 반대 치렬		4	조선중앙통신
1950-05-08-041	이태리에 또 류혈사건 발생	헌병들이 농장로동자들을 사격	4	조선중앙통신
1950-05-08-042	미국독점자본가들의 리윤 증가		4	조선중앙통신
1950-05-09-001	초급당단체에 대한 지도를 강화하자		1	

기사번호	제목(title)	부제목(stitle)	면수	필자, 출처
1950-05-09-002	공채발행을 요망하는 전체 인민들의 애국적열의 비등	흥남비료공장, 신의주시 토성리, 평양시 제7인민시장 상인궐기대회에서	1	본사기자 류민우
1950-05-09-003	조선민주주의인민공화국 박헌영외무상 조선주재 웽그리아특명전권공사 스미취 샨도르씨를 초대		1	조선중앙통신
1950-05-09-004	2개년계획 완수	평양연초공장 로동자들	1	
1950-05-09-005	평화를 위한 쏘련의 과학은 세계의 최고 수준이다		1	김일성대학교수 연구원원장 도상록
1950-05-09-006	초등의무교육준비사업 활발히 진행	강원도내 전체 인민들의 열성	1	
1950-05-09-007	뜨락또르기경작업 성과있게 진행	각 국영농기계임경소에서	1	본사기자 리영주
1950-05-09-008	모내기 활발	안변군, 북청군에서	1	통신원 윤지월
1950-05-09-009	비판과 자기비판의 기치밑에	자강도당 제1차 대표회의 진행	2	
1950-05-09-010	자강도당위원회 제1차회의에서		2	
1950-05-09-011	국영농기계임경소와 농민간의 계약에 의한 기경사업을 정확히 실시하자		2	농림성 농기계관리처장 김봉수
1950-05-09-012	증산경쟁운동의 발전을 위하여		2	흥남비료공장 합성직장 당부위원장 조용진
1950-05-09-013	우수한 경험 일반화하여 채탄능률을 계속 제고	사리원탄광 로동자들	3	통신원 양행모
1950-05-09-014	기능수준을 부단히 높여 2개년계획 기한전 완수	박천견직공장 로동자들	3	통신원 어제우
1950-05-09-015	휴식시간에 공채발행을 요망하면서 기쁨과 결의를 말하는 동평양아빠트건설공사 현장로동자들		3	
1950-05-09-016	강물을 끌어대여 밭을 논으로 전환	학성군 학성면 옥천리 농민들	3	
1950-05-09-017	영양가 높은 사료공급으로 우량종축증식에 분투	석왕사종축장에서	3	통신원 송춘관
1950-05-09-018	6.24까지 20만키로 정시무사고주행에 궐기	신북청기관구 로동자들	3	신북청기관구 특수조역 안상춘
1950-05-09-019	룡축가마설치작업에 분투하는 로동자들	-국영남포소다공장에서-	3	
1950-05-09-020	군무자안해된 영예를 높은 생산성과로써!	원산석면제작소 리성남녀사	3	통신원 전윤필
1950-05-09-021	활발히 진행되는 천수답의 건직파	은률군 남부면 농민들	3	통신원 김인곤
1950-05-09-022	리승만도당의 제2차 망국단선음모는 인민들의 견결한 반항을 받고있다		3	리환

기사번호	제목(title)	부제목(stitle)	면수	필자, 출처
1950-05-09-023	쏘련으로부터 독일인포로의 본국송환을 완료한데 관한 따쓰의 보도		4	조선중앙통신
1950-05-09-024	일본공산당 제19차 중앙위원회에서		4	조선중앙통신
1950-05-09-025	영국농업로동자들 임금인상을 요구	-농업로동자전국동맹 정기회의-	4	조선중앙통신
1950-05-09-026	세계민청련맹 서기국에서 졸리오.큐리에게 서한		4	조선중앙통신
1950-05-09-027	토이기시인 히크메트 재차 단식투쟁을 선언		4	조선중앙통신
1950-05-09-028	반로동법안을 반대하여 인도로동자들 견결히 투쟁		4	조선중앙통신
1950-05-09-029	유엔을 파괴하려는 기도는 미국 '총력외교'의 주요목표	-텔레프레스통신 론평-	4	조선중앙통신
1950-05-09-030	불란서에서 물가 날로 폭등		4	조선중앙통신
1950-05-09-031	미국을 서구라파에 '접근'시키며 사실에 있어서 마샬안화된 제 국가들에게 '아메리카제국'의 바다건너편 주의 역할을 맡기는 '북대서양동맹'결성안		4	
1950-05-09-032	체코슬로바키아해방 5주년		4	주경호
1950-05-09-033	찌또도당은 유고인민의 재산으로 장사하고있다		4	백인영
1950-05-10-001	적기이앙은 벼 다수확의 전제조건이다		1	
1950-05-10-002	안주군 연호면 농민대회에서	공채발행을 요망하여	1	조선중앙통신
1950-05-10-003	평양시 상인기업가궐기대회에서	공채발행을 요망하여	1, 3	조선중앙통신
1950-05-10-004	송화군 송화면 송암리 농민궐기대회에서	공채발행을 요망하여	1	
1950-05-10-005	북중기계제작소 종업원대회에서	공채발행을 요망하여	1	본사기자 류민우
1950-05-10-006	원산시 상공업자궐기대회에서	공채발행을 요망하여	1	조선중앙통신
1950-05-10-007	쏘련의 대독전승 제5주년기념 평양시보고대회		1	
1950-05-10-008	조선적십자회 지도기관선거 완료	조선적십자회 제4차 중앙대회에서	1	본사기자 김지창
1950-05-10-009	남조선괴뢰군 38이북지역에 대하여 도발적행동을 계속		1	조선중앙통신
1950-05-10-010	세포핵심-열성자들과의 사업을 일층 강화하여		2	양구군당부 부위원장 염기윤
1950-05-10-011	형식적인 지도사업을 개선하고 면당부의 지도수준을 높이자	양양군 속초면당부에서	2	통신원 전승수
1950-05-10-012	륙모육성을 보장하여 한해극복 대책을 강구	금화군 근남면 사곡리에서	2	통신원 김준호
1950-05-10-013	높은 수준에서 국가시험을 보장하기 위하여	신계녀자초급중학교 세포에서	2	통신원 렴상재

기사번호	제목(title)	부제목(stitle)	면수	필자, 출처
1950-05-10-014	볼쉐위끼당과 쏘베트국가의 탁월한 활동가 아.쎄르바꼬브	-그의 서거 5주년에 제하여-	2	
1950-05-10-015	류벌작업의 적기를 최고도로 리용하자		2	내각림산국장 한병옥
1950-05-10-016	사회단체를 추동하여 군무자가족들을 위안		2	백암리 제1세포위원장 김봉춘
1950-05-10-017	선진적작업방식을 일반화 4월분계획을 350%로	곡산광산 유치상부리가다에서	3	통신원 리병영
1950-05-10-018	단체계약초안 군중토의 창의적의견 활발히 제기	사동련탄공장 로동자들	3	본사기자 리보국
1950-05-10-019	자강도 각지에서 평화옹호서명운동 활발히 전개		3	조선중앙통신
1950-05-10-020	조합경리의 우월성 조기잡이에서 체험	룡암포수산합작사에서	3	본사기자 류민우
1950-05-10-021	중국시초(계속) 동트는 양자강	-우리는 양자강을 새벽에 건넜다-	3	김귀련
1950-05-10-022	리승만망국도배들이 조작한 '농지개혁법'은 농민들을 더 가혹히 착취하려는것이다		3	리학민
1950-05-10-023	쓰딸린대원수와 쏘련정부에 일본포로병들로부터 감사의 편지		4	조선중앙통신
1950-05-10-024	체코슬로바키아해방 5주년 경축대회 쁘라그국립극장에서 성대히 거행		4	조선중앙통신
1950-05-10-025	쏘련재정성 보도	인민경제부흥발전 제5차 공채는 벌써 245억여루블리가 소화	4	조선중앙통신
1950-05-10-026	아프리카인민들의 해방투쟁	『쁘라우다』지에서	4	
1950-05-10-027	중국 동북의 공업 급속도로 발전		4	조선중앙통신
1950-05-10-028	졸리오.큐리해임을 반대	전세계적항의운동 치렬	4	조선중앙통신
1950-05-10-029	몽고인민공화국과 루마니아인민공화국 외교관계설정		4	조선중앙통신
1950-05-10-030	알바니아부외상 유엔사무총장에 서한 전달	-알바니아희랍국경문제에 관련하여-	4	조선중앙통신
1950-05-10-031	인민들은 전쟁방화자들에게 경고한다		4	
1950-05-10-032	쏘련-이란국경지대에서 미국장교들 '조사'		4	조선중앙통신
1950-05-10-033	공장폐쇄로 불란서에 실업자 급증		4	조선중앙통신
1950-05-11-001	근로자들의 물질문화수준향상에 당적관심을 일층 높이자		1	
1950-05-11-002	함남 함주군 주지면 열성농민회의에서	공채발행을 요망하여	1	본사기자 현준극
1950-05-11-003	평양시내 청년들의 궐기회의에서	공채발행을 요망하여	1	본사기자 김지창
1950-05-11-004	경성군 주을온면 상인기업가회의에서	공채발행을 요망하여	1	
1950-05-11-005	평화를 위하여 모두다 서명한다	평화옹호서명운동에 벌써 3백90만명이상이 참가	1	조선중앙통신
1950-05-11-006	불란서정부에 엄중항의		1	조선중앙통신
1950-05-11-007	2개년계획을 속속 완수	생기령탄광, 안변역, 청진제철소에서	1	
1950-05-11-008	1만키로 무사고주행	사리원기관구 김용빈기관사	1	
1950-05-11-009	평철관리국 종업원들에 대한 내각우승기수여식 거행		1	
1950-05-11-010	평화적조국통일의 기치밑에 망국'선거'를 파탄시키자	신진당 위원장 리용	1	
1950-05-11-011	당조직지도사업강화로 부리가다경쟁을 활발히		2	평양학용품공장 세포위원장 박효빈
1950-05-11-012	당단체의 적극적협조로 의무교육준비사업 활발	평강군 현내면에서	2	통신원 김관식
1950-05-11-013	정확한 단체계약을 위해 당적주의를 돌리자	서호수산사업소에서	2	통신원 전영봉
1950-05-11-014	신입로동자들에 대한 지도사업을 강화하여		2	황철 박판갑조분세포위원장 천인학
1950-05-11-015	군무자가족들의 적기파종을 적극 협조	온성군 미포면당단체에서	2	통신원 박용
1950-05-11-016	농촌사업에서의 당지도일군들의 역할을 높이자		2	당중앙본부 농민부장 리구훈
1950-05-11-017	표준조작법을 엄수하여 배소로운전을 성과있게	흥남비료공장 류산직장 로동자들	3	흥남비료공장 류산직장장 한정후
1950-05-11-018	중국시초 최후의 시간에도 그는 웃으며 갔다	-아! 왕효화동지-	3	김귀련
1950-05-11-019	정확한 작업분공으로 채탄능률을 일층 제고	학포탄광 로동자들	3	
1950-05-11-020	평화는 전쟁을 승리한다	정주지구 철도종업원들	3	본사기자 류민우
1950-05-11-021	조국의 평화적통일 위해 증산경쟁을 더욱 치렬히	성진제강소 종업원들	3	
1950-05-11-022	우리는 새 전쟁을 반대하는 굳은 결의로 서명한다	아오지인조석유공장 종업원들	3	통신원 김상호
1950-05-11-023	로동자들의 책임성을 높여 생산에서의 파동성을 퇴치	해주스레트공장 로동자들	3	
1950-05-11-024	농작물의 다수확 위한 농민들의 힘찬 투쟁!	공화국북반부에서	3	본사기자 백운학

기사번호	제목(title)	부제목(stitle)	면수	필자, 출처
1950-05-11-025	체코슬로바키아해방 5주년기념 경축대회에서 진술한 안또닌 자뽀또츠끼의 연설		4	
1950-05-11-026	일본공산당 중앙위원회 제19차전원회의 성명서		4	조선중앙통신
1950-05-11-027	미국의 아세아에 대한 새로운 침략의 방책	'극동통상경제회의'의 음모	4	조선중앙통신
1950-05-11-028	해방 5주년기념 관병식과 시위행진 성대히 거행	쁘라그 바뜨슬라바광장에서	4	조선중앙통신
1950-05-11-029	미국직맹의 반동적지도자들의 반역적행동	『뜨루드』지 론평-	4	조선중앙통신
1950-05-11-030	체코슬로바키아정부에서 해방 5주년기념 축하연 개최		4	조선중앙통신
1950-05-11-031	롯테르담항구 로동자들 미국무기해하작업 거부		4	조선중앙통신
1950-05-11-032	독일공산당 비법화를 기도	'서독정부사법상'의 도발적성명	4	조선중앙통신
1950-05-11-033	서독군국화에 미영 더욱 광분		4	조선중앙통신
1950-05-12-001	조국의 평화적통일독립 위업은 세계평화옹호와 튼튼히 련결되여있다		1	
1950-05-12-002	공채발행을 전체인민들은 열렬히 요망하며 고대한다	덕천탄광, 함흥시 상인기업가, 룡천군 부라벌농민, 신의주시 상인기업가, 평양시내 종교인궐기대회에서		본사기자 박종하, 현준극, 류민우
1950-05-12-003	8.15해방 5주년기념 진행준비위원회 결성		1	조선중앙통신
1950-05-12-004	국제아동절을 앞두고 북조선민주녀성동맹 준비사업 진행		1	
1950-05-12-005	매국노들의 망국'선거'를 배격하는 각계인사들의 담화 제2차 망국'선거'는 미제의 음흉한 모략이다	조쏘문화협회 위원장 리기영	1	
1950-05-12-006	남반부유격전 치렬 주요도시주변을 제압	경남북, 이남 강원도에서	1	조선중앙통신
1950-05-12-007	신정세와 일본공산당의 정책	일본공산당 총비서 도구다 규이찌	2, 3	
1950-05-12-008	공채발행을 열렬히 요망하며 평양역사건축공사를 적극 협조	평양시민들의 애국적열성	3	본사기자 리성섭
1950-05-12-009	생산공정을 합리적으로 조직 기계가동률을 127.8%로	해주세멘트공장에서	3	해주세멘트공장 기사장 김우영
1950-05-12-010	단체계약초안 군중토의 생산 및 로동 규률을 일층 강화할것을 열렬히 지지	흥남비료공장 로동자들	3	통신원 김학열
1950-05-12-011	중국시초	홍의랑	3	김귀련
1950-05-12-012	평화옹호서명 활발!	황해도, 함흥공작소, 강계사범전문학교에서	3	조선중앙통신
1950-05-12-013	각지 어업로동자들 고등어 조기 잡이에 궐기!	서해안, 동해안에서	3	
1950-05-12-014	의무교육준비 활발히 진행	장연군에서	3	

기사번호	제목(title)	부제목(stitle)	면수	필자, 출처
1950-05-12-015	대독전승 5주년에 제하여 쏘련 륙군상 및 해군상 명령 발표		4	조선중앙통신
1950-05-12-016	체코슬로바키아해방 5주년경축대회에서 쏘련정부대표단 수석 불가닌원수 연설		4	조선중앙통신
1950-05-12-017	쏘련최고쏘베트 상임위원회에서 국가건설위원회설치를 결정		4	조선중앙통신
1950-05-12-018	희랍인민들의 당면과업은 평화옹호통일전선의 강화	희랍공산당 중앙위원회 정치국 국내정세에 관한 결정서 발표	4	조선중앙통신
1950-05-12-019	쏘련국채응모액 8일현재 2백 70억루블리로 초과	쏘련재정성의 발표	4	조선중앙통신
1950-05-12-020	주은래 외교부장 유엔사무총장에게 전보		4	조선중앙통신
1950-05-12-021	구라파전쟁종결 5주년에 제하여 이쏘협회에서 호소문 발표		4	조선중앙통신
1950-05-12-022	자르지방을 둘러싼 제국주의자들의 음모		4	백동철
1950-05-12-023	중국과 스웨덴간에 외교관계 설정		4	조선중앙통신
1950-05-12-024	애치슨의 파리도착 불란서인민들 반대		4	조선중앙통신
1950-05-13-001	기계설비의 계획적수리보수로써 생산속도를 부단히 제고하자		1	
1950-05-13-002	공화국남반부의 토지개혁실시를 위한 법령기초위원회 위원장 공화국내각 홍명희 부수상의 중앙신문기자들에게 준 인터뷰		1	
1950-05-13-003	공채발행을 전체 인민들은 열렬히 요망하며 고대한다	본궁화학공장 종업원궐기회의에서	1	
1950-05-13-004	공채발행을 전체 인민들은 열렬히 요망하며 고대한다	명천군 동면 량견리 농민궐기회의에서	1	
1950-05-13-005	공채발행을 전체 인민들은 열렬히 요망하며 고대한다	해주시기업가상인궐기회의에서	1	
1950-05-13-006	각 연초공장들에서 2개년계획 돌파		1	조선중앙통신
1950-05-13-007	면화파종 활발히 진행 10일현재 3만 6천여정보에	황해도 농민들	1	조선중앙통신
1950-05-13-008	8.15해방 5주년 기념하여 문화시설건설사업 활발	자강도 초산군민들	1	통신원 김광빈
1950-05-13-009	높은 수확을 위한 조기이앙 활발!	평안남도 농민들	1	본사기자 리영주
1950-05-13-010	망국'선거'흉책은 매국노들의 멸망을 더욱 촉진	북조선불교도련맹 중앙위원회 위원장 김세률	1	
1950-05-13-011	낡은 사상과의 투쟁 강화하며 당원들을 당사업에 적극 망라		2	평원군 숙천면 통덕리 1세포위원장 신한식
1950-05-13-012	민주선전실사업에 항상 당적고려를	흥남비료공장 질소직장에서	2	주재기자 신기관

기사번호	제목(title)	부제목(stitle)	면수	필자, 출처
1950-05-13-013	면화의 보다높은 증산을 위해		2	안악군 상산리 제2세포위원장 최병준
1950-05-13-014	리승만도당의 '선거'희극은 남반부에 대한 추악한 예속화정책을 엄페하기 위하여 미제에게 필요한것이다		2	리기석
1950-05-13-015	사회주의적사실주의는 쏘베트문학의 기본적인 예술적방법이다		2, 3	
1950-05-13-016	공채발행을 요망하는 인민들의 열의에 일층 고무되여 기계조립공사에 분투	평양방직공장 로동자들	3	본사기자 김기초
1950-05-13-017	재녕농기계임경소에서 1천여정보의 논을 기경		3	본사기자 백응호
1950-05-13-018	강원도에서 47만 5천명 서명	평화옹호서명 활발!	3	조선중앙통신
1950-05-13-019	우리들의 단결된 민주력량을 평화옹호투쟁에로!	부전강발전부 종업원들	3	통신원 위정산
1950-05-13-020	도수로와 수전확장공사를 이앙기전으로 완수코자	희천군 청하리 농민들	3	주재기자 리문상
1950-05-13-021	영용무쌍한 남반부빨찌산들	련전련승 도처에서 원쑤들을 전률시키고있는 우수한 빨찌산지휘자 김달삼동무	3	
1950-05-13-022	각국의 평화옹호서명운동	루마니아, 독일, 불란서	4	조선중앙통신
1950-05-13-023	1천 5백명의 대표 참가하에 카나다평화옹호대회 개막		4	조선중앙통신
1950-05-13-024	쏘련외상 위신쓰끼 주쏘화란대사를 접견		4	조선중앙통신
1950-05-13-025	알바니아민주주의민족통일전선 제2차대회 개최		4	조선중앙통신
1950-05-13-026	웽그리아국가회의 개최		4	조선중앙통신
1950-05-13-027	이태리평화옹호위원회 전원회의 개최		4	조선중앙통신
1950-05-13-028	졸리오.큐리 박해에 대하여 불란서인민들의 항의 비등		4	조선중앙통신
1950-05-13-029	남아련방정부의 반민주주의정책을 규탄	영국공산당 집행위원회 성명서 발표	4	조선중앙통신
1950-05-13-030	마래에 있어서의 영제국주의자들의 범죄적모험		4	박주석
1950-05-13-031	희랍교원들 파업 전국에 확대		4	조선중앙통신
1950-05-13-032	마래에 대한 영군의 '1개월공세' 완전 실패		4	조선중앙통신
1950-05-13-033	마래에서의 영국지위는 절망적	『데일리 워커』지론평	4	조선중앙통신
1950-05-13-034	일본의 부랑아 2백만이상		4	조선중앙통신
1950-05-13-035	려객항공로 개통		4	조쏘항공운수 주식회사

기사번호	제목(title)	부제목(stitle)	면수	필자, 출처
1950-05-14-001	인민적분노와 애국적투쟁으로써 제2차망국'선거'를 철저히 분쇄하자!		1	
1950-05-14-002	체코슬로바키아공화국 내각 수상 안또닌 자뽀또츠끼각하	체코슬로바키아해방 5주년에 제하여	1	
1950-05-14-003	조선민주주의인민공화국 내각 수상 김일성각하	체코슬로바키아해방 5주년에 제하여	1	
1950-05-14-004	체코슬로바키아공화국 대통령 클레멘트 고트왈드각하	체코슬로바키아해방 5주년에 제하여	1	
1950-05-14-005	조선민주주의인민공화국 최고인민회의 상임위원회 위원장 김두봉각하	체코슬로바키아해방 5주년에 제하여	1	
1950-05-14-006	남조선리승만괴뢰정부의 소위 '농지개혁법'실시에 관하여 조선민주주의인민공화국 박문규농림상 성명서 발표		1	조선중앙통신
1950-05-14-007	성진제강소 종업원궐기회의에서	공채발행을 요망하여	1	
1950-05-14-008	중화군 해암면 매현리 농민궐기회의에서	공채발행을 요망하여	1	통신원 리추원
1950-05-14-009	남조선괴뢰군 38선에서의 도발행위 계속		1	조선중앙통신
1950-05-14-010	소위 '비상경계망' 돌파하고 지리산인민유격대 맹활동		1	조선중앙통신
1950-05-14-011	평화적조국통일위업의 승리적전망은 실로 광명에 차있다		2	허헌
1950-05-14-012	당일군들은 선진적인것에 민감하며 이를 발전시키자	룡성기계제작소 조기직장에서	2	본사기자 현준극
1950-05-14-013	평원군당부는 한해방지를 위한 투쟁을 광범하게 전개하자!		2	특파기자 백운학
1950-05-14-014	반동적'농지개혁법'은 땅을 위한 남반부농민들의 투쟁을 절대로 꺾지 못할것이다		2	박중원
1950-05-14-015	삼등-금화리간의 홀동철도부설공사 활발히 진척!		3	본사기자 리성섭
1950-05-14-016	실지작업과정에서 기술전습을 강화	창도광산 로동자들	3	주재기자 김준호
1950-05-14-017	단체계약초안 군중토의 작업기준량 제고 위한 창발적의견들을 제의	평철보선구산하 선로반원들	3	
1950-05-14-018	표준조작법을 엄수하여 생산원가 11.4% 저하	해주화학공장 로동자들	3	주재기자 박덕순
1950-05-14-019	농산물의 다수확 위해 불리한 자연조건 극복	개천군 개천면 농민들	3	통신원 김영려
1950-05-14-020	평화옹호세계위원회 제3차회의 호소를 지지하여 서명하는 영화배우 문예봉 무용가 김백봉 녀성사회활동가 류영준		3	
1950-05-14-021	평화의 력량은 불패의 력량 삭주군 삭주면 농민들	평화옹호서명	3	

기사번호	제목(title)	부제목(stitle)	면수	필자, 출처
1950-05-14-022	모든 힘을 다하여 조국의 평화적통일을 달성하자 강계림산사업소산하 각 작업장에서	평화옹호서명	3	주재기자 리문상
1950-05-14-023	리승만매국도당의 동족상쟁흉책을 철저히 파탄시키자	생기령탄광 로동자들	3	
1950-05-14-024	잠견증산을 위한 준비 활발히 진행	양양잠업작업장 일군들	3	통신원 전승수
1950-05-14-025	한재를 극복코자 견직파를 광범히	선천군 운종면 농민들	3	통신원 김제헌
1950-05-14-026	선진쏘련문화를 일층 활발히 섭취	흥남비료공장 조쏘반원들	3	
1950-05-14-027	류벌부의 노래도 드높이 압록강에 떼목은 내린다	신의주림산사업소 류벌로동자들	3	본사기자 류민우
1950-05-14-028	쓰딸린대원수에게 메쎄지	독일사회통일당 중앙위원회와 독일민주주의공화국 수상으로부터	4	
1950-05-14-029	독일민주주의공화국 수상 옷토 그로테볼씨에게	독일인민의 해방 5주년에 제하여	4	
1950-05-14-030	독일사회통일당 중앙위원회 빌헬름 피크 및 옷토 그로테볼 동무들에게	독일인민의 해방 5주년에 제하여	4	
1950-05-14-031	제2차 카나다평화옹호대회 행동강령을 채택코 페막		4	조선중앙통신
1950-05-14-032	중국과 덴마크간에 외교관계 설정		4	조선중앙통신
1950-05-14-033	레오폴드 제3세는 영미제국주의자들의 앞잡이다		4	백이의공산당 총비서 에드가르.랄리만
1950-05-14-034	영국반동직맹지도자들과 찌또도당의 결탁	『뜨루드』지 론평	4	조선중앙통신
1950-05-14-035	미국회 하원 군사위원회에서 징병법 2년간 연장을 승인		4	조선중앙통신
1950-05-14-036	이태리 첼라노사격사건에 근로인민의 항의 치렬		4	조선중앙통신
1950-05-14-037	자르괴뢰정부 공산당의 집회를 금지		4	조선중앙통신
1950-05-14-038	호주공산당 비법화를 영국 각계에서 항의		4	조선중앙통신
1950-05-14-039	공산당비법화법안을 반대	호주광업로동자들 파업 단행	4	조선중앙통신
1950-05-14-040	미국의 철도종업원 1만 8천명 파업 단행		4	조선중앙통신
1950-05-14-041	타이당국 화교박해를 계속		4	조선중앙통신
1950-05-14-042	인도네시아 각지에 미국정보기관 설치		4	조선중앙통신
1950-05-15-001	당대오의 일층 강화를 위하여		1	
1950-05-15-002	생기령탄광 종업원궐기회의에서	공채발행을 요망하여	1	본사기자 박경석
1950-05-15-003	흥남상인기업가궐기회의에서	공채발행을 요망하여	1	본사기자 현준극
1950-05-15-004	강계시상인기업가들의 궐기회의에서	공채발행을 요망하여	1	주재기자 리문상
1950-05-15-005	황주군 황주면녀성궐기회의에서	공채발행을 요망하여	1	통신원 리동욱

기사번호	제목(title)	부제목(stitle)	면수	필자, 출처
1950-05-15-006	고원군 기업가상인들의 궐기회의에서	공채발행	1	
1950-05-15-007	남포기업가상인궐기회의에서	공채발행을 요망하여	1	통신원 정우봉
1950-05-15-008	유치원을 개원	아오지탄광에서	1	통신원 김상호
1950-05-15-009	쏘련 '크라라쎈트긴'호 승무원들로부터 원산항 부두로동자들에게 감사의 편지		1	조선중앙통신
1950-05-15-010	압연로르를 창의개조하여 특수강생산능률 2배 제고	황철조강직장장 안병선동무	1	
1950-05-15-011	2개년계획을 속속 완수	정평직조공장 로동자들	1	
1950-05-15-012	2개년계획을 속속 완수	경성요업공장 로동자들	1	
1950-05-15-013	초등의무교육준비사업 활발히 진행	자강도에서	1	주재기자 리문상
1950-05-15-014	북반부 각 대학들에서 국가졸업시험 진행		1	조선중앙통신
1950-05-15-015	당회의준비를 철저히 함으로써		2	금천군 서천면 이구리 답동세포위원장 김기호
1950-05-15-016	당결정의 정확한 집행을 위하여		2	서평양직물공장 세포위원장 김종수
1950-05-15-017	선박로동자들에 대한 사상교양사업 강화하여		2	평양해운사업소 초급당부 위원장 김인성
1950-05-15-018	우기에도 채탄작업의 높은 성과를 보장코자		2	사동련탄공장 초급당부 리환성
1950-05-15-019	창립 4주년을 맞이하는 북조선소비조합		2	북조선소비조합 중앙위원회위원장 조홍히
1950-05-15-020	영예의 공로메달을 수여받기까지		2	평양전구공장 초자직장 홍선표
1950-05-15-021	기계의 가동률을 높이여 품종별 계획완수를 추진	평양곡산공장 로동자들	3	평양곡산공장 지배인 리경달
1950-05-15-022	작업방식개선으로 생산능률을 제고	하면탄광 로동자들	3	통신원 김원송
1950-05-15-023	가지가지 창안으로 4월계획 초과실행	고무산세멘트 로동자들	3	주재기자 김소민
1950-05-15-024	농민들의 환영밑에 뜨락또르경 활발	룡천군농기계임경소에서	3	본사기자 류민우
1950-05-15-025	평화옹호세계위원회 제3차회의의 호소를 지지하여 서명하는 강서군 보봉리 농민들	-리민주선전실에서-	3	
1950-05-15-026	함북도에서 서명 활발히 진행	평화옹호서명	3	주재기자 김소민

기사번호	제목(title)	부제목(stitle)	면수	필자, 출처
1950-05-15-027	우리들은 승리를 확신하며 서명한다 아오지면 귀락리 농민들	평화옹호서명	3	통신원 김상호
1950-05-15-028	전쟁방화자들을 증오하며 우리들은 서명한다 창도광산 로동자들	평화옹호서명	3	통신원 김준호
1950-05-15-029	조기작물의 제초 활발하게 진척	강원도에서	3	
1950-05-15-030	수모판관리에 열성	황해도내 농민들	3	주재기자 박덕순
1950-05-15-031	해방호텔건축공사 쾌속도로 진척!		3	본사기자 김기초
1950-05-15-032	쓰딸린대원수에게 서한	마크로네소스수용소절페와 전반적대사를 위한 희랍위원회로부터	4	조선중앙통신
1950-05-15-033	리유엔사무총장 모쓰크바에 도착		4	조선중앙통신
1950-05-15-034	대오강화조약준비 파탄을 미영불대표들 획책	-외상대리회의에서 쏘련대표 언명-	4	조선중앙통신
1950-05-15-035	국제적십자협회 집행위원회 회의에서 쏘련대표 퇴장		4	조선중앙통신
1950-05-15-036	미국회에서 침략정책을 자체폭로하는 예산안 토의	『이즈베스치야』지 론평	4	조선중앙통신
1950-05-15-037	'총력외교'실천을 위한 미영불 3상회의		4	조선중앙통신
1950-05-15-038	'복원국'에 고용된 전장관들 일본군의 재건을 준비		4	조선중앙통신
1950-05-16-001	인민들의 열렬한 요망속에 인민경제발전채권은 발행되었다		1	
1950-05-16-002	조선민주주의인민공화국 내각 결정 제109호	「조선민주주의인민공화국 인민경제발전 채권발행에 관한 결정서」	1	
1950-05-16-003	「조선민주주의인민공화국 인민경제발전채권발행에 관한 결정서」 (1950년 5월 15일 내각결정 제109호 별지)	「조선민주주의인민공화국 인민경제발전 채권발행 조례」	1	
1950-05-16-004	조국통일민주주의전선 중앙위원회 호소문		1	
1950-05-16-005	북조선직업총동맹 중앙위원회 결정서	「조선민주주의인민공화국 국가공채보급사업에 대하여」	1	
1950-05-16-006	북조선농민동맹 중앙위원회결정서	「조선민주주의인민공화국 국가공채보급사업에 대하여」	1	
1950-05-16-007	평양시 리종해씨 2백만원의 채권을 구매		1	
1950-05-16-008	해주시 림광업씨 백만원 구매		1	주재기자
1950-05-16-009	룡강군 장학렵씨 백만원 구매		1	조선중앙통신
1950-05-16-010	공화국 국가공채발행에 제하여 진술한 최창익재정상의 연설		2	
1950-05-16-011	조선민주주의인민공화국 인민경제발전채권발행에 대하여		2	김찬

기사번호	제목(title)	부제목(stitle)	면수	필자, 출처
1950-05-16-012	8.15전으로 옷감생산 맹세하며 당일로 162만원 채권을 구매	평양방직공장 종업원들	3	본사기자 김기초
1950-05-16-013	농촌경리를 더욱 발전시킬 채권구매에 온갖 열성을!	평양시 미림리 농민들	3	본사기자 윤봉경
1950-05-16-014	채권을 구매하는 평양화학공장 로동자들		3	
1950-05-16-015	새 나라 공채를 나는 노래한다		3	안룡만
1950-05-16-016	조선민주주의인민공화국 인민경제발전채권		3	
1950-05-16-017	평남 평원군 신덕리 농민들 즉석에서 21만원 구매	강치구농민은 단독으로 7만원 구매	3	조선중앙통신
1950-05-16-018	기쁨과 자랑 속에서	국가공채발행을 환영하는 평양 시민들	3	
1950-05-16-019	화란 각 항구 평화옹호위원회 전쟁물자 취급반대를 호소		4	조선중앙통신
1950-05-16-020	나폴리항의 군사기지화 반대 이태리근로자들 시위 단행		4	조선중앙통신
1950-05-16-021	노르웨이장교들 서독에서 훈련		4	조선중앙통신
1950-05-16-022	웽그리아국가회의에서 지방쏘베트설치법안 채택		4	조선중앙통신
1950-05-16-023	벨기산당 선거강령 발표		4	조선중앙통신
1950-05-16-024	일본의 히로시마 및 나가사끼 청년들 원자무기금지를 요구하는 호소문 발표		4	조선중앙통신
1950-05-16-025	워싱톤의 지지를 얻으려는 서반아왕위 후보자들의 경쟁		4	조선중앙통신
1950-05-16-026	몽고인민공화국에서 평화옹호서명운동 활발		4	조선중앙통신
1950-05-16-027	인민민주주의 제 국가에서	알바니아의 예산	4	
1950-05-16-028	노르웨이인민들 군국화를 견결히 반대		4	조선중앙통신
1950-05-16-029	마래의 영국회사들 거액의 리윤을 획득		4	조선중앙통신
1950-05-16-030	맥아더사령부 일본군항을 개수		4	조선중앙통신
1950-05-16-031	대만에 대한 긴급원조를 장개석 미국에 요청		4	조선중앙통신
1950-05-16-032	서독지배층 공산당비법화에 광분		4	조선중앙통신
1950-05-16-033	몽고인민공화국의 경제 및 문화 발전에 있어서의 제 성과		4	최석주
1950-05-16-034	이것이 제국주의자들의 '우정'이다		4	
1950-05-17-001	영용한 남반부빨찌산의 진공앞에 리승만역도들은 전률하고있다		1	
1950-05-17-002	독일민주주의공화국 수상 옷토 그로테볼귀하	독일민주주의공화국 해방의 날에 즈음하여	1	
1950-05-17-003	조선민주주의인민공화국 내각 수상 김일성각하	독일민주주의공화국 해방의 날에 즈음하여	1	

기사번호	제목(title)	부제목(stitle)	면수	필자, 출처
1950-05-17-004	7천 3백여정보가 옥답으로 전환 년 1만 5천여톤의 미곡 증수	북반부 각지에서	1	본사기자 백응호
1950-05-17-005	8.15해방 5주년기념 전국문학예술축전준비 진행		1	조선중앙통신
1950-05-17-006	쓰딸린대원수 트루그베 리를 접견		1	조선중앙통신
1950-05-17-007	국가공채는 인민들의 환호속에 광범히 보급된다	공채발매 2시간만에 2억 2천 5백만원 소화	1	조선중앙통신
1950-05-17-008	평양시 리경찬씨 2백만원의 채권을 구매		1	
1950-05-17-009	신의주 량리섭씨 2백만원공채 구매		1	조선중앙통신
1950-05-17-010	북청 주병선씨 1백만원 구매		1	
1950-05-17-011	아동들의 생활과 건강과 교육을 위한 권리를 옹호하여 투쟁하자!	-아동보호국제대회 준비위원회에서 호소-	1	조선중앙통신
1950-05-17-012	자녀들의 행복한 장래와 항구한 평화를 위하여 토의	-국제아동절 준비를 위한 자모회에서-	1	본사기자 김춘희
1950-05-17-013	이남강원도 각지 유격전황 괴뢰군의 대부대들을 격쇄		1	조선중앙통신
1950-05-17-014	세심한 당적주의를 돌리여 기관차의 질적수리를 보장		2	평양기관구공장 분세포 위원장 홍병관
1950-05-17-015	당적협조로 로동자들의 기술수준을 더욱더 제고		2	문평제련소 초급당부 위원장 전정주
1950-05-17-016	당원들의 창발성을 동원하여 생산설비의 리용률을 제고	해주기계제작소 주강분세포에서	2	주재기자 박덕순
1950-05-17-017	기술자들의 역할을 높이여 정상적인 높은 성과를 쟁취		2	청진제강소 초급당부 위원장 리종한
1950-05-17-018	당원들은 높은 생산성을 위하여 적극 투쟁한다		2	김선락
1950-05-17-019	중화군 인민들 채권발행 첫날에 1천 7백여만원의 채권을 구매		3	본사기자 리수근
1950-05-17-020	채권을 구매하는 부라면벌 농민들의 환희 비등!	평북 룡천군에서	3	조선중앙통신
1950-05-17-021	부강조국건설 위하여	사동련탄공장 종업원들	3	
1950-05-17-022	인민의 행복을 위하여 평양시 신리 리민들의 열성	리광복씨는 50만원 구매	3	
1950-05-17-023	작업을 기계화하여 운탄능률을 제고	고원탄광 로동자들	3	통신원 리정환
1950-05-17-024	기쁨과 자랑 속에 채권을 구매하는 평양 기구제작소 로동자들		3	
1950-05-17-025	평화옹호서명 활발!	평북도에서 52만여명 서명	3	
1950-05-17-026	동족상쟁에 광분하는 리승만도당을 타도하자	함남 영흥군 인민들	3	통신원 류현모

기사번호	제목(title)	부제목(stitle)	면수	필자, 출처
1950-05-17-027	조국의 통일독립을 하루속히 쟁취키 위해	신계종합농장 종업원들	3	통신원 렴상재
1950-05-17-028	이앙기전으로 통수를 보장코자 평남림원관개공사 일군들 궐기		3	본사기자 백운학
1950-05-17-029	쏘련의 저명한 과학자들 졸리오.큐리 옹 호성명서 발표		4	조선중앙통신
1950-05-17-030	쏘련최고쏘베트 제1차회의 래 6월 12일 소집		4	조선중앙통신
1950-05-17-031	중화전국총공회 등 졸리오.큐리에 메쎄지		4	조선중앙통신
1950-05-17-032	중국중앙인민정부 정무원 정무회의에서 쏘중무역협정을 비준		4	조선중앙통신
1950-05-17-033	미국정부에 보낸 쏘련정부의 각서	-일본전범자석방에 관하여-	4	조선중앙통신
1950-05-17-034	쏘련외무성에서 모쓰크바주재 영국대사관에 각서 전달	영국어선 쏘련령해침범에 관하여	4	조선중앙통신
1950-05-17-035	졸리오.큐리해임문제와 관련하여 불란서 공산당 대의원들 정부의 반동정책 규탄		4	조선중앙통신
1950-05-17-036	미국에서 장성하는 공황		4	박호민
1950-05-17-037	평화옹호사업 의연금모집운동 불란서에서 성과적으로 진행		4	조선중앙통신
1950-05-17-038	희랍왕당파의 도발행위에 대하여 알바니아 부외상 유엔에 항의		4	조선중앙통신
1950-05-17-039	애치슨은 왜 인도지나에 대한 '긴급원조'를 성명하였는가?		4	조선중앙통신
1950-05-17-040	알리는 말		4	
1950-05-18-001	비당원열성자들과의 사업을 강화하자		1	
1950-05-18-002	조선민주주의인민공화국 재정성보도		1	
1950-05-18-003	채권발행을 열렬히환영하여 일층 치렬한 증산투쟁을 전개	북반부 각 공장 광산 로동자들	1	본사기자 김기초
1950-05-18-004	5.30망국선거를 앞둔 리승만매국도당의 검거선풍	조선인민의 우수한 애국인인 김삼룡 리주하 량 선생을 체포	1	조선중앙통신
1950-05-18-005	각지 애국적 기업가 상인들 다액의 국가공채를 계속 구매	평양, 함북, 함남, 황해, 평남, 평북에서	1	조선중앙통신
1950-05-18-006	평남도민들 16일 오후 4시까지에 2억 7천여만원의 채권 구매		1	
1950-05-18-007	재령나무리벌 농민들 16일 정오 현재 1천 3백만원 구매	공채구입	1	조선중앙통신
1950-05-18-008	평양시 조능준씨 2백만원 채권 구매		1	
1950-05-18-009	697만 5천원의 채권 즉석에서 구입	함흥시 기업가 상인들	1	조선중앙통신
1950-05-18-010	원산시 기업가들 다액의 채권 구매	김태영씨 문석우씨 각각 백만원 구매	1	조선중앙통신
1950-05-18-011	안주군 옥군실농민 7만원의 채권 구매		1	
1950-05-18-012	제1회 학생과학연구꼰페렌찌야 개최	평양공업대학 학생들	1	본사기자 김춘희

기사번호	제목(title)	부제목(stitle)	면수	필자, 출처
1950-05-18-013	학교내 당단체의 협조로 국가졸업시험 준비 활발		2	평양 제2고급중학교 교원세포 부위원장 한태준
1950-05-18-014	당장성사업과 신입당원 교양훈련을 정상적으로	강원도 안변군 안변면 규은리 당부에서	2	통신원 송춘관
1950-05-18-015	하반년도 당학습강화 위해 학습지도의 경험을 교환	초산군에서	2	통신원 김광빈
1950-05-18-016	생산과 밀접히 결부시켜 선동사업을 전개하자!	양양광산에서	2	통신원 전승수
1950-05-18-017	인민경제발전채권은 국가와 인민의 복리를 위한 인민적공채이다		2	리택정
1950-05-18-018	평남관개공사 현장일군들 3백 70만원의 채권 구매		3	조선중앙통신
1950-05-18-019	산업의 급속한 발전을 위하여	원산철도공장 종업원들	3	주재기자 전윤필
1950-05-18-020	공채발매 두시간만에 2천 5백만원 소화	흥남지구 근로자들의 애국적열성	3	조선중앙통신
1950-05-18-021	평남도내 각지에서 평화옹호서명운동에 65만명 참가		3	조선중앙통신
1950-05-18-022	여유축적을 모두어 모두다 채권을 구매	청진방적공장 종업원들	3	
1950-05-18-023	조국에 바치는 지성으로 4백여만원의 채권 구매	평양시 경림리 리민들	3	
1950-05-18-024	민족문화의 급속한 발전을 위하여	평양시내 연극예술인들	3	본사기자 라원근
1950-05-18-025	영용무쌍한 남반부빨찌산들	리승만괴뢰군경을 도처에서 격파한 유능한 빨찌산지휘자 리현상동무	3	
1950-05-18-026	적기이앙을 위하여 륙모판관리에 열성	회양군 신포리 농민들	3	통신원 정명연
1950-05-18-027	맥류의 후작으로 대두파종을 준비	장산군 락도면 삼천리 농민들	3	통신원 김순한
1950-05-18-028	평화옹호서명운동 활발	중국, 파란, 체코슬로바키아, 화란, 루마니아, 불란서	4	조선중앙통신
1950-05-18-029	쏘련외상 위신쓰끼 트루그베 리를 초대		4	조선중앙통신
1950-05-18-030	파란통일로동당 중앙위원회 전원회의		4	조선중앙통신
1950-05-18-031	국제직련 각 산별부회의에서 유엔사무총장에 전보발송	-희랍애국자 박해중지 요구-	4	조선중앙통신, 국제직련 위원장 디.빗토리오, 국제직련 서기장 루이 싸이앙
1950-05-18-032	미국'총력외교'의 7개'신조'		4	『신시대』지
1950-05-18-033	슈망의 불독산업합동제안 뒤에는 무엇이 숨어있는가	-유리 쥬꼬브의 론평-	4	조선중앙통신
1950-05-18-034	미영불 3개국외상 독일에 관한 성명 발표		4	조선중앙통신
1950-05-18-035	불독산업합동계획은 영국산업에 대한 위협	『데일리 워커』지 론평-	4	조선중앙통신
1950-05-18-036	일본전범자석방에 대한 쏘련각서를 중국 각 신문지지		4	조선중앙통신
1950-05-18-037	맥아더사령부 또 6명의 전범자를 석방		4	조선중앙통신
1950-05-18-038	서독실업자 3백만을 초과		4	조선중앙통신
1950-05-18-039	알리는 말		4	로동신문사
1950-05-19-001	하기어로계획의 성과적실행을 위하여		1	
1950-05-19-002	조선민주주의인민공화국 박일우내무상 중앙신문 기자단에게 담화 발표		1	
1950-05-19-003	8.15해방 5주년기념 진행준비위원회에서		1	조선중앙통신
1950-05-19-004	새 다이야의 수송을 튼튼히 보장하고자	북반부 각 검차구 로동자들	1	
1950-05-19-005	고열탄굴을 개시	아오지탄광에서	1	조선중앙통신
1950-05-19-006	림산부문에 부과된 제반과업들을 토의	내각림산국산하 지도일군 및 직맹열성자련석회의에서	1	
1950-05-19-007	신의주시 청송리 량리섭씨 채권 2백만원 구매		1	
1950-05-19-008	평양시 김광석씨 100만원 구매		1	
1950-05-19-009	평양시 서구역 강윤식씨 채권 150만원 구매		1	
1950-05-19-010	흥남 박춘삼씨 백만원 구매		1	
1950-05-19-011	평양시 최규봉씨 채권 150만원 구매		1	
1950-05-19-012	남포시 각계각층 인사들 열성적으로 공채응모에 참가		1	조선중앙통신
1950-05-19-013	당원들의 핵심적역할로써 선철생산의 최고기록 수립		2	황철고로 갑분세포 위원장 김자영
1950-05-19-014	당단체의 조직적지도로 적기이앙준비에 만전		2	금화군 근북면당부 위원장 김경렬
1950-05-19-015	5.30망국'선거'도 멸망에 직면한 리승만도당의 잔명을 구원할수 없다		2	김원봉
1950-05-19-016	례년의 경험 살려 랭상모이앙 협조	재령군 나무리벌 북지리에서	2	통신원 정필
1950-05-19-017	자기의 자각성을 제고시키는 일은 공산당원의 첫 의무이다		2	브.보리쏘브
1950-05-19-018	토지개혁의 성과를 공고화하기 위해 우리는 채권을 산다	안변군 안변면 탑리 농민들	3	

기사번호	제목(title)	부제목(stitle)	면수	필자, 출처
1950-05-19-019	관개시설을 확장하여 높은 수확을 내기 위해	회양군 오동리 농민들	3	통신원 정명연
1950-05-19-020	인민의 복리향상 위해	청수화학공장 로동자들	3	주재기자 최영환
1950-05-19-021	민족경제의 발전과 상업의 진흥을 위하여	신의주인민시장 상인들	3	
1950-05-19-022	성진제강소 종업원들 6백 20여만원 구매		3	
1950-05-19-023	채권을 구매하고 기뻐하는 평양 제1인민시장 상인들		3	
1950-05-19-024	채권을 구매하는 평양시민들	-채권 평양중앙백화점 매급소에서-	3	
1950-05-19-025	작업 중간검토를 엄격히 하여 기관차수리를 질적으로 보장	평양철도공장 로동자들	3	본사기자 리성섭
1950-05-19-026	6.24까지 년간계획 완수코자 치렬한 증산경쟁운동을 전개	후창광산 로동자들	3	주재기자 리문상
1950-05-19-027	고도의 창발성으로 생산능률 일층 제고	사리원방직공장 로동자들	3	통신원 유창식
1950-05-19-028	랭상모판관리와 이앙준비에 만전	홍원군 풍운리 농맹에서	3	홍원군 룡원면 풍운리 농맹위원장 고석곤
1950-05-19-029	용수확보와 건직파실시로 한해방지에 만전의 대책	황주군 주남면 률목리 농민들	3	통신원 리동욱
1950-05-19-030	벼의 다수확 위해 적기이앙에 분투	신흥군 농민들	3	통신원 위정산
1950-05-19-031	쏘련정부에서 독일의 배상지불삭감을 결정		4	
1950-05-19-032	대쏘 배상액감소를 독일사회통일당 정치국에서 정부에 제의		4	조선중앙통신
1950-05-19-033	이란정부에 보낸 쏘련정부의 각서	쏘련국경 탐사사건에 대하여	4	조선중앙통신
1950-05-19-034	맥아더의 일본전범자석방에 대하여 중국 주은래외교부장 성명		4	조선중앙통신
1950-05-19-035	데니스의 투옥은 전쟁도발책동이다	미국공산당 지도자들 성명서 발표	4	조선중앙통신
1950-05-19-036	대일강화조약을 누가 방해하고있는가?		4	황철영
1950-05-19-037	유엔구라파경제위원회 집행부 서기장 모쓰크바에서 기자단과 회견		4	조선중앙통신
1950-05-19-038	서독당국 다수의 농민을 해외에 강제이주 기도		4	조선중앙통신
1950-05-19-039	불란서직맹단체들 슈망의 계획을 반대		4	조선중앙통신
1950-05-19-040	알리는 말		4	로동신문사
1950-05-19-041	1950년 김일성종합대학 학생모집요항		4	김일성종합대학
1950-05-20-001	제철로동자들은 질좋은 선철을 더 많이 생산하자		1	

기사번호	제목(title)	부제목(stitle)	면수	필자, 출처
1950-05-20-002	독일민주주의공화국 대통령 빌헬름 피크각하	독일민주주의공화국 해방 5주년에 제하여	1	
1950-05-20-003	조선최고인민회의 상임위원회 위원장 김두봉각하	독일민주주의공화국 해방 5주년에서 제하여	1	
1950-05-20-004	신설된 선광장에서 5월 16일부터 정광작업개시	단천광산 로동자들	1	주재기자 최경찬
1950-05-20-005	랭상모이앙 활발	신계군, 박천군에서	1	
1950-05-20-006	춘잠사육준비 성과있게 진행	함북도내 전체 양잠가들	1	주재기자 김소민
1950-05-20-007	과학연구꼰페렌찌야 개최	국립음악학교에서	1	본사기자 라원근
1950-05-20-008	각 농기계임경소 기경계획을 완수		1	본사기자 리영주
1950-05-20-009	황해도 전체 인민들 3억 4천여만원 구매	채권구매	1	
1950-05-20-010	흥남비료공장 로동자들 1천 17만 3천여원 구매	채권구매	1	조선중앙통신
1950-05-20-011	평양시 동구역 김원석씨 채권 150만원 구매		1	
1950-05-20-012	사리원 정일선씨 1백만원채권구매		1	
1950-05-20-013	평양시 동구역 최명섭씨 120만원의 채권을구매		1	
1950-05-20-014	주을온 기업가 상인들도 공채구매에 열성껏 참가		1	
1950-05-20-015	리승만괴뢰군 이북지역에 대한 도발적 기도 계속		1	조선중앙통신
1950-05-20-016	남반부인민들은 조선의 우수한 애국자들을 박해하는 리승만역도들을 타도분쇄하기 위한 투쟁을 더욱 치렬히 전개하자		2	민주독립당 홍명희
1950-05-20-017	정치학독본의 학습을 효과있게 진행키 위해		2	평양고무공장 세포위원장 리명엽
1950-05-20-018	분세포를 조직적으로 발동시켜 채광조건과 기계의 용도조절 개선		2	업억광산 초급당부 위원장 최형남
1950-05-20-019	교원들의 책임성을 높여 학생들의 실력 일층 제고	이천녀자중학교에서	2	통신원 엄영길
1950-05-20-020	하기위생예방대책을 제때에 실시하자		2	보건성 부상 로진한
1950-05-20-021	작업의호상련계 긴밀히하여 기록적생산성과를 계속 쟁취	황해제철소 제선직장 로동자들	3	황해제철소 제선부장 한기창

기사번호	제목(title)	부제목(stitle)	면수	필자, 출처
1950-05-20-022	순회점검을 철저히 하여 무사고송전을 계속 보장	수풍발전부 로동자들	3	통신원 라의성
1950-05-20-023	기관차반복수리 퇴치코 수송능률을 계속 제고	고원기관구 로동자들	3	고원기관구 공작조립조역 백일부
1950-05-20-024	평화옹호서명운동에 함남도에서 67만 8천여명 참가		3	조선중앙통신
1950-05-20-025	850톤절갑선조립에 분투하는 남포조선소 로동자들		3	
1950-05-20-026	면화파종 완료하고 중경제초사업 활발	황주군 황주면 례동리 농민들	3	황주군 황주면 례동리 인민위원장 홍영도
1950-05-20-027	높은 수확 거두고자 물모이앙에 궐기!	평북 의주군 농민들	3	주재기자 최영환
1950-05-20-028	시민들의 환영리에 쏘련예술전람회 성황	조쏘문화협회 중앙위원회 상설전람회 장에서	3	본사기자 김춘희
1950-05-20-029	생산관리운영에 있어 나의 몇가지 경험		3	본궁화학공장 지배인 리천호
1950-05-20-030	불란서정부의 각서에 대한 쏘련정부의 답서	쏘련공민들의 송환에 관하여	4	조선중앙통신
1950-05-20-031	맥아더사령부 계속 일본전범자를 석방		4	조선중앙통신
1950-05-20-032	일본군수공업활동을 맥아더사령부 계속 조장		4	조선중앙통신
1950-05-20-033	애치슨 영국에서 물러가라	-영국청년들 항의대회 개최-	4	조선중앙통신
1950-05-20-034	세계민청련맹 집행위원회 베를린에서 회의소집예정		4	조선중앙통신
1950-05-20-035	쏘련주차 중국대사 유엔사무총장과 회담		4	조선중앙통신
1950-05-20-036	평화옹호서명운동을 서부베를린경찰 탄압		4	조선중앙통신
1950-05-20-037	그린랜드의 미군철퇴를 덴마크 급진당 요구		4	조선중앙통신
1950-05-20-038	유고슬라비아 탄유그통신사 쁘라그지국 직원 찌또도당과의 관계단절 선언		4	조선중앙통신
1950-05-20-039	인도경찰의 폭행		4	조선중앙통신
1950-05-20-040	이태리농민운동 지도자들에게 금고형 언도		4	조선중앙통신
1950-05-20-041	알리는 말		4	로동신문사
1950-05-20-042	미국정책의 침략성을 맥아더는 자체폭로한다	『뜨루드』지 론평	4	조선중앙통신
1950-05-20-043	국제정세개관	침략에 봉사하는 '총력선전', 대서양동맹의 강령	4	『쁘라우다』지

기사번호	제목(title)	부제목(stitle)	면수	필자, 출처
1950-05-21-001	공화국남반부의 전체로동당원들과 전체인민들에게 보내는 로동당 중앙위원회의 호소문		1	
1950-05-21-002	즉석에서 174만여원 구매 청진제철소 로동자들	채권구매	1	
1950-05-21-003	문천군내 로동자 농민들 채권구매에 열렬히 참가		1	통신원 리달우
1950-05-21-004	채권구매에 열성을 다하는 봉산군 서종면 농민들		1	통신원 양행모
1950-05-21-005	영흥군 인민들 2천 4백여만원 구매	채권구매	1	주재기자 최경찬
1950-05-21-006	남조선 제2차망국선거를 철저히 파탄시키라!	인민공화당 중앙위원회, 근로인민당 중앙위원회의 호소문	2	
1950-05-21-007	직장선동원들에 대한 당적지도를 일상적으로		2	동평양기계제작소 초급당부 위원장 박선린
1950-05-21-008	애국자들에게 무도한 박해를 가하는 리승만역도들을 철저히 소탕하자!	김삼룡 리주하 량 선생 검거에 항의하여 작가 리기영씨 방송	2	조선중앙통신
1950-05-21-009	미제의 일본전범자석방은 새 전쟁도발의 흉책이다		2	한석호
1950-05-21-010	기술수준을 제고하여 년말까지 2개년계획 57% 초과생산에	회령제지공장에서	3	회령제지공장 계획과장 양수학
1950-05-21-011	전출한 화전민로동자들에게 기술전습사업을 일층 강화	재령광산에서	3	재령광산 기본건설부장 최정현
1950-05-21-012	평화옹호서명운동 계속 확대	자강도에서 22만여명 참가	3	조선중앙통신
1950-05-21-013	8.15해방 5주년 기념하여 로동청년들의 증산투쟁 치렬	함북도내 민청원들	3	주재기자 김소민
1950-05-21-014	중경제초작업 활발	소맥, 감자	3	통신원 전승수
1950-05-21-015	만고의 역적 리승만도당을 반대하여 의거입북한 '국방군'을 열렬히 환영	'국방군'의거병환영 해주시민대회에서	3	본사기자 현준극
1950-05-21-016	2백여두의 우량종돈을 농촌에 보급하기 위하여	자강도 초산종축장에서	3	통신원 김광빈
1950-05-21-017	창발성을 발휘하여 운재로력을 절약	염흥림산작업소 일군들	3	영흥림산작업소 소장 온종순
1950-05-21-018	작잠견증산을 위해 병충해구제에 열성	의주군 소수리 농민들	3	주재기자 최영환
1950-05-21-019	배상액삭감에 대한 쏘련정부의 결정에 대하여 독일각계에서 감사와 환희 폭발	쏘련공산당(볼쉐위끼) 중앙위원회에 독일사회통일당정치국에서 메쎄지	4	조선중앙통신

기사번호	제목(title)	부제목(stitle)	면수	필자, 출처
1950-05-21-020	독일림시인민의원에서 사의를 표명	배상액삭감에 대한 쏘련정부의 결정에 대하여	4	조선중앙통신
1950-05-21-021	쏘련공산당(볼쉐위끼) 중앙위원회	독일사회통일당 정치국	4	
1950-05-21-022	평화옹호서명운동 활발	불란서, 파란, 루마니아, 이태리	4	조선중앙통신
1950-05-21-023	체코슬로바키아의 대외무역 급속히 발전		4	조선중앙통신
1950-05-21-024	유엔사무총장 트루그베 리 모쓰크바에서 기자단과 회견		4	조선중앙통신
1950-05-21-025	세계우편련합 집행위원회에서 중화인민공화국대표를 정식 중국대표로 승인		4	조선중앙통신
1950-05-21-026	미제국주의자들은 토이기의 경제를 파탄시키고있다		4	황민식
1950-05-21-027	알리는 말		4	로동신문사
1950-05-21-028	연구생모집요항		4	김일성종합대학
1950-05-22-001	리승만도당의 기만적선거반대투쟁을 일층 맹렬히 전개하자		1	
1950-05-22-002	남조선 제2차망국선거를 철저히 파탄시키라!	민주독립당 중앙위원회, 남조선천도교청우당 중앙위원회의 호소문	1	
1950-05-22-003	민족고전예술연구위원회 발족		1	조선중앙통신
1950-05-22-004	무한한 기쁨으로 채권구매에 열중하는 신천군 농민들		1	
1950-05-22-005	채권 100만원을 구매	평양시 중구역 안창현씨	1	
1950-05-22-006	4억 2천여만원 채권 구매	20일 4시까지 평남도 인민들	1	
1950-05-22-007	채권 100만원을 구매	원산시 기업가 문석우씨	1	
1950-05-22-008	다액의 채권을 구매한 각지의 기업가 상인들		1	
1950-05-22-009	박천군직물합작사원들 17만 1천여원 구매		1	
1950-05-22-010	오대산유격대의 춘천시내 돌입전상황	변전소와 괴뢰군창고 등 습격 적의 보송로를 파괴절단	1	조선중앙통신
1950-05-22-011	살인귀 리승만도당을 타도하는 투쟁에 남조선녀성들은 총궐기하라!	김삼룡 리주하 량선생 검거에 항의하여 남조선민주녀성동맹 위원장 류영준씨 방송	2	조선중앙통신
1950-05-22-012	의무교육준비사업 협조정형 및 농촌세포사업 강화대책 토의	평남도당 상무위원회에서	2	
1950-05-22-013	한해의 미연방지 위해 퇴수와 지하수 확보		2	재령군 와평리 세포위원장 민병량
1950-05-22-014	우리의 모든 력량을 총집결하여 조국의 평화적통일을 실현하자		2	홍남표
1950-05-22-015	생산협의회를 강화케 하여 로동자들의 창발력을 조장	허천강발전부 초급당단체에서	2	주재기자 최경찬
1950-05-22-016	채탄방식개선과 작업의 기계화로 생산능률을 143.2%로 제고	룡등탄광 로동자들	3	주재기자 최영환
1950-05-22-017	8.15해방 5주년기념 증산투쟁을 치렬히 전개하고있는 사리원방직공장 로동자들		3	
1950-05-22-018	창발적로력으로 원가를 33% 저하	마동세멘트공장에서	3	마동세멘트공장 지배인 김준일
1950-05-22-019	작업비판을 강화하여 불합격품생산을 퇴치	유선내화물공장 로동자들	3	통신원 심철
1950-05-22-020	단체계약체결 진행 로동생산성 일층 제고하며 원가를 저하시킬것을 계약	평양화학공장 종업원들	3	본사기자 리보국
1950-05-22-021	의무교육준비	자강도에서 우수한 인민교원 다량 양성	3	주재기자 리문상
1950-05-22-022	건실한 누에를 육성키 위해 선진양잠기술을 널리 보급	신흥군 서고천면 도상리 농맹에서	3	신흥군 도상리 농맹위원장 리승신
1950-05-22-023	한해를 극복키 위하여 수도건직파를 광범히	재령군 부덕리 농민들	3	통신원 정필
1950-05-22-024	최근 의거입북하여 조선인민군 전사들로부터 환영의 꽃다발을 받은 '국방군'병사들		3	
1950-05-22-025	수도 이앙전으로 용수를 보장코자	황해도내 관개공사 일군들	3	주재기자 박덕순
1950-05-22-026	독일의 배상지불액삭감에 관한 쏘련정부결정에 대한 각국의 반향	불가리아, 무마니아, 웽그리아, 알바니아	4	조선중앙통신
1950-05-22-027	'후진국가원조'계획은 트루맨의 팽창계획이다	『크라스나야 스베즈다』지 론평	4	조선중앙통신
1950-05-22-028	정치범석방을 요구하여 토이기인민들 시위 단행		4	조선중앙통신
1950-05-22-029	미영불 3상회의의 독일에 대한 음모를 철저히 분쇄하라!	독일사회통일당 정치국 성명	4	조선중앙통신
1950-05-22-030	쏘련으로부터의 포로병송환에 관한 미영의 비방은 실패되었다	『뜨루드』지 론평	4	조선중앙통신
1950-05-22-031	트란스요르단에 영국비행장 건설		4	조선중앙통신
1950-05-22-032	동남아세아에 대한 미국의 침략행위 더욱 로골		4	조선중앙통신
1950-05-22-033	맥아더의 특별명령으로 일본검사총국에 '제4과' 부활		4	조선중앙통신
1950-05-22-034	쏘련작가의 입국을 스위스정부당국 방해		4	조선중앙통신
1950-05-22-035	유고슬라비아의 산업을 미영독점자본가들 장악		4	조선중앙통신
1950-05-22-036	미국간첩들 타이에서 활동		4	조선중앙통신
1950-05-22-037	알리는 말		4	로동신문사

기사번호	제목(title)	부제목(stitle)	면수	필자, 출처
1950-05-22-038	『근로자』 제9호 내용		4	로동신문사
1950-05-23-001	조국에 대한 우리 인민들의 충성심과 애국심의 표현		1	
1950-05-23-002	공화국내각 수상 김일성장군에게 드리는 감사문	공화국남반부 연백농민대회	1	
1950-05-23-003	조선민주주의인민공화국 재정성 보도		1	
1950-05-23-004	전쟁도발자들을 반대하는 전체 인민의 단결된 결의의 표시	평화옹호서명운동에 5백 3만 3천명이상 참가	1	조선중앙통신
1950-05-23-005	독일배상지불액 삭감에 관한 쏘련정부의 결정에 대한 각계의 반향	쓰딸린적대외정책의 명백한 표시이다	1	북조선직업총동맹 위원장 최경덕
1950-05-23-006	구암 례의 량 저수지의 급수에 감격한 이남연백군 농민들 대거입북하여 감사대회 개최		1	조선중앙통신
1950-05-23-007	열렬한 애국자들을 체포구금한 리승만매국역도들을 소탕하자! 성명서	조선애국투사후원회 중앙위원회에서	1	
1950-05-23-008	열렬한 애국자들을 체포구금한 리승만매국역도들을 소탕하자! 성명서	북조선민주청년동맹 중앙위원회에서	2	
1950-05-23-009	리승만매국역적들의 망국적선거를 반대하여 일층 맹렬히 투쟁하라!	전국로동조합평의회 중앙위원회의 호소문	2	
1950-05-23-010	천인공노의 죄를 짓는 리승만역도들에게 저주가 있으라!	김삼룡 리주하 량 선생 검거에 항의하여 남조선기독교민주동맹 위원장 김창준씨 방송	2	조선중앙통신
1950-05-23-011	전국농민총련맹 중앙위원회의 호소문		2	
1950-05-23-012	남조선 제2차 망국선거는 조국의 분할을 영구화하려는 리승만역도들의 매국적흉책이다		2	리문일
1950-05-23-013	창발적로력과 엄격한 절약으로 원가를 계획보다 10.8% 저하	안주탄광 로동자들	3	통신원 김병호
1950-05-23-014	무축농가를 퇴치하고 우량종돈을 적극 보급	북청군 초리농맹에서	3	북청군 신북청면 초리농맹위원장 문구렬
1950-05-23-015	승리의 기발쟁취운동 강화 객화차의 질적수리를 보장	신의주검차구 로동자들	3	주재기자 최영환
1950-05-23-016	물자절약과 기계사고방지로 생산활동의 정상화를 보장	운포광산 로동자들	3	운포광산 광업부장 김운환
1950-05-23-017	적기이앙을 위하여 륙모판관리를 철저히	안변군 곽하리 농민들	3	통신원 송춘관
1950-05-23-018	졸업론문작성에 열중	평양공대 졸업반학생들	3	
1950-05-23-019	각지 농민들의 증산투쟁	평남도, 자강도에서	3	
1950-05-23-020	국제아동절을 앞두고 혁명자유가족학원을 방문	평남도내 녀맹원들	3	본사기자 박종하
1950-05-23-021	선진부리가다의 작업방식을 대담히 섭취하여 출강시간을 단축시킨 나의 몇가지 경험		3	황철 제1호평로부리가다책임자 오구택
1950-05-23-022	괴뢰정부 '부통령'이 고백하는 숨길수 없는 남조선의 참상		3	
1950-05-23-023	독일의 배상지불액삭감에 관한 쏘련정부결정에 대한 반향	독일, 체코슬로바키아	4	조선중앙통신
1950-05-23-024	인민들은 평화를 위하여 투쟁한다	『이즈베스치야』지 론설-	4	조선중앙통신
1950-05-23-025	체코슬로바키아인민회의 평화옹호결정서를 승인	독일민주주의공화국 림시주련합의원에서	4	조선중앙통신
1950-05-23-026	독일의 배상지불액삭감은 쏘련의 평화적대외정책의 또하나의 표현		4	김일우
1950-05-23-027	우르과이공산당 제15차대회 개최		4	조선중앙통신
1950-05-23-028	미국독점자본가들의 리익 위해 이태리정부 기계공업청산 기도		4	조선중앙통신
1950-05-23-029	서부독일에 실업청년 격증		4	조선중앙통신
1950-05-23-030	희랍의 반동적직맹 '대회'준비 미국의 지도밑에서 진행		4	조선중앙통신
1950-05-23-031	토이기의 진보적시인 나짐.히크메트 위독		4	조선중앙통신
1950-05-23-032	불란서외인부대에 다수 독일인 증모		4	조선중앙통신
1950-05-23-033	알리는 말		4	로동신문사
1950-05-23-034	1950년 김일성종합대학 학생모집요항		4	김일성종합대학
1950-05-24-001	쓰딸린적대외정책의 광채는 더욱더 빛난다		1	
1950-05-24-002	도살자 리승만매국도당을 타도하자! 성명서	북조선천도교청우당 중앙위원회, 근로인민당 중앙위원회	1	
1950-05-24-003	광범한 사회층을 망라한 평화옹호 각급위원회 강력한 사업활동 전개		1	조선중앙통신
1950-05-24-004	전반적 평화와 안전에 대한 거대한 공헌이다	독일배상지불액 삭감에 관한 쏘련정부의 결정과 관련하여	1	평화옹호전국민족위원회 위원장 한설야
1950-05-24-005	서부독일략탈자들의 정체는 더 명백히 폭로된다	독일배상지불액 삭감에 관한 쏘련정부의 결정과 관련하여	1	남조선기독교민주동맹 위원장 김창준
1950-05-24-006	4월분계획을 모범적으로 실행한 교통성 산하 직장들에 우승기수여를 결정		1	
1950-05-24-007	북반부에서 처음 레루압연에 성공	황해제철소 조강직장 로동자들	1	
1950-05-24-008	자강도 각지에서 8.15기념준비		1	조선중앙통신

기사번호	제목(title)	부제목(stitle)	면수	필자, 출처
1950-05-24-009	조선민주주의인민공화국 인민경제발전채권응모사업에 있어서 예매를 중지함에 대하여 최창익재정상 방송		2	조선중앙통신
1950-05-24-010	흉악한 파시스트 리승만도당을 철저히 소탕하자!	김삼룡 리주하 량 선생 체포에 항의하여 인민공화당 중앙위원회 위원장 김원봉씨 방송	2	조선중앙통신
1950-05-24-011	당핵심-열성자들의역할 높여 기관차수리를 질적으로 보장	청진철도공장에서	2	주재기자 김소민
1950-05-24-012	농맹단체를 추동하여 무축농가를 유축농가로	평산군 평산면 즉리리 세포에서	2	통신원 임문혁
1950-05-24-013	리승만역도들은 제2차 망국선거를 통하여 반동친일정권을 강화하려고 시도하고 있다		2	류영준
1950-05-24-014	원산철도공장의 생산경험 섭취코 증산경쟁운동을 더욱 활발히 전개	원산철도공장의 호소에 호응한 청진철도공장 로동자들	3	주재기자 김소민
1950-05-24-015	조선인민군 제4차 예술경연대회 및 제2차 미술경쟁대회 총결		3	
1950-05-24-016	기본굴진작업을 추진시켜 채탄능률을 104%로	신유선탄광 로동자들	3	통신원 심철
1950-05-24-017	중경제초작업 활발	린제군 농민들	3	통신원 천영호
1950-05-24-018	중경제초작업 활발	신천군 농민들	3	통신원 리종헌
1950-05-24-019	영용무쌍한 남반부빨찌산들 인민들의 열렬한 사랑속에 태백산유격대를 발전강화	우수한 빨찌산 지휘자 리호제동무	3	
1950-05-24-020	쏘련의 과학 문학예술의 성과를 인민대중속에 널리 보급침투	조쏘문협문화공작대	3	본사기자 김춘희
1950-05-24-021	제2차 망국'선거'를 앞둔 매국역도들의 검거선풍은 날로 혹심해가고 있다		3	박민
1950-05-24-022	믿을수 없는 '원조'		3	
1950-05-24-023	쏘련정부와 독일민주주의공화국 림시정부간에 의정서 조인	독일에 있는 쏘련소유 기업소들을 독일인민의 소유로 이관	4	조선중앙통신
1950-05-24-024	민주주의독일민족전선에서 선거에서 공동립후보자명부를 제출할데 관한 결정서 발표		4	조선중앙통신
1950-05-24-025	이태리정부의 철 및 강철산업 축소정책을 반대	이태리 철 및 강철로동자련맹회의에서	4	조선중앙통신
1950-05-24-026	이태리항공기공장 로동자들 파업		4	조선중앙통신
1950-05-24-027	이태리녀성동맹 집행위원회 회의 녀성들의 평화옹호투쟁을 호소		4	조선중앙통신
1950-05-24-028	유엔아세아 및 극동경제위원회 회의에서 쏘련대표 퇴장		4	조선중앙통신
1950-05-24-029	세계보건기구에서 웽그리아 탈퇴		4	조선중앙통신

기사번호	제목(title)	부제목(stitle)	면수	필자, 출처
1950-05-24-030	미군국주의자들 전쟁열조성에 광분	-『쁘라우다』지 론평-	4	조선중앙통신
1950-05-24-031	일본동경 전철로동자들 파업		4	조선중앙통신
1950-05-24-032	국제직련집행위원회 회의 부다페스트에서 개막		4	조선중앙통신
1950-05-24-033	원자무기비법화에 대한 결의문 등 채택	영국전기직맹 년차회의	4	조선중앙통신
1950-05-24-034	항복의 제도(상)		4	
1950-05-24-035	중국 서사군도 침입을 비률빈모험가들 시도		4	조선중앙통신
1950-05-24-036	바오다이'정부'에 대한 미국대사에 간첩파괴자 히스를 임명		4	조선중앙통신
1950-05-24-037	공산당탄압을 인도정부 더욱 획책		4	조선중앙통신
1950-05-24-038	알리는 말		4	로동신문사
1950-05-24-039	평양사범대학	신입생모집요강	4	평양사범대학
1950-05-25-001	로동당중앙위원회 성명서	김삼룡동지와 리주하동지에 대한 리승만괴뢰정부의 체포 및 야수적고문과 박해에 관하여	1	
1950-05-25-002	공화국남반부의 전체 애국적 정당 사회단체들과 전체 당원들과 맹원들과 전체 인민들에게 보내는 조국통일민주주의전선 중앙위원회 호소문		1	
1950-05-25-003	평화와 민주를 위한 쏘련대외정책의 일관된 표시	독일배상지불액 삭감에 관한 쏘련정부의 결정과 관련하여	1	북조선민주당 부위원장 정성언
1950-05-25-004	서부독일 략탈자들에게 주는 거대한 타격	독일배상지불액 삭감에 관한 쏘련정부의 결정과 관련하여	1	북조선민주청년동맹 위원장 현정민
1950-05-25-005	평화옹호진영의 승리를 촉진하는 위력으로 된다	독일배상지불액 삭감에 관한 쏘련정부의 결정과 관련하여	1	남조선민주녀성동맹 위원장 류영준
1950-05-25-006	웽그리아인민공화국주재 조선민주주의인민공화국 특명전권공사 권오직씨부임		1	조선중앙통신
1950-05-25-007	5.30망국단선을 완전히 파탄시키라!	남조선민주녀성동맹 중앙위원회, 남조선민주애국청년동맹 중앙위원회의 호소문	2	
1950-05-25-008	녀성로동자들의 장성에 심중한 당적주의를 경주		2	평양염초공장당부 부위원장 서정찬
1950-05-25-009	당분조의 역할 높여 증산경쟁을 활발히		2	창도광산 사동갱 채광분세포위원장 최두환

기사번호	제목(title)	부제목(stitle)	면수	필자, 출처
1950-05-25-010	제2차 망국선거는 남반부인민들의 생활을 더욱 비참한 상태에 몰아넣으려는 역도들의 흉책이다		2	홍봉수
1950-05-25-011	전력증산을 보장기 위하여 수로보강사업을 활발히 추진	부령발전부 로동자들	3	통신원 신운권
1950-05-25-012	공장시설확장에 분투하는 평양특수고무공장 종업원들		3	
1950-05-25-013	채광능률을 2배로 높이고 선광품위제고에 일층 노력	양양광산 로동자들	3	통신원 전승수
1950-05-25-014	각급학교에서 국가시험준비 활발		3	본사기자 김춘희
1950-05-25-015	군무자의 안해된 영예로	락원기계제작소 선반공 김봉숙 동무	3	
1950-05-25-016	단체계약체결사업 진행 단체계약서에 로동자들의 창발적의견을 광범히 반영	평양전구공장에서	3	본사기자 김기초
1950-05-25-017	우수한 작업경험 보급하여 생산속도를 부단히 제고	아오지탄광 로천갱 로동자들	3	통신원 김상호
1950-05-25-018	농맹지도원들을 파견하여 적기이앙사업을 적극 협조	함주군 주지면 농맹에서	3	함남 함주군 주지면 농맹위원장 류경덕
1950-05-25-019	과학연구발표회 개최	함북 청진시에서	3	주재기자 김소민
1950-05-25-020	평양방직공장에서 로동자아빠트 건설		3	조선중앙통신
1950-05-25-021	금강산 묘향산 등 명승지에 어린이야영막사 신설		3	조선중앙통신
1950-05-25-022	초등의무교육준비사업 성과있게 진행	황해도에서	3	주재기자 박덕순
1950-05-25-023	현대적문화시설 구비한 해방공원을 건설	대동강변 현지에서 정초식 거행	3	본사기자 김지창
1950-05-25-024	파멸에 직면한 매국진영내에 휩싸든 파면선풍		3	조선중앙통신
1950-05-25-025	평화옹호운동 활발!	파란, 체코슬로바키아, 영국, 독일	4	조선중앙통신
1950-05-25-026	레바논수도의 대학생들 평화옹호성명서 발표		4	조선중앙통신
1950-05-25-027	독일에 있는 쏘련소유 기업소의 이관을 전체 독일인들 열렬히 환영		4	조선중앙통신
1950-05-25-028	영국공산청년동맹대회 평화투쟁강화를 결의		4	조선중앙통신
1950-05-25-029	뉴욕메소지스트교회대표회의 원자무기금지요구 결정서 채택		4	조선중앙통신

기사번호	제목(title)	부제목(stitle)	면수	필자, 출처
1950-05-25-030	국제직련집행위원회회의	평화옹호투쟁에 있어서의 국제직련의 제 과업에 관하여 5월 20일회의에서 서기장 루이 싸이앙 보고	4	조선중앙통신
1950-05-25-031	맥아더사령부 또 5명의 전범자를 석방		4	조선중앙통신
1950-05-25-032	항복의 제도(하)		4	
1950-05-25-033	북대서양동맹 외상리사회는 미제의 새로운 침략계획이다		4	조선중앙통신
1950-05-25-034	알리는 말		4	로동신문사
1950-05-26-001	공고한 평화와 조국의 평화적통일을 위하여		1	
1950-05-26-002	조국통일민주주의전선 중앙위원회 성명서	공화국남반부의 애국적지도자들과 애국적인사들에 대한 리승만매국도당들의 야수적 학살과 박해에 관하여	1	
1950-05-26-003	북조선농민동맹 중앙위원회 성명서		1	
1950-05-26-004	평화옹호전국민족위원회 성명서		1	
1950-05-26-005	독일배상지불액삭감에 관한 쏘련정부의 결정에 대한 각계의 반향	평화애호적독일을 위한 의의깊은 방조	1	근로인민당 위원장 리영
1950-05-26-006	전체 인민의 증오와 분격속에 망국'선거'는 부서지고있다 남반부인민유격대의 '선거' 파탄투쟁 치렬	이남 강원도지구, 충남북지구, 경남북지구, 전북지구에서	1	조선중앙통신
1950-05-26-007	남조선괴뢰군과 경찰대들의 38이북지역에대한 비법행위 계속		1	조선중앙통신
1950-05-26-008	북조선직업총동맹 중앙위원회의 호소문	망국단선 파탄	2	
1950-05-26-009	북조선 농민동맹 중앙위원회의 호소문	망국단선 파탄	2	
1950-05-26-010	도살자 리승만도당은 피의 대가를 갚아야 한다!	김삼룡 리주하 량 선생 체포에 항의하여 조선건민회 위원장 리극로씨 방송	2	조선중앙통신
1950-05-26-011	남조선문화단체총련맹 중앙위원회의 호소문	망국단선 파탄	2	
1950-05-26-012	파쑈화하는 미제의 교육실정은 어떤것인가?		2	리사민
1950-05-26-013	1천여정보를 수리안전답으로 단천관개공사 준공!	단천벌에 농민들의 환희 충천	3	
1950-05-26-014	애국적열성을 발휘하여 공사를 기한전에 완수	단천관개공사에서	3	주재기자 신기관
1950-05-26-015	로력조직을 개편하고 채광계획을 초과 실행	운산광산 로동자들	3	주재기자 최영환
1950-05-26-016	8.15해방 5주년을 기념하여 증산에 궐기한 평양 제2양말공장 로동자들		3	

기사번호	제목(title)	부제목(stitle)	면수	필자, 출처
1950-05-26-017	4월분 생산계획을 모범적으로 수행한 산업성산하 기업소들	성흥광산, 수풍발전부, 평양화학공장, 화풍광산, 학포탄광, 후창광산에서	3	본사기자 김기초
1950-05-26-018	용수를 절약하며 적기이앙에 궐기	재령군 내종리 농민들	3	통신원 정필
1950-05-26-019	단체계약체결사업 진행 생산능률을 157%로 제고시킬것을 맹세	평양기구제작소 종업원들	3	본사기자 리성섭
1950-05-26-020	정평군 농민들의 모내기 일층 활발		3	통신원 김상원
1950-05-26-021	농촌문화구락부 화려하게 건설	안변군 신기리 농민들	3	
1950-05-26-022	평북 신의주시에 해방공원 건설		3	조선중앙통신
1950-05-26-023	리승만도당은 '선거자유분위기'를 떠들므로써 자기의 피묻은 손을 감추려 한다		3	박렬
1950-05-26-024	쓰딸린대원수에게 옷토 그로테볼 메쎄지 전달		4	조선중앙통신
1950-05-26-025	쏘련소유 재산의 이관에 대하여 독일인민들의 환희 비등		4	조선중앙통신
1950-05-26-026	졸리오.큐리에 대한 박해에 항의하여 쏘련평화옹호위원회 성명서 발표		4	조선중앙통신
1950-05-26-027	중국과 영국간의 외교관계설정교섭에 관련하여	중국외교부 대변인 담화 발표	4	조선중앙통신
1950-05-26-028	일본각지의 로동자들 파업		4	조선중앙통신
1950-05-26-029	(전세계의 평화를 위하여 서명운동)		4	
1950-05-26-030	평화를 위한 인민들의 투쟁은 날로 고조되고 있다		4	최필수
1950-05-26-031	평화와 자유의 옹호를 위하여 전일본진보적학생들 궐기		4	조선중앙통신
1950-05-26-032	요시다정부 태도를 절규하며 일본 도야마의 인민들 시위		4	조선중앙통신
1950-05-26-033	루이 싸이앙의 보고에 대하여 각국대표 열렬한 토론 전개	국제직련집행위원회에서	4	조선중앙통신
1950-05-26-034	5마일 도보경주에서 쏘련선수 새 기록 창조		4	조선중앙통신
1950-05-27-001	각급 학교 학생들은 국가시험에서 모두다 우수한 성적을 쟁취하자		1	
1950-05-27-002	애국자들을 박해하는 리승만매국역도들을 소탕하자!	김삼룡 리주하 량 선생 체포에 대한 각계 인민들의 항의여론 격화	1	조선중앙통신
1950-05-27-003	북조선민주당 중앙위원회 성명서	애국자들을 박해하는 리승만매국역도들을 규탄하여	1	
1950-05-27-004	북조선직업총동맹 중앙위원회 성명서	애국자들을 박해하는 리승만매국역도들을 규탄하여	1	
1950-05-27-005	철도일군들 자기의 책임량을 속속 완수	교통성산하 각 직장들에서	1	본사기자 리성섭
1950-05-27-006	북반부 각 세멘트공장들 2개년계획을 완수		1	조선중앙통신
1950-05-27-007	8.15해방 5주년기념 평양시도시미화 사업		1	본사기자 김지창
1950-05-27-008	청진시에 해방공원 신설	8.15해방 5주년기념 사업	1	
1950-05-27-009	8.15해방 5주년기념 해주에 력사박물관 설치		1	
1950-05-27-010	지리산방면 인민유격대 유격전구를 계속 확대		1	조선중앙통신
1950-05-27-011	허헌동지의 방송연설	김삼룡 리주하 량 동지를 검거 투옥한 리승만역도들의 만행에 관련하여	2	
1950-05-27-012	원쑤들의 제2차망국단선을 철저히 파탄시키라!	북조선민주녀성총동맹 중앙위원회, 북조선민주청년동맹 중앙위원회의 호소문	2	
1950-05-27-013	'유엔조선위원단'이 떠드는 망국단선의 '선거자유분위기'란 어떤것인가		2	리종익
1950-05-27-014	금년도의 년간주행계획을 8월 15일까지 완수코자	청진철도기관구 로동자들	3	본사기자 박경석
1950-05-27-015	남포소다공장의 신설된 전해실에서 작업하는 로동자들		3	
1950-05-27-016	단체계약체결사업 진행 전체 로동자들의 참가밑에 계약체결하고 실천에 매진	평양곡산공장에서	3	본사기자 리보국
1950-05-27-017	매 농가마다 가축을 기르자 성천군 전체 농민들에게 호소	삼덕면 쌍림리 농민들	3	본사기자 류민우
1950-05-27-018	이앙 활발히 진척	정주군, 북청군, 안변군에서	3	통신원 송춘관
1950-05-27-019	국제아동절과 소년단창립 4주년기념 명절 맞이하는 소년들의 준비사업		3	본사기자 김춘희
1950-05-27-020	조국과 인민을 위하여 충실히 복무하겠다!	젊은 전사의 수기에서	3	
1950-05-27-021	고원탄광의 증산경쟁운동 검열에서 나타난 몇가지 결함에 대하여		3	문천탄광증산경쟁위원회 손순도
1950-05-27-022	국제직련집행위원회 회의 통일을 위한 투쟁에서의 직맹의 과업에 관하여	-불란서로총서기장 프라숑 보고-	4	조선중앙통신
1950-05-27-023	체코슬로바키아정부 국가보안성 설치를 결정		4	조선중앙통신
1950-05-27-024	일본민주주의민족전선 결성 동경촉진대회 개최		4	조선중앙통신
1950-05-27-025	분란로동자들의 임금인상을 위한 투쟁		4	조선중앙통신
1950-05-27-026	미래전쟁을 반대하는 영국인민들의 투쟁 치렬		4	조선중앙통신
1950-05-27-027	소위 미국무성의 도덕과 례의	『쁘라우다』지 론평	4	조선중앙통신

기사번호	제목(title)	부제목(stitle)	면수	필자, 출처
1950-05-27-028	불독 석탄 및 야금 초트러스트창설에 관하여	『쁘라우다』지 베를린통신원 론평	4	조선중앙통신
1950-05-27-029	영국 전쟁물자를 타이에 공급		4	조선중앙통신
1950-05-27-030	파란의 농업생산협동조합의 장성과 농민의 생활향상		4	김영석
1950-05-27-031	미영불대표들의 방해로 대오강화조약 준비사업 좌절	-쏘미영불외상대리회의에서-	4	조선중앙통신
1950-05-27-032	6백명의 외국인을 감금한 이태리비밀수용소 발각		4	조선중앙통신
1950-05-27-033	1950년도 평양로어대학 학생모집요항		4	평양로어대학
1950-05-28-001	박헌영동지에게	생일 50주년에 즈음하여	1	
1950-05-28-002	조선민주주의인민공화국 내각 부수상 겸 외무상 박헌영동지에게	생일 50주년에 즈음하여	1	
1950-05-28-003	박헌영선생에게	생일 50주년에 즈음하여	1	
1950-05-28-004	조선민주주의인민공화국 최고인민회의 상임위원회 정령 조선민주주의인민공화국 박헌영부수상에게 국기훈장제1급을 수여함에 관하여	생일 50주년에 즈음하여	1	
1950-05-28-005	청년들에 대한 사상정치교양사업을 강화하자		1	
1950-05-28-006	조선민주주의인민공화국 내각 결정 제114호	사회보험법 개정에 관한 결정서	1	
1950-05-28-007	8만키로변압기 복구공사 성과있게 진행	허천강발전부 제1발전소 로동자들	1	주재기자 최경찬
1950-05-28-008	선박건조 착착 진행	각 조선소들에서	1	조선중앙통신
1950-05-28-009	쏘련건축가동맹으로부터 북조선공업기술련맹에 쏘베트건축술에 관한 문헌 기증		1	조선중앙통신
1950-05-28-010	평화옹호서명운동 참가자 5백 68만명		1	조선중앙통신
1950-05-28-011	8.15해방 5주년 기하여 문화시설을 신설 확장	평북 박천군에서	1	통신원 어제우
1950-05-28-012	매국노들의 제2차망국선거를 걸음마다 파탄시키라!	북조선문학예술총동맹 중앙위원회, 북조선기독교도련맹 중앙위원회 조선예수교장로회총회 및 조선예수교감리회련회의 호소문	2	
1950-05-28-013	제2차 망국선거의 시도를 걸음마다 폭로하며 온갖 수단방법을 다하여 그것을 철저히 파탄시키자		2	리극로
1950-05-28-014	로동에 참가하고있는 로동자 기술자 사무원을 위한 사회보험에 관한 규정		2	
1950-05-28-015	8.15해방 5주년을 보다 빛나는 로력적성과로써 기념하기 위하여 서평양철도공장 로동자들 궐기		3	본사기자 리성섭
1950-05-28-016	잠견의 증산을 위하여 치잠공동사육을 협조	함남 영흥군 녀맹에서	3	영흥군녀맹위원장 진경련
1950-05-28-017	『공고한 평화를 위하여 인민민주주의를 위하여!』 제18호 조선문판 발간		3	
1950-05-28-018	남반부빨찌산의 4월 종합전과 '군경'살상 2, 868명 '선거'파탄투쟁에 과감히 전진	『로력자』 제183호에서 전개	3	
1950-05-28-019	전체 인민들의 증오와 분격 속에 망국선거는 부서지고있다		3	조선중앙통신
1950-05-28-020	'토벌대' 90여명을 기습		3	
1950-05-28-021	산청방면 인민유격대와 주민들 망국선거 반대코 무장시위		3	
1950-05-28-022	각지에서 '선거'등록 거부 봉기한 농민들 적의 련락망 파괴		3	
1950-05-28-023	전세계근로자들에게 보내는 호소문을 채택코 폐막	국제직련집행위원회 회의	4	조선중앙통신
1950-05-28-024	부다페스트에서 평화옹호군중대회	국제직련집행위원회 회의를 경축하여	4	조선중앙통신
1950-05-28-025	평화옹호서명운동 참가를 전세계근로자들에게 호소	국제직련집행위원회 회의에서	4	조선중앙통신
1950-05-28-026	평화옹호세계위원회 호소문	평화옹호서명운동 참가를 호소	4	
1950-05-28-027	국제직련집행위원회	평화옹호서명운동 참가를 호소	4	조선중앙통신
1950-05-28-028	체코슬로바키아외무성 미국대사에게 각서 전달	외교대표단 인원축소에 관하여	4	조선중앙통신
1950-05-28-029	중국인민해방군과 전체 인민들 대만해방준비 착착 진행		4	조선중앙통신
1950-05-28-030	중국국영기계농장 급속 발전		4	조선중앙통신
1950-05-28-031	베니젤로스의 입각거부로 희랍정부 위기에 봉착		4	조선중앙통신
1950-05-28-032	근동 제 국가의 현 정치정세		4	황영민
1950-05-29-001	로동생산성의 부단적제고는 생산속도장성의 불가결의 요소이다		1	
1950-05-29-002	조선건민회 호소문	5.30망국단선 반대하여	1	
1950-05-29-003	북조선불교도련맹 중앙위원회 성명서	5.30망국단선 반대하여	1	
1950-05-29-004	북조선민주녀성총동맹 중앙위원회 성명서	5.30망국단선 반대하여	1	
1950-05-29-005	제강생산에 높은 성과	강선제강소에서	1	조선중앙통신
1950-05-29-006	전해조복구공사를 기간단축하여 완수	흥남비료공장 로동자들	1	
1950-05-29-007	2개년계획을 완수	국영신포수산조선소에서	1	
1950-05-29-008	초등의무교육준비 각지에서 활발히 진행		1	
1950-05-29-009	평북도 중대리광산에서 금년도 상반년계획 완수		1	조선중앙통신
1950-05-29-010	아동들의 행복을 위하여 온갖 로력을 바치자!	국제아동절기념 신의주시자모회에서	1	조선중앙통신

기사번호	제목(title)	부제목(stitle)	면수	필자, 출처
1950-05-29-011	재일조선인학생궐기대회 평화옹호투쟁을 호소		1	조선중앙통신
1950-05-29-012	2개년계획실행을 위한 당면과업을 토의	북조선민청중앙위원회 제7차회의	1	본사기자 박경석
1950-05-29-013	무권리와 경찰전횡하의 남조선		2	허헌
1950-05-29-014	도살자 리승만도당을 모조리 소탕하자	김삼룡 리주하 량 선생 체포에 대하여 작가 한설야씨 방송	2	조선중앙통신
1950-05-29-015	당정치교양사업의 개선방침을 구체적으로 토의	평양시당단체열성자회의에서	2	
1950-05-29-016	로동에 참가하고있는 로동자 기술자 사무원을 위한 사회보험에 관한 규정	전호에서 계속	2	
1950-05-29-017	자연의 우연적피해를 극복하며 벼의 다수확을 위하여 적극 분투	철원군 농민들의 증산투쟁	3	철원군인민위원회 농산과장 최우준
1950-05-29-018	단체계약갱신체결 계기로 작업의 책임성을 일층 높여	금화광산 할석공장 로동자들	3	통신원 김준호
1950-05-29-019	평양화학공장에서 생산실습하는 흥남화학전문학교와 송림공업전문학교 졸업반학생들		3	
1950-05-29-020	영용무쌍한 남반부빨찌산들 인민들과의 튼튼한 련계밑에 괴뢰군경을 격파하고있다	유능한 빨찌산지휘자 홍길동 동무	3	
1950-05-29-021	이앙 활발	자성군 농민들	3	통신원 김창선
1950-05-29-022	영웅적제주도 인민들의 투쟁경험을 살리여 제2차 망국선거를 철저히 파탄시키자!		3	백윤봉
1950-05-29-023	자기의 처지를 자체폭로하는 리승만의 선거전 희극		3	
1950-05-29-024	망국선거 강행하려는 매국노들 미국군사수뇌의 직접 지휘 애걸		3	조선중앙통신
1950-05-29-025	슬로바키아공산당 제9차 당대회 개막		4	조선중앙통신
1950-05-29-026	베네주엘라정부의 반동정책에 세계민청련맹에서 반대항의		4	조선중앙통신
1950-05-29-027	불란서군 월남에서 만행		4	조선중앙통신
1950-05-29-028	전독일청년대회준비 성공에 서독반동층 당황망조		4	조선중앙통신
1950-05-29-029	비률빈인민해방군 바기오 강습		4	조선중앙통신
1950-05-29-030	인도반동정당의 다수 당원들 탈당성명서 발표		4	조선중앙통신
1950-05-29-031	발동된 '총력외교'-미영불 3상회의에 관한-	『쁘라우다』지의 론평	4	
1950-05-29-032	불란서로총에 축하전문 발송	월남로동총련맹에서	4	조선중앙통신

기사번호	제목(title)	부제목(stitle)	면수	필자, 출처
1950-05-29-033	미국명령에 의하여 일본조선소 군함을 건조		4	조선중앙통신
1950-05-29-034	인도경찰의 만행 계속		4	조선중앙통신
1950-05-29-035	아동보호에 대한 호소문을 전인도직맹 평의회 발표		4	조선중앙통신
1950-05-29-036	막심한 빈궁에 빠진 서독에 청년아동들의 범죄 격증		4	조선중앙통신
1950-05-29-037	쏘련녀성반파쑈위원회 상임위원회에서 국제녀맹집행위원회 총결을 토의		4	조선중앙통신
1950-05-29-038	체코슬로바키아에서 오는 7월에 국제영화축전 개최 예정		4	조선중앙통신
1950-05-29-039	미국회 상원에서 '대외원조안' 가결		4	조선중앙통신
1950-05-29-040	진보적인사들에 대한 우루과이경찰 폭행		4	조선중앙통신
1950-05-29-041	호주정부 공산당불법화 기도		4	조선중앙통신
1950-05-29-042	평양공업대학 연구원 연구생모집요강		4	평양공업대학
1950-05-30-001	근로자들의 물질문화생활 향상을 위한 공화국정부의 심심한 배려		1	
1950-05-30-002	조선민주주의인민공화국 외무상 박헌영각하	생일 50주년에 제하여	1	
1950-05-30-003	조선민주주의인민공화국 외무상 박헌영각하	생일 50주년에 제하여	1	
1950-05-30-004	조선민주주의인민공화국 부수상겸 외무상 박헌영각하	생일 50주년에 제하여	1	
1950-05-30-005	조선민주주의인민공화국 외무상 박헌영각하	생일 50주년에 제하여	1	
1950-05-30-006	초등의무교육 준비사업 각지에서 활발히 진행	황해도, 평북도에서	1	주재기자 박덕순
1950-05-30-007	산업모범일군들에게 영예휘장 수여	평양화학공장에서	1	
1950-05-30-008	남포제련소에 동전해공장 및 월쯔로공장 신설		1	통신원 정우봉
1950-05-30-009	각 생산직장들에서 5월분계획 속속 완수		1	조선중앙통신
1950-05-30-010	금년도 양모계획을 114.3%로 완수	국영신계종합농장 곡산목양장에서	1	통신원 렴상재
1950-05-30-011	유물조사사업 활발히 진행	물질문화유물조사보존위원회에서	1	
1950-05-30-012	전체 인민들의 증오와 분격 속에 망국 '선거'는 파탄되고있다		1	조선중앙통신
1950-05-30-013	력도들의 5.30망국단선을 철저히 분쇄하라!	사회민주당 중앙위원회의 호소문	2	
1950-05-30-014	살인귀 리승만도당을 철저히 소탕하자!	김삼룡 리주하 량 선생 체포에 항의하여 근로인민당 부위원장 백남운씨 방송	2	조선중앙통신

기사번호	제목(title)	부제목(stitle)	면수	필자, 출처
1950-05-30-015	당원들의 수준에 맞추어 학습회를 효과 있게 지도		2	양양군 포월리 세포학습회 지도자 김복기
1950-05-30-016	로동에 참가하고있는 로동자 기술자 사무원을 위한 사회보험에 관한 규정	전호에서 계속	2, 3	
1950-05-30-017	국제아동절을 앞두고 평양시내 녀맹원들의 방문 기뻐하는 평양 제3애육원 원아들		3	
1950-05-30-018	원단위저하운동을 광범히 전개 년간 1천만원의 원가저하에 분투	서평양직물공장 로동자들	3	본사기자 김기초
1950-05-30-019	6월말까지에 년간류별계획을 초과완수하고자	후창작업소 류벌로동자들	3	주재기자 리문상
1950-05-30-020	고등어 련일 풍회	동해안 각 국영수산사업소에서	3	본사기자 백운학
1950-05-30-021	품질 좋은 과실증산을 위하여	국영 은률과수원에서	3	국영은률과수원 원장 배신양
1950-05-30-022	평화옹호서명운동 활발	미국, 인도, 파란, 불란서, 중국	4	조선중앙통신
1950-05-30-023	체코슬로바키아내각 각료 전원 평화옹호세계위원회 호소문에 서명		4	조선중앙통신
1950-05-30-024	국제민주녀성련맹에서 미국공산당 박해를 항의		4	조선중앙통신
1950-05-30-025	인도네시아로동자들의 파업기세 양양		4	조선중앙통신
1950-05-30-026	미영점령당국 서독회사들에 군수품주문을 계속 증가		4	조선중앙통신
1950-05-30-027	졸리오.큐리를 옹호하여	쏘베트 과학자들 항의성명	4	
1950-05-30-028	중동제국의무장을 미영불 공동성명		4	조선중앙통신
1950-05-30-029	사이공당국의 언론기관탄압 우심		4	조선중앙통신
1950-05-30-030	파란농민대표 쏘련으로 향발		4	조선중앙통신
1950-05-30-031	스웨덴공청대회에 참가차 쏘련공청대표단 모쓰크바 출발		4	조선중앙통신
1950-05-30-032	파란정부사절단 쏘피아에 도착		4	조선중앙통신
1950-05-30-033	중국 신강성 까자흐인대표자대회 개최		4	조선중앙통신
1950-05-30-034	미국대학졸업생들 극도의 취직난에 직면		4	조선중앙통신
1950-05-30-035	통일적독일을 위한 독일인민들의 투쟁		4	안동철
1950-05-30-036	1950년 평양의학대학 학생모집요항		4	평양의학대학
1950-05-31-001	국영농장을 모범적농장으로 만들자		1	
1950-05-31-002	청진제철소 제1용광로 복구	지난 27일에 첫 화입 개시	1	조선중앙통신
1950-05-31-003	8.15해방 5주년기념 전람회준비사업 진행	청진시에서	1	
1950-05-31-004	인민경제의 발전을 기술면에서 보장코자	공업기술련맹에서	1	
1950-05-31-005	정부의 깊은 배려에 감사하며 책임량을 초과완수	사회보험법 개정에 대하여	1	평양곡산공장 로동자 리성린
1950-05-31-006	학생들을 더욱 유능한 간부로 교양시킬 것이다	사회보험법 개정에 대하여	1	평양사범대학 생물학부 학생 리경순
1950-05-31-007	매국노들의 망국'선거'를 반대한 남반부인민들의 치렬한 투쟁		1	조선중앙통신
1950-05-31-008	발악하는 리승만파쑈도배를 소탕격멸하자!	감삼룡 리주하 량 선생 검거에 관련하여 신진당 위원장 리용씨 방송	2	조선중앙통신
1950-05-31-009	당사상정치교양사업 개선강화대책 토의	평남도당체 열성자회의에서	2	
1950-05-31-010	녀성들을 실지사업에 광범히 등용하자		2	당중앙본부 당간부부장 진반수
1950-05-31-011	당사업의 중심을 파악하여 생산의 애로 극복에 주력		2	학포탄광 초급당부위원장 문일준
1950-05-31-012	생활과 결부된 선동사업으로 농민들의 증산투지를 고무		2	북청군 동장내리 세포위원장 노성인
1950-05-31-013	면화의 비배관리를 제때에 질적으로 보장하자!		2	송학용
1950-05-31-014	기술전습을 일층 강화하여 무사고발전을 계속 보장	수풍발전부 종업원들	3	주재기자 최영환
1950-05-31-015	작업을 기계화하여 생산능률을 일층 제고	정평요업공장에서	3	정평요업공장 직장위원장 리태용
1950-05-31-016	비료를 충분히 확보코 륙모적기이앙에 분투	금화군 농민들	3	금화군농민동맹 위원장 리희조
1950-05-31-017	선광능률을 3배로 제고시킬 기본건설공사 활발히 진행!	락연광산에서	3	통신원 김순한
1950-05-31-018	쏘련의 선진적과학문화의 리론과 경험을 널리 보급	조쏘문화협회의 강연사업 활발	3	본사기자 오규태
1950-05-31-019	모내기 활발히 진행	안변군, 룡강군에서	3	
1950-05-31-020	쏘베트작가동맹의 조직적원칙		3	
1950-05-31-021	알바니아최고재판소에서 미국간첩들에 대한 공판 개시		4	조선중앙통신
1950-05-31-022	미국공산당 전국위원회 회의	평화옹호투쟁 강화에 관한 문제 등 토의	4	조선중앙통신
1950-05-31-023	루마니아로동당과 내각에서 농산물수확에 관한 결정서 채택		4	조선중앙통신
1950-05-31-024	중국의 공업 급속도로 발전		4	조선중앙통신

기사번호	제목(title)	부제목(stitle)	면수	필자, 출처
1950-05-31-025	중국청년절에 참가하였던 쏘련청년대표단 귀국		4	조선중앙통신
1950-05-31-026	파시즘을 반대하는 호주인민들의 투쟁		4	김민식
1950-05-31-027	평화를 갈망하는 독일전국의 청년들 속속 베를린에 도착	전독일청년평화옹호자대회 참가를 위하여	4	조선중앙통신
1950-05-31-028	로동과 평화옹호를 위하여 독일청년들은 준비되여있다	전독일청년평화옹호자대회에 관련하여 독일민주주의공화국 정부 성명	4	조선중앙통신
1950-05-31-029	평화적해방을 위하여 지베트인민들은 궐기하라	중국청해성인민정부 부주석 방송	4	조선중앙통신
1950-05-31-030	소위 바기오회담 개최		4	조선중앙통신
1950-05-31-031	평양공업대학생 모집요강		4	평양공업대학
1950-06-01-001	당간부양성사업에 일층 심중한 주목을 돌리자		1	
1950-06-01-002	조국통일민주주의전선의 평화적조국통일 방책 추진 제의	근로인민당 위원장 리영	1	
1950-06-01-003	8.15해방 5주년 기념하여 평양시경기장을 대확장		1	
1950-06-01-004	1, 500명을 수용할 조쏘문화회관을 건설	자강도 강계시에서	1	
1950-06-01-005	향상되는 우리의 생활은 증산의욕을 일층 고무한다	사회보험법개정에 대하여	1	삼신탄광 채탄로동자 리석도
1950-06-01-006	인민정권하에서만 가질수 있는 행복이다	사회보험법개정에 대하여	1	평양기관구 구장 전홍걸
1950-06-01-007	뿌쉬낀탄생 151주년 해주교원대학생들의 기념준비		1	주재기자 박덕순
1950-06-01-008	체코슬로바키아해방 5주년축전에 참가하였던 공화국대표단 귀환		1	조선중앙통신
1950-06-01-009	평양로어대학 신축공사 거의 준공		1	
1950-06-01-010	당과 조국에 헌신복무할 우수한 당간부를 양성	창립 4주년 맞는 중앙당학교	2	
1950-06-01-011	당학교에서 배운 리론을 실천에 적용		2	평남도당부 부위원장 강준호
1950-06-01-012	로동당 중앙당학교 창립 4주년에 대하여		2	중앙당학교 교장 박무
1950-06-01-013	국제아동절을 맞이하여		2	
1950-06-01-014	장벽식채탄면을 확장하여 생산능률을 130%로 제고	학포탄광 로동자들	3	통신원 김진규
1950-06-01-015	화차정류시간을 단축하여 5월분수송계획 초과 완수	신의주역 종업원들	3	주재기자 최영환

기사번호	제목(title)	부제목(stitle)	면수	필자, 출처
1950-06-01-016	8.15해방 5주년을 치렬한 증산투쟁으로 기념하는 승호리세멘트공장 로동자들		3	
1950-06-01-017	계획적인 기계보수작업으로 파라횡의 정상적생산을 보장	아오지인조석유파라횡공장에서	3	통신원 김상호
1950-06-01-018	천수답의 한해대책으로 47개소 저수지 증설	홍원군 농민들	3	함남 홍원군 농맹위원장 리배영
1950-06-01-019	지하수를 리용하여 용수확보에 열성	은률군 신흥리 농민들	3	통신원 김인곤
1950-06-01-020	스따하노비츠녀공 꼬노렌꼬의 선진적직조방법을 섭취하여	평양견직공장 고정애브리가다	3	
1950-06-01-021	학사학위론문 제출자격시험	김일성종합대학 연구원 연구생들	3	본사기자 라원근
1950-06-01-022	애독되는 쏘련출판물들	평양서점에서	3	
1950-06-01-023	면화의 다수확 위해 비배관리에 열성!	신천군 한은리 최영태농민	3	통신원 리종헌
1950-06-01-024	국제아동절을 맞으며 애육원아들을 순회진료	조선적십자회 평양시위원회에서	3	본사기자 박경석
1950-06-01-025	전독일청년평화옹호자대회 베를린체육관에서 개막		4	조선중앙통신
1950-06-01-026	평화옹호세계위원회에 전문 발송		4	조선중앙통신
1950-06-01-027	중국에서 국제아동절을 광범히 준비		4	조선중앙통신
1950-06-01-028	서독의 다수농촌들 련병장으로 전환		4	조선중앙통신
1950-06-01-029	미국평화옹호전국로동회의 집행위원회 시카고에서 개최		4	조선중앙통신
1950-06-01-030	희랍정무원들의 파업 승리		4	조선중앙통신
1950-06-01-031	일본에 파업 확대		4	조선중앙통신
1950-06-01-032	희랍왕당파군대의 도발행위에 알바니아 부외상 유엔에 항의		4	조선중앙통신
1950-06-01-033	영불의 무장계획을 근동제국 인민들 배격		4	조선중앙통신
1950-06-01-034	타이경찰 화교를 습격		4	조선중앙통신
1950-06-01-035	동부독일지대에 미국비행기 마령서해충을 투하		4	조선중앙통신
1950-06-01-036	반동적직맹지도자들 뒷셀도르프에서 불독산업합동에 관한 슈망안을 토의		4	조선중앙통신
1950-06-01-037	국제정세개관	평화를 위한 투쟁의 전선을 더 확대하자!	4	『쁘라우다』지
1950-06-01-038	국제정세개관	독일문제에 있어서의 두 방침	4	『쁘라우다』지
1950-06-01-039	국제정세개관	원자광들은 광포하고있다	4	『쁘라우다』지
1950-06-01-040	연구생모집요항		4	김일성종합대학
1950-06-02-001	적기이앙의 성과적보장을 위하여		1	
1950-06-02-002	실천되리라고는 확언하기 어려우나 전력을 다하여 추진시킬 필요가 있다	북조선천도교청우당 중앙위원회 위원장 김달현	1	

기사번호	제목(title)	부제목(stitle)	면수	필자, 출처
1950-06-02-003	평화적조국통일방책은 반드시 실현되여야 한다	북조선민주녀성동맹 위원장 박정애	1	
1950-06-02-004	평화적조국통일은 전체 조선인민의 거족적 갈망이다	남조선전평 위원장 허성택	1	
1950-06-02-005	제2차 망국선거를 반대한 남반부인민들의 과감한 투쟁		1	조선중앙통신
1950-06-02-006	장성되는 임금수익 문화생활도 일층 향상	산업성산하기업소 로동자들	1	
1950-06-02-007	당적경각심을 제고하여 기계사고를 미연에 방지		2	황해제철소 조강 부문당부 위원장 김봉구
1950-06-02-008	쎄미나르의 진행을 개선하여 선전원들의 질을 더욱 제고	구성군당부에서	2	통신원 최린태
1950-06-02-009	검열사업을 제때에 진행하여 당결정을 철저히 실행하자	은률군 무산리세포에서	2	통신원 김인곤
1950-06-02-010	인민정권기관의 제반시책의 정확한 실행을 협조보장하자	안변군인민위원회 제2세포에서	2	통신원 송춘관
1950-06-02-011	증산경쟁운동에 대한 당적지도를 강화하자		2	함남도당 부위원장 박영
1950-06-02-012	전기로의 가동률을 일층 높이여 5월분 생산계획을 초과 실행	본궁화학공장 로동자들	3	주재기자 신기관
1950-06-02-013	쏘련기술자의 원조밑에 락엽송을 조선용자재로	원산조선소에서	3	원산조선소 지배인 조명교
1950-06-02-014	2개년계획을 134%로 초과완수할 목표밑에!	검덕광산 남두갱 로동자들	3	검덕광산 남두갱장 최을암
1950-06-02-015	나는 3백 50마력탄갱권양기 운전공이 되었소	군무자의 안해	3	통신원 김상호
1950-06-02-016	관개용수를 절약하며 천수답에는 건직파를	정주군 농진리 농민들	3	주재기자 최영환
1950-06-02-017	6월 1일 첫 국제아동절 기념경축대회 성대히 진행	평양 모란봉극장에서	3	본사기자 김춘희
1950-06-02-018	8백여만본의 우량묘목 육성	전천양묘장에서	3	통신원 배용복
1950-06-02-019	김일성종합대학 국가졸업시험 진행		3	
1950-06-02-020	1만여가마니의 미곡 증수할 영흥 왕장관 개공사 거의 준공		3	본사기자 류민우
1950-06-02-021	적기이앙에 궐기한 각지 농민들의 투쟁		3	
1950-06-02-022	쓰딸린대원수에게 메쎄지	전독일청년평화옹호자대회 참가대표들로부터	4	조선중앙통신
1950-06-02-023	기념체육축전 개최	베를린에서	4	조선중앙통신
1950-06-02-024	경축군중대회 성황	베를린에서	4	조선중앙통신
1950-06-02-025	내몽고의 문화건설 활발		4	조선중앙통신

기사번호	제목(title)	부제목(stitle)	면수	필자, 출처
1950-06-02-026	국제아동절기념 준비사업 이태리에서 광범히 진행		4	조선중앙통신
1950-06-02-027	국제직련 금속로동자산별부 집행위원회 베를린에서 개최		4	조선중앙통신
1950-06-02-028	루마니아아동들의 행복한 생활		4	조선중앙통신
1950-06-02-029	알바니아인민교육의 급속한 발전		4	조선중앙통신
1950-06-02-030	독일청년들은 평화옹호를 위하여 용감히 싸우고있다		4	
1950-06-02-031	서독에서의 나치즘부활을 반대	미국 진보적인사들 항의대회 개최	4	조선중앙통신
1950-06-02-032	동경에서 수만로동자들 시위 감행	평화옹호와 해고반대 등을 절규	4	조선중앙통신
1950-06-02-033	대오련합국 관리리사회 비나치화문제 등을 토의		4	조선중앙통신
1950-06-02-034	『근로자』 10호	내용	4	로동신문사
1950-06-03-001	당지도간부들은 경제지식과 생산운영방법을 적극 습득하자		1	
1950-06-03-002	쓰딸린대원수에게 드리는 메쎄지	국제아동절기념 평양시경축대회	1	
1950-06-03-003	김일성수상에게 드리는 메쎄지	국제아동절기념 평양시경축대회	1	
1950-06-03-004	김일성장군에게 드리는 메쎄지	공화국경비대에 편입된 의거장병일동	1	
1950-06-03-005	실현달성은 확언못하나 적극 추진하자!	로동당 중앙위원 홍남표	1	
1950-06-03-006	평화적통일방책 실현을 위한 투쟁은 민족지상의 임무이다	북조선민주당 중앙위원회 부위원장 홍기주	1	
1950-06-03-007	평화적 조국 통일방책의 급속한 실현을 위하여 일층 분기하자	북조선직업총동맹 위원장 최경덕	1	
1950-06-03-008	므.이.깔리닌서거 4주년		2	
1950-06-03-009	의거입북한 남조선괴뢰군 장병들의 공화국경비대 편입식에서 진술한 조국전선대표 허헌동지의 축사		2	
1950-06-03-010	평화적조국통일방책을 일층 강력히 실천하자!	남조선천도교청우당 위원장 김병제	2	
1950-06-03-011	중앙당학교사업의 빛나는 성과를 찬양	중앙당학교창립 4주년 기념	2	본사기자 윤봉경
1950-06-03-012	의거입북한 남조선 괴뢰군장병들 공화국경비대에 입대	1일 편입식 성대히 거행	2	조선중앙통신
1950-06-03-013	국제아동절기념 평양시경축대회에서 진술한 박정애녀사의 보고		3	
1950-06-03-014	교육상 백남운	국제아동절기념 평양시경축대회에서	3	

기사번호	제목(title)	부제목(stitle)	면수	필자, 출처
1950-06-03-015	재조선 쏘련녀성대표 로지오노바	국제아동절기념 평양시경축대회에서	3	
1950-06-03-016	재조선 중국녀성대표 리분	국제아동절기념 평양시경축대회에서	3	
1950-06-03-017	재조선 웽그리아녀성대표 메제리 에리 제벳트	국제아동절기념 평양시경축대회에서	3	
1950-06-03-018	미국 및 영국 정부에 보내는 쏘련정부의 각서	일황 히로히도 등을 전범자로서 국제특별군사재판소에 회부할데 관하여	4	조선중앙통신
1950-06-03-019	아동들을 보호하는것은 평화의 옹호를 의미한다	쏘련녀성반파쑈위원회 부위원장 국제아동절에 제하여 담화 발표	4	조선중앙통신
1950-06-03-020	중국 주은래외교부장 유엔사무총장에게 전보	유엔후견리사회 참가대표 임명에 관련하여	4	조선중앙통신
1950-06-03-021	일본 동경시내 종교인들 평화옹호투쟁 전개를 호소		4	조선중앙통신
1950-06-03-022	맥아더 또 일본전범자를 석방		4	조선중앙통신
1950-06-03-023	라틴 아메리카인민들의 평화를 위한 투쟁		4	황기석
1950-06-03-024	독일민주주의공화국의 저명한 인사들 국제아동절에 호소문 발표		4	조선중앙통신
1950-06-03-025	국립음악학교 학생모집요항		4	국립음악학교
1950-06-04-001	조국통일민주주의전선 중앙위원회 서기국장 김창준선생의 기자단과의 담화 발표		1	
1950-06-04-002	로동당중앙위원회에서	홍남표선생의 서거에 제하여	1	
1950-06-04-003	조선최고인민회의 상임위원회와 조선민주주의인민공화국 내각에서	홍남표선생의 서거에 제하여	1	
1950-06-04-004	조국통일민주주의전선 중앙위원회에서	홍남표선생의 서거에 제하여	1	
1950-06-04-005	보도	홍남표선생의 서거에 제하여	1	
1950-06-04-006	조선최고인민회의 상임위원회 부위원장이며 로동당중앙위원이며 조국통일민주주의전선 중앙위원인 고 홍남표선생의 장의위원회에서		1	
1950-06-04-007	평화적조국통일방책을 지지하는 애국적 민주진영은 강대하다 추진시키면 될것이다	인민공화당 부위원장 성주식	1	
1950-06-04-008	평화적조국통일방책의 재차제의를 열렬히 지지한다	남조선민주녀성동맹 위원장 류영준	1	
1950-06-04-009	평화통일추진제의는 전체 조선인민의 의사와 부합된다	북조선민주청년동맹 중앙위원회 위원장 현정민	1	
1950-06-04-010	평화적통일을 확신하면서 채탄량을 일층 높이겠다		1	사동련탄공장 채탄로동자 김원경

기사번호	제목(title)	부제목(stitle)	면수	필자, 출처
1950-06-04-011	김일성장군 항일무장투쟁의 전통은 조선인민을 승리에로 고무하고있다	보천보전투승리 13주년에 제하여	2	
1950-06-04-012	금년도 상반기학습총화와 당교양사업개선방침 토의	함남도당단체 열성자회의	2	
1950-06-04-013	기계의 정상적보수로 설비리용능률 더욱 제고		2	본궁화학공장 알콜제1분세포 위원장 김요덕
1950-06-04-014	지상공문식지도는 무엇을 초래하였는가	기계공업관리국내 일부 일군들의 하부지도 사업작풍에서	2	본사기자 윤봉경
1950-06-04-015	평화적조국통일방책을 적극 추진시키자		2	평양남자사범전문학교 교원 김갑식
1950-06-04-016	38이북지역에 대한 리승만괴뢰군경의 포탄과 탄총사격은 여전히 계속	황해도 벽성 강원도 련천 등지에 침입하려다가 공화국경비대에 의하여 격퇴	2	조선중앙통신
1950-06-04-017	선철생산에 개가!	청진제철소 제1용광로 완전복구	3	주재기자 김소민
1950-06-04-018	부강조국건설을 위한 금속공업발전의 기초를	청진제철소 제1용광로에서	3	주재기자 김소민
1950-06-04-019	당의 조직적력량을 발동하여 군중을 승리에로 고무추동	청진제철소 제1용광로에서	3	주재기자 김소민
1950-06-04-020	창조적로력으로!	청진제철소 제1용광로에서	3	주재기자 김소민
1950-06-04-021	국제아동절기념 조 쏘 중 웽그리아 소년들 친선야회 개최	복쓰평양문화회관에서	3	본사기자 김춘희
1950-06-04-022	쏘련기술자들의 기술원조로 복구공사를 질적으로 보장	청진제철소 복구에서	3	주재기자 김소민
1950-06-04-023	『공고한 평화를 위하여 인민민주주의를 위하여!』 제19호 조선문판 발간		3	
1950-06-04-024	리승만도당의 미곡 대일수출을 감독키 위해 일본인 '미곡검수관' 부산에 상륙		3	
1950-06-04-025	자유독일청년동맹 중앙위원회에 보내는 쓰딸린대원수의 전문		4	
1950-06-04-026	전독일청년평화옹호자대회 전독일청년들에게 보내는 호소문 채택		4	
1950-06-04-027	전독일청년평화옹호자대회에 젊은 평화옹호자들 70만 참가	독일민주주의공화국 정보부장 발표	4	조선중앙통신
1950-06-04-028	찌또는 전쟁방화자들의 머슴군이다		4	류만호
1950-06-04-029	쁘라그국가재판소에서 반역자 간첩들을 재판		4	조선중앙통신
1950-06-04-030	원자위협반대로마회의 개최	원자무기의 무조건금지를 절규	4	조선중앙통신

기사번호	제목(title)	부제목(stitle)	면수	필자, 출처
1950-06-04-031	소위 바기오회담이 시작된 날 비률빈에서 대파옥사건 발생		4	조선중앙통신
1950-06-05-001	하급당단체를 그의 구체적환경과 조건에 따라 개별적으로 지도하자		1	
1950-06-05-002	우리의 손에는 평화통일의 정당한 방법이 쥐여져있다 그 실천을 위한 길로 힘차게 매진하자!	북조선문학예술총동맹 위원장 한설야	1	
1950-06-05-003	평화적조국통일은 무엇보다 어느때보다 더욱 긴절하다	북조선농민동맹 중앙위원회 위원장 강진건	1	
1950-06-05-004	민족적량심있는 인사들이라면 모두다 평화적조국통일의 편에 가담하여 일어서라!	조선건민회 위원장 리극로	1	
1950-06-05-005	내란도발자들을 철저히 고립시킴으로써 평화적조국통일을 달성하자!	남조선민주애국청년동맹 중앙위원회 위원장 조희영	1	
1950-06-05-006	고 홍남표동지		1	
1950-06-05-007	동지의 령구를 민청회관에 안치	조문객 계속 래도	1	
1950-06-05-008	맹인을 눈뜨게 한다	쏘련의 유명한 안과연구소에서	1	쏘베트신보
1950-06-05-009	당부지도원들의 사업능력향상을 위하여		2	이천군당부 위원장 박창한
1950-06-05-010	강사들의 제강을 검토하여 강의내용을 풍부하게 보장	강원도 안변군당부 야간당학교에서	2	통신원 송춘관
1950-06-05-011	당원들의 모범적역할로 천수답이앙대책을 강구	영흥군 순령면 경암리에서	2	통신원 류현모
1950-06-05-012	인민에게 고립된 리승만도당은 머지 않아 파멸될것이다		2	평양시 률리 농민 한송조
1950-06-05-013	단결된 인민들의 위력은 반드시 승리한다		2	작가 김승구
1950-06-05-014	8.15해방 5주년을 맞으면서 증산경쟁운동을 일층 성과있게 전개하자		2	신언철
1950-06-05-015	8.15기념증산경쟁에 참가한 15만키로 무사고주행투쟁 치렬	신막기관구 로동자들	3	
1950-06-05-016	모내기 활발히 진척	연백군, 고원군, 태천군, 룡천군들에서	3	통신원 리종언, 리정환, 변성수, 김리환
1950-06-05-017	공화국소년들의 행복을 시위	국제아동절 및 소년단창립 4주년 경축시위 성황	3	본사기자 라원근
1950-06-05-018	우량유아를 표창	평양시유아건강삼사대회 진행	3	본사기자 김춘희
1950-06-05-019	장편서사시 「생의 노래」	제1장, 2장	3	조기천
1950-06-05-020	국제아동절경축대회 모쓰크바직맹회관에서 개최		4	조선중앙통신
1950-06-05-021	전독일청년평화옹호자대회 참가대표단과 기자단 회견	독일민주주의공화국 정보부에서	4	조선중앙통신

기사번호	제목(title)	부제목(stitle)	면수	필자, 출처
1950-06-05-022	아동들을 옹호하는 투쟁에 학생들은 적극 참가하라	-국제학생동맹에서 호소-	4	조선중앙통신
1950-06-05-023	런던에 모였던 3국 외상들은 무엇을 결정하였는가?		4	
1950-06-05-024	미국은 라틴아메리카를 략탈하고있다	『크라쓰느이 플로트』지 론평	4	조선중앙통신
1950-06-05-025	세계민청서기국에서 유엔사무총장에 서한	희랍 아테네정부의 테로행위격화에 항의하여	4	조선중앙통신
1950-06-05-026	미국무기공급을 반대	화란항구로동자들 투쟁	4	조선중앙통신
1950-06-05-027	분란의 출판물들은 전쟁을 선동하고있다	『쁘라우다』지 론설-	4	조선중앙통신
1950-06-05-028	미국무기공급협정을 이란인민들 강경히 반대		4	조선중앙통신
1950-06-05-029	일본 도호구대학 학생들 학원탄압에 반대항의		4	조선중앙통신
1950-06-06-001	조국통일민주주의전선 중앙위원회의 콤뮤니케		1	
1950-06-06-002	전쟁방화자들을 반대하는 투쟁에 있어서의 식민지 및 예속국 인민들	『공고한 평화를 위하여 인민민주주의를 위하여!』지 사설	1	
1950-06-06-003	평화적조국통일을 촉진시키는 한길로 다같이 나가자!		1	리기영
1950-06-06-004	주저와 관망은 용허할수 없다 평화적조국통일방책 추진을 위하여 결연 분기하라!	민중동맹 라승규	1	
1950-06-06-005	평화적조국통일 실현을 위한 투쟁력량을 일층 확대강화하자	남조선문련 김남천	1	
1950-06-06-006	인민들의 애국적힘으로 반드시 통일은 실현된다	평화적조국통일방책 추진제의에 대한 반향	1	안악군 룡순면 농민 송제준
1950-06-06-007	사례	생일 50주년에 제하여	1	
1950-06-06-008	인민들의 경건한 추도속에 고 홍남표동지의 장례식 5일 모란봉기슭에서 엄숙히 거행		2	조선중앙통신
1950-06-06-009	애도사		2	
1950-06-06-010	김일성수상 김두봉위원장 박헌영 홍명희량 부수상 허헌의장 우리 당 허가이부위원장을 위시하여 정부 각 상 각 정당 사회단체 대표들에게 받들려 나오는 고 홍남표동지의 령구		2	
1950-06-06-011	조사	로동당중앙위원회 대표 리기석	2	
1950-06-06-012	조사	조국통일민주주의전선을 대표하여 김창준	2	
1950-06-06-013	당단체의 조직적협조로써 선진적작업방법을 일반화		2	국영 단천광산 초급당부 위원장 리몽림

기사번호	제목(title)	부제목(stitle)	면수	필자, 출처
1950-06-06-014	소년단사업을 일층 활발히 전개하자		2	북조선민주청년동맹 중앙위원회 위원장 현정민
1950-06-06-015	생산 및 로동규률을 엄격히 확립코 생산능률을 일약 3배로 제고!	강선제강소 로동자들	3	
1950-06-06-016	로씨아의 위대한 민족시인 뿌쉬낀탄생 151주년 기념	각급학교 학생들	3	
1950-06-06-017	브리가다의 역할을 높여 출강시간을 7시간 단축	강선제강소 제강직장에서	3	본사기자 김기초
1950-06-06-018	매 농호마다 가축을 기르자!	무축농가퇴치 성천군농민열성자 궐기대회	3	본사기자 리영주
1950-06-06-019	쏘련한림학사 브.프.휘라또브의 조직료법을 연구섭취하여 유전성질환치료에 새 성과	평양의대병원에서	3	평양의학대학병원 안과과장 김병무
1950-06-06-020	장편서사시 「생의 노래」	제3장, 4장	3	조기천
1950-06-06-021	반역자들과 외국간첩들의 사건에 대한 체코슬로바키아국가검찰소의 기소장		4	조선중앙통신
1950-06-06-022	베를린에 있는 쏘련문화회관을 독일민주주의공화국 정부에 양도		4	조선중앙통신
1950-06-06-023	월남인민해방군 계속 전과를 확대		4	조선중앙통신
1950-06-06-024	유엔구라파경제위원회 제5차회의 개최		4	조선중앙통신
1950-06-06-025	영국지배층의 범죄적유희	『쁘라우다』지 론설	4	조선중앙통신
1950-06-06-026	희랍에 관한 진상		4	최석주
1950-06-06-027	북경 천진시교외 등 토지개혁 완료		4	조선중앙통신
1950-06-07-001	8.15해방 5주년을 맞이하면서 증산경쟁운동은 활발히 전개되고있다		1	
1950-06-07-002	우리들의 투쟁은 현시기의 온갖 난관을 극복할것이다	전국농민총련맹 위원장 리구훈	1	
1950-06-07-003	민족적량심있는 인사들은 모두다 평화적조국통일을 위하여 나서라!	리태준	1	
1950-06-07-004	통일을 위하여 경제계획 초과완수에	평화적조국통일방책 추진제의에 대한 반향	1	평양화학공장 방사직장 로동자 김룡희
1950-06-07-005	승리는 반드시 인민의 편에 있다	평화적조국통일방책 추진제의에 대한 반향	1	화가 황헌영
1950-06-07-006	조쏘문화교류를 강화하는 사업을 다채로이 준비	조쏘문화협회 중앙위원회에서	1	본사기자 오규태
1950-06-07-007	평양시인민위원회 앞광장을 개수		1	본사기자 김지창
1950-06-07-008	교통성산하 기관사들 책임견인정수 속속 초과		1	
1950-06-07-009	리승만괴뢰군경 38이북지역 침공을 기도하다가 공화국경비대에 의하여 격퇴		1	조선중앙통신
1950-06-07-010	당원들의 핵심적역할 높여 조기현물세 납부준비 활발	금천군 구이면 석성리세포에서	2	통신원 박의정
1950-06-07-011	로동규률을 철저히 엄수하자	평양시소비조합내 당단체에서	2	본사기자 현준극
1950-06-07-012	개별적특성을 고려하여 청년작업반사업을 협조		2	원산기관구 당부위원장 김봉용
1950-06-07-013	풍부한 강의내용으로 학습회의 성과를 보장		2	봉산군 토성면 률리간촌세포 위원장 리종학
1950-06-07-014	당학습회 지도자들에 대하여 일상적배려를 돌리자		2	당중앙본부 교양과 장비로
1950-06-07-015	위대한 자연개조자 이.브.미츄린	-그의 생애와 학설-	2	김례용
1950-06-07-016	2만 6천여석의 미곡 증수할 안서관개공사 드디어 통수!	황해도에서	3	본사기자 류민우
1950-06-07-017	5개월간의 증산경쟁성과 총화코 15일간 더 기간단축할것을 결의	본궁화학공장 로동자들	3	주재기자 신기관
1950-06-07-018	강물을 끌어 용수확보코 수모적기이앙에 궐기	안악군 당전리 농민들	3	통신원 강희조
1950-06-07-019	『공고한 평화를 위하여 인민민주주의를 위하여!』 제20호 조선문판 발간		3	
1950-06-07-020	대유동광산선광장확장공사 진척		3	
1950-06-07-021	장편서사시 「생의 노래」	제5장	3	조기천
1950-06-07-022	제2차 망국선거는 매국노들의 폭압하에 허위날조되었다		3	조선중앙통신
1950-06-07-023	평화옹호서명운동 활발	여러 나라들에서	4	조선중앙통신
1950-06-07-024	평화옹호세계위원회 뷰로회의경축 군중대회	런던에서	4	조선중앙통신
1950-06-07-025	체코슬로바키아에서 평화옹호서명운동 종료		4	조선중앙통신
1950-06-07-026	동부아프리카에 대규모의 파업!		4	조선중앙통신
1950-06-07-027	평화옹호서명운동 추진을 위한 로마군중대회 성황		4	조선중앙통신
1950-06-07-028	미국의 일본식민지화정책	『이즈베스치야』지 론설-	4	조선중앙통신
1950-06-07-029	유엔후견리사회 회의에서 쏘련대표 퇴장		4	조선중앙통신
1950-06-07-030	월가의 지시에 의하여	『쁘라우다』지에서	4	
1950-06-07-031	서부독일에 청년실업자 70만		4	조선중앙통신
1950-06-08-001	조국통일민주주의전선 중앙위원회 호소문	우리 조국 남북반부의 전체 민주주의정당 사회단체들에게 전체 조선인민들에게	1	

기사번호	제목(title)	부제목(stitle)	면수	필자, 출처
1950-06-08-002	조국통일민주주의전선 중앙위원회 콤뮤니케		1	
1950-06-08-003	조국통일민주주의전선 중앙위원회 결정서		1	
1950-06-08-004	생산협조정형 및 당교양사업 개선강화 문제를 토의	황해도당위원회 제10차회의에서	2	
1950-06-08-005	대중의 교양실로 민주선전실을 적극 리용		2	고성군 말무리세포 위원장 엄병익
1950-06-08-006	증산경쟁운동에서 형식주의를 배격하자!	문평아연공장에서	2	주재기자 전윤필
1950-06-08-007	농작물의 높은 수확 위해 제초작업을 활발히 추진		2	신흥군 주양리세포 위원장 주종후
1950-06-08-008	인민경제발전은 근로자들의 물질적복리 향상을 증진시킨다		2	국가계획위원회 위원장 정준택
1950-06-08-009	출강시간단축을 위한 투쟁의 선두에서		2	황해제철소 제강부 평로공 고필성
1950-06-08-010	원단위저하운동에서 빛나는 성과 5월중에 원가를 1천여만원 저하	평양화학공장 로동자들	3	본사기자 김기초
1950-06-08-011	적지적작을 위하여	황주군 도치리인민위원회에서	3	황주군 도치면 도치리인민위원회 위원장 리원욱
1950-06-08-012	조기작물현물세 준비사업에 열성	평원군 통덕리에서	3	본사기자 백응호
1950-06-08-013	고등어잡이에 분투하는 서호항 어로일군들		3	주재기자 신기관
1950-06-08-014	장편서사시 「생의 노래」	제6장	3	조기천
1950-06-08-015	오늘의 이태리(1)		3	
1950-06-08-016	평화옹호세계위원회 뷰로회의에서 채택된 결의문		4	조선중앙통신
1950-06-08-017	일본공산당 중앙위원 24명에 맥아더 '공직추방'을 명령		4	조선중앙통신
1950-06-08-018	졸리오.큐리를 옹호하여 쏘련의 학자들 성명서 발표		4	조선중앙통신
1950-06-08-019	전독일청년평화옹호자대회 참가대표들에게 서독경찰 폭행 감행		4	조선중앙통신
1950-06-08-020	프랑코파쑈정체하에서 아동들은 아사하고있다	공화서반아사회주의청년동맹 대표 담화 발표	4	조선중앙통신
1950-06-08-021	마샬화된 베네룩스 제 국간 모순 격화		4	조선중앙통신

기사번호	제목(title)	부제목(stitle)	면수	필자, 출처
1950-06-08-022	영미제국주의자들은 대오강화조약의 준비를 파탄시키고있다		4	
1950-06-08-023	미국의 보도		4	
1950-06-09-001	조국통일의 기쁨으로써 8.15해방 5주년을 맞기 위하여 총궐기하라		1	
1950-06-09-002	조국통일민주주의전선 중앙위원회 서기국의 공식성명		1	
1950-06-09-003	조국전선중앙위원회의 호소문을 인민들 열광적으로 환호지지		1	조선중앙통신
1950-06-09-004	평화적통일을 위한 인민의 력량은 무한히 강대하다		1	평양연초공장 로동자 김옥실
1950-06-09-005	조국통일민주주의전선 중앙위원회호소문 게시를 보고 열광하는 평양시민들	-평양시 선교1리 가두에서-	1	
1950-06-09-006	인민의 원쑤들은 잔명을 더 유지할수 없을것이다		1	대동군 량화면 평리 농민 석창덕
1950-06-09-007	최후승리를 위하여 창작에 총력량 경주		1	작가 김순석
1950-06-09-008	원단위저하운동을 더욱 광범히 전개하기 위하여	평양화학공장 선동원 남정철동무의 사회하에 진행된 김룡희 브리가다원들의 좌담회	2	본사기자 리수근
1950-06-09-009	전작물의 중경제초작업을 제때에 진행하자		2	농림성 부상 송봉욱
1950-06-09-010	당원들의 역할을 일층 높여 무사고주행 성과있게 보장		2	고원기관구 초급당부 위원장 김길능
1950-06-09-011	당적협조사업 강화로 교수내용의 질을 제고		2	룡암포로자중학교 세포위원장 리창명
1950-06-09-012	용수부족을 타개하여 적기이앙 성과적으로	신천군 북무면당단체에서	2	통신원 리종헌
1950-06-09-013	광석을 다량으로 생산할 계생광산 개발공사 활발		3	주재기자 리문상
1950-06-09-014	건설적의견들을 참작하여 생산조직을 적극 합리화	남포견직공장 로동자들	3	통신원 정우봉
1950-06-09-015	뜨락또르춘기기경사업을 총결	농림성 회의실에서	3	본사기자 리영주
1950-06-09-016	방쏘예술단일행 7일 모쓰크바 향발		3	조선중앙통신
1950-06-09-017	양수기로 용수확보이앙을 속속 완료!	철산군내 농민들	3	철산군농민동맹 위원장 정홍기
1950-06-09-018	인민들의 축하속에 영예의 국가시험 개시	평양로어대학에서	3	본사기자 오규태
1950-06-09-019	장편서사시 「생의 노래」	제7장	3	조기천

기사번호	제목(title)	부제목(stitle)	면수	필자, 출처
1950-06-09-020	리승만역도들 일본으로 계속 백미를 수출		3	
1950-06-09-021	오늘의 이태리		3	『아그뇨크』지
1950-06-09-022	유엔구라파경제위원회 회의에서 쏘련대표 아루뚠얀 연설		4	
1950-06-09-023	청년들의 평화옹호투쟁참가에 관한 보고를 토의	-세계민주청년련맹 집행위원회 회의-	4	조선중앙통신
1950-06-09-024	스톡홀름호소문지지를 서독직련에 호소	자유독일직련 중앙위원회 확대회의에서	4	조선중앙통신
1950-06-09-025	미제의 지시하에 바기오회담은 어떻게 진행되었는가		4	조선중앙통신
1950-06-09-026	전독일청년평화옹호자대회 성과에 관하여 독일민주주의공화국 정부 콤뮤니케 발표		4	조선중앙통신
1950-06-09-027	유제니 코롱녀사 박해에 중국평화옹호위원회 항의		4	조선중앙통신
1950-06-09-028	일본참의원선거 앞두고 선거법위반자 속출		4	조선중앙통신
1950-06-09-029	불란서사법당국 유제니 코롱녀사를 박해		4	조선중앙통신
1950-06-09-030	군사기지확보를 위하여 미국국방장관 일본방문예정		4	조선중앙통신
1950-06-09-031	월남인민해방군 전과 확대		4	조선중앙통신
1950-06-09-032	평양공업대학 학생모집요강		4	평양공업대학
1950-06-10-001	조국전선호소문을 지지하는 인민들의 목소리는 방방곡곡에서 울려오고있다		1	
1950-06-10-002	조국통일민주주의전선 중앙위원회 서기국의 콤뮤니케		1	
1950-06-10-003	조선민주주의인민공화국 내무상의 성명	조국통일민주주의전선 중앙확대위원회에서 평화적조국통일추진제의 호소문발표와 관련하여	1	
1950-06-10-004	품종별계획을 초과실행하여 북반부의 민주기지를 공고히	평양화학공장 종업원궐기회의에서	1	
1950-06-10-005	석탄을 더 많이 채굴함으로써 조국의 평화적통일을 촉진하자	사동련탄공장 종업원궐기회의에서	1	본사기자 윤봉경
1950-06-10-006	증산으로써 조국의 평화적통일을 달성하자!	평양철도공장 종업원궐기회의에서	1	
1950-06-10-007	증산에 일층 노력하면서 조국통일의 날을 기대	조국전선호소문을 지지하는 인민들의 반향	2	문천기계제작소 로동자 박동일
1950-06-10-008	남반부학생들에게도 배움의 길을 열어주자	조국전선호소문을 지지하는 인민들의 반향	2	김일성종합대학 경제학부 학생 하이평
1950-06-10-009	남반부동포들과 악수할 날을 기다리면서	조국전선호소문을 지지하는 인민들의 반향	2	평양의대병원 제1내과 과장 전영을

기사번호	제목(title)	부제목(stitle)	면수	필자, 출처
1950-06-10-010	농산물증산을 위하여 비배관리 철저히 하겠다	조국전선호소문을 지지하는 인민들의 반향	2	신천군 남부면 한 은리 농민 최영태
1950-06-10-011	남반부의 전체 농민들도 토지개혁의 혜택받도록	조국전선호소문을 지지하는 인민들의 반향	2	강원도 안변군 석교리 농민 박선빈
1950-06-10-012	인민의 단결된 력량은 반드시 승리한다	조국전선호소문을 지지하는 인민들의 반향	2	기독교인 송정근
1950-06-10-013	수송증강을 확보키 위하여 기관차수리 130%로 제고	조국전선호소문을 지지하는 인민들의 반향	2	서평양철도공장 로동자 계익준
1950-06-10-014	우리가 갈망하던 조국통일은 가까워왔다	조국전선호소문을 지지하는 인민들의 반향	2	세대고무공업사 사장 강윤식
1950-06-10-015	일제를 반대한 투쟁경험 살려 조국의 평화적통일달성에로	-6.10만세 24주년 기념일에 제하여-	2	김두용
1950-06-10-016	조국전선중앙위원회 호소문을 독보하는 로동자들	문천기계제작소에서	2	
1950-06-10-017	8.15해방 5주년을 조국통일로 맞고자 증산경쟁투쟁 최고도로 앙양!	평양곡산공장 로동자들	3	본사기자 김기초
1950-06-10-018	유휴자재를 동원하여 생산설비를 더욱 확충	후창광산 로동자들	3	주재기자 리문상
1950-06-10-019	지하수를 리용하여 적기이앙을 보장	재령군농맹에서	3	재령군농민동맹 위원장 민신호
1950-06-10-020	면양의 증식을 위하여	국영 명천목장에서	3	통신원 리근
1950-06-10-021	『공고한 평화를 위하여 인민민주주의를 위하여!』 제21호 조선문판 발간		3	
1950-06-10-022	8.15해방 5주년기념 제반준비사업 활발히 진행	전국종합전람회 준비 활발	3	
1950-06-10-023	8.15해방 5주년기념 제반준비사업 활발히 진행	평남도에서 남포시에 기념전람회를 준비	3	
1950-06-10-024	미츄린서거 15주년을 기념	조쏘문화협회와 복쓰평양문화회관에서	3	
1950-06-10-025	장편서사시 「생의 노래」	제8장	3	조기천
1950-06-10-026	로동위원회사업에 관한 쏘련제안을 토의	-유엔구라파경제위원회 회의-	4	조선중앙통신
1950-06-10-027	일본공산당에 대한 전반적비법화를 맥아더와 일본반동정부에서 준비		4	조선중앙통신
1950-06-10-028	미국인들 일본에 스파이학교 창설		4	조선중앙통신
1950-06-10-029	각국 청년단체에 보내는 호소문 채택코 폐막	-세계민주청년련맹 집행위원회 회의-	4	조선중앙통신
1950-06-10-030	미영불의 무기공급성명을 아랍 제국 인민들 계속 규탄		4	조선중앙통신
1950-06-10-031	월가는 미국을 파쑈화한다		4	리순명
1950-06-10-032	인민조선에 있어서의 젊은 예술		4	엔.뻬드롭

기사번호	제목(title)	부제목(stitle)	면수	필자, 출처
1950-06-11-001	평화옹호는 조국통일을 위하여 투쟁하는 조선인민의 일치한 지향이다		1	
1950-06-11-002	조국통일민주주의전선 중앙위원회 서기국의 콤뮤니케		1	
1950-06-11-003	조선민주주의인민공화국 박일우내무상의 성명		1	
1950-06-11-004	조국통일민주주의전선 중앙위원회 서기국의 성명		1	
1950-06-11-005	평화적통일달성 위한 각계 인민들 결의 표명		1	조선중앙통신
1950-06-11-006	더 높은 증산으로 평화적통일을 급속히 실현시키자	신의주제지공장 종업원궐기회의	1	
1950-06-11-007	조국의 평화적통일을 우리 힘으로 달성하자	평양연초공장 종업원궐기회의	1	
1950-06-11-008	오작품근절과 생산성제고로 조국통일의 민주기지 튼튼히	해주기계제작소 종업원궐기회의	1	
1950-06-11-009	조국통일민주주의전선은 평화적통일을 위하여 투쟁한다		2	허헌
1950-06-11-010	일층 치렬한 증산투쟁으로 호소문의 실현달성에 매진		2	청진제철소 로동자 리창동
1950-06-11-011	석탄을 더 많이 채탄하여 조국건설에 바치자!		2	흑령탄광 로동자 함형구
1950-06-11-012	농작물을 작년도보다 35% 더 증수할 결심		2	평양 문수1리 농민 최경순
1950-06-11-013	평화적조국통일에 나의 모든 힘을 다하겠다		2	작가 김사량
1950-06-11-014	평화적통일달성을 위하여 모든 난관을 뚫고나가겠다		2	청년 강남수
1950-06-11-015	적극적인 투쟁으로 우리 숙망을 달성하자		2	평양녀자사범전문학교 교원 리윤석
1950-06-11-016	적에 대한 경각성을 높이며 자기 임무수행에 일층 헌신		2	사무원 한춘식
1950-06-11-017	미곡증산을 위하여 더 힘차게 싸우겠다		2	룡강군 지운면 현암리 농민 김만수
1950-06-11-018	호소문을 읽는 평양사범대학 학생들		2	
1950-06-11-019	견인정수초과를 위한 투쟁 치렬 1천 1백여차량을 초과견인!	평철산하 각 기관구 로동자들	3	본사기자 김기초
1950-06-11-020	한해를 극복키위해 3단모판을 설치	봉산군 온채리 농민들	3	봉산군 온채리인민위원회 위원장 김인수
1950-06-11-021	8.15해방 5주년기념 제반준비사업 활발히 진행	함흥시에서	3	주재기자 신기관
1950-06-11-022	8.15해방 5주년기념 제반준비사업 활발히 진행	강원도에서	3	
1950-06-11-023	8.15해방 5주년기념 제반준비사업 활발히 진행 로동회관 건축	원산시에서	3	
1950-06-11-024	3개의 대학내에 로동학원을 설치		3	
1950-06-11-025	장편서사시「생의 노래」	제9장	3	조기천
1950-06-11-026	외금강과 묘향산휴양소에 국제관을 건설		3	
1950-06-11-027	미제의 지시에 의하여 리승만역도들이 허위날조한 소위 5.30망국선거		3	김동원
1950-06-11-028	쏘련대표단이 제기한 실업문제를 토의	-유엔구라파경제위원회 회의-	4	조선중앙통신
1950-06-11-029	미츄린서거 15주년을 쏘련인민들 기념		4	조선중앙통신
1950-06-11-030	평화옹호투쟁의 강화는 덴마크독립의 필수조건	덴마크공산당 중앙위원회 성명	4	조선중앙통신
1950-06-11-031	평화옹호서명운동 활발	여러 나라들에서	4	
1950-06-11-032	토이기에 질병자수 격증		4	조선중앙통신
1950-06-11-033	미당국 반파쑈활동가 11명을 투옥		4	조선중앙통신
1950-06-11-034	중국공산당과 중국인민의 력사적승리		4	김병영
1950-06-11-035	인민조선에 있어서의 젊은 예술	전호에서 계속	4	엔.뻬드롶
1950-06-12-001	생산직장내 군중선동사업의 강화는 로동자들의 증산의욕을 고무한다		1	
1950-06-12-002	2개년계획을 7월말까지 완수하여 조국의 기반을 공고히	곡산공장 제1분공장 종업원궐기회의	1	본사기자 류민우
1950-06-12-003	새로운 포부와 증산의욕으로 호소문을 환영지지	평양견직공장 종업원궐기회의	1	
1950-06-12-004	2만 5천키로 무사고주행으로 수송력 제고	함흥기관구 종업원궐기회의	1	
1950-06-12-005	인민경제축적을 높이기 위해 140만원 원가저하를 결의	평양기구제작소 종업원궐기회의	1	본사기자 리보국
1950-06-12-006	8.15해방 5주년기념 예술축전에 내놓을 작품을 속속 창작	문학동맹에서	1	본사기자 김춘희
1950-06-12-007	녀성들의 기념사업	8.15해방 5주년을 맞으며	1	조선중앙통신
1950-06-12-008	교통성에서 기념편찬사업 진행	8.15해방 5주년을 맞으며	1	
1950-06-12-009	38이북지역에 대한 리승만괴뢰군경의 총포탄사격 계속	황해도 벽성군 월록면 은파산에 침입하려다가 공화국경비대에 의하여 격퇴	1	조선중앙통신
1950-06-12-010	평화적조국통일방책 추진제의에 제기된 협상기간과 총선거실시기간		2	정노식
1950-06-12-011	무사고정시 주파하여 최후의 승리에로		2	해주기관구 기관사 오장춘
1950-06-12-012	남반부농민에게도 토지분여를 위하여		2	강동군 삼등면 농민 오원선

기사번호	제목(title)	부제목(stitle)	면수	필자, 출처
1950-06-12-013	배소로를 개조하여 생산능률제고에 노력		2	황철제강공장 로동자 허용주
1950-06-12-014	조국통일달성을 위하여 미곡증산에 배가의 노력		2	함주군 삼암리 농민 김심규
1950-06-12-015	애국심을 다하여 목재증산에 노력		2	강계림산사업소 벌목부 박춘길
1950-06-12-016	리승만역도 소탕키 위하여 농산물증산에 분투		2	함북 명천군 북면 농민 고성학
1950-06-12-017	조국통일의 급속한 실현을 증산으로		2	본궁화학공장 로동자 리인봉
1950-06-12-018	단결된 민주력량 반드시 승리한다		2	식료품상 김병훈
1950-06-12-019	녀성의 권리와 자유 위해 나는 호소문을 지지한다		2	평양시 동대원리 리종숙
1950-06-12-020	직관물은 선동사업의 중요한 무기이다		2	당중앙본부 군중선동과 지도원 류병련
1950-06-12-021	1천 5백정보를 옥답으로 만들 림원관개 공사 준공!	6월 11일에 드디여 통수	3	본사기자 김만선
1950-06-12-022	2개년계획을 완수	각 염전 로동자들과 경공업관 리국산하 각 공장들에서	3	조선중앙통신
1950-06-12-023	선진적작업방식을 일반화하여 소성로회 전률을 21% 제고	천내리세멘트공장 로동자들	3	천내리세멘트공 장 제조직장장 김응순
1950-06-12-024	장편서사시「생의 노래」	제10장	3	조기천
1950-06-12-025	각지 농촌에 계절탁아소 설치		3	본사기자 김춘희
1950-06-12-026	제4호방수로 제1기 보수공사 완수	부전강발전부 로동자들	3	통신원 위정산
1950-06-12-027	극영화「용광로」제작완성		3	조선중앙통신
1950-06-12-028	신의주방직공장에서 샷돌공장 신설		3	조선중앙통신
1950-06-12-029	인민극장을 신설	전천군에서	3	주재기자 리문상
1950-06-12-030	남반부인민들의 평화적조국통일 호응궐 기기세에 당황한 리승만도당의 광태		3	김영
1950-06-12-031	농업위원회사업을 토의	-유엔구라파경제위원회 회의-	4	조선중앙통신
1950-06-12-032	평화투사들의 활동은 장성되고있다	『쁘라우다』지 론설-	4	조선중앙통신
1950-06-12-033	루마니아에서 평화옹호서명 완료		4	조선중앙통신
1950-06-12-034	월남인민해방군 전과 확대		4	조선중앙통신
1950-06-12-035	일본포로병송환에 관한 따쓰의 성명		4	조선중앙통신

기사번호	제목(title)	부제목(stitle)	면수	필자, 출처
1950-06-12-036	이태리로총중앙위원회에서 스톡홀름호소 문지지를 다시금 성명		4	조선중앙통신
1950-06-12-037	국제정세개관		4	
1950-06-12-038	호주의 군사기지문제로 미영간 알력 격화		4	조선중앙통신
1950-06-12-039	공산당비법화조치를 반대	호주로동자들 파업 단행	4	조선중앙통신
1950-06-12-040	미군사재판소의 일본애국자들에 대한 불법적판결을 인민들 강경히 반대		4	조선중앙통신
1950-06-12-041	감옥의 혹독한 대우 반대	수감된 이란진보인사들 항의	4	조선중앙통신
1950-06-13-001	8.15예술축전 준비사업을 고상한 정치적 수준에서 진행하자		1	
1950-06-13-002	조국통일민주주의전선 중앙위원회 서기 국의 콤뮤니케		1	
1950-06-13-003	평화적조국통일 추진제의호소문을 유엔 사무총장에게 발송		1	조선중앙통신
1950-06-13-004	조국전선호소문에 당황실색한 리승만도 당과 ‘유엔조선위원단’의 광태		1	조선중앙통신
1950-06-13-005	조국전선호소문은 어떠한 환경속에서 전달되었는가?		1	
1950-06-13-006	조국전선호소문을 받아들고 덤벼치는 ‘유엔조선위원단’		1	
1950-06-13-007	조국전선파견원에 대한 리승만도당의 만행		1	
1950-06-13-008	조국통일을 위하여 견인정량초과 결의	해주지구철도 종업원궐기회의	1	
1950-06-13-009	리승만역도들 조국전선호소문을 지지하 는 애국적인민들을 공갈협박		1	조선중앙통신
1950-06-13-010	38연선일대에 특별사찰경비실시를 명령		1	조선중앙통신
1950-06-13-011	미제와 리승만역도들은 공산당원들과 우리 로동당을 왜 반대하여 발악하는가		2	리기석
1950-06-13-012	조국전선파견원들을 즉시 석방하라!		2	평양기관구 기관사 정도명
1950-06-13-013	조국전선파견원에 대한 박해를 용허할수 없다		2	평양특별시 문수리농민 김관수
1950-06-13-014	불법사격의 만행을 용서치 않을것이다		2	사리원방직공장 직포직장 로동자 오정빈
1950-06-13-015	‘유엔조선위원단’은 리승만역도들의 만행 을 은폐하고있다		2	한효삼
1950-06-13-016	조국에 바치는 애국적열성으로 2개년계 획 초과완수에 모범!	각 탄광 공장, 기업소 전체 로 동자들	3	본사기자 김기초
1950-06-13-017	기술수준을 부단히 높이여 2개년계획 64% 초과완수에	평양연초공장 로동자들	3	본사기자 리보국

기사번호	제목(title)	부제목(stitle)	면수	필자, 출처
1950-06-13-018	증산에 새로운 추진력	함남도내 공장 기업소들에서 단체계약 갱신체결사업 완료	3	주재기자 최경찬
1950-06-13-019	양수기를 증설하여 용수부족을 극복	안주군 농민들	3	본사기자 백운학
1950-06-13-020	과거와 현재	평양삼신탄광 백락순일가	3	본사사진반 림덕보
1950-06-13-021	예술축전준비 진행	자강도에서	3	주재기자 리문상
1950-06-13-022	황해제철소에 문화구락부를 시설		3	
1950-06-13-023	로동회관을 신축	문천탄광에서	3	
1950-06-13-024	함북도에서	8.15해방 5주년을 앞두고	3	조선중앙통신
1950-06-13-025	장편서사시 「생의 노래」	제11장	3	조기천
1950-06-13-026	미영불 등 정부에 보낸 쏘련정부의 각서	남극의 제도문제에 관하여	4	조선중앙통신
1950-06-13-027	불란서정부의 전쟁정책 규탄	-모리스 토레즈 연설-	4	조선중앙통신
1950-06-13-028	불란서의 참담한 경제상태	『쁘라우다』지 론평-	4	조선중앙통신
1950-06-13-029	공산당불법화기도를 일본인민들 반대투쟁		4	조선중앙통신
1950-06-13-030	미국의 개혁복음교회 정부정책을 규탄		4	조선중앙통신
1950-06-13-031	반파쑈활동가들의 투옥을 반대	큐바 각 단체들 트루맨에 항의	4	조선중앙통신
1950-06-13-032	지중해침략쁠럭과 그의 조직자들에 대하여		4	박필무
1950-06-13-033	이태리농민들의 투쟁 더욱 확대		4	조선중앙통신
1950-06-13-034	알바니아최고군사재판소에서 3명의 간첩에게 총살형 언도		4	조선중앙통신
1950-06-13-035	일본경찰 평화옹호자를 체포		4	조선중앙통신
1950-06-13-036	소위 '관대한 조치'에 관한 의안 희랍국회에서 토의		4	조선중앙통신
1950-06-13-037	평화옹호서명운동 이태리에서 계속 활발		4	조선중앙통신
1950-06-14-001	평화를 위한 투쟁에서의 직업동맹들	『공고한 평화를 위하여 인민민주주의를 위하여!』 22호에서	1	
1950-06-14-002	6월 19일에 소집되는 남조선'국회'에서 조국전선의 평화적통일추진제의가 상정채택되여야 한다	리극로	1	
1950-06-14-003	조국통일민주주의전선 호소문을 따쓰통신과 신화사통신 보도		1	조선중앙통신
1950-06-14-004	평화적조국통일실현을 농산물증산으로 추진!	명천군 남면 고성리 농민궐기회의	1	
1950-06-14-005	조국통일 위해 2개년계획기간 단축운동을 강력히	신의주팔프공장 종업원궐기회의	1	
1950-06-14-006	유제니 코롱녀사에 대한 박해를 중지하라!	북조선민주녀성총동맹에서 불란서정부당국에 항의	1	
1950-06-14-007	남반부인민유격대 도처에서 활동 확대		1	조선중앙통신

기사번호	제목(title)	부제목(stitle)	면수	필자, 출처
1950-06-14-008	조선인민들은 조국의 평화적통일추진제의를 반동들이 파탄시키는것을 용허치 않는다		2	리규
1950-06-14-009	불법체포의 만행 용허할수 없다!		2	평양곡산공장 마쇄직장 로동자 장경룡
1950-06-14-010	평화사절과 신문기자의 불법체포는 문명인에겐 있을수 없다		2	작가 김남천
1950-06-14-011	역도들에 대한 증오와 격분을 일층 격발		2	대동군 봉악면 마산리 농민 원순건
1950-06-14-012	파견된 세 선생을 즉시 석방하라!		2	성진고급중학교 교원 김학률
1950-06-14-013	인민의 강대한 력량은 반드시 승리할것이다		2	함흥시 수공업자 김수현
1950-06-14-014	장해물들을 물리치고 평화적통일달성에로		2	함흥외과대학병원 간호원 정영자
1950-06-14-015	매국역도들의 만행을 철저히 폭로하자!		2	평북 선천군 심천면 인두리 농민 김계현
1950-06-14-016	일층 분기하여 호소문실천에		2	청진시 불교인 경찬봉
1950-06-14-017	국가시험을 고상한 정치적수준에서 진행하자		2	교육성 보통교육국장 김강송
1950-06-14-018	2개년계획을 속속 완수하고 추가계획 실행에 궐기!	산업성 산하 각 기업소들에서	3	본사기자 김기조
1950-06-14-019	문평아연공장의 기본건설		3	
1950-06-14-020	기관차의 재고시간단축으로 실동률을 110%로 제고	신의주기관구 로동자들	3	본사기자 리성섭
1950-06-14-021	한해를 극복하며 모내기 속속 완료	각지의 농민들	3	본사기자 백응호
1950-06-14-022	쏘련인민들에게 감사를 드리면서	각계각층에서 성대한 준비사업 진행	3	
1950-06-14-023	수도제초작업에 분투하는 대동군 농민들		3	
1950-06-14-024	국립영화촬영소 제2회 극예술영화 「용광로」에 대하여		3	라원근
1950-06-14-025	1천 4백여정보를 옥답으로 가대관개공사 통수!	가댓벌농민들의 환희 충천	3	주재기자 박덕순

기사번호	제목(title)	부제목(stitle)	면수	필자, 출처
1950-06-14-026	『공고한 평화를 위하여 인민민주주의를 위하여!』 제22호 조선문판 발간		3	
1950-06-14-027	기념작품들을 창작	음악동맹 맹원들	3	본사기자 오규태
1950-06-14-028	뉴욕평화옹호대회 개최	평화옹호서명운동 개시	4	조선중앙통신
1950-06-14-029	오지리전국평화옹호대회 개막		4	조선중앙통신
1950-06-14-030	자유독일직업총동맹 창립 5주년축전 개시		4	조선중앙통신
1950-06-14-031	일본공산당 림시중앙지도기관 설립	-일본공산당 중앙통제위원회 성명서 발표-	4	조선중앙통신
1950-06-14-032	일본전국로조련락협의회 국제직련서기장에게 서한		4	조선중앙통신
1950-06-14-033	일본반동정부의 만행	공산당을 계속 박해	4	조선중앙통신
1950-06-14-034	유제니 코롱녀사 박해에 세계각국에서 항의비등		4	조선중앙통신
1950-06-14-035	분란수상 우르호 케코넨 모쓰크바에 도착		4	조선중앙통신
1950-06-14-036	사회주의에로의 도정에 올라선 체코슬로바키아농민들		4	오성호
1950-06-14-037	서구라파 부두로동자들의 적극적인 평화옹호투쟁	『크라쓰느이 플로트』지 론평	4	
1950-06-14-038	미국 반파쑈투사들의 석방을 영국직맹원들 트루맨에게 요구		4	조선중앙통신
1950-06-14-039	체코슬로바키아청년동맹 제1차대회 폐막		4	조선중앙통신
1950-06-14-040	중국로동자들의 증산운동의 성과		4	조선중앙통신
1950-06-15-001	조기작물현물세준비에 만전을 다하자		1	
1950-06-15-002	남조선'국회'내에 만일 량심있는 인사들이 있다면 리승만역도들을 응당 처벌하여야 할것이다	허헌	1	
1950-06-15-003	남조선 망국'국회'내에서도 량심있는자라면 조국의 평화적통일을 지지하여 나서라	북조선천도교청우당 중앙위원회 위원장 김달현	1	
1950-06-15-004	남조선'국회'내 량심적의원들은 매국노 리승만역도들의 죄악을 그대로 보고만 있으리라고는 믿지 않는다	박정애	1	
1950-06-15-005	조국전선파견원들에 감행한 리승만역도들의 만행을 규탄	북반부 각처에서 조국전선호소문을 지지하는 군중들의 집회 계속	1	조선중앙통신
1950-06-15-006	증산으로 공화국의 민주기지를 더욱 튼튼히 하자	조국전선호소문지지 락연광산 종업원궐기회의	1	
1950-06-15-007	조국전선호소문을 지지하여 대구녀자중학교 동맹휴학 단행		1	조선중앙통신
1950-06-15-008	리승만매국도배들은 남반부 제 정당 사회단체대표들을 남북협상회의에 참가치 못하게 하고있다		2	김응기

기사번호	제목(title)	부제목(stitle)	면수	필자, 출처
1950-06-15-009	전고미문의 만행 절대 용허치 않는다		2	원산수산사업소 건착선 선장 최원준
1950-06-15-010	조국전선파견원 세 선생을 즉시 석방하라!		2	작가 최명익
1950-06-15-011	평화사절에 대한 폭행은 놈들의 죄악을 더 크게 한다		2	불교인 한춘
1950-06-15-012	불법체포의 폭거 철저히 폭로하자		2	평원군 숙천면 통덕리 농민 신한식
1950-06-15-013	자연의 우연적피해를 방지하여 농작물의 높은 수확을 쟁취하자		2	북조선농민동맹 중앙위원회 부위원장 현칠종
1950-06-15-014	함흥철도관리국산하 로동자들의 8.15증송투쟁의 빛나는 성과!		3	
1950-06-15-015	기관차의 반복수리 근절코 화물수송력 증강을 촉진		3	주재기자 신기관
1950-06-15-016	화차의 회귀일수를 단축시켜 체화를 없애고 수송을 신속히		3	주재기자 신기관
1950-06-15-017	증산경쟁위원회의 역할 높여 직포생산률을 20% 제고	신의주방직공장 로동자들	3	본사기자 리성섭
1950-06-15-018	논갈이를 끝마치고 임경소기본건설공사에 분투	룡천농기계임경소에서	3	통신원 김리환
1950-06-15-019	수리불안전답에 건직파를 광범히 실시	강서군 신리 농민들	3	
1950-06-15-020	각 공장들에서 문화시설을 확장		3	조선중앙통신
1950-06-15-021	8.15해방 5주년기념 제반준비사업 활발히 진행	농림성과 평남도에서	3	본사기자 리영주
1950-06-15-022	우량잠견을 증수키 위해 춘잠사육을 적극 지도	신천군녀맹에서	3	신천군녀맹 김봉춘
1950-06-15-023	'의무교육제'를 실시한다고 떠들어치는 리승만매국도당		3	조선중앙통신
1950-06-15-024	오지리에서의 평화옹호운동성과에 관한 보고 청취	오지리전국평화옹호대회에서	4	조선중앙통신
1950-06-15-025	이스라엘에서 평화옹호서명운동 전개		4	조선중앙통신
1950-06-15-026	이태리로동자들에게 불란서로동자들 평화옹호서명수집경쟁을 호소		4	조선중앙통신
1950-06-15-027	영국평화옹호대회 래 7월에 개최 예정		4	조선중앙통신
1950-06-15-028	일본공산당에 대한 맥아더의 탄압을 배격한다	-북경인민일보 론평-	4	
1950-06-15-029	일본공산당에 대한 탄압을 중국사회계에서 반대항의		4	조선중앙통신

기사번호	제목(title)	부제목(stitle)	면수	필자, 출처
1950-06-15-030	인민민주주의국가들의 경제발전의 중요 요소	『쁘라우다』지에서	4	
1950-06-15-031	일본공산당비법화 기도를 미국출판물들도 비난		4	조선중앙통신
1950-06-15-032	마래 전쟁중지를 호소	영국공산당 정치위원회에서	4	조선중앙통신
1950-06-15-033	월남인민의 통일강화를 월남민족련맹에서 호소		4	조선중앙통신
1950-06-16-001	인민경제발전은 청년대중의 광범한 직장진출을 요구한다		1	
1950-06-16-002	남조선'국회' 의원들이여! 만약 당신들이 우국지사라면 평화통일제의를 토의하여야 한다	북조선민주당 중앙위원회 부위원장 정성언	1	
1950-06-16-003	매국노의 오명을 원치 않거든 조국전선의 평화적조국통일 추진제의를 남조선'국회'에 상정토의하라!	인민공화당 부위원장 성주식	1	
1950-06-16-004	남조선 소위 '국회'의원 중량심분자들은 인민의 뜻을 받들어 조국의 평화적통일운동에 적극 참가하라!	남조선천도교청우당 중앙위원회 위원장 김병제	1	
1950-06-16-005	평화적조국통일 추진제의를 지지하는 군중집회 각지에서 계속 진행		1	조선중앙통신
1950-06-16-006	남북대표자회의 소집을 방해할 목적으로 38선일대에 준 비상경계령을 공포		1	조선중앙통신
1950-06-16-007	'유엔위원단 군사감시원' 38선경계를 지휘감시		1	조선중앙통신
1950-06-16-008	지난 1년동안에 조국의 평화적통일실현을 위한 조선인민들의 투쟁력량은 일층 장성강화되었다		2	장순명
1950-06-16-009	평화적통일달성 위해 뜨락또르운전에 전력		2	국영 평강종합농장 뜨락또르운전수 류만성
1950-06-16-010	호소문의 실현 위해 농업증산에 분투		2	황해도 봉산군 서종면 홍리 농민 양현모
1950-06-16-011	리승만도당의 만행을 철저히 폭로하자		2	배우 리단
1950-06-16-012	모든 힘과 열성을 다하여 평화적통일에로		2	평북 정주군 대전면 삼오리 농민 최윤구
1950-06-16-013	매국역도들의 폭거는 우리의 분노를 일층 격발		2	평원군 한천면 감삼리 농민 리주일

기사번호	제목(title)	부제목(stitle)	면수	필자, 출처
1950-06-16-014	'미국경제원조처'는 조선내정에 대한 미국간섭기관이다		2	김인춘
1950-06-16-015	인민경제축적을 더욱 높이기 위해 9천만원 원가저하운동 활발히 전개	청진방적공장 로동자들	3	주재기자 김소민
1950-06-16-016	8.15해방 5주년전으로 2개년계획을 완수키 위하여	해주기계제작소 로동자들	3	주재기자 박덕순
1950-06-16-017	방대한 기본건설공사에 더 많은 목재를 보내고자	북반부 각지 림산로동자들	3	
1950-06-16-018	용광로의 수명을 연장시킬 '콜하트'련와를 창의제조	청진제강소에서	3	청진제강소 김한섭
1950-06-16-019	산업성기관지『산업신문』발간		3	
1950-06-16-020	각급 학교들에서 국가졸업시험 개시		3	본사기자 라원근
1950-06-16-021	8.15해방 5주년기념 제반준비사업 활발히 진행	청년들의 기념행사	3	
1950-06-16-022	8.15해방 5주년기념 제반준비사업 활발히 진행	미술인들	3	본사기자 김춘희
1950-06-16-023	쏘련의 선진 농학리론과 영농경험을 적극 섭취	중앙농사시험장에서	3	본사기자 류민우
1950-06-16-024	쏘련최고쏘베트 제1차회의	12일 크레믈리에서 개막	4	조선중앙통신
1950-06-16-025	쓰딸린대원수 분란수상을 접견		4	조선중앙통신
1950-06-16-026	파리교외에 생긴 또하나의 쓰딸린거리		4	조선중앙통신
1950-06-16-027	유엔사무총장 트루그베 리 유엔성원 각국에 서한 전달		4	조선중앙통신
1950-06-16-028	트리예스트문제와 대오강화조약에 관하여		4	서찬
1950-06-16-029	중국과 인도네시아간에 외교관계 설정		4	조선중앙통신
1950-06-16-030	평화옹호를 위한 화란로동자들의 투쟁	화란통일직맹위원장 론설	4	조선중앙통신
1950-06-16-031	원산교원대학	신입생모집요강	4	원산교원대학
1950-06-17-001	조국전선의 평화적조국통일 추진제의호소문 실천을 위한 투쟁에 관하여	조국통일민주주의전선 중앙위원회 제7차회의에서 진술한 허헌선생의 보고	1, 2	
1950-06-17-002	조국통일민주주의전선 중앙위원회 콤뮤니케		1	
1950-06-17-003	조국통일민주주의전선 중앙위원회 결정서		1	
1950-06-17-004	조선민주주의인민공화국 박일우내무상의 성명		1	
1950-06-17-005	조국통일민주주의전선 중앙위원회에서 조국전선의 평화적조국통일 추진제의호소문 실천을 위한 투쟁문제를 토의결정		1	조선중앙통신
1950-06-17-006	조국전선중앙위원회 회의에서 진술한 허헌선생의 보고에 대한 토론(요지)	홍기주, 신진우, 현정민, 성주식, 김정주,	2	

기사번호	제목(title)	부제목(stitle)	면수	필자, 출처
1950-06-17-007	조국전선중앙위원회 회의에서 진술한 허헌선생의 보고에 대한 토론(요지)	리기영, 장순명,	3	
1950-06-17-008	기술수준을 부단히 높이여 기간단축투쟁을 성과있게	본궁화학공장 청년공장에서	3	본궁화학공장 청년공장장 주덕성
1950-06-17-009	8.15해방 5주년기념 제반준비사업 활발히 진척		3	
1950-06-17-010	래일은 로씨아의 위대한 문호 막심 고리끼 서거 14주년	세계문학의 홰불 막심 고리끼	3	김달주
1950-06-17-011	사동련탄공장에서 상반년계획 완수		3	조선중앙통신
1950-06-17-012	막심 고리끼서거 14주년기념 사진전람회 개최	조쏘문협 상설전람회장에서	3	
1950-06-17-013	중국공산당 중앙위원회에서 진술한 모택동동지의 보고		4	
1950-06-17-014	중국공산당 중앙위원회 일본정세에 관한 성명서 발표		4	
1950-06-17-015	쓰딸린대원수 분란수상에게 만찬회 배설		4	조선중앙통신
1950-06-17-016	각국의 평화옹호운동 활발		4	조선중앙통신
1950-06-17-017	미국공산당 평화옹호선언서를 발표		4	조선중앙통신
1950-06-17-018	쏘련최고쏘베트 제1차회의	13일 련맹쏘베트와 민족쏘베트 공동회의 개최	4	조선중앙통신
1950-06-17-019	영국공산당에서 미래전쟁중지운동 전개		4	조선중앙통신
1950-06-17-020	투쟁하는 일본학생들에게 중국학생들 격려전보		4	조선중앙통신
1950-06-17-021	월남인민해방군 전과 확대		4	조선중앙통신
1950-06-18-001	평화와 조국의 평화적통일을 위하여 싸우는 조선인민들		1	
1950-06-18-002	남조선'국회'내의 량심있는 인사들에게는 아직도 기회가 있다 금번 '국회'에서 반드시 평화적통일안을 상정토의하라!	근로인민당 위원장 리영	1	
1950-06-18-003	남조선'국회'의 소위 무소속중간파의원은 평화적조국통일을 지지하여 투쟁하라!	작가 리기영	1	
1950-06-18-004	남조선'국회'내의 량심있는 분자들은 '국회'에서 평화적통일제안을 지지하여 용감히 나서라!	남조선민주녀성동맹 위원장 유영준	1	
1950-06-18-005	평화적조국통일추진을 위한 투쟁에 기독교인은 총궐기하자	평양시 기독교인대회에서	1	조선중앙통신
1950-06-18-006	조국통일민주주의전선 호소문을 중국 각 신문 대대적으로 보도		1	조선중앙통신
1950-06-18-007	유제니 코롱녀사에 대한 비법적기소를 즉시 취소하라!	남조선녀맹에서 불란서정부당국에 엄중항의	1	조선중앙통신

기사번호	제목(title)	부제목(stitle)	면수	필자, 출처
1950-06-18-008	리승만도당의 야수적테로에 대한 인민들의 분격은 한층 더 높아가고 있다		2	김광수
1950-06-18-009	리승만역도를 반대하는 투쟁을 더 한층 강화하자		2	평양화학공장 방사직장 로동자 고영숙
1950-06-18-010	평화적조국통일 달성하고야만다		2	평양산소공장 로동자 백명선
1950-06-18-011	조국전선파견원들 빨리 석방하라!		2	강원도 안변군 어운리 농민 정병태
1950-06-18-012	역도들의 만행을 우리는 용허치 않는다		2	함흥시 철물상 리응규
1950-06-18-013	리승만역도와 일본제국주의자들과의 동맹		2	송성철
1950-06-18-014	1950년 5월 8일 파란통일로동당 중앙위원회 회의에서 진술한 보고에서 일반정세에 비추어 새 간부를 위한 투쟁에서의 당의 제 과업	파란통일로동당 중앙위원회 위원장 볼레슬라브 베에르트	3	
1950-06-18-015	쏘베트국가의 예산		4	조선중앙통신
1950-06-18-016	쏘련 분란경제관계에 관한 콤뮤니케		4	조선중앙통신
1950-06-18-017	구라파경제정세에 관하여 토의	-유엔구라파경제위원회 회의-	4	조선중앙통신
1950-06-18-018	1950년도 중국 체코슬로바키아간의 무역협정 체결		4	조선중앙통신
1950-06-18-019	웽그리아주차 중국대사를 임명		4	조선중앙통신
1950-06-18-020	중국인민정치협상회의	제1기 전국위원회 제2차회의 개막	4	조선중앙통신
1950-06-18-021	로동운동에 대한 탄압조치를 규탄하는 공개서한을 맥아더에게 전달	일본민주주의민족전선 결성준비 위원회에서	4	조선중앙통신
1950-06-18-022	파시스트적 찌또도당은 빨간에서의 전쟁도발자이다 불가리아공산당 중앙위원회 비서 또도르 쥐브꼬브	『공고한 평화를 위하여 인민민주주의를 위하여!』 23호에서	4	
1950-06-19-001	기술인재양성사업에 깊은 당적관심을 돌리자		1	
1950-06-19-002	남조선'국회'내에서도 량심있는자라면 애국적행동을 인민앞에 표시하여야만 한다	북조선문학예술총동맹 한설야	1	
1950-06-19-003	남조선'국회'내의 일부 량심있는 의원들은 일시적안일감에 사로잡히지 말고 평화적조국통일방책을 '국회'에서 과감히 상정토의하라!	민중동맹 라승규	1	
1950-06-19-004	평화적조국통일의 장애를 물리치며 승리를 향하여 전진하자!	조국전선 파견원들에 대한 원쑤들의 만행에 대하여 각계의 항의 여론 비등	1	조선중앙통신

기사번호	제목(title)	부제목(stitle)	면수	필자, 출처
1950-06-19-005	평화적조국통일 추진제의를 지지하는 인민들의 집회 계속		1	조선중앙통신
1950-06-19-006	2개년계획 기간단축을 성과있게 완수함으로써	흥남비료공장 종업원궐기회의	1	
1950-06-19-007	8.15를 평화적조국통일로 맞이하기 위하여	신의주시 기업가 상인 궐기회의	1	
1950-06-19-008	수산물을 더욱 증산하여 평화적통일에 기여하자	룡암포수산합작사 사원궐기회의	1	
1950-06-19-009	리승만은 동족상쟁의 내란도발자이다		2	강규찬
1950-06-19-010	평화적통일을 일층 강력히 추진시키자		2	평양공업대학건설사업소 로동자 리창규
1950-06-19-011	동족상쟁은 원치 않는다	평화적통일을 갈망한다	2	평양사범대학 조선문학부 2학년 전태정
1950-06-19-012	우리들의 모든 힘 바쳐 평화적통일에로		2	함흥시 불교인 한계호
1950-06-19-013	리승만역도들은 반드시 인민의 심판 받을것이다		2	신의주제지공장 원질직장장 송순룡
1950-06-19-014	리승만역도들의 만행 철저히 폭로하자		2	평남 룡강군 룡강면 서부리 농민 홍준호
1950-06-19-015	조국전선파견원들을 즉시 석방하라!		2	문화인 강정희
1950-06-19-016	평화적통일 위하여 책임량 초과완수에		2	아오지탄광 채탄부 김직현
1950-06-19-017	리승만도당 제어하고 평화적통일 달성에로		2	평양시 동대원리 가정부인 리옥순
1950-06-19-018	농촌통신원들		2	『쁘라우다』지
1950-06-19-019	애국적열성밑에 각 탄광로동자들 2개년계획을 속속 초과완수!		3	본사기자 김기초
1950-06-19-020	창발적노력을 발휘하여 출강시간을 4시간 단축	문천기계제작소 로동자들	3	본사기자 박종하
1950-06-19-021	탐광굴진을 적극 추진시켜 채광계획을 2배로 초과	동방광산 로동자들	3	주재기자 리문상
1950-06-19-022	한재를 극복하면서 적기이앙에 궐기	함남 영흥군 농민들	3	본사기자 류민우
1950-06-19-023	모내기 완료	평북도, 강서군, 평원군들에서	3	본사기자 리영주, 백응호
1950-06-19-024	막심 고리끼서거 14주년 기념추모회 성대히 진행	복쓰평양문화회관에서	3	

기사번호	제목(title)	부제목(stitle)	면수	필자, 출처
1950-06-19-025	평남관개공사 활발히 진척!		3	본사기자 백운학
1950-06-19-026	폭등하는 남조선쌀값	소두 한말에 3천원	3	
1950-06-19-027	매국노들이 자인하는 남조선의 기아현상		3	
1950-06-19-028	매국노들 남조선경찰의 만행 고백		3	조선중앙통신
1950-06-19-029	평화옹호운동 활발!	여러 나라들에서	4	조선중앙통신
1950-06-19-030	유엔구라파경제위원회 구라파경제정세에 관하여 토의 계속		4	조선중앙통신
1950-06-19-031	국제평화상 및 국제쓰딸린상 중국작품 모집 및 심사위원회 결성		4	조선중앙통신
1950-06-19-032	파란금속공업 3개년계획 완수		4	조선중앙통신
1950-06-19-033	미국로동자들의 파업 치렬		4	조선중앙통신
1950-06-19-034	쏘베트인민들이 선거한 사람들	『이즈베스챠』지 사설에서	4	
1950-06-19-035	불란서군에 대한 총반공전을 위하여 만반의 준비를 진행	-월남인민해방군 총사령 담-	4	조선중앙통신
1950-06-19-036	민족통일전선 및 민족해방위원회 캄보쟈에서 결성		4	조선중앙통신
1950-06-19-037	일본정부 공산당비법화준비에 광분		4	조선중앙통신
1950-06-19-038	불란서로총 일본로동계급의 투쟁과의 굳은 단결을 표시		4	조선중앙통신
1950-06-19-039	일본경찰 공산당원을 검거		4	조선중앙통신
1950-06-19-040	『근로자』 11호 내용		4	로동신문사
1950-06-19-041	1950-51학년도 흥남공업대학 학생모집 요항		4	흥남공업대학
1950-06-20-001	조국의 평화적통일을 반대하는 리승만도배들을 체포하라		1	
1950-06-20-002	조선민주주의인민공화국 최고인민회의 상임위원회에서		1	
1950-06-20-003	조선민주주의인민공화국 중앙통신사의 보도	"리승만괴뢰도배들은 김삼룡 리주하 량선생을 조만식과 교환할데 대하여 거절하려고 시도한다"	1	
1950-06-20-004	조국전선파견원을 즉시 석방하고 그들의 행동의 자유를 보장하라!	조국전선파견원들에 대한 원쑤들의 만행에 대하여 각계의 항의여론 격화	1	조선중앙통신
1950-06-20-005	방쏘 조선예술대표단일행 17일 모쓰크바에 도착		1	조선중앙통신
1950-06-20-006	달레스는 왜 남조선에 왔는가		1	조선중앙통신
1950-06-20-007	만고의 역적 리승만도배들을 체포하라!		2	리주상
1950-06-20-008	평화적조국통일 추진에 궐기한 조선인민들의 강의불굴의 투지		2	조선중앙통신

기사번호	제목(title)	부제목(stitle)	면수	필자, 출처
1950-06-20-009	"량심있는 인사는 모두다 이 결정 실천 위해 나서라"		2	국영 평양제침공장 로동자 김영룡
1950-06-20-010	"인민의 원쑤들을 체포하라!"		2	평양 제14인민학교 교장 김두일
1950-06-20-011	"조선인민들의 심판을 놈들은 반드시 받는다"		2	신의주방직공장 기사 리명섭
1950-06-20-012	최고인민회의 상임위원회결정의 방송을 듣는 사동련탄공장 련탄직장 로동자들	-련탄직장휴계실에서-	2	
1950-06-20-013	세포핵심-열성자들과의 사업을 강화하자		2	당중앙본부 조직부 박두일
1950-06-20-014	금속공업부문에서 대규모의 기본건설을 활발히 진행		3	
1950-06-20-015	황해도 풍천관개공사 15일에 통수식을 거행		3	
1950-06-20-016	청년작업반 증산경쟁운동 높은 성과 거두며 더욱 치렬		3	
1950-06-20-017	평양곡산공장에서 포도탕주사액 다량생산에 성공		3	조선중앙통신
1950-06-20-018	각지에 양수장을 증설하여 수리불안전답에 용수를 확보	함남도 농민들	3	본사기자 김만선
1950-06-20-019	북반부 각급 학교에서 신입생 모집 개시		3	
1950-06-20-020	『공고한 평화를 위하여 인민민주주의를 위하여!』 제23호 조선문판 발간		3	
1950-06-20-021	수산물가공에 분투하는 원산수산사업소 로동자들		3	
1950-06-20-022	상반년 어로계획 돌파하고 년간계획기한전완수에 분투	각지 어로일군들	3	본사기자 백응호
1950-06-20-023	조쏘친선을 공고화하는 문예작품들을 창작	본궁화학공장에서	3	주재기자 최경찬
1950-06-20-024	직장문학써클문집을 발간	흥남비료공장에서	3	
1950-06-20-025	해방공원을 설치	해주시에서	3	
1950-06-20-026	미제에게 아부하며 일제에게 추파를 보내고있는 민족반역자 신흥우		3	안회남
1950-06-20-027	쏘련최고쏘베트 제1차회의 1950년도 쏘련국가예산 승인		4	조선중앙통신
1950-06-20-028	분란수상 우르호 케코넨 쓰딸린대원수에게 전보		4	
1950-06-20-029	분란수상 모쓰크바 출발		4	조선중앙통신
1950-06-20-030	원자력관리에 대한 쏘련제안을 지지	영국원자학자 군중대회에서 연설	4	조선중앙통신

기사번호	제목(title)	부제목(stitle)	면수	필자, 출처
1950-06-20-031	파란과 독일간의 제 협정은 민주진영의 새 승리의 표현	『신시대』지 론평-	4	조선중앙통신
1950-06-20-032	이란근로자들의 곤궁	-테헤란으로부터의 편지-	4	리일동
1950-06-20-033	흥남공업대학 특별화학부 신입생모집요항		4	흥남공업대학
1950-06-20-034	흥남공업대학 로동학원 학생모집요항		4	흥남공업대학 로동학원
1950-06-21-001	'유엔조선위원단'은 속히 물러가라		1	
1950-06-21-002	매국도당들을 체포하여 인민의 손으로 처단하자	평양철도공장 종업원궐기회의	1	
1950-06-21-003	2개년계획 기간단축하여 완수할것을 맹세	사동련탄공장 종업원궐기회의	1	
1950-06-21-004	인민의 옷감을 다량생산할 기본건설을 속히 완수하자	평양방직공장 기본건설사무소 종업원궐기회의	1	
1950-06-21-005	조국의 평화적 통일을 증산으로!	평양화학공장 종업원궐기회의	1	
1950-06-21-006	증산에 일층 노력할것을 절규	평양곡산공장 종업원궐기회의	1	
1950-06-21-007	남반부동포들과 악수할 날 기하여	평양로어대학 학생교직원궐기회의	1	
1950-06-21-008	"원쑤들은 간악하다 경각성을 높이라"		2	차도순
1950-06-21-009	"흉악한 원쑤에 대한 경각성 일층 높이자"		2	해주세멘트공장 로동자 리이신
1950-06-21-010	"결정의 실천 위해 일층 궐기하겠다"		2	평양역 화물수송원 차응린
1950-06-21-011	"우리는 통일을 갈망한다 모든 힘을 평화적통일에"		2	국영중앙백화점 판매원 림정화
1950-06-21-012	"인민의 원쑤들을 체포처단하라!"		2	의학박사 최응석
1950-06-21-013	"망국배족의 흉책을 보고 수수방관할수는 없다"		2	평양시 서성제2목공생산합작사 위원장 문재현
1950-06-21-014	"일층 용감한 투쟁으로 조국통일을 달성하자"		2	강서군 누자면 토산리 농민 최신군
1950-06-21-015	비판과 자기비판을 용감히 전개하자	강동군당부 사업에서 나타난 몇가지 결점에 대하여	2	본사기자 리수근
1950-06-21-016	8.15해방 5주년을 기념하여 30만키로 무사고주행에 궐기	삼봉기관구 로동자들	3	통신원 김진규
1950-06-21-017	세멘트품질향상에 창발적로력 기울여	해주세멘트공장 로동자들	3	
1950-06-21-018	8.15해방 5주년기념 전국체육축전준비 진행		3	조선중앙통신
1950-06-21-019	품질좋은 과실을 증산코자	국영 안변과수원에서	3	

기사번호	제목(title)	부제목(stitle)	면수	필자, 출처
1950-06-21-020	사리원방직공장은 왜 증산목표를 성과있게 보장못하고있는가?		3	주재기자 박덕순
1950-06-21-021	북반부 각지에서 봄고치수매 개시		3	조선중앙통신
1950-06-21-022	조기작물현물세 판정사업 진행	재령군 왕현리에서	3	
1950-06-21-023	평화적조국통일을 반대하는 민족반역자들의 죄상	미제를 구세주로 모시고 반인민반민족의 죄악을 쌓은 친일역도 김성수	3	리태준
1950-06-21-024	국제직련과 그의 새로운 과업	-쏘련직총중앙위원회 위원장 꾸즈네쪼브 론평-	4	조선중앙통신
1950-06-21-025	공산당탄압과 참의원선거결과 등에 관하여 일본공산당 중앙지도부 성명서 발표		4	조선중앙통신
1950-06-21-026	이태리장교들을 미국에서 훈련		4	조선중앙통신
1950-06-21-027	요시다반동정부의 정책 반대	오사까상과대학생 동맹휴학	4	조선중앙통신
1950-06-21-028	주중 독일민주주의공화국 외교사절단일행 북경 도착		4	조선중앙통신
1950-06-21-029	주중 덴마크공사 북경에 도착		4	조선중앙통신
1950-06-21-030	독자들의 질문에 대한 대답	자본주의의 일반적위기는 무엇에서 표현되고있는가?	4	
1950-06-21-031	1950년 김일성종합대학 학생모집요항		4	김일성종합대학
1950-06-22-001	2개년인민경제계획의 실행과 초과실행을 위한 증산경쟁의 기치를 높이 들라		1	
1950-06-22-002	조선민주주의인민공화국 내각결정 제128호	공화국북반부의 새 인민경제계획 작성준비에 관한 결정서	1	
1950-06-22-003	조선민주주의인민공화국 최고인민회의 상임위원회 강량욱서기장의 『민주조선』 기자에게 준 인터뷰		1	
1950-06-22-004	공화국예술대표단 모쓰크바 첫 공연 대성황	18일 챠이꼬브쓰끼음악회관에서	1	조선중앙통신
1950-06-22-005	남반부동포들을 구원하고 파괴된 공장들을 복구하자	본궁화학공장 종업원궐기회의	1	
1950-06-22-006	회전로를 철저히 보수하여 조국의 경제토대를 튼튼히	청진제강소 종업원궐기회의	1	
1950-06-22-007	조선민주주의인민공화국주차 몽고인민공화국 특명전권대사로 남사란 상부를 임명		1	조선중앙통신
1950-06-22-008	리승만도배 일본에 백미를 대량 수출		1	조선중앙통신
1950-06-22-009	남조선인민의 참상	집없고 의지할곳 없이 헤매는 주민 3백만	1	조선중앙통신
1950-06-22-010	민주력량은 불패이다		2	박영성
1950-06-22-011	당원들의 주동적역할로 선광시설의 증설을 보장	자강도 동방광산 강계선광장분세포에서	2	주재기자 리문상
1950-06-22-012	"인민의 이름으로 역도를 처단하라"		2	도시경영성 목공장 로동자 류택준
1950-06-22-013	"조국통일을 위한 투쟁을 더 한층 강력히 전개하자"		2	평양철도공장 단야공 김경준
1950-06-22-014	"'유엔조선위원단' 속히 물러가라"		2	삼신탄광 채탄부 김덕준
1950-06-22-015	"남조선'국회'의원들은 리승만을 반대궐기하라"		2	사무원 리주형
1950-06-22-016	"역도들의 야수적 발악에 참을수 없는 격분 느낀다"		2	평양통신기계제작소 기본건설토건로동자 장창용
1950-06-22-017	"인민보건의 발전 위하여 더욱 힘차게 투쟁하겠다"		2	함흥의과대학병원 구강과 의사 림병서
1950-06-22-018	당정성사업과 신입당원교양훈련사업을 정상적으로 진행	양양군 양양면 감곡리세포에서	2	통신원 전승수
1950-06-22-019	평양방직공장 기본건설로동자들 공사의 기간단축을 위하여 총궐기		3	본사기자 김기초
1950-06-22-020	증산경쟁에서의 형식주의와 무책임성을 퇴치하라!	단천광산 증산경쟁위원회 지도사업에서	3	통신원 전영봉
1950-06-22-021	5월분생산계획을 모범적으로 수행한 산업성산하 기업소들!		3	
1950-06-22-022	북반부 이앙 활발히 진척	평북도는 이앙계획의 82.9% 실시	3	본사기자 리영주
1950-06-22-023	쏘련서적들을 다량번역출판	조쏘문협중앙본부에서	3	
1950-06-22-024	잠견수매사업 활발	강동군 삼등면 농민들	3	통신원 한창수
1950-06-22-025	유평림산 덕림작업소의 림철궤도공사 활발		3	주재기자 김소민
1950-06-22-026	평화적조국통일을 반대하는 민족반역자들의 죄상	일제의 충실한 주구이며 인민학살의 흉악한 범죄자인 매국노 채병덕	3	최명익
1950-06-22-027	평화옹호서명운동 활발!	여러 나라들에서	4	
1950-06-22-028	파란평화옹호서명운동 종료	서명 총인원 약 1천 8백만명	4	조선중앙통신
1950-06-22-029	몽고평화옹호위원회에서 평화옹호서명운동 총결		4	조선중앙통신
1950-06-22-030	쏘련최고쏘베트 제1차회의	련맹쏘베트와 민족쏘베트공동회의(19일)에서	4	조선중앙통신
1950-06-22-031	파키스탄민주학생련맹 대표자회의 개최		4	조선중앙통신
1950-06-22-032	유제니 코롱녀사박해에 각국 민주단체 계속 항의		4	조선중앙통신

기사번호	제목(title)	부제목(stitle)	면수	필자, 출처
1950-06-22-033	웽그리아로동청년동맹창립대회 개최		4	조선중앙통신
1950-06-22-034	스톡홀름호소문을 지지하라	이태리 주요도시 시장들 각국 대도시 시장들에게 메쎄지 전달	4	조선중앙통신
1950-06-22-035	쏘련소식	경제건설성과	4	조선중앙통신
1950-06-22-036	창립경축군중대회 개최		4	조선중앙통신
1950-06-22-037	연구생모집요항		4	김일성종합대학
1950-06-22-038	전쟁도발자들은 반드시 멸망하고야만다	쏘련에 대한 나치스독일의 배신적침공 9주년	4	강호선
1950-06-23-001	춘잠견수매사업을 성과적으로 완수하자		1	
1950-06-23-002	증산경쟁운동을 더욱 높은 수준에서 발전시킬것을 결의	청진방적공장 종업원궐기회의	1	
1950-06-23-003	부강한 조국건설을 위하여 투쟁하자	북중기계제작소 종업원회의	1	
1950-06-23-004	외국의 간섭이 없이 평화적조국통일에로	해주지구철도 종업원회의	1	
1950-06-23-005	조국전선파견원을 박해하며 평화적통일을 파탄시키려는 리승만역도들을 체포하라!	조국전선파견원들에 대한 원쑤들의 만행에 대하여 인민들의 분노 격화	1	조선중앙통신
1950-06-23-006	평남화물자동차 2개년계획 완수		1	
1950-06-23-007	초등의무교육제실시준비 만전	인민학교 4천 38교를 확보	1	조선중앙통신
1950-06-23-008	로력고착운동을 전북반부에 광범히 전개할 것을 결의	성흥광산 종업원회의에서	1	
1950-06-23-009	조선인민의 평화통일운동은 세계평화사업에 리익을 준다	-북경인민일보 론평-	1	
1950-06-23-010	웽그리아인민공화국주재 조선민주주의인민공화국 특명전권공사 권오직씨 부다페스트 도착		1	조선중앙통신
1950-06-23-011	태백산지구 인민유격대 반동숙청공작 활발		1	조선중앙통신
1950-06-23-012	제주도유격전 활발		1	조선중앙통신
1950-06-23-013	남조선'국회'는 왜 말이 없는가?		2	김창준
1950-06-23-014	흉악한 인민의 원쑤 단연 처단해야 한다		2	후창광산 채광부 윤봉수
1950-06-23-015	평화적 통일추진 위해 민족경제 발전에 기여		2	함흥현미기계제작소 사장 류승혁
1950-06-23-016	"리승만역도들을 체포처단하라!"		2	도시경영성 해방호텔 건설공구로동자 리선우
1950-06-23-017	"조국전선이 파견한 평화사절 석방하라"		2	함흥 제2녀고중 교원 최준정

기사번호	제목(title)	부제목(stitle)	면수	필자, 출처
1950-06-23-018	"역도들의 발악적 만행 단연코 용허치 않는다"		2	사무원 류재석
1950-06-23-019	"'유엔조선위원단'은 빨리 우리 강토에서 물러가라!"		2	안악군 대원면 엄서리 농민 조동섭
1950-06-23-020	"조선청년들과 세계청년들과의 단결은 더욱 강화되고 있다"	-북조선민청의 세계민청가입 3주년-	2	북조선민청중앙위원회 부위원장 오운식
1950-06-23-021	"2개년계획을 승리적으로 완수코 제사의 품질향상에 창발적로력을"	함흥제사공장 로동자들	3	함흥제사공장 증산경쟁위원회 김삼순
1950-06-23-022	8.15해방기념일까지 배소로운전을 보장코자	문평아연공장 건설현장로동자들	3	
1950-06-23-023	'기본건설트레스트'에서 방대한 건설공사들을 추진		3	조선중앙통신
1950-06-23-024	5월분계획을 모범적으로 수행한 교통성산하 직장들!		3	본사기자 리성섭
1950-06-23-025	용수를 확보하고 급수조절에 로력	이천관개관리소에서	3	이천관개관리소 소장 리종선
1950-06-23-026	북조선직총의 8.15기념 준비사업	모범일군관광단 등을 조직	3	
1950-06-23-027	녀성로동자에 대한 국가적배려	로동법령실시 4주년 맞으며	3	본사기자 박종하
1950-06-23-028	사회보험의 혜택	로동법령실시 4주년 맞으며	3	
1950-06-23-029	평화적조국통일을 방해하는 민족반역자들의 죄상	포악무도한 인민도살자 리승만의 수영 아들인 윤치영	3	조벽암
1950-06-23-030	쏘련최고쏘베트 제1차회의 폐막	평화옹호세계위원회 호소문에 관한 성명서 채택	4	조선중앙통신
1950-06-23-031	구라파 경제정세 개관 토의 완료	-유엔구라파경제위원회 회의-	4	조선중앙통신
1950-06-23-032	쏘련최고쏘베트의 성명서	평화옹호세계위원회 스톡홀름회의 호소문에 관하여	4	
1950-06-23-033	평화를 위한 투쟁은 학자들의 신성한 의무이다		4	아까데미크느. 막지모프
1950-06-23-034	쏘련의 생산합작사에 대하여		4	(와투워푸의 론문 번역)
1950-06-24-001	로동법령실시 4주년		1	
1950-06-24-002	조선민주주의인민공화국 최고인민회의 상임위원회 김두봉위원장의 중앙신문기자들에게 준 인터뷰		1	
1950-06-24-003	김삼룡 리주하 량선생과 조만식 조영찬과의 교환문제에 대한 중앙통신사 발표		1	

기사번호	제목(title)	부제목(stitle)	면수	필자, 출처
1950-06-24-004	조선민주주의인민공화국 중앙통신사의 보도	리승만괴뢰도배들은 김삼룡 리주하 량선생과 조만식 조영찬과의 교환문제를 둘러싸고 자기들의 강도적매국노의 정체를 또 한번 폭로하고있다	1	
1950-06-24-005	웽그리아인민공화국주재 조선민주주의인민공화국 특명전권공사 권오직씨 웽그리아인민공화국 외무상 듈라.깔라이씨를 방문		1	조선중앙통신
1950-06-24-006	내란 도발에 광분하는 리승만도당 소위 '국민소득'을 강제조사		1	조선중앙통신
1950-06-24-007	남조선의 작가 예술인들이여 당신들은 누구의 편에 서려하는가		2	한설야
1950-06-24-008	매국노들의 흉책 철저히 폭로분쇄		2	혜산탄광 권양기운전공 최계월
1950-06-24-009	매국역도들은 반드시 처단되여야 한다		2	국립극장 배우 리재덕
1950-06-24-010	결정의 실천추진 위해 증산투쟁에 힘차게 매진		2	화풍광산 로동자 김락두
1950-06-24-011	'유엔조선위원단' 속히 몰아내자!		2	김일성종합대학 농장 축산부 송창련
1950-06-24-012	외국의 간섭없이 통일을 달성하자		2	평북도립극장 연출가 강렬구
1950-06-24-013	조국의 통일 위한 길에서 주저와 동요는 반역이다		2	문화인 손영호
1950-06-24-014	소위 대통령의 의자에 앉은 드러내놓은 강도 리승만		2	송영희
1950-06-24-015	평화적조국통일 달성 위한 억센 투지 2개년계획을 벌써 96.4% 실행!	본궁화학공장 로동자들	3	주재기자 최경찬
1950-06-24-016	일하며 배우는 로동청년들	천내리세멘트공장 도서실에서	3	
1950-06-24-017	완비된 로동보호시설은 생산능률을 적극 제고	사동련탄공장에서	3	본사기자 김기초
1950-06-24-018	해마다 확장되는 북반부 각 정휴양소 시설		3	조선중앙통신
1950-06-24-019	선진 적용 해법을 일반화하여 철강 용해시간의 단축을 결의	황철평로직장 고필성동무의 용해작업경험교환 위한 북반부용해공협의회에서	3	본사기자 리성섭
1950-06-24-020	맥류 적기수확에 궐기	봉산군 서종면 농민들	3	
1950-06-24-021	봄고치수매 활발	중화군 천곡면에서	3	본사기자 백웅호

기사번호	제목(title)	부제목(stitle)	면수	필자, 출처
1950-06-24-022	소비조합상점의 상품판매량 증가		3	
1950-06-24-023	동력탈곡기를 널리 보급	농림성에서	3	
1950-06-24-024	양의 탈을 벗은 승냥이 '유엔조선위원단'		3	장진광
1950-06-24-025	평화옹호서명운동 활발!	여러 나라들에서	4	조선중앙통신
1950-06-24-026	불란서공산당 정치국 슈망안반대를 성명		4	조선중앙통신
1950-06-24-027	자유독일청년동맹에서 선언서 발표	평화옹호운동강화를 호소	4	조선중앙통신
1950-06-24-028	중화인민공화국 정부 대일리사회 중국대표를 임명	주은래외교부장의 전보	4	조선중앙통신
1950-06-24-029	불란서로총과 자유독일직맹의 슈망안반대 공동투쟁을 독일사회통일당에서 환영		4	조선중앙통신
1950-06-24-030	쏘분경제협정을 분란의회 비준		4	조선중앙통신
1950-06-24-031	평화옹호투쟁의 기수인 쏘련	『쁘라우다』지 사설-	4	
1950-06-24-032	라인강류역을 침수시킬 준비공사를 미군이 실시		4	조선중앙통신
1950-06-24-033	일본 규슈학생자치련합 투쟁선언을 발표		4	조선중앙통신
1950-06-24-034	전세계평화옹호자대회 상설위원회대표단을 쏘련최고쏘베트에서 접견한데 대한 꾸즈네쪼브 대의원의 전달보고		4	
1950-06-24-035	쏘련에서 새 농기계 대량 생산		4	조선중앙통신
1950-06-24-036	중국 각지의 국영 및 공영공장들 5월분 생산계획 초과완수		4	조선중앙통신
1950-06-24-037	중국 동북 전 지역에서 화폐를 통일		4	조선중앙통신
1950-06-24-038	인도 농민들 토지개혁을 요구		4	조선중앙통신
1950-06-24-039	인민들의 관심 없는 선거	-서독 라인 웨스트팔리아주의회 선거-	4	조선중앙통신

【참고】 북한의 외래어 표기

• 과학기술 용어 등 외국어 사용

비루스, 뜨락또르(트랙터), 메터(미터)

• 외국어 고유명사:

모쓰크바, 쓰딸린, 찌또(티토), 딸라(달러), 테로(테러), 아세아(아시아), 부르죠아(부르주아) 뿌찐 까스뜨로 미싸일 아페크(에이펙)

• 국가와 도시 이름

그루지야 그뢴란(그린란드) 기네 과떼말라 까메룬 까타르(카타르) 깝까즈 꼴롬비아 꽁고 꾸바 꾸릴끼르기스스딴 꾸알라룸뿌르 뉴기니아 네데르란드(네덜란드) 니까라과 단마르크(덴마크) 도미니까 도이췰란드 따쥐끼스탄 또고 띠모르(티모르) 뛰르끼예(터키) 로므니아(루마니아) 로씨야(러시아) 룩셈부르그 룐돈(런던) 리뜨바(리투아니아) 마로끄(모로코) 메히꼬(멕시코) 마쟈르(헝가리) 먄마(미얀마) 말디브제도 모잠비끄 바띠까노(바티칸) 발칸 방글라데슈 벌가리아(불가리아) 부다뻬슈뜨 베르사이유 벨지끄(벨기에) 보쯔와니 빠나마 빠라과이 뿌에르또리코 뻬루 뽀르뚜갈(포르투갈) 뽈스까(폴란드) 벨지끄(벨기에) 빠나마 뻬루 뽀르뚜갈 쁘라하 수리아(시리아) 스웨리예(스웨덴) 슬로벤스꼬(슬로베니아) 싸할린 쌀바도르(엘살바도르) 쏘련 씨비리 아랍추장국련방(에미레이트) 아르헨띠나 아이띠 에스빠냐(스페인) 에티오피아 에짚트(이집트) 에꽈도르 엘쌀바도르 오스트랄리아 오지리 우즈베끼스딴 울란바따르 웰남(베트남) 웽그리아(헝가리) 유럽 이딸리아 이슬란드(아이슬란드) 져메이커 체스꼬슬로밴스꼬(체코) 카나다 캄보쟈(캄보디아) 케니아 페르샤 흐르바쯔까(크로아티아)

• 북조선 사용 외래어

가스람프 간데라 고뿌(cup) 꼴(goal) 골타르 그라프 그루빠 게지(gauge) 기야(gear) 깜빠니야(캠페인) 꼬미씨야 꼴호즈 꼼바인 꼼비나트 나트 꼬스모뽈리찌즘 나트리움 나프사 나팜 남비 다이야(tire) 도크 도라이바 도란스 도람통 딸라 땅크 뜨락또르 땜 또치까 뜨랄 라지오 레루 레스링 레이다 레이자 렌트겐 로보트 로케트 륙사크 레알리즘 리레(이어달리기) 림파 마그네시움 마라손 맑스 마스겜 모터찌클 미싸일 미찐 메데 메터 몰탈 바드민톤 바란스 바테리 바께쯔 바리케드 바후 발브 발진티브스 발코니 보링 보이라 부르죠아 불도젤 브리가다 뽐프 블로크 비날론 비데오 비로도 비루스 베트 베아링빤쯔 벨트 빠다 빠찌 빨찌산 뻐스 뻬치까 뻥끼통 보이라 뽀뿌라 뽀트 뽈 뿔럭 샤와 섭씨 세멘트 스레트 스리쿼다 스케치 스케트 스트라이크싸이로 스케일 스타디오 스타킹 스위치 스펙트르 슬라크 슬로간 싸이렌 싸창 쎈터 쏘베트 쏘프트웨어 센치 아빠트 알레르기아 알루미니움 에네르기 유모아 이데올로기 인터나쇼날 인터네트 인테리겐찌야 인플레이숀 엘렉트론 왁찐 쟈끼 잠바 장티브스 쟝글 추레라 카네숀 카드미움 카로리 카브 칼리움 칼시움 캬라멜 콘베아 콤뮤니케 콤뮨 콤파스 콤프레쌰콤퓨터 콩크리트 콕스 케블 케스 크레믈리 키로 타보 타빈 탄닌 탕그스텐 탕크 턴넬 테로 테프 텔레비죤 트란지스터 트럭 트럼베트 티새쯔 파쇼 팔프 팜플레트 폰드 폴로니움 프락찌야 프랑카드 프로그람 프로레타리아 플라그 플라즈마 플란쟈 플루토니움 플래트홈 함마 호프 휴마니즘 휘거 휠터 호케이 헤르쯔 헥타르

로동신문 기사목록 1

1945~1950

초판 1쇄 발행 2022년 3월 10일

엮은이 | 북한대학원대학교 북한디지털자료센터
펴낸이 | 윤관백
펴낸곳 | 도서출판 선인

등록 | 제5 - 77호(1998.11.4)
주소 | 서울시 마포구 마포대로 4다길 4 곳마루빌딩 1층
전화 | 02)718 - 6252 / 6257   팩스 | 02)718 - 6253
E-mail | sunin72@chol.com

정가   90,000원

ISBN   979 - 11 - 6068 - 698 - 2   94300
ISBN   979 - 11 - 6068 - 697 - 5   (세트)

이 저서는 2019년 대한민국 교육부와 한국학중앙연구원(한국학진흥사업단)의
한국학기초자료사업 지원을 받아 수행된 연구임(AKS-2019-CDM-123008).